本书系教育部人文社会科学重点研究基地南京大学中国新文学研究中心重点资助项目

中国新时期文学期刊目录汇编

第 五 卷

张光芒 主 编

学术顾问	丁 帆	王彬彬
主 编	张光芒	
编 撰	张光芒	史鸣威
	许永宁	杜 璇
	姜 淼	孙慧文
	高 旭	李 桢
	杨 雯	丁雨卉
	王凤华	张匀匀
	孙 琳	

南京大学出版社

图书在版编目(CIP)数据

中国新时期文学期刊目录汇编. 第 5 卷 / 张光芒主编
. —南京:南京大学出版社,2023.8
ISBN 978 - 7 - 305 - 25002 - 6

Ⅰ. ①中…　Ⅱ. ①张…　Ⅲ. ①中国文学−当代文学−
期刊目录　Ⅳ. ①Z88:I206.7

中国版本图书馆 CIP 数据核字(2021)第 194066 号

出版发行　南京大学出版社
社　　址　南京市汉口路 22 号　　　　邮　编　210093
出 版 人　王文军

书　　名　**中国新时期文学期刊目录汇编**
　　　　　ZHONGGUO XINSHIQI WENXUE QIKAN MULU HUIBIAN
主　　编　张光芒
责任编辑　施　敏
照　　排　南京紫藤制版印务中心
印　　刷　南京新世纪联盟印务有限公司
开　　本　880 mm×1230 mm　1/16　印张 303　字数 12566 千
版　　次　2023 年 8 月第 1 版　2023 年 8 月第 1 次印刷
ISBN 978 - 7 - 305 - 25002 - 6
定　　价　1500.00 元(全五卷)

网　　址:http://www.njupco.com
官方微博:http://weibo.com/njupco
官方微信号:njupress
销售咨询热线:025 - 83594756

目　录

A

《安徽文艺》(《安徽文学》、《文学》) ········ 001

B

《百花洲》 ················· 062
《北大荒》 ················· 091
《北京文艺》(《北京文学》) ········ 100
《边疆文艺》(《大西南文学》) ······ 176

C

《长安》(《文学时代》) ········· 241
《长城》 ················· 289
《长城文艺》 ··············· 311
《丑小鸭》 ················ 334
《创作》 ················· 366
《春风》(长春) ············· 370
《春风》(鹤岗) ············· 416
《春风》(沈阳)(《中外文学》) ····· 428

D

《当代》 ················· 452
《当代外国文学》 ············· 479
《滇池》 ················· 493
《电影创作》 ··············· 539
《电影新作》 ··············· 595

F

《非非》 ················· 625
《汾水》(《山西文学》) ········· 627
《福建文艺》(《福建文学》) ······· 695
《芙蓉》 ················· 777

G

《甘肃文艺》(《飞天》) ········· 803
《广东文艺》(《作品》) ········· 895
《广西文艺》(《广西文学》) ······· 967
《广州文艺》 ··············· 1046
《贵阳文艺》(《花溪》) ········· 1118
《贵州文艺》(《山花》) ········· 1182

H

《哈尔滨文艺》(《小说林》) ······· 1257
《海燕》 ················· 1309
《杭州文艺》(《西湖》) ········· 1349
《河北文艺》(《河北文学》) ······· 1414
《河南文艺》(《奔流》) ········· 1476
《黑龙江文艺》(《北方文学》) ······ 1547
《黑龙江戏剧》(《剧作家》) ······· 1615
《红岩》 ················· 1636
《湖北文艺》(《长江文艺》) ······· 1664
《呼和浩特文艺》(《山丹》) ······· 1740
《花城》 ················· 1778
《花山》 ················· 1809
《黄河》 ················· 1818
《火花》 ················· 1826

J

《吉林文艺》(《长春》、《作家》) ····· 1827
《江城》(《短篇小说》) ········· 1904
《江南》 ················· 1961
《江苏文艺》(《雨花》) ········· 1981
《江西文艺》(《星火》) ········· 2052
《解放军文艺》 ·············· 2112
《今天》 ················· 2180
《剧本》 ················· 2183

K

《昆仑》 ……………………………………… 2227

L

《辽宁文艺》（《鸭绿江》） …………………… 2249
《绿洲》（乌鲁木齐） ………………………… 2327

M

《莽原》 ……………………………………… 2346
《芒种》 ……………………………………… 2365
《萌芽》 ……………………………………… 2418
《民族文学》 ………………………………… 2471
《名作欣赏》 ………………………………… 2520

N

《南京文艺》（《青春》） ……………………… 2570
《内蒙古文艺》（《草原》） …………………… 2625
《宁夏文艺》（《朔方》） ……………………… 2694

Q

《青海文艺》（《青海湖》） …………………… 2761
《清明》 ……………………………………… 2834
《青年外国文学》 …………………………… 2857
《青年文学》 ………………………………… 2862
《青年作家》 ………………………………… 2902
《秋实》 ……………………………………… 2965

R

《人民文学》 ………………………………… 2968

S

《散文选刊》 ………………………………… 3029
《山东文艺》（《山东文学》） ………………… 3053
《陕西文艺》（《延河》） ……………………… 3129
《山西群众文艺》（《晋阳文艺》） …………… 3191

《上海文艺》（《上海文学》） ………………… 3267
《生活》 ……………………………………… 3333
《石河子文艺》（《绿洲》、《绿风》） ………… 3334
《世界文学》 ………………………………… 3374
《诗刊》 ……………………………………… 3426
《诗神》 ……………………………………… 3530
《十月》 ……………………………………… 3567
《收获》 ……………………………………… 3597
《四川文艺》（《四川文学》、《现代作家》）
  …………………………………………… 3618

T

《台港文学选刊》 …………………………… 3705
《特区文学》 ………………………………… 3732
《天涯》 ……………………………………… 3753

W

《外国文艺》 ………………………………… 3769
《外国戏剧》 ………………………………… 3800
《外国小说》 ………………………………… 3827
《武汉文艺》（《芳草》） ……………………… 3840

X

《西藏文艺》（《西藏文学》） ………………… 3900
《希望》（广州） ……………………………… 3946
《希望》（合肥） ……………………………… 3982
《戏剧创作》（《戏剧文学》） ………………… 4006
《湘江文艺》（《湘江文学》、《文学月报》、《湖南
文学》） ……………………………………… 4033
《小说界》 …………………………………… 4113
《小说选刊》 ………………………………… 4137
《小说月报》 ………………………………… 4182
《新港》（《小说导报》、《天津文学》） ……… 4208
《新疆民族文学》（《民族作家》） …………… 4270
《新疆文艺》（《新疆文学》、《中国西部文学》）
  …………………………………………… 4300
《新苑》 ……………………………………… 4375
《星星》 ……………………………………… 4392

区域目录索引

全国性期刊

《丑小鸭》 ……………………………… 334
《当代》 ………………………………… 452
《电影新作》 …………………………… 595
《解放军文艺》 ………………………… 2112
《剧本》 ………………………………… 2183
《昆仑》 ………………………………… 2227
《民族文学》 …………………………… 2471
《青年文学》 …………………………… 2862
《人民文学》 …………………………… 2968
《世界文学》 …………………………… 3374
《诗刊》 ………………………………… 3426
《外国戏剧》 …………………………… 3800
《小说选刊》 …………………………… 4137
《中国》 ………………………………… 4668
《中国作家》 …………………………… 4676
《啄木鸟》 ……………………………… 4730
《作品与争鸣》 ………………………… 4743

安徽省

《安徽文学》 …………………………… 001
《安徽文艺》 …………………………… 001
《清明》 ………………………………… 2834
《文学》 ………………………………… 001
《希望》（合肥） ……………………… 3982

北京市

《北京文学》 …………………………… 100
《北京文艺》 …………………………… 100
《电影创作》 …………………………… 539
《十月》 ………………………………… 3567

福建省

《福建文学》 …………………………… 695

《福建文艺》 …………………………… 695
《台港文学选刊》 ……………………… 3705
《中篇小说选刊》 ……………………… 4691

甘肃省

《飞天》 ………………………………… 803
《甘肃文艺》 …………………………… 803
《阳关》 ………………………………… 4489

广东省

《广东文艺》 …………………………… 895
《广州文艺》 …………………………… 1046
《花城》 ………………………………… 1778
《特区文学》 …………………………… 3732
《希望》（广州） ……………………… 3946
《作品》 ………………………………… 895

广西壮族自治区

《广西文学》 …………………………… 967
《广西文艺》 …………………………… 967
《青年外国文学》 ……………………… 2857

贵州省

《创作》 ………………………………… 366
《贵阳文艺》 …………………………… 1118
《贵州文艺》 …………………………… 1182
《花溪》 ………………………………… 1118
《山花》 ………………………………… 1182

海南省

《天涯》 ………………………………… 3753

河北省

《长城》 …………………………… 289
《长城文艺》 …………………… 311
《河北文学》 …………………… 1414
《河北文艺》 …………………… 1414
《花山》 …………………………… 1809
《诗神》 …………………………… 3530

河南省

《百花园》 ………………………… 4610
《奔流》 …………………………… 1476
《河南文艺》 …………………… 1476
《莽原》 …………………………… 2346
《散文选刊》 …………………… 3029
《郑州文艺》 …………………… 4610

黑龙江省

《北大荒》 ………………………… 091
《北方文学》 …………………… 1547
《春风》（鹤岗） ……………… 416
《哈尔滨文艺》 ………………… 1257
《黑龙江文艺》 ………………… 1547
《黑龙江戏剧》 ………………… 1615
《剧作家》 ………………………… 1615
《外国小说》 …………………… 3827
《小说林》 ………………………… 1257

湖北省

《长江文艺》 …………………… 1664
《芳草》 …………………………… 3840
《湖北文艺》 …………………… 1664
《武汉文艺》 …………………… 3840

湖南省

《芙蓉》 …………………………… 777
《湖南文学》 …………………… 4033
《文学月报》 …………………… 4033
《湘江文学》 …………………… 4033

《湘江文艺》 …………………… 4033

吉林省

《春风》（长春） ……………… 370
《长春》 …………………………… 1827
《短篇小说》 …………………… 1904
《吉林文艺》 …………………… 1827
《江城》 …………………………… 1904
《戏剧创作》 …………………… 4006
《戏剧文学》 …………………… 4006
《新苑》 …………………………… 4375
《作家》 …………………………… 1827

江苏省

《当代外国文学》 ……………… 479
《江苏文艺》 …………………… 1981
《南京文艺》 …………………… 2570
《青春》 …………………………… 2570
《译林》 …………………………… 4518
《雨花》 …………………………… 1981
《钟山》 …………………………… 4702

江西省

《百花洲》 ………………………… 062
《江西文艺》 …………………… 2052
《星火》 …………………………… 2052

辽宁省

《春风》（沈阳） ……………… 428
《海燕》 …………………………… 1309
《辽宁文艺》 …………………… 2249
《芒种》 …………………………… 2365
《鸭绿江》 ………………………… 2249
《中外文学》 …………………… 428

内蒙古自治区

《草原》 …………………………… 2625
《呼和浩特文艺》 ……………… 1740
《内蒙古文艺》 ………………… 2625

《山丹》 ························· 1740

宁夏回族自治区

《宁夏文艺》 ·················· 2694
《朔方》 ························· 2694

青海省

《青海湖》 ····················· 2761
《青海文艺》 ·················· 2761

山东省

《山东文学》 ·················· 3053
《山东文艺》 ·················· 3053

陕西省

《长安》 ························· 241
《陕西文艺》 ·················· 3129
《文学时代》 ·················· 241
《延河》 ························· 3129

山西省

《汾水》 ························· 627
《黄河》 ························· 1818
《晋阳文艺》 ·················· 3191
《名作欣赏》 ·················· 2520
《山西群众文艺》 ·············· 3191
《山西文学》 ·················· 627

上海市

《萌芽》 ························· 2418
《上海文学》 ·················· 3267
《上海文艺》 ·················· 3267
《收获》 ························· 3597
《外国文艺》 ·················· 3769
《小说界》 ····················· 4113

四川省

《红岩》 ························· 1636

《青年作家》 ·················· 2902
《四川文学》 ·················· 3618
《四川文艺》 ·················· 3618
《现代作家》 ·················· 3618
《星星》 ························· 4392

天津市

《天津文学》 ·················· 4208
《小说月报》 ·················· 4182
《小说导报》 ·················· 4208
《新港》 ························· 4208

西藏自治区

《西藏文学》 ·················· 3900
《西藏文艺》 ·················· 3900

新疆维吾尔自治区

《绿风》 ························· 3334
《绿洲》（石河子） ············ 3334
《绿洲》（乌鲁木齐） ·········· 2327
《民族作家》 ·················· 4270
《石河子文艺》 ················ 3334
《新疆民族文学》 ·············· 4270
《新疆文学》 ·················· 4300
《新疆文艺》 ·················· 4300
《中国西部文学》 ·············· 4300

云南省

《边疆文艺》 ·················· 176
《滇池》 ························· 493
《大西南文学》 ················ 176

浙江省

《东海》 ························· 4542
《江南》 ························· 1961
《杭州文艺》 ·················· 1349
《西湖》 ························· 1349
《浙江文艺》 ·················· 4542

民刊

《外国文艺》

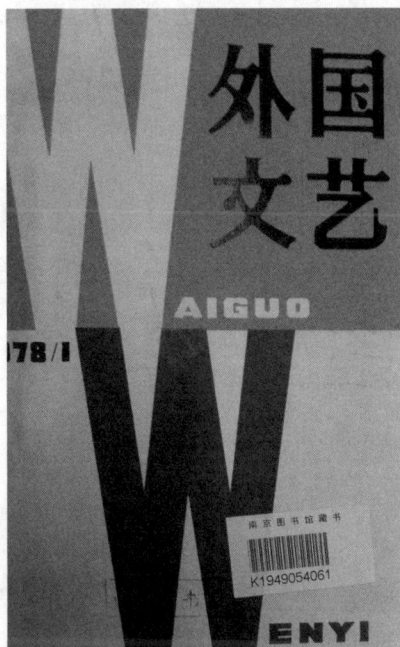

【简　介】

综合性文学双月刊。上海译文出版社主办。创刊于1978年。其以介绍当代外国文学为主,先后推介劳伦斯、萨特、川端康成、大江健三郎、帕维奇等数百位重要作家,对于及时了解外国文学动态,促进本国文学创作有重要的贡献。

期刊号:1978 年第 1 期—1989 年第 6 期

1978 年第 1 期　刊名:《外国文艺》

目录

高举毛泽东思想的伟大旗帜,深入揭批"四人帮",做好现代外国文艺的介绍和研究工作(笔谈)
————————————————————巴　金
沈柔坚　草　婴　谭抒真　周煦良　任溶溶　李俍民
川端康成短篇小说两篇
伊豆的歌女————————————————侍　桁译
水月——————————————————刘振瀛译
幸福外三首(诗歌)
———— [意大利]埃乌杰尼奥·蒙塔莱作　吕同六译
肮脏的手(七幕剧)
———————— [法国]让-保罗·萨特作　林　青译

第二十二条军规(长篇小说选译)
———— [美国]约瑟夫·赫勒作　南　复译　主　万校
美国绘画七十年
———————— [英国]多尔·艾什顿作　何振志译
1977 年欧洲文坛一瞥
———————— [美国]约翰·斯特罗克作　主　万译

外国文艺新作介绍
格·格林的新作《人的因素》出版————————戈　哈
1977 年出版的三部美国政治小说————————施咸荣
诺贝尔文学奖金和获奖者(外国文艺资料)

外国文艺动态
简·奥斯丁一个喜剧剧本手稿幸免湮没
美国作家亚瑟·赫利访问苏联并发表谈话
西德作家格拉斯及其新作《鲽鱼》
苏联公布 1977 年度文艺和建筑学方面国家奖金获得者名单
贝多芬《对话笔记》前六集出版
美国举行"激光音乐会"
几部外国古典文学作品搬上银幕
苏美合拍影片《青鸟》
莫扎特《魔笛》拍成电影
西德上映反动纪录片《希特勒的生涯》
英国举办透纳画展
毕加索在西班牙
罗丹作品被窃
古图卓的新画
巴黎拍卖雷诺阿和德加的画作
编后记
牝狼————————————— [美国]杰克逊·波洛克
走下楼梯的裸体者————————— [美国]马赛尔·迪尚
印第安纳的历史————————— [美国]托马斯·本顿
封面设计———————————————————任　意

1978 年第 2 期　刊名:《外国文艺》

目录

伤心咖啡馆之歌(小说)———— [美国]卡森·麦卡勒斯作
李文俊译
活下去,并且要记住(小说)
———————— [苏联]瓦·格·拉斯普京作　丰一吟译
张继馨　严梅珍　史慎微译
莫拉维亚短篇小说三篇————————————吕同六译
平衡

房间和街道
不由自主
大门外面（广播剧）
—————— ［西德］沃尔夫冈·博歇尔特作　杨寿国译
日本音乐创作的历史已经形成
—————— ［日本］中岛健藏作　罗传开译
技术日益影响着艺术
—————— ［美国］亚历克西斯·格林作　晓渝译
美国"南方文学"简介———————————— 戈　哈
七十年代美国电影（外国文艺资料）

外国文艺动态
苏联纪念车尔尼雪夫斯基诞生一百五十周年
法国纪念凡尔纳诞生一百五十周年
日本新设两个儿童文学奖
日、法介绍我国作家作品
阿拉贡谈翻译
托尔斯泰的安娜·卡列尼娜的原型
日本第 78 届芥川奖
有关帕斯捷尔纳克的回忆录在美出版
美国钢琴家霍罗威茨的纪念音乐会
苏联和其他国家合拍的几部影片
美国举办莫奈画展
毕加索私人珍藏品在罗浮宫展出

美术家与作品
"光效应艺术"及其代表人物瓦萨尔利——————— 杜定宇
意大利雕塑家马里尼————————————— 一　七
MATYO-VALL—————————— ［法国］瓦萨尔利
骑士像————————————— ［意大利］马里尼
奇迹—————————————— ［意大利］马里尼
叫唤—————————————— ［意大利］马里尼

1978 年第 3 期　刊名:《外国文艺》
目录

马拉默德短篇小说两篇
魔桶————————————————— 董衡巽译
上帝的怒火————————————————— 冯亦代译
寻找格林先生（小说）
—————— ［美国］索尔·贝娄作　董乐山译
诗神缪斯（小说）
—————— ［英国］安东尼·伯吉斯作　吴　劳译
闯入者（小说）———— ［日本］安部公房作　任溶溶译
青春　外三首（诗歌）
—————— ［西班牙］维森特·阿莱桑德雷作　祝　融译
物理学家（二幕喜剧）
—————— ［瑞士］弗里德里希·迪伦马特作　叶廷芳译

活下去，并且要记住（中篇小说·续）
—————— ［苏联］瓦·格·拉斯普京作　丰一吟
张继馨　严梅珍　史慎微译
略论当代美国小说
—————— ［美国］索尔·贝娄作　汤永宽译
戏剧论文两篇
—————— ［法国］让-路易·巴罗作　杜定宇译
论哑剧
表演守则
"朋克"访问记———— ［苏联］契波罗夫作　朝　蒂译

外国文艺资料
苏联出版的《世界文学丛书》—————————— 章云义
国际电影节一览———————————————— 一　七

外国文艺动态
1978 年诺贝尔文学奖金获得者艾萨克·辛格
法国纪念卢梭和伏尔泰逝世二百周年
波兰作家库斯涅维兹获法国文学奖
沙特阿拉伯设立"阿拉伯文学费萨尔国王国际奖"
美苏作家在纽约举行会议
萨罗特谈"新小说派"
法国 1978 年的戏剧节
莫斯科举办第六届柴科夫斯基国际音乐比赛
列夫·托尔斯泰的著作与电影
西班牙宣布 1978 年为"戈雅年"
巴黎出售德拉克鲁阿的名画
《最后的晚餐》处在危险中
美国"罗思科案件"告一段落
纽约举办当代西班牙现实主义美展
关于"超级现实主义艺术"（美术家与作品）
————————————————————— 道　远
苏珊（丙烯画）————— ［美国］查克·克洛斯
皮茄克（陶瓷雕塑）——— ［美国］玛里琳·莱文
三个皮包（陶瓷雕塑）——— ［美国］玛里琳·莱文
巴瓦里街的废物（混合材料雕塑）
—————— ［美国］杜安·汉森

1979 年第 1 期　刊名:《外国文艺》
目录

奥茨短篇小说三篇
站起来了的奴隶———————————————— 鹿　金译
天路历程—————————————————— 主　万译
过关———————————————————— 吴　劳译
博尔赫斯短篇小说选————————————— 王央乐译
交叉小径的花园
南方

《马可福音》
一个无可奈何的奇迹
维荣的妻子（小说）···· [日本] 太宰治作　张嘉林译
伯尔作品四篇
浪游者，你来斯巴（小说）············黄文华译
罗恩格林之死（小说）············倪承恩译
村里的教学（小说）············江　南译
坦克对着卡夫卡（随笔）············丁申宽译
活下去，并且要记住（中篇小说·续完）
　　　　[苏联] 瓦·格·拉斯普京作　丰一吟
张继馨　严梅珍　史慎微译
从诺贝尔奖金谈到博尔赫斯
　　　　　　　　[美国] 理·依德尔作　叶　丹译
国际文坛巨擘····[西德] 海·阿诺尔德作　江　南译
外国文艺新作介绍
艾林·德鲁里的新作《安娜·哈斯丁斯》·····施咸荣
伯吉斯的长篇小说《1985》问世·········杨　怡

外国文艺资料
戛纳国际电影节历届获奖作品和获奖者·········一　七
莫斯科国际电影节历届获奖作品和获奖者·········一　七
威尼斯国际电影节历届获奖作品和获奖者·········陈振兴

外国文艺动态
法国出版莫里亚克全集
日本第 79 届芥川奖
西德作家格拉斯设文学奖
索尔仁尼琴前妻发表回忆录
法国小说家图尼埃
苏联公布 1978 年度文艺和建筑学方面国家奖金获得
者名单
南朝鲜诗人梁性佑被捕入狱
作曲家兼钢琴家契列普宁逝世
苏联出版肖斯塔科维奇音乐全集
辛格一部小说正改拍为电影
第 29 届亚洲电影节闭幕
美国出版《中国的艺术》
洛杉矶近郊的马利布博物馆
超现实主义画家达利（美术家与作品）·········杜定宇
伫立窗前的少女（油画）
　　　　　　　[西班牙] 萨尔瓦多·达利
比基尼的三个斯芬克斯（油画）
　　　　　　　[西班牙] 萨尔瓦多·达利
毕加索像（油画）····[西班牙] 萨尔瓦多·达利
圣安东尼的诱惑（油画）
　　　　　　　[西班牙] 萨尔瓦多·达利
封面设计············任　意

1979 年第 2 期　刊名:《外国文艺》
目录

辛格短篇小说五篇
市场街的斯宾诺莎············方　平译
傻瓜吉姆佩尔············万　紫译
掘墓人············曹　庸译
弄妖术的人············陈良廷译
女巫············鹿　金译
[附] 午后的祈祷（回忆录片断）············杨　怡译
橡皮（长篇小说选译）
　　　　[法国] 阿兰·罗布-格里耶作　林　青译
阿赫玛托娃诗辑
我的小传············劳　戈译
诗十五首············肖　章
戴　骢　张　劭　杨　骅　朝　蒂　许庆道译
六根圆柱（小说）
　　　　[苏联] 尼·谢·吉洪诺夫作　勒　戈译
作家与倾向····[英国] 特里·伊格尔顿作　文　宝译
评小泽征尔············[日本] 横沟亮一作　罗传开译
[附] 小泽征尔简历············沈　旋译
国际音乐比赛和国际音乐节一览（外国文艺资料）
　　　　　　　　　　　　罗传开辑译

外国文艺动态
美国小说《根》的诉讼案
东德不满现实作家的流亡情况
《1978 年美国最佳短篇小说选》出版
加缪的两部遗作出版
默多克新作《海，海》问世
安东尼奥尼拍摄新片
莉莲·吉什重上银幕
日本版画家池田满寿夫（美术家与作品）·········一　七
维纳斯和她的贝壳（金属版画）
　　　　　　　　　　[日本] 池田满寿夫
七大罪之一　吝啬（铜版画）····[日本] 池田满寿夫
七大罪之一　嫉妒（铜版画）····[日本] 池田满寿夫
她的受难（水彩画）············[日本] 池田满寿夫

1979 年第 3 期　刊名:《外国文艺》
目录

一个大童话（外加三个小童话）
　　　　[意大利] 姜尼·罗大里作　任溶溶译
假话国历险记
不肯长大的小泰莱莎
"三颗钮扣"的房子

皇帝和六弦琴
荒诞派剧作两种
阿麦迪或脱身术（三幕喜剧）
［附］起点（论文）
⋯⋯［法国］尤金·尤奈斯库作　屠　珍　梅绍武译
动物园的故事（独幕剧）
⋯⋯⋯⋯［美国］爱·弗·阿尔比作　郑启吟译
蒲宁后期短篇小说六篇⋯⋯⋯⋯⋯⋯⋯戴　骢译
完了
中暑
幽暗的林间小径
乌鸦
在巴黎
三个卢布
国外儿童文学奖介绍（外国文艺资料）⋯⋯⋯任溶溶

外国文艺动态
《假话国历险记》拍成电视片
鲁宾斯坦再度登上银幕
日本第80届芥川奖停发
苏联又一著名艺术家投奔西方世界
辛格说："儿童喜爱故事"
英国出版贝克特传记
莱辛短篇小说集问世
戈尔·维达尔出版新作《卡尔基》
法国掀起"乔治·桑"热
苏联国家计委谈1979年度文教事业发展计划
毕加索的城堡第一次允许记者参加并摄影
英国现代形象画家弗郎西斯·培根（美术家与作品）
⋯⋯⋯⋯⋯⋯⋯⋯⋯⋯⋯⋯⋯⋯⋯何振志
按照委拉斯开兹的《教皇英诺森十世肖像》所画的习
作⋯⋯⋯⋯⋯⋯⋯⋯⋯⋯⋯⋯⋯［英国］弗·培根
三幅十字架下的形象习作（油画粉笔画）
⋯⋯⋯⋯⋯⋯⋯⋯⋯⋯⋯⋯⋯［英国］弗·培根
睡像（油画）⋯⋯⋯⋯⋯⋯⋯⋯⋯［英国］弗·培根

1979 年第 4 期　刊名：《外国文艺》
目录

图尼埃短篇小说选译
鲁滨孙·克罗索的结局⋯⋯⋯⋯⋯⋯⋯王道乾译
愿欢乐常在⋯⋯⋯⋯⋯⋯⋯⋯⋯⋯⋯王道乾译
圣诞老太太⋯⋯⋯⋯⋯⋯⋯⋯⋯⋯⋯肖　章译
铃兰空地⋯⋯⋯⋯⋯⋯⋯⋯⋯⋯⋯⋯郝　运译
少女与死亡⋯⋯⋯⋯⋯⋯⋯⋯⋯⋯⋯陈　乐译
海明威短篇小说三篇
乞力马扎罗的雪⋯⋯⋯⋯⋯⋯⋯⋯⋯夏　至译
麦康伯夫妇短促的幸福生活⋯⋯⋯⋯萧　甘译

桥边的老人⋯⋯⋯⋯⋯⋯⋯⋯⋯⋯⋯宗　白译
［附］回忆爸爸（回忆录片断）
⋯⋯⋯⋯⋯［美国］格雷戈里·海明威作　朝　蒂译
迷失在开心馆中（小说）
⋯⋯⋯⋯⋯⋯［美国］约翰·巴思作　吴　劳译
古怪的女人（电影剧本）⋯⋯⋯⋯［苏联］叶·加勃
里洛维奇　尤·拉伊兹曼作　林　如译
隐私知道得过多的人（推理小说）
⋯⋯⋯⋯⋯⋯［日本］石泽英太郎作　吴树文译
最后一夜⋯⋯［黎巴嫩］萨利姆·尼萨尔作　张文建译
苏联列宁文学艺术奖金历届获奖者名单（外国文艺资
料）⋯⋯⋯⋯⋯⋯⋯⋯⋯⋯⋯⋯⋯⋯⋯林必宏

外国文艺动态
安德烈·别雷的《彼得堡》
苏联介绍奥尔德里奇新作
奥地利授予博瓦尔欧洲文学奖金
苏联开拍影片《奥勃洛摩夫》
世界一百部最佳影片
维斯孔蒂的遗作上映
简·方达获得英美两国最佳女演员奖
埃及发表电影剧本《沙漠之井》
街头音乐
美国现代"流行艺术"画家理·林德纳（美术家与作
品）⋯⋯⋯⋯⋯⋯⋯⋯⋯⋯⋯⋯⋯⋯一　七
是这样开始的（平版画）⋯⋯⋯⋯［美国］理·林德纳
喂（油画）⋯⋯⋯⋯⋯⋯⋯⋯⋯［美国］理·林德纳
一群人（油画）⋯⋯⋯⋯⋯⋯⋯［美国］理·林德纳

1979 年第 5 期　刊名：《外国文艺》
目录

怀特短篇小说两篇
五点二十分⋯⋯⋯⋯⋯⋯⋯⋯⋯⋯⋯叶　扬译
白鹦鹉⋯⋯⋯⋯⋯⋯⋯⋯⋯⋯⋯⋯主　万译
鱼王（小说·选译）
⋯⋯⋯⋯［苏联］维·彼·阿斯塔菲耶夫作
在黄金暗礁附近⋯⋯⋯⋯⋯⋯⋯⋯⋯夏仲翼译
鱼王⋯⋯⋯⋯⋯⋯⋯⋯⋯⋯⋯⋯⋯张介眉译
远藤周作短篇小说选
去亚丁的路上⋯⋯⋯⋯⋯⋯⋯⋯⋯⋯张嘉林译
老人和八哥⋯⋯⋯⋯⋯⋯⋯⋯⋯⋯⋯张嘉林译
妈妈⋯⋯⋯⋯⋯⋯⋯⋯⋯⋯⋯⋯⋯任溶溶译
叶芝诗辑⋯⋯⋯⋯⋯⋯⋯⋯⋯⋯⋯⋯袁可嘉译
茵纳斯弗利岛
基督重临
驶向拜占庭
那样的意象

面包与运动（中篇小说）
——————[西德]西·伦茨作　侯浚吉　江　南译
苏联国家文学艺术奖金历届获奖者名单（外国文艺资料）——————————————林必宏

外国文艺动态
法《费加罗》杂志载文欢迎巴金访法
英国小说家琼·里斯去世
苏联女作家卡拉瓦耶娃病故
聂鲁达的遗作陆续出版
亚瑟·赫利的新作《超负荷》
约瑟夫·海勒的新作问世
法国选出十部有声电影史上的名片
莫斯科电影制片厂情况
中国血统的法国画家赵无极（美术家与作品）
——————————————————————陈　绵
1968年4月15日（油画）——————[法国]赵无极
无题（水墨画）——————————[法国]赵无极
美国的威尼斯（油画）——————[法国]赵无极
纪念亨利·米肖（油画）————[法国]赵无极

1979 年第 6 期　刊名:《外国文艺》
目录

福克纳短篇小说三篇
纪念爱米丽的一朵玫瑰花————————杨岂深译
干旱的九月————————————————杨小石译
烧马棚——————————————————蔡　慧译
福克纳：约克纳帕塌法的故事（论文）
——————[美国]马尔科姆·考利作　李文俊译
谢德拉克（小说）
——————————[美国]威廉·斯泰伦作　吴　莹译
褐石公寓（小说）
——————————[美国]丽娜塔·艾德勒作　殷教进译
癌病房（长篇小说选译）
——————[苏联]亚·伊·索尔仁尼琴作　荣如德译
面包与运动（中篇小说·续完）
——————[西德]西·伦茨作　侯浚吉　江　南译
秘鲁作家略萨及其作品——————————绍　天
美国普利策奖金历届小说奖、剧本奖获奖名单
——————————————————————梁　定

外国文艺动态
第二次索非亚国际作家会议
法国新编《左拉书信集》
彼得·汉德克获"卡夫卡奖"
马拉默德的新作问世
《活下去，并且要记住》搬上舞台

日本作家与电影
新发现的鲁本斯作品
西班牙画家米罗（美术家与作品）——————何振志
《外国文艺》1978—1979 年总目录
E.C.里卡尔特像（油画）——————[西班牙]霍安·米罗
作品（油画）——————————[西班牙]霍安·米罗
人物和鸟（铜塑）——————[西班牙]霍安·米罗
海滩上的女人（油画）——————[西班牙]霍安·米罗

1980 年第 1 期　刊名:《外国文艺》
目录

鲽鱼（长篇小说选译）
——————[西德]冈特·格拉斯作　潘再平译
断章　外三首（诗歌）——————[希腊]奥季塞乌斯·
埃利蒂斯作　袁华清译
断章
畅饮太阳
致诗歌
我的两眼
苏联青年作家中短篇小说选
从早到晚（短篇）
——————[塔吉克]萨·图尔松作　柳光青译
音乐会（短篇）
——————[俄罗斯]纳·科热夫尼科娃作　朝　蒂译
父亲的遗言（短篇）
——————[维吾尔]图·托赫塔莫夫作　劳　戈译
贡瑟玛（中篇）
——————[布里亚特]加·达姆巴耶夫作　曹国维译
南朝鲜短篇小说五篇——————————卫　为译
船歌——————————————————金东仁作
喜鹊叫————————————————金东里作
古壶——————————————————朴荣濬作
深夜的拥抱————————————————徐基源作
第三种类型的人————————————安寿吉作
黄金时代（小说）————[日本]五木宽之作　张　城译
世界著名钢琴家阿什凯纳齐
——————[日本]小石忠男作　罗传开译
韩素音新作《百花齐放》（外国文艺新作介绍）
——————————————————————道　远

外国文艺动态
国际笔会第四十四届代表大会
阿拉贡在法国电视台发表讲话
苏联公布 1979 年度文艺和建筑学方面国家奖金获得者名单
安德烈·斯梯夫关于阿尔及利亚战争的小说
西德上映一部三十五年前法西斯德国拍摄的记录片

苏联发奖给外国著名电影人士
第十一届莫斯科国际电影节
美国出版肖斯塔科维奇回忆录
埃及第一届文化和艺术节
抽象绘画的首创者康定斯基（美术家与作品）
···何振志
阿拉伯公墓（油画）·················［法国］康定斯基
两根黑带子（油画）·················［法国］康定斯基
一个斑点（褐色上的红色）（油画）
··［法国］康定斯基
30（油画）···························［法国］康定斯基
封面设计·····························任　意

1980 年第 2 期　刊名:《外国文艺》
目录

琴声如诉（小说）···· ［法国］玛·杜拉作　王道乾译
菲茨吉拉德小说两篇
女儿当自立·····································舒　心译
五一节···萧　甘译
修墙　外三首（诗歌）
··［美国］罗·弗罗斯特作　方　平译
阿勃拉莫夫中短篇小说
最后一次打猎（短篇）·····················姚以恩译
闪烁其词（中篇）·····························石枕川译
卡夫卡短篇小说两篇·····················孙　梁译
绝食艺人
歌手约瑟芬，或耗子似的听众
卡夫卡的天堂（论文）
··［美国］乔·卡·奥茨作　俞其歆译

外国文艺动态
1979 年法兰西学院小说大奖的获得者
意大利作家卡尔维诺的新作
美国出版赛珍珠遗作
东德作家赫姆林发表回忆录
乔伊斯的作品拍成电影
琼斯城惨案在墨西哥搬上银幕
叶夫图申科拍电影
日本预定今年举办国际音乐比赛
苏音乐家索洛维约夫-谢多伊逝世
波兰出版《肖邦全集》
纳比派的代表画家维亚尔（美术家与作品）····杜定宇
德·诺阿伊伯爵夫人（画布炭笔画）
··［法国］维亚尔
维亚尔之母（炭笔画）·················［法国］维亚尔
波莉霞伯爵夫人像（画布油画）·········［法国］维亚尔
万蒂米伊广场（画布色胶画）·········［法国］维亚尔

1980 年第 3 期　刊名:《外国文艺》
目录

黑塞短篇小说两篇·····················张佩芬译
内与外
婚约
绿人再次出现（短篇小说）
··［英国］金斯利·艾密斯作　施咸荣译
救生员（短篇小说）
··［英国］约翰·韦恩作　施咸荣译
荒原（诗歌）
··［英国］托马斯·艾略特作　赵萝蕤译
传统与个人才能（论文）
··［英国］托马斯·艾略特作　曹　庸译
空中的怪物阿归（短篇小说）
··［日本］大江健三郎作　吴树文译
努埃曼短篇小说选择·····················任　重译
锤声
她的元旦
老实人
一盒火柴
"上等人"
毛驴尾巴
马尔克斯短篇小说四篇
格兰德大妈的葬礼·····················周子勤译　陈光孚校
咱们镇上没有小偷·····················刘习良译
礼拜二午睡时刻·····························刘　瑛译
纸做的玫瑰花·····························刘习良译
梭罗古勃短篇小说两篇·················顾用中译
一条虫子
微笑
日本芥川文学奖历届获奖者和获奖作品（外国文艺资料）····································一　七

外国文艺动态
森礼子获日本第 82 届芥川奖
安托尼娜·马耶获得 1979 年法国龚古尔文学奖
获得 1979 年法国勒诺多奖的小说
罗思的新作《代笔者》
希契科克获英国爵士称号后逝世
苏联新拍影片《原始森林里的故事》
费利尼新片《妇女之城》
亚马多的小说搬上银幕
苏联召开作曲家协会第六次代表大会
苏联对流行歌曲泛滥表示忧虑
米开朗琪罗在佛伦萨的故居
英、法、美博物馆先后发现伪造的提香作品
儿童文艺动态：恐怖的儿童读物在意大利泛滥成灾

阿列克辛谈苏联儿童文学的任务
捷克儿童片《尤列克》
日本把《十二个月》拍成动画片
苏联上演歌剧《我们的盖达尔》
瑞士抽象派先驱画家克勒（美术家与作品）⋯⋯戈　戈
奉献给 W 的孩子（树胶水彩画）⋯⋯［瑞士］保·克勒
有喷壶的庭院一角（玻璃水彩画）
⋯⋯⋯⋯⋯⋯⋯⋯⋯⋯⋯⋯⋯［瑞士］保·克勒
选中的场所（水彩钢笔画）⋯⋯⋯［瑞士］保·克勒
有黄鸟的风景画（油画、水彩画）
⋯⋯⋯⋯⋯⋯⋯⋯⋯⋯⋯⋯⋯［瑞士］保·克勒

1980 年第 4 期　刊名:《外国文艺》
目录

乔伊斯短篇小说三篇⋯⋯⋯⋯⋯［爱尔兰］詹·乔伊斯作
死者⋯⋯⋯⋯⋯⋯⋯⋯⋯⋯⋯⋯⋯⋯⋯⋯⋯王智良译
阿拉比⋯⋯⋯⋯⋯⋯⋯⋯⋯⋯⋯⋯⋯⋯⋯宗　白译
小人物⋯⋯⋯⋯⋯⋯⋯⋯⋯⋯⋯⋯⋯⋯⋯宗　白译
忍川（小说）⋯⋯⋯⋯［日本］三浦哲郎作　李克世译
贝尔托短篇小说两篇
⋯⋯⋯⋯⋯⋯⋯⋯［意大利］朱·贝尔托作　吕同六译
老处女
成熟的考试
西拉斯和黑马（儿童小说）
⋯⋯⋯⋯⋯⋯⋯⋯［丹麦］塞·伯德克尔作　任溶溶译
特里丰诺夫短篇小说选译
⋯⋯⋯⋯⋯⋯［苏联］尤·瓦·特里丰诺夫作　张草纫译
罂粟花
眼镜
最后一次打猎
一个夏天的中午
盛产蘑菇的秋天

外国文艺动态
第三次美苏作家会议
尤尔瑟娜尔成为法兰西学院第一位女院士
意大利法院下令查封莫拉维亚的小说《内心生活》
莫里哀的名著《吝啬鬼》搬上银幕
苏联公布 1980 年度文艺和建筑学方面列宁奖金获得
者名单
日本发表有关我国音乐的文章
野兽派画家亨利·马蒂斯（美术家与作品）⋯⋯朱伯雄
紫罗兰色衣服（油画）⋯⋯⋯⋯⋯［法国］马蒂斯
挂埃及式窗帘的室内（油画）⋯⋯⋯［法国］马蒂斯
围马尼拉披肩的马蒂斯夫人（油画）
⋯⋯⋯⋯⋯⋯⋯⋯⋯⋯⋯⋯⋯⋯⋯［法国］马蒂斯
梦（油画）⋯⋯⋯⋯⋯⋯⋯⋯⋯⋯⋯［法国］马蒂斯

库布莱镇公路（油画）⋯⋯⋯⋯⋯［法国］马蒂斯
致读者⋯⋯⋯⋯⋯⋯⋯⋯⋯⋯⋯⋯⋯⋯本刊编辑部
封面设计⋯⋯⋯⋯⋯⋯⋯⋯⋯⋯⋯⋯⋯⋯⋯任　意

1980 年第 5 期　刊名:《外国文艺》
目录

普宁（长篇小说）
⋯⋯⋯⋯⋯［美国］弗·纳博科夫作　梅绍武译
机缘（短篇小说）
⋯⋯⋯⋯⋯［美国］弗·纳博科夫作　主　万译
科珀德短篇小说两篇⋯⋯⋯⋯⋯［英国］艾·埃·科珀德
五十英磅⋯⋯⋯⋯⋯⋯⋯⋯⋯⋯⋯⋯⋯⋯张禹九译
黑发的露丝⋯⋯⋯⋯⋯⋯⋯⋯⋯⋯⋯⋯⋯江士晔译
存在主义是一种人道主义（论文）
⋯⋯⋯⋯⋯［法国］让-保罗·萨特作　周煦良译
白痴（短篇小说）
⋯⋯⋯⋯⋯［日本］坂口安吾作　瞿　麦　柯森耀译
大理石人（电影分镜头完成剧本）
⋯⋯⋯⋯⋯［波兰］安·瓦伊达导演　［波兰］阿·斯齐
博尔-雷尔斯基编剧　徐志仁　肖　章译
探索日本人的音乐（散文）
⋯⋯⋯⋯⋯⋯⋯⋯［日本］团伊玖磨作　罗传开译

外国文艺动态
萨特去世后西方的评论
意大利儿童文学作家罗大里逝世
1979 年法国三种文学奖获奖作家及作品
新发现的伦勃朗作品
独具风格的法国风景画家郁特里罗（美术家与作品）
⋯⋯⋯⋯⋯⋯⋯⋯⋯⋯⋯⋯⋯⋯⋯⋯⋯何振志
蒙马特尔风景（油画）⋯⋯⋯⋯⋯［法国］郁特里罗
调色板（油画）⋯⋯⋯⋯⋯⋯⋯⋯［法国］郁特里罗
皮埃尔丰堡（油画）⋯⋯⋯⋯⋯⋯⋯［法国］郁特里罗
希荣堡（油画）⋯⋯⋯⋯⋯⋯⋯⋯⋯［法国］郁特里罗
封面设计⋯⋯⋯⋯⋯⋯⋯⋯⋯⋯⋯⋯⋯⋯⋯任　意

1980 年第 6 期　刊名:《外国文艺》
目录

谜样的微笑（小说）
⋯⋯⋯⋯⋯［英国］奥·赫胥黎作　薛诗绮译
三个老太婆（小说）
⋯⋯⋯⋯⋯［日本］有吉佐和子作　叶渭渠译
只见河（小说）⋯⋯⋯［日本］曾野绫子作　文洁若译
断崖（小说）⋯⋯⋯⋯［日本］曾野绫子作　文洁若译
萨克斯诗歌七首⋯⋯［德国］内·萨克斯作　钱春绮译

挑战（小说）………［法国］菲·索莱尔作　胡承伟译
怀疑的时代（论文）
　　………………………［法国］纳·萨罗特作　林　青译
阿巴斯短篇小说三篇………［印度］阿·阿巴斯作
母亲的心……………………………………周　维译
长明灯………………………………………吴达审译
红与黄………………………………………孙敬钊译
利金短篇小说两篇………［苏联］弗·格·利金作
戒指…………………………………………陆肇明译
奥丽雅………………………………………陈玉增译
普宁（长篇小说·续完）
　　………………［美国］弗·纳博科夫作　梅绍武译

外国文艺动态
米洛什获 1980 年诺贝尔文学奖金
流浪作家奈保尔
美国女作家波特逝世
加拿大著名作家写儿童文学作品
英国小说家查·珀·斯诺去世
日本第 83 届芥川奖停发
英格丽·褒曼撰写回忆录
《茶花女》再次搬上银幕
蓓蒂·戴维斯从影五十周年
英国电视片《达尔文游记》
费利尼的《乐队排练》
马克·夏加尔绘画的诗情与幻想（美术家与作品）
　　……………………………………………戈　戈
马克·夏加尔作品选
七个指头的自画像（油画）
散步（油画）
长绿眼睛的房子（油画）
无边无际的时间（油画）
孤独（油画）
封面设计……………………………………任　意

1981 年第 1 期　刊名:《外国文艺》

目录

亨利·詹姆斯特辑
中篇小说两篇………［英国］亨·詹姆斯作　赵萝蕤译
黛茜·密勒
丛林猛兽
小说的艺术（论文）
　　………………［英国］亨·詹姆斯作　巫宁坤译
亨利·詹姆斯（论文）
　　………………［英国］查·珀·斯诺作　杨岂深译
一个分成两半的子爵（小说）
　……［意大利］伊·卡尔维诺作　张　宓　刘碧星译

孤独的玫瑰　外三首（诗歌）
　　………………［智利］巴·聂鲁达作　陈光孚译
米洛什诗辑
　　………［波兰］切·米洛什作　王永年　艾　迅译
短作四篇………［苏联］维·彼·阿斯塔菲耶夫作
落叶…………………………………………李　颜译
特列佐尔的一生……………………………戴　骢译
血友病………………………………………娄自良译
古老的，永恒的……………………………朝　蒂译
讨人嫌的年龄（小说）
　　………………………［日本］丹羽文雄作　刘振瀛译

外国文艺动态
西德作家维克特创作反映我国历史的小说
诺曼·梅勒谈《刽子手之歌》
威廉斯新作在肯尼迪中心首演
苏联上演威廉斯的戏剧
纳博科夫的《文学演讲集》出版
安德烈·斯梯的新作
苏联公布 1980 年度文艺、建筑方面国家奖金获得者
名单
英美法意等国纪念阿波利内诞生一百周年
雨果的《悲惨世界》搬上舞台
德国达达派画家恩斯特（美术家与作品）………杜定宇
明快首要的语言（油画）………………［德国］恩斯特
不毛之地的拿破仑（油画）……………［德国］恩斯特
接吻（油画）……………………………［德国］恩斯特
鸟（油画）………………………………［德国］恩斯特
都市合景…………………………………［德国］恩斯特
封面设计……………………………………任　意

1981 年第 2 期　刊名:《外国文艺》

目录

劳伦斯短篇小说两篇
　　………［英国］戴·赫·劳伦斯作　主　万译
你抚摸了我
马贩子的女儿
苔蕾丝·德斯盖鲁（小说）
　　………………［法国］弗·莫里亚克作　桂裕芳译
弗·莫里亚克简介………………………………罗大冈
马拉/萨德（二幕剧）
　　………………［瑞典］彼·魏斯作　胡其鼎译
米斯特拉尔诗辑………［智利］加·米斯特拉尔作
王永年　赵振江　陈光孚译
西兰佩短篇小说两篇
　　………………［芬兰］弗·埃·西兰佩作　任元华译
暮年

播种前后
别洛夫作品选（小说）
—————————［苏联］瓦·伊·别洛夫作　石枕川译
春
同名人
聊天
鲍勃里什山岗
布莱希特论叙述体戏剧（论文）
————————————［德国］贝·布莱希特作　余匡复译

外国文艺动态
1980 年西欧文艺作品漫谈
1980 年法国龚古尔文学奖和勒诺多奖的获奖作品
苏刊介绍扎格列别利内
阿瑟·米勒兄妹合作演出新剧
意大利剧作家法布里逝世
波兰影片《大理石人》的续集开拍
意大利影片《丰塔玛拉》获蒙特利尔电影节大奖
关于披头士乐队的创始人约翰·伦农
西班牙政府向名画家米罗隆重授奖
别具一格的动物画（美术家与作品）————————沈　黎
蓝马之塔（油画）———————————［德国］弗·马克
黄马（油画）————————————［德国］弗·马克
森林中的鹿（油画）————————［德国］弗·马克
原始动物（油画）—————————［德国］弗·马克
兔子的恐惧（油画）————————［德国］弗·马克
封面设计————————————————————任　意

笔记本
恰克短篇小说两篇
————————————［匈牙利］久·恰克作　陈光汉译
固执的人
好极啦!

外国文艺动态
苏联儿童文学作家巴尔托去世
苏联作家特里丰诺夫病逝
法兰西学院首次颁发保罗·莫朗大奖
1980 年法国三种著名文学奖获奖作家及作品
日本第 84 届芥川文学奖揭晓
波兰的犯罪小说
《甘地传》影片在拍摄中
苏联影片《陀思妥耶夫斯基一生中的二十六天》
英格丽·褒曼拒演梅厄
法国画家莱热——立方派中的创新者（美术家与作
品）————————————————————何振志
浴女（油画）————————————［法国］莱　热
带红头像的作品（油画）————————［法国］莱　热
生动的风景（油画）————————［法国］莱　热
余暇·献给路易·大卫（油画）—————［法国］莱　热
盛宴（油画）—————————————［法国］莱　热
封面设计———————————————————任　意

1981 年第 3 期　刊名:《外国文艺》

目录

胡利娅姨妈和作家（长篇小说）
———［秘鲁］马·巴·略萨作　兆　音　黎　江译
这爱　外一首（诗歌）
—————————［法国］雅·普列维尔作　高行健译
邱园记事（小说）
——————————————［英国］弗·伍尔夫作　舒　心译
现代小说（论文）
—————————［英国］弗·伍尔夫作　赵少伟译
废墟上的耶稣（小说）
————————————［日本］石川淳作　罗传开译
马蒂逊的妻子（小说）
———————［澳大利亚］万·帕尔默作　刘寿康译
小岛（小说）———［澳大利亚］彼·考万作　刘寿康译
莱阿短篇小说三篇
————————————［意大利］多·莱阿作　袁华清译
老太太在庞培下车
星期天再见

1981 年第 4 期　刊名:《外国文艺》

目录

死人的时代（小说）
—————————————［法国］皮·加斯卡尔作　沈志明译
毛姆短篇小说三篇————————［英国］威·萨·毛姆
上校太太——————————————————汤　真译
蒙德拉哥勋爵————————————————梅绍武译
简————————————————————万　紫译
约翰娜的故事（小说）
——————————————［瑞典］埃·约翰逊作　石琴娥译
幽谷里的农夫（小说）
—————————————［美国］埃·费伯作　聂华苓译
"扁的和圆的人物"以及"角度"（论文）
—————————————［英国］爱·摩·福斯特作　葛　林译
俄国象征派诗文辑
良心————————齐·尼·吉皮乌斯作　姚以恩译
新人————————齐·尼·吉皮乌斯作　姚以恩译
墙——————————列·尼·安德列耶夫作　靳　戈译
在地下室里————列·尼·安德列耶夫作　靳　戈译
巴尔蒙特诗四首————————————————娄自良译
白妈妈————————菲·库·梭罗古勃作　劳　戈译

外国文艺动态

美国作家萨洛扬逝世

阿尔比谈《洛莉塔》的改编

哥伦比亚作家马尔克斯的新作

莫里哀的《司卡班的诡计》搬上银幕

古图索笔下的意大利人民（美术家与作品）····朱伯雄

引吭高歌的女人·············[意大利]古图索

枪杀爱国者·················[意大利]古图索

西西里沼地运动·············[意大利]古图索

跳舞·····················[意大利]古图索

海滨浴场···················[意大利]古图索

封面设计·························任　意

1981 年第 5 期　刊名:《外国文艺》

目录

司旺的爱情（小说）

··············[法国]马·普鲁斯特作　管震湖译

普陀洛伽下海记···········[日本]井上靖作　适　夷译

波特短篇小说三篇　　　[美国]凯·安·波特作

玛丽亚·孔塞普西翁·················刘玉麟译

偷窃·························曹　庸译

坟·························屠　珍译

莉海娅（小说）·········[意大利]朱·托·迪·兰·

佩杜萨作　袁华清译

霍赫胡特作品两篇（小说）

··············[西德]罗·霍赫胡特作　杨寿国译

柏林少女安蒂戈内

轶事

巴赞短篇小说三篇·············[法国]埃·巴赞作

婚姻介绍所·····················刘禾文译

烟头儿·························李　化译

诚实的行为·····················朱松年译

达尔短篇小说两篇·············[英国]罗·达尔作

脖子·························叶　封译

比克斯比太太和上校的大衣·············马　强译

"新批评派"的衰落（论文）

··············[美国]沃·利茨作　董衡巽译

波兰短篇小说三篇·················张继馨译

一应俱全·················科·费利波维奇作

老婆是奠基石·············莱·巴尔泰利斯基作

有狗在场的谈话·············雅·伊瓦什凯维奇作

外国文艺动态

阿拉贡获法国政府勋章

苏联作家波列伏依病故

西班牙抢修戈雅故居

英格丽·褒曼扮演梅厄

西班牙纪念卡尔德隆逝世三百周年

费利尼拍摄《伊利亚特》

比利时超现实主义画家马格里特（美术家与作品）

·························戈　戈

旅行的回忆（油画）·········[比利时]马格里特

向马克·孙妮特致敬（油画）····[比利时]马格里特

透视：大卫的名画（油画）·······[比利时]马格里特

永恒（油画）·············[比利时]马格里特

玻璃房子（不透明水彩）·······[比利时]马格里特

封面设计·························任　意

1981 年第 6 期　刊名:《外国文艺》

目录

厄普代克短篇小说两篇

··············[美国]约·厄普代克作　林疑今译

野鸽的羽毛

情欲

尤尔瑟娜尔短篇小说三篇

··············[法国]玛·尤尔瑟娜尔作　林　青译

王佛保命之道

寡妇阿弗罗迪西亚

科尔内利于斯·贝尔格的悲伤

一件事先张扬的人命案（小说）····[哥伦比亚]加·

马尔克斯作　李德明　蒋宗曹译　尹承东校

在 105 公里工务点（小说）

··············[苏联]维·列·康德拉季耶夫作　卫　懿译

安德森短篇小说三篇··········[美国]舍·安德森作

母亲·························吴　岩译

成年·························吴　岩译

丛林里的死亡·············卜珍伟　江　山译

游泳池畔小景（小说）

··············[日本]庄野润三作　唐月梅译

伊·阿·库杜斯短篇小说两篇

··············[埃及]伊·阿·库杜斯作　仲跻昆译

偷公交汽车的人

房间主人的自杀

莳萝泡菜（小说）

··············[英国]凯·曼斯菲尔德作　汤　真译

展望后期现代主义（论文）

··············[英国]阿·罗德威作　汤永宽译

外国文艺动态

斯帕克发表新作《有目的地闲逛》

吉行理惠获日本第 85 届芥川奖

日本出版明治时期作品的现代语译本引争论

福尔摩斯住所成了财源

加西亚·洛尔迦的诗剧拍电影

《恰特莱夫人的情人》搬上银幕
传记片《毕加索》即将开拍
第十二届莫斯科国际电影节结束
巴黎举办莫迪利安尼作品展览会
让·阿尔普的达达派、超现实派和抽象派美术（美术家与作品）⋯⋯⋯⋯⋯⋯⋯⋯⋯⋯⋯戈 戈
躯干（雕刻）⋯⋯⋯⋯⋯⋯⋯⋯［法国］阿尔普
巨大而可爱的形体（石雕）⋯⋯⋯［法国］阿尔普
构造（拼贴画）⋯⋯⋯⋯⋯⋯⋯［法国］阿尔普
上过油彩的木材（着色木浮雕）⋯［法国］阿尔普
奥林比亚（拼贴画）⋯⋯⋯⋯⋯［法国］阿尔普
封面设计⋯⋯⋯⋯⋯⋯⋯⋯⋯⋯⋯⋯⋯任 意

1982 年第 1 期　刊名:《外国文艺》

目录

萨冈短篇小说两篇⋯⋯⋯⋯⋯［法国］弗·萨冈作
柔和的眼睛⋯⋯⋯⋯⋯⋯⋯⋯⋯⋯⋯小 禾译
难捱的圣诞节前夕⋯⋯⋯⋯⋯⋯⋯⋯朱 毅译
诺萨克短篇小说三篇⋯［西德］汉·埃·诺萨克作
相逢在前厅⋯⋯⋯⋯⋯⋯⋯⋯⋯⋯王润荣译
界标⋯⋯⋯⋯⋯⋯⋯⋯⋯⋯⋯⋯⋯王润荣译
毁灭⋯⋯⋯⋯⋯⋯⋯⋯⋯⋯⋯⋯⋯叶廷芳译
世态（小说）⋯⋯⋯⋯［日本］织田作之助作　柯森耀译
大神布朗（四幕剧）
⋯⋯⋯⋯⋯⋯［美国］尤·奥尼尔作　鹿 金译
和尤金·奥尼尔共度周末（散文）
⋯⋯⋯⋯⋯⋯⋯⋯［美国］马·考利作　龙文佩译
沃依诺维奇短篇小说两篇
⋯⋯⋯⋯⋯⋯［苏联］弗·沃依诺维奇作
我要做个正直的人⋯⋯⋯⋯⋯⋯⋯戴 骢译
半公里距离⋯⋯⋯⋯⋯⋯⋯⋯⋯⋯朝 蒂译

外国文艺动态
日本作家深泽七郎拒绝川端奖却接受了谷崎奖
苏联公布 1981 年度文艺和建筑方面国家奖金获得者名单
1981 年诺贝尔文学奖获得者卡内蒂
孚希特万格的作品改编拍成电视片
科柯施卡的绘画语言（美术家与作品）⋯⋯⋯何振志
科柯施卡的美术作品
巴黎：罗浮宫（油画）
南方的峭峰（油画）
蓝衣女人（油画）
凶手，女人的希望（素描）
难民（油画）
封面设计⋯⋯⋯⋯⋯⋯⋯⋯⋯⋯⋯⋯⋯任 意

1982 年第 2 期　刊名:《外国文艺》

目录

内华达山脉的爷爷（小说）
⋯⋯⋯⋯⋯［美国］马·洪·金斯顿作　吴巩展译
卡拉汉作品三篇（小说·散文）
⋯⋯⋯⋯⋯⋯⋯［加拿大］莫·卡拉汉作
两个钓鱼人⋯⋯⋯⋯⋯⋯⋯⋯⋯贺哈定译
结婚礼服⋯⋯⋯⋯⋯⋯⋯⋯⋯⋯秦维杜译
拳击比赛⋯⋯⋯⋯⋯⋯⋯⋯⋯⋯贺哈定译
本尼（小说）⋯⋯⋯⋯［加拿大］莫·里奇勒作
郑诗鼎　徐宗英译
雅申小说两篇⋯⋯⋯⋯⋯［苏联］亚·雅·雅申作
沃洛格达州的婚礼⋯⋯⋯⋯⋯⋯⋯石枕川译
波德鲁热尼卡⋯⋯⋯⋯⋯⋯⋯⋯⋯杨 骅译
马莱尔巴短篇小说三篇
⋯⋯⋯⋯⋯［意大利］卢·马莱尔巴作　袁华清译
碰上鲨鱼以后
黑手党徒
紫菀
桑塞姆短篇小说两篇⋯⋯⋯［英国］威·桑塞姆作
墙⋯⋯⋯⋯⋯⋯⋯⋯朱炯强译　杨岂深校
直立梯⋯⋯⋯⋯⋯⋯⋯⋯⋯⋯⋯盛建中译
艺术的观察与观察的艺术（论文）
⋯⋯⋯⋯⋯［东德］贝·布莱希特作　张 黎译
印度之歌（电影剧本）
⋯⋯⋯⋯⋯⋯［法国］玛·杜拉作　顾凌远译
小鹿之死（诗歌）
⋯⋯⋯⋯⋯［罗马尼亚］尼·拉比什作　文 琴译
魏斯特贝格短篇小说三篇
⋯⋯⋯⋯⋯［瑞典］彼·魏斯特贝格作　石琴娥译
新的陆地
玩具娃娃和伙伴
鲸鱼岛

外国文艺动态
索尔·贝娄的新作《系主任的十二月》
1981 年法兰西学院小说大奖发表
印度作家拉什迪获 1981 年度布克奖
史前人类生活在银幕上重现
活动雕塑创始人考尔德（美术家与作品）⋯⋯⋯杜定宇
萨谢的公鸡（铁皮罐头盒制作）⋯⋯⋯［美国］考尔德
螺旋形体物（涂色的钢板和钢杆制作）
⋯⋯⋯⋯⋯⋯⋯⋯⋯⋯⋯⋯⋯［美国］考尔德
女店主（金属线雕塑）⋯⋯⋯⋯⋯［美国］考尔德
用后脚站立的种马（金属线雕塑）⋯⋯［美国］考尔德
母牛（木雕）⋯⋯⋯⋯⋯⋯⋯⋯⋯［美国］考尔德
封面设计⋯⋯⋯⋯⋯⋯⋯⋯⋯⋯⋯⋯⋯任 意

1982 年第 3 期　刊名:《外国文艺》
目录

阿波利奈尔诗辑
·················〔法国〕纪·阿波利奈尔作　徐知免译
谜（小说）···········〔英国〕约·福尔斯作　施咸荣译
贡萨加诗稿（小说）
·················〔美国〕索·贝娄作　贺哈定译
三浦绫子短篇小说两篇
·················〔日本〕三浦绫子作　陈喜儒译
尾灯
在污秽的浊流中
扎雷金短篇小说三篇·······〔苏联〕谢·巴·扎雷金作
雪橇路·······························倪　亮译
天使之夜····························张草纫译
奶牛的一生··························张草纫译
卡施尼茨短篇小说两篇
·················〔西德〕玛·路·卡施尼茨作
长途电话····························樊美芳译
一个男人有一天······················智　衡译
文学评论——开着许多窗户的一幢房子（论文）
·················〔美国〕马·考利作　万培德译

外国儿童文学作品专辑
马尔夏克儿童诗五首
·················〔苏联〕萨·雅·马尔夏克作　任溶溶译
电话里讲的童话·········〔意大利〕姜·罗大里作
刘碧星　张　宓译
当代拉美文学一瞥······················晓　渝译

外国文艺动态
苏联女作家沙金孃逝世
马尔克斯应聘赴法
象牙海岸作家阿迪亚菲获 1981 年度黑非洲文学大奖
邦达列夫谈创作
法国 1981 年度费米纳文学奖揭晓
法国 1981 年度梅迪西斯奖获奖作家及作品
法国 1981 年度联合奖评选结果
苏联电影女演员卢奇科重返银幕
奥森·韦尔斯在法获勋章
栗原小卷演电视片《大河的一滴》
美国著名作家契弗写电视剧本
美国社会现实主义画家杰克·列文（美术家与作品）
·····································戈　戈
犯罪的人（油画）·············〔美国〕列　文
歹徒的葬礼（油画）···········〔美国〕列　文
无声的颂词（石版画）·········〔美国〕列　文
香港裁缝（油画）·············〔美国〕列　文
高谈阔论（油画）·············〔美国〕列　文
封面设计·····························任　意

1982 年第 4 期　刊名:《外国文艺》
目录

西蒙与残废的少女（小说）
·················〔法国〕维尔高作　韩树立译
艾兴格尔短篇小说两篇
·················〔奥地利〕伊·艾兴格尔作　章鹏高译
缚住手脚的人
广告画
奈保尔短篇小说五篇·······〔英国〕维·苏·奈保尔作
圣诞故事····························王永年译
理想的房客··························陈瑞兰译
仇敌······························吴巩展译
心······························吴巩展译
哀悼者······························杨　怡译
残年（小说）···········〔日本〕丸谷才一作　韩菊芳译
屠尔宾一家的日子（剧本）
·················〔苏联〕米·布尔加科夫作　荣如德译
我叹服于海明威的技巧（散文）
·················〔苏联〕爱伦堡作　道　远译
当代澳大利亚文学一瞥··················何　采译

外国文艺动态
美国作家契弗的最后一部小说
苏联公布 1982 年度文艺和建筑方面列宁奖金获得者
名单
詹姆斯·乔伊斯留下的两张唱片
苏联电影演员安德烈耶夫逝世
英国拍摄传记片《瓦格纳》
索菲娅·罗兰主演据亚马多小说改编的巴西影片
两部法国文学作品拍成电视片
西班牙老画家达利的新作
雅克·李普契茨的艺术探索（美术家与作品）
·····································戈　戈
鲜花怒放（铜像）·············〔美国〕李普契茨
我们的生命之树（铜像）········〔美国〕李普契茨
女人与蛇（铜像）·············〔美国〕李普契茨
头（铜像）·················〔美国〕李普契茨
怀抱吉他的斜卧者（黑色石雕）····〔美国〕李普契茨
封面设计·····························任　意

1982 年第 5 期　刊名:《外国文艺》

目录

桑塔格短篇小说两篇
————————[美国]苏·桑塔格作　吴　莹译
宝宝
没有向导的游览
人生在世（电影剧本）————————[日本]黑泽明
桥本忍　小国英雄作　任溶溶译
茨维塔耶娃诗辑
————————[苏联]玛·茨维塔耶娃作　娄自良译
勒克莱齐奥短篇小说两篇
————————[法国]让-玛丽·勒克莱齐奥作
阿扎朗————————————郝　运译
蒙多————————————蒋国萍译
茫茫大海（小说）————[美国]约·契弗作　万培德译
一位歌颂阳光的作家——约·契弗（论文）
————————[美国]保·格雷作　万培德译
白天的猫头鹰（小说）
————————[意大利]莱·夏侠作　袁华清译

外国文艺动态

《爱丽丝漫游奇境记》的爱丽丝
瑞典作家彼得·魏斯去世前完成了长篇小说《抵抗的美学》
西班牙诗人纪廉获得第三届奥林·约利兹特利国际文学奖
莫斯科举办第七届柴科夫斯基音乐比赛
备受纳粹迫害的德国画家贝克曼（美术家与作品）
————————————————杜定宇
诱惑（三联画·油画）————[德国]贝克曼
起程（三联画·油画）————[德国]贝克曼
耶稣从十字架上降下（油画）————[德国]贝克曼
夜（油画）————————[德国]贝克曼
犹太教会堂（油画）————[德国]贝克曼
封面设计————————————任　意

1982 年第 6 期　刊名:《外国文艺》

目录

陆奥偶人（小说）————[日本]深泽七郎作　徐志华译
富恩特斯作品小辑（小说）
————————————[墨西哥]卡·富恩特斯作
查科·莫尔————————————顾文波译
纯洁的心灵————————————李德明译
生活的代价————————————蒋宗曹译
七里靴（小说）————[法国]马·埃梅作　叶　尊译

流浪（散文和诗）————[瑞士]赫·黑塞作　胡其鼎译
罗思短篇小说两篇————————[美国]菲·罗思作
狂人伊莱————————————叶　封译
争夺艾伦·古尔德————————顾连理译
伊戈尔·斯特拉文斯基（人物介绍）
————[美国]埃·沃·怀特　杰·诺布尔作　连　理译
塞瓦斯托波尔旅馆（散文）
——《金蔷薇》第二卷的一章
————[苏联]康·格·巴乌斯托夫斯基作　边　恭译
红笑（小说）
————[俄国]列·尼·安德列耶夫作　顾用中译

外国文艺动态

加西亚·马尔克斯获 1982 年度诺贝尔文学奖
芥川奖接连两届没有作品获奖
1982 年歌德文学奖的纠纷
意大利发现加里波第的长篇小说手稿
莫拉维亚新作《1934 年》出版
普里契特短篇小说集在美出版
汉德克的新剧作《村民们》上演
法国作家朱尔·罗曼的小说《善意的人们》拍成电视连续剧
加拿大蒙特利尔第六届世界电影节设施奈德奖
为祝贺古图索七十寿辰意大利举办古图索大型画展
"痛苦的画家"苏廷（美术家与作品）————欧阳英
雕塑家米埃斯特尚尼诺夫像（画布油画）————苏　廷
玛丽雅·拉尼像（画布油画）————苏　廷
莎特尔附近的风景（油画）————苏　廷
鱼和西红柿（油画）————————苏　廷
带烟斗的静物（油画）————————苏　廷
封面设计————————————任　意

1983 年第 1 期　刊名:《外国文艺》

目录

变化（小说连载）
————————[法国]米·比托尔作　朱　静译
山崎丰子小说两篇————[日本]山崎丰子作　唐月梅译
船场迷
讣闻
奇谈录（散文诗选译）
————————[黎巴嫩]纪伯伦作　郭　黎译
完美
昨天、今天和明天
更浩瀚的海洋
海（小说）
————————[希腊]安·卡尔卡维查斯作　李成贵译

爸爸（小说）

·····················[希腊] 瓦·亚历山大基斯作　李成贵译

阿纳尼耶夫中篇小说两篇

······················[苏联] 阿·安·阿纳尼耶夫作　曹国维译

费多尔·伊凡诺维奇

荣誉啊，你是磨盘！

外国文艺动态

苏联 1982 年度文艺和建筑方面国家奖金获得者名单

获 1982 年度苏联国家奖的小说《创世》

1982 年法国龚古尔文学奖公布

马拉默德发表新作《上帝的慈悲》

西德作家瓦尔泽发表新作

美国老导演亨利·金去世

法国拍卖一批现代艺术品

当代著名古巴画家维夫雷多·蓝去世

英国杰出的雕塑家亨利·穆尔（美术家与作品）

·····································何振志

地下避弹所（钢笔水彩）·············[英国] 穆　尔

一群人望着一件捆着的物体（水彩）

·································[英国] 穆　尔

斜倚的形象（石雕）·············[英国] 穆　尔

斜倚的形象（石雕）·············[英国] 穆　尔

斜倚的母与子（铜塑）············[英国] 穆　尔

封面设计·····························任　意

1983 年第 2 期　刊名:《外国文艺》
目录

阿拉贡短篇小说三篇

·················[法国] 路·阿拉贡作　林　青译

好邻居

分娩之前

杀人不是游戏

格林短篇小说两篇···[英国] 格·格林作　吴　劳译

大桥彼岸

被告胜诉

同格雷厄姆·格林一席谈（访问记）

·················[英国] 安·伯吉斯作　吴　劳译

渡边淳一小说两篇····[日本] 渡边淳一作　陈喜儒译

猴子的反抗

乳癌手术

瓦尔拉夫作品两篇（小说）

·························[西德] 冈·瓦尔拉夫作

在船厂·····························米尚志译

在钢管厂·····························方　向译

尤菲特短篇小说两篇

·················[苏联] 马·约·尤菲特作　朝　蒂译

乡下牛排

从北到南

变化（长篇小说　续完）

·················[法国] 米·比托尔作　朱　静译

拉丁美洲的孤独·············[哥伦比亚] 加·加西亚·

马尔克斯作　张永泰译

外国文艺动态

美国作家斯泰伦出版散文集

沃尔科夫获 1982 年度法兰西学院小说大奖

冯内戈特的新作《神枪手迪克》问世

罗布-格里耶和莫拉维亚获意大利蒙德洛文学奖

1982 年意大利几项重要文学奖的获奖作家和作品

1982 年获意大利两项文学奖的小说《现在不走，更待

何时？》

法国 1982 年度联合奖评选结果

法国 1982 年度勒诺多奖获奖作家及作品

美国发现海明威一篇反法西斯文章的英文原稿

著名钢琴家鲁宾斯坦去世

今年将举行的第二届日本国际音乐比赛

苏联召开第六次美术家代表大会

博纳尔

——杰出的"色彩学家"（美术家与作品）

·····································杜定宇

达佛尼斯与克洛艾（石版画）·······[法国] 博纳尔

杂技团里的马匹（油画）··········[法国] 博纳尔

早餐室（画布油画）············[法国] 博纳尔

包厢（画布油画）·············[法国] 博纳尔

少女与狗（画布油画）···········[法国] 博纳尔

封面设计·····························任　意

1983 年第 3 期　刊名:《外国文艺》
目录

学会恨（小说）

·················[苏联] 米·肖洛霍夫作　草　婴译

服丧的白雪（长篇小说）

·················[法国] 亨·特罗亚作　小　禾译

外国儿童文学作品专辑

不听话的孩子的狂欢节

·················[苏联] 谢·米哈尔科夫作　任溶溶译

三个儿童故事····[瑞士] 彼·比克塞尔作　汇　涓译

韦尔蒂小说四篇·············[美国] 尤·韦尔蒂作

钥匙·······························屠　珍译

我为什么住邮局·························屠　珍译

旅行推销员之死·························杨　怡译

漂流者·····························万培德译

尤多拉·韦尔蒂访问记
—————————[美国]安·泰勒作 杨 怡译
朱达·沃顿短篇小说两篇
—————————[澳大利亚]朱·沃顿作 黄源深译
刀
劝阻
维森特（小说）
—————————[葡萄牙]米·托尔加作 彭子铃译
雪女（小说）—————[日本]和田芳惠作 赖育芳译

外国文艺动态
法国 1982 年度梅迪西斯奖评选结果
日本第 88 届芥川文学奖揭晓
法国 1982 年度费米纳文学奖揭晓
新发现一批卡夫卡藏书
西班牙文学名著《蜂房》拍成电视剧
日本音乐家对中国音乐的一种看法
日本音乐家三森稔发表《古÷今＋东×西》
法国雕塑家马约尔（美术家与作品）—————欧阳英
雷诺阿胸像（青铜）——————————[法国]马约尔
花神（青铜）————————————[法国]马约尔
少女躯干（大理石）————————[法国]马约尔
地中海（青铜）————————————[法国]马约尔
封面设计————————————————任 意

契诃夫————————————————————杨 骅译
亚历山大·勃洛克——————————————娄自良译
伊凡·蒲宁————————————————戴 骢译
纽扣孔上的小玫瑰花————————————冯 春译
瓦尔泽短篇小说三篇
—————————[西德]马·瓦尔泽作 包祖学译
乔迁
假如没有贝尔蒙特，我们会怎样
收藏家的归来
卡夫卡诞生一百周年·小说专辑
万里长城建造时——————————————叶廷芳译
地洞————————————————————叶廷芳译
致科学院的报告——————————————李文俊译

外国文艺动态
新发现的福克纳早期作品手稿
美国黑人女作家艾丽斯·沃克获普利策小说奖
关于雨果母亲的传记小说问世
安德烈伊·瓦伊达获法国 1982 年度路易·德吕克奖
格拉斯获意大利"国际费尔特里内利奖"
萨特的未发表作品文稿大量发现
普鲁斯特《司旺的爱情》被搬上银幕
比利时画家阿列钦斯基（美术家与作品）———欧阳英
阿列钦斯基美术作品五幅
封面设计————————————————任 意

1983 年第 4 期　刊名:《外国文艺》
目录

散文特辑
烟斗里出来的烟———[日本]团伊玖磨作 罗传开译
致作家———[南斯拉夫]伊·安德里奇作 卫 懿译
校园散文———[智利]加·米斯特拉尔作 姜浩银译
波德莱尔论文艺
—————————[法国]夏·波德莱尔作 徐知免译
旅伴———————[英国]阿·乔·加德纳作 彭恩华译
大编辑————————[美国]克·麦凯作 荒 芜译
[附]麦凯诗三首——————————————汤永宽译
小店————————[美国]尤·韦尔蒂作 杨 怡译
人生————————[日本]远藤周作作 辛镜心译
思想的诞生———[埃及]陶菲格·哈基姆作 杨士毅译
雷哈尼散文三篇
—————————[黎巴嫩]阿·雷哈尼作 娄自良译
给播种者的种子
贝鲁特素描
不幸中的慰藉和慰藉中的不幸
为共产主义理想服务
—————————[苏联]德·肖斯塔科维奇作 章云义译
《金蔷薇》补————[苏联]康·格·巴乌斯托夫斯基作

1983 年第 5 期　刊名:《外国文艺》
目录

好安娜（小说）
—————————[美国]格·斯坦因作 薛诗绮译
拉丁美洲现代主义诗歌选择———————陈光孚 孙家孟译
《我的骑士》、《在这块苍白的土地上》、《你的匕首有
什么要紧……》——————————[古巴]何塞·马蒂
《死波》—————————————[墨西哥]古·纳赫拉
《致爱情》————————————[秘鲁]贡·普拉达
《夜曲》—————————[哥伦比亚]何·阿·西尔瓦
《我寻求一种形式》、《小奏鸣曲》、《画展与孔雀》、
《诽谤》—————————[尼加拉瓜]卢·达里奥
《花与星》————————————[阿根廷]莱·卢戈内斯
《扭断天鹅的脖颈》————————[墨西哥]冈·马丁内斯
《谁知道呢！》——————————[秘鲁]桑·乔加诺
忆陀思妥耶夫斯基（回忆录）
—————————[俄国]安·陀思妥耶夫斯卡娅作 吕千飞译
山冈（小说）————————[法国]让·季奥诺作
方德义 宫瑞华译 林秀清校
《识字课本第二号》选译（小说三篇）
—————————[意大利]哥·帕里塞作 袁华清译

第十一个圣诞节（小说）
———————— ［新西兰］莫·吉作　吴景华译
《勒纳尔日记》摘译
———————— ［法国］儒·勒纳尔作　徐知免译

外国文艺动态
苏联作家阿勃拉莫夫逝世
舒尔茨获民主德国海因里希·曼奖金
墨西哥女画家弗里达的传记问世
尼加拉瓜纪念卢文·达里奥
苏联诗人苏尔科夫逝世
法兰西学院颁发多种文学奖
西班牙庆祝米罗的九十岁诞辰
轰动西班牙画坛的萨尔瓦多·达利画展
立体派雕塑大师阿基平科（美术家与作品）———— 戈　戈
梳头发的女人（铜像）———— ［美国］亚·阿基平科
绿色的凹面（铜像）———— ［美国］亚·阿基平科
舞蹈（铜像）———— ［美国］亚·阿基平科
坐在椅子上的女人（着色铜像）
———————— ［美国］亚·阿基平科
斜卧的躯体（铜像）———— ［美国］亚·阿基平科
封面设计———————————— 任　意

1983 年第 6 期　刊名:《外国文艺》
目录

诗歌特辑
诗四首———————— ［阿根廷］博尔赫斯　王央乐译
诗四首———————— ［奥地利］巴赫曼　钱春绮译
颠倒的世界———————— ［奥地利］汉德克　绿　原译
致后代—— ［德意志民主共和国］布莱希特　绿　原译
自然诗—— ［德意志联邦共和国］博尔恩　绿　原译
诗三首———————— ［法国］艾吕雅　徐知免译
诗四首———————— ［法国］阿拉贡　徐知免译
诗四首———————— ［法国］夏　尔　徐知免译
诗五首———————— ［美国］弗罗斯特　方　平译
星期天早晨———————— ［美国］斯蒂文斯　李文俊译
诗四首———————— ［美国］威廉斯　袁可嘉译
诗两首———————— ［美国］杜利特尔　黄杲炘译
诗艺———————— ［美国］麦克利什　汤永宽译
诗六首———————— ［美国］休　斯　邹　绛　王汉梁译
废墟间的颂歌———————— ［墨西哥］帕　斯　王永年译
诗三首———————— ［日本］高村光太郎　任溶溶译
船舶旅馆晨歌———————— ［日本］鲇川信夫　全谱雍译
诗五首———————— ［苏联］鲍科夫　夏仲翼译
诗两首———————— ［苏联］维库洛夫　张草纫译
诗三首———————— ［苏联］罗日杰斯特文斯基　夏仲翼译
诗两首———————— ［苏联］沃兹涅先斯基　许贤绪译

诗两首———————— ［苏联］鲁勃佐夫　张草纫译
诗两首———————— ［苏联］阿赫玛杜琳娜　娄自良译
诗两首———————— ［意大利］翁加雷蒂　钱鸿嘉译
诗两首———————— ［意大利］夸齐莫多　钱鸿嘉译
序曲———————— ［英国］艾略特　裘小龙译
《我承认，我历尽沧桑》选译（回忆录）
———————— ［智利］巴·聂鲁达作　江志方译
月球景色（中篇小说）
———————— ［芬兰］米·瓦尔塔里作　任元华译
航海者的保护神（小说）
—— ［葡萄牙］费·德·卡斯特罗作　彭子铃　郑　铮译
《马拉喀什之声》选译（游记）
———————— ［英国］伊·卡内蒂作　王佩莉译
奥地利小说选
温迪娜走了———————— 英·巴赫曼作　王维达译
这是喜剧？还是悲剧?———— 托·伯恩哈德作　魏育青译
一个扳道夫的非凡经历
———————— 汉·卡·阿特曼作　王佩莉译
大功告成———————— 赫·艾森赖希作　王维达译
罗马的上尉———————— 厄·冯·霍瓦特作　王佩莉译
绿藻秘书（小说）———— ［日本］野间宏作　周　平译

外国文艺动态
美国出版著名诗人麦克利什的书信集
特雷弗《幸运的傻瓜》一书在美出版
1982 年的国际安徒生奖
加拿大女作家鲁瓦逝世
英国小说家威廉·戈尔丁获 1983 年诺贝尔文学奖
墨西哥出版《卡彭铁尔全集》
萨尔瓦多小说《一天的生活》在美出版
米歇尔·戴翁的小说拍成电视片
阿拉贡的《豪华市区》拍成电视片
美国抽象表现主义画家阿·高尔基（美术家与作品）
———————————————— 戈　戈
瓦士希像（油画）———————— ［美国］阿·高尔基
艺术家的母亲（木炭画）———— ［美国］阿·高尔基
桌上的静物（油画）———————— ［美国］阿·高尔基
索契的花园（油画）———————— ［美国］阿·高尔基
静物（油画）———————— ［美国］阿·高尔基
封面设计———————————— 任　意

1984 年第 1 期　刊名:《外国文艺》
目录

老柳树下（中篇小说）
———————— ［苏联］彼·普罗斯库林作　宋大图译
卡波蒂短篇小说四篇———————— ［美国］杜·卡波蒂作
圣诞节忆旧———————————— 叶　封译

聚宝壶⸺⸺⸺⸺⸺⸺⸺⸺主　万译
关上最后一道门⸺⸺⸺⸺⸺⸺林　山译
在通向伊甸园的小径中间⸺⸺⸺⸺鹿　金译
玫瑰和葡萄　外九首（诗歌）
⸺⸺⸺⸺［苏联］马·雷里斯基作　邹　绛译
暗店街（长篇小说）
⸺⸺⸺⸺［法国］帕·莫迪亚诺作　小　禾译
老虎（短篇小说）
⸺⸺⸺⸺［新加坡］S.拉贾拉南作　王家桢译
变化多端的安东尼·伯吉斯（作家介绍）
⸺⸺⸺［美国］比·休伊特　爱·贝尔作　晓　渝译

外国文艺动态
施努雷获 1983 年度联邦德国比希纳奖
1983 年意大利获奖作品
苏联 1983 年度文艺和建筑方面国家奖金获得者名单
《死魂灵》拍电视片
西班牙著名画家米罗去世
比利时画家詹姆斯·恩索尔（美术家与作品）
⸺⸺⸺⸺⸺⸺⸺⸺⸺⸺⸺何振志
擦煤灯的少年（油画）　　［比利时］詹·恩索尔
面向画架的自画像（油画）⸺［比利时］詹·恩索尔
被假面具包围的自画像（油画）
⸺⸺⸺⸺⸺⸺⸺⸺［比利时］詹·恩索尔
阴谋（油画）⸺⸺⸺⸺⸺［比利时］詹·恩索尔
凝视虾和蟹的假面具（油画）
⸺⸺⸺⸺⸺⸺⸺⸺［比利时］詹·恩索尔
封面设计⸺⸺⸺⸺⸺⸺⸺⸺⸺任　意

1984 年第 2 期　刊名:《外国文艺》

目录

横光利一小说选⸺⸺［日本］横光利一作　罗传开译
太阳
春天乘着马车来了
塞林杰中短篇三篇⸺⸺⸺⸺［美国］杰·戴·塞林杰作
木匠们，把房梁抬高些⸺⸺⸺⸺⸺吴　劳作
香蕉鱼的好日子⸺⸺⸺⸺⸺⸺吴　劳作
康涅狄格州的威格利大叔⸺⸺⸺⸺吴巩展译
阿尔维蒂诗六首
⸺⸺⸺⸺［西班牙］拉·阿尔维蒂作　赵振江译
爱斯基摩人（长篇摘译）
⸺⸺⸺⸺［加拿大］伊·泰利奥作　郑永慧译
扎克鲁特金短篇小说两篇
⸺⸺⸺⸺［苏联］维·亚·扎克鲁特金作
两夜⸺⸺⸺⸺⸺⸺⸺⸺⸺张草纫译
在高高的篱笆后面⸺⸺⸺张志澄　卫　懿译

外国文艺动态
让·热内获 1983 年度法国国家文学大奖
阿尔维蒂获 1983 年度塞万提斯奖
苏刊纪念法国《欧罗巴》杂志创刊六十周年
新表现主义绘画风行欧美
荷兰画家马里斯三兄弟（美术家与作品）
⸺⸺⸺⸺⸺⸺⸺⸺⸺⸺⸺戈　戈
井边女孩（油画）⸺⸺⸺⸺［荷兰］马·马里斯
两姐妹（油画）⸺⸺⸺⸺［荷兰］马·马里斯
多德雷赫特（油画）⸺⸺⸺［荷兰］雅·马里斯
喂鸡（油画）⸺⸺⸺⸺⸺［荷兰］马·马里斯
躺着的孩子（油画）⸺⸺⸺［荷兰］马·马里斯
封面设计⸺⸺⸺⸺⸺⸺⸺⸺⸺任　意

1984 年第 3 期　刊名:《外国文艺》

目录

特雷弗小说四篇⸺⸺⸺⸺［英国］威·特雷弗作
网球场⸺⸺⸺⸺⸺⸺⸺⸺⸺刘玉麟译
歇凉小屋⸺⸺⸺⸺⸺⸺⸺⸺刘玉麟译
浪漫舞厅⸺⸺⸺⸺⸺⸺⸺⸺杨　怡译
死神在耶路撒冷⸺⸺⸺⸺汤天一译　万　紫校
巴西短篇小说选辑
海军上将式的夜晚⸺⸺⸺⸺⸺⸺若·马·
马查多·德·阿西斯作　刘正康译　范维信校
娇蝴蝶狂欢队⸺⸺⸺⸺利·格乌托作　刘正康译
儿子的手⸺⸺⸺埃·维利西莫作　喻慧娟译　范维信校
散步⸺⸺⸺⸺⸺⸺费·萨比诺作　禹　凡译
函授博士⸺⸺⸺⸺⸺⸺马·列依作　范维信译
公寓里的女郎⸺⸺⸺⸺希·阿尼济奥作　孙成敖译

儿童文学特辑
一行有一行的童话
⸺⸺⸺⸺［捷克斯洛伐克］卡·恰佩克作　任溶溶译
邮递员的童话
强盗的童话
流浪汉的童话
史前故事三篇（童话）
⸺⸺⸺⸺［意大利］阿·莫拉维亚作　袁华清译
鳄鱼、鹬鸟和爱跳舞的鱼
冰做的王冠化了
长颈鹿寻找自己
联邦德国小说四篇
棒球运动员⸺⸺⸺⸺⸺沃·克彭作　章鹏高译
威尼斯壁炉工可怕的经历⸺⸺阿·安德施作　章鹏高译
一九五六年——皮尔茨年
⸺⸺⸺⸺⸺沃·希尔德斯海默作　章鹏高译
干柴里的火星⸺⸺⸺⸺⸺沃·施努雷作　徐　立译

从生活中的新事物到艺术中的新事物（论文）
——————————[苏联]塔·莫蒂辽娃作　吴元迈译
晚年（小说）
——————————[西班牙]欧·加尔瓦里亚多作　周义琴译
冬晖（小说）
——————————[日本]濑户内晴美作　王玉琢译
卷叶虫（小说）
——————————[日本]竹西宽子作　姚祖榕译　郭建熊校
英国文坛近貌（报道）
——————————[美国]角谷美智子作　晓　扬译

外国文艺动态
著名作家科塔萨尔病逝
1983 年度法兰西学院小说大奖评选结果
贝克特亲自导演《等待戈多》
法国《文学新闻》发表汉特克访问记
雅克·迪凯纳获法国 1983 年度联合奖
里加的雕塑艺术（美术家与作品）————————章永浩
女儿像（雕塑）——————————[苏联]克·包曼尼斯
力神（雕塑）——————————[苏联]阿·杜姆佩
图莱多斯·玫瑰像（雕塑）————[苏联]阿·古尔比斯
北方春光（雕塑）——————————[苏联]阿·古尔比斯
图库姆城的自由纪念碑（雕塑）
——————————[苏联]阿·杜姆佩
封面设计——————————————————任　意

1984 年第 4 期　刊名:《外国文艺》

目录

德吕翁小说四篇——————————[法国]莫·德吕翁作
扎尔金先生度假记——————————————罗国林译
水晶棺材——————————————————罗国林译
骑士————————————————————林　光译
夜间巡逻队————————————————林　光译
扎米亚京作品两篇
——————————[苏联]叶·扎米亚京作　夏仲翼译
小城轶事（中篇小说）
三天（特写）
海鸥（短篇）———[希腊]伊·维内齐斯作　李成贵译
在这样一个夜晚（短篇）
——————————[西班牙]米·德利贝斯作　姜浩银译
随员（短篇）————[日本]源氏鸡太作　谭晶华译
赖特作品三篇——————————[美国]理·赖特作
一个遭受歧视的黑人的伦理观：自传梗概——杨　健译
医院（短篇）————————————————徐越庭译
大男出走（短篇）——————————————吴正龙译
施瓦茨诗四首——[奥地利]恩·施瓦茨作　黎　奇译
母亲的悲剧（传记）——————[奥地利]彼·汉德克作

张海明　金洪良译
德莱塞：天生老于世故的小说家（论文）
——————————[美国]埃·劳·道克多罗作　汤永宽译

外国文艺动态
畅销作家卡尔·迈又引起德国文艺界注目
苏联纪念肖洛姆-阿莱汉姆诞生一百二十五周年
获得法国 1983 年度费米纳奖和梅西斯奖的两个作家
苏联公布 1984 年度文艺和建筑方面列宁奖金获得者
名单
罗布-格里耶谈"新小说"
美国著名作家欧文·肖逝世
《一件事先张扬的凶杀案》将改拍电影
德利贝斯的小说搬上银幕
高更一幅湮没二十年的绘画重被发现
画风轻快的法国画家杜菲（美术家与作品）————何振志
杜菲美术作品五幅
封面设计——————————————————任　意

1984 年第 5 期　刊名:《外国文艺》

目录

玛莱-若丽丝短篇小说两篇
——————————[法国]弗·玛莱-若丽丝作　郑克鲁译
科尔代莉亚
西尔薇亚
葡萄牙短篇小说两篇
一颗子弹——————————阿·戈·里贝罗作　彭子铃译
下巴颏儿——————————玛·翁·布拉加作　孙成敖译
大家不敢接触的人（小说）
——————————[日本]宫原昭夫作　韩菊芳译
新娘（小说）————[印度]波泰卡特作　叶正佳译
赛薇丽娜（中篇小说）
——————————[意大利]伊·西洛内作　袁华清译
为阵亡的联邦军战士　外五首（诗歌）
——————————[美国]罗·洛尼尔作　汤永宽　齐　宁译
埃娃·玛丽亚（电视剧）
——————————[芬兰]万·维·耶内尔作　赵苏苏译
社会主义现实主义文学的形式多样性（论文）
——————————[苏联]и.ф.沃尔科夫作　高俐敏译
爱伦堡佚文九篇———[苏联]伊·爱伦堡作　朝　蒂译

外国文艺动态
1984 年的国际安徒生奖
日本百龄老作家野上弥生子勤写不辍
美国中青年作家谈他们所受的文学影响
法兰西学院颁发 1984 年度多种文学奖
欧洲五国报刊评选出欧洲五个语种的十大作家

法国作家马丁·杜·加尔遗作问世
英国著名作家普里斯特利去世
科莱特的作品被收入法国著名的《七星》丛书
美国发行范朋克纪念邮票
"巴黎派"的代表：美国画家帕斯金（美术家与作品）························欧阳英
帕斯金美术作品五幅
封面设计·······························任　意

1984 年第 6 期　刊名:《外国文艺》
目录

安娜·西格斯小说选·······[民主德国]安·西格斯作
真正的蓝色（中篇）······················王佩莉译
预言者···································华宗德译
决斗·····································肖　声译
安娜·西格斯谈创作·······················李　丽译
絮佩维埃尔诗三首
　　　　[法国]儒·絮佩维埃尔作　徐知免译
德思诺斯诗三首
　　　　　[法国]罗·德思诺斯作　徐知免译
阿纳托利·金短篇小说三篇·······[苏联]阿·金作
流动的岛·································许贤绪译
士兵的孩子·······························群　青译
海啸·····································郑泽生译
普里契特小说四篇　[英国]维·索·普里契特作
狂欢·····································江士晔译
许多人失望·······························江士晔译
声音·····································吴　莹译
烟鬼·····································吴　莹译
甘高巴底亚耶短篇小说两篇
　　　　[印度]纳·甘高巴底亚耶作　邱蔚松译
暴雨
大功告成之后
手掌上的几粒石子（散文）
　　　　　[苏联]弗·索洛乌欣作　戴　骢译

外国文艺动态
捷诗人赛费尔获 1984 年诺贝尔奖
苏报重新评价左琴科的中篇小说《日出之前》
艾特玛托夫谈文学
美国著名小说家卡波蒂去世
苏联作家田德里亚科夫逝世
赫勒出版新作《天知道》
伍尔夫最后一卷日记出版
奥茨发表新作
梅勒的新作《虽然小伙子们不跳舞》问世
俄罗斯艺术家塔特林（美术家与作品）·········何振志
第三国际纪念碑模型·············[苏联]塔特林
斜倚的裸体像（油画）···········[苏联]塔特林
鱼贩子（木板胶画）·············[苏联]塔特林
树林（木板胶画）···············[苏联]塔特林
封面设计·······························任　意

1985 年第 1 期　刊名:《外国文艺》
目录

被遗弃的妇人（中篇）
　　　[法国]西德·波伏瓦作　葛　雷译
澳大利亚小说六篇
我一定需要五十镑·········弗·哈代作　万　紫译
关于科科达故事的一条脚注
　　　　　　曼·克拉克作　焦　良译
在巴黎···············海·加纳作　顾　睿译
干旱···············罗·托拜厄斯作　杨　怡译
以血还血·············戴·艾尔兰作　顾　睿译
和德斯图普一家在一起·····劳·克兰西作　夏玉瑛译
炸肉丸小贩管理规则（短篇）
　　　　[土耳其]阿·内辛作　余　生译
高桥揆一郎小说两篇
　　　　[日本]高桥揆一郎作　陈喜儒译
浅蓝色的围墙
鸽子笼
你，战争！（诗歌）
　　　[捷克斯洛伐克]雅·塞费尔特作　叶尔湉译
古斯塔夫松诗三首
　　　　[瑞典]拉·古斯塔夫松作　李　笠译
苏联小舞台剧两种
不是那套公寓···········谢·米哈尔科夫作　李　沙译
萨什卡·············谢·科科夫金作　沙　金译
一桩疑云重重的丑闻（论文）
　　　　[美国]杰·迈耶斯作　晓　渝译
伯吉斯谈奈保尔（论文）···············晓　渝译

外国文艺动态
苏联公布 1984 年度文艺和建筑方面国家奖金获得者
名单
苏联作协成立五十周年，二百九十余位作家受勋
1984 年意大利获奖作品
法国诗人皮埃尔·埃马努埃尔去世
多丽丝·莱辛化名出版两部小说
意大利戏剧家德·菲利波逝世
苏联四位作家逝世
西班牙选出十部西班牙语最佳小说
略萨出版新作
加西亚·马尔克斯的《死亡的时刻》拍成电视剧

德彪西早年作品被发现并灌成唱片

美国社会现实主义画家拉斐尔·索耶（美术家与作品）⋯⋯⋯⋯⋯⋯⋯⋯⋯⋯⋯⋯⋯戈 戈

索耶作品五幅

封面设计⋯⋯⋯⋯⋯⋯⋯⋯⋯⋯⋯⋯任 意

1985 年第 2 期　刊名:《外国文艺》
目录

冰岛短篇小说选

被出卖的梦想⋯⋯⋯⋯⋯哈·斯泰方森作　石琴娥译

罪孽的甜味⋯⋯⋯⋯⋯古·哈加林作　斯 文译

神童⋯⋯⋯⋯⋯乌·赫·西蒙纳森作　石琴娥译

水上勉小说两篇⋯⋯⋯⋯[日本]水上勉作　柯森耀译

贵船川

寺泊

马尔索小说三篇⋯⋯⋯⋯[法国]费·马尔索作

唐·帕斯夸莱的荣誉⋯⋯⋯⋯⋯王振孙译

邮票⋯⋯⋯⋯⋯王振孙译

安托瓦内特小姐的钻石⋯⋯⋯⋯⋯华 青译

将军的狗（小说）

⋯⋯⋯⋯[联邦德国]海·基普哈特作　米尚志译

奥捷克中篇小说两篇

⋯⋯⋯⋯[美国]辛·奥捷克作　吴 劳译

一次教育

在富米卡罗

抒情诗六首⋯⋯[苏联]安·阿赫玛托娃作　戴 骢译

杂拌儿（散文）

⋯⋯⋯⋯[苏联]瓦·勃留索夫作　张草纫译

外国文艺动态

英国作家格·格林获法国一级文艺勋章

法国作家马·布里翁去世

博尔赫斯获罗马大学名誉博士学位

亚马多又一部长篇小说即将完成

法国纪念杜阿梅尔诞辰一百周年

英国任命新桂冠诗人特德·休斯

1984 年美国出版的小说

阿根廷作家萨瓦托连获两项文学大奖

塞拉获 1984 年西班牙国家文学奖

野兽主义画家凡·东根（美术家与作品）⋯⋯⋯欧阳英

凡·东根作品五幅

封面设计⋯⋯⋯⋯⋯⋯⋯⋯⋯⋯任 意

1985 年第 3 期　刊名:《外国文艺》
目录

瑞典短篇小说

"请用，谢谢⋯⋯"

⋯⋯⋯⋯阿·冯·克吕森谢娜作　石琴娥译

三十年代的一个降临节⋯⋯⋯埃·约翰逊作　李 笠译

约翰·埃里克森的幽灵⋯⋯⋯比·诺曼作　巨 林译

《四首四重奏》之三：干燥的萨尔维吉斯（诗）

⋯⋯⋯⋯[英国]托·斯·艾略特作　汤永宽译

树和天空 外五首（诗）

⋯⋯⋯⋯[瑞典]托·特兰斯特勒默作　李 笠译

儿童文学作品

河豚鱼生活在大海里（小说）

⋯⋯⋯⋯[美国]波·福克斯作　任溶溶译

加拿大小说五篇

磁石⋯⋯⋯⋯⋯休·加纳作　刘国平译

我们都从小杂志开始⋯⋯⋯诺·莱文作　刘玉麟译

放一个红风筝⋯⋯⋯休·胡德作　顾连理译

默文的生活体验⋯⋯⋯莫·里奇勒作　蔡 慧译

乌得勒支和约⋯⋯⋯艾·芒罗作　叶 封译

危险信号（中篇小说）

⋯⋯⋯⋯[希腊]安·萨马拉基斯作　朱圣鹏译

略萨谈拉美文学（作家访问）

外国文艺动态

一个纪念海明威的新奖

法国 1984 年文学和诗歌国家大奖的获得者

比利时学术界纪念加缪去世二十五周年

法国诗人、画家亨利·米肖去世

德国著名作曲家罗伊特去世

苏联儿童文学作家盖达尔的名字进入地图

莫斯科一儿童图书馆以儿童文学女作家巴尔托的名字命名

日本建立儿童文学馆

凯希纳与"桥社"（美术家与作品）⋯⋯⋯⋯何振志

凯希纳作品五幅

封面设计⋯⋯⋯⋯⋯⋯⋯⋯⋯⋯任 意

1985 年第 4 期　刊名:《外国文艺》
目录

浆果处处（长篇小说）⋯⋯⋯⋯⋯⋯[苏联]

叶·亚·叶甫图申科作　张草纫　白嗣宏译

蓬热诗三首⋯⋯⋯⋯[法国]弗·蓬热作　徐知免译

丹麦短篇小说

就不出口的字眼————————维·默勒作　张宪一译
奥尔兴的化装舞会————————卡·埃·索亚作　张立荣译
诗人与姑娘————————汉·克·布兰诺作　张宪一译
布隆丹短篇小说三篇————————[法国]安·布隆丹作
深夜小曲————————————————施康强译
室内三重奏————————————————施康强译
我们步行回家吧————————————李棣华译
萤火虫之墓（短篇小说）
　　　————————[日本]野坂昭如作　谭晶华译
复仇（短篇小说）————[哥伦比亚]曼·梅·巴列霍作
安兴华　于莲芝译　远浩一校

外国文艺动态

苏联老导演尤特凯维奇去世
加西亚·马尔克斯谈他的近况
民主德国的儿童电影节
法国奥菲斯立体主义画家德劳内（美术家与作品）
　　————————————————————戈　戈
节奏（油画）————————————[法国]德劳内
带有日轮的风景（油画）————————[法国]德劳内
埃菲尔铁塔（油画）————————————[法国]德劳内
圣塞维伦大教堂第一号（油画）————[法国]德劳内
巴黎城（油画）————————————[法国]德劳内
封面设计————————————————————任　意

1985 年第 5 期　刊名:《外国文艺》

目录

情人————————————[法国]玛·杜拉作　王道乾译
浆果处处（长篇小说·续）————[苏联]叶·叶甫图
申科作　张草纫　白嗣宏译
放风————————————[苏联]尤·盖尔曼作　草　婴译
沃曼小说三篇————————[联邦德国]加·沃曼作
一个富于魅力的男人————————————汇　涓译
克赖赞德夫妇的星期天————————曹乃云译
伟大的爱情————————————————楚　润译
嗨，水手，哪条船的?
　　————————[美国]蒂·奥尔逊作　洪丕柱译
西尔维娅·普拉斯诗四首
　　————————[美国]西·普拉斯作　吴　劳译
回忆西尔维娅·普拉斯
　　————————[英国]艾·阿尔瓦雷斯作　杨自伍译
在边缘上生活
——美国著名小说家辛格谈文学创作
　　————————————————————沈　凝译

外国文艺动态

联邦德国作家伯尔逝世
巴格达建儿童电影院
施特劳斯又上银幕
画风独特的德库宁（美术家与作品）————何振志
杂技演员（油画）————————————[美国]德库宁
无题 5 号（油画）————————————[美国]德库宁
女人（木炭画加少量油画颜料）————[美国]德库宁
两个妇女躯干（彩色蜡笔画）————[美国]德库宁
发掘（油画）————————————————[美国]德库宁
封面设计————————————————————任　意

1985 年第 6 期　刊名:《外国文艺》

目录

英伯特案件（小说）
　　————————[意大利]马·索尔达蒂作　袁华清译
约霍短篇小说两篇————————[民主德国]沃·约霍作
收音机事件————————————————王赵森译
海滩篷椅————————————————柳维坚译
浆果处处（长篇小说·续完）————[苏联]叶·叶甫图
申科作　张草纫　白嗣宏译
加·卡赞扎基小说三篇
　　————————[希腊]加·卡赞扎基作　李成贵译
上午十一时到下午一时
阿伊鲁拉的婚事
扬尼老太太讲的故事
一个小铜板（小说）
　　————————[法国]吉·塞斯布隆作　宋维洲译
大海和歌剧院（小说）
　　————————[法国]皮·加马拉作　黄天源译
妈妈（小说）
　　————————[美国]马·金·罗林斯作　周金嫂译
帕斯捷尔纳克诗选
　　————————[苏联]鲍·帕斯捷尔纳克作　乌兰汗译
鲍里斯·帕斯捷尔纳克（论文）
　　————————[苏联]科·伊·楚科夫斯基作　乌兰汗译
赶上突然来到的地铁（散文）
　　————————[美国]基·巴克斯特作　齐　宁译
美国文学在苏联（报道）————————梅绍武

外国文艺动态

戴·赫·劳伦斯写过《欧洲史》
美国儿童文学作家奖·布·怀特去世
辛格又一部新作问世
法国作家西蒙获 1985 年度诺贝尔奖
英国作家希伐·奈保尔去世
《鲍里斯·戈都诺夫》拍成电影

联邦德国建立珂勒惠支美术馆
墨西哥壁画革新家西盖罗斯（美术家与作品）
————————————————————杜定宇
西盖罗斯作品五幅
封面设计————————————————任　意

1986 年第 1 期　刊名:《外国文艺》

目录

亨利希·曼小说两篇
————————[德国]亨利希·曼作　关惠文译
童年
少年
马里奥·贝内德蒂短篇小说三篇
　　　　　　　[乌拉圭]马·贝内德蒂作　刘习良译
大迁徒
一报还一报
星辰和你
表兄刘易斯（小说）
————————[英国]琼·斯塔布斯作　周祖炎译
深井（小说）————[日本]上田三四二作　何儒昌译
女的对男的说　外九首（诗歌）
————————[澳大利亚]朱·赖特作　邹　绛译
士兵的戏（剧本）
————————[美国]查·富勒作　龚国杰　刘　峰译
卡夫卡日记书信选译
————————[奥地利]弗·卡夫卡作　叶廷芳　黎　奇译
关于文学批评的一席谈————————晓　渝译

外国文艺动态

新西兰毛利族女作家凯·休姆获 1985 年英国布克文学奖
莱辛的新作《好恐怖主义者》问世
意大利女作家莫兰黛逝世
"幻想大师"卡尔维诺逝世
苏联公布 1985 年度文艺和建筑方面国家奖金获得者名单
1985 年意大利获奖作品
法国当代画家罗兰·乌道（美术家与作品）————欧阳英
曼陀林（墨笔画）————————————[法国]乌　道
瓦伦丁娜·乌道太太像（油画）————[法国]乌　道
威尼斯（墨笔画）————————————[法国]乌　道
拉克西亚的磨坊（油画）——————[法国]乌　道
阿佛洛狄忒的诞生（油画）————[法国]乌　道
封面设计————————————————任　意

1986 年第 2 期　刊名:《外国文艺》

目录

麦卡锡小说两篇————————[美国]玛·麦卡锡作
穿布鲁克斯兄弟公司衬衫的男子——————吴　劳译
老人————————————————————徐栋良译
布扎蒂小说两篇
————————[意大利]迪·布扎蒂作　陈师兰译
追捕老人的人
错死了的画家
莲花（中篇小说）——————[苏联]阿·金作　石枕川译
联邦德国新感受派作家小说选
郊游————————————加·沃曼作　韩耀成译
自食其果————————加·沃曼作　韩耀成译
晚景如斯————————汉·塔肖作　高中甫译
女友——————————西·布龙克作　韩耀成译
恐惧——————————西·布龙克作　韩耀成译
兄弟之间——————彼·施奈德作　许　超译
走运者和倒霉者的故事
————————彼·O.肖杰维茨作　王步涛译
茉莉花香（小说）————[法国]米·戴翁作　徐志仁译
马路天使（小说）
————————[埃及]马·卡米勒作　仲跻昆译
灰烬（小说）————[埃及]马·白戴维作　仲跻昆译
小脚夫（小说）
————[黎巴嫩]陶·尤·阿瓦德作　仲跻昆译
波德莱尔诗六首
————————[法国]夏·波德莱尔作　华　青译
波尔塔小诗一束
————————[意大利]安·波尔塔作　任溶溶译
关于艺术和现实
————————[瑞士]弗·迪伦马特作　张佩芬译
序《哈克贝里·芬历险记》（论文）
————————[英国]托·斯·艾略特作　汤永宽译

外国文艺动态

法国 1985 年度国家小说大奖和诗歌大奖的获得者
美国出版艾密斯的新作
意大利电影演员马斯特罗雅尼谈电影
费利尼的新片《金吉和弗雷德》反对西方电视节日
美国当代女画家奥基夫（美术家与作品）——————杜定宇
奥基夫作品五幅
封面设计————————————————任　意

1986 年第 3 期　刊名:《外国文艺》

目录

佛兰德公路（长篇小说选译）
————————[法国]克·西蒙作　林　青译
克洛蒙·西蒙（随笔）
————————[法国]阿·罗布-格里耶作　王道乾译
克洛德·西蒙：再现真实的危机（论文）
————————[英国]阿·布·登肯作　朱　静译
东山魁夷（散文）————[日本]川端康成作　叶渭渠译
一个连续的梦（童话）
————————[苏联]谢·米哈尔科夫作　任溶溶译
新西兰小说五篇
地震之后————————詹·卡里奇作　刘国平译
爱花情————————————莫·达根作　吴　莹译
独来独往者————————奥·爱·米德尔顿作　刘新粦译
房间——————————莫·谢德博尔特作　汤天一译
曲棍球赛———威·伊希玛埃拉作　胡立园译　主　万校
米乌拉（小说）
————————[葡萄牙]米·托尔加作　彭子铃译
一个高音调的基督老太太（诗歌）
————————[美国]沃·斯蒂文斯作　李文俊译
德尔莫尔·施瓦茨诗二首
————————————[美国]德·施瓦茨作　李文俊译
生活的必需（诗歌）
————————————[美国]艾·里奇作　李文俊译
马丁松诗四首————[瑞典]哈·马丁松作　李　笠译

外国文艺动态
苏联作家卡达耶夫逝世
伯尔的最后一首诗
贝松获 1985 年度法兰西科学院小说大奖
美国著名小说家马拉默德去世
1985 年度法国龚古尔奖评选结果
南斯拉夫出版《世界"天真画派"大百科全书》
政论文学的兴起可能带来的苏联文学的新时期
罗·佩·沃伦被任命为美国第一个桂冠诗人
法国 1985 年度勒诺多奖揭晓
英国著名诗人格雷夫斯病逝
苏联女歌星普加乔娃拍摄电影
美国女画家奥基夫去世
拉里·里弗斯的"大杂烩"艺术（美术家与作品）
————————————————————戈　戈
里弗斯作品五幅
封面设计————————————————任　意

1986 年第 4 期　刊名:《外国文艺》

目录

一个半平方米（中篇小说）
————————[苏联]鲍·莫扎耶夫作　戴　骢译
库弗小说三篇————————[美国]罗·库弗作
姜饼屋————————————————徐栋良译
车祸————————————————————陈　烈译
帽子表演————————————————杨　怡译
"你为什么写作?"——库弗谈小说创作——沈　凝译
格律恩短篇小说两篇
————————[联邦德国]马·封·德·格律恩作
女教师——————————————————友　声译
法国女人——————————————宫云玲译
普鲁斯特短篇小说两篇
————————[法国]马·普鲁斯特作　郑克鲁译
薇奥朗特，或名迷恋社交生活
一个少女的自白
寓言十四篇————[奥地利]弗·卡夫卡作　吴　岩译
瑟德格兰诗选
————————[芬兰]埃·瑟德格兰作　李　笠译
我的回忆
————[阿根廷]豪·路·博尔赫斯作　朱景冬译

外国文艺动态
我国翻译家主万获美国怀尔德奖金
苏联文艺理论家赫拉普钦科逝世
奥茨发表新作
苏联公布 1986 年度文艺和建筑方面列宁奖金获得者名单
俄裔法籍画家德·斯塔尔（美术家与作品）————欧阳英
雅尼娜像（油画）————————[法国]斯塔尔
《天文学》构图（油画）————————[法国]斯塔尔
安娜肖像（油画）————————————[法国]斯塔尔
红色花瓶中的花朵（油画）——————[法国]斯塔尔
船（速写）————————————————[法国]斯塔尔
封面设计——————————————————任　意

1986 年第 5 期　刊名:《外国文艺》

目录

美国时钟（两幕剧）
————————[美国]阿·密勒作　梅绍武译
悲剧与普通人（论文）
————————[美国]阿·密勒作　郭继德译
米肖诗六首
————————[法国]亨·米肖作　徐知免　杜青钢译

我们多么喜欢伪善（外六首）
·················[苏联]奥·曼杰施塔姆作　苟红军译
莫拉维亚短篇新作三篇
·················[意大利]阿·莫拉维亚作　吕同六译
梦中听到楼梯上的脚步声
雷霆的启示
海关稽查员家里的女人
死人的奢侈（小说）
·················[日本]大江健三郎作　贾春明译
希尔德斯海默小说七篇
·················[瑞士]沃·希尔德斯海默作　叶　文译
一个世界的沉沦
我为什么变成了一只夜莺
阁楼住所
淡灰色的春季大衣
我认为自己没错
画室里的盛会
休假
真正的男子汉（小说）
·················[西班牙]米·德·乌纳慕诺作　刘玉树译
布吕克纳散文三篇·······[联邦德国]克·布吕克纳作
但愿我是歌德生命更丰厚的一半·············李士勋译
假若你讲了，苔丝德蒙娜·················李士勋译
你听到的只有这句咒语吗?·················王　蕾译

外国文艺动态

波兰作协选出新主席
1986 年的安徒生奖
苏联召开第八次作家代表大会
威尼斯举行未来主义美术回顾展
用象牙刀作画的保尔·詹金斯（美术家与作品）
·································戈　戈
詹金斯作品五幅
封面设计·································任　意

1986 年第 6 期　刊名:《外国文艺》

目录

肖因卡诗三首·················[尼日利亚]沃·肖因卡作
致我初生的白发·································沈　凝译
死后·································齐　宁译
资本·································齐　宁译
安道尔（剧本）
·················[瑞士]马·弗里施作　吴建广译　魏育青校
维奥拉（中篇小说）
·················[捷]约·卡德列茨作　王　忠　邓　军译
爱尔兰短篇小说两篇·····················丁振琪译
丑小鸭·································弗·奥康纳作

家，甜蜜的家·················保·文·卡罗尔作
伯尔短篇小说四篇
·················[联邦德国]海·伯尔作　高年生译
岸上
一件绿绸衬衣
拉客的雅克
关系
海恩里希·伯尔（论文）
·················[联邦德国]马·赖-拉尼茨基作　高年生译
海明威的五次战争（散文）
·················[美国]杰·迈耶斯作　晓　渝译

外国文艺动态

卡达耶夫说作家应当讲真话
受人瞩目的民主德国文学
苏联杂志发表纳博科夫作品
苏联将出版女诗人茨维塔耶娃传
雕塑大师穆尔去世
美国现代画家埃弗古德（美术家与作品）·······欧阳英
埃弗古德作品五幅
封面设计·································任　意

1987 年第 1 期　刊名:《外国文艺》

目录

吉娜（中篇）
·················[法国]阿·罗伯-格里耶作　华　青译
新小说与现实（论文）
·················[法国]吕·戈德曼作　张裕禾译
未完成的故事（中篇）
·················[民主德国]福·布劳恩作　王佩莉译
西利托小说四篇　　　　　[英国]艾·西利托作
旧货贩子的女儿·································主　万译
弗兰基·布勒的消沉与没落·················主　万译
路·································洪　怡译
放火者·································印　黎译
日本当代诗抄·································罗　洛译
海路·································秋谷丰作
如果我们在街上偶然相遇·················犬冢尧作
南方的性质·································财部鸟子作
海·································斋藤庸一作
落潮·································吉原幸子作
手掌·································新川和江作
时间的脚迹·································辻井乔作
北方沙漠·································川田靖子作
初旅·································本田和也作
高丽川·································竹久昌夫作
鸟·································乡原宏作

月亮·····················一色真理作
番石榴飘香（文学谈话录）
··········〔哥伦比亚〕普·阿·门多萨作 林一安译
杰伊涅卡的艺术成就（美术家与作品）·········何振志
夜景·····················〔苏联〕杰伊涅卡
冬·站在窗前的少女···········〔苏联〕杰伊涅卡
卧着的拿球的裸女···········〔苏联〕杰伊涅卡
裸女·····················〔苏联〕杰伊涅卡
在阳台上·················〔苏联〕杰伊涅卡
封面设计··················任 意

1987 年第 2 期　刊名:《外国文艺》
目录

忧郁的侦探（长篇小说）
··········〔苏联〕维·阿斯塔菲耶夫作 许贤绪译
痛苦（小说）
············〔法国〕玛·杜拉作 张小鲁译
虎的问题（小说）
·········〔联邦德国〕埃·维克特作 张厚仁译
象海岸的芸芸众生（小说）
············〔日本〕井上光晴作 韩菊芳译
今夜伦敦第一百次遭到轰炸（诗歌）
············〔法国〕菲·苏波作 徐知免译
"诗歌就是生活"（散文）
············〔美国〕罗·佩·沃伦作 杨绍伟译

外国文艺动态
阿尔贝·科恩的获奖作品《上帝的美女》列入七星丛书
苏联公布 1986 年度文艺和建筑方面国家奖金获得者
名单
阿兰·雷内获 1986 年度法兰西学院电影艺术奖
石黑一男获惠特布雷德奖
苏作协第一书记卡尔波夫谈苏联文学的一些问题
苏联文坛令人瞩目的变化
杰出的奥地利画家埃贡·席勒（美术家与作品）
·························欧阳英
埃迪特·哈姆斯（画布油画）·······〔奥地利〕席 勒
汉斯·马斯曼（画布油画）·······〔奥地利〕席 勒
俄国军官（钢笔、水粉画）·······〔奥地利〕席 勒
约翰·哈姆斯（画布油画）·······〔奥地利〕席 勒
卧女（画布油画）···········〔奥地利〕席 勒
封面设计··················任 意

1987 年第 3 期　刊名:《外国文艺》
目录

鲍恩小说三篇·············〔英国〕伊·鲍恩作
欢乐秋野···················蔡 慧译
夏夜·····················杨 怡译
眼泪，没有来由的眼泪···········江 荻译
地位（中篇） 〔法国〕安·埃尔诺作 张寅德译
这才是真的（小说）
··········〔印度〕孟·彭达莉作 刘国楠译

儿童文学作品
康拉德（童话）
·········〔奥地利〕克·内斯特林格作 任溶溶译
光明来到了阳光照不到的地方（散文）
············〔英国〕约·韦恩作 刘凯芳译

外国文艺动态
1986 年度法兰西学院保尔·莫朗文学奖评选结果
苏联作家拉斯普京获劳动英雄称号
著名女作家奥茨化名出售小说
法国纪念著名作家安德烈·马尔罗
法国纪念阿兰-富尼埃诞生一百周年
瑞士日内瓦大学举行有关克洛德·西蒙的国际讨论会
皮埃尔-让·雷米获 1986 年度法兰西学院小说大奖
苏联举办夏加尔画展
抒情抽象派代表画家马蒂厄（美术家与作品）
·························杜定宇
博多的战斗（布面油画，1957）·······〔法国〕马蒂厄
黑斯廷斯的战斗（布面油画，1956）
·························〔法国〕马蒂厄
为法国航空公司日本航空线作品的广告画
·························〔法国〕马蒂厄
瓷器两件（1966—1969）·········〔法国〕马蒂厄
歌剧《蓝胡子》布景之一（1973）·······〔法国〕马蒂厄
封面设计··················任 意

1987 年第 4 期　刊名:《外国文艺》
目录

失火记（中篇小说）
··········〔苏联〕瓦·拉斯普京作 夏仲翼译
风·············〔苏联〕米·肖洛霍夫作 草 婴译
保姆崽子············〔日本〕由起繁子作 华 豪译
德布林短篇小说三篇·······〔联邦德国〕阿·德布林作
蒲公英横遭摧残···············王之蔷译
海上泛舟··················王之蔷译

第三者 ························· 林伟中译
多泰尔小说两篇·····[法国]安·多泰尔作 朱松年译
让维埃先生究竟是什么人?
一天傍晚
列恩蒂娜的自白
··············[巴西]丽·法·特列斯作 曾永秀译
四季(剧本)········[英国]阿·威斯克作 汪义群译
俄罗斯象征派诗抄
在田野里·逐客·····[苏联]安·别雷作 张草纫译
金色的树叶凋零了·爱
··············[俄国]维·伊凡诺夫作 张草纫译
我愿做黑色的土地·碧绿的浪花向后一卷
··················[苏联]马·沃洛申作 张草纫译
十四行诗·小河湾·鹰
··········[俄国]尼·古米廖夫作 黎 华 叶尔滭译
大学里的批评(论文)
··················[美国]雷·韦勒克作 汤永宽译

外国文艺动态
英国作家伯吉斯出版自传
马德里市政府积极筹建"27年一代"博物馆
法国出版左拉未发表的作品
法国1986年主要文学奖纷纷评出
加西亚·马尔克斯谈电影
联邦德国举办大型米罗画展
西班牙抽象表现主义画家比奥拉逝世
贾科梅蒂的雕塑艺术(美术家与作品)
······························ 戈 戈
贾科梅蒂的美术作品
封面设计 ························· 任 意

1987 年第 5 期　刊名:《外国文艺》
目录

拉文小说两篇 ·············[爱尔兰]玛·拉文作
回首前尘 ······················· 顾连理译
幸福 ·························· 叶 封译
普拉东诺夫短篇小说两篇
··············[苏联]安·普·普拉东诺夫作
伊万诺夫的家庭 ··················· 邓蜀平译
第三个儿子 ······················ 徐振亚译
在蒂法尼进早餐(中篇小说)
··················[美国]杜·卡波蒂作 汤永宽译
直面人生 ·········[美国]苏·肯尼作 汤天一译
多米尼加小说选
希普连的婚礼 ·········索·诺拉斯科作 范 宜译
林伯的壮举 ···········佩·米尔作 石 灵译
拉瓦莱特先生的腿 ·······贝·马克修罗作 范 宜译

福尔蒂尼诗三首
··············[意大利]弗·福尔蒂尼作 钱鸿嘉译
博纳富瓦诗六首
··············[法国]伊·博纳富瓦作 葛 雷译
杜敏诗三首 ·······[联邦德国]希·杜敏作 吴建广译

外国文艺动态
让-路易·居尔蒂斯当选为法兰西学院院士
内斯托尔·鲁翰获普拉萨·简长篇小说奖
我国翻译家草婴获苏联高尔基文学奖
塞拉获1987年"阿斯图里亚斯亲王文学奖"
巴西建立亚马多博物馆
西班牙举办亚马多作品周
苏联将出版索尔仁尼琴的《癌病房》
波哥大第四届国际电影节
罗马尼亚超现实主义画家维克托·布劳奈(美术家与
作品)·························· 戈 戈
布劳奈的美术作品
封面设计 ························· 任 意

1987 年第 6 期　刊名:《外国文艺》
目录

西罗克斯小说三篇 ·········[美国]保·西罗克斯作
天涯海角 ······················· 吴巩展译
无恶意的谎言 ····················· 吴巩展译
翠绿的岛屿 ················吴巩展 纪 锋译
你在梦中悲泣(小说)
··················[苏联]尤·卡扎科夫作 草 婴译
古巴小说选
避难权 ···········阿·卡彭铁尔作 韩水军译
拉切尔之歌 ···········米·巴内特作 沈根发译
雷丁短篇小说三篇 ········[联邦德国]约·雷丁作
天天都有从温德沃斯来的信 ············杭国生译
电影票与黄油煎蛋 ················· 杭国生译
跟着我们的人一起走? ··············· 黛 逸译
本德尔短篇小说三篇
··············[联邦德国]汉·本德尔作 米尚志译
峡谷
领面包的人
圣体
尚松小说两篇 ·········[法国]安·尚松作 葛 雷译
冤家对头
白鼬
布罗茨基诗四首 ·········[美国]约·布罗茨基作
无题 ·························· 叶尔滭译
六重奏 ·························· 何 翠译
动词 ··························· 一 七译

无题⋯⋯⋯⋯⋯⋯⋯⋯⋯⋯⋯⋯一　七译
现代能剧三种⋯⋯⋯［日本］三岛由纪夫作　任溶溶译
绫鼓
舍利塔小町
葵上
动态两则：
西班牙诗人赫拉尔多·迭戈逝世
《忏悔》导演谈《忏悔》
日本作家深泽七郎去世
英国波普美术的佼佼者——戴维·霍克内（美术家与
作品）⋯⋯⋯⋯⋯⋯⋯⋯⋯⋯⋯⋯⋯⋯欧阳英
霍克内作品五幅
封面设计⋯⋯⋯⋯⋯⋯⋯⋯⋯⋯⋯⋯⋯任　意

法国女作家尤瑟娜尔逝世
法国画家马松去世
苏刊发表长文盛赞巴黎派画家苏廷
摄影大师、画家、“物体”制造者——
曼·雷（美术家与作品）⋯⋯⋯⋯⋯⋯戈　戈
曼·雷的美术作品
封面设计⋯⋯⋯⋯⋯⋯⋯⋯⋯⋯⋯⋯⋯任　意

1988 年第 1 期　刊名:《外国文艺》
目录

被埋葬的孩子（剧本）
⋯⋯⋯⋯⋯⋯［美国］萨·谢泼德作　苏红军译
萨姆·谢泼德访问记
⋯⋯⋯⋯⋯⋯［美国］艾·李普曼采访　晓　渝译
特护病房三重唱（中篇）
⋯⋯⋯⋯⋯⋯［瑞士］阿·慕施克作　胡宗健译
墨西哥小说选
残暴的首领⋯⋯⋯⋯⋯拉·弗·穆纽斯作　李　多译
现在几点钟?⋯⋯⋯⋯⋯⋯埃·加罗作　张永泰译
请您用它来解闷⋯⋯⋯何·埃·帕切科作　李红琴译
失踪的法布里希奥·蒙特斯科
⋯⋯⋯⋯⋯⋯马·安·坎波斯作　王志光译
雪停的时候⋯⋯⋯［日本］丸山健二作　柯森耀译
当代瑞典三家诗选⋯⋯⋯⋯⋯⋯⋯⋯⋯李　笠译
拉格克维斯特诗七首
隆德克维斯特四首
埃克勒夫诗五首
阿利耶娃爱情诗一束
⋯⋯⋯⋯⋯［苏联］法·加·阿利耶娃作　王守仁译
意大利当代诗选⋯⋯⋯⋯⋯⋯⋯⋯⋯钱鸿嘉译
艾略特论诗（选辑）
⋯⋯⋯⋯⋯［英国］斯·托·艾略特作　王恩衷译
诗歌的音乐性
诗的三种声音

外国文艺动态
英国作家德拉布尔发表新作
著名美国黑人作家鲍德温逝世
苏联《共产党人》杂志发表社论主张创作的自由竞争
美国作家莫里森的新作《可爱的》
苏联公布 1987 年度文艺和建筑方面国家奖获得者名单

1988 年第 2 期　刊名:《外国文艺》
目录

海与毒药（长篇小说）
⋯⋯⋯⋯［日本］远藤周作作　韩菊芳　肖　燕译
沃尔夫小说两篇⋯⋯⋯［民主德国］克·沃尔夫作
一只雄猫的新生活观⋯⋯⋯⋯华宗德　徐晓英译
菩提树下大街⋯⋯⋯⋯⋯⋯⋯⋯⋯⋯徐晓蓉译
阿根廷小说选
莎士比亚的记忆⋯⋯⋯⋯豪·博尔赫斯作　远浩一译
一朵黄花⋯⋯⋯⋯⋯⋯胡·科塔萨尔作　朱景冬译
一头学会了代数的狮子⋯⋯莱·H.帕克作　刘玉树译
甜面包⋯⋯⋯⋯⋯⋯⋯卡·特里波迪作　刘玉树译
水灾⋯⋯⋯⋯⋯⋯⋯马·埃斯特拉达作　胡真才译
身边的女人⋯⋯⋯⋯⋯⋯马·德内菲作　郭德琳译
尽管来电话，尽管来住（小说）
⋯⋯⋯⋯⋯⋯［苏联］阿·阿列克辛作　晓　花译
苏联诗坛一瞥⋯⋯［苏联］叶·西多罗夫作　白嗣宏译

外国文艺动态
卡夫卡《城堡》俄译本搁置二十年后终于发表
美国出版布罗茨基论文集
苏联广泛纪念夏加尔诞生一百周年
美举办奥基夫诞生一百周年绘画展
罗马尼亚雕塑家布朗库西（美术家与作品）⋯⋯何振志
鸟（大理石像）⋯⋯⋯⋯⋯［罗马尼亚］布朗库西
公主（青铜像）⋯⋯⋯⋯⋯［罗马尼亚］布朗库西
波加妮小姐（青铜像）⋯⋯⋯［罗马尼亚］布朗库西
吻（石雕）⋯⋯⋯⋯⋯⋯⋯［罗马尼亚］布朗库西
金鱼⋯⋯⋯⋯⋯⋯⋯⋯⋯⋯［罗马尼亚］布朗库西
封面设计⋯⋯⋯⋯⋯⋯⋯⋯⋯⋯⋯⋯⋯任　意

1988 年第 3 期　刊名:《外国文艺》
目录

威尔逊短篇小说四篇
⋯⋯⋯⋯⋯⋯［英国］安·威尔逊作　陈瑞兰译
现实政治
重聚

多余的孩子
不是房客，是朋友
在雾中（中篇小说）
　　　　　　　　[苏联]瓦·贝科夫作　张草纫译
彩画集（散文诗）----[法国]阿·韩波作　王道乾译
关于《彩画集》（论文）
　　　　　　　　[法国]茨·托多罗夫作　王道乾译
拉斯克-许勒诗九首
　　　　　　　　[德国]埃·拉斯克-许勒作　钱春绮译

儿童文学作品
快活的小诗三首
　　　　　　　　[苏联]阿·利·巴尔托作　任溶溶译
但尼斯·李儿童诗选
　　　　　　　　[加拿大]但尼斯·李作　任溶溶译

外国文艺动态
日本儿童文学作家椋鸠十逝世
日本"新戏作派"作家石川淳去世
苏《各民族友谊》向去年发表的两部重要小说的作者授奖
苏刊发表爱伦堡《人、岁月、生活》当初未获出版的章节
《凯瑟琳·曼斯菲尔德：隐秘的生活》问世
美国女作家托尼·莫里森获1987年普利策小说奖
美国女作家沃克发表新作
苏联将出版《中国文学丛书》
美国著名黑人影星波伊蒂厄复出影坛
古巴超现实主义画家维弗雷多·蓝（美术作家与作品）　　　　　　　　　戈　戈　钱景渊
幽灵在监视（布上油画）　　　　　[古巴]蓝
丛林（纸上树胶水彩画）　　　　　[古巴]蓝
1947年巴黎国际超现实主义美术展览会的祭坛（混合性材料）　　　　　　　　　[古巴]蓝
路瓜多·叶姆比（布上油画）　　　　[古巴]蓝
地球的隆隆声（布上油画）　　　　　[古巴]蓝
封面设计　　　　　　　　　　　　　任　意

墨西哥城年轻的吞火魔术师（诗）　　　沈　凝译
曼斯菲尔德诞生100周年
孟浪的旅行（小说）　　　　　　[英国]凯·曼斯菲尔德作　文洁若译　萧　乾校
托卡列娃小说选
　　　　　　[苏联]维·托卡列娃作　石枕川译
路口的猫
雾中的星辰
加里短篇小说四篇　　　　　　　　[法国]罗·加里作
我谈英雄主义　　　　　　　　　　　杜青钢译
墙　　　　　　　　　　　　　　　　杜青钢译
一个信奉人道主义的人　　　　　　　朱松年译
崇高和伟大　　　　　　　　　　　　朱松年译
我们生活中的三天（小说）
　　　　　　[民主德国]埃·诺伊奇作　张佑中译
哥伦比亚小说选　　　　　　　　　　尹承东译
归来　　　　　　　　　　　　　阿·拉瓜多作
阳光下的孤独　　　　　　　　　贡·阿兰戈作
史密斯先生到哪儿去？　　　艾·阿·皮涅雷斯作
博尔希尼亚纳　　　　　　　　哈·曼·阿蒂拉作
你的血，小伙子，你的血　　赫·桑塔玛丽娅作
告别超现实主义（论文）
　　　　　　[英国]西·康诺利作　汤永宽译

外国文艺动态
塞林杰传记出版
苏联无一部文学作品获1988年列宁奖金
陆文夫小说在英国出版
辛格出版新作
美国新出版多萝西·帕克传
霍布豪斯谈高庚回顾展
"可爱的艺术家"玛丽·洛朗森（美术家与作品）
　　　　　　　　　　　　　　　　欧阳英
玛丽·洛朗森的美术作品
封面设计　　　　　　　　　　　　　任　意

1988 年第 4 期　刊名:《外国文艺》

目录

卡弗诗文选　　　　　　　　　[美国]雷·卡弗作
马辔头（小说）　　　　　　　　　　主　万译
箱子（小说）　　　　　　　　　　　鹿　金译
简单之至（小说）　　　　　　　　　吴　莹译
象（小说）　　　　　　　　　　　　杨　怡译
亚细亚（诗）　　　　　　　　　　　沈　凝译
邦纳德的裸体画（诗）　　　　　　　沈　凝译

1988 年第 5 期　刊名:《外国文艺》

目录

斯帕克小说选　　　　　　　　[英国]穆·斯帕克作
砰一砰，你死了　　　　　　　　　　杨　怡译
双胞胎　　　　　　　　　　　　　　叶　封译
典当老板的妻子　　　　　　　　　　叶　封译
作家的女儿　　　　　　　　　　　　石　磊译
另一双手　　　　　　　　　　　　　晓　渝译
梅希特尔短篇小说两篇
　　　　　　[联邦德国]安·梅希特尔作　徐晓英译
雌狐狸的梦

迷人的木偶脸

莫朗小说两篇————————————[法国]保·莫朗作

俞先生—————————————————郑克鲁译

仁慈百货商场—————————————郑　琳译

保尔·莫朗的浮沉（散文）

　　　　　　——[英国]德·弗劳尔作　杨自伍译

日出之前（中篇选载）

　　　　　　————[苏联]米·左琴科作　戴　骢译

危地马拉小说选

胡安娜的第二次婚事

　　　　　　————————拉·阿·马丁内斯作　申宝楼译

你们都是美国佬

　　　　　　——米·安·阿斯图里亚斯作　李红琴译

完成交响曲——————奥·蒙特罗索作　李红琴译

爆炸性的新闻——————阿·阿里亚斯作　尹承东译

卡尔科诗三首——[法国]弗·卡尔科作　徐知免译

图莱诗三首——[法国]保尔-让·图莱作　徐知免译

歌剧院与丛林（论文）

　　　　　　——[英国]贾·威尔逊作　刘　峰译

外国文艺动态四则

美国的拉美文学热方兴未艾

卡弗的新作和近况

秘鲁作家略萨参与政治

智利女作家伊·阿连德发表新作《埃瓦·卢纳》

西班牙当代具象艺术家洛佩斯（美术家与作品）

　　　　　　　　　　　　　　　　——欧阳英

洛佩斯的美术作品

封面设计———————————————任　意

1988 年第 6 期　刊名:《外国文艺》

目录

沃克小说四篇————————[美国]艾·沃克作

日常使用—————————————————蔡　慧译

得了，别死啦!—————————————蔡　慧译

"真的，可不是犯罪使人发迹?"—————施咸荣译

一家眷属—————————————————施咸荣译

格勒尼埃短篇小说三篇

　　　　　　——[法国]罗·格勒尼埃作　周克希译

"亲爱的好太太"

邻居

走向另一种生活

象的失踪（小说）——[日本]村上春树作　贾春明译

西尼尔小说两篇

　　　　　　——[牙买加]奥·西尼尔作　苏永福译

明亮的星期四

一只眼上帝的国家

柳登河上的磨坊（中篇小说）

　　　　　　——[波兰]雅·伊瓦什凯维奇作　宋大图译

福伊希特万格小说三篇

　　　　　　——[德国]利·福伊希特万格作　徐　涓译

侍者安东尼奥

沃尔施泰因先生

威尼斯（得克萨斯）

1987 年美洲短篇小说比赛获奖作品

恪守公约——[智利]乌·富·米利扬作　段若川译

灵魂伴侣

　　　　　　——[巴拉圭]胡·包·里瓦罗拉作　段若川译

一台彩电

　　　　　　——[乌拉圭]路·阿·阿科斯塔作　么素珍译

冲突————[美国]凯·M.里奇伊作　么素珍译

树————————[乌拉圭]阿·普波作　么素珍译

普利策奖

　　　　　　——[阿根廷]恩·豪·康-卡雷尔作　么素珍译

奥登诗七首——————[美国]温·奥登作　王佐良译

外国文艺动态

辛格发表新作《田野之王》

阿勃拉莫夫谈创作

罗斯的《自传》问世

伊夫·唐居伊的幻觉世界（美术家与作品）——景　渊

伊夫·唐居伊的美术作品

封面设计———————————————任　意

1989 年第 1 期　刊名:《外国文艺》

目录

1988 年诺贝尔文学奖金获得者作品选

马哈福兹小说四篇

　　　　　　——[埃及]纳·马哈福兹作　袁松月译

声名狼藉的家

罪行

结局

半夜梦

贝蒂小说选————————[美国]安·贝蒂作

周末—————————————————江　荻译

避暑的人—————————————————彭秀珍译

欲望———————————————————崔　明译

玛丽和家—————————————————柯　茗译

半岛（中篇小说）——[法国]朱·格拉克作　张寅德译

黑尔特林小说三篇——[联邦德国]彼·黑尔特林作

为奥特拉报仇————————————王之蔷译

耶尔舍尔在歌唱————————————王之蔷译

事故层出不穷，或一次不幸事故的延续

　　　　　　　　　　　　　　　　——黛　逸译

吉皮乌斯诗辑————[俄]季·吉皮乌斯作　黎皓智译

我等待你　外四首
··················[苏联]米·亚·杜金作　郭在精译
令人艳羡的城市（散文）
··················[英国]伊·汤姆森作　刘　峰译

外国文艺动态
美国作家卡弗去世
美国著名小说家约·赫勒发表新作《画这个》
美国出版《契弗书信集》
英国作家格·格林出版长篇小说《上尉和敌人》
苏有人批评雷巴科夫新作《三七年及其以后的年代》
剽窃他人著作
苏联公布1988年度文艺和建筑方面国家奖金获得者
名单
日本作家选的世界爱情小说
比利时画家德尔沃（美术家与作品）·········何振志
德尔沃的美术作品
封面设计··································任　意

1989 年第 2 期　刊名:《外国文艺》
目录

泰勒短篇小说三篇···················彼·泰勒作
维纳斯，丘比特，罪恶和时间··········周祖炎译
浪子的礼物···························孙家新译
一家之主·····························陈　顾译
阳光灿烂（中篇）
··················[法国]玛·絮西尼作　林　青译
穿短裤的小伙子（小说）
··············[民主德国]赫·纳赫巴尔作　李清华译
岁月悠悠　外三首
··················[法国]马·夏加尔作　顾蕴璞译
安乐的共产主义孤岛（散文）
··············[苏联]伏·田德里亚科夫作　冀　刚译

外国文艺动态
苏刊发表沃依诺维奇的小说
美国出版伯吉斯的新作
美国女小说家奥茨的第十九部长篇小说《美国的食
欲》出版
多克托罗又发表新作长篇小说《比利·巴思盖特》
阿特伍德的《猫眼》问世
美国正在掀起"曼·雷热"
超现实主义的同情者马松（美术家与作品）····齐　宁
原人（油画）·····················[法国]马　松
丰饶的夜晚（油画）···············[法国]马　松
屠杀（钢笔墨水画）···············[法国]马　松
阿拉贡地区的伊弗德斯镇（油画）····[法国]马　松

鱼的战斗（油画）·················[法国]马　松
封面设计··································任　意

1989 年第 3 期　刊名:《外国文艺》
目录

男爵小姐及其恶仆——德国故事（中篇小说）
··················[德国]莱·弗兰克作　仝保民译
阿连德短篇小说两篇
··················[智利]伊·阿连德作　林一安译
两个词儿
复仇
璎珞耳饰（小说）····[日本]圆地文子作　华　豪译
在逃的公民（小说）
··················[苏联]弗·马卡宁作　张草纫译
姆罗热克作品选··············[波兰]斯·姆罗热克作
讽刺小说·····························朝　蒂译
荒诞派独幕剧·························叶尔滢译

儿童文学作品
扬森童话四篇··········[芬兰]图·扬森作　任溶溶译
爱静的赫木伦
西德里克
恐怖的故事
世界上最后一条龙
爱情诗四首··········[美国]西·罗特克作　齐　宁译
特拉克尔诗选译
··············[奥地利]格·特拉克尔作　林　克译

外国文艺动态
美作家厄普代克发表回忆录
苏刊发表《尤利西斯》俄译文
皮里亚尼克的名作《红木》在苏联重见天日
马尔克斯又一新作问世
贝娄新作《偷窃》问世
莫斯科举办流亡画家夏米亚金画展
斗士的艺术道路——西班牙当代画家阿罗纳（美术家
与作品）····························何振志
西班牙，我在注视你（油画）·······[西班牙]阿罗纳
我的父亲委拉斯开兹（油画）·······[西班牙]阿罗纳
在画家中间（砂纸上的拼贴画）····[西班牙]阿罗纳
画家温斯顿·丘吉尔（油画）·······[西班牙]阿罗纳
在塔特画廊（油画）···············[西班牙]阿罗纳
封面设计··································任　意

1989 年第 4 期　刊名:《外国文艺》
目录

戈迪默小说四篇⸺⸺⸺⸺⸺[南非]纳·戈迪默作
喜事⸺⸺⸺⸺⸺⸺⸺⸺⸺⸺⸺⸺江　荻译
敌人⸺⸺⸺⸺⸺⸺⸺⸺⸺⸺⸺⸺晓　渝译
肯定是在星期一⸺⸺⸺⸺⸺⸺⸺江　荻译
赫尔曼·卡夫卡给他儿子的信⸺⸺⸺于　默译
邂逅　外一篇
⸺⸺[苏联]阿·普利斯塔夫金作　戴　骢　朝　蒂译
民主德国小说选
失踪的女儿⸺⸺⸺彼·亚伯拉罕作　高　昕译
我又"结婚"了⸺⸺克·沃尔特作　高　昕译
相亲之行⸺⸺⸺⸺哈·盖拉赫作　金　弢译
埃瓦⸺⸺⸺⸺⸺夏·沃基茨奇作　金　弢译
蕾娜塔⸺⸺⸺⸺君·德布龙作　林伟中译
诺瓦克微型小说两篇
⸺⸺⸺⸺[联邦德国]黑·诺瓦克作　杜淑英译
冰棍
滑雪撬
乔万尼诗五首⸺⸺[美国]尼·乔万尼作　邹　绛译
瑞士人的诗　外三首
⸺⸺⸺⸺⸺[瑞士]乌·阿勒曼作　蔡鸿君译
面对面（电影文学剧本）
⸺⸺⸺⸺⸺[瑞典]英·伯格曼作　思　远译
莉莲·海尔曼（散文）⸺[美国]约·赫赛作　沈　凝译
1988 年英国小说一瞥（评论）
⸺⸺⸺⸺⸺[英国]瓦·坎宁汉作　柯　茗译

外国文艺动态
美国女作家沃克出版新作
1988 年安徒生奖得主
苏刊又发表伏依诺维奇的作品
波作协领导人茹克罗夫斯基访问苏联
波刊评选波兰名誉文学院士
阿佩尔菲尔德：有国际声誉的希伯来语作家
亚马多强调："不存在的拉丁美洲文学"
美国"芬克艺术"家罗伯特·阿纳森（美术家与作品）⸺⸺⸺⸺⸺⸺⸺⸺⸺⸺⸺⸺吴国荣
罗伯特·阿纳森的美术作品
封面设计⸺⸺⸺⸺⸺⸺⸺⸺⸺⸺⸺任　意

1989 年第 5 期　刊名:《外国文艺》
目录

猫孩（中篇小说）⸺⸺[法国]贝·贝克作　余中先译

苏联青年作家短篇小说选
母羊⸺⸺⸺⸺⸺⸺⸺阿·别拉依作　娄自良译
少女们⸺⸺⸺弗·布特罗麦耶夫作　朝　蒂译
白俄罗斯⸺⸺弗·布特罗麦耶夫作　朝　蒂译
荒野上一座鲜花盛开的山冈
⸺⸺⸺⸺⸺尤·维亚泽姆斯基作　戴　骢译
古斯特尔少尉（中篇小说）
⸺⸺⸺⸺[奥地利]阿·施尼茨勒作　包智星译
萨巴诗六首⸺⸺⸺[意大利]翁·萨巴作　钱鸿嘉译
一个不成熟的女人（回忆录片断）
⸺⸺⸺⸺⸺⸺[美国]莉·海尔曼作　颉　因译
北欧理事会文学奖（外国文学资料）⸺⸺⸺石琴娥

外国文艺动态
民主德国女作家沃尔夫的新作
西班牙准备出版《达利文集》
《大独裁者》1942 年为何未在苏联公映
当代最富独创性的雕塑家查德金（美术家与作品）
⸺⸺⸺⸺⸺⸺⸺⸺⸺⸺⸺⸺⸺⸺欧阳英
智人（木雕）⸺⸺⸺⸺⸺⸺[法国]查德金
克洛德·阿维林像（青铜）⸺⸺[法国]查德金
被毁灭的城市纪念碑习作（青铜）⸺[法国]查德金
大提琴般的胴体（乌木）⸺⸺⸺[法国]查德金
向罗丹致敬（石膏）⸺⸺⸺⸺[法国]查德金
封面设计⸺⸺⸺⸺⸺⸺⸺⸺⸺⸺⸺任　意

1989 年第 6 期　刊名:《外国文艺》
目录

博伊尔短篇小说三篇
⸺⸺⸺⸺⸺[美国]T.科·博伊尔作　蔡　慧译
油腻湖
一无凭二无证
怪鸟
女叛逆者　外一篇⸺⸺[法国]朱·格林作　郑克鲁译
博根小说两篇⸺⸺⸺⸺[挪威]约·博根作　乔步法译
护照
大睡莲
康德短篇小说四篇
⸺⸺⸺⸺[民主德国]赫·康德作　华宗德　徐晓蓉译
暗号
小号
南海拾零
过境
红木（中篇小说）
⸺⸺⸺⸺⸺[苏联]鲍·皮利尼亚克作　石枕川译
你也有罪（剧本）⸺⸺[日本]安部公房作　任溶溶译

外国文艺动态

海明威《丧钟为谁而鸣》俄译本出版经过

美国著名作家斯通去世

苏《外国文学》杂志成立国际理事会

西班牙作家塞拉获 1989 年诺贝尔文学奖

美国作家奥捷克出版小说《披巾》

苏刊评出 1988 年最佳文学读物

西方画坛上的东方画家——嗣治（美术家与作品）

···何振志

驯狮女郎（油画）·············[法国]嗣　治

斜卧的裸女（版画）·············[法国]嗣　治

猫（油画）·······················[法国]嗣　治

海滩上的妇人和儿童（水彩画）······[法国]嗣　治

生命战胜死亡（油画）···········[法国]嗣　治

封面设计·······································任　意

《外国戏剧》

【简介】

　　戏剧季刊。中国戏剧家协会主办。创刊于 1962 年，1980 年改刊。其旨在介绍和研究外国戏剧。主要收录国内外研究和介绍外国戏剧的文章，发表中外戏剧界学术交流的新闻，注重学术性与趣味性并存，重视外国戏剧以及与国外戏剧界的学术交流。

期刊号：1980 年第 1 期—1988 年第 4 期

致读者

　　在这八十年代的第一个春天里，《外国戏剧》公开发行的第一期和读者见面了。这个刊物曾经经历过一段曲折的道路。

　　一九五七年创办的以译载外国戏剧理论为主的《戏剧理论译文集》出刊了九册后停止了。

　　一九六二年的春天，在广州召开的全国话剧、新歌剧、儿童剧创作座谈会是在敬爱的周总理和陈毅同志直接领导下举行的。为了繁荣创作，会议批判了当时存在于文艺界的"左"的错误倾向，提倡发扬艺术民主。参加会议的同志们意气昂扬，要求了解外国戏剧的情况用以开阔眼界，有助于创作。这样，《外国戏剧资料》便在会议期间诞生。这以后至一九六六年止陆续编印了十七期。它的内容虽然仅以介绍外国戏剧活动为主，却还能得到读者的欢迎。但在"十年浩劫"期间，这个只在戏剧界内部发行流传的刊物，竟被诬蔑为"贩毒"、"崇洋媚外"等等而被扼杀了，一些积累下来的资料也损失无遗。

　　粉碎"四人帮"以后，社会主义的戏剧事业复苏，且蓬勃开展，景象万千，极为可喜。为了适应新形势的需要，经过一段时间的准备，乃于一九七九年开始，兼采上述二者之长增加了篇幅，扩大了印数，作为季刊，而以《外国戏剧资料》为名恢复出刊，编印了四期。

　　在中国文学艺术工作者第四次代表大会上，邓小平同志代表党中央和国务院说："我国古代的和外国的文艺作品、表演艺术中，一切进步的和优秀的东西，都值得借鉴和学习。"进而又说，"所有文艺工作者都应当认真钻研、吸收、融化和发展古今中外艺术技巧中一切好的东西，创造出具有民族风格和时代特色的完美的艺术形式。"在邓小平同志称之为"全国文艺工作者新长征的第一次盛会"上听到庄严的进军号召，令人为之感奋。现在，根据读者的建议和要求，决定将这个刊物改名为《外国戏剧》，从今年起公开发行。

　　《外国戏剧》改变发行办法后，读者将会增加，今后，我们一定加倍努力，更好地为广大读者服务。遵循"百花齐放，百家争鸣"、"洋为中用"的方针，我们要进一步解放思想，打破框框，从实际出发，有计划地发表有关外国戏剧创作、戏剧理论、表演导演艺术，以及舞台美术等方面的文章，而以现代当代为主，兼及古代；以翻译介绍为主，也适当刊载一些我国学者研究外国戏剧的论著。它既可以容纳长篇大论，也要刊载几百字的短篇。在形式方面，则力求生动活泼，引人入胜。

　　《外国戏剧》，这样一个以介绍和研究外国戏剧为

专业的大型的定期刊物，在我国过去是未之前有的，在世界范围内恐怕也是罕见的。 想要将它办好，办得理想，困难无疑是很多的，势非少数人的力量能够解决的，希望戏剧界的同志们、读者同志们给予大力帮助。 请批评，请指教！

1980 年第 1 期　刊名:《外国戏剧》
目录

致读者
外国戏剧在中国（特稿）························茅　盾

表演导演艺术
钱拉·菲利普和他的表演艺术················萧　曼编译
斯坦尼斯拉夫斯基未发表的札记：舞台是表演生活的场所························白嗣宏译
演员一人的天性的素质（《导演同演员的工作》选译之一）　·····[苏]尼·戈尔恰科夫　姜　丽译
法国戏剧大师老科格兰论演技··············夏立民译

作品与作家
澳大利亚划时期剧作家雷·劳勒及其代表作《第十七个玩偶的夏天》························杨　知
歌德论《哈姆莱特》························张可译
契诃夫剧作中的时间········[苏]金格曼　蔡时济译

戏剧流派
荒诞派之荒诞性·······[英]马丁·埃斯林　陈　梅译

舞台美术与剧场
现代西方剧场的发展························李　畅

戏剧交流
希腊国家剧院院长阿·米诺蒂斯采访记·······本刊记者
英国老维克剧团导演托比·罗伯逊谈
莎士比亚戏剧在英国··········上海艺术研究所供稿
访问英国老维克剧团演员·················本刊记者

演出及其他
摇摆乐歌剧《埃维塔》轰动英美··············未　立
店堂剧院··········[澳]盖尔·霍尔斯特　韦　德译
拉美戏剧在美国····[智利]塞·博达诺维　白　水译

人物介绍
希腊戏剧家阿·米诺蒂斯在晚年扮演俄狄浦斯························[希腊]尼古拉斯·盖吉　刘　毅译

剧本
犀牛·················[法]尤金·尤涅斯库　萧　曼译

1980 年第 2 期　刊名:《外国戏剧》
目录

外国戏剧概况
佐临访德归来一夕谈············本刊记者　红　蒂
"戏剧家"在欧洲剧院中的作用
·············[英]马丁·埃斯林　雪　茵译
访英印象杂记························吴士良
美国戏剧简介························刘安义
委内瑞拉的传统戏剧和文化
········[委内瑞拉]劳尔·迪·莱戈尔布鲁　张　辰译

表演导演艺术
事件·主题思想·贯串行动
·············[苏]尼·戈尔恰科夫　姜　丽译
钱拉·菲利普和他的表演艺术··············萧　曼编译

作品与作家
"他的美每天都在出我的丑"：谈伊阿哥的艺术形象
························方　平
奥瑟罗·············[英]赫兹列特　张　可译
关于赫兹列特························张　可
西德《明星》周刊报道迪伦玛特近况··········丁　方
契诃夫剧本中的时间··········[苏]金格曼　蔡时济译
"色情总是有害的"：阿瑟·密勒同
《白与黑》周刊记者的谈话
·············[西班牙]罗伯托·赫瓦索　陈　泉译

演出
悲剧的曲线·············[英]理查·大卫德　孙家琇译

舞台美术与剧场
著名瑞士舞台美术家阿庇亚··············田　文
几幅别具一格的舞台美术设计··············李　畅

剧本
小狐狸　·········[美]丽琳·海尔曼　冯亦代译
《小狐狸》译后记
变形记·············[英]斯蒂芬·伯考夫
刘　毅　张学采译
斯蒂芬·伯考夫简介························甄　悦
简讯（五则）

1980 年第 3 期　刊名:《外国戏剧》
目录

外国戏剧概况

日本戏剧印象一斑————————————————刘厚生

访英印象杂记（续）————————————————吴士良

英美当代戏剧——————[英]马丁·埃斯林　韦　德译

印度雅克沙加纳-卡纳塔克的生动活泼的民间戏剧

————————[印度]马德赫尔·贾弗雷　刘寿康译

祝贺法兰西喜剧院三百周年纪念——————————李健吾

演出

音乐喜剧的并蒂花——介绍伦敦演出的《耶稣基督超

级明星》和《埃维塔》————————————————赵　寻

民间艺术之花——布鲁塞尔东尼木偶剧团——————常　式

在西德看《强盗》————————————————伊　星编译

表演导演艺术

苏联当代戏剧流派初探————————————————童道明

钱拉·菲利普和他的表演艺术（续）——————萧　曼编译

事件·主题思想·贯串行动（续）

————————[苏]尼·戈尔恰科夫　姜　丽译

资料

关于国际戏剧学会————————————————武成祥

作品与作家

英国戏剧家哈罗德·品特及其代表作——————杜定宇

契诃夫剧本中的时间（续完）

————————————[苏]金格曼　蔡时济译

外国戏剧研究

概念的人物化——介绍古代印度的一种戏剧类型

————————————————————金克木

现代美国戏剧————————————————朱　虹

戏剧交流

访东野英治郎————————————————红　蒂

中法戏剧界人士举行座谈——————本刊记者　张学采

外国戏剧在中国

也谈外国戏剧在中国————————————赵铭彝

问题探讨

布莱希特的"episches　Theater"是"史诗戏剧"

吗？————————————————————余匡复

剧本

滑稽鬼（日本儿童剧）

————[日]实藤明原作　藤田阿佐也改编　孙维善译

鬼魂奏鸣曲（小型剧）

————————————[瑞典]斯特林堡　符家钦译

外事往来（消息二则）

1980 年第 4 期　刊名:《外国戏剧》
目录

外国戏剧概况

美国的音乐喜剧————————————————张学采

泰国舞台艺术一瞥————中国木偶艺术剧团团长　洪　冰

墨西哥戏剧的历史和现状————————————王央乐

表演导演艺术

戏剧的新约————[波兰]耶·格罗托夫斯基　魏　时译

波兰戏剧革新家格罗托夫斯基和他的"实验剧院"

————————————————————林洪亮

探索新形式——记梅耶荷德的演出工作——————吴光耀

钱拉·菲利普和他的表演艺术——————————萧　曼编译

事件·主题思想·贯串行动

————————[苏]尼·戈尔恰科夫　姜　丽摘译

作品与作家

论布莱希特史诗剧创作方法——————————张　黎

沉重帷幕的一角——苏联上演独幕话剧《第十三任农

庄主席》————————————————————郝一星

附:《第十三任农庄主席》剧本

秘鲁农民戏剧家萨瓦拉————————————白凤森

戏剧交流

访河源崎长十郎————————————本刊记者红　蒂

写在日本话剧人社的朋友们访华前夕——————于黛琴

剧本

埃维塔————————————[英]蒂姆·赖斯作词

安·劳·韦伯作曲　章　洋译　吴士良校

被残害的人

————[澳大利亚]亚力山大·布佐　邢　历　杨　知译

《被残害的人》译后记

附:衡量的标准

————————[澳大利亚]凯瑟琳·伯里斯班　杨　知译

外事往来（二则）

简讯（三则）

1981 年第 1 期　刊名:《外国戏剧》
目录

外国戏剧概况

南半球的春天 ·························· 萧淑芳　吴作人

法国、意大利戏剧见闻——旅欧印象追忆 ······· 吴祖光

美国的聋哑戏剧 ···························· 丛林春编译

现代斯堪的维纳亚戏剧简介

·················· [瑞典]托里·柴特霍姆　雪　茛译

莫斯科室内音乐剧院

······················ [苏]亚·伊瓦什金　郝一星译

演出

西德、法国戏剧一瞥 ······················· 顾　威

表演导演艺术

戏剧的电影化 ········ [苏]A.费甫拉利斯基　童道明译

对奥森来说，这是甜蜜的事业

················ [法]让-克洛德·罗叟　陆丙安摘译

作品与作家

儿童剧作家托尔边·埃格纳 ·················· 叶君健

汤姆·斯托帕德和他的《黑夜与白昼》 ·········· 梅绍武

人物介绍

费雯·利戏剧性的一生 ···················· 张学采编译

戏剧交流

法国剧作家罗布莱斯访华剪影 ······ 本刊记者　萧　曼

中美戏剧界人士座谈侧记 ·················· 本刊记者

外国戏剧在中国

《威尼斯商人》座谈会散记 ·················· 吴福荣

论夏洛克 ······························ 张隆溪

关于夏洛克人物形象的争鸣 ·················· 王景愚

剧本

豆蔻镇的居民和强盗（儿童剧）

·············· [挪威]托尔边·埃格纳　叶君健译

黑夜与白昼

········ [英]汤姆·斯托帕德　赵启光译　李文俊校

封二、插二、封三素描 ·············· 吴作人　赵士英

封面设计 ·····························　赵士英

简讯四则

1981 年第 2 期　刊名:《外国戏剧》
目录

外国戏剧情况

日本的能乐 ····························· 耿墨学

连演四年的《安妮》 ························ 冯亦代

我所知道的纽约大众剧院——

旅美日记三则 ·················· 武汉歌舞剧院　沈承宙

苏联电视剧近况 ··········· 陈守成　娄　力　黄俊红

作品与作家

略论戏剧家的高尔基 ······················ 何纪华

美国最优秀的剧作家尤金·奥尼尔

················ [美]路易·西弗尔　聂文杞译

迪伦马特近谈创作 ····················· 叶廷芳摘译

表演导演艺术

亨利·欧文论演技 ······················ 夏立民译

什么是斯图基雅精神 ···················· 郝一星译

人物介绍

记杉村春子 ···························· 朱　琳

威廉·英 ··············· [美]凯瑟琳·休斯　谢榕津译

费雯·利戏剧性的一生（续完） ············ 张学采编译

舞台美术

西洋服装史知识 ····················· 李　畅　赵伟月

外国戏剧研究

关于莫里哀——与《辞海》编委会商榷 ········· 李健吾

赞赏、质疑和希望——评朱译莎剧的若干剧本

································ 贺祥麟

外国戏剧在中国

《马克白斯》与中国舞台——《马克白斯》座谈会发

言摘要 ··························· 吴福荣整理

良好的借鉴　可贵的启示——罗马尼亚话剧《公正舆

论》观剧随想 ······················· 程朝富

让-保罗·萨特的《肮脏的手》在上海舞台 ······ 胡伟民

剧本介绍

子午线祭 ······················ [日本]林　春

考蒂对考蒂（澳大利亚） ················ 邢　历

悬而未决（美国） ······················ 雪　茛

剧本

爸爸，您好！（苏联电视剧）

················· [苏]P.奥特柯连科　红　蒂译

榆树下的欲望············[美]尤金·奥尼尔 汪义群译

封面：日本话剧团访华演出团演出的《华冈青洲之妻》剧照

封底：美国电视节目《布偶节目》的主角碧姬（猪）和科米（青蛙）

封面、插页设计················赵士英

1981 年第 3 期 刊名:《外国戏剧》

目录

外国戏剧情况

瑞典戏剧散记——参加国际斯特林堡戏剧节归来

·····················石琴娥

友谊的海洋——访日札记··········凤 子

印度尼西亚戏剧················王爱民

匈牙利戏剧概况················杨 敏

表演导演艺术

"艺术的生命在于创新"——记英国导演托比·罗伯森先生排演莎剧《请君入瓮》·········吴士良

作品与作家

市长是愚蠢的吗?----[苏]叶·库尔巴托瓦 蔡时济译

外国戏剧流派

关于存在主义················王文彬

外国戏剧研究

托尔斯泰否定莎士比亚问题初探·······匡 兴

布莱希特建立的是叙述体戏剧体系·······余匡复

人物介绍

著名瑞典女演员英格丽·褒曼········邱白峰 李海东

[巴黎航讯]法国著名女演员、当代红星黛芬·西莉访问记················本刊记者 萧 曼

舞台美术

看英国话剧，想到中国戏曲··········龚和德

西洋服装史知识（二）········李 畅 赵伟月

戏剧交流

香港国际布莱希特学术讨论会侧记···丁扬忠 龚伯安

国际剧协中国中心代表团首次参加世界戏剧大会

·····················景 玉

日本"能乐"首次访华演出··········本刊记者

剧本介绍

乐园颂··················[朝鲜]边 路

知心人——鲁迅与藤野先生········[日本]佳 木

喂，恐龙!··················[苏联]仰 初

剧本

显形（独幕剧）

·········[法]西蒙娜·贝缪萨 文美惠译

烟囱丛中的绿洲（独幕剧）

·········[日本]大桥喜一 文洁若译

星期四晚上（独幕剧）

·········[美]克里斯托夫·莫利 缪华伦译

去，把门闩上（木偶短剧）

·········[英]木偶剧校学生编剧 余所亚译

简讯（二则）

读者来信摘登

封面：黛芬·西莉主演皮兰德娄的《寻找自身》剧照（1967 年）

封底：瑞典戏剧大师斯特林堡塑像（卡尔艾德塑）

封面、插页设计················赵士英

1981 年第 4 期 刊名:《外国戏剧》

目录

外国戏剧情况

具有鲜明民族特色的罗马尼亚戏剧——张庚、方琯德谈访罗观感················本刊记者 红 蒂

英国重拍莎剧电视系列片

·········[美]罗兰·杰拉特 沈迈衡译

苏联 1978—1979 年戏剧季一瞥······朱汉生编译

黑非洲法语国家剧本竞赛初步揭晓·······邵凌云

表演导演艺术

僵化的戏剧················[英]彼得·布鲁克

邢 厉 小 风译 小 永校

看《培尔·金特》演出随笔··········萧 曼

《第十三任农庄主席》的演出形式及艺术处理

·····················方 安

作品与作家

易卜生的《培尔·金特》············萧 乾

乔治·比才和他的歌剧《卡门》········孙慧双

人物介绍

[巴黎航讯]访当代英国著名导演彼得·布鲁克

·····················本刊记者 萧 曼

著名瑞典女演员英格丽·褒曼（续完）

·················邱白峰 李海东

舞台美术

西洋服装史知识（三）·····················李　畅　赵伟月

戏剧交流

在马德里的日子里——参加国际剧协年会的汇报
···刘厚生
南斯拉夫木偶剧团来华演出·················大　公

外国戏剧在中国

《一仆二主》在中国舞台上···················夏钧寅
北京舞台上也出现了不朽的哥尔多尼
·············[意]夏埃塔诺·斯卡尔多基亚　吴正仪译
近两年来中国舞台上的外国戏剧·············吴福荣

剧本简介

倔强的阿尔玛［阿根廷］·····················纪　棠
托帕兹［法国］·································常　辉

剧本

培尔·金特·····················[挪威]易卜生　萧　乾译
[简讯]河原崎长十郎病逝·················本刊记者
[专讯]我国著名莎士比亚专家林同济教授逝世
···唐　湜

消息二则

封面：罗马尼亚著名话剧《失落的一封信》剧照
作剧：卡拉吉阿列·····················导演：拉杜·贝利冈
演员：塔玛拉·格列朱列斯库（立）；哥斯德勒·康
斯坦丁（坐）
封底：澳大利亚三幅舞台设计图
封面、插页设计·······························赵士英

1982 年第 1 期　刊名:《外国戏剧》

目录

外国戏剧情况

漫谈美国音乐剧的群众性·····················沈承宙
当代瑞典戏剧（特约稿）
·················[瑞典]克里斯蒂娜·聂珂玲　高思永译
尼日利亚戏剧简介···························孔　维
[西德航讯]"沿着青年布莱希特的足迹"····余匡复

表演导演艺术

什么叫"穷干戏剧"···························黄佐临
梅耶荷德谈话录·····························童道明译
情感的本质
·········[苏]格·阿·托夫斯托诺戈夫　杨　敏节译
皮兰德娄、斯坦尼斯拉夫斯基、布莱希特及其"对立
原则"·············[意]克劳第奥·维赛梯尼　蔡学渊译

作品与作家

西班牙剧作家巴列霍的创作·················王央乐
南斯拉夫剧作家马特柯维奇·················白嗣宏
契诃夫剧本中的美
·················[苏]凯·鲁德尼茨基　蔡时济译
戏剧流派·表现主义戏剧·····················杜定宇

人物介绍

瑞典名导演英格玛·伯格曼（附年谱）····陈良廷编译
琼·芳登·································周国珍

舞台美术

谈谈舞台灯光的作用····[日]大庭三郎　林　春节译
访美舞台美术见闻···························薛殿杰
西洋服装史知识（四）·······李　畅　霍起弟　赵伟月
小百科·皇家莎士比亚剧团、大不列颠艺术委员会、
阿贝剧院等（五条）·························孔　维选译
文摘·《外国文学研究》关于西方现代派文学的讨
论、美国文艺回到传统派等（五题）·····晓　伍摘辑

电视剧选场集锦

金婚蜜月（电视剧选场）
·············[美]弗雷德里克·亨特　高士彦译
附同名小说·············[美]琳·拉德纳　高士彦译
关于琳·拉德纳的《金婚蜜月》
·············[美]杰拉尔德·杰依·格德贝格　高士彦译
拉帕其尼的女儿（电视剧选场）
·················[美]赫伯特·哈涅格　宗　岳译
附同名小说·········[美]纳撒尼尔·霍桑　冯钟璞译
关于纳撒尼尔·霍桑的《拉帕其尼的女儿》
·················[美]亨利·纳什·史密斯　陈桂芝译
天是灰色的（电视剧选场）
·················[美]查尔斯·富勒　董衡巽译
附同名小说·······[美]欧纳斯特·盖恩斯　董衡巽译
论欧纳斯特·J.盖恩斯和《天是灰色的》
·················[美]乔顿·彼赛尔　董衡巽译
封面：美国俄勒冈 1978 年度莎士比亚戏剧节演出的
《驯悍记》，凯瑟丽娜与彼特鲁乔
封底：美国休斯敦芭蕾舞团演出的《培尔·金特》，
山妖大王、培尔·金特和绿衣女

1982 年第 2 期　刊名:《外国戏剧》

目录

外国戏剧情况

塞浦路斯之行·······························叶君健
菲律宾戏剧概貌·····························汪　莹
访日杂谈·································嘉　鹿

西德戏剧的奇迹┈┈┈［德］阿尔诺·保罗 文 澜译

表演导演艺术
梅耶荷德谈话录
┈┈┈┈┈┈┈┈［苏］阿·格拉特柯夫辑录 童道明译
奥赫洛普科夫的剧院
┈┈┈┈┈┈┈┈［苏］亚·费甫拉尔斯基 郝一星译
创造角色经验谈
┈┈┈┈┈┈┈┈［苏］维拉·帕申娜娅 斯 咏摘译

作品与作家
跋娑和他的《惊梦记》┈┈┈┈┈┈┈韩廷杰
韦斯克和他的代表┈┈┈┈┈┈┈┈黄 梅

人物介绍
琼·芳登┈┈┈┈┈┈┈┈┈┈周国珍

舞台美术
二十世纪欧美舞台美术流派简介┈┈┈┈┈吴光耀
西洋服装史知识（五）┈┈李 畅 霍起弟 赵伟月

外国戏剧研究
《惊梦记》序┈┈┈┈┈┈┈┈┈季羡林
弗洛伊德对戏剧的影响┈┈┈┈┈┈陈继文

剧本简介
塞浦路斯五个剧本简介┈┈┈┈┈晓 月 雪 菡

外国戏剧在中国
谈佐临导演的《萨勒姆的女巫》┈┈吴培远 胡成元

剧本
厨房┈┈┈┈┈┈［英］阿诺德·韦斯克 刘象愚译
金色夜叉┈┈┈┈┈┈┈┈［日］宫本研 林 春译
小百科·戏剧节、阿维农戏剧节（法国）、萨尔茨堡
戏剧节（奥地利）、爱丁堡戏剧节┈┈┈孔 维选译
文摘·应当怎样认识伊莎白拉的形象┈┈┈晓 伍摘
简讯·柏林文艺节上的拉美戏剧┈┈┈┈雄 晖
封底：比利时木偶剧海报
插页：日本演出的外国戏、斯里兰卡话剧、法国儿童
剧、瑞典名导演英格玛·柏格曼及所导演的斯特林堡
剧作剧照等

1982 年第 3 期 刊名:《外国戏剧》

目录

外国戏剧情况
［西柏林航讯］西柏林"格列泼斯"儿童剧院
┈┈┈┈┈┈┈┈┈┈┈┈李健鸣
巴西戏剧概述┈┈┈┈┈┈┈┈朱景冬
日本农家剧场┈┈┈┈┈┈［日］铃木忠志 佳 木译
日本文乐——人形净琉璃┈┈┈┈┈┈耿墨学

表演导演艺术
瓦赫坦戈夫同弟子的两次谈话┈┈┈┈白嗣宏译
［附］《杜兰朵公主》剧情
关于演员内部技术的谈话
┈┈┈┈┈┈┈［苏］叶·巴·瓦赫坦戈夫 夏立民译
瓦赫戈坦夫——两个戏剧流派的会合┈┈┈童道明
鲍·查哈瓦论演枝┈┈┈┈┈┈┈孙德馨译

作品与作家
布莱希特在纽约——坎坷的戏剧生涯┈┈┈赵铭彝编译
关于厄顿·封·霍尔瓦特及其"大众戏剧"┈┈柳 莹
维尔高尔和《海的沉默》┈┈┈┈┈罗新璋

人物介绍
迪伦马特访问记┈┈┈┈┈┈┈叶廷芳
日本著名女演员栗原小卷┈┈┈┈┈柯森耀

舞台美术
西洋服装史知识（六）┈┈李 畅 霍起弟 赵伟月

外国戏剧研究
东德"新古典主义戏剧"述评┈┈┈┈┈张 黎
事实是研究、借鉴的基础——
对当前外国戏剧研究工作的一点看法┈┈┈┈田 文

外国戏剧在中国
话剧艺术的魅力——看《屠夫》所想到的┈┈方 杰
《小狐狸》导演札记┈┈┈┈┈┈┈田 稼
《仲夏夜之梦》的一次原文演出┈┈┈┈┈朱炳荪

文摘
关于斯氏体系的哲学美学基础、三大戏剧体系审美理
想、黑格尔喜剧理论、中西不同的悲剧观
┈┈┈┈┈┈┈┈┈┈┈┈┈晓 伍摘辑

小百科
情节剧、纪实剧、机遇剧、佳构剧
┈┈┈┈┈┈┈┈┈┈┈孔 维 小 永编译

剧本

信仰 爱情 希望

-------------[奥地利]厄顿·封·霍尔瓦特 张大力译

海的沉默-------------[法]维尔高尔 罗新璋译

主题变奏曲-------------[苏]阿辽申 郝一星译

简讯（十一则）

封面：《樱桃园》剧照（契诃夫作剧，栗原小卷主演，后藤胜一摄影）

封底：《仲夏夜之梦》（油画）

-------------[西班牙]马·莎加里作

插页：日本著名女演员栗原小卷一组舞台剧照、西德"格列泼斯"儿童剧院剧照、瑞士著名剧作家迪伦玛特及其作品剧照等

1982 年第 4 期　刊名:《外国戏剧》
目录

借鉴外国戏剧要为社会主义精神文明的建设服务

-------------刘厚生

外国戏剧情况

南斯拉夫戏剧见闻-------------郭汉城 陈恭敏

阿根廷戏剧运动的革新和发展-------------章叶

意大利当代戏剧-------------[意]罗·马祖科 袁华清译

表演导演艺术

神圣的戏剧-------------[英]彼得·布鲁克 韦德译

不同流派的综合问题-------------[苏]T.苏丽娜 姜丽译

作家与作品

耐人寻味的《秃头歌女》（随笔）-------------罗大冈

皮蓝德娄和他的怪诞剧-------------吕同六

澳大利亚当代剧作家一瞥-------------邢历编译

人物介绍

"感谢上帝，每个人都有自己的风格"——记阿·韦斯克的两次谈话-------------本刊记者 张学采

荒诞派戏剧家纵谈古今——在巴黎访尤涅斯库

-------------本刊记者 萧曼

哑剧大师马尔索谈哑剧——马塞尔·马尔索与首都戏剧界人士座谈记要-------------晓璋整理

"此时无声胜有声"——记著名哑剧表演艺术家扎米·莫尔肖-------------红蒂

舞台美术

西洋服装史知识（续完）----李畅 霍起弟 赵伟月

外国戏剧研究

《李尔王》解义-------------杨周翰

剧本介绍

皮蓝德娄的六个剧本梗概-------------晓玫 吴正仪

外国戏剧在中国

关于外国戏剧在中国情况的三封信-------------葛一虹

中外戏剧交流

日本桐朋学园访华随记-------------珠珊

剧本

六个寻找作者的剧中人-------------[意]皮蓝德娄 吴正仪译

维丽亚-------------[意]迪·布扎蒂 柳村译

小猫和铅管工（广播剧）

-------------[美]阿瑟·密勒 费春放译

小百科

联邦戏剧设计院、生活剧院-------------孔维选译

文摘

布莱希特研究中的分歧、萨特的"境遇剧"和自由观

-------------晓伍摘辑

简讯（五则）

读者来信摘登

封面：《是这样，如果你们认为如此》剧照，皮蓝德娄作剧（意大利广播电视台新闻部供稿）

封二、封三：南斯拉夫戏剧节；韦斯克剧作剧照等

封底：苏联戏剧招贴画四幅《炼钢工人》（上左）、《钦差大臣》（上右）、《樱桃园》（下左）、《伊万诺夫》（下右）

插页：哑剧表演艺术家莫尔肖、马尔索；意大利舞台；拉丁美洲舞台等

1983 年第 1 期　刊名:《外国戏剧》
目录

外国戏剧情况

扎伊尔戏剧一瞥-------------邵凌云

加拿大戏剧-------------[加拿大]纳伊姆·卡丹 萧曼译

难忘的夏尔维尔——国际木偶之城-------------虞哲光

木偶的世界-------------高行健

罗马尼亚戏剧演员的晋级制度和工作定额-------------李样荣

表演导演艺术

今天的演剧艺术和表演技巧

-------------[苏]安·冈察罗夫 姜丽节译

遵循自身的规律
··········〔苏〕奥·叶弗列莫夫　夏　力节译

论演员与导演
塔伊罗夫的演剧理论··········白嗣宏　红　莠节译
我创造李尔王形象的体会
··········〔苏〕索·米霍埃尔斯　杨　敏摘译

外国戏剧流派
宗教剧的复兴··········〔美〕亚伦·刘易斯　杉　木译
戏剧经验谈····〔法〕尤涅斯库　朱　静译　王道乾校
《椅子》的舞台形象··········〔加拿大〕马　森
贝克特剧作的艺术特色
··········〔英〕沁费尔德博士讲　沈　林翻译整理

作家与作品
加拿大三位戏剧家
··········〔加拿大〕柯林·维萨　张学采译

人物介绍
亨利·方达的艺术生涯··········徐　明　方慕君编写

探讨与争鸣
时间的流逝廓清了很多问题··········童道明

外国戏剧在中国
导演外国戏的一些体会··········张奇虹

剧本
一个女人是一个魔鬼　　〔法〕梅里美　李健吾译
作为剧作家的梅里美··········李健吾
安提戈涅··········〔法〕阿努伊　郭宏安译
让·阿努伊和他的《安提戈涅》··········郭宏安
沉默··········〔法〕娜塔莉·萨罗特　罗嘉美译
娜塔莉·萨罗特及《沉默》··········晓　月

剧本简介
尊严的教授〔罗马尼亚〕
幸福的女人〔罗马尼亚〕

文摘
萨特的哲学、文学与戏剧、三百余年来莎士比亚评
论、莎士比亚的悲剧和死亡（晓伍摘辑）

小百科
普利策奖〔美〕、全国戏剧大奖〔法〕、格林兄奖
〔德〕等··········武　文编译

外国戏剧简讯
第十届巴黎秋季沙龙戏剧演出（方园）、德意志民主
共和国第三届木偶戏剧节（雄晖）、
捷克81—82年的戏剧季（庆明）等

纪念李健吾同志
沉痛悼念健吾同志··········葛一虹

封面：《愤世嫉俗》剧照··········〔法〕莫里哀作剧
封二：加拿大舞台剧照
封三：苏联舞台摄影作品选
封底：韦斯克剧作三部曲海报
插一：日本桐朋学园戏剧科学生基本功训练表演
插二：《第十二夜》剧照
插三：法国剧照
插四：外国戏剧在中国

1983 年第 2 期　刊名：《外国戏剧》
目录

外国戏剧情况
今日非洲戏剧··········〔美〕马丁·班汉姆　刁小方译
在东京的话剧舞台上··········方　杰

表演导演艺术
创造性的体验··········〔美〕薇奥拉·斯波琳　张仲年译
关于薇奥拉·斯波琳及其专著《戏剧即兴表演》
··········杜定宇
斯坦尼斯拉夫斯基的形体行动方法与梅耶荷德的生物
机能学··········〔苏〕鲍·查哈瓦　李　珍译

人物介绍
"艺术是不会死亡的！"——艾杜阿尔多·德·菲利
波访问记··········袁华清
亨利·方达的艺术生涯（续完）
··········徐　明　方慕君编写

作家与作品
苏联剧坛的标新立异者——罗辛··········白嗣宏

剧本
眼睛··········〔印度〕戈尔布迪·马罗狄拉沃　郁龙余译
坎尼战役前夜··········〔丹麦〕卡埃·蒙克　吴泉大译
军用列车··········〔苏〕米·罗辛　赵鼎真译
别人的脑袋··········〔法〕马塞尔·埃梅　徐继增译

中外戏剧交流
日本野村狂言剧团访华演出··········春

伦敦莎士比亚剧组访华演出侧记·················陈继良

外国戏剧动态
西德的巡回剧团、匈牙利上演的新戏、英国剧《猫》
在百老汇舞台猫声大作等六则

文摘
奥尼尔的悲剧和悲剧观、对《肮脏的手》及其演出的
讨论·····························晓　伍摘辑

小百科
即兴喜剧·····························武文译

封面：《杜兰朵公主》剧照　［意］加·哥威作剧，苏
联莫斯科瓦赫坦戈夫剧院演出
封二：当代世界著名剧作家作品剧照选之一
封三：当代世界著名剧作家作品剧照选之二
封底：《别人的脑袋》原书封面设计
插一：法国里昂聚集剧团演出剧照
插二：中国舞台美术展览会作品选登
插三：外国戏剧在中国
插四：美国著名剧作家田纳西·威廉斯及其作品剧照

1983 年第 3 期　刊名：《外国戏剧》
目录

阿瑟·密勒在《外国戏剧》编辑部作客
　　　　　　　　　　　本刊记者　张学采

外国戏剧情况
访问澳大利亚三题·····················陈　刚
当代英国戏剧创作概况··················黄　梅
当代瑞士法语戏剧掠影··················萧　曼

表演导演艺术
博采众长，融汇古今
——记莱因哈特的演出工作··············吴光耀
投入海达的创造·······［英］苏珊娜·约克　雪　莅译
［附］《海达·高布乐》剧情简介············佳　木

论整体演出中的演员
·············［苏］B.托波尔科夫　吴启元遗译
致青年演员··········［英］约翰·吉尔古德　晓　彤译

作家与作品
心灵之能——彼得·谢弗尔访问记
·············［英］科林·钱伯斯　韦　德译
《阿马德乌斯》本事··················杨　知

《马》剧情梗概·····················刘安义

理论研究
布莱希特方法·········［日］千田是也　林　春译

人物介绍
永不止息的追求和探索——记千田是也·········红　蒂

探讨与争鸣
一个传统的误解
——小议"易卜生式的结构"··············孙　葳
历史的沉积与鉴别——就梅耶荷德的评价问题与童道
明同志商榷·······················田　文
假定性、"跳板"、"霸权"··············胡妙胜

外国戏剧在中国
再现波澜壮阔的历史斗争画卷——法国革命史剧《樱
桃时节》导演手记··················陈　颙
法国名剧《窦巴兹》···················任友谅

剧本
母亲的节日····［英］普里斯特利　裴果芬　贺哈定译
［附］普里斯特利简介··················凌　寒编写
睡觉时候的故事
（一个"安纳托尔"滑稽剧）
·············［爱尔兰］S.奥凯西　黄　沫译
［附］关于奥凯西·····················黄　沫
末等职业·········［法］鲍里斯·维安　刘甲桂译
［附］鲍里斯·维安···················葛　雷

文摘
马克思与戏剧的关系，西方现代派戏剧与中国现代话
剧，布莱希特与中国文化的联系，莎剧是诗、是戏剧
诗···························晓　伍摘辑

外国戏剧动态
丹麦少年和儿童戏剧近况················雄　晖
非洲运用戏剧宣传、解决现实问题···········勇
日本舞台、电视美术展·················春
一部以色列新剧本的遭遇················庆　明
《夜半鼓声》上电视屏幕················庆　明
歌德、席勒剧作上演场数增长············明

小百科
滑稽剧、林荫道喜剧、中产阶级戏剧·········武　文编译

封面：歌剧《愉快的寡妇》（澳大利亚著名演员琼·
索德兰扮演）
封二：现当代名剧作家作品剧照选之三

黎明前五分钟（三幕童话剧）
——————————[英]玛利·麦尔伍德　郑之岱译

小百科
假面舞剧，编年剧——————————杉　木编译

文摘
布莱希特叙述体戏剧观的缺陷，当代欧美悲剧理论述评，现代非洲戏剧
泰国戏剧的历史和现状，当代西方舞台设计
——————————————————晓　伍摘辑

外国戏剧动态
一部反映南非黑人生活的新剧——————杜荣强编译
布隆迪戏剧在坎坷道路上——————————邵凌云节译
焕发艺术青春的杉村春子——————————春
奥地利单人话剧演员勒德·雷尔教授来华演出
——————————————————金雄晖
美国华裔剧作家黄大卫——————————绛
美国青年剧作家作品讨论会在纽约召开————绛　伟
话剧《尼古拉斯·尼克尔贝》拍成电视片——小　妮
罗伯特·威尔逊要将新作献给奥林匹克运动会
——————————————————晓　霓
宾·金斯利在小剧场演独角戏——————璋　玫
第二十七届柏林戏剧、音乐会演——————田
第十届全苏电视片会演在阿拉木图举行————瑶
国际戏剧协会（ITI）（补白）——————双
编后记

封面：美国著名女演员梅丽尔·斯特里普
封二：民主德国著名女演员海伦娜·魏格尔
封三：波兰戏剧舞台
封底：建立在莎士比亚故乡——英国埃冯河畔斯特拉特福的莎士比亚及其剧中人的塑像
插一：苏联当代著名导演叶夫列莫夫
插二：外国戏剧在中国
插三：日本歌舞伎舞台的四季
插四：英国著名女演员朱迪·丹治

1984 年第 2 期　刊名:《外国戏剧》
目录

外国戏剧情况
在"青鸟"的世界里——访莫斯科国立儿童音乐剧院
——————————————————戈宝权
关于英国的 TIE——————————————孙家琇
在日本看文学座演出的《奥瑟罗》——————何之安
访"桐朋学园"随笔——————————冉　杰

巴拿斯山脚下的落叶——英国杂剧漫谈————张晓洋
布莱希特在东亚：理论与实践
——————————[美]安东尼·塔特娄　敏　芝节译
黑柳彻子谈国际聋哑人戏剧节——————蔚　冶编译

表演导演艺术
谈实验戏剧——————————————[德]贝托尔特·布莱希特　杨　立译　李健鸣校
生活的逼真、假定性、现实主义
——————————[苏]塔·苏丽娜　姜　丽节译
怎样读剧本——————————[日]泷泽修　舒　迁译

作家与作品
别役实的世界——————————[日]别役实　林　春摘译

人物介绍
凯瑟琳·赫本的艺术生涯——————————谢榕津编译

戏剧流派
残酷戏剧——阿尔托和彼得·布鲁克
——————————————[英]斯梯安　韦　德译

剧本
第二次世界大战中的帅克
——————————[德]布莱希特　李健鸣译
抢救监护室（广播剧）
————[联邦德国]克里斯托弗·嘉尔　凌　寒译
星星的时间——————————[日]别役实　林　春译

小百科
第四堵墙、实验戏剧、即兴表演、演员工作室
——————————————佳　木　张　雪译

文摘
从莎氏悲剧结构中看他的早期悲剧————晓　伍摘辑

外国戏剧动态
英国演出阿瑟·密勒新作（莲）
1984 年国际哑剧节在伦敦举行（永亮）
新德里的街头戏剧（莲）
美国召开妇女戏剧会议（大光）
第五届国际舞台设计与剧场建筑展览（邢辛）
《这样我们必胜》的编剧、导演、演员获奖（兴）
《玻璃动物园》重上舞台（莲）
日本喜剧作家饭泽匡当选为艺术院委员（春）
日本颁发秋季紫绶褒章（春）
日本宝塚歌剧团建团七十年（丛生）
[消息]澳大利亚戏剧家来我国访问（东）
《亚洲戏剧报》问世

编后记
封面：凯瑟琳·赫本
封二：外国电视剧照选
封三："阿 Q"在国外舞台上
封底：苏联莫斯科国立儿童音乐剧院演出的《小红帽》海报
插一：澳大利亚话剧舞台
插二：英国舞台美术设计选登
插三：苏联莫斯科国立儿童音乐剧院
插四：日本著名导演木村光一

1984 年第 3 期　刊名:《外国戏剧》
目录

外国戏剧情况
莫斯科剧场建筑一瞥·······················高　莽
西方德语剧坛情况···························宁　瑛
"卡巴莱特"戏剧艺术今昔谈···············景岱灵
柏林的德意志剧院···························白　杨

表演导演艺术
如此奇特的戏剧世界
·······················[苏联]H.克雷莫娃　许宏治节译
欧洲古典戏剧演出中的舞蹈和礼节知识·······任小莲编

作家与作品
谈易卜生的《培尔·金特》···················廖可兑

人物介绍
凯瑟琳·赫本的艺术生涯（续完）···········谢榕津编译

剧本
足球俱乐部···············[澳]大卫·威廉森　杨　知译
低能上帝的儿女·······[美]马克·梅朵夫　张学采译

小百科
美国演员基金功勋奖、法国全国戏剧大奖、加拿大丹尼斯·佩勒埃奖、瑞典研究院戏剧奖、意大利路易吉·皮蓝德娄奖···············刘跃伟译

文摘
关于荒诞派剧作《等待戈多》、《雷雨》与《群鬼》、莎剧女性画廊···················晓　伍摘辑

外国戏剧动态
八十岁的千田是也锐气不减···················春
最近去世的美国著名戏剧评论家亚金森···········采
波兰舞台艺术家协会成立·····················明

博格曼重返瑞典舞台···························唐交东
英国女作家丘吉尔获布莱克本戏剧奖···········建　兰
霍夫曼主演《推销员之死》···················妮
阿尔比的新剧《三臂人》·····················建　兰
独脚戏《麦凯伦演出莎士比亚》大受欢迎·········采
赛蒙的喜剧新作《布赖顿海滩回忆录》·········张孙恒
国际青少年戏剧节···························庆　明
美国女作家诺曼的新剧作《黑暗中的旅行者》·······霓
秘鲁街头剧·······························庆　明
1983 年度日本戏剧艺术奖·····················春
最长时间的舞台演出纪录又一次刷新···········璋

戏剧交流
中德戏剧工作者在京座谈·····················金雄晖

封面：日本著名女演员冈田茉莉子剧照《爱巢》
封二：日本"新派剧"舞台
封三：《低能上帝的儿女》
封底：苏联著名木偶艺术家奥布拉兹卓夫演出海报
插一：英国边缘戏剧（一）
插二：国际舞美设计展作品选登
插三：外国歌剧在中国舞台上
插四：英国边缘戏剧（二）

1984 年第 4 期　刊名:《外国戏剧》
目录

外国戏剧情况
《我们一定胜利》观剧散记···················王　燎
罗马尼亚重视话剧艺术·······················夏　云
歌剧面貌在改变中·······爱德华·罗希斯坦　凌　寒译
关于彼得·布鲁克导演的歌剧《卡门的悲剧》
·······································沈志华编译

表演导演艺术
和外省剧院导演的谈话····[苏]梅耶荷德　童道明译
谈谈我们的事业···········[苏]塔干卡话剧喜剧院总导演阿·艾弗罗斯　朱汉生译
狄德罗对表演学的贡献——纪念法国著名哲学家、作家狄德罗逝世 200 周年···············何纪华

作家与作品
西班牙剧作家加西亚·洛尔加和他的创作·······陈凯先

人物介绍
美国著名剧作家田纳西·威廉斯的创作生涯
·······································周国珍编译

外国戏剧研究

剧场与观众⋯⋯⋯⋯⋯[日]河竹登志夫　林　春译
日本狂言中的喜剧手法⋯⋯⋯⋯⋯⋯⋯⋯⋯吴永富

外国戏剧在中国

蝴蝶说：再见吧，蛹！——也谈"三一律"
⋯⋯⋯⋯⋯⋯⋯⋯⋯⋯⋯⋯⋯⋯⋯⋯⋯欧阳逸冰

剧本

我们一定胜利⋯⋯⋯⋯[苏]米·沙特罗夫　桴　鸣译
一个"老废物"的故事
⋯⋯⋯⋯⋯⋯[委内瑞拉]塞·伦希福　王志光译

文摘

达尔杜弗——性格单一性的典型⋯⋯⋯⋯晓　伍摘辑

外国戏剧动态

法国纪念狄德罗逝世二百周年⋯⋯⋯⋯⋯⋯⋯戴
日本1984年度文化奖揭晓⋯⋯⋯⋯⋯⋯⋯佳　木
日本《戏剧》杂志出满五百期⋯⋯⋯⋯⋯⋯舒　迁
马来西亚"八十年代戏剧中心"演出《雷雨》
⋯⋯⋯⋯⋯⋯⋯⋯⋯⋯⋯⋯⋯⋯⋯⋯⋯⋯李文敏
关于格罗托夫斯基的信息⋯⋯⋯⋯⋯⋯⋯⋯雄　晖
电视荧光屏上的"莎士比亚剧院"⋯⋯⋯⋯佳　木
席勒诞生225周年纪念活动在德国⋯⋯⋯⋯雄　晖
向莎士比亚戏剧语言的又一次挑战⋯⋯⋯⋯⋯⋯霓
英国女信托剧团的一次演出⋯⋯⋯⋯⋯⋯⋯⋯采
1984年国际戏剧节⋯⋯⋯⋯⋯⋯⋯⋯⋯⋯雄　晖
毕加索的剧作在美公演⋯⋯⋯⋯⋯⋯⋯⋯⋯⋯采
日本纪念"筑地小剧场"创建60周年⋯⋯⋯丛　生
第38届百老汇托尼戏剧奖揭晓⋯⋯⋯⋯⋯陆文岳
日本话剧《夕鹤》演满千场⋯⋯⋯⋯⋯⋯⋯丛　生
英国文化委员会成立50周年⋯⋯⋯⋯⋯⋯⋯⋯采

戏剧交流

意大利戏剧家来华访问⋯⋯⋯⋯⋯⋯⋯⋯⋯庆　明
在意大利召开的两个国际戏剧会议⋯⋯⋯⋯⋯⋯吕
封面：苏联俄罗斯功勋演员阿拉·杰米多娃
封二："卡巴莱特"戏剧
封三：1983年度英国最佳戏剧奖获得者
封底：日本电视舞台（三原康情设计）
插一：在南锡国际戏剧节舞台上
插二：中国舞台上的外国戏
插三：日本电视舞台设计
插四：苏联话剧演员谱

1985年第1期　刊名:《外国戏剧》

目录

电视最新信息

"台外台"异军突起——法国电视业引人瞩目的新事
物⋯⋯⋯⋯⋯⋯⋯⋯⋯⋯⋯⋯⋯⋯⋯⋯⋯⋯戴明沛

海外观剧

国际戏剧的橱窗——记1984年南锡国际戏剧节
⋯⋯⋯⋯⋯⋯⋯⋯⋯⋯⋯⋯⋯⋯⋯⋯⋯⋯徐晓钟
赴澳大利亚看戏⋯⋯⋯⋯⋯⋯⋯⋯⋯⋯⋯⋯沈继禹

美国戏剧大师奥尼尔

我所知道的奥尼尔——为《奥尼尔剧作选》写的序
⋯⋯⋯⋯⋯⋯⋯⋯⋯⋯⋯⋯⋯⋯⋯⋯⋯⋯⋯曹　禺

本刊专访

奥尼尔戏剧中心主席乔治·怀特谈中美戏剧⋯谢榕津
在美国奥尼尔中心导演"中国夜"⋯⋯⋯⋯陈　颙
美国最近公演的三部奥尼尔剧作⋯⋯⋯⋯⋯榕　蓉

美国的女剧作家

妇女剧作家：戏剧的新声
⋯⋯⋯⋯⋯⋯⋯⋯⋯[美]梅尔·格索　晓瑶摘译
一篇文章引起的风波⋯⋯⋯⋯⋯⋯⋯⋯张学采编写
《晚安啦，妈妈！》（话剧）
⋯⋯⋯⋯⋯⋯[美]玛莎·诺曼　黄宗江、张全全译
"于微琐处听哀歌"——《晚安啦，妈妈！》观后、译
后⋯⋯⋯⋯⋯⋯⋯⋯⋯⋯⋯⋯⋯⋯⋯⋯⋯黄宗江

美国戏剧的新动向

谈美国的严肃戏剧
⋯⋯⋯⋯⋯⋯[美]弗兰克·里奇　王小莹、刘长缨译
美国非赢利戏剧的新趋势
⋯⋯⋯⋯⋯⋯[美]威廉·麦克道高尔　沈志华节译

作家与作品

善写美国小城生活的剧作家
——威廉·英奇及其剧作⋯⋯⋯⋯⋯⋯⋯⋯赵　澧

表演导演艺术

今天如何理解"体验"与"表现"
⋯⋯⋯⋯⋯⋯⋯⋯⋯[苏]塔·苏丽娜　孙德馨节译
她的艺术信条是真实——苏联女演员涅约洛娃的表演
特色⋯⋯⋯⋯⋯⋯⋯⋯⋯⋯⋯⋯⋯⋯⋯⋯⋯胡　榕

84年度托尼奖的获得者

轰动西方剧坛的喜剧《真情》的作者——英国著名剧

作家汤姆·斯托帕德⋯⋯⋯⋯⋯⋯⋯⋯⋯⋯艾　琳
访美国大导演迈克·尼科尔斯
⋯⋯⋯⋯[美]芭芭拉·戈尔波　庄稼婴、赵韫如译
"我喜欢新的挑战!"——介绍英国影、剧红星杰里
米·艾恩斯⋯⋯⋯⋯⋯⋯⋯⋯⋯⋯⋯⋯樟　林

苏联戏剧
来源于生活的台词⋯⋯⋯⋯⋯⋯A.盖利曼　鼎贞摘译
莫斯科实验小剧院(一)莫斯科西南区实验小剧院
⋯⋯⋯⋯⋯⋯⋯⋯⋯⋯⋯⋯⋯⋯⋯⋯舍　人译

莎士比亚
莎翁故乡的国际莎学会议⋯⋯⋯⋯⋯杨世彭

波兰戏剧
克拉科夫的戏剧传统与革新
⋯⋯⋯⋯⋯[波]马里安·森凯维奇　程一虹译

人物介绍
苏联一位家喻户晓的演员
——弗拉基米尔·维索茨基⋯⋯⋯⋯王　燎

世界知名导演莱因哈特
莱因哈特未发表过的讲话⋯⋯⋯⋯⋯雄　晖节译

电视剧
田中绢代传(上集)⋯⋯[日]新藤兼人　林　春译

文摘
战后的美国剧作家和戏剧创作——《玩偶之家》及其主
人公娜拉在中国的反响——易卜生戏剧创作中运用象征
的基本倾向——荒诞派所散布的危机意识⋯晓　伍摘辑

小百科
澳大利亚作协奖——英国班克罗弗特金质奖章——美
国马克·布利茨坦音乐剧奖——奥地利约瑟夫·卡因
奖章——瑞士汉斯·莱因哈特戒指奖——南非斯托尔
斯奖⋯⋯⋯⋯⋯⋯⋯⋯⋯⋯⋯⋯⋯刘跃伟译

外国戏剧动态
奥尼尔国际会议在美国召开⋯⋯⋯⋯榕　蓉
南斯拉夫木偶剧独占鳌头⋯⋯⋯⋯⋯珮
首届法语国际戏剧节⋯⋯⋯⋯⋯⋯⋯志
美国的斯塔列青年导演会⋯⋯⋯⋯⋯璋
第18届贝尔格莱德国际戏剧节⋯⋯⋯妮
美国电视以暴力镜头吸引观众⋯⋯⋯胡　松
法国大力恢复轻歌剧⋯⋯⋯⋯⋯⋯⋯靮　志
科幻剧《1984年》在洛杉矶上演⋯⋯⋯章
阿瑟·密勒荣获美国肯尼迪艺术中心奖金⋯庆　明

联邦德国某村庄庆祝宗教剧传统演出350周年⋯⋯才
《尤涅斯库》被搬上舞台⋯⋯⋯⋯⋯⋯志
苏联新任命一批剧院导演⋯⋯⋯⋯⋯静　远
纪念聂米罗维奇-丹钦科125周年诞辰⋯⋯宁　泊

趣闻轶事
契诃夫相面知吉凶?!⋯⋯⋯⋯⋯⋯⋯龙
"考考你,歌德是⋯⋯"⋯⋯⋯⋯⋯⋯庆　明
高仓健的表演生涯是怎样开始的⋯⋯林　春
知道吗,三浦友和还是一位出色的歌唱家!⋯竺　生
"国际人"岸惠子⋯⋯⋯⋯⋯⋯⋯⋯⋯佳　木
第一次出现列宁形象的戏⋯⋯⋯⋯⋯星　海

1985年第2期　刊名:《外国戏剧》
目录

海外来鸿
美国航讯:美国的导演与剧作家之争⋯⋯⋯立　木

诺利斯·霍顿
二十世纪世界戏剧——
1981年《大英百科全书》特约论文
⋯⋯⋯⋯⋯[美]诺利斯·霍顿　谢榕津译
我所知道的诺利斯·霍顿⋯⋯⋯⋯⋯⋯刘厚生

表演导演艺术
电影与戏剧的相互影响——1983年苏联导演座谈会上
的发言⋯⋯⋯⋯⋯⋯⋯李芝芳　节译　孙　维善校
导演武打场面怎样做到既逼真又安全
⋯⋯⋯⋯⋯[美]梅格·考克思　沈志华译
一个剧本从选定到上演
⋯⋯⋯⋯⋯[苏]鲁边·阿加米详　苗达节译

作家与作品
民主德国当代著名剧作家海纳·米勒和他的组合式戏
剧⋯⋯⋯⋯⋯⋯⋯⋯⋯⋯⋯⋯⋯⋯⋯包智星

戏剧流派
论意大利先锋派戏剧
⋯⋯⋯⋯⋯[苏]C.布舒耶娃　李邦媛节译
贝克特和尤涅斯库——今天的古典主义者
⋯⋯⋯⋯⋯[美]露赛特·拉蒙特　凤　梧译

人物介绍
他本来可以成为又一个奥利弗——记英国著名影、剧
演员理查·波顿⋯⋯⋯⋯⋯⋯⋯⋯⋯张学采编译
迷人的松坂庆子⋯⋯⋯⋯⋯⋯⋯⋯⋯枕　泉
日本著名演员岸惠子⋯⋯⋯⋯⋯⋯⋯尹也非编译

法国喜剧

风俗喜剧:《佩里雄先生旅行记》
——————————［法］欧仁·拉比谢　爱德华·马丹
孙慧双译　郭迪诚校
［附］欧仁·拉比谢和喜剧《佩里雄先生旅行记》
现代喜剧:《心心相印》
——————————［法］居伊·富瓦锡　边　芹　郑若麟译
［附］译后记

电视剧

田中绢代传（下集）——————［日］新藤兼人　林　春译

资料集锦

谈日本新派剧——————————————孙维善
莫斯科实验小剧院（二）莫斯科大学大学生剧团、
"莫斯科河"实验小剧院————————————静　远译
联邦德国"自由戏剧小组"————————唐交东
《胡安·莫雷拉》与阿根廷戏剧——————集　叶编译
马尼萨莱斯国际戏剧节————————集　叶编译
医生谈演员的心脏
——————————［苏］A.阿列克谢耶夫　恬　然译
创伤力和精神病的关系
——————————［美］戴尔西娅·里克斯　胡松译

文摘

中国人民将会如醉如痴地迷恋
莎士比亚戏剧————————————晓　伍摘辑
莎翁剧在欧美的现代演出——————————晓　伍摘辑
美国剧坛近三十年来状况——————————晓　伍摘辑
瓦格纳的音乐剧《特里斯坦与伊索尔德》
——————————————————晓　伍摘辑

小百科

表现主义、象征主义、自然主义——————荣　今摘译

趣闻轶事

倍赏千惠子姐妹合演电视剧——————————丛　生
梅耶荷德受到了启发——————————越　授
劳伦斯·奥利弗设计的一个武打镜头————子　丛
帽子的故事——————————————子　丛
夫妻都是名演员，同台只有十分钟——————凌　霜
易卜生花甲之恋——————————静　远
奥斯特罗夫斯基四个巧合的日子——————龙

动态

法国纪念雨果年的戏剧活动——————————韦　军
尾上松绿等著名演员控告非法私贩录相带事件
——————————————————舒　迁
喜剧在法国上座率最高——————————韦　军

第九届大马士革戏剧节——————————白　笛
阿尔比谈美国的剧评家——————————荣　今
艾杜阿尔多·德·菲利波去世——————————霓
一部别开生面的戏:《内心深处的交流》——————才
雅尔塔会议搬上法国舞台——————————韦　军
玛莎·诺曼的新剧作——————————荣　今
自负盈亏的南斯拉夫"政治剧团"——————胡　松
中国演出的《卡门》获国际大奖——————慧　双
栗原小卷近况——————————————舒　迁
美国开办中国表演艺术系——————————胡　松
庆祝《捕鼠器》上演三十二周年——————胡　松
青年剧作家卡利姆·阿拉威获约翰·怀廷奖——赵　林
莫斯科先锋派戏剧的堡垒"塔干卡"在变!——舒　迁
亨利·方达纪念剧场落成揭幕——————春
苏联庆祝契诃夫诞辰125周年——————兴
民主德国剧协主席去世——————————庆　明
民主德国颁发1984年国家奖金——————庆　明

1985 年第 3 期　刊名:《外国戏剧》
目录

海外观剧

［伦敦航讯］我所看到的英国话剧形势——————汪义群
［纽约航讯］美国舞台上的三出戏——————费春放
［英国专稿］被"间离"了的《麦克白》——英伦观
剧录之一——————————————沈　林

苏联戏剧

正剧:《校庆日》（两幕话剧）
——————————［苏］维·罗佐夫　红　蒂译
［附］译后记
喜剧:《办公室的浪漫史》（两幕话剧）
——［苏］艾·布拉金斯基、艾·梁赞诺夫　童道明译
［附］译后记
莫斯科实验小剧院（三）——————李政文、星　海译

表演导演艺术

走向未来的"体系"
——————————［苏］尤·扎瓦茨基　郝一星译
现代演剧艺术之我见————［苏］阿·艾弗罗斯　静远译
我把奥尼尔的戏搬上中国舞台
——————————［美］乔治·怀特　陆文岳节译

人物介绍

在巴黎访玛格丽特·杜拉斯——————————戴明沛
美国性格演员琼·克劳馥——————————刘安义

戏剧流派
二十世纪世界戏剧（续完）
……………………………［美］诺里斯·霍顿　谢榕津译

日本电视
桥田寿贺子谈《阿信》…………………………舒　迁译
电影与电视……………………［日］川边一外　佳　木译

布莱希特在中国
中国首届布莱希特讨论会随记………本刊记者　金雄晖
中国舞台上的布莱希特…………………………林克欢

契诃夫在英国
《野蜜》和《安东·契诃夫》
……………………………［英］克·艾德华兹　凤　梧节译
野花·野蜂·野蜜……［英］伊·麦凯伦　张学采编译

文摘
《海鸥》与《玩偶之家》的比较………………晓　伍摘辑
中国演出莎剧的变形因素………………………晓　伍摘辑
《赵氏孤儿》、法国文学与18世纪英国戏剧
………………………………………………晓　伍摘辑

小百科
超现实主义、存在主义、构成主义、结构主义
…………………………………………………孙玫编译

动态
苏联为纪念反法西斯战争胜利四十周年演出大量军事
题材剧目………………………………………爱　琦
苏联老剧作家锐气不减、老当益壮……………星
严肃喜剧戏剧节在曼哈顿举行…………………凤
莫斯科州木偶剧院成立五十周年………………清
波兰出版本国《木偶剧剧本选》………………庆　明
英国著名演员吉尔古德八十诞辰………………勃
杉村春子近况…………………………………耿墨学
芬兰著名导演霍姆贝格的新尝试………………幸
日本能乐上演《哈姆莱特》……………………丛　生
世界剧协第21届代表大会在加召开……………庆　明
英国政府消减文化艺术事业津贴费……………璋
希腊翻修古代剧场计划遭到非议………………珮
二十年未能实现的剧院建筑计划………………采

趣闻轶事
农庄主席急电剧作家……………………………然
弄假成真………………………………………庆　明

1985年第4期　刊名：《外国戏剧》
目录

海外观剧
多瑙河畔观剧记…………………………………游　默
在莎翁故乡观莎剧………………………………汪义群
当代美国戏剧如何摆脱困境……………………刘海平
布法罗公园莎士比亚戏剧节……………………费春放

美国黑人戏剧
1982年普利策奖剧本：《一个黑人中士之死》（两幕话
剧）………………………［美］查尔斯·福勒　胡　松译
美国黑人戏剧的崎岖道路………………………何向明
一出引起轰动的黑人戏剧——介绍1984年获奖剧
《莱妮大妈的黑臀》……………………………刘爱莲
黑人戏剧面临挑战
………………［美］希拉瑞·德福雷斯　张苏桓摘译

美国剧坛动向
美国当前戏剧的主要倾向
……………………………［美］乔恩·朱利　谢榕津摘译

人物介绍
早逝的明星
——法国著名女演员罗密·施奈德…………戴明沛编译
美国性格演员琼·克劳馥（续完）………………刘安义

作家和作品
驾驭美国文化情趣的人——兰福德·威尔逊……梅绍武
1984年普利策奖剧本：《格林·罗斯庄园》（两幕话
剧）………………［美］大卫·马麦特　向　明　高　鉴译
马麦特和他的《格林·罗斯庄园》……………何向明
译《格林·罗斯庄园》有感……………………高　鉴

表演导演艺术
演出种子……………………………………［苏］符·伊·
聂米罗维奇-丹钦科　孙维善译

戏剧创作
关于当代正面人物的讨论………………………许宏治编译

名人纪念
各国戏剧名家谈契诃夫…………………………恬　然摘译
《爱尔那尼》轰动巴黎——法国国家人民剧院隆重纪
念雨果………………………………………萧　曼

文摘
关于王尔德的唯美主义理论和喜剧创作………晓　伍摘辑

雨果的浪漫主义戏剧倾向⋯⋯⋯⋯晓　伍摘辑
二十世纪英美莎评流派⋯⋯⋯⋯⋯晓　伍摘辑

小百科
未来主义、印象主义、达达主义、荒诞派⋯⋯孙　玫摘译

动态
先锋派戏剧在美国受到冷落⋯⋯⋯⋯⋯艾　琳
苏联重视青年题材剧本的创作⋯⋯⋯⋯⋯蒂
美国著名表演艺术家杰森·罗巴兹荣获"终生成就"
奖⋯⋯⋯⋯⋯⋯⋯⋯⋯⋯⋯⋯⋯黄江月
莉莲·海尔曼选编的《契诃夫书信选》今年再版⋯晶
第三十九届托尼奖揭晓⋯⋯⋯⋯⋯⋯赵菊芬
苏联84—85年度演剧季⋯⋯⋯⋯⋯⋯苗　达
日本1985年度"利贺戏剧节"⋯⋯⋯⋯丛　生
英国中世纪神秘剧搬上舞台⋯⋯⋯⋯⋯张　榕
休马纳戏剧节今年好戏不多⋯⋯⋯⋯⋯⋯蓉
日本演出《好莱坞的叛逆》⋯⋯⋯⋯⋯舒　迁
美国上演表现尼克松的独角戏⋯⋯⋯⋯⋯蓉
美、英、澳、加消减艺术经费⋯⋯⋯⋯⋯荪　桓
克莱斯特奖金重新颁发⋯⋯⋯⋯⋯⋯庆　明
日本举办国际高中生戏剧节⋯⋯⋯⋯⋯⋯星
《朱丽小姐》引起风波⋯⋯⋯⋯⋯⋯庆　明
奥尼尔和美国的小剧场运动⋯⋯⋯⋯⋯丘宜明
"歌舞伎·京剧武打比较公演"在日本举行⋯⋯德
巴西什维利获苏联人民演员称号⋯⋯⋯⋯⋯然

趣闻轶事八则

1986年第1期　刊名:《外国戏剧》
目录

告读者⋯⋯⋯⋯⋯⋯⋯⋯⋯⋯本刊编辑部

海外航讯
巴黎的戏剧为什么这样兴旺?⋯⋯⋯⋯吴葆璋
美国戏剧的戏外功夫⋯⋯⋯⋯春　放　立　木

戏剧交流
多样化·民族性·形式感——"日本舞台、电视美术
展览"印象⋯⋯⋯⋯⋯⋯⋯⋯⋯龚和德
不断出新的《海鸥》——访苏札记⋯⋯⋯周　来
和青年朋友谈苏联戏剧⋯⋯⋯⋯⋯⋯汤茀之
苏联戏剧家在北京（日记七则）⋯⋯⋯⋯苏　红
繁荣的民主德国戏剧⋯⋯⋯⋯⋯⋯⋯葛瑞五

戏剧动向
从1985年托尼奖看百老汇的衰落⋯⋯⋯谢榕津

表演导演
在大洋彼岸谈苏联五大导演
⋯⋯⋯⋯⋯⋯〔苏〕米·契诃夫　苏　玲译
中国话剧演员的训练
⋯⋯⋯⋯⋯⋯〔英〕肯尼斯·雷　李一鸣摘译

人物介绍
名将后裔　剧坛翘楚——苏联中年剧作家谢·科科夫
金⋯⋯⋯⋯⋯⋯⋯⋯⋯⋯⋯⋯郝一星
名列榜首的法国硬汉——法国著名演员贝尔蒙多
⋯⋯⋯⋯⋯⋯⋯⋯⋯⋯⋯⋯戴明沛
文艺晚会上的明星——苏联著名女演员阿拉·普加乔
娃⋯⋯⋯⋯⋯⋯⋯⋯⋯⋯⋯⋯恬　然

电视艺术
电视剧台词⋯⋯⋯⋯〔日〕川边一外　林　春译

作品作家
莱妮大妈的黑臀舞（两幕话剧）
⋯⋯⋯⋯〔美〕奥古斯特·威尔逊　张学采译
用戏剧记录黑人的历史——访奥古斯特·威尔逊
⋯⋯⋯⋯〔美〕吉姆·鲍尔斯　江先春摘译

翻译经验谈
译事寸感⋯⋯⋯⋯⋯⋯⋯⋯⋯⋯葛一虹

国外舞台掠影
法国:彼得·布鲁克的马拉松剧
英国:《帕美拉》和《群魔》
美国:1985年托尼奖最佳音乐剧《大河》
　　　1985年托尼奖最佳戏剧《从军布鲁斯》
　　　一次新奇的演出
　　　喜剧《脱衣舞女郎》和《为什么是我》
苏联:《剧院经理》
　　　《亚伯,你的兄弟在哪里?》
　　　《三点至六点》

小百科
几位象征主义代表人物:吕奈·波、豪普特曼、安德
列耶夫

文摘
尤金·奥尼尔的欲望悲剧
法国超现实主义戏剧理论

动态
《现代戏剧世界百科全书》在编写中
外报评《野人》巴格达国际戏剧节闭幕
著名剧影演员尤伯连纳逝世

剧作家井上厦自编自导《闪耀的星座》
美苏合拍大型电视连续剧《彼得大帝》
高仓健又一杰作问世
日本举行"女演员节"
国际莎士比亚代表大会在西柏林召开
《第二届中日舞台美术学生作品展》开幕

趣闻轶事
戏剧世家又出新芽
"我就是戈多！"
戏剧家与音乐
音乐家与戏剧
以苍蝇入戏的演出
奥立弗之子步入剧坛

1986 年第 2 期　刊名:《外国戏剧》

目录

海外专稿
美国商业戏剧、实验戏剧面面观┈┈┈孙惠信　费春放

戏剧交流
美国戏剧的轮廓┈┈┈┈┈┈┈┈┈┈┈┈刘厚生
北美观剧随感┈┈┈┈┈┈┈┈┈┈┈┈┈方　杰
青年戏剧家的摇篮┈┈┈┈┈┈┈白峰溪　张学采

表演导演
角色和演员┈┈┈┈┈┈┈［日］泷泽修　黎继德译
两位戏剧大师终于走到一起来了
┈┈┈┈┈┈┈┈［苏］格·克里斯蒂　姜　丽译

戏剧美学
一种新的戏剧美学观——哈克斯的"后革命戏剧艺术"┈┈┈┈┈┈┈┈┈┈┈┈┈┈┈┈┈杨执东

人物介绍
阿兰·德隆与戏剧┈┈┈┈┈┈┈┈┈┈┈戴明沛
艺海弄潮儿阿兰·德隆┈┈┈┈┈┈任友谅　祖小明
向奥立弗挑战——英国著名演员安东尼·谢尔
┈┈┈┈┈┈┈┈┈┈┈┈┈┈┈┈┈┈┈陆文岳
她就是卡门——美国著名女演员朱莉娅
┈┈┈┈┈┈┈┈［美］弗兰克·甘农　孙玫摘译

电视艺术
怎样写戏剧高潮┈┈┈┈┈┈［日］鬼头麟兵　林　春译
电视艺术的假定性┈┈┈┈┈┈┈┈┈┈┈朱汉生

第三世界戏剧
突尼斯的戏剧┈┈┈┈┈┈┈┈┈┈┈┈┈李平清

舞台美术
剧场技术与电子计算机┈┈［日］吉井澄雄　姚振中译

作家作品
绿色精灵之歌（两幕十四场儿童剧）
┈┈┈┈［日］松谷美代子著　若林一郎改编　刘慧敏译
一出妙趣横生的儿童剧
——《绿色精灵之歌》译后感┈┈┈┈┈┈┈刘慧敏

国外后台掠影
美国:《星期天和乔治在公园》
　　　重新上演的话剧《基督山恩仇记》
　　　关于爱滋病人的戏《普通的心》和《一如既往》
苏联:《大限》
　　　《什么时候云问问青草吧》
　　　《伊万和玛冬娜》
英国:《尤娜达》
　　　《好心人》
日本:《蝌蚪是青蛙的孩子》
　　　《塑料城》

小百科
几位超现实主义戏剧的代表人物:扎利、阿波利奈尔、科克托、阿尔托

文摘
布莱希特的真实观
布莱希特的"异化"（间离）理论

动态
阿尔及利亚首次举办戏剧节
民主德国颁发 1985 年国家奖金
通俗电视连续剧《城堡》风行法国
加拿大戏剧正摆脱美国影响
美国派往苏联的"和平使者"《布娃娃》
美国著名演员赫德逊患爱滋病去世
丽莲·海尔曼重现舞台
日本举行首届儿童舞台艺术庆祝活动
日本举行第 33 届东京中学戏剧会演
日本第 30 届岸田国土剧作奖揭晓
1984 年苏联流行剧目演出情况一览
1985 年度《英雄与时代》优秀剧本评选揭晓
苏联战争题材话剧评奖揭晓
古希腊悲剧搬上北京舞台

趣闻轶事

奥涅金和达吉娅娜险些"大团圆"

"妙笔生花"

莎剧之最

1986 年第 3 期　刊名:《外国戏剧》
目录

首届中国莎士比亚戏剧节

从莎剧看莎士比亚的戏剧观·················孙家琇

为"复仇剧"建立一个主题——谈《泰特斯·安德洛尼克斯》的演出·················方　平

空前的盛举——1986 年首届中国莎士比亚戏剧节·························申　燕

海外航讯

美国舞台上的"现实"种种·············立　木　春　放

戏剧理论

从叙述体戏剧到辩证戏剧——布莱希特晚年的戏剧理论·························余匡复

戏剧的魅力·············[日]福田恒存　黎继德摘译

表演导演

《俄狄浦斯王》的启迪·················田　文

人物介绍

蓓蒂·黛维丝·······················周国珍

德国著名剧作家格·毕希纳·············李士勋

作品作家

魔幻现实主义戏剧:《塔克纳城的小姐》(两幕话剧)

·············[秘鲁]马·巴尔加斯·略萨　刘玉树译

关于《塔克纳城的小姐》及其作者·········刘玉树

戏剧资料集锦

瑞士哑剧·························张德生

菲律宾的政治戏剧

·············[菲]克利斯丁·查普曼　汤兮节译

没有演员的戏剧·········[美]南·罗伯逊　孙桓节译

水上木偶剧团·················李　欣编译

国外舞台掠影

罗马尼亚:《卡门》改编成现代芭蕾舞剧

美国:《戈特露德·斯坦和同伴》

　　　一桩谋杀案和《秉公执法》

苏联:《战争不分男女》

　　　《最高法院》

《未完成的画像》

美国:荣获英国戏剧协会 1985 年戏剧奖剧目:获最佳戏剧奖和最佳女配角奖的《同声反对》

　　　获最佳导演奖和最佳舞美奖的《神秘三联剧》

　　　最佳音乐剧《我和我的姑娘》

　　　获最佳男主角奖的《真理报》

小百科

几位表现主义的代表人物:弗兰克·魏德金德、恩斯特·托勒乐、希恩·奥凯西

文摘

莎士比亚中期喜剧表现手法的民间性

20 世纪英国莎剧演出流派

动态

民主德国召开第五次剧协代表大会

东、西德恢复戏剧交流

"莎士比亚日"在民主德国

海纳·米勒获毕希纳文艺奖

《黑色的面具》改编成歌剧

法国咖啡戏剧 20 年

田纳西·威廉斯创作讨论会

田纳西·威廉斯短篇小说集问世

风靡美国的政治讽刺表演艺术家

贝利·斯泰维恩 80 诞辰

南非戏剧家斗志昂扬

东京 20 部最优秀剧目

日本能剧团上演贝克特剧作

阿尔布卓夫逝世

莫斯科小剧院举行汇演

200 年不衰的《纨袴少年》

趣闻轶事

易卜生两年出一部剧作

日本戏剧之最

歌德也是导演

1986 年第 4 期　刊名:《外国戏剧》
目录

海外航讯

美国"大众戏剧"的启示·············孙惠柱　费春放

莎士比亚

从莎剧看莎士比亚的戏剧观(续)·········孙家琇

莎士比亚戏剧体裁分类质疑·············田惠刚

世界三大莎士比亚剧团简介·············杨士彭

戏剧符号学

关于戏剧符号学的几个问题

――――――――――[法]T.考弗臧　李春熹译

表演导演

爱米利娅的审美价值――《奥瑟罗》导演札记之一

――――――――――――――――――陈　坪

把观众放在首位――从马雷夏尔执导的《三剑客》谈

起―――――――――――――――――陈体江

人物介绍

阿拉伯戏剧大师陶菲格·哈基姆――――――梁雅卿

有马稻子的自述――――[日]吉冈范明　林　春编译

戏剧交流

我的希腊之行――――――――――――罗念生

联邦德国戏剧考察简记―――――――――丁扬忠

美国全国聋人剧团的哑语剧―――――――王振泰

欢迎俳优座――――――――――于黛琴　耿墨学

作品作家

长椅（话剧）―――――[苏]A.盖利曼　郭家申译

从生产题材到道德题材――盖利曼戏剧创作浅谈

――――――――――――――――――郭家申

国外舞台掠影

美国：《歌与舞》

苏联：《我知道语言的力量；关于马雅可夫斯基的独白》

　　　《一日长于百年》

　　　　肯尼迪为主角的《艰难的决策》

英国：《时间》

　　　《翻译》

小百科

几位存在主义戏剧的代表人物萨特、加缪、马塞尔

文摘

莎士比亚美学思想的核心――和谐

莎士比亚戏剧在中国

郭沫若与西方现代派戏剧

动态

民主德国剧本创作竞赛揭晓

《浮士德》一次演完

捷克斯洛伐克的"今日戏剧节"

法国荒诞派作家日奈去世

巴黎庆祝贝克特80寿辰

罗伯特·德尼罗重返舞台

《白鲸》搬上音乐剧舞台

第四十届百老汇托尼奖揭晓

莉·汤姆林和《寻找宇宙中明智生活的迹象》

纽约上演田纳西·威廉斯的10部独幕剧

洛杉矶的多文化剧院

坦蒂和克罗宁最后一次合作

蒙古首次演出轻歌剧

东京举办市民夏季半价观剧会

歌舞伎名作电影节

不老的奥布拉兹卓夫

第四十届爱丁堡艺术节召开

匈牙利出现合同制剧团

伦敦西区成为音乐剧新都

智利首次上演反映军人统治的戏剧

趣闻轶事

8人扮演140个角色

果戈理和契诃夫的愤怒

"油画布"和"假鼻子"

1987年第1期　刊名:《外国戏剧》
目录

海外观剧

民族特色·人性气息·舞台新意――1986年巴尔的摩

国际戏剧节观剧记――――――――――谢榕津

布莱希特戏剧

一千个布莱希特――多伦多国际布莱希特学术讨论会

暨戏剧节述评――――――――――春　放　立　木

戏剧流派

客观世界的观照――论现实主义戏剧―――汪义群

美国音乐剧

音乐剧剧本：《乐器推销员》―――[美]梅瑞什尔·

威尔逊　沈达婕　沈承宙　韩　戎译

音乐剧――中美文化交流的新途径

――――――――――[美]乔治·怀特　谢榕津译

一朵新的戏剧之花――写在两部美国音乐剧排演之前

――――――――――――――――――邹德华

美国音乐剧浅说――――――――――刘国彬

表演导演

苔丝德蒙娜：理想美的化身――《奥瑟罗》导演札记

之二――――――――――――――――陈　坪

《乐观的悲剧》的导演构思

――――――――[苏]托夫斯托诺戈夫　姜　丽译

人物介绍
伊丽莎白·泰勒——最后一颗明星··················胡　松

戏剧教学
列日一周——"国际戏剧会议"纪行···········卢若萍

国外舞台掠影
澳大利亚:《难以控制的愚蠢行为》
美国:《约·端纳的来与去》
　　　《神奇的地方》
　　　《一路回家》
日本:《白濑中尉的南极探险》
　　《去往透明宫的旅行》
苏联:《他与她》
　　《事故》
英国:《希特勒的童年》

小百科
美国著名戏剧组织
演员讲习所　演员公会　美国戏剧联盟　纽约戏剧评
论界　美国戏剧评论协会　戏剧发展基金会

文摘
易卜生主义
奥尼尔和老子的哲学思想
阿尔比的戏剧创作和流派归属
托尔斯泰莎评中的合理因素

动态
华沙上演改编自犹太人日记的戏剧
民主德国发行布莱希特剧作录音带
民主德国上演《彭忒西勒亚》
第四十届阿维侬戏剧节
法国出版女剧作家作品集
世界木偶戏剧节在加举行
加拿大举行肖伯纳戏剧节25周年纪念活动
尼日利亚黑人剧作家沃尔·索英卡荣获1986年诺贝
尔文学奖
美国召开第二届奥尼尔国际会议
美国国家剧院院长挂冠1年
第二十二个年头的索勒旺戏剧节
日本"国宝"联袂演出全本《忠臣传》
第四十届爱丁堡国际艺术节
英皇家莎士比亚剧院第三座剧场落成

趣闻轶事
失败的"亲自出马"
杉村春子同时扮演3个角色

1987年第2期　刊名:《外国戏剧》

目录

莫斯科航讯
一种新的戏剧形式·································杨谊丹

戏剧流派
主体意识的觉醒——论戏剧中的象征与象征主义戏剧
··汪义群

作家作品
《迟暮之年》(两幕话剧)
················[苏]A.伽林　沙　金译
发掘人物的个性——与伽林的一次谈话
··············[苏]B.诺瓦茨基　刘　伟节译
相濡以沫的人类感情
——读伽林的《迟暮之年》··············童道明
朴实无华　以情取胜——保加利亚剧团的《迟暮之
年》观后·······································谢榕津

表演导演
奥尔德里奇论戏剧·····························程孟辉译
调整我们眼睛的焦距——《女强人》导演阐述···高　杰
《乐观的悲剧》的导演构思(续完)
··················[苏]托夫斯托诺戈夫　姜　丽节译

人物介绍
果然是"千里马"
——苏联名导演弗·安德列耶夫··········苏　红
艺海红帆
——苏联著名女演员阿·韦尔京斯卡娅·······红　蒂
伊丽莎白·泰勒
——最后一颗明星(续完)··········向　明　胡　松
维拉·阿莲托娃(本期封面人物)·············爱　琦

名人纪念
普希金的戏剧革新
——纪念普希金逝世150周年而作·········冯　春
布莱希特在今天——第七届国际布莱希特学术讨论会
纪实···丁扬忠

美国戏剧
美国戏剧一席谈
··············[美]芭芭拉·兰·布朗　张学采整理

外国人看中国戏
联邦德国导演谈中国戏·······················金雄晖

第三世界戏剧
南非黑人的抗议戏剧 ———————————— 何向明

国外舞台掠影
美国:《宛如一场梦》
日本:《色拉杀人事件》
苏联:《首演》《排钟》
英国:《破译电码的人》
　　　《战争的戏剧》
　　　《歌剧院中的幽灵》

小百科
苏联戏剧教育

文摘
荒诞派戏剧表现方式的艺术价值及借鉴
马雅可夫斯基与戏剧舞台的开放
威廉斯剧作的价值与倾向
关于"莎味"和"中国化"

动态
保加利亚举办戏剧节
民主德国首次举办国家戏剧节
民主德国奖励戏剧及文艺界有功之臣
罗马尼亚举行第五届历史剧观摩比赛
美国 1986 年十大佳剧
诺玛·阿琳德罗和她的独角戏
首届奥尼尔学术研讨会在京召开
日本隆重纪念新派剧问世 100 周年
日本颁发 1986 年度艺术节奖
苏联戏剧家协会成立
苏联影剧艺术家伊·伊里因斯基逝世
苏联名导演阿·艾弗罗斯逝世
英拟重建莎士比亚环球剧院

趣闻轶事
肖伯纳的幽默
世界剧场之最
不成正比
王子从戏
法官改行

1987 年第 3 期　刊名:《外国戏剧》
目录

戏剧人类学
理查·谢克纳的戏剧人类学研究 ——————— 孙惠柱

戏剧流派
走向心灵的艺术——论表现主义戏剧 ————— 汪义群

表演导演
日本十四位名导演谈演员训练方法
———————— [日] 木村隆整理　白忱本摘译
又一个哈姆莱特 ——————— [美] 约翰·博福特
莱斯里·本内兹　王小梅节译
我所导演的越剧《第十二夜》————————— 胡伟民
伊阿古在悲剧中的作用——《奥瑟罗》导演札记之三
———————————————————— 陈　坪

作家作品
罪恶树也是知善恶树 ———————————— 黎继德
无场次话剧:《色拉杀人事件》
———————————— [日] 别役实　黎继德译
德沃列茨基谈《外来人》——————————— 陈世雄
关于《外来人》的剧本、演出和评论 ————— 实　宏

人物介绍
森繁久弥（本期封面人物）————————— 长　庚
我的演员生活
———————— [日] 渡边美佐子　丛林春编译
开拓者的足迹——苏联名导演叶弗列莫夫
———————— [苏] 阿·斯沃博金　童道明节译

日本戏剧
当代日本戏剧纵横谈
——中日戏剧家座谈节录 ——————— 赖育芳整理

朝鲜戏剧
朝鲜杰出的戏剧家宋影 ——————————— 周有光

埃及戏剧
在那古老的国度——埃及戏剧简述 ————— 梁雅卿

戏剧改革
问题·设想·问题
——苏联戏剧改革评介 ——————————— 温　雪
苏联戏剧家谈改革 ————————————— 艾　茹

外国人看中国戏
面向世界的中国剧坛
———————————— [日] 石泽秀二　韩纪扬编译

舞台美术
设计之前 —————— [日] 金森馨　王国栋节译

国外舞台掠影
德国：《穷骑士》
法国：《夜总会》
　　　《罗拉的暮年》
美国：《记忆危险》
　　　《上流社会》
苏联：《墙》
　　　《第五个季节》
英国：《李尔王》
　　　《星光特快列车》

小百科
日本实验的剧团
状况剧场
早稻田小剧场
楼座
束宏平事务所
梦游社

文摘
布莱希特戏剧在中国
心理分析学派悲剧理论
希腊悲剧的审美特征和审美模式
关于表现主义戏剧
哈姆莱特性格的模糊性
《李尔王》与《屈原》

动态
德中两国隆重纪念毕希纳逝世 150 周年
联邦德国颁发评论家奖金
巴黎上演新编《理查三世》
法国的"蒙迪热"
贝尔蒙多重返舞台
玛莎·克拉克创造新的演出形式
82 岁的村濑幸子激情似火
莫斯科艺术剧院进行改组
塔甘卡剧院任命新领导人
苏联戏剧家协会公布章程
后现代主义的《哈姆莱特》

趣闻轶事
十四分钟的名剧
《茶花女》古戏今演

小资料
美国 1987 年托尼奖
日本岸田国士剧作奖历届获奖作品

1987 年第 4 期　刊名:《外国戏剧》
目录

海外航讯
当前西方剧坛的新趋向⸺⸺⸺⸺⸺费春放　孙惠柱

戏剧流派
痛苦人生的探索——论荒诞派戏剧⸺⸺⸺汪义群

戏剧发生结构学
论拉辛的悲剧结构
⸺⸺⸺⸺⸺⸺[法]吕西安·戈德曼　林　青译

戏剧管理学
日本四季剧团的内部组织特征⸺⸺⸺⸺⸺李小慧

作家作品
五幕童话剧:《穷骑士》
⸺⸺⸺⸺⸺[德]彼得·哈克斯　金雄晖译　董祖祺校
一部优秀的童话剧⸺⸺⸺⸺⸺⸺⸺金雄晖

表演导演
当代法国的导演艺术⸺⸺⸺⸺⸺⸺⸺鞠基亮编写

意大利戏剧
今日意大利戏剧一瞥⸺⸺⸺⸺⸺⸺⸺何向明
意大利四位著名剧作家及其代表作
⸺⸺⸺⸺⸺⸺⸺⸺袁华清　谢榕津编写
走向情感的深处——排演《榆树下的欲望》所想到的
⸺⸺⸺⸺⸺⸺⸺⸺⸺⸺⸺张孚琛
感觉——奥尼尔戏剧表演中的重要环节⸺⸺⸺朱静兰

莎士比亚戏剧
莎剧体裁分类之我见⸺⸺⸺⸺⸺⸺⸺张全全

人物介绍
雄踞影剧坛　风流四十载——记法国著名女演员西蒙
娜·西涅莱⸺⸺⸺⸺⸺⸺⸺⸺⸺⸺秋　桐

舞台美术
舞台美术家的大会师——记 1987 年布拉格舞台美术 4
年展⸺⸺⸺⸺⸺⸺⸺⸺⸺⸺⸺李　畅

外国人看中国戏
在世界文化的广阔背景上——中国戏曲艺术国际讨论
会追记⸺⸺⸺⸺⸺⸺⸺⸺⸺⸺⸺熊澄宇

国外舞台掠影
《着了魔的兄弟俩》－－－－－－－－－[德国]
《这是星期天》－－－－－－－－－－－[法国]
《捉蟑螂》－－－－－－－－－－－－－[美国]
《狗心》《最后一位来访者》－－－－－[苏联]

小百科
德国剧院：人民舞台剧院　高尔基剧院　柏林剧团剧院

文摘
表现美国现实生活的悲剧
结构艺术
奥尼尔作品中的道家影响
奥尼尔的《送冰人来了》

动态
德国青年戏剧工作者聚会　法国兴建巴士底歌剧院
法国评选 1986—1987 年戏剧节奖　1987 年 3 项莫里
哀奖评选揭晓　古巴上演米拉内斯传记剧
罗马尼亚颁发 1986 年度戏剧奖　津巴布韦上演《工
作室之否定》　乔治·艾伯特欢度百岁诞辰　美国名
演员弗莱德·阿斯戴尔逝世
日本上演一批反战戏剧　丰富多彩的日本儿童戏剧
苏联儿童剧院面临危机　苏联著名演员 A·Ⅱ·巴巴
诺夫逝世　苏联评选优秀青年题材剧作　英国商业戏
剧困难重重

1988 年第 1 期　刊名:《外国戏剧》
目录

海外航讯
奥格斯托·波尔的戏剧理论和实践－－－春　放　立　木

戏剧流派
美国先锋派戏剧现状如何
－－－－－－－－－－[美]迈尔·古索　谢榕津摘译
戏剧是一种毫无意义的礼拜仪式——论日奈的戏剧思
想－－－－－－－－－－－－－－－－－－－－全小虎
戏剧故事梗概－－－－－－－－－－－附：全小虎　谭　华

戏剧符号学
戏剧符号学的几个问题－－－－－－－[法]安娜·于贝
尔斯费尔特　李华艺　黎继德节译

作家作品
两幕话剧：《小野猪》－－－－[苏]B.罗佐夫　白嗣宏译
飞花时节会知音——在莫斯科访问罗佐夫－－－－白嗣宏

表演导演
美国的演员训练和新一代演员的出现
－－－－－－－－[美]珍妮弗·邓宁　杰克·克罗尔
赵　宁　刘海平编译
彼得·布鲁克的六天——和群众切磋戏剧艺术
－－－－－－－－－－－－[法]乔治·巴努　张学采译

人物介绍
罗伯特·泰勒的艺术生涯－－－－－－－－－周国珍编译

海外观剧
在日本观赏音乐剧——访四季剧团琐记－－－－田　川
喜看苏联儿童歌剧《大狼和七只小羊羔》——再访莫
斯科国立儿童音乐剧院－－－－－－－－－－－戈宝权

戏剧改革
忧虑·压力·改革
——苏联剧作家谈改革－－－－－－艾　如　欣　然编译

印度戏剧
印度现代戏剧－－－－－－－－－－－－－胡亚非节译

小百科
喜剧：黑色喜剧　幽默喜剧　行为喜剧　高级喜剧
低级喜剧　悲喜剧　浪漫喜剧

文摘
奥尼尔《悲悼》中的"情结"和深层主题
当代德语戏剧的新发展
奥尼尔创作中的人生哲学探索
苏联的戏剧改革

外国舞台
《侍女蔡琳的独白》－－－－－－－－－－－[法]
《婚姻之戏》、《给戴西小姐开车》、《大卫·拉文斯基
的崛起》、《漫长岁月》－－－－－－－－－－[美]
《天空》－－－－－－－－－－－－－－－－－[日]
《危险的私通》－－－－－－－－－－－－－－[英]

动态
波兰举办国际街头剧戏剧节　国际剧评家第十次代表
大会在东德召开　民主德国举办国际布莱希特讨论会
科隆哑剧院即将关闭　法国上演黑色幽默戏剧　美
国 1987 年奥比奖揭晓　华裔舞美设计家李明觉获奖
阿瑟·米勒自传问世　美国著名编导迈克·班涅特去
世　南非召开戏剧家代表大会
1987 年利贺戏剧节闭幕　日本举办莎士比亚戏剧节
苏联将上演有关帕斯捷尔纳克的戏　莫斯科成立戏剧
演出公司　英国首座剧院博物馆揭幕

阿尔·霍许费尔德戏剧人物漫画选登（2幅）

1988 年第 2 期　刊名:《外国戏剧》
目录

戏剧理论
铸造神话……………………[法]萨特　施康强译

海外观剧
今日苏联剧坛印象
——记中国戏剧家代表团访问苏联……………舒　强

日本戏剧
丧失与复苏…………………………………李德纯

戏剧家纵横谈
阿瑟·密勒忆往昔……[美]唐·沙利文　杜梦纲摘译

作家作品
潘惹和他的剧作……………………………萧　曼
莫尔丹之谜（剧本）………[瑞士]R.潘惹　王晓潘译
寻求时代特征
——联邦德国剧作家波托·斯特劳斯……………谢莹莹

人物介绍
她是这样成功的
——访苏联人民演员尼丰托娃……………苏　红
剧坛宿将乌里扬诺夫…………………………王爱儒
日本青年剧作家北村想…………………渝　人编译

戏剧改革
同行赠言……………[澳大利亚]甘德瑞　晓　章整理

现代哑剧
现代哑剧简述………………………………刘丽华编译

印度戏剧
印度当代戏剧
……………[印]苏列殊·阿瓦斯蒂　胡亚非节译

英国戏剧
转变中的英国剧坛
……………[美]弗兰克·里奇　谢榕津编译
英国歌剧重视音乐与戏剧的结合…………古　虹编译

外国舞台
《疏远》………………………………[法]
《塔玛拉》………………………………[加拿大]
《阅后付丙》《月光曲中的弗兰姬和庄尼》………[美]
《偷窥》《银婚》………………………………[苏]

小百科
法国"四人卡特尔"加斯东·巴蒂
夏尔·杜兰
路易·茹维乔治·皮托也夫

文摘
当今世界喜剧艺术的新特征
《马可百万》中的道家思想
美国喜剧作家尼尔·赛蒙
苏联两位当代戏剧家

动态
《摩诃婆罗多》进行环球演出　法国山丘国家剧院推
出新剧　先锋派戏剧家舍曼频出新作
美国拉美戏剧蓬勃发展　《饥饿的艺术家》在美上演
鲍格希恩的《闲谈节目》大获成功　纽约莎士比亚戏
剧节宣布新计划　威尔逊的独幕剧晚会在纽约揭幕
东京剧场热　东京歌舞伎院纪念建院100周年　苏联
上演列宁题材新剧　《万尼亚舅舅》轰动莫斯科
苏联戏剧界举行民意测验　莫斯科举行露天戏剧演出
英国上演教育孩子保护环境的戏

消息
罗念生教授获雅典科学院文学艺术奖

封面
联邦德国米兰·斯拉迪克哑剧团《礼物》演出海报

1988 年第 3 期　刊名:《外国戏剧》
目录

大众娱乐
麦克纳马拉教授与美国的大众娱乐研究
………………………………孙惠柱　费春放
大众娱乐和戏剧研究
……………………[美]马尔文·卡尔森　春　放译

作家作品
《大戏法》（三幕寓言剧）
……………[意]艾杜阿尔多·德·菲立波　金志平译
我的自画像……………艾·德·菲立波　萧　曼译
梦想，温柔的幻觉，那就是你
……………[意]乔·斯特莱赫勒　晓　月译
1984 年 6 月 11 日……
……………[法]于盖特·阿棠　方　圆译

表演导演

斯特莱赫勒和"人的戏剧"⋯⋯⋯⋯⋯⋯⋯吕同六

理想的演员——日本十四位名导演艺术谈之二

⋯⋯⋯⋯⋯⋯⋯⋯⋯[日]木村隆整理　李华艺摘译

布莱希特研究

论布莱希特⋯⋯⋯⋯⋯[法]罗兰·巴尔特　张小鲁译

戏剧观众学

日本四季剧团与观众⋯⋯⋯⋯⋯⋯⋯⋯⋯李小慧

戏剧管理学

在政府资助与票房收入之外

⋯⋯⋯⋯⋯⋯⋯⋯⋯[英]约翰·皮克斯　任生名译

西德歌剧院的经营管理⋯⋯⋯⋯⋯⋯⋯⋯王文章

人物介绍

全能的艺术家伊夫·蒙当

⋯⋯⋯⋯⋯⋯⋯⋯⋯[法]玛-伊·鲁希　文　枫编译

苏联戏剧

罗佐夫斯基和他的实验剧团⋯⋯⋯⋯⋯⋯苏　红

戏剧故事

《铁幕》⋯⋯⋯⋯⋯⋯⋯⋯⋯⋯⋯⋯⋯田京辉

外国舞台

《林中散步》、《另一个安提戈涅》、《梦幻女人》

⋯⋯⋯⋯⋯⋯⋯⋯⋯⋯⋯⋯⋯⋯⋯⋯[美]

《两位周游列国的骑士的故事》⋯⋯⋯⋯⋯[日]

《我造好了房子》⋯⋯⋯⋯⋯⋯⋯⋯⋯⋯[苏]

《正经钱》⋯⋯⋯⋯⋯⋯⋯⋯⋯⋯⋯⋯⋯[英]

文摘

表现主义戏剧直观揭示深层心理的方式

奥尼尔的作品与存在主义的关系

中法文化第一次汇融

对左拉及其自然主义戏剧观的新探索

小百科

意大利戏剧家⋯卡尔洛·哥尔多尼　乔万尼·维尔加

动态

柏林举行戏剧节　德国在丹麦建布莱希特博物馆　日本表导演艺术家宇野重吉去世　第三十二届岸田国士剧作奖揭晓

井上厦荣获第十五届《戏剧》演剧奖　苏联隆重纪念维索茨基诞辰　苏联实验剧团近况

名演员重演名剧　吉尔古德重返舞台　伦敦剧团面临

新难题

法兰西喜剧院院长逝世

资料

车轮上的莎剧舞台⋯⋯⋯⋯⋯⋯⋯⋯⋯⋯孔德慧

1988 年第 4 期　刊名：《外国戏剧》

目录

海外航讯

第一届纽约国际艺术节（戏剧）印象⋯⋯⋯⋯孙惠柱

梅耶荷德

歌剧表演艺术论⋯⋯⋯⋯⋯[苏]梅耶荷德　童道明译

只因为梅耶荷德⋯⋯⋯⋯⋯⋯⋯⋯⋯⋯⋯朱立人

苏联戏剧

从歌剧《女佣工》谈起——乌克兰戏剧浅谈⋯⋯谭得伶

超前者的足迹——苏联剧坛史话⋯⋯⋯⋯⋯王　燎

作家作品

两幕话剧：篱⋯⋯[美]奥古斯特·威尔逊　孙静渊译

表演导演

冒险的实验——《琼斯皇》导演札记⋯⋯⋯⋯冯昌年

我的导演观——日本十四位名导演艺术谈之三

⋯⋯⋯⋯⋯⋯⋯⋯⋯[日]木村隆整理　黎继德译

莎剧研究

匠心甘苦有谁知——莎士比亚戏剧背景研究⋯⋯张泗洋

人物介绍

一个导演的话——访亚·托夫斯托诺戈夫⋯⋯⋯苏　红

罗伯特·泰勒的艺术生涯（续）⋯⋯⋯⋯⋯周国珍编译

美洲戏剧

回顾 1987 年美国剧坛

⋯⋯⋯⋯⋯⋯⋯⋯⋯[美]迈克·班德勒　雪　茝摘译

魁北克戏剧四十年

⋯⋯⋯⋯⋯⋯⋯⋯⋯[加]马塞尔·弗尔坦　文　枫编译

八十年代的拉美戏剧⋯⋯⋯⋯⋯⋯⋯⋯⋯韩纪扬编译

外国人看中国戏

论关汉卿的戏剧特征

⋯⋯⋯⋯⋯⋯⋯⋯⋯[苏]弗·谢曼诺夫　姜　涛译

外国舞台

《并不存在的阳性》、《战利品》、《进入丛林》

⋯⋯⋯⋯⋯⋯⋯⋯⋯⋯⋯⋯⋯⋯⋯⋯[美]

《通往麦加之路》⸺⸺⸺⸺⸺⸺⸺⸺⸺⸺［南非］
《客人》、《致斯大林的信》、《空中制动》、《万尼亚舅舅》⸺⸺⸺⸺⸺⸺⸺⸺⸺⸺⸺⸺［苏 ］

小百科
民主德国的儿童及青少年戏剧　澳大利亚的儿童及青少年戏剧

文摘
王尔德、唯美主义和中国话剧　中国话剧艺术对契诃夫的选择　希腊悲剧的本体意义

动态
法国举办 1988 年度阿维侬艺术节　百老汇颁发 1987—1988 演剧季托尼奖
波士顿将成为美国戏剧艺术的中心　阿瑟·米勒的艺术魅力经久不衰　《奥赛罗》首次在南非上演
尼加拉瓜上演契诃夫作品　东京连续举办国际戏剧节　日本歌舞伎表演艺术家中村勘三郎去世
苏联剧协成立外贸公司　一出政治剧在苏联引起争端　夏洛克改头换面

《外国小说》

【简　介】

　　小说月刊。哈尔滨文艺杂志社主办。创刊于 1980 年。创刊初期为双月刊，1985 年第 1 期起改为月刊。其主要刊登外国现当代中短篇小说，并不定期刊发外国作家作品评论，面向文学工作者、文学翻译工作者及中青年文学爱好者。

期刊号：1982 年第 1 期—1988 年第 12 期

1982 年第 1 期　刊名：《外国小说》

目录

歌星漂流记⸺⸺⸺⸺⸺⸺⸺［日］平岩弓枝　李　乔译
滨海的牢狱⸺⸺⸺⸺⸺［古］海·卡·切卡　李春雷译
警官的疏忽（推理小说）
⸺⸺⸺⸺⸺⸺［日］佐野洋　赵德明　乔斌盛译
雷曼湖谍影（中篇间谍小说连载之三）
⸺⸺⸺⸺⸺［日］西村京太郎　王德文　张永华译
太阳·老人与少女⸺⸺［苏］瓦·舒克申　尚惠杰译
宿命⸺⸺⸺⸺⸺⸺⸺⸺［美］艾巴·辛格　傅浩译
秘密信号⸺⸺⸺⸺⸺［美］勃尔顿·克莱茵　刁绍国译
上帝与她同在
⸺⸺⸺⸺⸺［南］米洛斯拉夫·克里扎　郭晨光译
诺贝尔文学奖金获奖作家作品选登
克兰比尔⸺⸺⸺［法］阿那托尔·法郎士　赵少侯译
《简·爱》（封面）⸺⸺⸺⸺⸺［美］爱德华·威尔逊

《井》（封二）————————————［法］土多泽
《带阁楼的房子》（封三）——————［苏］杜宾斯基
《上尉的女儿》（上）《普罗杰尔平娜》（下）（封底）
————————————————［苏］布　宁

高棉舞蹈（速写·封三）
别离（局部·封四）

1982 年第 2 期　刊名:《外国小说》
目录

穷绅的艳遇————————［印度］克·阿·阿巴斯　王汉山译
电话魔鬼（推理小说）————［日］森村诚一　高　柏译
将军的眼泪—————————［苏］格·谢敏尼欣　许海燕译
雷曼湖谍影（中篇间谍小说连载之四）
————————————［日］西村京太郎　王德文　张永华译
骗子的悔恨——————［加拿大］莫利·卡拉汉　朱伟一译
母亲的心
——————［墨西哥］胡安·卡洛斯·毛利　唐民权译
日本超短篇小说两篇——————————————张洁玲译

诺贝尔文学奖获奖作品选登
弯弯的小路————————［苏］米·肖洛霍夫　何因译
仇恨的科学
——————［苏］米·肖洛霍夫　唐光铜　甘雨泽译
肖洛霍夫艺术风格管窥————————————孟　舸
《牛虻》（插图）（封面）——————————［中国］倪　震
《静静的顿河》（插图）（封二）——————［苏］维列斯基
《包法利夫人》（插图）（封三）——————［苏］马约菲斯
《一个侨民的归来》（插图）————————［苏］彼得罗伏依

1982 年第 3 期　刊名:《外国小说》
目录

无声的掘墓者————————［英］威·毛姆　刘宪之译
漂流的独木舟————————［美］杰克·伦敦　吴方译
善良的刑警（推理小说）
————————［日］大谷羊太郎　丁广和　路向阳译
短篇小说两篇—————————［俄］瓦·彼罗夫　粟周熊译
玛利亚大婶
第三十号女尸
雷曼湖谍影（中篇间谍小说连载·续完）
————————————［日］西村京太郎　王德文　张永华译
神车——————［印度］杰耶辛格尔·伯勒萨德　刘宝珍译
星星—————————————［法］都德　马德菊译

诺贝尔文学奖作家作品选登
女牢——————————［法］阿纳托尔·法朗士　吴丹丽译
罗丹作品选登：母子（封面）
加莱义民（局部·封二）

1982 年第 4 期　刊名:《外国小说》
目录

曼素尔先生和他的女儿
————————［埃及］阿·拉·谢尔卡维　王瑞琴译
卡里本—————————［荷兰］赫·樊特密　唐若水译
格兰之死—————————［挪威］哈姆生　林　逸译
戈壁的匈奴————————［日］司马辽太郎　丁　香译
波兰姑娘——————————［苏］弗·索洛乌欣　宋嗣喜译
狼———————————［苏］瓦·舒克申　谷启珍译
少女的自白—————————［南］拉米兹·凯尔门蒂　众乙木译
一页未公开的历史————————［法］莫泊桑　良　葆译
魔劫——————————［日］生岛治郎　傅捷　金　柯译
得意的报复————————［美］詹姆斯·泽伯　徐浩译
天才———————————［美］威廉·萨罗扬　甘雨泽译

诺贝尔文学奖作家作品选登
替身————————————［印度］泰戈尔　林大辉译
肯特/图选登　陆地行脚　《旅程》/图（1924 年）
马克白斯　《莎士比亚全集》/图（1936 年）
狂怒中的英雄　《比尔伍夫》/图（1932 年）
维洛那二绅士　《莎士比亚全集》/图（1936 年）

1982 年第 5 期　刊名:《外国小说》
目录

燕麦谷—————————［苏］维·康德拉齐耶夫　闻人杰译
人骨化石—————————［日］松本清张　楼适夷　董学昌译
第六个强盗————————［美］达希尔·哈米特　王非译
偷猎王——————————［英］罗德·达尔　马海亮译
最后的请求————————［苏］亚·万比洛夫　乔光汉译
驯虎者的忠诚————————［英］菲莉斯·博顿　徐学谦译
自杀者——————————［英］艾伦·西利托　侯明亮译
最后几枚铜币
——————————［黎巴嫩］雷加·特·纳赛尔　赵印译

诺贝尔文学奖获奖作家作品选登
莽莽群山————————［美］约翰·斯坦贝克　楚沩译
《悲惨世界》［法］（封面）（封二）
——————————［德］威尔特劳·亚斯伯尔
《城与年》（封三）——————————［苏］亚历克舍夫
《澳大利亚民间神话》（封四）
————————————————［澳］恩斯利·罗伯茨

1982 年第 6 期 刊名:《外国小说》
目录

蒙德拉古勋爵⋯⋯⋯⋯[英]萨默塞特·毛姆 刘宪之译
幻影⋯⋯⋯⋯[乌拉圭]奥拉西奥·基罗加 唐民权译
射鳖的人⋯⋯⋯⋯⋯⋯⋯⋯⋯[美]埃德蒙·威尔逊
赵建芬译 劳陇校
娜芭薇娅⋯[埃及]阿卜杜拉赫曼·阿里·哈米西
白玲译
短篇小说两篇⋯⋯⋯⋯⋯⋯⋯⋯⋯⋯⋯[俄]契诃夫
最后一个莫希干女人⋯⋯⋯⋯⋯⋯⋯⋯⋯ 张 阜译
不法行为⋯⋯⋯⋯⋯⋯⋯⋯⋯⋯⋯⋯⋯⋯ 韩 玉译
玛丽之死⋯⋯⋯[法]克里斯蒂安·皮诺 崔军范译
爱情的复归⋯⋯⋯⋯[苏]尤·纳吉宾 李 容译
风流姑娘⋯⋯[西班牙]哈·奥·皮科恩 汤菊明译
摩斯科大漩涡⋯⋯⋯⋯⋯⋯⋯⋯[美]埃·爱伦坡
许贤光译 张 湖校

诺贝尔文学奖作家作品选登
乡邮局长⋯⋯⋯⋯⋯[印度]泰戈尔 林新祯 王承炽译

编余琐谈
左拉《崩溃》插图（封面）⋯⋯⋯⋯⋯[苏]卢达卡夫克
《静静的顿河》插图（封二）⋯⋯⋯⋯⋯[苏]维列斯基
《荒野的人们》插图（封三）⋯⋯⋯⋯⋯[苏]冈察洛娃
《带狗的女人》插图（封底）⋯⋯⋯[苏]库克雷尼克塞

1983 年第 1 期 刊名:《外国小说》
目录

雪⋯⋯⋯⋯⋯[苏]康·巴乌斯托夫斯基 王德文译
虚无的目标⋯⋯⋯⋯⋯⋯⋯[日]森村诚一 高柏译
蛇（中篇小说）⋯⋯[苏]阿·托尔斯泰 张会森译
手镯⋯⋯⋯⋯⋯⋯⋯[阿富汗]胡什哈勒 车洪才译
倒霉的获胜者
⋯⋯⋯[美]麦克斯·舒尔曼 谭大立 毛四维译
可怜的柯里卡⋯⋯⋯[苏]阿·阿列克辛 钟 鹏译
巴士姑娘⋯⋯⋯⋯⋯[英]威廉·桑萨姆 郭洛译
为寻求理解和友情而来——记日本作家森村诚一访哈
⋯⋯⋯⋯⋯⋯⋯⋯⋯⋯⋯⋯⋯⋯⋯⋯⋯ 邵 刚
勃洛克的长诗《陌生女子》插图（封二）
冈察洛夫《悬崖》插图（封三）
列斯科夫《稻草人》插图（封四）

1983 年第 2 期 刊名:《外国小说》
目录

废井⋯⋯⋯⋯⋯⋯⋯⋯⋯⋯[日]森村诚一 归 峰译
信号塔⋯⋯[美]查尔斯·沃兹沃思·坎普 李 唯译
异教徒⋯⋯⋯⋯⋯⋯⋯⋯⋯⋯[美]杰克·伦敦 王 宁译
584 次列车⋯⋯⋯[美]约翰·契弗 陈亦君 曾 胡译
婚约⋯⋯⋯⋯⋯⋯⋯⋯[苏]华·克拉鲍芙斯卡娅
赵健昆 谷安楫译
吉理⋯⋯⋯[美]玛·金·罗林思 徐大康 梓 燕译
失去的森林⋯⋯⋯[丹麦]约·威·詹森 唐凤楼译
婚姻介绍所⋯⋯⋯⋯⋯[法]埃尔维·巴赞 刘自强译
假面⋯⋯⋯⋯⋯⋯[德]马·冯·德·格林 张东书译
上帝数着他的眼泪⋯⋯⋯[爱尔兰]詹姆士·斯蒂芬斯
郭朝智译
两块面包⋯⋯⋯⋯⋯⋯⋯⋯⋯[美]欧·亨利 周 黎译
森村诚一短篇小说初探⋯⋯⋯⋯⋯⋯⋯⋯⋯⋯ 石 加
森村诚一为什么写《恶魔的饱食》⋯⋯⋯⋯⋯ 村 夫

1983 年第 3 期 刊名:《外国小说》
目录

悍妇⋯⋯⋯⋯⋯⋯⋯⋯⋯⋯⋯[法]左 拉 王振孙译
悬崖下的微光⋯⋯⋯⋯⋯⋯[日]柴田翔 韩文达译
毒花⋯⋯⋯⋯⋯⋯[美]布赖特·哈特 石家琰译
城市魔网⋯⋯⋯⋯⋯⋯⋯⋯[日]黑岩重吾 于长江译
科学的受害者⋯⋯⋯⋯⋯[南]勃·努什奇 刘圣然译
林中蛇⋯⋯⋯⋯⋯⋯⋯⋯⋯[苏]阿·格林 王育伦译
孙太郎南海漂流记（上）
⋯⋯⋯⋯⋯⋯⋯⋯⋯⋯⋯⋯[日]庄野英二 张 浪译
《白夜》插图（封二）⋯⋯⋯⋯⋯⋯[苏]格拉祖诺夫
《鲍利斯·戈东诺夫》插图（封三）
⋯⋯⋯⋯⋯⋯⋯⋯⋯⋯⋯⋯⋯⋯⋯⋯[苏]格拉祖诺夫
《妇女家庭杂志》插图（封四）
⋯⋯⋯⋯⋯⋯⋯⋯⋯⋯⋯⋯⋯⋯[美]诺曼·洛克威尔

1983 年第 4 期 刊名:《外国小说》
目录

刽子手的天职⋯⋯⋯⋯[加拿大]格·艾伦 许林林译
悲怆的恋歌⋯⋯⋯⋯⋯⋯[美]约翰·契弗 甄春亮译
初雪⋯⋯⋯⋯⋯⋯⋯⋯⋯⋯⋯[法]莫泊桑 程干泽译
法庭上的酒吧侍女⋯⋯⋯⋯[日]和久峻三 李乔译
红发夹⋯⋯⋯⋯⋯⋯⋯⋯⋯[日]森村诚一 刘松明译
该走还是该留⋯⋯⋯[苏]尼·雷尔齐科夫 刘引梅译

麦迪逊广场一夜……………………[美]欧·亨利 河沙译
孙太郎南海漂流记（下）

……………………[日]庄野英二 张浪译
《鲍利斯·戈都诺夫》（插图）……[苏]斯维尼什柯夫
《福尔赛世家》（插图）…………[英]安东尼·格罗斯
《带阁楼的房子》（插图）…………[苏]杜宾斯基

1983 年第 5 期　刊名:《外国小说》
目录

侯爵夫人的粉肩…………………[法]左拉 肖伟译
该白棋走……………[美]威廉·布罗尔 刘明译
珍珠………[瑞士]鲁道夫·格·苯丁 张东书译
夜行车向西………[英]赫伯特·拜茨 昶涵译
达尔让太太……[法]乔治·贝尔纳诺斯 张月楠译
罪与罚………[英]萨默塞特·毛姆 刘宪之译
干旱的九月………[美]威廉·福克纳 亚兴译
弱女………[日]富冈多惠子 杰峰译 犁盟校
唯一的证人………[日]星新一 金君子译
《塔拉斯·布尔巴》（插图）（封二）

………………………………[苏]基布里克
《简·爱》（插图）（封三）…………………[英]
《斯巴达克思》（插图）（封四）

……………[意大利]特·依·克逊诺丰托夫

1983 年第 6 期　刊名:《外国小说》
目录

波波塔克的才智…………[美]杰克·伦敦 杨枫译
竹篓与花………………[日]水上勉 王淑荣译
潜流………[苏]维克多利娅·托卡列娃 李传勋译

印度短篇小说两篇
手提箱………………夏尔达·杜特 周维译
象征………………安贾利 周维江 一译
莫扎特………………[苏]弗·利金 陈玉增译
寂寥的天空………………[日]田山花袋 靳丛林译
红签………………[日]松本清张 丁丁译
落水女人………[意]克拉莱塔·切里奥 舒柱译
记忆的火花（文学回忆录）

………………[苏]塔姬亚娜·托尔斯泰 徐昌翰译
《黑桃皇后》（插图）（封二）………[苏]斯维什尼柯夫
《父与子》（插图）（封三）…………[苏]鲁达科夫
《莫埃尔的拖鞋》（插图）（封四）

………………………………[法]瓦夏·卡里

1984 年第 1 期　刊名:《外国小说》
目录

审判………………[苏]H.丘科夫斯基 肖竹译
狙击手

………[爱尔兰]利恩·沃·弗拉赫提 金颂平译
不要寻找我………[西德]阿·万·艾依克 张建琪译
叶落归根………[苏]尤里·库兹涅佐夫 田双译
印度短篇小说两篇………………彭正笃译
证据………………苏·古·觉汉
堕落………………普列姆昌德
别墅区………………[苏]弗·利金 谷羽译
黎明时分………………[苏]弗·利金 刘克彭译
施用武力………[美]威·卡·威廉斯 陈进译
诚实的岛国………………[美]乔治·麦克科伦
黄嘉琬 黄后楼译
新屋………[美]欧斯金·考德威尔 复敏译

比较文学（外国文学研究资料）
巴尔扎克（雕塑）（封面）………………罗丹
《银武士》插图（封三）
《毁灭者》插图（封四）
《蜘蛛人》插图（封四）
作者: 法兰克·发拉捷达

1984 年第 2 期　刊名:《外国小说》
目录

帝国军官的反叛…………[苏]库尔巴托夫 钟鹏译
幻灭………………[日]森村诚一 李乔译
霓虹灯与三角帽………[日]黑岩重吾 孟泽人译
孤独的生日………………[日]赤川次郎 张凡译
平壤在歌唱………[朝鲜]高秉三 洪浩译
模特儿………………[美]马拉默德 顾尔石译
靴子………………[苏]瓦·舒克申 马伯健译
读稿随记
普希金（雕塑）（封面）……[苏]依·德·沙德尔
《悲惨世界》插图（封二）
《母与子》、《斯特凡大公》插图（封三）
《处女地》、《大地的女儿》插图（封四）
[中国]张守义

1984 年第 3 期　刊名:《外国小说》
目录

鞋匠连奇克⋯⋯⋯⋯⋯[苏]根·鲍卡列夫　赵立枝译
穿破军大衣的老人
⋯⋯⋯⋯⋯⋯[苏]康·巴乌斯托夫斯基　王佳生译
神秘的仙龙湖（中篇小说）
⋯⋯⋯⋯⋯⋯⋯⋯⋯⋯[日]松本清张　马述祯译
玛莱丝⋯⋯⋯[奥地利]亚·莱-霍雷尼亚　张东书译
修女马尔嘉丽达⋯⋯[墨西哥]罗哈斯　孔令森译
钉死了的窗子⋯⋯⋯⋯[美]多布罗斯·比尔斯
马志君　赵玉华译
结婚戒指⋯⋯⋯⋯⋯[苏]娜·芭兰斯卡娅　乔光汉译
栗野岭一霸⋯⋯⋯⋯⋯⋯[日]椋鸠十　高　柏译
五角银币⋯⋯⋯⋯⋯⋯[日]川端康成　刘维纲译
莎士比亚塑像（封面）
《伏尔加河畔的农舍》插图（封二）
⋯⋯⋯⋯⋯⋯⋯⋯⋯⋯⋯⋯⋯[中国]白敬周
《卡列维波埃格》插图（封三）⋯[苏]奥亚·片扎
《四大自由》插图（封三）⋯⋯[美]诺曼·洛克威尔
《新的酒店招牌》插图（封四）
⋯⋯⋯⋯⋯⋯⋯⋯⋯⋯⋯[美]诺曼·洛克威尔
《咫尺天涯》插图（封四）[美]珂贝·威特莫尔

1984 年第 4 期　刊名:《外国小说》
目录

日古利牌轿车（中篇小说）
⋯⋯⋯⋯⋯⋯[苏]谢尔盖·叶辛　徐荣强译
萎缩的手臂（中篇小说）
⋯⋯⋯⋯⋯⋯[英]托马斯·哈代　刘林飞译
邦子⋯⋯⋯⋯⋯⋯⋯[日]志贺直哉　刘介人译
寻找太平门的人
⋯⋯⋯⋯⋯⋯[日]城山三郎　曾杰　郝玉珍译
齐伦斯基夫人与芬兰国王
⋯⋯⋯[美]卡森·麦卡勒斯　冯　毅　胡启冰译

编稿絮语
《塔拉斯·布尔巴》插图（封二、封三）
⋯⋯⋯⋯⋯⋯⋯⋯⋯⋯[苏]格拉西莫夫
果戈里（雕塑）（封面）

1984 年第 5 期　刊名:《外国小说》
目录

俘虏⋯⋯⋯⋯⋯⋯⋯⋯[日]井上靖　李有宽译
总统小夜曲⋯⋯⋯⋯[日]佐藤爱子　唐大本译
受审路上⋯⋯⋯[苏]根·菲什　钟鼎　安郁琛译
手杖的风波⋯⋯⋯[法]西塞耳·艾梅　徐家顺译
毁灭与再生⋯⋯⋯[德]赫尔曼·荷瑟　韩志良译
窗口⋯⋯⋯⋯⋯[美]爱迪生·华顿　李金桥译
《星期六晚邮报》插图（封二）
⋯⋯⋯⋯⋯⋯⋯⋯⋯[美]约瑟夫·德麦斯
《格鲁吉亚历史》插图（封三）⋯⋯[苏]托伊利
《胆小的万尼亚》插图（封三）⋯⋯[苏]巴霍莫夫
《塔拉斯·布尔巴》插图（封四）⋯⋯[苏]基布里克
《塞瓦斯托波尔的故事》插图（封四）
⋯⋯⋯⋯⋯⋯⋯⋯⋯⋯⋯⋯⋯[苏]科科林
列夫·托尔斯泰（雕塑）（封面）

1984 年第 6 期　刊名:《外国小说》
目录

赦免的绞刑⋯⋯⋯[西班牙]阿拉尔贡　张东书译
契诃夫小说四篇⋯⋯⋯⋯⋯⋯⋯⋯汝　龙译
南美来客⋯⋯⋯⋯[英]罗尔德·达尔　姚　敏译
毁灭⋯⋯⋯⋯⋯[美]朱迪·查德　黄　刚译
爱是什么⋯⋯⋯[澳]万斯·帕尔默　黄源深译
第十三支烟斗⋯⋯[苏]爱伦堡　王忠亮　王育伦译
载人火箭⋯⋯⋯[美]科尔特·佛尼格　徐天池译
火的记忆⋯⋯⋯⋯⋯[日]松本清张　林　平译
蔷薇色的雾⋯⋯⋯⋯⋯[日]星新一　盛宏伟译

泰龙作品选登
印度史诗《罗摩衍那》插图（封二）
《一千零一夜》六卷本第四卷卷首画（封三）
《一千零一夜》六卷本第五卷卷首画（封四）
印度史诗《罗摩衍那》插图（封四）
泰戈尔（雕塑初稿）（封面）⋯⋯⋯⋯孙正琢

1985 年第 1 期　刊名:《外国小说》
目录

研究所秘案⋯⋯⋯⋯[日]森村诚一　朱金和译
黑幕（中篇间谍小说连载·一）
⋯⋯⋯[英]杰克·黑金斯　杨荣鑫　刘　明译
被诬陷的刑警⋯⋯⋯⋯[美]爱·霍克　潘少凯译
情敌的影子⋯⋯⋯⋯⋯[日]松本清张　李　华译

噪音刺激的狂人-------------[英]罗·格兰特 刘 明译
玫瑰色的罪恶-------------[日]山川方夫 徐志玉译
人与蛇-------------[美]安·比厄斯 袁长燕译
卷首语-------------本刊编辑部
《彼得大帝》插图（封二）-------------[苏]施马里诺夫
《天堂奏鸣曲》（二篇）（封三）-------------[捷]斯瓦宾斯基
《复活》插图（封四）-------------[苏]帕斯切尔那克
《简·爱》插图（封四）-------------[美]弗里茨·埃钦保格

1985 年第 2 期 刊名:《外国小说》
目录

拒捕的囚徒-------------[美]理查德·赖特 张亚兴译
殉情的巡警-------------[日]小林久三 赵长光译
搭车姑娘-------------[印]尤·沙伯拉玛尼安
杨池滨 卢士伟译
恐惧的归来-------------[英]威尔斯·詹金斯
徐学谦译 陶次禹校
黑幕（中篇间谍小说连载·二）-------------[英]杰克·黑金斯 杨荣鑫 刘明译
编余赘语-------------本刊编辑部
《在纽约的贫民窟里》（封二）-------------[苏]普洛罗柯夫
《革命军事委员会》（插图两幅）（封四）
-------------[苏]杜宾斯基
《兄弟俩》（插图两幅）（封四）-------------[中国]胡博综
《大地轰鸣》（插图）（封三）-------------[苏]列兹尼钦科
《童贝父子》（插图）（封三）-------------[英]布 朗

1985 年第 3 期 刊名:《外国小说》
目录

美丽的女士-------------[苏]阿·托尔斯泰 天 兆译
龟子旅馆的凶宅
-------------[日]松本清张 马述祯 马 龙译
破旧公寓的大火-------------[日]森村诚一 张曙光译
杀意的雪团-------------[日]夏崛正元 高鹏飞译
黑幕（中篇间谍小说·三）
-------------[英]杰克·黑金斯 杨荣鑫 刘 明译
森严的围墙内-------------[印]阿·阿巴斯 王汉山译
穿虎皮的艺人-------------[印]伊涅兹·杜拉斯 刘世忠译
没有爱情的罗曼史-------------[苏]谢·沃罗宁 谷启珍译
沉思（《妇女家庭良伴》月刊插图）（封二）
-------------[美]托姆·劳弗尔
阳台上的情侣（《世界主义者》月刊插图）（封三）
-------------[美]约翰·拉加塔

她的回答（1914 年）（封三）
-------------[美]查尔斯·达纳·基勃森
美国杂志封面选介（封四）-------------[美]菲力浦斯等

1985 年第 4 期 刊名:《外国小说》
目录

"刑侦·惊险·爱情"小说特辑

情欲和道德-------------[法]居·福楼拜 葛 薪译
野性女人-------------[意]阿·莫拉维亚 袁华清译
罕见的厮杀-------------[美]卡尔·斯蒂芬森 刘福祥译
营救-------------[美]杰·阿·斯茂尔 红 星译
谋害情人的画家-------------[日]松本清张 罗仙樵译
复仇-------------[古巴]多·侯英 李春雷译
黑幕（中篇间谍小说·续完）
-------------[英]杰克·黑金斯 叶荣鑫 刘 明译
《月女》——科学幻想小说封面（封二）
-------------[美]发拉捷达
《寻求上帝的黑女孩》（封三）-------------[英]法 里
《割草的姑娘》（封三）-------------[日]龙平二郎
查尔斯·罗塞尔作品选登（封四）-------------[美]

1985 年第 5 期 刊名:《外国小说》
目录

"刑侦·惊险·爱情"小说特辑

警察的忏悔----[加]伊·诺伯特 林 钧 晓 丰译
盗卖赛马情报的女人（中篇）
-------------[日]松本清张 马述祯 马 龙译
侦缉密网-------------[日]森村诚一 刘维纲译
贪婪的荡妇-------------[乌拉圭]奥·基罗伽 夏丽仙译
抽烟时的梦幻（封二）-------------[美]詹姆士·M.弗拉葛
《福玛·高尔捷耶夫》插图二幅（封三）
-------------[苏]谢罗夫
《尼伯龙根之歌》插图四幅（封四）-------------文国璋作

1985 年第 6 期 刊名:《外国小说》
目录

不规矩的女人-------[美]伯纳德·马拉默德 张柏然译
恶徒的忏悔-------------[法]莫泊桑 林珍妮译
恶狼十字架（中篇连载·上）
-------------[法]克·维尔莫纳 张成柱译
电视明星崇拜狂-------------[日]森村诚一 张大飞译
掉进陷阱的姑娘
-------------[斯里兰卡]塞内维拉特纳 邓殿臣译

诡诈的赌局·············[美]查尔斯·爱因斯坦　杨池滨译
凶残的越狱犯·············[美]约翰·霍金斯　王海燕译
他的一切都是白色（封二）·········[英]埃·杜拉克
《石客》插图（封三）··········[苏]法沃尔斯基
《鲍里斯·戈都诺夫》插图（封三）

······················[苏]斯维塔里斯基
作品选登（封四）·············[美]杰西·史密斯

1985 年第 7 期　刊名:《外国小说》
目录

保护贞节的女性·············[日]森村诚一　刘维纲译
夜空斧影··················[日]五木宽之
张大飞译　张镜海校
破碎的家庭···········[英]艾伦·西利托　查培德译
失败的幽会···········[英]艾琳·谢伦　杨池滨译
爱情饮料···········[美]约翰·科利尔　马唯真译
恶狼十字架（中篇连载·中）

···········[法]克洛德·维尔莫纳　张成柱译
至死不渝······[美]杰克·伦敦　李寰　孟宪钧译
译作选题管见
封二：主客易位
封三：[美]诺曼·洛克威尔作品两幅：
免于匮乏　餐前祷告
封四：[英]拉克汉姆作品选登：
入睡前的美女
树声飒飒
毛虫的忠告
入睡的美女

1985 年第 8 期　刊名:《外国小说》
目录

罪犯的名片···········[日]森村诚一　朱春育译
文学少女···········[日]木木高太郎　林　平译
隐藏身份的跟踪·········[日]结城昌治　夏　晔译
爱情双重奏·········[澳]巴伯拉·卡特兰　康淑莲译
恶狼十字架（中篇）

···········[法]克洛德·维尔莫纳　张成柱译
误译的效用·········[日]河盛好藏　哨　文译
封二：杰西·史密斯[美]：安娜·惠兰·贝茨
封三：列昂·巴克斯特[俄]：插图二幅：《水仙花》
（上）
《午后的半人半羊牧神》（下）
封四：美国杂志封面选介

1985 年第 9 期　刊名:《外国小说》
目录

毁灭的天才···········[日]三浦绫子　朱春育译
第三者悲哀·········[美]乔·卡·奥茨　林　霏译
飘忽不定的"风"·········[日]山田正纪　鲍延明译
乔装的少女···············[美]艾·巴·辛格
徐文一译　刘宪之校
真假电视明星·········[日]筒井康隆　丁晨生译
黑夜里的声音·······[罗马尼亚]西尔维亚·钦卡
岳晓勇译
寡妇有了恋人以后·······[德]贝·舍内　赵燮生译
拦路抢劫（封二）·········[美]亚瑟·凯勒
插图两幅：·············[苏]K.克拉尔
《吹芦笛》（下）
《我的小芦笙在歌唱》（上）（封三）
《莎乐美》插图四幅（封四）·········[英]比亚兹莱

1985 年第 10 期　刊名:《外国小说》
目录

剽窃的证明···········[日]大冈升平　马　龙译
案件的假象···········[日]夏树静子　李有宽译
被遗弃的美女

···········[葡]桑塔纳·金蒂尼亚　姚京明译
无头案···········[英]弗·福赛斯　郝启成编译
花妖·······[英]吉姆·怀布罗　杨池滨　李景艳译
[美]查尔斯·罗塞尔作品选登：
蒙拿大人拜太阳神（封二）
新式牧牛工（二幅）（封三）
争夺霸权（三幅）（封四）

1985 年第 11 期　刊名:《外国小说》
目录

派阀抗争杀人事件·········[日]森村诚一　贾春明译
威塞克斯的第一伯爵夫人

···········[英]托马斯·哈代　林　霏译
失踪的丈夫···········[日]小林久三　高鹏飞译
牧羊犬库鲁罗·······[智利]弗·科洛亚内　杨启藩译
怪人···············[苏]舒克申　崔宪基译
邮箱（封二）···········[美]约翰·福尔特
《卡利斯托》插图
《歌者俄耳甫斯》插图（封三）·······王怀庆　黄冠余
《三个女数学家》插图（封四）·········秦　龙

1985 年第 12 期　刊名:《外国小说》

目录

少女的歧路……………………[苏]拉斯普京　刘圣然译
魔鬼………………………………[法]莫泊桑　　振　孙译
离婚者生涯………………[英]艾伦·西利托　毛四维译
沉入海底的赠礼……[西德]汉斯·法拉达　贾一诚译
陌生的电话………………[美]雷蒙德·卡佛　袁宗平译
恐怖的季节………………[南朝鲜]尹正奎　金君子译
哈尔滨轶闻………………[苏]列·哈英德拉瓦　马滨禄译
爱情的审问………………[苏]谢·沃罗宁　谷启珍译
鲁达珂夫插图作品选登（封二、封三、封四）

1986 年第 1 期　刊名:《外国小说》

目录

飘零舞女……………[日]野坂昭如　马述祯　马　龙译
珍贵的情感………………[美]乔·奥茨　蒋　跃译
身份不明的被害者………[日]森村诚一　王嘉禾译
不幸的少妇
………………[埃及]穆·阿·伊斯梅尔　牛葆伸译
打猎的学问
………………[罗马尼亚]杜·拉·波佩斯库　丁　超译
新年致读者（封二）……………………本刊编辑部
《罗摩衍那插图》二幅（封三）……………张守义
《巴士德传插图》五幅（封四）……………黄英浩

1986 年第 2 期　刊名:《外国小说》

目录

盗墓风波……………[巴西]利马·巴雷托　姚京明译
潜在的杀意………………[日]松本清张　李跃民译
再婚………………………[苏]叶·古察洛　方　造译
猎鹰………………[美]杰佛里·迪安　陈章鸿译
难言之隐………………[日]松本清张　马　龙译
遇难船………………………[法]莫泊桑　姚企新译
自尊………………[意]朱·迪兰佩杜萨　詹晓宁译
晚年慰藉………………[苏]谢·沃罗宁　谢迎芳译
意大利别墅………………[美]南茜·海尔　郑柏铭译
威廉姆·巴勒谈创作……………………杨　范译
妇怨（封二）………………………………聂昌硕
《蒂斯娜瓦蒂》插图（封三）………[印尼]王怀庆
《金波罗门的故事》插图（封三）……[印度]王怀庆
外国神话传说插图四幅（封四）……………高　燕

1986 年第 3 期　刊名:《外国小说》

目录

女琴师路多薇卡………[奥地利]费迪南·封·萨尔
张东书译
爱情别墅………………[美]威尔·詹金斯　宗源译
神秘的金色发辫…………[法]莫泊桑　李学术译
飞行少尉失踪………………[美]马克·苏弗灵　陆永兴译
岩上殉情……………………[日]井上靖　王德文译
失业者………………[爱尔兰]旭恩·奥凯西　金贤宁译
红宝石………………………[加]西·克拉潘　张月楠译
纽约姑娘的电话………………[美]多萝西·帕克　岳晓勇译
谁抛弃了谁………[苏]伊琳娜·弗罗洛娃　尚家太译
翻译选题再议………………………………范震飚
本刊创办五周年笔会在哈举行
编后记
《罪与罚》插图（封二）………………[苏]施马里诺夫
《格兰特船长的女儿》插图（封三）……[法]轶　名
《神秘》插图（封三）…………………[苏]克拉甫兼诃
《基督山伯爵》插图（封四）………………柳成荫

1986 年第 4 期　刊名:《外国小说》

目录

古城夜游人…………[法]罗朗·多热莱斯　钱　易译
潜行魔影
………………[美]维特·莫斯森特　葛丙辰　王　琪译
法律的空隙………………[日]森村诚一　岳　兴译
维斯巴登旅馆轶闻……………[苏]利金　钟　坚译
幸运的弃儿…………[西德]阿尔查·科尔根
李英　张建华译
编后记
《少妇与狗》（封二）………………………卫　伦
《哈萨克的童话》插图（封三）………[苏]西多尔金
《卡捷琳娜》插图（封三）……………[苏]杰列古斯
《胜利花环》插图三幅（封四）……………刘　溢
《穷人》插图二幅（封四）…………………李宏仁

1986 年第 5 期　刊名:《外国小说》

目录

爱情并非童戏………………[苏]柳·乌瓦罗娃
邓兰华　育乔译
海啸………………[法]安德烈·莫洛亚　王士元译
森林情思………………[日]原田康子　张大飞译

死角·······················［英］弗·福赛斯　郝启成译
抛弃皮箱引起一番奇谈·······［英］马丁·阿姆斯特朗
何其谦译

短小说七篇
袖珍小说
生活终点站·正义捍卫者
·························［苏］邦达列夫　邓　勇译
失落的金币·············［美］钱宁·泡勒克　金咸枢译
勇气宴会·············［美］穆娜·伽德纳　金咸枢译
爱情忏悔录·········［斯里兰卡］塞纳纳亚克　黎炳森译
羽毛枕头·············［乌拉圭］奥·基里加　庄陕宁译
一见钟情·········［苏］契·阿依玛托夫　崔宪基译
编者札记
美国插图画家
诺尔曼·罗克威尔作品选登（一）（封二、三、四）

1986 年第 6 期　刊名:《外国小说》
目录

夕阳向雾海沉没·············［日］森村诚一　贾春明译
难容于天地之间·············［苏］维多利亚·托卡列娃
郗文译
作家遗落的梦·············［日］川口松太郎
张大飞译　张镜海校
战争的边缘·····［美］戴维·泰勒　朱晔　李会平译
森村诚一小说简论·····················孟　舸
编后记
美国插图画家
诺尔曼·罗克威尔作品选登（之二）（封二、封三、封四）

1986 年第 7 期　刊名:《外国小说》
目录

列车员卓娅···············［苏］柳德米拉·乌瓦罗娃
吴健平译
危险的金钱·············［英］弗·福赛斯　邹晓建译
学者的黄昏·············［南朝鲜］崔昌学　李润东译
雪雁·················［美］保罗·加里科　裴显亚译
幸运的画家·············［英］沙·莫欧姆　张静园译
老人与猫·········［东德］埃·施特里马特　方维贵译
长眠者·············［意大利］迪努·布扎梯　徐　平译
骗子手
·········［印度］伊尔塞·兰达瓦　周　维　江　一译
哲学的贫困·····················范震飚
编余赘言

《战争风云》插图（封面）·······［美］罗伯特·拉文
《牛虻》插图（封二）·············［中国］仇　震
《死魂灵》插图（封三）·············［苏］拉普切夫

1986 年第 8—9 期　刊名:《外国小说》
目录

化石荒野·······［日］西村寿行　张大飞　张镜海译
陌生的骨肉·······［苏］雅·康德拉季耶夫　马滨渌译
艾梅短篇小说两篇
·················［法］马塞尔·艾梅　徐家顺译
侏儒
两个牺牲品
宿仇·················［日］松本清张　宋世宜译
合刊致读者·····················本刊编辑部
《战争风云》插图（封二）·····［美］罗伯特·拉文
《不礼貌的铃声》插图（封面）
·················［美］H.C.克赖斯蒂
《鲁拜集》插图四幅（封三）
·················［英］罗诺尔·巴尔福特
《黑幕》插图四幅（封四）·······［美］麦克尔·霍克斯

1986 年第 10 期　刊名:《外国小说》
目录

秘书世家···············［日］森村诚一　尚鸽莉译
中禅寺湖的证明···········［日］森村诚一　盛宏伟译
一误再误···············［苏］加·尼古拉耶娃　赵敏善译
两种命运···············［古巴］滕尼斯·威廉斯　李春雷译
彩票·················［日］井上靖　关　为译
一个窃贼的自供
·················［美］詹姆斯·霍尔汀　刘舜仁译
孤草依依·········［意］路易吉·彼兰德娄　詹晓宁译
《神秘的安妮》插图（封面）·············作者：奥科利
《安娜·卡列尼娜》插图（封二）·······［苏］万涅契安
《鲁拜集》插图四幅（封三）
·················［英］罗诺尔·巴尔福特
《界线之外》插图（封底）···作者：麦切尔·胡克斯

1986 年第 11 期　刊名:《外国小说》
目录

战俘科恩···············［日］多岐川恭著　帅松生译
自相鱼肉···············［美］马克·吐温著　张文峥译
爸爸·················［法］亚力克塞基著　任　可译

泰勒先生──────[危地马拉]奥古斯多·蒙特罗索著
随武译
路过──────[苏]谢·沃罗宁著　粟周熊译
失望──────[巴基斯坦]妮格哈特·西玛著
蔡咏春译
退休的男人──────[澳大利亚]克力斯·拉塞尔著
李文政译
女皇──────[捷克]伊治娜·阿克西曼诺娃　杨玉忠译
《伏尔加河畔的农舍》插图（封二）──────白敬周
《第七季》、《白色楼梯》、《蓝色长袍》插图（封三）
──────[美]H.K.巴聂特
《斗牛的游戏》石版画──────[法]毕加索

1986 年第 12 期　刊名:《外国小说》
目录

魔衣──────[意]迪诺·比扎蒂著　胡宗荣译
难忘的吻──────[西德]于·托瓦尔德著　赵燮生译
弑母之子
──────[奥地利]阿尔图尔·施尼茨勒著　朱　霞译
正义的谋杀──────[日]森村诚一著　黄元焕译
戒指·情人·丈夫──────[哥伦比亚]阿尔贝托·道著
朱景冬译
爱·不规则的曲线──────[苏]普·尼林著　刘　野译
囚屋──────[美]马拉默德著　张幼启译
一日彷徨──────[法]维尔高尔著　铁　风译
《法妮娜·法妮妮》插图（封二、封三）──────尤劲东
石版画（封底）──────[法]毕加索

1987 年第 1 期　刊名:《外国小说》
目录

独立广场上的姑娘
──────[菲]何瑟·基里诺著　董　麟译
失去的永不再来
──────[苏]彼得·基里钦著　丰　峰译
女职员的罗曼史──────[日]森村诚一著　马述祯译
奇怪的约会──────[斯里兰卡]柯·佳也底勒格著
邵铁生译
影子作家──────[日]松本清张著
张大飞　张镜海译
《拉封丹寓言诗》插图三幅（封三、封四）
──────[法]古斯达多夫雷

1987 年第 2 期　刊名:《外国小说》
目录

奸毒──────[日]森村诚一著　贾春明译
典型爱情──────[美]拉塞尔·班克斯著　戎立华译
难堪的重逢──────[苏]瓦·拉斯普京著　彤　文译
蜜月床会社兴衰──────[日]森村诚一著　马　龙译
黑色统治──────[美]杰克·伦敦著　王　宁译
半个世纪的爱
──────[美]阿诺德·凡恩著　盛战捷译
跟上时代的步伐──────[苏]乌·普鲁特茨科夫著
冯锦珊译
《爱情的故事》插图（封二）──────王怀庆
《女人的诞生》《血和灰》（封三）
──────[苏]克拉萨乌斯卡斯
《山之歌》插图（封四）──────[苏]诺斯科夫

1987 年第 3 期　刊名:《外国小说》
目录

狼湖──────[美]阿伦·沃恩·埃尔斯顿著
梁志诚译
罪行环状线──────[日]森村诚一著　盛宏伟译
假如爱情可以直说──────[苏]谢尔盖·沃罗宁著
朱识君译
夜宿──────[法]费雷德里克·达尔著　孙海潮译
马尼拉陷阱──────[菲]弗·希奥尼尔·琼西著
杨立伟译
丑寡妇的幸事──────[英]毛姆著　陆永兴译
隐私与友情──────[苏]弗·斯维里多夫著
史业建译
插图（封二）──────[美]坎　顿
《杜宾斯基》插图三幅（封三、封四）

1987 年第 4 期　刊名:《外国小说》
目录

非常案件的特别侦察──────[日]门田泰明著
鲁永茂　张跃宗译
同形恋情──────[奥地利]阿·施尼茨勒著　易　文译
神秘的旅客──────[法]莫里斯·勒布朗著　汇　涓译
痴情少女──────[苏]阿纳多里·库尔恰特金著
顾作华译
两故事──────[苏]谢·沃罗宁著　吴爱林译

《温泉》插图（封二）————————————张守义
《伊戈尔远征记》插图
《佛本生故事选》插图（封三）
《印度小说选》插图（封底）

狂犬————————————[日]赤川次郎著　李忠平译
母亲的信————————[日]连城三纪彦著　赵星海译
《原氏物语》插图选（封二、封三）
《密葬》插图（封四）

1987 年第 5 期　刊名:《外国小说》
目录

孤女奇婚记————————————[法]凯瑟琳·阿里著
何健　苏兰兰译　杨玉忠　何　毓校
苏联幽默小说四则
长命百岁
大脑
开会有益————————[苏]格·瓦·凯冒克利德哉著
王志冲译
不要见难不救——————[苏]雅科夫·齐斯金德著
孟祥銮　邹谕译
优秀分子——————————[日]星新一著　张　军译
《苏联现代宣传画选》（封二）
《苏联文学插图选》（封三）
《阿兰温宁格顿》（封四）

1987 年第 6 期　刊名:《外国小说》
目录

少女迷踪————[美]达希尔·哈梅特著　张文峥译
飘忽不定的身影————[奥地利]阿图尔·施尼茨勒著
易文译
被歪曲的空白——————[日]森村诚一著　王嘉禾译
古怪老者——————————[美]艾森·卡宁著　戎立华译
女庄员（封二）
伏沙里茨作品选（封三）
《人参》（封四）

1987 年第 7 期　刊名:《外国小说》
目录

加勒比海之路————[法]阿尔贝·维达利著　徐家顺译
爱情中首要的————————[美]田纳西·威廉斯著
笑　丛　亚　凡译
夜雾迷案——————————[日]新谷识著　帅松生译
任性夫人——————[瑞士]路易丝·德·维尔莫兰
王长明　户思社译

1987 年第 8 期　刊名:《外国小说》
目录

太空游伴————[美]恰克·罗斯曼著　杨立伟译
绝望重逢——————[苏]列昂尼德·纳乌莫夫著
丰峰译
永恒的证明——————[美]玛格丽特·谢德著
铁婷译
餐厅皇后——————[哥]加·加西亚·马尔克斯著
吴凤翔译
仇敌————[英]丹尼斯·惠特利著　夏　敏译
竞赛的圣徒————[法]马塞尔·埃梅著　徐家顺译
人生法则————[美]杰克·伦敦著　王　宁译
昨日战争——————[苏]康·帕乌斯托夫斯基著
林素仁译　新彦校
颜仲作品选（封二、封三、封四）

1987 年第 9 期　刊名:《外国小说》
目录

超级警官————————————[日]门田泰明著
张大飞　鲁永茂译
雪中血————[哥伦比亚]加·马尔克斯著　张玉洪译
迷误————[英]丹·杰克伯森著　刘德辉译
绑架————[日]陈舜臣著　黄元焕译
初恋——————[爱尔兰]弗兰克·奥康纳著
吕明　顾尔石译
女舞蹈家的命运————[巴基斯坦]麦瑟德·马福蒂著
盛战捷译
雕塑《粮食》（封二）
波·宾基谢维奇作品选（封三）
《人和自然》组画之一（封四）

1987 年第 10 期　刊名:《外国小说》
目录

情报大楼喋血记————————[美]詹姆斯·格雷迪著
姬建国　姬建军译

夜女郎————————[印度]迈哈默德·阿里著　应世昌译
魔鬼触角————————[法]亨利·特鲁亚著　罗国林译
餐厅陷阱————————[美]迈克尔·布赖特著　刘舜仁译
《法国农民》（封二）
《简爱》、《拉伯雷》插图选（封三）
《在林中》（封四）

1987 年第 11 期　刊名:《外国小说》
目录

危险的青春————[苏]根·阿勃拉莫夫著　章　理译
伪装的疑点————————[日]森村诚一著　王嘉禾译
咖啡馆的诱惑————————[意大利]马·索尔达蒂著
蔡蓉译
"圣洁"的幽会————————[法]罗歇·格勒尼埃著
邹义光译
妻子————————[苏]安·阿克肖诺娃著　白韵超译
米黄色的客厅————[罗]瓦伦丁·西尔维斯特鲁著
垠平译
版画《圣家族》（封二）

1987 年第 12 期　刊名:《外国小说》
目录

失掉理智的夫妻————————[日]山田风太郎著
贾春明译
盲目的爱情————————[英]维克多·普列彻特著
随　武译
超级市场的案件————————[法]安德烈·布纳著
冯振乾译
荒诞的复仇————————[日]土屋隆夫著
郑谭毅译
《守卫》插图（封二）
罗克威尔作品选（封三）
《波瑞夫人》插图（封四）

1988 年第 1 期　刊名:《外国小说》
目录

无辜的杀人者····[美]洛沦·埃斯特勒曼　黄　刚译
原始密林的魔境————[日本]西村寿行　帅松生译
四个女人和一个男人
————————[美]帕米拉·撒尔杰特　杨立伟译
危险的旅行————[英]斯塔西·奥麦尼厄　张亚兴译
悍妇人————————[美]辛克莱·刘易斯　孙建英译

致读者————————————————本刊编辑部
乌·斯维什尼科夫作品选（封二、三、四）

1988 年第 2 期　刊名:《外国小说》
目录

风流烙印————————[英]柯南·道尔　博　伦译
罪犯的现场证明————————[日]夏树静子　前　涉译
骚乱的小城————[法]皮埃尔·贝勒玛尔　孙海潮译
寡妇的爱情计谋————————[法]莫泊桑　姚企新译
风尘孤女————————[直布罗陀]契普里纳　马文仓译
第五十二封控告信
————————[苏]米哈依尔·普鲁盖尔　冯希光译
封面画————————————————潘衡生
版画《入睡的妇女》（封二）
《人和武器》插图选（封三、四）

1988 年第 3 期　刊名:《外国小说》
目录

绝密的爱情银行————[英]约翰·黑洛克　李　跃译
诈骗圈套————[日]西村寿行　郑竹筠　冀人伶译
虚幻的恋人————[日]小泉喜美子　马龙　侯宇航译
创伤————[英]鲍·瓦里西耶夫　安郁琛　赵　扬译
梦中巨款————————[日]星新一　金君子译
谁害死了他————————[加拿大]乌·迪·威尔格森
王　滨　刘江帆译
封面画————————————————沐希光
《入睡的妇女》（封二）
《人和武器》插图选（封三、四）

1988 年第 4 期　刊名:《外国小说》
目录

暴力团家族仇杀案————————[日]大谷羊太郎
李淑芝　李希文译
爱欲陷阱————————[日]森村诚一　马　龙译
死囚供述录————————[日]日下圭介　张　弘译
夜深叩门者（三则）————————[日]星新一　金君子译
日本美术作品选（封二、封三、封四）

1988 年第 5 期　刊名:《外国小说》
目录

秘密雷达战··············　[英]戴司孟·伯格　刘舜仁译
碰壁的男人··········　[罗马尼亚]马西鲁　严信长译
离婚白魔术··············　　　[法]莫泊桑　张少华译
坏女人··········　[苏格兰]罗·威尔克森　刘荣跃译
封面画··　潘衡生
《滑稽故事集》插图选（封三、封三、封四）

1988 年第 6 期　刊名:《外国小说》
目录

一案两命··············　　[日]森村诚一　舒　明译
戒烟者同盟··········　[美]斯蒂芬·金　黄　刚译
提供伪证······················　[日]笹泽左保
高树瑞译　关啸云校
爱的风暴··············　[美]凯特·肖邦　邹　溱译
地球人消失以后······　[法]达尼埃尔·帕里斯
许国彬译
飞行之祸··········　[美]罗莎琳德·沃仑　杨立伟译
赌吻··········　[澳大利亚]阿伦·马歇尔　李健伟译
走钢丝··················　　[日]星新一　高鹏飞译
刑警的电话··············　[日]星新一　高鹏飞译
封面画··　沐希光
《唐璜》插图选（封二、封三）
《被侮辱与被损害的人》插图选（封四）

1988 年第 7 期　刊名:《外国小说》
目录

黄金的诱惑··············　[美]盖伊·恩多尔　郑大民译
谋杀案目击者··········　　[日]森村诚一　阿　佳译
第十三号魔宅··············　　[法]梅里美　周琪媛译
崩溃的家庭··········　[美]理查德·巴茨　陈小慰译
爱情晚潮··············　　[日]平岩弓枝　金君子译
封面画··　潘衡生
《金色眼睛的姑娘》插图（封二）
《金色眼睛的姑娘》、《神曲》插图（封三）
《约翰·克利斯朵夫》（封四）

1988 年第 8 期　刊名:《外国小说》
目录

罪行抛物线··············　[日]松本清张　陶国培译
婚外之恋··········　[英]鲁斯·加布瓦拉　王世跃译
律师的推理··········　[日]小杉健治　李军　任晶珠译
情书····　[西德]玛丽·路易丝·卡西尼茨　朱刘华译
假刑警··············　[日]结诚昌治　冀人伶译
封面画··　潘衡生
《母与子》（封二）
《过路人》《雇农》（封三）
《大雪》（封四）

1988 年第 9 期　刊名:《外国小说》
目录

潜隐的剑道··············　[日]松本清张　钱纪平译
卖烟女··············　[日]源氏鸡太　杜　勤译
婚与恋··········　[美]小科特·冯尼格特　彭　川译
旅馆轶闻······　[巴基斯坦]阿·纳卡斯米　邹山鹰译
丑妻··············　[南朝鲜]全裕贞　金君子译
封面画··　潘衡生
母与子（封二）
牧师们（封三）
狂想曲（封四）

1988 年第 10 期　刊名:《外国小说》
目录

拂晓的赌博（中篇小说）··········　[奥地利]阿图尔·
施尼茨勒　蔡鸿君译
间谍情事··········　[日]大薮春彦　张大飞　鲁永茂译
迪斯科酒吧··········　[英]奈杰尔·瓦特　顾大僖译
妻子的隐私··········　[法]比内·瓦尔麦　钱培鑫译
犯罪中止··········　[英]伊利莎白·韦尔斯　刘继淑译
《好人和鸡》（封二）
《玫瑰的世界》（封三）
《原野与溪流》（封四）

1988 年第 11 期　刊名:《外国小说》
目录

生命的黑洞·······　[法]皮埃尔·贝勒玛尔　孙海潮译
海战中的蓝鲸···········　[法]皮埃尔·布勒　李　杰译

街女‥‥‥‥‥‥‥［伊朗］费里敦·汤卡波尼　董　麟译
战俘‥‥‥‥‥［挪威］阿努尔费·俄费兰德　裴显亚译
妒忌‥‥‥‥‥［阿根廷］贾·乔·赫丽德兹　王卫平译
封面画‥‥‥‥‥‥‥‥‥‥‥‥‥‥‥‥‥‥‥张金武
外国文学插图选（封二、封三）
《一路顺风》（封四）

1988 年第 12 期　刊名:《外国小说》
目录

互谋性命‥‥‥‥‥‥‥‥‥［日］青柳友子　仁　章译
血窟‥‥‥‥‥‥‥‥‥［英］安杰拉·卡特　于晓丹译
爱的喜剧‥‥‥‥‥［巴西］达尔顿·特雷维桑　姚京明译
曼斯菲尔德短作两篇‥‥‥‥‥‥文洁若译　萧　乾校
米丽
摇摆
（短评）曼斯菲尔德的两个短篇
伊芙琳‥‥‥‥‥［爱尔兰］詹姆斯·乔埃斯　陈　岩译
婚姻‥‥‥‥‥‥‥［新加坡］凯瑟琳·莉姆　黎　鹰译
外国文学插图选（封二、三）
《一路顺风》（封四）

《武汉文艺》
（《芳草》）

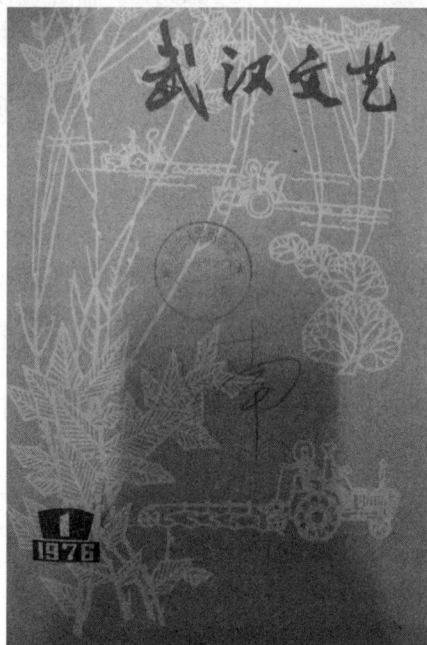

【简　介】

综合性文学月刊。湖北省武汉市文学艺术界联合会主办。创刊于 1957 年。1980 年由《武汉文艺》更名为《芳草》。其着力推出文学新人，坚持"汉语神韵，华文风骨"的文学理念，追求经典汉语文学品格。

期刊号:1976 年第 1 期—1989 年第 12 期

1976 年第 1 期　刊名:《武汉文艺》
目录

词二首‥‥‥‥‥‥‥‥‥‥‥‥‥‥‥‥‥‥‥毛泽东
水调歌头·重上井冈山　念奴娇·鸟儿问答
世上无难事　只要肯登攀
《人民日报》、《红旗》杂志、《解放军报》一九七六年元旦社论

战鼓咚咚学大寨
过江的人（散文）‥‥‥‥‥‥‥工人李胜强　朱有云
牛角坳的战斗（散文）‥‥‥‥‥‥阎俊杰　李德复
小肖湾的早晨（小说）‥‥‥‥‥知识青年　李尔钢
公社山水重安排（新民歌十五首）
　‥‥‥‥‥‥‥‥‥‥‥‥‥‥徐洪发　柳诗炎等
站在平原望高山（诗）‥‥‥‥‥工农兵学员　董宏猷
指挥旗（诗）‥‥‥‥‥‥‥‥‥‥‥‥‥‥‥徐金海
支农渡（诗）‥‥‥‥‥‥‥‥‥‥‥‥‥‥‥江少川

女拖拉机手（诗）⋯⋯⋯⋯⋯⋯⋯⋯⋯⋯刘不朽
大寨种（诗）⋯⋯⋯⋯⋯⋯⋯⋯解放军　谢克强
春笋朝阳（湖北渔鼓）⋯⋯⋯⋯⋯⋯⋯⋯夏雨田
我为革命驾铁牛（歌曲）⋯⋯⋯晓　兆词　齐　伊曲
农业学大寨速写（七幅）
　　　　　　⋯⋯唐小禾　乐建文　陈　靓等
憨姑娘（小说）⋯⋯⋯⋯⋯⋯⋯⋯⋯⋯⋯汪大洪
虎吼、雷鸣、马嘶（长篇历史小说《李自成》选载）
　　　　　⋯⋯⋯⋯⋯⋯⋯⋯⋯⋯⋯姚雪垠
文艺要为新生事物大唱赞歌⋯⋯⋯⋯⋯市委党
校工农理论学习班　孙西克　聂建新　姚晓宁
舞台上的投降派宋江必须批判⋯⋯⋯⋯漆任平
浅谈解决矛盾冲突⋯⋯⋯⋯⋯⋯解放军　冯复加
满腔热情地扶植工农兵文艺新花⋯⋯⋯张宇光
让散文园地万紫千红⋯⋯⋯⋯⋯⋯⋯⋯李华章
山花烂漫（四首）⋯⋯⋯⋯⋯⋯⋯⋯⋯熊　平
赶车姑娘（诗）⋯⋯⋯⋯⋯⋯⋯⋯⋯⋯盛广前
春苗赞（二首）⋯⋯⋯⋯⋯⋯⋯刘忠武　张永久
"喜鹊"放哨（湖北大鼓）⋯⋯⋯⋯周安礼　胡必达
师徒俩（相声）⋯⋯⋯⋯⋯⋯⋯田木久　何章耀
保持革命干劲　争取更大胜利（歌曲）
　　　　　　⋯⋯⋯⋯⋯⋯⋯⋯⋯陈国模词曲
人勤春早（剪纸）⋯⋯⋯⋯⋯⋯⋯盛国胜　毛　萍
新粮盈仓（木刻）⋯⋯⋯⋯⋯⋯⋯⋯⋯刘　斌
（本期内封、目录和文内题花剪纸均为蒋再谱所作）

无产阶级文艺的光辉典范⋯⋯⋯⋯⋯⋯王敬文
反修的战斗檄文⋯⋯⋯⋯⋯⋯⋯⋯⋯⋯古远清
努力登攀无产阶级文艺高峰⋯⋯⋯⋯⋯黄声笑
两条狗（诗）⋯⋯⋯⋯⋯⋯⋯⋯⋯工人　苏月华
堡垒（诗）⋯⋯⋯⋯⋯⋯⋯⋯⋯⋯⋯江　涛
老书记（诗）⋯⋯⋯⋯⋯⋯⋯⋯⋯⋯⋯熊召政
两代人（诗）⋯⋯⋯⋯⋯⋯⋯⋯⋯⋯⋯陈官煊
亲切的教导（年画）⋯⋯⋯⋯⋯黄乃源　王来信
为普及大寨县贡献力量（宣传画）⋯⋯鲁永欢
蒸蒸日上（剪纸）⋯⋯⋯⋯⋯⋯⋯⋯⋯盛　冶

全国摄影艺术展览作品选
要把山河重安排⋯⋯⋯⋯⋯⋯⋯⋯⋯⋯王祥云
主课⋯⋯⋯⋯⋯⋯⋯⋯⋯⋯⋯⋯⋯⋯王秀伟
"朝农"学员回队实习⋯⋯⋯⋯⋯⋯⋯⋯韩志和

1976 年第 2 期　刊名:《武汉文艺》
目录

坚持文艺革命，反击右倾翻案风⋯⋯⋯初　澜
斥"一花独放"⋯⋯⋯⋯⋯⋯⋯⋯⋯⋯宋　新
"努力反映无产阶级'文化大革命'和社会主义新生
事物"征文启事
文艺要为现实斗争服务⋯⋯⋯⋯孙克西　凌　云

歌颂教育革命　回击右倾翻案风
武汉六中教育革命诗选（十七首）
　　　　　　⋯⋯⋯⋯⋯⋯⋯高二年级学生创作
小将的回答（评论）⋯⋯⋯⋯⋯⋯⋯⋯李　菲
战友回来了（小说）⋯⋯⋯⋯⋯⋯黄卫国　赵和平
弓委员（小说）⋯⋯⋯⋯⋯⋯⋯⋯⋯⋯惠　文
大路朝阳（小戏曲）⋯⋯湖北电机厂业余文艺创作组
顶着干（诗）⋯⋯⋯⋯⋯⋯⋯⋯⋯⋯⋯尹兴家
闪光的答卷（诗）⋯⋯⋯⋯⋯⋯⋯⋯⋯李武兵
锻炼（诗）⋯⋯⋯⋯⋯知识青年　徐　坚　姚太武
矿山风雷（小说）⋯⋯⋯⋯⋯⋯⋯⋯⋯邓思源
火红的袖章（小说）⋯⋯⋯⋯⋯⋯⋯⋯丁永淮
打基础的人（散文）⋯⋯⋯⋯⋯⋯⋯⋯李宇明
建设者的脚步（散文）⋯⋯⋯⋯⋯⋯⋯武廷兰

1976 年第 3 期　刊名:《武汉文艺》
目录

中共中央关于华国锋同志任中共中央第一副主席、国
务院总理的决议
中共中央关于撤销邓小平党内外一切职务的决议
写在天安门广场上（诗）⋯⋯七四三五厂工人　胡发云
努力反映无产阶级与走资派的斗争⋯⋯⋯⋯凌　云

杂文
盲鱼、猴子及其他⋯⋯⋯⋯⋯工农兵学员　董宏猷
"紧箍咒"与"千钧棒"⋯⋯⋯⋯⋯⋯⋯⋯陈光福
妖为鬼蜮必成灾⋯⋯⋯⋯⋯⋯⋯⋯⋯⋯忠　松
闯将（小说·征文选登）⋯⋯⋯⋯⋯⋯⋯李德复
交锋（小说）⋯⋯⋯⋯⋯⋯武汉自行车厂工人　邓玉梅
大叶栎（散文）⋯⋯⋯⋯⋯⋯⋯⋯⋯⋯杨书案
造反歌（六首·征文选登）⋯⋯⋯刘明恒　江上春
风雪夜（小叙事诗·征文选登）⋯⋯⋯⋯江少川
火红的征途（组诗·征文选登）⋯⋯武钢工人　董宏量
红卫兵驰骋天山下（四首）⋯⋯⋯⋯⋯⋯李　瑜
革委会成立了（诗）⋯⋯⋯⋯⋯武船工人　王汉广
革命儿歌（五首）⋯⋯⋯郑可新　徐焕云　吕书臣等
不可阻挡（相声）⋯⋯⋯⋯⋯⋯⋯⋯⋯夏雨田
船台战歌（数来宝）⋯⋯⋯⋯⋯⋯⋯⋯胡本鑫
向阳院里的赵大妈（方言快板）
　　　　　⋯⋯襄樊市文化局创作组　董治平
我们在天安门前欢唱（歌曲）
　　　　　⋯⋯⋯⋯⋯⋯⋯周光琳词　王季威曲
曲艺要为巩固无产阶级专政擂鼓吹号
　　　　　⋯⋯⋯⋯⋯⋯⋯⋯王自力　陈振唐
迎风击浪谱新章⋯⋯⋯⋯⋯⋯⋯⋯⋯⋯曾德厚
"努力反映无产阶级'文化大革命'和社会主义新生

事物"征文启事

坚决拥护中共中央两个决议 回击右倾翻案风——武汉市群众业余文艺专场演出部分节目剧照（三幅）

……………………………………《长江日报》供稿

把反击右倾翻案风的斗争进行到底（速写三幅）

………………………………王福庆 鲁永欢等

珞珈山上摆战场

1976 年第 4 期 刊名:《武汉文艺》
目录

在斗争中建设党………………………《人民日报》

《红旗》杂志、《解放军报》社论

大江东去（诗）——献给中国共产党诞生五十五周年纪念日……………………………………洪 源

纪念毛主席一九六六年七月十六日畅游长江十周年

七·一六颂歌（歌词·征文）

…………胡发云 董宏量 王汉广 江少川 戴 月

在金色的航道上（三首·征文）……解放军 雷子明

纵情放歌大堤口（诗·征文）……………刘不朽

风浪在我们脚下（散文·征文）…………涂怀章

江上激流（小说）…………………………李翔凌

顶风新篇（小说·征文）…………………季岳生

峥嵘岁月稠

勤务员（散文·征文）………………工人 余德亨

墙（散文·征文）……………………工人 段凤慧

进军的喇叭（散文·征文）…………工人 张宇光

读点鲁迅

从百草园到三味书屋（散文）……………鲁 迅

冲破封建教育牢笼的时代强音——读《从百草园到三味书屋》………………………………冯天瑜

杂文

从刘半农走到"拉车屁股向后"说起…………丁永淮

三个"乱"字 一曲挽歌

…………………工农兵学员 栗怀堂 沈德成

战斗·创作……………………………解放军 孙西克

刀对鞘（湖北评书）………………………何祚欢

江汉洪波（湖北渔鼓·征文）………沈远义 周安礼

家信栏前（诗）……………………………徐扬鸣

革命文物赞（二首）…………解放军 张聿温 李思璋

纵情歌唱伟大的中国共产党（歌曲）

…………………………………宋诗坤词 晏 璐曲

反击右倾翻案风（歌曲）

…………………………李正兴 黎笙词 肖善艺曲

上山下乡把根扎（歌曲）……………王 琳词 许 正曲

万里长江横渡

合作医疗开新花（年画）…………………李德铭

新生事物红烂漫（泥塑）——汉阳县张湾公社农民泥塑选登………………………胡 军 肖运芳等

《武汉市美术摄影作品展览》作品选登（15 幅）

1976 年第 5 期 刊名:《武汉文艺》
目录

伟大的领袖和导师毛泽东主席永垂不朽

伟大的领袖和导师毛泽东主席遗像

中国共产党中央委员会 中华人民共和国全国人民代表大会常务委员会

中华人民共和国国务院 中国共产党中央军事委员会告全党全军全国各族人民书

在伟大的领袖和导师毛泽东主席追悼大会上中国共产党中央委员会第一副主席、国务院总理华国锋同志致悼词

中国共产党中央委员会 中华人民共和国全国人民代表大会常务委员会

中华人民共和国国务院 中国共产党中央军事委员会关于建立伟大的领袖和导师毛泽东主席纪念堂的决定

中共中央关于出版《毛泽东选集》和筹备出版《毛泽东全集》的决定

亿万人民的共同心愿………………………《人民日报》、《红旗》杂志、《解放军报》社论

继承毛主席的遗志 把无产阶级革命事业进行到底

永随毛主席斗风浪……中国人民解放军武汉警备区"六六一七·一六"快艇全体指战员

万丈灯塔照航程………………长航局江峡轮全体船员

红日永照韶山轮………………长航局韶山轮全体船员

光荣炉前的怀念……………………武 钢 钟家茂

深情的怀念 钢铁的誓言…中共武汉歌舞剧院委员会

快把那炉火烧得通红（诗）…………武钢工人 董宏量

毛主席永远和我们在一起（诗）……武汉大学 何国瑞

前进在幸福的航道上（诗）…………长航工人 汪 莎

领袖的恩情永不忘（诗）……………大桥工程局 张良火

誓言（诗）…………………………武船工人 王 翰

毛主席永远活在我们心中

永远怀念毛主席……………………………翟作军

毛主席给了我两次生命……………………吴朝祥

毛主席的恩情比天高………………………张 甦

在永远难忘的日子里………………………韩小弱

毛主席的恩情千秋万代记在心……………夏菊花

哀思如潮涌大江（诗）……………………叶圣华

毛主席颂歌唱万代（诗）………………工人 黄声笑

路（诗）·································工人　胡发云
心中的太阳永不落（诗）··················陆耀东
痛悼伟大领袖和导师（诗）··················吕西凡
立誓白云黄鹤的地方（诗）········解放军　张雅歌
红星永远放光辉（诗）············解放军　彭介凡
毛主席啊，我们永远怀念您（歌曲）
·············黎　笙　李正兴词　张　宏曲
把毛主席开创的革命事业进行到底（歌曲）
·················蓝　犁词　昌　懋曲
继续毛主席的遗志，把无产阶级革命事业进行到底
（照片三幅）·········黄克勤　叶年祺　徐文慰
井冈山新篇（三首）··················工人　潘大华
红井（湖北道情）·······················夏雨田

1976 年第 6 期　刊名：《武汉文艺》

目录

在伟大的领袖和导师毛泽东主席纪念堂奠基仪式上华
国锋主席的重要讲话
热烈庆祝华国锋同志任中共中央主席、中央军委主席
热烈庆祝粉碎"四人帮"反党集团篡党夺权阴谋的伟
大胜利
在首都庆祝大会上吴德同志的讲话
伟大的历史性胜利·················《人民日报》、
《红旗》杂志、《解放军报》社论
华国锋同志是我们党当之无愧的领袖
·····················《解放军报》编辑部
十里钢城庆胜利（诗）············工人　董宏量
华主席登上天安门（诗）··················叶圣华
红旗进行曲（诗）················解放军　谢克强
华主席和伞兵在一起（诗）········解放军　张嵩山
沸腾的车间（三首）·····················谢文礼
"三箭齐发"意何在？（诗）········解放军　邓　斌
万里长江翻喜浪（诗）····················李国泰

红太阳光辉照万代
世代高唱《东方红》（诗）················罗维扬
捧着和毛主席合影的像（诗）
·················武汉国棉六厂　朱早弟
纪念堂啊，你建在亿万人民心上（诗）······陈光福
韶山的红日永不落（诗）············工人　瞿　晓
"农讲所"二题（散文）··················杨书案

认真学习毛主席对影片《创业》的光辉批示
狠批"四人帮"破坏无产阶级文艺革命罪行
粉碎"四人帮"资产阶级专政的强大思想武器
·····················武大中文系评论组
在呓语的背后·························俞汝捷

"好心"还是黑心·······················刘崇顺
从周挺杉和华程的关系说开去··············余一兵
大地微微暖气吹（散文）··················姜安宪
鼓声（散文）···························武廷兰
万山灯火（散文）················解放军　冯复加
炉前激浪（速写）················工人　刘传洲
猪棚的灯光（速写）··········知识青年　李尔钢
投一光辉，张春桥三十年代的魔鬼嘴脸毕露···陆耀东
学习鲁迅，和"四人帮"反党集团斗争到底···古远清
警惕"摘句"的骗子手·····················冯天瑜
双喜临门（相声）·······················夏雨田
春满校园（唱词）·············华元　周安礼
张大婶这才放了心（湖北大鼓）
·············汉阳县永安公社业余文艺宣传队
夺钢曲（诗）····················工人　张永久
我们衷心热爱华主席（歌曲）··········金园钦词曲
打倒四人帮，工人喜洋洋（歌曲）
·················周炎堂词　方石曲
我们又有了自己的领袖华主席（宣传画）·····鲁永欢

1977 年第 1 期　刊名：《武汉文艺》

目录

伟大的领袖和导师毛泽东主席像
英明领袖华国锋主席像
乘胜前进·················《人民日报》、《红旗》杂志、
《解放军报》一九七七年元旦社论

深切怀念敬爱的周总理
周总理在三峡··········长江流域规划办公室　张行彬
周总理和我们工人心连心··········武钢　李凤恩
女海员怀念周总理··············长航　石若仪
疾风知劲草·························林　路
深切怀念周总理·············中共武汉歌舞剧院委员会
周总理关怀杂技艺术····················夏菊花
情似长江万古流（诗）··················熊　平
趁热打铁才能成功（诗）········解放军　李守义
万水千山留英明（诗）····················管用和
长江的怀念（诗）·······················李道林
云天抒怀（诗）················解放军　姚振起
红焰（诗）····························莎　蕻
亿万人心中的丰碑（诗）··················李　蕤
敬爱的周总理，我们深切怀念您（照片三幅）
·····················长办政治部宣传处供稿
洪湖赤卫队（歌剧）
·········湖北省歌舞剧团《洪湖赤卫队》剧组编剧
千斤铁链锁不住，万堵高墙隔不断··············闻伐柯

朝阳照红莲（诗）——————————————郑定友
我爱红安青竹林（诗）——————解放军 尹兴家

杂文

"马前卒"与"女皇帝"——————解放军 武思务
王洪文的"钓术"和野心————————晓 文
"占领第一把交椅"云云
——————————华中师范学院黄石分院评论组
雅努斯的"两面脸"和姚文元的"换脸术"——孙西克
无产阶级文艺的党性原则不容否定—————牟廉玖
"三突出"的要害是篡党夺权————————凌 云
"愤怒出诗人"———————————————李华章
洪湖水浪打浪（宣传画）—————————何 波

1977 年第 2 期　刊名:《武汉文艺》

目录

华主席题词二首
**纪念毛主席写作《湖南农民运动考察报告》、主办武昌
中央农民运动讲习所五十周年**
红旗卷起农奴戟——毛泽东同志主办中央农民运动讲
习所颂歌——————————————武汉歌舞剧院集体
创作沈承宙 梁 晋 吴 中 苏发铸执笔
熔炉（散文）——————————————涂怀章
写在红色的大别山（组诗）————————高伐林
农讲所前寄深情（小歌舞）——————湖北第二内
燃机配件厂文艺创作组胡显惠执笔
明灯照亮万里程（儿歌二首）———————江全章
认真学习革命理论（雕塑）————————吕家庆
农讲所学员参加平叛战斗（雕塑）
——————————曾桂林 李大先 祁承华
珍贵的一课（速写）——————————曹惠林

举旗抓纲学大寨
举旗抓纲学大寨（新民歌选）———汉阳县文化馆供稿
有理篇（小说）———————————————丁永淮
春雨赋（散文）——————工农兵学员 董宏猷
大干快上我来了（外一首）————————王庆和
农机站长（外一首）——————————徐金海
春汛早来水云湖（诗）——————————袁希安
书记的脚印（儿歌二首）—————————陈官煊
小抗震（报告文学）
——武汉市第二医院党委、武汉师范学院中文系写作组
铁腿陈三虎（小说）——————解放军 回金龙

学习毛主席文艺思想　狠批"三突出"谬论
人妖颠倒———————————————————雍国瑢

《沙家浜》的创作是对"三突出"的否定——————曾胜如
"高超的理论" 臆造的模式———————————刘崇顺
"三突出"就是"三堵死"—————————————叶德新
雷同化的根源何在——————————————赵瑞泰
两位业余作者的对话————————————余一兵
"三家村"的余党（杂文）————————————武 功
增·删·改 藏祸心——武汉市水上运输公司大批判组
江青土改丑形记（漫画）—————————————杨 冲

1977 年第 3 期　刊名:《武汉文艺》

目录

毛主席手书叶剑英同志《远望》诗
叶剑英同志关于毛主席手书《远望》诗的说明
九十初度（诗）———————————————董必武

热烈欢庆《毛泽东选集》第五卷出版
中共中央关于学习《毛泽东选集》第五卷的决定
毛主席的旗帜代代传（诗辑）———蔡大鹏 彭中秋等
高举红旗奔征程（散文）—————————钟家茂
光照万代的明灯（散文）——————陈定发 董宏猷
高山迎红日（散文）——————工农兵学员 郑 耘
火种（散文）————————工农兵学员 施 广
心中的灯（散文）——————工农兵学员 征 帆
印刷机旁（小演唱）————————————沈远义
毛主席著作像太阳（歌曲）———————朱德诚词曲

**纪念毛主席《在延安文艺座谈会上的讲话》发表三十五
周年**
坚持毛主席的革命文艺方向就是胜利————凌 云
忆延安文艺革命片断———————————莎 莱
伟大的里程碑—————————————徐辉才

大庆红旗高高举
老徒弟（小说）———————————————王怀福
对手（小说）————————————————陈惠文
大庆红旗高高举（诗辑）———叶圣华 聂运虎 李江宏等
战风雪（速写）———————————————马景源
大爆破（外一首）———————————大冶铁矿 李声明
锅炉工（外一首）————————————工人 李圣强
"双百方针"与无产阶级专政————海 峰 聂建新
要抓意识形态领域里的阶级斗争——————冯天瑜
革命豪气贯长虹——————————————苏者聪
勾结·庇护·吃人（杂文）————————————王浩洪
难忘的星期天（湖北渔鼓）————————文 路
找枣木（山东快书）————————————阎启斌
浇铸战歌（诗）—————————————李华章

雄文传四海　红旗飘万代（速写三幅）

　　　　　　　　　王万喜　谢智良　黄河清

亿万人民的共同心愿（宣传画）……………鲁永欢

1977年第4—5期　刊名:《武汉文艺》
目录

纪念伟大领袖和导师毛主席逝世一周年
伟大的领袖　亲密的战友（雕塑）………陈桂轮
傅天仇　仇志海　俞菘　潘锡柔　程允贤
毛主席的旗帜高高飘扬（诗辑）
在太阳的故乡…………………………………叶晓山
井冈颂（二首）………………………………钟永华
光辉的土洞……………………………………彭中秋
难忘的记忆……………………………………曹树莹
毛主席纪念堂颂歌（组诗选载）……………莎蕺
为纪念堂献彩石的人们（报告文学）………李蕬
胜利的号角（散文）
　　　　　　红军战士"硬骨头六连"原连长　陈万举
阳光灿烂照矿山（散文）……武钢党委书记　陈明江
石匠的心（散文）……………………………陈淀国
水源（诗）……………………………………管用和
赞"韶山毛泽东思想学习班"（诗）…………熊平
伟大的历史画卷（诗）………………………李道林
我们见到了华主席（诗）……………………张聿温
献红心（诗）…………………………………王庆和
华主席检阅咱空降（诗）……………………张嵩山
歌唱英明领袖华主席（对口快板）…………田抒新
贫下中农的贴心人（唱词）…………………董治平

纪念中国人民解放军建军五十周年
怀念敬爱的朱老总（散文）
　　　　　　　红军战士　刘江萍　吴朝祥
巍巍武当忆贺帅（散文）……………………鄂郧军
战士之歌（诗）………………………………洪源
秋收起义（二首）……………………………刘益善
红楼的时钟（外一首）………………………雷子明
鸡冠花（小说）………………………………张晓林
冬青礼赞（散文）……………………………朱传雄
永葆红军本色（报告文学）…………………尹兴家
山（散文）……………………………………冯复加
一只粗瓷碗（小戏曲）………………………冯纪东
贼狼滩（长篇小说选载）……………………李北桂
鄂南山水明丽（散文）………………………碧野
永不停转的马达（报告文学）………………洪蒙
井台新春（湖北道情）………………………周安礼
举旗的人（快板书）…………………………黄新刚
战斗的生涯　英雄的诗章……………………俞汝捷

"根本任务论"是修正主义的谬论……………郁源
拆穿"四人帮"的偷天换日术…………………赵初
砸烂"三字经"，创作大解放…………………夏雨田
剥开"高大完美"的画皮………………………王自力
洪湖曙光（木刻）……………………………杨先让
红军的故事（剪纸）…………………………林载华
李自成（连环画选载）………………………何溶改编
鲁永欢　陈忠耀　王传义　谢智良　中流绘

1977年第6期　刊名:《武汉文艺》
目录

红柳颂（小说）………………朱景忠　高子鲜
悬崖之夜（长篇小说选载）…………………李北桂
心向北京（散文）……………………………杜国浙
难忘的航行（散文）…………………………肖德洲
青山志（散文）………………………………郑赤鹰
狮跃龙腾（散文）……………………………杨书案
红色的矿山（三首）…………………………潘大华
八月的颂歌（诗）……………………………管用和
革命传统大发扬（长诗《方和明选载》）…尹兴家
老贫农小传（三首）…………………………徐金海
根根银纱凝深情（诗）………………………江涛
书记抓点（外一首）…………………………彭介凡
笛声嘹亮壮军威（诗）………………………彭仲道
揭批"四人帮"的形象教材——评故事影片《十月的
风云》…………………………薛旭辰　聂建新
马克思主义美学的胜利
——论《李自成》的人物塑造………………华思理
坚持"古为今用"，反对"古为帮用"——读历史小
说《李自成》札记……………………………王毅
努力再现典型环境中的典型性格——浅析《李自成》
第二卷第二十八章的创作手法………………叶德新
书记的礼物（对口快板）……………………李方平
唱师傅（数来宝）……………………………董治平
机床唱新曲（二首）…………………………邓必忠
重任（套色木刻）……………………………查世铭
科学家与青少年（水粉画）…………………陈忠耀
走红军路（剪纸）……………………毛萍　蒋梅华

1977年增刊　刊名:《武汉文艺》
目录

中国共产党第十一次全国代表大会新闻公报
紧跟华主席　奋勇向前进………………………王超柱
欢呼十一大　纵情庆胜利（散文）……………马国昌
十一大公报发布的历史时刻（诗）……………骆文

欢呼党的十一大（歌曲）⋯⋯⋯⋯⋯莎莱词曲
欢庆十一大胜利召开（七律）⋯⋯⋯⋯伍献文
十一大献辞（五言排律）⋯⋯⋯⋯⋯朱祖延
胜利赞歌（七首）⋯⋯⋯⋯⋯⋯⋯李格非
颂英明舵手（七律）⋯⋯⋯⋯⋯⋯周大璞
鞭爆声迎十一大（诗）⋯⋯⋯⋯⋯李崇淮
抚今追昔　干劲倍增⋯⋯⋯⋯⋯⋯周武英
满江红·欢呼党的十一大胜利召开⋯⋯华煜卿
毛泽东思想照宇宙（诗）⋯⋯⋯⋯黄声笑
渔鼓声声献给党（渔鼓）⋯⋯⋯⋯夏雨田
桥工夜话（诗）⋯⋯⋯⋯⋯⋯⋯张良火
放心（散文）⋯⋯⋯⋯⋯⋯⋯⋯叶圣华
啊！火红的八月（散文）⋯⋯⋯⋯王彬彬
红心永向华主席（诗）⋯⋯⋯⋯⋯武　商
献礼（诗）⋯⋯⋯⋯⋯⋯⋯⋯⋯巴　兰
送公报（诗）⋯⋯⋯⋯⋯⋯⋯⋯谢克强
欢乐的船台（诗）⋯⋯⋯⋯⋯⋯⋯王汉广
在毛主席的旗帜下（诗）⋯⋯⋯⋯祁向东
党旗颂（诗）⋯⋯⋯⋯⋯⋯⋯⋯江少川
金风曲（散文诗）⋯⋯⋯⋯⋯⋯⋯杨书案
流水线上抒怀（诗）⋯⋯⋯⋯⋯⋯代敬武

1978 年第 1 期　刊名:《武汉文艺》
目录

毛主席给陈毅同志谈诗的一封信
一张珍贵的照片（散文）⋯⋯⋯⋯李建纲
深深的怀念（散文）⋯⋯⋯⋯⋯⋯陈淀国
洪湖水长流（散文）⋯⋯⋯刘富道　纪国忠
深情的嘱托（散文）⋯⋯⋯⋯⋯⋯谢立谦
上“岛”（散文）⋯⋯⋯⋯⋯⋯⋯董宏猷
杨泗寨行（散文）⋯⋯⋯⋯⋯⋯⋯所国心
华主席是咱队里人（二首）⋯⋯⋯雷子明
唱给周总理的歌（二首）⋯⋯⋯⋯钟永华
幸福的怀念（诗）⋯⋯⋯⋯⋯⋯⋯纪　周
黄麻革命涌洪波（五首）⋯⋯⋯⋯周志纯
缅怀黄麻起义（三首）⋯⋯⋯⋯⋯汪立波
红安革命民歌选（七首）
红安行（三首）⋯⋯⋯⋯⋯⋯⋯戴　月
龙泉情亲（二首）⋯⋯⋯⋯⋯⋯陈　龄
大寨吟（诗）⋯⋯⋯⋯⋯⋯⋯⋯纪卓如
故乡诗抄（三首）⋯⋯⋯⋯⋯⋯雁　翼
开山炮，隆隆叫（外一首）⋯⋯⋯黄耀晖
登山号子（外一首）⋯⋯⋯⋯⋯李武兵
诗要用形象思维——学习《毛主席给陈毅同志谈诗的
一封信》⋯⋯⋯⋯⋯⋯⋯⋯⋯洪　源
毛主席的光辉批示岂容篡改——驳“文艺黑线专政”
论⋯⋯⋯⋯⋯⋯⋯⋯⋯⋯⋯凌　云

“阴谋文艺”批判⋯⋯⋯武汉市文化局大批判组
斥“主题先行”⋯⋯⋯⋯⋯⋯⋯柳菊兴
且说“由说话看出人来”⋯⋯⋯⋯李华章
一件衬衣（渔鼓）⋯⋯⋯⋯⋯⋯夏雨田
饲养新歌（楚剧）⋯⋯周绍颐　胡天风　鲁昌民
刘小虎勇闯长江（故事）⋯⋯⋯⋯茅天益
继往开来（油画）⋯⋯⋯叶嘉来画　宋　华诗
花卉（国画）⋯⋯⋯⋯⋯⋯⋯⋯鲁慕迅
红军渡口变新颜（木刻）⋯⋯⋯⋯李介文
营房怒火（剪纸）⋯⋯⋯⋯⋯⋯阚文彬

1978 年第 2 期　刊名:《武汉文艺》
目录

中华人民共和国国歌⋯⋯⋯聂　耳曲　集体填词
华主席为《人民文学》题词
欢庆五届人大胜利召开
齐天乐（词）⋯⋯⋯⋯⋯五届人大代表　吴于虞
北京洪湖紧相连（诗）⋯⋯⋯⋯⋯吕　忠
十里矿山涌春潮（诗）⋯⋯⋯⋯⋯李声鸣
举杯歌“人大”（诗）⋯⋯⋯⋯⋯江少川
追风赶月再长征（诗）⋯⋯⋯⋯⋯陈光福
陈丕昱同志在湖北省第四次文学艺术界代表大会上的
讲话
永生的人（四首）——纪念周总理诞辰八十周年
⋯⋯⋯⋯⋯⋯⋯⋯⋯⋯⋯⋯高伐林
朱老总的故事（散文）⋯⋯⋯⋯⋯古学伟
写在董老的故乡（散文）⋯⋯⋯⋯胡陪卿
东进！东进!（八场话剧）⋯⋯所云平　史　超
壮丽的史诗　崇高的形象——《东进！东进!》
⋯⋯⋯⋯⋯⋯⋯⋯⋯⋯⋯⋯骆　峰
温暖（小说）⋯⋯⋯⋯⋯⋯⋯⋯赵　镕
山村纪事（散文）⋯⋯⋯⋯⋯⋯朱传雄
光辉的题词　伟大的召唤⋯⋯⋯⋯夏雨田
为光明的中国而歌唱⋯⋯⋯⋯⋯⋯莎　莱
新诗发展的南针⋯⋯⋯⋯⋯⋯⋯陆耀东
“文艺黑线专政”论是“四人帮”篡党夺权的屠刀
⋯⋯⋯⋯⋯⋯⋯⋯⋯⋯⋯⋯李　蕤
春满长江浪开花（诗）⋯⋯⋯⋯⋯黄声笑
省文代盛会（诗）⋯⋯⋯⋯⋯⋯朱祖延
春风送我上征鞍（诗）⋯⋯⋯⋯⋯莎　蕻
花（诗）⋯⋯⋯⋯⋯⋯⋯⋯⋯叶圣华
大干图（四首）⋯⋯⋯⋯⋯⋯⋯叶晓山
军营喜报（三首）⋯⋯⋯⋯⋯⋯张雅歌
峡江桔红（国画）⋯⋯⋯⋯⋯⋯陈作丁
孜孜不倦（素描）⋯⋯⋯⋯薛吉生　沈　东
水田新绿（摄影）⋯⋯⋯⋯⋯⋯黄克勤

1978 年第 3 期 刊名:《武汉文艺》
目录

豹子湾战斗（电影文学剧本）
⋯⋯⋯⋯⋯根据同名话剧集体改编 执笔马吉星
向警予在狱中（散文）⋯⋯⋯⋯⋯赵瑞太
渡槽风波（小说）⋯⋯⋯⋯⋯王自力
飞龙记（小说）⋯⋯⋯⋯⋯楚 奇
初识（小说）⋯⋯⋯⋯王丽娟 张晓敏
淮沅抒情（散文）⋯⋯⋯⋯⋯郑赤鹰
中南海情思（四首）⋯⋯⋯⋯⋯熊 平
县委书记（外一首）⋯⋯⋯⋯⋯张法良
战士和山⋯⋯⋯⋯⋯杨人猛
干校生活速写（二首）⋯⋯⋯⋯⋯纪国寿
忆向阳（诗）⋯⋯⋯⋯⋯符盛松
姑娘的心事（诗）⋯⋯⋯⋯⋯徐金海
迎春花（诗）⋯⋯⋯⋯⋯熊召政
致文学青年的一封信⋯⋯⋯⋯⋯姚雪垠
砸碎精神枷锁 迎接文艺的春天⋯⋯⋯吕西凡
斥"文艺黑线专政"论对曲艺的破坏⋯⋯⋯夏雨田
农民革命战争的艺术再现⋯⋯⋯⋯⋯陈 牧
满目青山夕照明（油画）⋯⋯卢伯森 谢 申
杜鹃映朝霞（国画）⋯⋯⋯⋯⋯张振铎
晨炊（摄影）⋯⋯⋯⋯⋯边振芳
解放区的天（油画）⋯⋯⋯⋯⋯尚 扬

1978 年第 4 期 刊名:《武汉文艺》
目录

紧跟华主席 进行新长征
灯（电影文学剧本）⋯⋯⋯⋯⋯雁 翼
幸福的种子（小说）⋯⋯⋯⋯⋯肖建森
大别青藤（散文）⋯⋯⋯⋯⋯杨书案
征程寄语（五首）⋯⋯⋯⋯⋯罗维扬
向二〇〇〇年进军（歌曲）⋯⋯周光琳 白昌懋词曲
顾大椿同志在武汉市第五次文代会上的讲话
抓纲治文艺的一次盛会⋯⋯⋯⋯⋯本刊记者
贺电
飞雪迎春图（小说）⋯⋯⋯⋯⋯致 新
《二泉映月》的诞生（散文）⋯⋯⋯⋯⋯碧 野
指挥部里（诗）⋯⋯⋯⋯⋯陈 令
情重如山（诗）⋯⋯⋯⋯⋯钟永华
山顶的湖啊，心中的海（诗）⋯⋯⋯⋯⋯盛广前
小伙子（诗）⋯⋯⋯⋯⋯孙静轩
艺术的生命在于真实⋯⋯⋯郁 沅 邹贤敏
景仰青松思典范⋯⋯⋯⋯⋯蘅 果
威武雄壮的一曲战歌⋯⋯⋯⋯⋯胡德培

中国属于第三世界（油画）⋯⋯杨国新 卢伯森
早春图（中国画）⋯⋯⋯⋯⋯邵声朗
篆刻⋯⋯⋯⋯⋯邓少峰等
新壁画（木刻）⋯⋯⋯⋯⋯沈良鸿

1978 年第 5 期 刊名:《武汉文艺》
目录

毛主席诗词手迹
诗词三首⋯⋯⋯⋯⋯毛泽东
我们在毛主席面前说过话（诗）⋯⋯⋯⋯⋯李声高
屈原若是今天写《桔颂》（诗）⋯⋯⋯⋯⋯熊 平
光辉的见证（三首）⋯⋯⋯⋯⋯高伐林
长江边上的一条小街（诗）⋯⋯⋯⋯⋯雷子明
枣园三章（诗）⋯⋯⋯⋯⋯莎 蕻
我是最幸福的人（散文）⋯⋯⋯⋯⋯陈 艾
心中有数（小说）⋯⋯⋯⋯⋯遏 云
海大叔（小说）⋯⋯⋯⋯⋯勤 耕
我们要做天下的主人（散文）⋯⋯⋯⋯⋯叶圣华
"永远为自由而歌唱"（散文）⋯⋯⋯⋯⋯龚啸岚
敬悼郭老（散文）⋯⋯⋯⋯⋯兰 蔚
打开水下宝库的大门（报告文学）⋯⋯⋯⋯⋯李 蕤
谈谈报告文学的写作⋯⋯⋯⋯⋯黄 钢
中共武汉市委召开大会，为被错定为"程云反革命黑帮"的革命同志彻底平反

七工地战旗红
两个专家（小说）⋯⋯⋯⋯⋯谭仲华
在崎岖的道路上（报告文学）
⋯⋯⋯⋯⋯於可训 刘海清 茅清泉
告别（散文）⋯⋯⋯⋯张鸿儒 容和平
急行军（散文）⋯⋯⋯⋯⋯武廷兰
请战打擂（诗）⋯⋯⋯⋯⋯宇 宙
"7 号"螺丝钉（外一首）⋯⋯⋯⋯⋯王家新
幅幅都是现代化（诗）⋯⋯⋯⋯⋯于荣枝
青春似火（诗）⋯⋯⋯⋯⋯唐昭学
中日友谊树之歌（歌曲）⋯⋯⋯田 孟词 生 茂曲
毛主席视察武钢（木刻）⋯⋯⋯宋恩厚 陈人钰
郭沫若同志为《清·周玙画屈原九歌图册》题词
国殇（国画）⋯⋯⋯⋯⋯清·周玙
湘夫人（国画）⋯⋯⋯⋯⋯清·周玙
向现代化进军（木刻）⋯⋯⋯⋯⋯王美居
花卉（国画）⋯⋯⋯⋯⋯邓少峰

1978 年第 6 期　刊名:《武汉文艺》
目录

日照大江红（散文）·················齐　克
歌绕韶峰音不落（四首）·············管用和
秋色满江（诗）···················钟永华
岳麓红枫（诗）···················洪　源
彩虹迎亲人（诗）·················张良火
明灯照航程（国画）···············魏康祥
天安门诗词选
滴水为界（小说）·················丁　希
连心线（小说）···················旷荣悸
巴山行（散文）···················朱传雄
西班牙母亲（小说）···············周翼南
蛐蛐儿（小说）···················效　耘
荷花湖畔群英会（科学童话）·········饶竹纯
阿凡提故事新编（小品文）···········张聿温
诗词二首·························曾　谆
伟大的长征（诗）·················李　冰
锻工小组群象（四首）···············王维洲
弄潮曲（外一首）·················谢克强
电铲之歌（诗）···················潘大华
光荣啊，无人驳（外一首）···········李道林
拾木歌（诗）·····················聂鑫森
喂鱼曲（诗）·····················王汉广
测旗歌（诗）·····················黄耀晖
我的摇篮（外一首）···············于　波
边境晨曲（诗）···················张嵩山
解放思想　繁荣创作···············程　云
发挥文艺的战斗作用···············史川仁
"留心各样的事情"·················古远清
杂谈文学的真情实感···············刘富道
从阿Q头上的癞疮疤谈起·············胡威夷
何需回避·························卢济恩
上门（方言韵白剧）·······冯联清　侯光玉　卢荣龄
车号零三七（对口表演）·············张开华
苍松傲雪（国画）·················周绍华
快马加鞭一流星（诗配画）···········慕　迅
乘风破浪（诗配画）···············区　晖
秋耕（木刻）·····················兰玉田

1979 年第 1 期　刊名:《武汉文艺》
目录

轨道（小说）·····················郭　襄
新来的仓库主任（小说）·············农　弟
钥匙（小说）·····················管用和

延河长流（散文）·················吉学沛
长安别（散文）···················杨书案
天台泉（散文）···················叶圣华
昆仑短笛（散文）·················王宗仁
金戈铁马歌（诗）·················洪　洋
脚印（诗）·······················彭仲道
觉悟（诗）·······················陈　龄
大寨情思（诗）···················彭中秋
总理，请您好好休息（诗）···········郑定友
一张炕桌（外一首）···············陈光福
天安门广场抒情（诗）···············张良火
铁路工人一双手（诗）···············聂运虎
三峡新愚公（诗）·················刘不朽
武当山门我来开（诗）···············李武兵
桂乡秋色（诗）···················刘明恒
生命（外一首）···················殷树楷
高歌一曲唱丰收（民歌七首）·········熊善初等
柞蚕和纺织娘（寓言诗）·············康多利
如火如荼的革命热情（评论）·········丁永淮
生活、思想、主题、题材（学习与借鉴）·郁　源
固其根本　浚其源泉（评论）·········周韶华
"真格儿"的与"假门假事"（文艺随笔）·光　群
读《心中有数》随感（新作评介）·······胡威夷
"零四"姑娘（相声）···············高　飞
清明时节（女声小合唱）
　　　　　　1976年天安门诗抄　莎　莱曲
人民和总理心连心（篆刻）···········汪祖询
道义争担敢息肩（国画）·············陈立言
李自成人物漫题（诗配画）
　　　　　俞汝捷诗　谢智良　王传义　中　流画
路边小景（国画）·················鲁慕迅
写生作品（三幅）·················区　晖等
巫峡云雨（国画）·················张善平

1979 年第 2 期　刊名:《武汉文艺》
目录

小说·散文

光照千秋——深切怀念我们敬爱的周总理·····白　危
来到女神身边的时候···············成　平
照相···························牛　健
工地总指挥·······················继　文
垂钓记·························汪大洪
明媚的边疆——南行散记·············李建纲
尔尔曲之源——《大江源记》之一章·········齐　克

诗歌

清明赋·························雷子明

武汉诗草（四首）·····雁 翼
武当情深（四首）·····王家新
云旗山（外一首）·····莎 蕻
贺新郎——读《天安门诗抄》·····李树则

葛洲坝之歌
工地短歌（三首）·····刘志云
金桥·····李星亮
总理抢过这把锤·····张朱论
雨夜出碴·····王怀德
爆破·····张晓敏 童恒胜
焊枪的话·····兆 辉
党委会（外一首）·····殷树楷
茶乡·····熊召政
锁·····李圣强
家乡的湖·····沙 茵
脚步声轻轻·····董宏猷

评论
艰辛曲折的里程·····李 蕤
几易其稿的启示——学习周总理讲话笔记·····培 之
大地回春忆寒流——从《艺苑漫步》的被诬陷谈起·····易原符
漫谈风格（学习与借鉴）·····邹贤敏

谈艺录
敢以少少许，胜人多多许·····江 柳
谈诗兴·····徐应佩 周溶泉
人物与成分·····宏 达
赞《松树的风格》·····谢伯卿
重视儿童文学（文艺述评）·····杨书案

曲艺演唱
假左派办医院（相声）·····夏雨田
我们开始了新的长征（歌曲）·····林戈词 晏 璐 冯仲华曲

美术作品
深山采石斛（国画）·····程十发
毛主席杨开慧故居（国画）·····汤文选
篆刻一组（四方）·····翟公正 杨白匋 陈波涛 曹立庵
花卉（国画）·····程十发

1979 年第 3 期　刊名:《武汉文艺》
目录

小说·散文
穿皮夹克的女孩子·····黎 婴
春天的窗口·····周翼南
孤独·····效 耘
状元刀·····蔡大鹏
后方来信·····李岩峰
武汉市文联致崔嵬同志治丧委员会唁电
悼念崔嵬同志·····李 冰
珍贵的往事——回忆何其芳同志·····曾立慧
夜宿荷花塘·····朱传雄
陈潭秋的故事（上）·····涂怀章
寓言二则·····黄瑞云
行吟阁前·····钟 静

诗歌
白衫歌·····青 勃
向警予之歌（二首）·····于 沙
彩色的雨（外一首）·····管用和
在我们的梯队里（三首）·····高伐林
怒吼吧，列宁斯大林的不屈儿女·····洪 源
青春和理想的赞歌·····杨小岩
云雾茶林·····钟永华
武当记游（三首）·····金宏达
儿歌一束
采树种·····苏辑黎
我会唱首新儿歌·····聪 聪
礼貌（外一首）·····江全章
妈妈操作按电钮·····李仁惠
我们都是小司机·····袁银波
茶山情歌·····黄建中
绿色的轧钢厂（外一首）·····董宏量
采松果·····叶万青

评论
时代的号角 新诗的骄傲——重读郭沫若同志早期诗集《女神》·····王家新
"短"的艺术和"短"的技巧（学习与借鉴）·····吴正南
附录：七根火柴·····王愿坚
面对严峻的现实生活·····胡威夷
倾向性不要特别地说出（谈艺录）·····孙子威
短篇小说的场面选择和安排（谈艺录）·····古远清
敬礼，光荣的"星辰"（《轨道》读后感）·····易照峰

美术作品
大浪淘沙（国画）·····周韶华

曙光——新文化革命旗手鲁迅先生（木刻）·····查世铭
兰（国画）···朱志元
天真（国画）···谢　申

1979 年第 4 期　刊名:《武汉文艺》
目录

自卫还击奏凯歌
爆破英雄侯满厚（特写）·······························李　蕤
让青春更绚丽多采（特写）·····························齐　克
排雷英雄毛付平（特写）·······························吉学沛
战地乐章（外一首）···································莎　蕻
寄自南疆（诗三首）···································毕长龙
爱情是什么（诗）·····································雷子明
铁肩颂（诗）···徐广信

散文·小说
纪念郭老　学习郭老·································曾　谆
永恒的怀念——纪念郭沫若同志逝世一周年·······钱远铎
在喜马拉雅山南坡（散文）·····························光　群
时代的旋律（报告文学）·······························张晓敏
宝山行（小说）·······································杨华美
田间新曲（小说）·····································高清明
陈潭秋的故事（下）···································涂怀章

诗歌
红色安源（二首）·····································石太瑞
"火把节"的传说·····································牛雅杰
夜攀···臧　瑾
捕鱼歌···································袁希安　周忠盛
在电子操纵台前·······································彭介凡
火柴···宁发新
采茶歌（外一首）·····································徐如麒
武汉拾诗（四首）·····································王维洲
"授书台"书怀·······································李华章
月夜···姜锋青

评论
"双百"方针纵横谈——在市文联座谈会上的发言
（摘要）···程　云
塑造具有独特个性的人物形象——重读《潘虎》札记
（学习与借鉴）·······································济　恩

谈艺录
"花环"与结尾·······································蔡师勇
包公为何动摇?·······································米　得
春江水暖鸭先知·······································丁树荣
画品见人品——缅怀张肇铭老师·······················周韶华

美术
自卫还击地速写·························韦江琼　田克胜等
枇杷（中国画）·······································张肇铭
花鸟画两幅···张肇铭
万里长江第一坝（油画写生）·····························卢伯森

1979 年第 5 期　刊名:《武汉文艺》
目录

庆祝建国三十周年大号
歌颂张志新烈士专辑
谁在拨动琴弦（领唱、合唱）
·························曾德厚词　莎　莱曲
时代的琴声——张志新烈士颂歌（诗歌）·······莎　蕻
爱党的典范（诗歌）···································张聿温
呼喊（诗歌）···管用和
女儿和妈妈（诗歌）···································郑定友
高高的围墙里有扇小窗（诗歌）·······················丁　希
血的教训（杂文）·····································武克仁

小说·散文
二〇〇一年的武汉（散文）·····························徐　迟
"135"胶卷（小说）·································蔡大鹏
卷角的帽徽（小说）···································郭　襄
没有结束的竞赛（小说）·······························张亨利
笔杆鳝（小说）·······································郑明东
在那与世隔绝的地方（小说）·························严泗波
"红辣椒"（小说）···································陈南藻
山的呼告（散文）·····································莘　芜

诗歌
我有一瓶酒（五古）···································张执一
鲁班修起赵州桥（《长桥》第二部之一章）·····李　冰
清平乐（外一首）·····································胡国瑞
祖国啊，文明的摇篮（三首）·························董宏猷
街头漫步（六首）·····································高伐林
对抗射击（外一首）···································张雅歌
妈·家···于　波
猎雁···徐金海
接龙桥的怀念···吕纯良
我是——···张　毅
勘测队员之歌···潘建国
珍珠洲···李道林
贝壳集（三则）·······································蒋金镛

评论
深思再深思，提炼再提炼（学习与借鉴）·····李恺林
"意境"与"止境"（谈艺录）·····························金学智

中篇压缩质疑（谈艺录）⋯⋯⋯⋯⋯⋯⋯邱胜威
牧歌短笛唱新曲⋯⋯⋯⋯⋯⋯⋯⋯⋯⋯泰　东
重论抒情诗《绕道》⋯⋯⋯⋯⋯江　柳　涂怀章

剧本·歌曲
启明星（七场歌剧）⋯⋯⋯⋯⋯⋯⋯⋯王韦民
千歌万曲唱十月（女中音独唱）
⋯⋯⋯⋯⋯⋯⋯⋯⋯⋯雷子明词　于林青曲

美术·摄影
竹苞松茂老梅香（中国画）
⋯⋯⋯⋯⋯⋯⋯邓少峰　张秋主　朱志元
强者之声（诗配画）⋯⋯⋯⋯中　流画　蔡　纯诗
春雨（水彩）⋯⋯⋯⋯⋯⋯⋯⋯⋯⋯周远贵
巍然屹立（摄影）⋯⋯⋯⋯⋯⋯李家麒　周润柏
庐山小天池（摄影）⋯⋯⋯⋯⋯⋯⋯⋯刘以宽

1979 年第 6 期　刊名:《武汉文艺》
目录

小说·散文
说真话的故事⋯⋯⋯⋯⋯⋯⋯⋯⋯⋯温振东
春绿沮山⋯⋯⋯⋯⋯⋯⋯⋯⋯⋯⋯刘久和
检验组长的苦恼⋯⋯⋯⋯⋯⋯⋯⋯⋯刘保方
普陀山小记（游记）⋯⋯⋯⋯⋯⋯⋯⋯李建纲
排长和他的机枪（特写）⋯⋯⋯⋯⋯⋯龚知敏
寓言二则⋯⋯⋯⋯⋯⋯⋯⋯⋯⋯⋯黄瑞云

诗歌
同志⋯⋯⋯⋯⋯⋯⋯⋯⋯⋯⋯⋯⋯黄　铁
铜鼓⋯⋯⋯⋯⋯⋯⋯⋯⋯⋯⋯⋯⋯赵宗泉
雪花梨之歌⋯⋯⋯⋯⋯⋯⋯⋯⋯⋯华继文
改作业⋯⋯⋯⋯⋯⋯⋯⋯⋯⋯⋯⋯刘志洪
祖国的儿子（小叙事诗）⋯⋯⋯⋯⋯⋯雷子明
上坟（外一首）⋯⋯⋯⋯⋯⋯⋯⋯⋯林　深
钢城情话（二首）⋯⋯⋯⋯⋯⋯⋯⋯陈　龄
万木葱茏（外一首）⋯⋯⋯⋯⋯⋯⋯钟永华
樱花⋯⋯⋯⋯⋯⋯⋯⋯⋯⋯⋯⋯⋯董宏量
讽刺诗画两则⋯⋯⋯⋯⋯⋯方原林诗　中　流画
桥的故事⋯⋯⋯⋯⋯⋯⋯⋯⋯⋯⋯谢克强

评论
喜剧要干预生活⋯⋯⋯⋯⋯⋯⋯⋯⋯吴乙天
本质、真实与粉饰⋯⋯⋯⋯⋯⋯⋯⋯朱　璞
文艺创作要敢于切中时弊⋯⋯⋯⋯⋯⋯济　恩
无稽之中有真实（谈艺录）⋯⋯⋯⋯⋯刘富道
细节描写人物塑造（学习与借鉴）⋯⋯⋯黄志雄

剧本
向警予（四幕十场话剧）⋯⋯吕西凡　赵瑞泰　晏修华

美术
不似春光，胜似春光（中国画）⋯⋯⋯⋯李国俊
毛主席视察三峡（油画）⋯⋯⋯⋯⋯⋯李　坦
春晨（木刻）⋯⋯⋯⋯⋯⋯⋯⋯⋯⋯万　朗
沸腾的矿山（木刻）⋯⋯⋯⋯⋯⋯⋯李介文
生长的地方（水粉画）⋯⋯⋯⋯⋯⋯⋯郑士彬

1980 年第 1 期　刊名:《芳草》
目录

改刊辞
还是为了战斗⋯⋯⋯⋯⋯⋯⋯⋯⋯本刊编辑部

小说
月夜⋯⋯⋯⋯⋯⋯⋯⋯⋯⋯⋯⋯⋯王　建
藤椅⋯⋯⋯⋯⋯⋯⋯⋯⋯⋯⋯⋯⋯叶文玲
癌症⋯⋯⋯⋯⋯⋯⋯⋯⋯⋯贾平凹　冯有源
分鱼⋯⋯⋯⋯⋯⋯⋯⋯⋯⋯⋯⋯⋯刘富道
在调工资的日子里⋯⋯⋯⋯⋯⋯⋯⋯李　栋
失去了的遗产（翻译小说）
⋯⋯⋯⋯⋯⋯⋯[英]威尔斯著　陈海燕译

散文
武汉三宿记⋯⋯⋯⋯⋯⋯⋯⋯⋯⋯楼适夷
难忘的岁月⋯⋯⋯⋯⋯⋯⋯⋯⋯⋯碧　野
胜利者⋯⋯⋯⋯⋯⋯⋯⋯⋯⋯⋯⋯曾　卓
情如母子忆崔嵬——访吴茵⋯⋯⋯⋯⋯曾立慧
致《芳草》（读者中来）⋯⋯⋯⋯⋯⋯党元春

回忆录
鲁迅先生和党的关系⋯⋯⋯⋯⋯⋯⋯吴奚如
跟随周副主席奔赴宣化店⋯⋯任士舜口述　郭令炘整理

诗歌
太湖（外一首）⋯⋯⋯⋯⋯⋯⋯⋯⋯严　阵
江汉行踪（十五首）⋯⋯⋯⋯⋯⋯⋯张执一
寸草小札（九首）⋯⋯⋯⋯⋯⋯⋯⋯徐　刚
咏怀古迹（二首）⋯⋯⋯⋯⋯⋯⋯⋯丁　力
露珠集⋯⋯⋯⋯⋯⋯⋯⋯⋯⋯⋯⋯管用和
如果听不见你的歌声⋯⋯⋯⋯⋯⋯⋯吕纯良
春光辞（五首）
⋯⋯⋯⋯⋯刘章　王家新　文丙　曾仕让　赵国泰
红烛集（五首）
⋯⋯⋯⋯周声华　殷树楷　羊翚　弘征　刘益善
诗配画（三幅）⋯⋯⋯⋯⋯⋯⋯杨永年　陈作丁等

童话
真假太子—————————————田 香

寓言
典型的鸟—————————————黄瑞云

评论
悲剧二题—————————————王 蒙
说"鉴"—————————————西 来
"夺权"·"长官意志"·文艺创作———狄遐水
作家与人民————————————谢琼桓
屈原（文学人物志）————————石 戈
拾叶补碎（二则）————————直 言

美术
人民的总理（套色木刻）—————伍必端
柯勒惠支版画作品选
屈子天问图（中国画）—————张善平
封面设计————————————佐 俊

1980 年第 2 期　刊名:《芳草》
目录

小说
项城战役（长篇小说《李自成》第三卷选载）
————————————————姚雪垠
心灵的春天————————————严亭亭
一篇小说的命运—————————母国政
冬人（科学幻想翻译小说）
————[英]詹姆斯·亚历山大　范治琛译

散文
归来———————————————吴伯萧
见习水手————————————田 野
桃花清溪寄情思——怀念周立波同志——赵海洲
看不尽的画卷——访日琐记————朱述新

童话
巨人和小人————————————叶君健

民间故事
辛氏酒店——黄鹤楼的传说————范勤年

诗歌
京华短句————————————沙 白
山村春讯————————————杨大矛
江汉情思—————正 文　刘不朽　沙 茵

沈祖棻词七首
湖光美—————————————苗得雨
妻子———————————————李德复
魁星楼（外一首）————————韦其麟
老山和"云雀"——————————于 波
讽刺诗二首————————————胡广香
沙与沫（翻译诗）
————[黎巴嫩]哈里尔·纪伯伦　人 仆译

评论
由心灵的历程所贯串（作品欣赏）——读《两个除夕》
————————————————朱子南
附：两个除夕————————————黄 钢
安娜是怎样进门的?————————曾 卓
且说讽刺————————————陈泽群
创新与取巧———————杨江柱　和穆熙
"好花看在未开时"（谈艺录）———李元洛
向生活索取情节（谈艺录）————宏 达
司马迁（文学人物志）—————蔡守湘

美术
乡音（中国画）————————陈立言
司马迁（中国画）———————区 晖
夏日（水彩）—————————华纫秋
色彩插花（非写实）—————[日]小原流
封面设计————————————佐 俊
本期诗歌插图、题花作者
————熊昌宽　黄焕清　蔡一鸣　禾 青

1980 年第 3 期　刊名:《芳草》
目录

小说
项城战役（长篇小说《李自成》第三卷选载）
————————————————姚雪垠
在神台下————————————张开焱
套子———————————————唐明文
范经理—————————————周良钧
魔书（翻译小说）———C.K.切斯特顿作　祖 柏译

散文
小狗包弟————————————巴 金
希望之舟————————————田 野
尼勒克山谷————————————光 群
过三峡——————————————朱传雄
九华禅林漫笔———————————程大利

诗歌

芳草小辑（十六首）················梁志伟　田　央　蒋金镛
荔铭鉴　祝注先　赵仁广　杨　山　叶新谱　郑定友
桂向明　高近远
题画像七绝十章并叙················萧　军
湘赣行（六首）··················梁上泉
荒唐的岁月（六首）················沙　鸥
快说吧，开封··················丁　力
五色草（三首）··················纪　宇
夜过百花村····················张万舒
台湾诗情（二首）················于宗信
归侨（二首）··················黄东成
桂林山水（三首）················毛　锜
登鄂城西山有感··················李　冰

杂文

"三寸金头"解··················剑　奇

评论

关于《藤椅》的评论
············李　蕤　杨江柱　曾　卓　姜　弘
陀螺和陀螺文艺··················西　来
偏见·慧眼·胆识··················吴士余
读书随笔（二则）················万文武
陶渊明（文学人物志）··············木　镞

美术

董必武同志（雕塑）················张满汉
王霞宙国画遗作展览作品选登（花卉二幅）
陶渊明（中国画）················施江城
封面设计····················佐　俊
本期诗歌插图、题花作者···黄祥清　胡炳泉　黄报之

1980 年第 4 期　刊名:《芳草》
目录

小说

小杜调到大机关··················肖建森
牛仔······················李光亚
摸底记······················楚　奇
高老太太的周末··················聂华苓
林间谈话（翻译小说）
············[苏] 什·安托诺夫著　丁　人译

报告文学

温哥华奇遇····················程　云

散文

真理在说话了（杂感）··············武克仁
美人鱼塑像····················杨羽仪
访肖军同志····················曾立慧

诗歌

问星空（三首）··················顾　工
无题······················公　刘
美的事业····················雷抒雁
春风曲······················青　勃
三峡笑了（三首）················雷子明
闪光的剑····················莎　蕻
在诗歌的园地里··················刁永泉
筛矿（外一首）··················李声明
珍珠吟（三首）··················谢其规
幽思（散文诗）··················田一文
太湖的启示····················黎焕颐
邯郸道遐想····················贺　捷

评论

笔谈《月夜》：
嫦娥应悔偷灵药··················陈泽群
思考、风格和现实主义··············金宏达
要寓主题于形象··················何国瑞
典型与"多数"················林　平　郝孚通
李白（文学人物志）················南　于

美术

百战新师惊贼胆（油画）··············陈宁尔
唐诗人李白（中国画）··············亚　明
芳草地（木刻）··················莫　测
铁山（套色木刻）················宋恩厚
封面设计····················佐　俊
本期诗歌插图、题花作者···代槐江　蔡一鸣　李长安

1980 年第 5 期　刊名:《芳草》
目录

小说

白菊······················金　石
半个满分的故事··················丰晓梅
老师，你在哪里··················沈虹光
夏家老太····················贾平凹
鸡蛋里的哲学··················张抗抗
一个普通的星期天················李兴叶

散文

海滨纪事····················朱传雄

诗歌

怀念（外一首）————————黄耀晖
竹娘————————————熊召政
能源四题————————————高伐林
性格—————————————胡发云
依依别母校（小叙事诗）————汪泽鸿
刀与鞘（散文诗）————王慧骐 王慧骏
染血的奶头————————————董宏猷
两双手———————————————徐业安
追求—————————————————巴 兰
大江之子——————————————李道林
眼睛————————————————王冬梅
在黄昏—————————————樊娅莉
夜别—————————————————邵文海

评论

我们需要什么样的文学作品——武汉师范学院汉口分
部中文系部分学生座谈———————李栋整理
"殿堂"稚语———————————————叶文玲
荒野总会变绿的
——我写《心灵的春天》读后随谈———何 东
杜甫（文学人物志）—————————未 名

美术

任弼时同志画像（素描）—————何孔德
杜甫（国画）——————————陈立言
彩釉动物小品（五件）——————王万喜
本期诗歌插图、题花作者————魏承德 胡炳泉

1980 年第 6 期　刊名:《芳草》
目录

小说

孙大圣自传—————————————李翔凌
说媒————————————————侯桂柱
一篇冒名的小说引起的……————刘梓钰
一只小黄雀————————————效 耘
一缕洁白的苎麻丝————————谢 璞
在菊花的舞会上——————————竹 林

散文

浩瀚的长江———————————王西彦
郭老家乡散记—————————朱羽君
信————————[哥伦比亚] 阿方朔·罗梅罗　周起凤译

诗歌

献给儿童的诗（九首）—————江全章
　王怀让　徐焕云　李富祺　姚振起

进山（外一首）————————潘建国
泉（二首）————————————柴德森
在马雅可夫斯基讨论会上——————丘 琴
教鞭（外一首）——————————田 丹
岩下诗草（五首）————————李汝伦
七绝四首—————————————黄瑞云
啊，泥土————————————寒 星
大别山短笛（三首）————————潘万提
姑娘的婚事（外一首）——————赖松庭
锤声对唱————————————李幼容
开山的钥匙————————————李武兵
牡丹夜话（寓言）————————余吾金

评论

追踪同时代不知名作家的脚步（作家书简）···黄宗英
略论典型的个性化——————————郁 源

短论杂文

入了魔道的哈哈镜————————王若望
说惯性——————————————唐 明
有了千里马之后—————————黄芥田
西子湖畔春意浓（通讯）——记十四个城市文艺期刊
座谈会————————————索峰光　易原符
诗歌要为四化鼓劲——武汉市文联和本刊召开诗歌座
谈会—————————————————本刊记者
白居易（文学人物志）——————方 超

美术

刘少奇同志（素描）————————叶家禾
白居易（中国画）————————邵声朗
儿童画
金鱼————————————————牛 牛
孔雀————————————————李 丹
渔汛（木刻）——————————沈良鸿
封面设计————————————佐 俊

1980 年第 7 期　刊名:《芳草》
目录

小说

黄英姑（中篇小说选载）——————陈立德
打赌—————————————————邹志安
渔人的中秋————————————张步真
嫂子————————————————郑万隆
大灾难————————[苏] Л.连奇著　娄力译

文学回忆录

七十述略（连载之一）—————姚雪垠

散文

你好，奈良鹿……（访日记事之九）·············程　云
千里绿林·····························菡　子
悼念李季同志·························光　群
雷公山之歌···························姜　彬

诗歌

禾桶赞······························龙彼德
枇杷山诗情···························李华章
马鞍上的麦种·························徐　坚
诗的赞美····························倪　鹰
啊，大海……························董宏量
安源，听我唱一支歌···················左一兵
江城纪事（四首）·····················秦　敢
战后······························彭泉瀚
心声······························曾仕让
昨天的花（外一首）···················罗　洛
大别山行吟（二首）···················陈有才
三峡大庆····························江　涛
关于诗·····························孙友田
早晨，我从渡口路过···················谢伯卿
碧池恋曲····························王庆和

评论

评蒋子龙笔下的铁腕人物·················谢　宏
愿当小小的媒介——《她有多少孩子》后记····理　由
韩愈（文学人物志）···················熊礼汇

美术

松高洁——陈毅同志造像（中国画）··········盖茂森
连环画新作选···············中　流　曹小强等
韩愈祭柳子厚图（中国画）···············方隆昌
封面设计····························佐　俊

1980 年第 8 期　刊名:《芳草》
目录

小说

恶梦···············吴天慈　孙雄飞　东进生
诗人，你的七弦琴呢?···················潘志豪
乍暖还寒天气·························李建纲
影子······························冯有源
啊，少年宫··························王安忆
证词（翻译小说）····[日本]松本清张著　张国铮译

散文

过灌县·上青城（游记）·················黄　裳
早熟的莴苣·····················林　可　赫　扬

闲情偶记····························马畏安
我心中的白洋淀——访作家孙犁············阎豫昌

革命回忆录

一个行动的回忆·······················王盛荣

诗歌

漫与（六首）·························聂绀弩
静寂（外一首）·······················顾　工
写在都江堰（三首）···················沙　白
九女墩（外一首）·····················叶文福
孔雀与乌鸦··························胡天风
大学旧居吟（二首）···················喻选芳
塞上短句（四首）·····················肖　川
庐山杂咏（二首）·····················西　彤
富山行·····························王　英
竹沟石榴树（小叙事诗）·················张雅歌
理想（外一首）·······················张雪杉
解缆······························王长富
镌栏板·····························张良火
今日洪湖曲···························虞文琴
党费······························徐广信
山壁上的炮眼·························聂鑫森
鹧鸪天·····························吴丈蜀
大江吟（二首）·······················王昌定

评论

简议"两百"方针·······················武克仁
彩笔写出民族魂——《温哥华奇遇》读后记····杨江柱
关于刘心武短篇小说的艺术评价············金宏达
诗，不是谜语·························丁永淮
粗与细（文艺随笔）···················赵　捷

美术

方志敏在赣东北（油画）·················马宏道
葛洲坝工地（水彩）···················哈　定
女技术员（中国画）···················家　英
长江奔泻不由天（套色木刻）··············张佳林
苏武牧羊（中国画）···················任伯年
封面设计····························佐　俊

1980 年第 9 期　刊名:《芳草》
目录

报告文学

啊，父老兄弟·························祖　慰

小说

家庭喜剧 ……………………………………………… 陈瑞晴
现代人 ……………………………………………………… 陈 默

散文

峰影 ……………………………………………………………… 羊 羣
一周间 ……………………………………………………… 叶君健
高贵的品德（革命回忆录） …………………… 樊文烈 宫 强
草堂诗话 ……………………………………………………… 柳 嘉
寓言二则 …………………………………… 黄瑞云 孙传泽

文学回忆录

七十述略（连载之二） …………………………… 姚雪垠

诗歌

芳草小辑（二十三首） ………… 圣 野 徐如麒 杨 山
绿 藜 沈 晓 陈亨初 王 野 时红军 叶 簇
顾 曲 徐 康 马汝伟
鞋（外一首） ……………………………………………… 张志民
重读《圣经》 ………………………………………………… 绿 原
绿（外一首） ………………………………………………… 谢克强
素描集（三首） …………………………………………… 王尔碑
绿叶曲 ………………………………………………………… 郭宝臣
我是一条被遗弃的小河 …………………………… 熊善初
青草集 ………………………………………………………… 陈雨门
珍贵的合影 ………………………………………………… 钟永华

评论

照镜与造镜 ………………………………………………… 华 弓
名家的风格 …………………………………… 甄 非 余 之
也要相信自己 ……………………………………………… 袁 符
论"违心之言不写" ……………………………………… 古远清
陆游（文学人物志） …………………………………… 吴达志
活跃思想 繁荣创作（通讯） ……………… 本刊记者
欢快有益的聚会（通讯） …………………………… 刘克治

美术

罗荣桓同志画像（素描） …………………………… 王征骅
高山流水颂知音（壁画稿） ………………………… 魏 扬
楚乐图（壁画稿） ………………………… 程 犁 唐晓禾
陆游（中国画） …………………………………………… 贺飞白

1980 年第 10 期　刊名:《芳草》
目录

小说

愿生活像朵鲜花 ………………………………………… 母国政
失望太多的姑娘 ………………………………………… 甘铁生

他改了口…… ……………………………………………… 谷 应
难忘的南妮 ………………………………………………… 叶蔚林
谁摘这朵"黑牡丹" …………………………………… 王振武
雨露 ………………………………………………………… 余能蔚
知音 ………………………………………………………… 卢新华
疯子 ………………………………………………………… 勤 耕
失去了泥土味的芳草 …………………………………… 关庚寅
雾 …………………………………………………………… 成 平
醒悟 ………………………………………………………… 吉学沛
外汇 ………………………………………………………… 彭 城
被埋葬了的爱情 ………………………………………… 农 弟
挥泪斩马谡（杂文） …………………………………… 直 言

评论

生活的感悟（创作手札） …………………………… 贾平凹
真实性、时代和其他 …………………………………… 金宏达
倾向的流露——读《李顺大造屋》 ……………… 陈 辽
曹雪芹（文学人物志） ………………………………… 吴 之

美术

鲁迅和瞿秋白（画像） ………………………………… 徐悲鸿
曹雪芹造像（中国画） ………………………………… 伍必端
卸不尽南海三十吨鱼（木刻） ……………………… 罗远潜
青海湖渔歌（套色木刻） ……………………………… 里 果
本期题花装饰 ……………………………………………… 胡连江

1980 年第 11 期　刊名:《芳草》
目录

小说

逃亡 ………………… [美]约翰·斯坦贝克　刘荣新译
告别德利尔 ………… [苏]尤利·范金　许海燕译
父亲的出走 ……… [澳]詹姆斯·哈克斯顿　石永礼译
安娜蓓儿的梦 ……… [美]多萝西·帕克　龙文森译
布朗少校遇险记 …… [英]切斯特顿　祖 柏译
阿根廷式的足球赛 …… [苏]图尔兄弟著　张德瑶等译
妈妈在曼维尔 ……… [美]玛·金·罗林丝　梁 平译
瞬间 ………… [苏]尤·瓦·邦达列夫　张德瑶等译
牧童 ……………… [苏]巴乌斯托夫斯基　赵蔚青译
白费苦心 ………… [法]欧仁·萨维兹卡耶　郑其行译
金色的喇叭（寓言） …… [美]麦克·奎恩　思 平译

诗歌

诗三首 ………………… [美]卡尔·桑德堡　邹荻帆译
我歌唱我所见过的（外二首）
　　　 [西]赫苏斯·洛别斯·巴琴柯　丁 人译
狱中诗抄 ………… [西]马尔科斯·安拉　丁 人译

评论

列夫·托尔斯泰谈创作 ················· 章 其译

现实主义并未死亡，现代主义方兴未艾 ······ 杨江柱

关于这一期 ··································· 编者

美术

瓶花（油画）················· ［日］清原启一

外国作家头像选

外国插图选

列夫·托尔斯泰像（油画）············ ［俄］列 宾

1980 年第 12 期　刊名:《芳草》
目录

小说

家庭喜剧（续篇）························· 陈瑞晴

莎草婶 ································· 杨 菁

失眠者 ································· 顾 乡

提升之后 ······························· 刘向阳

心底的阳光 ····························· 李 晴

列席委员 ······························· 郭 杉

回忆录

我所认识的胡风 ························ 吴奚如

散文

羊城的彩翼 ····························· 杨羽仪

西宁风情 ······························· 冉淮舟

诗歌

读陶诗有感（外一首）··················· 胡 风

东湖放舟（外一首）····················· 廖公弦

种子的希望（外一首）··················· 洪三泰

北山恋（二首）························· 刘 章

湖（外一首）··························· 崔合美

屈乡颂橘（外一首）····················· 巴南冈

杂感录（三首）························· 吴乙天

鸟啊，鸟啊（外一首）··················· 王家新

大树 ································· 沙 茵

桃花水 ································· 姜琍敏

勘探者之家 ····························· 吴烟痕

鲤鱼湖 ································· 彭泉瀚

峡江水 ································· 阳运森

评论

要大胆真实地反映青年一代 ··············· 袁 符

杂文

笔耕的文艺家们和他们的上司之间 ········· 陈泽群

骗子屏风 ······························· 直 言

由硬充书中的角色而引起的 ··············· 卢 今

颇有嚼头的短篇（来稿摘登）············· 程德培

"按照美的规律来造型"（来稿摘登）······· 柯国外

苏轼（文学人物志）····················· 吴志达

美术

春晓（中国画）························· 汤文选

革命先驱——李大钊（木刻）············· 彭世强

迎春曲（木刻）

泡桐花开（套色木刻）··················· 陈方既

东坡夜游图（中国画）··················· 廖连贵

本期诗歌插图、题花 ············· 黄报之 胡连江

1981 年第 1 期　刊名:《芳草》
目录

小说

我和我的朋友 ··························· 刘小江

后遗症 ································· 李辅贵

造谣研究 ······························· 朱有云

晨笛 ································· 韩少功

"天才"者的梦 ························· 晋 川

飘呀，爱情的绿叶 ······················· 甘茂华

赴宴 ································· 王不天

部长的小猪（翻译小说）

············· ［南］布拉尼斯拉夫·努希奇 吕兴宗译

散文

大嫂 ································· 姚雪垠

胡风同志访问记 ························ 周翼南

追踪野人的人（特写）··················· 胡陪卿

寓言二则 ······························· 胡天风

诗歌

剪取滇西花一枝（四首）················· 戴安常

藕湖吟（外一首）······················· 管用和

安格尔的幽默 ··························· 青 勃

诗二首 ································· 胡 风

我摄下的钢城（二首）··················· 高伐林

再思 ································· 纪 宇

雪白的白纸 ····························· 虞文琴

菊展四首 ······························· 鲍君实

评论

"诗祸"漫议 ··························· 何西来

一首朴质的歌 ··························· 曾 卓

创新需要宽容，创新需要勇气 ············· 谢琼桓

读者之页（五则）————————李　栋等
提香·花神·异端————————汤　麟

美术

星星美展作品选————————曲磊磊等
国画作品选登————————张振铎
花神（油画）————————［意］提　香
封面设计————————黄河清

1981 年第 2 期　刊名:《芳草》
目录

小说

金支书建房————————伍元新
女儿桥————————李　剑
A 氏全集索引————————金为华
死角————————刘树华
年终报道————————晓　剑
牛贩子与农机推销人————————王瑞昌
生前死后————————许世海
是"6"不是"9"————————员淑华
绝交书（翻译小说）
————————［苏］阿·阿列克辛　阎　华译

散文

春天颂————————杨　平
第一次领到工资————————田　野
追踪野人的人（续篇）————————楚　奇

诗歌

芳草小辑（诗十五首）————————毛　锜
陈　放　杨大矛　吴作望　李发模　志　友　谢　虹
青色的枯叶（外一首）————————顾　城
开在我心中的桂花（二首）————————雷子明
命运————————鲁　藜
大海————————刘晓滨

评论

诗祸漫议（二）————————何西来
手球场上的"白线"和文艺创作上的"禁区"
————————狄遏水
札记与偶感————————曾　卓
似淡实浓，似冷实热
——高晓声小说的艺术风格————————郑祥安
芳草里的诗情——读《芳草》的咏物诗————古远清
光的诗人——莫奈和《日本女郎》（名画欣赏）
————————汤　麟

美术

古为今用（木刻组画）————————郑绪良
葛洲坝工地油画写生（三幅）————————卢伯森
武汉地区 1980 年版画展览作品选（三幅）
————————刘述杰等
日本女郎（油画）————————［法］莫　奈
封面设计————————黄河清

1981 年第 3 期　刊名:《芳草》
目录

爱情·婚姻·家庭专号
小说

最后一篓春茶————————王振武
春风暖融融————————周孜仁
我的女友————————李利克
湖畔————————白景晟
金枣————————钮岱峰
小两口过年————————万昌言
因为她活着————————高尔品
徘徊的影子————————四　海
越轨的爱情（翻译小说）————————［危地马拉］特雷莎·
费尔南德斯　于凤川译

散文

长亭————————严　阵
张良和他的妻子（报告文学）————————李德复

诗歌

南国小夜曲（外三首）————————柯　原
秋夜————————查代文
梦————————谢克强
心曲————————赵爱民
背景————————旭　宇
渔火（外一首）————————莫少云

评论

从《眼睛》到《南湖月》——谈刘富道的小说创作
————————金宏达
悒郁、压抑、创伤（名画欣赏）————————汤　麟
芳草天下绿　四处有知音（读者之页）

美术

模特儿肖像（油画）————————［法］雷诺阿
白沙洲头（水彩）————————王兆杰
蓬莱三岛（水彩）————————白统熙
封面设计————————黄河清
摄影作品：

阿曼古丽 ———————————————— 王志平
海誓 ———————————————————— 刘世昌
考验 ———————————————————— 李英杰

1981 年第 4 期　刊名:《芳草》
目录

小说

刘二剃头 ——————————————— 兀好民
卧铺 ————————————————————— 叶文玲
"心平过得海" ——————————————— 张崇善
石头浮水记 ———————————————— 夏腊初
中秋夜 ———————————————————— 冯黎明
我的姐姐和杨房官的女儿 ——————— 陈国屏
船上春秋（报告文学）————————— 张晓敏
基石（报告文学）——————————— 李翔凌
替身 ———————— ［美］罗伯特·歇克莱　顾　源译

诗歌

峡口明珠 ———————————————— 殷树楷
炮工 ————————————————————— 王光明
长江第一闸 ———————————————— 李华章
"啃王" ——————————————————— 刘益善
赞葛洲坝水利枢纽工程（四首）———— 吴丈蜀
花叶集 ———————————————————— 苗得雨
鄂西怀古五首 ———————————————— 于浩成
竹韵 ————————————————————— 寒　星

评论·随笔

努力塑造具有"心灵美"的艺术形象 —— 本刊评论员
两颗高洁的心——读短篇小说《赴宴》有感 —— 吴　兰
诗神缪司及其他——诗祸漫议之三 ———— 何西来
"写中心"与"写心中"——艺术规律漫谈 —— 邹贤敏
"选择"，一个大考题（杂文）———— 黄芥田
读者之页（二则）
戈雅和他的《德·波赛尔夫人》———— 汤　麟

美术

中国画选（八幅）——————————— 周韶华等
德·波赛尔夫人象（油画）——— ［西班牙］戈　雅
封面设计 ————————————————— 黄河清

1981 年第 5 期　刊名:《芳草》
目录

小说

"美人儿" ——————————————— 沈虹光

"黄面汤"叫穷 ———————————— 兀好民
阿鹏 ————————————————————— 董宏猷
石头订婚记 ———————————————— 李锐锋
弱者 ————————————————————— 李　木
迎浪礁 ———————————————————— 成　平
旋转花浪 ———————————————— 金　平
第五十一个表决者 —————————— 何永久
神奇的画师（散文）————————— 杨羽仪
华山天下险（游记）————————— 罗时汉

诗歌

在深山（组诗）——————————— 熊召政
信号机呵，告诉我（外二首）———— 汤世杰
三月坡歌赋 ———————————————— 夏　天
拾零集（三首）——————————— 李武兵
火山奇观（外一首）————————— 钟永华

江汉新风

写在失物招领处 —————————— 董宏量
新风礼赞（二首）————————— 肖创斌
特别托运（外一首）————————— 李道林

评论

文艺的春光 ———————————————— 武克仁
生活是源泉（创作谈）————————— 王振武

创作论坛

要有理想的光芒 —————————— 古远清
"生活的本来面目"与文艺的真实 —— 朱　璞
读者之页（三则）
蓬松柔媚，幽雅隽永（名画欣赏）—— 汤　麟

美术

黎（色粉画）—————— ［日］宫永岳彦
漫江渔歌流不尽（中国画）————— 唐大康
海市（中国画）—————————— 刘一原
汉江风云（水粉）————————— 樊惠刚
水乡（水粉）——————————— 樊惠刚
封面设计 ————————————————— 黄河清

1981 年第 6 期　刊名:《芳草》
目录

小说

孙大圣新传 ———————————————— 李翔凌
美 ——————————————————————— 贾平凹
来福儿 ———————————————————— 勤　耕
白衣使者和"哥儿们" ————————— 克　岐

敏敏和"小乌龟"——————————周开雾
红娘还没出场——————————周 熠
打鱼摸虾的小伙子——————————晓 剑
花好人美（散文）——————————木 青
他为什么在地上打滚（散文）——————戈 今
狐狸救火（寓言）——————————王业伟
大人物的来信（翻译小说）
——————[美]埃瑟林·M.帕金森 杨江柱译

诗歌
最美的画册
最美的画册（外一首）——————————江全章
湖乡孩子的歌（三首）——————————刘培青
路——————————————曹树莹
苹果——————————————文 丙
好——————————————姚振起
猿人颂——————————————楼适夷
大江行（组诗）——————————佟明光
西望伊犁河（外一首）——————————张嵩山
江汉桥畔（外一首）——————————木 斧

评论
看《徐九经升官记》有感——————————秦兆阳
作家书简——————————————徐怀中
美好的心灵 纯真的爱情——读小说《最后一篓春茶》——————————————江 晖

文艺随笔
从平常中发现不平常——————————杜书瀛
外在与内在的辩证统一——————————吴九成
海鸥——————————————冉淮舟
《我的女友》在青年读者中引起热烈反应（读者之页）——————————————肖 力
娇嫩的蓓蕾，初绽的小花（名画欣赏）——————汤 麟

美术
青春（大理石雕）——————————王福臻
牧歌（木刻）——————————陈天然
清溪（木刻）——————————陈天然
意大利小女孩（油画）——————[俄]哈尔拉莫夫
封面设计——————————黄河清

1981 年第 7 期 刊名:《芳草》
目录

热烈庆祝中国共产党成立六十周年

小说·散文
炼（革命回忆录）——————郑绍文口述 郭令炘整理
脚踏实地——————————邹志安
"辰沅"纪事——————————刘丕林
海——————————————光 群
热血——————————————李传锋
任尔东西南北风——————————张 英
风沙小站——————————朱传雄
叶落归根——————————皮礼夏 熊瑞隆
虎门情思——————————卢锡铭

诗歌
啊！延安（三首）——————————商子秦
大别山行吟（三首）——————————叶圣华
飞天村抒情（二首）——————————李幼容
礁石，海的子孙——————————洪 源
桐柏树（叙事诗）——————————牛雅杰

评论
英雄与文学——————————程 云
蒙拉·丽莎的微笑（名画欣赏）——————汤 麟

美术
毛主席在陕北作报告（一九四二年）（摄影）
信仰（中国画）——————————程宝泓
阵雨（中国画）——————————程宝泓
蒙拉·丽莎（油画）——————[意]达·芬奇
封面设计——————————黄河清

1981 年第 8 期 刊名:《芳草》
目录

小说
拔牌记——————————张步真
年青的朋友们——————————王安忆
月照青杨——————————赵松泉
芳邻——————————彭少怀
妹妹——————————羊 翟
一分钟小说——————————金为华
奇特的约会——————————绍 六
寒士怨——————————余启新
火灾——————————[法]埃特蒙·阿布 陆炳熊译

良心的呼唤—————————————[法]司汤达　陆炳熊译

散文

高山景行——————————————————————胡青坡
谈钓————————————————————————鄢国培

诗歌

新星之歌—————————————————————王文福
长城的子孙（四首）————————————————叶延滨
从北方到南方（三首）———————————————王家新
白帝城———————————————————————杨　牧
火—————————————————————————林　希
欢送会——————————————————————徐广信
山村喜雨—————————————————————杨人猛
碧泼吻（散文诗）—————————————————金　马

评论

更高地飞吧——读《美人儿》————————————曾　卓
给沈虹光的一封信—————————————————汪　洋
文学的多样化、创新和读者群————————————金宏达
读者之页—————————————————————程德培等
戈雅肖像画的里程碑（名画欣赏）——————————汤　麟

美术

挺进中原——一九四二年刘邓大军南征（油画）
—————————————————————————范迪宽
三个战友（油画）—————————————————李慧女
塞·莎·佳西娅女士像———————————————戈　雅
封面设计—————————————————————黄河清

1981 年第 9 期　刊名：《芳草》
目录

小说

告别————————————————————————曾果伟
石拱桥头—————————————————————王伟举
老人的歌—————————————————————黄大荣
紫色的风筝————————————————————陈卓乾
弯弯蛾眉豆————————————————————丁永淮
王长河转运————————————————————秦　斌
我不是你的————————————————————王　石
危险的猎奇（翻译小说）
————————[美]理查德·康内尔　狄　蒂译

散文

翠亨凝想—————————————————————柳　嘉
哪儿去了？荷塘——————————————————席星荃

诗歌

芳草小辑（22首）——————梁上泉　李　更　朱　剑
贾志坚　杨　山　何　鹰　王维洲　李根红　桂向明
关登瀛　方　晴
龙门吟——————————————————————张雅歌
长河之恋—————————————————————蒋育德

评论

鲁迅——真正的人—————————————————武克仁
鲁迅对青年作者的哺育———————————————李　蕤
大作家与小读者——————————————————艾　斐
雨丝中的紫罗兰（名画欣赏）————————————汤　麟

美术

导师·园丁
——鲁迅在木刻展览会上（木刻）———————李以泰
鲁迅书名印选———————————————————弘　征
漫画《阿Q正传》（选页）—————————————丰子恺
约克公爵夫人像（油画）——————————德·拉斯洛
封面设计—————————————————————黄河清

1981 年第 10 期　刊名：《芳草》
目录

短篇小说专号

小说

哀乐奏过之后———————————————————金　石
风雪纳连河————————————————————刘小江
当花儿开放的时候—————————————————杨　威
厂长的女儿————————————————————陈国屏
首义枪声—————————————————————胡忆肖
爱，应从负数开始—————————————————舒　升
剪不碎的心————————————————————汪　洋
不期而遇—————————————————————谷　应
三个大学生————————————————————杜为政
一张万元存款单——————————————————王建武
寸草心——————————————————————万文周
阻塞不通（翻译小说）
————————[美]亨利·斯莱萨　杨江柱译

评论

青春是美丽的———————————————————姜　弘
酌奇而不失其真——————————————————田中全
读者之页——————————————————吕万林　彦汝红
七月的花束
——武汉市建党六十周年美展作品观后———陈联光
《持小花的姑娘》

——日本画家小松崎邦雄作品简介·················汤 麟

美术

武汉市建党六十周年美展作品选登：
盼到天亮（木刻）·····························林安柯
江汉怒涛——收回英租界（油画）···············张善平
幸福花开（中国画）···························李国俊
古柏行（中国画）·····························韩柏村
持小花的姑娘（油画）···············[日]小松崎邦雄
封面设计···································黄河清

1981 年第 11 期　刊名:《芳草》
目录

小说

渔家女的高跟鞋·······························罗石贤
我的姑姑···································李尔钢
话说老蔫···································刘丕林
虹·······································成 平
相隔只一米·································董宏猷
等待·····································甘铁生
夜香·····································吴绪久
米黄色衬衫·································杨 菁
找鸡·····································辛昌辉
暴力的用途（翻译小说）
·················[美]威廉·卡勒斯·威廉斯　冬 妮译

散文

回声·····································陈明云
蚶·······································管用和

诗歌

写在醒来的土地上（三首）·······················范 源
山情·····································刘不朽
献给生活的情歌（外一首）·····················文武斌
种子之歌···································左一兵
题"中国无忧树"（外一首）·····················高洪波
寄情浣花溪·································莎 蕻
搁浅的船···································朱光天
酒（外一首）·································张良火

评论

文艺批评三题·······················徐景熙　钱勤来
始终不一致和始终一致·························胡宗健
妻子笑了···························查 铁　王 武
紧紧追寻人物性格的自然发展的轨迹···············胡德培
娴淑·单纯而骄傲·····························汤 麟

美术

当年鏖战急（套色木刻）·······················陈方既
人像速写选·································石泊夫
少女（油画）·····························[日]上尚司
封面设计···································黄河清

1981 年第 12 期　刊名:《芳草》
目录

小说

早茶·····································金 平
澡堂里的笑声·······························王不天
赵师傅挑徒弟·······························王 继
接生·····································胡伯仁
污垢·····································李建纲
新月·····································李佩芝
文化局长···································郭宝臣
俩主任···································洪 泉
"龙凤丸"失传记·······················王益山　王益河
香香退婚···································周友坤
圣诞节是穷人忧愁的日子
·····················[美]约翰·契弗　赵 廉译

散文

水都飞彩虹·································德 咏
牢狱六月生活（革命回忆录）·····················郭治澄

诗歌

寄自三峡的情笺（二首）·······················刘登翰
心，还在摇篮中（外一首）·····················顾 工
题车厢里的一幅照片···························青 勃
小溪·····································钟永华
芳草小辑··········王尔碑　苏 敏　郭同旭　陈有才
李武兵　柴德森　赵国泰　肖 川　周 民　倩 晴

评论

《三千万》的得失和创作思想之间·················米 得
"花嘴媒婆"走红运及其他·······················阿 今
说入迷···································古远清
沉默的期待（名画欣赏）·······················汤 麟

美术

转移（回忆革命战争生活）（木刻）···············师 群
葛州晓雾（套色木刻）·························武 石
国色天香（国画）···························鲁 光
鸾飞凤舞（国画）···························鲁 光
伊蕾娜小姐像（油画）···················[法]雷诺阿
封面设计···································黄河清

1982 年第 1 期　刊名:《芳草》
目录

小说

深深的峡谷……………………………………林　之
我该怎样迎接他………………………………王士美
"邋遢鬼"纪事…………………………………李廷楷
对联絮语………………………………………李深斌
回头草…………………………………………尹　平
雷雨，冲刷着山庄……………………………孙玉章
错乱（翻译小说）………[俄]库普林　康华译

散文

太湖渡…………………………………………李传锋
林区话熊………………………………………朱传雄
柳絮雪…………………………………………史晓鸥

诗歌

工地素描（四首）……………………………刘学琦
板栗歌（外一首）……………………………田　禾
葛洲坝诗简（二首）…………………………戴左航
钟之变（外一首）……………………………成瑞文
夜，在森林中…………………………………于　波
送菜姑娘………………………………………瞿　晓
信仰……………………………………………吕何生
来自长江边的友谊（译诗）
………………[南斯拉夫]热·达卡奇　柴盛萱译

评论

"二为"和"二百"是新时期文艺的基本方针
………………………………………………周忠厚
偶然玩笑和必然灾难——《读错乱》………杨江柱
艺术的含蓄…………………孙葳葳　马中行
文场一瞥（杂文）……………………………芥　子
巴尔扎克也丧失了勇气………………………李　菲
诗林碎叶………………………………………吴士余
蓝色的追寻（名画欣赏）……………………汤　麟

美术

黄河船夫（油画）……………………………尚　杨
《夏伯阳》插图选（四幅）…………………伍必端
林妖的舞蹈（油画）………………[法]柯　罗
封面设计………………………………………区　晖

1982 年第 2 期　刊名:《芳草》
目录

小说

女大学生宿舍…………………………………喻　杉
一场官司………………………………………侯桂柱
我们都是老实人………………………………杨武昌
干妈……………………………………………李承弘
三个朋友………………………………………李荣根
小憩……………………………………………赵会兴
中年妻子的案件
………………[英]阿加莎·克里斯蒂　杨江柱译

散文

落叶……………………………………………贾平凹
绿岛之恋………………………………………胡天风
从台湾寄来的照片……………………………田　野

诗歌

春天……………………………………………杨　炼
古都诗草（三首）……………………………刁永泉
大街抒情（三首）……………………………白　榕
西双版纳速写（组诗）………………………雷子明
诗人之死——李贺的传说……………………纪　宇
爱，弹拨着六弦琴……………………………杨世运

评论

在生活中挖掘…………………………………吴正南
春光·南风·批评……………………………直　言
浩歌传万古，正气壮山河……………………孙天赦
扑朔迷离的朦胧的美——评《老人的歌》…罗守让
因人写事　事中见人…………………………余昌谷
"热"与"冷"…………………………………王德省
阳光·成熟·丰收……………………………汤　麟

美术

黄山玉屏楼（摄影）…………………………黄　翔
屈原九歌图（选登）…………………（清）周　玙
摘葡萄的少妇…………………………[俄]勃留诺夫
油画头像写生…………………………………尚　扬

1982 年第 3 期　刊名:《芳草》
目录

小说

新星之恋………………………………………陈　放
枫林坳…………………………………………杨　鹏

宋老大吃烙粉⋯⋯⋯⋯⋯⋯⋯⋯兀好民
"刘和尚"娶亲⋯⋯⋯⋯⋯⋯⋯⋯张寿来
数字心理学⋯⋯⋯⋯⋯⋯⋯⋯⋯刘富道
象牙少女像⋯⋯⋯⋯⋯⋯⋯⋯⋯陈卓乾
"X2"行动方案⋯⋯⋯⋯⋯⋯⋯⋯洪　琼
永远别相信女人⋯⋯⋯[法]维克多·坎宁作
玛丽·雷特改写　艾　湫译

散文

"晴淑轩"前枫叶红——美籍华裔女作家阚家蕻散记
⋯⋯⋯⋯⋯⋯⋯⋯⋯⋯⋯⋯钟子硕
为美而工作着的人们⋯⋯⋯⋯⋯管用和

诗歌

征途三绝⋯⋯⋯⋯⋯⋯⋯⋯⋯杨朔遗作
词二首⋯⋯⋯⋯⋯⋯⋯⋯⋯⋯⋯阚家蕻
胸怀异彩⋯⋯⋯⋯⋯⋯⋯⋯⋯李　冰
前进的轮子⋯⋯⋯⋯⋯⋯⋯⋯⋯刘益善
春·冬⋯⋯⋯⋯⋯⋯⋯⋯⋯⋯⋯虞文琴
铁锤和夜莺⋯⋯⋯⋯⋯⋯⋯⋯⋯舒　月
水兵之歌(二首)⋯⋯⋯⋯⋯⋯任海鹰
家乡的大榕树啊(散文诗)⋯⋯廖献祥
青嫂的心事⋯⋯⋯⋯⋯⋯⋯⋯⋯朱谷忠
云彩曲(二首)⋯⋯⋯⋯⋯⋯⋯黄东成

评论

通过水的眼睛?——谈小说的"视点"⋯⋯杨江柱
略谈《李自成》(第三卷)⋯⋯⋯吴功正
喜读《女大学生宿舍》⋯⋯⋯⋯朱　璞
平常中的不平常——读短篇小说《渔家女的高跟鞋》
⋯⋯⋯⋯⋯⋯⋯⋯⋯⋯⋯⋯⋯广　柱
期待黎明的夜莺⋯⋯⋯⋯⋯⋯⋯汤　麟

美术

日本奈良五重塔——访日油画写生⋯⋯王树棠
比亚兹莱插图选⋯⋯⋯⋯[英]比亚兹莱
月夜(油画)⋯⋯⋯⋯[俄]克拉姆斯柯依
封面油画人物写生⋯⋯⋯⋯⋯⋯何　波

1982 年第 4 期　刊名:《芳草》
目录

小说·散文

十五的月亮⋯⋯⋯⋯⋯⋯⋯⋯⋯金仕善
姑嫂⋯⋯⋯⋯⋯⋯⋯⋯⋯⋯⋯⋯李辅贵
我和继母⋯⋯⋯⋯⋯⋯⋯⋯⋯天　野
路,在自己脚下⋯⋯⋯⋯⋯⋯⋯曾果伟
石磙碑⋯⋯⋯⋯⋯⋯⋯⋯⋯⋯⋯郭才明

人,毕竟不是花⋯⋯⋯⋯⋯⋯⋯陈　元
分开的马衣(翻译小说)
⋯⋯⋯⋯⋯⋯[法]戴维·欧克顿　蔡　攻译
劲草之歌——史沫特莱在武汉活动剪影(散文)
⋯⋯⋯⋯⋯⋯⋯⋯⋯⋯⋯⋯⋯郭令炘
把鲜花献给埃德加·斯诺(散文)⋯⋯杨　平

诗歌

石油化工厂抒情(三首)⋯⋯⋯高伐林
南冠诗草⋯⋯⋯⋯⋯⋯⋯⋯⋯尔　重
长江可睡着⋯⋯⋯⋯⋯⋯⋯⋯⋯叶　笛
桃花渡⋯⋯⋯⋯⋯⋯⋯⋯⋯⋯⋯崔合美
《芳草小辑》⋯⋯⋯⋯阎振中　赖松廷　石太瑞
李根红　胡　笳　吕　琦　龙彼德　何昌正　程建强

评论

文艺与风俗⋯⋯⋯⋯⋯⋯⋯⋯⋯米　得
猪八戒与孙悟空⋯⋯⋯⋯⋯⋯⋯杨江柱
小中见大——谈《赴宴》和《澡堂里的笑声》的艺术
构思⋯⋯⋯⋯⋯⋯⋯⋯⋯⋯⋯卢　今
奇中见平与平中见奇⋯⋯⋯⋯⋯郑　彬
爱的渴望与升华——委拉斯开兹的油画《纺织女》简
介⋯⋯⋯⋯⋯⋯⋯⋯⋯⋯⋯⋯汤　麟

美术

中国画作品选登
茶岭枫叶红⋯⋯⋯⋯⋯⋯⋯⋯⋯韩柏村
屈原故里⋯⋯⋯⋯⋯⋯⋯⋯⋯⋯张善平
东风多在向阳枝⋯⋯⋯⋯⋯⋯⋯李国俊
纺织女(油画)⋯⋯⋯[西班牙]委拉斯开兹
《水浒叶子》选登⋯⋯⋯⋯(明)陈洪绶
新疆舞(彩塑)⋯⋯⋯⋯⋯⋯⋯黄亚细

1982 年第 5 期　刊名:《芳草》
目录

评论

学习《在延安文艺座谈会上的讲话》笔谈会
思想感情与群众打成一片⋯⋯⋯李　冰
五月,延河的歌⋯⋯⋯⋯⋯⋯⋯莎　蕻
了解人,熟悉人⋯⋯⋯⋯⋯⋯⋯王振武
泉⋯⋯⋯⋯⋯⋯⋯⋯⋯⋯⋯⋯⋯沈虹光
一点感想⋯⋯⋯⋯⋯⋯⋯⋯⋯曾　卓
从头学起⋯⋯⋯⋯⋯⋯⋯⋯⋯李　蕤
寓我于物⋯⋯⋯⋯⋯⋯⋯⋯⋯何国瑞
论理论在"写真实"中的地位⋯⋯郁　源
齿轮、螺丝钉及文艺和政治的关系⋯⋯刘崇顺
心啊,沸腾着⋯⋯(名画欣赏)⋯⋯汤　麟

小说·报告文学

"头块牌"·····································尹又汉
飘走的云·····································陈学工
老明师傅的星期天·····························勤　耕
爱，在"弄贵"·································张健人
奇特的一夜·····································李叔德
三轮运载火箭·································余启新
一个夏天的悲剧·····[美]阿纳·庞特门斯　汪　海译
心灵之桥（报告文学）···········曹良栋　苗德生
光荣（报告文学）·····························钱五一

诗歌

《工业风景线》诗辑
我们的工厂（三首）·························张永久
春满三峡（三首）···························郑定友
青年锤手的梦（外一首）···················田绍桢
总装线抒情（外一首）·····················董宏量
三峡船工·····································吴烟痕
大江东去（三首）···························寒　星
阳日湾·······································罗维扬
旅途杂咏·····································李发模

美术

《湖北连环画展览》作品选登
《向警予》···································方隆昌
《三月雪》···································乐明祥
《冯烂王智闯敌光关卡》·····················乐　申
为建设社会主义精神文明多作贡献（宣传画）
··李　琪
印度妇女（彩塑）···························黄亚细
阿拉伯人猎狮（油画）···········[法]德拉克洛瓦

1982 年第 6 期　刊名:《芳草》
目录

小说

上官婉·······································沈晨光
小院人家·····································韩　冬
寂寞的孩子·····································母国政
培么姑·······································王振武
心灵的呼唤·····································吴　兰
名字···金为华
白海棠，红海棠·····························顾　乡
小马驹（翻译小说）
············[澳大利亚]万斯·帕尔默　晓　玲译

散文

看不够的浪花·····························张　英

消失了的市镇·································朱　帆
雪···王维洲

诗歌

中国，有这样一个小山村（四首）···········张庆明
舟山情（三首）·····························瞿　钢
《节日的花朵》（儿童诗辑）···江全章　潘仲龄　王宜振
陈官煊　朱　晖　饶庆年　李富祺　姚振起　曹树莹
轮机长小憩（外一首）·····················李道林

评论

春的气息，春的脚步——《芳草》八一年小说评奖巡
礼···周迪苏
真实、典型与文学幼稚病·····················熊开国
不死鸟再生
——谈三篇小说前后呼应的人物形象···········杨江柱
谐振···蒋逢轩
塞纳河畔的哀怨（名画欣赏）···············汤　麟

美术

劳崇聘国外写生画展览作品选登（四幅）
《红楼梦》插图选
喂食（油画）·····························[法]米　勒
我帮阿姨提包裹（惠山泥人）

1982 年第 7 期　刊名:《芳草》
目录

小说·散文

人为什么活着·································丰　村
月儿好·······································池　莉
余热···万文周
陈巧姑（报告文学）·························赵致真
一个倔强的人（散文）·····················臧克家
小嫂子·······································宾　东
杀猪的喜剧·····································赵　健
老憨···杨荣福
同不速之客的对谈···········[日]星新一　高伟建译

诗歌

细流集（散文诗）···························管用和
我是初来的·····································钟　瑄
"翠花泉"的思念（外一首）·················钟永华
清泉水·······································华继文
游晋词草（四首）···························武克仁
春江随想录·····································叶圣华
黄羊树·······································肖　凌

评论

也谈文艺和政治的"分"与"合" ……………… 刘崇顺
逆境与创作 …………………………… 咏 枫 朱 曦
巨著与语丝 …………………………………… 司马言
从程砚秋的唱腔说起 ………………………… 徐剑君
小说中的无意识世界
——从宝钗刺绣、妙玉入魔谈起 …………… 杨江柱
冰河下缓缓的暖流——达维特《荷加斯兄弟的宣誓》
简介 …………………………………………… 汤 麟

美术

白求恩（泥塑） …………………………… 张乃英
水彩画
夜渡 ………………………………………… 华纫秋
泊 …………………………………………… 白统绪
石刻版画（四幅） ………………………… 孙 煌
荷加斯兄弟的宣誓（油画） …………… ［法］达维特

1982 年第 8 期　刊名:《芳草》
目录

专辑

在武汉作家协会成立大会上的讲话 …………… 辛 甫
武汉作家协会成立大会开幕词 ………………… 李 冰
坚持和发展毛泽东文艺思想，促进文学更大的繁荣
……………………………………………… 李 蕤
武汉作家协会成立大会闭幕词 ………………… 马国昌

小说

腾飞的龙 …………………………………… 杜为政
鱼的故事 …………………………………… 高晓声
曙神 ………………………………………… 金 石
冬夜，暖融融…… ………………………… 郭韶卿
追击 ………………………………………… 林佛庭
悼 …………………………………………… 金 平
绿荫 ………………………………………… 彭 城
有一位代表 ………………………………… 钟家茂
关于爱情的询问 ………… ［苏］谢·沃罗宁　刘克彭译

散文

雕塑家（外一章） ………………………… 许 淇
林荫道上 …………………………………… 冯复加
死别已吞声 ………………………………… 和穆熙

诗歌
军营新歌
……… 王文福　马合省　徐广信　柳 潭　鹿说之
芳草小辑 …………………… 振 扬　毛 锜　田 禾

洪 源　陈晓光　韩嗣仪　关登瀛　陈新洲　夏 天

美术

出山（玉石雕）
战斗的间隙（油画） ……………………… 赖征云
鲁迅小说插图（二幅） …………… 赵宗藻　张怀江
《雪峰寓言》插图（二幅） ………………… 董克俊
收割的报酬（油画） ………………… ［法］莱尔米特
心灵深处的压抑和控诉（名画欣赏） ……… 汤 麟

1982 年第 9 期　刊名:《芳草》
目录

小说·散文

石磙，滚向何方 …………………………… 楚 良
辫子 ………………………………………… 洪 琼
珍珍 ………………………………………… 方 方
柴副总下厂 ………………………………… 游发华
喜姑卖猪 …………………………………… 徐友俊
生活·人和文（散文） …………………… 刘 真
这不是露水——记韦君宜同志（报告文学） … 郭宝臣
假如给我三天光明 ……… ［美］海伦·凯勒　赵千里译

诗歌

荆宜旅诗 …………………………………… 吴丈蜀
春雨（外一首） …………………………… 李 冰
忠贞（外一首） …………………………… 杨大矛
长江短章 …………………………………… 何 帆
小鸟礼赞 …………………………………… 陈有才
采莲谣（外一首） ………………………… 叶晓山
流水线 ……………………………………… 胡发云
故乡，我回来了（外一首） ……………… 查代文
我年轻的朋友和兄弟 ……………………… 王 璞

评论

作品的境界与作家的世界观 ……………… 陈传才
文学的使命 ………………………………… 尹均生
动静交错，张弛有度——谈小说的节奏 ……… 杨江柱
记取小克利斯朵夫的教训 ………………… 艾友弼
严峻啊，人世间
——品佐恩的《我们每天的面包》 ………… 汤 麟

美术

板桥遗意（中国画） ……………………… 管 桦
张光宇插图选登（四幅）
我们每天的面包（水彩画） …………… ［瑞典］佐 恩
守卫（黄杨木雕）

1982 年第 10 期　刊名:《芳草》
目录

小说专号

小说

淘金 ——————————————胡大楚
黄家老屋 ——————————李叔德
杨柳湾的年轻人 ——————龚义成
柳暗花明又一村 ——————赵松泉
一路飘香 ——————————余启新
黄河岸上 ——————————安　危
小城故事多 ————————张映泉
静夜的春风 ————————贺志农
烫发记 ——————————刘玲娅
阔气（讽刺小说）————江　林
留给妈妈的录音带（小小说）———罗　戎

评论

真实自然，栩栩如生——评池莉的短篇小说《月儿好》————————————————黄自华
美好心灵的赞歌——读《月儿好》————古远清
美·风情·小院春秋——喜读《小院人家》——吕万林
《女大学生宿舍》在读者中引起强烈反响
山菊花·风暴·秋千《名画欣赏》
——弗拉戈纳尔的《秋千》——————汤　麟

美术

琴声（雕塑）————————————张得带
没有共产党就没有新中国（宣传画）——时继宝
"我认的主义一定是不变了"（石版画）
————————————文国璋　张志有
献给党的十二大（篆刻四枚）————黎伏生
繁花似锦（中国画）————————韩柏村
秋千（油画）——————[法]弗拉戈纳尔

1982 年第 11 期　刊名:《芳草》
目录

小说

"半边户"娘子 ——————叶　梅
断臂的维纳斯 ——————兆　光
劳动模范和他的妻子 ——宾　东
浦教授的一天 ————————楼成宏
一幅别出心裁的照片（小小说）——李　佐
街口（小小说）————————李　昂

巨大的伤心事（翻译小说）
————————[苏]谢·沃罗宁　周克新译

散文

葛洲坝纪游 ————————光　群
一个外科医生的春夏秋冬（报告文学）——王　声
火，在燃烧……（报告文学）————楚　奇
千佛洞夜话 ————————王维洲

诗歌

车城赋 ——————————熊召政
地下长廊 ————————柯愈勋
我思念故乡（四首）————李武兵
绿色的伊犁 ————————张嵩山
生活与诗情（三首）————张良火
花的阳台（外一首）————谢克强
小三峡放歌 ————————巴南冈

评论

赶上时代的步伐 ————————李　蕤
作家的眼睛及其他 ————————杨小岩
人物创造的可贵经验
——对几个人物形象的一点探索————米　得
滚动在社会主义轨道上——评短篇小说《石磙，滚向何方》————————————江　晖
痛苦的十字，诺亚的方舟——谈艾涅瓦佐夫斯基的《第九个浪头》——————————汤　麟

美术

飞腾吧！伟大的中华（宣传画）
————————————唐小禾　程　犁
《台岛逐寇记》插图选登（三幅）——中　流
走娘记（彩塑）——————————黄亚细
第九个浪头（油画）———[俄]艾涅瓦佐夫斯基

1982 年第 12 期　刊名:《芳草》
目录

小说

阿五大副 ————————杜治洪
焊缝 ——————————王不天
裁判 ——————————罗　武
酒壶的今昔 ————————许世海
丁工 ——————————卢朝阳
家常话 ——————————潘庭芳
湖草青青 ————————吕运斌
雪花飘呀飘 ————————李　更
电话间里（微型小说）————周开雾

名作的波澜⋯⋯⋯⋯⋯⋯⋯⋯[美]弗兰克·斯托克顿
李学经　王西敏译

散文

森林的歌及其他（散文二章）⋯⋯⋯⋯⋯⋯⋯许　淇
匡庐消夏录⋯⋯⋯⋯⋯⋯⋯⋯⋯⋯⋯⋯⋯⋯杨　平

诗歌

芳草小辑⋯⋯⋯⋯⋯⋯陈　犀　陈应松　戴安常
苏　敏　宋曙光　肖　川　莫西芬　鄢家发　杨　柳
售柑亭前（外一首）⋯⋯⋯⋯⋯⋯⋯⋯⋯⋯殷树楷
种子的追求（外一首）⋯⋯⋯⋯⋯⋯⋯⋯⋯彭天喜

评论

写好社会主义新人⋯⋯⋯⋯⋯⋯⋯⋯⋯⋯易竹贤
文学创作的广阔领域⋯⋯⋯⋯⋯⋯⋯⋯⋯袁　符
次要人物形象的深远意境——话说《红楼梦》中的小
红⋯⋯⋯⋯⋯⋯⋯⋯⋯⋯⋯⋯⋯⋯⋯⋯⋯杨江柱
给《淘金》作者的一封信⋯⋯⋯⋯⋯⋯⋯⋯朱　璞
"晓雾前⋯⋯"⋯⋯⋯⋯⋯⋯⋯⋯⋯⋯⋯⋯⋯汤　麟

美术

《湖北省暨武汉市第一届书法篆刻展览》作品选登：
书法作品（二幅）⋯⋯⋯⋯⋯⋯⋯闻钧天　吴大蜀
篆刻作品（四枚）⋯⋯⋯⋯⋯⋯⋯⋯高　原　李玉柱
独苗苗（彩塑）⋯⋯⋯⋯⋯⋯⋯⋯⋯⋯⋯⋯曹继忠
怒放（木刻）⋯⋯⋯⋯⋯⋯⋯⋯⋯⋯⋯⋯⋯郑叔方
花朵（油画）⋯⋯⋯⋯⋯⋯⋯⋯⋯⋯⋯⋯⋯苏丹丹
渔光曲（油画）⋯⋯⋯⋯⋯⋯⋯⋯⋯⋯⋯⋯苏丹丹
画家的女儿（油画）⋯⋯⋯⋯⋯⋯⋯⋯[英]庚斯博罗

1983 年第 1 期　刊名:《芳草》

目录

小说

我的指导老师⋯⋯⋯⋯⋯⋯⋯⋯⋯⋯⋯⋯曾果伟
待到荆花流蜜时⋯⋯⋯⋯⋯⋯⋯⋯⋯⋯⋯王伟举
再见吧，小巷⋯⋯⋯⋯⋯⋯⋯⋯⋯⋯⋯⋯陈卓乾
舞台和爱情⋯⋯⋯⋯⋯⋯⋯⋯⋯⋯⋯⋯⋯冼济华
路⋯⋯⋯⋯⋯⋯⋯⋯⋯⋯⋯⋯⋯⋯⋯⋯⋯彭兴国
"土八路"校长⋯⋯⋯⋯⋯⋯⋯⋯⋯⋯⋯⋯楚　良
来福巷里的家常事⋯⋯⋯⋯⋯⋯⋯⋯⋯⋯王纪娟

散文

山那边有什么（报告文学）——郭凯敏的故事
⋯⋯⋯⋯⋯⋯⋯⋯⋯⋯⋯⋯⋯许德民　张　真
琴声⋯⋯⋯⋯⋯⋯⋯⋯⋯⋯⋯⋯⋯⋯⋯⋯岭南子

诗歌

崛起（外一首）⋯⋯⋯⋯⋯⋯⋯⋯⋯⋯⋯⋯潘大华
地下的炮声（外一首）⋯⋯⋯⋯⋯⋯⋯⋯⋯李声明
大楼⋯⋯⋯⋯⋯⋯⋯⋯⋯⋯⋯⋯⋯⋯⋯⋯⋯严　迪
生活之镜⋯⋯⋯⋯⋯⋯⋯⋯⋯⋯⋯⋯⋯⋯⋯苗得雨
水乡夜色⋯⋯⋯⋯⋯⋯⋯⋯⋯⋯⋯⋯⋯⋯⋯蒲祖煦
芳草新绿
采矿二题⋯⋯⋯⋯⋯⋯⋯⋯⋯⋯⋯⋯⋯⋯⋯张泉河
枫⋯⋯⋯⋯⋯⋯⋯⋯⋯⋯⋯⋯⋯⋯⋯⋯⋯⋯华　阳
青春的火焰⋯⋯⋯⋯⋯⋯⋯⋯⋯⋯⋯⋯⋯⋯颖　秀
致老师⋯⋯⋯⋯⋯⋯⋯⋯⋯⋯⋯⋯⋯⋯⋯⋯陈定家

评论

高晓声、苏叔阳、陆文夫谈创作
深沉蕴藉，回味无穷
——漫谈《黄家老屋》的思想⋯⋯⋯⋯⋯⋯田中全
愿芳草满天涯——读张泉河等同志的诗⋯⋯⋯舒　波
"博见为馈贫之粮"——漫谈积累⋯⋯⋯⋯⋯唐再兴
爱丝梅哈尔达的六次"扁嘴"（小说欣赏促膝谈）
⋯⋯⋯⋯⋯⋯⋯⋯⋯⋯⋯⋯⋯⋯⋯⋯⋯⋯沈　泓
小议关于创作题材的选取（编辑随笔）⋯⋯⋯赵　初
爱情·祭坛·郁金香（世界名著插图欣赏）⋯⋯汤　麟

美术

黄山文笔峰（中国画）⋯⋯⋯⋯⋯⋯⋯⋯⋯张大千
葛洲坝写生（油画）⋯⋯⋯⋯⋯⋯⋯⋯⋯⋯卢伯森
李雁草书近作⋯⋯⋯⋯⋯⋯⋯⋯⋯⋯⋯⋯⋯李　雁
莎乐美（插图）⋯⋯⋯⋯⋯⋯⋯⋯[法]古斯塔夫·摩罗

1983 年第 2 期　刊名:《芳草》

目录

小说

军人之子⋯⋯⋯⋯⋯⋯⋯⋯⋯⋯⋯⋯⋯⋯⋯段国三
秋风萧瑟⋯⋯⋯⋯⋯⋯⋯⋯⋯⋯⋯⋯⋯⋯⋯金　石
我们走向明天⋯⋯⋯⋯⋯⋯⋯⋯⋯⋯⋯⋯⋯韩　冬
绊根子草⋯⋯⋯⋯⋯⋯⋯⋯⋯⋯⋯⋯⋯⋯⋯陶三友
芳草新绿：汪元和狗⋯⋯⋯⋯⋯⋯⋯⋯⋯秦玉姗
姐姐⋯⋯⋯⋯⋯⋯⋯⋯⋯⋯⋯⋯⋯⋯⋯⋯⋯王业腾
神奇的警服（翻译小说）
⋯⋯⋯⋯⋯⋯⋯⋯⋯⋯[美]H.都威诺维斯　唐若水译

散文

耕种在八十年代的土地上（报告文学）⋯⋯⋯赵致真
灯海，大鹏的眼睛⋯⋯⋯⋯⋯⋯⋯⋯⋯⋯⋯杨羽仪
捉蜻蜓⋯⋯⋯⋯⋯⋯⋯⋯⋯⋯⋯⋯⋯⋯⋯⋯杨　柄
寓言二则⋯⋯⋯⋯⋯⋯⋯⋯⋯⋯⋯⋯⋯⋯⋯刘占武

诗歌
追寻攀登者的脚步（二首）⋯⋯⋯⋯⋯叶圣华
故乡的栀子花（组诗）⋯⋯⋯⋯⋯⋯晏　明
芳草小辑
木炭⋯⋯⋯⋯⋯⋯⋯⋯⋯⋯⋯⋯⋯彭兴国
放鱼苗的老伯（外一首）⋯⋯⋯⋯⋯梁必文
露（外一首）⋯⋯⋯⋯⋯⋯⋯⋯⋯沙　茵
萤火虫⋯⋯⋯⋯⋯⋯⋯⋯⋯⋯⋯⋯李　更
希望⋯⋯⋯⋯⋯⋯⋯⋯⋯⋯⋯⋯⋯董景黎
洞庭采茶女（外一首）⋯⋯⋯⋯⋯⋯文　丙
夜空⋯⋯⋯⋯⋯⋯⋯⋯⋯⋯⋯⋯⋯李根红
终于有幸和你相见（外一首）⋯⋯⋯未　凡
寒枝吟⋯⋯⋯⋯⋯⋯⋯⋯⋯⋯⋯⋯王　挥

评论
刘富道小说散论⋯⋯⋯⋯⋯陈光贵　高进贤
寻找画面的中心（小说欣赏促膝谈）⋯杨江柱
"空白"的艺术⋯⋯⋯⋯⋯⋯⋯⋯⋯徐剑君
不值得提倡⋯⋯⋯⋯⋯⋯⋯⋯⋯⋯聂　成
作者的立足点与作品的境界（编辑随笔）⋯亦　青
一篇朴实的，耐人寻味的作品⋯⋯⋯亦　然
圣诞树下的泪花（世界名著插图欣赏）⋯汤　麟

美术
山居图⋯⋯⋯⋯⋯⋯⋯⋯⋯⋯⋯⋯张大千
木刻小品（三幅）⋯⋯⋯⋯⋯⋯⋯赵瑞椿
浮雕新作⋯⋯⋯⋯⋯⋯⋯⋯⋯⋯⋯曹家顺
《卖火柴的小女孩》童话插图⋯⋯安尼·安徒生

1983 年第 3 期　刊名:《芳草》
目录

女作者专号

散文
访越南难民营⋯⋯⋯⋯⋯⋯⋯⋯⋯刘　真

小说
在〇形的跑道上⋯⋯⋯⋯⋯⋯⋯⋯方　方
黄昏的幸福⋯⋯⋯⋯⋯⋯⋯⋯⋯⋯沈虹光
迟桂花⋯⋯⋯⋯⋯⋯⋯⋯⋯⋯⋯⋯宋致新
杏儿香⋯⋯⋯⋯⋯⋯⋯⋯⋯⋯⋯⋯杨　菁
大学毕业之后⋯⋯⋯⋯⋯⋯⋯⋯⋯池　莉
哑姑画像⋯⋯⋯⋯⋯⋯⋯⋯⋯⋯⋯叶　梅
转动的魔方⋯⋯⋯⋯⋯⋯⋯⋯⋯⋯成　平
捡剩儿⋯⋯⋯⋯⋯⋯⋯⋯⋯⋯⋯⋯严亭亭
晚霞⋯⋯⋯⋯⋯⋯⋯⋯⋯⋯⋯⋯⋯巴　兰
同学之间⋯⋯⋯⋯⋯⋯⋯⋯⋯⋯⋯余茝芳

芳草新绿
雨中，一只小船在飘荡⋯⋯⋯⋯⋯⋯刘克勤
一棵待培植的幼苗（新作短评）⋯⋯三　石

诗歌
桔红色的晚风（外一首）⋯⋯⋯⋯⋯虞文琴
荷（外一首）⋯⋯⋯⋯⋯⋯⋯⋯⋯舒　月
晨光·夕阳⋯⋯⋯⋯⋯⋯⋯⋯⋯⋯郑　玲
唱给明天的歌（四首）⋯⋯⋯⋯⋯⋯胡兰兰
女儿⋯⋯⋯⋯⋯⋯⋯⋯⋯⋯⋯⋯⋯刘　蒂
云朵，飘啊飘⋯⋯⋯⋯⋯⋯⋯⋯⋯张　帆
心中的歌（外一首）⋯⋯⋯⋯⋯⋯⋯鲁　萌

美术
金杯献祖国（年画）⋯⋯⋯⋯⋯⋯⋯刘仲杰
水彩二幅⋯⋯⋯⋯⋯⋯⋯⋯⋯⋯⋯白统绪
西陵烟云（国画）⋯⋯⋯⋯⋯⋯⋯鲁永欢
圣·安格莉丝⋯⋯⋯⋯⋯⋯⋯［西班牙］里贝拉
安魂·信仰·激流——里贝拉的《圣·安格莉丝》简
介⋯⋯⋯⋯⋯⋯⋯⋯⋯⋯⋯⋯⋯汤　麟

1983 年第 4 期　刊名:《芳草》
目录

小说
女大学生宿舍续篇⋯⋯⋯⋯⋯⋯⋯喻　杉
第九号"旋风"⋯⋯⋯⋯⋯⋯⋯⋯⋯苏　剑
花间异物⋯⋯⋯⋯⋯⋯⋯⋯⋯⋯⋯李叔德
雨晨⋯⋯⋯⋯⋯⋯⋯⋯⋯⋯⋯⋯⋯徐万明
奔向瑶湖⋯⋯⋯⋯⋯⋯⋯⋯⋯⋯⋯李名英
芳草新绿
村街里的货郎鼓⋯⋯⋯⋯⋯⋯⋯⋯王天海
感情真挚　描写生动（新作短评）⋯江　晖

散文
冲破老框框的人（报告文学）⋯⋯⋯张九经
塔什库尔干散记⋯⋯⋯⋯⋯⋯⋯⋯刘富道
山村夜话⋯⋯⋯⋯⋯⋯⋯⋯莎　蕻　楚奇

诗歌
表·锤·旗（三首）⋯⋯⋯⋯⋯⋯⋯董宏量
北京诗情（二首）⋯⋯⋯⋯⋯⋯⋯刘益善
致诗人（二首）⋯⋯⋯⋯⋯⋯⋯⋯孙静轩
飞鸟抒情诗（三首）⋯⋯⋯⋯⋯⋯徐　刚
求索者⋯⋯⋯⋯⋯⋯⋯⋯⋯⋯⋯⋯韦　丘
故乡情（二首）⋯⋯⋯⋯⋯⋯⋯⋯石太瑞
乡风（二首）⋯⋯⋯⋯⋯⋯⋯⋯⋯尧山壁
我领到了住房证⋯⋯⋯⋯⋯⋯⋯⋯李道林

我迎着你们走（外一首）⋯⋯⋯⋯⋯⋯余以建

评论

遵循美的原则⋯⋯⋯⋯⋯⋯⋯⋯⋯李鸿然
革命现实与革命理想⋯⋯⋯⋯⋯⋯熊开国
略论报告文学中的几个问题⋯⋯⋯和穆熙
未必全抛一片心——谈小说中的人物语言　冼　佩
要克服简单化（编辑随笔）⋯⋯⋯⋯袁　符
呻吟·遗弃·不安的灵魂（名著插图欣赏）⋯汤　麟

美术

沈爱其作品选登（中国画）
晨曲（套色木刻）⋯⋯⋯⋯⋯⋯⋯戴槐江
玛丽安娜⋯⋯⋯⋯⋯⋯⋯⋯⋯［英］米　莱

1983 年第 5 期　刊名:《芳草》
目录

道德、伦理专号
小说

彩虹似的梦⋯⋯⋯⋯⋯⋯⋯⋯⋯⋯刘　谦
谷物女神⋯⋯⋯⋯⋯⋯⋯⋯⋯⋯⋯汪吉佑
幸福的微笑⋯⋯⋯⋯⋯⋯⋯⋯⋯⋯映　泉
山风在呼唤⋯⋯⋯⋯⋯⋯⋯⋯⋯⋯叶明山
桃花泪⋯⋯⋯⋯⋯⋯⋯⋯⋯⋯⋯⋯洪　琼
饭市小巷⋯⋯⋯⋯⋯⋯⋯⋯⋯⋯⋯张凤洪
茶摊⋯⋯⋯⋯⋯⋯⋯⋯⋯⋯⋯⋯⋯魏雅华
黑头鸥（翻译小说）
⋯⋯⋯⋯［苏］符拉基米尔·列金　阎国刚译

诗歌

我和我的师傅（外一首）⋯⋯⋯⋯张永久
爱情的宣言⋯⋯⋯⋯⋯⋯⋯⋯⋯⋯张雅歌
朋友，我祝福您（二首）⋯⋯⋯⋯叶延滨
普希金之死（外一首）⋯⋯⋯⋯⋯贺东久
"姑娘追"⋯⋯⋯⋯⋯⋯⋯⋯⋯⋯⋯胡　笳
窗口情话⋯⋯⋯⋯⋯⋯⋯⋯⋯⋯⋯李幼容
三八节有感⋯⋯⋯⋯⋯⋯⋯⋯⋯⋯苏　敏
芳草新绿
诗二首⋯⋯⋯⋯⋯⋯⋯⋯叶松山　饶　红
托物言志心灵美（新作短评）⋯⋯舒　波

评论

到生活中寻找"美"⋯⋯⋯⋯⋯⋯李德复
整个巴黎浓缩在一张餐桌周围（小说欣赏谈）
⋯⋯⋯⋯⋯⋯⋯⋯⋯⋯⋯⋯⋯⋯杨江柱
在那遥远的地方——致叶梅⋯⋯⋯甘茂华
创作·勇气·胆识（编辑随笔）⋯⋯亦　然

母性·尊严·爱抚和牺牲（名著插图欣赏）⋯汤　麟
短篇优秀文学作品奖评选揭晓

美术

生命之秋（中国画）⋯⋯⋯⋯⋯⋯沈爱其
黑龙江版画展作品选登（三幅）⋯蒙希平等
渔村速写（三幅）⋯⋯⋯⋯⋯⋯⋯郭召明
奥维德作品《变形记》插图

1983 年第 6 期　刊名:《芳草》
目录

小说

长绿岛⋯⋯⋯⋯⋯⋯⋯⋯⋯⋯⋯⋯李叔德
先生的笔⋯⋯⋯⋯⋯⋯⋯⋯⋯⋯⋯喻　杉
妯娌⋯⋯⋯⋯⋯⋯⋯⋯⋯⋯⋯⋯⋯赵松泉
女兵宿舍的秘密⋯⋯⋯⋯⋯⋯⋯⋯张道清
提前退场⋯⋯⋯⋯⋯⋯⋯⋯⋯⋯⋯胡大楚
一根横梁⋯⋯⋯⋯⋯⋯⋯⋯⋯⋯⋯陈福根
"葫芦锅"小曲⋯⋯⋯⋯⋯⋯⋯⋯李尔钢
蔗林里的笑声（小小说）⋯⋯⋯⋯潘庭芳
芳草新绿
路，在她脚下延伸⋯⋯⋯⋯⋯⋯⋯陈和春
凝练、再凝练⋯⋯⋯⋯⋯⋯⋯⋯⋯绍　六
留大胡子的外孙（翻译小说）
　　　　⋯⋯⋯［苏］M.娜哈宾娜　阎国纲译

散文

"顽童"上了科技大（报告文学）⋯许春耘
二度访肖军⋯⋯⋯⋯⋯⋯⋯⋯⋯⋯慧　心

诗歌

芳草小辑（19 首）⋯⋯⋯⋯⋯⋯陈　牧
吴来生　丁慨然　田　央　张　扬　陶文鹏　王耀东
樊　帆　崔笛扬　陈丽霞　郭良原　肖诗玉
诗三首⋯⋯⋯⋯⋯⋯⋯⋯⋯⋯⋯⋯李尔重
盛会集群英（五古）⋯⋯⋯⋯⋯⋯朱祖延
游蜀词草（二首）⋯⋯⋯⋯⋯⋯⋯武克仁
节日的花朵（儿童诗 12 首）⋯⋯⋯饶庆年　徐　鲁
彭心江　姚振起　江全章　陈官煊　曹树莹　龚午婴

评论

时代的风和人物精神美——漫评武汉地区 1982 年得
奖小说⋯⋯⋯⋯⋯⋯⋯⋯⋯⋯⋯⋯杨江柱
六月，栀子花开的季节⋯⋯⋯⋯⋯杨书案
"为创作写生活"——读《诗与生活》（臧克家著）随
笔⋯⋯⋯⋯⋯⋯⋯⋯⋯⋯⋯⋯⋯⋯王昌定
创作中推断的作用⋯⋯⋯⋯⋯⋯⋯笛论富

在堆满白色茶花的墓碑下（名著插图欣赏）……汤 麟

美术

封面设计………………………………………施江城
瑶山念（中国画）………………………………贺飞白
人像写生、归曲（中国画）…………施江城 贺飞白
小仲马《茶花女》插图…………………[法]诺尔当

1983 年第 7 期　刊名：《芳草》
目录

报告文学·散文特辑
汪益基和"纠偏"………………周翼南 周昌岐
朱伯儒的故事………………………………羽 翎
爱，赤诚无私的爱………………………马国昌
战时的斯大林…………[美]埃德加·斯诺 杨江柱译
地上的纽约………………………………王西彦
泰国的"人的花朵"………………………碧 野

小说
社赛…………………………………………马凤超
大匠门风…………………………………杜为政
菊丛深处…………………………………吴绪久
未名………………………………………胡发云
芳草新绿
哎，这小妞儿……………………………张 雄
直接描写和间接刻划……………………培 青

诗歌
笑吧，张海迪…………………………………海 云
玲玲的"手抄本"………………………廖秋妹
舒展的大山（外一首）…………………钟永华
生在水底的眼睛（外一首）………………寒 星
夔门吟（外一首）………………………蔡 纯
人生（外一首）…………………………陈松叶
我曾经这样地希望………………………林 希
月光下……………………………………杨世运
我是螺栓…………………………………柴德森

评论
对比度（小说欣赏促膝谈）……………冼 佩
诗，属于时代和人民……………………古远清
数风流人物——评获武汉作协报告文学优秀作品奖的
作品………………………………………和穆熙
"三小"作品有感（编辑随笔）…………冯 捷
"老实"应该比"聪明"先出生——严文井同志给本
刊编辑部的信
信念·反抗·不落的太阳（名著插图欣赏）…汤 麟

美术

葡萄（中国画）…………………………李国俊
泊（木刻）………………………………戴槐江
水彩二幅…………………………范保文 徐 坚
《斯巴达克思》插图

1983 年第 8 期　刊名：《芳草》
目录

小说
好一只"出头鸟"…………………………王建琳
在友谊商店门口…………………………陈自谦
佛光………………………………………金 平
继父………………………………………宋茨林
途中………………………………………张 荙
娇风………………………………………钱五一
归燕………………………………………李荣根
清风送爽（讽刺小说）…………………洪 泉
芳草新绿
一朵洁白的云……………………………杨海燕
一篇朴素感人的小说……………………亦 然
他与她（翻译小说）
……………[美]凯瑟琳·布拉什 朱光华译

散文
夜宿鹿回头（外一章）…………………勤 耕
家乡访旧（速写）………………………光 群
悄悄的离别（外一章）…………………黎 笙

诗歌
花生飞了（小叙事诗）…………………李 冰
巴山诗简（二首）………………………杨 山
西南边境线（四首）……………………熊召政
雨的诞生…………………………………查 干
打油"三自"……………………………吕西凡
希望的乳名（二首）……………………于 波
舟桥兵赞…………………………………徐广信
一幅闪光的画……………………………王新民
钱塘潮赋（外一首）……………………贾长厚

评论
题材·审美理想·社会效果………………罗守让
小说中的预兆（小说欣赏促膝谈）……杨江柱
漫谈"角度"……………………………唐再兴
繁简相宜　各尽其妙……………………徐景熙
彩照钩起的沉思——《幸福的微笑》读后…熊开国
重视"结尾"艺术（编辑随笔）…………聂 成
圣火·夜空·黎明（插图欣赏）…………汤 麟

美术

荷花（中国画）——————————李国俊
《战士颂》组画之一（木刻）————范迪宽
西陵烟云（中国画）——————————杨荣生
山高水长（中国画）——————————樊 枫
星期日郊游（中国画）————————林 墉

1983 年第 9 期　刊名:《芳草》
目录

小说

幸福者——————————————吕敏尔
水战之后——————————————楚 良
风搅雪儿——————————————刘 放
球场奇事————————潘志豪 张丽萍
槐花飘香时节————————————韩 冬
茅草地春秋————————————字 心
小街上的爱情篇——————————陶继文
在澡堂里——————————————效 耘
芳草新绿
站角的师傅————————————李 菲
生动具体地再现生活————————绍 六
玻璃柜里的拿破仑帽子
——————玛纽埃尔·考姆洛夫 金国嘉译

散文

忆巴金写《寒夜》—————————田一文
崂山画瀑——————————————管用和
野草之思——————————————席星荃

诗歌

沿着长江（组诗）—————————王家新
陆水渡（外一首）—————————雷子明
芳草小辑（15 首）————————郑定友
李根红 聂鑫森 陈有才 何火任 莫西芬 杨育基
罗绍书 徐业安 张良火
绝句三首——————————————荒 芜
律诗五首——————————————李任夫
苗山写意——————————————崔合美

评论

时代需要报告文学—————————尹均生
大江的浪花————————————莎 蕻
小说中的闲笔（小说欣赏促膝谈）——冼 佩
分寸·适度（编辑随笔）——————亦 青
读者之页（三则）—————匡花坛 钟 法等
战斗·复仇和希望（文学名著插图欣赏）——汤 麟

美术

晨光（中国画）——————————陈联光
百花争艳（木刻）—————————高 原
亭亭玉立（中国画）————————程生达
生命之源（中国画）————————鲁永欢
密茨凯维奇作品《塔杜施先生》插图

1983 年第 10 期　刊名:《芳草》
目录

社会主义文艺的前进纲领——学习《邓小平文选》札记——————————————————李 菻

小说

大路通向远方————————————姜天民
尼龙滑雪衫（外一篇）———————沈虹光
好事者——————————————金 石
大年三十——————————————兀好民
鲁秀———————————————陈祖国
大街上，白浪滔滔—————————赵致真
亚妮———————————————沈晨光
毕业文凭——————————————胡大楚
追悔———————————————杜为政
"妹娃要过河"———————————余启雄
芳草新绿
小大姐和我们仨——————————蔡 荷
读后记——————————————韦 耘

评论

东西方的"焚稿断痴情"（小说欣赏促膝谈）
——————————————————杨江柱
悒郁的诗情　没落的命运——————汤 麟

美术

花卉（中国画）——————————王雪涛
大江之底（油画）—————————卢伯森
洪峰过闸（油画）—————————卢伯森
小辫在微风中跳跃（油画）————苏笑柏
等待客人（油画）—————————苏笑柏
屠格涅夫作品《罗亭》插图

1983 年第 11 期　刊名:《芳草》
目录

小说

寂寞的草滩————————————吴鄂东
襄河一片月————————————周元镐

西去的运蜂车 ———————————— 王伟举
悬崖上的早晨 ———————————— 未　名
荣誉的背后 —————————————— 谢湘宁
闹钟还没有响 ———————————— 伯　己
芳草新绿
常委员 ——————————————— 草　人
《常委员》读后 ——————————— 培　青

散文
超负荷运行的人（报告文学）———— 李翔凌
根妞儿 ——————————————— 杨羽仪

诗歌
在江南（三首）———————————— 陈应松
思念（外一首）———————————— 钟　瑄
凤歌 ——————————————————— 江　柳
芳草小辑 ————————— 李圣强　朱光天
顾　工　黄东成　李武兵　蒋育德　夏　天　谢克强

评论
进一步高举社会主义文艺的旗帜
小说的诗意（小说欣赏促膝谈）———— 冼　佩
美与丑的辩证法——美学随想漫笔 —— 罗守让
不写之写，无情之情 ————————— 钟　法
表现传统美德一议 —————————— 江　晖
泥潭·死水·憧憬 —————————— 汤　麟

美术
晚艳（中国画）———————————— 王雪涛
新的征途（套色木刻）———————— 郑叔方
春江水暖（中国画）————————— 韩柏村
诸葛庐（中国画）—————————— 张善平
幽香（中国画）———————————— 陈联光
契诃夫作品《新娘》插图

1983 年第 12 期　刊名：《芳草》

目录

纪念毛泽东同志 90 周年诞辰
这面旗帜仍在指引着我们 ——————— 何国瑞
回忆毛主席二、三事 ————————— 李尔重
几点闪光的记忆 ——————————— 李　蕤
《讲话》指引我走上革命文学道路 —— 李　冰
巨人在大江上（诗）————————— 曾　卓
延河畔的鼓声（诗）————————— 莎　蕻
长沙二题（诗）———————————— 蔡　纯
在江边，我唱一支歌（诗）—————— 叶圣华

小说
留在毕业照片里的记忆 ——————— 曾果伟
麒麟山的兵哥哥 ——————————— 江　水
孙腊香和她的新班长 ————————— 周震亚
话说"一把手" ———————————— 丁永淮
捕猴记 ——————————————————— 楚　奇
拦车（小小说）———————————— 徐发俊
书台访贤 —————————————— 汪烈九
芳草新绿
"垃圾千金"的自白 ————————— 汤礼春
没有性格，就没有区别 ——————— 绍　六

诗歌
芳草小辑（诗十三首）———————— 王文福
梁如云　袁希安　阿拉坦托娅　傅根庆　蔡宗周
左一兵　张正雄

评论
红楼百怒（小说欣赏促膝谈）———— 杨江柱
平凡、真实、不拘一格——《幸福者》形象塑造
———————————————————— 朱　璞
有感于"一字诗"之争（编辑随笔）— 舒　波
薇拉的第四个萝 ——————————— 汤　麟

美术
梅（中国画）———————————— 程生达
连环画选登 ———————— 郭召明　乐明祥等
车尔尼雪夫斯基作品《怎么办》插图

1984 年第 1 期　刊名：《芳草》

目录

做一个称职的"灵魂工程师" ——— 本刊评论员

报告文学
武术生涯六十年 ——————————— 赵致真

小说·散文
等待 ——————————————————— 金　石
工棚里的姑娘 ———————————— 肖　矢
"半转" —————————————————— 兆　光
杨公子与陈三猫 ——————————— 彭明星
"绝招" —————————————————— 郎瑜林
莉里娅娜（散文）—————————— 曾　卓
风雪中的奇遇（散文）———————— 羊　羣
鄂温克桦哨（散文）————————— 许　淇
芳草新绿
我再不是"瞄香赢" ————————— 青　末

平凡的工作，高尚的形象（短评）⋯⋯⋯⋯⋯冯　捷

诗歌

地下的星星（二首）⋯⋯⋯⋯⋯⋯⋯⋯⋯⋯潘大华
写给自己和同伴（组诗）⋯⋯⋯⋯⋯⋯⋯⋯刘　镇
中国，有这样一个小山村（二首）⋯⋯⋯张庆明
献给祖国的歌（外一首）⋯⋯⋯⋯⋯⋯⋯徐　鲁
张北马⋯⋯⋯⋯⋯⋯⋯⋯⋯⋯⋯⋯⋯⋯⋯丁　力
洛阳旅诗（七律二首）⋯⋯⋯⋯⋯⋯⋯⋯吴丈蜀
草叶上的露（散文诗四则）⋯⋯⋯⋯⋯⋯李　耕

评论

再现、表现与诗美⋯⋯⋯⋯⋯⋯⋯⋯⋯⋯江　柳
评《离离原上草》的思想倾向⋯⋯⋯⋯⋯楚　均
名作欣赏
靴子的灵魂⋯⋯⋯⋯⋯⋯⋯⋯⋯⋯⋯⋯⋯杨江柱
品质⋯⋯⋯⋯⋯⋯⋯［英］高尔斯华绥　沈长钺译
历史的巨人——列宁⋯⋯⋯⋯⋯⋯⋯⋯⋯汤　麟

美术

封面设计⋯⋯⋯⋯⋯⋯⋯⋯⋯⋯⋯⋯⋯⋯刘以宽
前仆后继（油画）⋯⋯⋯⋯⋯⋯⋯⋯⋯⋯罗工柳
黄河之声·节奏（中国画二幅）⋯⋯⋯⋯周韶华
无题（漫画）⋯⋯⋯⋯⋯⋯⋯⋯⋯⋯⋯⋯张善平
列宁在斯莫尔尼宫（油画）⋯⋯⋯⋯［苏］勃罗茨基

1984 年第 2 期　刊名:《芳草》
目录

小说

他们这一辈⋯⋯⋯⋯⋯⋯⋯⋯⋯⋯⋯⋯⋯杜为政
淡淡幽香豆角花⋯⋯⋯⋯⋯⋯⋯⋯⋯⋯⋯赵松泉
晚景⋯⋯⋯⋯⋯⋯⋯⋯⋯⋯⋯⋯⋯⋯⋯⋯王振武
我的姐姐、我的女友⋯⋯⋯⋯⋯⋯⋯⋯⋯陈国屏
晴川阁下的小巷⋯⋯⋯⋯⋯⋯⋯⋯⋯⋯⋯倪中年
我们毕业班⋯⋯⋯⋯⋯⋯⋯⋯⋯⋯⋯⋯⋯张立先
包学（小小说）⋯⋯⋯⋯⋯⋯⋯⋯⋯⋯⋯丰晓梅
芳草新绿
何莲嫂⋯⋯⋯⋯⋯⋯⋯⋯⋯⋯⋯⋯⋯⋯⋯向　网
喜读新人新作《何莲嫂》⋯⋯⋯⋯⋯⋯⋯培　青

散文

"为江城流汗"⋯⋯⋯⋯⋯⋯⋯⋯⋯⋯⋯⋯管用和
中州有瑶池⋯⋯⋯⋯⋯⋯⋯⋯⋯⋯⋯⋯⋯王维洲
文坛说"风雨"（杂文）⋯⋯⋯⋯⋯⋯⋯⋯刘法绥
蛇与草绳（杂文）⋯⋯⋯⋯⋯⋯⋯⋯⋯⋯周　纳
苦李与甜瓜（杂文）⋯⋯⋯⋯⋯⋯⋯⋯⋯张宿宗

诗歌

连理柏⋯⋯⋯⋯⋯⋯⋯⋯⋯⋯⋯⋯⋯⋯⋯张雅歌
铿锵的事业（外一首）⋯⋯⋯⋯⋯⋯⋯⋯陈志民
青年大道⋯⋯⋯⋯⋯⋯⋯⋯⋯⋯⋯⋯⋯⋯李　冰
采撷阳光的姑娘⋯⋯⋯⋯⋯⋯⋯⋯⋯⋯⋯龙　郁
芳草小辑（八首）⋯⋯⋯⋯⋯⋯⋯⋯⋯⋯王卫平
　任海鹰　叶　青　瞿　晓　张建华　程克夷　李深群

评论

中国新诗不能走现代派道路⋯⋯⋯⋯⋯⋯古远清
杂碎集（创作心得谈）⋯⋯⋯⋯⋯⋯⋯⋯刘富道
壮歌一曲唱人生——读《大路通向远方》熊开国
给读者一个独特的进入角度⋯⋯⋯⋯⋯⋯青　谷

名作欣赏
让人笑后深思的小说⋯⋯⋯⋯⋯⋯⋯⋯⋯冼　佩
鼻子⋯⋯⋯⋯⋯⋯⋯［日本］芥川龙之介　鲁　迅译
阳光·温暖·鲜花和大地（名画欣赏）⋯汤　麟

美术

纪念毛泽东同志诞辰 90 周年书画展览作品
石泊夫遗作（人像写生）
正在跳舞的高韦爵士的孩子们⋯⋯［英］乔治·罗姆尼

1984 年第 3 期　刊名:《芳草》
目录

小说

高高的天梯巷⋯⋯⋯⋯⋯⋯⋯⋯⋯⋯⋯⋯林　之
正酿好蜜⋯⋯⋯⋯⋯⋯⋯⋯⋯⋯⋯⋯⋯⋯兀好民
审酒⋯⋯⋯⋯⋯⋯⋯⋯⋯⋯⋯⋯⋯⋯⋯⋯马凤超
春夜喜雨⋯⋯⋯⋯⋯⋯⋯⋯⋯⋯⋯⋯⋯⋯魏雅华
月光洒满船上⋯⋯⋯⋯⋯⋯⋯⋯⋯⋯⋯⋯祝　恺
定盘星⋯⋯⋯⋯⋯⋯⋯⋯⋯⋯⋯⋯⋯⋯⋯黄建中
芳草新绿
一张王牌⋯⋯⋯⋯⋯⋯⋯⋯⋯⋯⋯⋯⋯⋯方元耕
《一张王牌》读后⋯⋯⋯⋯⋯⋯⋯⋯⋯⋯元　复
鹰王⋯⋯⋯⋯⋯⋯⋯⋯［日］户川幸夫　田发宽译

散文

党员老耿（报告文学）⋯⋯⋯⋯⋯⋯⋯⋯石　渠
新城一路⋯⋯⋯⋯⋯⋯⋯⋯⋯⋯⋯⋯⋯⋯沈虹光
远方的呼唤⋯⋯⋯⋯⋯⋯⋯⋯⋯⋯⋯⋯⋯杨　平

诗歌

这面战旗（外一首）⋯⋯⋯⋯⋯⋯⋯⋯⋯李　冰
美的历程（外一首）⋯⋯⋯⋯⋯⋯⋯⋯⋯高伐林
春到治黄工地⋯⋯⋯⋯⋯⋯⋯⋯⋯⋯⋯⋯徐广信

女作者诗页（8首）⋯⋯⋯⋯⋯胡兰兰　张　帆
姚淑青　舒　月　刘　敏　郑　玲

评论
楚天万里凤凰飞（作家在武汉）⋯⋯⋯⋯孙党伯
名作欣赏
《风景谈》赏析⋯⋯⋯⋯⋯⋯⋯⋯⋯⋯胡忆肖
风景谈⋯⋯⋯⋯⋯⋯⋯⋯⋯⋯⋯⋯⋯茅　盾
诗艺赏析⋯⋯⋯⋯⋯⋯⋯⋯⋯⋯⋯⋯苗得雨
艺术的"向心"⋯⋯⋯⋯⋯⋯⋯⋯⋯⋯黄毓璜
森林·繁星和希望（名画欣赏）⋯⋯⋯⋯汤　麟

美术
东湖夕影（摄影）⋯⋯⋯⋯⋯⋯⋯⋯⋯黄克勤
无伴奏合唱（中国画）　闹元宵（剪纸）⋯洪耀华等
彩陶壁画（二幅）⋯⋯⋯⋯⋯⋯唐小禾　程　犁
但丁和比亚德里丝（油画）⋯⋯⋯⋯[英]霍里迪

1984 年第 4 期　刊名:《芳草》
目录

小说
水乡的女儿⋯⋯⋯⋯⋯⋯⋯⋯⋯⋯⋯钟如心
"开水姑娘"与"哲学小伙"⋯⋯⋯⋯⋯周震亚
重心的位置⋯⋯⋯⋯⋯⋯⋯⋯⋯⋯⋯张立先
静静的石板街⋯⋯⋯⋯⋯⋯⋯⋯⋯⋯冀丹丹
塔基⋯⋯⋯⋯⋯⋯⋯⋯⋯⋯⋯⋯⋯⋯章　轲
贝贝的手绢⋯⋯⋯⋯⋯⋯⋯⋯⋯⋯⋯高霜木
芳草新绿
花初绽⋯⋯⋯⋯⋯⋯⋯⋯⋯⋯⋯⋯⋯段　维
要给人以美感⋯⋯⋯⋯⋯⋯⋯⋯⋯⋯江　晖

报告文学·散文
在有限的时空里⋯⋯⋯⋯⋯⋯郑明东　夏建国
黄继光连新一代⋯⋯⋯⋯⋯⋯⋯⋯⋯吉小安
连心篷⋯⋯⋯⋯⋯⋯⋯⋯⋯⋯⋯⋯⋯孙杰然
李记铁作⋯⋯⋯⋯⋯⋯⋯⋯⋯⋯⋯⋯许　淇

杂文·随笔
莫做"陷沙鬼"⋯⋯⋯⋯⋯⋯⋯⋯⋯⋯华　弓
对一篇小说的"评点"⋯⋯⋯⋯⋯⋯⋯程　乡
晏殊和范仲淹其人其文⋯⋯⋯⋯⋯⋯易原符
"宽容"小议⋯⋯⋯⋯⋯⋯⋯⋯⋯⋯⋯苑　红

诗歌
城市之歌（三首）⋯⋯⋯⋯⋯⋯⋯⋯王新民
驼峰上的歌（组诗）⋯⋯⋯⋯⋯⋯⋯石太瑞
海恋（二首）⋯⋯⋯⋯⋯⋯⋯⋯⋯⋯胡　征

桔林曲（二首）⋯⋯⋯⋯⋯⋯⋯⋯⋯孙友田
奔腾的九平方米（外一首）⋯⋯⋯⋯李道林
小村⋯⋯⋯⋯⋯⋯⋯⋯⋯⋯⋯⋯⋯郭良原
小溪，在山口分汊⋯⋯⋯⋯⋯⋯⋯柳　沄

评论
名作欣赏
请看不著文字的处所⋯⋯⋯⋯⋯⋯冼　佩
夜⋯⋯⋯⋯⋯⋯⋯⋯⋯⋯⋯⋯⋯⋯叶圣陶
《晚景》的回忆（创作心得谈）⋯⋯王振武
细节描写的典型化⋯⋯⋯⋯⋯⋯⋯宋建林
我期待⋯⋯⋯⋯——油画《期待》简介⋯汤　麟

美术
学府（摄影）⋯⋯⋯⋯⋯⋯⋯⋯⋯黄克勤
水彩画新作（二幅）⋯⋯⋯⋯⋯⋯王章煜
农乐（版画一组）⋯⋯⋯⋯⋯⋯⋯艾　生等
期待（油画）⋯⋯⋯⋯[罗]尼古拉·格里高莱斯库

1984 年第 5 期　刊名:《芳草》
目录

高举社会主义文艺旗帜，努力提高作品的思想艺术质
量⋯⋯⋯⋯⋯⋯⋯⋯⋯⋯⋯⋯⋯⋯李　珠

小说
花鞋垫儿⋯⋯⋯⋯⋯⋯⋯⋯⋯⋯⋯兀好民
翠鸟飞⋯⋯⋯⋯⋯⋯⋯⋯⋯⋯⋯⋯喻　杉
县机关宿舍区⋯⋯⋯⋯⋯⋯⋯⋯⋯李辅贵
权——秤砣⋯⋯⋯⋯⋯⋯⋯⋯⋯⋯金　辉
在这个偏远的通讯站⋯⋯⋯⋯⋯⋯谢大立
冬竹⋯⋯⋯⋯⋯⋯⋯⋯⋯⋯⋯⋯⋯李传锋
镇长黄牛牤（中篇）⋯⋯⋯⋯⋯⋯白　水
芳草新绿
进行曲响了⋯⋯⋯⋯⋯⋯⋯⋯⋯⋯雷艳军
展示人物的内心世界⋯⋯⋯⋯⋯⋯韦　耘
名作欣赏
奇中有深意⋯⋯⋯⋯⋯⋯⋯⋯⋯⋯田中全
警察和赞美诗⋯⋯⋯⋯⋯⋯⋯⋯[美]欧·亨利
一九二八年——一九三八年《芳草》文学奖获奖作品
读者之页
来自读者的评论
名画欣赏
悲剧性的序曲——莱勃尔《编织女工》简介⋯汤　麟

美术
节日焰火（摄影）⋯⋯⋯⋯⋯⋯⋯黄克勤
木刻新作（二幅）⋯⋯⋯⋯⋯⋯⋯兰玉田

中国画作品选登···················文新柏
编织女工（油画）··············[德]莱勃尔

1984 年第 6 期　刊名:《芳草》
目录

小说

古运河上·················尹　平　叶正亭
鸭婆····························余启新
夜，并不可怕（儿童文学）··········沈晨光
爸爸考验我（儿童文学）···········刘富道
回归····························张　征
先生本姓雍·······················易　可
耍小刀的人（翻译小说）·······[德]海因里希·伯尔
芳草新绿
独脚老黑·······················邓明喜
生活中的强者形象··················三　石

散文

"金小丑"奖获得者李莉萍（报告文学）·······钱五一
瓜妇····························凤　紫
湖畔偶拾·······················胡天风
会议何妨引进文艺（杂文）···········张宿宗
"出口转内销"及其他（杂文）·········卢　如
摹仿、抄袭古今谈（杂文）···········袁　符

诗歌

乡情（三首）·····················梁必文
日历（外一首）···················郑定友
炉台印象·······················董宏量
坐在谈判桌前（外一首）············张　扬
水文侦察兵······················吴烟痕
儿童诗页（12 首）·················李幼容
　陈官煊　姚振起　江全章　雷子明　刘培青

评论

改革浪潮中的芦笛箫笙——漫评《芳草》两年获奖小说····················杨江柱
密林深处飞杏花——评《芳草》两年获奖诗歌
····························莎　蕻
先驱者的足迹（作家在武汉）·······程克夷　章绍嗣
童年·云烟·回忆（名画欣赏）········汤　麟

美术

仲夏（摄影）·····················刘万恭
大娘家（油画）···················苏笑柏
中国画小品（二幅）··········帕提古丽·库尔班
蓝色扶手椅里的小女孩（油画）·····玛丽·卡萨特

1984 年第 7 期　刊名:《芳草》
目录

小说

我心中的地下党员··················李名英
踏雪寻梅·······················沈虹光
常木匠结亲······················阎俊杰
布谷鸟叫了的时候··················宋致新
末班车·························杜治洪
欢迎惠顾···········[美]亨利·斯莱塞　朱光华译
芳草新绿
女纤夫的歌······················孙家福
写好高潮部分——谈《女纤夫的歌》·······绍　六

散文

爆破家传奇（报告文学）············涂怀章
旋转的乡村······················杨羽仪
心潮滚滚地流·····················文大家

诗歌

怀念二章·······················杨　山
娇子（叙事诗）···················李　冰
芳草小辑（13 首）············陈有才　曾庆强
　周　民　崔合美　殷树楷　毛　錡　左一兵　陈新洲

评论

"异化论"有害于社会主义文艺·········何国瑞
时代的脚步声·····················尹均生
披沙拣金，往往见宝················杨书案
在文学的小路上（创作心得谈）········喻　杉
名作欣赏
请听这支忧郁的歌（名作欣赏）········熊开国
苦恼····························契诃夫
淡淡的矿泉水（名画欣赏）···········汤　麟

美术

节日之夜（摄影）··················黄春辉
风雪大别山（油画）················卢伯森
晨·憩（水彩）····················周远贵
端咖啡的姑娘（油画）············[瑞士]列奥塔

1984 年第 8 期　刊名:《芳草》
目录

城市生活小说专号

新官上任······（中篇）············唐　镇
生死之间·······················苏叔阳

二楼、六楼 .... 胡发云
秋色 .... 金　石
朝雾 .... 林　之
三岔口记事 .... 周万年
拍板 .... 绍　周
车到蜜桔岭 .... 谢大立
美容 .... 兀好民
说短道长 .... 闻树国
芳草新绿
磊 .... 黄改新
请摘掉你的灰色眼睛——《磊》之得失小议 .... 甄　箴
努力抓好反映城市生活的文学创作（通讯）——记
《芳草》举办城市生活小说创作班活动 .... 冯　捷
紫罗兰的梦（名画欣赏） .... 汤　麟

美术
滩头（摄影） .... 吴志坚
雨过天晴（水印木刻） .... 吴　涛
水彩二幅 .... 黄大华
吊床（油画） .... ［法］库尔贝

1984 年第 9 期　刊名:《芳草》
目录

小说
在楼梯口重逢 .... 冯慧莲
"文明村"的牌子 .... 王伟举
采访 .... 杨育基
晚霞 .... 沈嘉禄
燃烧的狐皮褥子 .... 四　海
年画 .... 丁　当
小厂午饭 .... 李毓麟
芳草新绿
手之情 .... 宋咏海
以小见大，以情动人——读《手之情》 .... 少　牛

报告文学·散文
昆仑山的爱情——孔志毅和徐岚 ...... 马继红　王宗仁
桂林岩洞和它的导游人 .... 王维洲
不宁静的大宁河 .... 董宏猷

诗歌
甜津津的湖水（组诗） .... 管用和
山川揽胜
仰望日光岩（外一首） .... 叶圣华
温泉浮思（外一首） .... 钟永华
嘉峪关 .... 翼　华
金山七峰亭 .... 潘万提

船，停泊在历史里（散文诗·外一章） .... 雨　田

评论
性格的复杂化形象的整体美 .... 熊开国

随笔·杂文
马雅可夫斯基的成熟之路 .... 丁永淮
"得士之喜"与"失士之忧" .... 苏天生
从胡髭说上去 .... 和穆熙
誓雪江山半壁仇——老舍在武汉 ...... 章绍嗣　程克夷
柔情·火花·薇娜塔 .... 汤　麟

美术
滩头（摄影） .... 吴志坚
厂区新装（套色木刻） .... 宋恩厚
大厦之窗（套色木刻） .... 张志行
冼星海作曲（连环画选登二幅） .... 易至群
东拉·薇娜塔 .... ［意］拉菲尔

1984 年第 10 期　刊名:《芳草》
目录

响应祖国召唤，投身到大变革的激流中去
.... 本刊评论员

报告文学
第十五枚金牌 .... 田贞见
李宁力塔 .... 陈　铮
责任指挥 .... 郑赤鹰

小说
鸟鸣嘤嘤 .... 郭　明
雪飘除夕夜 .... 徐世立
那远处的红云 .... 舒　升
大山的震颤 .... 雨　晴
不能忘却的…… .... 江　虹
千里求"书"记 .... 周季胜　吴江

散文
武汉，桥的摇篮 .... 张良火
特区 369 姑娘 .... 洪洋　温刚
芳草新绿
龙的腾飞 .... 小　飞
小议《龙的腾飞》 .... 苏　一

诗歌
国庆三十五周年喜赋（诗词四首）
.... 吴于廑　朱祖延　胡国瑞　白雉山
民族篇（组诗） .... 张雅歌

摘自日记里的诗……………………………………莎 蕻
国旗，在春风中飘……………………………………石 芊
致黄鹤楼修建者………………………………………郭良原
工厂诗情
你，最后一个夜班（外一首）………………………瞿 晓
自行车进行曲（外一首）……………………………董宏量
来自武汉空军的诗报告（四首）
………………………赵 丰 王精忠 王新民 贺大群

评论
当蒲公英飘散的时候——我与散文诗………………管用和
人物描写中的对话艺术………………………………罗守让
名作欣赏
谴责的力量是怎样产生的……………………………冼 佩
在甲板的天篷下面………………………[美]杰克·伦敦
名画欣赏
心和祖国连在一起……………………………………汤 麟
编后寄读者

美术
雄鸡报晓（摄影）………………（中国香港）钱万里
统一祖国是亿万人民的共同心愿（宣传画）
工笔重彩花鸟画选（二幅）…………………璇 风 何宗逊
前线来信（油画）……………………………………拉克基诺夫

1984 年第 11 期　刊名:《芳草》
目录

小说
不应有恨………………………………………………喻 谦
醒悟在哀乐声中………………………………………野 莽
你是郁森森的原林……………………………………刘凤阳
卖车记…………………………………………………刘 谦
无名花的故事…………………………………………骆 烽
梯………………………………………………………吕幼安
芳草新绿
八十五岁的外婆………………………………………张 杰
"家庭琐事"中的时代气息……………………………袁 符
白色的种马……………………[捷]扬·科查克 林新祯译

报告文学·散文
在那桃花未开的地方（报告文学）…………………石治宝
人与人之间（报告文学）……………………………郭宝臣
航行在黑龙江上………………………………………曾 卓
红安的歌………………………………………………沈虹光
金斯敦小记……………………………………………丁 炜

诗歌
楚天行（三首）………………………………………李 冰
回故乡…………………………………………………黄 铁
金秋赋（短诗一束）…………文 丙 王耀东 梁青等
观星台…………………………………………………青 勃
我年轻时的旅伴（外一首）…………………………顾 工
天女散花（外一首）…………………………………李道林
鹧鸪天（二首）………………………………………李远源
致过江线铁塔…………………………………………海 云

评论
漫谈城市文学…………………………………………杨江柱
我的小说创作琐谈（创作心得谈）…………………楚 良
由"江郎才尽"想起的（创作心得谈）………………绍 六
读者之页

美术
封面设计………………………………………………谢国安
雾迷神农（中国画）…………………………………张善平

1984 年第 12 期　刊名:《芳草》
目录

小小说专辑
大红重瓣百日草………………………………………野 莽
生………………………………………………………李克之
特别节目………………………………………………周谟德
你的眼神（外一首）…………………………………刘富道
小小旋风………………………………………………杨育基
父亲的日历……………………………………………金 辉
心花（外一篇）………………………………………欧阳玉澄
选优……………………………………………………谭先义
单相骂…………………………………………………凡 夫
还愿……………………………………………………叶大春
赏画……………………………………………………沈嘉禄
人言……………………………………………………马未都
身价……………………………………………………李 江
第一次推动……………………………………………吴 东
阳台上的遐想…………………………………………沈瑞芬
转正记…………………………………………………赵德明
收工路上………………………………………………潘庭芳
秘书改稿………………………………………………刘 敏
山顶上的小木屋………………………………………蔡习超
本来，应该他先说……………………………………高霜木
忌讳……………………………………………………乐 澜
第三个周末……………………………………………刘 策
谜………………………………………………………邹德斌
没有爱情的故事（外一篇）----[苏]沃罗宁 贾 放译

报告文学

黄鹤百年归 ————————————— 赵致真

起飞，从乡间的小路 ——————— 吴碧莲

香港人（散文）——————————— 田 野

小巷风情（散文）——————————— 董宏猷

诗歌

阳光下的历史（二首）————————— 肖 川

五月过瞿塘（二首）————————— 刘不朽

写在纺织厂（外一首）————————— 邓先勤

大漠风景线（二首）————————— 翼 华

祝酒歌 ——————————————— 丁 芒

云湖渔谣 —————————————— 夏 天

橄榄坝的小路 ——————————— 寒 星

林区党委书记（外一首）——————— 彭 岚

评论

淳朴的民风动人的情愫——读鸟鸣嘤嘤有感 胡德培

小小说不可小视 ——————————— 易原符

时代的雕栏画础 ——————————— 熊开国

人不老 诗常新 ——————————— 张厚明

艺心胜似柏心丹——田汉在武汉 ——章绍嗣 程克夷

倔强而又脆弱的灵魂（名画欣赏）——— 汤 麟

封面摄影 —————————————— 李家琪

1985 年第 1 期 刊名:《芳草》
目录

又是一年芳草绿（编者的话）

小说

女人国的污染报告 附：作者篇末谈 ——— 楚 良

悔之已晚（袁符评点）————————— 毛志成

画里歌中 —————————————— 吕运斌

八卦炉（甄箴评点）————————— 张 为

一个傣族少女的自白 ————————— 柏鸿鹄

争鸣篇

哈！我们这些杂牌铁路工 ——————— 多 少

"诸葛赖"们不应作为楷模奉献于读者——评小说

哈！我们这些杂牌铁路工 ——————— 刘志洪

沉重的笑声

——也评《哈！我们这些杂牌铁路工》——— 田贞见

通俗文学

少将谍报官（间谍传奇连载）————— 傅 荻

报告文学

"摩登"农民 ————————————— 王伟举

我们的啤酒——一个厂长谈话的随记 ——— 理 由

大学校长 —————————————— 叶 鹏

诗歌

灯光畅想曲 ————————————— 董宏量

第一缕晨曦（外一首）————————— 王 果

淡青色的翅膀（外一首）——————— 刘益善

小镇上走来了一个天使 ——————— 万 强

评论

妙语如珠哲理诗情——读小说《生死之间》--- 田中全

枫叶·俗念·人生

——戈雅《穿衣的玛茄》简介 ————— 汤 麟

美术

雪影（水彩）————————— 史蒂夫·奎勒

"九歌"剧照选登 ————————— 李家琪摄

连环画选登·大卫的汽车 ——————— 龙良柱

穿衣的玛茄（油画）————— 〔西班牙〕戈 雅

1985 年第 2 期 刊名:《芳草》
目录

小说

新媳妇和她的嫁妆 附：作者篇末谈 ——— 王建琳

经理春秋 附：编稿人语 ——————— 陈和春

败兵归来 ————————— 陈新生 周衍荣

自动电话 —————————————— 林 希

密友 ——————————————— 阎俊杰

芳草新绿

瓜棚里的笑声 附：编稿人语 ————— 袁先行

少将谍报官（间谍传奇连载·续一）——— 傅 荻

报告文学

弄潮人 —————————————— 张九经

"保护神"的奥秘 —————————— 钱五一

散文

祁连诗意 —————————————— 杨羽仪

淮北纪行 —————————————— 杨 平

诗歌

考察 ——————————————— 李 冰

聊寄一枝春（短诗一束）——————— 瞿 晓

王卫平 王文福 刘星明 刘满元 汪 诚 李 耕

石螺居诗草（二首）————————— 张宿宗

评论

文学信息的当代性与历史性 ————— 杨江柱

关于《哈！我们这些杂牌铁路工》的争鸣
文学如生活一样复杂⋯⋯⋯⋯⋯⋯⋯朱　璞
要寻找生活的亮光⋯⋯⋯⋯⋯⋯⋯⋯梁　青

美术

水乡曲（水彩）⋯⋯⋯⋯⋯⋯⋯⋯⋯白统绪
沸腾的武汉港（木刻）⋯⋯⋯⋯⋯⋯高　原
神女峰的传说（连环画选登）⋯⋯⋯黄河清

1985 年第 3 期　刊名:《芳草》
目录

小说

火车梦⋯⋯⋯⋯⋯⋯⋯⋯⋯⋯⋯⋯⋯英　武
杨柳枝⋯⋯⋯⋯⋯⋯⋯⋯⋯⋯⋯⋯⋯郭　明
老屋掘宝记⋯⋯⋯⋯⋯⋯⋯⋯⋯⋯⋯徐世立
卖花女⋯⋯⋯⋯⋯⋯⋯⋯⋯⋯⋯⋯⋯楚　奇
"珍珠港"疑案（战争传奇）⋯⋯⋯⋯彭　青
少将谍报官（间谍传奇连载）⋯⋯⋯傅　获
失真（小小说）⋯⋯⋯⋯⋯⋯⋯⋯⋯段儒东
灵光（小小说）⋯⋯⋯⋯⋯⋯⋯⋯⋯李荣根

报告文学

他们，在即将消失的红星村⋯⋯⋯⋯曾德厚
中国兵营的"情报队长"⋯⋯⋯吴碧莲　林　强

诗歌

妈妈是电大学生⋯⋯⋯⋯⋯⋯⋯⋯⋯叶应昌
桂林⋯⋯⋯⋯⋯⋯⋯⋯⋯⋯⋯⋯⋯和穆熙
在希望的田野上
他，等了很久⋯⋯⋯⋯⋯⋯⋯⋯⋯刘明恒
打夯⋯⋯⋯⋯⋯⋯⋯⋯⋯⋯⋯⋯⋯吴　芫
故乡的风车⋯⋯⋯⋯⋯⋯⋯⋯⋯⋯⋯樊　帆
两代人⋯⋯⋯⋯⋯⋯⋯⋯⋯⋯⋯⋯⋯石太瑞

评论

无形枪弹下的现实悲剧——评短篇小说《女人国的污
染报告》⋯⋯⋯⋯⋯⋯⋯⋯⋯⋯⋯胡德培
关于《哈！我们这些杂牌铁路工》的争鸣
复杂的性格？矛盾的性格？⋯⋯⋯⋯洪　源
诸葛赖们值得讴歌⋯⋯⋯⋯⋯⋯⋯⋯孔　楠
不能把落后者当英雄歌颂⋯⋯⋯⋯⋯陈捍武
我和历史小说（创作心得谈）⋯⋯⋯杨书案
春风融融，芳草青青（编者的话）

美术

春花春水（水彩·局部）⋯⋯⋯⋯⋯程　及

1985 年第 4 期　刊名:《芳草》
目录

小说

落伍巷纪事⋯⋯⋯⋯⋯⋯⋯⋯⋯⋯⋯张宇光
啊！上井冈山⋯⋯⋯⋯⋯⋯⋯⋯⋯陈金堂
冲出死角的人⋯⋯⋯⋯⋯⋯⋯⋯⋯⋯钟如心
钻石项链⋯⋯⋯⋯⋯［直布罗陀］E.G.奇普里纳
少将谍报官（间谍传奇连载）⋯⋯⋯傅　获
争鸣篇
百日县长⋯⋯⋯⋯⋯⋯⋯⋯⋯⋯⋯建　森
反映改革的不成功之作⋯⋯⋯⋯⋯⋯祁　炽
一篇引人思考的作品⋯⋯⋯⋯⋯⋯⋯边　际

散文·报告文学

捏龙祈雨撷趣录（散文）⋯⋯⋯⋯⋯程　云
驼乡童年的怀想（散文）⋯⋯⋯⋯⋯李万福
一种特殊的文字——"女书"（报告文学）⋯⋯方　方
荒洲上的年轻人（报告文学）⋯⋯⋯雪　垄

诗歌

黄鹤楼应征诗词选登⋯⋯⋯洪　源　白雉山　叶钟华
赤壁⋯⋯⋯⋯⋯⋯⋯⋯⋯⋯⋯⋯⋯胡兰芳
海的思考（外一首）⋯⋯⋯⋯⋯⋯⋯张良火
预备铃敲响了（外一首）⋯⋯⋯⋯⋯彭天喜
残阳（外一首）⋯⋯⋯⋯⋯⋯⋯⋯⋯吴柏松

评论

永不消逝的战斗热情⋯⋯⋯⋯⋯⋯⋯田　野
踩下自己的脚印（创作心得谈）⋯⋯唐　镇
春天，起航啦（名画欣赏）⋯⋯⋯⋯汤　麟

美术

桑梓情（中国画）⋯⋯⋯⋯⋯⋯⋯⋯贺飞白
春天（油画）⋯⋯⋯⋯⋯［英］阿尔马·达德马

1985 年第 5 期　刊名:《芳草》
目录

小说

朱老夫子和县委书记⋯⋯⋯⋯⋯⋯⋯谭先义
智斗⋯⋯⋯⋯⋯⋯⋯⋯⋯⋯⋯⋯⋯徐　慎
一地书⋯⋯⋯⋯⋯⋯⋯⋯⋯⋯⋯⋯⋯文　田
毛主席的家事⋯⋯⋯⋯⋯⋯⋯⋯⋯⋯张　为
自画像⋯⋯⋯⋯⋯⋯⋯⋯⋯⋯⋯⋯⋯李毓麟
尴尬⋯⋯⋯⋯⋯⋯⋯⋯⋯⋯⋯⋯⋯陈自谦
儿子的希望⋯⋯⋯⋯⋯⋯⋯⋯⋯⋯⋯李加贝

少将谍报官（间谍传奇连载）·····················傅　荻

报告文学·散文
格里希的震动波·····························田贞见
我们的福尔摩斯·····························汪　洋
迷人的旅程（散文）···························艾　奇

诗歌
黄鹤楼应征诗词选登
　　　　　　　　吴于廑　朱祖延　刘树勋　彭介凡
墙（外一首）·······························郭良原
汽车渡口································潘大华
冷轧厂姑娘·······························蒋育德

评论
关于《生死之间》的几句话·····················苏叔阳
于严酷史事中觅诗意·························吴秀明
关于《百日县长》的争鸣
荒唐中有真情······························杉　沐
还缺乏悲剧的美感和力量······················晓　晖

美术
珀斯夏·卢布纳格湖（水彩画局部）
　　　　　　　　　　[英]乔治·劳尼尔·罗伯逊
湖北"十月"水粉画会作品选登（四幅）

1985 年第 6 期　刊名:《芳草》
目录

小说
作品第 10 号······························映　泉
白轮船·································沈　睿
渡口·································蔡习超
一双旅游鞋·······························成　亮
香港表弟································李　高
芳草新绿
雨泉·································魏仁田
注重人物命运的描写（编稿人语）··················培　青
少将谍报官（间谍传奇连载）·····················傅　荻

报告文学·散文
十五壮士（报告文学）·················杨书案　陈　冰
她轻轻的一吻——丁玲同志在武汉大学··············黄　钢
在将军的故土上（报告文学）·············董　滨　所国心

诗歌
黄鹤楼应征诗词选登·········胡国瑞　李格非　涂怀呈
大山，耸立在他面前（外一首）··················谢午恒

神农架遐想（二首）·························雷子明
给江边沉思的姑娘（外一首）·····················梁必文
雨中，一辆手摇车··························王剑冰
写给家乡的小河··························丁兴国

评论
论哭与笑································李尔重
背景的表现力·····························冼　佩
"女人国"——透视社会、民族心理的棱镜
　　——读《女人国的污染报告》··················程文超
在地中海的岛屿上（名画欣赏）···················汤　麟

美术
国画三幅·················韩柏村　闻钧天　张善平
在平台上（油画）·······················[英]波依特

1985 年第 7 期　刊名:《芳草》
目录

小说
唐寡妇店前·······························吕运斌
走进诗的节奏里··························任　捷
深巷口哨声·······························韩　冬
推销员的苦恼·····························寇云峰
走向生活································王大鹏
那一扇小窗·······························李传锋
双体船·································杜治洪
倒影（小小说）···························李荣根
动物园·····························[美]爱德华·霍奇

报告文学·散文
创作的激素——记几位日本作家··················陈祖芬
三进"将军府"（报告文学）·····················王宗仁
从小摆设想起的故事——秦牧趣事拾零··············杨羽仪
热土（报告文学）··························胡发云

诗歌
黄鹤楼应征诗词选登·········秦兆阳　吴丈蜀　李德裕　唐昭学
见证——登黄鹤楼··························邹荻帆
清晨，我登上了黄鹤楼·······················管用和
写诗的少女（外一首）·······················李道林
武汉二章（散文诗）··························蒋显福

评论
框框与自由·······························尔　重
关于《杨柳枝》的争鸣·········傅国帆　楚　云　程文超
意见和建议（读者之页）

金色的蔷薇·······················汤　麟

美术

美术新作选登······卢伯森　宋恩厚　陈作丁　颜静蓉
阿拉伯少女（油画）·················〔法〕圣·皮埃尔

1985 年第 8 期　刊名:《芳草》
目录

小说

第五十七尊罗汉····················吕运斌
有声和无声的纪录·············叶　梅　余友三
灵屋·························黄　灿
僵桃·························金仕善
青泥瓦顶之下····················倪　镳
在小路的顶端·············王　石　吴芯雯
芳草新绿
野猪坳探秘·····················郑国茂
人生价值在于给予——读《野猪坳探秘》···亦　然

报告文学·散文

佩锤将军······················野　莽
人间自有真情在·············范军昌　李　岩
太湖马山剪影（散文）················章左声

诗歌

沙海军魂（组诗）··················张雅歌
大理石的歌·····················徐广信
挡浪墙（外一首）··················刘益善
大漠，我的朋友（二首）···············陈峻峰
初恋的眼睛·····················袁　泉

评论

作家的"敏感"····················赵　初
乐园的出走（小说欣赏）···············杨江柱
小说拍拍诗歌肩膀（出走心得谈）···········叶明山
山野深处的清泉（名画欣赏）·············汤　麟

美术

鹰击长空（套色木刻）················宋恩厚
紫藤（中国画二幅）·················刘万恭
窗前的绣花女（油画）·········〔匈〕米哈尔·蒙卡奇

1985 年第 9 期　刊名:《芳草》
目录

小说

玫瑰刺·······················郭　襄
蓝铁皮货棚的"老 K"················吕运斌
那山里有过一幢小屋·················铭　征
竹溪镇·······················罗时汉
蓝套服和红发卡···················赵松泉
黑毛························金　石
奇迹·····················答　风　成　林
波动的座标曲线···················王　春
当我在前排就座的时候……·············邓思源
芳草新绿
噢，欧阳……····················屈　平
抓住一个巧妙的视点——读《噢，欧阳……》
··························田贞见

评论

论方方小说中的诗歌精神···············于可训
在否定自己中进步（创作心得谈）···········方　方
情节的突变与意境的创造——小说艺术漫笔····罗守让
维纳斯的诱惑（名画欣赏）··············汤　麟

美术

维纳斯（雕塑）
中国画选登（五幅）·················樊　枫等
赏花（木刻）····················沈良鸿

1985 年第 10 期　刊名:《芳草》
目录

报告文学专辑

选择和被选择····················陈祖芬
"科学公园"的开拓者们················郑赤鹰
高欣荣大夫·····················赵致真
冒牌改革家落网记··················杨世运
抗战军魂
——记抗日名将张自忠（人物传记）·········傅　荻

小说

一个将军的爱情故事·················卢江林
鞋子，那双鞋子···················靖　剑
芳草新绿
故乡人·······················星　亮
先从基本功练起——读《故乡人》···········祁　炽

评论

风正一帆悬——读赵致真的报告文学集《黄鹤楼百年归》 ·············和穆熙
关于报告文学真实性问题的争鸣（资料）
关于"报告文学"的争鸣（资料）
牧笛·幻想·思念（名画欣赏）·············汤　麟

美术

音乐（油画）·············〔法〕布　歇
黄鹤归来（油画）·············侯小戈　毛小琪
春之声（木刻）·············吴开芳
暮之恋（水彩）·············王章煜

1985 年第 11 期　刊名:《芳草》
目录

本刊邮购启事

小说

山螺·············胡燕怀
那一条非圆曲线（中篇）·············胡大楚
恰恰·············池　莉
过街罗裙（汉正街风情录）·············吕运斌
芳草新绿
那流逝了的……·············（满族）赫舍里荣
从人物内心活动中展示现实
——读《那流逝了的……》·············袁　符

报告文学

一个成功者的忧虑·············王　石　吴芯雯
毕业之前的打分·············董　滨
"好乐"人·············陈　洪　郭建胜

诗歌

川江寻觅（外一首）·············蔡　纯
旅港诗笺（二首）·············钟永华
爱的琴弦（爱情诗一束）
·············唐跃生　刘丽娟　万　强　胡　鸿　蒋文辉

评论

论古今时代性·············尔　重
小说欣赏中的期待（欣赏与美学）·············冼　佩
阿乌加斯金河岸的少女（名画欣赏）·············汤　麟

美术

破壶（油画）·············〔法〕格雷兹
油画写生（二幅）·············张善平

1985 年第 12 期　刊名:《芳草》
目录

小说

唉，女人的眼泪·············李辅贵
在人生的十字路口·············蒋　杏
一个风流女人和一个下作男人的故事·············吴雪恼
匆匆傍晚·············兆　克
文魂·············毛志成
两代环卫工·············周震亚
老岩和"山鬼"·············林　之
暮归·············潘庭芳
芳草新绿
"司令"的姻缘·············刘荷生
写出味道来——《"司令"的姻缘》读后·············巴　苓

报告文学·散文

地热·············楚　良　武生智
翅膀·············李铭征
黄鹤楼新赋（散文）·············碧　野
勾人无限相思味——鼓浪屿散记（散文）·············王保畲
东方——协里克力（散文）·············曹建勋

诗歌

三个金发女郎的童话——访美诗抄·············严　阵
沉甸甸的生活（二首）·············王新民
短诗集萃·············吴柏松
陆　健　舟恒划　靳良轩　王文福　曾腾芳　施肃中
李德复　魏玉林　黄　骏　颖　隽　肖剑峰
《芳草》函授文学院学员诗页·············程建学　潘能军
于少新　芬　冰　马崇俊　位　欣　王志强　潘　江

评论

艺术的守密与泄密——漫谈小说的表达技巧·············熊开国
绘声绘色·············赵　捷
恐惧·挣扎·呐喊（名画欣赏）·············汤　麟

美术

愤怒的少妇·············〔意〕本维纽泰
甘南写生（五幅）·············卢伯森　易至群　李国俊

1986 年第 1 期　刊名:《芳草》
目录

新年寄读者——编者的话

小说

三十辐共一毂 ……………………………… 陈世旭
热谷 ……………………………………………… 李斌奎
侉老陈·女人·牛 …………………………… 王梓夫
在那遥远的小山村 …………………………… 严亭亭
留的水·流的水 ……………………………… 郑彦英
结婚 ……………………………………………… 谢鲁渤
68 叔 …………………………………………… 熊召政
探索篇
月明 ……………………………………………… 朱秀海
争鸣篇
被切割成两半的太阳正在升起 …………… 晓　剑

报告文学·散文

一个城市的老人调查（报告文学）………… 谭元亨
我遗失了什么（散文）……………………… 王英琦

评论

漫评作家班和他们的作品 ………………… 于可训
初夏的蓝色的早晨（名画欣赏）………… 汤　麟

美术

戴帽子的少女 …………………………… [日]中原脩
李志铭大夫画选（中国画三幅）
乡竹（中国画）……………………………… 华　炜

1986 年第 2 期　刊名:《芳草》
目录

小说

生活能否重新安排 …………………………… 李叔德
弱者·强者 …………………………………… 金　石
高三毕业班 …………………………………… 王志钦
绿地 ……………………………………………… 王兆军
芳草新绿
光的折射 ……………………………………… 陈仕平
编稿人语 ……………………………………… 袁　符

报告文学·散文

侦察大队长孔见 ……………………………… 崔洪昌

人物春秋

歧路孤行——张国焘叛党始末 …………… 张雨生
巴哈马散记（散文）………………………… 丁　炜
啊，外面的世界（散文）…………………… 李万福

武汉大学作家班作品

边境的含羞草（小说）……………………… 袁厚春
这丫头（小说）……………………………… 罗辰生
拾麦穗（创作心得谈）……………………… 李延国

诗歌

武汉中青年作家
自然·情思 …………………………………… 管用和
钢厂晨拾（外一首）………………………… 杨　山
江南春（短诗一束）
　　　　　　王敦义　源　常　舒红琦　魏玉林
南国双弦（外一首）………………………… 赵国泰

评论

多维坐标系中的文学研究 ………………… 张　皓
彩色的梦（名画欣赏）……………………… 汤　麟
企业家、作家、编辑联谊会（消息）

1986 年第 3 期　刊名:《芳草》
目录

小说

人字棚和金三角架 …………………………… 叶明山
君子兰事件 …………………………………… 野　莽
巷尾有个垃圾桶 ……………………………… 张　为
作证 ……………………………………………… 唐　镇
头奖 ……………………………………………… 殷小英
许家潭往事 …………………………………… 杨云峰
冷酷无情的父亲 ……………………………… 阎俊杰
芳草新绿
他在颤抖中清醒 ……………………………… 刘中桥
编稿人语 ……………………………………… 征　剑

报告文学·散文

探解三峡千古之谜的人们 ………………… 刘不朽
今天，厂长面对"包围圈"（当代企业家）…… 陈复荣
对父亲的怀念（散文）……………………… 刘　真

诗歌

都市风情 ………………………… 谢克强　叶圣华
王　果　瞿　晓　晓　舟
等待（外一首）……………………………… 袁　泉
诗词七首 …………………… 吴于廑　叶元章　梅绪馀

神女（散文诗）································艾　宁
芳草函授文学院学员诗页

评论

努力反映四化建设的火热生活················杨蒲林
关于《被切割成两半的太阳正在升起》的争鸣
狼来了？··································陈泽群
针砭时弊的警世新篇························熊开国
叙事角的"明换"与"暗转"····················宁　人
魔笛·诱惑·燃烧（外国美术作品欣赏）········汤　麟

1986 年第 4 期　刊名:《芳草》
目录

小说

绿疙瘩··································赵松泉
临街的窗································潘文伟
武汉中青年作家
宾王归禅（历史小说）····················杨书案
遥远的夜空有一颗星······················韩　冬
牛角坳··································郭　明
无形的锁链························武生智　刘培玉
妈妈，你听我说··························沈嘉禄
芳草新绿
柜台上的冷热····························王　卉
编稿人语································袁　符

报告文学·散文

在我们的林子里··························成　平
他想"点燃"一座城市······················周翼南
恰似一道瀑布······················吉学沛　楚　奇
她在想什么（散文）··················路　溪　阿　娟

诗歌

生命抒情诗（三首）······················徐　刚
路，就在我们脚下························张良火
山女··································饶庆年
短诗一束············胡天风　颖隽　许立志　张　莹
赵至坚　傅益明　陶文鹏　雪　石　冷　静　杨人猛

评论

发扬认真精神（杂文）····················赵　初
"马上"的缓慢化（杂文）··················徐全利
书窗随想——读《半江瑟瑟半江红》··········汝　捷
关于《被切割成两半的太阳正在升起》的争鸣
"芝麻，开门"的魔咒······················晓　晖
把握作品的整体基调······················晓　弘
悄悄的呼唤（外国美术作品欣赏）··········汤　麟

美术

少女（十二）（油画）··················[日]上尚司

1986 年第 5 期　刊名:《芳草》
目录

报告文学专号
报告文学

春天的风································石治宝
多事之秋································高伐林
一个女钢琴家的命运交响曲············冯　捷　金　珊
蝴蝶谜··································董宏猷
余笑予和《弹吉他的姑娘》············熊　熊　周元镐
城北传奇································刘益善

微型报告文学

在码头上································韩　章
桥····································刘汉春
"文学嗜好症"患者························张正平
先生，您错了····························祝　彬

当代企业家

炭黑厂的女帅····························成　平

作家专访

海的梦··································胡发云

人物春秋

"华中王"梦想的破灭——记白崇禧在武汉败退前夕
··································肖志华　张雨生

评论

报告文学在中国的产生和发展··············和穆熙
严峻·孤独·寂寞（外国美术作品欣赏）·······汤　麟

美术

冷漠的女人··························[日]森秀雄
湖北省群众艺术馆、文化馆美术干部九人国画展作品
选登····················殷象益　殷俊中　程生达

1986 年第 6 期　刊名:《芳草》
目录

小说

菊花园之喜······························郑　宜
谜····································李名英
武汉中青年作家

"面窝西施"与"现代诗人"……………………吕运斌
毛活……………………………………………兀好民
Q大学某班班干部发展壮大纪实（纪实小说）
………………………………………………李贺明
老途轶事——新儒林外史之一……………春　城
芳草新绿
煤炭大王………………………………………李志红
关于《煤炭大王》……………………………陈世旭

报告文学·散文
童车与X………………………………………肖复兴
一等于无穷大…………………………………潘建国
捕鱼人（散文）………………………………田　野

诗歌
中国潮（组诗）………………………………熊明泽
越野赛（外一首）……………………………黄东成
诗词五首………………吴于廑　陈　帆　王精忠
芳草小辑………………………………………彭天喜
桂良华　李　隽　刘建农　尚建国　谢午恒

评论
关于《被切割成两半的太阳正在升起》的争鸣
写出旧事物冒烟中新的火苗…………………赵　初
来稿摘编
风情　人物　时代——读吕运斌汉正街风情小说
………………………………………………罗守让
走向成熟的少女们（外国美术作品欣赏）……汤　麟

美术
灯………………………………………[日]泽田宪良
武汉市"三·八"画会作品选登
………………………胡　祺　姚晓红　墨　菊

1986 年第 7 期　刊名:《芳草》
目录

小说
女孩的怜悯…………………………………吴　瑛
在"怜悯"的背后——读《女孩的怜悯》……曾　卓
太阳花………………………………………曾　平
慢国一日游…………………………………林　希
没有你，哪有我……………………明　蕾　高　晶
翠姑的悲哀…………………………………李毓麟
一个男记者的画外音………………………陈金堂
芳草新绿
无价的古币…………………………………武　夫
编稿人语……………………………………袁　符

报告文学·散文
韶山，历史的断层与新绿……………………谭元亨
吴元举和他的旅游车…………………………王伟举
当他五十一岁的时候…………………………王天明
长安一片月（散文）…………………………杨羽仪

诗歌
纪念碑下的花束
时代的回答……………………………………莎　蕻
梅园情思（外一首）…………………………瞿　晓
题朱总司令画像（外一首）…………………郑定友
武汉中青年作家
龙门泉（外二首）……………………………张雅歌
情事理的浑成——《龙门泉》小议…………江　柳

评论
我之小说观（创作心得谈）…………………李叔德
执意追求着诗美……………………赵国泰　张　琼
大海·归帆·思念（外国美术作品欣赏）……汤　麟

美术
戴帽子的少女（油画）………………[日]上尚司
吊金钟（中国画）……………………………璇　风
甘南写生（二幅）……………………………王心耀
春酣（中国画）
冲风斗雪愈见精神（中国画）………………何宗逊

1986 年第 8 期　刊名:《芳草》
目录

小说
在绿色植物的温室里…………………………毛志成
烟味……………………………………………雨　晴
平民代言人……………………………吉学沛　楚　奇
落衣山趣事……………………………………金仕善
男人的惶惑……………………………………白　火
芳草新绿
火·水·红星·红星…………………………蔡艳萍
编稿人语………………………………………玉笋庵人

报告文学
一个日本人的中国心…………………………任宗景
水产大学生……………………………………刘益善
美国将军史迪威的故事（人物春秋）
………………………………………王建辉　辛　舟

诗歌
芳草小辑………………罗炳林　龙彼德　萧俊峰

王　英　曾阳超　韩　雨　吴　秾　储晓声　胡　伟
芳草函授文学院学员诗选⋯梁和平　秋　池　钱伯琼
童江虹　芳　冰　徐　永　舒红琦　肖国兴　熊明修

评论

人间悲喜有人怜⋯⋯⋯⋯⋯⋯⋯⋯⋯⋯⋯⋯⋯⋯周迪荪
看似平常非寻常⋯⋯⋯⋯⋯⋯⋯⋯⋯⋯⋯⋯⋯⋯朱　璞
满目青山夕照明⋯⋯⋯⋯⋯⋯⋯⋯⋯⋯⋯⋯⋯⋯祁　炽
童话般的少女年代⋯⋯⋯⋯⋯⋯⋯⋯⋯⋯⋯⋯⋯汤　麟

美术

扮成花神的少女（肖像画）⋯⋯⋯［法］维瑞·勒布伦
汤文选画展作品选登
聂干因画展作品选登

1986 年第 9 期　刊名:《芳草》
目录

小说

湖雕（中篇）⋯⋯⋯⋯⋯⋯⋯⋯⋯⋯⋯⋯⋯⋯⋯雨　晴
一个女人和她的四个丈夫（中篇）⋯⋯⋯⋯⋯⋯楚　良
苦竹萧萧⋯⋯⋯⋯⋯⋯⋯⋯⋯⋯⋯⋯⋯⋯⋯⋯任宗景
掼鹅⋯⋯⋯⋯⋯⋯⋯⋯⋯⋯⋯⋯⋯⋯⋯⋯⋯⋯叶明山
蜡炬成灰泪难干⋯⋯⋯⋯⋯⋯⋯⋯⋯⋯⋯⋯⋯李国胜
一句话的风波⋯⋯⋯⋯⋯⋯⋯⋯⋯⋯⋯⋯⋯⋯冬　至
最后一缕霞光⋯⋯⋯⋯⋯⋯⋯⋯⋯⋯（满族）关德全
奥利和特鲁芳（翻译小说）
⋯⋯⋯［美］艾萨克·巴什维斯·辛格　吴德安译
芳草新绿
野樱花⋯⋯⋯⋯⋯⋯⋯⋯⋯⋯⋯⋯⋯⋯⋯⋯⋯张　青
编稿人语⋯⋯⋯⋯⋯⋯⋯⋯⋯⋯⋯⋯⋯⋯⋯⋯袁　符
交易（小小说）⋯⋯⋯⋯⋯⋯⋯⋯⋯⋯⋯⋯⋯解北川

评论

圆圈——人的足迹⋯⋯⋯⋯⋯⋯⋯⋯⋯⋯⋯⋯程文超
大洋彼岸的琴声⋯⋯⋯⋯⋯⋯⋯⋯⋯⋯⋯⋯⋯联　光
编后记

美术

大提琴手（油画）⋯⋯⋯⋯⋯⋯⋯⋯⋯⋯⋯⋯陈逸飞
峡江美（水粉）⋯⋯⋯⋯⋯⋯⋯⋯⋯⋯⋯⋯⋯樊惠刚
西陵壮景（中国画）⋯⋯⋯⋯⋯⋯⋯⋯⋯⋯⋯白　云
推磨磨（中国画）⋯⋯⋯⋯⋯⋯⋯⋯刘敦义　李学伟
雨后青山（中国画）⋯⋯⋯⋯⋯⋯⋯⋯⋯⋯⋯黄祥国
梁子湖晨曲（摄影）⋯⋯⋯⋯胡云腾摄影　姜锋青配诗

1986 年第 10 期　刊名:《芳草》
目录

纪念鲁迅先生逝世五十周年
沿着鲁迅开辟的航道前进⋯⋯⋯⋯⋯⋯⋯⋯⋯李　蕤
鲁迅是怎样对待外国文艺流派的⋯⋯⋯⋯⋯⋯陆耀东
追魂曲⋯⋯⋯⋯⋯⋯⋯⋯⋯⋯⋯⋯⋯⋯⋯⋯⋯李　冰
大山的回声⋯⋯⋯⋯⋯⋯⋯⋯⋯⋯⋯⋯⋯⋯⋯莎　蕈
火把·丰碑⋯⋯⋯⋯⋯⋯⋯⋯⋯⋯⋯⋯⋯⋯⋯管用和
贺新凉⋯⋯⋯⋯⋯⋯⋯⋯⋯⋯⋯⋯⋯⋯⋯⋯⋯白雉山
武汉地区中青年作者小说选辑
奇异的蜜月（中篇）⋯⋯⋯⋯⋯⋯⋯⋯⋯⋯⋯吕运斌
临时工⋯⋯⋯⋯⋯⋯⋯⋯⋯⋯⋯⋯⋯⋯⋯⋯⋯唐　镇
县志办公室纪事⋯⋯⋯⋯⋯⋯⋯⋯⋯⋯⋯⋯⋯简兆麟
"洋绊"⋯⋯⋯⋯⋯⋯⋯⋯⋯⋯⋯⋯⋯⋯⋯⋯⋯陈卓乾
"老滑头"秘传⋯⋯⋯⋯⋯⋯⋯⋯⋯⋯⋯⋯⋯⋯王　石

报告文学

背井离乡之歌⋯⋯⋯⋯⋯⋯⋯⋯⋯⋯⋯⋯⋯⋯杨世运
祝你幸运⋯⋯⋯⋯⋯⋯⋯⋯⋯⋯⋯⋯⋯⋯⋯⋯姜天民

诗歌

人生的航程（组诗）⋯⋯⋯⋯⋯⋯⋯⋯⋯⋯⋯李道林
散文诗（四章）⋯⋯⋯⋯⋯⋯刘辉考　袁　泉　吴　芫

评论

审美之外⋯⋯⋯⋯⋯⋯⋯⋯⋯⋯⋯⋯⋯⋯⋯⋯江　岳
玫瑰吐艳时的哀怨（名画欣赏）⋯⋯⋯⋯⋯⋯汤　麟
从读者中来（三则）
消息一则

美术

维纳斯与安基赛斯（局部）⋯⋯⋯⋯⋯［英］雷克艺德
油画作品选登（二幅）⋯⋯⋯⋯⋯⋯⋯⋯⋯⋯卢伯森

1986 年第 11 期　刊名:《芳草》
目录

小说

幽怨的山野⋯⋯⋯⋯⋯⋯⋯⋯⋯⋯⋯⋯⋯⋯⋯山　海
不响的铜钟⋯⋯⋯⋯⋯⋯⋯⋯⋯⋯⋯⋯⋯⋯⋯刘　思
柏木棺材（中篇）⋯⋯⋯⋯⋯⋯⋯⋯⋯⋯⋯⋯张法德
古窑洞⋯⋯⋯⋯⋯⋯⋯⋯⋯⋯⋯⋯⋯⋯⋯⋯⋯柏　原
芳草新绿
一封终未发出的信⋯⋯⋯⋯⋯⋯⋯⋯⋯⋯⋯⋯吕　红
编稿人语⋯⋯⋯⋯⋯⋯⋯⋯⋯⋯⋯⋯⋯⋯⋯⋯梁　青

报告文学·散文

武昌鱼的故乡 ―――――――― 湛有恒 姜锋青

人物春秋

他的铜像在龟山 ―――――――――― 曾德厚
他就是他 ―――――――――――（蒙族）萌 竹
京华二瓣（散文）―――――――――― 杨光治
树的遐想（散文）―――――――――― 涂光群

诗歌

朝圣路上的札记 ―――――――――― 王家新
芳草小辑 ―――――― 蔡 健 刘满元 徐 鲁 鲁 萍
颖 隽 周 斌 许士通 刘帮明 吴晓珍 肖玉喜
旧体诗词九首 ―――――――――― 朱祖延
胡国瑞 陈 帆 王启荣 李南方 周 冰

评论

绿柳新黄半未匀 ―――――――――― 邓 斌
迷人的"半遮面" ―――――――――― 熊开国
绿色的沉思（美术作品欣赏）―――――― 汤 麟

1986 年第 12 期　刊名:《芳草》
目录

报告文学

中国有个葛洲坝 ――――――――（土家族）田 天

小说

乞食弦阿三 ―――――――――――― 朱 榕
白天鹅在怀抱中死去 ―――――――――― 罗维扬
平淡的轨迹 ―――――――――――― 王成启
一个姑娘的遭遇 ―――――――――――― 王富杰
河岛轶事 ―――――――――――――― 龚义成
"万岁村长"与牛科长 ――――――――― 邓思源

诗歌

望乡（外二首）―――――――――― 董宏量
丘陵的故事（三首）―――――――――― 王新民
乡韵（外二首）―――――――――――― 谢午恒
爱的琴弦 ―――――― 刘明恒 李德复 刘恒瑞 陈祖华
旧体诗词五首 ――――――― 吴于廑 戴国家 陈彩霞

评论

历史小说创作的新探求――浅谈《长安恨》的艺术特
色 ――――――――――――――――― 何镇邦
关于《女孩的怜悯》来稿摘编
嘉许与商榷 ―――――――――――― 何正秋
遗憾的断裂 ―――――――――――――― 扬 帆

等待着知音（美术作品欣赏）―――――― 汤 麟
从读者中来（二则）

1987 年第 1 期　刊名:《芳草》
目录

纪实文学

恩人（纪实小说）―――――――――― 李叔德
一个新闻记者的新闻（报告文学）――――― 梅宝恒
罗汉果（报告文学）―――――――――― 王伟举
在那遥远的黑梁村（纪实小说）――――― 朱忠运

小说

你是男子汉 ―――――――――――― 吴 瑛
隔岸涛声 ―――――――――――――― 毛志成
高速公路上的马 ―――――――――― 尹卫星
今晚有电影――校园短曲之一 ――――― 吴雪恼
牛棚里的故事 ―――――――――――― 冯 森
芳草新绿
皆大欢喜 ―――――――――――――― 甘美金
编稿人语 ―――――――――――――― 袁 符

诗歌

爱的琴弦 ―――――― 施肃中 和穆熙 王元琴 罗 尔
蒙娜丽莎自述（散文诗）―――――――― 艾 宁
山民的葬礼 ―――――――――――― 王新民
评论宁静中蕴含着动荡的海
――曾卓诗歌的美学风格 ―――――――― 易中天
诗人之愁由何而来 ―――――――――― 王先霈
诗廊漫步 ―――――――――――――― 任 蒙

1987 年第 2 期　刊名:《芳草》
目录

小说

养命的儿子（中篇）―――――――――― 何祚欢
在大溶洞那边 ―――――――――――― 罗时汉
天街 ―――――――――――――――― 聂鑫森
心理互补律 ――――――――――――― 察 金
卡门 ―――――――――――――――― 沈嘉禄
修鞋 ―――――――――――――――― 傅广典
可疑的人 ―――――――――――――― 刘书平
节约模范（小小说）――――――――― 郑建荣
变味的粥（小小说）――――――――― 潘庭芳
村里，要修条大路（小小说）――――――― 余书林
芳草新绿
啊，小镇 ――――――――――――――― 陈晓天

编稿人语 ——————————袁 符

纪实文学
七月的莫斯科（日记）———————肖复兴
刘亚洲·王亚平? 纽约（报告文学）———丁 刚
雨后观瀑（散文）————————管用和

诗歌
友情的回声（散文诗）——————林 夕
绿荫深处 ——————————王 果
香梦（组诗）————————颖 隽

评论
关于中篇小说《柏木棺材》的争鸣
古老的悲怆 ————————龚绍东
破碎的棺材 ————————张宇光

1987 年第 3 期 刊名:《芳草》
目录

再别姚河 ——————————叶雨蒙
野烟孤客路 ————————徐 锋
余兴 ————————————未 央
陪客 ————————————鲍红志
车窗前，那串青葡萄——————段 维
羞 ————————————刘敬堂

纪实文学
在旧金山的心理场 ——————祖 慰
三界遨游录 ————————高伐林
从翻日历想到猛峒河—————林 戈
依江巷 ——————————廖静仁
神农架的"野人"————————田 野
理智 de 冒险 ————————金 辉
帕瓦罗蒂之夜（纪实小说）———刘小伟
爱的凝聚——与沙市电冰箱总厂厂长傅清章的一次交
谈 ————————————绍 六

诗歌
回声（外一首）————————华 姿
拾蘑菇 ——————————曾静平
三月雨 ——————————赵英华
雪国 ————————————陈惠芳
小荷 ————————————吕 雪

评论
应该尊重谁 ————————袁 符
读者之页 —————宏 卿 安 海 区 扬

本刊启事

1987 年第 4 期 刊名:《芳草》
目录

小说
水仙子 ——————————野 莽
归巢 ————————————赵松泉
在那遥远的小山村 —————李 彗
假钞 ————————————胡燕怀
猎王 ————————————叶大春
黑色的枫叶 ————————杜治洪

纪实文学
一手捧起莹澈的乡愁 —————杨江柱
在鸽哨漫天的日子里 —————石治宝
故乡桃花情 ————————张正楷

诗歌
大学生和小村庄（三首）————赵俊鹏
一位老人的罗曼史 —————万 强
答案（外一首）————————王 军
湖边的夜晚（外一章）————江 莱
卖莲蓬的姑娘————————张 华
古井 ————————————叶晓武
春 ————————————王厚林

评论
文学批评方法的论辩与自省————陈 深

1987 年第 5 期 刊名:《芳草》
目录

小说
高三女学生 ————————王志钦
"镜头"外的故事 ————————善 良
"万元户楼"里的秘密——————甘美金
星期天 ——————————羊 犟
大云 ————————————张冀雪
印 ————————————任光椿
袋子 ————————————袁先行

纪实文学
"公关"小姐轶事 ———————杨羽仪
陌生的交流 ————————胡大楚
"土财主"的成功之路————曾腾芳 钟 星

诗歌
延河之歌（诗辑）
飞驰的星·····················李　冰
延河之歌·····················黄　铁
五月的火·····················莎　蕻
天空蓝蓝的瞳孔（外二首）·········李发模
祖母的印象···················舒红琦

评论
不可磨灭的思想光辉·············汴　生
重读《讲话》二论···············周　正

1987 年第 6 期　刊名:《芳草》
目录

纪实文学
中国"魔水"之谜···············杨羽仪
八仙过海的地方·················李传锋
香港黄灯箱···················陈卓乾
垂钓者·····················张记书

小说
淘金梦·····················喻小光
偏方医怪病···················映　泉
傻马驹（外二篇）···············黑　孩
支客师世家···················温兴阶
龙烟箬纪事···················仲　戈
渴望······················董宏猷

诗歌
我和你们在一起·················曾　卓
战士的血型（外一首）·············圣　野
请客（外一首）·················姚振起
夜之思·····················刘倩倩

评论
清秋的枝柯——读《傻马驹》（外二篇）······曾镇南
文学评论园地的新开拓·············晋江杰

1987 年第 7 期　刊名:《芳草》
目录

小说
葫芦壕·····················吴　晔
两个大学生和一个守林人···········杨世运

夏日最后的黄昏·················周　昕
父亲坐在黑暗中········[美]杰·魏德曼　吴德安译

纪实小说
高原人·····················董　滨
玻璃球与黄包车——香港见闻之二·······陈卓乾
沉重的起飞················亦　然　禾　民
鼓浪清风····················王维洲

评论
小说的探索与传统···············于可训
为当今中国的亚当与夏娃立传——试论周翼南的新追
求··················邹贤敏　黄　鹤

1987 年第 8 期　刊名:《芳草》
目录

纪实文学专辑
属皮球的曹群（之二）（之一）——戏剧般冲向世界的
青年歌唱家··············祖　慰　义　晓
省长与女人（纪实文学）···········东　升
玫瑰梦·····················徐加义
最强和最弱、不仅仅是音符··········海　燕
八面来风鸟如何·················杨羽仪
柳之歌（散文）·················程　云
新高楼与老"差骨"——香港见闻之三·····陈卓乾
敦煌中秋月（散文）··············杨　平
冲浪人··················刘义超　冯　捷

评论
马克思主义与文艺——新时期文艺的一个根本问题
························刘纲纪
道是无情却有情——读小说《天街》······田中全

1987 年第 9 期　刊名:《芳草》
目录

小说
那天，我们告别军旗··············郑赤鹰
高层公寓（小说三题）·············胡发云
人物三题····················聂鑫森
海岛与人····················竹　子

纪实文学
保卫大武汉·············晓　宫　虎　徽

人鼠之战⋯⋯⋯⋯⋯⋯⋯⋯⋯⋯⋯⋯于 光 江丽琴
本厂招聘美男美女⋯⋯⋯⋯⋯⋯⋯杨世运 熊 熊
黄鹤楼下今昔情（散文）⋯⋯⋯⋯⋯⋯⋯张 英

评论

映日荷花别样红——绍六画笔下的女性美⋯⋯张啸虎
《恩人》谈片⋯⋯⋯⋯⋯⋯⋯⋯⋯⋯⋯⋯⋯老 竹
圆形、复杂及其他⋯⋯⋯⋯⋯⋯⋯⋯⋯⋯李道荣

1987 年第 10 期　刊名:《芳草》
目录

小说

怪胎⋯⋯⋯⋯⋯⋯⋯⋯⋯⋯⋯⋯⋯⋯⋯张兴元
隐情⋯⋯⋯⋯⋯⋯⋯⋯⋯⋯⋯⋯⋯⋯⋯毛志成
两个卖黄兜肚儿的女子⋯⋯⋯⋯⋯⋯⋯⋯刘学林
蓝色背带裙⋯⋯⋯⋯⋯⋯⋯⋯⋯⋯⋯⋯⋯吕志青
女孩子男孩子，他们长大了⋯⋯⋯⋯⋯⋯张 斌
一个土匪的忏悔⋯⋯⋯⋯⋯⋯⋯⋯楚 奇 李永朝
死神与解脱⋯⋯⋯⋯⋯⋯⋯⋯⋯⋯⋯⋯⋯肖 矢
晚年不平静⋯⋯⋯⋯⋯⋯⋯⋯⋯⋯⋯⋯⋯张正平

纪实文学

自动存款机及其他——香港见闻之四⋯⋯陈卓乾
不凡的肖凡⋯⋯⋯⋯⋯⋯⋯⋯⋯⋯孟国庆 范良斌

诗歌

斗牛⋯⋯⋯⋯⋯⋯⋯⋯⋯⋯⋯⋯⋯⋯⋯张雅歌
呼唤（外一首）⋯⋯⋯⋯⋯⋯⋯⋯⋯⋯⋯鄂 琪
黄果树瀑布（外一首）⋯⋯⋯⋯⋯⋯⋯⋯杜昕生
牧鹅的少女⋯⋯⋯⋯⋯⋯⋯⋯⋯⋯⋯⋯⋯朱荣宽
初春⋯⋯⋯⋯⋯⋯⋯⋯⋯⋯⋯⋯⋯⋯⋯毛 地

评论

读《听笛人手记》的手记⋯⋯⋯⋯⋯⋯⋯王家新
寻觅、发掘灵魂的美——李德复的《爱情，正在诞
生》读后⋯⋯⋯⋯⋯⋯⋯⋯⋯⋯⋯⋯⋯陆耀东
"宣叙长调"辩⋯⋯⋯⋯⋯⋯⋯⋯⋯⋯⋯赵国泰

1987 年第 11 期　刊名:《芳草》
目录

小说

夫妻变奏曲⋯⋯⋯⋯⋯⋯⋯⋯⋯⋯⋯⋯⋯俚 平
文凭⋯⋯⋯⋯⋯⋯⋯⋯⋯⋯⋯⋯⋯⋯⋯谭先义
贫血⋯⋯⋯⋯⋯⋯⋯⋯⋯⋯⋯⋯⋯⋯⋯刘小伟

花醉侯家坞⋯⋯⋯⋯⋯⋯⋯⋯⋯⋯⋯⋯⋯张宇清
精兵简政⋯⋯⋯⋯⋯⋯⋯⋯⋯⋯⋯⋯⋯刘玲娅
趣事撮录⋯⋯⋯⋯⋯⋯⋯⋯⋯⋯⋯⋯⋯袁文辉
冬天的小屋⋯⋯⋯⋯⋯⋯⋯⋯⋯⋯⋯⋯⋯舒红琦
魔鬼⋯⋯⋯⋯⋯［苏］德·叶夫多基莫夫　彭德扬译
登高，摆脱阴影⋯⋯⋯⋯⋯⋯⋯⋯⋯⋯⋯邱攻文

纪实文学

微笑的中国⋯⋯⋯⋯⋯⋯⋯⋯⋯⋯⋯⋯⋯汪 洋
人与鸟儿的欢乐（散文）⋯⋯⋯⋯⋯⋯⋯程 云
路，在他们脚下延伸⋯⋯⋯刘 麟 丰晓红 邹 虎

诗歌

神（外四首）⋯⋯⋯⋯⋯⋯⋯⋯⋯⋯⋯⋯李行强
没有文凭的女诗人⋯⋯⋯⋯⋯⋯⋯⋯⋯⋯袁 昆
你不属于我⋯⋯⋯⋯⋯⋯⋯⋯⋯⋯⋯⋯⋯钟 星
南海，有一群种植橄榄的少女⋯⋯⋯⋯⋯李卫东
你走来⋯⋯⋯⋯⋯⋯⋯⋯⋯⋯⋯⋯⋯⋯杨 枫
月⋯⋯⋯⋯⋯⋯⋯⋯⋯⋯⋯⋯⋯⋯⋯张 奕
雕塑女郎的笑⋯⋯⋯⋯⋯⋯⋯⋯⋯⋯⋯⋯姚玉民

评论

语言的痛苦⋯⋯⋯⋯⋯⋯⋯⋯⋯⋯⋯⋯⋯王先霈
小说艺术的空间感和时间感——谈为人物性格设置环
境⋯⋯⋯⋯⋯⋯⋯⋯⋯⋯⋯⋯⋯⋯⋯罗守让

1987 年第 12 期　刊名:《芳草》
目录

小说

游离⋯⋯⋯⋯⋯⋯⋯⋯⋯⋯⋯⋯⋯⋯⋯刘成思
空白⋯⋯⋯⋯⋯⋯⋯⋯⋯⋯⋯⋯⋯⋯⋯王 绯
篮下⋯⋯⋯⋯⋯⋯⋯⋯⋯⋯⋯⋯⋯⋯⋯骆 强
黄昏的闲话⋯⋯⋯⋯⋯⋯⋯⋯⋯⋯⋯⋯⋯李辅贵
眩梦⋯⋯⋯⋯⋯⋯⋯⋯⋯⋯⋯⋯⋯⋯⋯白 火
连长在演习中"阵亡"⋯⋯⋯⋯⋯⋯⋯⋯江 林
蜜月变奏曲⋯⋯⋯⋯⋯⋯⋯（满族）赫舍里荣
龙船⋯⋯⋯⋯⋯⋯⋯⋯⋯⋯⋯⋯⋯⋯⋯黄河清
三叔⋯⋯⋯⋯⋯⋯⋯⋯⋯⋯⋯⋯⋯⋯⋯唐 镇

报告文学

泉神⋯⋯⋯⋯⋯⋯⋯⋯⋯⋯⋯⋯⋯⋯⋯张德宏
冲浪人⋯⋯⋯⋯⋯⋯⋯⋯⋯⋯⋯陈智远 张家良

诗歌

祖国啊，我向您承包⋯⋯⋯⋯⋯⋯⋯⋯⋯谢秀智
山中，默默的爱（组诗）

默默的山恋………………………………方向君
地下林（三首）…………………………王文福
八月的故事………………………………王　瑜
夜，在军营………………………………李先法
写在彩照后面的诗（二首）……………陈松叶

评论

关于"都市文学"的对话
"都市文学"琐谈…………………………曾镇南
城市人与"城市文学"……………………於可训
"都市文学"随想录………………………王又平
"都市文学"呼唤着新的审美意识………邹德清
本刊召开都市生活小说创作对话会（消息）

1988 年第 1 期　刊名:《芳草》
目录

小说

轮回………………………………………何祚欢
街口………………………………………施莉萌
苏三流放过的小岛………………………王　松
游戏………………………………………梁必文
异乡惊魂…………………………………张　征
梦魇………………………………………齐岸青

纪实文学

严家其的"海马区"………………………祖　慰
果林攀枝录………………………………秦　牧
吃在香港——香港见闻之五……………陈卓乾
大山寄来的诗篇…………………………田　野
这里的"白银"变"黄金"…………………刘久和
沙漠的梦…………………………………董晓宇

诗歌

天山风情（二首）………………………刘益善
黑夜………………………………………郭良原
雨夜………………………………………谢克强
孤寂的怀念………………………………华　姿
少女的忧伤………………………………胡　鸿

评论

论刘西鸿小说散文时代意义……………曾镇南
灵感与艺术构思…………………………陈池瑜

1988 年第 2 期　刊名:《芳草》
目录

小说

苦苦呲、甘甘呲、甜甜廿四味（三则）………刘西鸿
洞火………………………………………胡燕怀
红酸枣……………………………………叶雨蒙
星光，在那紫红色的幕后………………焱　淼
鹤人………………………………………任光椿
女人无泪（两题）………………………吕幼安
开玩笑……………………………………李建纲
黑蝴蝶……………………………………林汉秋
小站上，那个梦……………………………南　子

散文

住在香港——香港见闻之六……………陈卓乾

诗歌

山野之魅（二首）………………………康　平
土地·泉…………………………………张良火

评论

姜天民小说的"断裂"与嬗变……………宋致新
创造：艺术的本色………………………李道荣

1988 年第 3 期　刊名:《芳草》
目录

小说

迟到………………………………………唐　镇
我嗅到松树的气味………………………黑　孩
今天的情侣………………………………李清亮
鳏夫………………………………………闻　波
绝路一里长………………………………叶明山
畜牲………………………………………哲　夫
响街上的西西叔…………………………董宏量
旷野………………………………………高清明

纪实文学

香港的警察——香港见闻之七…………陈卓乾
海南考察散记…………………沙市日化总厂姜仁华
它为祖国织锦绣——记南漳县丝织厂…………牛　耕

诗歌

在饭桌前（外一首）……………………蓝　菱
北大荒的歌与梦…………………………林　夕

夜思......................................楢 月

评论
蓝菱的诗境........................杨江柱
苦涩而酸甜的山楂果——胡鸿《初恋的情绪》及其心
理分析...............................易中天
生命悸动的辉煌瞬间——读《无风的窗口》...熊开国
在时代的深处捕捉诗情——组诗《大学生与小村庄》
读后.................................范明华

1988 年第 4 期　刊名:《芳草》
目录

纪实文学
"中国潮"报告文学征文
中国：活力 28.................罗高林　姚玉民
英雄·时势·活力精神——《中国：活力 28》读后
.....................................於可训
脆弱的少女们——发生在武汉钢铁公司的婚前人工流
产纪实...............................朱纯林
香烟笼罩的大陆——吸烟现象的透视与反思...万瑞雄

小说
明天的太阳........................安文江
殉情的和幸存的——香溪的故事之一.......昌 言
离婚照...............................钱家璜

诗歌
呜嘟·楚魂.........................金 辉
黑眼圈女人（叙事诗）...............刘明恒
夜航...............................李道林
海星三首...........................蒋育德

评论
充实的闲暇........................王先需
翱翔于心理世界的艺术精灵——读祖慰的两篇报告文
学新作.............................李运抟

1988 年第 5 期　刊名:《芳草》
目录

小说
猫祸...............................施晓宇
两个女兵...........................王丽萍
我是一只小麻雀.....................张 征

古巷风情《古巷》之三...............金仕善
消失的小山村.......................林 希
针头...............................赵小柯
明灭不定的红烟头...................舒红琦
冤家...............................王一武
小站·雨中（小说二篇）.............刘建军

纪实文学
香港的交通——香港见闻之八.........陈卓乾
他是一片土壤.......................王鲁夫
蔡伦的后来人——记南漳县造纸厂厂长邹臣宪
.....................................刘久和

诗歌
星星索（外一篇）...................乔 迈
出嫁...............................王敦义
溜冰场印象.........................杜 宣
桔乡（二首）.......................左一兵
北大荒的歌与梦.....................林 夕
蜜桃街.............................欣 原
致 D...............................鲁文胜

评论
人的烦恼与美的升华
——评中篇小说《烦恼人生》.........江 岳
小说的韵味和叙述结构——兼说新时期小说的一种倾
向.................................阮加文

1988 年第 6 期　刊名:《芳草》
目录

小说
倾斜的海滩.........................魏秋星
老人院.............................刘向阳
河边有条七彩桥.....................善 良
甲肝效应...........................安文江
哭泣的黑眼睛.......................吴 瑛
错误...............................张 斌
白云深处...........................崔洪昌
信不信由你.........................李国胜
厂长的脏衣服.......................李 明

纪实文学
"法兰西街区"的奇特魅力
——访美探奇纪实...................杨之江
"窗户"打开之后...................刘久和

诗歌

献给孩子们的诗

梦邮（外一首）⋯⋯⋯⋯⋯⋯⋯⋯⋯圣 野

扬子江边的儿童诗（三首）⋯⋯⋯⋯江全章

眷恋⋯⋯⋯⋯⋯⋯⋯⋯⋯⋯⋯⋯⋯周 代

日蚀（外一首）⋯⋯⋯⋯⋯⋯⋯⋯⋯黄东成

弄潮曲（组诗）⋯⋯⋯⋯⋯⋯⋯⋯⋯郑定友

评论

模仿：暂时的最佳选择⋯⋯⋯⋯⋯⋯童志刚

王大鹏的灵性与力度⋯⋯⋯⋯⋯⋯⋯程文超

改革者之诗——读郑定友《弄潮曲》⋯万文武

1988 年第 7 期　刊名：《芳草》
目录

小说

破碎的日月⋯⋯⋯⋯⋯⋯⋯⋯⋯⋯⋯竹 子

白皮鞋⋯⋯⋯⋯⋯⋯⋯⋯⋯⋯⋯⋯⋯汪 洪

迷离谷⋯⋯⋯⋯⋯⋯⋯⋯⋯⋯⋯⋯⋯刘玉顺

祖传老鼠药⋯⋯⋯⋯⋯⋯⋯⋯⋯⋯⋯谢铁云

乡谚缘生录⋯⋯⋯⋯⋯⋯⋯⋯⋯⋯⋯舍 之

山的儿女⋯⋯⋯⋯⋯⋯⋯⋯⋯⋯⋯⋯李正庆

万能电话⋯⋯⋯⋯⋯⋯⋯⋯⋯⋯⋯⋯李 英

纪实文学

香港的老人——香港见闻之九⋯⋯⋯陈卓乾

黄土地上大转移⋯⋯⋯⋯⋯⋯⋯⋯⋯南 子

奋力拼搏的冲浪人⋯⋯⋯⋯⋯⋯⋯⋯周家柱

诗歌

海·帆·星（三首）⋯⋯⋯⋯⋯⋯⋯莫西芬

" ， " 之旅⋯⋯⋯⋯⋯⋯⋯⋯⋯⋯⋯⋯艾 涓

评论

谈 " 内省 " ⋯⋯⋯⋯⋯⋯⋯⋯⋯⋯⋯李道荣

要有选择的余地⋯⋯⋯⋯⋯⋯⋯⋯⋯袁 符

1988 年第 8 期　刊名：《芳草》
目录

小说

黑洞⋯⋯⋯⋯⋯⋯⋯⋯⋯⋯⋯⋯⋯⋯方 方

人活着，人死去⋯⋯⋯⋯⋯⋯⋯⋯⋯郑雨虹

戴姥姥 " 省亲 " 儒学巷⋯⋯⋯⋯⋯⋯金仕善

三人行⋯⋯⋯⋯⋯⋯⋯⋯⋯⋯⋯⋯⋯王鲁平

地沉⋯⋯⋯⋯⋯⋯⋯⋯⋯⋯⋯⋯⋯⋯赵祖才

贷款⋯⋯⋯⋯⋯⋯⋯⋯⋯⋯⋯⋯⋯⋯徐望爱

纪实文学

" 中国潮 " 报告文学征文

" 救难 " 厂长⋯⋯⋯⋯⋯⋯⋯⋯⋯⋯魏 强

在桂花飘香的日子里（散文）⋯⋯⋯娅 子

朝武当（散文）⋯⋯⋯⋯⋯⋯⋯⋯⋯野 莽

诗歌

无姓氏女人（组诗）⋯⋯⋯⋯⋯⋯⋯舒红琦

黄土地（外一首）⋯⋯⋯⋯⋯⋯⋯⋯黄 荆

武汉写意⋯⋯⋯⋯⋯⋯⋯⋯⋯⋯⋯⋯杨 枫

汽车城⋯⋯⋯⋯⋯⋯⋯⋯⋯⋯⋯⋯⋯邱 红

评论

文学观念变革的一个环节的标志——《心理现实主义

小说选》序⋯⋯⋯⋯⋯⋯⋯⋯⋯⋯程文超

对一次筛选的沉思

——同论湖北近年小说创作景观⋯⋯李运抟

高层次对话与诗歌次交流

——任蒙诗歌的剖白⋯⋯⋯⋯⋯⋯纪 伟

1988 年第 9 期　刊名：《芳草》
目录

小说

龙脉⋯⋯⋯⋯⋯⋯⋯⋯⋯⋯⋯⋯⋯⋯田 瑛

阿细妹的困惑——《城市谐谑曲》之三⋯叶大春

牛拐先生⋯⋯⋯⋯⋯⋯⋯⋯（中国台湾）杨耐冬

苹果季节⋯⋯⋯⋯⋯⋯⋯⋯⋯⋯⋯⋯田晓菲

铁掌⋯⋯⋯⋯⋯⋯⋯⋯⋯⋯⋯⋯⋯⋯陈应松

带血的存折⋯⋯⋯⋯⋯⋯⋯⋯⋯⋯⋯顾存德

过客⋯⋯⋯⋯⋯⋯⋯⋯⋯⋯⋯⋯⋯⋯郭慎娟

纪实文学

梦的回旋——海南人才大潮的观察与思考⋯胡 彬

周氏定理（报告文学）⋯⋯⋯⋯⋯⋯梁 青

到香港居留的人们——香港见闻之十⋯陈卓乾

情系大枣树（散文）⋯⋯⋯⋯⋯⋯⋯王碧光

楚国风雨行⋯⋯⋯⋯⋯⋯⋯⋯⋯⋯⋯廉正祥

灯（散文）⋯⋯⋯⋯⋯⋯⋯⋯⋯⋯⋯黄厚文

诗歌

致 C.L.（二首）⋯⋯⋯⋯⋯⋯⋯⋯⋯王中朝

诗二首⋯⋯⋯⋯⋯⋯⋯⋯⋯⋯⋯⋯⋯刘敬堂

评论

人物性格的多重性·······················王先霈

1988 年第 10 期　刊名:《芳草》
目录

小说

红豆俱乐部经理的一天···················董碧波

相术大师·····························刘益善

自救者······························半　岛

古宅·······························凤　群

征婚·········[捷]海伦娜·斯玛海洛娃著　代玲芝译

报告文学

性爱大变奏···························万瑞雄

初到台湾·····························庶　民

散文

酸柳·痴潘二恩师·······················程　云

当代校园平常事·······················夏　禹

诗歌

诗二首: 思念·淘米·····················克　亮

映山红······························黄福高

普通一猋·····························王　果

牧女（外一首）·······················赵俊鹏

年轻的建筑···························田士宝

我在等你（外三首）····················李　更

评论

论文学的可读性·······················江　岳

1988 年第 11 期　刊名:《芳草》
目录

小说

骚动·······························刘玉顺

女性的战争···························刘醒龙

我不想活我要活不得不活·················王志钦

乡村，二十岁的色调····················靖　剑

有谁知道你的心·······················张　征

触电·······························安文江

错乱·······························沈嘉禄

丧旅·······························马云洪

纪实文学

祭咪娜（散文）·······················许先云

一颗亮星在江汉平原升起——记湖北省潜江制药厂

·······························李　明　李　皓

诗歌

城市（二首）·························鄂元平

月亮·······························杨止曳

诗人老 P··························齐　超

女工的深夜班·························胡　广

白杨与候鸟（散文诗）··················黄平辉

评论

历史与文学批评的广角镜·················谭元亨

1988 年第 12 期　刊名:《芳草》
目录

小说

黄昏·······························姜天民

老街闲录（三篇）·····················科　夫

我家的故事···························张兴元

最后的露天浴场·······················徐　军

人蛇·······························邓一光

蹈·································魏　艳

山里朝霞红···························山　海

纪实文学

云贵高原上有一棵药草（散文）·············碧　野

在加德满都的日子里（散文）·············林　戈

中国人，你为什么不生气?

——龙应台旋风（散文）·················单新元

香港文化漫步——香港见闻之十一············陈卓乾

诗歌

春的信息（外一首）····················周　代

评论

泛自由社会的写作机器与收买的书评家

·······························（中国台湾）杨耐冬

1989 年第 1 期　刊名:《芳草》
目录

小说

赌场 ⋯⋯⋯⋯⋯⋯⋯⋯⋯⋯⋯⋯⋯⋯⋯ 罗来勇

四次死亡 ⋯⋯⋯⋯⋯⋯⋯⋯⋯⋯⋯⋯⋯ 韶　华

支农 ⋯⋯⋯⋯⋯⋯⋯⋯⋯⋯⋯⋯⋯⋯⋯ 刘兆林

海姑 ⋯⋯⋯⋯⋯⋯⋯⋯⋯⋯⋯⋯⋯⋯⋯ 黄康俊

古铜色 ⋯⋯⋯⋯⋯⋯⋯⋯⋯⋯⋯⋯⋯⋯ 胡燕怀

归宿 ⋯⋯⋯⋯⋯⋯⋯⋯⋯⋯⋯⋯⋯⋯⋯ 严　平

夜遗症大偏方 ⋯⋯⋯⋯⋯⋯⋯⋯⋯⋯⋯ 黄献国

报告文学

在成功与失败的交叉地带

——记汉口港埠公司经理宋汉生 ⋯⋯⋯ 李　斌

诗歌

在白衣庵住所（二首）⋯⋯⋯⋯⋯⋯⋯ 伊　蕾

隐秘 ⋯⋯⋯⋯⋯⋯⋯⋯⋯⋯⋯⋯⋯⋯⋯ 李发模

评论

谁轰动了？ 谁浮躁了？ ——莫言、刘震云、叶文福
等青年作家就文坛热门话题一席谈

浮躁：当今文坛的一种流行病 ⋯⋯⋯⋯ 何镇邦

1989 年第 2 期　刊名:《芳草》
目录

小说

厂长的社会档案 ⋯⋯⋯⋯⋯⋯⋯⋯⋯⋯ 谭先义

走出森林 ⋯⋯⋯⋯⋯⋯⋯⋯⋯ 毕　刻　徐贵祥

巧克力大厦之练 ⋯⋯⋯⋯⋯⋯⋯⋯⋯⋯ 张　征

盲城 ⋯⋯⋯⋯⋯⋯⋯⋯⋯⋯⋯⋯⋯⋯⋯ 晓　宫

探视 ⋯⋯⋯⋯⋯⋯⋯⋯⋯⋯⋯⋯⋯⋯⋯ 巴兰兰

老鳖 ⋯⋯⋯⋯⋯⋯⋯⋯⋯⋯⋯⋯⋯⋯⋯ 陈宏灿

潇洒 ⋯⋯⋯⋯⋯⋯⋯⋯⋯⋯⋯⋯⋯⋯⋯ 李永芹

纪实文学

10＋0＝100 的于志安等式（“中国潮”征文）

⋯⋯⋯⋯⋯⋯⋯⋯⋯⋯⋯⋯⋯⋯⋯⋯⋯ 祖　慰

失落与追求——炎帝陵纪胜 ⋯⋯⋯⋯⋯ 谭元亨

黄昏之羡（散文）⋯⋯⋯⋯⋯⋯⋯⋯⋯⋯ 冯　炜

身后，一片灿烂的灯火——武二七铝合金装璜厂厂长
范再琪 ⋯⋯⋯⋯⋯⋯⋯⋯⋯⋯⋯⋯⋯⋯ 周翼南

红玛瑙手镯（散文）⋯⋯⋯⋯⋯⋯⋯⋯⋯ 劳　鸥

反侧辗心录——感屑而已 ⋯⋯⋯⋯⋯⋯ 陈泽群

诗歌

如约而来（诗一组）⋯⋯⋯⋯⋯⋯⋯⋯⋯ 鲁　黎
马竹 晓舟 刘倩倩 邹　原 宋葵红 涂亮秀

基隆港之夜（散文诗）⋯⋯⋯⋯⋯⋯⋯⋯ 吕　宋

青春路（散文诗）⋯⋯⋯⋯⋯⋯⋯⋯⋯⋯ 符阳春

评论

英雄从垂死到必然的新生 ⋯⋯⋯⋯⋯⋯ 蔡桂林

现实景观　传奇笔法——漫议《“父母官”传奇》

⋯⋯⋯⋯⋯⋯⋯⋯⋯⋯⋯⋯⋯⋯⋯⋯⋯ 邱胜威

1989 年第 3 期　刊名:《芳草》
目录

纪实文学

哥拉巴院、蝴蝶夫人及其他

——东方岛国启示录 ⋯⋯⋯⋯⋯⋯⋯⋯ 高伐林

“中国潮”报告文学征文

报复在 21 世纪——来自中国“第二代流失生”的公开
内参 ⋯⋯⋯⋯⋯⋯⋯⋯⋯⋯⋯ 肖思科　王燕萍

钢锉矿长——记湖北省宜昌县桃坪河磷矿矿长王志全

⋯⋯⋯⋯⋯⋯⋯⋯⋯⋯⋯⋯⋯⋯⋯⋯⋯ 杨建章

海外华侨的赤子之心（散文）⋯⋯⋯⋯⋯ 林　戈

最后的黄昏（情绪散文）⋯⋯⋯⋯⋯⋯⋯ 胡　鸿

小说

山里山外 ⋯⋯⋯⋯⋯⋯⋯⋯⋯⋯⋯⋯⋯ 叶明山

第五个是天使（中篇）⋯⋯⋯⋯⋯⋯⋯⋯ 刘　谦

内疚 ⋯⋯⋯⋯⋯⋯⋯⋯⋯⋯⋯⋯⋯⋯⋯ 李叔德

职称传奇 ⋯⋯⋯⋯⋯⋯⋯⋯⋯⋯⋯⋯⋯ 尤　中

花手绢 ⋯⋯⋯⋯⋯⋯⋯⋯⋯⋯⋯⋯⋯⋯ 谷　川

诗歌

服装市场 ⋯⋯⋯⋯⋯⋯⋯⋯⋯⋯⋯⋯⋯ 李　明

邂逅 ⋯⋯⋯⋯⋯⋯⋯⋯⋯⋯⋯⋯⋯⋯⋯ 叶爱霞

评论

烦恼的职业 ⋯⋯⋯⋯⋯⋯⋯⋯⋯⋯⋯⋯ 王先霈

房子，一个凝重的文学意象

——读小说《纸床》、《黑洞》⋯⋯⋯⋯⋯ 李道荣

重新认识报告文学的“典型”论 ⋯⋯⋯⋯ 卫遵慈

1989 年第 4 期　刊名:《芳草》
目录

小说

大收煞（中篇）·····················沈虹光
主席·猴儿·猴儿他爹············高　越
死亡设计·····························刘富道
巷口琐闻（小小说三则）········何祚欢
变调··································王　绯
晒"棉花"····························金仕善
老家··································晓　苏
艳遇··································张步真
老安东尼和他的儿子···············胡威夷

报告文学

百炼之钢·····························崂　子

评论

方方创作中的平民"自审意识"·····周迪荪
《枭雄吴佩孚》散论··················于可训

1989 年第 5 期　刊名:《芳草》
目录

小说

狼尝尝·································高小林
神志健全者·····························李叔德
红章鱼·································庄杰孝
铁哥们（外一篇）····················傅蜀亮
麻婆··································天　宝
龙····································王兆新
白纽扣·································申力雯
"老出差"出差·······················郭金龙
价值规律·····························谷　川
吞噬··································李爱琼

纪实文学

"中国潮"报告文学征文

春蕾赋····················桂　喜　宝　贵　金　赋
光明的使者·····························起　早
故乡，那一条小河（散文）·········黄厚文

诗歌

乡情（二首）························立　之
唐三彩（外一首）····················周　民
单身汉的卧室（组诗）···············舒红琦

夜书（外一首）·····················叶晓武
黄昏之窗·····························向天笑
七弦琴（二首）·····················桂良华
清江吟（散文诗）····················吴柏松

评论

札记二章·····························王家新

1989 年第 6 期　刊名:《芳草》
目录

小说

印迹··································毛志成
鬼宅··································绍　六
银元的诱惑·····························刘小伟
磨房之夜·····························曾成章
干塘··································晚　道
晨雪··································官玉洪

散文

浅草四章（散文诗）···················管用和
《志愿军战俘纪事》诞生记············大　鹰
论诗散文（三章）····················赵国泰
香港的"天使"们······················陈卓乾
人生咏叹调（散文诗）···············圣　泉

报告文学

雪水滋润干渴的土地···········王　旻　吴　瑛

诗歌

岸礁（外一首）·····················谢克强
我掉进大海（外一首）···············江全章
梦的色彩·····························星　寒
大凉山梦幻曲（三首）·······（彝族）俅伍拉且
搭积木·································姚振起

1989 年第 7 期　刊名:《芳草》
目录

关于报告文学的报告文学

请看"戏外之戏"······················高伐林
被夏季所遗忘的
——《发生在那个夏季》的前因后果···杨匡满
从哪里来？向何处去？——《人生环行道》问世后
所感··································蒋　巍

我听到暂停的哨声

——《中国体育界》与"方便面"……………尹卫星

关于沉思的谐谑曲

——《京华建筑沉思录》面世记……………张 桦

小说

小说三题……………………………………鲍 昌

绿色聊斋——军营新世说三则……………高洪波

寻找父亲……………………………………常新港

斑马线………………………………………张 欣

迷人的廊柱…………………………………张曼菱

江上轶闻（二篇）…………………………陈应松

金王…………………………………………董天柚

溪……………………………………………付汉勇

散文·报告文学

克拉特博士…………………………………曾 卓

妈妈百岁（外一章）………………………周 代

冲刺，当晚霞燃烧的时候

………………肖运堂 杨从贤 胡德开 木 石

诗歌

鸡公山写意（组诗）………………………蔡 纯

掌心的几粒石头（组诗）…………………叶文福

表现情感的几种方式（组诗）……………韩作荣

故乡（外一首）……………………………董宏量

小城春秋（二首）…………………………李道林

1989 年第 8 期　刊名:《芳草》
目录

"中国潮"报告文学征文

面对美丽的裸体

——油画人体艺术大展记实………………罗来勇

评论

文坛四十年（1949—1989）反思录

论 1949—1976 年中国文学的文化检讨——当代艺术

文化批判论略………………………………于可训

小说

我是一匹狼…………………………………章 毅

老鼠…………………………………………聂鑫森

报告文学

水神…………………………………罗来国 雨 虹

歌声，从方向盘上飞出……………………江 雪

诗歌

未竟之旅（三首）…………………………谢明洲

秋日的私语…………………………………柳火生

寻找故乡（外一首）………………………张华林

八月，月亮又圆了…………………………韩兴贵

老窖（外一首）……………………………王庆红

梦（外一首）………………………………王竹立

1989 年第 9 期　刊名:《芳草》
目录

"中国潮"报告文学征文

律师没有沉默——一个众所周知的困境………田 天

小说

芸儿…………………………………………映 泉

天痴（文化人系列之四）…………………善 良

野湖…………………………………………梁必文

癌病…………………………………………朱家兵

评论

四项基本原则是繁荣文艺之本……………李 岩

总结经验着眼未来…………………………本刊记者

从"售货亭"到"白门楼"——"白门楼印象"的印

象……………………………………………陈明刚

报告文学("中国潮"报告文学征文)

神州精神

——记湖北轻型摩托车厂厂长王先礼………董士真

风流人物正反说……………………………熊 熊

1989 年第 10 期　刊名:《芳草》
目录

小说

时差…………………………………………沈虹光

孤独的骚动…………………………………姜天民

红孩子………………………………………邓一光

秋天的故事…………………………………唐 镇

她的背囊有九个袋…………………………成 平

围城之战……………………………………董宏量

一枝梅………………………………………刘益善

散文·报告文学

丘陵雕像（散文诗）………………………王新民

独韵 ———————————————— 夏日晖
知天命的罗老板 ———————————— 周　俊

诗歌

建国四十周年献辞 ———————————— 董宏猷
骡子 ———————————————— 陈应松
你的电话 —————————————— 谷未黄
这是一个过程（外一首）—————————— 马　竹
沙滩（外一首）————————————— 晓　舟
道路 ———————————————— 舟横划
致故土（外一首）———————————— 熊　红
慌乱 ———————————————— 柳火生

评论

艺术秩序中的乡土诗坛 ———————————— 赵国泰

1989 年第 11 期　刊名:《芳草》
目录

小说

灵屋 ———————————————— 李传锋
凡夫篇（三题）————————————— 叶大春
非正常包装 —————————————— 毕淑敏
拍卖"大江南" ————————————— 张衍荣
祝君一路平安 —————————————— 刘嘉陵
初恋 ———————————————— 田晓菲
一九九〇年的寻找 ———————————— 闻树国

散文·报告文学

冲浪者 ——————————————— 王建琳
黄家杞——不沉没的故事 ————————— 覃　全
巫山觅奇（散文）———————————— 卢　苇
又见背影（散文）———————————— 舟　舟

诗歌

戈壁老人（外一首）———————————— 伊　甸
城市人（二首）————————————— 梁志宏
美丽瞬间（十四行诗组）———————————— 叶延滨

1989 年第 12 期　刊名:《芳草》
目录

"芳草小说、报告文学佳作奖"获奖篇目（一九八八年六月——一九八九年十月）

小说

戴家凼的呼声 —————————————— 刘小伟
惑 ————————————————— 斯　妤
怪味人生 ——————————————— 张　征
二十四岁无烦恼 ————————————— 顾守智
孤山 ———————————————— 梁必文
易水寒 ——————————————— 半　岛
颤抖的土地 —————————————— 董士真
踏三轮车的姑娘 ————————————— 江　雪

散文·报告文学

忆萱 ———————————————— 涂光群
不做不知道 —————————————— 王　石
汉口，一条"龙须沟"的消失 ———— 乔天佑　吕书臣
饮酒者必读 —————————————— 杨世运

诗歌

你们这些大兵 —————————————— 曾阳超
秋天的童话（外一首）——————————— 娅　子
故乡的河 ——————————————— 张志平
校园，那片相思林（组诗）—————————— 谢克强

《西藏文艺》
（《西藏文学》）

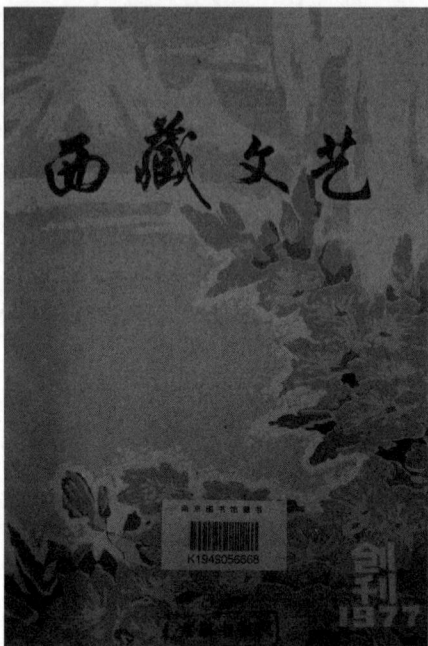

【简　介】

综合性文艺月刊。西藏自治区文学艺术界联合会主办。创刊于1977年。1984年由《西藏文艺》更名为《西藏文学》。创刊初期为季刊，1980年第1期起改为双月刊，1984年第1期起改为月刊，其为西藏地区第一份文学刊物，主要发表藏族文学作品，"见证了西藏当代文学事业发展，同时也积极参与和推动了西藏当代文学的发展"（吉米平阶语）。

期刊号：1977年第1期—1989年第6期

发刊词

冰融雪化，达玛花开红艳艳。打倒"四人帮"，社会主义文艺满园春。

珠穆朗玛峰脚下，人流如潮；雅鲁藏布江两岸，红旗漫卷。百万翻身农牧民纵情欢呼，放声歌唱。欢呼我们又有了自己的英明领袖华国锋主席，歌唱粉碎"四人帮"反党集团篡党夺权阴谋的伟大胜利！

在这人民大众的盛大节日里，《西藏文艺》迎着阶级斗争的风暴诞生了！

《西藏文艺》是我们伟大社会主义祖国文艺百花园中的一抹幼芽，她必将在马克思主义、列宁主义、毛泽东思想文艺理论哺育下，在毛主席的无产阶级文艺路线和文艺思想的指引下，绽开出绚丽的鲜花。

毛主席说："我们的文学艺术为人民大众的，首先是为工农兵的，为工农兵而创作，为工农兵所利用的。"《西藏文艺》一定要坚持文艺为无产阶级政治服务，为工农兵服务，为社会主义服务的方向；坚持"百花齐放，推陈出新"的方针；坚持革命的现实主义和革命的浪漫主义相结合的创作原则；通过文艺形式大力宣传马克思主义、列宁主义、毛泽东思想，宣传毛主席的无产阶级革命路线。当前要认真宣传华主席，宣传以华主席为首的党中央继承毛主席遗志，粉碎"四人帮"反党集团篡党夺权阴谋的历史性胜利的伟大意义，狠揭猛批"四人帮"的反革命的修正主义路线和滔天罪行。

在毛主席革命路线指引下，西藏百万翻身农民牧民坚持以阶级斗争为纲，坚持党的基本路线，坚持无产阶级专政下的继续革命，在社会主义金光大道上战斗前进，与天斗，与地斗，与阶级敌人斗，斗出了一个社会主义新西藏。西藏从一个封建农奴制社会一跃进入社会主义，实现了跨世纪的飞跃，这是人间奇迹。《西藏文艺》要满腔热情地歌颂毛主席无产阶级革命路线的伟大胜利，歌颂党的民族政策的伟大胜利，歌颂无产阶级"文化大革命"的伟大胜利，歌颂华主席率领百万翻身农牧民夺取越来越大的胜利，歌颂百万翻身农牧民在三大革命运动中火热的斗争生活。

西藏各族人民是勤劳智慧的人民。在过去长期的阶级斗争和生产斗争中，他们创造了丰富多彩、特具风格的文学艺术。人们把西藏誉为"歌舞的海洋"、"诗的海洋"。《西藏文艺》要把社会主义的内容同民族形式有机地结合起来，在作品中要尽可能地采用百万翻身农牧民喜闻乐见的风格和形式，采用群众中生动、形象的语言，做到生动活泼，丰富多彩，具有浓郁的西藏特色。

过去，"四人帮"霸占包括文学艺术在内的文化领域，作威作福，称王称霸，肆意反对、歪曲、篡改、阉割和破坏毛主席的无产阶级文艺路线和文艺思想，疯狂摧残社会主义文学艺术，把社会主义文学艺术变成他们篡夺党和国家最高权力，颠覆无产阶级专政、复辟资本主义的舆论工具，影响恶劣，流毒甚广。《西藏文艺》一定要在各级党委领导下，坚持文学艺术的党性原则，坚持群众路线，实行开门办刊，依靠工农兵，团结一切革命知识分子和文艺工作者，深入工农兵，深入实际斗争，依靠群众的力量，充分运用批判的武器，认真开展文艺评论，彻底肃清"四人帮"的流毒，不断提高刊物的质量。要使《西藏文艺》真正

成为"整个革命机器的一个组成部分，作为团结人民、教育人民、打击敌人，消灭敌人的有力的武器。"

在英明领袖华主席为首的党中央领导下，西藏各族人民同祖国各兄弟民族人民一道，满怀战斗豪情和胜利的喜悦，送走了极不平凡的一九七六年，迎来了战斗的一九七七年。 在新的一年里，《西藏文艺》一定要坚决遵照华主席为首的党中央的战略部署和指示，把热情反映深入开展揭发批判"四人帮"的伟大群众运动这一中心任务放在首要地位，同时要努力反映加强党的建设、农业学大寨和工业学大庆的群众运动、群众性的学习马列著作和毛主席著作的运动，为胜利完成一九七七年全党、全军、全国各族人民的战斗任务做出贡献！

我们的事业无上光荣，我们的任务十分艰巨。有英明领袖华国锋主席掌舵，我们的前途无限光明。我们对夺取更大的胜利充满信心！

最紧密地团结在华主席为首的党中央周围，高举文艺革命的大旗，奋勇前进，去迎接社会主义文艺百花争艳的春天！

《西藏文艺》编辑部
一九七七年元月

1977 年第 1 期　刊名:《西藏文艺》
目录

论十大关系（一九五六年四月二十五日）……毛泽东
中国共产党中央委员会主席华国锋同志在第二次全国农业学大寨会议上的讲话（一九七六年十二月二十五日）
乘胜前进…………《人民日报》、《红旗》杂志、《解放军报》一九七七年元旦社论
周总理永远活在西藏人民的心中
………………中共西藏自治区委员会
发刊词

热烈欢呼华主席　愤怒声讨"四人帮"

欢腾吧！ 拉萨河！（散文）…………次旺俊美
日光城（散文）…………………………秦文玉
金色的十月（散文）……………………谢学良
歌唱华主席，歌唱党中央（诗）
……………林芝县革委会副主任（门巴族）刀　布
万里高原春雷响（朗诵诗）……澎波农场业余宣传队
印书机里的炮声隆（诗）………………工人　次仁卓玛
坚决彻底除"四害"（诗）………………工人　秋　巴
把丢失的时间夺回来（诗）……………工人　刁孝明
车间战歌（诗）！……………………工人　王光礼

欢腾的山沟（诗）………………………周雪峰
红色电波传佳音（诗）…………………陶云萍
喜庆云开红日照（诗）…………………郭俊玲
红色电波传来"丹木桑"（诗）…………泽旺晋美
欢庆（外一首）…………………………雁　洋
报到，向祖国边疆报到（诗）…………马丽华
印刷工人热爱华主席（歌词）……工人　西绕拉姆
水调歌头"四人帮"的真面目……………山　丁
红小兵的歌（五首）……………………格桑平措等
格桑花献给华主席（歌曲）……刘一兵词　伊　西曲
紧跟华主席革命生产开红花（歌曲）
………………………周艳炀词　白登朗吉曲
愤怒声讨"四人帮"（歌曲）……李良忠词　汪家智曲

深切怀念敬爱的周恩来总理
门巴人民深切怀念周总理
………………自治区妇联副主任（门巴族）措　姆
雅鲁藏布江的思念（散文）……………严　冰
誓将遗愿化宏图（诗）…………………蔡卫东
水调歌头　深切怀念敬爱的周总理…………李佐民
忆秦娥　怀念周恩来总理………………洋　滔
扎尼河的激浪（小说）…………………工人　于胜庆
炉火熊熊（小说）………………………颜维华
高唱革命战歌　加强革命纪律（评论）………赵根法
鞭子、帽子及其他（杂文）……………邹　涤
西藏新民歌（五首）……………………蔡本湘收集整理
雅恩乡大草原的女儿回来了（诗）……李刚夫
高原养路工（诗）………………………解如光
支农迎来大寨县（诗）…………………战士　周长海
铁心务农把根扎（诗）…………………邢瑞金
春风送我到边疆（诗）…………………周雪琴
知识青年的壮语豪言（诗）……………徐官珠
誓与工农相结合（诗）…………………贺小波
一个工分（小歌剧）……昌都地区文艺宣传队集体创作
图片摄影…………………………马竞秋　徐　岗
毛主席的恩情永不忘（歌曲）
………………隆子县列麦公社民歌　罗念一作词编曲

1977 年第 2 期　刊名:《西藏文艺》
目录

热烈欢呼《毛泽东选集》第五卷出版
灿烂的光辉…………………………………本刊记者
雪山春雷（散文）………………………晨　原　谢　咏
金唢呐和羊皮鼓（诗歌·十首）………李良忠　周长海
西绕拉姆　黄念根　刘俊辉　刘希莲　宁建华　吴兆丰

红小兵欢呼红五卷（儿歌）

·············拉萨市工农兵小学红小兵

《毛选》五卷放光彩（歌曲）

·············红小兵 吴 缨词 雪 莫曲

欢腾的高原（美术插页）·········张 松 强 桑

旦 朗 阿 曲 颜贤志 高应新 赖远纯

小说·散文·报告文学

冰山沸泉（报告文学）·················边 烽

新春第一班（散文）·················聂先明

织机上的电光（小说）

·········林芝毛纺厂创作组集体创作 许树仁执笔

骏马飞奔（小说）·················德吉措姆

春满塔嘎村（散文）·················郭一先

高原上的"岛"（散文）·············凌行正

诗歌

大庆红旗飘高原（八首）···邹 兵 董学昆 王光礼

刘 骥 李良忠 潘树良 李永才 孙柏生 高 平

边疆盛开大寨花（七首）·········袁思冰 何子斌

高秀兰 王建华 颜维华 梁 华 肖 新

雷锋，你活在翻身农奴心中（三首）·······姚梦林

西藏新民歌（十首）·················廖 亮

邓佑清 雁 洋 杨从彪 向 阳

评论

为工农兵，还是为篡党夺权？——学习《在延安文艺

座谈会上的讲话》，批判反动影片《反击》···黄铁男

一个反党分子的形象——江 涛···········李仑初

杂文

"征心术"的变迁·················曾立平

泼辣货与白骨精·················延 东

创社会主义大业的擎天柱·············云 澄

演唱·歌曲

一段家常话（小演唱）·············徐官珠

跟着华主席，西藏开遍大寨花（歌曲）

·················徐官珠词 达 娃曲

华主席夸咱是好儿童（歌曲）···周艳阳词 伊 西曲

咱为农业插上金翅膀（歌曲）

·················李永才 周艳阳词 糜若如曲

热烈欢呼党的十届三中全会胜利召开

雪山草原齐欢呼·······堆尼德庆县加热公社 南嘎占堆

火把游行·········驻藏部队某部副指导员 周长海

手捧公报望北京·················任培基等

写封信儿给华主席·················何映森等

热烈庆祝伟大的中国人民解放军建军五十周年

进藏先遣六千里·········西藏军区司令员 郄晋武

回顾西线筑路·········西藏军区副政委 李传恩

在拉萨站稳脚跟·················峻 政

墨地卡地区剿匪记·······拉萨警备区副司令员 嘎 金

在华主席统帅下继续进军·············本刊编辑部

张福林的种子（报告文学）·········张 骏 张怀京

查果拉山上找清泉（革命故事）·········傅子和

拉萨河的歌（报告文学）·············罗良兴

恪桑单增叔叔永远鼓舞我前进

·········拉萨师范学校附小班红小兵 米 玛

霜重色愈浓——学习《陈毅诗词选集》札记

·················李杏保 程卫军

红军不怕远征难——西藏话剧团部分同志谈话剧《万

水千山》

嵌在翻身农奴心中的"八一"（诗歌）·········徐官珠

放歌雅鲁藏布江（诗歌）·············沈巧耕

高耸的丰碑（诗歌·二首）·············杨泽明

边疆的眼睛（小说）·················詹仕华

望果节那天（小说）·········吴春荣 洛桑希洛

藏胞歌唱解放军（革命历史歌曲）

·················洛 水词 高如星 孟贵彬曲

热烈欢呼"毛选"五卷藏文版发行

索朗的喜歌（诗歌）·················尼玛加央

我运宝书回山乡（诗歌）·············扎 西

高原幸福歌（诗歌）·················任裕湛

在党旗下（诗歌）·················罗诗煌

县委在此办公（诗歌）·················刘 姜

我吹起竖笛告诉你（民歌·五首）·········周艳炀

华主席 来西藏（歌曲）·········工人 李永才词

罗念一曲

哈达献给华主席（套色木刻）·············林 悦

1977 年第 3 期　刊名:《西藏文艺》

目录

英明领袖华主席视察西藏时的题词

敬爱的叶副主席七律《八十书怀》

1977 年第 4 期　刊名:《西藏文艺》

目录

攻关·················叶剑英

无险不可攀——读叶帅《攻关》奉和·········张爱萍

毛主席的旗帜是西藏革命的胜利旗帜——纪念伟大的

领袖和导师毛主席逝世一周年

·················中共西藏自治区委员会

深切怀念大救星毛主席⋯⋯⋯⋯⋯朋措扎西
古城深夜述深情（散文）⋯⋯⋯⋯⋯吴 杰
领袖·人民（散文）⋯⋯⋯⋯⋯⋯晓 渡
各族人民怀念毛主席（诗辑）⋯⋯仁增旺杰等
万代传颂 永世歌唱（歌曲）
⋯⋯⋯⋯⋯⋯徐官珠词 白登朗吉曲
朝晖·撒遍了阿伊拉（散文）⋯⋯⋯吴雨初
旗帜（散文）⋯⋯⋯⋯⋯⋯⋯德吉梅朵
端起"神湖"的人们（报告文学）⋯⋯边 烽
颂歌献给十一大（诗辑）⋯⋯⋯⋯董学昆等
华主席率领我们奔向胜利前方（歌曲）
⋯⋯⋯⋯⋯任培基词 罗桑三丹曲
解放公园一瞥（散文）⋯⋯⋯⋯⋯严 冰
国庆节巡逻（诗）⋯⋯⋯⋯⋯⋯沈巧耕
坚持双百方针 为繁荣社会主义文艺而奋斗（评论）
⋯⋯⋯⋯⋯⋯⋯⋯⋯⋯庚 法
剖析"四人帮"阴谋文艺的几个代表作（评论）
⋯⋯⋯⋯⋯⋯⋯⋯⋯李伦初
"三突出"是一条扼杀革命文艺的绞索（评论）
⋯⋯⋯⋯⋯⋯⋯⋯⋯黄铁男
漫话新民歌（评论）⋯⋯⋯⋯⋯张又君
雪山风暴（叙事长诗）⋯⋯⋯⋯⋯汪承栋
阿佳次仁拉姆（小说）⋯⋯⋯⋯索郎顿珠
差距（小说）⋯⋯⋯⋯⋯⋯⋯莫畏难
奔腾的江河（散文）⋯⋯⋯⋯⋯厉 力
吉曲河畔爱民歌（群口数来宝）⋯梁秉详 申兆华

向科学进军⋯⋯⋯⋯⋯⋯⋯⋯杨从彪
科学考察珠穆朗玛峰⋯⋯⋯⋯⋯沈巧耕
我是藏族采煤工（外一首）⋯⋯⋯聂先明
尼洋河放歌（外一首）⋯⋯⋯⋯⋯宁 松
鞭梢系着红云⋯⋯⋯⋯⋯⋯⋯邹 兵
草地铁骑⋯⋯⋯⋯⋯⋯⋯⋯⋯杨泽民
为农业学大寨出力⋯⋯⋯⋯⋯童庆祥
担心⋯⋯⋯⋯⋯⋯⋯⋯⋯⋯张世荣
我赞华主席功勋高（民歌一组）⋯土登翻译整理
老惹巴的赞歌（《雅恩大草原的女儿回来了》续篇一）
⋯⋯⋯⋯⋯⋯⋯⋯⋯⋯李刚夫
批判"文艺黑线专政"论座谈会纪要

评论·随笔·杂文
浅谈汪承栋同志长诗《雪山风景》⋯洋 滔
只争朝夕⋯⋯⋯⋯⋯⋯⋯⋯⋯彩 帆
"新毒草"和"空招牌"⋯⋯⋯⋯⋯李杏葆

相声·歌曲
朵来米发⋯⋯⋯⋯⋯⋯⋯⋯⋯王廷栋
手捧哈达望北京⋯⋯⋯⋯雁 洋词 伊 西曲
喜看江山分外娇⋯⋯⋯⋯⋯⋯周一行词曲
封面设计⋯⋯⋯⋯⋯⋯⋯⋯⋯罗伦张
扉页设计⋯⋯⋯⋯⋯⋯⋯⋯⋯马 刚
摄影三幅⋯⋯⋯⋯⋯⋯⋯刘丽嘉 陈宗烈

1978 年第 1 期 刊名:《西藏文艺》
目录

毛主席给陈毅同志谈诗的一封信

小说·散文·报告文学
巍巍丰碑⋯⋯⋯⋯⋯⋯⋯⋯⋯石 凡
年楚河畔的奇迹⋯⋯⋯⋯⋯⋯⋯史 实
来自双湖草原的报告⋯⋯⋯⋯长 生 景 松
春涌军民渠⋯⋯⋯⋯⋯⋯德吉梅朵 靳 莱
教师⋯⋯⋯⋯⋯⋯⋯⋯⋯⋯陈 吟
仙女草⋯⋯⋯⋯⋯⋯⋯⋯⋯阎振中
牦牛爷爷⋯⋯⋯⋯⋯⋯⋯⋯⋯谢 咏
血海怒⋯⋯⋯⋯⋯⋯⋯列麦人民公社史编写组

诗歌
迎春曲⋯⋯⋯⋯⋯⋯⋯⋯⋯周艳炀
阿妈的思念⋯⋯⋯⋯⋯⋯⋯⋯武兆强
光辉题词向珠峰飞来⋯⋯⋯⋯⋯里 沙
回忆⋯⋯⋯⋯⋯⋯⋯⋯⋯⋯刘 骥
茶缸的故事⋯⋯⋯⋯⋯⋯⋯⋯任 远

1978 年第 2 期 刊名:《西藏文艺》
目录

小说·散文·报告文学
高原赛马会（散文）⋯⋯⋯⋯⋯益西丹增
戈曲河边的故事（小说）⋯⋯⋯刘占先 犀 戈
特殊帐篷（小说）⋯⋯⋯⋯⋯⋯龚 仁
米拉山上（小说）⋯⋯⋯⋯⋯⋯何小余
牦牛赞（散文）⋯⋯⋯⋯⋯⋯姚梦林
总指挥（特写）⋯⋯⋯⋯⋯⋯范向东
农奴歌——（列麦人民公社史《冰解花开》第二章）
⋯⋯⋯⋯⋯⋯列麦人民公社史编写组

诗歌
当五届人大公报发表的时刻⋯⋯⋯杨建中
喜读《政府工作报告》⋯⋯⋯⋯吕万成
华主席接见咱代表⋯⋯⋯⋯⋯李 莹
唱支赞美的歌吧⋯⋯⋯⋯⋯⋯西绕拉姆
祝科学大会胜利召开⋯⋯⋯⋯⋯赵解均
科学大会播春光⋯⋯⋯⋯⋯⋯鲁 莹
要了解我的心情才美⋯⋯⋯⋯⋯公 李
绿色的长龙⋯⋯⋯⋯⋯⋯⋯⋯李永才

当家 .... 铁　亮
油田女钻工 .... 夏全志
怎不叫人心花怒放（歌词） .... 杨泽明
咱们是战友啊，拉萨河！ .... 周长海
日光城，你好！ .... 魏志远
高原上新添一户人家 .... 赖钢龙
老惹巴的颂歌——（《雅恩大草原的女儿回来了》续
篇二） .... 李刚夫
"六一"节，好天气（外一首） .... 任培基
商量（儿歌） .... 何映森
我们的家乡 .... 阎振中
曲水民歌一组 .... 王定沐收集整理
藏族谚语十条 .... 冯　扬收集
手捧香茶迎亲人（小演唱） .... 郑克级　黄　石

评论

立马高原抒壮怀——读陈毅同志记西藏之行的六首诗
 .... 杨福臣　刘照友
"李贺诗很值得一读" .... 熊玉鹏
我们工人喜欢民歌 .... 董学昆
不讲平仄　即非律诗 .... 降　耶
三个卓玛（歌曲） .... 汪承栋词　格桑达吉曲
春风吹绿了草原（歌曲）
 .... 马心皓　杨兆振词　常留柱曲
人像习作选 .... 韩书力等

1978 年第 3 期　刊名:《西藏文艺》

目录

深切怀念郭沫若同志 .... 本刊编辑部
纪念人民公社成立二十周年
华主席是咱社里人 .... 格桑曲珍
怒放吧，公社的科研之花 .... 陶　煦
曲曲草原的今天 .... 灯　静
歌唱幸福的金桥（民歌五首） .... 大扎西
奔金桥——（列麦人民公社史《冰解花开》第四章）
 .... 列麦人民公社史编写组

小说·散文

亚东秋（散文诗） .... 周长海
五根红松木（速写） .... 冯天树
清泉潺潺（散文） .... 和占华
夜走富士拉（特写） .... 颜崇培
小兵和老政委（小说） .... 宋黎明
博戈尔部落的女儿（小说） .... 罗良兴
墙（小说） .... 叶　晞

诗歌·谚语

《国际歌》声卷春雷（外一首） .... 吴雨初
歌声 .... 杨建中
测绘兵短歌（三首） .... 成宏图
火红的征途（三首） .... 杨泽明
干 .... 戴　益
雷达站诗情（二首） .... 廖怀书
山间平川 .... 徐官珠
欢腾的望果节 .... 范　愉
春天的歌 .... 刘　凯
红霞寄语 .... 任彦芳
长长的公路 .... 高　岩
格桑（歌词） .... 张　苛
红教棍（儿歌） .... 邓元杰
藏族谚语（十条） .... 坚　赞等收集

评论

"董老善五律"——读董必武诗选 ...... 李杏保
略谈诗歌创作中的形象塑造 .... 大　刃
大家来做文艺战线上的"伯乐" .... 袁文科
努力写好"一个'这个'"——谈《雪山风暴》中卡玛
形象的塑造 .... 张玉瓖

曲艺·歌曲

连长三送病号饭（对口快板） .... 汤志光
华主席题词暖人心（歌曲） .... 张振声词　魏光达曲
珞巴人民拥军歌（歌曲） .... 周艳炀词　何润源曲
摄影、篆刻 .... 年　炘　祝　平　毛国周

1978 年第 4 期　刊名:《西藏文艺》

目录

央金（小说） .... 刘　克
登山队员（散文） .... 涂光群
风急浪高（小说） .... 何小余
邦锦花儿红（报告文学） .... 张　骏
小柳斗（散文诗·外二章） .... 山　谷
小蜜蜂和花蝴蝶（童话） .... 任培基
考核的考核（散文） .... 苏国柱

作家与作品

论曹禺的思想发展和创作道路 .... 杨兆振
编辑笔记（转载） .... 孙　犁
毛主席伟大旗帜高高飘扬（诗） ...... 杨星火
誓为红旗添新彩（诗·外二首） .... 彭乡荣
长征路上歌声扬（诗） .... 张全智
我为长征铺金砖（诗） .... 西绕拉姆
北京边疆紧相连（诗） .... 朱红心

真理（诗）⋯⋯⋯⋯⋯⋯⋯⋯⋯⋯⋯⋯⋯⋯信　鸽

农业学大寨

大寨花（诗）⋯⋯⋯⋯⋯⋯⋯⋯⋯⋯⋯⋯陈禄明
草原春风（诗）⋯⋯⋯⋯⋯⋯⋯⋯⋯⋯⋯李　振
高原女打字员（诗）⋯⋯⋯⋯⋯⋯⋯⋯黄常超
赞泥土（诗）⋯⋯⋯⋯⋯⋯⋯⋯⋯⋯⋯何光大
地球是个运动员（儿歌·外一首）⋯⋯邓元杰
拉萨河的性格（诗）⋯⋯⋯⋯⋯⋯⋯⋯汪承栋
我爱拉萨河（诗）⋯⋯⋯⋯⋯⋯⋯⋯⋯杨泽明
火花（诗）⋯⋯⋯⋯⋯⋯⋯⋯⋯⋯⋯⋯里　沙
藏族谚语十五条⋯⋯⋯⋯⋯⋯⋯⋯⋯⋯坚　赞等
可喜的收获——《尼玛夏》读后⋯⋯黄君达　吴家微
感情，诗的血液（评论）⋯⋯⋯⋯⋯⋯夏　吟
新诗话⋯⋯⋯⋯⋯⋯⋯⋯⋯⋯⋯⋯⋯⋯赵　庭
华主席的恩情唱不尽（歌曲）⋯⋯⋯李光德词曲
北京在我的心坎上（歌曲）⋯⋯⋯廖代谦词　罗　斌曲
如今咱车长翅膀（歌曲）⋯⋯⋯董学昆词　吴子清曲
请你喝碗丰收酒（封二摄影）⋯⋯⋯陈宗烈
芭蕉玉兰（封三国画）⋯⋯⋯⋯⋯⋯马龙青
扉页设计⋯⋯⋯⋯⋯⋯⋯⋯⋯⋯⋯⋯⋯罗伦张
目录及封底剪纸⋯⋯⋯⋯⋯⋯⋯魏淑云　黄素宁

1979 年第 1 期　刊名:《西藏文艺》

目录

沉默（小说·建国三十周年征文）⋯⋯扎西达瓦
在困难的时刻（小说）⋯⋯⋯⋯⋯⋯⋯石　凡
红领巾和小鸭（动画片剧本）⋯⋯⋯赵乐斌
拉姆（小说·建国三十周年征文）⋯⋯童秀平
查果拉的好门巴（报告文学）⋯⋯⋯杨星火
"垛"书记（小说）⋯⋯⋯⋯⋯⋯⋯⋯吴雨初
歌唱救星毛主席（民歌三首）⋯⋯廖东凡收集整理
都在嘱托我⋯⋯（诗）⋯⋯⋯⋯⋯⋯周稼海
永远怀念毛主席（诗）⋯⋯⋯⋯⋯⋯李佐民
周总理摸过我的弓箭（诗·建国三十周年征文）
⋯⋯⋯⋯⋯⋯⋯⋯⋯⋯⋯⋯⋯⋯⋯蔡文祥
胸怀"四化"测宏图（诗）⋯⋯⋯⋯肖朝德
探宝小诗三首⋯⋯⋯⋯⋯⋯⋯⋯⋯⋯左可国
新时期的春天（诗）⋯⋯⋯⋯⋯⋯⋯洋　滔
雪山新茶（诗）⋯⋯⋯⋯⋯⋯⋯⋯⋯晓　阳
提起老王谁不夸（诗）⋯⋯⋯⋯⋯⋯王国云
迎春组诗四首（建国三十周年征文）王树国
访阿拉尔牧场（外两首·建国三十周年征文）
⋯⋯⋯⋯⋯⋯⋯⋯⋯⋯⋯⋯⋯⋯⋯梁上泉
智慧的水（诗）⋯⋯⋯⋯⋯⋯⋯⋯⋯戈阿干
雪山小站（诗）⋯⋯⋯⋯⋯⋯⋯⋯⋯凝　溪
藏族情歌四首⋯⋯⋯⋯⋯⋯⋯⋯土敦等翻译整理

红柳颂（诗）⋯⋯⋯⋯⋯⋯⋯⋯⋯⋯⋯李佳俊
藏族谚语十条⋯⋯⋯⋯⋯⋯李秀清　徐金宝收集
雪山上的灰狼（寓言诗）⋯⋯⋯⋯⋯周艳炀
既在情理之中　又在意料之外（评论·转载）⋯劲　芝
革命诗抄在　光焰万丈长（评论）⋯大　刃
让倾向自然而然地流露出来（评论）⋯赵　震
藏族儿女怀念毛主席（歌曲）
⋯⋯⋯⋯⋯西藏格尔木办事处业余文艺宣传队
翻身农奴热爱华主席（歌曲）⋯王廷珍词　涂青华曲
扬眉剑出鞘（歌曲）⋯⋯⋯天安门诗抄　周一行曲
封面设计⋯⋯⋯⋯⋯⋯⋯⋯⋯⋯⋯⋯罗伦张
目录及封底剪纸⋯⋯⋯⋯⋯⋯⋯⋯⋯王金菊

1979 年第 2 期　刊名:《西藏文艺》

目录

格拉和她的孩子们（小说）⋯⋯⋯⋯范向东
扛上先行旗时的故事（小说·建国三十周年征文）
⋯⋯⋯⋯⋯⋯⋯⋯⋯⋯⋯⋯⋯⋯⋯彭建成
热田赋（散文·建国三十周年征文）杨星火
童话两篇（建国三十周年征文）⋯⋯赵乐斌
南伊曲（散文）⋯⋯⋯⋯⋯⋯⋯⋯⋯魏志远
在人民体育场上（散文）⋯⋯⋯⋯⋯周长海
苍姆决（小说节选）⋯⋯⋯⋯⋯⋯⋯刘　克
妮妮的婚礼（小说·建国三十周年征文）⋯廖东凡
花木诗笺（诗·建国三十周年征文）马丽华
再不是古老的传说（诗两首·建国三十周年征文）
⋯⋯⋯⋯⋯⋯⋯⋯⋯⋯⋯⋯⋯⋯⋯意西泽仁
向亲爱的老师致敬（诗·建国三十周年征文）
⋯⋯⋯⋯⋯⋯⋯⋯⋯⋯⋯⋯⋯⋯⋯杨从彪
藏族谚语十条⋯⋯⋯⋯⋯⋯⋯⋯⋯⋯罗润苍译
金钥匙（诗·外一首）⋯⋯⋯⋯⋯⋯梁上泉
唱给琳琅山（诗·外两首）
——写在朱总的故乡⋯⋯⋯⋯⋯⋯⋯杨泽明
柜台春色（诗）⋯⋯⋯⋯⋯⋯⋯⋯⋯秦　云
生命的花朵（诗）⋯⋯⋯⋯⋯（纳西族）戈阿干
布达拉宫之歌（诗·建国三十周年征文）⋯降大任
描绘科学金字塔（诗）⋯⋯⋯⋯⋯⋯邓元杰
天湖奇传（诗）⋯⋯⋯⋯⋯⋯⋯⋯⋯李永才
樱花盛开的日子（诗·四首）⋯⋯⋯夏　天
看话剧《于无声处》杂言（诗·建国三十周年征文）
⋯⋯⋯⋯⋯⋯⋯⋯⋯⋯⋯⋯⋯⋯⋯火　焱
萨迦格言⋯⋯⋯⋯⋯⋯贾湘云　廖东凡等翻译整理
为了四化学文化（儿歌一组）⋯⋯⋯巴　桑等
鹿场夏日（诗）⋯⋯⋯⋯⋯⋯⋯⋯⋯马丽华
夸农机（折嘎快板）
⋯⋯⋯⋯⋯⋯⋯山南文工队集体创作　廖亮执笔

黑痣英雄（叙事长诗）⋯⋯⋯⋯⋯⋯⋯⋯汪承栋

繁荣文艺创作　为四化建设服务⋯⋯⋯本刊评论员
情与景（评论）⋯⋯⋯⋯⋯⋯⋯⋯⋯⋯肖文苑
春满舞台（文艺述评）⋯⋯⋯⋯⋯⋯⋯薛元超
民族团结的热情颂歌（评论）⋯⋯⋯⋯李佳俊

选模范（歌曲）⋯⋯⋯⋯⋯⋯⋯⋯⋯⋯王作文词曲
在金色的青稞地里（歌曲）⋯⋯李永才词　江　嘎曲
歌儿越唱越快活（歌曲）⋯⋯⋯孙　伟词　咿　哑曲
牧场夜哨（国画·封二）⋯⋯⋯⋯⋯⋯韩书力
封面及封底装饰⋯⋯⋯⋯⋯⋯⋯⋯⋯⋯罗伦张

1979 年第 3 期　刊名:《西藏文艺》
目录

故土（小说·建国三十周年征文）⋯⋯⋯刘汉君
来自克松公社的报告（报告文学·建国三十周年征文）
⋯⋯⋯⋯⋯⋯⋯⋯⋯⋯⋯⋯⋯⋯杨星火
木棉树下的来信（散文）⋯⋯⋯⋯⋯⋯郭一先
在祖国大家庭里（散文）⋯⋯⋯⋯⋯⋯澍　雨
春的欢笑（小说）⋯⋯⋯⋯⋯⋯⋯⋯⋯宛　土
阿波（小说）⋯⋯⋯⋯⋯⋯⋯⋯⋯⋯⋯廖光耀
索朗主任落实政策（小品文）⋯⋯⋯⋯刘　晏
钻石案（民间故事·建国三十周年征文）
⋯⋯⋯⋯⋯⋯⋯⋯⋯⋯易希单争搜集整理
趴山柏的品格（散文·建国三十周年征文）
⋯⋯⋯⋯⋯⋯⋯⋯⋯⋯⋯⋯⋯⋯袁光厚
初春的拉萨（散文诗）⋯⋯⋯⋯⋯⋯⋯周长海
蜀乡三章（散文）⋯⋯⋯⋯⋯⋯⋯⋯⋯穗　子
觉悟花（组诗）⋯⋯⋯⋯⋯⋯⋯⋯⋯⋯紫德森
我也有……（诗）⋯⋯⋯⋯⋯⋯⋯⋯⋯马丽华
罪人（诗·外一首）⋯⋯⋯⋯⋯⋯⋯⋯任　远
光荣和骄傲（诗）⋯⋯⋯⋯⋯⋯⋯⋯⋯洋　滔
婚礼之歌（叙事诗）⋯⋯⋯⋯⋯⋯⋯⋯范峥嵘
战斗·十月的子孙（诗·外一首）⋯⋯周敏生
开会迷（诗·转载）⋯⋯⋯⋯⋯⋯马雅可夫斯基
误人青春（画·转载）⋯⋯⋯⋯⋯⋯⋯华君武
资料室里（诗）⋯⋯⋯⋯⋯⋯⋯⋯⋯⋯郑德明
师傅敬我一杯酒（诗）⋯⋯⋯⋯⋯⋯⋯李永才
儿歌两首⋯⋯⋯⋯⋯⋯⋯⋯⋯⋯⋯⋯⋯喻德荣等
藏族情歌三首⋯⋯⋯⋯⋯⋯⋯⋯⋯⋯⋯里　沙
东郭先生除害记（寓言诗）⋯⋯⋯⋯⋯王荫昌
月下（诗）⋯⋯⋯⋯⋯⋯⋯⋯⋯⋯⋯⋯王国云
梦（诗）⋯⋯⋯⋯⋯⋯⋯⋯⋯⋯⋯⋯⋯魏志远
萨伽格言（第五章）⋯⋯⋯⋯⋯⋯⋯⋯次旦多吉等
谚语五条⋯⋯⋯⋯⋯⋯⋯⋯⋯⋯⋯⋯⋯蒋金铺辑
学藏话（相声）⋯⋯⋯⋯⋯⋯⋯⋯⋯⋯侯仕鑫

藏戏和藏戏故事——西藏文化巡礼⋯⋯王　尧
真实才能感人——浅析刘克短篇小说《古堡的烽烟》
里苍姆决的形象⋯⋯⋯⋯⋯⋯⋯⋯⋯⋯张隆高
从"魁星点斗"说开去⋯⋯⋯⋯⋯⋯⋯赵南荣
石钟山的联想⋯⋯⋯⋯⋯⋯⋯⋯⋯⋯⋯刘　方
封面及封底装饰⋯⋯⋯⋯⋯⋯⋯⋯⋯⋯罗伦张

1979 年第 4 期　刊名:《西藏文艺》
目录

草原上的婚礼（四幕七场话剧·建国三十周年征文）
⋯⋯⋯⋯⋯⋯⋯⋯⋯⋯⋯⋯⋯⋯⋯李　扬
当黎基玛花开的时候（散文）⋯⋯⋯⋯张蜀华
写在燃烧的土地上（散文）⋯⋯⋯⋯⋯王琼仁
祖国的眼睛（特写）⋯⋯⋯⋯⋯⋯⋯⋯边　烽
敲钟波拉（小说·建国三十周年征文）⋯徐天德
改稿的遭遇（小说）⋯⋯⋯⋯⋯⋯⋯⋯王东玉
卓玛与翔英（小说）⋯⋯⋯⋯石太原　肖坚富
在世界屋脊上（散文）⋯⋯⋯⋯⋯⋯⋯凌　愉
拉萨河，我说的对吗？（散文诗）⋯⋯周长海
流萤（散文诗）⋯⋯⋯⋯⋯⋯⋯⋯⋯⋯赵乐斌
蓝色的渤海湾（散文）——夏令营散记⋯黄蓓佳
西藏民间故事⋯⋯⋯⋯⋯易希单争　黎　田搜集整理
雅鲁藏布江（诗·建国三十周年征文）⋯宁　宇
致老西藏（二首·建国三十周年征文）⋯杨星火
金翼的骏马（小叙事诗·建国三十周年征文）
⋯⋯⋯⋯⋯⋯⋯⋯⋯⋯⋯⋯⋯⋯⋯汪承栋
冲向阴霾的闪电（诗）⋯⋯⋯⋯⋯⋯⋯张振声
捧起飘香的奶茶碗（外一首）⋯⋯⋯⋯戈阿干
美好的祝愿（诗）⋯⋯⋯⋯⋯⋯⋯⋯⋯彭错郎加
我不由得抱起心爱的琴（诗·建国三十周年征文）
⋯⋯⋯⋯⋯⋯⋯⋯⋯⋯⋯⋯⋯⋯布和朝鲁
月下磨声（诗）⋯⋯⋯⋯⋯⋯⋯⋯⋯⋯陈禄明
西柏坡颂（二首·建国三十周年征文）⋯柴德森
藏族谚语⋯⋯⋯⋯⋯⋯⋯罗润苍翻译　冯　扬收集
刀锋（外两首·建国三十周年征文）⋯⋯韩忆萍
藏族情歌十首⋯⋯⋯⋯⋯⋯⋯⋯⋯⋯⋯赤列曲扎翻译
藏族情歌二首⋯⋯⋯⋯⋯⋯⋯⋯⋯⋯⋯商文健整理
小海鸥你站一站（儿童诗）⋯⋯⋯⋯⋯孙　伟
南行纪事（三首）⋯⋯⋯⋯⋯⋯⋯⋯⋯夏　天
怀念与歌颂（诗·建国三十周年征文）⋯杨建中
像雄浑浪漫的草原那样美（评论）——谈叙事长诗
《黑痣英雄》的艺术特色⋯⋯⋯⋯⋯⋯华　嵋
《敦煌古藏文历史文书》中的藏族古代歌谣
——西藏文化巡礼之二⋯⋯⋯⋯⋯⋯王　尧
关于作家艺术风格的浅议（评论）⋯⋯蔡本湘
卓谐（文艺资料）⋯⋯⋯⋯⋯⋯⋯⋯⋯何永才
《西藏文艺》改刊启事

国画（封二）⋯⋯⋯⋯⋯⋯⋯⋯⋯叶浅予
国画（封三）⋯⋯⋯⋯⋯⋯⋯⋯⋯马龙青
封面及封底装饰⋯⋯⋯⋯⋯⋯⋯⋯罗伦张

1980 年第 1 期　刊名:《西藏文艺》
目录

近在眼前的地平线（散文）⋯⋯⋯⋯⋯冰　心
斯玛普珠（长篇小说选载）⋯⋯⋯⋯益希单增
估产（小说）⋯⋯⋯⋯⋯⋯⋯⋯⋯黄铁男
遥远年代的故事（小说）⋯⋯⋯⋯⋯张　平
察隅的葵花（散文）⋯⋯⋯⋯⋯⋯⋯苏国柱

金樱子
挂牛头　卖猪肉（小品文）⋯⋯⋯⋯洪　峰
书记的早餐（小品文·外一则）⋯⋯田闻一
春潮与雪山（散文诗）⋯⋯⋯⋯⋯⋯周长海

西藏风物
千年沧桑话拉萨⋯⋯⋯⋯⋯晋　美　广　澄
罗布林卡花争妍⋯⋯⋯⋯⋯⋯⋯⋯袁光厚
说不完的故事（西藏民间故事）⋯⋯朝　群译

祖国各地
金桥夜月⋯⋯⋯⋯⋯⋯⋯⋯⋯⋯⋯杨　顾
未名湖夕照⋯⋯⋯⋯⋯⋯⋯⋯⋯⋯赛　波
草原上的婚礼（话剧）⋯⋯⋯⋯⋯⋯李　杨

仓洋嘉错情诗译集
雨神（外三首）⋯⋯⋯⋯⋯⋯⋯⋯杨星火
起点（外一首）⋯⋯⋯⋯⋯⋯⋯⋯高　帆
草原泉歌⋯⋯⋯⋯⋯⋯⋯⋯⋯⋯⋯泽　仁
湘江寄语——写给援藏女友⋯⋯⋯汪承楷
拉萨咏春⋯⋯⋯⋯⋯⋯⋯⋯⋯⋯⋯朗镇岳
春天⋯⋯⋯⋯⋯⋯⋯⋯⋯⋯⋯⋯⋯洋　滔
我们这样辞旧迎新⋯⋯⋯⋯⋯⋯⋯马丽华
门巴族情歌⋯⋯⋯⋯⋯西藏民族学院门巴族民
间文学调查组收集　于乃昌整理
升旗（外一首）⋯⋯⋯⋯⋯⋯⋯⋯杨泽明
帐篷县委⋯⋯⋯⋯⋯⋯⋯⋯⋯⋯意西泽仁
从铁匠想到的⋯⋯⋯⋯⋯⋯⋯⋯⋯闫振中
脚印⋯⋯⋯⋯⋯⋯⋯⋯⋯⋯⋯⋯⋯周敏生
新年前夕（散文诗）⋯⋯⋯⋯⋯⋯⋯挺　西
让"轻骑兵"在高原飞奔——评一九七九年《西藏文
艺》短篇小说⋯⋯⋯⋯⋯⋯本刊特约评论员

新年笔谈
迎接高原文艺的春天⋯⋯⋯⋯德格·格桑旺堆

长袖舞春风⋯⋯⋯⋯⋯⋯⋯⋯⋯⋯何永才
回顾与展望⋯⋯⋯⋯⋯⋯⋯⋯⋯益希单增
门巴族民间情歌与仓洋嘉错⋯⋯⋯于乃昌
颜色与诗歌⋯⋯⋯⋯⋯⋯⋯⋯⋯⋯徐龙华
此时无声胜有声⋯⋯⋯⋯⋯⋯⋯⋯肖文苑
百花初放（简讯）

美术之页
毛主席派人来（中国画）⋯⋯⋯⋯⋯韩书力
雀儿山（油画）⋯⋯⋯⋯⋯⋯⋯⋯胡项城
美术摄影十三幅⋯⋯⋯⋯⋯⋯⋯⋯马阿布等
封面设计⋯⋯⋯⋯⋯⋯⋯⋯韩书力　尚金昇
目录剪纸⋯⋯⋯⋯⋯⋯⋯⋯王金菊　贺　兰

1980 年第 2 期　刊名:《西藏文艺》
目录

格桑梅朵（长篇小说选载）⋯⋯⋯⋯降边加措
姑娘的心（小说）⋯⋯⋯⋯⋯⋯⋯⋯雪　凌
加油（小说）⋯⋯⋯⋯⋯⋯⋯⋯⋯潘声治
白龙和黑姑娘（科学童话）⋯⋯⋯⋯杨敬东
斯玛普珠（长篇小说选载）⋯⋯⋯⋯益希单增
高原铁道兵生活散记（散文）⋯⋯⋯河恒运
绿树·温泉·石子（散文）⋯⋯⋯⋯马丽平
流萤（数文诗）⋯⋯⋯⋯⋯⋯⋯⋯赵乐斌
雪山映着我们的军旗（数文诗）⋯⋯周长海
雀儿山下风雪夜（革命回忆录）⋯⋯王丽蓉

金樱子
礼物的学问（小品文·外一篇）⋯⋯弘　疏
委屈身价（小品文）⋯⋯⋯⋯⋯⋯⋯味　辛
说不完的故事（西藏民间故事）⋯⋯朝群译

西藏风物
藏族和茶⋯⋯⋯⋯⋯⋯⋯⋯晋　美　广　澄
林芝散记⋯⋯⋯⋯⋯⋯⋯⋯⋯⋯⋯王　波
杏花村里叙诗话⋯⋯⋯⋯⋯⋯⋯⋯黄声笑
一个藏族水手（外一首）⋯⋯⋯⋯⋯白　渔
望雪山⋯⋯⋯⋯⋯⋯⋯⋯⋯⋯⋯⋯石　英
兵站停车场（外一首）⋯⋯⋯⋯⋯李武兵
遐思（外一首）⋯⋯⋯⋯⋯⋯⋯⋯洋　滔
露珠⋯⋯⋯⋯⋯⋯⋯⋯⋯⋯⋯⋯⋯张建华
雪莲花⋯⋯⋯⋯⋯⋯⋯⋯⋯⋯⋯⋯马绪英
碑⋯⋯⋯⋯⋯⋯⋯⋯⋯⋯⋯⋯⋯⋯大　刃
铺路石⋯⋯⋯⋯⋯⋯⋯⋯⋯⋯⋯⋯陈先义
致李白⋯⋯⋯⋯⋯⋯⋯⋯⋯⋯⋯⋯赵丽宏
滴水⋯⋯⋯⋯⋯⋯⋯⋯⋯⋯⋯⋯⋯何映森
想象与梦幻⋯⋯⋯⋯⋯⋯⋯⋯⋯⋯杨建中

春雨（儿歌）⋯⋯⋯⋯⋯⋯⋯⋯⋯⋯陈官煊
剪羊毛（儿歌二首）⋯⋯⋯⋯⋯⋯孙华文
仓洋嘉错情诗译集
门巴族情歌⋯⋯⋯⋯⋯⋯⋯⋯于乃昌整理
西藏民歌初探（评论）⋯⋯赤烈曲扎　蔡贤盛
史传文学及《米拉日巴传》（评论）⋯⋯王　尧
吐蕃民间诗词《莫抛弃》剖析（评论）⋯黄文焕
美在质朴　贵在探索（评论）⋯⋯⋯李佳俊
美术作品选登⋯⋯⋯⋯⋯⋯⋯⋯朱　祥等
封面设计⋯⋯⋯⋯⋯⋯⋯⋯⋯⋯韩书力
封底⋯⋯⋯⋯⋯⋯⋯⋯⋯⋯⋯⋯尚金升

1980 年第 3 期　刊名:《西藏文艺》
目录

团结友爱的盛会　继续进军的号鼓——祝贺九个兄弟
民族省区及全国文学期刊工作会议的召开
⋯⋯⋯⋯⋯⋯⋯⋯⋯⋯⋯⋯⋯⋯本刊评论员
少奇同志——人民怀念您⋯洋　滔　施圣扬　雁　洋
宝石（小说）⋯⋯⋯⋯⋯⋯⋯⋯⋯刘汉君
夜归（小说）⋯⋯⋯⋯⋯⋯⋯⋯⋯吴雨初
进军途中的油印小报（革命回忆录）⋯⋯张成治
在圣地拉萨（长篇小说《斯玛普珠》选载）
⋯⋯⋯⋯⋯⋯⋯⋯⋯⋯⋯⋯⋯⋯益希单增

给孩子们
算盘爷爷，晚安（童话）⋯⋯⋯⋯火　焱
眼睛湖奇观（散文）⋯⋯⋯⋯⋯⋯史良刚
石锅的故事（阿古登巴故事之一）⋯⋯冀文正
思乡梦（散文诗）⋯⋯⋯⋯⋯⋯⋯周长海

西藏风物
山南，藏族文化的摇篮⋯⋯⋯⋯⋯李佳俊
漫话雪域的崇佛⋯⋯⋯⋯⋯晋　美　广　澄
醒来，铜矿（外一首）⋯⋯⋯⋯⋯杨星火
喜马拉雅山雪（组诗）⋯⋯⋯⋯⋯宁　宇
珠峰寄慨（外一首）⋯⋯⋯⋯⋯⋯丽　华
红豆集⋯⋯⋯⋯⋯⋯⋯⋯⋯⋯⋯沙　鸥
山（外一首）⋯⋯⋯⋯⋯⋯⋯⋯降大任
游园⋯⋯⋯⋯⋯⋯⋯⋯⋯⋯⋯⋯澍　雨
回来吧——阿妈⋯⋯⋯⋯⋯⋯⋯郝敬立
采露⋯⋯⋯⋯⋯⋯⋯⋯⋯⋯⋯⋯陈先义
羌塘牧歌⋯⋯⋯⋯⋯⋯⋯⋯⋯⋯杨泽明
花儿朵朵（儿童诗束）⋯⋯吴大喻　王化清　喻德荣
藏族水喻格言选译⋯⋯⋯⋯⋯⋯王世镇译
门巴族情歌⋯⋯⋯⋯⋯⋯⋯⋯于乃昌整理
阿里藏族情歌⋯⋯⋯⋯⋯⋯王兴先收集整理
《萨迦格言》评介⋯⋯⋯⋯⋯⋯⋯王　尧

策仁旺杰和他的《颇罗鼐传》
附:《颇罗鼐传》选译⋯⋯⋯⋯⋯汤池安
奇异的小花　团结的赞歌——读寓言诗《雪山上的灰
狼》⋯⋯⋯⋯⋯⋯⋯⋯⋯⋯杨胜龙　夏　天
雪山下的一束带露的鲜花——读叶晞同志中篇小说
《飞瀑》⋯⋯⋯⋯⋯⋯⋯⋯张世明　李　琼
我学习写诗的道路⋯⋯⋯⋯⋯⋯高　平
广大读者关心《斯玛普珠》（信稿一束）⋯⋯⋯图嘎等
中国作家协会西藏分会筹备组举办西藏优秀文学作品
评奖

封面设计⋯⋯⋯⋯⋯⋯⋯⋯⋯⋯韩书力
目录、封底剪纸⋯⋯⋯⋯⋯⋯⋯叶光明
封二：雏鹰⋯⋯⋯⋯⋯⋯⋯⋯⋯李天基

1980 年第 4 期　刊名:《西藏文艺》
目录

小说
朝佛（小说）⋯⋯⋯⋯⋯⋯⋯⋯扎西达娃
满天星星（小说）⋯⋯⋯⋯⋯⋯丹珠昂奔
雪茫茫（小说）⋯⋯⋯⋯⋯⋯⋯志　达
恼人的组织工作（小说）⋯⋯⋯⋯余　安
流浪人的火圈（长篇小说《幸存的人》选载）
⋯⋯⋯⋯⋯⋯⋯⋯⋯⋯⋯⋯⋯⋯益希单增

青稞苗苗
欢乐的林卡⋯⋯⋯⋯⋯⋯⋯⋯⋯央　珍
我的弟弟⋯⋯⋯⋯⋯⋯⋯⋯⋯⋯格桑其梅
我爱拉萨河⋯⋯⋯⋯⋯⋯⋯⋯⋯向红兵
难忘的一天⋯⋯⋯⋯⋯⋯⋯⋯⋯蔡　军
爱花的民族（散文）⋯⋯⋯⋯⋯意西泽仁

西藏风物
雪域艺术宝库——萨迦⋯⋯赤烈曲扎　蔡贤盛
青青樟木杜鹃红⋯⋯⋯⋯⋯⋯⋯张绪田
寓言三则⋯⋯⋯⋯⋯⋯⋯⋯⋯⋯郭一光

民间故事
金翅鸟的故事⋯⋯⋯⋯⋯⋯廖东凡搜集整理
卜卦猪头（说不完的故事）⋯⋯⋯朝　群译

格桑花开
党中央指示实在好（诗）⋯⋯⋯⋯洛桑顿珠
党中央派人来西藏（诗）⋯⋯⋯⋯次仁顿珠
一个后来者的祭奠（诗）⋯⋯⋯⋯杨建中
呵，您在笑（诗）⋯⋯⋯⋯⋯⋯钟永国
夏尔巴老人（诗）⋯⋯⋯⋯⋯⋯高　帆

井（诗）⋯⋯⋯⋯⋯⋯⋯⋯⋯⋯⋯⋯青格里
藏族情歌⋯⋯⋯⋯⋯意西泽仁 商文健搜集整理
我愿意⋯⋯但绝不（外一首）⋯⋯⋯⋯李龙模
古老的石磨（诗）⋯⋯⋯⋯⋯⋯⋯⋯田大刚
门巴族情歌⋯⋯⋯⋯⋯⋯⋯⋯于乃昌整理
林芝春景（诗）⋯⋯⋯⋯⋯⋯⋯西绕拉姆
录音机的联想（外一首）⋯⋯⋯⋯⋯桂汉标
嫉妒（外一首）⋯⋯⋯⋯⋯⋯⋯⋯莫 远
乞讨者（外一首）⋯⋯⋯⋯⋯⋯⋯洋 滔
金子（外一首）⋯⋯⋯⋯⋯⋯⋯⋯于宗信
雷（外一首）⋯⋯⋯⋯⋯⋯⋯⋯⋯何光大
灯下碎语（诗）⋯⋯⋯⋯王慧骐 王慧骏
垂柳（外一首）⋯⋯⋯⋯⋯⋯⋯⋯阎海曙
牵牛花（诗）⋯⋯⋯⋯⋯⋯⋯⋯⋯李树生
我想⋯⋯（诗）⋯⋯⋯⋯⋯⋯⋯⋯王敦贤
西藏歌舞分类及其源流（评论）⋯⋯黄文焕
藏汉情谊源远流长（评论）⋯⋯⋯张永芳
藏族古典小说的一颗明珠（评论）⋯多吉它
旋努达美（藏族古典文学选登）
⋯⋯⋯⋯⋯⋯⋯策仁旺杰著 汤池安译

封面设计⋯⋯⋯⋯⋯⋯⋯⋯⋯⋯⋯韩书力
封二版画⋯⋯⋯⋯⋯⋯⋯⋯⋯⋯⋯李焕民
封三国画⋯⋯⋯⋯⋯⋯⋯⋯⋯⋯⋯马龙青
目录剪纸⋯⋯⋯⋯⋯⋯⋯⋯⋯⋯⋯玉 珍

1980 年第 5 期　刊名:《西藏文艺》
目录

小说

端正思想路线，繁荣文艺创作——在自治区文联文学
创作读书班上的讲话⋯⋯⋯⋯⋯⋯宝 音
漫漫转经路（小说）⋯⋯⋯⋯⋯德吉措姆
请愿（长篇小说《幸存者》选载）⋯益希单增
忠臣和奸臣（《旋努达美》节选）
⋯⋯⋯⋯⋯⋯⋯策仁旺杰著 汤池安译
风筝（小说）⋯⋯⋯⋯⋯⋯⋯⋯高玉梅
遗忘了的文件（小说）⋯⋯⋯⋯⋯南 野

西藏风物

在岗仁波钦山下⋯⋯⋯⋯⋯⋯⋯李佳俊
采风小记⋯⋯⋯⋯⋯⋯⋯⋯⋯⋯吴雨初
小松子扎西（童话）⋯⋯⋯⋯⋯澍 雨
花牦牛救青年（说不完的故事）⋯朝 群译

散文诗小集

泉水淙淙地流淌（外一章）⋯⋯⋯马丽华
流萤⋯⋯⋯⋯⋯⋯⋯⋯⋯⋯⋯⋯赵乐斌

雅惹沟里⋯⋯⋯⋯⋯⋯⋯⋯⋯⋯周长海
高原的石头（外一章）⋯⋯⋯⋯⋯铁 男
零散的蹄印⋯⋯⋯⋯⋯⋯⋯⋯⋯草 青
林芝集影⋯⋯⋯⋯⋯⋯⋯⋯⋯西绕拉姆
幻想和现实（诗）⋯⋯⋯⋯⋯⋯崔合美
江河情思（诗）⋯⋯⋯⋯⋯⋯⋯张永权
拖拉机写的诗（诗）⋯⋯⋯⋯⋯杨星火
小草吟（诗）⋯⋯⋯⋯⋯⋯⋯⋯金志国
进发（外一首）⋯⋯⋯⋯⋯⋯⋯时培华
夜宿（外一首）⋯⋯⋯⋯⋯⋯⋯陈官煊
女道班工人（诗）⋯⋯⋯⋯⋯⋯陈禄明
小站黄昏（诗）⋯⋯⋯⋯⋯⋯⋯高 帆
摔跤场外（诗）⋯⋯⋯⋯⋯⋯⋯李 振
缠（外一首）⋯⋯⋯⋯⋯⋯⋯⋯张建华
哈哈镜（诗）⋯⋯⋯⋯⋯⋯⋯⋯许 行
拉萨情思（诗）⋯⋯⋯⋯⋯⋯⋯杨建中
藏族谚语⋯⋯⋯⋯⋯⋯⋯⋯张庆有集译
思索点滴（诗）⋯⋯⋯⋯⋯⋯⋯左可国
从《黑痣英雄》谈起⋯⋯⋯⋯⋯汪承栋
一个值得注意的人物
——浅谈《朝佛》中的德吉形象⋯杨福臣
深刻的主题，鲜明的形象——《朝佛》读后⋯宁世群
浅谈创作前的准备（评论）⋯⋯⋯蔡本湘

封面设计⋯⋯⋯⋯⋯⋯⋯⋯⋯⋯⋯韩书力
西藏壁画⋯⋯⋯⋯⋯⋯⋯⋯⋯札 西摄影
封底剪纸⋯⋯⋯⋯⋯⋯⋯⋯⋯⋯贺 兰
目录装饰⋯⋯⋯⋯⋯⋯⋯⋯⋯⋯张绍鹣

1980 年第 6 期　刊名:《西藏文艺》
目录

热烈祝贺我区首届文学作品评奖揭晓
为繁荣民族文学创作共同努力⋯⋯⋯本刊评论员
西藏首次文学作品评选揭晓（消息）
获奖作品名单
部分获奖作品评介（六篇）⋯⋯黄铁男 李佳俊
蔡本湘 张隆高 降大刃 马凤翔

小说

白河悄悄地流⋯⋯⋯⋯⋯⋯⋯⋯张 放
林丽⋯⋯⋯⋯⋯⋯⋯⋯⋯⋯⋯⋯贺增林
冲突⋯⋯⋯⋯⋯⋯⋯⋯⋯⋯⋯⋯边 鞭
金宗报信（长篇小说《幸存的人》选载）⋯益希单增

散文

喜酒⋯⋯⋯⋯⋯⋯⋯⋯⋯⋯⋯⋯刘昌福
草原日出⋯⋯⋯⋯⋯⋯⋯⋯⋯意西泽仁

"老中速"纪事 ……………………………… 李殿卿

西藏风物
西藏历史的博物馆 …………………………… 袁光厚

童话
小松树扎西 …………………………………… 澍 雨

说不完的故事
青蛙与公主 …………………………………… 李朝群译

诗歌
高原风情
高原散歌 ……………………………………… 汪承栋
牛皮船（外一首） …………………………… 藏 青
说是要到拉萨去的 …………………………… 吴雨初
等待（外一首） ……………………………… 蔡国瑞
拉萨之秋（三首） …………………………… 何映森
大昭寺杂咏 …………………………………… 解如光
鹰笛·雪山 …………………………………… 宁世群
纳木错（外一首） …………………………… 李运贵

爱在燃烧
高原情歌（组诗） …………………………… 维 熹
梦中晨雾（外一首） ………………………… 谭光远
草原之夜（外一首） ………………………… 文 丙
爱情 …………………………………………… 刘福林
星歌（外一首） ……………………………… 肖蒂岩
爱之歌 ………………………………………… 金 蓉
写在汽笛声中的情歌 ………………………… 何 鹰
我说，我爱，但我不能 ……………………… 马丽华
泉 ……………………………………………… 包福康
白发 …………………………………………… 王晋川

读者·作者·编者
算盘爷爷报国有门，退休无期——《算盘爷爷，晚
安》质疑 ……………………………………… 朱明旗

封面设计 ……………………………………… 韩书力
封二速写 ……………………………………… 罗伦张
封三雕塑 …………………………… 孟书明 赖远纯
目录、封底、扉页剪纸 ……………… 贺 兰 贺 青

1981 年第 1 期　刊名:《西藏文艺》
目录

革命回忆录
贺老总定线 …………………………………… 陈明义

过丹达山 ……………………………………… 彭英全
松赞干布（话剧） …………………………… 黄志龙
次仁多吉　洛桑次仁
呵，茫茫的羌塘（小说） …………………… 张 平
黑户（小说） ………………………………… 黄铁男
在莽莽的丛林里（中篇小说选载） ………… 石 凡
歌手（散文） ………………………………… 索娜德吉
香甜的奶子（散文） ………………………… 意西译仁

高原速写
神星高照（外一篇） ………………………… 马连义
甜茶馆 ………………………………………… 张庆丰
家当（特写） ………………………………… 吴 劲

民间故事
铁匠明珠托央 ………………………………… 廖东凡等
不说话的姑娘（说不完的故事） …………… 朝 群译
零乱的书信（诗） …………………………… 魏志远
昌都风情（散文诗） ………………………… 风 帆
春风，不要匆忙离去（四首） ……………… 金志国
晨曲·晚唱（诗） …………………………… 王 斌
花瓶（诗） …………………………………… 龙彼德
唱给古代诗人的歌（诗） …………………… 华 嵋

高原散歌
牧人的胸膛 …………………………………… 丹珠昂奔
鼓手 …………………………………………… 扎 登
牧女恋 ………………………………………… 汪承栋
拉萨情思 ……………………………………… 金 蓉
酥油浪花 ……………………………………… 高 帆
铜铃在唱歌 …………………………………… 阎振中
拉萨八角街漫步 ……………………………… 王远舟

转经筒与划圈圈 ……………………………… 降大任
奴隶的悲剧时代的葬歌
　——评长篇叙事诗《雪乡》 ……………… 张隆高
比喻平常寓意深——试谈《水木格言》 …… 易水君
附:《水木格言》（选登） ………… 王世镇 李午阳译

创作谈
学诗小议 ……………………………………… 杨大予
漫谈人物性格 ………………………………… 木 东
散文和想象 …………………………………… 蓝 青
封面设计 ……………………………………… 罗伦张
封二版画 ……………………………………… 牛 文
封三石刻 ……………………………………… 刘原供稿
封底画 ………………………………………… 其加达瓦

1981 年第 2 期　刊名:《西藏文艺》
目录

松赞干布（七场话剧）————————————黄志龙　次仁多吉
洛桑次仁
草原雨蒙蒙（小说）————————————意西泽仁
情与爱（小说）——————————————罗良兴
我的班长（小说）—————————————七美多吉
远方马儿来（小说）————————————张放
热亚草原上的野宴（革命回忆录）————————向绍钦

民间故事
念珍姑娘（说不完的故事）——————————李朝群译
如意金碗————————————王志敬　邓留生译

星之歌
桥（诗）————————————————谭光远
望星空（诗）——————————————周长海
尼洋河流啊，流（诗）————————————赵乐斌
边塞情（诗）——————————————詹仕华
夜话（诗）———————————————何映森

雪山奇情
高原诗草（诗）—————————————白渔
寄向高原的情诗（诗）———————————王晋川
雪山掠影（诗）—————————————钱佩衡
藏族情歌（十一首）
故乡情（诗）——————————————乔荣涛
草原情笛（诗）—————————————李永才
森林里（外一首）————————————时培华
可是……（诗）—————————————左可国
帕里望云（诗）—————————————黄常超
山南藏族民歌——————————————范向东收集整理
藏族格言、谚语—————————————张庆有翻译整理
格桑花开照眼明——评长篇小说《格桑梅朵》（评论）
————————————————————闻华
藏族谚语的思想和艺术（评论）————————张积成
小园丁（封二）—————————————翔秋志玛
当代（封三）——————————————叶代蔚

1981 年第 3 期　刊名:《西藏文艺》
目录

革命回忆录
回忆贺老总召谈解放西藏————————————任乃强
驻防日喀则地区散记————————————陈子植
支前线上————————————————曲梅巴珍

归队记————————————————罗良兴

散文
金色的飘带——————————————袁光厚
高原橘————————————————何映森

小说
一双新军鞋——————————————秋谷
松赞干布（话剧·续完）————————黄志龙　次仁多吉
洛桑次仁
靠勤奋　靠埋头苦干（访问记）————————阿男
寻求（小说）——————————————刘汉君
表姐（小说）——————————————高亚民
驮盐队（小说）—————————————叶晞
飞虹（散文）——————————————任善炯
冰雪消融（散文）————————————晓红

民间故事
卓林·尼玛滚觉————————廖东凡　次卓嘎
次多吉记录整理
普赤姑娘————————————邓留生　王志敬译
如果还有谁不曾明白（诗）——————————伊丹才让
七月的情诗（诗）————————————草青
草原的泉（诗）—————————————伟平
野葡萄（外一首）————————————张洪德
在黎明，我唱起一支歌（三首）————————杨建中
西藏素描（诗）—————————————高平
瀑布（外一首）—————————————张放
山的知音（诗）—————————————杨泽明
抒情诗三首————————————王远舟　谢妮
写在人民大会堂台湾厅（诗）—————————于宗信
捧杯含泪盼归人（诗）———————————张振声
关于《格萨尔王传》的几个问题（评论）————王沂暖
短篇小说创作三题（评论）—————————张隆高
反映生活的某些本质方面（评论）——谈短篇小说
《白河悄悄地流》—————————————曹天成
高原之秋（油画）————————————张鹰
赛马（水粉画）—————————————西热坚参
鲁郎写生（水粉）————————————次多
转经者（摄影）—————————————陈复礼
拉萨新貌（油画）————————————阿布

1981 年第 4 期　刊名:《西藏文艺》
目录

献给六省(区)藏族地区文学讨论会
紫烟红霞六十年
选"鹰"的日子里（长篇小说选载）————益希单增

战舰之歌（诗歌）⋯⋯⋯⋯⋯⋯⋯⋯⋯⋯⋯汪承栋
太阳（诗歌）⋯⋯⋯⋯⋯⋯⋯⋯⋯⋯⋯⋯⋯洋　滔
他的心房一片光明（报告文学）——记双目失明的藏
族英雄布德⋯⋯⋯⋯⋯⋯⋯⋯⋯⋯⋯⋯⋯袁光厚
那时我们正年青（革命回忆录）⋯⋯⋯⋯贾湘云
秋雨，你告诉我⋯⋯（小说）⋯⋯⋯⋯⋯黄铁男
七月雪（小说）⋯⋯⋯⋯⋯⋯⋯⋯⋯⋯⋯廖光耀

藏族作者诗歌专辑
春愿⋯⋯⋯⋯⋯⋯⋯⋯⋯⋯⋯⋯⋯⋯⋯丹真贡布
母亲黄河的恩怨⋯⋯⋯⋯⋯⋯⋯⋯⋯⋯伊丹才让
宇宙瀑布⋯⋯⋯⋯⋯⋯⋯⋯⋯⋯⋯⋯⋯饶阶巴桑
雪岩松⋯⋯⋯⋯⋯⋯⋯⋯⋯⋯⋯⋯⋯⋯格桑多杰
草原，绿色的记忆⋯⋯⋯⋯⋯⋯⋯⋯⋯丹珠昂奔
我心中的山河⋯⋯⋯⋯⋯⋯⋯⋯⋯⋯⋯道吉坚参
唱给老战士的歌⋯⋯⋯⋯⋯⋯⋯⋯⋯⋯邓珠拉姆
春蚕到死丝方尽⋯⋯⋯⋯⋯⋯⋯⋯⋯⋯次旺俊美
羌塘的明天⋯⋯⋯⋯⋯⋯⋯⋯⋯⋯⋯⋯扎　措
寂寞的时光⋯⋯⋯⋯⋯⋯⋯⋯⋯勒尔伊·格尔玛
醒醒吧，多雄拉⋯⋯⋯⋯⋯⋯⋯⋯⋯⋯多吉次仁
驯马⋯⋯⋯⋯⋯⋯⋯⋯⋯⋯⋯东本·乔高才让
高原放歌⋯⋯⋯⋯⋯⋯⋯⋯⋯⋯⋯⋯⋯华特尔
草原上，有一条弯弯的小河⋯⋯⋯⋯⋯扎　登
寻⋯⋯⋯⋯⋯⋯⋯⋯⋯⋯⋯⋯⋯⋯⋯⋯旦正加
党带来了幸福的时光⋯⋯⋯⋯⋯⋯⋯⋯索南旺杰
情歌三首⋯⋯⋯⋯⋯⋯⋯⋯⋯⋯⋯⋯⋯云丹龙珠
数频⋯⋯⋯⋯⋯⋯⋯⋯⋯⋯⋯⋯⋯⋯⋯索朗仁称
阿妈又是笑哈哈⋯⋯⋯⋯⋯⋯⋯⋯⋯⋯雀　丹
种子⋯⋯⋯⋯⋯⋯⋯⋯⋯⋯⋯⋯⋯⋯⋯索尚加
琴声⋯⋯⋯⋯⋯⋯⋯⋯⋯⋯⋯⋯⋯⋯⋯才旦扎西
香浪节⋯⋯⋯⋯⋯⋯⋯⋯⋯⋯⋯⋯⋯⋯才让娜姆
草原晨曲⋯⋯⋯⋯⋯⋯⋯⋯⋯⋯⋯⋯⋯温生杰
我是⋯⋯⋯⋯⋯⋯⋯⋯⋯⋯⋯⋯⋯⋯⋯其　美
我不是⋯⋯⋯⋯⋯⋯⋯⋯⋯⋯⋯⋯⋯⋯七美多吉
生活⋯⋯⋯⋯⋯⋯⋯⋯⋯⋯⋯⋯⋯昂旺·斯丹珍

故乡·民族·祖国（评论）
　——读《藏族作者诗歌专辑》⋯⋯⋯李佳俊
路依旧在延伸——记藏族诗人饶阶巴桑⋯马丽华
松耳石耳坠（小说）⋯⋯⋯⋯⋯⋯⋯⋯张世俊
月色溶溶（小说）⋯⋯⋯⋯⋯⋯⋯⋯⋯樊汝泉
请留下来，远方的客人（散文）⋯⋯魏忠勇　卞　奎
高原晨曲（散文诗）⋯⋯⋯⋯⋯⋯⋯⋯拥　措
家乡的兔（散文）⋯⋯⋯⋯⋯⋯⋯⋯⋯泽　旺
当代藏族文学的一朵奇葩（评论）——读长篇小说
《幸存的人》⋯⋯⋯⋯⋯⋯⋯⋯⋯⋯肖　敏
真实的描写，精湛的艺术（评论）——谈谈《米拉日
巴传》⋯⋯⋯⋯⋯⋯⋯⋯⋯⋯⋯⋯⋯张积诚
奴隶的儿子（油画）⋯⋯⋯⋯⋯⋯⋯⋯扎西次仁

织毯图（国画）⋯⋯⋯⋯⋯⋯⋯⋯⋯⋯王晓明
欣欣向荣（布画）⋯⋯⋯⋯⋯⋯⋯⋯⋯强　桑

1981 年第 5 期　刊名:《西藏文艺》
目录

藏族小说创作的一束报春花——写在藏族作者小说专
辑前面⋯⋯⋯⋯⋯⋯⋯⋯⋯⋯⋯⋯⋯夏　川

藏族作者小说专辑
走向新的草场⋯⋯⋯⋯⋯⋯⋯⋯⋯⋯⋯多吉才旦
白云寨⋯⋯⋯⋯⋯⋯⋯⋯⋯⋯⋯⋯⋯⋯索朗仁称
"呀呀呀"和他的女儿⋯⋯⋯⋯⋯⋯⋯丹珠昂奔
喏基阿爸⋯⋯⋯⋯⋯⋯⋯⋯⋯⋯⋯⋯⋯雀　丹
"羊粪蛋儿组长"⋯⋯⋯⋯⋯⋯⋯⋯⋯格桑才旦
三姊妹⋯⋯⋯⋯⋯⋯⋯⋯⋯⋯⋯⋯⋯⋯格桑南卓
格桑的故事（西藏民间故事）⋯⋯⋯⋯云丹龙珠译
祖国——母亲（散文）——寄给异邦的亲人⋯⋯索　代
高原雪（散文）⋯⋯⋯⋯⋯⋯⋯⋯⋯⋯张永发
惠宁寺连着辽宁和西藏（地方志）⋯⋯阎海清
相思（诗）⋯⋯⋯⋯⋯⋯⋯⋯⋯⋯⋯⋯程显谟
花蕾（诗）⋯⋯⋯⋯⋯⋯⋯⋯⋯⋯⋯⋯申爱萍
明天（诗）⋯⋯⋯⋯⋯⋯⋯⋯⋯⋯⋯⋯贾长厚
给舞着的姑娘（诗）⋯⋯⋯⋯⋯⋯（回族）沙　蕾
写在拉萨的剧场里（组诗）⋯⋯⋯⋯⋯高　平
雪山·温泉·牛粪火（诗）⋯⋯⋯⋯⋯刘宏亮
试问（诗）⋯⋯⋯⋯⋯⋯⋯⋯⋯⋯⋯⋯黄昌俊
黄昏挤奶（诗）⋯⋯⋯⋯⋯⋯⋯⋯⋯⋯杨从彪
帐篷（诗）⋯⋯⋯⋯⋯⋯⋯⋯⋯⋯⋯⋯阎振中
香珠玛的心（外一首）⋯⋯⋯⋯⋯⋯⋯王泽群
甜蜜的苦恼（诗）⋯⋯⋯⋯⋯⋯⋯⋯⋯张建华
弓和弦（诗）⋯⋯⋯⋯⋯⋯⋯⋯⋯⋯⋯叶　簇

社会主义藏族文学的新起点（评论）——读《幸存的
人》所想到的⋯⋯⋯⋯⋯⋯⋯⋯⋯⋯张耀民
藏族文学的可喜收获（评论）⋯⋯⋯⋯杨兆振
《格萨尔》谚语的艺术价值（评论）⋯⋯土　呷
复杂多面的民族人物性格（评论）——谈《无情的情
人》中多吉桑和娜梅琴措的形象塑造⋯央　初
促进和繁荣民族文学创作——《幸存的人》座谈纪要
⋯⋯⋯⋯⋯⋯⋯⋯⋯⋯⋯⋯⋯⋯⋯周志杰整理
学习《决议》繁荣创作（笔谈会）⋯⋯叶　晞
益希单增等
神话舞剧《卓瓦桑姆》剧照（封面·封底）⋯⋯高英熙摄
鲁迅先生（版画）⋯⋯⋯⋯⋯⋯⋯⋯⋯赵延年
牦牛（铜浮雕）⋯⋯⋯⋯⋯⋯⋯⋯⋯⋯扎西次仁
幽丽叶（剧照）⋯⋯⋯⋯⋯⋯⋯⋯西藏话剧团供稿

1981 年第 6 期　刊名:《西藏文艺》
目录

西藏自治区首次文代会隆重召开——自治区党委第一
书记阴法唐同志到会作了重要讲话
在西藏自治区首次文代会上的祝辞⋯⋯⋯⋯夏　川
团结起来，为繁荣我区社会主义民族文艺而奋斗
——在西藏自治区首次文代会上的报告（摘要）
⋯⋯⋯⋯⋯⋯⋯⋯⋯⋯⋯⋯⋯⋯⋯⋯⋯拉巴平措
在这群星际会的金秋季节——自治区首次文代会剪影
⋯⋯⋯⋯⋯⋯⋯⋯⋯⋯⋯⋯⋯⋯⋯⋯⋯本刊记者
牵魂的情人（小说）⋯⋯⋯⋯⋯⋯⋯⋯益希单增
高原深处的人们（小说）⋯⋯⋯⋯⋯⋯范向东
希冀在彼岸（小说）⋯⋯⋯⋯⋯⋯⋯尕藏才旦
草原深处有人家（散文）⋯⋯⋯⋯⋯⋯邬家枢
古格王国遗址记游（游记）⋯⋯⋯⋯⋯萧　菲
圣洁的昆仑雪（散文）⋯⋯⋯⋯⋯⋯⋯王泽群
雅鲁藏布江的母亲（散文）⋯⋯⋯⋯⋯卢小飞
部队生活诗页⋯李英明　红　晓　黄常超　严　要
春天的信笺（诗）⋯⋯⋯⋯丁慨然　魏忠勇　杨泽明
彭　俐　谢　妮　何体森　卞　奎
边疆，思索的摇篮（诗）⋯⋯⋯⋯⋯⋯王　也
写在大桥通车时（诗）⋯⋯⋯⋯⋯⋯⋯汪承栋
棋盘坝（诗）⋯⋯⋯⋯⋯⋯⋯⋯⋯⋯胡　笳
笑声，挤满了草原（诗）⋯⋯⋯⋯⋯⋯蔡国瑞
车城诗抄（诗）⋯⋯⋯⋯⋯⋯⋯⋯⋯刘益善
排字女工（外两首）⋯⋯⋯⋯⋯⋯⋯樊汝泉
炉前日出（诗）⋯⋯⋯⋯⋯⋯⋯⋯⋯郭　廊
夜醉（诗）⋯⋯⋯⋯⋯⋯⋯⋯⋯⋯⋯白　汀
情诗一束（诗）⋯⋯⋯⋯⋯⋯⋯⋯⋯杨大矛
蓝天——草原（诗）⋯⋯⋯⋯⋯⋯⋯乔荣涛
喜马拉雅山雪（诗）⋯⋯⋯⋯⋯⋯⋯宁　宇
记取鲁迅的遗言（评论）⋯⋯⋯⋯⋯张隆高
《美与丑》中的松特尔（评论）⋯⋯⋯孔相如
《格萨尔王传》的神话色彩与现实基础（评论）
⋯⋯⋯⋯⋯⋯⋯⋯⋯⋯⋯⋯⋯⋯⋯⋯⋯王映川
艺术的魅力在于创造（评论）⋯⋯⋯⋯秦培春
喜看新貌（封面）⋯⋯⋯⋯⋯⋯⋯⋯年　炘
西藏首次文代会剪影（摄影）⋯⋯⋯⋯刘丽嘉
封四剧照幽丽叶（藏族演员次德吉饰）⋯顾绶康
扉页装饰画⋯⋯⋯⋯⋯⋯⋯⋯⋯⋯⋯杨立泉

高原之夜⋯⋯⋯⋯⋯⋯⋯⋯李殿卿　明　镜
绝路上的人们（长篇选载）⋯⋯⋯⋯丹珠昂奔

散文
伐木场情思⋯⋯⋯⋯⋯⋯⋯⋯任善炯　王　锋
阿细风情⋯⋯⋯⋯⋯⋯⋯⋯⋯⋯⋯⋯石中山
阿妈的歌留在了我的胸膛⋯⋯⋯⋯⋯张秀辉
从小喇嘛到工程师⋯⋯⋯⋯⋯⋯⋯⋯朱宜学

诗歌
西藏诗坛
高原二题⋯⋯⋯⋯⋯⋯⋯⋯⋯⋯⋯⋯汪承栋
情流⋯⋯⋯⋯⋯⋯⋯⋯⋯⋯⋯⋯⋯⋯徐官珠
开掘⋯⋯⋯⋯⋯⋯⋯⋯⋯⋯⋯⋯⋯⋯魏志远
望果剪影⋯⋯⋯⋯⋯⋯⋯⋯⋯⋯⋯次旺俊美
我心中却是喜欢（外三首）⋯⋯⋯⋯李　彬
寄自喜马拉雅哨所（三首）⋯⋯⋯⋯詹仕华
倾听着你经久不息的涛声⋯⋯⋯⋯⋯杨建中
站在秋天的土地上⋯⋯⋯⋯⋯⋯⋯⋯藏　青
雪莲的爱⋯⋯⋯⋯⋯⋯⋯⋯⋯⋯⋯⋯阎振中
野马进行曲⋯⋯⋯⋯⋯⋯⋯⋯⋯⋯⋯草　青
一个伟大的灵魂在呼唤着中国⋯⋯⋯德　江

民间故事
色卓姑娘（《尸语故事》选译）⋯⋯⋯汤池安

风土志
后藏举胜⋯⋯⋯⋯⋯⋯⋯⋯⋯⋯⋯赤烈曲扎
藏族婚礼歌介绍⋯⋯⋯⋯⋯⋯⋯⋯⋯许英国

文学评论
《尸语故事》和《一千零一夜》⋯⋯⋯汤池安
伊丹才让和他的诗作⋯⋯⋯⋯⋯⋯⋯王　殿
沉负终要解脱——读短篇小说《朝佛》⋯⋯那家伦

美术
朗莎姑娘（油画·封面）⋯⋯丹　朗　阿　布
书法作品选登（封二）⋯⋯⋯柳　倩　方　殷
北京美术家赴藏写生之一（封三）⋯张得蒂等
连环画选页（《邦锦梅朵》之一·封四）⋯韩书力
扉页及目录图案⋯⋯⋯⋯⋯⋯⋯⋯⋯杨立泉

1982 年第 1 期　刊名:《西藏文艺》
目录

小说
出征前后（长篇连载）⋯⋯⋯⋯⋯⋯益希单增
她从嘎曲草原来⋯⋯⋯⋯⋯⋯晓　芜　连　义

1982 年第 2 期　刊名:《西藏文艺》
目录

小说
沉寂的正午⋯⋯⋯⋯⋯⋯⋯⋯⋯⋯扎西达娃
归国记⋯⋯⋯⋯⋯⋯⋯⋯⋯⋯⋯⋯土登吉美

野驴江嘎和江玛·······················叶 晞
圣光莫及的一隅·····················雷建政

处女作
海螺号吹响了·······················色 波
牧羊女的心·························次旺东久
心中的影子·························安 心
奴隶的迷惑（长篇选载）···············益希单增

外国文学欣赏
帕克莱泰德太太猎虎记····[英]萨 吉著 李海俊译
深情··············[印]阿西夏·辛格著 刘国楠译

散文
新春寄语·························本刊编辑部
千层碧波走黄龙（古刹巡礼）···········李大业
新月初上大昭寺（古刹巡礼）···········边 烽
松耳石的世界·····················周 炜

诗歌
西藏诗坛·············王远舟 洋 滔 马丽华
周长海 贾 林 金志国 李永才 张永发 谭光远
张东前 西绕拉姆
高原在机翼下掠过（组诗）·············纪振玺
草原即景（三首）···················左可国
爱你——拉萨·······················张洪德
怒江从我身旁流过···················朱 奇

评论
高原，我心中的阳台·················阮大华
西藏摄影史话（文史趣谈）·············旺久多吉

新作短评
来自草原的深处
——读《呀呀呀和他的女儿》···········云丹龙珠
两个民族深深的爱
——评《秋雨，你告诉我……》··········胡孟雄
我爱《明天》·······················郑庚太
历史，在这里留下深深的足迹
——《西藏诗选》评介···············杨从彪

高原作家介绍
汪承栋和他的诗作···················李佳俊

争鸣园地
诗，要从心灵的国度出发
——与金余同志商榷·················杨建中
附：抒情要抒健康的感情···············金 余
我写《我说……》前后·················马丽华

藏族古典文学研究
评藏戏文学剧本《朗莎雯蚌》···········葛桑喇
读者·作者·编者

美术
《云端》（套色版画）·················罗伦张
书法选登（封二）···········柳 倩 刘振国
母与子（版画）·····················鲍江明
高原古寺（版画）···················其加达瓦
邦锦梅朵（连环画选页之二）···········韩书力
高原天宇阔（珠峰诗画）··········加措画 犁 铧诗

1982 年第 3 期　刊名:《西藏文艺》
目录

纪念毛泽东同志《在延安文艺座谈会上的讲话》发表四
十周年
到生活中去·························本刊评论员
坚持文艺为人民服务·················汪承栋
创作与生活·························索 次
坚持为人民而舞的正确方向·············仕钦才珍

小说
乌姬勇巴·························色 波
导演与色珍·······················扎西达娃
阴谋者的心思（长篇连载）·············益希单增
我的恋母情结（外国文学欣赏）
·············费兰克·奥康纳著 陈永国译
打开阿里金窟（藏族古典文学）·········罗润苍译
宝贝的故事（西藏民间故事）···········李朝群译

散文
古刹巡礼
桑鸢记游·························葛桑喇
游公主祠·························蒋兆钟

藏区风情
天湖日出·························叶 晞
我的心在雪乡·····················娜 姆
小花鸡（童话）···················巫光玮

诗歌
农牧区组诗
拉萨街头（外二首）·················藏 青
访林芝农家·······················赵乐斌
修犁的老农·······················李金陵
春天，在草原上···················草 青
啊！这不是梦·················东本·乔高才让

捻······················洋 滔
少儿诗选············小其梅 黄春雷 险 峰 陈毅光
巴桑旺堆 杨新涯 海 燕 孙 峤 渭 水
我携着如约而至的三月··········犁 铧
盖新房（外一首）·············李 彬
到草原上来的客人啊············澍 雨
珠穆朗玛的怀念··············张小平
高原大学生诗页·······王远舟 谢 妮 温生杰
张 华 邓志军 郝敬立 何体森 窦 宁

评论
贵在意新·················兰 草
旧西藏的一曲悲歌·············刘 非
情满山河 赞美西藏············周 舟
清新隽永 情趣盎然············冬 泉
昌都妇女（摄影）·············年 炘
连环画《邦锦梅朵》选页之三·······韩书力

1982 年第 4 期　刊名:《西藏文艺》
目录

把五星红旗插到喜马拉雅山——进藏先遣部队完成最
后任务的片断回忆············刘广润
相逢在蓝天················高维州
草原上的小花···············畅 鸣
邦锦花··················解如光
平息西藏武装叛乱的生动画卷——评长篇小说《博巴
金珠玛》·················饶阶巴桑
桃源行··················刘宗汉
拉萨河呵，故乡的河···········韶 西
雪线（外一首）··············映 春
盐石花··················叶 晞
没有笑脸的平措··············张世明
浅谈《说不完的故事》···········田海艳
贵夫人的忧愁（长篇选载）·········益希单增
在家乡的土地上（高原作家介绍）·····抒 华
陶乡行··················葛桑喇
拉萨的原野················阿 男
雪堆里的拉伊···············白 渔
勇敢的青年（西藏民间故事）········李朝群译
嘤嘤鸟鸣·················刘 延
藏北素描（二首）·············时培华
九寨风景散记（风土志）········邓 一 田树昌
将军的窗台——怀念王其梅同志
··············天 泉 成 廉 巴特勒
耶茨诗三首（外国文学欣赏）····耶茨著 陈永国译
让我们都来播种与收获···········奔 象
鹰笛轻轻地吹···············曲将才让

我歌（外二首）··············卫士平
归途遐思·················周 沛
像明朗的五月早晨——自治区小型文艺节目调演速写
·····················本刊记者
五十年前游萨迦（古刹巡礼）········段克兴
热索抒情·················张永发
西藏呵，西藏···············梁纪洪
林海之歌·················廖显辉
打开阿里金窟（《格萨尔王传》选登）····罗润苍译
喇嘛··················黎牧牛
山石··················金志国

1982 年第 5 期　刊名:《西藏文艺》
目录

小说
江那边··················扎西达娃
船客···················李文珊
帕珠···················金志国
老兵张德山················许明扬
送客进城·········[印]阿西夏·辛哈著 刘国楠译

散文
秋夜，青稞在飘香·············边 烽
花开花落·················刘 延
索虹···················郝冀川
被包围的七十四天（革命回忆录）······赵俊文

藏族民间文学
打开阿里金窟（《格萨尔王传》选载）·····罗润苍译
黑面少年（西藏民间故事）·········廖东凡整理

诗歌
献给中国共产党第十二次代表大会·····绕阶巴桑等
露珠集··················管用和
寄语《新春寄语》·············许英国

碧湖飞瀑
瀑布二题·················曾广栋
羊卓雍之夜················张世明

牧声笛声
羌塘草原抒情···············阎振中
草原恋歌···········端智嘉诗 李小方译
题草地上的无名花·············杨泽明

高原情愫
故乡情深·················魏 克

战士的英姿 ·························· 文　丙
公路之母 ·························· 白　渔
春 ······························ 才旦扎西
矿山短笛 ·························· 李光云
诗 ······························ 杨晓敏
窗口闪耀着一条鲜红的领巾 ······ 孙　峤
藏族情歌 ·························· 益西泽仁

评论

值得称赞的革新精神——评话剧《松赞干布》
······························ 张治维
从米拉日巴到德吉桑姆——读《幸存的人》随感
······························ 李佳俊

争鸣园地

《诗，要从心灵的国度出发》异议 ···· 金　余
就《我说……》我说 ················ 高　平
抒情诗的别解——也谈马丽华的一首诗 ··· 降大任

新作短评

一曲深情的牧歌 ···················· 刘　伟
心灵美的赞歌 ······················ 蒋维明

美术

午炊（油画） ······················ 曾宪高
高原春曲（摄影） ·················· 顾绥康
北京美术家赴藏写生选 ·············· 张德华等
连环画《邦锦梅朵》选页之五 ········ 韩书力
路，因你的粗手而延伸（珠峰诗画）
··················· 杨立泉画　王远舟诗

1982 年第 6 期　刊名:《西藏文艺》

目录

藏族评论作者专辑

评论

生活·结构·人物——《幸存的人》阅读札记
······························ 勒敖汪堆
可喜的收获，前进的起点——评近年藏族作者用汉文
写的短篇小说 ··········· 莫福山　（藏族）刘万庆
惟其幼小，所以希望就在这一边
——浅析娜真的形象 ··········· 格桑旺久
幽默的形象，深夜的含义
——《阿古登巴故事》浅论 ········· 泽绒降初
文艺在批评中前进 ·················· 张隆高

小说

白杨林·花环·梦 ·················· 札西达娃
梦，遗落在草原上 ·················· 金志国
奖赏与惩罚（长篇选载） ············ 益希单增
拐子扎西 ·························· 韩明镜
阿民留下的素描 ···················· 张新力
食人兽（外国文学欣赏）
··············· ［印度］阿西夏·辛哈著　刘国楠译

散文

运动员之歌 ························ 周　智
折多河 ······················ 卿达·洛绒次称
海之恋 ···························· 张清亮

诗歌

在雪山和草原之间

拉萨风情（三首） ·················· 黎焕颐
大漠 ······························ 刘玉芳
雪崩 ······························ 任全民
草原晨曲 ·························· 曲庆玮
他从安多大山里出来 ················ 殷家璠
森林约会 ·························· 张洪波
背影 ······························ 李玉林
古战场遗址 ························ 何　鹰
云朵牵动的思念（外一首） ·········· 姬学统
马蹄莲 ···························· 张大成

海岛·沙滩·星光

告别海岛（外一首） ················ 张建红
在海滩，我拾起一枚琥珀 ············ 海　星
在夏夜的星光下（外一首） ·········· 曹汉俊
希望 ······························ 张爱新
陌生 ······························ 柯　平
守护 ······························ 王道荣
微笑 ······························ 沈天鸿
论文而有信（藏族古典文学）
··················· 米庞嘉措著　耿予方译

美术

文成公主教民织布（国画局部）···· （藏族）石旦恩等
书法 ······························ 魏传统
秋（中国画） ······················ 刘万年
卓玛（版画） ······················ 滏　源
邦锦梅朵（连环画选页之六） ········ 韩书力
目录装饰 ·························· 王金菊

1983 年第 1 期　刊名:《西藏文艺》
目录

小说

嘎乌································定　坤

兄弟暂别·····························塔　杰

当周和他的伙伴们···················丁永进

外国文学欣赏

在河流入海的地方····[印尼] 普勒门德罗·米特罗著

诗歌

雪野诗

锅庄（外一首）······················草　青

猎人·······························阎振中

结绳·······························洋　滔

森林·······························魏志远

在雪山和草原之间

呵，大沙漠（二首）··················杨　牧

突厥石人墓（外一首）················周　涛

拉萨近景（四首）····················王燕生

我们并不陌生（外一首）··············张雪杉

赠白发·····························白　汀

龙王潭（外一首）····················杨晓敏

雷雨前的鸽子·······················唐晓渡

春天的树···························肖蒂岩

尼洋河军营诗抄········彭建华　叶　明　李万林

散文

羊卓雍湖情思·······················刘　伟

古刹巡礼

日照须弥万山明·····················张占生

特写

边陲创业歌·························西　戈

评论

为提高文艺作品的思想艺术质量而奋斗···本刊评论员

时代·诗情·探索——评 1982 年汉文版《西藏文艺》

短篇小说···························徐明旭

这片绿色的土地·····················龚巧明

可爱的藏族文学星座·················那家伦

文艺创作琐谈·······················木　东

美术

封面设计···························布　曲

待客（水印木刻）····················方振宁

春雨（雕塑）·······················罗康祥

昌都藏族妇女（速写）················黄素宁

农民头像（素描）····················次　多

昌都人（素描）······················阿依布

公决曲珍（素描）····················阿　布

1983 年第 2 期　刊名:《西藏文艺》
目录

小说

茫茫高原路·························佘学先

曲曲草原的女人们···············晓　芫　连　义

流·······························贝　拉

仓央加措的传说（西藏民间故事）·······廖东凡

花园里的风波（寓言）·······班　觉著　洛　桑译

散文

单增，我的好兄弟···················王家斌

吉祥的日子·························时培华

大昭寺（古刹巡礼）·················尼玛次仁

诗歌

在雪山与草原之间

雪野诗

木楼（外一首）······················周长海

我追寻日月的光源···················伊丹才让

川藏公路组诗·······················汪承栋

少女（外一首）······················王兆琪

生活··························东本·乔高才让

高原花·····························伍权民

拉萨河秋色·························常　虹

黄昏洒在郊野的路上·················何体森

酸奶·······························索南加

雪山·······························高维洲

还送的礼物·························林　莽

无题·······························周　斌

戏剧

啊，雪野的杜鹃·····················祝　平

评论

让文学评论更上一层楼——评两年来《西藏文艺》的

评论文章···························胡秉之

争鸣园地

出色的描绘，偏颇的药方

——评《梦，遗落在草原上》···········海　岑

一个纯真而美丽的梦
——读《梦，遗落在草原上》⋯⋯扁 舟
心灵美的创造⋯⋯⋯⋯⋯⋯⋯⋯于乃昌
从贵族到诗人
——访藏族作家恰白·次旦平措⋯闻 华

美术

喜马拉雅山麓的明珠（摄影）⋯⋯孙振华
哲蚌寺（速写）⋯⋯⋯⋯⋯⋯⋯黄建中
素描人像⋯⋯⋯⋯⋯⋯⋯⋯⋯扎西达娃
牧场气象站（水粉）⋯⋯⋯⋯⋯郑 晖
小卓玛（水印木刻）⋯⋯⋯⋯⋯徐 匡

1983 年第 3 期　刊名:《西藏文艺》
目录

小说

桑姆依曲河畔的趣事⋯⋯⋯⋯道吉坚赞
星期天⋯⋯⋯⋯⋯⋯⋯⋯⋯⋯扎西达娃
普查员日记⋯⋯⋯⋯⋯⋯⋯⋯雷建政
路⋯⋯⋯⋯⋯⋯⋯⋯⋯⋯⋯⋯金志国
圣山之子⋯⋯⋯⋯⋯⋯⋯⋯⋯张世俊
归宿⋯⋯⋯⋯⋯⋯⋯⋯⋯⋯⋯色 波
情歌⋯⋯⋯⋯[印]弗·雷奴著 刘国楠译

散文

春日断想⋯⋯⋯⋯⋯⋯⋯⋯⋯抒 华
为了希望⋯⋯⋯⋯⋯⋯⋯⋯⋯冷 涛
冬天的情思⋯⋯⋯⋯⋯⋯⋯⋯延 益
爷爷，摇曳着玛尼⋯⋯⋯⋯⋯索 宝
驮运队明天出发⋯⋯⋯⋯⋯⋯育 雏
边防散记⋯⋯⋯⋯⋯⋯⋯⋯⋯詹仕华

小品文

外国幽默⋯⋯⋯⋯⋯⋯⋯⋯⋯钟诚摘译

诗歌
雪野诗

班戈湖的黄昏（外一首）⋯⋯⋯藏 青
年青的格啦⋯⋯⋯⋯⋯⋯⋯⋯孔祥富
牛⋯⋯⋯⋯⋯⋯⋯⋯⋯⋯⋯⋯骆耕野

呵,处女地,我们耕耘

无人区，我吟着诗走向你⋯⋯⋯李双焰
红腰带⋯⋯⋯⋯⋯⋯⋯⋯⋯⋯邓先勤
赛马（外一首）⋯⋯⋯⋯⋯⋯顾美琴
红原红原红红的云（二首）⋯⋯阿 放
八一新镇（外一首）⋯⋯⋯⋯⋯宁 宇

牛角琴⋯⋯⋯⋯⋯⋯⋯⋯⋯⋯张 央
摔跤⋯⋯⋯⋯⋯⋯⋯⋯⋯阿拉坦托娅
草原⋯⋯⋯⋯⋯⋯⋯⋯⋯⋯⋯廖建军
漫漫朝佛路⋯⋯⋯⋯⋯⋯⋯⋯七美多吉
八角街抒情⋯⋯⋯⋯⋯⋯⋯⋯梅道友

评论

重视塑造社会主义新人形象⋯⋯于 默

"雪野诗"论

雪野上探索者的足迹⋯⋯⋯⋯汪承栋
走向民族生活的深处⋯⋯⋯⋯肖 敏

争鸣园地

在智慧中重获童年⋯⋯⋯⋯⋯李雅平
失落的梦，寻觅的悲哀⋯⋯⋯田 文
梦，不知所落⋯⋯⋯⋯⋯许 群 周 炜
一次成功的艺术实践⋯⋯⋯⋯廖东凡
可爱的小学生⋯⋯⋯⋯⋯⋯⋯张 骏
"黑脸女人"唐桑⋯⋯⋯⋯⋯⋯刘志群

美术

舞台新花（摄影）⋯⋯⋯⋯⋯马竞秋
风景写生（水粉）⋯⋯⋯⋯⋯扎西次仁
草原之夜（摄影）⋯⋯⋯⋯⋯扎西次登
少女（色粉笔）⋯⋯⋯⋯⋯⋯蒋采萍

1983 年第 4 期　刊名:《西藏文艺》
目录

报告文学

他，留在了这片土壤中⋯⋯黄志龙 龚巧明

小说

麦尔冬草原记事⋯⋯⋯魏志远 吴雨初 马连义

新人新作

星星，请别讥笑我⋯⋯⋯⋯⋯克珠群佩
现在的，加上过去的⋯⋯⋯⋯孙丹年

散文

宗山赋⋯⋯⋯⋯⋯⋯⋯⋯⋯⋯刘 延
故乡的渡口⋯⋯⋯⋯⋯⋯⋯⋯周 炜

评论

文学创新和时代精神⋯⋯⋯⋯李佳俊

争鸣园地

桑嘎的梦·······························程朝富
真实是艺术的生命·······················次 央

讨论会

我凝视这高原的黄昏·····················田 文
对真善美的执着追求················李云中 旺 秋
"失落感"的回声··················洪亚华 康 健
非理性主义的消极悲歌···················田 娅

诗歌
雪野诗

牧女（外一首）··············（藏族）诺杰·罗桑嘉措
拉萨街头（二首）·······················马丽华
高原，遥遥地我对你歌唱············（藏族）阿 来
羌塘的明珠（外一首）···················肖蒂岩
大年·······················（藏族）加央西绕
会飞的哈达···························高 平
我把我生命的一切分赠给人间（外一首）·······章德益
囚徒与白鸽··························叶延滨
长空畅想曲（外一首）···················李松涛

零散的花瓣

红叶（外一首）·······················何 鹰
致山外人···························谢 妮
致"山民"···························筱 河
无题诗三首··························时培华
黄昏，在小路上走着，走着···············曾有勤

美术

定情（中国画）·······················韩书力
剪纸四幅···························王金菊
扉页装饰画··························支 耶
藏族少女（油画）·····················裴庄欣

1983 年第 5 期　刊名:《西藏文艺》
目录

小说

小花也有一颗心·······················廖东凡
在暖风飚起的尘幔里····················金志国
传向远方···························色 波
如果你能上飞机······················张新力

杂文

布宫杂感三题························徐明旭

诗歌
雪野诗

穿过黎明的地平线（组诗）···············黄大明
太阳城的光谱——雪域星云录之三··········伊丹才让
山南行····························王远舟
哦，大草原··························燎 原
阿爸的梦···························苍 泉
春雨·····························石明海
缀在大花蓝上的小诗····················吴雨初
桥梁工程师的最后一部著作············刘连进 洋 滔
登西岭····························俊 天
历史的路碑··························萧蒂岩
我歌唱····························周艳炀
遗产·····························晓 钢

散文

难题·····························孙丹年

评论
《雪野诗》论

雪野诗，在徘徊中·····················闻 华
风俗·反思·探索·····················骆耕野
创作需要继承························张东前
诗，应有自己的艺术特征·················赵培民
探索者的足迹和新一代的追求···············延 益
汪承栋谈诗歌创作·················李连成记录整理
创作需要探索的勇气····················张隆高

美学漫步

含蓄美小议··························梅 洲

美术

人像习作（中国画）····················蔡显敏
春到羌塘（摄影）·····················阿 龙
布达拉宫远眺（油画）···················陈泽明
乡间小道（油画）·····················张 鹰
秋日（油画）························刘崇军
林卡放牧（水粉画）····················吴德伟

珠峰诗画

放牧（木刻）························王九江
配诗·····························赵乐斌
古渡（木刻）························江 中
配诗·····························洋 滔
措那小景（速写）·····················蔡显敏
茶开了（油画）······················裴庄欣

1983 年第 6 期　刊名:《西藏文艺》
目录

小说

星魂 ————————————— 降边嘉措　吴　伟

煮酒阿佳 ————————————— 扎　登

拉萨河在轻歌 ————————————— 嘎　玛

贬值 ————— ［印］桑托什·库马尔·高什　陈永国译

散文

盛开的鲜花 ————————————— 尼玛次仁

高原的雨（外一章） ———————————— 舒宗范

早晨，我们飞向拉萨 ———————————— 任善炯

评论

纪念毛主席诞辰九十周年，认真学习《邓小平文选》

温故而知新 ————————————— 郝志崇

创作不能走老路 ————————————— 益希单增

纪念毛主席诞辰九十周年　认真学习《邓小平文选》

———————————————————— 班　觉

学习《讲话》与《祝辞》认清文艺工作的对象

———————————————————— 周艳炀

学习《邓小平文选》，发展大好形势 ———— 黄志龙

学习《邓小平文选》更好地为人民服务 —— 扎西达娃

是希望，还是幻灭? ——— 张振声　李含智　张志新

西藏，我的诗歌大学 ———————————— 杨星火

诗歌
雪野诗

赛马 ————————————————— 草　青

牧鞭（外一首） ————————— 诺杰·洛桑嘉措

石缝的野花（二首） ———————————— 李双焰

夏夜 ————————————————— 加央西绕

黄昏 ————————————————— 孔祥富

为你的儿子骄傲，黄河 ———————————— 何香久

绿叶集 ————————————————— 陈松叶

致世界屋脊 ————————————————— 黎正光

冰峰 ————————————————— 郭维东

人生，需要草原（外一首） ———————————— 王　也

雪的洗礼 ————————————————— 周明禄

邮递员 ————————————————— 黄礼明

边境黄昏 ————————————————— 艾　征

边塞三题 ————————————————— 杨晓敏

美术

少女兰尕（油画） ———————————— 艾　轩

甜蜜的一代（摄影） ———————————— 刘丽嘉

望果节的骑手（摄影） ———————————— 阿　龙

酥油灯前的梦（摄影） ———————————— 扎西次登

雪花（摄影） ———————————————— 李茂荣

1984 年第 1 期　刊名:《西藏文学》
目录

小说

迷茫的秋色 ————————————————— 益希单增

三等世家之子 ————————————————— 李文珊

在河滩 ————————————————— 扎西达娃

蓄英雄发的男人 ————————————————— 芜　茗

戈德尔（翻译小说） ———— ［印度］郎盖·拉克沃著
刘国楠译

报告文学

蒋英——一个献身者的故事 ———————— 李雅平

众神之神 ————————————————— 马丽华

诗歌

山姑娘（献诗） ————————————————— 李佳俊

江涛（长篇叙事诗连载） ———————————— 汪承栋

草原的韵律（散文诗） ———————————— 金志国

巡逻在世界屋脊上（组诗） ———————————— 杨晓敏

理论

文艺批评应从美学和历史的观点出发 ———— 于乃昌

新作短评

天然情节巧安排 ————————————————— 闻　华

历史的玩笑　真理的闪光 ———————————— 徐明旭

美在味之不尽之中 ————————— 刘　伟　孟黎莎

老战士的热忱 ————————————————— 田　文

青山遮不住　毕竟东流去 ———————————— 田　娅

美术

封面设计 ————————————————— 加　措

秋场（版画） ————————————————— 方振宁

速写两幅 ————————————————— 丁　辰

牧场（油画速写） ———————————— 孙景波

小情小景（版画·扉页） ———————————— 续建军

1984 年第 2 期　刊名:《西藏文学》
目录

小说

极地 ————————————————— 魏志远　吴雨初

他曾是高原一砂砾 ———————————— 黄铁男

应该多一点⋯⋯⋯⋯⋯⋯⋯⋯⋯⋯孙丹年
三个猎手一炉火⋯⋯⋯⋯⋯⋯⋯⋯李双焰

散文
水⋯⋯⋯⋯⋯⋯⋯⋯⋯⋯⋯⋯⋯张永发
飞越世界屋脊的人（报告文学）⋯⋯高维洲

诗歌
蒙族当代诗人
金桥玉带⋯⋯⋯⋯⋯⋯⋯⋯察珠·昂旺洛桑

在雪山和草原之间
在林芝的密林中⋯⋯⋯⋯⋯⋯⋯⋯次　旺
大自然——致太阳城河谷阔大的平川⋯常　虹
啊，我的地中海⋯⋯⋯⋯⋯⋯⋯⋯张　赟
古海——高原变奏曲⋯⋯⋯⋯⋯⋯阮水河
草原回旋曲⋯⋯⋯⋯⋯⋯⋯⋯⋯⋯阿　来
跳磴上的沉思⋯⋯⋯⋯⋯⋯⋯⋯⋯刘　滨
江涛（长篇叙事诗连载）⋯⋯⋯⋯汪承栋

理论
多样·深化·欠缺⋯⋯⋯⋯⋯⋯⋯⋯徐明旭
我爱《小木屋》⋯⋯⋯⋯⋯⋯⋯⋯李佳俊
浑朴的牧歌从草原深处飘来⋯⋯⋯史　坤

美术
来秋场（木刻）⋯⋯⋯⋯⋯⋯⋯⋯丁　辰
赛区风情（速写）⋯⋯⋯⋯⋯⋯⋯周　刚
藏马场一角（油画速写）⋯⋯⋯⋯孙景波
绿色的口琴（木刻）⋯⋯⋯⋯⋯⋯徐　匡

1984 年第 3 期　刊名:《西藏文学》
目录

小说
花纹⋯⋯⋯⋯⋯⋯⋯⋯⋯⋯⋯⋯⋯雷建政
有罪的女人⋯⋯⋯⋯⋯⋯⋯⋯⋯⋯巴桑罗布
歌手⋯⋯⋯⋯⋯⋯⋯⋯⋯⋯⋯⋯⋯李双焰
龚姆芝⋯⋯⋯⋯⋯⋯⋯⋯⋯⋯⋯⋯李生才
喇嘛唐白和白宗姑娘（西藏民间故事）⋯廖东凡整理

散文
彩虹升起的地方⋯⋯⋯⋯⋯⋯⋯⋯刘　延
迷雾茫茫话"却龙"（古刹巡礼）⋯⋯葛桑喇

诗歌
诗九首⋯⋯⋯⋯⋯⋯⋯⋯⋯⋯⋯⋯藏　青
绿标题的歌（组诗）⋯⋯⋯⋯⋯⋯曾有情

酥油茶的故事（外一首）⋯⋯⋯⋯索南加
九月⋯⋯⋯⋯⋯⋯⋯⋯⋯⋯⋯⋯⋯道吉坚赞

理论
坚持社会主义文艺方向　清除和防止精神污染⋯张治维
一本丰富真实的藏族民间故事书⋯⋯李佳俊
爱国主义的赞歌⋯⋯⋯⋯⋯⋯⋯⋯戴　翊

美术
宝贝儿（中国画）⋯⋯⋯⋯⋯⋯⋯李知宝
地热电站（水粉写生）⋯⋯⋯⋯⋯次仁多吉
赛马会即景（毛笔速写）⋯⋯⋯⋯常　岩
憩（摄影）⋯⋯⋯⋯⋯⋯⋯⋯⋯⋯瀑　布

1984 年第 4 期　刊名:《西藏文学》
目录

小说
重识⋯⋯⋯⋯⋯⋯⋯⋯⋯⋯⋯⋯⋯益希单增
永恒的山⋯⋯⋯⋯⋯⋯⋯⋯⋯⋯⋯金志国
眼睛⋯⋯⋯⋯⋯⋯⋯⋯⋯⋯⋯⋯⋯张　平
挂在悬崖上的记忆（新人新作）⋯⋯李　彬
又是一个早晨⋯⋯⋯⋯⋯⋯⋯⋯⋯陈剑坤

诗歌
马背上的莽原⋯⋯⋯⋯⋯⋯⋯⋯⋯李双焰
喜玛拉雅钩沉⋯⋯⋯⋯⋯⋯⋯⋯⋯林　昉
和西藏山水叙旧⋯⋯⋯⋯⋯⋯⋯⋯黎焕颐
雪崩⋯⋯⋯⋯⋯⋯⋯⋯⋯⋯⋯⋯⋯王家新
牧笛⋯⋯⋯⋯⋯⋯⋯⋯⋯⋯⋯⋯⋯王　彪
高原铁路断想⋯⋯⋯⋯⋯⋯⋯⋯⋯蔡椿芳
艺术之神⋯⋯⋯⋯⋯⋯⋯⋯⋯⋯⋯刘明轩
姑娘啊，快别这样⋯⋯⋯⋯⋯⋯⋯久谢嘉布
写在炮兵观察所⋯⋯⋯⋯⋯王国忠　熊　弘
金河与银河⋯⋯⋯⋯⋯⋯⋯⋯⋯⋯次仁罗布
草原⋯⋯⋯⋯⋯⋯⋯⋯⋯⋯⋯⋯⋯杨绍武
牧羊曲⋯⋯⋯⋯⋯⋯⋯⋯⋯⋯⋯⋯索　宝

理论
一九七七——八三年西藏汉文短篇小说述评⋯徐明旭
要重视报告文学的创作⋯⋯⋯⋯⋯李佳俊
文学与想象（美学漫步）⋯⋯⋯⋯程朝富

美术
牧场小景（版画）⋯⋯⋯⋯⋯⋯⋯布　曲
春讯（中国画）⋯⋯⋯⋯⋯⋯⋯⋯刘万年
牛皮船（版画）⋯⋯⋯⋯⋯⋯⋯⋯尹　中
桦林溪流（版画）⋯⋯⋯⋯⋯⋯⋯薛周琦

藏北牧场（油画）⋯⋯⋯⋯⋯⋯⋯⋯⋯⋯张方震

封三版画⋯⋯⋯⋯⋯⋯⋯⋯方振宁　马　瑛
封底粉画⋯⋯⋯⋯⋯⋯⋯⋯⋯⋯⋯⋯马阿布
扉页木刻⋯⋯⋯⋯⋯⋯⋯⋯⋯⋯⋯⋯罗伦张

1984 年第 5 期　刊名:《西藏文学》
目录

小说
新人新作
中间地带⋯⋯⋯⋯⋯⋯⋯⋯孙效唐　姚　亮
渡口暮色⋯⋯⋯⋯⋯⋯⋯⋯⋯⋯⋯夏　明
老丹增轶事⋯⋯⋯⋯⋯⋯⋯⋯⋯⋯李双焰
仅仅为了一公分（微型小说）⋯⋯⋯张耀国

外国文学作品欣赏
给彼特拉克的信⋯⋯⋯⋯［苏］尤里·雅可夫列维奇·
雅可夫列夫　徐明旭译

散文
阿里高原上的明珠⋯⋯⋯⋯⋯⋯⋯刘平茂
众神之家——马旁雍错与冈仁布齐
⋯⋯⋯⋯［英］查理斯·谢润著　李海俊译
春天的书简⋯⋯⋯⋯⋯⋯⋯⋯⋯⋯杨　觉

报告文学
人世沧桑⋯⋯⋯⋯⋯⋯⋯⋯刘济民　格　旺

诗歌
拉萨（对二首）⋯⋯⋯⋯⋯⋯⋯丹珠昂奔
魂曲（外一首）⋯⋯⋯⋯⋯⋯⋯⋯杨　滔
献给阿妈的歌（外一首）⋯⋯⋯⋯贡卜扎西
褐色的群雕⋯⋯⋯⋯⋯⋯⋯⋯⋯⋯李剑虹
巡逻在世界屋脊上（组诗）⋯⋯⋯杨晓敏
青藤（外一首）⋯⋯⋯⋯⋯⋯⋯⋯周敏生

散文诗专页
牧民·山路·小溪⋯⋯⋯⋯⋯⋯⋯张永发
云⋯⋯⋯⋯⋯⋯⋯⋯⋯⋯⋯⋯⋯⋯谢　妮
康巴绿韵（二章）⋯⋯⋯⋯⋯⋯⋯张　央

理论
现实主义给他灵感和力量⋯⋯⋯⋯李佳俊
情深才能感人⋯⋯⋯⋯⋯⋯⋯⋯⋯田　文
读诗组《大草原》⋯⋯⋯⋯⋯⋯⋯李雅平
《法音》之词⋯⋯⋯⋯⋯⋯⋯⋯⋯田　娅
新的探索，新的启示⋯⋯⋯⋯⋯⋯周　炜

美术
封面设计⋯⋯⋯⋯⋯⋯⋯⋯⋯⋯⋯韩书力
封二速写⋯⋯⋯⋯⋯⋯⋯⋯⋯⋯⋯余友心

1984 年第 6 期　刊名:《西藏文学》
目录

小说
新人新作
218 万岁⋯⋯⋯⋯⋯⋯⋯⋯⋯⋯⋯通　嘎
草原的女儿⋯⋯⋯⋯⋯⋯⋯⋯⋯⋯吴成斌
争鸣作品
谜样的黄昏⋯⋯⋯⋯⋯⋯⋯⋯⋯扎西达娃
想不到的事情⋯⋯⋯⋯⋯⋯⋯⋯意西泽仁
那条黑色的河流⋯⋯⋯⋯⋯⋯⋯⋯孙丹年

报告文学
追求者的步伐⋯⋯⋯⋯⋯⋯⋯⋯⋯李雅平

散文
绿雪⋯⋯⋯⋯⋯⋯⋯⋯⋯⋯⋯⋯⋯秦文玉
高高的山寨⋯⋯⋯⋯⋯⋯⋯⋯⋯⋯冀　川

诗歌
在雪山与草原之间
盐湖（组诗）⋯⋯⋯⋯⋯⋯⋯⋯嘉央西热
高原⋯⋯⋯⋯⋯⋯⋯⋯⋯⋯⋯⋯⋯余以建
雅鲁藏布江——松花江⋯⋯⋯⋯⋯高　平
草原的夜⋯⋯⋯⋯⋯⋯⋯⋯⋯⋯才旦扎西
古寺的黄昏（外一首）⋯⋯⋯⋯⋯夏　明
童心悠悠
孩子的哲理（三首）⋯⋯⋯⋯⋯⋯更桑嘉
孩子的情趣（二首）⋯⋯⋯⋯⋯⋯潘仲龄
野花和细雨（二首）⋯⋯⋯⋯⋯达娃吾珠
江南的孩子⋯⋯⋯⋯⋯⋯⋯⋯⋯⋯龚鹏飞
童心悠悠（散文诗·二章）⋯⋯⋯曾有情

理论
新作短评
跌宕有致　扣人心弦⋯⋯⋯⋯⋯⋯晓　之
在平凡、普通中见精神⋯⋯⋯⋯⋯子　华

美术
羚羊（水彩画）⋯⋯⋯⋯⋯⋯⋯⋯韩书力
迦梨陀萨（连环画）⋯⋯⋯⋯⋯⋯书　力
人像习作（素描）⋯⋯⋯⋯罗伦张　小格桑
米林写生（水粉）⋯⋯⋯⋯⋯⋯⋯马阿布

1984 年第 7 期　刊名:《西藏文学》
目录

小说

恭喜路上的风波·····················才　旦
远处，地和天连在一起···············陈剑坤
亭外，飘着蓝色的小雨···············蔡椿芳
雅鲁藏布江畔的梅朵·················姜　忠
大路尽头的姑娘们···················吴　微
枪（小小说）·······················贾明元

新人新作

黄昏留下的故事·····················卓玛雍宗

散文

滚滚桃江水·························刘　延
林卡之春·························尤永奇

杂文

从晴雯被逐说到身为才累·············光　式
驴的对话（寓言）···················余薇野

诗歌

山路······························洋　滔
在华东屋脊致世界屋脊（外一首）······宁　宇
奔达拉山··························袁玉良
游云······························王远舟
浴佛节（组诗）·····················杜连义
共产党带领我们高飞（三首）·········周艳炀

在雪山和草原之间

雪山下的清泉（三首）·········诺杰·洛桑嘉措
门巴素描（三首）···················徐大猷
在邦锦花盛开的季节里（组诗）········阎振中

理论

也许，那是再生的火焰···············田　文

文艺杂论

文学评论与文学创作·················程朝富

争鸣园地

树立文学批评的马克思主义文风········李佳俊

美术

封面设计··························韩书力
速写······························余友心
油画习作·····················刘崇军　洛　桑

牧民的春天（油画）·················善　志

1984 年第 8 期　刊名:《西藏文学》
目录

小说

水磨坊里··························阎振中
哦，琪尔玛洋河哟···········（藏族）扎西东智布
山顶上的夕阳·····················佘学先
拉萨河女神························马　原
阿布的叔叔························李双焰
诗爱（小小说）·····················李续良
失落的姆迪（小小说）···············阿　男
骂鸽（小小说）·····················菜　莪
罗娃屯珠与贪婪国王的故事（民间故事）
·················张积诚　金丽华　周学锋翻译整理

诗歌

驻藏部队作者特辑
雪线上的士兵（三首）···············蔡椿芳
山祭·····························杨晓敏
热情（外二首）·····················周　智
哨卡拾露（外一首）·················钟吉鹏
多彩的兵歌（二首）·················梅道宏
军歌，绿色的和弦（三首）···········曾有情
属于这条山沟的爱···················曾成章
喜玛拉雅军歌（三首）···············詹仕华
我要写封信························葡　真
川藏线拾零························石明海
哨兵礼赞··························谭光远
彩石（散文）·······················雪　原

理论

争鸣园地

一个有新意的反面人物···············田　娅
德合拉——一个华而不实的野心家·······林为进
怎样理解这个人物···················海　岑

新作短评

写出魂儿来························刘　伟

美术

封面设计··························余友心
春晖（油画）·······················魏传义
织（毛笔速写）·····················常　岩
课堂上（布画）·····················刘娜莎
醇香美酒迎佳宾（套色木刻）··········石旦恩

1984 年第 9 期　刊名:《西藏文学》

目录

小说

环形路·····················金志国
盲目的后果·············林　雏著　李朝群译

新人新作

米米多吉·····················陈西胜
工布节的祝福·················倪仁华
卓玛·························高　凤
竹笛，啜泣和梦···············色　波

外国文学欣赏

麝···············维勒斯·沙朗著　郑克司译

回忆录

顽匪覆灭记···················刘广润

诗歌

诗五首·······················藏　青
太阳之歌·····················胡　筱
勒巴村印象···················周长海
致拉萨建筑工·················刘连进
一个冬天的向往···············温生杰
年楚河回声（二首）···········次　旺

理论

争鸣园地

爱的选择，生活的歧途·········杨　棣
双手写的书　她读懂了·········尹爱苏
漫谈评论作者的修养···········于　默

美术

封面设计·····················余友心
高原风光（水粉）·············阿　布
速写选登·····················刘　珠等
雪城拉萨（油画）·············张　鹰

1984 年第 10 期　刊名:《西藏文学》

目录

编者的话·····················编　者

小说

五十六颗星

边境啊，静悄悄···············郑维建
草原这边的霞光···············通　嘎
耶利特·····················察森敖拉
场头小吃店···················侯自佳
在黎萨尔的铜像下·············谢　明
猜疑·························李双焰

外国文学欣赏

你是凶手···········［美］埃德加·阿伦·波著
王文华译　姚家沐校

散文

民族花环

江畔夜话·····················孙丹年
火红的沃色树·················拥登嘉措

诗歌

民族花环

南斯拉夫散歌·················汪承栋
朵落荷舞（外一首）···········吉狄马加
定居点上的晚宴（外一首）·····阿拉坦托娅
大草原诗情···················多杰群增

理论

写诗·读诗·评诗···············张隆高

新作短评

不能相抵消的正与负···········达瓦泽仁

美术

封面设计·····················余友心
水粉·························韩书力
速写·························周　刚
油画·························李新建
扉页画·······················江木佐

1984 年第 11 期　刊名:《西藏文学》
目录

小说

水花飘溢着芳香⋯⋯⋯⋯⋯⋯⋯⋯⋯⋯道吉坚赞
大柏树下的月影⋯⋯⋯⋯⋯⋯⋯⋯⋯⋯陈西胜
雪崩之后⋯⋯⋯⋯⋯⋯⋯⋯⋯⋯⋯⋯⋯佘学先

八角街头

阳光下⋯⋯⋯⋯⋯⋯⋯⋯⋯⋯⋯⋯⋯扎西达娃
五十六颗星
心上的翅膀⋯⋯⋯⋯⋯⋯⋯⋯⋯⋯⋯⋯于建华
放生羊⋯⋯⋯⋯⋯⋯⋯⋯⋯⋯⋯⋯⋯⋯金志国

外国作品欣赏

雪崩⋯⋯⋯⋯⋯[印度]拉·辛·贝吉　袁　杰译

散文

从马背跃上云端（报告文学）⋯邓绪东　杨毅波

古刹寻礼

楚布探求录⋯⋯⋯⋯⋯⋯⋯⋯⋯⋯⋯⋯葛桑喇

诗歌

草原回旋曲⋯⋯⋯⋯⋯⋯⋯⋯⋯⋯⋯⋯阿　来
渡——致高原大学生⋯⋯⋯⋯⋯⋯⋯⋯张　赟
在三月（外一首）⋯⋯⋯⋯⋯⋯⋯⋯⋯黄伦生
波密抒情⋯⋯⋯⋯⋯⋯⋯⋯⋯⋯⋯⋯⋯徐大猷
波动所引起的（外一首）⋯⋯⋯⋯⋯⋯周　斌
情歌短笛（七首）⋯⋯⋯⋯⋯⋯⋯⋯⋯周艳炀
短短的诗⋯⋯⋯⋯⋯⋯⋯⋯⋯关劲潮　达娃吾珠
蔡椿芳　更桑嘉　谢　妮　郝成彪　聪　聪　李双焰

理论

新作短评
评《218万岁》⋯⋯⋯⋯⋯⋯⋯⋯⋯⋯刘　伟
唯其真实，才有力量⋯⋯⋯⋯⋯⋯⋯拥登嘉措
文艺杂论
主题刍议⋯⋯⋯⋯⋯⋯⋯⋯⋯⋯⋯⋯⋯程朝富
作家书简⋯⋯⋯⋯⋯⋯⋯⋯⋯⋯⋯⋯⋯周良沛

美术

封面设计⋯⋯⋯⋯⋯⋯⋯⋯⋯⋯⋯⋯⋯达海子
雪城柳（中国画）⋯⋯⋯⋯⋯⋯⋯⋯⋯余友心
硕果（版画）⋯⋯⋯⋯⋯⋯⋯⋯⋯⋯⋯罗伦张
小鸟（中国画）⋯⋯⋯⋯⋯⋯⋯⋯⋯⋯韩书力

1984 年第 12 期　刊名:《西藏文学》
目录

小说

春寒⋯⋯⋯⋯⋯⋯⋯⋯⋯⋯⋯⋯⋯⋯⋯孙效唐
夜巡草场⋯⋯⋯⋯⋯⋯⋯⋯⋯⋯⋯⋯⋯周辉枝

新人新作

小岛风雨夜⋯⋯⋯⋯⋯⋯⋯⋯⋯⋯⋯⋯周　智
⋯⋯沙沙，还是落叶吗?⋯⋯⋯⋯⋯⋯夜　雨
太阳岛的故事⋯⋯⋯⋯⋯⋯⋯⋯⋯⋯⋯刘　伟

诗歌

当三孔笛响起的时候⋯⋯⋯⋯多吉次仁　晏　郊
色彩之歌（组诗）⋯⋯⋯⋯⋯⋯⋯⋯⋯张宇光
珞瑜情歌（六首）⋯⋯⋯⋯⋯⋯冀文正搜集整理
短短的诗
别⋯⋯⋯⋯⋯⋯⋯⋯⋯⋯⋯⋯⋯⋯⋯陈长健
诗赠木屋山人⋯⋯⋯⋯⋯⋯⋯⋯⋯⋯⋯况祖福
诗之乞求⋯⋯⋯⋯⋯⋯⋯⋯⋯⋯⋯⋯⋯索　宝
雨后⋯⋯⋯⋯⋯⋯⋯⋯⋯⋯⋯⋯⋯⋯⋯石明海
小河⋯⋯⋯⋯⋯⋯⋯⋯⋯⋯⋯⋯⋯⋯⋯罗　嘎
小溪⋯⋯⋯⋯⋯⋯⋯⋯⋯⋯⋯⋯⋯⋯⋯李小渭
蘑菇⋯⋯⋯⋯⋯⋯⋯⋯⋯⋯⋯⋯⋯⋯才让当智
踏草⋯⋯⋯⋯⋯⋯⋯⋯⋯⋯⋯⋯⋯⋯⋯添　军
自然之子⋯⋯⋯⋯⋯⋯⋯⋯⋯⋯⋯⋯⋯邓志军
草原母亲⋯⋯⋯⋯⋯⋯⋯⋯⋯⋯⋯⋯怀藏扎西
我寻找早晨⋯⋯⋯⋯⋯⋯⋯⋯⋯⋯⋯⋯张　立
自题画像⋯⋯⋯⋯⋯⋯⋯⋯⋯⋯⋯⋯⋯吴雨初

散文

并非通向塔希提⋯⋯⋯⋯⋯⋯⋯⋯⋯⋯马丽华
草原昼夜进行曲⋯⋯⋯⋯⋯⋯⋯⋯⋯⋯孙爱文
荒野的联想⋯⋯⋯⋯⋯⋯⋯⋯⋯⋯⋯⋯辛　鸽

理论

艺术之声⋯⋯⋯⋯⋯⋯⋯⋯⋯⋯⋯⋯⋯李雅平
诗的苦趣美⋯⋯⋯⋯⋯⋯⋯⋯⋯⋯⋯⋯世　明
深邃的谜，卓越的识⋯⋯⋯⋯⋯⋯⋯⋯罗良德

外国文学欣赏

泰戈尔作品两篇⋯⋯⋯⋯⋯⋯宋诒瑞译　熊义昌校

藏族古典文学

《颇罗鼐传》选登⋯⋯⋯⋯才仁旺阶著　汤池安译

美术

封面设计⋯⋯⋯⋯⋯⋯⋯⋯⋯⋯⋯⋯⋯余友心

摄影⋯⋯⋯⋯⋯⋯⋯⋯⋯⋯杨立泉 程久全
摄影⋯⋯⋯⋯⋯⋯⋯⋯⋯⋯⋯⋯⋯⋯扎 西
摄影⋯⋯⋯⋯⋯⋯⋯⋯⋯⋯⋯⋯⋯⋯罗 浩

1985 年第 1 期　刊名:《西藏文学》
目录

小说·报告文学
西藏,系在皮绳扣上的魂⋯⋯⋯⋯⋯扎西达娃
白芨姑娘⋯⋯⋯⋯⋯⋯⋯⋯⋯⋯⋯李雅平
醒酒⋯⋯⋯⋯⋯⋯⋯⋯⋯⋯⋯⋯⋯旺 秋
八角街一少女⋯⋯⋯⋯⋯⋯⋯⋯⋯振 权
吐蕃史演义⋯⋯⋯⋯⋯⋯⋯⋯⋯丹珠昂奔
奇特的印章⋯⋯⋯⋯⋯⋯⋯廉建华搜集整理
伸向产科病房的魔手⋯⋯[美]玛丽·黑金斯·克拉克著
刘 明 杨荣鑫译

诗·散文
注入时代⋯⋯⋯⋯⋯⋯⋯⋯⋯⋯⋯吴雨初
麦捆⋯⋯⋯⋯⋯⋯⋯⋯⋯⋯⋯⋯⋯赵 恺
作客在贝尔格莱德⋯⋯⋯⋯⋯⋯⋯益希丹增
野人"人性录"——野人考察随笔之一⋯⋯⋯萧蒂岩

评论
比翼齐飞——《西藏文艺评论选》序⋯⋯李文珊
魔幻的,还是现实的?⋯⋯⋯⋯⋯⋯陆 高
《拉萨河女神》别具一格⋯⋯⋯⋯⋯刘 伟
我的想法⋯⋯⋯⋯⋯⋯⋯⋯⋯⋯⋯马 原
生活的描写和文学的思考⋯⋯⋯⋯⋯李佳俊

美术
彩之图⋯⋯⋯⋯⋯⋯⋯⋯⋯⋯⋯⋯韩书力
草原盛会⋯⋯⋯⋯⋯⋯⋯⋯⋯⋯⋯张 庶
喜悦⋯⋯⋯⋯⋯⋯⋯⋯⋯⋯⋯⋯⋯翟跃飞
拉萨八角街即景⋯⋯⋯⋯⋯⋯⋯⋯阿 布

1985 年第 2 期　刊名:《西藏文学》
目录

小说报告文学
边地⋯⋯⋯⋯⋯⋯⋯⋯⋯⋯⋯⋯⋯马丽华
金塔(中篇)⋯⋯⋯⋯⋯⋯⋯⋯⋯益希单增
白螺号的回声⋯⋯⋯⋯⋯⋯⋯⋯⋯萧 潇
伸向产科病房的魔手⋯⋯[美]玛丽·黑金斯·克拉克著
刘 明 杨荣鑫译

诗·散文
哦——阿西!⋯⋯⋯⋯⋯⋯⋯⋯⋯裴庄欣
西部中国式的握手⋯⋯⋯⋯⋯⋯⋯王 璞
歌的草原⋯⋯⋯⋯⋯⋯⋯⋯⋯⋯多杰群增
星星的个性⋯⋯⋯⋯⋯⋯⋯⋯⋯次仁罗布
回忆边坝⋯⋯⋯⋯⋯⋯⋯⋯⋯⋯⋯周 智
西藏三题⋯⋯⋯⋯⋯⋯⋯⋯⋯⋯⋯高 平
野人"人性录"·野人考察随笔之二⋯⋯萧蒂岩

评论
解放思想,深入生活,大胆开拓——我区新时期文学
创作初探⋯⋯⋯⋯⋯⋯⋯⋯⋯⋯⋯牛英才
揭示和展现生活中的美⋯⋯⋯⋯⋯张立国
他耕耘在甘南草原——藏族青年作者尕藏才旦短篇小
说简评⋯⋯⋯⋯⋯⋯⋯⋯⋯刘万庆 莫福山
生活的力量　感人的形象——浅谈《三等世家之子》
中邦色的形象⋯⋯⋯⋯⋯⋯⋯⋯⋯周绍西

美术
封面⋯⋯⋯⋯⋯⋯⋯⋯⋯⋯⋯⋯⋯黄建中
女活佛(连环画选登)⋯⋯⋯⋯⋯⋯曹 勇
然写湖⋯⋯⋯⋯⋯⋯⋯⋯⋯⋯⋯⋯张 然
扉页画⋯⋯⋯⋯⋯⋯⋯⋯⋯⋯⋯⋯李彦平

1985 年第 3 期　刊名:《西藏文学》
目录

小说·报告文学
极地素描(征文)⋯⋯⋯⋯⋯⋯⋯⋯龚巧明
金塔(中篇小说选载·下)⋯⋯⋯⋯⋯益希单增
一个实干家的忧和喜(征文)⋯⋯⋯⋯张静璞
伸向产科病房的魔手⋯⋯[美]玛丽·黑金斯·克拉克著
刘 明 杨荣鑫译

野人之谜
野人的特异功能——"野人"考察随笔之三⋯⋯肖蒂岩

诗歌·散文
布达拉宫⋯⋯⋯⋯⋯⋯⋯⋯⋯⋯⋯杨 炼
让我们朝前走吧(外一首)⋯⋯⋯⋯唐晓渡
河那边的灌木林(外一首)⋯⋯⋯⋯藏 青
山思⋯⋯⋯⋯⋯⋯⋯⋯⋯⋯⋯⋯⋯祖德陶
寄妻⋯⋯⋯⋯⋯⋯⋯⋯⋯⋯⋯⋯⋯洋 滔
诗二首⋯⋯⋯⋯⋯⋯⋯⋯⋯⋯⋯⋯陆 高

评论
《西藏诗选》序言⋯⋯⋯⋯⋯⋯⋯⋯汪承栋
诗的野趣美⋯⋯⋯⋯⋯⋯⋯⋯⋯⋯陈世明

美术

送别（油画）————————————黄建中
木刻选刊——————郑　珲　王九江　李彦平
热巴舞（年画封底）————————高应新

1985 年第 4 期　刊名:《西藏文学》
目录

小说·散文

小镇轶事————————————道吉坚赞
叠纸鹞的三种方法——————————马　原
选择性涂层（征文·报告文学）————丛　山
雪域晨曦（征文）————————巴桑罗布

外国文学欣赏

伸向产科病房的魔手（长篇连载）
　　　　　　　[美]玛丽·黑金斯·克拉克著
刘　明　杨荣鑫译
高贵家族的儿媳————伊伯拉希姆·歇利佛著
杨双举　王鸿国译
心镜之光————————————诺悟更志
阿里，一个神奇的世界————————卢小飞

野人之谜

世界之谜新解释——野人考察随笔之四————萧蒂岩

诗歌

高原在非高原人的心目中————傅　亮　斯　平
杨绍武　陈惠芳　龚鹏飞　金克义　于　坚　刘泽仁

评论

文学批评同样是艰难的创造性劳动————田　文
她在高原寻找自己——论马丽华的诗歌创作——李佳俊
小说创新说（二）————————陈金堂

美术

格桑花开时节————————————裴庄欣
雪野深处————————————刘万年
雪山————————————高德有
扎什伦布寺————————————裴庄欣

1985 年第 5 期　刊名:《西藏文学》
目录

小说·报告文学

降神————————————陈福舜
红米诺————————————嘎玛维色

塔工岁月————————————孙国珍
在高原的日子里————————————李小渭
伸向产科病房的魔手（连载之五）
　　　　　　　[美]玛丽·黑金斯·克拉克著
刘　明　杨荣鑫译
色拉山的呼唤（报告文学）——拉萨首次发现新石
器时代文化遗址————————————王家凤

古刹巡礼

保护神之官——曲柯杰寺————————葛桑喇

野人之谜

情山爱史——野人考察随笔之五————萧蒂岩

诗歌

午夜，我们来了（外一首）————————刘志华
五月诗抄————————————林　莽
给达娃————————————韩　云
七月————————————王志圈
骑手————————————萧　然
跳荡的心和土地（外一首）————————陈　辉
心音————————————李芝文

评论

评《雪崩之后》————————————李　墨

美术

牧歌（布画）————————————强　桑
丹青新秀（国画）————————次仁卓玛
伙伴（木刻）————————————蒋宜勋
高原天宇阔（国画）————————余友心

1985 年第 6 期　刊名:《西藏文学》
目录

魔幻小说特辑

西藏，隐秘岁月（中篇）————————扎西达娃
幻鸣————————————色　波
没有上油彩的画布————————————刘　伟
水绿色衣袖————————————金志国
巴戈的传说————————————李启达
换个角度看看　换个写法试试
——本期魔幻小说编后————————编　者

连载

伸向产科病房的魔手（连载之六）
　　　　　　　[美]玛丽·黑金斯·克拉克著
刘　明　杨荣鑫译

龙·明珠·黄帝——野人考察随笔之六···········萧蒂岩
发现、发展、危机——《西藏文学》1984 年小说漫评
··徐明旭

散文·诗歌
寻雪··己　丑
笑的咏叹··伍　丁
诗两首··陆　高

美术
牡丹（中国画）······································何　溶
山花·鸢尾··何　溶
田间（油画）··小格桑

1985 年第 7 期　刊名:《西藏文学》
目录

小说
小说三篇
紫红色的嘉瓦··通　嘎
红色长筒靴··通　嘎
夕阳，那火一样的夕阳································通　嘎
羊蹄花··李娟娟
奇梦湖··吴雨初
勒依之死··孙效唐
珠穆朗玛··大　达
茶友··李文超
甜茶馆里··阿奴次仁
伸向产科病房的魔手（长篇连载）
·············[美]玛丽·黑金斯·克拉克著
刘　明　杨荣鑫译

诗·散文
跪在太阳顶上祈祷····································李双焰
海··祁发明
鸟儿··谢　妮
楼兰二首····························海　燕　王家新
我是一棵新植的小树································徐　康
弯腰赋··李伍丁

野人之谜
简论《山海经》精髓之所在兼辨野人的有无问题——
野人考察随笔之七····································萧蒂岩

评论
我谛听着传自高原的歌声
——评近两年藏族诗人的诗作················张隆高

美术
阳光与花朵·····························丹　朗　于英波
哺育··陈　勇
集市·牛气··李彦平
牧人的晚餐··小计美

1985 年第 8—9 期　刊名:《西藏文学特刊》
目录

雅鲁藏布之潮
永不止息的河（中篇）······························诺布次仁
草原上的传说（中篇）······························丹珠昂奔
冥（短篇）··扎西达娃
思乡成疾（中篇）····································孙丹年
尼姑和神汉的喜剧（中篇）························叶　晞
二十九号病床（中篇）······························薛晓康
附评论:《人的价值需要认知和理解》········洪亚华
佛宫秘事（长篇小说节选）························高　平
格萨尔故事（长篇故事选载）·······降边加措　吴　伟

庆典特辑
将军碑（报告文学）·················何映森　刘盛福
格巴桑布（散文）····································李文珊
两条彩虹会拉萨（散文）····························刘广润
献给老战士（诗二首）······························肖干田
丈量世界屋脊的人们（话剧）
··················王世杰（执笔）　曹昌龄　安庆云

散文
礼赞你，珠穆朗玛····································秦文玉
在斯特凡大公的故乡································益希单增

雪域论坛
澎湃发展的藏族当代文学············岗仁曲成　史　坤
《诗镜》的传入及其影响············耿子方　佟锦华
读《白芨姑娘》······································杭　宁
评内地小说中的进藏热······························徐明旭

在世界的高处
慈航（抒情叙事长诗）······························昌　耀
附评论:《诺亚方舟:彼岸的赞美诗》········燎　原
我希望，有一天····································孟伟哉
童年（组诗）··嘉央西热
草原回旋曲（组诗·三首）························阿　来
理性的大地（诗）····································裴庄欣
编辑之歌（诗）······································高洪波
太阳、土地或梵高的交响诗（散文诗）········廖亦武
鹰（长篇叙事诗选载）······························汪承栋

打阿嘎歌（西藏民歌）····边　多搜集　德庆卓嘎翻译

西藏青年画家作品选登

眷恋···昂　青
夜月···李彦平
极地···罗　浩
打茶···裴庄欣
秋···嘉　措
牛···李彦平
桦林···阿　布
图腾···李新建
牧女···于晓东

1985 年第 10 期　刊名:《西藏文学》
目录

小说专号

索才姬和她的牧工··王云甫
红皮日记和树皮信··刘　延
月光照在帐篷上··意西泽仁
菩提··吴雨初
西部的河，没有波浪··道吉坚赞
旅途··金　伟
阳光驻脚的地方··大　达
一个骑兵··采药生

连载

喜玛拉雅云林下——·····野人考察随笔之八　萧蒂岩
伸向产科病房的魔手····〔美〕玛丽·黑金斯·克拉克著
刘　明　杨荣鑫译

评论
新作短评
金塔的启示——读益希丹增的中篇小说《金塔》
···于　默
他，一颗闪烁的星——评《极地素描》中俄珠多吉的
形象···鄢玉兰

讨论会
关于"西部文学"的一点成见································抒　华
中国西部文学纵横谈··单　超

美术
速写··方振宁
阿嘎歌舞颂新居··陈吴余
篆刻··冯少华
封面封底设计··余友心

1985 年第 11 期　刊名:《西藏文学》
目录

专评
世界屋脊上的新奇迹——读西藏文学号外有感···徐明旭

小说
留在记忆里的故事··温　建
虔诚··达尔基
祭日··陈舜福
雨后森林（寓言故事）
···原著纳木卓　译者宋晓稽　萧蒂岩
娅冬姆（长篇小说《贵族三兄弟》节选）·······李佳俊
他从那边来··廖　雄
主人··秋　谷

散文
明月··孙效唐
有几个人到过西藏?!······································张宇光

评论
讨论会
西藏：西部文学的圣地····································李雅平
西部——西部精神——西部文学——西藏文学
···唐展民

新作短评
读《降神》··李海平

1985 年第 12 期　刊名:《西藏文学》
目录

诗歌专号
在世界的高处
西部诗纪（二首）··昌　耀
在西北（二首）··（藏）多杰群增
黄河首曲··（藏）道吉坚赞
青藏高原··燎　原
牦牛（外一首）··（藏）苍　林
西藏回旋曲（组诗）··王燕生
喜马拉雅古海（组诗）····································魏志远
城市正走向高原··刘宏亮
牧歌四首··水小化
战鼓群··王　璞
草原的风··宁民庆
醒了的蒲公英··（藏）丁玉萍
月光漏进帐篷··洋　滔

永恒························（藏）列美平措
山野··························曾　鸣
牧童·····················（藏）昂文当求嘉措
太阳和牧人····················赵忠贵
大戈壁······················查结联
西部·······················宋明发
祭酹·····················（蒙）阿拉担托娅
我没有奢望，只希冀……·············魏世明
草原美学·····················（藏）阿　来
拉萨之恋·····················高　平
黑蝴蝶······················王辽生
浏阳河——拉萨河················张伟成
拉萨青年路····················赵　东
拉萨冬····················（藏）泽仁罗布
赠女友······················周　斌
宿营地······················章德益
古老的村庄··················（藏）拉目栋智
山·······················黄伦生
哦，男人们····················李双焰
西部平原·····················杨云才

情之所钟

情歌·······················廖亦吾
大地（外一首）··················沈泽宜
有赠——致一位高原画家··············汪向荣
致去日····················（藏）丹珠昂奔
等待·······················晓　渡
我们·······················陈　亮
记忆·······················刘　见
也许·······················郭良原
读·······················袁永庆
情之所钟·····················马丽华

军旅诗页

烈士墓······················李小渭
将军风度·····················曾有情
边关的土地（外一首）···············詹仕华
关于当诗人的妄想·················曾成章
高原，一条便道和三个养路兵············蔡椿芳
斯班德战争诗二首····[英]斯蒂芬·斯班德　义海译

长歌短吟

听青春诗会····················汪承栋
关于龙……····················渭　水
母性的大海（外一首）···············王　彪
在姓名上·····················陆忆敏
雪花·····················（藏）文索巴德
小阿萨······················小　君
长江永远年轻···················施国英

太阳·······················谢　妮
关于画的严肃思考（二首）·············叶延滨
北方的山谷····················朱凌波
走向北方之梦···················默　然
自画像······················祖发厚
美的蒙太奇····················培　贵
黄昏·······················李曙白
向西　向西是极乐···············（回）摩　萨

怪鸟之声

白旃檀（外一首）·················吴雨初
怪鸟·······················流沙河
人间风貌（二首）·················胡学武
河上看城（外一首）················东　东
阳光小径·····················杨　然
评论：读通嘎小说三篇···············冰　岛
西藏婚礼（习俗及婚礼歌）·············廖东凡等

1986 年第 1 期　刊名:《西藏文学》

目录

进藏大学生作品专号

小说

太阳照亮我的心（中篇报告小说）··········李雅平
婚礼（短篇小说）·················徐明旭
丛林深处（短篇小说）···············刀心十
阿妈与阿妈的传说（短篇小说）···········水小化
转信（微型小说）·················孙丹年
休止符（翻译小说）
·············[印度]杰·伯勒萨德著　刘宝珍译

评论

评《西藏文学》八五年特刊上的中篇小说·······张蜀华

杂文

马太效应及其他··················殷运麒
沉痛悼念我刊编辑、青年妇女作家龚巧明同志

诗与散文

白桦树······················洋　滔
吊龚巧明同志···················昊　夫
痛忆我的朋友龚巧明················洪历伟
怀念和思索····················黄志龙

美术

封面设计·····················建　义
播种　新生（版画）················罗能建

西藏民间艺术
西藏布印版画 ···················· 布　曲供稿
女作家龚巧明（油画） ················ 裴庄欣

1986 年第 2 期　刊名:《西藏文学》
目录

在藏大学生作品专号

电影文学剧本
通往极地 ························· 龚巧明

短篇小说
天葬生涯 ························· 通　嘎
我和巴乌 ························· 周韶西
牧神青罗布 ······················ 马　原
冬夏河永无常 ····················· 大　达

诗歌·散文
羌塘 ···························· 祝有海
夏天的故事 ······················ 刘志华
生日圆号 ························· 惟　夫
致北大荒友人 ····················· 昊　夫
猎狗和猎人的保护神（雪域风情录） ········ 廖东凡
高原秋色 ························· 邓　成
边陲云思 ························· 荣志矢

评论
生活——在平凡中闪光 ··············· 鄢玉兰
西部文学与西藏文学 ················ 海　岑

美术
封面设计 ························· 建　义
微风（版画） ····················· 布　曲
木围栏之间（油画） ················· 苏中和
织女（油画） ····················· 贺德华

西藏艺术
俞加女（铸铜） ···················· 何贤生供稿

1986 年第 3 期　刊名:《西藏文学》
目录

报告文学
雪域之光 ························· 李雅平等

问题小说
亚索的星期天 ····················· 译　旺

风俗小说
德加玛的婚事 ····················· 雁　翎

电影文学剧本
通往极地 ························· 龚巧明

雪域风情录
珞巴猎人和山林诸神 ················· 廖东凡

评论
评论自由与西藏文学现状 ·············· 张隆高

诗歌
向雪峰（外一首） ·················· 祝有海
山上又下雪啦 ····················· 刀心十
白夜里的朝佛者 ··················· 张宇光
布达拉，我来自遥远的门巴乡（外一首）····· 晏　郊

封面设计 ························· 卞　铸
秋（油画） ······················· 王发林
墙那边的观众（摄影） ··············· 张　鹰

西藏艺术
西藏布印版画之二 ·················· 布　曲供稿

封底版画
在那遥远的地方 ··················· 李焕民

1986 年第 4 期　刊名:《西藏文学》
目录

旅游文学专号

日光城掠影
拉萨的八角街 ····················· 次　多

蜜月旅游
梦中的珠峰 ······················ 刘　菲

草原野趣
茫茫藏北游 ······················ 祝有海
赛马盛会到羌塘 ··················· 黄一丁
猎人笔记两篇 ····················· 唐富明

古刹巡礼
扎什伦布寺一瞥⋯⋯⋯⋯⋯⋯⋯⋯⋯刘 延

考察散记
官兵与专家谈野人⋯⋯⋯⋯⋯⋯⋯肖蒂岩
西王母·江央白珍⋯⋯⋯⋯⋯⋯⋯古子文

湖峰光影
寻找通往极乐世界的神门⋯⋯⋯⋯廖东凡
我心中的爱与梦⋯⋯⋯⋯⋯⋯⋯⋯杜贵全
圣湖沐浴⋯⋯⋯⋯⋯⋯⋯⋯⋯⋯⋯叶 晞

文学特写
文坛女侠——忆龚巧明⋯⋯⋯⋯⋯徐明旭

评论
"西部文学"和西藏文学七人谈⋯⋯扎西达娃等
穿破这高原的迷雾⋯⋯⋯⋯⋯⋯⋯行 健

美术
封面设计⋯⋯⋯⋯⋯⋯⋯⋯⋯⋯⋯肖侯生
湖畔（套色版画）⋯⋯⋯⋯⋯⋯⋯其加达瓦
牧（版画）⋯⋯⋯⋯⋯⋯⋯⋯⋯⋯康 宁
西藏艺术（雕刻）⋯⋯⋯⋯⋯⋯⋯贺贤生供稿
歌（套色版画）⋯⋯⋯⋯⋯⋯⋯⋯李焕民

1986 年第 5 期 刊名:《西藏文学》
目录

灿烂的时代 光荣的使命⋯⋯⋯⋯⋯李维伦

小说
拉萨——圣地⋯⋯⋯⋯⋯⋯魏志远 吴雨初
十三时许，民航班车抵达拉萨
林廓南路 150 号
老鞋匠和他的孙女
活菩萨⋯⋯⋯⋯⋯⋯⋯⋯⋯⋯⋯⋯薛晓康
在那绿色的草坪上⋯⋯⋯⋯⋯⋯⋯周辉枝
阿依琼⋯⋯⋯⋯⋯⋯⋯⋯⋯⋯⋯⋯王云甫
青青的抓地草（儿童小说）⋯⋯⋯何群英
曲尼村的"老革命"⋯⋯⋯⋯⋯⋯张仕荣
鹰笛（动物小说）⋯⋯⋯⋯⋯⋯⋯李双焰

小小说
她想，他想——⋯⋯⋯⋯⋯⋯⋯⋯万信高
欠债的"万元户"⋯⋯⋯⋯⋯⋯⋯鲁 溪
麻烦⋯⋯⋯⋯⋯⋯⋯⋯⋯⋯⋯⋯⋯胡嘉扬
"化学造房"⋯⋯⋯⋯⋯⋯⋯⋯⋯陈西胜

渡⋯⋯⋯⋯⋯⋯⋯⋯⋯⋯⋯⋯⋯⋯沈其林

翻译小说
辗转寻觅⋯⋯⋯［美］乔治·马基·布朗著 西 戈译

诗歌
高原群星
跟着她吧，我的心⋯⋯⋯⋯⋯⋯⋯多尔吉
致拉萨（外一首）⋯⋯⋯⋯⋯⋯⋯当 周
山林里，三石灶的故事⋯⋯⋯⋯⋯祁发明
瞅我的星星⋯⋯⋯⋯⋯⋯⋯⋯⋯⋯央欠当智
地平线上的牧童（外一首）⋯⋯⋯苍 泉
秋风⋯⋯⋯⋯⋯⋯⋯⋯⋯⋯⋯⋯⋯诺日坚赞
夜颂⋯⋯⋯⋯⋯⋯⋯⋯⋯⋯⋯⋯⋯次仕罗布
海之女⋯⋯⋯⋯⋯⋯⋯⋯⋯⋯⋯⋯娜 珍
当我懂得的时候（民歌五首）⋯⋯智迈达瓦

报告文学
工地上，一顶染血的军帽⋯⋯⋯⋯赵乐斌

散文
除夕月⋯⋯⋯⋯⋯⋯⋯⋯⋯⋯⋯⋯杨盛龙
门巴人的酒和毒酒⋯⋯⋯⋯⋯⋯⋯廖东凡

美术
封面设计⋯⋯⋯⋯⋯⋯⋯⋯⋯⋯⋯王发林
少年时光（摄影）⋯⋯⋯⋯⋯⋯⋯张志远
藏戏艺人（摄影）⋯⋯⋯⋯⋯⋯⋯章先胜
五彩云霞（摄影）⋯⋯⋯⋯⋯⋯⋯张 鹰

西藏艺术
西藏布印版画⋯⋯⋯⋯⋯⋯⋯⋯⋯布 曲供稿

1986 年第 6 期 刊名:《西藏文学》
目录

藏族小说专号

小说
采蘑菇的少女⋯⋯⋯⋯⋯⋯⋯⋯⋯德吉措姆
人们，狗们⋯⋯⋯⋯⋯⋯⋯⋯⋯⋯嘎玛维色
书记的眼睛⋯⋯⋯⋯⋯⋯⋯⋯⋯⋯益希单增
卐字的边缘⋯⋯⋯⋯⋯⋯⋯⋯⋯⋯央 珍
代价⋯⋯⋯⋯⋯⋯⋯⋯⋯⋯⋯⋯⋯索朗仕称
猎神的踪迹⋯⋯⋯⋯⋯⋯⋯⋯⋯⋯道吉坚赞
生命树⋯⋯⋯⋯⋯⋯⋯⋯⋯⋯⋯⋯平 杰
太阳下的闲话⋯⋯⋯⋯⋯⋯⋯⋯⋯白玛娜珍
进藏人⋯⋯⋯⋯⋯⋯⋯⋯⋯⋯⋯⋯通 嘎

小小说

初踏浪 ·············尼玛炜色
草原梦 ···············觉 果
假如我们明天毕业 ·······阿努次仁
冬天的印象 ·········次仁央宗
"东京时间" ···········索 琼

评论

童话与小说 ···········宋之前
要人性，不要狗性 ·······李佳俊
乐——幸福之谜 ··········予 一
《代价》之价 ···········王雅琴
新秩序的诞生 ·········刘志华
这是一条椭圆形的路 ·····李海平
一捧贝壳，一束鲜花 ·····唐展民

美术

人民大会堂西藏厅壁画选登（局部·封面）
·················叶星生等
新的一天（油画） ·······贺德华
伙伴（摄影） ···········殷亚东
啊，拉萨（摄影） ········张 鹰

西藏艺术

绿度母（铸铜） ·········贺贤生供稿

1986 年第 7 期　刊名:《西藏文学》
目录

小说

礼物 ·········杨晓敏　张骁儒
祭牛 ···············丹珠昂奔
夏风的邀请 ···········阿 来
山野人家 ···········张占辉
守护神 ···············嘎 子

诗歌

心祈（外一首） ·········洋 滔
布达拉宫 ···········唐晋中
小女孩的心事 ·········昊 夫
西部随想（组诗） ·······蓝晓辉

评论

一篇有改革气息的佳作 ·····张蜀华

专题栏目

雪山鸿雁
流浪者 ·······车仁·晋美旺秋著　次多译

访高尔基故居博物馆 ·······降边嘉措
墓志铭 ···············朱 奇
草原剪影
双湖记 ···············骆正军
古刹巡礼
红教宝刹敏珠林 ·········葛桑喇
雪域风情录
墨脱人怎样发誓 ·········廖东凡
色波作品讨论
超越西藏的反省 ·········刘志华
浓缩、幻化、游离及其他 ···唐展民

美术

盛装的藏族妇女（封面摄影） ···张 鹰
鲁迅先生像（木刻） ·······李焕民
雅吉节（壁画） ·········诸有韬
携面具的艺人（摄影） ·····熊应详
拉萨少女（油画） ·······裴庄欣

1986 年第 8 期　刊名:《西藏文学》
目录

藏族古典文学专号

愿我们的蒙族文学艺术更加灿烂夺目 ·······拉巴平措
金穗 ·········第巴·桑德嘉措著　多尔吉　萧蒂岩译
巴协 ···········巴赛囊著　丹珠昂奔
贤者喜宴 ·······巴卧祖拉陈哇著　佟景华译
迎娶文成公主（王统世明系鉴节选）
·········萨迦·索南坚赞著　旭 子译
汤东杰布传 ·······久米德庆著　德庆卓嘎　张学仁译
嚓瓦绒箭宗（《格萨尔》选载） ···李朝群　顿 珠译

1986 年第 9 期　刊名:《西藏文学》
目录

诗歌

古本尖乔——鲁沙尔镇的民间节日 ···昌 耀
雪狮抖露的风韵（三首） ·······（藏）伊丹才让
雪域·牧村之晨（外一首） ·····（藏）祁发明
神猴和罗刹女的故乡 ·······切 坦
写在唐古拉山口 ·········野 火
期待·追求 ···········杨远宏
玄鸟 ···············储建中
麦积山 ·············杨绍武
雪崩——《巨川雄魂》选章 ·····黎正光
一月（外一首） ·········赵 野
赛马节 ·············（藏）多杰群增

藏北···陈长健
牧人的诞生及其他（二首）···················（藏）班 果
太阳帽和飘飞的领带·································赵 洁
草海子（外一首）····································李双焰
喜马拉雅古海···魏志远

美术
远方的呼唤（中国画）·······························韩书力
林卡节（木刻）····································周玉平
藏族速写···方振宁
红黄蓝画展作品选登
宁静的沙滩（油画）·································王发林

散文
西藏正处于发现的时代·······························马丽华
在 C 民族学院"沉浮"纪事·················（藏）尼玛炜色
左旋柳的底蕴···唐展民
马拉山恋···张永发
永难磨灭的记忆······································嘉 荣
人生际遇···马丽华
日喀则关觉林卡·····································古子文
伟大的丰碑——访拉萨饭店
······························（藏）仑珠朗杰作 （藏）多 次译
军营人物···高洪波
随想录···余 珈

西藏风情
噶顿神汉降神趣闻·································廖东凡

野人之谜
悬棺葬的谜底——野人考察随笔之十···············萧蒂岩

文坛信息
《格萨尔》工作会议在京举行，西藏代表多人获奖励
表彰···江 梅
《长篇选载之二》金穗
··························第巴·桑吉嘉措著 多尔吉 萧蒂岩译

1986 年第 10—11 期合刊 刊名:《西藏文学》
目录

十年新澜十年歌
献给新时期的一束礼花——《西藏文学》获奖作品篇
目集萃
西藏文学十年·······································本刊编辑部

雅鲁藏布之潮
世界第九奇迹（长篇小说连载）··········陈华民 王大海

在东藏的土地上（中篇小说）连载·············益希单增
匠神后代和他的刨（短篇小说）···············巴桑罗布
妈妈无言（短篇小说）·······················扎西达娃
阳光·小雨·月亮（短篇小说）··················央 珍
街头（微型小说）·····························索 琼
走火入魔（中篇纪实小说）····················刘 菲
附评论:《真人·真话·真情》····················余 珈
远山的雾（中篇小说）·······················刘振权

古曲与异音
金穗（藏族古典文学选载之三）
············第巴·桑结嘉措著 多尔吉 萧蒂岩译
章西女皇（印度长篇小说选择）
·····················沃·沃尔马著 刘宝珍译

海天之旅
南国行（散文）·······························汪承栋
美好的回忆（散文）···························修义忠
安徒生故乡访问记（游记）····················降边嘉措
渴望苦难（散文）·····························马丽华
雪顿节花絮（散文）···························杨盛龙
神山漫游·神湖巡礼（游记）····················张小军
彼岸（报告文学）··············昊 夫 江少青 刘丽霞

珠穆朗玛情思·················蔡其矫 嘉央西热
查 干 洋 滔 张宇光 展 溟

雪域论坛
现代化与传统文化（理论）····················王 蒙
让文艺成为精神文明之花（理论）···············张治维
新时期西藏小说创作漫谈（评论）···············杭 宁
文学，民族的形象（寄语）····················李佳俊
藏族新诗开拓者的路··················降边嘉措 张晓明

圣地银幕
复仇的女人（电影文学剧本）··················张 平

美术
封面装饰画···王发林
封底《五彩路》····································张西新

1986 年第 12 期 刊名:《西藏文学》
目录

小说
四季无夏（中篇）·································薛晓康
（附短评:《我的心哟，在高原》）···············柳建伟
心中的天空·······························额尔敦·琪琪格

念青唐古拉神 .... 金志国
西部失踪死亡案 .... 吴雨初
雪狮 .... 肖干田
在东藏的土地上（中篇连载） ..... 益希单增

散文
高原日色 .... 杨盛龙
木器时代——野人考察随笔之十一 ..... 萧蒂岩

诗歌
阿古颜巴 .... 闰振中
纠缠 .... 陈 辉

雪域论坛
散文的历史感
——略评秦文玉的散文创作 .... 曾绍义

美术
扎西德勒（封面） .... 韩书力
心愿（封二） .... 其加达瓦
梦（封三） .... 许克琦
布谷（封底） .... 张西新

1987 年第 1 期　刊名:《西藏文学》
目录

报告文学
雪山之鹰 .... 肖干田

小说
独木船 .... 蔡椿芳
崖画 .... 刘 菲
三个兄弟 .... 丁 当
在东藏的土地上（中篇） .... 益希单增
难以预测的爱神之箭 .... 伍 丁

古曲与异音
五年的路 ---- [印度] 阿默丽达·普丽德姆著　周志宽译

散文·诗歌
我说，西藏这地方 .... 吴 伟
多雄山下的兵 .... 孙国珍
鹅卵石 .... 宁 子
运盐歌 .... 德庆卓嘎搜集整理

雪域论坛
《女活佛》：人性开掘的美学探求 .... 张隆高

美术
彼岸、白马（布画） .... 韩书力
路（木版画） .... 方 兴
青苹果（油画） .... 马怡西

1987 年第 2 期　刊名:《西藏文学》
目录

剧本
布达拉宫秘事 .... 黄志龙

小说
雪野 .... 许明扬
废墟 .... 刘雪凌
润物细无声 .... 钱佩衡
神秘的原野 .... 陈西胜
维维和贝贝下山时的一段对话 ..... 张 驰

争鸣作品
无题 .... 张晓儒
绿色的喧哗 .... 李小渭

古典与异音
舍身 .... 布什格尔·沙姆谢尔
曾格巴哈杜尤·拉姆著　陈敏毅译

西藏旅游
在世界最高的墓地上 .... 孙振华

雪域论坛
痛苦的理想主义者的自白 .... 徐明旭

争鸣园地
雪野的困惑 .... 高叶梅
并不静寂的雪野 .... 平 杰

美术
翱翔（水粉） .... 德 钦
小天使（色粉画） .... 米富平
速写 .... 正 宁
春华（木版画） .... 罗伦张

1987 年第 3 期　刊名:《西藏文学》
目录

小说
明天就要回家乡 .... 白玛娜珍

艺术家们⋯⋯⋯⋯⋯⋯⋯⋯⋯⋯⋯刘　菲
异样的月亮，异样的人⋯⋯⋯⋯冯　良
夜⋯⋯⋯⋯⋯⋯⋯⋯⋯⋯⋯⋯⋯孙丹年
羊肩胛骨上的卜⋯⋯⋯⋯⋯⋯⋯央　珍
草原的黄昏⋯⋯⋯⋯⋯⋯⋯⋯⋯益　娜
喜咪拉姆随想曲⋯⋯⋯⋯⋯⋯⋯抒　萌

民间故事
三个国王的儿女⋯⋯⋯⋯⋯德　卓　吴峥岚

散文
心目中的圣地⋯⋯⋯⋯⋯⋯⋯西绕拉姆
我当编辑的苦与乐⋯⋯⋯⋯⋯张蜀华
天苍苍，野茫茫⋯⋯⋯⋯⋯⋯杨建红
哈达⋯⋯⋯⋯⋯⋯⋯⋯⋯⋯⋯刘　延
金苹果⋯⋯⋯⋯⋯⋯⋯⋯⋯⋯柳　芳
菩萨·邻居⋯⋯⋯⋯⋯⋯⋯⋯边　人

散文诗
思（外二章）⋯⋯⋯⋯⋯⋯⋯谢　妮

诗歌
朝圣者的灵魂⋯⋯⋯⋯⋯⋯⋯马丽华
你那把龙头琴（外一首）⋯⋯完玛央金
反复读一首诗后的联想（外一首）⋯⋯皮　皮
我歌唱脚下和远方（二章）⋯郎宝燕
一分钟的感觉（外一章）⋯⋯海　翔

1987 年第 4 期　刊名:《西藏文学》
目录

报告文学
特提斯古海的纤夫⋯⋯⋯⋯昊　夫　陈光荣
站在世界屋顶上的南通人⋯⋯黄佳星
天音绝响⋯⋯⋯⋯⋯⋯降边嘉措　小　秦
套在三驾马车上的黄金枷锁⋯张静璞

小说
大山的那一侧⋯⋯⋯⋯⋯村桦　村柳
飞蓬·帐蓬⋯⋯⋯⋯⋯⋯⋯⋯叶　晞
色拉山神⋯⋯⋯⋯⋯⋯⋯⋯⋯焕　子

微型小说
舞伴·八岁⋯⋯⋯⋯⋯⋯⋯⋯李　琼
一封退稿信⋯⋯⋯⋯⋯⋯⋯⋯杞正明
申诉⋯⋯⋯⋯[苏]马尔吉雅诺夫著　颜志侠译

诗歌
枫叶⋯⋯⋯⋯⋯⋯⋯⋯⋯⋯⋯宁　子
冰坝看守人⋯⋯⋯⋯⋯⋯⋯⋯蔡椿芳
我的盆景⋯⋯⋯⋯⋯⋯⋯⋯⋯高　平
思念·风沙⋯⋯⋯⋯⋯⋯⋯⋯陈　辉
强盗歌⋯⋯⋯⋯⋯⋯⋯⋯⋯德庆卓嘎

雪域论坛
在改革和开放中更新文学观念⋯⋯李佳俊

1987 年第 5 期　刊名:《西藏文学》
目录

冰影雪魂
草滩上燃起一堆牛粪火（短篇小说）⋯⋯意西泽仁
古碉里栖息的野鸽子（短篇小说）⋯⋯紫　夫
奇事还在发生（短篇小说）⋯⋯张广跃
达瓦这个人（短篇小说）⋯⋯木　沙
冰谷魂（短篇小说）⋯⋯⋯⋯才　旦

弦月花痕
点地梅（短篇小说）⋯⋯⋯⋯方雅森
A·B·C（短篇小说）⋯⋯⋯通　嘎

天涯情澜
孤头山（短篇小说）⋯⋯⋯⋯田代琳
一抔土（短篇小说）⋯⋯⋯⋯江少青
回声（短篇小说）⋯⋯⋯⋯⋯田　文

域外之音
草中之蛇（翻译小说）
⋯⋯⋯⋯[印]R.K.纳拉扬　杜　健译

康藏游踪
三岩揭秘（散记连载）⋯⋯⋯刘　伟

飞骑追猎
西藏兵（诗）⋯⋯⋯⋯⋯⋯⋯蔡椿芳
心思与梦（诗）⋯⋯⋯⋯⋯⋯郎宝燕
猎人的传说（诗）⋯⋯⋯⋯⋯晏　郊

墙外的花
丁当诗三首⋯⋯⋯⋯⋯⋯⋯⋯丁　当
韩东诗三首⋯⋯⋯⋯⋯⋯⋯⋯韩　东
小君诗二首⋯⋯⋯⋯⋯⋯⋯⋯小　君
王寅诗二首⋯⋯⋯⋯⋯⋯⋯⋯王　寅

雪域论坛
评《西藏文学》藏族古典文学专号⋯⋯⋯⋯⋯顾效荣
比喻形象、寓意深刻⋯⋯⋯⋯⋯⋯⋯⋯⋯⋯俄　日

美术
封面及封二作品⋯⋯⋯⋯⋯⋯⋯⋯⋯⋯⋯韩书力
摄影⋯⋯⋯⋯⋯⋯⋯⋯⋯⋯⋯罗　勇　殷亚东
油画⋯⋯⋯⋯⋯⋯⋯⋯⋯⋯⋯⋯⋯⋯⋯罗伦健

1987 年第 6 期　刊名:《西藏文学》
目录

短篇小说
母猪龙⋯⋯⋯⋯⋯⋯⋯⋯⋯⋯⋯⋯⋯⋯⋯贺先枣
海韵⋯⋯⋯⋯⋯⋯⋯⋯⋯⋯⋯⋯⋯⋯⋯⋯金志国
再生之地⋯⋯⋯⋯⋯⋯⋯⋯⋯⋯⋯⋯⋯⋯昊　夫
天葬师的后代⋯⋯⋯⋯⋯⋯⋯⋯⋯⋯⋯⋯张　平
血的流向⋯⋯⋯⋯⋯⋯⋯⋯⋯⋯⋯⋯⋯⋯阎振中

中篇小说
沉浮⋯⋯⋯⋯⋯⋯⋯⋯⋯⋯⋯⋯⋯⋯⋯索朗仁称

长篇选刊
菩萨的未来⋯⋯⋯⋯⋯⋯⋯⋯⋯⋯⋯⋯⋯益希单增

微型小说
地摊一角⋯⋯⋯⋯⋯⋯⋯⋯⋯⋯⋯⋯⋯⋯索　琼

异域之音
发生在我家的事⋯⋯⋯⋯［印］纳·莫尔伊著　刘国楠译

康藏游踪
马查拉和老鼠⋯⋯⋯⋯⋯⋯⋯⋯⋯⋯⋯⋯张宗显

雪域风情
强巴林集市掌故⋯⋯⋯⋯⋯⋯⋯⋯⋯⋯⋯廖东凡

情歌集锦
别人以为⋯⋯⋯⋯⋯⋯⋯⋯⋯⋯达·雪涓收集整理

雪域论坛
忧国忧民　壮声英概⋯⋯⋯⋯⋯⋯⋯⋯⋯洲　塔

美术作品
童年（木版画）⋯⋯⋯⋯⋯⋯⋯⋯⋯⋯⋯李焕民
油画习作⋯⋯⋯⋯⋯⋯⋯⋯⋯⋯⋯⋯⋯裴庄欣
作品三幅⋯⋯⋯⋯⋯⋯⋯⋯⋯⋯⋯⋯⋯李发斌
山村（油画）⋯⋯⋯⋯⋯⋯⋯⋯⋯⋯⋯⋯马阿布

1987 年第 7 期　刊名:《西藏文学》
目录

风雪之流
黑沼泽⋯⋯⋯⋯⋯⋯⋯⋯⋯⋯⋯⋯⋯⋯⋯周辉枝
雪鱼⋯⋯⋯⋯⋯⋯⋯⋯⋯⋯⋯⋯⋯⋯⋯⋯任善炯
风景画⋯⋯⋯⋯⋯⋯⋯⋯⋯⋯⋯⋯⋯⋯⋯薛晓康
忽然想起小时候⋯⋯⋯⋯⋯⋯⋯⋯⋯⋯⋯戴雁军

圣地街头
长睫毛的太阳⋯⋯⋯⋯⋯⋯⋯⋯⋯⋯⋯⋯刘　菲
绿度母⋯⋯⋯⋯⋯⋯⋯⋯⋯⋯⋯⋯⋯⋯⋯默　伊
一个人和一个笔记本⋯⋯⋯⋯⋯⋯⋯⋯⋯孙丹年
七色风筝⋯⋯⋯⋯⋯⋯⋯⋯⋯⋯⋯⋯⋯⋯焕　子

小小镜头
荒野的火⋯⋯⋯⋯⋯⋯⋯⋯⋯⋯⋯⋯⋯⋯索　琼
重新认识的朋友⋯⋯⋯⋯⋯⋯⋯⋯⋯⋯⋯戴洪林
断手⋯⋯⋯⋯⋯⋯⋯⋯⋯⋯⋯⋯⋯⋯⋯⋯生晓清

古音与异曲
撒旦的帮助⋯⋯⋯［苏］阿加西·阿伊互赞著　魏永维译
木古螺宗⋯⋯⋯⋯⋯⋯⋯⋯⋯⋯⋯⋯⋯⋯李朝群译

天涯之旅
我去拉萨⋯⋯⋯⋯⋯⋯⋯⋯⋯⋯⋯⋯⋯⋯刘跃中
神秘岛⋯⋯⋯⋯⋯⋯⋯⋯⋯⋯⋯⋯⋯⋯⋯平　杰

小小情诗
爱的回声⋯⋯⋯⋯⋯⋯⋯⋯⋯⋯⋯⋯⋯⋯陆少平
初照⋯⋯⋯⋯⋯⋯⋯⋯⋯⋯⋯⋯⋯⋯⋯⋯肖开愚
那个夜⋯⋯⋯⋯⋯⋯⋯⋯⋯⋯⋯⋯⋯⋯⋯柴　燃
请洞开你的目光⋯⋯⋯⋯⋯⋯⋯⋯⋯⋯⋯曾成章
品酒⋯⋯⋯⋯⋯⋯⋯⋯⋯⋯⋯⋯⋯⋯⋯⋯傅　华
致⋯⋯⋯⋯⋯⋯⋯⋯⋯⋯⋯⋯⋯⋯（藏）阿　来

雪域论坛
相遇——非美学的联想⋯⋯⋯⋯⋯⋯⋯⋯田　文
贡嘎山、给你一只全新的法号⋯⋯⋯⋯⋯张　华

美学随笔
人物命名寓意的掘进和拓展⋯⋯⋯⋯⋯⋯张永祎

美术作品
双湖很遥远（摄影）⋯⋯⋯⋯⋯⋯⋯⋯⋯马丽华
猩红（摄影）⋯⋯⋯⋯⋯⋯⋯⋯⋯⋯⋯⋯黎　铧
秋实（版画）⋯⋯⋯⋯⋯⋯⋯⋯⋯⋯⋯⋯支　耶
藏北极地风光（摄影）⋯⋯⋯⋯⋯⋯⋯⋯吴雨初

1987 年第 8 期　刊名:《西藏文学》
目录

铁流西进

澜沧江畔的枪声——昌都战役的回顾·········姜洪泉

雪山哨卡

女兵·岁月·····················许明扬
穿越大森林·····················张大森
旋转·······················张骁儒
雪谷·······················曹永军

天涯情澜

红橄榄　绿橄榄···················陈菊芬
出嫁·毒雾·····················裴亚红

林莽旋风

诺日朗镇······················李小渭

域外之音

女房东···········[印]罗尔德·戴尔著　杜　健译

雪域论坛

星辰，在营房上空冉冉升起···············李佳俊

美术作品

西藏军区张少松政委题词
出击之前（油画）··················程国英
前哨（雕塑）····················郭其祥
鸽子（版画）·····················阿　鸽
骑兵进行曲（中国画）················彭先诚
本期插图·············马恩生　刘晓钟　邱　克

1987 年第 9 期　刊名:《西藏文学》
目录

短篇小说

风马之耀·····················扎西达娃
在这儿上船·····················色　波
期待·空旷·····················金志恒
就像往常一样····················李启达
没有司葬的顿月夏巴和无法死亡的老扎次·······夏　明
酥油茶是高级的···················刘　菲
花好月圆的星期六与"模式理论"···········尼玛炜色
游子玛尔巴·····················子　文
猎星·······················振　权
酒馆里我们闲聊···················班　丹

永无止境的旅行···················余学先

诗歌

注释（外二章）···················张　中
路边上的乌鸦····················杨　迪
铁皮屋······················尼　河

评论

喧哗与沉静：面对色彩缤纷
——简评本期小说··················刘志华

美术

三十儿不立·一鸣惊人（漫画）·······万长安　马思生
鹿舞（摄影）····················马丽华
驯马手（木板画）··················李焕民
穿裘袈·希望·头一回（油画及摄影）·······裴庄欣等

1987 年第 10 期　刊名:《西藏文学》
目录

报告文学

他们驱逐了危运···········林予一　张静璞

短篇小说

巴康·······················扎　登
达玛雾······················朱守亚
雪夜·······················李晓斌
多雄拉的男儿····················孙国珍
酒歌人生······················张宗显

长篇选载

《菩萨的圣地》第五章················益西丹增

微型小说

小孩卖小狗·····················慈仁朗公
腹地·······················索　琼
小男子汉······················小　亚
灵魂·······················红　英
太阳·城市·····················丁　当

域外之音

一件奇妙的礼物···················崔葆萍译

诗歌

边地雄唱（组诗）··················多杰群增
荒漠风沙的记忆·················（藏）谢发财
太阳狂想······················孟庆祥
岩鹰·······················孙功兵

月儿朝着的地方·····················赵小君

散文
三岩揭秘·····················刘 伟

评论
舒展着的边缘·····················田 文

1987 年第 11 期　刊名:《西藏文学》
目录

报告文学
不会消逝的歌声·····················陈 明

天涯情澜
月亮升起来了（小说）·····················冯 良
奶子河的呼唤（小说）·····················高宏张
又一个冬天（小说）·····················曾宪刚
他死了，她活着（小说）·····················蒲光诗
窑三大（小说）·····················任益民

雪山哨卡
巡逻·告别（小说）·····················许明扬
车过舍季拉（小说）·····················周 奇

荒野的呼唤
大草原（中篇小说）·····················振 权

万水千山总是情·七人集
落叶路（组诗）·····················水小化
西部诗人昌耀·····················伊 甸
思念高原·····················孔祥富
感觉·····················赵 野
拉卜楞少女·····················许德明
荒原上的热血·····················赵有中
日光城·····················殷 红
太阳光·····················石 人
佛门·····················陈 亮

域外之音
洋娃娃（小说）
　　　　[荷兰]玛蒂伊娜·拉尔著　章智源译

雪域风情
起飞印象（散文）·····················杨红建
红盐（散文）·····················冯文超

诗歌
达瓦之锣·····················尼 河
纯白·····················黄一鸾
选择（外一首）·····················杨 迪
散文诗三首·····················赵代君

评论
关于小说与小说家的一点随想·····················赵 智

1987 年第 12 期　刊名:《西藏文学》
目录

河山之旅
世界上最高的女人（报告文学）·····················张安东
天河之子……（报告文学）·····················贾 林
双彩虹（散文）·····················薛晓康

八角街头
空白（小说）·····················张 中
诅咒（小说）·····················好 子
拉萨的故事（小说）·····················陈 强
女儿·菩萨·小白脸（小说）·····················江少青

荒野的呼唤
大草原（中篇小说）·····················振 权

域外之音
露西·······[美]乔艾斯·卡罗尔·欧茨著　西 戈译

古典传记
金穗·········弟巴·桑结嘉措著　多尔吉　萧蒂岩译

古刹巡礼
白居塔的彩塑艺术·····················宁世群

雪域论坛
诗的意志·····················郎宝燕
民族的·世界的·····················江永长

沉痛的悼念
悼田文·····················《西藏文学》编辑部

五彩天河
雪夜孤村·····················李 新
希望的季节（外一首）·····················旺 札
四月（外一首）·····················吴 平
青春，在拉萨·····················祝有海
白茫茫，那重叠的身影（外一首）·····················西 路

挑河沙的小妹……………………刘江山
东方神话（外一首）………………汪戴尔
九月帆（外一首）…………………尼 河
《西藏文学》1—12期总目录………本刊编

1988 年第 1 期　刊名:《西藏文学》
目录

汉文版
太阳城诗会
黑色的河流…………………………吴雨初

短篇小说
达旺河营地…………………………蔡椿芳
黄昏，何处一片辉煌………………闵 楠
假翅膀孔雀…………………………白玛娜珍
那日的父亲…………………………嘉央西绕
喇嘛红以外的………………………冯 良

中篇小说
燃烧在西天边的灯…………………刘清林

域外之音
玛雅女神……〔印度〕沙尔勒特·钱德拉著　因　迟译

报告文学
深谷在呼唤……………………肖干田　秦文玉

古刹巡礼
"小北京"——拉卜楞趣话……………郑 众

诗歌
在人们的记忆里……………………李知宝
波姆措………………………………蔡晓冬

雪域论坛
退逝的神话和走向神话的骊歌………刘志华

美术
封面设计……………………………布 曲
蓝蓝的天空（摄影）………………祝 平
沐浴节（摄影）……………………箫 竹
为何还不来（摄影）………………格桑卓玛
拉萨冬令物交会（速写）…………刘 珠
欲晓（中国画）……………………刘万年
漫画之页……………………………赵庆笙等
中国作协鲁迅文学院函授招生简章

1988 年第 2 期　刊名:《西藏文学》
目录

汉文版微型小说
九道班一夜·巴丁与港客·隧道·脚印………索 琼

太阳城诗会
朝圣者的季节………………………刘志华

短篇小说
你在呓语，那不是歌谣………………通 嘎
脊背上的太阳………………………嘎 子
不仅仅是挽歌………………………鄢 然
少女心………………………………陈 旧

中篇小说
流逝的岁月…………………………翟向东

报告文学
红景天………………………………蒲光诗

天涯之旅
晶莹的绿宝石………………………赵胜启

雪域论坛
朝圣与众生——一首复调诗歌的阐释………骆一禾
谈谈索琼的四篇微型小说……………悉 天

美术
古格白廊壁画………………………蔡显敏临摹
情意（油画）………………………陈登木
康巴少女（摄影）…………………扎西顿珠
童年（油画）………………………张 鹰
蓝色的河流（油画）………………翟跃飞
羊群（拼贴加油彩）………………李新建
无题（摄影）………………………罗 浩
漫画之页选登………………………孙光钊等

1988 年第 3 期　刊名:《西藏文学》
目录

汉文版
太阳城诗会
冥想………………………………蔡椿芳

短篇小说
蓝色印象…………………………周辉枝

人狗之间 ———————————————— 好　子
秋天的馈赠 ——————————————— 李昌明
空洞 ————————————————————— 张骁儒
房檐下二号 ——————————————— 吴　夫

中篇小说
母系氏族 ——————————————————— 李双焰

古音悠悠
甲岭刀光 ————— 德庆卓嘎　陈辉编译　隐　名整理

域外异曲
善良的心，见鬼去吧 ——— ［印度］耶谢巴尔著　刘　宝译

哀歌一曲
悼田文 ——————————————————— 徐明旭

古刹巡礼
夏鲁寺探古 ——————————————— 宁世群

雪域论坛
安静、嚣喧之中的漂浮 ———————— 简　宁
倾泻在高原上的一腔挚情 —————— 李成军

美术
讽刺与幽默选 ————————————— 丹　丹
本期题花作者 ——— 昌　信　韩　伟　晓　余　双　双

1988 年第 4 期　刊名:《西藏文学》
目录

汉文版小说
第一次 ——————————————————— 李启达
邮车 ————————————————————— 焕　子
骡帮 ————————————————————— 张艳兵

小小说
康巴素描 ——————————————— 索南扎西
不吹不相识 ——————————————— 慈仁朗公
纪念小狗 ——————————————————— 裴丹凤

太阳城诗会
寻找驮牛群 ——————————————— 嘉央西热

报告文学
雏鹰 ————————————————————— 江少青

藏族古典文学
金穗（连载之五）——————— 多尔吉萧蒂岩译

评论
嘉央西热和他的驮运路
　　——兼议《寻找驮牛群》—————— 马丽华

扎西达娃作品评论小辑
西藏牦牛扎西达娃 ————————— 沈惠方
《风马之耀》的叙述能指 —————— 张　军

美术
讽刺与幽默选登 ——————— 罗远明　万长安
幽灵的舞蹈（油画）————————— 张　鹰
背水的藏族姑娘（摄影）—————— 祝　平
草原新事（木版画）———————— 尹　中
吉祥的大雁（木版画）——————— 周玉平
高原的眼睛（中国画）——————— 刘万年
生灵（布画）——————————————— 张西新
本期题花作者 ————— 延　白　昌　信　余　跃

1988 年第 5 期　刊名:《西藏文学》
目录

汉文版
青年作者专号

小说
再回摩浪 ——————————————————— 子　文
无性别的神 ——————————————————— 央　珍
让我们重新开始 ————————————— 嘎玛维色
情绪 ————————————————————— 冯　良
走天涯 ——————————————————— 索　琼
世界的屋脊 ——————————————————— 丁　人
傍晚 ————————————————————— 益相拉姆
在舞会上 ——————————————————— 刘志华
记忆 ————————————————————— 金志国
次仁为什么不打猎 ——————————— 佘学先
色拉挽歌 ——————————————————— 水小化
八角街，最后一个星期天 —————— 惟　夫
得与失（本期小说评论）—————— 色　波

太阳城诗会
一首长诗和三首短诗 ——————— 昌　耀
太阳说：来，朝前走（评论）——— 骆一禾　张　玦
藏风多重变奏（外一首）—————— 杨　迪

美术

热闹的八角街（油画）…………………………马阿布
门（中国画）……………………………………韩书力
天体（丙烯画）…………………………………翟跃飞
高原的阳光（油画）……………………………翟跃飞
缄默（油画）……………………………………李新建
扎什伦布寺（油画）……………………………马阿布
神羊（油画）……………………………………蔡显敏
万长安专栏漫画作品选
本期题花作者………………江福建　昌　信　晓　双

1988 年第 6 期　刊名:《西藏文学》
目录

汉文版
青年作者专号

杜培华作品小辑
凝滞中的消溶（中篇小说）……………………杜培华
日夜敲门者（短篇小说）………………………杜培华
桌边细语（创作谈）……………………………杜培华

散文小辑
西藏行踪（连载）………………[加拿大]陈若曦
进藏"汉民"速写………………………………古子文

小说
呼唤………………………………………………巴桑次仁
高尔夫风度………………………………………曾有情

太阳城诗会
启程于太阳初升的时刻（组诗）………………列美平措
沉默中的萌动
——读《启程于太阳初升的时刻》…………意西泽仁
向往高原…………………………………………杨　迪

美术
秋物（版画）……………………………………方振宁
万长安专栏漫画作品选…………………………万长安
仓央加措组画选…………………………………韩书力
姐妹俩（油画）…………………………………阿　布
无题（摄影）……………………………………罗　浩
生灵（布画）……………………………………张西新
寺院（油画）……………………………………李新建
油画写生（油画）………………………………陈登木
门巴一家（油画）………………………………蔡显敏

1988 年第 7 期　刊名:《西藏文学》
目录

汉文版
子文作品小辑
红白屋（短篇小说）……………………………子　文
最后一天等待（短篇小说）……………………子　文
万佛岩（中篇小说）……………………………子　文
我所熟悉的（创作谈）…………………………子　文

太阳城诗会
古意：变调的英雄曲片断（组诗）……………昊　夫
撕心裂肺的呼喊（评论）………………………李小渭
漫话雪域佛国（散文连载）……………………陈若曦
恼人的秋风（小说）……………………………黄伦生
《黑�山》的结构及其他（评论）…………邹静之

一分钟小说选载
新成语………………………………[匈牙利]厄尔凯尼
荣誉…………………………………[匈牙利]厄尔凯尼
有什么新鲜事吗……………………[匈牙利]厄尔凯尼

美术
古殿红花…………………………………………扎西次登
我的爱……………………………………………罗　浩
门巴妇女、圣者等………………………蔡显敏　常岩等
扎西次登摄影艺术展览作品选（内插页）……扎西次登
西藏风情画选登………………………尹　中　周玉平
万长安专栏漫画作品选…………………………万长安
本期题花作者…………………………刘成英　江福建

1988 年第 8 期　刊名:《西藏文学》
目录

汉文版
太阳城诗会
群山，或者关于我自己的颂辞………………（藏）阿　来
象征与独白………………………………………张　中
评论：自己的世界最宽阔
——读张中组诗《象征与独白》………………刘　伟
碧野派骑士………………………………（回）摩　萨
评论：诗人，寻找你的位置　浅析摩萨的诗探索
…………………………………………………李佳俊
突破高原………………………………（藏）多杰群增
评论：以大河，为祖宗的高原释愿
——读《突破高原》……………………………燎　原
告别净土…………………………………………李双焰

诗六首⋯⋯⋯⋯⋯⋯⋯⋯⋯⋯⋯⋯蓝晓辉
存在启示录⋯⋯⋯⋯⋯⋯⋯⋯⋯⋯王远舟
西藏感觉⋯⋯⋯⋯⋯⋯⋯⋯⋯（藏）觉 果
评论：感觉之于艺术
——兼谈觉果的《西藏感觉》⋯⋯草 青
圣地·圣人⋯⋯⋯⋯⋯⋯⋯⋯⋯⋯鹏 程
评论：化古老为新奇
——读鹏程的组诗《圣地·圣人》⋯阎振中
等待一种声音⋯⋯⋯⋯⋯⋯⋯⋯⋯陈 亮
评论：体验与追索
——读陈亮的诗《等待一种声音》⋯王 浩
佛国⋯⋯⋯⋯⋯⋯⋯⋯⋯⋯⋯⋯⋯赵湘宁
评论："佛国"何在？
——谈一种意识的循环⋯⋯⋯⋯吴雨初
西部的歌唱⋯⋯⋯⋯⋯⋯⋯⋯⋯⋯水小化
夜降临，闭上眼睛⋯⋯⋯⋯（藏）白马娜珍
失望（外二首）⋯⋯⋯⋯⋯⋯（藏）次 央
恋情种种（二首）⋯⋯⋯⋯⋯⋯⋯艾 菲
林子里（三首）⋯⋯⋯⋯⋯⋯（回）杨金花
给高原（三首）⋯⋯⋯⋯⋯⋯⋯⋯朗宝燕
高山流水集（九首）⋯⋯⋯⋯⋯⋯萧蒂岩
评论：萧蒂岩：痴情的诗人——读他的诗集《珠穆朗
玛交响诗》⋯⋯⋯⋯⋯⋯⋯⋯⋯张隆高
黑旸山（组诗）——一支高原部族的历史⋯燎 原
五冬六夏（组诗）⋯⋯⋯⋯⋯⋯⋯马丽华

1988 年第 9 期　刊名:《西藏文学》
目录

汉文版小说
她会流泪吗⋯⋯⋯⋯⋯⋯⋯⋯（藏）罗布次仁
草原轶事（纪实小说）⋯⋯⋯⋯⋯鄢 然
随风飘去⋯⋯⋯⋯⋯⋯⋯田 文（遗作）
彼岸⋯⋯⋯⋯⋯⋯⋯⋯⋯⋯⋯（蒙）维 色
并非恋母情结⋯⋯⋯⋯⋯⋯⋯⋯孙丹年

诗歌
哀战友⋯⋯⋯⋯⋯⋯⋯⋯⋯⋯⋯⋯高 平
藏民⋯⋯⋯⋯⋯⋯⋯⋯⋯⋯⋯（蒙）班 果
文字与风景⋯⋯⋯⋯⋯⋯⋯⋯⋯⋯杨 迪
我想对你说⋯⋯⋯⋯⋯⋯⋯（藏）益西拉姆

"中国潮"报告文学征文
从容的壮举⋯⋯⋯⋯⋯⋯⋯⋯⋯⋯摩 萨
高原女强人⋯⋯⋯⋯⋯⋯⋯⋯⋯⋯黄建康

评论
死亡爱情的对称⋯⋯⋯⋯⋯⋯⋯⋯唐晓渡
《世纪之邀》如魔之文⋯⋯⋯⋯⋯⋯张 军
小说式的诗　诗样的小说⋯⋯⋯⋯胡秉之

美术
稳操胜券（漫画）⋯⋯⋯⋯⋯⋯⋯东方阿青
神女（水粉画）⋯⋯⋯⋯⋯⋯⋯⋯李知宝
那不是白云（木版画）⋯⋯⋯⋯⋯罗伦张
山的节奏（中国画）⋯⋯⋯⋯⋯⋯于小冬
绘画四幅⋯⋯⋯⋯⋯⋯⋯⋯⋯⋯⋯张 鹰等
古庙夕照（水彩画）⋯⋯⋯⋯⋯⋯乌斯玛

1988 年第 10—11 期　刊名:《西藏文学》
目录

汉文版
"中国潮"报告文学征文
喜马拉雅之魂⋯⋯⋯⋯⋯⋯⋯罗 鸣　刘盛福
力与美的变奏⋯⋯⋯⋯⋯⋯⋯⋯⋯翟向东
第三极蓝空交响⋯⋯⋯⋯⋯⋯胡金发　陈 亮

小说
吉胡什妮作品小辑
吃斋
寻找麝香
转瞬即逝
灰色的两个月
行走
多说几句
游戏⋯⋯⋯⋯⋯⋯⋯⋯⋯⋯⋯⋯⋯佘学先
作为"姑爷"的侄子⋯⋯⋯⋯⋯⋯薛晓康
圣地来人⋯⋯⋯⋯⋯⋯⋯⋯⋯⋯黄铁男
生存之道（翻译小说）⋯⋯⋯⋯⋯西 戈

散文
时间断想录⋯⋯⋯⋯⋯⋯⋯⋯⋯⋯高洪波
流逝⋯⋯⋯⋯⋯⋯⋯⋯⋯⋯⋯⋯赞丹卓嘎
牵肠挂肚的药水泉⋯⋯⋯⋯⋯⋯⋯宗 显

诗歌
黑咖啡，紫咖啡（四首）⋯⋯⋯⋯杨 牧
泸沽湖畔⋯⋯⋯⋯⋯⋯⋯⋯⋯⋯⋯瓦西里
透明的燕翎⋯⋯⋯⋯⋯⋯⋯⋯⋯⋯梅 梅

评论
时代的鼓点，时代的思索——关于三年来《西藏文
学》刊登的报告文学的沉思⋯⋯⋯⋯鄢 然

面对着一片神秘的土地——为秦文玉的报告文学集《神歌》作序·····················李佳俊

美术
舞（布画）·····················张 鹰
朝圣者（摄影）·····················罗 浩
藏女（木版画）·····················周玉平
白树林与黑马（木版画）·····················尹 中
山南（油画）·····················马阿布

1988 年第 12 期　刊名:《西藏文学》
目录

"中国潮"报告文学征文
第三极风景·····················吴 夫

小说
妙曲的诱惑·····················索郎仁称
迷茫·····················白玛娜珍
私生子·····················才 旦
爱的故事·····················屈江涛
林地之死·····················谢伍德·安德逊著 范向东译

散文
美国一月行（游记）·····················扎西达娃

诗歌
贺忠诗四首·····················贺 忠
低潮（外一首）·····················吴 坚

评论
脚踏实地大胆开拓·····················李维伦

美术
殿堂（油画局部）·····················裴庄欣
滤奶（木版画）·····················布 曲
水朦胧（摄影）·····················罗 勇

1989 年第 1 期　刊名:《西藏文学》
目录

《西藏文学》隆重推出大型报告文学
拉萨大骚乱记实·····················桑 洛
草滩·····················意西泽仁
泊位·····················索朗仁称
雪蛙·····················降边嘉措
失落的早晨（报告文学）·····················雷颖沛

法医女神探（惊险侦案长篇小说）·····················［日］小村美沙著 西 茂译
六个女人和一个案件（惊险言情中篇小说）·····················［日］阿部牧郎著 向 洋译

1989 年第 2 期　刊名:《西藏文学》
目录

纪念西藏民主改革三十周年专号
这是进步人类共同的节日·····················李维伦

雪山春秋
戎马高原的十二春秋（回忆录）·····················谭冠三
解放西藏的前奏：昌都战役（回忆录）·····················姜洪泉
川藏公路的修筑者（回忆录）·····················杜 斌
昌都地区平叛改革始末（回忆录）·····················沈仁安
往事，是不能忘记的（回忆录）·····················周世农

春潮急
玫瑰色的法轮（长篇选载）·····················央 珍
黑色的暗流（中篇小说）·····················益希单增
滴血的达玛花（中篇小说）·····················拥登嘉措
魔鬼送的妙宝（长篇《顶珠》选译）·····················班 觉著 耿予方译

鹰笛悠悠
藏族将军（报告文学）·····················刘励华 于 斯
人生奏鸣曲（报告文学）·····················傅西红
深情（报告文学）·····················杨从彪
风暴与宁静（纪实文学）——前藏军司令拉鲁在59年3月·····················秦文玉

绿风
爱土（散文）·····················曾有情
喜马拉雅散记（散文）·····················杨盛龙
挽着我们共同的高原·····················恰白·次旦平措 刘素琴 洋 滔 杨剑冰 晓 浩

诗辑

美术
封面设计·····················余友心
封二·····················巴玛扎西
封三·····················车 刚
技术编辑·····················陈海均

1989 年第 3 期　刊名:《西藏文学》

目录

圣地黑风

拉萨戒严令（报告文学）————————本刊特约记者
两个世界之间（报告文学）————————卢小飞
日光城，你在诉说什么（报告文学）————才 吉 寨 玛
戒严第一夜（特写）——————罗布顿珠　阿依达

红雪山　白雪山

龙达之谜（中篇小说）——————————林予一
玫瑰色的法轮（长篇连载）————————央 珍
青幽幽的雪光（短篇小说）————————黄伦生
彼岸（短篇小说）————————————肖干田
A、B、C 或没有结局（短篇小说）————孙国珍

蜂刺与梵音

牦牛·蚂蚁·跳蚤（寓言一束）——————康 托
乳债（翻译小说）
————[印]苏南达·贝勒岗沃格尔著　周志宽译

荒原之星

寒荒中的刘万年（报告文学）——————昊 夫
冬天的树（散文）————————————刘之甲
花咏（散文）——————————————宫素兰

西部摇滚

为流血的和未流血的人们而歌（五首）——王远舟
西部摇滚（十首）————————————刘素琴
第一次经历（外三首）——————张天红　张天春

雪域文坛

立在世界屋脊上的爱——————————韩瑞亭
嘱望，期待（序）————————————刘 枫

美术

负水的人（水彩）————————————小 丘
暮鸦（摄影）——————————————杨立泉
儿童作品专页——————————————薛菲等
藏族小女孩（油画）——————————于小冬

1989 年第 4 期　刊名:《西藏文学》

目录

红雪地（中篇小说）——————————杨景民
在冬天捡到的（短篇小说）————————刘辉军
旋涡（短篇小说）————————————闻 雄

蓝色的闪电（报告文学）————————杨剑冰
理解色波（评论）————————————张 军
荒原女（短篇小说）——————————祝有海
山坳里有一条车道（短篇小说）—————王永久
玫瑰色的法轮（长篇选载）————————央 珍
一把钥匙的寻找过程（六首）——————惟 夫
浅蓝色的辰光（七首）—————————刘素琴
盛产神话的土地（三首）
————————[摩梭人]阿泽光彩尔都支
《西藏文史拾趣》三题——————————范向东
兔嘴是怎样豁开的（寓言一束）—————康 托
希望（电视剧本）————————————修义忠

美术

弹起六弦唱起歌（中国画）————————马振声
百万农奴站起来（雕塑）————————郭其祥
张鹰————————次仁多吉　阿 布　李知宝等作
合弦（油画）——————————————方恕洪

1989 年第 5—6 期　刊名:《西藏文学》

目录

四十春秋　恢宏画卷——————————张治维

古海新潮

悲怆的凯歌（纪实文学）————————孙学明
邵兰生　杨志军
班禅大师传（传记）——————————降边嘉措
开拓·振兴（报告文学）————————杨从彪
从喇嘛到因明学者（传记）————————杨化群

草原深处驮铃响

差民血（中篇小说）——————————益希单增
门坎上的羊粪球（短篇小说）——————巴桑次仁
白草地，黑草地（中篇小说）——————雷建政
辙迹（中篇小说）————————————范向东
柳莺（短篇小说）————————————叶玉林
软卧（短篇小说）————————————高洪波
狙击兵（短篇小说）——————————蔡椿芳

蓝天鸽哨

高原遐想（散文）————————————小次多
魔女温泉沐浴小记（散文）————————肖干田
洪荒之思（诗歌）————————————郎宝燕
雪鸽子（外一首）————————————曾有情

异域之音

永恒（翻译小说）————————————羊献七译

规矩人家（翻译小说）————————————梁岭译 杨双举校

太阳城笔会
真诚地献身于创作（编辑寄语）————————刘志华
我与小说（创作谈）————————————————央 珍
我和写作及其他（创作谈）——————————椿 芳

美术
封面————————————————————————易 敏
封底————————————————————————格 桑
封里——————————————————韩书力 其加达天
插页————————————————————————阿 布等

《希望》（广州）

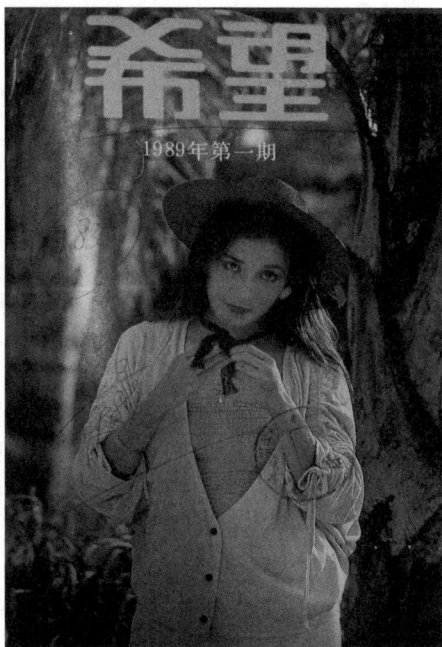

【简 介】

　　综合性文学双月刊。广东人民出版社主办。创刊于1980年，青年刊物。其旨在向青年介绍社会中的新人新事，并指导青年解决所遇到的思想修养问题，向青年介绍科学知识、文化生活和国内外青年状况，帮助青年剖析及更好地认识社会问题。

期刊号：1980 年第 1 期—1989 年第 6 期

我们的希望

　　《希望》是编印给青年人看的一种综合性的丛刊，不论思想、政治、经济、科学、文化各方面的问题，只要是青年人感兴趣的都打算谈一谈，重点是思想与文化，其目的是帮助青年同志把自己锻炼成为社会主义新人。

　　刊物定名为《希望》，意思是说，我们青年同志是党的希望，是祖国的未来。党和人民都把祖国的未来和希望寄托在青年人身上。于是，在我们这个刊物里，就将刊登老年人、中年人所写的文章，在这些文章里，他们将要谈到他们对于青年人的希望。他们或者希望青年人勇当四化建设的突击手，或者希望青年人以生活在伟大的祖国而自豪，或者希望青年人以实现共产主义的事业为理想，或者希望青年人像我们的革命先烈那样为全人类的解放事业而奋不顾身，或者希望青年人能全心全意为人民服务而公尔忘私，或者希望青年人具有高尚的道德品质，掌握精湛的科学文化……总之，他们要从各方面贡献自己的智慧和经验，关怀、帮助青年人的健康成长。他们是关心青年一代的有心人，但决不是什么青年导师。他们所说的也决不是万古不易的教条，包医百病的灵丹妙药，只不过是，他们所积累的政治经验和社会经验要比青年人多些，他们所掌握的科学知识和文化知识也会比青年人多些，而且他们既是关心青年一代的有心人，那末他们所写的文章将对青年人有益。至于青年读者们看了这些文章，我以为完全应当独立地去思考、去领会、去辨别、去抉择，自己认为是好的、对的意见就接受下来，有不同的意见，可以提出来讨论，我们编者和作者都毫无强加于人之意的。

　　我们知道，办好《希望》丛刊，光靠老年人、中年人写文章是不够的，远远不够。我们希望青年人自己动脑、动笔，利用《希望》作为活跃思想的园地，在这个园地里，自己谈谈对党、对祖国、对社会有什么希望，也谈谈自己在当前这个新的历史时期里有什么希望，如何实现这些希望，等等。这样一来，《希望》丛刊就将涌现许多生气勃勃的文章，遇有不同的意见还可以开展生动活泼的自由讨论，这种互相探讨、自我教育的方法，更能有效地提高人们的思想水平和文化水平。这一期的《希望》少了这方面的内容，无疑地是个缺憾，然而这也可说是个不可避免的缺憾，因为它是第一期，以后很快就会补足的。

　　我们希望：大家都来关心这个丛刊，千方百计办好这个丛刊。

编者

1980 年第 1 期　刊名：《希望》

目录

我们的希望————————————————————编 者
党是我们最大的希望————————————————杨 越
这就是我们的青年一代！—————————————穆 扬

青年论坛

"四大"不是好东西⋯⋯⋯⋯⋯周圣英　杨建荣
深海渔场的礼品⋯⋯⋯⋯⋯⋯⋯⋯⋯⋯秦　牧

信心力量

月下随想⋯⋯⋯⋯⋯⋯⋯⋯⋯⋯⋯⋯⋯何　芷
像欧阳本伟夫妇那样生活⋯⋯⋯⋯⋯⋯江南月
为了幸福的明天⋯⋯⋯⋯⋯⋯⋯⋯⋯⋯林君雄
"将来"和"现在"⋯⋯⋯⋯⋯⋯⋯⋯邓进深
希望⋯⋯⋯⋯⋯⋯⋯⋯⋯⋯⋯⋯⋯⋯⋯辛文同

青年修养

假如雷锋还活着⋯⋯⋯⋯⋯⋯⋯⋯⋯⋯赖济煌
"哈哈哈哈，哈哈哈哈⋯⋯"⋯⋯⋯⋯岑　桑
从大仲马的一句格言谈起⋯⋯⋯⋯⋯⋯晓　勉
他们在金钱面前⋯⋯⋯⋯⋯⋯⋯⋯⋯⋯石军辑
为"时髦"正名⋯⋯⋯⋯⋯⋯⋯⋯⋯⋯王　闻
重访美国观感（上）⋯⋯⋯⋯⋯⋯⋯⋯夏书章

青春颂

在小小的车厢里
——访全国新长征突击手，优秀乘务员邓保文
⋯⋯⋯⋯⋯⋯⋯⋯⋯⋯⋯刘高华　何少英
容志行的人品与"球品"⋯⋯⋯⋯⋯⋯唐汉滔
复活了的敦煌飞天
——记舞蹈新秀贺燕云⋯⋯⋯陈　貌　吴绿星
"败家儿"——彭湃的故事⋯⋯王　曼　杨　永

青年生活

她喝下一杯苦酒⋯⋯⋯⋯林　荣　黄炽强　江　军
题外的话⋯⋯⋯⋯⋯⋯⋯⋯⋯⋯⋯⋯⋯冬　菁
警惕失足于性关系⋯⋯⋯⋯⋯⋯⋯⋯⋯许香桂
张学良的历史回声⋯⋯⋯⋯⋯⋯⋯⋯⋯黄克夫

自学园地

对青年人学习理论的浅见⋯⋯⋯⋯⋯⋯东方既白
谈谈写作的规律⋯⋯⋯⋯⋯⋯⋯⋯⋯⋯曹思彬
一个有启发的数学题解⋯⋯⋯⋯⋯⋯⋯何　芸

阅读与欣赏

一部描写"社会风气"的小说
——谈《红与黑》⋯⋯⋯⋯⋯⋯⋯⋯雷　光
自由世界?!　花花世界?!
——香港小说《黑裙》、《寒夜的微笑》读后⋯陈晓林
读《老残游记》随想⋯⋯⋯⋯⋯⋯⋯⋯闲　人

知识天地

"泥童"、机器人警探和人工智能⋯⋯⋯吴伯衡
禽兽的美德⋯⋯⋯⋯⋯⋯⋯⋯⋯李　坚　李　直

蔷薇园

"该争的争，该让的让"⋯⋯⋯⋯⋯⋯小　宣
"合理分工"⋯⋯⋯⋯⋯⋯⋯⋯⋯⋯⋯甫　石

俱乐部

寓言：蜜蜂与苍蝇下蛋⋯⋯⋯⋯⋯⋯⋯陈耀城

谜语

漫画：顾此失彼⋯⋯⋯⋯⋯⋯⋯⋯⋯⋯陈树斌
创业者之歌（歌曲）⋯⋯⋯⋯洪　源词　杨庶正曲
晨光帆影（照片）⋯⋯⋯⋯⋯⋯⋯⋯⋯朱　涵摄

1980 年第 2 期　刊名:《希望》
目录

"生命的路是进步的"⋯⋯⋯⋯⋯⋯⋯杨　紫
贵在"自胜"⋯⋯⋯⋯⋯⋯⋯⋯⋯⋯⋯天　纵
我之歌——给《希望》⋯⋯⋯⋯⋯⋯⋯芦　荻
成"才"与成"材"⋯⋯⋯⋯⋯⋯⋯⋯晓　勉
昨天·今天·明天⋯⋯⋯⋯⋯⋯⋯⋯⋯王　闻

革命回忆录

周总理在广州的二三事⋯⋯⋯⋯⋯⋯⋯陈　恭
山盟海誓——《冯白驹回忆录》一章⋯⋯吴　之整理
瞿秋白不怕"皇帝制度的斩首"⋯⋯⋯周　倜

青年修养

命运对谁微笑⋯⋯⋯⋯⋯⋯⋯⋯⋯⋯⋯陈兆川
走向成功的起点⋯⋯⋯⋯⋯⋯⋯⋯⋯⋯林　超
趁青年时代⋯⋯⋯⋯⋯⋯⋯⋯⋯⋯⋯⋯蔡　云
漫话兆头⋯⋯⋯⋯⋯⋯⋯⋯⋯⋯⋯⋯⋯甘　霖
以拇病为戒⋯⋯⋯⋯⋯⋯⋯⋯⋯⋯⋯⋯肖　菁
思索篇⋯⋯⋯⋯⋯⋯⋯⋯⋯⋯⋯⋯⋯⋯穆　扬

青春颂

我不及他⋯⋯⋯⋯⋯⋯⋯⋯⋯⋯⋯⋯⋯黄家声
他们靠自学考上了研究生⋯⋯⋯⋯⋯⋯林华忠
年青一代的"花王"⋯⋯⋯⋯⋯⋯⋯⋯易　金

自学园地

珍惜你的黄金时刻——业务学习漫谈⋯⋯谷　夫
贵在"用力撑"⋯⋯⋯⋯⋯⋯⋯⋯⋯⋯丹　丹
把问号拉直（读书札记）⋯⋯⋯⋯⋯⋯刘学强
怎样做到妙笔生花?⋯⋯⋯⋯⋯⋯⋯⋯萧德明
辛弃疾的《永遇乐》词⋯⋯⋯⋯⋯⋯⋯朝　华
韩信不该走（历史小品）⋯⋯⋯⋯⋯⋯余心言
周处改过的故事⋯⋯⋯⋯⋯⋯⋯⋯⋯⋯黎子铭
剪刀的把戏和因果联系⋯⋯⋯⋯⋯⋯⋯林　章

好事成双（小说）……………………周万诚

习作与辅导
别墅圆舞曲——来自一个宾馆的日记……黎　明
友情的赞歌——读《别墅圆舞曲》………张　绰

青年生活
像歌声般甜美的爱情生活…………陈　貌　绿星
漫谈业余生活……………………………杜卫东
谈谈服装美………………………………李淑贤

知识天地
起死回生的奥秘……………刘发祥　张　晓
气味相投——杀身的陷阱………………吴伯衡
重访美国观感（下）……………………夏书章
生活在竞争之中（世界青年之窗）……李若梅
紧张的生活节奏（香港纵横谈）………周　奕

俱乐部
有没有碰着呢?
车炮巧胜车相…………………许弼德　周孟芳
外国笑话与幽默………………………王世道摘译
怨谁?（漫画）…………………………范广林
无题（漫画）……………………………陈树斌
谜语……………………………………严承章辑

补白三则
封面设计：张绍城
封二：速写………………………………杨之光
歌唱你啊，祖国……………晓　光　安　静
兴　中词　田　歌曲
剑花（照片）…………………………林孙杏摄

1981 年第 1 期　刊名:《希望》

目录

希望信箱
官僚主义是不是"不治之症"?…………张乙帆
为自己劳动不算真正完善和伟大的人吗?……马冰山
学文科好还是学理科好?…………………杨重华
讲礼貌是不是低三下四?…………………潮　雨
婚后还能不能有异性朋友?………………欣　星
女大男小难有幸福吗?……………………肖　菁
香港电视不是洪水猛兽，但有腐蚀作用………黄安思

青年论坛
去摘取真实的花朵——评岑桑同志的《"哈哈哈哈，
哈哈哈哈"……》………………………长　夏

值得注意的一种倾向……………………王　庶
人活着仅仅为自我是不够的……………梁　浩

青年问题探讨
从"精神空虚"说开去……………………吴军捷

随感录
从平等想到不平等………………………冬　菁
空气引起的联想…………………………邓进深
猛志常在…………………………………唐汉滔
"节马"的骨气…………………………蓝　红
探索与思考（报刊文摘五则）

青年修养
心中要有一团火…………………………赖海晏
我的世界观……………………………爱因斯坦
抛掉"猪栏的理想"
——爱因斯坦的生活片断………………邵念辉

革命回忆录
一个活着的烈士
——寻访残废军人韩成山………………周　倜

青春颂
在崎岖的道路上
——记坚持自学考上研究生的刘翔……陈兆川
"有了理想，干吧!"
——记电话发明家的贝尔…………………王鸣凤

青年生活
朴实的花环
——漫谈爱情………………………………梵　杨

自学园地
生活·感受·语言·形式
——谈谈诗歌写作的几个问题……………芦　荻
天才出于勤奋——一九八〇年高考作文选评
《相马经》与《人物志》………………张方卫
配方法在解方程中的妙用………………云　烽
怎样表现主题
——和青年摄影爱好者谈谈《南海日出》……胡　嘉

习作与辅导
夫妻（小说）……………………………李志强
《夫妻》引起的思索………………………张　绰

阅读与欣赏
"红"是怎样变成"黑"的
——谈于连的道路…………………………张　文

淘金者的品格（画评）⋯⋯⋯⋯⋯⋯林墉

港澳纵横谈

香港青年的业余进修（香港通讯）⋯⋯周奕
不止她一个⋯⋯（澳门通讯）⋯⋯⋯鲁茂
香港留加学生的遭遇⋯⋯⋯⋯⋯⋯关文
香港"油脂"热⋯⋯⋯⋯⋯⋯⋯⋯蓝巨雄

蔷薇园

不欢而散⋯⋯⋯⋯⋯⋯⋯⋯⋯⋯肖萱
偷龙转凤⋯⋯⋯⋯⋯冯秉全 辛文同
聪明的男孩（外国幽默）⋯⋯⋯王世道摘译
偶感⋯⋯⋯⋯⋯⋯⋯⋯⋯⋯⋯郑广林
承先启后（漫画）⋯⋯⋯⋯⋯⋯黎耀西

读者·作者·编者

对《希望》的希望⋯⋯⋯⋯⋯⋯陈国敏等
用字用词要准确⋯⋯⋯⋯⋯⋯⋯单锐等
同女伴们说几句⋯⋯⋯⋯⋯⋯⋯罗丽珠

俱乐部

电影填名有奖游艺⋯⋯⋯⋯⋯⋯曾加元
我到底是什么时候醒来的?⋯⋯⋯胡承毅 张社浩
谜语⋯⋯⋯⋯⋯⋯⋯⋯刘婉青 揭晔

补白（四则）
南海日出（照片）⋯⋯⋯⋯⋯⋯林孙杏
封面设计⋯⋯⋯⋯⋯⋯⋯⋯⋯谢景
快向他伸出热情的手（歌曲）
　　　　　　许军军 翟琮词 曹俊山曲
沙浪淘金（版画）⋯⋯⋯⋯⋯⋯许钦松
为了未来（版画）⋯⋯⋯陈月华 梁照辉
女司机（油画）⋯⋯⋯⋯⋯⋯⋯叶献民

1981 年第 2 期　刊名:《希望》
目录

青年论坛

关于"实惠"问题的讨论
少责备，多关怀⋯⋯⋯⋯⋯⋯⋯韩天雨
对青年要温暖如春⋯⋯⋯⋯⋯⋯何科明
我不同意长夏的看法⋯⋯⋯⋯⋯宁凌
同志，请你把眼光放远点⋯⋯⋯严承章
人们怎样写历史?⋯⋯⋯⋯⋯⋯秋枫
还是实惠一点好⋯⋯⋯⋯⋯⋯⋯陈桂雄
青年工作也要讲实惠⋯⋯⋯⋯⋯胡程亮
有没有大公无私的人⋯⋯⋯⋯⋯曹思彬
我曾有过这样的希望（诗）⋯⋯⋯符启文

人生·逆境·强者⋯⋯⋯⋯⋯⋯吴晓冰

希望信箱

制度与作风
——再答符旦雯同志⋯⋯⋯⋯⋯张乙帆
正确处理高考与本职工作的矛盾⋯⋯白丁
自学要选准目标⋯⋯⋯⋯⋯⋯⋯欣星
怎样看待包产到户?⋯⋯⋯⋯⋯袁羽佳
让爱情植根于思想感情的沃土⋯⋯杜卫东

革命回忆录

东纵北撤前夕
——回忆录《风雨年华》片断⋯⋯黄秋耘

随感录

人己之间⋯⋯⋯⋯⋯⋯⋯⋯⋯昭彦
玫瑰在荆棘中开放⋯⋯⋯⋯⋯⋯冬青
话不投机也要谈⋯⋯⋯⋯⋯⋯⋯江南月
从"旗人画字"说开去⋯⋯⋯⋯⋯杨黎平
年轻人与轻音乐⋯⋯⋯⋯林鸿光 陈貌
访日趣闻⋯⋯⋯⋯⋯⋯⋯⋯⋯廖冰兄
青春颂：织女的故事⋯⋯⋯⋯⋯陆国松
情长浪子归（通讯）⋯⋯⋯⋯⋯朱日林
灿灿的奖杯⋯⋯⋯⋯⋯⋯⋯⋯唐汉滔
镜里丹青⋯⋯⋯⋯⋯⋯⋯⋯⋯姚北全
《我的一天》征文启事

青年修养

言谈礼貌⋯⋯⋯⋯⋯⋯⋯⋯⋯朱仲南
闲话"闲聊"⋯⋯⋯⋯⋯⋯⋯⋯金礼林
给自己"泼点冷水"⋯⋯⋯⋯⋯陈勉

阅读与欣赏：走下了神坛的白求恩⋯⋯长夏
开不败的鲜花（小说）⋯⋯林文烈 王要真
探索与思考（五则）

习作与辅导

魔鬼中人（小说）⋯⋯⋯⋯⋯⋯黄茵
一个新的反面形象⋯⋯⋯⋯⋯⋯张绰

科学家的故事

爱情滋润的发明
——白斯埃创制带式冷冻机的故事⋯⋯王鸣凤

自学园地

在学习中培养自己的能力⋯⋯⋯郑继续
因式分解中的配方法⋯⋯⋯⋯⋯陈云烽
"投笔从戎"成大器⋯⋯⋯⋯⋯晓柳
范仲淹"荒政"⋯⋯⋯⋯⋯⋯⋯文政

风景速写小札 …………………………… 刘济荣

知识天地

神奇之光 …………………………………… 吴伯衡
死不瞑目的奥秘 ……………… 张 晓 刘发祥
女性青春期独有的生理变化 ……………… 蓓 蕾
港澳纵横谈：剖腹取子与争夺学位 ……… 周 奕

蔷薇园

父与女 …………………………………… 冉至也
评戏 ……………………………………… 颜 成
大猪和小珠（漫画）……………………… 徐永智
望梅止渴（漫画）………………………… 吴润坤

俱乐部

通缉四匪（看图推理）…………………… 张祉浩译
曹尚书输了 ……………………………… 黄 之
岂有此理 ………………………………… 林晓辑
见风使舵 雁的吃法 ……………………… 金礼林
读者、作者、编者（六则）
补白（三则）
向往（油画）……………………………… 梁照堂
瑶山速写 ………………………………… 刘济荣
快投入春天的怀抱 ……… 陈 貌 翟 琼词 冯少佳曲
日本百合花（照片）……………………… 张 洛摄

1981 年第 3 期　刊名：《希望》
目录

在经济调整中青年就业前景怎样？ ………… 本刊记者

希望信箱

希望与力量
——三答符旦雯同志 ……………………… 张乙帆
政治像变戏法那样难以捉摸吗？ ………… 林君雄
不能把利用外资同搞资本主义混为一谈 …… 袁让贤
思想政治工作还灵不灵？ ………………… 吴 滨
评先进要不要看思想政治表现？ ………… 宋正春
青年摆小摊不光彩吗？ …………………… 欣 星
请关心一下这些青年 ……………………… 编 者
失望人还有希望吗？ ……………………… 庞秀娣
一个残疾青年的呼声 ……………………… 旺 华
请父母们为孩子想一想 …………………… 温衍能
对老师的一点希望 ………………… 俩琳琅 俩珐琅
可怕的冷言冷语 …………………………… 谭 光
在嘲笑面前挺硬腰板 ……………………… 谢艺桓
来信简复二则 ……………………………… 编 者

青年论坛

关于实惠问题的讨论
"实惠主义"是一种腐蚀剂 ……………… 黄荣新
需要有实惠的理想 ………………………… 张健人
要有求实精神 ……………………………… 聂 杨
少谋私利，多干好事 ……………………… 李雅子
毋需侈望，何必苛求 ……………………… 刘学强
青年问题探讨　怎样认识和对待这一代青年 … 余晖鸿

青年修养

从韩信不记仇说起 ………………………… 王石军
不拘小节闯大祸 …………………………… 肖汉萱

革命回忆录

英雄碧血洒梅关 …………………………… 黄 业
往事安能忘
——为任锐同志遗诗二首补注 …………… 余觉今

青春颂

把温暖送到千家万户 ……………………… 邓小华
来自深圳口岸的报告
——记深圳边防检查站的青年战士 ……… 刘学强

《我的一天》征文选登

她 ………………………………………… 李 瑜
小析《她》 ………………………………… 杜渐坤
诗情画意　以形写神
——青年画家连登的艺术特色 …………… 张 绰
斗蛇姑娘 …………………………………… 王 凡

随感录

大话·大道理·现实 ……………………… 晓 勉
发过牢骚以后 ……………………………… 江南月
望"洋"兴"干" ………………………… 严承章
三十用功仍未晚 …………………………… 丁 宁
跑步的新闻 ………………………………… 邓进深

青年生活

当我怀念第一个恋人的时候 ……………… 超一萍
爱的劝告 …………………………………… 张 弩
体态与美育 ………………………………… 洪 周

探索与思考

资产阶级人道主义与马克思主义人道主义的区别
………………………………………… 杨建荣
报刊文摘二则
青年要养成读书的习惯
——访廖沫沙同志 ………………………… 韩天雨

自学园地

无政府主义的始祖 ···················· 方　理

历史画卷的缩影

——向青年朋友推荐郭沫若同志的自传 ··· 高　信

人生旅途的"问讯处"

——介绍《青年修养通讯》 ············· 逸　桢

妙趣横生的墓志铭 ···················· 于克家

火车轮子上的每个质点都在向前运动吗？ ··· 陈云烽

阅读与欣赏

把历史的希望交付未来

——介绍长篇小说《人啊，人！》 ········· 杨亚基

深洋谍影 ···························· 梁　山

潜水和中国"麦克" ··················· 秦　放

港澳纵横谈

"金鱼缸"里的风暴 ···················· 周　奕

世界之窗

国际上最离奇的失踪案之一——拐孩林 ··· 关　文

马来西亚的"小黑人" ················· 郑　文

俱乐部

锣与鼓（寓言） ······················ 王忠一

福尔摩斯的答案 ······················ 李　敏

不贪为宝 ···························· 黄　之

谜语

1981年第1期电影填名有奖游艺得奖名单

漫画

地药处方，立见功效 ·················· 雷祖舜

防污染设备 ·························· 江沛扬

读（画） ···························· 李建国

1981年第4期　刊名：《希望》
目录

最明亮的指路明星 ···················· 林君雄

向生活睁开你的眼睛 ·················· 长　夏

经济调整与人民生活 ·················· 曾牧野

农村喜讯

繁花似锦 ···························· 丹　枫

养虫发家的故事 ······················ 范以锦

明珠闪烁 ···························· 韦　志

在与香港新界一河相隔的村子里 ········· 姜玉玲

《农村喜讯》读后感 ·················· 编　者

希望信箱

剥削阶级消灭了，哪来阶级斗争？ ······· 袁羽佳

对歪风邪气斗争遭到讽刺打击怎么办？ ··· 何　明

做了好事要不要让人知道？ ············ 龚　燊

看外国电影怎样汲取"养分"？ ·········· 晏　平

青年论坛

怎样正确对待物质生活和精神生活？ ····· 编　者

一封公开信

——关于《去摘取真实的花朵》与《走下了神坛的白

求恩》 ····························· 钟　艺

讲实惠，不当"实惠迷" ··············· 张乙帆

什么是"真实的花朵"？ ··············· 华　明

讲实惠就非互相拼杀不可吗？ ·········· 石宝民

习作与辅导

红树林 ····························· 胡程亮

读《红树林》的意见 ·················· 秦　牧

精神文明

爱国之心，人皆有之 ·················· 黄秋耘

精神的虚与实 ······················ 冬　菁

远近高低各不同 ······················ 晓　勉

我说的并非怪论 ······················ 肖汉文

青春颂：她从香港来 ·················· 青　松

青年油漆之歌 ······················ 陈　貌

回忆录：沂蒙情深 ···················· 白铁华

孙中山的青年时代 ···················· 张其光

曹禺和大学生在一起 ·················· 夏　竹

探索与思考（四则）

青年生活

淡妆浓抹总相宜 ······················ 曹明生

爱情与事业 ·························· 梁　健

在恋爱过程中如何听取父母的意见？ ····· 杨肖妹

脸上长了粉刺怎么办？ ················ 玲　玲

科学家的故事

踏着父母亲的脚印登攀 ················ 王鸣凤

自学园地

自学要关于积累资料 ·················· 陈绍伟

不作当年吴下的阿蒙 ·················· 范世忠

配方法在不等式证明中的应用 ··········· 陈云烽

夜海救惊去魂

小说：活捉海泥鳅 ············· 王要真　林文烈

世界之窗

谈谈外国人的礼貌 ···················· 邱　陵

墨西哥盲人村之谜······关 文
港澳纵横谈:"雷锋"到时了香港······周 奕

俱乐部
一道世界难题(有奖游艺)······任亚伟
《福尔摩斯的答案》的答案
塑料牡丹花与蜜蜂······陈耀城
书店和团委做好宣传发行工作琼海、揭阳青年喜爱《希望》
读者、作者、编者(六则)
补白(三则)
封面:春(雕塑)······尹积昌 李松荣
封二:特区新女工······陈旌骅摄
学艺······陈懿德摄
心细如丝······陈健康摄
难题······杨耀桐摄
把青春献给光明的中国(歌曲)
······金 波词 吴 贤曲
春光······黄定成
春催紫絮······苏森陶

1981 年第 5 期　刊名:《希望》

目录

鲁迅与青年
——纪念鲁迅诞生一百周年······杨 越
年轻朋友,让青春发出光和热吧!
——《青年思想修养丛书》卷头语······秦 牧
本刊专稿:生活的追求
——记同西德青年司机闲谈······力 以

希望信箱
问题在于怎样思考和探索······本刊编辑室
兴趣为什么多变?······何 芸
爱好不同能否相爱?······程 军
短信三则

青年论坛
关于怎样对待物质生活和精神生活的讨论
"绳结"试解······黄 浩
物质生活、精神生活与人生观······朱秉衡

青年修养
每人都应有自己的金蔷薇······牧 惠

随感录
心血,倾注在这古老的土地······林 超
有感于马师曾十分钟成名······甘 霖

走路三题······冬 菁
沿着大江走去
——广州沿江路抒情······陈俊年

学校园地
不让时光白白流······陈菊英
年少志在学　岂可被情牵······杨光裕
小林住院以后······阿 林
在温暖的大家庭里······杜汝初
奋不顾身救小孩······彭绍扬
和风细雨育幼苗······张志能 赵南成
八年扩送情谊深······林添泉
春色赋······周自微作 彭循光评点
"我能够下苦功夫钻进去!"······彭祖铃

青年生活
风雨情深(通讯)······廖 琪
从浪子到先进工作者(通讯)······朱日林
失足未必千古恨······编 者
给超一萍同志的复信(三则)······小 江等
老去愈知学不知
——董必武同志学习俄语片断······忻 中

科学家的故事
立志报国
——记著名科学家竺可桢求学时代的几件事······杨世铎
青年国际象棋大师······唐汉滔
《我的一天》征文选登:我当保育员
······李 青作 杜渐坤评点
探索与思考(三则)······明 晖等

自学园地
宗永强谈业余学习······敏 夫整理
虎门血战与三元里扬威(中国近代史话)······骆 驿
馒头能消灭得了吗?(哲学趣谈)······何延丙
什么是能量守恒定律?······陈兆川
习作与辅导:朋友,你匆匆就走······
······黎 明作 关振东评点
织满诗情的白茧······杨羽仪
港澳纵横谈:电视人的辛酸······方 芳

俱乐部
皇帝付不起的奖赏······小 依
未卜先知(扑克戏法)······王力夫
活哥与亚萍:官"面"堂皇(漫画)······方 园
心不在"马"(漫画)······雷祖舜
谜语
春光(照片)······蔡少华摄
广州青年书法篆刻展览作品选······周树坚等

年轻的朋友心灵美（歌曲）

　　　　　　　许敏男　苗　能曲　黄蒲生词

广州青年美术协会美术作品展览选登┄┄┄┄林淑然等

1981 年第 6 期　刊名:《希望》
目录

热爱生命和珍惜时间┄┄┄┄┄┄┄┄┄┄秦　牧

本刊专稿

在追求的道路上——关于小说《人啊，人！》答年轻
的朋友们┄┄┄┄┄┄┄┄┄┄┄┄┄┄戴厚英

并非一个"○"┄┄┄┄┄┄┄┄┄┄┄┄肖　亮

鲁迅谈"希望"┄┄┄┄┄┄┄┄┄┄┄┄曹思彬

我走过的道路

在动难之中求学问

——访华罗庚┄┄┄┄┄┄┄┄┄┄┄叶永烈

希望信箱

想未来，还忆过去吗?┄┄┄┄┄┄┄┄┄马冰山

政治学习是否过时了?┄┄┄┄┄┄┄┄┄宋正春

怎样看待《圣经》里的神话故事┄┄┄┄┄赵恭源

坚强起来，战胜困难┄┄┄┄┄┄┄┄┄┄单爱根

不要再流浪了┄┄┄┄┄┄┄┄┄┄┄┄编　者

感谢编者对失足青年的关心┄┄┄┄┄┄庞秀娣

人死了还有没有灵魂?┄┄┄┄┄┄┄┄┄柳　莹

"连锁"通信是无稽之谈┄┄┄┄┄┄┄┄编　者

随感录

想起了钟楼怪人┄┄┄┄┄┄┄┄┄┄┄石　生

不要盲"热"┄┄┄┄┄┄┄┄┄┄┄┄┄辛　锋

正当利用你的时间┄┄┄┄┄┄┄┄┄┄邓炬云

青年修养

让每盏灯都放出自己的光亮

——写给刚刚踏上人生征途的青年朋友┄王　涵

捱骂之后┄┄┄┄┄┄┄┄┄┄┄┄┄┄秦　骥

爱的花朵永不凋谢

——容国团和小珍的故事┄┄┄┄┄┄傅溪鹏

青年生活

他赢得了前途和幸福

——记广州塑料制品三厂青年工人罗传君的转变

　　┄┄┄┄┄┄┄┄┄┄┄┄┄┄┄姜玉玲

动之以情，说之以理

——读者给超一萍同志的复信综述

女青年新发型┄┄┄┄┄┄┄┄┄┄┄┄文少良

广东人物志：我们不能忘记祖国┄┄┄┄邬运河

锦绣河山：盐湖，珍珠的湖┄┄┄┄┄┄王　汶

礁丛拯"胞波"┄┄┄┄┄┄┄┄┄┄┄┄秦　放

学校园地

追求（作文点评）┄┄┄┄┄┄┄┄┄┄陈文芷

在普通中学读书就不能考上大学吗?┄┄周树和

数学"状元"林达明┄┄┄┄┄┄┄┄┄┄蔡道绥

《我的一天》征文选登

"文明礼貌日"┄┄┄┄┄┄┄┄┄┄┄┄钟　旻

一条甘蔗┄┄┄┄┄┄┄┄┄┄┄┄┄┄陈文忠

自责┄┄┄┄┄┄┄┄┄┄┄┄┄┄┄┄张屯耳光

略评《"文明礼貌日"》┄┄┄┄┄┄┄┄朱婵清

自学园地

谈谈"一鸣惊人"┄┄┄┄┄┄┄┄┄┄┄李晓军

笑声里的启迪┄┄┄┄┄┄┄┄┄┄┄┄高慎盈

根式化简的一种方法——配方法┄┄┄┄陈云烽

地上"天国"的建立（中国近代史话）┄┄陈周棠

洪秀全发愤反清┄┄┄┄┄┄┄┄┄┄┄陈周棠

第一次出车┄┄┄┄┄┄┄┄┄┄┄┄┄王　曼

世界之窗

外国社交礼貌┄┄┄┄┄┄┄┄┄┄┄┄邱　陵

一鳞半爪谈工读┄┄┄┄┄┄┄┄┄┄┄达　伟

港澳纵横谈　畸形发展的香港足球运动┄┄陈伟民

知识天地

危地马拉的神秘磁石像┄┄┄┄┄┄┄┄吴伯衡

冬眠与长寿┄┄┄┄┄┄┄┄┄┄┄┄┄黄捷生

科学珍闻（四则）┄┄┄┄┄┄┄┄┄┄蒋郁成等

俱乐部

你的寿命快完了┄┄┄┄┄┄┄┄┄┄┄陈再发

赵傻子和西红柿┄┄┄┄┄┄┄┄┄┄┄薛允连

疼娘不如疼儿┄┄┄┄┄┄┄┄┄┄┄┄吴坤民

佛山得名的由来┄┄┄┄┄┄┄┄┄┄┄黄之辑

影子（连环画）┄┄┄┄┄┄┄┄┄┄┄亚　光

活哥与亚萍（漫画）┄┄┄┄┄┄┄┄┄方　园

封面设计┄┄┄┄┄┄┄┄┄┄┄┄┄┄谢　景

黄山光明顶（国画）┄┄┄┄┄┄┄┄┄黄定成

巫山（国画）┄┄┄┄┄┄┄┄┄┄┄┄李仁康

不夜的山谷（国画）┄┄┄┄┄┄┄┄┄黄　云

我们的早晨多么好（歌）┄┄┄西　彤词　杨庶正曲

新风（照片）┄┄┄┄┄┄┄┄┄陈　潮　陈洛才摄

1982 年第 1 期 刊名:《希望》
目录

我走过的道路

学海奋舟争上游

——记自学成才的青年工人张振伟·············陈焕展

成才一诀··编　者

耕耘收获不由天

——关山月学画的故事····························关振东

本刊专稿:来自"天堂"的归鸿·················穆　乔

青年问题探讨:需要善意的引导·················穆　扬

希望信箱

诤言相规　情真意切·····························严文友

怎样理解高低贵贱?·······························凌　钊

愿希望之树常青·································辛文同

这样的"书呆子"值得爱吗?······················于　文

来信简复(四则)·································编　者

家长们,把眼光放远些···············温伟平　野　菊

青年修养

从"人言可畏"论及嫉妒之害·····················王　涵

愿你永结芳邻··························朱仲南　谭惠全

随感录

"班门弄斧"辩·····································牧　惠

"投其所好"面面观·······························邓呈盈

铮铮铁骨　拳拳心声

——读廖仲恺和何香凝的几首诀别诗··············鲁　非

学校园地

他不满足于一百分

——记三好学生曾明···············张志能　赵南成

我在患病的日子里

——日记摘抄····································王文能

一颗慈母心··朱日林

我最珍爱的"小孙悟空"·········王红斌作　朱婵清点评

形象集·····························马冰山诗　苏　华画

名人秩事

愿你也填写一份阿西摩夫式的简历·················绿　薇

巴尔扎克的雄心和毅力···························郑继续

珍宝为何在身边溜走·······························范世忠

青年生活

我和我的妻子·····································李志强

从苦难中看美好的心灵···························何科明

择友不善终须恨··································柳　莹

游山玩水有学问··································彭祖钤

"弦乐之王"是怎样问世的?

——小提琴制作趣史····························石　兵

广东人物志

为大众谱出呼声

——记人民音乐家冼星海·························秦启明

探索与思考

谈谈我国现阶段个体经济的性质·················明　晖

克服"特权现象",必须从制度上来着眼···········荣　辑

试析左倾错误的哲学根源·························盛　樱

自学园地

决择而入　博览精读

——鲁迅的读书方法····························贺　江

林德号军舰的秘密是怎样被发现的·················林　章

甲午海战··余炎光

配方技巧续谈····································陈云烽

喜看"杨桃"佳作··································姚北全

友谊海洋的几朵浪花

——记我国青年海员的几则海外见闻··············叶植辉

习作与辅导

黄山雾··谭加东

心灵与自然的融合

——谈散文习作《黄山雾》·····················黄卓才

《我的一天》征文选登

呵!　海··李小甘

读《呵!　海》有感·······························陈师胜

淘金者··廖　琪

世界之窗

黑海抒情··伍　杰

漫话西方养狗风··································景　迅

科学鉴证破奇案··································关　文

港澳纵横谈

今日的新界·······································邝思骏

知识天地

神秘雪人之谜····································吴伯衡

狮子为什么卧在树上?·····························姚大均

俱乐部

鲁迅对对子··································黄　之辑录

蚂蚁与群兽······································陈耀城

"背道而驰"·····································熊家钰

填写成语有奖游艺⋯⋯⋯⋯⋯⋯⋯万新儿

漫画

活哥与亚萍：想入"飞飞"⋯⋯⋯⋯⋯方 园
迎春（照片）⋯⋯⋯⋯⋯⋯⋯⋯林孙杏摄
春雨（照片）⋯⋯⋯⋯⋯⋯⋯⋯谭锡明摄
流连忘返（照片）⋯⋯⋯⋯⋯⋯梁励明摄
为祖国献上美好年华（歌曲）⋯⋯江 川词 郑立藻曲
岭南佳果——杨桃⋯⋯⋯⋯⋯⋯冯子祥摄

1982 年第 2 期　刊名：《希望》

目录

青春颂

悄悄地发光
——记青年送煤工马国铭⋯⋯⋯⋯朱日林
给"小黄牛"唱支歌⋯⋯⋯⋯⋯⋯冬 菁
让生活锦上添花
——待业青年黄志鸿办花木店的故事⋯⋯陆国松
心灵的淘金者
——记广州南方橡胶厂团总支书记贡晓光
　　　　　　　　　　　　陆梦羊 李棠辉
春风化雨⋯⋯⋯⋯⋯⋯⋯⋯⋯⋯编 者

希望信箱

希望之"窗"为你敞开着
——与待业青年谈心⋯⋯⋯⋯⋯黄 浩
我的出路在哪里？⋯⋯⋯文昌县 陈其晨
提倡破除迷信，为什么又要保护寺庙？
　　　　　　　　　　林宝文问 邬 晨答
家长们，请关心子弟的学习⋯⋯吕承雨等
对男女交往不可妄加非议⋯⋯⋯莫复溥
我还能爱她吗？⋯⋯陈季璋问 编 者答
恋爱断了可不可追回财礼⋯⋯黄文页问 莫 慧答

我走过的道路

闯出一条成才之路
——记美学家李泽厚⋯⋯⋯上海 景 蔚
没有大学文凭的专家
——访古建筑文物专家单士元⋯北京 汪莱茵
科学家的故事：世界上第一个听诊器⋯王鸣凤
他们虽然属于残废之列⋯⋯⋯澄海 陈 勉
"点铁成金"与"点金成铁"⋯⋯⋯长 夏
青年人的话⋯⋯⋯⋯⋯⋯⋯⋯汪国立等

随感录

抱负、拼搏精神与本领⋯⋯⋯⋯邓炬云
让爱情保持优美的价值⋯⋯⋯⋯龚 桑

青年生活

患难见真情⋯⋯⋯⋯⋯⋯曲 江 丘富盛
一次审讯旁听记⋯⋯⋯⋯⋯⋯林华轩
未入洞房进牢房⋯⋯⋯⋯⋯⋯邓中东

灯下谈美

美与美感⋯⋯⋯⋯⋯⋯⋯⋯上海 戴 平

探索与思考

健全干部制度是克服官僚主义的有力措施⋯⋯建 荣
什么是自由⋯⋯⋯⋯⋯⋯⋯⋯杨 辑
与书画媲美的艺术——金石篆刻⋯蔡照波

自学园地

鲁迅杂文笔调的形象性⋯⋯⋯上海 高慎盈
百日维新⋯⋯⋯⋯⋯⋯⋯⋯⋯施 陋
维新志士康有为⋯⋯⋯⋯⋯⋯方志钦
密码是可以识破的⋯⋯⋯⋯⋯上海 林 章
劲竹长青⋯⋯⋯⋯⋯⋯⋯⋯湖北 江 流
名句浅析⋯⋯⋯⋯⋯⋯⋯⋯⋯谷 为
"一字师"的故事⋯⋯⋯⋯⋯⋯王智明
"舞文弄墨"拉杂谈
——给一位业余作者的复信⋯⋯路 山

学校园地

红花油的故事⋯⋯⋯琼海县加积中学 刘泽第
平凡小事见精神⋯⋯⋯⋯⋯⋯宝 泉
身体好了学习更有劲
——记三好学生标兵王韬⋯⋯⋯江锦韶
家访⋯⋯⋯⋯⋯⋯⋯⋯⋯⋯⋯梁 斌
"小先生"龙裕斌⋯⋯⋯⋯潮安一中 蔡道绥

《我的一天》征文选登

我愿当"书医生"⋯⋯⋯⋯⋯⋯方小宁
读《我愿当"书医生"》⋯⋯⋯⋯闻 之
柜台一日⋯⋯⋯⋯⋯⋯⋯⋯潮阳县 苏定平

习作与辅导

野山菊⋯⋯⋯⋯⋯⋯⋯⋯⋯⋯陈丽娟
读《野山菊》⋯⋯⋯⋯⋯⋯⋯⋯浩 之
香远益清（国画）⋯⋯⋯⋯⋯⋯梁泳沂
评工笔画《香远益清》⋯⋯⋯⋯王 立
洁白的心灵——和青年朋友谈谈简·爱的内心美
　　　　　　　　　　　　　　康 文

知识天地

电脑闯进艺术宫殿⋯⋯⋯⋯⋯⋯吴伯衡
生物趣闻⋯⋯⋯⋯⋯⋯⋯⋯⋯周振文

世界之窗

冰上的漂木⋯⋯⋯⋯⋯⋯哈罗德·埃·拉勒比
两个英国青年之死⋯⋯⋯⋯⋯⋯周振文编译
马来半岛的热带佳果与风土人情⋯⋯⋯⋯凌　初

港澳纵横谈

银行多过米铺⋯⋯⋯⋯⋯（中国香港）杨　宁
两个香港青年⋯⋯⋯⋯⋯⋯⋯⋯⋯⋯铁　民
护士夜记⋯⋯⋯⋯⋯⋯⋯（中国澳门）柳　惠
香烟广告的背面（连环画）⋯⋯⋯⋯⋯卫　卫
活哥与亚萍（漫画）⋯⋯⋯⋯⋯⋯⋯方　园

俱乐部

足球名将容志行（照片）⋯⋯⋯⋯⋯何沛行摄
新苗（雕塑）⋯⋯⋯⋯⋯蔡修齐　曾肇权作
来自彼岸的思念（雕塑）⋯⋯⋯⋯⋯曾汝平作
健儿（雕塑）⋯⋯⋯⋯⋯⋯⋯⋯林毓豪作
假如你真的爱我（歌曲）
⋯⋯⋯⋯宋学孟原诗　郑有基改词作曲
花卉摄影作品选⋯⋯⋯⋯⋯⋯⋯莫品莉等摄

1982 年第 3 期　刊名:《希望》

目录

振奋人心的机构改革⋯⋯⋯⋯⋯⋯⋯方　效

青年论坛

追求与陷阱⋯⋯⋯⋯⋯⋯⋯⋯⋯⋯黄　浩
浅谈羽姗⋯⋯⋯⋯⋯⋯⋯⋯⋯⋯⋯亦　明
是私欲，不是爱情⋯⋯⋯⋯⋯⋯⋯肖　亮

青春颂

在逆境中拼搏
——胡家三兄弟考上研究生的故事⋯⋯李学寅
开辟自己的路⋯⋯⋯⋯⋯⋯⋯⋯⋯冬　菁
武林巾帼冯映红⋯⋯⋯⋯⋯⋯⋯⋯钟演珍

本刊专稿

"希望还是在这里！"⋯⋯⋯⋯⋯（上海）郑　重

希望信箱

幸福生活靠自己创造——和农村青年谈心⋯石　兵
贯彻按劳分配能提倡不计报酬吗？
⋯⋯⋯⋯⋯⋯⋯⋯⋯郑辉问　袁羽佳答
情谊在真诚　礼轻情意重⋯⋯赖　华问　辛　枫答
这个专栏办得好⋯⋯⋯⋯⋯⋯⋯⋯高旌舞
我该怎样摆脱冷言冷语？⋯⋯⋯⋯⋯袁希军
我还能取得大家的信任吗？⋯⋯⋯增城　李　雄

不能把人看扁⋯⋯⋯⋯⋯⋯⋯⋯⋯编　者
这样的父母该不该赡养？⋯⋯吴安宁问　张　义答
我不配学雷锋吗？⋯⋯⋯⋯⋯（曲江）黄明娇
给冲下大队党支部的信⋯⋯⋯⋯⋯⋯编　者
我该不该疏远她？⋯⋯⋯⋯⋯（江西）一工人

我走过的道路

火红樱花成追忆
——在日本留学的日子⋯⋯⋯⋯⋯李云扬
甘愿做"配角"的人
——记翻译家冯亦代⋯⋯⋯（北京）韩天雨　毕　琦

随感录

读真正的书⋯⋯⋯⋯⋯⋯⋯⋯（北京）牧　惠

新秀剪影

技巧新秀刘英媚⋯⋯⋯⋯⋯⋯（连县）吴礼冠
玉雕巧手陈的明⋯⋯⋯⋯⋯⋯⋯⋯陆国松

名人轶事

他没有忘记别人的功劳

青年生活

爱情和理想的闪光
——读马克思青年时期的诗⋯⋯（上海）龚维才
一个贝雕女工的爱情⋯⋯⋯⋯⋯⋯岳　丰

灯下谈美

健与美⋯⋯⋯⋯⋯⋯⋯（上海）王　涵　戴　平

自学园地

知识的宝山⋯⋯⋯⋯⋯⋯⋯（上海）葛　民
无形的教科书⋯⋯⋯⋯⋯⋯⋯（江苏）董惠君
戊戌政变⋯⋯⋯⋯⋯⋯⋯⋯⋯⋯方志钦
黄沙百战穿金甲　不破楼兰终不还⋯⋯谷　为

学校园地

园丁母女⋯⋯⋯⋯⋯⋯（惠阳）黄超雄　洪讲厚
读书读到无字处
——全国三好学生代表余巧珍发愤学习的事迹
⋯⋯⋯⋯⋯⋯⋯⋯⋯⋯⋯⋯⋯何天静
怎样听好课？⋯⋯⋯⋯暨南大学学生　杨　青
"中国队赢了！"⋯⋯广雅中学　区健卿作　张　子点评
当同学有难的时候⋯⋯⋯⋯⋯⋯（海康）小　碧

习作与辅导

鹅卵石的启示⋯⋯⋯⋯⋯容田文作　杨羽仪点评

探索与思考

什么是精神文明⋯⋯⋯⋯⋯⋯⋯⋯⋯⋯荣　辑

知识天地

垃圾的"庐山真面目"⋯⋯⋯⋯（惠来县）许家和
神秘的音乐⋯⋯⋯⋯⋯⋯⋯⋯⋯（山东）绿　珠

世界之窗

世界金情⋯⋯⋯⋯⋯⋯⋯⋯⋯⋯⋯⋯景　迅

港澳纵横谈

赛马和"六合彩"⋯⋯⋯⋯⋯（中国香港）康　成
即食面与汉堡包⋯⋯⋯⋯⋯（中国香港）吴颂华
向读者汇报——读者意见综述

俱乐部

青蛙与鲤鱼⋯⋯⋯⋯⋯⋯⋯⋯⋯（饶平）童双清
假花变真
笑之最⋯⋯⋯⋯⋯⋯⋯⋯⋯⋯（浙江）陈志雄
谜语⋯⋯⋯⋯⋯⋯⋯⋯⋯⋯⋯⋯⋯崔　娟
有趣的银线棋

漫画

活哥与亚萍：母命难从⋯⋯⋯⋯⋯⋯⋯方　园
路遇记⋯⋯⋯⋯⋯⋯⋯⋯⋯⋯⋯⋯张世荣
最佳运动员陈肖霞⋯⋯⋯⋯⋯⋯⋯何沛行摄
郑成功指挥台（速写）⋯⋯⋯⋯⋯⋯黄安仁画
出海之前（速写）⋯⋯⋯⋯⋯⋯⋯⋯冯健辛画
女学徒（速写）⋯⋯⋯⋯⋯⋯⋯⋯⋯林小舟画
装配（速写）⋯⋯⋯⋯⋯⋯⋯⋯⋯林小舟画
快乐的球迷（歌曲）⋯⋯⋯⋯瞿　琮词　谷建芬曲
思乡（照片）⋯⋯⋯⋯⋯⋯⋯⋯⋯⋯蔡北鉴摄

1982 年第 4 期　刊名:《希望》

目录

拒腐与防变⋯⋯⋯⋯⋯⋯⋯⋯⋯⋯⋯黄　浩
缉私战线上的年轻人
手表的故事
——记年轻的缉私员朱惠英⋯⋯本刊特约记者　陈焕展
看不见的长城
——广洲海关青年反走私拒腐蚀纪实
⋯⋯⋯⋯⋯⋯⋯⋯⋯⋯⋯陈　貌　饶新一
本刊专稿：跳水冠军陈肖霞⋯⋯⋯⋯⋯苏少泉
报告文学：东方一片霞
——记杂技演员戴文霞⋯⋯俊　年　昭仁　洁明

青春颂

从焚书绝读到发愤自学
——记白建南自学成才当上内科医生
⋯⋯⋯⋯⋯⋯⋯本刊特约记者　陈中秋
乐扫尘埃九天外
——记青年环卫工人黄锐奋⋯⋯⋯⋯⋯敏　夫
古钟新韵
——记北京大钟寺文物所的青年工作人员夏明明
⋯⋯⋯⋯⋯⋯⋯⋯本刊特约记者　韩天雨
永乐大钟的铿锵之声
——读《古钟新韵》有感⋯⋯⋯⋯⋯⋯谷　夫
熔炉
——访兴隆华侨农场青年突击队⋯⋯曾庆松　莫泽安

希望信箱

学技术可以不问政治吗?⋯⋯⋯⋯秦　璧问　王石军答
朋友交游影响学习怎么办?
⋯⋯⋯⋯⋯⋯陈礼春　吴雄妹问　程　燕答
《希望》把我从绝路中挽救过来
⋯⋯⋯⋯⋯⋯⋯⋯⋯普宁县一个失足青年
请关心农村青年的文化生活⋯⋯⋯⋯⋯华　楠
表白爱情要谨慎⋯⋯⋯⋯⋯⋯⋯连　城问　编　者答
这样的"恋爱"不应再谈下去⋯⋯英　兰问　玲　荣答
来信简复：
不可随便开玩笑⋯⋯⋯⋯⋯⋯⋯⋯⋯编　者
失足青年改正错误后可以申请入团⋯⋯⋯⋯编　者
老师不要同在校学生谈恋爱⋯⋯⋯⋯⋯⋯编　者
青年人的话⋯⋯⋯⋯⋯⋯⋯⋯⋯⋯⋯周　瀚等

革命回忆录

革命诗篇血写成
——忆何小静烈士⋯⋯⋯⋯⋯⋯⋯⋯钟　紫
"渤海洪波唱大风"
——莱芜大捷战场纪游⋯⋯⋯⋯⋯⋯⋯伍　杰

青年生活

在一个学生病危的时刻⋯⋯⋯⋯⋯⋯⋯劳华胜
胜似亲孙女⋯⋯⋯⋯⋯⋯⋯⋯⋯⋯⋯李英泉
静悄悄的婚礼⋯⋯⋯⋯⋯⋯⋯⋯范光彪　何伟胜
她认了"契爷"以后⋯⋯⋯⋯⋯⋯⋯⋯姜玉玲
怎样防治粉刺?⋯⋯⋯⋯⋯⋯褟国维医生答李小兵等读者

灯下谈美

美感的矛盾二重性⋯⋯⋯⋯⋯⋯⋯王　涵　戴平

随感录

在天平的两边⋯⋯⋯⋯⋯⋯⋯⋯⋯⋯肖　菁
希望，成才的翅膀⋯⋯⋯⋯⋯⋯⋯⋯⋯欣　星

名人轶事

不贪财富的梦想者·····················肖　辑

广东人物志

黄遵宪在日本·······················罗立新

自学园地

激发创新灵感的三种方法·················王通讯
过桥者的难题及其他····················石　兵
义和团反帝爱国运动····················张　文
馒头是能够消灭得了的——评《馒头能消灭得了
吗？》兼谈形式逻辑的同一律···············朱秉衡
谈谈代数不等式的证明···················何　芸
古代书法轶闻·······················瀛　子
两情若是久长时，又岂在朝朝暮暮·············谷　为

探索与思考

我国的经济特区与资本主义的经济特区有哪些不同？
·····························周　刚
正确认识新的历史条件下的阶级斗争············周　冰

学校园地

不落的小星························肖　林
"不能让他掉队"
——梁雪征老师帮助小岑的故事···············任　然
装点校园美如画·····················林道江

《我的一天》征文选登

认错··························孙文超
《认错》评改·······················杜渐坤

港澳纵横谈

触目惊心的自杀与凶杀案·················黄勤带

漫画：活哥与亚萍····················方　园
俱乐部
广州市百货系统最佳营业员曾耀光（照片）
·····················陈予之　何沛行摄
水乡春早（版画）····················邹达清作
决策（版画）······················邹达清作
笑笑之歌（立体影片《欢欢笑笑插曲》）
·····················秦志钰词　王西麟曲
翠堤晓色（照片）····················伍树荣摄

1982 年第 5 期　刊名：《希望》

目录

和青年朋友谈谈经济形势·················石　兵
他们不负人民的希望
——子弟兵在清远灾区抢险的报告·············吴世斌

本刊专稿

在与美国朋友相处的三周里
——《自行车横越中国》拍摄散记·············于小鹏

报告文学

足尖，在旋转……
——访我国第一个芭蕾舞演员白淑湘
·························沙　青　海　韵

青春颂

出山的泉水
——记自学成才的青年助理工程师何山·········卢锡铭
苦寒孤诣自成芳
——记青年画家吴云峰··················张　绰

希望信箱

工人当主人就是工人说了算吗？
·····················刘　斌问　龚志仁答
怎样和父母和睦相处？·············黄崇金等
在恋人突然病重的时候·········李乃根问　何　芸答
我们也不愿再流浪·············陈国权　许玉韶
家长不应逼子女早婚·······罗木灵　钟　辉　符　达

噩梦觉醒之后
——陪同一个法国女大学生采访札记············黄民驹

新秀剪影

"就从这里出发"
——访自学成才的女青工高燕敏·······黄　强　高慎盈
美好的心声
——记聋哑青年黄腾光·······陈　勉　杨景文　林稚鹰

青年生活

给老人最后的温暖··········新　一　静苏　陈　貌
她为什么会受骗·····················姜玉玲
怎样防治青少年白发···················禤国维

青年修养

人应当知道害羞·····················余心言

随感录
从一则消息引起的联想 ················· 关小文

革命回忆录
延安，我们心中的灯塔 ················· 李云扬

广东人物志
康有为的大弟子梁启超 ················· 方志钦

科学家的故事
纺织业的彗星
——哈格里沃斯与"珍妮纺纱机" ········· 王鸣凤

青年人的话 ·············· 叶伟建　邓玉贵等

自学园地
中国同盟会 ························· 张　文
漫话选贤任能 ······················ 毛怀坤
学而时习之 ························· 董惠君
鸟粪是怎样影响到战争的？ ············· 林　章

学校园地
人生的道路多宽广
——几位高考落选者的自述 ········· 敏　夫整理
注重基础　讲究方法
················ 梅县东山中学高二（1）班　何庆东
人们没有忘记他 ····················· 小　建
"吝啬鬼" ······· 广州执信中学初三（5）班　熊　文
读《"吝啬鬼"》 ···················· 浩　之

小说
仓库旁的小屋 ······················ 孙剑影

诗歌
我爱一颗美丽的星星
················ 中国人民大学中文系七八级　李志强

习作与辅导
南国边陲的吊钟花 ·········· 陈　貌　鸿　光
抒情、叙事、寓意
——读《南国边陲的吊钟花》 ········· 张永枚
跋涉者
——访青年作家王文锦 ··············· 文　兄

知识天地
在宇宙中扬帆航行 ··················· 白　杏
科技珍闻 ························· 周　颖

港澳纵横谈
日趋式微的香港粤剧 ········· （中国香港）绿　池

俱乐部 ··························· 周慧等
漫画：活哥与亚萍 ··················· 方　园
全国新长征突击手简细镜（照片） ······· 蔡北鉴摄
书山有路（照片） ··················· 陈锐民摄
学步（照片） ······················ 李伟平摄
新市（照片） ······················ 孟卫国摄
别夸我（照片） ····················· 蔡焕松摄
我爱祖国（歌曲） ················· 吕　远词曲
清风起籜龙（国画） ················· 吴云峰作
剑兰（国画） ······················ 吴云峰作

1982 年第 6 期　刊名:《希望》
目录

谈谈建设社会主义精神文明 ············· 宋正春

青年修养
克制盲目冲动的力量从何而来？ ········· 秦　牧
人能游离于信仰之外吗？ ············· 巴　陵
青年人应该有高尚的业余爱好
——访吴运铎同志 ········· 赵长安　张　敏
我所读的第一本有意义的书 ············· 马冰山

随感录
春草赞 ························· 隋喜文
奋斗当及时 ························· 杨继文

战士生活
编外军医 ························· 朱子斌
希望的风帆要靠自己去驾驭
——答部队青年读者来信 ············· 谭天何
执着的追求者（报告文学） ······· 日　林　文　兄
革命回忆录：怀念朱文畅 ············· 陈　炎
青年人的话 ······················ 钟海岸等

希望信箱
在农村的广阔天地里大显身手
——和家村青年谈自学成才 ··········· 许　声
怎样和父母和睦相处？
情理兼顾 ·············· （广州）方小宁
我跟父亲和好了 ············ （屯白县）崔广泉
要为父母分忧 ·········· 广州市二中　张秀虹
向长辈提意见要讲礼貌 ···· 广州南方橡胶厂　禾　立
互相尊重，消除隔阂 ······· 广东省实验学校　黄丽洁
受了委屈以后 ······· 广州二中初三 6 班　邓捷堃
来信简复
异族男女可以通婚注意尊重民族风俗
·················· 梁兆鹏问　编　者答

体谅父母艰辛　取得父母支持……………………………编　者

青春颂
他和他的事业
——记羽坛新星姚喜明………………………………唐汉滔
织出彩虹万里长…………………………………………张伟平

学校园地
掌握学习的主动权………………………………………陈　晓
看课外书影响课程学习怎么办？……段庆发　琼　兰
当老师写错字的时候……………………………………叶伟东
"他，有慈父般的心肠"…………………………………肖云云
他们再也不必为理发犯愁了……………………………陆小丰
春雨……广州师院附中高一　邹　滔作　袁浩之点评

青年生活
冷漠姑娘遇着热心人………本刊特约通讯员　林华轩
春风温暖浪子心
——访侯小龙…………………………………………敏　夫
一个养母的遭遇…………………………………………姜玉玲
不够年龄就结婚能得到法律的承认和保护吗？
……………………………………（广东）李红梅问　东　徐答

名人轶事
爱因斯坦访日花絮……［日］岗本一平作　陈乃良摘译
在不断求索的道路上
——访老画家陈望………………………………………陈焕展

自学园地
碧血黄花…………………………………………………方志钦
莫建"空中楼阁"………………………………………董惠君

阅读与欣赏
谈晏几道的《临江仙》…………………………………钱今凡
改造心灵的人们…………………………………………林继宗

作家谈创作
在生活中酿蜜
——浅谈小说创作的人物、细节………………………杨干华
回春草（小说）…………………………………………金　蕙

《我的一天》征文选登
在回乡路上…………………………广州轻工学校　彭锦化

世界之窗
飞碟趣闻…………………………………………………雷夏鸣

知识天地
创造美好容颜的医术……………………………………吴伯衡

神奇的"飞桶"…………………………………………周　颖
袖珍摩托车………………………………………………廖海燕
在地球上享受"宇宙"乐趣……………………………辰　文
比本土大二十倍的飞机场………………………………振　文
兔子跟老鼠"结婚"以后………………………………周　颖

俱乐部
趣味数学题（两则）……………………………………李　芳
食笋煮箦（寓言）………………………………………琼　辑
谜语………………………………………………………唐传胜等

漫画
还是这个石墩好…………………………………………毛国保
护树育人…………………………………………………张世荣

广州市劳动模范、全国青年新长征突击手刘巧玲
………………………………………………………………蔡北鉴摄
珍惜时光（照片）………………………………………梁励明摄
洪流（照片）……………………………………………黄振黄摄
初雪（照片）……………………………………………孙泽宁摄
年轻的朋友唱一支歌…瞿　琮词　沙　石治　中曲
冬日的郊野（照片）……………………………………蔡少华摄
江山如画（照片）………………………………………何佩章摄

1983 年 1 期　刊名:《希望》
目录

愿青年同志都珍惜人生的价值——和青年朋友谈谈树
立共产主义理想……………………………………………孔庆榕

青春颂
敬礼！　年轻的海猎者………本刊特约记者　陈　貌
古刹钟声颂青春……………………熊　诚　张雄辉
脱颖而出的利剑
——记青年刑警崔然……………………………………吴赤锋

《追求》征文选登
尼龙伞下………………………………陈建青　赵士明
妈妈，我长大了……………河南省陕县县委　戴继红
不，不能这样……………………………………………江　南
灵感与汗水
——记作曲家施光南……………………………………王维俭
"性解放"是对婚姻自由的歪曲
——记中国社会科学院法学所副所长盛愉同志的谈话
………………………………………………………………果文川

青年修养
谈谈武松的义气…………………………………………牧　惠

希望论坛
自由、环境和志愿 ……………………… 蔡 云

作家谈创作
到生活中寻求文学
——作家徐迟寄语文学青年朋友 ……… 章成钧

希望信箱
莫做当今"祝员外"
——寄语父母们不要粗暴干涉儿女的婚事 …… 方南信
婚前选择要慎重 ……………………… 秦 生
我这样做是水性杨花吗? ……河南省西华县 毛 玲问
我不愿喝这杯苦酒 …………安徽省肥东县 夏英泽问
我这样做是否不讲道德? ……………（曲江县）武 联问
我是"陈世美"吗? ………………（琼海县）许洪峰
政治学习要生动活泼一些 …………（潮州市）苏培淳
诤言相规也要讲究方法 ……海南岛崖县 王俊杰
来信简复 ……………………………… 编 者

战士生活
秋林之夜 ……………………………… 罗邦武
横琴岛上 ……………………………… 龚知敏

革命回忆录
彭湃同志在日本 ……………………… 陆精治

随感录
留须与剃须 …………………………… 闲 人
顺水当作逆水划 ……………………… 欣 星

青年生活
不计报酬的青年突击队 ……本刊特约通讯员 程小琪
姑娘的悔恨 …………………… 梁启顺 林华轩
她爱种田郎 …………………… 庞道基 肖才田
生活中的两种休息方式 ………… 笑 小问 编 者答

道德法庭
一位年轻妇女的申诉 ………………… 陈小婷

学校园地
一个刻意追求事业的人 ……………… 山 村
生活在友爱的集体之中 ……………… 冯丛荣
可爱的母校……佛山市第三中学高一（1）班 马佩仪
一个留级生的转变 …………… 张志能 赵南成

世界之窗
艾伦的生活勇气 ……………… [美]琼·理德尔
西德青年中的新纳粹分子 …………… 雷夏鸣
青年人的话 …………………… 王爱群 冯 炜等

自学园地
学一点古汉语基础知识 ……………… 编 者
从"习"字说起——学习古汉语的目的和方法 … 李新魁
武昌起义 ……………………………… 方志钦
从希特勒的牙齿谈起 ………………… 林 章

知识天地
疾如汽车的第三代自行车 …………… 叔 汉
让火箭坐降落伞 ……………………… 振 文
收集杀虫剂的野蜂 …………………… 吉 辰
俱乐部 ………………………………… 东 方等
漫画 …………………………………… 姜启才等
剑兰（照片）…………………………… 丹 青摄
新篁晓雾（国画）……………………… 王 立作
养鸡姑娘（国画）……………………… 陈衍宁作
普陀清夏（国画）……………………… 黄定成作
林毓豪的雕塑 ………………………… 林毓豪作
西班牙舞（照片）……………………… 时东音摄
芭蕾舞（照片）………………………… 陈一年摄
水乡交响曲（木刻）…………………… 刘灿辉作
扉页刊名 ……………………………… 梁锦英书
刊徽 …………………………………… 谢 景设计

1983 年第 2 期 刊名:《希望》

目录

谈谈宪法和自由 ……………………… 罗瑞荣

本刊专访
历尽沧桑 老而弥坚
——访中央纪律检查委员会委员刘英 …… 侯秀芬

青春颂
命运的密码 …………………………… 张 飞
廖人群办学的启示 …………………… 关振东

致富之路
心与胆
——一对农村青年夫妇办奶牛场发家的故事 … 陆国松
农村不再姓"穷"了 ………………… 冬 菁

体坛群星
扑翅翱翔
——记全国艺术体操全能冠军王秀荣 …… 萍 萍
陈家力士 ……………………………… 唐汉滔

随感录
金钱·荣誉·品格 …………………… 奚椿年

为理想插上金色的翅膀……………………………于　冰

人生启示录
"音乐怪人"传奇…………………………………傅溪鹏

摄影棚外
为了甜蜜的事业
——访长春电影制片厂导演李前宽、肖桂云夫妇
……………………………………………………徐茂昌
银幕外的"小胡杏"………………………冯丛荣　朱日林

希望信箱
是金子，放到哪里都发光！——和职业不称心的青
年朋友谈谈心……………………………………石　兵
不要嫌弃犯过错误的朋友
…………………………陈臣君　许守安问　严文友答
恋爱要讲文明
……………………小　李　曾真芳　小　岸问　编　者答
只宜劝导　不宜管束………………菊　香问　辛文同答
不要为摆脱暂时困难而草率嫁人………………凯　波答
要体贴老祖母的苦衷…………………程涛问　凯　波答
要取缔诈骗钱财的迷信活动
……………………海南岛琼海县烟塘公社　符积元

青年修养
漫谈高尚与清高…………………………………朱秉衡

红星闪闪
春到哨所…………………………………………姜柳初

青年生活
向着光明飞翔的小燕
——记一个失足青年的新生……………陆华生　姜玉玲
"精神恋爱"是一种危险的追求…………………张志国
青年人的话………………………………………陈孝实等

革命回忆录
彭湃同志在日本（中）…………………………陆精治

《追求》征文选登
枣花（小说）…………山东省邹县印刷厂工人　采　石
《枣花》读后……………………………………小　敏
妈妈，您听我说……………………………………周晓豆
小雨珠…………………………卫世平　点评：杨光治
沙粒的歌…………………（北京）徐德明　点评：西　彤
攀………………………………………………朱光天

南粤新貌
神游"白天鹅"……………………………………晓　勉

自学园地
民国临时政府的成立……………………………施　陋
"禽灭六王"之类
——谈古汉语中的几种通用字…………………李新魁
让知识的航船载着你前进………………………柳　萌

文史点滴
从小流氓到大诗人………………………………牧　惠
漫话"井水不犯河水"……………………………隋喜文

知识天地
绵羊猪是怎样培育出来的？
——遗传工程简介………………………………婕　翎
科技小发明掇趣…………………………………周振文编译

漫画……………………………………………雷祖舜等
俱乐部…………………………………………吴剑豪等
全国艺术体操个人全能冠军王秀荣………………唐禹民摄
渔光曲（套色木刻）………………………………曹武亦作
新园丁（国画）…………………………………孙小波作
珠海掠影（照片、速写）…………………………黄定成等
拾贝（照片）……………………………………林孙杏摄
辉（照片）………………………………………关荣光摄
故乡清溪水（木刻）………………………………黄庭相作
扉页刊名…………………………………………李家培书

1983 年第 3 期　刊名:《希望》
目录

金樱花没有凋谢——给安珂的母亲的一封信……岑　桑

希望论坛
理想要升华………………………………………朱仲南

青春颂
山道弯弯足迹深
——重访扎根山区的广州姑娘张咏勤
………………………………本刊特约通讯员　朱祖周

人民保卫者
捕捉黑影……………………………张良柏　李棠辉

残疾者之歌
强者的坐标………………………………………张雄辉
冷面孔与热心肠…………………………………冬　菁
唯愿神州遍彩虹…………………………………茅以升
曹靖华与紫荆花…………………从化温泉宾馆　陈乐中
亮了，她心中的"航灯"…………………………朱日林

一个死囚的自白

希望信箱

业余爱好受到非议怎么办？
——答十三位青年朋友的来信·············凌　钊
接近领导就是"拍马屁"吗？
　　　　　湖北省江陵县　陈锦荣问　辛文问答
不宜用红笔写信·······（徐闻县）郑智慧问　方　云答
图书馆、文化宫要向待业青年开放
·······························（浙江省）陈庆成
来信简复：
心正不怕邪·············梁　冰问　凯　波答
耐心解释　细心照顾·········肖　明问　编　者答
知错即改莫泄气···········梁国全问　编　者答
希望农村也办婚姻介绍所
············（河北省）牛连成　山东省　李学竹

道德法庭

晚辈不孝　老人落难·················姜玉玲
在深渊边·······················陈焕展

青年生活

激流之恋·······················吴振尧
怎样防治青年脱发··················褟国维

红星闪闪

谈战士自学中的矛盾问题·······广州部队　李意珍

随感录

闲话"趣闻轶事"··················余　新
"询问"社会发展规律的"预言"
——漫谈共产主义理想的科学性··········曹宪文
青年人的话·····················陈忠明等

《追求》征文选登

选择··············广州铁路局团委　尹述贵
点评·······················王文锦
杂感二首（诗）···················赵哲权
点评·······················郭玉山
脚印，星星点点……
——闽南旅游散记·······广州市工交干校　方小宁
气质、性格与成才··················王通讯

革命回忆录

彭湃同志在日本···················陆精治

科学家的故事

从杂工到电学大师
——法拉第年轻时的故事···············王鸣凤

自学园地

"二次革命"与"三次革命"··············王　杰
"上官桀"是男还是女？
——谈古今词义的异同····中大中文系副教授　李新魁
"难题"散议——关于《过桥者的难题及其他》一文
答读者·······················黄绍汪
意足更求颜色妙——谈居廉的画············何　为

知识天地

七大洲"坐"着六艘"板块船"
——漫谈大陆板块漂移················白　杏
科技简讯三则····················震　明等
漫画之页······················陆秒坤等
俱乐部·······················孟法洪等
玉立风华（照片）··················林孙杏摄
大连市广州市青年美术书法联展作品选
····························晁德仁等作
精心焊接（照片）·········黄秉忠摄　西　彤诗
新手飞跃（照片）
··········巨　勤　锦　基　文　彬摄　西　彤诗
喜雨（照片）··············陈德雄摄　西　彤诗
瓜花（国画）···············（清）居　廉作
夜合花（国画）··············（清）居　廉作
扉页插图：孙玉方作

1983 年第 4 期　刊名:《希望》

目录

专论

致富的阶梯·····················张小军

本刊专稿

李政道教授回答研究生的问题·············夏　阳

在平凡岗位上

给"花红脑子"理发的姑娘·········（北京）肖　恒
卖书人写书的故事·············（北京）刘建伟
微笑服务与"巡城马"
——记东方宾馆的年轻人·······本刊特约记者　王文锦

编余漫笔

凡人小事的启示···················冬　菁

艺海体坛

心灵之歌
——记青年歌唱家关贵敏········本刊特约记者　韩天雨
一条短短而漫长的道路
——记跳远新秀廖文芬··········方达儿　李伟成

老树春深更著花
——访著名女作家谢冰心……………（北京）李　玮

希望信箱
爱争论会不会影响同志关系?
…………（上海青浦县）吴江和　问　方南信　答
我生活在这样的家庭怎么办?
………………乐昌坪石镇一个不幸的人等问
人间自有真情在………………………熊　菲
她为什么变得如此冷漠呢?
…………（电白县）莫许平　问　秦　燊答
我这种打扮是不正经吗?
——翁源县红岭钨矿　梁宝才问　许　声答
我该怎样给她回信?
………………浙江省鄞县　童　天问　凯　波答

来信简复:
交友何必要抽烟………………………编　者
传闻不可轻信…………………………编　者
要克制自己的感情……………………编　者
未办理登记手续结了婚怎么办?　——乳源县柳坑公
社江背大队………………………许其东问　编　者答

命运的主人公
——记残疾者舒伯展发愤自学国画的故事……张志国

青年修养
你有宽阔的胸怀吗?……………陈铭添　钟子硕
他有一双敏锐的眼睛
——记芍药轮青年乘警刘焕洪
…………………………本刊特约通讯员叶植辉

青年生活
破灭了的遐想……………………………刘　昆

生活顾问
当你的小宝宝一岁的时候………………惠　真
怎样选购茶叶……………………………素　娴
怎样防止头发脱落………………………碧　霞
怎样煲白粥?……………………………颐　公
睡弹簧床好还是木板床好?……………朱医生
雀斑蝴蝶斑的防治方法…本刊特约医学顾问　禤国维
青年人的话………………………………林振昌等

闪闪红星
"南风窗"口的哨兵………………………骆国京
发明火车头的放牛娃……………………王鸣凤
星………………………………………李春晓

随感录
从徐悲鸿的座右铭说起…………………蔡　云
斯特朗在广东……………………………禤倩红

《追求》征文选登
小路……………………云浮县总工会　黄梅芳
《小路》浅析………………………………文　兄
春芽………………四川省蔬菜饮食服务公司　王川生
车票…………………………安徽省合肥市　胡明
我的小妹是临时工----（河北）赵万里　点评:西　彤

自学园地
谈谈刀子的辩证法………………………吴　枫
护法运动…………………………………王　杰
注意"疾"与"病"的差别
——谈谈古代汉语的同义词………………李新魁

文史点滴
龚自珍的悲剧……………………………且　闲
闲话龚自珍………………………………张其光

知识天地
训练猩猩"说话"的启示…………………白　杏
"死海奇光"带来新发现…………………周　颖
对"球形闪电"的争论……………………吉　辰
世界第一台"光缆"电视机………………振　文

世界之窗
新德里一瞥………………………………苏少泉
土耳其青年在西德………………………周振文编译
漫画之页…………………………………毛国保等
俱乐部……………………………………杨　力等
弦和心声（照片）…………………………关荣光摄
上阵（照片）………………………………马春玉摄
海的轨迹（照片）…………………………陈德雄摄
一尘不染（照片）…………………………李惠芳摄
红荔图（国画）……………………………何天祥作
美的心灵（油画）…………………………林辉作
黄山松云（国画）…………………………任志雄作
祖咏诗一首（书法）………………………张素怡作
王昌龄:《从军行》（书法）………………栗怀纲书
班后赛球去（照片）………………………伍　进摄
更上一层楼（版画）………………………李基富作
扉页刊名…………………………………麦华三书

1983 年第 5 期　刊名:《希望》

目录

向张海迪同志学习

从人生的逆境中走出来

——学习张海迪精神一得························杨　越

进取者，海迪是你的榜样························王燕生

论坛

这是"发钱寒"吗?·····························艾　惠

不必为此烦恼···············广州南方橡胶厂　贡晓光

青春颂

端砚神雕——记青年工艺美术师黎铿···········冯世郁

为祖国和人民而勇敢探索

——记政治学青年学者徐泽荣··················吴　滨

青年人的话·····················黄永春　李　林等

科学家心中有祖国····························叶永烈

她并不知道自己有唱歌的才华

——访歌坛新秀沈小岑························姜玉玲

青年生活

"天鹅"之死································朱国良

抹去心灵的灰尘···············本刊通讯员　饶新一

恋爱对象失身以后怎么办?····················容　丹

红星闪闪

谈谈战士的爱情生活——答部队读者来信·······巴　陵

坑道里的"大学"···················孙仁贵　罗邦武

青年修养

当荣誉的浪潮涌来······························欣　星

争论·友谊·力量·····························王鸣凤

希望信箱

展翅高飞莫徘徊——复汪正、陈金林、朱建辉、

王新英等读者································艾　鸣

姑娘，当心披着羊皮的狼·········张英　李君

我为什么老爱发脾气?

················陈惠娴　林晓琳问　肖　文答

我这样是脱离群众吗?·········李　珊问　陈　瑜答

应该怎样称呼老师的爱人·······王建武问　李　臻答

来信简复:

哪种情况属于近亲通婚?····················编　者

集中精力，搞好学习························编　者

革命回忆录

永久的感念·······························陈　勋

随感录

华罗庚谈"弄斧必到班门"·······江苏金坛　王福洪

薄妆浅黛亦风流····························卢世曙

《追求》征文选登

淡淡的晨雾·······················湖南平江县　熊　明

致远方·················东北师范大学学生　地之子

开拓···································韩嗣仪

南粤新貌

漫步石岐孙中山纪念堂························林润洪

道德法庭

险遭摧折的爱情之花··························晓　粤

西德城市见闻·····························邓炬云

读者·作者·编者

希望! 又萌发在心中························苏　枫

《希望》鼓起了我的生活勇气··················凌水生

自学园地

之乎者也的妙用——谈古汉语的常用虚词·······李新魁

从古人"抄书"谈起··························奚椿年

新民主义革命的曙光··························余炎光

驾驭闲暇时间的学问···············金　哲　陈燮君

历史人物故事

"革命当自家庭始"

——秋瑾东渡日本留学记·····················陆茂清

知识天地

物理学王国的"独角兽"——磁单极子···········吴伯衡

牙医巧辨孪生儿····························周振文

单臂"电子保姆"····························吉　辰

新颖的"扩音电话机"························周　颖

文史点滴

古时的"物理"····························且　闲

两种态度，两种结果························且　闲

学校园地

跳台和试卷···················张志能　赵南成

刻印在水面上的足迹——记全国滑水冠军广州五中学

生甘卫文································敏　夫

世界之窗

形形色色的"奥运会" ……………… 林锦泉

斗牛的奥妙 ……………………… 张粤河

漫画之页 ………………………… 雷祖舜等

俱乐部 …………………………… 王玉信等

歌坛新秀沈小岑（照片） ………… 冯耀明

放牧（国画） …………………… 方增光

听歌（国画） …………………… 张 广

良宵（国画） …………………… 伍启中

蕉园（钢笔速写） ……………… 陈向京

节日（钢笔淡彩） ……………… 周 波

大河晨曲（钢笔画） …………… 杨 艺

晨（照片） ……………………… 方建平

夏（照片） ……………………… 陈宝亨

秋林（照片） …………………… 罗 燕

樱花（照片） …………………… 罗维贵

长城（木刻） …………………… 聂昌硕

扉页刊名 ………………………… 陈景舒

1983 年第 6 期　刊名:《希望》

目录

专论

做一个忠诚的爱国主义者 ………… 孔庆榕

青春颂

期待——记羽坛名将侯加昌 ……… 唐汉滔

碧海深处缚苍龙 ………………… 吴鸿道

"猫人"梁振换 ………………… 青 松

革命回忆录

惊险的高陂一夜 ………………… 王 强

起步的日子——论雕塑大师刘开渠 … 韩天雨

希望信箱

学习先进科学技术，建设新农村——和农村青年谈谈

学习问题 ………………………… 石 兵

丑人儿能变成美人儿吗?

………（阳江）恒 坚 （海南）关进平问 郁 飞答

如何对待朋友的非份要求

………（河源县）陈健雄问 郑 友答

互相交心 互相促进 ……………… 编 者

勤俭持家的美德不能丢 ………… 洁 琴

浓眉姑娘会杀夫吗?

………（湖南）蒋 达问 编 者答

爱情的砝码不能两边放 ………… 海 澜

我们三家能和睦相处吗?

………（江苏）顾瑞荣问 欣 风答

纸币是历史的教科书

——记纸币收藏家吴筹中 ……… 戴家涵

红星闪闪

乐将浓墨写新意

——记部队青年书法家舒关关 …… 郑继续

新风赞

"一线天"的变迁 ………………… 戎 迈

青年修养

立志·生活·事业 ……………… 伊 强

《追求》征文选登

追求 ……………………………… 张汉林

明天 ……………………………… 孙忠波

你应去追求 …………… 武钢机修厂工人 韩 梅

致一艘夜航的小船 ……………… 求 实

你告诉我 ………………………… 陈赤军

南粤新貌

别具一格的"长江乐园" ………… 林润洪

青年生活

向着灿烂的明天 ………………… 柳 莹

点燃心灵的火种——记公安干部张少芬 … 陆华生

一杯自酿的苦酒 ………………… 蓝 令

长了白癜风怎么办? ……………… 禤国维

出现口臭是怎么回事? …………… 禤国维

知识天地

奇妙的高速摄影 ………………… 白 杳

盲人也能看图画了 ……………… 周振文

最新袖珍全频电视机 …………… 袁宗仁

卫星电视转播能在家里直接收看吗? … 袁宗仁

自学园地

从"不去庆父"到"庆父不死"——谈古汉语的几种

特殊句式 ………………………… 李新魁

詹天佑——我国铁路事业的先驱者 … 张 文

要留清白在人间

——谈明代军事家、诗人于谦 …… 何养明

随感录

金钱与名誉 ……………………… 邵念辉

"欣羡之眼"与"不足之心" ……… 沈 颖

文史点滴

从"两庞"之死谈起 ……………… 李道祥

乌龟古今辨……………………………隋喜文

世界之窗

尼罗河畔的青年们……………………石　泉

非洲的俾格来矮人……………………刘　月

西德的古堡——西德散记……………邓炬云

学校园地

观天察地防震害

——记广州市第二十四中学地震测报组

……………………………………和　丰　敏　夫

可喜的满分……………………………钟演珍

你喜欢"？"吗…………广州市工交干校　方小宁

青年人的话……………………………刘志远等

漫画之页………………………………刘中玉等

俱乐部…………………………………陈小雄等

芭蕾舞（照片）………………………李树添摄

绣（照片）……………………………陈锐民摄

锦绣山河绘不尽（照片）……………梁励明摄

南国春色（国画）……………………袁晓岑作

水乡（国画）…………………………伍海成作

太湖帆影　（国画）…………………黄定成作

菊………………………………………何沛行摄

花荫下（剪纸）………………………赵澄襄作

扉页刊名………………………………黄兆纪书

1984 年第 1 期　刊名:《希望》

目录

摆脱了迷踪的灵魂……………………半　生

闪光的年华

从水下冲向世界………………………戴胜德

她戴上了"皇后"之冠…………………徐　英

当你步入人生

当改革把你推向浪尖…………………张　文

朋友，你在想什么?……………………朱仲南

全能丈夫何处寻?………………………朱达成

浅谈妒忌………………………………蓝　豆

我的苦恼………………………………丽　明

让我们一起去探讨人生………本刊记者　宇　飞

特区一日

在一位深圳青年家中作客…………谭方明　朱　楠

青年论坛

尊重学历势在必行……………………杨益生

重在真才实学…………………………纪仁彦

追求的轨迹

小巷深处的创业家………………李颖亚　吴金荣

啊！两滴晶莹的水珠…………………金　潮

开卷有益

"砍伐"的乐趣…………………………岑　桑

心灵的密码

你的性格是外倾还是内向?……………谭惠全

愿你生活得更美

奇迹在镜头里出现………………廖　琪　孙　冕

时装/八四

——广州市一九八四年春季流行时装

………………………………………李　桥　翟琼仪

特别邮箱

父母偏心怎么办?………………………杨　红

她到底爱不爱我?………………………武　鸣

交朋友…………………………………袁能玉

斩断魔爪………………………………李　坚

青年人的话……………………………张锦成等

人生启示录

阿谀吾者，吾贼也……………………李昭淳

路………………………………………老　烈

文学园地

背孩子上班的大叔（小说）…………罗国建

于熟悉中求出新（点评）……………晓　勉

猫为老鼠抬轿子（散文）……………雨　怡

环球奇趣

科莫岛上的怪兽——巨蜥……………朱小苗

婚事拾趣………………………………张　高

树叶定姻缘

求婚凭本领

"你来找她吗?"

猜婚

婚礼办两回

巴布亚人的奇风异俗…………………钟　采

广州街头个体户（一）………………容志仁

"我要当艺术家"

经理今年十八岁

镜画新秀

田螺姑娘

来信征答………………………………李　洁等

赤橙黄绿青蓝紫

旋律王国里的"痴人"·······················张文峰

我和杨沫交朋友···························乐 音

海外青年

脚挂在肩上的登山者·······················雷夏鸣

大学生建筑队···························宛敬伟

岭南史话

广东名将"何十万"·······················朱 帆

编辑札记·····························编 者

评选最佳读者有奖活动···················本刊编辑部

青春·····························倩 华供稿

等待（摄影小说）·······黄可立 李树添摄 宇 飞文

过去·现在·未来·······················阳 云作

书法标题·····························陈景舒

美术字标题·······················林新德 黎志滔

尾花·····························胡 江等

1984 年第 4 期　刊名:《希望》

目录

新柳吐绿薰小楼——访我国著名老作家肖军····李昭淳

闪光的年华

爱情在美的旋律中升华——我国著名芭蕾舞演员石钟

琴的爱情故事·························周解蓉

"土匪"传奇·······················李 坚 赖海滨

特区一日

南风窗口春意浓·························刘学强

边防线上的"指天椒"·····················邱 云

青年论坛

返老还童的"老人国"·····················张奥列

希望之光使生活五彩缤纷···················沈富强

当你步入人生

爱情里的几颗珍珠——广州铁路中心医院爱情专题教

育拾零·····························温俊伟

吹牛大王历险记·························伍海谷

富兰克林的修养准则和方法···················龚子钢

追求的轨迹

搏击者的旋律

——记青年男高音歌唱家程志···············李 玮

强者，你凭四条腿攀登·····················徐建中

心灵的密码

恋爱过程的害羞和自卑心理···················思 远

开卷有益

渴者畅饮知识泉·························欣 星

读书要——啃!·························陈家义

啊,好书

前进吧! 新中国的"老青年"

——淡鲁光的《中国姑娘》有感···············黎 华

特别邮箱

妈妈要改嫁,我该怎么办?···················德爷爷答

"超男性"的愤怒和苦恼·····················兰兰答

"农奴读者"应振作·······················明 理答

社会一角

我咽下苦酒,但不屈膝·····················亚 莎

希望的原野

花市里一位坐轮椅的姑娘···················邓桂成

世界青年之窗

仙人掌·····························杨石泉

广州街头个体户

爱神光临时装店·························容志仁

为自己造一个铁饭碗

——青年自办养老储金的办法···········刘小铁 完守成

来信征答

我们的生活充实了·····················（广东）蔡忠英

她的话激励着我们·······················云南武警战士

领了牌照失去了爱情值得吗?·················刘汉明

愿你生活得更美

迷人的圆舞曲·························刘克清

中国画题款与印章·······················卢世曙

赤橙黄绿青蓝紫

武星海外奇遇记·························华 夏

史海采贝

唯要传家好儿子

——苏东坡的家教·····················朱玉书

青年保健室

三五分钟的保健法·······················罗国正

编辑札记·····························编 者

环球奇趣

博物馆种种……唐若水编译
缅甸小偷节……张 高
评选最佳读者有奖活动
封面……邹伟康

1984 年第 5 期　刊名:《希望》
目录

闪光的年华

被抛入湖中的世界冠军——记航模运动员、世界纪录
创造者苏健翔……郑贱德

当你步入人生

当你被卷入人事关系的漩涡……林君雄
失踪的少女……王国栋 吕金文
惊涛恶梦——几个受骗青年在台湾的遭遇……蔡东士

追求的轨迹

他怎样叩响财神之门……叶文海
她领取结婚证以后……温俊伟

开卷有益

怎样从书里走出来……张晨欣

青年论坛

"收割旁人替我播种的庄稼"……奚椿年
尽快设立"尊师节"……苏 蘅

特区一日

让生活充满现代的美
——记特区年轻的家具设计师……陈焕展
特区节奏二十四小时……梁兆松
香港——冬雨街景……杨羽仪

心灵的密码

"一见钟情"的爱情心理分析……思 远
阿B正传（系列趣味心理学故事）……朱仲南

愿你生活得更美

时装/八四
——广州一九八四年秋季流行时装
……林国泽 李洁贞 霍琼仪
家具与颜色……徐伟庆

希望——十年后的我

把希望输入电脑……筱 雨

特别邮箱

我这样软弱怎么办?……兰兰姐姐答
怎样使热恋中的男友克制冲动?……兰兰姐姐答
我的知己实在难觅……兰兰姐姐答
我们农村青年该不该去旅游……德爷爷答

希望的原野

秋思……克 军
笃，笃，笃……（短篇小说）……李渐炜

学海漫游

从道士吃不吃菜谈起……黄泽霖
文章标题趣谈……左家明

广州街头个体户

特殊的凝聚力
——记广州青年个体劳动者联谊会……李文辉
我所见到的广州青年……（北京）牛继升
潜在的人才宝库……晓 林 吴 荃

来信征答

女青年怎样才能避免受骗失身?……杜 胜
征求无线电自学朋友……邰春桦
权的力量大还是钱的力量大?……乐仁良
交通不便利的山区怎样致富?……刘炳然

赤橙黄绿青蓝紫

星星明夜更灿烂……张文峰

知识窗

宇宙永无边缘吗?……瞭 亮
未来车用玻璃……荔 飒

史海采贝

铁甲车队……卢 权

海外青年

恋爱圣地……南 风

环球奇趣

第二粒子弹之谜……吕 冰
一次美与丑的联合展出……石 兵

梦·诗·歌

——漫谈钟安之的丙烯画《闪烁的光》……梁为真
丙烯画——新的领域……胡国良
高调摄影……伍时雄
他应该受到谴责……付德明等
希望之环……于小鹏

1984 年第 6 期　刊名：《希望》
目录

闪光的年华
刀斧之魂⋯⋯⋯⋯⋯⋯⋯⋯⋯⋯⋯陈兆川
用生命书写的感叹号⋯⋯⋯⋯⋯⋯吴丽嫦

当你步入人生
为人忠直就不需要讲究待人接物的方式吗?⋯⋯蓝　田
当你拒绝别人的爱⋯⋯⋯⋯⋯⋯⋯古时月
你处理日常生活问题的能力如何?⋯⋯田虹编写

特区内外
我是中国人⋯⋯⋯⋯⋯⋯⋯⋯⋯⋯李　玮
特区培养了她⋯⋯⋯⋯⋯⋯⋯⋯⋯段亚兵

学海漫游
自学与求师⋯⋯⋯⋯⋯⋯⋯⋯⋯⋯欣　星

追求的轨迹
敢与狮子"谈恋爱"的人⋯⋯⋯⋯⋯徐　英
在脉搏中求索的"痴人"⋯⋯⋯⋯⋯士　人

青年论坛
爱情需要不断地更新⋯⋯⋯⋯⋯⋯未　平
在废墟上筑起成功的金字塔⋯⋯⋯林　超

社会一角
在春天里凋谢的花⋯⋯⋯⋯⋯培　楠　晓　鸣
广州不是冒险家的乐园⋯⋯⋯⋯⋯陈辉祥

特别邮箱
写情信有没有"秘诀"⋯⋯⋯⋯⋯明　理答
一个大学生的苦恼⋯⋯⋯⋯⋯⋯⋯兰　兰答

体坛星光
她, 寻求美的表现力
——记艺术体操明星黄贤媛⋯⋯⋯朱　玉

广州街头个体户
闯一条光彩的大道⋯⋯⋯⋯⋯⋯⋯里　明

希望——十年后的我
一个未来母亲的心愿⋯⋯⋯⋯⋯⋯新　凤

来信征答
请《希望》转达我的希望⋯⋯⋯⋯苏振林
向广东青年致敬⋯⋯⋯⋯⋯⋯⋯⋯雷　春

我在这三种主意中犹豫⋯⋯⋯⋯⋯称　浪
哪里有木耳菌种?⋯⋯⋯⋯⋯⋯⋯詹兴江

绿野
我的那个他(小说)⋯⋯⋯⋯⋯⋯黄仕佳
我们正年轻⋯⋯⋯⋯⋯⋯⋯⋯⋯⋯辛　磊
盘山道⋯⋯⋯⋯⋯⋯⋯⋯⋯⋯⋯⋯安　超

愿你生活得更美
时装/八四
——广州市一九八四年冬季新款大衣
⋯⋯⋯⋯⋯⋯⋯⋯李　桥　霍琼仪
版画欣赏三味⋯⋯⋯⋯⋯⋯⋯⋯⋯汤集祥

心灵的密码
阿 B 正传(二)⋯⋯⋯⋯⋯⋯⋯⋯朱仲南

赤橙黄绿青蓝紫
倪惠英与花⋯⋯⋯⋯⋯⋯⋯⋯⋯⋯陆国松
白石家风代代传⋯⋯⋯⋯⋯⋯⋯⋯吴晓群

世界青年之窗
罗丝小组⋯⋯⋯⋯⋯⋯⋯⋯⋯⋯⋯张开信
美国大学一瞥⋯⋯⋯⋯⋯⋯⋯⋯⋯尔　杉

环球奇趣
"大善人"和苦恼人⋯⋯⋯⋯⋯⋯唐若水
现代化"红娘"⋯⋯⋯⋯⋯⋯⋯⋯马镇光
"辣椒节"上"辣意"浓⋯⋯⋯⋯唐若水

知识窗
地球正在缩小⋯⋯⋯⋯⋯⋯⋯⋯⋯白云飞
他长跑后突然死去⋯⋯⋯⋯⋯⋯⋯周　沁
未来百科全书⋯⋯⋯⋯⋯⋯⋯⋯⋯晓　梁
评选最佳读者有奖活动
封面⋯⋯⋯⋯⋯⋯⋯⋯⋯⋯⋯⋯⋯伍　洪

1985 年第 1 期　刊名：《希望》
目录

用我们的双手举起希望⋯⋯⋯⋯⋯本刊编辑部

青春在浪尖
少年心事可擎云⋯⋯⋯尹　文　沈　珞
带手枪的改革者⋯⋯⋯⋯⋯⋯⋯⋯温俊伟
中国足球队的小故事⋯⋯⋯⋯⋯⋯温威光
绿色的裙裾⋯⋯⋯⋯⋯⋯⋯⋯⋯⋯刘学强

人生启示录

机遇，只偏爱执着的追求者
——记广州画院青年画家陈永锵⋯⋯⋯⋯⋯吉文军
"赛时迁"新传⋯⋯⋯⋯⋯⋯⋯⋯⋯⋯⋯⋯王进江

探索·突破——一九八五

让青春在新潮里冲浪⋯⋯⋯⋯⋯⋯⋯⋯⋯于幼军
谈人的现代化⋯⋯⋯⋯⋯⋯⋯⋯⋯⋯⋯⋯王炳业
金大侠"爱海"途穷⋯⋯⋯⋯⋯⋯⋯⋯⋯⋯丁 乔

绿野

爱的思索（散文诗）⋯⋯⋯⋯⋯⋯⋯⋯⋯⋯晨 声
飘香的阳台（散文）⋯⋯⋯⋯⋯⋯⋯⋯⋯⋯蔡泽民
东方酒家的洗手间（小说）⋯⋯（中国澳门）胡 根

夜生活剪影

卖煲仔饭的女歌星⋯⋯⋯⋯⋯⋯⋯⋯⋯⋯张小云
广州音乐茶座巡礼⋯⋯⋯⋯⋯⋯⋯⋯⋯⋯宁 静

广州街头个体户

幽默的介绍
——雄城玻璃工艺店、崔耀祥五金杂件店、何植记靴
屋、萃文楼（雕刻）⋯⋯⋯⋯⋯⋯⋯⋯⋯⋯黎耀西
致新中国的大青年⋯⋯⋯⋯⋯⋯⋯⋯⋯⋯杨 越
为祖国足球着迷
——霍英东先生二三事⋯⋯⋯⋯⋯⋯⋯⋯文 路

心灵的密码

阿B正传（三）⋯⋯⋯⋯⋯⋯⋯⋯⋯⋯⋯朱仲南
小伙子是否在爱你⋯⋯⋯⋯⋯⋯⋯⋯⋯⋯思 远
你是入错行还大材小用⋯⋯⋯⋯⋯⋯⋯刘顺文编

希望信箱

并非大材小用⋯⋯⋯⋯⋯⋯⋯⋯⋯⋯⋯⋯吉传仁
如何适应"知识爆炸"的新时代⋯⋯⋯⋯⋯明 理答
农村姑娘也想要钢琴⋯⋯⋯⋯⋯⋯⋯⋯⋯兰 兰答

学海征帆

从"传统的人"走向"现代人"
——介绍《走向现代化》一书⋯⋯⋯⋯⋯玉 叶

希望——十年后的我

十年后的一天⋯⋯⋯⋯⋯⋯⋯⋯⋯⋯⋯⋯冯丛荣
我要当厂长⋯⋯⋯⋯⋯⋯⋯⋯⋯⋯⋯⋯⋯赵 坚

愿你生活得更美

请别忘了你的翅膀⋯⋯⋯⋯⋯⋯⋯⋯⋯⋯艾 蕊
漫话领带⋯⋯⋯⋯⋯⋯⋯⋯⋯⋯⋯⋯⋯⋯梅 路
《美在青年中》系列有奖测验活动

开眼界

探索四维世界之谜⋯⋯⋯⋯⋯⋯⋯⋯⋯郑 翔编译
垂死的新兴学科——粒子物理⋯⋯⋯⋯周振文编译
志在使人重见光明⋯⋯⋯⋯⋯⋯⋯⋯⋯雷夏鸣编译
马克的奇迹⋯⋯⋯⋯⋯⋯⋯⋯⋯⋯⋯唐 林 文 军编译
一九八四年最佳读者评选揭晓
青年影星宋佳⋯⋯⋯⋯⋯⋯⋯⋯⋯⋯⋯⋯徐斌摄

1985 年第 2 期　刊名:《希望》
目录

青春在浪尖

周里京·高加林·"人生"⋯⋯⋯⋯⋯⋯⋯⋯锡 文
敲"天堂之门"的人⋯⋯⋯⋯⋯⋯⋯⋯⋯⋯廖晓勉
"我是中国的赵达裕"⋯⋯⋯⋯⋯⋯余伯焜 戴学锋
浪迹天涯"独行侠"
——香港李乐诗小姐的自述⋯⋯⋯叶植辉 鹤 锋
她在狂醉中惊醒
——红色娘子军故乡采风记⋯⋯⋯⋯晨 声 牧 人

探索·突破——一九八五

赞时髦⋯⋯⋯⋯⋯⋯⋯⋯⋯⋯⋯⋯⋯⋯⋯远 流
"妒忌"新议⋯⋯⋯⋯⋯⋯⋯⋯⋯⋯⋯⋯⋯曹南才
香港"武坛"论短长⋯⋯⋯⋯⋯⋯⋯⋯⋯⋯丁 乔

南风窗

这里，充满着希望⋯⋯⋯⋯⋯⋯⋯⋯⋯⋯曹和平
处在变革中的"白衣天使"⋯⋯⋯⋯⋯⋯⋯梁兆松

人生启示录

"淘金梦"断送了他的青春
⋯⋯⋯⋯⋯⋯⋯⋯朱 容 李远友 陈晓朝

心灵的密码

阿B正传（四）⋯⋯⋯⋯⋯⋯⋯⋯⋯⋯⋯朱仲南
心理小测验：你的爱情是理智的吗？⋯⋯⋯⋯安 妮

绿野(青年文学专页)

青春的碰撞（小说）⋯⋯⋯⋯⋯⋯⋯⋯⋯江德立
投搞（小说）⋯⋯⋯⋯⋯⋯⋯⋯（中国澳门）胡 根
杀人犯（翻译小说）
⋯⋯⋯[印尼]苏哈里炎多·苏第卓索 杨启光译
蓝天交响曲（诗）⋯⋯⋯⋯⋯⋯⋯⋯⋯⋯凡 丁
游了半个海洋公园（散文）⋯⋯⋯⋯⋯⋯杨羽仪

夜生活剪影

爱，和他一同投入演唱⋯⋯⋯⋯⋯⋯宁 静 丁健强

希望信箱
只盼编辑一封信································梁广道答

五分钟环游地球
在美国，一次有趣的访问···················古汉岗
"摇鼓节"趣闻····························唐若水
真正"笑死人"，你知道吗?···············理　智
美国未来的职业··························张小为
猎声唱片·································马镇光

人＋人＝?
开玩笑要看场合对象······················蓝　豆
"第一印象"可靠吗?······················云　火
别人误解你的时候························夏　明
怎样庆贺荣升者··························朱　平

本刊最佳读者游深圳谈观感
深圳——我的直觉························崔国华
在多彩的土地上··························何庆南
经济特区印象····························郭瑞卿
编辑轶事·································编　者
封面·····································邹伟康

1985 年第 3 期　刊名:《希望》
目录

青春在浪尖
神探传奇························温俊伟　凌云志
钢铁孤岛立中流——记南海油田的年青人······浩　瀚
强者，也是女性的别名···············尹　文　张小云

人生启示录
走向深渊——她爱上了魔鬼················王进江
"卡西莫多"的悲喜剧····················李志强
人生的曲线······························何松江
模特儿梦幻曲····························顾金生

当你步入人生
为"大男大女"一呼······················榴　火
怎样和性格不同的朋友相处················朱仲南
如何约会·································蓝　豆
给好争辩的年青人························张　峰

探索·突破——一九八五
"喜新厌旧"我之见······················王　江
"认钱不认人"与"认人不认钱"············房西苑
当代"伯乐"质疑························胡　嵘

绿野
面包（散文）····························叶小芬
草木絮语（散文诗）······················陈永锵

广州街头个体户
八十年代"百岁鸡"······················朱荣燊

心灵的密码
青年的自我分析和抱负水平················启　扬
阿 B 正传（五）·························朱仲南

希望信箱
德爷爷的一点心意························德爷爷
姑娘出外工作算不正经吗?················兰　兰答

希望——十年后的我
我的目标——二十世纪的契诃夫············李月生
让希望之树常青··························姚顺添

愿你生活得更美
当你要做家庭宴会主人的时候··············张小为
表现女性的魅力··························赵南城
漫话牛仔裤······························戴学锋

五分钟环游地球
旅欧趣谈·································杨　宇
"半边家庭"结苦果······················唐若水编译
神奇的密码战····························吕　冰编译
封面·····································于健鹰

1985 年第 4 期　刊名:《希望》
目录

青春在浪尖
在心灵中掠浪的海燕······················温俊伟
"猎鹰"有一双识妖隼目····················石桂玖

人生启示录
凌云硬汉··················超　祥　其　宏　文　兄
假如他没有到香港························肖　强
"风流"总被雨打风吹去···········慧　泉　汪　晨
在洛杉矶夜雾笼罩下······················司徒楚雄
隐蔽线上·································李筱峰

探索·突破——一九八五
西方"垮掉的一代"的崛起················陈晓峰
创造——现代生活方式的特征··············梁桂全

人十人＝?
勿向不幸者奢谈自己的幸运 ······················云 火
批评的艺术 ······················蓝 豆

自从我闯进这世界
我的解放 ······················寒 沁

心灵的密码
热恋时如何自律 ··············（中国香港）黄思敏
阿 B 正传（六） ······················朱仲南

香港——灵魂的报告
"快餐仔"的自白 ··············（中国香港）记者·凤
蝴蝶小组 ······················（中国香港）小 稚
成长的代价 ······················（中国香港）竹 林

希望信箱
合法的事就合情理吗? ··············明 理 兰 兰
单身宿舍讲究多 ······················明 理
"老相"姑娘也可美容 ······················兰 兰

绿野
生命之树常绿（散文） ······················黄远流
台湾电影故事一束 ······················彭颂涛

学海征帆
用"社会行为推算学"预测未来 ······················戴 斐
运用"模糊逻辑"来推理 ······················曹和平

广州街头个体户
乘着艺术的翅膀 ······················赵南成

愿你生活得更美
一个电视工作者的一天 ······················李志强
运动服装的魅力 ······················汉 滔
断面的遐想 ······················陈一年

五分钟环游地球
美国新一代女强人 ······················许 谷
开破车的富翁 ······················梅 芳
七岁女孩登上校长宝座 ··············（中国香港）小 清

1985 年第 5 期　刊名:《希望》
目录

青春在浪尖
"独行剑侠"的传奇故事 ··············朱仲南 王小平
美的时装交响乐 ······················陈焕展

发财就手的奥秘 ······················叶文海

南风窗
明星——引力——星座在特区 ······················李小甘
深圳的 Coffee House ······················梁兆松
找对象的新场合 ······················蔡玉明

探索·突破——一九八五
金钱变幻我眼中 ······················吴建忠
要重视自由时间的价值 ······················圭 人

人生启示录
"努力，就能崭露头角" ······················马桂琪
欲的爆炸 ······················朱 容 韩南征
假冒杀人犯背后的悲剧 ··············杨学军 伍海谷

心灵的密码
阿 B 正传（七） ······················朱仲南
预测你的婚姻是否美满 ······················许 良编译
调节情绪可促进思考 ······················小 易

绿野
碰碰在"乐园"（小说） ······················刘居上
爱情不是一切（诗）
 ··············[美]埃祛娜·圣·文森·米莱
药膳（诗） ······················郭光豹

当你步入人生
胸中要有个"公共关系部" ······················张 文
愿你不再度孤独 ······················启 扬 王 正
怎样才能找到知心朋友 ······················戴学锋

广州街头个体户
"第一乐章"刚刚开始 ······················朱荣燊

希望信箱
不要做封建礼教的牺牲品 ······················德爷爷答
对性格改变也要苛求吗? ······················明 理答
开玩笑就是作风不好吗? ······················兰 兰答
如何对待父亲的唠叨 ······················兰 兰答

学海征帆
他们邀游在语言的世界 ······················戴 军
"恐龙群窟"小写 ······················震 远

香港——灵魂的报告
纹身少女 ······················（中国香港）卓 然

愿你生活得更美

为了健与美 ………………………… 司徒锦裕

和你谈谈美容 ………………………… 筱 雨

五分钟环游地球

鬼节之夜 ………………………… 司徒楚雄

一次难忘的聚会 ………………………… 雷夏鸣

西欧流行处女热 ………………………… 许 谷

封面 ………………………… 利智仁

1986 年第 1 期 刊名:《希望》
目录

青春在浪尖

勇士? 他也曾逃港! ………………………… 王进江

雪哨婚礼 ………………………… 杨羽仪

敢遣正气上笔端 ………………………… 陈建初

当你步入人生

公开了求爱信之后 ………………………… 田文英

难得糊涂 ………………………… 木之青

探索·突破——一九八六

新潮中的广州大学生 ………………………… 李广平

试论个人的社会效应 ………………………… 圭 人

社会雷达网

广州现代"金山婆" ………………………… 李志强

罪恶的漩涡 ………………………… 智东方

成功在三十五岁前

使你成功的秘密钥匙 ………………………… 戴 路

今天是否属于你 ………………………… 骆 工

假如你想成功…… ………………………… 利幸裕

爱情·亲情·友情

友谊的乐章 ………………………… 宁 静

我·爷爷·孙悟空 ………………………… 筱 雨

希望信箱

当爱的天平失去平衡 ………………………… 真 真

把压力变为动力 ………………………… 明 理

心灵的密码

暗示显奇效 ………………………… 政 雄

摇头与点头的奥秘 ………………………… 琛 理

向"恐惧症"挑战 ………………………… 夏 离

广州街头

"马达医生"轶事 ………………………… 蔡丰进

记者眼

音乐茶座的"现场录音" ………………… 阿 坚 海 谷

街头初访"算命佬" ………………………… 肖群刚

学海征帆

草木有情——趣谈植物心理学 …………… 仕 强

谈"斧正" ………………………… 青 木

绿野

门后有一个小偷 ………………………… 郁 越

哦,太阳 ………………………… 宋慧乡

年龄 ………………………… 诗 玉

一次与香港警察合作的演出 …………… 梁兆松

愿你生活得更美

在山和海之间 ………………………… 晨 声 牧 人

醉人的海滩 温馨的人情 ………… 伍海谷 罗卫民

五分钟环游地球

美国救世军的废物箱 ………………………… 司徒楚雄

吉凶难卜的活动房子 ………………………… 国 良

神犬"赫莫" ………………………… 唐若水

封面 ………………………… 李 炜

1986 年第 2 期 刊名:《希望》
目录

青春在浪尖

黑色硬汉的蓝色爱情 ………………………… 廖雨兵

理想在浪涛中闪光 ………………… 范以锦 张 锋

探索·突破——一九八六

大施拳脚的地方 ………………………… 安 颖

超越失败 ………………………… 赵 军

人生启示录

海神——命运之谜 ………………… 朱荣燊 张雄辉

走运的窍门 ………………………… 王壮士

社会雷达网

蜜月,只度过三天 ………………………… 朱俊伟

碎了的香港梦 ………………………… 顾金生

一宗与死人"复婚"案 ………………………… 王振清

心灵的密码
面对职业的挑战·····················戴学锋
女性粉饰与心理学·····················尚 忞
应运而生的航海心理学·····················正 弘

记者眼
八十年代的香港青年·····················李 坚 杨小虹

人＋人＝？
志趣相投，婚姻生活未必和谐·····················许宏钊
令朋友讨厌了我的一件小事·····················王小山

绿野
老山兰（诗）·····················石 磊
致希望（诗）·····················远 岛
尊严（小说）·····················谭少春

学海征帆
门外谈佛·····················木之青
二十一世纪人类社会浅探·····················亦 然
《清明》一诗删不得·····················半 林
男性学的兴起·····················杨移贻

爱情·亲情·友情
春天并不只是一枝花·····················张 泽
是否命里注定分手·····················温俊伟

希望信箱
在一阔脸就变的丈夫面前·····················兰 兰答

愿你生活得更美
科学地保养皮肤，容颜青春健美·····················张镃辉
如何驱除美容的大敌——神经紧张·····················许 谷
保持青春的食物就在你身边·····················宏 钊

五分钟环游地球
美国人恋爱今昔谈·····················黄奇虎编译
二九五骑劫案·····················李光斌
奇异的货币·····················琼 儿
令我吃惊的泰国游·····················（中国香港）竹 思

1986 年第 3 期　刊名:《希望》
目录

向命运挑战
风雨中的脚印·····················晨 声 牧 人
她把幸福攥回手中·····················吴丽嫦
寻找——一段青春的历程·····················阮庭方

社会雷达网
茅棚揭秘·····················吴活枚 钟珮璐
厉害的光叔
——一个在广州戒毒的香港青年的自述·····················区潜云

探索·突破——一九八六
传统病中的自大狂·····················陈镇宏
莫说姑娘"眼角"高·····················丹 珂
沈小岑淬火篇·····················陈定一

当你步入人生
人比人，不必气死人·····················廖雨兵
如果希望之后是失望·····················符钢生
让朋友张手欢迎你·····················杨楚民
立身还要靠自己·····················陈郁明
"窗口"的"白云"·····················陈焕展

时髦的广州
与三个"时髦"女性的对话·····················广 子
青春的烙印（歌曲）·····················潘伟源词 顾家辉曲

希望信箱
人生的真谛是创造——复《当你步入人生……》读者
吴缘·····················杨 越
俏姑娘如何处世·····················明 理答

爱情·亲情·友情
恋情·····················赵英俊
妈妈，你有多少艰辛·····················陈庆瑜
务必记着：爱的时间很短·····················山 辉摘
爱的呢喃

学海征帆
在 HJK 卫星舰上·····················常维科
爱因斯坦的两段话·····················木之青
春谒袁督师庙、墓·····················隋喜文

绿野
阳光下的希望（诗）·····················思克司
恐怖列车（翻译小说）·····················李有宽译
晨风（散文诗）·····················张跃虎

心灵的密码
婚姻失败的四大奥秘·····················黄奇虎编译

愿你生活得更美
当你在婚礼上举起照相机·····················筱 雨
外国女性用中国服装美化自己·····················熊家钰

五分钟环游地球
希特勒的阴魂·········雷夏鸣编译
一个法律上的漏洞·········黄奇虎编译
奇特的高智商俱乐部·········许宏钊编
香港邪教的恶行·········鸣　鸣

1986 年第 4 期　刊名:《希望》
目录

沉思絮语
铁血情歌·········云　欣

向命运挑战
她是痛苦开出的花·········符钢生
生活总有临门一脚·········何厚础

探索·突破——一九八六
广东电视的未来·········李志强
也谈"毛遂自荐"·········王进江
突破，突破!·········赵　军
人格矛盾与双重人格·········李江涛
牛仔裤的纠纷与希望·········康　钟

社会雷达网
大贼与"社会效应"·········智东方　王进江
上海奇遇记·········梁兆松
接吻小风波·········何其超

当你步入人生
毕业后，直面人生需勇气·········王壮士
劝君莫薄小成功·········曹南才

记者眼
陈亚琼在香港·········云　欣
走湘西　看人情·········戴学锋

我——灵魂的报告
幻想——我心中的绿茵·········区翠萍
青春梦·········李广平

学海征帆
电视新闻的威力·········梁兆松
"足下"从何来·········青　木
物理空间与心理空间·········兆　云
动词的妙用·········张　雄

心灵的密码
对付挫折的五种方式·········启　扬

看步姿能析性格吗?·········文　新

爱情·亲情·友情
姐姐·········程益中
记住心愿，记住心愿·········小　宁

绿野
天涯之夜·········袁复镜
滨涯村前（外一首）·········韦　丘
温暖南风·········吴亮华

愿你生活得更美
怎样选择太阳眼镜·········陈婉宾
姑娘要有女性魅力·········雪　梅
葱之妙·········史高德

五分钟环游地球
耳听八方·········潘小龙
名歌手的奋斗·········方　明
冰海脱险·········伦　战
昔日君主的流亡生涯·········唐若水

1987 年第 1 期　刊名:《希望》
目录

沉思絮语

向命运挑战
秦牧的知心话·········于海涛
"猴王"思变亦风流·········叶文海
巴黎，短暂的十五天·········陈绮绮

社会雷达网
一个悲哀的故事
——三十年夫妻依旧童男处女
·········廖雨兵　郭英汉　樊春穗
编剧被关进监狱之后·········钟珮璐　张　强
邪恶的魔鬼·········姜文健

探索·突破——一九八七
时代向青年呼唤：参与!·········远　人
我喜欢人有自己的个性·········阮健子
不要怕冷落·········张展欣

记者眼
"海"字头的光棍们·········海　魂　晓　阳
广州马路的持久战·········招兆权　钟　南
生个女儿也妙哉——八名男子的调查·········田小笪

当你步入人生
对话：大学毕业生与"TAXI"司机 …………金丰学
当你准备高读阔论 ………………………王壮士

我——灵魂的报告
婚嫁前夕 …………………………………梁凤莲
征文启事 ……………………………本刊编辑部

爱情·亲情·友情
一朵小白花 ………………………………陈庆钱
篮球巨人——穆铁柱和他的掌上明珠 …王鸣凤

希望信箱
初次约会就遇到了麻烦怎么办？ …………明 理

时髦的广州
在这温馨的角落 ………………黄剑光 邝云开
饮茶粤海见新潮 …………………………阮庭方

学海征帆
艺术史溯源·之二
艺术乎？ 生活乎？ ………………………召 易
科学家的艺术化 ……………………唐若水编译
记忆奇趣 …………………………………李柏宁
冰的化石·玛瑙胸针·石英表 …………何仕强
水墨山水写生对话几则 …………………黄 云

绿野
蜜月归来 …………………………………秋 涟

愿你生活得更美
怎样当好晚会的主持人 …………………朱 明
刘三姐到阳春 ……………………………陈镇宏

五分钟环游地球
亚洲最险恶的罪犯
——查尔斯·索布赫拉慈 …………周振文编译

1987 年第 2 期　刊名：《希望》

目录

沉思絮语

向命运挑战
"撞墙式过人"的改革 ……………………常维科
我诅咒人才冻结法 ………………………应放仁

探索·突破——一九八七
中国艺术与文化传统：批判与反思 ……李公明
试答公共汽车上可否接吻 ………………魏稻式
"克己"妙方的失灵 ……………………朱仲南

我——灵魂的报告
我的尴尬——一个农校学生的心声 ……叶 晔
命运从"摩利纯"开始升沉 ……………思克司
十四岁究竟是什么 ………………………张庆梅

当你步入人生
最好的忠告 ……………玛丽·马丁著 唐若水译
开拓你的求知视野 ………………………欣 蔚
请展现真正的你 …………………………王 伟

社会雷达网
深夜，有人在街上徘徊 …………………毕 屏
霏霏细雨下的罪恶 ………………………王振清
决斗的惨剧 ………………………………钮海津

时髦的广州
金鱼游进百姓家 …………………………蓝 豆
唇枪舌战看打擂 …………………………杨小青

学海征帆
艺术史溯源·之三
"我要画音乐" ……………………………召 易
石斧·航天飞机 …………………………童慧明

绿野
玩命"游"记（散文） ……………………廖雨兵
青春（诗） ………………………………郭光豹

爱情·亲情·友情
难以承受的爱 ……………………………蓝 彤
母亲，您为什么要这样 …………………阿 美
我有这样一个父亲 ………………………惠 子
四个追求者眼里的她 ……………………温俊伟

愿你生活得更美
漫谈现代化厨房 …………………………梅 鸣
阳台种花有学问 …………………………傅 妮编

五分钟环游地球
泪血星空 …………………………………于海涛编译
美国的"特别"行动部队 ………………周振文编译
活跃的"CTS" …………………………伦 战译
谋杀展览 …………………………………伊 允译

1987 年第 3 期　刊名:《希望》
目录

沉思絮语

向命运挑战
命运回旋曲·····················区念中
走出人生的低谷···········阮庭方　刘永和
腾飞——"彩龙"的态势···········陈焕展

探索·突破——一九八七
谈机遇不是宿命论···············庄　稼
改革时代呼唤创造精神···········荒　牛
"我"之初探···················方　堃

我——灵魂的报告
风雨伴我同行···················郦卫莲
小朋友·······················陈　平

当你步入人生
寻找自己的位置·················梁凤莲
请为自己微笑···················王壮士

社会雷达网
丑与罪之恶·····················肖　亚
金钱的诱惑·····················胡明锐

爱情·亲情·友情
爱潮掠过了沙滩·················毅　力

希望信箱
如何适应新婚生活后的变化·········兰　兰
请你相信如是说……·············古　月

绿野
我的尴尬·······················刘志平
绿色的梦·······················幸　福

记者眼
走走鄂尔多斯高原·················子　丰
记者之梦·······················符钢生

时髦的广州
异军悄起的广州美容业·············赵　洁
交谊舞新展魅力·················冯令沂
"端盘子"有艺术·················储小雷

愿你生活得更美
从裤腿上的梦幻谈时装·············张伟平
五彩缤纷话干花·················天　街

学海征帆
艺术史溯源·之四
抽象艺术的发展·················召　易
香港漫画新星——李达康···········方　唐
神鹿与雕塑·····················林毓豪

五分钟环游地球
香港电视初窥···················李小甘
拄拐棍的指挥家·················若　水

1989 年第 1 期　刊名:《希望》
目录

沉思絮语
向命运挑战
蔚蓝色的梦在升腾·················徐　菁
特区打工妹·····················何德桓

探索·突破
物价改革——世纪式手术···········冯令沂
一个似乎反常的心理现象——夫妇不忠律···大　乐

世界大串联
"洋插队"散记···················梁　然
异国散曲·······················戴厚英

一九八九流行榜
郑裕玲面面观···················罗志强
女人街——羊城都市剪影···········蕾　子
"环球游戏"追踪记···········杨　湛　朱洪戈

社会雷达网
香港婚外恋情种种·················宝　华

记者眼
敦厚村里的"出租村"·············何开广
别有情趣的东方式斗牛·············赵君谋
"扎西德勒",真诚的祝福·······黄蒲生　江　扬
界碑旁的足球迷·················刘汉忠

爱情·亲情·友情
早晨的无奈——致三冬·············邹小童
逆行·······················妹　妹
眷恋·······················杨建华

绿野
辞枝的落叶（外二首）————————苏玉光
一个春天的早晨（小说）————————杨雪萍
第一片落叶（诗歌）————————黄加美

我——灵魂的报告
孤独的我————————史永生
春天里的冬天————————孙友益

希望录影室
我是一个什么样的人
我的记者梦
冷漠
二十岁
男女流行的最新时装
提供特高能捕鱼机

希望信箱
恩情和爱情之间如何选择————————兰 兰答

愿你生活得更美
漫话钻石饰物————————小 美
洗脸的诀窍————————咏 兰
轻松俏皮添情添趣————————天 天

学海征帆
吴兆铭画境漫述————————李伟铭
历史上最早的公路————————唐若水

五分钟环游世界
英国当代青年群————————河之西
金钱世界里的世界之最————————李 辑

1989 年第 2 期 刊名：《希望》
目录

沉思絮语
向命运挑战
蔚蓝色的中国潮————————蔡丰进 区念中
闲话"竹痴"————————蔡丰进
岸台之歌————————吴鸿道

记者眼
滨江山区读书贵————————周祖贵 崔博聪
谈吻————————顾秉岐
广州的"大工"————————朱仲南
香港艺坛的一对夫妻巨星————————罗志强

社会雷达网
动物园里的魔影————————余德荣
高中毕业生张坤的堕落————————顾金生
"红娘"的烦恼————————钟珮璐

我——灵魂的报告
耐得寂寞————————舒菲忆
红糖水，尿汽水————————海 啸
我又该怎么办?————————兰 客

爱情·亲情·友情
我的遭遇————————袁爱武
让爱情之树长青————————唐若水

当你步入人生
使别人乐意为你做事的诀窍————————丘克军
失去，永远觅不回————————欧阳迪

希望录影室
我的选择————————刘祥笋
我要唱出自己的歌

绿野
半山亭上（外一首）————————熊少严
冬夜————————高云雅

愿你生活得更美
新天地的探索————————甘晓蕾
浅谈中国山水画————————黄 云

世界大串联
"洋插队"散记————————梁 然

五分钟环游地球
英国的"包打听"服务所————————林 静

1989 年第 3 期 刊名：《希望》
目录

都市长镜
世纪末的心态————————刘钦伟
发自缺爱世界的呐喊————————顾金生
"性"悄悄袭扰军营————————赵海山 要云志

"发"的秘诀
出奇制胜女强人————————刘 放
小发明给你带来财富————————筱雨辑
"见工"心理漫谈————————仲 南

女画家发财捷径 ……………………………… 虹　辑

娱乐圈新潮
金光灿烂徐小凤 …………………………… 罗志强
"剑客"浅谈通俗音乐 ……………………… 李　强

时髦窗
风凉归来睇街景 …………………………… 梁凤莲
郁馥香氛　无尽遐想 ……………………… 草　田
香港人对于"人生四十"的看法 ………… 石　金

奇趣录
天火杀人 ………………………… 艾　夫　广　子译
古老毒咒魔力无穷 ………………………… 华　沙
电话也可睇掌
警匪指纹大斗法 …………………………… 陶乐天
幽默 ………………………………………… 晓　泛

彩色人生
相信 ………………………………………… 马　莉
"洋插队"散记 …………………………… 梁　然
风 ………………………………………… 温晓萍

星
好一条汉子——青年作家丁纬印象 ……… 沈　欣
为中国之晨　发肺腑之声 ………………… 雄　飞
答问

绿野
人·文化·艺术及其他 …………………… 马　莉
落日·迪斯科·沙浴 ……………………… 韦　丘

知人·知面·知心
日本人际关系新说 ………………… 艾　夫编译
你的心境如何 …………………………… 楠　楠辑

港刊辑趣
上门推销
姓名贵价
大陆和尚来港争权夺利　对薄公堂吓坏了老住持
………………………………………… 李　众

卡拉 OK
心中的泪——电影《神龙特技队》主题歌
有失有得——电影速写琐谈 ……………… 王安东

1989 年第 4 期　刊名:《希望》

目录

都市长镜
中国都市的第一次惊惶 …………………… 区念中
"港澳新娘"在特区 ……………………… 何德桓

娱乐圈新潮
"西北风"为何不度"南门关"？ … 朱洪戈　杨　湛
威猛成龙的五味 …………………………… 罗志强

彩色人生
意外交洋友 ………………………………… 梁　然
拳侠从军记 ………………………………… 杨维成

"发"的秘诀
废品铺出金钱路 …………………………… 张　梅
与发明人谈谈专利申请 …………………… 何本谦

社会雷达网
骨灰楼魔影 ………………… 钟珮璐　赵震江
广州街头骗局一瞥 ………… 伍海谷　陈建琼

奇趣录
蛇女蛮荒探秘 ……………………………… 李　登
为圆沙场梦，少爷小姐上"火线" ……… 宏　边

星
"玩文学"的小子 ………………………… 杨　湛
捏造灵魂的十个指头 ……………………… 张　梅

时髦窗
女性美——180°的旋转 ………………… 苏　珊
男士美容风气日盛 ………………………… 晓　阳
光与影之恋 ………………………………… 赵　洁
钻石——情人节的礼物 …………………… 沈慈美
美从心生说扮靓 …………………………… 蕾　子

爱情·亲情·友情
交出一点心 ………………………………… 梁凤莲
我就要这一个父亲 ………………………… 李　峰

绿野
青春 ………………………………………… 吴　勋
一曲爱情的挽歌 …………………………… 梁鉴江

知人·知面·知心
初见工不宜开口讲条件 …………………… 仲　南

婚前应作什么准备 ……………………… 晓　山

现代艺术万花筒之一

克里姆特：凄美迷离之花 ……………… 行　远
新军已经出发 …………………………… 陈肇基

卡拉 OK

唱出自己的心声 ………………………… 李永红
是魔术师，也是歌手 …………………… 梁　帆

1989 年第 5 期　刊名:《希望》
目录

都市长镜

出国的心路 ……………………………… 令　沂
爱，不能太年轻…… …………………… 欧阳迪
川北风 …………………………………… 捷　夫
按摩师在巴拿马 ………………………… 蔡丰进

"发"的秘诀

白手起家致富有路 ……………………… 伍海谷
四人的士推销术 ………………………… 绮　贞

娱乐圈新潮

红歌星与教授 …………………………… 李　强
出尽风头的世界名雌星妈 ……………… 乙　媚

时髦窗

香的魅力 ………………………………… 亦　然
你适合穿迷你裙吗? …………………… 雪　儿
介绍新书《人生成功的秘诀——心理健康漫谈》
………………………………………… 燕　屏

彩色人生

她终于走出了那一片丁香树林 ………… 晨　声
童年 ……………………………………… 陈　迅
生活中，那份温暖 ……………………… 杨　滔
早上好，妹妹——给我妹妹的生日礼物 … 邹小童

知人·知面·知心

怎样写求职信会好一些? ……………… 蓝　田
你是否个性坚强? 你是否生活愉快? … 楠楠辑
转抄了几次的药方吃死人 ……………… 树　江

星

井下意识流
——记广东韶关五月诗社的青年们 …… 吴贻才
山沟里的"星" ………………………… 山　人

奇趣录

世界最奇孖生兄弟　高矮悬殊性格大异……… 阳　辑
女记者在美国遇黑"鬼" ……………… 沙　华
巴西：不明物体的通道 ………………… 沙　华
海豚令绝望女郎再生 …………………… 飞　飞
英警被房八小时归来细说外星人 ……… 达　达

社会雷达网

逃出魔掌 ………………………………… 张东荣
时装之都的恶梦 ……………………… 周俊生编译
婚烟当儿戏，终酿惨祸 ………………… 余德荣

卡拉 OK

莫问代价——我的内心世界的一次"曝光" … 罗　思
灵魂的自由 ……………………………… 黄倩娜
故乡落日故人情 ………………………… 小　迅

1989 年第 6 期　刊名:《希望》
目录

都市长镜

闹市人物 ………………………………… 仲　南
提琴获奖的幕后新闻 …………………… 章　兼

"发"的秘诀

意想不到和应该想到 …………………… 朱蓝田
犹太式赚钱法——"厚利多销" ……… 楠　楠

娱乐圈新潮

齐秦的爱 ………………………………… 李　强
实力派歌手甄妮 ………………………… 罗志强

青春浪尖

南海希望 ………………………………… 吴鸿道

时髦窗

广州 89 话冬装 ………………………… 黄伟华
围巾突出衣服风格 ……………………… 朱　迪
美在于自然 ……………………………… 韩　强
勿忘滋润嘴唇 …………………………… 之　骏
圣诞节送什么礼物 ……………………… 林　林
衣服漫话 ………………………………… 何德桓

奇趣录

"变色"趣闻 …………………………… 顾秉岐
年龄不同，孖生一样 …………………… 海　勋
肥妻瘦夫，肥夫瘦妻 …………………… 宏　边
黑熊转性与人相亲 ……………………… 海　珑

监狱酒店···晓　阳
印度教徒奇特的修行·································艾　夫　广　子

彩色人生
从我的黑人朋友说开·································梁　然
此头只向国门悬···刘泽让
"玩"相机的青年·······································蔡丰进

星
老军医的女儿···山　人
铁笛·银钩·孩子王···································张　坚

社会雷达网
被金钱诱惑的少妇·····························麦　敏　李　强
是父之过或是儿之过·································余德荣

绿野
春天变奏曲···周祖贵
斜阳，孤舟，浅海滩·················贡晓江诗　林芬摄影
蓝天···戴　平

知人·知面·知心
男式谈话与女式谈话·································唐若水
人生必修课·························张马沙　张敬辉　木　子

现代艺术万花筒
霍珀：都市中的孤独者·······························行　远
陈新华的画···林若熹

卡拉"OK"
发型师和歌星···麦均源
成功，属于自信者·····································吴迪文

《希望》（合肥）

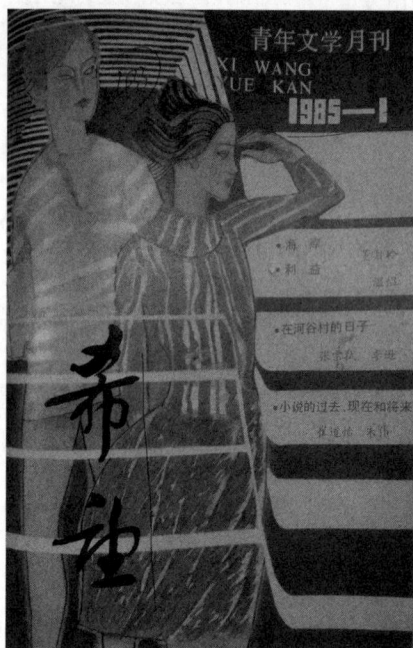

【简　介】

综合性文学月刊。安徽省合肥市文学艺术界联合会主办。创刊于 1980 年。其多以小小说为主，亦有散文和文学评论等。内容多面向青年读者，贴近青春生活，富有色彩与活力。

期刊号：1982 年第 1 期—1988 年第 12 期

1982 年第 1 期　刊名：《希望》

目录

屋檐下（小说）···范小青
春天在她心里（小说）·································晓　樵
蓝色房间（翻译小说）····[法]梅里美著　村　吉译
丈夫（小说）···汪福绥
小马倌医牛（故事）·································万　岭
她也有过去（小说）·································曹克胜
六亿五千万（小说）·································沈海深
少年梦的幻灭（散文）·······························王英琦
斗蛐（散文）···朱普乐

编辑手记
要精益求精——关于文学作品的修改·············崔道怡

学习与借鉴
出色的心理描写——读小说《蓝色房间》·······执　一

青年作家

访《李清照》作者王英琦················本刊记者 鲁胜宝

品花集

科幻小说也应塑造人物形象

——喜读《九龙杯传奇》··············梁长森

补白 片想小志······················钟尚钧

深岬（油画）························张自申

1982 年第 2 期 刊名:《希望》
目录

印着高鼻子女人的平信（小说）··········彭 澎

最迫切的……（小说）················王有任

彩虹（小说）························盛鸣超

快点发财（译文）

　　　　[丹麦]安德尔斯·波德森作 任 守译

清醒（小说）························沈宗洲

以后再讲（小说）····················姜绪章

恩仇之间（小说）····················吴庆初

在希望的田野上（散文）··············邓海南

山哥（散文）························凌世学

编辑手记

"我"在小说里——第一人称种种··········崔道怡

创作谈

选好艺术描写的角度··················余昌谷

青年作家

他心中的热流——记作家张锲··········曲 影

品花集

精彩的生活剪影——读《在三湾村小道上》····韩子英

写在天空和大海之间（诗）············靳 丛

甜蜜的河（诗）······················盖湘涛

青春啊，你在哪里逗留（诗）············刘康生

洗（中国画）························华其敏

1982 年第 3 期 刊名:《希望》
目录

鹊惊心（小说）······················华文邦

磨（小说）··························汪广润

麻老窝子外传（小说）················李家信

哑吧锤（小说）······················四 海

灵芝回川（小说）····················郭珍仁

一个男子汉的忏悔（小说）············杜成维

卖挂面的姑娘（小说）················李长亮

暗号（译文）········[法]莫泊桑著 钱培鑫译

母（小说）··························章 言

父亲（小说）························东 晓

文苑新秀的成长

——王英琦散文集《热土》序··········秦 牧

玫瑰色的酒（小说习作）··············方 晗

文艺随笔

比喻断想··························张德林

品花集

奋进者的赞歌——读《马拉松姑娘》······傅 活

灌……（外一首）····················泽 地

傣寨睡莲·九华雨霁（油画）············鲍 加

1982 年第 4 期 刊名:《希望》
目录

追，那只小小的梅花鹿（小说）······杨 帆 楚 虹

一张邮票（小说）····················袁秀君

她再也不害羞（小说）················刘 策

老乐出游 （小说）··················张兴元

拜年（小说）························杜宝华

花婶（小说）························檀 溪

重逢（小说）························郭建华

他当过老百姓（小说）················陈得时

飞（小说）··························孙骏毅

电话铃又响了（小说）················许章凯

书记较秤（小说）····················赵炳中

荣誉，应该属于他们（报告文学）········东 天

编辑手记

要动人以情························崔道怡

读诗随笔

诗情画意··························钟尚钧

品花集

平淡中见深沉——读《她再也不害羞》······桂 棣

热情化春雨 赤诚寸草心

——读《合肥，有这样一个年轻人》········张宋曜

1982 年第 5 期　刊名:《希望》
目录

探矿者（小说）———————————————————苏贵长
她没有丢失爱情（小说）———————————徐培东
"小虫王"上县（小说）———————————————吴兆洛
小点心店里的常客（小说）———————————张　磊
痴人忐（小说）———————————————————郭　强
干杯（小说）———————————————————黄照群
爸爸的请求（小说）———————————————侯建平

生活的浪花
小小的船——献给我亲爱的姐姐（小说）———徐　干
月晕（小说）———————————————————李景涵
园珠笔（小说）———————————————————高　低
洞中年饭（小说）———————————————————澍　雨
谈文艺的革命功利主义
——重读《在延安文艺座谈会上的讲话》———梁长森

品花集
新颖饱满　耐人寻味
——读小说《屋檐下》———————————达　明　紫　英

1982 年第 6 期　刊名:《希望》
目录

有这样一位厂长（小说）———————————张重远
舐犊情（小说）———————————————————雨　瑞
又是一个丰收年（小说）———————————李安祥
在香港的最后一夜（小说）———————————朱洒辉
"白果村"传奇（小说）———————————————缪　诺
陶公村轶事（小说）———————————————陈金堂
黑色的发辫（翻译小说）
　　　　　　　[意大利]恰姆波利著　冯玉律译
无核蜜桔（散文）———————————————孙肖平
潋滟水光映笑颜——西双版纳纪行———————张　驰
致长跑运动员（外一章）———————————陆　苇

报告文学
海燕之歌
——记年青电影女演员吴海燕———————张德明　葛乃福

大学生园地
雪的回忆（散文）———————————————朱燕玲

青年作家
他们的爱情，在共同的事业中
——访陈可雄、陆星儿———————————周　桦

创作谈
热情——创作的要素———————————————邓啸林

文艺随笔
多识于鸟兽草木之名———————————————欧　获

1982 年第 7 期　刊名:《希望》
目录

小说
江出三峡的时候———————————————————洋中冰
初雪———————————————————————鲁书潮
买个"妈妈"———————————————————曹征路
心迹———————————————————————韩明人
中奖———————————————————————章灶来
飞来春———————————————————————李洪俊
约会地点———————————————————————朱齐忠
向前，向前，向前!———————————————崔兴林
春雨正在敲打秧门———————————————方景春
今霄梦醒何处（科幻小说）———————————吴国梁

文艺评论
从《角落》到《春前草》——略评几篇小说关于妇女
解放的描写———————————————————方仁念

写作通讯
在作品的思想深度上多下功夫
——给一位青年作者的信———————————箭　鸣
沉思录（诗）———————————————————陈小平
母亲（外一首）———————————————————范任达

1982 年第 8 期　刊名:《希望》
目录

小说
失却的平衡———————————————————季　宇
她和他们的故事———————————————————刘观德
运动员进行曲———————————————————王金年
豆腐西施———————————————————————潘大林
朱老头儿———————————————————————陈　飞
她，朝第七号车厢走去———————————王谦光
心灵的歌———————————————————————张长怀
美丽的太太（翻译小说）
　　　　　　　———阿·托尔斯泰著　路　石译

大学生园地

这些姐姐妹妹呀（小说）⋯⋯⋯⋯⋯⋯施 石

创作谈

人物转变的描写艺术⋯⋯⋯⋯⋯⋯⋯余昌谷

新文艺欣赏

寓讽刺于写实 寓歌颂于暴露——谌容的小说《关于仔猪过冬问题》试析⋯⋯⋯⋯⋯蔡 毅

诗画欣赏

一片之云有异势 一尺之松无繁枝
——读黎光祖同志《黄山百景十七韵》
⋯⋯⋯⋯⋯⋯⋯⋯⋯⋯惠 芬 成 婴
求是篇⋯⋯⋯⋯⋯⋯⋯⋯⋯⋯⋯⋯马君伟

1982 年第 9 期 刊名:《希望》
目录

小说

车往皇藏峪⋯⋯⋯⋯⋯⋯⋯⋯⋯⋯王安忆
天鹅池畔——这不是王子与公主的故事⋯⋯熊尚志
家庭四重奏⋯⋯⋯⋯⋯⋯⋯⋯⋯⋯郜 磊
大楼旁的小屋⋯⋯⋯⋯⋯⋯⋯⋯⋯颜 屏
半月镇⋯⋯⋯⋯⋯⋯⋯⋯⋯⋯⋯⋯张祺祥
黄昏，天际里有一片红霞⋯⋯⋯⋯⋯柯 毅
微型小说两章⋯⋯⋯⋯⋯⋯⋯⋯⋯丰晓梅
薛阿姨，你早⋯⋯⋯⋯⋯⋯⋯⋯⋯马君伟
短篇两题⋯⋯⋯⋯⋯⋯⋯⋯⋯⋯⋯陶方宣
鞋⋯⋯⋯⋯⋯⋯⋯⋯⋯⋯⋯⋯⋯⋯李 夏
鸡的漫话（散文）⋯⋯⋯⋯⋯⋯⋯施建石
相信自己的眼睛——记青年女作家王安忆⋯陈桂棣

"黄叶村书简"之一

难得的苦闷⋯⋯⋯⋯⋯⋯⋯⋯⋯⋯韩 瀚

创作谈

略谈人物的个性化⋯⋯⋯⋯⋯⋯⋯钟尚钧

欣赏与批判

徐志摩和他的《再别康桥》⋯⋯⋯李成芳 俞泽宏
生死恋（诗）⋯⋯⋯⋯⋯⋯⋯⋯⋯徐 斌
春闹淮河（木刻）⋯⋯⋯⋯⋯⋯⋯林之耀
春雨（国画）⋯⋯⋯⋯⋯⋯⋯⋯⋯姚有多

1982 年第 10 期 刊名:《希望》
目录

举国唱河清 歌吹满芳村
——庆祝党的十二大召开

词

望江梅⋯⋯⋯⋯⋯⋯⋯⋯⋯⋯⋯⋯刘夜烽
忆江南⋯⋯⋯⋯⋯⋯⋯⋯⋯⋯⋯⋯宋亦英
诗三首⋯⋯⋯⋯⋯⋯⋯⋯⋯⋯⋯⋯邹人煜
早晨，套红的报纸⋯⋯⋯⋯⋯⋯⋯刘祖慈
光源（诗）⋯⋯⋯⋯⋯⋯⋯⋯⋯⋯白 榕
我仰望着鲜红的党旗（诗）⋯⋯⋯严成志
喜鹊登梅（诗）⋯⋯⋯⋯⋯⋯⋯⋯方君默
歌唱与向往（诗）⋯⋯⋯⋯⋯⋯⋯周根苗
神州九月披朝辉（诗）⋯⋯⋯⋯⋯朱 琴
金秋颂（散文）⋯⋯⋯⋯⋯⋯⋯⋯执 一

小说

春⋯⋯⋯⋯⋯⋯⋯⋯⋯⋯⋯⋯⋯⋯李白坚
多好的月夜啊⋯⋯⋯⋯⋯⋯⋯⋯⋯舟杨帆
情满归来路⋯⋯⋯⋯⋯⋯⋯⋯⋯⋯范小青
爸爸是厂长⋯⋯⋯⋯⋯⋯⋯⋯⋯⋯黎 石
柯老五献鼎⋯⋯⋯⋯⋯⋯⋯⋯⋯⋯郭珍仁
男生宿舍二重奏——大学生活记事⋯⋯张建星
戏外戏⋯⋯⋯⋯⋯⋯⋯⋯⋯⋯⋯⋯程多富
自杀场的秘密⋯⋯⋯⋯⋯⋯⋯⋯⋯孙柏昌
"斤求两"择婿⋯⋯⋯⋯⋯⋯⋯⋯⋯吕能俊
带伤疤的人⋯⋯⋯［英］N.S.毛姆著 侯明亮译

"黄叶村书简"之二

爱情·西红柿和现实生活⋯⋯⋯⋯⋯韩 瀚

文艺随笔

性格的撞击 心灵的火花⋯⋯⋯⋯吴调公
山乡情⋯⋯⋯⋯⋯⋯⋯⋯⋯⋯⋯⋯袁志山

1982 年第 11 期 刊名:《希望》
目录

空中"芭蕾"的领队（报告文学）⋯⋯罗达成

小说

导演⋯⋯⋯⋯⋯⋯⋯⋯⋯⋯⋯⋯⋯张宇清
球迷夫妻⋯⋯⋯⋯⋯⋯⋯⋯⋯⋯⋯朱齐忠
在小饭店里⋯⋯⋯⋯⋯⋯⋯⋯⋯⋯刘业雄
你想起了"一切"⋯⋯⋯⋯⋯⋯⋯⋯方雨瑞
你这个女人啊!⋯⋯⋯⋯⋯⋯⋯⋯⋯郑元祥

书法 .... 丁 超 松 华
持剑者 .... 耿建华
我心中的画（散文）............................ 韩 瀚
夜雨（外三章）................................ 莫大祥
陀思妥耶夫斯基一生中的二十六天 .... 冒怀科译

新歌集（诗）
青春，伴随着祖国 .... 卜国福
山乡到处洒满了阳光 .... 刘王明
亿万人民的队伍 .... 陈次方
向往 .... 郭 宝
伟大的祖国　蒸蒸日上 .... 李 夏
红旗下 .... 陈晓光

作家访问
夏夜一夕谈
——访青年报告文学作家罗达成 ...... 张德明　张晓林

新文艺欣赏
毛线衣的妙用
——《被爱情遗忘的角落》艺术构思谈片 ...... 凌焕新

写作通讯
作品的思想深度从哪里来
——复一位青年作者的信 .... 箭 鸣

1982 年第 12 期　刊名:《希望》
目录

小说
大柳树下传奇 .... 李本深
"稀饭"——彭郎 .... 王明义
在疾风中 .... 绥 民
他没有再来 .... 王长胜
他，两眼润湿了 .... 钟 鸣
小酌 .... 时 凯
海的旋律 .... 张永虹
错 .... [意]阿·莫拉维亚作　任 守译
陀思妥耶夫斯基一生中的二十六天 .... 冒怀科译
对 M 姐的怀念（散文）........................ 杨永清

学习与借鉴
选用人称与选好角度
——都德《最后一课》艺术探幽 .... 傅腾霄

"黄叶村书简"之三
作家，应该是杂家 .... 韩 瀚

1983 年第 1 期　刊名:《希望》
目录

小说
小站 .... 茫 茫
皂角树 .... 金乃俊
保密 .... 高红十
正面与反面 .... 胡昆明
拿木枪的查尔逊 .... 洪 霞
他们从荒原上走来 .... 万康生
重逢 .... 季 宇
昨夜 .... 鲁书潮
老化 .... 周根苗
又见泡桐，又见泡桐 .... 张世刚
一杯茶 .... [英]曼斯费尔德　王汉梁译
黄山吟草（组诗）............................ 王健民

书刊评论
雪里送炭　其善如何——序《创作技巧谈》 .... 王 蒙

谈艺录
苦竹鞭头出好笋 .... 韩美林

学习与借鉴
比喻的妙用——谈郭老的散文《石榴》 .... 洪 治
附:《石榴》（散文）............................ 郭沫若

1983 年第 2 期　刊名:《希望》
目录

小说
雪山下的命运镜 .... 岳 楠
同是门前路 .... 陈梦白
山里人 .... 李安林
来函照登 .... 谬 诺
洁白的制服 .... 傅勇军
棋外有"棋" .... 朱普乐
金果儿 .... 伍元新
徐老汉的两个儿媳 .... 姚大中
阿青 .... 冯慧莲
大海的朋友 .... 杨 泥
小小的大事故 .... [日]星新一著　徐荣斌译

创作谈
悬念的设置 .... 伯 林

"黄叶村书简"之四
月盛斋可以烧它的牛肉⋯⋯⋯⋯⋯韩 瀚
印章两枚（雨后千山翠·江渚帆竞发）⋯⋯王守志
羊（挂盘）⋯⋯⋯⋯⋯⋯⋯⋯⋯刘 中

1983 年第 3 期　刊名:《希望》
目录

小说
春夜⋯⋯⋯⋯⋯⋯⋯⋯⋯⋯罗建琳
丑妹子⋯⋯⋯⋯⋯⋯⋯⋯⋯郭建华
心在青山绿水间⋯⋯⋯⋯⋯⋯郭明英
小四眼⋯⋯⋯⋯⋯⋯⋯⋯⋯徐汉秋
理解⋯⋯⋯⋯⋯⋯⋯⋯⋯⋯孟 朱
槐树花开⋯⋯⋯⋯⋯⋯⋯⋯陈继华
火的记忆⋯⋯⋯⋯[日]松本清张著　余国利译
钢城火歌（散文）⋯⋯⋯⋯⋯肖金叔

新苗集
夜深人静（小说）⋯⋯⋯⋯⋯陶方宣
渡（外一篇）⋯⋯⋯⋯⋯⋯⋯苗秀侠
一个有志写作的姑娘——记《渡》和《酒》的作者苗
秀侠⋯⋯⋯⋯⋯⋯⋯⋯⋯苏 潮

本刊专访
一片浓荫　孕育一个新鲜的祖国——访魏安民市长谈
"绿色的城"⋯⋯⋯⋯⋯⋯⋯本刊记者

纪念马克思逝世一百周年
没有过时的评论——介绍马克思对《巴黎的秘密》的
批判⋯⋯⋯⋯⋯⋯⋯⋯⋯水 天

品花集
《小站》印象——致友人书⋯⋯刑铁华

写作通讯
文学作者怎样达到思想高度?
——再复一位青年作者⋯⋯⋯箭 鸣
告别（诗）⋯⋯⋯⋯⋯⋯⋯吴山弟

1983 年第 4 期　刊名:《希望》
目录

小说
去，都是秋⋯⋯⋯⋯⋯⋯⋯赵韫颖
小巷，飘着一首古老的歌⋯⋯⋯雪 涅
山寿嫂和巧婶和王妈⋯⋯⋯⋯王有典

遗产上交之后⋯⋯⋯⋯⋯⋯尹 平
铜铃叮铛响⋯⋯⋯⋯⋯⋯⋯殷利涛
词典、存折与妻子⋯⋯⋯⋯⋯马君伟
列车，正在向前⋯⋯⋯⋯⋯李 江
二里村的"怪人"们⋯⋯⋯⋯金 速
明天⋯⋯⋯⋯⋯⋯⋯⋯⋯蒋亚林
邻人之爱⋯⋯⋯[日]西村京太郎著　冯锦中译
鱼儿离不开水（散文）⋯⋯⋯桂 其

文艺随笔
"让形象和图画说话"⋯⋯⋯⋯钟尚钧

品花集
朴实·隽永·含蓄——读小说《皂角树》⋯⋯韩子英
我躺在沙滩上（诗）⋯⋯⋯⋯天 瑶

1983 年第 5 期　刊名:《希望》
目录

小说
我和兰尔敦⋯⋯⋯⋯⋯⋯⋯赵保华
竹与藤⋯⋯⋯⋯⋯⋯⋯⋯⋯郭守一
小雪初飘⋯⋯⋯⋯⋯⋯⋯⋯蔡大鹏
老太太骂鸡⋯⋯⋯⋯⋯⋯⋯赵松泉
三乘客⋯⋯⋯⋯⋯⋯⋯⋯⋯黄佳星
白开水与甜可可⋯⋯⋯⋯叶 炫　何长德　金 城
抛物线上⋯⋯⋯⋯⋯⋯⋯⋯汪 葵
雨纷纷⋯⋯⋯⋯⋯⋯⋯⋯⋯水庆中
邱二⋯⋯⋯⋯⋯⋯⋯⋯⋯⋯刘 策
那一晚⋯⋯⋯⋯⋯⋯⋯⋯⋯沈义贞
谁应受制裁⋯⋯⋯⋯⋯⋯⋯乌兰齐日格
初雪⋯⋯⋯⋯⋯⋯⋯⋯莫泊桑著　贾 鹏译

山野之花（散文）
梅花山二题⋯⋯⋯⋯⋯⋯⋯刘丽娅
水乡情⋯⋯⋯⋯⋯⋯⋯江宗荣　金 波
黄州赤壁行⋯⋯⋯⋯⋯⋯⋯刘艳丽
莲姐⋯⋯⋯⋯⋯⋯⋯⋯⋯任其钟

品花集
山野之花——一组散文读后⋯⋯白 榕

文艺随笔
艺术的减枝减叶法⋯⋯⋯⋯⋯沈国芳

作品赏析
戴望舒和他的《夕阳下》⋯⋯⋯汪元波
友谊（散文诗）⋯⋯⋯⋯⋯⋯陈小平

挂盘 ———————————— 刘　中

1983 年第 6 期　刊名:《希望》
目录

小说

旅店记事 ———————————— 潘　军
娘 ———————————— 杨东明
莲花山风情录 ———————————— 吴庆初
大道上荡起了一路烟尘 ———————————— 张石山
合影 ———————————— 黄　放
草青青 ———————————— 常　丽
运河船歌 ———————————— 贺景文　张昌华
在那个美丽的村庄 ———————————— 舟杨帆
小巷 ———————————— 汪海潮
噙着泪水笑了 ———————————— 周鸿祥
思维，在另一条道上 ———————————— 曹晓荣
恋 ———————————— 吴新民

创作谈

于细微处见精神——白描手法琐议 ———————————— 张德林

赏析篇

郁达夫对安徽景物的描写 ———————————— 南　蓉

1983 年第 7 期　刊名:《希望》
目录

小说

多事的年龄 ———————————— 李　更
军人和他的戎装 ———————————— 范春歌
夜静更深 ———————————— 陈进轩
云嫂造访 ———————————— 黄　飞
月白风清夜 ———————————— 山　惠
静静的日子（散文） ———————————— 朱燕玲
獐山红叶（散文） ———————————— 孔凡仲
啊，洁白洁白的雪花（小说） ———————————— 宗　洲
白果（小说） ———————————— 竹　蔗
陌生的称呼 ———————————— 刘彬彬
悠长抑郁的歌（翻译小说）
———————————— ［美］理查·赖特著　黄又林译

品花集

又一篇《背影》——读《静静的日子》 ———————————— 执　一

文艺随笔

由"推"、"敲"说到人物的动作 ———————————— 何永康

创作谈

浅论描、叙、议的艺术处理 ———————————— 王臻中

文艺理论争鸣

关于典型问题 ———————————— 文艺报理论组执笔整理
拾贝小集 ———————————— 李春明
补白

1983 年第 8 期　刊名:《希望》
目录

小说

魔术 ———————————— 阎振新
山区金秋 ———————————— 傅鹤松
骑嘉陵的姑娘——大学生活纪事 ———————————— 张建星
终点冲刺 ———————————— 庐　野
爸爸出差了 ———————————— 陈伯建
蛇 ———————————— 顾　翔
兰舟催发 ———————————— 伍先翔
山鹰 ———————————— 季　宇
月亮背面 ———————————— 林震公
开端 ———————————— 陈焕新
伞 ———————————— ［印度］阿马德·阿巴斯著　谭泽先译

文艺讲座

谈谈怎样写文学评论 ———————————— 张德林

创作谈

人物关系的艺术处理 ———————————— 吴调公

文艺理念争鸣

关于自我表现 ———————————— 《文艺报》理论组整理

作者·编者·读者

苗秀侠给青年朋友的回信
百鸟啼晨（诗） ———————————— 胡丰传

1983 年第 9 期　刊名:《希望》
目录

小说

车过唐山 ———————————— 刘玉堂
一封特别的情书 ———————————— 邹征航
光棍的旅途 ———————————— 刘以浦
自变量 ———————————— 郑师民
天意 ———————————— 时永刚　刘巽达
好女和撑船郎 ———————————— 庞涌钰

周末的夜晚⋯⋯⋯⋯⋯⋯⋯⋯⋯⋯⋯陈敏莉
等车⋯⋯⋯⋯⋯⋯⋯⋯⋯⋯⋯⋯⋯顾太鹏
青春⋯⋯⋯⋯⋯⋯⋯⋯⋯⋯⋯⋯⋯许　辉
买牛⋯⋯⋯⋯⋯⋯⋯⋯⋯⋯⋯⋯⋯胡习伦
葱花油饼⋯⋯⋯⋯⋯⋯⋯⋯⋯⋯⋯赵秀敏
绿色青椰——我的故乡海南（散文）⋯⋯侯　彬
"好运气来到你身边"
⋯⋯⋯⋯［意］阿尔贝拉·莫拉维亚著　冯玉律译

文艺随笔
关于"内心独白"的补白⋯⋯⋯⋯⋯⋯何永康

诗话
略谈诗的比喻⋯⋯⋯⋯⋯⋯⋯⋯⋯钟尚钧

文艺理论争鸣
人性、人道主义问题⋯⋯⋯⋯⋯文艺报理论组整理
悬岩上的山菊花⋯⋯⋯⋯⋯⋯⋯⋯何　仃

1983 年第 10 期　刊名:《希望》
目录

小说
那片柞树林⋯⋯⋯⋯⋯⋯⋯⋯⋯⋯张　凡
不爱打扰别人的人⋯⋯⋯⋯⋯⋯⋯顾　潇
张家妈妈李婶婶⋯⋯⋯⋯⋯⋯⋯⋯杜宝华
夜幕下⋯⋯⋯⋯⋯⋯⋯⋯⋯⋯⋯⋯晶　莹
张木匠的故事⋯⋯⋯⋯⋯⋯⋯⋯⋯朱治安
麦秸编的和平鸽⋯⋯⋯⋯⋯⋯⋯⋯缪　士
珍品⋯⋯⋯⋯⋯⋯⋯⋯⋯⋯⋯⋯⋯梅桑榆
复苏⋯⋯⋯⋯⋯⋯⋯⋯⋯⋯⋯⋯⋯王宝林
凤凰飞来兮⋯⋯⋯⋯⋯⋯⋯⋯⋯⋯刘成思
一夜之间⋯⋯⋯⋯⋯⋯⋯⋯⋯⋯⋯路轲瑜
不再是跛子⋯⋯⋯［斐济］马尼科·里德迪　汤淮青译

创作谈
短篇小说的"聚集"艺术⋯⋯⋯⋯⋯伯　林

文艺理论争鸣
关于文艺的真实性　关于文艺反映生活本质问题
⋯⋯⋯⋯⋯⋯⋯⋯⋯⋯⋯⋯文艺报理论组整理

1983 年第 11 期　刊名:《希望》
目录

小说
锻工班的春秋⋯⋯⋯⋯⋯⋯⋯⋯⋯舟扬帆
雪花飘飘⋯⋯⋯⋯⋯⋯⋯⋯⋯⋯⋯哲　夫
引力⋯⋯⋯⋯⋯⋯⋯⋯⋯⋯⋯⋯⋯沙林森
"大狂人"失踪⋯⋯⋯⋯⋯⋯⋯⋯⋯耽书成
大学生二题⋯⋯⋯⋯⋯⋯⋯⋯⋯⋯张　蓡
汇报会⋯⋯⋯⋯⋯⋯⋯⋯⋯⋯⋯⋯万　九
小小（散文）⋯⋯⋯⋯⋯⋯⋯⋯⋯袁秀君
山城灯火（散文）⋯⋯⋯⋯⋯⋯⋯罗灏白

历史之谜
拿破仑谋杀案
⋯⋯⋯⋯本·威德尔　戴维·哈普古德著　劳　力译

新诗话
简谈新诗"朦胧美"的艺术构成⋯⋯⋯王元波

品花集
试析小说《魔术》的艺术特色⋯⋯⋯⋯一　文
人生的证明（诗）⋯⋯⋯⋯⋯⋯⋯⋯刘　虹

1983 年第 12 期　刊名:《希望》
目录

小说
救生员⋯⋯⋯⋯⋯⋯⋯⋯⋯⋯⋯⋯戴思东
揭喜报的老人⋯⋯⋯⋯⋯⋯⋯⋯⋯阎振新
以后你再告诉我⋯⋯⋯⋯⋯⋯⋯⋯何若黔
干将归楚⋯⋯⋯⋯⋯⋯⋯⋯⋯⋯⋯徐国华
雪花静静飘⋯⋯⋯⋯⋯⋯⋯⋯⋯⋯杨爱学
"内参"电影⋯⋯⋯⋯⋯⋯⋯⋯⋯⋯温玉杰
宁静的夜⋯⋯⋯⋯⋯⋯⋯⋯⋯⋯⋯舟　舟
北京城根这片胡同⋯⋯⋯⋯⋯⋯⋯景　超
快上车吧⋯⋯⋯⋯⋯⋯⋯⋯⋯⋯⋯谭亚新
电报（翻译小说）
⋯⋯⋯⋯［印度］舒尼尔·甘戈帕德·海亚著　陈明秀译

纪念毛主席诞辰九十周年
一切从人民群众出发
——学习毛泽东文艺思想的体会⋯⋯⋯徐文玉

写作通讯
创作与读书——给青年作者的第四封信⋯⋯箭　鸣
短歌三章（散文诗）⋯⋯⋯⋯⋯⋯⋯白　榕

1984 年第 1 期　刊名:《希望》
目录

小说
心愿·························郜　磊
垫"跟斗"·····················候　路
麻打鱼轶事···················孙月沐
马格努斯曲线·················曹克远
姑娘的金表···················姜贻斌
第一次·····················乌兰齐日格
八平方米中的"∞"··············刘源春
曙光，带给我们的……···········李迪群
探望·····················戴长鑫
泰山之"仁"（散文）············王业霖
在小站（翻译小说）
···········〔苏〕尤利·卡扎科夫著　大　大译
宏伟计划（翻译小说）····〔日〕星新一著　夏　凡译

创作谈
但求"是""异"相一统···········王臻中
我的问答（诗）···············苏　生

1984 年第 2 期　刊名:《希望》
目录

小说
海浪里，有一个黑点············蒋亚林
打麻将的故事················王　雷
大楼断水··················吴翼民
俺那口子··················彭　城
尾声····················邓兆让
童年琐事··················杨宪光
少女走进春天················赵云鹤
绿荫深处的校园···············严歌平
心是飘摇的小雨···············孙　顾
标准····················钱玉良
一个天才（翻译小说）
·······〔西萨摩亚〕阿尔伯特·温德特著　周克难译
太平湖畔觅诗魂（散文）··········潘家栋

文艺通讯
温元凯和鲁彦周谈《彩虹坪》·········肖　泉

作家手记
境界——创作札记（之一）·········鲁彦周

创作谈
"尺水兴波"浅探···············何永康

1984 年第 3 期　刊名:《希望》
目录

小说
托乎达森和拜格图尔············李世勋
自己的梦儿自己圆·············常　丽
看望孙子··················曹克胜
划船曲···················刘孝存
到格拉木尔去················刘立勋
她终于明白了················李兴桥
乔成龙小传·················庐　野
童心，呼唤着温暖·············曹　露
意外····················汪国真
宋英宗与吕公弼（历史小说）········彭　拜
四季鲜花（翻译小说）
···········〔法〕安德烈·莫鲁瓦著　王士元译

希望的田野
乡村早晨的故事（小说）··········刘道峰
晚霞中（小说）···············吴宪鸿
生活，创作的土壤（习作品评）·······一　文

创作谈
短篇小说的氛围创造············昌　谷
心（诗）··················戎礼平

1984 年第 4 期　刊名:《希望》
目录

小说
春雨····················张鸿昌
连队轶事··················乔清波
布谷鸟的音节················赵锟颖
匠女····················王太吉
银杏树下··················张　鉴
小院童年··················汪家明
爱凤姑娘和桃花妹·············沈嘉禄
在这个地方·················郭建华
试试你···················汝荣兴
桃榔树剪影（散文）············徐葆煜

希望的田野
童年、故友和绿（散文）··········凌　焰
柔声曼语话童年（习作品评）········治　芳

向五五〇米的进程致敬（特写）——合肥长江路西段
改造工程掠影·························白　榕

创作谈
细节描写要真实典型·····················刘　勇

文艺随笔
诗的开头和结尾·······················钟尚钧

1984 年第 5 期　刊名:《希望》
目录

青年作家之窗
今天又是……星期天（小说）···············范小青
《星期天》的启示
——《今天又是……星期天》读后···········崔道怡
掘井　汲水　过滤（创作谈）···············范小青

小说
正气篇····························李肇正
惑·····························李鸿声
插着牌子的小桥·······················伍先翔
戏迷李敬高闲话·······················尚静波
我的两个女儿·······················洪　霞
寻·····························孙秀华
腊月里···························郭珍仁
霓虹灯在村头闪烁·····················缪　云
同济和茶斋·························玉明皓

希望的田野
黑虎哥···························朱学玉
前瞻，有时不妨回顾——小说《黑虎哥》读后·····一　文

1984 年第 6 期　刊名:《希望》
目录

小说
秋，墨菊开了·······················戴淮昌
板斧二爷·························王海棠
你的名字·························巴兰兰
老师早···························李　更
假如没有那场灾难··············储福金　许桂林
“乡土作家”轶事······················郭　华
迟响的爆竹·························陆莹喜
潘奶奶今年七十二·····················胡家柱
紧锁着的屋子（翻译小说）
　　　　　［美］爱德华　特·霍赫　金国嘉译

希望的田野
我爱阳光（小说）·····················王丽萍
单纯热情的新兵形象····················广　辉

文艺评论
艺术描绘的“透彻性”——兼析《彩虹坪》中秋英感
情的复杂性·························张德林
方昉的瓷盘装饰画·····················黄　可
落叶（外一首）······················阿　瑜

1984 年第 7 期　刊名:《希望》
目录

小说
美丽的人心湖·······················仇启明
绿篱边有条石凳·······················邰　磊
一个尚未发生的故事····················云晓璎
花巷鞋匠张·························王仁超
心迹····························林　平
图书湘灵·························李平易
冲·····························陈伯建
女工宿舍·························胡冬青
冒险家（翻译小说）········［美］欧·亨利　思　进译
失去双目的人（翻译小说）
　　　　　　　　［美］M.肯特著　唐若水译

微型小说
考察····························祝兴义
教具····························马君伟
邬乡长的纸条·······················汪正刚
“薄弱环节”·························马晓安
调解主任和他的妻子····················黄三畅
橘子····························高　低

希望的田野
青青的杏儿·························刘成思
青杏蜜样甜——小说《青青的杏儿》读后·········一　文

创作谈
审美与创作·························汪曾培

品花集
一曲爱国主义的颂歌
——读小说《托乎达森和拜格图尔》···········梁长森

1984 年第 8 期　刊名:《希望》

目录

建国 35 周年征文选登
唱一支普通商品生产者的歌——访芳草牙膏设计师姚
焕新·······本刊记者
一片柳叶一个故事（小说）·······曹锡民
在宁静的土地上（小说）·······徐贵祥

小说
耍猴人·······张昌华
螺蛳有肉在肚里·······张汝宜
老槐树下·······韩双东
入夜春雨细无声·······邹星枢
骨干·······杨银龙
浴·······程新国
小院里的喇叭风波·······张庆林
泉·······景　超
暴风雨（翻译小说）
·······［美］麦克奈特·摩尔默著　莫伟敏　沈文钰译
迈克、我及糕点（翻译小说）
·······［美］埃·安德鲁斯著　沈逢桂译

希望的田野
我梦中的大海哟（散文）·······李达武
充满诗情的呼唤与追求（佳作评品）·······治　芳

创作谈
让心灵美在对比中闪光·······钟本康
观球（诗）·······巴　水

1984 年第 9 期　刊名:《希望》

目录

建国 35 周年征文选登
雪花，飘进大海（小说）·······张　宇
正剧（小说）·······顾　翔

小说
成份、遗嘱和欠条·······李家信
战士，是他的名字·······宋东明
彩色故事片《赤金虎》上集·······张青山
这里，北回归线以南·······侯　彬　朱燕玲
不眠的眼睛·······耿　直
支点·······张　鉴

微型小说
会议中止在局长来到之时·······晓　敏
小巷口·······王村田
等待·······姚发梅
雨夜·······江宗荣　俞家栋
哎，外衣·······徐　刘
去年中秋在美国（散文）·······方仁念

新作者之窗
那一点儿绿（小说）·······王丽萍
一点可贵的发现——读《那一点儿绿》·······王宗法
我是一个兵——王丽萍印象记·······本刊记者苏　潮

创作谈
形象鲜明理生辉——谈散文的述理·······毛乐耕

1984 年第 10 期　刊名:《希望》

目录

建国 35 周年征文选登
根宝的罗盘（小说）·······白幼玲　李本深
月秀（小说）·······沙林森
老马识途（小说）·······孙月沐
这里有珍珠（小说）·······郭　强　檀　溪
诗四首·······邹人煜
三月，是少年——故乡纪行（诗）·······刘祖慈
祖国，我有一双蓝色的翅膀（诗）·······史雄飞
我们和祖国同年——献给祖国的恋歌·······孙玉春

小说
车进深山·······陆浙永
榜上无名·······姜琍敏
五岁的世界·······舟　舟
东山岛散记（散文）·······陈发仁
凶手（翻译小说）
·······［苏］格里戈里·戈林著　孟祥銮　邹　渝译

希望的田野
鞋底河上的小竹楼（小说）·······胡国华
用笔，积极参予伟大时代的变革（习作短评）
·······一　文

刊授班学员习作选登
小芳（小说）·······戴小慧

小说艺术探胜之一
小说的魔力·······崔道怡　朱　伟

品花集

赞美你，时代的"墨菊"

——谈《秋，墨菊开了》·······················高 云

写在春的诗笺上·····································叶海燕

1984 年第 11 期 刊名:《希望》
目录

建国 35 周年征文选登

小说

鸽子号···王丽萍

列瓜···薛 勇

在公路上，飞进·····································尹 平

在这条狭窄的路上——文学青年轶事·········沙鼋农

心旗···宋知贤

色彩斑斓的河·······································刘作舟

那座白色的小楼·····································李洪俊

黄山醉月（散文）·································喻大翔

"吃小孩的女人"（翻译小说）··· [智利]维克多·多
明戈·席尔瓦著 冯玉律译

希望的田野

乡里新旧俗···王国桥

深沉的倾诉——读《乡里新旧俗》···········一 文

刊授学员习作选登

石副县长进村（小说）···························王克言

小说艺术探胜之二

小说的过去现在和将来（上）·······崔道怡 朱 伟

1984 年第 12 期 刊名:《希望》
目录

建国 35 周年征文选登

归队（小说）·······································丁少余

绿（小说）···邓建楚

马小本与林晶晶（小说）·······················王海棠

戈壁二题···许 辉

巧克力囵囵···严歌平

火热的夏天···哲 夫

外公的耳朵···张 旻

凤愿···阎振新

砰、砰、砰···洋中冰

那夜月光如水·······································潘 军

希望的田野

冬梅（小说）·······································詹龙雨

为转变旧习俗旧观念而努力（习作品评）·······一 文

刊授学员习作选登

鸽鸣声声入梦萦（小说）·······················郑家瑾

小说艺术探胜之三

小说的分类（上）·······················崔道怡 朱 伟

1985 年第 1 期 刊名:《希望》
目录

小说

海岸···董月玲

利益···温 愠

落差···曾维浩

无主题等待···黄 方

生活···汪 聪

到这里来寻找平安·································季 宇

弯弯的上弦月·······································王克臣

小店轶事···郑元祥

王老汉放权···张建林

普陀山抒怀（散文）·····························巴 水

在河谷村的日子（中篇小说）·········张宗拭 李 逊

微型小说

至理名言···黄超白

稿费···董茂棠

波···马国聪

瓷熊猫，瓷熊猫·································徐世立

完了，我的小说·································杜 帝

刊授学员习作选登

在我们的"太阳岛"上···························李小兰

创作谈

文学写作虚实谈·································马立鞭

小说艺术探胜之二

小说的过去、现在和将来（中）·······崔道怡 朱 伟

1985 年第 2 期　刊名:《希望》
目录

小说

船舱小世界 …………………………… 王鲁平　张映光
动摇 ……………………………………………… 杨宪光
核心问题 ………………………………………… 朱普乐
细田蒙蒙 ………………………………………… 金丹元
进山 ……………………………………………… 王世衡
老人心 …………………………………………… 遐　君
误会 ……………………………………………… 钟　鸣
红白喜事 ………………………………………… 王兴国
红色屋脊 ………………………………………… 梅帅元
远山 ……………………………………………… 周孝斌
我们的照相馆 …………………………………… 熊正良

微型小说

离休插曲 ………………………………………… 康秋来
支持正义 ………………………………………… 钱玉良
迟到 ……………………………………………… 杨鲁申

刊授学员习作选登

抉择（小小说）……………………………………… 欣
人怕出名（小小说）……………………………… 胡子明
童年的回忆（散文）……………………………… 陈　燕

小说艺术探胜之三

小说的过去、现在和将来（下）……… 崔道怡　朱　伟

1985 年第 3 期　刊名:《希望》
目录

小说

我们常常误解 …………………………………… 毛志成
故黄河，从浓雾中流出 ………………………… 尹洪波
飘逝的云朵 ……………………………………… 周子瑞
魔鞋 ……………………………………………… 陈晓琍
白蚁 ……………………………………………… 澍　雨
夜客 ……………………………………………… 葛亚平
"呼噜" …………………………………………… 姬朝晖
追 ………………………………………………… 耿　直

希望的田野

四秀 ……………………………………………… 朱　伟
生活的本色　艺术的直觉
——读《四秀》想到的 ………………………… 崔道怡

刊授学员习作选登

东海前哨一小溪（散文）………………………… 吴进文

小说艺术探胜之三

小说的分类（下）……………………… 崔道怡　朱　伟
撒网曲（外一首）………………………………… 张　波

1985 年第 4 期　刊名:《希望》
目录

小说

代价 ……………………………………………… 梁　毅
憾 ………………………………………………… 程永新
小小婉女心 ……………………………………… 张　彬
小岛情潮 ………………………………………… 刘玉堂
静静的小院 ……………………………………… 程新国
王大妈的故事 …………………………………… 袁秀君
是灯，不是月 …………………………………… 潘志豪
古长城上，有一片彩云 ………………………… 辛汝忠
电话里的爱情（翻译小说）
　　　…………… ［罗］希维雅·森卡　邢凌宝译
三百六十行之外的 ……………………………… 陈祖基

希望的田野

少女，小鸟和玉（小说）………………………… 小　苣
让你的笔下，有活泼泼的人（习作品评）……… 一　文

小说艺术探胜之四

走上小说创作之路 ……………………… 崔道怡　朱　伟
《清明》《希望》小说创作刊授中心　招生启事

1985 年第 5 期　刊名:《希望》
目录

小说

"肥水"之战 …………………………………… 尹　平
得来怎不费功夫 ………………………………… 万先厪
形象 ……………………………………………… 黄少军
卖古董 …………………………………………… 刘成思
花蝴蝶 …………………………………………… 杨继光
星期天决赛 ……………………………………… 张长京
"地瓜"醉酒 …………………………………… 王佳斌
巢湖边上的晚霞（报告文学）…………………… 檀　溪
搭车人（翻译小说）……… ［印度］尤莎·休伯雷玛林

希望的田野

红痣（小说）……………………………………… 李　江

满台风采的喜剧——读小说《红痣》·················一　文

刊授学员习作选登

三个候选人（小说）·······················汪兰根

小说艺术探胜之五

迈进小说创作之门···············崔道怡　朱　伟

歌声随着稻谷流（外一首）··············张　滨

春歌（散文诗）·······················刘同琦

1985 年第 6 期　刊名:《希望》
目录

小说

寻觅，向青草更青处···················张　雷

古梅园风波·······················朱大为

掌声·························梁　毅

高墙里的银杏树·····················阎振新

邂逅·························张　蓡

徐老板发迹记·······················李肇正

周末·························于涤心

温暖温暖的夜·····················邵体平

错，错，错（小小说）·················李　夏

跟踪者（翻译小说）···················周哲波

希望的田野

三个二十岁的武警战士（小说）···········方　芳

《三个二十岁的武警战士》读后（品花集）···段儒东

刊授学员习作选登

高中生和"大老粗"姑娘（小说）···········杨义巢

1985 年第 7 期　刊名:《希望》
目录

小说

一颗树　一颗心····················张　宇

浮沉·························陈伯建

蓝鸟·························孙民纪

江畔·························刘云程

打狗队成立以后·····················黄达利

五彩缤纷·······················王丽萍

花鱼甲背·······················陈金堂

峰海采珍·······················周　吾

矿灯，亮闪闪·····················马世界

流星·························陈　耀

小说艺术探胜之六

从素材到题材···············崔道怡　朱　伟

1985 年第 8 期　刊名:《希望》
目录

小说

山魂·························黄坚亮

正午，巷里无人····················毛荣生

明天厂休·······················范小青

辙印·························曾维浩

"扬子"魂（报告文学）···········立　中　正　元

鸟笼·························吴翼民

大星不曾殒落·····················王业霖

小说艺术探胜之七

魔环·磁场·内核···············崔道怡　朱　伟

1985 年第 9 期　刊名:《希望》
目录

小说

魔烟·····················刘向阳　王晓思

唐槭树·························刘伯军

最后响的是定时炸弹···················高　光

师表·························曹玉林

大理石牛与兜拢吃····················相　国

即将倾倒的门楼——童年的回忆············砚　侠

"万元户"周踏踏····················高霜木

新来的·························袁一强

钱副局长和他的"人字暴"···············周子瑞

未来大作家狂想曲····················魏运钢

一缕想思·······················小　殊

探女婿·························孙小妹

小说艺术探胜之八

光圈·焦点·核心···············崔道怡　朱　伟

1985 年第 10 期　刊名:《希望》
目录

小说

相撞的都是年轻的心···················章　频

李村之最·······················吴晨笛

吴三麻子拔牙·····················邹星枢

泰山不敢当·······················罗瑞民

野桃林 ……………………………………… 刘　维
思 ………………………………………… 周泽清
倩女峰双侠诛三杰（武侠小说）……………… 熊景春

小说艺术探胜之九
气韵·空间·氛围 ………………… 崔道怡　朱　伟

1985 年第 11 期　刊名:《希望》
目录

小说
绿色的防寒服 ………………… 李治邦　李治国
菊菊的上上签 ……………………………… 李美云
旋子——记黑山白果村怪人之一 …………… 张卫乔
绝传 ……………………………… 于雪泥　于冬桂
留不住的声音 ……………………………… 马其德
心灵的呼唤 ………………………………… 李安祥
红尘 ………………………………………… 江　边
一架照像机 ………………………………… 康秋来
曲终人未散 ………………………………… 戴恩东

小小说
关于结果的结果 …………………………… 田敬荣
时间进行曲 ………………………………… 冷冶夫
项链 ………………………………………… 江跃中
苦恼 ………………………………………… 韦振宇
支点、图式和心理定势（小说艺术探胜之十）
…………………………………… 崔道怡　朱　伟

1985 年第 12 期　刊名:《希望》
目录

小说
二十九岁的"土地爷" ……………………… 高　低
平行线 ……………………………………… 邓建楚
小院轶闻 …………………………………… 阿　兵
黟山松 ……………………………………… 沙林森
一个被捏来捏去的雕像 …………………… 林为进
留在长江路上的脚印（报告文学）………… 孙肖平
黑猫（侦破小说） ………… ［英］约翰·米尔恩著
黄世英译　效　林校
时间——小说构思的横座标（小说艺术探胜十一）
…………………………………… 崔道怡　朱　伟

1986 年第 1 期　刊名:《希望》
目录

安徽青年作家之窗
凡人 ………………………………………… 王英琦
寻找最佳点 ………………………………… 王英琦
《凡人》与作家其人 ………………………… 苏　中

小说
最后一条岗位责任 ………………………… 薛　勇
湖畔剪影 …………………………………… 徐林森
关于角度问题及其《美》的遭遇断想 ……… 孙学民
三老板轶事 ………………………………… 王海棠
墨色花 ……………………………………… 刘文武
混江龙 ……………………………………… 漆小冬
女大学生 …………………………………… 张　青
二十万 ……………………………………… 国　生
丫丫酒店 …………………………………… 尹玉如
十字街头的面窝摊 ………………………… 玉　笋
婚姻（翻译小说）
……………… ［新加坡］凯瑟琳·利姆著　邵　玲译

小说艺术探胜之十二
空间——小说构思的纵座标 ……… 崔道怡　朱　伟

1986 年第 2 期　刊名:《希望》
目录

安徽青年作家之窗
矩 …………………………………………… 陈源斌
信马由缰谈（创作谈） …………………… 陈源斌
陈源斌印象（人物专访） ………………… 鲁书潮
挣脱（小说） ……………………………… 陆　明
两代艄公（小说） ………………………… 刘成思
放映队轶事（小说） ……………………… 沈乔生
蓝船（小说） ……………………………… 曹永明
怕老婆的酒鬼（小说） …………………… 王咏阳
黑妈妈（小说） …………………………… 钱玉亮
幕后（小说） ……………………………… 林震公
明信片（小说） …………………………… 吴琪捷
出租的房间（翻译小说）
……………………… ［美］欧·亨利著　张德勋译

小说艺术探胜之十三
视点·角度·人称 ………………… 崔道怡　朱　伟

1986 年第 3 期　刊名:《希望》
目录

安徽青年作家之窗
潮气······熊尚志
尚志和他的小说······应光耀
孩子，请听我说（小说）······刘向阳
不期而遇（小说）······汪葵
恶性事件结案之后（小说）······李亚南
自立（小说）······孙淮景
正月酒（小说）······阙迪伟
"之"有五种用法（小说）······李融
灌肠（小说）······周晋
我们统建楼（小说）······姬朝晖
今天是她的生日（小说）······应伍君
小叶（小说）······季连昌
孤独的旅游人（小说）······张建勤

小说艺术探胜之十三
视点·角度·人称（下）······崔道怡　朱伟

1986 年第 4 期　刊名:《希望》
目录

安徽青年作家之窗
一样的月光（小说）······鲁书潮
我爱生活······鲁书潮
话说鲁书潮（人物专访）······陈桂棣
失落的桔园（小说）······陶明国
黑马······李世勋
花事（短篇二题）······王明义
十字街上的人家······王仁超
春蓉······张卫乔
黄鹂和它的主人······达度
那团云雾······濮本林
蔚兰的天······茜子
无价宝······张荣珍
请君入瓮（翻译小说）
　　　　[英]马克·布朗德尔著　金国嘉译

小说艺术探胜之十四
人和人物的共性与个性······崔道怡　朱伟

1986 年第 5 期　刊名:《希望》
目录

安徽青年作家之窗
未立之年（小说）······曹玉林
我要努力（创作谈）······曹玉林
曹玉林其人其作（评论）······沈天鸿
耗子巷里耗子案（小说）······梁晓明
快乐的水手（小说）······刘勇
碎嘴（小说）······艾真
未见面的女秘书（小说）······耿直

小小说
碑······朱业夫
智者之失······汪世学
点石成金······彭长久
心恋······林深

小说
老街传奇······王世衡
鸬鹚村·鸬鹚河······曲一
七束白玫瑰······（中国香港）梁枫

小说艺术探胜之十五
复杂的人——"真的人物"······崔道怡　朱伟

1986 年第 6 期　刊名:《希望》
目录

安徽青年作家之窗
多味拉力合成画（小说）······曹征路
读曹征路作品小记······鲁彦周
"合成画"之谜······乃禾
写给自己的话（创作谈）······曹征路
车，生活的车（小说）······张浩明
鹅（小说）······刘晓滨
谷四（小说）······王愈奇
人力车夫的畅想曲（小说）······阎振新
陆厂长的奇遇（小说）······吴玉成
斗海（小说）······刘以林

小小说
夜宵······徐启太
夕阳小巷······吴银河

小说
高层住宅群······唐田人

纽扣 ································· 王亚平
省长明天来 ··························· 姜 克
天柱掠美（散文）······················ 何宗军
邮局里的风波（翻译小说）
·············· ［美］德托·罗尔夫·泽斯著 邵 玲译

小说艺术探胜之十六
文学是心学 ·················· 崔道怡 朱 伟

钓鱼 ································· 张宗栻
爱的第二乐章：重逢 ···················· 高 宁
绿色的篱笆 ··························· 张 桦
萧何诱韩信 ··························· 鲁胜宝
抽屉 ································· 孙朝熹
海滨女郎（翻译小说）
·············· ［加］艾瑞克·凯莫仑著 邢凌宝译

创作谈
"听"的小说和"读"的小说 ··············· 何永康
重要启事 ·························· 希望编辑部

1986 年第 7 期　刊名:《希望》
目录

安徽青年作家之窗
等车（小说）·························· 陈小初
我的小船（作家随笔）··················· 陈小初
《等车》印象（评论）··················· 胡永年

小说
回头看看这个家 ······················· 舟扬帆
扼住笑容 ···························· 史雄飞
送我一支玫瑰花 ······················· 沈嘉禄
在断裂的峭壁下 ······················· 许春樵
仙人掌之花 ··························· 杨书政
不沉的湖 ···························· 畅建康
被划句号的情感 ······················· 宁 平
驮铃 ···························（哈尼族）诺 晗
雪地，白茫茫一片 ····················· 洪 波
看，那前边 ··························· 梁永文
旅美散章（散文）······················ 杨永清

小说艺术探胜之十七
传神写照在"阿堵" ·················· 崔道怡 朱 伟

1986 年第 8 期　刊名:《希望》
目录

安徽青年作家之窗
再见，我们的小站（小说）················· 严啸建
我喜欢随便一点（创作谈）················· 严啸建

小说
大黑的婚姻（外一篇）··················· 陈 冲
教授和他的女资料员 ···················· 焕 喆
大边和小蔡 ··························· 刘伯军
怪表 ································· 漆小冬
战胜自己的人（报告文学）·········· 郑家荣 钱金龙
处长经过窗前 ························· 李 夏

1986 年第 9 期　刊名:《希望》
目录

安徽青年作家之窗
心与命（小说）························ 蒋法武
蒋法武和他的小说 ····················· 耿梦济
扬长避短　稳守自我（创作谈）·············· 蒋法武

小说
家丑 ································· 王太吉
老帽山，清河水 ······················· 银 沧
茶树凹 ······························ 卢 策
如梦令 ······························ 青 果
书家风骨 ···························· 高霜木
婚姻广告 ···························· 童蒙志
鸳鸯 ································· 汤 雄
石头疙瘩（微型小说）··················· 李洪俊
离婚（小小说两题）····················· 许 辉

小小说
该死的钥匙 ··························· 毛小康
五分钱车票 ··························· 王跃生
雨，哗啦啦 ··························· 刘国芳
枣子又红了 ··························· 詹谷丰
第一次上门 ··························· 哈尔宣

小说
落差 ································· 张宗栻
浴室里 ······························ 赵 焰
海江游踪（散文）······················ 秦圣非
大都市的诱惑（翻译小说）
·············· ［英］多丽丝·莱辛著 金国嘉译

1986 年第 10 期　刊名:《希望》
目录

安徽青年作家之窗
小院纪事（小说）················季　宇
实话实说（创作谈）··············季　宇
季宇小说创作述评（评论）·········汤先锋

小说
缘························侯　露
那难忘的小岛················王海棠
短篇二题···················周根苗
一桩机关轶事················杨家宏
彩圈······················梁　毅
楼厦林中···················周子瑞
相遇在春天·················陈锦荻
七爷······················彭志明
A 推销员的苦衷···············王生平
女儿媒（小小说）·············张国松
杜甫草堂散记（散文）···········梓　翁
牺牲（翻译小说）······[英]萨　基著　隆　冬译

小说艺术探胜之十八(上)
举手投足见情思·············崔道怡　朱　伟

1986 年第 11 期　刊名:《希望》
目录

热风（小说）················舟扬帆
我寻找自己的感觉··············舟扬帆
推石下山——对舟扬帆一瞥·········刘立勋
香港杂记（小说）··············邓友梅
邓友梅——文学生活之子·····袁一强　李里红
继父的荣耀（小说）············黄佳星
谢谢，谢谢……················郜　磊
在那遥远的地方（小说）··········章　频
斑竹圆的故事（小说）···········汪张根
茶座歌女（小说）··············戴长鑫
女人 A、B、C（小说）············甲　乙
小说三题（小说）··············张海峰
雨夜（小说）················梁永文
"沉浮"轶事（小说）············闫卫国

微型小说
又停电了···················陈志晟
绿衣天使···················李在华
表白··············[日]星新一著　海　滨译

小说艺术探胜之十八(下)
举手投足见情想·············崔道怡　朱　伟

1986 年第 12 期　刊名:《希望》
目录

小说
外婆的小村庄················申力雯
紧闭房门的小屋···············申力雯
历史的画面与现实的音响
——申力雯小说两篇读后··········崔道怡
早霜······················杨新民
捉弄你也捉弄了我·············邓立佳
蛾························许　辉

小小说
礼仪······················孔德选
相遇······················王保民
《海潮》响起之后·············李　夏

小说
红蛋······················许春樵
缚························戴淮昌
南柯新梦···················包泉万
哈同志，敏小姐··············小　殊
门前的梧桐树················章荣方

安徽青年作家之窗
争取摘掉白袖章的人（小说）·······严歌平
这也是一种平衡（创作谈）·········严歌平
必须走自己的路（评论）··········鲁彦周

希望的田野
与你同行（小说）··············张　悦

小说艺术探胜之十九
故事、情节、轨迹、流程·········崔道怡　朱　伟

1987 年第 1 期　刊名:《希望》
目录

中篇短卷
别有一番滋味················李治邦

短篇小说
抒情的山···················简　宏
脚路······················朱剑钟

老屋 ································· 魏 强
近邻 ································· 王常滨
白嫂 ································· 谷 桑
父与子 ······························ 毕 成
月晕 ································· 赵和松
刘麻子的生意经 ························· 陈章永

散文
王文忠散文诗小辑 ······················ 文 忠

希望的田野
漫天飞雪（小说） ······················ 彭东明
编后语 ······························ 徐海明

小说艺术探胜之二十（上）
迷人的七色花 ··················· 崔道怡 朱 伟

1987 年第 2 期　刊名:《希望》
目录

短篇小说
凯旋之旅 ···························· 正 言
"老窑精"轶事 ························· 朱义常
吉卜赛女郎 ··························· 熊尚志
走马溪桥的蚂蚁 ························· 金海涛
最后的一夜 ··························· 耿 直
找到了，已不是曾失落的 ··················· 邓建楚
毛栗坳风情 ··························· 曾维浩

小小说
第九个是······珍品 ····················· 林荣芝
下饭馆 ····························· 宋 平
金壳手表 ···························· 曾烈干
洁白的雪花 ··························· 王克臣

散文
南国杂记 ···························· 治 芳

"未来作家"天地
同是二十二岁（小说） ···················· 刘桂藏

翻译小说
职业赌徒 ············ [美]马克·吐温著　杜奔放译
爱情催化剂 ··········· [美]约翰·科烈著　王荣正译

小说艺术探胜之二十（下）
迷人的七色花 ··················· 崔道怡 朱 伟

1987 年第 3 期　刊名:《希望》
目录

短篇小说
给你说个童话 ·························· 王焰珍
光环 ································· 杜丽蓉
某年某月某一天 ························· 李 逊
古道行 ····························· 刘新民
流动的空气 ······················ 向 明 张 樱
表姐 ································· 雨 瑞
出国之前 ···························· 王永祥

小小说
"雷神爷"的鼾声 ······················ 何惠文
两个大龄人 ··························· 张素英
可怕的笑 ···························· 张明轩
张厚 ································· 王鸣光
平行线 ····························· 詹谷丰

报告文学·散文
大西北，一个梦想的实现 ··················· 鲁书潮
凝爱 ································· 子 页
水帘洞 ····························· 李海明

"未来作家"天地
寻（小说） ··························· 高中卫

翻译小说
杀人的羊肉 ·········· [美]罗艾德·达尔著　黄世英译
吻 ··············· [英]威廉·桑塞姆著　陈 许译

小说艺术探胜之二十一（上）
美妙的七巧板 ··················· 崔道怡 朱 伟

1987 年第 4 期　刊名:《希望》
目录

短篇小说
无主题电话 ··························· 哲 夫
夜之波光 ···························· 林汉秋
阳台上有个绿老头 ······················ 丰晓梅
黄山月亮 ···························· 王海棠
小屋 ································· 蔡金华
小城球星 ···························· 周 晋
玉霞 ································· 王惠存
胡同女郎 ······················ 常辅棠 刘 建
表嫂 ································· 乔林生

"未来作家"天地

红纱巾·······················韩宝华

镜头·······················冯锡慧

小说艺术探胜之二十一（下）

美妙的七巧板·············崔道怡 朱 伟

1987 年第 5 期　刊名:《希望》
目录

短篇小说

猎手不需要语言···········陈秋生 莫大祥

鸟·猫·鼠···················沈嘉禄

圆圆的是中秋月···············熊正良

山威·······················韩建东

前线回来的超人···············星 竹

搭帮·······················谭光华

三幅肖像···················戴思东

诀别在黎明···················庄大军

那只"眉嘴儿"···············孙 晓

竹林夜话···················徐 航

希望的田野

蓝天白云飘···················商金山

未来作家天地

月光下的小院···············郭文娟

科幻侦破小说

有伤风化的一刹那···············毛 毳

小说艺术探胜之二十二

大珠小珠落玉盘···········崔道怡 朱 伟

1987 年第 6 期　刊名:《希望》
目录

短篇小说

断桥·······················王立忱

无名肿毒···················彭 忠

无冤女王···················刘 华

哪儿出了差错···············许 辉

过江客·····················张宗栻

鱼猴与虾婆···················虹 雷

"女哥们"的罗曼史···············肖 山

风雨奏鸣曲···················从 师

爱情的苹果···················余锡频

小小说

贝贝进行曲···················刘宝玲

窗·······················仝 犇

雪雾·······················毛 毛

秋雨中的构思···················刘金驰

我的姐姐···················康秋来

钱袋面前···················周可兴

希望的田野

雾·······················周美玲

未来作家天地

冬月·······················崔振椿

翻译小说

肯达丝···········[美]玛丽·威肯·福利曼著
　　　　　　徐大康 徐秀燕译

1987 年第 7 期　刊名:《希望》
目录

短篇小说

我的哥哥叫茄子···············粟 丹

黄牌·······················王太吉

屠龙之技···················周根苗

人之初·····················黄佳星

列车上的故事···················杨 真

摔落·······················梁 毅

请举手·····················荒 原

作品·······················王柯庆

希望的田野

山的精灵···················叶绍荣

小小说

滴血贝···········施伯冲 沈季萍

拍了两下肩···················冯 箭

钓客·······················阎广智

无题·······················顾秋笑

般配·······················张天柱

翻译小说连载

一个私人女侦探的恶梦（一）
　　　　[美]卡尔·亚历山大著　曹建社编译

未来作家天地

古门（小说）···················程新星

晨雾（散文）···················程广华

山中，那一棵树（散文）⋯⋯⋯⋯⋯蔡道振

1987 年第 8 期　刊名:《希望》
目录

短篇小说
安乐四陈⋯⋯⋯⋯⋯⋯⋯⋯⋯⋯陈源斌
志忑⋯⋯⋯⋯⋯⋯⋯⋯⋯⋯⋯⋯李玉林
飘动⋯⋯⋯⋯⋯⋯⋯⋯⋯⋯⋯⋯杨少衡
"咕咚"来了⋯⋯⋯⋯⋯⋯⋯⋯⋯郜　磊
八公里⋯⋯⋯⋯⋯⋯⋯⋯⋯⋯⋯苏　铁
墙⋯⋯⋯⋯⋯⋯⋯⋯⋯⋯⋯⋯⋯章　频
太极真传⋯⋯⋯⋯⋯⋯⋯⋯⋯⋯李　培
日出月落总关情⋯⋯⋯⋯⋯⋯⋯施炳煌
初恋⋯⋯⋯⋯⋯⋯⋯⋯⋯⋯⋯⋯欧汉华
街口这间平房⋯⋯⋯⋯⋯⋯⋯⋯钱国梁

翻译小说连载（二）
一个私人女侦探的恶梦（一）
⋯⋯⋯⋯［美］卡尔·亚历山大著　曹建社编译

小小说
爱的延伸⋯⋯⋯⋯⋯⋯⋯⋯⋯⋯刘国芳
那最美好的⋯⋯⋯⋯⋯⋯⋯⋯⋯吴俊泉
雨中⋯⋯⋯⋯⋯⋯⋯⋯⋯⋯⋯⋯张　鹩
典型⋯⋯⋯⋯⋯⋯⋯⋯⋯⋯⋯⋯迟　钝

未来作家天地
你和我（小说）⋯⋯⋯⋯⋯⋯⋯高中卫
石井兰（散文）⋯⋯⋯⋯⋯⋯⋯洪鸣华

1987 年第 9 期　刊名:《希望》
目录

短篇小说
质朴的诱惑⋯⋯⋯⋯⋯⋯⋯⋯⋯相　国
带"徽章"的种鸡⋯⋯⋯⋯⋯⋯⋯季　宇
旧瓶⋯⋯⋯⋯⋯⋯⋯⋯⋯⋯⋯⋯孙柏昌
沉默的沙滩⋯⋯⋯⋯⋯⋯⋯⋯⋯刘继明
几乎忘却了她⋯⋯⋯⋯⋯⋯⋯⋯祝兴义
黑火⋯⋯⋯⋯⋯⋯⋯⋯⋯⋯⋯⋯朱剑钟
黄梅雨⋯⋯⋯⋯⋯⋯⋯⋯⋯⋯⋯沈惠忠
巷里的微笑（小小说）⋯⋯⋯⋯杨四海

翻译小说连载（三）
一个私人女侦探的恶梦（一）
⋯⋯⋯⋯［美］卡尔·亚历山大著　曹建社编译

散文
散文二题⋯⋯⋯⋯⋯⋯⋯⋯⋯⋯侯宏卫
人约黄昏后⋯⋯⋯⋯⋯⋯⋯⋯⋯更　生

希望的田野
少女与轿车（小说）⋯⋯⋯⋯⋯卢欣欣

未来作家天地
枫逝（小说）⋯⋯⋯⋯⋯⋯⋯⋯孙晓宁

小说艺术探胜之二十三
结构——生活的魔方⋯⋯⋯⋯⋯崔道怡　朱　伟

1987 年第 10 期　刊名:《希望》
目录

短篇小说
灰鸟⋯⋯⋯⋯⋯⋯⋯⋯⋯⋯⋯⋯李迪群
两个钓鱼佬⋯⋯⋯⋯⋯⋯⋯⋯⋯钱玉亮
被缚的维纳斯⋯⋯⋯⋯⋯⋯⋯⋯简　嘉
旷野的风⋯⋯⋯⋯⋯⋯⋯⋯⋯⋯罗治安
秃顶之后⋯⋯⋯⋯⋯⋯⋯⋯⋯⋯阎振新
门外的人⋯⋯⋯⋯⋯⋯⋯⋯⋯⋯汤学春
岁月有回声⋯⋯⋯⋯⋯⋯⋯⋯⋯王海棠
雨⋯⋯⋯⋯⋯⋯⋯⋯⋯⋯⋯⋯⋯竹　子
曲蟮⋯⋯⋯⋯⋯⋯⋯⋯⋯⋯⋯⋯水庆中
小王的追求⋯⋯⋯⋯⋯⋯⋯⋯⋯何　瑞

小小说
灭鼠新招⋯⋯⋯⋯⋯⋯⋯⋯⋯⋯罗　逊
未写完的报告⋯⋯⋯⋯⋯⋯⋯⋯刘锡海
小秘密⋯⋯⋯⋯⋯⋯⋯⋯⋯⋯⋯郝江清
"钱串子"⋯⋯⋯⋯⋯⋯⋯⋯⋯⋯施伯冲

翻译小说
决不要相信女人⋯⋯⋯⋯⋯［美］维可多·卡宁　夏阳译

未来作家天地
那楚楚动人的一笑（小说）⋯⋯庄新军
阴路——《聊斋新话》之一（小说）⋯⋯⋯陈胜利

小说艺术探胜之二十四
艺术结构——美的造形（上）⋯⋯崔道怡　朱　伟

1987 年第 11 期　刊名:《希望》
目录

短篇小说

紫夜⋯⋯⋯⋯⋯⋯⋯⋯⋯⋯⋯⋯⋯高旭帆
圆形轨迹⋯⋯⋯⋯⋯⋯⋯⋯⋯⋯罗会祥
山水之子⋯⋯⋯⋯⋯⋯⋯⋯⋯⋯沉　洲
裸体模特儿三题⋯⋯⋯⋯⋯⋯⋯甲　乙
乔迁之喜⋯⋯⋯⋯⋯⋯⋯⋯⋯⋯余　心
机遇⋯⋯⋯⋯⋯⋯⋯⋯⋯⋯⋯⋯严　民
瞬间丧失的欲望⋯⋯⋯⋯⋯⋯⋯唐家政
蛇谷⋯⋯⋯⋯⋯⋯⋯⋯⋯⋯⋯⋯戴玉泉
电话的功能⋯⋯⋯⋯⋯⋯⋯⋯⋯唐定银

希望的田野

忧伤的米谷花⋯⋯⋯⋯⋯⋯⋯⋯李光明

小小说

正名⋯⋯⋯⋯⋯⋯⋯⋯⋯⋯⋯⋯冯宝英
锚儿⋯⋯⋯⋯⋯⋯⋯⋯⋯⋯⋯⋯叶卫东
缺陷⋯⋯⋯⋯⋯⋯⋯⋯⋯⋯⋯⋯骆　强
厕⋯⋯⋯⋯⋯⋯⋯⋯⋯⋯⋯⋯⋯李　群

未来作家天地

杨柳胡同⋯⋯⋯⋯⋯⋯⋯⋯⋯⋯陈　飙
老翁新富⋯⋯⋯⋯⋯⋯⋯⋯⋯⋯郑廷琦

翻译小说

慈善院寻访记⋯⋯［英］尤多拉·韦尔蒂著　李武艺译

小说艺术探胜之二十四

艺术结构——美的造形（下）⋯⋯⋯崔道怡　朱　伟

1987 年第 12 期　刊名:《希望》
目录

中篇短卷

海誓⋯⋯⋯⋯⋯⋯⋯⋯⋯⋯⋯⋯朱剑钟

短篇小说

暗房⋯⋯⋯⋯⋯⋯⋯⋯⋯⋯⋯⋯许　辉
走出校门第一步⋯⋯⋯⋯⋯⋯⋯郭　璐
女人的世界（二篇）⋯⋯⋯⋯⋯舟　舟
历史没有凝固⋯⋯⋯⋯⋯陈秋生　莫大祥
一起走⋯⋯⋯⋯⋯⋯⋯⋯⋯⋯⋯生晓清
泉⋯⋯⋯⋯⋯⋯⋯⋯⋯⋯⋯⋯⋯陈德明
淮河人⋯⋯⋯⋯⋯⋯⋯⋯⋯⋯⋯简　宏

遥远的楠木村⋯⋯⋯⋯⋯⋯⋯⋯江　虹

小小说

丈夫的妻子⋯⋯⋯⋯⋯⋯⋯⋯⋯高　宁
酒仙⋯⋯⋯⋯⋯⋯⋯⋯⋯⋯⋯⋯刘新中
梅子红时⋯⋯⋯⋯⋯⋯⋯⋯⋯⋯詹谷丰

未来作家天地

晚潮⋯⋯⋯⋯⋯⋯⋯⋯⋯⋯⋯⋯牧　海

翻译小说

倾诉⋯⋯⋯⋯［美］卡森·麦卡勒斯著　鲁书江译

小说艺术探胜之二十五

自然之文——结构之法（上）⋯⋯⋯崔道怡　朱　伟

1988 年第 1 期　刊名:《希望》
目录

短篇小说

非幻觉记忆⋯⋯⋯⋯⋯⋯⋯⋯⋯张立波
春夜有鸟啼⋯⋯⋯⋯⋯⋯⋯⋯⋯少　鸿
父子篇二题⋯⋯⋯⋯⋯⋯⋯⋯⋯王明义
妈妈告诉我⋯⋯⋯⋯⋯⋯⋯⋯⋯周　昕
房门只有一人宽⋯⋯⋯⋯⋯⋯⋯韩立群
寻找⋯⋯⋯⋯⋯⋯⋯⋯⋯⋯⋯⋯林汉秋
绝跳⋯⋯⋯⋯⋯⋯⋯⋯⋯⋯⋯⋯孙　晓
仙人洞⋯⋯⋯⋯⋯⋯⋯⋯⋯⋯⋯京　隆

翻译侦破小说

乒乓迷案⋯⋯［美］乔治·艾伦　英格兰著　金国嘉译

小小说

往事撮录（三题）⋯⋯⋯⋯⋯⋯陈章永
星星⋯⋯⋯⋯⋯⋯⋯⋯⋯⋯⋯⋯刘东风

希望的田野

套棚（小说）⋯⋯⋯⋯⋯⋯⋯⋯宫能荣

未来作家天地

落雪悄悄（小说）⋯⋯⋯⋯⋯⋯高小英

小说艺术探胜之二十五

自然之文——结构之法（下）⋯⋯⋯崔道怡　朱　伟

1988 年第 2 期　刊名:《希望》
目录

动物三题

蟑螂··················沈嘉禄
狗····················沈嘉禄
蛇····················沈嘉禄

讽刺小说二题

福兮祸所倚··············周根苗
订货会轶事··············周根苗
与时代贴近些（简评）······乃　禾

短篇小说

郁闷的蓝天··············万昌言
猎狐··················王　政
说的不是老宣············俞礼芸
愿你能理解我············邓建楚
讲解员和面包············丰晓梅
船头翘翘船尾沉··········杨继光
秋日··················乔清波

翻译小说

巴特勒之死······［美］哈罗德著　杨　华　杨秀玉译

希望的田野

金色的夕阳··············郭　平
欲望··················肖子华

未来作家天地

汉子··················桂森培
山路弯弯··············张天喜

1988 年第 3 期　刊名:《希望》
目录

短篇小说

调····················张　芡
窗····················吴晨筎
汝南埠················商金山
大渡河上有座桥··········李新华
乡人三题··············王咏阳
第四种酷刑··············周　晋
面具··················李　逊
走出那片林带············雪　村
老浪··················哲　夫
白太阳················凌　云

在咖啡馆··············刘彬彬

散文

南国欣逢贺绿汀··········江　流

小小说

还有机会··············剑瀑频
配合奖················马超羽
魔椅··················王长胜

未来作家天地

窗外，那一角蓝蓝的天······林少霞
竹沟··················滕德诚

小说艺术探胜之二十六

艺术节奏——美的神韵······崔道怡　朱　伟

1988 年第 4 期　刊名:《希望》
目录

短篇小说

左邻··················唐田人
明亮··················杨少衡
飘浮··················王太吉
小黑屋——旧巷忆旧········彭　拜
红色气球··········吴贻佳　姜贻斌
走不出的黄昏············张宗栻
学院小人物（三题）········杨　雄
名屋··················王树田

讽刺小说

酒军··················梁　毅
家庭文件··············方雨瑞

小小说

阴差阳错··············柳志刚
阿鸿的西瓜··············牧　毫
难题··················陈国庆
眼泪··················谢　涵
原则问题··············裴章传

创作自由谈

作家鲁彦周答本刊记者问

未来作家天地

老大老二老三············景耀晖
腰包··················刘振中

小说艺术探胜之二十七
语言——小说的一切·················崔道怡 朱 伟

1988 年第 5—6 期　刊名:《希望》
目录

社会小说
死亡的忏悔·································季 宇

翻译侦探小说
一个私人女侦探的恶梦
··············[美]卡尔·亚历山大著　曹建社编译

报告文学
陆军总长府里的冒名者·····················孙玉春

惊险侦破小说
第三次绑架·······························刘玉顺

社会小说
电话抢劫·································之 佑

1988 年第 7 期　刊名:《希望》
目录

短篇小说
001 之谜································胡 杰
别有一番滋味·····························章 频
"理解"之梦·····························刘玉顺
好男三筋·······························刘以林
当我想你的时候···························张建勤
道口···································立 萌

小小说
错位···································刘国芳
获奖之后·······························马鸣放

未来作家天地
超光速飞行器"CGS"（科幻小说）··············王德庆
耿大办厂（小说）·························姚玉文

1988 年第 8—9 期　刊名:《希望》
目录

一指禅大师
——阙阿水传奇（中篇人物传奇）···············许逐春

残爱（中篇纪实小说）·············徐海砚 车泽湘
"和阗玉兔"之谜（中篇武侠小说）·············九 方
棕色的马毛（中篇翻译推理小说）
············[美]厄尔·斯坦尼·加德纳著
王振平译　胡兴德校
坟场孽缘（中篇纪实文学）··················蔡慎生

短篇小说
彩云···································向本贵
癌····································杨怀忠
"死"·····························朱剑钟 顾绍彬
西部酒家之二·八斤·······················刘玉峰

散记
黄山脚下的一朵改革之花
——屯溪塑料厂记实·······················章家俊

1988 年第 10 期　刊名:《希望》
目录

纪实文学
中印边境：桑多洛无战事····················跃 渊

短篇小说
水手奇生·······························杜治洪
树怪···································谷 桑
月亏月盈·······························李辅贵
山里的女人·····························朱东旭
红色荒漠十三号···························李洪洋
老涛的日子·····························何小原
消失的红娘·····························陈友棣

翻译小说
银货两讫···············[日本]山川和夫作　高 宁译
夜半拜访者···············罗伯特·亚瑟著　林绳缤译

小小说
卖鱼···································李恒瑞
关于办公室的学问··························苑 涛

未来作家天地
月亮和大山的梦···························崔振椿

1988 年第 11—12 期　刊名：《希望》
目录

中篇纪实文学

神秘的妻子⋯⋯⋯⋯⋯⋯⋯⋯⋯⋯熊尚志

纪实报告

大特区：披沙淘金的牛仔们⋯⋯⋯⋯胡　彬
秘密档案⋯⋯［坦桑尼亚］伊迪·冈扎尔著　黄炯相译
绳子精（中篇言情小说）⋯⋯⋯⋯⋯程多富
死亡录音带（中篇侦破小说）⋯⋯⋯何志国

《戏剧创作》
（《戏剧文学》）

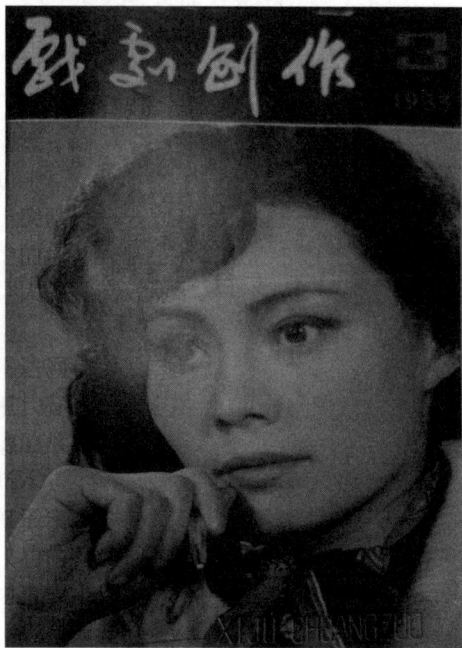

【简　介】

　　戏剧期刊。吉林省艺术研究院主办。创刊于 1978 年。1986 年由《戏剧创作》更名为《戏剧文学》。1986 年第 1 期起由双月刊改为月刊。其为吉林省唯一的戏剧专业期刊。刊发戏剧类作品，兼发大量关于戏剧创作的评论文章，促进戏剧艺术事业的繁荣。

期刊号：1982 年第 1 期—1989 年第 12 期

1982 年第 1 期　刊名：《戏剧创作》
目录

专论

热情反映我们伟大的时代⋯⋯⋯⋯⋯刘淑明

剧本

飞向延安（六场话剧）⋯⋯⋯⋯冯世琦　王尤天
伯乐相马（小戏曲）⋯⋯⋯⋯⋯⋯段昆仑
卖豆腐的小伙子（独幕话剧）⋯⋯金　勋　陈雪鸿翻译

剧作者谈创作

"写古原是为今人"——记著名戏剧家马少波谈历史
剧创作中的几个问题⋯⋯⋯⋯⋯⋯文中俊
无奇不成戏⋯⋯⋯⋯⋯⋯⋯⋯⋯⋯孙持正
强拧的瓜不甜
——浅谈深化剧本主题过程中的得失⋯⋯张一虹

《飞向延安》笔谈

在历史真实的跑道上起飞——谈话剧《飞向延安》的
现实主义艺术特色⋯⋯⋯⋯⋯⋯⋯李　政
水到渠成，飞向延安
——话剧《飞向延安》结构漫议⋯⋯石　帆

作家与作品

略谈《伪君子》的艺术特色⋯⋯⋯⋯家　坪

剧评

立意尖新，别开生面
——小戏曲《伯乐相马》读后⋯⋯⋯未　卜

随笔

人物关系与性格描写⋯⋯⋯⋯王建高　邵桂兰
漫谈戏之改⋯⋯⋯⋯⋯⋯⋯⋯⋯⋯吴英俊

札记

戏曲人物肖像描写漫议——读戏曲片电影文学剧本
《花为媒》札记⋯⋯⋯⋯⋯⋯⋯⋯辛　夷

青年剧作者之友

在"窗户纸"尚未捅破之前⋯⋯⋯⋯肖　文

外国戏剧流派简介

表现主义戏剧⋯⋯⋯⋯⋯⋯⋯⋯⋯路海波

舞台上下

漫谈刘喜亮的武功特点⋯⋯⋯⋯⋯闲　云

补白
果戈理焚稿……………………………石 义

美术·摄影
评剧《凤还巢》剧照（王曼玲饰程雪娥）（封面）
……………………………阎德林摄
封面题字………………………………方起东
题图、插图…………………沃保华 又 鸣
图案设计…………………公电坤 段惠波
标题题字…………………石东华 袁履霜
摄影…………………何里寒 李 岛 张友和
杨秀森 柴景顺 孙继昌 刘 渊 石 泉 魏延昌
谭秀文 杨明华
话剧《家务事》布景设计（封底）……俞国梁
版式、装帧设计………………………杨明华

1982 年第 2 期 刊名:《戏剧创作》
目录

专论
谈戏曲现代戏………………………肖 甲

剧本
三放参姑娘（小吉剧）…………………王 肯
无事生非（八场现代风俗喜剧）………杨廷玉
洁白的玉兰花（电视剧文学剧本）…李 政 谷俊杰
县长来了（独角戏）…………………栾淑芳

话剧《孙中山》笔谈
集中笔墨 深入开掘——评话剧《孙中山》…愚 氓
先驱者的光辉形象……………………李 超

剧评
功夫全在"炼"字上
——评王肯新作《三放参姑娘》………王兆一
儿童戏剧的一朵新花——简评电视剧文学剧本《捡废纸的孩子》…………………张 涂

曲海拾粹
寓情于景 情景交融——读《西厢记·长亭送别》的两段曲词……………………星 汉

吉剧剧目史话（之六）
草木迎春众手栽……………………李 改

关于塑造社会主义新人形象问题讨论
让更多的"新人"走上舞台…………吴英俊
生活的丰富性与新人的多样性………高 峰

不能把社会主义新人和普通人混同起来……高 山

外国戏剧流派简介
象征主义戏剧…………………………路海波

消息
省文化局直属单位召开戏剧创作题材规划会
长春市第八次戏剧创作会议在长春举行
通化地区举办戏剧创作研究会

美术·摄影
京剧《西厢记》剧照（王凤霞饰崔莺莺）（封面）
……………………………郑 捷摄
题图、插图…………于占湖 肇玉厚 杨明华
题字…………………袁履霜 石东华
图案、尾花…………公电坤 董瑶石
摄影…………………………谭秀文等
速写（封三）…………阿 老作画 泉 声配诗
京剧《一代巾帼》布景设计（封底）…润 涛

1982 年第 3 期 刊名:《戏剧创作》
目录

专论
永远植根在人民之中——学习《在延安文艺座谈会上的讲话》札记…………………倪 天

剧本
献给小朋友们的礼物
美丽泉（童话京剧）…………董瑞石 李连海
武松打虎（童话京剧）………徐昶奎 阎宗孝
寒号鸟（童话歌舞剧）………………齐铁雄
嫦娥与后羿（七场戏曲）……………文中俊
心灵的呼唤（电视文学剧本）………范峥嵘

剧评
在新的探索中前进——一九八一年全省评奖创作剧目述评…………………………海 风
要从儿童的心理出发——《美丽泉》、《寒号鸟》、《武松打虎》读后……………………海 伦
挖掘生活中的美
——评独幕话剧《卖豆腐的小伙子》………严 武
碧海青天见丹心——《嫦娥与后羿》读后……他山石

吉剧剧目史话（之七）
莫道浮云终蔽日 严冬过尽绽春蕾………李 改

随笔

尽在山程水驿中⋯⋯⋯⋯⋯⋯⋯⋯辛 夷

不出场的主角⋯⋯⋯⋯⋯⋯⋯⋯⋯田子馥

戏剧语言琐谈⋯⋯⋯⋯⋯⋯⋯⋯⋯杨世祥

无暇之玉最美⋯⋯⋯⋯⋯⋯⋯⋯⋯学 言

读者与观众

农村欢迎小戏⋯⋯⋯⋯⋯⋯⋯⋯⋯林长发

不要忘掉小戏⋯⋯⋯⋯⋯⋯⋯⋯⋯山 河

关于塑造社会主义新人形象问题的讨论

努力发掘社会主义新人的心灵美⋯⋯⋯陶 蒂

要写出新人的时代亮色⋯⋯⋯⋯⋯⋯杨荫隆

年年岁岁花相似，岁岁年年人不同⋯⋯孙 超

外国戏剧流派简介

未来主义戏剧⋯⋯⋯⋯⋯⋯⋯⋯⋯路海波

消息

吉林地区召开戏剧创作工作会议

白城地区召开戏剧创作题材规划会

补白

戏剧家轶事一则

美术·摄影

吉剧《春雨红花》剧照（杨俊英饰教师高洁）（封面）

⋯⋯⋯⋯⋯⋯⋯⋯⋯⋯⋯⋯朱 光摄

题图、插图⋯⋯⋯王 杰 王犁犁 张莲丽 杨明华

题字、篆刻⋯⋯⋯⋯⋯⋯⋯⋯秋 舍 袁履霜

图案、尾花⋯⋯⋯⋯⋯⋯⋯⋯李振镛 谷长林

摄影⋯⋯⋯⋯⋯⋯⋯⋯⋯⋯⋯⋯刘 渊等

《台湾剑客》布景设计图（封底）⋯⋯⋯肖克城

1982 年第 4 期 刊名:《戏剧创作》

目录

专论

创造出更多新时代的剧作

——近两年戏剧创作情况述评⋯⋯⋯海 澎

再接再厉 继续前进

——祝我省六个剧本获奖⋯⋯⋯⋯⋯艺 声

剧本

乔迁之喜（六场话剧）⋯⋯苏瑞岭 单崇峻 成滴石

生活中的艺术（独幕话剧）⋯⋯⋯⋯赵国庆

猪为媒（小戏曲）⋯⋯⋯⋯⋯⋯⋯崔北桥

话剧《乔迁之喜》笔谈

在塑造新人形象上的探索——谈话剧《乔迁之喜》中

佟钟的形象⋯⋯⋯⋯⋯⋯⋯⋯⋯⋯文 平

真实·生动·深刻——《乔迁之喜》读后⋯⋯⋯吴英俊

剧作者谈创作

试图写真实的人⋯⋯⋯⋯⋯⋯⋯⋯郑守志

深入剧团 熟悉舞台⋯⋯⋯⋯⋯⋯段昆仑

青年剧作者之友

做清醒的热情的有心人

——戏剧创作通讯之七⋯⋯⋯⋯⋯肖 文

曲海拾粹

词美不厌百回读

——评剧《刘巧儿》唱段赏析⋯⋯⋯张 涂

舞台上下

简论刘中的丑角艺术⋯⋯⋯⋯⋯⋯晓 顾

读者与观众

请剧作家多写点反映工厂生活的戏⋯⋯史 璠

外国戏剧流派简介

超现实主义戏剧⋯⋯⋯⋯⋯⋯⋯⋯路海波

光荣榜

我省获得 1980—1981 年全国优秀剧本奖作品名单

消息

省第三期戏剧创作讲习会在长举办

美术·摄影

吉剧《三放参姑娘》剧照（王桂芬饰参姑娘）（封面）

⋯⋯⋯⋯⋯⋯⋯⋯⋯⋯⋯⋯⋯阎德林摄

题图、插图⋯⋯⋯⋯⋯姚向东 包泰祥 杨明华

篆刻、题字⋯⋯⋯⋯⋯⋯⋯⋯⋯袁履霜 秋 舍

摄影⋯⋯⋯⋯⋯⋯⋯⋯⋯⋯⋯⋯杨明华等

歌剧《长相思》布景设计（封底）⋯⋯⋯吕也厚

1982 年第 5 期 刊名:《戏剧创作》

目录

剧本

春到海兰江（六场话剧）

（朝鲜族）崔静渊 陈雪鸿翻译

沈氏三霞（十一场京剧）⋯⋯⋯⋯⋯正 义

后娘（广播剧）⋯⋯⋯⋯⋯⋯⋯⋯盖 生

剧评

海兰江畔一枝春——喜看话剧《春到海兰江》····齐　楚

剧作者谈创作

美的灵魂必胜·················石　丹
我感谢生活——《王显能》创作札记··········冯延飞
忆金山同志对我省话剧事业的关怀··········赵云龙

随笔

已出场的"闲人"——读剧札记···········田子馥
戏剧的"奇"与"偶"················李　政

青年剧作者之友

金童（儿童小戏曲）················王晋北
《金童》评点··················苗中一

专访

壮心不已话当年——访省戏校顾问李岱同志···张　涂

美术·摄影

《金童》剧照（徐枫饰婷姐、王连生饰小明）（封面）
·······················高　原摄
题图、插图·········沃保华　林百石　董瑞石
题字·····················秋　舍
图案·····················段慧波
摄影····················魏延昌等
吉剧《春雨红花》布景设计图（封底）
·················王晓冰　王力学

1982 年第 6 期　刊名:《戏剧创作》

目录

戏剧创作要高举共产主义思想的旗帜··········闻　屏

剧本

少帅传奇（八场话剧）··········李　政　赵云声
他是一片绿叶（电视剧）···蔡行远　刘忠慰　姜衍忠

笔谈

《少帅传奇》演员笔谈··············雷广瀛等

祝贺全国儿童剧观摩演出（北方片）成功

关于儿童剧的通信················迪　魂
从生活出发　从人物出发············潘耀斌
一片童心话童剧
——访著名儿童文学家叶君健·········海　风

剧作者谈创作

真情·妙趣·险笔
——吉剧《包公赶驴》的改编··········王　背

剧评

一出令人喜爱的小戏···············辛　夷

青年习作者之友

可喜的第一步
——介绍青年剧作者杨廷玉···········海　伦

舞台上下

《少帅传奇》导演杂记··············王　旭

外国戏剧流派简介

存在主义戏剧··················路海波

读者与观众

欲精还得细雕琢·················学　言

补白三则

美术·摄影

童话京剧《寒号鸟》剧照（封面）········高　原摄
题图、插图·················向　东　鸣铧
篆刻、题字·············陈　澍　平　楚
摄影····················张友和等
儿童话剧《闪光的心》布景设计（封底）·····王凤林

1983 年第 1 期　刊名:《戏剧创作》

目录

剧本

红杏出墙（七场评剧）··············杨廷玉
警察和孩子们（五场话剧）···········张中梁
女鞋匠（小吉剧）················李铁人

努力开创戏剧评论工作新局面

坚持下去　定有益处··············本刊评论员
努力开创戏剧评论的新局面
——全省戏剧评论工作会议侧记········中　焉

专论

揭示新的矛盾　反映新的生活·········肖　木

《红杏出墙》笔谈

乡情·激情·可贵的情
——《红杏出墙》读后感············王兆一

小生产狭隘眼界的一个突出代表
——试谈陈九叔形象塑造的典型意义……………孙　超

青年剧作者之友
学戏日记……………………………………………王　肯

1983 年第 2 期　刊名:《戏剧创作》
目录

剧本
闪光的心（九场儿童话剧）
…………………………魏　峥　贾淑云　罗　满
谁最有人情（广播剧）………………高　光　胡培奋
识马周（小京剧）…………………………………符季君
三姑爷（小戏曲）…………………张福先　张惠文
一窝蜂似地挤进门（独幕讽刺喜剧）……………翟剑平

关于戏剧作品生命力问题的讨论
探索艺术生命力的奥秘……………………………栾昌大
艺术的生命在于真实………………………………吴英俊

剧作者谈创作
独特的人物关系是戏剧结构的基础………………杨廷玉
不可主观　要有主见
——修改《寒号鸟》一得…………………………齐铁雄

随笔·杂感
戏剧，巧的艺术……………………………………高　山
反差与和谐…………………………………………郭少波

1983 年第 3 期　刊名:《戏剧创作》
目录

剧本
苦辣酸甜（七场现代评剧）………………………陈　雷
结晶（电视剧）……………………………………赵国庆
三上门（独幕话剧）………………………………田中溪
迎春晨曲（独幕话剧）……………………………王　焱

关于戏剧作品生命力问题的讨论
主题思想与艺术生命………………………………艾　辛
戏剧艺术的生命力取决于什么……………………隗　蒂
可贵的娱乐性
——兼论戏剧作品艺术生命力秘密之所在………关德富

本省剧作家研究
评李杰的话剧创作…………………………………庐　湘

剧评
努力表现新的生活新的人物
——一九八二年全省获奖现实题材剧目述评……海　风

1983 年第 4 期　刊名:《戏剧创作》
目录

剧本
忧与喜（大型轻喜剧）
…………………………（朝鲜族）金　勋编剧　陈雪鸿翻译
泰山铁罗汉（七场京剧）
…………………………………李冲元　李学志（执笔）
中秋月下（拉场戏）………………………………王秀侠

专论
戏剧，征服观众的艺术……………………………曲六乙

剧评
悲壮豪放　以情动人
——评京剧《泰山铁罗汉》………………………李翔云
要使人物形象立体化——浅谈评剧《苦辣酸甜》中向
飞飞的形象塑造……………………………………于天文
浅谈《少帅传奇》的结构…………………………杜　林
求"拙"——《少帅传奇》观后感…………………王天槙
一个闪光的小配角
——读小吉剧《女鞋匠》有感……………………陈兹传

1983 年第 5 期　刊名:《戏剧创作》
目录

为开创吉剧事业的新局面阔步前进
——祝贺我省第一节吉剧汇演大会胜利闭幕……王　充

独擅白山泥土香
让吉剧跟着时代的步伐前进………………………华　迦
探索·创新·时代精神
——首届吉剧汇演观摩一得………………………向　阳
芳邻香尘育名花……………………………………安于田
观摩杂咏（绝句六首）……………………………李　野
从零开始……………………………………………王　肯
众人是圣人…………………………………………王兆一
词二首………………………………………………泉　声

剧本
桃李逢春（六场现代吉剧）………………………张贵敏
生活是创作的源泉
——张贵敏同志一席谈……………………………海　伦

1983 年第 6 期　刊名:《戏剧创作》
目录

剧本

西瓜今日甜（七场吉剧）·············张国庆

云遮月（七场歌剧）···········乔　迈　孙孟侯

铁砚磨穿（广播剧）·················盖　生

关于戏剧作品生命力问题的讨论

概念化是影响戏剧作品生命力的一个顽症······丁海鹏

谈谈政治与戏剧作品的艺术生命力·········洪　斌

剧作者谈创作

吉剧《晴雯传》杂谈················田子馥

要以人物为中心来结构戏剧

——《西瓜今日甜》创作中的一点体会······张国庆

从观众谈"戏"谈起················王秀侠

评论与研究

浅谈戏剧主题的深化················陈　雷

妙趣横生　喜乐相间················胡孟雄

随笔

山不在高，有仙则名——谈戏剧的哲理性······安　葵

青年剧作家之夜

学戏日记······················王　肯

学习与借鉴

有声无形的特殊"角色"

——介绍川剧帮腔艺术··········米　谜　王永昌

1984 年第 1 期　刊名:《戏剧创作》
目录

清除精神污染　繁荣戏剧创作··········本刊评论员

向人民奉献最好的精神食粮

——学习《邓小平文选》的体会·········金钟鸣

剧本

慧梅出嫁（八场吉剧）···············赵　赴

小站（四幕话剧）··················张志新

甜甜的奶水（电视剧）·········温玉杰　王曦昌

马上剧评·······················胡　沙

关于戏剧作品生命力问题的讨论

人物形象和戏剧作品的生命力···········刘淑明

关于现实主义的典型化问题

——戏剧作品的生命力在于典型化········郭铁城

剧作者谈创作

小戏求"巧"····················苗中一

绝处逢生　戏在其中················王晋北

随笔·札记

辩证地看待"减头绪"···············吴乾浩

曲折多变　冷中求热················星　汉

戏剧创作与球赛··················周大同

曲海拾粹

匠心妙笔写真情

——吉剧《包公赔情》唱词欣赏··········张　辰

美术摄影

话剧《安娜·克利斯蒂》剧照（李丽饰安娜·克利斯蒂）（封面）···················高　原摄

歌剧《云遮月》设计图（封底）·······孟翔飞　董孟羽

题图、插图·······吴景田　朱　荑　公电坤　董瑞石

摄影························陶　沙等

1984 年第 2 期　刊名:《戏剧创作》
目录

剧本

夕照青山（四幕话剧）···············郑守志

红狐传（十场吉剧）·················张　楫

归家（独幕话剧）··················雷　云

马上评剧·······················胡　沙

剧作者谈创作

星移斗转　雨覆风翻

——谈我们在《少帅传奇》中的艺术追求······李　政

关于戏剧作品生命力问题的讨论

剧本的生命力取决于人物塑造···········谭需生

思想性、艺术性及其他

——与陶蒂、左之然等同志商榷·········未　卜

随笔·札记

钢刀与磨刀石····················吴英俊

"戏忌叙"议·····················沈志冲

青年剧作者之友

以美的心灵谱写心灵美

——独幕话剧《归家》读后感···········王兆一

美术摄影

封面设计⸺⸺⸺⸺⸺⸺⸺⸺李振铺

评剧《明月沟》剧照（赵丹红饰梁秀珍）（封面）

⸺⸺⸺⸺⸺⸺⸺⸺⸺郑维汉摄

题图、插图⸺⸺⸺⸺⸺高向阳 王犁犁

摄影⸺⸺⸺⸺⸺⸺⸺⸺⸺杨明华

吕剧《哑女告状》设计图（封底）⸺⸺胡敬涛

1984 年第 3 期　刊名:《戏剧创作》

目录

剧本

再回头是百年人（多场次话剧）⸺⸺⸺赵国庆

好花难开（六场吉剧）⸺⸺⸺⸺⸺蓝　雨

生活啊，生活……（电视剧）⸺⸺谷俊杰　刘　丽

剧评

马上剧评⸺⸺⸺⸺⸺⸺⸺⸺⸺胡　沙

去探索心灵的奥秘

⸺⸺《慧梅出嫁》观剧随想⸺⸺⸺⸺范峥嵘

剧作者谈创作

走来尽是艰难步　回望拙处如许多

⸺⸺《慧梅出嫁》创作中所遇到的⸺⸺赵　赴

随笔·札记

话不投机半句多⸺⸺⸺⸺⸺⸺南　丁

女儿玩具的启示⸺⸺⸺⸺⸺⸺海　伦

青年剧作者之友

戏曲唱词修辞例释（上）⸺⸺⸺⸺张　辰

补白

高尔基谈戏剧创作

炸弹，五分钟内就要爆炸！⸺⸺⸺⸺沙　冰

美术摄影

封面设计⸺⸺⸺⸺⸺⸺⸺⸺⸺李振铺

封面摄影（张瑞琴在话剧《网》中饰秦小梅）

⸺⸺⸺⸺⸺⸺⸺⸺⸺⸺郑维汉

封底设计图（话剧《再回头是百年人》）⸺⸺姚鸿斌

题图、插图⸺⸺⸺⸺龙震海　姜万友　杨明华

篆刻、题字⸺⸺⸺⸺⸺⸺⸺⸺袁履霜

摄影⸺⸺⸺⸺⸺⸺⸺⸺⸺朴东春等

1984 年第 4 期　刊名:《戏剧创作》

目录

剧本

生活多美好（八场话剧）⸺⸺⸺⸺左　华

风雨菱花（七场黄龙戏）⸺⸺⸺⸺杨廷玉

剧评

马上剧评⸺⸺⸺⸺⸺⸺⸺⸺⸺胡　沙

剧作者谈创作

生活的滋养⸺⸺⸺⸺⸺⸺⸺⸺崔德志

吉剧天地

在优势面前⸺⸺⸺⸺⸺⸺⸺⸺王兆一

谈谈吉剧的戏剧情调⸺⸺⸺⸺⸺关德富

关于戏剧作品生命力问题的讨论

谈对生活的"烂熟"和"吃透"⸺⸺⸺郑守志

生活·创作·生命力⸺⸺⸺⸺⸺冯廷飞

根固木长　源深流远⸺⸺⸺⸺⸺李　改

本省剧作家研究

赵国庆的话剧创作⸺⸺⸺⸺⸺⸺高　峰

剧作家修养

戏曲作家修养杂识⸺⸺⸺⸺⸺⸺杨世祥

青年剧作者之友

戏曲唱词修辞例释（下）⸺⸺⸺⸺张　辰

小舞台

送豆（小戏曲）⸺⸺⸺⸺⸺⸺⸺王福义

《送豆》导演提示⸺⸺⸺⸺⸺⸺窦温莉

双送礼（二人转）⸺⸺⸺⸺⸺⸺马福勤

美术摄影

封面设计⸺⸺⸺⸺⸺⸺⸺⸺⸺李振铺

封面摄影（姜哲在《岷山春风》中饰小莲子）

⸺⸺⸺⸺⸺⸺⸺⸺⸺⸺郑　捷

封二题辞（著名戏剧家吴祖光寄语本刊）

封底设计图（评剧《新婚之喜》）⸺⸺郑志超

题图、插图⸺⸺⸺⸺朱　英　高向阳　雷雨霖

篆刻、题字⸺⸺⸺⸺⸺袁履霜　石东华　张景辉

图案设计⸺⸺⸺⸺⸺⸺⸺⸺⸺许俊杰

1984 年第 5 期　刊名:《戏剧创作》

目录

祝贺·希望·探讨

三省话剧创新与提高的盛会·········孙　芋
让话剧在改革中前进···············王志超
话剧创作的当务之急···············杨宝琛
欢迎与希望·······················杨村夫
在开拓中前进·····················赵国庆
对话剧作创新的思考···············康洪兴

剧本

五色捻（八场京剧）···············符季军
小楼轶事（四幕话剧）
　　温玉杰（执笔）　张岱军　王曦昌　范峥嵘

研究·评论

马上剧评·························胡　沙
戏剧创作漫谈·····················李庆成

本省剧作家研究

论赵羽翔的独幕剧创作·············卢　湘

关于戏剧作品生命力的讨论

戏剧作品的当代性和深度问题·········铁　城
剧作家的思想深度与作品的生命力·······家　坪

专访

难忘的时刻
　——记曹禺同志为本刊题词·········辛　夷

小舞台

窦大娘私访（拉场戏）·············赵　准
《窦大娘私访》导演提示···········刘富英
猪八戒醉酒（二人转）·············于成和

题辞

为人民、为社会主义的戏剧事业奋斗终身（封二）
·······························曹　禺

美术·摄影

封面摄影（二人转演员陈树新）·······王立受
题图·插图·················雷雨霖　杨明华
题字···························高向阳
封底舞美设计图（吉剧·穆桂英赔情）·····陈大明

1984 年第 6 期　刊名:《戏剧创作》

目录

剧本

生活的脚步（六场话剧）···········邱苏滨

研究·评论

马上剧评·························胡　沙
剧作的思考与感情·················朱以中
善于把简单的事情复杂化·······王建高　邵桂兰

评话剧《再回头是百年人》

可贵的探索
　——读剧本《再回头是百年人》·······张炳煊
两代人三面镜子···················赵　风

名著赏析

《熙德》人物内心冲突的描写艺术·······家　坪

随笔·札记

"闯入者"的神通··················田子馥
谈戏的开头·······················艺　絮
情与理小议···················庐　湘　何一之

专访

绿叶无心比颜色，输丝默默织繁华
　——记马少波同志一席谈···········辛　夷

创作轶闻

筑·虎符及其他···················马清福

小舞台

大路通天（小戏曲）···············李鹏飞
月上柳梢头（小戏曲）·············王福义
万老大还债（拉场戏）·············苏景春
马师傅查门（小戏曲）·············段昆仑
巧轧亲（二人转）·················张景义

题词

以优质新作丰富祖国戏剧宝库（封二）·······马少波

美术·摄影

题图、插图·············孙静茹　阿　良　许俊杰
题字···························郑鹏飞
图案设计·························公电坤
封底舞美设计图（京剧《三打祝家庄》第三场）
·······························陈　力
封面设计（青年演员徐红梅）·········杨明华

1985 年第 1 期 刊名:《戏剧创作》

目录

剧本

大江流去（五场话剧）················赵文瀚
水道街谋杀案（电视连续剧）·········李 政 徐陆英

小舞台

姜四辣买马（二人转）··············李桂仲

评论

一九八四年全省创作剧目评奖简评········郭铁城
诗情画意 蕴意深刻
——印度现代名剧《飞》浅谈··········赵云龙

剧作者谈创作

我的戏是这样写出来的···············郝国忧

关于戏剧作品生命力问题的讨论

努力创作体现我们伟大时代精神的作品······辛 夷

吉剧天地

关于吉剧编剧的六封信···············王 肯

戏剧创作讲座

关于话题民族化的问题···············谭霈生

国际剧坛

飞（四场话剧）·······[印度]乌·阿希格 郁龙余译
来源于生活的台词·······[苏]亚·盖利曼 赵鼎真译

题词

戏剧工作者要努力学习，深入生活，扩大知识面，提高作品的思想和艺术质量，为建设高度文明和高度民主的新中国而奋斗···············夏 衍

美术·摄影

封面设计·····················公电坤
封面摄影（彩色故事片《相约在凤尾竹下》剧照）
··························长影供稿
题图·插图··········龙震海 林百石 沃保华
题字················石东华 公电坤
图案·尾花设计··················刘 克
封底舞美设计图（《再见吧，梅花鹿》）
··················南成哲 田成焕

1985 年第 2 期 刊名:《戏剧创作》

目录

剧本

太平歌（六场评剧）················张国庆
写悲剧，为的是不让悲剧重演
——《太平歌》的创作初衷··········张国庆
爱情变奏曲（多场次通俗喜剧）·········孟宪礼
水道街谋杀案（电视连续剧）·····李 政 徐陆英

小舞台

《转轴子》受审（小戏曲）············左振彬
《〈转轴子〉受审》导演提示···········邹 肖
包公断太后（二人转）··············张 震

纪念赵羽翔从事戏剧创作三十周年

按照我的见地写我的戏
——为赵羽翔从事戏剧创作三十年而作······关德富
赵羽翔同志从事戏剧创作三十周年纪念会在长春召开
··························孙桂林

剧作者谈创作

我的东北心
——《少帅蒙难记》创作随感·········陈欲航
忠于生活 勇于探索
——创作话剧《将军的战场》点滴体会·····杨宝琛

剧评

由《生活的脚步》所引起的思考··········庐 湘

吉剧天地

关于吉剧编剧的六封信（之二）··········王 肯

戏剧创作讲座

人物形象与人学观·················谭霈生

曲海拾粹

别情凄婉 佳曲醉人
——元杂剧《倩女离魂》曲词赏析·······祝肇年

艺苑撷英

戏曲家逸闻二则··················马清福
美国华裔剧作家黄大卫
谈谈外国的小剧场
李玉茹六十岁开始编戏

消息

吉林省奖励在国内国际获奖作品

甘肃省对戏剧创作实行重奖

题辞（封二）·····················张　真

美术·摄影
封面设计····················公电坤
封面摄影（电影演员方舒）··········大　民
题图、插图··········王犁犁　潘喜良　杨明华
图案、尾花···········许俊杰　仇淑清
封底舞美设计图（吉剧《三放参姑娘》）·····李树春

1985 年第 3 期　刊名:《戏剧创作》
目录

剧本
城市＋农民＝?（六场轻喜剧）
·········（朝鲜族）李光洙编剧　陈雪鸿翻译
水道街谋杀案（电视连续剧）·······李　政　徐陆英

小舞台
鞭炮声声（小戏曲）··············赵延飞
附:《鞭炮声声》导演提示··········孙修兰
陈大脚说媒（二人转）············李鹏飞

"六·一"致礼
憨水泡（儿童小戏曲）············刘德春
把最新最美的艺术花朵献给孩子········冷　岩

剧作者谈创作
思考中的追求··················赵国庆

吉剧天地
关于吉剧编剧的六封信·············王　肯
吉剧，自有天地
——纵谈吉剧观················田子馥

集思录
观众正在向戏剧要求什么?··········郭铁城
创造具有时代美的戏剧形象··········丁海鹏
破"隔"方有常青树··············司马方华

戏剧创作讲座
人物形象与人学观（续）···········谭霈生

随笔·札记
睹影知竿乃妙··················高　峰
"戏剧诗"小议··················严　肃

本期剧作笔谈
新时期变革生活的风俗画
——评《城市＋农民＝?》··········星　汉
谈《城市＋农民＝?》的喜剧情境·······中　焉

名著赏析
《上海屋檐下》的布局技巧··········洪　欣

题词
积极扶植创作队伍，努力提高作品质量·····郭汉城

美术·摄影
封面摄影（青年京剧演员薛秋萍）··吴志勇　杨明华
题图、插图············许孝诗　孙淑珍
封底舞美设计图（新城戏《红罗女》第三场）
·····················林秉忠

1985 年第 4 期　刊名:《戏剧创作》
目录

剧本
曲径通幽（七场吉剧）·············赵　赴
有觅处，费功夫
——《曲径通幽》创作回想··········赵　赴

小舞台
结婚纪念日（独幕话剧）············左　华
《结婚纪念日》导演提示············丁一民
爱的风景线（独幕话剧）············翟剑平
初次登门（拉场戏）··············秦恩和
猜不透的谜（独角戏）············栾淑芳
月为媒（二人转）···············隋程雁

剧作者谈创作
关于《康熙出政》的创作············毛　鹏
依据人物性格，合理虚构情节
——京剧《冯玉祥政变记》的创作体会·····孔凡燕

吉剧天地
关于吉剧编剧的六封信（之四）········王　肯

吉林省剧　作家研究
根深叶茂
——简论王肯吉剧创作的艺术追求·······关德富

戏剧创作讲座
人物形象与人学观（续二）··········谭霈生

名著欣赏
《桃花扇》的艺术构思⋯⋯⋯⋯⋯⋯⋯⋯⋯沈　默

随笔・札记
对比中的启示⋯⋯⋯⋯⋯⋯⋯⋯⋯⋯⋯范华群
漫谈戏剧中的"疯子"⋯⋯⋯⋯⋯⋯⋯⋯陈仁川
说"笑"
——看戏随笔⋯⋯⋯⋯⋯⋯⋯⋯⋯⋯⋯陈长义

题词
促进优秀剧作的产生，为人民服务、为社会主义服务
⋯⋯⋯⋯⋯⋯⋯⋯⋯⋯⋯⋯⋯⋯⋯⋯张　庚

美术・摄影
封面设计⋯⋯⋯⋯⋯⋯⋯⋯⋯⋯⋯⋯⋯王犁犁
封底（《葵姬》舞美设计图）⋯⋯⋯[日]川村佳子
题图・插图⋯⋯⋯⋯⋯⋯谷长林　冯志斌　杨明华
题字⋯⋯⋯⋯⋯⋯⋯⋯⋯⋯⋯⋯⋯⋯任洪奎

剧作者谈创作
剧作家的甘苦⋯⋯⋯⋯⋯⋯⋯⋯⋯⋯⋯王　正

成才之路
沙叶新的成才之路⋯⋯⋯⋯⋯⋯⋯吴　星　李　涵

研究・探索・争鸣
也谈活人、巧思与勾头
——观摩二人转新剧目有感⋯⋯⋯⋯⋯李　改
传神戏话⋯⋯⋯⋯⋯⋯⋯⋯⋯⋯⋯⋯王东局

戏剧创作讲座
人物形象与人学观（续三）⋯⋯⋯⋯⋯谭需生

艺苑撷英
难得的《宦门子弟错立身》⋯⋯⋯⋯⋯杨世祥

曲海拾粹
美奂美轮《蝶双飞》⋯⋯⋯⋯⋯⋯⋯⋯乔　迈
题词⋯⋯⋯⋯⋯⋯⋯⋯⋯⋯⋯⋯⋯⋯黄佐临

美术・摄影
封面设计⋯⋯⋯⋯⋯⋯⋯⋯⋯⋯⋯⋯杨明华
题图・插图⋯⋯⋯⋯⋯⋯⋯⋯⋯谷长林　朱　莫
题字・篆刻⋯⋯⋯⋯⋯⋯⋯⋯⋯袁履霜　王春雷
图案设计⋯⋯⋯⋯⋯⋯⋯⋯⋯张景辉　胡炳泉
封底舞美设计图（《近代能乐集》设计图）
⋯⋯⋯⋯⋯⋯⋯⋯⋯⋯⋯⋯⋯[日]大鹿文明

1985 年第 5 期　刊名:《戏剧创作》
目录

开放・思考・创新
开拓生活视野　更新戏剧观念⋯⋯⋯⋯⋯金钟鸣
燕赵悲歌（无场次多声部话剧）⋯⋯⋯⋯高　杰
关音光　李铁人　李大鹏　尹兴军　虞　坚
评《燕赵悲歌》在形式上的探索和创新⋯⋯孙立昌

国外戏剧
沙箱（独幕话剧）⋯⋯⋯⋯⋯[美]爱德华・阿尔比
阿尔比和他的《沙箱》⋯⋯⋯⋯⋯⋯⋯辛　夷
奥尼尔与荒诞派戏剧⋯⋯⋯⋯⋯王建高　邵桂兰

关东剧坛

吉剧天地
关于吉剧编剧的六封信（之五）⋯⋯⋯⋯王　肯

小舞台
墙里墙外（拉场戏）⋯⋯⋯⋯⋯⋯⋯⋯陈功范
《墙里墙外》导演提示⋯⋯⋯⋯⋯⋯⋯放　歌
县长赶集（拉场戏）⋯⋯⋯⋯⋯⋯⋯⋯马金萍
《县长赶集》导演提示⋯⋯⋯⋯⋯⋯⋯孙立清
换房相亲（二人转）⋯⋯⋯⋯⋯⋯⋯⋯冀立昌

青年剧作家摇篮

1985 年第 6 期　刊名:《戏剧创作》
目录

关东剧坛
陈老大嫁女（八场吉剧）⋯⋯⋯⋯⋯⋯栾淑芳
撩人的风（独幕话剧）⋯⋯⋯⋯⋯⋯⋯邱苏滨

小舞台
错收鲤（小戏曲）⋯⋯⋯⋯⋯⋯⋯⋯⋯王铎杉
石秀杀楼（二人转）⋯⋯⋯⋯⋯⋯⋯⋯杨　凯

吉剧天地
关于吉剧编剧的六封信（之六）⋯⋯⋯⋯王　肯

开放・思考・创新
努力建设新型的戏剧理论体系⋯⋯⋯⋯⋯辛　夷

国外戏剧
夏季作息时间（独幕话剧）⋯⋯⋯[苏]阿・萨伦斯基

引人思考的论争
——介绍苏联戏剧界围绕《外来的人》所进行的一场
争论…………………………………………李万钧　陈　雷

青年剧作家摇篮
成才之路
积水成渊
——谈曹禺的成名之前……………………………许朝增
执拗的追求者
——栾淑芳的戏剧创作之路……………………范峥嵘

剧作者谈创作
新颖·情趣·奇巧
——我写《墙里墙外》的几点体会………………陈功范

研究·探索·争鸣

争鸣篇
话剧"民族化"之我见……………………………路海波
闲话拉场戏…………………………………………段昆仑
情虽无形亦有形……………………………………沈志冲

戏剧创作讲座
人物形象与人学观（续四）……………………谭需生

美术、摄影
封面设计…………………………………………凤　子
题词………………………………………………许孝诗
题图、插图……………………………张　力　王笠君
图案、尾花……………………………张景辉　黄成稼
封底舞美设计图（吉剧《节外生枝》设计图）
………………………………………………陈大明

1986 年第 1 期　刊名:《戏剧文学》
目录

在希望的田野上，前进!…………………本刊编辑部

开放·思考·创新
抵触与淡化…………………………………………林克欢
自重·自爱·革新
——戏剧创作随想录………………………………张一虹

吉剧天地
对吉剧建议的方针既要坚持又要发展…………愚　氓

成才之路
探索的"航次"
——记青年工人剧作家贾鸿源…………………吴　星

《回头是爱》笔谈
爱情·婚姻·道德
——关于《回头是爱》的断想………………星　汉

电视剧编剧讲座
电视剧编剧概论…………………………………路海波

剧本
风流店家（六场话剧）…………………………张国庆
靠窗坐的小女孩（电视剧）
——献给首届中国教师节…………………………刘　博
回头是爱（小说体抒情心理剧·提纲稿）………罗　辑

戏剧故事
少帅春秋（电视连续剧）…………李　政　徐陆英
黄天霸江都行刺（戏曲连续故事《黄天霸传奇》之一）
…………………………………………………苏　宁
题辞………………………………………………陈白尘

美术·摄影
封面·摄影（青年演员郑香兰）………………郑　捷
题图·插图…………………谷长林　沃保华　杨明华
封二摄影…………………………………………陈　晶
封三摄影………………………………刘　渊　陶　沙
封底吉剧《宝玉哭陵》舞美设计图……………于恩廷

1986 年第 2 期　刊名:《戏剧文学》
目录

开放·思考·创新
谈"情感结构"……………………王建高　邵桂兰
寻找戏剧的历史位置……………………………温　愠
在探索中的外国戏剧……………………………徐晓中

研究·探索·争鸣
独艳松辽香一隅
——漫议"融合提炼"……………………………田子馥
金圣叹论《西厢记》技法………………………洪　欣

名著欣赏
精彩绝伦的喜剧情境
——《钦差大臣》中一场戏的赏析………………范华群

中国古典曲论简介
中国古典曲论的滥觞
——《教坊记》简介………………………………鲁　虹

电视剧编剧讲座
电视剧编剧概论（续一）—————路海波

剧本
红罗女（七场满族新城戏）
—————张来仁（执笔）王宏刚　程　迅
天空是灰色的吗（电视剧）—————董炳新
时迁偷鸡（拉场戏）—————苏景春

故事
少帅春秋（电视连续剧故事）—————李　政　徐陆英
巧合（戏剧故事）—————［苏联］亚·万比洛夫
恶虎村天霸伤义（戏曲连续故事《黄天霸传奇》之二）
—————苏　宁
溥仪护军"造反"记（戏剧故事）—————兰　天
题　辞—————林涵表

美术·摄影
封面摄影（青年演员董彦博）—————郑　捷
题图·插图—————王　杰　贾涤非　冯志斌
封三摄影—————刘燕京
封底（吉剧《铁弓缘》舞美设计图）—————吕也厚
图案设计—————穆长福　仇树清

1986 年第 3 期　刊名:《戏剧文学》
目录

开放·思考·创新
多样化：戏剧危机中的生机
——略论戏剧艺术多样化的发展趋势—————聂海风

研究·探索·争鸣
谈二人转和拉场戏的属性—————张　林
亨利·易卜生的生命还在延续
——为纪念易卜生逝世 80 周年而作—————周始元

名著欣赏
《倩女离魂》的艺术特色—————吴乾浩

中国古典曲论简介
元代的戏曲史论《青楼集》—————鲁　虹

电视剧编剧讲座
电视剧编剧概论（续二）—————路海波

剧本
野人之谜（五场儿童话剧）—————范峥嵘
绣花女（满族新城戏）—————王秀侠

棒槌怨（拉场戏）—————于宪涛　丛树德

故事
少帅春秋（电视连续剧故事）—————李　政　徐陆英
意难忘（戏剧故事）—————文中俊
天霸邀功洗浮山（戏曲连续故事《黄天霸传奇》之三）
—————苏　宁
题辞—————曲六乙

美术·摄影
封面摄影（戏曲新苗）—————王大雨
题图·插图—————朱　英　穆长福　杨明华
封三摄影（《野人之谜》剧照）—————吴志勇
封底（京剧折子戏舞美设计图）—————高俊柏

1986 年第 4 期　刊名:《戏剧文学》
目录

"戏剧文学飞虎奖"之页
首届"戏剧文学飞虎奖"获奖作品及作者
绿柳才黄半未匀
——祝贺"戏剧文学飞虎奖"授奖大会召开
—————本刊编辑部
首届"戏剧文学飞虎奖"获奖剧本漫评—————庐　湘
谈"飞虎奖"获奖戏剧作品之不足—————郭铁城

开放·思考·创新
对提高戏剧评论质量的几点看法—————迪　魂

研究·探索·争鸣
戏剧革新思辨
——兼与张一虹同志商榷—————陈　雷
眼前无路却回头
——也谈《回头是爱》—————张兰阁

电视剧编剧讲座
电视剧编剧概论（续三）—————路海波

剧本
康熙晏驾记（八场戏曲）—————张　楫（执笔）　任　远
三劝买主（拉场戏）—————秦恩和

故事
被出卖的摇篮曲（戏剧故事）—————仞　千
轭（电视剧故事）—————赵　赴
凤凰岭比武联姻（戏曲连续故事《黄天霸传奇》之四）
—————苏　宁
题辞—————赵　寻

美术·摄影
封面摄影（王兰在戏曲片《血书情》中饰湖阳公主）
....郑 捷
题图·插图........王犁犁 高向阳 董瑞石 穆长福
封二摄影..杨明华
封三摄影..陶 沙 石 泉

1986 年第 5 期　刊名:《戏剧文学》
目录

关东剧坛
"关东戏剧"刍议
——在一次讨论会上的发言............................肖 羽
"关东戏剧"的必由之路
——向传统文化心理挑战................................宋存学
拓荒者的聚会
——"关东戏剧"讨论会侧记............................叶 渔

研究·探索·争鸣
"思辨"之辩——兼答陈雷同志........................张一虹

剧作者谈创作
剧作者不妨做个"拗相公"............................段昆仑
戏剧危机带给我的思考....................................冯延飞

中国古典曲论简介
谈《太和正音谱》..鲁 虹

电视剧编剧讲座
电视剧编剧概论（续四）................................路海波

剧本
回归（两幕现代生活史）........[苏]亚历山大·加林
红楼梦（电视连续剧选载）
............................周 雷 刘耕路 周 岭
画猫知府（小戏曲）..赵 赴

故事
绿牡丹（古典戏曲故事）................................吕树坤
一个女人的一生（日本戏剧故事）................伍 悦
题辞..胡 可

美术·摄影
封面摄影（青年演员刘丹）............................郑志超
题图·插图....................王犁犁 高向阳 石 泉
封三摄影..关德富
封底话剧《十五桩离婚案的调查剖析》设计
....薛殿杰

1986 年第 6 期　刊名:《戏剧文学》
目录

研究·探索·争鸣
戏剧的忧患意识..金钟鸣
一点反思..孟 思

关东剧坛
草色遥看近却无
——漫说"关东戏剧"与文化土壤................田子馥
"关东戏剧"与关东审美意识我见................李翔云

中国古典曲论简介
以剧作家为研究中心的戏曲史论
——《录鬼簿》..鲁 虹

电视剧编剧讲座
电视剧编剧概论（续五）................................路海波
《爱情变奏曲》、《回头是岸》座谈会（发言摘要）

剧本
谁愿和我做朋友（无场次话剧）....................邱苏滨
遛马记（电视剧）................周志华 诸戈文
没事找事（小吉剧）..秦恩和

故事
赵五娘琵琶寻夫（古典戏曲故事）................阎凤海
芬兰刀和波斯丁香（外国戏剧故事）
............................[苏联]亚·万比洛夫
题辞..刘厚生

美术·摄影
封面摄影（青年演员芦杰）............................志 超
题图·插图........志 斌 瑞 石 西 木 喜 春
图案设计..李华伟
封二摄影..杨明华
封三摄影..吕也厚 魏尚纯
封底（《爱情变奏曲》舞美设计图）
....吕也厚 聂金山

1987 年第 1 期　刊名:《戏剧文学》
目录

在希望的跑道上，起飞！....................本刊编辑部

剧本
那双诚实的眼睛（电视剧）............................刘 博

模特儿复活记（小吉剧）⋯⋯⋯⋯⋯⋯万　捷
索砚（小吉剧）⋯⋯⋯⋯⋯⋯⋯⋯⋯赵月正
幽会（情景剧）⋯⋯⋯⋯⋯⋯⋯⋯⋯罗　辑
九月菊花黄（独幕话剧）⋯⋯⋯⋯⋯栾淑芳

关东剧坛
探索·超越·自省⋯⋯⋯⋯⋯⋯⋯⋯王　肯
戏剧地域审美特征初探
　　——关于"东关戏剧"的思考⋯⋯关德富

评论·研究
古朴大地的焦灼呼唤
　　——评李杰的剧本《田野又是青纱帐》⋯⋯张　石
评论电视剧观众的鉴赏心理系统⋯⋯钟晓阳

成才之路
写在《三天》获奖的时候⋯⋯⋯⋯⋯郝国忧
生活给了他极大的赐予
　　——记青年剧作家陆军⋯⋯⋯⋯洪　欣

《幽会》笔谈
情境的荒诞因素及其他
　　——《幽会》管窥⋯⋯⋯⋯⋯⋯晓　君
忧忧我思见我心⋯⋯⋯⋯⋯⋯⋯⋯赵　风

域外剧讯
"剧作家之死"
　　——荒诞派戏剧之后的法国戏剧⋯⋯周始元

艺海短波
《戏剧文学》编辑部等单位联合召开延边话剧讨论会
封面设计⋯⋯⋯⋯⋯⋯⋯⋯⋯⋯⋯朱　英
封二题辞⋯⋯⋯⋯⋯⋯⋯⋯⋯⋯⋯范钧宏
范钧宏近照⋯⋯⋯⋯⋯⋯⋯⋯⋯杨明华摄
封三话剧《田野又是青纱帐》剧照⋯⋯魏尚纯摄
封四《风流店家》舞美设计⋯⋯⋯⋯陶子厚
美术编辑⋯⋯⋯⋯⋯⋯⋯⋯⋯⋯⋯朱　英

1987 年第 2 期　刊名：《戏剧文学》
目录

剧本
乱世将军（八场话剧）⋯⋯⋯⋯⋯⋯张一虹
争凤凰（小戏曲）⋯⋯⋯⋯⋯⋯⋯⋯王福义
装进面袋子里的心（微型电视剧）⋯⋯李宜安

评论·研究
喜剧家与观众的美感比较⋯⋯⋯⋯⋯王东局

喜剧的选材⋯⋯⋯⋯⋯⋯⋯⋯⋯⋯范华群

探索·争鸣
尚在思索中的一些话⋯⋯⋯⋯⋯⋯吕树坤

成才之路
歪打正着出细话
　　——《喜脉案》创作流水帐⋯⋯吴傲君
春天的后面不是秋
　　——记青年剧作家罗辑⋯⋯⋯赵　风

本省剧作家研究
在现实主义道路上曲折前进⋯⋯⋯李　改

中国古典曲论简介
论述南戏的专著《南词叙录》⋯⋯鲁　虹

美术·摄影
刊名题字⋯⋯⋯⋯⋯⋯⋯⋯⋯⋯⋯沈　鹏
封面设计⋯⋯⋯⋯⋯⋯⋯⋯⋯⋯⋯朱　英
题图·插图⋯⋯⋯董瑞石　杨明华　张连力
封三摄影⋯⋯⋯⋯⋯⋯⋯⋯⋯⋯⋯魏尚纯
封底（吉剧《骂鸭》舞美设计图）⋯⋯陈大明
美术编辑⋯⋯⋯⋯⋯⋯⋯⋯⋯⋯⋯杨明华

1987 年第 3 期　刊名：《戏剧文学》
目录

剧本
大杂院的星期天（组合剧）⋯⋯⋯⋯赵羽翔
在夏天，在雨中（电视剧）⋯⋯范　元　罗大军
萤光曲（小吉剧）⋯⋯⋯⋯⋯⋯⋯⋯赵　赴

关东剧坛
"关东戏剧"断想⋯⋯⋯⋯⋯⋯⋯⋯王兆一
论新时期关东剧作家的心理定势⋯⋯张　玉

探索·争鸣
走出庸俗社会学⋯⋯⋯⋯⋯⋯⋯⋯郭铁城

成才之路
生活的恩赐⋯⋯⋯⋯⋯⋯⋯⋯⋯⋯邱苏滨

作家与作品
《马少波新剧作》读后⋯⋯⋯⋯⋯⋯时　发

美术·摄影
刊名题字⋯⋯⋯⋯⋯⋯⋯⋯⋯⋯⋯沈　鹏
封二题辞⋯⋯⋯⋯⋯⋯⋯⋯⋯⋯⋯王　正

王正与夫人方掬芬同志合影⸺⸺⸺⸺⸺于　力摄
封三摄影⸺⸺⸺⸺⸺⸺⸺⸺⸺⸺⸺⸺本刊记者
《田野又是青纱帐》舞美设计⸺⸺⸺⸺黄清泽
题图·插图⸺⸺⸺⸺⸺⸺⸺⸺⸺⸺⸺丁　燕
张庆平　阎　风　王同亮　王德标　朱　茜
美术编辑⸺⸺⸺⸺⸺⸺⸺⸺⸺⸺⸺⸺朱　茜

1987 年第 4 期　刊名:《戏剧文学》
目录

剧本
嫩江咽（七场吉剧）⸺⸺⸺⸺⸺王铎杉　戊　士
我们乡的人物（独幕话剧）⸺⸺⸺⸺⸺郝国忱
白与绿（电视剧）⸺⸺⸺⸺⸺⸺⸺⸺黄海芹

关东剧坛
"关东戏剧"的五色光谱⸺⸺⸺⸺⸺⸺张兰阁

探索·争鸣
现代文艺观念与文艺主体性⸺⸺⸺⸺⸺洪永年

评论·研究
奥尼尔和他的剧作⸺⸺⸺⸺⸺⸺⸺⸺刘　珏

中国古典曲论简介
王骥德的《曲律》⸺⸺⸺⸺⸺⸺⸺⸺洪　欣

美术·摄影
封二题辞⸺⸺⸺⸺⸺⸺⸺⸺⸺⸺⸺高行健
题图·插图⸺⸺⸺⸺杨明华　丁　燕　孙静茹　董徽实
封三摄影⸺⸺⸺⸺⸺⸺⸺⸺⸺⸺⸺张　也
封底（芭蕾舞《左撇子》舞台设计图）
⸺⸺⸺⸺⸺⸺⸺⸺⸺⸺⸺[苏]麦歇列尔
美术编辑⸺⸺⸺⸺⸺⸺⸺⸺⸺⸺⸺杨明华

1987 年第 5 期　刊名:《戏剧文学》
目录

剧本
龄官梦（七场戏曲）⸺⸺⸺⸺⸺⸺⸺段序清
峡谷枪声（四集电视连续剧）⸺⸺⸺⸺徐恩志
四天（独幕话剧）⸺⸺⸺[印度]维杰·丹杜尔格乐

评论·研究
戏剧，作为一种需要⸺⸺⸺⸺⸺⸺⸺潘志兴
关于《没事找事》的思考⸺⸺⸺⸺⸺⸺温　愠
谈"穿插"⸺⸺⸺⸺⸺⸺⸺⸺王建高　邵桂兰

关东剧坛
谈拉场戏的"拉场"特点⸺⸺⸺⸺⸺⸺张　林

剧作家谈创作
话剧《狗儿爷涅槃》的创作及其他——剧作家锦云答
本刊记者问

域外剧讯
斯坦尼斯拉夫斯基和梅耶荷德⸺⸺⸺[苏]鲁德尼茨基

美术·摄影
封二　题辞⸺⸺⸺⸺⸺⸺⸺⸺⸺⸺苏叔阳
苏叔阳近照⸺⸺⸺⸺⸺⸺⸺⸺⸺本刊记者摄
话剧《左邻右舍》剧照⸺⸺⸺⸺⸺⸺苏德新摄
封三话剧《红夜》剧照⸺⸺⸺⸺⸺⸺王立殳摄
封底话剧《红夜》舞美设计⸺⸺⸺⸺⸺阎景辉
题图、插图⸺⸺⸺⸺⸺张　迅　王立克　郭晓光
美术编辑⸺⸺⸺⸺⸺⸺⸺⸺⸺⸺⸺朱　茜

1987 年第 6 期　刊名:《戏剧文学》
目录

剧本
青春小夜曲（七幕轻喜剧）⸺⸺⸺（朝鲜族）金　勋
观音院（小戏曲）⸺⸺⸺⸺⸺⸺⸺⸺段昆仑
"盖不拉"行车记（电视剧）⸺⸺⸺⸺⸺崔贵新

探索·争鸣
论单纯性格⸺⸺⸺⸺⸺⸺⸺⸺⸺⸺安　葵
有一个莎士比亚⸺⸺⸺⸺⸺⸺⸺⸺⸺高　今
十三香炖土豆或熏鸡
——戏剧革新杂谈⸺⸺⸺⸺⸺⸺⸺⸺山　河

评论·研究
当代意识
——在于对历史文化的深层把握之中⸺⸺⸺高　光

关东剧坛
漫谈"关东戏剧"
——记两个同行朋友的谈话⸺⸺⸺⸺⸺靳大经

成才之路
段昆仑和他的"怪味小戏"⸺⸺⸺⸺⸺范峥嵘

域外剧讯
一九八六年巴尔的摩国际戏剧节

美术·摄影

封二题辞⋯⋯⋯⋯⋯⋯⋯⋯⋯⋯⋯⋯⋯⋯⋯肖　甲

著名戏剧家肖甲在书房读书⋯⋯⋯⋯⋯杨明华摄

封三电视连续剧《林海雪原》剧照

⋯⋯⋯⋯⋯⋯⋯⋯⋯⋯姜荣剑　奚显廷

封四评剧"潘金莲"⋯⋯⋯⋯⋯⋯⋯⋯⋯吕也厚

题图·插图⋯⋯⋯⋯⋯⋯⋯⋯张　迅　杨明华

美术编辑⋯⋯⋯⋯⋯⋯⋯⋯⋯⋯⋯⋯⋯⋯朱　英

1987 年第 7 期　刊名:《戏剧文学》
目录

戏剧文学飞虎奖

第二届"戏剧文学飞虎奖"获奖作品、作者

读第二届"飞虎奖"获奖理论文章后⋯⋯⋯李　改

纵横参照　多维发展

——读"戏剧文学飞虎奖"获奖作品随想⋯⋯肖　复

剧本

留在婚姻介绍所的日记（无场次社会风俗剧）

⋯⋯⋯⋯⋯⋯⋯⋯⋯⋯⋯⋯⋯⋯⋯⋯孟宪礼

古山（电视剧）⋯⋯⋯⋯⋯⋯⋯⋯⋯⋯⋯运新华

座位（小话剧）⋯⋯⋯⋯⋯⋯⋯⋯⋯⋯⋯苗中一

探索·争鸣

审美意识的蜕变与戏曲的困境⋯⋯⋯⋯⋯郑传寅

自觉意识仍然是戏剧创作中缺少的动因

——小谈"关东戏"的先天不足⋯⋯⋯⋯丁海鹏

评论·研究

回马反戈是英雄

——喜读话剧《乱世将军》⋯⋯⋯⋯⋯⋯聂海风

《王粲登楼》的语言艺术⋯⋯⋯⋯⋯⋯⋯吴乾浩

关于布莱希特"陌生化"的美学思考⋯⋯⋯周始元

中国古典曲论简介

《远山堂曲品·剧品》略说⋯⋯⋯⋯⋯⋯洪　欣

《大杂院的星期天》座谈会发言摘要

美术·摄影

著名剧作家刘树纲近照（封二）⋯⋯⋯杨明华摄

第二届"戏剧文学飞虎奖"剪影（封三）

⋯⋯⋯⋯⋯⋯⋯⋯⋯⋯⋯⋯⋯⋯⋯本刊记者摄

《一个死者对生者的访问》舞美设计（封底）

⋯⋯⋯⋯⋯⋯⋯⋯⋯⋯⋯⋯⋯⋯⋯⋯薛殿杰

题图·插图⋯⋯⋯⋯许孝诗　郭思阳　张　迅

美术编辑⋯⋯⋯⋯⋯⋯⋯⋯⋯⋯⋯⋯⋯⋯朱　英

1987 年第 8 期　刊名:《戏剧文学》
目录

剧本

国魂（电视剧）⋯⋯⋯⋯张笑天（执笔）　白　帆

我的爸爸（独幕讽刺话剧）⋯⋯⋯⋯⋯⋯石　丹

猴子吃瓜⋯⋯⋯⋯⋯⋯⋯⋯⋯⋯⋯⋯⋯王秀侠

评论·研究

多层次多视角探讨戏剧观念更新⋯⋯章力挥　高义龙

老作家的新探索

——《大杂院的星期天》读后⋯⋯⋯⋯⋯关德富

李渔论滑稽⋯⋯⋯⋯⋯⋯⋯⋯⋯⋯⋯⋯刘星汉

绝妙的构思　高超的技巧

——《李尔王》中弄人一角⋯⋯⋯⋯⋯⋯朱永平

成才之路

知命正抱百年心⋯⋯⋯⋯⋯⋯⋯⋯⋯⋯赵　赴

中国古典曲论简介

古代曲论集大成之作——《闲情偶寄》⋯⋯洪　欣

域外剧讯

美国地区性戏剧的危机及戏剧家们的探索

——芭芭拉女士一席谈⋯⋯⋯⋯⋯⋯⋯周华斌

《雷雨》在日本首次演出与翻译出版情况⋯⋯崔任夫

美术·摄影

封二题辞⋯⋯⋯⋯⋯⋯⋯⋯⋯⋯⋯⋯⋯谭霈生

⋯⋯⋯⋯⋯⋯⋯⋯⋯⋯⋯⋯⋯谭霈生同志近照

封三话剧《大杂院的星期天》剧本讨论会剪影

⋯⋯⋯⋯⋯⋯⋯⋯⋯⋯⋯⋯⋯⋯⋯⋯王立克

封底美国莱斯基剧院演出《阿加门农》舞美设计

⋯⋯⋯⋯⋯⋯⋯⋯⋯⋯⋯⋯⋯⋯⋯⋯马文海

题图·插图⋯⋯⋯⋯王富标　俞明德　许孝诗

美术编辑⋯⋯⋯⋯⋯⋯⋯⋯⋯⋯⋯⋯⋯⋯朱　英

1987 年第 9 期　刊名:《戏剧文学》
目录

剧本

游园惊梦（大型话剧）⋯⋯（中国台湾）白先勇　杨世彭

老男老女（拉场戏）⋯⋯⋯⋯⋯⋯⋯⋯⋯陈功范

真人假相（独角拉场戏）⋯⋯⋯⋯⋯⋯⋯陈功范

探索·争鸣·研究

创造中国现代戏剧的新样式⋯⋯⋯⋯⋯⋯吴建波

驱傩、傩舞、傩戏
——戏剧起源在民俗学上的认识·············麻国钧

关东剧坛
"关东戏剧"与东关人·····················高　峰

成才之路
认识历史、深化主题、把握时代精神
——《康熙晏驾记》创作琐谈···············张　楫

本省剧作家研究
黄凤龙剧作的民族特色初探···············靳大径

本期剧作谈
平中见奇　匠心独运
——评陈功范的两出小戏··················李　映
为台湾同胞刻写风采
——读《游园惊梦》·······················赵　风

中国古典曲论简介
第一部研究地方戏曲的专著《花部农谭》·······洪　欣

域外剧讯
从"贫困戏剧"到"超戏剧"
——格洛托夫斯基戏剧观述评···············周始元

美术·摄影
封二题辞······························李　超
著名戏剧家李超同志近照··················杨明华摄
封三话剧《不知秋思在谁家》剧照···········魏尚纯摄
封四话剧《俄狄浦斯王》舞美设计···········刘元声
题图·插图·····················郭思阳　张　迅
美术编辑······························朱　英

1987 年第 10 期　刊名:《戏剧文学》
目录

剧本
豆蔻梢头（七场新编历史剧）···············赵　赴
三座坟茔（电视剧）·····················宗斯吾
大山深处（独幕话剧）···················冯延飞

评论·研究
从书斋到舞台
——高行健和他的时代···················高　鉴
试论赵羽翔剧作中的艺术议论··············封宇一

探索·争鸣
也谈电视剧观众的鉴赏心理系统
——与钟晓阳同志商榷····················高义龙

本期剧作谈
美玉也需精工琢
——《豆蔻梢头》编辑手记················李　映

美术·摄影
封二题辞······························黄宗江
·····················黄宗江和夫人阮若珊近照
封三《中国戏曲志·吉林卷》审稿会议剪影
·······························郑基焕摄
封底日本现代舞美设计···················张立宪
题图·插图·····················俞明德　郭晓光
美术编辑······························朱　英

1987 年第 11 期　刊名:《戏剧文学》
目录

剧本
大青山那边（无场次话剧）················袁成树
萧红出走（电视连续剧）··················庐　湘
张老九过江（小戏曲）···················王福义

评论·研究
戏剧中的哲理问题·······················张　先
戏曲文学在戏曲艺术变革中的地位与作用······张青野
喜剧矛盾与喜剧因素·····················范华群

成才之路
他从田野上走来
——剧作家张国庆的创作道路···············马青山

戏剧小品、电视剧小品、影视剧故事、影视剧评论函
授讲习所招生简章

美术·摄影
封二题辞······························李　纶
著名戏剧家李纶同志近照··················杨明华摄
封三电视连续剧《杨靖宇》剧照
封四舞美设计··························张立宪
题图·插图·····················张　迅　俞明德
美术编辑······························朱　英

1987 年第 12 期　刊名:《戏剧文学》

目录

剧本

美神（大型现代话剧）－－－－－－－－－－杨廷玉
红松树下的阴影（电视剧）－－－－－－－－陈　鸣
盲点（小话剧）－－－－－－－－－－－－－温　愠

评论·研究

心理分析学与现代派戏剧介说－－－－－－－辛　夷
戏剧创作中的哲理与"诗意的裁判"－－－－路海波

成才之路

泉眼无声惜细流
－－刘博的戏剧创作道路－－－－－－－－－海　风

中国古典曲论简介

表演艺术的专著《梨园原》－－－－－－－－洪　欣

域外剧讯

美术·摄影

封二题辞－－－－－－－－－－－－－－－－吴　雪
著名剧作家吴雪同志近照－－－－－－－－杨明华摄
封三吉林省吉剧现代戏剧本讨论会剪影－－－张立宪摄
封四美国现代舞美设计
题图·插图－－－－－－王福标　王立克　张　迅
美术编辑－－－－－－－－－－－－－－－－朱　莬

1988 年第 1 期　刊名:《戏剧文学》

目录

改革·发展·繁荣

剧本

扎龙屯（四幕话剧）－－－－－－－－－－－郝国忱
农民文化心理的解剖刀
－－初读话剧《扎龙屯》－－－－－－－－－温　愠
空山鸟语（小吉剧）－－－－－－－－－－－段昆仑
录音机变奏曲（电视短剧）－－－－－－－－李景刚
我把你和太阳画到了一起（电视小品）－－－聂向真

吉林新时期十年戏剧思考

吉林戏剧反思－－－－－－－－－－－－－－郭铁城
回顾·思索·展望
－－"吉林新时期十年戏剧"研讨会侧记

评论·研究

我心中的印象
－－《赵羽翔剧作选·序》－－－－－－－－王　正
崔莺莺和朱利娅－－读剧记－－－－－－－－王正春
略论喜剧艺术的荒诞形态－－－－－－－－－佴荣本

随笔·札记

《高加索灰阑记》观剧札记－－－－－－－－林克欢

港台剧讯

《麦克白》在台湾被改编为京剧上演－－－－徐　学

美术·摄影

封面设计－－－－－－－－－－－－－－－－阎　凤
封二题辞－－－－－－－－－－－－－－－－王　肯
著名戏剧家王肯同志近照－－－－－－－－朱　莬摄影
封三吉林省吉剧团赴香港演出活动剪影
－－－－－－－－－－－－－－－－－时树成摄影
题图·插图－－－－－－－－王福标　阎景辉
美术编辑－－－－－－－－－－－－－－－－朱　莬

1988 年第 2 期　刊名:《戏剧文学》

目录

剧本

小野猪（两幕正剧）－－－－－－－－[苏]维·罗佐夫
老林深处（大型现代吉剧）－－－－李玉符　张维连

吉林新时期十年戏剧思考

回顾与随想－－－－－－－－－－－－－－－关德富

关东剧坛·《扎龙屯》笔谈

一个并未完成的历史过渡
－－话剧《扎龙屯》思想艺术漫评－－－－－李　政
中国农民主体意识的历史流程
－－《扎龙屯》散论－－－－－－－－－－－张　石

评论·研究

时代·人际关系·哲理
－－论从总体上把握生活把握世界－－－－－田子馥
当代艺术信息

美术·摄影

设计（封面）－－－－－－－－－－－－－－阎　凤
题辞（封二）－－－－－－－－－－－－－－崔德志
著名剧作家崔德志近照
"吉林新时期十年戏剧"座谈会剪影（封三）
－－－－－－－－－－－－－－－－－陶　沙摄影

日本现代剧舞美设计（封四）⋯⋯⋯⋯张立宪
题图·插图⋯⋯⋯⋯王福标　俞明德　张　迅
美术编辑⋯⋯⋯⋯⋯⋯⋯⋯⋯⋯⋯⋯朱　茣

1988 年第 3 期　刊名:《戏剧文学》
目录

剧本

爱的鼓噪（小吉剧）⋯⋯⋯⋯⋯⋯⋯⋯魏顺田
买鞋（小吉剧）⋯⋯⋯⋯⋯⋯⋯⋯⋯李振明
改过（独幕话剧）⋯⋯⋯⋯⋯⋯⋯⋯郑守志
误会（微型话剧）⋯⋯⋯⋯⋯⋯⋯⋯邱苏滨
武陵春秋（电视剧）⋯⋯孙文木　田兆宏　李瑞林

评论·研究

戏曲起源在民俗学上的认识⋯⋯⋯⋯麻国钧
戏剧审美距离浅说⋯⋯⋯⋯⋯⋯⋯⋯高化铭
文化范式与戏剧的发展
——谈一种新的认识模式⋯⋯⋯⋯⋯周始元
布莱希特与喜剧⋯⋯⋯⋯⋯⋯M.马克哥文
《推销员之死》是不是悲剧
——美国戏剧理论界的一场讨论⋯⋯戴　玲

关东剧坛·《扎龙屯》笔谈

《扎龙屯》意蕴采挹⋯⋯⋯⋯⋯⋯⋯纪　众

成才之路

林密不妨流水过
——记青年剧作家孟宪礼⋯⋯⋯⋯⋯赵　风

当代艺术信息

中国的"荒诞剧"并不荒诞（外四则）

美术·摄影

封面设计⋯⋯⋯⋯⋯⋯⋯⋯⋯⋯⋯张　迅
封二题辞⋯⋯⋯⋯⋯⋯⋯⋯⋯⋯⋯郝国忱
剧作家郝国忱同志在家中⋯⋯⋯⋯本刊记者
封三"吉剧战略发展研讨会"剪影
封四舞美设计图⋯⋯⋯⋯⋯⋯⋯⋯阎景辉
题图、插图⋯⋯⋯⋯杨明华　祁绪涛　阎景辉
美术编辑⋯⋯⋯⋯⋯⋯⋯⋯⋯⋯⋯朱　茣

1988 年第 4 期　刊名:《戏剧文学》
目录

吉剧发展战略研讨

让吉剧之树常青⋯⋯⋯⋯⋯⋯⋯本刊编辑部

研究发展战略　振兴吉剧事业
——在"吉剧发展战略研讨会"上的讲话⋯⋯谷长春
大有希望的事业
——在"吉剧发展战略研讨会"上的讲话⋯⋯刘淑明
分析现状　反思历史　迎接未来
——"吉剧发展战略研讨会"侧记⋯⋯李　改

剧本

眼科医生的盲点（无场次话剧）⋯⋯张志新
吃醋记（小吉剧）⋯⋯⋯⋯⋯⋯⋯⋯赵　赴
他和她俩的故事（电视剧）⋯⋯⋯⋯淙　溪

吉林新时期十年戏剧思考

新时期吉林话剧的主导走向⋯⋯⋯⋯华　铭
形式的倾斜
——谈吉林新时期十年戏剧之不足⋯⋯温　愠

成才之路

剧坛"马路工"
——记青年剧作家马中骏⋯⋯⋯⋯⋯沈　康

希望之星

寄希望于社会　寄希望于新人⋯⋯⋯李文华
欢迎与期望⋯⋯⋯⋯⋯⋯⋯⋯⋯⋯赵羽翔
我的祝贺⋯⋯⋯⋯⋯⋯⋯⋯⋯⋯⋯杨瑰珍
我的决心⋯⋯⋯⋯⋯⋯⋯⋯⋯⋯⋯白　泉
戏剧小品的题材⋯⋯⋯⋯⋯⋯⋯⋯李　映
怎样编故事⋯⋯⋯⋯⋯⋯⋯⋯⋯⋯曹保明
"窥豹"与"摸象"⋯⋯⋯⋯⋯⋯⋯肖　文
往事不是烟（戏剧小品）⋯⋯⋯⋯⋯董春逊
《往事不是烟》读后⋯⋯⋯⋯⋯⋯⋯赵　风

当代艺术信息

关于新时期文学"向内转"的百家之言（外二则）

美术·摄影

封二题辞
——剧作家李杰同志赴美国掠影⋯⋯李　杰
封三大型评剧《美神》剧照⋯⋯⋯⋯郑　捷
封四日本舞美设计（摄影）⋯⋯⋯⋯张立宪
题图·插图⋯⋯⋯⋯⋯⋯⋯⋯郭晓光　阎景辉
美术编辑⋯⋯⋯⋯⋯⋯⋯⋯⋯⋯⋯朱　茣

1988 年第 5 期　刊名:《戏剧文学》
目录

剧本

杏花重开（七场现代吉剧）⋯⋯⋯⋯王秀侠

失去的小金碟子（独幕话剧）⋯⋯⋯⋯⋯张国庆
约会的老地方（独幕话剧）⋯⋯⋯⋯⋯左　华

吉剧发展战略研讨
我这样想⋯⋯⋯⋯⋯⋯⋯⋯⋯⋯⋯⋯⋯王　肯

评论·研究
戏剧与历史的缠绕
——戏曲历史化倾向的文化探索⋯⋯郑传寅
面对现实的艺术追求
——评剧《美神》观后⋯⋯⋯⋯⋯⋯安　葵
英雄传记剧的杰作
——评电视连续剧《努尔哈赤》⋯⋯程绍海

成才之路
他来自生活最底层⋯⋯⋯⋯⋯⋯⋯⋯霍　光

希望之星
祖传秘方（电视剧小品）⋯⋯⋯⋯⋯汤礼春
戏剧小品的主题⋯⋯⋯⋯⋯⋯⋯⋯⋯李　映
悬念的魅力⋯⋯⋯⋯⋯⋯⋯⋯⋯⋯⋯叶　渔
从欣赏开始⋯⋯⋯⋯⋯⋯⋯⋯⋯⋯⋯君　山
木匠斧子瓦匠刀⋯⋯⋯⋯⋯⋯⋯⋯⋯肖　文
第三届"戏剧文学飞虎奖"获奖名单

当代艺术气息
困境不可逃离（外四则）

美术·摄影
封面设计⋯⋯⋯⋯⋯⋯⋯⋯⋯⋯⋯⋯阎　凤
封二题辞⋯⋯⋯⋯⋯⋯⋯⋯⋯⋯⋯⋯孙　芋
著名戏剧家孙芋同志在家中⋯⋯⋯摄影朱　芮
封三话剧《眼科医生的盲点》剧照⋯摄影董庆吉
封四吉剧《三请梨花》舞美设计⋯⋯李书春
美术编辑⋯⋯⋯⋯⋯⋯⋯⋯⋯⋯⋯⋯朱　芮

1988 年第 6 期　刊名:《戏剧文学》
目录

剧本
被忘却的人们（八幕话剧）⋯⋯⋯（朝鲜族）金　勋
国宝（电视剧）⋯⋯⋯⋯⋯⋯王时阳　单海鹏
主任家训（拉场戏）⋯⋯⋯⋯⋯⋯⋯苏景春

吉剧发展战略研讨
吉剧剧目建设的思考⋯⋯⋯⋯⋯⋯⋯关德富

评论·研究
生命：在历史长河里闪烁
——李杰新作《古塔街》印象⋯⋯⋯金钟鸣
狗儿爷——一个内涵丰富的农民形象⋯⋯孟繁树

探索·争鸣
再论电视剧观众的鉴赏心理系统
——与高义龙同志商榷⋯⋯⋯⋯⋯钟晓阳

希望之星
谈戏剧结构⋯⋯⋯⋯⋯⋯⋯⋯⋯⋯⋯赵　凤
人是故事的主人⋯⋯⋯⋯⋯⋯⋯⋯⋯任　悦
从"八阵图"说开去⋯⋯⋯⋯⋯⋯⋯肖　文

当代艺术信息
重要的是树立"大作意识"（外三则）
斯坦雷·考夫曼论"戏剧批评的危机"⋯⋯戴　玲

美术·摄影
封面设计⋯⋯⋯⋯⋯⋯⋯⋯⋯⋯⋯⋯阎　凤
封二题辞⋯⋯⋯⋯⋯⋯⋯⋯⋯⋯⋯⋯丛　深
剧作家丛深同志⋯⋯⋯⋯⋯⋯⋯杨明华摄影
封三长春市话剧院演出话剧《繁荣的使者》
⋯⋯⋯⋯⋯⋯⋯⋯⋯⋯⋯⋯⋯⋯阎景辉摄影
封四日本现代舞美设计⋯⋯⋯⋯⋯张立宪摄影
题图·插图⋯⋯⋯⋯⋯⋯⋯祁洪涛　王富标
美术编辑⋯⋯⋯⋯⋯⋯⋯⋯⋯⋯⋯⋯朱　芮

1988 年第 7 期　刊名:《戏剧文学》
目录

剧本
兴安儿女（八场戏曲）⋯⋯⋯⋯⋯⋯陶景玉
五瓣丁香（电视剧）⋯⋯⋯⋯⋯⋯⋯许　洁
等待（戏剧小品）⋯⋯⋯⋯⋯⋯⋯⋯梁德山

评论·研究
"陌生化"在中国——俄国形式主义与中国戏曲及古
典美学的比较⋯⋯⋯⋯⋯⋯⋯⋯⋯吴建波
试论奥尼尔戏剧的美学特征⋯⋯⋯夏茵英
审美意识的朦胧
——1987 年"飞虎奖"获奖剧本评后⋯李　改
新的美学观念与研究方法的成功探求
——论王国维《宋元戏曲考》⋯⋯⋯洪　欣
戏曲传统·传统戏曲·戏曲程式⋯⋯常　轩

探索·争鸣
学术争鸣之间不需要宽容⋯⋯⋯⋯麻　耶

希望之星

横看成岭侧成峰

——谈谈批评的主体性⋯⋯⋯⋯⋯⋯⋯郭翠君

谈戏剧人物⋯⋯⋯⋯⋯⋯⋯⋯⋯⋯⋯⋯赵 风

电视剧创作基本技巧（一）⋯⋯⋯⋯⋯叶 渔

当代艺术信息

城市，上帝还是魔鬼（外二则）

——城市文化及其文学演示

美术摄影

封面设计⋯⋯⋯⋯⋯⋯⋯⋯⋯⋯⋯⋯⋯阎 风

封二题辞⋯⋯⋯⋯⋯⋯⋯⋯⋯⋯⋯⋯⋯李 政

剧作家李政同志近照⋯⋯⋯⋯⋯⋯⋯⋯朱 萸

封三第三届《戏剧文学飞虎奖》发奖会在长春举行

⋯⋯⋯⋯⋯⋯⋯⋯⋯⋯⋯⋯⋯⋯⋯⋯本刊记者

封四美舞设计⋯⋯⋯⋯⋯⋯⋯⋯⋯⋯⋯阎景辉

题图·插图⋯⋯⋯⋯⋯⋯⋯⋯⋯宋 坤，阎景辉

美术编辑⋯⋯⋯⋯⋯⋯⋯⋯⋯⋯⋯⋯⋯朱 萸

1988 年第 8 期 刊名:《戏剧文学》

目录

剧本

躁音（大型话剧）⋯⋯⋯⋯⋯⋯⋯⋯⋯⋯邱苏滨

说不清的是爱情（大型轻歌剧）⋯⋯⋯万 捷

吉剧发展战略研讨

裂变：高层的多元回归

——吉剧艺术发展指向探微⋯⋯⋯⋯⋯孙喜君

评论·研究

开拓现代民族戏剧⋯⋯⋯⋯⋯⋯⋯⋯⋯杜清源

论中国传统文化对戏曲文学的制约⋯肖善因 王红肖

希望之星

两瓶茅台酒（电视剧小品）⋯⋯⋯⋯⋯赵 辉

戏剧小品的语言⋯⋯⋯⋯⋯⋯⋯⋯⋯⋯李 映

电视剧创作基本技巧⋯⋯⋯⋯⋯⋯⋯⋯叶 渔

当代艺术信息

后现代文化与戏剧的选择（外一则）

美术·摄影

封面设计⋯⋯⋯⋯⋯⋯⋯⋯⋯⋯⋯⋯⋯阎 风

封二题辞⋯⋯⋯⋯⋯⋯⋯⋯⋯⋯⋯⋯⋯关守中

剧作家关守中同志近照⋯⋯⋯⋯⋯摄影杨明华

封三《戏剧小品演出集锦》⋯⋯⋯本刊记者摄影

封四舞美设计⋯⋯⋯⋯⋯⋯⋯⋯⋯张立宪摄影

题图·插图⋯⋯⋯⋯⋯⋯⋯⋯⋯龙震海 宋 坤

美术编辑⋯⋯⋯⋯⋯⋯⋯⋯⋯⋯⋯⋯⋯朱 萸

1988 年第 9 期 刊名:《戏剧文学》

目录

剧本

躲躲藏藏（电视剧）⋯⋯⋯⋯⋯⋯⋯⋯倪少波

你不是我（独幕话剧）⋯⋯⋯⋯⋯⋯⋯宋 华

吉剧发展战略研讨

儿要奶饱 苗要肥足

——吉剧建设漫议⋯⋯⋯⋯⋯⋯⋯⋯⋯王兆一

评论·研究

戏剧时代层面的美学思考⋯⋯⋯⋯⋯⋯王耕夫

面对人生的苦难——关于"人"的遐想⋯⋯张 先

谈"以情写人"⋯⋯⋯⋯⋯⋯⋯⋯邵桂兰 王建高

探索·争鸣

关于"魏明伦现象"的对话⋯⋯⋯⋯⋯张云初

西方戏剧判评概观

回到亚里斯多德

——亚里斯多德的戏剧批评⋯⋯⋯⋯⋯张末民

希望之星

雨夜（电视小品）⋯⋯⋯⋯⋯⋯⋯⋯⋯黄锡受

无题（电视小品）⋯⋯⋯⋯⋯⋯⋯⋯⋯朱洪祥

爱的疯狂（戏剧小品）⋯⋯⋯⋯⋯⋯⋯沈海凝

谈戏剧细节⋯⋯⋯⋯⋯⋯⋯⋯⋯⋯⋯⋯赵 风

电视剧创作的基本技巧（三）⋯⋯⋯⋯叶 渔

漫谈影视剧故事语言运用⋯⋯⋯⋯⋯⋯许朝增

戏剧批评的基本方法⋯⋯⋯⋯⋯⋯⋯⋯君 山

致本刊函授学员

当代艺术信息

艺术欣赏不就是审美活动（外四则）

美术·摄影

封面设计⋯⋯⋯⋯⋯⋯⋯⋯⋯⋯⋯⋯⋯阎 风

封二题辞⋯⋯⋯⋯⋯⋯⋯⋯⋯⋯⋯⋯⋯陈 屿

封三吉林市话剧团赴京演出话剧《爱情变奏曲》《回

头是爱》⋯⋯⋯⋯⋯⋯⋯⋯⋯⋯摄影 董庆吉

封四话剧《眼科医生的盲点》舞美设计

题图·插图⋯⋯⋯⋯⋯⋯⋯⋯⋯⋯⋯⋯吕也厚

美术编辑⋯⋯⋯⋯⋯⋯⋯⋯⋯⋯⋯⋯⋯朱 萸

1988 年第 10 期　刊名:《戏剧文学》
目录

剧本

碾玉观音（三幕话剧）·························姚一苇
请骂（拉场戏）····························许大文
老八头找死（小吉剧）·······················隋程雁
滴滴雪糕水（电视小品）······················李建平

李杰郝国忱剧作研讨

郝国忱话剧创作的基本走向·····················郭铁城
《古塔街》中的原型与母题
——兼及新时期戏剧的文化反省···············张兰阁
卷起千堆雪
——李杰、郝国忱剧作研讨会侧记

吉剧发展战略研讨

将飞者翼伏　将奋者足蹈
——对于吉剧现状的一些思索················沙　冰

评论·研究

姚一苇历史剧初探··························徐　学
话剧"双爱"观后谈·························林克喜
盖尔曼谈"双人戏"·························童道明

西方戏剧批评概观

文艺复兴、莎士比亚生不逢时··················张未民

当代艺术信息

当代中国青年文学中的三个外来偶像（外四则）

美术摄影

封面设计······························甘　莉
封二题辞·······················杨舒慧　房纯如
剧作家杨舒慧、房纯如同志近照
封三李杰、郝国忱剧作研讨会
····················摄影　杨秀森　关德富
封四舞美设计···························阎景辉
题图·插图····························王立克
美术编辑······························朱　茵

亲情（独幕话剧）·························栾淑芳

当代话剧研究

共同意识的崩溃与当代话剧涅槃··················景　迅
新时期话剧艺术的形式特征
——看《游园惊梦》所想到的·················毛洪波

李杰郝国忱剧作研讨

一种值得研究的文化现象·····················柏松龄

评论·研究

"深入生活"与戏剧创作
——对现实与艺术关系的再认识···············陈　雷
从审美鉴赏的角度看布莱希特的"间离效果"
··································王　捷
残忍的现实与高级乐观······················曹冬雁
爱德华·冈恩谈当代中国戏剧
一个不安的灵魂的躁动
——读邱苏滨的《躁音》··················冯延飞
寻找真实：在"传统"与"现代"之间
——读《躁音》·······················章　平

成才之路

范峥嵘和他的小戏························于雁军
走在乡间的小路上
——记青年剧作者王福义················李　映

西方戏剧批评概观

新古典主义：理性和自然····················张未民

当代艺术信息

情与欲的对立
——当代小说中的精神文化现象（外二则）

美术·摄影

封面设计······························阎　凤
封二题辞······························赵国庆
剧作家赵国庆同志····················摄影　陶　沙
封三欢迎李杰郝国忱获奖归来···········摄影　陶　沙
封四舞美设计··························张立宪
美术编辑······························朱　茵

1988 年第 11 期　刊名:《戏剧文学》
目录

剧本

长夜春晓（电视连续剧）·············赵国庆　王　旭
宝贝疙瘩（小戏曲）·······················李鹏飞

1988 年第 12 期　刊名:《戏剧文学》
目录

剧本

爱新觉罗·多尔衮（新编八场历史剧）··········张　楫
五个黄昏（小话剧）···············万　捷　郭铁城

苦涩的夏天（独幕话剧）⋯⋯⋯⋯⋯⋯冯延飞
墙（电视剧）⋯⋯⋯⋯⋯⋯⋯⋯⋯⋯魏顺田

吉林新时期十年戏剧思考
回归·探索·重构
——从"危机"谈起⋯⋯⋯⋯⋯⋯⋯肖　复

评论·研究
象征、荒诞与哲理化倾向
——对新时期探索戏剧的评价⋯⋯⋯胡志毅
论冯梦龙的戏曲美学观⋯⋯⋯⋯⋯⋯洪　欣
战后的美国戏剧⋯⋯⋯⋯⋯⋯⋯⋯⋯郭继德

探索·争鸣
新高度，新问题
——评杨利民的剧作《黑色的石头》⋯窦晓红

剧作者谈创作
话剧《彭大将军》创作中遇到的几个问题⋯王德英

美术·摄影
封面设计⋯⋯⋯⋯⋯⋯⋯⋯⋯⋯⋯⋯阎　风
封二题辞⋯⋯⋯⋯⋯⋯⋯⋯⋯⋯⋯⋯杨利民
封三段昆仑剧作研讨会⋯⋯⋯⋯摄影　高　山
封四舞美设计⋯⋯⋯⋯⋯⋯⋯⋯⋯⋯张　宪
题图·插图⋯⋯⋯⋯⋯⋯⋯⋯王福标　宋　坤
美术编辑⋯⋯⋯⋯⋯⋯⋯⋯⋯⋯⋯⋯朱　茵

比较戏剧
再拜一个伟大的老师⋯⋯⋯⋯⋯⋯⋯王宛平

关东剧坛
《美与哲理散论》序言⋯⋯⋯⋯⋯⋯谷长春
戏剧理论应该有志大的发展
——《关东剧说》代序⋯⋯⋯⋯⋯⋯刘淑明
论吉剧现状及未来发展⋯⋯⋯⋯⋯⋯李　改

当代艺术家长廊
林兆华印象⋯⋯⋯⋯⋯⋯⋯⋯⋯⋯⋯余秋雨

西方戏剧批评概观
十八世纪戏剧批评流向⋯⋯⋯⋯⋯⋯张未民

剧本新作
幽谷（九章吉剧）⋯⋯⋯⋯⋯⋯⋯⋯段昆仑
贾岛撞轿（小戏曲）⋯⋯⋯⋯⋯⋯⋯王新翔

国门之外
环境戏剧⋯⋯⋯⋯⋯⋯⋯⋯⋯⋯⋯⋯曹路生

艺术信息
论现代人的理性超负荷（外二则）⋯⋯郭翠筠辑

美术·摄影
封面设计⋯⋯⋯⋯⋯⋯⋯⋯⋯⋯⋯⋯闫　风

1989 年第 1 期　刊名:《戏剧文学》
目录

困境：我们将做些什么⋯⋯⋯⋯⋯⋯本刊编辑部

九十年代戏剧展望
以执着的探索求取进步⋯⋯⋯⋯⋯⋯谭霈生
我不知道⋯⋯⋯⋯⋯⋯⋯⋯⋯⋯⋯⋯王　肯
政治·经济·戏剧⋯⋯⋯⋯⋯⋯⋯⋯沙叶新
补课的时代⋯⋯⋯⋯⋯⋯⋯⋯⋯⋯⋯高　鉴

中国戏剧的自审与建构
论中国戏剧的抽象美⋯⋯⋯⋯⋯⋯⋯关德富
戏剧的结构和结构变革的断想⋯⋯⋯王耕夫

戏曲如是观
人外的戏剧⋯⋯⋯⋯⋯⋯⋯⋯⋯⋯⋯王红萧
关于当代戏曲民族化的思考⋯⋯⋯⋯魏　麟

1989 年第 2 期　刊名:《戏剧文学》
目录

传奇故事
倒在枪口下的女店主（中篇纪实故事）⋯⋯黎　诤
她，代号 0409（中篇侦破故事）⋯⋯⋯海　伦
美人鱼的泪（中篇传奇故事）⋯⋯⋯⋯马纯夫
情丝悠悠（中篇爱情故事）⋯⋯⋯⋯⋯松　之
买君子兰的少女（影视新花）⋯⋯⋯⋯向　真

演员专访
迟志强的沉浮⋯⋯⋯⋯⋯⋯⋯⋯⋯⋯阿　黄
白灵的苦与乐⋯⋯⋯⋯⋯⋯⋯⋯⋯⋯翟　边

新星行踪
在大洋彼岸的中国女影星
——张瑜、陈冲、张琪、龚雪、殷亭如在国外生活掠影

演员趣闻
张艺谋发生婚变
姜文趣事
影视短波

月亮，没有国籍（中篇社会故事）————介　夫
哪知爱是这样甜（中篇爱情故事）————海　音
死亡缝隙里的恋情（中篇爱情故事）————党国栋
吞噬美女的隧道（中篇传奇故事）————郭中铭编译

1989 年第 3 期　刊名:《戏剧文学》

目录

我看首届中国戏剧节
非性化的舞台与儿童化、母性化的人格体现
——观《火神与秋女》————苑　平
戏曲涅槃与再生
——湘剧《山鬼》观剧断想————范峥嵘
看戏忧思录————了然公
观众座谈纪略

文化畅谈录
尚圆习俗与古典戏曲的圆满之美————郑传寅

当代艺术家长廊
李杰和时代————郭铁城

剧本新作
小店（大型话剧）————张志新

外国名剧
开放夫妻（讽刺戏剧）
————［意大利］弗朗卡·莱米达罗·福

作者·读者
《五个黄昏》的通信————王小克

艺术信息
西方二十世纪文学大趋向
戏剧作为人的救渡方式
当前美国戏剧的趋向

美术·摄影
封面设计————阎　风
封二·封三话剧《天下第一楼》剧照————摄影苏德新

1989 年第 4 期　刊名:《戏剧文学》

目录

今古传奇
红粉幽灵（中篇侦破故事）————马纯夫

艺苑春秋

一对明星的遭遇————郭燕平
襟怀坦荡　技艺精湛
——记著名京剧演员杨春霞
她从谷底走出来
——歌唱艺术家李谷一近事

新星行踪

王馥荔与"女大亨"
溥仪与"小公主"

1989 年第 5 期　刊名:《戏剧文学》

目录

第三届"戏剧文学飞虎奖"获奖作品名单

九十年代戏剧展望
戏曲发展趋势前瞻————孟繁树
我的反省和预测————郝国忱

反思中国现代话剧史
倾斜的翅膀
——对中国现代话剧的历史反思————曾　煜

文化畅谈录
论理性精神（大纲）————刘晓波
论传统戏曲文化对国民性的渗透和影响
——从阿 Q 唱戏说起————张云初

中国戏剧的自审与构建
泛议地方性戏剧流派————吴乾浩

剧本新作
神奇的兰花岛（大型儿童话剧）————贾淑云
亲仇（电视剧）————郝国忱

随笔·札记
对传统戏曲的再认识————宋存学
深邃的力　含蓄的美
——浅谈戏剧创作中的象征手法————刘清奎

西方戏剧批评概观
浪漫派：戏剧作为诗————张未民

国门之外
驶向未知岸边的航程
——采访苏联当代剧作家阿·加林————［苏］诺维科娃
不尽的哀思
——悼念张志新同志……………《戏剧文学》编辑部

艺术信息
剧作家的人格结构与"内方外圆"的审美风格（外二则）

美术·摄影
封面设计………………………………………阎　风

封二、封三
话剧《扎龙屯》剧照……………魏尚纯　陶　沙

1989 年第 6 期　刊名：《戏剧文学》
目录

今古传奇
复仇的警官（中篇惊险故事）…………………范　元
女人，不是软床（中篇社会故事）……………马纯夫
女作家之死（中篇纪实故事）…………………马金萍
黄昏大爆炸（中篇报告故事）…………………刘玉涛
出走的新娘（中篇爱情故事）…………………周晓悦
学画（影视新花）………………………………太　初

艺苑春秋
"性感明星"轶闻录（传记）
——玛丽莲·梦露生活片断………………王喜盛
你从哪里来，我们的李小力（专访）…………孙嘉莉

1989 年第 7 期　刊名：《戏剧文学》
目录

戏剧人学研究
古典戏曲理想人格论……………………………郭英德

中国戏曲的自审与建构
关于探索戏剧问题………………………………马　也
中国戏剧哲理之贫困……………………………张青野
关于戏曲作家和戏曲创作
——《当代戏曲作家论》后记…………………安　葵

关东戏坛
谈《三请樊梨花》的戏剧性结构………………山　河
关东戏曲研究的可喜收获

——读《关东剧说》……………………………薛若邻

剧本新作
在这迷人的晚上（无场次即景话剧）…………刘　博
生活献给他的歌（电视报道剧）………………孙　明
梦（吉剧单人戏）………………………………王　肯

戏剧与观众
"能把观众留住才是戏"
——编、演、观的"契合点"漫议……………王兆一

关于荒诞派戏剧
没有答案的问题
——尤涅斯库答客问

西方戏剧批评概观
思想体系时代……………………………………张未民

国门之外
美国的音乐剧……………………………………王　澍

艺术信息
当代中国青年文化反哺意义
中西价值观比较
关于"玩"艺术的思考
法国《椅子》中国《席》

美术·摄影
封面设计………………………………………阎　风
封二、三评剧《契丹魂》剧照

1989 年第 8 期　刊名：《戏剧文学》
目录

迎接吉林省首届艺术节
抓住契机　加强研究　把吉林省的艺术事业推向前进
………………………………………………本刊评论员
魂归黄龙府（六场黄龙戏）……………………王福义
《魂归黄龙府》漫议……………………………郭翠筠
双寡（拉场戏）…………………………………李鹏飞
喜剧乎？　悲剧乎？
——《双寡》小议………………………………温　愠

九十年代戏剧展望
康德主体性美学思潮与新时期戏剧的超越
——对九十年代戏剧艺术发展的瞻望…………丁　涛

中国人与中国戏剧
"疯子"与"傻子"………………………………王　肯

我们的戏剧缺少什么?
——论荒诞感、悲剧意识、人性冲突…………孟宪忠
中国戏剧:观众和艺术的分离……………李 改
中国戏剧的"?"………………王红萧
还缺少什么?………………徐亚力

中国戏剧的自审与建构
关于艺术创作中的粗俗——"非诗化"倾向…安 葵

剧本新作
顿悟(三场散文体话剧)………………张瑞田
亲家俩(电视剧)………………长 河

工作研究
商品氛围中的戏剧………………田子馥

艺术信息
当代中国文化的四种悖论 更新戏剧观念的生理机制
关于现代戏剧意象

美术·摄影
封面设计………………阎 风

1989 年第 9 期　刊名:《戏剧文学》

目录

迎接吉林省首届艺术节
皇帝出家记(大型满族历史传奇剧)………马金萍

戏剧美学
审丑与审美研究………………王东局

戏剧本体探微
论戏剧艺术的生命现象………………王耕夫
总体化:当代戏剧形态的发展趋向………丁罗男

略论剧作家自省意识的作用………………陈 坚

中国戏剧的自审与建构
存在主义意识与现代戏剧形象
——兼论形象艺术形态的哲学内蕴………张惠辛

儿童剧创作谈
"寓教于乐"辩………………欧阳逸冰

剧评
人的悲剧
——评《欲望号街车》………………倪似丹

两代人的苦恼
——从《西厢记》老妇人与莺莺之间矛盾谈起
………………刘荫柏

外国名剧
克拉拉(大型话剧)
…………[美国]阿瑟·密勒著 郭继德 李秀英译

垂杨柳下(电视短剧)………………李振明

随笔·札记
写剧本还是要提倡大众化和通俗习惯…………胡 沙
作家的自觉………………李小山

艺术信息
处于低潮的中国当代话剧
对象与无对象

美术·摄影
封面设计………………阎 风

1989 年第 10 期　刊名:《戏剧文学》

目录

复辟资本主义的梦呓
——评《启蒙的悲剧——五·四运动批判》……赵云龙

剧本新作
争婚记(九场戏曲)………………郝国忱
落马湖的故事(戏剧小品·外二篇)………李龙云
吴晗(电视剧)………宋 严(执笔)徐 彦 刘士一

中国戏剧的自审与构建
生命意识与当代戏剧的发展………………景 迅
观念的牢笼………………高 鉴

中外戏剧研究
碰撞中的渗透………………许朝增

剧评
《契丹魂》三题………………贾丽君

文化畅谈录
人·自然·神
——文化的象征………………耿占春

国门之外
世界戏剧舞台的三大支柱
——介绍三位当代著名的戏剧导演………朱 靖

艺术信息

缺乏自我控制难出好作品

理想主义的终结

台湾歌剧一瞥

关于话剧重新正名的若干思考

美术·影摄

封面设计⸺⸺⸺⸺⸺⸺⸺⸺⸺⸺⸺阎　风

1989 年第 11 期　刊名:《戏剧文学》
目录

资产阶级自由化的标本

⸺⸺《论理性精神（大纲）》批判⸺⸺⸺⸺⸺姜春孟

吉林省中青年作品专辑

一夜皇妃（七场吉剧）⸺⸺⸺⸺⸺⸺⸺⸺⸺王秀侠

人性的扭曲和心灵的战栗

⸺⸺读吉剧剧本《一夜皇妃》⸺⸺⸺⸺⸺⸺李　改

送礼（拉场戏）⸺⸺⸺⸺⸺⸺⸺⸺⸺⸺⸺何庆魁

说口艺术的失落与回归⸺⸺读拉场戏《送礼》⸺⸺王　典

鬼节之夜（独幕话剧）⸺⸺⸺⸺⸺⸺⸺⸺⸺邱苏滨

爱欲与文明的冲突⸺⸺⸺⸺⸺⸺⸺⸺⸺⸺辛　夷

义务劳动（拉场戏）⸺⸺⸺⸺⸺⸺⸺⸺⸺陈功范

戏微而意重⸺⸺评拉场戏《义务劳动》⸺⸺⸺李　映

写情书（拉场戏）⸺⸺⸺⸺⸺⸺⸺⸺⸺⸺赵月正

寓庄于谐　俗中见雅

⸺⸺谈赵月正的小戏曲《写情书》及其他⸺⸺李　政

绚烂的礼花（生活情景剧）⸺⸺⸺⸺⸺⸺⸺鸿延飞

耐人寻味⸺⸺略谈小话剧《绚烂的礼花》⸺⸺张一虹

对戏剧文化现象的几点猜想⸺⸺⸺⸺⸺⸺⸺纪　众

艺术信息

中国话剧文学研究会第三届年会在北戴河召开

东北话剧研讨会在大连举行

供阅读的文学传递方式⸺⸺案头剧（曲）

世界六大剧院

美术摄影

封面设计⸺⸺⸺⸺⸺⸺⸺⸺⸺⸺⸺⸺阎　风

1989 年第 12 期　刊名:《戏剧文学》
目录

关于批驳刘晓波两篇文章的座谈纪要

剧本新作

洒满月光的荒原（大型话剧）⸺⸺⸺⸺⸺⸺李龙云

娘家客（拉场戏）⸺⸺⸺⸺⸺⸺⸺⸺⸺⸺隋程雁

人与戏剧

让完美的当代人性的光辉照耀戏曲舞台⸺⸺⸺周传家

理论与争鸣

戏剧创作与历史意识⸺⸺⸺⸺⸺⸺⸺⸺⸺石　淳

剧评

人的戏剧　空荡的梦

⸺⸺论李龙云再改剧本《洒满月光的荒原》⸺⸺高　光

美术·摄影

封面设计⸺⸺⸺⸺⸺⸺⸺⸺⸺⸺⸺⸺阎　风

《湘江文艺》

（《湘江文学》、《文学月报》、《湖南文学》）

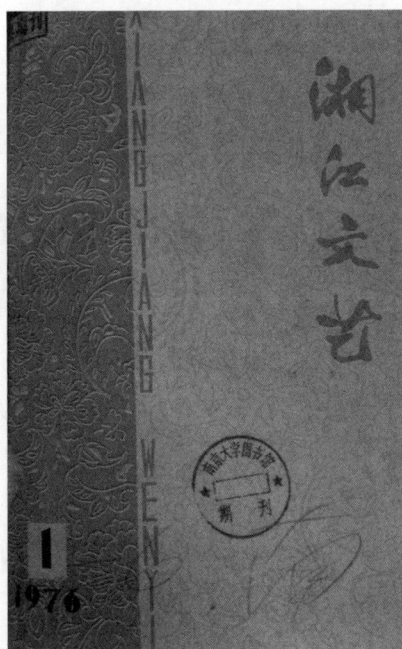

【简　介】

综合性文学月刊。湖南省文学艺术界联合会主办。创刊于 1956 年,1972 年复刊。创刊时名为《湖南文学》,复刊时题名《湘江文艺》,1982 年由《湘江文艺》更名为《湘江文学》,1984 年再次更名为《文学月报》,1987 年恢复现刊名《湖南文学》。其变动过程适应社会需求和时代环境,内容呈现开放、包容、与时俱进等特点。

期刊号:1976 年第 1 期—1989 年第 12 期

1976 年第 1 期　刊名:《湘江文艺》
目录

词二首 ································· 毛泽东

心潮澎湃读宏篇

决心再把高峰攀（诗六首）
················· 唐纯银　左宗华　刘　勇等
欢腾的韶山（散文）··················· 曹书田
革命无止境　不断攀高峰 ····· 湘潭钢铁厂工人评论组
鲲鹏展翅　天地翻覆 ················· 刘平章

新生事物茁壮成长

"抬田"（小说）····················· 周宜地
韶山一支春（散文）··················· 谢　璞
土厂长（小说）····················· 黄子光

绚丽鲜花向阳开（诗十首）
············· 毕长龙　夏劲风　姚成友　李长廷等

县县社社成大寨

新来的县委书记（小说）··············· 叶培昌
红石洲（小说）··········· 陈林生　赵文健
洣江宏图（散文）····· 李慕贤　文先赵　刘振祥
娜珠（小说）······················· 孙健忠
催春手（小说）····················· 欧阳卓智
收购站的早晨（小说）················· 刘世平
"补充说明"（小说）··················· 刘佑平
在普及大寨县的热潮中（诗八首）
············· 岳立功　王农鸣　方存弟　石太瑞等
为普及大寨县而奋斗（美术）··········· 陈白一等
献上一朵腊梅花（散文）··············· 健　忠
掌稳舵（小说）····················· 郭　明
在毛泽东思想哺育下茁壮成长（诗十四首）
············· 胡建臣　罗子英　叶之蓁　宋才逢等
麒麟皮下露马脚（评论）··············· 龚笃清
一个无产阶级革命战士的高大形象（评论）··· 罗艺仁
世上无难事　只要肯登攀（速写）
············· 吕永盛　秦明良　徐继春　吴自忠
全党动员　大办农业　为普及大寨县而奋斗··· 吴国威
封面设计 ························· 张　延

1976 年第 2 期　刊名:《湘江文艺》
目录

歌颂无产阶级"文化大革命"
反击右倾翻案风专辑

坚持文艺革命，反击右倾翻案风············· 初　澜

沉滓的再泛起（评论）··············· 谌兆麟
驳"一花独放"（评论）··············· 董洪全
斥"雷同化的根源"（评论）········· 刘　勇　韩少功
"紧箍咒"析（评论）··········· 李元洛　龚笃清
伟大的胜利（诗五首）··········· 弘　征　石太瑞等
进军的号角（诗辑）········· 岳立功　于　沙　杨里昂
颜家文　韩宗树　罗子英　陆耀枝　杨平强　左宗华
王燕生　丁荣华　颜　流　朱剑霞　刘善福　唐仲品
张　欣　杨晓萍　邓存健　江立仁　聂鑫森　胡习农
刘赞存　纪卫华　汪筱玲　梁志明　程子厚　李隆汉
以阶级斗争为纲　反击右倾翻案风（组画）
··················· 袁胜初　纪夕源等
湘江北去（小说）··················· 朱树诚
答卷（小说）······················· 李孚汉
马达轰鸣（小说）··················· 陈　泽
登攀（小说）······················· 杨克祥
在典型的矛盾中塑造英雄典型（评论）······· 马焯荣
"樵歌"泄"天机"（评论）··············· 孙　钢
在阶级斗争中塑造英雄人物（评论）········· 林明华
东边的"金翅膀"（散文）········· 李衍湘　刘建兵
女机手（小说）····················· 苏亚平
"大寨炉"（速写）··················· 欧阳戈平
老郝（速写）······················· 邓由光
快活大娘（速写）··················· 舒新宇

少年习作

诱蛾 ··························· 胡育成
老队长 ························· 尹和顺
诗两首 ··················· 周正高　周炎清
根深苗壮（年画）··················· 王菊生
理论辅导员（年画）··················· 李柏林
我为钢铁献食粮（版画）········· 王文超　戴异戈
凉山需要你们（版画）··············· 马振声

1976 年第 3 期　刊名:《湘江文艺》
目录

歌颂"文化大革命"　反击右倾翻案风

"文化大革命"永放光芒——纪念中共中央一九六六
年五月十六日《通知》十周年·········《人民日报》、
《红旗》杂志、《解放军报》编辑部
深入批判邓小平　坚持文艺革命
——学习《在延安文艺座谈会上的讲话》········· 初　澜
讴歌"文化大革命"　反击右倾翻案风（评论）
··························· 张　扬
红心紧连天安门（诗十三首）········· 刘东山　汪竹柏
姚碧华　陈　阵　成石元　刘家发　唐春刚等

我为"文化大革命"把赞歌高唱（歌曲）
············于 沙 词 钟南阳曲
春风催得新苗壮（诗十首）············农 鸣
李长廷 陈达光 王 俞 佘致迪 杨成杰 李春华
安鹏翔 倪 鹰 曾仕让 许近仁
阳光洒满五·七首（诗）············李炳辉 剑 清等
永不撤岗（小说）············刘正洪
顶风攀登（小说）············纪卫华
蜂飞田野（小说）············凌 辉
回乡路上（小说）············吴 沁
天翻地覆慨而慷（美术）
············李偶林 袁胜初 吴自忠 王 琼
伟大的使命（版画）············谭梦林 陈波文 何克明
"文化大革命"育新苗（美术）············萧洁然
张京德 张平静 李明玉 谭 键 吴国威等
努力塑造同走资派作斗争的工农兵英雄人物（评论）
············江 文
"文化大革命"的胜利凯歌（评论）············楚 里
大胆揭露 敢于斗争（评论）············邓求国
爬陡坡的人（报告文学）···孙南雄 王锡忠 谭士珍
放漆的故事（小说）············黄三畅
逼下梁山（故事新编）············湘阴县文化馆创作组
这里是春天（散文）············郑彦英
一支汽枪（儿童文学）············眭道金
儿歌一束············江德玲 谭险峰等
油菜花开（少年习作）············廖学安

鼓声阵阵（小小说）············吴建华
敢同走资派对着干（诗、民歌十首）
············龙老化 田章夫等
所向无敌（诗）············刘明文
军歌嘹亮（诗八首）············元 辉 翟 琮等
钻头（诗）············郭长生
考（诗）············黄建华

学习鲁迅
学习鲁迅，胜利不忘进击（评论）············龙海清
"假洋鬼子"必须防（评论）············李元洛
坚持三结合创作（评论）············谭士珍
卑贱者最聪明（评论）············欧植竹
山乡女民兵（剪纸）············邹荣光
偏向浪里行（中国画）············邓超华
不要碰着瓜（版画）············纪夕源
红军当年过此山（版画）············邹洛夷

少年习作
春燕············谢心亮
儿歌三首············唐丰艳等

1976 年第 4 期 刊名:《湘江文艺》

目录

在斗争中建设党············《人民日报》、
《红旗》杂志、《解放军报》社论

《"文化大革命"好》征文选登
锋芒所向（小说）············孟 星
对台戏（小说）············韩少功
楚城雷电（小说）············胡 英
奔龙山上一小站（散文）············叶之蓁
磨刀人赞（散文）············聂鑫森
颂歌献给"八·一八"（诗五首）············颜家文 杨 涛等
红卫兵战歌（歌曲）············赖 风 词曲
教育革命战旗红（诗六首）············胡 柯 姚元林等
永远是毛主席的红卫兵（版画）············袁光若
战斗正未有穷期（版画）············左中汉
胸怀（小说）············刘开生
�培霞（散文）············胡柳英
司令员的习惯（小说）············丁湘萍
金丝枣儿甜（儿童文学）············赵文雄

1976 年第 5 期 刊名:《湘江文艺》

目录

伟大的领袖和导师毛泽东主席永垂不朽
中国共产党中央委员会 中华人民共和国全国人民代表大会常务委员会
中华人民共和国国务院 中国共产党中央军事委员会
告全党全军全国各族人民书
在伟大的领袖和导师毛泽东主席追悼大会上中国共产党中央委员会
第一副主席、国务院总理华国锋同志致悼词
誓将遗愿化宏图（诗四十一首）············毛迪秋
毛泽仁 毛乾吉 汤瑞仁 毛霞生 陆耀枝 毛泽贵
方忠宇 张振忠 吴通行 聂鑫森 陆德炎等
难忘的一天（散文）············邓克谋
永远为毛主席站岗（散文）············向秀清
深切的怀念（散文）············赵德光
毛主席永远活在我们心中（散文）············黄新心
中国共产党中央委员会 中华人民共和国全国人民代表大会常务委员会
中华人民共和国国务院 中国共产党中央军事委员会
关于建立伟大的领袖和导师毛泽东主席纪念堂的决定
中共中央关于出版《毛泽东选集》和筹备出版《毛泽东全集》的决定
亿万人民的共同心愿············《人民日报》、

《红旗》杂志、《解放军报》社论
热烈欢呼华国锋同志为我党领袖　愤怒声讨"四人帮"反党集团滔天罪行
首都百万军民隆重集会庆祝伟大胜利
在首都庆祝大会上吴德同志的讲话
伟大的历史性胜利……………………《人民日报》、《红旗》杂志、《解放军报》社论
湖南省会军民热烈庆祝华国锋同志任中国共产党中央委员会主席、中国共产党中央军事委员会主席，热烈庆祝粉碎王洪文、张春桥、江青、姚文元"四人帮"篡党夺权阴谋的伟大胜利大会
给华主席、党中央的致敬电
华国锋同志是我们党当之无愧的领袖
………………………………………《解放军报》编辑部
两项决定放光芒（诗五首）
…………夏劲风　王燕生　罗长江　贺一鸣　李澍德
东风万里传喜讯（诗十二首）……雁鸣　李卓能等
热烈庆祝华国锋同志任中共中央主席、中央军委主席
热烈庆祝粉碎"四人帮"篡党夺权阴谋的伟大胜利
（美术）…………………………袁胜初　黄定初等
学习鲁迅　永远进击…………………《人民日报》社论
一个地地道道的老投降派……………任　平
三月的租界（杂文）……………………鲁　迅
在毛泽东思想指导下学习鲁迅…………周海婴
学习鲁迅的革命战斗精神（评论）……康咏秋　向　平
爱的大纛　憎的丰碑（评论）…………董洪全　何树凡
接过鲁迅的笔（诗）……………………刘洛强
"秘密读书室"门前的路上（诗）………周　实
永远进击（诗）…………………………黄亚钧
致敬！抗震前线的英雄！（诗）………左宗华
盖粮仓（诗）……………………………申　身
忘我精神的凯歌（诗）…………………石成元
开刀（小说）……………………………小　暑
兰兰出差（小说）………………………叶之蓁
禾花开了（儿童文学）…………………欧阳卓智
夜过草原（散文）………………………童　丛
青松（诗）………………………………潘东晖
春雷催得蓓蕾开（评论）………………张　鹄

1976年第6期　刊名:《湘江文艺》

目录

《论十大关系》……………………………毛泽东
华主席在第二次全国农业学大寨会议上的重要讲话

三首革命歌曲
华主席题词（二首）
毛泽东颂（长诗选载）…………………时永福

又有了自己的领袖（版画）……………袁　静　李慧光
华主席来到土家寨（散文）……………孙健忠　谷　茨
和华主席的心连在一起（散文）………乐　群
阳光灿烂照毛田（散文）………………王以平
亲切的记忆（散文）……………………李全安
华主席在清联的日子里（散文）………曾献温　周正铎
战士心向华主席（散文）………………谢富生
热烈拥护华主席　坚决粉碎"四人帮"（诗辑）
………………………………………………蒋国鹏
谭　楷　亚　军　振　扬　沈建翌　佘致迪等
毛泽东思想是不落的太阳（诗辑）……郭味农
黄起衰　贺一鸣　陈大兴　李长廷　刘宝田　杨里昂
颜家文　岳立功　黄亚钧　罗长江　黄玉梅等
金秋十月访清风（散文）………………谷　静
千重浪（散文）…………………………赵海洲
周总理在庐山（散文）…………………黄润祥
无私的安排（诗歌）……………………贺梦凡
深切怀念（诗歌）………………………田章夫　聂鑫森

"四人帮"扼杀《创业》的狼子野心（评论）
………………………………………………陈望衡
彻底揭露"四人帮"扼杀湘剧《园丁之歌》的滔天罪行（评论）……………………………湖南湘剧团
"四人帮"扼杀《园丁之歌》居心何在（评论）
………………………………………………谌兆麟
《园丁之歌》就是好（速写）…………钟增亚
从《两张图纸》看"四人帮"的罪恶阴谋（评论）
………………………………………湖南省花鼓戏剧团
《中山狼》与"四人帮"（评论）………欧植竹
鬼魅的画皮（评论）……………………瞿　水
红日照侗乡（散文）……………向明忠　杨　荣　谭士珍
明珠之乡（散文）………………………李仲恒　肖时国
书记编在我们班（中国画）……………绪田铭
欢腾的洞庭（少年习作）………………杨为民
小玉妹（少年习作）……………………刘晴英

1977年第1期　刊名:《湘江文艺》

目录

周总理啊，我们永远怀念您（诗辑）…………时永福
西　彤　刘景周　节延华　赵清学　吴继成　叶龙泉
刘　勇　张富金等
永恒的微笑（散文）……………彭祖贵口述　慕　贤整理
难忘的旅程（散文）……………………卓列兵
珍贵的请帖（散文）……………………倪　鹰
周总理来到韶山冲（散文）
………………………………韶山毛泽东同志旧居陈列馆
冬天里的春花（散文）…………………陈健秋

周总理和孩子们在一起（散文）⋯⋯⋯⋯庞瑞垠
幸福的回忆（散文）⋯⋯⋯⋯⋯⋯⋯⋯何先培
葵花永远向阳开（散文）⋯⋯⋯⋯⋯⋯张二牧
永远怀念周总理（散文）⋯⋯⋯⋯⋯⋯何平康
拥宪山水记深情（散文）⋯⋯⋯⋯⋯⋯孙　伟
敬爱的周总理永远活在我们心中（版画）⋯⋯杨先让
华主席在湖南（诗辑）⋯⋯⋯⋯⋯⋯⋯彭楚祥
粟利国　于　力　田章夫　崔合美　许国泰　唐仲品
孙　泱　胡不焕　李澍德　李健纯　杨仁芳　周蕴琴
戴承翠　毕承松等
歌词三首⋯⋯⋯⋯⋯⋯⋯⋯叶蔚林　胡锡龙
巨大的鼓舞（散文）⋯⋯⋯⋯⋯⋯英　龙　晓　华
情满洞庭（报告文学）⋯⋯⋯⋯卜功琳　未　央
春风吹遍野鸡坪（散文）⋯⋯⋯王恒秋　甄　三
锁龙井（小说）⋯⋯⋯⋯⋯⋯⋯⋯⋯贺良凡
杨开慧——毛主席的学生和战友⋯⋯⋯李颂杨
临江仙（词）⋯⋯⋯⋯⋯⋯⋯⋯⋯⋯九　山
"四人帮"鼓噪大写走资派的反动谬论必须批判（评论）⋯⋯⋯⋯⋯⋯⋯⋯⋯⋯⋯⋯⋯贝新亚
反党篡权的又一发明（评论）——批判江青利用古诗词进行反党活动的罪行⋯⋯⋯⋯钟　尚
张春桥的反革命权术（评论）⋯⋯⋯⋯书　良
江青与"过河卒子"（评论）⋯⋯⋯⋯陈生晖
《推背图》的启示（评论）⋯⋯⋯⋯⋯陈　炳
"拖拉机爷爷"（儿童文学）⋯⋯⋯⋯叶之蓁
愚公洞（版画）⋯⋯⋯⋯⋯⋯⋯⋯⋯赵　夫
《红缨》（舞剧·剧照）
⋯⋯⋯⋯湖南省新闻图片社、湖南日报社供稿
封面设计⋯⋯⋯⋯⋯⋯⋯⋯⋯⋯⋯⋯张　延

1977 年第 2 期　刊名:《湘江文艺》

目录

思想的武器　力量的源泉
　——热烈欢呼《毛泽东选集》第五卷出版
诗三首⋯⋯⋯⋯⋯⋯孙　泱　黄胜泉　骆晓戈
灿烂的节日（散文）⋯⋯⋯⋯⋯⋯⋯⋯谢　璞

学习华主席两首光辉题词
举旗抓纲展宏图⋯⋯⋯⋯⋯⋯⋯⋯本刊编辑部
光辉题词照征途⋯⋯⋯⋯中共湘阴汨罗县委员会
在华主席英明领导下把国民经济搞上去（诗辑）
⋯⋯⋯⋯⋯⋯⋯⋯⋯⋯⋯⋯⋯⋯⋯岳立功
滕和叶　唐纯银　夏　天　安　菁　萧自强　莫少云
郑德明　李万青　黄建华　郭桂林　刘东山等

华主席在湖南
跟随华国锋同志去桃江（散文）⋯⋯⋯曾吉安

华主席引来幸福水（散文）⋯⋯⋯⋯⋯梅中泉
新屋暖心房（散文）⋯⋯⋯解放军驻福建某部　火　苗
难忘的一天（散文）⋯⋯⋯解放军一六三医院　袁纪松
走毛主席的路（版画）⋯⋯⋯⋯⋯⋯⋯邱霍泉

纪念毛主席考察湖南农民运动五十周年
镇妖记（故事）
⋯⋯⋯⋯⋯⋯⋯衡阳地区文化局革命历史故事创作组

湖南英烈志
向警予同志在溆浦⋯⋯⋯⋯⋯溆浦县文艺创作组
忆雷锋同志⋯⋯⋯⋯⋯⋯⋯⋯⋯⋯⋯赵阳城
红火篇（小说）⋯⋯⋯⋯⋯⋯⋯⋯⋯萧建国
无手英雄绘新图（特写）⋯⋯⋯⋯⋯⋯周业贵
卡朋捉"龙"（儿童文学）⋯⋯⋯⋯⋯杨容芳
车轮飞奔（诗）⋯⋯⋯⋯⋯⋯⋯⋯⋯刘玉立
先验的模式　热昏的胡话（评论）⋯⋯谭冬梅
紫电青霜扫蛀虫（评论）⋯⋯⋯⋯⋯⋯李元洛

匕首集
"开胃口"和"不知肉味"⋯⋯⋯⋯⋯⋯何国瑞
江记的摄影术⋯⋯⋯⋯⋯⋯⋯⋯⋯⋯汤师尧
且说打狗棍和狗⋯⋯⋯⋯⋯⋯⋯⋯⋯袁　石
"红""黑"辨⋯⋯⋯⋯⋯⋯⋯⋯⋯⋯伊　灵

少年习作
家乡⋯⋯⋯⋯⋯⋯⋯⋯⋯⋯⋯⋯⋯廖晓丽
炮声⋯⋯⋯⋯⋯⋯⋯⋯⋯⋯⋯⋯⋯黄卧云
抓纲治国铁路快上（速写）⋯⋯⋯⋯⋯杨文理
前线指挥（农民画）⋯⋯⋯⋯路心聪　谭中友
归来还是队里人（农民画）⋯⋯⋯⋯⋯滕建国
你追我赶（版画）⋯⋯⋯⋯⋯⋯⋯⋯任家蓁
湘西速写⋯⋯⋯⋯⋯⋯⋯⋯⋯⋯⋯⋯王金星

1977 年第 3 期　刊名:《湘江文艺》

目录

华主席题词
更高地举起毛主席革命文艺路线的伟大旗帜
　——纪念《在延安文艺座谈会上的讲话》发表三十五周年⋯⋯⋯⋯⋯⋯⋯⋯⋯⋯《人民日报》社论
高举毛主席的伟大旗帜，夺取文艺革命的更大胜利
　——学习《毛泽东选集》第五卷⋯⋯本刊编辑部
沿着《讲话》指引的方向胜利前进⋯⋯⋯楚　文

纪念南昌起义、秋收起义五十周年
水口朝霞（散文）⋯⋯⋯⋯⋯⋯⋯⋯⋯胡　英
庄严的时刻（散文）⋯⋯⋯⋯⋯⋯⋯⋯谭　谈

震撼世界的枪声（散文）⋯⋯⋯⋯⋯⋯赵文雄
无限深情颂骄杨（诗五首）
——纪念毛主席《蝶恋花·答李淑一》写作二十周年
⋯⋯⋯⋯⋯⋯⋯⋯农　鸣　邓存健　钟黔宁

华主席在湖南
来自盐矿的颂歌（散文）⋯⋯⋯⋯⋯王荫槐
华主席在湖南（诗七首）
⋯⋯⋯⋯⋯刘孟光　刘东山　贺绍奇　刘克利等
河水哗哗笑山坡（版画）⋯⋯⋯⋯⋯吴国威
记董老在湖南（散文）⋯⋯⋯⋯⋯⋯赵清学

诗歌
抓纲治国　大干快上（诗辑）⋯⋯⋯⋯刘舰平
纪卫华　朱平化　周晓萍　刘宝田　曾凡华等
时刻紧握手中枪（诗五首）
⋯⋯⋯⋯⋯⋯瞿　琮　赵水养　舒　放等
新民歌（十一首）
⋯⋯⋯⋯肖明求　林建中　胡一顺　杨　帆等
园丁之歌（诗）⋯⋯⋯⋯⋯⋯⋯⋯⋯陆　棨

湖南英烈志
贺龙同志在湘鄂西的故事（上）
⋯⋯⋯⋯中共桑植县委宣传部编写　张二牧执笔

小说·儿童文学
"恼火堤"畅通了（小说）⋯⋯⋯⋯⋯曹家健
一对老将（特写）⋯⋯⋯⋯⋯⋯⋯⋯远大为
特别通知（小说）⋯⋯⋯⋯⋯⋯⋯⋯胡乃武
歌（散文）⋯⋯⋯⋯⋯⋯⋯⋯⋯⋯⋯袁世捷
两张不寻常的照片（儿童文学·小说）⋯黄新心

评论
斥"新纪元"论⋯⋯⋯⋯⋯⋯陈望衡　赵志凡
匕首集
"变色龙"与"四人帮"⋯⋯⋯⋯⋯⋯欧植竹
"华蒂"和"狄克"⋯⋯⋯⋯⋯⋯⋯⋯黎　棻
王洪文与刁小三⋯⋯⋯⋯⋯沈志冲　徐振辉

少年习作
小亮⋯⋯⋯⋯⋯⋯⋯⋯⋯⋯⋯⋯⋯⋯罗　彬
学大庆　大干社会主义⋯⋯⋯⋯⋯⋯石　见
封底装饰⋯⋯⋯⋯⋯⋯⋯⋯⋯⋯⋯⋯胡　抗
文讯两则

1977 年第 4 期　刊名：《湘江文艺》

目录

叶副主席诗二首
学大庆　学大寨　赶江苏，把无产阶级文艺革命进行
到底⋯⋯⋯⋯⋯⋯⋯⋯⋯⋯⋯⋯⋯本刊编辑部

热烈庆祝党的十届三中全会胜利召开
历史性的胜利（诗辑）⋯⋯于　沙　向　明　苏方学等
历史，又胜利扬帆（散文）⋯⋯⋯⋯⋯萧育轩

**隆重纪念八一南昌起义、秋收起义、井冈山斗争五十周
年特辑**
朱德同志诗选
陈毅同志诗选
秋收起义战旗红（诗辑）⋯⋯⋯⋯⋯⋯刘宝田
雷安菁　刘赞存　节延华　高正润等
找毛委员（散文）⋯⋯⋯⋯秋收起义铜鼓纪念馆
曙光在前（散文）⋯⋯⋯⋯⋯⋯凌　辉　乐　群
生命的春天（散文）⋯⋯⋯⋯⋯⋯⋯童　丛
常青树（小说）⋯⋯⋯⋯⋯⋯⋯⋯⋯朱树诚
在朱总司令身边（散文）⋯⋯金海贤口述　张家汉整理
绿水丹心（小说）⋯⋯⋯⋯⋯⋯⋯⋯苏家澍
碧山怒火（故事）⋯⋯⋯⋯李薰陶　陈长工　刘剑桦
铁鹰（小说）⋯⋯⋯⋯⋯⋯⋯⋯⋯⋯彦　英
鱼水情深（散文）⋯⋯⋯⋯⋯⋯⋯⋯莫少云
红日高照井冈山（诗辑）⋯⋯⋯⋯⋯⋯李长廷
陈良骥　颜　流　袁伯霖　周　实等
震撼世界第一枪（诗辑）
⋯⋯⋯⋯黄亚君　罗子英　田章夫　聂鑫森等

湖南英烈志
贺龙同志在湘鄂西的故事（下）
⋯⋯⋯⋯中共桑植县委宣传部编写　张二牧执笔
毛泽健同志在岳北游击师（国画）⋯⋯⋯陈　行

评论
彩笔颂领袖，豪情寓丹青
——《华主席在湖南》美术作品展览巡礼
⋯⋯⋯⋯⋯⋯⋯⋯⋯⋯⋯⋯理　弘　书　良

匕首集
从"伪君子"谈起⋯⋯⋯⋯⋯⋯⋯⋯杨梅生
"磨"戏与"赶"戏⋯⋯⋯⋯⋯⋯⋯⋯欧植竹

美术
华主席看望老红军（油画）⋯⋯⋯⋯⋯李子健
封底装饰⋯⋯⋯⋯⋯⋯⋯⋯⋯⋯⋯⋯胡　抗

1977 年第 5 期　刊名:《湘江文艺》

目录

攻关·······叶剑英
无险不可攀
——谈叶帅《攻关》奉和·······张爱萍

高举毛主席的伟大旗帜　紧跟华主席胜利前进

高举毛主席的伟大旗帜前进（诗辑）·······王燕生等
伟大旗帜万代红（散文）·······王以平
在毛主席和杨开慧同志身边的日子里
·······陈玉英口述　孙　燕　记录整理
毛主席视察南京（散文）·······姚忠瑞
毛主席来到我们连（散文）·······赵清学
津梁通衢赞（散文）·······刘贵茂
毛主席在抗大（素描）·······刘文西
毛主席永远和我们在一起（少年习作）·······马　岚
华主席在湖南（诗辑）···梁上泉　胡　笳　刘东山等
同抗大旱（油画）·······桂润年

湖南英烈志

毛福轩同志在狱中·······忻才良

评论

立大志，鼓干劲，兴起社会主义文化建设的高潮
·······周立波
我所想到和看到的·······杜　埃

读者中来

肝胆照人　气壮山河·······孙移泰
战斗的歌谣　巨大的鼓舞·······张富有　吴海龙
华主席和贫下中农心贴着心·······余利强
"万紫千红进军来"·······王治平

匕首集

谈"帮派"·······周正选
"残忍的凶手"新证·······黄毓璜
秋歌（之四）（诗）·······郭小川遗作
二十八丈（小说）·······刘建安
湘西的歌（散文）·······韩棕树
封底装饰（剪纸）·······周松青　周煜东

1977 年第 6 期　刊名:《湘江文艺》

目录

华主席在湖南

华主席在车头的故事（散文）·······张卓琳
南下途中（散文）·······郭怀成
湘阴的水（诗）·······李长廷
小姐妹学哲学（儿童故事）·······霍东华
华主席住在社员家（少年习作）·······熊　焰
华主席在湖南（摄影）

向科学进军

稻香万里（报告文学）
·······黔阳地区文艺创作组集体创作　李槐苏执笔

湖南英烈志

邓中夏赞·······李华岚　李长华

诗歌

抓纲治国凯歌扬（诗辑）·······田舒强　安　敏
鹏　翔　陈　鑫　罗尉宣　曲有源　佘致迪等
青山流水忆贺龙（诗辑）···韩棕树　夏　天　岳立功
诗四首·······屠　岸
乌江渡（外一首）·······刘　章
青春之歌（诗四首）
——全国体操技巧比赛大会速写·······杨里昂
知了与蟋蟀（童话诗）·······徐茂荣

小说·散文

珍珠泉（小说）·······鲁之洛
鱼塘浪花（小说）·······段杉喜
洞口纪行（散文）·······谢　璞
登攀（散文）·······朱树诚

评论

评歌剧《骄杨》·······马焯荣
情真意切唱颂歌
——喜读《华主席在湖南》诗辑札记·······朱先树
阴谋文艺的彻底破产·······谌兆麟
评"四人帮"的"根本任务论"·······陈望衡
斥"反真人真事论"·······谷　静
"完美无缺"与"文必至善"·······李万青

1977 年第 7 期　刊名:《湘江文艺》
目录

华主席为韶山灌区工程和《湖南科技报》题词手迹

毛主席的光辉照千秋

毛泽东之歌（歌词·外一首）—————郭小川　遗作
毛主席的光辉照千秋（诗辑）
阁楼（外一首）————————————石太瑞
韶山水库的歌————————————聂鑫森
清水塘——————————————陈达光
怀念———————————————林　澎
春光长驻的路————————————陈奇生
会师———————————————曹谷成
闪光的标语—————————————徐祁永
光辉题字照湘西————————————向兴仁
毛主席仍在最前头———————————唐大同
走进毛主席纪念堂———————————梁水兴

热烈庆祝华主席题写"韶山银河"和《湖南科技报》

我站在银河边（散文）————————张祖瑛
百里灌区红彤彤（诗）————————陈大兴
东风颂（诗）————————————舒　柯
望梅亭畔（诗）———————————王正湘

评论

坚决打好揭批"四人帮"的第三个战役
为毛主席的无产阶级教育路线唱赞歌
——痛斥"四人帮"对《园丁之歌》的诬蔑————伊　灵
评论《水浒》是假　篡党夺权是真————杨奎章
"从路线出发"创作论批判——————陈　炳
在广州的收获
——访萧殷同志———————————盛　宇
求名、盗名、买名——————————梁季生
主子何以不认奴才——————————方　今
一出热情歌颂华主席的好戏
——评话剧《银河曲》————————江正楚
如闻其声　如见其人
——谈谈人物语言的个性化——————吴调公
广采百花蜜最甜———————————康咏秋

华主席在湖南

寄自洞庭的照片（散文）———————舒　放
初生牛犊（儿童故事）————韩介京　李全安
洪水猛涨的时候（散文）———————文竹月

湖南英烈志

韶山党支部五英烈——————————张晓立

小说·散文

红旗更艳（小说）——————————贺良凡
无底潭（小说）———————————罗先明
大雁高飞（散文）——————————蒋正豪
西陲的明珠（散文）—————叶之蓁　陶　立
五月周末夜（散文）—————————滕久发
明珠（散文）————————————刘宝田

诗歌

歌唱您，革命的先烈杨开慧（歌曲）
—————黄书田　曹治理词　彦　克曲
公社风采（诗辑）
————宋才铮　杨孟芳　吴连至　周少尧　刘玉立

少年习作

剖鱼———————————————龙建辉
兰兰的抽屉—————————————廖芝芳
亲播火种（国画）——————————尚　涛
敬录毛主席诗词（书法·金石）———周　达　李　立
封底装饰（剪纸）——————————周松青　周煜东

1978 年第 1 期　刊名:《湘江文艺》
目录

怀念周总理————————————彭绍辉
奉和陈毅同志诗步原韵————————郭化若

彻底批判"四人帮"炮制"文艺黑线专政"论的罪行

《韶山的节日》事件的真相————————周立波
《韶山的节日》一文的奇祸——从一个典型事例戳穿
"文艺黑线专政"论的黑幕——————秦　牧
斥"文艺黑线专政"论—————————康　濯

评论

芙蓉新花—————————————华君武
谈花鼓戏《野鸭洲》—————————高　彬

华主席在湖南

诗辑———汤士杰　陈祖玉　胡丕焕　李坤鸿　彭志明
稻竹行（散文）——————————胡毅博　凌　辉
青山流水寄深情（散文）———————叶培昌
华书记和我们在一起（套色版画）
—————张京德　陈和西　张念怀
华书记鼓励我们学大寨（版画）————胡　杰

湖南英烈志

毛泽建的故事（上）
—————毛主席革命纪念地衡山县建设办公室编写

小说·散文·速写

钟山顶上望韶山（散文）——————————夏　阳
访灯记（小说）——————————————叶蔚林
墩上新绿（小说）—————————————彭伦乎
青山水潺潺（散文）————————————涂绍钧

诗歌

陈毅同志在茅山————————————————黄东成
红日照校园（诗辑）

————————谭士珍　贺绍奇　杨世木　罗　丹
在工矿战线上（诗辑）—————————————姚煤生
程子厚　胡一顺　喻长华　高正润　邓元杰
向日葵和墙头草————————————————汪竹柏
向四个现代化进军（木刻）——————————杨文理

1978 年第 2 期　刊名:《湘江文艺》

目录

毛主席给陈毅同志谈诗的一封信
春风吹遍芙蓉国——学习《毛主席给陈毅同志谈诗的
一封信》座谈纪要——————————————本刊记者
遵照毛主席指示的方向前进————————————胡青坡
马克思主义文艺论的新发展————————————康　濯
掌握诗歌形式发展的规律—————————————周健明
弯沟三变（小说）————————————————曹家健
云蓉（小说）——————————————————陈学工
机器发动之前（小说）——————————————彭建明
田鸡大叔（小说）————————————赵文健　贾美良
深山人家（小说）————————————————段凤德
翠叶（小说）——————————————————廷　方
志在高峰（报告文学）——————————————慕　贤
毛泽建的故事（下）（湖南英烈志）

——————毛主席革命纪念地衡山县建设办公室编写
友谊（少年习作）————————————————文国强
情满大江（诗）—————————————————姚成友
祖国的儿子（诗）————————————————左一兵
大地春早（诗辑）

——————舒　柯　曹德国　曾凡华　袁伯霖等
向科学技术现代化进军（三首）

————————刘赞存　杨成杰　纪卫华
沁园春——————————————————————赵甄陶
新民歌十一首———廖泽川　曾莺　谌贻槐　连歌等
雷锋的扁担（外一首）——————————————石太瑞
探亲（诗）———————————————————颜　流

匕首集

"老掉牙"析—————————————————————王　玉
"童话"与现实————————————————————李万青

去其荫护，出其本形———————————————文之浚
赢得春光（国画）————————————————卢望明
看外地　想湖南（油画）———————张月明　詹鸿昌
封底装饰————————————————————胡　抗

1978 年第 3 期　刊名:《湘江文艺》

目录

周总理诗选
新的长征（诗辑）
——热烈庆祝全国五届人大胜利召开

————————————陈冠雄　石太瑞等
为繁荣社会主义文艺快马加鞭
——热烈欢呼华主席为《人民文学》的光辉题词

——————————————————本刊编辑部

纪念敬爱的周总理诞辰八十周年

周恩来总理在衡阳（散文）———中共衡阳市委宣传部
淮安茶馓（散文）———————————————朱国瑾
秋夜里的故事（诗）———————————————李小雨

**纪念毛主席在桂东沙田颁布《三大纪律八项注意》五十
周年**

沙田战歌（诗辑）————————————————舒　柯等
月色朗朗（小说）————————————————戈　平
缅怀邓中夏烈士（湖南英烈志）

————————————夏　明口述　李致宁整理

评论

罗瑞卿同志关于《韶山的节日》事件的重要来信
感谢与支持———————————————————黄伟宗
心情激荡读檄文————————————————丁佑生
砸烂枷锁　揭穿谎言——————————————廖翔达
从浩然的"思考"谈起——————————————盛　宇
关于郭小川同志二三事（文艺随笔）
——读《郭小川诗选》有感———————————黄秋耘
万里长空且为忠魂舞
——读《湘江文艺》一九七七年《湖南英烈志》

————————————————谭冬梅　彭国安

诗歌

华主席在湖南（诗四首）

————————彭庆达　崔合美　倪鹰　苏春廷
诗词三首—————————————————周达　郭味农

小说

父与子——————————————————————肖建国
秀秀——————————————————————叶之蓁

水位没有上涨⸺⸺⸺⸺⸺⸺⸺⸺⸺⸺⸺⸺⸺⸺⸺⸺郭　明
小豆子的梦（童话）⸺⸺⸺⸺⸺⸺⸺⸺⸺⸺⸺孙爱玲
关怀（少年习作）⸺⸺⸺⸺⸺⸺⸺⸺⸺⸺⸺黄浩淼
春到军营（中国画）⸺⸺⸺⸺⸺⸺⸺⸺⸺⸺刘　沛
丰收之夜（中国画）⸺⸺⸺⸺⸺⸺邹建沅　何浩中

1978 年第 4 期　刊名：《湘江文艺》

目录

解放思想，振奋精神，努力繁荣文艺创作
《人民日报》关于《韶山的节日》事件的编者按

小说·散文
韶山的节日（散文）⸺⸺⸺⸺⸺⸺⸺⸺⸺⸺周立波
灯网（小说）⸺⸺⸺⸺⸺⸺⸺⸺⸺⸺⸺⸺罗石贤
教授的青春（小说）⸺⸺⸺⸺⸺⸺⸺⸺⸺⸺叶敏虎
老矿长（小说）⸺⸺⸺⸺⸺⸺⸺⸺⸺⸺⸺罗子军
伏"虎"将（特写）⸺⸺⸺⸺⸺⸺黄子光　罗宪敏
山村的早晨（小说）⸺⸺⸺⸺⸺⸺⸺⸺⸺⸺王金梁
石工赞（散文）⸺⸺⸺⸺⸺⸺⸺⸺⸺⸺⸺沈志冲

诗歌
向警予之歌（三首）⸺⸺⸺⸺⸺唐友军　王燕生
骄阳（歌词·词）⸺⸺⸺⸺⸺⸺夏劲风　赵甄陶
扎根歌（三首）⸺⸺⸺⸺⸺⸺⸺宋才铮　周津礼
公社的春天（诗辑）⸺⸺⸺聂鑫森　农　鸣　李长廷等
夜，已经很深⸺⸺⸺⸺⸺⸺⸺⸺⸺⸺⸺季振邦
贴在教室里（三首）⸺⸺⸺⸺⸺⸺⸺⸺⸺⸺刘宝田
光荣榜上见（外一首）⸺⸺⸺⸺⸺⸺⸺⸺⸺宋才逢
韶山灌区民歌

湖南英烈志
向警予同志在法国⸺⸺⸺⸺⸺⸺⸺⸺⸺⸺溆浦县
《向警予的故事》编写小组集体创作　舒新宇执笔

评论
读罗瑞卿同志关于《韶山的节日》事件的一封信有感
⸺⸺⸺⸺⸺⸺⸺⸺⸺⸺⸺⸺⸺⸺⸺⸺金尧如
高吟肺腑走风雷
⸺⸺读贺敬之新作兼谈政治抒情诗的创作⸺⸺李元洛
决不止我一个在纪念⸺⸺⸺⸺⸺⸺⸺⸺⸺胡青坡

匕首集
"黑"与"白"⸺⸺⸺⸺⸺⸺⸺⸺⸺⸺⸺⸺斯　音
"群魔乱舞"与"金棒子"⸺⸺⸺⸺⸺⸺⸺⸺元　三

少年习作
雷锋画像下的鲜花⸺⸺⸺⸺⸺⸺⸺⸺⸺⸺廖伟平

美术
汇报（油画）⸺⸺⸺⸺⸺陈子去　王　垂　孙中祥
亿万人民的心愿（水粉）⸺⸺⸺⸺⸺贺　旭　陈胜如
封面设计⸺⸺⸺⸺⸺⸺⸺⸺⸺⸺⸺⸺⸺钟　灵

1978 年第 5 期　刊名：《湘江文艺》

目录

坚持毛主席革命文艺路线　繁荣社会主义文艺事业
⸺⸺湖南省文学艺术界联合会及所属协会正式恢复

纪念毛主席《在延安文艺座谈会上的讲话》发表三十六周年
试论"四人帮"的反革命修正主义文艺路线
⸺⸺⸺⸺⸺⸺⸺⸺⸺⸺⸺⸺⸺⸺⸺⸺盛　宇
焕发艺术青春　全心全意为工农兵服务⸺⸺⸺左大玢

华主席在湖南
华主席在湖南（诗辑）⸺⸺⸺⸺⸺罗庚华　陈　阵
段志正　吴连至　严新秋　沈家庄　田章夫等
湖滨春暖（散文）⸺⸺⸺⸺⸺⸺曹一心　杨远新
深夜零点（《华书记和警卫战士在一起》组画之一）
⸺⸺⸺⸺⸺⸺⸺⸺⸺⸺集体创作　邓超华执笔
姜汤热到咱心坎上（油画）⸺⸺⸺易乃光　肖沛昌
华主席的光辉题辞（篆刻）⸺⸺⸺⸺⸺⸺⸺李元善

湖南英烈志
甘愿为党献头颅
⸺⸺郭亮的故事（上）⸺⸺⸺⸺⸺⸺⸺⸺赵清学
向警予同志在上海⸺⸺⸺⸺⸺⸺⸺⸺⸺⸺溆浦县
《向警予的故事》创作组集体创作　舒新宇执笔
向警予之歌（组画选登）⸺⸺⸺⸺⸺⸺⸺⸺张　延

小说·特写
"迷胡"外传（一）（小说）⸺⸺⸺⸺⸺⸺⸺莫应丰
无边的眷恋（小说）⸺⸺⸺⸺⸺⸺⸺⸺⸺⸺谢　璞
"铁门闩"和"郭大手"的故事（小说）⸺⸺⸺高正润
车轮飞奔（特写）⸺⸺⸺⸺⸺⸺⸺邓学文　卫洪华

诗歌
大庆红旗今更艳（诗辑）⸺⸺⸺⸺⸺⸺⸺⸺崔合美
陈　龄　杨梅生　罗子英　左宗华　罗尉宣等
写在红军长征途中（四首）⸺⸺⸺⸺⸺⸺⸺张会学
湘江行⸺⸺⸺⸺⸺⸺⸺⸺⸺⸺⸺⸺⸺⸺韦　丘
春赋⸺⸺⸺⸺⸺⸺⸺⸺⸺⸺⸺⸺⸺⸺⸺谷　曼
猜新娘⸺⸺⸺⸺⸺⸺⸺⸺⸺⸺⸺⸺⸺⸺刘闻振

评论

春满潇湘

——江苏国画院《芙蓉国里尽朝晖》写生展览观后

·······李 立

"时间就是性命"·····史景树

从虚无中是创作不出新东西来的·····左润明

诗苑折枝（两则）·····郑乃臧

野狗的诡术与"四人帮"的祸心

——从《韶山的节日》想到的·····张静山

美术

今年春天更美丽·····黄定初

1978 年第 6 期　刊名:《湘江文艺》
目录

诗二首（手迹）·····茅 盾

诗词三首·····郭化若

万里征尘（报告文学连载之一）·····周立波

多余的老棒棒（上）（小说）·····罗先明

我爱这一行（小说）·····朱树诚

成长（小说）·····程家来

湖南英烈志

偏师借重黄公略（上）·····中共湘乡县委宣传部

编写　谢秉忠　乐本坚　金振林执笔

甘愿为党献头颅（中）

——郭亮的故事·····赵清学

给孩子们的礼物

并不可怕的女老师（小说）·····竹 林

一树杨桃（故事）·····皮少仪

唱给孩子们的歌（诗辑）·····伍振戈　宋才铮等

献花（少年习作）·····黄亦平

诗歌

沅水长流（诗辑）

·····程子厚　廖泽川　子 沙　孙 泱等

献给科学家的玫瑰花（二首）·····聂鑫森　王晓平

农村短笛（诗辑）·····尧山壁　杨里昂等

民歌九首·····郭小苹　陈定国等

侗族酒歌·····李槐荪

紧跟华主席进行新的长征（诗画配）

·····张清渠等画　周雨明等诗

评论

迎冰斗雪报春来

——肖育轩短篇小说集《迎冰曲》序·····康 濯

论创作过程中形象思维的特点·····何国瑞

谈几篇少年习作（读稿札记）·····艾 苦

画坛新花（水彩画作品选登）

·····黄铁山　张举毅　朱 辉　殷保康

美术

敢教日月换新天·····胡 抗

1978 年第 7 期　刊名:《湘江文艺》
目录

红太阳的光辉照万代（诗辑）

·····郑德明　聂鑫汉　熊建光　廖代谦

华主席在湖南（诗辑）·····刘凤湘　韩棕树等

为新时期总任务而歌（诗辑）

·····王燕生　姚焕吉　谷 曼　田章夫等

展望八五年　气死"四人帮"（诗画配）

·····杨福音　黄定初　陈大兴　陈达光

哀念声中遵榜样

——痛悼郭沫若同志·····康 濯

悼郭老（七律）·····李 准

悼郭沫若同志（七律）·····郭味农

湖南英烈志

甘愿为党献头颅（下）

——郭亮的故事·····赵清学

偏师借重黄公略（下）·····中共湘乡县委宣传部

编写　谢秉中　乐本坚　金振林执笔

小说·报告文学

万里征尘（报告文学连载之二）·····周立波

更比当年雄赳赳（报告文学）

·····汉寿县创作组　曹一心　杨远新

宝贝（小说）·····胡 英

山荫田边（小说）·····吴文华

白露花（特写）·····吴贤雕

诗歌

民歌（六首）·····曾凡智　廖政治等

我是共产党员·····陈大兴

台湾诗笺（三首）·····高伐林

评论

文艺的大进军开始了·····彭俐侬

创作要上去，作家要下去·····柳仲甫

笔补造化天无功

——略谈李贺诗歌的艺术特色·····苏者聪

彩笔绘宏图　高歌新长征·····谭冬梅

文艺要"为现在抗争"·····陈 炳

浇花集

是浪漫的，也是现实的 ·················刘云程
一首充满革命激情的政治抒情诗
·················赵国强 许振宁 王 峰
记住时光老人的教育 ·················欧晓理

美术

芙蓉国里尽朝晖
——江苏省国画院画家赴湖南写生作品选登
·················钱松岩 亚明 曹汶 宋文治等
势不可挡（漫画）·················谢鼎钰
封面设计 ·················陈海鱼
苗乡邮递员（版画）·················邹洛夷

1978 年第 8 期 刊名:《湘江文艺》
目录

诗词七首 ·················郭化若
纪念毛主席为人民公社题词二十周年
公社的赞歌（诗辑）
·················崔合美 钟德华 左一兵 舒柯
碧绿的群山（散文）·················远大为
公社是座幸福桥（民歌九首）
·················毕安 连歌 周少尧 曾莺等
人民公社美如画（白描）·················卢望明
人民公社好（组画）·················刘范国 吴自忠

小说·散文·报告文学

哲学之花（散文）·········霍东华 杨德泉
万里征尘（报告文学之三）·········周立波
陈老总在黄桥（散文）·········何琼崖
小小萤火虫（散文）·········高凯明
元宝案（小说）·········贺文龙 于乾浩
纸条参谋（小说）·········欧阳戈平
桑树（小说）·········杨瑛
接娘（小说）·········黄铜塔
盛暑时节（小说）·········朱赫 廖蓉园
时间（速写）·········吴飞舸

诗歌

军民鱼水情（诗辑）·······姚成友 粟栗 节延华等
贺龙桥 ·········石太瑞
生命之歌（二首）·········刘章
找矿苗（外一首）·········振扬
雄鸡和布谷鸟（寓言诗）·········刘闻振
花（散文诗二首）·········谭士珍

评论

揭批"四人帮"歪曲和利用《阿Q正传》进行反党的
罪行 ·················叶德政
历史真实与艺术真实的统一
——评湘剧《郭亮》主要人物的塑造·········王亨念
一篇发人深思的小说
——谈《宝贝》·················亦谈
中国画的虚实与意境的关系·········蒋贤哲

谈艺集

妙在山程水驿中 ·················伍振戈
创作应该"使人疑"·················柳菊兴
巧工遍地斗奇葩 ·················张宏梁

美术

时刻准备打仗（速写）·················邓超华
把学雷锋、学硬骨头六连、学航空兵一师的群众运动
推向新高潮 ·················省军区美术创作学习班
四川版画（选登）·········李焕民 林军 丰中铁

1978 年第 9 期 刊名:《湘江文艺》
目录

诗词三首 ·················毛泽东
丰泽院（诗）·················纪学
中南海哨兵的怀念（诗三首）·········崔合美
毛主席的恩情颂不完（诗三首）·········刘东山
井冈诗笺（诗二首）·················万里浪
悼念罗瑞卿同志（散文）·········张力更

小说·散文

万里征尘（报告文学之四）·········周立波
春雷喜雨（散文）·················周业贵
二八妹子（小说）·················曹家健
猎人（小说）·················袁渍澄
夜归（小说）·················鲁之洛
关键时刻（小说）·················李智群
沅江猎奇（散文）·················谭士珍
阔朋友（小说）
·········[俄]契诃夫 李冰封 廖世英译

湖南英烈志

毛泽覃的故事 ·················梅中泉

少年习作

一次科学活动 ·················肖学文
我的哥哥谢彦波 ·················谢咏

评论

促进我省文学创作繁荣的盛会
——记一九七八年湖南省文联创作会议……本刊记者
努力繁荣文艺创作………………………本刊评论员
解放思想 努力创作……………………未 央
发扬文学的战斗传统……………………肖育轩
从创作模式中解放出来…………………罗石贤
谈诗与生活………………………………朱先树

诗歌

喜迎霞姐到羊城…………………………钟黔宁
路（外一首）……………………………曾凡华
工厂火花（五首）………………左宗华 宋才逢等
光荣花……………………………………彭楚祥

美术

毛主席的爱民政策又回来了（组画）
……………………唐映南 刘伟武 王金辉
全家福（版画）…………………………黄定初
封底装饰…………………………………田顺新

1978 年第 10 期　刊名:《湘江文艺》

目录

送瘟神二首（手迹）……………………毛泽东
春风杨柳万千条（诗辑）………………周 达
伍振戈 曹毅前 谢耕莘 刘克利 胡国强 胡一顺

华主席在湖南

华主席在湖南（诗辑）
……………文哲安 岳立功 刘赞存 皮少仪 段志正
华主席的小故事（故事）………………李石山
洪湖擒匪（散文）………………………苏春庭
沸腾的校园（散文）……………………潘吉光
繁荣文学创作，努力为新时期总任务服务……王 驰

报告文学·小说

万里征尘（报告文学之五）……………周立波
火中凤凰（报告文学）…………………萧育轩
速生杉（小说）…………………………张步真
温暖的春夜（小说）……………………叶蔚林
在乡村的首班客车上（速写）…………叶之蓁
懂事的小黑子（儿童文学）……………海 笑
买伞（小说）……………………………朱树诚
寓言三则………………………黄瑞云 李远鹏

诗歌

游湘西诗五首……………………………袁福生

十月（外一首）…………………………田章夫
进度公布表………………………………李永安
洞庭渔歌（二首）………………………管用和
蘸饱绿色的笔……………………………廖代谦
取样……………………………………徐永伦

评论

读《送瘟神》诗笔记……………………冯健男
可敬、可爱、可信
——评《湘江一夜》的人物塑造…………桑逢康
关于左联的一些回忆……………………魏猛克

美术

版画新作………………………………谢定纯等
毛主席十六字令词意（中国画）………李可染
怒放图（中国画）………………………李苦禅
敬拟"红雨随心翻作浪，青山着意化为桥"句意
…………………………………………曾晓浒
封底版画………………………………王 琼

1978 年第 11 期　刊名:《湘江文艺》

目录

万里征尘（报告文学之六）……………周立波
湘行草（诗六题）………………………夏 阳
为湖南花古戏《还牛》平反昭雪………蒋国斌 陈树立

诗歌

跃进新歌（诗辑）………………………谷 曼
刘东山 石太瑞 振 扬 何展图 韩棕树 佘致迪
战士短歌（六首）………………………瞿 琮
潜望镜…………………………………任海鹰
井冈翠竹………………………………长 江
挑对象（外一首）………………廖蓉园 朱 赫
咏物篇（七首）…………………………刘宝田
老民歌选登

小说·散文

红旗在这里招展（散文）……彭 诚 石世华 成石元
"迷胡"外传（二）（小说）……………莫应丰
多余的老棒棒（下）（小说）…………罗先明
十只鸭子的故事（小说）………何志宇 熊星球
清末长沙抢米风潮（历史故事）………刘笃平
闪光的航线（散文）……………………翟禹钟
陶城散记（散文）………………………赵德光
站在窗口的学生（速写）………………屈国新

评论

妙句拈来着眼高

——学习毛主席诗词三首中的比喻 ………… 周寅宾

学习列宁对待文化遗产的历史唯物主义态度

——彻底批判林彪、"四人帮"的文化虚无主义

…………………………………………… 汤正华

浅谈王维山水诗的艺术特色 ………… 叶式生

谈艺集

"结壳"与"化蛾"

——艺术风格漫笔 ………………………… 谷 苇

备多用寡 ………………………………… 陈望衡

"磨刀石"及其他 ………… 周传安 丘 峰

美术

湖南农民画选登 …………………………… 佘锦华等

洞庭鱼米乡（中国画）………… 刘继琮 杨应修

十五贯（木刻）…………………………… 左中灿

长征路上不歇肩（版画）………………… 吴国威

1978 年第 12 期 刊名:《湘江文艺》

目录

纪念毛主席八十五诞辰

毛主席，我的引路人（革命回忆录）……… 彭绍辉

毛泽东同志青少年时期的故事（两篇）

………………… 湖南省韶山区 湖南省文联编写组

故园情深（散文）………………………… 朱建桂

毛主席光辉照万代（诗辑）

韶峰之歌 …………………………………… 刘景周

韶山路 ……………………………………… 李 冰

瞻仰篇（外二首）………………………… 谷 曼

毛委员来了 ………………………………… 剑 清

韶山诗情（二首）………………………… 瞿 琮

岳麓·湘江 ………………………………… 宋才铮

慈父的期望 ………………………………… 吴连至

临江仙·湘乡东山学校 …………………… 曾仲册

天安门诗词选

人民革命运动的誓师宣言

——读《天安门诗抄》…………………… 邹荻帆

"暴徒"颂（诗）………………………… 袁伯霖

血与火镀红的日历（诗）………………… 钟德华

致魏猛克（作家书简）…………………… 周 扬

文艺不能不受实践检验（评论）………… 谢侯和

正视现实生活 反映人民心声（评论）

…………………………………… 王亨念 谭冬梅

光辉的形象 真挚的感情（评论）

——话剧《杨开慧》观后 ………………… 韩 抗

杨开慧——世无伦比的骄杨（诗）

………………………… 卢西亚诺·杜兰·博赫

迟开的蔷薇（小说）……………………… 慕 贤

路漫漫……（报告文学）………………… 朱树诚

利剑（诗）………………………………… 曾仕让

台湾日月潭（诗）………………………… 柯 原

林海瞭望亭（诗）………………… 彭其芳 倪 鹰

匕首集

红与黑 …………………………………… 闻人千

由姓氏所想到的 ………………………… 李智群

浇花集

一份对"四人帮"破坏教育革命的控拆书 …… 邓求国

假案 冤案 余悸 ……………………… 刘少峨

冲破"禁区"，讴歌革命爱情 ………… 方 琳

作品、冷汗与感冒 ……………………… 卓 夫

火花赞 …………………………………… 曾 放

峥嵘岁月（组画）……………………… 贺安成

毛主席贺新郎词选句（篆刻）………… 李 立

韶峰（油画）…………………………… 陈子云

瞻仰船山学社（少年习作）…………… 何玉明

寓言四则 ………………………………… 易俊杰

印度舞蹈（速写）……………………… 翁如兰

1979 年第 1—2 期 刊名:《湘江文艺》

目录

参谋的故事 ……………………………… 胡乃武

太空里的强盗（科学幻想小说）………… 罗 丹

白壁红字 ………………………………… 邓 林

评论

农业合作化的壮丽史诗

——为《山乡巨变》昭雪 ………… 谭冬梅 李震之

大江日夜向东流

——推倒"四人帮"对《怒潮》的诬蔑不实之词

………………………………… 洪 炼 楚 里

赞话剧《于无声处》…………………… 叶 颖

谈何为形象的塑造 …………………… 郑荣来

壮美的野菊花

——谈康濯同志解放后的短篇小说创作 …… 刘 炜

生活的浪花，前进的轨迹 …………… 谷 曼

浇花集

读《拜师》……………………………… 胡代炜

谈艺集

兼收并蓄话语言 ···················· 沈仁康
几种笔墨 ························· 曾敏之
形似与神肖 ······················ 罗宪敏

诗歌

人民怀念周总理（诗辑） ········ 石 英 胡亚非
崔墨卿 钟振英 王燕生 彭建祖 罗好生 平 平
向四化进军（诗辑） ········ 振 扬 聂鑫森 李道林
杨里昂 宋梧刚 李启贤 唐友军 王 俊 钟毅岗
胡丕焕 澍 雨 郑德明 连 歌 杨成杰 薛德林
《保卫延安》 ····················· 孙友田
你就是松树（外一首） ·············· 刘舰平
诗词四首 ························· 冈 夫
纪念全国科技大会一周年感赋 ·········· 赵甄陶
沁园春·爱晚亭感事 ················ 谢彦玮

美术

敬爱的周总理永远活在我们心中（木刻） ····· 李少言
丹心似火（木刻·陈阵配诗） ··········· 黄定初
浩气长存（木刻·陈阵配诗） ······· 王 琼 左中灿
沼气是个宝，农村发展好（速写·振扬配诗）
···························· 金 星 三 伢
洞庭鱼米乡（中国画） ·········· 刘寄踪 杨应修
封面设计 ························· 张 延
山茶春天（木刻） ·················· 张京德

1979 年第 3 期　刊名:《湘江文艺》
目录

文艺与伟大的转移（笔谈） ············· 杜 高
董洪全 李桑牧 谭冬梅 羊春秋 王亨念 樊 篱
徐运汉 朱日复 李元洛 伍振戈 张盛裕
我梦见了马克思（诗） ··············· 田舒强
民主啊！人民渴望你（诗） ············· 刘景周

小说·散文

彭大将军回故乡 翟禹钟 何立庠 罗海欧 江立仁
梦湖边上 ························· 贺梦凡
被卖掉的琴声 ····················· 肖建国

湖南英烈志

毛泽民 ·························· 颂 民

会餐 ··························· 继 拓
专用单车 ························· 吴健安
指导员的新课 ····················· 黄知义
重逢 ··························· 王 平

鸿雁 ··························· 童咏芹

评论

继续澄清是非，努力繁荣创作 ··········· 穆 扬

浇花集

谈《"迷胡"外传》 ················· 傅本全
小议《迟开的蔷薇》 ················ 胡代炜

诗歌

向四化进军（诗辑） ················ 徐晓鹤
牛 钊 刘春来 周保林 李永安 李昆纯 周雨明
寓言诗三首 ············ 克雷洛夫作 张铁夫译
板仓河 ························· 粟 栗
板仓抒怀（外一首） ················ 刘毅然
写在光明与黑暗之间 ················ 杨孟芳
老民歌选登

美术

契诃夫小说插图（中国画） ············· 王 群
止谤篇插图（中国画） ··············· 贺 旭
昭君出塞（木刻组画选登）
···················· 左中灿 胡 抗 王 琼

1979 年第 4 期　刊名:《湘江文艺》
目录

保卫边疆 保卫四化（诗辑）
···················· 肖自强 莫少云 彭 杰
文艺·实践·人民 ·················· 童怀周

小说·散文

新财粮小传（小说） ················ 张步真
花港新人（小说） ·················· 罗石贤
擎电发光的人们（散文） ·············· 碧 野
"小偷"（小说） ··················· 亚 夫
钟山风雨炼海燕（报告文学） ··········· 孙剑影
诗烛记（小说） ···················· 谭 谊
清明（散文） ····················· 刘 利
临战之前（小说） ·················· 崔合美
别了，小狗（小说） ················ 梅中泉
古川三郎（小说） ·················· 朱力士
灰驴（翻译小说）···· ［土耳其］哈立德著 艾 湫译

评论

略谈先秦寓言的思想性 ··············· 周健明
谈鲁迅《湘灵歌》 ················· 陈梦韶
要允许批评自由 ··················· 杉 沐

"笼中鸟"引起的联想 ······················· 钟　灵

谈艺集
"小桥流水"辩 ····························· 郝铭鉴
铁锁、手帕和人性 ······················· 文之浚
板桥画竹偶拾 ··························· 巍　然
"观察"小议 ····························· 罗　方

诗歌
科学史河的浪花（五首） ················· 徐晓鹤
致地质学家 ····························· 刘国良
星河 ··································· 高伐林
礼物 ··································· 邹启祥
小镇抒情 ······························· 胡光曙
柳林 ··································· 晓　源
黄石水库抒情（外一首） ················· 方存弟
"老饲养" ······························· 朱谷忠
咏物诗小集 ····························· 廖泽川等
望海潮（词） ··························· 梁绍辉
湖南情歌 ········· 李远升　方兴未　陈　文搜集、整理

美术
人物画写生（国画） ········· 陈白一　银小宾　聂南溪
精心培育（版画） ··············· 邹洛夷　李鹏栖

1979 年第 5 期　刊名:《湘江文艺》
目录

向读者讲的心里话 ······················· 巴　金
分秒值千金（小说） ····················· 康　濯

小说
五月 ··································· 王以平
洞庭纤夫 ······························· 刘健安
识蛛记 ································· 彭伦乎
湖边 ··································· 周健明
石洞源的怀念（散文） ··················· 时　英
战地特写两篇 ··························· 曹登解
在生与死的时刻
平凡的战士
钟声 ··································· 王　宏
务农记（散文） ························· 罗如圭
第一次约会 ····························· 瞿　振

评论
空谷回音——回忆邓拓同志 ··············· 剑　清
鲁迅小说艺术漫话 ······················· 王尔龄
漫谈文艺创作思想上的"禁区" ············· 胡代炜

浇花集
发人深思的悲剧 ························· 本　全
杂感集
可悲的笑话 ····························· 钟　灵
花好蜂勤 ······························· 何先培

诗歌
献给新一代最可爱的人 ··················· 肖自强
　崔合美　刘克利　陈三光　谭涛初　吴仁寿
长安杂咏（六首） ······················· 荒　芜
念奴娇·重读陶铸同志松树的风格 ········· 王季思
青春的花朵（三首） ····················· 陈广斌
画家（外二首） ························· 弘　征
奇特的时间表（外一首） ················· 振　杨
春天的美 ······························· 石万农
雨花台的路（散文诗） ··················· 山　谷

美术
竹（国画） ····························· 周　达
瑞典绘画（选自瑞典绘画雕刻展览）（二幅）
花好蜂勤（国画） ······················· 峻　青
蓬莱三岛（黄山写生） ··················· 陈　行

1979 年第 6 期　刊名:《湘江文艺》
目录

小说
思亲泪 ··························· 田　耕　李一安
权力 ··································· 罗宪敏
改嫁 ··································· 陈　泽
郭二爹进城 ····························· 周宜地
姑娘的心事 ····························· 周　钧
夜光树 ································· 肖成荫
孩子与教授（儿童文学） ················· 英　武
三弟与八哥（儿童文学） ················· 汤五云
卵石和浪花（寓言） ····················· 林秋实

散文
英雄 ··································· 宋梧刚
赞美你啊，英雄的母亲
——献给吴建国的母亲 ··················· 王昌定

湖南英烈志
深切怀念毛岸英烈士 ····················· 田　键

评论
千秋壮志同河岳　一曲梨花泪两行
——深切怀念田汉同志 ··················· 张文祥

春风吹开《朝阳花》⋯⋯⋯⋯⋯⋯⋯谭士珍
文艺信箱
关于《第二次握手》的通信⋯⋯⋯⋯张 扬 李炳红

浇花集
一束献给孩子们的花⋯⋯⋯⋯⋯⋯⋯陈望衡
喜读《我梦见了马克思》⋯⋯⋯⋯⋯胡代炜

谈艺集
去冗求精⋯⋯⋯⋯⋯⋯⋯⋯⋯⋯⋯⋯钟增钧
善取之皆成佳句⋯⋯⋯⋯⋯⋯⋯⋯⋯赵增锴
北美冰士的抒情诗人
——美国画家洛克威尔·肯特⋯⋯⋯朱伯雄

诗歌
春歌呵，唱伟大的转移（诗辑）
⋯⋯⋯⋯少 鸿 田章夫 聂鑫森 万平煊 石太瑞
吴建国的歌⋯⋯⋯⋯⋯⋯⋯⋯⋯⋯⋯未 央
赠勇士⋯⋯⋯⋯⋯⋯⋯⋯⋯⋯⋯⋯⋯钟德灿
诗词六首⋯⋯⋯⋯⋯⋯⋯⋯⋯⋯⋯⋯屠 岸
沉思集（散文诗）⋯⋯⋯⋯⋯⋯⋯⋯饮 可
我唱一支歌⋯⋯⋯⋯⋯⋯⋯⋯⋯⋯⋯澍 雨
卵石与岩石对话（散文诗）⋯⋯⋯⋯李永森
致青年朋友（二首）⋯⋯⋯⋯⋯⋯⋯宋才逢
赛歌台⋯⋯⋯⋯⋯⋯张会学 周少尧 苏春廷等

美术
儿童画选刊（五幅）⋯⋯⋯⋯张 亮 眭新平等
洛克威尔·肯特作品选登
封底木刻⋯⋯⋯⋯⋯⋯⋯⋯⋯⋯⋯⋯王 菊

1979 年第 7 期　刊名:《湘江文艺》
目录

小说·散文
舞龙头的人⋯⋯⋯⋯⋯⋯⋯⋯⋯⋯⋯杨克祥
被涂污了的画⋯⋯⋯⋯⋯⋯李渔村 张作功
"活辣子"与"冷豆腐"⋯⋯⋯⋯⋯⋯柳炳仁
"边边场"的风波⋯⋯⋯⋯⋯⋯⋯⋯⋯吴雪恼
心⋯⋯⋯⋯⋯⋯⋯⋯⋯⋯⋯⋯⋯⋯⋯谷 静
鱼的喜剧⋯⋯⋯⋯⋯⋯⋯⋯⋯⋯⋯⋯翁新华
蓝天动脉（散文）⋯⋯⋯⋯⋯⋯⋯⋯正 午
枯树逢春绿满村（散文）⋯⋯⋯⋯⋯李 波
婆媳之间⋯⋯⋯⋯⋯⋯⋯⋯⋯⋯⋯⋯巍 然
照像（小品文）⋯⋯⋯⋯⋯⋯⋯⋯⋯谢长春
寓言三则⋯⋯⋯⋯⋯⋯⋯⋯⋯⋯⋯⋯刘徽修

湖南英烈志
慷慨高歌"主义真"⋯⋯⋯⋯⋯⋯⋯张 朴
自觉革命的贺龙同志⋯⋯⋯⋯⋯⋯⋯李奇中

评论
争鸣与探讨
试谈典型的美学实质⋯⋯⋯⋯董洪全 陈望衡
什么是今天作家的责任⋯⋯⋯⋯谢望新 赖伯疆
丹枫到冷心元赤（回忆录）
——怀念湘剧表演艺术家徐绍清同志⋯谭君实

谈艺集
斗牛尾巴的启示⋯⋯⋯⋯⋯⋯⋯⋯⋯陈 炳
"斗蟋蟀"的联想⋯⋯⋯⋯⋯⋯⋯⋯张 鹄

浇花集
栩栩如生的人物形象
——读短篇小说《权力》⋯⋯⋯⋯⋯三江水
文讯四则

诗歌
清水塘的怀念⋯⋯⋯⋯⋯⋯⋯⋯⋯⋯任光椿
鹧鸪天·爱晚亭⋯⋯⋯⋯⋯⋯⋯⋯⋯彭 靖
白鹤泉⋯⋯⋯⋯⋯⋯⋯⋯⋯⋯⋯⋯⋯张跃虎
天涯揾泪哭英雄（三首）⋯⋯⋯陈三光 谭涛初
假如你⋯⋯⋯⋯⋯⋯⋯⋯⋯⋯⋯⋯⋯周宜地
叨叨令⋯⋯⋯⋯⋯⋯⋯⋯⋯⋯⋯⋯⋯羊春秋
钢厂抒春（二首）⋯⋯⋯⋯⋯⋯⋯⋯易建伟
机耕道上（二首）⋯⋯⋯⋯⋯⋯⋯⋯文哲安
高山流水（三首）⋯⋯⋯⋯⋯⋯⋯⋯岳立功
在南方（三首）⋯⋯⋯⋯⋯⋯⋯⋯⋯刘祖慈
种子·土壤⋯⋯⋯⋯⋯⋯⋯⋯⋯⋯⋯黄东成
春雨⋯⋯⋯⋯⋯⋯⋯⋯⋯⋯⋯⋯⋯⋯罗子英
花草寄（三首）⋯⋯⋯⋯⋯⋯⋯⋯⋯陈大兴
临江仙·祝岳阳地区文联成立⋯⋯⋯李曙初

美术
封面设计⋯⋯⋯⋯⋯⋯⋯⋯⋯⋯⋯⋯陈海鱼
汨罗江畔屈原祠（木刻）⋯⋯⋯⋯⋯左中灿
春播（木刻）⋯⋯⋯⋯⋯⋯⋯⋯⋯⋯洁 然
进山（木刻）⋯⋯⋯⋯⋯⋯⋯⋯⋯⋯吴国威
兄妹开荒（剪纸）⋯⋯⋯⋯⋯⋯⋯⋯徐飞鸿
洞庭新歌（木刻）⋯⋯⋯⋯⋯⋯⋯⋯张京德

1979 年第 8 期　刊名:《湘江文艺》
目录

评《“歌德”与“缺德”》⋯⋯⋯⋯⋯⋯本刊评论员

小说·散文

洞庭情丝⋯⋯⋯⋯⋯⋯⋯⋯⋯⋯⋯⋯谢　璞
集邮六十年（长篇回忆录选载）⋯⋯⋯姜治方
一生事业在邮花
——记集邮家姜治方⋯⋯⋯⋯⋯⋯张盛裕
爱情的天平⋯⋯⋯⋯⋯⋯⋯⋯⋯⋯⋯刘春来
在厂区的马路上⋯⋯⋯⋯⋯⋯⋯⋯⋯陈国凯
强劳力⋯⋯⋯⋯⋯⋯⋯⋯⋯⋯⋯⋯⋯罗如圭
夏天里的春天（散文）⋯⋯⋯宋梧刚　潘吉光
渔歌的悲欢（散文）⋯⋯⋯⋯⋯⋯⋯童咏芹

湖南英烈志

碧血丹心⋯⋯⋯⋯⋯⋯⋯⋯⋯⋯⋯⋯凌　辉

评论

文艺信箱
海外文谈⋯⋯⋯⋯⋯⋯⋯⋯⋯⋯⋯⋯曾敏之
海外来鸿⋯⋯⋯⋯⋯⋯⋯⋯⋯⋯⋯⋯许法新
日理万机　运筹帷幄
——评《分秒值千金》中的周总理形象⋯⋯王亨念
漫谈“白描”与人物刻划⋯⋯⋯⋯⋯郭　超

浇花集

清泪见丹心
——喜读《思亲泪》⋯⋯⋯⋯⋯⋯李启贤
《战地诗笺》小评⋯⋯⋯⋯⋯⋯⋯⋯汤师尧
有心浇花花更艳⋯⋯⋯⋯⋯陈志强　周传安

诗歌

沸腾的车厢（三首）⋯⋯⋯⋯⋯⋯⋯刘东山
情满青山（四首）⋯⋯⋯⋯⋯⋯⋯⋯袁伯霖
高山族谣曲（四首）⋯⋯⋯⋯⋯⋯⋯于宗信
流水篇（散文诗）⋯⋯⋯⋯⋯⋯⋯⋯匡国泰
荷花赞（外一首）⋯⋯⋯⋯⋯⋯⋯⋯韦　丘
山梨⋯⋯⋯⋯⋯⋯⋯⋯⋯⋯⋯⋯⋯⋯喻　晓
行军锅⋯⋯⋯⋯⋯⋯⋯⋯⋯⋯⋯⋯⋯杨　梅
火炮打靶⋯⋯⋯⋯⋯⋯⋯⋯⋯⋯⋯⋯文万左
编队出击⋯⋯⋯⋯⋯⋯⋯⋯⋯⋯⋯⋯贾伏全
军民合练⋯⋯⋯⋯⋯⋯⋯⋯⋯⋯⋯⋯张雪杉
石雕（外一首）⋯⋯⋯⋯⋯⋯⋯⋯⋯蔡宗周
师长和他的儿子⋯⋯⋯⋯⋯⋯⋯⋯⋯马绪英
一局残棋（外一首）⋯⋯⋯⋯⋯⋯⋯柯　原
他甜甜的睡了⋯⋯⋯⋯⋯⋯⋯张　欣　沙宗义

美术

为有牺牲多壮志
——湖南烈士肖像选登⋯⋯⋯程　默　黄柯　戎戈
学英雄（版画）⋯⋯⋯⋯⋯⋯⋯⋯⋯黄定初

1979 年第 9 期　刊名:《湘江文艺》
目录

乡愁（小说）⋯⋯⋯⋯⋯⋯⋯⋯⋯⋯孙健忠
还是当年长征人（报告文学）⋯⋯⋯梅中泉
还乡吟（散文）⋯⋯⋯⋯⋯⋯⋯⋯⋯萧　离
怀念爸爸（回忆录）⋯⋯⋯⋯⋯⋯⋯罗峪华
“真有味”的轮休日（小说）⋯⋯⋯罗欣荣
南岳纪游（散文）⋯⋯⋯⋯⋯洪　周　萧琦
刻在记忆的石壁上（散文）⋯⋯⋯⋯蔡测海
护笋（小说）⋯⋯⋯⋯⋯⋯⋯⋯⋯欧阳戈平
一朵美丽的小浪花（寓言）⋯⋯⋯⋯贺绍奇
永不烦恼的人（小品文）⋯⋯⋯⋯⋯少　鸿

进一步落实党的文艺政策

本刊如开作品平反座谈会⋯⋯⋯⋯⋯本刊记者
从两幅画谈起⋯⋯⋯⋯⋯⋯⋯⋯⋯⋯魏猛克
松花江畔的盛会
——记部分省市文艺期刊负责人座谈会⋯⋯齐　言
关于《第二次握手》的前前后后⋯⋯张　扬
从“文人多大话”说起⋯⋯⋯⋯⋯⋯洛　思
写作家熟悉的与工农兵方向⋯⋯⋯⋯朱日复

杂感集

毁瓜与砍花⋯⋯⋯⋯⋯⋯⋯⋯⋯⋯⋯左　瑾
“缺德”与“积德”⋯⋯⋯⋯⋯⋯⋯刘平章
为《“歌德”⋯⋯》的作者“歌德”⋯⋯谭冬梅

争鸣与探讨

悲剧·力量及其他⋯⋯⋯⋯⋯⋯⋯⋯王耕初
特殊的爱情悲剧⋯⋯⋯⋯⋯⋯⋯⋯⋯黄峪峰
欢呼森林法（外一首）⋯⋯⋯⋯⋯⋯邵燕祥
韶山笔记（外三首）⋯⋯⋯⋯⋯⋯⋯彭　龄
想念之歌⋯⋯⋯⋯⋯⋯⋯⋯⋯⋯⋯⋯谷　曼
四方竹⋯⋯⋯⋯⋯⋯⋯⋯⋯李万青　李永安
叶落归根　诗情无限⋯⋯⋯⋯钟德灿　供稿
洞庭秋景（二首）⋯⋯⋯⋯⋯⋯⋯⋯韩棕树
揭固歌（外一首）⋯⋯⋯⋯⋯⋯⋯⋯陈　鑫
侗乡风彩（民歌二十首）
⋯⋯⋯⋯⋯⋯杨　涛　李　春　李华柱　赵生灵等
寄语亲人（版画）⋯⋯⋯⋯⋯⋯谢定纯　邹敏纳
你好像真理一样（木刻）（谢大光配诗）
⋯⋯⋯⋯⋯⋯⋯⋯⋯⋯⋯⋯⋯⋯⋯萧洁然

书法⋯⋯⋯⋯⋯⋯⋯⋯⋯⋯⋯⋯⋯⋯周昭怡
赛舟图⋯⋯⋯⋯⋯⋯⋯⋯⋯⋯⋯⋯⋯邹敏纳

1979 年第 10 期　刊名:《湘江文艺》
目录

呵，祖国（诗）⋯⋯⋯⋯⋯⋯⋯⋯⋯⋯⋯剑　清
风雨桔洲路（诗）
——敬献给社会主义祖国三十周年⋯⋯⋯林　河
祝第四次文代会召开（七绝）⋯⋯⋯周立波　遗作
批透江青一伙炮制的《纪要》
——本刊编辑部邀请省会文艺界部分同志举行座谈会
浏河十八湾（长篇小说选载）⋯⋯⋯⋯⋯柯　蓝
九癫子说书（小说）⋯⋯⋯⋯⋯⋯⋯⋯周宜地
百岁姻缘（小说）⋯⋯⋯⋯⋯⋯⋯⋯⋯李　岸
从小河边回来（小说）⋯⋯⋯⋯⋯⋯⋯薛　浩
调动问题（小说）⋯⋯⋯⋯⋯⋯⋯⋯黄伟民
十年树木（报告文学）⋯⋯⋯⋯⋯⋯孙再华
法相岩（散文）
——武冈八景之一⋯⋯⋯⋯⋯⋯⋯⋯王耀楚
带往南极的钟（寓言·外一则）⋯⋯⋯李鹏远
关键要熟悉了解人物（创作谈）⋯⋯⋯张天翼

谈艺集
要有独特的发现⋯⋯⋯⋯⋯⋯⋯⋯⋯王清生
也谈"诗仙"⋯⋯⋯⋯⋯⋯⋯⋯⋯⋯肖文苑

争鸣与探讨
是谁破坏了她的爱情
——《没有被面的被子》读后⋯⋯⋯⋯邓求国
谁是造成悲剧的罪魁⋯⋯⋯⋯⋯⋯⋯范良钧
以小见大　以情动人⋯⋯⋯南京市　赵国强　杨仁玉

浇花集
喜读《郭二爹进城》⋯⋯⋯⋯⋯⋯⋯薛昌津
泥木工之歌（诗）⋯⋯⋯⋯⋯⋯⋯⋯青　勃
诗词二首⋯⋯⋯⋯⋯⋯⋯⋯⋯⋯⋯韦　丘
长江轮上（诗二首）⋯⋯⋯⋯⋯⋯⋯芦　荻
诗人二题（诗）⋯⋯⋯⋯⋯⋯⋯⋯⋯刘益善
青山礼赞（诗）⋯⋯⋯⋯⋯⋯⋯⋯⋯陈达光
神奇的工厂（诗三首）⋯⋯⋯⋯⋯⋯聂鑫森
这一次，他真的死去（叙事诗）⋯⋯⋯石太瑞
贺龙同志在湘西（雕塑）⋯⋯⋯赵瑞英　司徒兆光
刻印作品来稿选登⋯⋯⋯⋯⋯方　磊　敖普安等
处处桃花源（竹刻）⋯⋯⋯⋯⋯⋯⋯喻　文

1979 年第 11 期　刊名:《湘江文艺》
目录

沉痛悼念周立波同志
长长的忆念⋯⋯⋯⋯⋯⋯⋯⋯⋯⋯⋯康　濯
深深怀念立波同志⋯⋯⋯⋯⋯⋯⋯⋯蒋　燕
参天大树（诗）⋯⋯⋯⋯⋯⋯⋯⋯⋯谷　曼
未完的续篇⋯⋯⋯⋯⋯⋯⋯⋯⋯⋯王剑清
我们的楷模⋯⋯⋯⋯⋯⋯⋯⋯⋯⋯未　央
继续解放思想，努力繁荣创作⋯⋯⋯王　驰
沙丘里的刺槐（小说）⋯⋯⋯⋯⋯⋯张步真
笛笛（小说）⋯⋯⋯⋯⋯⋯⋯⋯⋯贺晓彤
凋零的黄叶（小说）⋯⋯⋯⋯⋯⋯⋯慕　贤
武田纠夫（小说）⋯⋯⋯⋯⋯孟范连　谭士珍
走兰桥（散文）⋯⋯⋯⋯⋯⋯⋯⋯吴家新
太行浩气传千古（湖南英烈志）⋯⋯⋯肖建国
集邮六十年（长篇回忆录选载）⋯⋯⋯姜治方
亢斋汗漫游诗话（一）⋯⋯⋯⋯⋯⋯罗章龙

争鸣与探讨
一出莫名其妙的悲剧⋯⋯⋯⋯⋯⋯⋯康咏秋
没有把握时代的脉搏和主流吗?⋯⋯⋯胡良桂
白天礼赞（诗）⋯⋯⋯⋯⋯⋯⋯⋯⋯李发模
写在民主和法制的襁褓上（诗）⋯⋯⋯岩　泉
我们紧紧相依（诗）⋯⋯⋯⋯⋯⋯⋯彭浩荡
"路边政策"（诗）⋯⋯⋯⋯⋯⋯⋯⋯真　微
我们奔向光明（诗三首）⋯⋯⋯⋯⋯田章夫
地心的午餐（诗）⋯⋯⋯⋯⋯⋯⋯⋯振　扬
山乡谣（诗三首）⋯⋯⋯⋯⋯⋯⋯⋯舒　柯
唱给洞庭（诗二首）⋯⋯⋯⋯⋯⋯⋯刘宝田
挽回失去的青春（油画）⋯⋯⋯⋯⋯曾正民
苗家少女（水彩画）⋯⋯⋯⋯⋯⋯⋯朱　辉
春讯（套色木刻）⋯⋯⋯⋯⋯⋯⋯⋯胡　抗
傲霜（油画）⋯⋯⋯⋯⋯⋯⋯⋯⋯钟以勤
洞庭秋月（木刻）⋯⋯⋯⋯⋯⋯⋯⋯何桃君

1979 年第 12 期　刊名:《湘江文艺》
目录

为繁荣社会主义文艺贡献力量⋯⋯⋯⋯王　驰
为文艺的繁荣大显身手⋯⋯⋯⋯⋯⋯康　濯
肃清极左流毒　繁荣社会主义文艺⋯⋯王庆章
对繁荣戏曲事业的几点看法⋯⋯⋯彭俐侬　范　舟
乡亲作家、艺术家会见记⋯⋯⋯⋯⋯本刊记者
石桥农民怀念周立波同志（散文）⋯⋯周文榜
可敬可爱的好老师（散文）⋯⋯⋯⋯刘　勇
霞飞路侧的枪声（湖南英烈志）⋯⋯⋯穆　欣

"万猪场"的兴衰（小说）⋯⋯⋯⋯⋯⋯严放军
野了心的"犊力士"（小说）⋯⋯⋯⋯谢　璞
小薇，你在哪里？（小说）⋯⋯⋯⋯晓　宫
价值（小说）⋯⋯⋯⋯⋯⋯⋯⋯⋯⋯李湘君
在美人鱼的身旁（散文）⋯⋯⋯⋯⋯禹　舜
亢斋汗漫游诗话（二）⋯⋯⋯⋯⋯⋯罗章龙

争鸣与探讨

不应给悲剧作品规定一个固定的模式⋯⋯⋯⋯罗守让
民族悲剧的一个缩影⋯⋯⋯⋯⋯⋯⋯陈士洪
将什么毁灭给人看？⋯⋯⋯⋯⋯⋯⋯江玺亮
只为悲剧不重演
　——评长篇小说《风》⋯⋯⋯胡代炜　张永如

杂感集

立仗马⋯⋯⋯⋯⋯⋯⋯⋯⋯⋯⋯⋯向　麓
"杞人忧天"新释⋯⋯⋯⋯⋯⋯⋯⋯杉　沐
井冈山诗草（四首）⋯⋯⋯⋯⋯⋯⋯龙彼德
乌石垅⋯⋯⋯⋯⋯⋯⋯⋯⋯⋯⋯⋯严　阵
访板仓⋯⋯⋯⋯⋯⋯⋯⋯⋯⋯⋯⋯吴连至
我爱桂花树⋯⋯⋯⋯⋯⋯⋯⋯⋯⋯穆　扬
恨难消（四首）
　——悼念周小舟同志⋯⋯⋯⋯⋯⋯谷　曼
献衷心
　——悼念周小舟同志⋯⋯⋯⋯⋯⋯杨第甫
莺啼序（四首）
　——献给四次文代会⋯⋯⋯⋯⋯⋯谢　堂
严冬过后春更媚⋯⋯⋯⋯⋯⋯⋯⋯高岳森
　——祝贺四次文代会
汨罗吟⋯⋯⋯⋯⋯⋯⋯⋯⋯⋯⋯⋯白　榕
曹雪芹故园二题⋯⋯⋯⋯⋯崔墨卿　钟振英
冬天（六首）⋯⋯⋯⋯⋯⋯⋯⋯⋯沙　鸥
心底的歌⋯⋯⋯殷家璠　澍　雨　潘一尘　刘舰平
白云深处（二首）⋯⋯⋯⋯⋯⋯⋯罗长江
高原丰采⋯⋯⋯⋯⋯⋯⋯⋯⋯⋯⋯昌　耀
长河⋯⋯⋯⋯⋯⋯⋯⋯⋯⋯⋯⋯⋯夏　天
清垃圾⋯⋯⋯⋯⋯⋯⋯⋯⋯⋯⋯⋯纪卫华
宝贝（连环画）⋯⋯⋯⋯⋯⋯⋯⋯莫湘怡
柏林之围（连环画）⋯⋯⋯⋯⋯贺大田　范　宇
盐场晨曲（木刻）⋯⋯⋯⋯⋯⋯⋯吴长江

1980 年第 1 期　刊名:《湘江文艺》
目录

迎接八十年代　夺取文艺大繁荣⋯⋯⋯⋯本刊评论员
阿黑在晚霞中死去（小说）⋯⋯⋯⋯叶蔚林
跟随李师长回延安（回忆录）⋯⋯⋯萧健章
报答（小说）⋯⋯⋯⋯⋯⋯张新奇　贺梦凡

翠竹青青（小说）⋯⋯⋯⋯⋯⋯⋯罗宪敏
集邮六十年（长篇回忆录）⋯⋯⋯⋯姜治方
海南纪游（散文）⋯⋯⋯⋯⋯⋯⋯杨梅生
在激流中（童话）⋯⋯⋯⋯⋯⋯⋯邬朝祝
痛切悼念周恩来总理（三首）⋯⋯⋯萧　三
献给八十年代的小花（四首）
　　　　　　　刘银泉　姚成友　黄　莉
诗词二首⋯⋯⋯⋯⋯⋯⋯⋯⋯⋯⋯夏承焘
戊午夏重访湘西（三首）⋯⋯⋯⋯⋯谷子元
温泉（外一首）⋯⋯⋯⋯⋯⋯林举英　关振东
人民需要你，立波同志（诗）⋯⋯⋯屠　岸
洞庭风情（三首）⋯⋯⋯⋯⋯⋯⋯李昆纯
山村新风（二首）⋯⋯⋯⋯⋯⋯⋯佘致迪
南山牧歌（二首）⋯⋯⋯⋯⋯⋯⋯周应节
致某公社（四首）⋯⋯⋯⋯⋯⋯⋯朱谷忠
赠赴奥运会的朋友（三首）⋯⋯⋯⋯袁　健
再给达吉画象（诗）⋯⋯⋯⋯⋯⋯陈　犀
椰林小夜曲（诗）⋯⋯⋯⋯⋯⋯⋯张　长
乡村即景（诗）⋯⋯⋯⋯⋯⋯⋯⋯李曙初
借得东风便　迎来百花开⋯⋯⋯⋯⋯本刊记者

潇湘文苑

悼念田汉⋯⋯⋯⋯⋯⋯⋯⋯⋯⋯⋯夏　衍
美丽的紫云英⋯⋯⋯⋯⋯⋯⋯⋯⋯胡代炜
幸福与痛苦的爱情⋯⋯⋯⋯⋯⋯刘　炜　李军山

月月花坛

并非"平淡无奇"⋯⋯⋯⋯⋯⋯⋯弘　征
发人深省的"刺槐"篇⋯⋯⋯⋯⋯⋯三江水

名作欣赏

谈谈《清明上河图》⋯⋯⋯⋯⋯⋯徐士蘋
封面设计⋯⋯⋯⋯⋯⋯⋯⋯⋯⋯⋯萧惠祥
雨后（中国画）⋯⋯⋯⋯⋯⋯⋯⋯周思聪
树与喜鹊（油画）⋯⋯⋯⋯⋯⋯⋯吴冠中
满园青（中国画）⋯⋯⋯⋯⋯⋯⋯邹建平
远瞻（中国画）⋯⋯⋯⋯⋯⋯⋯⋯李苦禅

1980 年第 2 期　刊名:《湘江文艺》
目录

献给刘少奇同志（诗六首）⋯⋯⋯陈达光　陶　杰等
春歌（诗）⋯⋯⋯⋯⋯⋯⋯⋯⋯⋯王　驰
孟春花（小说）⋯⋯⋯⋯⋯⋯⋯⋯萧成荫
反省（小说）⋯⋯⋯⋯⋯⋯⋯⋯⋯卓　夫
在早春的日子里（小说）⋯⋯⋯⋯⋯龙　晖
吴四老倌（小说）⋯⋯⋯⋯⋯⋯⋯韩少功
"割尾巴"的故事（小说）⋯⋯⋯⋯潘吉光

开头问题（小说）…………………………陈 泽
一份任命书（小说）………………………欧阳吉元
集邮六十年（长篇回忆录）………………姜治方
亢斋汗漫游诗话（三）（评论）…………罗章龙
一苑春风千万枝（评论）…………………朱日复

艺苑雕龙
画马·画竹·画虾…………………………郝铭鉴

月月花坛
生动的形象…………………………………柳 耘
一篇干预生活的好作品……………………垒 昕

海外来鸿
来自大洋彼岸的祝愿………………………V.L
北京剪影（诗四首）………………………秦岭雪
写在历史的反光镜上（诗三首）…………陈冠雄
红色·棕绳（诗二首）……………………邓长青
无题（诗七首）……………………………羊 翚
边塞行吟（诗四首）………………………崔合美
货场浪花（诗二首）………………………刘东山
写在运动场上（诗四首）…………………杨里昂
爱的花絮（诗三首）……………匡国泰 周少尧等
三湘歌台（民歌十首）…………陆德炎 林建中等
诗词四首……………曾仲珊 陈 植 陈仿粦
封面设计……………………………………萧惠祥
青稞（油画）………………………………叶武林
水斗（油画）………………………………权正环
破灭（油画）………………………………闫振铎
人像（油画）………………………………汲 成
小品四幅（木刻）…………………………徐 冰

1980 年第 3 期　刊名:《湘江文艺》

目录

献给伟大的马克思主义者刘少奇同志（诗辑）
………舟挥帆 王燕生 倪 鹰 曾任让 肖志彻
衣绣夜行的七天（报告文学）……宋梧刚 刘 云
说话（小说）…………………贺梦凡 张新奇
报到（小说）………………………………王庸声
复活（小说）………………………………李茂林
际遇（小说）………………………………孙邵平
你们觉得这好笑吗?（小说）……………王 宏
活算盘（小说）……………………………黄世俊
集邮六十年（长篇回忆录）………………姜治方
君山恋（散文）……………………………赵海洲
春意的遐想（散文）………………………谷 茨
兰花的悲哀（寓言）………………………陈乃祥

争鸣探讨
"补救时弊，泄导人情"
——谈革命现实主义文学如何暴露人民内部问题
………………………………………………凌焕新

潇湘文苑
不受岁月羁绊的人
——访老作家沈从文先生………………龙海清

文苑雕龙
从"福楼拜先生的窗户"想到的……………伍振戈
"搁笔"与"落笔"…………………………斯 音

月月花坛
《甜甜的刺莓》艺术拾零…………………董洪全
独辟蹊径的可贵尝试………………………陈望衡
可爱的土家少年……………………………胡君靖
要前进………………………………………谷 曼
春花集（四首）……………………………石太瑞
夜逛商场（三首）…………………………宋才逢
校园晨曲（二首）…………………………骆晓戈
变形记（外一首）…………………………黄 淮
林海诗情（二首）…………………………钟黔宁
江南行（三首）………………………旭 宇 王洪涛
爱之歌………………………………………于 沙
渔家的夜……………………………………万平煊
秋菊（水粉）………………………………邱钧毓
晚炊（水彩）………………………………朱 辉
舞蹈（水粉）………………………………陈胜如
静物（水粉）………………………………欧阳琼琛

1980 年第 4 期　刊名:《湘江文艺》

目录

护梅功过问丹心（特写）…………………彭明道
深切悼念刘少奇同志（诗三首）
………………远大为 张劲松 杨耀生
纪念蔡和森同志诞辰八十五周年（诗五首）
………………………………………………茅 盾等
中秋月（小说）……………………………胡 英
逃亡（小说）………………………………吉学沛
田主任退休（小说）………………………文 汶
第一个黎明（小说）………………………未 央
"花宝"（小说）………………张克力 贺一鸣
肥人菌（小说）……………………………韩棕树
春天里的哀思（散文）……………………王以平
集邮六十年（长篇回忆录）……………姜治方

争鸣探讨

论社会主义的批判现实主义⋯⋯⋯⋯⋯黄伟宗
亢斋汗漫游诗话（四）⋯⋯⋯⋯⋯⋯罗章龙
略论马雅可夫斯基反官僚主义的诗⋯张铁夫　王远泽

彩绣洞庭

岳阳楼亭吟（诗四首）⋯⋯⋯⋯⋯⋯陈　鑫
珠光闪耀（诗二首）⋯⋯⋯⋯⋯⋯⋯方存弟
渔村写生（诗二首）⋯⋯⋯⋯⋯⋯⋯管用和
苇乡拾翠（诗二首）⋯⋯⋯⋯⋯⋯⋯刘赞存
湖月（诗）⋯⋯⋯⋯⋯⋯⋯⋯⋯⋯⋯陈　阵
帆（诗）⋯⋯⋯⋯⋯⋯⋯⋯⋯⋯⋯⋯李　欣
关不住的爱情（诗二首）⋯⋯⋯⋯⋯柯　原
月影（诗）⋯⋯⋯⋯⋯⋯⋯⋯⋯⋯⋯曾德凤

艺苑雕龙

诗的发现⋯⋯⋯⋯⋯⋯⋯⋯⋯⋯⋯⋯任　愫

月月花坛

《笛笛》读后⋯⋯⋯⋯⋯⋯⋯⋯⋯⋯欧植竹

纪念蔡和森同志

江华组画之一（水彩）⋯⋯⋯⋯⋯⋯黄铁山
芙蓉新图（水彩）⋯⋯⋯⋯⋯⋯⋯⋯张举义
苗家独子（雕塑）⋯⋯⋯⋯⋯⋯⋯⋯冯一鸣

1980 年第 5—6 期　刊名:《湘江文艺》

目录

在湖南省文学艺术工作者第四次代表大会上的祝词
⋯⋯⋯⋯⋯⋯⋯⋯⋯⋯⋯⋯⋯⋯⋯⋯焦林义
为新时期湖南文学艺术的繁荣而奋斗（摘要）
⋯⋯⋯⋯⋯⋯⋯⋯⋯⋯⋯⋯⋯⋯⋯⋯康　濯
湖南省文联及各协会领导人名单
红杏枝头春意闹
——记湖南省第四次文代会⋯⋯⋯⋯本刊记者

小说

比友谊多，比爱情少⋯⋯⋯⋯⋯⋯⋯张新奇
无价之宝⋯⋯⋯⋯⋯⋯⋯⋯⋯⋯⋯⋯贺梦凡
向昨天告别⋯⋯⋯⋯⋯⋯⋯⋯⋯⋯⋯周健行
我的心，伴随你飞上蓝天⋯⋯⋯⋯⋯慕　贤
秋夜⋯⋯⋯⋯⋯⋯⋯⋯⋯⋯⋯⋯⋯⋯潘又新
夹缝中⋯⋯⋯⋯⋯⋯⋯⋯⋯⋯⋯⋯⋯叶之蓁
甘蔗两头甜⋯⋯⋯⋯⋯⋯⋯⋯⋯⋯⋯陈　蔚
刚失去妻子的人⋯⋯⋯⋯⋯⋯⋯⋯⋯石太瑞
倒春寒⋯⋯⋯⋯⋯⋯⋯⋯⋯⋯⋯⋯⋯杨振文

小小说

生前友好⋯⋯⋯⋯⋯⋯⋯⋯⋯⋯⋯⋯崔　琪
梦⋯⋯⋯⋯⋯⋯⋯⋯⋯⋯⋯⋯⋯⋯⋯郭英忠
武器⋯⋯[美]弗来德里克·布朗著　周微林译

儿童文学

灵猴秘史⋯⋯⋯⋯⋯⋯⋯⋯⋯⋯⋯⋯谢　璞
花面狸哥哥⋯⋯⋯⋯⋯⋯⋯⋯⋯⋯⋯邬朝祝
"只说这一次"⋯⋯⋯⋯⋯⋯⋯⋯⋯⋯罗如圭
哪有时间⋯⋯⋯⋯⋯⋯⋯⋯⋯⋯⋯⋯黄伟民

散文

大穗歌（报告文学）⋯⋯⋯⋯⋯⋯⋯王一飞
集邮六十年（长篇回忆录）⋯⋯⋯⋯姜治方
疾风劲草（湖南英烈志）⋯⋯⋯⋯⋯涂绍钧
我爱这条江⋯⋯⋯⋯⋯⋯⋯⋯⋯⋯⋯卢雄杰
在波光流影中⋯⋯⋯⋯⋯⋯⋯⋯⋯⋯陈修飞
呵，茶⋯⋯⋯⋯⋯⋯⋯⋯⋯⋯⋯⋯⋯高凯明

诗歌

喜读五中全会公报⋯⋯⋯⋯⋯⋯⋯⋯羊春秋
我还记着⋯⋯⋯⋯⋯⋯⋯⋯⋯⋯⋯⋯张廷芳
春天的白花⋯⋯⋯⋯⋯⋯⋯⋯⋯⋯⋯邓存健
工矿诗抄（二十首）
⋯⋯⋯⋯⋯⋯左宗华　袁伯霖　田章夫　聂鑫森等
绿的价值⋯⋯⋯⋯⋯⋯⋯⋯⋯⋯⋯⋯符启文
写在蒲松龄墓前⋯⋯⋯⋯⋯⋯⋯⋯⋯姚焕吉
湖光月色（三首）⋯⋯⋯⋯⋯⋯⋯⋯谭仲池
灯影⋯⋯⋯⋯⋯⋯⋯⋯⋯⋯⋯⋯⋯⋯任国瑞
星空（散文诗）⋯⋯⋯⋯⋯⋯⋯⋯⋯刘宝田
花瓣（短诗辑）⋯⋯⋯⋯⋯孟庆生　杨孟芳等
素描集⋯⋯⋯⋯⋯⋯⋯⋯⋯⋯⋯⋯⋯王尔碑
早春⋯⋯⋯⋯⋯⋯⋯⋯⋯⋯⋯⋯⋯⋯黄东成
竹枝词（三首）⋯⋯⋯⋯⋯⋯⋯⋯⋯张　九
儿歌一束（四首）⋯⋯⋯⋯⋯⋯⋯⋯吕庆余等

评论

"以动写静"和"化静为动"（潇湘文苑）
——读周立波短篇小说札记⋯⋯⋯⋯胡光凡
童话创作漫谈三题⋯⋯⋯⋯⋯⋯⋯⋯胡君靖

月月花坛

异卉奇葩拂岸香⋯⋯⋯⋯⋯⋯⋯⋯⋯张　鹄
谈谈《报答》中秦大姐的形象⋯⋯⋯周　诵

美术

山花烂漫（国画）⋯⋯⋯⋯陈白一　刘寄踪等
海南油棕（油画）⋯⋯⋯⋯⋯⋯⋯⋯陈子云

洞庭渔讯（油画）————————————蔡吉民
团圆鼓舞（木刻）————————————肖洁然

1980 年第 7 期　刊名:《湘江文艺》
目录

小说
呵，月亮————————————————孙健忠
杨柳依依————————————————李　澈
拗相公出山（上篇）————————————周宜地
唐献花—————————————————孙再华
余音——————————————————易介南
千里相思————————————————蒋正豪
川岛太郎——————————孟范连　谭士珍

散文
皇冠龙珠————————————————李　波
无忧树—————————————————李　子
清明柳—————————————————高凯明
戈壁滩底，有这么一片森林————————澍　雨
崖上的无名花————————————————杨纪美

诗歌
乡思（二首）———————————————杨　山
雨天的歌————————————————饮　可
野花儿你为什么要开————————————王农鸣
地平线（外一首）————————————张富金
拖把（外一首）—————————————汝　田
大学抒情（二首）————————————赵国泰
云峰诗笺（二首）————————————倪　鹰
夜耕——————————————————张志鹏
连心的枢纽——写在群众信访接待站———宋才铮
冰块（外一首）—————————————舒　柯
怀甫亭—————————————————周雨明
题李锐同志《龙胆紫集》—————————易祖洛
题教师—————————————————胡朝勋
炒茶——————————————————刘国良
百舌——————————————————黄　雨

湘西风情画
"边边场"————————————————韩棕树
你呵，真是个傻小伙————————————李万青
边城夜月（外一首）———————————岳立功
土家情歌（三首）————————————颜家文
羊峰新话————————————————吴松柏
山———————————————————夏　天

评论
争鸣探讨
站不住脚的理论—————————————陈望衡
有利于文学事业的发展——————————胡良桂
五十年代编辑工作点滴——————————何　干

艺苑雕龙
形象的选择————————————————谭　蔚

蔷薇园
读《绳子的故事》想起的—————————朱力士
"针对"谈————————————————锋　芒

月月花坛
优美的抒情文——————————————胡代炜
情真意深的《七天》———————————龙长顺

美术
菊花石的传说（木刻、连环画）—————邹敏纳
智斗（版画）——————————————邹洛夷

1980 年第 8 期　刊名:《湘江文艺》
目录

小说
！和?——————————（土家族）孙健忠
最后五点钟————————————————梅中泉
洁白的雪橙花————————————袁昌文　何彩孝
咪咪和呜呜————————————————海　笑
飞刀——————————————————陈伯卿
吃饭——————————————————汤学春
杨阿姨—————————————————白　鸥

报告文学·故事·散文
瓷城血痕（报告文学）——————————肖建国
侗乡风情
偷月亮菜的故事（故事）—————————孙南雄
侗乡的路（散文）———————林　河　李永安
酸宴·苦酒（散文）———————————李槐荪
寓言二则————————————————莫大祥

诗歌
红星闪耀（部队生活短诗辑）———毕长龙　任海鹰等
长沙端阳诗会作品选———————剑　清　黎牧星等
闽游诗草（四首）————————————羊春秋
大山采风（二首）————————————振　扬
齐鲁行脚（三首）————————————杨里昂
西双版纳密林取景（二首）————————江立仁

金陵二题……………………………孙友田
春晓曲……………………………高正润
气象哨……………………………张雪杉
林场小学…………………………文 丙
水和石……………………………莫少云
致诗人……………………………廖静仁

评论
真实性·逻辑性·独创性
——评当前"惊险文学"的某些倾向…………巍 然
萧湘文苑
淡扫明湖开玉镜
丹青画出是君山…………………周冕章
世苑雕龙
也谈诗的议论……………………朱先树
诗中应有"我"……………………马敏学
"以小见大"………………………张成珊

蔷薇园
"坏处说坏，好处说好"论…………洪 源
无标点诗质疑……………………谭士珍

月月花坛
发人深省的好作品——《反省》读后…………余三定
精巧的构思 鲜明的对比——谈《梦》…………裴 蕾

美术
最可爱的人（套色版画）…………李立民
书法新作…………………周 达 周昭怡
南郭新传（新风俗画）……………唐力兴
岳麓风景（木刻）…………………谭子厚

1980 年第 9 期 刊名:《湘江文艺》
目录

小说
一代又一代………………………胡笑蓓
沈园………………………………尹 平
划线………………………………贺良凡
幽灵………………………………黄世洲
相亲………………………………邵国明
疯人轶事…………………………李自由
道乡台（传说故事）………………刘笃平
陶玲…………………………丁柳生 李贤海

散文
湘潭速写
"神刀"与"花仙"……………………贺一鸣

梧桐树恩怨………………………童咏芹
异人绝技话鹰拳（报告文学）

…………………李 波 闻 笑 海 歌

诗歌
你从来没有在我的心里倒下
——悼念刘少奇同志………………刘景周
重访江南…………………………张志民
潇湘诗草（四首）…………………宗 鄂
留在小河边的脚印（三首）………刘东山
思念（外一首）……………………寒 星
明天………………………………曾 莺
南岳山水（三首）…………………王 驰
肖聃老父百岁生日纪念……………李淑一
金秋小唱…………………胡光曙 刘克利等
流星小集（三首）…………………瞿 琮
雨…………………………………田舒强
竹枝词（二首）……………………李曙初

评论
争鸣探讨
一个片面的口号…………………董洪全
文学上存在"社会主义的批判现实主义"吗?
……………………………………余开伟
现实主义与现实…………………杉 沐
一个容易引起误解和混乱的创作口号…………宋遂良
谈社会主义现实主义……………吴亦农
正确理解社会主义现实主义…………黄新亮 易 健
社会主义批判现实主义辨…………江正楚

潇湘文苑
丁玲——经得起苦难和委屈的人…………杨桂欣
含泪的微笑 带刺的蔷薇…………楚 里

月月花坛
诗眼·意境·感情…………………张明亮

美术
秋（木刻）…………………………王 琼
湘西行旅图（图画）………………王金星
松鼠（图画）………………………刘寄踪
江南春晓（套色木刻）……………张京德
三月（木刻）………………………黄定初

1980 年第 10 期 刊名:《湘江文艺》
目录

小说

将军的儿子 ······ 王 宏
在红军师长的墓地上 ······ 易振荒
卡在细颈瓶子里面的人 ······ 李 岸

小小说

亲戚 ······ 李渔村
难以消散的阴云 ······ 胡远仕

电影文学剧本

湘妃竹 ······ 郭松元

散文

家乡一道堤 ······ 孙南雄
人心不亡，艺术不死 ······ 梅汝恺
买鱼 ······ 古 木
乐水记乐 ······ 何其烈

诗歌

嫩绿（外二首） ······ 谷 曼
洞庭之恋（外一首） ······ 郑 玲
飘不断的烟云（外一首） ······ 顾 工
祖国呵……（三首） ······ 澍 雨
天涯海角拾贝（四首） ······ 阿 红
找…… ······ 徐晓鹤
枕木（外一首） ······ 何海燕
曼陀罗草（外二首） ······ 高伐林
边地花（二首） ······ 岳立功
遥远的高原
——青藏铁路纪实（组诗） ······ 王燕生
夜，静悄悄…… ······ 李光星
建设者的脚步（二首） ······ 聂鑫森
瓷城长街行 ······ 苏辑黎
绿（外一首） ······ 喻 晓
没有封皮的书 ······ 王 俞

评论

亢斋汗漫游诗话（五） ······ 罗章龙
谈谈当前美术创作问题 ······ 李 桦
传神文笔足千秋（"潇湘文苑"）
——浅论《山乡巨变》的语言艺术 ······ 谭冬梅

艺苑雕龙

钻弥坚而酌不竭 ······ 黄毓璜 刘静生
五光十色 异彩纷呈 ······ 钟尚钧

蔷薇园

"一勺烩"与文艺批评 ······ 张春宁
要有为论敌唱赞歌的胸襟 ······ 应国靖

月月花坛

意料之外 情理之中 ······ 谢馨藻
《余音》袅袅发深思 ······ 师 尧

美术

山市（木刻） ······ 喻 文
张家界写生（水彩） ······ 黄铁山
苗寨春光（国画） ······ 莫立唐
鹿鸣（木刻） ······ 姚盟蒂

1980 年第 11 期 刊名:《湘江文艺》
目录

小说

满足 ······ 张步真
卖"单簧管"的人 ······ 贺梦凡
不做蚀本买卖的人 ······ 胡 英
癌 ······ 韩少功
十字架里的秘密 ······ 刘健安
做人难 ······ 肖建国
醉仙桃 ······ 龚学仁

散文

散文读书会作品专辑
雀冲寨记事 ······ 孙南雄
滴落在花儿上的泪 ······ （土家族）蔡测海
梆梆 ······ 徐 静
热源 ······ （土家族）家 景

诗歌

新芽集
我控告 ······ 万春发
大山情怀（二首） ······ 刘凤湘
鸭棚·月亮 ······ 刘银泉
湖边写意（二首） ······ 曾德凤
星（外一首） ······ 张维佳
鹅群（散文诗） ······ 少 鸿
洞庭渔歌 ······ 彭建祖
看山员 ······ 彭志明
笋 ······ 王泉源
土地 ······ 周宜地
她的回信（外一章） ······ 舒衡久
文坛风雨录 ······ 丁佑生
粉笔赞 ······ 方赫兮

动物题咏（三首）⋯⋯⋯邢书第　文倩　郭玉山
庾岭梅（二首）⋯⋯⋯⋯⋯⋯⋯⋯⋯韦　丘
竹帘画⋯⋯⋯⋯⋯⋯⋯⋯⋯⋯⋯⋯彭　龄
给刘宗敏画象⋯⋯⋯⋯⋯⋯⋯⋯杨光祥

评论
亢斋汗漫游诗话（六）⋯⋯⋯⋯⋯罗章龙
留下宝贵的文化财富⋯⋯⋯⋯⋯杨匡汉

艺苑雕龙
解放思想　别有会心⋯⋯⋯⋯⋯文家驹
从平淡中写出不平淡来⋯⋯⋯⋯小　月

月月花坛
但愿幽灵早日尽
——谈《幽灵》⋯⋯⋯⋯⋯⋯⋯尹卫星
生活的强者
——读《杨柳依依》⋯⋯⋯⋯⋯刘晓冬

蔷薇园
面询、潜听及其他⋯⋯⋯⋯⋯⋯斯　言
"跟你笔下的人物生活在一起"⋯⋯谷　静
看照片有感⋯⋯⋯⋯⋯⋯⋯⋯⋯蔡　栋
本刊举办1980年优秀短篇小说评奖

美术
小站（套色木刻）⋯⋯⋯⋯⋯⋯肖洁然
春风春水江南（水印木刻）⋯⋯黄丕谟
姐妹们（水印木刻）⋯⋯⋯⋯⋯杨明义
母亲（雕塑）⋯⋯⋯⋯⋯⋯⋯⋯钱海源
青年（雕塑）⋯⋯⋯⋯⋯⋯⋯⋯钱海源
盲人摸象（石膏拓印）⋯⋯⋯⋯涂扬幼

1980年第12期　刊名:《湘江文艺》

目录

小说
江堤，在暮霭中延伸⋯⋯⋯⋯⋯叶之蓁
老百姓的节日⋯⋯⋯⋯⋯⋯⋯⋯莫应丰
啊，军驴!⋯⋯⋯⋯⋯⋯⋯⋯⋯晓　宫
公公的章子⋯⋯⋯⋯⋯⋯⋯⋯⋯陈　泽
爱的忏悔⋯⋯⋯⋯⋯⋯⋯⋯⋯⋯叶　伞
老鼠偷油门⋯⋯⋯⋯⋯⋯⋯⋯⋯曹家健

散文
良心⋯⋯⋯⋯⋯⋯⋯⋯⋯⋯⋯⋯徐伯青
甘苦寸心知
——谈《你们》这首诗⋯⋯⋯⋯臧克家

洞庭湖的苇⋯⋯⋯⋯⋯⋯⋯⋯⋯万平煊
监护散记⋯⋯⋯⋯⋯⋯⋯⋯⋯⋯战信佳
虹和桥（寓言）⋯⋯⋯⋯⋯⋯⋯李贤刚

诗歌
我的心遗失在桂林（组诗）⋯⋯彭浩荡
湘西断想（二首）⋯⋯⋯⋯⋯⋯韩棕树
笋的力量（外一首）⋯⋯⋯⋯⋯田章夫
秋海棠（外一首）⋯⋯⋯⋯⋯⋯骆晓戈
饲鱼（外一首）⋯⋯⋯⋯⋯⋯⋯陈所巨
洞庭风情（二首）⋯⋯⋯⋯⋯⋯李昆纯
失恋者的歌（二首）⋯⋯⋯⋯⋯杨世运
花瓣（短诗辑）⋯⋯⋯⋯⋯⋯⋯黄　河
李澍德　弘　征　李春林　胡文江　蔡国瑞　熊建光
彭建洪　周斌其
撕破这层纸⋯⋯⋯⋯⋯⋯⋯⋯⋯罗如圭
飞鸟集（三首）⋯⋯⋯⋯⋯⋯⋯铁　牛
织网⋯⋯⋯⋯⋯⋯⋯⋯⋯⋯⋯⋯戈　菲
山花⋯⋯⋯⋯⋯⋯⋯⋯⋯⋯⋯⋯袁伯霖
验布台⋯⋯⋯⋯⋯⋯⋯贺一鸣　张克力

评论
潇湘文苑
人民美术家——黄永玉
⋯⋯⋯⋯⋯⋯⋯帕特利夏·威尔逊　周　杭译

艺苑雕龙
"训练作家最好的学校"⋯⋯⋯⋯洪　炼
琐谈环境描写⋯⋯⋯⋯⋯⋯⋯⋯郭　超
睹影知竿⋯⋯⋯⋯⋯⋯⋯⋯⋯⋯贺光鑫

蔷薇园
动机和效果一议⋯⋯⋯⋯⋯⋯⋯李华清
歌颂也不易⋯⋯⋯⋯⋯⋯⋯⋯⋯童　吟
读史两题⋯⋯⋯⋯⋯⋯⋯⋯⋯⋯向　麓

月月花坛
敏锐的眼光，犀利的笔触⋯⋯⋯余三定
历史生活美的赞歌
——读电影文学剧本《湘妃竹》⋯⋯李定坤

美术
晨（套色版画）⋯⋯⋯⋯⋯⋯⋯文继明
夏夜（水印木刻）⋯⋯⋯⋯⋯⋯胡　抗
冬泳（油画）⋯⋯⋯⋯⋯⋯⋯⋯桂润年
木刻小品五祯⋯⋯邹洛夷　邹敏纳　左中灿　李元善
队办工厂格外忙（套色木刻）⋯⋯向国祥

1981 年第 1 期　刊名:《湘江文艺》
目录

小说

我们正年轻 ······················· 叶之蓁
我的队长，我的杨梅树 ··············· 张新奇
摩魔 ·························· 晓　宫
乡情 ······················ （苗族）吴雪恼
蛇圣传奇 ······················· 赵文雄
穿挂钱 ························· 蒋正豪
小路 ·························· 周安琦

散文

《金陵春梦》作者唐人先生在湖南 ········· 李自由
宝塔山下正气篇——任弼时同志在"抢救"运动中与
康生的斗争 ······················ 艄　公
镇溪风情 ···················· （苗族）向秀清
"哩啦哩"（城步苗族婚俗）·········· （苗族）阳盛海

诗歌

伊万诺维奇被捕（小叙事诗）
——列宁的故事 ··················· 伯　己
海韵（二首）····················· 徐晓鹤
庐山云海（外一首）················· 韩立森
恋歌（三首）····················· 时红军
晨之歌（外一首）·················· 左一兵
车间春光（三首）·················· 聂鑫森
南山牧笛（散文诗二首）··············· 曾昭伟
不能忘记的回忆（三首）··············· 石太瑞
题某街心公园 ···················· 胡朝勋
侗乡写生（二首）·················· 李万青
农机站的小伙 ···················· 文哲安
生活里的柳絮（四首）················ 刘舰平

评论

新春笔谈
文艺创作的基石 ··················· 楚　里
"乡土文学"随想 ··················· 谢　璞
不应从属政治而应服从生活 ············· 孙健忠
要永远记住人民 ··················· 石太瑞
反封建是当前文学的重要任务 ············ 李元洛
探讨如何反映新时期的社会矛盾问题
——评介《人到中年》的讨论 ··········· 孙武臣

蔷薇园

"愚公""智叟"异议 ················· 童　吟
"以职位取诗"小识 ················· 叶元章

月月花坛

"我希望五九年的历史不再重演" ·········· 王福湘
谈"将军的儿子" ·················· 尹卫星

美术

春晴（中国画）··················· 林风眠
包厢（油画）············ ［法］奥古斯特·雷诺阿
春花集锦（中国画）················· 朱训德
青春（版画）····················· 邹敏纳

1981 年第 2 期　刊名:《湘江文艺》
目录

小说

雪，悄悄地溶化 ··················· 贺梦凡
没有碑文的墓碑 ··················· 王　桦
爱吧，但愿你懂得······· ·········· 田舒强
沙扬娜拉 ······················· 许　淇
哥哥，我错了 ···················· 贺晓彤
网 ··························· 周宜地
雨丝儿飘飘 ···················· 欧阳卓智

散文

难忘的绍兴之行 ··················· 佟　星
武术之乡见闻 ···················· 李　波
万鸟街 ························ 杨纪美

湖光山色

洞庭湖的麻雀 ···················· 杨正光
芭茅赋 ························ 文　枝

诗歌

青春 ·························· 陈良骧
马兰草（外一首）·················· 王晓廉
晚饭后 ························ 刘益善
山水·情怀（诗辑）
峨眉谣 ························ 郭味农
故乡呵，母亲 ···················· 朱湘儒
滇西行（四首）··················· 谷　曼
山乡情（二首）··················· 李发模
观金门岛（外一首）················· 赵焱森
题蔡锷的墓碑 ···················· 李曙光
观日台 ························ 颜　流
天王府的脚印 ···················· 姜琍敏
湘江浪花（短诗小辑）·········· 周少尧　连　歌
　彭建祖　周晓萍　肖时俊　李观乐　李林华　童起予
　鲍国刚　张　昆　丁立人　柴德森　陈瑞统　杨纪美

评论

小说创作中的反封建意识 ·············· 刘锡诚

文学与人道主义 ···················· 谢明德

潇湘艺苑

向生活的深处探索

——浅谈张步真新作 ················ 潘吉光

亢斋汗漫游诗话 ···················· 罗章龙

月月花坛

艺术的文告 ························ 董　寻

反映生活的真实 ···················· 赵相如

美术

新放（中国画） ···················· 潘天寿

夕（日本画） ·············· ［日本］上村松园

"二十分"等于两角钱（漫画）

·············· 苗　地（画）　穆　扬（文）

晨曲（中国画） ···················· 李天玉

养猪嫂（版画） ···················· 王春犁

喂鹿（版画） ······················ 张　骏

风 ···························· 丁云鹏

虎头瞭望架（外一首） ················ 蔡文祥

动物园随感（三首） ········ 李仲恒　任　驰

评论

潇湘文苑

田汉——和时代共脉搏的杰出艺术家 ······ 杨桂欣

作家书简

足踏坚实的大地 ···················· 张步真

飘香的"包谷酒"

——喜读土家族作者蔡测海的散文 ······ 谢　璞

蔷薇园

"放大"与"归结" ·················· 孟　起

美术

桃实图（中国画） ···················· 吴昌硕

玉虹万丈挂晴空（中国画） ············ 关山月

水仙（中国画） ···················· 关山月

小雀（石版） ······················ 文国璋

风暴前夕（石版套色） ················ 文国璋

塔希提岛牧歌（油画） ·········· ［法］高　更

1981 年第 3 期　刊名:《湘江文艺》
目录

散文

神秘绑架之谜 ······················ 峻　青

北岳纪行 ·························· 王剑清

当槐花盛开的时候 ·················· 饶竹纯

身世 ···················· （土家族）蔡测海

小说

啊，生活 ·························· 王　宏

安静些吧，我的心 ·········· （苗族）向秀清

月亮升在葡萄架上 ·········· （苗族）滕和叶

学徒记 ···························· 孙邵平

玫瑰皇后 ·························· 黄世洲

蜗牛恋 ···························· 罗如圭

诗歌

少数民族诗辑

苗山路（外一首） ···················· 高正润

在深山的深山（外一首） ·············· 颜家文

亲骨肉 ···························· 侯自佳

透明的爱情 ························ 夏　天

赠物歌 ···························· 龙文玉

车过兰考 ·························· 杨里昂

天真 ······························ 李传补

假如我的情感死去 ·················· 杨孟芳

1981 年第 4 期　刊名:《湘江文艺》
目录

小说

彩色的夜 ·························· 刘汉勋

闪电 ······························ 谢　璞

三个企业家 ························ 贺一鸣

江南三月墟 ························ 李长延

加兴哭了 ·················· （苗族）吴雪恼

弯弯的山路 ························ 严放军

人性的陷落 ························ 李　岸

曲 ································ 黄令愉

散文

北岳纪行 ·························· 王剑清

崇高 ······························ 贺晓彤

忠厚长者 ·························· 向　麓

痴翎 ······························ 龚学仁

诗歌

十四行诗草 ························ 饮　可

头颅颂

——写给那些在动乱年月宁肯挨打而从不轻易低下

的，可敬的头颅 ···················· 毛　锜

将军，你回来了
——献给一位退休的老干部⋯⋯⋯⋯王大可

伟大的囚徒（组诗）
——写在彭德怀同志生前被关押的牢房里⋯时红军

石林断想⋯⋯⋯⋯⋯⋯⋯⋯⋯⋯纪　鹏

今天⋯⋯⋯⋯⋯⋯⋯⋯⋯⋯⋯阳蔚华

新生⋯⋯⋯⋯⋯⋯⋯⋯⋯⋯谭争鸣

闯沙海（组诗）⋯⋯⋯⋯⋯⋯翼　华

满江红　潇湘即景⋯⋯⋯⋯⋯唐　霁

庆春泽　访问延安⋯⋯⋯⋯⋯刘寿琪

题李锐同志　《龙胆紫集》⋯⋯杨第甫

听李谷一唱"乡恋"⋯⋯⋯⋯⋯姚焕吉

评论

潇湘文苑

个性化的艺术⋯⋯⋯⋯⋯⋯⋯龙长顺

艺苑雕龙

略谈"司空铎夫人"及其他⋯⋯吴敏士

浅谈"散文笔调"⋯⋯⋯⋯⋯张　鹄

月月花坛

并非平凡的故事⋯⋯⋯⋯⋯⋯胡代炜

真实的农村生活速写⋯⋯⋯⋯丁　楠

动人心者，莫先乎情⋯⋯⋯⋯张敦义

美术

春雨濛霏（中国画）⋯⋯⋯⋯黄宾虹

湘西行——捕鲸（水粉）⋯⋯陈巽如

明月随我行（中国画）⋯⋯⋯冯兰芳

深山之晨（中国画）⋯⋯⋯⋯王广悦

多余的人（中国画）⋯⋯邹建平　蒋昌典

1981 年第 5 期　刊名:《湘江文艺》

目录

茅盾同志给《湘江文艺》的一封信

小说

相知⋯⋯⋯⋯⋯⋯⋯⋯⋯⋯谢　璞

陌路人⋯⋯⋯⋯⋯⋯⋯⋯⋯谢柳青

老柳⋯⋯⋯⋯⋯⋯⋯⋯⋯⋯谢志平

边寨女⋯⋯⋯⋯⋯⋯⋯⋯⋯张二牧

抉择⋯⋯⋯⋯⋯⋯⋯⋯⋯⋯严　村

初醒⋯⋯⋯⋯⋯⋯⋯⋯李　清　周　良

杨柳与老人⋯⋯⋯⋯⋯⋯⋯刘健安

散文

记"七战区编委会"⋯⋯⋯⋯黄秋耘

散文新蕾

陪伴⋯⋯⋯⋯⋯⋯（土家族）宋家景

娜耶的爱⋯⋯⋯⋯⋯⋯（侗族）刘芝凤

奇异的婚礼⋯⋯⋯⋯⋯⋯⋯满一青

车站雪夜⋯⋯⋯⋯⋯⋯⋯⋯张劲松

寓言

驴子的道路⋯⋯⋯⋯⋯⋯⋯刘晓和

诗歌

厂矿汽笛

不死的大山（外一首）⋯⋯⋯振　扬

洁白的纸（外一首）⋯⋯⋯⋯陈　鑫

氮肥厂的瑞雪（外一首）⋯⋯李昆纯

织女星啊，你在哪里（外一首）⋯傅　腾

纺城探亲⋯⋯⋯⋯⋯⋯⋯⋯林　澎

车上丢下的日历⋯⋯⋯⋯⋯莫少云

新婚之夜⋯⋯⋯⋯⋯⋯⋯⋯曾仕让

沉思集⋯⋯刘舰平　彭庆元　马绪英　杨平强等

断想⋯⋯⋯⋯⋯⋯⋯⋯⋯⋯于　沙

耕耘（外一首）⋯⋯⋯⋯⋯张雪杉

乡风⋯⋯⋯⋯⋯⋯⋯⋯⋯⋯刘　章

古体诗词（三首）⋯⋯于　刚　陈　明　李曙初

评论

和党中央保持一致⋯⋯⋯⋯王福湘

作家书简

文学与乡土⋯⋯⋯⋯⋯⋯⋯孙健忠

艺苑雕龙

作家的视角⋯⋯⋯⋯⋯⋯⋯胡德培

姜亚芬夫妇的出国和许灵均的不出国⋯⋯黄益庸

蔷薇园

五十岁时降生⋯⋯⋯⋯⋯⋯斯　音

问题在哪里⋯⋯⋯⋯⋯⋯⋯谭士珍

读张天翼的童话《金鸭帝国》⋯金　江

月月花坛

短小精炼　韵味深长⋯⋯⋯徐长顺

吴静波的人物画⋯⋯⋯⋯⋯张安治

美术

端午佳节（中国画）⋯⋯⋯枣楚生

汨江泪（版画）⋯⋯邓平祥　肖洁然　邹敏纳

意大利小女孩（油画）⋯⋯[俄]哈尔拉莫夫

1981 年第 6 期　刊名:《湘江文艺》
目录

小说

"吕快刀"拜服"蚊子计"·····················彭伦乎
马晓岚要钱·····························胡　英
拗相公出山（下篇）·····················周宜地
狐狸仙人（童话）·············（土家族）孙健忠
十月小阳春····························易振荒
夕阳似火·····························王文平
启明星·······························紫　云
诱导（儿童文学）·················何其烈　陈　静

散文

潇湘涟漪·····························赵大年
光明行·························益　群　闻　艺
董每戡教授在长沙·····················张军德

诗歌

纪游诗九首··························屈正中
群芳点评（三首）·····················丁　芒
乡情（三首）························廖代廉
相思溪畔（二首）·····················谷　溪
思念·······························孙中明
湘水谣（二首）·······················钟黔宁
马铃叮咚····························杨　柳
清亮的电子乐·························徐启文
散文诗
野火（外一章）······················李　耕
花的故乡（外一章）····················蔡宗周
新芽集
大山行（三首）······················廖泽川
洪湖恋·····························谭兴烈
洞庭水·····························戈　菲
飞来钟·····························刘维廉
春的信箱····························姚美其
晨雾·······························谢德麒
唱给孩子们的歌（五首）
··········陈官煊　马志宇　李光迪　少　白　刘闻振

评论
潇湘文苑
略论叶紫小说的创作特色·················陈若海
努力表现新的人物，新的世界·············黄起衰
坚持文学性和历史真实性的统一···········张盛良
西窗诗话····························阿　红

月月花坛
少儿学校生活的生动画幅··················胡君靖
一个农场场长的悲剧····················罗守让
平淡中见深刻························欧阳敏

美术
竹（中国画）························郑　燮
芦（中国画）························莫立唐
夫妻岩——张家界风光（中国画）··········秦明道
飞（版画）·························余　陈
春返苗山（版画）·····················董克俊
梳头的女孩子（油画）············[美国]卡萨特

1981 年第 7 期　刊名:《湘江文艺》
目录

啊，延安（诗）·······················田章夫
党谱，光辉灿烂（特写）
··············谭仲池　宋才鸾　朱　赫　田庆伦

小说
风满潇湘·······················柯　蓝　文　秋
誓言·······························潘吉光
多事的元宵··························鲁之洛
最难忘的……·······················邓蜀艺
祖宗有福····························张步真
"弹簧钢"赴宴·······················龚学仁

诗歌
七月短歌
重登叶家祠楼阁（外一首）···············周应节
想起革命的老一辈（外一首）·············谷　曼
唱给历史的歌（四首）··················李万青
葵花——献给水口连队建党时的七名地下党员同志
·································石友金
七月短歌（四首）·····················刘舰平
出钢口遐想（外一首）
——一九八一·"七·一"抒怀···········聂鑫森
崖上松
——写在建党六十周年纪念日·············罗子英
劳动者赞歌（三首）····················弘　征
风（外二首）························莫文征
锅炉工·····························黄安生

散文
路在自己脚下（报告文学）···············王一飞
潇湘涟漪·····························赵大年

评论

悼念伟大的革命文学家茅盾同志··············王 驰
反映时代 讴歌新人·····················月 明
笔下有真情·····························管正之

作家书简

为人民幸福耕耘························谢 璞

蔷薇园

"文格"与"人格"······················进 言

月月花坛

沁透人情美的芬芳······················李定坤
一首美妙的田园牧歌····················尹卫星

美术

家家都在花丛中（中国画）················石 鲁
小提琴家（素描）······················黄 柯
女工程师（水彩）······················黄 柯
雪（水彩）····························胡 杰
归途（水印木刻）······················胡 抗
向日葵（油画）····················[法]凡 高

1981 年第 8 期　刊名:《湘江文艺》
目录

小说

乡邻································张步真
敲门································赵清学
淡竹叶······························叶 牮
风满潇湘（长篇小说部分连载）········柯 蓝 文 秋
小船在清波里飘荡······················萧建国
冤家··············[英]萨 奇著 李占柱 江宇应译

小小说

弯曲的山路····························李长廷
胡立栋吃茶····························陈修飞
捕鳝································廖岳声

散文

怀念之树长青
——沉痛悼念宋庆龄同志逝世·············蒋 燕
兰、玉兰，仙拳影·······················萧 离
夜宿卡翁寨（苗族）····················杨明渊
戏蝶（散文新蕾）······················王建荣
集邮································张 扬

诗歌

心中的歌····························陈达光
今天，我想起一个人····················未 央
战士之歌（部队生活短诗辑）
············姚成友 瞿 琮 毕长龙 任海鹰等
井冈山（五律）························邓晏如
竹林里，月亮是绿色的··················谭仲池
澧水曲······························雷新康
油菜花开的时候························刘银泉
友情篇（二首）························宫 玺
锄（外一首）··························莫西芬
萤火虫（散文诗）······················力 群

评论

生活强者的诗篇························李启贤
诗的胜利····························周应节

潇湘文苑

真实者的风骨··························王正湘

艺苑雕龙

漫谈散文诗······················陈 雷 沈 默
剧团要到农村去························李开富
中国作家笔名探源——周立波
··················丛 杨 国 成 于 胜

月月花坛

喜读《我们正年轻》····················罗守让

美术

秋虫菊石图（中国画）··················齐白石
夜练（中国画）··················陈绍保 刘 沛
牡丹（中国画）························峻 青
书法······················周昭怡 李 立 邓先成
安东尼娅·赞拉特画像（油画）····[西班牙]哥 雅

1981 年第 9 期　刊名:《湘江文艺》
目录

小说

铃木摩托····························田舒强
父亲的忏悔····························钟铁夫
风满潇湘（长篇小说部分连载）········柯 蓝 文 秋
大难不死····························黄世洲
脚鱼王······························罗子军
呵，洁白的杜鹃························李 清
左邻右舍····························曾冬保

散文

手（特写）⋯⋯⋯⋯⋯⋯⋯⋯⋯⋯⋯⋯杨纪美

菊花梦⋯⋯⋯⋯⋯⋯⋯⋯⋯⋯⋯⋯⋯叶 梦

湘之梦⋯⋯⋯⋯⋯⋯⋯⋯⋯⋯⋯⋯⋯陈大远

江上夜明珠⋯⋯⋯⋯⋯⋯⋯⋯⋯⋯⋯李渔村

诗歌

春风·春雨·春阳

阳光下（三首）⋯⋯⋯⋯⋯⋯⋯⋯⋯沙 鸥

插秧时节（外一首）⋯⋯⋯⋯⋯⋯⋯管用和

绿（外一首）⋯⋯⋯⋯⋯⋯⋯⋯⋯⋯刘宝田

桃园偶遇（外一首）⋯⋯⋯⋯⋯⋯⋯旭 宇

放蜂人的梦（外一首）⋯⋯⋯⋯⋯⋯沈良意

信念（外一首）⋯⋯⋯⋯⋯⋯⋯⋯⋯骆 之

山川情（诗辑）⋯⋯⋯⋯⋯⋯⋯⋯⋯郑成义

金 谷 王德芳 倪 鹰 陈三光 谭涛初

东照宫——旅日诗抄（四首）⋯⋯⋯屠 岸

海恋⋯⋯⋯⋯⋯⋯⋯⋯⋯⋯⋯⋯⋯⋯舟挥帆

湖上雾浓⋯⋯⋯⋯⋯⋯⋯⋯⋯⋯⋯⋯黄东成

假如我是⋯⋯⋯⋯⋯⋯⋯⋯⋯⋯⋯⋯李林华

评论

论鲁迅小说与中外文学传统⋯⋯⋯⋯谌兆麟

作家书简

在感情世界里漫游⋯⋯⋯⋯⋯⋯⋯⋯李 岸

提倡正常的健康的文艺批评⋯⋯⋯⋯余开伟

真理探求者的赞歌⋯⋯⋯⋯⋯⋯⋯⋯周颂喜

笔健情深 别开吟境⋯⋯⋯⋯⋯⋯⋯周笃文

崛起的新角⋯⋯⋯⋯⋯⋯⋯⋯⋯⋯⋯李开富

组织专业创作队伍 大力繁荣社会主义文艺创作

⋯⋯⋯⋯⋯⋯⋯⋯⋯⋯⋯⋯⋯⋯⋯孙 伟

月月花坛

探索严肃的人生课题⋯⋯⋯⋯⋯⋯⋯胡良桂

美术

静扬⋯⋯⋯⋯⋯⋯⋯⋯⋯⋯⋯⋯⋯⋯林风眠

版纳之晨（水彩）⋯⋯⋯⋯⋯⋯⋯⋯唐吉介

武陵秋色（中国画）⋯⋯⋯⋯⋯⋯⋯曾晓浒

圣母与孩子（雕塑）⋯⋯⋯⋯[法]米开朗哲罗

诗人散文（木刻）⋯⋯⋯⋯⋯[日]深泽索一

水彩两幅⋯⋯⋯⋯⋯⋯⋯⋯⋯⋯⋯⋯华纫秋

1981 年第 10 期　刊名:《湘江文艺》

目录

小说

战友⋯⋯⋯⋯⋯⋯⋯⋯⋯⋯⋯⋯⋯⋯江 萍

老太爷回乡⋯⋯⋯⋯⋯⋯⋯⋯⋯⋯⋯莫应丰

阿弥陀佛的人⋯⋯⋯⋯⋯⋯⋯⋯⋯⋯李自由

咫尺天涯⋯⋯⋯⋯⋯⋯⋯⋯⋯⋯⋯⋯罗如圭

风满潇湘⋯⋯⋯⋯⋯⋯⋯⋯柯 蓝 文 秋

他是好人⋯⋯⋯⋯⋯⋯⋯⋯⋯⋯⋯⋯聂鑫森

灯⋯⋯⋯⋯⋯⋯⋯⋯⋯⋯⋯⋯⋯⋯⋯胡远仕

曦⋯⋯⋯⋯⋯⋯⋯⋯⋯⋯⋯⋯⋯⋯⋯李一安

警察局长先生的手段⋯⋯⋯⋯⋯[捷]哈谢克

黄弗同 刘文娟译 张铁夫校

散文

彭德怀同志二三事⋯⋯⋯⋯⋯⋯⋯⋯陈志越

岳阳楼下万里情

——中日汉诗家联谊记盛⋯⋯⋯⋯⋯赤 子

美国动物园中的明星⋯⋯⋯⋯⋯⋯⋯马法严

遗言⋯⋯⋯⋯⋯⋯⋯⋯⋯⋯⋯⋯⋯⋯战信佳

洞庭环行记⋯⋯⋯⋯⋯⋯⋯⋯瞿振振 李廉颇

忽然想到⋯⋯⋯⋯⋯⋯⋯⋯⋯⋯⋯⋯邓星煌

诗歌

嘴上，栖着一片云（外二首）⋯⋯⋯李武兵

写在故乡太行山（三首）⋯⋯⋯⋯⋯李学鳌

航道工程师（外一首）⋯⋯⋯⋯⋯⋯左宗华

我和大江（外一首）⋯⋯⋯⋯⋯⋯⋯贾长厚

鼾声⋯⋯⋯⋯⋯⋯⋯⋯⋯⋯⋯⋯⋯⋯韩棕树

石工素描⋯⋯⋯⋯⋯⋯⋯⋯⋯⋯⋯⋯叶晓山

罗马大旅馆⋯⋯⋯⋯⋯⋯⋯⋯⋯⋯⋯艾 青

诗二首⋯⋯⋯⋯⋯⋯⋯⋯⋯⋯肖 三 高士其

香港之歌（二首）⋯⋯⋯⋯⋯⋯⋯⋯碧 沛

龟山岛⋯⋯⋯⋯⋯⋯⋯⋯⋯⋯⋯⋯⋯王 俊

致朋友⋯⋯⋯⋯⋯⋯⋯⋯⋯⋯⋯⋯⋯郑 玲

我的心——不设防的城⋯⋯⋯⋯⋯⋯杨里昂

评论

鲁迅和黎锦明的小说⋯⋯⋯⋯⋯⋯⋯倪墨炎

从方志敏给鲁迅的一封信谈起⋯⋯⋯康咏秋

让多棱形的金刚石在文学中闪光

——关于社会主义新人形象的塑造⋯⋯⋯易洪武

作家书简

在小说创作领域进行美学的探索

——从《第二次握手》到《金箔》⋯⋯⋯张 扬

平淡见新奇 通俗寓新意

——喜读孙南雄的散文 ··········谭仕珍

月月花坛

石雕佳品不在岩石贵
——谈《陌路人》的艺术构思 ··········王建荣
画家与作品
现代名画家高希舜老人 ··········吴冠君

美术

秋天的日记（油画） ··········黄　坚
芙蓉楼
苦尽甘来（油画） ··········魏大巩
双鹭（中国画） ··········庄寿红
花卉速写（二幅） ··········庞芮园
荷花（中国画） ··········高希舜

1981 年第 11 期　刊名:《湘江文艺》
目录

小说

新来的团委书记 ··········欧阳敏
天边，有两颗星星 ··········滕和叶
啊，闪光的国徽（儿童文学） ··········露　菲
满阿公坐飞机 ··········罗子军
古屋之怪 ··········朱力士
南方来的人 ··········〔英〕日尔德·达希尔　唐凤楼译

散文

中南海参观记 ··········邓克谋
红枣 ··········丁　凡
濙溪纪游 ··········涂绍钧

诗歌

鲁迅安在 ··········陈大兴
山乡笛唱
木叶情（三首） ··········石太瑞
在这座山，在这间房（外一首） ··········袁伯霖
家乡的山 ··········钟黔宁
超支户的喜悦 ··········曾　莺
捞鱼苗 ··········方　赫
卖辣椒的姑娘 ··········李长廷
桃儿熟了 ··········文哲安
青春小鸟 ··········张永枚
幸福的小白杨 ··········王　也
留在小孤山的诗（外一首） ··········周　民
天山上望眺（外一首） ··········郭维东
诗海萍花（短诗辑） ··········靳　丛　汪筱玲等
旧体诗词 ··········谌　震　赵焱森　李聪甫　李曙初

评论

克服文艺领域的不正之风 ··········陈树立

潇湘文苑

在探索中前进 ··········杜元明
探索心灵的奥秘 ··········伍振戈

艺苑雕龙

哲理诗的理趣 ··········丁永淮

月月花坛

形象鲜明　耐人寻味 ··········江正楚

美术

求索（油画） ··········邓锡林
歌女投军（中国画） ··········钟增亚
选好当家人（油画） ··········陈子云
湖南风光（摄影） ··········吕治国　唐杰之
花卉（中国画） ··········郭怡宗

1981 年第 12 期　刊名:《湘江文艺》
目录

学习鲁迅的革命战斗精神 ··········焦林义
纪念鲁迅　学习鲁迅 ··········王　驰

小说

人之初 ··········罗石贤
寻觅 ··········王一飞
一棵绿色的树 ··········刘佑平
干亲家 ··········张心平
蓓蕾初绽
雁过留声 ··········唐　樱
神仙传 ··········高尚平
第一张药方 ··········张绍庭

散文

集邮六十年（连载） ··········姜治方
他曾经是癌症病人 ··········周全胜
桃花樱花相映红 ··········孙　伟　彭其芳

诗歌

北国纪游 ··········王剑清
寄给森调队员的信 ··········戴开钧
奔跑的山 ··········李道林
矿工的喜事 ··········颜　流
春湖 ··········孟祥荣
田头饭馆 ··········鲍国刚

义务茶倌 ·························· 佘致迪
江南拾翠（二首）··················· 弘 征
渔汛 ····························· 冯麟煌
天涯留影 ·························· 蔡宗周
黎明露珠及其他（六首）············· 杨孟芳
湘江浪花（短诗小辑）········· 王浦安 古 木
吴飞轲 连 歌 范作保 雷金玉 覃柏林等
民歌四首 ··············· 肖明球 林建中 王琼辉

评论
战友与诤友 ························ 陈朝红

蔷薇园
作家的灵魂 ························ 李定坤
花环·亮色·听将令 ················· 童 吟

月月花坛
气盛言宜，识高虑远 ················ 羊春秋
来自新生活的新人 ·················· 钟 鼓

美术
多彩（中国画）····················· 肖淑芳
翠鸟（中国画）····················· 莫立唐
山水（中国画）····················· 刘训鹤
水彩两幅 ·························· 黄铁山

风雪，珍藏着我的爱 ················ 刘毅然
富裕的山乡（二首）················· 王 俞
湘西风俗画（二首）················· 文 风
海滨剪影（三首）··················· 晏 明
塞上高歌（二首）··················· 肖 川
城市诗页（三首）··················· 雪 影
诗海萍花（短诗辑）·········· 邹启祥 聂鑫汉等

评论
关于文学创作如何塑造新人、反映四化建设的讨论
应当为生产力的发展高歌
——小说《铃木摩托》读后 ··········· 杨铁原
一曲劳动者心灵美和道德美的颂歌
——评中篇小说《山道弯弯》········· 罗守让
苏东坡的"诗教"···················· 周笃文
鲁迅是一把宝剑 ········ 斯沫特莱作 朱 凡译
"文人相'侵'"······················ 谢明德
一出耐人寻味的小喜剧
——评《"吕快刀"拜服"蚊子计"》····· 易楚奇

美术
飞行（摄影）······················· 简庆福
泉（水印木刻）····················· 吴成群
木刻小品二幅 ······················ 邹敏纳
奔（中国画）······················· 刘勃舒

1982 年第 1 期　刊名:《湘江文学》
目录

小说
金箔（长篇小说连载）··············· 张 扬
白河情思 ·························· 陈 泽
一根铅丝火钩 ······················ 无名氏
苦瓜 ····························· 侯广谊
他理解我吗? ······················ 刘宏伟
波涛上的梦 ························ 李渔村

散文
范长江十周年祭 ···················· 严怪愚
躲藏着的宝库（游记）··············· 未 央
集邮六十年（连载）················· 姜治方

诗歌
山川之歌 ·························· 李野光
春回大地
春歌（三首）······················· 于 沙
香 ······························· 罗建国
年青的钻手 ························ 振 扬

1982 年第 2 期　刊名:《湘江文学》
目录

小说专号
玫瑰色的夜晚（侦破电影文学剧本）
···························· 尹一之 冀 侠
金箔（长篇小说连载）··············· 张 扬
依稀可辨的小路 ···················· 张步真
古老头 ···························· 胡 英
另一个天地 ························ 周宜地
"寨王"轶事 ························ 孙再华
冬夜 ····························· 刘小兵
人啊，信念 ························ 刘朝阳
出傻气 ···························· 陈木香
父子之情 ·························· 李 璞
华盛顿纪念塔巡礼（散文）··········· 马法严
桂林即兴杂咏（诗）················· 屈正中
齐鲁拾零（诗）····················· 羊春秋
芹溪与玉溪（评论）················· 周汝昌

1982 年第 3 期　刊名:《湘江文学》
目录

小说

彩扇开屏 ……………………………………… 断　石
馅里谁知豆腐心 ……………………………… 肖建国
拐棍 …………………………………………… 郭垂辉
被"螃蟹"钳住的姑娘 ………………………… 陆若冰
"来来来"店里的笑声 ………………………… 刘斌溢
市长（外一篇·微型小说） ………………… 邓开善
金箔（长篇连载） …………………………… 张　扬

诗歌

夹山行 ………………………………………… 鞠　盛
女作者诗页
赠（三首） …………………………………… 郑　玲
看见你，我想起橡胶林（外一首） ………… 骆晓戈
小小艺术家（外一首） ……………………… 胡的清
春天的情思（二首） ………………………… 周晓萍
登泰山偶拾（三首） ………………………… 汪筱玲
长青树 ………………………………………… 黄玉梅
湘江情（三首） ……………………………… 白　航
几处木叶歌 …………………………………… 杨纪美
赶秋剪影 ……………………………………… 吴松柏
姑嫂俩 ………………………………………… 陈　立

散文

心灵美于二月花（精神文明赞）
……………………………… 翟禹钟执笔　饶长根
在最艰苦的岁月里（革命回忆录）
……………………… 蒲　润口述　士　珍整理
天海纪游 ……………………………………… 李　波

评论

生活·思考·追求
——评韩少功近几年的小说创作 …………… 王福湘

关于文学创作如何塑造新人，反映四化建设的讨论

社会生活的形象反映 ………………………… 彭国安
在生活的矿井里掘进 ………………………… 谭　谈
"闹市"竟邻"死胡同" ……………………… 斯　闻
读《三国》的联想 …………………………… 陆钊珑
一事数番写 …………………………………… 贺光鑫
泥土芬芳，别具风格 ………………………… 韩复华
也谈周立波的笔名 ………………… 李华盛　胡光凡

美术

芭蕉林 ………………………………………… 刘秉江

银耳环（油画） ……………………………… 詹鸿昌
西湖调（油画） ……………………………… 张月明
酉水辰曲（版画） …………………………… 彭秀槐
苗乡恋（版画） ……………………………… 邹洛夷
小溪（版画） ………………………………… 力　群

1982 年第 4 期　刊名:《湘江文学》
目录

小说

漩涡 …………………………………………… 王友生
深情的歌（电影小说） ……………………… 于乾浩
星期天，在一个家庭里 ……………………… 刘佑平
辰水盈盈 ……………………………………… 叶　牮
真玉 …………………………………………… 李　清
金箔（长篇连载） …………………………… 张　扬
桐花（蓓蕾初绽） …………………………… 田旱青
剪去多余的枝叶 ……………………………… 张劲松

散文

北望华夏 ……………………………………… 王庸声
夺得千峰翠色来 ……………………………… 赵海洲
蝴蝶梦 ………………………………………… 钟德灿
安江香柚（散文新蕾） ……………………… 宋一雄

诗歌

楷模（外一首） ……………………………… 王　驰
生活的赞歌（诗辑） ………………… 谭仲池　寒　星等
诗海萍花（短诗辑） ………………… 何立伟　赵丽宏等
背篓（散文诗） ……………………………… 秦　锑
旧体诗 ………………………………… 赵焱森　李曙初

评论

老诗人肖三（潇湘文苑） …………………… 杨桂欣
难在不诱于时利（作家书简） ……………… 韩少功

关于文学创作如何塑造新人、反映四化的讨论

现代物质文明和社会主义新人 ……… 筱　周　宏　娟
生活的启迪（月月花坛） …………………… 丁　楠

美术

春水长流（中国画局部） …………………… 朱训德
石工（版画） ………………………………… 王　琦
送公粮（版画） ……………………………… 张京德
申猴之乐图（中国画） ……………………… 李　燕
幽兰（中国画） ……………………………… 李欣中
雏鸡（中国画） ……………………………… 庄寿红
秋菊（中国画） ……………………………… 傅梅影

评论

发扬革命现实主义传统 促进我省文学创作的更大繁荣

——纪念毛主席《在延安文艺座谈会上的讲话》发表四十周年座谈纪要

胸中丘壑 笔底波澜

——学习周立波短篇创作的结构艺术 ·········· 胡光凡

写真景物 抒真感情

——美籍华裔女作家阙家蓂谈散文 ·········· 钟子硕

小说

合同厂长 ·········· 谷 峰

阿大当官记 ·········· 李自由

王千万 ·········· 张绍庭

金箔（长篇连载） ·········· 张 扬

1982 年第 5 期 刊名:《湘江文学》
目录

发扬革命现实主义传统 促进我省文学创作的更大繁荣

小说

合同厂长 ·········· 谷 峰

阿大当官记 ·········· 李自由

王千万 ·········· 张绍庭

从山边传来的声音 ·········· （苗族）石太瑞

滚滚湘江水 ·········· 贺一鸣

年轻的水手们 ·········· 刘忠年

殷武亮买单车 ·········· 刘光胜

金箔（长篇连载） ·········· 张 扬

散文

唯无私者，才能无畏（精神文明赞） ·········· 陈修飞

芳草生涯（"四化"新歌） ·········· 鲁之洛

乡村，并不遥远（散文新篇） ·········· 王青伟

诗歌

窗 ·········· 青 勃

南岳风情（三首） ·········· 振 扬

江南写意（二首） ·········· 宗 鄂

当风坡 ·········· 刘 犁

回故乡 ·········· 叶向阳

观潮 ·········· 宋才逢

珍珠姑娘（外一首） ·········· 杨成杰

忘 ·········· 云 虹

悬崖颂 ·········· 肖志彻

鸟专家自白 ·········· 陈有才

工矿新曲（诗辑） ·········· 倪 鹰

聂鑫森 左宗华 澍 雨 朱金晨 张天明 陈特明 祥 子 罗长江 陈运河

信号台 ·········· 罗建国 尹紫云

评论

潇湘文苑

胸中丘壑 笔底波澜

——学习周立波短篇创作的结构艺术 ·········· 胡光凡

写真景物 抒真感情

——美籍华裔女作家阙家蓂谈散文 ·········· 钟子硕

朱子奇（中国作家笔名考索） ·········· 国 成 于 胜 丛 杨

诗文丛话

诗品与人品 ·········· 羊春秋

月月花坛

评《干亲家》 ·········· 张天乐

美术

瓶花（水彩） ·········· 肖淑芳

鱼（中国画） ·········· 东方人

仙掌花香（中国画） ·········· 邬邦生

巴陵胜状（版画） ·········· 左中灿

早春（水印木刻） ·········· 郑叔方

花（水彩写生） ·········· 张举义

泉（油画） ·········· 李占卿

1982 年第 6 期 刊名:《湘江文学》
目录

祝社会主义文坛花开更旺

——谈谈有关繁荣文艺创作的几个问题 ·········· 刘 正

散文、报告文学创作班特辑

彭大将军天上笑（报告文学）

——《彭大将军回故乡》续篇 ·········· 瞿禹钟

肖克将军家乡之行（报告文学） ·········· 陈修飞

这里充满生机（散文） ·········· （苗族）吴雪恼

"君子国"漫游记（散文） ·········· （瑶族）李 波

夕阳，在天边燃烧（散文） ·········· 徐 静

屠夫状元（新蕾之页） ·········· 赵新华

小说

月季 ·········· 周宜地

乡亲情 ·········· 段移生

心灵之歌 ·········· 刘朝阳

渡 ·········· 郭 明

金箔（长篇连载）————————————张　扬
球星的小脑————————————————古　木

诗歌
在鲁迅故乡（二首）——————————邹荻帆
春天·希望————————————————田章夫
王晓廉　雷安青　陈官煊　朱光天　李曙光
短歌——————————顾　城　王维洲　刘宝田等
献给小朋友——————李少白　李富祺　李光迪　连　歌

评论
向诗人进一言
——诗应"文从字顺"—————————姜书阁
略论童话的艺术手法——————————胡君靖
湘剧苗圃添新花————————————李定坤
大胆创新　光采四射——————————莫道迟
由拾贝想起的（诗文丛话）——————胡德培
岳阳楼上对君山（诗词欣赏）————曾敏之
蜀汉败亡不能归咎于诸葛亮————钱星博
侗乡推髻女，亦有巧文人（月月花坛）
————————————————（侗族）邓敏文

美术
乡思————————————————————叶武林
书法——————王首道　沈　鹏　唐天际　颜家龙　林时九
苗山妇女————————————————朱　辉
人像————————————————————王纪平
牧歌————————————————————虞　健

煤的发热量————————————————胡厚春
防范——————————————————————水运宪
远客————————————————————杜　埃
温泉————————————————————谢　璞
路口————————————————————曹光辉
金谷银蛋————————————————曹家健
梦未圆时（纪念王船山先生逝世290周年）——童隆杰
擒魔记（侦破小说）——————————欧阳荣昌
规律科长————————————————犁　夫
喜在眉梢————————————————赵德光
蜜的告诫（小小说）——————————陈劲松
金箔（长篇小说连载）————————张　扬
康拉德——————————[美]马克·吐温著　龙芳元译

1982 年第 7 期　刊名：《湘江文学》
目录

煤的发热量————————————————胡厚春
防范——————————————————————水运宪
远客————————————————————杜　埃
温泉————————————————————谢　璞
追求————————————————————屈国新
路口————————————————————曹光辉
金谷银蛋————————————————曹家健
梦未圆时（纪念王船山先生逝世290周年）——童隆杰
擒魔记（侦破小说）——————————欧阳荣昌
"规律科长"——————————————晓　平
喜在眉梢————————————————赵德光
"蜜"的告诫（微型小说）——————陈劲松
金箔（长篇小说连载）————————张　扬
康拉德——————————[美]马克·吐温著　龙芳元译

美术
刊名题字————————————————楚图南
蝴蝶花（水彩）————————————庞瑞媛
刻印艺术————————————————谢翰华
袁公亮　李　立　李　潯　石昌明
读（中国画）—————————————曾正明
金秋醉意（油画）——————————潘小竹
雪意（水粉）—————————————李光烈
吐鲁番千佛洞（水粉）————————刘范国

1982 年第 8 期　刊名：《湘江文学》
目录

小说
厂长之间————————————————刘少清
咀巴别传————————————————王文平
沅水哗哗————————————————杨运新
箭山悬尸之谜—————————————杨容方
金箔————————————————————张　扬
新县长————————————————张承祥
阿耿大爹————————————————杨　涛
双鱼记————————————————————赵烈安

散文
彭大将军天上笑（续完）——————翟禹钟
富春行————————————————————姜德明
桔洲——湘江中的巨轮————————石　英
两位女宣传队员————————————方　萌
故乡的豆皮——————————————李渔村

诗歌

辰河啊，我离不开你⋯⋯⋯⋯⋯刘舰平
风的回忆⋯⋯⋯⋯⋯⋯⋯⋯⋯郑　玲
伴之谣（外一首）⋯⋯⋯⋯⋯苗得雨
生活（外一首）⋯⋯⋯⋯⋯⋯周国林
你与我⋯⋯⋯⋯⋯⋯⋯⋯⋯⋯江立仁
红珊瑚（外一首）⋯⋯⋯⋯⋯骆　之
我是钟情的人⋯⋯⋯⋯⋯⋯⋯李玉成
大墙（外一首）⋯⋯⋯⋯⋯⋯王中朝
拾贝（外一首）⋯⋯⋯⋯⋯⋯蔡国瑞
无花果（外一首）⋯⋯⋯⋯⋯张大成
眼镜的秘密（外一首）⋯⋯陈寿芳　贺一鸣
乡情集⋯⋯⋯⋯⋯⋯⋯⋯⋯⋯谷　曼
　曾仁让　钟黔宁　龙彼德　袁伯霖　韩棕树　张平凯
　姚　莹　李武兵　郭　龙　溪　流　侯自佳　周又晋
　雷金玉　曾思云　蓝思根　石天元
军营短笛⋯⋯⋯⋯⋯廖代谦　韩　笑　杨　弓

评论

洞庭湖上的文学新帆（潇湘文苑）
——罗石贤小说读后⋯⋯⋯⋯凌　烟
加减乘除的“报告”（仙人掌）⋯⋯韩　杨
事后诸葛说（仙人掌）⋯⋯⋯陆钊珑
唐乌龟与“为尊者讳”（诗文丛话）⋯李汝伦
说“绿”（诗文丛话）⋯⋯⋯⋯张明亮
流寓巴陵感慨深（诗词欣赏）
——谈陈与义《里翁行》⋯⋯刘逸生
登泰山小天下（诗文欣赏）⋯曾敏之
题材新颖　刻划深刻（月月花坛）
——读小说《漩涡》⋯⋯⋯⋯于其化
党的文艺工作者，必须增强党性⋯⋯周晓晦

美术

初夏（油画）⋯⋯⋯⋯⋯⋯⋯汲　成
双鸽图（中国画）⋯⋯⋯⋯⋯房世均
梅花（中国画）⋯⋯⋯⋯⋯⋯陈青子
油画二幅⋯⋯⋯⋯⋯⋯⋯⋯⋯陈子云

1982 年第 9 期　刊名:《湘江文学》
目录

小说

西出阳关⋯⋯⋯⋯⋯⋯⋯⋯⋯金国政
“鬼麻蝈”其人⋯⋯⋯⋯⋯⋯喻咏槐
树的启示⋯⋯⋯⋯⋯⋯⋯⋯⋯袁慧光
新来的邻居⋯⋯⋯⋯⋯⋯⋯⋯彭其芳
卖手帕的姑娘⋯⋯⋯⋯⋯⋯⋯罗如圭
追求⋯⋯⋯⋯⋯⋯⋯⋯⋯⋯⋯屈国新

我的两个哥哥⋯⋯⋯⋯⋯⋯⋯萧　轶
金箔（长篇连载）⋯⋯⋯⋯⋯张　扬

散文

乡音，在西藏高原回响⋯⋯⋯杨敬东
鸟声⋯⋯⋯⋯⋯⋯⋯⋯⋯⋯⋯朱春雨
管乐声声吹⋯⋯⋯⋯⋯⋯⋯⋯李一安
武陵花韵⋯⋯⋯⋯⋯⋯⋯倪　鹰　彭其芳
只身单影北极行（科学特写）⋯⋯李全安译

诗歌

乡村新韵（诗辑）⋯⋯⋯⋯⋯彭天翼
　朱湘儒　赖松廷　胡锡龙　马志宇　陈白子
呵，我的思念（诗辑）⋯⋯⋯黄东成
　陈　静　雷　扑　陈奇生　冯麟煌　杨梅生
湘北旅途拾景⋯⋯⋯⋯⋯⋯⋯赵焱森
诗词四首⋯⋯⋯⋯⋯⋯⋯⋯⋯龚依群
滇黔道上⋯⋯⋯⋯⋯⋯⋯⋯⋯舒　柯
短歌⋯⋯⋯⋯⋯⋯⋯⋯⋯⋯⋯易殿选
　胡果存　范作保　杨孟芳　徐月明　邹其霖等

评论

试论蒋牧良及其创作思想倾向（潇湘文苑）⋯陈若海
这积习为什么难反（仙人掌）⋯陆钊珑
“让贤”说商榷（仙人掌）⋯⋯卢其才
沸腾生活的一股热流（月月花坛）⋯彭国安
草木也随人（诗文丛话）
——读《红楼梦》札记之一⋯陈　平
鸿飞那复计东西（诗词欣赏）⋯曾敏之
诗歌语言的暗示性（诗词欣赏）
——读王昌龄的《长信秋词》⋯彭丙成

美术

静物（水彩）⋯⋯⋯⋯⋯⋯⋯朱　辉
速写（一九四〇年在延安途中所见）⋯黄肇昌
山水（中国画）⋯⋯⋯⋯⋯⋯张大千

1982 年第 10 期　刊名:《湘江文学》
目录

热烈庆祝党的十二大胜利召开

庆十二大（七律）⋯⋯⋯⋯⋯刘　正
一线山泉扑大海（诗）⋯⋯⋯陈大兴
同志（诗）⋯⋯⋯⋯⋯⋯⋯⋯罗子英
静静的办公楼⋯⋯⋯⋯⋯⋯⋯刘汉勋
母亲⋯⋯⋯⋯⋯⋯⋯⋯⋯⋯⋯郭松元
蜜蜂坝寻梦记⋯⋯⋯⋯⋯⋯⋯李　岸
香哉，夹心油炸粑⋯⋯⋯⋯⋯樊家信

神力张⋯⋯⋯⋯⋯⋯⋯⋯⋯⋯⋯刘健安
肖珍秀⋯⋯⋯⋯⋯⋯⋯⋯⋯⋯⋯旷　野
魏代表轶事⋯⋯⋯⋯⋯⋯⋯⋯⋯易杰凡
处女作⋯⋯⋯⋯⋯⋯⋯⋯⋯⋯⋯邓蜀艺
深山闻鹧鸪⋯⋯⋯⋯⋯⋯⋯⋯⋯聂家仁
"标准相"⋯⋯⋯⋯⋯⋯⋯⋯⋯⋯蒋子棠

微型小说
在哈哈镜面前（外二篇）⋯⋯⋯⋯蒋昭芒
多余的梦⋯⋯⋯⋯⋯⋯⋯⋯⋯⋯梁春明
冲破阴云的海鸥（中篇惊险小说）⋯邵国明
相例与相混（仙人掌）⋯⋯⋯⋯⋯谭　斐
睡莲⋯⋯⋯⋯⋯⋯⋯⋯⋯⋯⋯⋯沈柔坚
云步桥飞瀑（水印木刻）⋯⋯⋯⋯吴俊发
冬日（中国画）⋯⋯⋯⋯⋯⋯⋯傅以新
晨（油画）⋯⋯⋯⋯⋯⋯⋯⋯⋯雷　鸣
山水（中国画）⋯⋯⋯⋯⋯⋯⋯曾晓浒

1982 年第 11 期　刊名:《湘江文学》
目录

贯彻党的十二大文件精神　开创社会主义文艺新局面
理想与希望⋯⋯⋯⋯⋯⋯⋯⋯⋯屈正中
沿着十二大指引的道路前进⋯⋯⋯王　驰
让湖南文坛百花争艳⋯⋯⋯⋯⋯谢　璞
为建设社会主义精神文明贡献力量⋯欧阳敏

小说
城边⋯⋯⋯⋯⋯⋯⋯⋯⋯⋯⋯⋯彭仲夏
钻石项链（侦破推理小说）⋯⋯⋯冀　侠
山雀不传云外信⋯⋯⋯⋯⋯⋯⋯滕和叶
母亲的足迹⋯⋯⋯⋯⋯⋯⋯⋯⋯木　星
吃虎⋯⋯⋯⋯⋯⋯⋯⋯⋯⋯⋯⋯梅中泉
娃娃进行曲⋯⋯⋯⋯⋯⋯⋯⋯⋯邢凤藻
灵魂的考试⋯⋯⋯⋯⋯⋯⋯⋯⋯梁水根
生日⋯⋯⋯⋯⋯⋯⋯⋯⋯⋯⋯⋯李渔村

散文
帅大姐谈向警予烈士⋯⋯⋯⋯⋯谷　茨
一个矿长的价值（报告文学）⋯⋯赵文健
范盛福　朱振国　赵文雄
清溪的怀念——家乡杂记⋯⋯⋯⋯王立华

诗歌
现实·希望·理想（诗辑）⋯⋯陈良骧　左一兵　李长廷
胡　诒　高正润　塘和平　叶延滨　张　维　雷丽波
胡朝勋　李贤刚　刘江生　刘银叶　李永鳌　吴子江
生活的乐章（散文诗辑）

生活的乐章⋯⋯⋯⋯⋯⋯⋯⋯⋯韩作荣
项圈⋯⋯⋯⋯⋯⋯⋯⋯⋯⋯⋯⋯曾凡华
散文诗三题⋯⋯⋯⋯⋯⋯⋯⋯⋯李　耕
竹⋯⋯⋯⋯⋯⋯⋯⋯⋯⋯⋯⋯⋯栾晓伶
七律（欢迎肖学良先生自台返湘定居）⋯符东明
踏莎行（谒白居易墓）⋯⋯⋯⋯⋯彭志齐

评论
《红楼梦》新校注本评介⋯⋯⋯⋯马欣来

诗文丛话
独辟蹊径的《域外词选》⋯⋯⋯⋯周采泉

仙人掌
广告三题⋯⋯⋯⋯⋯⋯⋯⋯⋯⋯闻鹤声

月月花坛
开在云霄的花⋯⋯⋯⋯⋯⋯⋯⋯管正之
诗词欣赏
登楼感怀又一篇
　　——杜甫湖南诗《楼上》析⋯⋯毛炳汉

美术
风景（油画）⋯⋯⋯⋯⋯⋯⋯⋯孙忠祥
赶集（木刻）⋯⋯⋯⋯⋯⋯⋯⋯满维禄
家（木刻）⋯⋯⋯⋯⋯⋯⋯⋯⋯邹洛夷
鸟语花香知人家（木刻）⋯⋯⋯⋯柯桐枝
柳荫行吟图（中国画）⋯⋯⋯⋯⋯虚　谷
观瀑图（中国画）⋯⋯⋯⋯⋯⋯虚　谷

1982 年第 12 期　刊名:《湘江文学》
目录

小说
牧鸭女⋯⋯⋯⋯⋯⋯⋯⋯⋯⋯⋯熊逸民
思⋯⋯⋯⋯⋯⋯⋯⋯⋯⋯⋯⋯⋯露　菲
海蚌含珠⋯⋯⋯⋯⋯⋯⋯⋯⋯⋯叶敏虎
还阳草⋯⋯⋯⋯⋯⋯⋯⋯⋯⋯⋯蔡测海
新蕾初绽
一江春水向东流⋯⋯⋯⋯⋯⋯⋯区炎生
品尝⋯⋯⋯⋯⋯⋯⋯⋯⋯⋯⋯⋯陈树立
心曲⋯⋯⋯⋯⋯⋯⋯⋯⋯⋯⋯⋯易　抗

散文
忆《抗战日报》与儿童剧团⋯⋯⋯田海南
晚霞，在连云山巅燃烧（报告文学）⋯胡启明
从战俘到省劳动模范（报告文学）⋯叶　𪸩　梅子

诗歌

暖洋洋的春风呵（诗辑）

建房工地抒情（二首）⋯⋯⋯⋯⋯⋯田章夫

寻求⋯⋯⋯⋯⋯⋯覃柏林

第一汽车厂诗笺（三首）⋯⋯赵鹏万 刘允章

拉太阳⋯⋯⋯⋯⋯⋯澍 雨

山中风物（二首）⋯⋯⋯⋯⋯⋯高继恒

宿营车⋯⋯⋯⋯⋯⋯蔡宗周

翠绿的峰⋯⋯⋯⋯⋯⋯夏 天

不如归去⋯⋯⋯⋯⋯⋯叶知秋

北散曲（中吕）十二月带过尧民歌⋯⋯姜书阁

杜鹃花开了⋯⋯⋯⋯⋯⋯马绪英

战地快相⋯⋯⋯⋯⋯⋯柯 原

妈妈，请你抬头仰望⋯⋯⋯⋯⋯⋯胡丰传

湘西短章（二首）⋯⋯⋯⋯⋯⋯颜家文

湘江浪花（短诗辑）⋯⋯⋯⋯⋯⋯季振华

周培礼 张济海 陈瑞统 李世俊 杨首健 杨佳音
杨其椴 罗 宁 农 鸣 马君伟

评论

贯彻党的十二大文件精神 开创社会主义文艺新局面

创作得失与作者性格⋯⋯⋯⋯⋯⋯韩少功

一点感受⋯⋯⋯⋯⋯⋯张新奇

热情为社会主义新人塑象⋯⋯⋯⋯⋯⋯童 吟

安德烈与老橡树（诗文丛话）⋯⋯⋯⋯⋯⋯张平治

"才"与"识"（诗文丛话）⋯⋯⋯⋯⋯⋯宋 垒

比喻之妙 异采纷呈（诗文丛话）⋯⋯⋯⋯⋯⋯张粤民

时间与构图

⋯⋯短篇小说艺术探微⋯⋯⋯⋯⋯⋯谢明德

路旁篝火中的欢乐（诗词欣赏）⋯⋯⋯⋯⋯⋯杨江柱

柳暗花明又一村（诗词欣赏）⋯⋯⋯⋯⋯⋯曾敏之

忠魂义胆 波澜横生（月月花坛）⋯⋯⋯⋯⋯⋯聂 鹏

美术

秋天的旋律（水印木刻）⋯⋯⋯⋯⋯⋯胡 抗

中国画册页二幅⋯⋯⋯⋯⋯⋯富 华

郑岩国画二幅

静物（水彩）⋯⋯⋯⋯⋯⋯张举义

1983 年第 1 期　刊名：《湘江文学》

目录

小说

报恩⋯⋯⋯⋯⋯⋯水运宪

误解⋯⋯⋯⋯⋯⋯刘舰平

空间距离⋯⋯⋯⋯⋯⋯陈 泽

那里，有一片明媚的山水⋯⋯⋯⋯⋯⋯朱 赫

刺激素⋯⋯⋯⋯⋯⋯晓 宫

小镇上⋯⋯⋯⋯⋯⋯蒋 波

让台⋯⋯⋯⋯⋯⋯陈伯卿

散文

不朽的战士（湖南英烈志）

⋯⋯忆刘桂云同志战斗片断⋯⋯⋯⋯⋯⋯廖鼎祥

傲慢与偏见（廿年记者生涯回忆录之一）

⋯⋯忆海萍⋯⋯⋯⋯⋯⋯严怪愚

庄稼女卫士（报告文学）⋯⋯⋯⋯⋯⋯欧阳敏

呵，早晨⋯⋯⋯⋯⋯⋯雨 林

诗歌

诗六首⋯⋯⋯⋯⋯⋯屈正中

农民的诗（诗辑）⋯⋯⋯周少尧 刘凤湘 黄新姿

远在他乡唱故乡（诗辑）⋯⋯姚成友 龙彼德 喻 晓

英雄纪念碑（外一首）⋯⋯⋯⋯⋯⋯石太瑞

大别山行吟（二首）⋯⋯⋯⋯⋯⋯潘万提

晨望⋯⋯⋯⋯⋯⋯张雪杉

《诗品》今译（二题）⋯⋯⋯⋯⋯⋯弘 征

诗海萍花（短诗四首）⋯⋯⋯周绍奎 宇 帆等

评论

关于沈从文同志的文学成就历史将会重新评价

⋯⋯⋯⋯⋯⋯朱光潜

鱼"防范"水的悲剧

⋯⋯评水运宪的短篇小说《防范》⋯⋯⋯⋯⋯⋯余开伟

罗裙与芳草

⋯⋯美学随想录⋯⋯⋯⋯⋯⋯张平治

诗文丛话

厚积而薄发⋯⋯⋯⋯⋯⋯伍振戈

意境・格调及其他⋯⋯⋯⋯⋯⋯高洪波

仙人掌

闲释"流派"⋯⋯⋯⋯⋯⋯惜 醇

月月花坛

在探索美的道路上

⋯⋯读《山雀不传云外信》⋯⋯⋯⋯⋯⋯胡良桂

美术

水仙（水彩）⋯⋯⋯⋯⋯⋯朱 辉

木刻作品两幅⋯⋯⋯⋯⋯⋯肖洁然

断肠人在天涯（国画）⋯⋯⋯⋯⋯⋯傅小石

风景（油画）⋯⋯⋯⋯⋯⋯孔伯基

1983 年第 2 期　刊名：《湘江文学》
目录

小说

米嫂家那条牛 ··· 张步真
跑吧！成刚 ··· 肖高适
猎家情 ··· 袁渍澄
诗情 ··· 曾冬保
呵！落霞峰 ··· 贺良凡
呵！生活 ··· 贺慈航
尊严 ··· 肖成荫
柳柳儿 ··· 王青伟

散文

他跨入了公元 2046 年！（报告文学）
——全国著名劳动模范李临庄的故事
··························· 胡启明　海　歌
战火中诞生的医院（革命回忆录） ······························· 李　真
凉亭，我心中的高楼（散文） ··································· 易允武
衣锦还乡客（散文） ··· 里　汗

诗歌

田野上，一个美丽的倩影（诗辑）
田野上，一个美丽的倩影 ······································· 彭浩荡
今秋，我又回到故乡 ··· 闻　频
筑路 ··· 谭仲池
眼镜 ··· 范作保
卖菜姑娘 ··· 何炳辉
信仰（外一首） ··· 袁伯霖
芦笛小调（外一首） ··· 郑成义
海的心思（外一首） ··· 丁　希
纪念碑（外一首） ··· 刘克利
怀念 ··· 陈　阵
蟋蟀 ··· 余以建
湘江浪花（短诗辑） ··· 南　雄
郑玛丽　钟毅岗　朱楚卿　刘银叶　文　菲　方竟成
迎马壁教授自台湾返湘潭家园（二首） ··························· 罗世哲
旅途杂咏（二首） ··· 李曙初

评论
潇湘文苑
欧阳予倩致周贻白信并附诗
艺术风格问题漫议 ··· 罗守让
清新奇峭　不同凡响
——浅谈沈从文散文的语言特色 ····························· 张　鹄

诗文丛话
注重细节　写好细节

——金圣叹小说理论札记 ··································· 余三定
小论"啊诗" ··· 李汝伦
朴中见真　清而不淡
——漫谈朱自清的文采 ··································· 王轶伦
仙人掌
可怜无补费精神 ··· 斯　音
"干扰"乱弹 ··· 草　云

月月花坛
他有新的发现
——读《城边》随想 ····································· 谭士珍

1983 年第 3 期　刊名：《湘江文学》
目录

小说

痛苦的代价 ··· 王友生
鹧鸪飞 ··· 郭英忠
在青春的调色板上 ··· 刘兰桂
旱季的平原 ··· 杜　埃
深深的海洋 ··· 高维晞
戴项链的姑娘 ··· 萧楚奇
最后的请求 ··· 李锡九
变化（微型小说） ··· 黄立群

散文

探索人类优生奥秘的人（报告文学）
··························· 张劲松　刘笑春
发生在长沙的关于鲁迅逝世的一场大论战（回忆录）
··· 辛文思
回首（散文） ··· （土家族）蔡测海
花盆（散文） ··· 谢柳青

诗歌

伊里奇说：九减七
——列宁的故事 ··· 伯　已
早晨（外一首） ··· 刘　犁
大楼里的花（三首） ··· 李少白
刻在山崖上的诗（二首） ······································· 振　扬
洞庭风情（二首） ··· 李昆纯
炊烟 ··· 李万青
路旁 ··· 木　斧
清溪 ··· 春　芽
紫云山印象 ··· 肖向阳
参观刘家峡（旧体诗二首） ····································· 羊春秋
月下，我听见（外一章） ······································· 刘宝田

评论

潇湘文苑

评古华的创作道路······胡德培

肖三（中国作家笔名探源）······国　成　于　胜　丛　杨

诗文丛话

从"美人计"的描写谈起······贺光鑫

"草木也知运"

——读《红楼梦》札记······陈　平

人力可以歌取······杨光治

文学评论的断想······吴杰梅

月月花坛

文学创作应大胆表现传统的伦理道德美

——读《品尝》所想到的······邓克谋

美术

绣球花（水印木刻）······郑　爽

花卉（中国画）······张铭淑

山水（中国画）······陈　行

闽南妇女（速写）······刘幽莎

静物（水粉）······潘小竹

肖像（油画）······卢叶子

湘西集上（油画）······陆露音

1983 年第 4 期　刊名:《湘江文学》
目录

小说

窈窕淑女的胎记······谢　璞

晨曲······金克剑

界岩······聂家仁

乡里伢子······童　丛

考试······谢文礼

没有逝去的青春······徐　林

杨柳青青······周桂初

飘泊艺人····〔保加利亚〕吉·斯达马托夫　江荣春译

散文

著名老作家蒋牧良同志逝世十周年祭

缅怀牧良同志······草　明

时间冲不断的哀思

——怀念蒋牧良同志······张翅祥

在她心灵的窗口（报告文学）

——全国"三八"红旗手刘金莲的故事······胡启明

春暖糯香（散文）······谢心宁

诗歌

浏阳河的浪花（诗辑）······谭仲池　彭天翼等

湖南张家界······蔡其矫

九月清风······朱　健

中草药······孙友田

流水篇······陈达光

游子情思······黎遇群　沈其雍

即席吟（外一首）······谷　曼

诗八首······梅幼先

评论

潇湘文苑

周谷城致周笃文信并诗

童心·诗情·画境

——评蔡测海的散文特色及其小说创作······包立民

诗歌呵，高扬起你神圣的旗帜吧

——我的倡议······彭浩荡

他的诗，是一团不灭的火

——读彭浩荡的诗······李元洛

诗文丛话

把握艺术的最佳值······张　波　张振宇

仙人掌

由幅画像升值想到的······许四良

月月花坛

一曲老一辈无产阶级战士的颂歌······刘明文

美术

长恨歌（组画之一）······潘洁滋

书法作品选登······谢德萍

屈趁斯　李伏波　杨干之　史荫嘉　陈恒富　朱乃正

山霞（中国画）······彭培泉

青山有几重（中国画）······傅二石

1983 年第 5 期　刊名:《湘江文学》
目录

在全省文联工作会议上的讲话······焦林义

小说

园头······赵大年

黄色柳芽芽······杨克祥

香嫂······（苗族）石太瑞

堂前燕······郭　明

重放的樱花······贺一鸣

他目光里有什么······周作夫

亲家·冤家······少　鸿

新厂长与"老油条"…………………………谢治平
菊花………………[美]约翰·斯坦培克作 禹新荣译

散文
他为了农民致富（报告文学）…………（瑶族）李 波
黄永玉在湘西（散文）……………………谭仕珍
西双版纳的湖南人（散文）………………李廉颇
晨…………………………………………茂 梅

诗歌
大森林，我心中绿色的信仰（外一首）……芦 萍
理想·生活·爱情
青年诗页
我，想做一个诗人…………………………王锦生
关于我……………………………………林建平
呵，我赭石色的记者证……………………赵中森
我愿我的歌………………………………彭建洪
我们之间（外一首）………………………蒋建中
我是轴承…………………………………华 萍
黎明短歌…………………………………晓 舟
馈赠………………………………………颜昌海
归…………………………………………贾月云
我们播种爱情（二首）……………………廖静仁
一个姑娘的话……………………………方雪梅
树和小溪…………………………………卫世平
咏物篇（二首）……………………………莫西芬
大漠印象…………………………………郭维东
停弦渡抒怀………………………………彭庆元
椰雨（外一首）……………………………冯麟煌

评论
潇湘文苑
莫应丰和"将军吟"…………………………刘 炜
也谈"祸起萧墙"……………………………吴泰昌

诗文丛话
要勇于解剖自己……………………………羊春秋

仙人掌
天"无"不测风云……………………穆扬文 方成画

美术
国画………………………………………王个移
青年摄影作品（选登）……………王明生 刘念铎
陆地版画选登
油画习作…………………………………陈碧野

1983 年第 6 期　刊名:《湘江文学》

目录

小说
尘土………………………………………元 君
乡里人……………………………………张绍庭
棚…………………………………………断 石
职业病……………………………………刘正新
鸡公渡……………………………………周宜地
窗口，是明亮的…………………………方 桦
舞台下……………………………………李一安
渡口上一个小灰点………………………伯 已
有一个小青年（微型小说）………………孙文广

散文
心的呼唤（报告文学）……………………李春明
危驿孤灯照别愁…………………………黄秋耘
温泉日夜涌………………………刘勋政 李自力
冬日，摄自山村的镜头…………刘明文 谢开科

诗歌
生与死的启示
——祭蒋筑英………………………………郑 玲
永不消逝的歌声
——赞雷锋式的青年方立云………………彭佑松
我们是历史的支点………………………龙彼德
在闹市，我开了一爿小店…………………聂鑫森
拉车者的歌………………………………左宗华
泉水………………………………………陈 怀
故乡风情录………………………………莫少云
罗建国 王 俞 胡朝勋 杨孟芳 郭力家 赵 坤
侯自佳 曾仕让 刘崇善 单 丹 吴子江

评论
潇湘文苑
从新生活的沃土中汲取力量
——读本届获奖中篇小说的随想……………王福湘
唱给新生活的欢乐的歌
——读石太瑞诗印象………………………朱先树

诗文丛话
欲问东坡学种松
——漫谈苏轼植树………………赵焱森 周国林
诗艺辩证法二题…………………………戴锡琦

月月花坛
痛苦的代价 深刻的教训
——读小说《痛苦的代价》…………………李定坤

仙人掌

八个字 四座壁……………………………斯 音

美术

风景（油画）……………………………刘 采
少年书法…………………………………汪乐安等
蕴（油画）………………………………付忠诚
静物（油画）……………………………罗 政

1983 年第 7 期 刊名:《湘江文学》
目录

人生何处不相逢…………………………柳 杞
心境梦境…………………………………古 华
寻寻觅觅（长篇选载）…………………王剑清
心中的玫瑰………………………………欧阳敏
跟踪（侦破小说）………………………尹一之
尾车………………………………………谢林鹤
桃花迎春笑………………………………谭常玖
野猪岭的早晨……………………………李永森

小小说

娭馳………………………………………李 鹄
存折………………………………………廖晓勉
胜似春光…………………………………陈利明
三大金钢…………………………………向本贵
野生花……………………………………罗如圭
我才认识他………………………………谷 静
雪香梨……………………………………郭清宇

美术

天子山（摄影）…………………………张 文
松雪图（摄影）…………………………张 文
秋（木刻）………………………………郑叔方
山水二幅（中国画）……………………曾晓浒

1983 年第 8 期 刊名:《湘江文学》
目录

小说

波涛呼啸…………………………………刘忠年
渡船街琐事………………………………叶 华
江心吹来一般风…………………………叶敏虎
追求………………………………………方存弟
"内—104"病房…………………………刘明文
蚕娘………………………………………响 响
夜，满天的星……………………………刘春来

懊恼………………………………………李桂英
和谐（微型小说）………………………汤学春

散文

绿珍珠（作家剪影）……………………骆 之
我们的生活充满阳光（报告文学）……许白荃
呵，玉兔…………………………………文 枝
小镇风情…………………………………左岸勒

诗歌

心之歌（三首）…………………………黄东成
祖国，请验收吧（外一首）……………蔡宗周
充满爱的生活是美的（二首）…………田章夫
只见雀鸟的彩云…………………………梵 杨
黄梅雨下个不住…………………………杨 树
四月的黄昏………………………………管用和
爱的星光…………………………………陈瑞统
音箱………………………………………澍 雨
巡堤人……………………………………胡锡龙
田间佳话…………………………………曾 莺
骏马扬蹄一路花…………………………杨 柳
张家界之行………………………………胡光曙
簸（外一首）……………………………高继恒
售书姑娘（外一首）……………………连 歌

评论
潇湘文苑

丰富多样 别具一格
——读黄永玉的诗…………………………叶 橹
朱子奇同志致编辑部的信
美的理想与文学创作……………………伍振戈
审美选材…………………………………杉 沐

诗文丛话

豆子芝麻的风味…………………………凌 烟
须凭实学是根基…………………………李志淳
散文的聚光点……………………………谭龙生

美术

封面题字…………………………………吴作人
封面摄影……………………北京市装璜设计公司供稿
晨（中国画）……………………………吴荣光
观瀑楼（中国画）………………………徐照海
曾景初的石膏版新作选
山雀（中国画）…………………………郑小娟

1983 年第 9 期　刊名:《湘江文学》
目录

小说
岁月在麻石街静静流过⋯⋯⋯⋯⋯⋯卢建中
妈妈，你别生下我⋯⋯⋯⋯⋯⋯⋯⋯王友生
牛头樟下白云溪⋯⋯⋯⋯⋯⋯⋯⋯⋯张雨晴
最后一个快乐的夜晚⋯⋯⋯⋯⋯⋯⋯罗欣荣
阿咪子⋯⋯⋯⋯⋯⋯⋯⋯⋯⋯⋯⋯⋯姜克强
"蛮书记"与"小社员"⋯⋯⋯⋯⋯⋯江　昪
临终⋯⋯⋯⋯⋯⋯⋯⋯⋯⋯⋯⋯⋯⋯聂鑫森
喊⋯⋯⋯⋯⋯⋯⋯⋯⋯⋯⋯⋯⋯欧阳卓智
买呢子衣的老头⋯⋯⋯⋯⋯⋯（苗族）吴雪恼

散文
模糊的路（报告文学）⋯⋯⋯⋯⋯⋯李春明
蹉跎岁月记冰莹（作家剪影）⋯⋯⋯严怪愚
心灵呼啸静悄悄⋯⋯⋯⋯⋯⋯⋯阮　霞
这不是散文⋯⋯⋯⋯⋯⋯⋯⋯⋯⋯⋯彭铁森

诗歌
十字路口的绿树⋯⋯⋯⋯⋯⋯⋯⋯⋯李春林
我熟悉的山口啊⋯⋯⋯⋯⋯⋯⋯⋯⋯申爱萍
太阳（外一首）⋯⋯⋯⋯⋯⋯⋯纪　学
书怀⋯⋯⋯⋯⋯⋯⋯⋯⋯⋯⋯⋯⋯⋯张承弗
心灵的歌
——致张海迪⋯⋯⋯⋯⋯⋯⋯⋯⋯周光辉
读张海迪日记⋯⋯⋯⋯⋯⋯⋯⋯⋯⋯萧时俊
彩礼⋯⋯⋯⋯⋯⋯⋯⋯⋯⋯⋯⋯佘致迪
湘江浪花⋯⋯⋯⋯刘益善　韩棕树　姚焕吉
龙　郁　刘剑桦　许捍经　刘江生　彭其芳　黄玉梅

评论
潇湘文苑
岂止一面之师⋯⋯⋯⋯⋯⋯⋯⋯胡　英
当洞箫吹响的时候
——于沙诗歌创作漫评⋯⋯陈湘生　何立伟

诗文丛话
说提炼⋯⋯⋯⋯⋯⋯⋯⋯⋯⋯⋯⋯⋯刘静生
短篇小说的动态美⋯⋯⋯⋯⋯⋯⋯⋯谢明德
《聊斋志异》中的幽默⋯⋯⋯⋯⋯⋯朱力士

月月花坛
巧妙的比喻　鲜明的形象
——关于小说《尘土》的通信⋯⋯毛　翰　钟　法

美术
弯曲的路（摄影）⋯⋯⋯⋯⋯高大洋　孙智和
不尽江河水（中国画）⋯⋯⋯⋯⋯⋯冯椒生
奔马（中国画）⋯⋯⋯⋯⋯⋯⋯⋯⋯张一尊
竹（中国画）⋯⋯⋯⋯⋯⋯⋯⋯⋯⋯郦松臣
静物写生（油画两幅）⋯⋯⋯⋯⋯⋯罗尔纯

1983 年第 10 期　刊名:《湘江文学》
目录

散文诗歌专号

散文
重归故里话当年⋯⋯⋯⋯⋯⋯⋯⋯⋯蹇先任
铁砧之歌⋯⋯⋯⋯⋯⋯⋯⋯⋯⋯柯　蓝
欧亚之行（游记）⋯⋯⋯⋯⋯⋯⋯⋯计红绪
作家的诗（抒情散文）⋯⋯⋯⋯⋯雁　翼
海峡彼岸的来船（特写）⋯⋯⋯⋯⋯金沙水
毛栗⋯⋯⋯⋯⋯⋯⋯⋯⋯⋯⋯⋯⋯⋯李长廷
绚烂迷人的敦煌莫高窟（旅游散文）
⋯⋯⋯⋯⋯⋯⋯⋯⋯（中国香港）华　莎（女）
不远处，是另一个国度（旅游散文）
⋯⋯⋯⋯⋯⋯⋯⋯⋯⋯⋯（苗族）吴雪恼
"寒斋"小记（随笔）⋯⋯⋯⋯⋯⋯杨敬东
录下的闪念⋯⋯⋯⋯⋯（中国香港）陶　然
清泉（雏凤新声）⋯⋯⋯（土家族）陈耀平
生活的溪流（雏凤新声）⋯⋯⋯⋯杜　柯
小草的回忆（雏凤新声）⋯⋯⋯吴灿娜（女）
温情的眼波（报告文学）⋯⋯⋯⋯⋯谭毅挺
涛声赋⋯⋯⋯⋯⋯⋯⋯⋯⋯⋯⋯⋯⋯谭士珍
海礁·海魂⋯⋯⋯⋯⋯⋯⋯⋯⋯白　元

诗歌
梯队意识⋯⋯⋯⋯⋯⋯⋯⋯⋯⋯⋯⋯雷抒雁
南京⋯⋯⋯⋯⋯⋯⋯⋯⋯⋯⋯⋯⋯⋯邵燕祥
南斯拉夫思绪（三首）⋯⋯⋯⋯⋯公　刘
爱，是这样讲解的⋯⋯⋯⋯⋯⋯⋯⋯张志民
还是这块田，还是这块地⋯⋯⋯⋯未　央
春天的早晨（外二首）⋯⋯⋯⋯⋯⋯王晨牧
垦荒者新歌⋯⋯⋯⋯⋯⋯⋯⋯⋯⋯⋯王燕生
你怎样对待女性（外二首）⋯⋯⋯胡　昭
中年之颂⋯⋯⋯⋯⋯⋯⋯⋯⋯⋯⋯⋯姚天元
呵，祖国⋯⋯⋯⋯⋯⋯⋯⋯⋯⋯⋯⋯石太瑞
有棵绿树在边陲（小叙事诗）⋯⋯⋯陈大兴
咏年⋯⋯⋯⋯⋯⋯⋯⋯⋯⋯⋯[美国]艾　山

生活,流芳溢彩(诗辑)
南国红豆（外一首）⋯⋯⋯⋯⋯⋯⋯梁上泉

经纬间跳动的诗情（二首）————聂鑫森
唱给我的火车头（外一首）————陈　鑫
在深山（三首）————熊召政
我们手中有铀————舒　柯
我买回一台洗衣机————汪筱玲
我的森林，我的缪斯————袁伯霖
骆驼战士和骆驼姑娘————翼　华
绿洲诗花（二首）————黄秉荣
林海之恋（外一首）————贾志坚
夜行在西部高原（外二首）————昌　耀
游古街（外一首）————朱昌勤
我的独轮车推着今天————宋才铮
给后代留下什么————于书恒
山村春雨————杨里昂
辙迹————王怀让
赤脚趣话————周少尧
枪刺上的旭日————郭光豹
建筑工地诗情（三首）————郭　辉
在农民家里（外一首）————谷未黄
桥头，聚集着庄稼人————查代文
荷圹夜色（外一首）————萧振荣
收获————方存弟
江鸥（外一首）————钟黔宁
我登上舷梯————李道林
姐姐的衬衫————陈官煊
赞输电塔————高正润
给女儿的礼物（外一首）————朱湘儒

心弦曲（诗辑）
云（外一首）————李根红
弱者（外一首）————李发模
回声————骆晓戈
拳击手套————徐晓鹤
锉（外一首）————陈良骧
给一位年轻的父亲————杨铁原
有时，我真想————顾　城
人生（外一首）————罗子英
二月雷（我一首）————岚　岩
照片（外一首）————周　民
夜来香————田　牧
睡莲曲（二首）————王　野
彩色的四季————岳立功
杜鹃花————艺　辛
落叶————何　锋
游云（外一首）————黄　淮
叶片上的水滴（外一首）————孙家祥

游踪诗草（诗辑）
长沙（三首）————韩　笑

芙蓉国揽胜（三首）————于　沙
张家界————彭浩荡
过停弦渡————周应节
囊萤台————覃柏林
君山茶（外一首）————何立伟
北京散记（二首）————张雪杉
壁画复制者（外一首）————颜家文
鎏金自鸣钟————程　政
秦淮河（外一首）————贺东久
宝岛线风景（二首）————于信宗

散文诗集锦
春天的翅膀（外一章）————李　耕
雨后的歌（三章）————饮　可
湘西怀思（三章）————骆　之
月夜（外一章）————李昆纯
九嶷舜王庙即景（二章）————曾凡华
瑶山秋夜————吴佑成
一株小柳树（外一章）————伊　萍

美术
红叶（摄影）————刘立宾
木刻新作————肖洁然　李鹏栖等
为怀素造像（中国画）————杨福音
东坡词意（中国画）————杨福音
中国画二幅————钟增亚

1983 年第 11 期　刊名：《湘江文学》

目录

小说
自销点的姑娘————熊逸民
我这个人————周宜地
粉客————吴雪恼
去张家界的路上————刘汉勋
如今的徒弟啊————谭合成
旅途中————小　牛
大幕，徐徐拉开……————钱康华
奇婶————黄三畅
白纸（外一篇）————蒋昭芒
烟————贾月云

散文
片叶心（报告文学）————魏　强　卞毓方
风筝————陶　立
她，留给我的……————冯　蓉
雏凤新声
三月草————熊国强

午⋯⋯⋯⋯⋯⋯⋯⋯⋯⋯⋯⋯⋯茂　梅

诗歌

河西走廊行（组诗）⋯⋯⋯⋯⋯⋯潘万提
海南之春⋯⋯⋯⋯⋯⋯⋯⋯⋯⋯郭玉山
烫了发的大嫂（外一首）⋯⋯⋯蔡文祥
山路呵⋯⋯⋯⋯⋯⋯⋯⋯⋯⋯彭天翼
诗四首⋯⋯⋯⋯⋯⋯⋯⋯⋯⋯李　真
潆溪行⋯⋯⋯⋯⋯⋯⋯⋯⋯⋯李炎巨
闽行诗抄（四首）⋯⋯⋯⋯⋯⋯剑　清
天涯海角二题⋯⋯⋯⋯⋯⋯⋯冯麟煌
厦门行吟（二首）⋯⋯⋯⋯⋯⋯杨纪美
潆溪峪畅想（二首）⋯⋯⋯⋯⋯廖学斌
情的喧响（二首）⋯⋯⋯⋯⋯⋯陈　泯
白帆船⋯⋯⋯⋯⋯⋯⋯⋯⋯⋯程　维
相遇⋯⋯⋯⋯⋯⋯⋯⋯⋯⋯⋯韩太康
母亲和士兵⋯⋯⋯⋯⋯⋯⋯⋯马绪英
雪上的诗（外一首）⋯⋯⋯⋯⋯郭笃先
乳汁（外一章）⋯⋯⋯⋯⋯⋯⋯谭士珍

评论

人民——文艺工作者的母亲
——学习《邓小平文选》的一点体会⋯⋯胡光凡

潇湘文苑

美的开掘
——谭谈创作历程述评⋯⋯⋯⋯胡代炜
洪湖水哟⋯⋯⋯⋯⋯⋯⋯⋯⋯邹荻帆
审美的心理距离
——美学随想录⋯⋯⋯⋯⋯⋯张平治

诗文丛话

模糊处理⋯⋯⋯⋯⋯⋯⋯⋯⋯赵洪峰
理论批评民族化浅说⋯⋯⋯⋯顾与林

仙人掌

高潮与低潮⋯⋯⋯⋯⋯⋯⋯⋯闻人千
冷板凳和热心人⋯⋯⋯⋯⋯⋯惜　醇

月月花坛

文已尽而意有余
——读《棚》⋯⋯⋯⋯⋯⋯⋯边　谷
文讯
湖南省文联座谈学习《邓小平文选》⋯童　舟

美术

张家界景色（摄影）⋯⋯中国摄影协会湖南分会供稿
决战前夕（油画）⋯⋯⋯⋯⋯高　虹
普天同庆（工笔画）⋯⋯⋯⋯周成根
阳光下（工笔画）⋯⋯⋯⋯⋯孙承浩
版画新作⋯⋯⋯⋯胡　抗　涂杨幼　张京德

1983 年第 12 期　刊名：《湘江文学》

目录

纪念毛泽东同志诞辰九十周年

韶山新唱（特写）⋯⋯⋯⋯⋯⋯宋梧刚
桔子洲头的怀念（诗）⋯⋯⋯⋯饮　可

小说

她，去牵回一道彩虹⋯⋯⋯⋯⋯岳立功
选择⋯⋯⋯⋯⋯⋯⋯⋯⋯⋯⋯聂家仁
湘湘⋯⋯⋯⋯⋯⋯⋯⋯⋯⋯⋯曾康乐
回春草⋯⋯⋯⋯⋯⋯⋯⋯⋯⋯舒　柯
插曲⋯⋯⋯⋯⋯⋯⋯⋯⋯⋯⋯金裕志
老丁的得意⋯⋯⋯⋯⋯⋯⋯⋯娟　子
重名剧⋯⋯⋯⋯⋯⋯⋯⋯⋯⋯北　野

小小说

竹梦⋯⋯⋯⋯⋯⋯⋯⋯⋯⋯⋯鸣　泉
里面是干净的⋯⋯⋯⋯⋯⋯⋯李月如
余波⋯⋯⋯⋯⋯⋯⋯⋯⋯⋯⋯陈海东
苦衷⋯⋯⋯⋯⋯⋯⋯⋯⋯⋯⋯辛　凡
"两王"保密⋯⋯⋯⋯⋯彭少连　汤五云

散文

苍松（作家剪影）⋯⋯⋯⋯⋯⋯严　农
潮（思辩散文）⋯⋯⋯⋯⋯⋯⋯金国政
北戴河浪花⋯⋯⋯⋯⋯⋯⋯⋯魏久环
女儿魂⋯⋯⋯⋯⋯⋯⋯⋯叶　梦（女）
爱⋯⋯（雏凤新声）⋯⋯⋯⋯⋯萧尊凡

诗歌

工棚星火（组诗）⋯⋯⋯⋯⋯⋯伯　已
碧水绿树共思念⋯⋯⋯⋯⋯⋯谷　曼
风华正茂⋯⋯⋯⋯⋯⋯⋯⋯⋯钟黔宁
繁忙之歌⋯⋯⋯⋯⋯⋯⋯⋯⋯刘宝田
长城情思⋯⋯⋯⋯⋯⋯⋯⋯⋯喻　晓
家乡的山⋯⋯⋯⋯⋯⋯⋯⋯⋯振　扬
散落的蒲公英（二首）⋯⋯⋯⋯刘　犁
南岳行吟（三首）⋯⋯⋯⋯⋯⋯曾仕让
深山，断黑边⋯⋯⋯⋯⋯⋯⋯胡国强
地图（外一首）⋯⋯⋯⋯⋯⋯⋯伍砺矛

评论

对毛泽东文艺思想的坚持和发展
——学习《邓小平文选》⋯⋯⋯王福湘

要这样去挖掘——读《岁月在麻石街静静流过》受到的启发 ………………………… 宋振庭

潇湘文苑
周立波创作思想三题
——兼论当前几种文艺思潮 …………………… 庄汉新
农二哥·人·强者
——周宜地小说漫笔 …………………………… 潘吉光

诗文丛话
心·星 ……………………………………………… 凌 烟
"根据说"反诘 …………………………………… 草 云
声东击西 ………………………………………… 贺光鑫

月月花坛
显示出灵魂的深来
——读《"内－104"病室》 …………………… 王芳信

美术
云雾山中（摄影） ……………………………… 张 闻
湘西行（中国画三幅） ………………………… 王金星
来稿选登（中国画，瓷雕） …………………… 刘左钧
牧趣（中国画） ………………………………… 黄天虎

传达 ……………………………………………… 杨 涛
我举起一朵蓓蕾 ………………………………… 华 萍
夜曲 ……………………………………………… 文 雯
地心的热 ………………………………………… 谷 溪
山村访富 ………………………………………… 马光琳
鱼塘春韵（外一首） …………………………… 朱谷忠
追求 ……………………………………………… 鲍国刚
瓜棚下的夜 ……………………………………… 冯恩昌
张家界散曲（三首） …………………………… 罗长江
蓓蕾初放
——本省新作者七人集 ………………………… 范作保
吴日晖 向书豪 雪 声 李竞兴 王竟芳 周观宁

评论
由讨论现代派想起的几个问题 ………………… 李冰封
来访的长发青年（给青年作者） ……………… 莫应丰
走出"危险的斜面"（诗文丛话） ……………… 草 云

美术
嬉泉（中国画） ………………………………… 周伯军
自然保护区（中国画） ………………………… 刘子孝
酒（中国画） …………………………………… 颜志武
张家界风光（油画） …………………………… 陈子云

1984 年第 1 期　刊名:《湘江文学》

目录

小说
骆家老屋 ………………………………………… 文 斐
一个星期天的奇遇记 …………………………… 张步真
姜河小夜曲 ……………………………………… 曾维浩
遗恨 ……………………………………………… 周作夫
烟瘾 ……………………………………………… 王金梁
中秋月夜 ………………………………………… 傅玲玲
书香人家 ………………………………………… 易尔康
"幸福降临" ……………………………………… 谭合成

散文
白衣丹心（报告文学）……… 李 波 何加钢 杨小龙
"海都给他写完了！"（作家剪影）
………………………………（中国香港）陶 然
湘灵赋 …………………………………………… 王 俞
"锦江春色来天地" ……………………………… 徐子芳
在拉拉渡口（散记） …………………………… 罗星辉

诗歌
湘江诗会
我庆幸，我已回炉 ……………………………… 聂焱如

1984 年第 2 期　刊名:《湘江文学》

目录

小说
船头激起一片浪花 ……………………………… 谭合成
褐帆 ………………………………… 雨 时 如 月
霞光里的雾 ……………………………………… 胡 英
癌遗传 …………………………………………… 屈国新
子夜，末班车 …………………………………… 聂鑫森
花圃 ……………………………………………… 姜贻斌
青青藤儿缠青树 ………………………………… 蒋 波
铃声叮当 ………………………………………… 邹崑山
他手中有一颗石子 ……………………………… 伯 已
柳嫂和她的柳根 ………………………………… 胡远仕

散文
啊，塞罕坝 ……………………………………… 峻 青
燃烧的心（报告文学） ………………………… 许白荃
湘江文工团忆趣（随笔） ……………………… 朱力士
小河札记 ………………………………………… 蔡测海
我要看海（雏凤新声） ………………………… 郝国中

诗歌
我的第一首诗（外女作小辑） ………………… 杨永达

杨长根　邹侗生　杨璞犁采　罗宁　周龙江
谢午恒　邓磊芝　戈思成　欧进峰　陈光耀　阎德坤
怀念蒋牧良⋯⋯⋯⋯⋯⋯⋯⋯⋯⋯⋯⋯谷　曼
雨丝（外一首）⋯⋯⋯⋯⋯⋯⋯⋯⋯⋯张雪杉
奉节门洞⋯⋯⋯⋯⋯⋯⋯⋯⋯⋯⋯⋯柴德森
江影⋯⋯⋯⋯⋯⋯⋯⋯⋯⋯⋯⋯⋯⋯澍　雨
江水和江岸的山（外一首）⋯⋯⋯⋯尹秀兰
诗三首⋯⋯⋯⋯⋯⋯⋯⋯⋯⋯⋯⋯⋯梁书文

评论
曹辛之的诗
——《最初的蜜》序⋯⋯⋯⋯⋯⋯艾　青
柯蓝的散文诗诗论（潇湘文苑）⋯⋯古远清
离远合奇（诗文丛话）
——短篇小说艺术探微⋯⋯⋯⋯谢明德
树根造型与"就近设喻"（诗文丛话）⋯⋯张　鹄
肖像描写应着意于"异"（诗文丛话）⋯⋯张劲松

美术
小花（国画）⋯⋯⋯⋯⋯⋯⋯⋯⋯⋯景丽莉
山妹（油画）⋯⋯⋯⋯⋯⋯⋯⋯⋯⋯李自健
芝麻茶（国画）⋯⋯⋯⋯⋯⋯⋯⋯⋯郑林生
黄金路（国画）⋯⋯⋯⋯⋯⋯⋯⋯⋯王炳炎
榕下叶舟（水粉）⋯⋯⋯⋯⋯⋯⋯⋯欧阳琼琛
"鸡司令"（水粉）⋯⋯⋯⋯⋯⋯⋯⋯欧阳琼琛

前院，后院⋯⋯⋯⋯⋯⋯⋯⋯⋯⋯⋯骆晓戈
小艺术细胞⋯⋯⋯⋯⋯⋯⋯⋯⋯⋯⋯罗星辉
秋的记忆（外一章）⋯⋯⋯⋯⋯⋯⋯王晨璐

诗歌
迎春词（七律二首）⋯⋯⋯⋯⋯⋯⋯羊春秋
我是改革⋯⋯⋯⋯⋯⋯⋯⋯⋯⋯⋯⋯曲庆玮
在人与人的交往中⋯⋯⋯⋯⋯⋯⋯宋才逢
春水⋯⋯⋯⋯⋯⋯⋯⋯⋯⋯⋯⋯⋯⋯刘宝田
心窝里的阳光⋯⋯⋯⋯⋯⋯⋯⋯⋯徐　泽
火的歌⋯⋯⋯⋯⋯⋯⋯⋯⋯⋯⋯⋯⋯夏　天
故乡的神话世界⋯⋯⋯⋯⋯⋯⋯⋯叶延滨
磷山短笛⋯⋯⋯⋯⋯⋯⋯⋯⋯⋯⋯⋯刘闻振
湘江浪花（诗九首）⋯⋯⋯⋯⋯⋯⋯阿拉坦托娅
李武兵　杨亚杰　郭　龙　谭仲池　马志宇

美术
芙蓉（工笔画）⋯⋯⋯⋯⋯⋯⋯⋯⋯邹传安
松雪图（中国画）⋯⋯⋯⋯⋯⋯⋯⋯颜家龙
雾戏层峦（中国画）⋯⋯⋯⋯⋯⋯⋯颜家龙
山泉（中国画）⋯⋯⋯⋯⋯⋯⋯⋯⋯曲湘萍
邻居（油画）⋯⋯⋯⋯⋯⋯⋯⋯⋯⋯翟亚中

1984 年第 3 期　刊名:《湘江文学》
目录

评论
更高地举起社会主义文艺的旗帜
——在湖南省第三次青年文学作者会议上的报告
⋯⋯⋯⋯⋯⋯⋯⋯⋯⋯⋯⋯⋯⋯⋯康　濯
一个错误的创作口号
——评"社会主义的批判现实主义"
⋯⋯⋯⋯⋯⋯⋯⋯⋯⋯⋯⋯樊　篱　何　平
倡议书⋯⋯⋯⋯湖南省第三次青年文学作者会议

小说
一封"告密信"⋯⋯⋯⋯⋯⋯⋯⋯⋯周健行
滩头伯招郎⋯⋯⋯⋯⋯⋯⋯⋯⋯⋯杨彦荒
龙虎宝地⋯⋯⋯⋯⋯⋯⋯⋯⋯⋯⋯廖训让
治丧记事⋯⋯⋯⋯⋯⋯⋯⋯⋯⋯⋯杨振文
老住户⋯⋯⋯⋯⋯⋯⋯⋯⋯⋯⋯⋯胡　柯
玫瑰沟志异⋯⋯⋯⋯⋯⋯⋯⋯⋯⋯罗石贤

散文
"傻瓜"种瓜（报告文学）⋯⋯⋯⋯李百祥

1984 年第 4 期　刊名:《文学月报》
目录

小说专号

作家笔谈会
要有湖南特色⋯⋯⋯⋯⋯⋯⋯⋯⋯康　濯
在文学的森林里⋯⋯⋯⋯⋯⋯⋯⋯古　华
良好的祝愿⋯⋯⋯⋯⋯⋯⋯⋯⋯⋯谢　璞
刊物要与读者心心相印⋯⋯⋯⋯⋯张步真
点燃人们心头的亮光⋯⋯⋯⋯⋯⋯骆晓戈

中篇小说
山高林密处（杨福音插图）⋯⋯⋯莫应丰

短篇小说
春水茫茫（郑小娟插图）⋯⋯⋯⋯叶蔚林
人心果（李自健插图）⋯⋯⋯⋯⋯水运宪
太平洋乐队的最后一次演奏（郝嘉贤插图）
⋯⋯⋯⋯⋯⋯⋯⋯⋯⋯⋯⋯⋯⋯⋯聂鑫森
小巷⋯⋯⋯⋯⋯⋯⋯⋯⋯⋯⋯⋯⋯瞿　琮
王伦新传⋯⋯⋯⋯⋯⋯⋯⋯⋯⋯⋯朱力士
故乡（韩少功译　刘国纯　校）⋯⋯[英]毛　姆

评论

创作的提高与突破（编辑手记）——————胡德培

美术

封面设计——————————————————王薇敏
镜湖（油画）—————————————————傅忠诚
秋收（木刻）—————————————————肖洁然
葡萄（木刻）——————[比利时]弗朗斯·麦绥莱勒

1984 年第 5 期　刊名:《文学月报》
目录

散文

爱荷华小简————————————茹志鹃　聂华苓

报告文学

马王堆国宝失窃破案记——————彭明道　羽　圭

短篇小说

我的广袤的开阔地（郝嘉贤插图）——————晓　宫
从"王府井"到"敖包山"（郝嘉贤插图）——张　扬
静静的小河湾（袁庆一插图）————————叶之蓁
保险柜里的草人（罗兴典译）——————[日本]星新一

评论

一个文艺工作者在学习
《邓小平文选》时想到的几个问题——————宋振庭
美的情愫，诗的意境
——给彭见明的一封信——————————任光椿
回响着人民肺腑的歌吟
——读弘征的《浪花·火焰·爱情》————阿　红

怀念集

魏猛克致林焕平（书简）
魏猛克遗作（书画三幅）
悼魏猛克同志——————————————胡　风
不灭的记忆（诗）————————————谷　曼
墓碑（诗）——————————————————傅紫荻

诗歌

诗词二首——————————————————杨第甫
访麓山旧居有感——————————————羊春秋
寄题汤阴岳飞纪念馆————————————易祖洛
春的使者（外二首）————————————屠　岸
今天的信息——————————————————未　央
呼伦贝尔行（三首）————————————梁上泉
大山曲（组诗）——————————————石太瑞
海爱的城——————————————————胡　笳

雨中的红光——————————————————郑　玲
乡间小路——————————————————刘舰平
寄自地层深处（二首）——————————钟毅岗
写在矿井（四首）————————————祥　子
炉前（外一首）——————————杨大矛　刘长生

新苗

门前，淌着一条小溪（诗）————————钱桂英
诗的本质是抒情的（习作点评）——————崔合美

美术

争艳（油画）————————————————孙忠祥
风景（木刻）————————————————满维禄
休息（油画）——————————————[法]莫　奈

1984 年第 6 期　刊名:《文学月报》
目录

小说

云里，雾里（詹鸿昌插图）————————孙健忠
留给妈妈思考（胡　抗插图）————————谭　谈
洪峰（王　琼插图）————————————李德复
压力锅——————————————————鲁之洛
金色就是温暖（胡　抗插图）————————姚筱琼
寓言三篇——————————————————邬朝祝

诗歌

笔——祝国际笔会东京大会的召开————朱子奇
姑娘追——————————————————阮章竞
新儿歌—————————李少白　李昆纯　李光迪
伊宁之秋——————————————————骆　之
生命————————————————————姚天元
给我——————————————————————朱　健
乡村老人——————————————————郭良原
复活的小草（外一首）——————————张迎冰

报告文学

"烟草王国"之谜————————————刘东生

校园文学

银杏树下（李渔村评点）——————————李　弋
月光、荷叶、莲苞及其他（赵海洲评点）——赵妙晴
雨和云（外一章）————————————汤素兰

散文

长山列岛——————————————————雷　加
爱荷华小简————————————茹志鹃　聂华苓
青岩山遐想——————————————————叶　梦

评论

谈风格（作家谈创作）————————汪曾祺
《丁玲创作谈》序————————郭志刚
劳动妇女粗豪美的赞歌（创作漫步）————吴慧颖
新作短评————————陈树立 李 夏 刘 云

美术

封面设计————————袁庆一
摄影作品选
————陈 雯 赵 夫 志 舟 胡志平 唐大柏
在阳台上（油画）————————[法]雷诺阿

1984 年第 7 期　刊名:《文学月报》

目录

小说

棋友（肖浩然插图）————————李 岸
命运的五公分（郦 渊插图）————————韩少功
憨二佬管水————————向本贵
看穿那灰濛濛的雾（郑小娟插图）————国 政
萧萧落叶————————何立伟
杜聿明和他的同僚们（上·中篇连载）————黄济人
证词（曹雅玲译 杨福音插图）————[日]松本清张

新苗

月亮为什么这样圆?（小说）————————周小娅
描绘细腻，真实感人（习作评点）————潘吉光

评论

答意大利《人与书》杂志问（作家谈创作）————康 濯
我爱白妮（创作漫步）————————阿 如
一个新的农村妇女形象（创作漫步）————罗 田

诗歌

旧体诗词————————王首道 肖 克 李 锐等
生活之歌（组诗）————————田章夫
雨天长沙，飞机穿入云空————————石 英
关于自我————————刘 章
星汉灿烂————————杨里昂
南山的路————————伍经建
老树桩————————孙友田
鸟巢————————梁上泉
蜗牛的自白————————宫 玺

散文

"世界花园"印象（吕焕溪 题图）————古 华
散文二题————————郭 风
牵牛花，深锁在荒野里的牵牛花————————刘 虔

美术

腊尔山情歌（国画）————————杨福音
黄河源头（木刻）————————何 山
花神（油画）————————[意]提 香

1984 年第 8 期　刊名:《文学月报》

目录

短篇小说

山与人（曹武亦插图）————————张石山
乔迁之忧（杨敦仪插图）————————刘舰平
西楼小娣（萧洁然插图）————————赵大年
红月亮（郑小娟插图）————————聂鑫森
不打鸣的公鸡（曾祥森插图）————————龚学仁
弱弱————————姚筱琼
言满生和他的地下工厂————————曹光辉
我应该吻他（郑小娟插图）————[美]加 顿

中篇小说

杜聿明和他的同僚们（中·杨福音插图）————黄济人

散文

忆红岩————————袁学之
一封没法寄达的信————————傅白芦
三军人断片————————涂光群

评论

面向当代，着意求新（编辑手记）————常振家 树 华
试论吴雪恼小说中的民俗美（创作漫步）————陈达专
用常得奇 点石成金（作家谈创作）————贺光鑫

诗歌

岳阳楼诗钞（旧体诗词）————————黄道奇等
西沙诗情（组诗）————————柯 原
沙漠·敦煌————————高 深
晶晶会笑了————————刘 犁
路的歌（散文诗）————————李一安

校园文学

半青半紫的桑葚（小说）————————陈启文
为了一个金色的希望（诗）————————刘辛耕
我折断一株小草（诗）————————丁 鲁
给绘图的少女（诗）————————邓磊芝
挺直了的脊梁（诗）————————沈国清

美术

工地之晨（木刻）————————柯桐枝
天子山速写————————王金星

伯爵夫人玛丽（油画）————————［英］庚斯博罗

1984 年第 9 期　刊名:《文学月报》
目录

短篇小说

啊，充满柔情的小河湾（胡　抗插图）————陈泽
我的老师（刘左钩插图）————————贺抒玉
深山里的标志牌————————————田舒强
绿梅笑了————————————————罗石贤
跨过太平间（陈毓琼插图）——————李　岸
星星，神秘的星星（朱根生插图）————刘佑平
烟盒（张铁夫译）————————［苏］T.塔吉罗夫

中篇小说

杜聿明和他的同僚们（下·杨福音插图）——黄济人

新苗

两分硬币————————————————刘国成
画面·动作·人物（习作评点）————王以平

散文

第六十九个春天————————————萧　离
花的礼赞————————————————马新生
致紫金山天文台（外一章）——————陈良骧

诗歌

登黄狮寨，游金鞭溪————————萧　克
武陵纪游————————————————胡　绳等
寄自白山黑水间（组诗）——————韩　笑
辣椒饭————————————————杨　牧
蜜蜂酿蜜的地方————————————张庆明
爱情诗之页（十首）————————方雪梅等

评论

"文人相亲"赞————————————车文仪
文人相亲二例————————————莫应丰
回忆去年的一次出游————————肖建国
泼水不要把"婴儿"泼掉了——————刘　强
叶蔚林的成就和失误（座谈纪要）

美术

洞庭湖上君山翠（木刻）——————何姚君
访问日本鹿儿岛（剪纸）——————秦石蛟
木刻（五幅）————————————满维禄等
窗前的绣花女（油画）————［匈］米哈伊·蒙卡奇

1984 年第 10 期　刊名:《文学月报》
目录

诗歌

祖国颂（八首）————————————崔合美等
给儿子运端————————————（中国台湾）叶维廉
台湾，回来吧（组诗）————————方雪梅
青青的竹————————————————黎焕颐
放排————————————————————刘　犁
山路————————————————————袁伯霖

散文

神奇的地下魔宫（王金星插图）————峻　青
苗家姑娘的情意————————————碧　野
张家界四题————————————————郭　风

报告文学

曲线爱国者————————————————翟禹锺
改革者之歌————————————————谷　奋

中篇小说

啊，拳王（传奇小说连载，郝嘉贤插图）————管新生

短篇小说

终极（郝嘉贤插图）————————郑万隆
画眉哥（詹鸿昌插图）——————陈木香
小酒店（郝嘉贤插图）——————王　璞
两位"邮票大王"————————————贺一鸣
楼上，有橐橐的响声————————贾月云
朋友之间（龙芳元译，李自健插图）
————————————————————［美］欧·亨利

评论

周立波左联时期文论三篇（冯椒生速写）
切实掌握马克思主义的文艺观——————胡光凡

美术

荷花（国画）————————————唐　云
湖光曲（摄影）————————————卓　雅
倒牛奶的女人（油画）————————［荷］弗美尔

1984 年第 11 期　刊名:《文学月报》
目录

小说专号

绿树如烟（陈白一插图）——————古　华
产院纪实（郝嘉贤插图）——————简　嘉

多情雪（郝嘉贤插图）⋯⋯⋯⋯⋯⋯⋯舒　柯
幸福的紫色蝴蝶⋯⋯⋯⋯⋯⋯⋯⋯姚筱琼
龟纹石⋯⋯⋯⋯⋯⋯⋯⋯⋯⋯⋯石太瑞
早晨·正午·傍晚（王　琼插图）⋯⋯张石山
结合⋯⋯⋯⋯⋯⋯⋯⋯⋯⋯⋯⋯刘　勇
伺马布夫和牛县长的故事⋯⋯⋯⋯李自由
长舌岛（故事新编）⋯⋯⋯⋯⋯⋯朱力士
雨巷（微型小说）⋯⋯⋯⋯⋯⋯⋯马新生
一朵云·吃枣（寓言）⋯⋯⋯⋯⋯邬朝祝
呵，拳王⋯⋯（传奇小说连载）⋯⋯管新生
桂花·中药·熊猫（魏大巩插图）⋯⋯［英］石清纬

枫⋯⋯⋯⋯⋯⋯⋯⋯⋯⋯⋯⋯黎　葭

美术
全国美展漫画选刊
缪克斯夫人（油画）⋯⋯⋯⋯⋯⋯［美］惠斯勒

1984 年第 12 期　刊名:《文学月报》
目录

短篇小说
等待着小轿车⋯⋯⋯⋯⋯⋯⋯⋯龚笃清
上河街，下河街（王　琼插图）⋯⋯骆晓戈
撷一束五彩花⋯⋯⋯⋯⋯⋯⋯⋯彭见明
八老爷与金铃子（李光烈插图）⋯⋯张绍庭
湖（詹鸿昌插图）⋯⋯⋯⋯⋯⋯朱　伟
他是星星，她是月亮⋯⋯⋯⋯⋯姚筱琼
爱情的死亡（庄陕宁译）⋯⋯⋯⋯［乌］奥·基罗加

中篇小说
啊，拳王（郝嘉贤插图）⋯⋯⋯⋯管新生

散文
月亮垭之夜⋯⋯⋯⋯⋯⋯⋯⋯⋯叶　梦
索溪的月亮⋯⋯⋯⋯⋯⋯⋯⋯⋯苏　叶

评论
事业在召唤⋯⋯⋯⋯⋯⋯⋯⋯⋯胡代炜
读方雪梅的几首短诗⋯⋯⋯⋯⋯未　央
"我带着欢乐的微笑写诗"⋯⋯⋯周应节

新苗
信鸽（小说）⋯⋯⋯⋯⋯⋯⋯⋯李顺良
竹妹（小说）⋯⋯⋯⋯⋯⋯⋯⋯钱桂英
浅蓝色的情网（小说·校园文学）⋯李玲玲
小诗三首（校园文学）⋯⋯⋯⋯王晨路

诗歌
希望（组诗）⋯⋯⋯⋯⋯⋯⋯⋯方雪梅
电站畅想曲⋯⋯⋯⋯⋯⋯⋯⋯⋯蒋建中
焊（外一首）⋯⋯⋯⋯⋯⋯⋯⋯宋才逢
我是你的小蜗牛⋯⋯⋯⋯⋯⋯⋯余　霞
绸厂诗情⋯⋯⋯⋯⋯⋯⋯⋯⋯曾仕让

1985 年第 1 期　刊名:《文学月报》
目录

小说
凤爪（钟增亚插图）⋯⋯⋯⋯⋯⋯古　华
班斓（肖洁然插图）⋯⋯⋯⋯⋯⋯何立伟
橙红色的黄昏（王　琼插图）⋯⋯蒋子丹
癌症患者的福音⋯⋯⋯⋯⋯⋯⋯李一安
野山樱⋯⋯⋯⋯⋯⋯⋯⋯⋯⋯瞿　琮
一块银币（马焯荣译）⋯⋯⋯⋯⋯［美］马尔兹
血溅天主堂（中篇传奇小说）⋯⋯陈得志

文学之友
这就是生活（小说）⋯⋯⋯⋯⋯顾　偕
魔杆（微型小说）⋯⋯⋯⋯⋯⋯曹旦升

评论
揭开了新的一页之后⋯⋯⋯⋯⋯陈达专
努力写出人物性格的层次⋯⋯⋯周笃佑

诗歌
十家诗钞（旧体诗词特辑）⋯⋯⋯李　锐
陈贻焮　杨第甫　李炎巨　龙子谋　任国瑞　熊楚剑
李曙初　韩世群　罗自立
献给湖南"芙蓉镇"
和所有乡村的人民⋯⋯⋯⋯⋯⋯［美］斯顿伯克
名字⋯⋯⋯⋯⋯⋯⋯⋯⋯⋯⋯白　航
华东行吟⋯⋯⋯⋯⋯⋯⋯⋯⋯杨里昂

散文
追忆田汉同志（余矿丁画像）⋯⋯康　濯
从纽伦堡到阿尔卑斯山⋯⋯⋯⋯黎　之
武陵山，推开了向阳的窗户⋯⋯沈仁康

校园文学
农家女（散文诗）⋯⋯⋯⋯⋯⋯汤素兰
拾稻穗（诗）⋯⋯⋯⋯⋯⋯⋯⋯旦　赟

1985 年第 2 期　刊名:《文学月报》
目录

小说

西凌河，八道弯（王　琼插图）————————孙少山
山寨之夜（李光烈插图）————————任光椿
大难不死（魏大巩插图）————————张步真
温暖的旋律（吴自忠插图）————————卢建中
女厂长牛招弟————————杨振文
财神王十万————————贺一鸣
血溅天主堂（中篇传奇连载）————————陈得志
他为什么撒谎呢?————————[英]约翰·韦恩

评论

《醉乡》三议————————韩　抗
浅谈叶梦新作（作家谈创作）————————谢　璞
超越自己（作家书简）————————朱苏进

散文

神秘之谷————————雷　加
桃花源的魅力————————石　英

诗歌

湘西，绿叶上的珍珠————————杨　树
踏莎行————————廖奇才
漓江绿————————王　俞
无题（三首）————————周　实
鸽影————————罗子英

文学之友

放龟（小说）————————曾景林
《放龟》有什么思想意义?————————肖　为
迷人的舞会（小说）————————乐　孜
要做热爱生活的多面体————————陈达光
青春曲（诗）————————梁　伟
村晚（诗）————————吕定禄

美术

雏（版画）————————吴成群
藤（国画）————————河　溶
封面设计————————陈海鱼

1985 年第 3 期　刊名:《文学月报》
目录

小说

巨鸟（冯椒生插图）————————未　央
并非荒诞的故事（胡　抗插图）————————陈国凯
霍老师在病房里（朱根生插图）————————曾果伟
跑掉的是大鱼————————刘春来
肖菁的烦恼（郑小娟插图）————————张振华　陆　氧
爱情的辩证法————————吴荣福
彼得和狼（韩　刚译）————————[英]安吉拉·卡特
血溅天主堂（中篇传奇小说）————————陈得志

文学之友

画家的妻子（小说）————————周安琦
悲剧并没有结束（点评）————————肖建国
检查组要来了（小说）————————何　艮
乡邮员（小说）————————罗利生
桥（诗）————————何雄初　曾思云

散文

还在闪耀的晨星————————苏　晨
耀眼的光点————————丁　芒

评论

美，在于发现————————陈望衡
氛围·印象·片断·情绪————————聂鑫森

诗歌

哭俐侬————————范正明
龙虾花————————肖汉初
市场吟————————徐文彬
初春的田野————————（苗族）石太瑞

美术

封面设计————————陈海鱼
月弯弯，月圆圆（中国画）————————刘幽莎
大滴水瀑布（摄影）————————（中国澳门）简振中
生命（摄影）————————伍景云

1985 年第 4 期　刊名:《文学月报》
目录

小说专号

王向天：努力开创湖南文学事业大繁荣的新局面
——在欢迎出席全国作协代表大会代表归来的会议上
的讲话
少男少女，一共七个（中篇）————————陈　村
桃花雨————————胡　柯
水巷————————姜　滇
一生中的第一步————————刘晓喻
愤怒————————叶之蓁
你应该向我求婚（文学之友）————————李新吾

一是发现，二是表现（点评）⋯⋯⋯⋯⋯王以平
山里来了客人（文学之友）⋯⋯⋯⋯⋯李继慧
要有敏锐的透视力（点评）⋯⋯⋯⋯⋯肖建国
寓言二篇⋯⋯⋯⋯⋯⋯⋯⋯⋯⋯⋯⋯邬朝祝
我的童年⋯⋯⋯⋯⋯⋯⋯⋯⋯⋯[英]潘缦怡

1985 年第 5 期　刊名:《文学月报》
目录

小说
旅途（二题）⋯⋯⋯⋯⋯⋯⋯⋯⋯⋯⋯徐晓鹤
那迷人的凌霄花⋯⋯⋯⋯⋯雨　时　如　月
在这个夏天⋯⋯⋯⋯⋯⋯⋯⋯⋯⋯⋯邓开善
吹响一朵紫茉莉⋯⋯⋯⋯⋯⋯⋯⋯⋯曾维浩
古城墙⋯⋯⋯⋯⋯⋯⋯⋯⋯⋯⋯⋯⋯聂鑫森
热水塘⋯⋯⋯⋯⋯⋯⋯⋯⋯⋯⋯⋯⋯席　鸽
小院的树⋯⋯⋯⋯⋯⋯⋯⋯⋯⋯⋯⋯刘明文
我们都是同学了⋯⋯⋯⋯⋯⋯⋯⋯⋯刘佑平
河湾里有一群丑小鸭⋯⋯⋯⋯⋯⋯⋯罗欣荣

评论
土热人亲的画幅⋯⋯⋯⋯⋯⋯⋯⋯⋯康　濯
好短好短，好长好长⋯⋯⋯⋯⋯⋯⋯潘吉光

报告文学
气魄⋯⋯⋯⋯⋯⋯⋯⋯⋯邓余保　震　文

散文
小红帽⋯⋯⋯⋯⋯⋯⋯⋯⋯⋯⋯⋯⋯江　帆
江边，我在寻觅⋯⋯⋯⋯⋯⋯⋯⋯⋯罗长江

诗歌
特区礼赞⋯⋯⋯⋯⋯⋯⋯⋯⋯⋯⋯⋯刘舰平
山东纪行（三首）⋯⋯⋯⋯⋯⋯⋯⋯杨第甫
香溪的五月⋯⋯⋯⋯⋯⋯⋯⋯⋯⋯⋯欣　秋
赠白头翁⋯⋯⋯⋯⋯⋯⋯⋯⋯⋯⋯⋯子　页
致景洪⋯⋯⋯⋯⋯⋯⋯⋯⋯⋯⋯⋯⋯姚天元
庐山五老峰的誓言⋯⋯⋯⋯⋯⋯⋯⋯王　俞
树之歌⋯⋯⋯⋯⋯⋯⋯⋯⋯⋯⋯⋯⋯廖泽川

文学之友
我的同座小雪（小说）⋯⋯⋯⋯⋯⋯刘良初
真实，是可贵的（点评）⋯⋯⋯⋯⋯慕　贤
抒情诗一束⋯⋯⋯⋯⋯⋯⋯⋯⋯⋯何庆华等

1985 年第 6 期　刊名:《文学月报》
目录

在中国作家协会湖南分会第四次会员代表大会上的讲话
⋯⋯⋯⋯⋯⋯⋯⋯⋯⋯⋯⋯⋯⋯⋯焦林义
做好协会工作　繁荣文学事业⋯⋯⋯孙南生
大鼓劲，大团结，为了大繁荣⋯⋯⋯记　者
主席，副主席，理事名录

散文
火柴及其他⋯⋯⋯⋯⋯⋯⋯⋯⋯⋯⋯丁　玲
致故乡⋯⋯⋯⋯⋯⋯⋯⋯⋯⋯⋯⋯⋯黄永玉
明快的节奏感⋯⋯⋯⋯⋯⋯⋯⋯⋯⋯柳　嘉

短篇小说
话说老温其人⋯⋯⋯⋯⋯⋯⋯⋯⋯⋯蒋子丹
鸟儿飞了⋯⋯⋯⋯⋯⋯⋯⋯⋯⋯⋯⋯国　政
葬礼即将举行⋯⋯⋯⋯⋯⋯⋯⋯⋯⋯梅中泉
小白花，小红花⋯⋯⋯⋯⋯⋯⋯⋯⋯陈健秋
稿费通知单（幽默小说）⋯⋯⋯⋯⋯陈　芜

中篇小说
三岔河⋯⋯⋯⋯⋯⋯⋯⋯⋯⋯⋯⋯⋯骆晓戈

评论
关于历史小说的创作⋯⋯⋯⋯⋯⋯⋯姚雪垠
争鸣
不同凡响的新篇⋯⋯⋯⋯⋯⋯⋯⋯⋯艾友琴
一篇有害的小说⋯⋯⋯⋯⋯⋯⋯⋯⋯华玉章

诗歌
礁的絮语⋯⋯⋯⋯⋯⋯⋯⋯⋯⋯⋯⋯叶延滨
听琴巷⋯⋯⋯⋯⋯⋯⋯⋯⋯（土家族）汪承栋
梨花情⋯⋯⋯⋯⋯⋯⋯⋯⋯（苗族）石太瑞
赞歌⋯⋯⋯⋯⋯⋯⋯⋯⋯⋯⋯⋯⋯⋯朱　健

文学之友
杀猪佬⋯⋯⋯⋯⋯⋯⋯⋯⋯⋯⋯⋯⋯陶凤翔
良好的开端（评点）⋯⋯⋯⋯⋯⋯⋯慕　贤
抒情诗一束⋯⋯⋯⋯⋯⋯⋯⋯⋯⋯王浦安等
诗，贵在精炼（评点）⋯⋯⋯⋯⋯⋯舟挥帆

1985 年第 7 期　刊名:《文学月报》
目录

小说

一个女人和两个男人 ············ 莫应丰
扑面山风 ···················· 彭见明
匹夫志 ······················ 喻　杉
他第一次休息 ················ 刘　勇
沙漠的爱 ···················· 贺良凡
中锋 ························ 徐晓鹤

散文

北海泛游 ···················· 邹荻帆
特区人眼中的湖南 ············ 张子君

评论

在长沙的一次讲话 ·········· 〔英〕韩素音
万千微尘坠心田 ·············· 胡宗健
"少男少女……"争鸣（二篇）······· 黄亦鸣　陈　鹏

诗歌

人和自然（四首）·············· 田章夫
石头村 ···················· 莫少云
莫这样看我 ·················· 曾仕让
他乘车去了 ·················· 李发模
登高（二首）················ 刘　犁
我是母亲的儿子 ·············· 谷　曼
冬梅 ······················ 刘巧珍
林区故事 ···················· 戴凌云
皱纹 ······················ 钟毅岗

文学之友

雪花飞（微型小说）········· （湖北咸宁）杨晋树
考卷（微型小说）··········· （株洲）王少武
剪裁与出新（点评）············ 潘吉光
诗歌（三首）················ 肖正民等

1985 年第 8 期　刊名:《文学月报》
目录

小说

4 5 3!　1 8 0! ··············· 朱宜江
跟汗水一样咸湿 ·············· 陈　萱
肥肉 ······················ 张步真
小城去来 ···················· 郑凯南
尹先生趣闻录（文学之友）········ 任科铭
"趣闻"趣在何处?（点评）········ 潘吉光

死人谷之恋 ·················· 国　政

散文

雾游黄山 ···················· 魏钢焰
受降纪念坊漫笔 ·············· 谭士珍
大围山上的霞光（报告文学）······ 张　扬

评论

振翅雄飞吧! 作家，艺术家 ······· 车文仪
《少男少女……》争鸣（三篇）····· 禹新荣等
读者来信（二篇）

诗歌

难忘的歌 ···················· 梁上泉
写在老山战壕里 ·············· 潘一沅
街角，一个白铁作坊 ·········· 廖志理
秋天 ······················ 方雪梅
吊绿魂 ···················· 袁伯霖

1985 年第 9 期　刊名:《文学月报》
目录

百雀街闹子 ·················· 叶蔚林
七弯八拐的永乐河（文学之友）····· 欧阳启明
困境 ···················· （苗族）吴雪恼
老东门正街的迪斯科 ·········· 左宗华
路人 ······················ 洛　恪
晨曲 ······················ 王　平
欧拉道路 ···················· 李国基

诗歌

赠访日四团友 ················ 光未然
边寨除夕 ···················· 刘德才
小镇 ······················ 邓汝珍
诗三首（文学之友）············ 刘洪生等
等、信 ·················· 刘清芬　江立仁
唢呐声声（散文诗）············ 王晓利

电视文学

评电视剧《走向远方》·········· 何共淮
乡里妹子（续篇）·············· 彭铁森

评论

《桃花源新记》序 ·············· 碧　野
周立波的短篇小说和儿童文学 ····· 冯健男
《少男少女……》争鸣（二篇）····· 李　浩等

散文

孔林的幽默·····················叶　梦
绿海，一串璀璨的明珠·············王正湘
这里曾经是一座古庙·············李长廷

1985 年第 10 期　刊名:《文学月报》
目录

小说

女囚·······················古　华
原物·················（土家族）颜家文
在同一个屋顶下···············李　岸
苹果······················聂　沛
心夜······················姜贻伟
失去的和留下的···············罗天娟
鹧鸪天（文学之友）·············李新吾
列车上·····················宋子刚
世袭名医（文学之友）···········黄思民
来点儿幽默（评点）·············骆晓戈
矮檐下···············（中国台湾）杨海宴
沿途搭乘他人汽车旅行的人
···········[印度]龙沙·萨布拉马宁　青　玲译

评论

《巨鸟》三羽·················李元洛
话说《话说老温其人》···········韩罕明
浅论韩少功小说的哲理探索········胡宗健

诗歌

登南岳·····················黄道奇
访美诗抄····················严　阵
竹林拾翠····················皮卓青
我是一条小河（文学之友）········刘双红
飘落在窗台上的小鸟（文学之友）····宁　云

散文

李谷一回娘家·················周峥嵘
张家界纪行··················胡　真
沈从文印象··················涂光群

美术

李谷一的乡恋（摄影）···········曹晚湘
猎影芭蕉林（摄影）·············唐大柏
美髯中书（连环画选页）·········杨福音

1985 年第 11 期　刊名:《文学月报》
目录

小说

空城·雷祸··················韩少功
田野的阐明··················晓　宫
烟鬼······················李自由
憨二佬卖兔··················向本贵
岁月······················黄亦鸣
小小说特辑
黎明前的呼唤·娱乐············旷荣怿
应聘的悲喜剧·················杨东生
军人······················李太文
摇铃子的没有来···············岳　云
春宝的烦恼（长篇选载）·········鲁之洛
恭贺新年（冯振杰译）······[苏]尤里·舍甫琴柯

诗歌

大西北行····················杨第甫
莫高窟创伤·眺望祁连···········晏　明
洪湖祭（散文诗二章）···········骆　之
诗三首（文学之友）····杨　璞　唐道成　刘京亮
碧绿的防风林·················莫西芬
露························唐佐益

散文

张家界序游··················康　濯
石林采风····················杨梅生
寻························慕　贤

评论

矮子贵二形象的"这一个"·········朱日复
关于《少男少女》·············陈　村

美术

芭蕾舞《霸王别姬》（摄影）·······王　辉
风景（水彩）·················黄铁山
向往（雕塑）·················朱惟精
人像（水彩）·················黄　柯

1985 年第 12 期　刊名:《文学月报》
目录

小说

新人新作特辑
起飞······················许兰英
桃花坪有个陈转儿··············汪小玲

老单和他的三角红旗·················吴振华
淡淡月色·························彭东明
山村奇闻（文学之友）···············肖华德
赶湖鸭子的人·····················周健明
华山风·························罗石贤
马科长和他的老婆·················陈　泽
幻景（金失译）··········[苏] J.I.诺沃热诺夫

评论
独特·清新·逼真···················胡代炜
序《面对空阔而神秘的世界》···········张新奇

诗歌
登芙蓉楼怀王昌龄·················周应节
题教师节四绝·····················羊春秋
岩峰与青松·······················汤　炜
我们（外一首）···················刘晓喻
乡村少女·························天　韵
初八的街头（文学之友）···············李小平
我常常坐在江边···················彭　淼

散文
春风秋雨寄萍堂···················田　山
吊兰（文学之友）···················姜念光

1986 年第 1 期　刊名:《文学月报》
目录

短篇小说
诱惑（之一）·····················韩少功
晚风悠悠·························朱　健
危亭·古墓·······················聂鑫森
湖上·····························方　方
江危之战·························谭合成
粗野的情歌·······················尹学德
防空洞里的奇遇···················贺一鸣
背后一声招呼·····················何其烈
火速下山·························彭伦乎
一泓明亮的清水（文学之友）···········首先茂
难题（龙芳元译）···········[美]马克·吐温

散文
洞庭泛舟记·······················峻　青
齐齐哈尔的神韵···················苏　晨

评论
切莫等闲看
——评李岸《结冰的心》···············宋梧刚

叶梦散文漫评·····················肖汉初

诗歌
诗四首···························郁达夫
罗布泊·沼泽地···················晏　明
红豆·····························石太瑞
湖光水色（组诗）···················刘　犁
记忆·····························皮卓青

美术
封面设计·························张啸谷
海女变奏曲组画（选登）···············胡　抗
晨雾·····························陈飞虎
湖湾·····························刘　昕
海角·····························黄巨年

1986 年第 2 期　刊名:《文学月报》
目录

短篇小说
死河的奇迹·······················莫应丰
诱惑（连续性小说之二）···············彭见明
东线纪事·························瞿　琮
男性更年期（三篇）·················晓　宫
雾·······························残　雪
希望·山茶花（文学之友）···············陈胜利
幸福的女人（幽默小说）·······[苏]乌斯宾斯卡娅

中篇小说
非并风流韵事·····················吴家新

散文
香港半月·························沈仁康
我是一轮明月·····················崔合美

报告文学
来自痛苦的欢乐···················谭士珍

评论
在放生池前（外四篇）···············郭　风
不做"乏味的人"···················胡德培

诗歌
母亲们···························叶延滨
灰色的云·························石太瑞
致祖国···························郑　玲
纪念·····························苏　敏
访问日本诗钞·····················谢彦玮

凉茶（文学之友）························刘爱龙
航标灯（文学之友）····················毛文科

美术
少女像（木雕）························李炳荣
船闸之夜（摄影）······················唐大柏
日出（版画）··························张地茂

1986 年第 3 期　刊名:《文学月报》
目录

短篇小说
太阳底下的风景························蔡测海
诱惑（三）····························刘舰平
演员——流浪汉························陈　芜
白帆································舒　放
明日重逢····························禹新荣
密林·荒村（微型小说）················李长廷
急刹车（微型小说）····················张儒芝
那双哀怨的眼睛························朱　赫
红猫······················[日]仁木悦子

散文
张天翼在长沙··························张生力
访雨果故居····························傅先俊
音乐茶座····························柯　原
英雄塑像····························钟德灿
烟云集································廖泽川
盐城地·萝卜头（文学之友）············郑国臣
晨雨································文　鲱
校园诗笺（六首）······················龚湘海等

评论
文学的根和叶··························胡宗健
折射出诱人而神秘的天空················弘　征
关于连续性小说《诱惑》之四的报告········编　者

美术
装饰小品····························陈巽如
拾遗（摄影）··························黄明芳
春（木刻）····························邹敏讷

1986 年第 4 期　刊名:《文学月报》
目录

深切悼念丁玲同志······················康　濯
任光椿　未　央　古　华　谷　曼　谢　璞

小说专号
家书抵万金····························康　濯
山洪································何立伟
诱惑（连续性小说之四）················蒋子丹
在主任的宝座上························曾果伟
她·她·她····························卢建中
上台································朱　健
吉美································杨双奇
周末记事（微型小说）··················吴　亮
敲门（微型小说）······················欧阳卓智
秋湖································林　澎
鳖································邓子科
油葫芦（文学之友）····················曹国选

1986 年第 5 期　刊名:《文学月报》
目录

散文
我的联邦德国之行（上）················古　华
富春江上····························李希凡

短篇小说
踏浪································国　政
秋天桃花开····························聂鑫森
诱惑（五）····························晓　宫
乌篷································张步真
豆萁································贺慈航
街头巷尾（二篇）······················王　平
他＜她························阳　柳　熊立光
战争的故事······················[苏]伏罗宁
大漩涡历险记····················[美]爱仑·坡

评论
徘徊的一九八五························陈达专
出人意料的结尾························陈　淞

诗歌
衡阳诗会（七首）······················聂　沛等
神秘的小岛····························高　深
岳麓山································蒋　静
秋天的映象（校园诗笺）················颖　隽
叹息································陈树中
人生啊，人生（文学之友）··············戴汉松
我是燃烧的火··························黄玉梅

美术
湘夫人································陈白一
序幕（插图选）························雷宜锌

二十年后（连环画选）·····································冯椒生

1986 年第 6 期　刊名:《文学月报》
目录

短篇小说
好在这是一个梦·····································朱宜江
白圆领汗衫在香港的奇遇·····················陈　芜
诱惑（连续性小说之六）·····················蔡测海
还有一位老船长·································王小阳
小宇和他的小白猫·····························贺晓彤
蛐蛐儿···刘舰平
微微一笑（微型小说）·····················周　实

报告文学
安康，百年一遇的洪水·····················雷　加

散文
我的联邦德国之行（下）·····················古　华
怀念丁玲同志·································蒋　燕
乡路···廖静仁

评论
扇形铺开的巨幅全景画·····················车文仪
文学的功能与"寻根"·····················未　央
寻找东方文化的思维和审美优势··········韩少功
楚文学与湖南当代小说家群·················李元洛
我对"寻根"的看法··························肖　为

诗歌
致艾青···于　沙
诗二首···龙再宇
浪花集（四首）·································孙友田等
二月绿（文学之友四首）·················姜念光等
犁（校园诗笺二首）·························黄　琴等

美术
护城河···徐　冰
湖湘书法大赛作品选

1986 年第 7 期　刊名:《文学月报》
目录

中篇小说
幽丽温泉纪事·································任光椿
棕妹···周宜地

短篇小说
大年三十夜·································邓星汉
人间笔记（四题）·····················李庆西
麻怪精与维纳斯·····························邹昆山
姗姗来迟的新作者·························贺良凡
描金棺·····································郑　柯　子　华
诱惑（连续性小说之七）·················谭元亨
魔技（文学之友）·························曹旦升
永恒的珍宝·················〔英〕依·吉·契普里纳

微型小说
太阳鸟（二篇）·····························邓开善
妻子···吴雪恼
鸭···安　敏
拦车···肖　馨
梅花香自苦寒来·····························杨纪美
开车···罗共怀

1986 年第 8 期　刊名:《文学月报》
目录

小说
重围···莫应丰
无名花（外一篇）·························彭晓立
诱惑（八）·································何立伟
消逝的水陆线·······························孙　泱
对岸·······································节延华　田　瑛
山果···何署坤
山村里有支月亮的歌·····················黄加满
祸影···周长行
清凉江畔·································王书波
云池一家人·································陈　泽
大活鸭···二　叫

诗歌
前线的诗（三首）·························张永枚
前沿，一个士兵对我说·················潘一沅
勋章···野　夫
星星·晨露·眼睛·····························郭光豹
雨花石（外一首）·························韩　笑
海上花园·································叶知秋
军魂···骆　之
一枚虎斑贝·································喻　晓
献给英模报告团·····························龚湘海
短诗三首·····················于　沙　罗子英　刘剑桦

报告文学
旋转王国的使者·····························陈国平

评论

对"寻根"的几点看法 ⋯⋯⋯⋯⋯⋯ 叶蔚林
重建楚文学的神话系统 ⋯⋯⋯⋯⋯⋯ 凌 宇
新的追求，新的突破 ⋯⋯⋯⋯⋯⋯ 聂鑫森
奉献给航天开拓者的歌 ⋯⋯⋯⋯⋯⋯ 潘吉光

1986 年第 9 期 刊名:《文学月报》
目录

丙辰十年祭
⋯⋯⋯⋯ 杨第甫 黄道奇 屈正中 李曙初 熊楚剑

短篇小说

小说两篇 ⋯⋯⋯⋯⋯⋯⋯⋯⋯⋯ 叶蔚林
无题 ⋯⋯⋯⋯⋯⋯⋯⋯⋯⋯⋯⋯ 谢 璞
水波 ⋯⋯⋯⋯⋯⋯⋯⋯⋯⋯⋯⋯ 孟大鸣
鬼屋 ⋯⋯⋯⋯⋯⋯⋯⋯⋯⋯⋯⋯ 戴连发
诱惑（九） ⋯⋯⋯⋯⋯⋯⋯⋯⋯ 钟铁夫
殉情 ⋯⋯⋯⋯⋯⋯⋯⋯⋯⋯⋯⋯ 刘佑平
三浦友和·妹妹和我 ⋯⋯⋯⋯⋯ 罗 宁
一个乡巴佬的矮和高（文学之友） ⋯⋯ 朱先从
山村的夜晚静悄悄 ⋯⋯⋯⋯⋯⋯ 邢 可
水汪汪的月亮 ⋯⋯⋯⋯⋯⋯⋯⋯ 农 鸣
那只假喜鹊 ⋯⋯⋯⋯⋯⋯⋯⋯⋯ 李长廷

中篇小说

插花节考 ⋯⋯⋯⋯⋯⋯⋯⋯⋯⋯ 晓 剑

评论

序《野葡萄的风》 ⋯⋯⋯⋯⋯⋯ 谢 冕
闹剧与怪剧的审美 ⋯⋯⋯⋯⋯⋯ 胡宗健
走向厚实，走向深沉 ⋯⋯⋯⋯⋯ 罗守让

散文

悼念聂绀弩同志 ⋯⋯⋯⋯⋯⋯⋯ 刘晴波
墨尔本印象 ⋯⋯⋯⋯⋯⋯⋯⋯⋯ 文 照
阳台咏叹调 ⋯⋯⋯⋯⋯⋯⋯⋯⋯ 韩 抗

诗歌

野葡萄（四首） ⋯⋯⋯⋯⋯⋯⋯ 郭 龙
校园小诗 ⋯⋯⋯⋯⋯⋯⋯⋯⋯⋯ 赵 凯
木叶 ⋯⋯⋯⋯⋯⋯⋯⋯⋯⋯⋯⋯ 颜昌海
诗二首（文学之友） ⋯⋯⋯ 邓佑宜 肖松和
遥远使一切更美丽 ⋯⋯⋯⋯⋯⋯ 银 云
彩虹 ⋯⋯⋯⋯⋯⋯⋯⋯⋯⋯⋯⋯ 陈燕如

1986 年第 10 期 刊名:《文学月报》
目录

纪念鲁迅逝世五十周年

回忆与纪念 ⋯⋯⋯⋯⋯⋯⋯⋯⋯ 朱 凡
半个世纪 ⋯⋯⋯⋯⋯⋯⋯⋯⋯⋯ 朱 正

短篇小说

王玉醉酒（文学之友） ⋯⋯⋯⋯ 王九日
在另一个世界里的风流娘儿们 ⋯⋯ 李 岸
裂变 ⋯⋯⋯⋯⋯⋯⋯⋯⋯⋯⋯⋯ 余未人
诱惑（十） ⋯⋯⋯⋯⋯⋯⋯⋯⋯ 张新奇
鼓眼爷 ⋯⋯⋯⋯⋯⋯⋯⋯⋯⋯⋯ 覃明德
那天下雨了 ⋯⋯⋯⋯⋯⋯⋯⋯⋯ 蒋子丹
飘逝的彩云 ⋯⋯⋯⋯⋯⋯⋯⋯⋯ 辛 野
荒原 ⋯⋯⋯⋯⋯⋯⋯⋯⋯⋯⋯⋯ 黄 灿

报告文学

路轨，记往他们 ⋯⋯⋯⋯⋯⋯⋯ 骆晓戈

评论

洞庭湖边的芦笛 ⋯⋯⋯⋯⋯⋯⋯ 李元洛
读康濯新作《家书抵万金》 ⋯⋯ 刘景好
星繁月朗楚天阔 ⋯⋯⋯⋯⋯⋯⋯ 杨铁原

诗歌

南岳纪行 ⋯⋯⋯⋯⋯⋯⋯⋯⋯⋯ 刘 正
湘西诗兴（六首） ⋯⋯⋯⋯⋯⋯ 杨宪益
乡野之歌（组诗） ⋯⋯⋯⋯⋯⋯ 杨孟芳
藤和树 ⋯⋯⋯⋯⋯⋯⋯⋯⋯⋯⋯ 郑 玲
短歌五首（文学之友） ⋯⋯⋯⋯ 吕定禄等
蜜 ⋯⋯⋯⋯⋯⋯⋯⋯⋯⋯⋯⋯⋯ 刘 犁
关于我自己（校园文学） ⋯⋯⋯ 冬 梅

散文

追求 ⋯⋯⋯⋯⋯⋯⋯⋯⋯⋯⋯⋯ 彭其芳
一个台北人在美国 ⋯⋯⋯⋯⋯⋯ 何伟康
天心阁遐想 ⋯⋯⋯⋯⋯⋯⋯⋯⋯ 王正湘
大树与小鸟 ⋯⋯⋯⋯⋯⋯⋯⋯⋯ 岳 云

1986 年第 11 期 刊名:《文学月报》
目录

短篇小说

昨天的信 ⋯⋯⋯⋯⋯⋯⋯⋯⋯⋯ 未 央
莫局长的一天 ⋯⋯⋯⋯⋯⋯⋯⋯ 张步真
不肯出嫁的姑娘 ⋯⋯⋯⋯⋯⋯⋯ 王念斯

诱惑（十一）·····················王 平
红山美人鱼·····················赵大年
水妖························曾维浩
金秀婆婆的两个儿媳妇···············吴素梅
圣洁························李太文
灵屋·小白·····················张治明
角落（文学之友）··················张 力
小草（文学之友）··················宋 燕

评论
创新旗帜掩盖下的彷徨意识············顾尔南
执着的爱恋与深情的歌赞·············舟挥帆
大时代交响乐中的嘹亮短笛············张春宁

散文
潇湘风雨祭忠魂··················刘 云
怀湘三味·····················石 英
一个台北人在美国·················何伟康
小蚂蚁飞上了天（寓言）··············刘 风

诗歌
大森林（组诗）···················袁伯霖
湘行小集（四首）··················罗立斌
青松三咏·····················杨里昂
雷（散文诗）····················廖泽川
跨过残墙·····················田章夫
金缕曲·······················朱惠然
夸父························叶一树
小鸟不见了（外一首）···············周晓萍
诗二首·······················尹建新

1986 年第 12 期　刊名:《文学月报》
目录

短篇小说
家宴························梅祖宁
鹰（微型小说）···················卓 青
丑女························瞿 琮
诱惑（十二）····················徐晓鹤
西山美人图····················李 纯
哑河里漂来两条船（文学之友）··········周迪初
明灭的星光····················饮 可
信物（微型小说）··················周存新
霹雳神的儿女（廖星桥译）·············邦 巴

中篇小说
幽静的小树林···················谭元亨

散文
茶禅·······················苏 晨
原色·······················李一安
一个台北人在美国·················何伟康

诗歌
青天（外二首）···················吴奔星
一个五重奏····················聂 沛
湘西行······················范 舟
废砖·······················刘宝田
海鸥·······················周之德
雪························龙彼德
无情诗······················刘晓喻
太阳岛······················冯麟煌
编辑之歌·····················田 雁
散文诗三章····················邹岳汉
卖南桔的女郎···················张伟成
落叶（文学之友）··················刘良初
雪·雾（文学之友）·················杨放新
我们稀释那季节（校园文学）············李 正

评论
治伤思过和"寻根"················康 濯
一曲愚蛮人生的悲歌················潘吉光
痛苦力的回流···················王开林

1987 年第 1 期　刊名:《湖南文学》
目录

散文
死之歌······················丁 玲

作家与企业家
梦溪女自述····················古 华

短篇小说
阳光与阴影····················刘美贤
月光奏鸣曲····················涂光群
龙虎斗······················赵大年
那口井······················吴雪恼
小镇上的风流韵事（文学之友）··········李水德
女子王国的悲喜剧·················叶孟林
寂寞·······················帅小波

芙蓉花开又一枝
廖静仁和他的散文·················龚笃清
散文二题·····················廖静仁

作家与作品研究

定型原则?⋯⋯⋯⋯⋯⋯⋯⋯⋯陈达专

文学社团新作选

潇湘诗选（六首）

湘北诗选（二首）

华容黄湖文学社诗选（二首）

微型小说集粹

池塘灯影⋯⋯⋯⋯⋯⋯⋯⋯⋯薛媛媛

永恒的红围巾⋯⋯⋯⋯⋯⋯⋯妙　晴

柳静月⋯⋯⋯⋯⋯⋯⋯⋯⋯⋯王不天

完美无缺⋯⋯⋯⋯⋯⋯⋯⋯⋯小　卉

眼睛⋯⋯⋯⋯⋯⋯⋯⋯⋯⋯⋯陈晓莉

鸳鸯洞（文学之友）⋯⋯⋯⋯肖仁福

青年作家自由谈

拣一个话题⋯⋯⋯⋯⋯⋯⋯⋯何立伟

大学生诗笺

星期天⋯⋯⋯⋯⋯⋯⋯⋯⋯⋯斯　雨

弹吉它的时节⋯⋯⋯⋯⋯⋯⋯刘　利

湖畔情歌⋯⋯⋯⋯⋯⋯⋯⋯⋯徐继燕

倒流河，终于流去⋯⋯⋯⋯⋯洪　江

思归⋯⋯⋯⋯⋯⋯⋯⋯⋯⋯⋯迟　黎

过去⋯⋯⋯⋯⋯⋯⋯⋯⋯⋯⋯杨增能

莳花小集

短诗一束⋯⋯⋯⋯⋯⋯⋯⋯⋯廖泽川等

回音壁

学友来信（三篇）⋯⋯⋯⋯⋯卢安国等

台港与海外华人作家介绍

清新婉约，绮思无穷⋯⋯⋯⋯李元洛

爱情诗三首⋯⋯⋯⋯⋯⋯⋯⋯郑愁予

1987 年第 2 期　刊名:《湖南文学》
目录

女作者特辑

旅途（小说）⋯⋯⋯⋯⋯⋯⋯汪小玲

六十分万岁（小说）⋯⋯⋯⋯罗天娟

只有一个月亮（小说）⋯⋯⋯罗　宁

父亲给我的嫁妆（小说）⋯⋯藕　青

姐姐（散文）⋯⋯⋯⋯⋯⋯⋯薛媛媛

秋雨（散文）⋯⋯⋯⋯⋯⋯⋯陈美华

罗衣溪（诗）⋯⋯⋯⋯⋯⋯⋯秦　华

路（诗）⋯⋯⋯⋯⋯⋯⋯⋯⋯何桂香

结婚礼物（诗）⋯⋯⋯⋯⋯⋯卜小玲

冰川寄情（诗）⋯⋯⋯⋯⋯⋯张　江

短篇小说

沧桑金场⋯⋯⋯⋯⋯⋯⋯⋯⋯彭见明

雨蒙蒙⋯⋯⋯⋯⋯⋯⋯⋯⋯⋯刘小兵

古老的石灰窑⋯⋯⋯⋯⋯⋯⋯郭　明

夏（微型小说）⋯⋯⋯⋯⋯⋯王农鸣

局长烧到四十度（微型小说）⋯蒋子棠

青年作家自由谈

着笔于故事之外⋯⋯⋯⋯⋯⋯聂鑫森

文学社团新作选

小说·诗歌·散文⋯⋯⋯⋯⋯刘　芳等

周立波学术讨论会

写给周立波学术讨论会的一封信⋯林　蓝

不死的精灵　严峻的期待⋯⋯庄汉新

周立波故乡生活短篇的风俗风情美⋯周冕章

周立波文艺观对我们的影响⋯刘健安

唱和集

在风浪中留影⋯⋯⋯⋯⋯⋯⋯韩　笑

答韩笑⋯⋯⋯⋯⋯⋯⋯⋯⋯⋯李冰封

芙蓉花开又一枝

诗的材料和情感的变形⋯⋯⋯刘　强

诗四首⋯⋯⋯⋯⋯⋯⋯⋯⋯⋯胡的清

大学生诗笺

沈园⋯⋯⋯⋯⋯⋯⋯⋯⋯⋯⋯蒋立波

碎花⋯⋯⋯⋯⋯⋯⋯⋯⋯⋯⋯兴　艾

沙洲⋯⋯⋯⋯⋯⋯⋯⋯⋯⋯⋯李鲁平

十八岁多影之年⋯⋯⋯⋯⋯⋯徐佩利

作品第 100 号⋯⋯⋯⋯⋯⋯⋯远　山

断裂⋯⋯⋯⋯⋯⋯⋯⋯⋯⋯⋯尹剑锋

回音壁

"钥匙"在哪里⋯⋯⋯⋯⋯⋯⋯刘良初

生活是一把暗锁⋯⋯⋯⋯⋯⋯刘绍健

1987 年第 3 期　刊名:《湖南文学》
目录

短篇小说

第一百六十一号作品⋯⋯⋯⋯邓建楚

小三子跑堂…………………………聂鑫森
黑夜………………………………刘舰平
马脚………………………………舒绍平
两位泥塑家………………………卓　青
桨声悠悠（文学之友）……………王兴日

中篇小说
人妖………………………………贺慈航

台港及海外华人作家作品介绍
延边四日（本刊专稿）……………陈若曦

大学生诗钞
无题………………………………胡青青
火塘边的老猎人…………………紫　枋
致 Z………………………………张秉正
速写………………………………李宏伟
围观………………………………刘晓雄
影子………………………………李杰波

作家与作品研究
小农理想王国的破灭……………吴慧颖
从《爸爸爸》看韩少功的探索……樊　篱

作家与企业家
一加一等于零……………………魏文彬

杂文与随笔
"有则改之，无则加勉"漫议………季　之
书与猪……………………………王亨念
忘名·立名·窃名…………………李昶林

芙蓉花开又一枝
乡村墓志铭（组诗）………………刘　犁
活鲜鲜的细节　沉甸甸的真情……于　沙

文学社团新作选
诗三首……………………………袁志坚等
水与火的变奏曲…………………赵　玉
远方在落雪（散文）………………裴晓音

新诗小辑
悼朱凡同志………………………谷　曼
礁石………………………………王浦安
蜂群（外二章）……………………袁子雄
耒阳，我亲爱的家乡………………许焕杰
采香蒿草的季节…………………曾　鸣
寻找那条小船（文学之友）………郑冰燃
西安碑林…………………………彭佑松

青年作家自由谈
文学，煤气罐及其他………………蔡测海

1987 年第 4 期　刊名:《湖南文学》
目录

短篇小说
蓝草地·夜河……………………叶之蓁
了西和他的野娘（文学之友）……王九日
财神和女神………………………杨振文
酒尾子……………………………翁新华
但愿人长久………………………欧阳卓智
船…………………………………胡世源
清悠悠的麻地河（文学之友）……李水德
静静的大雾山……………………宾亮雄
十姊妹……………………………叶　垄

中篇小说
好再来……………………………少　鸿

微型小说
微型小说一束……………………邓开善
蜡像………………………………妙　晴
在公共汽车上……………………章　虹
不！（文学之友）…………………郑海涛
我也有个弟弟……………………薛忆沩

1987 年第 5 期　刊名:《湖南文学》
目录

杂文·随笔
人民·母亲·文学…………………逊　群
非理性化论者的理性……………刘　强
孔子的胃病及其他………………刘克定

作家与企业家
厂长原来是画家…………………莫应丰

中篇小说
年根岁末…………………………水运宪

短篇小说
在八月的田野上…………………刘春来
让我来告诉你……………………李永芹
田二佬奇遇记……………………彦　荒
谭州鸟客…………………………贺一鸣
寻找父亲…………………………宋学孟

女孩儿⋯⋯⋯⋯⋯⋯⋯⋯⋯⋯⋯⋯帅小波

青年作家自由谈
真实，散文的生命⋯⋯⋯⋯⋯⋯叶 梦

山川风物志
伊宁⋯⋯⋯⋯⋯⋯⋯⋯⋯⋯⋯⋯阮章竞
唱一支甜蜜的歌⋯⋯⋯⋯⋯⋯⋯谭士珍

芙蓉花开又一枝
心灵的回光⋯⋯⋯⋯⋯⋯⋯⋯⋯谢午恒
巧裁乡韵人诗篇⋯⋯⋯⋯⋯⋯⋯杨里昂

文学社团新作选
工厂新诗（十六首）⋯⋯⋯⋯⋯李澍德等

大学生诗笺
诗七首⋯⋯⋯⋯⋯⋯⋯⋯⋯⋯⋯林浩珍等

抒情诗小辑
拾贝集（组诗）⋯⋯⋯⋯⋯⋯⋯田章夫
中南海⋯⋯⋯⋯⋯⋯⋯⋯⋯⋯⋯钟黔宁
东坡书院⋯⋯⋯⋯⋯⋯⋯⋯⋯⋯李庆西
短诗一束⋯⋯⋯⋯⋯⋯⋯⋯⋯⋯卢德柔等

新作赏析
色精内白 圆果搏兮
——《阳光与阴影》中陈所长的性格特征⋯⋯子 干
感情悲喜中的性格因素
——读《月光奏鸣曲》⋯⋯⋯⋯文贵忠

1987 年第 6 期 刊名:《湖南文学》
目录

纪念《在延安文艺座谈会上的讲话》发表 45 周年
本刊评论员：认真解决根本方向问题

民族团结之歌
白云的家乡（诗）⋯⋯⋯⋯⋯⋯金 哲
为远方的山画像（诗）⋯⋯⋯⋯查 干
白天鹅（诗）⋯⋯⋯⋯⋯⋯⋯⋯汪承栋
在大海里沐浴（诗）⋯⋯⋯⋯⋯包玉堂
寻找（诗）⋯⋯⋯⋯⋯⋯⋯⋯⋯江 村
等待（诗）⋯⋯⋯⋯⋯⋯⋯⋯⋯杨明华
六月的信札（小说）⋯⋯⋯⋯⋯蔡测海
刺猬（小说）⋯⋯⋯⋯⋯⋯⋯⋯吴雪恼
白翅（小说）⋯⋯⋯⋯⋯⋯⋯⋯杨武元
我们悄悄相爱（小说）⋯⋯⋯⋯蒋文贵

文学社团新作选
桃花坪新诗选（七首）

大学生诗笺
诗九首⋯⋯⋯⋯⋯⋯⋯⋯⋯⋯⋯顾东冬等

作家与作品研究
大家风范与“小家子气”
——论古华的小说⋯⋯⋯⋯⋯⋯胡宗健

朝花夕拾
抒情诗小辑⋯⋯⋯⋯⋯⋯杨第甫 梁上泉等

小说新作
苍鹭⋯⋯⋯⋯⋯⋯⋯⋯⋯⋯⋯⋯叶蔚林
白卷⋯⋯⋯⋯⋯⋯⋯⋯⋯⋯⋯⋯曾果伟
小窗口⋯⋯⋯⋯⋯⋯⋯⋯⋯⋯⋯谭 谈
调动⋯⋯⋯⋯⋯⋯⋯⋯⋯⋯⋯⋯吴俊卿
寻找那片白帆⋯⋯⋯⋯⋯⋯⋯⋯傅玲玲

作家书简
关于当前文学创作的通信⋯⋯⋯风 子 康 濯

外国文学作品介绍
当代英美名家诗歌选译（三）⋯⋯⋯任光椿

芙蓉花开又一枝
我身体里长着野外的诗⋯⋯⋯⋯周晓萍
一束清香的野花（点评）⋯⋯⋯崔合美

历史的回声
期待春天的诗人
——致黎牧星⋯⋯⋯⋯⋯⋯⋯⋯许有为
狐媚子⋯⋯⋯⋯⋯⋯⋯⋯⋯⋯⋯范若丁
谦嫂⋯⋯⋯⋯⋯⋯⋯⋯⋯⋯⋯⋯艾 彤

回音堂
读者来信（三篇）⋯⋯⋯⋯⋯⋯王作祥等

1987 年第 7 期 刊名:《湖南文学》
目录

短篇小说
送你一片金色的油菜花⋯⋯⋯⋯任光椿
流言⋯⋯⋯⋯⋯⋯⋯⋯⋯⋯⋯⋯古 华
一式三样离情的展示⋯⋯⋯⋯⋯彭见明
招魂⋯⋯⋯⋯⋯⋯⋯⋯⋯⋯⋯⋯黄三畅
星期四（“人间笔记”之九）⋯⋯⋯李庆西

暖流 ⋯⋯⋯⋯⋯⋯⋯⋯⋯⋯⋯⋯⋯ 屈国新

中篇小说
戴公馆五号院 ⋯⋯⋯⋯⋯⋯⋯⋯⋯ 晓 宫

域外风情
废墟上的梦
——联邦德国纪游之三 ⋯⋯⋯⋯⋯ 缪俊杰

青年作家自由谈
你骨子里是什么? ⋯⋯⋯⋯⋯⋯⋯ 刘舰平

芙蓉花开又一枝
洞庭湖之歌（组诗）⋯⋯⋯⋯⋯⋯⋯ 龚湘海
新秧犹待小暄催 ⋯⋯⋯⋯⋯⋯⋯⋯ 石太瑞

杂文·随笔
文学与自由 ⋯⋯⋯⋯⋯⋯⋯⋯⋯⋯ 蒋国斌
朋友 ⋯⋯⋯⋯⋯⋯⋯⋯⋯⋯⋯⋯⋯ 王亨念
从《酒神礼赞》说开去 ⋯⋯⋯⋯⋯ 邓平祥

心灵的闪光
不能破译的密码 ⋯⋯⋯⋯⋯⋯⋯⋯ 叶 梦

新书序言
肖汉初的诗 ⋯⋯⋯⋯⋯⋯⋯⋯⋯⋯ 谢 冕

文学社团新作选
微型小说三篇 ⋯⋯⋯⋯⋯⋯⋯⋯⋯ 杜林青等

大学生诗笺
诗七首 ⋯⋯⋯⋯⋯⋯⋯⋯⋯⋯⋯⋯ 张 丹等

抒情小诗
湘西（二首）⋯⋯⋯⋯⋯⋯⋯⋯⋯⋯ 孙友田
爱的小曲（散文诗）⋯⋯⋯⋯⋯⋯⋯ 刘定中
小诗二首 ⋯⋯⋯⋯⋯⋯⋯⋯⋯⋯⋯ 彭国梁
冬夜 ⋯⋯⋯⋯⋯⋯⋯⋯⋯⋯⋯⋯⋯ 吴佑先
老街风景（文学之友）⋯⋯⋯⋯⋯⋯ 黎梦龙

1987 年第 8 期　刊名:《湖南文学》

目录

庆祝建军六十周年
战地之春（组诗）⋯⋯⋯⋯⋯⋯⋯⋯ 柯 原
敬礼！辉煌的十八岁（诗）⋯⋯⋯⋯ 李世尧
蓝手帕（小说）⋯⋯⋯⋯⋯⋯⋯⋯⋯ 彭晓立
北行列车（小说）⋯⋯⋯⋯⋯⋯⋯⋯ 胡佩生
老山前线一小店（散文）⋯⋯⋯⋯⋯ 张 行
黑松林（诗）⋯⋯⋯⋯⋯⋯⋯⋯⋯⋯ 曾凡华
军号（诗）⋯⋯⋯⋯⋯⋯⋯⋯⋯⋯⋯ 谷 曼

短篇小说
月缺月圆 ⋯⋯⋯⋯⋯⋯⋯⋯⋯⋯⋯ 胡 英
街耻 ⋯⋯⋯⋯⋯⋯⋯⋯⋯⋯⋯⋯⋯ 聂鑫森
板凳队员 13 号、15 号、17 号 ⋯⋯ 朱宜江
拜年（文学之友）⋯⋯⋯⋯⋯⋯⋯⋯ 罗晓霞
理解 ⋯⋯⋯⋯⋯⋯⋯⋯⋯⋯⋯⋯⋯ 陈 芜

中篇小说
叉 ⋯⋯⋯⋯⋯⋯⋯⋯⋯⋯⋯⋯⋯⋯ 小 牛

域外风情
"音乐之乡"的见闻
——联邦德国纪游之九 ⋯⋯⋯⋯⋯ 缪俊杰

芙蓉花开又一枝
家乡小景 ⋯⋯⋯⋯⋯⋯⋯⋯⋯⋯⋯ 罗长江
俏也不争春 ⋯⋯⋯⋯⋯⋯⋯⋯⋯⋯ 慕 贤

创作与生活
生活造就我　人民哺育我 ⋯⋯⋯⋯ 谭 谈

青年作家自由谈
关于自信 ⋯⋯⋯⋯⋯⋯⋯⋯⋯⋯⋯ 蒋子丹

作家书简
古华与斯顿伯克的通信

文学社团新作选
微型小说三篇
奖赏 ⋯⋯⋯⋯⋯⋯⋯⋯⋯⋯⋯⋯⋯ 黄恒平
三姐妹和一个小伙子 ⋯⋯⋯⋯⋯⋯ 曾子雪
风中 ⋯⋯⋯⋯⋯⋯⋯⋯⋯⋯⋯⋯⋯ 刘子强

杂文和随笔
"朝三暮四"与"朝四暮三" ⋯⋯⋯ 季 之
非现实化论者的现实 ⋯⋯⋯⋯⋯⋯ 刘 强

抒情诗小辑
杂咏四题 ⋯⋯⋯⋯⋯⋯⋯⋯⋯⋯⋯ 周之德
三色堇（外一首）⋯⋯⋯⋯⋯⋯⋯⋯ 谢晓萍
倾倒的向日葵 ⋯⋯⋯⋯⋯⋯⋯⋯⋯ 刘京亮
《初恋的三月》（文学之友）⋯⋯⋯ 汪俊儒
放飞 ⋯⋯⋯⋯⋯⋯⋯⋯⋯⋯⋯⋯⋯ 袁文海
杜鹃花（文学之友）⋯⋯⋯⋯⋯⋯⋯ 梁 准

1987 年第 9 期　刊名:《湖南文学》
目录

中篇纪实小说

故乡 ·······················彭东明

短篇小说

长命村矿泉水公司趣闻录 ·············张步真
西潮村的好汉们 ·················萧育轩
马娃十八岁 ····················郑　柯
视力超常者自述 ·················王念斯
不再是八月的黄昏 ················陈　静

文学社团新作选

淡淡的玉兰花香 ·················许东红
爱情 A·B·C ···················白　雪
惶惑 ·······················欧晓兰

大学生诗笺

诗七首 ······················王　路等

新作赏析

贵在脱俗
——读蔡测海的《六月的信札》 ·······杨桂欣

作家与作品研究

大爱与大恨的统一
——读长篇小说《畸人传》 ··········李达轩

域外风情

美国佬彼尔 ····················韩少功

台港及海外华人作家介绍

隔海的心祭
——读台湾诗人洛夫的《水祭》 ·······李元洛
水祭 ·······················洛　夫

芙蓉花开又一枝

深沉和壮美的风
——银云的诗和散文创作 ··········弘　征
山野之歌（三首） ················银　云

朝花夕拾

无题诗八首 ····················于　沙
突破石阡封锁线（外一首） ···········李　真
布袋木偶 ·····················叶延滨
跋涉者 ······················刘定安
风景（文学之友） ················喻俊仪

岳阳楼（文学之友） ···············庞　敏
恨（文学之友） ··················赵荷仙
山塘（文学之友） ················张长华

读者论坛

从《桨声悠悠》上《小说选刊》说起 ······栾殿英

1987 年第 10 期　刊名:《湖南文学》
目录

中篇小说

父亲 ·······················刘春来

短篇小说

炸庙 ·······················龚笃清
魔罾（文学之友） ················曹旦升
最后的太阳 ····················曾维浩
今天阳台上有八盆花 ···············邓建楚
鱼瘾 ·······················姜贻斌
工厂人物速写 ··················刘少清

创作与生活

怀抱 ·······················谭　谈

文艺理论探索

从众——一种普遍而又复杂的创作心理现象
·····················陈达专　胡宗健

文学社团新作选

招聘考试（文学之友） ··············王智鑫
梅燕（文学之友） ················亦　君
火神之歌（文学之友） ·············肖政球
家乡的小溪 ···················林永红

回忆与怀念

悼凡客——朱凡同志 ··············康　濯

域外风情

五月雪 ······················叶蔚林

芙蓉花开又一枝

乡俗篇 ······················刘剑桦
葱管流出一串深沉的乡音 ············李昆纯

青年作家自由谈

个性·现代派·土壤 ···············晓　宫

潇湘诗会

湘西吟......................................放　平
小诗三首..................................何立伟
儿歌三首..................................李光迪
寺中扫帚声................................叶延滨
西安游....................................袁华俍
邮筒......................................曾天养
新茶......................................刘润清
爱..姚春莉
父亲睡了..................................刘鸿伏

1987 年第 11 期　刊名:《湖南文学》
目录

短篇小说

游子......................................未　央
夫妻......................................刘庆邦
寿斑......................................朱　健
绿房子....................................小　卉
白滩......................................叶　华
名士岛....................................朱力士
棋手......................................王小阳

中篇小说

小镇上的"天吊户"..........................陈　芜

文学社团新作选

笑美人....................................谢　中
冠军队的沉沦..............................张世杰
眼镜......................................谭　谦

新作赏析

魂系青云心系山
　——读《故乡》..........................方　桦
深的山
　——《故乡》作后赘语....................彭东明
传统文化:一个亟待自审与苏生的命题........曹　潆

域外风情

从多伦多到蒙特利尔........................叶蔚林

当代企业家

淼淼洞庭通大海............................易楚奇

青年作家自由谈

走出常规..................................肖建国

芙蓉花开又一枝

我的山乡,我的梦乡........................郭　辉
古老土地上的新鲜旋律......................未　央

大学生诗笺

冬天的江南................................兆　艮
隔壁,有几个女孩子在唱歌..................胡小平
无风的日子................................张　丹
别..何明星
旅途......................................由　甲
听一首佚名的唐代古曲......................陈先发

抒情小诗

词二首....................................杨汇泉
诗六首....................................谢晓萍等

1987 年第 12 期　刊名:《湖南文学》
目录

小说

路祭......................................陈　岳
独眼......................................聂鑫森
士兵与棋子................................瞿　琮
一个丈夫和两个妻子........................邢　可
困兽......................................屈国新
老偏头进北京..............................赵清学
哦,那片幽禁的水域........................周宜地
阳光下的日子..............................李永芹
旋水湾....................................韩香菊
旁观者迷(小小说)........................杨世平

芙蓉花开又一枝

如梦的青山(组诗)........................匡国泰
青山有约
　——读匡国泰《如梦的青山》..............李元洛

青年作家自由谈

水中水语..................................彭见明

作家与作品研究

谢璞,审美意识的自我超越..................袁千正

新作赏析

1987 年《大学生诗笺》一瞥................王开林

杂文与随笔

鼠害与"书害"............................张训智
少女的失身与爷们的辫子....................齐芝田

也谈中国传统文化 ················钱海源

域外风情
自由神俯瞰下的纽约 ··············叶蔚林

潇湘诗会
纪游诗二首 ··················刘栋材
卒子赞 ····················易云钦
楚魂 ·····················冯六一
如恋的回声（外一首）·············曾天养

刊授学员新诗选
寻金者 ····················江　堤
内陆河 ····················叶一树
你的目光 ···················龙艳辉

其他
征求第四期刊授学员启事

1988 年第 1 月期　刊名:《湖南文学》
目录

小说
跨过铁门 ···················周存新
山水之间 ·············（土家族）蔡测海
初恋 ·····················谢　璞
女客 ·····················少　鸿
哦，亚麻花 ··················翁新华
紫色的云 ···················向本贵
蜘蛛吊 ····················杨华方
小花伞（文学之友）·········（侗族）杨武元
昨夜梦 ····················肖晓琳

"中国潮"征文
特殊船队 ···················叶　梦

域外风情
老同学梁恒 ··················韩少功

刺玫瑰
赶与创 ····················凌　欢
女人的奉献 ··················齐芝田
杂感二题 ···················涛　声

作家对话录
改革文学与文学改革 ··············水运宪
生活化与典型化 ················胡德培

文学社团新作选
长岭炼油厂微型小说三篇
无花的花瓶 ··················木　丰
美的追求 ···················白金华
生日的礼物 ··················陈永文

潇湘诗会
中国的青山 ··················聂　沛
渴邮（二首）·················晓　藏
散文诗三章 ··················刘定中
歌 ······················向书豪
重逢 ·····················何首乌
失落的收益 ··················任文彬
青葡萄 ····················刘丽萍

大学生诗笺
诗五首···陈先发　彭云庚　阿　杰　彭世贵　向飞卿

1988 年第 2 期　刊名:《湖南文学》
目录

报告文学
惨剧发生之后 ·················傅玉辉

小说
怄气 ·····················肖建国
爱情小说二题 ·················刘晓喻
伟哥（文学之友）···············王丽平
风中的阿毛 ··················何立伟
柳条箱 ·············（满族）满慧文
细雨蒙蒙 ···················雪　娃

台港文学介绍
花语（中篇小说）···············琼　瑶

文学社团新作选
洞庭麻纺厂微型小说四篇
三姐妹 ····················胥　敏
电脑畅想曲 ··················吴俊卿
填空 ·····················钟光荣
遗产 ·····················傅绥宇

刺玫瑰
"初级阶段"析 ················王亨念
职称、职务及其他 ···············周全胜
秦可卿与龙禁尉 ················何　常

纪念与回忆
飞蛾扑火·小草恋山·扎根大地……………李冰封

散文
旅途……………………………（土家族）汪承栋

作家对话录
文学的多元化与作家的多元艺术素质…………莫应丰

潇湘诗会
白河，我甜美的乳汁（组诗）…………（苗族）石太瑞
水纹（外一章）…………………………吴奔星
西湖……………………………………彭浩荡
天涯童心………………………………廖泽川
春天（二首）…………………………王中朝
雕根者…………………………………陈惠芳

刊授学员诗选
诗四首…………………………………伍瑞龙等

新作赏析
《路祭》显功………………………………宋梧刚
可喜的蜕变
——读胡英的《月缺月圆》…………………张鹄

1988 年第 3 期　刊名:《湖南文学》
目录

小说
飞旋的色彩……………………………尹学德
草原四月夜……………………………何立伟
走访李小迪……………………………刘春来
天若有情………………………………黄　勇
十字空间………………………………杨建华
同道……………………………………刘佑平
白蔷薇…………………………………郝国中
银座歌星………………………………邓建楚
阿陀螺…………………………（苗族）刘文武

"中国潮"征文
插上了翅膀的女人
——记女厂长蒋路明…………………唐曾孝

刺玫瑰
有感于"湘潭彩电事件"…………………何　常
狗喻……………………………………李昶林
祭鱼·知鱼·食鱼………………………刘克定

纪念与回忆
悼乙苇…………………………………陈白尘

作家对话录
文学书简………………………………谭　谈　凌　宇

台港文学介绍
湘绣被面（诗）………………（中国台湾）向　明
天涯犹有未归人
——读台湾诗人向明的《湘绣被面》…………李元洛

潇湘诗会
故乡的风………………………（朝鲜族）金　哲
悼念黄起衰同志………………………羊春秋
往事……………………………………熊育群
感觉有一片拔节声……………………曲　近
水上三曲………………………………刘丽萍
青春……………………………………刘金助
反常情绪………………………………赵绪奎
湘西人…………………………………王浦安

大学生诗笺
好男儿，走向西部（诗七首）…………马彦平等

域外风情
堪培拉的春天…………………………文　照

1988 年第 4 期　刊名:《湖南文学》
目录

中篇小说
撞击前奏曲……………………………水运宪

短篇小说
杀天……………………………………野　莽
梅………………………………………聂鑫森
将军·麻将·女人………………………李自由
菱妹（文学之友）………………………王丽平
潭州茶客………………………………贺一鸣
别了，少女的梦………………………帅小波
紫色陷阱………………………………彭　坚

"中国潮"征文
无学历档案……………………………韩少功
刺玫瑰
为"某某"式批评一辩……………………季　之
香烟漫话………………………………司空健
剥龙鳞（俚歌）…………………………叶　恭

回忆与纪念
哀念黄起衰同志————————康 濯

台港文学
来时路————————（中国台湾）邓海波

社团新作
纪念白石老人逝世 120 周年————————严北溟
湘潭纺织厂采风————————羊春秋
重游南岳————————田翠竹

山水寄情
湖乡，那一座船桥————————崔合美

大学生诗展
男孩子的故事（诗七首）————————陶 宁等

潇湘诗会
诗四首————————谭仲池等

1988 年第 5 期　刊名:《湖南文学》
目录

中篇小说
禁果————————罗石贤

短篇小说
老山速写（二题）————————张 林
十字路口————————聂鑫森
接客————————周存新
芦花荡传奇（二题）————————舒 放
黑鸦————————罗欣荣
繁星满天————————邹昆山

台港文学
野火集（四篇）————————（中国台湾）龙应台
乌鸦之声————————杨际岚

社团新作
湘钢青年诗页（五首）————————叶剑等
湘水文学社诗（二首）————————曾子中等

山水寄情
铁山泛舟记————————万 明
谒半坡————————邓 杰

大学生诗展
春天在一棵大树下（六首）————————郁 文等

刺玫瑰
"孔子登临处"————————季 之
治蝗————————刘克定

作家对话录
文学的主体性与客体性————————未 央 王开林

新作赏析
天机云锦用在我————————子 干
《山地笔记》漫议————————日 复
青云山人读《故乡》————————陈砚发

潇湘诗会
郑玲诗三首————————郑 玲
野外的诗（三首）————————周晓萍
猛洞河————————谢午恒
绿色的歌————————张意中
葛洲坝船闸————————李昆纯
野花————————熊育群
街边的樟树————————曹光辉
台风中有二十四种语言————————刘京亮
孤独————————卜晓玲

1988 年第 6 期　刊名:《湖南文学》
目录

中篇小说
白日————————晓 官

短篇小说
下雪了，天晴了————————黄 勇
盐路————————凌 鹰
耳环————————贺慈航
历史答卷————————邢 可
魔椅————————朱 健
高墙————————邹小童
第三等人————————潘维新

微型小说
蓝蜻蜓————————邓开善
耳朵————————刘 鸣
杂屋纪事————————王兆煌

文学随谈
春夜思絮————————胡宗健

潇湘诗会
孙趣（六首）————————于 沙

诗四首 —————————————— 郭 龙

抒情散文
我心中响起一支歌 —————————— 涂光群
雪消 —————————————————— 曹毅环

刺玫瑰
猫论 ————————————————— 李昶林
释"聪明妻子与笨拙丈夫" —————— 齐芝田
"人情"的升格与贬值 ——————— 罗修云

刊授学员诗选
红杨梅的记忆（诗五首） ————— 余光诚等

大学生诗展
回忆（诗五首） ———————— 何建祖等

浮云 ————————————————— 夏恒忠
一片绿叶 ————————————— 陈 平
悔（文学之友） ————————— 龚淑君
朦胧 ——————————————— 欧阳益善

潇湘诗会
忘川之水（六首） ————————— 刘 犁
我的黄土地（四首） ——————— 杨孟芳
大野黄昏（短诗八首） ——— 阿拉坦托娅等

山水寄情
瑶山，野性的瑶山 ——————— 罗长江

新作赏析
改革大潮中的一朵浪花 —————— 黄亦鸣
读王丽平的两篇小说 ——————— 王静怡
着笔于社会底层的人生世相 ———— 黄 斌

封面设计 ——————————————— 陈 行

1988 年第 7 期　刊名:《湖南文学》
目录

"中国潮"征文
五同步交响曲 ———— 卫顺德　郭圭琮　胡佩生
坎坷 ——————————————————— 易 纤

短篇小说
城市雕塑 ————————————— 曾维浩
香港，香港，香港 ——————— 汤世平
送你一支 Good　Companion ——— 张步真
窑哥儿 ——————————————— 刘庆邦
井巷情侣 ————————————— 谢春阳
周末的剧院（文学之友） ———— 王安文
醉山（文学之友） ——————— 龙会吟

刺玫瑰
读书与吃豆腐 ————————————— 敏 珊
且说东北虎吃人 ——————————— 刘克定
理论上的大话 ————————————— 齐芝田

台港文学
洛夫抒情小诗选
短兵寸铁的锋芒
——读台湾诗人洛夫的抒情小诗 ——— 李元洛

作家对话录
美文学的追求与探索 ———— 叶蔚林　刘 云

微型小说
寻找自己 —————————————— 邓开善

1988 年第 8 期　刊名:《湖南文学》
目录

"中国潮"征文
寨子岭——湖南陶瓷研究所见闻 ———— 晓 宫
美的创造者
——记全国优秀女企业家丁镇华 ——— 寻 坚

纪念与回忆
这不是最后的告别
——悼念沈从文先生 ————（苗族）凌 宇
生命之火长明
——《沈从文传》引子 ————（苗族）凌 宇

小说
寻找情人 —————————————— 聂 沛
纯粹 ——————————————— 严乐怡
瓦缝里的雨滴 ———————————— 残 雪
没有明天 ————————————— 李永芹
河神 ——————————————— 李长延
绿色在冬天和春天里的变奏 ————— 彭东明
白色池塘 ————————————— 孙湘瑞
蛤蟆溪 ——————————————— 郭 辉

台港文学
海角夫妻 ————————（中国台湾）曾淑美

作品评论

传奇的时代，传奇的故事和真实的生命——读萧育轩
的长篇小说《乱世少年》·······················陈达专

刺玫瑰

"本质区别"论·································季　之
也谈"湖南意识"······························周全胜
牛说·····································李昶林

大学生诗展

迷藏（诗五首）·······························秦　月等

潇湘诗会

宁静的上午（外一首）··················（瑶族）黄爱平
怀人······················（土家族）汪承栋
南风（外一首）·······························熊育群
桨声·····································刘鸿伏
岩羊·····································罗子英
妈妈的泪（文学之友）···························宋淑庆
寄——（文学之友）····························农　夫
思念是一片森林·······························易永恒
咖啡夜·····································天　韵

文谈诗话

关于《山里人》的通信··························于　沙
谈初学作诗致李丽娟···························陈达专

潇湘诗会

绝句六首·································雍文华
山里人（组诗）·······························彭国梁
每当这时（三首）·····························李丽娟
抒情诗六首·························冯六一　江立仁
吕定禄　杏　梦　中　子　陈群洲

文学社团之页

那一年，我十五岁·····························韩香菊
白色西服·································朱希伟
紫丁香·································于　涛
碎梦·····································曹毅环
意外的特等奖·······························李建林

大学生诗展

诗五首·································谢少波等

1988 年第 9 期　刊名:《湖南文学》

目录

"中国潮"征文

两条男子汉·································龚学仁
告出来的标兵··················（土家族）胡　柯　张二牧

小说

神塘（文学之友）·····························曹旦升
老泪（文学之友）·····························周文烈
我爱你，你要当心!···························李永芹
虾仁·····································刘舰平
陌路人生·································王　平
拔牙·····································金国政
过客·····································黄三畅

散文

水······································雷　加
月之吻·································叶　梦
船的后裔·································廖静仁

杂文与随笔

"热门话题"的今与昔···························傅白芦
打狗成败论·································刘克定

1988 年第 10 期　刊名:《湖南文学》

目录

中篇小说

魔杖·····································翁新华

短篇小说

少年赣北·································余绪芳
麻······································少　鸿
街山日·································姚筱琼
红尘·····································李志淳
夜半月高·································刘剑波

台港文学

永远的纪念碑··················（中国台湾）楚　戈
我为楚戈描山水·················[加拿大]陈若曦

文谈诗话

秋叶思絮·································胡宗健
少女的颜色——致黄青···························田章夫
取生活的常态而出新
——《走访李小迪》浅析·························聂雄前

当代企业家

在竞争中崛起··················刘家澍　欧阳益善

微型小说

等待⋯⋯⋯⋯⋯⋯⋯⋯⋯⋯严乐怡
太阳镜⋯⋯⋯⋯⋯⋯⋯⋯⋯谢　涵
乡俗⋯⋯⋯⋯⋯⋯⋯⋯⋯⋯李　跃
满四和他的狗⋯⋯⋯⋯⋯⋯谢石山

杂感与随笔

关于"人间"的杂感⋯⋯⋯⋯傅白芦
谬赞"微服私访"⋯⋯⋯⋯⋯杨桂欣
消夏录⋯⋯⋯⋯⋯⋯⋯⋯⋯涛　声

潇湘诗会

黄昏的小树林（三首）⋯⋯⋯黄　青
三叶草⋯⋯⋯⋯⋯⋯⋯⋯⋯晓　青
抒情诗四首⋯⋯⋯苏　敏　王　玲　高　杨

大学生诗展

诗七首⋯⋯⋯⋯⋯⋯⋯⋯⋯何　扬等
封面设计⋯⋯⋯⋯⋯⋯⋯⋯胡　抗
标题书法⋯⋯⋯⋯⋯⋯⋯⋯邬邦生

1988 年第 11 期　刊名:《湖南文学》
目录

中篇小说

高干病房纪事⋯⋯⋯⋯⋯⋯翟　琮

短篇小说

性命交关⋯⋯⋯⋯⋯⋯⋯⋯任光椿
为了你，杨梅⋯⋯⋯⋯⋯⋯谢　璞
香港，香港，香港（续篇）⋯⋯汤世平
贿赂篇⋯⋯⋯⋯⋯⋯⋯⋯⋯剑　心
黑色花⋯⋯⋯⋯⋯⋯⋯⋯⋯胡笑蓓

全国冶金笔会短篇小说选

钢铁迪斯科⋯⋯⋯⋯⋯⋯⋯周震亚
夜遇⋯⋯⋯⋯⋯⋯⋯⋯⋯⋯吕国胜
黄挎包⋯⋯⋯⋯⋯⋯⋯⋯⋯谭　谦
戒酒⋯⋯⋯⋯⋯⋯⋯⋯⋯⋯王光正

当代企业家

疾风劲草⋯⋯⋯⋯⋯周保林　于乾浩
芙蓉香飘万里⋯⋯⋯⋯⋯⋯王念斯
一个私营企业主的困惑⋯⋯晏　思　陈　倞

文谈诗话

建立一个属于你的文学王国⋯⋯谭　谈
诗，从实象到灵象⋯⋯⋯⋯刘　强

海外游踪

岛国诗夜⋯⋯⋯⋯⋯⋯⋯⋯李元洛
致李元洛夫⋯⋯⋯[新加坡]蔡　欣

潇湘诗会

绝句六首⋯⋯⋯⋯⋯⋯⋯⋯杨第甫
山谷回声（组诗）⋯⋯⋯⋯秦　华

刊授学员诗选

双弦（小说）⋯⋯⋯⋯⋯⋯黄正德
约会（小说）⋯⋯⋯⋯⋯⋯王丽平
我愿——（诗）⋯⋯⋯⋯⋯江　帆
心（诗）⋯⋯⋯⋯⋯⋯⋯⋯吴巧玲
初春（诗）⋯⋯⋯⋯⋯⋯⋯木　丰
给你（诗）⋯⋯⋯⋯⋯⋯⋯龙艳辉

1988 年第 12 期　刊名:《湖南文学》
目录

短篇小说

"老待"和菜妹的故事⋯⋯⋯周存新
根治⋯⋯⋯⋯⋯⋯⋯⋯⋯⋯简　嘉
我是一个男人⋯⋯⋯⋯⋯⋯刘佑平
雪夏⋯⋯⋯⋯⋯⋯⋯⋯⋯⋯刘小兵
风水·雪韵⋯⋯⋯⋯（满族）满慧文
泄愤⋯⋯⋯⋯⋯⋯⋯（苗族）吴雪恼
看斜阳⋯⋯⋯⋯⋯⋯⋯⋯⋯杨云峰
上梁⋯⋯⋯⋯⋯⋯⋯⋯⋯⋯向本贵

中篇小说

水灵的日子⋯⋯⋯⋯⋯⋯⋯徐晓鹤

纪念与回忆

丰碑⋯⋯⋯⋯⋯⋯⋯⋯⋯⋯彭伦平
怀念，但不忧伤⋯⋯⋯⋯⋯齐可来

文谈诗话

文学的困境⋯⋯⋯⋯⋯⋯⋯韩　抗
写情人的文学作品⋯⋯⋯⋯朱　正
说不清楚的疼痛
　——读向书豪的诗⋯⋯⋯石太瑞

文学社团新作

微型小说选⋯⋯⋯⋯洞庭麻纺厂文联
发生在组合之后⋯⋯⋯⋯⋯沈卫雄
岗位牌⋯⋯⋯⋯⋯⋯⋯⋯⋯孙云霞
漏杯⋯⋯⋯⋯⋯⋯⋯⋯⋯⋯傅绥宇
永恒的微笑⋯⋯⋯⋯⋯⋯⋯刘子强

潇湘诗会

无花的花枝（组诗）……向书豪
女作者诗笺（十六首）……郑 玲
骆晓戈 苏 敏 胡的清 刘丽萍 李 荔 杏 梦
李海英 王 青 康 婕 卜小玲 鲁清华 谭建芳
谢晓萍 陈 平 萧 湘
乡情（散文诗）……刘定中
高高的石阶……龙彼德
爱的珍珠（散文诗）……廖泽川
燃烧的夜……竹 适
阵雨的下午……陈惠芳
中秋月……杨绣芃
小街……唐治华

1989 年第 1 期　刊名:《湖南文学》
目录

短篇小说

水祸……蒋子丹
失去了的车铃子……翁新华
月光……曾 琨
黑玫瑰……为 何
一无所有……孟大鸣
魔方……农 鸣

微型小说

二月桃花红……铁 光
麻石街……简小彬
谜底……唐 彦
雨意……周作夫

杂文随笔

"食物链"与"吃喝链"……李昶林
闻洋人治"官倒"有感……刘克定
狼狈的"禁令"……罗修云

台港文学

蓬门今始为君开……黄文范

海外游踪

美游画录……何立伟

散文选粹

江嫂……廖静仁
湘西的背篓……刘鲁颂

文苑掇英

沈从文先生的一封信
永久的纪念……田志祥

文谈诗话

明丽的橄榄绿……未 央
文学，寻找自己的缪斯……任振戈
最聪明的选择……文 君

潇湘诗会

海南行（诗词四首）……杨汇泉
橄榄绿（十三首）……段绍康等
你和我（三首）……郑 玲
巡道工……张华东
留在西部的歌……汪承栋
失落的相思豆（组诗）……崔合美
红辣椒……骆晓戈
山坡上，那小屋……熊 幽
别……李 荔
赤色岩层……奔 马
古寨……刘剑桦
我不会哭泣……夏可可

大学生诗展

散文诗八章……于 坚
李少君 桑 桑 安武林 兴 艾 蒋立波 吴才华

1989 年第 2 期　刊名:《湖南文学》
目录

中篇小说

落花天……胡的清

短篇小说

三夫子养鸡……肖逍遥
绝响……聂鑫森
窑客……凌 鹰
家父水聋子轶事……陈镜非
孤塔……周 巍

微型小说

圆妹……侯健康
井……李水德
现代女性……李建生

社团新作

雨天的故事……周朝霞
老树码头……钟 君

离开此地·····王 慧
百年之恋·····印 证

海外游踪
远方的怀念·····王西彦

杂文与随笔
从装蕴说到秋桐·····管正之
岳阳楼的特种游客·····齐芝田

当代企业家
气功大师杨其林·····晓 宫
告诉你一个生财之道·····郑 柯

潇湘诗会
又是秋天·····刘定安
檐雨·····刘鸿伏
别离·····张华东
小村·····郑远洋
命运·····亚 燕
画竹·····王向明
信任·····肖正民
风景·····张 涛
雪孩·····李 正

文谈诗话
又读《红楼梦》·····陈达专
于平实中见新奇·····黄亦鸣

1989 年第 3 期　刊名:《湖南文学》
目录

短篇小说
纽扣儿·····张 林
香港，香港，香港（续二）·····汤世平
爱情摇摆舞·····少 鸿
网·····赵妙晴
窗外有一棵树·····李 正
王村之夜（文学之友）·····茉 玲

台港文学
长城秋风里·····洛 夫
他就是那个中国诗人·····刘剑桦

文谈诗话
江堤的诗·····彭燕郊
廖静仁散文的文化取向·····张吉安

"中国潮"征文
成功，属于强者·····粟 勇
为了"龙洲"的崛起·····陈春生

散文选粹
海咏·····梁上泉
风里的女人·····叶 梦
金秋的情思·····谢晓萍

微型小说
死路一条（文学之友）·····袁笑之
报喜（文学之友）·····朱先从
黄月亮·····姚筱琼

杂文与随笔
从容谈论夜间所做的事情·····朱 正
文不对题·····季 之

潇湘诗会
情河，情河（组诗）·····江 堤
蓝色烽火台·····柯 原
归途·····黄爱平
爱的密码·····肖通湖
缘分·····晓 青
侗家吊脚楼·····曹承明
人约黄昏后·····蒋国鹏

海外游踪
旅美杂拾·····张翅翔

大学生诗展
诗五首·····刘 原　陈 勇　熊永祥　安 格

1989 年第 4 期　刊名:《湖南文学》
目录

"中国潮"征文
在陡峭的坡道上·····刘 凡
大楼，在他手上升起·····陈春生
南山春·····周保林等

中篇小说
粉红色的歌女·····肖建国

短篇小说
格子的故事·····雁 舒
黑光·····周宜地
春雾朦朦·····王丽君

鬼话·································胡 英
永恒·······························秦建国

微型小说
小小说三题·························万 明
九奶奶·····························郭 威

海外华人文学
周策纵诗抄
歌唱不老的青春
——旅美诗人周策纵作品欣赏·········李元洛

厂矿报刊文荟
老九·····························贺炳清
马路天使·························李 霞
父与子·····························彭健飞
诗四首·············克 岐 章 晖 凯 韵 阿 螺

文谈诗话
谭谈小说的艺术特色·················胡宗健

潇湘诗会
《山坡羊》组曲·····················羊春秋
雪·································苏建辉
送别·····························李海英
无悔的爱·························周栋家
给所爱·····························康 婕
小诗三组···············李 青 李 燕 全鸿斌
乡情·····························叶一树
小河·····························周仕坤

大学生诗展
诗五首···汪 威 白 竹 赵云江 洪 烛 余向阳

1989 年第 5 期　刊名:《湖南文学》
目录

纪念五四运动 70 周年
旱天雷
——五四狂想曲·····················王开林

小说
中国气功·························野 莽
落雨的太阳·························胡 柯
游戏·····························贺慈航
夕照·····························尹学德
灰烬·····························小 卉

悼念与回忆
天涯伤逝·························叶蔚林
说莫公·····························何立伟

报告文学
他站在成功者的身后·················谭 谈
三十年河西·························晓 宫
岳麓山下女能人·····················贺旖云

台港文学
朦胧旷野·························楚 卿
梦江南·····························杨 平

杂文与随笔
值得称道·························向 麓
杂文乱侃·························蔡 栋

潇湘诗会
沉寂的山野（组诗）·················黄爱平
痴痴地望远方（点评）···············未 央
生态学启示录（散文诗）···············于 沙
书怀·····························韩笠明遗作
南海梦幻曲·························柯 原
散文诗三章·························刘定中
离别·····························张天春等
蜡制西瓜的两面假想·················鲁清华
五月·····························邱艳萍

学员佳作
横食·····························蒋菁华
女妖精·····························蔡福德
牛嫂·····························童 蒙

厂矿报刊文荟
小说、散文、诗歌七篇···············杜林青等

1989 年第 6 期　刊名:《湖南文学》
目录

中篇小说专号
冥冥的日子·························彭东明
妈妈的小木屋·······················邓建楚
强台风明天登陆·····················曾维浩
狗下水·····························农 鸣

杂文与随笔
陈迹·····························季 之
闲话"捉虱"·······················李昶林

厂矿报刊文荟

恋人行（散文）······伍瑞龙

梧桐树的故事（散文）······李映红

差别（小小说）······小　猛

1989 年第 7 期　刊名:《湖南文学》
目录

小说

本田摩托······晓　宫

怪圈儿······赵大年

花环······翁新华

芦花荡传奇（二题）······舒　放

财路······欧阳益善

散文

湘西一个字······石　英

今夜，我是你的新娘······叶　梦

阿黑二十二年祭······胡启明

"中国潮"征文

好一个铮铮硬汉······姜贻斌

风流厂长自风流······周长明

虎山行······周保林　糜明炎

厂矿报刊文荟

小溪致大山（诗）······丁云燕

青年长城（诗）······杨传荣

开关（小小说）······华刚迪

征婚（小小说）······萧　雨

枫叶情······谢　娟

潇湘诗会

历史风景（组诗）······李　瑛

云的使者（组诗）······谭伟乐

要来你就旱季来······赵绪奎

青铜汉子······萧通湖

折翅的鹰······苏建辉

四季······程志红

三月风（散文诗）······刘惠兰

冬（散文诗）······李江华

生命······张　丹

微型小说

不敢结婚（外一篇）······刘国芳

野鸽子······龚学仁

门铃······林元辉

一夜之间······杨光芷

大槐树下的三个老人······汪月阳

小村之恋······邓红彬

文谈诗话

读诗杂记······杨里昂

诗的一种现代变异······刘　强

杂文与随笔

文艺界"知名人士"座谈纪要······李昶林

招魂······刘　鹏

1989 年第 8 期　刊名:《湖南文学》
目录

小说

谋杀爸爸······陈若曦

苍茫······张　力

打上门来······谭元亨

火焰舞······刘晓瑜

九月的日子······周存新

鸽子······姜贻伟

虚惊······罗子军

"中国潮"征文

花儿为什么这样红?······胡启明

问心无愧······周长明

文谈诗话

琼瑶谈小说创作

新而不怪······于　沙

一束清丽的小花······张贺琴

散文选粹

风情（外一篇）······李一安

春回村舍······邓红彬

微型小说

乡情二题······杨克祥

献宝······李永宏

钓······吴荣福

围裙······张建新

缺口······邹　康

厂矿报刊文荟

白痴······严夏松

107 房间······曹平平

O 型血······翔　翅

两个人在小站上······苏李平

南方森林—————————————————蔡文波

潇湘诗会
湘西之歌（六首）———————————江民新等
生命的潜流（组诗）——————————汤　锋
女性空间（二首）———————————晓　青
词两首———————————————伍逢时
银琴————————————————王　俞
少女日记—————————————林　奇
芦根————————————————胡拥军
故乡————————————————冯六一
芙蓉花开—————————————陈　平

1989 年第 9 期　刊名:《湖南文学》
目录

欢庆建国 40 周年
我记得那个早晨————————————未　央
捧上一壶倒缸酒———————————肖建国
喜庆之余—————————————骆晓戈

小说
海南梦———————————————龚鸿彬
正午时分—————————————严乐怡
白色君子兰————————————刘晓星
婚礼即将举行————————————宇向东
血藻（校园文学）———————————周　巍

散文
廖静仁散文二题
摩门教圣地——盐湖城———————曾印江
爱的小狗窝————————————彭国梁

文学评论
笔下浸透了水意———————安妮·居里安
溪流的水影波光———————————李元洛

"中国潮"征文
经营怪杰————————刘新华　刘祖宝
蛟龙出水————————龚道荣　钟泽明
新楼群的崛起————————————陈可爱

潇湘诗会
乡情————————————————石太瑞
深水滩，浅水滩———————————刘丽萍
在不寻常的年月里———————————骆　之

学员佳作
枣树情———————————————唐伟德
无题————————————————草　桦
夕阳下，看一朵云落下去——————唐治华
五月的石榴————————————吕定禄
母亲河———————————————余光诚

第一届文坛新秀选拔赛公告
湖南文学函授招生广告
《湖南文学》1990 年征订启事

1989 年第 10 期　刊名:《湖南文学》
目录

十月诗情
祖国抒情诗————————————崔合美
立交桥———————————————李利拉
走进麦地—————————————耿　翔
飞腾的船—————————————钟黔宁
山村舞厅—————————————李克琳
黎明————————————————龙彼德

小说
乐土————————————————聂鑫森
牛客————————————————吴雪脑
鬼妻————————————————蔡测海
没有必要后悔————————————谭进军
十八岁的哥哥————————————李永芹
快门：开了一个玩笑—————————樊家信
红辣椒———————————————陶永喜

海外游踪
诗情·友情·恋情———————————汪承栋

"中国潮"征文
公关厂长—————————————欧晓飞
洒向人间都是情———————————彭东明
结晶硅———————————————阳小华
农民企业家————————周保林　糜朋炎

文谈诗话
"用晦而明"诗之道——————————刘　强
心灵通向读者————————————杨里昂

微型小说
妹妹与司令员————————————卢延辉
他和她的故事————————————羊长发
更夫————————————————夏　可

潇湘诗会

天籁的变奏（组诗）————————谢晓萍
古币————————————————查　干
温柔的栀子花————————————银　云
童年————————————————田　辉
题萧红小照————————————胡的清
寄友人————————————————周晓萍
乡路（外一首）——————————刘剑桦

1989 年第 11 期　刊名:《湖南文学》
目录

小说

今夜无风————————————欧阳卓智
初恋的感伤（学员新作）————段晓福
走向成熟————————————裴建平
悬案——————————————罗　雀
金刚（大学生小说）——————陈　翔
小院那夜槐香————————彭绍章
荡秋千的荒唐岁月（学员新作）黄正德
画婆婆——————————————潘文林
断臂张——————————————南　雨
少女与花————————————姚筱琼

散文

君山银针————————————赵清学
新西兰见闻————————————唐　尧
登泰山——————————————武俊瑶
根的哲学构成————————————邓　杰

厂矿报刊文荟
湘钢工人诗选

杂文与随笔
论烟酒之功利————————————石　生
两个文人求官的故事————————齐芝田

"中国潮"征文
煤魂——————————————黄民裕
海岛上的创业者————————陈国安
选择——————————————刘芝凤
苦与乐——————————————杨清豪

文谈诗话
岸的呼唤————————————石太瑞
想不到竟是如此苍凉和悲壮————朱珩青

潇湘诗会

晚潮（组诗）————————————熊育群
与友人谈话————————————蒋三立
日子——————————————真　水
雨中——————————————蔡建中
无缘——————————————甘小浪
盲鸟——————————————杨珂德

1989 年第 12 期　刊名:《湖南文学》
目录

小说

迷惘——————————————聂鑫森
在时间的深井里————————蔡测海
聪明人的古怪事————————龚学仁
小城的诺查丹玛斯研究者————为　何
蛇幡——————————————周宜地
饭盒（小小说）——————————万　明
楼上楼下（小小说）——————杨成元

"中国潮"征文
自强不息————————————黄汉国
郴江北去————————————周长明
地下泉————————刘芝凤　刘芝明
今日古镇更风流————糜明炎　周保林

散文选粹
青春期躁动————————————肖建国
峨眉走笔————————————谭士珍

潇湘诗会
岁月（组诗）————————————郭　辉
心灵的音符（散文诗）——————刘定中
诗三首——————————————刘　江
中秋月——————————————陈　平
远去的箫声————————————何晓中
我的鸟——————————————成明进
老屋——————————————天　韵

厂矿报刊文荟
成家——————————————张俊雄
一切照常————————————远　川
鞋匠——————————————郭　威
诗三首——————————————陈永文等

文谈诗话
诗美与人生————————————伍振戈
一种批评模式：历史主义——女权主义————胡宗健

《小说界》

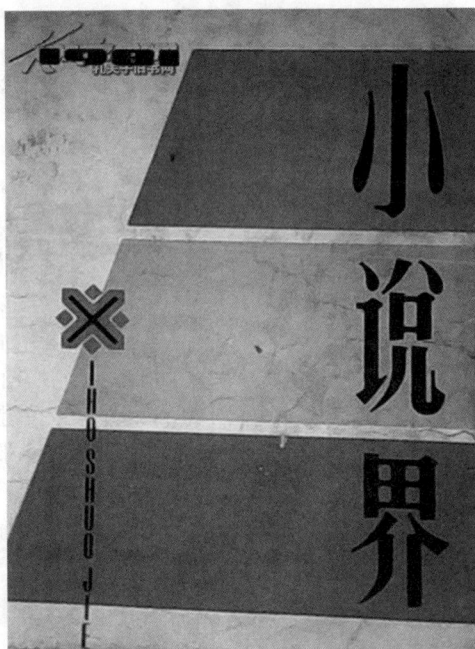

【简　介】

　　小说双月刊。上海文艺出版社主办。创刊于1981年。其主要以中短篇小说为主，全力推出名家新作，兼开辟关于小说评论的"小说论丛"专栏。其独家首创当代留学生文学和海外华人新移民文学，积极倡导微型小说文学样式，在海内外文坛享有盛誉。

期刊号:1981年第1期—1989年第6期

1981 年第 1 期　刊名:《小说界》
目录

外国小说
化身博士（中篇·黄英浩插图）
　　　　　　　　［英］期蒂文生著　章云义译

小说论丛
茅盾谈《子夜》
巴金和木下顺二的谈话⋯⋯⋯⋯⋯陈喜儒译
关于《家》
"我不是文学家"
《在延安文艺座谈会上的讲话》的意义
"文化大革命"中的经历
五年计划
需要新的纽带

致曾秀苍、铁凝（作家书简）⋯⋯⋯孙　犁
重读《边城》⋯⋯⋯⋯⋯⋯⋯⋯潘旭澜
编后记
封面设计⋯⋯⋯⋯⋯⋯⋯⋯⋯范一辛
湖上渔歌（中国画·封二）⋯⋯⋯林曦明
早春的迪阿哈文　白夜（日本画·封三）
　　　　　　　　⋯⋯⋯⋯［日］东山魁夷

中篇小说
光明屯纪事（谌孝安插图）⋯⋯钟　涛　毕　方
雪雕（夏葆元插图）⋯⋯⋯⋯⋯⋯张　林
爱的波折（管齐骏插图）⋯⋯⋯⋯张士敏
国宝（华其敏插图）⋯⋯⋯⋯⋯⋯胡万春

短篇小说
酒的魔力（施大畏插图）⋯⋯⋯⋯冯骥才
被揉碎的晨曦⋯⋯⋯⋯⋯⋯⋯⋯陈建功
A国B城郊外的夜晚⋯⋯⋯⋯⋯⋯母国政
王四卖猪⋯⋯⋯⋯⋯⋯⋯⋯⋯⋯雪　华

微型小说
在远离北京的地方（外一篇）（秦龙插图）
　　　　　　　　⋯⋯⋯⋯⋯⋯孟伟哉
都市诙谐曲⋯⋯⋯⋯⋯⋯⋯⋯⋯沈善增
永远的蝴蝶⋯⋯⋯⋯⋯（中国台湾）陈启佑

现代小说
边城（中篇·谌孝安插图）⋯⋯⋯⋯沈从文

1981 年第 2 期　刊名:《小说界》
目录

短篇小说
夕阳无限好⋯⋯⋯⋯⋯⋯⋯⋯⋯丰　村
苏东坡出山（历史小说·戴敦邦插图）⋯曹晓波
"千万跳"（张恢插图）⋯⋯⋯⋯⋯邓　炯

小说论丛
屠格涅夫与托尔斯泰通讯选（作家书简）
　　　　　　　　⋯⋯⋯⋯⋯⋯王金陵译
我国第一部小说史的诞生及其影响（小说史话）
　　　　　　　　⋯⋯⋯⋯⋯⋯大　泓
从《茵梦湖》到《溺殇》⋯⋯⋯⋯叶廷芳
把未来和现实放在一起思考⋯⋯⋯鲍　昌
辛亥革命前的一声"狮吼"⋯⋯⋯章培恒
封面设计⋯⋯⋯⋯⋯⋯⋯⋯⋯袁银昌
秋菊⋯⋯⋯⋯⋯⋯⋯⋯⋯⋯⋯朱屺瞻
手⋯⋯⋯⋯⋯⋯⋯⋯⋯⋯⋯⋯杨　谦

牧羊姑娘 ······················· 易 凯 赵 拓
《简·爱》 ··················· [美]爱德华·威尔逊

中篇小说
国魂（张培础插图） ··················· 张抗抗
月亮圆了（顾炳鑫插图） ··············· 沈乔生
退兵一战（陈文杰插图） ··············· 陈 沂
灰布阿七（陈文光插图） ··············· 朱新楣
命运夜总会（科学幻想小说·陈衍宁插图）
··························· 郑文光

微型小说
狗的死刑（外一篇·袁银昌插图） ······· 从维熙
枪口（陈伟德插图） ··················· 徐光兴
树皮 ····························· 曹冠龙
墙 ······························· 周惟波
天蓝的信封 ························· 王 彬
远大理想 ··························· 陈远奇
他、她 ····························· 刘安海

外国小说
溺殇（中篇·林墉插图）
··················· [德]台·施托姆著 叶廷芳译

近代小说
狮子吼 ····························· 陈天华

1981 年第 3 期　刊名:《小说界》
目录

短篇小说
惆怅（张培成插图） ··················· 任大霖
心底的挞伐声 ······················· 何士光
燕姑 ····························· 铁 凝
镶着月亮的小河 ····················· 小 楂
你别这样看着我 ····················· 韩石山

外国小说
秘密 ············· [英]夏绿蒂·布朗蒂 王逢振译

小说论丛
给《风萧萧》作者的信（作家书简）··· 沙 汀 梅 益
微型小说初论 ······················· 晓 江
封面设计 ··························· 朱展程
双鸡图 ····························· 陈大羽
巴里门火灾 ····················· [英]透 纳
暴风雪、雪崩和水灾 ··············· [英]透 纳
《唐·吉诃德》插图 ··············· [苏]布罗茨基

中篇小说
春前草（詹忠效插图） ················· 鲁彦周
运河边上（吕敬人插图） ··············· 王安忆
远去的鼓声（黄全昌插图） ············· 曹玉模
彩凤凰（导越迹插图） ················· 柳 溪

长篇小说
未央宫（选载·左良插图） ············· 海 风

微型小说
媲美 ····························· 林 青
烈女 ····························· 宋耀良
"梦"后 ··························· 张长明
新婚前夜 ··························· 彭 晖
老师 ····························· 雁 翼
雾 ······························· 陈国凯
他母亲的伙伴 ··········· [澳]亨利·劳森 黄源深译
碑 ······························· 邓开善

1982 年第 1 期　刊名:《小说界》
目录

中篇小说
同样是收获季节……（严国基插图）······· 叶 辛
苦夏（刘耀真插图）············· 汪浙成 温小钰
浑河怀想曲（陈文虎插图） ············· 王群生
他们的世界（诸庭樵插图） ············· 孙 颙
并蒂莲（科学幻想小说·胡永凯插图）······· 叶永烈

短篇小说
刘宇写书（邓文勇 陈鸣插图）··········· 高晓声
姐妹 ····························· 中杰英
田家少闲月 ························· 林文询
朦胧 ····························· 林承璜

微型小说
在浓缩的人群中 ····················· 祖 慰
化妆工（章云插图） ··················· 姚 平
田水哗啦 ··························· 姚景文
玫瑰色的月亮 ······················· 李秀鲁
科长、局长 ························· 韩统良

长篇小说
吴门秋（选载·汪观清插图） ············· 树 棻
封面设计 ··························· 陈达林
白居易问诗图 ······················· 顾炳鑫
秋艳 ····························· 官厚生
山峦迭翠 ··························· 龚 声

搬运劳动 ························ 徐甫堡

1982 年第 2 期　刊名:《小说界》
目录

长篇小说
黄梅雨（选载·郑庆隽题图　毛国伦插图）
························ 蒋和森

中篇小说
风乍起（徐纯中插图）··············· 王　剑
公园里的小路（张培础插图）·········· 姜小皓

短篇小说
穷表姐 ························ 李国文
新上任的副总编（莫远翔题图）········ 胡月胜
萧萧寒窗下（郑庆谷插图）··········· 关汝松
他乡遇故知 ···················· 邓友梅
王四海的黄昏 ··················· 汪曾祺
在绯红的早霞里（盛铣安题图）　吴雨初　马连义
队长和他的"头人"（盛毓安插图）
························ 吴雨初　马连义
阳关梦 ························ 奚　青
还账 ························· 曹元明
起航点（沈幼琴题图）·············· 郭金炎

微型小说
扯皮处的解散（外三篇·张恢插图）····· 王　蒙
月照南窗 ······················ 邓开善
丹青手 ······················· 善　愚
找"帽子" ····················· 蒋子龙
在同一个台上 ··················· 金沙水
伉俪曲 ······················· 叶文玲
冬夜 ························· 沈善增

古典小说
古典"微型小说"廿则
·········· 陶渊明　牛僧孺　欧阳修等著　魏同贤选注

外国小说
卡尔和安娜（中篇·王永强插图）
············ [德]莱昂哈德·弗兰克著　韩世钟译

小说论丛
福楼拜致屠格涅夫（作家书简）········ 邵殿生译
王蒙致高行健（作家书简）
中国现代短篇小说的起步（小说史话）··· 吴泰昌
杂话古典"微型小说"·············· 魏同贤

封面设计 ······················ 陈达林
鱼水情　盘查哨（木刻）（封二）······ 沈柔坚
戈壁风（国画）（封三）············· 汪观清
农民（木刻）（封四）·············· 王良俭

1982 年第 3 期　刊名:《小说界》
目录

长篇小说
美神（上部·俞晓夫插图）··········· 莫应丰

中篇小说
普通女工（吕敬人插图）············· 孔捷生
召唤（王怀庆插图）··············· 雨　煤
生活的橱窗（明亚插图）············· 卢　群

短篇小说
边城变奏曲（张培础插图）··········· 峭　石
探询（黄英浩插图）··············· 邹志安
清茶 ························· 贾平凹
瓜帘 ························· 苏从林
春酒 ························· 刘大军

微型小说
信仰 ························· 汪　葵
猎驴者的悲剧（方昉插图）··········· 朱士奇
!——? ······················· 王青伟
魂的离合 ······················ 朱咏敏
微笑 ························· 陈应松
橘红色的伞 ···················· 杜卫东
睡 ·························· 程　枫
他 ·························· 沫　若
河豚子 ······················· 王任叔
威胁 ·············· 契诃夫著　杨宗建　唐素云译

小说论丛
从复苏走向繁荣 ·················· 蔡　葵
在生活中捕捉新意（作家书简）········ 叶　辛
我国最初反映工人生活的小说（小说史话）
························ 应国靖
封面设计 ······················ 陈达林
峡江秋色（国画）················· 张雪父
博迪盖拉远景（油画）··········· [法]莫　奈
莎丘蒂森林的一角（油画）········ [法]西斯莱
牧羊女（木刻）·················· 焦心河

1982 年第 4 期　刊名:《小说界》
目录

中篇小说

烟村四五家（贺友直插图）————————刘绍棠
沙场春点兵（张培础　周加华插图）————李心田
雨燕岛（刘　进插图）————————————张笑天
喷泉里的三枚银币（世　聪　培　础插图）——程乃珊
浴血睢阳（刘旦宅插图）————————————曹晓波

短篇小说

棋局（王申生插图）————————————吴翼民
月明星稀（袁银昌插图）————————何　仁
沙漠里的寂静（继德插图）————————戈悟觉

外国小说

唐波夫财政局长夫人（诗体小说·陀布任斯基插图）
————————［俄］莱蒙托夫作　智　量译

微型小说

细雨蒙蒙————————————————张惠斌
收回成命————————————————李伦新
夏夜————————————————————成莫愁
那家副食品店————————————————金忠强
喜糖————————————————周家龙　左券操
两个不能遗忘的印象————————————夏　衍
登场————————［西德］莱陶·赖因哈德著　柳维坚译

小说论丛

心理描写与意识流————————————张德林
附录：安娜之死
————————［俄］列夫·托尔斯泰著　草　婴译
海滨的姑娘————————［美］乔·卡·欧茨著　戴　侃译
诗歌与小说的结合————————————智　量
附录：孔雀东南飞
列夫·托尔斯泰给罗曼·罗兰的信（作家书简）
————————————宋大图译　倪蕊琴校
关于《苦夏》的创作（作家书简）———汪浙成　温小钰
封面设计————————————————陈达林
封三　暮归（版画）————————————傅恒学
封二　润声（国画）————————————朱　峰
封四　饮（木刻）————————————力　群

1983 年第 1 期　刊名:《小说界》
目录

长篇小说

彩虹坪（王怀庆插图　方传鑫题字）————鲁彦周

中篇小说

野桥的回忆（陈纪仁插图　周　卫题字）
————————————————朱新楣　扬　烈
马尔马拉海的迷雾（许明耀插图　张雪父题字）
————————————————————张士敏

微型小说

草扎的队长（钱自成插图）————————戈悟觉
献你一束花————————————————冯骥才
蛋糕的奇遇————————————————沈乔生
棋艺————————————————————齐　平
泥活（谌孝安插图）————————————房树民
清档————————————————————张　明
街————————————————————缪国庆
夜雨茫茫————————————————徐剑铭
宿债————————————————————韩　冰
幕后————————————————————毛炳甫
雪花儿飘飘————————————————邓开善
图书馆里的空位（王申生插图）————————宋耀良
被撕碎了的介绍信————————————周　坤　于　清
在邮政支局里————————［俄］契诃夫作　陈冠商译
在柏林（张恢插图）————————［美］奥莱尔作　杨　棣译
血性女子——一位法官的回忆
————————————［美］马克·吐温作　高　健译

小说论丛

微型小说笔谈————————————————罗竹风
纪　人　储大泓　史中兴　周介人　吴欢章　邓牛顿
方　平　吴中杰　曾文渊　丁景唐　左　泥
关于存在主义答文学青年
存在主义与我国当前的文学创作————————陈骏涛
存在主义哲学————————————————王克千
存在主义文学
——读萨特的文学作品————————————罗大冈
附:《墙》————————［法］让-保尔·萨特作　冯汉律译
一篇谈小说创作的好小说
——读《穷表姐》————————————晓　渡
《烟村四五家》创作后记————————————刘绍棠
胡采、邹志安关于《探询》的通信———胡　采　邹志安
编者的话
封面设计————————————————蒋万景
《茅屋》（封三）————————————魏景山

《曦》（封二）⋯⋯⋯⋯⋯⋯⋯⋯⋯⋯ 钱震之
《村落》⋯⋯⋯⋯⋯⋯⋯⋯⋯⋯⋯⋯ 周加华
《当年周公馆》（封底）⋯⋯⋯⋯⋯⋯ 杨可扬

1983 年第 2 期　刊名:《小说界》
目录

中篇小说

康家小院（周慧珺题字　谌孝安插图）⋯⋯ 陈忠实
孤帆远影（毛国伦插图）⋯⋯⋯⋯⋯⋯ 洪　洋
南国的玫瑰（志荣　惠康插图）⋯⋯⋯ 严　阵
没有播种的收获（黄英浩插图）⋯⋯⋯ 林　樱

短篇小说

祈求（王志伟插图）⋯⋯⋯ 叶至善　叶三午　叶小沫
拯救（王利国插图）⋯⋯⋯⋯（蒙古族）卓·格赫
小荷庄轶事（诸庭樵插图）⋯⋯⋯⋯⋯ 徐凤清
心，一片远航的帆（陆元林插图）⋯⋯ 邓开善
变声（施忠平插图）⋯⋯⋯⋯⋯⋯⋯⋯ 刘绪源

现代小说

上海（张雪父题字　顾炳鑫插图）⋯⋯ 田　汉

外国小说

骨肉亲（冷宏插图）⋯⋯[苏]费·克诺列著　粟周熊译

微型小说

不（范峤青题图）⋯⋯⋯⋯⋯⋯⋯⋯⋯ 许世杰
防线⋯⋯⋯⋯⋯⋯⋯⋯⋯⋯⋯⋯⋯⋯ 孙　颉
角度——目标⋯⋯⋯（哈萨克族）艾克拜尔·米吉提
水⋯⋯⋯⋯⋯⋯⋯⋯⋯⋯⋯⋯⋯⋯⋯ 马　迅
"严重问题"⋯⋯⋯⋯⋯⋯⋯⋯⋯⋯⋯ 张秀枫
头发的轶事⋯⋯⋯⋯⋯⋯⋯⋯⋯⋯⋯ 璞　玉
一家之长⋯⋯⋯⋯⋯⋯⋯⋯⋯⋯⋯⋯ 赵和平
"老共的"⋯⋯⋯⋯⋯⋯⋯⋯⋯⋯⋯⋯ 郎　澜
治⋯⋯⋯⋯⋯⋯⋯⋯⋯⋯⋯⋯⋯⋯⋯ 丰晓梅
便利的皮包⋯⋯⋯⋯⋯ [日]星新一著　李有宽译

小说论丛

读《上海》有感⋯⋯⋯⋯⋯⋯⋯⋯⋯ 廖沫沙
一份珍贵的纪念⋯⋯⋯⋯⋯⋯⋯⋯⋯ 田海男
一首普通人的赞歌⋯⋯⋯⋯⋯⋯⋯⋯ 张　同
关于设立"《小说界》作品奖"启事
封面设计⋯⋯⋯⋯⋯⋯⋯⋯⋯⋯⋯⋯ 蒋万景
渔歌（国画）（封二）⋯⋯⋯⋯⋯⋯⋯ 王仲清
秋色（油画）（封三）⋯⋯⋯⋯⋯⋯⋯ 黄阿忠
鲁迅故居（木刻）（封四）⋯⋯⋯⋯⋯ 戴逸如
林中小湖（油画）⋯⋯⋯⋯⋯⋯⋯⋯⋯ 王永强

1983 年第 3 期　刊名:《小说界》
目录

中篇小说

深渊（方去疾题字　王利国插图）⋯⋯ 王　蒙
挪位⋯⋯⋯⋯⋯⋯⋯⋯⋯⋯⋯⋯⋯⋯ 俞天白
风灯（张桴年插图）⋯⋯⋯⋯⋯⋯⋯⋯ 严啸建
微风燕子斜⋯⋯⋯⋯⋯⋯⋯⋯⋯⋯⋯ 克　非
太平厂长新传（潘德熙题字　黄英浩插图）
　⋯⋯⋯⋯⋯⋯⋯⋯⋯⋯⋯⋯⋯⋯⋯ 刘德铨
花鸟情（敬　人插图）⋯⋯⋯⋯⋯⋯⋯ 周　策

短篇小说

"4 号病"患者（克　仁插图）⋯⋯⋯⋯ 刘立中
痴（逸　龙插图）⋯⋯⋯⋯⋯⋯⋯⋯⋯ 蔡其康
一个舞蹈家的悔恨⋯⋯⋯⋯⋯⋯⋯⋯ 王端阳
阿楠⋯⋯⋯⋯⋯⋯⋯⋯⋯⋯ 雷国维　关菁安
寻找⋯⋯⋯⋯⋯⋯⋯⋯⋯⋯⋯⋯⋯⋯ 字　心
砂家⋯⋯⋯⋯⋯⋯⋯⋯⋯⋯⋯⋯⋯⋯ 谷　应
旅途中⋯⋯⋯⋯⋯⋯⋯⋯⋯⋯⋯⋯⋯ 赵长天
瓜园的故事⋯⋯⋯⋯⋯⋯⋯⋯⋯⋯⋯ 玉吉呈
真迹（沈揆一插图）⋯⋯⋯⋯⋯ 吴翼民　吴凤珍
脸相（外一篇）⋯⋯⋯⋯⋯⋯⋯⋯⋯ 山本祐子

微型小说

老 K 求医⋯⋯⋯⋯⋯⋯⋯⋯⋯⋯⋯⋯ 黄建中
"白衣使者"⋯⋯⋯⋯⋯⋯⋯⋯⋯⋯⋯ 王琪森
发现⋯⋯⋯⋯⋯⋯⋯⋯⋯⋯⋯⋯⋯⋯ 岳洪治
求生者的死⋯⋯⋯⋯⋯⋯⋯⋯⋯⋯⋯ 朱士奇
一块雪糕⋯⋯⋯⋯⋯⋯⋯⋯⋯⋯⋯⋯ 张石山
学车⋯⋯⋯⋯⋯⋯⋯⋯⋯⋯⋯⋯⋯⋯ 燕　燕
车轮声声⋯⋯⋯⋯⋯⋯⋯⋯⋯⋯⋯⋯ 韩统良
大票子⋯⋯⋯⋯⋯⋯⋯⋯⋯⋯⋯⋯⋯ 李　明
告示⋯⋯⋯⋯⋯⋯⋯⋯⋯⋯⋯⋯⋯⋯ 高　低
酒后⋯⋯⋯⋯⋯⋯⋯⋯⋯⋯⋯⋯⋯⋯ 方克强

现代小说

喜事（陈大亢插图）⋯⋯⋯⋯⋯⋯⋯⋯ 巴　人
一个病人⋯⋯⋯⋯⋯⋯⋯⋯⋯⋯⋯⋯ 庐　隐
目的达了（?）⋯⋯⋯⋯⋯⋯⋯⋯⋯⋯ 白　采

小说论丛

鲁彦周创作历史再探⋯⋯⋯⋯⋯⋯⋯ 沈敏特
现实性与象征性的溶合⋯⋯⋯⋯⋯⋯ 宋耀良
关于设立"《小说界》作品奖"启事
封面设计⋯⋯⋯⋯⋯⋯⋯⋯⋯⋯⋯⋯ 蒋万景
江畔泊舟（水彩）（封三）⋯⋯⋯⋯⋯ 陈希旦
雁荡夏色（油画）⋯⋯⋯⋯⋯⋯⋯⋯⋯ 邱瑞敏

武夷之晨（国画）（封二）————————冷　宏
宋庆龄故居（木刻）（封四）————————华逸龙

1983 年第 4 期　刊名：《小说界》

目录

中篇小说
啊，明星（周　卫题字　雨　立插图）————姚忠礼
缉私队长（詹忠效插图）————————杜成维
那海边风中的荻芦竹（健　君插图）————成汉飚
收获（张　森题字　李　山插图）————沈乔生
在西部草原上（方传鑫题字　张　恢插图）——张作寒
郑定文（戚耀辉插图）————————赵　自

短篇小说
一诺万里————————————高晓声
新潮教练（袁银昌插图）————————蒋志和
"彩票"——————————————余国振
露（方　昉插图）————————————林　丹

微型小说
台步————————————————璞　玉
距离————————————————缪国庆
一张褪色的照片————————————邓开衡
潮————————————————苏　敏
伴死人的一夜————————————剑　三
兰道夫与朋友的聚会
　　　————[黄]约翰·列农作　朱正健译

小说论丛
心灵祭坛前的声音实录————————陈丹晨
写在《郑定文》后面的话————————丁景唐
讽刺　幽默　黑色幽默————————施咸荣
附录：一坛金子（俞晓夫插图）
　　　————[美]唐纳德·巴士尔姆著　施咸荣译
克利夫兰废品场（俞晓夫插图）
　　　————[美]理查德·勃劳提根著　施咸荣译
艾·伏尼契致博·波列伏依（作家书简）
　　　————————————张守仁译

编后
封面设计　蒋万景
春到渔港（国画）（封二）————————沈柔坚
海岛（水粉）（封三）————————张文斌
雨夹雪（水彩）————————————金立德
韬奋故居（木刻）（封四）————————王劼音

1984 年第 1 期　刊名：《小说界》

目录

编者的话

中篇小说
白云飘落天幕（王　晖插图）————从维熙
星河（华逸龙插图）————————王小鹰
失去威信的父亲（诸庭樵插图）————唐克新
三不管（余惠康插图）————————李文瑞

短篇小说
捡水（华　加插图）————————屈国新
沈记快餐馆——留美故事（之一）————小　楂
在乡下————————————梁国伟
王二哥————————————何　仁
老默————————————潘大明
贞贞和她的狗————————————王文平

微型小说
医大教授和他的母亲————————邓开善
一个学徒工的支出————————邓开善
秘书长和他的秘书————————徐　慎
良种————————————尤凤伟
白云————————————史铁生
吴老三访————————————王晓玉
虹————————————赵和平　曹松华
身教言教————[苏]B.勃罗多夫作　杨　郁译

现代小说
送报夫（项　钢插图）————————杨　逵

外国小说
正午梦（龙纯立插图）
　　　————[苏]彼·普罗斯库林著　章海陵译

小说论丛
星星静静地闪亮——评王小鹰的《星河》————许锦根
穿透历史风雨　激发爱国情怀
——读杨逵的《送报夫》————————陆士清
关于《微风燕子斜》的通信————克　非　左　泥
马克·吐温书简————————————方　在译
《中国新文学大系（1927—1937）》征订消息
封面设计————————————范一辛
鸡公山小泉（油画）————————方世聪
网（木刻）（扉页）————————沈　钢
雁荡山飞泉（封二）————————毛国伦
憩（油画）（封三）————————查国钧

上海客运站（木刻）（封四）⋯⋯⋯⋯蔡 兵

1984 年第 2 期　刊名:《小说界》
目录

生命⋯⋯⋯⋯⋯⋯⋯⋯⋯⋯⋯⋯⋯⋯彭 达
师训⋯⋯⋯⋯⋯⋯⋯⋯⋯⋯⋯⋯⋯⋯周 励
在医院门口⋯⋯⋯⋯⋯⋯⋯⋯⋯⋯⋯姜树茂
不鼓掌的人⋯⋯⋯⋯［日］藤森成吉著　朱金和译

外国小说
正午梦（续）（龙纯立插图）
⋯⋯⋯⋯⋯［苏］彼·普罗斯库林著　章海陵译

小说论丛
《中国新文学大系（1927—1937）》小说集序
⋯⋯⋯⋯⋯⋯⋯⋯⋯⋯⋯⋯⋯⋯⋯巴 金
五四时期的"问题小说"⋯⋯⋯⋯⋯⋯严家炎
附录：斯人独憔悴⋯⋯⋯⋯⋯⋯⋯⋯冰 心
关于继承民族文学传统的探讨（作家书简）
⋯⋯⋯⋯⋯⋯⋯⋯端木蕻良　邓友梅
梦与经验（外三则）⋯⋯⋯⋯⋯⋯⋯王朝闻
封面设计⋯⋯⋯⋯⋯⋯⋯⋯⋯⋯⋯⋯范一辛
扉页　游（木刻）⋯⋯⋯⋯⋯⋯⋯⋯沈 钢
封二　对虾（国画）⋯⋯⋯⋯⋯⋯⋯张云骋
封三　水乡陈慕（油画）⋯⋯⋯⋯⋯孟 光
封四　上海宾馆（木刻）⋯⋯⋯⋯⋯朱国荣

中篇小说
"四海居"轶话（施大畏插图）⋯⋯⋯邓友梅
幽思长相随（王利国插图）⋯⋯⋯⋯申文钟
初出茅庐（谌孝安插图）⋯⋯⋯⋯⋯榴 红
灰街上的太阳（裴向春插图）⋯⋯⋯马 林
含翠湖（沈揆一插图）⋯⋯⋯⋯⋯⋯罗灏白

短篇小说
在炫目的光晕中（张　恢插图）⋯⋯杨东明
奴隶的恋歌⋯⋯⋯⋯⋯⋯⋯⋯⋯⋯⋯草 青
"怪"女人⋯⋯⋯⋯⋯⋯⋯⋯⋯⋯⋯徐凤清
采薇巴山深处⋯⋯⋯⋯⋯⋯⋯⋯⋯⋯李 贵
零陵奇闻录⋯⋯⋯⋯⋯⋯⋯⋯⋯⋯⋯恽大年

微型小说
不灭的星辰⋯⋯⋯⋯⋯⋯⋯⋯⋯⋯⋯邓开善
微雕⋯⋯⋯⋯⋯⋯⋯⋯⋯⋯⋯⋯⋯⋯璞 玉
垂钓（宋耀良评点）⋯⋯⋯⋯⋯⋯⋯邓开衡

1984 年第 3 期　刊名:《小说界》
目录

首届《小说界》作品奖（1981—1983）获奖作品名单

中篇小说
老人俱乐部（戚耀辉插图）⋯⋯孙 颙　蒋志和
市委书记的家事（巨　源插图）⋯⋯赵长天
六横岛（詹忠效插图）⋯⋯⋯⋯巴 人遗作
月亮溪⋯⋯⋯⋯⋯⋯⋯⋯⋯⋯⋯⋯⋯谭 谈
目标⋯⋯⋯⋯⋯⋯⋯⋯⋯⋯⋯⋯⋯⋯海 笑

短篇小说
蓝色的北方⋯⋯⋯⋯⋯⋯⋯⋯⋯⋯⋯泓 均
新乐之焚（历史小说·钱自成插图）⋯刘正成
辞亲酒⋯⋯⋯⋯⋯⋯⋯⋯⋯⋯⋯⋯⋯朱普乐
雨阻⋯⋯⋯⋯⋯⋯⋯⋯⋯⋯⋯⋯⋯⋯许 淇
这边风光⋯⋯⋯⋯⋯⋯⋯⋯（四川）耕 夫
天尽头⋯⋯⋯⋯⋯⋯⋯⋯⋯⋯⋯⋯⋯张 玲

小说论丛
早期乡土小说及其作家群
——中国现代小说流派论之二⋯⋯⋯严家炎
附录：怂恿⋯⋯⋯⋯⋯⋯⋯⋯⋯⋯⋯彭家煌
获奖作品评论专栏
新时期的彩虹——读《彩虹坪》⋯⋯王纪人
强烈的生活实感——读《康家小院》曾文渊
可喜的收获——读《收获》⋯⋯⋯⋯吴中杰
爱情、艺术、道德——读《啊，明星》张德林
艺术的源头活水——读《穷表姐》⋯史中兴
那察加玛心灵的交响曲——读《拯救》方克强
微言大义，耐人玩味
——读《枪口》等五篇微型小说⋯⋯江曾培
封面设计⋯⋯⋯⋯⋯⋯⋯⋯⋯⋯⋯⋯范一辛
封二　川西金秋（国画）⋯⋯⋯⋯⋯潘国光
扉页木刻　集市⋯⋯⋯⋯⋯⋯⋯⋯⋯沈 钢
封三　春醒（油画）⋯⋯⋯⋯⋯⋯⋯路永强
太阳与草（水粉）⋯⋯⋯⋯⋯⋯⋯⋯顾灿虎
封四　外滩立交桥（木刻）⋯⋯⋯⋯洪建华

1984 年第 4 期　刊名:《小说界》
目录

中篇小说
潮锋出现之前（张培础插图）⋯张抗抗　李隽培
不动声色（任伯宏插图）⋯⋯⋯⋯⋯铁 凝
无标题音乐（陈清港插图）⋯⋯⋯⋯刘绪源

短篇小说

明天的位置…………………………………楚　良
绿洲……………………………………………阎振新
月光奏鸣曲……………………………………马未都

微型小说

蜜意……………………………………………时显彤
来访登记簿摘录………………………………彭　达
淑芬婶的新发现（正　南评点）……………刘忠平
思凡……………………………………………徐小秋
星汉灿烂………………………………………璞　玉
乔迁之忧………………………………………东　达
生日礼物
………………[美]马维斯·伯顿·弗格逊作　李娟娟译

外国小说

秘密的分享者
………………………[英]约瑟夫·康拉德著　裘小龙译

小说论丛

邓友梅小说的市人相与民俗美…………………张　韧
创造社前期小说与现代主义思潮………………严家炎
附录：青烟………………………………………郁达夫
典范的文学评论和创作验谈
——《茅盾论创作》读后…………………………孙光萱
封面设计…………………………………………陶雪华
封二　秋色（国画）……………………………曹莭楼
封三　第一感觉（水粉）………………………董亦君
　　　暮色（水粉）……………………………高　进
封四　上海游泳馆（木刻）……………………华逸龙

1984 年第 5 期　刊名:《小说界》
目录

中篇小说

会计今年四十七（冷　宏插图）………………陈　冲
飞越峡谷的桥……………………………………徐孝鱼
惊蛰（戴恒扬插图）……………………………俞天白
远亲（严寄音插图）……………………………吴可雨
石乡（项钢插图）………………………………四　海
个体户张老三（董亦君插图）…………………石玉新
清韵（葛彬尧插图）……………………………吴翼民

短篇小说

小事（二题）……………………………………王　蒙
超出狭弄…………………………………………沈善增
时间的价值………………………………………谢　庸

微型小说

秋叶黄了的时候…………………………………许宗斌
雪线……………………………………………徐　芳
上了锁的门……………………………………穆　欣
夜之光…………………………………………吴纪椿
多看了一眼
………………[美]马杰里·斯比勒·尼格作　李娟娟译

小说论丛

关于提高小说创作质量的座谈…………………李国文
　陈　冲　汪浙成　陈忠实　徐孝鱼　王小鹰　陆星儿
　沈乔生　邓开善　徐光兴　姚忠礼
谱写工业改革的新歌
——赞《会计今年四十七》……………………田　晨
两都思翔——记巴金………………………………杜　宣
编后
封面设计…………………………………………陶雪华
封二　小说创作座谈会剪影
封三　小说创作座谈会剪影
封四　龙柏饭店（纸版画）……………………王劼音
扉页　荷包（木刻）……………………………沈　钢

1984 年第 6 期　刊名:《小说界》
目录

中篇小说

家政（谌孝安插图）……………………………楚　良
白花苜蓿之蜜（黄大华插图）…………汪浙成　温小钰
皴皴者（裴向春插图）…………………………徐　扬
地久天长（杨天佑插图）………………………航　鹰
白喜事（阿　丹插图）…………………………京　夫
深潭（胡若军插图）……………………………士　敏

微型小说

英雄的眼泪………………………………………何天谷
水的新传说………………………………………倪爱平
系在飘带上的情思………………………………何志云
陪酒乐…………………………………………林　平
反刍……………………………………………马　迅

小说论丛

太阳社与后期创造社的"革命小说"——中国现代小
说流派论之四……………………………………严家炎
附录：盐场………………………………………楼适夷
陀思妥耶夫斯基文学书简选（作家书简）
…………………………………………………邵殿生译
编后
封面设计…………………………………………陶雪华

封二　松鼠葡萄（装饰画）⋯⋯⋯⋯⋯⋯徐昌酩
封三　泊（水彩）⋯⋯⋯⋯⋯⋯⋯⋯⋯瞿顺发
　　　山寨早市（版画）⋯⋯⋯⋯⋯⋯⋯蔡　兵
封四　上海水上运动场（木刻）⋯⋯⋯张嵩祖

1985 年第 1 期　刊名:《小说界》
目录

编者的话
本刊举办全国微型小说大赛

中篇小说
大刘庄⋯⋯⋯⋯⋯⋯⋯⋯⋯⋯⋯⋯⋯王安忆
刘四辈儿"干事长"（施大畏插图）⋯⋯杨东明
声声急⋯⋯⋯⋯⋯⋯⋯⋯⋯⋯⋯⋯⋯罗　洪
七个大学生（许明耀插图）⋯⋯⋯⋯⋯高　昀
丫头（黄英浩插图）⋯⋯⋯⋯⋯⋯⋯刘兴元

外国小说
一个没有成功的爱情故事（寄　音插图）
　　⋯⋯⋯⋯⋯⋯[苏]阿纳托利·伊万诺夫作
　　吴国璋译　姚亦飞校

小说论丛
三十年代的现代派小说
——中国现代小说流派论之五⋯⋯⋯严家炎
附录：上海的狐步舞⋯⋯⋯⋯⋯⋯⋯穆时英
梅雨之夕⋯⋯⋯⋯⋯⋯⋯⋯⋯⋯⋯施蛰存
重读罗洪旧作《春王正月》有感⋯⋯赵家璧
记录新文学业绩的一块丰碑——读《中国新文学大系
1927—1937》中、长篇小说卷⋯⋯⋯江曾培

短篇小说
巴松，就要上起拍了（谌孝安插图）⋯乐维华
明天考试（杨天佑插图）⋯⋯⋯⋯⋯刘俊光
满江红——西湖佳话（王利国插图）⋯郑秉谦
小院一片月⋯⋯⋯⋯⋯⋯⋯⋯⋯⋯邓开善
本职工作⋯⋯⋯⋯⋯⋯⋯⋯⋯⋯⋯张小玲
石上藤⋯⋯⋯⋯⋯⋯⋯⋯⋯⋯⋯⋯黎珍宇
遗憾的结尾⋯⋯⋯⋯⋯⋯⋯⋯⋯⋯朱光雪

微型小说
咪咪（许锦集插图）⋯⋯⋯⋯⋯⋯⋯张敏贤
师生⋯⋯⋯⋯⋯⋯⋯⋯⋯⋯⋯⋯⋯尹明华
从 0 开始⋯⋯⋯⋯⋯⋯⋯⋯⋯⋯⋯丰晓梅
豇豆角看涨⋯⋯⋯⋯⋯⋯⋯⋯⋯⋯许　行
果然⋯⋯⋯⋯⋯⋯[日]星新一作　李有宽译
广告生涯十年⋯⋯⋯⋯⋯⋯⋯⋯[美]司各脱·

菲茨杰拉德作　顾亚星译
最后一票⋯⋯⋯⋯⋯⋯⋯⋯⋯⋯⋯刘　勇
那就是我⋯⋯⋯⋯⋯⋯⋯⋯⋯⋯⋯姜胜群
弧线⋯⋯⋯⋯⋯⋯⋯⋯⋯⋯⋯⋯⋯周志俊
文凭（邹洤插图）⋯⋯⋯⋯⋯⋯⋯⋯高　庆

作家信息窗
"我总是要朝前走的"——王安忆及其近作的"新动
向"⋯⋯⋯⋯⋯⋯⋯⋯⋯⋯⋯⋯⋯毛时安
封面设计⋯⋯⋯⋯⋯⋯⋯⋯⋯⋯⋯袁银昌
封底　花⋯⋯⋯⋯⋯⋯⋯⋯⋯⋯⋯陈钧德
封二　作家近影
封三　秋风⋯⋯⋯⋯⋯⋯⋯⋯⋯⋯⋯陈伟德
　　　山青水秀⋯⋯⋯⋯⋯⋯⋯⋯⋯曾进顺

1985 年第 2 期　刊名:《小说界》
目录

中篇小说
梨木梳子（陈伟德插图）⋯⋯⋯⋯⋯彭见明
昨夜的月光（戚耀辉插图）⋯⋯⋯⋯张　长
冬天的道路（蔡解强插图）⋯⋯⋯⋯陆星儿
弯弯古驿道（严寄音插图）⋯⋯⋯⋯曹玉模
雅典娜的儿子（张夫五插图）⋯⋯⋯海　风

小说论丛
中外小说比较之我见⋯⋯⋯⋯⋯⋯贾植芳
同写妓女题材，两者视点有别⋯⋯陈思和
附录：海上花列传⋯⋯原著　韩邦庆　周尧山缩写
附录：亚玛⋯⋯⋯原著[俄]库普林　艾　春缩写

短篇小说
支点⋯⋯⋯⋯⋯⋯⋯⋯⋯⋯⋯⋯⋯王英琦
梨园人物⋯⋯⋯⋯⋯⋯⋯⋯⋯⋯⋯朱普乐

微型小说
爷爷·孙女（正　南评点）⋯⋯⋯⋯姜贻斌
楼梯口的那扇门⋯⋯⋯⋯⋯⋯⋯⋯孙鸿藻
明天的故事⋯⋯⋯⋯⋯⋯⋯⋯⋯⋯何天谷
彩虹⋯⋯⋯⋯⋯⋯⋯⋯⋯⋯（白族）那家佐
涨潮时分⋯⋯⋯⋯⋯⋯⋯⋯⋯⋯⋯陈美卿
春醉⋯⋯⋯⋯⋯⋯⋯⋯⋯⋯⋯⋯⋯王伯均
奥秘⋯⋯⋯⋯⋯⋯⋯⋯⋯⋯⋯⋯⋯徐小秋
美丽的姑娘⋯⋯⋯⋯⋯⋯⋯⋯⋯⋯彭　达
寡妇的抗议⋯⋯⋯⋯⋯⋯马克·吐温　顾亚星译
本刊在咸阳、南京召开创作座谈会
本刊举办全国微型小说大赛启事
扉页木刻　春光⋯⋯⋯⋯⋯⋯⋯⋯朱国荣

封面设计·······························袁银昌
封二 作家近影（摄影）·················林则伟
封三 创作座谈会剪影（摄影）···········任振芳
封四 手表厂广告（设计）···············李海山

1985 年第 3 期 刊名:《小说界》
目录

永康公司郭氏财团的旧闻和新闻（莫远翔插图）
·······································庄新儒
发生在炎热的夏天（杨天佑插图）·········肖复兴
模糊数学（王利国插图）··············关 鸿 何 求
相逢时难（谌孝安插图）···············程树榛
大饼舵、油条舵······················尹 平

短篇小说
默默的黑瞳人（陈伟德题图）···········宗福先
后上车的乘客（周 刚插图）············金 河
楚玉姐·······························古 华
柞木菜墩（张培础插图）···············刘冠珉
手术·································于炳坤
妇人·································周 易
火光·································聂鑫森

外国小说
侏儒查赫斯（胡若军插图）
············[德] E.T.A.霍夫曼著 韩世钟译

微型小说
青椰子、黄椰子······················徐 芳
八号好婆（施忠平插图）·········蔡其康 陈 继
失眠（施忠平插图）···················雪 垅
金海洼的故事························宋 潮
难言的苦衷（丁纯一插图）·············严瑞麟

小说论丛
关于几个中篇的对话··················欧阳文彬
微型小说是一种……··················王 蒙

作家信息窗
行万里路——长途跋涉中的谌容··········孙 颙
本刊举办全国微型小说大赛启事
封面设计····························袁银昌
封三 石膏像与水罐（油画）············严寄音
封二 作家近影
封四 农舍（铜版干刻）···············苏剑秋

1985 年第 4 期 刊名:《小说界》
目录

编者的话

中篇小说
虬龙爪·······························冯苓植
转弯处发生车祸······················文 兰
民国第一案·······姚 奇 四 海 山 民 张化玉
在高高的宾馆下面····················王东满
大原望族的悲剧········[日] 山村美纱著 邵建译

微型小说
历史与奔马··························程天保
无题·································鲁 兵
在书柜边·····························丘 羽
中心在哪·····························韩 冬
一个女市长的遗愿····················彭 达
打鸟·································陈 冲
桥头·································邓开衡
撒谎·································黄纪华
创造机会的人························徐静静
车上轶事·····························汪天云
浅漪·································赵和平
新式食品····[加拿大] 斯蒂芬·里柯克著 金国嘉译

小说论丛
泛论新兴通俗小说····················刘锡诚
扉页木刻·····························单晓报
封面设计·····························袁银昌
封二 作家近影
封三 秋声（国画）···················杨正新
春雨（国画）························周 俊
封四 上海牙膏厂广告（设计）··········乐秀月

1985 年第 5 期 刊名:《小说界》
目录

中篇小说
老人河呀……（冷 宏插图）·······东进生 王圣民
女子船队（杨天佑插图）···············徐朝夫
古老的音符（王厚家插图）·······（蒙古族）卓·格赫
赌场·魔鬼·地狱（钱自成插图）·········晓 歌
浮岛（施亦伟插图）···················谷 应

短篇小说
危楼记事（之五）（胡若军插图）·········李国文

黑树 李本深
临近终点站 高晓声
这条小街 姜贻斌
项链 沈燕飞
丁字湾 徐晓鹤
草原的声音 草青
石磨 莫言

外国小说
女妖魅人案 ［法］巴尔扎克著 方 平译

全国微型小说大赛专辑
迟与的…… 芜艾
国粹 姚思源
香烟·精神病 姚思源
开会 陈同艺
养鸟 长明
悔 许振强
小镇街头 何天谷
糖塑艺人 张敏贤
又及 吴若增
畅销书 沙黾农
偶识 王山
爸爸的菜谱 傅振强
十六条旧军裤 武宝生
提名 郑树宗
失踪的蜈蚣 陆景林
平凡的星期天 沈善增
寂静的山林 刘章盛
信 石岱
呼唤 钢凝
那团云雾 濮本林

小说论丛
文化背景与地域特色——读《这条小街》等一组短篇
小说 方克强
蒋竹山和他的生药铺——《金瓶梅》和《女妖魅人
案》中的商人形象 方 平
《虬龙爪》引起广泛注意——本刊召开专题讨论会
封面设计 袁银昌
封二 作家近影
扉页木刻 采蘑菇的小姑娘 朱国荣
封三 蜀江图（图画） 陆元鼎

1985 年第 6 期　刊名:《小说界》
目录

中篇小说
伴飞
——周信芳与裘丽琳（纪实小说）···· 周 易 树 棻
黎明与黄昏（探索性作品） 柯云路
严紫的故事（王申生插图） 万昌言
这片海（袁银昌插图） 纯民
我的古堡（周刚插图） 傅星

小说论丛
《虬龙爪》讨论会
读《虬龙爪》断想 吴亮
世态纷呈的社会写生 郦国义
"鸟如其主"的审美投影 程德培
两点感想 王安忆
我读《虬龙爪》 钱谷融
让养鸟真正进入审美、娱乐境界 江曾培
耐人咀嚼 曾文渊
笼子里的鸟和笼子外的人 冯苓植

全国微型小说大赛专辑
划羊皮筏子的人 李本深
理解 郭运中
夜归 王明义
荒村之奠 李本深
一道试题 李晓军
站牌与糖葫芦 周锐
醉马草 沙砚勤
星期天 黄国柱
流行的西式白短裤 薛文祥
峨眉山的猴子 赵大年
神奇的绳子 朱士奇
要下雨了…… 周膺
绿衣天使 施根荣
看地 （布依族）山 村
绿水长流 王宝胜
编辑与小说家斗智 陈可雄
过河 王惠官
！！！！！！ 路东之
一封招领信 陆俊超
喜剧里的悲剧 魏民
机遇 彭达
在哈哈镜前 石泉
通向文凭的电话 盛新阳
家宴 子干
白龙溪纪事 金峰

烟……………………………………晓 敏
苗妹心中的一百分………………………张生仁
十年后再相见……………………………刘奠学
风筝………………………………………朱联忠

短篇小说
招魂（朱 刚插图）………………………韦君宜
康康·莉莉饭店（周 刚插图）……章伟文 章 轲
封面设计…………………………………袁银昌
封三 水榭（固体油画）…………………孔柏基
扉页木刻 猫………………………………哈思阳
绿涛（水粉画）…………………………黄阿忠
封二 作家、评论家近影
封四 渔民（版画）………………………金 山

1986 年第 1 期　刊名:《小说界》
目录

上海作者中篇小说专辑(一)
天门（项 钢插图）………………………赵长天
漫长生命中的短促一天（杨天佑插图）
——新浪潮前奏曲之八…………………陈继光
大漠的姑娘（谌孝安插图）……………俞天白
落…………………………………………戴厚英
清晨，有雾（张培础插图）……………浩 林
金牌上的糊影（王存焕插图）…………蒋志和
雁南飞（纪实性小说）——黄宗英初涉艺坛…姜金城

中篇小说
再见了，陌生人…………………………常 青

短篇小说
"目的"的失落（探索性作品）…………张 波

编者的话
第二届《小说界》作品奖评选启事

全国微型小说大赛专辑
儿子问我………………………………肖 海
雅歌……………………………………邓开衡
海岬像一块墨…………………………徐 芳
红丹与紫丹……………………………孟翔勇
的士……………………………………谢恩泽
啤酒风波………………………………任大霖
小屋……………………………………程琪友
开窗……………………………………张太煜
同床异梦………………………………姚忠瑞
K 君奇遇………………………………韩胜宝
两颗星星………………………………侯凤仪

惊幻……………………………………李 璠
怪………………………………………祥 林
处分申请书……………………………霍无非
小箱哑语………………………………祝兴义
奥运会…………………………………刘忠平
雪花，无声地飘………………………高善利
魔戒……………………………………柏代华
求贤若渴………………………………许世杰
无名碑…………………………………阮卫斌
太阳跳出了东海………………………余小惠
无影灯下………………………………陈敏莉
父子……………………………………张 斌
流涎……………………………………宋纬华
护林老人………………………………陈 颖
人与猪…………………………………颜 燕
不祥……………………………………周永严
孤独者………………………………毛时安 刘俊光
逃离……………………………………陈 新
"氯化钠"同志…………………………张奇能
像谁……………………………………谢明洲
现场采访………………………………李宏智

小说论丛
变革的时代　变革的人们——赵长天的中篇小说创作
…………………………………………毛时安
一颗封闭的灵魂的复苏
——评中篇小说《黎木梳子》…………缪俊杰
封面设计………………………………陆震伟
作家近影（封二）
静物写生（油画）（封三）……………李子瑾
雪，农场的庭院（封底）………………[法]西斯莱

1986 年第 2 期　刊名:《小说界》
目录

首届"全国微型小说大赛"获奖作品名单

中篇小说
古尔特的精灵（谌孝安插图）…………李本深
签证（上）（周 刚插图）………………程乃珊
又见黑山羊（项 钢插图）………………刘宏伟
翅膀诗话（王申生插图）………………黄献国
他和他的"啤酒花"（胡若军插图）……李云良
白鹭寨（张 恢插图）……………………殷敦煌

短篇小说
人与兽（陈纪仁插图）…………………李 荃
留美故事………………………………小 楂

客中客（之二）

芝加哥重逢（之三）

月色（外一篇）⋯⋯⋯⋯⋯⋯⋯⋯⋯⋯⋯雷　铎

夏天风（袁银昌插图）⋯⋯⋯⋯⋯⋯⋯崔京生

矮记者和高球手⋯⋯⋯⋯⋯⋯⋯⋯⋯江锡民

漂亮的舞伴（张复兴插图）⋯⋯⋯⋯⋯张　宇

全国微型小说大赛专辑

月光下⋯⋯⋯⋯⋯⋯⋯⋯⋯⋯⋯⋯⋯张　长

第一节课⋯⋯⋯⋯⋯⋯⋯⋯⋯⋯⋯⋯全奎显

白之歌⋯⋯⋯⋯⋯⋯⋯⋯⋯⋯⋯⋯⋯知　一

摆渡的白族姑娘⋯⋯⋯⋯⋯⋯⋯⋯⋯谢荣贵

畸形⋯⋯⋯⋯⋯⋯⋯⋯⋯⋯⋯⋯⋯⋯舒成奎

提升报告⋯⋯⋯⋯⋯⋯⋯⋯⋯⋯⋯⋯陈亨初

"问候你的眼睛"⋯⋯⋯⋯⋯⋯⋯⋯⋯桂兴华

心声⋯⋯⋯⋯⋯⋯⋯⋯⋯⋯⋯⋯⋯⋯余小鹤

有句话⋯⋯⋯⋯⋯⋯⋯⋯⋯⋯⋯⋯⋯薛亦然

灰灰饭⋯⋯⋯⋯⋯⋯⋯⋯⋯⋯⋯⋯⋯林家品

赛后⋯⋯⋯⋯⋯⋯⋯⋯⋯⋯⋯⋯⋯⋯艾　文

小说⋯⋯⋯⋯⋯⋯⋯⋯⋯⋯⋯⋯⋯⋯顾　工

神枪手⋯⋯⋯⋯⋯⋯⋯⋯⋯⋯⋯⋯⋯魏新民

书记接见日⋯⋯⋯⋯⋯⋯⋯⋯⋯⋯⋯劳　工

赴宴以后⋯⋯⋯⋯⋯⋯⋯⋯⋯⋯⋯⋯张　力

在那寂静的丛林里⋯⋯⋯⋯⋯⋯⋯⋯佟雪春

稀释⋯⋯⋯⋯⋯⋯⋯⋯⋯⋯⋯⋯⋯⋯高　低

敲门的找谁⋯⋯⋯⋯⋯⋯⋯⋯⋯⋯⋯鲁　凡

笑⋯⋯⋯⋯⋯⋯⋯⋯⋯⋯⋯⋯⋯⋯⋯成晓辉

金镯子⋯⋯⋯⋯⋯⋯⋯⋯⋯⋯⋯⋯⋯董蓓敏

1＝12⋯⋯⋯⋯⋯⋯⋯⋯⋯⋯⋯⋯⋯于鹤翔

拉链皮包⋯⋯⋯⋯⋯⋯⋯⋯⋯⋯⋯⋯焦祖尧

好哥俩重逢⋯⋯⋯⋯⋯⋯⋯武宝生　孟彩芳

讣告⋯⋯⋯⋯⋯⋯⋯⋯⋯⋯⋯⋯⋯⋯胡开祺

美⋯⋯⋯⋯⋯⋯⋯⋯⋯⋯⋯⋯⋯⋯⋯欧　虹

小说论丛

发展的微型小说⋯⋯⋯⋯⋯⋯⋯⋯⋯茹志鹃

关于"微型"的沉思⋯⋯⋯⋯⋯⋯⋯蒋子龙

给社会的前进以助力⋯⋯⋯⋯⋯⋯⋯谢永旺

最初的标记和光彩⋯⋯⋯⋯⋯⋯⋯⋯吴泰昌

"辞达而理举，无取乎冗长"⋯⋯⋯⋯缪俊杰

崛起兴旺　勃勃生机⋯⋯⋯⋯⋯⋯⋯韦　啸

首届"全国微型小说大赛"评奖揭晓⋯本刊记者

《黄梅雨》的艺术成就与历史小说的创作⋯华　亮

封面设计⋯⋯⋯⋯⋯⋯⋯⋯⋯⋯⋯⋯陆震伟

小舟（水粉）（封三）⋯⋯⋯⋯⋯⋯李海山

渔岛山庄的银色（油画）⋯⋯⋯⋯⋯王宇明

作家近影（封二）

在深渊之上（油画）（封四）⋯⋯⋯[法]高　更

1986 年第 3 期　刊名:《小说界》

目录

第二届《小说界》作品奖（1984—1985）获奖作品名单

自述体小说

从复旦到北影⋯⋯⋯⋯⋯⋯⋯⋯⋯⋯梁晓声

喀戎的挣扎

——评荐梁晓声《从复旦到北影》⋯⋯鲍　昌

中篇小说

沉寂的五岔沟⋯⋯⋯⋯⋯⋯⋯⋯⋯⋯莫　伸

签证（下）⋯⋯⋯⋯⋯⋯⋯⋯⋯⋯⋯程乃珊

春光明媚⋯⋯⋯⋯⋯⋯（维吾尔族）祖尔东·萨比尔

家庭奏鸣曲⋯⋯⋯⋯⋯⋯⋯⋯⋯⋯⋯刘阳春

短篇小说

最大限度的合理冲撞⋯⋯⋯⋯⋯雷国维　关莛安

字——一单三部结构小品（探索性小说）⋯刘索拉

争夺晨曦的大兵⋯⋯⋯⋯⋯⋯⋯⋯⋯张生仁

啊！沙溪⋯⋯⋯⋯⋯⋯⋯⋯⋯⋯⋯陈正国

黄昏⋯⋯⋯⋯⋯⋯⋯⋯⋯⋯⋯⋯⋯彭东明

微型小说

可以告人之事⋯⋯⋯⋯⋯⋯⋯⋯⋯朱士奇

⊙的故事⋯⋯⋯⋯⋯⋯⋯⋯⋯⋯⋯冀彤军

"乾隆御品九味酒"（外一篇）⋯⋯⋯沈学强

来去匆匆⋯⋯⋯⋯⋯⋯⋯⋯⋯⋯⋯邢　可

多瞥了一眼⋯⋯⋯⋯⋯⋯⋯⋯⋯⋯高勇进

烟荒⋯⋯⋯⋯⋯⋯⋯⋯⋯⋯⋯⋯⋯魏心宏

录音⋯⋯⋯⋯⋯⋯⋯⋯⋯⋯⋯⋯⋯赵诚森

墙上的吻⋯⋯⋯⋯⋯⋯⋯⋯⋯⋯⋯肖　强

灯⋯⋯⋯⋯⋯⋯⋯⋯⋯⋯⋯⋯⋯⋯王鲁彦

邻居⋯⋯⋯[奥地利]弗·卡夫卡著　高　巍译

一篇多面小说⋯⋯[美]凯特·戴维森著　沈益洪译

小说论丛

《探索小说集》序言⋯⋯⋯王　蒙　严文井　茹志鹃

当代小说：一次探索的新浪潮

——对一种文学现象的描述、分析与评价

⋯⋯⋯⋯⋯⋯⋯⋯⋯⋯⋯⋯吴　亮　程德培

艺术表现手法的融汇和创造

——读《古尔特的精灵》⋯⋯⋯⋯⋯徐启华

封面设计⋯⋯⋯⋯⋯⋯⋯⋯⋯⋯⋯⋯陆震伟

封二　作家近影

封三　国画⋯⋯⋯⋯⋯⋯⋯⋯⋯⋯⋯程十发

封底　穆安西桥⋯⋯⋯⋯⋯⋯⋯⋯[法]塞　尚

1986 年第 4 期　刊名:《小说界》
目录

上海文艺出版社关于设立"长篇小说大奖"的决定

长篇小说
橄榄——为"国际和平年"而作⋯⋯⋯⋯朱春雨

中篇小说
心旌，为什么飘摇⋯⋯⋯⋯⋯⋯⋯邹志安
考察团即将出发⋯⋯⋯⋯⋯⋯⋯⋯崔　桦
黑泥（纪实小说）
——血战台儿庄⋯⋯⋯⋯四　海　生　义

短篇小说
今夕是何年⋯⋯⋯⋯⋯⋯⋯⋯⋯⋯王小鹰

微型小说
母亲的土地⋯⋯⋯⋯⋯⋯⋯⋯⋯⋯万志坚
那辆红色的嘉陵⋯⋯⋯⋯⋯⋯⋯⋯陈慧君
两份悼词⋯⋯⋯⋯⋯⋯⋯⋯⋯⋯⋯吴时朝
保证⋯⋯⋯⋯⋯⋯⋯⋯⋯⋯⋯⋯⋯海　笑
命运：流动的色彩⋯⋯⋯⋯⋯⋯⋯王青伟
暴雨之夜⋯⋯⋯⋯⋯⋯⋯⋯⋯⋯⋯蔡国强
万能事例⋯⋯⋯⋯⋯⋯⋯⋯⋯⋯⋯史　霄
感冒⋯⋯⋯⋯⋯⋯⋯⋯⋯⋯⋯⋯⋯尹明华
瞄准——选好提前量⋯⋯⋯⋯⋯⋯钟光荣
雨伞⋯⋯⋯⋯⋯⋯⋯⋯⋯⋯⋯⋯⋯吴忠民
高尚之士⋯⋯⋯⋯⋯⋯⋯⋯⋯⋯⋯甄正难
蚀⋯⋯⋯⋯[西班牙]奥·蒙特罗素著　高健民译
本刊隆重举行第二届《小说界》作品奖授奖仪式
"小说创作座谈会"纪要
封　面　设计⋯⋯⋯⋯⋯⋯⋯⋯⋯方　昉
封二　创作座谈会剪影
封三　唐诗画意（国画）⋯⋯⋯⋯冷　宏
封底　退潮的海滩⋯⋯⋯⋯⋯⋯[法]博纳尔

短篇小说
Z 城小站的经历⋯⋯⋯⋯⋯⋯⋯⋯王　蒙
萨哈连乌拉⋯⋯⋯⋯⋯⋯⋯⋯⋯⋯张笑天
天南地北——留美故事之四⋯⋯⋯小　楂

作家信息窗
公开的汇报⋯⋯⋯⋯⋯⋯⋯⋯⋯⋯戴厚英
艺术的殉难者——卡夫卡特写之一⋯叶廷芳

小说论丛
长篇创作大突破的先兆——赞耐嚼的《橄榄》
⋯⋯⋯⋯⋯⋯⋯⋯⋯⋯⋯⋯⋯⋯晓　江
努力开拓艺术思维的空间——评朱春雨的长篇新作
《橄榄》⋯⋯⋯⋯⋯⋯⋯⋯⋯⋯何镇邦
论陈村⋯⋯⋯⋯⋯⋯⋯⋯⋯⋯⋯⋯杨遗华

探索性作品
灰色的云⋯⋯⋯⋯⋯⋯⋯⋯⋯⋯⋯胡　刚
老年瘢⋯⋯⋯⋯⋯⋯⋯⋯⋯⋯⋯⋯蔡应律
黑裙子⋯⋯⋯⋯⋯⋯⋯⋯⋯⋯⋯⋯祁力嘉

微型小说
一丝清风⋯⋯⋯⋯⋯⋯⋯⋯⋯⋯⋯姜贻斌
鱼眼纽扣⋯⋯⋯⋯⋯⋯⋯⋯⋯⋯⋯张执任
河边约会⋯⋯⋯⋯⋯⋯⋯⋯⋯⋯⋯白小易
水塔幽灵⋯⋯⋯⋯[日]筒井康隆作　吴鸿春译
重要启事·本刊明年改为邮局发行
"五角丛书"向社会征稿
上海文艺出版社
上海文化出版社
读者俱乐部启事
封面设计⋯⋯⋯⋯⋯⋯⋯⋯⋯⋯⋯方　昉
秋溪（国画）（封二）⋯⋯⋯⋯⋯张　渊
湖滨渔家（国画）⋯⋯⋯⋯⋯⋯⋯蒯大江
风景（油画）（封三）⋯⋯⋯⋯⋯侯　宁
风水树（水粉）⋯⋯⋯⋯⋯⋯⋯⋯蔡国强
阿让特伊的塞纳河（油画）（封底）⋯[法]雷诺阿

1986 年第 5 期　刊名:《小说界》
目录

长篇小说
四一二·上海滩·张春桥⋯⋯⋯⋯胡月伟

中篇小说
沙狐⋯⋯⋯⋯⋯⋯⋯⋯⋯⋯⋯⋯⋯李本深
李庄谈心公司⋯⋯⋯⋯⋯⋯⋯⋯⋯陈　村
多面神⋯⋯⋯⋯⋯⋯⋯⋯⋯⋯⋯⋯克　非

1986 年第 6 期　刊名:《小说界》
目录

中篇小说
狐幻⋯⋯⋯⋯⋯⋯⋯⋯⋯⋯⋯⋯⋯冯苓植
布罗肯幽灵⋯⋯⋯⋯⋯⋯⋯⋯⋯⋯刘宏伟
东方的云——留学生楼纪事⋯⋯⋯陈　洁
洪家大屋⋯⋯⋯⋯⋯⋯⋯⋯⋯⋯⋯彭见明

外国小说

日瓦戈医生（长篇）·······················[苏]鲍里斯·
帕斯捷尔纳克著　童宪刚　刘同英译
帕斯捷尔纳克和《日瓦戈医生》·····················光　青

现代小说

天书代存····························老　舍　少　侯
老舍与《天书代存》····················张　伟　黄志伟

短篇小说

萃华街记事（五篇）··························鲍　昌
如花的妩媚（两篇）··························张　放
绿萼································姜　滇
八大金刚·······························章世添

小说论丛

《橄榄》笔谈····························宋耀良
陈思和　白　桦　顾晓鸣　王沪宁　郭焰烈　郑　锽

微型小说

克里姆林宫的雪··························邓开善
"雅努斯思维"···························郭爱玲
两个女人和……··························冯　骏
洗手水································新　学
邂逅································浩　林
一篇小说·······························汤祥龙
茶垢································姜贻伟
脚底下的大钞······················（中国台湾）陈嘉宗
那时···········[联邦德国]H.M.安岑贝格作　高巍译
重要启事·本刊明年改为邮局发行
封面设计·······························方　昉
封二　黄山烟云图（国画）····················钱光新
封三　桔黄色的秋（水粉）····················杨顺泰
月牙儿（油画）··························周加华
封底　遇险（油画）·······················[法]克罗斯

1987 年第 1 期　刊名:《小说界》
目录

本刊特稿

大上海啊……······················赵丽宏　吴礽六

中篇小说

黑洞································莫应丰
方生方死·······························黄蓓佳
阿 Q 后传·······························刘　金

作家信息窗

熟悉而又陌生的苏联························白　桦

外国小说

日瓦戈医生（长篇）·····················[苏]鲍里斯·
帕斯捷尔纳克著　童宪刚　刘同英译

微型小说

商场································胡迅雷
离婚案一列·······························璞　玉
口号································马秀佩
黑海暗声····················[日]生岛治郎作　吴鸿春译

短篇小说

弊扭································李国文
红蚂蚁（上）····························小　楂
减去十岁和加上十岁·······················高勇进
街道与钟楼·······························李庆西
场景 ABC·······························树　棻
中暑·························（蒙古族）卓·格赫
婚礼弥撒·······························袁　军
秋夜的热风·······························韩建东

新潮录

意识、抑制与抑制之解除···············[美]E.弗洛姆

小说论丛

小说：从多元并峙到多元融汇···················陈骏涛
小说的综合艺术效应·······················李兆忠
新时期小说形态的发展·······················陈　墨
对文化符号进行重新编码·····················孟　悦
对传统审美心理结构的挑战·····················李以建
封面设计·······························方　昉
《初始》之四（油画）（封二）··················李　山
追求失去的世界（油画）（封三）··················游　军
丛林中的护林员屋舍（油画）（封底）
·····················[德]卡尔·布赫霍尔茨

1987 年第 2 期　刊名:《小说界》
目录

纪实小说

爱的祭奠——潘汉军和董慧·····················谭元亨
附:《例外》·······························潘汉年

中篇小说

鸟树下································叶　华
阿环的船·······························李杭育

红楼灰楼 ……………………………… 成　平
少妇恋 ………………………………… 叶　辛

短篇小说
脸谱·面相 …………………………… 张石山
带红斑的鳕鱼 ………………………… 修晓林
落红 …………………………………… 张昌华
红蚂蚁（中） ………………………… 小　楂

微型小说
月是故乡明 …………………………… 邓开善
谐谑组曲 ……………………………… 牛志强
书为媒 ………………………………… 徐静静
雨丝缠绵 ……………………………… 赵晓玲

外国小说
日瓦戈医生（长篇） ……………… [苏] 鲍里斯·
帕斯捷尔纳克著　童宪刚　刘同英译

作家信息窗
出洋随笔 ……………………………… 陈　村
封面设计 ……………………………… 方　昉
根（油画）（封二） ………………… 陈创洛
空幻（国画）（封三） ……………… 方　昉
呼吸（油画） ………………………… 健　君
仲夏的栗树林荫道（油画）（封底）
…………………………… [德] 克·罗尔夫斯

1987 年第 3 期　刊名:《小说界》
目录

中篇小说
孖老汉 ………………………………… 陆　野
告别绿蓝 ……………………………… 陈继光
戈壁大叔的自我否定之否定 ………… 汪浙成　温小钰
交易 …………………………………… 树　棻
西北望 ………………………………… 奚　青
东墙上的大窗 ………………………… 徐朝夫
托福 …………………………………… 刘以浦

短篇小说
黑森林 ………………………………… 刘西鸿
回头是岸 ……………………………… 马　原
五层楼下的洞穴世界 ………………… 聂鑫森
阿婆 …………………………………… 樊祥达

作家信息窗
华盛顿印象 …………………………… 张笑天

海外华人作家选萃
七色花水 ………………… [马来西亚] 商晚筠
季妓 ……………………… [马来西亚] 商晚筠
商晚筠和她的两篇小说 ……………… 李子云

微型小说
笔记 …………………………………… 陈琪友
怜悯 …………………………………… 朱士奇
长寿图 ………………………………… 周　渺
青青子衿 ……………………………… 陈慧君
反差 …………………………………… 濮本林
失眠 …………………………………… 石　岱
异样 …………………………………… 杜宝群
封面设计 ……………………………… 方　昉
封二　岁（国画） …………………… 胡永凯
烟云图（国画） ……………………… 陈宛平
漓江夜色（国画） …………………… 葛彬尧
封三　广告
封底　树下的收割者（油画）
………………………… [法] 让·巴·卡·柯罗

1987 年第 4 期　刊名:《小说界》
目录

长篇小说
挑战（自传体小说）
………………… 杨　刚　陈冠商译　卢豫冬校
关于《挑战》 ………………………… 爱泼斯坦
《挑战》校译后记 …………………… 卢豫冬

中篇小说
碉堡——《饥饿综合症》之二 ……… 蒋子龙
三眼纹——《百色人等》系列 ……… 叶文玲
幽灵 …………………………………… 张重光

短篇小说
吃（访旧·迎宾·烙饼） …………… 王　蒙
如花的妩媚（成婚·驴妄） ………… 张　放
黄蒙蒙的头盔 ………………………… 郭爱玲
窃笑 …………………………………… 脚　印
夏兰开过 ……………………………… 方　了
光屠夫（窑山风情录） ……………… 姜贻斌
竹 ……………………………………… 许　淇

微型小说
斗牛 …………………………………… 夏荫祖
讽刺戏剧家和一观众的对话 ………… 汤祥龙
分神 …………………………………… 方　蕤

得奖以后⋯⋯⋯⋯⋯⋯⋯⋯⋯⋯⋯彭 达
全"新"画派⋯⋯⋯⋯⋯⋯⋯⋯⋯郭新民
春寒⋯⋯⋯⋯⋯⋯⋯⋯⋯⋯⋯⋯薛友津
叶⋯⋯⋯⋯⋯⋯⋯⋯⋯⋯⋯⋯⋯璞 玉
签名簿⋯⋯⋯⋯⋯⋯⋯⋯⋯⋯⋯尹明华
座位⋯⋯⋯⋯⋯⋯⋯⋯海 笑 曙 红
工棚⋯⋯⋯⋯⋯⋯⋯⋯⋯⋯⋯⋯朱光雪
并非健忘⋯⋯⋯⋯⋯⋯⋯⋯⋯⋯刘国芳
合作⋯⋯⋯⋯⋯⋯⋯⋯⋯⋯⋯⋯李忠效

小说论丛
科学——现实——小说
⋯⋯⋯⋯⋯[苏]A.兹维列夫著 吴国璋摘译
封面设计⋯⋯⋯⋯⋯⋯⋯⋯⋯⋯方 昉
庆贺上海文艺出版社(封二)成立三十五周年
⋯⋯⋯⋯⋯⋯⋯⋯⋯⋯⋯⋯⋯韩天衡
街口(丙烯画)(封三)⋯⋯⋯⋯黄阿忠
小楼(水彩画)⋯⋯⋯⋯⋯⋯⋯徐元章

1987 年第 5 期　刊名:《小说界》
目录

中篇小说
永不忏悔⋯⋯⋯⋯⋯⋯⋯⋯⋯⋯张抗抗
埋在清波下的遗憾⋯⋯⋯⋯⋯⋯张笑天
红褐土 红褐土⋯⋯⋯⋯⋯⋯⋯严啸建
第二战场——上海屋檐下⋯⋯⋯汪 磊
寄自 America 的一束信札
——一个"第三者"的自述⋯⋯⋯⋯刘巽达

短篇小说
故事⋯⋯⋯⋯⋯⋯⋯⋯⋯⋯⋯⋯陈 村
孤老太⋯⋯⋯⋯⋯⋯⋯⋯⋯⋯⋯沈乔生
硬派歌星⋯⋯⋯⋯⋯⋯⋯⋯⋯⋯李 晓
外孙女⋯⋯⋯⋯⋯⋯⋯⋯⋯⋯⋯高 缨
火海中的小站
——来自大兴安岭特大森林火灾区的报告 璞 玉
空祭⋯⋯⋯⋯⋯⋯⋯⋯⋯⋯⋯⋯江 浩
从这往前是前线⋯⋯⋯⋯⋯⋯⋯张生仁

作家信息窗
西德散记⋯⋯⋯⋯⋯⋯⋯⋯⋯⋯赵长天
墨西哥城之夜⋯⋯⋯⋯⋯⋯⋯⋯赵丽宏

微型小说
呼唤⋯⋯⋯⋯⋯⋯⋯⋯⋯(白族)那家佐
老"小凌"⋯⋯⋯⋯⋯⋯⋯⋯⋯黄嘉言
童趣⋯⋯⋯⋯⋯⋯⋯⋯⋯⋯⋯⋯钟光荣

定律?⋯⋯⋯⋯⋯⋯⋯⋯⋯⋯⋯黄飞珏
泥壶⋯⋯⋯⋯⋯⋯⋯⋯⋯⋯⋯⋯李本深
驯服工具⋯⋯⋯⋯⋯⋯⋯⋯⋯⋯钱家璜
南山牌啤酒和西风牌牙膏⋯⋯⋯汤祥龙
梆声⋯⋯⋯⋯⋯⋯⋯⋯⋯⋯⋯⋯倪蓉棣
怪棋⋯⋯⋯⋯⋯⋯⋯⋯⋯⋯⋯⋯中 跃
敲门记⋯⋯⋯⋯⋯⋯⋯⋯⋯⋯⋯盛新阳
十二岁那一年⋯⋯⋯⋯(中国台湾)阿 盛
初秋⋯⋯⋯⋯[美]兰·休士著 高健民译
公平的评价⋯⋯[苏]法·沙戈林著 刘圣然译
路⋯⋯⋯⋯⋯⋯⋯⋯⋯⋯⋯⋯⋯冀彤军
十元钱⋯⋯⋯⋯⋯⋯⋯⋯⋯⋯⋯凌鼎年

孤本明清小说丛钞
李渔小说二则
美男子避惑反生疑
妻妾抱琵琶梅香守节
博采众生相 谱作《无声戏》
——李渔《无声戏》与《连城璧》⋯⋯胡从经
本刊即将举办第二届全国微型小说大赛
封面设计⋯⋯⋯⋯⋯⋯⋯⋯⋯⋯方 昉
封二 无题(油画)⋯⋯⋯⋯⋯⋯张恩卫
快餐厅(油画)⋯⋯⋯⋯⋯⋯⋯洪基杰
封三 广告
封底 加贝尔村街景(油画)⋯⋯[法]保罗·图贝克

1987 年第 6 期　刊名:《小说界》
目录

本刊举办第二届全国微型小说大赛启事

长篇小说
曲里拐弯⋯⋯⋯⋯⋯⋯⋯⋯⋯⋯邓 刚
关于《曲里拐弯》——编者与作者的对话

中篇小说
洋船屋⋯⋯⋯⋯⋯⋯⋯⋯⋯⋯⋯曹玉模
上山⋯⋯⋯⋯⋯⋯⋯⋯⋯⋯⋯⋯吴 强
天路历程——一个留学生的故事⋯易 丹

短篇小说
小把戏⋯⋯⋯⋯⋯⋯⋯⋯⋯⋯⋯何立伟
失落⋯⋯⋯⋯⋯⋯⋯⋯⋯⋯⋯⋯王英琦

微型小说
谅解⋯⋯⋯⋯⋯⋯⋯⋯⋯⋯⋯⋯于伯生
吃了一口酱牛肉⋯⋯⋯⋯⋯⋯⋯吴金良
九级浪⋯⋯⋯⋯⋯⋯⋯⋯⋯⋯⋯邓开善
教室里的空座位⋯⋯⋯⋯⋯⋯⋯尹明华

苍蝇或人的故事 ……………………… 赵健雄
夫妻 ……………………………………… 祝子平
狗 ………………………………………… 周膺
积雪 ………………………………… 苇舫 吴晓
车祸 ……………………………………… 朱士奇
运动 ……………………………………… 凡响
升天 ……………………………………… 罗雀
嗅觉 ……………………………………… 高低

小说论丛
回忆杨刚片断 …………………………… 徐铸成
斯人至刚，斯文至真——读杨刚的《挑战》 … 江曾培
封面设计 ………………………………… 方昉
封二　姑苏夜朦胧（国画）……………… 沈坚毅
生之源（国画）………………………… 贺焜
封三　川情（油画）…………………… 袁银昌
夏日（油画）…………………………… 陈建强

1988 年第 1 期　刊名:《小说界》
目录

传记文学
巴金传——四川老家 …………………… 徐开垒

中篇小说
曼娜舞蹈教室 ………………（中国台湾）黄凡
黑潮 ……………………………………… 彭瑞高
一个女子的征婚启事 …………………… 夏真
困惑——青春期感情问题 ……………… 谷应

短篇小说
没意思的故事（三题）………………… 李国文
膏药·天问·钥匙
如花的妩媚（六题）…………………… 张放
牛肺·舞鞋·马皮·人工·
烟霞黄昏·挂花之猎

留学生文学
水床 ……………………………………… 小楂
我在巴黎的艺术生活 …………………… 李金发
"留学生文学"座谈纪要 ……………… 纽约晨边社

第二届全国微型小说大赛专辑
纸钱 ……………………………………… 祝子平
培鲁 ……………………………………… 丰晓梅
排队 ……………………………………… 新学
人兽 ……………………………………… 周志俊
纤绳 ……………………………………… 潘大明

创作之要 ………………………………… 高勇进
采菱女 …………………………………… 王明义
来，喝! ………………………………… 丁肃清
米黄色的凡立丁 ………………………… 王晓玉
挚情 ……………………………………… 萧薇
二六车、红绸子 ………………………… 孟翔勇
"大"主编 ……………………………… 于伯生
舞会 ……………………………………… 刘熙祖
主任病了 ………………………………… 羊茴
缺席者 …………………………………… 石岱
蟋蟀 ……………………………………… 缪国庆
无名指 …………………………………… 徐小秋
瞬间 ……………………………………… 肖强

作家信息窗
他们来自台湾 …………………………… 张抗抗
访加人物速写 …………………………… 孙颙
首都作家评论家座谈《皖南事变》
湖南省作协与本刊编辑部联合召开《鸟树下》讨论会
本刊评奖启事
本社读者俱乐部评选揭晓

1988 年第 2 期　刊名:《小说界》
目录

传记文学
巴金传——巴黎钟声 …………………… 徐开垒

中篇小说
东方的神 ………………………………… 蔡测海
神水 ……………………………………… 李本深
光环及享乐主义的平原 ………………… 刘家琨
七十三家房客 …………………………… 张奇能

短篇小说
老外：时间就是金钱 …………………… 奚青
门背后的脸皮 …………………………… 榴红
阿兰屯风情（六题）…………………… 居延
正月灯　二月花　三月鱼　四月风　五月旱　六月雨
家乡情（二题）
小河·初春夜 …………………………… 彭东明
山姑　空月 ……………………………… 郭爱玲
人往高处走 ……………………………… 天澄
刘三爷 …………………………………… 吴志实

留学生文学
底牌 ……………………………………… 王渝
红蚂蚁（下篇）………………………… 小楂

小说论丛
《重放的鲜花》新版代序
————王　蒙　刘宾雁　陆文夫　流沙河

作家信息窗
自由者路上的摇滚——访美手记————韩少功
泰国漫游（二题）————艾明之

第二届全国微型小说大赛专辑
一天————沙漠子
钓鱼————凌鼎年
加急电报————雨　行
老党————荒　原
傻全和他的爹————王志耕
正常　登上九佛山————白小易
真与假————程天保
告密————克　非
河口————胡　刚
并非黑色幽默————傅振川
消息闭塞人士————钱家璞
熄灯一分钟————吉万玉
结尾————张重光
获奖者————陆景林
S君的发明————粟周熊
存银行————晗　兰
相面————子　干
香港女记者采访死人————璞　玉
阿五与阿六————沈学强
城市人————燕　燕
痰————余小惠
三人行————艾智杰
"呼丝"艺术————宋继大
竞选————肖振华
荒诞剧《评奖》————法　兰
封面设计————方　昉
封二《月下》————何礼蔚
封三《红衣女》————张培成

1988 年第 3 期　刊名:《小说界》
目录

本刊专访
刘宾雁谈当代文学及其他——刘宾雁访美前夕接受本刊专访

传记文学
巴金传——燃烧的热情与千万颗读者的心————徐开垒

长篇小说
荣誉的十字架————张士敏

中篇小说
魔钥匙————叶　牟
来自星辰的叹息————傅　星

短篇小说
成————魏志远
上上下下————赵长天
难醒的梦————黄维群
小说二题————蔡应律
夏夜·晚风
宫轩和他的朋友————全学玲
嘉峪关————脚　印
海外华人作家作品选粹
假笑————［菲律宾］施约翰
施约翰和他的小说《假笑》————李子云

第二届全国微型小说大赛专辑
位子————吴文捷
老木————吴金良
女强人日记————裴立新
因祸得福————朱　奎
我是对的————朱　奎
硬拳胡宗葆————邵宝健
怪柱————中　跃
泥鳅，泥鳅?————张东辉
朋友————徐小秋
死因不明————施根荣
进口药————汤祥龙
侵晨的月亮————戴智生
魔鬼————徐静静
六神丸————许幸儿
领导批示————张小玲
雨中————濮本林
小巷悠悠情————陈慧君
失踪的白鸽————夏荫祖
旋律————孙柏昌
莫衷一是————许　行
外婆的贺礼————路　畅
刘四老爹和漏斗巷与灯————郝志华
芳邻————李伦新
无桅船————袁顺华
归————刘尔承
"停职检查"————蔡良基
淮河边对话————姜　安
瓦盆————孔强新
求路————李文玲

讹传的威力……………………李 江
"灵魂"和"肉体"…………………陈 颖
封面设计…………………………方 昉
封二 李游宇 国画
封三 许音彩墨画

1988 年第 4 期　刊名:《小说界》
目录

本刊特稿
面对一万个"？"——
关于上海"大滑坡"的报告…………孙 颙
许德民　孙泽敏　仇学宝　吴纪椿　崔以琳　江 迅
钱勤发　彭瑞高　蒋丽萍

中篇小说
男子汉们…………………………关 鸿
办公室春秋………………………郑 芸

传记文学
巴金传——在鲁迅的旗帜下………徐开垒

短篇小说
独角羊……………………………姜贻斌
月下………………………………欧阳昱
一夜无梦…………………………方 了
鬼海·鬼鳐·鱼贼………………黄康俊

留学生文学
卜琳………………………………易 丹

海外华人作家作品选粹
姐妹吟………………………[美]於梨华
於梨华和她的小说《姐妹吟》………李子云

小说论丛
山不高在 有仙则名
——《中外名家微型小说大赛》序………江曾培

第二届全国微型小说大赛专辑(四)
纳闷儿……………………………贾兰芳
醒……………………………………李 江
青菜………………………………赵金禾
强者………………………………于国颖
唢呐吹来的女人…………………陈韶华
将军马……………………………王明义
门铃………………………………贾 剑
红蓝黑白…………………………海 芹
句号………………………………冯 森
闹灯记………………………（白族）那家佐
大作………………………………葛 磊
茶品………………………………长 明
……的前奏………………………赵和平
生之旅……………………………缪毅容
秤的学问…………………………孙浩东
漂亮的耳朵…………………（回族）沙蠡农
"制名"作家………………………陆 泰
书稿………………………………罗 思
上帝的安排………………………孙炳华
纯洁………………………………朱晓琳
春联………………………………糜明理
你告诉我…………………………吴金良
古瓷………………………………曹治泉
名人………………………………查心役
高升………………………………戴长鑫
马背上的太阳……………………倪蓉棣
请客………………………………张 斌
无题………………………………杨宏英
来娣………………………………陆 挺
鼠…………………………………段国圣
她……………………………………卜方明
红点………………………………李华阳
女人…………………………………[美]罗 英
封面设计…………………………方 昉
未见的地平线（油画）（封二）
带白布的静物（油画）……………姜建忠
天地之间（丙烯画）（封三）
朱云龙西塘桥（油画）……………黄世坚
鸟葡图（国画）（封底）……………汤兆基

1988 年第 5 期　刊名:《小说界》
目录

第三届《小说界》作品奖（1986—1987）获奖作品
名单
评选座谈纪要
第二届全国微型小说大赛获奖作品名单
评委的话…………………………鲍 昌
吴泰昌　李国文　缪俊杰　茹志鹃　郑礼滨　江曾培
李春林　王保民

短篇小说
虼蚤老五…………………………李庆西
残雪短篇小说两篇………………残 雪
草上飞民歌（四则）………………张 放
一无所获…………………………苏 童

中篇小说

一个父亲的童话····················翁新华

留学生文学

牛皮303····················戴 舫

快慰的惊讶····················赵丽宏

关于"边缘人"的通信········小 楂 唐翼明 于仁秋

传记文学

巴金传——烽火友情····················徐开垒

第二届全国微型小说大赛专辑（五）

岳跛子····················叶大春

海证····················王维刚

荒诞年月····················傅振强

伞····················袁金颖

风雨····················孙泽敏

雪原之精灵····················郭海青

新招····················阿 勇

海螃蟹····················徐 芳

缘起和悬念····················顾 琏 纪子

病变····················恚 鸢

之间是……····················桂兴华

伍分硬币····················李光平

此处禁止小解····················陈立新

情书····················王 勤

透明度····················范 浦

举贤····················蔡家骏

金戒指····················蒯春生

罚款的意外····················彭 达

拜年····················姜胜群

随想曲····················方 方

职业定理····················黄小平

黄鹂····················施家齐

第八个台阶····················李肖波

家祭····················袁士祥

青年与碑····················赵 钊

公园的一角····················马继伟

封面设计····················方 昉

乡情（封二）····················葛春学

生命奏鸣曲（封三）····················赵 兵

水乡····················管伟骏

树的奏鸣曲（封底）····················毕国勤

1988 年第 6 期　刊名:《小说界》
目录

本刊特稿

苍茫中国····················胡 平 张胜友

中篇小说

旗下——"一个早晨和三个故事"之一··········周梅森

晚歌····················西 风

示威····················（中国台湾）黄 凡

"白祸"····················傅小渝

短篇小说

落叶····················陈小初

红马····················胡太玉

黑屋····················胡太玉

传记文学

巴金传——期待····················徐开垒

周作人失足以后····················倪墨炎

微型小说

问号····················张玉婷

苦果····················珍 尔

癌····················梁化乐

摔摊记····················李卫中

无敌足球队····················王 浩

红灯····················石 岱

外国小说

动物农庄··········[英]乔治·奥威尔著　景凯旋译

封面设计····················方 昉

封二 小镇····················张恩卫

构成····················范东旺

1989 年第 1 期　刊名:《小说界》
目录

长篇小说

未到犯罪年龄····················邓 刚

本刊特稿

他山攻玉——中国留日学生心态··········吴民民

留学生文学

再见，亲爱的美国佬····················坚 妮

天涯寂寞人····················[澳大利亚]江静枝

哑巴亏
算命记
留学生文学座谈纪要

此岸文踪
"边缘人"的视界和心音
——关于留学生文学的通信⋯⋯⋯⋯⋯曾镇南

"上海人一日"征文
闲人的滋味⋯⋯⋯⋯⋯⋯⋯⋯⋯⋯金　琦
浦东行⋯⋯⋯⋯⋯⋯⋯⋯⋯⋯⋯⋯汪道涵
导演手记⋯⋯⋯⋯⋯⋯⋯⋯⋯⋯⋯史蜀君
隧道贯通这一天⋯⋯⋯⋯⋯⋯⋯⋯钱达仁
难忘的十月四日⋯⋯⋯⋯⋯⋯⋯⋯尹明华
敬老日⋯⋯⋯⋯⋯⋯⋯⋯⋯⋯⋯⋯陈玉燊
炼"钢"手自白⋯⋯⋯⋯⋯⋯⋯⋯⋯谢　咏
在铃木盒饭公司⋯⋯⋯⋯⋯⋯⋯⋯任大霖
一天的生意⋯⋯⋯⋯⋯⋯⋯⋯⋯⋯祝子平
难得一个星期天⋯⋯⋯⋯⋯⋯⋯⋯高宗智
西出阳关⋯⋯⋯⋯⋯⋯⋯⋯⋯⋯⋯隋心惠

微型小说
门缝、末班车⋯⋯⋯⋯⋯⋯⋯⋯⋯余　炜
米粉⋯⋯⋯⋯⋯⋯⋯⋯⋯⋯⋯⋯⋯邓开善
扁担王⋯⋯⋯⋯⋯⋯⋯⋯⋯⋯⋯⋯金　峰
简单的故事⋯⋯⋯⋯⋯⋯⋯⋯⋯⋯王　琨
天意⋯⋯⋯⋯⋯⋯⋯⋯⋯⋯⋯⋯⋯沈学强
彩照⋯⋯⋯⋯⋯⋯⋯⋯⋯⋯⋯⋯⋯王维刚
结石⋯⋯⋯⋯⋯⋯⋯⋯⋯⋯⋯⋯⋯施大光
环城长跑赛⋯⋯⋯⋯⋯⋯⋯⋯⋯⋯王明义
张猛·丽娜⋯⋯⋯⋯⋯⋯⋯⋯⋯⋯郝志华
法官⋯⋯⋯⋯⋯⋯⋯⋯作者：K　译者：顾亚星

1989 年第 2 期　刊名:《小说界》

目录

中篇小说
重轭——"一个早晨和三个故事"之二⋯周梅森
张副教授⋯⋯⋯⋯⋯⋯⋯⋯⋯⋯⋯陈　村
梦遗⋯⋯⋯⋯⋯⋯⋯⋯⋯⋯⋯⋯⋯李文岭
寻求心灵的呼应⋯⋯⋯⋯⋯⋯⋯⋯孙　颀
迷失在彩虹中⋯⋯⋯⋯⋯⋯⋯⋯⋯陆　棣
昨日的村庄⋯⋯⋯⋯⋯⋯⋯⋯⋯⋯吕运斌

短篇小说
玉兰树（外三题）⋯⋯⋯⋯⋯⋯⋯鲍　昌
怪火⋯⋯⋯⋯⋯⋯⋯⋯⋯⋯⋯⋯⋯周大新
山祭⋯⋯⋯⋯⋯⋯⋯⋯⋯⋯⋯⋯⋯邹　镇

草民（两题）⋯⋯⋯⋯⋯⋯⋯⋯⋯关汝松
绿窗幽梦⋯⋯⋯⋯⋯⋯⋯⋯⋯⋯⋯李伦新
高级饭店⋯⋯⋯⋯⋯⋯⋯⋯⋯⋯⋯庄东贤

留学生文学
名人老古和他的室友们⋯⋯⋯⋯⋯于　濛
晨边文学社的熹微之梦⋯⋯⋯⋯⋯孙泽敏

现代小说
王实味小说两篇⋯⋯⋯⋯⋯⋯⋯⋯王实味
王实味和他的小说⋯⋯⋯⋯⋯⋯⋯倪墨炎

"上海人一日"征文
家住龙华⋯⋯⋯⋯⋯⋯⋯⋯⋯⋯⋯余秋雨
艰难的日出⋯⋯⋯⋯⋯⋯⋯⋯⋯⋯张瑞发
和查理夫妇游上海⋯⋯⋯⋯⋯⋯⋯谢汶斌
我的踪迹⋯⋯⋯⋯⋯⋯⋯⋯⋯⋯⋯尚昌华
谁当社长⋯⋯⋯⋯⋯⋯⋯⋯⋯⋯⋯沈碧娟
一江之隔⋯⋯⋯⋯⋯⋯⋯⋯⋯⋯⋯唐鲁峰
空驶⋯⋯⋯⋯⋯⋯⋯⋯⋯⋯⋯⋯⋯蒋圣浩
寄自夏威夷的信⋯⋯⋯⋯⋯⋯⋯⋯戴　醒
谜底⋯⋯⋯⋯⋯⋯⋯⋯⋯⋯⋯⋯⋯方　方
入院⋯⋯⋯⋯⋯⋯⋯⋯⋯⋯⋯⋯⋯张添立
"妈妈"……⋯⋯⋯⋯⋯⋯⋯⋯⋯⋯高君珠

作家信息窗
访日点滴⋯⋯⋯⋯⋯⋯⋯⋯⋯⋯⋯王安忆

此岸文丛
向生命本能和生存本义的逼近
——谈近期长篇小说主题意向的深化⋯⋯⋯曾镇南

微型小说
歪脖子⋯⋯⋯⋯⋯⋯⋯⋯⋯⋯⋯⋯张福林
代价⋯⋯⋯⋯⋯⋯⋯⋯⋯⋯⋯⋯⋯汤祥龙
朱经理⋯⋯⋯⋯⋯⋯⋯⋯⋯⋯⋯⋯沈祖连
白亮⋯⋯⋯⋯⋯⋯⋯⋯⋯⋯⋯⋯⋯盛新阳
赵钱孙李⋯⋯⋯⋯⋯⋯⋯⋯⋯⋯⋯赵金禾
寂静的夜⋯⋯⋯⋯⋯⋯⋯⋯⋯⋯⋯艾智杰
四季歌⋯⋯⋯⋯⋯⋯⋯⋯⋯⋯⋯⋯程　远
透视⋯⋯⋯⋯⋯⋯⋯⋯⋯⋯⋯⋯⋯宋继大
选举⋯⋯⋯⋯⋯⋯⋯⋯⋯⋯⋯⋯⋯朱振国
寻找⋯⋯⋯⋯⋯⋯⋯⋯⋯⋯⋯⋯⋯杨建明
会审⋯⋯⋯⋯⋯⋯⋯⋯⋯⋯⋯⋯⋯鹿耀世
影子艺术⋯⋯⋯⋯⋯⋯⋯⋯⋯⋯⋯熊　鹰
封二　朱希、陈犇的油画作品

1989 年第 3 期　刊名:《小说界》
目录

中篇小说

洗礼——"一个早晨和三个故事"之三·········周梅森
都市的玫瑰·········唐　宁
河·········文　萍

留学生文学

此岸　彼岸·········孙　颙
印度滞留记·········杨　刚
关于《印度滞留记》·········郑光迪

本刊特稿

他山攻玉——中国留日学生心态（下卷）·········吴民民

短篇小说

街头"sketch"·········竹　林
选妻·········（中国香港）陈　娟
苦苦的桂花酒（"几度春秋"征文）·········桂兴华
一把烟丝（"几度春秋"征文）·········祝子平

传记文学

自我感觉良好·········王若望

"上海人一日"征文

求医记·········赵丽宏
访科技村·········刘振元
一天·········谢希德
金融界的故事·········刘金宝
晚报新闻值班室·········崔以琳
高校毕业生招聘见闻·········罗　洁
心事·········李伦新
今天是年初二·········马志成
偏见·自重·········凌孟轧
银行里的一天·········姚怀成

微型小说

8888 的故事·········傅振川
九爷·········傅　佳
未完·········徐德贤
瓷娃娃·········赵　冬
植物人·········吴仲翔
规格·········李声明
经验之谈·········王　勉
笑·········孙炳华
离婚·········贾　剑
面试瞬间·········新加坡　洪　生

边缘·········杨广宇
封二油画·········周长江
封三水粉画·········黄阿忠
封四油画·········许　音

1989 年第 4 期　刊名:《小说界》
目录

本刊特稿

阳光下最神圣的职业·········张晓林　张德明

中篇小说

潜移·········李心田
阿花·········王晓玉
末日笑话·········沈善增

短篇小说

三十年河东变河西·········权延赤
纯偶然事件·········李光斗
狭路·········彭瑞高
花谜·········丁晓禾
五色谱·········赵　玫
爱情故事·········蒋亶文
海的零碎叙事·········西　飏
背景（"几度春秋"征文）·········陈　洁
你还年轻（"几度春秋"征文）·········陈敏莉

留学生文学

电话里的朋友·········李　佩
朋友的丈夫·········夏　云
严力小说三篇·········（中国台湾）严　力

台湾小说

落山风·········（中国台湾）汪笨湖
汪笨湖其人其文·········赵丽宏

现代小说

性的屈服者·········张资平
关于张资平的短篇小说·········倪墨炎

"上海人一日"征文

在美军上校家作客·········陈　沂
发言，在人民大会堂·········陆景云
重到太平山下·········秦瘦鸥
远在天涯倍思亲·········王周生
等待新生儿·········潘大明
忏悔的日子·········曹正文
雨游·········章慧敏

蛮者的天下 ……………………………………… 唐小峰
脱下军装 10 年后 ………………………………… 高勇进

微型小说

台湾微型小说五篇（蔡君诚、张至璋、龙涛、苦芩、
黄美华）…………………………………………… 张亦辉
微型小说三题
生"活" …………………………………………… 黄小平
为了安装一只电铃 ……………………………… 粟周熊

小说论坛

学者、作家、记者纵论《巴金传》——对正拟着手创
作的下卷提出不少建设性意见
封二国画：张培成
封三油画：姜建忠
封四国画：陆春涛

1989 年第 5 期　刊名：《小说界》
目录

中篇小说

难以诉说 …………………………………………… 陈　洁
一个女人的一台戏 ……………………………… 陆星儿
大雾锁住船 ………………………………………… 郑荣华
阿妮达 ……………………………………………… 李硕儒
隐衷 ………………………………………………… 冯学敏

短篇小说

水夫 ………………………………………………… 赵和平
老五 ………………………………………………… 沈　刚
圣徒 ………………………………………………… 韩建东
教你如何不爱我及其二十七个字母 …………… 张奇能

留学生文学

老周的故事 ………………………………………… 于　濛
手足（外一篇）…………………………………… 王　渝

台港小说

椅子 ………………………………… （中国台湾）今　灵
附：王渝的推荐信

"上海人一日"征文

家门的开放 ………………………………………… 叶永烈
下午，逼迫我行动 ……………………………… 桂兴华
最后一班岗 ………………………………………… 范建平
今晚不演戏 ………………………………………… 孙徐春
樱花时节的一天 ………………………………… 孔卫平

外国小说

国际姑娘
………………… ［苏联］符拉基米尔·库宁著　刘宪平译

此岸文丛

婚姻形态中的生存悲喜剧
——三部中篇小说杂谈 ………………………… 曾镇南

微型小说

尺寸 ………………………………………………… 周德东
神奇的"稿酬" …………………………………… 艾智杰
游戏 ………………………………………………… 李建林
啊，末班车 ………………………………………… 李国祥
符 …………………………………………………… 项献平
苦笑 ………………………………………………… 谭光华
小灶披间的动静 ………………………………… 蔡其康
残酷的光明 ………………………………………… 李　涛
太阳·黄昏·人和鸟 …………………………… 孙功兵
木匣子 ……………………………………………… 倪蓉棣
封二　现代壁艺
封三　现代陶艺
封底　现代油画

1989 年第 6 期　刊名：《小说界》
目录

中篇小说

兽孩 ………………………………………………… 吴若增
环城电车 …………………………………………… 严　铮
穷人 ………………………………………………… 赵剑平
今天走得更远 ……………………………………… 方　了
柔道谣 ……………………………………………… 崔京生

短篇小说

困境 ………………………………………………… 吉学沛
远方的星辰 ………………………………………… 文　昕
镜像 ………………………………………………… 沈嘉禄
岛人笔记 …………………………………………… 赵丽宏
香玉 ………………………………………………… 倪蓉棣

留学生文学

重见米格尔 ………………………………………… 小　草
晚茶 ………………………………………………… 坚　妮

现代小说

苹果烂了 …………………………………………… 庐　隐
东京小品 …………………………………………… 庐　隐
英年早逝的女作家庐隐 ………………………… 倪墨炎

"上海人一日"征文

信任 —————————— 许锦根
闪亮的窗口 ————————— 史中兴
从零突破 —————————— 庄 泳
我在法国里昂国际博览会上 ——— 吴永林
在纽约采访的最后一天 ————— 孙泽敏
第一次徒步"长城" ————— 林景怡
我的家务 —————————— 张瑞芳
20年中的一天 ———————— 戴仁毅
在于双戈执行死刑的日子 ——— 杨一宇
雨中救中华鲟 ——————— 吴仲翔
苦等 ——————————— 郑凤森

外国小说

锦葵船蛸 ——————— ［澳］尼古拉斯·
周思著 杨国斌 林 岚译
作者后记——致中国读者

微型小说

汪笨湖微型小说6篇
护身符 —————————— 高 低
卖瓜子的女孩 ———— （朝鲜族）杨春燕
帽子（外一题） ——————— 于伯生
娘娘坳古风 ————————— 曹治泉
变着法儿…… ———————— 谢根华
心理疗法 —————————— 詹政伟
打听人 ——————————— 刘玉堂
戴工程师的遭遇 ————————— 凌鼎年
天下儿郎 —————————— 沈祖连
年轻人 ——— ［奥地利］托·伯恩哈德著 柳维坚译
封二 杨顺泰 管伟骏油画作品
封三 叶维忠 李企高国画作品

《小说选刊》

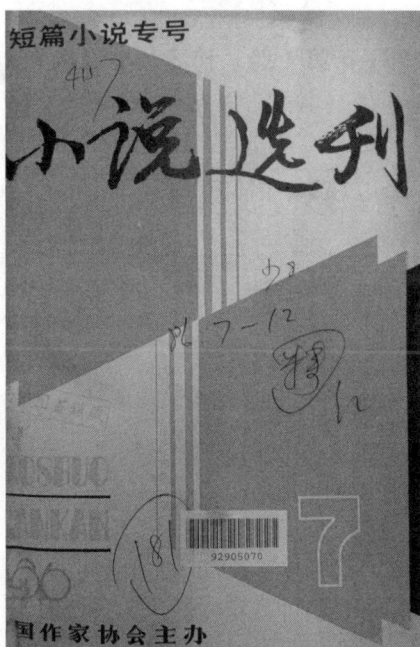

短篇小说专号

小说选刊

国作家协会主办

【简 介】

小说月刊。中国作家协会主办。创刊于1980年。其创刊以来旨在推动文学创作，发现和扶植文学新人。奉行"好作品主义"，被誉为"中国当代文学的晴雨表和风向标"（草瑜语）。

期刊号:1981年第1期—1989年第12期

发刊词

茅 盾

粉碎"四人帮"以来，春满文坛。作家们解放思想、辛勤创作、大胆探索，短篇小说园地欣欣向荣，新作者和优秀作品不断涌现。大河上下，长江南北，通都大邑，穷乡僻壤，有口皆碑。建国三十年来，曾未有此盛事。

中国作协委托《人民文学》编辑部连续两年举办全国优秀短篇小说评奖，海内外文艺界人士交口赞许。为评奖活动之能经常化，有必要及时推荐全国各地报刊发表的可作年终评奖候选的短篇佳作。为此，《人民文学》编委会决定编辑部增办《小说选刊》月刊。

《小说选刊》还将对选载的具有较高思想水平和艺术特色的作品，重点评介，以便对读者的欣赏水平乃至培养文学新人都有所助益，此亦争取短篇小说创作的更大繁荣之一道。

披沙拣金，功归无名英雄；名标金榜，尽是后起

之秀。李季同志不幸早逝，同人等兢兢业业，继承遗规，亦盼海内外千万读者时赐教益，群众与专家结合，庶几此一新的事业日有发展，为我国之四化大业，尽其绵薄，愿与海内外同人共勉之。

1981 年第 1 期　刊名:《小说选刊》
目录

最后一个军礼（黄驾宇插图）·········方南江　李　荃
卖蟹·····································王润滋
最后一票·······························李　靖
午餐半小时·····························史铁生
"细胞"闲传···························高尔品
子爵号（高　燕插图）···················理　由
震动试验（谢可新题图）·················赵长天
靓女港仔碰车记（讽刺小说）·············朱　定
沉水奇尸案（侦探小说）·················杨容方

从库图佐夫的独眼和纳尔逊的断臂谈起
——《灵与肉》之外的话··············张贤亮
《杨花似雪》创作断想···················祝兴义
丝丝缕缕话《心香》·····················叶文玲
编者的话

1981 年第 2 期　刊名:《小说选刊》
目录

海风轻轻吹（冯树恩题图）···············吕　雷
诗圣阎大头·····························王晓新
赶场·································陈朝璐
进退·································江　流
硬汉宫老存（王　锌插图）···············张　发
心心相印（林路深题图）·················李　栋
我是一个零·····························余平夫
老百姓的节日···························莫应丰
鲁鲁·································宗　璞
同父老乡亲们共呼吸
——写《乡场上》的一点体会··········何士光
关于《受戒》···························汪曾祺

1981 年第 3 期　刊名:《小说选刊》
目录

三千万（陈玉先插图）···················柯云路
蛾眉·································刘绍棠
赴宴·································王不天

江湖牙医·······························柏　韧
爱情从这里开始·························尤凤伟
金缕曲（历史小说·张正刚插图）···········戴明贤
温柔之乡的梦（科幻小说）···············魏雅华
我们正年轻·····························叶之蓁
"欢乐女神"的故事（英　浩插图）·········程乃珊
面对"现状"写人物——谈《三千万》中正面人物的
刻画·································阎　纲
希望在人间——谈祝兴义的《杨花似雪》·····刘锡诚
让它生长——关于《夏》的写作·············张抗抗
编者的话

山麓晨曲（木刻）·······················薛　鹤
巡逻（木刻）···························鲁鸿翔

1981 年第 4 期　刊名:《小说选刊》
目录

向参加一九八〇年全国优秀短篇小说评选的广大读者
致谢·································本刊编辑部
一九八〇年全国优秀短篇小说评选当选作品
普通老百姓（许荣初插图）···············迟松年
半落青天外·····························于炳坤
典型事例·······························马　烽
银秀嫂（陈　延插图）···················王　蓬
"天使"与"野马"（张培成插图）·········吴广宏
鸡肋·································徐懋庸
唐巧娣翻身（梁启德插图）···············陆文夫
打赌（林　演插图）·····················陈世旭
躲雨·································谢鲁渤
在新的生活课题面前
——简谈迟松年的《普通老百姓》········肖　德
《丹凤眼》点滴·························陈建功
春晓（木刻）···························郑振强

1981 年第 5 期　刊名:《小说选刊》
目录

发刊词（重新发表）·····················茅　盾
内当家·······························王润滋
陈奂生转业·····························高晓声
场·································张　洁
老乐这个人·····························林文询
爬满青藤的木屋（张新生插图）···········古　华
明天来自何处···························王承刚
后窗·····························高满堂　高书堂

山民···唐　栋
永远是主人——读王润滋的新作《内当家》····刘梦溪
展开广阔的社会风貌的图画
　——谈谈《三千万》的写作······················柯云路
封面设计···钱君匋

1981 年第 6 期　刊名:《小说选刊》
目录

黑箭（吕敬人插图）·································刘厚明
女御史（马国强插图）·······························王吉呈
金鹿儿···航　鹰
竞争者（程旭光插图）·······························闻　水
能媳妇···郑九蝉
年关···中杰英
金泉女与水溪妹（龙良柱插图）···················王小鹰
她们的路···王海鸰
集邮者···赵育岚
命运的风筝随时代的风云而升沉——读短篇小说《蛾
眉》···行　人
写出新人的精神美和性格美——谈谈《女御史》中社
霞形象的塑造······································胡德培
留给"茅草地"的思索·······························韩少功
《普通老百姓》创作札记·······························迟松年
井场归来（套色木刻）·······························赵晓沫

1981 年第 7 期　刊名:《小说选刊》
目录

卖驴（朱成梁插图）·································赵本夫
重赏之下（曹立佩插图）·······························孙华炳
觉醒（文　岩题图）·································刘忠立
喜悦···何士光
机灵鬼···浩　然
篱下（罗希贤插图）·································叶文玲
三拜月亮婶···李雄高
爱听的都来听吧······································蒲　峻
谁说了算···（蒙古族）敖德斯尔
画虎的人···韩石山
绣球里有一颗槟榔···································聂震宁
空屋主···李树喜
精细的观察　巧妙的构思——读《卖驴》·········杨世伟
为"小人物"立传——回顾《镢柄韩宝山》的写作
　··张石山
封面设计···王师颉

1981 年第 8 期　刊名:《小说选刊》
目录

飘逝的花头巾··陈建功
"外行"书记··李君旭
肠梗阻···韶　华
着暖色的雪地（施大畏插图）······················茹志鹃
张师傅外传（杨建友插图）··························张书绅
戒烟···姚文泰
嫂子···字　心
挣不断的红丝线······································张　弦
酒的魔力···冯骥才
"黑阎王"轶事（姚向东题图）······················陈景河

崭新的角度　深刻的启示
　——读马烽的《典型事例》······················黄益庸
写民族之魂——《内当家》创作断想··············王润滋

1981 年第 9 期　刊名:《小说选刊》
目录

县委大楼的"劳金"·································关九蝉
（原载《哈尔滨文艺》一九八一年第七期）
长城魂···赵　熙
（原载天津《新港》一九八一年第七期）
糖为什么这样甜·······················尚久骖　吴云龙
（原载广东《花城》一九八一年第三期）
飞过蓝天···韩少功
（原载《中国青年》一九八一年第十三期）
拉骆驼的女人································张枚同　程琪
（原载山西《汾水》一九八一年第七期）
有情人·······································竹　青　洛　良
（原载《解放军文艺》一九八一年第七期）
黑娃照相···张一弓
（原载《上海文学》一九八一年第七期）
九龙杯传奇（科学幻想小说）············李亚平　吴国梁
（原载安徽《希望》一九八一年第六期）
奋斗者的警钟与赞歌
　——谈《飘逝的花头巾》的主题开掘···········雷　达
木屋，古老的木屋
　——关于《爬满青藤的木屋》····················古　华
《金鹿儿》写作拾零·································航　鹰

1981 年第 10 期　刊名：《小说选刊》
目录

山月不知心里事……………………周克芹
（原载《四川文学》一九八一年第八期）
女炊事班长………………………简　嘉
（原载南京《青春》一九八一年第八期）
拜年………………………………鲁　南
（原载《山东文学》一九八一年第八期）
矮的升华…………………………祖　慰
（原载《中国青年》一九八一年第十五期）
祭妻………………………………张　平
（原载山西《汾水》一九八一年第八期）
白头翁……………………………黄献国
（原载《长春》一九八一年第九期
十八岁的哥哥坐在小河边…………谢鲁渤
（原载《哈尔滨文艺》一九八一年第八期）
小脚寨里的故事…………………林　雨
（原载《上海文学》一九八一年第八期）
小小说三篇………………宋达理　何香久　陆　途
（原载天津《新港》一九八一年第一、二、四期）

有感于"小小说"…………………陇　生
《金鹿儿》读后漫笔………………陈骏涛
从生活中发掘新的人物关系——《竞争者》写作的前
前后后……………………………闻　水
为新时代的能人歌赞
——《能媳妇》发表后的随想……郑九蝉

1981 年第 11 期　刊名：《小说选刊》
目录

六月的田野………………………峭　石
（原载河南省《莽原》一九八一年第二期）
焦老旦和熊员外…………………李志君
（原载《人民文学》一九八一年第十期
谷县长的鼾声……………………姜孟之
（原载《光明日报》一九八一年九月十七日）
"狐仙"择偶记……………………赵本夫
（原载《雨花》一九八一年第九期
希望………………………………汤吉夫
（原载《河北文学》一九八一年第九期）
无标题音乐………………………蒋　韵
（原载包头市《鹿鸣》一九八一年第九期）
晴转多云，有雷雨………………温传昭
（原载《四川文学》一九八一年第九题）
蚌壳·珍珠………………（蒙古族）佳　峻

（原载陕西《绿原》一九八一年第三期）
花王招亲…………………………黄　瀚
（原载《福建文学》一九八一年第九期）
作家知道
——读《山月不知心里事》………崔道怡
慧眼和匠心
——读《黑娃照相》有感…………郑兴万
写《觉醒》的一点觉醒……………刘忠立

1981 年第 12 期　刊名：《小说选刊》
目录

路障………………………………达　理
（原载大连市《海燕》一九八一年第十期）
东湖洼之晨………………………张秋华
（原载《新港》一九八一年第十一期）
寻访"画儿韩"……………………邓友梅
（原载《人民日报》一九八一年十月二十四日）
风吹唢呐声………………………韩少功
（原载《人民文学》一九八一年第九期）
小炉匠招婿………………………丁正泉
（原载《雨花》一九八一年第十期）
宝贝………………………………温小钰
（原载《草原》一九八一年第十期）
马拉松姑娘………………………廖　群
（原载合肥市《希望》一九八一年第十期）
心曲………………………………王青槐
（原载《青海湖》一九八一年第十期）
酒言………………………………林斤澜
（原载《人民日报》一九八一年十一月七日）
以兵取胜
——读《女炊事班长》随想………范咏戈
为青年唱一首奋斗者之歌
——关于《她们的路》……………王海鸰
一九八一年优秀短篇小说评选启事

1982 年第 1 期　刊名：《小说选刊》
目录

大车店一夜………………………金　河
（原载《人民文学》一九八一年第十二期）
母女………………………………韦君宜
（原载《北京文学》一九八一年第十一期）
心的光……………………………王　蒙
（原载《新疆文学》一九八一年第十一期）
花市………………………………贾大山
（原载《河北文学》一九八一年第十一期）

折断翅膀的鹰·····················徐 扬
（原载《草原》一九八一年第十一期）

到远处去发信·····················刘心武
（原载《上海文学》一九八一年第十一期）

老兵·····························权延赤
（原载《汾水》一九八一年第十一期）

玉雕····························陈炳全
（原载《北方文学》一九八一年第十一期）

夏夜，在小河边·····················张 宇
（原载《莽原》一九八一年第三期）

小小说三篇·········徐光兴 皎 剑 若 禾
（原载《小说界》、《小说林》一九八一年第二期）

他画出了"画儿韩"
——《寻访"画儿韩"》观赏记·········阎 纲
歌赞力排"路障"的奋斗者·············杨子敏
开掘求深　反映求真
——关于《爱情从这里开始》··········尤凤伟

1982 年第 2 期　刊名:《小说选刊》
目录

火红的云霞······················吕 雷
（原载《人民文学》一九八二年第一期）

屏幕··························叶文玲
（原载《上海文学》一九八一年第十二期）

乌纱巷春秋·····················毛志成
（原载《广西文学》一九八一年第十二期）

地热·························张有德
（原载《奔流》一九八一年第十二期）

一个猎人的恳求·········（鄂温克族）乌热尔图
（原载《民族文学》一九八一年第五期）

心灵上的墓碑···················丛维熙
（原载《北京文学》一九八一年第五期）

美丽的心灵（四题）················张 林
（原载《当代》一九八一年第六期）

筛选·······················梅宝恒
（原载《鞍山文艺》一九八一年第六期）

性格的力量
——谈《风吹唢呐声》的人物描写·········雷 达
《寻访"画儿韩"》篇外缀语·············邓友梅
关于《宝贝》·····················温小钰

1982 年第 3 期　刊名:《小说选刊》
目录

归来的儿子·················陈 毅遗作
（原载《上海文学》一九八二年第一期）

明姑娘·························航 鹰
（原载《青年文学》一九八二年第一期）

赔你一只金凤凰···················李叔德
（原载《长江文艺》一九八二年第一期）

春雨纷纷···············孙国光 李德复
（原载武汉市《艺丛》一九八二年第一期）

邻居·························张 英
（原载西安市《长安》一九八二年第一期）

柳大翠一家的故事··················王东满
（原载《山西文学》一九八二年第一期）

哦！　十五岁的哈丽黛哟……
　　　　　　（哈萨克族）艾克拜尔·米吉提
（原载新疆维吾尔自治区《边塞》一九八一年第一期）

露珠························王凤梧
（原载天津《文艺增刊》一九八二年第一期）

冲决罗网之歌
——读陈毅同志遗作《归来的儿子》·······唐 挚
要紧的在于自己的行动
——《乌纱巷春秋》读后漫笔·········行 人
封面设计·······················王师颉

1982 年第 4 期　刊名:《小说选刊》
目录

一九八一年全国优秀短篇小说评选当选作品
一九八一年全国优秀短篇小说评选委员会名单

拜年·························蒋子龙
（原载《人民文学》一九八二年第三期）

蛮荒·····················雨 时 如 月
（原载《星火》一九八二年第二期）

老霜的苦闷·····················矫 健
（原载《文汇》月刊一九八二年第一期）

女大学生宿舍···················喻 杉
（原载武汉《芳草》一九八二年第二期）

追月························余松岩
（原载《作品》一九八二年第二期）

八百米深处·····················孙少山
（原载《北方文学》一九八二年第二期）

"大篷车"上·····················方 方
（原载《长江文艺》一九八二年第二期）

姊妹花店·······················李健君
（原载《长春》一九八二年第一期）

我看到了美
——读《明姑娘》·······················丹　晨
一九八一年全国优秀短篇小说评选读者来信摘编

1982 年第 5 期　刊名:《小说选刊》
目录

母亲与遗像·····························海　波
（原载《人民文学》一九八二年第四期）
新星女队一号·························庄之明
（原载北京《儿童文学》一九八一年第十期）
火狐·································王文泸
（原载青海《瀚海潮》一九八二年第一期）
爷儿俩·······························白　桦
（原载哈尔滨《小说林》一九八二年第三期）
下棋看五步·····························李　栋
（原载《福建文学》一九八二年第三期）
波特匹亚咏叹调·······················马　麟
（原载北京《青年文学》一九八二年第二期）
清粼粼的泉水·························雏　燕
（原载《山西文学》一九八二年第二期）
错弄的婚事·····························张开镰
（原载济南《东城》一九八二年第三期）
一九八一年获奖短篇小说漫评·············阎　纲
缪俊杰　唐　挚　谢明清　刘锡诚　张　韧　陈骏涛
　丹　晨　雷　达　舒　需　杨世伟　行　人
喜看百花争妍
——记一九八一年全国优秀短篇小说评选活动
·····································本刊记者

1982 年第 6 期　刊名:《小说选刊》
目录

五彩石·······························古　华
（原载湖南《洞庭湖》一九八二年第三——四期）
心祭·································问　彬
（原载《当代》一九八二年第二期）
圆明园闲话·····························苏叔阳
（原载《北京文学》一九八二年第四期）
舅舅汉姆·····························张安民
（原载北京《朝花》一九八一年第九期）
漩涡·································王友生
（原载《湘江文艺》一九八二年第四期）
峡谷风雨·····························羊　羣
（原载《长江文艺》一九八二年第四期）
高高的潜水塔·························刘春光
（原载《解放军文艺》一九八二年第四期）

老跟浆汁馆·····························姜孟之
（原载哈尔滨《小说林》一九八二年第四期）
女教师日记·····························马本德
（原载《奔流》一九八二年第四期）
他又有新的开掘
——读蒋子龙的《拜年》·············刘梦溪
反映农村生活中的矛盾斗争
——《柳大翠一家的故事》写作琐谈·····王东满
人·政策·地方特色
——关于《赔你一只金凤凰》·········李叔德
读者来信

1982 年第 7 期　刊名:《小说选刊》
目录

彩色的鸟，在哪里飞徊?·················海　波
（原载《解放军文艺》一九八二年第五期）
直线加方块的韵律·····················刘富道
（原载《中国青年》一九八二年第五期）
热水袋·····················（达斡尔族）李　陀
（原载《北京文学》一九八二年第五期）
七岔犄角的公鹿·············（鄂温克族）乌热尔图
（原载《民族文学》一九八二年第五期）
乡土·································姚文泰
（原载《福建文学》一九八二年第五期）
江轮之夜·····························杨　惕
（原载《奔流》一九八二年第五期）
家试·································苏　策
（原载《人民日报》一九八二年五月十七日）
沉寂的正午·················（藏族）扎西达娃
（原载《西藏文艺》一九八二年第二期）
声音·································张　炜
（原载《山东文学》一九八二年第五期）
水哟纯洁的水·························沈石溪
（原载西双版纳《版纳》一九八二年第二期）
世界上第一个机器人之死（科幻）·········童恩正
（原载《科学文艺》一九八二年第三期）

小宿舍与大时代
——读《女大学生宿舍》随感·········张　韧
我们写《蛮荒》·················雨　时　如　月
桥镇（木刻）·························徐　冰
太阳和月亮（木刻）·····················徐　匡

1982 年第 8 期 刊名:《小说选刊》

目录

夜走祭子岭…………………………………王东满
（原载《山西文学》一九八二年第六期）
新姑娘上路………………………………王振武
（原载河南《莽原》丛刊一九八二年第二期）
三角梅…………………………………王中才
（原载《解放军文艺》一九八二年第六期）
穷表姐…………………………………李国文
（原载上海《小说界》丛刊一九八二年第二期）
遥远的山村……………………………任斌武
（原载北京《昆仑》丛刊一九八二年第二期）
学习会纪实（讽刺小说）……………马识途
（原载《四川文学》一九八二年第六期）
兰溪水清清……………………………林丹娅
（原载《福建文学》一九八二年第六期）
大学生"贺老六"…………………周向潮 骆 丹
（原载浙江《东方》丛刊一九八二年第二期）
"一分钟小说"十篇………………………高福顺等
（原载《北京晚报》一九八二年一至六月）
穿越（科幻小说）………………………黄人俊
（原载天津《智慧树》一九八二年第二期）
读者评论………………………………吴厚德等

1982 年第 9 期 刊名:《小说选刊》

目录

种包谷的老人…………………………何士光
（原载《人民文学》一九八二年第六期）
父亲和母亲的故事………………………王旭烽
（原载杭州《西湖》一九八二年第七期）
最漂亮的,是那只灯罩…………………王 璞
（原载《萌芽》一九八二年第七期）
探索者…………………………………董炳新
（原载《东海》一九八二年第七期）
打草的孩子,你在哪里?…………………肖复兴
（原载马鞍山《采石》一九八二年第七期）
没有番号的部队………………………韩静霆
（原载《解放军文艺》一九八二年第七期）
月儿好………………………………池 莉
（原载武汉《芳草》一九八二年第七期）
大漠风………………………………赵 熙
（原载《新港》一九八二年第七期）
波动的色彩……………………………李霁宇
（原载成都《青年作家》一九八二年第七期）

促人警醒的形象
——评《八百米深处》…………………李清泉
《女大学生宿舍》及其他
——致年轻朋友…………………………喻 杉

1982 年第 10 期 刊名:《小说选刊》

目录

翡翠烟嘴………………………………吴若增
（原载《人民文学》一九八二年第七期）
西郊一条街……………………………梁晓声
（原载《雨花》一九八二年第八期）
茺茺草…………………………………鲍 昌
（原载《新港》一九八二年第八期）
一个女兵的来信………………朱向前 张聚宁
（原载《星火》一九八二年第八期）
第九个售货亭…………………………姜天民
（原载南京《青春》一九八二年第八期）
村戏…………………………………贾大山
（原载《河北文学》一九八二年第八期）
清茶…………………………………贾平凹
（原载上海《小说界》一九八二年第三期）
奋斗者的短歌（二题）………………许谋清
（原载《当代》一九八二年第四期）
导演之家………………………………刘晓喻
（原载《萌芽》一九八二年第九期）
祭奠诗 赞美诗
——评王中才的《三角梅》……………冯夏熊
《母亲与遗像》发表后所想………………海 波
寻取反映生活的新角度（作品简析）——读《西郊一
条街》………………………………王 扶
开掘生活中的美（作品简析）
——《第九个售货亭》读后………………岑 寂
以心理描写见长（作品简析）
——谈《导演之家》………………………冬 冠
一九八二年全国优秀短篇小说评选启事

1982 年第 11 期 刊名:《小说选刊》

目录

敬礼! 妈妈!…………………………宋学武
（原载辽宁《海燕》一九八二年第九期）
漆黑的羽毛……………………………石 言
（原载《雨花》一九八二年第九期）
世界在他们眼前展开……………………罗来勇
（原载《解放军文艺》一九八二年第九期）
女部长…………………（蒙古族）玛拉沁夫

（原载《人民文学》一九八二年第八期）
绿地⋯⋯⋯⋯⋯⋯⋯⋯⋯⋯⋯⋯⋯⋯陈忠实
（原载《延河》一九八二年第九期）
天上有颗星星⋯⋯⋯⋯⋯⋯⋯⋯⋯⋯迟松年
（原载《鸭绿江》一九八二年第十期）
奇迹出现在那天夜里⋯⋯⋯⋯⋯⋯郑万隆
（原载《北京文学》一九八二年第九期）
明珠放彩⋯⋯⋯⋯⋯⋯⋯⋯⋯⋯⋯张旺模
（原载山西《晋阳文艺》一九八二年第九期）
深度和容量
——读《种包谷的老人》随想⋯⋯于　晴
注意反映独特的生活面
——关于《没有番号的部队》⋯⋯韩静霆
写好变革时期的新矛盾（作品简析）
——读《世界在他们眼前展开》⋯张西南
他又有新的发现（作品简析）——《天上有颗星星》
读后⋯⋯⋯⋯⋯⋯⋯⋯⋯⋯⋯⋯⋯谢俊华

1982 年第 12 期　刊名：《小说选刊》
目录

白云深处⋯⋯⋯⋯⋯⋯⋯⋯⋯⋯⋯映　泉
（原载《人民文学》一九八二年第十一期）
在古师傅的小店里⋯⋯⋯⋯⋯⋯汤吉夫
（原载河北《莲池》一九八二年第五期）
夜深了⋯⋯⋯⋯⋯⋯⋯⋯⋯⋯⋯吴　强
（原载黑龙江《小说林》一九八二年第九期）
墙⋯⋯⋯⋯⋯⋯⋯⋯⋯⋯邢小平　邢原平
（原载江苏《青春》一九八二年第十期）
义女⋯⋯⋯⋯⋯⋯⋯⋯⋯⋯⋯⋯陶明国
（原载河北《冀东文艺》一九八二年第五期）
没学会闭上一只眼⋯⋯⋯⋯⋯⋯胡　柯
（原载《边疆文艺》一九八二年第十期）
梨花月⋯⋯⋯⋯⋯⋯⋯⋯⋯⋯⋯张从海
（原载内蒙古《鹿鸣》一九八二年第九期）
荷花⋯⋯⋯⋯⋯⋯⋯⋯⋯⋯⋯⋯韩　起
（原载《新港》一九八二年第九期）
河豚子⋯⋯⋯⋯⋯⋯⋯⋯⋯⋯⋯王任叔
（原载上海《小说界》一九八二年第三期）
不让这样的悲剧重演
——读《心祭》⋯⋯⋯⋯⋯⋯⋯谢　云
美的思念
——《三角梅》从原型到典型⋯王中才
醉人的陈酿
——《在古师傅的小店里》读后⋯从维熙
读《墙》小记⋯⋯⋯⋯⋯⋯⋯⋯高晓声
一九八二年全国优秀短篇小说评选启事

1983 年第 1 期　刊名：《小说选刊》
目录

考验⋯⋯⋯⋯⋯⋯⋯⋯⋯⋯⋯⋯张一弓
（原载《北京文学》一九八二年第十期）
不仅仅是留恋⋯⋯⋯⋯⋯⋯⋯⋯金　河
（原载《人民文学》一九八二年第十一期）
筑成我们新的长城⋯⋯⋯⋯⋯⋯秦　人
（原载《解放军文艺》一九八二年第十一期）
八级工匠⋯⋯⋯⋯⋯⋯⋯⋯⋯⋯邓　刚
（原载《鸭绿江》一九八二年第十一期）
哦，香雪⋯⋯⋯⋯⋯⋯⋯⋯⋯⋯铁　凝
（原载《青年文学》一九八二年第五期）
缺字⋯⋯⋯⋯⋯⋯⋯⋯⋯⋯⋯⋯赵曰茂
（原载山东《海鸥》一九八二年第十一期）
郁金香和海棠叶⋯⋯⋯⋯⋯⋯⋯沈泰来
（原载《广州文艺》一九八二年第十一期）
斗二闲话⋯⋯⋯⋯⋯⋯⋯（满族）尚静波
（原载《草原》一九八二年第十一期）
遗留在西子湖畔的诗⋯⋯⋯⋯⋯曾德厚
（原载《山花》一九八二年第十期）
"黑羽毛"为什么出现了银丝？
——评《漆黑的羽毛》⋯⋯⋯⋯肖　德
善于反映生活中的矛盾（作品简析）
——读《八级工匠》⋯⋯⋯⋯⋯寒　溪
读者评论⋯⋯⋯⋯⋯⋯⋯⋯⋯毕海源等

1983 年第 2 期　刊名：《小说选刊》
目录

头条新闻⋯⋯⋯⋯⋯⋯⋯⋯⋯⋯张　宇
（原载《北京文学》一九八二年第十二期）
滚球记⋯⋯⋯⋯⋯⋯⋯⋯康云　杨长瀛
（原载《山东文学》一九八二年第十二期）
钓蜂人⋯⋯⋯⋯⋯⋯⋯⋯（瑶族）蓝怀昌
（原载《广西文学》一九八二年第十二期）
远处的伐木声⋯⋯⋯⋯⋯（土家族）蔡测海
（原载《民族文学》一九八二年第十期）
雪原呀，戈壁滩⋯⋯⋯⋯张亦嵘　张亦峥
（原载黑龙江《龙沙》一九八二年第六期）
他，就这样走了⋯⋯⋯⋯⋯⋯⋯龚绍东
（原载《长江文艺》一九八二年第十二期）
误会⋯⋯⋯⋯⋯⋯⋯⋯⋯⋯⋯⋯浩　然
（原载内蒙古《百柳》一九八二年第六期）
车尾上的红灯⋯⋯⋯⋯⋯⋯⋯⋯朱崇山
（原载《北方文学》一九八二年第十二期）
考场内外⋯⋯⋯⋯⋯⋯⋯⋯⋯⋯谢　刚

（原载《新疆文学》一九八二年第十二期）

谈铁凝的《哦，香雪》···················孙　犁

引人深思的人生旅程

——评张一弓的《考验》···············刘锡诚

读吴若增的《翡翠烟嘴》···············王朝垠

理解青年　表现青年

——《第九个售货亭》习作断想·········姜天民

1983 年第 3 期　刊名:《小说选刊》
目录

这是一片神奇的土地···················梁晓声

（原载《北方文学》一九八二年第八期）

舞台小世界···························王安忆

（原载《文汇》月刊一九八二年第十一期）

围墙·······························陆文夫

（原载《人民文学》一九八三年第二期）

沼泽地旁的部落·······················张世俊

（原载《萌芽》一九八三年第一期）

朝辞白帝彩云间·······················高　缨

（原载《四川文学》一九八三年第一期）

红点颏儿···························韩少华

（原载《十月》一九八三年第一期）

我的遥远的清平湾·····················史铁生

（原载《青年文学》一九八三年第一期）

一支关于心灵的歌

——《七岔犄角的公鹿》欣赏随笔·········王愿坚

漫话《这是一片神奇的土地》···········李清泉

发掘较大的思想深度

——《筑成我们新的长城》读后···········黄国柱

屋顶（木刻）·························唐晓朋

情深（木刻）·························其加达瓦

厩中乐（木刻）·······················黄嘉善

1983 年第 4 期　刊名:《小说选刊》
目录

一九八二年全国优秀短篇小说奖获奖作品

一九八二年全国优秀短篇小说奖评选委员会名单

一九八二年全国优秀短篇小说评选读者来信摘编

一九八二年获奖短篇小说漫评（一）·········阎纲

刘锡诚　吴泰昌　曾镇南　李清泉　黄浪华　雷达

　张韧　杨世伟　光群

更上一层楼

——一九八二年获奖短篇小说巡礼·········本刊记者

肖尔布拉克·························张贤亮

（原载《文汇》月刊一九八三年第二期）

安树和他的诗友们·····················方　方

（原载《人民文学》一九八三年第三期）

青藤巷插曲···························刘绍棠

（原载《天津日报·文艺》双月刊一九八三年第一期）

葛全德一家···························梁晓声

（原载《鸭绿江》一九八三年第一期）

狍子、猎户和采购员的故事···············李　蔚

（原载黑龙江《小说林》一九八三年第一期）

她从画中走出来·······················王兆军

（原载山东《柳泉》一九八三年第一期）

1983 年第 5 期　刊名:《小说选刊》
目录

文学创作的道路永无止境

——在全国优秀新诗、报告文学、短篇小说、中篇小

说获奖作品授奖大会上的讲话···········巴　金

社会主义文学的新进展

——在四项文学评奖授奖大会上的讲话·······张光年

一九八二年获奖短篇小说漫评（二）·········于　晴

丹　晨　陈骏涛　缪俊杰　胡德培　吴桂凤　谢明清

　舒　霈　行　人

冬夜·······························丁隆炎

（原载《解放军文艺》一九八三年第三期）

贺老山的梦···························金　河

（原载《鸭绿江》一九八三年第三期）

山里葡萄甜蜜蜜·················（苗族）吴雪恼

（原载湖南《新创作》一九八三年第三、四期）

交·······························尚　闽

（原载《朔方》一九八三年第三期）

在住招待所的日子里···················西　戎

（原载《山西文学》一九八三年第三期）

七月七，看巧云·······················夏坚勇

（原载《长江文艺》一九八三年第三期）

夜行车···························何生祖

（原载《飞天》一九八三年第二期）

两个中国人···························朱　定

（原载《新疆文学》一九八三年第一期）

1983 年第 6 期　刊名:《小说选刊》
目录

兵车行···························唐　栋

（原载《人民文学》一九八三年第五期）

抗争·······························古　月

（原载《草原》一九八三年第四期）

转场路上···························景　风

（原载《延河》一九八三年第四期）

瞎老胡·······刘　林
（原载《解放军文艺》一九八三年第四期）

田野一片金黄·······孙　台
（原载《安徽文学》一九八三年第四期）

小小说三篇·······林斤澜　吴　萍　汪曾祺
（原载河南《百花园》一九八三年第四期）

客为何来·······权文学
（原载山西《晋阳文艺》一九八三年第四期）

拉拉谷·······张　炜
（原载《青年文学》一九八三年第二期）

一九八二年全国优秀短篇小说奖
获奖作者座谈会发言·······蒋子龙　梁晓声
孙少山　航　鹰　铁　凝　金　河　何士光　宋学武
喻　杉　王中才　李叔德　吕　雷　（鄂温克族）乌
热尔图　姜天民　石　言　鲍　昌　张　炜　海　波
矫　健　（土家族）蔡测海
获奖作者在授奖大会的活动照片·······李江树　唐小平摄

1983 年第 7 期　刊名：《小说选刊》
目录

净化·······胡大楚
（原载《长江文艺》一九八三年第五期）

心债·······宋　渤
（原载《山花》一九八三年第五期）

巴根草（插图　潘晋拔）·······姜　滇
（原载《广州文艺》一九八三年第五期）

从路边拣一粒石子·······舒　升
（原载北京《丑小鸭》一九八三年第四期）

那山　那人　那狗
（插图　崔君沛）·······彭见明
（原载《萌芽》一九八三年第五期）

三颗枸杞豆·······程　海
（原载黑龙江《小说林》一九八三年第四期）

小小说四篇·······许世杰等
（原载上海《小说界》一九八三年第二期）

左撇子球王·······肖建国
（原载江苏《青春》一九八三年第五期）

村路尽头处（插图　高云）·······刘振华
（原载《雨花》一九八三年第五期）

园头·······赵大年
（原载《湘江文学》一九八三年第五期）

讽刺文学的上品
——读《围墙》·······曾镇南
抓住人物的总体特征
——谈《不仅仅是留恋》的人物塑造·······金　河
几回回梦里回延安

——关于《我的遥远的清平湾》·······史铁生

1983 年第 8 期　刊名：《小说选刊》
目录

哦，穆罕默德·阿麦德·······王　蒙
（原载《人民文学》一九八三年第六期）

雪国热闹镇·······刘兆林
（原载《解放军文艺》一九八三年第七期）

"芙蓉"日记·······熊　诚
（原载《作品》一九八三年第六期）

写在雪地上的悼词·······蒋　杏
（原载《长江文艺》一九八三年第六期）

杏花村的新闻·······张兴元
（原载《延河》一九八三年第六期）

巨人之殁·······孟伟哉
（原载福建《海峡》一九八三年第六期）

春天·······（回族）张承志
（原载《北京文学》一九八三年第六期）

韩宝泉分房记·······余小源　简庆闽
（原载浙江《江南》一九八三年第三期）

从生活中找语言
——从《红点颏儿》的语言谈起·······雷　达
注意展示人物的精神境界
——谈《瞎老胡》的人物塑造·······韩瑞亭
写我的真情实感
——关于《冬夜》·······丁隆炎

1983 年第 9 期　刊名：《小说选刊》
目录

《小说选刊》改版答问

阵痛·······邓　刚
（原载《鸭绿江》一九八三年第四期）

抢劫即将发生·······楚　良
（原载《星火》一九八三年第八期）

船过青浪滩·······刘舰平
（原载《萌芽》一九八三年第七期）

杯·······张抗抗
（原载《北方文学》一九八三年第七期）

境界·······张　宇
（原载《奔流》一九八三年第七期）

鹅湖水妹子·······叶明山
（原载《飞天》一九八三年第七期）

社赛·······马凤超
（原载《芳草》一九八三年第七期）

本期佳作评介
邓刚和他的《阵痛》·······················冯　牧
《抢劫即将发生……》读后···············于　晴

读者之页
读者来信摘登·························覃乃求等
更上一层楼
——本刊就改版问题召开座谈会···本刊记者　荀　汉

1983 年第 10 期　刊名:《小说选刊》
目录

那泪汪汪的一对杏核儿眼·················徐怀中
（原载《人民文学》一九八三年第七期）
渔翁之意·····························郭景山
（原载山西《平阳文艺》一九八三年第二期）
婚礼之夜············（哈萨克族）乌拉孜汗·阿合麦提
（原载新疆《伊犁河》一九八三年第三期）
金色的白桦树·····················（满族）王　安
（原载《民族文学》一九八三年第六期）
话说西景桥·························彭铁森
（原载四川《青年作家》一九八三年第八期）
公路从门前过·························石　定
（原载《山花》一九八三年第七期）
魔术·····························阎振新
（原载安徽《希望》一九八三年第八期）
教授和他的儿子···············贺慈航　谢曼丽
（原载山西《太原文艺》一九八三年第四期）
月照青溪水···························李　泗
（原载山东《海鸥》一九八三年第八期）

评论
落墨有术　点石成金
——谈《渔翁之意》的题材开掘···········从维熙
星，从冰山升起······——读《兵车行》·······周政保
令人警醒感奋的《境界》·················孙　荪

作家创作谈
爆发于生活的矛盾之中
——关于《抢劫即将发生……》···········楚　良

1983 年第 11 期　刊名:《小说选刊》
目录

一九八三年全国优秀短篇小说评奖启事

一九八三年全国优秀短篇小说评奖委员会名单
芦花虾·····························邓　刚
（原载《鸭绿江》一九八三年第九期）
龙须草帽···························叶蔚林
（原载《上海文学》一九八三年第九期）
创作手记···························陈　耕
（原载《福建文学》一九八三年第九期）
秋别·····························迟松年
（原载《人民文学》一九八三年第三期）
树上的鸟儿·························王　戈
（原载《飞天》一九八三年第九期）
条件尚未成熟·························张　洁
（原载《北京文学》一九八三年第九期）
在九曲十八弯的山凹里···················权文学
（原载《山西文学》一九八三年第九期）
有那样一排白杨··············（回族）吴季康
（原载《当代》一九八三年增刊第二期）

本期佳作评介
"树上的鸟儿成双对"？
——读《树上的鸟儿》··················阎　纲
《芦花虾》和邓刚的海···················殷晋培
读者短评五篇·························任　涌等

1983 年第 12 期　刊名:《小说选刊》
目录

秋雪湖之恋···························石　言
（原载《人民文学》一九八三年第十期）
拔高·····························赵　新
（原载《延河》一九八三年第十期）
雪山泪·····························刘　真
（原载河北《长城》一九八三年第四期）
琥珀色的篝火···············（鄂温克族）乌热尔图
（原载《民族文学》一九八三年第十期）
秦川雨·····························郑彦英
（原载《萌芽》一九八三年第十期）
啊，白鹭···························陈　晓
（原载《安徽文学》一九八三年第十期）
北方，我的北方·······················王观胜
（原载《青年文学》一九八三年第六期）
加强思想武装　抵制精神污染··············本刊编辑部

评论·创作谈
美的与美中不足的
——评《有那样一排白杨》···············孟伟哉
尽力写出"鲜味"来·····················邓　刚

读者之页
读者欢迎《小说选刊》改版·············薛在善等
一九八三年全国优秀短篇小说评奖启事
一九八三年全国优秀短篇小说评奖委员会名单
《小说选刊》一九八三年总目录

1984 年第 1 期　刊名:《小说选刊》
目录

编者的话

中篇小说

啊，索伦河谷的枪声·····················刘兆林
（原载《解放军文艺》一九八三年第八期）
玛丽娜一世·····························楚　良
（原载《长江文艺》一九八三年第九期）
无声的雨丝·····························达　理
（原载《上海文学》一九八三年第九期）

短篇小说

"铁盾零二"·····························张卫明
（原载《解放军文艺》一九八三年第十一期）
四个四十岁的女人·······················胡　辛
（原载江西《百花洲》一九八三年第六期）
桥·····································张　宇
（原载《人民文学》一九八三年第十一期）
热雨·································张　弦
（原载《北京文学》一九八三年第十一期）
杂毛狗牯·····························李海音
（原载《福建文学》一九八三年第十一期）
猎狼·································阎国瑞
（原载《飞天》一九八三年第十一期）

小说信箱

作品漫谈——关于现代派与现实主义·········吴组缃

本期佳作评介

枪声的启示——读《啊，索伦河谷的枪声》····屠　岸
且看雏凤凌空——《玛丽娜一世》读后··········崔道怡

作家创作谈

在挚爱的大地上飞翔
——《秋雪湖之恋》创作体会·············石　言

读者之页

读者来信三则·························吕　尚等
作家的生活与劳动（照片三幅）············新华社供稿

封面设计·····························王　晖

1984 年第 2 期　刊名:《小说选刊》
目录

编者的话

短篇小说

龙兵过·································邓　刚
（原载《青年文学》一九八四年第一期）
獭兔皮的毡帽头·························郑万隆
（原载广西《西江月》一九八三年秋季号）
站在高高的脚手架上·············邢原平　邢小平
（原载《青年文学》一九八四年第一期）
她是个平常的女人·······················关　鸿
（原载《上海文学》一九八三年第十二期）
亲戚之间···········（朝鲜族）林元春　清　玉译
（原载《民族文学》一九八三年第九期）

中篇小说

雪落黄河静无声·························从维熙
（原载《人民文学》一九八四年第一期）
一路平安·····························肖复兴
（原载《新港》一九八三年第十二期）

本期佳作评介

读《雪落黄河静无声》·····················顾　骧
读《龙兵过》·····························丹　晨

作家创作谈

关于《啊，索伦河谷的枪声》·············刘兆林

小说信箱

作品漫谈（二）
——关于现代派与现实主义·············吴组缃

作家的生活与劳动

照片三幅·····························张桂玉等摄

1984 年第 3 期　刊名:《小说选刊》
目录

编者的话

中篇小说

烟壶·································邓友梅
（原载《收获》一九八四年第一期）

北方的河⋯⋯⋯⋯⋯⋯⋯⋯（回族）张承志
（原载《十月》一九八四年第一期）

短篇小说
打鱼的和钓鱼的⋯⋯⋯⋯⋯⋯⋯⋯金　河
（原载《现代作家》一九八四年第一期）
留在毕业照片里的记忆⋯⋯⋯⋯⋯曾果伟
（原载《芳草》一九八三年第十二期）
天鹅⋯⋯⋯⋯⋯⋯⋯⋯⋯⋯⋯⋯叶明山
（原载《福建文学》一九八四年第一期）

佳作评论
生活的高度
——读《站在高高的脚手架上》⋯⋯⋯黎　之

作家创作谈
开掘华夏之魂
——关于《雪落黄河静无声》⋯⋯⋯从维熙

读者之页
八三年短篇小说短评五则⋯⋯⋯⋯任　涌等
"做光荣的淘金者！"
——记一九八三年全国优秀短篇小说评选活动
⋯⋯⋯⋯⋯⋯⋯⋯⋯⋯⋯⋯本刊记者
照片三幅⋯⋯⋯⋯⋯⋯⋯⋯⋯⋯姜强国等

1984 年第 4 期　刊名:《小说选刊》
目录

一九八三年全国优秀短篇小说奖获奖作品
一九八三年全国优秀短篇小说评选
读者来信摘编⋯⋯⋯⋯⋯⋯⋯⋯柳德水等
一九八三年获奖短篇小说漫评（一）⋯⋯杨子敏
舒　霈　刘锡诚　嵋　峥　蒋荫安　王朝垠　韩瑞亭
吴宗蕙　行　人
本刊编辑部、首都图书馆联合召开读者座谈会
编者的话

短篇小说
沙灶遗风⋯⋯⋯⋯⋯⋯⋯⋯⋯⋯李杭育
（原载《北京文学》一九八三年第五期）
消遥之乐⋯⋯⋯⋯⋯⋯⋯⋯⋯⋯陶　正
（原载《北方文学》一九八三年第四期）
除夕夜⋯⋯⋯⋯⋯⋯⋯⋯⋯⋯⋯达　理
（原载《人民文学》一九八三年第五期）
同船过渡⋯⋯⋯⋯⋯⋯⋯⋯⋯⋯映　泉
（原载《青年文学》一九八四年第三期）
小小说七篇⋯⋯⋯⋯⋯⋯⋯⋯⋯张新民等

（原载《工人日报》一九八三年"建设者"征文）

中篇小说
绿化树⋯⋯⋯⋯⋯⋯⋯⋯⋯⋯⋯张贤亮
（原载《十月》一九八四年第二期）

作家创作谈
《烟壶》之外⋯⋯⋯⋯⋯⋯⋯⋯⋯邓友梅

小说信箱
作品漫谈（三）
——关于现代派与现实主义⋯⋯⋯吴组缃
作家的生活与劳动（照片四幅）⋯⋯张桂玉等摄

1984 年第 5 期　刊名:《小说选刊》
目录

在一九八三年全国优秀

短篇小说
评奖授奖大会上的讲话⋯⋯⋯⋯⋯周　扬
文学应当和生活同步前进
——在一九八三年全国优秀短篇小说评奖授奖大会上
的讲话⋯⋯⋯⋯⋯⋯⋯⋯⋯⋯冯　牧
一九八三年获奖短篇小说漫评（二）⋯⋯曾镇南
吴桂凤　张　韧　谢明清　崔道怡　陈骏涛　郑兴万
授奖活动记盛⋯⋯⋯⋯⋯⋯⋯⋯本刊记者

编者的话

中篇小说
错，错，错！⋯⋯⋯⋯⋯⋯⋯⋯⋯谌　容
（原载《收获》一九八四年第二期）
绿化树（续完）⋯⋯⋯⋯⋯⋯⋯⋯张贤亮
（原载《十月》一九八四年第二期）

短篇小说
惊涛（小说二篇）⋯⋯⋯⋯⋯⋯⋯陈世旭
（原载《人民文学》一九八四年第三期）
闯漩涡⋯⋯⋯⋯⋯⋯⋯⋯⋯⋯⋯龚泽华
（原载浙江《西湖》一九八四年第三期）
傍晚，下着细雨⋯⋯⋯⋯⋯⋯⋯金一鸣
（原载《青春》一九八四年第二期）
张驴儿和他的驴⋯⋯⋯⋯⋯⋯⋯喻清新
（原载《当代》一九八四年第一期）
酸枣⋯⋯⋯⋯⋯⋯⋯⋯⋯⋯⋯⋯高沛长
（原载山东《牡丹》一九八四年第一期）

佳作评论
谈谈《工人日报》的几篇小小说·················草　明
一九八三年全国优秀短篇小说评奖活动剪影
··张桂玉等摄

1984 年第 6 期　刊名:《小说选刊》

目录

编者的话

中篇小说
两情若是久长时·····································陈国凯
（原载《作品》一九八四年第三期）

短篇小说
小厂来了个大学生·································陈　冲
（原载《人民文学》一九八四年第四期）
再会，小镇···汤吉夫
（原载《萌芽》增刊一九八四年第一期）
一份招工名单·····································南　台
（原载《朔方》一九八四年第一期）
灯和灯的影子·····································从维熙
（原载《江城短篇小说》一九八四年第四期）
我们的老六···孙少山
（原载《北方文学》一九八四年第四期）
透明水色···孙鸶翔
（原载山东《泉城》一九八四年第四期）
六月的话题···铁　凝
（原载贵州《花溪》一九八四年第二期）
猎人的女儿···李乔亚
（原载辽宁《芒种》一九八四年第四期）
名演员···航　鹰
（原载《人民文学》一九八四年第四期）
"五百字小说"十篇·······························李富全等
（原载《中国电力报》一九八三年《先行》副刊）
获奖短篇小说作者座谈会发言·······陆文夫　史铁生
楚　良　邓　刚　石　言　唐　栋　乌热尔图　彭见
明　林元春　石　定　张　洁　王　戈　李杭育　张
贤亮　刘兆林　陶　正　达　理　陈继光　胡　辛
刘舰平

读者·作者·编者
请作家在"写小"上带个头·······················孙衍符

汤吉夫的来信
致从维熙···邢长寅
优秀短篇小说授奖大会剪影·················张桂玉等摄

1984 年第 7 期　刊名:《小说选刊》

目录

编者的话

中篇小说
白与绿···陈　放
（原载《青年文学》一九八四年第五期）

短篇小说
驳壳枪···李国文
（原载《钟山》一九八四年第三期）
岸上的秋天······························（白族）景　宜
（原载《民族文学》一九八四年第五期）
"黄埔"五期···周大新
（原载《上海文学》一九八四年第五期）
第十三条准则·····································唐　镇
（原载《十月》一九八四年第二期）
干草···宋学武
（原载《青年文学》一九八四年第二期）
魂归···彭瑞高
（原载《广州文艺》一九八四年第五期）
古道悠悠···李　崧
（原载《边疆文艺》一九八四年第五期）
呵，我们的"一线天"·····························姚泽芊
（原载《延河》一九八四年第五期）
海虎和海龙···谢世华
（原载广西《红豆》一九八四年第三期）

佳作评论
草原滴滴血　开出美丽花
——读中篇小说《白与绿》·····················许涤新
评《两情若是久长时》···························黄伟宗

作家创作谈
关于《绿化树》·····································张贤亮
熟悉变革时期的老干部···························陈国凯

小说信箱
小说观念问题·····································李国涛
来信摘登···有　煌
各地报刊推荐小说篇目
作家的生活与劳动（照片三幅）·····张桂玉　王　辉摄

1984 年第 8 期　刊名:《小说选刊》
目录

编者的话

中篇小说

单家桥的闲言碎语⋯⋯⋯⋯⋯⋯⋯⋯⋯潮　清
（原载《芙蓉》一九八四年第三期）

短篇小说

一潭清水⋯⋯⋯⋯⋯⋯⋯⋯⋯⋯⋯张　炜
（原载《人民文学》一九八四年第六期）

小河弯弯小河长⋯⋯⋯⋯⋯⋯⋯彭见明
（原载吉林《春风》一九八四年第七期）

今天接着昨天⋯⋯⋯⋯⋯⋯⋯冯骥才
（原载《上海文学》一九八四年第六期）

麦客⋯⋯⋯⋯⋯⋯⋯⋯⋯⋯⋯邵振国
（原载《当代》一九八四年第三期）

姐姐⋯⋯⋯⋯⋯⋯⋯⋯⋯⋯⋯张　平
（原载《青春》一九八四年第六期）

避雷针⋯⋯⋯⋯⋯⋯⋯⋯⋯陈卓乾
（原载《文学》一九八四年第六期）

人境⋯⋯⋯⋯⋯⋯⋯⋯⋯⋯⋯韦　昕
（原载《天津日报·文艺双月刊》一九八四年第三期）

牧歌⋯⋯⋯⋯⋯⋯⋯⋯⋯⋯⋯石　定
（原载贵州《花溪》一九八四年第六期）

小小说两篇⋯⋯⋯⋯⋯⋯⋯赵长天　黄　敏
（原载《现代作家》一九八四年第六期）

佳作评论

结出硕果的"反思树"
——读《绿化树》随感⋯⋯⋯⋯⋯蓝　翎

"小上海"的众生相
——评《单家桥的闲言碎语》⋯⋯⋯肖　德

作家创作谈

生活不会自动走进艺术
——关于《小厂来了个大学生》⋯⋯陈　冲

各地报刊推荐小说篇目

作家的生活与劳动（照片三幅）⋯⋯商战果等摄

封面设计⋯⋯⋯⋯⋯⋯⋯⋯⋯禾　山

1984 年第 9 期　刊名:《小说选刊》
目录

编者的话

中篇小说

老人仓⋯⋯⋯⋯⋯⋯⋯⋯⋯⋯⋯矫　健
（原载《文汇》月刊一九八四年第五期）

短篇小说

魂归何处⋯⋯⋯⋯⋯⋯⋯⋯⋯⋯石　言
（原载《人民文学》一九八四年第八期）

晚霞⋯⋯⋯⋯⋯⋯⋯⋯⋯⋯⋯周克芹
（原载陕西《长安》一九八四年第七期）

这些"主任"呵⋯⋯⋯⋯⋯⋯⋯沈　锋
（原载广西《漓江》一九八四年第七期）

起步⋯⋯⋯⋯⋯⋯⋯⋯⋯⋯⋯春　塘
（原载《山西文学》一九八四年第七期）

七星聚会⋯⋯⋯⋯⋯⋯⋯⋯⋯唐孝成
（原载黑龙江《小说林》一九八四年第七期）

品茶⋯⋯⋯⋯⋯⋯⋯⋯⋯⋯⋯刘学林
（原载《奔流》一九八四年第五—六期）

街路一里长⋯⋯⋯⋯⋯⋯⋯⋯周大新
（原载河北《长城》一九八四年第四期）

佳作评论

喜读佳作三篇
——《小河弯弯小河长》、《一潭清水》、《人境》读后⋯⋯⋯⋯⋯⋯⋯唐　挚

简炼·含蓄·深沉
——读《惊涛二题》⋯⋯⋯⋯⋯公　仲

作家创作谈

农村改革的缩影
——关于《单家桥的闲言碎语》⋯⋯潮　清

由《惊涛》想到⋯⋯⋯⋯⋯⋯陈世旭

小说信息十则

各地报刊推荐小说篇目

作家的生活与劳动（照片三幅）⋯⋯郭连克等摄

1984 年第 10 期　刊名:《小说选刊》
目录

编者的话

本刊再度改版答问

中篇小说

燕赵悲歌 …………………………… 蒋子龙
（原载《人民文学》一九八四年第七期）

评论与创作谈

读《燕赵悲歌》四题 …………………… 邵燕祥
"悲歌"之余
——关于《燕赵悲歌》 …………… 蒋子龙

短篇小说

村魂 ………………………………… 乔典运
（原载《奔流》一九八四年第八期）
惊涛续篇 …………………………… 陈世旭
（原载《人民文学》一九八四年第九期）
生死之间 …………………………… 苏叔阳
（原载《芳草》一九八四年第八期）
花花牛 ……………………………… 义　夫
（原载《山西文学》一九八四年第六期）
沉浮 ………………………………… 王　蓬
（原载《延河》一九八四年第八期）
万元户从军 ………………………… 林　东
（原载《解放军文艺》一九八四年第八期）
清晨，有一束花 …………………… 沈　浩
（原载《东海》一九八四年第八期）
小说信息十则
各地报刊推荐小说篇目
作家的生活与劳动（照片三幅）…… 金　星等摄

1984 年第 11 期　刊名:《小说选刊》
目录

编者的话
中国作家协会举办一九八四年全国优秀短篇小说奖评
奖启事

中篇小说

会计今年四十七 …………………… 陈　冲
（原载《小说界》一九八四年第四期）

短篇小说

典型形象 …………………………… 金　河
（原载辽宁《春风》一九八四年第六期）
芸斋小说两篇 ……………………… 孙芸夫
（原载《十月》一九八四年第五期）
为了收获 …………………………… 梁晓声
（原载《青年文学》一九八四年第十期）
草原上的雾 ………………………… 冉　丹
（原载《青春》丛刊一九八四年第三期）

祖先的坟 …………………………… 赵本夫
（原载《延河》一九八四年第九期）
关于鞋后跟的问题 ………………… 蒋子龙
（原载《滇池》一九八四年第九期）
妈妈和她的衣袖 …………………… 廖润柏
（原载《青春》一九八四年第九期）

评论·创作谈

工业改革的新歌
——赞《会计今年四十七》 ……… 田　晨
努力写出新意 ……………………… 陈　冲
《魂归何处》创作体会 …………… 石　言
《晚霞》点滴 ……………………… 周克芹

小说信息十二则

《小说选刊》明年改版启事
作家的生活与劳动（照片四幅）…… 贾　铁等摄

1984 年第 12 期　刊名:《小说选刊》
目录

大鼓劲　大团结　大繁荣
——本刊十月十五日座谈会纪要

中篇小说

棋王 ………………………………… 阿　城
（原载《上海文学》一九八四年第七期）

短篇小说

胜似春光 …………………………… 舒　群
（原载《新观察》一九八四年第十六期）
尾灯 ………………………………… 张　洁
（原载《北京文学》一九八四年第十期）
东平之死 …………………………… 庞瑞垠
（原载《当代》一九八四年第五期）
险闯乌呼森山谷 …………………… 路　远
（原载《萌芽》一九八四年第九期）
"方"迷新传 ………………… （回族）马治中
（原载《民族文学》一九八四年第十一期）
溪鳗 ………………………………… 林斤澜
（原载《人民文学》一九八四年第十期）
"最差影片的最佳配角" …………… 李　栋
（原载四川《青年作家》一九八四年第十期）
牛医生外传 ………………………… 杨振昆
（原载《丑小鸭》一九八四年第五期）
晚年之声 …………………………… 相　惠
（原载《海鸥》一九八四年第七期）

中国作家协会举办一九八四年全国优秀短篇小说奖评奖启事

小说信息八则

《小说选刊》明年改版启事

编者的话

作家的生活与劳动（照片四幅）

封面设计⋯⋯⋯⋯⋯⋯⋯⋯⋯⋯⋯⋯⋯禾　山

1985 年第 1 期　刊名:《小说选刊》
目录

中篇小说

山中，那十九座坟茔⋯⋯⋯⋯⋯⋯⋯⋯李存葆
（原载《昆仑》一九八四年第六期）

短篇小说

哦，小公马⋯⋯⋯⋯⋯⋯⋯⋯⋯⋯⋯⋯邹志安
（原载《北京文学》一九八四年第十一期）

危楼记事⋯⋯⋯⋯⋯⋯⋯⋯⋯⋯⋯⋯⋯李国文
（原载《人民文学》一九八四年第六期）

小站⋯⋯⋯⋯⋯⋯⋯⋯⋯⋯⋯⋯⋯⋯⋯何立伟
（原载《上海文学》一九八四年第十期）

一个军长的回旋曲⋯⋯⋯⋯⋯⋯⋯⋯⋯瞿　琮
（原载《解放军文艺》一九八四年第十一期）

最后的堑壕⋯⋯⋯⋯⋯⋯⋯⋯⋯⋯⋯⋯王中才
（原载《鸭绿江》一九八四年第十一期）

近乡⋯⋯⋯⋯⋯⋯⋯⋯⋯⋯［旅美华人］李　黎
（原载《海外华人作家小说选》三联书店香港分店一
九八三年出版）

沉重的爱⋯⋯⋯⋯⋯⋯⋯⋯⋯⋯⋯⋯⋯宫克一
（原载《长城文艺》一九八四年第五期）

张三李四⋯⋯⋯⋯⋯⋯⋯⋯⋯⋯⋯⋯⋯水运宪
（原载湖南《桃花源》一九八四年第五、六期）

我的亡友们（三题）⋯⋯⋯⋯⋯⋯⋯⋯雷　铎
（原载《当代》一九八四年第三期）

佳作评论

崇高的悲剧
——读《山中，那十九座坟茔》⋯⋯⋯周政保

画出复杂的灵魂
——读《村魂》⋯⋯⋯⋯⋯⋯⋯⋯⋯杨旭村

我的心哟，在高原
——评《麦客》⋯⋯⋯⋯⋯⋯⋯⋯⋯雷　达

读者短评五篇⋯⋯⋯⋯⋯⋯⋯⋯⋯⋯罗其烈等

小说信息十二则

作家的生活与劳动（照片四幅）

编后记

1985 年第 2 期　刊名:《小说选刊》
目录

中篇小说

腊月·正月⋯⋯⋯⋯⋯⋯⋯⋯⋯⋯⋯⋯贾平凹
（原载《十月》一九八四年第四期）

找乐⋯⋯⋯⋯⋯⋯⋯⋯⋯⋯⋯⋯⋯⋯⋯陈建功
（原载《钟山》一九八四年第四期）

果园的主人⋯⋯⋯⋯⋯⋯⋯⋯⋯⋯⋯⋯周克芹
（原载《青年文学》一九八四年第十一期）

五峰楼的传闻⋯⋯⋯⋯⋯⋯⋯⋯⋯⋯⋯陈景河
（原载延边《金达莱》一九八四年第一期）

作家创作谈

文学不会给历史留下空白
——谈《山中，那十九座坟茔》的写作⋯⋯⋯李存葆

舒群谈《胜似春光》⋯⋯⋯⋯⋯⋯⋯⋯泽莎整理

佳作评论

一幅描绘我国农村现实生活的生动画卷
——评《果园的主人》⋯⋯⋯⋯⋯⋯⋯沙　汀

时代风情
——简评《五峰楼的传闻》⋯⋯⋯⋯⋯骆宾基

小说信息八则

读者来信摘登⋯⋯⋯⋯⋯⋯⋯⋯⋯⋯刘更义等

编后记

作家的生活与劳动（照片四幅）⋯⋯⋯张元超等摄

封面设计⋯⋯⋯⋯⋯⋯⋯⋯⋯⋯⋯⋯⋯关　明

1985 年第 3 期　刊名:《小说选刊》
目录

中篇小说

船的陆地⋯⋯⋯⋯⋯⋯⋯⋯⋯⋯⋯⋯⋯刘兆林
（原载《解放军文艺》一九八五年第一期）

书生意气⋯⋯⋯⋯⋯⋯⋯⋯⋯⋯⋯⋯⋯叶　钦
（原载《清明》一九八四年第六期）

猎神，走出山谷⋯⋯⋯⋯⋯⋯⋯⋯⋯⋯黄　放
（原载《青年文学》一九八四年第十二期）

短篇小说

门铃⋯⋯⋯⋯⋯⋯⋯⋯⋯⋯⋯⋯⋯⋯⋯陆文夫
（原载《人民文学》一九八四年第十期）

蓝幽幽的峡谷⋯⋯⋯⋯⋯⋯⋯（蒙古族）白雪林
（原载《草原》一九八四年第十二期）

先有蛋，后有鸡⋯⋯⋯⋯⋯⋯⋯⋯⋯⋯公　刘
（原载《收获》一九八四年第六期）
塑像⋯⋯⋯⋯⋯⋯⋯⋯⋯⋯（中国台湾）柏　杨
（原载香港纵横出版社出版的《柏杨小说选集》）
女人国的污染报告⋯⋯⋯⋯⋯⋯⋯⋯⋯楚　良
（原载《芳草》一九八五年第一期）
桔子⋯⋯⋯⋯⋯⋯⋯⋯⋯⋯⋯⋯⋯⋯胡世宗
（原载《鸭绿江》一九八四年第十期）
再过二十年⋯⋯⋯⋯⋯⋯⋯⋯时　雨　如　月
（原载《星火》一九八四年第十期）
夜的小调⋯⋯⋯⋯⋯⋯⋯⋯⋯⋯⋯⋯叶明山
（原载《长江》丛刊一九八四年第四期）
雪崩之后⋯⋯⋯⋯⋯⋯⋯⋯⋯⋯⋯⋯余学先
（原载《西藏文学》一九八四年第十一期）
小小说六篇
⋯⋯⋯⋯赵本夫　唐　栋　聂鑫森　程　枫　薛　舍
（原载广西《金城》和《北京晚报》）

评论
读《船的陆地》⋯⋯⋯⋯⋯⋯⋯⋯⋯⋯邓　刚
《祖先的坟》有嚼头⋯⋯⋯⋯⋯⋯⋯⋯胡相峰
病态的社会心理的镜子
——读《典型形象》⋯⋯⋯⋯⋯⋯⋯⋯李　星
变化，但不失独自的风格（创作谈）
——《船的陆地》题外话⋯⋯⋯⋯⋯⋯刘兆林
小说信息十则
作家的生活与劳动（照片四幅）⋯⋯⋯张桂玉等摄
编后记

1985 年第 4 期　刊名：《小说选刊》

目录

中国作家协会一九八四年全国优秀短篇
小说奖获奖作品暨编委会名单
中国作家协会第三届（1983—1984 年）全国优秀
中篇小说奖获奖作品暨评委会名单

短篇小说
奶奶的星星⋯⋯⋯⋯⋯⋯⋯⋯⋯⋯⋯史铁生
（原载《作家》一九八四年第四期）
野狼出没的山谷⋯⋯⋯⋯⋯⋯⋯⋯⋯王凤麟
（原载《人民文学》一九八四年第九期）
父亲⋯⋯⋯⋯⋯⋯⋯⋯⋯⋯⋯⋯⋯梁晓声
（原载《人民文学》一九八四年第十一期）
白色鸟⋯⋯⋯⋯⋯⋯⋯⋯⋯⋯⋯⋯何立伟
（原载《人民文学》一九八四年第十期）
一个俄罗斯妇女⋯⋯⋯⋯⋯⋯⋯⋯⋯刘　真
（原载《女子文学》一九八五年第一期）

C 城记事⋯⋯⋯⋯⋯⋯⋯⋯［阿籍华人］萧金铃
（原载《鸭绿江》一九八五年第一期）
那一片白杨林⋯⋯⋯⋯⋯⋯⋯⋯⋯⋯邓建楚
（原载《广州文艺》一九八五年第一期）
"一分钟小说"五篇
⋯⋯⋯⋯常利民　郑万隆　赵　杉　袁一强　毛志成
（《北京晚报》一九八四年"国庆征文"获奖作品）

中篇小说
一个系统工程学家的遭遇⋯⋯⋯⋯⋯柯云路
（原载《花城》一九八五年第一期）

评论
短篇小说创作笔谈⋯⋯⋯⋯⋯⋯⋯⋯张忠慧
潘照坤　李健民　苗振亚　赵洪峰　薛炎文　李广鼎
沈绍初　宋学孟
战争的数学：常数和变数
——评《最后的堑壕》⋯⋯⋯⋯⋯⋯⋯张志忠
小说信息四则
作家的生活与劳动（照片四幅）
编后记

1985 年第 5 期　刊名：《小说选刊》

目录

短篇小说
临街的窗⋯⋯⋯⋯⋯⋯⋯⋯⋯⋯⋯陆文夫
（原载《小说家》一九八五年第一期）
高原的风⋯⋯⋯⋯⋯⋯⋯⋯⋯⋯⋯王　蒙
（原载《人民文学》一九八五年第一期）
绝唱⋯⋯⋯⋯⋯⋯⋯⋯⋯⋯⋯⋯⋯赵本夫
（原载《现代作家》一九八五年第三期）
猎火⋯⋯⋯⋯⋯⋯⋯⋯⋯⋯⋯⋯⋯路　远
（原载《草原》一九八五年第二期）
病理学的一课⋯⋯⋯⋯⋯⋯⋯⋯⋯黄树则
（原载《中国》一九八五年第一期）
满票⋯⋯⋯⋯⋯⋯⋯⋯⋯⋯⋯⋯⋯乔典运
（原载《奔流》一九八五年第三期）
巨鸟⋯⋯⋯⋯⋯⋯⋯⋯⋯⋯⋯⋯⋯未　央
（原载《文学月报》一九八五年第三期）
波莱罗舞曲⋯⋯⋯⋯⋯⋯⋯⋯⋯⋯乔雪竹
（原载《中国作家》一九八五年第一期）
同等学力⋯⋯⋯⋯⋯⋯⋯⋯⋯⋯⋯苏叔阳
（原载《北京日报》一九八五年一月三十日）
留学生宿舍纪事⋯⋯⋯⋯⋯⋯章　珂　章伟文
（原载《文学青年》一九八五年第二期）
一个女人和一个半男人的故事⋯⋯⋯刘亚洲

（原载《文汇月刊》一九八五年第二期）
火……………………………………赵宇共
（原载《西湖》一九八五年第二期）
"小征泽尔"的悲剧………………………叶之蓁
（原载《花溪》一九八五年第三期）
你别无选择（中篇小说）………………刘索拉
（原载《人民文学》一九八五年第三期）

创作谈
仍然是一种尝试………………………宋学武
杂感三则………………………………史铁生
维护美好的东西………………………张　炜
永不忘记的地方………………………陈世旭

评论
干草芳草透我心………………………荒　煤
喜读《蓝幽幽的峡谷》…………………白崇人
中国作家协会第三届（1983—1984 年）全国优秀报告
文学奖获奖作品暨评委会名单
小说信息八则
一九八四年短篇小说评奖活动剪影
编后记

1985 年第 6 期　刊名:《小说选刊》
目录

中篇小说
感谢生活………………………………冯骥才
（原载《中国作家》一九八五年第一期）
冰炭……………………………………贾平凹
（原载《中国》一九八五年第二期）
斗牛人…………………………………张　涛
（原载《北方文学》一九八五年第四期）
不仅仅是误会…………………………翁树杰
（原载《小说创作》一九八五年第三、四期）
四秀……………………………………朱　伟
（原载《希望》一九八五年第三期）
老人的黑帽子…………………………刘霆燕
（原载《东方少年》一九八五年第三期）
老棒子酒馆……………………………郑万隆
（原载《上海文学》一九八五年第一期）
五味子…………………………………夏　真
（原载《西湖》一九八五年第三期）
蹾女婿…………………………………佟宝良
（原载《当代小说》一九八五年第三期）
天才歌手………………………………王延平
（原载《山东文学》一九八五年第四期）
九十八级台阶上的尼姑…………………郭碧良

（原载《星火》一九八五年第三期）
鬼节……………………………………缪　士
（原载《广州文艺》一九八五年第四期）
列车上…………………………………王家达
（原载《中国西部文学》一九八五年第二期）
小小说四题…………白　桦　毛志成　木　公　韩晓征
（原载《百花园》、《儿童文学》）

评论·创作谈
刘索拉的《你别无选择》…………………黄子平
切近感与超脱感………………………柯云路
《麦客》想告诉读者些什么………………邵振国
关于《父亲》的遗补……………………梁晓声
关于《白色鸟》…………………………何立伟
读者来信摘登《三则》…………………张建科等
小说信息八则
作家的生活与劳动《照片四幅》
编后记

1985 年第 7 期　刊名:《小说选刊》
目录

中篇小说
流星在寻找失去的轨迹…………………张一弓
（原载《莽原》一九八五年第三期）
梨木梳子………………………………彭见明
（原载《小说界》一九八五年第二期）
冬天的话题……………………………王　蒙
（原载《小说家》一九八五年第二期）
五月……………………………………田中禾
（原载《山西文学》一九八五年第五期）
残月……………………………………张承志
（原载《中国作家》一九八五年第二期）
不该将兄吊起来………………………王　毅
（原载《人民文学》一九八五年第五期）
山地……………………………………尤凤伟
（原载《文汇月刊》一九八五年第四期）
清清沱江水…………………………（土家族）杨双奇
（原载《萌芽》一九八五年第五期）
最后一个哨兵………………………（满族）王　安
（原载《民族文学》一九八五年第三期）
路边的小草……………………………尹俊卿
（原载《西湖》一九八五年第四期）
"千字小说"五篇
…………钢　凝　刘岩松　李文岭　白小易　杨书政
（原载《中国青年报》一九八五年）

评论·创作谈

别了，昨天

——关于《村魂》和《满票》……………………乔典运

十年再回头

——从《啊！》到《感谢生活》……………………冯骥才

梳·龙·人

——谈《梨木梳子》……………………彭见明

袭人改嫁……………………金 河

我写《生死之间》……………………苏叔阳

水珠映出的世界

——评一批获奖的青年"千字小说"……………………罗强烈

小说信息六则

一九八四年全国优秀短篇小说获奖作者介绍（封二）

编后记

封面设计……………………张 磊

1985 年第 8 期　刊名:《小说选刊》

目录

中篇小说

井……………………陆文夫

（原载《中国作家》一九八五年第三期）

桑树坪记事（节选）……………………朱晓平

（原载《钟山》一九八五年第三期）

短篇小说

私情……………………魏润身

（原载《长城》一九八五年第三期）

纤纤素手……………………郁小萍

（原载《北方文学》一九八五年第六期）

老铳……………………彭见明

（原载《朔方》一九八五年第四期）

涛声隐隐来……………………毛志成

（原载《海燕中短篇小说》一九八五年第六期）

互不知名的旅伴……………………谭合成

（原载《文学时代》一九八五年第五期）

皮包……………………张 宇

（原载《鸭绿江》一九八五年第五期）

蛤蜊王……………………艾 平

（原载《山东文学》一九八五年第五期）

大风……………………莫 言

（原载《小说创作》一九八五年第六期）

他们住在哪条街?……………………（回族）马宝康

（原载《青春》一九八五年第三期）

留恋的青山……………………陈炳熙

（原载《收获》一九八五年第三期）

契机（小小说）……………………蔡未名

（原载《青年作家》一九八五年第五期）

评论·创作谈

小巷中见大千世界

——读陆文夫中篇小说《井》……………………于 晴

错杂弹……………………王中才

从负数开始……………………陈 冲

渴望勇敢……………………铁 凝

关于《姐姐》……………………张 平

我想写出蒙古族自己的人物……………………白雪林

关于《同船过渡》……………………映 泉

《哦，小公马》之外……………………邹志安

读者·作者·编者

关于《东平之死》的三封信

……………………草 明 孟 波 庞瑞垠

本刊举行全国部分文学期刊编辑工作座谈会（简讯）

小说信息六则

编后记

1985 年第 9 期　刊名:《小说选刊》

目录

短篇小说

五·一九长镜头……………………刘心武

（原载《人民文学》一九八五年第七期）

山风……………………肖亦农　张少敏

（原载《小说导报》一九八五年第七期）

支点……………………王英琦

（原载《小说界》一九八五年第二期）

干姐妹……………………武志刚

（原载《现代作家》一九八五年第七期）

来到人间……………………史铁生

（原载《三月风》一九八五年第六期）

人生，一支灿烂的歌……………………（苗族）贺晓彤

（原载《文学青年》一九八五年第五期）

玉阿婆……………………刘春来

（原载《丑小鸭》一九八五年第五期）

噩梦……………………刘振华

（原载《大风》一九八五年第四期）

漆彩……………………程 海

（原载《延河》一九八五年第七期）

话说老温其人……………………蒋子丹

（原载《文学月报》一九八五年第六期）

窗前有棵红枫树……………………关 鸿

（原载《春风》一九八五年第四期）

中篇小说

执火者……………………齐岸青

（原载《上海文学》一九八五年第七期）

小鲍庄·····················王安忆
（原载《中国作家》一九八五年第二期）

评论·创作谈

关于《冰炭》·················贾平凹
寻找，沿着流星的轨迹——读《流星在寻找失去的轨
迹》··················何秋声 杜田材
在历史与现实的交叉点上抒写农民命运
——读《桑树坪记事》（节选）········冯立三
小说信息四则
全国部分省市文学期刊编辑工作座谈会剪影（封
二、三）
编后记
封面设计

1985 年第 10 期　刊名:《小说选刊》

目录

选精拔萃　繁荣社会主义文学——祝《小说选刊》创
刊五周年···············韦君宜　朱子奇
李国文　范　程　黄益庸　缪俊杰　刘兆林　刘青晓

中篇小说

活鬼（原载《莽原》一九八五年第四期）·······张　宇

短篇小说

453!　180!（原载《文学月报》一九八五年第八期）
·························朱宜江
沉睡的大固其固（原载《北方文学》一九八五年第三
期）······················迟子建
黑马（原载《山东文学》一九八五年第七期）
·························王中才
无主题变奏（原载《人民文学》一九八五年第七期）
·························徐　星
失去的河流（原载《萌芽》一九八五年第八期）
·························金宇澄
异乡异闻二题（黄烟　空山）（原载《上海文学》一
九八五年第五期）···············郑万隆
五彩石（原载《三峡文学》一九八五年第一期）
·························映　泉
陈上垸（原载《收获》一九八五年第四期）····方原林
市井琐闻（原载《清明》一九八五年第四期）
·························公　衡
约会（原载《山花》一九八五年第七期）·····刘　剑
阿俑（原载《作家》一九八五年第八期）·····忆明珠
小小说四题（原载《小说界》、《人民铁道》、《百花
园》）··········彭　达　康　平　邓宗良　周　熠
小说信息七则

本刊创刊五周年纪念（照片九幅）
编者的话
封面设计···················叶　然

1985 年第 11 期　刊名:《小说选刊》

目录

中篇小说

阴错阳差（原载《黄河》一九八五年第三期）
·························蒋子龙
海地（原载《东海》一九八五年第三期）·····张坚军

短篇小说

祭火（原载《草原》一九八五年第九期）·····路　远
牺牲（原载《小荷》一九八五年八月号）·····陈　冲
孩子·大海·太阳（原载《小说潮》一九八五年第六
期）······················许谋清
人生之旅（原载《花溪》一九八五年第九期）
·························陈金堂
小偷和书记（原载《奔流》一九八五年第九期）
·························张　宇
系在皮绳扣上的魂（原载《民族文学》一九八五年第
九期）·············（藏族）扎西达娃
毛茸茸的胡须（原载《鹿鸣》一九八五年第九期）
·························刘汉一
归去来（原载《上海文学》一九八五年第六期）
·························韩少功
夜归（原载《长城》一九八五年第五期）·····汤吉夫
路女（原载《女子文学》一九八五年第八期）
·························刘振权
只不过是一瞬间（原载《北京文学》一九八五年第八
期）······················何继青
不曾结束，也未能开始（原载《中国西部文学》一九
八五年第八期）···············董立勃
小小说三篇（原载《延河》、《百花园》、《东海》）
··········王　艾　潘小平　志朴　江凫生

评论·创作谈

他们没有错——读《阴错阳差》所想到的·······雷　达
具有深层审美价值的笑——读《冬天的话题》
·························曾镇南
关于《山地》·················尤凤伟
读者短评三篇········王元极　尚青火　胡　襄
小说信息六则
重要启事
编辑的劳动与生活——《人民文学》杂志社剪影
编后记

1985 年第 12 期　刊名:《小说选刊》
目录

中篇小说

信从彼岸来——一个中国学生的留美札记（原载《小说》一九八五年第三期）
　　　　　　　　　　　　　　　　王毅捷

虬龙爪（原载《小说界》一九八五年第四期）……冯芩植

短篇小说

驼背的竹乡（原载《人民文学》一九八五年第十期）
　　　　　　　　　　　　　　　　莫应丰

命若琴弦（原载《现代人》一九八五年第二期）
　　　　　　　　　　　　　　　　史铁生

临街的窗（原载《小说家》一九八五年第三期）
　　　　　　　　　　　　　　　　冯骥才

醉汉们的湖泊（原载《西湖》一九八五年第九期）
　　　　　　　　　　　　　　　　高　锋

祖坟（原载《江南》一九八五年第五期）……津　谷

父与子（原载《福建文学》一九八五年第九期）
　　　　　　　　　　　　（中国香港）尚　政

难忘的第一次采访（原载《小说创作》一九八五年第九—十期）
　　　　　　　　　　　　　　　　周　渺

死吻（原载《奔流》一九八五年第十期）……张一弓

小小说三篇（原载《青海湖》一九八五年第十期）
　　　　　　　徐明旭　鲍义志　姜贻斌

小说信息七则

评论

催人泪下，发人深思——中篇小说《海地》欣赏随笔
　　　　　　　　　　　　　　　　王愿坚

读者短评三篇………………王晓峰　夏重源　邹　旭

本刊举行创刊五周年纪念活动（报道）………本刊记者
本刊创刊五周年纪念活动剪影（照片十一幅）
　　　　　　　　　　　　　　　　张桂玉等摄

来自工厂的声音（报道）
——本刊召开工人读者座谈会………本刊记者
编后记

1986 年第 1 期　刊名:《小说选刊》
目录

中篇小说

秋天的愤怒（原载《当代》一九八五年第四期）
　　　　　　　　　　　　　　　　张　炜

短篇小说

沉重的签字（原载《鸭绿江》一九八五年第十期）
　　　　　　　　　　　　　　　　邓　刚

大河（原载《上海文学》一九八五年第十期）
　　　　　　　　　　　　　　　　陈　洁

首户（原载《中国》一九八五年第四期）……李宽定

活鱼（原载《民族文学》一九八五年第十一期）
　　　　　　　　　　　　　　（满族）赵大年

鬼谷（原载《山东文学》一九八五年第十一期）
　　　　　　　　　　　　　　　　尹世林

泥沼中的头颅（原载《小说导报》一九八五年第十期）
　　　　　　　　　　　　　　　　宗　璞

薛先生（原载新加坡《热带文艺》一九八五年第三期）
　　　　　　　　　　　　　[新籍华人]长　谣

小小说

患难夫妻（原载《文汇报》一九八五年十一月十九日）
　　　　　　　　　　　　　　　　张敏贤

侦探小说家的奇遇（原载《百花园》一九八五年十一月号）
　　　　　　　　　　　　　　　　莫大祥

紫枫树下的邂逅（原载《百花园》一九八五年十一月号）
　　　　　　　　　　　　　　　　朱士奇

评论·创作谈

前进，生活与文学的航船!（一九八五年短篇小说概观）
　　　　　　　　　　　　　　　　行　人
关于《大河》………………………………陈　洁

小说信息四则
作家的生活与劳动（照片五幅）（封二）
编后记
封面设计……………………………………张啸谷

1986 年第 2 期　刊名:《小说选刊》
目录

短篇小说

公共汽车咏叹调（原载《人民文学》一九八五年第十二期）
　　　　　　　　　　　　　　　　刘心武

豁口（原载《小荷》一九八五年第十一期）……铁　凝

仙游（原载《昆仑》一九八五年第六期）………李云良

他在拂晓前死去（原载《解放军文艺》一九八五年第十一期）
　　　　　　　　　　　　　　　　张廷竹

这一片大海滩（原载《长城》一九八五年第六期）
　　　　　　　　　　　　　　　　杨显惠

晨雾（原载《山西文学》一九八五年第八期）……焦祖尧

蓝湖（原载《长江文艺》一九八五年第十二期）
　　　　　　　　　　　　　　　　吕运斌

夫妻粉（原载《海燕中短篇小说》一九八五年第十一期）……………………………………庞泽云
雾（原载《福建文学》一九八五年第十一期）
…………………………（中国香港）巴　桐
拳师（原载《上海文学》一九八五年第十期）
……………………………………………肖建国

小小说
小小说十篇（原载《小说界》一九八五年第六期
《长江》丛刊一九八五年第五、六期）………李本深等

评论
在纪实中所蕴含的启迪
——读《信从彼岸来》…………………………唐　挚
读者短评四则……………………………………张洪民等

编辑笔谈
从单一化走向多样化……《文学月报》副主编　王以平
肩负起培养和扶植文学新人的重担……山东文学编辑部

小说信息十则
作家的生活与劳动（照片四幅）……………孙仲兴等摄
编后记
封面设计……………………………………………张啸谷

1986 年第 3 期　刊名:《小说选刊》
目录

短篇小说
远雷（原载《特区文学》一九八五年第六期）
……………………………………………………郑万隆
高丽洞（原载《萌芽》一九八五年第十二期）……王德忱
蓝河谷（原载《草原》一九八五年第十一期）
……………………………………………………程　中
江巧玲（原载《收获》一九八五年第六期）
……………………………………［美籍华人］於梨华
钮扣（原载《东方少年》一九八五年第十二期）
……………………………………………………张之路
朦胧坝（原载《现代作家》一九八六年第一期）
……………………………………………………李世权
花野（原载《上海文学》一九八五年第十二期）
……………………………………………………储福金
童子魂（原载《青年文学》一九八五年第十二期）
……………………………………………………张　弛

中篇小说
假释（原载《十月》一九八五年第五期）………陶　正

评论
山东文联《山东文学》《小说选刊》联合举行小说创作座谈会…………………………………张　炜
矫　健　宋遂良　李心田　任孚先　王中才发言摘登
在蜕变中奋进
——一九八五年中篇小说印象记………………雷　达

小说信息八则
作家的生活与劳动（照片四幅）（封二）
编后记
敬告读者

1986 年第 4 期　刊名:《小说选刊》
目录

中篇小说
名医梁有志传奇（原载《十月》一九八六年第二期）
……………………………………………………王　蒙

短篇小说
远行（原载《人民文学》一九八五年第八期）
……………………………………………………何士光
新婚（原载《鸭绿江》一九八六年第二期）……浩　然
全是真事（原载《人民文学》一九八六年第二期）
……………………………………………………邓　刚
余晚菊（原载《采石》一九八六年第一期）……彭见明
机关轶事（原载《上海文学》）一九八六年第一期）
……………………………………………………李　晓
小妹（原载《文学》一九八六年第二期）………钱玉亮
无人知晓的世界记录（原载《红岩》一九八六年第一期）………………………………………王永贵
铁轨，伸向远方（原载《中国作家》一九八六年第一期）………………………………………陈　卡
生命谷（原载《青年文学》一九八六年第一期）
……………………………………………………缪　士
画象（原载《小说创作》一九八六年第一—二期）
……………………………………………………耿金波

小小说
小小说六篇（原载《春风》《北京晚报》《小说界》《太湖》《牡丹江》………………………………祝兴义等

评论
心灵的疏导与沟通
——读刘心武的两篇纪实小说
……………………………………………………陈骏涛
致张炜…………………………………………………王兆军

编辑笔谈

知音·密友·营养师—————《昆仑》负责人 韩瑞亭
我与编辑—————————《萌芽》编辑 魏 威

小说信息八则
小说座谈会剪影（照片八幅）（封二、封三）
读者三言两语（六题）
封面设计——————————————孙嘉瞻

1986 年第 5 期 刊名:《小说选刊》
目录

中篇小说

嫁出去的姑娘————————————映 泉
（原载《当代作家》一九八六年第一期）

短篇小说

火纸————————————————贾平凹
（原载《上海文学》一九八六年第二期）
铃的闪———————————————王 蒙
（原载《北京文学》一九八六年第二期）
洞天———————————————李贯通
（原载《山东文学》一九八六年第四期）
开绿的士的波仔——————————刘建安
（原载《广州文艺》一九八六年第三期）
两代艄公—————————————刘成思
（原载《希望》一九八六年第二期）
裱画的朋友————————（满族）寇 丹
（原载《文汇》月刊一九八六年第一期）
清明———————————————白晓冬
（原载《当代》一九八六年第一期）
八月牛——————————————王德忱
（原载《萌芽》一九八六年第二期）

创作谈

梁有志他—————————————王 蒙
关于《远雷》———————————郑万隆
自圆其说—————————————陶 正

小说信息六则

作家的生活与劳动（照片五幅）————张桂玉等摄
重要启事
读者三言两语———————————金明辉
封面设计—————————————孙嘉瞻

1986 年第 6 期 刊名:《小说选刊》
目录

中篇小说

红高粱（原载《人民文学》一九八六年第三期）
————————————————莫 言

短篇小说

焦大轮子————————（满族）于德才
（原载《上海文学》一九八六年第二期）
遥远的黎明————————————何继青
（原载《解放军文艺》一九八六年第四期）
留美故事（二题）—————————小 楂
（原载《小说界》一九八六年第二期）
乡醉（原载《奔流》一九八六年第四期）———乔典运
枯塘纪事—————————————赵本夫
（原载《青海湖》一九八六年第四期）
小城———————————————雨 城
（原载《青春》一九八六年第三期）

小小说

日耳曼女子（原载《百花园》一九八六年第四期）
————————————————刘绍棠
闻（原载《解放军报》一九八六年三月卅日）
————————————————滕学松

评论·创作谈

《名医梁有志传奇》印象————————于 晴
由驴子引起的联想
——关于《嫁出去的姑娘》——————映 泉

编辑笔谈

困惑中的奋进————《莽原》编辑部主任 何秋声
刊物变化杂议———《中国作家》编辑部主任 贺新创

小说信息七则

第二届全国少数民族文学创作评选授奖会剪影（封二）
读者三言两语（三题）———————翟连然等

1986 年第 7 期　刊名:《小说选刊》
目录

短篇小说

减去十岁（原载《人民文学》一九八六年第二期）
　　　　　　　　　　　　　　　　　谌　容

窑谷（原载《上海文学》一九八六年第四期）
　　　　　　　　　　　　　　　　　谢友鄞

人的魅力（原载《十月》一九八六年第三期）
　　　　　　　　　　　　　　　　　邓九刚

去拉萨的路上（原载《民族文学》一九八六年第四期）
　　　　　　　　　　　　（藏族）扎西达娃

桥边小说三篇（原载《收获》一九八六年第二期）
　　　　　　　　　　　　　　　　　汪曾祺

风鸣咽（三题）（原载《昆仑》一九八六年第三期）
　　　　　　　　　　　　　　　　　韩可风

双镯（原载《福建文学》一九八六年第四期）
　　　　　　　　　　　　　　　　　陆昭环

五月的天气（原载《东方少年》一九八六年第四期）
　　　　　　　　　　　　　　　　　程　玮

黑风谷（原载《文学青年》一九八六年第五期）
　　　　　　　　　　　　　　　　　海　迪

酋长笔记（原载《华人世界》一九八六年第一期）
　　　　　　　　　　　　　　　　　孟伟哉

迷茫的丛林（原载《飞天》一九八六年第一期）
　　　　　　　　　　　　　　　　　张存学

乡邮（原载《无名文学》一九八六年第二期）
　　　　　　　　　　　　　　　　　唐　禾

村魂（原载《城市文学》一九八六年第四期）
　　　　　　　　　　　　　　　　　刘彬彬

小小说

微型小说四篇……陈亨初　张　长　金奎显　佟雪春
（原载《小说界》一九八六年第二期）

小说信息四则

新人评介
草原文学的奇葩
——谈路远及其作品………………陈广斌

评论创作谈
读《红高粱》笔记………………李　陀
对《火纸》要说的………………贾平凹
读者三言两语（四题）………………吴延龄等

编辑的劳动与生活
——《北京文学》杂志社剪影（封二、封三）

1986 年第 8 期　刊名:《小说选刊》
目录

短篇小说

轮下（原载《人民文学》一九八六年第四期）----王　蒙
轻轻地说（原载《解放军文艺》一九八六年第六期）
　　　　　　　　　　　　　　　　　朱苏进

酒殇（原载《天津文学》一九八六年第六期）
　　　　　　　　　　　　　　　　　叶蔚林

小说三题（原载《文汇》月刊一九八六年第六期）
　　　　　　　　　　　　　　　　　王润滋

神童（原载《作家》一九八六年第六期）………金　河
断手（原载《北京文艺》一九八六年第三期）
　　　　　　　　　　　　　　　　　莫　言

黑颜色（原载《上海文学》一九八五年第十一期）
　　　　　　　　　　　　　　　　　蒋子丹

天桥崾岘（原载《钟山》一九八六年第四期）
　　　　　　　　　　　　　　　　　柏　原

和陌生人谈心（原载《丑小鸭》一九八六年第四期）
　　　　　　　　　　　　　　　　　李叔德

时装设计师（原载《作品》一九八六年第五期）
　　　　　　　　　　　　　（中国澳门）黄淑媛

小小说

真病假病（原载《希望》一九八六年第六期）
　　　　　　　　　　　　　　　　　唐田人

让我怎么开口（原载《东海》一九八五年第十二期）
　　　　　　　　　　　　　　　　　朱　樵

矮墙后面是灯光（原载《中国青年报》一九八六年一月十七日）
　　　　　　　　　　　　　　　　　顾　颖

邂逅（原载《草原》一九八六年第五期）………王　菱

小说信息五则

新人评介
《民族文学》、《西藏文学》、《小说选刊》联合举行
扎西达娃作品讨论会（报道）
——白崇人　曾镇南　张晓明　扎西达娃发言摘登
　　　　　　　　　　　　本刊记者　萝　莎

评论创作谈
省得费事
——关于《减去十岁》………………谌　容
上半年短篇小说掠影………………李敬泽

读者三言两语（五题）………………中国祥等
交流经验　增进友谊（报道）——本刊举行部分省市
文学期刊编辑座谈会………………本刊记者　轩

本刊在成都举行的编辑座谈会剪影（封二、封三）

1986 年第 9 期　刊名:《小说选刊》
目录

中篇小说

第三只眼（原载《青春》丛刊一九八六年第二期）
……………………………………………………朱苏进

女女女（原载《上海文学》一九八六年第五期）
……………………………………………………韩少功

短篇小说

船歌（原载《人民文学》一九八六年第七期）
……………………………………………………冯骥才

遍地风流（原载《钟山》一九八六年第三期）
……………………………………………………阿　城

甜苣儿（原载《青年文学》一九八六年第六期）
……………………………………………………张石山

那一仗留下个守墓人（原载《解放军文艺》一九八六年第六期）……………………………………李　镜

故人往事（原载《新苑》一九八六年第一期）
……………………………………………………汪曾祺

粉红色的公主（原载《火花》一九八六年第六期）
……………………………………………………肖复兴

小站（原载《特区文学》一九八六年第三期）
……………………………………………………大　平

等车（原载《希望》一九八六年第七期）
……………………………………………………陈小初

灵猩（原载《青年作家》一九八六年第六期）
……………………………………………………刘醒龙

新人评介

《山东文学》、《小说选刊》联合举行
李贯通作品讨论会（报道）……………本刊记者　轩
讨论会部分发言摘登……………………………王希坚
曲延坤　任孚先　宋遂良　尤凤伟　李贯通

小说信息五则

评论创作谈

中篇小说半年印象………………………………牛玉秋
好作品主义………………………………………韩少功

编辑笔谈

甘于"小"………………《青年作家》主编　邓仪中
两位编辑家………………《莽原》编辑　杨旭村
读者之页…………………………………………葛　磊等
扎西达娃作品讨论会剪影（封二）

李贯通作品讨论会剪影（封三）

1986 年第 10 期　刊名:《小说选刊》
目录

中篇小说

风泪眼（原载《十月》一九八六年第二期）……从维熙
灵旗（原载《解放军文艺》一九八六年第十期）
……………………………………………………乔　良

短篇小说

继续操练（原载《上海文学》一九八六年第七期）
……………………………………………………李　晓

辉煌的波马（原载《民族文学》一九八六年第八期）
………………………………………（回族）张承志

眼镜（原载《青年作家》一九八六年第六期）……亚　丁

落日夏威夷（原载《山西文学》一九八六年第七期）
……………………………………………………何力力

搭车客（原载《海峡》一九八六年第三期）
………………………………………（中国台湾）三　毛

全聚德（原载《作品》一九八六年第七期）……罗建琳

绛红色的披肩（原载《文汇》月刊一九八六年第七期）
……………………………………………………张　欣

小小说

灰鸟（原载《特区文学》一九八六年第四期）
……………………………………………………刘舰平

神杯（原载《绿洲》一九八六年第四期）………唐训华

贺富（原载《长城》一九八六年第四期）………贾大山

新人评介

乔良小说创作杂谈………………………………曾镇南

评论创作谈

古老的话题………………………………………朱苏进
关于《焦大轮子》………………………………于德才
关于《小说三题》的分析与联想………………罗强烈

小说信息五则

读者三言两语（四题）…………………………柴树功等
编辑的劳动与生活
——《昆仑》《解放军文艺》编辑部剪影（封二）

1986 年第 11 期　刊名:《小说选刊》
目录

中篇小说

他有什么病（原载《钟山》一九八六年第四期）
　　　　　　　　　　　　　　　　　　　张　洁

风泪眼（续完）（原载《十月》一九八六年第二期）
　　　　　　　　　　　　　　　　　　　从维熙

短篇小说

汉家女（原载《解放军文艺》一九八六年第八期）
　　　　　　　　　　　　　　　　　　　周大新

长乐（原载《人民文学》一九八六年第六期）
　　　　　　　　　　　　　　　　　　　聂震宁

乡村变奏（原载《青年文学》一九八六年第八期）
　　　　　　　　　　　　　　　　　　　刘震云

无为在歧路（原载《小说潮》一九八六年第四期）
　　　　　　　　　　　　　　　　　　　徐　星

人间笔记（二题）（原载《文学月报》一九八六年第七期）　　　　　　　　　　　　　　李庆西

臭镇悲老（原载《小说林》一九八六年第八期）
　　　　　　　　　　　　　　　　　　　张振刚

空屋（原载《东海》一九八六年第九期）
　　　　　　　　　　　　　　　　　　　蔡　康

女子世界（中卷·二题）（原载《山东文学》一九八六年第八题）　　　　　　　　　　　侯贺林

零点以后的浪漫史（原载《作家》一九八六年第八期）
　　　　　　　　　　　　　　　　　　　周晓红

小小说

大漠魂（原载《中国法制报》一九八六年九月十一日）
　　　　　　　　　　　　　　　　　　　戴文杰

混浊（原载《百花园》一九八六年第八期）···杨东明

裂点（原载《草原》一九八六年第八期）
　　　　　　　　　　　　　　　　（蒙古族）包小翔

新人评介

悲剧:"人"的失落与发现
——评周梅森的小说·············王　干　费振钟

创作谈

沉思——关于《灵旗》的自言自语·············乔　良

小说信息五则

读者三言两语（四题）

编辑的劳动与生活
——《当代》编辑部剪影（封二）

1986 年第 12 期　刊名:《小说选刊》
目录

中篇小说

麦秸垛（原载《收获》一九八六年第三期）
　　　　　　　　　　　　　　　　　　　铁　凝

老涛的故事（原载《诗函》一九八六年第五期）
　　　　　　　　　　　　　　　　　　　郎　郎

短篇小说

牌友（原载《十月》一九八六年第五期）······李云良

你不可改变我（原载《人民文学》一九八六年第九期）
　　　　　　　　　　　　　　　　　　　刘西鸿

死（原载《上海文学》一九八六年第九期）
　　　　　　　　　　　　　　　　（回族）陈　村

山路（原载《海峡》一九八六年第五期）
　　　　　　　　　　　　　　（中国台湾）陈映真

金沟里人家（原载《北方文学》一九八六年第九期）
　　　　　　　　　　　　　　　　　　　梁国伟

长长的巷道（原载《城市文学》一九八六年第六期）
　　　　　　　　　　　　　　　　　　　徐　捷

老狗（原载《胶东文学》一九八六年第十期）
　　　　　　　　　　　　　　　　　　　左建明

知己（原载《百花洲》一九八六年第五期）····公　衡

阿梅在一个太阳天里的愁思·············残　雪
（原载《天津文学》一九八六年第六期）（附评）残雪的愁思
　　　　　　　　　　　　　　　　　　　吴若增

小小说

小小说四题（原载《天津日报》一九八六年七月廿四日）　　　　　　　　　　　　　　　余小惠

新人评介

《福建文学》《小说选刊》联合举行

小说创作座谈会（报道）·············本刊记者　轩
季　仲　蔡海滨　海　迪　陆昭环　林焱发言摘登

创作谈

绝不"拿着豆包当点心"·············徐　星

读者三言两语（七则）·············彭鲜屏等

小说信息四则

《山丹》《小说选刊》联合举办系列小说讲座剪影（封二）

《福建文学》、《小说选刊》联合举行小说创作座谈会剪影（封三）

1987 年第 1 期 刊名:《小说选刊》

目录

中国作家协会举办一九八五——一九八六年
全国优秀短篇小说奖评奖启事

短篇小说

小说四题·······················矫 健
圆环
死谜
无期徒刑
预兆
（原载《解放军文艺》一九八六年第十一期）
"我是侏儒"·····················李 建
（原载《北京文学》一九八六年第十期）
太阳地·······················顾晓军
（原载《星火》一九八六年第十期）
半月谈·······················项俊波
（原载《现代作家》一九八六年第十一期）
朋友，你没说错···········（回族）马宝康
（原载《滇池》一九八六年第十期）
蛙鸣·························四 海
（原载《山东文学》一九八六年第十期）
死不瞑目（外一篇）···············晋 川
（原载《延河》一九八六年第十期）

中篇小说

橡皮人（上、下篇）················王 朔
（原载《青年文学》一九八六年第十一、十二期）
杀夫·················（中国台湾）李 昂
（原载《收获》一九八六年第四期）
（附评）关于《杀夫》···············邓友梅

评论

"生者"与"死者"的交谈
——读陈村的《死》···············程德培
读者三言两语（四题）

小说信息

《军歌》、《喧嚣的灰楼》、《奇死》、《老庄谷阿蛋》、
《一个光棍汉的自叹》

作家的生活与劳动

冰心新影（照片三幅）（封二）
·················陈 钢 陈 恕等摄
编辑的劳动与生活
《小说界》编辑部剪影··············周 尧摄

1987 年第 2 期 刊名:《小说选刊》

目录

中国作家协会举办一九八五——一九八六年
全国优秀短篇小说奖评奖启事

短篇小说

厚土（吕梁山印象三篇）··············李 锐
眼石 合坟 看山
（原载《山西文学》、《上海文学》一九八六年第十一
期）（附评）好一个李锐···············李国文
来了，走了·····················铁 凝
（原载《钟山》一九八六年第五期）
哆嗦·······················林斤澜
（原载《北京文学》一九八六年第十一期）
狗日的粮食·····················刘 恒
（原载《中国》一九八六年第九期）
鼠牛虎兔龙蛇……················许谋清
（原载《春风》月刊一九八六年第十二期）
五个女子和一根绳子················叶蔚林
（原载《人民文学》一九八五年第六期）
一天·····················（回族）陈 村
（原载《上海文学》一九八五年第十一期）
第三十三个乘客··················邹月照
（原载《广州文艺》一九八六年第十一期）
支书夜话······················张彦琪
（原载《无名文学》一九八六年第五期）
追星赶月·················（蒙古族）佳 峻
（原载《民族文学》一九八六年第十期）
天下太平······················王 娘
（原载《北方文学》一九八六年第十一期）

中篇小说

据点（修改本）···················邓友梅
（原载《人民文学》一九八六年第五期）

小小说

老姜太太的眼力··················许 行
雷雨之殴······················张 放

新人评介

作协山西分会、《小说选刊》联合举行
李锐作品讨论会（报道）·········作协山西分会供稿

评论·创作谈

开掘人性的深度
——朱苏进近作两篇读后··············陈骏涛
想想人类······················矫 健

读者三言两语（四题）

小说信息
《夜的影》、《私刑》、《白马》

作家的生活与劳动
巴金近照（封二）————————祖忠人 魏 帆摄

编辑的劳动与生活
《中国西部文学》编辑部剪影（封三）

1987 年第 3 期　刊名:《小说选刊》
目录

中国作家协会举办一九八五——一九八六年
全国优秀短篇小说奖评奖启事

中篇小说
献上一束夜来香————————————谌 容
（原载《花城》一九八七年第一期）

短篇小说
腊月——————————————（满族）林和平
（原载《鸭绿江》一九八六年第十二期）
根子————————————————谭甫成
（原载《人民文学》一九八六年第十一期）
游神——————————————————马 原
（原载《上海文学》一九八七年第一期）
变调————————————————陈惠芬
（原载《鸭绿江》一九八六年第十期）
印石——————————————（中国台湾）任 菊
（原载《香港文学》第二十五期）
爱的寂寞————————————————程小莹
（原载《芒种》一九八七年第一期）
大别山轶事（二题）————————杨东明
（原载《莽原》一九八六年第六期）
办公室里有蜜蜂—————————王安林
（原载《东海》一九八六年第十二期）

小小说
今晚大家都很愉快（白小易）
家宴（吴金良）
纳闷（姜胜群）
一组国际摄影获奖作品（张在新）
搬砖（高霜木）
特异功能（少匆）

新人评介
辽宁青年作家的聚会————————本刊记者 萝 莎

评论·创作谈
军内外作家评论家探讨小说创新之路————黄柱国
《解放军文艺》《小说选刊》联合举行
矫健小说新作讨论会
蓝色的追踪
——关于《牌友》————————————李云良
读者三言两语（七题）

编辑笔谈
编辑的心愿————————————《鸭绿江》主编 迟松年

小说信息
《罪人》、《丁大棍子》、《超群出众之辈》、《黑马·
白马》、《排长》、《冲出你的误区》、《落花时节》、
《三人畈》

作家的生活与劳动
严文井近影（封二）

1987 年第 4 期　刊名:《小说选刊》
目录

短篇小说
来劲——————————————————王 蒙
（原载《北京文学》一九八七年第一期）
神滩——————————————————王春波
（原载《文汇》月刊一九八七年第一期）
一个朋友————————————————孙芸夫
（原载《羊城晚报》一九八七年一月八日）
钢琴学生————————————————路 翎
（原载《人民文学》一九八七年第一、二期合刊）
今天没有太阳——————————————陆星儿
（原载《十月》一九八七年第一期）
街道与钟楼————————————————李庆西
（原载《小说界》一九八七年第一期）
玛丽个案————————————（中国香港）西 西
（原载《香港文学》一九八六年十二月号）
小说二题————————————[日籍华人]吴鸿春
（原载《文学青年》一九八七年第一期）
地牯的屋·树·河—————————————朱向前
（原载《青年文学》一九八七年第二期）

中篇小说
送你一片白云————————————彭荆风
（原载《天津文学》一九八七年第一期）
唱着来唱着去————————————————张曼菱

（原载《当代》一九八七年第一期）

小小说

啊，铃声························孙春平
痴子························周晓峰
相思树························高 伟

评论

一九八六年中短篇小说漫评（一）
河床正在拓宽························王 干
语体与文体························白 烨
沉寂，是下一轮高潮的前奏吗?··········夏 刚
读者三言两语（四题）

创作谈

我的思考
——关于《腊月》的几行闲话··········林和平

新人评介

他在通俗与纯粹之间
——王朔作品讨论会综述··········斯 冬

小说信息

《较量》、《冬季里的瞬间》、《葡萄园》、《净地》、
《犹言惜故林》

作家的生活与劳动

叶君健剪影（封二）

1987 年第 5 期　刊名:《小说选刊》

目录

中篇小说

瀚海························洪 峰
（原载《中国作家》一九八七年第二期）

短篇小说

甜的铁，腥的铁··········杨咏鸣
（原载《上海文学》一九八七年第三期）
燃烧的暴风雪··········熙 高
（原载《鸭绿江》一九八七年第二期）
同路人··········肖亦农
（原载《草原》一九八七年第三期）
旱··········亚 子
（原载《解放军文艺》一九八七年第二期）
沧桑金场··········彭见明
（原载《湖南文学》一九八七年第二期）
鱼骨··········成汉飚

（原载《十月》一九八五年第六期）
枪手沉沦··········阎欣宁
（原载《解放军文艺》一九八七年第三期）
马兰花，马兰花··········丁小琦
（原载《中国作家》一九八六年第四期）
天街··········聂鑫森
（原载《芳草》一九八七年第二期）
富贵婶··········郭碧良
（原载《福建文学》一九八七年第一期）
角度··········赵胜利
（原载《奔流》一九八七年第二期）

小小说

生日··········李 翔
怪味··········张 征
伞··········王学峰
远方来信··········雁 宁
小疖子··········雁 宁
婚约··········黄传会

评论

一九八六年中短篇小说漫评（二）
感觉世界的迁徙··········王鸿生
在历史与哲学之间··········费振钟
关于短篇创作活力的思考··········雷 达
读者三言两语（五题）

创作谈

跨文化的传通
——关于《唱着来唱着去》··········张曼菱

小说信息

《秋风清，秋月明》、《黄土地上的童话》、《黑土
地》、《状元境》

作家的生活与劳动

叶圣陶剪影（封二）

1987 年第 6 期　刊名:《小说选刊》

目录

短篇小说

牛贩子山道··········雁 宁
（原载《人民文学》一九八七年第三期）
半面阿波罗··········雷 铎
（原载《上海文学》一九八七年第二期）
萃华街纪事（二篇）··········鲍 昌
（原载《人民日报》海外版一九八七年一月廿六日）

小诊所 ································周大新
（原载《河北文学》一九八七年第四期）
十九岁的微笑 ························宋学孟
（原载《北方文学》一九八七年第二期）
超过一倍 ··························邓　刚
（原载《青年作家》一九八七年第二期）
老人魂 ··························张中海
（原载《山东文学》一九八七年第三期）
白河纪梦（二题）····················范若丁
（原载《钟山》一九八七年第三期）
桨声悠悠 ··························王兴日
（原载《湖南文学》一九八七年第三期）
家庭教师日记 ······················关夕芝
（原载《作品》一九八七年第三期）
西三旗 ······················（满族）赵大年
（原载《满族文学》一九八六年第五期）
冲出峡谷的河流···············沈瑞芬　樊　悌
（原载《长江文艺》一九八七年第四期）

中篇小说
苦寒行 ··························何士光
（原载《人民文学》一九八七年第四期）
再生屋 ··························翁新华
（原载《青春丛刊》一九八七年第一期）

小小说
鞋 ·····························胡尔朴
烩划翅 ··························钱庭钧
留着好 ··························朱　奎
谈话 ····························尚　毅
谐谑组曲 ··························牛志强

评论
知青小说之我见 ·····················魏　威
读者三言两语（八题）

创作谈
关于普拉蒂尼 ······················洪　峰

编辑笔谈
走自己的路··········《胶东文学》编辑部主任　王树村

小说信息
《生死都在黎明》、《闰七月》、《神事》、《心中的天空》、《舌王阿陆》、《绿》

作家的生活与劳动
沈从文剪影

1987 年第 7 期　刊名:《小说选刊》
目录

中篇小说
走廊 ····························周大新
（原载《昆仑》一九八七年第三期）

短篇小说
清高 ····························陆文夫
（原载《人民文学》一九八七年第五期）
海内天涯 ··························李　晓
（原载《收获》一九八七年第二期）
昨天的太阳 ························彭继超
（原载《解放军文艺》一九八七年第四期）
三瘾录 ··························叶大春
（原载《文学青年》一九八七年第二期）
死海 ····························许谋清
（原载《芒种》一九八七年第五期）
吸力 ······················（满族）胡　健
（原载《当代》一九八七年第二期）
赌吃 ····························刘增新
（原载《解放军文艺》一九八七年第六期）
对手 ····················（中国台湾）应凤凰
（原载《香港文学》一九八七年五月号）
云·云·云 ························王培洁
（原载《天津文学》一九八七年第四期）

小小说
白头发、白尾巴和········ ···········那家伦
鸟 ·····························郭　威

新人评介
《昆仑》、《小说选刊》与济南军区文化部联合举行
周大新作品讨论会 ····················昆　平

评论
山道上的人生投影
——读《牛贩子山道》·················杨世伟
读者三言两语（七题）

创作谈
写在《苦寒行》之后 ···················何士光
友人赠我金错刀
——关于《再生屋》··················翁新华

小说信息
《落凤枝》、《阿环的船》、《雪路》、《大雨滂沱》

作家的生活与劳动
萧军剪影（封二）

1987 年第 8 期　刊名:《小说选刊》
目录

中篇小说
对照检查五重奏·······················王　毅
（原载《当代》一九八七年第三期）
挣扎·····················（满族）高　光
（原载《解放军文艺》一九八七年第七期）

短篇小说
马嘶·秋诉·······················谢友鄞
（原载《上海文学》一九八七年第五期）
杀···························刘　恒
（原载《北京文学》一九八七年第五期）
爬窗·························谢　璞
（原载《人民日报》一九八七年六月十四日）
沉重的背影·······················李不空
（原载《春风月刊》一九八七年第五期）
劫后余生者三·······················江多晨
（原载《安徽文学》一九八七年第五期）
梦庄记事（三题）·····················贾大山
（原载《长城》一九八七年第三期）
醉土·························彭瑞高
（原载《文汇月刊》一九八七年第五期）
我是城市人吗？·····················魏心宏
（原载《上海文学》一九八七年第四期）
情急智生·······················呼延泰
（原载《雨花》一九八七年第五期）
阎王庙·························薛　冰
（原载《青春》一九八七年第四期）

小小说
卖粮记·························邹忠民
山里的孩子·······················凌道辉
靠窗的餐桌·······················魏　铮

新人评介
《萌芽》、《小说选刊》联合举行
青年文学创作讨论会·················南　极

评论
《苦寒行》随想录·················罗强烈
读者三言两语（二题）

创作谈
那明灭的群山
——《白河纪梦》及其他·················范若丁

小说信息
《酋长营》、《深深的车辙》、《夏大拉》、《毕业歌》

作家的生活与劳动
沙汀剪影（封二）·················陈钢摄

1987 年第 9 期　刊名:《小说选刊》
目录

中篇小说
昆仑殇·························毕淑敏
（原载《昆仑》一九八七年第四期）

短篇小说
古道·························郑万隆
（原载《作家》一九八七年第四、五期）
塔铺·························刘震云
（原载《人民文学》一九八七年第七期）
陪乐·····················（满族）朱春雨
（原载《中国作家》一九八七年第三期）
冷惊·························乔典运
（原载《奔流》一九八七年第七期）
苦苦呲，甘甘呲，甜甜卄四味（二则）·········刘西鸿
（原载《浪潮》一九八六年第一期）
背影·························佳　云
（原载《现代作家》一九八七年第七期）
洋槐·古槐·······················黄富强
（原载《安徽文学》一九八七年第六期）
玫瑰色的落差·······················韩春旭
（原载《青年文学》一九八七年第四期）

小小说
胖子和瘦子·······················陈立风
凝重的绿色·······················顾晓军
爱···························高洪涛

评论
把病态的人生世相撕破给人看
——读李晓的三篇小说·················缪俊杰
读者三言两语（四题）

创作谈
发现存在的美
——我写《送你一片白云》·················彭荆风

我的悟························王 毅

小说信息
《我的大学》、《小姐同志》、《黄黄儿和它的伙伴》、
《家丑》

作家的生活与劳动
艾芜剪影（封二）

1987 年第 10 期　刊名:《小说选刊》
目录

中篇小说
五色土·······················正 言
（原载《青春丛刊》一九八七年第二期）
遥远的白房子···················高建群
（原载《中国作家》一九八七年第五期）

短篇小说
马车·······················陈世旭
（原载《十月》一九八七年第四期）
牛皮·······················何立伟
（原载《收获》一九八七年第三期）
妈妈告诉我····················杨显惠
（原载《上海文学》一九八七年第四期）
雾韵·······················陈 明
（原载《小说林》一九八七年第九期）
安乐四陈·····················陈源斌
（原载《希望》一九八七年第八期）
如花的妩媚（二题）···············张 放
（原载《小说界》一九八七年第四期）
生命之卜·····················赵伯涛
（原载《延河》一九八七年第六期）

小小说
烙饼·······················王 蒙
生日·······················吴 明
黄发带······················王 松
格子·······················余小惠
心归·······················李松涛
宿怨·······················关汝松

新人评介
植根乡土　思考人生——许谋清"新乡土小说"讨论
会综述··················本刊记者 罗 莎
黄土地上的崛起——陕西文学新军小说创作座谈会纪要
··················《延河》记者 姚逸仙

评论·创作谈
《瀚海》挹滴···················曾镇南
倾斜的星空
——关于《死海》及其他············许谋清
读者三言两语（五题）

小说信息
《市长夫人》、《欲望之漂》、《梦，绿色的》、《鸽子·
鹞子》

作家的生活与劳动
蹇先艾剪影（封二）

1987 年第 11 期　刊名:《小说选刊》
目录

中篇小说
烦恼人生·····················池 莉
（原载《上海文学》一九八七年第八期）
黑砂·······················肖克凡
（原载《天津文学》一九八七年第八期）

短篇小说
北国一片苍茫···················迟子建
（原载《青年文学》一九八七年第八期）
天棚趣话录（二题）···············段荃法
（原载《北京文学》一九八七年第八期）
弃驼·······················邓九刚
（原载《山西文学》一九八七年第八期）
阴差阳错·····················邓海南
（原载《青春》一九八七年第八期）
上海 S·C 总部在波士顿·············朱全弟
（原载《萌芽》一九八七年第八期）
四鸡图······················施晓宇
（原载《福建文学》一九八七年第四期）
古城酒馆·····················陈燕慈
（原载《作家》一九八七年第四、五期）
活水·······················张冀雪
（原载女《作家》一九八七年第二期）
空弦·······················黄叶飞
（原载《广州文艺》一九八七年第八期）
学院的风·····················邱国珍
（原载《星火》一九八七年第八期）

小小说
曹遂·······················王奎山
浪漫·······················白小易
"无动于哀"····················白小易
林中·······················黄建国

评论
战士的"根"及其他
——读中篇小说《五色土》·············何镇邦
读者三言两语（三题）

创作谈
我写《昆仑殇》·····················毕淑敏

小说信息
《送你一条红地毯》、《自由港的风筝》、
《静静的雪谷》、《沙地牛仔》

作家的生活与劳动
陈学昭剪影（封二）

1987 年第 12 期　刊名:《小说选刊》
目录

中国作家协会举办一九八五——一九八六年
全国优秀短篇小说奖评奖启事

中篇小说
故乡····························彭东明
（原载《湖南文学》一九八七年第九期）
酋长营···························张廷竹
（原载《解放军文艺》一九八七年第十一期）

短篇小说
怪摊····························中杰英
（原载《百花洲》一九八七年第五期）
一个与一个·······················陆星儿
（原载《文汇》月刊一九八七年第九期）
西去无车路·······················赵范奇
（原载《花溪》一九八七年第九期）
死的故事·························王宗汉
（原载《作家》一九八七年第九期）
老成·得壮·小青及"角儿"···········徐承伦
（原载《胶东文学》一九八七年第七期）
金银片·····················（苗族）林明广
影子朋友——阿琪··················黄少云
（原载《青春》一九八七年第九期）

小小说
红小豆　绿小豆····················刘廷海
空旷····························金志国

评论
"真实"：追触与契会

——刘恒小说泛论··················吴　方
怎样突破?
——《芳草》召开都市生活小说创作对话会····朱　璞
读者三言两语（二题）

新人评介
他有自己的追求
——记杨显惠作品讨论会··············西　水

小说信息
《孤猎》、《蒙蒙的日没时辰的火与土的纪念》、
《黄裙子的风波》、《鸟树下》、《绿城之夏》

作家的生活与劳动
骆宾基剪影（封二）

1988 年第 1 期　刊名:《小说选刊》
目录

中篇小说
红橄榄··························肖亦农
（原载《十月》一九八七年第六期）
风景····························方　方
（原载《当代作家》一九八七年第五期）

短篇小说
圣土····························张　波
（原载《人民文学》一九八七年第十一期）
福地西大营（二题）·················林　希
（原载《人民文学》一九八七年第十期）
大刀····························雁　宁
（原载《青年文学》一九八七年第十一期）
故事·····················（回族）陈　村
（原载《小说界》一九八七年第五期）
雪夜····························赵本夫
（原载《上海文学》一九八七年第十期）
一只爱哭的猫······················唐　敏
（原载《福建文学》一九八七年第九期）
六轮····························汤世杰
（原载《滇池》一九八七年第九期）

小小说
老头····························曲　峰
新潮····························张　征

作者·读者·编者
学习十三大精神　把刊物办得更好
——《小说选刊》编委扩大会纪要·········罗　莎

读者三言两语（四题）

小说论坛
1987 年中短篇小说的散点透视························鲍 昌

小说信息
《黄金屋》、《旋转餐厅》、《死胎》、
《豁鼻》、《走出城市》

作家的生活与劳动
马加剪影（封二）

1988 年第 2 期　刊名:《小说选刊》
目录

中篇小说
远去的冰排····································马秋芬
（原载《作家》一九八七年第十一期）
天镇老女人····································魏 人
（原载《青年文学》一九八七年第十一期）
冰凉的阳光····································王 刚
（原载《当代》一九八七年第五期）
猫事荟萃······································莫 言
（原载《上海文学》一九八七年第十一期）

短篇小说
每周都有星期二·································李松涛
（原载《芒种》一九八七年第十一期）
走神··高晓声
（原载《北京文学》一九八七年第十一期）
周末··查建英
（原载《文汇》月刊一九八七年第十一期）
五分··林斤澜
（原载《中外文学》一九八七年第五期）
正果··丁 当
（原载《钟山》一九八七年第四期）
一张照片······································庞泽云
（原载《海燕》一九八七年第十一期）
金钥匙··张 征
（原载《文学青年》一九八七年第十二期）
少年台北····························（中国台湾）吴淡云
（原载《香港文学》一九八七年十一月号）

小小说
鼻子··李克定
三重奏··晓 雯
石桥··王吉呈
C 字之谜······································李 蔚

名家谈创作
巴金论小说创作

评论
改革文学：选择的困惑···························李敬泽
荒原上的壮士歌
——读《遥远的白房子》·······················楼肇明
读者三言两语（六题）

创作谈
由《马嘶》《秋诉》想到的话·····················谢友郢
我写《烦恼人生》·······························池 莉

小说信息
《黑藻》、《人之母》、《去意徊徨》

作家的生活与劳动
李满天剪影（封二）

1988 年第 3 期　刊名:《小说选刊》
目录

中篇小说
故事法··陆文夫
（原载《鸭绿江》一九八八年第三期）
新兵连··刘震云
（原载《青年文学》一九八八年第一期）
日出巴格达····································陈 军
（原载《小说家》一九八八年第一期）

短篇小说
国殇··雷 铎
（原载《人民文学》一九八七年第十二期）
厚土··李 锐
（原载《青年文学》一九八七年第十二期）
漂流··戈悟觉
（原载《天津文学》一九八七年第十二期）
唱··包 川
（原载《中国作家》一九八七年第六期）
福禄树··郭云梦
（原载《奔流》一九八七年第十二期）
波调··魏继新
（原载《山西文学》一九八七年第十二期）

小小说
驼背··崔丽华
谅解··于伯生
苍蝇或人的故事·································赵健雄

是你的，拿去—————————李良森

名家谈创作
孙犁论小说创作

评论·创作谈
近年青年女作者散论—————————罗 莎
淘金者的喜悦
——读《红橄榄》札记—————————张守仁
关于《红橄榄》的话—————————肖亦农
读者三言两语（三题）

小说信息
《顽主》、《奇迹》、《奔突》、《上上王》

作家的生活与劳动
梁斌剪影（封二）

名家谈创作
汪曾祺论小说

评论
淡说风景详说人
——谈方方的《风景》—————————曾镇南
读者三言两语（二题）

创作谈
明知上帝在发笑，为什么还要思索—————————莫 言

小说信息
《旷野》、《落果》

作家的生活与劳动
陈残云剪影（封二）

1988 年第 4 期　刊名:《小说选刊》
目录

中篇小说
关于行规的闲话—————————李 晓
（原载《收获》一九八八年第一期）
冬天与夏天的区别—————————苗长水
（原载《解放军文艺》一九八八年第四期）
欲飞—————————朱苏进
（原载《雨花》一九八七年第十一期）

短篇小说
谪仙记—————————（中国台湾）白先勇
（原载《文汇》月刊一九八八年第一期）
白儿—————————林斤澜
（原载《人民文学》一九八八年第二期）
空白—————————薛 冰
（原载《雨花》一九八七年第十二期）
圆梦—————————段荃法
（原载《奔流》一九八八年第一期）
旅途匆匆—————————张 勤
（原载《中国青年》一九八七年第十期）
街口—————————施莉萌
（原载《芳草》一九八八年第一期）
白开水三杯—————————许本铸
（原载《昆仑》一九八八年第一期）

小小说
刺柏—————————王奎山
茶锈—————————许 行

1988 年第 5 期　刊名:《小说选刊》
目录

中国作家协会第八届（1985—1986）全国优秀短篇小说奖备选篇目

中篇小说
轰然倒塌的脚手架—————————王小克
（原载《萌芽》一九八八年第一期）
白涡—————————刘 恒
（原载《中国作家》一九八八年第一期）
河边的错误—————————余 华
（原载《钟山》一九八八年第一期）

短篇小说
白牙—————————刘心武
（原载《人民文学》一九八八年第三期）
葫芦街头唱晚—————————迟子建
（原载《北方文学》一九八八年第三期）
贤人图·血牒—————————聂鑫森
（原载《河北文学》一九八八年第三期）
（原载《福建文学》一九八八年第一期）
豆腐—————————彭荆风
（原载《花溪》一九八八年第二期）
如花的妩媚（二题）—————————张 放
（原载《小说界》一九八八年第一期）
古藤手杖—————————叶大春
（原载《长江文艺》一九八八年第二期）

小说
意外之财—————————胡尔朴

妈妈——————————————————————白小易
灵犀——————————————————————张　征
弊病——————————————————————苗克义
纸钱——————————————————————祝子平

创作谈
我眼中的风景————————————————方　方
独白——————————————————————刘震云
读者三言两语（二题）

小说信息
《等待起飞》、《北京羁旅》

作家的生活与劳动
王西彦剪影

1988 年第 6 期　刊名:《小说选刊》
目录

中国作家协会第八届（1985—1986）
全国优秀短篇小说奖获奖作品

短篇小说
鱼饵——————————————————————张　洁
（原载《天津文学》一九八八年第六期）
古代英雄的石像————————————————邵燕祥
（原载《雨花》一九八八年第三期）
冬月的大巴山的山巅——————————————叶　楠
（原载《人民文学》一九八八年第三期）
新"世说"——————————高晓声　林斤澜等
（原载《雨花》一九八七年第二、十期、八八年第二期）
附：拾遗对话录————————————————叶至诚
剧照——————————————————————黄世衡
（原载《东方少年》一九八八年第二期）
枪手——————————————————————王文泸
（原载《上海文学》一九八八年第三期）
乱流镇的那一年特别是荒凉的秋天与冬天———陈　染
（原载《东北文学》一九八八年第二期）
街仔街女——————————————林国辉　吴翠琼
（原载《广西文学》一九八八年第三期）
孤烟——————————————————————李本深
（原载《西北军事文学》一九八八年第一期）
比基尼————————————————————苏　渝
（原载《工人日报》一九八七年十一月二十二日
茄子——————————————————————薛屹峰
（原载《厦门文学》一九八八年第一期）

中篇小说
懒得离婚————————————————————谌　容
（原载《解放军文艺》一九八八年第六期）

小小说
包袱——————————————————————张秉义
街上——————————————————————刘国芳

名家谈创作
林斤澜论小说创作

评论
《白涡》的精神悲剧——————————————雷　达
取一勺以观江海
——《新兵连》读后——————————————彭华生

新人评介
关注变革的现实
——毕淑敏阎连科作品讨论会综述——————叶　鹏
展示生活的"原型"
——刘震云作品讨论会综述—————————斯　冬

小说信息
《国殇》、《伏羲伏羲》、《穹苍中的碎片》、《黑色部落》

作家的生活与劳动
刘知侠剪影

1988 年第 7 期　刊名:《小说选刊》
目录

沈阳电冰箱厂与中国作协《小说选刊》联合举办
一九八七年"沈努西"杯优秀中篇小说奖
评奖启事

中篇小说
国殇——————————————————————周梅森
（原载《花城》一九八八年第二期）
伏羲伏羲————————————————————刘　恒
（原载《北京文学》一九八八年第三期）

短篇小说
绝唱——————————————————————姜云生
（原载《当代》一九八八年第二期）
进入角色————————————————————刘继安
（原载《长安》一九八八年第一期）
捕蝉——————————————————————鲍光满
（原载《天津日报》一九八八年五月五日）

小叶 ················(中国台湾)萧 飒
（原载《特区文学》一九八八年第二期）

小小说
冲动 ························高义大
福泽与板头 ··················王 炬

评论
1985—1986 年获奖短篇小说漫评（一）
小议《满票》 ··················南 丁
在现实主义的广阔道路上 ··········张 炯
三个"经济人" ················滕 云
时间的磨洗 ··················曾镇南

小说信息
《四条汉子》、《银行家》

1988 年第 8 期　刊名:《小说选刊》
目录

沈阳黎明航空铝窗公司与中国作协《小说选刊》联合举办一九八七年"黎明"杯优秀短篇小说奖评奖启事

短篇小说
远来的和尚 ··················冰 心
（原载《人民文学》一九八八年第六期）
死舞 ······················毛守仁
（原载《山西文学》一九八八年第五期）
快马 ······················矫 健
（原载《上海文学》一九八八年第五期）
底牌 ··················〔纽约〕王 渝
（原载《小说界》一九八八年第二期）
游说者 ····················严歌平
（原载《雨花》一九八八年第四期）

中篇小说
纸床 ······················江 灏
（原载《中国作家》一九八八年第四期）
风流祭 ····················吕幼安
（原载《青年文学》一九八八年第五期）
赵南栋 ··············（中国台湾）陈映真
（原载台湾《人间》杂志一九八七年第六期）

小小说
纳闷儿 ····················贾兰芳
并非黑色幽默 ················傅振川
刘四老爹和漏斗巷与马灯 ··········郝志华

荒诞岁月 ····················傅振强
正常 ······················白小易
纯洁 ······················朱晓琳

评论
1985—1986 年获奖短篇小说漫评（二）
人的魅力 ····················洁 泯
短评"短评" ··················崔道怡
读者三言两语（二题）

小说信息
《第十九个太阳年》、《女孩儿》

作家的生活与劳动
马烽剪影（封二）

1988 年第 9 期　刊名:《小说选刊》
目录

中篇小说
支那河 ····················张廷竹
（原载《解放军文艺》一九八八年第七期）
女孩儿 ····················魏 艳
（原载《上海文学》一九八八年第五期）

短篇小说
到黑夜我想你没办法 ············曹乃谦
（原载《北方文学》一九八八年第六期）
横过马路 ····················张 洁
（原载《天津文学》一九八八年第六期）
憔悴难对满面羞 ················邹志安
（原载《人民文学》一九八八年第七期）
病房 ······················焦祖尧
（原载《山西文学》一九八八年第四期）
冷屋 ················张枚同 程 琪
（原载《火花》一九八八年第四期）
安乐世界 ····················陈源斌
（原载《青年作家》一九八八年第七期）
凉石 ······················何蔚萍
（原载《西湖》一九八七年第十一期）

小小说
瞬间二题 ····················陈 新
香水手帕 ····················王明新

名家谈创作
肖乾论小说创作

评论

冰裂：生命的律动

——读《远去的冰排》 ································· 张奥列

《黑砂》的新视界 ····································· 滕　云

读者三言两语（二题）

小说信息

《秋歌》、《报马》、《湖怪》、《沉浮山》

1988 年第 10 期　刊名:《小说选刊》
目录

中篇小说

母亲 ··· 梁晓声

（原载《文汇》月刊一九八八年第七期）

死亡的幽会 ·························· ［美国］聂华苓

（原载台湾《中国时报》一九八八年三月十二日——

十五日）

我走近你 ··· 黑　孩

（原载《东北文学》一九八八年第六期）

短篇小说

人生一站·雨中的愉悦 ························· 周克芹

（原载《文汇》月刊一九八八年第十期）

新“世说” ····································· 孙友田等

（原载《雨花》一九八八年第六期）

灵魂的自白 ······································· 韶　华

（原载《光明日报》一九八八年五月二十二日）

黄桃 ··· 金　河

（原载《东北作家》一九八八年第二期）

绿井 ··· 储福金

（原载《上海文学》一九八八年第七期）

鱼王山 ··· 陈立宗

（原载《青年文学》一九八八年第五期）

潜影 ··· 凌耀忠

（原载《春风》一九八八年第七期）

惯性 ······································· （满族）边玲玲

（原载《民族作家》一九八八年第六期）

小小说

眼睛的黯淡 ······································· 戴　珩

新药 ··· 晋　川

祖传秘方 ··· 王　利

评论·创作谈

冷面叙述的非战争故事

——评朱苏进的《欲飞》 ························· 王　干

座中泣下谁最多 ································· 迟子建

读者三言两语（三题）

小说信息

《黑洞》、《五个女子和一条河》

1988 年第 11 期　刊名:《小说选刊》
目录

中篇小说

球星奇遇记 ······································· 王　蒙

（原载《人民文学》一九八八年第十期）

天桥 ··· 李　晓

（原载《青年文学》一九八八年第八期）

倒嚼 ··· 杜守林

（原载《解放军文艺》一九八八年第九期）

短篇小说

错位 ··· 彭荆风

（原载《小说林》一九八八年第八期）

母与子 ···································· ［美国］陈若曦

（原载《芒种》一九八八年第九期）

山趣 ··· 刘昌璞

（原载《作家》一九八八年第八期）

一夜无梦 ··· 方　了

（原载《小说界》一九八八年第四期）

多云转阴突然晴 ································· 江锡民

（原载《雨花》一九八八年第五期）

路上 ··· 崔京生

（原载《收获》一九八八年第四期）

小小说

窗 ··· 敖　夜

特别疗法 ··· 吕　虹

红蓝黑白 ··· 海　芹

耳朵 ··· 高润祥

手中手 ··· 曹怀玉

评论·创作谈

旧土地上的歌哭

——迟子建小说一瞥 ················· 李福亮　黄益庸

断魂枪 ··· 刘　恒

读者三言两语（三题）

小说信息

《无恨之死》、《笑话》

1988 年第 12 期　刊名:《小说选刊》
目录

中篇小说

摩登阿 Q ⋯⋯⋯⋯⋯⋯⋯⋯⋯陈国凯
（原载《百花洲》一九八八年第二期）

落果⋯⋯⋯⋯⋯⋯⋯⋯⋯⋯⋯王　靖
（原载《作家》一九八八年第一期）

短篇小说

将军碑⋯⋯⋯⋯⋯⋯（中国台湾）张大春
（原载《海内外文学》一九八八年第三、四期合刊）

门的幽默⋯⋯⋯⋯⋯⋯⋯⋯⋯蔡未名
（原载《东海》一九八八年第十一期）

瑞云⋯⋯⋯⋯⋯⋯⋯⋯⋯⋯⋯范小青
（原载《文艺报》一九八八年九月十日）

美画⋯⋯⋯⋯⋯⋯⋯⋯⋯⋯⋯青　雪
（原载《人民文学》一九八八年第九期）

八公⋯⋯⋯⋯⋯⋯⋯⋯⋯⋯⋯高旭帆
（原载《现代作家》一九八八年第十期）

逃出上海⋯⋯⋯⋯⋯⋯⋯⋯⋯操剑峰
（原载《芙蓉》一九八八年第五期）

夜籁⋯⋯⋯⋯⋯⋯⋯⋯⋯⋯⋯孙建成
（原载《清明》一九八八年第四期）

小小说

有关出国二三事⋯⋯⋯⋯⋯⋯林斤澜

琴怨⋯⋯⋯⋯⋯⋯⋯⋯⋯⋯⋯鲍　昌

情感⋯⋯⋯⋯⋯⋯⋯⋯⋯⋯⋯樊　敦

名家谈创作

秦兆阳论小说创作

评论

周大新小说的艺术世界⋯⋯⋯⋯王必胜
读者三言两语（五题）

小说信息

《两个太阳的海域》、《在天空和大地之间》

1989 年第 1 期　刊名:《小说选刊》
目录

《小说选刊》一九八七年"黎明铅窗杯"优秀短篇小说奖和"沈努西杯"优秀中篇小说奖获奖作品

中篇小说

摇滚青年⋯⋯⋯⋯⋯⋯⋯⋯⋯刘毅然
（原载《青年文学》一九八八年第十期）

闲粮⋯⋯⋯⋯⋯⋯⋯⋯⋯⋯⋯朱晓平
（原载《作家》一九八八年第十期）

追月楼⋯⋯⋯⋯⋯⋯⋯⋯⋯⋯叶兆言
（原载《钟山》一九八八年第五期）

短篇小说

老辙⋯⋯⋯⋯⋯⋯⋯⋯⋯⋯⋯周大新
（原载《解放军文艺》一九八八年第十期）

东西⋯⋯⋯⋯⋯⋯⋯⋯（满族）于德才
（原载《鸭绿江》一九八八年第十期）

海蚀崖⋯⋯⋯⋯⋯⋯⋯⋯⋯⋯黄康俊
（原载《特区文学》一九八八年第四期）

老师⋯⋯⋯⋯⋯⋯⋯⋯⋯⋯⋯张　放
（原载《小说界》一九八八年第五期）

牛变⋯⋯⋯⋯⋯⋯⋯⋯⋯⋯⋯李秀峰
（原载《火花》一九八八年第十一期）

皮子⋯⋯⋯⋯⋯⋯⋯⋯⋯⋯⋯孙少山
（原载《人民文学》一九八八年第十期）

小小说

名字⋯⋯⋯⋯⋯⋯⋯⋯⋯⋯⋯李然轩

岳跛子⋯⋯⋯⋯⋯⋯⋯⋯⋯⋯叶大春

职业定理⋯⋯⋯⋯⋯⋯⋯⋯⋯黄小平

小说论坛

小说陈言⋯⋯⋯⋯⋯⋯⋯⋯⋯汪曾祺
读者三言两语（四题）

小说信息

《白天黑夜》、《祸根》

1989 年第 2 期　刊名:《小说选刊》
目录

中篇小说

秋之惑⋯⋯⋯⋯⋯⋯⋯⋯⋯⋯周克芹
（原载《小说》一九八九年第一期）

圣人余自悦正传⋯⋯⋯⋯⋯⋯陈世旭
（原载《清明》一九八八年第六期）

短篇小说

日子⋯⋯⋯⋯⋯⋯⋯⋯⋯⋯⋯何士光
（原载《人民文学》一九八九年第一期）

雪天里⋯⋯⋯⋯⋯⋯⋯⋯⋯⋯阎连科
（原载《解放军文艺》一九八八年第十期）

为什么在路边哭泣························（中国香港）刘以鬯
（原载香港《八方》文艺丛刊第九期）
蓝钗··孙 泆
（原载《青年文学》一九八八年第四期）
弹子王··关 鸿
（原载《收获》一九八八年第五期）
土枪·牛虻子·吴先生·····························许谋清
（原载《北京文学》一九八八年第十期）

小小说
梯子······································[新加坡]周 粲
冬别······································王梵元

小说论坛
动荡的低谷
——论一九八八小说潮汐·····························雷 达

评论
现实主义艺术之树常青
——读中篇小说《纸床》·····························何镇邦
读者三言两语（五题）

小说信息
《枸桃树》、《东南西北风》、《晚歌》、《酒和男人女
人和上帝的浪漫》

吹风··孙红光
（原载《奔流》一九八八年第十二期）
黑玉镯··姜天民
（原载《天津文学》一九八九年第一期）
繁衍··刘书康
（原载《三月风》一九八九年第一期）
玩一玩走火入魔的游戏·····························杨 亚
（原载《萌芽》一九八八年第十二期）

小小说
七巧板··陆昭环
一吻之缘··陆昭环
乘车谐谑曲··傅永健
坎儿年··左志贤
A公··唐 镇

小说论坛
1988：彷徨在峡谷
——军队小说家创作心态透视·····················黄国柱
读者三言两语（八题）

小说信息
《我是一个兵》、《红囍》、《故里闻见录》

1989 年第 3 期　刊名:《小说选刊》
目录

中篇小说
第四世界··张抗抗
（原载《文汇》月刊一九八八年第十一期）
丛林下的冰河··查建英
（原载《人民文学》一九八八年第十一期）

短篇小说
年关六赋··阿 成
（原载《北京文学》一九八八年第十二期）
卖家··························（中国台湾）黄 樱
（原载台湾《联合报》一九八九年一月二日）
老谎··万克玉
（原载《当代》一九八八年第六期）
啦……··余岱宗
（原载《上海文学》一九八八年第十一期）
愉悦··杨少衡
（原载《福建文学》一九八八年第十期）
莫名杀手··祁 智
（原载《青春》一九八八年第十一、十二期合刊）

1989 年第 4 期　刊名:《小说选刊》
目录

中篇小说
棉花垛··铁 凝
（原载《人民文学》一九八九年第二期）
单位··刘震云
（原载《北京文学》一九八九年第二期）
不谈爱情··池 莉
（原载《上海文学》一九八九年第一期）

短篇小说
喊会··柏 原
（原载《青年文学》一九八八年第十二期）
老王··张茂田
（原载《山西文学》一九八八年第三期）
不知谁家的狗······················（中国台湾）张国立
（原载台湾《联合报》一九八九年一月七日）
牧羊人全根老爹和他的宝贝儿子·················张冀雪
（原载《朔方》一九八九年第二期）
女贼··孙 励
（原载《口袋小说》一九八九年第一期）

小小说

断弦 ·········雨 瑞
美丽之旅 ·········（中国台湾）应凤凰
代价 ·········胡 人

评论

新"世说"和老话题 ·········邵燕祥
读者三言两语（四题）

名家谈创作

王蒙谈小说创作

小说信息

《军鸽》、《连环套》、《残阳》、《黄昏》

作家的生活与劳动

雷加剪影（封二）

读者三言两语

"年关"给人的思考 ·········柯 玲
我喜欢那股呛的辣味 ·········秦 忠
一个精灵在感觉着世界 ·········夏 阳
其意也远，其情也深 ·········李径然

小说信息

《挣扎的黄昏》、《两块心》、《研究生院的爱情故事》

作家的生活与劳动

杜鹏程剪影（封二）

1989 年第 6 期　刊名:《小说选刊》
目录

中篇小说

落凤坡人物 ·········王兆军
（原载《作家》一九八九年第三期）
喋血 ·········梁晓声
（原载《上海文学》一九八九年第二期）
远方来的青海客 ·········李 唯
（原载《朔方》一九八九年第三期）

短篇小说

百姓眼里 ·········赵锐勇
（原载《东海》一九八九年第五期）
良娟 ·········阿 成
（原载《现代作家》一九八九年第一期）
仇杀 ·········陈源斌
（原载《青年文学》一九八九年第四期）
风琴 ·········格 非
（原载《人民文学》一九八九年第三期）
古老的小虫子 ·········方英文
（原载《春风》一九八九年第四期）

儿童文学

打赌 ·········孙幼军
（原载台湾《联合报》一九八九年四月三日）
棕猪比比 ·········洪汛涛
（原载台湾《联合报》一九八九年四月四日）

小小说

蚊刑 ·········孙方友
芳芳 ·········刘国芳

新人评介

解放军文艺社济南军区文化部与《小说选刊》
联合举办苗长水作品讨论会

1989 年第 5 期　刊名:《小说选刊》
目录

短篇小说

坚硬的稀粥 ·········王 蒙
（原载《中国作家》一九八九年第二期）
荒诞二题 ·········鲍 昌
（原载《人民文学》一九八九年第二期）
天下的小事（三题） ·········何立伟
（原载《钟山》一九八九年第一期）
农眼 ·········吕 新
（原载《上海文学》一九八九年第一期）
挖墙 ·········柏 原
（原载《萌芽》一九八九年第一期）
蔷薇岁月 ·········（中国台湾）彭树君
（选自《台港文学选刊》一九八八年第六期）
再见，亲爱的美国佬 ·········（美国）坚 妮
（原载《小说界》一九八九年第一期）
绝 ·········老 乔
（原载《宜春》一九八九年第二期）

中篇小说

剩下的都属于你 ·········徐 星
（原载《中外文学》一九八九年第一期）
染坊之子 ·········苗长水
（原载《解放军文艺》一九八九年第二期）

创作谈

题外之谈 ·········周克芹

评论

一无所有者的自我剖白

——读徐星《剩下的都属于你》·············季红真

魅力与矛盾

——对余华、格非、苏童小说的印象与思考····谢　欣

读者三言两语（四题）

小说信息

《贼窝》、《大钟》

作家的生活与劳动

马识途剪影（封二）

1989 年第 7 期　刊名：《小说选刊》
目录

关于举办 1987—1988 年全国优秀中短篇小说评奖的启事

中篇小说

焚烧的春天···许　辉

（原载《上海文学》一九八九年第三期）

渔舟唱晚···竹　林

（原载香港《八方》一九八九年第七辑）

伏牛···周大新

（原载《小说家》一九八九年第二期）

短篇小说

五号油田在山里···李　唯

（原载《朔方》一九八九年第三期）

小说两篇···蒋子龙

（原载《文汇》月刊一九八九年第四期）

鬼节···田中禾

（原载《当代作家》一九八九年第二期）

嫩老先生···栾法龙

（原载《百花园》一九八九年第三、四期）

草房子···蔡椿芳

（原载《解放军文艺》一九八九年第四期）

小小说

一颗黄豆···孙春平

理儿···朱晓平

评论

花楼街文化和现代意识

——漫谈中篇小说《不谈爱情》·················洁　泯

读者三言两语（三题）

编辑的劳动与生活

文苑繁茂　莫忘编辑

——本刊举办《作家》办刊经验研讨会

作家的生活与劳动

韦君宜剪影（封二）

1989 年第 8 期　刊名：《小说选刊》
目录

中篇小说

非凡的大姨···苗长水

（原载《时代文学》一九八九年第一期）

光圈···范小青

（原载《上海文学》一九八九年第五期）

成长·······························（蒙古族）白雪林

（原载《民族文学》一九八九年第五期）

短篇小说

谋杀···张　洁

（原载《作家》一九八九年第五期）

鲜血梅花···余　华

（原载《人民文学》一九八九年第三期）

三界···梁　晴

（原载《百花洲》一九八九年第二期）

遭遇礼拜八···铁　凝

（原载《长城》一九八九年第一期）

街民···吴双林

（原载《雨花》一九八九年第四期）

肩上的微笑·······················[日]猿渡静子

（原载《花城》一九八九年第三期）

小小说

彩俑···李敬寅

两棵枣树···生晓清

路边一家人···郭燕平

画龙···陶立群

评论

"浪漫的追求与现实的灾难"

——《落凤坡人物》印象·························蔡　葵

读者三言两语（九题）

编辑笔谈

《单位》里发生了什么——读《单位》札记······石　丛

作家的生活与劳动

草明剪影（封二）

1989 年第 9 期　刊名:《小说选刊》
目录

中篇小说

明天的太阳－－－－－－－－－－－田中禾
（原载《上海文学》一九八九年第六期）

绝望中诞生－－－－－－－－－－－朱苏进
（原载《钟山》一九八九年第三期）

癫妇日记－－－－－－－－－［美国］从 甦
（选自《台港文学选刊》一九八九年第一期）

短篇小说

对大师的访问－－－－－－－－－－何立伟
（原载《小说家》一九八九年第三期）

瓜伯乐沉浮记－－－－－－－－－－黄绍环
（原载《花溪》一九八九年第六期）

哈哈镜－－－－－－－－－－－－－董宏量
（原载《广州文艺》一九八九年第五期）

险幌－－－－－－－－－－－－－－金曾豪
（原载《雨花》一九八九年第六期）

洗篁－－－－－－－－－－－－－宏　甲
（原载《北方文学》一九八九年第五期）

终塑－－－－－－－－－－－－－－吴冀民
（原载《现代作家》一九八九年第三期）

小小说

绿色聊斋（二题）－－－－－－－－高洪波

评论·创作谈

生活与修养－－－－－－－－－－－陈世旭

读者三言两语（三题）

小说信息

《甲光》、《茶道》

作家的生活与劳动

魏巍剪影（封二）

1989 年第 10 期　刊名:《小说选刊》
目录

《人民日报》文艺部、《小说选刊》杂志社主办
1987—1988 年优秀中、短篇小说奖获奖作品

中篇小说

补天石－－－－－－－－－－－－－毕淑敏
（原载《当代》一九八八年第五期）

我心我身－－－－－－－－－（中国香港）梁荔玲
（原载《小说》一九八九年第三期）

短篇小说

脚的骚动－－－－－－－－－－－－张 洁
（原载《天津文学》一九八九年第六期）

大周天－－－－－－－－－－－－－蒋子龙
（原载《春风》一九八九年第七期）

调头车－－－－－－－－－－－－－梁晓声
（原载《口袋小说》一九八九年第二期）

小说三题－－－－－－－－－－－许 辉
（原载《小说报》一九八九年四月十五日）

运气－－－－－－－－－－－－－阿 成
（原载《北方文学》一九八九年第七期）

黄土高坡（二题）－－－－－－－－张秉毅
（原载《草原》一九八九年第七期）

水－－－－－－－－－－－－－－邹静之
（原载《青年文学》一九八九年第八期）

轻松－－－－－－－－－－－－－－吴毓生
（原载《城市文学》一九八九年第六期）

小小说

都市外景－－－－－－－－（中国台湾）张宁静

母爱－－－－－－－－－－－－－侯洪义

风俗－－－－－－－－－－－－－侯贺林

老叶－－－－－－－－－－－－－黎 子

评论

由小说而想起的－－－－－－－－－陈 辽

读者三言两语（二题）

小说信息

《这天这年》、《走过四季》、《风流》

作家的生活与劳动

康濯剪影（封二）

1989 年第 11 期　刊名:《小说选刊》
目录

《人民日报》文艺部和《小说选刊》杂志社主办
1987—1988 年优秀中、短篇小说奖发奖活动专辑

发奖大会在京举行（报道）－－－－本刊记者

更好地反映伟大的时代（发言）－－－李国文

爱护文学，引导文学（发言）－－－李 准

努力创作无愧于时代的作品（发言）－－苗长水

小说
黄昏......................谢玉好
（原载《莽原》一九八九年第一期）
青纱帐，母亲................刘子成
（原载《当代》一九八九年第四期）
我不知道的外国故事............张廷竹
（原载《北岳》一九八九年第二期）

短篇小说
京韵第一鼓..............（回族）霍　达
（原载《文艺报》一九八九年九月二日）
将军会....................李占恒
（原载《昆仑》一九八九年第五期）
死结......................陈占敏
（原载《山东文学》一九八九年第九期）
流......................文　平
（原载《山西文学》一九八九年第五期）

儿童文学
青春无轨..................陈丹燕
（原载《儿童文学》一九八九年第一三三期）

小小说
复杂事件（吴金良）
追车（高耀峰）
棋战（许波）

小说信息
《再来四客冰激凌》、《网眼上破碎的阳光》、《争议
人物》

作家的生活与劳动
萧乾剪影（封二）
读者三言两语（二题）

（原载《山东文学》一九八九年第十期）
走动的石人..........（哈萨克族）艾克拜尔·米吉提
（原载《人民文学》一九八九年第十期）
乡长....................（满族）林和平
（原载《青年文学》一九八九年第十期）
小巷里的美国梦................吕晓明
（原载《北京文学》一九八九年第九期）
蝴蝶变翼................（中国台湾）王定国
（原载《台港文学选刊》一九八九年第五期）
郎爪子....................高　岸
（原载《山西文学》一九八九年第九期）
愉快的车祸..................李国胜
（原载《青年文学》一九八九年第九期）

评论·创作谈
心灵的种子..................苗长水
寻求天籁之音................阿　成
读者三言两语（五题）

小说信息
《潜移》、《雪湖》、《望着我的眼睛》、《无雪的冬天》

作家的生活与劳动
茹志鹃剪影（封二）

1989 年第 12 期　刊名：《小说选刊》
目录

中篇小说
杂种....................马慧娟　啸　客
（原载《十月》一九八九年第五期）
相马神....................刘文玉
（原载《芒种》一九八九年第十期）

短篇小说
流泉......................鲁彦周
（原载《小说家》一九八九年第五期）
紫米......................彭荆风

《小说月报》

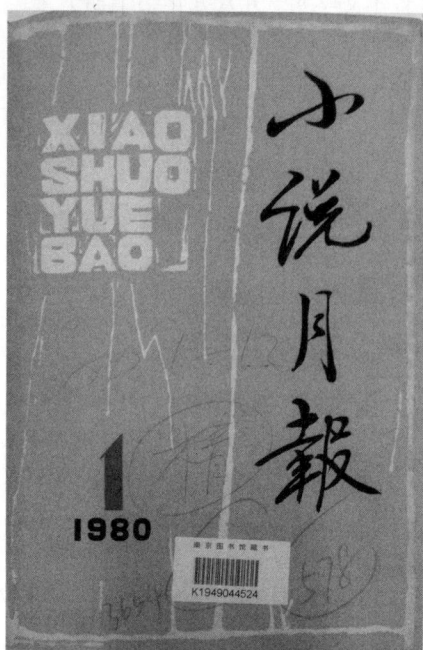

XIAO SHUO YUE BAO 小说月报 1 1980

【简 介】

小说月刊。百花文艺出版社主办。创刊于 1980 年。其旨在小说形式的繁荣与发展,内容多贴近普通人的平淡生活,涉及方面多且广,多带有对世俗人生的审美意味,其中不乏名作。

期刊号:1980 年第 1 期—1989 年第 12 期

1980 年第 1 期　刊名:《小说月报》
目录

将军的故事……………………………安　静
大海作证……………………………李宏林
解脱……………………………蒋子龙
铁疙瘩……………………………陈椿年
问号……………………………林斤澜
表姐……………………………王　蒙
雕花烟斗……………………………冯骥才
但德尔斯的一家……………（中国香港）阮　朗
最后一幅肖像……………………………陈　放
天堂的虚惊……………………………白景晟

报刊小说选目
编者的话
小说插图选登:《四世同堂》插图四幅………丁　聪
封面题字……………………………茅　盾

封面设计……………………………王书朋

1980 年第 2 期　刊名:《小说月报》
目录

小镇上的将军……………………………陈世旭
第五个穿大衣的人……………………………刘宾雁
爱,是不能忘记的……………………………张　洁
土地的主人……………………………张　宇
盼……………………………戴　晴
流水弯弯……………………………陈建功
周华英求职……………………………高晓声
献给医生的玫瑰花……………………………从维熙
这里有黄金……………………………刘心武
杨柏的"污染"……………………………徐乃建
柳泉居士和柳泉………………王赤生　呆红星
西江月……………………………李　黎

报刊小说选目
小说插图选登:《刘志丹》插图选………彦　涵

1980 年第 3 期　刊名:《小说月报》
目录

西线轶事……………………………徐怀中
三人行……………………………蒋金彦
结婚现场会……………………………马　烽
悠悠寸草心……………………………王　蒙
说客盈门……………………………王　蒙
我是谁?……………………………宗　璞
犯忌……………………………季冠武
收电费……………………………高文铎
老二黑离婚……………………………潘保安
珊珊,你在哪儿?……………………………聂华苓
游子回归心……………………………黄绍武
牌……………………………李建纲
新房……………………………金光泽

报刊小说选目
小说插图选登:《西游记》插图四幅………古　干

1980 年第 4 期　刊名:《小说月报》
目录

人到中年……………………………谌　容
被爱情遗忘的角落……………………………张　弦

她好像明白了一点点................刘　真
交换................於梨华
笑................苏支超
蛇仙................祖　慰
跑步................恽建新
接官记................余松岩
弗洛恩堡之夜................建　安

报刊小说选目
小说插图选登:《倪焕之》插图选................王　怀

1980 年第 5 期　刊名:《小说月报》
目录

月食................李国文
老处女................李惠薪
红烛................汪　洋
炉台上的美学家................王　江
立春................李德复
鬼姐................陈树荣
邢老汉和狗的故事................张贤亮
风雪茫茫................牛正寰
寒夜里的哭声................王润滋
如果雨下个不停……................岑　桑

报刊小说选目
小说插图选登:《晋阳秋》插图选................詹忠敏

1980 年第 6 期　刊名:《小说月报》
目录

空巢................冰　心
陈奂生上城................高晓声
说话................贺梦凡　张新奇
绿色的山岗................成　一
黑豆队长................张永龙
心................谌　容
在上面和在下面................韶　华
印有金锚的飘带................叶　楠
勿忘草................周克芹
同志啊,冲上去................张志彤
悠悠东流水................徐恒进
寂静的小院................祝正祥
情书的真情................王浙滨
喊亮月吞................吴慧泉
在彩色电视机里................章以武

报刊小说选目
小说插图选登:《药》插图选................国　风

1980 年第 7 期　刊名:《小说月报》
目录

手杖................京　夫
推销员................赵大年
煎饼................白　文
生活从这里开始................张蒂远
一个工厂秘书的日记................蒋子龙
乡魂................赵峻防
寻根记................黄庆云
三乘客................郭绍珍
蛋蛋................颜　屏
燕子啁啾................榴　红
肖虹访友................丁家桐
孕育在大地之中................孟左恭
绿色钱包................刘厚明

报刊小说选目
小说插图选登:《农奴戟》(陶家元)、《萧也牧作品选》(王书朋)、《精奇里江畔》(魏钧泉)

1980 年第 8 期　刊名:《小说月报》
目录

奥依曲爱克................哲　中
最后的冲刺................张石山
双猫图................邓友梅
春雪................余易木
少校之死................杨汝申
审判................李　栋　王云高
接到讣告之后................何琼纬　何琼崖
雨,沙沙沙................王安忆
上书................韶　华
李有才之死................王希坚
要留清白在人间................张永龙
三凤告状................田澍中
月夜................贾平凹
牺牲................赵克文

报刊小说选目
小说插图选登:《叶秋红》................张德育　刘柏荣

1980 年第 9 期　刊名:《小说月报》
目录

笨人王老大································锦　云　王　毅
扶我上战马的人····························张映文
活佛的故事······························玛拉沁夫
人不是含羞草····························甘铁生
彩色的夜······························王群生
立身篇·······························陈忠实
坟草青青······························贾庆军
我的哥哥和爸爸··························杨少衡
宝石·······························刘汉君
一个年轻的乡下医生························王　拓
帐·······························绍　六

报刊小说选目
小说插图选登:《迎春花》····················王立志
《赤龙与丹凤》··························俞晓夫

1980 年第 10 期　刊名:《小说月报》
目录

南湖月·······························刘富道
镢柄韩宝山·····························张石山
燃烧·······························中杰英
龙池·······························江　流
花桥荣记······························白先勇
丹凤眼·······························陈建功
飘飞的大雪·····························母国政
风筝飘带······························王　蒙
典型·······························卢新华
往后的日子·····························陆文夫
萨拉姆·······························李广智
疯人之恋······························王亚平

报刊小说选目
小说插图选登:赵树理小说插图·················周建夫

1980 年第 11 期　刊名:《小说月报》
目录

犯人李铜钟的故事·························张一弓
小贩世家······························陆文夫
老涩外传······························汤吉夫
归宿·······························顾尔镡
远天远地······························成　一

你是共产党员吗?··························张　林
第一级火箭即将脱落·······················郑赤鹰
美国专家"为什么"·······················朱　定
浓雾·······························徐　慧
小年之夜······························黄一峰
送药·······························叶文玲
幸存者·······························文　兰
慈母心·······························庄东贤

报刊小说选目
小说插图选登:《中国神话选》插图·················古　干

1980 年第 12 期　刊名:《小说月报》
目录

灵与肉·······························张贤亮
天山深处的"大兵"························李斌奎
受戒·······························汪曾祺
梦魇·······················叶至善　叶三午　叶小沫
沟·······························戴　晴
灶火的故事·····························铁　凝
面对共同的世界··························李　潮
战俘·······························孟伟哉
秋夜春风······························曾绍阳
疏忽·······························胡世晨
68 与 6······························吴若增

报刊小说选目
小说插图选登:《红旗谱》插图··················程　勉

1981 年第 1 期　刊名:《小说月报》
目录

开市大吉······························航　鹰
子爵号·······························理　由
棋瘾·······························赵长天
芒果·······························李　准
鱼钓·······························高晓声
芝加哥之死·····························白先勇
美丽崖豆杉·····························古　华
就是这个角落····························金　水
人之初·······························郝湘椿
灰蛾和白蛾·····························甘铁生
满足·······························张步真
绿叶成丝······························解俊山
秋雨漫漫······························郑　义

报刊小说选目
《小说月报》征求意见表

封面：茅盾木刻像·····················中　令
封二：叶圣陶　孙　犁　宗　璞近照
封三：鲁迅小说插图选·················赵延年

1981 年第 2 期　刊名:《小说月报》
目录

同犯·····································苏　策
最后一个军礼·················方南江　李　荃
水泡子·································蒋　濮
青衫湿·································理　由
在姚村·································贾平凹
深深的长森巷·························庞天舒
沃土·····································汪　洋
喜多村秀美·····························邓友梅
新来的教练·····························王安忆
赶场·····································陈朝璐
张寡妇卖汤圆·························卢永华
人啊，人·······························张永龙
第 28 号人物·························田东照

报刊小说选目
封面：巴金木刻像·····················颜铁良
封二：谢冰心　梁　斌　蒋子龙近照
封三：鲁迅《狂人日记》插图·········张怀江

1981 年第 3 期　刊名:《小说月报》
目录

阮氏丁香——《西线轶事》续篇·········徐怀中
我们建国巷·····························叶之蓁
温柔之乡的梦·························魏雅华
碧落黄泉·················李　栋　周毅如
海与灯塔·······························孔捷生
人过兴旺峪·····························赵二湖
这车好炭·······························彭兴国
柘子·····································高禄堂
他调不了我的心·····················陈国凯
情尽·····································於梨华
勒干和娜霜·····························石　锐
春天的绿叶·················林文询　雨　樵

报刊小说选目
封面：丁玲木刻像·····················中　令

封二：袁　静　谌　容　铁　凝近照
封三：吴强著《堡垒》插图·············黄英浩

1981 年第 4 期　刊名:《小说月报》
目录

水东流·································高晓声
乡场上·································何士光
在水煎包子铺里·····················王兆军
我们正年轻·····························叶之蓁
悔·······································高　缨
作品欣赏第一课·············梁晓声　文乐然
白莲·····································罗　旋
鸡肋·····································徐懋庸
泰利父子的眼泪·············（中国香港）阮　朗
一篇草稿·······························瞿　航

报刊小说选目
封面：叶圣陶木刻像·················中　令
封二：茅　盾　艾　芜　徐光耀近照
封三：赵树理《小二黑结婚》插图·····叶　欣

1981 年第 5 期　刊名:《小说月报》
目录

内当家·································王润滋
在没有航标的河流上·················叶蔚林
美与丑·································益希卓玛
陈奂生转业·····························高晓声
普通老百姓·····························迟松年
缝隙·····································李国文
诱人的枣花香气·····················成　一
喜悦·····································邹志安
最后一篓春茶·························王振武
简讯·····································本　刊

报刊小说选目
封面：艾芜木刻像·····················国　风
封二：茹志鹃　王　蒙　中杰英
封三：谌容《人到中年》插图·········沈尧伊

1981 年第 6 期　刊名:《小说月报》
目录

竞争者·································闻　水
奇妙的旅程（中篇）·················王群生

蛮牛的新寨 ———————————— 黄 尧
她们的路 ———————————— 王海鸰
大淖记事 ———————————— 汪曾祺
麦苗返青的时候 ———— 张枚同 程 琪
差子考试 ———————————— 杨若木
山道弯弯（中篇）—————————— 谭 谈
美金的代价 ———————————— 依 犁

报刊小说选目
封面：欧阳山木刻像 ——————— 中 令
封二：沈从文 杨 沫 刘心武
封三：周克芹《许茂和他的女儿们》插图——— 马振声

1981 年第 7 期　刊名:《小说月报》
目录

蝴蝶（中篇）———————————— 王 蒙
不 ———————————————— 戴 晴
少年 chén 女 ———————————— 舒 群
"美人儿" ———————————— 沈虹光
夕阳山外山 ———————————— 陶 棨
四妯娌 ———————————— 彭见明
烟姐儿 ———————————— 李传锋
农民老子 ———————————— 矫 健
黑三点 ———————————— 伊 始
第十二夜 ———————————— 毛守仁
佤山风雨夜 ——————— （佤族）董秀英

报刊小说选目
封面：冰心木刻像 ——————— 中 令
封二：方 纪 刘绍棠 张贤亮

1981 年第 8 期　刊名:《小说月报》
目录

粮食问题 ———————————— 邹志安
挣不断的红丝线 ———————— 张 弦
你在想什么? ———————————— 顾笑言
发生在春天里…… ———————— 王金力
王结实 ———————————— 李 准
飘逝的花头巾 ———————— 陈建功
影响 ———————————————— 火 笛
数学权威和他的宝贝儿子———————— 徐 岳
敬致读者

报刊小说选目
封面：刘白羽木刻像——————— 孙廷卓

封二：王愿坚 李英儒 徐怀中
封三：鲁彦周《天云山传奇》插图————— 王书朋

1981 年第 9 期　刊名:《小说月报》
目录

北极光（中篇）———————————— 张抗抗
黑娃照相 ———————————— 张一弓
共鸣 ———————————————— 张 波
乡村酒肆 ———————————— 赵金九
调动之后 ———————————— 赵致真
麦青青 ———————————— 恽建新
尘心 ———————————————— 郭才明
在远离北京的地方 ———————— 孟伟哉
爱的复活 ———————————— 刘文琦

报刊小说选目
封面：鲁迅木刻像 ——————— 陈 新
封二：鲁迅照片四幅

1981 年第 10 期　刊名:《小说月报》
目录

山月不知心里事 ———————— 周克芹
职责（中篇）———————————— 陈中冀
关于仔猪过冬问题 ———————— 谌 容
田园 ———————————————— 韩蔼丽
岔路口 ———————————— 陆柱国
长城魂 ———————————— 赵 熙
今夜月儿圆 ———————————— 马未都
村里的笑声 ———————————— 莫应丰
201 光棍宿舍 ———————— 贺景文 张昌华
春水微波 ———————————— 青 禾
报复 ———————————————— 潘保安
猪郎公架鹊桥 ———————————— 吴雪恼

报刊小说选目
封面：沙汀木刻像
封二：马 烽 邓友梅 周克芹
封三：《鲁迅传》插图

1981 年第 11 期　刊名:《小说月报》
目录

伞 ———————————————— 从维熙
辘轳井 ———————————— 林斤澜

将军和他的警卫员 ······················ 冯　岗
草莽 ································· 刘绍棠
本家主任 ····························· 成　一
第八颗是智齿 ························· 任正平
甜…… ······························· 沙　石
闪亮，闪亮，小星星 ···················· 王小鹰
老人的歌 ····························· 黄大荣
复苏 ································· 吴立智
在三湾村小道上 ······················ 张晓成

报刊小说选目
封面：姚雪垠木刻像 ···················· 中　令
封二：玛拉沁夫　鲁彦周　王安忆
封三：《骆驼祥子》插图 ················· 高荣生

1981 年第 12 期　刊名:《小说月报》
目录

焦老旦和熊员外 ······················ 李志君
辘轳把胡同 9 号 ······················ 陈建功
本次列车终点 ························· 王安忆
龙种（中篇） ························· 张贤亮
走向新的草场 ························· 多吉才旦
七个音符 ····························· 张抗抗
风雪纳连河 ··························· 刘小江
三角地的黄昏 ························· 徐　军
河南小妞 ····························· 陈　新

报刊小说选目
封面：孙犁木刻像 ······················ 中　令
封二：西　戎　张　弦　冯骥才
封三：陈立德《情仇》插图 ··············· 倪　震

1982 年第 1 期　刊名:《小说月报》
目录

将进酒 ······························· 何士光
在地震的废墟上（中篇） ················ 中杰英
老兵 ································· 权延赤
腐蚀 ································· 叶永烈
到远处去发信 ························· 刘心武
重返绿草营 ··························· 王立纯
这里，有一条小路 ···················· 王哲伟
东湖洼之晨 ··························· 张秋华
作家的奇遇 ··························· 白　文
双井屯 ······························· 王　祁

报刊小说选目
封面：茅盾像 ························· 陈　新
封二：吴　强　叶蔚林　汪浙成　温小钰
封三：富尔曼诺夫著《夏伯阳》插图 ········ 伍必端

1982 年第 2 期　刊名:《小说月报》
目录

小溪九道弯 ··························· 叶文玲
最后一票 ····························· 张一弓
瓜王轶事 ····························· 张　武
野花瓣儿 ····························· 王　钢
天到黄昏时 ··························· 张西庭
心灵上的墓碑 ························· 从维熙
"大能人"趣话 ····················· 锦　云　王　毅
清梦常温 ························· 王　术　余柏森
芳顺大姐的苦恼 ······················ 蔡　嵘
杯中异曲 ····························· 毛志成
星星，闪烁在天幕上 ···················· 继　迅

报刊小说选目
封面：老舍像 ···················· 设计：陈　新
封二：刘知侠　高　缨　张石山
封三：冯骥才著《爱之上》插图 ··········· 沈尧伊

1982 年第 3 期　刊名:《小说月报》
目录

归来的儿子 ··························· 陈　毅
春前草 ······························· 鲁彦周
幸福沟轶事 ··························· 杏　果
明姑娘 ······························· 航　鹰
本色 ································· 雪　华
巨星 ································· 陶　然
花蜘蛛 ······························· 克　非
别有蹊径 ························· 时永刚　刘翼达
屋檐下 ······························· 范小青

报刊小说选目
封面：丁玲像 ···················· 设计：陈　新
封二：陈登科　魏　巍　冯德英
李康著《忧愁河》插图 ················· 聂昌硕

1982 年第 4 期　刊名:《小说月报》
目录

张铁匠的罗曼史（中篇）————————————————张一弓
报纸的故事————————————————————————孙　犁
巨兽——————————————————————————————周立武
鸡鸣茅店月————————————————张昌华　贺景文
"大篷车"上——————————————————————————方　方
甜甜的泪水————————————————————————肖　元
那失落了的……————————————————————张雄辉
乡恋——————————————————————————————王家男
公开的"内参"（中篇）————————————————张笑天
女明星————————————————————————————陈　冲

报刊小说选目
封面: 巴金像————————————————————设计: 陈　新
封二: 丁　玲　冯骥才　谌　容
封三: 普希金著《杜布洛夫斯基》插图————————禾　几

1982 年第 5 期　刊名:《小说月报》
目录

蓝色的阿尔善河————————————————————敖德斯尔
魔界——————————————————————————————李　陀
下棋看五步————————————————————————李　栋
迷宫之径————————————————————————————王安忆
山路曲曲弯弯————————————————————————刘树德
在金皇冠的阴影下————————————————————建　安
两个狩猎汉————————————————————————严啸建
大黑——————————————————————————————吴　欢
猎户星座————————————————————————————王观胜

报刊小说选目
封面: 冰心像————————————————————设计: 陈　新
封二: 冰　心　公　木　艾　芜　草　明　邓友梅
封三: 蒋和森著《风萧萧》插图————————施大畏　韩　硕

1982 年第 6 期　刊名:《小说月报》
目录

洗礼——————————————————————————————韦君宜
母亲与遗像————————————————————————海　波
阿鸽与船————————————————————————————姜　滇
错失——————————————————————————————金　依
笑————————————————————————————————屈兴岐
瞧，这些导弹兵————————————————————————李存葆

银杏树————————————————————————————张　弦
船家——————————————————————————————吴雪恼
故土——————————————————————————————赵　熙

报刊小说选目
封面: 郭沫若像————————————————————设计: 陈　新
封二: 从维熙　叶文玲　张抗抗
封三: 郑万隆著《年轻的朋友们》插图————————王书朋
　　　蒋子龙著《赤橙黄绿青蓝紫》插图————————魏钧泉

1982 年第 7 期　刊名:《小说月报》
目录

清水湾，淡水湾（中篇）————————————————姜　滇
彩色的鸟，在哪里飞徊?————————————————海　波
高女人和她的矮丈夫————————————————冯骥才
前妻——————————————————————————————航　鹰
那五——————————————————————————————邓友梅
设有靶标的小岛————————————————————黄传会
主人——————————————————————————————耿志勇
陆大车和他的"臭豆腐理论"————————————孙春平

报刊小说选目
封面: 赵树理像————————————————————设计: 陈　新
封二: 王润滋　航　鹰　贾平凹
封三: 叶文玲著《青灯》插图————————————杜滋龄

1982 年第 8 期　刊名:《小说月报》
目录

奇异的旅程————————————————————————周永年
种包谷的老人————————————————————————何士光
我们也是祖先————————————————————————陈祖国
进山——————————————————————————————张中吉
鹰拳——————————————————————————————冯骥才
沉寂的正午————————————————————————扎西达娃
请和我同行————————————————————————子　心
没有"负荷"的电————————————————————楚　良
山水情————————————————————————————周　渺
月是仲秋明————————————————————————余加桢
散戏——————————————————————————————洪醒夫

报刊小说选目
封面: 叶圣陶像————————————————————设计: 陈　新
封二: 马　烽　浩　然　李　陀
封三: 高缨著《达吉和她的父亲》插图————————金桥楠

1982 年第 9 期　刊名:《小说月报》
目录

射天狼（中篇）·······························朱苏进
小草·····································佳　峻
清水店主·································魏树海
波动的色彩·······························李霁宇
石门二柳（中篇）·························储福金
飞扬的尘土·······························范小青
杨柳巷的故事·····························韩　冬
啊，朋友·································方　方
心……星?·························岳建一　黎　早
黄丝带·································程乃珊

报刊小说选目
封面：鲁迅像···················设计：陈　新
封二：杜鹏程　赵　熙　陈忠实
封三：《茹志鹃小说选》插图·············黄英浩

1982 年第 10 期　刊名:《小说月报》
目录

流泪的红蜡烛·····························张一弓
蟹价的涨落·······························孙　吴
内应力·································张晓东
蹬"二等车"的大嫂·······················枫　亚
失去祖国的孩子·························陈　模
无标题对话·······························沙叶新
杨梅岙的表嫂·····························叶文玲
彩色宽银幕故事片·························谌　容
登台·····································尤凤伟
白云上的红樱桃·························四　海

报刊小说选目
封面：周立波像···················设计：陈　新
封二：鲍　昌　冯骥才　林　呐　王汶石　路　遥
封三：《叶文玲中篇小说选》插图·········朱维明

1982 年第 11 期　刊名:《小说月报》
目录

燕儿窝之夜·······························魏继新
世界在他们眼前展开·····················罗来勇
睡·····································程　枫
这是一片神奇的土地·····················梁晓声
导演之家·································刘晓喻

在自然风景区·····························陈小初
西望博格达·······························柏　原
墨渍·····································王小鹰
桃花汛·································何厚础
身后的黑影·······························万　捷

报刊小说选目
封面：沈从文像···················设计：陈　新
封二：李满天　陈立德　茹志鹃　王安忆
封三：《山雨》·····························倪　震
《赤夜》·································王怀琪

1982 年第 12 期　刊名:《小说月报》
目录

高山下的花环（中篇）·····················李存葆
八级工匠·································邓　刚
没有想到的事情·························王路遥
关于申请添购一把铁壶的报告·············许世杰
醉人的春夜·······························吴金良
黄果兰，更娇艳的黄果兰···········谭　力　昌　旭
根·····································董川风
夜深了·································吴　强
赶春集·································蒲　峻

报刊小说选目
封面：柳青像···················设计：陈　新
封二：萧　军　刘心武　王　蒙
封三：柔石著《为奴隶的母亲》插图·········樊海忠

1983 年第 1 期　刊名:《小说月报》
目录

小说月报创刊三周年纪念···冯　牧　陈荒煤　冰　心
方　纪　王　蒙　蒋子龙　冯骥才题词
就职宣誓·································徐朝夫
古墓·····································徐孝鱼
大坂·····································张承志
美女陈情·································舒　群
卖书的·································作从巨
强龙·····································曲一日
哦，香雪·································铁　凝
登山·····································汪　骏
美的回声·································吴　萍
老樵夫·································钟理和
江那边·································扎西达娃

报刊小说选目
封面设计：李发明
封二：冯 牧 陈荒煤 王 蒙
封三：吉胡红霞著《吉鸿昌就义前后》插图····詹忠效作

1983 年第 2 期 刊名:《小说月报》
目录

头条新闻··张 宇
御厨传奇（中篇）······································吴正格
写给未诞生的孩子····································陆星儿
寻觅··茹志鹃
脸皮招领启示（外二篇）·························吴若增
红叶，在山那边（中篇）·························郑万隆
序奏··阿 耀
大柳树下传奇··李本深
月照乡间路···黄学农
亮雨··南 丁
新安江上游的传说····································丁建顺

报刊小说选目
封二：李存葆 陈建功 戴 晴
封三:《詹岱尔短篇小说选》插图·············王志远作

1983 年第 3 期 刊名:《小说月报》
目录

锅碗瓢盆交响曲（中篇）·························蒋子龙
我的遥远的清平湾····································史铁生
五十周年婚礼日··苏叔阳
姜守本进城···郭建华
朝辞白帝彩云间··高 缨
快乐王国···王左泓
九月菊··迟松年
货场趣闻···王大鹏

报刊小说选目
封二：克 非 叶 辛 吴若增
封三：老舍著《四世同堂》插图·············高荣生作

1983 年第 4 期 刊名:《小说月报》
目录

肖尔布拉克···张贤亮
黑骏马（中篇）··张承志
青龙潭··王 蒙

爷爷，我自己下海····································杨显惠
泥脚··高晓声
新房··徐恒进
天骄··黄 放
赶马车的小伙子··轩锡明
同是青山一株草··徐朝夫
打电话··郭志一

报刊小说选目
封二：秦兆阳 钟望阳 张承志
封三：屠格涅夫著《前夜》插图·············孙景波作

1983 年第 5 期 刊名:《小说月报》
目录

遍地月光···叶蔚林
抹不掉的声音··肖复兴
献你一束花···冯骥才
泥活··房树民
城南旧事（中篇）····································林海音
驴队的覆灭···周尝棕
新浴··赵 践
叙旧记··陈椿年
看车姑娘···肖克凡

报刊小说选目
封面设计：秦 龙
封二：冯 牧 蒋子龙 李 准 吴 强 吴泰昌
林斤澜
封三：萧红著《生死场》插图·················陶 莎作

1983 年第 6 期 刊名:《小说月报》
目录

没有纽扣的红衬衫（中篇）·····················铁 凝
三个副师长···权延赤
最后一个渔佬儿··李杭育
毕业歌··范小青
挑担鱼苗走湖湾··姜 滇
出让冠军的人··蒋志和
马可夫··简 嘉
青青的竹···韩 起
最后一棵菩提··张 长
丰碑··李本深

报刊小说选目
封二：陈伯吹 孟伟哉 张 洁

封三：刘锡钧著《十字军东征》插图·········刘丰杰作

1983 年第 7 期　刊名:《小说月报》
目录

美食家（中篇）·······················陆文夫
大山和小船·························雁　宁
远方的树（中篇）····················韩少功
片段·····························王小鹰
木雏·····························林斤澜
售棉大路··························莫　言
三颗枸杞豆·························程　海
你说过我们还会相逢··················刘乃康
夏夜，月儿弯弯······················侯成路

报刊小说选目
封二：郑万隆　肖复兴　尤凤伟
封三：老舍著《老张的哲学》插图········高荣生作
封面设计：郭子群

1983 年第 8 期　刊名:《小说月报》
目录

走进暴风雨（中篇）···················冯骥才
兵车行···························唐　栋
晚香·····························刘　斌
黄金心···························周宗奇
左撇子球王·························肖建国
"书法家"··························司玉笙
雷雨前后··························张仁胜
我爱玛莉·····················（中国台湾）黄春明

报刊小说选目
封二：韦君宜　柳溪　甘铁生
封三：路遥著《人生》插图············李法明作

1983 年第 9 期　刊名:《小说月报》
目录

迷人的海（中篇）····················邓　刚
哦，穆罕默德·阿麦德·················王　蒙
一个复杂的故事·····················绍　六
围墙·····························陆文夫
能人和笨蛋的故事····················刘　真
张团长轶事·························吴　强
瓜棚记···························肖复兴

魔术·····························阎振新
心，一片远航的帆····················邓开善
姑苏残云··························高友群
"B52"越过蓝线······················蒋　巍
古箫·····························李贯通

报刊小说选目
封二：白桦　蒋和森　王小鹰
封三：陈冲著《厂长今年二十六》插图·······施怀谷作

1983 年第 10 期　刊名:《小说月报》
目录

市场角落的"皇帝"（中篇）··············韩静霆
修鞋铺的故事·······················陈吉蓉
东方女性（中篇）····················航　鹰
有钱十万··························钟道新
人生何处不相逢·····················柳　杞
陡坡·····························孙少山
起名·····························苏纪迅

报刊小说选目
封面设计：秦　多
封二：杜鹏程　包佳峻　魏继新
封三：王尔德著《格雷的真像》插图··········陈浮熔

1983 年第 11 期　刊名:《小说月报》
目录

条件尚未成熟·······················张　洁
荒原作证··························梁晓声
鲁班的子孙（中篇）···················王润滋
真迹························吴翼民、吴凤珍
秋爽·····························叶文玲
绿茵茵的河岸·······················乌热尔图
邻里之间··························王大鹏
加油女工··························吴广宏
师表·····························吴世祥

报刊小说选目
封二：康濯　莫应丰　谭谈
封三：柔石著《二月》插图············易强作

1983 年第 12 期　刊名:《小说月报》
目录

秋雪湖之恋⋯⋯⋯⋯⋯⋯⋯⋯⋯⋯⋯⋯石　言
蓝屋（中篇）⋯⋯⋯⋯⋯⋯⋯⋯⋯⋯程乃珊
啊，白鹭⋯⋯⋯⋯⋯⋯⋯⋯⋯⋯⋯陈　晓
桥⋯⋯⋯⋯⋯魏志远　吴雨初　马连义
落花时节⋯⋯⋯⋯⋯⋯⋯⋯⋯⋯⋯刘绍棠
她在桥上走⋯⋯⋯⋯⋯⋯⋯⋯⋯⋯朱玉葆
山里同年哥⋯⋯⋯⋯⋯⋯⋯⋯⋯⋯李海音
死去的和活着的⋯⋯⋯⋯⋯⋯⋯⋯张　波
佳佳的心事⋯⋯⋯⋯⋯⋯⋯⋯⋯⋯瞿　琮
小神仙⋯⋯⋯⋯⋯⋯⋯⋯⋯⋯⋯⋯刘少博

报刊小说选目
封二：蹇先艾　何士光　董秀英
封三：张锲著《改革者》插图⋯⋯⋯聂昌硕作

1984 年第 1 期　刊名:《小说月报》
目录

新客规今天生效⋯⋯⋯⋯⋯⋯⋯⋯姜　汤
花湿红泥村（中篇）⋯⋯⋯⋯⋯⋯姜　滇
火神（中篇）⋯⋯⋯⋯⋯⋯⋯⋯⋯张一弓
一片被吹动的绿叶⋯⋯⋯⋯⋯⋯⋯仇学宝
热雨⋯⋯⋯⋯⋯⋯⋯⋯⋯⋯⋯⋯⋯张　弦
最后的微笑⋯⋯⋯⋯⋯⋯⋯⋯⋯⋯董秀英
大票子⋯⋯⋯⋯⋯⋯⋯⋯⋯⋯⋯⋯李　明
风烛残年⋯⋯⋯⋯⋯⋯⋯⋯⋯⋯⋯钟道新

报刊小说选目
封面设计⋯⋯⋯⋯⋯⋯⋯⋯⋯⋯⋯泰　山
封二：《小说月报》"三北"地区特约编审座谈会照片
封三：蒋子龙著《锅碗瓢盆交响曲》插图⋯⋯蔡延年作

1984 年第 2 期　刊名:《小说月报》
目录

中南海的夜⋯⋯⋯⋯⋯⋯⋯⋯⋯⋯舒　群
山风（中篇）⋯⋯⋯⋯⋯⋯⋯⋯⋯徐孝鱼
彭成贵老汉⋯⋯⋯⋯⋯⋯⋯⋯⋯⋯马　烽
葡萄的精灵⋯⋯⋯⋯⋯⋯⋯⋯⋯⋯王　蒙
各人头上一方天⋯⋯⋯⋯⋯⋯⋯⋯杨　旭
一路平安⋯⋯⋯⋯⋯⋯⋯⋯⋯⋯⋯肖复兴
苦瓜⋯⋯⋯⋯⋯⋯⋯⋯⋯⋯⋯⋯⋯张　峻
有这样一个小女兵⋯⋯⋯⋯⋯⋯⋯中　凤

报刊小说选目
封二：李　乔　任光椿　张　长
封三：老舍著《微神》插图⋯⋯⋯⋯王书朋作

1984 年第 3 期　刊名:《小说月报》
目录

沉沦的土地（中篇）⋯⋯⋯⋯⋯⋯周梅森
狱中纪事二题⋯⋯⋯⋯⋯⋯⋯⋯⋯庄启东
赵百万的人生片断（中篇）⋯⋯⋯浩　然
也是一个中年⋯⋯⋯⋯⋯⋯⋯⋯⋯叶九如
归来⋯⋯⋯⋯⋯⋯⋯⋯⋯⋯⋯⋯⋯陈忠宪
沉在水底的司维兹⋯⋯⋯⋯⋯⋯⋯李　叶
炊烟⋯⋯⋯⋯⋯⋯⋯⋯⋯⋯⋯⋯⋯戴明贤
月照襄河渡⋯⋯⋯⋯⋯⋯⋯⋯⋯⋯周元镐

报刊小说选目
封面：丁玲著《太阳照在桑干河上》手稿
封二：刘　真　程乃珊　陆星儿
封三：王润滋著《鲁班的子孙》插图⋯⋯⋯王　琨作

1984 年第 4 期　刊名:《小说月报》
目录

北方的河（中篇）⋯⋯⋯⋯⋯⋯⋯张承志
灵魂⋯⋯⋯⋯⋯⋯⋯⋯⋯⋯⋯⋯⋯陈　军
荒岛（中篇）⋯⋯⋯⋯⋯⋯⋯⋯⋯张天民
这该是第七柄枫叶了⋯⋯⋯⋯⋯⋯叶　楠
村西头有个老天保⋯⋯⋯⋯⋯⋯⋯权文学
远方的夜⋯⋯⋯⋯⋯⋯⋯⋯⋯⋯⋯宋学武
死巷⋯⋯⋯⋯⋯⋯⋯⋯⋯⋯⋯⋯⋯姚宜瑛

报刊小说选目
封二：陆　地　张昆华　刘宪平
封三：铁凝著《哦，香雪》插图⋯⋯⋯⋯李芳芳作

1984 年第 5 期　刊名:《小说月报》
目录

本刊举办《小说月报》优秀中、短篇小说"百花奖"
评奖启事
绿化树（中篇）⋯⋯⋯⋯⋯⋯⋯⋯张贤亮
历史选择了他⋯⋯⋯⋯⋯⋯⋯⋯⋯何晓鲁
瘦龙岛⋯⋯⋯⋯⋯⋯⋯⋯⋯⋯⋯⋯邓　刚
惊涛⋯⋯⋯⋯⋯⋯⋯⋯⋯⋯⋯⋯⋯陈世旭
一千和一⋯⋯⋯⋯⋯⋯⋯⋯⋯⋯⋯张抗抗

你，在茫茫的人海中⋯⋯⋯⋯⋯徐　耿　程　玮

报刊小说选目
封二：陈残云　陈　冲　史铁生
封三：从维熙著《北国草》插图⋯⋯⋯⋯李焙戈

1984 年第 6 期　刊名:《小说月报》
目录

枫林晚⋯⋯⋯⋯⋯⋯⋯⋯⋯⋯⋯⋯航　鹰
真正的球迷⋯⋯⋯⋯⋯⋯⋯⋯⋯⋯刘进元
雪夜来客⋯⋯⋯⋯⋯⋯⋯⋯⋯⋯⋯冯骥才
明天行动⋯⋯⋯⋯⋯⋯⋯⋯⋯⋯⋯郑万隆
心隙⋯⋯⋯⋯⋯⋯⋯⋯⋯⋯⋯⋯⋯王小鹰
托乎达森和拜格图尔⋯⋯⋯⋯⋯⋯李世勋
哦，神奇的指挥棒⋯⋯⋯⋯⋯⋯⋯关　鸿
课桌后，一个小小的脑袋⋯⋯⋯⋯马宝康
乡邮员的一天⋯⋯⋯⋯⋯⋯⋯⋯⋯谈玉忠
编辑逸事⋯⋯⋯⋯⋯⋯⋯⋯⋯⋯⋯贾平凹
咖啡馆之梦⋯⋯⋯⋯⋯⋯⋯⋯⋯⋯马　林
来自读者的信息

报刊小说选目
封二：孔罗荪　陈　冰

1984 年第 7 期　刊名:《小说月报》
目录

白与绿（中篇）⋯⋯⋯⋯⋯⋯⋯⋯陈　放
"黄埔"五期⋯⋯⋯⋯⋯⋯⋯⋯⋯周大新
一百单八磴⋯⋯⋯⋯⋯⋯⋯⋯⋯⋯张石山
渔眼⋯⋯⋯⋯⋯⋯⋯⋯⋯⋯⋯⋯⋯邓　刚
两颗行星⋯⋯⋯⋯⋯⋯⋯⋯⋯⋯⋯陈继光
响亮的足音⋯⋯⋯⋯⋯⋯⋯⋯⋯⋯张茜荑
"我是来当儿子的⋯⋯"⋯⋯⋯⋯⋯仇学宝
呵，我们的"一线天"⋯⋯⋯⋯⋯姚泽芊
三月桃花水⋯⋯⋯⋯⋯⋯⋯⋯⋯⋯彭见明
打错了⋯⋯⋯⋯⋯⋯⋯⋯⋯⋯⋯⋯刘以鬯
香港报刊关于《打错了》的争论⋯⋯乐融融

报刊小说选目
封二：张贤亮　古华　楚　良

1984 年第 8 期　刊名:《小说月报》
目录

祖母绿（中篇）⋯⋯⋯⋯⋯⋯⋯⋯张　洁
麦客⋯⋯⋯⋯⋯⋯⋯⋯⋯⋯⋯⋯⋯邵振国
豆腐村的新闻人物⋯⋯⋯⋯⋯⋯⋯李克定
村路带我回家（中篇）⋯⋯⋯⋯⋯铁　凝
"鸟迷"⋯⋯⋯⋯⋯⋯⋯⋯⋯⋯⋯杨建成
谪仙记⋯⋯⋯⋯⋯⋯⋯⋯⋯⋯⋯⋯白先勇
避雷针⋯⋯⋯⋯⋯⋯⋯⋯⋯⋯⋯⋯陈卓乾
喜丧⋯⋯⋯⋯⋯⋯⋯⋯⋯⋯⋯⋯⋯章　印

报刊小说选目
封面：谢冰心同志《空巢》手迹
封二：石　言　唐　栋　刘兆林

1984 年第 9 期　刊名:《小说月报》
目录

一位没有战功的老军人（中篇）⋯⋯徐怀中
陪同⋯⋯⋯⋯⋯⋯⋯⋯⋯⋯⋯⋯⋯石　言
路基，长长的路基⋯⋯⋯⋯⋯⋯⋯钟铁夫
腾跃⋯⋯⋯⋯⋯⋯⋯⋯⋯⋯⋯⋯⋯达　理
昨夜风暴过洞庭（中篇）⋯⋯⋯⋯赵凤凯
沼泽地⋯⋯⋯⋯⋯⋯⋯⋯⋯⋯⋯⋯鲁　女
想不到的事情⋯⋯⋯⋯⋯⋯⋯⋯⋯意西泽仁
爷爷唱的歌⋯⋯⋯⋯⋯⋯⋯⋯⋯⋯韩建东
选择⋯⋯⋯⋯⋯⋯⋯⋯⋯⋯⋯⋯⋯丰　光

报刊小说选目
封面：姚雪垠著《李自成》手迹
封二：梁晓声　达　理　张廷竹
封三：李劼人《死水微澜》插图⋯⋯戴　卫绘

1984 年第 10 期　刊名:《小说月报》
目录

虎门"犬"子（中篇）⋯⋯⋯⋯⋯佳　峻
指挥员轶事⋯⋯⋯⋯⋯⋯⋯⋯⋯⋯张卫明
找乐（中篇）⋯⋯⋯⋯⋯⋯⋯⋯⋯陈建功
晚霞⋯⋯⋯⋯⋯⋯⋯⋯⋯⋯⋯⋯⋯周克芹
惊涛续篇　车灯⋯⋯⋯⋯⋯⋯⋯⋯陈世旭
最佳家庭结构⋯⋯⋯⋯⋯⋯⋯⋯⋯肖士庆
清凉界⋯⋯⋯⋯⋯⋯⋯⋯⋯⋯⋯⋯尹俊卿
红月亮⋯⋯⋯⋯⋯⋯⋯⋯⋯⋯⋯⋯聂鑫森
永恒的瞬间（中篇）⋯⋯⋯⋯⋯⋯效　耘

报刊小说选目
封面：方纪同志手迹
封二：贺敬之同志和作家们⋯⋯⋯⋯李国文　邓友梅

1984 年第 11 期　刊名:《小说月报》
目录

神鞭（中篇）⋯⋯⋯⋯⋯⋯⋯⋯⋯⋯⋯冯骥才
中国心（中篇报告小说）⋯⋯⋯⋯⋯⋯刘亚洲
走出狭弄⋯⋯⋯⋯⋯⋯⋯⋯⋯⋯⋯⋯沈善增
人人之间⋯⋯⋯⋯⋯⋯⋯⋯⋯⋯⋯⋯王安忆
我的同龄人⋯⋯⋯⋯⋯⋯⋯⋯⋯⋯⋯陆其国
越狱⋯⋯⋯⋯⋯⋯⋯⋯⋯⋯⋯⋯⋯⋯桂雨清

报刊小说选目
封面：梁斌手稿
封二：孙振　王昌定　冯育楠
封三：叶圣陶著《倪焕之》插图⋯⋯⋯王智远作

1984 年第 12 期　刊名:《小说月报》
目录

门铃⋯⋯⋯⋯⋯⋯⋯⋯⋯⋯⋯⋯⋯⋯陆文夫
祝福你，费尔马！（中篇）⋯⋯⋯⋯⋯鲍昌
尾灯⋯⋯⋯⋯⋯⋯⋯⋯⋯⋯⋯⋯⋯⋯张洁
为了收获⋯⋯⋯⋯⋯⋯⋯⋯⋯⋯⋯⋯梁晓声
望大陆⋯⋯⋯⋯⋯⋯⋯⋯⋯⋯⋯⋯⋯程虎
龙凤彩带⋯⋯⋯⋯⋯⋯⋯⋯⋯⋯闯水　陈璇

报刊小说选目
小说月报一九八四年优秀中、短篇小说评奖候选目录
小说月报一九八四年优秀中、短篇小说百花奖选票
封面：马烽手迹
封二：《小说月报》华东、中南、西南地区特约编审
座谈会照片

1985 年第 1 期　刊名:《小说月报》
目录

山中，那十九座坟茔（中篇）⋯⋯⋯⋯李存葆
老人⋯⋯⋯⋯⋯⋯⋯⋯⋯⋯⋯⋯⋯⋯史铁生
陷车纪事⋯⋯⋯⋯⋯⋯⋯⋯⋯⋯⋯⋯李康美
平安夜⋯⋯⋯⋯⋯⋯⋯⋯⋯⋯⋯⋯⋯陶然
泊岸七十二小时⋯⋯⋯⋯⋯⋯⋯⋯⋯王宏光
故乡三珍⋯⋯⋯⋯⋯⋯⋯⋯⋯⋯⋯⋯阿木
多情的珀丝，多情的莎娜⋯⋯⋯⋯⋯罗石贤

狐狸的智慧⋯⋯⋯⋯⋯⋯⋯⋯⋯⋯⋯张宇

报刊小说选目
封面：李存葆
摄影：蔡诚忠
封二：徐孝鱼　包川　周梅森

1985 年第 2 期　刊名:《小说月报》
目录

燕赵悲歌⋯⋯⋯⋯⋯⋯⋯⋯⋯⋯⋯⋯蒋子龙
矮凳桥小品⋯⋯⋯⋯⋯⋯⋯⋯⋯⋯⋯林斤澜
海边的雪⋯⋯⋯⋯⋯⋯⋯⋯⋯⋯⋯⋯张炜
猎神，走出山谷⋯⋯⋯⋯⋯⋯⋯⋯⋯黄放
国营蛤蟆油厂的邻居⋯⋯⋯⋯⋯⋯⋯李杭育
鸽战⋯⋯⋯⋯⋯⋯⋯⋯⋯⋯⋯⋯⋯⋯乔瑜
荡妇⋯⋯⋯⋯⋯⋯⋯⋯⋯⋯⋯⋯⋯⋯繁露

报刊小说选目
封面：蒋子龙
封二：简嘉　陈继光　朱苏进

1985 年第 3 期　刊名:《小说月报》
目录

高原的风⋯⋯⋯⋯⋯⋯⋯⋯⋯⋯⋯⋯王蒙
从春天到春天（中篇）⋯⋯⋯⋯⋯⋯王旭烽
蝌蚪与龙⋯⋯⋯⋯⋯⋯⋯⋯⋯⋯⋯⋯王兆军
先有蛋，后有鸡⋯⋯⋯⋯⋯⋯⋯⋯⋯公刘
五十二刀半传奇⋯⋯⋯⋯⋯⋯⋯⋯⋯刘思
花瓶⋯⋯⋯⋯⋯⋯⋯⋯⋯⋯⋯⋯⋯⋯欧阳子
崔老实进城⋯⋯⋯⋯⋯⋯⋯⋯⋯⋯⋯梁晓声
父亲的鱼塘⋯⋯⋯⋯⋯⋯⋯⋯⋯⋯⋯赵锐勇
待到金桔满园时⋯⋯⋯⋯⋯⋯⋯⋯⋯龚笃清
海边有一间小木屋⋯⋯⋯⋯⋯高满堂　史卫国

报刊小说选目
封面：王蒙
封二：成一　意希丹增　刘祖培

1985 年第 4 期　刊名:《小说月报》
目录

《小说月报》首届百花奖发奖大会在津举行
临街的窗⋯⋯⋯⋯⋯⋯⋯⋯⋯⋯⋯⋯陆文夫
蛤蜊滩⋯⋯⋯⋯⋯⋯⋯⋯⋯⋯⋯⋯⋯邓刚

七个大学生（中篇）·························高　昀
晚潮·····································张承志
告状·····································沙叶新
六千元···································丰子恺
主人·····································吴雪恼
赎身记···································唐　人
满票·····································乔典运
狩猎者···································尚　闽
痰·······································仇智杰

报刊小说选目
封面：陆文夫
封二：陈国凯　孔捷生　潮　清

1985 年第 5 期　刊名:《小说月报》
目录

孩子王···································阿　城
北京人·······················张辛欣　桑　晔
一个女人和一个半男人的故事···············刘亚洲
十八岁进行曲·····························方　方
己之不欲·································陶明国
招财进宝·································王紫苓
初会·····································李怀峪
玉女何归·································周嘉华
肉嫂·····································李惠文
草原深处·································王再平
车上车下与车下车上·······················邹唯成

报刊小说选目
封面：张贤亮
封二：本刊首届"百花奖"获奖作者

1985 年第 6 期　刊名:《小说月报》
目录

能量热量力量奏鸣曲·············闰　水　陈　璇
感谢生活（中篇）·························冯骥才
女儿经（中篇）···························程乃珊
有奖阅读小说：她和他·····················沙叶新
39℃－41℃－37℃·························张抗抗
井架·爸爸·我和他·······················刘乐艺
隐私·····································阳　磊
周编辑外传·······························毕力格太
金婚纪念日·······························韩建东

报刊小说选目
封面：冯骥才
封二：于黑丁　南　丁　肖建国　晓　剑　严亭亭

1985 年第 7 期　刊名:《小说月报》
目录

流星在寻找失去的轨迹（中篇）···············张一弓
遍地风流（之一）·························阿　城
临街的窗·································邓友梅
沙狐·····································郭雪波
变调···························[新加坡] 张曦娜
啊，黑犍子·······························赵团欣
奶头山纪事·······························陈卓乾
失踪者归来·······························陈　新
客厅里的爆炸·····························白小易

报刊小说选目
封面：邓友梅
封二：刘亚洲　袁和平　张　宇

1985 年第 8 期　刊名:《小说月报》
目录

凯旋在子夜（中篇）·······················韩静霆
四季歌···································铁　凝
五月·····································田中禾
蓝天绿海·································刘索拉
蓝天，那一群鸽子·························张　波
沉默的会议·······························杨绍维
"越辩越明"·······························银　剑
信息有时也捉弄人·························高连起

报刊小说选目
封面：张一弓
封二：木　青　张长弓　韩立功

1985 年第 9 期　刊名:《小说月报》
目录

散淡的人（中篇）·························谌　容
井（中篇）·······························陆文夫
五个女子和一根绳子·······················叶蔚林
围堰·····································季　仲
道歉·····································李　唯
话说老温其人·····························蒋子丹

报刊小说选目
封面：谌　容
封二：张　锲　何立伟　王旭峰

1985 年第 10 期　刊名:《小说月报》
目录

桑树坪纪事（中篇）————————————朱小平
爱，在夏夜里燃烧（中篇）——————玛拉沁夫
窑变————————————————————施叔青
虎崽————————————————————刘世俊
小镇轶事————————————————道吉坚赞
控诉————————————————————迟凤君
中彩————————————————王　扶　洪　梅

报刊小说选目
封面：玛拉沁夫
封二：公　刘　严啸建　薛　理　徐恒进

1985 年第 11 期　刊名:《小说月报》
目录

虬龙爪（中篇）————————————————冯苓植
溃疡——————————————————————梁晓声
短篇二题————————————————————从维熙
烈女——————————————————————陈世旭
死刑临场监督记事——————————————刘峰军
喜筵——————————————————————义　夫
剧务（中篇）————————————————胡发云
青色幽默————————————————————李海音
知我者————————————————————赵德明
梧桐树————————————————————任海杰

报刊小说选目
封面：从维熙
封二：杨润身　林　希　刘索拉

1985 年第 12 期　刊名:《小说月报》
目录

男人的一半是女人（中篇）————————张贤亮
阴错阳差（中篇）——————————————蒋子龙
平凡的星期天————————————————沈善增
钉鞋——————————————————————晓　剑
本刊 1985 年总目录
封面：李国文

封二：辛一夫　张辛欣　乌热尔图

1986 年第 1 期　刊名:《小说月报》
目录

回顾与展望————————————————本刊编辑部
零点归来——————————————————张　为
归去来兮——————————————————乔雪竹
陶————————————————————————乔　良
临街的窗——————————————————冯骥才
路易斯女士在中国的奇异经历（纪实小说）—乐　欣
江那岸，是繁华的都市———————————于涤心
无芒麦———————————————————陈道阔
日出————————————————————兰小宁
姓赵的山东人———————————————钟道新

处女地
舞厅外的少女——————————————————宋崇光

小说创作巡礼
面对当代　鼓勇而前———————————————马　威
封面：阿城及其手迹
封三：主编寄语

1986 年第 2 期　刊名:《小说月报》
目录

公共汽车咏叹调（纪实小说）————————刘心武
雨雪霏霏（中篇）——————————————石　涛
巨砚————————————————————李平易
被遗忘的南方———————————————李　逊
晋军，晋军！（小说创作巡礼）———————北　明
晨雾————————————————————李　锐
将军的泪（传记文学）———————————刘亚洲
滚单鼓的老人———————————————张　涛
遗失————————————————————唐　镇
请跟我来（处女地）————————————赵　洁
车到岔路村——————————————林　深　舒　晨
划羊皮筏子的人——————————————李本深

报刊小说选目
封面：刘心武及其手迹
封二：主编寄语

1986 年第 3 期　刊名:《小说月报》
目录

帕金森、钦雨泉及其他 ──────── 罗来勇
苇子园的女人（中篇）──────── 陈进轩
一江黑水向东流 ──────── 刘兆林
玉河十八滩（中篇）──────── 杨克祥
爸爸的回信 ──────── 陈树勤
三十轴共一毂 ──────── 陈世旭

小说创作巡礼
豫军从中原大地突起 ──────── 何秋声
红蚂蚱　绿蚂蚱 ──────── 李佩甫

处女地
劈柴 ──────── 鲍昆
黄灯 ──────── 李晶
无名站纪事 ──────── 相南翔

报刊小说选目
封面：铁凝及其手迹
封二：主编寄语

1986 年第 4 期　刊名:《小说月报》
目录

长发男儿（中篇纪实小说）──────── 蒋子龙
无花的碧血 ──────── 叶明山
逃离 ──────── 陈新
战后就结婚（中篇）──────── 朱苏进
两代艄公 ──────── 刘成思
新婚 ──────── 浩然

小说创作巡礼
扎根生活土壤进行艺术探索
　──湖南小说家近况 ──────── 小草

雨呀，雨呀，快走开 ──────── 孙砺
台湾获奖极短小说七篇 ──────── 沈因等
关于"岳飞后裔"的通信 ──────── 郑启五
一百零八级台阶 ──────── 刘思
少女·逃犯·狗（中篇）──────── 金鑫

报刊小说选目
封面：航鹰及其手迹 ──────── 宫同泉摄影
封二：主编寄语

1986 年第 5 期　刊名:《小说月报》
目录

大墙内外 ──────── 航鹰
桑塬（中篇）──────── 朱晓平
完人 ──────── 张宇
鞋 ──────── 王伟
雾 ──────── 简嘉
一周大事 ──────── 周胐力
八庙山上的女人 ──────── 张弦
（小说创作巡礼）山东作家群 ──────── 笑尘
洞天 ──────── 李贯通
（处女地）灯官 ──────── 王娘

报刊小说选目
封面：王安忆
封二：主编寄语

1986 年第 6 期　刊名:《小说月报》
目录

萃华街记事 ──────── 鲍昌
断手 ──────── 莫言
遗落在总谱之外的乐章（中篇）──────── 张欣
女工牛仔（中篇）──────── 陈敦德
荨麻崖 ──────── 乔雪竹
买油的小姑娘 ──────── 薛长诞

小说创作巡礼
贵州小说"速写" ──────── 罗强烈

吼声 ──────── 庞一川
那可爱的玛琳黛 ──────── 赵淑侠
别了，贝贝 ──────── 邹月照
夏天的眼睛 ──────── 钟恪民
避邪铜钱 ──────── 范锡林

报刊小说选目
封面：冯苓植
封二：主编寄语

1986 年第 7 期　刊名:《小说月报》
目录

轮下 ──────── 王蒙
三寸金莲（中篇）──────── 冯骥才

小说创作巡礼
生机蓬勃纷然杂陈
　　——扫描辽宁小说界·············李作祥
第一回（外一篇）·················全小林
古董张·························张　仲

处女作
裁缝街轶事······················古京雨
该怎么想象······················峭　石
"百花奖"评奖启事

报刊小说选目
封面：朱晓平及其手迹
封二：主编寄语

1986 年第 8 期　刊名:《小说月报》
目录

轻轻地说························朱苏进
鬓毛（中篇）····················陈建功
猫眼儿························金　河

小说创作巡礼
惟有楚材　鄂军崛起··············杉　沐
散失（中篇）····················沈虹光
抢潮头鱼的父子··················王廉明
路易斯女士在中国的奇异经历（中篇纪实小说·续）
··························乐　欣

报刊小说选目
封面：莫言及其手迹
封二：主编寄语

1986 年第 9 期　刊名:《小说月报》
目录

福林和他的婆姨（中篇）··········朱晓平
三个渔人·海祭··················王润滋
焐雪天························张　弦
蓝色的心······················宗良煜
油漆工和作家····················严亭亭

创作巡礼
大有希望的浙江小说创作··········李小伦
今晚有录像······················何　群
缺男户（中篇）··················罗　旋

处女地
眷眷之心······················陈　静
天火························吴广宏

报刊小说选目
封面：李宽定及其手迹
封二：主编寄语

1986 年第 10 期　刊名:《小说月报》
目录

去拉萨的路上····················扎西达娃
支书下台唱大戏··················邹志安
继续操练······················李　晓
古宅（中篇）····················俞天白
马兰花，马兰花··················丁小琦

处女地
雾蒙蒙的早晨····················王艳青

小说创作巡礼
近期河北小说创作掠影············马　嘶

太阳雨························王　筠
收藏家························苏雄雄
失落的钻石······················蒋焕孙
靳老头的丧事····················陈　勇

报刊小说选目
封面：扎西达娃及其手迹
封二：主编寄语

1986 年第 11 期　刊名:《小说月报》
目录

评奖启事
他有什么病？（中篇）············张　洁
赵家屯今日有好··················马其德
老舍之死······················苏叔阳
市委大院的门柱··················金　河
风中鸟························金宇澄

小说创作巡礼
从黑土上萌发····················萧英俊
钟非钟························胡尔朴
"酋长王国"·····················施晓宇
小说三题······················刘舰平

乌珠尔河的呼唤·····················哈斯乌拉

处女地
女高中生·····························眉　毛
学院六人图·························姚　霏

报刊小说选目
封面：王小鹰
封二：主编寄语

1986 年第 12 期　刊名:《小说月报》
目录

天涯客（中篇）·····················王小鹰
本市市长无房住·····················晓　剑
鼠精（中篇）·······················李玉林
她死了，他活着·····················董炳新
勋章与老妇·························倪旭林
桥·································陈忠实

小说创作巡礼
意在实现吉林小说的总体超越·········孙　里
魔界·······························宋安娜
花鸡·黑鸡·························濮本林
纸"皇冠"·························王守义
国际玩笑·····························郑启五
雪魂·······························聂鑫森
矿工妻子的信·······················天　长
喜酒·······························高有为

报刊小说选目
本刊"百花奖"评奖候选目录
选票
封面：陈建功及其手迹
封二：主编寄语

1987 年第 1 期　刊名:《小说月报》
目录

话旧迎新·····························本刊编辑部
收审记（中篇）
——《饥饿综合症》之一···········蒋子龙
一对夫妻的三千六百五十天
——《一百个人的十年》之一·······冯骥才
短篇小说四题·······················矫　健
凝固火焰·····························张承志
厚土——吕梁山印象之二···········李　锐

陌生人·····························王涌洪

小说创作巡礼
西部土地上的辛勤耕耘
——新疆小说创作掠影···········康　华
走出荒原·····························王小克
机关无故事·························小　羊

处女地
书法大师·····························俞礼芸
抓阄儿·····························王德全
风雪夜归·····························何蔚萍

报刊小说选目
封面：张承志　参见"封面人语"
封二：主编寄语
封底《兰之梦》摄影：支羔年

1987 年第 2 期　刊名:《小说月报》
目录

军歌（中篇）·······················周梅森
哆嗦·······························林斤澜
寻根儿（中篇）·····················航　鹰
洪太太·····························程乃珊

小说创作巡礼
彩云之南的小说新军·················晓　雪
浮萍·······························映　泉

处女地
我在哪儿·····························孙德录
天啸·······························李彦斌
岩鹰盘旋的山谷·····················高旭帆
阳光与阴影·························刘美贤
失·································黄雪峰

报刊小说选目
封面：韩少功
封二：主编寄语

1987 年第 3 期　刊名:《小说月报》
目录

当我们不再年轻的时候（中篇）·······程乃珊
歌星不是星·························方家骏
关于幽默的不太幽默的故事···········沈善增

村宴 ————————————————————— 张石山
黑雪花 ————————————————————— 王 筠
家庭小夜曲 ——————————————————— 凤 章
乐胆（中篇）———————————————————— 廖时香
鱼眼纽扣 ———————————————————— 张执任
菌子王 —————————————————————— 罗吉万

小说创作巡礼
青海小说剪影 ——————————————————— 瑶 莲

处女地
那悠悠的恋情 ——————————————————— 沙开华
香水喷泉 —————————————————————— 叶 莝

域外小说欣赏
他会回来的
———————————— [苏]鲍·里亚比宁著 宿瓦林 曹世文译
外国女儿 —————————————————————— 谷 子

报刊小说选目
封面：程乃珊
封二：主编寄语

1987 年第 4 期　刊名:《小说月报》
目录

迎头正是夏季风（中篇）————————————————— 达 理
老式壁橱 ————————————————————————— 何晓鲁
虎啸（中篇）——————————————————————— 黄 放
金秋 —————————————————————————— 高 姝

小说创作巡礼
方兴未艾的江西小说发展势头 ————————————— 余 见
成功者 ——————————————————————————— 肖建国
远嫁 ——————————————————————————— 李天芳
错误 ——————————————————————————— 马 原
斑鸠镇说书 ———————————————————————— 李克定

处女地
打牌 ——————————————————————————— 杨 健

报刊小说选目
封面：周梅森
封二：主编寄语

1987 年第 5 期　刊名:《小说月报》
目录

处女地
白马（中篇）——————————————————————— 王星泉
生活——《没意思的故事》之七 ————————————— 李国文
醉翁奇谈录 ———————————————————————— 佳 峻
心灵的枷锁 ————————————————（中国台湾）郑庆慈
天棚趣话录 ———————————————————————— 段荃法

小说创作巡礼
广东小说界一瞥 —————————————————————— 张奥列
食甚，北京时间二十点 ——————————————————— 张西庭
只好委屈这一家 —————————————————————— 黄树芳
醍醐 ——————————————————————————— 邓九刚
蓝色陷阱（中篇）————————————————————— 阎明国
岳王墓前 —————————————————————————— 方 舟
小城轶事 —————————————————————————— 刘元举

报刊小说选目
封面：韩静霆
封二：主编寄语

1987 年第 6 期　刊名:《小说月报》
目录

苦寒行 ——————————————————————————— 何士光
鸡和蛋的故事 ——————————————————————— 李国胜
何处无芳草 ————————————————————————— 王小鹰
推理家 ——————————————————————————— 刘振华
闰七月（中篇）————————————————————— 铁 凝
人鬼 ——————————————————————————— 姜 滇

小说创作巡礼
江苏小说掠影 ——————————————————————— 黄毓璜
神事 ——————————————————————————— 京 夫
黑发 ——————————————————————————— 陈丹燕
姑父 ——————————————————————————— 尚静波
太阳和苹果 ————————————————————————— 李本深
那年冬天，有个月亮 ——————————————————— 李永芹
在特使大街上 ————————————————— 李治邦 李送今

报刊小说选目
封面：陈丹燕
封二：主编寄语

1987 年第 7 期　刊名:《小说月报》
目录

共和国正在裁军（中篇） .... 刘恒志
清高 .... 陆文夫
生死之间 .... 柳溪
红草湖的秋天 .... 钱玉亮

小说创作巡礼

盛开的草原文学之花 .... 包德明
奇才——文坛志异 .... 陈国凯
远方的地平线 .... 阿来
喜丧 .... 李芳苓
这弯弯的倒流水 .... 钟铧

报刊小说选目

封面：佳峻
封二：主编寄语

1987 年第 8 期　刊名:《小说月报》
目录

走廊（中篇） .... 周大新
等待电话 .... 谌容
县委书记轶事 .... 万国儒
吸力 .... 胡健
漠风不相识 .... 王泽群
熊的寻根 .... 彭荆风
毕业歌（中篇） .... 敬超

小说创作巡礼

从盆地中崛起
——四川小说创作的现状与前景 .... 赵智
这一半儿，那一半儿 .... 陈吉蓉
小老五 .... 王博勤
远的星 .... 肖克凡
新潮 .... 刘权明
相片的功能 .... 董文军

域外小说欣赏

母亲 .... [希腊]安·萨马拉其斯著　随武译

报刊小说选目

封面：刘兆林
封二：主编寄语

1987 年第 9 期　刊名:《小说月报》
目录

长牙齿的土地（中篇） .... 哲夫
大匠之门 .... 关鸿
古道 .... 郑万隆
世态二题 .... 母国政

处女地

101 在太平洋 .... 王玉臣

小说创作巡礼

壮乡小说创作实貌 .... 王敏之
小城（中篇） .... 燕治国
红马鞍 .... 路远
白天鹅 .... 王润华

报刊小说选目

封面：张炜
封二：主编寄语

1987 年第 10 期　刊名:《小说月报》
目录

庭院深深 .... 王蒙
黑砂（中篇） .... 肖克凡
豹尾 .... 孙方友
家丑（中篇） .... 张宇
安乐四陈 .... 张源斌
缘梦 .... 关汝松
塔铺 .... 刘震云
黄瓜园 .... 孙柏昌
告别 .... 何蔚萍

小说创作巡礼

处于上升时期的福建小说 .... 王炳根
微型小说四篇 .... [新加坡]周粲
湖蓝蓝 .... 时培华
空屋 .... 肖柳宾
迷人的河套 .... 李廷舫
长辞人世的笔名 .... 丰刚

报刊小说选目

封面：达理
封二：主编寄语

1987 年第 11 期　刊名:《小说月报》
目录

烦恼人生（中篇）－－－－－－－－－－－－－－－－－池　莉
《没意思的故事》两篇－－－－－－－－－－－李国文
送你一条红地毯（中篇）－－－－－－－毕淑敏
先婚后友－－－－－－－－－－－－－－－－－－－－周胼力

小说创作巡礼
陕西小说创作管窥－－－－－－－－－－－李国平
雾韵－－－－－－－－－－－－－－－－－－－－－－－陈　明
短篇三题－－－－－－－－－－－－－－－－－－林修平
夜河－－－－－－－－－－－－－－－－－－－－－－魏继新
穿背带裤的人－－－－－－－－－－－－－张重光

报刊小说选目
封面：李杭育
封二：主编寄语

1987 年第 12 期　刊名:《小说月报》
目录

孤猎（中篇）－－－－－－－－－－－－－－张一弓
一只爱哭的猫－－－－－－－－－－－－－唐　敏
摇摇摇，摇到外婆桥（纪实小说）－－程乃珊
我看见我－－－－－－－－－－－－－－－－－阿　成
流动的人格－－－－－－－－－－－－－－李心田

小说创作巡礼
近期上海小说创作一瞥－－－－－－－杨斌华
第四个故事－－－－－－－－－－－－－－－王延辉
那绿濛濛的天庭（中篇）－－－－－－宿聚生
消逝的名画－－－－－－－－－－－－－－－许谋清
曹婆井轶事－－－－－－－－－－－－－－姜贻斌
水碾风情－－－－－－－－－－－－－－－－刘国生
域外小说欣赏
渔舟－－－－－－－－［英］艾伦·西托著　徐明德译
封面：中杰英

1988 年第 1 期　刊名:《小说月报》
目录

一九八八年新年献辞－－－－－－－－本刊编辑部
去意徊徨（中篇）－－－－－－－－－－－刘　琦
圣土－－－－－－－－－－－－－－－－－－－－张　波
饱学之士－－－－－－－－－－－－－－－－沙叶新

处女地
第五个电话－－－－－－－－－－－－－－杨林林

小说创作巡礼
粤军新阵
——广州军区创作组小说创作简评－－－－－－－谭方明
巴人村－－－－－－－－－－－－－－－－－－雁　宁
没有惊叹号的生涯－－－－－－－－－中杰英
长尾巴的人－－－－－－－－－－－－－－吴若增
告别裔凡－－－－－－－－－－－－－－－－秦文君
日出·印象－－－－－－－－－－－－－－陈　村
电话的功能－－－－－－－－－－－－－－朱　奎

报刊小说选目

1988 年第 2 期　刊名:《小说月报》
目录

有感于斯文（中篇）－－－－－－－－钟道新
唱夜－－－－－－－－－－－－－－－－－－－－文　平
古槽门－－－－－－－－－－－－－－－－－－潘吉光
顽主（中篇）－－－－－－－－－－－－－－王　朔
厚土－－－－－－－－－－－－－－－－－－－－李　锐
中人－－－－－－－－－－－－－－－－－－－－陈官煊
我儿汉生－－－－－－－－－－－－－－－－肖　飒

域外小说欣赏
试探－－－－－－－－－－［日本］结城昌治著　冀人伶译

报刊小说选目

1988 年第 3 期　刊名:《小说月报》
目录

特区女人－－－－－－－－－－－－－－－－罗建琳
暗夜（中篇）－－－－－－－－－－－－－映　泉
人证－－－－－－－－－－－－－－－－－－－－周晓红
第三者－－－－－－－－－－－－－－－－－－陈世旭

小说创作巡礼
沉静平实——鲍昌谈一九八七年文坛印象
远去的冰排（中篇）－－－－－－－－马秋芬
新兵连（中篇）－－－－－－－－－－－刘震云

处女地
重力场－－－－－－－－－－－－－－－－－刘　光
老八路疼孙子－－－－－－－－－－－陈　新

吃了一口酱牛肉·····················吴金良

报刊小说选目

1988 年第 4 期　刊名:《小说月报》
目录

百期贺词
我叫威尔逊·····················邓　刚
关于行规的闲话（中篇）·················李　晓
白儿·······················林斤澜
旅伴·······················汤吉夫
耗子尾巴······················许志安
浪滩的女人·····················杜光辉
龙嘴大铜壶（中篇）··················张　仲
消失的男性·············（中国台湾）吴锦发
在流水的那一头···················何继青
洁白的玉······················雷　铎

报刊小说选目

1988 年第 5 期　刊名:《小说月报》
目录

百期祝词
评奖公告
白牙·······················刘心武
编辑日记（中篇）···················马　悦
事实（中篇）····················陈金堂

小说创作巡礼
生命的刻写——《去意徊徨》启示··········李　晶
死不放手······················张　为
戍烟（中篇）····················张　林
余热·······················刘汉一
大军官······················欧之德
不毛之地与摄像机··················任　初
你也是一个·····················包殿贵
最宝贵的礼物····················邹德学

域外小说欣赏
神峰·······[美]维拉·凯瑟著　郑　昱译　徐人望校

报刊小说选目

1988 年第 6 期　刊名:《小说月报》
目录

借光·······················金　河
桃花三月天（外三篇）·················鲍　昌
重点的诱惑·····················邝　薇

小说创作巡礼
近期台湾中短篇小说掠影···············朱双一
伏羲伏羲······················刘　恒
男子汉们······················汤保华
老"马"失蹄····················罗　扬

处女地
破瓜·······················燕　生
空岛回声······················李　海
盆景·······················聂鑫森
县长蒜台······················紫　群
燕魂·······················杨春国

读者·作者·编者

报刊小说选目

1988 年第 7 期　刊名:《小说月报》
目录

老外: 时间就是金钱·················奚　青
牵骆驼的人·····················从维熙
大街小巷······················沈虎根
这几个酸儿辣女（中篇）···············刘绍棠
秋雨沙沙······················哈玉芬
他俩·······················叶至诚
彩色插页······················朱苏进
萤火辉辉······················唐　宁

小说创作巡礼
这里出小说——胶东小说创作一瞥··········孙洪威
博艾霍拉诱惑····················金　平

处女地
那个夏天······················王亚萍
女人之间······················黄虹坚
摩登奇遇······················林　枫

域外小说欣赏
平察的葬礼··········[捷]奥托·菲利浦　杨　慧译

报刊小说选目

1988 年第 8 期　刊名:《小说月报》
目录

远来的和尚………………………………………冰 心
星期天的寻觅（中篇）………………………王海鸰
流行病……………………………………………张抗抗
快马………………………………………………矫 健
吃城（中篇）…………………………………林 深
黄昏钟声…………………………………………盛 李
雾谷………………………………………………王 欣
那一片夕阳红…………………………………高南佳
成熟的季节……………………………………潘 琪

报刊小说选目

1988 年第 9 期　刊名:《小说月报》
目录

"中国潮"佳作选
大王魂………………………………李存葆　王光明

中篇
城下………………………………………………李 黎

短篇
最后的烟酒……………………………………绍 六
香港，香港，香港……………………………汤世平
笔误………………………………………………李国胜
傲骨………………………………………………王为政
雪岭………………………………………………李 建
王润滋（封面）
耕耘者之夜（封二）

1988 年第 10 期　刊名:《小说月报》
目录

中篇
懒得离婚…………………………………………谌 容
纸床………………………………………………江 灏

短篇
恩来——《龙的年》非小说系列之一………刘亚洲
伴儿………………………………………………航 鹰
新"世说"……………………………………孙友田等

（附）与巴金谈《新"世说"》………………谷 苇
校园风……………………………………………白小易
苍茫………………………………………………张廷竹
?！………………………………………………翁树杰
传统与新潮的融合
——江苏省青年小说家近作概评……………戎东贵

报刊小说选目

1988 年第 11 期　刊名:《小说月报》
目录

中篇
灰腾梁…………………………………肖亦农　张少敏
男子汉们…………………………………………关 鸿

短篇
穆牧以及其他…………………………………方 方
自来水管畅流混泥浆…………………………那家伦
期待奇迹………………………………………杨雪萍

处女地
碰锁………………………………………………翟爱文

小说创作巡礼
浅谈"新世说"的艺术特色…………………费振钟

报刊小说选目

1988 年第 12 期　刊名:《小说月报》
目录

评奖启事…………………………………………本 刊

中篇
一个跌跌爬爬的人……………………………姜 滇

短篇
落价………………………………………………冰 心
夏之波……………………………………………王 蒙
本小姐 A 城揾食………………………………王海玲
母与子……………………………………………陈若曦
随意拈来的故事……………叶尔克西·库尔班别克娃
故乡的老屋……………………………………王树村
借话………………………………………………丁 茂
乏味的故事……………………………………陈 峻
贼友………………………………………………程质彬

黑帆···················左　泓

小说创作巡礼
燕赵女秀新谱···················汪　帆

报刊小说选目
评奖候选目录

1989 年第 1 期　刊名:《小说月报》
目录

百尺竿头——1989 年新春寄语···············本刊编辑部
补天石···················毕淑敏
到美国去！到美国去！···················查建英
中学女生的传奇···················陈丹燕
冬景···················张　炜
美目···················李贯通

报刊小说选目

1989 年第 2 期　刊名:《小说月报》
目录

中篇
摇滚青年···················刘毅然
今夜没有雨···················（中国香港）梁荔玲

创作巡礼
西部文学的主干···················张贤亮

短篇
机缘···················韶　华
越洋电话···················李　潮
毛病···················刘玉堂
胃疼···················蒙　原

报刊小说选目

1989 年第 3 期　刊名:《小说月报》
目录

中篇
头人···················刘震云
一个精神病患者眼里的世界···················陆　棣

短篇
科巴同志，你知道吗···················苏方学
栀子花，白兰花都开了···················吴泽蕴
老谎···················万克玉
蓝旋风···················安　宇
惶怵···················窦卫华
十八婶···················刘醒龙
微型一束···················何　来　于晶涛　蔡良基

探索潮汛
被鸟儿叫醒···················乔雪竹

争鸣园地
天之上　地之下···················尹卫星

小说创作巡礼
缺乏强大深邃的思想力量···················雷　达
读者中来
我们的选择

报刊小说选目

1989 年第 4 期　刊名:《小说月报》
目录

连环套···················刘　恒
白驹···················方　方
重返家园···················洪　峰

大中学生之页
井中男孩···················苏　童

小说创作巡礼
一个新的小说流派正在崛起···················高立民

报刊小说选目

1989 年第 5 期　刊名:《小说月报》
目录

中篇
单位···················刘震云
艳歌···················叶兆言
两块心···················刘　恒

短篇
贵州女人···················陈若曦

讲演术 ———————————————— 王　蒙
日子 ———————————————————— 何士光
我当了财政部长（荒诞小说）————— 陈国凯

名家绝笔

绝笔 ——————————————————— 鲍　昌

微型一束 ————— 白小易　李邦林　文　牧
读者明荐（摘登）

报刊小说选目

1989 年第 6 期　刊名:《小说月报》
目录

啼笑皆非 —————————————————— 谌　容
堡垒沉没 —————————————————— 阎明国
坚硬的稀粥 ————————————————— 王　蒙
拾纸救夫 —————————————————— 冯骥才
情丝（二题）————————————————— 裘山山
唐平县委会有两个秀才 ——————————— 徐金湘
麻姑 ————————————————————— 尹学芸
格林威治子午线上的歌手 —————————— 宗良煜
炳蛮子 —————————————————— 沙漠子
临街的坟 —————————————————— 野　莽
抉择 ———————————————————— 王晓建

读者明荐
情场呓语 —————————————————— 贺慈航

报刊小说选目

1989 年第 7 期　刊名:《小说月报》
目录

《小说月报》南车杯百花奖颁奖大会

中篇
玫瑰房间 —————————————————— 黄蓓佳
热障 ———————————————————— 范军昌

短篇
圆寂的天 —————————————————— 吕　新
朦胧岁月 —————————————————— 蓝进府
掌声磁带 —————————————————— 陈松叶
狐臭 ———————————————————— 张玉良

名家处女作
杨五奶奶 —————————————————— 王实味

读者明鉴
仇杀·杀仇 ————————————————— 陈源斌
匾 ————————————————————— 张莉莉

域外小说欣赏
一朵奇异的玫瑰 ————— ［美］保罗·索洛　李　点译

小说创作巡礼
来自上帝的信息 ————————————— 越　轩

报刊小说选目

1989 年第 8 期　刊名:《小说月报》
目录

走下神坛的毛泽东 ————————————— 权延赤

短篇
独臂村长 —————————————————— 矫　健
参座（外一章）———————————————— 郑荣华
黄土高坡（二题）——————————————— 张秉毅
黑月亮 —————————————————— 杨　争
净身 ———————————————————— 赵光鸣

大中学生之页
一生中的二十四秒 ————————————— 汤保华
夏天的流浪 ————————————————— 范小天

报刊小说选目

1989 年第 9 期　刊名:《小说月报》
目录

中篇
拐爷的罗曼史 ———————————————— 魏兰波
不谈爱情 —————————————————— 池　莉

短篇
小说三题 —————————————————— 阿　成
脚的骚动 —————————————————— 张　洁
大周天 —————————————————— 蒋子龙
中国气功 —————————————————— 野　莽
对大师的访问 ———————————————— 何立伟
填海——《海土》系列之一 ————————— 许谋清

再度孤独……………………………………赵　婧
换……………………………………………今　声
考验…………………………………………黄秉明

处女地
别……………………………………………李　秋
读者明荐（摘登）

报刊小说选目

1989 年第 10 期　刊名:《小说月报》
目录

中篇
祝你生日快乐………………………………程乃珊
下士米西讲的故事…………………………天　宝
杀妻…………………………………………张系国

短篇
遗风…………………………………………乔典运
于笙的浪漫史………………………………鲁彦周
孤点…………………………………………何玉茹
失恋的乡村…………………………………秦基春
但是…………………………………………牟　义
横杆…………………………………………张德宏

名家处女作
梦中…………………………………………傅　雷
附《傅雷创作的小说》（节录）

大中学生之页
爱，是最难表达的…………………………方　园

域外小说欣赏
蜡塑夫人………[法国]达尼埃尔·布朗热　谭常轲译
母爱……………[美国]贝特·格林娜　殷　兵译

报刊小说选目

1989 年第 11 期　刊名:《小说月报》
目录

九大风云录…………………………………师东兵

中篇
顾氏传人……………………………………范小青

短篇
冬天的风琴…………………………………懿　翎
洗澡…………………………………………王安忆
水……………………………………………邹静之
生死未卜……………………………………周樟华
对弈…………………………………………李　舫
柳眉…………………………………………蔡　新
急诊…………………………………………杨武昌

处女地
日子…………………………………………黄立明

小说创作巡礼
"新写实"小说的兴起………………………王　干

域外小说欣赏
公民…………[波]斯拉沃米尔·姆鲁兹　曾国平译
读者明荐（摘登）

1989 年第 12 期　刊名:《小说月报》
目录

中篇
白色潮汐……………………………………陆颖墨
大捷…………………………………………周梅森

短篇
乡长…………………………………………林和平
奇遇…………………………………………莫　言
北方也有相思树……………………………海　南
诚笃…………………………………………陆涛声
海女…………………………………………尚　通

报刊小说选目

《新港》

（《小说导报》、《天津文学》）

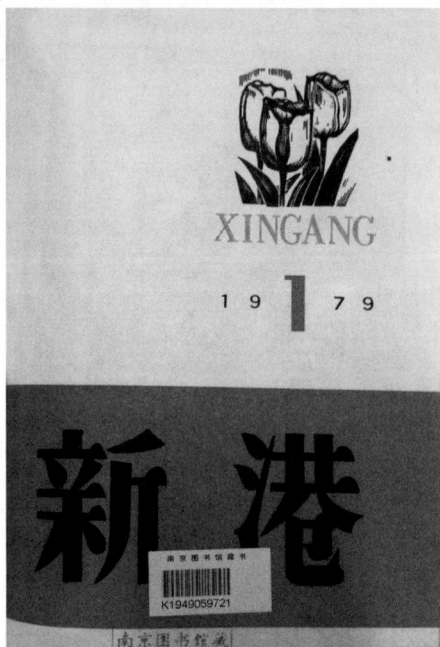

【简 介】

综合性文学月刊。天津市作家协会主办。创刊于1956年,1979年复刊。1985年由《新港》更名为《小说导报》,1986年再次更名为《天津文学》。在80年代,侧重小小说创作,另辟有"津门文谈"栏目,注重文学创作研究。

期刊号:1979年第1期—1989年第12期

我们的希望

——为《新港》复刊致读者

本刊编辑部

我们和全国各族人民一样,满怀胜利的喜悦,坚定的信心,热烈拥护具有重大意义的党的第十一届三中全会的一系列决策,响应三中全会发出的伟大号召,认真学习三中全会的光辉文件,欢欣鼓舞地迎来了将更加光辉灿烂的、战斗的一九七九年。

一九七九年一月十五日,是我们可爱的天津市解放整整三十周年的日子。

一九七九年,是我们伟大的社会主义祖国成立三十周年大庆的一年。

一九七九年,是以华国锋同志为首的党中央,一举粉碎"四人帮"后,抓纲治国,大见成效的关键一年。

一九七九年,是把全党工作的着重点转移到社会主义现代化建设上来的开始的一年。

在欢庆揭批林彪、"四人帮"、各条战线的社会主义革命和社会主义建设取得伟大胜利、三中全会胜利召开的凯歌声中,在全国各族人民意气风发、斗志昂扬地跟随华主席进行新的长征,向四个现代化伟大进军的战鼓声中,广大读者期待已久的《新港》文学月刊复刊了!

《新港》的复刊,是打倒"四人帮"、文艺得解放的又一生动体现,是繁荣社会主义文艺创作,文艺为实现新时期总任务服务的需要。

建国以来,毛主席的革命文艺路线在文艺战线始终占主导地位。《新港》,过去虽然有过这样或那样的缺点和错误,但她和其他兄弟刊物一样,基本上是贯彻执行了毛主席的革命文艺路线的。 她在宣传毛主席的文艺思想、党的各项文艺政策,反映工农兵在三大革命运动中的斗争生活,歌颂伟大的党、伟大的领袖、伟大的军队、伟大的祖国、伟大的人民及他们中的英雄人物,参加批判资产阶级、修正主义文艺思潮的斗争,组织、发表文艺作品,团结、培养新老文艺工作者等方面,都作了大量的工作,取得一定的成绩。 她的成绩和影响,是"四人帮"及其在天津的死党一伙抹煞不掉的! 正如一个工人业余作者在批判"四人帮"时说的:《新港》是社会主义的刊物,不是修正主义的! 是红的,不是黑的!

但是"四人帮"及其在天津的死党一伙,出于篡党夺权的反革命目的,挥舞"文艺黑线专政"论的大棒,诬蔑《新港》是"修正主义"的"黑刊物",是"文艺黑线","黑网"的一个"黑港口",把负责刊物工作的同志打成"反革命修正主义分子"、"走资派"、"黑线人物",甚至有的被迫害致残。 就连在《新港》上发表过作品的某些专业和业余作者,也被加以种种罪名,横遭迫害。 在这里,我们谨向受害的同志表示深切的慰问和怀念,并希望有关领导机关,对受害的作者、被扼杀的作品,迅速平反,恢复名誉,落实政策。

《新港》复刊后,我们将努力宣传和贯彻党的十一大路线和党的十一届三中全会的一系列决策,坚持文艺为工农兵服务的方向,坚决响应华主席的"坚持毛主席的革命文艺路线,贯彻执行百花齐放、百家争鸣的方针,为繁荣社会主义文艺创作而奋斗"的伟大号召。 努力把《新港》办成具有自己的特点和风格、为工农兵所欢迎和需要的社会主义文学刊物,为实现新时期总任务贡献力量。

林彪、"四人帮"对党的文艺事业的破坏和干扰,是很严重的。 我们决不能低估。 只有把文艺路线上揭批林彪、"四人帮"的斗争进行到底,彻底批判他们炮制的"文艺黑线专政"论、"重新组织文艺队伍"论以及"三突出"等反动谬论,打碎他们强加在作者身上的种种精神枷锁,冲破他们设置的各种"禁区",肃清流毒,澄清是非,解放思想,完整地准确地学习和运用毛主席的文艺思想,全面地正确地

贯彻执行毛主席的革命文艺路线，我们的社会主义文艺创作才能繁荣。我们决心高举毛主席的伟大旗帜，联系文艺战线上的实际，运用文艺武器，继续深入揭批林彪、"四人帮"，拨乱反正，正本清源。

文艺要为政治服务。无产阶级文艺要为无产阶级政治服务。把全党工作的着重点转移到社会主义现代化建设上来，动员全国亿万人民为加速实现四个现代化而奋斗，这是当前和今后一个时期内最大的政治。这是全党的中心工作。我们的文艺工作要为这个最大的政治服务。要围绕着这个全党的中心工作而开展活动，并为其服务。我们要投入到这场大革命的洪流中去，研究新问题，熟悉新事物，认真学习，解放思想，破除迷信，勇于创新，用我们的文艺作品，动员、鼓舞、教育广大人民群众同心同德，鼓足干劲，群策群办，全力以赴，为把我国建设成为现代化社会主义强国而奋斗。这是我们文艺工作者的光荣的战斗任务。

文艺为工农兵服务的方向，是毛主席的革命文艺路线的核心。在社会主义发展新的历史时期，就要热情歌颂、大力塑造各条战线为实现四个现代化作出卓越贡献的新的英雄人物的形象。他们的英雄业绩和高尚品德，是鼓舞、教育人民抓纲治国，加速实现四个现代化步伐最生动的教材。当前尤其需要热情歌颂、精心塑造伟大领袖和导师毛主席、敬爱的周总理、朱委员长和其他老一辈无产阶级革命家的伟大业绩和光辉形象。这是广大人民的强烈愿望。我们特别欢迎这一方面的各种形式的文艺作品。

"百花齐放，百家争鸣"，是促进我们社会主义文艺繁荣的方针，是无产阶级坚定不移的阶级政策，是党的群众路线在文学艺术方面的生动体现。我们要坚持工农兵方向下的"百花齐放"。在以现代革命题材为主的原则下，力求题材、体裁、形式、风格多样化。华国锋同志在三中全会上建议：全国报刊和文艺作品要多歌颂工农兵群众，多歌颂党的老一辈革命家，少宣传个人。这就为我们党的宣传工作、报刊编辑工作、文艺创作指明了方向。我们必须遵循。只有"思想再解放一点"，才能更有力地促进党的"双百"方针的贯彻。社会主义的现实生活是丰富多彩的。无产阶级的英雄人物是多种多样的，是既有共性、又有个性的活生生的人物。"百花齐放"是广大人民群众的要求。只有学习和运用伟大领袖和导师毛主席所倡导的革命的现实主义和革命的浪漫主义相结合的创作方法，才能塑造出有血有肉、可亲可信、闪耀着共产主义思想光辉的无产阶级英雄人物形象，也才能更好地反映出热气腾腾、千变万化、丰富多彩的社会主义现实斗争生活。

实践是检验真理的唯一标准。文艺作品的好坏优劣，应由广大人民群众来鉴定。在人民内部，凡对具体作品的不同评价，对文艺工作、创作思想、创作方法、文艺研究工作中的不同意见，都可以各抒己见，开展讨论，百家争鸣。允许批评，也允许反批评。要发扬艺术民主，就是对于带有缺点和错误甚至严重错误的作品，也要进行具体分析，实事求是，以理服人，与人为善。坚决反对打棍子，扣帽子，断章取义，穿凿附会，无限上纲，借以整人的"四人帮"那一套作法。

繁荣文艺创作，提高作品质量是关键。为了帮助广大读者和作者学习和借鉴，我们希望发表一些关于研究、探讨创作思想、创作方法、创作规律和具体分析作品的文章。更希望多发表一些作家谈自己深入生活、进行创作（结合具体作品）的经验体会的文章，以及作家写的回忆录和回忆作家的生活、创作、学习的文章。同时，我们将适当地发表一些翻译作品。

广大业余作者，大都战斗在、生活在三大革命运动的第一线，他们中蕴藏着社会主义文艺创作极大的积极性，有雄厚的创作基础和潜力。他们最敢于解放思想，打掉枷锁，冲破禁区。他们是我们的希望，是文艺战线的生力军。我们热切地希望：他们以自己的富有生命力的作品，在《新港》上问世。我们也热情欢迎久经锻炼、富有经验的老作家，以自己的独具风格的新作品，在《新港》上发表，以满足广大读者的期望。

我们知道自己的责任。我们一定要认真总结经验教训，发扬过去的特点和优点，克服过去的缺点和错误，学习兄弟刊物的先进经验。我们也知道我们的水平很低，能力微薄。但是我们坚信：在以华主席为首的党中央领导下，在党的十一大路线指引下，在广大读者和新老专业与业余作者的大力支持下，我们的希望一定能够实现。

让我们团结起来，为繁荣社会主义文艺创作，办好《新港》，把我国建设成现代化的社会主义强国而共同奋斗吧！

1979 年第 1 期　刊名:《新港》

目录

我们的希望
——为《新港》复刊致读者 ⋯⋯⋯⋯⋯⋯本刊编辑部
正义的感召（小说）⋯⋯⋯⋯⋯⋯⋯⋯⋯冯骥才
王牛牛（长篇小说《翻身纪事》第二部中的一章）
⋯⋯⋯⋯⋯⋯⋯⋯⋯⋯⋯⋯⋯⋯⋯⋯⋯梁　斌
路畔红花（小说）⋯⋯⋯⋯⋯⋯⋯⋯⋯⋯万国儒

小小说
等 ⋯⋯⋯⋯⋯⋯⋯⋯⋯⋯⋯⋯⋯⋯⋯⋯⋯宋树新
卖席 ⋯⋯⋯⋯⋯⋯⋯⋯⋯⋯⋯⋯⋯⋯⋯⋯郭中成

书的风波 张伟刚

哈吉——图多瑟（小说）
[罗马尼亚] 巴·什·德拉弗兰恰作
王敏生译

历史的丰碑（散文）
——追忆周总理 臧克家

泥土的气息（散文）
——忆柳青 雷加

啊，春天（诗） 柯岩

缅怀周总理（诗词十二首） 李欣

年满三十啦，我的天津（诗）
——写在天津解放三十周年 石英

自赏诗七题 张志民

火 马丁

战鼓催春（组诗）

宝刀李 白金

焊工小丫 刘中枢

听 何树岩

接力 唐绍忠

搅拌机之歌 胡书千

人民性和战斗性的作品的生命 童怀周

伟大的革命 不朽的诗章 嘉明

关于《荷花淀》的写作
——应教学参考之用 孙犁

文艺创作与文艺民主 滕云

漫话"伤痕文学" 鲍昌

长征路上（套色木刻） 沈尧伊

鹰（国画） 孙奇峰

春到海港（装饰画） 张广杰

篆刻 刘金琼

目录装饰画 姜旗

1979 年第 2 期 刊名：《新港》

目录

在文艺工作座谈会和故事片创作会议上的讲话
周恩来

未公开的爱情（小说） 王道生

春心（小说） 王昌定

老花师傅（小说） 王西彦

春雨（小说） 管建勋

小小说

迷山记 张敬礼

修房 高玉俊

海兰的青春 李克灵 张绍良

青岗蔷薇（散文） 碧野

创业庄访旧（散文） 阿凤

父亲与书（散文）
——记郑振铎同志和他的藏书 郑尔康

放声呐喊（诗三首） 顾工

平原日出行（诗）
——《任丘油田》之一 吕剑

长安大道（诗） 邵燕祥

碧海滔滔骨肉情（诗二首） 柯原

渔村纪实（诗三首） 高近远

汽笛声声（组诗）

伟大的转移 李超元

"四化"曙光照大地 汪杭

唱支歌 李钟林

我在想 温玉付

干吧，快干 深耕

民主选举会 范忠立

祖国的明天 徐立生

咱为"四化"多出盐 李金柱 谷正义

歌颂新长征 描绘新英雄 康文

谈柳宗元 孙犁

《巨手》后记 秦牧

津门文谈

文艺与公安 许锦根

"心有余悸"析 夏康达

红花献英雄（杨柳青年画） 王宝光

唱着山歌上北京（杨柳青年画） 邵文锦

友谊之春（杨柳青年画） 张鸢

渔民的新屋（木刻） 卜维勤

1979 年第 3 期 刊名：《新港》

目录

学习周恩来同志《在文艺工作座谈会和故事片创作会议上的讲话》笔谈

不沐春晖暖 焉知寸草心 方纪

为工农兵服务的道路是广阔的 林呐

坚决反对乱打棍子 杨润身

牢记周总理教导 繁荣戏剧创作 高介云

关于总结三十年文艺工作经验的一点想法
——兼评"'左'比右好"论 柯舟

不竭的源泉 不拔的毅力
——访问作家杜鹏程同志 端木国贞 朱兵

太平洋人（科学幻想小说） 郑文光

吕梁山的喜剧（小说） 从维熙

话多李和王哑巴（小说） 唐云富

小小说

美的光辉·································褚建民
看戏·································杨勃森
婆媳·································董迺相
朱德总司令关怀冀中子弟兵（散文）·······王　林
腊八粥（散文）·······················冰　心
仰光夜宴（散文）·····················姜德明
历史终能辨假真（散文）
——悼念郭钧同志·····················万　力
感周总理书录咏岳诗（诗）·············蔡　毅
人间永耸英雄碑（诗）·················劳　荣
给守护花圈的人（诗）·················杨匡满
写在世界的屋脊上（诗二首）···········王淑臣
海上的火焰（诗·外一首）·············洪三泰
唱在怀念井（诗·外一首）·············李小雨
油田小径（诗）·······················郑远山
海底捞"月"歌（诗）
——赞海上女采油工···················郭宝臣
新的岗位（诗）·······················刘瑞祥
登阅江楼（诗）·······················李沅获
哭郭钧同志（诗）···············秦　征　王颂余
周恩来同志的青少年时代（连环画选）···姚重庆绘
封面木刻·····························颜铁良
封四装饰画·····························王治华

1979 年第 4 期　刊名:《新港》
目录

红杜鹃（小说）·······················苏　叶
书记、教授和助手（小说）·············辛宪锡
画家的女儿（小说）···················赵世民
傻子（小说）·························叶君健

小小说

串门·································张荣珍
新居·································张家埠
部长和孩子·························郭　戈
榆树专家白云祥（报告文学）·······冯品清　杨振关
紫藤萝下忆杨朔（散文）···············郭同文
赏花难忘育种人
——忆韩俊卿（散文）·················甄光俊
四月雪（诗）
——组诗《广场上的花瓣》之一·········青　勃
青海呵，"花儿"的海（诗·五首）·······梁上泉
号音（诗·外一首）···················柳　萌
春日二章（诗）·······················胥树人
长江行（诗·三首）···················柴德森

歌词

请记住我们的约会···················邹荻帆
春天的笑声·························倪维德
唱给"四化"的歌（组诗·六首）
油田来的孩子·······················刘福平
他枕着海河睡了·······················于　雷
新楼赞·······························解国祯
致情报工作者的歌·····················李元春
电话员和号码薄·······················白　莉
化工厂的灯火·························王　瀚
政治方向的一致性和文学艺术的多样性
——学习周总理关于文艺问题的讲话
·····························蔡　葵　丁振海
夜读琐记
——学习周总理关于文艺问题的讲话·······孙　振
方纪散文集序·························孙　犁
中国人民反帝爱国运动的英雄颂歌
——读长篇历史小说《义和拳》·······黄泽新　方伯敬

津门文谈

"文学是人学"·······················姜东赋
有如提孩·····························周艾文
寓教于乐·······················周　舟　安　凡
《在决战的日子里》插图选·············王书朋
《农奴戟》插图选···················陶家园
封面木刻·····························周建夫

1979 年第 5 期　刊名:《新港》
目录

燕子声声里（小说）···················刘绍棠
禁渔区的灯光（小说）·················王家斌
第一次约会（小说）···················赵　华

小小说

炊事员和"黑大个儿"·················董志勇
锣鼓声中·····························董新秋
妈妈·································刘耀亮
"没有春天，咱们会去创造！"（散文）
——忆老舍·····························玛拉沁夫
热带的蔷薇（散文）···················阿　乐
珍藏在人民心中的记忆（散文）·········刘品青
丁香依旧笑春风（散文）
——李大钊故居散记···················张建国
"莫等闲白了少年头"（散文）
——闻一多在五四运动时的一些活动·······王　康

壁垒森严战旗红（诗六首）

欢迎你呵，英雄的炮手·······周永森
海水干颂·······颜廷奎
英雄的铁骑·······任海鹰
中国反击理所应当

——一个越南士兵的话·······王 全
反击诗柬·······肖自强
告慰妈妈

—— 一个边界村寨少先队员的诉说·······陈茂欣
在界河的旁边（小叙事诗）·······李慕静
广州诗草（五首）·······李霁野
狱中诗抄（四首）·······雁 翼
诗的启蒙·······武兆强
露水打湿的歌·······吴纪学

历史在呼唤（诗七首）

油港抒情·······孔 林
彩霞河（外一首）·······浪 波
拉网·······张力生
山乡短歌（二首）·······张雪衫
历史在呼唤·······卢 莽
现代文学史上富有生气的一页

——谈"五四"以后大量涌现的新文学社团···严家炎
从为文艺作品落实政策想起的·······李厚基
他们是真金

——略谈长篇小说《东方》·······陈丹晨

津门文谈

漫谈文责自负·······盛祖宏
感情描写浅谈·······晓 宁

文讯二则

加速实现农业现代化（宣传画）·······张汝为
祖国的温暖（水粉画）·······徐启雄
为社会主义现代化大干快上（宣传画）
·······杨 明 黄宗瑞

1979 年第 6 期 刊名:《新港》
目录

学校里新发生的故事（小说）·······高春丽
盐湖夺油记（小说）·······张庆田
包裹（小说）·······胡 奇
班长和王德立（小说）

——流传在自卫反击战中的一个故事·······冯骥才
指导员的心事（小说）·······阎桂方

小小说

默写·······唐乃丁
队长的眼睛·······徐津华
七嘴儿炮·······张宝柱
一瞬间（小说）·······[俄]柯罗连科作 陈玉刚译
英雄战士的秘密（特写）·······杨润身
刀劈老毛子火烧独眼龙（民间故事）·······张士杰遗作
海防短章（散文）·······李 钧
村口（散文）·······苏连硕
想让鸭子飞翔的主人（寓言）·······方 彦
月夜铺轨（诗三首）·······李武兵
富春江（诗二首）·······严 阵
你的一部分留在这里（诗）·······顾子欣
生活散歌（诗）·······纪 宇
寓言诗（二首）·······火 华 雨 辰
春江灯火（诗）·······刘铁柯
校园短歌（诗二首）·······周义和 纪东序
儿歌（九首）·······刘饶民 程宏明等
关于艺术的真实·······歌 泽
谈《红红的山丹花》的人物描写·······张 韧
文有新意断肝肠

——评小小说《等》·······王玉树 及树楠

津门文谈

通才和杂学·······张 仲
领导干部要学点文学·······刘大枫
似是而非的责难·······薛炎文
天津市举行文联恢复活动大会（文讯）

1979 年第 7 期 刊名:《新港》
目录

梅雨（小说）·······刘俊光
转变（小说）·······高光地
两代人（小说）·······董存章

小小说

向前看·······杨柏林
三喜临门·······袁永和
深深的海洋·······李子林
怀念我的父亲陈潭秋同志（散文）·······陈志远
加快闻一多一生的最后三、四年（散文）

——纪念闻一多被暗杀三十三周年和诞辰八十周年
·······王振华 李何林
白洋淀游记（散文）·······吉学沛
逃（报告文学）——广西前线纪实·······袁 静
钢与火的决斗（报告文学）

——记战斗英雄李启·······鲍 昌

花山石碾歌（诗）⸺⸺⸺⸺⸺⸺叶 蓬
柏坡行（诗二首）⸺⸺⸺⸺⸺⸺江 明
百花深处的微笑（诗）⸺⸺⸺⸺从维熙
腾飞吧，中华（诗）⸺⸺⸺⸺⸺谢大光
夜渡（诗）⸺⸺⸺⸺⸺⸺⸺⸺黄东城
献给张志新烈士（诗四首）⸺⸺林 呐等
寄语新星（诗）⸺⸺⸺⸺⸺⸺张明权
琵琶弦上的情歌（诗）
⸺⸺一位琵琶演奏家的爱人的日记⸺刘同聚
啊！盘山！（诗）⸺⸺⸺⸺⸺⸺宋曙光
海港公路（诗）⸺⸺⸺⸺⸺⸺任芙康
莱蒙托夫抒情诗二首⸺⸺⸺⸺谷 雨译
关于题材多样化⸺⸺⸺⸺⸺⸺盛 英
论鲁迅小说的抒情艺术
⸺⸺鲁迅小说创作谈之二⸺⸺⸺田本相
小小说漫笔⸺⸺⸺⸺⸺⸺⸺邓双琴

津门文谈

从一条影讯谈起⸺⸺⸺⸺⸺⸺董毓树
名人与名文⸺⸺⸺⸺⸺⸺⸺宋玉柱
话说华容道上的关羽⸺⸺⸺⸺滕 云

文讯一则

自卫反击战的英雄（水粉画）⸺⸺李洪宝
航标站上（套色木刻）⸺⸺⸺宋恩福等
夜（国画）⸺⸺⸺⸺⸺⸺⸺郑乃煊
晓渡（国画）⸺⸺⸺⸺⸺⸺韩富华

乌云琪木格之歌（诗）⸺⸺⸺倪维德
草原扎营（诗·外一首）⸺⸺⸺叶晓山
柏米尔诗情（诗二首）⸺⸺⸺⸺瞿 琮
在航线上（诗三首）⸺⸺⸺⸺⸺石 英
登岱途境中（诗）⸺⸺⸺⸺⸺苗得雨
航标（诗·外一首）⸺⸺⸺⸺⸺唐大同
帆⸺⸺扇（诗）⸺⸺⸺⸺⸺⸺师日新
不落的星斗⸺⸺⸺⸺⸺⸺⸺戴砚田
碱厂老库工⸺⸺⸺⸺⸺⸺⸺张同义
把文艺批评的重点转移到为创作服务上来
⸺⸺⸺⸺⸺⸺⸺⸺⸺⸺杨志杰
编辑笔记（续二）⸺⸺⸺⸺⸺孙 犁
文艺创作民族化浅谈⸺⸺⸺⸺田师善

津门文谈

有感于"怕后生笑"⸺⸺⸺⸺刘梓钰
玉雕及其他⸺⸺⸺⸺⸺绿 星 李 仪
重视相反相成⸺⸺⸺⸺⸺⸺韩峰海
辛酸与欣慰
⸺⸺给《新港》编辑部的信⸺⸺孙福义

文讯一则

数九隆冬（木刻）⸺⸺⸺⸺⸺张 扬
沃野（套色木刻）⸺⸺⸺⸺⸺吴 燃
争春（木刻）⸺⸺⸺⸺⸺⸺陈 新
渤海之春（套色木刻）⸺⸺⸺廖有楷
封面木刻⸺⸺⸺⸺⸺⸺⸺⸺聂昌硕
封底装饰画⸺⸺⸺⸺⸺⸺⸺王治华

1979 年第 8 期　刊名:《新港》

目录

晚年（小说）⸺⸺⸺⸺⸺⸺⸺蒋予龙
月色朦朦（小说）⸺⸺⸺⸺⸺韩映山
水壳楞（小说）⸺⸺⸺⸺汪浙成 温小钰
炊事斑的杀声（小说）⸺⸺⸺刘战英

小小说

钓鱼⸺⸺⸺⸺⸺⸺⸺⸺⸺⸺陆 途
巧妹⸺⸺⸺⸺⸺⸺⸺⸺⸺⸺肖维国
后勤部长⸺⸺⸺⸺⸺⸺⸺⸺苏书棠
战士的情怀（散文）⸺⸺⸺⸺于雁军
信念（散文）⸺⸺⸺⸺⸺⸺⸺刘怀章
文坛又陨一巨星（散文）
⸺⸺悼念田汉同志⸺⸺⸺⸺⸺方之中
寓言二则⸺⸺⸺⸺⸺⸺⸺⸺翁亦童
我要呼喊（诗）
⸺⸺献给张志新烈士⸺⸺⸺⸺倪音海
血（诗）⸺⸺⸺⸺⸺⸺⸺⸺马 丁

1979 年第 9 期　刊名:《新港》

目录

桔花（小说）⸺⸺⸺⸺⸺⸺⸺赵 熙
百灵鸟（小说）⸺⸺⸺⸺⸺⸺任大星
运河湾的小伙伴（小说）⸺⸺⸺陈子如
美丽姑娘（小说）⸺⸺⸺梁晓声 王云缦

小小说

风雨浪花田⸺⸺⸺⸺⸺⸺⸺孙继忠
粘蜻蜓的孩子⸺⸺⸺⸺⸺⸺晓 蓉
柳絮飘飘⸺⸺⸺⸺⸺⸺⸺⸺袁玉兰
在"瀑布之乡"（游记）⸺⸺⸺穆 青
日本的"茶道"（散文）
⸺⸺访日随笔⸺⸺⸺⸺⸺⸺⸺梁 斌
死者也应该生存（散文）
⸺⸺写在陈翔鹤同志逝世十周年祭时⸺张白山
每念伯仁总含悲（散文）
⸺⸺马连良先生纪念⸺⸺⸺⸺吴 晓

"站起来"的革新家（报告文学）⋯⋯⋯任文焕
林海情潮（诗二首）⋯⋯⋯⋯⋯⋯郭保林
探宝人来了（诗）⋯⋯⋯⋯⋯⋯桑　原
傻人情（诗）⋯⋯⋯⋯⋯⋯⋯⋯高近远
群山的梦（诗）⋯⋯⋯⋯⋯⋯⋯姜金城
科学的春天（诗二首）⋯⋯⋯⋯马恒祥
养珠（诗）⋯⋯⋯⋯⋯⋯⋯⋯⋯刘国良
琴·织（诗二首）⋯⋯⋯⋯⋯⋯白　金
石乡行（诗）⋯⋯⋯⋯⋯⋯⋯⋯文　苑
架子工的歌（诗）⋯⋯⋯⋯⋯⋯姜意年
新的公路（诗）⋯⋯⋯⋯⋯⋯⋯韦　野
为了下一代（诗·外一首）⋯⋯杨大矛
借古讽今辩⋯⋯⋯⋯⋯⋯⋯⋯⋯秋　耘
可贵的探索
　——重读《晚餐》、《开会前》⋯弋　兵
《铁木前传》新评⋯⋯⋯⋯⋯⋯滕　云
也谈歌颂与暴露⋯⋯⋯⋯⋯⋯⋯夏康达
高尔基与茨威格文艺书简（选载）
　　　　井勤荪　臧乐安　范信龙译
巍巍天都国（国画）⋯⋯⋯⋯⋯呼延夜泊
江镜（国画）⋯⋯⋯⋯⋯⋯⋯⋯呼延夜泊
织网（国画）⋯⋯⋯⋯⋯⋯⋯⋯张德育
雪山"曼巴"（国画）⋯⋯⋯⋯杜滋龄
封面木刻⋯⋯⋯⋯⋯⋯⋯⋯⋯⋯徐传鑫
封底装饰画⋯⋯⋯⋯⋯⋯⋯⋯⋯王治华

1979 年第 10 期　刊名:《新港》

目录

解放思想　繁荣创作　为四化服务
　——庆祝建国三十周年⋯⋯⋯本刊评论员
盼春蓝（小说）⋯⋯⋯⋯⋯⋯⋯万国儒
前赴后继（小说）⋯⋯⋯⋯⋯⋯王昌定
家庭的戏剧（小说）⋯⋯⋯⋯⋯柳　溪
跌落崖下把关人（小说）⋯⋯⋯滕鸿涛

小小说
打枣儿⋯⋯⋯⋯⋯⋯⋯⋯⋯⋯⋯飞　雁
工地内外⋯⋯⋯⋯⋯⋯⋯⋯⋯⋯刘建光
带喜字的红苹果⋯⋯⋯⋯⋯⋯⋯王步鹏
沙漠倩踪（散文）⋯⋯⋯⋯⋯⋯白　原
高粱（散文）⋯⋯⋯⋯⋯⋯⋯⋯李占清
三山诗草（六首）⋯⋯⋯⋯⋯⋯李霁野
祖国，亲爱的母亲（诗）⋯⋯⋯刘中枢
永定河风物录（诗三首）⋯⋯⋯徐城北
海魂歌（诗三首）⋯⋯⋯⋯⋯⋯宁　宇
愿我的青春（诗）⋯⋯⋯⋯⋯⋯李钟林
田头小憩（诗）⋯⋯⋯⋯⋯⋯⋯田　溪

心儿比火热（诗）⋯⋯⋯田永元　辛汝忠
淀上采油图（诗）⋯⋯⋯⋯⋯⋯张从海
哦，新港（诗）⋯⋯⋯⋯⋯⋯⋯林　子
思念（诗）⋯⋯⋯⋯⋯⋯⋯⋯⋯剑　青
场上的秋天（诗）⋯⋯⋯⋯⋯⋯刘晓滨
文艺和政治⋯⋯⋯⋯⋯⋯⋯⋯⋯毛　星
我见到的孙犁
　——为《中国文学》而作⋯⋯马献廷
一篇深受读者欢迎的小说
　——本刊编辑部召集部分业余作者座谈小说《乔厂长
上任记》纪要⋯⋯⋯⋯⋯⋯⋯本刊记者
写给厂长同志们⋯⋯⋯⋯⋯⋯⋯蒋子龙
漫话《婚礼》的艺术构思⋯⋯⋯马　成
伟大祖国　百花吐艳（宣传画）⋯张汝为
炉前工（油画）⋯⋯⋯⋯⋯⋯⋯张士范
祖国的阳光（油画）⋯⋯张京生　王元珍
封面木刻⋯⋯⋯⋯⋯⋯⋯⋯⋯⋯徐传鑫
封底装饰画⋯⋯⋯⋯⋯⋯⋯⋯⋯王治华

1979 年第 11 期　刊名:《新港》

目录

短篇小说创作的新突破
　——评《乔厂长上任记》⋯⋯朱　兵　臻　海
怎样看待《乔厂长上任记》的思想倾向和人物塑造
　——与召珂等同志商榷⋯⋯朱文华　许锦根
"四化"的绊脚石为什么碰不得?
　——也评《乔厂长上任记》中的冀申
　⋯⋯⋯⋯⋯⋯杨志杰　彭韵倩　王　信
鼓励业余创作　端正文艺批评
《文学评论》和《工人日报》联合召开优秀短篇小说
《乔厂长上任记》座谈会⋯⋯《工人日报》记者
文艺和政治（续）⋯⋯⋯⋯⋯⋯毛　星

津门文谈
说真话　辨真伪⋯⋯⋯⋯⋯⋯⋯郭预衡
赶上去，还是拉下来?⋯⋯⋯⋯林　晓
诗题小议⋯⋯⋯⋯⋯⋯⋯⋯⋯⋯艾　思
半部天书（小说）⋯⋯⋯⋯⋯⋯孙慈忠
发奖大会的回声（小说）⋯⋯⋯赵福海
深深的山谷（小说）⋯⋯⋯⋯⋯铁　存
这一切发生在昨天（小说）⋯⋯杨东明
青云山奶大的人（散文）⋯⋯⋯陈映实

小小说
放香时节⋯⋯⋯⋯⋯⋯⋯⋯⋯⋯肖维良
爸爸⋯⋯⋯⋯⋯⋯⋯⋯⋯⋯⋯⋯刘贵贤
约会⋯⋯⋯⋯⋯⋯⋯⋯⋯⋯⋯⋯王富杰

将军和他的儿子（叙事诗）
——写在硝烟散去以后·············徐　刚
渤海潮（诗三首）··················王淑臣
大柳树和小杨树（寓言诗）··········杨　啸
航道上的挖泥船（诗·外一首）······梁德森
啊，渔阳和新港（诗）··············荣新海
夜深了（诗）······················唐绍忠
绿叶集（诗）······················曹增书
铁塔和大罐（诗）··················李云冲
亲人（油画）······················傅乃琳
贺帅在 1968 年（油画）·············秦　征
高原的愿望（国画）················王美芳
海的儿子（国画）··················杨沛璋
封面木刻························孙廷卓
封底装饰画······················王治华

一个有启示意义的形象
——谈谈《乔厂长上任记》中的郗望北·········方　今
关于《乔厂长上任记》的部分来稿摘登
·················彭少峰　王凤礼等

津门文谈
让诗歌也来点"引进"
——给一位同志的信················雷抒雁
领导人物同是血肉之躯
——文苑谈片······················杨匡汉
文艺和政治（续完）················毛　星
党的好女儿（雕塑）······薛文照　何秀云
怀念周总理（雕塑）······何秀云　薛文照
齐白石像（雕塑）··················王之江
思（雕塑）························田建华

1979 年第 12 期　刊名:《新港》

目录

贯彻文代大会精神　繁荣文艺创作（笔谈）
迎接文艺的春天····················方　纪
努力创作，向祖国和人民汇报········王　林
做安定团结的促进派················陈洁民
热情帮助　严格要求················万　力
塑造创业者的形象··················蒋子龙
坚持现实主义，为四化服务··········冯骥才
养虾场纪事（小说）················王家斌
晨雾（小说）
—— 一个少女的笔记················苏叔阳
十五不圆十六圆（小说）·····张伟刚　褚建民

小小说
蜜月里的哭声······················杨　力
改选之后··························董建津
拜年····························李朝阳
王大娘（散文）····················李君冈
生命（小叙事诗）··················金同悌
春到五台山（诗）··················尧山壁
欢腾的那达慕（诗三首）············石　祥
草原的歌（诗三首）················旭　宇
骨肉深情（诗二首）················于宗信
相思树（诗）······················蔡洪声
游泳（诗）························董树义
寄友人（诗）······················曼　晴
小岛的夜（诗）····················张连启
《乔厂长上任记》与现实主义········滕　云
鞭笞时弊的好小说
——也评《乔厂长上任记》··········丹　晨

1980 年第 1 期　刊名:《新港》

目录

教育悲剧（小说）··················沈祖培
海滨（小说）······················母国政
不平静的思念（小说）··············吕舒怀
斗衙·出狱
——长篇小说《赤夜》中的两章······路　一

小小说
司机与经理························马　林
怒海风帆··························陆　途
我和春子··························喜　雪
历史不会沉默
——记著名历史学家翦伯赞··········李树喜
在雁翎队的故乡（散文）············范纪久
红砖的风格（速写）
——记本市特等劳动模范赵志纯······郑立水
抒情诗小辑（十二首）··········管用和等
锤声铿锵（小叙事诗）··············刘端祥
崎路漫漫（诗）
——献给亲爱的社会主义祖国········蓝　曼
渡口·艄工（诗二首）··············林　希
播种（诗）························姜强国
愿你珍惜——给我的儿子（诗）······韦黎明
汽笛（诗）························张志鹏
词二首（踏莎行）··················蔡天心
鸿雁曲（诗二首）··················徐立生
任重道远（诗）····················周永森
认真创造艺术典型
——学习周恩来同志关于文艺问题的讲话
·····························冯健男

"应该热心地招呼后面跟上来的人"
——谈孙犁同志对青年作者的培养
.... 张学正 王淑贵
漫评中篇小说《园丁》............... 哲 明
高尔基与茨威格文艺书简（选载）........ 井勤荪等译

津门文谈
勇于独创......................... 林一凡
文人相亲......................... 楼沪光

编记后
千里之行始于足下（杨柳青年画）....... 邵文锦
雨（国画）....................... 孙奇峰
春阳浴马（国画）................. 王学仲
养鱼湖畔（木刻）................. 张礼军

1980 年第 2 期　刊名:《新港》

目录

琴和箫（小说）................... 孙 犁
火车上
——农村见闻之一（小说）......... 浩 然
同学们（小说）
——中年知识分子生活写照...... 赵北望 朱兆雪
牧羊人（小说）................... 贾平凹
精力（小说）..................... 王宗汉
生死谜（小说）....... [美] 马克·吐温作 臧 阎译

小小说
"小六九"相爱记................. 李子干
父与子........................... 静 远
会亲家........................... 阎增兴
三月——四月（中篇小说）......... 鲍 昌
游龙戏凤（散文）........... 阿 英遗作
挽歌两章（散文）................. 劳 荣
扫欧仁·鲍狄埃石墓（诗）......... 沈大力
黑人的起义（诗·外一首）......... 苏阿芒
新风声声唤（诗三首）............. 陈茂欣
牌楼（诗·外一首）............... 师日新
采蒲台之歌（诗）
——兼寄孙犁..................... 吕 剑
红杉（诗）....................... 钱 璞
题蓝色的小河（诗）............... 章德益
啄木鸟（诗）..................... 郑 南
实验室，那么宁静（诗）........... 郭沫勤
干台礼赞（诗）................... 王洪涛
家乡的山（诗·外一首）........... 刘 章
承德行（七律二首）............... 陈玉刚

写在避暑山庄纪念册上（诗二首）..... 阿 乐
访县委（诗）..................... 李 钧
森林二题（散文诗）............... 柳 萌
歌德谈艺术规律——读书随笔....... 程代熙
对一个文艺理论问题的看法........ 蔡 葵 杨志杰
关于创作的准备和作者的修养
——读孙犁《晚华集》随笔......... 金 梅
白慧给我们的启示
——读《铺花的歧路》............. 李炳银

津门文谈
找开封闭的心灵——创作通信....... 范咏戈
"津门"的"文谈"............... 张 仲
平中见奇....................... 郝铭鉴

编后记
《创新业》组画之一（套色木刻）..... 马树青
凉山轻骑（套色木刻）............. 周秀芬
郭钧遗作选登（木刻五幅）......... 郭 钧
载歌行（年画）................... 张 煜
拾贝（木刻）..................... 颜铁良

1980 年第 3 期　刊名:《新港》

目录

蛇（诗）......................... 艾 青
船行白洋淀（诗·外一首）......... 梁上泉
城市抒情（诗三首）............... 宫 玺
党啊，你在我们心中（诗）......... 郭宝臣
青春短笛（诗四首）............... 石 湾
翎羽集（散文诗）................. 王燕生
春潮趣话（诗）................... 邢文域
风船及其他（诗十首）........ 刘中枢 白 金等
友谊的泥土....................... 吴 辛
工棚的窗口....................... 金彭育
炉台上的美学家（小说）........... 王 江
无人墓（小说）................... 肖 鸣
月亮，这样皎洁（小说）........... 高春丽
三月——四月（中篇小说）......... 鲍 昌

小小说
验收........................... 詹岱尔
心血........................... 陈炳华
雪夜........................... 孙惠诚
怀念战友远千里（散文）........... 李英儒
港都笛长鸣
——访天津友好城市神户（散文）... 缪俊杰
船长的泪水（散文）............... 石 英

迎春行（散文）————————戴正兴
洞庭湖畔（散）————————阎豫昌
革命文学的历史经验
——纪念中国左翼作家联盟成立五十周年——樊　骏
文艺不能脱离政治————郭风岐　方伯敬　范红兵
精心截取生活的一角
——漫谈《新港》发表的小小说————桑　榆
高尔基与茨威格文艺书简（选载）————井勤荪等译

编后记
激流（油画）——————王元珍　张京生
《泥人张》彩塑作品选登——————张明山等
静静的渔村（木刻）——————姬俊尧

1980 年第 4 期　刊名:《新港》
目录

斗寒图（小说）——————冯骥才
疙瘩队长（小说）——————张　朴
午餐（小说）——————蔡　嵘
检举（小说）——————管建勋

小小说
山里行——————王继忠
女羊倌的爱情——————王立刚
未燃之火——————辛宪锡
一个幽静的地方
——南斯拉夫散记——————叶君健
在刘少奇同志身边（回忆录）——张明生口述
我的老师（散文）——————赖应堂
舢板（诗五首）——————李　瑛
寄自炭子冲（诗二首）——————宋梧刚
写在石油钻井船上（诗三首）——————张力生
吊塔春望（诗）——————郑成义
金色的钢花（诗）——————杨俊青
春到农村（诗五首）————何　理　张雪杉等
悲愤的乐章（诗）——————鲁　藜
枣树的遭遇（诗）——————时永福
水兵，走上大街（诗）——————陈继光
漫谈剪裁——————蒋孔阳
希望却在光明的一边
——浅谈文艺的暴露问题——————武培真
甘苦寸心知（之十）
——谈自己的诗——————臧克家
《海河散记》后记——————阿　凤

津门文谈
要重视“流”的作用——————郎保东

文艺评论要有艺术味儿——————高进贤
小说的景物描写——————吴功正
儿童诗散论——————圣　野

编后记
《第二次握手》连环画选登——————沈尧伊
春（木刻）——————张万起　宋恩福

1980 年第 5 期　刊名:《新港》
目录

一个工厂秘书的日记（小说）——————蒋子龙
愉快的小合奏（小说）————肖复兴　孙广珍
春耕时节（小说）——————刘国良
风萧萧
——长篇历史小说片断——————蒋和森

小小说
老经理的决定——————李玉林
小巷深处——————刘连群
奖金————————福　臻　晓　路
我怀念少奇同志（散文）——————王光英
祭“船长”（散文）
——悼念李季同志——————王家斌
珍珠涧（散文）——————陈大斌
歌（诗）——————刘中枢
十顷荡（诗）——————姜耕玉
油海歌潮（诗）——————倪维德
三封信（小叙事诗）——————李震川
给一位难忘的朋友（诗）——————李学鳌
绿叶的歌（诗）——————戴砚田
唱给时间的歌（诗）——————宋曙光
五月诗会（诗十三首）————范忠立　苗绪法等
“我们的艺术应该站得比现实更高”
——学习高尔基文学思想札记——————滕　云
挥起艺术的彩笔　描摹社会主义新人————行　人
教育的悲剧与悲剧的教育
——读短篇小说《教育悲剧》——————晓　宁

津门文谈
“学术良心”与“批评道德”——————狄遐水
也谈诗歌的“引进”——————钟　寒
月光曲——————肖文苑

编后记
文讯二则
刘少奇同志在天津（摄影）——天津美术出版社供稿
速写选——————张金荣　李宏宝

探海姑娘（木刻）·············聂昌硕

1980 年第 6 期　刊名:《新港》
目录

雪（小说）·················赵　熙
范老登入党（小说）············李满天

小小说
发现··············艾克拜尔·米吉提
苇喳声声叫················孙福义
宽敞的休息室···············阎桂万

儿童文学小辑
采山菜（小说）··············严振国
蜜桃花（小说）··············克　明
夏天的预报者（散文）···········刘厚明
棋子的故事（童话）············谷斯涌
寓言二则·················翁亦童

儿歌六首
我爱安源夜校···············晨　枫
泉水唱歌·················刘饶民
小台灯··················程宏明
小明的日历················王　瀞
电视机··················万卯义
牧笛···················文　丙
夏明翰、李亚农与长沙的"六一惨案"（革命回忆录）
·····················方之中
石林赋（散文）··············韦　野
红花朵朵（报告文学）···········冯品清
煤（外一首）···············叶文福
北方抒情诗（诗·三首）··········韩作荣
召唤（诗）················闵　人
山南海北（组诗·十首）·····唐大同　孙　滨等
飞絮集（诗）···············梁谢成
灵魂奥秘的提示
——阅读获奖小说笔记··········雷　达
重读巴人的《论人情》········傅树声　朱　晶
梁斌小说的语言特色············黄泽新
巧合的艺术
——《李自成》艺术谈··········胡德培

津门文谈
克服平庸之气···············如　滢
多研究创作的内部规律···········姜东赋
向古典小说取点经·············于长湖

编后记
山月送人归（套色木刻）··········吴　燃
小喇叭（泥塑）··············张乃英
一对红（油画）··············丁如忠
期待（国画）···············王书平
西双版纳小景（木刻）···········刘体仁

1980 年第 7 期　刊名:《新港》
目录

飘飞的大雪（小说）············母国政
远天远地（小说）·············成　一
命运（小说）···············王安忆
灰蝶儿（小说）··············谷　应
技术特长（小说）·············高光地

小小说
雾夜···················陆　途
好邻居反目················林　晓
感谢···················笑　园
毛主席的青少年时代（散文）······周立波遗作
急促的脚步（散文）
——关于何其芳同志的素描之一······朱　寨
花红叶绿（散文）·············周　渺
血滴·浪花（诗）·············白　金
山桃花（诗四首）·············晓　蕾
海的诱惑（诗三首）············林　希
春天的小诗（诗七首）···········雷抒雁
海河情思（诗四首）············柯　原
写在兴隆华侨农场（诗二首）········李小雨
赠友人归广州（诗）··········老　舍遗作
焊接（诗）················邹荻帆
树的断想（诗）··············汪　抗
光明颂（诗）···············王平凡
集市一瞥（诗）··············许向诚
我们这一代（歌词）············栾惠民
风（散文诗）···············刘洪刚
三十年人性论论争的简要回顾
——文艺与人性浅识之一··········顾　骧
一条值得继续探索的路
——《方纪小说选》编后语·········弋　兵
情节的艺术
——古典短篇小说艺术手法札记·······宁宗一
列·托尔斯泰文学语录··········安国梁选译

津门文谈
不公正的指责···············刘大枫
开路与避路················古　钟

应该关心曲艺这朵花·············薛宝琨

编后记
建设一个新中国
——党的七届二中全会（油画）······安明阳　车永仁
天津港（铜版画）·············吴长江
油田之晨（套色木刻）···········南洪申
彝族小学生（木刻）············田　昆

1980 年第 8 期　刊名:《新港》
目录

车间主任和他的儿子（小说）········郑万隆
冬去春来（小说）·············刘怀章
艺林奇闻（小说）·············吉学沛
过时人（小说）··············魏志平
奇怪的信号弹（小说）···········蒋荣增
分歧（小说）···············张金春

小小说
从咱开始················夏寿邦
月照瓜园················飞　雁
传讯之前················董建津
"我为人民鼓与呼"（散文）
——怀念彭德怀同志···········陈淀国
脑力劳动者（散文）
——关于何其芳同志的素描之二·······朱　寨
永远纪念着他
——回忆阿英同志（散文）········赵景深
从化温泉寻源记（散文）··········柴德森
登"南山积雪亭"（散文）·········张家埠
军营诗情（诗·十三首）·····颜廷奎　李鹏青等
海外奇谈（诗·二首）···········顾　工
绿叶赞（诗）···············孔　林
一个常答常新的命题（诗·外一首）·····王榕树
鹿的眼睛（诗·外一首）··········阿　红
采药姑娘（诗·外一首）··········高近远
避雷针（诗）···············桑恒昌
缝球歌（诗）···············周永森
战场上没有星期天（诗）··········贾长厚
更坚实地开拓自己前进的路
——评冯骥才的创作···········滕　云
生活美·心灵美·艺术美
——再谈柯岩的儿童诗··········舒　霈
列·托尔斯泰文学语录··········安国梁选译

读者来信
反映社会的一面镜子············晓　澜

喜读《海滨》···············王玉树
寄语《津门文谈》·············张　杰

编后记
四川旅行写生（油画）···········秦　征
国画二幅·················孙克钢
兔（木刻）················聂昌硕

1980 年第 9 期　刊名:《新港》
目录

写在不谢的花瓣上（小说）·········刘心武
爱情，你在哪里（小说）··········王梓夫
现在正是早晨（小说）···········李玉林
末代"圣人"诞生记（小说）
——孔府轶事之一···········柯　兰

小小说
苦人小传·················肖维国
着眼点··················侯炳炎
蓓蓓的客人················郭　戈
顽强的航行（散文）
——关于何其芳同志的素描之三·······朱　寨
大树必将成林（散文）
——回忆赵树理同志···········丁　宁
命运的主人（报告文学）
——记盲人耿鸿为和他的伙伴们·······夏　晔
短诗三首
——摘自组诗《边区的山》········张志民
割稻篇（诗）···············鲁　藜
妙手（诗）——给儿童医院的医生·····孙友田
我爱家乡的河（诗·三首）·········旭　宇
果实篇（抒情短诗小辑·十九首）
　　　　　　　乔若鹏　王　野　刘铁柯等
啊！列车员姑娘（诗）···········聪　聪
论蒋子龙的小说创作············夏康达
鲁迅思想研究随笔·············林　非
列·托尔斯泰文学语录·····安国梁　叶芳来选译

津门文谈
质朴是美的必要条件············薛炎文
难得一个"活"字·············张啸虎
"引经据典"不可成风···········任芙康

编后记
访（木刻）················聂昌硕
春之声（木刻）··············张坚如
晨曲（木刻）···············沈延祥

静悄悄（套色木刻）························王晶猷
瑞丽地区写生（国画）······················杜滋龄

1980 年第 10 期　刊名:《新港》
目录

他在人间（小说）··························冯骥才
七巧儿（小说）···························贾平凹
被欢迎和被忘却的人（小说）··················王富杰
夜雨绵绵（小说）··························谭成健

小小说
请派些姑娘来····························张　林
"这糖是苦的！"··························戴正兴
妈妈·······························秋　华
审判前的较量（报告文学）···········万国儒　刘中枢
天津站的枪声（报告文学）···················时永福
帕沙寨的歌声（散文）······················于雁军
绿色赋（散文）···························张少敏
芳香四溢（散文）·························刘贵贤
招魂曲·亡灵的祈求（诗二首）·················刘湛秋
"渤海二号"激起的浪花（诗二首）··············边国政
隐没过而又复活的小草（诗）··················张　翼
写在林彪住过的别墅（诗四首）················胡世宗
离宫一瞥（诗三首）························田　间
故乡抒情诗（诗二首）······················徐　刚
云的幻想（诗三首）························沙　鸥
大海（诗四首）···························龙彼德
岩鹰的标本
　　——在动物研究所（诗·外一首）············宋家玲
建设新天津速写（诗四首）···················唐绍忠
吐丝的时刻（诗）··························纪东序
唱我的歌（诗二首）························徐立生
泉州，我的故园（诗）······················张楚琨
花和桥（诗二首）·························马尚瑞
花卉馆里的榆树（诗）······················王树人
读作品记（一）···························孙　犁
又一个"之"字——谈我国新文学在反封建问题上的
曲折道路·····························陈　辽
"中国旧戏上，没有背景……"
　　——关于《呐喊》《彷徨》的典型环境的概括
····································李希凡
再谈诗歌的"引进"························晓　逊

编后记
火花（木刻）····························姜　陆
大干四化　争当模范（宣传画）················李志国
八十年代一天也不能耽误（宣传画）··············邓乃荣

木刻新作（二幅）··························张作良

1980 年第 11 期　刊名:《新港》
目录

开市大吉（小说）··························航　鹰
心祭（小说）····························宗　璞
私访（小说）····························韩石山
老师（小说）····························何　苦
陈子昂碎琴（小说）························肖文苑
瓦罐子阿廖沙（小说）
　　··············[俄国]列夫·托尔斯泰作　臧乐安译

小小说
星期四·······························王成瑶
深山小店······························尤德瀚
彩虹·······························许前卫
啊，同志（散文）·························陈洁民
记忆的助手（散文）························柳　杞
草原·沙漠（散文）·······················许　淇
人的美（散文）···························孟　敏
江海集（组诗·十首）·············刘益善　纪　宇等
浪花及其他（诗·十三首）
　　·····························张同义　沙　驼等
小站稻新赞（诗）·························侯唯动
绿叶上的小诗（七首）······················田晓菲
丁点，点丁（诗）·························康志强
雾网（诗）····························黄　淮
写在山地烈士纪念馆（诗）···················黄东成
育秧（诗·外一首）························申　身
应当向托尔斯泰学习什么？
　　——为纪念托尔斯泰逝世七十周年而作········黄秋耘
足迹
　　——读克明短篇小说集《荷灯记》············刘　哲
热情讴歌"四化"建设的创业者
　　——读王江的三篇短篇小说················哲　明
列·托尔斯泰文学语录···········安国梁　叶芳来译

津门文谈
典型应该是"真的活的人"····················史　明
起伏跌宕　疏密参差························陈景春
贵在"无情却有情"························吕锡成

编后记
春城无处不飞花（国画）·····················何家英
如果我当队长（国画）······················李志强
晚年（油画）····························孙志远
晨（木刻）····························徐传鑫

1980 年第 12 期　刊名:《新港》

目录

青衫湿（小说） ……………………………………… 理　由
姗姗而来的春光（小说） …………………………… 冯育楠
在无边的田野（小说） ……………………………… 晓　剑
秦小辫和他爹（小说） ……………………………… 李兴桥
晚节（小说） ………………………………………… 吴炳晶

小小说
"从明天开始……" …………………………………… 邓沐琪
这，能行吗? …………………………………………… 阿　椿
爱的花环 ……………………………………………… 张伟刚
离子（报告文学） …………………………………… 辛宪锡
雪里送炭记（散文） ………………………………… 陈　模
写在槟榔屿（散文）
——远航散记之一 ………………………………… 王家斌
象观海山一样苍翠（文艺回忆录）
——忆老作家王统照先生 ………………………… 郭同文
寓言二则 …………………………………… 马肖印　方　彦
参观毛主席故居（诗） ……………………………… 方之中
村庄（诗） …………………………………………… 顾　工
诞生（外一首） ……………………………………… 白　原
抒情诗一束（诗十首） ……………… 王恩宇　董耀章等
粮（诗） ……………………………………………… 朱希江
大树参天（诗四首） ………………………………… 柴德森
大沽口炮台（诗） …………………………………… 史孝勇
荣誉和责任（诗） …………………………………… 李云冲
小河流水（诗五首） ………………………………… 张宝申等
淀边渔曲（外一章） ………………………………… 管　蠡
文学的党性和文学家的自由 ……………………… 卫建林
用浪漫主义的想象改造"史实"的范例
——《三国演义》创作方法辨析之二 …………… 李厚基
打开人物心灵的钥匙
——谈作家的体验 ………………………………… 何孔周
关于诗歌"引进"问题的讨论
引进　借鉴　民歌 ………………………………… 林　希
从"引进"的讨论谈起 ……………………………… 张雪杉

文讯一则
编后记
晚归（木刻） ………………………………………… 张礼军
春汛（国画） ………………………………………… 郭子群
新张志喜（国画） …………………………………… 路宝增
《伤逝》插图二幅（油画） ………………………… 王书朋

1981 年第 1 期　刊名:《新港》

目录

小说
贤邻街九十九号 ……………………………………… 马　林
月琴 …………………………………………………… 李　纳
牛的风波 ……………………………………………… 赵大年
郭顺告状
——孔府轶事之二 ………………………………… 柯　兰
绿宝石 ………………………………………………… 孔捷生
木工组长 ……………………………………………… 雨　辰

小小说
猴儿歌 ………………………………………………… 孙秀华
痣 ……………………………………………………… 何香久
小教之家 ……………………………………………… 于分坚

散文
追忆往事
——记柳青 ………………………………………… 王维玲
水乡风俗画 …………………………………………… 韩映山

诗歌
诗苑新苗
联想及其他（四首） ………………………………… 任启之
唱新曲（三首） ……………………………………… 许向诚
我和我的工厂（三首） ……………………………… 范忠立
弹壳的风波（外一首） ……………………………… 深　耕
我的诗（三首） ……………………………………… 华尔实
天安门广场抒情（三首） …………………………… 叶文福
时代的最强音
——写于审判林、江反革命集团的日子里……… 林　希
工厂情思（三首） …………………………………… 冯景元
盐滩新貌（三首） …………………………………… 石　英
海边小路（外一首） ………………………………… 谭成强

评论
关于人道主义
——在一九八〇年十月召开的全国马列文艺理论学术
讨论会上的发言 …………………………………… 王若水
读作品记（二） ……………………………………… 孙　犁
可喜的收获
——《新港》一九八〇年发表的部分短篇小说漫评
………………………………………………………… 晓　宁
论机灵 ……………………………… 高尔基著　刘保端译
毫不吃力——艺术断想 …………………………… 潘旭兰

编后记
美术

封面装饰画⋯⋯⋯⋯⋯⋯⋯⋯⋯⋯⋯颜铁良
草原的乳汁（套色木刻）⋯⋯⋯⋯⋯魏钧泉
花鸟画二幅（国画）⋯⋯⋯⋯⋯⋯⋯肖　朗
水乡吟（木刻）⋯⋯⋯⋯⋯⋯⋯⋯⋯孙廷卓

1981 年第 2 期　刊名:《新港》
目录

小说专号

送她一束红柳花⋯⋯⋯⋯⋯⋯⋯⋯⋯景　风
窦老乐救盟弟⋯⋯⋯⋯⋯⋯⋯⋯⋯⋯柳　溪
海豚之神（科学幻想小说）⋯⋯⋯⋯郑文光
衷曲⋯⋯⋯⋯⋯⋯⋯⋯⋯⋯⋯⋯⋯⋯陈建功
诸葛黑卖鱼⋯⋯⋯⋯⋯⋯⋯⋯⋯⋯⋯王家斌
在迷茫的日子里⋯⋯⋯⋯⋯⋯⋯⋯⋯褚建民
苦果⋯⋯⋯⋯⋯⋯⋯⋯⋯⋯⋯⋯⋯⋯任文焕
庚子风云（长篇历史小说片断）⋯⋯鲍　昌
贤邻街九十九号（续完）⋯⋯⋯⋯⋯马　林
剥夺⋯⋯⋯⋯⋯⋯［哥伦比亚］何·弗·索卡拉斯著
朱景冬译

小小说

枣⋯⋯⋯⋯⋯⋯⋯⋯⋯⋯⋯⋯⋯⋯⋯宋达理
一台和面机⋯⋯⋯⋯⋯⋯⋯⋯⋯⋯⋯苏书棠
虚惊⋯⋯⋯⋯⋯⋯⋯⋯⋯⋯⋯⋯⋯⋯晓　杨

编后记
美术

濛山腊月（年画）⋯⋯⋯⋯王美芳　赵国京
鸽（年画）⋯⋯⋯⋯⋯⋯⋯⋯⋯⋯⋯邹起奎
当代外国绘画介绍　东山魁夷和伊东深水
⋯⋯⋯⋯⋯⋯⋯⋯⋯⋯⋯⋯⋯⋯⋯周茂生撰文
远航（装饰画）⋯⋯⋯⋯⋯⋯⋯⋯⋯严铁良
觅（国画）⋯⋯⋯⋯⋯⋯⋯⋯⋯⋯⋯张礼军

1981 年第 3 期　刊名:《新港》
目录

小说

凌燕⋯⋯⋯⋯⋯⋯⋯⋯⋯⋯⋯⋯⋯⋯刘赫勋
师兄弟之间⋯⋯⋯⋯⋯⋯⋯⋯⋯⋯⋯孙惠诚
落花生⋯⋯⋯⋯⋯⋯⋯⋯⋯⋯⋯⋯⋯克　明
金鲤鱼⋯⋯⋯⋯⋯⋯⋯⋯⋯⋯⋯⋯⋯周玉海
黄金般的心⋯⋯⋯⋯⋯⋯⋯⋯⋯⋯⋯黄虹坚
好呵，朋友！⋯⋯⋯⋯⋯⋯⋯⋯⋯⋯余　晓

小小说

夏夜⋯⋯⋯⋯⋯⋯⋯⋯⋯⋯建　星　小　清
陆奶奶一家⋯⋯⋯⋯⋯⋯⋯⋯⋯⋯⋯宜　文
多云间阴⋯⋯⋯⋯⋯⋯⋯⋯⋯⋯⋯⋯张少斌

散文

亡父愿⋯⋯⋯⋯⋯⋯⋯⋯⋯⋯⋯⋯⋯陈洁民
燃烧⋯⋯⋯⋯⋯⋯⋯⋯⋯⋯⋯⋯⋯⋯刘品青
绿叶在铁窗外⋯⋯⋯⋯⋯⋯⋯⋯⋯⋯关沫南
车厢春暖（报告文学）
⋯⋯记女列车员岳进⋯⋯⋯⋯⋯⋯⋯阿　凤

诗歌

猴戏⋯⋯⋯⋯⋯⋯⋯⋯⋯⋯⋯⋯⋯⋯孙　犁
诗二首⋯⋯⋯⋯⋯⋯⋯⋯⋯⋯⋯⋯⋯阿　垅
我们是幸福的（外一首）⋯⋯⋯⋯⋯芦　甸
诗四首⋯⋯⋯⋯⋯⋯⋯⋯⋯⋯⋯⋯⋯徐柏容
科学家的路⋯⋯⋯⋯⋯⋯⋯⋯⋯⋯⋯王榕树
生活中的深思⋯⋯⋯⋯⋯⋯⋯⋯⋯⋯苗得雨
散文诗二章⋯⋯⋯⋯⋯⋯⋯⋯⋯⋯⋯刘桂馨

评论

社会主义文艺必须由党来领导
⋯⋯学习周恩来同志关于文艺的部分论述和实践
⋯⋯⋯⋯⋯⋯⋯⋯⋯⋯⋯⋯⋯⋯⋯⋯丁振海
文艺要关注八亿农民
⋯⋯关于农村题材创作问题的一封信⋯⋯缪俊杰
石榴花开火样红
⋯⋯读短篇小说《开市大吉》
⋯⋯⋯⋯⋯⋯⋯⋯⋯⋯⋯⋯张家埠　方伯敬
论新人⋯⋯⋯⋯⋯⋯高尔基著　刘保端　杜奋嘉译

津门文谈

胆大心细　不要草率⋯⋯⋯⋯⋯⋯⋯雅　谷
试把小说的头一半撕掉⋯⋯⋯⋯⋯⋯吴庚振

编后记
美术

封面装饰画⋯⋯⋯⋯⋯⋯⋯⋯⋯⋯⋯李法明
春夜（油画）⋯⋯⋯⋯⋯⋯⋯⋯⋯⋯郑　岱
铺路（油画）⋯⋯⋯⋯⋯⋯⋯⋯⋯⋯王　澄
陌上乘（国画）⋯⋯⋯⋯⋯⋯⋯⋯⋯李玉兰
无题（木刻）⋯⋯⋯⋯⋯⋯⋯⋯⋯⋯严铁良

1981 年第 4 期 刊名:《新港》
目录

小说

金鹿儿 ·································· 航　鹰
老喜贵的心愿 ························ 杨勃森
墨兰 ·································· 郑万隆
合灶 ·································· 叶　辛
长街即景 ···························· 江　流
山村风雪 ···························· 王　炜

小小说

风筝飞 ································ 陆　途
梧桐树下 ···························· 张喜聚
上任 ·································· 杨振关

散文

长翅的纸（报告文学） ················ 全　问
巴黎散墨 ···························· 李亿民

诗歌

旅途中拾到的抒情诗（三首） ·········· 雁　翼
我们也有生命和爱情的绿叶（二首） ···· 李武兵
每当中秋节 ·························· 李学鳌
海与诗（组诗） ············ 韩作荣　尧山壁等
萤火虫及其他（四首） ················ 闵　人
花的故乡人（二首） ·················· 汪　抗
秧船新歌 ···························· 朱谷忠
钢花朵朵 ···························· 马晋能

评论

我们的责任
——给一位青年作家的信 ············ 马献廷
读作品记（四） ······················ 孙　犁
真并不就是美 ························ 汪宗元
欣慰的回顾
——《论孙犁的文学道路》后记 ········ 冉淮舟
对生活与技巧的追求
——漫议石英的创作及其他 ·········· 滕　云

津门文谈

还是要有中国作风和中国气派 ······· 许锦根　朱文华
从"老妪能解"谈起 ··················· 宋玉柱

编后记
美术

探索（装饰画） ······················ 颜铁良
沐浴（版画） ························· 赵海鹏

植树去（版画） ··············· 米字心　王宝山
邓柯的画（国画） ···················· 邓　柯
渔归（木刻） ························· 康小华

1981 年第 5 期 刊名:《新港》
目录

沉痛悼念伟大的革命文学家茅盾同志

悼念茅盾同志 ························ 李霁野
大星陨落——悼念茅盾同志 ············ 孙　犁
老将珠勋青史在——浅谈茅盾同志在中国现代文学史
上的贡献 ··························· 姚雪垠
沈雁冰（茅盾）同志给本刊一位编辑的信部分手迹

小说

机灵鬼 ································ 浩　然
党小组会前后 ························ 董建津
盖大楼的人们 ························ 蔡　嵘
嫂子 ·································· 孙慈忠
蔡七爷和他的瓜皮帽 ·················· 吴若增
悬崖上 ································ 秋　涛

小小说

师生之间 ···························· 左　森
今晚的电视节目 ······················ 张家埠
三进汽车队 ·························· 尤德瀚

散文

小桥流水长 ·························· 郭淑敏
蓝天碧水忆肖红 ······················ 李激扬

诗歌

祖国 ·································· 沈大力
信念 ·································· 张明权
都市抒情诗 ·························· 徐　刚
画山绣水 ···························· 浪　波
人造的河道 ·························· 吴烟痕
拉萨古城风光（外一首） ·············· 宁　宇
树冠（外一首） ······················ 李发模
江南情思（三首） ···················· 孙友田
睡莲（外一首） ······················ 靖　凯
诗三首 ································ 苏　明
嚼着玉兰花瓣的时候（外一首） ········ 何　达
春雨，淅淅沥沥 ······················ 曹　实
汽笛（散文诗　外一首） ·············· 杨　山

评论

我们的题材无比宽阔

——学习胡耀邦同志的讲话札记⋯⋯⋯⋯万　力
真实、倾向性及其他⋯⋯⋯⋯⋯⋯⋯洁　泯
严文井、冯骥才同志关于创作的通信

美术
书法⋯⋯⋯⋯⋯⋯⋯⋯⋯⋯⋯⋯王颂馀
青年突击手（油画）⋯⋯⋯⋯⋯关　魏等
晨（油画）⋯⋯⋯⋯⋯⋯⋯⋯⋯安立柱

1981 年第 6 期　刊名:《新港》
目录

儿童文学小辑
他们成长起来了（小说）⋯⋯⋯⋯⋯刘　真
我们的吴老师和白老师（小说）⋯⋯罗辰生
警惕（小说）⋯⋯⋯⋯⋯⋯⋯⋯⋯陈　丽
愉快的星期天（小小说）⋯⋯⋯⋯王家男
改画（小小说）⋯⋯⋯⋯刘德荣　朱振东
卵石兄弟（童话）⋯⋯⋯⋯⋯⋯⋯吕德华
给调皮孩子的诗（诗二首）⋯⋯⋯金　近
节日的礼物（诗十一首）⋯⋯⋯田晓菲等
匈牙利脚踏车（小说）⋯⋯⋯⋯⋯冯骥才
亲人（小说）⋯⋯⋯⋯⋯⋯⋯⋯⋯杨　啸
大孟和小郑（小小说）⋯⋯⋯⋯⋯董文生
春天（散文）⋯⋯⋯⋯⋯⋯⋯何其芳遗作
种子·花树（散文）⋯⋯⋯⋯⋯⋯于雁军
音符（散文）⋯⋯⋯⋯⋯黄　彦　梁彬艳
川鄂纪行（词）⋯⋯⋯⋯⋯⋯⋯⋯朱子强
园丁（诗）⋯⋯⋯⋯⋯⋯⋯⋯⋯⋯鲁　藜
夜船出海港（诗）⋯⋯⋯⋯⋯⋯⋯流沙河
红灯与绿灯（诗·外一首）⋯⋯⋯王燕生
春，在矿工心里（诗）⋯⋯⋯⋯⋯吕海潮
生活，美的诗情（诗四首）
盲人夫妻讲的故事（外一首）⋯⋯一　舒
信任⋯⋯⋯⋯⋯⋯⋯⋯⋯⋯⋯⋯马恒祥
未来⋯⋯⋯⋯⋯⋯⋯⋯⋯⋯⋯⋯纪东序
短篇创作深化的若干特点
——谈一九八〇年部分获奖小说⋯雷　达
读作品记（五）⋯⋯⋯⋯⋯⋯⋯孙　犁
根深才能花叶茂⋯⋯⋯⋯⋯⋯⋯李基凯
略谈文学创作与语言美⋯⋯⋯⋯夏　峰
高尔基和青年作家⋯⋯⋯⋯斯·奥斯特洛夫斯卡娅
李维颐　郝尔启译

新花赞
可贵的献身精神
——评《山林深处》⋯⋯⋯⋯⋯高维晞
涌自生活激流的艺术

——读《贤邻街九十九号》⋯⋯⋯危　羚

编后记
翔（版画）⋯⋯⋯⋯⋯⋯⋯⋯⋯李芳芳
书市（版画）⋯⋯⋯⋯⋯⋯⋯⋯商沐忠

外国美术介绍
禁止游泳　祈祷⋯⋯⋯⋯〔美〕罗克威尔
练江之滨（木刻）⋯⋯⋯⋯⋯⋯张　扬

1981 年第 7 期　刊名:《新港》
目录

诗歌
七月的歌⋯⋯⋯⋯⋯⋯⋯⋯⋯⋯田师善
祝酒⋯⋯⋯⋯⋯⋯⋯⋯⋯⋯⋯⋯雷抒雁
当我双手捧起党旗⋯⋯⋯⋯⋯⋯林　希
信念之歌⋯⋯⋯⋯⋯⋯⋯⋯⋯⋯王榕树
南潮歌（外一首）⋯⋯⋯⋯⋯⋯唐　湜
韶山的路⋯⋯⋯⋯⋯⋯⋯⋯⋯⋯谢其规
心曲⋯⋯⋯⋯⋯⋯⋯⋯⋯⋯⋯⋯张名河

小说
长城魂⋯⋯⋯⋯⋯⋯⋯⋯⋯⋯⋯赵　熙
和平使者周恩来（长篇历史小说《叱咤风云》片断）
⋯⋯⋯⋯⋯⋯⋯⋯⋯⋯⋯⋯⋯王　林
追求⋯⋯⋯⋯⋯⋯⋯⋯⋯⋯⋯⋯肖复兴
区委书记⋯⋯⋯⋯⋯⋯⋯⋯⋯⋯李玉林
张姥姥闹府⋯⋯⋯⋯⋯⋯⋯⋯⋯柯　兰

小小说
双喜临门⋯⋯⋯⋯⋯⋯⋯⋯⋯⋯薛炎文
青青的橡胶林⋯⋯⋯⋯⋯⋯⋯⋯朱传雄
把关⋯⋯⋯⋯⋯⋯⋯⋯⋯⋯⋯⋯王雅鸣

散文
我们爱您
——宋妈妈⋯⋯⋯⋯⋯⋯⋯⋯⋯章薇娜
延安精神永葆青春⋯⋯⋯⋯⋯⋯蔡天心
访菲散记⋯⋯⋯⋯⋯⋯⋯⋯⋯⋯解　清

评论
努力发展党的文艺事业
——纪念建党六十周年⋯⋯⋯⋯万　力
关于社会主义新人形象的塑造⋯⋯敏　泽
给苏予同志的一封信⋯⋯⋯⋯⋯曹　禺

作家与作品

读作品记（六）·····················孙　犁
《母国政短篇小说选》的代序和后记
代序：在女神和魁星前面·············林斤澜
后记·····························母国政
他有一颗闪光的党员之心
——《开拓者》中车篷宽形象试析····仇润喜　刘　琦
对照艺术的运用
——冯骥才创作谈···················胡德培

编后记
美术
封面设计·························陈　新
春满人间（国画）（封面）···········呼延夜泊
没有共产党就没有新中国（油画）···张京生　王元珍
跃马太行（木刻）···················杨全生
泸定桥（速写）·····················张世范
延安（摄影）·······················董岩青

1981 年第 8 期　刊名：《新港》
目录

小说
风满潇湘（长篇小说《风满潇湘》片断）
·························柯　蓝　文　秋
热夜·····························刘　恒
一号金星·························张文德
父亲·····························焦恒生
南风之熏·························杨书案

小小说
美人蕉·························张京平
十字路口·························姜维群
新任务·························魏　威

散文
锲而不舍的人（报告文学）
——记劳动模范肖德训搞技术革新的事迹··袁　静
漫忆茅公二三事·····················丹　晨
我爱三边的盐湖·····················陈四长
三峡情思·························李凯源

诗歌
我们的队伍向太阳
晨曦·····························颜廷奎
母亲，我在北斗星下站岗（外一首）·····李武兵
苗寨情思（散文诗）·················唐　祈
山中小路·························马合省

军事博物馆抒情·····················王淑臣
谒渡江纪念塔·······················姜树川
寄给历史·························黄东成
雪·······························周良沛
滇行诗笺（二首）···················纪　鹏
山的呼唤·························罗　洛
他走出储蓄所·······················范　源
晤·······························李根红

评论
关于《庚子风云》二三语·············鲍　昌
给吴若增同志的信···················王　蒙
"写人生"、"写社会问题"及其他
——读冯骥才同志两封书信所想到的·······张　韧
真实性与典型性·····················王向峰
语言
——人道与文道杂说之五·············贾平凹
新人与凡人
——关于小说《师兄弟之间》的对话·······杨志杰

津门文谈
完善作品与完善自我·················王佩云
说"悖理"·························安国梁

编后记
美术
芭蕉小鸟（国画）···················孙琪峰
雨伞（油画）···················[法] 雷诺阿
长征之路（油画）···················沈尧伊
俚岛速写（三幅）···················张作良

1981 年第 9 期　刊名：《新港》
目录

纪念鲁迅诞生一百周年
学习鲁迅先生的现实意义
——在天津市纪念鲁迅诞生一百周年大会上的讲话
·······························李霁野
鲁迅和宋庆龄
——为英法文《中国文学》作·············李何林
回忆鲁迅先生点滴···················曹靖华
鲁迅在绍兴府中学堂·················周芾棠
论鲁迅改革国民性的文学观·············滕　云

评论
在过去与未来之间
——与文艺界友人谈谈学《决议》的问题·······马献廷
《茹志鹃散文选》后记·················茹志鹃

编后记

小说
一件离婚案……………………蒋子龙
踏雪寻梅……………………王 扶
遥远的祝福……………………蓝学信
瓜嫂………………………李述宽 岳长贵
第六感官的复苏……………………尤 异

小小说
爱，从今天开始……………………刘耀亮
送给爸爸的礼物……………………王志远
茶摊……………………刘德春

诗歌
拾穗集（十首）……………………王恩华等
永宁海岬（外一首）……………………蔡其矫
世界应该是美好的（外一首）……………………邵燕祥
春草（外一首）……………………刘 章
大海，举办迷人的美展……………………贺羡泉
火之歌（外一首）……………………郭 廓
芦笙和唢呐……………………黎焕颐
情思（三首）……………………张雪杉
同志（外一首）……………………张少敏
发现……………………纪东序

美术
春晓（国画）……………………王颂馀
鲁迅作品插图选（木刻）……………………国 风
鲁迅先生诗一首（篆刻）……………………华 非
花鸟画二幅（国画）……………………雷春阳
山桃花（油画）……………………秦 征

1981 年第 10 期　刊名：《新港》

目录

小说
美的记忆……………………吕舒怀
我们在大阪相逢……………………马 林
雪打灯……………………刘贵贤
喜期……………………周 渺
桂花……………………王不天
开路人……………………张敬礼

小小说
热……………………雨 辰
正副队长……………………秋 华
乘客……………………刘孝存

散文
偎侬山上的婚礼……………………于雁军
沙原宝……………………阎豫昌
月光洒满小石桥……………………袁玉兰
苍岩山美景……………………孟 敏
峨眉的呼唤……………………刘晓梅
燕歌行（报告文学）……………………李树喜

诗歌
祖国，献给你一束花（十首）
哦，庄稼人（二首）……………………许向诚
村口，有一个幺店子……………………陈 犀
牧牛江南岸……………………丁 芒
看稻田（外一首）……………………莫西芬
夏夜的琴弦（外一首）……………………刘小放
果子熟了（外一首）……………………蔡国瑞
胆剑篇……………………赵 恺
纵然我们不再年轻……………………姚振函
河水漂来一张张树叶（外一首）……………………宫 玺
孩子提问（外一首）……………………陈敬容
居庸关剪影（二首）……………………倩 晴
榆钱（外一首）……………………刘铁柯
歌·流水（外一章）……………………李 耕

评论
鲁迅小说的讽刺特色……………………刘家鸣
"为人生，而且要改良这人生"……………………黄益庸
"问题小说"和小说的问题（争鸣）……………………夏康达
《澹定集》后记……………………孙 犁
给孙犁同志的信……………………吕 剑

津门文谈
动物园的"铁栅"和"剩烂苹果"……………………贺梓钰
惊心动魄的和耸人听闻的……………………钱中文

编后记
《孙犁文集》即将出版……………………闻 济

美术
观日亭（国画）……………………孙克纲
系起明月一轮（套色木刻）……………康振起 赵海鹏
梳妆（套色木刻）……………………张文荣
油画人像（三幅）……………………汲 成等
节日（油画）……………………边秉贵

1981 年第 11 期　刊名:《新港》
目录

小说

东湖洼之晨 ⋯⋯⋯⋯⋯⋯⋯⋯⋯⋯⋯ 张秋华
"八厂巡按" ⋯⋯⋯⋯⋯⋯⋯⋯⋯⋯ 石　英
在家属休息室里 ⋯⋯⋯⋯⋯⋯⋯⋯ 果向真
沙海月色 ⋯⋯⋯⋯⋯⋯⋯⋯⋯⋯⋯ 李克之
多老婶 ⋯⋯⋯⋯⋯⋯⋯⋯⋯⋯⋯⋯ 杨　平
中世纪传奇 ⋯⋯ [美]马克·吐温作　史津海译

小小说

童心 ⋯⋯⋯⋯⋯⋯⋯⋯⋯⋯⋯⋯⋯ 赵胜利
我心中的秘密 ⋯⋯⋯⋯⋯⋯⋯⋯⋯ 马石利
枫叶片片 ⋯⋯⋯⋯⋯⋯⋯⋯⋯⋯⋯ 郭树斌

散文

诗人，生活于事——怀念自评 ⋯⋯ 朱　寨
晨影剪辑 ⋯⋯⋯⋯⋯⋯⋯⋯⋯⋯⋯ 李健君
珍藏在记忆中的友谊 ⋯⋯⋯⋯⋯⋯ 褚建民

诗歌

祭 ⋯⋯⋯⋯⋯⋯⋯⋯⋯⋯⋯⋯⋯⋯ 邹荻帆
城镇篇 ⋯⋯⋯⋯⋯⋯⋯⋯⋯⋯⋯⋯ 刘岚山
泪珠花（外一首）⋯⋯⋯⋯⋯⋯⋯ 张万舒
桂林三章 ⋯⋯⋯⋯⋯⋯⋯⋯⋯⋯⋯ 晏　明
早晨的诗（三首）⋯⋯⋯⋯⋯⋯⋯ 蓝　曼
在同一顶雨伞下 ⋯⋯⋯⋯⋯⋯⋯⋯ 顾　工
绸伞情思 ⋯⋯⋯⋯⋯⋯⋯⋯⋯⋯⋯ 石　湾
菜市口 ⋯⋯⋯⋯⋯⋯⋯⋯⋯⋯⋯⋯ 浪　波
爱的花束（十首）⋯⋯⋯⋯ 贾长厚　宗　鄂等
抒情诗小辑（十八首）⋯⋯⋯ 昌　耀　金同悌等

评论

中国近年来鲁迅研究的概况
——在美国"鲁迅及其遗产"学术讨论会上的发言
⋯⋯⋯⋯⋯⋯⋯⋯⋯⋯⋯⋯⋯⋯⋯ 林　非
大胆的探索
——谈航鹰短篇小说的戏剧性 ⋯⋯ 马　威
有感于报告文学的创作 ⋯⋯⋯⋯⋯ 李炳银
"心有灵犀一点通"
——谈散文的寓意 ⋯⋯⋯⋯⋯⋯⋯ 佘树森
走向宽阔　走向成熟
——"写人生"末议 ⋯⋯⋯⋯⋯⋯ 邢富君

编后记
美术
女孩和花（国画）⋯⋯⋯⋯⋯⋯⋯⋯ 娄家本

山泉（套色木刻）⋯⋯⋯⋯⋯⋯⋯⋯ 吴　燃
芳草觅牧归（木刻）⋯⋯⋯⋯⋯⋯⋯ 张礼军
唤醒群山（勘探队生活组画选）⋯⋯ 李长友
农舍（套色木刻）⋯⋯⋯⋯⋯⋯⋯⋯ 张作良

1981 年第 12 期　刊名:《新港》
目录

小说

秀女伢 ⋯⋯⋯⋯⋯⋯⋯⋯⋯⋯⋯⋯ 杨东明
触角 ⋯⋯⋯⋯⋯⋯⋯⋯⋯⋯⋯⋯⋯ 柳　溪
富有者 ⋯⋯⋯⋯⋯⋯⋯⋯⋯⋯⋯⋯ 许瑞生
山路弯弯 ⋯⋯⋯⋯⋯⋯⋯⋯⋯⋯⋯ 李国馥
陪伴 ⋯⋯⋯⋯⋯⋯⋯⋯⋯⋯⋯⋯⋯ 蔡　嵘

小小说

"雕像" ⋯⋯⋯⋯⋯⋯⋯⋯⋯⋯⋯⋯ 余小惠
小店里的梅姑娘 ⋯⋯⋯⋯⋯⋯⋯⋯ 韩春旭
突击手的故事 ⋯⋯⋯⋯⋯⋯⋯⋯⋯ 刘世新

散文

喜酒 ⋯⋯⋯⋯⋯⋯⋯⋯⋯⋯⋯⋯⋯ 冉淮舟
忆穆旦晚年二三事 ⋯⋯⋯⋯⋯⋯⋯ 樊　帆
灯光满窗 ⋯⋯⋯⋯⋯⋯⋯⋯⋯⋯⋯ 王　炜

诗歌

建设者之歌
褐色的森林（外一首）⋯⋯⋯⋯⋯⋯ 姜金城
钢铁大街 ⋯⋯⋯⋯⋯⋯⋯⋯⋯⋯⋯ 桑　原
云 ⋯⋯⋯⋯⋯⋯⋯⋯⋯⋯⋯⋯⋯⋯ 聂鑫森
播春者（外一首）⋯⋯⋯⋯⋯⋯⋯⋯ 王恩宇
红茶永远开不败 ⋯⋯⋯⋯⋯⋯⋯ 柯仲平遗作
树木唱给春天的歌 ⋯⋯⋯⋯⋯⋯⋯ 朱　红
我们从黎明开始攀登（外一首）⋯⋯ 宋曙光
笑（外一首）⋯⋯⋯⋯⋯⋯⋯⋯⋯ 杨　山
我走入雪原（外一首）⋯⋯⋯⋯⋯⋯ 梁　南
海和勇士（外一首）⋯⋯⋯⋯⋯⋯⋯ 赵大民
在海底世界（四首）⋯⋯⋯⋯⋯⋯⋯ 柴德森

评论
新花赞
读《赤橙黄绿青蓝紫》⋯⋯⋯ 马献廷　方伯敬
读孙犁的《读作品记》⋯⋯⋯⋯⋯⋯ 顾传菁
历史小说之花　现实主义之路
——读《庚子风云》第一部 ⋯⋯⋯ 张圣康
深刻的，又是艺术的
——读成一的部分短篇小说 ⋯⋯⋯ 张少敏
我都不懂怎么不该罚

——漫谈薛蟠的一些性格特征 ⋯⋯⋯⋯⋯ 王朝闻
关于"写人生"和"写社会问题"的讨论
也谈"写人生"和"写社会问题" ⋯⋯ 沈太慧 何火任
宽广的创作路子在哪里 ⋯⋯⋯⋯⋯⋯⋯⋯⋯ 辛宪锡

编后记
美术
女孩（国画） ⋯⋯⋯⋯⋯⋯⋯⋯⋯⋯⋯⋯ 杜滋龄
迎春（油画） ⋯⋯⋯⋯⋯⋯⋯⋯⋯⋯⋯⋯ 傅乃琳
黄河的子孙（国画） ⋯⋯⋯⋯⋯⋯⋯⋯⋯ 李永文
辛酉金秋（年画） ⋯⋯⋯⋯⋯⋯⋯⋯⋯⋯ 王春景
觉悟（年画） ⋯⋯⋯⋯⋯⋯⋯⋯⋯⋯⋯⋯ 姚重庆

1982 年第 1 期　刊名:《新港》
目录

小说
宁儿 ⋯⋯⋯⋯⋯⋯⋯⋯⋯⋯⋯⋯⋯⋯⋯⋯ 王小鹰
路 ⋯⋯⋯⋯⋯⋯⋯⋯⋯⋯⋯⋯⋯⋯⋯⋯⋯ 京　夫
雪夜 ⋯⋯⋯⋯⋯⋯⋯⋯⋯⋯⋯⋯⋯⋯⋯⋯ 杨勃森
周末 ⋯⋯⋯⋯⋯⋯⋯⋯⋯⋯⋯⋯⋯⋯⋯⋯ 宋树新
福相女 ⋯⋯⋯⋯⋯⋯⋯⋯⋯⋯⋯⋯⋯⋯⋯ 毛志成

散文
萨瓦河的涛声——访南琐记 ⋯⋯⋯⋯⋯⋯ 蒋子龙
在旧梦中甜睡
——访英散文集《雾里看伦敦》一章 ⋯⋯ 冯骥才

小小说
有福之人 ⋯⋯⋯⋯⋯⋯⋯⋯⋯⋯⋯⋯⋯⋯ 光　满
雁泉清清 ⋯⋯⋯⋯⋯⋯⋯⋯⋯⋯⋯⋯⋯⋯ 廖金国
铺满朝霞的路 ⋯⋯⋯⋯⋯⋯⋯⋯⋯⋯⋯⋯ 王成瑶

诗歌
诗二首 ⋯⋯⋯⋯⋯⋯⋯⋯⋯⋯⋯⋯⋯⋯⋯ 方　纪
苍青集（八首） ⋯⋯⋯⋯⋯⋯⋯⋯⋯⋯⋯ 管　桦
渊源（外一首） ⋯⋯⋯⋯⋯⋯⋯⋯⋯⋯⋯ 黄东成
生活的琴音（诗辑） ⋯⋯⋯⋯⋯ 杨兆祥　江　抗等
津门诗萃（诗歌） ⋯⋯⋯⋯⋯⋯ 魏久环　晓　钢等
村歌唱晚（八首） ⋯⋯⋯⋯⋯⋯⋯⋯⋯⋯ 杨金亭

评论
希望在你们身上
——在业余作者学习班上的谈话 ⋯⋯⋯⋯ 万　力
随着生活的脉搏跳动——《新港》一九八一年发表的
小小说巡礼 ⋯⋯⋯⋯⋯⋯⋯⋯⋯⋯⋯⋯⋯ 昆　夫
无师而无不师 ⋯⋯⋯⋯⋯⋯⋯⋯⋯⋯⋯⋯ 陆文夫

津门文谈
从"孟尝君听琴"所想到的 ⋯⋯⋯⋯⋯⋯ 谭兴国
"取不经人道者" ⋯⋯⋯⋯⋯⋯⋯⋯⋯⋯ 薛炎文

编后记
美术
早春
——周恩来和他的老师松本龟次郎（油画） ⋯ 邓家驹
鱼水吟（油画） ⋯⋯⋯⋯⋯⋯⋯⋯⋯⋯⋯ 秦　征
水印木刻两幅 ⋯⋯⋯⋯⋯⋯⋯⋯⋯⋯⋯⋯ 张坚如
心计（装饰画） ⋯⋯⋯⋯⋯⋯⋯⋯⋯⋯⋯ 黄宗瑞

1982 年第 2 期　刊名:《新港》
目录

在天津市文学艺术工作者第二次代表大会上的祝辞
⋯⋯⋯⋯⋯⋯⋯⋯⋯⋯⋯⋯⋯⋯⋯⋯⋯ 陈伟达
天津市文学艺术工作者第二次代表大会开幕词
⋯⋯⋯⋯⋯⋯⋯⋯⋯⋯⋯⋯⋯⋯⋯⋯⋯ 方　纪
走正路，出作品，出人才，努力攀登社会主义文艺新
高峰——在天津市文学艺术工作者第二次代表大会上
的报告 ⋯⋯⋯⋯⋯⋯⋯⋯⋯⋯⋯⋯⋯⋯⋯ 李霁野
天津市文学艺术工作者第二次代表大会闭幕词
⋯⋯⋯⋯⋯⋯⋯⋯⋯⋯⋯⋯⋯⋯⋯⋯⋯ 孙　犁
在中国作家协会天津分会第二次会员大会上的讲话
⋯⋯⋯⋯⋯⋯⋯⋯⋯⋯⋯⋯⋯⋯⋯⋯⋯ 陈　冰
天津市文学艺术界联合会名誉主席、主席、副主席、
委员名单
中国作家协会天津分会主席、副主席、理事名单

小小说
我去赴喜筵 ⋯⋯⋯⋯⋯⋯⋯⋯⋯⋯⋯⋯⋯ 李天芳
在风的旋涡里 ⋯⋯⋯⋯⋯⋯⋯⋯⋯⋯⋯⋯ 刘怀章
潘四奶奶 ⋯⋯⋯⋯⋯⋯⋯⋯⋯⋯⋯⋯⋯⋯ 吴若增
三人行 ⋯⋯⋯⋯⋯⋯⋯⋯⋯⋯⋯⋯⋯⋯⋯ 母国政
赵驴儿赶会 ⋯⋯⋯⋯⋯⋯⋯⋯⋯⋯⋯⋯⋯ 肖亦农
关心 ⋯⋯⋯⋯⋯⋯⋯⋯⋯⋯⋯⋯⋯⋯⋯⋯ 崔椿蕃

散文
将军的足迹 ⋯⋯⋯⋯⋯⋯⋯⋯⋯⋯⋯⋯⋯ 郑　直
泉 ⋯⋯⋯⋯⋯⋯⋯⋯⋯⋯⋯⋯⋯⋯⋯⋯⋯ 贾平凹
两只青蛙（寓言） ⋯⋯ ［苏］班台莱耶夫著　朱春雨译

诗歌
寄自北中国的春讯（二首） ⋯⋯⋯⋯⋯⋯ 李　瑛
太湖印象（二首） ⋯⋯⋯⋯⋯⋯⋯⋯⋯⋯ 青　勃
秋郊晨曲 ⋯⋯⋯⋯⋯⋯⋯⋯⋯⋯⋯⋯⋯⋯ 张明权
首都风采 ⋯⋯⋯⋯⋯⋯⋯⋯⋯⋯⋯⋯⋯⋯ 石　英

海河，我的摇篮（二首）⋯⋯⋯⋯⋯⋯⋯闵 人
听歌⋯⋯⋯⋯⋯⋯⋯⋯⋯⋯⋯⋯⋯⋯⋯陈茂欣
一个工程师的履历（外一首）⋯⋯⋯⋯金同悌
我是一只无名的小鸟⋯⋯⋯⋯⋯⋯⋯⋯阿 乐
甜水情⋯⋯⋯⋯⋯⋯⋯⋯⋯⋯⋯⋯⋯⋯冯景元
战士情（二首）⋯⋯⋯⋯⋯⋯⋯⋯⋯⋯颜廷奎
我爱我的工厂（外一首）⋯⋯⋯⋯⋯⋯范忠立
行吟草⋯⋯⋯⋯⋯⋯⋯⋯⋯⋯⋯⋯⋯⋯贾宝泉
牧羊人（外一首）⋯⋯⋯⋯⋯⋯⋯⋯⋯宫本尧

编后记
美术
阵雨（油画）⋯⋯⋯⋯⋯⋯⋯⋯⋯⋯⋯张世范
台湾风光画（木刻）⋯⋯⋯⋯⋯⋯⋯⋯王麦杆
春风（年画）⋯⋯⋯⋯⋯⋯⋯⋯⋯⋯⋯杨 明
傣族少女（油画）⋯⋯⋯⋯⋯⋯⋯⋯⋯姬 成

1982 年第 3 期　刊名:《新港》
目录

小说
小小说专辑⋯⋯⋯⋯林斤澜 蒋子龙 阿 凤 杨柏林
宋安娜 陆 途 马绍娴 张世刚 李兴桥 王富杰
阎桂方 田松林 何香久 钱世明 董建津 武宝生
奥玛·绥费丁（周 行译） 大西赤人（任溶溶译）
插曲⋯⋯⋯⋯⋯⋯⋯⋯⋯⋯⋯⋯⋯⋯⋯邹志安
旱荷花⋯⋯⋯⋯⋯⋯⋯⋯⋯⋯⋯⋯⋯⋯许瑞生
寒天情思⋯⋯⋯⋯⋯⋯⋯⋯⋯⋯⋯⋯⋯程乃珊
丈夫和书和朋友⋯⋯⋯⋯⋯⋯⋯⋯⋯⋯陈吉蓉

诗歌
时代的洪流⋯⋯⋯⋯⋯⋯⋯⋯⋯⋯⋯⋯甘 文
新春之歌（三首）⋯⋯⋯⋯⋯⋯⋯⋯⋯之 临
汗与火焰（四首）⋯⋯⋯⋯⋯⋯⋯⋯⋯林 希
首钢抒情（三首）⋯⋯⋯⋯⋯⋯⋯⋯⋯张雪杉
在崇山峻岭间（二首）⋯⋯⋯⋯⋯⋯⋯柴德森
飘在五指山的歌（二首）⋯⋯⋯⋯⋯⋯倪维德
海心⋯⋯⋯⋯⋯⋯⋯⋯⋯⋯⋯⋯⋯⋯⋯王榕树
泰山诗情（二首）⋯⋯⋯⋯⋯⋯⋯⋯⋯白 金
海河（外一首）⋯⋯⋯⋯⋯⋯⋯⋯⋯⋯汪 抗
演练⋯⋯⋯⋯⋯⋯⋯⋯⋯⋯⋯⋯⋯⋯⋯王新弟

评论
做一个时代的"弄潮儿"
——鲁迅创作论断想⋯⋯⋯⋯⋯⋯⋯胡从经

新花赞
"使灵魂变得更加纯净和崇高"
——读《爱之上》⋯⋯⋯⋯⋯⋯⋯⋯黄泽新
开拓新的内容　塑造新的农民
——喜读《东湖洼之晨》⋯⋯⋯⋯⋯赵秀忠
小花一束献读者
——"小小说专辑"漫笔⋯⋯⋯⋯⋯⋯知 春

津门文谈
孙犁小说格调断想⋯⋯⋯⋯⋯⋯⋯⋯⋯王如青
人物的性格逻辑⋯⋯⋯⋯⋯⋯⋯⋯⋯⋯郎保东

编后记
美术
遐思（油画）⋯⋯⋯⋯⋯⋯⋯⋯⋯⋯⋯顾祝君
盘山览胜（国画）⋯⋯⋯⋯⋯⋯赵松涛 王颂余
孙克纲 齐宝善 李长有 黄宗瑞
书法（二条）⋯⋯⋯⋯⋯⋯⋯⋯⋯吴玉如 王颂余
失主找到了（油画）⋯⋯⋯⋯⋯⋯⋯⋯赵广玉
渔歌（版画）⋯⋯⋯⋯⋯⋯⋯⋯⋯⋯⋯张荣泰
"鸟语花香"组画之一（水粉）⋯⋯⋯李志国

1982 年第 4 期　刊名:《新港》
目录

小说
她，还是她⋯⋯⋯⋯⋯⋯⋯⋯⋯⋯⋯⋯李玉林
返校⋯⋯⋯⋯⋯⋯⋯⋯⋯⋯⋯⋯⋯⋯⋯邓友梅
盐滩上的绿坨子⋯⋯⋯⋯⋯⋯⋯⋯⋯⋯唐云富
独臂队长⋯⋯⋯⋯⋯⋯⋯⋯⋯⋯⋯⋯⋯戈悟觉
车到山前⋯⋯⋯⋯⋯⋯⋯⋯⋯⋯⋯⋯⋯周玉海
在部长家里作客⋯⋯⋯⋯⋯⋯⋯⋯⋯⋯左 森
卞姐⋯⋯⋯⋯⋯⋯⋯⋯⋯⋯⋯⋯⋯⋯⋯辛一夫

小小说
心灵上的光圈⋯⋯⋯⋯⋯⋯⋯⋯⋯⋯⋯刘连群
他笑了⋯⋯⋯⋯⋯⋯⋯⋯⋯⋯⋯⋯⋯⋯王海昌
在经理心目中⋯⋯⋯⋯⋯⋯⋯⋯⋯⋯⋯张伟刚
吉祥高跷⋯⋯⋯⋯⋯⋯⋯⋯⋯⋯⋯⋯⋯吴俊泉

散文
幽谷一家人⋯⋯⋯⋯⋯⋯⋯⋯⋯⋯⋯⋯韩映山
海盗⋯⋯⋯⋯⋯⋯⋯⋯⋯⋯⋯⋯⋯⋯⋯王家斌

诗歌
牵牛花小辑（十三首）⋯⋯⋯⋯何树岩 旭 宇等
点滴篇⋯⋯⋯⋯⋯⋯⋯⋯⋯⋯⋯⋯⋯⋯胡 征
上海，迎接我的（四首）⋯⋯⋯⋯⋯⋯雁 翼

女儿红 ⋯⋯⋯⋯⋯⋯⋯⋯⋯ 陈咏华
西行诗草（三首）⋯⋯⋯⋯ 尧山壁
银夜（外一首）⋯⋯⋯⋯⋯ 王辽生
列车进巴山（三首）⋯⋯⋯ 任芙康
山村除夕夜 ⋯⋯⋯⋯⋯⋯⋯ 倩 晴
秋的田野 ⋯⋯⋯⋯⋯⋯⋯⋯ 沙 驼
石林留影 ⋯⋯⋯⋯⋯⋯⋯⋯ 于长水
北戴河海滨抒情（散文诗二章）⋯ 陶 阳

评论

发展马克思主义的文艺批评 ⋯ 陈 冰
为人民创造更多更好的精神食粮
——记天津市文联、文化局召开文艺创作座谈会
⋯⋯⋯⋯⋯⋯⋯⋯⋯⋯⋯⋯ 本刊记者
改革洪流中飞出的浪花
——读近年来反映工业改革的部分小说
⋯⋯⋯⋯⋯⋯⋯⋯ 陈 辽 胡若定
延长线（作家与作品）⋯⋯⋯ 理 由
法捷耶夫致友人的两封信（作家书简）⋯范信龙等译
果戈理悲剧的教训 ⋯⋯⋯⋯ 关 鸿

编后记
美术
早晨的太阳（油画）⋯⋯⋯⋯ 王元珍
羊倌（版画）⋯⋯⋯⋯⋯⋯⋯ 国 风
春来早（国画）⋯⋯⋯⋯⋯⋯ 白庚延
花鸟画二幅（国画）⋯⋯⋯⋯ 张蒲生
新书（丙炳画）⋯⋯⋯⋯⋯⋯ 李志国

1982 年第 5 期　刊名:《新港》
目录

小说

夜醉 ⋯⋯⋯⋯⋯⋯⋯⋯⋯⋯⋯ 马 林
陌客 ⋯⋯⋯⋯⋯⋯⋯⋯⋯⋯⋯ 冯骥才
百灵啊，百灵 ⋯⋯⋯⋯⋯⋯⋯ 何 苦
友情 ⋯⋯⋯⋯⋯⋯⋯⋯⋯⋯⋯ 谢鲁渤
回回四歌 ⋯⋯⋯⋯⋯⋯⋯⋯⋯ 张长弓
我的妻子 ⋯⋯⋯⋯⋯⋯⋯⋯⋯ 苏书棠

小小说

海风 ⋯⋯⋯⋯⋯⋯⋯⋯⋯⋯⋯ 林培堂
路漫漫 ⋯⋯⋯⋯⋯⋯⋯⋯⋯⋯ 柳 村
说客 ⋯⋯⋯⋯⋯⋯⋯⋯⋯⋯⋯ 任庆华
心底的微笑 ⋯⋯⋯⋯⋯⋯⋯⋯ 赵国瑞

散文

不负祖先育后人——忆著名女文学家、教育家冯沅君

教授 ⋯⋯⋯⋯⋯⋯⋯⋯⋯⋯⋯ 郭同文
葬礼——童年拾记 ⋯⋯⋯⋯⋯ 齐明昌
泰山记胜 ⋯⋯⋯⋯⋯⋯⋯⋯⋯ 有 莹

诗歌

团结起来到明天 ⋯⋯⋯⋯⋯⋯ 马 丁
五月的乡村（三首）⋯⋯⋯⋯ 闻 频
铜的冶炼者（外一首）⋯⋯⋯ 刘 镇
银河集（十七首）⋯⋯ 雷 雯 郑秉伏等
试炼 ⋯⋯⋯⋯⋯⋯⋯⋯⋯⋯⋯ 胡 昭
探索者的脚印 ⋯⋯⋯⋯⋯⋯⋯ 关登瀛
渔舟唱晚 ⋯⋯⋯⋯⋯⋯⋯⋯⋯ 高近远
港口 ⋯⋯⋯⋯⋯⋯⋯⋯⋯⋯⋯ 李根红

评论

探求真理的道路
——给友人的一封信 ⋯⋯⋯ 马献廷
新的时代　新的责任 ⋯⋯⋯ 卫建林
情感·人物·语言风格
——读《白洋淀纪事》⋯⋯⋯ 傅 瑛
自己的家园（作家与作品）
——《两姊妹》自序 ⋯⋯⋯ 王西彦

新花赞

读《叱咤风云》⋯⋯⋯⋯⋯⋯ 冉淮舟
评长篇小说《吉鸿昌》⋯⋯⋯ 哲 明

编后记
文讯（一则）

美术

五彩湖（油画）⋯⋯⋯⋯⋯⋯ 沈尧伊
渤海春潮（版画）⋯⋯⋯⋯⋯ 沈 杰
早春（版画）⋯⋯⋯⋯⋯⋯⋯ 王宝山
我的家（国画）⋯⋯⋯⋯⋯⋯ 杜滋龄
春风（国画）⋯⋯⋯⋯⋯⋯⋯ 郑庆衡
少女（油画）⋯⋯⋯⋯⋯⋯⋯ 张世范

1982 年第 6 期　刊名:《新港》
目录

儿童文学小辑

那里永远是一片朝霞（报告文学）
——记特级幼儿教师周静 ⋯⋯⋯ 宋树新
美丽的诗的品种
——《中国新时期儿童诗选》序 ⋯ 臧克家
绿色的柳苗（诗·六首）⋯⋯ 张新宇
神密之夜（小说）⋯⋯⋯ 袁 静 秦文虎

杏花路（小说）⋯⋯⋯⋯⋯⋯⋯⋯⋯李克明
"老师早！"（小小说）⋯⋯⋯⋯⋯⋯詹岱尔
告别家乡（散文）
——学徒生活之一⋯⋯⋯⋯⋯⋯⋯金　近
彩蘑菇（散文）⋯⋯⋯⋯⋯⋯⋯⋯⋯王公惠
马雅可夫斯基的少年时代（散文）⋯罗　玲
花瓣集（散文诗二章）⋯⋯⋯⋯⋯⋯孔　林

小说·散文
我和姐姐⋯⋯⋯⋯⋯⋯⋯⋯⋯⋯⋯田师善
滋味⋯⋯⋯⋯⋯⋯⋯⋯⋯⋯⋯⋯⋯成　一
调离的时候⋯⋯⋯⋯⋯⋯⋯⋯⋯⋯景　风
雨夜，在小镇上⋯⋯⋯⋯⋯⋯⋯⋯李佩芝
名字琐忆（散文）⋯⋯⋯⋯⋯⋯⋯陈洁民

小小说
绿色林荫路⋯⋯⋯⋯⋯⋯⋯⋯⋯⋯丁　岚
在酒馆里⋯⋯⋯⋯⋯⋯⋯⋯⋯⋯尤德翰
串亲⋯⋯⋯⋯⋯⋯⋯⋯⋯⋯⋯⋯陈绘谱
信⋯⋯⋯⋯⋯⋯⋯⋯⋯⋯⋯⋯⋯刘玉茹

诗歌
追求，献给故乡的土壤（二首）⋯申爱萍
渤海渔讯（二首）⋯⋯⋯⋯⋯⋯⋯何香久
除夕，爆竹响了一夜（外一首）⋯左一兵
海峡的乐章（三首）⋯⋯⋯⋯⋯⋯于宗信
青海诗笺（三首）⋯⋯⋯⋯⋯⋯⋯浪　波
山南海北（诗辑·八首）⋯⋯⋯⋯郭宝臣等

评论
创作的才能向哪里发展⋯⋯⋯⋯⋯钱中文
在现实和历史的交融中
——谈赵熙的小说⋯⋯⋯⋯⋯⋯⋯肖云儒

津门文谈
爱情·现实·理想⋯⋯⋯⋯⋯⋯⋯西　龙
薛宝钗一席话的启迪⋯⋯⋯⋯⋯⋯陈　炳

编后记
文讯（一则）

美术
夏（油画）⋯⋯⋯⋯⋯⋯⋯⋯⋯⋯吴冠中
秋实（杨柳青年画）⋯⋯⋯⋯⋯⋯郑克祥
选良种（杨柳青年画）⋯⋯⋯⋯⋯沈大慈
黑白木刻（二幅）⋯⋯⋯⋯⋯⋯⋯孙世亮
拉弓的人（油画）⋯⋯⋯⋯⋯⋯⋯李忠良

1982 年第 7 期　刊名:《新港》
目录

小说
大漠风（插图·沈尧伊）⋯⋯⋯⋯⋯赵　熙
丫丫⋯⋯⋯⋯⋯⋯⋯⋯⋯⋯⋯⋯⋯吴若增
青山遮不住⋯⋯⋯⋯⋯⋯⋯⋯⋯⋯仇学宝
启程新路⋯⋯⋯⋯⋯⋯⋯⋯⋯⋯⋯高时英
蒜乡惊蛰⋯⋯⋯⋯⋯⋯⋯⋯⋯⋯⋯管建勋

小小说
一束牡丹花（插图·颜铁良）
　　　　　　　　袁树森　贾希娟
盼（插图·颜铁良）⋯⋯⋯⋯⋯⋯王家男
秋雨沙沙⋯⋯⋯⋯⋯⋯⋯⋯⋯⋯⋯沙　雨
选镜头（插图·陈九如）⋯⋯⋯⋯孟庆志
在我们村庄里⋯⋯⋯⋯⋯⋯⋯⋯⋯杨金锡

散文
一年间（报告文学）⋯⋯⋯⋯⋯⋯肖复兴
鲁迅在天津⋯⋯⋯⋯⋯⋯⋯⋯⋯⋯许钦文
情感教育⋯⋯⋯⋯⋯⋯⋯⋯⋯⋯⋯姜德明
碧野蓝天⋯⋯⋯⋯⋯⋯⋯⋯⋯⋯⋯桂雨清

诗歌
方寸集⋯⋯⋯⋯⋯⋯⋯⋯⋯⋯⋯⋯鲁　藜
风姿（三首）⋯⋯⋯⋯⋯⋯⋯⋯⋯昌　耀
塘沽二首⋯⋯⋯⋯⋯⋯⋯⋯⋯⋯⋯高伐林
给亲爱的宝宝（二首）⋯⋯⋯⋯⋯马合省
雨中浣衣⋯⋯⋯⋯⋯⋯⋯⋯⋯⋯⋯徐善新
绿色的诗行⋯⋯⋯⋯⋯⋯⋯⋯⋯⋯陈官煊
哦，故乡的拱桥（外一首）⋯⋯⋯潘万提
牵⋯⋯⋯⋯⋯⋯⋯⋯⋯⋯⋯⋯⋯⋯仿　雪
我回到了故乡（外一首）⋯⋯⋯⋯郝小明
恋人的目光⋯⋯⋯⋯⋯⋯⋯⋯⋯⋯毕　林
思念⋯⋯⋯⋯⋯⋯⋯⋯⋯⋯⋯⋯⋯溪　流
在静静的图书馆里⋯⋯⋯⋯⋯⋯⋯龚朝群
海河两岸的灯⋯⋯⋯⋯⋯⋯⋯⋯⋯孟皋卿
石子⋯⋯⋯⋯⋯⋯⋯⋯⋯⋯⋯⋯⋯闻毛南
这一代的"瞬间"（散文诗·外一首）⋯许　淇

评论
失败——作家最忠实的保姆⋯⋯⋯蒋子龙
永远热爱　永远歌唱
——评诗人鲁藜近作⋯⋯⋯⋯⋯⋯滕　云

新花赞
《山鸣谷应》的艺术特色⋯⋯⋯⋯申文钟
读《她，还是她》漫笔⋯⋯⋯⋯⋯王建儒

文讯

编后记

美术

封面设计、封面木刻 ································· 吴 燃
黎明（油画）··· 邓乃荣
鹰（国画）··· 梁 琦
枇杷（国画）··· 霍春阳
篆刻（三方）······························· 韩天衡 秦 彪
海边（装饰画）······································· 刘巨德

1982 年第 8 期　刊名:《新港》
目录

小说

夫妻之间（蔡延年插图）····························· 蔡 嵘
茇茇草（王书朋插图）······························· 鲍 昌
春雨··· 王从学
再等月儿圆··· 华 夏
天，还是蓝的······································· 竹 子
刘灿英赴约··· 朱敏慎

小小说

木匠大舅··· 袁玉兰
小飞飞··· 王文元
看门人··· 李路阳
喜剧··· 郁 葱
重逢··· 张家埠

散文

不可逾越的长城（报告文学）························· 李玲修
孔府二题··· 柯 兰
在那晴朗的早晨····································· 邓 惠
冬菠萝··· 逯 斐

诗歌

北京与历史··· 邵燕祥
香港风景线（二首）································· 辛 笛
农村纪事（三首）··································· 许向诚
乔迁之喜（二首）··································· 李春林
细流集（散文诗二章）······························· 管用和

战士情思

珍视··· 李松涛
九月，阵地上开着野菊······························· 李 钧
背来的菜地··· 李鹏青
弦（外一首）······································· 程步涛
写在春天的诗······································· 李武兵
过武侯祠··· 韩瑞亭

评论

关怀·教导·鞭策·鼓舞
——读毛泽东同志给文艺界人士的十五封信
··· 雷声宏
坚持党性原则　繁荣文艺创作
——学习陈云同志讲话札记··························· 楚 学
在重新执笔之后
——读柳溪中篇小说有感····························· 刘锡诚
我就这样迈开了第一步······························· 刘 真

津门文谈

少做作　勿卖弄····································· 李壮鹰
艺术的观察与观察的艺术····························· 王之望

编后记

美术

微风（木刻）······································· 徐 匡
少女（油画）······································· 汲 成
文学作品插图（三幅）······························· 聂昌硕
雨林小歌（装饰画）································· 刘巨德

1982 年第 9 期　刊名:《新港》
目录

小说

驼迹··· 肖 平
三个忧虑的人······································· 赵北望
飒飒秋风··· 陈福廷
得到的与失去的····································· 徐小斌

小小说

荷花··· 韩 起
夜半敲门··· 程 远
打钢号··· 褚建民
静··· 虞鸣吉
评书迷··· 刘德春

散文

一个小说家的悲剧··································· 冯育楠
我的同学们··· 王安忆
拜祖寻宗记··· 李 麦
海棠吟··· 江 波

诗歌·海风

往情（三首）······································· 张志民
山旅（外一首）····································· 陈 犀
花事（三首）······································· 刘祖慈
绿茵茵草地（外一首）······························· 郑秉伏

青春的旋律（九首）

送别·····································孙仲明
沉默的回声（外一首）···················兴华桂
迟萌·····································李江卫
相遇是这样简单（外一首）···············孙桂贞
豆蔻（外一首）·························朱光天
哦，浪花·······························王泽群

"文学之友"讲习班学员习作选

阿贞（小说）···························岳铭泽
童年的歌（散文）·······················陈小冬
窗口（诗歌）···························王田荣
小草（诗歌·外一首）···················慕　竹
和平路（诗歌）·························潘钢琪

评论

《文艺工作者公约》和天津市文联有关决议
艺术的赝品和作家的责任
——关于"公式化"问题的断想···········丹　晨
关于历史题材创作问题的通信········冯骥才　胡德培
创作生涯的摇篮·························徐　刚

文讯一则
编后记
美术

静静的渔湾（水印木刻）···············张作良
天津彩塑新作选登···············杨志忠　逯　彤
牧羊女（装饰画）·······················刘巨德

散文

美人岛情思·····························彭　龄
蛙鼓戏·································刘铁柯

诗歌

献给党的歌（三首）·····················任芙康等
写在早晨的诗（二首）···················姜喜瑞
海思（外一首）·························苗得雨

海风

新疆诗草（五首）·······················蔡其矫
有这样一个小山村（三首）···············张庆明
朝春（外一首）·························黎焕颐
我的抒情诗（三首）·····················张新宇
机械手·································邓海南

评论

在探索的道路上
——吴若增小说印象···················雷　达
苹果落下地来之前·······················京　夫

津门文谈

"自己心智的果实"·······················王玉树
性格的"重心"·························黄毓璜

编后记
美术

我们这一代（木刻）·····················聂昌硕
团结起来，为开创社会主义现代化建设新局面而奋
斗！（宣传画）·························晁德仁
山乡（独幅木刻二幅）···················赵晓沫
水巷（装饰画）·························刘巨德

1982 年第 10 期　刊名:《新港》
目录

努力开创天津文艺工作的新局面···········陈　冰

小说

锅碗瓢盆交响曲（中篇小说）···············蒋子龙
寂静的小院·····························吕舒怀
淡紫的毛苕花···························王　莲
彩云·································董迺相
乡亲·································李兴桥
顶峰···········[英]约翰·高尔斯华绥作　许　真译

小小说

红玫瑰·································余小惠
天还是那样晴朗·························林　晓
琴声悠悠·····························郭书琪
酒，潺潺流·····························刘世新
手足·································夏寿邦

1982 年第 11 期　刊名:《新港》
目录

小说

锅碗瓢盆交响曲（中篇·续完）···············蒋子龙
土地·································贾平凹
蓝海星·································谷　应
大丈夫男子汉···························杨润身
含泪的笑·······························王群生

小小说

乡下人·································肖维国
在我们小组里···························宋卫星
夏夜的葡萄·····························童玉云
拐棍·································唐乃丁

心之波 ······ 顾魏平

散文
花明楼剪影 ······ 张学新
仙女峰下 ······ 郭登科

诗歌
诗六首 ······ 曹葆华遗作

海风
锦官城拾荒（四首） ······ 公　刘
旅行印象（四首） ······ 罗　洛
我看见洁白的塑像（外一首） ······ 梁　南
绿色的歌（外一首） ······ 赵日升
我爱塑造（外一首） ······ 王雅珍
焊工赞 ······ 程　致
野花赋（三首） ······ 王　野

评论
庄严的责任　广阔的天地 ······ 王　林
新的时期召唤新的文艺 ······ 闻　一
从创作的"能动性"到作品的"目标感"
······ 艾　斐
勤苦笔耕的丰硕成果
——写在《孙犁文集》出版的时候 ······ 郑法清
我的"第一篇" ······ 徐光耀

编后记

美术
黄山路（木刻） ······ 颜铁良
寒柿（套色木刻） ······ 王少春
野火烧不尽（国画） ······ 郑庆衡
山河恨（油画） ······ 刘贵宾
阳光下（装饰画） ······ 熊兆志

1982 年第 12 期　刊名:《新港》
目录

小说
那条记忆的小路（中篇小说） ······ 郑万隆
心纯如水 ······ 尤德瀚
"红枣老汉"和"鹦鹉楼" ······ 杨东明
人蛇 ······ 王家斌
棉花庄新闻 ······ 张秋华
牛大山比武 ······ 沈　亦

小小说
买月季花的小伙子 ······ 晓　剑
中奖之后 ······ 刘新国
骗局 ······ 纪　亮
农场的早晨 ······ 韩守忠
悟 ······ 赵胜利

散文
五台传闻 ······ 冉淮舟　刘　绳
老战士和打气筒 ······ 陈　模
金丝面 ······ 孟　敏

诗歌
引滦工地战歌（三首） ······ 颜廷奎等

海风
力的奏鸣曲（二首） ······ 雷抒雁
反刍及其他（二首） ······ 牛　汉
上班 ······ 范忠立
刻在龙源口的石桥上 ······ 徐万明
月亮二首 ······ 流沙河
三峡朝阳 ······ 吴烟痕
黄山行 ······ 赵　恺
海滨短笛 ······ 文　丙
交叉（外一首） ······ 尤彼德
画卷 ······ 白　航

评论
个人感受与时代情绪 ······ 段更新
成功的秘诀是持之以恒的刻苦努力 ······ 浩　然
文学的崇高使命——《孙犁的现实主义艺术论》中的
一节 ······ 金　梅
读《空心孩子》 ······ 赵宝山

文讯一则
编后记
美术
春风得意马蹄疾（木刻） ······ 沈尧伊
塘沽版画（三幅） ······ 王宝山　杨适冬等
天津引滦工程速写 ······ 齐　林
奶牛（装饰画） ······ 刘巨德

1983 年第 1 期　刊名:《新港》
目录

新年笔谈（八篇） ······ 李霁野　万　力
鲍　昌　柳　溪　冯骥才　阿　凤　万国儒　航　鹰

小说

那条记忆的小路（中篇·续完）————————郑万隆
蘑菇————————————————————吴若增
晨醒————————————————————马　林
星星，亮晶晶————————————————骆小戈
还账————————————————————李学通

小小说

新来的厂长—————————————————景　琳
秋叶—————————————————————孙继忠
伴侣—————————————————————吴　萍
天地—————————————————————王成瑶
兴富老汉————————————————————冯品清

散文

浪子—————————————————————王西彦
明年通水再相会———————————————王　凤
鸟儿啾啾——————————————————长　正

诗歌

学习党的十二大文件有感（沁园春）———王雪波
心窝里流出的歌（二首）————————白　金

海风

写在鲁迅像前（外一首）————————雁　翼
少女和死神—————————————————曾　卓
春（外一首）————————————————杜运燮
渤海行（三首）———————————————石　英
雪（外一首）————————————————唐　祈
心之歌（五首）———————————————黄东成
桃花冲诗笺（组诗·八首）———王维洲　丁　芒等

评论

铁饭锅中的时代旋律——读蒋子龙新作《锅碗瓢盆交
响曲》有感————————————————唐　挚
在生活中开发　在生活中升华
——谈许向诚的诗歌创作———————张建星

津门文谈

作家上了自己的当———————————王向峰
贾岛过年————————————————肖文苑

编后记
美术

封面设计————————————————陈　新
傣女放牧（国画）——————————方增先
农家新禧（油画）——————————孙建平
草原组歌（版画）——————————甄秋鸣
毛毛雨（水印木刻）—————————赵海鹏

1983 年第 2 期　刊名:《新港》

目录

关于设立"《新港》小说奖"启事
————————————————《新港》文学月刊社

小说

去年的故事（中篇小说）———————冯苓植
小水妖——————————————————谭　力
南天竹——————————————————高光地
严凌——————————————————李昆岐
辛振老头————————————————杨　啸
一条心——————————————————孙　颙

小小说

父亲也会笑————————————————何亚京
老新鲜——————————————————苏叔阳
父与子——————————————————王金年
报恩记——————————————————董文生
师徒——————————————————贾　庆

散文

心灵的歌（报告文学）
——记于淑珍————————————谢大光
柳条箱——————————————————阎豫昌
天涯寄情——奇丽的海石花——————季浙生
岸柳青青访萧军——————————邢富君

诗歌

散文诗六首————————————————柯　蓝

海风

钟的回声（二首）——————————李　瑛
春天，雨潇潇————————————徐　刚
林中曲——————————————————柴德森
智慧之歌（外一首）————————穆　旦遗作
青春的旋律（组诗·十首）———力　牧　韦晓吟等

评论

点亮精神文明的灯火
——《新港》近两年小说漫谈——————柳　晴
让青春的火花更璀璨
——谈《那条记忆的小路》——————昆　夫
我的《泥土》诗选序——————————鲁　藜
雨天里种下的苦恼——————————母国政

津门文谈

说"语感"————————————————姜东赋

花看半开　酒饮微醉·······················薛炎文

编后记

美术

太行遍地金（国画）························杜滋龄
杨柳青年画新作选（三幅）·················邵文锦等
荷花（国画）···························李　亚
迎春（国画）···························高晓明
小马驹（套色木刻）······················孟凡华
扉页木刻······························董克俊

1983 年第 3 期　刊名：《新港》

目录

小说

青青的竹·····························韩　起
小松鼠······························程乃珊
老八码子·····························张　峻
金罗汉······························刘连群
嫁了个"王子"··························陈　鹰

小小说

在食堂里·····························武　歆
看车姑娘·····························肖克凡
月儿弯弯·····························杨振关
米兰·······························齐　平
老师的老师····························薛　胜

散文

草的国家——访美散记····················蒋子龙
百炼成钢（报告文学）——记我国优秀伤残运动员李
成刚·······························张洪钦
塞上秋阳·····························和　谷
雪···杨　渡
登峰小记·····························徐子芳

诗歌

词二首······························朱子强
新想录······························娄凝先

海风

我问你，大西北的月亮（外一首）·············查　干
绿色的梦飘落戈壁（外一首）················子　页
傲霜株（二首）·························徐柏容
渔港夜歌（外一首）······················唐　湜

春华秋实

锚泊夜······························张力生

辙（外一首）···························苏　冬
爱···沙　驼
渔民·······························李钟林
欢迎会（外一首）·······················闻树国
云···丁学兰
清晨，在小镇上·························王振喜

评论

学习马克思主义　提高基础理论修养
——纪念马克思忌辰一百周年···············程代熙
从生活中挖掘"矿藏"······················冯育楠

津门文谈

"土膏露气真味尚存"······················佘树森
偏于雷同处见长·························梁嘉琦
也讲点发展理论·························张　仲
关于设立"《新港》小说奖"启事

编后记

美术

滇南之花（国画）·······················吴山明
早春（油画）···························杨　明
南国情思（石版画）······················邢纪纲
黄山怪石（国画）·······················吴玉林
扉页木刻······························张坚如

1983 年第 4 期　刊名：《新港》

目录

小说

老队长的婚礼····························浩　然
梦花坛······························宋树新
佛光·······························郑文光
卧铺，请等着……·························石　英
晚香玉······························韩映山
不平静的蜜月····························周　渺

小小说

写给丈夫的信···························李换运
任老重的便宜···························新　学
目光·······························王鹏飞
等待的一天··················〔美〕海明威著　宋玉柱译
仆人西蒙··············〔苏〕阿·伊萨克扬著　潘庆舲译

散文

天府花生·····························阿　凤
西北篇（二章）·························冉淮舟
再忆诗人曹葆华·························方　敬

诗歌

初恋 .... 李霁野
夕暮 .... 李发模

海风

崛起 .... 肖　川
嘉陵江畔，一条小路 .... 左一兵
上升的水银柱上（二首） .... 冯景元
给他 .... 林　子
我的自画像（外二首） .... 田　齐
呵，铁流，金色的瀑布 .... 韩忆萍
达摩立像瓷雕（外一首） .... 陈敬容

评论

回顾与思考
——为纪念《新港》出版150期而作 .... 万　力
《新港》出版150期随感
关于《新港》创刊的回忆 .... 鲍　昌
永远记着 .... 孟伟哉
再多一点天津味 .... 冯骥才
遥寄 .... 赵　熙
感想与祝愿 .... 马　林

编后记
美术

宝妹（国画） .... 刘振夏
坚持两分法　更上一层楼（书法） .... 方　纪
秋实（国画） .... 梁　斌
朝华（国画） .... 孙奇峰　溥　佐等
田园（套色木刻） .... 张作良
扉页木刻 .... 董克俊

1983 年第 5 期　刊名:《新港》
目录

小说

爱情圆舞曲（中篇） .... 沈仁康
落叶 .... 王晓新
美鬈中书 .... 钱世明
懒人张宝 .... 肖维国

小小说

蓝天高又高 .... 柳　村
青青草 .... 宋安娜
"你爱母亲吗？" .... 陈立风
老人 .... 刁铁军
翠柳河边 .... 高振生

散文

回忆（传记文学·连载） .... ［印度］泰戈尔著
吴　华译　石真校注
浓施丹青谈做人（报告文学）
——访画家爱新觉罗·溥佐 .... 许瑞生
海市蜃楼　骆驼刺 .... 言　澈
红光 .... 袁玉兰

诗歌
海风

火的呼唤 .... 林　希
黄河岸边的钻塔群（二首） .... 李小雨
钢厂，我们的钢厂（三首） .... 张雪杉
写在屈原故里（二首） .... 纪　宇
小窗及其他（三首） .... 陈　东

春华秋实(八首)

元旦日记 .... 牛　波
碑石（外一首） .... 晓　钢
乡野抒情诗（二首） .... 刘小放
长白歌行（二首） .... 倪维德
我不愿 .... 张　丽
童年，在故乡（散文诗·三章） .... 李　耕
卖豆腐的和小女孩 .... 王　炜

评论

理解生活，才能表现生活
——在全国文联和天津市文联联合召开的深入生活座
谈会上的发言 .... 蒋子龙
再论作家与生活的关系 .... 陈丹晨
序《白果树》 .... 张志民
遥远的山中小路 .... 郑万隆

编后记
美术

花丛（国画） .... 石呈虎
渔歌（磨漆画） .... 陈九如
日出海东涛（国画） .... 傅以新
朝露（国画） .... 贾宝岷
扉页木刻 .... 李芳芳

1983 年第 6 期　刊名:《新港》
目录

小说

吉符（中篇·连载） .... 汪浙成　温小钰
勇气 .... 梁晓声
把它埋在冰洞里 .... 冯育楠

嫉妒虫儿爬 ·························· 王　欣

小小说
运气 ···························· 叶文铃
下雨 ···························· 张曼菱
我们去摸天边 ···················· 何亚京
街头 ···························· 张树江
卖马 ···························· 金振东

散文
回忆（传记文学·连载）········ ［印度］罗·泰戈尔著
吴　华译　石　真校注
海 ····························· 刘成章
太行深处 ························ 阎　涛
青衣江的波浪 ···················· 王大华

诗歌
海风
故乡的土地 ······················ 许向城
抒情诗三首 ······················ 刘湛秋
告别之歌 ························ 浪　波
勿忘我 ·························· 姜强国
我来自祖国的矿山 ················ 贺　军

青春的旋律（八首）
我的双手（外一手）·············· 余以建
海鸟 ···························· 任海鹰
枫叶 ···························· 雷福选
金边虎尾兰 ······················ 孟　倩
深山挽歌 ··············· 刘恒志　郝立轩
青春和理想 ······················ 尚志明
山石 ···························· 李竞发
大海及其他（儿童诗四首）········ 田晓菲
湿漉漉的早晨（外一首）·········· 纪东序
题在少先队员的纪念册上 ·········· 苗　欣
我的疑问（外一首）·············· 马恒祥

评论
一位紧紧地拥抱现实的作家
——略论蒋子龙的小说创作 ········ 曾镇南
读《苃苃草》···················· 夏康达
美好的有力的思想武器
——《小小铁流》读后感 ·········· 陈伯吹

津门文谈
艺术是思想的结晶 ················ 李健民
文艺批评中一个值得注意的问题········ 泰　力
短篇小说要有理想的表现角度········ 辛宪锡

编后记
美术
女孩子和鸡（国画）·············· 张福龙
黄河之水天上来（国画）·········· 王颂馀
白云生处有人家（国画）·········· 张洪山
木刻二幅 ························ 程　勉
扉页木刻 ························ 周至禹

1983 年第 7 期　刊名：《新港》
目录

小说
边地之光 ························ 周永年
归来榕树村 ······················ 鲍　昌
吉符（中篇·续完）········ 汪浙成　温小钰

小小说
"雷公"张木匠 ···················· 赵致真
蓝色的夏夜 ······················ 丁　岚
墨菊 ···························· 陆　途
桔黄灯在闪光 ···················· 张伟刚
胸怀 ···························· 王天翔

散文
故乡小巷 ························ 李　纳
阿英同志的珍藏 ·················· 郁　风
"动物短句"相关的事（附图）········ 黄永玉
长白山的雪 ······················ 雷　加
散文两篇 ························ 贾平凹
引滦人（报告文学）········ 解国祯　艾哲文
回忆（传记文学·连载）········ ［印度］罗·泰戈尔著
吴　华译　石真校注

诗歌
海风
静思 ···························· 冰　夫
南海情思 ························ 韩作荣
海滨诗笺（二首）················ 贺羡泉
滦河水啊 ························ 马　丁
洗衣图（外一首）················ 和　谷
养蜂人（外一首）················ 张　翼
抗雹灾（外一首）················ 莫西芬

评论
创作和批评要一起前进 ············ 弋　兵
漫议从生活到作品
——和文学青年的一次谈话········ 柳　溪
《纯情》后记 ···················· 理　由

新花赞
抒情的诗 悲壮的歌
——《青青的竹》读后·····················竹 冰
《小水妖》的美学光采·····················汪宗元
探求者的足迹——读长篇小说《探求》·······淑 湘
天津市召开青年文学创作积极分子会议（文讯）
···辛 岗

编后记
美术
闻一多（国画）·························李孝萱
摄影作品二幅·····························蔡诚忠
阳光下的草原（石版画）···················姜 陆
摇篮（国画）·····························杨德树
扉页木刻·································叶 欣

1983 年第 8 期　刊名:《新港》
目录

小说
秋爽·····································叶文玲
啊，伤员·································尤德瀚
脚印·····································杨勃森
林中纪事·································山 谷
璧双辉·································杨书案
不平静的中秋夜···············袁 静 秦文虎

小小说
雨雪霏霏·································萧 平
迎亲馆纪事·····························张家埠
答记者问·································王志恒
金梭银梭，人生几何？···················汪 抗
葛满公历险记·····························周健行

散文
三聘街及其他·····························碧 野
忆念中的诗人小川·························吴泰昌
上天都·································滕 云
回忆（传记文学·连载）·····[印度]罗·泰戈尔著
吴 华译 石 真校注

诗歌
海风
春到版纳（外一首）·····················冀 汸
深山雨·································刘毅然
船之歌（外一首）·························宫 玺
江上情思（二首）·························刘益善
石油二章·································孙友田

烟囱旁抒情（二首）·····················弘 征
输油管写意·····························郭 廓
归宿（外一首）·························孙静轩
里程碑（外一首）·························凌 丁
山·····································吴长城

评论
青年文学创作积极分子应当成为革命文学事业的生力军
···冯 牧
提高认识，采取措施，培养青年文学作者·······肖 元

编后记
美术
少女（国画）·····························石 齐
织网（木刻）·····························姬俊尧
集市（木刻）·····························张荣泰
马达版画
春风吹又生（水粉）·····················郁 风
扉页木刻·································叶 欣

1983 年第 9 期　刊名:《新港》
目录

小说
试验刚刚开始·····························程树榛
冰清玉洁·······················魏雅华 李声鸣
在友谊的圈子里·························吕舒怀
我心中的茇茇·····························杨显惠
钱这东西·································陈子如

小小说
甜杏儿·································王 松
手套的故事·····························陈 岩
让·····································张秀珍
君子兰·································冯铁靖
大胡子和"录音机"·······················王建业

散文
好睡·····································新凤霞
哦，我的小学校的中午···················李佩芝
留念——引滦纪事·························万国儒
一个以心灵之火燃烧世界的人——访巴金·······林 韵
回忆（传记文学·连载）·····[印度]罗·泰戈尔著
吴 华译 石 真校注

诗歌
海风
海南行续篇（三首）·····················牛 汉

海、泉及湖柳（四首）⋯⋯⋯⋯⋯陈茂欣
我愿（外一首）⋯⋯⋯⋯⋯⋯⋯梁　南

春华秋实

希望的火把⋯⋯⋯⋯⋯⋯⋯⋯姜树川
琴曲⋯⋯⋯⋯⋯⋯⋯⋯⋯⋯⋯白　金
"几"字形的弯⋯⋯⋯⋯⋯⋯⋯姚焕吉
菱⋯⋯⋯⋯⋯⋯⋯⋯⋯⋯⋯⋯雁　翎

评论

谈艺信札⋯⋯⋯⋯⋯⋯⋯⋯⋯郑伯农
捕捉时代的浪花——谈母国政的短篇小说⋯⋯张全宇

新花赞

探索人物美好的心灵
——读《老队长的婚礼》⋯⋯⋯黄泽新
一部有鲜明时代感的小说
——简评《同在蓝天下》⋯⋯⋯傅正谷
读《小小浪花飞》随想⋯⋯⋯⋯哲　明

津门文谈

诗：要善于发现⋯⋯⋯⋯⋯⋯王玉树
"眼睛"不仅是眼睛⋯⋯⋯⋯⋯马畏安

编后记
美术

草地上的红花（国画）⋯⋯⋯⋯白庚延
石油工人的画（五幅）⋯⋯沈　洁　李良玉等
归牧（版画）⋯⋯⋯⋯⋯⋯⋯杨全生
扉页木刻⋯⋯⋯⋯⋯⋯⋯⋯⋯何元东

1983 年第 10 期　刊名:《新港》
目录

坚持唯物辩证法 发展社会主义文艺——学习《邓小平文选》关于文艺问题的论述⋯⋯⋯⋯刘大枫

小说专号

在希望的田野上（中篇小说）⋯⋯杨东明
海漩（中篇小说）⋯⋯⋯⋯⋯王家斌
灵芝草⋯⋯⋯⋯⋯⋯⋯⋯⋯⋯成　一
适应力⋯⋯⋯⋯⋯⋯⋯⋯⋯⋯许瑞生
正是晚霞满天时⋯⋯⋯⋯⋯⋯罗先明
深山父老⋯⋯⋯⋯⋯⋯⋯⋯⋯郭登科
云遮月⋯⋯⋯⋯⋯⋯⋯⋯⋯⋯刘贵贤
赵永，赵永们⋯⋯⋯⋯⋯⋯⋯李玉林
选择⋯⋯⋯⋯⋯⋯⋯⋯⋯⋯⋯李洪臣

小小说

人境⋯⋯⋯⋯⋯⋯⋯⋯⋯⋯⋯田松林
童心⋯⋯⋯⋯⋯⋯⋯⋯⋯⋯⋯高建国
赵合理借车⋯⋯⋯⋯⋯⋯⋯⋯魏国岱
将⋯⋯⋯⋯⋯⋯⋯⋯⋯⋯⋯⋯扈其震
找真儿⋯⋯⋯⋯⋯⋯⋯⋯⋯⋯李　桐

编后记
美术

汲水（国画）⋯⋯⋯⋯⋯⋯⋯娄家本
《新港》笔会摄影选登⋯⋯⋯⋯华　民
国画二幅⋯⋯⋯⋯⋯⋯⋯⋯⋯阎秉会
瓜园（水印木刻）⋯⋯⋯⋯⋯田　昆

1983 年第 11 期　刊名:《新港》
目录

小说

一天⋯⋯⋯⋯⋯⋯⋯⋯⋯⋯⋯母国政
鞠躬⋯⋯⋯⋯⋯⋯⋯⋯⋯⋯⋯唐云富
闪金花的红纱巾⋯⋯⋯⋯⋯⋯朱　伟
辛凤⋯⋯⋯⋯⋯⋯⋯⋯⋯⋯⋯纪　亮
海漩（中篇小说·续完）⋯⋯⋯王家斌

小小说

约会，甜甜的⋯⋯⋯⋯⋯⋯⋯程怀灵
淡淡的离愁⋯⋯⋯⋯⋯⋯⋯⋯刘素冬
茶钱⋯⋯⋯⋯⋯⋯⋯⋯⋯⋯⋯傅新友
梅花蛋⋯⋯⋯⋯⋯⋯⋯⋯⋯⋯王太吉
风波⋯⋯⋯⋯⋯⋯⋯⋯⋯⋯⋯彭连祥

散文

潘彼德的启示⋯⋯⋯⋯⋯⋯⋯宗　璞
一只不抓耗子的猫⋯⋯⋯⋯⋯张　洁
寄给滦河⋯⋯⋯⋯⋯⋯⋯⋯⋯戴砚田
回忆（传记文学·连载）⋯⋯⋯[印度]罗·泰戈尔著
吴　华译　石　真校注

诗歌

三唱山海关⋯⋯⋯⋯⋯⋯⋯⋯张志民
"引滦"行⋯⋯⋯⋯⋯⋯⋯⋯⋯张开达
海风（诗辑·十首）⋯⋯⋯⋯⋯金同俤
田　齐　范中立　宋曙光　高近远　唐绍忠

评论

我们的文艺属于人民——学习《邓小平文选》的一点体会⋯⋯⋯⋯⋯方伯敬
鲁迅对自学的意见⋯⋯⋯⋯⋯周　晔

普通人的生活与灵魂
——读肖复兴的几篇报告文学作品·········何志云

新花赞
生活的思考——读短篇小说《边地之光》·······赵　玫
读《勇气》·······································危　羚

编后记
美术
赶集（国画）·······························郑庆衡
觅枣（套色木刻）···························吴　燃
国画二幅···································吕云所
夜色（油画）·······························康明瑶
扉页木刻···································周至禹

1983 年第 12 期　刊名:《新港》
目录

我们的责任································本刊评论员

小说
一路平安···································肖复兴
金色的耳环·································高春丽
绿巢·······································雁　宁
孩子大了···································王道生
小车司机·······················李治国　李治邦

小小说
家事·······································刘连群
视角·······································虞鸣吉
亮晶晶的雪路·······························顾　亦
为什么?···································唐小峰
风儿习习···································李子林

散文
最后的寂静——亿甘永柏同志··················方　敬
友情·······································陈洁民
忆王莹·····································李　韦
那天，我从草原走过——呼伦贝尔散记··········刘品青
回忆（传记文学·连载）············[印度]罗·泰戈尔著
　吴　华译　石　真校注

诗歌
海风（诗辑·九首）·················邹荻帆　韩　青
　黎焕颐　叶延滨　尧山壁　西　贝
一壶水·····································王恩宇
绿色的柳哨·································姜喜瑞
毛泽东文艺思想的核心

——文艺为人民服务·······················顾　骧
文字简约论证精当——孙犁文论赏析············胡德培
《诗选》跋·································胡　征

津门文谈
创新的根须伸向哪里?·······················郭瑞三
且说艺术的个性·····························熊开国

编后记
美术
庆丰收（国画）·····························冯一鸣
引滦入津工程写生（国画）···········杜明岑　孙　芳
西南边陲风情·······························吴玉琳
晨雪（国画）·······························李长友
扉页木刻···································董克俊

1984 年第 1 期　刊名:《新港》
目录

小说
二次结合力·································鲍　昌
灌木的故事·································张　炜
野百合·····································朱幼棣
小院飘香···································阿　凤
春信·······································孔繁禹

小小说
三个人·····································余小惠
"小姑奶奶"·································张玉荣
飘去的云···································杨秀实
月儿弯弯···································聂延军
补票·······································杜　帝

散文
沿着弯弯的浏阳河
　——故乡行散记·····························杨　菁
青羊官与二月花会——巴蜀篇之四··············李希凡
蝈蝈的梦···································刘铁柯
一张没有字的奖状（报告文学）
　——记业余文学创作组织者王琴·······王　全　陆　途
回忆（传记文学·连载）············[印度]罗·泰戈尔著
　吴　华译　石　真校注

诗歌
上海姑娘（叙事诗）·························陈　冰

海风
卧牛石（三首）·····························田　间

心，贴着黄河（二首）·························闻 频
治沙人的抒情诗（二首）·················陈秀庭

评论
责任·争斗·洗礼——关于清除文艺上精神污染问题
的一封信·····································弋 兵
不能宣传抽象的人道主义·················方 欣
试谈小小说的美学
——兼评《新港》近两年的小小说·········汪宗元

津门文谈
燃烧起对生活的热情·······················藤 云
"自我"琐议··································许志安

编后记
美术
木樨声里人家（国画）····················赵松涛
山的儿子（套色木刻）····················魏钧泉
希望的田野（套色木刻）·················甄秋鸣
街情曲（组图二幅）············胡春桐 汤庆生
艺术瓷盘·······································华 非
扉页木刻·······································董克俊

1984 年第 2 期　刊名:《新港》
目录

小说专号
赵百万的人生片断（中篇小说）··········浩 然
杏花码头·······································刘舰平
旅行结婚·······································京 夫
"赵干部"务农·······························肖亦农
他应当和人们一样···························晓 蕾
宗三老汉·······································袁树森
货场里··李克之
翻译小说二篇·········[日本]星新一著 申英民译

小小说
远去的男孩····································郝铁军
红叶沟来了个司令员························蒋荣增
白云··夏 洪
麦苗青青·······································李克山
青春茶馆·······································张绍良
常乐的烦恼····································杨丽荣
月季花··张秀枫
不惑之年·······································赵振东
意外的决定····································熊其新
晚霞在天边燃烧·····························廖全国
短篇小说的时代声音（评论）···········雷 达

《新港》小说评奖启事

编后记
美术
花鸟（国画）··································梁 琦
必有我师（年画）····························王美芳
巍巍太行（国画）····························孙本长
椰林曲（漆画）·······························邓福秀

1984 年第 3 期　刊名:《新港》
目录

小说
鸡冠花紫红紫红（中篇小说）··········孟伟哉
"阿乡"···刘俊光
小河沿儿·······································袁玉兰
除夕夜··赵 华
两个老伙伴····································何 杰

小小说
风雨中··魏国岱
中医世家·······································马其德
无花果··王鹏飞
展览馆前·······································张水舟
春梅··刘世新

散文
回忆从台湾到华北解放区·················李何林
大同—五台山—太原游记·················李霁野
回忆二篇·······································李沉获
无名大师·······································赵丽宏
插在泥土里的刻刀···························张作良
婚礼··姚 明
有这样一位女护士（报告文学）·········孟晓云
回忆（传记文学连载）·······[印度]罗·泰戈尔著
　　　　　　　　　　　　　吴 华译 石 真校注

诗歌
礼花——散文诗小说···············李 耕 陈 犀
郭宝臣 柏 桦 赵胜利 王敦贤

海风
海滨（外一首）·······························韩 笑
水手（外一首）·······························姜金城
展销，到处都在展销························丁 芒
秋天··张诗鉴

评论

论作品的思想与主题····················鲍　昌

新花赞

鲜明的形象　优美的旋律

——读《从滇池飞出的旋律》············何镇邦

新颖的题材　精当的描绘

——读《芳芳和汤姆》··················马绍娴

一篇散发着时代甜意的好作品

——评小小说《甜杏儿》················刘志华

"铸七尺精神寸眸之内"

——谈散文的精粹······················佘树森

"我们要批评家"························闻　一

"二十岁做作家是不幸的！"············丘　峰

编后记

美术

少女（国画）··························张德育

甜（水印木刻）························沈民义

渔乡（水印木刻）······················王　琼

最后一票（连环画选登）················陈冬至

迎渔汛（套色木刻）····················王晶猷

1984 年第 4 期　刊名:《新港》
目录

小说

遥远的沙城（中篇小说）················赵　熙

小小梳子巷··························李小萍

空着的座位··························蔡　嵘

巧七······························王　松

小小说

幻石······························陈　明

老汉的心事··························王　玺

马三杯赴宴··························董文生

隔膜······························曹　河

"财神爷"兄弟························苏振清

散文

酒会······························冯亦代

课堂上的"爱情"······················姜德明

杜鹃红艳艳··························申文钟

蛤蚧声声··························高洪波

回忆（传记文学·连载）·········[印度]罗·泰戈尔著

吴　华译　石　真校注

诗歌

西沙诗情（三首）······················柯　原

边防线诗情（二首）····················姜　明

雪莲花····························阿　红

风说：我来授粉························旭　宇

傍晚，欢乐的吐鲁番····················李遇春

海······························易殿选

第四十个脚印（二首）··················颜廷奎

平阳·高街·龙泉关（三首）··············张学新

彩带······························亦　真

评论

时代的召唤　人民的需要················施　戈

新花赞

一个十足的农民形象

——读《赵百万的人生片断》············蔡　葵

"莎士比亚被冷落了"

——读《一路平安》····················远　星

老树新枝春意浓

——读《风雨柿子岭》··················张春生

随类赋采　取题之神

——谈小小说《荷花》《米兰》《墨菊》······刘乐群

津门文谈

"探颐索隐，钩深致远"··················贺光鑫

作家的情趣与作品的格调················艾　斐

关于文学风格的表述····················王之望

批判资产阶级人道主义　宣传社会主义人道主义

——本刊编辑部联系实际，认真学习胡乔木重要文章

编后记

美术

山水（国画）··························罗国玮

牵牛图（国画）························高　博

思源图（国画）························路宝增

篆刻选····························杨德树

渡口（木刻）··························郝　华

1984 年第 5 期　刊名:《新港》
目录

小说

罗村的事··························梁晓声

金驹儿····························航　鹰

长安三月雨如酥························石　丛

出山······························姚宗瑛

小小说

一件雪花呢大衣························张敬礼

十字街口................................黄培勋
玲玲和她的伙伴们........................王宝林
这姑娘................................高近远
贵妇猎虎................[英]萨基著　史津海译

散文
三人行................................柳　嘉
我梦中思念的香水花......................王文秋
沈园诗魂................................陈一凡
爱情：鲜花与风霜（报告文学）............李树喜
回忆（传记文学·连载）........[印度]罗·泰戈尔著
吴　华译　石　真校注

诗歌
海风（诗辑·二十首）....................蔡其娇
曹世钦　师日新　陈咏华　冯　云　杨　牧　李志清
朱谷忠　杨　山　刘功业　刘文霞

评论
马克思主义哲学与文艺创作——纪念《在延安文艺座
谈会上的讲话》发表四十二周年......丁振海　李　准
他在寻求自己的"声音"
——读谢大光的散文和报告文学............吴周文
永不服输　永远拼搏......................李玲修

编后记
美术
墨荷（国画）............................霍春阳
塘沽版画选（五幅）............阎　军　廖有楷等
白兔好（年画）..........................张希苓

1984 年第 6 期　刊名:《新港》
目录

《新港》小说奖获奖作品篇目

小说
归去（中篇）....................徐　耿　程　玮
望着田野................................尤凤伟
香椿院纪事..............................冯育楠
岗位............................宋金山　翟国庆

小小说
母亲的心................................许志安
补充发言................................任文焕
大忙人................................孙　力
深情地望一眼............................祁广潮
邻居................................郭淑敏

散文
多彩的年代（报告文学）
——漫话天津海河公园....................刘怀章
彩色的小镇..............................黎　之
回忆（传记文学·连载）........[印度]罗·泰戈尔著
吴　华译　石　真校注

诗歌
海风（诗辑·六首）......................顾　工
朱光天　西　贝　张雪杉　李　钧
羽片集（散文诗·四章）..................孔　林
蓝桉树上的云雀（儿童诗）................聪　聪

评论
李霁野六十年间的文学道路................鲍　昌
广阔的时代视野　丰满的人物形象
——评柳溪的长篇小说《功与罪》..........吴松亭
《浩然选集》自序........................浩　然

编后记
美术
黄河源月夜（国画）......................吴山明
新风对（年画）..........................白逸如
水墨写生（三幅）........................姬俊尧
千山古刹密林中（水粉）..................贺建国

1984 年第 7 期　刊名:《新港》
目录

小说
阴差阳错三部曲（中篇）............（白族）张　长
枣红色的晴纶衫（中篇）..........张少敏　肖亦农
月光多美好..............................吴俊泉
仙洞............................袁　静　秦文虎
拐子医生................................梁兴晨
天鹅之死................................华　夏

小小说
神枪手轶事..............................吴连增
牵牛花................................林　希
雨，亮晶晶..............................金同悌
父与子................................刘乃康
两便................................马　迅

散文
米脂婆姨................................刘成章
盘山片石沟漫记..........................李　麦
重逢................................孟淑湘

不够级别的选手（报告文学）⋯⋯⋯⋯⋯齐明昌
回忆（传记文学·连载）⋯⋯⋯[印度] 罗·泰戈尔著
吴　华译　石　真校注

诗歌
海风（诗辑·十五首）⋯⋯⋯白　航　黄东成　刘　镇
田　齐靖凯　张　翼　许　凯　郝润来　王恩宇

评论
作家要紧跟时代的步伐——在《新港》小说奖授奖大
会上的讲话⋯⋯⋯⋯⋯⋯⋯⋯⋯⋯⋯⋯⋯马献廷
望有更多好作品献给人民——在《新港》小说奖授奖
大会上的讲话⋯⋯⋯⋯⋯⋯⋯⋯⋯⋯⋯万　力
重视发扬文学艺术的民族传统⋯⋯⋯⋯文　竹　修　远
为新时代放声歌唱
　　——天津几位中年诗人的诗集读后⋯⋯⋯杨　桦
短篇小说要讲究"聚焦"⋯⋯⋯⋯⋯⋯⋯⋯辛宪锡

津门文谈
从黄宗英当经理谈起⋯⋯⋯⋯⋯⋯⋯⋯⋯马庆山
"光焰万丈长"与"已觉不新鲜"⋯⋯⋯⋯康　达
母亲与孩子⋯⋯⋯⋯⋯⋯⋯⋯⋯⋯⋯⋯胡德培
"空白"的艺术⋯⋯⋯⋯⋯⋯⋯⋯⋯⋯⋯刘　敏
《新港》小说奖授奖大会隆重举行⋯⋯⋯⋯肖　谭

编后记
美术
鹰（国画）⋯⋯⋯⋯⋯⋯⋯⋯⋯⋯⋯⋯孙奇峰
黎明（油画）⋯⋯⋯⋯⋯⋯⋯⋯⋯⋯⋯黄殿祺
龙的传人（油画）⋯⋯⋯⋯⋯⋯⋯⋯⋯⋯王维诗
油工之歌（国画）⋯⋯⋯⋯⋯⋯⋯⋯⋯⋯王书平
晨（水彩）⋯⋯⋯⋯⋯⋯⋯⋯⋯⋯⋯⋯李家旭

1984 年第 8 期　刊名:《新港》
目录

小说
最后的祈祷⋯⋯⋯⋯⋯⋯⋯⋯⋯⋯⋯⋯路　远
一夜之间⋯⋯⋯⋯⋯⋯⋯⋯⋯⋯⋯⋯⋯李兴桥
紫罗兰的笔记本⋯⋯⋯⋯⋯⋯⋯⋯⋯⋯肖复兴
血缘⋯⋯⋯⋯⋯⋯⋯⋯⋯⋯⋯⋯⋯⋯⋯李叔德
沟⋯⋯⋯⋯⋯⋯⋯⋯⋯⋯⋯⋯⋯⋯⋯⋯蔡　田
桔红色的宿愿⋯⋯⋯⋯⋯⋯⋯⋯⋯⋯⋯郭树斌

小小说
搬家⋯⋯⋯⋯⋯⋯⋯⋯⋯⋯⋯⋯⋯⋯⋯刘占领
心底的歌⋯⋯⋯⋯⋯⋯⋯⋯⋯⋯⋯⋯⋯李胜武
他们都是乐天派⋯⋯⋯⋯⋯⋯⋯⋯⋯⋯王剑冰

晚餐⋯⋯⋯⋯⋯⋯⋯⋯⋯⋯⋯⋯⋯⋯⋯冯铁靖

散文
在生命的起跑线上（报告文学）⋯⋯⋯⋯⋯闻　哲
怀念王林同志⋯⋯⋯⋯⋯⋯⋯⋯⋯⋯⋯冉淮舟
蓝色的蝴蝶结⋯⋯⋯⋯⋯⋯⋯⋯⋯⋯⋯顾传菁
花誓⋯⋯⋯⋯⋯⋯⋯⋯⋯⋯⋯⋯⋯⋯⋯之　达
回忆（传记文学·连载）⋯⋯⋯[印度] 罗·泰戈尔著
吴　华译　石　真校注

诗歌
挽王林同志⋯⋯⋯⋯⋯⋯⋯⋯⋯⋯⋯⋯李霁野
草原诗意（三首）⋯⋯⋯⋯⋯⋯⋯⋯⋯⋯杨　树
日出（外一首）⋯⋯⋯⋯⋯⋯⋯⋯⋯⋯冀　汸
红壁毯⋯⋯⋯⋯⋯⋯⋯⋯⋯⋯⋯⋯⋯⋯周　涛
她，迈进业校的教室⋯⋯⋯⋯⋯⋯⋯⋯⋯黄桂元
太行短笛⋯⋯⋯⋯⋯⋯⋯⋯⋯⋯⋯⋯⋯石太瑞
夜听石梁飞瀑⋯⋯⋯⋯⋯⋯⋯⋯⋯⋯⋯陈继光
咏花（二首）⋯⋯⋯⋯⋯⋯⋯⋯⋯⋯⋯陈小冬

评论
从时代变革的高度关注生活
　　——在《新港》小说奖授奖大会上的讲话⋯⋯⋯唐达成

新花赞
漫评《小小梳子巷》⋯⋯⋯⋯⋯⋯⋯⋯⋯李书磊
沿着心灵的轨迹⋯⋯
　　——读《鸡冠花紫红紫红》⋯⋯⋯⋯⋯吴思敬
送给孩子们的一曲战斗的歌
　　——读《小金钢钻儿》⋯⋯⋯⋯⋯⋯⋯刘　滢

编后记
美术
太华月夜（国画）⋯⋯⋯⋯⋯⋯⋯⋯⋯⋯赵树松
国画人物（二幅）⋯⋯⋯⋯⋯⋯⋯⋯⋯⋯方增先
我的故乡
　　——蓬莱（木刻组画）⋯⋯⋯⋯⋯⋯王天鎏
太行小景（油画）⋯⋯⋯⋯⋯⋯⋯⋯⋯⋯马双玉
扉页木刻⋯⋯⋯⋯⋯⋯⋯⋯⋯⋯⋯⋯⋯周至禹

1984 年第 9 期　刊名:《新港》
目录

小说专号
雕像，却充满生命（中篇）⋯⋯⋯⋯⋯⋯许瑞生
那过去了的⋯⋯⋯⋯⋯⋯⋯⋯⋯⋯⋯⋯苏　雷
索居者余波⋯⋯⋯⋯⋯⋯⋯⋯⋯⋯⋯⋯石　英
玉姑⋯⋯⋯⋯⋯⋯⋯⋯⋯⋯⋯⋯⋯⋯⋯王吉星

卖油郎 ⋯⋯⋯⋯⋯⋯⋯⋯⋯⋯ 左　森
高瓦匠的杰作 ⋯⋯⋯⋯⋯⋯⋯⋯ 李昆歧

小小说

拳场 ⋯⋯⋯⋯⋯⋯⋯⋯⋯⋯⋯⋯ 王一兵
功劳 ⋯⋯⋯⋯⋯⋯⋯⋯⋯⋯⋯⋯ 吴　明
风 ⋯⋯⋯⋯⋯⋯⋯⋯⋯⋯⋯⋯⋯ 韩少华
教鞭 ⋯⋯⋯⋯⋯⋯⋯⋯⋯⋯⋯⋯ 马　军
等待就医 ⋯⋯⋯⋯⋯⋯⋯⋯⋯⋯ 刘孝存
柳枝和柳叶 ⋯⋯⋯⋯⋯⋯⋯⋯⋯ 陈瑞林
他笑了 ⋯⋯⋯⋯⋯⋯⋯⋯⋯⋯⋯ 杨文娟
"白话"刘 ⋯⋯⋯⋯⋯⋯⋯⋯⋯⋯ 邵传贤
小三 ⋯⋯⋯⋯⋯⋯⋯⋯⋯⋯⋯⋯ 孙志祥
责任 ⋯⋯⋯⋯⋯⋯⋯⋯⋯⋯⋯⋯ 崔达成
老哥儿俩 ⋯⋯⋯⋯⋯⋯⋯⋯⋯⋯ 应　沉
在朦胧的灯光下 ⋯⋯⋯⋯⋯⋯⋯ 刘战英
二号楼轶事 ⋯⋯⋯⋯⋯⋯⋯⋯⋯ 大　马
狗崽 ⋯⋯⋯⋯⋯⋯⋯⋯⋯⋯⋯⋯ 谢午元
盯梢 ⋯⋯⋯⋯ [日本]星新一著　申英民译
小小说创作琐谈 ⋯⋯⋯⋯⋯⋯⋯ 刘锡诚

编后记
美术

少女（国画）⋯⋯⋯⋯⋯⋯⋯⋯⋯ 何家英
密林（油画）⋯⋯⋯⋯⋯⋯⋯⋯⋯ 郑录高
《新港》小说奖授奖大会剪影 ⋯⋯⋯ 华　民
扉页木刻 ⋯⋯⋯⋯⋯⋯⋯⋯⋯⋯ 周至禹

1984 年第 10 期　刊名:《新港》
目录

热烈庆祝中华人民共和国成立三十五周年!

散文

高高的立交桥（报告文学）⋯⋯⋯⋯ 苏振清
管天奇人（报告文学）
——云吉祥和他的降雨过程超长期预报
⋯⋯⋯⋯⋯⋯⋯⋯⋯⋯⋯⋯⋯⋯ 徐　钧
这不是神话（报告文学）——天津市西青道一条街的
变迁 ⋯⋯⋯⋯⋯⋯⋯⋯⋯ 传　蕙　郑　直
空中女服务员——旅美杂忆之一 ⋯⋯ 叶君健
阳台 ⋯⋯⋯⋯⋯⋯⋯⋯⋯⋯⋯⋯ 吕舒怀
关楼上的速写 ⋯⋯⋯⋯⋯⋯⋯⋯ 李二和
大路旁的农家 ⋯⋯⋯⋯⋯⋯⋯⋯ 陈　岚
回忆（传记文学·连载）⋯ [印度] 罗·泰戈尔著
吴　华译　石　真校注

小说

生命之光 ⋯⋯⋯⋯⋯⋯⋯⋯⋯⋯ 李　建

"明白二爷"和杨青叶 ⋯⋯⋯⋯⋯⋯ 杨润身
红宝袋 ⋯⋯⋯⋯⋯⋯⋯⋯⋯⋯⋯ 王金年
套儿 ⋯⋯⋯⋯⋯⋯⋯⋯⋯⋯⋯⋯ 叶广芩

小小说

失去平衡的姑娘 ⋯⋯⋯⋯⋯⋯⋯ 韩春旭
老张和老张 ⋯⋯⋯⋯⋯⋯⋯⋯⋯ 魏津光
地委长途 ⋯⋯⋯⋯⋯⋯⋯⋯⋯⋯ 马其德
古大夫 ⋯⋯⋯⋯⋯⋯⋯⋯⋯⋯⋯ 李颂今
彩桥 ⋯⋯⋯⋯⋯⋯⋯⋯⋯⋯⋯⋯ 冯品清

诗歌

天津会出现飞龙式的经济
——为天津解放三十五周年而作 ⋯⋯ 张明权
为了祖国（外一首）⋯⋯⋯⋯⋯⋯⋯ 范中立
长城上的海 ⋯⋯⋯⋯⋯⋯⋯⋯⋯ 纪　鹏
"改革"厂长 ⋯⋯⋯⋯⋯⋯⋯⋯⋯ 白　金
献给采油工人 ⋯⋯⋯⋯⋯⋯⋯⋯ 李根红
一首崛起的诗（外一首）⋯⋯⋯⋯⋯ 姜喜瑞
海边拾到的贝壳（散文诗·三首）⋯⋯ 伊　萍
散文诗二章 ⋯⋯⋯⋯⋯⋯⋯⋯⋯ 吴忠元

评论

文艺要总结新的经验 ⋯⋯⋯⋯⋯⋯ 弋　兵
王林的生平与创作 ⋯⋯⋯⋯⋯⋯⋯ 鲍　昌
蓝色的乐章
——谈王家斌的小说创作 ⋯⋯⋯⋯ 赵　玫
晶莹质朴的童心美
——读儿童小说集《神山顶上闪亮的星》 ⋯ 汪宗元

编后记
美术

蓬勃之气（国画）⋯⋯⋯⋯⋯⋯⋯ 郭书仁
建设者（雕塑）⋯⋯⋯⋯⋯⋯⋯⋯ 庄　征
轩辕黄帝（雕塑）⋯⋯⋯⋯⋯⋯⋯ 吴纯斌
庆功会上（雕塑）⋯⋯⋯⋯⋯⋯⋯ 刘建强
扉页木刻 ⋯⋯⋯⋯⋯⋯⋯⋯⋯⋯ 刘振恒

1984 年第 11 期　刊名:《新港》
目录

小说

世纪之交 ⋯⋯⋯⋯⋯⋯⋯⋯⋯⋯ 郑万隆
透过江雾 ⋯⋯⋯⋯⋯⋯⋯⋯⋯⋯ 张宗拭
五瓣丁香 ⋯⋯⋯⋯⋯⋯⋯⋯⋯⋯ 尤　异
暮归 ⋯⋯⋯⋯⋯⋯⋯⋯⋯⋯⋯⋯ 陆　途
找店 ⋯⋯⋯⋯⋯⋯⋯⋯⋯⋯⋯⋯ 李玉林
蹄印流向远方 ⋯⋯⋯⋯⋯⋯⋯⋯ 杨贵云

唇上的彩虹⋯⋯⋯⋯⋯⋯⋯⋯⋯⋯⋯程 海
义和团的故事（民间传说）⋯⋯⋯董均伦 江 源

小小说
相思子⋯⋯⋯⋯⋯⋯⋯⋯⋯⋯⋯⋯徐 耿
晨曲⋯⋯⋯⋯⋯⋯⋯⋯⋯⋯⋯⋯⋯虞鸣吉
无须推理的结局⋯⋯⋯⋯⋯⋯⋯⋯姜贻斌
情⋯⋯⋯⋯⋯⋯⋯⋯⋯⋯⋯⋯⋯⋯夏寿邦
灯夫⋯⋯⋯⋯［葡萄牙］萨拉·贝朗著 陈家英译

散文
从今天开始（报告文学）⋯⋯⋯⋯苏书棠
芦苇的记忆⋯⋯⋯⋯⋯⋯⋯⋯⋯⋯端木蕻良
椿树⋯⋯⋯⋯⋯⋯⋯⋯⋯⋯⋯⋯⋯李佩芝
回忆（报告文学·连载）⋯⋯［印度］罗·泰戈尔著
吴 华译 石 真校注

诗歌
海风（诗辑·二十首）⋯⋯⋯⋯⋯白 原
胡 征 李建华 黄振富 叶晓山 柴德森 贺羡泉
再 耕 泉 音 云 鹏 王知十 周 民 陈 鹰
祖母（散文诗·外一章）⋯⋯⋯⋯孙和平

评论
试论作家的历史纵深感⋯⋯⋯⋯⋯郭瑞三
艺术作品，首先是艺术——谈创作意图、思想内容和
社会效果的关系⋯⋯⋯⋯⋯⋯⋯陈景春
诗，让人想（诗话四则）⋯⋯⋯⋯苗得雨

津门文谈
作家的"艺术家化"⋯⋯⋯⋯⋯⋯黄桂元
纯与不纯⋯⋯⋯⋯⋯⋯⋯⋯⋯⋯哲 良
典型塑造的历史继承性⋯⋯⋯⋯⋯何立智

编后记
美术
浓绿粉墙新瓦（山水）⋯⋯⋯⋯⋯王学仲
新窗（油画）⋯⋯⋯⋯⋯⋯⋯⋯⋯张 胜
甘栗（油画）⋯⋯⋯⋯⋯⋯⋯⋯⋯刘贵宾
篆刻选⋯⋯⋯⋯⋯⋯⋯⋯⋯⋯⋯韩焕峰
山区教师（油画）⋯⋯⋯⋯⋯⋯⋯秦 征
扉页木刻⋯⋯⋯⋯⋯⋯⋯⋯⋯⋯⋯张安吾

1984 年第 12 期　刊名:《新港》
目录

小说
写在一个女人背脊上的思想（中篇）⋯⋯⋯张廷竹

"吹老"传略——"湖畔行"之三⋯⋯李贯通
老的，小的⋯⋯⋯⋯⋯⋯⋯⋯⋯⋯李庆西
"闷葫芦"和"小辣椒"⋯⋯⋯⋯⋯白春来
防腐剂⋯⋯⋯⋯⋯⋯⋯⋯⋯⋯⋯⋯高光地

小小说
久违了，春天⋯⋯⋯⋯⋯⋯⋯⋯⋯张曼菱
总把新桃换旧符⋯⋯⋯⋯⋯⋯⋯⋯褚建民
难忘那个中秋夜⋯⋯⋯⋯⋯⋯⋯⋯臧小平

散文
忆远千里同志⋯⋯⋯⋯⋯⋯⋯⋯⋯陈洁民
纺车之声，永留泰山——忆著名作家、教育家吴伯箫
⋯⋯⋯⋯⋯⋯⋯⋯⋯⋯⋯⋯⋯⋯郭同文
写在久远的滦河源头⋯⋯⋯⋯⋯⋯尧山壁
丑角三忆⋯⋯⋯⋯⋯⋯⋯⋯⋯⋯⋯韦 野
安怀堂的传说⋯⋯⋯⋯⋯⋯⋯⋯⋯柯 兰
回忆（传记文学·连载）⋯⋯［印度］罗·泰戈尔著
吴 华译 石 真校注

诗歌
海风⋯⋯⋯⋯⋯⋯⋯⋯履 冰 金同悌 徐万明
赵日升 任海鹰 刘 章 宋曙光 桑 原 刘瑞祥
王振喜 张志鹏 文 苑 庞雨生

评论
略谈梁斌的创作⋯⋯⋯⋯⋯⋯⋯⋯管 蠡
评长篇小说《烽烟图》⋯⋯⋯⋯⋯哲 明
《二觉集》自序⋯⋯⋯⋯⋯⋯⋯⋯鲍 昌
《雕像，却充满生命》的艺术处理⋯⋯柳 晴

津门文谈
"复杂性格"与"单纯性格"⋯⋯⋯黄益庸
用心思于刻画人物⋯⋯⋯⋯⋯⋯⋯陈 炳

编后记
美术
二月（国画）⋯⋯⋯⋯⋯⋯⋯⋯⋯杜滋龄
藏区生活组画（石版画）⋯⋯⋯⋯吴长江
花鸟（国画）⋯⋯⋯⋯⋯⋯⋯⋯⋯韩文来
农家小院（油画）⋯⋯⋯⋯⋯⋯⋯曹春生

1985 年第 1 期　刊名:《小说导报》
目录

中篇小说
重楼深院⋯⋯⋯⋯⋯⋯⋯⋯⋯⋯徐 耿 程 玮

长篇小说连载

超级女谍——金璧辉外传……………………柳　溪

短篇小说

八号软卧包房……………………………………鲍　昌

银杏树……………………………………………解　婷

无言的树…………………………………………王　蒙

石头儿……………………………………………李树喜

年轻的朋友来相会………………………………张曼菱

童年的雨…………………………………………徐小斌

摊位………………………………………………戴定常

诗歌

诗鼓与心声（诗辑·10首）…………查　干　沙　白

孙中明　周所同　张德强　梁谢成　刘则成

散文

一记耳光…………………………………………梅　志

沙的世界…………………………………………郭永明

腾飞的翅膀（报告文学）………………………阿　凤

评论

不变之变——读蒋子龙近作札记………………夏康达

小说论坛

情节谈化以后……………………………………辛宪锡

小说和诗歌的结亲………………………………草　云

1985 年第 2 期　刊名:《小说导报》

目录

中篇小说

牧歌………………………………………………路　远

长篇小说

超级女谍

金璧辉外传（连载）……………………………柳　溪

短篇小说

渡边元教授………………………………………逸　之

一个呼噜引起的风波……………………………肖复兴

两家人，两家事…………………………………石　英

甘苦………………………………………………白舒荣

"'命题小说'创作奖与评选奖"命题与题解

……………………………………冯骥才　温小钰

诗与散文

诗鼓与心声（诗辑·10首）………蔡其矫　张雪杉等

一封电报……………………………………万　力

百岛风光——访菲散记…………………………白　刃

甜甜的青珠李……………………………………远山眉

评论

带广角镜的笔杆儿

——评肖复兴的小说创作………………………罗强烈

津门文谈

真实的困惑与虚假的"清醒"……………………雷　达

睁眼与闭眼………………………………………何西来

1985 年第 3 期　刊名:《小说导报》

目录

中篇小说

夜晚，请别敲门…………………………………陆星儿

长篇小说连载

超级女谍——金璧辉外传………………………柳　溪

短篇小说

火星上的逻辑……………………………………吴若增

市委伙房的午饭时刻……………………………王金年

山韵…………………………………任芙康　刘晓梅

生死之间…………………………………………张洪年

小小说

灿烂的晚霞………………………………………闻云芳

机遇…………………………［日］星新一著　李有宽译

微笑的魅力………………………………………肖亦元

补…………………………………………………阮大华

命题小说

脚步（两篇）……………………………余小惠　王公惠

作家漫语

我的"散文诗"……………………………………叶文玲

捉鱼的一些古怪方法……………………………张　炜

诗与散文

诗鼓与心声（诗辑·11首）……………………颜廷奎

刘梦琳　青　勃　黄东成　丁　耶　董耀章

小城之光…………………………………………徐　刚

母校和我的老师…………………………………林理明

仙人枝……………………………………………黎　璀

评论
小说论坛
且谈小说的"情调构思"————————段崇轩
关于通俗小说的"谐趣"效应————————张春生
读《津门大侠霍元甲》————————顾传菁
读阿凤散文近作————————傅正谷 张钟龄

小说信息
小说家行踪
编后记
铸钢工（油画）————————王琨
女搅拌机手（版画）————————吕培桓

1985 年第 4 期 刊名:《小说导报》
目录

中篇小说
并非荒诞的故事————————许瑞生

长篇小说
超级女谍——金璧辉外传（连载）————————柳 溪

短篇小说
荒诞小说二题————————林 希
笑的沉浮————————陶 正
德师傅三睁眼————————赵玉衡
到西部去————————哲 夫
淖尔，那碧绿的淖尔————————夏 庄
坝上————————马 建
我是一个女人，懂吗!？————————季恩寿
相册上的一页（命题小说二篇）———苏书棠 虞鸣吉
"命题小说"点评————————鲍 昌

诗歌
诗鼓与心声（诗辑·12 首）————左一兵 梁 南
丁 芒 白 金 翎 霄 许志安 王玉树 张 翼

评论
知识青年的文学形象
——《知青小说选》序————————冯 牧
简评《夜晚，请别敲门》————————盛 英
小说家左拉的最大不幸是什么?————————王向峰

小说信息(七则)
小说家行踪(五则)
国画二幅————————刘志成
外国美术欣赏
——加莱义民————————罗 丹

1985 年第 5 期 刊名:《小说导报》
目录

这是一片宁静的海滩（中篇小说）————————徐小斌
炎热的夏天（小说）————————谭甫成
温暖的雪夜（小说）————————程树臻
这台挞谷酒啊（小说）————小 尹 大 军
孤独中，我寻找（小说）————亚 丁
相册里的一页（命题小说·两篇）———李玉林 吕舒怀
超级女谍
——金璧辉外传（长篇小说·连载）————————柳 溪

小小说
会场奇遇————————窦卫华
滴血的台阶————————黄群力
告别————————李沛华
有争议的人物（报告文学）————————齐明昌
诗鼓与心声（十三首）————吴 翔 田晓菲 张新宇
郑秉伏 清 云 亦 痕 赵忠刚 黄 河 李 辉
王蜜蜜 邓善结
警世之文 坦诚之心
——读孙犁《芸斋小说》————————乔以钢
从小说家巴尔扎克写剧本说起————————张圣康

小说信息(六则)
小说家行踪(五则)
编后记
矿工（木刻组画）————————叶曙光
外国美术欣赏
——马赛曲（法国巴黎凯旋门上的浮雕）————吕 德

1985 年第 6 期 刊名:《小说导报》
目录

黑帆（短篇小说）————————梁晓声
流凌（短篇小说）————————佳 峻
遮挡不住的视野（短篇小说）————————严亭亭
我们走出荒漠（短篇小说）————————钟恪民
寻觅（短篇小说）————————姚彩霞
两个老同学的话外音（短篇小说）————————郭保林
上坡和下坡（短篇小说）————————唐乃丁
脚步（命题小说·两篇）————刘占领 宋安娜
同题不同义（命题小说点评）————————蒋子龙
塔莉珂（短篇小说）————[苏]诺达尔·顿巴泽著
粟周熊译
彩色纸带（中篇小说）————————马 林
超级女谍

——金璧辉外传（长篇小说·连载） ············ 柳 溪
野味（作家漫语） ·················· 张抗抗
唱歌的花朵（作家漫语） ·············· 张昆华
暖水纪事（散文） ·················· 全秉荣
秋天的名字（散文） ················· 谢大荣
诗鼓与心声（诗辑·17 首） ········ 姜强国 黄 堃
张 渝 晓 蕾 溪 流 阿 乐
独具魅力的歌诉
——评中篇小说集《有一个美丽的地方》 ····· 黄桂元

小说论坛
从但纳的肖像画说开去 ··············· 陈望衡
人物性格在特定瞬间的凝聚力 ··········· 刘 敏

小说家行踪(五则)
编后记
篆刻 ························· 秦 彪
巴尔扎克（外国美术欣赏·雕塑） ········· 罗 丹

1985 年第 7 期　刊名:《小说导报》
目录

小太阳的苦恼（中篇小说）——献给年轻的父母
··················· 汪浙成 温小钰
五妹儿，你可真是（短篇小说） ·········· 解 婷
一个女人的心计（短篇小说） ··········· 高春丽
山风（短篇小说） ············· 肖亦农 张少敏
迟到的幸福（短篇小说） ·············· 陈 新
风流女士（小小说） ················· 那家伦
中彩（小小说） ·············· 王 扶 洪 梅
单人舞会（小小说） ················· 姜贻伟
相册里的一页（命题小说） ············· 万振环
超级女谍
——金璧辉外传（长篇小说·连载） ······· 柳 溪
抒情短诗选（十五首） ········· 白德耀 陆 途等
赛里木湖印象（散文） ··············· 赵丽宏
在写《长恨歌》的地方（散文） ··········· 毛 锜
我们需要社会主义的通俗小说（评论） ······· 汪宗元

小说信息(八则)
小说家行踪(五则)
编后记
家乡喜讯（油画） ············· 张京生 王元珍
贝多芬（外国美术欣赏·雕塑） ······· [法]布德尔

1985 年第 8 期　刊名:《小说导报》
目录

小镇名人录（短篇小说） ·············· 陈世旭
闲话牛木匠（短篇小说） ·············· 邢原平
我们的习惯（短篇小说） ·············· 韦君宜
诚实（短篇小说） ·················· 赵鹤翔
地气（短篇小说） ·················· 王从学
相册里的一页（命题小说·两篇） ····· 齐渝新 王 松
丁字路口（中篇小说） ··············· 乌雅泰
超级女谍
——金璧辉外传（长篇连载） ········· 柳 溪
海的女儿（散文） ·················· 左津玲
旅澳偶拾（散文） ·················· 朱 定
诗辑（十三首） ··················· 章德益等
拉开了正剧的帷幕（评论） ············· 吴秀明
形式的增殖效应（短论） ·············· 罗强烈

小说信息(八则)
小说家行踪(四则)
编后记
封面设计 ······················ 郭予群
故土（油画） ···················· 王玉琦
维娜斯（外国美术欣赏·雕塑） ········ [法]马约尔

1985 年第 9 期　刊名:《小说导报》
目录

沙枣腿（短篇小说） ················· 王爱英
太阳，在山那边沉落（短篇小说） ········· 孙 砺
森林歌手（短篇小说） ··············· 高连起
ABC（短篇小说） ·················· 王海昌
夕照洒满小院（短篇小说） ············· 李 凝
雪夜（短篇小说） ·················· 冼 凡
脚步（命题小说·两篇） ·········· 金同悌 王太吉
相册里的一页（命题小说） ············· 丁 名
小小说（三篇） ·········· 于宗信 丁 岚 于洁枫
爱情，纯粹是胡扯（短篇小说）
··········· [美]马科斯·舒曼作 砺 剑译
敞开的窗户（短篇小说）
··········· [美]查理斯·威利作 砺 剑译
超级女谍
——金璧辉外传（长篇小说连载） ······· 柳 溪
泉（报告文学） ··················· 苏书棠
抒情诗辑（十首） ············· 孙友田 弘 征等
"命题小说"点评 ·················· 温小钰
津门文谈（两篇） ············· 艾 斐 王之望

小说信息

小说家行踪

编后记

星空（油画）——————————————邓国源

埃及雕塑（外国美术欣赏）

1985 年第 10 期　刊名:《小说导报》
目录

泥沼中的头颅（短篇小说）——————————宗　璞

啊，迪斯科!（短篇小说）————————————张　扬

过界（短篇小说）————————————————范小青

接力（短篇小说）————————————————马识途

门面（短篇小说）————————————————卢国建

铁石心肠的塔吉雅娜（短篇小说）

　　　　　　　[苏联]格·斯古尔斯基著

忻佥忠　李熙宗译

脚步（命题小说）————————————————季恩寿

相册里的一页（命题小说）——————————彭孟付

无声的旋律（小小说）————————————那家伦

并非食鱼中毒症（小小说）——————————林培堂

电脑医生（小小说）——————————————都　烨

超级女谍

——金璧辉外传（长篇小说连载）——————柳　溪

抒情诗辑（十首）————————石太瑞　戴砚田等

散文诗辑（七章）——————马恒祥　朱光天　中　流

含笑花（散文）————————————————陈洁民

航鹰的创作趋向（评论）———————————王　绯

同题异趣（命题小说点评）——————————夏康达

视点方位与视点人物（小说论坛）—————金健人

闲与不闲（小说论坛）————————————李哲良

小说信息

小说家行踪

编后记

国画写生————————————————————李永文

护士（雕塑两幅）———————————————王之江

1985 年第 11 期　刊名:《小说导报》
目录

魔头（短篇小说）———————————————母国政

一个名牌的厄运（短篇小说）————————姜琍敏

学文学武（短篇小说）————————————伊　效

书痴（短篇小说）———————————————张庆田

防风林（中篇小说）—————————————晓　城

相册里的一页（命题小说）——————————于维远

珍品（小小说）————————————————肖克凡

晚境（小小说）————————————————董兴文

米兰卖糖（小小说）—————————————邢　可

超级女谍

——金璧辉外传（长篇小说·连载）————柳　溪

抒情诗辑（十一首）——————周同馨　解国祯等

我的语文教师（散文）————————————包立民

烛光（散文）—————————————————王道生

迎接挑战（评论）———————————————冯骥才

细部与整体（小说论坛）———————————胡德培

甘辛殊味　丹素异采（小说论坛）——————刘乐群

也谈社会主义通俗小说的特性（小说论坛）——刘梓钰

本刊重要启事

小说信息

小说家行踪

编后记

作新衣（年画）————————————————王美芳

舞蹈（雕塑·1896 年为巴黎歌剧院作）

　　　　　　　　　　　　　　　　[法]卡尔波

1985 年第 12 期　刊名:《小说导报》
目录

水面上有两顶帽子（短篇小说）———————张　长

黑金子（短篇小说）—————————————曹德金

踪迹（短篇小说）———————————————路　阳

少女·雕塑·旧街头（短篇小说）——————褚建民

升格（短篇小说）———————————————马　迅

"国风"（短篇小说）—————————————徐子芳

这不过是在演戏（短篇小说）————————刘　勇

从老区来的姑娘（短篇小说）————————高振生

脚步（命题小说）———————————————任　效

相册里的一页（例题小说三篇）

　　　　　　　王佩云　于长海　曙　光等

大地养育繁花（命题小说点评）———————滕　云

超级女谍

——金璧辉外传（长篇小说连载）—————柳　溪

抒情诗辑（十一首）—————————黄东成等

不期而遇（散文）———————————————小　土

卖年糕的老人（散文）————————————苏　运

尽量不输掉自己的挑战

——在天津市 1984 年度文学佳作奖发奖会上的发言

　　　　　　　　　　　　　　　　　　蒋子龙

活跃思想，力求创新

——在天津市 1984 年度文学佳作奖发奖会上的发言

　　　　　　　　　　　　　　　　　　鲍　昌

《冀中行》后记————————————————冉淮舟

小说的寓言意味（小说论坛）⋯⋯⋯⋯⋯叶公觉

小说信息（二则）
编后记
艺术挂盘⋯⋯⋯⋯⋯⋯⋯⋯⋯⋯⋯⋯华　非
鲁多维奇宝座浮雕（外国美术欣赏）

1986 年第 1 期　刊名:《天津文学》
目录

走投无路（中篇小说）⋯⋯⋯⋯⋯⋯⋯谌　容
残林（短篇小说）⋯⋯⋯⋯⋯⋯⋯⋯⋯晓　剑
马蹄耕耘的土地（短篇小说）⋯⋯⋯⋯路　远
糖（短篇小说）
——《人生组曲》之四⋯⋯⋯⋯⋯⋯⋯雷　铎
悟觉寺雨话（短篇小说）⋯⋯⋯⋯⋯⋯王培洁
西线有战事（特写）⋯⋯⋯⋯⋯⋯⋯张廷竹
筐头子叔叔（叙事诗）⋯⋯⋯⋯⋯⋯韩作荣
远山（诗）⋯⋯⋯⋯⋯⋯⋯⋯⋯⋯⋯刘毅然
我富有了（诗）⋯⋯⋯⋯⋯⋯⋯⋯⋯唐绍忠
抒情诗（三诗）⋯⋯⋯⋯⋯⋯⋯⋯⋯张　晏
伟大的小说何时到来?（理论·我的小说观）
⋯⋯⋯⋯⋯⋯⋯⋯⋯⋯⋯⋯⋯⋯⋯鲍　昌
小说，"认识你自己"
——我看小说观念的变化（理论）⋯⋯蔡　葵

编者的话
本刊第二期要目预告
太阳，你早（木刻）⋯⋯⋯⋯⋯⋯⋯郑友深
牧羊人（雕塑）⋯⋯⋯⋯⋯⋯⋯〔法〕布德尔
传刻碑帖之艺术欣赏（一）⋯⋯⋯⋯辛一夫
人生（油画）⋯⋯⋯⋯⋯⋯⋯〔奥〕克里姆特

1986 年第 2 期　刊名:《天津文学》
目录

长发男儿（中篇小说）⋯⋯⋯⋯⋯⋯蒋子龙
小粒子奏鸣曲（小说）⋯⋯⋯⋯⋯⋯叶之蓁
胭脂湖（小说）⋯⋯⋯⋯⋯⋯⋯⋯⋯铁　凝
滚儿（小说）⋯⋯⋯⋯⋯⋯⋯⋯⋯⋯方　方
连连街断桥（小说）⋯⋯⋯⋯⋯⋯⋯魏继新
墓碑上的白纱（小说）⋯⋯⋯⋯⋯⋯何继青
妈妈和老姐姐（小说）⋯⋯⋯⋯⋯⋯雁　宁
年年提案（小说）——县长手记⋯⋯肖建国
朝霞和晚霞的对话（散文）⋯⋯⋯⋯黄宗英
身后（散文）⋯⋯⋯⋯⋯⋯⋯⋯⋯⋯苏　晨
无名河之波（诗歌）⋯⋯⋯⋯⋯⋯⋯徐　刚
高原日记（诗歌）⋯⋯⋯⋯⋯⋯⋯⋯闻　频

五角枫（诗歌·四首）⋯⋯⋯⋯⋯⋯匡　满
地质队的孩子（诗歌）⋯⋯⋯⋯⋯⋯金同悌
大地巡礼（诗歌）⋯⋯⋯⋯⋯⋯⋯⋯颜廷奎
关于文学与道德的思考（理论）⋯⋯乔　山
情节并非一张旧网（理论·我的小说观）
⋯⋯⋯⋯⋯⋯⋯⋯⋯⋯⋯⋯⋯⋯⋯航　鹰
"望天"不负有心人（评论）
——读《九庄奇闻》兼致杨润身同志⋯王昌定

编者的话
本刊第三期要目预告
呼唤（木刻）⋯⋯⋯⋯⋯⋯⋯⋯⋯⋯蒋谷峰
鹿（木雕）⋯⋯⋯⋯⋯⋯⋯⋯⋯⋯⋯刘建强
传刻碑帖之艺术欣赏（二）⋯⋯⋯⋯辛一夫
羽化登仙（油画）⋯⋯⋯⋯〔奥〕瑟古斯·荷卢比

1986 年第 3 期　刊名:《天津文学》
目录

雾（小说）⋯⋯⋯⋯⋯⋯⋯⋯⋯⋯⋯简　嘉
把人物写得像人（小说点评）
——读简嘉新作《雾》⋯⋯⋯⋯⋯⋯邓　刚
铁屋（小说）
——《东南西北》之一⋯⋯⋯⋯⋯⋯郑万隆
见怪不怪（小说点评）
——读郑万隆新作《铁屋》⋯⋯⋯⋯冯骥才
瘾（小说）⋯⋯⋯⋯⋯⋯⋯⋯⋯⋯⋯张笑天
逝波二勺（小说）⋯⋯⋯⋯⋯⋯⋯⋯聂鑫森
有关我和第二者和第三者的问题实录（小说）
⋯⋯⋯⋯⋯⋯⋯⋯⋯⋯⋯⋯⋯⋯⋯王旭烽
水车夫的女儿（小说）
——津门里巷轶事之一⋯⋯⋯⋯⋯⋯马　林
郁达夫之死（中篇传记小说）⋯⋯⋯桑逢康
卖糖堆儿（散文）⋯⋯⋯⋯⋯⋯⋯⋯新凤霞
报童（散文）⋯⋯⋯⋯⋯⋯⋯⋯⋯⋯陈若曦
家乡河（诗歌）⋯⋯⋯⋯⋯⋯⋯⋯⋯聂　沛
倒下的十九岁（诗歌）⋯⋯⋯⋯⋯⋯李永隆
小草都是相识的（诗歌）⋯⋯⋯⋯⋯薛卫民
八十年代抒情曲（诗歌）⋯⋯⋯⋯⋯张雪杉
山里那喜欢星光的女人（诗歌）⋯⋯王玉民
放牧者（诗歌）⋯⋯⋯⋯⋯⋯⋯⋯⋯何忠斌
回答时代的呼唤（理论）
——论当代文学反映现实生活、体现时代精神问题
⋯⋯⋯⋯⋯⋯⋯⋯⋯⋯⋯⋯⋯伍文　方斜
新时期小说流派雏形初探（理论）⋯⋯林为进
在文化变迁中把握中国人心理素质的演进（理论·我的小说观）⋯⋯⋯⋯⋯甘铁生

编者的话
本刊第四期要目预告
爱鸟（丝漏木刻） ————————————————赵经寰
云（雕塑） ————————————————————[法]布德尔
传刻碑帖之艺术欣赏（三） ————————————辛一夫
午（油画） ————————————————————孙景波

1986 年第 4 期　刊名:《天津文学》
目录

浪漫的黄昏（中篇小说） ——————————————叶文玲
悬崖下面是深潭（短篇小说） ————————————蔡测海
十八号界碑（短篇小说） ——————————————张廷竹
白马·某夜（短篇小说·二题） ———————————何立伟
远去的列车（短篇小说） ——————————————牛伯成
旋转的舞步（短篇小说） ——————————————李霁宇
阿珍进上海（短篇小说） ——————————————唐　宁
一方风水（短篇小说） ——————————————毛志成
叹号（小小说） ——————————————————彭鸽子
一个红学家的忧郁（小小说） ————————————路东之
澜沧江上（散文） —————————————————大　我
"死不了"的联想（散文） ——————————————李书之
在丹麦黑色"自由城"（散文） ———————————阎纯德
S 形的大西洋（诗歌） ———————————————孙桂贞
爱之说（诗歌） ——————————————————冯景元
海员的妻子（诗歌） ————————————————刘功业
诗广场（诗辑·八首） ——————————于宗信　白　鸽等

小说论坛

小说家和美学 ——————————————————李哲良
寓真于诞 ————————————————————卢　君
由"实"而"虚"的追求及其艺术表现 ————————罗强烈
不透明小说及其他 ————————————————李书磊
"举类迩而见义远" ————————————————刘　敏
"酒精"与"茅台" ————————————————胡德培

编者的话
本刊第五期要目预告
封面（木刻） ——————————————————姜卫东
天津城市雕塑 ——————————————李俊亮　庄　征
传刻碑帖之艺术欣赏（四） ————————————辛一夫
涅斯杰洛娃雅肖像（油画） ———————[俄]涅斯杰洛夫

1986 年第 5 期　刊名:《天津文学》
目录

死海（中篇小说） —————————————————冯苓植
老梦（短篇小说） —————————————————韩少功
愚弄（短篇小说） —————————————————韶　华
鹰（短篇小说） ——————————————————张玉良
边麻花开（短篇小说） ——————————————景　风
无名谷（短篇小说） ————————————————钟铁夫
麻雀·渡鸦·鸽子（短篇小说·三题）
　　　　　　　　　　　　　　——————艾克拜尔·米吉提
田螺·瀑布（短篇小说·二题） ———————————骆晓戈
悟（短篇小说） ——————————————————马立诚
我们艺术科（短篇小说） ——————————————寒　洁
小巷深处（短篇小说） ——————————————凝　溪
我有一片新鲜的土地（诗歌·外一首） ————————刁永泉
草原雕像（诗歌） —————————————————杨　岩
心的花香（诗歌） —————————————————石太瑞
黄河和她的精灵（诗歌） ————————————冯　云　孙　涛
诗广场（诗辑·六首） ——————————何　来　陈凤仙等

笔谈散文

不必感到寂寞 ——————————————————袁　鹰
散文三议 ————————————————————姜德明
提倡"美文" ———————————————————吴周文
散文观念需要变革 ————————————————谢大光
我的当代散文观 —————————————————赵　玫
散文无定格 ————————————————————林　希

编者缀语
关于文学作品的生活性的思考（理论） ————————曾镇南
小说散论（理论·我的小说观） ———————————陈　村

编者的话
本刊第六期要目预告
舞蹈（雕塑） ——————————————————[法]布德尔
传刻碑帖之艺术欣赏（五） ————————————辛一夫
朱迪思（油画） —————————————————[奥]克里姆特

1986 年第 6 期　刊名:《天津文学》
目录

酒殇（短篇小说） —————————————————叶蔚林
见报文章剪贴（短篇小说） —————————————映　泉
远山近水（短篇小说） ——————————————赵长天
鲜红的嘴唇（短篇小说） ——————————————彭荆风
戈壁滩（短篇小说） ————————————————刘俊光

小驴车载着的故事（短篇小说）——————刘学林
阿梅在一个太阳天里的愁思（短篇小说）———残　雪
辅导员（短篇小说）————————————方　炜
悲剧角色（短篇小说）———————————王国才
女人谷（中篇小说）————————————张昆华
燃烧（诗歌·外三首）———————————郭宝臣
一个牧羊人的爱情（诗歌）—————————高　琛
榕树，不要这样说（诗歌·外一首）————张石山
迷乱的涟漪（组诗）————————————许向诚
诗广场（诗辑·九首）——————————师日新等
关于对当前散文意见的对话（理论）
————————————————吴泰昌　冯骥才
小说是手段（理论　我的小说观）————吴若增

新作短评
新曲——心曲——————————————柏　今
栩栩如生的风俗画廊————————————梁　斌
新时代的交响曲——————————————哲　明

编者的话
本刊第七期要目预告
"赶摆"（雕塑）——————————————房仲明
朝鲜族女孩（雕塑）————————————刘建强
传刻碑帖之艺术欣赏（六）————————辛一夫
夏洛特女士
——抗争（油画）————————[英]威廉·沃特豪斯

1986 年第 7 期　刊名:《天津文学》
目录

三声铳响之后（中篇小说）—————————叶　楠
鸡世沧桑（短篇小说）———————————甘铁生
出乎意料（短简小说）———————————陈国凯
古城魔幻（短篇小说）———————————张石山
华南虎（短篇小说）————————————周永严
猎（短篇小说）——————————————张　波
邮购妻子（短篇小说）———————————李书崇
代价（短篇小说）—————————————陈宝光
我和历史的一次谈话（散文）———————刘再复
蓝色湖（散文）——————————————林斤澜
迷路的故事（散文·两篇）—————————舒　婷
漫步在凋零的树林（散文）—————————刘湛秋
死港与天（诗歌）—————————————向　锋
大千世界的蒙太奇（诗歌）—————————闵　人
从"吞不下吐不出巨大的毕加索"谈起（理论）
——关于如何对待当前艺术探索的一点浅见
————————————————————缪俊杰
当代小说中的平民精神（理论）———————吴　亮

蜗牛居的失重感（理论·我的小说观）———冯苓植

编者的话
本刊第八期要目报告
重要更正
作家生活：冯骥才
传刻碑帖之艺术欣赏（七）————————辛一夫
菲德尔（油画）—————[法]亚历山大·卡巴尼尔

1986 年第 8 期　刊名:《天津文学》
目录

牛仔女皇（中篇小说）———————————张士敏
说梦（短篇小说）—————————————宋学武
小青杨（短篇小说）————————————孙少山
能治病的音乐（短篇小说）—————————薛家柱
生命的法则（短篇小说）——————————王　炬
甜（短篇小说）——————————————王清学
她和他（小小说二题）———————————许世杰
彩虹曲社（散文）—————————————宗　璞
来自南疆的老山兰（散文）—————————臧克家
雨思和月夜（散文·两篇）—————————李佩芝
海风（海风文学社七人诗选）———任起之　刘功业等
海风文学社诗选小引————————————之　棣
文学：迎接新技术革命的挑战（理论）————蒋守谦
文学门外走马（理论·我的小说观）————雷　铎

小说论坛
危机乎？生机乎？—————————————李哲良
小说创作的哲理性—————————————谭兴国
小说写给谁看？——————————————牛玉秋
首都企业界和文学评论界讨论谌容新作中篇小说《走
投无路》（文讯）—————————————一　江

编者的话
本刊第九期要目预告
作家生活：冯植苓
传刻碑帖之艺术欣赏（八）————————辛一夫
贝娅特丽齐乘车致意但丁（水彩雕版）
————————————————————[英]布莱克

1986 年第 9 期　刊名:《天津文学》
目录

乱弹（中篇小说）—————————————张　宇
玉姑山下的传说（中篇小说）————————王　蓬
歌星探亲（短篇小说）———————————凯　南

爱情的故事（短篇小说二题）——————王安忆
笔墨官司背后（短篇小说）
——石燕来实录——————————周　天
柏树湾的金砖（短篇小说）——————杨润身
观音会首（短篇小说）————————王敦贤
双圣街的"不肖子孙"（短篇小说）———魏继新
大机关里的小职员（短篇小说）———高春丽
我爱听雨（散文）—————————陈天岚
受伤的小县（散文）————————刘成章
画家的情趣（散文）————————邓　柯
群雕（诗歌）———————————张新宇
华北平原放歌（诗歌）———————浪　波
山路沉吟（诗歌）—————————宋曙光
奶奶（诗歌）———————————任海鹰
诗广场（诗辑·十五首）———于宗信　湛　岭等
论鲁迅散文与外国文学的关系和独创性（评论）
————————————————卢　今
残雪的愁思（评论）——我读《阿梅在一个太阳天里
的愁思》————————————吴若增

编者的话
本刊第十期要目预告
风之歌（木刻）——————————王治棠
作家生活：叶文玲
传刻碑帖之艺术欣赏（九）—————辛一夫
达那厄（油画）———————[奥]克里姆特

1986 年第 10 期　刊名:《天津文学》
目录

鼠精（中篇小说）—————————李玉林
李玉林跨出的这一步（点评）————蒋子龙
摆西人的幽默（短篇小说）————莫应丰
"505 号"沉船幸存者（短篇小说）——邓　刚
船寮（短篇小说）—————————李　民
弧声（短篇小说）—————————李　逊
过路大哥（短篇小说）———————叶　华
心事（短篇小说）—————————兰小宁
贵客（短篇小说）—————————彭名燕
回娘家（散文）
——纪念孔子诞辰 2537 周年—————孔德懋
平凉崆峒山笔记（散文）——————贾平凹
迪斯克旋风（散文）————————韩静霆
海之魂（诗歌·三首）———————刘小放
北方抒情诗（三首）————————易殿选
去往西地（诗歌·外一首）—————西　贝
诗广场（诗辑·十一首）————王晓满等
论新时期文学的宏观走向（理论）———鲍　昌

关于城市与文学的独白（理论）———雷　达
鲁迅小说艺术形象的文化批判内涵（评论）
————————————————刘家鸣

编者的话
本刊第十一期要目预告
本刊"森林草原笔会"摄影选
一九七六年七月二十八日晨（国画）——李孝萱
桥上的姑娘（油画）—————[挪威]蒙　克

1986 年第 11 期　刊名:《天津文学》
目录

摇车铃铛响———————————张　锲
旱塬古镇上的狗—————————赵　熙
疾风——————————————陈源斌
青青的处女林——————————雁　宁
伊扶——————————————雷　铎
祭乐——————————————吴碧莲
余庆上学————————————小　楂
我，曾发誓撤他的职————————唐云富
街口——————————————李送今

散文
门前流水尚能西——————————汪曾祺
香港女流之辈——————————杨羽仪
师教——————————————徐开垒
两个人的背影（诗歌·外一首）———李晓松
警歌（诗歌·二首）————————黄东成
天安门的卫士（诗歌·外二首）———晓　晴
诗广场（诗辑·九首）———————阿　乐等
关于审美心理图式的思考（理论）———张德林
"蛇神"的"灵魂"（评论）—————李哲良

津门文谈
真实一辩————————————罗强烈
假如你有双画家的眼睛————咏　枫　朱　曦

编者的话
本刊第十二期要目预告
扉页木刻————————————赵海鹏
本刊森林草原笔会（摄影）
人体——————————[意]莫迪格利昂尼

1986 年第 12 期　刊名:《天津文学》
目录

"森林草原笔会"随笔

森林采风录 ·······················蒋子龙
从绿色的梦中醒来 ···············谌　容
莫尔道嘎车祸 ···················何士光
走进大兴安岭 ···················邓　刚
亭亭白桦，依依白桦 ·············航　鹰
我看见了白桦树 ·················黄济人
告别大森林 ·····················蒋子丹
森林，别吐露咱俩的秘密 ·········瑞　生
莫尔道嘎（诗·外一首）···········方　方
西风古道（中篇小说）·····张少敏　肖亦农
女儿，当自强（中篇小说）········郑九蝉
迷惑（短篇小说）·················黄蓓佳
深深的山坳（诗歌·三首）·········闻　频
有情天地（诗歌·三首）···········姜强国
用海染成的诗（诗歌·二首）·······纪东序
诗广场（诗歌·十一首）·····杨如雪　王淑臣
新时期十年文学的艺术流向（评论）···张　炯
当代审美意识观照下的生命情调（评论）——新时期
诗歌创作的一个侧影 ·············苗雨时

编者的话

本刊一九八七年第一期要目预告
《天津文学》一九八六年总目录
本刊"森林草原笔会"摄影选
十字架（油画）···········[西班牙]达　利

1987 年第 1 期　刊名:《天津文学》
目录

漫话《天津文学》···············唐达成

中篇小说

蓝岩 ···························蔡测海
送你一片白云 ···················彭荆风

短篇小说

热风暴 ·························路　远
林妹 ···························姜贻伟
香飘梳子巷 ·····················李小萍
冰河 ···························王凤麟
去吧，去采桑椹吧 ···············周　慧
样品酒 ·························刘世新

大雁的驿站（散文）···············楼肇明
千岛湖三记（散文）···············江曾培
小河（散文）·····················赵　玫
永恒的年轻（评论）···············廖静仁

诗歌

瞬间（外二首）···················倪天瑞
二十三岁 ·······················金汝平
蓝天（外一首）···················李臻奎
黄土地上的一群鹰 ···············蒋声明
沙滩记忆（外一首）···············远　山
诗广场（诗辑·六首）·······曹增书　刘晓滨
兰　方　杨　钢　冰　河
本刊一九八六年作品选评（评论）···黄泽新　刘　敏
黄桂元　辛宪锡　于明夫　映　勤　郭　栋

编者的话

本刊第二期要目预告

封面设计 ·······················陈　新
腾飞·天津（摄影）·········韩复兴　杨　进
祖国边陲风情（国画）···············李　津
玩具马上的男人和女人（油画）·······[俄]夏迦尔

1987 年第 2 期　刊名:《天津文学》
目录

中篇小说

那种奇怪的感觉 ·················戈悟觉
秘密 ···························李天芳

短篇小说

萃华街记事（五题）···············鲍　昌
一个战士和班长及连长的故事 ·····凯　南
雪路 ···························成　一
德·斯科特 ·····················范　稳
在那片土地上 ···················范小青
沙漠 ···························湛　岭
楼群上空的鸽哨 ·················孙　涛

散文

说"韧"及其他（四篇）·············苏叔阳
给红子 ·························陈　村
忧郁的石头 ·····················和　谷

组诗

半掩之窗（四首）·················叶延滨
老人与三月（外一首）·············刁永泉
寄向海天会合处（二首）···········孙友田

诗歌

佳期（外一首）......................................子　页
夜之说（外一首）..................................邓　芳
诗广场（三首）............王月生　冯　云　吴　翔
"问题"与"问题小说"
　──对一个文学常识性问题的独白......吴秉杰
荒诞与苦恋
　──关于文学和人的随笔之一............李书磊

小说论坛

手的奥秘..马　威
北京味·上海味·天津味......................刘乐群

编者的话
本刊第三期要目预告

腾飞·天津（摄影）............董岩青　李　军
水粉画（三幅）..................................金力吾
奴隶姬妾（油画）......................[法]安格尔
《奴隶姬妾》赏析..............................周茂生

1987 年第 3 期　刊名:《天津文学》
目录

神事（中篇小说）..............................京　夫

短篇小说

梦湖笔记..姜　滇
楚河汉界..谭元亨
桔黄色的路灯..................................张秀枫
长途，长途......................................王　平

天津青年作者小辑

你的 T·P·O（中篇小说）..................李　晶
枯井（短篇小说）..............................小　西
看青（短篇小说）..............................牛伯成
树的故事（散文·二篇）......................赵丽宏
英雄海量（散文）..............................张永权
梦中偷情（散文）..............................陈天岚

诗歌

断裂（三首）......................................韩作荣
阿里山的姑娘（四首）......................于宗信
蛛丝半缕（五首）..............................张雪杉
没有信的日子..................................彭国梁
红树林海岸......................................何香久
思索变形四重奏..............................滕　运
"拳头作品"哪里来?（理论）──试谈当代中国作家
和读者的思维方式与人格结构............李哲良

人的超越意识（理论）
　──文学的当代意识断想................张毓书

编者的话
本刊第四期要目预告

商场景观（摄影）..............................孙继武
国画（二幅）......................................张福龙
竞马场（油画）........................[法]德　加

1987 年第 4 期　刊名:《天津文学》
目录

流芳（中篇小说）..............................彭见明

短篇小说

毕经理谈道..........................林　深　舒　展
云·云·云..王培洁
惑之三题..刘舰平
我这个人哪......................................晓　剑
能人之外..徐小斌
那一年，我十八岁..............周　矢　陈先法
一个工人家庭的悲剧......................蔡　嵘
下雪的日子......................................水　舟
变（小小说）......................................韩映山
儿子（小小说）..................................王　立
秋天的花园（散文）..............胡菊彬　谷一海
话猫（散文）......................................韩　羽
太阳和月亮（散文）..........................袁玉兰
蓝海风（诗歌）..................................金同悌
负重集（组诗）..................................陈茂欣
我呼唤你，沙漠（诗歌）..................张俊兰
蓝土地（诗歌·二首）......................梁志宏
古堤（诗歌·外一首）......................包宏纶
去伊犁未果，怀林则徐（诗歌）......黎焕颐
新时期文学形式演变的趋势（理论）
　──对一种复杂文学现象考察的提纲......何镇邦
艺术审美中情感的两极发展（理论）......陈望衡

编者的话
本刊第五期要目预告

腾飞·天津（摄影）............沈广森　姬培栋
国画（二幅）......................................雷金池

1987 年第 5 期　刊名:《天津文学》
目录

深深的车辙（中篇小说）……………………… 石　楠

短篇小说

河街·彩画…………………………………… 贺享雍
老犯…………………………………………… 吴雪恼
水长东………………………………………… 山　谷
我们的作家楼………………………………… 魏心宏
夜火…………………………………………… 张宗栻
身份　　　　[苏联]维·格列奇涅夫著　王　汶译
改革，在聪明与实干之间选择（报告文学）… 冯景元
致宋履进（书简）
——《改革，在聪明与实干之间选择》读后…… 蒋子龙

散文

9月10日……………………………………… 宗　璞
失落的少年朋友……………………………… 苏叔阳
大冯还是大冯………………………………… 邓　柯
五婶…………………………………………… 陈洁民
眼睛（诗歌）………………………………… 孔　林
情涌无声（组诗·四首）…………………… 颜廷奎
牧人（诗歌）………………………………… 刘功业
大城市审美流（诗歌）……………………… 姚振函
诗广场（诗辑·十一首）……师 炜　张　建　雷福选
文　冰　王俊石　吴　刚　蔡泳海

编者的话
本刊第六期要目预告
油城晨曦（摄影）…………………………… 李伯华
春之光（摄影）……………………………… 华绍祖
天津藏书票与小版画展览作品选登（六幅）
………………………………… 廖有楷　沈延祥
少女（日本画）

1987 年第 6 期　刊名:《天津文学》
目录

荒原（中篇小说）…………………………… 舒　心

短篇小说

进村容易出村难……………………………… 赵　熙
马角…………………………………………… 贾平凹
昨天，明天…………………………………… 陈源斌
粉红色的蜻蜓………………………………… 蒋锡元
蓝绿色的光圈里边是金色和银色的梦………… 查　舜

你得管住那个男人…………………………… 哲　夫
足球赛季里的故事…………………………… 王洪波
万元户的兴衰………………………………… 刘贵贤
寻觅…………………………………………… 李子林
寓言六则……………………………………… 吕德华

散文

朱光潜先生…………………………………… 冯健男
大漠思吟……………………………………… 刘铁柯
心扉吹进一缕风……………………………… 湛　岭

诗歌

大山的儿子（外一首）……………………… 谢明洲
矿工的妻子（二首）………………………… 王　琦
受伤的小树…………………………………… 贺羡泉
小城…………………………………………… 鹤　青
自信，重新收拾你的画……………………… 唐绍忠
又一个黎明（外一首）……………………… 张慧颖
谈艺术感觉（理论）………………………… 段更新
回归与超越（理论）——关于结构小说的断想
………………………………………… 段崇轩

津门文谈

散文不妨"野"一点………………………… 佘树森
有感于"草径不剪，落英不扫"…………… 陈　炳

编者的话
本刊第七期要目预告
《天津文学》杂志社"小小说"函授招生启事
童话世界（摄影）…………………………… 张凯林
书法（三幅）………………………………… 阎炳会
白腊树（油画）…………………………… [挪威]蒙　克

1987 年第 7 期　刊名:《天津文学》
目录

智囊（中篇小说）…………………………… 杨东明

短篇小说

小粒子奏鸣曲（之七）……………………… 叶之蓁
那次，去海边………………………………… 马秀华
在 ST 公路上………………………………… 王　江
列车，消逝在远方…………………………… 苏书棠
一条鲜艳的睡裙……………………………… 张忠富
小疙瘩………………………………………… 王子硕
陈老头………………………………………… 陆永基

"东方"千字小说大赛征文选辑

生日 ⋯⋯⋯⋯⋯⋯⋯⋯⋯⋯⋯⋯⋯⋯⋯⋯ 吴　明
黄发带 ⋯⋯⋯⋯⋯⋯⋯⋯⋯⋯⋯⋯⋯⋯⋯ 王　松
格子 ⋯⋯⋯⋯⋯⋯⋯⋯⋯⋯⋯⋯⋯⋯⋯⋯ 余小惠
变奏曲 ⋯⋯⋯⋯⋯⋯⋯⋯⋯⋯⋯⋯⋯⋯⋯ 王鹏飞
树叶 ⋯⋯⋯⋯⋯⋯⋯⋯⋯⋯⋯⋯⋯⋯⋯⋯ 蔡　嵘
一条路上 ⋯⋯⋯⋯⋯⋯⋯⋯⋯⋯⋯⋯⋯⋯ 雪　屏
打破的瓦罐 ⋯⋯⋯⋯⋯⋯⋯⋯⋯⋯⋯⋯ 袁玉兰
巧兰劝夫 ⋯⋯⋯⋯⋯⋯⋯⋯⋯⋯⋯⋯⋯⋯ 冯品清
人情不薄 ⋯⋯⋯⋯⋯⋯⋯⋯⋯⋯⋯⋯⋯⋯ 许大年
意外效果 ⋯⋯⋯⋯⋯⋯⋯⋯⋯⋯⋯⋯⋯⋯ 马鸣放
卖诗集的老农 ⋯⋯⋯⋯⋯⋯⋯⋯⋯⋯⋯⋯ 竺　瑜

散文

死山 ⋯⋯⋯⋯⋯⋯⋯⋯⋯⋯⋯⋯⋯⋯⋯⋯ 许达然
太湖烟雨正迷蒙 ⋯⋯⋯⋯⋯⋯⋯⋯⋯⋯ 苏　叶
鼓浪屿的早晨 ⋯⋯⋯⋯⋯⋯⋯⋯⋯⋯⋯ 何启治

诗歌

往事（外一首） ⋯⋯⋯⋯⋯⋯⋯⋯⋯⋯ 徐柏容
月亮的城（外一首） ⋯⋯⋯⋯⋯⋯⋯⋯ 阿　乐
木船（外一首） ⋯⋯⋯⋯⋯⋯⋯⋯⋯⋯ 田晓菲
我家的门朝东开（外一首） ⋯⋯⋯⋯⋯ 陆　健
诗广场（诗辑·十八首）⋯⋯ 伏　萍　梁谢成　戴砚田
朱谷忠　贾长厚　白　鸽　清　云　晓　华　曲建新
文学感性问题思考录 ⋯⋯⋯⋯⋯⋯⋯⋯ 刘大枫
当代意识对民族传统文化的审美观照 ⋯⋯ 张毓书

津门文谈

创作与童年心理积淀 ⋯⋯⋯⋯⋯⋯⋯⋯ 张圣康
篇篇恨不奇 ⋯⋯⋯⋯⋯⋯⋯⋯⋯⋯⋯⋯ 肖文苑

编者的话
本刊第八期要目预告
乘舟穿云亭中歇（摄影） ⋯⋯⋯⋯⋯⋯ 李福瑞
少女（油画） ⋯⋯⋯⋯⋯⋯⋯⋯⋯ ［法］马蒂斯

1987 年第 8 期　刊名:《天津文学》
目录

小说

黑砂（中篇） ⋯⋯⋯⋯⋯⋯⋯⋯⋯⋯⋯⋯ 肖克凡
沙砾 ⋯⋯⋯⋯⋯⋯⋯⋯⋯⋯⋯⋯⋯⋯⋯⋯ 叶　楠
偷乐 ⋯⋯⋯⋯⋯⋯⋯⋯⋯⋯⋯⋯⋯⋯⋯⋯ 张　宇
男婚女嫁 ⋯⋯⋯⋯⋯⋯⋯⋯⋯⋯⋯⋯⋯⋯ 聂震宁
琢磨 ⋯⋯⋯⋯⋯⋯⋯⋯⋯⋯⋯⋯⋯⋯⋯⋯ 马　原
劳燕　劳燕 ⋯⋯⋯⋯⋯⋯⋯⋯⋯⋯⋯⋯⋯ 旭　烽

纪实文学·散文

谁说草木不通情 ⋯⋯⋯⋯⋯⋯⋯⋯⋯⋯ 章含之
科隆的钟声 ⋯⋯⋯⋯⋯⋯⋯⋯⋯⋯⋯⋯ 范　曾
杂文二题 ⋯⋯⋯⋯⋯⋯⋯⋯⋯⋯⋯⋯⋯⋯ 邵燕祥
一二·二二海难事件 ⋯⋯⋯⋯⋯⋯⋯⋯ 任斌武

诗歌

塞上 ⋯⋯⋯⋯⋯⋯⋯⋯⋯⋯⋯⋯⋯⋯⋯⋯ 潞　潞
雁阵情 ⋯⋯⋯⋯⋯⋯⋯⋯⋯⋯⋯⋯⋯⋯⋯ 姚焕吉
突围 ⋯⋯⋯⋯⋯⋯⋯⋯⋯⋯⋯⋯⋯⋯⋯⋯ 万　力

评论

超越困境　面对时代文学潮流的思考
⋯⋯⋯⋯⋯⋯⋯⋯⋯⋯⋯⋯⋯⋯ 黄桂元　刘　敏
纪实小说的美学形态 ⋯⋯⋯⋯⋯⋯⋯⋯ 张　韧
《黑砂》—— 一篇有"根"的小说 ⋯⋯⋯ 夏康达
执行副主编的话 ⋯⋯⋯⋯⋯⋯⋯⋯⋯⋯ 刘品青

第九期要目预告
国画三幅 ⋯⋯⋯⋯⋯⋯⋯⋯⋯⋯⋯ 左正尧　罗　莹

1987 年第 9 期　刊名:《天津文学》
目录

小说

孤猎（中篇） ⋯⋯⋯⋯⋯⋯⋯⋯⋯⋯⋯⋯ 张一弓
游神洞三篇（短篇） ⋯⋯⋯⋯⋯⋯⋯⋯ 邓善洁

纪实文学·散文

自由备忘录（报告文学） ⋯⋯⋯⋯⋯⋯ 苏晓康
中国当代舞潮（报告文学） ⋯⋯⋯⋯⋯ 张作民
天危（特写《社会实情录》） ⋯⋯⋯⋯ 李玉林
杂文二题 ⋯⋯⋯⋯⋯⋯⋯⋯⋯⋯⋯⋯⋯⋯ 舒　展
兴安行 ⋯⋯⋯⋯⋯⋯⋯⋯⋯⋯⋯⋯⋯⋯⋯ 沈　醉

诗歌

抒情诗八首（专栏《我的世纪风》） ⋯⋯ 王晓满
有赠（外一首） ⋯⋯⋯⋯⋯⋯⋯⋯⋯⋯ 于建军
佚事（外一首） ⋯⋯⋯⋯⋯⋯⋯⋯⋯⋯ 西　川
孕 ⋯⋯⋯⋯⋯⋯⋯⋯⋯⋯⋯⋯⋯⋯⋯⋯ 梅绍静
又遇濛濛雨 ⋯⋯⋯⋯⋯⋯⋯⋯⋯⋯⋯⋯ 红霜叶
卖蟹姑娘（外一首） ⋯⋯⋯⋯⋯⋯⋯⋯ 曹　阳

评论

城市的当代生态心态与艺术创造工程 ⋯⋯ 刘乐群
关于王晓满的诗 ⋯⋯⋯⋯⋯⋯⋯⋯⋯⋯ 黄桂元

函授学员作品选

特种病（小小说）⋯⋯⋯⋯⋯⋯⋯⋯闻　章

芳邻（小小说）⋯⋯⋯⋯⋯⋯⋯⋯⋯霍　聪

荡在原野上的船（小小说）⋯⋯⋯杨文环　阎敬平

执行副主编的话⋯⋯⋯⋯⋯⋯⋯⋯刘品青

第十期要目预告

封面设计　封四装饰⋯⋯⋯⋯⋯⋯何　洁

版画四幅⋯⋯⋯⋯⋯⋯⋯⋯⋯⋯⋯常　工

1987 年第 10 期　刊名:《天津文学》
目录

小说

暗夜（中篇）⋯⋯⋯⋯⋯⋯⋯⋯⋯映　泉

兔儿爷，难为情（短篇）⋯⋯⋯⋯刘心武

巴人村纪事（短篇）⋯⋯⋯⋯⋯⋯雁　宁

纪实文学·散文

贾平凹之谜（传记）⋯⋯⋯⋯⋯⋯孙见喜

奸贾何其多（特写《社会实情录》）⋯⋯无　为

郭小川家书（书信）⋯⋯⋯⋯⋯⋯郭小川

杂文二题⋯⋯⋯⋯⋯⋯⋯⋯⋯⋯⋯牧　惠

诗歌

切磋集⋯⋯⋯⋯⋯⋯⋯⋯⋯⋯⋯⋯鲁　藜

东方之精灵（专栏《我的世纪风》）⋯王向锋

十行抒情诗（五首）⋯⋯⋯⋯⋯⋯子　页

五彩的羽毛⋯⋯⋯⋯⋯⋯⋯⋯⋯⋯王　杰

评论

艺术借鉴中的审美观⋯⋯⋯⋯⋯⋯张德林

读诗漫笔（之二）⋯⋯⋯⋯⋯⋯⋯黄桂元

函授学员作品选

小小说

那只黑色的猫⋯⋯⋯⋯⋯⋯⋯⋯⋯樊晓超

人们（小小说）⋯⋯⋯⋯⋯⋯⋯⋯王崑立

学骑车（小小说）⋯⋯⋯⋯⋯⋯⋯思　佳

执行副主编的话⋯⋯⋯⋯⋯⋯⋯⋯刘品青

"东方"千字小说大赛揭晓

下期要目预告

雕塑⋯⋯⋯⋯⋯⋯⋯⋯⋯⋯⋯⋯⋯孙绍群

1987 年第 11 期　刊名:《天津文学》
目录

短篇小说

四季⋯⋯⋯⋯⋯⋯⋯⋯⋯⋯⋯⋯⋯李国文

中人⋯⋯⋯⋯⋯⋯⋯⋯⋯⋯⋯⋯⋯陈官煊

新编《聊斋志异》三篇⋯⋯⋯⋯⋯梁晓声

花瓶⋯⋯⋯⋯⋯⋯⋯⋯⋯⋯⋯⋯⋯青　雪

黑泉⋯⋯⋯⋯⋯⋯⋯⋯⋯⋯⋯⋯⋯金　平

教父⋯⋯⋯⋯⋯⋯⋯⋯⋯⋯⋯⋯⋯魏继新

绿血⋯⋯⋯⋯⋯⋯⋯⋯⋯⋯⋯⋯⋯李送今

紫丁香⋯⋯⋯⋯⋯⋯⋯⋯⋯⋯⋯⋯申力雯

纪实文学·散文

"垃圾王国"（特写《社会实情录》）⋯孙步康

落日（散文）⋯⋯⋯⋯⋯⋯⋯⋯⋯邵燕祥

闲话丰子恺（散文）⋯⋯⋯⋯⋯⋯何立伟

杂文二题⋯⋯⋯⋯⋯⋯⋯⋯林　希　黄秋耘

诗歌

夏日（诗专栏《我的世纪风》）⋯⋯刘功业

塞您心里一个海（外一首）⋯⋯⋯阿　红

最后的童话（三首）⋯⋯⋯⋯⋯⋯鲁　萍

掌声⋯⋯⋯⋯⋯⋯⋯⋯⋯⋯⋯⋯⋯孙　滨

海的音响（三首）⋯⋯⋯⋯⋯⋯⋯白　金

让我们唱个快乐的歌（外一首）⋯丁蔚文

评论

《文学散步》三篇

⋯⋯⋯⋯⋯韩少功　阎振宇　潘凯雄　贺绍俊

论我国荒诞文学的审美特征⋯⋯⋯黄泽新

读诗漫笔（之三）⋯⋯⋯⋯⋯⋯⋯黄桂元

函授学员作品选

小小说四篇⋯⋯⋯武　平　张鸿敏　靳广田　廖　岷

执行副主编的话⋯⋯⋯⋯⋯⋯⋯⋯金　梅

下期要目预告

瓷板国画⋯⋯⋯⋯⋯⋯⋯⋯⋯⋯⋯李孝萱

1987 年第 12 期　刊名:《天津文学》
目录

短篇小说

漂流⋯⋯⋯⋯⋯⋯⋯⋯⋯⋯⋯⋯⋯戈悟觉

变色口红⋯⋯⋯⋯⋯⋯⋯⋯⋯⋯⋯储福金

归宿⋯⋯⋯⋯⋯⋯⋯⋯⋯⋯⋯⋯⋯温绍贤

蛇足 ……………………………… 袁 静 秦文虎
死海 ………………………………………… 王富杰

纪实文学·散文
赴美华人录像（特写《社会实情录》）……… 桑逢康
友情 ………………………………………… 李国文
乔娘的名字 ………………………………… 延 梅

诗歌
第九封是情书（专栏《我的世纪风》）……… 张 晏
中国 在这里发布新闻（二首）…………… 李 锋
文谭三题 …………………………………… 罗强烈
短论两篇（专栏《文学散步》）……… 钱 竞 张颐武
读诗漫笔（之四）………………………… 黄桂元

函授学员作品选
小小说
阿娇 ………………………………………… 戴左航
编外记者 …………………………………… 赵仁义
微笑 ………………………………………… 蓝学瑞
老人 ………………………………………… 钱 成
执行副主编的话 …………………………… 金 梅

下期要目预告
封四设计 …………………………………… 何 洁
国画两幅 …………………………………… 向中林

1988 年第 1 期　刊名:《天津文学》
目录

开岁寄语 …………………………………… 蒋子龙
黄雨（中篇小说）………………………… 闻树国

短篇小说
机缘 ………………………………………… 高晓声
可过桥 ……………………………………… 范小青
江西贵 ……………………………………… 陈源斌
大街 ………………………………………… 张奥列
"充气机"趣事 …………………………… 子 干
函授学员作品选（小小说五篇）…… 金 安 王新华等

纪实文学·散文
孤独，老年人的病旅（特写《社会实情录》）
………………………………………………… 寇士奇
杂文二题 …………………………………… 刘 征
杜崇谦和他的长城电视机（专栏《天津文学论坛》）
…………………………………………………… 金 矢
静夜思（散文）…………………………… 忆明珠

你的栗色鸟（散文）……………………… 赵 玫

诗歌
边缘（专栏《我的世纪风》）…………… 金同悌
第一滴水 …………………………………… 郭宝臣
自然的素描 ………………………………… 苏志坚
我的小露珠 ………………………………… 张 萌

评论
认同与发现 ………………………………… 许 明
短论两篇（专栏《文学散步》）
…………………………………… 李书磊 曹致佐
读诗漫笔（之五）………………………… 黄桂元

下期要目预告

1988 年第 2 期　刊名:《天津文学》
目录

纪实文学·散文
离开狼群的悲哀（报告文学）
…………………………………… 贾鲁生 宋新立
拐卖妇女纪实（特写《社会实情录》）……… 王灵书
蓦然看到（散文）………………………… 许达然
放花炮（散文）…………………………… 新凤霞
杂文二题 …………………………………… 来新夏
李福仁的钻探（专栏《天津文学论坛》）…… 金 矢

小说
"点状"将不再增加（短篇小说）………… 霍 晔
养猫专业户（短篇小说）………………… 莫 言
尖顶楼（中篇小说）……………………… 叶文玲

诗歌
只是一个瞬间（专栏《我的世纪风》）…… 狄 青
你来（外一首）…………………………… 王中朝
城市（二首）……………………………… 宗仁发
情感的流云 ………………………………… 李光云
在北方森林里 ……………………………… 李占学
不一定在那一页 …………………………… 舒 洁

评论
开垦 综合 超越
——天津青年文学沙龙座谈会选录
文学高峰：无可超越和不可重复（专栏《文学散步》）
…………………………………………………… 夏康达
读诗漫笔（之六）………………………… 黄桂元

函授学员作品选

圆镜⋯⋯⋯⋯⋯⋯⋯⋯⋯⋯⋯⋯⋯⋯晏　宁
非是恋旧⋯⋯⋯⋯⋯⋯⋯⋯⋯⋯⋯⋯许大年
弓上的弦⋯⋯⋯⋯⋯⋯⋯⋯⋯⋯⋯⋯袁守城
别子包鱼塘⋯⋯⋯⋯⋯⋯⋯⋯⋯⋯⋯张本平
执行副主编的话⋯⋯⋯⋯⋯⋯⋯⋯⋯刘品青

下期要目预告

1988 年第 3 期　刊名:《天津文学》
目录

小说

风水轮回（中篇小说）⋯⋯⋯⋯⋯⋯⋯程乃珊
怪梦（短篇小说）⋯⋯⋯⋯⋯⋯⋯⋯⋯吴若增

纪实文学·散文

上帝在忧虑——人类生育问题大观⋯⋯武宝生
房虫子（特写·社会实情录）——生存空间大调换
⋯⋯⋯⋯⋯⋯⋯⋯⋯⋯⋯⋯⋯⋯⋯刘占领
怀念塘沽（散文）⋯⋯⋯⋯⋯⋯⋯⋯⋯袁　鹰
卖琴（散文）⋯⋯⋯⋯⋯⋯⋯⋯⋯⋯⋯赵清阁
煮鹤焚琴说愚（杂文）⋯⋯⋯⋯⋯⋯⋯牧　惠

诗歌

猪之舞（专栏·我的世纪风）⋯⋯⋯⋯伊　蕾
怀柔诗情（组诗）⋯⋯⋯⋯⋯⋯⋯⋯⋯晏　明
吉他的歌（组诗）⋯⋯⋯⋯⋯⋯⋯⋯⋯吉　他
倒下的树（外一首）⋯⋯⋯⋯⋯⋯⋯⋯宋曙光

评论

纪实文学：异军突起的创作浪潮⋯⋯⋯丁　刚
读诗漫笔（之七）⋯⋯⋯⋯⋯⋯⋯⋯⋯黄桂元
执行副主编的话⋯⋯⋯⋯⋯⋯⋯⋯⋯刘品青

下期要目预告

1988 年第 4 期　刊名:《天津文学》
目录

中篇小说

黑色部落⋯⋯⋯⋯⋯⋯⋯⋯⋯⋯⋯⋯⋯肖克凡
古牌楼下⋯⋯⋯⋯⋯⋯⋯⋯⋯⋯⋯⋯⋯马　林
白蛐蛐⋯⋯⋯⋯⋯⋯⋯⋯⋯⋯⋯⋯⋯⋯林　希

散文

我和华子良⋯⋯⋯⋯⋯⋯⋯⋯⋯⋯⋯⋯沈　醉
山中⋯⋯⋯⋯⋯⋯⋯⋯⋯⋯⋯⋯⋯⋯⋯朱　鸿

龙三赞（杂文）⋯⋯⋯⋯⋯⋯⋯⋯⋯⋯牧　惠

诗歌

五片枫叶（专栏·我的世纪风）⋯⋯⋯颜廷奎
太阳的情人（组诗）⋯⋯⋯⋯⋯⋯⋯⋯傅天琳

评论

发扬津味小说⋯⋯⋯⋯⋯⋯⋯⋯⋯⋯⋯冯骥才
闲话天津味儿⋯⋯⋯⋯⋯⋯⋯⋯⋯⋯⋯许瑞生
天津文学的根在哪里⋯⋯⋯⋯⋯⋯⋯⋯张宜雷
五台山车祸与蒋子龙近作——读《饥饿综合症》写下
的梦话⋯⋯⋯⋯⋯⋯⋯⋯⋯⋯⋯⋯⋯谢望新
执行副主编的话⋯⋯⋯⋯⋯⋯⋯⋯⋯刘品青

下期要目预告

国画三幅⋯⋯⋯⋯⋯⋯⋯⋯⋯⋯⋯⋯⋯朱艾平

1988 年第 5 期　刊名:《天津文学》
目录

都市游魂（中篇小说）⋯⋯⋯⋯⋯⋯⋯狄　青

短篇小说

美好的侏人⋯⋯⋯⋯⋯⋯⋯⋯⋯⋯⋯⋯贾平凹
对话⋯⋯⋯⋯⋯⋯⋯⋯⋯⋯⋯⋯⋯⋯⋯郑万隆
铁门·铁笔⋯⋯⋯⋯⋯⋯⋯⋯⋯⋯⋯⋯赵本夫
遗体·小石桥⋯⋯⋯⋯⋯⋯⋯⋯⋯⋯⋯李兴桥

纪实文学·散文

女十人谈（报告文学）——流动于当代女性世界的性
爱观念⋯⋯⋯⋯⋯⋯⋯⋯⋯⋯⋯⋯⋯向　娅
冲击波下的漩流（特写·社会实情录）——当前政工
干部心态窥探⋯⋯⋯⋯⋯⋯⋯⋯⋯⋯贾锦石
铁托墓前反思（散文）⋯⋯⋯⋯⋯⋯⋯程树榛
另一种"三岔口"（杂文）⋯⋯⋯⋯⋯牧　惠

诗歌

绵绵不尽的走廊（专栏·我的世纪风）⋯张俊兰
触景生情（组诗）⋯⋯⋯⋯⋯⋯⋯⋯⋯宫　玺
写给我的父亲和儿子（二首）⋯⋯⋯⋯张同吾
往事：惊蛰海及其他（散文诗）⋯⋯⋯李　耕
信天游的故乡（散文诗）⋯⋯⋯⋯⋯⋯闻　频

评论

面对大师：受愚弄和反愚弄⋯⋯⋯⋯⋯张首映
读诗漫笔（之九）⋯⋯⋯⋯⋯⋯⋯⋯⋯黄桂元
生活的原生态与小说艺术建构⋯⋯⋯⋯吴秉杰
执行副主编的话⋯⋯⋯⋯⋯⋯⋯⋯⋯刘品青

下期要目预告

铝板漆画四幅⋯⋯⋯⋯⋯⋯⋯⋯⋯⋯⋯黄维中

1988 年第 6 期 刊名:《天津文学》
目录

小说二题（仿 XX 朝文体）⋯⋯⋯⋯⋯张 洁

短篇小说

雪岭⋯⋯⋯⋯⋯⋯⋯⋯⋯⋯⋯⋯⋯⋯李 建
天堂里的对话⋯⋯⋯⋯⋯⋯⋯⋯⋯⋯残 雪
春之旅⋯⋯⋯⋯⋯⋯⋯⋯⋯⋯⋯⋯⋯杨雪萍
老屋·老井⋯⋯⋯⋯⋯⋯⋯⋯⋯⋯⋯崔金生
舞蹈型地震⋯⋯⋯⋯⋯⋯⋯⋯⋯⋯⋯周 锐
红钟（中篇小说）⋯⋯⋯⋯⋯⋯⋯⋯赵 玫

纪实文学·散文

神仙·老虎·狗（报告文学）——津门旧家今闻
⋯⋯⋯⋯⋯⋯⋯⋯⋯⋯⋯⋯⋯⋯⋯辛一夫
引人注目的第二职业（特写·社会实情录）⋯寇士奇

散文

大地书页⋯⋯⋯⋯⋯⋯⋯⋯⋯⋯⋯⋯楼肇明
嘈杂的困惑⋯⋯⋯⋯⋯⋯⋯⋯⋯⋯⋯李玉林
敏儿⋯⋯⋯⋯⋯⋯⋯⋯⋯⋯⋯⋯⋯⋯张贯君
断臂的维纳斯（杂文）⋯⋯⋯⋯⋯⋯公今度

诗歌

我的苦艾（专栏·我的世纪风）⋯⋯⋯肖 沉
挎空篮子的主妇（组诗）⋯⋯⋯⋯⋯骆晓戈
凤飞来⋯⋯⋯⋯⋯⋯⋯⋯⋯⋯⋯⋯⋯冯 云
张家界⋯⋯⋯⋯⋯⋯⋯⋯⋯⋯⋯⋯⋯王治花

评论

二十世纪中国女子美文一瞥⋯⋯⋯⋯佘树森
诗读漫笔（之十）⋯⋯⋯⋯⋯⋯⋯⋯黄桂元
"蝗"之灾：感觉的泛滥⋯⋯⋯⋯⋯⋯陈 默
执行副主编的话⋯⋯⋯⋯⋯⋯⋯⋯⋯刘品青

下期要目预告

黑白画（五幅）⋯⋯⋯⋯⋯⋯⋯⋯⋯郭予群
山影水韵（漆画）⋯⋯⋯⋯⋯⋯⋯⋯王振锁

1988 年第 7 期 刊名:《天津文学》
目录

小说

带去的泪（中篇）⋯⋯⋯⋯⋯⋯⋯⋯林 深
红色荒漠 13 号（短篇）⋯⋯⋯⋯⋯⋯李洪洋

北京大学作家班作品小辑

霜⋯⋯⋯⋯⋯⋯⋯⋯⋯⋯⋯⋯⋯⋯⋯简 嘉
鹭之血⋯⋯⋯⋯⋯⋯⋯⋯⋯⋯⋯⋯⋯王泽群
中断⋯⋯⋯⋯⋯⋯⋯⋯⋯⋯⋯⋯⋯⋯李叔德
在淡淡的云纱那边⋯⋯⋯⋯⋯⋯⋯⋯查 舜
金盏子⋯⋯⋯⋯⋯⋯⋯⋯⋯⋯⋯⋯⋯黄 尧

纪实文学·散文

南中国热风·中国秀才们（报告文学）⋯⋯⋯田 涛
悠悠寸草心（报告文学）⋯⋯⋯⋯⋯江 牧
酒与真言（散文）⋯⋯⋯⋯⋯⋯⋯⋯张志民
草中一日（散文）⋯⋯⋯⋯⋯⋯⋯⋯孙五川
民谣的风波（杂文）⋯⋯⋯⋯⋯⋯⋯益 鸣

诗歌

红帆船（专栏·我的世纪风）⋯⋯⋯梦 侠
星湖⋯⋯⋯⋯⋯⋯⋯⋯⋯⋯⋯⋯⋯⋯韩作荣
死港·孤影（二首）⋯⋯⋯⋯⋯⋯⋯宋志伟
别忘了，家乡的河⋯⋯⋯⋯⋯⋯⋯⋯富 饶

评论

"新生代"作家与"幻觉型"文学⋯⋯李哲良
工人劳动实践的审美展示⋯⋯⋯⋯⋯刘乐群
读诗漫笔（之十一）⋯⋯⋯⋯⋯⋯⋯黄桂元
执行副主编的话⋯⋯⋯⋯⋯⋯⋯⋯⋯刘品青

下期要目预告

国画四幅⋯⋯⋯⋯⋯⋯⋯⋯⋯⋯⋯⋯郑君里

1988 年第 8 期 刊名:《天津文学》
目录

纪实文学·散文

中国当代歌潮（报告文学·中国潮征文）⋯⋯⋯张作民
关于自行车的无标题苦恼长卷（报告文学·中国潮征
文）⋯⋯⋯⋯⋯⋯⋯⋯⋯⋯⋯⋯⋯⋯夏 林
无休止符练习曲（报告文学·中国潮征文）⋯⋯张建星
激情——创造的灵魂（《当代快车从这里驶出》代序）
⋯⋯⋯⋯⋯⋯⋯⋯⋯⋯⋯⋯⋯⋯⋯蒋子龙
报告文学集《当代快车从这里驶出》选载

流自谁流向哪里的第一滴血 ——————————— 黑 孩

小说
他和她 ABC ——————————————————— 王小鹰

小小说
选举之后 ————————————————————— 石中元
戒酒 ——————————————————————— 司玉笙
说古 ——————————————————————— 陈玉民

诗歌
张新宇诗选（专栏·我的世纪风）——————— 张新宇
妈妈是一堵墙（外一首）——————————— 张连波

评论
沉积层上的断裂——诗歌运动规则的秩序和不规则的
走向 —————————————————————— 郭 栋
读诗漫笔（之十二）————————————— 黄桂元

读者之声
下期要目预告
观念陶瓷艺术作品四幅 ———————————— 朱宝雍

1988 年第 9 期　刊名:《天津文学》
目录

纪实文学·散文
黄与黑——中国知识分子的畸变（报告文学·中国潮
征文）————————————————————— 张建伟
中国当代歌潮（报告文学·中国潮征文）———— 张作民
话说张艺谋（散文）————————————— 何志铭
观泉州木偶戏（散文）———————————— 柳 溪

短篇小说
校场秘闻——人生组曲之二十 ———————— 雷 铎
大水 ——————————————————————— 韩 起
脱色·还原 ————————————————— 哲 夫
匿名信 ——————— 费朗克·莫勒纳尔 杜 莉译
河蚌（小小说）——————————————— 秋 蝉
我的诞生（小小说）————————————— 陈 栋

诗歌
忧愁的时候去莫愁湖（专栏·我的世纪风）
—————————————————————————— 刘敬涛
音乐状态（外二首）————————————— 宗 鄂
雨约（外二首）——————————————— 邓 芳

评论
关于作家的蜕变和文学的嬗变（通讯）
————————————————— 徐兆淮 丁 帆
读诗漫笔（之十三）————————————— 黄桂元

下期要目预告

1988 年第 10 期　刊名:《天津文学》
目录

短篇小说
河滩上 ——————————————————— 叶 楠
古箭 ——————————————————————— 宋学武
红树村纪事 ————————————————— 刘小伟
独身女子宣言 ———————————————— 尹学芸
头羊的末日 ————————————————— 贺 立
蛛网（中篇小说）————————————— 雪 屏

小小说
寻人启事 ————————————————— 韩武喜
名字 ——————————————————————— 李然轩

纪实文学·散文
涩果（特写·社会实情录）
——破裂家庭子女调查笔记 ——————— 谷 应
一个普通家族的剖析（特写）————— 王 炬
说"挤"及其他（散文）————————— 苏叔阳
写给新友和老友（散文）———————— 李 晶

诗歌
幕间及其他（专栏·我的世纪风）————— 鸿 雁
谢维里亚宁抒情诗五首（谷羽译）

评论
纪实性和通俗化
——关于当代审美小说倾向的对话 ——— 王必胜
读诗漫笔（之十四）———————————— 黄桂元

下期要目预告

1988 年第 11 期　刊名:《天津文学》
目录

中篇小说
东南西北风 ————————————————— 刘 恒

短篇小说

红磨房 ·········陈少民
白野 ·········汤世杰
界墙 ·········丁小莉
命运 ·········王 筠
被撵出部落的人 ·········张 长
埋在远方 ·········傅绪文

纪实文学·散文

"魔鬼"市场（特写·社会实情录）·········张建星
这就是日本（散文）·········黑 瑛
旅游（散文）·········刘成章
《自嘲》别解（杂文）·········舒 展

诗歌

雨中（专栏·我的世纪风）·········王树强
爱的明信片 ·········于宗信
琴键上的和弦 ·········黄东成
山林之晨（外一首）·········白 金

评论

《天津文学》诗廊漫步 ·········鲁 藜
为着时代的新文体——兼评《天津文学》1988年纪实
文学 ·········叶 鹏
读诗漫笔（十五）·········黄桂元
文讯：作协天津分会第三次会员大会隆重召开

下期要目预告

1988 年第 12 期 刊名:《天津文学》
目录

小说

根的报复（中篇）·········黑 孩

短篇

怪鸟 ·········马鸣放
天下第一吃客 ·········李霁宇
黑太阳 ·········孙 俊
长城吟 ·········李子林
请客 ·········韩映山
大懂 ·········李 青

小小说

走出沙漠 ·········沈 宏
嫁衣裳 ·········霍 晖

纪实文学·散文

神秘的个体王国（特写·社会实情录）·········苏振清
祖茔（散文）·········陈洁民
豁蒙楼（散文）·········梁 晴
生命的雕塑（散文）·········袁玉兰

诗歌

神秘的森林（专栏·我的世纪风）·········倪天瑞
空难（三首）·········罗继长
秘密（三首）·········唐绍忠
温馨的案头 ·········孟庆莉

评论

当代夏娃的躁动
——从《女十人谈》谈起 ·········雷 达
认识和理解自己的人物
——评《风水轮回》·········田师善
读诗漫笔（之十六）·········黄桂元
执行副主编的话 ·········刘品青
《山羊系列》（国画）·········张 羽

1989 年第 1 期 刊名:《天津文学》
目录

短篇小说

白门楼印象 ·········姜天民
附：作者给责任编辑的信
龙的年非小说系列二题 ·········刘亚洲
沥青 ·········朱 竟
他走了 ·········（中国香港）江 红
回家去 ·········洪 峰

东方千字小说大奖赛揭晓

附：杨登克 段天杰 蒋荣增 辛力华 获奖作品选
四篇

中篇小说

世纪末躁动 ·········孙 砺

纪实文学

大鬼（都市心态录）·········王育英

散文

落叶、树及其他 ·········王 蒙
愚忠·愚信·愚民（杂文）·········邱允盛
突破困境的临界（杂文）·········张 伟

诗歌

千年三咏······陈敬容
附：作者《生命不绝，求索不绝》
寡居者（十二首）······匡 满

评论

老孙犁与新孙犁······滕 云
文学：面对金钱的惶惑与抉择······单正平

1989 年第 2 期　刊名：《天津文学》
目录

短篇小说

白门楼印象（续）······姜天民
渔阳小说三题······尹学芸
意外小说三题······白小易
某城寓言三题······袁和平

纪实文学

男十人谈——关于男子性爱经历、性爱观念及性爱心
理的自述······向 娅

诗歌

不谢的花（专栏·诗与诗人）······伊 蕾
附：且说伊蕾······张石山
红叶诗······王晓满
踏歌行······叶延滨
骆驼······沙 驼
八行草······刘 曲

散文

以女人的名义······黎 早
我为山醉······陈天岚

评论

好一座白门楼······蒋子龙
目前中国当代文学缺少什么
——关于寻求现实主义和现代主义相默契的答问
······万同林

下期要目预告
文讯一则

1989 年第 3 期　刊名：《天津文学》
目录

纪实文学

中国·一九八六（中国潮·报告文学）······田 涛
无形的落差（社会实情录）
——关于大学生中"心病"的思考······毛福忠

小说

乡村变奏之二······刘震云
故事新编二题······林 希
鼻血······韩少功
兽道······曾志明
形变······扈其震
舞棍们······陈晓春
盟兄弟······张彦琪

小小说

慰问······林荣芝
爱恋轶事······吕建光
垂帘观政······张毓芳

诗歌

迷途的女人（专栏·诗与诗人）······翟永明
——附：翟永明的形像以及词根和其他······钟 鸣
无弦琴（三首）······张雪杉
独立黄昏······张 雷
无题······肖 晓

散文

禁区的困惑······李佩芝
向着崖顶，向着你不尽的血······赵 玫
说"恩"（杂文）······阎步克

评论

听听北大同学的声音
——文坛态势六人谈······雷 格
汤 军 余世存 橡 子 程文超 赵宝奇

文讯一则
编读桥

1989 年第 4 期　刊名：《天津文学》
目录

纪实文学

冬天的往事——背纤行······从维熙

红与黑（中国潮·报告文学）⋯⋯张建伟

小说
扁太阳⋯⋯⋯⋯⋯⋯⋯⋯⋯⋯桑　平
活寡⋯⋯⋯⋯⋯⋯⋯⋯⋯⋯⋯诸葛静

小小说
画龙⋯⋯⋯⋯⋯⋯⋯⋯⋯⋯⋯陶立群
失掉了的过去⋯⋯⋯⋯⋯⋯⋯袁月琴
该死的人⋯⋯⋯⋯⋯⋯⋯⋯⋯沈　宏
老人⋯⋯⋯⋯⋯⋯⋯⋯⋯⋯⋯秋　泠

诗歌
人生屐履（三首）⋯⋯⋯⋯⋯闻　频
失恋的少女（组诗）⋯⋯⋯⋯申爱萍
歌者（外一首）⋯⋯⋯⋯⋯⋯夏季风
走出峡谷（外一首）⋯⋯⋯⋯茵　梦

散文
惶惑三重奏（之一）⋯⋯⋯⋯楼肇明
一首诗的稿费⋯⋯⋯（中国台湾）李　南

评论
别一种现代志异小说
——读姜天民的《白门楼印象》⋯⋯曾镇南
鲍昌同志病逝
文讯一则

下期要目预告

1989 年第 5 期　刊名:《天津文学》
目录

短篇小说
空难封⋯⋯⋯⋯⋯⋯⋯⋯⋯⋯王　筠
核舟⋯⋯⋯⋯⋯⋯⋯⋯⋯⋯⋯陈炳熙
选贤⋯⋯⋯⋯⋯⋯⋯⋯⋯⋯⋯张东升

中篇小说
心疼自己⋯⋯⋯⋯⋯⋯⋯⋯⋯程　东

纪实文学
星星，在寻找轨道
——一九七九年"星星美展"纪实⋯⋯百里雪

散文
痛悼鲍昌⋯⋯⋯⋯⋯⋯⋯⋯⋯顾　方
惶惑三重奏（之二）⋯⋯⋯⋯楼肇明

诗歌
山鬼（组诗）⋯⋯⋯⋯⋯⋯⋯陈茂欣
开放过的花（三首）⋯⋯⋯⋯靳亚利
淡蓝色的火苗是什么（外三首）⋯⋯张　锋
高原风⋯⋯⋯⋯⋯⋯⋯⋯⋯⋯王小鸥

评论
"五四"文学家自主自重的文化心态⋯⋯杨　义
认同·批判·超越——"五四"精神与当代文学讨论
会发言摘录⋯⋯⋯⋯⋯⋯⋯⋯郭　骅整理

下期要目预告

1989 年第 6 期　刊名:《天津文学》
目录

短篇小说
脚的骚动⋯⋯⋯⋯⋯⋯⋯⋯⋯张　洁
私死⋯⋯⋯⋯⋯⋯⋯⋯⋯⋯⋯肖克凡
荒心⋯⋯⋯⋯⋯⋯⋯⋯⋯⋯⋯杨咏鸣
孤坟⋯⋯⋯⋯⋯⋯⋯⋯⋯⋯⋯牛伯成

中篇小说
本系无牢骚⋯⋯⋯⋯⋯⋯⋯⋯汤吉夫

纪实文学
刘三姐之梦⋯⋯⋯⋯⋯⋯⋯⋯张　飙

诗歌
流星痕迹（专栏·诗与诗人）⋯⋯阿　红
附：我只能笑笑⋯⋯⋯⋯⋯⋯阿　红
思辩诗四首⋯⋯⋯⋯⋯⋯⋯⋯贾宝泉
潭与江流（三首）⋯⋯⋯⋯⋯赵健雄
生活（外一首）⋯⋯⋯⋯⋯⋯伊　邙

散文
三月六日夜感觉⋯⋯⋯⋯⋯⋯张建星
女人的井⋯⋯⋯⋯⋯⋯⋯⋯⋯郭　骅

评论
路的哲学⋯⋯⋯⋯⋯⋯⋯⋯⋯杨匡汉
我为什么要写《女十人谈》⋯⋯向　娅
怪才写怪事⋯⋯⋯⋯⋯⋯⋯⋯张培忠

下期要目预告

1989 年第 7 期　刊名:《天津文学》
目录

纪实文学

洋君已乘黄鹤去（中国潮·报告文学）

——洋厂长格里希的新闻场⋯⋯⋯祖　慰　义　晓

短篇小说

生命二题⋯⋯⋯⋯⋯⋯⋯⋯⋯⋯王　立

春天里的毒日头⋯⋯⋯⋯⋯⋯⋯李治邦

小小说四篇⋯⋯杨文才　侯洪义　张久森　宋达理

中篇小说

血祭⋯⋯⋯⋯⋯⋯⋯⋯⋯⋯⋯陈吉蓉

散文

波斯猫⋯⋯⋯⋯⋯⋯⋯⋯⋯⋯高洪波

瓷心如佛——德化小记⋯⋯⋯⋯唐　敏

诗歌

中国，剑与火焰的中国（专栏·诗与诗人）

⋯⋯⋯⋯⋯⋯⋯⋯⋯⋯⋯⋯林　希

附：如此而已⋯⋯⋯⋯⋯⋯⋯⋯林　希

撷英小辑（八首）⋯⋯⋯⋯大　解　王中朝

李占学　白小燕　刘卫红

评论

当代文学：摆脱民粹主义的框范与奴性自缚⋯⋯万同林

漂：当代心灵寻找栖息地

——关于新时期文学的一个立论⋯⋯⋯叶　灵

下期要目预告

1989 年第 8 期　刊名:《天津文学》
目录

短篇小说

真娘亭⋯⋯⋯⋯⋯⋯⋯⋯⋯⋯范小青

雨谷⋯⋯⋯⋯⋯⋯⋯⋯⋯⋯⋯聂鑫森

红色荒漠 2 月 30 号⋯⋯⋯⋯⋯李洪洋

只是呼吸⋯⋯⋯⋯⋯⋯⋯⋯⋯史　亮

何草不黄⋯⋯⋯⋯⋯⋯⋯⋯⋯李志强

福份⋯⋯⋯⋯⋯⋯⋯⋯⋯⋯⋯关汝松

小小说三篇⋯⋯⋯⋯张　政　张少清　王　峰

纪实文学

赤色疯狂（中国潮·报告文学）⋯⋯⋯⋯田　涛

纪实二题⋯⋯⋯⋯⋯⋯⋯⋯中英杰　罗振宇

散文

藏族的老家⋯⋯⋯⋯⋯⋯⋯⋯陈若曦

泥土艺术随想⋯⋯⋯⋯⋯⋯⋯谷　应

诗歌

人字双瀑⋯⋯⋯⋯⋯⋯⋯⋯⋯闵　人

妻子⋯⋯⋯⋯⋯⋯⋯⋯⋯⋯⋯梅绍静

庐山恋⋯⋯⋯⋯⋯⋯⋯⋯⋯⋯红荆天

诗三首⋯⋯⋯⋯⋯⋯⋯⋯⋯⋯唐绍忠

评论

后现代主义成不了中国文学的主流⋯⋯⋯⋯王　宁

把现实主义幽默一下怎么样⋯⋯⋯⋯⋯⋯吴若增

下期要目预告

1989 年第 9 期　刊名:《天津文学》
目录

短篇小说

沟沟壑壑二题⋯⋯⋯⋯⋯⋯⋯柏　原

难得浪漫⋯⋯⋯⋯⋯⋯⋯⋯⋯尹学芸

少年行⋯⋯⋯⋯⋯⋯⋯⋯⋯⋯黑　孩

安乐死·缧绁梦⋯⋯⋯⋯⋯⋯陈源斌

人之将死（小小说）⋯⋯⋯⋯⋯杨登克

朱�__（小小说）⋯⋯⋯⋯⋯⋯刘满望

中篇小说

车祸⋯⋯⋯⋯⋯⋯⋯⋯⋯⋯⋯霍　晔

彰善堂主⋯⋯⋯⋯⋯⋯⋯⋯⋯林　希

散文

母亲的眼泪⋯⋯⋯⋯⋯⋯⋯⋯佘树森

我心中的小岛⋯⋯⋯⋯⋯⋯⋯季浙生

诗歌

小放牛——抒情诗辑⋯⋯⋯耿　翔　卓琦培

颜廷奎　于宗信　朱自海　陆少平　史瑞香

评论

关于实验诗的一次夜谈⋯⋯⋯陈　超　杜栖梧

下期要目预告

1989 年第 10 期　刊名:《天津文学》
目录

中篇小说

日落‥‥‥‥‥‥‥‥‥‥‥‥‥‥‥‥‥‥‥‥‥溪　晗

短篇小说

抓盆（外二篇）‥‥‥‥‥‥‥‥‥‥‥‥‥‥‥宋树新

传记文学

春华不老——记不倦不老大难不死的京剧武丑艺术家
张春华‥‥‥‥‥‥‥‥‥‥‥‥‥‥‥‥‥‥‥徐礼娴

散文

闪光的回忆——延安"鲁艺"生活点滴‥‥‥‥万　力

诗歌

我的祖国‥‥‥‥‥‥‥‥‥‥‥‥‥‥‥‥‥鲁　藜
路上拾英‥‥‥‥‥‥‥‥‥‥‥‥‥‥‥‥‥蓝　曼
小贝壳‥‥‥‥‥‥‥‥‥‥‥‥‥‥‥‥‥‥张　萌

评论

新时期文学的浪漫实质及其他‥‥‥‥‥‥‥余世存
关于征求读者对本刊意见的信

文讯
下期要目预告

1989 年第 11 期　刊名:《天津文学》
目录

中篇小说

流感‥‥‥‥‥‥‥‥‥‥‥‥‥‥‥‥‥‥‥牛伯成

短篇小说

小说三题‥‥‥‥‥‥‥‥‥‥‥‥‥‥‥‥‥刘成思
老屋‥‥‥‥‥‥‥‥‥‥‥‥‥‥‥‥‥‥‥刘占领
古洋楼‥‥‥‥‥‥‥‥‥‥‥‥‥‥‥‥‥‥李昆岐
春，黑土‥‥‥‥‥‥‥‥‥‥‥‥‥‥‥‥‥许　淇
塑料模特‥‥‥‥‥‥‥‥‥‥‥‥‥‥‥‥‥王　芜
那河滩‥‥‥‥‥‥‥‥‥‥‥‥‥‥‥‥‥‥沈行省

散文

白鹭鸟，褐鹭鸟‥‥‥‥‥‥‥‥‥‥‥‥‥王家斌
镌刻在心头的形象
——李何林老师逝世周年祭‥‥‥‥‥‥‥刘家鸣
四月絮语‥‥‥‥‥‥‥‥‥‥‥‥‥‥‥‥‥祝颖秀

诗歌

舰船交响曲（三首）‥‥‥‥‥‥‥‥‥‥‥白　金
消失了的陆地（外一首）‥‥‥‥‥‥‥‥‥刘　念
彼此见证（外二首）‥‥‥‥‥‥‥‥‥‥‥越　冰
梳理的情绪（三首）‥‥‥‥‥‥‥‥‥‥‥黄东成
你的歌在大草原上凝固（外一首）‥‥‥‥雨　子
成长的感受‥‥‥‥‥‥‥‥‥‥‥‥‥‥‥建　明

文讯二则
下期要目预告

1989 年第 12 期　刊名:《天津文学》
目录

中篇小说

解放舌头‥‥‥‥‥‥‥‥‥‥‥‥‥‥‥‥‥毛小榕

短篇小说

诡道‥‥‥‥‥‥‥‥‥‥‥‥‥‥‥‥‥‥‥李　青
小小说六篇‥‥‥‥‥‥‥‥‥‥‥‥‥‥‥沉　徊等
路，朦胧‥‥‥‥‥‥‥‥‥‥‥‥‥‥‥‥‥张伟刚

纪实文学

夜，夜，夜（报告文学）‥‥‥‥‥‥‥‥‥柳　溪

散文

故园木芙蓉‥‥‥‥‥‥‥‥‥‥‥‥‥‥‥徐柏容
人生风景线‥‥‥‥‥‥‥‥‥‥‥‥‥‥‥陆新瑾
忘不了那片水塘‥‥‥‥‥‥‥‥‥‥‥‥‥宋雪萍
黄太阳‥‥‥‥‥‥‥‥‥‥‥‥‥‥‥‥‥张毓芳

诗歌

芭蕾舞演员（外二首）‥‥‥‥‥‥‥‥‥田晓菲
思念‥‥‥‥‥‥‥‥‥‥‥‥‥‥‥‥‥‥孙友田
属于我的记忆（外一首）‥‥‥‥‥‥‥‥孙维莺

评论

重读《在延安文艺座谈会上的讲话》‥‥‥宋　实
文学世界的"边缘王国"
——现代报告文学的理论对话‥‥‥周政保　韩子勇
一九八九年一期至十二期总目录
敬告读者、作者
下期要目预告

《新疆民族文学》
（《民族作家》）

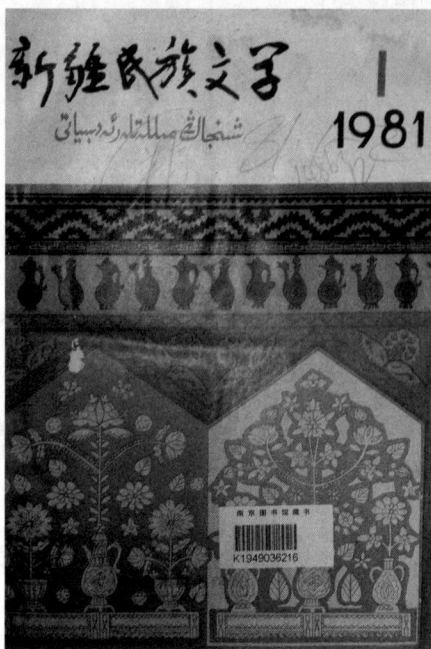

【简　介】

综合性文学期刊。新疆自治区作家协会主办。创刊于1981年。1986年由《新疆民族文学》更名为《民族作家》。创刊初期为季刊，1984年第1期起改为双月刊。其收录作品多带有民族风情，旨在不断推出精品力作，发掘培养少数民族文学新人。对新疆地区的文学、文化发展有着重要的推动作用。

期刊号：1981年第1期—1989年第6期

祝少数民族文学鲜花盛开
——发刊词

在党的亲切关怀下，《新疆民族文学》已经创刊了！

这是一个专门翻译介绍新疆各少数民族文学的汉文刊物。　创办这样的刊物，是各族人民久已期待的心愿，是新疆各民族文学事业中的一件大喜事。

这个刊物，将是我国社会主义文学大花园中的一个花圃，她将种植着生长在天山南北广阔的草原、沃野、雪山、盆地之中的各色花卉。　这些花卉，是新疆各族人民用心血浇灌的花朵，她姿态独具，色香各异，是值得驻足观赏的。

新疆，这块古来称为西域的地方，如今聚居着十多个少数民族，这些民族，世世代代在这片土地上劳动生息，为缔造我们伟大的祖国都作出了各自的贡献；各族人民也用自己的聪明才智创造出了具有鲜明

的民族特色的文化传统和文学艺术作品。　其中某些文学样式的发展如长篇叙事诗与英雄史诗等，是我国多民族文学艺术宝库中的一份珍贵财富，对我国各民族文化的互相交流，互相影响，也曾起过一定的作用。　这些民族文学中的巨著，不仅世代哺育着本民族文学的成长，受到人民群众的喜爱，而且为全国和世界的学者所瞩目，在古代东方文化中享有很高的声誉。

新中国成立后，新疆各少数民族文学开创了一个崭新的局面，其发展之迅速，成绩之巨大，是史无前例的。　文学创作得到了很大发展：作家队伍或从无到有，或从小到大，不断成长，形成一支可观的队伍；传统的文学得到了进一步发扬，一些不曾有过的文学样式，也逐渐发展起来；具有鲜明的时代精神和民族特色的好的作品不断涌现。　同时，文学遗产也得到了初步的发掘和整理。　文学事业呈现出生气勃勃、欣欣向荣的繁荣景象。　然而在"四人帮"制造的十年浩劫期间，各少数民族文学受到了空前的摧残与践踏。　值得庆幸的是作家队伍并没有被摧垮，文学作品也无法扫荡，他们是扎根在人民心灵中的劲草，"野火烧不尽，春风吹又生。"当祖国度过了寒冷的冬日，迎来明媚的春色的时候，新疆各少数民族文学又开始复苏、发展，作家队伍比以前更壮大，新的创作不断涌现，其中长篇巨制也日渐增多；为了继承和发展各民族文学传统，文学工作者越来越重视文学遗产，特别是民间文学的搜集、整理、发表。　现在，新疆各少数民族作家和文学工作者，正用辛勤的劳动，创造着更加丰美的果实，向时代奉献，向人民奉献！

周扬同志在一九八〇年七月召开的全国少数民族文学创作会议上的讲话中，曾经强调，为了发展少数民族文学，壮大少数民族文学队伍，有必要按照需要和可能出版介绍和传播各民族的文艺书刊，一方面发表自己的作品，交流创作经验和研究成果，另一方面在各少数民族文学之间，以及少数民族文学和汉族文学之间，进行互相翻译介绍的工作，这是建设我国多民族的社会主义文学所不可缺少的。　周扬同志的讲话，对于发展我国多民族的文学事业，具有重要的指导意义。

面对着新疆各少数民族文学发展的喜人形势，和在少数民族文学书刊园地不断扩大的情况下，越来越迫切地要求我们加强少数民族文学的翻译、介绍工作，以促进各民族社会主义文学的交流与发展，增进全国各族人民对新疆各少数民族文学的了解。　在这方面，虽曾作过大量的工作，但仍不能满足今天的需要，《新疆民族文学》的创刊，将解决这个矛盾。

为了完成这一光荣的任务，我们《新疆民族文学》将坚定不移地坚持文艺为人民服务、为社会主义服务的方向，积极宣传三中全会的路线和四项基本原

则，贯彻党的民族政策和"百花齐放、百家争鸣"的方针，团结和培养各民族的文学创作队伍和翻译队伍，为发展多民族的社会主义文学事业，为加强民族间的文艺交流和民族团结，作出自己应有的贡献。

《新疆民族文学》是一种大型文学季刊，她将主要发表新疆各少数民族作家和作者创作的各种文学作品，也将不断地介绍和发展这些民族的民间文学、古典文学以及尚未翻译、介绍的现代和当代优秀创作、刊登有关这些民族文学的评论、研究、介绍文章；鼓励各种题材、体裁、形式、风格的作品鲜花竞放和各种学术见解的有益争论。

目前，我国各族人民，正在党的指引下，为把我国建设成为具有高度的物质文明和高度的社会主义精神文明的伟大祖国而努力奋斗。 文学创作是建设精神文明的重要工作，作家是人类灵魂的工程师，担负着塑造社会主义心灵美的一代新人的任务。 这任务是高尚的，也是艰巨的。 我们的作家要努力与人民、与时代相结合，创作出具有强烈的时代精神和鲜明的民族特色，深刻的思想内容和优美的艺术形式相结合的文学作品，才能不辜负时代和人民对我们的期望。

祝我国多民族的社会主义文学事业繁荣昌盛！
祝新疆各少数民族文学鲜花盛开！

1981 年第 1 期　刊名：《新疆民族文学》
目录

祝少数民族文学鲜花盛开（发刊词）

祝贺与希望
歌唱吧，天山—————（蒙古族）马　岱　塔　拉译
我希望——————————————————刘肖无
这事也很重要———（维吾尔族）铁衣甫江　马彦瑞译
迎春绽放的鲜花————（维吾尔族）克里木·霍加
登攀——————（哈萨克族）夏侃　王景生译
心愿绽放了花朵
　　　（维吾尔族）克由木·图尔迪　刘　宾译

各族人民的心声
党啊，你就是温暖的春风（民歌一组）——赵世杰等译
祖国（诗）
　————（维吾尔族）吾守尔·依不拉音　袁志广译
党（诗　外一首）—————（维吾尔族）翟努拉·艾沙克孜　刘静嘉等译
执行祖国的命令
　——（维吾尔族）尼米希依提遗作　茜　草　崔　峰译

长篇小说
阿勃腊勒的风
　————（维吾尔族）祖尔东·萨比尔　梁学忠译

短篇小说
尼牙孜老汉的杏—————————（维吾尔族）艾尔肯
花儿掩映的墓地
　————（维吾尔族）麦哈米提·茹孜　刘国宝译
星星为什么微笑
　————（柯尔克孜族）艾斯别克　马瑞贤译
真挚的友谊
　————（维吾尔族）麦合穆德·利提甫　史震天译
我戒掉了"阿斯匹灵"—————（哈萨克族）安尼瓦尔·阔别斯拜　姚承勋　朱　曼译
两封信——（维吾尔族）麦米提明·吾守尔　朱　华译

电影文学
姑娘坟—————————（哈萨克族）阿里木江　马瑞贤译

诗歌
唱给大上海的歌（外一首）———（维吾尔族）阿贝保
生活的歌（组诗）
　————（维吾尔族）艾斯茹拉　茜草　崔峰译
小岛—————————（哈萨克族）哈·阿拉宾　王景生译
生活——（哈萨克族）赛依提·康巴索夫　王景生译
我还能做些什么事情
　——（哈萨克族）库尔班阿里　常世杰　安尼瓦尔译
致园艺姑娘（外一首）
　————（乌孜别克族）泰来提·纳斯尔　夏　羿译
老阿妈心中的画—————————（回族）杨　峰
红柳花（外二首）
　————（维吾尔族）塔衣尔·塔里甫　洪自勤译
浪花集（散文诗）
　————（维吾尔族）热合木·玉素甫　赵国栋译
四美吟——（维吾尔族）玉素甫·玉赛音　张宏超译
大山的儿子（外二首）—————（哈萨克族）艾提哈力
阿不都热西提　沙　力　姚承勋　朱　曼译
故乡行—————（哈萨克族）朱曼·阿布什　姚承勋译

民间文学
玛玛克——绍波克（柯尔克孜族叙事诗）———柯尔克孜族歌手　居素甫·玛玛依演唱　《玛纳斯》工作组搜集　刘发俊　帕自力　岩石翻译整理
阿尔达尔　考赛的故事（哈萨克族故事）——金炳喆译
小不点制服贪官（蒙古族故事）
　————————————（蒙古族）达·尼玛
郭达朱仁加甫搜集　王清译
维吾尔族寓言（三则）—————（维吾尔族）艾海提·阿西木搜集、整理　王黎民译

坏了心的人——漏了底的锅（维吾尔族故事）
⋯⋯⋯⋯（维吾尔族）赛依提·祖农搜集　曹世隆译
巴合提拜（哈萨克族故事）⋯⋯⋯⋯⋯⋯杨传良译
维吾尔族寓言诗（四首）⋯⋯⋯⋯井　亚翻译整理
莎依甫加玛丽公主的故事（塔吉克族故事）
⋯⋯⋯⋯⋯⋯⋯⋯（维吾尔族）乌斯满江译
塔吉克谚语⋯⋯⋯⋯⋯⋯（塔吉克族）塔比勒迪
木尼搜集　张森堂　买德力汗译

评论
新疆少数民族文学漫步⋯⋯⋯⋯⋯⋯⋯⋯张　越
揩去历史的尘垢⋯⋯⋯⋯⋯⋯⋯⋯⋯⋯刘志霄

美术
封面设计⋯⋯⋯⋯⋯⋯⋯⋯⋯⋯⋯⋯⋯王国玲
人物素描（两幅）⋯⋯⋯（维吾尔族）买买提·艾依提
丰收的欢乐（油画）⋯⋯⋯⋯（维吾尔族）卓然木

其他
稿约
自治区有哪些兄弟民族文学的文艺刊物（小资料）

1981 年第 2 期　刊名:《新疆民族文学》
目录

在《决议》指引下，发展繁荣我区少数民族文学创作
⋯⋯⋯⋯⋯（维吾尔族）阿不列孜·纳孜尔　张世荣译

纪念鲁迅诞辰 100 年
鲁迅作品在新疆
⋯⋯⋯（维吾尔族）托乎提·巴克　崔　峰　茜　草译
祖国的儿子（诗）
⋯⋯⋯⋯（维吾尔族）司迪克·卡吾孜　金　玉译
鲁迅精神永放光芒（诗）⋯⋯⋯（哈萨克族）马木
提汗·乔克曼　萨　音　特列克译

长篇小说
阿勃腊勒的风（连载）
⋯⋯⋯⋯（维吾尔族）祖尔东·萨比尔　梁学忠译
樱桃园里的宴会（选载）
⋯⋯⋯⋯（维吾尔族）柯尤慕·图尔迪　刘　宾译

短篇小说
沙德克的婚事⋯⋯⋯⋯⋯⋯⋯（哈萨克族）哈吉胡
玛尔·夏布旦　姚承勋　朱　曼译
汗腾格里的女儿
⋯⋯⋯⋯⋯⋯（柯尔克孜族）艾斯别克　马瑞贤译

诗歌
多斯江（叙事诗）
⋯⋯⋯⋯⋯（哈萨克族）夏　侃　景　生　承　勋译
芦笛在歌唱⋯⋯⋯⋯⋯⋯（维吾尔族）艾合迈德·
孜亚依　刘静嘉　赵国栋译
猎人之歌⋯⋯⋯⋯⋯⋯（锡伯族）吴文岭　金　石译
金桥颂⋯⋯⋯⋯⋯（锡伯族）乌扎拉·舒慕冈　佘吐肯译
笑⋯⋯⋯⋯（哈萨克族）哈皮孜·索来曼　常世杰译
海上的梦
⋯⋯⋯⋯⋯（维吾尔族）博格达·阿不杜拉　张　玮译

电影文学
克里木与玫瑰花⋯⋯⋯⋯⋯（维吾尔族）买买提·
塔提力克　（锡伯族）广春兰　张世荣　马瑞贤译

散文
月季花⋯⋯⋯⋯（维吾尔族）阿不都克里木　刘昕延译
游路南石林⋯⋯（蒙古族）沙　海　曹洛明　加　甫译

古典文学
来自辉番卡伦的信
⋯⋯⋯⋯⋯（锡伯族）何叶尔·文克津　肖　夫译
古代维吾尔诗歌选译⋯⋯⋯⋯⋯⋯杨金祥　多尔昆译
纳瓦依抒情诗十首⋯⋯⋯⋯⋯⋯⋯⋯⋯郝关中译
古穆纳木诗歌选译⋯⋯⋯⋯⋯⋯⋯⋯⋯李国香译

民间文学
天山下的新"花儿"（42 首）
⋯⋯⋯⋯⋯⋯⋯⋯⋯戈　壁　泉　李　桦搜集整理
哈萨克习俗歌（一组）⋯⋯⋯⋯⋯杨振明　金炳喆译

评论
优美的文字　历史的见证——介绍《来自辉番卡伦的
信》⋯⋯⋯⋯⋯⋯⋯⋯⋯⋯⋯（锡伯族）肖　夫
维吾尔古代回鹘文献述略
⋯⋯⋯⋯（维吾尔族）克尤木·斯拉裴尔　杨金祥译
故事·人物·趣味——谈维吾尔民间故事的民族特色
⋯⋯⋯⋯⋯⋯⋯⋯⋯⋯⋯⋯⋯⋯涂　石

文讯及其他
自治区召开民族文学优秀作品颁奖大会⋯⋯⋯⋯甘　露
《江格尔》调查采录取得可喜成果⋯⋯⋯⋯古歌今
《新疆民间文学》稿约
《喀什噶尔》文学季刊公开发行征求订户
《博格达》文学季刊征订启事

美术摄影
封面设计⋯⋯⋯⋯⋯⋯⋯⋯⋯⋯⋯⋯⋯谢　凯
欢舞（中国画）⋯⋯⋯⋯⋯⋯⋯⋯⋯（回族）马世英

民族文学优秀作品颁奖会剪影（封二、封三）
·························雷中峒

1982 年第 1 期　刊名:《新疆民族文学》
目录

短篇小说

岗位·····························（维吾尔族）托乎提·那尤甫　段石羽　任乌晶译

积"德"··········（维吾尔族）穆罕麦德·巴格拉西　洪自勤　王荣珠译

远方··········（维吾尔族）艾海提·吐尔迪　郭志刚译

山村人·······（哈萨克族）乌拉孜汗·阿合买提　张孝华译

长篇小说

阿勃腊勒的风
（维吾尔族）祖尔东·萨比尔　梁学忠译

诗歌

故乡，我又回来了（外一首）
·······（维吾尔族）亚生·胡大拜尔迪　沙望春译

草原抒情（组诗）
·······（维吾尔族）铁衣甫江　杨金祥译

喀什噶尔剪影（组诗）
·······（维吾尔族）克里木·霍加　郝关中译

小河··········（维吾尔族）艾克拜尔

繁星的故乡（长诗）······（维吾尔族）阿尔斯郎
（回族）刘静嘉　赵国栋译

天池吟··········（维吾尔族）阿不都秀库尔·穆罕默德伊明　赵玉珍译

散文

蒙古草原上的盛会··········（锡伯族）忠　录

电影文学

牧道新歌··········（锡伯族）哈　拜

民间文学

新译阿凡提故事··········张世荣译

乌尔丽卡与艾牟拉江（民间叙事诗）···井亚翻译整理

各民族民间故事··········（维吾尔族）乌斯满江等译

哈萨克族谚语选··········金炳喆译

新疆蒙古族民歌选译
（蒙古族）关　巴译　任国勇整理

评论

文艺工作者的神圣职责
（维吾尔族）亚生·胡达拜尔迪

一朵独放异彩的艺术之花··········赵世杰

哈萨克谚语浅析··········金炳喆

喜读《克里木与玫瑰花》··········苇　青

统一思想，振奋精神（文讯）··········报　春

美术及其他

刊名题字··········陈叔亮

封面设计··········刘培勤

婚礼（油画）··········玉素甫江

饮水思源（国画）··········徐庶之

春风细语图（国画）··········朱自谦

"绿原"文学丛刊证订启事

"西北民族学院学报"征订启事

1982 年第 2 期　刊名:《新疆民族文学》
目录

光辉的指南··········（维吾尔族）铁衣甫江　李　难译

生活与观察
（维吾尔族）柯尤慕·图尔迪　刘　宾译

短篇小说

托合提笨蛋
（维吾尔族）安尼瓦尔·吾拉木　吕志超译

崖顶之歌··········（柯尔克孜族）吐尔干拜　肖嗣文译

职责··········（维吾尔族）阿不拉·艾合买提　刘　珉译

师道··········（维吾尔族）艾里木·尼牙孜　史震天译

生命之歌··········（维吾尔族）穆合麦德·巴格拉西　齐同光　张鸿义译

列车上的相逢··········（维吾尔族）牙生·胡达拜尔地　刘奉仉译

电影文学

啊，伊犁河··········（回族）杨　峰

古典文学

麦苏德与迪拉娜··········（维吾尔族）阿不都热衣木·尼扎里　郝关中译

散文

初春（外二章）
（维吾尔族）艾合买提·伊敏　张　洋译

诗歌

母亲笑了··········（哈萨克族）库尔班阿里
成　勋　朱　曼译

柔巴依（31 首）··········（维吾尔族）马赫穆特·扎依德

爱的　足迹··········（维吾尔族）阿贝保

短诗一束----（哈萨克族）萨里　（锡伯族）佘吐肯等

民间文学
卫拉特蒙古族小集--------（蒙古族）关巴　任国勇等译
习俗歌——祝词--------（蒙古族）阿·太白搜集编注

民歌一束（17 首）
阿因达与巴因达（故事）
--------（蒙古族）那·乌孜玛搜集整理
动物故事（五则）----（蒙古族）巴图巴依尔搜集整理
谚语（41 则）--------（蒙古族）曹格特扎登等搜集整理
卫拉特蒙古族民间文学概况
--------（蒙古族）阿·太白　斯·阿拉
哈萨克族民间故事（五则）
--------（哈萨克族）凡合买德·
蒙加尼搜集　校什彝译

评论
草原鲜花放异香
——读郝斯力汗和他的小说创作--------张越

美术及其他
封面、扉页设计--------安宁立中
关口夺生（油画）--------李乃平
天山行（国画）--------舒春光
邻居（版画）--------关维晓
美（版画）--------马文元
关于开展全疆儿童文学创作征文和评奖活动的启事
《中央民族学院学报》征订启事
《莽原》文学季刊征订启事

1982 年第 3 期　刊名：《新疆民族文学》
目录

民族团结之花
新疆人（小说）--------（维吾尔族）艾尔肯
女送奶员（故事·王东军译）
--------（维吾尔族）托合塔吉·茹孜
莱莉古丽（故事·王荣殊译）
--------（塔吉克族）莫尼·塔比勒迪
生活，就是这样（速写·张孝华译）
--------（柯尔克孜族）吐尔干拜
祖国风情（组诗·张森棠译）
--------（柯尔克孜族）阿散拜
连心泉（诗·外一首）（乌孜别克族）米海娜依
阿亚提古丽（叙事诗·洪自勤　王荣殊译）
--------（维吾尔族）艾孜姆·哈斯木

小说
母爱的力量（马瑞贤译）----（哈萨克族）贾克斯力克
图蒂亚（崔斌　王振本译）
--------（维吾尔族）阿不力米提·阿吉
复仇--------（维吾尔族）艾贝布拉
火热的心（姚承勋　王景生译）
--------（哈萨克族）贾合甫·米尔扎汗
责任制（邢国政译）--------（维吾尔族）阿·沙地尔
马车夫（刘奉仉译）--------（维吾尔族）阿·纳斯尔
达斡尔青年（黄敦朴译）----（达斡尔族）奇克尔尼晓
莲花的故事（中篇选载·金石译）
--------（锡伯族）乌扎拉·舒慕同

诗歌
妈妈，亲爱的妈妈（张玮译）----（维吾尔族）博格达
春天，我在寻觅（外二首）--------（锡伯族）安鸿毅
草原抒怀（组诗·德良　师歌等译）
--------（哈萨克族）夏侃
喀什噶尔之夜（长诗选载　张宏超　王一之译）
--------（维吾尔族）吾铁库尔

散文
美的创造者（外二章·张洋译）
--------（维吾尔族）艾合买提·伊敏

民间文学
蒙古族英雄史诗《江格尔传》调查报告（汪仲英　乔
伦夫译）--------（蒙古族）特·贾木查
《江格尔传》选译（王清译）
--------（蒙古族）托·巴德玛
宝音克希克搜集整理
回族民间文学一束（刘希英　吴立中等搜集整理）
--------（回族）韩生元等
访花儿歌手韩生元（访问记）--------李富
乌孜别克民间故事（十二则）--------王黎民译

评论
在心灵的回音壁上
——漫谈克里木震加诗歌的艺术特色--------冉红
读《玛玛克——绍波克》--------文生广汉
形象思维与文学翻译--------陈学迅

美术
封面、扉页设计--------纳丁
秋猎（油画）--------李锡武
雕塑选--------王振华
版画新作--------宋维城　薛立柱　李清滨

1982 年第 4 期　刊名:《新疆民族文学》
目录

献给十二大的歌

和田行（诗　江帆译）
——————————（维吾尔族）亚生·胡大拜尔迪
金秋赞（诗　王振本译）—————（维吾尔族）吐尔逊
诗——我的代表（诗　山水译）
——————————————（哈萨克族）乌玛哈孜
新的高峰（诗　张孝华译）——（维吾尔族）艾特哈里
根的赞歌（散文　刘珉译）
————————（维吾尔族）吐尔逊·帕孜勒

纪念黎·穆塔里甫诞辰六十周年

黎·穆塔里甫诗歌十二首——————杨金祥　张世荣译
黎·穆塔里甫文学论文两篇———杨金祥　张世荣译
回忆黎·穆塔里甫（回忆录　段石羽　任乌晶译）
————————（维吾尔族）依斯拉木·沙得克
闪烁在亚洲荒原上的明星（组诗　杨金祥　张世荣译）
——————（维吾尔族）库尔班巴拉提
献给黎·穆塔里甫（诗　尚静锡译）
——————（柯尔克孜族）买买提艾山艾尔克

小说

灵感的源泉（师忠孝译）
——————（哈萨克族）乌拉孜汉·阿合买提
坟头上的花束（史震天　张洋译）
——————————（维吾尔族）伊德勒斯·巴拉提
泽热甫香河之光（长篇选载　刘宾译）
——————————（维吾尔族）柯尤慕·图尔迪

诗歌·散文

返老还童的额吉（关巴　任国勇译）
————————————（蒙古族）斯·阿拉
寓言诗两首（王景生译）———（哈萨克族）卡哈尔曼
都善纪游————————————（回族）哈运昌

民间文学

鹦鹉的故事————————————善　平译
维吾尔族寓言故事————————井　亚译
新疆少数民族机智人物故事—————赵世杰等译

《江格尔》学术讨论会集锦

在《江格尔》学术讨论会上的讲话—————贾　芝
蒙古族英雄史诗《江格尔》———（蒙古族）色道尔吉
论史诗《江格尔》中蒙古古代美学思想
————————————（蒙古族）满都夫
我区召开首次《江格尔》学术讨论会————汪仲英

美术

天山深处（中国画）————————舒春光
无限风光（版画）————————蒋振华
天山之子（剧照）————————摄影张建国
采风（中国画）————————黄　胄

1983 年第 1 期　刊名:《新疆民族文学》
目录

纪念黎·穆塔里甫诞辰六十周年

在纪念黎·穆塔里甫诞辰六十周年大会上的讲话
——————————（维吾尔族）伊敏诺夫·哈米提
祖国忠贞的优秀的儿子（郝关中译）
——————————（维吾尔族）铁衣甫江
论黎·穆塔里甫的爱国主义思想（刘宾译）
——————（维吾尔族）阿不都秀库尔·吐尔迪
我区召开革命爱国诗人黎·穆塔里甫诞辰六十周年纪
念大会和学术讨论会————————本刊记者

小说

樵夫的女儿（郝关中译）
——————（维吾尔族）托合提·阿尤普
医德（刘国宝译）———（维吾尔族）伊明·吾迈尔
放牧员的心（宋恩平译）
——————（维吾尔族）托合塔吉·茹孜
爱情的考验（乔家儒译）
——————（维吾尔族）伊德力斯·巴拉提
追求（王广元译）———（维吾尔族）苏里唐·哈西姆
朋友的喜悦（崔斌译）——（维吾尔族）哈迪尔·阿尔斯兰
新邻居（吐尔逊·热合木译）
——————（维吾尔族）约尔如希·伊布拉音
毛拉翟丁传（长篇选载　张世荣译）
——————（维吾尔族）海威尔·铁木尔

诗歌·散文

同音奏鸣曲（组诗）———（哈萨克族）乌玛尔·哈孜
柔巴依（赵国栋　赵玉珍译）
——————（维吾尔族）乌铁库尔　阿不都修库尔
诗的花环（洪自勤译）
——————（维吾尔族）博格达·阿不杜拉
小草的赞歌—————（俄罗斯族）威那利·尤拉维奇
火洲采风小记（散文）—————（锡伯族）忠　录

民间文学

维吾尔族民间故事（六则）—————罗　马等译
哈萨克族民间故事（五则）—————何　路等翻译整理
锡伯族民间故事（二则）———金炳喆　何玉秀译

英雄谢力扎特（哈萨克民间长诗　张运隆整理）
————————————————（哈萨克族）焦沙耶译
维吾尔族情歌————————————乔家儒　陈桂兰译

评论

关于民族文学创作和研究的几个问题
————————————————（蒙古族）玛拉沁夫
在精神文明建设中起积极作用——评穆罕默德·巴格
拉西的小说创作————————————————邓美宣
评长篇小说《理想之路》————————————王仲明
试论哈萨克民间英雄史诗（杨振明译）
————————————————（哈萨克族）阿吾里汗

美术及其他

古老的传说（水粉）————————————————立　中
小村（水粉）————————————————————邹　强
冬趣（中国画）————————————————————张　平
《小说月报》、《雪莲》征订启事
《新疆民族文学》优秀翻译作品评奖启事

1983 年第 2 期　刊名:《新疆民族文学》

目录

在新疆首届少数民族古典文学讨论会上的讲话————富　文
纪念哈萨克著名诗人唐加勒克诞辰八十周年
唐加勒克诗选————————————————————金炳喆译
忆唐加勒克——————————（维吾尔族）艾则佐夫·哈斯木

短篇小说

恋歌（卜昭雨译）————————（维吾尔族）艾则孜·沙吾提
人之爱（姚承勋译）
————————————（哈萨克族）吾拉孜罕·阿合麦德
守门人（雷杰超译）
————————————（维吾尔族）阿布利米提·萨比尔
萨里木巴依让贤（忆萱译）
————————————（柯尔克孜族）萨坎·乌买尔
人啊（王正民　金妙芳译）
————————————（维吾尔族）卡哈尔·吉利力

中篇小说

春寒（黄祥荣　邢国政译）
————————————（维吾尔族）艾海提·吐尔迪

诗歌

生活的恋歌（组诗）
————————————（俄罗斯族）威那利·尤拉维奇
生活给了我一张帆（外一首）————（锡伯族）安鸿毅

我爱阳光（外二首·王广元译）
————————————（维吾尔族）马合木提江·斯拉木

儿童文学小辑

暑假十天（小说·张孝华译）
————————————（哈萨克族）夏莫斯·库马尔
卖莫合烟的孩子（小说）————（维吾尔族）艾尔肯
心愿（小说）————————（维吾尔族）艾贝布拉

民间文学

塔吉克民间故事（八篇）————朱　华　夏　羿翻译整理
塔吉克动物故事（三则）————————王景生等译
塔吉克族谚语选————————————刘　珉　贺　灵译
维吾尔民间故事（五篇）————刘发俊　善　平翻译整理
阿尔孜古丽（乌孜别克族民间长诗）
————————————————井　亚翻译整理

评论

维吾尔族古典文学概论（郝关中译）
————————————（维吾尔族）阿布都秀库尔·吐尔迪
交流研究成果　组织科学进军————本刊记者　史　信
中国作家协会新疆分会举行学术报告会————戴　义
从读者中来————————————————王仲明

美术及其他

葡萄的故事（装饰画）————————杨　栋　洪晓兰
毳幕秋声（中国画）————————————徐庶之
版画新作————————————————蒋振华等
儿童头像写生————————————————李锡武
《天山少年》征订启事

1983 年第 3 期　刊名:《新疆民族文学》

目录

民族团结之花

农垦摄影展览抒怀（诗）————————（锡伯族）郭基南
古丝道上团结情（诗·江月译）————（蒙古族）辛　夫
第一面红旗（小说·卜昭雨译）
————————————（维吾尔族）阿勃来提·阿巴斯

中篇小说

葡萄沟纪事（梁学忠译）
————————————（维吾尔族）祖尔东·萨比尔
娇嫩的花儿（哈杰译）————————（蒙古族）巴　岱

短篇小说

身价（罗马译）————————（维吾尔族）托乎提·阿尤甫
黄金与理智（陈毓贵译）

　　　　　　　（维吾尔族）海威尔·铁木尔
吉祥宝珠（相立波译）————（维吾尔族）努尔肉孜
鸡蛋（刘珉译）————（维吾尔族）卡迪尔·阿尔斯朗

散文
火焰山散记（二篇）————————（回族）哈运昌
故乡踏歌————————————（土家族）邬婉荣

诗歌
伊犁诗笺（四首）——————（锡伯族）哈　拜
柔巴依（二十二首·赵国栋译）
　　　　　　　　　（维吾尔族）乌铁库尔

儿童文学

得奖作品选载
小松鼠的故事（寓言诗·江帆译）
　　　　　　（维吾尔族）阿不力克木·巴克
让她上学去（诗·山水译）
　　　　　　（维吾尔族）阿合买提江·乌斯满
儿童四季歌（儿童诗·王清译）
　　　　　　　　（蒙古族）波·尼木加甫
我的一天（散文·甘露译）
　　　　　　　（维吾尔族）艾哈麦迪·伊敏
转变（小说·杨振明译）
　　　　　　（哈萨克族）艾特卡里·奥斯潘
儿童诗（洪自勤　王荣珠译）
　　　　　　　　（维吾尔族）阿尔斯兰

民间文学
锡伯族民间文学小辑
　　　　　　（锡伯族）贺灵·善吉搜集整理
故事六则·习俗歌二首————金炳喆　何玉秀译
情歌六首·谚语一二五则
新疆俄罗斯民歌六首
　　　　（俄罗斯族）威那利·尤拉维奇搜集整理
哈萨克民间故事六则————常世杰　杨振明等译

评论
高吟肺腑走风雷——————————刘　宾
塞外回乡风情录——————————汪宗元
诗的意境与生活的理趣————————丁子人
维吾尔古典文学概论（续·郝关中译）
　　　　　（维吾尔族）阿布都秀库尔·吐尔迪
祝愿儿童文学园地鲜花盛开—————敏　文
读者来信摘登————常世杰　朱　华　夏　羿等

美术及其他
英雄玛纳斯的传说（装饰画）————犁　僮
天山深处（油画）————————张　怀
剪纸选——————蔺　烈　（维吾尔族）帕提古丽
（蒙古族）肖　拉
篆刻选————————张　琪　赵彦良
优秀翻译作品评奖委员会成立并召开首次会议
　　　　　　　　　　　　　——本刊记者

1983 年第 4 期　刊名:《新疆民族文学》
目录

中篇小说
路（马俊民译）—————（维吾尔族）克尤慕·图尔迪

短篇小说
工艺师"沙比尔"———————（维吾尔族）艾尔肯
考场趣事（赵国栋译）
　　　　　　　（维吾尔族）艾海提·吐尔迪
爱我不要像河畔上的花朵（段石羽译）
　　　　　　　（塔吉克族）西仁·库尔班
我所钟爱的（萧嗣文　阿克木译）
　　　　　　（柯尔克孜族）苏来曼·玉麦尔
草原姐妹————————（蒙古族）巴图赞丁
宽恕（任志实译）
　　　　　　（维吾尔族）麦木提敏·艾孜来特
摘梨时节（丁芜译）
　　　　　　（维吾尔族）阿里穆江·司马义
卜卦先生（刘奉仉译）
　　　　　　（维吾尔族）吐尔逊·哈斯木

诗歌
诗草一束（组诗）——————（锡伯族）郭基南
我的笔（外五首　洪自勤译）
　　　　　　（维吾尔族）乃斯鲁拉·阿布来提
柔巴依（赵玉珍译）
　　　　　　（维吾尔族）阿·穆罕默德伊明
泉（外一首　张孝华译）
　　　　　　（哈萨克族）夏侃·沃阿勒巴依

散文
沿着天山（谢友规译）
　　　　　　（维吾尔族）海热提·阿不都拉
阿尔泰春光（崔斌　库勒汗译）
　　　　　　　（哈萨克族）库尔班·阿里

民间文学
国王阿扎旦和巴合提亚尔——————赵世杰译
两个王子的故事————马雄福　张德茂翻译整理
哈萨克族谚语——————————常世杰辑译

塔吉克族传统诗歌二首（郝关中译）

⋯⋯⋯⋯⋯⋯⋯⋯⋯⋯（塔吉克族）塔毕勒地整理

穷人和法官（关巴翻译　任国勇整理）

⋯⋯⋯⋯⋯⋯⋯⋯⋯⋯（蒙古族）加里沙拉搜集

乌仁图娅（乔伦夫译）⋯⋯⋯（蒙古族）加茨来搜集

阿尔格齐的故事（王清译）

⋯⋯⋯⋯⋯⋯⋯⋯⋯⋯（蒙古族）特·贾木查整理

蒙古族民歌⋯⋯⋯⋯⋯⋯（蒙古族）塔拉搜集整理

评论

爱国同怀赤子之心⋯⋯⋯⋯⋯⋯⋯⋯⋯⋯张　越

心紧紧地系在祖国的肌体上⋯⋯⋯⋯⋯⋯胡尔朴

血泪凝成的历史画卷⋯⋯⋯⋯⋯张宏超　王一之

续谈形象思维与文学翻译⋯⋯⋯⋯⋯⋯⋯陈学迅

美术及其他

阿肯的歌（装饰画）⋯⋯⋯⋯⋯⋯⋯⋯⋯吴立中

冬窝子（油画）⋯⋯⋯⋯⋯⋯（哈萨克族）阿　曼

赛里木湖的故事⋯⋯⋯⋯茵　烈剪纸　嵇　南配诗

龟兹揽胜图⋯⋯⋯⋯⋯⋯⋯⋯⋯⋯⋯⋯舒春光

阳光灿烂⋯⋯⋯⋯⋯⋯⋯⋯⋯⋯⋯⋯⋯薛立柱

《民族文学研究》创刊启事

《文学家》创刊启事

本刊改刊启事

1984 年第 1 期　刊名:《新疆民族文学》

目录

纪念毛泽东同志诞辰九十周年

雄鹰（诗·王清译）⋯⋯⋯⋯⋯（蒙古族）特·贾木查

海边（诗·山水译）⋯⋯（维吾尔族）吐尔逊·库尔班

想起毛主席（诗）⋯⋯⋯⋯（柯尔克孜族）吐尔干拜

鸟语花香（诗）⋯⋯⋯⋯（乌孜别克族）泰来提·纳斯尔

描绘新的世界　塑造新的人物⋯⋯⋯⋯⋯王仲明

无产阶级革命家战斗情怀的艺术结晶⋯⋯⋯邓美萱

小说

"晦气"（段石羽译）

⋯⋯⋯⋯⋯⋯⋯⋯（维吾尔族）穆合麦德·巴格拉西

罚款（王广元译）⋯⋯⋯⋯（维吾尔族）加拉力丁

龙脊地⋯⋯⋯⋯⋯⋯⋯（锡伯族）佟清福　高青松

中篇小说

路（马俊民译）⋯⋯⋯⋯（维吾尔族）柯尤慕·吐尔迪

诗歌

醒了，嘎善（外三首）⋯⋯⋯⋯（锡伯族）安鸿毅

阿曼尼莎逸史（叙事诗·刘奉倪译）

⋯⋯⋯⋯⋯⋯⋯⋯⋯（维吾尔族）博格达·阿不都拉

祖国，我的母亲（赵国栋译）

⋯⋯⋯⋯⋯⋯⋯⋯（维吾尔族）赛麦提·杜尔依里

电视剧

心上的人⋯⋯⋯⋯⋯⋯⋯⋯⋯（锡伯族）安彭寿

散文

七克台考记⋯⋯⋯⋯⋯⋯⋯⋯⋯（回族）哈运昌

民间文学

哈萨克族民间叙事故事简编（姚承勋　朱曼译）

⋯⋯⋯⋯⋯⋯⋯⋯⋯⋯（哈萨克族）阿不都热西提

维吾尔族民间故事四则

远飞的画⋯⋯⋯⋯（维吾尔族）买·司地克　张　周译

小国王⋯⋯⋯⋯（维吾尔族）穆塔里甫　朱　华译

征服大象非好汉

⋯⋯⋯（维吾尔族）阿不都热合曼·特敏　丁　芜译

机智的小伙子

⋯⋯⋯（维吾尔族）艾买提·伊得力斯　丁　芜译

古典文学

维吾尔族古代文学选译

评论

拯救被污染的种子⋯⋯⋯⋯⋯⋯⋯⋯⋯⋯刘长海

文坛人物

拥抱生活的作家⋯⋯⋯⋯⋯⋯⋯⋯⋯⋯胡尔朴

马合穆德和他的《突厥语大辞典》⋯⋯⋯⋯李　恺

文学史话

漫谈维吾尔文学的传统体裁⋯⋯⋯⋯⋯⋯李国香

文学翻译漫谈

关于少数民族遗产的译介问题⋯⋯⋯⋯⋯刘　宾

编读交流

清除精神污染　建设精神文明⋯⋯⋯⋯本　刊

致读者⋯⋯⋯⋯⋯⋯⋯⋯⋯⋯⋯⋯⋯⋯编　者

美术及其他

新疆俄罗斯土风舞（装饰画）⋯⋯⋯⋯⋯厉　色

牧区风景（油画）⋯⋯⋯⋯⋯⋯⋯⋯⋯⋯犁　仲

情满天山（木刻）⋯⋯⋯⋯⋯⋯⋯⋯⋯盛廷芳

果园里的笑声（木刻）⋯⋯⋯⋯⋯⋯⋯⋯蒋振华

《草原》征订启事

《绿洲》征订启事

1984 年第 2 期　刊名:《新疆民族文学》
目录

中篇小说

阿克里拜爷爷的故事（金炳喆译）
——————————（哈萨克族）居玛荻尔·玛曼

短篇小说

卖苹果的人（张宏超译）
——————（维吾尔族）穆罕默德·巴格拉西
大山里的故事——————————（回族）姚金海
山村（崔斌　库勒汗译）
——————————（柯尔克孜族）祖农·帖木耳
遗产（王蕊莲译）——（维吾尔族）托合塔吉·肉孜
胡子（任乌晶译）
——————（维吾尔族）买穆提明·阿不都外力

诗歌

天山公路赞（江帆译）
——————————（维吾尔族）托乎提·沙比尔
两条河（外三首　王振本　木拉提译）
——————（哈萨克族）贾纳提汉·图蒂克伯克
南疆抒怀（山水译）（维吾尔族）克尤木·索非
故乡吟（成勖　朱曼译）
——————————（哈萨克族）夏侃·沃阿力拜

散文

在访问土耳其的日子里（张世荣译）
——————————（维吾尔族）铁依甫江
故乡的怀抱——————————（哈萨克族）哈依霞

民间文学

塔吉克民间故事小辑——————（塔吉克族）艾布
力·艾沙罕　西仁·库尔班搜集　夏　羿　朱　华翻
译整理
玉枝金花
艾力提姆提克
会屙金子的驴
能媳妇和她的丈夫
喀孜和蛇
巴依和狼
梧桐树
一只狐狸和四只山鸡
神鸟——————————（维吾尔族）祖梅莱蒂译

评论

毛泽东与民间文学——————————茆永福
解放前后民歌中的维吾尔族社会——————苏北海

美术

英雄塔尔恩（装饰画）——————————李尧天
和田小帽（油画）——————————吴晓兰
琴声滴翠（版画）——————————牧　歌
魔鬼城中飞来石（版画）——————————周　琦
新徒工（版画）——————————于云涛
南山云海（中国画）——————————白建军

1984 年第 3 期　刊名:《新疆民族文学》
目录

文学翻译要为繁荣自治区文艺事业作出更大贡献
——————自治区党委书记　贾那布尔
努力做好文学翻译工作，为建设社会主义精神文明做
出更大贡献——————————中国
作家协会新疆分会主席　阿不列孜·那则尔
中国作家协会致新疆分会并优秀文学翻译作品颁奖大
会的贺信

中篇小说

美赫丽婉（卜昭雨译）
——————————（维吾尔族）卡哈尔·吉里力

短篇小说

云曲——————————（回族）郭秀梅
昨天的可笑事（刘国宝译）
——————————（维吾尔族）祖农·塔哈尔
倒霉的牛犊（丁芜译）
——————（维吾尔族）吐尔逊·伊布热音木
眼镜——————————（回族）童　马

诗歌

开都河颂（塔拉译）——————（蒙古族）巴　岱
穆·阿不都秀库尔诗歌选译——————————张世荣译
咆哮吧，塔里木河！——————（维吾尔族）艾克拜尔

散文

雪的遐想（张洋译）————（维吾尔族）艾合买提·伊敏

古典文学

游记（刘静嘉　赵国栋译）
——————（维吾尔族）穆罕默德斯狄克·翟里里
（维吾尔族）阿卜杜秀库尔吐尔地校勘刊布

民间文学

蒙古族民间故事（三篇　王　清译）
——————————（蒙古族）确·格拉等搜集整理
哈萨克民间叙事长诗故事简编之二（姚承勋　朱　曼

译）⋯⋯⋯⋯⋯⋯（哈萨克族）阿不都热西提
哈萨克民间故事
白天鹅的故事⋯⋯⋯⋯⋯⋯⋯⋯⋯王景生译
一个小伙子的奇遇
奇怪的白粉末
向年逾花甲的老人求教⋯⋯⋯陈毓贵　乌斯满翻译整理
塔吉克族情歌（夏羿　朱华翻译整理）
⋯⋯⋯⋯⋯⋯（塔吉克族）艾布力艾山罕搜集
文学翻译漫谈
浅谈文学翻译⋯⋯⋯⋯⋯⋯⋯（回族）马俊民

文学史话
《敕勒歌》及其歌者⋯⋯⋯⋯⋯⋯杨金祥

文坛人物
成功属于真正的探索者⋯⋯⋯⋯⋯山　水

图书评介
绚丽多彩的艺术珠玉⋯⋯⋯⋯⋯⋯赵世杰

民族风情
从传说故事看古代维吾尔族人的狼图腾崇拜⋯郎　樱

美术及其他
《新疆民族文学》1981—1982 年优秀文学翻译作品获奖篇目及译者
为各族人民架起宏伟的心灵之桥⋯⋯⋯本刊特约记者
达斡尔民间故事　《老虎为何不下山》（装饰画）
⋯⋯⋯⋯⋯⋯⋯⋯⋯⋯⋯⋯⋯张玉彪
古道驼鸣（中国画）⋯⋯⋯⋯⋯⋯雷中崤
颁奖大会剪影⋯⋯⋯⋯⋯摄影　邱　零　吴立中

1984 年第 4 期　刊名:《新疆民族文学》
目录

回族文学小辑
唉，你这个伊比里斯（小说）⋯⋯⋯⋯白　练
"奔儿"回家去（小说）⋯⋯⋯⋯⋯撒　丁
花儿的婚事（小说）⋯⋯⋯⋯⋯⋯马康建
中国斗牛士（组诗）⋯⋯⋯⋯⋯⋯师　歌
基石（诗）⋯⋯⋯⋯⋯⋯⋯⋯⋯郭　禾
大漠船夫曲（诗）⋯⋯⋯⋯⋯⋯⋯李　明
柔巴依（诗·刘静嘉译）⋯⋯⋯哈里木·沙里赫
回族花儿一束（诗）⋯⋯⋯⋯⋯韩生元等
花园里的吻⋯⋯⋯⋯⋯⋯⋯⋯⋯牧　女
焉耆马的传说（民间故事）⋯⋯⋯姚金海搜集整理

塔吉克文学小辑
赛马场上（小说·刘国宝译）⋯⋯西仁·库尔班
鹰笛（诗·郝关中译）⋯⋯⋯伊萨克·阿扎拉
塔什库尔干之春（诗·外一首·赵国栋译）
⋯⋯⋯⋯⋯⋯⋯⋯⋯穆罕默德·柔孜
我的帕米尔（诗·赵国栋译）⋯⋯西仁·库尔班
冰峰颂（诗·外二首·赵国栋译）
⋯⋯⋯⋯⋯⋯⋯⋯夏尼亚孜·卡帕里
致朋友⋯⋯⋯⋯⋯⋯⋯买赫买提·柔孜
塔吉克族谚语⋯⋯⋯⋯⋯⋯⋯毕　枸等译

中篇小说
苏碧海（梁学忠译）
⋯⋯⋯⋯⋯⋯⋯（维吾尔族）祖尔东·萨比尔

散文
葡萄情深（王怀林译）
⋯⋯⋯⋯⋯⋯（维吾尔族）穆罕默德·利超甫
鄯善的哈密瓜（外二篇）⋯⋯⋯（回族）哈运昌诗
康阿孜塔吉克自治乡访古⋯⋯⋯⋯⋯李吟屏

古典文学
请安书（讽刺诗·刘珉译）
⋯⋯⋯⋯⋯（维吾尔族）艾合麦提夏卡尔卡希

民间文学
金鸡的故事（维吾尔族民间故事）⋯⋯曹世隆译
七句谎言（维吾尔族民间故事）⋯⋯⋯赵世杰译

评论
可喜的开端，美好的前景——略述近年来我区回族文学的发展⋯⋯⋯⋯⋯⋯（回族）杨　峰
《大山里的故事》得失谈⋯⋯⋯⋯⋯鲁　力
回乡沃土育人才⋯⋯⋯⋯⋯⋯⋯丁　山
帕米尔高原的传说——略论塔吉克民间故事⋯张　越

美术及其他
花儿与少年（装饰画）⋯⋯⋯⋯⋯洪晓兰
草原情歌（装饰画）⋯⋯⋯⋯⋯⋯崔谷平
南疆小景（油画）⋯⋯⋯⋯⋯刘南生　邹　强
阿帕克霍加墓（水粉）⋯⋯⋯⋯⋯张　琪
篆刻选
编者的话

1984 年第 5 期　刊名:《新疆民族文学》
目录

哈萨克族文学小辑
拉赫木拜（小说·姚承勋译）
————————（哈萨克族）吾拉孜汗·阿合麦德
一次午餐（小说·张孝华译）
————————（哈萨克族）夏莫斯·库马尔
库尔班阿里诗选————（哈萨克族）常世杰译
生活的浪花（诗·王景生译）
————————（哈萨克族）卡哈尔曼
乌愣格尔湖（诗·叶尔克西译）
————————（哈萨克族）杜坦·沙凯
杂题（诗·段越译）————（哈萨克族）玛哈孜·热孜旦
啊，伊犁（散文·伊德班译）
————————（哈萨克族）叶明·昂达玛斯
旅途笔记（散文·张孝华　萧嗣文译）
————————（哈萨克族）夏侃·沃阿勒拜依
哈萨克族民间故事（四篇）————毕　栒译
就从我开始吧（阿肯对唱）————常世杰翻译整理
哈萨克族谚语————————马雄福译

锡伯族文学小辑
猎人（小说）————————（锡伯族）吴文龄
她有一颗金子般的心（报告文学）
————————（锡伯族）傅查·新昌
鹦鹉与莫尔根芝（美术片电影剧本）
————————（锡伯族）苏秀明
唱不完的新曲（散文诗）————（锡伯族）郭基南
草原在我心中（诗）————（锡伯族）安鸿毅
槟榔荷包（民间故事金炳喆译）
————————（锡伯族）善　吉搜集
傻子娶妻（民间故事三则）
————————（锡伯族）赵春生搜译整理
活佛（民间故事二则）————（锡伯族）佟清福搜集翻译
锡伯族谚语————————（锡伯族）贺　灵译
我是一颗小小的砂粒（诗）————（回族）柯延青

评论
开掘人物美好的心灵————————邓美萱
解放后的新疆锡伯文学————（锡伯族）忠　录
艾沙木·库尔班和他的笑话————————赵世杰

文学翻译漫谈
维吾尔熟语汉译一得谈————————卜昭雨

民族风情
塔吉克人的灯节————————吕静涛

美术及其他
玫瑰花（装饰画）————————张　平
默尔齐克草原的歌（装饰画）————崔谷平
迁乔（中国画）————————徐庶之
《江南》复刊告读者

1984 年第 6 期　刊名:《新疆民族文学》
目录

中篇小说
故乡（员力华译）
————————（哈萨克族）贾克斯勒克·赛米提

短篇小说
戈壁小草————————（蒙古族）孟驰北
慈母的心（马劻力译）
————————（维吾尔族）阿布都热合满·阿白
金山堡的仙女（罗马译）
————————（维吾尔族）托乎提·阿尤甫
黑皮包（王清译）————（蒙古族）巴音夫
婚姻（居玛·吾买提　石润梅译）
————————（柯尔克孜族）沙坎·吾买尔

诗歌
博格达的欢乐（张世荣译）————（维吾尔族）铁衣甫江
岁月和足迹（张玮　洪自勤译）
————————（维吾尔族）博格达·阿不都拉
克孜勒苏礼赞（卜昭雨译）
————————（柯尔克孜族）阿曼吐尔·巴依扎克
阿依蒙恰克（洪自勤译）
————————（柯尔克孜族）吐尔逊·米尔扎
假如我是……（郝关中译）————（柯尔克孜族）阿散拜
激情（崔斌　库勒汗译）
————————（柯尔克孜族）司马义·阿比勒卡伯克
南行抒怀（姚承勋译）
————————（柯尔克孜族）吐尔干拜·克利齐别克

散文
美丽富饶的巴音布鲁克（哈杰译）————（蒙古族）巴岱
启明星（张洋译）————（维吾尔族）艾合买提·伊明

古典文学
回鹘文佛教、景教故事选译（三则）
————————杨金祥　多鲁坤译

文学史话
佛教的传入与回鹘佛经文学————————山　水
马的情景描写————————周政保

民间文学

四颗宝珠的故事（丁芜译）
⋯⋯⋯⋯⋯⋯（维吾尔族）穆罕默德·依明吾守
阿布列克木·司马义整理

八腿花马和乌兰巴特尔
⋯⋯⋯⋯⋯⋯⋯曹鲁孟　宋博年　梁树年整理
麻烟的三个"好处"（二则·善平译）
⋯⋯⋯⋯⋯⋯（维吾尔族）买买提热依木整理
睿智的牧人⋯⋯⋯⋯⋯⋯⋯⋯⋯⋯刘昕延搜集
维吾尔族谚语⋯⋯⋯⋯⋯⋯⋯⋯⋯赵世杰选译
新疆俄罗斯族谚语⋯⋯⋯⋯⋯萨　沙　李祥云搜集

文坛人物

他洒下一路笑声⋯⋯⋯⋯⋯⋯⋯⋯⋯⋯黎　蔷
沐浴阳光的诗人⋯⋯⋯⋯⋯⋯⋯⋯⋯⋯张　玮

民族风情

维吾尔人的传统风俗习惯简介（马德元译）
⋯⋯⋯⋯⋯⋯⋯⋯⋯⋯⋯⋯（维吾尔族）热外都拉

评论

蓬勃发展的卫拉特蒙古文学（王清译）
⋯⋯⋯⋯⋯⋯⋯⋯⋯⋯⋯⋯（蒙古族）德·沙海
当代柯尔克孜文学概述（杨振明译）
⋯⋯⋯⋯⋯⋯⋯⋯⋯⋯《柯尔克孜文学》编辑部

美术及其他

乌孜别克族风情（装饰画）⋯⋯⋯⋯⋯⋯李　灼
塔吉克鹰笛（装饰画）⋯⋯⋯⋯⋯⋯⋯武曼宜
米尔木汗（微型连环画）⋯⋯蒋振华木刻　白俊华编文
版画选⋯薛立柱　盛廷芳　薛周琦　王宝柱　熊俊林
一九八四年总目录
"百泉"征订广告

1985 年第 1 期　刊名:《新疆民族文学》
目录

小说

郁金香（张森堂　焦沙耶译）⋯（哈萨克族）郝斯力汗
月夜（梁学忠译）⋯⋯⋯（维吾尔族）祖尔东·萨比尔
蓝珠（姚承勋　朱曼译）
⋯⋯⋯⋯⋯⋯⋯⋯（哈萨克族）玛阿孜·热孜丹
在戈壁滩上⋯⋯⋯⋯⋯⋯（维吾尔族）阿里木
晨（袁舍利译）⋯⋯⋯⋯（维吾尔族）喀哈尔·杰里力
亲家（陈毓贵译）⋯⋯⋯（维吾尔族）卡德尔·托乎提
获奖之后（马雄福译）
⋯⋯⋯⋯⋯⋯⋯（哈萨克族）玛·玛依勒巴耶吾

小小说

买蜂蜜（马学寿译）⋯⋯（维吾尔族）艾则孜·萨吾提
没想到⋯⋯⋯（韩玉文　王景起译）
⋯⋯⋯⋯⋯⋯⋯⋯（哈萨克族）阿·阿亚森
新厂长（杨新亭译）⋯⋯⋯（维吾尔族）库尔班·依明

诗歌

草原是欢乐的琴⋯⋯⋯⋯⋯⋯（锡伯族）郭基南
田园诗情（张孝华译）
⋯⋯⋯⋯⋯⋯⋯（哈萨克族）努丽拉·克孜汗
旅途（外三首·王广元译）
⋯⋯⋯⋯⋯⋯⋯（维吾尔族）贾帕尔·艾买提

散文

火焰山下⋯⋯⋯⋯⋯⋯⋯⋯⋯⋯（回族）哈运昌

古典文学

《福乐智慧》箴言选录（赵国栋　卜昭雨　哈希木译）
⋯⋯⋯⋯⋯⋯⋯⋯（维吾尔族）斯麻依·铁木耳摘编

民间文学

玛纳斯和四十勇士征伐阔托洛克（新疆《玛纳斯》工
作组翻译整理）
⋯⋯⋯⋯⋯⋯⋯（柯尔克孜族）居素甫·玛玛依演唱
一束雪莲花（塔吉克民间柔巴依选）⋯⋯⋯郝关中译
卫拉特蒙古机智人物故事六则⋯⋯⋯⋯浩思茫戈译述
哈萨克民间故事四篇⋯⋯⋯⋯⋯⋯⋯⋯常世杰译
聪明的哈拉恰希（哈萨克民间故事）
⋯⋯⋯⋯⋯⋯⋯韩永寿搜集翻译　贝新祯整理
三句箴言的故事（塔吉克民间故事）
⋯⋯⋯⋯⋯⋯⋯⋯⋯朱　华　夏　羿译
满族谚语⋯⋯⋯⋯⋯⋯⋯⋯⋯⋯贺　灵译

民族风情

维吾尔族传统风俗习惯简介（续完·马德元译）
⋯⋯⋯⋯⋯⋯⋯⋯⋯⋯（维吾尔族）热外都拉

评论

论《福乐智慧》的学术价值（洪自勤译）
⋯⋯⋯⋯⋯⋯⋯（维吾尔族）阿·穆罕默德·伊明
回顾与展望
——新疆少数民族古典文学研究述评⋯⋯⋯刘　宾
英雄史诗《玛纳斯》简介⋯⋯⋯⋯⋯⋯⋯刘发俊

美术·歌曲·其他

锡伯族舞蹈（装饰画）⋯⋯⋯⋯⋯⋯⋯厉　色
天池一瞥（摄影）⋯⋯⋯⋯⋯⋯⋯⋯周以部
吐尔扈特部回归祖国（剧照连环画）⋯⋯胡继杰
卖了一个新鲜的红苹果（歌曲）⋯⋯⋯王洛宾编词曲

自治区召开少数民族古籍工作会议·············洪自勤译
《长城文艺》征订启事
《城市文学》征订启事

1985 年第 2 期　刊名:《新疆民族文学》
目录

小说
晚霞······················（哈萨克族）艾克拜尔·米吉提
大楼下的活动房子（罗　马译）
·················（维吾尔族）穆罕默德·巴格拉西
悔恨（郭志刚译）·······（维吾尔族）买买提肉孜
在生活变迁的日子里·········（维吾尔族）艾尔肯
猎人索菲（张　玮　史震天译）
···················（维吾尔族）艾海提·哈西姆
批条（刘国宝译）
···············（维吾尔族）玉素甫·阿不都热依木
自作自受（刘奉仉译）
···················（维吾尔族）哈力丁·萨塔尔
神童曲·························（回族）童　马

诗歌
春天的灵感（苏天虎译）
·················（维吾尔族）铁木尔·达瓦买提
柔巴依十四首（赵国栋译）····（维吾尔族）乌铁库尔

古典文学
诺比提抒情诗十首······················李国香译

塔吉克民间故事小辑
慕士塔格的传说·············朱　华　夏　羿译
帕尔哈德渠的传说
鹰笛的传说
公主堡的传说
达普的传说
秦公主的传说
墓中人························祖梅莱提译

回族花儿
"花儿"朵朵（杨杰搜集整理）·······（回族）韩生元

风物传说
博格达峰的传说（张森棠译）
·················（维吾尔族）则努拉搜集整理
天山泉的传说·············魏荣苏　张森堂搜集整理

外国文学
高尔基致妻子的书信选（一）·············陈学迅译

波斯趣闻（一）

民族风情
锡伯族的婚礼······················（锡伯族）佟克力

文坛人物
语言桥梁之师························张朴夫
复明的星··························赵国栋

评论
努力提高回族文学创作水平··········（回族）马　犁
新疆少数民族神话初探··················张　越
谈谈塔什库尔干的传说··················夏　羿
新疆民间传统情歌的艺术特色··············吴　冶

国际文化交流
巴岱率新疆文化教育考察团访日············韩志光

美术·摄影·歌曲
塔塔尔族小姑娘（摄影）················楼望皓
归牧图（中国画）····················张　平
惩罚与回敬（连环画）··················雷中峋
圆圆的（维吾尔族民歌）

1985 年第 3 期　刊名:《新疆民族文学》
目录

中篇小说
春天总是和煦的（罗　马译）
·················（维吾尔族）祖尔东·萨比尔
遥远的地平线（张森棠　焦沙耶译）
·················（哈萨克族）阿维斯汗·努尔呼加

短篇小说
如此"作家"（善平译）
·················（维吾尔族）乌尔凯希·依不拉音
雅尔哈························（锡伯族）吴文龄

诗歌
东行抒怀（赵国栋译）
·················（维吾尔族）赛麦提·杜伽利
哦，美德··················（回族）杨　峰
守夜（张孝华译）··········（哈萨克族）杜坦·沙凯

散文
日本考察记··················（蒙古族）巴　岱
白天鹅回来了（杨振明译）····（哈萨克族）阿吾里汗

西域漫游
乌帕尔的金水泉⋯⋯⋯⋯⋯⋯⋯⋯⋯⋯⋯⋯胡泽万
啊，交河故城⋯⋯⋯⋯⋯毕亚丁　李遇春　陈君堃

古典文学
阿拜诗选译（六首）⋯⋯⋯⋯⋯⋯（锡伯族）哈拜译
《爱情诗简》选译（李国香译）⋯⋯⋯⋯⋯花剌子米

民间文学
阿凡提故事十则⋯⋯⋯⋯⋯⋯⋯⋯⋯⋯⋯曹世隆译
维吾尔民间故事二则⋯⋯⋯⋯⋯王怀林　王诚译
狐狸与看磨坊的人（塔吉克族民间故事）
⋯⋯⋯⋯⋯⋯⋯⋯⋯⋯⋯陈荣良　赵世杰译
聪明的姑娘（塔塔尔族民间故事）⋯⋯⋯常世杰译
塔塔尔族情歌（七首·井亚译）⋯⋯阿里甫拉搜集整理
尔沙的故事（回族民间故事二则）
⋯⋯⋯⋯⋯⋯⋯⋯⋯⋯⋯（回族）姚金海搜集整理

外国文学
高尔基致妻子的书信选　（二）⋯⋯⋯⋯陈学迅译
贾马尔汗和泽布尼莎（阿富汗民间故事）⋯⋯李玉昌译
波斯趣闻⋯⋯⋯⋯⋯⋯⋯⋯⋯⋯⋯⋯⋯王志冲译

民族风情
维吾尔人的名字与绰号（马德元译）
⋯⋯⋯⋯⋯⋯⋯⋯⋯⋯⋯（维吾尔族）热外都拉

文坛人物
他热爱文学⋯⋯⋯⋯⋯⋯⋯（哈萨克族）库·叶尔克西

评论
谈阿拜的诗论⋯⋯⋯⋯⋯⋯⋯⋯（锡伯族）哈　拜
维吾尔族寓言的思想性和艺术特色⋯⋯⋯⋯何启明

美术·歌曲·其他
女琴师（摄影）⋯⋯⋯⋯⋯⋯⋯⋯⋯⋯⋯刘希英
（中国画）⋯⋯⋯⋯⋯⋯⋯⋯⋯⋯⋯⋯⋯雷中屿
东王公和西王母（连环画）⋯⋯⋯赵霄鹏　剡鸿魁
本刊举行迎春招待会
新疆作协召开理事扩大会议⋯⋯⋯⋯⋯本刊记者
古莱莱（歌曲）⋯⋯⋯⋯⋯⋯苏来曼·伊明编词曲
《少年文摘》征订启事

1985 年第 4 期　刊名：《新疆民族文学》

目录

文艺工作者要为自治区三十年大庆献礼
⋯⋯⋯⋯⋯⋯⋯⋯⋯⋯⋯（维吾尔族）司马义·艾买提

中长篇小说
别了，噬人的梦⋯⋯⋯⋯⋯⋯⋯⋯（锡伯族）关　荣
春之歌（梁学忠译）⋯⋯（维吾尔族）柯尤慕·图尔迪

短篇小说
神鞭（员力华译）
⋯⋯⋯⋯⋯⋯⋯⋯（哈萨克族）恰依木拉提·哈木扎
故乡情（陈毓贵译）⋯⋯（维吾尔族）马力克·克威尔
煤姑娘⋯⋯⋯⋯⋯⋯⋯⋯（维吾尔族）哈帕斯·阿赛因

散文
摄在心灵深处的胶卷上⋯⋯⋯⋯⋯⋯⋯⋯⋯胡尔朴
金色、蓝色、绿色的爱
⋯⋯⋯⋯⋯⋯（哈萨克族）叶尔克西·库尔班别车科娃

诗歌
祖国与春天（王一之译）
⋯⋯⋯⋯⋯⋯⋯⋯（维吾尔族）阿不都许库尔
老榆树（外一首）⋯⋯⋯⋯⋯⋯（锡伯族）安鸿义
影子（卜昭雨译）⋯⋯⋯⋯（维吾尔族）亚生·伊敏
雨（外一首）（洪自勤译）
⋯⋯⋯⋯⋯⋯⋯（维吾尔族）艾尔西丁·塔特勒克
童话世界（组诗）⋯⋯⋯⋯⋯⋯（锡伯族）郭晓亮
孔雀（赵国栋译）
⋯⋯⋯⋯⋯⋯（维吾尔族）阿布都肉苏力·吾买尔
希望⋯⋯⋯⋯⋯⋯⋯⋯⋯⋯⋯⋯（回族）王志君

古典文学
尤素甫和祖丽哈的故事（马俊民译）
⋯⋯⋯⋯⋯⋯⋯⋯⋯⋯⋯纳斯鲁丁·拉勃胡兹
《阿克利亚》选译（哈拜译）⋯⋯⋯（哈萨克族）阿　拜

民间文学
哈勒哈曼与玛茉尔（哈萨克族民间爱情长诗）
⋯⋯⋯⋯⋯⋯⋯⋯⋯⋯⋯韩永寿　贝新祯译
贪得无厌者的下场（曹世隆译）
⋯⋯⋯⋯⋯（维吾尔族）奴尔买买提·吐尔干整理
神秘的技艺（突尔逊·铁木尔译）
⋯⋯⋯⋯⋯（维吾尔族）突尔迪·玛木提讲述
麦泽恩芝（锡伯族民间故事）
⋯⋯⋯⋯⋯⋯（锡伯族）白法尔丰连讲述
骗子的下场（乌兹别克族民间故事）⋯⋯⋯王景生译

民族风情
新疆蒙古族定亲祝词（王清译）
⋯⋯⋯⋯⋯⋯⋯⋯⋯⋯⋯（蒙古族）齐·艾仁才
维吾尔人的家庭与婚姻（郭蕴华译）
⋯⋯⋯⋯⋯（维吾尔族）阿不都热依木·艾比布拉

评论

真情·深情·诗情························王 堡

美术·歌曲·其他

姑娘追（装饰画）······················刘 芨
头发树（连环画）······················张 平
交河曲（摄影）························魏新安
阿依阔克（哈萨克族民歌）··············祝恒谦编词曲

1985 年第 5 期　刊名:《新疆民族文学》
目录

电影剧本

古丽娜的命运（张世荣译）
·················（维吾尔族）麦穆提敏·艾孜热提

中、长篇小说

奔腾的伊犁河（刘珉译）
············（维吾尔族）阿卜都热合曼·卡哈尔
别了，噬人的梦（中篇连载）·······（锡伯族）关 荣

诗歌

散文诗三章··············（维吾尔族）阿贝保
伊犁河（外二首）（海浪译）
·················（维吾尔族）库尔班·巴拉提
故乡的傍晚（外一首）（洪自勤译）
·················（维吾尔族）吐尔逊娜依·玉赛音
献给祖国母亲的歌（外一首）（佘吐肯译）
·················（俄罗斯族）鲁涅夫·尼古拉
我是哈萨克（哈拜译）··········（哈萨克族）夏 侃
金碗的传说（关 巴 任国勇译）
·····················（蒙古族）斯·阿拉
无名的徽戳（夏羿译）
·················（乌孜别克族）泰莱提·纳斯尔

散文

阿尔贤游记·····················（回族）虎文明

古典文学

尤素甫和祖丽哈的故事（续完 马俊民译）
·················纳斯鲁丁·拉勃胡兹
《精义宝库》选译（上）（刘宾译）
·····················艾利希尔·纳瓦依

民间文学

阿凡提故事二十则（赵世杰译）
·······（乌孜别克族）阿不都许库尔·牙里库搜集整理

神奇的果子（维吾尔族民间故事丁　芜译）
·················（维吾尔族）艾麦提努里搜集整理
两个巴依（维吾尔民间故事）·······王 诚 王怀林译
狼和狐狸（维吾尔民间故事，陈毓贵译）
·····················（维吾尔族）苏祖克整理
阿尔格齐的故事（蒙古族民间故事）·········王清等译
小伙子和巧姑娘（哈萨克民间故事）·········师忠孝译
不讲礼貌的父子（锡伯族民间故事）····贺灵搜集整理
两个木匠（锡伯族民间故事 贺灵译）······义明讲述
卷毛腿山羊（塔吉克民间故事）··········佟进军译
三姐妹（塔塔尔民间故事）·············佟进军译
国王的画像·······················刘昕延译
维吾尔族谚语选····················赵世杰译

评论

维吾尔族文学蒸蒸日上（刘发俊译）
·················（维吾尔族）安尼瓦尔·阿布都热依木

文坛人物

吐尔逊娜依的困惑和喜悦················祁大慧
开花的骆驼刺······················黎 蔷

美术·歌曲·其他

欢庆（装饰画）·······················犁 仲
昆仑鹤鸣（摄影）······················楼望皓
神秘的帕米尔山洞（连环画）
·····················利铧改编 盂培堤绘画
牡丹汗（维吾尔族民歌）
·················（维吾尔族）努斯莱提·
瓦吉丁配伴奏 黄明子英译
阿尔达尔的出生（连环画）·······（俄罗斯族）李列娜

1985 年第 6 期　刊名:《新疆民族文学》
目录

中篇小说

巧丽潘（张孝华译）
·················（柯尔克孜族）吐尔干拜·克勒什别克
别了，噬人的梦·················（锡伯族）关 荣

短篇小说

艾古兹丽（袁舍利译）
·················（维吾尔族）加拉力丁·百合拉姆
木勺（哈依霞·塔巴热克译）
·················（哈萨克族）玛吾力提汗·艾伯力哈孜
血肉连相（王清 恰·玛德丽娃译）
·····················（蒙古族）玛·加斯莱

微型小说

新书记（两则　宋恩平译）
—————————（维吾尔族）阿塔乌拉吐尔逊托合提等
无地址的信（五则　善平译）
—————————（维吾尔族）穆那尔江·托海塔洪等

诗歌

母亲的心愿（卜昭雨译）
—————————（维吾尔族）亚生·胡大拜尔地
伊犁河谷的回声—————————（回族）郭　禾

古典文学

瓦木克和乌孜拉（刘发俊译）————（维吾尔族）孜亚依
《精义宝库》选译（下）（刘宾译）
—————————艾利希尔·纳瓦依

民间文学

赛莱恰坎的故事（曹世隆译）
—————————（维吾尔族）乌其库江·玉买尔搜集
善有善报（宋恩平译）————吐尔逊·巴拉提搜集整理
愚昧的算命先生—————————刘昕延译
巴格达的由来（杨新亭译）
—————————买地尼也特·克由木整理
猴子和熊（陶世义译）—————阿里甫·哈皮孜整理
坎杰哈拉—————————毕　栒译
哈萨克族谎言歌二十首—————————马雄福译

文坛人物

辛勤的耕耘者—————————赵国栋

民族风情

民俗在维吾尔民间文学中的体现（沙粒译）
—————————（维吾尔族）买买提·祖农　阿布都克里木
锡伯族的家谱—————————（锡伯族）佟克力

评论

不倦的百灵鸟唱了—————————浩　明
《四个游方僧》及其作者—————————张世荣
民俗的地域性与民族性—————————杨金祥

美术·歌曲·其他

和田小景（中国画）—————————雷中峋
冰山之父（摄影）—————————孙家斌
大角（木刻）—————————蒋振华
幽默故事（漫画）—————————夏　迁
塔里木（歌曲·黄子明　英译）
—————————斯坎德尔曲　艾古拜尔吾拉木填词
民族语文翻译工作者的盛会（报导）—————————陈毓贵

致读者、作者、译者
《新疆民族文学》改刊

《新疆民族文学》自一九八一年创刊以来，在广大的读者、各民族作家、诗人、文学翻译工作者的支持下，为向全国各民族汉语读者介绍新疆各兄弟民族当代文学作品、优秀的文学遗产，做了大量工作，取得了显著成绩。

而今，国家在腾飞，民族在腾飞，各民族的文学事业也在腾飞。在兄弟民族文学的百花园里，玫瑰花，郁金香，山茶花，金达莱花……琳琅满目，灿若繁星。为适应改革形势的发展和广大汉语读者鉴赏兄弟民族文学的需要，本刊决定自一九八六年起，改为《民族作家》。

改刊后的《民族作家》，将立足新疆，面向全国。以译介本地区少数民族当代文学作品为己任，并欢迎全国各少数民族的优秀文学作品。同时，也精选、译介各民族珍贵的古典文学和民间文学遗产。

改刊后的《民族作家》内容丰富多彩，风格别致多样。既有新疆各少数民族当代文学作品译文；也有全国各少数民族作家的优秀作品；既可读到描写丝路风土人情、名人轶事的小说、散文、诗歌、传记文学，又可欣赏古代东方的传奇故事，还可借鉴中亚诸民族作家的名篇佳作。

改刊后的《民族作家》坚持"二为"方向，贯彻"双百"方针，锐意革新版面，努力提高质量，大力扶植文学翻译新人，并为有志于研究中外少数民族文学的专家、学者提供论坛。

改刊后的《民族作家》自一九八六年起改由新华书店发行，广大读者可向当地新华书店订购，也可直接向《民族作家》编辑部（乌鲁木齐市民主路 32 号）订阅或函购。每期订价 0.77 元，全年六期 4.62 元。国外总发行仍由中国出版对外贸易总公司（北京 782 信箱）承办。

竭诚欢迎广大读者，各民族翻译工作者、作家、诗人订阅本刊，向本刊投稿。

《新疆民族文学》谨启

1986 年第 1 期　刊名：《民族作家》

目录

吐鲁番·一个童话（外三首）—————————木　斧
世外沙漠国—————————孟驰北
诗歌翻译管见—————————赵国栋
哲理诗（四首）—————————阿不都秀库尔·穆罕默德伊明著　张世荣译

苏联民族之间交往的典型方式
　　　　　　　　　　　　B.A.绍申著　东方舟译
试论《帕尔哈德与西琳》的流变　　　　　　郎　樱
开拓者——电影编剧麦穆提敏·艾孜来提的成功之路
　　　　　　　　　　　　　　　　　　　苇　青
岁月染不黄的记忆（四首）……金　哲著　金　一译
繁忙的一天………吾拉孜罕·阿合麦德著　姚承勋译
七座宫殿的故事…………尼扎米原著　张铁伟

1986 年第 2 期　刊名:《民族作家》
目录

炽热的诗章…………铁木尔·达瓦买提著　苏天虎译
古丽萨拉啊，我不会忘记你!
　　　　　　　　祖尔东·萨比尔著　梁学忠译
卜尔渐和沙拉对唱（哈萨克族对歌）………哈　拜译
钱这个东西………………图·尤奴斯著　张世荣译
穆塔里甫的青少年时代（节译）
　　　　　　　　吐尔逊·尔希丁著　刘国宝译
往事的回忆（未完）……祖农·哈迪尔著　夏　羿译
伯赫拉姆与七亭宫………………………山　水译
逆境中奋斗　奋斗中探索——介绍哈萨克族作家贾克
斯勒克·赛米提……………………………员水华
春的随想（组诗）
　　　　　　乃斯汝拉·阿勃莱特著　卜昭雨译
凯兰德尔抒情诗选…………………………张宏超译
紫姑及其传说………………………………涂　石
幽默风趣　别具一格
——读长篇小说《毛拉翟丁外传》…………刘有华

1986 年第 3 期　刊名:《民族作家》
目录

蒙古人孟驰北…………………………………周　涛
阿尔格齐故事初探（附作品）…………特·贾木查
重访日本散记…………………………………巴　岱
洪古尔镇压魔王布尔古德…………………霍尔钦夫译
在生活的旋涡中………卡哈尔·吉力力著　段石羽译
少数民族文学"作家群"与"区域文学"——民族文
学研究的层次与角度………………………蒙　宪
中国一双美丽的眸子（外二首）……………查　干
在夏季（组诗）………………………………苏　华
霍斯鲁…阿布杜勒·侯赛因·乌智当尼著　张　晖译
神奇多彩的世界　金戈铁马的年代——《江格尔》一
部人类童年的绚丽画卷……………………郝苏孟根
关于《卜尔渐和沙拉对唱》………………哈　拜
惩罚…………卡·巴伊穆坎诺夫著　王　沛译

1986 年第 4 期　刊名:《民族作家》
目录

一篇情真意远的好散文
——读《炽热的诗章》………………………邓美萱
哈萨克寓言三则……………………………韩永寿译

太空抒情诗（组诗）
　　　　　　阿布来提·司马益著　洪自勤译
一个民族心灵的强烈震动——试探哈萨克书面文学奠
基人阿拜诗歌的特色………………………钟兴麒
天涯芳草…………阿不力米提·沙比尔著　史震天译
乌孜别克的儿子……台勒艾特·纳赛尔著　卜昭雨译
花都昆明（外二首）………………………郭基南
雁阵的启示…………………………………师　歌
远方的篝火………吾拉孜罕·阿合麦德著　姚承勋译
塔吉克族寓言三则…………………………段石羽译

1986 年第 5 期　刊名:《民族作家》
目录

"柔巴依"及"柔巴依"翻译…………………赵国栋
往事的回忆（续）………祖农·哈迪尔著　夏　羿译
绿的青春　绿的向往（诗四首）
　　　　　　　　　　金　哲著　金　一译
艾勒坎木·艾合坦木及其诗歌的艺术特色
——麦合穆特江·斯拉木著　卜昭雨译
幻想和影子…………祖尔东·萨比尔著　梁学忠译
祖国恋（外三首）……亚生·胡达拜尔地著　卜昭雨译
昵美尔山风云…………………巴　岱著　王　清译
关于《世外沙漠国》的遐思与断想…………赵继志
西部爱情（六首）…………………………高　深
广州的"伊斯兰堡"…………………………孟驰北

1986 年第 6 期　刊名:《民族作家》
目录

《福乐智慧》选译
　　　　尤素甫·哈斯·哈吉甫著　郝关中译
以生命的墨绿点染祖国的春光——评穆·阿不都许库
尔近期诗作………………………………李　力
羌寨抒情（组诗）…………………………马乐群
略论吾拉孜罕小说的结构艺术特点…………王仲明
献身者——我所认识的吾拉孜罕·阿合麦德…姚承勋
爱，绝不能是这样的…阿·雅库鲍夫著　粟周熊译
在全国首次《福乐智慧》学术讨论会开幕式上的讲话

（摘要）——————————————铁木尔·达瓦买提
全国首次《福乐智慧》学术讨论会在喀什举行
——————————————————李 琪
朋友的心——————吾拉孜罕·阿合麦德著 姚承勋译
流浪汉的故事——————焦沙耶译 张远隆整理
往事的回忆（续完）——————祖农·哈迪尔著 夏 羿译

1987 年第 1 期　刊名:《民族作家》
目录

小说
别气馁，吐鲁番人！
——————（维吾尔族）祖尔东·萨比尔　张世荣译
黄土屋——————（哈萨克族）叶尔克西·库尔班别科娃
老人和女人————（哈萨克族）木哈买提巴依　张孝华译
红鸟——————————————（土家族）龙顺成
天土——————————————（回族）姚金海
另一个世界的审判——————（维吾尔族）努尔
穆罕默德·托乎提　刘昕延译
喇嘛——————————————（藏族）才 旦
只因为有了那支歌————（苗族）曹 叙 （壮族）滕树超

诗歌
颤动的诗情（组诗）——————（维吾尔族）艾合麦
提江·吾斯曼　夏羿译
杂诗拾零
——————（维吾尔族）阿尔斯朗　洪自勤　卜昭雨译
爱的花瓣——————————（维吾尔族）阿贝保
走出草原（外二首）——————（蒙古族）巴特尔
长城风景线——————————（回族）姚欣则
致一位藏族姑娘——————（纳西族）晓 雁
畲族山寨——————————（畲族）燕 舒
二唱雄鸡天下白——————（俄罗斯族）舒·斯·
乌扎拉　阿·谢·玛尔柯娃　钱伯泉译

散文
草原之夜——————————————包立民
面对世界的阿里——————————尹 检
迈动着的双脚——————————（回族）侯新生

民间文学
柯尔克孜寓言三则——————沙坎·江艾西等整理
喀尔喀三美——————————————郭永明译
商人老婆的秘密（藏族民间故事）——————王振华

外国名作欣赏
关于肉丸小贩的管理条例
——————————[土耳其]阿齐兹·内辛　林新祯译

民族文学论坛
艾特玛托夫的民族文学观（之一）——————陈学迅
架起通向心灵的金桥——————（蒙古族）特·达木林

文坛人物
时代的歌手——————————————段 续

评论
另一群人——————————————迪 鸽
新疆锡伯族书面文学简介——————（锡伯族）忠 录
浅谈个性化语言的翻译——————————李 尧

美术与其他
封面设计——————————————刘 芨
水彩画两幅——————————（锡伯族）佟博峰
中国少数民族作家出访
苏联、南斯拉夫、罗马尼亚剪影
版画来稿选登——————————薛立柱　高桂林

1987 年第 2 期　刊名:《民族作家》
目录

中篇小说
崛起的楼群——————————————（回族）马治中
早晨的梦——————（维吾尔族）祖尔东·萨比尔　梁学忠译

短篇小说
年轻寡妇的夜——————（朝鲜族）李满浩　刘 栋译
三个女人一台戏——————————（维吾尔族）卡哈
尔·吉力力　袁舍利译
九月纪实——————————————（维吾尔族）米尔
孜古丽　陈毓贵　王春燕译
故乡啊！喀什噶尔
——————————（维吾尔族）赛义提·祖龙　刘 珉译

诗歌
西部，开拓者的感情
——————————（回族）高 深 （满族）佟明光
萌芽破土——————（维吾尔族）泰勒艾特　洪自勤译
丝路沉思录——————————（土家族）颜家文
渴与求——————————————（布依族）运 春
望夫石——————————————（蒙古族）哈斯乌拉
青年诗页——————————————（瑶族）盘妙彬
（彝族）王红彬　李双喜 （布依族）韦贵波 （满
族）李小平 （锡伯族）安鸿毅

散文
一个被封锁的秘密——————————（壮族）岑默青

爱情-----------------------（维吾尔族）艾合买提　张　洋译
美丽的喀纳斯-----------------（哈萨克族）哈德别克
洱海，洱海-------------------------（白族）那家伦

风情

黎族妇女纹身及其传说----------------------李贻昭
元江白族的"三月三"-----------------（彝族）宋自华

评论

神话和现实主义创作的结合--------------------陈学迅
构思巧妙，寓教于乐----------------------------刘有华

美术及其他

塔吉克少女（摄影）----------------------------孙家斌
南疆风情（摄影）------------------------------周以皓
《远天远地》组画（木刻）----------------------关维晓
多浪河畔（套色木刻）--------------------------于文雅
额尔齐斯河的傍晚（木刻）----------------------薛周琦

1987 年第 3 期　刊名：《民族作家》
目录

诗词五首--------------------------------------布　赫

中篇小说

双峰山纪事----------------布仁特古斯　郭永明译
风雪夜----------------莫·哈斯巴干　察罕夫译

短篇小说

圆寂--江　浩
圣火------------------满都麦　哈达奇·刚译
三把剃须刀----------莫·阿斯尔　奥依巴特译
女儿的歌谣------------------------------------霍钦夫
同龄人--------------------------------------毕力格太
破碎的记忆----------------------------------凤　妹
咳，女人------------------------------------阿　凤

诗歌

我的心渴慕已久（外一首）--------------------蒙根高勒
草原魂--------------------------------------青格里
在多情的草地感情最冲动----------------------斯日古楞
同伴们的爱----------------------阿尔泰　那　顺译
都市纪事------------------齐·莫尔根　那　顺译
劳动·汗水----------------阿·巴雅尔　那　顺译
爱的追思------------------斯琴毕力格　那　顺译
上都河恋情------------仁钦那木吉拉　青格里译
兴--------------------------特·思沁　孟　和译
献给老树的歌----------------乌云格勒　高木布译

古丝路上团结情------------------------------辛　夫
荒冢（散文诗）----------巴·布林贝赫　哈达奇·刚译
林海遐想（散文诗）----------------------------满德尔娃

散文

鄂尔多斯高原（三章）------------------------扎拉嘎胡
七色寻觅的合弦------------------------------哈斯乌拉
妈妈呵----------------------------力格登　马西译

报告文学

母亲的歌------------------------------------萨仁托娅

古典文学

成吉思汗演义（选载）
--------------尹湛纳希　安柯钦夫　朝格柱译

评论

欣欣向荣的新时期蒙古族文学----------策·杰尔嘎拉
编后缀语

美术及其他

蒙古族姑娘（摄影）----------------------------楼望皓
成吉思汗陵（摄影）----------------------------纳穆吉勒
扎鲁特的风----------------------------------海日汗
少数民族作家活动照--------------------------哈斯乌拉等
初雪（油画）--------------------------------张安亭

1987 年第 4 期　刊名：《民族作家》
目录

纪念毛泽东同志《在延安文艺座谈会上的讲话》发表
四十五周年
坚持四项基本原则努力发展多民族社会主义文学——
纪念毛泽东同志《在延安文艺座谈会上的讲话》发表
四十五周年
------------（维吾尔族）阿不列孜·纳孜尔　张世荣译
讲话的风采（诗）----------------------------张贵亭
新疆文联召开座谈会纪念《讲话》发表四十五周年
--本刊记者

中篇小说

奥达的马队----------------------------（藏族）阿　来
油泉------------------（哈萨克族）夏木斯　西　叶译

短篇小说

"无名英雄"的肖像
------------（维吾尔族）牙生·胡达拜尔地　卜昭雨译

珍贵的纪念
————————（维吾尔族）柯尤慕·图尔迪 江 帆译
痛悔————（哈萨克族）夏衣苏勒坦 叶尔克西译
喜事————（哈萨克族）阿维斯汗 张森棠 焦沙耶译
孩子的黄骠马————————（哈萨克族）哈依霞
不可抛弃的友谊————（蒙古族）巴岱 曹鲁木译
小小说一组——（维吾尔族）吾甫尔·哈德尔等
老人、小孩、石峰————————（苗族）杨 雄

散文
鄯善峰燧台————————————（回族）哈运昌
桂花飘香的时候——————（锡伯族）郭基南
岷江出山处——————————（土家族）李传锋
青年诗页————（锡伯族）郭晓亮 （回族）苏 华
（壮族）覃琼送 （俄罗斯族）尼 拉 （土家族）
李小平 （景颇族）晨 宏 （回族）侯新生 （苗
族）熊 幽 古 阳

民间文学
四个小偷，闪光的珍珠（故事）————————苏天虎译
维吾尔族笑话————————————赵世杰译
毛拉则丁的故事————————————曹世隆译

民族文学论坛
有感于当代壮族文学的讨论————（维吾尔族）铁衣甫江

外国文学
在去难民营的路上
————————［阿富汗］霍鲁向 秦杏宽译 陈会韬校
印度幽默五则————————————梁志刚译

美术及其他
女演员————————————————楼望皓摄
两个俄罗斯族小姑娘————————张渌洒摄
青山老树牧民家（中国画）————————谢家道
版画选————————买买提·阿尤夫 张继德

1987 年第 5 期 刊名:《民族作家》
目录

中篇小说
逃犯和他的妻子————————（维吾尔族）麦米提
敏·海孜来提 史振天 尚信达译
五色的长虹————（蒙古族）特·赛音巴雅尔

短篇小说
车过戈壁————————（维吾尔族）艾尔肯
意外的片断————————（哈萨克族）吐尔得汗·

达拉拜 张孝华译
菊香————————————（土家族）鲍义志

诗歌
阿卜杜哈力克·维古尔诗歌选译————张宏超
纪念————————————————（回族）张贵亭
忆诗人————（维吾尔族）铁衣甫江 卜昭雨译
新疆召开爱国进步诗人阿卜杜哈力克·维古尔生平及
创作学术讨论会————————本刊记者 岚 云
诗人、战士
——阿卜杜哈力克·维古尔生平及作品简介
————————（维吾尔族）马赫穆特·扎依德 赵国栋译
思维的火花
————————（哈萨克族）库尔班·阿里 天 勤译
乡愁——————（中国台湾）（蒙古族）席慕容
白云————————（哈萨克族）巴合提汗·拜居马
播种的故乡————————（朝鲜族）金 哲 金永彪译
旅人————————————————（苗族）李叶文
花儿————（蒙古族）纳·赛音朝克图 霍尔查译

散文
访苏见闻录
————————（维吾尔族）柯尤慕·图尔迪 江 帆译
旅途风情————————————（苗族）杨瑞雪

中亚文学
断头台————————［苏联］艾特玛托夫 冯 加译

评论
双语和新疆————————（维吾尔族）阿木冬·尼亚孜

民间文学
阿不都巴克的笑话————买买提热衣木搜集 宋恩平译

美术及其他
回族姑娘（摄影）————————————张渌洒
金色的吻（水粉画）————————————李大用
石油之歌版画选之一————————薛立柱 宋维成
石油之歌版画选之二————韩贵勤 郭光生 吴量才

1987 年第 6 期 刊名:《民族作家》
目录

中篇小说
贫土————————————————（苗族）伍 略
别了，眼泪————————————（维吾尔族）艾海提·
吐尔迪 罗 马 陶世义译

短篇小说

每个人都是自己的上帝
·······（维吾尔族）阿拉提·阿斯木

啊，人生·······（维吾尔族）哈丽岱·
伊斯热衣勒　苏天虎译

浪涌金银滩·······（壮族）黎国璞

吉祥的早晨·······（维吾尔族）买木提明·
吾守尔　赵世杰译

小黑屋·······（壮族）陈　多

离合悲欢四重唱·······（壮族）王云高

文雅的女性·······（维吾尔族）阿尔斯朗　张　洋译

山王·······（回族）姚金海

山鬼·······（仫佬族）海　练

诗歌

大西北随想曲（组诗）·······（蒙古族）查　干

原色（外二首）·······（回族）高　深

献给白发母亲····（哈萨克族）乌麦尔阿孜　员力华译

银鹰（外一首）
·······（蒙古族）特·赛音巴雅尔　哈达奇·刚译

马背上的民族（外二首）
·······（朝鲜族）赵龙男　金永彪译

拉甫乔克古城（外一首）
·······（朝鲜族）李三月　金永彪译

对话（外一首）·······（满族）黎　人

秋，在冬的门前徘徊
·······（蒙古族）齐·莫尔根　哈达奇·刚译

散文

新疆纪行·······（白族）杨　苏

巴里坤情思·······（满族）常世杰

群英荟萃边疆——全国少数民族作家翻译家哈密笔会
散记·······赵世骞

美术及其他

全国少数民族作家、翻译家笔会在新疆召开····山　水

广告

哈萨克少女（摄影）·······楼望皓

全国少数民族作家、翻译家笔会剪影

草原盛会（摄影）·······吴立中

1988 年第 1 期　刊名:《民族作家》

目录

小篇小说

塔克拉玛干，有一位画家·······（维吾尔族）艾合台
木·乌买尔　赵国栋译

黑牡丹，白牡丹·······（回族）白　练

短篇小说

提亲·······马俊民译　（维吾尔族）祖农·塔依尔

辞职报告·······袁舍利译
（维吾尔族）卡迪尔·阿尔斯朗

私生子牟尼·······（藏族）才　旦

明天来吧·······乌勒克班译　（哈萨克族）努尔古丽森

月儿沟轶事·······（土家族）温新阶

取名·······葛玉剑译　（维吾尔族）安尼瓦尔·艾尼

男人，女人·······（裕固族）杜曼纳姆嘉

木匠的儿子·······（苗族）江　恒

等一会儿·······（维吾尔族）阿不都热
依木·穆罕默德肉孜　曹世隆译

人心····阿尔达克译　（哈萨克族）哈力约拉·坎吉汗

百家诗选

母语·······洪自勤译　（维吾尔族）铁衣甫江

北方的微笑（诗三首）
·······金学泉译　（朝鲜族）金　哲

泼水节（外二首）·······（白族）晓　雪

西部爱情（诗二首）·······（回族）高　深

青年诗页·······（维吾尔族）巴图尔·肉孜
（锡伯族）傅查·新昌　（瑶族）阿　全　（彝族）
一　群　（鄂温克族）马英华　（彝族）矣晓阳
（布依族）韦贵波　（纳西族）晓　雁　（白族）张
海燕　（蒙古族）金秀梅　（回族）刘抚兰　（满
族）张月军

散文

苏联中亚纪行·······王　沛

在太阳留恋的地方·······（壮族）凌　渡

文坛人物

草原之子——访玛拉沁夫·······赵世骞

作家谈创作

生活与探索····刘宾译　（维吾尔族）柯尤慕·图尔迪

少数民族诗歌长大了，成熟了·······（回族）高　深

评论

坚持改革开放，促进我国少数民族文学的更大发展
·······本刊评论员

读祖农·哈迪尔的《往事的回忆》·······丁子人

回音壁

如果新疆······那么将会······
·······西德　托马斯·霍培　潘　旺译

编读交流

读者来信摘登

大观园

吐鲁番古墓大盗案·····················赵大中

改革时代呼唤各民族文学的新发展

揭开世界文化之谜的钥匙

中国青年诗人如果说

诗人们各抒己见

关于知青文学的死亡意识

哥儿们现象

餐布上的马驹·························楼望浩

1988 年第 2 期　刊名:《民族作家》

目录

长篇小说

茫茫的草原（下部卷四）·········（蒙古族）玛拉沁夫

中篇小说

西陲碣石···················（锡伯族）吴文龄

短篇小说

五棵杨树（赵世杰译）

······················（维吾尔族）努尔穆罕买提·托乎提

空弦···························（满族）林和平

往事如烟（张孝华译）

······················（哈萨克族）赛依提·萨依达克买提

不起眼的人（宝文安译）

······················（维吾尔族）阿不杜卡德尔·沙迪克

热泉河（叶尔克西译）

······················（哈萨克族）朱凯斯·阿杜拜

垮山·····················（土家族）胡　港

百家诗选

八月的阿克苏（组诗·江帆译）

······················（维吾尔族）克里木·霍加

西域魂（组诗）··············（朝鲜族）南永前

河西走廊行（五首）···········（苗族）石太瑞

旅途随感（洪自勤译）

······················（维吾尔族）伊明·艾合买提

青年诗页··········（维吾尔族）艾尔肯·伊不拉音

（哈萨克族）努尔兰·艾孜木汗　（柯尔克孜族）萨

黛特　（瑶族）盘妙彬　（锡伯族）郭晓亮　（回

族）郭　禾　（俄罗斯族）米　拉　（彝族）吉狄兆

林　（羌族）董　锐　（满族）佟雪春　（土家族）

向　隽

散文

啊，故乡

——母亲（张洋译）······（维吾尔族）艾合买提·伊敏

喀什噶尔之行···························朱　兵

文坛人物

强烈的现代民族意识

——巴格拉西与他的小说创作·····················祁大慧

民间文学

希仁·杜阿的笑话·····················李吟屏

作家谈创作

我和《茫茫的草原》···········（蒙古族）玛拉沁夫

关于诗人和诗··········（维吾尔族）克里木·霍加

评论

诚则感人——评铁衣甫江新作《无惑集》·······汪承栋

九洲文萃

世界大串连

"贫困心理冲击波"

"垃圾"万元户的足迹

书海黑鲨

神医赵学忠

国内文讯

中国作协酝酿体制改革

文联体制改革势在必行

一批文艺期刊在龙年问世

陕西小说创作管窥

台湾兴起"探亲文学"热

书讯二则

新疆四作者获《民族文学》山丹奖

国际文坛

诺贝尔文学奖之谜

来自民众的诗匠

国外文讯四则

丝路风情

塔吉克人的住舍

核桃的传说

沙布塔雅克

民国初年新疆的《烟花客》

人的"饭锅"

我国西南也有"丝绸之路"

美术与其他
封面设计（摄影）————————————————吴立中
第一期封面（摄影）————————————————杨文明

1988 年第 3 期　刊名:《民族作家》
目录

文学作品要真实地反映少数民族生活（评论）————冯大真

长篇小说
茫茫的草原（下部连载）——————（蒙古族）玛拉沁夫

中篇小说
神秘的飞碟————————————（锡伯族）傅查新昌
朦胧的山影　（叶尔克西译）
——————————————（哈萨克族）朱玛拜·比拉勒

报告文学
农民企业家何占山——————————（回族）白　练

短篇小说
惯性————————————————（满族）边玲玲
铁嘴理发匠（王荣珠译）
————————————（维吾尔族）托合塔西·伯克里
矿工奇缘（王春燕译）——————（维吾尔族）艾则孜
先祖轶事————————————————（满族）沈　凯
甜妹————————————————（苗族）李桂英

百家诗选
遗憾（六首·常世杰译）
——————————————（哈萨克族）库尔班·阿里
人民的昭告（外二首·卜昭雨译）
——————————（维吾尔族）艾勒坎木·艾合坦木
祝愿（赵国栋译）——————（维吾尔族）伊敏·吐尔逊
那一个夜晚是宁静的（外三首）————（蒙古族）查　干
天山之春————————————————（回族）阿　拜
开斋节之夜（外一首）————————（回族）杨　峰
迎春诗会——————（回族）张贵亭　（锡伯族）郭晓亮
（回族）牧　夫　（乌孜别克族）木合塔尔·博格达
（回族）戴广德　（柯尔克孜族）阿地力·朱玛吐尔
地　（维吾尔族）艾尔肯·伊不拉音　（土家族）李
文华　（柯尔克孜族）娜比亚　（哈萨克族）托列吾
拜　（蒙古族）特·巴音

散文
联邦德国面面观（之一）————————————潘　旺

我喜爱的一篇作品
读阿拉提的《每个人都是自己的上帝》
——————————————————（回族）白崇人

回音壁
日本出版新疆少数民族文学专集————（锡伯族）郭元儿
编读交流——————殷国明　刘凤昌　哈　达　李阳喜
陈孟英　晓　雁　张丁芫

丝路风情
"木头耳朵"和"耳朵毛拉"
卡增达坂的传说
特克斯城八卦街
蒙古族家的火盆
神奇的沙疗
哈萨克族人的命名

九洲文萃
有奖储蓄的内幕新闻
辞职引起的风波
港人心态

名人轶事
决不宽恕自己的巴金
丁玲与一本书主义
寡居后的三毛
胡适在美国最后十年

大千世界
当代"济公"严新
荒唐的"优生"风波
世界冠军的金牌被盗后
该清醒了，"陈梦园"
溥杰在日本答记者问

美术与其他
封面设计（摄影）————————————————吴立中
民族文学刊授院招收学员启事
自治区文联召开全疆文联工作座谈会——————马庆功

1988 年第 4 期　刊名:《民族作家》
目录

中篇小说
工程师艾力的故事（刘昕延译）
——————————————（维吾尔族）柯尤慕·图尔迪
百日菊（卜昭雨译）
——————————————（维吾尔族）艾拜杜拉·伊不拉音

短篇小说

系在羊角上的命运（洪自勤译）

　　·····················（维吾尔族）穆特里甫·色依提

穆斯林的葬礼·····················（回族）霍　达

清真食品厂的风波·····················（回族）穆　光

月牙潭边的歌声·····················（白族）杨腾霄

墓地上的证词（刘奉仉译）

　　·····················（维吾尔族）迪里拜尔·克尤木

微型小说三题（姚承勋译）

　　·····················（哈萨克族）苏丹·江波拉托夫

百家诗选

人类呵，你负点责任吧（诗四首）

　　·····················（藏族）伊丹才让

与未来谈心（诗四首）·····················（哈萨克族）夏　侃

我的黑夜我的黎明——献给我的阿妈

　　·····················（东乡族）汪玉良

关于"腐朽"的联想（外一首）

　　·····················（哈萨克族）沙力·萨都瓦哈斯

辉煌的太阳·····················（回族）杨云才

爱情的纪念（外三首）·····················刘金平

散文

联邦德国面面观（之二）·····················潘　旺

叙利亚手记·····················（回族）马　犁

悼念克里木·霍加

　　·····················刘肖无　张贵亭　铁衣甫江（江　帆译）

青年诗页·····················班果　帕蒂古丽　哈德别克·哈汉

艾尼瓦尔·艾合买提　匡文留　阿　全　安鸿毅　一

群　马雅利　李　明　黄　毅　马英华　加安拜

评论

我看《遥远的白房子》····（哈萨克族）穆拉提·杜曼

烂漫浓华别有天·····················刘有华

民族文学论坛

国际大循环和民族文学·····················凡　子

邻居们的歌·····················张为民

作家谈创作

我追求真诚的诗魂·····················（藏族）伊丹才让

作品争鸣

关于《红高粱》的争鸣····白　桦　刘心武　张瑞芳等

民族风情

彬彬有礼的塔吉克人

喀什的维族个体户

西藏的文化与风俗

布依族的要荷包

灿若彩霞的苗族刺绣

大千世界

中国文艺界的"十大神秘人物"

巴黎华人的抗争

当代百万富翁在想什么

上海涉外婚姻见闻

苏联发现外星人僵尸

美术与其他

鹰的故乡（摄影）·····················孙家斌

第三期封面摄影·····················周以郤

百家诗选作者近影

中小学生作文辅导函授部招生简章

夏牧场（摄影）·····················孙树波

本期题图尾花·····················宋维成　于连江

1988 年第 5 期　　刊名:《民族作家》

目录

中篇小说

啊，草原上的哈萨克

　　·····················（哈萨克族）贾克斯勒克·赛米提　员力华译

报告文学

王蒙在伊犁（系列报告文学之一）·····················周志卓

短篇小说

目光·····················（壮族）陈　多

夜幕下的猫头鹰（刘奉仉译）

　　·····················（维吾尔族）艾合台木·乌买尔

苍茫世界（刘瑞华译）

　　·····················（维吾尔族）艾拜都拉·伊不拉音

暖海·····················（蒙古族）李连成

雪橇奏鸣曲····（哈萨克族）努尔兰·尼牙孜别克耶夫

百家诗选

西北的风·····················（回族）木　斧

人生三章（姚承勋译）····（哈萨克族）朱曼·阿布什

唱给花儿的歌（组诗）·····················（回族）师　歌

散文

友谊之花灿烂芬芳

——访土耳其散记·····················（哈萨克族）贾那布尔

新疆行日记摘抄·····················（白族）杨　苏

回音壁
新疆之行散记（王沛译）
································[苏]伊不拉吉姆·加富罗夫

我喜爱的一篇作品
纪实——传奇
——评伍略的中篇小说《贫土》 ········苑坪玉
我读《吉祥的早晨》 ·······················夏　木

文坛人物
炽烈的激情　不倦的歌手
——访朝鲜族诗人金哲 ···············赵世骞

刊授院学员作品选登

大千世界
个体户的夜生活
《物价！物价！物价！》

文艺改革
酝酿中的作协体制改革
上海文联体制改革迈出新步
中国文艺走向商业化

文学动态
纯文学刊物行情一再看跌
上海一些纪实作品引起纠纷
出版经纪人正悄悄崛起
不是生活直接决定文学
文学创作有关性爱描写应把握住两点

美术与其他
封面设计、摄影 ············吴立中　楼望皓
百家诗选作者近影
刊院开学典礼剪影
新疆风情（中国画） ················雷中峋

1988 年第 6 期　刊名:《民族作家》
目录

广西壮族自治区成立三十周年文学特辑
广西诗钞（张世荣译） ·········（维吾尔族）铁衣甫江

小说
特巴的故事（学员作品） ·········（壮族）梁学标
狗哥儿们 ·························（瑶族）蓝怀昌
村禁 ·····························（壮族）韦一凡
怪圈 ·····························（壮族）黄　钲

遍地黄金 ·························（壮族）潘荣才
怪客 ·····························（壮族）韦纬组

诗歌
母亲 ·····························（壮族）黄承基
题山乡景 ·······························包玉堂
彼岸 ·································杨　克
岛国情 ·························（壮族）农冠品
过年 ·····························（壮族）蓝　焱
缤纷 ·····························（满族）其　湾
散文诗二首 ·····················（壮族）黄神彪
温顺的村庄 ·····················（瑶族）盘妙彬
古榕 ·····························（壮族）农俊林
木楼 ·····························（苗族）李荣贞

报告文学
七尺女儿 ·························（壮族）何培嵩

散文
里湖，不是湖 ···················（壮族）凌　渡

评论
山花烂漫春意浓 ·················（壮族）雷猛发

刊授院学员作品选登

报告文学
王蒙和他的房东（系列报告文学之二） ·········周志卓

诗歌
柔巴依九首（江帆译）
················（维吾尔族）牙生·胡大拜尔地
世纪之歌 ········（维吾尔族）艾尼瓦尔·艾合买提

小说
西德的失业者（卜昭雨译）
················（维吾尔族）祖尔东·萨比尔
喀什小刀（张孝华译）
················（哈萨克族）博拉提汗·阿帕克
骆驼草（朱华译） ·······（维吾尔族）米吉提·衣力甫
姐姐 ···············（维吾尔族）阿拉提·阿斯木
皱纹、山羊胡、梦和红柳拐杖 ····（哈萨克族）叶尔肯

评论
美的发现和思维的开拓——略谈伊敏·艾合买提的诗
《旅途随感二题》 ·······················王仲明

文坛人物
他从西天山走来

——记维吾尔族作家柯尤慕·图尔迪·········刘有华

美术与其他

慕士塔格山下（摄影）·················周以邨
广西作家近影
王蒙在新疆（摄影）·················周志卓
奥地利汉学家罗致德教授来我区访问
·····························李永杰 段志远

1989 年第 1 期 刊名:《民族作家》

目录

中篇小说

鸡尾巴上的鱼火··········（锡伯族）佟加·庆夫

报告文学

王蒙和孤儿阿不都克里木（系列报告文学之三）
·····························周志卓

百家诗选

南国采风···············（锡伯族）郭基南
山崖（江帆 赵国栋 玉素甫译）
·····················（维吾尔族）阿尔斯郎
初恋（尚锡静 张永海译）····（柯尔克孜族）阿散拜

短篇小说

疯子（张宏超译）····（维吾尔族）买木提明·吾守尔
海风吹，海浪涌···············（壮族）黎国璞
三个单身汉（杜杰译）
·····················（哈萨克族）居玛德力·玛曼
鲁兹汗大婶（刘奉仉译）
·····················（维吾尔族）马木提·扎依提
假如我不是歌手··············（朝鲜族）千 华
骑手（葛玉剑译）··········（塔吉克族）西仁·库尔班
烟瘴·····················（土族）鲍义志

散文

北非三国纪行············（哈萨克族）贾那布尔
拉萨北京路·················杨盛龙
坎儿水，轻轻地流·············（回族）哈运昌

民族风情

维吾尔族的戴帽习俗（三则）············楼望皓

民族与文化

目前的文化冲突与危机·············孙立平
让蔚蓝色的海风吹绿草原·······（哈萨克族）叶尔克西
从《河殇》说开去····（维吾尔族）安尼瓦尔·托乎提

两种不同的民族觉醒·······（维吾尔族）阿不都秀库尔

五次文代会花絮

文坛精英九年重相逢
在激荡中探求 小组讨论会上的热门话题
必须提高全民文化素质

文学动态

全国通俗文学座谈会在桂林召开
"寻根"对中国文学的消极影响
当前报告文学的走向
文坛不必悲观

信息窗口

轰动西方的一部苏联"禁书"
1988 年诺贝尔文学奖的获得者
近十年畅销书身价大增
1999：不战而胜
王鲁湘继《河殇》之后又献力作

中亚文学

讽刺小说二题（员力华译）
·················[苏]哈那提·交依肯别阔夫

九洲文萃

中国的穷吃
到美国去

刊授院学员作品选登

山怀涧 曲 颖 段英波 刘 杰 彭兆清 艾 斯
哈尔·玉素甫 张建新 袁生武 吐尔逊·铁木尔
沈向东 悦 诚 遥 溪 廖 洪 王小英 哈 达
铃铛 占国森 孤 岛 温亚军 林笑天 钟定智
王 卉 段中元 沈晓玲 黄 隽 李世江 李国英
杨慧玲 蓝 丽 邹 定 任少淮 杨 键 李文清
梁秀清 黄海明 汪尧新 严于清 林德忠

美术与其他

天方夜谭（摄影）···············黄微波
独具魅力的新疆建筑（摄影）··········楼望皓

百家诗选作者近影

牧乡（版画）·················吕剑利

1989 年第 2 期　刊名:《民族作家》

目录

中篇小说
魂在人间·····················（哈萨克族）哈依霞·塔西热克
衣锦荣归·····························（壮族）王云高

短篇小说
潮湿的土地······················（维吾尔族）居莱提·吐尔逊
羊粪蛋占卜者（阿力译）
　　·················（哈萨克族）吐尔逊木拉提·吾苏江
养鸡人（马学寿译）
　　·····················（维吾尔族）买买提明·吾守尔
传说·····························（藏族）阿　辛
家乡草木深·····················（土家族）仲　略
细雨濛濛的夜晚··············（维吾尔族）艾尔肯
流逝的记忆（相立波译）
　　·····················（维吾尔族）卡哈尔·吉利力

青年诗页
作品 10 号（外二首）··············（锡伯族）郭晓亮
少年时代（外一首）（巴图尔·肉孜译）
　　·················（维吾尔族）穆合默德江·艾迈迪
冬野（外二首）·················（哈萨克族）穆拉提·杜曼
九月，割谷人走来（外一首）····（俄罗斯族）米　拉
心梦（外二首）·················（柯尔克孜族）萨黛特
达尔加垭豁·····················（撒拉族）闻　采
牵引（外二首）·····················（满族）尹　伊
祖父（外一首）·····················（回族）孙　谦
耸立在远方的笑声·················（布依族）肖　融
月夜，古镇的一种姿态·············（瑶族）盘妙彬
蒙古语（外二章）·················（蒙古族）塔　娜
伐木者·····························（土家族）林　勤

民间文学
塔塔尔族民间故事················高兰云　李桂禄译

民族风情
抹黑节·····························白　凡

评论
真诚长留天地间
　　——读克里木·霍加的几首遗作·········丁子人

作家谈创作
在文学创作的道路上（张克勤译）
　　·····················（维吾尔族）吐尔贡·阿里玛斯

民族与文化
有关民族文化讨论中的几个问题
　　·················（维吾尔族）亚生·胡达拜尔地
危机与反思·····················艾合买提江·艾海提
超越的艰难·····························宋增科

通俗文学
神秘的杀手（王海涵译）··············[日本]大薮春彦
读者来信
学员作品选登··············韩学仁　靳芳兰　王　慷
欧　骁　赞许　严于清　林德忠　陈广德　彭明付
梁振起　翼　人　邢　涛　熊　英　杨慧玲　郑旭亮
汪元林　郑　威　黄坤良　黄崇起　宋良友　陈　航
杨铁山　文　德　金　峰　吕劲乐　凡　立　沈明霞
达　丹　梁秀清　黄海明　汪尧新

美术及其他
思（摄影）·····························杨文明
日本大阪（张平丝路水墨画展）作品选
新疆民族新潮时装·················杨　益　黄淑霞设计

1989 年第 3 期　刊名:《民族作家》

目录

中篇小说
背巷怪亭（洪自勤　王荣珠译）
　　·····················（维吾尔族）柯尤慕·图尔迪

短篇小说
白色夹竹桃（张宏超译）
　　·················（维吾尔族）穆罕默德·巴格拉西
漏（员力华译）·················（哈萨克族）贾克斯勒克
依玛木的妻子（何小力译）
　　·················（维吾尔族）阿塔吾勒·吐尔逊托乎提
蓝房子寡妇的恋人·················（回族）真　音
后代（王祝斌译）
　　·················（哈萨克族）艾吾斯汗·奴尔阔加
丑爷的悲歌·····················（回族）李　林
乡村夜·····························（蒙古族）浩日沁夫
娇儿·····························（回族）虎良灿

百家诗选
铁依甫江诗歌新译·····················夏　羿
巴基斯坦抒怀（张洋　白俊华译）
　　·················（维吾尔族）博格达·阿不都拉
诗四首·····························（藏族）阿　来

圣者之旅与七只发情的岩羊…………（撒拉族）马学功
太空步履…………………………（白族）粟原小荻

散文
散文二题…………………（维吾尔族）吾甫尔·霍加
湘西撷景…………………（土家族）龙顺成
丑妹的照片………………（壮族）覃　岗
西域的魅力（成龙哲译）………（朝鲜族）韩　华

评论
在自治区第四次文代会上的祝辞…铁木尔·达瓦买提
黑马怎样训练我们的骑手………………尼　克

民族风情
维吾尔人崇拜咸盐的习俗…………………袁志广
钓蟹歌………………………………（壮族）陆腾昆

文坛人物
智慧和龃龉
——有关朱玛拜·比拉勒和他的小说…………杨　子

学员作品选登…………………李云飞　马尔旦·阿不列孜
杨慧玲　吴　毅　雷声捷　孙芳远　虞美卿　李玉生
宋赴前　吐尔逊·铁木尔　柳金虎　卢治平　赵　亮
青　原　西　风　哈　达　任茂谷　包　海　陈清平
林成君　张　勇　张亚军　钟海良　郑永和　林笑天
罗有为　何惠娟　王守云　李太平　韩　正　黄　隽
姜启德　蓝　丽　王毅明　俞金梅　叶家风　吴九如
凡　立　李新福　初　晓　张政权

文讯
自治区文联召开第四次代表大会
作协新疆分会召开第四次代表大会
著名维吾尔族诗人铁依甫江·艾里耶夫追悼会在乌举行

美术与其他
隐（摄影）………………………………葛建伟
百家诗选作者近照
小趣（水墨画）………………帕提古丽·库尔班
夏（丙烯画）…………………………吴立中

没有睡意的夜晚………（柯尔克孜族）艾斯别克
阿地力·朱玛吐尔地译
我的小镇………………………（锡伯族）赵春生
哑女人…………………………（哈萨克族）叶尔克西
负重的草原……………………………（藏族）才　旦
昂贵的房租……………（维吾尔族）阿力木江·斯马依
袁舍利　孙建丽译
寡妇（高虹译）………（维吾尔族）吾买尔江·沙吾提

诗歌
我们的民族是诗的民族（外一首）
…………………（维吾尔族）热赫木·哈斯木　洪自勤译
我知道什么是沉醉（外二首）
…………………（朝鲜族）金　哲　金学泉译
心曲（外一首）………………（锡伯族）哈　拜
柔巴依九首…………………（维吾尔族）阿不都
修库尔·穆罕默德伊明　赵玉珍译

青年诗页……（壮族）黄　堃　（维吾尔族）帕蒂古丽
（藏族）班　果　（彝族）吉狄兆林　（满族）唐金
英　（回族）李　明

散文
你的音容笑貌犹存——缅怀诗人克里木·霍加
…………………（维吾尔族）祖尔东·萨比尔　曹世隆译

西域名人录
斛律金　骨咄禄　瞰欲谷　阿史那药利　僧古萨里都
统（周绍祖　刘维钧　马德元）

民族风情
维吾尔人的禁忌与防范种种…………………袁志广
维吾尔族习俗点滴………………（维吾尔族）库来西
猫头鹰的崇拜者………………………………张　昀

民间故事
当运气来的时候……………………………丁　芜译
三姐妹………………………………张学礼译

民族与文化
文化"混合层次"论略述
…………………（维吾尔族）阿不都修库尔·穆罕默德伊明

新星大奖赛入选作品…………………吴培伦　颜怀文
高烟霞　黄如棠　温亚军　靳芳兰　孙红梅　卢治平
艾斯哈尔·玉素甫　茹克娅·哈斯木　艾尼瓦尔·艾
合买提　撒玛尔罕·文德　郭晓亮　廖　洪　洛　英
盘妙彬　萨黛特　包　海　许立志　陈　航　王小英
蒋大伟　温新阶　秋　枫　杨庭明　彭明付

1989 年第 4 期　刊名:《民族作家》

目录

小说
死亡（苏天虎译）……（维吾尔族）帕尔哈提·吐尔逊
奇闻轶事（苏永成译）
…………………（维吾尔族）艾海捷·吐尔迪

学员诗歌选登────────韩菁玫 倪 斌
黄明哲 才旺瑙乳 段仲元 陈 强 梁 霄 王清
红 丁德文 王毅明 吴向阳 李文清 沈晓林

美术与其他
少女（摄影）────────────杨文明
追求（新疆大中专学生艺术节摄影比赛一等奖）
────────────────梁 立
民族风情（一）───────────虞小风
丝钢版画选─────────彭建民 孙承敏

1989 年第 5 期　刊名:《民族作家》
目录

小说
嗜茶者（梁学忠译）──────（维吾尔族）祖尔东萨比尔
多情的三叶草（袁舍利译）
────────（维吾尔族）穆罕默德·巴格拉西
不平静的草场
──────（哈萨克族）努尔兰·尼牙孜别克耶夫
别了，倒霉的祖传业（阿 力译）
────────（哈萨克族）朱玛拜·毕拉勒
生活与活着────（维吾尔族）阿拉提·阿斯木
死──────────────（藏族）阿 来
朝圣──────────（蒙古族）哈斯乌拉
地皮（征继祖译）
──────（维吾尔族）阿里木江·斯马义勒
招魂──────────（锡伯族）吴文龄
轶事────────────（苗族）杨 雄
守寡────────────（土家族）竹 野
龙奶奶────────────（回族）马知遥
一条驴肚带────────（锡伯族）高青松

诗歌
深情（外一首）──────（哈萨克族）库尔班·阿里
张孝华 阿斯卡尔译
生活中的诗（组诗张宏超译）
────────（维吾尔族）乌斯满江·沙吾提
山（外二首）──────（维吾尔族）阿不都吾苏里
领地（外二首）──────────（壮族）黄 毅
八月的新疆────────────（回族）师 歌

青年诗页────────（维吾尔族）巴图尔·肉孜
（满族）关成华 （回族）李辉 （柯尔克孜族）阿
地力·朱玛吐尔地 （锡伯族）阿 苏 （乌孜别克
族）木合塔尔·博格达 （彝族）阿 彝 （蒙古
族）马雅莉 （布依族）韦 韦 （回族）陈晓燕

散文
在艾特玛托夫故乡作客────────陈学迅
一只小羊羔（葛玉剑译）
──────────（塔吉克族）穆尼·塔比力地

文坛人物
忆铁依甫江（张洋译）
──────────（维吾尔族）艾海提·吐尔迪

民族风情
维吾尔人的饮茶习俗──────────楼望皓

评论
坚持党的文艺方向，发展和繁荣社会主义文艺
────────────────冯大真
乌斯满江·沙吾提诗歌中的爱国主义题材（张宏超译）
──────────（维吾尔族）穆罕默德·鲍拉提
令人难忘的远足──────────尼 克

学员作品选登──────杨万富（获奖作品） 俞敬元
王长庚 卢治平 安 平 马风义 杨秀武 郑志强
肖志强 黄明哲 李万艮 丁德文 巩彦军 陈清平
何慧娟 孟 蒙 金 峰 雄 鹰 郑永和 刘海滨
沙扬娜拉 杨 飞

美术及其他
新嫁娘（摄影）────────────杨文明
岁月苍苍（摄影）────────────犁 仲
暇女（摄影）────────────楼望皓
小男孩（油画）───────────陈晓刚
阿山蝶迷（水墨画）──────────李其煜

1989 年第 6 期　刊名:《民族作家》
目录

小说
美丽的河岸（陈毓贵 王春燕译）
──────（维吾尔族）马合木提·穆海买提
阿依汗（赵世杰译）
──────────（维吾尔族）买木提明·吾守尔
猎人泪（叶尔克西译）────（哈萨克族）阿曼泰·呢散别克
小说二题（吾提库尔译）
──────────（维吾尔族）艾斯海提·买买提
抹额──────────────（满族）匡文立
特殊专业户（郭英译）
────────（维吾尔族）努尔穆合麦提·托乎提
欧唐杂姐──────────（藏族）扎西东珠
家乡风知情──────────（土家族）仲 略

诗歌
迷人的心曲（胡毅译）
························（维吾尔族）泰力艾特·哈德里
家园（组诗）···················（锡伯族）晓 月
只有一个雪夜（外三首）·········（藏族）完玛央金
六圭河沉思录（外一首）··········（彝族）阿 立
栅栏（外一首）·················（壮族）余述平
无题·························（锡伯族）S.老城
杉（外一首）···················（回族）羊 子

评论
白练小说中的回民心理描写··············王仲明

中亚文学
巴特尔别克村的劫夺（员力华译）
··························［苏］安东·索罗肯
永不枯萎的花
··············［苏］阿·阿细洛夫 尤·霍加耶夫译

西域名人录··········艾合买德·雅萨维 马祖常
阿曼尼沙 马赫茂德·贾拉斯 鲁提菲 赛喀克 周
绍祖 马德元 刘维钧撰编稿

民间文学
《玛纳斯》史诗选译···················刘发俊
两个骗子·························张学礼

民族风情
维吾尔人的"割礼"···················袁志广

学员作品选登··········李远东 李先述 蒋万泉
陈正才 栾新云 李玉生 邢涛 孙谦 沈晓林
李太平 达丹 俞金梅 孟蒙 张政权 韩燕
洁雪 李大孝 于剑光 哈达 梁霄 蒋大伟
巴特尔 钟海良 吴培伦 梁振起 张秀兰 楚先俊
刘玉婵 蔡玲玲 邵立江 甘露 吴静 彭云风
刘秀玲 刘秀丽 王睿欣 吴春 杨金妹 张波

美术与其他
憧·························葛建伟
民族风情·························虞小风
丝路剪影
柏孜克里千佛洞···················袁俊
《鸭绿江》函授中心广告
《作家报》广告
中国作家协会新疆分会举办新时期优秀文学作品评奖
活动

《新疆文艺》
（《新疆文学》、《中国西部文学》）

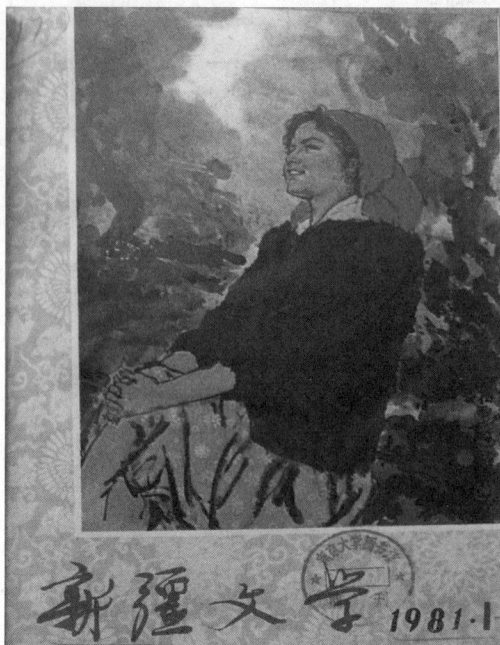

【简 介】

综合性文艺月刊。新疆自治区作家协会主办。创刊于1956年。1980年由《新疆文艺》更名为《新疆文学》，1985年由《新疆文学》更名为《中国西部文学》。创刊初期为双月刊，1978年第1期起改为月刊。其办刊方向主要针对新疆地区少数民族语言文学，立足新疆，关注西北，具有全国影响力。

期刊号：1976年第1期—1989年第12期

1976年第1期 刊名：《新疆文艺》
目录

词二首···························毛泽东
水调歌头·重上井冈山 一九六五年五月
念奴娇·鸟儿问答 一九六五年秋
喜读毛主席词二首···················赛福鼎

认真学习毛主席词二首
井冈红旗飘万代 继续革命攀高峰
··················乌鲁木齐铁路局机修厂工人评论组
鲲鹏展翅 天地翻覆······新疆军区 张如贤 肖开
继续革命的进军号角·······工农兵学员 尤丽都斯等
无产阶级"文化大革命"的一曲赞歌
——评彩色故事影片《春苗》·······武彬 小松
革命风暴的高吭颂歌
——读赛福鼎同志的诗文集《风暴之歌》·······余开伟

登攀（散文）……………………………………李宝生
边防春光（散文）…………………………………王　也
大寨归来（散文）………………………（回族）白　练
歌唱吧，尼雅河（散文）………（维吾尔族）阿尔思澜
不到长城非好汉（散文）…………………………周叶萍
水往山上流（小说）………………………………王太平
茧手赞（政治抒情诗）……………………………李幼容
快快展开金翅膀（歌词）…………………………张景坤
开拓者之歌（诗三首）……………………………李　瑜

早晨，好!（诗·外一首）…………………………尚久骖
毛主席新词咱印刷（诗）…………………………刘一光
公社无处不飞花（诗四首）………………………张志先
书记的办公室（诗）………………………………陈　浩
书记从北京归来（诗）……………………………王　烨
四头诗（四首）……………………………………邵永强
维吾尔族新民歌（十首）

乌苏县群众文艺创作辑

凤霞挖沟（诗六首）……………东方红公社　张立红等
誓师会（诗·外一首）……………………………陈庆镇
干（诗）……………………………………………杨爱华
祖国江山　青春永葆（诗）………………………杨月琴
深夜补胎（诗）……………………………………丁俊亮
乌苏人民学大寨（歌曲）…………………………潘启祥
妇女队长（小说）…………………………………张荣庆
西大沟（散文）……………………………………王　顺

一代新人（独幕话剧）……………奇台县一中集体创作
奋勇向前（群口词）………………………………高洪斌

论宋江投降主义的思想基础（评论）……………毛耀庭
评宋江私放晁盖（评论）……………蔡爱民　邵建华
让诗歌深深扎根于群众之中（评论）……………阎国忠

是"善恶之争"，还是阶级对立?（苏修文学批判）
……………………………………………………刘　宾
封面设计……………………………………………马　维

写好阶级斗争的重大题材…………………………丁子人
新鲜血液（小说）………………（维吾尔族）亚黎昆
红旗漫卷（小说）…………………………………冯士林
午夜的雷声（小说）………………………………胡尔朴
咱们的大学生（小说）……………………………樊跃勤
车勇的故事（小说）………………………………修艾永
欢迎你，毛主席身边来的大学生（诗）…………滨　之
赞七·二一工大（诗）……………………………田永祯
马背小学（诗）……………………………………陈打铁
毕业战歌（诗）……………………………………周　涛
赞新型大学（诗）
………………（维吾尔族）吐尔松玉素甫　肉孜沙依提
边防线上（散文）…………………………………李剑华
铁肩（散文）………………………………………郭从远
沸腾的水利工地（散文）…………………………张发良
兀鹰台散记（散文）………………………………肖　虹
矫健的雄鹰（散文）……………（维吾尔族）卡哈尔吉利力
农业学大寨新歌谣（23首）………………………朱明秀等
支援农业学大寨（诗）……………………………黄树盈
战地新曲（诗）……………………………………罗　平
油海放歌（诗六首）
学习大庆好榜样………………（维吾尔族）依马木尼亚孜
我爱油田阔如海………………（维吾尔族）阿斯娅阿吾提
闪闪的明灯…………………（维吾尔族）阿不都克里木哈斯木
为毛主席争光………………（维吾尔族）哈里丁沙塔尔
登上高高的井架（外一首）………………………欧阳祖万
毛主席革命教育路线的赞歌（评论）
……………………新疆大学中文系73·1班工农兵学员
谈《决裂》的艺术特色（评论）…………………刘　南

新花赞
边疆军民斗争生活的绚丽画卷（评论）
——喜读短篇小说集《风雪边防线》………长　城
喜看天山奏新曲（评论）
——读诗集《天山进行曲》
…………………………乌鲁木齐市东风锅炉厂工人评论组
继续革命的老贫农形象（评论）
——读短篇小说《巴哈尔大叔》………仲　一　周　轩

1976 年第 2 期　刊名:《新疆文艺》

目录

坚持文艺革命，反击右倾翻案风………………初　澜
《"文化大革命"好》征文启事

歌颂"文化大革命"　反击右倾翻案风
以阶级斗争为纲，努力反映"文化大革命"……鲁　力
革命样板戏不容诋毁………………………………邢煦寰

1976 年第 3 期　刊名:《新疆文艺》

目录

中共中央关于华国锋同志任中共中央第一副主席、国
务院总理的决议
中共中央关于撤销邓小平党内外一切职务的决议
天安门广场的反革命政治事件
……………《人民日报》工农兵通讯员　《人民日报》记者
吴德同志在天安门广场广播讲话

伟大的胜利·····················《人民日报》社论

"文化大革命"永放光芒

······《人民日报》、《红旗》杂志、《解放军报》编辑部

深入批判邓小平　坚持文艺革命

——学习《在延安文艺座谈会上的讲话》······初　澜

神州大地响惊雷

特大喜讯传四方（诗）

·····················维吾尔族工人　艾山·提里瓦提

誓死保卫毛主席（诗）

·····················（维吾尔族）阿不都吉里力·吐尔逊

向邓小平宣战（诗）

·····················（维吾尔族）阿布里克里木·肉孜

向首都民兵致敬（诗）

·····················（乌孜别克族）社员　尼克买·都拉

神州大地响惊雷（诗）·····（锡伯族）佘吐肯

我们战斗在一起（诗）·········解放军　张艺华

维吾尔人民的心声（散文诗）·······叶　河

沸腾的油城（散文）·········工人　秦孟珺

战士最爱天安门（散文）·······解放军　李剑华

礼物（散文）·········（哈萨克族）朱玛拜·比拉力

从《推背图》看邓小平（杂文）·····张成觉　舒　英

绝望的悲鸣与垂死的挣扎（杂文）·······郭丰英

不得人心者必败（杂文）·······解放军　肖　开

自打嘴巴的把戏（杂文）·······解放军　叶昌柱

战风斗雨春苗壮（随笔）·············王重阳

《"文化大革命"好》征文选载

第二次交锋（小说）·········工人　段宝珊

炉火熊熊（小说）·········解放军　段顺生

种子撒满大地（小说）·············肖　陈

守门人（小说）·················骋　野

颂光辉的五·一六《通知》（诗）·····解放军　王沈华

光辉的十年（诗）·········解放军　郭正位

"八·五"炮声仍在隆隆回荡（诗）····工人　滨　之

红卫兵的怀念（诗三首）·············章德益

师傅大老单（诗）·················易中天

厂长干校刚回来（诗）·········工人　黄树盈

赞春苗（数来宝）·················刘景华

我们阔步走在"五·七"大道上（歌曲）

·················何　济词　麦　苗曲

充分发挥文艺在批邓中的战斗作用

——自治区召开文艺创作座谈会，讨论文艺创作反映

无产阶级与走资派斗争的问题（消息）

文艺工作者要认真学习马克思主义，学习社会

——重读毛主席《在延安文艺座谈会上的讲话》的一

点体会

无产阶级文艺的重要创作课题·············刘定中

工农兵最爱革命样板戏·······工人　华丽娟　葛国庆

1976 年第 5 期　刊名:《新疆文艺》

目录

伟大的领袖和导师毛泽东主席永垂不朽

中国共产党中央委员会　中华人民共和国全国人民代

表大会常务委员会

中华人民共和国国务院　中国共产党中央军事委员会

告全党全军全国各族人民书

在伟大的领袖和导师毛泽东主席追悼大会上

中国共产党中央委员会第一副主席、国务院总理华国

锋同志致悼词

中国共产党中央委员会　中华人民共和国全国人民代

表大会常务委员会

中华人民共和国国务院　中国共产党中央军事委员会

关于建立伟大领袖和导师毛泽东主席纪念堂的决定

中共中央关于出版《毛泽东选集》和筹备出版《毛泽东

全集》的决定

亿万人民的共同心愿

·······《人民日报》、《红旗》杂志、《解放军报》社论

继承毛主席遗志　把无产阶级革命事业进行到底

中共新疆维吾尔自治区委员会　新疆维吾尔自治区革

委会唁电

中共新疆部队委员会唁电

永远沿着毛主席无产阶级革命路线奋勇前进

毛泽东思想永放光芒（诗四首）···········赛福鼎

永远沿着毛主席革命路线奋勇前进·········胡良才

毛主席的恩情比山高比海深·············肉孜·吐尔迪

石油工人的誓言（诗）·········克尤木·买提尼牙孜

前进在毛主席开创的革命大道上（诗）

·····················维吾尔族工人　古丽汗

毛主席是各族人民的大救星···哈萨克族工人　法丽达

世世代代铭记毛主席的恩情（诗）

·····················帕哈太克里贫下中农

毛主席的光辉形象长存人间（诗）···塔里甫·达吾提

毛主席军事思想永放光芒·············老红军　朱家胜

各族人民的心愿（诗四首）·············贺晓风等

毛主席永远活在我们心中

颂歌献给毛主席（新疆兄弟民族民歌二十四首）

继承领袖开创的革命事业（诗）

·····················（维吾尔族）白迪海山

毛泽东，永远不落的红太阳（诗）
————————杨 牧 杨树滨 之
继志篇（诗）————新疆大学工农兵学员
永远为毛主席革命路线站岗————张岐山
永远怀念毛主席————老红军 覃长生
毛主席和咱工人心连心————田茂华
毛主席啊，我们永远怀念您！————新疆歌剧团
毛泽东思想哺育我成长————（锡伯族）郭陆英
难忘的回忆————解放军 屈 虹
红太阳的光辉永不落（散文）————冯 江
挥泪篇（散文）————解放军 张景坤
向前，红卫兵战友们（散文）————工人 严 冰
边防战士怀念毛主席（散文）
————解放军 唐 栋 李剑华
沉痛悼念毛主席（诗）————文斐然
毛主席永远指挥我们战斗（诗）————东 虹
毛主席啊天山儿女怀念您————杨正昌
唱不完的颂歌（诗）————袁文燕
力量的源泉————张发良
天山儿女的庄严誓言（诗歌十首）
————（维吾尔族）塔依尔 （蒙族）傅从志
（柯尔克孜族）多布拉音 （哈萨克族）加特坎拜
工人 宗树荫 鲁 莽 工人 刘 钢等
歌词一组————郭正位 毛兴中 李幼容

1976 年第 6 期　刊名:《新疆文艺》

目录

热烈庆祝华国锋同志任中共中央主席、中央军委主席
热烈庆祝粉碎"四人帮"篡党夺权阴谋的伟大胜利
在伟大领袖和导师毛泽东主席纪念堂奠基仪式上华国锋主席的讲话
吴德同志在首都庆祝大会上的讲话
伟大的历史性胜利
————《人民日报》、《红旗》杂志、《解放军报》社论
华国锋同志是我们党当之无愧的领袖
————《解放军报》编辑部
新疆维吾尔自治区乌鲁木齐各族军民庆祝大会给华国锋主席、党中央的致敬电
在新疆维吾尔自治区乌鲁木齐各族军民庆祝大会上赛福鼎同志的讲话
无产阶级的盛大节日（诗）————袁文燕
写这光辉的六个字（诗）————章德益
华主席啊，边疆工人热爱您（诗）
————维吾尔族工人 伊不拉音·穆明
胜利颂（诗）————杨 峰 齐凤扬 郭维东 黄公度
华主席为我们指引航程（诗）
————（维吾尔族）阿衣吐尔逊·莫明

时刻听从华主席的战斗号令（诗）
————（哈萨克族）阿克木·阿克帕尔
紧跟华主席胜利前进（诗）
————（柯尔克孜族）朱玛来依
华主席给我青春的歌喉（诗）————张朴夫
最美的歌献给华主席（诗）————朱品善
把领袖的画像送给万户千家（诗）————工人 黄树盈
诗词七首————刘肖芜
词两首————解放军 肖帮武
捧起光辉的历史文件（诗）————姚成勋
华主席登上天安门（诗）————王 瑾
毛泽东主席纪念堂兴工颂（诗）————工人 王星汉
喜讯传到社员家（诗）————李梦泽
天地红透画十月（诗）————王 堡
胜利的喜悦满胸怀（诗）
————（乌孜别克族）泰来提·纳斯尔
华主席掌舵咱心欢（诗·外一首）————社员 牛天龙
草原烈火（诗）
————（哈萨克族）牧民 瓦海提·祖诺斯
高擎红旗向未来（诗）————陈范钧
这是人民大众开心的日子（诗·外一首）————易中天
战斗！迎接更加光辉灿烂的明朝（诗）————陈寿武
心头的翅膀（散文）————解放军 王 也
炉火红通通（散文）————（回族）白 练 大 慧
领袖和人民在一起（散文）————张 列
光辉的历史文件————任 平

创业（电影文学剧本）————大庆油田
长春电影制片厂 《创业》创作组集体创作
张天民执笔

《创业》的革命精神鼓舞我们前进
————自治区低压电器厂工人评论组
充满辩证唯物论的艺术画卷————工人 李 强
"四人帮"与"蛀虫"（杂文）————蔡春明
"狄克"的今天与昨天（杂文）————李哲训
三首革命歌曲（封二、三、四）

1977 年第 1 期　刊名:《新疆文艺》

目录

论十大关系（一九五六年四月二十五日）————毛泽东
中国共产党中央委员会主席华国锋同志在第二次全国农业学大寨会议上的讲话（一九七六年十二月二十五日）
乘胜前进————《人民日报》、《红旗》杂志、《解放军报》元旦社论
喜读主席词二首————朱 德
纪念伟大领袖和导师毛泽东主席诞辰八十三周年诗歌

朗诵会作品选登
沿着毛主席指引的金光大道前进
　　　　　　　　　　（哈萨克族）贾那布尔
毛主席是大救星————————————胡良才
缅怀毛主席　永远向前进————————贺劲南
永远怀念毛主席——————（维吾尔族）白迪海山
歌唱毛主席　歌唱华主席——（哈萨克族）赛　坎
领袖颂——————————（蒙古族）达明加甫
词二首—————————————————刘肖芜
战斗的号令——————（维吾尔族）铁衣甫江
胜利永远属于无产阶级————————王星汉
让毛泽东思想红旗万代飘扬
　　　　　　　　　乌铁一中红卫兵集体创作
毛主席永远活在各族人民心中（消息）——本刊记者

油城的怀念（散文）
　　　　　　　（维吾尔族）克尤木·买提尼亚孜
试看天地翻覆（散文）————————冯　江
多么好的早晨啊（散文）———————叶　红

敬爱的周恩来总理永垂不朽
刚强的雄鹰（诗）——————————赛福鼎
周总理活在我们心中（诗）
　　　　　　　（维吾尔族）铁木耳·达瓦买提
在祖国的山河里（诗）————————章德益
周总理永远活在各族人民心中（诗）———安　静
永远活在人民的心间（诗）——（哈萨克族）卡　坎
缅怀敬爱的周总理（诗）———（蒙古族）柴仁加甫
无限怀念周总理（诗）————————董为清
瞻仰周总理旧居（诗）————————南　方
悼念周总理（诗）——————————姚承勋
周总理永远活在"新玉"战士心里（散文）
　　　　　　　　　　　　和田新玉文工团
敬爱的周总理，上海支边青年永远怀念您（散文）
　　　　　　　　　　　　罗猷增　李兵
和周总理在一起的日子（散文）————杜承亮

紧跟华主席　夺取新胜利
华主席，请收下我们的礼物（诗·外一首）——田玉生
跟着华主席上战场（诗）———————孙　涛
牧民的心愿（散文）————————汪海涛
奔腾的脚步（散文）————————沈贻炜
十月的鞭炮（散文）————————王　瑾
战地擂台（散文）—————————唐　栋
胶靴的故事（小说）————————胡尔朴

驳"空白论"（杂文）————————徐小松
"摘桃"与"抢班"（杂文）——杜恒飞　鱼汲胜
呜呼！"四人帮"（政治讽刺诗七首）——滨　之

篡党夺权阴谋的大暴露（评论）————张如贤
为"园丁"唱赞歌（评论）—————刘长海

封面设计—————————————胡跃先
绣金匾（陕北民歌）
周总理来过咱新疆（歌曲）——安　静词　耿　瑞曲

1977年第2期　刊名:《新疆文艺》
目录

学好文件抓住纲——————————《人民日报》、
《红旗》杂志、《解放军报》社论

小说·散文
库迪莱提——————（维吾尔族）克尤木·吐尔迪
牧村新貌—————（哈萨克族）外力拜·吾拉孜阿里
金色的回信————————————陈学迅
老钳工新传————————————段宝珊
礼物———————————————樊跃琴
高云燕———————————————荣　棣
三进塔什曼————————————秦　琦
闪闪发光的宝石——————————张国钧
山水画——————————————张艺华
塔里木夜歌————————————胡尔朴

诗歌、曲艺
珍贵的照片（外二首）———————田永祯
胜利的凯歌高唱入云———（哈萨克族）吾斯曼萨都坎
好啊！　大跃进（政治抒情诗）————杨　牧
春天的歌（三首）—————————金　鑫
闪光的路—————————————杨　亮
挂在心上的地图——————————赵关玉
在新居民点外———————————黄灼林
出征———————————————梁力哲
我和大筐—————————————米福松
工地春早（组诗）—————————田　力
活了的虎头山———————————周　涛
铁牛寄语—————————————黄树盈
冻不住的泉————————————芒　锋
风雨泥泞路————————————陈本度
农机修理员————————————陈　浩
解放军支农来咱队—————————李伦祖
运肥———————————————周子龙
拉车号子—————————————林保簏
大干热潮滚滚来（短诗十首）————吴义龙等
锤声叮当（快板书）————————左增杰

评论·杂文

"双百"方针永放光芒·······················邢煦寰
为革命树碑,为无产阶级立传···············张 越
江青当女皇,天下哪得不糟···············李哲训
今日的"假洋鬼子"···············舒 英 张成觉
"过去"和"现在"
——批判苏修"军事爱国主义"文学·······董为清
掀起学习马列、毛主席著作的新高潮(宣传画)
·····································剡鸿魁
华主席登上天安门(歌曲)·······安 静词 田 柯曲

1977 年第 3 期 刊名:《新疆文艺》
目录

毛主席、华主席、周总理、叶副主席、朱委员长关于
向雷锋同志学习的题词
诗三首·····································叶剑英
更高地举起毛主席革命文艺路线的伟大旗帜
——纪念《在延安文艺座谈会上的讲话》发表三十五
周年·····························《人民日报》社论

热烈欢呼《毛泽东选集》第五卷出版发行

热烈欢呼《毛泽东选集》第五卷出版发行(宣传画)
·····························剡鸿魁 谢 凯
学好《毛泽东选集》第五卷 紧跟华主席胜利前进
(宣传画)·················李留海 范澍宁
伟大的书(诗)···············(维吾尔族)铁依甫江
终于盼到了这一天(诗)···············胡良才
歌唱红五卷(诗)···········(维吾尔族)阿依姆汗
渴望(诗)·····························章德益
革命的教科书(诗)·······(维吾尔族)尼亚孜·努茹拉
毛选五卷到钢城(诗)···············韩振华
高举毛主席的伟大旗帜前进(诗)·······袁文燕
记住,珍惜这幸福(诗)···············易中天
财富(诗)···············(哈萨克族)朱曼·阿布什
永远歌颂心中的红太阳(诗)···············郑兴富
手捧五卷放声唱(诗)···············黄树盈
接宝书(诗)·····························郭维东
鹧鸪天(词)·····························刘冰延
传给子孙万代(诗)·····················杨 牧
师傅,给我(诗)·····················杨 眉
在喜庆的日子里(散文)···············张发良
草原的欢乐(散文)
·················(哈萨克族)卡依苏尔坦·克孜尔
啊,北斗星(散文)·····················唐 栋

小说·散文

第二期工程·····························张宝发

钻塔红灯·····························严 冰
雪山鸿雁·····························张风水
戈壁小站(速写·外一章)···············段宝珊
光明的颂歌···············(维吾尔族)艾则孜·沙吾提
旅客的贴心人(报告文学)···············张瑞成

诗歌·曲艺

伟大的纲领 光辉的文献···········杨 峰 郭维东
遵义行·····························东 虹
写在韶山灌区(两首)···············杨开生
今日雷锋遍全国(山东快书)···············于照文
向华主席汇报·····················张正祥
访三口大锅·····························路 远
踏着铁人的足迹(组诗)···············张红军
新的画卷(外一首)···············代 海
快装·····························于千翔
采油工人的脚步·····················郭仲军
进军塔克拉玛干·····················陈 浩
连队红墙·····················海 光 程 国
锁·····························田文福
准噶尔诗草(三首)···············李 瑜
除"四害"(儿歌)···············黄竹其
螃蟹的宫殿(寓言诗)···············金 鑫
白骨精梦见蒋该死(山东快书)···············洪 炉
毛选五卷放光彩(歌曲)
·················柏 华词 李隆全 蔡教战曲

评论·杂文

学习红五卷 狠批"四人帮"···············华 明
以《讲话》为指针,永远为工农兵服务
·····························新疆文工团理论组
永远坚持为工农兵服务的方向···············佩 元
读华主席手书的韶山灌区民歌有感···············周政保
假马克思主义骗子江涛···············徐建生
阻挡历史潮流的反革命小丑——钟大闯···············董建成
龙症·马癖·猴瘾·····················王有生

1977 年第 4 期 刊名:《新疆文艺》
目录

铁甲飞渡玉门关(革命回忆录)···············王 李
深切的怀念(散文)
——记朱德副主席视察伊犁···············周志卓
朱副主席视察阿克苏(散文)···············王季春
怀念敬爱的朱总司令(散文)···············郑国华
朱副主席来过吐鲁番(诗)···············安 静
朱委员长是辛勤的园丁(诗)
·················(乌孜别克族)塔莱提·纳思尔

悼朱德委员长（诗）⋯⋯⋯⋯⋯⋯⋯⋯肖帮武
"真心搞马列 地覆又天翻"
——读朱德同志诗⋯⋯⋯⋯⋯⋯⋯范德武
放心（小说）⋯⋯⋯⋯⋯⋯⋯⋯⋯⋯⋯张发良
塔里木纪事（小说）⋯⋯⋯⋯⋯⋯⋯沈贻炜
金桥卫士（小说）⋯⋯⋯⋯⋯⋯⋯⋯李生明
韶山松（散文）⋯⋯⋯⋯⋯⋯⋯⋯⋯周德峰
过硬颂（散文）⋯⋯⋯⋯⋯⋯⋯⋯⋯张国钧
管到家（散文）⋯⋯⋯⋯⋯⋯⋯⋯⋯修艾永
阿里高原红旗展（散文）⋯⋯⋯⋯⋯康廷凤
井冈路（诗）⋯⋯⋯⋯⋯⋯⋯⋯⋯⋯⋯东 虹
天山纪事（诗·外二首）⋯⋯⋯⋯⋯叶文福
草原行（组诗）⋯⋯⋯⋯⋯⋯⋯⋯⋯孙 涛
献给党的赞歌（诗）⋯⋯（维吾尔族）热合木·哈斯木
万岁，英雄的人民解放军（诗）
⋯⋯⋯⋯（哈萨克族）莫勒达力木·依玛别克
军民一家情谊深（诗）
⋯⋯⋯⋯（哈萨克族）尼格麦特·卡木札依
铁流颂（诗）⋯⋯⋯⋯⋯⋯⋯⋯⋯⋯张德茂
老兵之歌（诗）⋯⋯⋯⋯⋯⋯⋯⋯⋯赵 懿
拓荒曲（诗）⋯⋯⋯⋯⋯⋯⋯⋯⋯⋯柏 桦
理直气壮（独幕话剧）⋯⋯⋯⋯⋯⋯唐 栋
当我穿上绿色的军装（歌曲）⋯晨 枫词 冠 群曲
彻底扑灭烧向无产阶级的鬼火（评论）
——评话剧剧本《火，通红的火》⋯⋯姜立强 余开伟
"拍马屁专家"（杂文）⋯⋯⋯⋯⋯张传生
落花毒草化粪肥（评论）
——评苏修诗歌《边境之诗》⋯⋯⋯王 堡

封面设计⋯⋯⋯⋯⋯⋯⋯⋯⋯⋯⋯⋯谷守山
麦盖提县、察布查尔锡伯族自治县农民画选
⋯⋯⋯⋯⋯⋯维吾尔族社员 买买提·卡的木等

1977 年第 5 期　刊名:《新疆文艺》

目录

礼花丛中的诗传单（诗）⋯⋯⋯⋯东虹 杨 牧
欢庆十一大（诗）⋯⋯⋯⋯（维吾尔族）伊力艾再孜
飞向太阳城（诗·外一首）⋯⋯⋯周 涛
幸福歌（诗）⋯⋯⋯⋯⋯⋯⋯⋯⋯郭维东
喜读公报（诗）⋯⋯⋯⋯⋯⋯⋯⋯晓 歌
华主席听了喜欢（回族民歌两首）董 彦
献给十一大的歌（诗）⋯⋯⋯（回族）杨 峰
歌唱十一大（诗）⋯⋯⋯⋯（锡伯族）佘吐肯
嵌进八亿颗红心的结论（诗）⋯⋯袁文燕
快给我，电报纸（诗）⋯⋯⋯⋯⋯刘 虹
隧道口上听公报（诗）⋯⋯⋯⋯⋯孟繁忠
边防战士闻喜讯（诗·外一首）⋯杨开生

塔里木人的脚步声（散文）⋯⋯⋯周 非
翻身农奴的心愿（散文）⋯⋯⋯⋯康廷凤
峡谷彩虹（散文）⋯⋯⋯⋯⋯⋯⋯杨振波
到处郁郁葱葱（散文）⋯⋯⋯⋯⋯任伯建
献给毛主席纪念堂（诗）⋯⋯⋯⋯章德益
帕哈太克里新歌（诗两首）⋯（维吾尔族）铁衣甫江
毛主席永远和我们在一起（诗）⋯易中天
韶山红日照千秋（诗三首）⋯⋯⋯张朴夫
幸福之歌（诗）⋯⋯⋯⋯⋯（维吾尔族）瓦力斯江
无限怀念毛主席（诗·外一首）
⋯⋯⋯⋯⋯（柯尔克孜族）塔依尔·买买提力
不朽的丰碑（诗）⋯⋯⋯⋯⋯⋯⋯欧阳秋
毛主席，我们永远怀念您（诗）
⋯⋯⋯⋯⋯⋯⋯⋯（哈萨克族）哈吉别克
金光灿灿的路（组诗）
⋯⋯⋯⋯段宝珊 杨 亮 星 汉 王承林
松苗（诗）⋯⋯⋯⋯⋯⋯⋯⋯⋯⋯陈打铁
草原的怀念（诗）⋯⋯⋯⋯⋯⋯⋯孙 涛
战士的怀念（诗）⋯⋯⋯⋯⋯⋯⋯问英杰
怀念（散文）⋯⋯⋯⋯⋯⋯⋯⋯⋯范承渠
天山笛声（散文）⋯⋯⋯⋯⋯⋯⋯左增杰

临时的广播员（小说）⋯⋯⋯⋯⋯沈贻炜
瀚海护线工（小说）⋯⋯⋯⋯⋯⋯张凤水
千斤顶（小说）⋯⋯⋯⋯⋯⋯⋯⋯张剑云
天山不老松（报告文学）⋯⋯⋯袁棣一 周志卓
难忘的岁月（独幕话剧）⋯⋯⋯⋯左夫棠

无产阶级文艺创作的根本原则（评论）
——学习革命现实主义和革命浪漫主义相结合的创作
方法⋯⋯⋯⋯⋯⋯⋯⋯⋯⋯⋯⋯邢煦寰
不朽的史诗（评论）
——重读毛主席光辉诗词⋯⋯⋯卫 华鲁 歌
巨大的鼓舞　庄严的任务（评论）
——学习华主席十一大政治报告的体会
⋯⋯⋯⋯⋯⋯⋯⋯⋯⋯⋯长 海华 明
认真贯彻"双百"方针（评论）⋯⋯李慎明
批判文化专制主义的锐利武器（评论）
⋯⋯⋯⋯⋯⋯⋯⋯⋯⋯⋯舒 英张成觉

毛主席的旗帜指引我们前进！（歌曲）
⋯⋯⋯⋯⋯⋯⋯⋯周建国词 邵光琛曲
毛主席啊，我们无限怀念你（宣传画）⋯⋯刘南生
热烈欢呼我党第十一次代表大会胜利召开（宣传画）
⋯⋯⋯⋯⋯⋯⋯⋯⋯⋯⋯⋯⋯马晓峰

1977 年第 6 期　刊名:《新疆文艺》
目录

毛主席的光辉照亮了我们的心田（维吾尔族民歌十首）
————————————郝关中　张宏超译
博格达峰的怀念（诗）————————————张德茂
十二月二十六日颂（诗）————————————郭维东
站在毛主席身旁（诗）————————————安定一
写在毛主席纪念堂（诗）————————————周德峰
祖国赞歌（诗·外一首）————————————郝关中
我的歌（诗）—————————（哈萨克族）孜力哈
宝书颂（诗）—————————（维吾尔族）吐尔逊
歌唱毛主席的光辉著作（诗）————（维吾尔族）吾守尔
心底的歌（诗）—————————（维吾尔族）柯志刚
新的里程碑（诗）————————————汪　锋
喜报献给华主席（诗）————————————王学铅
向大庆人学习（诗）————（维吾尔族）尼亚孜·巴拉提
我们的老队长（诗）————————————郭从军
一张火红的挑战书（诗·外一首）————————米福松
丰收图（诗）————————————林　华
向华主席唱首丰收歌（诗）————————————言　鸣
支委田（诗）————————————夏志军
欢腾的帕米尔（诗两首）————————————陈友胜
阳光灿烂的帕米尔（组诗）————————————杨　眉
大井架（儿歌）————————————王天渝
"友谊"及其他（政治讽刺诗五首）————————石　河
奔腾的伊犁河（组诗）————————————李　瑜
雪夜潜伏（诗·外一首）————————————肖　开
猎归（诗）————————————罗荣典

春播时节（小说）————————————刘光全
老当益壮（小说）————————————张国柱
严大妈（小说）————————————俞敬元
新（小说）————————————李好学
找风（小说）————————————姚志刚
稻乡探胜（散文）————————————胡秉中
毛毡路（散文）————————徐保林　丁秀峰
巡道灯（散文）————————————陈继宏
卖猪（小戏剧）————————奇台县业余创作中心小组
小金鸡（童话剧）————————————冉　红

阴谋文艺的反动实质（评论）————————————余开伟
"黑干将"的流氓术（评论）————————————李绪国
锋利·辛辣·幽默（评论）
——论政治讽刺诗兼谈石河的创作————————雷茂奎
向大庆学习（歌曲）————————刘　钢词　蔡教战曲
稿约

1978 年第 1 期　刊名:《新疆文艺》
目录

周总理的丰碑屹立在人民心中（散文）————————王中俊
周总理的英名万古存（诗）
————————（维吾尔族）铁木尔·达瓦买提
缅怀深情无尽期（散文）————————陆振欧　李　叶
毛纺工人的怀念（散文）————————沈　磊　宗树荫
向周总理献花的时刻（诗）
————————（维吾尔族）亚生·买合苏提
唱首总理喜欢的歌（诗）————————————昌　言
心中的花（诗）————————————石　河
这里，矗立着一座纪念碑（诗）————————————杨　树
生命（诗）————————————柏　桦
现实中没有神化了的人物（评论）
——学习周总理关于塑造英雄形象指示的笔记
————————————陆建华

华主席在人民群众中（诗三首）————————————李池生
颂歌献给华主席（诗两首）————————————龙彼德
幸福啊，帕哈太克里（诗两首）————————————陈友胜
白杨之歌（诗）————————————姚天镇
跃进花开千万朵（短诗十首）————————彭乡荣　吴义龙等
托木尔之歌（诗·外四首）————————————肖　开
写在"四人帮"的墓碑上（柔巴依四首）
————————（维吾尔族）克里木·霍加

相遇（小说）————————（哈萨克族）郝斯力汗　呼赛音汗
向春晖（小说）————————————王　蒙
"革新迷"的故事（小说）————————————王守运
三修喷灯（小说）————————————张根生

驳"文艺黑线专政"论（评论）————————————余开伟
"狗头恶棍"与"猪头夜叉"（杂文）————————王有生
坚决推倒、彻底批判"文艺黑线专政"论（文艺消息）
————————————童　信

胜利在前
——毛主席在西柏坡（油画）————————齐　捷　费　正
稿约
封面设计、题字————————————李安宁　龙清廉

1978 年第 2 期　刊名:《新疆文艺》
目录

毛主席给陈毅同志谈诗的一封信
锐利的武器　灿烂的明灯（评论）

——学习《毛主席给陈毅同志谈诗的一封信》
··刘肖无　柏　钟
试谈形象思维（评论）
——学习《毛主席给陈毅同志谈诗的一封信》
··邢煦寰
文艺创作一个带根本性的问题（评论）
——学习《毛主席给陈毅同志谈诗的一封信》
··阎国忠
绿洲报春早（报告文学）························范承渠
贡献（小说）·········（维吾尔族）祖尔东·沙比尔
从洛河川到莫索湾（革命回忆录）···········张　洪
阿衣古丽会计（小说）························张国柱
主人（小说）·········（维吾尔族）哈力丁·萨塔尔

萨拉姆，北京！（诗·外一首）
·······································（维吾尔族）帕塔尔江
维吾尔族民歌四首····················张世荣翻译整理
新春赋四首··································周世昌
管天的故事（诗两首）················潘继鹏　赵　力
春漫天山路（诗·外二首）···················马怀金
雪山水（诗·外一首）························周　涛
号角·攀登（诗）···························龙　驹
诗的发言（诗）·····························马　伟
油田诗草（诗两首）··························姚成勋
"邦"派闹学（讽刺诗）·······················王　堡

喜读抒情诗《遵义行》（评论）···············卉　春
看电影《野猪林》想到的（文艺随笔）···········成世伦
于会泳为何恨镜子（杂文）····················乔　军

科学种田夺高产（宣传画）····················吴奇峰
稿约

梨之歌（诗）·······························肖　开
心中的诗（诗）·····（维吾尔族）阿不都如苏里吾买尔
珍贵的怀念（诗）····························姚承勋
英名垂千秋　华章炳万代（评论）
——读周总理青年时代的诗···················浩　明
总理为人民　人民爱总理（国画）···············蒋兆和
新疆各族人民怀念周总理（歌曲）
·················毛兴中　颜丕承词　刘澍民　裴辑星曲
沸腾的山谷（散文）··························陈　琪
玉龙河畔（散文）····························张剑云
三代战士（散文）····························如　心
闪光的道路（小说）··························慕志毅
为了明天（小说）····························李　婉
永不熄灭的灯（小说）
·····························（维吾尔族）斯拉吉丁·赛依提尼亚孜

学大寨的人们（诗两首）······················夏冠洲
繁荣吧，伊犁（诗）·····（维吾尔族）热合木·哈斯木
阿肯新歌（诗三首）
··········（哈萨克族）吾力木　哈孜坦　依里亚斯等
维吾尔族民歌两首···················陈浩搜集整理
我爱天山（诗）·····························叶文福
天山呵在战士心上（诗两首）·················杨开生
攀登（相声）·······················程　虹　孙东升
一个地地道道的反革命叫器（评论）
——评"文艺黑线专政"论·····················刘　鸣
生活真实和艺术真实的统一（评论）
——谈影片《白求恩大夫》的艺术构思···········刘　南

1978 年第 4 期　刊名:《新疆文艺》
目录

中华人民共和国国歌·············聂　耳曲　集体填词
华主席　人民爱（歌曲）·····················哈米提词曲

不熄的光芒（小说）··························张德民
林海女队长（小说）··························白　夜
阿米娜的故事（小说）························黄灼林
额勒哈依人（小说）·····（维吾尔族）艾海提·吐尔迪
猛虎添翼（小说）····························陈献衍
永不沉睡的战刀（散文）······················李志君

天山人（诗·外一首）························东　虹
渔歌飘瀚海（组诗）··························杨　牧
写给我们遥远的祖先（组诗）
——学习人类进化史随笔······················石　河
历史的明鉴（诗三首）························高炯浩
啊！现代化（短诗五首）······················易中天

1978 年第 3 期　刊名:《新疆文艺》
目录

华主席为《人民文学》的光辉题词
周恩来同志东渡日本留学时的诗手迹

热烈庆祝五届人大胜利召开
献给五届人大的颂歌（诗）···················袁文燕
祖国正是跃进年（诗）························郭维东
心愿的花儿开了（诗）
·····························（维吾尔族）艾山·铁里瓦里地
开始了，新的长征（诗）······················刘维钧

纪念敬爱的周恩来总理诞辰八十周年
六州歌头——敬爱的周总理八十诞辰···········刘肖芜

校园二题（诗）........................章德益
测量（诗）..............................李来顺
夸书记（诗）..........................陈　浩
谚语十五则..................颂　华等辑译
前哨（独幕话剧）..................唐　栋
阴谋文艺的黑标本（评论）
——评反党话剧《樟树泉》......舒　英　张成觉
从薛宝钗的"金蝉脱壳"谈起（文艺杂谈）
——略谈形象思维..................王　正
从王吉元伪降说开去（文艺杂谈）
——《李自成》的艺术辩证法漫谈........吴功正

1978 年第 5 期　刊名:《新疆文艺》
目录

扬帆远航（报告文学）..............剑　云
在科学的崎岖小路上（报告文学）..董为清
竞赛（小说）..........................易希高
助手（小说）..........................段宝珊
照相（小说）..........................王志国
老铁锤（小说）......................董利华

向科学进军（诗八首）..........（回族）杨　峰
幸福光（诗·外两首）..............杨　眉
新民歌十二首......................魏新等
做离太阳最近的人（诗·外一首）..张红军
天山南北（诗）......................周　涛
献上最美好的歌（译）
..................（维吾尔族）穆罕默提江·沙迪克
巡逻草原（诗·外一首）..........张希海
山高水长（诗两首）..............杨子忱
天山雪水（诗·外一首）..........李　瑜
"缓和物质化"及其他（政治讽刺诗四首）..肖邦武

学习周总理的光辉榜样　坚持毛主席的文艺方向（评论）..........................陆建华
瀚海诗兴　昆仑豪情（评论）
——读陈毅同志诗《飞跃喀喇昆仑山喜赋》、
《访新疆》..........................薛天伟
绝不容许往瓦里汗诺夫脸上贴金（评论）..胡振华
春风吹到孔雀河（歌曲）......周建国词　阿不都热西提曲
光荣——向二〇〇〇年进军（宣传画）....潘丁丁
做有文化的革命后代（国画）........龚建新

1978 年第 6 期　刊名:《新疆文艺》
目录

大漠飞霞（散文）..................哲　中
刁羊（小说）..........................李宝生
小金翅（童话）......................梁学政
追汽车的故事（小说）..............樊跃琴

在新长征中
大战化铁炉（散文）..............李梦泽
朝霞绚烂（散文）..................张国钧
油田美景（散文）..................吕　艺
天山月（散文）......................张　敏
继续长征歌（诗）..................杨　牧
草原行（组诗）......................孙　涛
理想的彩虹（诗三首）..............王　烨
献给青年的诗（诗）
..................（维吾尔族）阿不列孜·纳孜尔
勇猛飞腾（诗）
..................（柯尔克孜族）阿曼吐尔·巴衣扎克
写在教室里的诗（诗）..............王天渝
架线工（诗·外一首）..............王　雨
阿凡提送草（寓言快书）..........宋　肖

形象思维探讨点滴（评论）......周政保
比、兴，就是形象思维（评论）..刘维钧
努力塑造个性化的人物（评论）
——谈《创业史》第二部上卷第四章的人物塑造
..................................雷茂奎

文艺消息二则......................本刊记者
勇敢的金小蜂（儿童歌曲）......汪济生词　祝恒谦曲
篆刻十方..........................苏　耿　王兆法

1978 年第 7 期　刊名:《新疆文艺》
目录

华主席恩情深似海（民歌十一首）
这边风景（长篇小说选载）......王　蒙
尕文化（小说）..................（回族）白　练

在新长征中
新来的材料员（小说）..............侯献斌
春羔（小说）..........................冯　江
夜莺之歌（散文）..................袁舍莉
残页（小说）..........................李　叶
新的脚印（速写）..................门海群

写在新的长征路上（诗）·············罗　飙
金色的教鞭（诗·外一首）···········金　鑫
阿肯（诗）·····················彭力一
寓言诗三首·····················肖　开
维吾尔族谚语六则
华主席与民歌···················浩　明
文艺创作要熟悉人物（评论）·········彭　放
评长篇小说《古玛河春晚》（评论）·····余开伟
格律诗浅说（评论）···············白观伦
英明领袖华主席在第五届全国人民代表大会上（摄影）
为实现新时期总任务去战斗（歌曲）
·······················刘一光词　颜丕承曲

1978 年第 8 期　刊名:《新疆文艺》
目录

悼郭老（诗）···················刘肖芜
文艺战线上的光辉旗帜（诗）
——悼郭老···················欧阳秋
凤凰高飞慰英灵（评论）
——重读《凤凰涅槃》悼郭老·········王　堡

坚决执行"双百"方针，努力繁荣各民族的社会主义
文艺
——韩劲草同志在自治区文联全委扩大会议上的讲话
（摘要）
新疆维吾尔自治区文学艺术界联合会全委扩大会议倡
议书
新疆维吾尔自治区文学艺术界联合会及各文艺协会主
席、付主席、秘书长名单
重整文艺大军，繁荣文艺创作，宣传新时期总任务
（消息）·······················童　信
诗人今兴会　明朝花满园
——祝贺自治区文联全委扩大会议闭幕····本刊编辑部

战士的青春（报告文学）·······唐　栋　李斌奎
韩娅（小说）···················严白莺
这边风景（长篇小说选载）··········王　蒙

新疆好地方
北国鱼乡行····················赵光辉
瑶池风光·····················天山雪
巩乃斯之歌（组诗）···············李　瑜
写在通车的日子里（诗三首）·········马怀金
边防诗草（诗三首）···············郭文政
筑路（诗）····················李池生
明亮的星星（诗）················苏新发
党旗赞（诗·外一首）······（维吾尔族）艾克拜尔

红星（诗）····················张希海

夺取全国胜利
——毛主席和老帅们在一起（油画）·····尹戎生
好树靠人栽（歌曲）·····毛兴中　张景坤词　田歌曲

1978 年第 9 期　刊名:《新疆文艺》
目录

诗歌专号
西游杂咏·····················叶剑英
八一兴怀·····················聂荣臻
诗词九首·····················汪　峰
在韶山················（哈萨克族）伊尔哈里
我到延安第一天··················刘肖芜
深情的礼物（组诗）···············夏冠洲
朱老总啊，何时再到色满来···········王存玉
永世高唱怀念的歌·······（哈萨克族）阿　肯　苏力唐
科学的时代　神话的时代（四首）·······石　河
献给青年人的歌·······（哈萨克族）老阿肯　司马古勒
珠峰颂······················章德益
决不辜负华主席的希望
···············（维吾尔族）阿布都热衣木努尔
大治新歌（六首）···········张朴夫　刘龙平
沈贻炜　吴继强　宗树荫　陈　浩
剑歌（组诗）···················周　涛
准噶尔的老战士（组诗）············杨　牧
金色的帕米尔（外一首）············杨　眉
在碧绿的草原上（三首）············张德茂

新民歌十首····················王天渝等
草原行（三首）··················孙　涛
重叩天山（外一首）···············张红军
柳园——绿色的门帘···············杨　峰
塞外二题·····················郭维东
桃林曲（儿童叙事诗）·············肖邦武
昆仑哨兵（组诗）················高炯浩
我们的驻地····················王　烨
列宁铜像（外一首）···············东　虹
友谊关情思（两首）···············骆　之
歌词一束··········成　勋　杨　树　赵文祥　张世荣

诗苑新花迎春开（评论）
——读我区诗歌近作漫评·········郑兴富　陈柏中
从《天山南北》谈诗味（评论）
···············陆建华　雪安理　金实秋
格律诗浅说（评论）···············白观伦
让祖国披满霞光··········（哈萨克族）居马别克诗

常世杰翻译　李安宁配画
"四化"凯歌震长空（歌曲）⋯⋯问英杰词　齐从容曲

1978 年第 10 期　刊名:《新疆文艺》
目录

老将出山⋯⋯⋯⋯⋯⋯⋯⋯⋯⋯⋯⋯⋯⋯⋯关语卿
"职业病"⋯⋯⋯⋯⋯⋯⋯⋯⋯⋯⋯⋯⋯⋯⋯李　叶
胸怀⋯⋯⋯⋯⋯⋯⋯⋯⋯⋯⋯⋯⋯⋯⋯⋯⋯王　玮
洪峰⋯⋯⋯⋯⋯⋯⋯⋯⋯⋯⋯⋯⋯⋯⋯⋯王守运
最后的烦恼⋯⋯⋯⋯⋯⋯⋯⋯⋯⋯⋯⋯⋯姜付炬
阿西塔斯之夜⋯⋯⋯⋯⋯⋯⋯⋯⋯⋯⋯⋯郭家驹
选择⋯⋯⋯⋯⋯⋯⋯⋯⋯⋯⋯尚久骖　吴云龙
"康拜因"⋯⋯⋯⋯（维吾尔族）祖尔东·沙比尔
憨二一家⋯⋯⋯⋯⋯⋯⋯⋯⋯⋯⋯⋯⋯焦炳昆
质量·心贴心⋯⋯⋯⋯⋯⋯⋯⋯⋯⋯⋯高三兴
熟悉而又陌生的人（评论）⋯⋯⋯⋯⋯阎国忠
评祖尔东的短篇小说创作（评论）⋯⋯张　越
陈总来到咱边防（版画）⋯⋯⋯⋯⋯⋯沈邦富
《向建国三十周年献礼》征文启事⋯⋯本刊编辑部

1978 年第 11—12 期　刊名:《新疆文艺》
目录

毛主席啊，新疆各族人民日夜想念您（版画）
⋯⋯⋯⋯⋯⋯⋯⋯⋯⋯⋯⋯⋯张一弓　尤有中
飞雪迎春（套色木刻）⋯⋯⋯⋯⋯⋯⋯李习勤
红云驮来的金信（长诗《砍土曼和金唢呐》选载）
⋯⋯⋯⋯⋯⋯⋯⋯⋯⋯⋯⋯⋯⋯⋯⋯⋯周　涛
毛泽东的声音
——毛主席八十五诞辰献诗⋯⋯⋯⋯郭维东
鼓舞我们新长征的宏伟诗篇（评论）
——学习毛主席诗词三首⋯⋯陈之任　胡　剑
丰碑长留天地间（评论）
——从《西安事变》谈老一代革命家形象的塑造
⋯⋯⋯⋯⋯⋯⋯⋯⋯⋯⋯⋯⋯⋯⋯⋯⋯陈柏中
向导（电影文学剧本）⋯⋯⋯⋯⋯⋯⋯邓　普

科技之花
战流沙（报告文学）⋯⋯⋯⋯柯　沙　苇　青
泥土中的追求（报告文学）⋯⋯⋯⋯⋯谢　刚
草原之星（散文）⋯⋯⋯⋯⋯⋯⋯⋯⋯李斌奎
托木尔峰地区考察记（散文）⋯⋯⋯⋯李现国
柯孜尔别克大叔（散文）⋯⋯⋯⋯⋯⋯李志君
指导员的"捞面条"（快书）⋯⋯⋯⋯孙东升
新民歌十三首·程相君　张晓峰　吴希远　严先堂等
南疆诗笺（组诗）⋯⋯⋯⋯⋯⋯⋯⋯⋯袁文燕

画中人（诗）⋯⋯⋯⋯⋯⋯⋯⋯⋯⋯⋯王存玉
铁工房的锤声（诗·外一首）⋯⋯⋯⋯夏运新
香喷喷的石油河（诗）⋯⋯⋯⋯⋯⋯⋯黄兴强
天山晨曲（诗）⋯⋯⋯⋯⋯⋯⋯⋯⋯⋯林　浩
队长的眼光（诗）⋯⋯⋯⋯⋯⋯⋯⋯⋯陈友胜
草原遐想（诗）⋯⋯⋯⋯⋯（哈萨克族）阿·艾别吾
喜送粮（诗）⋯⋯⋯⋯⋯⋯⋯⋯⋯⋯⋯米福松
编筐谣（诗）⋯⋯⋯⋯⋯⋯⋯⋯⋯⋯⋯高灿华
沙俄帝国的马刀（诗）⋯⋯⋯⋯⋯⋯⋯高炯浩
一鞭跃进新纪元（诗·外一首）⋯⋯⋯黄宛年
维吾尔谚语诗（八首）⋯⋯⋯⋯祁子祥搜集整理
维吾尔寓言诗（四首）⋯⋯⋯⋯井　亚搜集整理

新作短评
构思新巧的《照象》⋯⋯⋯⋯⋯⋯⋯⋯王一善
在新征途中快跑
——读短篇小说《残页》⋯⋯⋯⋯⋯刘有华
读诗漫评⋯⋯⋯⋯⋯⋯⋯⋯⋯⋯⋯⋯崔峻极
格律诗浅说（文学知识）⋯⋯⋯⋯⋯⋯白观仑
赋也是形象思维的表现方法（读者来信）⋯⋯蒋克新
边疆文苑迎佳宾（消息）⋯⋯⋯⋯⋯⋯童　信
《向建国三十周年献礼》征文启事

1979 年第 1 期　刊名:《新疆文艺》
目录

没有毛主席就没有新中国
衷心怀念毛主席（维吾尔族新民歌十三首）
⋯⋯⋯⋯杨金祥　赵世杰　灿　臻等翻译
没有毛主席就没有新中国（诗）⋯⋯⋯张德茂
我们走进太阳的宫殿（诗·外一首）⋯高炯浩
学习毛泽东（诗八首）⋯⋯⋯⋯⋯⋯⋯张朴夫
领袖的著作（诗）⋯⋯（哈萨克族）买买提汗·乔凯曼

人民的总理人民爱
天安门诗抄（诗词二十首）
"四五"之歌（诗二首·征文选载）⋯⋯章德益
蓝色的灯罩（小说·征文选载）⋯⋯⋯文乐然
周总理在我们这里（散文）⋯⋯⋯⋯⋯安　静
永久的记忆（散文）⋯⋯⋯⋯⋯郑　彤　子印
幸福的回忆（诗）⋯⋯⋯⋯⋯（维吾尔族）苏里坦
白花·神剑（诗二首）⋯⋯⋯⋯⋯⋯⋯王　堡

在新长征中
三送核桃（小说·征文选载）⋯⋯⋯⋯肖　陈
瀚海潮（小说·征文选载）⋯⋯⋯⋯⋯胡秉中
"坎土曼队长"纪事（小说）⋯⋯⋯⋯刘景华
多浪河的笑声（诗二首）⋯⋯⋯⋯⋯⋯朱延武

词二首 ……………………………………… 李　广

新疆好地方
天鹅湖 ……………………………………… 林战青
孔雀河畔香梨城 …………………………… 浩　明

《司机的妻子》及其讨论应该平反
春兰是真实可信的人物形象
——重评短篇小说《司机的妻子》……… 丁子人
新疆文艺界一个必须昭雪的冤案（评论）
——从一九六六年对《新疆文学》和《司机的妻子》
及其讨论的围剿谈起 …………………… 余开伟

解放思想肃流毒，落实政策抓创作（消息）
——自治区文联召开关于真理标准问题讨论会
…………………………………………… 本刊记者
实践是检验文艺作品的唯一标准 ………… 雷　振
自有人民写春秋
——《天安门诗抄》礼赞 ………………… 卫　华

兄弟民族文学评介
丰富多彩的新疆各少数民族文学 …… 胡振华　张　越

文艺简讯二则
起跑线上（木刻）………………………… 蒋振华
幸福的帕哈太克里（木刻）……………… 陈　延
《向建国三十周年献礼》征文启事

1979 年第 2 期　刊名:《新疆文艺》
目录

为四个现代化高唱赞歌 …………………… 本刊评论员
解忧（四幕历史话剧）…………………… 刘肖芜
河谷里的琴声（小说·征文选载）……… 傅滦滨
遗忘（小说）……………………………… 雷杰超
乡恋（散文）……………………………… 沈贻炜
浪花赋（散文）…………………………… 唐　栋

华主席来了（诗）………… （维吾尔族）铁衣甫江
启开幸福的大门（诗）…… （哈萨克族）艾提哈里
沙漠里的歌（组诗·征文选载）………… 安定一
麦西来甫活了（诗·外一首）…………… 贺晓风
指挥所的主人（诗）……………………… 马怀金
这条路（诗）……………………………… 高灿华
春泉（诗）………………………………… 刘红缨

新作短评
荒漠古林有忠魂（评论）

——喜读电影文学剧本《向导》………… 刘　南
可喜的探索（评论）
——读短篇小说《老将出山》、《胸怀》… 王仲明
文艺消息
读（木刻）……………………… 王惠仪　方　向
浩气贯长虹（木刻）……………………… 沈北雁
春（摄影）………………………………… 宋士敬

1979 年第 3 期　刊名:《新疆文艺》
目录

难忘难记（小说·征文选载）…………… 王　蒙
努尔曼老汉和猎狗巴力斯（小说·征文选载）
……………… （哈萨克族）艾克拜尔·米吉提
小姊妹间（小说·征文选载）…………… 李　叶
红石泉（小说）…………………………… 柏　寒
中俩口（小说）…………………………… 张　雷
樱花盛开的时候（散文）………………… 李顺兴

柔巴依十首 ……………… （维吾尔族）铁衣甫江
绿洲的早晨（诗·外一首）……………… 杨　牧
"老炮"和他的纱帽（讽刺诗两首）…… 石　河
校园新歌（诗两首）……………………… 高洪斌
勘测队员的笑声（诗）…………………… 李　瑜
塔松（诗）………………………………… 郭维东

新疆好地方
漫话狮子舞
——古代龟兹狮子舞和凉州狮子舞 …… 谷　苞
卡提布拉克散记 ………………………… 孙　勤
阿凡提故事新编 ………………… 张世荣　赵世杰
寓言三则 ………………………………… 冯庆昕
重评《多浪河边》………………………… 张如贤

艺文谈薮
"四人帮"与文字狱 …………………… 邓美萱
用生命在写 ……………………………… 凌　愉
谈"耐人寻味" ………………………… 浩　明
解剖学·几何题·文艺评论 …………… 丁子人

兄弟民族文学评介
《乌古斯传》译注
……… （维吾尔族）阿不都秀库尔　郝关中
关于《乌古斯传》……………………… 胡振华

蒙古族谚语五则 ………… （蒙古族）太　白译
文艺消息一则

青松（木刻）·····························张　杰
树老雄风在（木刻）·····················刘　旷
春到新疆（歌曲）···········刘一光词　刘澍民曲

1979 年第 4 期　刊名:《新疆文艺》
目录

学习周恩来总理《在文艺工作座谈会和故事片创作会议上的讲话》
按照周总理讲话的精神领导文艺工作
——自治区部分文艺工作者学习座谈周总理的讲话
·····································童　信
学习周总理的民主作风·····················张　越
按照艺术规律办事·························邢煦寰
大胆地描写无产阶级人性和人情···············刘定中
作者来信三封·············曹天成　沈　凯　邵建华

在三十万平方公里的土地上（小说·征文选载）
·····································綦水源
雅满苏的报春花（报告文学·征文选载）·······李　叶
"沙里蛟"的喜事（小说·征文选载）·········何生祖
标准（小说）·····················（回族）白　练
林基路在新疆学院（传记故事选载）···········王　嵘
鲁特普拉·穆塔里甫诗选
人民的意志（诗·征文选载）·················易中天
献给青年同志的诗（诗·征文选载）···········欧阳秋
山水情怀（诗四首）·······················赵关玉
黄河赞（诗）···················（哈萨克族）郝斯力汗
日记（诗）·····························傅　暶

历史的明镜光照古今（评论）
——评刘肖芜同志的历史剧《解忧》·········雷茂奎
在新的生活轨道上前进（评论）
——评故事影片《绿洲凯歌》·················刘　南
阿姨（木刻）·····························陈力生
对手赛（套色木刻）·······················丁　西
鲜花怒放（木刻）·························刘森林

1979 年第 5 期　刊名:《新疆文艺》
目录

归队（小说·征文选载）·····················胡秉中
被跌碎的浪花（小说·征文选载）·············周　非
带泪的笑话（小说·征文选载）···············郭从远
牢骚鬼（小说）·························肖道纲
买鱼（小说）·····························苏　信
巩乃斯河畔的明珠（报告文学·征文选载）····段宝珊

新疆好地方
乌尔禾——翠绿的宝石·····················如　心
鹰笛袅绕帕米尔·························周建国

词二首·································李　广
告别了，昨天（诗二首·征文选载）···········米福松
歌和舞的故乡（组诗·征文选载）·············周　涛
栽种呵，春天（诗）·······················高炯浩
瀚海喷泉（诗）·························夏冠洲
母亲（外一首·征文选载）···················安定一
欢腾的草原（诗二首）·····················郭正位
姑娘来自荔枝结果的地方（诗）···············韩作荣
拨轨曲（诗）·····························马怀金
维吾尔寓言诗（三首）···············井　亚翻译整理

艺文谈薮
从"事事关心"说到文艺作品·········舒　英　张成觉
偏爱、偏见与偏废·························董　斐
"不拘一格"琐谈·························胡　剑

兄弟民族文学评介
《突厥语辞典》收录诗歌谚语选译
···········（维吾尔族）阿不都秀库尔　郝关中
谈文艺作品的民族特色（评论）
——读王蒙的几篇小说·····················刘　宾
夜诊（木刻）···················方　向　王惠仪
日理万机（木刻）·························叶作钧
无人到过的地方（木刻）···················周大正

1979 年第 6 期　刊名:《新疆文艺》
目录

团结起来向前看
——自治区党委宣传部召开大会为新疆文艺界"反党黑帮"错案彻底平反·················本刊记者
这里更需要（小说·征文选载）···············胡尔朴
从未来夺取欢笑（小说·征文选载）···········文乐然
翻译苏里坦（小说·征文选载）···········肖　陈
星光闪烁的夜晚（小说）
···············（维吾尔族）赛买提都尕依里
猫眼（儿童文学）·························汪海涛
小溪的故事（童话）·······················山　笋
祭长者——邵荃麟同志（散文）···············王　蒙

向自卫还击保卫边疆的英雄们学习
神圣的奖章（诗）·························章德益
祖国的骄傲（诗六首）·····················贺晓风
青春在闪光（诗五首）·····················袁文燕

母亲的光荣（诗）⋯⋯⋯⋯⋯⋯⋯⋯安 静

心中的歌（诗四首）⋯⋯⋯⋯⋯⋯王 烨
哭吴晗（诗两首）⋯⋯⋯⋯⋯⋯⋯周世昌
山路高高（诗·外两首）⋯⋯⋯⋯杨子忱
仿柔巴依（诗三首）⋯⋯⋯⋯⋯⋯一 之
阿凡提的故事（五则）
⋯⋯⋯⋯买买提明库尔班搜集 沙望春翻译整理
聪明的牧羊人（哈萨克族民间故事两则）
⋯⋯⋯⋯⋯⋯⋯⋯⋯⋯⋯⋯姚承勋搜集整理

新作短评
简洁明快 广辟蹊径
——读王蒙同志的《快乐的故事》⋯周鸿飞
不能遗忘——评短篇小说《遗忘》⋯沙 平
短小、精巧的《心贴心》⋯⋯⋯⋯王 林

评论作品必须从作品实际出发
——和陈建平同志商榷⋯⋯⋯⋯⋯阎国忠
关于短篇小说《红石泉》的来信⋯陈建平

榜样（木刻）⋯⋯⋯⋯⋯⋯⋯⋯⋯张桂林
边疆好（木刻）⋯⋯⋯⋯⋯⋯⋯⋯曾道宗
林区风光（木刻）⋯⋯⋯⋯⋯⋯⋯熊新野

1979 年第 7 期　刊名:《新疆文艺》
目录

团聚（小说·征文选载）⋯⋯⋯⋯张宝发
权衡（小说·征文选载）
⋯⋯⋯⋯⋯⋯（哈萨克族）艾克拜尔·米吉提
苦恼（小说·征文选载）⋯⋯⋯⋯褚远亮
权耶？理耶？（小说）⋯⋯⋯⋯⋯李好学
播种幸福的人（小说·征文选载）肖嗣文
向往（小说）⋯⋯⋯⋯⋯⋯⋯⋯⋯吴连增
丹枫似火（小说）⋯⋯⋯⋯⋯⋯⋯李 婉

新疆好地方
葡萄酒史话⋯⋯⋯⋯⋯⋯⋯⋯⋯⋯柳用能
苹果赋⋯⋯⋯⋯⋯⋯⋯⋯⋯⋯⋯⋯李占民

颂党新歌唱不完（维吾尔族民歌十四首）
⋯⋯⋯⋯⋯⋯⋯⋯⋯⋯⋯⋯甘 露等译
哈萨克族民歌三首⋯⋯⋯巴亚洪唱 常世杰译

尼米希依提诗选（三首）
春的信念（诗·征文选载）⋯⋯⋯杨 牧
化石的遐想（诗两首·征文选载）洋 雨
沙海诗稿（诗·征文选载）⋯⋯⋯孙 涛

诗二首⋯⋯⋯⋯⋯⋯⋯⋯⋯⋯⋯⋯乔建海
南疆铁路抒怀（诗）⋯⋯⋯⋯⋯⋯郭维东
路（诗）⋯⋯⋯⋯⋯⋯⋯⋯⋯⋯⋯王京安

莫要惊讶，小鹿（诗）⋯⋯⋯⋯⋯全宪章
微言集（诗）⋯⋯⋯⋯⋯⋯⋯⋯⋯刘维钧
维吾尔族情歌四首⋯⋯⋯⋯⋯⋯⋯张世荣译
谚语十四则⋯⋯⋯⋯⋯⋯刘岷 太白译
机智的鹌鹑（哈萨克族寓言故事）
⋯⋯⋯⋯⋯⋯⋯⋯赛达合麦提讲述 沙望春翻译整理

让短篇小说之花开得更艳（评论）
——读《新疆文艺》"征文"小说想到的⋯丁子人
塑造"四化"中涌现的新人形象（评论）
——读短篇小说《归队》⋯⋯⋯⋯李梦泽

艺文谈薮
"无情就是假，有情就是真"
——从电影《追鱼》说到真假文学⋯陆建华
眉清目秀 一见钟情
——漫谈文章的标题⋯⋯⋯⋯⋯⋯吴孝成
赞乐坛新花⋯⋯⋯⋯⋯⋯⋯⋯⋯⋯马庆功

公社小景（中国画）⋯⋯⋯⋯⋯⋯徐庶之
边陲春晓（中国画）⋯⋯⋯⋯⋯⋯牧 歌
归来（木刻）⋯⋯⋯⋯⋯⋯⋯⋯⋯周建夫

1979 年第 8 期　刊名:《新疆文艺》
目录

落霞（小说·征文选载）⋯⋯⋯⋯肖 廉
防疫（小说·征文选载）⋯⋯⋯⋯姜付炬
各就各位（小说）⋯⋯⋯⋯⋯⋯⋯唐 栋
谅解（小说）⋯⋯⋯⋯（维吾尔族）祖尔东·萨比尔
祖国的好儿子（报告文学·征文选载）南柱成
山谷里的战斗（小说）⋯⋯⋯⋯⋯李彦清
折不断的翅膀（散文）⋯⋯⋯⋯⋯李志君
燃烧的泪花（组诗）⋯⋯⋯⋯⋯⋯言 鸣
写给自卫反击战英模报告团（诗）刘冰延
鼓声（诗三首·征文选载）⋯⋯⋯周 涛
勘探者（诗四首·征文选载）⋯⋯霜 枫
桑葚熟了（诗四首·征文选载）⋯李 宏
春日里的热泪（诗）⋯（维吾尔族）铁依甫江
科学家的故事（诗四首）⋯⋯⋯⋯赵关玉
制图姑娘（诗）⋯⋯⋯⋯⋯⋯⋯⋯曹志强
时代难道会等待你？（诗）
⋯⋯⋯⋯⋯⋯（维吾尔族）艾尔西丁·塔提勒克

述怀诗五首──────（塔吉克族）买赫麦提·肉孜
草原情歌（诗二首）──────（维吾尔族）阿贝保
瀚海油浪（诗四首）──────李培智　刘龙平　欧阳秋
扛着管钳去跑井（诗）──────陈皋鸣
立此存照（讽刺诗二首）──────王天瑜

坚实的第一步（评论）
　　──评艾克拜尔的两篇小说──────周鸿飞

兄弟民族文学评介
维吾尔族古典诗人赛喀克诗歌选译──────马树钧译
黑汗王朝时期维吾尔文学述略──────耿世民

英雄之花开遍天山南北（速写）──────蔡　斌
春天（木刻）──────关未晓

1979 年第 9 期　刊名:《新疆文艺》
目录

新花朵朵
土雨（小说·征文选载）──────丛　敏
恶梦（小说·征文选载）──────荣　棣
告状（小说·征文选载）──────任文仲
选举（小说·征文选载）──────张学武
浇罢集体的（小说）──────许学诚
我和"惫罐儿"（小说）──────王有才

敢于突破　自创新意（评论）──────仲　一
黎明的欢呼（散文）──────（维吾尔族）阿不都秀库尔

新疆好地方
塞外行──────应松年　洪　波
瓜乡纪行──────李现国

欢迎你，人民的法律（诗·征文选载）──────章德益
心声集（诗四首·征文选载）──────东　虹
车向伊犁行（组诗）──────王燕生
富饶的阿尔泰（诗·外一首）
　　──────（哈萨克族）司马古勒
将军柳（外一首·征文选载）──────高炯浩
杂言篇（讽刺诗二首）──────石　河
歌的歌（诗五首）──────米福松
血染的红杏（小叙事诗）──────陈　青
如花的轮印（诗）──────黄秉荣
将军重上天山顶（诗）──────陈　浩

艺文谈薮
按他说的不"缺德"是何等世界──────陈　艰

棍棒、帽子可以休矣──────余开伟
劝君勿刮"一阵风"──────宋　伟
"刊物质量"管见──────姚泰和

本刊征求封面设计启事
油画写生（两幅）──────张　怀
油画写生（两幅）──────张　威
喜悦（木刻）──────马国裕

1979 年第 10 期　刊名:《新疆文艺》
目录

将军的故事（小说·征文选载）──────安　静
种子随想曲（小说·征文选载）──────礼　魂
雨，静悄悄……（小说·征文选载）──────陆天明
不该忘却的记忆（小说·征文选载）──────段宝珊
钻工的爱情（小说·征文选载）──────傅淶滨
小英雄奴尔古丽（报告文学）──────顾月忠　阿不力孜
百口泉断想（散文）──────胡尔朴

火车来到塔里木
一条长龙出天山（报告文学·征文选载）──────李　叶
缚龙记（报告文学）──────凌国星
新镇灯火（散文）──────宋美效
写在南疆铁路线上（诗三首）──────李武兵
铁道兵诗抄（诗六首）──────张巨民　田玉生等

满江红（词一首）──────李　广
喀什纪游联句（七绝四首）──────殷孟伦　刘君惠
鹧鸪天（词一首）──────殷焕先
少数民族新民歌（九首）──────张世荣等译
帕米尔之歌（组诗）──────陶　阳
克拉玛依礼赞（诗二首·征文选载）──────张红军
人民热爱的歌我最爱（诗·外二首）
　　──────（哈萨克族）倪华德
新长征路上的花絮（组诗·征文选载）──────张德茂
白杨的沉思（诗·外一首）──────喻　晓
愿望（诗）──────（维吾尔族）热合木
祖国啊，我金色的摇篮（诗）────（蒙古族）乌尼乌兰

深批极左思潮，繁荣文艺创作（文讯）──────本刊记者
试谈文艺要为"四化"服务（评论）──由《"歌
德"和"缺德"》想到的──────黎　辉　文　怡

必须肃清"纪要"的流毒和影响（评论）──────张如贤
边城晨曦（木刻）──────韩惠民
天堑变通途（摄影二幅）──────吴成宝
前哨（木刻）──────方　向

欢乐的帕米尔（国画）⋯⋯⋯⋯⋯⋯武曼宜

1979 年第 11 期　刊名:《新疆文艺》
目录

淡绿色的窗帘（小说·征文选载）⋯⋯⋯常　征
黑沉沉的夜（小说·征文选载）⋯⋯⋯凌　愉
鲜红鲜红的石榴汁（小说·征文选载）
⋯⋯⋯⋯⋯⋯⋯⋯尚久骖　吴云龙
塔里木人（小说·征文选载）⋯⋯⋯刘敏左

在准噶尔新的起跑线上（报告文学）⋯⋯郁　松　者　邑

新疆好地方
特克斯草原的希望⋯⋯⋯⋯⋯⋯张承志
沙枣说⋯⋯⋯⋯⋯⋯⋯⋯⋯⋯柳用能

金笔的简历（讽刺诗）⋯⋯⋯⋯⋯刘肖无
荆条（组诗·征文选载）⋯⋯⋯⋯胡佐文
鼓与呼（讽刺诗二首·征文选载）⋯⋯浩　明
生活的浪花（诗四首）⋯⋯⋯⋯⋯杨　树
但愿⋯⋯（诗）⋯⋯⋯⋯⋯⋯钱仲安
塞外新歌（组诗·征文选载）⋯⋯⋯李　瑜
伊　萍　吴士诚　张志先　吴成良　党国栋
草原明珠（组诗）⋯⋯⋯⋯⋯⋯杨　眉
为了诗和幸福而降生（诗）⋯⋯⋯高　深
司机的爱情（诗）⋯⋯⋯⋯⋯⋯黄树盈
铁匠（维吾尔族民间故事）⋯⋯⋯段敬石整理
燕子（锡伯族民间故事）⋯⋯⋯裴德禄搜集整理
神驹（哈萨克族民间故事）⋯⋯⋯甘　露整理
兄弟民族谚语

兄弟民族文学评介
尤格纳克的《真理的礼品》选译
⋯⋯⋯⋯⋯⋯李国香　郝关中译
正确翻译"布勒布勒"一词⋯⋯⋯胡振华
批判极左路线　促进文艺解放（评论）⋯⋯阎国忠

新作短评
写好内部讽刺作品
——短篇讽刺小说《防疫》漫评⋯⋯陆建华
诗趣盎然　痛快淋漓
——读石河的《飞橄集》⋯⋯舒　英　张成觉
活脱脱一个阿凡提
——《翻译苏里坦》读后⋯⋯⋯蒋克新

积累（中国画）⋯⋯⋯⋯⋯⋯李其煜

天地银装（油画）⋯⋯⋯⋯⋯⋯张　怀
河边（雕塑）⋯⋯⋯⋯⋯⋯⋯邱盛林

1979 年第 12 期　刊名:《新疆文艺》
目录

阿凡提的故事（电影文学剧本）⋯⋯⋯王玉胡

命运（小说）⋯⋯（哈萨克族）居玛拜·比拉勒
朋友（小说）⋯⋯（哈萨克族）昆盖·穆卡江乌勒
我心底初开的梅花（小说）⋯⋯⋯尹锡孟
九十九张牛皮堵住的风口（小说）
⋯⋯（哈萨克族）艾克拜尔·米吉提
关于一位伟大母亲的传说（诗）
⋯⋯⋯⋯（维吾尔族）约提库尔
将军啊!　诗在向你呼喊（诗）⋯⋯⋯宣　韦
一个诈骗犯的认罪书（讽刺诗）⋯⋯⋯石　河
功垂千秋（诗）⋯⋯（维吾尔族）艾勒坎木·艾合坦木
群众是真正的英雄（诗）⋯⋯（维吾尔族）铁衣甫江
勘探者的爱情（诗二首）⋯⋯⋯⋯安定一
这是一支唱不完的歌（诗·外一首）
⋯⋯⋯⋯⋯（维吾尔族）阿贝保

影坛花灿烂
——喜看国庆三十周年部分献礼影片有感⋯⋯刘　南
身在现实，怎样离去?　⋯⋯⋯⋯周政保
劝君莫学乌鸦噪⋯⋯⋯⋯⋯⋯杨桂欣

兄弟民族文学评介
发展中的哈萨克族文学⋯⋯⋯⋯⋯张　越
人物头像（写生）
⋯⋯⋯潘丁丁　李锡武　吴奇峰　李　灼
天山飞瀑（木刻）⋯⋯⋯⋯⋯⋯关维晓

1980 年第 1 期　刊名:《新疆文学》
目录

向人民奉献更好的文艺鲜花⋯⋯⋯本刊评论员
《新疆文艺》向建国三十周年献礼征文获奖作品篇目

将军的故事（小说）⋯⋯⋯⋯⋯安　静
母香（历史小说）⋯⋯⋯⋯⋯⋯姜付炬
个人问题（小说）⋯⋯⋯⋯⋯⋯沈贻炜
火车在飞奔（小说）⋯⋯⋯⋯⋯王宗汉
梅花迎春开（散文）⋯⋯（锡伯族）郭基南　忠　录
说"龙"（杂文）⋯⋯⋯⋯⋯⋯流　舟
瀚海诗情（诗四首）⋯⋯⋯⋯⋯章德益

附：青年诗人章德益简介（新疆作家与作品）
································碧波
柔巴依十五首·········（维吾尔族）尼米希依提
先驱·歌手（诗）·······（维吾尔族）斯堪得尔
云雀（诗）·····················郑成义
东风第一枝（词）················李广
天山南北（组诗）·········孙中明　陈友胜
米福松　李武兵等
旅途素描（诗）·······（维吾尔族）买买提夏吾东
诀别（诗）·····················袁文燕
我在草原上漫游（诗）··············雷霆
格则勒（诗）·······（维吾尔族）阿不都秀库尔
豪情、奇想及其他（编辑札记）·········匡满
精心塑造人物（评论）··············丁子人
好一幅"淡绿色的窗帘"（评论）········孙继武
谈《落霞》的人物塑造（评论）·········沙平
喜读《土雨》（评论）··············胡秉中

兄弟民族文学评介
维吾尔族古典诗人赫尔克提的抒情长诗《爱苦相依》
选介·················李国香　梁学忠译
新疆代表在全国第四次文代会上（照片四幅）（封
二、三）·····················宋士敬
封面设计（封面）················李安宁
姑娘追（木刻）（封底）············蒋振华

1980年第2期　刊名:《新疆文学》
目录

无名草（小说）··················肖廉
高高的山尖上（小说）··············何生祖
办公室副主任的一天（小说）··········谢刚
雪地上的花石子（小说）·············李叶
风（小说）·····················李学明

寄天池（散文）··················田间
新疆的水土（杂文）···············陈艰
我绝不退休（杂文）···············范正宁

新疆好地方
漫话察布查尔···················谢碧智
鹿苑话鹿·····················韩冷

江山多娇（组诗）········（哈萨克族）郝斯力汗
附：哈萨克族作家郝斯力汗简介（新疆作家与作品）
唐多令（词）···················刘肖无
七律二首·····················杨柄
你怎样回答生活（诗）··············周涛

附：青年诗人周涛简介（新疆作家与作品）
把白雪变成丝绸（诗）··············杨匡满
握手! 井上靖（诗）···············张志先
蹄声踏碎了月色（诗五首）···········沙鸥
唱给小溪的歌（诗）···············郭正位
呵! 草原（诗）··················洋雨
春（诗、外一首）·······（维吾尔族）阿贝保
天山南北（组诗）
······崔合美　孙涛　高炯浩　王京安　张雪杉
迷恋的灯蛾（诗·外一首）
···············（维吾尔族）吐尔逊·买合买提

试谈周涛诗歌创作（评论）···········郑兴富
谈诗絮语（评论）················卫华
关于题材问题及其他（评论）··········周政保

兄弟民族文学评介
那扎尔和他的《热比亚—赛丁》
···············（维吾尔族）阿不力米提·司马义
人像选登（封二）·········张怀　吴奇峰
人像选登（封三）·········龚建新　蒋振华
封面设计·····················张瑶藁

1980年第3期　刊名:《新疆文学》
目录

买买提处长轶事（小说）·············王蒙
雄心勃勃（小说）·····（哈萨克族）艾克拜尔·米吉提
在接待室里（小说）·····（维吾尔族）祖尔东·萨比尔
边防站长（小说）················唐栋
郑大年小传（小说）···············吴连增
伊犁三题（散文）··········晶华　光群
民族团结奔四化（诗五首）·····一夫　郭维东
李顺强　王子钝　杨竹夫
在新世纪的朝霞里（诗剧）············杨牧
投枪集（诗六首）·······（维吾尔族）克里木·霍加
写在一本书的扉页上（诗）············东虹
心在琴弦上跳荡（诗七首）············宣韦
给剧作家（诗·外二首）·············杨树
南疆吟（诗五首）·················夏冠洲
花的启示（诗三首）···············肖陈
鲜花的选举（诗）················杨峰
奖励优秀作品，繁荣我区创作——自治区文联、文化
局召开文学、戏剧创作座谈会··········本刊记者

获奖作者谈创作
短篇小说杂议···················王蒙
情见而义立····················杨牧

解放思想，勇敢迈步 ···································安 静
我为什么要写《无名草》 ·························肖 廉
不图形似，力求神似 ·······························肖 陈
我爱天山唱天山 ····································周 涛
生活的启示 ·····················艾克拜尔·米吉提
阿凡提艺术形象的再塑造——读电影文学剧本《阿凡
提的故事》有感 ···································刘定中

封面题字 ···茅 盾
封面设计 ···吴奇峰
国画两幅（封二、三） ···························徐庶之

1980 年第 4 期　刊名:《新疆文学》
目录

献上心中的花朵
我们需要《修养》 ·································刘肖无
定风波（词） ·····································孟 扬
信手令（词） ·····································孟驰北
珍藏的记忆（诗） ·······························张德茂
献上我心上的花朵（诗） ·······················贺晓风
春光无限好（散文） ···························王谷林

素素（小说） ·····································宣树铮
幽兰（小说） ·····································常 征
先后（小说） ·····························（回族）白 练
三乘客（小说） ···································郭绍珍
勇敢的猎人（特写） ···············（哈萨克族）马哈坦
害羞的园园（童话） ···························汪海涛

新疆好地方
瀚海访古记 ·······································李现国
塔勒奇的湖光山色 ·······························贾显义

叫我如何是好（诗·外一首）
·································（维吾尔族）铁衣甫江
司玛古勒诗选（五首）
附：生活之路（介绍哈萨克族著名阿肯司玛古勒）
···姚承勋
春歌三唱（组诗） ···········雷 霆 米福松 李 瑜
天山南北（组诗） ···········黄秉荣 陈玉坤 陈友胜
写给诗人艾青（诗） ·······························柏 桦
天山情诗（组诗） ·································孙 涛
颂友情（七律一首） ···························林绍纲
雪莲歌（诗） ·····································齐风扬
老狼、驴子和骆驼（寓言诗） ···················火 华
柜台前（诗） ·····································王凌云
醉马草（散文诗） ·······························党国栋

艺文谈薮
"如坐春风" ·······································美 萱
"美的文学" ·······································丁子人
文艺这面镜子 ·····································晓 峰
说东道西（四则） ·······························宣 韦

带刺的花（创作谈） ···························石 河
沙皇侵华的见证（评论） ·······················雷茂奎
《向导》——绚丽的银幕新花（评论） ···········董 斐

封面题字 ···茅 盾
放歌白云间（国画）（封面） ···················吴奇峰
东方歌舞团演出速写（封二、三） ···肖惠祥 周道银
纺织女工（木刻）（封底） ···············王惠一 方 向

1980 年第 5 期　刊名:《新疆文学》
目录

九个兄弟民族省区文艺期刊在昆明召开编辑工作会议
···本刊记者
不准传（历史小说） ···························刘肖无
附：刘肖无同志创作简介（新疆作家与作品）
···一 丁
冤家（小说） ·····································胡秉中
锦绣前程（小说） ·······························梁寒冰
恶俗（小说） ·····································朱近之

诗人李季永在（散文）——悼念与学习 ···········王谷林
巴蜀行（散文） ·······················尚久骏 吴云龙
重返故乡（散文） ·······························胡振华
怀念（诗）——献给杰出的诗人郭小川
·····························（哈萨克族）库尔班阿里
悼李季同志（诗） ·······························邱 零
孔雀河情思（诗·外一首） ·······················浩 明
呵，瑞雪（诗·外一首） ···························李 宏
告诉我……（诗） ·································韩作荣
关于一首小诗的诗（诗） ·······················赵光鸣
夜，已经 很深很深（诗） ·······················唐大同
给你们吹吹风（诗配画） ···········石 河诗 王建明画

习作园地
把草原和牧民放在心上（诗） ·······（维吾尔族）阿贝保
真情实话热衷肠（小评论） ·······················新 犁
杰依能且欠的聪明儿媳妇（柯尔克孜族民间故事）
《玛纳斯》工作组搜集 张运隆整理
牧鞭与小花（维吾尔族寓言诗） ·······井 亚搜集整理
兄弟民族谚语一束

兄弟民族文学评介
阿凡提和阿凡提的故事 ················ 戈宝权
还要继续解放思想，大胆创作（评论） ···· 晓 明
文艺要以描写今人为主（评论）
——答周政保同志 ·················· 阎国忠
挽回文艺批评的信誉（评论） ·········· 孟驰北
一个生动感人的艺术形象（新作短评）——评安静的
《将军的故事》 ···················· 刘有华

花儿为什么这样红（中国画）（封面） ···· 曹淑兰
文采千秋（版画）（封二） ············ 朱天玲
巡逻（版画）（封三） ················ 关维晓
前哨（版画）（封底） ················ 张 晃

1980 年第 6 期　刊名：《新疆文学》
目录

新疆兄弟民族文学创作特辑
理想之路（长篇小说选译）
　　　　　　　（哈萨克族）贾合甫·米尔扎汗
欠债户（小说） ·········（维吾尔族）祖尔东·萨比尔
菜窖里的孩子（小说） ··········（回族）撒 丁
白发人（小说） ······（维吾尔族）阿力木江·司马益
夜莺与鹦鹉（寓言诗） ····（维吾尔族）伊敏·吐尔逊
祖国与春天（十四行诗二首）
　　　　　　　（维吾尔族）阿不都许库尔
蒙古族谚语诗（二首） ······（蒙古族）苏赫巴鲁
哈萨克族情歌（二首） ·········· 常世杰搜集整理
小蚂蚁（小说） ···················· 虞翔鸣
离岸五十米（小说） ················ 周 涛
翱翔的阿库洛（小说） ·············· 张宝发
上坡（小说） ······················ 林 凡

西域史话
乞寒舞 ···························· 谷 苞
复活（诗） ························ 宣 韦
脑海与汗珠（诗两首） ·············· 章德益
挂甲屯的灯（诗·外三首） ············ 郭文琛
唱给亮晶晶的露珠（组诗） ············ 赵雪勤
我愿裁得一匹瀑布（诗） ············ 柴德森
爱的花束（诗二首） ················ 曹永正
《草原上的小路》的创作及其他（创作谈） ···· 茹志鹃

艺文谈薮
鼓励·指责·争鸣 ·················· 周 菲
谈谈爱情题材的作品 ················ 胡尔朴
"名家"琐谈 ······················ 李永欢
迁徙（中国画）（封面） ·············· 徐庶之

摇篮曲（版画）（封二） ·············· 戈 沙
争妍（中国画）（封三） ·············· 冯 俭
鸡鸣（木刻）（封底） ················ 刘 岷

1980 年第 7 期　刊名：《新疆文学》
目录

啊，这一夜 ························ 陆天明
痛恕 ···························· 杨 牧
边疆人 ·························· 李永欢
乌兰布通之战（历史小说） ············ 关语卿
母亲的歌 ·························· 李 尧
致命的假牙（科学幻想小说） ·········· 彭正辉
许寿相亲 ·························· 徐智勇
戒烟 ···························· 沙 枣
伤 ······························ 韩明仁
这不是开玩笑 ······················ 岩 笛
海德格医生的实验（翻译小说）
　　　　　　　　[美]纳撒尼尔·霍桑
浅谈短篇小说创作中的几个问题 ········ 仲 一

艺文谈薮
"增之一分则长，减之一分则短" ····陈 艰　丁子人
也谈林黛玉的笑与哭 ················ 刘志友
短篇为何不短 ······················ 鲁 墨

容妃（中国画）（封面） ·············· 廉 敏
阿曼尼莎汗（水粉画）（封二）
　　　　　　　（哈萨克族）哈孜艾买提
东国公主（水粉画）（封三） ············ 张 威

1980 年第 8 期　刊名：《新疆文学》
目录

小说
美国专家 Wesmol ·················· 朱 定
黑甜甜 ···························· 波 凡
两个未婚妻 ························ 伊 萍
北风吹 ·························· 朱小宁
无声的春雨 ························ 茹 青

散文
千家万户菜羹香（报告文学） ·········· 刘肖无
天山上的天池（西域史话） ············ 柳用能
哈那斯风物小记（新疆好地方） ·········· 祁子祥

诗歌
岁月与人民（外一首）

·················（维吾尔族）艾勒坎本·艾合坦木

与心谈心·················（维吾尔族）克里木·霍加

喷泉（外二首）·························叶文福

讽刺诗三首···························石 河

南疆诗情（二首）·······················安定一

一根手杖（词）························李 广

边塞新诗（组诗）················洋 雨 王燕生

李武兵 陈友胜 张德茂

原野上的花草（三首）····················罗 飙

学府诗情（外一首）·····················王 堡

禽鸟篇（三首）························文 丙

流浪汉的故事（哈萨克族民间叙事诗）

···················常世杰等翻译整理

评论

打消顾虑，大胆创作·····················寒 辉

冲决束缚的诗，奔向未来的歌

——浅谈杨牧的三篇新作·········舒 英 张成觉

浅评《无名草》························霁 月

新诗话（三则）·············浩 明 王天瑜 刘有华

文艺简讯（一则）······················舒 英

美术

刁羊（油画）（封面）··············（哈萨克族）阿 曼

草原战鹰（木刻）（封二）·················葛德夫

西陲铁流（木刻））（封三）·················于文雅

边疆春早（木刻）（封底）·················董介吾

寄方老师···························孙其祥

柔巴依·················（维吾尔族）乌铁库尔

毡房················（哈萨克族）艾提哈力·吾斯曼

阿拜诗选译················（锡伯族）哈 拜

评论

《玛纳斯》演唱者——居素普·玛玛依·········刘发俊

黎·木塔里甫的文学创作活动及其在现代维吾尔文学

中的地位·········（维吾尔族）艾里坎木·艾合坦木

战斗的岁月，光辉的诗篇——纪念黎·木塔里甫逝世

三十五周年············（维吾尔族）依布拉音·赛都拉

让"自我"回到诗中来·····················谢 冕

艺文谈薮

"诗人必须说真话"——读艾青《和诗歌爱好者谈

诗》有感···························吕大中

《歌德文学》也该"注意社会效果"·············姚泰和

有感于《水浒传》的"流毒"················周政保

兄弟民族文学评介

十八世纪维吾尔族抒情诗人翟梨里诗歌选介

·····························李国香译

美术

火焰山下（中国画）（封面）·················李 灼

转场途中（套色木刻）（封二）···············韩惠民

湖边渔歌（套色木刻）（封三）···············韩承琼

鹭鸶（中国画）（封底）··················舒春光

1980 年第 9 期　刊名:《新疆文学》
目录

小说

月色真美···························宣树铮

寄托······················（回族）阿尔丁夫

背叛了的"维纳斯"······················梁晓声

《变色龙》续传·························华 桦

吐尔地和他的烤羊肉·····················郭从远

不堪回首············（哈萨克族）艾克拜尔·米吉提

阿凡提的故事·························张世荣译

诗歌

青年诗作者创作特辑·······霜 枫 欧阳秋 郭瑞民

潘继鹏 赵 力 赵雪勤 刘龙平 刘 虹 全宪章

（维吾尔族）阿贝保·艾尔肯 艾克拜尔

彩色的吐鲁番························袁 鹰

悼念黎·木塔里甫············（维吾尔族）铁依甫江

人的心是一个世界······················周 涛

写在酷寒的日子里······················袁文燕

1980 年第 10 期　刊名:《新疆文学》
目录

小说

普同仁冒尖儿························韩明人

宝库················（维吾尔族）祖尔东·萨比尔

维吾尔族小说家——祖尔东·萨比尔·········梁学忠

特写镜头···························蔡龙根

懵·······················（回族）撒 丁

野鹿产羔的地方·················尚久骖 吴云龙

散文

在两亿年前的火山口上（新疆好地方）··········王守义

吐鲁番盆地览古记（西域史话）··············光 群

伊犁古都阿里马城（西域史话）·········应松年 洪 波

诗歌

我是青年···························杨 牧

诗人杨牧简介·························碧 波

被砍伐的胡杨··············（维吾尔族）库尔班·巴拉提

我愿作一只鹰隼…………………（维吾尔族）阿尔斯朗
人生寄语（五首）………………………章德益
青春之曲（三首）………………………韩作荣
马雅可夫斯基的阶梯……………………赵光鸣
天山啊，我歌唱你………………………王　也
铁马驰骋…………………………………黄秉荣
八一毛纺厂纪实…………………………杨　树
短诗一束……………………杨　眉　东　虹
赵德金　郭维东　郭文政

评论
讨论短篇小说《三乘客》
一篇背离生活真实的小说………………吕项枫
真实地反映现实生活中的矛盾冲突……刘定中
"敢笑，才是敢生活！"——试评王蒙小说《买买提
处长轶事》………………………………大　慧
来稿来信摘登……………………………余开伟等
造化为师，笔墨寄情
——简评徐庶之的画……………………吴奇峰

美术
放牧（中国画·插页）
幕·翠幕新邻（中国画·封三）
南山三岔沟（中国画·封底）……………徐庶之
麦西列甫（中国画）（封面）……………李　灼
晚秋图（中国画）（封二）………………舒春光

画像·农夫（维吾尔族民间故事二则）
………………………阿不都拉·默罕米迪译
日出东南隅（新疆好地方）……………肖　廉

诗歌
美…………………………………………张志民
河边抒怀（四首）………………（哈萨克族）库尔班阿里
西行偶得（四首）………………（藏族）饶阶巴桑
长江夜歌（二首）………………………唐大同
骆驼（外一首）…………………（维吾尔族）阿贝保
鱼鳞上的诗（四首）……………………陈　青
初冬（散文诗）…………………………顾　城
短诗一束……………………米福松　李　宏
张明理　刘毅然　柏　桦　杨大矛　王建刚

评论
小说《三乘客》讨论
能作弗洛伊德主义的解释吗？…………刘　南
好处要说好，坏处要说坏………………张如贤
"哪儿倒下，在哪儿爬起来！"…………邓美萱
写人，还是写问题？……………………张柔桑
谈《早秋》………………………………吴奇峰

美术
早秋（油画）（封面）……（维吾尔族）买买提·艾依提
想一想（木刻）（封底）………………于永涛　宋席成
文代会剪影（照片）（封二、三）
………………………宋士敬　王卫军　黄　刚

1980 年第 11 期　刊名:《新疆文学》
目录

自治区第三次文代会专辑
在自治区第三次文代会上的祝词
………………………………………司马义·艾买提
在自治区第三次文代会上的贺词………贺绿汀
团结起来，同心同德，努力繁荣
自治区多民族社会主义文艺——在自治区第三次文代
会上的报告……………………………刘肖芜
自治区第三次文代会决议
自治区文联及各协会主席、副主席名单
来自远方的祝愿……………曹　禺　袁文殊
田　间　李　庚　王　蒙　碧　野

小说·散文
靓女港仔碰车记…………………………朱　定
阳台上…………………………………宣树铮
春风吹动罗布麻花………………………张宝发
知了声声………………………………明　人
他向高地跑去……………………………傅滦滨

1980 年第 12 期　刊名:《新疆文学》
目录

小说
深秋，有这样一个女人…………………王　正
难迈的关卡………………（蒙古族）照日格巴图
色丹祭（历史小说）……………………周　非
卖花生的姑娘……………………………邢煦寰
从前的夫妻………………[美]艾·巴·辛格

散文
赵丹同志在新疆的生活片断
………………………（维吾尔族）斯拉吉丁·则帕尔
"仙气"袅袅的火龙洞（新疆好地方）………门海群
香飘野果林（新疆好地方）………郭从远　郭维东

诗歌
心之歌（外二首）………………………霜　枫
雪山诗絮（六首）………………………石　河

心海（三首）—————————————叶延滨
古庙残垣（外一首）————————————舒婷
风·雨·电（外一首）————————————静川
白天和夜晚（外一首）———————————王烨
格则勒（二首）—————（维吾尔族）吾提库尔
塔克拉玛干的欢乐———（维吾尔族）艾则佐夫·哈斯木
短诗一束————————————胡佐文 王凌云

民间故事
孤儿的八十句谎言和四十首谎言歌（哈萨克族民间故事）————————焦沙耶 张运隆翻译整理
长命泉的传说（哈萨克族民间故事）
—————————————尼合买提搜集整理 常世杰译
伶俐的孩子（蒙古族民间故事）—————王 清译

评论
讨论小说《三乘客》
要按文学的特点评价文学作品——————王仲明
棍子、绳子及其他———————————肖 廉
重新恢复同志间的友爱和信任
———————新疆师范大学中文系"学步文学小组"

美术
再来一次（油画）（封面）————————厉 色
通天河饮马（中国画）（封二）—————徐庶之
鹤舞（水印木刻）（封三）———选自四川版画展览会
明月出天山（套色木刻·选自《天山风光画展》）（封底）———————————————薛周琦

1981 年第 1 期　刊名:《新疆文学》

目录

小说
芬———————————————————张宝发
小河在暴涨————————————————波 凡
"姜八百"小记————————————————郭绍珍
心愿——————————————————肖 廉
唐老师和他的学生们————————————徐季光
新蕾篇
婷婷——————————————————李奇渊
附：奏出美的青春旋律————————————晓 芬

散文
伊犁河畔冬猎记（新疆好地方）————————谢善智
新疆的"雪人"（西域史话）—————————柳用能

边塞新诗
西域诗魂（二首）—————————————周 涛

我要回到我的绿洲（外一首）————————杨 牧
石河子——————————————————匡 满
博斯腾湖剪影————————————————浩 明
渠水长流—————————————————李 喻
高原恋——————————————————杨 眉

诗歌
新乌托邦（外一首）————————————宣 韦
月夜（外一首）——（维吾尔族）艾勒坎木·艾合坦木
柔巴依（八首）————（维吾尔族）克里木·霍加
致芳邻（三首）——————————————伊 萍
给冬天——————————————————陈所巨
短诗两首————————————石太瑞 蔡国瑞

评论
讨论小说《三乘客》
我们应当怎样使用"磨刀石"？——————周政保
有真意，合情理，传声色————————胡秉中
是升华，不是丑化————————曹天成 王庆汶

艺文谈
略谈"成就跟着风险"————————————陈艰
日锻月炼，精益求精————————————吴孝成
关于举办自治区三十年民族文学创作评奖的通知

美术
向往（中国画）———————————（苗族）龙清廉
天山消夏图（中国画）———————————谢家道
塞上天鹅湖（套色木刻）—————————徐克昌
雪原赞歌（套色木刻）———————————张 晃

1981 年第 2 期　刊名:《新疆文学》

目录

红柳婚礼（小说）—————————————朱 定
山拜大叔的黑骒马（小说）——————周 涛 赵 北
"老上海"记闻（小说）————————————胡尔朴
月亮，躲进了云层（小说）—————————段宝珊
小河边的野蔷薇（小说）——————谈笑风 王国庆
街头（小小说）——————————————启 海

新疆好地方
雪山动物园（散文）————————————林战青
野核桃沟纪行（散文）———————————贾显义

新蕾篇
心田（组诗）——————————————晓 红
她在她的心境里耕耘（评论）————————杨 牧
细砂集（短诗十九首）———————————袁文燕

黄秉荣　杨　山　文　丙　张满隆　陈友胜　陈　青
王中朝　钱仲安　沈　磊
天山之歌（诗三首）───────（哈萨克族）库尔班阿里
辞庚申，迎辛酉（诗）
　　　　　　　　　　（维吾尔族）买买提·肖吾东
乱云集（组诗）──────────────沙　鸥
戈壁的汗滴（外二首）───────────贺晓风
故乡巴里坤（诗）──────────────赵德金

兄弟民族文学评介
阿不都哈力克·维吾尔诗歌选译────────马树钧译

讨论小说《三乘客》
人物的真实性和性格的多面性（评论）─────郭　澄
也谈《三乘客》是否真实（评论）───────阎国忠
文学批评要求党性和科学性的统一（评论）───刘　宾
有浓度和热度的幽默感（评论）
　　──谈王蒙的三篇小说近作────────曾镇南
山姑娘（中国画）──────────────李　灼
报春花（水印木刻）────────选自四川版画展
春满风城（套色木刻）───────────薛周琦
边城春来早（套色木刻）──────────关维晓
山歌（扉页木刻）─────────────朱天玲
目录剪纸──────────────────许延风

1981 年第 3 期　刊名：《新疆文学》
目录

山民（小说）───────────────唐　栋
包拉提换脑记（科学幻想小说）───────姜付炬
扑向燃烧的星（小说）───────────赵钧海
风从小林子里吹来（小说）──────────陆天明
礼物（小小说）──────────────程赞浦

新蕾篇
周末的晚上（小说）───────────许　文
一支小夜曲──读《周末的晚上》───────肖嗣文
巴州日记（散文）──────────（中国香港）何　达

边塞新诗
迟到的诗意（三首）────────────杨　树
天鹅湖，思索的摇篮（二首）──────────王　也
月牙湖───────────────────罗　飘
诗人篇（三首）──────────────李云鹏
柏树（诗·外一首）───────（维吾尔族）铁依甫江
接羔房（诗·外一首）───────────张德茂
诗呵，我的讽刺诗（诗）──────────石　河
讽刺诗人石河简介────────────碧　波

穿过沙漠（诗）──────────────杨大矛
维吾尔族寓言故事（五则）─────────井　亚译
悔恨莫及（蒙古族寓言故事）────────王　清译

讨论小说《三乘客》
《三乘客》的讨论开扩了我们的思路────────丁子人
讨论《三乘客》部分来稿综述───────本刊记者

时代特征和民族色彩的交融（新疆作家与作品）
　　　　　　　　　　　　　　　　　　陈柏中
"厚积薄发"及其他（艺文谈）────────王天渝

心花（油画）──────────────张　怀
诗配画──────────────放声诗·冯俭画
习作三幅（中国画）────────（达斡尔族）芙列娜
荒漠恋（中国画）─────────────舒春光
兔（胶版刻）──────────────刘　岘

1981 年第 4 期　刊名：《新疆文学》
目录

叶尔羌河畔的一夜（小说）──────────张宝发
夏天的烦恼（小说）────────────李永欢
热的冰（小说）─────────────虞翔鸣
二十五级干部（小说）───────────孟驰兆
读者（翻译小说）────────────[苏]高尔基

新蕾篇
星期天的敲门声（小说）──────────赵聪慧
我们需要这样的"公仆"（短评）───────苇　青
杏仁项链（散文）────────尚久骖　吴云龙
天山桑林曲（新疆好地方）──────────林战青
艺术宝库千佛洞（西域史话）──────────李现国
你为什么这样望着我（诗）───────（哈萨克族）倪毕德
细砂集（短诗二十首）─────────丁　芒　张朴夫
李来顺　李武兵　陈玉坤　高炯浩等
江南吟（组诗）─────────────章德益
走向天山密林（诗·外一首）──────────雷　霆
高高的白杨树（诗）────────────杨兆祥
渤海寄情天山（诗）────────────石　英
重新卷起的浪花（新疆作家与作品）
　　──谈朱定同志的小说创作─────────雷茂奎
谈诗歌的朦胧美（评论）───────────浩　明

艺文谈
深入生活，歌颂"四化"──────────刘定中
艺术的点染────────────────吴功正
有感于欧阳修"为文有三多"───────────王忠志

塔什库尔干之路（水粉画）··············丁　丁
牧归·博格达峰下（中国画二幅）········舒春光
进寨曲（木刻）··························李乃平

1981 年第 5 期　刊名:《新疆文学》
目录

艺文谈

从"惊恐症"谈起··························陈　思
"敢想敢干，百折不挠"··················美　萱
"芳"、"防"、"仿"、"放"··········如阳　金保
从"推理小说"的"旺季"说开去··········陈　艰

春风吹又生（小说）····················梁晓声
于黑子当教授（小说）··················如　心
壁毯的故事（小说）····（维吾尔族）艾尔肯　阿贝保
白野鸡（小说）························陈焕发
近水楼台（小说）······················张景林

新蕾篇

月儿塘边（小说）······················滕道民
谈《月儿塘边》的情节和人物（评论）····仲　一

淡淡的白云（报告文学）················尹锡孟
北国佳丽地（新疆好地方）··············孟驰北
西域景物上笔端（西域史话）············锦秋声

边塞新诗

丝路情丝（首三）······················洋　雨
"鸟车"飞落塔里木······················安定一
采玉歌（外二首）······················孙　涛
吐鲁番情思（三首）··············（回族）杨　峰
呵，果子沟（二首）····················黄树盈
醒来吧，戈壁的土地····················郭维东
酥油草之歌····························东　虹

诗四首································左　齐
诗词四首······························李成瑞
九眼泉（诗）··········（维吾尔族）翟努拉·艾沙
短诗一束
　　····霜　枫　李占学　屈　直　杨连生　沈贻炜

开掘心灵美（评论）
——谈宣树铮短篇小说的艺术特色········胡　剑
繁花（水粉画）························丁　丁
歇（中国画）··························龙清廉
牧鸭（套色木刻）··············选自全军版画展
气象万千（套色木刻）··················朱天玲

1981 年第 6 期　刊名:《新疆文学》
目录

儿童文学之页

友谊的百灵鸟（儿童剧）············赵　清　曹起志
小花帽（小说）························纪　坤
菜地（散文）··························柏　桦
怀念你啊，小阿娅蒂古丽（散文）········李　叶
儿童诗三首············牧　云　张炜群　张德茂

心音（小说）··························安　静
喜庆之余（小说）······（维吾尔族）买买提明·希派
拦车（小说）··························沙　炯
路人（小说）··························姜　磊

仰之弥高（散文）
——向茅盾老师学习····················赵　明
"藐姑仙子下天山"（散文）
——茅盾先生在新疆主持文协工作的点滴回忆
····································（满族）艾　里
新疆的劲草——芨芨（西域史话）········柳用能
民间幽默家赫沙姆和他的幽默故事（兄弟民族文学评
介）··························（维吾尔族）买买
提明·乌守尔介绍　买合木提·买买提搜集

新蕾篇

山泉（外二首）··················赵　力　继　鹏
夜播································李　辉
草原牧歌（二首）··········（维吾尔族）阿贝保
天池（外一首）························晓　虹
明天································王　山
风和树林······························静　川
写给沙海的诗··························赵雪勤
阳春二题······························曹永正
希望································李　敏
晨································刘　虹
他们会走向成熟（评论）················碧　波
边塞花吟（诗五首）····················星　汉

新作短评

为红柳婚礼干一杯··············翟　旭　刘有华
喜读《山民》··························伏　琥
可爱的新人形象
——读《风从小林子里吹来》有感········牛常兴
载歌行（中国画）······················黄　胄
鼓手·汲水妇（中国画）················龚建新
简介龚建新的画························吴奇峰
九家边疆民族地区文学期刊联合广告

1981 年第 7 期　刊名:《新疆文学》
目录

巍巍天山悬丹心（报告文学）
——人民的好医生武健的故事 ⋯⋯⋯⋯⋯⋯李　叶
永不掉队的逃兵（小说）⋯⋯⋯⋯⋯⋯⋯⋯伊　萍
一张一万元人民币（小说）⋯⋯⋯⋯⋯⋯⋯邓　普
春归（小说）⋯⋯⋯⋯⋯⋯⋯⋯⋯⋯⋯⋯雷　霆
艾桑拜老汉和鹿（小说）⋯⋯⋯尚久骖　吴云龙
大补元气（小说）⋯⋯⋯⋯⋯⋯⋯⋯⋯⋯梁寒冰
猎人们（小说）⋯⋯（哈萨克族）卡依洛拉·巴扬拜依

不寻常的歌声（散文）⋯⋯⋯⋯⋯⋯⋯⋯王　嵘
左公柳（散文）⋯⋯⋯⋯⋯⋯⋯⋯⋯⋯杨伯达
茅盾童年琐话（散文）⋯⋯⋯⋯⋯⋯⋯钟桂松
美丽富饶的昭苏（新疆好地方）⋯⋯⋯⋯门海群

六十年⋯⋯（诗）⋯⋯⋯⋯⋯⋯⋯⋯⋯刘肖无
毛主席来到咱桥儿沟（诗）⋯⋯⋯⋯⋯⋯齐　鸣
母亲（诗）⋯⋯⋯⋯⋯⋯⋯⋯⋯⋯⋯⋯霜　枫
诗词二首⋯⋯⋯⋯⋯⋯⋯⋯⋯⋯⋯欧阳克嶷
献给一个挺着胸脯行动的形象（诗）⋯⋯杨　树
亮闪闪的冰河（外一首）⋯⋯⋯⋯⋯⋯陈友胜
草原的乳汁（外二首）⋯⋯⋯⋯⋯⋯⋯王建刚
维吾尔族民歌（两首）⋯⋯⋯（维吾尔族）尼莎汗
文学作品要给人民以前进的力量（评论）⋯王仲明
艺文谈
谈文学这面镜子⋯⋯⋯⋯⋯⋯⋯⋯⋯姚泰和
彩绘丹心照汗青⋯⋯⋯⋯⋯⋯⋯⋯⋯丁子人
"推理小说"也是文学⋯⋯⋯⋯⋯⋯⋯⋯苇　青

本刊一九八〇、一九八一年优秀作品评奖启事

火焰山下葡萄沟·葡萄（水粉画二幅）⋯丁　丁
憧憬（中国画）⋯⋯⋯⋯⋯⋯⋯⋯⋯⋯李　灼
阿肯之歌（油画）⋯⋯⋯⋯⋯⋯⋯⋯⋯刘南生

阿佳儿的巧计（小说）⋯⋯⋯⋯⋯⋯⋯沈　凯
想起了地窝子（散文）⋯⋯⋯⋯⋯⋯⋯周　非
他仍在辛勤地探索（新疆作家与作品）
——访作家周非⋯⋯⋯⋯⋯⋯⋯⋯⋯姚泰和
草原涉猎（新疆好地方）⋯⋯⋯⋯⋯⋯林战青
边塞古城——惠远（西域史话）⋯⋯⋯贾显义

朴素的梦（诗·外一首）⋯⋯⋯⋯⋯⋯宣　韦
岸与潮汐（诗）⋯⋯⋯⋯⋯⋯⋯⋯⋯王家新
大巴山的孩子（诗）
——致杨牧⋯⋯⋯⋯⋯⋯⋯⋯⋯⋯欧阳秋
沉思的毕加索（诗）⋯⋯⋯⋯⋯⋯⋯赵光鸣

边塞新诗
在生活的桑林里（组诗）⋯⋯⋯⋯⋯⋯杨　牧
史书，从沙海里淘出（组诗）⋯⋯⋯⋯李武兵
沙枣花⋯⋯⋯⋯⋯⋯⋯⋯⋯⋯⋯⋯⋯李来顺
采桑女⋯⋯⋯⋯⋯⋯⋯⋯⋯⋯⋯⋯⋯陈　浩
溅着火星的城（三首）⋯⋯⋯⋯⋯⋯韩英珊
珍珠泉，在心中泛波⋯⋯⋯⋯⋯⋯⋯郭瑞民
孔雀河渔歌⋯⋯⋯⋯⋯⋯⋯⋯⋯⋯⋯刘　渊

赤子心曲　诗苑新葩（评论）
——评杨牧的政治抒情诗《我是青年》⋯浩　明
吹奏一支绿色的曲调（评论）——读《新疆文学》的
《边塞新诗》⋯⋯⋯⋯⋯⋯翟　旭　刘有华
团结的花儿最美丽（评论）
——评儿童剧《友谊的百灵鸟》⋯⋯⋯吴寿鹏

对小说《春风吹又生》的反应
热情的歌⋯⋯⋯⋯⋯⋯⋯⋯⋯（四川）杨强敏
夸大了人性的作用⋯⋯⋯⋯⋯（江苏）陆建华

豆蔻年华（油画）⋯⋯⋯⋯⋯⋯⋯⋯⋯张　怀
赶驴（中国画）⋯⋯⋯⋯⋯⋯⋯⋯⋯黄　青
泉边（中国画）⋯⋯⋯⋯⋯⋯⋯⋯⋯龙清廉
罗布泊风光（中国画）⋯⋯⋯⋯⋯⋯⋯舒春光

1981 年第 8 期　刊名:《新疆文学》
目录

新蕾篇
我们"光头班"（小说）⋯⋯⋯⋯⋯⋯程桂林
伞（小说）⋯⋯⋯⋯⋯⋯⋯⋯⋯⋯⋯彭志华
雪花纷纷（小说）⋯⋯⋯⋯⋯⋯⋯⋯周　选
大马（小说）⋯⋯⋯⋯⋯⋯⋯⋯⋯⋯滕道民
石师傅的得意（小说）⋯⋯⋯⋯⋯⋯许学诚
哑巴玉山江（小说）⋯⋯⋯⋯⋯⋯⋯郭从远

1981 年第 9 期　刊名:《新疆文学》
目录

研究鲁迅，学习鲁迅
——纪念鲁迅先生诞辰一百周年⋯⋯⋯仲　明
香岛除夕（小说）⋯⋯⋯⋯⋯⋯⋯⋯朱　定
玫瑰色的尼龙头巾（小说）⋯⋯⋯⋯⋯金　鑫
四牌友（小说）⋯⋯⋯⋯⋯⋯⋯⋯⋯郭绍珍
浅蓝色的裙子（小说）⋯⋯⋯⋯⋯⋯宣树铮

火红的鸡冠花（小说）································韩明人

新蕾篇

走你的路（小说）································秦君忆
探索人的心灵美（短评）··························肖嗣文
我和爸爸（小说）································吴静林
写好人物的转变（短评）··························胡尔朴
X菌的秘密（科学幻想小说）······················彭正辉
两点请求（小说）
·························（哈萨克族）沙依木拉特·卡木扎
微型小说二题···································陈艰

略论鲁迅的编辑思想······························刘长海
生活和文学呼唤着新人
——《新疆文学》若干短篇小说读后···············丁子人
编者的话
柳荫月圆（中国画）······························龙清廉
牧鹅（中国画）·································黄胄
秋思（油画）··································张怀
坐荫（中国画）·································李灼

1981 年第 10 期　刊名:《新疆文学》
目录

在《决议》指引下，繁荣发展我区少数民族文学创作
·························（维吾尔族）阿不列孜·那孜尔
草原的怀抱（小说）······························肖嗣文
贞贞的预言（小说）······························綦水源
卖桃（小说）··································刘景华
遥远而灿烂的星空（小说）························张宝发
乡下伯伯（小说）································唐训华

新蕾篇

天上人间（小说）································黎射萍
夏夜（小说）··································彭志明
窝囊爸爸（小说）································张雪花
短篇要短（短评）································小月

边塞新诗

丝路情丝（三首）································洋雨
大漠之美（外二首）······························章德益
木卡姆（三首）·································张朴夫
康拜因（外一首）································柏桦
苜蓿花开了（外一首）··························王凌云
石榴熟了（外一首）······························郭文政
骆驼（外一首）·································沈贻炜
我是春天的风（诗）······························郭维东
哎，哈力拜克……（诗）···········（维吾尔族）阿贝保

河西走廊（诗·外二首）··························易中天
春思（诗）···································杨山
夏之歌（诗）··································黄东成
细沙集（诗十三首）··················陈青俊　李尚勤
徐志新　屈直　王度　方晴　王京安　（维吾
尔族）哈里木拉提　龙彼德　胡仲仟
车排子的春天（散文·新疆好地方）···············李福欣
高昌古城一瞥（散文·西域史话）·················李现国

艺文谈

开展正确的文艺批评
——纪念鲁迅诞辰一百周年·····················晔冰
阿Q的破毡帽和癞疮疤···························丁尔纲
学习鲁迅小说艺术札记··············刘静生　黄毓璜
黄胄国画四幅

1981 年第 11 期　刊名:《新疆文学》
目录

在自治区鲁迅诞辰一百周年纪念大会上的讲话···谷景生

小说

心的光···································王蒙
静谧的小院···············（哈萨克族）艾克拜尔·米吉提
奇货···································孟都
夏夜的热风··································董立勃
小财神···································虞翔鸣
黑红柳燃起的火焰······························芒锋
送蛋蛋（儿童文学）······························许学诚
茅台酒······························陈黎星　王肇岐
在驿站上（外国作品欣赏）
···············[苏联]格·古利阿　张为民译　何世英校

诗歌
新蕾篇
想念你，松林（组诗）··························汪文勤
这里有诗的闪光（短评）··························章德益
生命的赞歌··································霜枫
致思索者（外二首）······························周涛
关于我的歌（外三首）··························晓虹
爱之歌（四首）·································李瑜
醉了高原（二首）································杨眉
白杨沟采风（二首）······························陈友胜
绿野短笛（三首）································陈玉坤
祖国和爱情（三首）
·················（维吾尔族）阿·穆罕默德伊明　郭志刚译
露···································殷伏

散文

在"刀朗人"的家乡（新疆好地方）⋯⋯⋯⋯李　魂
妈妈⋯⋯⋯⋯⋯⋯⋯⋯⋯⋯⋯⋯⋯⋯田承基

评论

鲁迅作品在新疆——为纪念鲁迅诞辰一百周年而作
⋯⋯⋯（维吾尔族）托乎提·巴克　崔　峰　茜　草译
这一个，就是这一个
——谈话剧《阿Q正传》的改编⋯⋯吴　尚　邢煦寰

美术

赛里木湖畔（油画）⋯⋯⋯⋯⋯⋯⋯⋯刘南生
邻居（木刻）⋯⋯⋯⋯⋯⋯⋯⋯⋯⋯关维晓
春光（套色木刻）⋯⋯⋯⋯⋯⋯⋯⋯陈文进
欲望（木刻）⋯⋯⋯⋯⋯⋯⋯⋯⋯⋯杨方正

1981 年第 12 期　刊名:《新疆文学》
目录

小说

窑洞户的一个傍晚⋯⋯⋯⋯⋯⋯⋯⋯李　叶
清亮的小溪⋯⋯⋯⋯⋯⋯⋯⋯⋯⋯段宝珊
车夫⋯⋯（维吾尔族）加拉黎丁·巴赫拉木　王正民译
岚岚⋯⋯⋯⋯⋯⋯⋯⋯⋯⋯⋯⋯⋯刘宗尧
"黑白花"过关⋯⋯⋯⋯⋯⋯⋯⋯⋯朱延林
沙海珠⋯⋯⋯⋯⋯⋯⋯⋯⋯⋯⋯⋯沙　炯

新蕾篇

绿色的骆驼刺⋯⋯⋯⋯⋯⋯⋯⋯⋯⋯蔡宇知
写出人物的魅力（短评）⋯⋯⋯⋯⋯胡尔朴
纳亚纳尔的老爷（外国作品欣赏）
　　　　　　[印度] 泰戈尔　洛　斯译

散文

红柳桥漫记⋯⋯⋯⋯⋯⋯⋯⋯⋯⋯⋯吴连增
古城莎车访彩绸（新疆好地方）⋯⋯戴德佩　徐大华
格登碑抒怀（西域史话）⋯⋯⋯⋯⋯贾显义

诗歌

边塞新诗
《西行剪影》补遗（五首）⋯⋯⋯⋯张志民
新疆，我的第二故乡⋯⋯⋯⋯⋯⋯⋯杨　树
塔里木的泥土里所诞生的⋯⋯⋯⋯⋯东　虹
诗五首⋯⋯⋯⋯⋯⋯⋯⋯⋯⋯⋯⋯蔡其矫
草原花影（二首）⋯⋯⋯⋯⋯⋯⋯⋯孙　涛
哨卡短歌（二首）⋯⋯⋯⋯⋯⋯⋯⋯何　鹰
祖国，早晨好⋯⋯⋯⋯⋯⋯⋯⋯⋯⋯宣　韦
思归⋯⋯⋯⋯⋯⋯⋯⋯⋯⋯⋯⋯⋯梁学政

短诗一束⋯⋯⋯⋯⋯⋯⋯⋯⋯⋯⋯⋯袁文燕
热带的梦（外一首）⋯⋯⋯⋯⋯⋯⋯王泽群
幸福的诗篇（二首）⋯⋯⋯⋯⋯⋯⋯黄秉荣
短诗三首⋯⋯⋯⋯叶晓山　李占学　王　山

评论

关于文艺批评标准的问题
——读马列主义经典作家文艺论著札记⋯⋯黎　辉
"文人相轻"和"互相残杀"（艺文谈）⋯⋯陈　思
新作短评
充满声色的生活画卷
——读短篇小说《猎人们》⋯⋯（白族）那家伦
洋溢着民族风情的狩猎图⋯⋯⋯⋯⋯施纯青
我读《大马》⋯⋯⋯⋯⋯⋯⋯⋯⋯谭方辉
作家王蒙重返"故乡"（文讯）⋯⋯马文斌　周志卓

美术

南疆风光（油画）⋯⋯（维吾尔族）阿不都克里木
风城牧场（套色木刻）⋯⋯⋯⋯⋯⋯薛周琦
四海为家（套色木刻）⋯⋯⋯⋯⋯⋯关维晓
欢舞（中国画）⋯⋯⋯⋯⋯⋯⋯⋯⋯武曼宜

1982 年第 1 期　刊名:《新疆文学》
目录

反映时代精神，加强边疆特色⋯⋯⋯本刊编辑部

小说·散文

赤诚⋯⋯⋯⋯⋯⋯⋯⋯⋯⋯⋯⋯⋯文乐然
天山明月夜⋯⋯⋯⋯⋯⋯⋯⋯⋯⋯肖　陈

新蕾篇

钻工日记⋯⋯⋯⋯⋯⋯⋯⋯⋯⋯⋯郭渝生
看似寻常最奇崛，成如容易却艰辛（短评）⋯⋯肖嗣文

小小说

前排第一号⋯⋯⋯⋯⋯⋯⋯⋯⋯⋯闵长庆
忠诚⋯⋯⋯⋯⋯⋯⋯⋯⋯⋯⋯⋯⋯唐训华
连长陈老黑⋯⋯⋯⋯⋯⋯⋯⋯⋯⋯王念斯
"西王母"和"和田玉"（西域史话）⋯⋯柳用能
喀什河源头（新疆好地方）⋯⋯⋯⋯孟驰北

诗歌

乡村写生（三首）⋯⋯⋯⋯⋯⋯⋯⋯刘　渊
欢乐的乡村（二首）⋯⋯⋯⋯⋯⋯⋯王凌云
喧闹的山村（五首）⋯⋯⋯⋯⋯⋯⋯郭文政
乡土的消息（二首）⋯⋯⋯⋯⋯⋯⋯赵光鸣
农村诗情（四首）⋯⋯⋯⋯⋯⋯⋯⋯戈　泉

公社短笛（五首）························洋　滔
心弦集（散文诗）······················郭从远
短诗四首·························王野平等

兄弟民族文学之页
歌手（小说）
·············（维吾尔族）祖尔东·沙比尔　王一之译
塔勒奇的森林（散文）·········（回族）文朝霞
小毡房，你好（诗·外一首）·····（锡伯族）哈　拜
色来恰克康的故事（三则）····刘　珉　乌其库搜集整理

评论
争鸣园地
《香岛除夕》是成功之作吗?················刘　宾
从珊珊到玲玲························周政保
在迷纷中寻觅和发现自己（创作漫谈）·······杨　牧
积极深入生活，描写社会主义新人（文讯）
——北疆地区文学座谈会纪要··········刁铁英
读者中来（九则）

美术
病房春暖（油画）·····················高光明
秋波（套色木刻）·····················牧　歌
雪原行旅（胶版画）···················薛周琦
塞外小镇（水彩画）···················谢　凯

散文
阿山蝴蝶沟（新疆好地方）··············浩　明
默默无闻的人（报告文学）··············凌　翔
覆盖与暴露（旅美杂感）················梁学政

兄弟民族文学之页
明日我成亲（小说）·········（维吾尔族）阿不
利米提·阿布都拉　刘国宝译
格则勒六首·······（维吾尔族）铁衣甫江　郝关中译
收获的时刻（诗三首）·······（哈萨克族）巴哈提
艾沙木的笑话（五则）···········赵世杰翻译整理

评论
怎样才能长期坚持业余创作（作家谈创作）····沈　凯
文学批评的地位及其他（文艺随笔）········姚泰和

争鸣园地
陈白露"睡了"没有···················郭　澄
锈损了的灵魂·······················刘长海
揭露也要给人鼓舞····················杨作清

美术
姐妹（中国画）·····················袁民平
春（木刻）················王惠仪　方　向
巴扎归来（中国画）··················武曼宜
春风细雨图（中国画）················朱自谦

1982 年第 2 期　刊名:《新疆文学》
目录

愈合···························朱　定
她、他、它···············尚久骖　吴云龙
纤纤月·························龙　森
摽···························矫　健
马儿哟，你慢些走（新蕾篇）···········景　俊
细节描写与人物性格（短评）···········武　扬
海底行（外国作品选登）·······[法国]皮埃尔·
贝勒马尔　雅克·安托尼　陈积盛　汪宗虎译

诗歌
边塞新诗
天山拾翠·························李云鹏
我自豪，我是开荒者的子孙·············章德益
南疆铁路二题·····················王燕生
我是绿叶（外二首）·················郭维东
叶尔羌河畔的歌（二首）··············李　宏
题给天山························王　烨
旋律··························曹永正
短诗一束·········于宗信　王小未　韩作荣　肖　川

1982 年第 3 期　刊名:《新疆文学》
目录

民族团结新篇
文艺工作者的神圣职责（评论）
··············（维吾尔族）亚生胡达拜尔地
月照菊花滩（小说）··················吴连增
银鹰（小说）
··········（柯尔克孜族）艾斯别克·阿吾汗　肖嗣文译
希望（诗）·····（哈萨克族）库尔班·阿里　成　勋译
柔巴依（诗五首）
··············（维吾尔族）铁衣甫江　郝关中译
延边姑娘（诗）······（维吾尔族）苏里唐·马赫木提
山好水好，只因儿女好（诗）············高　巍

小说
话说"小二五"·····················谈笑风
天池谍影（科幻小说）················彭正辉
生活之歌
··········（维吾尔族）买合麦提·巴尔热西　刘　珉译

小小说
地球照转不误 ————————————— 卢金其
乱套 —————————————————— 唐训华
录用之后 ————————————————— 郑高秀
晨曲 —————————————————— 刘炳超
春漫（新蕾篇）————————————— 茹 青
简略，但要力戒粗疏（短评）————— 小 月

散文·诗歌
这不是梦 ————————————————— 魏钢焰
苍鹰图 —————————————————— 吴君德
葱岭九月红杏熟（新疆好地方）——— 戴德佩
细沙集（短诗二十二首）
　　　　张世荣 张炜群 欧阳秋 李志清等
剪羊毛 —————————————————— 郭正位
夜晚，望满天星星 ——————————— 倩 晴

评论
略谈民族特色（作家谈创作）———— 王玉胡
作家书简 ————————————————— 孟伟哉
言而无文，其行不远（文艺随笔）— 沈仁康

争鸣园地
关于朱定近作的一点审美思考 ——— 邢煦寰
玲玲——值得肯定的典型形象 ———— 刘定中
有益的讨论，可喜的风气（文讯）— 邓美萱

美术
邮递员（油画）—————————————— 胡继杰
春暖花开（套色木刻）————————— 关维晓
春曲（套色木刻）———————————— 于文雅
织花毯（油画）————————（维吾尔族）卓然木

美国见闻 ————————————————— 梁学政
边塞新诗
夕阳·我·昆仑山 ——————————— 杨 牧
草原情思（三首）———————————— 魏志远
"丝路"风情（三首）—————————— 天山雪
我，是一块钢碇 ———————————— 黄 淮

女作者诗页
抒情小诗六首 ————————————— 汪文勤
打谷场上（组诗）———————————— 赵雪勤
故乡（组诗）——————————————— 刘畅园
给孩子（二首）————————————— 傅天琳
失去、找到及其他（三首）————— 林 子
香山红叶（外一首）—————————— 刘 敏
冬（外二首）——————————————— 晓 虹
我的诗（外二首）———————————— 张雪莲

评论
"找到我"论（创作谈）———————— 周鉴铭

争鸣园地
从悲剧的角度看《香岛除夕》———— 郭 挺
辛辣的笔触，善意的用心
——谈《靓女港仔碰车记》的讽刺艺术——— 艾光辉
为"无花果"作传
——读文学传记《林基路》———————— 王仲明
真实的生活，耀眼的光彩
——《窑洞户的一个傍晚》读后 ———— 伏 琥
本刊1980—1981年优秀作品评选获奖篇目

美术
传艺（油画）————————（维吾尔族）阿不都·西库尔
阿山冬夜（中国画）—————————— 王珏元
姑娘追（木刻）————————————— 杨 扬
牧场小景（油画）———————————— 李锡武

1982 年第 4 期　刊名:《新疆文学》
目录

小说
野裁缝 —————————————————— 肖 廉
热能 ——————————————————— 胡尔朴
苦涩的喜酒 ————————————————— 王 正
迷离的月光 ————————————————— 中 兴
游泳池中的小辫子 —————————— 陈 村
新蕾篇
马老头儿 ————————————————— 李明坤
曙色，从天边升起 ——————————— 张际会

散文·诗歌
劝植篇 —————————————————— 丁 朗

1982 年第 5 期　刊名:《新疆文学》
目录

小说
人的颜色 ————————————————— 李 魂
穿警服的姑娘 ————————————— 梁晓声
我的一位邻居 ————————————— 虞翔鸣
丈夫出车了 ————————————————— 徐智勇
途中 ——————————————————— 骆世昌
第七节脊椎骨（新蕾篇）——————— 陈 平

兄弟民族文学之页

铜铃（小说）·····················（维吾尔族）阿布
都热依木·纳斯尔　郝关中译
春日偶感（诗五首）·············（维吾尔族）克里
木·霍加　郝关中译
毛拉则丁故事二则···············（维吾尔族）赫维
尔·吐木尔搜集　忆　萱译

诗歌·散文
边塞新诗
为了爱情，巴格达不嫌远（组诗）··········李　瑜
准噶尔的圣诞节（组诗）················安定一
丝路情丝（四首）·····················洋　雨
呵瀚海，呵戈壁！（外一首）·············莫文征
摇床·······························袁文燕
新"拉郎配"（讽刺诗）··················石　河
孤峰上的姑娘城（西域史话）············柳用能
巴里坤纪行（新疆好地方）··············李现国

评论
坚持政治与艺术的统一，促进文艺创作的繁荣——学
习毛泽东同志《在延安文艺座谈会上的讲话》札记
·································丁子人
感情的积累（艺文谈）··················胡德培
我区小说创作管见（艺文谈）············姚泰和
从高尔基记文学日记谈起（习作辅导）······陈学迅
一篇富有诗力的佳作···················谟　风

美术
追求（中国画）·······················李其煜
箭（油画）·····················（锡伯族）巴光明
新芽（水彩）·························谢　凯
花（油画）···························张　威

1982 年第 6 期　刊名:《新疆文学》
目录

小说
三人行·····························凌　愉
忠诚的尼蟒依·························冯万里
月映粉墙···························许学诚
剪纸奶奶（儿童文学）··················汪海涛
奇特的约会（新蕾篇）··················程桂林
亮亮的小花猫（儿童文学·新蕾篇）·········文　艳
不幸的获胜者（外国作品选登）
·················[美]马克斯·舒尔曼　周福忠译

诗歌
边塞新诗
伊犁河（外一首）·····················周　涛
多情的天山·························柏　桦
草原诗笺（三首）·····················孙　涛
玛纳斯河春晓（外一首）················王凌云
流蜜的夜···························陈　青
我是瀚海人（新蕾篇）··················曹永正
五月的春雨（外一首）··················崔合美
第一代树苗·························李占学

散文
渡"徙多河"记
——葱岭探险之二（西域史话）···········柳用能
故乡的荷塘·························韩　冷
美国是儿童的乐园？（旅美杂感）··········梁学政

评论
争鸣园地
关于《香岛除夕》的创作·················朱　定
人才一变起词章——关于朱定近作··········陈　艰
江山代有才人出（文苑随想）·············西　来
速写和高尔基（习作辅导）···············陈学迅

美术
边防来信（油画）················（维吾尔族）伊　敏
夏窝子（油画）·······················艾　尼
嬉（木刻）···························蒋振华
古城（水粉画）·······················丁　丁

1982 年第 7 期　刊名:《新疆文学》
目录

小说
羊羔肉迷··········（维吾尔族）铁依甫江　郝关中译
艾买提哈吉··················（维吾尔族）阿不都
热赫曼·卡哈尔　王正民译
"花儿"声声·····················（回族）撒　丁
鹅·········（维吾尔族）托乎提·阿尤甫　崔　斌译
炒腰花·····························周莘榆
吐鲁番的葡萄熟了·····················李永欢
社员库纳洪····················（维吾尔族）买木
提明·吾守尔　刘国宝译
沙家湾的喜事··················（回族）姚金海

新蕾篇
如果不是那个夜晚·····················李世勋
人性的复苏（短评）···················小　月

诗歌

前进在宽阔的江面上（二首）⋯⋯⋯⋯⋯霜 枫
沙漠中的城（组诗）⋯⋯⋯⋯⋯⋯⋯⋯⋯杨 眉
大漠诗笺（外二首）⋯⋯⋯⋯⋯⋯⋯⋯⋯郭维东
格登山随笔（外一首）⋯⋯⋯⋯⋯⋯⋯⋯徐启程
细砂集（短诗十九首）⋯⋯⋯（维吾尔族）阿贝保
王忠范 倩 晴 师日新 高炯浩 吴继强 仲 秋
陈玉坤 郭有德 孙秋喊 张常信 于 跃 竹 青
于惠清 郭文政 刘长生

散文

岩穴古尸——葱岭探险之三（西域史话）⋯⋯柳用能
桥山祭⋯⋯⋯⋯⋯⋯⋯⋯⋯⋯⋯⋯⋯⋯杨伯达

评论

反映新旧交替的时代⋯⋯⋯⋯⋯⋯⋯⋯⋯光 群
从伯乐王良谈起⋯⋯⋯⋯⋯⋯⋯⋯⋯⋯⋯西 来
读者中来
勇于开拓新生活的真正强者
——小说《野裁缝》读后⋯⋯⋯⋯⋯⋯⋯陆建华
一个不够真实的形象——《野裁缝》读后⋯⋯章 岚

美术

春光明媚（中国画）⋯⋯⋯⋯⋯⋯⋯⋯⋯牧 歌
戈壁夕照（套色木刻）⋯⋯⋯⋯⋯⋯⋯⋯黄戈捷
摄影习作⋯⋯⋯⋯⋯⋯⋯⋯⋯⋯⋯⋯⋯茹鹏生等
塔河饮马（中国画）⋯⋯⋯⋯⋯⋯⋯⋯⋯徐庶之

1982 年第 8 期　刊名:《新疆文学》
目录

小说

老桥⋯⋯⋯⋯⋯⋯⋯⋯⋯⋯⋯⋯⋯⋯⋯张承志
青光眼⋯⋯⋯⋯⋯⋯⋯⋯⋯⋯⋯⋯⋯⋯春 晓
邻居⋯⋯⋯⋯⋯（维吾尔族）祖尔东·萨比尔 郝关中译
新淘金记⋯⋯⋯⋯⋯⋯⋯⋯⋯⋯⋯⋯⋯郭绍珍

小小说一束

深奥的解释⋯⋯⋯⋯⋯⋯⋯⋯⋯⋯⋯⋯赵光鸣
惯性的湍流⋯⋯⋯⋯⋯⋯⋯⋯⋯⋯⋯⋯褚远亮
A 姑娘的尾巴⋯⋯⋯⋯⋯⋯⋯⋯⋯⋯⋯程万里
燕巢⋯⋯⋯⋯⋯⋯⋯⋯⋯⋯⋯⋯⋯⋯⋯张宗智
家庭纪事⋯⋯⋯⋯⋯⋯⋯⋯⋯⋯⋯⋯⋯江水寒
男子汉宣言⋯⋯⋯⋯⋯⋯⋯⋯⋯⋯⋯⋯韩春旭
老田头二三事⋯⋯⋯⋯⋯⋯⋯⋯⋯⋯⋯焦川平
夜宿（外国作品选登）⋯⋯⋯⋯⋯[俄] A.库普林
张为民译　何世英校

诗歌

边塞新诗
快快乐尔草原牧歌（组诗）⋯⋯⋯⋯⋯⋯杨 树
巩乃斯牧歌（三首）⋯⋯⋯⋯⋯⋯⋯⋯⋯田先瑶
天山（外二首）⋯⋯⋯⋯⋯⋯⋯⋯⋯⋯⋯王 也
天山，唱着歌的小溪（外一首）⋯⋯⋯⋯李武兵
牧鸭歌（外一首）⋯⋯⋯⋯⋯⋯⋯⋯⋯⋯刘 渊
部队生活诗七首⋯⋯⋯⋯⋯贺晓风 马绪英 何 鹰
边塞呵，我的书卷（新蕾篇）⋯⋯⋯⋯⋯王小未
有真情，不造作（短评）⋯⋯⋯⋯⋯⋯⋯鲁 力

散文

沃土⋯⋯⋯⋯⋯⋯⋯⋯⋯⋯⋯⋯⋯⋯⋯那家伦
难忘的少年时代（回忆录）⋯⋯⋯⋯⋯⋯葛明旺
葱岭的葱——葱岭探险之四（西域史话）⋯⋯柳用能

评论

走上文坛的路（艺苑随想）⋯⋯⋯⋯⋯⋯西 来
他在诗的王国里开荒——读章德益近作⋯⋯沈贻炜
来自生活的好诗
——读安定一的《准噶尔的圣诞节》⋯⋯刘长海
读者来信（二则）⋯⋯⋯⋯⋯⋯⋯肖 寒 无 忌

美术

常客（中国画）⋯⋯⋯⋯⋯⋯⋯⋯⋯⋯⋯李留海
歌声遍哨卡（水彩画）⋯⋯⋯⋯⋯⋯⋯⋯丁 丁
谈心·野营地·巡逻天山下·雪原行（套色木刻）
⋯⋯⋯⋯⋯⋯⋯⋯⋯李留海 于文雅 沈邦富

1982 年第 9 期　刊名:《新疆文学》
目录

小说

西望博格达⋯⋯⋯⋯⋯⋯⋯⋯⋯⋯⋯⋯柏 原
家⋯⋯⋯⋯⋯⋯⋯⋯⋯⋯⋯⋯⋯⋯⋯⋯李宽定
杏核⋯⋯⋯⋯⋯⋯⋯⋯⋯⋯⋯⋯⋯⋯⋯刘景华
飘远了，那彩色的云⋯⋯⋯⋯⋯⋯⋯⋯⋯段宝珊
妈妈、姐姐和我⋯⋯⋯⋯⋯⋯⋯⋯⋯⋯⋯王 正
第一笔收入⋯⋯⋯⋯⋯⋯⋯⋯⋯⋯⋯⋯朱斌东
痛苦的追求（新蕾篇）⋯⋯⋯⋯⋯⋯⋯⋯王巧云
清水出芙蓉，天然去雕饰（短评）⋯⋯⋯小 月

兄弟民族文学之页
一个值五百元的玩笑（小说）
⋯⋯⋯⋯⋯⋯（维吾尔族）加拉力丁·拜合拉木
阿勒泰（诗）⋯⋯⋯⋯⋯（哈萨克族）库尔班·阿里
她应该属于谁（维吾尔族民间故事）⋯⋯赵世杰译
哈萨克族民间笑话（四则）

　　　　　　　　焦沙耶　张运隆翻译整理

诗歌

敦煌行（二首）……………………………刘维钧
题月牙泉（外一首）………………………林　染
叶城烈士陵园………………………………韩英珊
从草原到北京（组诗）……………………王建刚
葡萄沟之夜（外一首）……………………子　页
蜃景…………………………………………傅金城
短诗一束……………………………………陈　青
翼　华　丁　芒　陆　萍　王中朝　叶　苏　杨永年
杨　弓　张小平　郭文政　赵丽宏　李来顺

散文

克孜库尔干传奇
——葱岭探险之五（西域史话）………柳用能
雪山玫瑰香（新疆好地方）………………马建勋

评论

赞美新时期的边疆风貌……………………刘定中
笋的启示（艺苑随想）……………………西　来
朴实而隽永的乡村风情画（新作短评）…张　莹
"应该扫荡那些看不见的蛛丝"（新作短评）…边　谷

美术

女教师（中国画）…………………………吴奇峰
水嬉（木刻）………………………………杨生丁
向往（油画）………………………………张　怀
草原觅诗（中国画）………………………雷中岫

1982 年第 10 期　刊名:《新疆文学》
目录

新蕾创作特辑

隙（小说）…………………………………汪文勤
一支老垦荒的歌（小说）…………………董立勃
牛背上有只鹰（小说）……………………吴静林
烦恼（小说）………………………………任　峪
领奖（小说）………………………………施励斐
带露的鲜花（短评）………………………小　木
早晨，我向你走来（外五首）……………杨　云
生命，从这里出发（诗）…………………谷　闰
欢乐的乡村（诗三首）……………………王凌云
在开垦的土地上（诗三首）………………赵雪琴
苇笛（诗）…………………………………曹汉俊

小说

客路青山下…………………………………赵光鸣

已是夜阑时分………………………………李　叶
瓦蓝的鸽子…………………………………朱延林
陨石和星……………………………………傅滦滨

诗歌

中国，向世界发言——欢呼十二大召开……程　思
新城，一个雨后的清晨……………………高炯浩
哺乳………………………………………陈　青
大风呵（外二首）…………………………静　川
帕米尔写意…………………………………尚锡静
雨霁（外一首）……………………………董黎明
诗词九首………………王孟扬　杨竹夫　欧阳克嶷

散文

一个历史的大丰收…………………………立　力
农场一日……………………………………柏　桦
因为有了他，地球变小了…………………文乐然
艾莱尔………………………………………门海群

评论

让文学迸发出共产主义的思想火花………孟驰北
文人的"相轻"和"相亲"（文艺随想）……西　来
从生活的起点重新开始（作家谈创作）…周　涛
不妨学写创作札记（学习辅导）…………张大明

美术

饮水思源（中国画）………………………徐庶之
共饮一泉水（木刻）………………………杨生丁
社员之家（木刻）…………………………翟　奋
艺海拾贝（木刻）…………………………韩承京
阿尔泰情歌（油画）………………………朱雪丁
裒娜（中国画）……………………………龚建新

1982 年第 11 期　刊名:《新疆文学》
目录

小说

23 系 X 红心脆……………尚久骖　吴云龙
白瓷的蜗牛…………………………………金　鑫
谜……………………………………………宣树铮
明珠…………………………………………肖嗣文
考察…………………………………………李醒民
新蕾篇
一个月儿弯弯的夜晚………………………叶华青
弯弯月夜不平静（短评）…………………小　木
墙……………………………………………孙　斌
拆去这堵"墙"吧（短评）…………………小　月

诗歌

边塞新诗

野玫瑰（六首）──────────────杨 牧

丝路情丝（四首）──────────────洋 雨

雪峰────────────────────塞 青

准噶尔风情（二首）────────────李 新

种田的母亲和拿枪的儿子──────────王小未

撒在绿洲上的花瓣────────蓝鸿恩 苏 予 柳 溪

万忆萱 任大霖 张贤亮 韩汝诚 黎先耀 伊 始

我的米兰开花了─────────────刘肖无

给妈妈的信──────────────汪文勤

带刺儿的歌（讽刺诗四首）──────────石 河

散文

通天河今昔（西域史话）──────韩 冷 齐尚明

生命的矿藏────────────────罗志宏

哈萨克族寓言四则────────（哈萨克族）哈斯木汗·

突尼克巴依搜集 郝关中译

评论

创作杂谈（作家谈创作）──────────邓友梅

提倡豪放、刚健的诗风────────────余开伟

新作短评

一座层叠着回忆与思考的"老桥"

──────────────杨晓芬 周政保

青春理想与市侩实际主义─────────陈 艰

美术·摄影

长啸图（中国画）──────────────舒春光

全面开创社会主义现代化建设的新局面（宣传画）

──────────────────────李留海

我区文艺界庆祝十二大胜利召开座谈会（摄影）

──────────────────────邱 零

风雪途中（水粉画）──────────────丁 丁

1982 年第 12 期 刊名:《新疆文学》
目录

小说

死鹿──────────（维吾尔族）阿扎提·苏勒坦

考场内外──────────────────谢 刚

天苍苍、野茫茫──────────────礼 魂

边塞曲──────────────────李远茂

小蕙──────────────────李奇渊

人＝人?──────────────────王 歌

笔重千斤──────────────────刘长海

没留下任何一句话（外国作品选登）

──────────[苏]D.霍连德罗 陆 兵译 张文云校

诗歌

边塞新诗

哈密拾零────────（维吾尔族）克里木·霍加

郝关中译

牧家风情──────────（蒙古族）阿拉坦托娅

边疆春夜──────────────────郭正位

采自博斯腾湖的浪花───────────徐志新

高高的喀喇昆仑───────────────杨 眉

金黄，在绿色的基点上──────────刘尧锡

新疆好地方───────────────毛 锜

克拉玛依即事───────────────刘肖无

七绝二首·游天池──────────────马畏安

七律二首────────────────马千希

新蕾篇

塑造（外三首）─────────────贺海涛

少女──────────────────杨 辉

给空间添点异彩──────────────赵北明

初放的花朵（评介）──────────────碧 波

水乡（组诗）───────────────霜 枫

南国果乡行────────────────杨远宏

山的变迁──────────────────宣 韦

散文

我是新疆人───────────────海 笑

海的赞歌（新疆好地方）──────────如 心

评论

维吾尔族著名的爱国诗人──纪念黎·穆塔里甫诞生

六十周年─────────────────雷茂奎

一帧赠字的联想（艺苑随想）──────────西 来

箱底儿及其他（作家谈创作）──────────林斤澜

个别描写与描写个别（文艺随笔）────────浩 明

美术

春到塞外（中国画）──────────────徐庶之

边陲春晓（套色木刻）──────────────薛立柱

新疆写生选（中国画）──────────────黄国强

初雪（摄影）───────────────孙家斌

1983 年第 1 期 刊名:《新疆文学》
目录

小说

两个中国人────────────────朱 定

在高高的寺塔下·······褚远亮
黎明的山谷·······徐智勇
无韵《离骚》·······刁铁英
小小说一组·······胡秉中 姚泰和
孙 勤 王晓建 张 明 曾 捷 唐异常 黄启忠
十月桃（新蕾篇）·······（维吾尔族）艾尔肯

诗歌
边塞新诗
我们没有别的选择·······宣 韦
戴花帽的邻居·······孙 涛
古丝绸之路剪影·······万忆萱
满山满谷的深情·······王建刚
我赞美·······刘 章
心鼓（外一首）·······陈 青
鹰（外一首）·······杨 弓
霞光里，我们铲平着地窝子·······石 河
铁托与花（外一首）
·······（维吾尔族）铁衣甫江 王一之译
七律二首·······胡若椴
乡村少女（外一首）·······廖亦武
彩色的音响·······王安艺
颐和园怀古（六首）·······（蒙古族）查 干
我是农民，我爱泥土·······陈官煊

散文
他们永远年轻·······吴连增
天山月·······烨 冰
新疆三绝（外一则）·······陈 理
索取的和付出的·······周 非
评论
认识自己，认识生活，探寻新的美（作家谈创作）
·······（哈萨克族）艾克拜尔·米吉提

习作辅导
开始你的创作之前·······鲁 力
走向成功的"捷径"——写你最熟悉的·······武 扬
贵在创新·······杨作清
浸泡在心理波流中的现实描写——读《白瓷的蜗牛》
·······漠 风
文讯（二则）

美术
雪山驮运（中国画）（封面）·······徐庶之
赵望云作品选登（中国画）（封二）
徐庶之作品选登（中国画）（封三）
岭上行（中国画）（封底）·······赵望云

1983 年第 2 期　刊名:《新疆文学》

目录

小说
白猫之死·······梁晓声
迁墓人·······（哈萨克族）艾克拜尔·米吉提
过敏·······李醒民
余震·······段宝珊
乡里故旧·······王吉呈
杨嫂·······王 蓬
晚风·······蔡宇知
阴晴圆缺（大学生小说园地）·······曹守佳
小鹰（儿童文学征文）·······芒 果

诗歌
边塞新诗
寄自遥远的雪山哨卡（五首）·······瞿 琮
为了爱情，巴格达不嫌远（四首）·······李 瑜
维吾尔农家（三首）·······刘 渊
边塞诗踪（四首）·······梁上泉
甜菜丰收了·······杨 树
大戈壁（外二首）·······阳 飏
花的草原·······张德茂
给逝去的老祖母（外一首）·······顾 城
留给世界的印象（三首）·······贺东久
泉（外一首）·······辛 勤
我爱（外一首）·······巩胜利
洒水车、春雨·······张 宁 逸 狮

散文
风雪邮路（报告文学）·······肖复兴
驼城（新疆历史掌故·外一则）·······陈 理
伊犁庙散记·······张占生
维吾尔族小幽默·······乔家儒 陈桂兰译

新蕾篇
靠山·······孙国华
《靠山》编后感·······小 月
爸爸、妈妈和我（组诗）·······谷 闰
读谷闰同志诗后（评介）·······章德益

评论
回到现实主义，回到民族传统（作家谈创作）
·······汪曾祺
做生活的富有者（习作辅导）·······罗 雨
"伦敦雾"的启发·······邢煦寰

美术

舞蹈（中国画）（封面）⋯⋯⋯⋯⋯⋯⋯龚建新

万象更新（剪纸）（封二）⋯⋯⋯⋯⋯⋯陈　竞

迎春篇（篆刻）（封三）⋯⋯⋯⋯⋯⋯陈祥铿

撒鹰图（中国画）（封底）⋯⋯⋯⋯⋯李　灼

1983 年第 3 期　刊名:《新疆文学》
目录

小说

雪路⋯⋯⋯⋯⋯⋯⋯⋯⋯⋯⋯⋯⋯张承志

空箱里的遗物⋯⋯⋯⋯⋯⋯⋯⋯⋯⋯李　叶

蒲公英⋯⋯⋯⋯⋯⋯⋯⋯⋯⋯⋯⋯郭从远

路，不过才开始（大学生小说园地）⋯董立勃

胡杨深处（新蕾篇）⋯⋯⋯⋯⋯⋯郭书玉

结尾的艺术⋯⋯⋯⋯⋯⋯⋯⋯⋯⋯杉　林

人生一台戏⋯⋯⋯⋯⋯⋯⋯⋯⋯⋯清　波

奇怪的小旅客（儿童文学征文）⋯⋯汪海涛

品质（儿童文学征文）⋯⋯⋯⋯⋯王巧云

小老虎上学（儿童文学征文）⋯⋯⋯茹　青

诗歌

边塞新诗

荒原祭（外一首）⋯⋯⋯⋯⋯⋯⋯周　涛

戈壁，玫瑰色的一天（组诗）⋯⋯⋯李老乡

塞上写意（四首）⋯⋯⋯⋯⋯⋯⋯肖　川

天鹅湖之思（组诗）⋯⋯⋯⋯⋯⋯田先瑶

蒙根其其格⋯⋯⋯⋯⋯⋯⋯⋯⋯⋯林　染

他，走来了（外一首）⋯⋯⋯⋯⋯陈友胜

阳关·酒泉⋯⋯⋯⋯⋯⋯⋯⋯⋯陈皋鸣

生命的歌（二首）⋯⋯⋯⋯（回族）高　深

大漠抒情诗⋯⋯⋯⋯⋯⋯⋯⋯⋯郭维东

天山派⋯⋯⋯⋯⋯⋯⋯⋯⋯⋯⋯田　奇

草原一日⋯⋯⋯⋯⋯⋯⋯⋯⋯⋯屈　直

采自故乡的草莓（四首）⋯⋯⋯⋯李云鹏

君子兰⋯⋯⋯⋯⋯⋯⋯⋯⋯⋯⋯刘肖无

教训⋯⋯⋯（哈萨克族）库尔班·阿里　常世杰译

我的理想是云（外二首）⋯⋯⋯⋯魏　明

边卡情思（散文诗二章）⋯⋯⋯⋯谢善智

散文

塑像的复活⋯⋯⋯⋯⋯⋯⋯⋯⋯丁　朗

甜甜的土地（我与新疆）⋯⋯⋯⋯吴连增

浑不似——胡拨四（新疆历史掌故·外一则）⋯陈　理

夜读《生活的矿藏》⋯⋯⋯⋯⋯⋯秦俊武

评论

愿脱颖新蕾早日蔚为嘉卉

——读《新疆文学》"新蕾篇"若干短篇小说⋯丁子人

观察——作家的"第二天性"（习作辅导）⋯⋯李　沛

艺术家文化素养小议（艺苑随想）⋯⋯⋯西　来

多一点地方色彩（文艺随笔）⋯⋯⋯⋯沐　明

美术

睦邻（中国画）（封面）⋯⋯⋯⋯⋯李　灼

雕塑三幅（封二）⋯⋯⋯⋯杨勇健　薛天云

校园（套色木刻）（封三）⋯⋯⋯⋯关维晓

姊妹情（油画）（封底）⋯⋯⋯（维吾尔族）米娜娃

1983 年第 4 期　刊名:《新疆文学》
目录

小说

网（中篇小说）⋯⋯⋯⋯⋯⋯⋯⋯文乐然

森林之谜⋯⋯⋯⋯⋯⋯⋯⋯⋯⋯虞翔鸣

弯弯的小河（大学生小说园地）⋯⋯周晓峰

圆圆的红气球⋯⋯⋯⋯⋯⋯⋯⋯春　晓

啊，编织⋯⋯⋯⋯⋯⋯⋯⋯⋯⋯赵钧海

小小说

一碗米汤的风波⋯⋯⋯⋯⋯⋯⋯礼　魂

庆幸⋯⋯⋯⋯⋯⋯⋯⋯⋯⋯⋯唐训华

万年青⋯⋯⋯⋯⋯⋯⋯⋯⋯⋯林培堂

诗歌

留在那拉提的夜歌（外一首）⋯⋯宣　韦

少女（外一首）⋯⋯⋯⋯⋯⋯⋯魏志远

马，疯狂地奔驰（外一首）⋯⋯⋯静　川

木屋（外一首）⋯⋯⋯⋯⋯⋯⋯雷　霆

春染边塞⋯⋯⋯⋯⋯⋯⋯⋯⋯陈青俊

草原与牧人⋯⋯⋯⋯⋯⋯⋯⋯刘宗文

牧·牧归·雪山⋯⋯⋯⋯⋯⋯⋯何　鹰

春夜阿吾勒（外一首）⋯⋯⋯⋯王京安

诗行，在工厂闪光（二首）⋯⋯⋯秦安江

山谷里，一座水电站正在兴建（外一首）⋯东　虹

啊，故乡的河⋯⋯⋯⋯⋯⋯⋯⋯祁　智

太阳、大地（外一首）⋯⋯⋯⋯李尚勤

大自然情趣（三首）⋯⋯⋯⋯尚锡静　张永海

哈哈镜（外一首）⋯⋯⋯⋯⋯⋯傅玉咨

春（外一首）⋯⋯⋯⋯⋯⋯⋯⋯易　山

电杆，我的侣伴⋯⋯⋯⋯⋯⋯⋯冯仰田

牧场之夜⋯⋯⋯⋯⋯⋯⋯⋯⋯王忠范

散文

农友情——回场手记⋯⋯⋯⋯⋯杨　牧

半片太阳的颜色⋯⋯⋯⋯⋯⋯⋯许学诚

将军退敌（新疆历史掌故·外一则）⋯⋯⋯⋯陈　理

评论
门槛札记⋯⋯⋯⋯文乐然
有教育意义且能感人
——评长篇小说《秘密使者》⋯⋯⋯⋯邢煦寰
在"变"与"不变"中坚持现实主义⋯⋯⋯⋯郭　挺

美术
孔雀河小景（水粉画）（封面）⋯⋯⋯⋯葛德夫
上坡路（油画）（封二）⋯⋯⋯⋯段　丽
田园林带（套色木刻）（封三）⋯⋯⋯⋯于文雅
梨园（水粉画）（封底）⋯⋯⋯⋯葛德夫

1983 年第 5 期　刊名:《新疆文学》
目录

《新疆文学》"新蕾"创作奖评奖揭晓
小说
萨都拉卖胡桃⋯⋯⋯⋯刘肖无
卖蛋人⋯⋯⋯⋯朱斌东
三条石阶⋯⋯⋯⋯黄佳星
八婶⋯⋯⋯⋯张　武
波澜⋯⋯⋯⋯王守运
公共车上⋯⋯⋯⋯孙　斌
她理解了一点点⋯⋯⋯⋯楚秀媛
顶职第一天（新蕾篇）⋯⋯⋯⋯张蜀徽
后娘（大学生小说园地）⋯⋯⋯⋯戴明忠

诗歌
边塞新诗
冬不拉曲（外二首）⋯⋯⋯⋯洋　雨
荆棘、火种与烧荒者⋯⋯⋯⋯章德益
塞外弦歌⋯⋯⋯⋯胡　笳
游戏和哲理⋯⋯⋯⋯何　来
写给军人的妻子（组诗）⋯⋯⋯⋯翼　华
故乡的桔（外一首）⋯⋯⋯⋯柏　桦
在秋天拾起的（外二首）⋯⋯⋯⋯刘福春
重唱（外一首）⋯⋯⋯⋯柴与言
农家作客（七律二首）⋯⋯⋯⋯马千希
春天的剪影（二首）⋯⋯⋯⋯马骏祥
城里来的女孩子（散文诗·外三章）⋯⋯⋯⋯董立勃
种子、嫁接、泉（散文诗三章）⋯⋯⋯⋯秋　原

散文
再记边疆的春天（我与新疆）⋯⋯⋯⋯碧　野
凤凰城（新疆历史掌故）⋯⋯⋯⋯陈　理

评论
象征、寓意的层叠：张承志小说中的"诗"⋯⋯周政保
文乐然小说创作散议⋯⋯⋯⋯雷茂奎

美术
为探远亲得意归（中国画）（封面）⋯⋯⋯⋯徐庶之
国画二幅（封二）⋯⋯⋯⋯舒春光　谢家道
叶尔羌河上（中国画）（封三）⋯⋯⋯⋯黄　胄
深山客至图（中国画）（封底）⋯⋯⋯⋯李　灼

1983 年第 6 期　刊名:《新疆文学》
目录

小说
小梅⋯⋯⋯⋯滕道民
网破⋯⋯⋯⋯张宝发
年逾花甲⋯⋯⋯⋯张瑞成
特别家书⋯⋯⋯⋯李彦清
爱情测验及其结局⋯⋯⋯⋯李世勋
生命临界线⋯⋯⋯⋯郭培中
春姑娘大战天山王（儿童文学）⋯⋯⋯⋯冉　红
小城黄昏（大学生小说园地）⋯⋯⋯⋯王　念

小小说
年龄⋯⋯⋯⋯（哈萨克族）艾克拜尔·米吉提
斑点⋯⋯⋯⋯王巧云
小说与新闻⋯⋯⋯⋯邱美云
朋友⋯⋯⋯⋯冯　真　冯绍宣
把把糖⋯⋯⋯⋯李明德

诗歌
青年诗页⋯⋯⋯⋯郭有德　刘　敏　魏　明　晓　虹
张小平　汪文勤　董黎明　曹汉俊　庞颖洁　徐志新

九叶新绿
影子和真实（外一首）⋯⋯⋯⋯郑　敏
雨景（外一首）⋯⋯⋯⋯辛　笛
抗旱歌⋯⋯⋯⋯袁可嘉
水⋯⋯⋯⋯杜运燮
断思（外一首）⋯⋯⋯⋯唐　湜
亮星的归来（外二首）⋯⋯⋯⋯陈敬容
烽火台（外一首）⋯⋯⋯⋯唐　祈
云的遐想（外一首）⋯⋯⋯⋯杨　凤

散文
银色的舷梯（报告文学）⋯⋯⋯⋯李　桦
古城子（新疆历史掌故）⋯⋯⋯⋯陈　理
无名草⋯⋯⋯⋯赵淑萍

评论

《青年诗丛》"序"及"集后"┄┄┄┄贺敬之 周良沛
给孩子们更多更美好的精神食粮┄┄┄丁子人
捕捉偶然，表现偶然┄┄┄┄┄┄┄┄邓美萱

美术

驼背小学·柯尔克孜族姑娘（中国画）（封一、二）
┄┄┄┄┄┄┄┄┄┄┄┄┄┄┄┄┄┄黄 胄
雪山牧童（水粉画）（封三）┄┄┄┄┄丁 丁
大马鹿（中国画）（封三）┄┄┄┄┄┄雷中崤
春声（中国画）（封四）┄┄┄┄┄┄┄蔡 斌

1983 年第 7 期　刊名:《新疆文学》
目录

小说

婚礼按期举行（大学生小说园地）┄┄┄陈 垦
通往心灵的路（大学生小说园地）┄┄┄余锡频
何去何从┄┄┄┄┄┄┄┄┄┄┄┄┄王金年
但愿人长久┄┄┄┄┄┄┄┄┄┄┄┄文 风
我师傅就是这样┄┄┄┄┄┄┄┄┄┄蓝春荣
青山高又高┄┄┄┄┄┄┄┄（回族）文朝霞
大车梁二哥┄┄┄┄┄┄┄┄┄┄┄┄夏 霖
晨恋┄┄┄┄┄[美]福兰克·斯托克敦 艾 文译

诗歌

杨树爱情诗选┄┄┄┄┄┄┄┄┄┄┄杨 树
细砂集┄┄┄┄┄倩 晴 杨 眉 师日新 沈贻炜
顾丁崑 喻 晓 春 华 陆 萍 屈 直 蒋有潭
刘 渊 张常信 金克义 张朴夫 高献中

散文

火┄┄┄┄┄┄┄┄┄┄┄┄┄┄┄┄孟驰北
草原牧曲┄┄┄┄┄┄┄┄┄┄┄┄┄陈淀国

评论

虚构二题┄┄┄┄┄┄┄┄┄┄┄┄┄胡永年
艺术魅力从何而来
——看影片《人到中年》杂感┄┄┄┄刘 南
好在短而精
——读《新疆文学》八三年第一期"小小说"有感
┄┄┄┄┄┄┄┄┄┄┄┄┄┄┄┄┄竹 冰

美术

早汲清泉（中国画）（封面）┄┄┄┄┄朱自谦
晨曲·迷途幼驼（木刻）（封二）┄薛立柱 刘 岘
小天鹅（油画）（封三）┄┄┄┄┄┄杨天晴
婆媳俩（中国画）（封底）┄┄┄┄┄┄董振堂

1983 年第 8 期　刊名:《新疆文学》
目录

克拉玛依专号
报告文学·散文

吾将地下而求索（报告文学）┄┄┄┄刘肖无
大漠奇观（报告文学）┄┄┄┄┄┄┄吴连增
从草原到碱滩（报告文学）┄┄┄┄┄萧嗣文
生命与能（报告文学）┄┄┄┄┄┄┄矫 健
克拉玛依三题（散文）┄┄┄┄┄┄┄胡秉中
哦，你这青蛋蛋（速写）┄┄┄┄┄┄张红军
魏家大嫂（速写）┄┄┄┄┄┄┄┄┄宋德崇

小说

荒漠与人（中篇小说）┄┄┄┄┄┄┄文乐然
魔鬼城的古堡下┄┄┄┄┄┄┄┄┄┄谢 刚
荒沼与火┄┄┄┄┄┄┄┄┄┄┄┄┄赵光鸣
孙二妹和她的画┄┄┄┄┄┄┄┄┄┄傅溇滨

诗歌

油城掠影（三首）┄┄┄┄┄┄┄┄┄杨 牧
成吉思汗山下（外二首）┄┄┄┄┄┄周 涛
预感┄┄┄┄┄┄┄┄┄┄┄┄┄┄┄曹永正
孙公碑（外三首）┄┄┄┄┄┄┄┄┄陈皋鸣
克拉玛依（外二首）┄┄┄┄┄┄┄┄章德益
脚踏天山（外一首）┄┄┄┄┄┄┄┄张 耐
荒漠铜像┄┄┄┄┄┄┄┄┄┄┄┄┄刘龙平
钻塔之夜（外三首）┄┄┄┄┄┄┄┄欧阳秋
下班归来（外一首）┄┄┄┄┄┄┄┄李培智
百口泉抒情┄┄┄┄┄┄┄┄┄┄┄┄王天渝

美术

乐在其中（中国画）（封面）┄┄┄┄┄申西岚
天山深情·边陲晨曲（木刻）（封二）
┄┄┄┄┄┄┄┄┄┄┄┄张 晃 周 琦
我和姐姐照个像（中国画）（封三）┄┄邹广林
秋赋图（中国画）（封底）┄┄┄┄┄┄林 峰

1983 年第 9 期　刊名:《新疆文学》
目录

小说

快活老子（中篇小说）┄┄┄┄┄┄┄江水寒
克拉美丽的彩带┄┄┄┄┄┄┄┄┄┄韩明人
逝┄┄┄┄┄┄┄┄┄┄┄┄┄┄┄┄杨晓芬
阿菊的故事（大学生小说园地）┄┄┄颜昌海
夫妻┄┄┄┄┄┄┄┄┄┄┄┄┄┄┄李好学

发生在泉边的事⋯⋯⋯⋯⋯⋯⋯⋯武鸿鸣

小小说一束
比较法⋯⋯⋯⋯⋯⋯⋯⋯⋯⋯冯绍荣
权⋯⋯⋯⋯⋯⋯⋯⋯⋯⋯⋯⋯文　艳
奖⋯⋯⋯⋯⋯⋯⋯⋯⋯⋯⋯⋯王晓建
童心与母爱⋯⋯⋯⋯⋯⋯⋯⋯董黎明
便乘⋯⋯⋯⋯⋯⋯⋯⋯⋯⋯⋯程建国
眼睛⋯⋯⋯⋯⋯⋯⋯⋯⋯⋯⋯王　雪
勤奋⋯⋯⋯⋯⋯⋯⋯⋯⋯⋯⋯沙　炯

诗歌
人生之旅⋯⋯⋯⋯⋯⋯⋯⋯⋯叶延滨
山的随想（外一首）⋯⋯⋯⋯李发模
听涛（外一首）⋯⋯⋯⋯⋯⋯咏　慷
乡音⋯⋯⋯⋯⋯⋯⋯⋯⋯⋯⋯王　庆
赠友人陈能宽同志⋯⋯⋯⋯⋯胡若碫

边塞新诗
将军与城（组诗）⋯⋯⋯⋯⋯李　瑜
雪峰与火洲（四首）⋯⋯⋯⋯梁上泉
边地主题三首⋯⋯⋯⋯⋯⋯⋯昌　耀
红星闪耀在赛马场上（外一首）⋯杨　弓
嘉峪关断想⋯⋯⋯⋯⋯⋯⋯⋯罗　洛
高原默写（二首）⋯⋯⋯⋯⋯刘宏亮

散文
最高档的记忆（我与新疆）⋯⋯曹建勋
琢玉记（报告文学）⋯⋯⋯⋯⋯苇　青

评论
从《肖尔布拉克》想到的⋯⋯⋯刘定中
残荷断想录（艺苑随笔）⋯⋯⋯金　予
"反映矛盾"和"表现理想"（习作辅导）⋯白　莹

读者中来
开设大学生园地好⋯⋯⋯⋯⋯杨川庆
读者需要更美的插图⋯⋯⋯⋯⋯景　俊

美术
山区小景（水粉画）（封面）⋯⋯白汝强
他比我强（油画）（封二）⋯[维]阿不都瓦依提
牧马图（中国画）（封二）⋯⋯朱自谦
木刻三幅（封三）⋯⋯⋯⋯⋯周琦等
深秋（水粉画）（封底）⋯（中国香港）沈　平

1983 年第 10 期　刊名:《新疆文学》

目录

小说
兰花信笺⋯⋯⋯⋯⋯⋯⋯⋯⋯赵根荣
青色铁塔⋯⋯⋯⋯⋯⋯⋯⋯⋯旷陆明
黄金交易⋯⋯⋯⋯⋯⋯⋯⋯⋯陈　平
内宾⋯⋯⋯⋯⋯⋯⋯⋯⋯⋯⋯荣　进
一个普通的女人（大学生小说园地）⋯董立勃
幸福（新蕾篇）⋯⋯（维吾尔族）阿拉提·阿斯木
《幸福》读后⋯⋯⋯⋯⋯⋯⋯小　木
老年人的爱情通信（外国作品选登）
⋯⋯⋯⋯[苏]谢尔盖·沃罗宁　庄文举译

诗歌
思绪，在晃动的夜晚⋯⋯⋯⋯汪文勤
在废墟上⋯⋯⋯⋯⋯⋯⋯⋯⋯曹永正
居延海抒情⋯⋯⋯⋯⋯⋯⋯⋯林　染
葡萄园情歌⋯⋯⋯⋯⋯⋯⋯⋯郭维东
播种者的传说（外二首）⋯⋯⋯谷　闰
天山（外二首）⋯⋯⋯⋯⋯⋯郝舒野
我的塑像⋯⋯⋯⋯⋯⋯⋯⋯⋯刘宗文
在故乡⋯⋯⋯⋯⋯⋯⋯⋯⋯⋯陈青俊
骆驼（外一首）⋯⋯⋯⋯⋯⋯陈秀庭
溪水⋯⋯⋯⋯⋯⋯⋯⋯⋯⋯⋯王润中
咏花（七律二首）⋯⋯⋯⋯⋯马千希

散文
家在天山脚下⋯⋯⋯⋯⋯⋯⋯王谷林
忆向导赛坎大叔——帕米尔散记⋯刘发俊
真挚而崇高的爱（报告文学）⋯⋯朴成文
在悠长悠长的线路上⋯⋯⋯⋯李佩芝

评论
不要失落母亲的恩惠与衷愿——学习《邓小平文选》
的一点体会⋯⋯⋯⋯⋯⋯⋯⋯周政保
妙文奇境比中来（习作辅导）⋯⋯陈柏中
投种于地，待时而发⋯⋯⋯⋯⋯汪远平

美术
舞（中国画）⋯⋯⋯⋯⋯⋯⋯武曼宜
凹版拓片二幅⋯⋯⋯⋯⋯⋯⋯关维晓
晨（水粉画）、古道（油画）⋯⋯李大用　龚建新
千佛洞（水粉画）⋯⋯⋯⋯⋯⋯石　泓

1983 年第 11 期　刊名:《新疆文学》

目录

葡萄的精灵 ·········· 王　蒙
断崖 ·········· 李永欢
感情用事（科幻小说） ·········· 彭正辉
艾尔肯 ·········· 李宝生
苇湖老人 ·········· 杨威立
落日印象（大学生小说园地） ·········· 冬　笛
等（新蕾篇） ·········· 宋软成
真实的魅力（短评） ·········· 小　月

小小说

鸟情 ·········· 凌　愉
成婚之谜 ·········· 卢金其
石臼 ·········· 力　辛
佳佳的疑问 ·········· 陈立新

绿风诗会

绿风诗会诗选
边疆酿蜜厂 ·········· 邹荻帆
"诗爷"与"诗童" ·········· 辛　笛
戈壁断想 ·········· （蒙古族）赵亦吾
答辛笛爷爷 ·········· 杨　云
开拓者 ·········· 宣　韦
致天山 ·········· 梅绍静
致石河子 ·········· 林　染
百灵鸟 ·········· 王　也
石河子，有一条芬芳的花街 ·········· 刘小放
开拓者 ·········· 赵丽宏
绿洲永远同春天常在 ·········· 骆　之
题在泉沟水库 ·········· 孙　涛
给亲爱的女儿阿曼古丽 ·········· 林　子
你寻到了一个遥远的爱 ·········· 毕　林
健康的花朵 ·········· 骆耕野
诗会二首 ·········· 肖　川
诗和歌舞的山谷 ·········· 陈所巨
多情绿风送我来 ·········· 梁如云
神山守卫者（三首） ·········· 周　涛
声音 ·········· 王辽生
上天山 ·········· 汪文勤
玛纳斯河 ·········· 鄢家发
穿过灰色的长廊 ·········· 李　新
绿风诗会人物吟 ·········· 庞壮国
绿风缕缕（散文） ·········· 曹永正

文讯

新疆文联举行茶话会 ·········· 碧　波

石河子市文联举办"绿风诗会" ·········· 石　绿

散文

最远，也最近（我与新疆） ·········· 张志民
唐不拉烟雨 ·········· 赵　林

论评

《荒漠与人》得失谈 ·········· 沙　平
扔掉那块"烙铁"（艺苑随想） ·········· 石　衍
本刊举办"开发者"文学创作征文

美术

憩（水粉画）（封面） ·········· 丁　丁
帕米尔欢歌（中国画）（封二） ·········· 武曼宜
国画三幅（封三） ·········· 申西岚　王也之
冬天的小诗（木炭水粉）（封底） ·········· 关维晓

1983 年第 12 期　刊名:《新疆文学》

目录

在实践中坚持和发展毛泽东文艺思想 ·········· 陈　思
大转折期的小说 ·········· 阎　纲

小说·散文

啼笑姻缘 ·········· 李志君
夜，静静的 ·········· 刘肖无
女店主和烤肉匠 ·········· 王化中
总会计师（新蕾篇） ·········· 王　刚
《总会计师》读后 ·········· 小　木
他从大山里来（大学生小说园地） ·········· 田贞见
印在河滩上的花瓣 ·········· 哲　生
嘿，这厂长（报告文学） ·········· 凌　翔

诗歌

边塞新诗
听我几拍悄声的歌唱（组诗） ·········· 李云鹏
南疆的太阳（组诗） ·········· 田先瑶
新疆行（组诗） ·········· 黎焕颐
彭加木，是从这里去罗布泊的（外一首） ·········· 阿　红
猛士的爱情 ·········· 石　河
骆驼港之夜（外一首） ·········· 东　虹
我歌唱绿洲的秋天 ·········· 黄秉荣
赞拓荒者 ·········· 闻　山
天山山麓杂咏（七首） ·········· 王伯敏
七律四首 ·········· 王孟扬
心弦集（散文诗三章） ·········· 郭从远

评论

对《荒漠与人》的看法⋯⋯⋯⋯⋯⋯⋯罗国梦
作协新疆分会举办文学评论讲习班（消息）
本刊举办"开发者"文学创作征文

美术

个体户（水粉画）⋯⋯⋯⋯⋯⋯⋯⋯丁　丁
国画两幅⋯⋯⋯⋯⋯⋯⋯⋯⋯王伯敏　冯　俭
喀什风情（油画）·回声（套色木刻）
⋯⋯⋯⋯⋯⋯⋯⋯⋯⋯解源璜　高佩琦
谈艺（中国画）⋯⋯⋯⋯⋯⋯⋯⋯武曼宜

1984 年第 1 期　刊名:《新疆文学》
目录

"开发者"文学创作征文

归来（小说）⋯⋯⋯⋯⋯⋯⋯⋯⋯陈忠宪
书记手册里的故事（小说）⋯⋯尚久骖　吴云龙
扑向天山（小说·新蕾篇）⋯⋯⋯⋯⋯云　帆
为这一代人，干杯（短评）⋯⋯⋯⋯⋯武　扬
寄意天山话农垦（散文）⋯⋯⋯⋯⋯王玉胡
阿拉沟恋歌（散文）⋯⋯⋯⋯⋯⋯王速飞
女部长（报告文学）⋯⋯⋯⋯丰　收　笑　风
我的无边无际的大戈壁（诗·外一首）⋯周　涛
探求者（组诗）⋯⋯⋯⋯⋯⋯⋯郭维东
士兵与边塞（诗·外一首）⋯⋯⋯⋯杨　弓
"开发者"文学创作征文答问⋯⋯⋯⋯编　者

小小说一束

兵曲⋯⋯⋯⋯⋯⋯⋯⋯⋯⋯⋯叶乱子
查票⋯⋯⋯⋯⋯⋯⋯⋯⋯⋯⋯占小玲
浊气⋯⋯⋯⋯⋯⋯⋯⋯⋯⋯⋯常　征
老人和孩子⋯⋯⋯⋯⋯⋯⋯⋯徐文超
耳环⋯⋯⋯⋯⋯⋯⋯⋯⋯⋯⋯汤战生
出新⋯⋯⋯⋯⋯⋯⋯⋯⋯⋯⋯黄启忠
西瓜与芝麻⋯⋯⋯⋯⋯⋯⋯⋯程赞浦

诗歌

北方之恋（三首）⋯⋯⋯⋯⋯⋯郭有德
天池赋（外一首）⋯⋯⋯⋯（回族）高　深
白发人自诫⋯⋯⋯（哈萨克族）夏侃·沃阿勒巴依
张孝华译
献给诗人的诗（三首）⋯⋯⋯⋯⋯孙　涛
戈壁掠影（外一首）⋯⋯⋯⋯⋯⋯渭　水

评论

党员文艺工作者要站在清除精神污染斗争的最前列
⋯⋯⋯⋯⋯⋯⋯⋯⋯⋯⋯⋯⋯冯大真

清除精神污染，建设精神文明⋯⋯⋯⋯本刊记者
热情讴歌边疆各族人民的新生活⋯（维吾尔族）柯尤
慕·图尔迪　李　魂　王　嵘　吴奇峰
新疆呼唤开发者（新疆作家作品研究）⋯⋯⋯雷茂奎
凝结着民族情谊的《矕簴歌》（欣赏与借鉴）
⋯⋯⋯⋯⋯⋯⋯⋯⋯⋯⋯⋯陈柏中

美术

葡萄（装饰画）⋯⋯⋯⋯⋯⋯⋯⋯丁　丁
大雪过后（木刻）⋯⋯⋯⋯⋯⋯⋯张　晃
绿风诗会剪影⋯⋯⋯⋯⋯⋯余自力　邱　零
天山风光（水粉）⋯⋯⋯⋯⋯⋯⋯邹　强

1984 年第 2 期　刊名:《新疆文学》
目录

小说

冰山下的驼铃（"开发者"征文）⋯⋯⋯唐　栋
看场人（"开发者"征文）⋯⋯⋯⋯董立勃
察布查尔神牛（"开发者"征文）⋯⋯⋯礼　魂
"盲流"外宾⋯⋯⋯⋯⋯⋯⋯⋯⋯朱　定
晚晴⋯⋯⋯⋯⋯⋯⋯⋯⋯⋯⋯赵光鸣
因为我年轻⋯⋯⋯⋯⋯⋯⋯⋯⋯徐智勇
青湖滩⋯⋯⋯⋯⋯⋯⋯⋯⋯⋯樊跃琴
线路不通⋯⋯⋯⋯⋯⋯⋯⋯⋯刘宗尧
民意测验（大学生小说园地）⋯⋯⋯张颖东

诗歌
边塞新诗
真好哟!　啊，开发大西北哟（"开发者"征文）
⋯⋯⋯⋯⋯⋯⋯⋯⋯⋯⋯⋯杨　树
大西北与诗人之魂（外一首·"开发者"征文）
⋯⋯⋯⋯⋯⋯⋯⋯⋯⋯⋯⋯章德益
过叶尔羌河（外一首·"开发者"征文）⋯安定一
丝路情丝（三首）⋯⋯⋯⋯⋯⋯⋯洋　雨
穿过林立的关隘（外一首）⋯⋯⋯⋯张小平
欢乐的乡村⋯⋯⋯⋯⋯⋯⋯⋯⋯王凌云
诗行，在工厂闪光⋯⋯⋯⋯⋯⋯秦安江
沙原采花（三首）⋯⋯⋯⋯⋯⋯周雨明
圆月（外一首）⋯⋯⋯⋯⋯⋯⋯梁谢成
巩乃斯夏日的黄昏（外一首）⋯⋯⋯刘维钧
骑手⋯⋯⋯⋯⋯⋯⋯⋯⋯⋯⋯师日新

散文

道尔吉的烦恼⋯⋯⋯⋯⋯⋯⋯⋯孟驰北
蓝幽幽的可可托海⋯⋯⋯⋯⋯⋯黎　蔷

评论

朴实如山野　粗犷似大漠——读杨树《无愧的歌》

（新疆作家作品研究）⋯⋯⋯⋯⋯⋯李元洛
色彩——吸引眼睛的诱饵（美学随笔）⋯⋯⋯郭 超

美术
帕米尔之春（装饰画）⋯⋯⋯⋯⋯⋯廉 敏
晨光（套色木刻）⋯⋯⋯⋯⋯⋯薛立柱
策勒巴扎·天山雪（中国画）⋯⋯⋯张良渡 张 云
雪霁（中国画）⋯⋯⋯⋯⋯⋯吴奇峰

1984 年第 3 期　刊名:《新疆文学》
目录

卵石雨（"开发者"征文）⋯⋯⋯⋯⋯胡尔朴
关陇无敌楼（历史传奇小说）⋯⋯（满族）关学林
癌的遗传⋯⋯⋯⋯⋯⋯⋯柏 寒
悠悠卡龙琴⋯⋯⋯⋯⋯⋯⋯褚远亮

小小说一束
快乐的口哨声⋯⋯⋯⋯⋯⋯⋯安 静
百岁⋯⋯⋯⋯⋯⋯⋯⋯傅玉咨
小米⋯⋯⋯⋯⋯⋯⋯⋯谭方辉
医生⋯⋯⋯⋯⋯⋯⋯⋯叶征征
偿还⋯⋯⋯⋯⋯⋯⋯⋯张凤水
顺便⋯⋯⋯⋯⋯⋯⋯⋯沙砚勤
儿媳不孝亲家好⋯⋯⋯⋯⋯⋯宋心世

大学生小说园地
夕晖⋯⋯⋯⋯⋯⋯⋯⋯操剑峰

新蕾篇
矿山夜话⋯⋯⋯⋯⋯⋯⋯韩 冰
短小活泼　富于情趣（短评）⋯⋯⋯⋯马河川

诗歌
天堂里的悲剧、喜剧和闹剧（诗配画）⋯⋯石 河
春，流过血（二首）⋯⋯⋯⋯⋯陈 青
我执着地行进⋯⋯⋯⋯⋯⋯黄东成
边塞诗情（四首）⋯⋯刘尧锡 林 希 子 页 王忠范
细砂集（十首）⋯⋯⋯⋯王中朝 屈直等
古驿站（散文诗·外一章）⋯⋯⋯⋯伊 萍
清溪，在沙漠中消失（散文诗）⋯⋯⋯⋯文 绁

散文
王震与故乡（报告文学）⋯⋯⋯⋯湘 秦
打苇⋯⋯⋯⋯⋯⋯⋯⋯胡秉中
梨花赋⋯⋯⋯⋯⋯⋯⋯邵 纯
西域史话
黄帝登昆仑⋯⋯⋯⋯⋯⋯⋯柳用能

评论
粗犷的男性的北方（争鸣园地）⋯⋯周政保 胡康华

新作短评
战士自有战士的爱情⋯⋯⋯⋯⋯马 卫
深情的赞歌⋯⋯⋯⋯⋯⋯⋯鲁 力
一个普通的女开发者形象⋯⋯⋯⋯古 月

美术
草原上的歌（装饰画）⋯⋯⋯⋯⋯武曼宜
甜美的梦（雕塑）⋯⋯⋯⋯⋯陈文军
制花毡·绿洲（木刻）⋯⋯⋯严 立 于文雅
冬夜（油画）⋯⋯⋯⋯⋯⋯张 怀

1984 年第 4 期　刊名:《新疆文学》
目录

小说
留不住女人的地方（"开发者"征文）⋯⋯⋯冯万里
调离之前（"开发者"征文）⋯⋯⋯⋯周 旋
经过我们允许⋯⋯⋯⋯⋯⋯李 剑
长征鞋⋯⋯⋯⋯⋯⋯⋯王文才
昆仑月⋯⋯⋯⋯⋯⋯⋯常 征
流韵⋯⋯⋯⋯⋯⋯⋯⋯焦川平

新蕾篇
小河上的桥⋯⋯⋯⋯⋯⋯⋯金嗣鸿
离了题的读后感（短评）⋯⋯⋯⋯小 月

诗歌
拜访⋯⋯⋯⋯⋯⋯⋯⋯公 刘
光荣的"游牧者"⋯⋯⋯⋯⋯⋯高 光
独舞⋯⋯⋯⋯⋯⋯⋯⋯庞壮国
边塞新诗
痴情（"开发者"征文）⋯⋯⋯⋯杨 牧
将军与城（组诗·"开发者"征文）⋯⋯⋯李 瑜
皮肤（外二首）⋯⋯⋯⋯⋯⋯丁 耶
西北序曲（组诗）⋯⋯⋯⋯⋯鄢家发
西行短句（六首）⋯⋯⋯⋯⋯肖 川
天山画页（组诗）⋯⋯⋯⋯⋯高炯浩
火红的"邮戳"（外一首）⋯⋯⋯⋯张德茂
盐湖情思⋯⋯⋯⋯⋯⋯⋯郭 廓

散文
作家专访
脚踏在祖国的土地上⋯⋯⋯⋯⋯郭从远
我与新疆
诚挚的朋友⋯⋯⋯⋯⋯⋯⋯王谷林

编席 .... 胡秉中
新疆风物志
桑榆子 .... 柳用能

评论
新疆作家作品研究
美，在迷人的草原上闪光 .... 丁子人
欣赏与借鉴
一棵有旺盛生命力的牛蒡花 .... 夏定冠
附：《哈吉·穆拉特》情节介绍

美术
恋（中国画）................................ 崔谷平
特别护理（水粉画）........................ 汪珏元
木刻三幅 .... 周 琦 关维晓 于文雅
回声（水粉画）............................ 刘永明

1984 年第 5 期　刊名：《新疆文学》
目录

小说
驼运线即将消失（"开发者"文学征文）...... 李志君
约法三章 .... 张 明 甘铁生
晚熟的石榴 ....（维吾尔族）阿拉提·阿斯木
父亲和他的三个儿子 .... 施励斐
空着的座位 .... 王启礼

新蕾篇
角落里的哥儿们 .... 尹德朝
要熟悉生活，更要开掘生活 .... 小 月

大学生小说园地
阿尔泰姑娘 .... 张 瑷
入团申请书 .... 周碧华

散文
啊，妈妈（报告文学）........................ 谢 刚
他不仅有接受鲜花的时候 .... 丁原平

丝路游踪
山地风情 .... 尹锡孟
织锦图 .... 陈淀国

诗歌
青年诗页（十二首）................ 王小未 谷闰等
马背上的爱（外三首）........................ 张 扬
边防线诗情（组诗）........................... 晏 明
吐鲁番月色 .... 宋 垒

七律偶成 .... 钟 英
在陈潭秋的故乡 .... 陈友胜

评论
新疆作家作品研究
从开拓者心灵输出的浓绿信息——读郭维东诗集《葡
萄园情歌》.................................... 阿 红
成固可喜，败亦可鉴——董立勃的一组为开发者立传
的小说读后 .... 木业羌

欣赏与借鉴
白雪壮行色，青松寄别情——岑参《天山雪歌送萧治
归京》赏析 .... 柏 琴

美术
满族装饰画 .... 龚建新
春（中国画）................................ 宋 元
打马草·攻读（油画）................ 孙黎明 胡继杰
秋艳（中国画）............................ 朱自谦

1984 年第 6 期　刊名：《新疆文学》
目录

小说
党票 钞票 选票（"开发者"文学征文）.... 凌 愉
我们试车去（"开发者"文学征文）.......... 陆 平
吹鼓手 .... 周 翔
当她说自己不美的时候 .... 胡仲仟
理事 .... 吴静林
给孩子们
彩色的风筝 .... 李克林
鲜艳的红三角 .... 王跃英
小小冬布拉 .... 冉 红
大学生小说园地
呵，那失去的 .... 董玉琳

散文
美丽的陶福沟（"开发者"文学征文）........ 如 心
新疆风物志
塔里木的路 .... 石 震
丝路游踪
童话般的帕米尔 .... 建 民
我与新疆
此情胜似天池水 .... 曹建勋

诗歌
边塞新诗
历史选择了我们（"开发者"文学征文）........ 东 虹

英吉沙和它的刀························武兆强
城市，崛起的雕塑（二首）············刘 渊
我们谈起新疆（外一首）··············刘益善
阿勒泰画页（二首）····················崔合美
雪峰（外一首）························梁如云
白杨林（外一首）······················柏 桦
阿努丽的心愿··························万忆萱
抒情诗二首····························李发模

评论

"开发者"文学笔谈
要敢于反映尖锐复杂的矛盾斗争········蔚 歧
赋于开发者形象以时代特征············丁子人
光荣而艰巨的使命······················王仲明
评近年来文学中的所谓"人道主义潮流"··刘 宾
柏桦诗印象····························匡 满

美术

锡伯族装饰画··························林 峰
泉清水甜（油画）······················周 健
木刻二幅······················韩承京 李光友
孔雀河风光（中国画）··················刘光夏

大西北之旅（三首）····················沈仁康
巩乃斯牧歌（三首）····················田先瑶
阿勒泰草原（外一首）·········（回族）师 歌
我找到月亮幼时的照片··················何 来
盘旋的鹰······························晓 晴

评论

"开发者"文学笔谈
开发者文学的范畴及特征管见··········余开伟
深刻反映新时期边疆的社会变革··········刘定中
激情与感奋的流泻——读《从天山脚下开始》
····································雷茂奎

新作短评

告别昨天也是美丽的····················马 卫
开发者的壮美情怀······················牛常兴
一篇耐人咀嚼的小说····················李振坤
《卵石雨》读后························梁礼玉

美术

柯尔克孜族装饰画······················叶毓中
数峰无话立夕阳（中国画）··············舒春光
套色木刻三幅··················关维晓 于文雅
边塞风情（四幅）······················李安宁

1984 年第 7 期　刊名:《新疆文学》

目录

小说

尼牙孜罕老婆婆············（维吾尔族）阿里木
茹姆柯拜轶事·······（哈萨克族）艾克拜尔·米吉提
杰出人物······························江广生
野马渡口（"开发者"文学征文）········李世勋

新蕾篇

无字的状子····························刘书欣
愿改革之风劲吹························小 木
大学生小说园地
忏悔··································啸 泉
小小说一束（八篇）····················唐训华等

散文

我自作主（报告文学）··················孟驰北
天山奇观······························哲 中
此身原意补天畴························王速飞
丝路游踪
核桃沟秋色····························罗荣典

诗歌

欢乐的乡村（三首）····················王凌云

1984 年第 8 期　刊名:《新疆文学》

目录

小说

新蕾篇
英雄一去兮····························徐广泽
读《英雄一去兮》······················马河川
群山与草原（"开发者"文学征文）······李世勋
1：0.5·································陈 艰
绘在心里的图案（"开发者"文学征文）····李彦清
"美"的怀念·················（哈萨克族）贾克
色勒克·沙米提　张孝华译
一张旧照片············[苏]C.沃罗宁　赵定武译
大学生小说园地
歌声从远方传来························陈 刚

散文

王震与故乡（报告文学）················湘 秦
青格达湖······························柏 桦
戈壁花园······························朱 奇

诗歌

通往昆仑的巅顶（四首·开发者文学征文）····周 涛

刁羊……………………………………阮章竞
远处，一个麦西来甫（外二首）……………杨眉
车向铁门关（开发者文学征文）……………陈青
四月雪（外一首）……………………………王庆
给无人增音站（外一首）……………………咏慷
含羞草………………………………………徐岚

评论
红旗直上天山雪——读杨眉《雪山魂》………李元洛
学诗随想（三则）……………………………陈秀庭
"开发者文学"大有可为………………………本刊记者
文讯
本刊举办"开发者文学"创作笔会……………征帆
刘肖无再次到克拉玛依深入生活……………罗书庆

美术
回族装饰画……………………………………吴立中
天山情（水印木刻）…………………………张晃
木刻二幅……………………………………沈邦富等
油画二幅…………………………剡鸿魁　黄大来

1984 年第 9 期　刊名:《新疆文学》
目录

营养研究所纪事………………………………江水寒
猎狼人传奇……………………………………景俊
车行五彩湾（"开发者"文学征文）…………韩天航
小白贝的传说（"开发者"文学征文）………李叶
海妮儿（"开发者"文学征文）………………韩明人
三十九级台阶…………………………………金鑫
山谷·小屋·女人………………………………虞翔鸣

新蕾篇
叶落知多少……………………………………王新梅
情理交融　方为佳作…………………………小月

大学生小说园地
呼唤…………………………………………周晓峰

小小说一束
着色的雪花……………………………………胡晓敏
两地书………………………………………唐训华
找教训………………………………………卢金其
科长的感叹…………………………………枫林
珍视过的……………………………………王士勤
起飞，在雪幕中……………………………褚远亮
痴梦…………………………………………杨光才
迎面雪…………………………王锡维　张占辉

第一课………………………………………黄保旗
浅谈开发者文学的艺术个性…………………孟驰北
《沉默的冰山》的悲壮感……………………周政保
调子——小说的"魂儿"……………………郭超

蒙族装饰画…………………………………剡鸿魁
爷爷的喜悦（中国画）………………………崔谷平
木刻两幅…………………………翟奋　周琦
行吟图（中国画）……………………………徐庶之

1984 年第 10 期　刊名:《新疆文学》
目录

小说
他们披着晚霞归去（"开发者"文学征文）…程万里
云雾中的神羊（"开发者"文学征文）………安静
乒坛疑案……………………………………彭正辉
于夫子养花…………………………………任文忠
大学生小说园地
悔恨………………………………………余锡频
新蕾篇
在严酷的荒原上……………………………冯绍璇
一篇有独到之处的新作……………………小月

散文
克拉玛依性格（报告文学·"开发者"文学征文）
………………………………………………刘肖无
奶汁…………………………………………肖陈
西域史话
春风喜度玉门关……………………………谷苞

诗歌
边塞新诗
国营农场里的新诗…………………………杨树
冰大坂上的人物……………………………李老乡
西行拾意（二首）…………………………刘镇
巩乃斯春歌（外二首）……………………黄秉荣
朝谒敦煌的白腊树…………………………林染
高原三章（散文诗）………………………唐大同
山村归来……………………………………沙鸥
给毛驴朋友（外一首）……………………白航
扬场歌………………………………………马骏祥
工棚传奇……………………………………张华

评论
读《在伊犁》九篇致王蒙…………………陈达专
新疆作家作品研究
一丛芬芳的《野玫瑰》……………………王仲明

美术

乌孜别克姑娘（装饰画）································丁　丁

牧场之秋（中国画）································谢家道

1984 年第 11 期　刊名:《新疆文学》
目录

小说

布亚绿洲（中篇小说·"开发者"文学征文）

································张宝发

套鞋································姜付炬

佛光································段宝珊

新蕾篇

孔明失算································裴启明

小议《"孔明"失算》································韦　青

大学生小说园地

苏男日记································孙　路

散文

我属于紫泥泉草原（报告文学·"开发者"文学征文）

································董克恭

我与新疆

我的心呀，在天山································周良沛

诗歌

边塞新诗

牧马人与马（组诗）································张子选

熟透的吐鲁番（外二首）································汪文勤

悲壮的开拓（"开发者"文学征文）································李云鹏

火龙从这里升起（"开发者"文学征文）································孙晓杰

西北，遥远的敲打乐（三首）································鄢家发

跟我走吧，白杨林································郭维东

葡萄沟，小巷································子　页

哈密瓜还是美国的甜（讽刺诗·外二首）································石　河

评论

《胡杨泪》的现实性

——"开发者"文学探讨之二································周政保

欣赏与借鉴

凝结于"包孕的顷刻"································汪远平

美术

俄罗斯族装饰画································汪嘉伦

刁羊（水粉画）································孙广新

国画习作三幅································李其煜

牧场之夏（中国画）································徐庶之

1984 年第 12 期　刊名:《新疆文学》
目录

小说

快哉，甜瓜旋风（"开发者"文学征文）

································尚久骖　吴云龙

一副石磨································刘俊民

中国诗人和美国女诗人································王　嵘

新蕾篇

加玛尔大婶································吴　巍

做生活中的有心人································小　月

大学生小说园地

闯军营································章　轲　苏　童

小小说一束

她和她的姐妹们································楚　吾

在"马克西姆"门前································王晓建

弯弯的新月································牟国志

画家································朱妍莉

招牌后面································叶华胄

诗歌

山杜鹃（三首）································杨　牧

天山情（二首）································方　冰

沙枣林集································王　璞　武鸿鸣　时星原

走向群山································余以建

梁谢成　曲　近　文　申　李建华　岳　岸

散文

丝路游踪

喀纳斯湖游记································辛　名

奶酒香飘三千米································赵　林

卖席································胡秉中

评论

我们女主人公的"牺牲癖"································陈　艰

且看这姿态各异的雪花——读《新疆文学》9 月号一

组小小说································陆建华

美术

塔塔尔族装饰画································丁　丁

隆冬时节（中国画）································舒春光

国画两幅································舒春光　雷中峋

大学生（中国画）································龙清廉

1985 年第 1 期 刊名:《中国西部文学》
目录

祝贺与希望

遥祝《中国西部文学》昌盛·············王 蒙
因西部而全中国·············阎 纲
"西部文学"与文学中的大西北·············梁晓声
衷心的祝愿·············谢 冕
何西来 涂光群 陆天明 艾克拜尔·米吉提等

中篇小说

马儿驮着坎达拉·············刁铁英

短篇小说

姐姐，围一条三色巾·············檀 溪
信·············赵宇共
本区佳作选
烟王·············薛 峰
新蕾篇
第二十三盏路灯·············高 虹
不明亮的路灯（评点）·············小 木

兄弟民族文学之页

啊，尘土飞扬的乡间小路（小说）
·············（维吾尔族）祖尔东·沙比尔 郝关中译
黄河日出（诗·外二首）·············（回族）木 斧
西北行（诗·二首）·············（回族）高 深

新边塞诗

大西北抒情诗（三首）·············章德益
在死亡的岸边歌唱（组诗）·············周 涛
高原之虹（二首）·············叶延滨
写在雪地上的诗·············武鸿鸣
葡萄园的欢笑·············田先瑶

报告文学

神秘的国境线·············顾月忠

海外人士看新疆

新疆小品（散文）·············（中国香港）张君默

丝路游踪

长城尽头（散文）·············李佩芝

外国文学作品

沙漠少女（小说）·············[英]罗伯特·邓达斯
黄嘉琬 黄后楼译

评论

他在当今中国文学中的位置·············陈孝英
西部情调随想·············[加拿大]罗伯特·C.科斯贝
高 鹰译

西部文学论坛

"中国西部文学"美学特征漫想·············邢煦寰

美术

封面设计·············李安宁
诗配画·············蒋振华木刻 章德益诗
《中国西部文学》座谈会剪影·············雷中峋摄
麦西莱甫（油画）·············（维吾尔族）克里木

1985 年第 2 期 刊名:《中国西部文学》
目录

中篇小说

愤怒的冰山·············唐 栋

短篇小说

列车上（"开发者"文学征文）·············王家达
魔鬼谷（"开发者"文学征文）·············虞翔鸣
田雅兰·············陈忠实
捕雕少年·············许和平
大学生小说园地
啊，森林！森林！·············王 念

外国文学作品

白村奇案（小说）
·············[苏]李·瓦库洛夫斯卡娅 李四海译

新边塞诗

西海（组诗·"开发者"文学征文）·············杨 牧
西部大草原（组诗）·············张子选
盐湖的男子汉（"开发者"文学征文）·············刘宏亮
巴里坤草原（外一首）·············杨 弓
去博斯腾湖（外一首）·············洋 雨
常青藤（诗八首）·············庞壮国
魏 明 王 庆 翼 华 屈 直 李 新

报告文学

神秘的国境线·············顾月忠
黄宗杭和新疆葡萄酒·············苇 青

海外人士看新疆

新疆小品·············张君默

丝路游踪
游古城堡记⋯⋯⋯⋯⋯⋯⋯⋯⋯⋯⋯胡尔朴

评论
西部文学论坛
西部文学思想内核的设想⋯⋯⋯⋯⋯孟驰北
作家谈创作
相知：谈谈小说《雪路》⋯⋯⋯⋯⋯张承志
章德益的幻想世界：人与自然⋯⋯⋯周政保

美术
云间笑语（中国画）⋯⋯⋯雷中崎画　赵雪勤诗
国画小品⋯⋯⋯⋯⋯⋯⋯⋯⋯⋯⋯申西岚
放鸽（水粉画）⋯⋯⋯⋯⋯⋯⋯⋯⋯葛德夫

1985 年第 3 期　刊名:《中国西部文学》
目录

中篇小说
后长的犄角⋯⋯⋯⋯⋯⋯⋯⋯⋯⋯⋯肖　陈
玫瑰红（"开发者"文学征文）⋯⋯⋯⋯周　菲

短篇小说
在文凭"万岁"的日子里⋯⋯⋯⋯⋯江水寒
本区佳作选登
白色骏马⋯⋯⋯⋯⋯⋯⋯⋯⋯⋯⋯景　俊
在高高的雪山上（"开发者"文学征文）⋯凌　愉
自带啤酒的客人⋯⋯⋯⋯⋯⋯⋯⋯⋯郭文琛

兄弟民族文学之页
存留在夫人箱底的名单（小说）
⋯⋯⋯⋯⋯（哈萨克族）艾克拜尔·米吉提
吐尤克七首⋯⋯⋯⋯⋯⋯（维吾尔族）铁衣甫江

新边塞诗
哦，马莲井⋯⋯⋯⋯⋯⋯⋯⋯⋯⋯何　来
美，蕴藏在蛮荒（组诗）⋯⋯⋯⋯⋯郭维东
天南海北（诗十五首）
银纽丝（外二首）⋯⋯⋯⋯⋯⋯⋯梅绍静
富有和占有⋯⋯⋯⋯⋯⋯⋯⋯⋯⋯田　间
飞翔（外一首）⋯⋯⋯⋯⋯⋯⋯⋯杨　山
雪山沟，深秋了（外二首）⋯⋯⋯⋯张　扬
草原从早到晚（散文诗二章）⋯⋯⋯哲　中
白马塔下⋯⋯⋯⋯⋯⋯⋯⋯⋯⋯⋯杨绍武
小阿肯⋯⋯⋯⋯⋯⋯⋯⋯⋯⋯⋯⋯刘明轩
乡魂⋯⋯⋯⋯⋯⋯⋯⋯⋯⋯⋯⋯⋯李占学
冬天⋯⋯⋯⋯⋯⋯⋯⋯⋯⋯⋯⋯⋯蜀　水

丝路游踪
偶然⋯⋯⋯⋯⋯⋯⋯⋯⋯⋯⋯⋯⋯高　缨

西域史话
漫话泼寒胡戏⋯⋯⋯⋯⋯⋯⋯⋯⋯浩　明
女乐师⋯⋯⋯⋯⋯⋯⋯⋯⋯⋯⋯⋯柳用能
土耳其寓言（三则）⋯⋯⋯⋯⋯⋯张世荣译

评论
西部文学论坛
我国少数民族文学与我国西部文学⋯⋯高　深
为冰山塑像⋯⋯⋯⋯⋯⋯⋯⋯⋯⋯常　征
肖云儒撰文谈西部美和西部观（资料）

美术
做新鞍⋯⋯⋯⋯⋯⋯⋯⋯⋯戈　泉　吴舜杰画
木刻三幅⋯⋯⋯⋯⋯⋯⋯⋯⋯⋯⋯薛立柱
探亲（水粉画）⋯⋯⋯⋯⋯⋯⋯⋯丁　丁

1985 年第 4 期　刊名:《中国西部文学》
目录

中篇小说
夕阳山外山⋯⋯⋯⋯⋯⋯⋯⋯⋯⋯杨　镰

短篇小说
老北京与小北京（"开发者"文学征文）⋯肖　廉
天下第一棋（历史小说）⋯⋯⋯⋯⋯万江麟
在死亡之路上⋯⋯⋯⋯⋯⋯⋯⋯⋯李奇渊
本区佳作选
不老妙方⋯⋯⋯⋯⋯⋯⋯⋯⋯⋯⋯姜付炬

兄弟民族文学之页
春风带来的诗篇（诗歌）
⋯⋯⋯⋯⋯（维吾尔族）克里木·霍加　郝关中译
妈妈与土地（外一首）⋯⋯⋯⋯（维吾尔族）阿不
都热依木·乌铁库尔　赵国栋译

新边塞诗
草原上有一只鹰（外一首）⋯⋯⋯⋯刘　渊
西行续（四首）⋯⋯⋯⋯⋯⋯⋯⋯肖　川
远望天山⋯⋯⋯⋯⋯⋯⋯⋯⋯⋯⋯毕　林
西部风情（五首）⋯⋯⋯⋯⋯⋯⋯姚学礼
红柳集（诗八首）⋯⋯⋯陈友胜　鹤　同　云飞等

报告文学
敬礼，昆仑山的儿子⋯⋯⋯⋯⋯⋯杨作清

海外人士看新疆
漠缘小边城·····················（中国香港）夏　婕

丝路游踪
从塔里木到帕米尔·································战　青

外国文学作品
库什兹的礼物（小说）
·····················［美］刘易斯·拉莫尔　李玉昌译

评论
"创作自由"笔谈
学习、总结、开拓、前进·······················冯大真
天气正好：赶路·································杨　牧
创作自由和作家的职责···········（维吾尔族）铁衣甫江
创作自由与美的规律·····························邢煦寰
西部作家作品
游记散文的美学追求·····························陈柏中
西部作家论坛
试论中国的西部文学·····················常金生　夏　青

美术
封面设计·······································李安宁
飞瀑·····························关维晓木刻　边声诗
春羔满圈（中国画）·················蔡斌画　塞青诗
春天的门（水彩画）·····························丁　丁

群峰（外一首）································晓　蕾
男人，来大漠抒写骄傲的性别·····················曲　近
海南游（三首）································刘肖无
讽刺诗一束·····································石　河
红柳集（诗四首）································杨峰等

散文
忆程悦长将军·································王玉胡

丝路游踪
从塔里木到帕米尔（之二）·······················战　青

海外人士看新疆
漠缘小边城·····················（中国香港）夏　婕

评论
西部作家与作品
深沉隽永的抒情诗篇——评中篇小说《夕阳山外山》
···王　嵘
走向开放：周政保的文学评论刍议·················胡康华
美国西部文学浅识（资料）···············阿　灵　阿什河

美术
帽市·····························黄建新画　塞青诗
版画新作·····················沈邦富　高桂林
泉边（水粉画）·································廉　敏

1985 年第 5 期　刊名:《中国西部文学》
目录

长篇小说
地狱与天堂·····································朱　定

中篇小说
河，总是这样流着·······························王　刚

短篇小说
这儿有座地窝子（"开发者"文学征文）·············唐　栋
在原野，有一条小河（"开发者"文学征文）
···董立勃
季节河···郑　柯
风烟丝绸路（历史小说）··························马洁身
大学生小说园地
烟客···邹侗生

新边塞诗
沙海的帆，大漠的魂（组诗）··················雷　霆
牧归风情画（组诗）······························陈　青
乌亮的石油河（组诗）····························韩作荣

1985 年第 6 期　刊名:《中国西部文学》
目录

长篇小说(选载)
地狱与天堂·····································朱　定

中篇小说
石坂屋（"开发者"文学征文）····················赵光鸣

短篇小说
石桥相会·····································赵燕翼
白骗驼·······································马知遥
十七岁之梦·····································孙　颙
新蕾篇
新哥德巴赫猜想·································李闽榕

新边塞诗
啊，小孤城（四首）······························李　瑜
遥远的西天山（四首）····························子　页
致石碾（外一首）································孙晓杰

红柳集（诗九首）·····················张小平等

兄弟民族文学之页
加巴伊尔一家（小说）
···········（哈萨克族）博拉提汗·阿帕克　张孝华译
诗的土地（外一首）·············（回族）师　歌
伊犁河·························（锡伯族）安鸿毅

丝路游踪
从塔里木到帕米尔·····················战　青

新疆风物志
吐鲁番纪驴·························张　铧

西部文学论坛
中国西部文明与西部文学·················杨　镰

西部作家与作品
别是一番滋味在心头·················丁子人

争鸣园地
马儿驮着什么·······················肖　廉
"坎达拉"的寓言·····················李府城

美术
日光城之光···········魏　谦画　章德益　诗
国画小品·························冯　俭等
龟兹舞乐（丙稀画）·················吴立中

黑蝴蝶·························王辽生
塞上酒巴（组诗）·····················刘国尧
阿勒泰诗草（两首）·················高炯浩

外国文学作品
鲁道夫伊奥（小说）
···········［苏］瓦·拉斯普京　张为民译

西域史话
第四个香妃·············［日］陈舜臣　孔宪科译

散文
放歌山海关·························唐大同

评论
自序两篇·························张贤亮
旗帜亮出以后（西部文学论坛）·········谢昌余
于荒诞中见真理···········陈孝英　李　晶

美术
封面设计·························王小飞
湖畔人家（诗配画）·······周　琦画　禹　甸诗
版画新作·························潘隆璜等
山中之夏（水粉画）·········（中国香港）沈　平

1985 年第 7 期　刊名:《中国西部文学》
目录

文艺工作者要为自治区成立三十周年大庆献礼
···········司马义·艾买提

中篇小说
金沙河之谜·························阚建彬
林中的鸟又叫了·····················景　风

短篇小说
慷慨和孤独·························牛正寰
狗旦余话·························邵振国
伸出一只拳头·····················王　戈
小沙河，忧郁的河·················乔　瑜
闲情·························郭从远

新边塞诗
边塞的泥土和诗歌·················杨　树

1985 年第 8 期　刊名:《中国西部文学》
目录

中篇小说
古海退却以后·····················张艳兵

短篇小说
不曾结束，也未能开始·················董立勃
老人和牛·························浩　岭
昨天的阳光·························方　晴
西出阳关·························薛炎文
夜路·························章　频
荒凉的海·························时培华
小小说一束·························孙　斌等

诗歌
周涛近作选·························周　涛
雄辩·························昌　耀

新边塞诗
西部歌谣（组诗）·····················林　染
绿洲恋歌（外二首）·················戴安常
敦煌街心的雕塑（外一首）·············李苏卿

五色幡（外一首）·····················马丽华
赶驴·······························张新泉
情寄天山（二首）·····················闻　频

兄弟民族文学之页
讽刺小说二题·················（维吾尔族）艾拜
都拉·衣不拉音　管遵尧译
哲理诗四首·················（维吾尔族）阿不
都修库尔·穆罕默德　张世荣译

丝路游踪
哈密访问记···········[日本]井上靖　郑民钦译

西域风物篇
高原奇观·····················宋炳轩　顾正勤

评论
这是一个独特的艺术世界···············周政保
西部——文学的广阔天地···············宇　共
有主调、有特色的交响乐章···············田先瑶
《愤怒的冰山》读后随感················沙　平

美术
封面设计·························王小飞
维吾尔花帽···············自　谦画　塞　青配诗
版画二幅·······················吴量才等
水彩画二幅······················饶书贵　邹　强

1985 年第 9 期　刊名:《中国西部文学》
目录

热烈庆祝新疆维吾尔自治区成立三十周年特辑
日照昆仑曙色开（诗词十四首）············刘肖无
王孟阳　吴山　马千希　陶天白　欧阳克嶷
在艾青家作客（散文）··········铁衣甫江　忠　录译
丝路北道上的诸绿洲（散文）·············王英琦
没有钝角的石头（报告文学）·············胡尔朴
壮行曲（报告文学）··················春　华
我的母亲——中国（报告文学）············天　山
乌海之光（人物特写）················矫　健

中篇小说
白驼··························程万里

短篇小说
情寄凿空归路·····················马洁身
寻找酒窝的梦·····················王念斯
沙岗··························虞翔鸣

外国文学作品
儿子（小说）···············[奥地利]阿尔
托·施尼茨勒　肖　肖译

新边塞诗
西部，早年的开拓（四首）···············李云鹏
荒漠和抒情诗·····················刘宏亮
远山里，有几个大学生·················武鸿鸣
帕米尔十四行诗····················武兆强
新疆小贝·······················刘畅园
西戈壁（外一首）···················韩　霞

西域风物
金山赋························如　心

评论
文学：斯芬克斯之谜··················黎　辉

美术
封面设计·······················王小飞
诗配画·················维　成画　戈泉诗
篆刻选登················张　琦　赵彦良等
新疆写生（油画）···················大　江

1985 年第 10 期　刊名:《中国西部文学》
目录

热烈庆祝新疆维吾尔自治区成立三十周年特辑
三十岁的土地（散文诗）················章德益
博格达的欢乐（诗）····（维吾尔族）铁衣甫江　张世荣译
我的土地（诗）··············（哈萨克族）夏侃·
沃阿勒拜　张孝华译
新疆见礼（组诗）············（蒙古族）查　干
油龙引（诗）·····················曹进奎
王蒙老师剪影·········（哈萨克族）艾克拜尔·米吉提
国宝沉浮·······················韩文辉

中篇小说
黑店··························王家达

短篇小说
灯光··························李世勋
落日··························曹永正
西部人物（三篇）···················阎　肃
脚户哥
花儿王
筏子客
真由美理发店·····················王宝成

诗歌
船夫与河流（散文诗）⋯⋯⋯⋯⋯⋯⋯⋯聂　沛
五月，阿勒泰听涛（外二首）⋯⋯⋯⋯杨　弓
眺望克拉玛依⋯⋯⋯⋯⋯⋯⋯⋯⋯⋯庞壮国
奔马⋯⋯⋯⋯⋯⋯⋯⋯⋯⋯⋯⋯⋯⋯秦安江
布不拉牧场的年轻人⋯⋯⋯⋯⋯⋯⋯唐光玉
五月的草帽⋯⋯⋯⋯⋯⋯⋯⋯⋯⋯⋯胡志伟
案头拾零⋯⋯⋯⋯⋯⋯⋯⋯⋯⋯⋯⋯王　堡
哈萨克夜舞（外一首）⋯⋯⋯⋯⋯⋯张小平

散文
尼洋河之波⋯⋯⋯⋯⋯⋯⋯⋯⋯⋯⋯朱　奇

评论
前进中的新疆少数民族文学
⋯⋯⋯⋯⋯⋯⋯⋯阿不列孜·纳孜尔　张世荣
西部文艺：寻求突破面向未来的旗帜——第一次中国
西部文艺研讨会
西部阳光西部水⋯⋯⋯⋯⋯⋯⋯⋯⋯郭从远

美术
封面设计⋯⋯⋯⋯⋯⋯⋯⋯⋯⋯⋯⋯李　萌
西部文学研讨会剪影⋯⋯⋯⋯⋯⋯⋯邱零摄
活跃在文坛上的新疆中青年作家
秋（油画）⋯⋯⋯⋯⋯⋯⋯⋯⋯⋯⋯张　怀

1985 年第 11 期　刊名:《中国西部文学》
目录

短篇小说
三岔戈壁（"开发者"文学征文）⋯⋯张承志
边地精灵（三题·"开发者"文学征文）唐　栋
啊，拓荒者！（"开发者"文学征文）⋯郭绍珍
红蜻蜓⋯⋯⋯⋯⋯⋯⋯⋯⋯⋯⋯⋯谈笑风
来去匆匆⋯⋯⋯⋯⋯⋯⋯⋯⋯⋯⋯苏冼声

中篇小说
失落的吉祥结⋯⋯⋯⋯⋯⋯（藏族）丹珠昂奔

新边塞诗
新疆好汉（四首·"开发者"文学征文）杨　牧
山村，有一片绿草地⋯⋯⋯⋯⋯⋯⋯雷恩奇
一座柯尔克孜骑手雕像⋯⋯⋯⋯⋯⋯张功臣
蚁群⋯⋯⋯⋯⋯⋯⋯⋯⋯⋯⋯⋯⋯黄　毅
我⋯⋯⋯⋯⋯⋯⋯⋯⋯⋯⋯⋯⋯⋯秦安江
天山下的克孜们⋯⋯⋯⋯⋯⋯⋯⋯⋯殷纪平
秋光（外一首）⋯⋯⋯⋯⋯⋯⋯⋯⋯秦剑君
边防之河⋯⋯⋯⋯⋯⋯⋯⋯⋯⋯⋯⋯翼　华

雨后⋯⋯⋯⋯⋯⋯⋯⋯⋯⋯⋯⋯⋯⋯马骏祥

外国文学作品
女画家⋯⋯⋯⋯［苏］谢尔盖伊·苏林　赵家璧译

海外人士看新疆
站在米兰的遗址上⋯⋯⋯⋯［日本］井上靖　陈德文译

西域风物篇
塞外奇闻录⋯⋯⋯⋯⋯⋯⋯⋯⋯⋯⋯马建勋

散文
戈壁滩上的"珊瑚"⋯⋯⋯⋯⋯⋯⋯⋯萧　鸣

评论
西部文艺研讨会发言选登
西部文学：西部作家的个性追求⋯⋯⋯顾　骧
从历史运动中把握现实⋯⋯⋯⋯⋯⋯王　愚
漫谈西部文艺的多民族性⋯⋯⋯⋯⋯张　越
关于西部文学的思考⋯⋯⋯⋯⋯⋯⋯高　平
美国西部文学的背景和概貌⋯⋯⋯张　凌　樊怀生

美术
封面设计⋯⋯⋯⋯⋯⋯⋯⋯⋯⋯⋯⋯李　萌
自书五言绝句（二首）⋯⋯⋯⋯⋯⋯沈　鹏
美术新作⋯⋯⋯⋯⋯⋯⋯⋯⋯⋯⋯薛立柱等
天池（油画）⋯⋯⋯⋯⋯⋯⋯⋯⋯⋯黄建新

1985 年第 12 期　刊名:《中国西部文学》
目录

中篇小说
桑葚熟了头遍的时候⋯⋯⋯⋯⋯杨志明　高　虹

短篇小说
太阳下的荒野（"开发者"文学征文）董立勃
第十三个是男子汉（"开发者"文学征文）金　鑫
生活的悲喜剧（小说两题）⋯⋯⋯⋯李永欢
点与线⋯⋯⋯⋯⋯⋯⋯⋯⋯⋯⋯⋯汪　骢
小小说五则⋯⋯⋯⋯⋯⋯⋯⋯⋯⋯王晓建
弧⋯⋯⋯⋯⋯⋯⋯⋯⋯⋯⋯⋯⋯⋯苏　童
新蕾篇
汽车兵和他的妻子⋯⋯⋯⋯⋯⋯⋯田森茂
并非"老生常谈"⋯⋯⋯⋯⋯⋯⋯⋯苇　青

诗歌
诗人的爱情（八首）⋯⋯⋯⋯⋯⋯⋯杨　树
西方风景线（讽刺诗四首）⋯⋯⋯⋯石　河

清平乐（外二首）——————————————王沂暖

新疆塞诗
鹰——————————————————————杨玉生
西部中国的采访笔记——————————殷纪平
铁道兵，高原的春神（组诗）——————徐志新
草原新人——————————————————孙　涛

散文
帕米尔幽默————————————————哲　中
大西北——南方——————————————张业汉

海外人士看新疆
远上白云间——————————（中国香港）夏　婕
夏婕印象——————————————————俊　稚

评论
西部文学论坛
时代的、地域的、新文化意识的多面晶体——中国西
部文学散论————————————————孙克恒
"西部文学"意味着什么？——————————梦　真
艾特玛托夫自述——————————————陈学迅译

美术
封面设计——————————————————李　萌
葡萄架下————————————自　谦画　戈　泉诗
木刻两幅——————————————————吴量才等
丝绸之路（丙烯画）————————————石　泓

1986 年第 1 期　刊名:《中国西部文学》
目录

短篇小说
野马　野人　野狼——————————————景　俊
狼皮帐篷——————————————————佘学先
永恒的山林————————————————莫　伸
黑幽灵　红幽灵——————————————时培华
沉浮————————————————————茹　青
一个农场女医生的一天——————————李　叶
爱的玫瑰花瓣（小小说四则）————————唐训华

中篇小说
金色————————————————————刘景华

诗歌
西部诗稿（组诗）————————————章德益
将军与城（组诗）————————————李　瑜
阿尔泰之恋（组诗）————————————陈　青

峡谷瀑布（外一首）——————————师日新
蒙族的故土————————————————张永权

散文
且末人（丝路游踪）————————————礼　魂
无花结硕果————————————————刘有华

海外人士看新疆
远上白云间（二）——————————（中国香港）夏　婕

评论
崭新的地平线（西部文学论坛）————————谢　冕
诗的叙事与叙事的诗————————————周政保

美术
封面设计——————————————————李　萌
雷霁（木刻）（封二）————————————关维晓
套色版画二幅（封三）————————————于文雅等
天马（油画）（封底）————————————新　军

1986 年第 2 期　刊名:《中国西部文学》
目录

短篇小说
红刺刀——————————————————李世勋
吼声————————————————————庞一川
旧房子——————————————————董立勃
泥热河（新蕾篇）————————————贺新耘
鸦群（新蕾篇）——————————————周　明
不逝的铜铃声——————（维吾尔族）穆罕默德·巴格拉西
蓝天就是海洋——————————（哈萨克族）叶尔克西
夜之旅——————————————————曹永正
无标题对话————————————————蔡宇知
乌拉乌苏古碑——————————————王国庆

中篇小说
着了火的红罂粟——————————————马　焰

散文
天鹅湖之恋————————————————马建勋

报告文学
关于 L 教授的怪癖————————————矫　健

诗歌
前哨班（外三首）————————————王小末
楼兰（组诗）——————————————谷　闻
未名诗页——————————————贺海涛　郭有德

尹 平 韦贵波 尼 曼 徐 岚 卫 星 巨 余

评论

要有自己的眼睛——"开发者"文学征文获奖作品述评（西部文学论坛）·················孟驰北
西部文学的新探求——读董立勃的一组短篇小说（西部作家与作品）···········郭 挺
编后絮语

美术

封面设计·················李 萌
李白夜吟图（中国画）（封二）·········韩国臻
黑白木刻（封三）·············潘隆璜等
夕阳（油画）·········买买提·艾依提

1986 年第 3 期　刊名:《中国西部文学》
目录

短篇小说

陀螺与便桥·················秦 汉
脱帽，敬礼·················胡尔朴
天窗·····················肖 陈
壁虎·····················谭元亨

中篇小说

都是刚刚相识·················房哲生

报告文学

塔克拉玛干四日···············文乐然

新边塞诗

张子选西部诗选···············张子选
汪文勤抒情诗选···············汪文勤
西部草原与绿洲···············屈 直
白驼·····················李老乡
古丽巴哈尔与草垛··············陶若凌

诗词之页

诗词十首···················刘肖无
诗词二首···················公 木

兄弟民族文学之页

胡杨曲（小说）·······（维吾尔族）祖尔东·萨比尔
无泪的花（组诗）··········（回族）木 斧
迁徙路上（组诗）·····（哈萨克族）巴哈提别克
格则勒一首·······（维吾尔族）艾赫迈德·孜亚

散文

阿勒泰三题·················吴连增
人·大自然·人···············李佩芝

海外人士看新疆

远上白云间（之三）··········（中国香港）夏 婕

评论

谈谈西部精神问题（西部文学论坛）·······肖云儒
土地·奇观·珍珠（西部作家与作品）·······曾绍义
文学评论的情与理··············何西来

美术

封面·····················李 萌
女同学（中国画）（封二）··········武曼宜
薛周琦版画选登（封三）···········薛周琦
阿勒泰之春（油画）（封底）·········黄建新

1986 年第 4 期　刊名:《中国西部文学》
目录

喜悦与祝贺

中国西部的绿色交响诗············陈柏中
并没有生下个小行星·············杨 牧
说点老实话·················周 涛
也算贺词···················章德益
中国西部诗论掠影··············本刊摘编

中篇小说

当门子·····················王 戈

短篇小说

山里山外···················牛正寰
鹰胆·····················许和平
新生·····················浩 岭
白狐狸····················谈笑风
老屋·················秦剑君 曹淑华
原来是为了她·················门秀云
敲钟者····················焦川平

诗歌

"悬棺与随想"之类（组诗）··········昌 耀
黄土诗行···················梅绍静
和硕特（外一首）··············徐志新
魂在江南（组诗）··············刘祖慈
南方告急···················贺东久
落雪的时候··················陈友胜
鹰·····················高炯浩

分离······顾 城

散文
伊犁趣忆······雷 霆
井上靖先生印象记······肖 廉

海外人士看新疆
新疆吃拜拜······陈若曦

丝路游踪
神秘的阿里地区见闻录······陈湘安

评论
西部作品与作家
撒落在伊犁河畔的"露珠"······陈孝英
西部文学论坛
苏联西伯利亚文学与中国西部文学······马建勋

美术
封面设计······李 萌
戈壁风餐（中国画）（封二）······李 灼
版画（封三）······关维晓等
新疆写生选（封底）······[日本]丸木位里 丸木俊

1986 年第 5 期　刊名:《中国西部文学》
目录

短篇小说
狗剩······李广智
一则不大可信的传闻······李志君
天地之间······晓 明
女列车长的乘务日志······夏 霖
两条好汉子······郑 柯
王瘸子和他的棋摊······赵志强
旱庄子轶事······樊跃琴

中篇小说
乍晴乍雨季节······陆 平

新边塞诗
在大漠恶浊的胸膛里（四首）······何 来
在东方的沙漠里（组诗）······林 染
远山（两首）······时星原
女人与西部人生（两首）······肖 川

诗歌
额尔古纳河上的远牧人（组诗）······鄂家发
边地六行（八首）······余以建
冷······班 果

赠黄河牌汽车······杨长江
荷担者······伊 甸

散文
高原海蓝蓝······毛 锜
塞上的歌······哲 中
南疆犬吠记······蔡世平

外国文学作品
点名时请回答······[苏]谢尔盖·瑙莫夫 冯希光译

西域风物篇
喀什土陶······辛 名

海外人士看新疆
在那遥远的地方····[日]蔡东播 严东林 李顺典译

评论
《小说与诗的艺术》序·后记······王 蒙 周政保
西部文学的新开拓······上官玉
不能再这样"野"下去了······欧 亚
《边地精灵》评论两篇······李 力 权力莉

美术
封面设计······李 萌
天山秀色春常在（中国画）（封二）······徐庶之
中国画选（封三）······蔡 斌等
雪山深处（油画）（封底）······张 怀

1986 年第 6 期　刊名:《中国西部文学》
目录

中篇小说
西凉曲······王家达

短篇小说
虾祭······王 正
河那边的黑葡萄······高 澍
凋零的梨花······姜天民
这座山梁有多少条路······齐世军
口岸上······白 练
撒拉爸······马学义

诗歌
巩乃斯的云朵（外二首）······刘 渊
荒原上的花朵（组诗）······闻 频
从草地上站起来的诗（组诗）······武鸿鸣
阳关······柯 平

防雪走廊的思绪（外一首）·············孟　倩
冲浪（外一首）·················果瑞卿
你我之间（散文诗）···············梁彬艳

散文
西部奇趣···················蒋振华
他是个山里娃（作家专访）···········员　薇

西域风物篇
驴趣·····················张　骅

西域史话
新疆八景诗及其作者曹麟开··········薛宗正

海外人士看新疆
丝路之行···············［日］吉永小百合

评论
一篇走火入魔的小说（争鸣园地）·······鲁　力
哪儿出了毛病（争鸣园地）···········小　梵
西部文学一枝花··············王西平
读《当门子》················向　阳

美术
封面设计···················李　萌
泉边（水粉画）（封二）············段　丽
黑白版画（封三）·············张　晃等
双双（油画）（封底）·······（维吾尔族）卓然木

1986 年第 7 期　刊名:《中国西部文学》
目录

中篇小说
远巢·····················赵光鸣

短篇小说
红牛犊············（哈萨克族）艾克拜尔·米吉提
外乡人···················徐　星
雾谷····················李世勋
墓园····················陈　军
辙印····················丰　收
喜一喜···················江水寒
亚梦（科幻小说）··············彭正辉

小小说一束
善良的姑娘·················程万里
花·叶·果··················马　戎
熊··················库·叶尔克西

博士还家···················王晓建
笑婆····················蔡宇知
诗人光临···················李远茂
转化····················侯献斌
谁是对象···················邓本金
家里有个坏女人···············王　赧

诗歌
新疆，谁说你是遥远的（组诗）
·················（蒙古族）查　干
西部诗情（组诗）··············高炯浩
秋天的骆驼（外二首）············子　页
黄昏里的随想··········（哈萨克族）夏侃·
沃阿勒拜　张孝华译
吉它弹响白桦林···········王小蝉　王小石
天山筑路工·················金相喜

外国文学作品
祖姆娜德姑娘
··········［苏］乌·乌马尔别科夫著　陆　兵译

散文
旧事·····················列　子

丝路游踪
木垒散记···················沙砚勤

西域风物篇
欢乐的播种节·················王树生

评论
小说创作的两种思考············周政保
西部文学散论（西部文学论坛）········张　锐
《野马　野人　野狼》争鸣摘要······沙　平　河　子

美术
封面设计···················李　萌
新疆，这神奇的地方（木刻）（封二）·····蒋振华
木刻二幅（封三）··············葛德夫
湖边（油画）·················詹建俊

1986 年第 8 期　刊名:《中国西部文学》
目录

中篇小说
苦送·····················张庆豫

短篇小说

黑野··赵钧海

散文

卡拉奇见闻··王玉胡

石河子文学创作专辑

诗歌

错影··杨　牧
五颗子弹和六只黄羊··杨　树
武松"吓"虎··石　河
绿洲新花
现代西部··贺海涛
往事··尹　平
野马群··静　川
七月··边　夫
诗集，矗立在地平线··高　潮
下海··曲　近

中篇小说

哦，这沙漠多么清静··朱　定

短篇小说

马疯子店一日··韩明人
黑陨石··谈笑风
古榆··王国庆

小小说一束

悠悠情··张万明
月上榆树头··门秀云
称··牟国志
影子··芳　子
意见本上的"感谢"··杨光才
同桌书··张士高

西域风物篇

帕米尔风情··吕静涛

评论

读列子的散文（新疆作家作品论）····························周　涛
强化主体　张扬精神··马　卫
泥热河告诉我··云　帆

美术

封面设计··李　萌
新疆书法家协会祝贺中国西部文学
创刊三十周年作品选（封二、封三）
马上体育之花（套色木刻）（封底）·····················陈文进

1986 年第 9 期　刊名:《中国西部文学》

目录

《中国西部文学》创刊三十周年特辑

为中国西部文学题辞·······王恩茂　铁木尔·达瓦买提
王　蒙　唐达成　鲍　昌　葛　洛　刘肖无　张承志
愿《中国西部文学》越办越好····························冯大真
绘出民族之魂··顾　骧
为繁荣多民族文学事业做出更大贡献
　　　　　　　（维吾尔族）阿布力孜·纳孜尔
园丁与花朵················（维吾尔族）克里木·霍加
一曲难忘··王谷林
衷心的祝愿··韩文辉

短篇小说

失去又找到了的月光园故事································王　蒙
伴侣··梁晓声
凝固火焰··张承志
疯狂的二郎神··冯万里
蒙扎拉鹰窟的骨灰··································（藏族）苍　林
走驿西（新蕾篇）··李　威

中篇小说

好的去处··文乐然
芳草地··赵光鸣
人生没有陆地（三首）······································周　涛
西部诗稿（四首）··章德益
遥远的回声（组诗）··郭维东
西部抒情（组诗）··雷　霆
汗血马（组诗）··李　瑜
在香妃出生的地方（组诗）··································陈　青
勘探者眼睛··孙　涛
弄舟··王小未

丝路游踪

焉耆游记··杜芳清

评论

新疆的文学战略问题··周政保

美术

封面设计··李　萌
纪念创刊三十周年活动照片（封二、封三）
金色季节（套色木刻）（封底）·······················于文雅

1986 年第 10 期　刊名:《中国西部文学》
目录

中篇小说

走出荒原 ································ 佘学先

短篇小说

八点，十六点 ················ 尚久骖　吴云龙
本位主义 ··························· 刘肖无
城郊，有一条小河 ················· 虞翔鸣
破例 ······························· 梁彤瑾
先富起来的科员 ····················· 姜　汤
快乐的骑手们 ······················· 樊兴初
误 ································· 吴静林
爱情二题（新蕾篇） ················· 赵　爽

诗歌

草原·树·马和男人 ················· 秦安江
从荒漠到绿洲 ······················· 陈友胜
月亮里的葡萄 ······················· 葛佳映
英雄的儿子 ························· 杨玉生
诗二首 ····························· 黄东成
不只是传奇中的民族 ················· 朱　疆
题"区划"报告 ····················· 殷成伟

报告文学

裁缝篇 ····························· 孟驰北

散文

西风红柳（丝路游踪） ··············· 傅天琳
床说 ······························· 高洪波
西部奇趣（西域风物篇） ············· 蒋振华

评论

加强主体意识　高扬人道精神 ········· 陈柏中
那是你无法预知的世界 ··············· 吉　班
走向繁荣的新疆兄弟民族小说创作 ····· 丁子人

美术

封面设计 ··························· 李　萌
《三人中国画展》作品选（封二、封三）
················ 申西岚　林　峰　雷中峋
舞步（油画）（封底） ··············· 刘秉江

1986 年第 11 期　刊名:《中国西部文学》
目录

中篇小说

毛拉麦迈江 ························· 程万里
永远疼痛 ··························· 汪文勤

短篇小说

死神 ······························· 梁晓声
小说二题 ··························· 韩明人
寒流 ······························· 曹永平
牛奶不是水 ························· 郭从远

诗歌

西部风景线（组诗） ················· 张小平
半掩之窗（组诗） ··················· 叶延滨
西行采珠（组诗） ··················· 戴安常
沙海魂（三首） ····················· 徐志新
野魂（组诗） ······················· 姜金城
泉（外一首） ······················· 林　子
西部的爱（三首） ··················· 孙友田
老人星 ····························· 徐国志
蜃景的启示 ························· 王蜀龙
三月也有桃花 ······················· 阎　红
跋涉者的心迹（散文诗） ············· 唐大同
牧人与马（散文诗） ················· 晓　桦

散文

火焰山下三访（丝路游踪） ··········· 凌　愉
塞外鉴湖（海外人士看新疆）····（中国香港）陶　然

评论

探讨与争鸣
"殷切的希望，深刻的启迪"——记冯牧同志关于中
国西部文学的论述 ················· 本刊整理
"西部文学"二题 ··················· 余　斌
"西部文学"的名与实——兼与林默涵同志商榷
································· 白　烨
群体追求与个性创造 ················· 陈柏中
江南有塞外的知音 ··················· 李元洛

美术

封面设计 ··························· 李　萌
雀闹枝头（中国画）（封二） ········· 谷守山
青年美展作品选（封三） ············· 张文阁等
草原（局部壁画）（封底） ··········· 官其格

1986 年第 12 期　刊名:《中国西部文学》
目录

中篇小说

我，滞留在死人瞳孔上的影像⋯穆罕默德·巴格拉西
高楼剪彩⋯⋯⋯⋯⋯⋯⋯⋯⋯⋯⋯⋯阚建彬

短篇小说

剥山匠⋯⋯⋯⋯⋯⋯⋯⋯⋯⋯⋯⋯唐光玉
走不出小镇⋯⋯⋯⋯⋯⋯⋯⋯⋯⋯董立勃
忌讳⋯⋯⋯⋯⋯⋯⋯⋯⋯⋯⋯⋯⋯高　光
没有一串是玛瑙⋯⋯⋯⋯⋯⋯⋯⋯阎　肃
他向她走来⋯⋯⋯⋯⋯⋯⋯⋯⋯⋯许学诚
六月兔⋯⋯⋯⋯⋯⋯⋯⋯⋯⋯⋯⋯李康美

诗歌

西部中国的雨季（组诗）⋯⋯⋯⋯李云鹏
有关异族与异地（三首）⋯⋯⋯⋯开　愚
塔里木·河·人⋯⋯⋯⋯⋯⋯⋯⋯谷　闰
阿尔泰抒情（三首）⋯⋯⋯⋯⋯⋯时星原
在穆塔里甫墓前（外一首）⋯克里木·霍加
伊犁河（外一首）⋯⋯⋯⋯⋯⋯⋯晓　雪
天山投影（三首）⋯⋯⋯⋯⋯⋯⋯巴彦布
心在天山⋯⋯⋯⋯⋯⋯⋯⋯⋯⋯杨植霖
丢失了那把小蓝伞（外一首）⋯⋯文晓愚
草原⋯⋯⋯⋯⋯⋯⋯⋯⋯⋯⋯⋯王忠范
出远门的男人和守家的女人⋯⋯石　流
别情⋯⋯⋯⋯⋯⋯⋯⋯⋯⋯⋯⋯刘兰鹏
天山雪线（外一首）⋯⋯⋯⋯⋯鲁绪刚
失望⋯⋯⋯⋯⋯⋯⋯⋯⋯⋯⋯⋯屈　直
惑⋯⋯⋯⋯⋯⋯⋯⋯⋯⋯⋯⋯⋯醉　舟
八月，我们去阳关⋯⋯⋯⋯⋯⋯刘惠生
老牧人⋯⋯⋯⋯⋯⋯⋯⋯⋯阿拉坦托娅

散文

马市小记⋯⋯⋯⋯⋯⋯⋯⋯⋯⋯子　页
丝路奇观（丝路游踪）⋯⋯⋯⋯李甲群

评论

面对大西北文学界的思考
立足于中国西部⋯⋯⋯⋯⋯⋯⋯王　愚
关于西部诗歌的现状与前景⋯⋯公　刘
《好的去处》三人谈⋯⋯陈　艰　刘维钧　李云帆
《中国西部文学》(1985·1—1986·12) 总目录

美术

封面设计⋯⋯⋯⋯⋯⋯⋯⋯⋯⋯李　萌
渭干河畔（中国画）（封二）⋯⋯徐庶之

版画（封三）⋯⋯⋯⋯⋯⋯⋯⋯袁湘帆等
秋（局部壁画）（封底）⋯⋯⋯⋯张　怀

1987 年第 1 期　刊名:《中国西部文学》
目录

中篇小说

黑风口⋯⋯⋯⋯⋯⋯⋯⋯⋯⋯⋯江水寒
西泉子⋯⋯⋯⋯⋯⋯⋯⋯⋯⋯⋯许学诚

短篇小说

晨钟暮鼓⋯⋯⋯⋯⋯⋯⋯⋯⋯⋯申国祥
效应⋯⋯⋯⋯⋯⋯⋯⋯⋯⋯⋯⋯方　蕤
远山的布谷鸟⋯⋯⋯⋯⋯⋯⋯⋯宋学孟
罪恶的诱惑⋯⋯⋯⋯⋯⋯⋯⋯⋯庞一川
冲向彼岸⋯⋯⋯⋯⋯⋯⋯⋯⋯⋯吴　巍

诗歌

山岳山岳，丛林丛林（长诗选载）⋯⋯周　涛
大人小人的版画（组诗）⋯⋯⋯周江林

西部诗魂

现代西部⋯⋯⋯⋯⋯⋯⋯⋯⋯⋯贺海涛
神奇的荒漠⋯⋯⋯⋯⋯⋯⋯⋯⋯孙晓杰

报告文学

冰大坂⋯⋯⋯⋯⋯⋯⋯⋯⋯⋯⋯朱幼棣

散文

雪爬犁，在静静的雪地里⋯⋯⋯张际会
霍尔果斯散记（丝路游踪）⋯⋯王树生

评论

《桑那高地的太阳》的启示⋯⋯孟驰北

美术

封面设计⋯⋯⋯⋯⋯⋯⋯⋯⋯⋯李　萌
明月松间照（套色木刻）（封二）⋯⋯薛周琦
市保险公司广告（封三）
哈纳斯湖（油画）（封底）⋯⋯⋯孙黎元

1987 年第 2 期　刊名:《中国西部文学》
目录

中篇小说

高原人生⋯⋯⋯⋯⋯⋯⋯⋯⋯⋯李广智

短篇小说

磨坊家的女儿 ·················· 王家达
口门子 ·················· 肖 陈
没有尾巴的驴 ·················· 段石羽
背山 ·················· 冉 丹
撞鹰崖 ·················· 许和平
小小说一束 ·················· 王廷秀
刘殿学 王克明 陈日午 马李云 王晓建

西部诗魂

火洲（组诗） ·················· 何 来
在东方的沙漠里（组诗） ·················· 林 染
无鸟的夏天（组诗） ·················· 张子选

诗歌

昆仑诗社诗词选辑 ·················· 刘萧无等
冷风景——西北印象（三首） ·················· 张新泉
在西部的土地上（三首） ·················· 武鸿鸣
戈壁，君子兰 ·················· 毕 林
罗布泊凝思 ·················· 天 戈
星（外一首） ·················· 巨 余
老屋 ·················· 殷纪平
穿高跟鞋的导游小姐 ·················· 刘国尧
青年舞厅 ·················· 白士昌

散文

这是泰戈尔的故乡——访印备忘录（上篇） ···· 杨 牧
胡商——丝路之王（西域史话） ·················· 柳用能

评论

奋发努力 繁荣创作 ·················· 本刊记者
进军和代价——《毛拉麦迈江》侧像 ·············· 杨玉生
《远巢》札记 ·················· 虞翔鸣

美术

封面设计 ·················· 李 萌
藏书票选登（封二） ·················· 新疆版画家协会供稿
木刻（封三） ·················· 薛周琦等
天山雪霁（油画）（封底） ·················· 吴立杰

1987 年第 3 期　刊名:《中国西部文学》
目录

中篇小说

我的爱无边 ·················· 张曼菱
黑土红土 ·················· 董立勃

短篇小说

红鲤鱼 ·················· 唐 栋
啊，和田河 ·················· 李明坤
奥多与达娃 ·················· 尹 俭

儿童文学之页

公道村里的故事（小说） ·················· 红长龄
"花"的故事（小小说） ·················· 木业羌
沙漠里的孩子（诗） ·················· 郭维东
秋天，我们采集树种（诗） ·················· 张德茂

西部诗魂

西部诗稿（组诗） ·················· 章德益
奔驰的灵魂（组诗） ·················· 东 虹

诗歌

旋转的金苹果（组诗） ·················· 顾丁昆
魔鬼城 ·················· 门海群

散文

丝路古都白沙瓦 ·················· 王玉胡
这是泰戈尔的故乡（下） ·················· 杨 牧
苍茫人海 ·················· 列 子

评论

淡雅而富有意味的散文艺术 ·················· 周政保
语言美的追求者 ·················· 边 谷

美术

封面设计 ·················· 李 萌
春消息（中国画） ·················· 吴海浪
青年画页 ·················· 王永生等
牛群（油画） ·················· 阿 曼

1987 年第 4 期　刊名:《中国西部文学》
目录

中篇小说

九月的人 ·················· 杨 镰
前出塞 ·················· （满族）关学林

短篇小说

并非一切都是永远 ·················· （维吾尔族）巴拉提
西望冰山 ·················· 刘春绘
山谷 ·················· 张佑迟
跋涉者的祈望 ·················· 张瑞成

小小说

讨论（外一篇） ·················· 唐训华

1987 年第 5—6 期　刊名:《中国西部文学》
目录

美术

封面设计————————————————————李　萌
胡人骆驼（中国画）———————（中国香港）沈　平
油画新作——————————（维吾尔族）阿不都·秀库等

1987 年第 7 期　刊名:《中国西部文学》
目录

坚持毛泽东文艺思想，繁荣社会主义文艺创作
————————————————————贾那布尔

报告文学
天山儿女在南线————————————————李复楼
《玛纳斯》以外的歌————————————————吴连增

短篇小说
塬上的生灵—————————————————柏　原
C 城雪后—————————————————徐子衡
鸟鸣————————————————————张　骅
豁豁————————————————————樊跃琴
风风雨雨世间路————————————————郑　柯
野丫头——————————————————蒋　凯
小小说（四篇）————————————————申国祥等

西部诗魂
野诗六首—————————————————李老乡
真草原（四首）————————————————汪文勤
阿克苏诗草（组诗）————（维吾尔族）克里木·霍加
倾斜的风景（三首）————————————杨玉生

外国文学作品
清晨（小说）——————［苏］谢尔盖·安东诺夫

诗歌
山水之间—————————————————杨　山
战争遗言—————————————————程小蓓
高山牧场之夜（外一首）————————————屈　直
携黑犬的伊犁人————————————————开　愚
南国回音壁（二首）————————————再　耕
遭遇（外一首）————————————————胡志伟

散文
锡铁山纪事————————————————朱　奇
沙窝里的小站————————————————王树生

评论
他发现了自己的天地——郑柯近期短篇小说断想
————————————————————潘自强

文讯三则——————————————————本　刊

美术

封面设计————————————————————李　萌
天池欢歌（油画）————————————————彭比德
黑白木刻—————————————————杨云兰

1987 年第 8 期　刊名:《中国西部文学》
目录

报告文学
东方雄狮—————————————————刘　枫

短篇小说
流星————————————————————程万里
山峁峁，山圪崂崂————————————————王洲贵
惊蛰————————————————————李广智
"狼咬儿"新传————————————————海　瑶
嫂姐的长辫————————————————王旺斌
太嫩的瓜干————————————————梁彤瑾
和平作证：你，不是战争的逃兵———————————陈　垦
醉山————————————————————田代琳
图尔盖之夜————————————————虞翔鸣
小小说一束————————————————唐训华等

西部诗魂
西部没有望夫石（四首）————————————李云鹏
人兮魂兮（三首）————————————————韦德明
骑手·牧人·鹰群————————————————刘　渊

诗歌
山城抒情诗（三首）————————————凌文远
我们这些讨厌的人（外一首）————————魏志远
西部有一条河没有桥————————————田先瑶
西北痕（三首）————————————————李　琦
对你说（外一首）——————艾提哈里·乌斯潘
喀纳斯湖掠影（二首）————————————师　歌
南疆的回忆—————————————————殷纪平
聚会，在三月（外一首）————————————龙　郁
微风时分（三首）————————————王中朝
木棉花·大海————————————————张　玲
月牙泉（外一首）————————————————伊　甸
远荒————————————————————娜　夜
高老庄沙暴————————————————张新泉

散文
长征纪事（革命回忆录）————————————谭善和
红其拉甫口岸散记（丝路游踪）—————————肖　廉

评论
相互协作的范围⋯⋯⋯⋯⋯⋯⋯⋯⋯［苏］艾特玛托夫
他在瀚海戈壁跋涉（作家专访）⋯⋯⋯⋯仲　一

美术
封面设计⋯⋯⋯⋯⋯⋯⋯⋯⋯⋯⋯⋯李　萌
沙漠清泉（套色木刻）⋯⋯⋯⋯⋯⋯⋯湘　帆
奔腾（木刻）⋯⋯⋯⋯⋯⋯⋯⋯⋯⋯孙宗礼

1987 年第 9 期　刊名:《中国西部文学》
目录

中篇小说
绿太阳⋯⋯⋯⋯⋯⋯⋯⋯⋯⋯⋯⋯⋯徐智勇
磨拉子，老磨坊⋯⋯⋯⋯⋯⋯⋯⋯⋯轩锡明

短篇小说
赤惑⋯⋯⋯⋯⋯⋯⋯⋯⋯⋯⋯⋯⋯⋯汪文勤
远山风情（二题）⋯⋯⋯⋯⋯⋯⋯⋯⋯健　涛
古城异人⋯⋯⋯⋯⋯⋯⋯⋯吴赐安　李亚舟
爱与悔⋯⋯⋯⋯⋯⋯⋯⋯⋯⋯⋯⋯阿瓦斯汗
爱的历程⋯⋯⋯⋯⋯⋯⋯⋯⋯⋯⋯⋯宋软成

西部诗魂
东方之始（组诗）⋯⋯⋯⋯⋯⋯⋯⋯⋯章德益
高山流水（外三首）⋯⋯⋯⋯⋯⋯⋯⋯秦安江

诗词之页
丁卯杂诗⋯⋯⋯⋯⋯⋯⋯⋯⋯⋯⋯⋯刘肖无
诗词四首⋯⋯⋯⋯⋯⋯⋯⋯⋯⋯⋯⋯孙增礼

诗歌
日月之恋（外二首）⋯⋯⋯⋯⋯⋯⋯帕蒂古丽
探月（三首）⋯⋯⋯⋯⋯⋯⋯⋯⋯⋯时星原
断层（三首）⋯⋯⋯⋯⋯⋯⋯⋯⋯⋯曲　近
蜀籁（组诗）⋯⋯⋯⋯⋯⋯⋯⋯⋯⋯鄢家发
爱的河（组诗）⋯⋯⋯⋯⋯⋯⋯⋯⋯匡文留
云⋯⋯⋯⋯⋯⋯⋯⋯⋯⋯⋯⋯⋯⋯谢高哥
淡紫色的苜蓿花⋯⋯⋯⋯⋯⋯⋯⋯⋯耿　翔
无题⋯⋯⋯⋯⋯⋯⋯⋯⋯⋯⋯⋯⋯⋯克　矛
沉默不再是一种时尚⋯⋯⋯⋯⋯⋯⋯易殿选

散文
官道前的遐想⋯⋯⋯⋯⋯⋯⋯⋯⋯⋯王明利
可可托海随笔⋯⋯⋯⋯⋯⋯⋯⋯⋯⋯肖嗣文

评论
这方水土上的另一只眼睛⋯⋯⋯⋯⋯⋯杨　牧

王悦和他的散文⋯⋯⋯⋯⋯⋯⋯⋯⋯何西来

美术
封面设计⋯⋯⋯⋯⋯⋯⋯⋯⋯⋯⋯⋯李　萌
天山之夏（套色木刻）⋯⋯⋯⋯⋯⋯⋯王　东
油菜花（木刻）⋯⋯⋯⋯⋯⋯⋯⋯⋯王永生
荒漠主人（中国画）⋯⋯⋯⋯⋯⋯⋯雷中峋

1987 年第 10 期　刊名:《中国西部文学》
目录

中篇小说
甜仁杏⋯⋯⋯⋯⋯⋯⋯⋯⋯⋯⋯⋯⋯郭　群

短篇小说
红狼⋯⋯⋯⋯⋯⋯⋯⋯⋯⋯⋯⋯⋯⋯许和平
随意拾来的故事⋯⋯⋯⋯⋯⋯⋯⋯叶尔克西
传说⋯⋯⋯⋯⋯⋯⋯⋯⋯⋯⋯⋯⋯⋯吕　新
背温⋯⋯⋯⋯⋯⋯⋯⋯⋯⋯⋯⋯⋯⋯程建国
黄金白玉玙⋯⋯⋯⋯⋯⋯⋯⋯⋯⋯⋯马　戎
远魂⋯⋯⋯⋯⋯⋯⋯⋯⋯⋯⋯⋯⋯⋯郭振东
面对蓝蓝的湖⋯⋯⋯⋯⋯⋯⋯⋯⋯⋯郭从远

小小说
重奖⋯⋯⋯⋯⋯⋯⋯⋯⋯⋯⋯⋯⋯⋯王　歌
石头二记⋯⋯⋯⋯⋯⋯⋯⋯⋯⋯⋯⋯王吉呈
天籁（外二则）⋯⋯⋯⋯⋯⋯⋯⋯⋯孟　斌
上士⋯⋯⋯⋯⋯⋯⋯⋯⋯⋯⋯⋯⋯⋯段立新
山里，那个难忘的夜晚⋯⋯⋯⋯⋯⋯李明德

诗歌
木卡姆⋯⋯⋯⋯⋯⋯⋯⋯⋯⋯⋯⋯⋯王　蒙
黄土散歌（组诗）⋯⋯⋯⋯⋯⋯⋯⋯闻　频
写《自传》（外一首）⋯⋯⋯⋯⋯⋯⋯徐　康
走出秋天的风中（外一首）⋯⋯⋯⋯王长富
牧羊哥半生⋯⋯⋯⋯⋯⋯⋯⋯⋯⋯⋯米福松
希望·书⋯⋯⋯⋯⋯⋯⋯⋯⋯⋯⋯⋯陈英文
回声⋯⋯⋯⋯⋯⋯⋯⋯⋯⋯⋯⋯⋯⋯刘湘平
夜宿巴伦台⋯⋯⋯⋯⋯⋯⋯⋯⋯⋯⋯黄东成
黄土魂⋯⋯⋯⋯⋯⋯⋯⋯⋯⋯⋯⋯⋯晨　耕
最后的童话（散文诗）⋯⋯⋯⋯⋯⋯鲁　萍

报告文学
凯旋见闻录⋯⋯⋯⋯⋯⋯⋯⋯⋯⋯⋯李复楼
河南庄子人物记⋯⋯⋯⋯⋯⋯⋯⋯⋯丰　收
天山的回声⋯⋯⋯⋯⋯⋯⋯⋯⋯⋯⋯陈春生

散文

新疆北部三日行 ·············· 列　子
邂逅在喀什噶尔（丝路游踪）······ 常　征

评论

心灵世界与空灵之美 ·········· 曾绍义
一首悲壮的抒情诗 ············ 沙　平

美术

封面设计 ·················· 李　萌
边城（木刻）··············· 薛立柱
黑白木刻 ·················· 薛立柱
宅垒（水粉画）·············· 狄　华

1987 年第 11 期　刊名:《中国西部文学》
目录

中篇小说

蓝烟 ····················· 张宝发

短篇小说

"穷"则思变 ··············· 唐　栋
水与火的故事 ·············· 黎射萍
山洪，在急流中大声地说话 ······ 马洁身
雾障 ····················· 庞一川
龙口 ····················· 蔡宇知
胡屠户办学 ················ 冯庆昕
虚惊 ··············（哈萨克族）艾尼沙尔江

诗歌

时代之魂（散文诗）··········· 唐大同
城市（组诗）··············· 张小平
流动的神话（组诗）··········· 谷　闾
大光明，人影随感录（组诗）······ 时星原
唐布拉山谷 ················ 徐志新
通向矿山的路（外一首）········· 巨　余
哨所之夜 ·················· 翼　华
农家小院 ·················· 项俊卿
钻工与白鸽 ················ 黄　毅
大漠，花的旋律 ············· 李坛计

报告文学

她从伊犁走向世界 ············ 郭从远

外国文学作品

在亲家家作客（小说）
················· [苏]赛因·穆拉特别科夫

散文

伊犁趣忆（西域风物篇）········· 雷　霆
彩色珠帘（外二题）··········· 远　晴
下乡 ····················· 周晓星
古道遐想 ·················· 沙砚勤

评论

中国西部妇女的历史命运及其价值表现·······任一鸣
理解，是沟通文化的桥梁——读张曼菱两篇新疆题材
小说随想 ·················· 都幸福

美术

封面设计 ·················· 李　萌
边城交响曲（木刻）··········· 薛立柱
黑白木刻 ················· 邵谷聚等
宅垒（水粉画）·············· 狄　华

1987 年第 12 期　刊名:《中国西部文学》
目录

"中国潮"报告文学征文百家期刊联合启事

中篇小说

同一个太阳 ················ 方　威
半分钟的人生 ·············· 翔　宇

短篇小说

荒血 ····················· 尹德朝
剩下的男人和女人 ··········· 沈贻炜
霍启智外传 ············（回族）马知遥
西戈壁人 ·················· 焦川平

报告文学

"哈密人民万岁"——万名旅客滞留哈密纪实
················· 刘庆华　袁兴夏

散文

瀚海阑干孔雀飞（丝路游踪）······ 李　桦
遗憾 ····················· 顾丰年

诗歌

今日飞往天山（组诗）······（蒙古族）查　干
这个村庄和那个村庄（外一首）····· 孙　涛
夜的声音（外一首）······（锡伯族）安鸿毅
踢踏舞 ··············（俄罗斯族）米　拉
赠友 ···············（毛南族）谭亚洲
八月，青草地（外一首）·····（锡伯族）郭晓亮
短诗三首 ················ 李光云等

评论

争鸣园地

一帧用文字完成的"全息摄影"·················蔡宇知

艺术追求与实践效果——关于中篇小说《黑土红土》

的对话···丁子人

美术

封面设计···李　萌

莫高窟（套色木刻）···黄戈捷

青年版画···吴玉香等

冬日（油画）··吴立中

1988 年第 1 期　刊名:《中国西部文学》
目录

改革时代呼唤着新的文学················本刊特约评论员

"中国潮"报告文学征文

希望所在——哈密车站的五个昼夜

···················（蒙古族）孟驰北　刘　茵

黄金奏鸣曲··············尚久骖　（满族）吴云龙

企业家的风采·····································和　峰

中篇小说

格登山记功碑·······················（满族）关学林

短篇小说

七十二贤人···王守义

多风季节···董立勃

那边的世界···赵　爽

雪地上的蓝光···张功臣

石山　闷炮···韩　冰

疯牛（新蕾篇）···曹永平

附：看似平庸却新奇···一　丁

诗歌

蒙代罗夏宫的阳台（诗五首）·····························周　涛

阿勒泰游记（组诗）···汪文勤

造山运动的瞬间···江水寒

试飞集···许彩萍

散文

绿风土·····························（回族）张承志

北庭故城随想（西域史话）···········[日]梅村　坦

评论

荣幸的历险（创作谈）·····································张曼菱

争鸣园地

《黑土红土》生奇葩···木业羌

在创新和突破的表象后面···········向　阳　欧　亚

封面设计···李　萌

"丝路新貌"征文启事

回声（油画）·····················吴烈勇　龙　舟

1988 年第 2 期　刊名:《中国西部文学》
目录

诗歌

静静的帕米尔（组诗）···陈皋鸣

葡萄园情歌（组诗）···郭维东

无数个世纪的回声···郑建桥

"丝路新貌"征文

风雪边山拓路人（报告文学）·····························魏建华

橄榄绿（报告文学）···范皓文

牟拉克阿绮姑丽（丝路游踪）·····························常　征

评论

寓意性：小说艺术的核心因素——兼评王晓建的小小

说创作···周政保

从黑土地上掘开去

——读《黑土红土》札记·····························虞翔鸣

美术

封面设计···李　萌

草原静悄悄（木刻）···徐静秋

早市（油画）·····················克里木·那斯尔丁

1988 年第 3 期　刊名:《中国西部文学》
目录

中篇小说

平川里有一朵牡丹···彭益成

短篇小说

决斗···李乔亚

异草（三题）···董炳新

墙···郭灿东

周晓星小说二题···周晓星

弧形的诱惑···张　骅

毒日头···杨玉生

北山···孟　斌

西部诗魂
天山：顿悟与遐想 ················ 何　来
感觉伊犁（三首） ················ 贺海涛

诗歌
无题三首 ························ 陶若凌
鸣沙山足音 ······················ 梅　子
祁连山北坡速写（外一首） ········· 李　琦
牧区三首 ························ 张孝华
第一次歌唱（三首） ·············· 杨　枫
秋天的嫉妒（外一乎） ············ 范勤奋
假日 ···························· 新　宇
雨季 ··························· 刘抚兰
夜的忧虑（外一首） ·············· 娜　夜

"中国潮"征文
昆仑山下的春雷（报告文学） ······· 代　海
在波峰浪谷中（报告文学） ········· 刘和峰

"丝路新貌"征文
帕米尔之路（报告文学） ··········· 凌　愉

评论
真实、创新及其他——读《红土黑土》有感 ···· 沙　平
高尔基关于建设少数民族文学的理论 ········· 陈学迅

美术
封面设计 ························ 李　萌
荒原之春（综合版） ·············· 关维晓
雪（中国画） ···················· 陈　英

西部诗情（五首） ················ 张新泉
访意诗抄（组诗） ················ 叶延滨
十四行诗五首 ···················· 孙文波
祁连山印象（外一首） ············ 赵健雄
爸爸妈妈和我 ···················· 刘龙平
呼唤 ··························· 赵金康
三月，脚手架 ···················· 吴继强

外国文学作品选
雪白的种马（小说）
················ ［捷］简·科扎克　赵　琼译

"中国潮"征文
爱的特区 ························ 肖思科

散文
诗城之谜（"丝路新貌"征文） ······· 里　璇
地尾巴湖（外一篇） ·············· 许学诚

评论
灵魂的风景——读陶若凌诗歌札记 ·············· 杨　子
大湖中的浪花——读尚久骖、吴云龙的两篇报告文学
····························· 鲁　力
"黑色幽默"与"垮掉的一代"在中国 ·········· 白　航

美术
封面设计 ························ 李　萌
鸽子（油画） ················ 哈孜·艾买里
丝路风情（版画） ················ 薛周琦
于田妇女（油画） ················ 刘　拥

1988 年第 4 期　刊名:《中国西部文学》
目录

中篇小说
三棱豆 ·························· 王　戈

短篇小说
太阳 ··························· 景　风
大漠悲歌 ························ 刘　岸
梦谷 ··························· 陈　虹
黎明的窄门 ······················ 竹　蕾
崔妈 ··························· 马　戎
妈妈的楼梯 ······················ 郭文琛

诗歌
开花的原野（散文诗五章） ········· 闻　频
苍茫之旅（组诗） ················ 王小末

1988 年第 5 期　刊名:《中国西部文学》
目录

"中国潮"征文
安危所系（中篇报告文学） ········· 李广智
能过红海的人（报告文学） ········· 刘　枫

中篇小说
那年夏天有一场暴风雨 ············ 董立勃

短篇小说
见红兆头 ························ 贺晓彤
不要问他从那里来 ················ 牛正寰
在那个夏天里 ···················· 冯积岐
哨卡上，有双眼睛 ················ 吴静林
黑水 ··························· 俞敬元

小小说

等待 ⋯⋯⋯⋯⋯⋯⋯⋯⋯⋯⋯⋯ 常玉萍
拔河 ⋯⋯⋯⋯⋯⋯⋯⋯⋯⋯⋯⋯ 申国祥
戒酒 ⋯⋯⋯⋯⋯⋯⋯⋯⋯⋯⋯⋯ 郭义民
街上流行传染病 ⋯⋯⋯⋯⋯⋯⋯ 戈 剑
眼镜 ⋯⋯⋯⋯⋯⋯⋯⋯⋯⋯⋯⋯ 照 耀

诗歌

血吟（组诗） ⋯⋯⋯⋯⋯⋯⋯⋯ 杨 牧
西天，又是音乐雨（组诗）⋯⋯⋯ 子 页
城市（组诗） ⋯⋯⋯⋯⋯⋯⋯⋯ 张小平
秀尾及其他 ⋯⋯⋯⋯⋯⋯⋯⋯⋯ 匡文留
短诗小集 ⋯⋯⋯⋯⋯ 李 宏 项俊杰等

悼念维吾尔族诗人克里木·霍加

满面春风的克里木·霍加 ⋯⋯⋯ 王 蒙
不堪回首阿克苏 ⋯⋯⋯⋯⋯⋯⋯ 刘肖无
他化作霏霏春雨 ⋯⋯⋯⋯⋯⋯⋯ 陈柏中

评论

漂泊和归宿
——赵光鸣小说创作探析（作家作品研究）⋯⋯ 徐 亮

美术

封面设计 ⋯⋯⋯⋯⋯⋯⋯⋯⋯⋯ 李 萌
春牧（套色木刻） ⋯⋯⋯⋯⋯⋯ 薛立柱
版画 ⋯⋯⋯⋯⋯⋯⋯⋯⋯⋯⋯⋯ 孔宗礼
一样的土地、一样的月光（油画）⋯⋯ 王 琪

1988 年第 6 期　刊名：《中国西部文学》
目录

“中国潮”征文

天机钩沉录（报告文学） ⋯⋯⋯ 王兆军

中篇小说

地下水 ⋯⋯⋯⋯⋯⋯⋯⋯⋯⋯⋯ 冯积岐
越不过的冰山 ⋯⋯⋯⋯⋯⋯⋯⋯ 雷杰超

短篇小说

山林 ⋯⋯⋯⋯⋯⋯⋯⋯⋯⋯⋯⋯ 学 利
神祇 ⋯⋯⋯⋯⋯⋯⋯⋯⋯⋯⋯⋯ 孟 斌
深深的海洋 ⋯⋯⋯⋯⋯⋯⋯⋯⋯ 郭从远
小竹 ⋯⋯⋯⋯⋯⋯⋯⋯⋯⋯⋯⋯ 曾 英

诗歌

散文诗五章 ⋯⋯⋯⋯⋯⋯⋯⋯⋯ 章德益
摧毁城堡 ⋯⋯⋯⋯⋯⋯⋯⋯⋯⋯ 时星原
黑罂粟 ⋯⋯⋯⋯⋯⋯⋯⋯⋯⋯⋯ 李 瑜

黑油山的驼群 ⋯⋯⋯⋯⋯⋯⋯⋯ 胡 笳
卖丝棉网套的孩子 ⋯⋯⋯⋯⋯⋯ 项俊卿

报告文学

一个精明的企业家 ⋯⋯⋯ 马河川 李孝义

散文

不惑之年 ⋯⋯⋯⋯⋯⋯⋯⋯⋯⋯ 江水寒
送沈凯 ⋯⋯⋯⋯⋯⋯⋯⋯⋯⋯⋯ 程彼德

评论

在自治区纪实文学创作座谈会上的讲话
⋯⋯⋯⋯（维吾尔族）买买提·祖农
开拓新视野，发展新观念，使我区文学创作进入新境界
⋯⋯⋯⋯⋯⋯⋯⋯⋯⋯⋯⋯ 本刊记者
周政保评论二题
作为表现：程万里的小说企图
关于赵光鸣的几篇小说

美术

封面设计 ⋯⋯⋯⋯⋯⋯⋯⋯⋯⋯ 李 萌
哈萨克人（中国人） ⋯⋯⋯⋯⋯ 雷中峋
南疆金秋 ⋯⋯⋯⋯⋯⋯⋯⋯⋯⋯ 阿 宁

1988 年第 7 期　刊名：《中国西部文学》
目录

“中国潮”、“丝路新貌”征文

苦涩与甜蜜（报告文学） ⋯⋯⋯ 张功臣
丝绸之路第一桥（散文） ⋯⋯⋯ 马建勋
走马观花访鞋厂（报告文学）⋯⋯ 马河川 李孝义

中篇小说

蜘蛛沟 ⋯⋯⋯⋯⋯⋯⋯⋯⋯⋯⋯ 张 骅

短篇小说

湖南坟园散记（系列小说） ⋯⋯ 王 刚
秋水草地 ⋯⋯⋯⋯⋯⋯⋯⋯⋯⋯ 张冀雪
火、火、火 ⋯⋯⋯⋯⋯⋯⋯⋯⋯ 周 明
孤岛 ⋯⋯⋯⋯⋯⋯⋯⋯⋯⋯⋯⋯ 王延辉
黑箱 ⋯⋯⋯⋯⋯⋯⋯⋯⋯⋯⋯⋯ 王巧云
瞎眼 ⋯⋯⋯⋯⋯⋯⋯⋯⋯⋯⋯⋯ 谢志强
古槐（新蕾篇） ⋯⋯⋯⋯⋯⋯⋯ 陈 丽
附：古槐的启示 ⋯⋯⋯⋯⋯⋯⋯ 晓 芬

诗歌

多多（组诗） ⋯⋯⋯⋯⋯⋯⋯⋯ 谷 闰
西部魂（组诗） ⋯⋯⋯⋯⋯⋯⋯ 陈友胜

87 年，西部多雨（外一首）…………曲　近
灯下的话（外一首）…………李遇春
爱神与诗神（外一首）…………梁谢成
吐鲁番律诗八首…………刘萧无
壮别…………陈　源
南国红豆（外一首）…………李　明
雨中…………陈青俊
像隔着一层白纱（外一首）…………赵　明
绿色的芦苇（外一首）…………王凌云
路上，一个人这样走着…………黄坤良

散文

喧腾的京华…………夫　威
蒙鲁克的传说…………沙砚勤
沙海明珠…………楚云飞
壮观奇特的盐山…………李甲田

评论

强悍的土地与雄奇的灵魂…………章德益
面具下边：一张破碎的脸——王刚小说近作浅议
…………杨　子

美术

封面设计…………李　萌
丝路情…………吕剑利
鱼乐图…………林　江

西线军人风情…………李宝生
秋之恋…………闵长庆

诗歌

白杨林正年轻（组诗）…………林　染
军人魂
迎春的爆竹（外一首）…………刘　章
临战状态的两种心境…………郁　笛
射击的姿式（外一首）…………殷　实
短诗一束…………巨　余
帕蒂古丽　王忠范　吴　强　李治疆

评论

在事件（或关系）的表象后面——兼述中篇报告文学《安危所系》…………周政保
困惑和超越：当代艺术审美观念的变革——从王蒙小说《来劲》谈起…………邢煦寰
第二步：更艰难的跨越——赵光鸣、程万里、董立勃小说创作讨论会纪要…………本刊记者
多角度地开掘人性的深度…………夏冠洲

美术

封面设计…………李　萌
饮…………吴陆升
天山深处…………候世珍
古丽…………廉　敏

1988 年第 8 期　刊名:《中国西部文学》
目录

"中国潮"报告文学征文
在反思中起跑…………（蒙古族）孟驰北　罗绿绿
一代精英…………言　鸣
伊犁河春潮…………郭从远
邱皮鞋和他的雪莲花…………严家墩　刘和峰

中篇小说
湖光…………蔡宇知

短篇小说
闪光的冰河…………刘壮志
道路何遥…………尹　俭
桔色路灯（新蕾篇）…………马新花
短评：心理意识的超越…………晓　芬

散文
北羊街…………高洪波
十八岁只有一次…………列　子

1988 年第 9 期　刊名:《中国西部文学》
目录

"中国潮"征文
创世纪（中篇报告文学）…………丰　收
绿洲飘来恼人的乌云（报告文学）…………刘景华

"丝路新貌"征文
漫话夫妻井（报告文学）…………陈皋鸣
穿越死亡之海（报告文学）…………安定一
疑是幻境扑面来（散文）…………草　肃
马新泰的酸甜苦辣（报告文学）…………夏梦晨

中篇小说
火葬…………黄晓萍

短篇小说
幽道…………杨　剑
臭死…………赵钧海
蓝天滑过一朵白云…………李明坤
三个面包…………（维吾尔族）艾拜
都拉·依布拉音　康文煜译

小小说

醒世今言流行病····················朱润龙
走的过程·························马 升
我了解你·························梁彤瑾
寄给远方的信·······················童恒胜

诗歌

黑色歌舞团（外二首）·················韦德明
花期少年（外一首）·················谢高哥
中国西角的克拉玛依（组诗）············赵天山
在一次宴会上·····················张贵亭
短诗·············王克矛 李菊萍 傅玉堂 王广田

散文

等你的信·························李俊芬
果子沟驿站·········（维吾尔族）古丽努尔·艾则孜
幸福之梦（新蕾篇）·················李小毛
短论：情真才能感人·················唐训华

评论

文学的走向与作家的选择···············唐 栋
《湖光》：对理想人格的呼唤（争鸣园地）······陈东滨
形式探索与内容表现的悖逆（争鸣园地）·······彭志明

1988 年第 10 期　刊名:《中国西部文学》

目录

中篇小说

强者之狱·························张曼菱

短篇小说

鹿迹·············（哈萨克族）艾克拜尔·米吉提
红尘夕照（三题）···················韩明人
老黑·······················（土族）鲍义志
树化石·························韩 冰
猎狐人·························周晓星
黑果果，黑果果（新蕾篇）··············谭向前
短评：深刻的思想寓意················唐训华
荒谬的爱（翻译小说）
·················[美]麦克斯·舒尔曼　殷庆龙译

诗歌

诗三首·············（维吾尔族）铁依甫江　郝关中译
喀什噶尔的黎明（外一首）··············吴 凯
新疆风采（二首）···············黄秉荣　罗荣典
临产的吐鲁番（外二首）···············洋 雨
沙门子（组诗）·····················秦安江

"中国潮"、"丝路新貌"征文

揭去面纱（报告文学）·······高 虹　王志明　杨志明
闯进都市的凤凰（报告文学）·············吴连增
为今天更为明天（报告文学）··········马 戎　严冰清
丝路北道游（散文）··················王树生

评论

《边魂》：文化的嬗变和精神的漂泊··········韩子勇
探讨争鸣
《湖光》，一次不确定的追求··············李竟成
做作的《湖光》·····················欧 亚
反映新型民族关系的有益探索·············本刊记者

美术

封面设计·························宋维成
幽泉··························于文雅
金秋··························袁湘凡
密林鹿鸣·························谢家道

1988 年第 11 期　刊名:《中国西部文学》

目录

中篇小说

腥草··························尹德朝

短篇小说

江水寒小说三题····················江水寒
奇特的经历·······················沈 军
紫泥湖边························荒 原
彼此的癌（科幻小说）·················彭正辉
小溪（翻译小说）··········[苏]阿利丹·司玛伊洛夫
夏里甫罕译
散打（新蕾篇）····················王苏京
短评：灵魂的较量···················晓 芬

"中国潮"、"丝路新貌"征文

西部的浪漫（报告文学）················王兆军
跋涉者的足迹（报告文学）··············吴连增
幸福的帕米尔（报告文学）··············王速飞
克拉玛依二重奏（散文）················李 桦

散文

在六月飞雪的祁连···················朱 奇

诗歌

杨梅谣·························刘肖无
忧郁的西部波斯菊···················李云鹏
沉沦绿洲························岳 岸

"石女儿"女人⋯⋯⋯⋯⋯⋯⋯李占学

万县诗会特辑⋯⋯王长安 柏铭久 朱彻 郭维东

理解的余音⋯⋯⋯⋯⋯⋯⋯欧阳平

浪漫诗人的六弦琴⋯⋯⋯⋯⋯天戈

评论

报告文学五人谈

爱的荡漾和人的生存位置的寻找⋯⋯⋯⋯周政保

从"起跑"引发的感想

⋯⋯⋯⋯⋯（维吾尔族）安尼瓦尔·托乎提

关于报告文学《在反思中起跑》⋯⋯⋯刘宾

报告文学：从哪里超越⋯⋯⋯⋯⋯韩子勇

突破禁区 发展创作⋯⋯⋯⋯⋯王仲明

美术

封面设计⋯⋯⋯⋯⋯⋯⋯宋维成

笔和拐杖（诗配图）⋯⋯⋯铁依甫江作 郝关中译

戈壁道中⋯⋯⋯⋯⋯⋯⋯龙清廉

1988 年第 12 期　刊名:《中国西部文学》
目录

中篇小说

男人的忏悔⋯⋯⋯⋯⋯⋯⋯唐训华

短篇小说

静静的河湾⋯⋯⋯⋯⋯⋯⋯王家达

逃亡者⋯⋯⋯⋯⋯⋯⋯⋯沈玉林

阿翠和蓉蓉⋯⋯⋯⋯⋯⋯⋯赵根荣

死的旋律⋯⋯⋯⋯⋯⋯⋯张瑞成

妇产科男医生采访录（纪实小说）⋯⋯⋯许学诚

散文

周涛散文六篇

"中国潮"、"丝路新貌"征文

瀚海说鱼（散文）⋯⋯⋯⋯柏琴 潘育英

西部石油之光（报告文学）⋯⋯⋯⋯赵先明

诗歌

风中的白杨树（三首）⋯⋯⋯⋯⋯梁志宏

该来的季节（外一首）⋯⋯⋯⋯⋯鸟林

"龟兔赛跑"的内幕（外二首）⋯⋯⋯⋯石河

火烧山，请告诉我（组诗）⋯⋯⋯⋯吴丽丽

野域人生（二首）⋯⋯⋯⋯⋯陈青

初雪，山里红⋯⋯⋯⋯⋯⋯王长军

自己的他人的影子（外一首）⋯⋯⋯⋯刘渊

梦见雪青马⋯⋯⋯⋯⋯⋯⋯赵雪勤

雪暴（外一首）⋯⋯⋯⋯⋯⋯屈直

黑土地上的河流（外一首）⋯⋯⋯⋯沈天鸿

夜的行板⋯⋯⋯⋯⋯⋯⋯杨昕

葡萄干晾房（外一首）⋯⋯⋯⋯⋯项俊卿

评论

缪斯在哲学王国中的浮沉⋯⋯⋯⋯李竟成

开放意识与新疆少数民族文学

⋯⋯⋯⋯⋯（维吾尔族）阿不都秀库尔

美术

封面设计⋯⋯⋯⋯⋯⋯⋯宋维成

龟兹少女⋯⋯⋯⋯⋯⋯⋯李尧天

竹⋯⋯⋯⋯⋯⋯⋯⋯李好军

1989 年第 1 期　刊名:《中国西部文学》
目录

中篇小说

永不回头⋯⋯⋯⋯⋯⋯⋯翔宇

入冬的风⋯⋯⋯⋯⋯⋯⋯朱超

短篇小说

圣果⋯⋯⋯⋯⋯⋯⋯⋯夫威

醉不成欢⋯⋯⋯⋯⋯⋯⋯汪文勤

抱着太阳⋯⋯⋯⋯⋯⋯⋯傅滦滨

午间⋯⋯⋯⋯⋯⋯⋯⋯冯积歧

小小说一束⋯⋯⋯⋯⋯⋯⋯黄忠远等

战争（新蕾篇）⋯⋯⋯⋯⋯⋯杨云中

短评：读《战争》⋯⋯⋯⋯⋯⋯马河川

散文

悼易水⋯⋯⋯⋯⋯⋯⋯⋯张承志

民丰的姑娘⋯⋯⋯⋯[日本]井上靖 孙国震译

"中国潮"、"丝路新貌"征文

不老的蒙古人——孟驰北⋯⋯⋯⋯⋯矫健

非凡的跨越⋯⋯⋯⋯⋯⋯⋯吴连增

成熟的夏天⋯⋯⋯⋯⋯⋯⋯李鹰

三游博湖⋯⋯⋯⋯⋯⋯⋯杜芳清

诗歌

诗五首⋯⋯⋯⋯⋯⋯⋯⋯章德益

摧毁城堡（组诗）⋯⋯⋯⋯⋯⋯时星原

马背上的高原（外一首）⋯⋯⋯（锡伯族）安鸿毅

古镜⋯⋯⋯⋯⋯⋯⋯⋯朱文杰

心曲⋯⋯⋯⋯⋯⋯⋯⋯丛丽华

短诗⋯⋯⋯⋯⋯⋯⋯⋯白士昌 孙加祯

评论

振奋精神　扬帆前进·············雷茂奎
对西部需要再认识·············孟驰北
西部文学的理论自觉·············李　燃

美术

封面设计·················杜　平
隆冬行··················牧　歌
西陲··················李　灼

1989 年第 2 期　刊名:《中国西部文学》
目录

中篇小说

钱的童话················安　黎

短篇小说

硝烟散尽马嘶鸣··············李宝生
老葫芦············潘承凡　曹季军
小说三题·········（哈萨克族）沃拉孜别克
张孝华　肖嗣文译
雪谷··················李彦清

诗歌

西部意识（组诗）·············张子选
雨中的情绪（外二首）···········贺海涛
回声（组诗）···············曲　近
白狼的季节················杨　子
我怎么对你说（外一首）··········欧阳平
关于这片土地的文化沉淀··········武鸿鸣
黄土··················刘亮程

"中国潮"、"丝路新貌"征文

荒漠情（报告文学）············杨晓芬
塔城漫记（散文）·············赵光鸣
"缩脖子"商店"老板"的生意经（报告文学）
···················木业羌

散文

罗布沙漠的兴亡史·······[日本]井上靖　孙国震译
驼赋··················沙砚勤

评论

1989：关于报告文学的问答·········周政保
《西部的浪漫》：理解的力量········漠　夫

美术

封面设计·················杜　平

中国美术家丝绸之路考察速写选登······薛立柱
蒋振华　牧　歌　李　灼　龙清廉　谢家道

1989 年第 3 期　刊名:《中国西部文学》
目录

沉痛悼念维吾尔著名诗人铁依甫江·艾里尤夫

维吾尔著名诗人铁依甫江·艾里尤夫病逝
哭铁依甫江·艾里尤夫···········刘肖无
正是橙黄桔绿时··············王谷林

中篇小说

古格的传说················方　威

短篇小说

滚牛洼··················柏　原
乔尔玛··················杨　剑
并非纪实小说···············申国祥

诗歌

青春颂（组诗）··············汪文勤
在黄昏和夜晚的碎片里（组诗）·······张孝华
从一个河谷走来（组诗）··········晓　虹
告别缺憾·················赵雪勤
门里的世界（三首）············范勤奋
新疆（二首）···············匡文留
巴黎印象（四首）·············徐国志

报告文学

"极地号"环球记·········（中国香港）夏　婕
维吾尔名医艾山大毛拉（"中国潮"征文）···张凤水
乡镇企业之花···············蔡宇知

散文

塔里木河千里行（"丝路新貌"征文）·····刘光牛
欧亚通衢第一埠（"丝路新貌"征文）·····刘殿学

评论

困难与机遇················李康宁
说一说报告文学的丰收年··········陈柏中
八首和四十首···············周　涛

美术

封面设计·················杜　平
晨（水彩）················关维晓
牧（套色版画）··············于文雅
雪原（中国画）··············徐庶之

1989 年第 4 期　刊名:《中国西部文学》
目录

中篇小说

西河口 ································ 唐　栋

短篇小说

远避红尘 ···························· 赵宇共
最后一个烈士 ························ 徐广泽
艾尼雅尔不忘记 ················ 阿拉提·阿斯木

诗歌

温馨的往事（组诗）···················· 徐　康
神奇的纺车（外二首）·················· 师　歌
远域（外一首）······················ 陈广斌
我的顿河（四首）···················· 李云鹏
空窗（组诗）························ 王小未
命运（外三首）······················ 王景斌
瞬间跌落（外一首）·················· 陈　瑛
孩子与落叶 ························· 王　倩
紫色思绪（二首）···················· 杨　枫
恋人的门 ·························· 袁雅容
写上真诚 ·························· 抗月花

报告文学

绿色的旋律（"中国潮"征文）············ 刘景华
新潮在这里涌流 ····················· 吴连增
花团锦簇的世界 ····················· 小　月

散文

漂泊的哨卡（"丝路新貌"征文）·········· 张功臣
寒律 ····························· 子　页

评论

新疆小说创作现状思考 ················· 蔡宇知
人类学的整体网络及文学 ·········· 王　斌　赵小鸣
世界站在自身改革的门槛上
　　　　　　　　　艾特玛托夫　陆　兵　摘译

美术

封面设计 ·························· 杜　平

1989 年第 5 期　刊名:《中国西部文学》
目录

在自治区第四次文代会上的祝辞
　　　　　　　　　　　　铁木尔·达瓦买提

在中国作协新疆分会第四次会员代表大会上的祝辞
　　　　　　　　　　　　　　　　贾那布尔
为繁荣新疆多民族文艺事业团结奋进——自治区文联
第四次代表大会、中国作家协会新疆分会第四次会员
代表大会在乌鲁木齐召开············ 本刊记者

中篇小说

抗战轶事 ·························· 李世勋

博州专辑

处女地（小说）······················ 张　愚
七月的骄阳（小说）·················· 吴心成
雾罩戈壁雪茫茫（小说）················ 晓　力
冰谷（小说）························ 沈玉林
麦加麦地那（小说）·················· 田建华
蛮荒地（小说）······················ 杨献文
春心（小说）························ 李传环
水地（小说）························ 胡维斌
黄河，不再是温床（散文）·············· 苏海龙
先出笼的鸡（散文，外一篇）············ 谭方辉
雪地的花（短诗一束）················ 白士昌
高　翔　胡雅苹　方　晓　黄　萍　王月梅　邢剑秋
博尔塔拉文学创作掠影（短评）·········· 邵　华

诗歌

七律（两则）······················ 刘萧无
失去时间的备忘录（组诗）·············· 叶延滨
灵与肉的西部（组诗）················ 陈友胜
不会飘逝的红云（四首）················ 再　耕
短诗一束 ·························· 张洪明等

"中国潮"、"丝路新貌"征文

红山的诱惑（报告文学）················ 费　扬
牵金马的人（报告文学）·········· 李建国　余　民

评论

文学：关注人的命运 ··················· 边　谷
《红尘夕照》读后 ···················· 张德民

1989 年第 6 期　刊名:《中国西部文学》
目录

中篇小说

冥想曲 ···························· 杨　镰

短篇小说

黑脸 ····························· 董立勃
蜗居 ····························· 寄　丹

痛哭阿黑 ················ 韩 冰
李广智小说二题 ············ 李广智
看风景的人 ··············· 孟 斌
小小说四则 ·············· 唐训华等

诗歌
人民忘不了你——深切悼念耀邦同志
············ 铁木尔·达瓦买提 苏天虎译
飞出去了，天山的鹰 ······ 铁木尔·达瓦买提
这儿的土地（散文诗十四章）······ 杨 树
黑罂粟（组诗）·············· 李 瑜
总也走不近你的成熟期 ········· 王景韩
猎人 ··················· 李光云
农场里的新鲜事 ············ 陈青俊
雕像 ··················· 天 戈
悠悠竟时 ················· 黄 毅
海魂 ··················· 杨 昕
日落时分 ················· 王广田
错节 ··················· 日月兰
西北风刮来的时候 ·········· 王 彩
在异地思念妻子 ············ 徐 泽

散文
《西域流浪记》选章（纪实文学）····· 杨 牧
阿尔泰随笔（丝路新貌）······ 尚久骖 吴云龙

"中国潮"征文
中国有个色满宾馆（报告文学）····· 刘学杰
扬起改革的风帆（报告文学）····· 小 月 开 金

评论
关于小说创作的通信（作家通信）··· 李 星 唐 栋

美术
封面设计 ················· 杜 平
古丝路上 ················· 沈 平
鹤舞 ··················· 大 鹏

1989 年第 7 期　刊名:《中国西部文学》
目录

中篇小说
听我说那父亲的故事 ·········· 李 威
蝈蝈 ··················· 胡尔朴

短篇小说
无岸 ··················· 徐锁荣
魔星 ··················· 庞一川

如梦令 ·················· 邹小童
安慰剂效应 ··············· 李其祥
猎渔悲歌 ············ （锡伯族）吴文龄
老五 ··················· 黄建国
伊犁趣忆（纪实小说）·········· 雷 霆
童年趣录二章 ············· 许学诚

诗歌
边地风流（二首）············ 陈 青
在我们中国（外二首）······ （蒙古族）查 干
我以为天到处都蓝（外一首）····· 秦安江
牧民（外一首）·············· 白 航
北方的季节（组诗）··········· 赵健雄
爱情篇（二首）·············· 汪玉良
中国足球 ················· 唐晓冰
吐鲁番 ·················· 黄东成
小屋（外一首）·············· 巨 余
西部速写（二首）············ 王中朝
无名客栈 ················· 刘 彧
某种比喻（外一首）··········· 杨 飏

"中国潮"、"丝路新貌"征文
酒，苦涩的酒，甘冽的酒（报告文学）··· 沈小龙
奇人李忠臣（报告文学）········· 李含春

散文
喀什噶尔人剪影（之一）········· 周政保

评论
寻找西部世界的真实 ·········· 高 尚

美术
封面设计 ················· 杜 平
薛立柱木刻插图选登
古道遐想 ················· 张玉彪

1989 年第 8 期　刊名:《中国西部文学》
目录

"中国潮"征文
西部黑海洋的隆起 ··········· 张功臣
神话：美人与宝石——克拉玛依纪实 ···· 刘 枫
叫满世界人沉醉 ············ 东 方

"丝路新貌"征文
在远古森林消失的地方 ········· 阿 召
酒神狂歌 ················· 蔡宇知
芳草湖精英 ··········· 梁彤瑾 李孝成

他和工厂一起成长
——记石河子八一制糖厂厂长邵家骏·········张士高
为了城市更美丽
——记欣欣向荣的天山区建筑工程公司
·······················小 月 马力国
"卧薪尝胆"启示录
——奎屯酒厂改革中的酸甜苦辣·········李含春
女人的风采
——记石河子造纸厂厂长陈宝安的改革步履····茹 青
创业的歌·····················侯献斌
方的水,圆的水……
——记阿克苏河河管处高级工程师黎仲康·····紫 丰
欢乐的麦西莱甫·················朱英武

美术
封面设计·····················杜 平
水彩画作品选···················万世勤
水彩静物写生···················王建武

1989 年第 9 期　刊名:《中国西部文学》
目录

兄弟民族之页
博格达老人（中篇传记小说）
·············（维吾尔族）柯尤慕·图尔迪 郝关中译
白老鼠（小说）············（蒙古族）遥 远
飞毛腿（小说）···········（维吾尔族）艾斯海提·
买买提　（维吾尔族）吾提库尔译
拾珠（散文三则）·········（维吾尔族）哈里黛·司
拉依尔　金妙芳　王正民译
远村（组诗）············（锡伯族）郭晓亮
并非西部之翎（诗二首）······（满族）赵天山
故乡恋（诗）············（哈萨克族）夏侃·沃
阿勒拜　张孝华译
抒情诗（诗七首）····（维吾尔族）古丽巴哈尔　苏天虎译
生命（诗）·······（哈萨克族）朱曼·艾比西　萨拉译
多梦季节（诗）··········（撒拉族）韩文德
爱之礁（诗）··········（维吾尔族）帕蒂古丽
戍边（诗）·············（锡伯族）吴文龄

"中国潮"、"丝路新貌"征文
横穿塔克拉玛干日记···············陈皋鸣
天山寻梦···················池宝嘉
让"友谊"扬名四海
——记乌鲁木齐友谊衣帽厂···········小 肖
天山明珠···················侯献斌
青春,在这里闪光
——泽普石化厂青年焊工突击队纪事·······李远茂

他们使生活更美好
——记乌鲁木齐市民族绣品厂·········小 月
西部崛起的歌声·················沈玉林
巾帼风采····················白士昌
爱的回报——记高桂枝与哈密市社会福利工艺针织厂
·····················汪海涛
起死回生
——记乌鲁木齐市新华服装厂兴衰记······吕 拜

美术
封面设计·····················杜 平
交河残垣（中国画）···············雷中岣
黑白木刻·····················薛周琦等

1989 年第 10 期　刊名:《中国西部文学》
目录

坚持党的文艺方针,发展和繁荣社会主义文艺
·····················冯大真

诗歌
让共和国的旗帜高高飘扬——为中华人民共和国成立
四十周年而作··········（维吾尔族）铁木尔·达瓦买提
诗一首·····················刘肖无
献给共和国的卫士················张贵亭

短篇小说
第四个命名日··················王玉胡
笔记小说三则··················李 叶
土地······················邵 华
那颗星……（新蕾篇）··············黄承宗
短评:人间永存真善美··············苇 青

中篇小说
孤烟······················郭渝生

散文
往事琐忆····················骆 岚
阿勒泰散记···················王树生
散文二题····················尹 俭
黄土地·····················赵 力

"中国潮"、"丝路新貌"征文
春风飞渡玉门关·················袁兴夏
于无路处辟通途·········沈小龙　罗仁忠
大漠"王子"···················闵长庆
奉献·················雪 凝 晨 燕
无字碑·········江水寒　（维吾尔族）帕蒂古丽

评论

拳击手与目的颤动——读贺海涛的诗⋯⋯⋯⋯杨　牧

美术

封面设计⋯⋯⋯⋯⋯⋯⋯⋯⋯⋯⋯⋯⋯杜　平
画家与画⋯⋯⋯⋯⋯⋯⋯⋯⋯⋯⋯⋯⋯李留海

1989 年第 11 期　刊名:《中国西部文学》
目录

中篇小说

荒凉渡⋯⋯⋯⋯⋯⋯⋯⋯⋯⋯⋯⋯⋯⋯王家达

短篇小说

班长陛下⋯⋯⋯⋯⋯⋯⋯⋯⋯⋯⋯⋯⋯李广智
金童灯⋯⋯⋯⋯⋯⋯⋯⋯⋯⋯⋯⋯⋯⋯李乔亚
老树⋯⋯⋯⋯⋯⋯⋯⋯⋯⋯⋯⋯⋯⋯⋯包贵弢
新蕾篇
满月⋯⋯⋯⋯⋯⋯⋯⋯⋯⋯⋯⋯⋯⋯⋯梁克锋
短评：单纯而丰富的《满月》⋯⋯⋯⋯⋯晓　芬
夕阳落下的时候⋯⋯⋯⋯⋯⋯⋯⋯⋯⋯丁念保
短评：读后小议⋯⋯⋯⋯⋯⋯⋯⋯⋯⋯草　肃
改造⋯⋯⋯⋯⋯⋯⋯⋯⋯⋯⋯⋯⋯⋯⋯谢海军
短评：寓庄于谐的《改造》⋯⋯⋯⋯⋯⋯晓　月

诗歌

最后一片叶子（组诗）⋯⋯⋯⋯⋯⋯⋯⋯郭维东
海韵（组诗）⋯⋯⋯⋯⋯⋯⋯⋯⋯⋯⋯闻　频
秋染阿勒泰（二首）⋯⋯⋯⋯⋯⋯⋯⋯陈皋鸣
人物速写（二首）⋯⋯⋯⋯⋯⋯⋯⋯⋯刘龙平
如果真是那样⋯⋯⋯⋯⋯⋯⋯⋯⋯⋯⋯虹　雨
石礁⋯⋯⋯⋯⋯⋯⋯⋯⋯⋯⋯⋯⋯⋯⋯王　也
内陆河（外三首）⋯⋯⋯⋯⋯⋯⋯⋯⋯黄坤良
怪味集（讽刺诗二首）⋯⋯⋯⋯⋯⋯⋯石　河

报告文学

俺说俺风国⋯⋯⋯⋯⋯⋯⋯⋯⋯⋯⋯⋯许学诚
告别黄土地的"泥腿子"⋯⋯⋯⋯⋯⋯高文娟

散文

叶子将落及其他——日记三篇⋯⋯⋯⋯阿　红
海南行踪⋯⋯⋯⋯⋯⋯⋯⋯⋯⋯⋯⋯⋯陈长吟
开辟鸿蒙，此为情种（西域史话）⋯⋯柳用能
玫瑰篱笆蜂蝶墙⋯⋯⋯⋯⋯⋯⋯⋯⋯⋯常　征

评论

杨牧晚近长诗的语义分析⋯⋯⋯⋯⋯⋯程光炜

美术

封面设计⋯⋯⋯⋯⋯⋯⋯⋯⋯⋯⋯⋯⋯杜　平
画与画家⋯⋯⋯⋯⋯⋯⋯⋯⋯⋯⋯⋯⋯朱自谦
朱自谦中国画选

1989 年第 12 期　刊名:《中国西部文学》
目录

散文

伊犁秋天的札记⋯⋯⋯⋯⋯⋯⋯⋯⋯⋯周　涛
五台山漫记⋯⋯⋯⋯⋯⋯⋯⋯⋯⋯⋯⋯周晓星

中篇小说

晚雾⋯⋯⋯⋯⋯⋯⋯⋯⋯⋯⋯⋯⋯⋯⋯田澍中

短篇小说

淘金人⋯⋯⋯⋯⋯⋯⋯⋯⋯⋯⋯⋯⋯⋯魏大林
晨雾中的山路⋯⋯⋯⋯⋯⋯⋯⋯⋯⋯⋯王洲贵
干娘⋯⋯⋯⋯⋯⋯⋯⋯⋯⋯⋯⋯⋯⋯⋯苏心雨

诗歌

半是军旅（组诗）⋯⋯⋯⋯⋯⋯⋯⋯⋯郁　笛
大汗淋漓之后（外二首）⋯⋯⋯⋯⋯⋯刘　渊
年轻的风（组诗）⋯⋯⋯⋯⋯⋯⋯⋯⋯韦德明
最后的秋天（二首）⋯⋯⋯⋯⋯⋯⋯⋯李　明
正月吹唢呐（外一首）⋯⋯⋯⋯⋯⋯⋯柯　平
大陆之梦（外一首）⋯⋯⋯⋯⋯⋯⋯⋯周立军
牛和犁（外一首）⋯⋯⋯⋯⋯⋯⋯⋯⋯孙晓杰
塞外之秋⋯⋯⋯⋯⋯⋯⋯⋯⋯⋯⋯⋯⋯项俊卿

"丝路新貌"征文

负重爬坡咏叹调⋯⋯⋯⋯⋯梁彤瑾　轩辕冬艳
永不沉没⋯⋯⋯⋯⋯⋯⋯⋯⋯⋯⋯⋯⋯王巧云
人沙之间⋯⋯⋯⋯⋯⋯⋯⋯⋯⋯⋯⋯⋯王清熙

评论

肯定成绩，总结经验，不断前进⋯⋯⋯李康宁
作家是"当代现实疆域里的公民"⋯⋯王仲明
功能：期待与可能性⋯⋯⋯⋯周政保　韩子勇

美术

封面设计⋯⋯⋯⋯⋯⋯⋯⋯⋯⋯⋯⋯⋯杜　平
画与画家⋯⋯⋯⋯⋯⋯⋯⋯⋯⋯⋯⋯⋯李斯煜
李其煜中国画选⋯⋯⋯⋯⋯⋯⋯⋯⋯⋯李斯煜

《新苑》

【简介】

综合性文艺期刊。吉林人民出版社主办。创刊于1979年。80年代中后期主要刊载报告文学和纪实文学，迎合时代和社会发展的需求。另辟"中青作家自传"栏目。

期刊号:1979 年第 1 期—1989 年第 4 期

1979 年第 1 期　刊名:《新苑》
目录

长篇小说（选载）
不废江河……………………………………陈登科
鸡鸣风雨女萝江……………………………刘绍棠
秦川儿女……………………………………刘波泳

中篇小说
女儿的信……………………………………秦兆阳
神秘的信号（科学幻想小说）……………尤　异

短篇小说
赤子…………………………………………成　刚
诗的灵魂……………………………………章仲锷

电影文学剧本
九号住宅……………………………………孙　沙

散文
一朵小白花…………………………………童怀周
从北京到乌苏里江——旅途札记…………孟伟哉
采参漫话……………………………………马　犁

诗歌
即兴…………………………………………郭沫若
化雪（外一首）……………………………邵燕祥
北京抒情（组诗）…………………………徐　刚
欢腾的草原（组诗）………………………万忆萱
花与剑（组诗）……………………………芦　萍
月夜（长诗《杨靖宇》选章）……………胡　昭

评论
实践的检验——再评"样板戏"……………金钟鸣
文如其人
——谈杨朔散文风格……………………林　元
艺术构思的独创性…………………………朱　晶

外国文学
地狱图（短篇小说）……［日］芥川龙之介　吕元明译
鸡蛋（短篇小说）………［美］舍·安德林　郑启吟译
乡愁（短篇小说）
………［捷］鲍·聂姆曹娃　戈宝权译
编者的话

1979 年第 2 期　刊名:《新苑》
目录

长篇小说
上海的早晨（第四部）……………………周而复
神灯（第一卷）……………………………冯骥才

中篇小说
杜鹃声声……………………………………从维熙
她从大海那边来……………………………王　汪

短篇小说
阿诺河之舟…………………………………鄂　华
我的爱情故事………………………………柳　溪

散文
从北京到乌苏里江（续）…………………孟伟哉
小河流水轻悠悠……………………………李健君
鹿笛…………………………………………赵　赴

诗歌
毛泽东——周恩来…………………………胡世宗

出征曲⋯⋯⋯⋯⋯⋯⋯⋯⋯⋯⋯⋯⋯戚积广
《故诗撷拾录》选抄⋯⋯⋯⋯⋯⋯萧 军
鹿鸣峰⋯⋯⋯⋯⋯⋯⋯⋯⋯⋯⋯⋯蓝 雨

文坛回忆录
关于行列社⋯⋯⋯⋯⋯⋯⋯⋯⋯⋯锡 金

评论
文学真实琐议⋯⋯⋯⋯⋯⋯⋯⋯⋯方 晴
细腻与真实
——谈李劼人作品的人物描写⋯⋯易 征

美术
国画三幅⋯⋯⋯⋯⋯⋯⋯⋯⋯⋯⋯王庆淮
刊名题字⋯⋯⋯⋯⋯⋯⋯⋯⋯⋯⋯茅 盾

1979 年第 3 期　刊名:《新苑》
目录

话剧
救救她⋯⋯⋯⋯⋯⋯⋯⋯⋯⋯⋯⋯⋯赵国庆

长篇小说
上海的早晨（第四部·续）⋯⋯⋯⋯周而复

中篇小说
公仆⋯⋯⋯⋯⋯⋯⋯⋯⋯⋯⋯⋯⋯⋯张笑天

短篇小说
月光随想曲⋯⋯⋯⋯⋯⋯⋯⋯⋯⋯韩汝诚
法币⋯⋯⋯⋯⋯⋯⋯⋯⋯⋯⋯⋯⋯⋯林斤澜
嘎拉胡镇黄昏之后⋯⋯⋯⋯⋯⋯⋯丁仁堂

散文
斯特凡大公在马背上（访罗散记）⋯鄂 华
中华瑰宝（报告文学）⋯⋯朱春雨 张西南
春天的主题⋯⋯⋯⋯⋯⋯⋯⋯⋯⋯屠 岸

诗歌
爱情赋⋯⋯⋯⋯⋯⋯⋯⋯⋯⋯⋯⋯⋯纪 宇
唱给老师的歌⋯⋯⋯⋯⋯⋯⋯⋯⋯钱 璞
长白山之歌⋯⋯⋯⋯⋯⋯⋯⋯⋯⋯梁谢成

文艺通信
致友人　谈文艺⋯⋯⋯⋯⋯⋯⋯⋯宋振庭

台湾省文艺作品
工等五等（短篇小说）⋯⋯⋯⋯⋯杨青矗
二·二三室陈娉（短篇小说）⋯⋯於梨华

外国文学作品
朝拜贝多芬（短篇小说）
⋯⋯⋯⋯⋯⋯[德]理查·瓦格纳　高中甫译
伊诺克的两封信（短篇小说）
⋯⋯⋯⋯⋯⋯[英]爱伦·西利托　刘若端译
谢玛加是怎样被捕的（短篇小说）
⋯⋯⋯⋯⋯[苏]马·高尔基　先 锋　超 文译

美术
长白山写生（四幅）
⋯⋯⋯⋯胡悌林　吴宇方　英若识　金隆贵
插图⋯⋯⋯⋯金龙贵　邓 平　邹闻耕　戴春起
章桂征　林百石　俞绪祁　龙振海　孙开里　吴景山
早传春信（扉页）⋯⋯⋯⋯⋯⋯⋯李东辉
补白（寓言四则）⋯⋯⋯⋯龙世辉　吴广孝

1980 年第 1 期　刊名:《新苑》
目录

长篇小说选载
神秘的索南才旦⋯⋯⋯⋯⋯⋯⋯⋯傅子奎
破壁记⋯⋯⋯⋯⋯⋯⋯⋯⋯陈登科 肖 马

短篇小说
爱情躲开了总编辑⋯⋯⋯⋯⋯⋯⋯中 申

散文
从童年说开去⋯⋯⋯⋯⋯⋯⋯⋯⋯刘宾雁
敞开心扉给人看⋯⋯⋯⋯⋯⋯⋯⋯丁 浪

诗歌
诗词十首⋯⋯⋯⋯⋯⋯⋯⋯⋯⋯⋯谢觉哉
长白山下（长篇叙事诗选载）⋯⋯万忆萱
《庐山杂咏》选⋯⋯⋯⋯⋯⋯⋯⋯晋 陀
车轱辘菜（外一首）⋯⋯⋯⋯⋯⋯泉 声

独幕话剧
车走烂泥塘⋯⋯⋯⋯⋯⋯⋯⋯⋯⋯赵羽翔

作家论坛
谈《上海的早晨》⋯⋯⋯⋯⋯⋯⋯周而复

评论
力量在于真实地反映现实
——学习话剧《救救她》札记⋯⋯易洪斌
现实主义文学在写真实的道路上迅跑——评秦兆阳同
志的新作《女儿的信》⋯⋯⋯⋯⋯桑逢康
辩证地对待作家深入生活⋯⋯⋯⋯彭嘉锡

台湾、港澳文学作品
慈禧前传（长篇小说连载）⋯⋯⋯⋯⋯⋯高　阳

外国文学作品
四月的人（中篇小说）
⋯⋯⋯⋯⋯［法国］埃马纽耶·洛布雷斯著　金德全译
补白⋯⋯⋯⋯⋯⋯⋯⋯林　晓　解传广　谷　羽

美术
版画（封二、封三）
⋯⋯⋯⋯⋯⋯古　元　王　琦　彦　涵　陈晋镕
插图⋯⋯⋯⋯⋯⋯⋯⋯⋯⋯⋯⋯⋯喻绪祁
郭大光　李国衡　金龙贵　吴玉璞　吴井山　陈曦光
尾图（木刻三幅）⋯⋯⋯⋯⋯⋯⋯⋯叶　然
扉页（速写）⋯⋯⋯⋯⋯⋯⋯⋯⋯⋯邱　陵
封面设计⋯⋯⋯⋯⋯⋯⋯⋯⋯⋯⋯⋯章桂征

1980 年第 2 期　刊名:《新苑》
目录

中篇小说
浮云⋯⋯⋯⋯⋯⋯⋯⋯⋯⋯⋯⋯⋯⋯浩　然
爱的火焰⋯⋯⋯⋯⋯⋯⋯⋯⋯⋯⋯⋯陈　模

电影文学剧本
我明天回答你⋯⋯⋯⋯⋯⋯王兴东　王浙滨

短篇小说
婷婷⋯⋯⋯⋯⋯⋯⋯⋯⋯⋯⋯⋯⋯⋯郭　冬
一件没管好的闲事⋯⋯⋯⋯⋯刘　炜　李军生
一道没有证完的难题⋯⋯⋯⋯⋯⋯⋯大　风
晓星沉⋯⋯⋯⋯⋯⋯⋯⋯⋯⋯⋯⋯⋯尚　侠

散文
波黑共和国巡礼⋯⋯⋯⋯⋯⋯⋯⋯⋯叶君健
姑苏游⋯⋯⋯⋯⋯⋯⋯⋯⋯⋯⋯⋯⋯赵丽宏

诗歌
赠桂友兼悼张海⋯⋯⋯⋯⋯⋯⋯⋯⋯公　木
京居三题⋯⋯⋯⋯⋯⋯⋯⋯⋯⋯⋯⋯张志民
海恋⋯⋯⋯⋯⋯⋯⋯⋯⋯⋯⋯⋯⋯⋯徐　刚
从海滨带回来的见闻⋯⋯⋯⋯⋯⋯⋯曲有源
草原深处⋯⋯⋯⋯⋯⋯⋯⋯⋯⋯⋯⋯李占学
新长征的鼓点⋯⋯⋯⋯⋯⋯⋯⋯⋯⋯何　鹰
火山爆发⋯⋯⋯⋯⋯⋯⋯⋯⋯⋯⋯⋯朱　雷
大树的风格⋯⋯⋯⋯⋯⋯⋯⋯⋯⋯⋯赵新禄

评论
鲁迅先生书简注释及其他⋯⋯⋯⋯⋯萧　军
关于《神灯》的信⋯⋯⋯⋯⋯⋯⋯⋯李炳银
寒凝大地时发光的燧石⋯⋯⋯⋯⋯⋯金恩晖
奇文妙笔放异花⋯⋯⋯⋯⋯⋯⋯⋯⋯许　晨
《新苑》，愿你更加繁茂芬芳——本刊编辑部召开作
者座谈会⋯⋯⋯⋯⋯⋯⋯⋯⋯⋯⋯本刊记者

台湾、港澳文学作品
慈禧前传（长篇小说选载续）⋯⋯⋯高　阳

外国文学作品
奇异的姑娘（短篇小说）
⋯⋯⋯⋯⋯［俄］符·柯罗连科　冯明霞　马肇元译
收割能手的烦恼（短篇小说）
⋯⋯⋯⋯⋯［罗］苏乔·安德拉斯　王敏生译

美术
国画新作⋯⋯⋯⋯⋯⋯⋯⋯王庆淮　黄秋实
李东辉　戴春起　孙文铎　王书林
扉页　欢（木刻）⋯⋯⋯⋯⋯⋯⋯⋯叶　然
插图⋯⋯⋯⋯⋯⋯⋯⋯⋯⋯李勤学　喻绪祁
刘文昌　肇毓厚　龙震海　孙开里　邱　陵　章桂征

文艺简讯
作协吉林分会将举办一九八〇年文学作品评奖活动
编后记

1980 年第 3 期　刊名:《新苑》
目录

长篇小说
王爷的末日（选载）⋯⋯⋯⋯⋯⋯⋯姜兆文

中篇小说
家务清官⋯⋯⋯⋯⋯⋯⋯⋯⋯⋯⋯⋯张笑天
两草一心⋯⋯⋯⋯⋯⋯⋯⋯⋯⋯⋯⋯刘绍棠
突破——爱的分析⋯⋯⋯⋯⋯⋯⋯⋯万　寒
静静的团泊注⋯⋯⋯⋯⋯⋯⋯⋯⋯⋯董辅文

短篇小说
友谊⋯⋯⋯⋯⋯⋯⋯⋯⋯⋯⋯⋯⋯⋯肖光宇
落榜的孩子⋯⋯⋯⋯⋯⋯⋯⋯⋯⋯⋯卢新华
张社长的习惯⋯⋯⋯⋯⋯⋯⋯⋯⋯⋯刘伯英

散文
《羽书》飞去⋯⋯⋯⋯⋯⋯⋯⋯⋯⋯吴伯萧
春天的钥匙⋯⋯⋯⋯⋯⋯⋯⋯⋯⋯⋯赵　赴

诗歌

访日诗抄 ···································· 公 木
游承德离宫诗选 ·························· 田 间
梨花（外一首）·························· 许 行
书（外二首）···························· 胡 昭
白发歌 ································· 芦 萍
学校生活小景 ·························· 王浩恩
春天的路 ······························ 袁世兴

理论

现实主义与细节真实 ···················· 夏 南
"不要粉饰现实，而要看到它的明天"——文艺的真
实性、倾向性与作家的生活观点浅识····· 段更新
略谈文艺创作反映新时期社会矛盾问题
 ···························· 康洪兴 丁海鹏
本刊编辑部邀请部分外地作家举行座谈会

美术

插图艺术 ·························· 郎 森 华三川
黄冠余 王 怀 白德松 张守义 秦 龙
扉页（速写）·························· 邱 陵
插图 ································· 肖 林
喻绪祁 郭大光 林百石 陈曦光 吴景田 开 里
封面设计 ······························ 章桂征

1980 年第 4 期 刊名:《新苑》
目录

中篇小说

春寒 ································· 鲁 闽
生涯 ································· 柳 溪
郭○○传 ······························ 刘振华

短篇小说

阿拖 ································· 庞 鹰
忠魂 ································· 赵金锋
苦果 ································· 杜保平
血 ································· 赵正昆
他真的不知道 ·························· 刘兆林

报告文学

神欢体自轻，意欲凌风翔 ·················· 李玲修

散文

不倒的独轮车——沈从文侧面像 ············ 萧 离
紫禁城随笔 ···························· 刘北汜
泛雪堂 ································· 孔令保
长白山漫笔 ···························· 文 牧

外国文学

H 庄园的一次午餐
 ·········· ［英］阿·克里斯蒂著 张沛恒 徐秀萍译

诗歌

我从山里来 ···························· 王小妮
鸟儿们的歌 ···························· 胡世宗
揭开大脑的奥秘 ························ 顾 工
大海小诗 ······························ 周 蒙
星花集 ································· 黄 淮
献给小河 ······························ 谷福海
走在大道前 ···························· 杨子忱
军营露滴 ······························ 何友彬

理论

在龙门大佛前——关于形式与风格的续想 ······ 蓝 翎
虚灭与充实，幽邃和显爽（文艺随笔）·········· 程代熙
漫谈《呐喊》、《彷徨》的创作艺术二题 ········· 李希凡
丁玲谈自己的创作 ····· 孙瑞珍 尚 侠 王中忱整理

文坛新步

全国大型文学期刊举行座谈会
简讯三则
编后记

美术

封二、封三 ·························· 邱 陵 徐 希
傅 琳 许占志 张 广
扉页 海兰江畔（木刻）···················· 曹文汉
插图 ····························· 喻绪祁 李勤学
刘文昌 吴井文 杨宝诚 李生权 刘 笑 孙少楷

1981 年第 1 期 刊名:《新苑》
目录

中篇小说

四姊妹 ································· 柳 溪
丁香公园疑案——美的分析 ················ 万 寒
爱的归宿 ······························ 王群生

短篇小说

蛮人小传 ······························ 李惠文
小老头 ································· 隋洪润

长篇小说

天职（选载）···························· 郭雨庭

散文
相逢在一九八〇年八月·························蔡行远

诗歌
新苑诗草···················韩 笑 李占学
任彦芳 谭文波 吴 辛 赵贵忠

评论
可贵的探索——读万寒同志的中篇小说··········王 我
女性心灵的赞美诗——读柳溪同志两部近作随感
·····································周 航

作家书简
关于《王爷的末日》的一封信···············敖德斯尔

美术
摄影艺术（封二、封三）
················郎 琦 郑维汉 刘 忠 王书林
瑞雪（扉页）·····················古 元
封面设计·······················章桂征
插图·························康明瑶
喻绪祁 吴井文 刘文昌 李生权 龙震海

1981 年第 2 期 　刊名:《新苑》

目录

纪念中国共产党诞生六十周年
坚持党性原则，繁荣文学创作···············董 速
枣园灯光 回忆延安 人民子弟兵 人桥（套色木刻）
·····································古 元
夺取全国胜利······················尹戎生
党的一大会址（木刻）················赵镇宇（扉页）
篆刻·························山 谷

中篇小说
睡美人之泪················张笑天 韦连城
信誓旦旦························谢 瑶
郭〇〇续传······················刘振华

短篇小说
春色为谁来······················鲁 刚

电影文学剧本
助教的麦子······················海 笛

散文
《肖红小传》订正版前记················骆宾基
鲁迅墓前的花·····················赵丽宏

金子的故乡·······················胡 昭
香港掠影························中 申

诗歌
新苑诗草··········贾志坚 姚 莹 钱立匡 泉 声
绿色的画卷···········巴彦布 姚业涌 陈玉坤
田野上的歌······················赖松廷
浮想录···············蒋士枚 王建国
海潮曲及其他·····················秋 原

文坛回忆录
敬掉茅公忆旧事·····················锡 金

评论
焦点与球面——读《郭〇〇传》···············郭志友
跋涉在艰难的人生旅途上——读柳溪的中篇小说《生
涯》·························朱 晶

外国文学
自做自受的人（短篇小说）
·················〔法〕莫泊桑 郭 蔷译
奇雷头疑案（侦探短篇小说）
·········〔日〕森村诚一 李 佩 刘子敬译
英国爱情诗一束·····················屠 岸译

美术
油画写生（封二、封三）···············金隆贵
李勤学 李家伟 胡悌麟 李生权
插图···············沃保华 喻绪祁
金隆贵 李勤学 孙开礼 刘 笑
封面设计·······················章桂征

1981 年第 3 期 　刊名:《新苑》

目录

中篇小说
草莽·························刘绍棠
阴郁的海呀······················郑秉谦
本是同根生······················丁仁堂
金喜鹊·························韩映山
山村轶事·······················解厚春
泰晤士河畔的阴云··············薛赐夫 赵云声

短篇小说
逛娘娘宫·······················冯骥才
大表嫂·························梁 之
大山湖的身影·····················曾昭远

散文

一路诗情结伴行 ……………………………… 程质彬
哑舅 ……………………………………… 鲁 野 康启昌

诗歌

新苑诗草 ………………………………… 芦 萍 邹 晨
王浩恩 薛卫民 于宗信 谭文波 党国栋 曲有源
港口的早晨 ……………………………………… 高 帆
林海的星 ……………… 张 伟 蓝 雨 马玉堂 刘镇欧
洛美情诗选 …………………………… （中国香港）何 达

纪念鲁迅诞辰一百周年

关于杂文 ………………………………………… 丁 玲
略谈鲁迅精神 …………………………………… 楼适夷
鲁迅小说创作的历史功绩 ……………… 刘柏青 金训敏
《自题小象》和"婚姻说"
——《鲁迅诗直寻》之一 ……………………… 锡 金

理论

论文学的地方色彩 ……………………………… 鲍 昌
论万忆萱诗作的艺术特色 ……………………… 李 犁

读者中来

寓庄于谐，妙趣横生——《蛮人小传》风格浅议
……………………………………………… 郑书磊

本刊编辑部邀请作家举行座谈
编者的话

美术

张仃焦墨画选 …………………………………… 张 仃
看张仃画有感 …………………………………… 王庆淮
长白山之秋 ……………………………………… 郎琦摄
插图 ……………………………………… 喻绪祁 沃保华
杨宝成 肇毓厚 郭大光 刘 笑 田宝仁 孙少楷
春水盈盈（木刻）………………………………… 赵志方
封面设计 ………………………………………… 章桂征

1981 年第 4 期　刊名:《新苑》
目录

中篇小说

她微笑着走向牢门 …………………… 张天民 张笑天
没有长矛的骑士 ………………………………… 王小克
八十年代的青年人 ……………………………… 杜保平

短篇小说

张文礼断案 ……………………………………… 刘 振
途中华 …………………………………………… 赵正昆

电影文学剧本

香山遗恨 ………………………………… 高天红 钱庆莘

散文

故乡，母亲 ……………………………………… 丁 耶
葵红的性格 ……………………………………… 吕绍连
阿妈妮的窗子 ………………………………… 陶 怡遗作
爱的憧憬 ………………………………………… 赵云鹤

诗歌

大地的希望 ……………………………………… 于金廷
张常信 邓万鹏 朱 雷 厉 风 吕贵品
词二首 …………………………………………… 张开荆
爱的花瓣 ………………………………………… 戚积广
生命在四季中 …………………………………… 王维君
在春风里歌唱 …………………………………… 梁青岭
高山气象站 ……………………………………… 梁谢成

评论

生活这样开始 …………………………… 尚 侠 王中忱
诗论小札 ………………………………………… 徐 刚

外国文学

野菊之墓（中篇小说）
………………… [日]伊藤左千夫 刘子敬 李 佩译
编后记

美术

中国画 …………………………………… 黄秋实 许占志
王树林 孙文铎 张弘乙 杨炳湘 李东辉 戴春起
插图 ……………………………………… 姚向东 李勤学
肖 林 刘文昌 田土 沃保华 冯子润 李生权
扉页：葡萄（国前）……………………………… 王化中
封面设计 ………………………………………… 章桂征

1982 年第 1 期　刊名:《新苑》
目录

中篇小说

寡妇门前 ………………………………………… 王 汪
"幸福"的浪花 ………………………………… 肖正义
锦瑟曲 …………………………………………… 黎 之
淡紫色的迷雾 …………………………… 李树春 刘昌璞
大洋里飘来的秘密 ……………………………… 尤 异

短篇小说

末流演员 ………………………………………… 张天民
客满之夜 ………………………………………… 颜 开

特写

重访五公村——献给耿长锁 …………………… 柳 溪
幸运女神 …………………………………………… 赵云声

散文

山海关抒情
英国人——访英散文集《雾里看伦敦》中一章
…………………………………………………………… 冯骥才
神秘的嘎仙洞 ……………………………………… 万以诚

诗歌

寄自汽车城的诗 …………………………………… 周良沛
写在上海的大街 …………………………………… 雁 翼
琥珀 ………………………………………………… 程乐坤
白桦林随想曲 ……………………………………… 万忆萱
新苑诗草 ………………………………… 许 行 孙沐寒
白煤国 张洪波 李广义 钱 璞 管用和

理论

"按照美的规律来塑造"——塑造社会主义新人形象
美学谈 ……………………………………………… 易洪斌
乡情的礼赞——读刘绍棠的近作《草莽》 ……… 李景峰
景美·情美·人更美——读中篇小说《金喜鹊》
…………………………………………………………… 孙 里

美术

山村雪（木刻）（封二） ………………………… 戈 沙
木刻四幅（封三） ………………………………… 曹文汉
插图……古 干 肖 琳 沃保华 姚向乐 龙震海
扉页：群岛泛舟（木刻） ………………………… 彦 涵
劲松（封底） ……………………………………… 裴友昌
封面设计 …………………………………………… 章桂征

1982 年第 2 期 刊名:《新苑》
目录

纪念毛主席《在延安文艺座谈会上的讲话》发表四十
周年专辑
边疆抒怀（沁园春） ……………………………… 晓 初
在实践中努力改造主观世界 ……………………… 高 叶
文学与立场 ………………………………………… 丁仁堂

中篇小说

离离原上草 ………………………………………… 张笑天
人去两三天 ………………………………………… 莫应丰
预审员札记 ………………………………………… 华 夏
香江珍珠 …………………………………………… 中 申

电影文学剧本

他走过这样的路 ………………………… 徐鸿翼 杨元义

短篇小说

牛 ………………………………………………… 鲁 闽
雪花，飘…… …………………………………… 庞 鹰
朱洪奎卖猪 ……………………………………… 周门学
秋雨 …………………………………… 王云高 黄昧鲁

诗歌

新苑诗草 ………………………………… 张满隆 李占学
谭文波 张雪杉 黄 淮
民族花环 ………… 金 哲 金成辉 胡 昭 任晓远
南永前 苏赫巴鲁 李相珏 苏伦巴根 李幸福 朴 桦

评论

南美洲之行——《艾青传论》中的一章
…………………………………………… 杨匡汉 杨匡满

外国文学

山口百惠自传……… ［日］山口百惠 刘子敬 李 佩译

美术

国画人物（封二） ………………………………… 刘文西
花卉小品（封三） ………………………………… 王庆淮
春天的田野（封底） ……………………………… 姜 旗
插图 …………… 胡悌林 吴玉朴 沃宝华 杨宝诚
甘雨晨 姚向东
扉页：江水滔滔（木刻） ………………………… 赵志方
封面设计 …………………………………………… 章桂征

1982 年第 3 期 刊名:《新苑》
目录

欢庆中国共产党第十二次全国代表大会诗页…… 肖丹峰
鄂 华 积 广 赵鹏万 南永前 赵新录 姜维青

中篇小说

杠子王刘老两 …………………………………… 陈景河
不漏的网 ………………………………………… 万 寒
三个画家 ………………………………………… 阎 俊
野火烧不尽 ……………………………………… 任化民
水仙红灯 ………………………………………… 郑秉谦

短篇小说

愤世者 …………………………………………… 韦君宜
化作春泥更护花 ………………………………… 董 速
告老还乡 ………………………………………… 谢 树

祝你幸福················齐铁民　鞠显友

中青年作家自传

从西子湖到北大荒················张抗抗
驽马十驾功不舍················叶文玲

散文

说鸟····················王秋山
苔原花俏··················尹海廷

诗歌

南海，战士的梦魂··············胡世宗
沧海即兴··················金远清
新苑诗草··················薛卫民等

外国文学

在咖啡店里（短篇小说）·······〔爱尔兰〕玛丽·兰薇
著　邓瑞环　张中伟译
二十先令的银币（短篇小说）
··········〔英〕斯丹·巴斯托著　尽　染　丽　清译

沉痛悼念著名画家王庆淮、著名作家丁仁堂同志
吉林画苑的拓荒者··············宋振庭
悼丁仁堂··················公　木
《嫩江风雪》主人公悼念仁堂同志········芦　萍

美术

光披神州··················甘雨晨作
丰姿竞呈··················王书林作
封面设计··················章桂征
东篱向阳··················李东辉作
百花争艳··················任广武作
秋（木刻）·················丁　焕作

1982 第 4 期　刊名:《新苑》
目录

中篇小说

腊月····················韩汝诚
小家碧玉··················李宽定
狩猎者···················孙国新
串枝红···················韩映山
她需要重新开始···············张健行

短篇小说

来回百多步·················隋洪润
君子兰···················杜保平

散文

群芳园记··················赵　赴
绿色的河··················袁厚春

报告文学

青春在冰上闪光·········赵大昌　陈宝琮　郭红兵

诗歌

大森林的剪影······李广义　贾志坚　张洪波　张　伟
新苑诗草···········高伐林　赵丽宏
丁慨然　赵国良　星　芝　刘兰克
高原诗笺··················高　帆
长白山纪游·················徐秉洁
天池吟···················隗　苇

评论

关东乡土人情的风俗画——读中篇小说《寡妇门前》
······················杨荫隆

中青年作家自传

蓝色的梦··················理　由
在屡遭挫折的道路上·············叶　辛

外国文学

恶魔的饕餮
——日本关东军细菌战部队的恐怖内幕
··········〔日〕森村诚一　刘子敬　李　佩译

美术

白雪青松··················傅植桂
秋（封二）·················石国山
黄河摇篮··················英若识
冬夜（封三）················牛连和
封面设计··················章桂征
漓江小村················杨　照（扉页）

1983 年第 1 期　刊名:《新苑》
目录

学习蒋筑英诗文专栏

阴影将在正午消逝（报告文学）········鄂　华
生命之光（诗歌）··············谭文波
一个同龄人的心声（诗歌）··········梁谢成

中篇小说

今宵酒醒··················庐　野
良家妇女··················李宽定
尽在不言中·················张笑天

战士小胡 .... 浩 然
宋州之围 .... 蒋和森
在偏僻的山乡里 .... 叶君健

短篇小说
第三只眼睛 .... （藏族）益希丹增
百灵鸟没有飞走 .... 赵国光

散文
开元寺的讲解者 .... 柯 蓝
书叶小集 .... 姜德明
姐从故乡来 .... 李占学

诗歌
寓杭诗抄 .... 蓬 飞
新苑诗草 .... 达 黄 晏 明
曲伟光 冯 堤 王浩恩 白煤国 寇锡林 吴新年
妻子 .... 海 南
旧体诗三首 .... 萧丹峰 江 涛

理论
读《清诗话》札记 .... 徐 刚

中青年作家自传
行百里者半于九十 .... 张笑天

外国文学
活干尸 .... ［俄］屠格涅夫 黄伟经译
莫泊桑短篇小说两篇 .... 韩中一译

美术
山城（写生）（封面） .... 丘 陵
书法艺术（封二、封三） .... 王以忱等
三峡（油画）（封底） .... 尹戎生
南雁北飞（木刻）（扉页） .... 杨宝诚

1983 年第 2 期　刊名:《新苑》
目录

中篇小说
山风凉飕飕 .... 隋洪润
月在中天 .... 刘昌璞
乔眯子卖茶 .... 彭伦平
满洲野民 .... 王 汪
银元姻缘 .... 李惠文
天涯沦落人 .... 杨书案

短篇小说
翡翠 .... 万 寒
卖身的汉子 .... 谢 树
血溅宫闱 .... 陈 放 邵 恺

散文
过海日记 .... 蒋子龙
买花人 .... 孔令保

诗歌
我拍摄如花的春天 .... 王维君
新苑诗草 .... 张常信 柳 沄 华继文 许 行
山乡的风 .... 梁青岭
孙秀清 尧山壁 刘 章 顾文显 秋 原
三峡船夫 .... 陈应松

评论
笔谈《离离原上草》
.... 栾昌大 董辅文 张 智 吴英俊
敏锐地感应时代的变化
——张笑天中篇创作断想 .... 孙 里

中青年作家自传
咆哮时代的幸运儿 .... 温小钰

外国文学
多丽丝 .... ［英］W.S.毛姆著 瑞 环译

美术
长白远眺（油画）（封面） .... 许孝诗
美人松（木刻）（扉页） .... 王 杰
中国画（封二、封三） .... 王书林 李东辉
装帧设计 .... 章桂征

1983 年第 3 期　刊名:《新苑》
目录

中篇小说
寻找幸福的人们 .... 廖 琪
普爱路上的足迹 .... 宗 洲
家乡的雾 .... 张蒂远
商业局长轶闻 .... 王秋山
迟到的婚礼 .... 刘 迁
深山里的哥哥 .... 雏 燕

短篇小说
哪里去了，欢乐的精灵 .... 易洪斌
衣锦之后 .... 毛志成

重荷 ·· 赵　熙
少林寺的钟声 ······························ 徐　慎

散文
童年在故乡 ·································· 李　耕
礼让 ·· 张常信
泰山行 ·· 卢庆福
在大山的怀抱里 ···························· 党国栋

报告文学
根 ·· 赵丽宏　刘巽达

诗歌
森林，静悄悄 ································ 芦　萍
北方山歌 ······································ 薛卫民
新苑诗草 ············· 张洪波　朱　雷　钱　璞　姚业涌
　　路　地　朱东利　徐国静　朱自强　王维洲　翁景贵

评论
必须"伸向黑土深处"——当前农村题材创作中几个
问题浅谈 ······································ 刘俊民
馥郁的泥土香甜
　　——读韩汝诚中篇小说《腊月》········· 赵宝康
艺术的触角正在伸向历史的深处——读历史小说《锦
瑟曲》 ····································· 金恩晖　郭铁城
批评错误倾向　提高思想认识——中篇小说《离离原
上草》讨论会在长春召开

中青年作家自传
我是农民的子孙 ···························· 浩　然

外国文学
英国短篇小说两篇
　　················· 凯瑟琳·曼斯菲尔德　章　燕译
他回来了吗
一杯茶
改刊启事
举办"《新苑》文学奖"评选启事

美术
忆（油画）（封面）························ 胡悌林
步步高（木刻）（扉页）·················· 于敦厚
国画新作（封二　封三）·········· 徐占志　孙文铎
装帧设计 ······································ 章桂征

1983 年第 4 期　刊名：《新苑》

目录

中篇小说
夸父峰下 ······································ 万　寒
远飘的梦 ······································ 柳　溪
警刀与拐杖 ·································· 王　汪
枫叶思 ·· 姜　磊
幸福果 ·· 肖正义
首长和他的新兵们 ························ 肖　林

短篇小说
她在痛苦中前进 ···························· 董　速
广陵路 ·· 张荣久

诗歌
开拓者的足迹 ································ 邓万鹏
麦子的歌 ······································ 张雪杉
松江浪 ·· 韩　笑
新苑诗草 ······································ 何　鹰
　万忆萱　常　安　星　烨　戴东仁　佟　石　雷恩奇
　　陈玉坤　袁世兴
哭智建中 ······································ 公　木
啊，寒星 ·································· 何德龙遗作

外国文学
他回来了吗? ················ [保]瓦左夫　曾美云译

评论
《离离原上草》是错误思潮的产物 ········ 纪　叶
人性探索的迷误
　　——评张笑天同志的《离离原上草》····· 彭治平
稿约

美术
瑞雪（国画）·································· 徐　希
雪夜（木刻）（扉页）······················ 戈　沙
玉龙雪山　夔门夜色　傣寨椰林（封二）········ 尹戎生
渔村夕照　吐鲁番织女　绿色交响曲（封三）
　　·· 何韵兰
装帧设计 ······································ 章桂征

1984 年第 1 期　刊名：《新苑》

目录

中篇小说
凉月如眉挂柳湾···························· 刘绍棠

鸭姆河边的小店 ……………………………… 袁和平
雨 …………………………………………… 蒋和森
马贼的妻子 ………………………………… 王宗汉

中篇处女作

路 …………………………………………… 李叔德

短篇小说

女工苏秀 …………………………………… 肖又予
"老粗主席"的"自留权" …………………… 孙春平

散文

今天和昨天的年轻人 ……………………… 周良沛
森林卫士 …………………………………… 邵　晨
散步情趣 …………………………………… 耿林莽
寓言二则 …………………………………… 吴广孝

诗歌

汽车城的七月 ……………………………… 宁　宇
大山 ………………………………………… 谷福海
新苑诗草 ………… 高继恒　于耀江　王鸣久　张艳齐

中青年作家自传

走上文学之路 ……………………………… 鄂　华
庄稼不成年年种 …………………………… 王　汪

理论

现实主义与文学的现代性 ………………… 朱　晶
永远不忘社会主义作家的职责——关于《离离原上
草》的自我批评 ………………………… 张笑天
自觉清除精神污染　努力办好文学刊物 … 本刊编辑部

美术

长白飞瀑（国画）（封面） ………………… 袁运甫
闹花灯　腰鼓舞（封底） ………………… 张平良
迎春（国画）（扉页） ……………………… 李东辉
美术作品（封三）
 ………………… 王化中　贾　立　杨明华　杨炳湘
装帧设计 …………………………………… 章桂征

1984 年第 2 期　刊名:《新苑》
目录

中篇小说

男人的弱点 ………………………………… 柳　溪
双眼花翎 …………………………………… 韩汝城
绿叶 ………………………………………… 王正湘
立夏的风 …………………………………… 王小克

马贼的妻子（之二） ……………………… 王宗汉

短篇小说

冬天的时候 ………………………………… 范小青
锈 …………………………………………… 陈忠实

散文

鹿事记趣 …………………………………… 伍　杰

诗歌

新苑诗草 ………… 贾志坚　程乐坤　何香久
马玉堂　建　枚　顾文显　梁青岭　许　行　胡西淳
寄自北方的大森林 ………………………… 姜金城

中青年作家自传

笑比哭好 …………………………………… 韩汝城

评论

立主脑——主题思想的提炼 ……………… 马畏安
金沙江畔的山茶花
 ——评中篇小说《夸父峰下》 ………… 王　我

美术

集材（国画）（封面） ……………………… 甘雨辰
洁（油画）梳风（国画）（封底） …… 任邵春　任广武
奔流（木刻）（扉页） ……………………… 赵镇宁
春到白山　甜果　长白云海（封三）
 ………………… 吴景桐　张弘乙　田宝仁
装帧设计 …………………………………… 章桂征

1984 年第 3 期　刊名:《新苑》
目录

中篇小说

冲出轨道的星 ……………………………… 黄立民
普爱路上的叠影
 ——《普爱路上的足迹》续篇 ………… 宗　洲
她被遗弃了吗? …………………………… 石　楠
花有重开日 ………………………………… 万　捷
苦海小舟 …………………………………… 胡万春

中篇处女作

雪茫茫 ……………………………………… 王时阳

短篇小说

风儿闯进石屋 ……………………………… 权延赤
荒子 ………………………………………… 李不空
市场内外 …………………………………… 姜树茂

散文

杨叔叔——献给一位平凡的人 ……………………… 陶斯亮
嘎牙河畔 ……………………………………………… 蔡行远

诗歌

忠魂篇 ………………………………………………… 林　希
火箭发射场诗抄 ……………………………………… 廖代谦

美术

奔腾（封面） ………………………………………… 丘　芊
奇峰胜境　图门秋色（国画）（封底）……… 王庆淮遗作
造福（木刻）（扉页） ……………………………… 翟路加
版画（封三） ……………………………… 戈　沙　古　风
装帧设计 ……………………………………………… 章桂征

1984 年第 4 期　刊名：《新苑》
目录

献给母亲的歌

希望在人间 …………………………………………… 鄂　华
献给祖国的花束
…………………… 公　木　张洪波　王维君　袁世兴

中篇处女作

青青客舍 ……………………………………………… 高　华
203 宿舍的好汉们 …………………………………… 马福林

中篇小说

相思林 ………………………………………………… 张士敏
走出梦乡 ……………………………………………… 廖　琪

短篇小说

燃烧 …………………………………………………… 李兴桥
憨牤子 ………………………………………………… 刘汉勋
丁香花开 ……………………………………………… 李殿秀

报告文学

这里的深夜静悄悄——"聋子卫士"传奇……… 乔　迈
执拗的爱 ……………………………………………… 曾广贤

散文

乡下人 ………………………………………………… 赵丽宏
海的故事 ……………………………………………… 刘　虔

诗歌

库奈特拉 ……………………………………………… 胡　昭
谷穗儿，压圈了 ……………………………………… 李占学
我是一个多雨的夏天………………………………… 朱万河

中青年作家自传

我从山中来 …………………………………………… 金　河

理论

嫩江草原深处的诗情
——丁仁堂短篇小说简论 …………………… 金钟鸣

美术

雪山（封面） ………………………………………… 孙泽孚
版画藏书票作品选（封底） ……………………… 李　烨等
东北三省第二届书籍装帧设计工作（封二、封三）
……………………………………………… 郑维汉摄影
座谈会在延吉市召开
剪刀峰（木刻）（扉页） …………………………… 彦　冰

1985 年第 1 期　刊名：《新苑》
目录

报告文学

秋来发几枝 …………………………………………… 孙友念

中篇小说

啊，古远的一片处女地……………………………… 郑九蝉
记忆中的原野………………………………………… 顾笑言

中篇处女作

碧草萋萋 ……………………………………………… 郭雨庭
悠悠一朵云 …………………………………………… 左云霖

短篇小说

直线与曲线 ………………………………… 齐铁民　鞠显友
红莲豆 ………………………………………………… 生　源

散文

金秋的风 ……………………………………………… 张守仁

诗歌

水调歌头——天池气象站…………………………… 袁宝华
天池——和袁宝华同志水调歌头原韵……………… 强晓初
十月即兴——调寄清平乐…………………………… 金远清
星空畅想曲…………………………………………… 纪　宇
新苑诗草 …………………………………… 雷恩奇　陈玉坤
中　流　魏久环　李占学　金克义　郭东凯　佟　畴

中青年作家自传

我走过的弯弯山道 …………………………………… 谭　谈

外国文学

花影（中篇小说）……………………[日]大冈昇平著
尚　侠　徐　冰译

美术

南行纪实（速写）（封三）……………………陆本瑞
山中城镇（木刻）（封底）……………………彦　涵
友谊（木刻）（扉页）……………………彦　涵
封面设计……………………章桂征
编后絮语

1985 年第 2 期　刊名：《新苑》
目录

中篇处女作

三条腿的强者……………………雪　杨　蒋　巍
"呼噜将军"外传……………………张国庆

中篇小说

死亡与复苏……………………王肇岐　陈黎星
血梅岭……………………罗石贤
美丽的五彩石……………………王正元

短篇小说

鸳鸯荷包……………………牛正寰
冰块，在春风中融化……………………田　丁
心脏……………………常　安

诗歌

新苑诗草
……………邓万鹏　高继恒　张雪杉　薛卫民　于耀江

散文

北方的榆树……………………任　远
居京琐记……………………周　雨

中青年作家自传

唤回逝去的青春……………………胡　昭

评论

瀑布与虹的诗情——胡昭诗论……………………方　晴
可贵在于它是现实生活的——评《青青客舍》
……………………王汶石

美术

美术作品四幅　叶（封三）
……………然　李东辉　容　宇　朗德山　刘永昌
插图两幅（扉底）……………………张守义

延边牛市（木刻）（扉页）……………………王　杰
封面设计……………………章桂征
版式设计……………………王笠君

1985 年第 3 期　刊名：《新苑》
目录

报告文学

彩虹飞过峡谷……………………邵　晨

中篇小说

石人村的风流女人……………………万　寒
竞技场……………………范小天　殷小唯
独身楼变奏曲……………………凌喻非
今夜风雨……………………朱光雪

短篇小说

迷失在原始森林里……………………于涤心
裴香其人……………………鲁　闽

散文

心灵的较量……………………柯　蓝

诗歌

母亲与孩子的歌……………………佟　石
我站在电站大坝上……………………黄　淮

中青年作家自传

力不从心的攀登……………………顾笑言

美术

文苑金石缘（封三）……………………曹辛芝
插图两幅（木刻）（封底）……………………陈雅丹
春（扉页）……………………于敦厚
封面设计……………………章桂征
版式设计……………………王笠君

1985 年第 4 期　刊名：《新苑》
目录

中篇小说

浪打来，何需愁……………………毛志成
他们，从废墟上站起来……………………宗　洲
孤女魂……………………单学鹏
阿痴……………………张廷竹
离婚奇案……………………权延赤

理论

为时代而谱写的英雄交响诗——评李玲修的报告文学
·································朱子南　秦兆基

美术

晨曦（木刻）（扉页）·················于敦厚
山水（国画）（封三）·················吕德康
综野（水粉）（封三）·················乔维藩
青年人像（素描）（封三）··············武　艺
青年人像（素描）（封三）··············王玉峰
延年（国画）（封四）·················周　野
荷塘（国画）（封四）·················周　野
湘江无处不歌声（国画）（封四）··········洪章清
太行秋色（国画）（封四）··············苑诚心
封面设计·························章桂征
版式设计·························王笠君

1986 年第 1 期　刊名:《新苑》
目录

中篇小说

这个年月·························刘绍棠
归去来兮·························鄂　华
小屯春秋·························孙少山
漂泊的云·························姜天民
赭色的岸·························郭雨庭

短篇小说

故人往事·························汪曾祺
通用局长·························林斤澜

长篇小说

春月（选载）···············包柏漪著　汤新华译

报告文学

维纳斯，举起你的双臂···············孟翔聚

中青年作家自传

艰难的爬行·······················邓　刚

理论

论当代中国乡土文学的现状与趋势·········丁　帆
善于捕捉特殊的人物关系···············胡德培

美术

封面设计：尹怀远　封底画：张　仃
版式设计：何　武
致读者　本刊编辑部

1986 年第 2 期　刊名:《新苑》
目录

长篇小说

阿波罗踏着硝烟逝去···················张廷竹

中篇小说

石头和他的两个情人···················万　捷
在旦角的王国里·····················依山屏
苇荷传·························韩映山

报告文学

菲律宾人剪影·····················李玲修

中青年作家自传

弹指一挥间·······················张廷竹

理论

心灵的探索和探索的心灵···············金钟鸣

美术

封面设计：尹怀远　封底画：韩静霆
本期发稿编辑：戚积广　梅中泉　王　我　文　牧
美术编辑：何　武

1986 年第 3 期　刊名:《新苑》
目录

报告文学

鱼是如何跃出龙门的···················乔　迈

长篇小说

末代马贼·························王宗汉

中篇小说

来自 G 城的信·····················王宏烈
大祸临头·························王不天
河神的儿子·······················陈景河

探索性作品

第一次荒唐（中篇小说）···············黄佳星

短篇小说

共同的空间·······················聂鑫森
飘荡的烛光·······················邓致远

中青年作家自传

我这半辈子⋯⋯⋯⋯⋯⋯⋯⋯⋯⋯⋯中 申

美术

作家的画（封四）⋯⋯⋯⋯⋯⋯⋯⋯⋯管 桦
封面设计：尹怀远 版式设计：王笠君
部分文学期刊维护版权第二次会议纪要（摘要）
（封三）
本期发稿编辑：文 牧 戚积广 梅中泉 李 琪
美术编辑：何 武

1986年第4期 刊名:《新苑》
目录

理论

小说即交流⋯⋯⋯⋯⋯⋯⋯⋯⋯⋯⋯程德培
文学与人的苦难意识⋯⋯⋯⋯⋯⋯⋯蔡 翔
城市与作家⋯⋯⋯⋯⋯⋯⋯⋯⋯⋯⋯吴 亮
从《伊里亚特》到《百年孤独》
——历史相对运动⋯⋯⋯⋯⋯⋯⋯李 劼

长篇小说

老店⋯⋯⋯⋯⋯⋯⋯⋯⋯⋯⋯⋯⋯⋯张 棣

探索性作品

长江漂流记（中篇小说）⋯⋯⋯⋯⋯史雄飞

中篇小说

警察和流氓同追一个少女⋯⋯⋯王肇岐 陈黎星
主编的苦恼⋯⋯⋯⋯⋯⋯⋯⋯⋯⋯单学鹏

短篇小说

走进河流⋯⋯⋯⋯⋯⋯⋯⋯⋯⋯⋯洪 峰
女儿⋯⋯⋯⋯⋯⋯⋯⋯⋯⋯⋯⋯⋯岩 石
倒霉的"桃花运"⋯⋯⋯⋯⋯⋯⋯⋯刘向群

报告文学

小小的溪流——关于三个男子汉的故事⋯⋯李延国

文学回忆录

乱离杂记——忆萧军与萧红⋯⋯⋯⋯锡 金

中青年作家自传

在学习创作的道路上⋯⋯⋯⋯⋯⋯⋯陈国凯
关于《第一次荒唐》的争鸣
突围与阵亡⋯⋯⋯⋯⋯⋯⋯⋯⋯⋯梅中泉
我看《第一次荒唐》⋯⋯⋯⋯⋯⋯⋯郭力家

美术

封面设计：尹怀远 封底画 梁 武
本期发稿编辑：梅中泉 王 我 戚积广 李 琪
文 牧
美术编辑⋯⋯⋯⋯⋯⋯⋯⋯⋯⋯⋯何 武

1987年第1期 刊名:《新苑》
目录

长篇小说

毒枭——一个国际贩毒集团的内幕⋯⋯树 棻

中篇小说

闰七月⋯⋯⋯⋯⋯⋯⋯⋯⋯⋯⋯⋯铁 凝
滨湖宾馆来客⋯⋯⋯⋯⋯⋯⋯⋯⋯毛志成
古原草——田园三部曲之三⋯⋯⋯郭雨庭

探索性作品

因为，我是父亲⋯⋯⋯⋯⋯⋯⋯⋯潘吉光

短篇小说

清明⋯⋯⋯⋯⋯⋯⋯⋯⋯⋯⋯⋯⋯山 谷

报告文学

特别市长⋯⋯⋯⋯⋯⋯⋯⋯⋯⋯⋯祁淑英

中青年作家自传

我的自传⋯⋯⋯⋯⋯⋯⋯⋯⋯⋯⋯铁 凝
路程⋯⋯⋯⋯⋯⋯⋯⋯⋯⋯⋯⋯⋯树 棻
评长篇小说《阿波罗踏着硝烟逝去》
战争：催动人在反省中自我更新⋯⋯⋯高松年
战争中人情美的生动画卷⋯⋯⋯⋯牟廉玖
用当代意识描写当代军人⋯⋯⋯⋯丛正里

美术

封面画：银色的梦（木刻）⋯⋯⋯⋯戈 沙
作家的画（封底）⋯⋯⋯⋯⋯⋯⋯⋯顾汶光
装帧设计⋯⋯⋯⋯⋯⋯⋯⋯⋯⋯⋯何 武
本期发稿编辑⋯⋯⋯⋯⋯⋯⋯李 琪 梅中泉
王 我 文 牧 积 广

1987年第2期 刊名:《新苑》
目录

长篇小说

碉堡里的女人⋯⋯⋯⋯⋯⋯⋯⋯⋯韩汝城

中篇小说

天网恢恢································陈 冲
小城圆舞曲································马 犁

中篇处女作

借来的媳妇································宋彦宗

短篇小说

天籁································李 效

中青年作家自传

母亲的梦与我的梦································李玲修

理论

文学的"阵痛"································谷长春
历史惰力的深沉反思································许华应
忧患意识与创作动机································陈望衡
谈鄂华国际题材小说的创作方法································彭嘉锡

封面:《比赛的人们》(油画)································周连德
封底:《小草》(油画)································潭全昌
本期责任编辑································文 牧
美术编辑································何 武
本期发稿编辑 王 我 梅中泉 李 琪 戚积广

1987 年第 3 期 刊名:《新苑》
目录

短篇小说

死扣································李国文

中篇小说

仙湾俏嫂儿································谭 谈
难忘的绿草沟································姜宪章 丛培伦
小热昏本纪································潮 清
石女································屈国新 梁文凌

长篇小说

装男扮女································王 汪
一九八六年度诺贝尔文学奖获奖作家作品
裘罗教士的磨难(剧本)
(尼日利亚)索因卡著 邵殿生译
附:谈谈索因卡································邵殿生

中青年作家自传

想到就说································朱苏进

美术

封面:野花即景(中国画)································袁运甫

封底:报春图(中国画)································叶 然
本期责任编辑:杨文忠 美术编辑:阿 武
本期发稿编辑:戚积广 文 牧 杨文忠 李 琪
梅中泉

1987 年第 4 期 刊名:《新苑》
目录

我的世界和我的梦································周梅森
风水洼池································韩耀旗
我的歌没有旋律································谷 桑
白雾黑雾································水运宪
廖光明和他的黑暗面································曹硕龙
社会主义文艺的美学追求································车与栋
露出水面的冰山——评张天民的创作································蒋守谦
鸡瘟——故乡人风之十································荒 原
贾平凹其人(之三)································孙见喜
横看成岭侧成峰——评韩汝诚小说的艺术特色
································吴甸起
哲学方法作为小说方法观察································纪 众
立体的大森林································乔 迈
病院之门································杨若木
要留白在人间································尹峰文

1988 年第 1 期 刊名:《新苑》
目录

纪实文学

马思聪出走前后································叶永烈

青年作家作品专辑

苦舟(中篇小说)································牛伯成
枕封(中篇小说)································高 光
失败者(中篇小说)································杨文忠
秋天的怀念(中篇小说)································于涤心
过客(短篇小说)································刘 铁
祈雨(短篇小说)································聂鑫森
父亲的魂(短篇小说)································童丽萍
漫长的苦难历程——哲学的神化(理论)································刘晓波
文学的,非文学的(随笔)································吴 亮
危机,来自美学的审视(理论)································章 平

中篇小说

赌档································树 棻
幸运儿和她的保护神································方洪友

中青年作家自传

"爬格子"的历程······叶永烈

美术

封面作品:《长白松雪》(水彩)······孙泽孚

封底作品:插图······潘小庆

本期责任编辑:戚积广　　　美术编辑:何　武

本期发稿编辑:文　牧　李　琪　戚积广　杨文忠

梅中泉

1988 年第 2 期　刊名:《新苑》

目录

长篇小说

女大十八变······王曦昌　李　孚

中篇小说

男儿情······孙春平

异国情人······刘凤仪

欢河悲歌······刘国明

中篇纪实小说

运河寻梦······张同吾

短篇小说

流云······李　佩

自由自在······魏心宏

小城舞会······赵　宇

评论

小说的叙事视角······孟繁华

山村教师(油画)(封面)······秦　征

本期发稿编辑:李　琪　文　牧　杨文忠　王　我

美术编辑:何　武

1989 年第 2 期　刊名:《新苑》

目录

中国情人潮(长篇报告文学)

——当代情爱性爱生活实录与思考····渭　水　沈　奇

八方大走穴(中篇报告文学)······赵亚欣

邮票·女人·私生子(纪实小说)······林衡夫

蒋经国和他的大儿媳(特写)······辛　原

卷终语······编者

1989 年第 3—4 期　刊名:《新苑》

目录

韩素音关注着中国的命运······叶永烈

扫黄之风席卷华夏······田　宏

中国当代特大告状案始末······张向特

张春桥妹妹之死······久　远

奉献······杨博一

上海未遂武装政变纪实······肖　勇

中国女影星出国热面面观······辛　原

美国摇滚乐巨星杰克逊······杰克逊自述　沈国放等译

《星星》

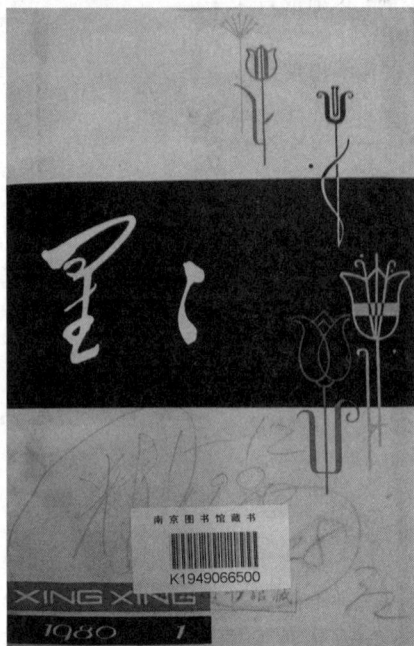

【简介】

诗歌月刊。四川省作家协会主办。创刊于1957年，1979年复刊。其为新中国创刊最早的诗歌刊物之一。复刊后不仅成为"朦胧诗"诗人的园地，积极推动青年诗人的创作，同时着力推介外国诗歌。在当代诗歌史上具有举足轻重的地位。

期刊号:1980年第1期—1989年第12期

1980年第2期 刊名:《星星》

目录

献给法律的恋歌（外一首）·········吕良才
一位县委书记的日记···············张化声
铁窗上嵌着一颗小星（三首）·······杨 树
狱中书简·······················王泽群
斗室黎明（四首）···············王德芳
遗物···························有 云
沉冤草（二首）·················瞿 钢
诗的思考（组诗）···············康 平
一个画家的故事（叙事诗）·········孙静轩
种子···························姚振函
星空呵，星空（二首）···········马恒祥
舞台二题·······················白 榕
舞台花絮（四首）···············润 成
游子的心（二首）···············刘德亮

思乡曲·························张忠友
淖尔之歌（外一首）·············桑 原
长江夜曲·······················回光时
村歌（三首）···················梁 雄
致诗人陈义芝君·················雁 翼

香港诗人的诗
诗与人民·······················原 甸
月（外四首）···················凌亦清
傻子（外二首）·················浩 泉
祖国在我心中（歌词）···········刘冰川
失去的岁月（外一首）···········艾 青
草堂四题·······················浪 波
赠友四题·······················党永庵
我拾起……（外二首）···········舒占才
年青的树（外一首）·············顾 城
记忆（外二首）·················顾 工
星星的歌（二首）···············苗得雨
星光（外一首）·················郑本亮
我想……·······················张显华
启示···························张庆明
风云一瞬·······················欧外鸥
鹅卵石·························赵建雄

重评《草木篇》
略谈《草木篇》及对它的错误批判·····石去非
草木与《草木篇》···············季元龙
充满人生哲理的散文诗···········戴 明
（附录）流沙河:《草木篇》
可悲的误会·····················流沙河
宋诗话选录
清诗话选录
阃室说诗:苏轼题《杨妃痛齿图》

诗歌欣赏
白朗宁夫人抒情诗选···········方 平 试译
白朗宁夫人《抒情十四行诗》的写作和发表经过
·····························方 平
新的春天（海涅抒情诗选）·········黎 央译
哲理故事诗·······[伊朗]牟拉维 张 辉译
悠闲···········[英]W.H.台维斯 流沙河译
短章···········[英]A.E.豪斯曼 流沙河译
中国人民大学语文系部分师生座谈《星星》复刊号
海外来鸿···············巴基斯坦 黎 明
封面设计·······················赵 宏
求学（国画）（封二）···········熊之韵
竹林深处（木刻）（封三）·········江碧波
荻港（布贴画）（封底）·········陈 民

1980 年第 3 期　刊名:《星星》
目录

新星

抒情诗十首……………………………顾　城
勘探者………………………………霜　枫
山果集（散文诗五章）…………………王敦贤
帆船（外一首）………………………徐晓鹤
亢慕义斋诗：巾帼英烈颂………………罗章龙
玫瑰——罗马尼亚诗草…………………严　辰
黄山（三首）…………………………严　阵
火红的山茶花（三首）…………………江　日
树与歌（四首）………………………穆　仁
夜曲（二首）…………………………白　航
海滨杂咏（二首）……………………唐大同
林海情思（二首）……………………童嘉通

蜀中风

银色的城（三首）……………………徐国志
奔腾的车队（组诗）…………………刘仁辉
渡口行（二首）………………………蓝　疆
巴山下，没有灯光的村庄………………杨世运
夜话（外一首）………………………赖松廷
巴蜀诗画（二首）……………………张　扬

物篇

春雨飘香……………………………里　沙
彝寨小景（三首）……………………田　俊
峨眉金顶……………………………洪　亮
被毁灭了的笑…………………………张新泉
短短的情歌…………………………王　峙
我寻找失去的爱情（外二首）…………李书怀
爱情诗三首…………………………姚振函
我和我的影子（二首）…………………李老乡
落叶………………………………查　干
向日葵成熟了…………………………苏　力
流星集………………………………纪　宇
我的心………………………………聂鑫森
给"愤世嫉俗者"……………………崔显昌
致幸存者（二首）……………………孙贻荪
诗的呼唤……………………………钱　璞
光晶………………………………骆耕野
格言三则……………………………吴琪拉达
博物诗花……………………………潘　勃

诗歌欣赏

唐诗七言绝句选《三十九首》
《唐诗七言绝句选》读后………………絮　飞

路易·艾黎诗三首……………………流沙河译
卡尔·桑德堡诗四首…………………邹荻帆译
阁室说诗：我国最早的一首翻译诗

诗人与生活

艰辛的航程，长鸣的汽笛…………周红兴　张同吾
在艾青身边…………………………高　瑛
看花思诗……………………………雁　翼
诗要有"格"…………………………吴士余
"诗的散文化"浅见……………………林　希
关于沈园和陆游的爱情悲剧……………舒　航
封面设计……………………………邹延白
露（水印木刻）（封二）………………吴强年
诗笺（水印木刻）（封三）………………谢梓文
绿荫（水印木刻）（封底）………………徐　匡

1980 年第 4 期　刊名:《星星》
目录

海思（组诗）…………………………莫文征
你的冤屈——怀念刘少奇同志………丁　抗　范钦佩
怀李守常同志…………………………罗章龙
六怀………………………………果瑞卿
三帅吟………………………………高　平
洪湖梦………………………………李凤山
传闻二首……………………………田　间
京居四首……………………………张志民
忆闽南（二首）………………………陈　犀
在旋转中……………………………顾　工
森林之歌……………………………郑　南
小房………………………………李根红
静夜思（二首）………………………昌　耀
日历（外一首）………………………陈官煊
匍匐者的家史…………………………易允武

大朋友唱给小朋友的歌

一串小辣椒（儿童诗六首·谢可新配画）……赵家瑶
知识儿歌（兽类四题·马丁配画）………张继楼
砍木妈妈你真好………………………兰　兰
翅膀………………………………杨清龙
手巾——云…………………………吕　谦
试卷………………………………吴大宇
故乡的风（外一首）…………………罗　洛
喜马拉雅山雪（二首）…………………宁　宇
寄自密林深处…………………………贾志坚
在那飘香流蜜的地方（二首）…………冯麟煌
菜乡横笛（三首）……………………吴　辛
三江口晨雾…………………………毛　健

春打六九头（三首）⋯⋯⋯⋯⋯⋯金克义

蜀吟短章（专栏）
唤猪谣⋯⋯⋯⋯⋯⋯⋯⋯⋯⋯郭应循
春帖⋯⋯⋯⋯⋯⋯⋯⋯⋯⋯⋯徐式文
白帆（外一首）⋯⋯⋯⋯⋯⋯邹雨林
黎明⋯⋯⋯⋯⋯⋯⋯⋯⋯⋯⋯白　峡
金沙江遐想⋯⋯⋯⋯⋯⋯⋯⋯陈学名
桥（外二首）⋯⋯⋯⋯⋯⋯⋯黄兆华
春草（外一首）⋯⋯⋯⋯⋯⋯高　湘
第一粒火星（外一首）⋯⋯⋯郭同旭
听琴随想⋯⋯⋯⋯⋯⋯⋯⋯⋯郭本华
致芙蓉城⋯⋯⋯⋯⋯⋯⋯⋯⋯石天河
立杆谣⋯⋯⋯⋯⋯⋯⋯⋯⋯⋯姜华令
琴声⋯⋯⋯⋯⋯⋯⋯⋯⋯⋯⋯木　斧
再见（外一首）⋯⋯⋯⋯⋯⋯王长富

讽刺诗
我们的这个宿舍楼⋯⋯⋯⋯⋯任彦芳
百"花"图（外一首）⋯⋯⋯⋯石　河
题赠不倒翁⋯⋯⋯⋯⋯⋯⋯⋯黄　彦
记录拾零⋯⋯⋯⋯⋯⋯⋯⋯⋯罗维扬
乡野小集（二首）⋯⋯⋯⋯⋯叶　簇
民谣⋯⋯⋯⋯⋯⋯⋯⋯⋯⋯⋯安子民
"短会"迷⋯⋯⋯⋯⋯⋯⋯⋯⋯戴左航
诗选（三首）⋯⋯⋯［美］康蒂·卡伦　邹　绛译
寄给一千年以后的诗人⋯⋯［英］弗莱克　流沙河译
永恒的恋歌⋯⋯⋯⋯⋯⋯［英］格洛夫　新　渠译

诗歌欣赏
近代民主爱国革命诗抄（十四首）
四川历代诗人六十家（上）⋯⋯梦　渔　显　昌

巴蜀诗人逸事
悠悠天地独登台⋯⋯⋯⋯⋯⋯孙梦渔

诗人与生活
甘苦寸心知——谈自己的诗⋯⋯臧克家
（附录）当炉女⋯⋯⋯⋯⋯⋯臧克家
哀痛忆李季⋯⋯⋯⋯⋯⋯⋯⋯雁　翼
延安风骨——悼李季同志⋯⋯高　缨
有力的"边鼓"
——谈鲁迅对新诗创作的尝试⋯⋯张　杰
清醒的一代⋯⋯⋯⋯⋯⋯⋯⋯田　奇

编者碎语
封面设计⋯⋯⋯⋯⋯⋯⋯⋯⋯杨守年
清明时节雨纷纷（国画）⋯⋯彭先诚
晒谷场上（国画）⋯⋯⋯⋯⋯彭先诚

峡谷的早晨（油画）⋯⋯⋯⋯艾　轩
本期插图、题花作者⋯⋯⋯向际纯　谭　楷　傅先惠

1980 年第 5 期　刊名:《星星》
目录

崂山采撷（组诗）⋯⋯⋯⋯⋯孔　孚
孔雀的尾巴（外一首）⋯⋯⋯胡　笳
诗三首⋯⋯⋯⋯⋯⋯⋯⋯⋯⋯忆明珠
水乡风情（二首）⋯⋯⋯⋯⋯孔　林
迎亲⋯⋯⋯⋯⋯⋯⋯⋯⋯⋯⋯于　沙
凉山春（外一首）⋯⋯⋯⋯⋯采　罗
沉香亭⋯⋯⋯⋯⋯⋯⋯⋯⋯⋯沙　白
侨乡风物（首二）⋯⋯⋯⋯⋯陈瑞统
苏州行（二首）⋯⋯⋯⋯⋯⋯朱金晨
白云崖⋯⋯⋯⋯⋯⋯⋯⋯⋯⋯夏　天
东湖⋯⋯⋯⋯⋯⋯⋯⋯⋯⋯⋯陈继光
瘦西湖（外一首）⋯⋯⋯⋯⋯刘希涛
酒话⋯⋯⋯⋯⋯⋯⋯⋯⋯⋯⋯陈禄明
甘孜的早晨⋯⋯⋯⋯⋯⋯⋯⋯任耀庭

大学生之歌
白雪情思（组诗）⋯⋯⋯⋯⋯李　琦
诗之魂⋯⋯⋯⋯⋯⋯⋯⋯⋯⋯郭小聪
爱情集（八首）⋯⋯⋯⋯⋯⋯田舒强
维吾尔族新娘（三首）⋯⋯⋯沈贻炜
我真不懂⋯⋯⋯⋯⋯⋯⋯⋯⋯骆晓戈
无题⋯⋯⋯⋯⋯⋯⋯⋯⋯⋯⋯朱兆雪
夜歌⋯⋯⋯⋯⋯⋯⋯⋯⋯⋯⋯萧　萧
单词卡⋯⋯⋯⋯⋯⋯⋯⋯⋯⋯高伐林
美在哪?⋯⋯⋯⋯⋯⋯⋯⋯⋯胡的清

新星
流蜜的青春⋯⋯⋯⋯⋯⋯⋯⋯赵登垒
雨花石（外一首）⋯⋯⋯⋯⋯陈浩记
乡恋（三首）⋯⋯⋯⋯⋯⋯⋯鄢家发
诗⋯⋯⋯⋯⋯⋯⋯⋯⋯⋯⋯⋯文大家
蒺藜谣（四首）⋯⋯⋯⋯⋯⋯苗得雨
河汉灿烂（二首）⋯⋯⋯⋯⋯方　牧
呵，心脏⋯⋯⋯⋯⋯⋯⋯⋯⋯熊远杜
诗三首⋯⋯⋯⋯⋯⋯⋯⋯⋯⋯蔡其矫
冷漠⋯⋯⋯⋯⋯⋯⋯⋯⋯⋯⋯丁　芒
我和秋对话⋯⋯⋯⋯⋯⋯⋯⋯李加建
在掩埋着白骨的地方⋯⋯⋯⋯李　钢
火花⋯⋯⋯⋯⋯⋯⋯⋯⋯⋯高　颖诗画

采风录
情深意长（三首）⋯⋯⋯⋯⋯南　雄

心上的花瓣（佤族情歌）………………刘允禔
藏族情歌（二首）…………………………新　克
天山夯歌（三首）…………………………叶晓山
三月雨（外一首）…………………………华　船
绿色的字钉…………………………………张　开
诗情画意……………………………………唐光玉
孤单…………………………………………安子民

诗歌欣赏
哭亡女苏菲…………………………………高　兰
高兰和他的《哭亡女苏菲》………………朱　辉
南宁诗会纪要………………………………絮　飞
现代美国幽默诗束………………………流沙河译

诗人与生活
略谈《哭亡女苏菲》的创作过程及诗歌的朗诵
……………………………………………高　兰
四川历代诗人六十家（下）…………梦渔　显昌
张船山成都行吟（巴蜀诗人逸事）………蒋维明
阉室说诗：避实就虚《咏荆轲》
　资料一：我国历代诗歌之最…………冬　冬辑
　资料二：四川诗坛　星河灿烂………兰　兰辑
重评《望星空》……………………………马立诚
儿歌小议……………………………………彭斯远
诗外与诗内…………………………………何　易
要研究读者…………………………………钟　文

读者中来
封面设计……………………………………杨守年
清明时节雨纷纷（国画）（封二）………彭先诚
晒谷场上（国画）（封三）………………彭先诚
山野的黎明（油画）（封底）……………艾　轩
本期插画、题花作者
………………向际纯　陈尔太　夏大正　汪小灵　唐绍云

1980 年第 6 期　刊名：《星星》
目录

诗传单——撒在向四化进军途中………郭宝臣
大渡河情思（组诗）………………………周　纲
故乡的榕树（外二首）……………………刘庶凝
三湘秋色（三首）…………………………白　榕
乡音…………………………………………戴安常
天府春来（外一首）………………………白　航
肖像三题……………………………………张庆明
丁佑君墓前柳（外一首）…………………李志红
访"扩大红军征集站"旧址………………杨永年
门前絮语……………………………………梁上泉

北方风情（二首）…………………………李风清
海兰江的笑影（二首）……………………朱　雷
创业画展（外一首）………………………徐　康
鸟市抒情（散文诗）………………………王尔碑
送你一簇浪花（二章）……………………倪峻宇
一月的雪花…………………………………商子秦
雨滴集………………………………………刁永泉
山城，我回来了……………………………雁　翼
海上断想（三首）…………………………赵丽宏
复活（外一首）……………………………武兆强
抒情三首……………………………………舒占才
花也被批斗（外一首）………………昂旺·斯丹增
狼孩，我替你说……………………………赫中山
南行杂咏（三首）…………………………方　赫
海角拾贝……………………………………傅　仇
国际饭店雨夜………………………………徐　刚
逝去的岁月（二首）………………………吴　城
神女峰………………………………………洪　亮
写在青春留言簿上（二首）………………刘秀山
爬山去吧……………………………………陈敬容
启明星（外一首）…………………………雷　雯
买冰糖葫芦者（外一首）…………………昌　耀

大朋友唱给小朋友的歌
台湾小朋友唱的歌（六首）………………佚　名
蚂蚁搬家（外一首）………………………陈显荣
解剖小"耳朵"……………………………邓元杰
儿歌三首……………………………………郭殿文
我们不学小鹦鹉（外一首）………………刘永生
豆豆瓜瓜（外二首）………………………喻德荣

旧体诗词
北荒草（十一首）…………………………聂绀弩
西游即兴…………………………………鲁　兵
西北行（三首）…………………………萧蒂岩
旅途杂咏……………………………………贺　明
七绝…………………………………………凌文远
意象派………………………………………赵毅衡
意象派诗选………………………………赵毅衡译

诗歌欣赏
胡笳十八拍

巴蜀诗人逸事
杰出的诗人学者
天真的政治活动家…………………………梦渔　显昌
阉室说诗：奇想不妨借用

诗人书简

读诗寄语——关于顾城、方晴、郭欣的诗⋯⋯⋯沙 鸥
寓万于一，以一驭万——小诗一得谈⋯⋯⋯⋯吕 进
如何评价讽刺诗⋯⋯⋯⋯⋯⋯⋯⋯⋯⋯⋯⋯⋯陈在游
万里寻诗记（一）⋯⋯⋯⋯⋯⋯⋯⋯⋯⋯⋯⋯燕 白

美籍华人作家聂华苓谈诗
读者·作者·编者

封面设计⋯⋯⋯⋯⋯⋯⋯⋯⋯⋯⋯⋯⋯⋯⋯⋯邹延白
新晴（木刻）（封二）⋯⋯⋯⋯⋯⋯⋯⋯⋯⋯吴家华
卧虎（木刻）（封三）⋯⋯⋯⋯⋯⋯⋯⋯⋯⋯江碧波
新花（水印木刻）⋯⋯⋯⋯⋯⋯⋯⋯⋯⋯⋯⋯阿 鸽
本期插画、题花作者⋯⋯⋯⋯⋯⋯⋯⋯邹延白 向际纯

1980 年第 7 期　刊名:《星星》

目录

春的遐想（组诗）⋯⋯⋯⋯⋯⋯⋯⋯⋯⋯⋯⋯宣 韦
不倦的行旅（三首）⋯⋯⋯⋯⋯⋯⋯⋯⋯⋯⋯邵燕祥
千山诗组⋯⋯⋯⋯⋯⋯⋯⋯⋯⋯⋯⋯⋯⋯⋯⋯李树风
诗两首⋯⋯⋯⋯⋯⋯⋯⋯⋯⋯⋯⋯⋯⋯⋯⋯⋯高 缨
焊（外一首）⋯⋯⋯⋯⋯⋯⋯⋯⋯⋯⋯⋯⋯⋯杨 山
带汽油味的歌（组诗）⋯⋯⋯⋯⋯⋯⋯⋯⋯⋯袁永庆
巴蜀名城录（三首）⋯⋯⋯⋯⋯⋯⋯⋯⋯⋯⋯李加建
敦煌随想⋯⋯⋯⋯⋯⋯⋯⋯⋯⋯⋯⋯⋯⋯⋯⋯郝明德
河西走廊风情（二首）⋯⋯⋯⋯⋯⋯⋯⋯⋯⋯唐光玉
林海，诗的故乡⋯⋯⋯⋯⋯⋯⋯⋯⋯⋯⋯⋯⋯刘毅然
翡翠的城垛⋯⋯⋯⋯⋯⋯⋯⋯⋯⋯⋯⋯⋯⋯⋯李 瑜
万县夜泊（外一首）⋯⋯⋯⋯⋯⋯⋯⋯⋯⋯⋯沈国凡

新星

唱给星星的歌（组诗）⋯⋯⋯⋯⋯⋯⋯⋯⋯⋯郭 欣
工程兵战士短歌（四首）⋯⋯⋯⋯⋯⋯⋯⋯⋯刘向东
XX 大队纪事（三首）⋯⋯⋯⋯⋯⋯⋯⋯⋯⋯⋯何吉明
小窗之歌（外一首）⋯⋯⋯⋯⋯⋯⋯⋯⋯⋯⋯舒 婷
除夕之夜（外二首）⋯⋯⋯⋯⋯⋯⋯⋯⋯⋯⋯邓明兮
浮想录（组诗）⋯⋯⋯⋯⋯⋯⋯⋯⋯蒋士枚 王建国
夏天的小诗（组诗）⋯⋯⋯⋯⋯⋯⋯⋯⋯⋯⋯雷抒雁
从早霞到晚霞（三首）⋯⋯⋯⋯⋯⋯⋯⋯⋯⋯胡 昭
小花（外二首）⋯⋯⋯⋯⋯⋯⋯⋯⋯⋯⋯⋯⋯高 瑛
太阳二题⋯⋯⋯⋯⋯⋯⋯⋯⋯⋯⋯⋯⋯⋯⋯⋯蓝 幽
琴与剑⋯⋯⋯⋯⋯⋯⋯⋯⋯⋯⋯⋯⋯⋯⋯⋯⋯聂鑫森
亮晶晶的石子⋯⋯⋯⋯⋯⋯⋯⋯⋯⋯⋯⋯⋯⋯柯愈勋

短歌长吟

日出及其他⋯⋯⋯⋯⋯⋯⋯⋯⋯⋯⋯⋯⋯⋯⋯梁 雄
唱给我自己的歌（组诗）⋯⋯⋯⋯⋯⋯⋯⋯⋯王怀让
花·草及其他⋯⋯⋯⋯⋯⋯⋯⋯⋯⋯⋯⋯⋯⋯陈所巨

中药谱（四首）⋯⋯⋯⋯⋯⋯⋯⋯⋯⋯⋯⋯⋯陈永昌
诗的联想⋯⋯⋯⋯⋯⋯⋯⋯⋯⋯⋯⋯⋯⋯⋯⋯樊发稼
春华小集⋯⋯⋯⋯⋯⋯⋯⋯⋯⋯⋯⋯⋯⋯⋯⋯张 廓
黎明⋯⋯⋯⋯⋯⋯⋯⋯⋯⋯⋯⋯⋯⋯⋯⋯⋯⋯赁常彬
柳枝（外一首）⋯⋯⋯⋯⋯⋯⋯⋯⋯⋯⋯⋯⋯李凤岐
响铃集⋯⋯⋯⋯⋯⋯⋯⋯⋯⋯⋯⋯⋯⋯⋯⋯⋯张斯侠
太阳⋯⋯⋯⋯⋯⋯⋯⋯⋯⋯⋯⋯⋯⋯⋯⋯⋯⋯卫 新
回忆⋯⋯⋯⋯⋯⋯⋯⋯⋯⋯⋯⋯⋯⋯⋯⋯⋯⋯天 泉

爱的琴弦

情诗杂译（上）（九首）
红豆树下——广西纪行四首⋯⋯⋯⋯⋯⋯⋯⋯沙 鸥
最初的（四首）⋯⋯⋯⋯⋯⋯⋯⋯⋯⋯⋯⋯⋯穆 仁
誓（外一首）⋯⋯⋯⋯⋯⋯⋯⋯⋯⋯⋯⋯⋯⋯方 晓
爱情小曲⋯⋯⋯⋯⋯⋯⋯⋯⋯⋯⋯⋯⋯⋯⋯⋯于 冰
爱情的路（外一首）⋯⋯⋯⋯⋯⋯⋯⋯⋯⋯⋯黄莺谷
碱滩（外一首）⋯⋯⋯⋯⋯⋯⋯⋯⋯⋯⋯⋯⋯叶延滨
潮（外一首）⋯⋯⋯⋯⋯⋯⋯⋯⋯⋯⋯⋯⋯⋯龙彼德
为什么⋯⋯⋯⋯⋯⋯⋯⋯⋯⋯⋯⋯⋯⋯⋯⋯⋯宁 静
十五月亮园（外一首）⋯⋯⋯⋯⋯⋯⋯吉慧明 史生明

诗歌欣赏

马雅可夫斯基诗二首⋯⋯⋯⋯⋯⋯⋯⋯⋯⋯飞 白译
三马车⋯⋯⋯⋯⋯⋯⋯[俄]涅克拉索夫 罗 洛译
谁在挖我的坟⋯⋯⋯⋯⋯⋯[英]T.哈代 王意强译
继续解放思想　贯彻"双百"方针——四川召开第二
次省文代大会
全国当代诗歌讨论会纪要

诗人与生活

他的诗属于今天和明天
　——郭小川和他的诗⋯⋯⋯⋯⋯⋯周红兴 张同吾
赋到沧桑句自工
　——读郁达夫在南洋写的诗⋯⋯⋯⋯⋯⋯⋯温儒敏

巴蜀诗人逸事

千金难买相如赋⋯⋯⋯⋯⋯⋯⋯⋯⋯⋯⋯⋯⋯崔显昌
诗的真实小议⋯⋯⋯⋯⋯⋯⋯⋯⋯⋯⋯⋯⋯⋯高洪波
对新诗的呼声⋯⋯⋯⋯⋯⋯⋯⋯⋯⋯⋯⋯⋯⋯李华章
封面设计⋯⋯⋯⋯⋯⋯⋯⋯⋯⋯⋯⋯⋯⋯⋯⋯杨守年
家住明镜中（版画）（封二）⋯⋯⋯⋯⋯⋯⋯李天朴
百拿不严（版画）（封二）⋯⋯⋯⋯⋯柳毅愉 杨鸣岐
妇女头像（皮影画）（封底）⋯⋯⋯⋯⋯⋯⋯胡长山
本期插画、题花作者⋯⋯⋯⋯⋯⋯⋯⋯夏大正 谢可新
陈尔泰 向际纯 杨守年 邹延白

1980 年第 8 期　刊名:《星星》
目录

诗坛新一代

苹果园之歌（四首）…………………………傅天琳
我，以土地的名义…………………………杨　炼
五指山茶歌…………………………………李　放
归思…………………………………………姜琍敏
山泉（外一首）……………………………张丕利
商标…………………………………………骆耕野
寄给妈妈的花束……………………………高　雪
乡恋（三首）………………………………鄢家发
小船（外二首）……………………………牛　泊
蓝色的火焰…………………………………郭应循
知青的回忆（二首）………………………徐　慧
落叶…………………………………………舒　婷
大海的礼物…………………………………洪　泓
大海诗笺（四首）…………………………董佳佳
这本书呵……（外一首）…………………熊远柱
雪原梦（外二首）…………………………陈禄明
古庙（外一首）……………………………孟　明
写给体坛新秀（三首）……………………张吕成
爱的三瞥……………………………………苏　力
春水…………………………………………陈浩记
红戒…………………………………………贺星寒
但愿…………………………………………黄万里
不准闪烁的星光（外一首）………………黄　宏
一个红卫兵的忏悔（二首）………………桂兴华
献花辞（小叙事诗）………………………胡　笳
蜜蜂与恶魔——梦的写生（寓言诗）……梅　毅

祖国风情

雪乡风情（组诗）…………………………宁　宇
北极光………………………………………鲍雨冰
手印…………………………………………尧山壁
测路工………………………………………海　梦
访峡中老石匠………………………………刘不朽
光闪闪的，一串省略号……………………刘国尧
江上雨后……………………………………陈　龄
吊床…………………………………………谢克强
春华秋实（二首）…………………………左一兵
黎明抒怀……………………………………于宗信
星夜（外一首）……………………………崔合美
回答（外一首）……………………………袁伯霖
西湖绝句（八首）………………戈壁舟　安　旗
滇行小诗（三首）…………………………碎　石

沉思集

阿 Q 及其他…………………………………高登甫
小辣椒（二首）……………………………余薇野
观画杂咏（寓言小诗一束）………………杨大矛
动物篇（四篇）……………………………徐城北
游凌云乌尤寺………………………………朱丹南

诗歌欣赏

元曲小令选（二十五首）
喜读元曲小令………………………………文　过

巴蜀诗人逸事

落花归燕捷才佳话　赈灾除恶良吏美名
…………………………………………梦渔　显昌

诗人书简

诗中有画……………………………………傅　仇
人间要好诗——眉山诗歌创作座谈会侧记
…………………………………谭　楷　杨世运整理
万里寻诗记（二）…………………………燕　白
诗画意境——读诗札记……………………燕　林
诗苑厄言……………………………………贲立人
豪放——诗品杂谈…………………………王明居
来信选登（三则）…………………………丁　力等
封面设计……………………………………邹延白
挽回失去的青春（油画）（封二）……曾正民　潘家俊
小达娃（雕塑）（封三）…………………张德蒂
晨（油画）（封底）………………………徐立华
本期插图、提花作者
……………陈尔泰　邹延白　杨守年　王造星

1980 年第 9 期　刊名:《星星》
目录

浪花赋………………………………………王润滋
星河世界（组诗）…………………………谭　楷
云之恋（二首）……………………………晏　明
谁，再嘲弄历史……………………………蒋人初
二月情思（外二首）………………………叶文福
高原写意（组诗）…………………………昌　耀
南行短句（四首）…………………………廖公弦
美的追求（三首）…………………………雷　霆
无题（三首）………………………………朱　健
诗海摸虾录…………………………………陈瑞统
诗人与石……………………………………罗　泅
那时我曾梦想………………………………吕　剑
年轮…………………………………………伍权民
生活的箴言…………………………………宗　鄂

吟于夜气如磐时（三首）…………… 柯 原
极左生活（七首）………………… 赵国良

小叙事诗
厂长和兵藤先生的对话…………… 刘中枢
我和你三部曲……………………… 金晓玲
笑的记忆…………………………… 周 民
文君井（外一首）………………… 骆耕野
火呦，烧荒的大火（外一首）…… 张永权
红枫一叶（外一首）……………… 李霁宇
剪取滇西花一枝（二首）………… 戴安常
普陀山杂咏（三首）……………… 方 牧
哈尔滨，我的故乡（二首）……… 李 琦
我向你介绍西湖（二首）………… 谢鲁渤
桃花汛……………………………… 崔合美
额吉淖盐湖………………………… 王洪涛
天街断想…………………………… 孔德平
侨乡一瞥…………………………… 李灿煌
药场夜话…………………………… 张新泉
车弄，彩色的河…………………… 赵福辰
春雨图……………………………… 周 犁
奇丽的珍品（二首）……………… 石太瑞
秋，在葡萄园里…………………… 李武兵
千佛岩上两个小姑娘……………… 黄东成
新线上的土屋……………………… 任正平
井台上……………………………… 张庆明

大朋友唱给小朋友的歌
纸船………………………………… 刘晓伟
孩子的快乐………………………… 姜文岩
水晶球……………………………… 张秋生
耳朵………………………………… 孙华文
小手巧……………………………… 吴大宇
老黑打围…………………………… 于洪乔
我爱我的狗………………………… 长 风

短歌长吟
神秘的世界………………………… 曲有源
新月（外一首）…………………… 李 评
素描集（三首）…………………… 王尔碑
在海底世界（二首）……………… 柴德森
肥皂及其他（三首）……………… 叶 簇
漫步在茫茫林海中………………… 谢文利
登山………………………………… 冯 骏
大海（外一首）…………………… 张励志

诗歌欣赏
元曲套曲选
情诗杂译（下）（五首）

智利的石头（二首）
　　　　　　［智利］巴·聂鲁达 马德菊译
莎士比亚十四行诗（第七十一首）…… 邓均吾 遗译
中日诗谊…………………………… 刘厚生
婉约——诗品之五………………… 王明居
避熟………………………………… 成志伟
为探求美而自由地歌唱——读傅天琳的诗 … 钟 文
思想解放的鲜花…………………… 杜贵晨
让"它"在美的色彩中常驻
　——读《一个画家的故事》…… 许 鹏
封面设计…………………………… 曹雁力
少女像（木雕）（封二）………… 曹国昌
养鹿少女（雕塑）（封二）……… 胡孝昌
猫头鹰（中国画）………………… 黄永玉
老杜诗思（中国画）……………… 吕 林
本期插图、题花作者…… 陈尔泰 向际纯 邹延白

1980 年第 10 期　刊名：《星星》
目录

在北京拾到的抒情诗（七首）…… 雁 翼
忆闽南（三首）…………………… 陈 犀
回乡（外二首）…………………… 白 榕
凉山的眼睛（组诗）……………… 梁上泉
贺松的茶王树……………………… 张 长
春回江南（二首）………………… 石 湾
湖上落日…………………………… 姚焕吉
雪山诗情（三首）………………… 任耀庭
黎明，在允景洪…………………… 曾小嘉
北塞诗行（二首）………………… 旭 宇
信…………………………………… 汪承栋
致富曲（二首）…………………… 何吉明

新星
带苦的诗行（组诗）……………… 郭 捷
书场拾韵…………………………… 傅吉石
瞧我们这一家子（三首）………… 杨世运
美的改良……………… 渭 水 诗 屈凌君画
瓜豆菜集…………………………… 冯恩昌
悲愤的海啸………………………… 凌文远
唱给大凉山的歌（外二首）……… 杨 炼
写给一颗会唱歌的星（外一首）… 寒 星
一个人的遗嘱……………………… 李加建
致流沙河…………………………… 萧振荣
湖山草（二首）…………………… 宫 玺
桂林山水（二首）………………… 刘益善
崂山采撷（四首）………………… 孔 孚
花·果实…………………………… 梁 南

短歌长吟

问春 ·························· 江瑞成
春思（二首）·················· 陈远通
虹 ···························· 江 帆
清泉 ·························· 赵丽宏
水珠（外一首）················ 黄 淮
帆 ···························· 文 丙
我不学他 ······················ 苗 欣
随感 ·························· 张宝申
冬 ···························· 木 斧
竹与笋 ······················ 马能源
呵，重庆 ······················ 于惠罗
无题 ·························· 刘 章
赠给你一束野蔷薇 ············ 杨汝绚
成都茶馆忆旧（外一首）···· 刘庶凝作 新 渠译
雁群像你呼唤——致刘庶凝先生 ·· 宋 垒
写给刘庶凝教授 ················ 黄新渠
圣诞花絮 ······················ 张诗剑
香港三题 ······················ 刘冰川
杜甫草堂 ······················ 陈浩泉
诗坛逸事：皇帝与诗 ············ 梁羽生

1980 年第 11 期　刊名:《星星》
目录

将军，请接受我下跪 ············ 童嘉通

诗坛新一代

凉山，给我一个族籍 ············ 曾小嘉
相思林（外一首）·············· 孙中明
骆驼 ·························· 晋 川
夜歌 ·························· 王家新
甜（外一首）·················· 尚 宇
海市与避风港 ·················· 何香久
圆桌滑冰 ······················ 曹树基
山茶花（六首）················ 凌 禹
北戴河小诗（三首）············ 刘小放
夜雨（外一首）················ 杨 毅
绿叶的心 ······················ 李志强
伪装草（外一首）·············· 刘毅然
多不幸，我是一朵花 ············ 傅 耕
记忆 ·························· 余以建
母亲的话 ······················ 伍权民
六月雪 ······················ 杨 横
平原访古（二首）·············· 胥忠国
致棕树 ······················ 聂鑫森
小松鼠 ······················ 杜志民
乌尤山（外一首）·············· 袁瑞君

樟木口岸的歌（三首）·········· 马丽华
海云 ·························· 孙桂贞
小罗汉 ······················ 赵 伟
工读学校诗页（三首）·········· 马恒祥
牛车与我 ······················ 王 雷
今天的收获（二首）············ 李老乡
多情的竹叶 ···················· 白 渔
我们是云 ······················ 牛 泊
只有她无声 ···················· 流沙河
岳王坟 ······················ 青 勃
京华二题——写在苦难的岁月 ···· 寒 星
神明（外一首）················ 胡 昭
船头谈诗 ······················ 漆春生
星（外五首）·················· 李佩芝
闻胡风平反漫题并寄 ············ 何剑熏

爱的琴弦

爱的诗笺（组诗）·············· 陈显荣
爱情短笛 ······················ 赵 敏
我送走了你 ···················· 沉 苏
情诗二首 ······················ 再 耕
心火（二首）·················· 里 沙
我愿意 ······················ 孙玉洁
妻子来了…… ·················· 姜国强
爱情至上说质疑 ················ 钟 文

散文诗

昨天 ·························· 秋 原
静思集 ······················ 程志霞
鱼形枷锁 ······················ 王敦贤
雪地 ·························· 傅 坤

诗歌欣赏

叶赛宁早期诗五首 ·············· 楼肇明译
谢尔盖·叶赛宁 ·········· 卢那察尔斯基 楼肇明译
镜（外一首）·········· ［美］保罗·安格尔 古苍梧译
诗人与生活：诗集《梅》后记 ···· 沙 鸥
巴蜀诗人逸事："情尽桥"头忆雍陶 ·· 令 嘉
铁窗组诗社 晴雪映梅花——关于"铁窗诗社"的成
立及其未发表的诗篇 ············ 傅伯雍
在争鸣中探索新诗的道路——记全国诗歌理论座谈会
···························· 钟 刃
新诗五议（续）················ 辛 心
诗苑絮语 ······················ 贲立人
巴纳斯及其他——读诗札记 ······ 燕 林

诗讯（二则）
读者·作者·编者（九则）
万里长江（封面）·············· 谢梓文

飞瀑（铜版画）　金沙江放排（铜版画）（封二）
　　　　　　　　　　　　　　　　　　　　尹　琼
白族姑娘（石雕）（封三）·····················杨发育
桦林（水画粉）（封底）·······················简崇志
本期题花作者·············陈尔泰　刘威理　牟康华

1980 年第 12 期　刊名:《星星》

目录

"天府之国"诗会

致母亲·····································周伦佑
颤动的心（三首）···························任正平
告别（组诗）·······························徐国志
生命·····································李加建
歌者·····································许　伽
良骥的浩叹·······························陈良藻
钓·······································李　生
我是绿色的风·····························康得玉
进城路上·································任耀庭
我，站在天安门广场上·····················孙静轩
江南草（二首）···························沈　重
告别三峡·································贺星寒
十二巫峰·································骆耕野
江上风清（四首）·························木　斧
白雪的家乡（三首）·······················戴安常
凉山记实（二首）·························陆　棨
搭架·····································宋学镰
桂林风景（三首）·························张　扬
江恋（外一首）···························刘　滨
望着跑马山（二首）·······················白　峡
……——标在板件铆钉上···················郑宝富
别了，睡美人（二首）·····················蓝　疆
爱的四弦·································谭　楷
关于"妈妈"的诗（二首）···················李北兰
采自生活之树的绿叶·······················徐　康
童年的梦（二首）·························罗亨长
山村说书台·······························张丕利
寄友人···································宁　静
心火（二首）·····························里　沙
在流水线上·······························王长富
我和她走在月光下·························陈禄明
长梦十年记·······························先清泉
在古城拾起的诗（二首）···················鄢家发
写在王建墓宫（三首）·····················李本德
新都罗汉堂戏笔···························傅吉石
街头的风·································彭浩荡
告诉我，告诉我呀!（外一首）···············陈　宁
旧事琐记（二首）·························周良沛

抒情诗二首·······························孟伟哉
京华古意（三首）·························浪　波
有一个美丽的情影·························武兆强
思索（二首）·····························古继堂
绿叶·····································黑　婴
海边的风（三首）·························任彦芳
这个世界属于我···························周志强
蝴蝶标本·································牧　尹
八十年代的稀奇事·························红　芦

诗歌欣赏

送行诗二十一首（六朝·唐）
咏月诗十二首（六朝·唐）
婉容词···································吴芳吉
吴芳吉和他的《婉容词》···················周锡光
卡尔·桑德堡诗选·························赵毅衡译
卡尔·桑德堡·····························赵毅衡
来自广岛的唱片·······················[罗马尼亚]
薇罗妮卡·波鲁姆巴库　王意强译
诗人·················[俄]莱蒙托夫　谷　羽译
评论
莫做王禹玉，学学宋神宗·····················永　啸
含蓄·····································王明居
"写诗"和"做诗"·························罗康宁
诗，请在散文门口止步·····················丁永淮
石画屏琐议·······························李向阳
封面设计·································赵　宏
在知识海洋里寻珍探宝（宣传画）（封三）·······潘隆正
泼水节（雕塑）（封底）···················谭　云
本期插画、题画、题花作者·········谢可新　牟康华

诗歌欣赏

关于诗的通信
——徐志摩《沙扬娜拉一首》浅识···············岳洪治
我听见，听见世界……

　　　　　　[法]路易·阿拉贡　王意强译

诗人与生活

巴山鸿爪——回忆我父亲丰子恺在四川等地所作的诗

　　　　　　　　　　　　　　　　　　　　丰华瞻

接受历史的检验
——写在《中国当代抒情短诗选》前面·········雁　翼
令人欣喜的归来——读艾青《归来的歌》·········吕　进
诗，总应当是诗·····························丁永淮
新诗五议（续完）···························辛　心
花溪·滇池·诗会···························田　田
文讯（二则）
晨雾（水印套色木刻）（封面）···············刘石父
速写二幅（封二）·························毛钧光

山雨欲来、秋江远眺（木刻）（封三）

　　　　　　　　　　　　　方振宁　王明月

溪畔人家（中国画）（封底）————————李文信

1981 年第 1 期　刊名:《星星》
目录

迎春锣鼓

春之解放————————————————蓝　幽
春雨梦（外一首）————————————傅　耕
春的开垦————————————————李霁宇
歌从山里来（二首）————————————董桂苓
写在早春的农历上（二首）————————李武兵
我不是……（外一首）——————————韩春明
冬天的树枝————————————————雷　霆
青春（外一首）————————————邓亨禄
桃花鱼————————————————刘湛秋
报春花（外一首）————————————韦　苇
黎明，在海边（外一首）————————孙　映
边疆野花（二首）————————————任耀庭
北京正义路一号————————————流沙河
沧海祭————————————————徐式文
抒情诗四首————————————————陈　犀
我——写给和我一样的青年朋友（二首）——商子秦
心的历程（组诗）————————————王家新
学步集（三首）————————————梅　翯
握手（外一首）————————————熊远柱
彩色的衬衣（外一首）——————————志　友
日月山（外一首）————————————黎焕颐
桑梓怨（组诗）————————————王　雷
闽南风情（三首）————————————陈瑞统
幸福台沉思（外一首）——————————舒　抒
巴蜀风景（二首）————————————张　克
月影————————————————陈兆琳
长城短歌（二首）————————————叶廷滨
絮语集————————————————余薇野
现代化古迹——大娄山印象————————王长富

讽刺诗

游人止步————————————————边国政
书橱和碗橱————————————————王泽义
姓氏纠纷
——报社编辑给一位"小品文"作者的退稿信

　　　　　　　　　　　　　边　关　杨　畅
伤寒————————————————于　沙

散文诗

音乐会上，彩色的遐想……（二章）————赵丽宏

春天（外一首）————————————李昌华
海思二章————————————————王敦贤
请告诉那条小路————————————佳　桑
丁香树下————————————————唐　祈

大朋友唱给小朋友的歌

孩子唱的歌（三首）——————————贺星寒
我请星星捎个话————————————金　近
心中的谜————————————————高立林
儿歌三首————————————————喻德荣
四川省少数民族文学创作会议在成都召开——蓝　疆

诗歌欣赏

勃洛克诗试译——————[俄]勃洛克　心　声译
阿纳·邦当诗二首————[美]阿纳·邦当　邹　绛译

诗人书简

不能一律被误认为"假大空"————贺敬之　流沙河
寄语成都————————————————刘庶凝
《仙人掌》勘余杂感————————————公　刘
说朦胧————————————————吴思敬
朦胧诗的过去与未来————————————丁永淮
漫谈诗趣————————————————张　放

编后

封面设计————————————————陈尔泰
速写二幅————————————————张自启
果实（拓片）————————————李海燕

1981 年第 2 期　刊名:《星星》
目录

山海情

在海上拾到的抒情诗（七首）————————雁　翼
还乡行（三首）————————————杨　牧
村歌集————————————————刘　章
崇武岛之恋（二首）——————————陈志泽
成都近影（二首）————————————黄万里
薛涛井畔————————————————王德芳
秦岭短章（二首）————————————李晓白
湘水谣（二首）————————————钟黔宁
南国行吟（二首）————————————石太瑞
歌诗魂（二首）————————————文　丙
九寨沟情思————————————————骆耕野
桂林的梦————————————————雷　奔
祁连牧歌（三首）————————————唐光玉
小镇的画————————————————戴左航
华山低吟录（三首）——————————边国政

新星

小冰晶——一个老知青的日记 ················ 许晓鹤
寄意故乡的小高炉（外一首）················ 谭丽莎
血花集——致青年战友史云峰烈士 ············ 赵 伟
灵魂的搏斗（外一首）······················· 史勤奋

小叙事诗

姐姐出嫁了 ······························· 鄢家发
妈妈，给我做件绣花童装 ··················· 金晓铃
除夕（外一首）···························· 李若素
但是你错了——给一个高傲的人（外一首）··· 郑 敏
打鱼少年 ································· 傅吉石
闪闪烁烁的星空（二首）··················· 王 也
骄傲吗? 我是一颗树 ······················ 刘中枢
邀（外一首）······························· 范 明
伞 ······································· 何 仃
告妈妈（外一首）·························· 郭应循
采（外一首）······························ 林 希
长江的波涛——赠一位诗友 ················· 孙友田
答友人 ··································· 张 弦
小星——赠 Y 同志 ······················ 李根红
幸福 ····································· 袁永庆
希望 ····································· 吴显德
冷却中的钢 ······························· 廖应文
棒锤山抒怀 ······························· 柴德森
渴望 ····································· 尚 方
徘徊 ····································· 张显华

短歌长吟

春曲（四首）······························ 丁 芒
东行抒情（二首）·························· 孔 孚
诗二首 ··································· 康德玉
石林情思（二首）·························· 王尔碑
浪笺 ····································· 缪国庆
桥 ······································· 杨 山
水兵情思（二首）·························· 田永昌
洗礼（三首）······························ 陈应松
赠蔷薇（外一首）·························· 于耀江
赠人 ····································· 江 帆
断思 ····································· 村 野
种子 ····································· 舒占才
绿 ······································· 梁 平
白发 ····································· 李占学
熊猫 ····································· 王志杰
高山巡礼（二首）·························· 萧蒂岩
青城 ····································· 凌文远
雨中，写于柳浪闻莺处 ····················· 贾 漫
听潮鸣 ··································· 炼 虹

诗歌欣赏

中国印象 ················ ［美］保罗·安格尔 荒 芜译
这里诗丛繁茂——"四川诗丛"巡礼 ·········· 尹在勤
我赞美《太阳》··························· 陈良运
邀情·思考·哲理——读骆耕野的诗
················ 胡开强 刘允嘉 魏知常
风格问题 ································· 周良沛
李白纪念馆巡礼 ··························· 陈广福

读者·作者·编者

封面设计 ···················· 陈尔泰 流沙河
本期新刊题花作者 陈尔泰 牟康华

1981 年第 3 期　刊名:《星星》

目录

春自农村来（组诗）························ 何吉明
来自农村的报告（组诗）··················· 范 源

山歌情偏多

壮乡情歌（七首）····················· 吴 超搜集
秀山情歌（七首）·························· 喻再华
情歌四首 ····························· 夏 天搜集
背篓里的情歌（六首）····················· 周少尧

朦胧有人爱

人血——（外一首）······················ 赵毅衡
书籍（外一首）···························· 顾 城
我找我 ··································· 王秋生
海与礁石 ································· 商叔航
线圈 ····································· 谢 烨

历史的回声

老榆树之死（外一首）····················· 白 榕
宁静的夜晚 ······················· 郭瑞年 吴腾凰
"修养"断思 ····························· 郎恩才
我活着 ··································· 文 铮

爱的琴弦

爱和思念（四首）·························· 陈树明
红豆篇（三首）···························· 黄邦君
石凳上（外一首）·························· 洪三泰
探望（外一首）···························· 秋 枫
当你对我说 ······························· 王永贵
忆（外二首）······························· 甘 芮
献给我的妻（二首）······················· 高近远
鹰飞长空 ································· 龙 驹
路口，站着一位青年（三首）··············· 徐敬亚

古都诗踪（外一首）⋯⋯⋯⋯⋯⋯⋯浪 波
辛稼轩故居⋯⋯⋯⋯⋯⋯李朝辉 魏敬群
哀歌⋯⋯⋯⋯⋯⋯⋯⋯⋯⋯⋯⋯柳士同
一匹马的遭遇⋯⋯⋯⋯⋯⋯⋯⋯牧 犁
做客⋯⋯⋯⋯⋯⋯⋯⋯⋯⋯⋯张正隆
人才联想集（四首）⋯⋯⋯⋯⋯佘致迪
在巨型锅炉前⋯⋯⋯⋯⋯⋯⋯周永森
泛区老柳⋯⋯⋯⋯⋯⋯⋯⋯⋯宋宏志
秋歌⋯⋯⋯⋯⋯⋯⋯⋯⋯⋯⋯徐 刚
沉思三题⋯⋯⋯⋯⋯⋯⋯⋯⋯赵氏英
鹊桥会⋯⋯⋯⋯⋯⋯⋯⋯⋯⋯曾有云
北斗七星（外一首）⋯⋯⋯⋯⋯桂汉标
迷离的七夕雾⋯⋯⋯⋯⋯⋯⋯刁永泉
晨妆（外一首）⋯⋯⋯⋯⋯⋯⋯贺 平
九龙壁（外一首）⋯⋯⋯⋯⋯⋯方 晴
岷江吟——观《父亲》一画有感⋯白 航
咫尺之间⋯⋯⋯⋯⋯⋯⋯⋯⋯刘安南
弹洞，嵌满在墙壁⋯⋯⋯⋯⋯倩 晴
美的掇拾（二首）⋯⋯⋯⋯⋯张大成
秋叶⋯⋯⋯⋯⋯⋯⋯⋯⋯⋯⋯翟宗法
蜀绣姑娘⋯⋯⋯⋯⋯⋯⋯⋯⋯陈良藻
筑路小夜曲（二首）⋯⋯⋯⋯张化声
白杨及其他（四首）⋯⋯⋯⋯毛志成
蜜蜂⋯⋯⋯⋯⋯⋯⋯⋯⋯⋯⋯刘岚山
獐子⋯⋯⋯⋯⋯⋯⋯⋯⋯⋯⋯高立林
防风林带⋯⋯⋯⋯⋯⋯⋯⋯⋯阎振甲
讽刺诗（六首）⋯⋯⋯⋯⋯⋯⋯杜 天
况明先 石中才 石中元 宋才逢 李继槐 王恩普
给裹着缠头的看门人⋯⋯⋯⋯梅 李
台北的孩子⋯⋯⋯⋯⋯⋯⋯⋯孟 明
异乡赏月总不圆（外一首）⋯⋯旸 旸
诗歌欣赏：外国现代诗歌派诗歌选
谈孔孚的山水诗⋯⋯⋯⋯冯中一 侯书良
为现代化歌唱——读徐国志《银色的城》⋯陈淑宽
诗贵"情"——读《星星》诗刊漫笔⋯戴左航
诗如观花厌一色⋯⋯⋯⋯⋯⋯何 易
一首感情虚假的诗⋯⋯⋯余凤强 刘国尧
读诗偶得⋯⋯⋯⋯⋯⋯⋯⋯⋯王 辉

编后寄语
封面诗辑⋯⋯⋯⋯⋯⋯⋯⋯⋯陈尔泰
速写二幅（封二）⋯⋯⋯⋯戴 卫 张晓刚
茫茫草地（木刻·封三）⋯⋯⋯吕树中

1981 年第 4 期　刊名:《星星》

目录

新星
土地，黑色的履历表（组诗）⋯⋯⋯陈所巨
水乡风采（四首）⋯⋯⋯⋯⋯⋯孙新凯

新苗
田野上的风景（三首）⋯⋯⋯⋯沈 晓
沙⋯⋯⋯⋯⋯⋯⋯⋯⋯⋯⋯⋯陈 之

祖国呵，母亲
边哨短笛（六首）⋯⋯⋯⋯⋯⋯金鸿为
农家小诗（六首）⋯⋯⋯⋯⋯⋯冯恩昌
岷山行（三首）⋯⋯⋯⋯⋯⋯⋯梁上泉
他在地头上坐下⋯⋯⋯⋯⋯⋯刘晓滨
草原集市（外一首）⋯⋯⋯⋯⋯洋 滔
牧女晚归⋯⋯⋯⋯⋯⋯⋯⋯⋯张新泉
山城的灯⋯⋯⋯⋯⋯⋯⋯⋯⋯干 戈
渔港隧道⋯⋯⋯⋯⋯⋯⋯⋯⋯何信峰
商店（外一首）⋯⋯⋯⋯⋯⋯⋯高 湘
海的浪花（二首）⋯⋯⋯⋯⋯万忆萱
山会一瞥⋯⋯⋯⋯⋯⋯⋯⋯⋯王耀东
古栈道沉思⋯⋯⋯⋯⋯⋯⋯⋯刘毅然
荔枝红了⋯⋯⋯⋯⋯⋯⋯⋯⋯莎 红
龙井茶⋯⋯⋯⋯⋯⋯⋯⋯⋯⋯胡丰传

散文诗
不老泉情歌⋯⋯⋯⋯⋯⋯⋯⋯姬 惠
反弹琵琶⋯⋯⋯⋯⋯⋯⋯⋯⋯王敦贤

小叙事诗
月台上，站着一个女人⋯⋯⋯黄国华
星和灯（外一首）⋯⋯⋯⋯⋯李加建
青青的林子⋯⋯⋯⋯⋯⋯⋯⋯雷抒雁
围巾——一个年轻人在北大荒⋯黑 婴
记者证⋯⋯⋯⋯⋯⋯⋯⋯⋯⋯白 榕
短诗抄⋯⋯⋯⋯⋯⋯⋯⋯⋯⋯方 敬
地上的太阳⋯⋯⋯⋯⋯⋯⋯⋯钟朝康
诗四首⋯⋯⋯⋯⋯⋯⋯⋯⋯⋯金 波
希望（四首）⋯⋯⋯⋯⋯⋯⋯何立伟
履历表（外一首）⋯⋯⋯⋯⋯白煤国
夏虫篇（二首）⋯⋯⋯⋯⋯⋯李野光
冰河⋯⋯⋯⋯⋯⋯⋯⋯⋯⋯⋯廖代谦
我爱我的女儿（三首）⋯⋯姚 莹 刘 瑛
幻想⋯⋯⋯⋯⋯⋯⋯⋯⋯⋯⋯郑世芳
黄牛的自述⋯⋯⋯⋯⋯⋯⋯⋯高正辉
晨光里⋯⋯⋯⋯⋯⋯⋯⋯⋯⋯康得玉

坟里埋着我心中的爱⋯⋯⋯⋯⋯⋯⋯⋯⋯中　流
梦⋯⋯⋯⋯⋯⋯⋯⋯⋯⋯⋯⋯⋯⋯⋯⋯陈贤格
萤火（外一首）⋯⋯⋯⋯⋯⋯⋯⋯⋯⋯⋯刘茂胜
早班车⋯⋯⋯⋯⋯⋯⋯⋯⋯⋯⋯⋯⋯⋯⋯邓绪东
成都画院画展题诗⋯⋯⋯⋯⋯⋯⋯⋯⋯⋯张秀熟
七律二首⋯⋯⋯⋯⋯⋯⋯⋯⋯⋯⋯⋯⋯⋯郝启午

请照镜子
生活和杂记⋯⋯⋯⋯⋯⋯⋯⋯⋯⋯⋯⋯⋯汪　抗
电视机放在机要室里⋯⋯⋯⋯夜　桃诗　马　丁画
"两句话"⋯⋯⋯⋯⋯⋯⋯⋯⋯⋯⋯⋯⋯殷树楷

大朋友唱给小朋友的歌
儿歌三首⋯⋯⋯⋯⋯⋯⋯⋯⋯⋯⋯⋯⋯⋯喻德荣
傻爸爸⋯⋯⋯⋯⋯⋯⋯⋯⋯⋯⋯⋯⋯⋯⋯尚　方
小老头（外一首）⋯⋯⋯⋯⋯⋯⋯⋯⋯⋯陈官煊
谁给小树浇的水？⋯⋯⋯⋯⋯⋯⋯⋯⋯⋯薛卫民
叶赛宁抒情诗选（四首）⋯⋯⋯刘湛秋　茹香雪译
多尔马托夫斯基抒情诗三首⋯⋯⋯⋯⋯⋯马德菊译

诗歌欣赏
绝妙好词选
好词绝妙⋯⋯⋯⋯⋯⋯⋯⋯⋯⋯⋯⋯⋯絮　飞
外国诗人论诗片断⋯⋯⋯⋯⋯⋯⋯⋯钟　文　辑

诗人谈诗
诗的形象思维——诗学札记之十⋯⋯⋯雁　翼
诗，要有想象力⋯⋯⋯⋯⋯⋯⋯⋯⋯⋯傅　仇
沙鸥谈写诗⋯⋯⋯⋯⋯⋯⋯⋯⋯⋯⋯艾白水
朦胧及其他⋯⋯⋯⋯⋯⋯⋯⋯⋯⋯⋯陈瑞统
学诗小议——关于所谓"朦胧"诗⋯⋯杨大矛
觉醒者余墨⋯⋯⋯⋯⋯⋯⋯⋯⋯⋯⋯骆耕野
青春（油画）（封二）⋯⋯⋯⋯⋯⋯艾　轩
高山族姑娘（雕塑）（封二）⋯⋯⋯郭选昌
星星（雕塑）（封三）⋯⋯⋯⋯⋯⋯唐荣祜

1981 年第 5 期　刊名:《星星》

目录

呵！生命⋯⋯⋯⋯⋯⋯⋯⋯⋯⋯扉页　刘宗棠

沧海抒怀
歌乐山沉吟（三首）⋯⋯⋯⋯⋯⋯⋯⋯罗子英
普陀山杂咏（三首）⋯⋯⋯⋯⋯⋯⋯⋯方　牧
泉州港和古沉船⋯⋯⋯⋯⋯⋯⋯⋯⋯⋯曾　阅
戈壁滩⋯⋯⋯⋯⋯⋯⋯⋯⋯⋯⋯⋯⋯⋯唐　祈
给雕刻工艺的巧匠们（外一首）⋯⋯⋯吴中进
故乡集⋯⋯⋯⋯⋯⋯⋯⋯⋯⋯⋯⋯⋯⋯刘允嘉

山月⋯⋯⋯⋯⋯⋯⋯⋯⋯⋯⋯⋯⋯⋯⋯郭小聪
村前的小路⋯⋯⋯⋯⋯⋯⋯⋯⋯⋯⋯⋯马恒祥
春日口占⋯⋯⋯⋯⋯⋯⋯⋯⋯⋯⋯⋯⋯黎焕颐
侨乡花灯吟⋯⋯⋯⋯⋯⋯⋯⋯⋯⋯⋯⋯陈瑞统
赠画吟⋯⋯⋯⋯⋯⋯⋯⋯⋯⋯⋯⋯⋯⋯姜俐敏
山路弯弯（外一首）⋯⋯⋯⋯⋯⋯⋯⋯徐国志
大学校舍⋯⋯⋯⋯⋯⋯⋯⋯⋯⋯⋯⋯⋯赖先刚
神女峰⋯⋯⋯⋯⋯⋯⋯⋯⋯⋯⋯⋯⋯⋯聂鑫森
脚印，在挎包里边⋯⋯⋯⋯⋯⋯⋯⋯⋯盖湘涛

青出于蓝
蜜桔（外一首）⋯⋯⋯⋯⋯⋯⋯⋯⋯⋯傅　耕
历史的回声——长城抒怀⋯⋯⋯⋯⋯⋯郭　欣
战士演出队（外一首）⋯⋯⋯⋯⋯⋯⋯刘向东
诗二首⋯⋯⋯⋯⋯⋯⋯⋯⋯⋯⋯⋯⋯⋯燕　子
春天（外一首）⋯⋯⋯⋯⋯⋯⋯⋯⋯⋯艾　丹
我心中的交响乐⋯⋯⋯⋯⋯⋯⋯⋯⋯⋯薛卫民
给吹笛者⋯⋯⋯⋯⋯⋯⋯⋯⋯⋯⋯⋯⋯唐　湜
夏歌⋯⋯⋯⋯⋯⋯⋯⋯⋯⋯⋯⋯⋯⋯⋯孙　映
给刘宾雁同志⋯⋯⋯⋯⋯⋯⋯⋯⋯⋯⋯蓝　幽
致银河新星（二首）⋯⋯⋯⋯⋯⋯⋯⋯魏　琪
请⋯⋯⋯⋯⋯⋯⋯⋯⋯⋯⋯⋯⋯⋯⋯⋯袁瑞君
抒情诗四首⋯⋯⋯⋯⋯⋯⋯⋯⋯⋯⋯⋯陈　犀
最初的呓语（外一首）⋯⋯⋯⋯⋯⋯⋯曾小嘉
昨天的我（外一首）⋯⋯⋯⋯⋯⋯⋯⋯培　贵
如果⋯⋯⋯⋯⋯⋯⋯⋯⋯⋯⋯⋯⋯⋯⋯张小敏
写在梦乡的小站（四首）⋯⋯⋯⋯⋯⋯陆　萍
失落的学费⋯⋯⋯⋯⋯⋯⋯⋯⋯⋯⋯⋯徐　康
白色的梦境⋯⋯⋯⋯⋯⋯⋯⋯⋯⋯⋯⋯张永权
呵，童年⋯⋯⋯⋯⋯⋯⋯⋯⋯⋯⋯⋯⋯李北兰
秋天里的春天⋯⋯⋯⋯⋯⋯⋯⋯⋯⋯⋯寒　星
我走进处女林带（外一首）⋯⋯⋯⋯⋯梁　南
我多想买一件红衣裳⋯⋯⋯⋯⋯⋯⋯⋯杨　毅

爱的琴弦
泉边的雨（外一首）⋯⋯⋯⋯⋯⋯⋯⋯钟宽洪
相望的山峦⋯⋯⋯⋯⋯⋯⋯⋯⋯⋯⋯⋯孙中明
心曲（三首）⋯⋯⋯⋯⋯⋯⋯⋯⋯⋯⋯朱小平
爱情的变奏曲（二首）⋯⋯⋯⋯⋯⋯⋯曲有源
小村外的柳荫⋯⋯⋯⋯⋯⋯⋯⋯⋯⋯⋯崔合美
初恋⋯⋯⋯⋯⋯⋯⋯⋯⋯⋯⋯⋯⋯⋯⋯朱金晨
信上寄来了"吻"⋯⋯⋯⋯⋯⋯⋯⋯⋯陈　江
我的妻子⋯⋯⋯⋯⋯⋯⋯⋯⋯⋯⋯⋯⋯陈官煊
留下一句话（外一首）⋯⋯⋯⋯⋯⋯⋯石　湾
短短的一瞥⋯⋯⋯⋯⋯⋯⋯⋯⋯⋯⋯⋯宁　静
割不断的情丝⋯⋯⋯⋯⋯⋯⋯⋯⋯⋯⋯晓　枫
称呼⋯⋯⋯⋯⋯⋯⋯⋯⋯⋯⋯⋯⋯⋯⋯童嘉通

短歌长吟

春天的诗（二首）————————————旭 宇
怀抱大海权当金琴————————————里 沙
天山拾翠——————————————李云鹏
黄鹤楼遐想（外一首）————————金一鸣
海滩———————————————汤世杰
落大潮（外一首）——————————尧山壁
晨露———————————————伍权民
絮语集——————————————余薇野
墨镜（外一首）——————————董 翼
诗歌欣赏：古体诗变化列举（上）
是的，他疲倦了
　　　　　［英］约翰·奥克森汉 木 斧译
家，甜蜜的家———［美］约翰·伯恩 木 斧译

诗人与生活

处女作的诞生——谈谈诗集《喧腾的高原》—梁上泉
诗，呼唤着青春和希望——《星星》一览—钟 文
顾城的《远和近》及其他————————建 之
马雅可夫斯基与晦涩诗————————吕 进

读者·作者·编者

封面设计——————————陈尔泰 张仁华
鹅姑娘（油画）——————————邬华敏
溪水清清（木刻）—————————姜胜利

1981 年 6 期　刊名:《星星》

目录

呵！大坝——献给长江第一坝的歌————熊远柱

新星

勘测战士之歌（组诗）————————李有根
我爱我的山村（组诗）————————张中海
我爱……（外二首）————————郑永勤
赠人两首——————————————蔡其矫
乡思（三首）———————————韦其麟
学校生活速写（六首）————————裘小龙
致一个画家（外二首）————————王尔碑
不！他没有死————————————辛 星
冬夜———————————————林 希
我是"1"—————————————康得玉
小叙事诗：我的老师————————杨世运

生活的脚音

乡村（三首）———————————刘祖慈
队里的鱼湖（外一首）————————崔合美
海疆短笛（四首）—————————叶雪泉

故乡（二首）———————————李凤山
我爱百褶裙————————————高敏霞
地质锤敲出的歌（三首）————————李昆纯
路————————————————张小红
雨（外一首）———————————龙彼德
鱼市———————————————文 丙
花木店——————————————田章夫
风（外一首）———————————杨泽明
访渔家——————————————乔荣涛

民族 团结 友谊

彝家的歌（组诗）—————（彝族）替仆支不
爱情的节日（二首）————————刘登翰
不会给别人——————————洋 滔搜集整理
牧铃————————————（纳西族）戈阿干
公主桥（外一首）————————（藏族）扎 登
金沙江——————————（彝族）吴琪拉达
姑娘追——————————————杨 树
看电视—————————————（羌族）贤 哲
彝乡金秋—————————————罗定金
舞披衫（外一首）—————————陈元通
藏靴（外一首）——————————高 帆
藏族谚语—————————————白 峡 辑
假如……—————————————沈前祥
不能……（藏族民歌）—————方 园搜集整理
白族情歌（三首）————（白族）赵守值搜集整理
对唱———————————————新 克

思索的人生

没有僵硬的心——摘自一位审判员手记——陈良藻
农家小院（三首）—————————周鹏宽
果园姐妹—————————————傅天琳
送甜菜的马车———————————王小妮
榆钱————————————————长 风
渴————————————————徐 慧
瀑布———————————————宫 玺
塞上行（三首）——————————刁永泉
萩原朔太郎诗选——————————郑民钦译

诗人趣事

夜莺的思念——艾青趣事一则————石 河
"贫守篷茅但赋诗"的黄崇嘏————令 嘉
这里诗在闪光——《外国抒情诗选》代序—方 敬
诗的朦胧与"朦胧诗"————————竹亦青
"文饭诗酒"的启示—————————徐振辉
读父亲丰子恺遗作二首————————丰华瞻
咏"乌江亭"的三首诗读后————————胡焕章

争鸣！来，争鸣！
敬礼·下跪及其他 ———————— 童嘉通
永远不要唱"神"的颂歌 ———— 苏 丁 张 放
需要这样的讽刺 ———————— 尹超英
"是进步？是止步？是退步？" —— 朱 晖
春雪（中国画） 耕耘图（中国画）—— 杜显清
报童（木刻） 小卓玛（木刻）———— 吕树明

1981 年第 7 期 刊名:《星星》
目录

献给党和祖国的歌

致党旗 ———————————— 郭 辉
寸草心（二首）———————— 边新文
祖国行（长歌）———————— 叶嘉莹
新民歌四首 ———————— 石长胜 安子民
在延安球场上 ———————— 谭 天
啊，父亲…… ———————— 凡 非
党校新风杂咏 ———————— 白 航
路 ———————————— 张祥康
醒了的山村（组诗）———————— 冯恩昌
春的旗帜（外二首）———————— 阿 红
爹爹编筐（外二首）———————— 张宣强
渔歌（三首）———————— 冯麟煌
哨音（外一首）———————— 杨 山
巴山趣闻 ———————— 张 扬
边地风情（三首）———————— 戴安常
山乡小茶店（外一首）———————— 鄢家发
月亮窗 ———————————— 韦 一
秋雁南归（外一首）———————— 李 玉
流动书摊 ———————— 张新楣
乡路（外一首）———————— 孔 林

革命烈士诗抄

散文诗

家乡的牧笛 ———————— 李武兵
复活的阳光（三章）———————— 耿林莽
溶洞 ———————————— 陈 晓

小叙事诗

看望 ———————————— 朱峰义

古今中外

杜甫草堂（外一首）———————— 查 干
西施泪 ———————————— 冰 夫
回来吧，嫦娥 ———————— 赵丽宏
隆中访古 ———————— 王 迪

漱玉泉（外一首）———————— 浪 波
赠（二首）———————————— 南 港

大朋友唱给小朋友的歌

寄刘倩倩（二首）———————— 姚振函
哥哥的头发（外一首）———————— 陈官煊
学种田 ———————————— 王齐志
稻草人 ———————————— 陈显荣
夏夜 ———————————— 郭沫勤

少年诗作

春天集（四首）———————— 陈 之
大海上的风景 ———————— 袁 刚
清晨之献（五首）———————— 唐 湜
虹 ———————————— 黎 宏
历史的回声（三首）———————— 宋瑞斌
文学讲习所旧址（外一首）———————— 流沙河
元梅 ———————————— 管用和
砂土堆上，有辆玩具小卡车（外一首）—— 陈万鹏
一个战士的话 ———————— 傅铁城
巨轮，行驶在大江（二首）———————— 蓝 疆
写在锻工房 ———————— 王长富
一个真正的女人 ———— 加拿大无名氏 杨 桦译
也谈何其芳的《预言》诗 ———————— 田 奇
新农村的赞歌——读两组写农村生活的诗 —— 罗良德
烈士黄细亚及其遗诗《一个微笑》———————— 傅伯雍
诗人与生活：诗集《云》后记 ———————— 沙 鸥
诗人趣事："东坡肘子"的来历 ———————— 刘少泉

诗讯

归来为看草堂春
——记成都杜甫研究学会首届年会 —— 絮 飞
（国外诗讯）为生活而艺术
——业余诗歌在法国 ———————— 刘 方
"无我"之"我" ———————— 杨汝绚
三行去掉两行！———————— 范一直

读者·作者·编者

李平凡美术日记 ———————— 李平凡（封二、三）
本期新刊题花作者
———— 陈尔泰 邹小工 邹延白 杨守年 胡炳泉

1981 年第 8 期 刊名:《星星》
目录

星星

回乡纪事（组诗）———————— 肖振荣
呵，家乡（三首）———————— 丁庆友

悯农（三首）⋯⋯⋯⋯⋯⋯⋯⋯蒋维扬
麦场上⋯⋯⋯⋯⋯⋯⋯⋯⋯⋯李旭雨
赶场天（三首）⋯⋯⋯⋯⋯⋯张显华
庄稼院儿的快乐（外一首）⋯⋯何抒秀
渡口（外一首）⋯⋯⋯⋯⋯⋯梁如云
都市抒情诗（组诗）⋯⋯⋯⋯叶延滨
鲜红的帆，升起在青春的港口⋯于　克
大森林小曲（四首）⋯⋯⋯⋯高　帆
集市二题⋯⋯⋯⋯⋯⋯⋯⋯⋯汪　抗
旋律（外二首）⋯⋯⋯⋯⋯⋯白　榕
我望着土地⋯⋯⋯⋯⋯⋯⋯⋯顾　工
泰山松⋯⋯⋯⋯⋯⋯⋯⋯⋯⋯满　锐
拉纤的心（二首）⋯⋯⋯⋯⋯任正平
并非小事⋯⋯⋯⋯⋯⋯⋯⋯⋯雁　翼
初晴（外一首）⋯⋯⋯⋯⋯⋯谢其规
在海边（三首）⋯⋯⋯⋯⋯⋯朱　涛
我走过一片沙漠⋯⋯⋯⋯⋯⋯湛　海
石头泪（外一首）⋯⋯⋯⋯⋯许　行
闹洞房⋯⋯⋯⋯⋯⋯⋯⋯⋯⋯石　军
壁画前的沉思⋯⋯⋯⋯⋯⋯⋯商子秦
在苹果园里（二首）⋯⋯⋯⋯石　火
捕蛙者⋯⋯⋯⋯⋯⋯⋯⋯⋯⋯杨大矛
写在现代化工厂的遗址上⋯⋯蔡应律

战士情

珠海兵歌（组诗）⋯⋯⋯⋯⋯纪　学
战士的骄傲⋯⋯⋯⋯⋯⋯⋯⋯长　龙
在将军廊（外一首）⋯⋯⋯⋯任耀庭

爱的琴弦

初夏（外一首）⋯⋯⋯⋯⋯⋯朱　红
追歌（二首）⋯⋯⋯⋯⋯⋯⋯傅　仇
姑娘的心呦，草原的雾⋯⋯⋯青格里
初恋（外一首）⋯⋯⋯⋯⋯⋯陈继光
舞台（外一首）⋯⋯⋯⋯⋯⋯霜　枫
羡慕⋯⋯⋯⋯⋯⋯⋯⋯⋯⋯⋯何　鹰
你呀，你⋯⋯⋯⋯⋯⋯⋯⋯⋯何　勇
钥匙⋯⋯⋯⋯⋯⋯⋯⋯⋯⋯⋯周贵祥
悄悄的爱⋯⋯⋯⋯⋯⋯⋯⋯⋯肖天蔚
我这颗心呦……⋯⋯⋯⋯⋯⋯李松涛
路遇⋯⋯⋯⋯⋯⋯⋯⋯⋯⋯⋯孙秀清
爱情的信笺（二首）⋯⋯⋯⋯王耀武
短歌长吟⋯⋯⋯⋯⋯阿　声　古继堂　何培贵
周晓钟　回光时　沈良意　关登瀛　郑宝富　白　日
高　湘　郭同旭　陈德忠　曾祥麟　永　庆　远　度
尹安贵　华万里　张大成　杨永年　孙克恒　张建华

寓言诗

狐狸的故事（二首）⋯⋯⋯⋯高庆坡

兔子的悲剧⋯⋯⋯⋯⋯⋯⋯⋯万里鹏
燕子的话⋯⋯⋯⋯⋯（中国台湾）林宗源
生活⋯⋯⋯⋯⋯⋯⋯（中国台湾）林亨泰
我们是雨⋯⋯⋯⋯⋯（中国台湾）沈锦添
闽南二题⋯⋯⋯⋯⋯（中国香港）王心果
旅途诗草⋯⋯⋯⋯⋯（中国香港）陈浩泉
屠格涅夫散文诗（三章）⋯⋯心　声译
奥陀耶夫斯基诗二首⋯⋯⋯⋯谷　雨译
从新诗评奖想到的⋯⋯⋯⋯⋯白　航
1979—80年全国中青年诗人优秀诗歌获奖者小统计
诗歌欣赏："白发三千丈"新解⋯丁　力
新诗版本杂谈：卞之琳的木版新诗集⋯余　时
且把生命揉作慷慨长歌——读李加建的诗⋯钟　文
生活的美——谈谈傅天琳的诗作⋯马立鞭
延河，流淌的是乳汁——访得奖青年诗人叶延滨
⋯⋯⋯⋯⋯⋯⋯⋯王　赤　刘钰章

读者·作者·编者

葛洲坝写生（中国画）（封二）⋯邝中铁
荫（水印木刻）（封三）⋯⋯⋯江碧波

1981 年第 9 期　刊名:《星星》

目录

长征，长征⋯⋯⋯⋯⋯⋯⋯⋯徐敬亚
工业抒情诗（六首）⋯⋯⋯⋯张学梦
春的序曲⋯⋯⋯⋯⋯⋯⋯⋯⋯曲有源
梦与现实（外一首）⋯⋯⋯⋯陈瑞统
让我读⋯⋯⋯⋯⋯⋯⋯⋯⋯⋯扬　禾
我爱，是的⋯⋯⋯⋯⋯⋯⋯⋯张中海
父亲的背脊⋯⋯⋯⋯⋯⋯⋯⋯石　泉
竹韵（三首）⋯⋯⋯⋯⋯⋯⋯寒　星
桑乾河之歌（外一首）⋯⋯⋯桑　原
买鸟记⋯⋯⋯⋯⋯⋯⋯⋯⋯⋯方　冰
地球深处的旋律（二首）⋯⋯聂鑫森
焰火的随想⋯⋯⋯⋯⋯⋯⋯⋯高正辉
我是一粒种子⋯⋯⋯⋯⋯⋯⋯蒋人初
故乡的水井呵（外一首）⋯⋯和　谷
生命的欢乐（二首）⋯⋯⋯⋯刘湛秋
报答⋯⋯⋯⋯⋯⋯⋯⋯⋯⋯⋯宁　静
关于神仙的轶闻（三首）⋯⋯石　犁
青枫长凳⋯⋯⋯⋯⋯⋯⋯⋯⋯伍权民
有一颗树⋯⋯⋯⋯⋯⋯⋯⋯⋯何培贵
水不等于酒⋯⋯⋯⋯⋯⋯⋯⋯李根红

新星

生活和诗（组诗）⋯⋯⋯⋯⋯李永庚
长城及其他⋯⋯⋯⋯⋯⋯⋯⋯庞壮国

山葡萄（外二首）⋯⋯⋯⋯⋯⋯陈峻峰
献在艺术家遗像前的花束⋯⋯⋯王　颂

名山　大川　小溪
滚动的山（组诗）⋯⋯⋯⋯⋯⋯木　斧
蜀中吟（二首）⋯⋯⋯⋯⋯⋯⋯渭　水
访圆明园遗址⋯⋯⋯⋯⋯⋯⋯⋯穆　童
黄山纪游⋯⋯⋯⋯⋯⋯⋯⋯⋯⋯刘　章
赠九溪十八涧及其他⋯⋯⋯⋯⋯章德益
西双版纳行脚⋯⋯⋯⋯⋯⋯⋯⋯舒　柯
澎湖的回响⋯⋯⋯⋯⋯⋯⋯⋯⋯廖　群
长城短句⋯⋯⋯⋯⋯⋯⋯⋯⋯⋯陈有才
从拉萨到重庆⋯⋯⋯⋯⋯⋯⋯⋯阎振忠

散文诗
罗列，你当新娘啦⋯⋯⋯⋯⋯⋯许　淇
为我揭下一片苔藓⋯⋯（外二章）⋯王敦贤

风情画
伞（外一首）⋯⋯⋯⋯⋯⋯⋯⋯昌　耀
红豆（外一首）⋯⋯⋯⋯⋯⋯⋯于宗信
在雪地上（三首）⋯⋯⋯⋯⋯⋯孔　孚
水乡（二首）⋯⋯⋯⋯⋯⋯⋯⋯宁　宇
闯来的小鹿⋯⋯⋯⋯⋯⋯⋯⋯⋯万忆萱
雾⋯⋯⋯⋯⋯⋯⋯⋯⋯⋯⋯⋯⋯江　日
无题（外一首）⋯⋯⋯⋯⋯⋯⋯云　鹤
小舟⋯⋯⋯⋯⋯⋯⋯⋯⋯⋯⋯⋯李相珏
航标灯船⋯⋯⋯⋯⋯⋯⋯⋯⋯⋯罗　洛
题女推土机手小照⋯⋯⋯⋯⋯⋯刘益善
金之夏诗选⋯⋯⋯⋯⋯⋯⋯⋯⋯金正浩译
献给富饶的大地的歌
　　　　　　［智利］巴勃罗·聂鲁达　秋原译
诗的艺术　　　　［美］麦克利什　曹明伦译
爱情诗二首　　　［俄］柯尔卓夫　向　翔译
面对一个新的世界
　　——一批青年诗人作品读后⋯⋯谢　冕
敢哭敢笑的《我我我》⋯⋯⋯⋯刘　林
"把心灵的波动铭记在物体上"⋯吴思敬
诗的细节与真实⋯⋯⋯⋯⋯⋯⋯朱先树
本刊举办"星星诗歌创作奖"评奖活动启事
虎、鹿、猴（中国画）⋯⋯⋯⋯张世莹
葛洲坝之夜（木刻）⋯⋯⋯⋯⋯丰中铁

　　　　1981 年 10 期　刊名：《星星》
　　　　　　　　目录

十月，金色的歌
葛洲坝抒怀⋯⋯⋯⋯⋯⋯⋯⋯⋯李加建

山乡拾美（三首）⋯⋯⋯⋯⋯⋯何吉明
生活的绿叶（三首）⋯⋯⋯⋯⋯李武兵
农家小曲（组诗）⋯⋯⋯⋯⋯⋯冯恩昌
秋色（外二首）⋯⋯⋯⋯⋯⋯⋯杨永年
蚕之歌⋯⋯⋯⋯⋯⋯⋯⋯⋯⋯⋯王耀东
苏南风情⋯⋯⋯⋯⋯⋯⋯⋯⋯⋯文　丙
算⋯⋯⋯⋯⋯⋯⋯⋯⋯⋯⋯⋯⋯余　白
伙计，快把扇车摇响⋯⋯⋯⋯⋯张庆明
榆钱落了⋯⋯⋯⋯⋯⋯⋯⋯⋯⋯李蔚红
葛洲坝抒情诗（二首）⋯⋯⋯⋯徐　康
我是砂轮⋯⋯⋯⋯⋯⋯⋯⋯⋯⋯龙　郁
夜，城市有一家小吃店⋯⋯⋯⋯杨　蓓
侨音（二首）⋯⋯⋯⋯⋯⋯⋯⋯陈志泽
华侨小餐馆（外一首）⋯⋯⋯⋯李松波
八月走茂汶（外一首）⋯⋯⋯⋯白　汀
凉山短笛（二首）⋯⋯⋯⋯⋯⋯王万金
水文站素描（外一首）⋯⋯⋯⋯梁上泉
我这一代人的画像（二首）⋯⋯胡　笳

新星
大河里的浪花（三首）⋯⋯⋯⋯张朝晖
年青的风⋯⋯⋯⋯⋯⋯⋯⋯⋯⋯孔令更
抒情诗三首⋯⋯⋯⋯⋯⋯⋯⋯⋯郑永勤
石颂⋯⋯⋯⋯⋯⋯⋯⋯⋯⋯⋯⋯蓝　幽
我的童年（组诗）⋯⋯⋯⋯⋯⋯黄　宏
真实万岁⋯⋯⋯⋯⋯⋯⋯⋯⋯⋯公　木
人生⋯⋯⋯⋯⋯⋯⋯⋯⋯⋯⋯⋯庞壮国
给年轻的城市建设者（外一首）⋯王尔碑
赤子吟⋯⋯⋯⋯⋯⋯⋯⋯⋯⋯⋯李延军
弯弯桃河水（二首）⋯⋯⋯⋯⋯倩　晴
在芳香的大地上（二首）⋯⋯⋯王　也
茉莉花⋯⋯⋯⋯⋯⋯⋯⋯⋯⋯⋯傅天琳
忧患⋯⋯⋯⋯⋯⋯⋯⋯⋯⋯⋯⋯邹学顺
蓝色的回忆⋯⋯⋯⋯⋯⋯⋯⋯⋯里　沙
记忆⋯⋯⋯⋯⋯⋯⋯⋯⋯⋯⋯⋯陈良沛
"跳豆"里的悲剧⋯⋯⋯黄显宇　张　冲
溅血的灌木林⋯⋯⋯⋯⋯⋯⋯⋯黄　稼

短歌长吟
绿色的短笛（三首）⋯⋯⋯⋯⋯徐国志
赶街⋯⋯⋯⋯⋯⋯⋯⋯⋯⋯⋯⋯刘　滨
春夜雨（外一首）⋯⋯⋯⋯⋯⋯李祖星
蒲公英（外一首）⋯⋯⋯⋯⋯⋯沙　白
绿色的宝石⋯⋯⋯⋯⋯⋯⋯⋯⋯张华中
谒聂耳墓⋯⋯⋯⋯⋯⋯⋯⋯⋯⋯喻　晓
田野里的歌（二首）⋯⋯⋯⋯⋯马及时
云⋯⋯⋯⋯⋯⋯⋯⋯⋯⋯⋯⋯⋯张励志
江南三月桃花水⋯⋯⋯⋯⋯⋯⋯沈国凡
耕⋯⋯⋯⋯⋯⋯⋯⋯⋯⋯⋯⋯⋯王新民

窗前……………………………………………王德某
送别……………………………………………吉狄马加
寒江雪……………………………………………丁　芒
一株小草……………………………………………徐建成

小叙事诗

热流，在我心上……………………………………梁　平
一个烫手的红芋……………………………………梁如云

译诗

向中国致敬………………[智利]巴·聂鲁达　邹　绛译
丁尼生诗二首……………………………………余　正译
疏笔淡墨动人心——读《故园六咏》……………刘士杰
"雄豪"有之，"自然"不足
　——从《呵！大坝》谈熊远柱的诗……………竹亦青
关于《小诗六首》的通信…………………………顾　城
四川省优秀文学作品获奖篇目
村头小店（水印木刻）……………………………刘石父
清流（木刻）………………………………………胡长山
晨曦（木刻）………………………………………彦　冰
本期新刊题花作者……………向际纯　邹延白　胡炳泉

1981 年第 11 期　刊名：《星星》
目录

天府诗会

大渡河情思（组诗）………………………………周　纲
山河漫步（组诗）…………………………………李加建
南方…………………………………………………李　钢
我的心在南方（三首）……………………………鄢家发
这里，有一颗美好的心灵（三首）………………蓝　疆
寄自川西北群山……………………………………谭　楷
山野的风（二首）…………………………………熊远柱
诗二首………………………………………………方　敬
彩虹…………………………………………………沈国仁
访李白故里（三首）………………………………张大成
唱给梅的歌…………………………………………沈前祥
船歌（外一首）……………………………………徐　慧
风口村………………………………………………张丕利
水村风情（外一首）………………………………徐式文
纤夫…………………………………………………王道荣
燕子，我想告诉你…………………………………刘允嘉
蝶翅…………………………………………………林　珂
你说……………………………………………………李北兰
灯塔…………………………………………………柯愈勋
我属于一幅画………………………………………易　木
萌芽（外一首）……………………………………傅　耕
陋室吟（外一首）…………………………………曾　敏

乡村酒店……………………………………………邓亨禄

新星

城市印象（组诗）…………………………………余以建
在我们土地上（三首）……………………………柯　岚
在阿诗玛身边（外一首）…………………………曾小嘉
北京抒情诗（组诗）………………………………赵　伟
青岛之恋（三首）…………………………………黎焕颐
海之歌（四首）……………………………………晏　明
写在候车室…………………………………………王德芳
花开时节（外一首）………………………………旭　宇
蓄春…………………………………………………阎振甲
旅途写生（组诗）…………………………………于　沙
版纳情思（三首）…………………………………米思及
贵阳风情（二首）…………………………………王国云
旅途杂咏（三首）…………………………………孙友田
延安二题……………………………………………党永庵
带给橄榄树的问安…………………………………武兆强
塔架上迎接黎明（外一首）………………………廖代谦
哨卡安家……………………………………………孙　洪
战鹰三章……………………………………………王知十
节日的鼓……………………………………………周　涛
鲁迅在厦门（外一首）……………………………陈文和
写在侨旅社前（二首）……………………………蔡桂章
我的偶像（外一首）………………………………李霁宇
金星和月亮（外一首）……………………………胡　昭
月光岩下……………………………………………洪　泓
真想…………………………………………………高伐林
小小贝壳……………………………………………黑　婴
她清理着……………………………………………孔德平
花地诗选
　——选自乐山地区《沫水》文学季刊……………陈果卿等
诗歌欣赏："在纤小的新月的世界里"——读泰戈尔
《新月集》…………………………………………文　铮
诗的意境美…………………………………………李元洛
一首爱情诗和一种诗教……………………………杨汝纲
反衬…………………………………………………吕　进

当代诗人回忆与介绍

贺敬之流亡中的诗生活……………………………白　峡
清醇的诗品
　——谈邓均吾在创造社初期写的新诗…………钱光培

读者·作者·编者

心事浩荡（拓片）…………………………………冯本嵩
春哗图（木刻）……………………………………张尔立
晨（木刻）…………………………………………阎　凤

1981年第12期　刊名:《星星》
目录

田野,在微笑

一九八一年,在乡村（组诗）⋯⋯⋯⋯⋯余以建
农村三曲⋯⋯⋯⋯⋯⋯⋯⋯⋯⋯⋯王耀东
星座⋯⋯⋯⋯⋯⋯⋯⋯⋯⋯⋯⋯⋯钟朝康
唱新歌（四首）⋯⋯⋯⋯⋯⋯⋯⋯⋯王延庆
喜迎春（二首）⋯⋯⋯⋯⋯⋯⋯⋯⋯张中海
写在醒来的土地上（二首）⋯⋯⋯⋯范　源
家乡的帆⋯⋯⋯⋯⋯⋯⋯⋯⋯⋯⋯张名河
我爱大山（二首）⋯⋯⋯⋯⋯⋯⋯⋯李北兰
竹街（外一首）⋯⋯⋯⋯⋯⋯⋯⋯⋯孙新凯
溪水淙淙（外一首）⋯⋯⋯⋯⋯⋯⋯伍权民
采蕈谣⋯⋯⋯⋯⋯⋯⋯⋯⋯⋯⋯⋯李霁宇
卖花女⋯⋯⋯⋯⋯⋯⋯⋯⋯⋯⋯⋯宋学镰
故乡诗草（二首）⋯⋯⋯⋯⋯⋯⋯⋯杨大矛
村头傍晚⋯⋯⋯⋯⋯⋯⋯⋯⋯⋯⋯任耀庭
秋收石韵（二首）⋯⋯⋯⋯⋯⋯⋯⋯傅吉石
打囤⋯⋯⋯⋯⋯⋯⋯⋯⋯⋯⋯⋯⋯陈显荣
"邮票队"的红榜⋯⋯⋯⋯⋯⋯⋯⋯何香久

散文诗

西洋画册（四章）⋯⋯⋯⋯⋯⋯⋯⋯许　淇
太阳雨（外一章）⋯⋯⋯⋯⋯⋯⋯⋯赵　敏
乡情⋯⋯⋯⋯⋯⋯⋯⋯⋯⋯⋯⋯⋯陈志泽
白手绢（外一章）⋯⋯⋯⋯⋯⋯⋯⋯赖寄丹
斧头⋯⋯⋯⋯⋯⋯⋯⋯⋯⋯⋯⋯⋯谢克强

风光无限好

写在飞机制造厂的诗（二首）⋯⋯⋯寒　星
笑在万里长城⋯⋯⋯⋯⋯⋯⋯⋯⋯林　希
崂山采撷（七首）⋯⋯⋯⋯⋯⋯⋯⋯孔　孚
三峡行⋯⋯⋯⋯⋯⋯⋯⋯⋯⋯⋯⋯康武能
凉山,唱着一支希望的歌（五首）⋯⋯丹　鹰
从峨眉山拾起的叶片（五首）⋯⋯⋯沙　白
水乡风情（外一首）⋯⋯⋯⋯⋯⋯⋯左一兵
运河的灯（外一首）⋯⋯⋯⋯⋯⋯⋯权　江
黄旗海⋯⋯⋯⋯⋯⋯⋯⋯⋯⋯⋯⋯桑　原
黄金台⋯⋯⋯⋯⋯⋯⋯⋯⋯⋯⋯⋯尧山壁
岷江曲（三首）⋯⋯⋯⋯⋯⋯⋯⋯⋯吴中进
唐山恋⋯⋯⋯⋯⋯⋯⋯⋯⋯⋯⋯⋯陈文和
思乡曲（二首）⋯⋯⋯⋯⋯⋯⋯⋯⋯姚业涌
乳花洞⋯⋯⋯⋯⋯⋯⋯⋯⋯⋯⋯⋯海　梦
短歌长吟⋯⋯⋯赵丽宏　王怀让　樊发稼　杨君伟
　任永恒　崔克明　辛磊　尹安贵　戴左航　姜华令
搏动（外一首）⋯⋯⋯⋯⋯⋯⋯⋯⋯陈敬容
我是一片风（外一首）⋯⋯⋯⋯⋯⋯沈　晓

早春的树林⋯⋯⋯⋯⋯⋯⋯⋯⋯⋯王家新
愿作金顶一棵草（外一首）⋯⋯⋯⋯王辽生
湘妃竹⋯⋯⋯⋯⋯⋯⋯⋯⋯⋯⋯⋯聂鑫森
小小的庭园（二首）⋯⋯⋯⋯⋯⋯⋯袁永庆
孤松⋯⋯⋯⋯⋯⋯⋯⋯⋯⋯⋯⋯⋯周伦佑
致表妹（外一首）⋯⋯⋯⋯⋯⋯⋯⋯张一西
梦⋯⋯⋯⋯⋯⋯⋯⋯⋯⋯⋯⋯⋯⋯汤祥川
来自绿海的歌（三首）⋯⋯⋯⋯⋯⋯张之静
相思叶（三首）⋯⋯⋯⋯⋯⋯⋯⋯⋯鲁　萍
贝多芬半身像⋯⋯⋯⋯⋯⋯⋯⋯⋯周志强
李冰的塑像⋯⋯⋯⋯⋯⋯⋯⋯⋯⋯于　戏
新花丛⋯董保泽　陈仲平　蓝正文　泽旺　马兴

台湾诗人作品选⋯⋯⋯⋯⋯⋯⋯⋯杨　唤等
庞德早期诗选——访中国诗四首⋯⋯赵毅衡译
我吹响短笛⋯⋯⋯[英]威廉·布莱克　陈建华译
白鹤⋯⋯⋯⋯⋯[苏]伽穆扎托夫　谷　羽译

革命诗人佳话
从溪流到江河——关于何敬平和他的诗作⋯⋯⋯林　彦

鲁迅论诗
谈雷抒雁《夏天的小诗》⋯⋯⋯⋯⋯艾　青
艾青的意象艺术⋯⋯⋯⋯⋯⋯⋯⋯杨匡汉
台湾诗刊介绍（诗讯）⋯⋯⋯⋯⋯⋯古继堂
业余编辑来信⋯⋯⋯⋯⋯⋯⋯⋯⋯蓝　幽

封面设计⋯⋯⋯⋯⋯⋯⋯⋯⋯⋯⋯陈尔泰
吐鲁番之行（速写）⋯⋯⋯⋯⋯⋯⋯代　卫
翠竹小鸟（中国画）⋯⋯⋯⋯⋯⋯⋯秦天柱

1982年第1期　刊名:《星星》
目录

耀亮祖国的星

泪满金杯⋯⋯⋯⋯⋯⋯⋯⋯⋯⋯⋯流沙河
黄昏,天边有一朵云⋯⋯⋯⋯⋯⋯⋯余以建
祖国的心（外一首）⋯⋯⋯⋯⋯⋯⋯白　航
写给中国女排教练员⋯⋯⋯⋯⋯⋯夏　奚
为我自豪吧,人民母亲⋯⋯⋯⋯⋯⋯嘉　嘉
我（组诗）⋯⋯⋯⋯⋯⋯⋯⋯⋯⋯陈所巨
燃烧的乡情（四首）⋯⋯⋯⋯⋯⋯⋯赵　伟
挺直了腰杆（三首）⋯⋯⋯⋯⋯⋯⋯王耀东
写在早春的农历上（二首）⋯⋯⋯⋯李武兵
诗句,写在大漠的胸膛上⋯⋯（三首）杜志民
油海恋（二首）⋯⋯⋯⋯⋯⋯贤格　吟声
宏志篇（二首）⋯⋯⋯⋯⋯⋯⋯⋯⋯于　波
让诗在生活的熔炉里冶炼（外一首）⋯谢其规

归路（外一首）························渭 水
故乡春（四首）························方 晴
望海（外一首）························唐 湜
蛛网·······························李占学
瀚海诗抄（三首）······················张翼德
从草原到北京（五首）···················王建刚
神女之恋····························黄东成

朦胧有人爱
金钥匙（外一首）······················朱 红
永恒的微笑··························江 帆
溪畔（外一首）························骆耕野
春韵······························曲庆玮
摘自一个勘测队的日记（外一首）············裴小龙
你把我的心牵去（外一首）···············林双川
建筑工地速写（外一首）··················阳 飏

明白读者多
农家情（四首）························冯恩昌
"花轿"行····························胡 笳
泥土新歌（二首）······················孔祥雨
听歌（外二首）························郭殿文
幼芽（外一首）························穆 仁
煤的心····························老 圃
爱的琴弦···········李光厚 李立原 金晓铃
缪国庆 白 榕 谭 楷 白 渔 崔 桓 韩 霞
刁永泉 胡文江
女作者诗页··························曹安娜
秋 枫 飘 飘 骆晓戈 李 红 郭红林 蒯凤洁

带刺的歌
驴耳朵里的跳蚤（外一首）················刘 征
赃贝（外二首）························柴德森
乌龟与蜗牛（外一首）·······余薇野 诗 马 丁画
春日绝句··························林 林
雨中下木皮槽大山·····················肖振江
词二首····························迦 陵
行吟偶录··························徐无闻
词二首····························杨谨伯
诗歌词作修改专栏··············黄德涵 文 过
诗歌知识讲座（第一讲）：什么是诗·········辛 心
台湾诗人十二家：独步的狼···············流沙河
从生活出发及其他·····················张中海
"有如流水"的诗句·····················邓 仁
或存或焚 度之以情····················陈 略
涟漪集····························李向阳
封面设计··························谢可新
封面木刻··························彦 冰
征途（中国画）·······················马振声

霜晨（水印木刻）······················王明月
乡村的孩子（木刻）····················安 彬

1982 年第 2 期　刊名：《星星》
目录

春的起步
致长跑者··························杨 牧
大地的春歌··························文武斌
除夕的美酒··························戴安常
呼唤······························叶延滨
往事（三首）························刘祖慈
岁月（外一首）························胡 昭
花木店内··························王寅明
向往星空（外一首）····················朱 建
写在益鸟招引区（三首）·················陈有才
春雨······························石太瑞
秋的诗笺（三首）······················瞿 琮
泰山石刻（外一首）····················林 路
野花（外一首）························顾 工
邮筒······························沙 蕾
给妻子（外一首）······················李发模
一棵桦树··························夏子全
黄昏，一个朝鲜族少女··················王鸣九
绿色的王国··························程显谟
林海（外一首）························王 野
中南海抒怀··························阵 容
春泉······························陈浩记
沉船（外一首）························祁 放
自行车畅想曲··························张小敏
我拾起一分硬币·······················李玉成
唐人街组曲··························云 鹤

山河多娇
第一次见海（三首）····················张 克
宜宾诗情（二首）······················唐大同
蔡伦池····························纪 学
乡恋（三首）························肖 川
大明湖幻想（外一首）···················周 民
景阳春（外一首）······················陈显荣
屯溪······························梁如云
三山揽胜（三首）······················何香久
旅行······························何 民
北戴河杂咏（三首）····················石 英
林海小花（三首）······················朱 雷

大朋友唱给小朋友的歌
蒲公英做了一个梦·····················顾 城

丰收 ······ 龙 郁
少年夏令营（二首） ······ 张继楼
梅花鹿 安栋梁 杨 畅
风筝 ······ 邵 影
天边飞来一颗星 ······ 刘德松
动脑筋 ······ 周宗量
妈妈，我错了吗?（外一首） ······ 黄 整
放风筝 ······ 阮居平
童心（三首） ······ 宋文杰
泡泡糖 ······ 张德强
小朋友的歌 ······ 刘梦林
写给自己和朋友的诗（三首） ······ 陶 勇
短歌长吟 陈 敏 唐光玉 村 人
孔 林 晓 敏 宋冬升 郭应循 旭 宇 草 萌

台湾诗人十二家
做梦的蝶 ······ 流沙河
诗歌知识讲座：什么是诗（续完） ······ 辛 心
从"眼前有景道不得"谈起
——评《星星》发表的部分反映农村生活的诗
······ 罗良德
中国的心声——评赵伟的《北京抒情诗》 ······ 一 洁
诗，给一切以生命——诗艺琐谈录 ······ 丁永淮
诗话一则 ······ 李 欧

读者·作者·编者
"好诗三百首"征稿启事
封面木刻 ······ 张友霖
小拉姆（楠木雕） ······ 郭其祥
白云深处（木刻） ······ 江碧波

1982 年第 3 期　刊名:《星星》
目录

蜀花十一枝
土地的报告（外一首） ······ 培 贵
没有手指的吹笛者（外一首） ······ 熊远柱
黎明的沉思（二首） ······ 周伦佑
北京情思（二首） ······ 徐国志
都市生活（三首） ······ 黄 宏
亮瓦（外一首） ······ 徐 康
土地之歌（外一首） ······ 柯愈勋
爱花的人（外一首） ······ 李北兰
我焊发射架（三首） ······ 张士忠
山中（外一首） ······ 李 钢
生命（外一章） ······ 王敦贤
"蜀花十一枝"漫评 ······ 燕 白

天府诗会
古柏森森 ······ 唐大同
黎明期的抒情（之六） ······ 杨 山
乡村（三首） ······ 陈 犀
诗二首 ······ 傅天琳
永乐大钟 ······ 李加建
山区的早晨 ······ 陈浩记
悠远的思念（三首） ······ 鄂家发
黎明，在跑道线上 ······ 傅 耕
登楼（外二首） ······ 何吉明
江水静静地流 ······ 郭同旭
鸡婶 ······ 华万里
新嫁娘 ······ 刘允嘉
江上（二章） ······ 杨永年
夕阳（外二首） ······ 刘振尧
蚕姑 ······ 雷明伟
写在醒来的山乡（二首） ······ 伍权民
收获 ······ 宋学镰
早晨，她走进菜园地 ······ 马及时
夏天，在波士顿博物馆 ······ 杨汝绚
弹月琴的姑娘（外一首） ······ 杨远宏
我走进家用机电商店 ······ 黄万里
工地上（三首） ······ 袁永庆
我走向夜大校门（外一首） ······ 郭本华
我把头伸出窗外（外二首） ······ 李永庚
重逢时刻断想 ······ 王长富
我爱…… ······ 张存智
写在彩印车间 ······ 刘建春

大学生之歌
我是太阳，我要照亮地球…… ······ 程建设
故乡人（三首） ······ 于二辉
写在学生会歌咏会上 ······ 冯庆川
两片叶子（外一首） ······ 李约拿
夜过小镇（外一首） ······ 易殿选
村前，一条冰封的小溪 ······ 曹汉俊
海 ······ 刘 云
"星星诗歌创作奖"获奖作品篇目
小林一茶俳句选 ······ 林 林译
诗歌知识讲座（第二讲）：
从灵感进入构思 ······ 陶任先

台湾诗人十二家
浴火的凤 ······ 流沙河
遒劲·有力
——读徐敬亚的诗《长征，长征》 ······ 孟繁华
诗的跋涉自生活始 ······ 钟 文
封面木刻 ······ 刘石父
童年（中国画） ······ 袁吉中

鹰之歌（水印木刻）⋯⋯⋯⋯⋯⋯⋯⋯安　琳

1982 年第 4 期　刊名:《星星》
目录

好诗三百首

春天，顽强些（外一首）⋯⋯⋯⋯⋯⋯张学梦
神女峰（外一首）⋯⋯⋯⋯⋯⋯⋯⋯舒　婷
倘若我有一万个愿望
　——在上海拾到的抒情诗⋯⋯⋯⋯雁　翼
粗犷的恋歌（外二首）⋯⋯⋯⋯⋯⋯沉　重
热带雨林里的相逢（外一首）⋯⋯⋯寒　星
海的谣曲（二首）⋯⋯⋯⋯⋯⋯⋯⋯金　波
大海的性格⋯⋯⋯⋯⋯⋯⋯⋯⋯⋯⋯倩　晴
真与美（外一首）⋯⋯⋯⋯⋯⋯⋯⋯李根红
秋末，在海水浴场⋯⋯⋯⋯⋯⋯⋯⋯孙友田
南国诗踪（二首）⋯⋯⋯⋯⋯⋯⋯⋯浪　波
北国行（二首）⋯⋯⋯⋯⋯⋯⋯⋯⋯王辽生
春天，雨后的道路⋯⋯⋯⋯⋯⋯⋯⋯黎焕颐
废墟上的独白⋯⋯⋯⋯⋯⋯⋯⋯⋯⋯刘湛秋
晨曦（外四首）⋯⋯⋯⋯⋯⋯⋯⋯⋯廖亦武

散文诗十家

人生之页（三章）⋯⋯⋯⋯⋯⋯⋯⋯王尔碑
泥浪⋯⋯⋯⋯⋯⋯⋯⋯⋯⋯⋯⋯⋯⋯李华新
桦林春早（外一章）⋯⋯⋯⋯⋯⋯⋯王　敏
黄山月⋯⋯⋯⋯⋯⋯⋯⋯⋯⋯⋯⋯⋯白　榕
致陕北黄土高原⋯⋯⋯⋯⋯⋯⋯⋯⋯贾平凹
白玉兰（外一章）⋯⋯⋯⋯⋯⋯⋯⋯耿林莽
乡恋（外二章）⋯⋯⋯⋯⋯⋯⋯⋯⋯纪　川
戏剧人物素描（二章）⋯⋯⋯⋯⋯⋯周　郎
秋叶⋯⋯⋯⋯⋯⋯⋯⋯⋯⋯⋯⋯⋯⋯肖　敏
新星：神农⋯⋯⋯⋯⋯⋯⋯⋯⋯⋯⋯范　源
山水阳光（三首）⋯⋯⋯⋯⋯⋯⋯⋯陈玉坤

大朋友唱给小朋友的歌

甜甜的托儿所（组诗）⋯⋯⋯⋯⋯⋯郑春华
在孩子眼睛里（五首）⋯⋯⋯⋯⋯⋯高近远
九月，开学的日子⋯⋯⋯⋯⋯⋯⋯⋯孙武军
妈妈，妈妈⋯⋯⋯⋯⋯⋯⋯⋯⋯⋯⋯王　琪
列车在霞光中开出⋯⋯⋯⋯⋯⋯⋯⋯雷有让
我的心陪伴着你⋯⋯⋯⋯⋯⋯⋯⋯⋯阎志民
我的土地啊（外一首）⋯⋯⋯⋯⋯⋯雷　霆
童年梦（三首）⋯⋯⋯⋯⋯⋯⋯⋯⋯吉狄马加
寓言诗两首⋯⋯⋯⋯⋯⋯⋯⋯⋯⋯⋯宫　玺
先生，我见过——⋯⋯⋯⋯⋯⋯⋯⋯边国政

地方刊物诗选

过奉节⋯⋯⋯⋯⋯⋯⋯⋯⋯⋯⋯⋯⋯罗　洛
还乡草（二首）⋯⋯⋯⋯⋯⋯⋯⋯⋯许　伽
种麦者⋯⋯⋯⋯⋯⋯⋯⋯⋯⋯⋯⋯⋯路　翎
我造着砂型⋯⋯⋯⋯⋯⋯⋯⋯⋯⋯⋯谢家发
穿过葛洲坝⋯⋯⋯⋯⋯⋯⋯⋯⋯⋯⋯葛　珍

诗歌欣赏

威廉姆斯短诗选⋯⋯⋯⋯⋯⋯⋯⋯⋯蓝仁哲译
生活中处处有诗歌——阅读与欣赏威廉姆斯的小诗
《兹说明》⋯⋯⋯⋯⋯⋯⋯⋯⋯⋯⋯蓝仁哲

台湾诗人十二家

举螯的蟹⋯⋯⋯⋯⋯⋯⋯⋯⋯⋯⋯⋯流沙河
诗歌知识讲座（第三讲）：
诗的想象美⋯⋯⋯⋯⋯⋯⋯⋯⋯⋯⋯张同吾

诗人书简

公木同志给本刊编者的信
郭老谈诗的一封信
（附：彭桂蕊先生关于这封信的回忆）
我们的名字是星星——《星星》创刊史话⋯⋯⋯辛　心
《星星》创刊 25 周年　成都诗友集会座谈

读者·作者·编者

封面设计⋯⋯⋯⋯⋯⋯⋯⋯⋯⋯⋯⋯雷贞恕
三峡云雾（铜版画）⋯⋯⋯⋯⋯⋯⋯尹　琼
浴后（摄影）⋯⋯⋯⋯⋯⋯⋯⋯⋯⋯高　原

1982 年第 5 期　刊名:《星星》
目录

纪念《在延安文艺座谈会上的讲话》发表 40 周年
英雄儿女组歌——献给四川省革命残废军人
英雄的诗和我的歌⋯⋯⋯⋯⋯⋯⋯⋯培　贵
战士·妻子·女儿⋯⋯⋯⋯⋯⋯⋯⋯李北兰
单翅之歌（外一首）⋯⋯⋯⋯⋯⋯⋯嘉　嘉
生命·信念·启示（二首）⋯⋯⋯⋯徐国志
他们⋯⋯（二首）⋯⋯⋯⋯⋯⋯⋯⋯熊远柱
元帅与士兵（二章）⋯⋯⋯⋯⋯⋯⋯王敦贤
龙藏寺古柏（外一首）⋯⋯⋯⋯⋯⋯柯愈勋
战士和他的眼睛（外一首）⋯⋯⋯⋯李　钢
手摇车，摇着乡野的黎明⋯⋯⋯⋯⋯徐　康

大地春暖

啊，家乡（组诗）⋯⋯⋯⋯⋯⋯⋯⋯张朝晖
农村，今天的歌（三首）⋯⋯⋯⋯⋯于振海
强二叔新传（组诗）⋯⋯⋯⋯⋯⋯⋯陈洪泽

小山庄的小诗（八首）⋯⋯⋯⋯⋯⋯冯恩昌
山东临朐诗页
醒了呵，山村（二首）⋯⋯⋯⋯⋯⋯张来信
家乡风俗（二首）⋯⋯⋯⋯⋯⋯⋯⋯王延庆
他的话引起我深深嫉妒⋯⋯⋯⋯⋯张中海
故乡的老槐树（外一首）⋯⋯⋯⋯傅绍霞
刻在中都城的城砖上⋯⋯⋯⋯⋯⋯李凤山
春天，在乡村（三首）⋯⋯⋯⋯⋯刘允嘉
深深的山沟（五首）⋯⋯⋯⋯⋯⋯廖公弦
故乡行（二首）⋯⋯⋯⋯⋯⋯⋯⋯任耀庭
盛开吧，科学的奇葩⋯⋯⋯⋯⋯⋯李金安
工厂变奏曲（二首）⋯⋯⋯⋯⋯⋯曲庆玮
煤海诗韵（二首）⋯⋯⋯⋯⋯⋯⋯鹿 强
立体交叉桥⋯⋯⋯⋯⋯⋯⋯⋯⋯⋯王燕生
组装曲⋯⋯⋯⋯⋯⋯⋯⋯⋯⋯⋯⋯赵中森
冶铀厂之夜（外一首）⋯⋯⋯⋯⋯李华丰
大凉山诗草（三首）⋯⋯⋯⋯⋯⋯陈元通
森林抒情诗（三首）⋯⋯⋯⋯⋯⋯张 伟
江南春雨（外一首）⋯⋯⋯⋯⋯⋯丁 芒

女作者之页

给我吉祥的风⋯⋯⋯⋯⋯⋯⋯⋯⋯李 琦
死（外二首）⋯⋯⋯⋯⋯⋯⋯⋯⋯鲁 萌
草原小夜曲（四首）⋯⋯⋯⋯阿拉坦托娅
川藏线行（二首）⋯⋯⋯⋯⋯⋯⋯马丽华
我走了⋯⋯⋯⋯⋯⋯⋯⋯⋯⋯⋯⋯韩 霞
故乡⋯⋯⋯⋯⋯⋯⋯⋯⋯⋯⋯⋯⋯蒯凤洁
绿叶颂⋯⋯⋯⋯⋯⋯⋯⋯⋯⋯⋯⋯夏 嘉
月下（外一首）⋯⋯⋯⋯⋯⋯⋯⋯林 珂
启明星（外一首）⋯⋯⋯⋯⋯⋯⋯曹 静
短歌长吟⋯⋯⋯⋯⋯⋯苏 冬 贾平凹 朱 彻
赵 伟 汤祥川 樊发稼 张励志 陈慧瑛 田闻一
雷 奔 郭宝臣 李坚毅 黄 淮 文 丙 叶 簇
昂旺·斯丹珍 顾国华
还乡诗草⋯⋯⋯⋯⋯⋯⋯⋯⋯⋯⋯吴丈蜀
凤凰台上忆吹箫⋯⋯⋯⋯⋯⋯⋯⋯刘 征
川江行（二首）⋯⋯⋯⋯⋯⋯⋯⋯郑临川
五绝二首⋯⋯⋯⋯⋯⋯⋯⋯⋯⋯⋯王古泽
诗歌知识讲座（第四讲）
诗的表现手法⋯⋯⋯⋯⋯冯中一 宋乐永
诗歌习作修改专栏⋯⋯⋯⋯⋯袁运钧 文 过
诗人通讯（二则）⋯⋯⋯⋯⋯唐 祈 邹荻帆

台湾诗人十二家

忧船的鼠⋯⋯⋯⋯⋯⋯⋯⋯⋯⋯⋯流沙河
奖掖新秀 注重诗美——读"星星诗歌创作奖"获奖
诗作随想⋯⋯⋯⋯⋯⋯⋯⋯⋯⋯⋯竹亦青
话说今日诗坛⋯⋯⋯⋯⋯⋯⋯⋯⋯辛 心
封面设计⋯⋯⋯⋯⋯⋯⋯⋯⋯⋯⋯雷贞恕

庭院小趣（水印木刻）⋯⋯⋯⋯⋯甘庭俭
插秧（摄影）⋯⋯⋯⋯⋯⋯⋯⋯⋯高 原
本期新刊题花作者
⋯⋯⋯⋯沈延祥 向际纯 牟康华 陈尔泰

1982 年第 6 期   刊名:《星星》
目录

新星

不！我不沉迷于历史的记忆⋯⋯⋯王泽群
小草（组诗）⋯⋯⋯⋯⋯⋯⋯⋯⋯翟永明
窗（外一首）⋯⋯⋯⋯⋯⋯⋯⋯⋯廖亦武

江山如画

乡村里的歌（四首）⋯⋯⋯⋯⋯⋯马及时
在熊猫的故乡（组诗）⋯⋯⋯⋯⋯张大成
老区掇拾（二首）⋯⋯⋯⋯⋯⋯⋯赵 伟
江上长墙铭⋯⋯⋯⋯⋯⋯⋯⋯⋯⋯徐式文
铁路工程队诗钞（三首）⋯⋯⋯⋯李加建
写在故乡的土地上（三首）⋯⋯⋯李武兵
歌行湘西（四首）⋯⋯⋯⋯⋯⋯⋯陆 棨
月城的阳光（二首）⋯⋯⋯⋯⋯⋯陆 棨
寻诗锦官城（三首）⋯⋯⋯⋯⋯⋯筱 烟
女子信号台⋯⋯⋯⋯⋯⋯⋯⋯⋯⋯冉 庄

小叙事诗

唐山一户人家⋯⋯⋯⋯⋯⋯⋯⋯⋯刘晓滨
"时髦"者及其父辈们⋯⋯⋯⋯⋯⋯康 平
长江，梦的主题（三首）⋯⋯⋯⋯汤世杰
我爱在喧哗中沉默（外二首）⋯⋯顾 工
奔马（外二首）⋯⋯⋯⋯⋯⋯⋯⋯晓 刚
轨道⋯⋯⋯⋯⋯⋯⋯⋯⋯⋯⋯⋯⋯昌 耀
信念⋯⋯⋯⋯⋯⋯⋯⋯⋯⋯⋯⋯⋯石天河
谈何其芳的诗⋯⋯⋯⋯⋯⋯⋯⋯⋯唐 湜
我生产美（外二首）⋯⋯⋯⋯⋯⋯龙 郁
给妻子（外一首）⋯⋯⋯⋯⋯⋯⋯柴与言

大朋友唱给小朋友的歌

孩童之道（四首）⋯⋯⋯⋯⋯⋯⋯金晓玲
霞光，在花瓣上流（二首）⋯⋯⋯王德芳
月牙船⋯⋯⋯⋯⋯⋯⋯⋯⋯⋯⋯⋯佟希仁
冰下的秘密（外一首）⋯⋯⋯⋯⋯武兆强
当我第一次背上小书包⋯⋯⋯⋯⋯柳 渡
童心小集⋯⋯⋯⋯⋯⋯⋯⋯⋯⋯⋯雪 兵
小风车一排排（外一首）⋯⋯⋯⋯喻德荣
礼物⋯⋯⋯⋯⋯⋯⋯⋯⋯⋯⋯⋯⋯关登瀛

爱的琴弦

沉默（外二首）——————————马恒祥

我心中有一支歌（三首）————黄东成

我走了（外一首）——————————高伐林

广西情歌——————————————柯 炽辑

三峡红叶——————————————李道林

白手——黑手（三部曲）

——————［希腊］约尼斯·古促赫拉斯 三 仁译

诗歌习作修改专栏————文 过 赵雪勤 韩 霞

诗人介绍

别忘了诗人曹葆华——————————方 敬

曹葆华诗选刊

革命诗人佳话

蓝蒂裕的遗嘱————————————林 彦

台湾诗人十二家

哀叫的鸟—————————————流沙河

不撤退者的青铜群像

——诗集《黎明的呼唤》代序————公 刘

话说今日诗坛（续完）————————辛 心

读者·作者·编者

征求"星星之友"启事

秋色（水印木刻）———————————阿 鸽

足迹（木刻）————————————彦 冰

水牛（铜版画）———————————尹 琼

本期新刊题花作者

——————牟康华 刘民超 刘维理 陈尔泰 冷朝志

1982 年第 7 期 刊名:《星星》
目录

新星

呵！永远明亮的心—————————王德芳

建设的旋律（二首）————————王华东

对衰老的回答————————————周 涛

我卧在萌动的土地上（组诗）————张德强

中国，正在植树————————————晓 蕾

昨夜，那个绿色的梦————————李野光

我是火—————————————————药 汀

你眺望流血的夕阳————————高 深

葡萄（外一首）———————————唐 祈

拆迁户（外一首）——————————徐城北

诗苑草（二首）———————————青 勃

农村速写（二首）——————————白 峡

留在草地的足印（二首）—————蓝 疆

萤火虫及星星的随想————————鄢家发

大山呵（外一首）——————————尧山壁

车过华北平原（外一首）—————林 希

敦煌（二首）————————————林 染

走马黄河故道（外一首）—————胡 笛

皖行吟草（四首）——————————刘 章

山与雷（外一首）——————————王维洲

桃金娘——————————————韦其麟

蒲公英的回忆（外二首）—————张新泉

密码——————————————————刘 滨

好诗三百首

题油画《月夜》（外三章）————王尔碑

生活赞歌

乌蒙情（组诗）———————————吴 天

邻居（外二首）———————————朱 涛

县委救生筏—————————————吴延松

共产党人的财富（二首）—————马世举

雨中（外三首）———————————袁永庆

乡亲（二首）————————————萧振荣

第一汽车厂诗情（三首）———赵鹏万 刘允章

寄自边防检查站（二首）—————张永权

铁路春早（二首）——————————董遂廷

车床工——————————————陈学名

浅刺集

五君咏——————————————————一 戈

如此"突击手"（外一首）—————李启云

回声——————————————————叶弦鸣

患者爱服病假单——————————碧 春

打座——"办公"剪影之一—————熊俊桥

我们工厂里有一幅漫画————尹安贵

选择与其他————［美］尼基·乔万尼 邹 绛译

诗歌讨论栏

失恋（二首）————————————林 路

诗歌欣赏

王独清诗二首————————————周良沛注解

李金发诗一首————————————周良沛注解

诗歌知识讲座（第五讲）：

新诗六十年————————————————文 过

台湾诗人十二家

孤吟的虎—————————————流沙河

谈孔孚的山水诗——————————袁忠岳

小·哲理·诗——小哲理诗漫评————杨汝纲

五音相喧 七彩纷呈

——杜甫诗歌艺术美琐谈·············王岳川

诗讯
四川召开"乐山诗会"
"北碚诗会"讨论傅天琳的诗
自贡市群众艺术馆举办诗歌、报告文学创作学习班

读者·作者·编者
放牧图（中国画）·················方增先
漓江晨雾（中国画）·················孙克纲
本期新刊题花作者·········阿尔泰　徐向北　胡炳泉

1982 年第 8 期　刊名:《星星》

目录

乐山诗会诗选
诗的女神·······················方　敬
文明村纪事（五首）···············冯恩昌
我骄傲（外二首）·················何吉明
相会在凌云山上（三首）···········唐大同
乐山诗会纪事（五首）·············白　航
在重庆（外一首）·················傅天琳
龚嘴水电站行吟···················李加建
埋着头的向日葵···················姜华令
热情奏鸣曲（四首）···············杨永年
小诗四首·······················宋学镰
哎，我白色的太阳伞···············徐国志
开拓者·························柯愈勋
田园牧歌（四首）·················华万里
钥匙·························余薇野
金顶云海（外一首）···············渭水
风···························蓝幽
杜鹃花·························米思及
少女的太阳（外一首）·············叶笛
爆竹花·························梁如云
杂咏三首·······················戴安常

士兵之歌
哦，士兵·······················马合省
扣林风景（二首）·················纪学
飞过"十八盘"（外一首）···········王知十
将军和他的战刀···················权江
水兵抒情诗（七首）···············张卫星
哨兵的脚窝·····················孙常志
假日（二首）·····················郁林
大海行（三首）···················谢其规
病房纪事（外一章）···············杨炼
桥···························路翎

春，实实在在来了·················阿红
嘉陵江掠影（二首）···············中流
叠溪海（外一首）·················宁宇
洛河风情（二首）·················贺星寒
盼……························丛兰
字钉的歌·······················沈镇
锚（外二首）·····················古继堂
一颗螺丝钉的故事（外一首）·········梁小斌
歌（外三首）·····················习鸣
古镇小街（外一首）···············刘允嘉
处女林·························卫世平
石狮（外二首）···················遥遥
人民广场遇见（外一首）···········裘小龙
爱的琴弦·······················红路
蔡　明　张存智　姜望霞　王大平　赵政民　欣放
陈树民　李萌　刘小放　叶坪
新花丛·········王锡才　易浩　胡益平措
大学生之歌·····················董宇峰
景娃　宁静　才树莲　湘女　抒真
弗洛斯特诗五首·········余正译　任治稷校

台湾诗人十二家
跳跃的鹿·······················流沙河

诗人谈诗
小楼昨夜·······················邹荻帆
诗的可解与不可解·················竹亦青
诗的"别趣"美···················陈世明
（诗讯）贵州省召开诗歌创作座谈会·····锐
应征"星星之友"注意事项
诗人艾青在故乡（照片）···········余子力
山珍珠（中国画）·················贾平西
本期新刊题花作者
·········向际纯　陈尔泰　邹延白　沈延祥　胡炳泉

1982 年第 9 期　刊名:《星星》

目录

田塍，我重迭延伸的脚印（外二首）·····陈所巨
烫发的农妇（外二首）·············熊远柱
铁水，在晨光中闪烁（外一首）·······刘希涛
中国当代的一个家庭···············雁翼
大江东去（二首）·················寒星
川西平原（外一首）···············姜金城
墙···························高加索
相思·························黎焕颐
我不愿（外二首）·················曹静

曙光 .... 木 斧
往事和我（外一首） .... 张 长
关于表（外一首） .... 李松涛
故乡夜写意（外一首） .... 魏志远
书室春思（三首） .... 朱文根
建筑者群像（三首） .... 马及时
搅拌机，在我的窗口唱歌 .... 刘登翰
狂想曲（外三首） .... 廖亦武
系纱巾（外二首） .... 金克义
巴山茶店（外二首） .... 张宣强
织 .... 曾永昌
我的题目：前进 .... 老 圃
高山气象站除夕 .... 邹学顺
香港工厂小诗（三首） ....（中国香港）王心果
寒夜等地铁 .... 程步奎

新星
黑色的光焰（组诗） .... 周嘉堤
乡井诗篇（四首） .... 冯麟煌
在斯诺的画像上（三首） .... 郭良原
小诗一束 .... 郭本华
民族小曲 .... 阿拉坦托娅
饶阶巴桑 段 婴 李华飞 万以诚 罗定金 汪承
栋 张 央 高继恒 高景茂 苏连科

散文诗
掀开世界画册（三章） .... 许 淇
知音（外一首） .... 耿林莽
我的世界（外一章） .... 纪 川
南方，我给你留下绵绵的思念 .... 曾小嘉

山河多娇
西沙诗笺（二首） .... 郑 南
夜行（外一首） .... 潘万提
天山之恋（外一首） .... 喻 晓
洞庭暮色 .... 崔合美
登"二七"纪念塔 .... 张 胜
夜，南宁 .... 于 克
二连：世界恐龙之墓 .... 霍 龙
九江情（外一首） .... 李本德

小叙事诗
收获季节 .... 刘瑞祥
羚羊泉 .... 桑 原

乡情
家书 ....（中国台湾）廖 群
母亲 .... 林 外

我寻找南郭的琴 .... 白 蒂
番薯香 .... 吴清玉
海峡的乐章（二首） .... 于宗信
儿童诗 .... 梁 芒 刘元元 刘梦琳
诗歌欣赏：裴多菲的《我愿意是树……》赏析
.... 李家国
诗歌知识讲座：诗的语言美 .... 燕 白
台湾诗人十二家：飞逃的鹤 .... 流沙河
诗神永远年青——读方敬《拾穗集》 ...... 吕 进
形象——感情的典型化 .... 曾 阅
读者·作者·编者：关于《神农》的讨论
五骏图（中国画） .... 刘勃舒
织女（中国画） .... 娄家本
本期新刊题花作者
.... 刘维理 向际纯 牟康华 陈尔泰 胡炳泉

1982 年第 10 期　刊名：《星星》
目录

从十月起步 .... 杨 牧
醒来的土地（三首） .... 张显华
大地（三首） .... 张中海
我顶替 .... 郑宝富
彩带（三首） .... 张 克
寄"情报公司"经理 .... 穆倍贤
汽车站牌下 .... 高立林
我是测桩 .... 黄 宏

散文诗
复活的阳光（三章） .... 耿林莽
银铃集 .... 朱 健
世界 .... 杜建国
捕捉（外一章） .... 梁彬艳
小雪花的梦（外一章） .... 秋 原
我法国梧桐，在冬天（外一章） .... 余薇野
桑树（外一章） .... 孔 林
嘉州三章 .... 罗亨长
塔（外一章） .... 陈志泽
丹桔 .... 凌文远
玫瑰的花环 .... 曹汉俊
雄波滔滔（外一首） .... 王辽生
叶化石 .... 扬 禾
咏花三首 .... 石天河
熔炼断想 .... 刘国萍
还记得 .... 涂光群

女作者诗页
我的小村庄 .... 董佳佳

河西走廊行（三首）．．．．．．．．．．．．．．．陈佩芸
上都怀古（三首）．．．．．．．．．．．．．阿拉坦托娅
春．．．．．．．．．．．．．．．．．．．．．．．冯霞
鸽子花集（三首）．．．．．．．．．．．．．．．骆晓戈
一片纯真的云彩（组诗）．．．．．．．．．．．翟永明
飘洒的雨滴（四首）．．．．．．．．．．．．．陈春琼
致友人（三首）．．．．．．．．．．．．．．．．．林子
在田野（三首）．．．．．．．．．．．．．．．．青鸟
写给她．．．．．．．．．．．．．．．．．．．曹安娜
大朋友唱给小朋友的歌．．．．．．．．．．．．樊发稼
金波 任金享 王艳丽 余系中 梁平

短歌长吟
北京情思（三首）．．．．．．．．．．．．．．．古继堂
鸽哨．．．．．．．．．．．．．．．．．．．．王中朝
小村（四首）．．．．．．．．．．．．．．．．陈玉坤
一根琴弦断了．．．．．．．．．．．．．．．．．沈镇
访"鲁艺"礼堂．．．．．．．．．．．．．．．．和谷
内心独白．．．．．．．．．．．．．．．．．．．伊萍
抒情诗四首．．．．．．．．．．．．．．．．．．张伟
春天短歌．．．．．．．．．．．．．．．．．．．黄敏
杨柳（外一首）．．．．．．．．．．．．．．．郑江涛
桦笺．．．．．．．．．．．．．．．．．．．．．黄异
春晨．．．．．．．．．．．．．．．．．．．．陈慧瑛
青年诗人熊远柱同志逝世．．．．．．．．．．．．．言
悼诗友 Y.Z．．．．．．．．．．．．．．．．．．培贵

诗歌欣赏
刘大白诗二首．．．．．．．．．．．．．．周良沛注解
卞之琳诗二首．．．．．．．．．．．．．．周良沛注解
艾青《访马克思故居》赏析．．．．．．．．．．李家国

台湾诗人十二家
抗议的鸡．．．．．．．．．．．．．．．．．．流沙河
读《对衰老的回答》．．．．．．．．．．．．．．公刘
余薇野的内部讽刺诗．．．．．．．．．．．．．．吕进
新诗要有时代精神．．．．．．．．．．．．．龙炘成
关于《失恋》的讨论．．．．．．．．．．．戴左航等
《诗讯》二则
屈原（中国画）．．．．．．．．．．．．．．．．杨莎
丰收（石版画）．．．．．．．．．．．．．．．邵常毅
本期新刊题花作者．．．．．．徐向北 沈延祥 吕学海

1982 年第 11 期 刊名:《星星》

目录

时光．．．．．．．．．．．．．．．．．．．．．贾漫

天府诗会
乡村抒情诗（四首）．．．．．．．．．．．．．余以建
记忆的歌（三首）．．．．．．．．．．．．．．．陈萱
橱窗前，有一位农村大娘（外一首）．．．．．．培贵
北京抒情（二首）．．．．．．．．．．．．．．．徐康
茅台酒歌（三首）．．．．．．．．．．．．．．．陈犀
梦．．．．．．．．．．．．．．．．．．．．．陈嘉泉
回忆与思考（二首）．．．．．．．．．．．．．．黄整
火把节的大街（三首）．．．．．．．．．．．．．蓝疆
宜宾，我已醉（外一首）．．．．．．．．．．．．沈重
月儿的故乡（外一首）．．．．．．．．．．．．陈浩记
我思念着白云（四首）．．．．．．．．．．．．唐大同
剧场速写（二首）．．．．．．．．．．．．．．李加建
小鸟（外二首）．．．．．．．．．．．．．．．吉慧明
中年拾趣（二首）．．．．．．．．．．．．．．柴与言
蓝色的飞翔（外一首）．．．．．．．．．．．．．鸽子
电机竞转．．．．．．．．．．．．．．．．．．刘江生
他睡在长江边上．．．．．．．．．．．．．．．张新泉
大佛随笔．．．．．．．．．．．．．．．．．．张大成
东坡塑像．．．．．．．．．．．．．．．．．．．蓝幽
相逢．．．．．．．．．．．．．．．．．．．．．杨然
试题．．．．．．．．．．．．．．．．．．．回光时
芽（外一首）．．．．．．．．．．．．．．．．．海梦
呵！磨擦．．．．．．．．．．．．．．．．．．．龙郁
奇丽的婚礼．．．．．．．．．．．．．．．．．．白汀

新星
祖国，请听我答辩．．．．．．．．．．．．．．．张华
心的歌吟（三首）．．．．．．．．．．．．．．．范明
赤壁（外二首）．．．．．．．．．．．．．．．柯于明
雪融（外三首）．．．．．．．．．．．．．．．．雪影
他有了立体的名字．．．．．．．．．．．．．．陈显荣
告别．．．．．．．．．．．．．．．．．．．．林贤治
无题抒情（二首）．．．．．．．．．．．．．．刘湛秋
草芽．．．．．．．．．．．．．．．．．．．．曾伯炎
我的刺刀闪闪亮（外一首）．．．．．．．．．．廖代谦
带响的羽翅．．．．．．．．．．．．．．．．．陈文和
有朋自远方来（外一首）．．．．．．．．．．．．辛苗
学步桥听笑．．．．．．．．．．．．．．．．．柴德森
《蒙娜丽莎》．．．．．．．．．．．．．．．．陈应松

山河多娇
渤海掇拾（五首）．．．．．．．．．．．．．．．孔孚

海峡中秋⋯⋯⋯⋯⋯⋯⋯⋯⋯⋯⋯⋯⋯陈瑞统
江南之诗（四首）⋯⋯⋯⋯⋯⋯⋯⋯⋯李霁宇
黄山随想曲（三首）⋯⋯⋯⋯⋯⋯⋯⋯晏 明
云岭采风（三首）⋯⋯⋯⋯⋯⋯⋯⋯⋯张永权
我是探海石⋯⋯⋯⋯⋯⋯⋯⋯⋯⋯⋯⋯阮大华
走场放牧的姑娘回来了⋯⋯⋯⋯⋯⋯⋯贾 勋
短歌长吟⋯⋯⋯⋯⋯⋯⋯⋯⋯⋯⋯⋯⋯塞 风
艾 丹 叶 笛 方 晴 袁冬苇 鲁心兰 缪国庆
崔笛扬 周志强 罗 巴 张励志 王玉吉 王 野
诗二首⋯⋯⋯⋯⋯⋯⋯⋯⋯⋯⋯⋯⋯⋯柳 倩
古韵吟新（三首）⋯⋯⋯⋯⋯⋯⋯⋯⋯杨钟岫
滇中行吟（二首）⋯⋯⋯⋯⋯⋯⋯⋯⋯碎 石
题江油李白纪念馆⋯⋯⋯⋯⋯⋯⋯⋯⋯李国瑜

诗歌欣赏
刘半农诗二首⋯⋯⋯⋯⋯⋯⋯⋯⋯周良沛注解
冯雪峰诗二首⋯⋯⋯⋯⋯⋯⋯⋯⋯周良沛注解
关于《做梦的蝶》的通信

台湾诗人十二家
浪游的鱼⋯⋯⋯⋯⋯⋯⋯⋯⋯⋯⋯⋯⋯流沙河
一片天蓝色的翎羽——评王尔碑的诗⋯钟 文
从诗的两种不同的极至论谈起⋯⋯⋯⋯马立鞭
（诗讯）

读者·作者·编者
陇西秋牧（木刻）⋯⋯⋯⋯⋯⋯⋯⋯⋯谢梓文
柏树村（木刻）⋯⋯⋯⋯⋯⋯⋯⋯⋯⋯莫 测
羌寨（石刻）⋯⋯⋯⋯⋯⋯⋯⋯⋯⋯⋯朱时昔
本期新刊题花作者⋯⋯⋯⋯沈延祥 邹延白 徐向北

1982 年第 12 期　刊名:《星星》
目录

李冰太守夜巡歌⋯⋯⋯⋯⋯⋯⋯⋯⋯⋯公 刘

今日的乡村
今日的乡村（三首）⋯⋯⋯⋯⋯⋯⋯⋯赵 伟
小镇上的蒙娜丽莎（外二首）⋯⋯⋯⋯刘晓滨
农家情（组诗）⋯⋯⋯⋯⋯⋯⋯⋯⋯⋯王耀东
致富曲（三首）⋯⋯⋯⋯⋯⋯⋯⋯⋯⋯何吉明
萦绕山巅的云（外三首）⋯⋯⋯⋯⋯⋯李宪中
山乡风情（三首）⋯⋯⋯⋯⋯⋯⋯⋯⋯马芳亭
我的村庄（二首）⋯⋯⋯⋯⋯⋯⋯⋯⋯王延庆
绣花手帕（外二首）⋯⋯⋯⋯⋯⋯⋯⋯伍权民

新星
田野上的沉思⋯⋯⋯⋯⋯⋯⋯⋯⋯⋯⋯马及时

我是一颗水滴⋯⋯⋯⋯⋯⋯⋯⋯⋯⋯⋯刘北平
盼⋯⋯⋯⋯⋯⋯⋯⋯⋯⋯⋯⋯⋯⋯⋯⋯王 玮
我爱，故我生活（三首）⋯⋯⋯⋯⋯⋯麦 浪
谒包公祠⋯⋯⋯⋯⋯⋯⋯⋯⋯⋯⋯⋯⋯张承信
我骄傲⋯⋯⋯⋯⋯⋯⋯⋯⋯⋯⋯⋯⋯⋯柴与言
三峡十四行三首⋯⋯⋯⋯⋯⋯⋯⋯⋯⋯蔡其矫
蜜蜂飞走了⋯⋯⋯⋯⋯⋯⋯⋯⋯⋯⋯⋯廖光源
希望的星群⋯⋯⋯⋯⋯⋯⋯⋯⋯⋯⋯⋯商子秦
夏天里的冬天（外二首）⋯⋯⋯⋯⋯⋯胥忠国
赠友人（三首）⋯⋯⋯⋯⋯⋯⋯⋯⋯⋯叶延滨
纤夫的独白⋯⋯⋯⋯⋯⋯⋯⋯⋯⋯⋯⋯曾维明
沉思（三首）⋯⋯⋯⋯⋯⋯⋯⋯⋯⋯⋯鄢家发
河边草青青（外一首）⋯⋯⋯⋯⋯⋯⋯雪 影
老菩提树的梦（外一首）⋯⋯⋯⋯⋯⋯曹汉俊
辙迹⋯⋯⋯⋯⋯⋯⋯⋯⋯⋯⋯⋯⋯⋯⋯雪 晴
孩子的启示⋯⋯⋯⋯⋯⋯⋯⋯⋯⋯⋯⋯黄德齐
蚕思（外一首）⋯⋯⋯⋯⋯⋯⋯⋯⋯⋯缪国庆
新星⋯⋯⋯⋯⋯⋯⋯⋯⋯⋯⋯⋯⋯⋯⋯阎受鹏

爱的琴弦
复活的琴声（三首）⋯⋯⋯⋯⋯⋯⋯⋯周嘉堤
我是（三首）⋯⋯⋯⋯⋯⋯⋯⋯⋯⋯⋯徐建成
一张自己的照片（外一首）⋯⋯⋯⋯⋯周芳华
赠（外一首）⋯⋯⋯⋯⋯⋯⋯⋯⋯⋯⋯谢克强
爱之歌⋯⋯⋯⋯⋯⋯⋯⋯⋯⋯⋯⋯⋯⋯于 沙
致JY（外一首）⋯⋯⋯⋯⋯⋯⋯⋯⋯⋯赵 飞
藏族情歌（五首）⋯⋯⋯⋯⋯⋯意西泽仁搜集整理
达赖六世情歌⋯⋯⋯⋯⋯⋯⋯⋯尹明举搜集整理

散文诗
壮哉，巴蜀石林⋯⋯⋯⋯⋯⋯⋯⋯⋯⋯嘉 嘉
石林遐想（二章）⋯⋯⋯⋯⋯⋯⋯⋯⋯刘旭光
星·萤⋯⋯⋯⋯⋯⋯⋯⋯⋯⋯⋯⋯⋯⋯木 斧
我的乳名：针儿⋯⋯⋯⋯⋯⋯⋯⋯⋯⋯赵万里
妈妈说，你叫月亮（外一章）⋯⋯⋯⋯商叔航
磷火（外一首）⋯⋯⋯⋯⋯⋯⋯⋯⋯⋯赵 敏
爱之路（二章）⋯⋯⋯⋯⋯⋯⋯⋯⋯⋯柴燕蒲
翅膀（外一章）⋯⋯⋯⋯⋯⋯⋯⋯⋯⋯肖 敏
两朵相思的浪花⋯⋯⋯⋯⋯⋯⋯⋯⋯⋯梁 平
山草啊，山草⋯⋯⋯⋯⋯⋯⋯⋯⋯⋯⋯李朝晖
短歌长吟⋯⋯⋯⋯⋯⋯张雪杉 施春彩 闻 笛 程鹏娟
周贵祥 王松青 冯 霞 杨献瑶 魏久环 李英明

诗歌欣赏
火一般的悲愤——介绍巴金早期的诗作⋯⋯郑贺牧
巴金早期发表的新诗选

台湾诗人十二家
流泪的鲸⋯⋯⋯⋯⋯⋯⋯⋯⋯⋯⋯⋯⋯流沙河

突破，各人的门槛各人迈——西窗诗话··········阿 红
小镇一角（木刻）··········吴小葵
阳光（套色木刻）··········李海燕
奶香（油画）··········冯文彪
本期新刊题画作者··········邹延白 陈尔泰

1983 年第 1 期　刊名：《星星》
目录

妈妈（小叙事诗）··········杨争光
写在收获的乡野上（组诗）··········于振海
乡村趣话（三首）··········梁如云
四季歌··········沈 宁

多彩的生活
野玫瑰（组诗）··········杨 牧
西南边境线（三首）··········熊召政
风景（外一首）··········李小雨
茧手··········李松涛
我有两片树林··········张学梦
新栽的夹竹桃··········刘希涛
砂轮·刀具·我··········聂鑫森
我起吊（外一首）··········昌文秀
纺车··········韩 云
月票，我的护照（外一首）··········何昌正
原野上，走着一个青年（外一首）··········李希容
种月季花的老人（外一首）··········曾祥麟
薄膜大棚··········崔立兴

山南海北
海韵（组诗）··········李凤山
湘西写意··········崔合美
寄情大凉山（组诗）··········陆 柴
天山画页（三首）··········高炯浩
嘉峪关城楼（外一首）··········林 染
吹不破的茅屋（外二首）··········扬 树
瀑布··········徐敬亚
峨眉望月（外一首）··········谭 槽
峨眉山色（三首）··········吴中进
武夷九曲溪··········黄文忠
大海放歌（二首）··········浪 波
鹤乡图（外一首）··········李凤清
发掘口（外一首）··········李黔滨

我的探索
祖国：儿子们的年代（组诗）··········廖亦武
大漠·骆驼·城市（组诗）··········阳 飏
抒情诗二首··········李 钢

那是冬天的黄土路（外一首）··········顾 城
鸽哨（外一首）··········陈仲义

讽刺诗
辣椒小集（四首）··········方小云
小辣椒（二首）··········余薇野
生活趣闻录（四首）··········笑笑生

短歌长吟··········左一兵 冯庆川
庞颖洁 李占学 何 仃

诗友通讯再谈谈民歌——读诗随想··········公 木
一种脱离生活的倾向··········姚振函

《星星》和我
星光，温暖的星光··········林 希
不能忘记··········肖镜川

写诗十二课
选题··········流沙河
东西南北——读诗漫拾··········杨汝纲

诗人行踪
艾青与"火车诗社"··········周红兴

星星楼说诗
诗人都来抵制不正之风··········辛 文

读者·作者·编者
封面设计··········陈尔泰
风（雕塑）··········余志强
春律（中国画）··········赖深如
本期新刊题花作者··········陈尔泰 邹延白 徐向北

1983 年第 2 期　刊名：《星星》
目录

唱给农村的歌
我是青年农民··········范 源
在农村公共汽车上··········陈所巨

新星
夏天（三首）··········钟 鸣
一代纤夫的雕像··········张 毅
献给巴黎公社的旗帜··········林贤治
在公共汽车上（外一首）··········蔡应律

菊花诗会

问菊（外一首）·········唐宋元
画菊（外一首）·········木　斧
我的大脑和我（外一首）·······杨汝纲
瞳孔············陈浩记
工地情长（三首）········贺星寒
黄昏中（外一首）········杜旭东
百灵鸟（二首）·········王志杰
高粱地里一条小道········任耀庭
竹篮············袁永庆
访绿洲八糖厂··········胡　笛
晶黑的眼珠（外二首）·······黎正光
山中············刘允嘉
内江的雨···········陈禄明
日归············傅　耕
菊花诗会絮语·········絮　飞

小叙事诗

巫山神女···········晓　雪
钢厂行（二首）·········武兆强
在纳木湖望第三女神·······黎焕颐
菩萨面前（外二首）····（彝族）吴琪达拉
别情（外二首）·········程建强
我的童年···········倩　晴
沙漠············查　干
我忆念的山村（外一首）······刘益善
峨眉诗（外一首）········孙跃东

大学生之歌

诗五首············钱叶用
早晨，我走向图书楼·······周同馨
城市在连夜施工········周伟林
和太阳对话（外一首）·······许德民
台湾啊，我的红豆········吴　笛
人间（外一首）·········金　璎
石林二章···········于　坚
永恒的童年（外一首）······周国平
除夕············山　岚
妈妈，放开我吧（外二首）·····孙家林

散文诗

向往（外三章）·········陆政英
初生的世界··········申家平
卵石的怀念··········湛　卢
雨云（外二章）·········耿林莽
原野牧歌（外一章）·····李芳洲　秦毓济
短歌长吟·········王式俭　刘长生
　　陈官煊　郭同旭　张忠友

写诗十二课

结胎············流沙河

诗友通讯

美在力度——与友人书·······杨匡汉
形象·生活·理想——也谈《水手刀》·····梁小斌

《星星》和我

我在《星星》工作的时候······白　峡
遥远而亲切的星光········浪　波
新诗例话十题（上）
——评《星星》诗刊部分······罗良德

星星楼说诗

请到中流击水·········史　白
封面设计··········陈尔泰
严冬过尽绽春蕾（中国画）（封一）·····邱笑秋
春华（油画）（封一）·······王善亨
本期新刊题花作者······陈尔泰　徐忠杰

1983 年第 3 期　刊名:《星星》
目录

新星

塞上，我富庶之乡（组诗）·····王　庆
遥远的回声（三首）·······薛卫民
中国，我走来了········李虹辉
从世纪的边缘向这里眺望······唐元峰

三月梅花香——女作者诗页

大草原的梦（组诗）·······韩　霞
生日的晚上（外一首）······王小妮
行云（外一首）·········王尔碑
给他（七首）·········林　子
编后语

爱的琴弦

给她············李忠利
水塘的梦···········苏　敏
假如（外一首）·········石　娟
我们就这样地走········朱治平
昨天情弦上的低旋律·······戴安常
我愿············郑兆辉
海恋············凌文远
和诗八首···········黄　陂
永远也不要来
·······[保加利亚]丽·斯德番诺娃　叶君健译
赵丽宏诗选（七首）

吟余随想⋯⋯⋯⋯⋯⋯⋯⋯⋯⋯赵丽宏
在紧凑中要求变化——读赵丽宏诗随想⋯⋯⋯竹亦青

小叙事诗
掰琴⋯⋯⋯⋯⋯⋯⋯⋯苏 藤 鲁 青
小松鼠拔牙（外一首）⋯⋯⋯⋯⋯高洪波
短歌长吟⋯⋯⋯周伦佑 李加建 张小敏
叶 簌 李仁玉 赵有儒 圣 野 佘朝明 鲁谷风
屈文焜 童嘉通 赵晓义 张忠友 里 沙 何 鹰
况明先 黄万里 徐国志
在山中（四首）⋯⋯⋯⋯⋯⋯⋯廖公弦
哈尔滨印象（外一首）⋯⋯⋯⋯⋯渭 水
唱在乐山大佛前（组诗）⋯⋯⋯⋯叶延滨
属于我的两片新叶（外一首）⋯⋯⋯蓝 幽
非非集（四首）⋯⋯⋯⋯⋯⋯⋯沙 陵

儿童诗
看瓜的老爷爷⋯⋯⋯⋯⋯⋯⋯平 洋
月夜的影（外二首）⋯⋯⋯⋯⋯梁 芒
回答⋯⋯⋯⋯⋯⋯⋯⋯⋯⋯陈 燕
灯光⋯⋯⋯⋯⋯⋯⋯⋯⋯⋯王雪芳
悄悄话（外一首）⋯⋯⋯⋯⋯⋯刘梦琳

讽刺与幽默
三才咏⋯⋯⋯⋯⋯⋯⋯⋯⋯⋯晓 帆
寻名启事⋯⋯⋯⋯⋯⋯⋯⋯⋯尹安贵
特别慢车（外一首）⋯⋯⋯⋯⋯石 河
某君创作⋯⋯⋯⋯⋯⋯⋯⋯⋯文 英
我并不羡慕你⋯⋯⋯⋯刘宝田诗 孙光钊图

写诗十二课
立足⋯⋯⋯⋯⋯⋯⋯⋯⋯⋯流沙河
我对当前诗歌的看法⋯⋯⋯⋯⋯刘湛秋
新诗例话十题（下）
——评《星星》诗刊部分诗作⋯⋯⋯罗良德

《星星》和我
寄《星星》⋯⋯⋯⋯⋯⋯⋯⋯忆明珠

诗友通讯
情之不足咏歌难——寄公刘⋯⋯⋯陆 棨
封面设计⋯⋯⋯⋯⋯⋯⋯⋯⋯陈尔泰
绿的梦（水印套色木刻）（封一）
⋯⋯⋯⋯⋯⋯⋯⋯吴 凡 新 叶配诗
思想（木刻）（封三）⋯⋯⋯聂昌硕 廖亦武配诗

1983 年第 4 期　刊名:《星星》

目录

春意正浓
晨⋯⋯⋯⋯⋯⋯⋯⋯⋯⋯⋯汤世杰
北京随感录（三首）⋯⋯⋯⋯⋯雷 霆
英雄的节日（二首）⋯⋯⋯⋯⋯昌 耀
草原巡礼（三首）⋯⋯⋯⋯阿拉坦托娅
朝天门即兴（外一首）⋯⋯⋯⋯杨 山
从北方到南方（四首）⋯⋯⋯⋯周所同
江南夜色（外一首）⋯⋯⋯⋯⋯秦 松
葛洲坝（外一首）⋯⋯⋯⋯⋯⋯新 克
海之歌（三首）⋯⋯⋯⋯⋯⋯孙友田
漫步薛涛井（外二首）⋯⋯⋯⋯陈佩芸
旅蜀二题⋯⋯⋯⋯⋯⋯⋯⋯汪承栋
喜事（外一首）⋯⋯⋯⋯⋯⋯唐大同
我·八点·太阳⋯⋯⋯⋯⋯⋯李光兰
一张个体营业执照⋯⋯⋯⋯⋯夏 阳

新星
劳动者的雕像（二首）⋯⋯⋯⋯周伦佑
回音壁上的呼唤（三首）⋯⋯⋯王大平
小屋（外二首）⋯⋯⋯⋯⋯⋯胡学武
献给我的老师（外二首）⋯⋯⋯李晓梅

小叙事诗
春夜⋯⋯⋯⋯⋯⋯⋯⋯⋯⋯早 安
握竹尺的妈妈⋯⋯⋯⋯⋯⋯⋯陈绍陟

散文诗
崂山访古（三章）⋯⋯⋯⋯⋯陈 犀
海岸风景线（四章）⋯⋯⋯⋯耿林莽
云南的回声（三章）⋯⋯⋯⋯⋯嘉 嘉
落日（外一章）⋯⋯⋯⋯⋯⋯陈慧瑛
写生（外三章）⋯⋯⋯⋯⋯⋯安 南
萤火虫（外一章）⋯⋯⋯⋯⋯萧代坻
琥珀⋯⋯⋯⋯⋯⋯⋯⋯⋯⋯浣 女
海来阿尔⋯⋯⋯⋯⋯⋯⋯⋯王志杰
辙迹⋯⋯⋯⋯⋯⋯⋯⋯⋯⋯廖光源
岸⋯⋯⋯⋯⋯⋯⋯⋯⋯⋯⋯管用和

中国作协第一届（1979—1982）全国优秀新诗评选
揭晓

我的探索
我的村庄是东方⋯⋯⋯⋯⋯⋯麦 浪
思想（外一首）⋯⋯⋯⋯⋯⋯彭金山
邂逅⋯⋯⋯⋯⋯⋯⋯⋯⋯⋯柴与言

梦中的诗⋯⋯⋯⋯⋯⋯⋯⋯⋯⋯⋯⋯⋯⋯金云富
我在春天里收获（外一首）⋯⋯⋯⋯⋯张朝晖
我不是一只沉船（外四首）⋯⋯⋯⋯⋯余薇野
尾迹⋯⋯⋯⋯⋯⋯⋯⋯⋯⋯⋯⋯⋯⋯⋯凉　冰
致白雪（外三首）⋯⋯⋯⋯⋯⋯⋯⋯⋯曹安娜
秋天四题及其他⋯⋯⋯⋯⋯⋯⋯⋯⋯⋯翟永明

写诗十二课
搭架⋯⋯⋯⋯⋯⋯⋯⋯⋯⋯⋯⋯⋯⋯⋯流沙河

诗人的青年时代
我开始写诗的时候⋯⋯⋯⋯⋯⋯⋯⋯⋯苏金伞

诗友通讯
门外诗谈⋯⋯⋯⋯⋯⋯⋯⋯⋯⋯⋯⋯⋯石天河

《星星》和我
《星星》帮我找"自己"⋯⋯⋯⋯⋯⋯⋯王敦贤

马克思和诗歌⋯⋯⋯⋯⋯⋯⋯⋯⋯⋯⋯钟　文
农村题材诗创作急需突破和创新⋯⋯⋯联　文
诗——更为自由活泼的文学式样⋯⋯⋯马立鞭

成都市举办春诗会（诗讯）

封面设计⋯⋯⋯⋯⋯⋯⋯⋯⋯⋯⋯⋯⋯陈尔泰
春、夏（重庆长江大桥桥头雕塑）（封二）
⋯⋯⋯⋯⋯⋯⋯⋯⋯⋯叶毓山　郭其祥等
秋、冬（重庆长江大桥桥头雕塑）（封三）
⋯⋯⋯⋯⋯⋯⋯⋯⋯⋯龙德辉　伍明万等
本期新刊题花作者⋯⋯⋯⋯⋯沈延祥　牟康华

1983 年第 5 期　刊名:《星星》

目录

李钢诗选（七首）
从深海中寻诗⋯⋯⋯⋯⋯⋯⋯⋯⋯⋯⋯李　钢
一个水手的海
——李钢诗选编后札记⋯⋯⋯⋯⋯⋯叶延滨
自责·自许·自勉（三首）⋯⋯⋯⋯⋯梁　南
岁月和人（四首）⋯⋯⋯⋯⋯⋯⋯⋯⋯于振海
我爱马⋯⋯⋯⋯⋯⋯⋯⋯⋯⋯⋯⋯⋯周　涛
黄河啊黄河⋯⋯⋯⋯⋯⋯⋯⋯⋯⋯⋯李根红
抒情诗三首⋯⋯⋯⋯⋯⋯⋯⋯⋯⋯⋯金　波
写给佛的谐戏曲（外二首）⋯⋯⋯⋯⋯范　明

新星
春从地下来⋯⋯⋯⋯⋯⋯⋯⋯⋯⋯⋯邓亨禄

松涛集（组诗）⋯⋯⋯⋯⋯⋯⋯⋯⋯⋯缪国庆
旅途（组诗）⋯⋯⋯⋯⋯⋯⋯⋯⋯⋯⋯蒯凤洁
运动和人⋯⋯⋯⋯⋯⋯⋯⋯⋯⋯⋯⋯⋯鹤　坪

爱的琴弦
爱情诗二首⋯⋯⋯⋯⋯⋯⋯⋯⋯⋯⋯高　平
唱给妻子的情歌（三首）⋯⋯⋯⋯⋯⋯柯愈勋
初恋⋯⋯⋯⋯⋯⋯⋯⋯⋯⋯⋯⋯⋯⋯刘晓宇
爱情短笛⋯⋯⋯⋯⋯⋯⋯⋯⋯⋯⋯⋯赵　敏
爱⋯⋯⋯⋯⋯⋯⋯⋯⋯⋯⋯⋯⋯⋯⋯杨绍武
琴弦（外一首）⋯⋯⋯⋯⋯⋯⋯⋯⋯⋯马恒祥
勘探队情歌⋯⋯⋯⋯⋯⋯⋯⋯⋯⋯⋯南　雄
我和你（外二首）⋯⋯⋯⋯⋯⋯⋯⋯⋯纪　学
峨眉初探（三首）⋯⋯⋯⋯⋯⋯⋯⋯⋯张大成
京郊二题⋯⋯⋯⋯⋯⋯⋯⋯⋯⋯⋯⋯李野光
写在李白衣冠墓前（外一首）⋯⋯⋯⋯蓝　疆
迎春絮语（三首）⋯⋯⋯⋯⋯⋯⋯⋯⋯戴砚田
夕阳爬上窗棂⋯⋯⋯⋯⋯⋯⋯⋯⋯⋯文武斌
五月⋯⋯⋯⋯⋯⋯⋯⋯⋯⋯⋯⋯⋯⋯王建平
短歌长吟⋯⋯⋯⋯⋯⋯王　野　鲍雨冰　郑秉伏
蔡桂章　文　静　刘振尧

大朋友唱给小朋友的歌⋯⋯⋯圣　野　湛　卢　刘梦琳
王民德　余系中　陈广德

我的探索
飘飞的云（组诗）⋯⋯⋯⋯⋯⋯⋯⋯⋯王　谷
插曲（外三首）⋯⋯⋯⋯⋯⋯⋯⋯⋯⋯翟永明
天鹅之死（外一首）⋯⋯⋯⋯⋯⋯⋯⋯高小刚
写诗十二课：起头⋯⋯⋯⋯⋯⋯⋯⋯⋯流沙河
诗友通讯：论诗之真情⋯⋯⋯⋯吴家瑾　杨　牧
《星星》和我：星空下的絮语⋯⋯⋯⋯杨汝绒

诗人的青年时代
冯雪峰同我的第一部长诗
——《大渡河支流》⋯⋯⋯⋯⋯⋯玉　果
《她们的诗》后记⋯⋯⋯⋯⋯⋯⋯⋯⋯阎纯德
我这样看朦胧诗⋯⋯⋯⋯⋯⋯⋯⋯⋯阿　红

读者·作者·编者
封面设计⋯⋯⋯⋯⋯⋯⋯⋯⋯⋯⋯⋯陈尔泰
八哥·芭蕉（中国画）⋯⋯⋯⋯⋯⋯⋯邓奂彰
兰有清香·寿（中国画）⋯⋯⋯⋯⋯⋯邓奂彰

1983 年第 6 期　刊名:《星星》
目录

林希诗选（三首）
这是我的世界
——谈我的三首诗·····················林　希
春日的秋歌·····························吕　进

天府诗会
立体交叉桥，我呼吁·····················唐宋元
越过岁月的栅栏（三首）·················张新泉
不！我不会掉泪·······················杨远宏
小胡同（外一首）·····················秋　枫
评书艺人（外一首）·····················萧代坵
原野上的栀子花（外一首）···············石光华
高原来去（四首）·····················唐大同
峡上的云（四首）·····················鄢家发
冬格狂想曲···························肖　肖
春风作客歌···························徐　康
江南红豆曲（三首）·····················张　扬

新星
西瓜灯（外三首）·····················车前子
春天的序曲（外二首）···················李　洁
写在历史博物馆里（三首）···············张显华
我在北京（三首）·····················赵　伟
东岳风情（九首）·····················孔　孚
百源川池剪影·························陈瑞统
梁山题壁（三首）·····················姚焕吉
大理夜月····························寒　星
醒来的高原（二首）·····················汤世杰
香山红叶····························古继堂
写在白居易墓前·······················张承信

散文诗
唱给孩子的歌·························梁彬艳
孩子的世界（二章）·····················王艳丽
为我师者（二章）·····················叶延滨
月夜（外一章）·······················游小苏
散文诗的独白·························王尔碑
陋室听雨（三章）·····················罗亨长
笋·································春　秋

今日的乡村
我看见比责任田更广阔的土地···············姚振函
田园诗抄（三首）·····················张中海
浓郁的乡情（八首）·····················冯恩昌
土地的号角···························王家新

短歌长吟·············郭　廓　唐　湜　丁　耶
　　张德鑫　罗绍书　王国云　石　英　沈骏康
中国作家协会第一届（1979—1982）全国优秀新诗
（诗集）奖获奖作品
得奖诗人三言两语
受奖之后·····························公　刘
团结是兴旺的标志·····················张志民
我希望自己……·······················胡　昭
记梦·······························流沙河

写诗十二课
动情·······························流沙河
一丛悄然怒放的花
——读《星星》的散文诗漫记···············杨汝绚

诗人的青年时代
学诗初记·····························雁　翼

诗友通讯
关于农村诗的一封信·····················张中海

《星星》和我
我和《星星》同命运·····················黎焕颐
摇篮里的歌···························刘北平

美术之页
封面设计····························陈尔泰
采桑图（水印木刻）·····················张云攀
小河流沙（水印木刻）···················徐　匡

1983 年第 7 期　刊名:《星星》
目录

我们这一代
勇者的归宿（组诗）·····················吴　晓
死神·士兵···························晓　桦
我的名字叫启明·······················徐淙泉
家庭协奏曲（三首）·····················左一兵
我振奋，我是一个记者···················郭良原
第一次领到工资（外一首）···············郭本华

欢乐的农家
黎明，我点燃一串鞭炮···················刘惠明
农民，走进保险公司·····················陈所巨
乡间轶闻（三首）·····················王承谘
进村：一九八三年春·····················赵　伟
第一次握手（外一首）···················张　毅
忙·································郭庆文

培贵诗选（六首）
诗——我的追求——学诗琐记……………培 贵
希望更上一层楼
——读培贵诗选有感……………………木 斧

校里的风
我放飞了一串串日子（外二首）……………简 宁
云南的云（外二首）………………………彭国梁
北方的雪……………………………………曹汉俊
非洲狮（外三首）…………………………郑小光
我和大山……………………………………牛 泊
留园…………………………………………唐德鑫
海滩上（外一首）…………………………阿 童
奥芒斯河谷…………………………………胡学群
友谊…………………………………………列 泛
这一天………………………………………于 跃
致耕者………………………………………徐 成

女作者之页
母亲（二首）………………………………傅天琳
我的儿子（三首）…………………………王小妮
向日葵………………………………………李 静
雨——给孩子（外二首）…………………骆晓戈
心形的杨树叶子（外二首）………………梅绍静
信笺（外三首）……………………………庞颖洁
雨天（外一首）……………………………林白薇
夜的故事（外一首）………………………李蔚红

我的探索
在远方，点一支烟——致妻子（外二首）……徐敬亚
乡情（三首）………………………………张国江

爱的琴弦
湖·雾（外一首）…………………………鲁 萌
沿着翅膀飞去的方向………………………曲有源
静悄悄的等待（外二首）…………………周嘉堤
朦胧的她……………………………………杨俊青
爱的归宿（外一首）………………………竣 霞
我扑向那朵洁净的云………………………黄 宏
藏……（外一首）…………………………陆 萍
雪巷（外一首）……………………………张洪波

小叙事诗
碑……………………侯贺林 姜凡振 黄 强
寄给去了台湾的妈妈………………………杨来顺

第一缕星光
我不会再哭…………………………………周雪峰
离情（外二首）……………………………荆纪民

金色的海滩…………………………………宋 渠
田野小诗（三首）…………………………朱小丰
印象…………………………………………蓝锡琦
辛亥保路纪念碑下…………………………贺培康
道路…………………………………………冰 川
折弯机工的遐想……………………………平 谦
霞（外三首）………………………………王芳宇

人物及其他
聂耳墓………………………………………钟 明
祭望舒先生——读《戴望舒诗选》………鹄 巢
睡者…………………………………………华万里
志愿军塑像…………………………………杭 间
当你走下银幕——致张瑜同志……………桂兴华

萍踪寄语
金顶佛光（外一首）………………………李霁宇
大漠的怀念（二首）………………………子 页
栈桥…………………………………………郑宝富
阿瓦的水酒（外一首）……………………张永权
泰山仙从桥…………………………………闵 人
巫峡的水……………………………………王文平
杭州绸伞……………………………………张德强
西湖夜………………………………………周 民
采石矶下……………………………………霜 枫
诗的火花………………………李约拿 熊召政
朱 雷 方竟成 张 伟 蔡桂章 王洪深 许国华
董 翼 靳亚利 孔祥彪

写诗十二课
显像…………………………………………流沙河
有个戴鸭舌帽的人
——读刘湛秋的无题抒情诗………………刘心武
我读《双桅船》所想到的…………………尹安贵

诗人的青年时代
从爱情诗谈到诗园风景图…………………汪静之
向太阳，向自由……………………………邵燕祥
我是怎样写《鄂尔多斯草原》的…………牛 汉
《星星》和我：星星之恋…………………王 峙

封面设计……………………………………陈尔泰
初醒（木雕）………………………………郭选昌
国画人物写生二幅…………………………彭先诚

1983 年第 8 期 刊名:《星星》

目录

新星

爸爸，请你对我说（二首）·········张宏森
长白山抒怀（组诗）·············张常信
我的歌，在北戴河（二首）·········孟宪良
老农素描（外一首）·············华万里

生活之歌

里弄工厂（外一首）·············朱 红
在公园，我独自走着（外二首）······李发模
诗二首··················李加建
矿工和鸽子（外一首）···········柯愈勋
小村小景（五首）··············王怀论
透明的军营················子 页
乡情（三首）················鲁 青
屹立的记忆················王华东
快抖开你的双翼（外一首）········沈国仁
食品厂的诗味（三首）···········尹安贵
历史的回音壁（三首）···········陈有才
士兵与小杉树···············刘毅然
矿山植树节················聂鑫森
夏令营··················张德强
街头售报亭（外一首）···········李建邦
中国的家庭················卫世平
阳泉喷灌·················欣 秋

散文诗

相望（外一章）··············刘登翰
卖冰糕的姑娘···············梁 平
竹筏···················罗 丁
南瓜花··················王晋川
小叙事诗：雪泪··············李松涛
诗四首··················郑 敏
美的旋律（外一首）············唐 祈
难忘的夜晚之一··············辛 笛
硬茧颂··················牛 汉
大渡河情思（二首）············周 纲
菜把式（外一首）··············张志民
哀银杏（外一首）··············梁上泉
太阳的诗评（外一首）···········余薇野
海的女儿·················邢 沅
在黎明，我拾到一枚太阳·········吉狄马加
敬贤篇（二首）··············丁 芒
在西藏高原（二首）············黎焕颐
倒淌河··················尧山壁
长江大桥（外一首）············柏 桦

贮藏美的魔箱···············寒 星
题蜀地竹篮················郭应文
夜过山城·················葛佳映
短歌长吟·········孙 涛 时永福 陈新民
朱谷忠 刘 敏 郭春兴 左 人 朱 彻

讽刺诗

石马（外一首）··············刘 征
千里取经·················杨翰端
高尔基无题诗一首·············宁 思译
雪··········〔比利时〕维尔哈尔 罗 洛
苏联当代女诗人诗选·······张永革 唐宋元
爱的礼物
——泰戈尔抒情诗三首·········唐正秋译

写诗十二课

成象···················流沙河
打倒天——意象派理论偶识········石天河

诗人的青年时代

早年学诗漫笔···············方 敬

诗友通讯

一首诗是怎么写出来的·······梁小斌 徐敬亚
封面设计·················陈尔泰
独鹤归何晚 昏鸦已满林（杜甫诗意画）···何继笃
小燕（木刻）···············雅 丹
猎（木刻）·············郁 惹 何昌林

1983 年第 9 期 刊名:《星星》

目录

短诗四首·················刘祖慈
诗四首··················章德益
沿着京汉线················任 先
我们相逢在延河桥上············渭 水
布谷鸟向中国飞来·············谢其规
春的告别·················高 缨
泥沙赋··················扬 禾
在密林深处（二首）············柴德森
岁末的鸽子（外一首）···········余以建
日子（外一首）··············北 岛
港口写生·················顾 城
演员诗笺（三首）··············蒯凤洁
看芭蕾舞专场（三首）···········穆 仁
大漠和拓荒者（二首）···········郭维东
江南诗束（二首）··············石永言
小镇（外一首）··············傅 浩

服装店，一位乡村少女⋯⋯⋯⋯⋯⋯邓善洁
妻子从菜园归来⋯⋯⋯⋯⋯⋯⋯⋯王黎明
我想开放（外一首）⋯⋯⋯⋯⋯⋯路 辉
杨牧诗选（六首）
诗，还是生活的牧歌⋯⋯⋯⋯⋯⋯杨 牧
序杨牧的《野玫瑰》⋯⋯⋯⋯⋯⋯公 刘
杨牧的走向⋯⋯⋯⋯⋯⋯⋯⋯⋯钟 文

小叙事诗
根据伊里奇的命令⋯⋯⋯⋯⋯⋯伯 己

爱的琴弦
拉纤（外一首）⋯⋯⋯⋯⋯⋯⋯吴德松
毛毛雨（外一首）⋯⋯⋯⋯⋯⋯金晓铃
别留我（外一首）⋯⋯⋯⋯⋯⋯徐国志
小溪流着⋯⋯⋯⋯⋯⋯⋯⋯⋯王玲美
桃林印象（外一首）⋯⋯⋯⋯⋯崔克明
深山雨后⋯⋯⋯⋯⋯⋯⋯⋯⋯盖湘涛
思念（二首）⋯⋯⋯⋯⋯⋯⋯刘向东
量靴印⋯⋯⋯⋯⋯⋯⋯⋯⋯⋯何 鹰
山葡萄熟了的时候⋯⋯⋯⋯⋯⋯王建平
漩涡⋯⋯⋯⋯⋯⋯⋯⋯⋯⋯⋯姚学礼

短歌长吟⋯⋯⋯⋯⋯谢先云 田 野 廖代谦
方 牧 李占学 峭 岩 周贵祥 古继堂 姚焕吉
回光时 王长富 白 汀 崔泽善 晓 策
山城素描（外二首）⋯⋯⋯⋯[菲律宾] 刘 氓

大朋友唱给小朋友的歌
太阳月亮和星星⋯⋯⋯⋯⋯⋯雷有让
快乐的游戏⋯⋯⋯⋯⋯⋯⋯⋯黄祖华
童心⋯⋯⋯⋯⋯⋯⋯⋯⋯⋯⋯鄢良兴
浪花（外一首）⋯⋯⋯⋯⋯⋯樊发稼
童趣（外一首）⋯⋯⋯⋯⋯⋯叶 坪
蒲公英（外一首）⋯⋯⋯⋯⋯戴东仁

写诗十二课
组象⋯⋯⋯⋯⋯⋯⋯⋯⋯⋯⋯流沙河
小谈意象派诗歌⋯⋯⋯⋯⋯⋯丰华瞻
古歌谣小识⋯⋯⋯⋯⋯⋯⋯⋯杨汝纲

诗人的青年时代
"进入阵地"⋯⋯⋯⋯⋯⋯⋯⋯吕 剑

诗友通讯
关于《花瓶》⋯⋯⋯⋯⋯胡启明 刘振尧
（诗讯）王尔碑的新诗集
封面设计⋯⋯⋯⋯⋯⋯⋯⋯⋯陈尔泰
摇（汉白玉雕）⋯⋯⋯⋯⋯⋯孙 闯

烧荒（木刻）⋯⋯⋯⋯⋯⋯⋯彦 涵
山城夜渡（木刻）⋯⋯⋯⋯⋯甘庭俭
本期新刊题花作者⋯⋯⋯⋯邹延白 沈延祥 向际纯

1983 年第 10 期　刊名:《星星》
目录

天府诗会
三春词⋯⋯⋯⋯⋯⋯⋯⋯⋯⋯杨汝纲
建设的旋律（二首）⋯⋯⋯⋯王华东
童心集（四首）⋯⋯⋯⋯⋯⋯李宪中
这里有新翻的土地⋯⋯⋯⋯⋯凌文远
雪莲及其他（五首）⋯⋯⋯⋯余薇野
诗四首⋯⋯⋯⋯⋯⋯⋯⋯⋯杨永年
我想买一本普希金诗集（外一首）⋯张建华
妹妹⋯⋯⋯⋯⋯⋯⋯⋯⋯⋯⋯李祖星
记忆的歌（三首）⋯⋯⋯⋯⋯陈 萱
教师（外一首）⋯⋯⋯⋯⋯⋯袁永庆
蚕死了⋯⋯⋯⋯⋯⋯⋯⋯⋯伍权民

小叙事诗
秋归⋯⋯⋯⋯⋯⋯⋯⋯⋯⋯⋯李老乡
她留下了洁白的履历⋯⋯⋯⋯梁 平

女作者之页
仲秋夜吟⋯⋯⋯⋯⋯⋯⋯⋯⋯王明玉
风雪小店情（外一首）⋯⋯⋯阿拉坦托亚
海，我的清绿⋯⋯⋯⋯⋯⋯⋯鲁 萌
重逢（外二首）⋯⋯⋯⋯⋯⋯曾静平
一位老山民死了⋯⋯⋯⋯⋯⋯雪 影
雨夜对话（外一首）⋯⋯⋯⋯宁 静
大山的思索⋯⋯⋯⋯⋯⋯⋯⋯林 珂

散文诗
纤夫印象⋯⋯⋯⋯⋯⋯⋯⋯⋯安 南
泸沽湖（外一章）⋯⋯⋯⋯⋯吉狄马加
家（外二章）⋯⋯⋯⋯⋯⋯⋯陈慧瑛
搁浅的船（外一章）⋯⋯⋯⋯王 雷
断章⋯⋯⋯⋯⋯⋯⋯⋯⋯⋯⋯黄一鸾
散文诗四章⋯⋯⋯⋯⋯⋯⋯⋯徐国静
诗，诗的生命的运动⋯⋯⋯⋯沙 陵
轰鸣交响曲⋯⋯⋯⋯⋯⋯⋯⋯王兆琪
青春作伴（三首）⋯⋯⋯⋯⋯胡学武
回答⋯⋯⋯⋯⋯⋯⋯⋯⋯⋯⋯陈松叶
在工厂里（外一首）⋯⋯⋯⋯孔德平
我来了 大山⋯⋯⋯⋯⋯⋯⋯陈小奇
四川省召开青年文学创作会议
短歌长吟⋯⋯⋯⋯⋯岛 子 车 凯 刘允褆

吴厚炎　郭　辉　鲁　丁　陈显荣　弋良俊　赵发魁

我的探索

生活的旋律（三首）··张　华
敦煌：一个艺术流派的产生····························廖亦武
水草（外一首）··黄亚洲

第一缕星光

夜语（外一首）··方　鸿
古钱（外一首）··遥　遥
一枚硬币···咏　泉
我与雪··墨　娟
你在想什么··岳定海
我爱看的书··李梦飞
女教师··王小泥
田埂上，有一个孩子（外一首）·····················杨小秀
将军吟（四首）··蓝启发
成昆道上（外二首）··曾敏之
遥寄在台四川乡亲···杨钟岫
赠傅天琳···叶　石

写诗十二课

分层··流沙河
走在温暖的长廊——读余以建诗印象··············竹亦青

诗人的青年时代

学诗，在严冬季节···木　斧
诗友通讯：风格与创新····················梁上泉　吕　进
封面设计···陈尔泰
银色大地（水印木刻）·····································安　琳
百灵（套色木刻）···李焕民
本期新题花插图作者···························沈延祥　邹延白

1983 年第 11 期　刊名:《星星》

目录

新星

在希望的原野上（组诗）··································于振海
长江，流动的诗情（组诗）······························李祖星
中国的雕塑群（二首）·····································宫　辉
脚手架··高小刚
许淇散文诗选（七章）
你闪光抑是暗去呢？　我的散文诗···················许　淇
画出时代的青春
——简评许淇散文诗新作七章·······················班　澜
发生在测绘队的故事（二首）···························渭　水
夏天··刘湛秋
重逢··王尔碑

女孩子（三首）··傅天琳
我的家，没有圆舞曲··顾　工
桃花（外二首）··沈　重
看捕鱼小记（外一首）·····································雁　翼
新姿和旧态··辛　笛
灯火又辉煌··秦　松
祖国（外一首）··王辽生
移植的小树··熊远柱

年轻的花和树

采石者（外一首）···回光时
单人床上的小伙（外一首）······························宋学镰
画家和他的世界（外一首）······························范　明
红叶的故事（外二首）·····································马及时
自尊·圆明园··嘉　嘉
火塘边的梦··黎正光
回声（外一首）··徐　慧
她的肖像（二首）···周伦佑
鱼类标本（外一首）··余系中
扑腾的蝴蝶（外一首）·····································王长富
外婆的纺车（外一首）·····································杨　然
大卫（外一首）··何吉明
夜（外一首）··曹　静
望夫石··李　静

散文诗

怀念（外二章）··刘再复
刺儿梅（外一章）···唐大同
雁鸣（外二章）··萧代坵

山南海北

留给山城的诗（二首）·····································程显谟
成都，在微笑（三首）·····································李永庚
秦淮河··蒋维扬
彝族的传说（三首）··陈元通
神女峰下的沉思··王家新
绿的国及其他··林　林
给麦迈德的信··············〔土耳其〕希克梅特　秋　原译
遥寄（外一首）·········〔美〕霍尔斯·米勒　杜承南译

写诗十二课

跳层··流沙河
诗，要追求语言美···沈仁康
档案里的诗稿··傅伯雍

诗友通讯

从有所触发到酝酿成章·····································陈敬容

读者·作者·编者
诗讯二则
封面设计······陈尔泰
春娃娃（木刻）······姜旗
奔马（木刻）······姜旗
本期新刊题花作者······向际纯
沈延祥 雷贞恕 邹延白

1983 年第 12 期　刊名:《星星》
目录

开一代社会主义新诗风——重庆举行诗歌讨论会
高举社会主义诗歌的旗帜······朱子奇
我们与"崛起"论者的分歧······竹亦青
我还不是共产党员······赵伟

新星
抒情诗五首······刘振尧
诗是男人（外一首）······朱小丰
写生的少女（外一首）······春秋

山南海北
在深山（四首）······熊召政
天涯草（六首）······孙静轩
山趣······关睢
过金水桥······张克
黄山风雨（二首）······蓝疆
飞天······陈佩芸
耿林莽散文诗选（十章）
愿作一片独特的叶子······耿林莽
读耿林莽的散文诗······刘湛秋
朗诵（外二首）······方敬
小诗五首······梁上泉
给妈妈（三首）······谭明
故乡的风······任耀庭
静夜（外二首）······张新泉
我和我的城市（二首）······黄邦君
棋趣······蒋凯

爱的琴弦
日记（外一首）······苏敏
致大海······曾卫红
夜歌······唐祈
馨（外一首）······赖寄丹
江与岸······李霞
致女友······周志强
我什么也不需要······李春梦
你就要回到北方······程健强

短歌长吟······树旺 新克 朱伟
郑成义 杨蕾 贺敏

小叙事诗
自行车上的加座······刘国尧
大朋友唱给小朋友的歌······赵家瑶 刘旭光
余系中 柳涛 冯骏 张雪杉

散文诗
盗火者（外一章）······孔祥彪
高峰（外二章）······余薇野
一月黄河······杨绍武
花会风车（外一章）······袁永庆

写诗十二课
结尾······流沙河
扎根大地的歌······余之思

诗友通讯
对诗歌创作的几点看法······高平
封面设计······陈尔泰
新娘（木刻）······蒲国昌
凉山春（木刻）······史济鸿
本期新刊题花作者······邹延白 沈延祥

1984 年第 1 期　刊名:《星星》
目录

来自原野的风
大西北十四行组诗······唐祈
乌江农村主题及变奏曲（组诗）······华万里
原野的风（组诗）······陈所巨
黑土地（三首）······朱根亮
猎人岩（外一首）······吉狄马加
小憩······陈元通
故乡的干草堆（外一首）······于耀江
春的乡野······曹纪祖

星星楼说诗
诗与时代······燕白
海边的诗（四首）······邹荻帆
诗三首······罗洛
原动力歌······王静之
太阳······赵恺
龙羊峡上（外一首）······雷霆
大西北抒怀（二首）······孙友田
故乡行······刘章
杭州（外一首）······黄东成

给建设者

致大瑶山隧道（二首）⋯⋯⋯⋯⋯⋯⋯⋯李霁宇
虚线⋯⋯⋯⋯⋯⋯⋯⋯⋯⋯⋯⋯⋯⋯⋯夏子全
赵春娥与煤⋯⋯⋯⋯⋯⋯⋯⋯⋯⋯⋯⋯张克峰
写给新唐山的建设者（二首）⋯⋯⋯⋯边国政
龚嘴电站写意⋯⋯⋯⋯⋯⋯⋯⋯⋯⋯⋯蓝 幽
美的行进⋯⋯⋯⋯⋯⋯⋯⋯⋯⋯⋯⋯⋯春 秋
神奇的墨水⋯⋯⋯⋯⋯⋯⋯⋯⋯⋯⋯⋯宋志纲
筑路工⋯⋯⋯⋯⋯⋯⋯⋯⋯⋯⋯⋯⋯⋯许德民
我们架线⋯⋯⋯⋯⋯⋯⋯⋯⋯⋯⋯⋯⋯佟 石

女作者诗页⋯⋯⋯⋯⋯⋯⋯⋯⋯⋯阿拉坦托娅
吴 歌 邓芝兰 韩 霞 马丽华 杨光和 樱 子
丁玉萍 张 鹤 泽仁卓嘎 吕 新 徐国静
边疆风情⋯⋯⋯⋯⋯⋯⋯⋯⋯⋯剑 波 林 染
强石民 蒙根高勒 阳 飏 吴士诚
南斯拉夫散歌（三首）⋯⋯⋯⋯⋯⋯⋯汪国栋
非洲行吟小札（二首）⋯⋯⋯⋯⋯⋯⋯周国勇
词二首⋯⋯⋯⋯⋯⋯⋯⋯⋯⋯⋯⋯⋯⋯李维嘉
短歌长吟⋯⋯⋯⋯⋯⋯⋯⋯⋯⋯李加建 田 奇
李华飞 王知十 沙 蕾 时星垚 刘福林 杨守益
白 渔 翟 琮 端 午

人物及其他

海的雕塑（外一首）⋯⋯⋯⋯⋯⋯⋯⋯培 贵
妈妈（外一首）⋯⋯⋯⋯⋯⋯⋯⋯⋯⋯易殿选
我的房东⋯⋯⋯⋯⋯⋯⋯⋯⋯⋯⋯⋯⋯潘大华
一群下中班的炼钢工（外一首）⋯⋯⋯鸟归迟
弹花匠⋯⋯⋯⋯⋯⋯⋯⋯⋯⋯⋯⋯⋯⋯张新泉
故乡的雨（外一首）⋯⋯⋯⋯⋯⋯⋯⋯任耀庭
职工大学剪影（组诗）⋯⋯⋯⋯⋯⋯⋯尹安贵
早晨，在报亭⋯⋯⋯⋯⋯⋯⋯⋯⋯⋯⋯宋冬生
无题⋯⋯⋯⋯⋯⋯⋯⋯[俄]涅克拉索夫 丁 鲁译
春天的傍晚⋯⋯⋯⋯⋯⋯[俄]屠格涅夫 谷 羽译
当我的最后时刻来临
⋯⋯⋯⋯⋯⋯⋯⋯[印尼]海·安瓦尔 袁 杰译
我的第一首诗⋯⋯⋯[美]巴·舒尔伯格 唐若水译

十二象

《易》之象⋯⋯⋯⋯⋯⋯⋯⋯⋯⋯⋯⋯流沙河
谈古诗的吟咏⋯⋯⋯⋯⋯⋯⋯⋯⋯⋯屈守元
读诗札记⋯⋯⋯⋯⋯⋯⋯⋯⋯⋯⋯⋯苗得雨
我为什么写诗⋯⋯⋯⋯⋯⋯⋯⋯⋯⋯木 斧

编后

封面设计⋯⋯⋯⋯⋯⋯⋯⋯⋯⋯⋯⋯⋯戴 卫
采风（中国画）（封二）⋯⋯⋯⋯⋯⋯万一兵
滩头曲（摄影）（封三）⋯⋯⋯⋯⋯⋯杨 华
晨曦（摄影）（封三）⋯⋯⋯⋯⋯⋯⋯谢明德

1984 年第 2 期　刊名：《星星》
目录

海之魂（二首）⋯⋯⋯⋯⋯⋯⋯⋯⋯⋯纪 学
中国，打成世界第一口油井（外一首）⋯宋克力
野马与牧人（外一首）⋯⋯⋯⋯⋯⋯⋯刘国萍
鸭绿江风情（二首）⋯⋯⋯⋯⋯⋯⋯⋯王鸣久
大踏步走进沙漠的⋯⋯⋯⋯⋯⋯⋯⋯⋯桑 原
大漠风⋯⋯⋯⋯⋯⋯⋯⋯⋯⋯⋯⋯⋯⋯章德益
飞轮，从城市擦身而过⋯⋯⋯⋯⋯⋯⋯刘希涛

士兵之歌

连长（外一首）⋯⋯⋯⋯⋯⋯⋯⋯⋯⋯刘毅然
叫声爸爸吧，孩子⋯⋯⋯⋯⋯⋯⋯⋯⋯张俊华
会哨⋯⋯⋯⋯⋯⋯⋯⋯⋯⋯⋯⋯⋯⋯⋯翼 华
边关战士情（四首）⋯⋯⋯⋯⋯⋯⋯⋯金鸿为
洗军衣（外二首）⋯⋯⋯⋯⋯⋯⋯⋯⋯刘向东

散文诗

灯（外二章）⋯⋯⋯⋯⋯⋯⋯⋯⋯⋯⋯陈 雷
我有我自己的钟（外一首）⋯⋯⋯⋯⋯桂兴华
山野草（四章）⋯⋯⋯⋯⋯⋯⋯⋯⋯⋯山 曼
幽思⋯⋯⋯⋯⋯⋯⋯⋯⋯⋯⋯⋯⋯⋯⋯田一文
生活情思（二章）⋯⋯⋯⋯⋯⋯⋯⋯⋯况明先
温暖（外一章）⋯⋯⋯⋯⋯⋯⋯⋯⋯⋯孙和平
海⋯⋯⋯⋯⋯⋯⋯⋯⋯⋯⋯⋯⋯⋯⋯⋯李希容
我爱这滴着晨露的森林⋯⋯⋯⋯⋯⋯⋯再 耕
我是一只杜鹃鸟⋯⋯⋯⋯⋯⋯⋯⋯⋯⋯刘 章
师傅（外一首）⋯⋯⋯⋯⋯⋯⋯⋯⋯⋯林 军

生活之歌

竹山人家（外二首）⋯⋯⋯⋯⋯⋯⋯⋯孙新凯
天山小诗（二首）⋯⋯⋯⋯⋯⋯⋯⋯⋯高 缨
淮北老农⋯⋯⋯⋯⋯⋯⋯⋯⋯⋯⋯⋯⋯梁如云
达县石桥镇（外一首）⋯⋯⋯⋯⋯⋯⋯朱 彻
雪山道班纪事（二首）⋯⋯⋯⋯⋯⋯⋯白 汀
虎门大炮（外一首）⋯⋯⋯⋯⋯⋯⋯⋯石永言
小城风俗画（二首）⋯⋯⋯⋯⋯⋯⋯⋯张常信
遥远的山村（三首）⋯⋯⋯⋯⋯⋯⋯⋯唐光玉
黄山三题⋯⋯⋯⋯⋯⋯⋯⋯⋯⋯⋯⋯⋯缪国庆
学骑车⋯⋯⋯⋯⋯⋯⋯⋯⋯⋯⋯⋯⋯⋯于书恒
重逢⋯⋯⋯⋯⋯⋯⋯⋯⋯⋯⋯⋯⋯⋯⋯李 钰
水村（外一首）⋯⋯⋯⋯⋯⋯⋯⋯⋯⋯李洪程
孩子的名字⋯⋯⋯⋯⋯⋯⋯⋯⋯⋯⋯⋯韦 笳
眼镜（外一首）⋯⋯⋯⋯⋯⋯⋯⋯⋯⋯杨 山
一个山民走进理发店⋯⋯⋯⋯⋯⋯⋯⋯黄定中
小路⋯⋯⋯⋯⋯⋯⋯⋯⋯⋯⋯⋯⋯⋯⋯马及时
他站在田野里微笑⋯⋯⋯⋯⋯⋯⋯⋯⋯王 圳

晨光里的笑声·······················杜　若
少女和孩子·······················张忠军
雅砻江咏叹调·····················习　鸣
我望着输送机泻下的飞瀑（外一首）·······雷恩奇
心向皇甫·························康　平
夜过玉门·························骆　之
阳光下，我铺开生活的面板···········郑宝富

大朋友和小朋友的歌···········刘茂盛　陈显荣
陈官煊　梁　芒　龙开柏　朴康平　刘学琦

短歌长吟···············刘岚山　湛　卢　陈元通
沈国凡　肖　凌　高云华　鲁　平　康得玉　沈　群
王新华　海　南　余继国　廖　群　廖永清　喻　源

十二象
象征·····························流沙河
诗与现实主义是根本对立的吗?·········马立鞭
四川诗人诗集的评论·················许　伽
尹安贵　文　铮　罗良德
茅盾谈诗·························刘人云
封面设计·························戴　卫
依江挺立（木刻）（封二）···········吴家华
农家乐（木刻）（封三）·············杨　云
本期新刊题花作者·················沈延祥

1984 年第 3 期　刊名:《星星》

目录

深长地思念
元帅群像（组诗）···················王寅明
沿着烈士的脚迹（四首）·············蔡椿芳
七贤庄的光辉（三首）···············王维洲
狱中的李诃（外一首）···············唐　湜
十一个献身者及一支春天的歌（二首）···昌　耀
高的和矮的槲树·····················徐万明

新星
乡野散歌（三首）···················周所同
呼伦贝尔诗页（组诗）···············王忠范
北大荒组曲（三首）·················王兆琪
田野上的风·························张水舟
杨家河牧场纪事·····················张承信
我的新歌（外三首）·················梁　南
献给朱伯儒的歌（二首）·············何香久
黄楠树情思·························杨　然
云钟·····························熊召政
摆书的老人（外二首）···············刘少安

在这块土地上（二首）···············子　页
火把节，眼睛的节日（二首）·········张大成
山村的窗口·························郭石军

献给母亲和孩子
韵韵的眼睛（六章）·················赵　敏
黄昏里的童话（外一章）·············黄一鸾
故乡的梦（二章）···················柴燕蒲
和孩子打羽毛球·····················杨光如
儿子（二首）·······················李北兰
小叶·····························曹　静
大影子·小影子·····················李蔚红

建设者的旋律
天车上·························聂鑫森
建设的旋律（二首）·················王华东
风的故乡（二首）···················左一兵
锻造·····························徐淙泉
新厂长（外二首）···················许　平
测绘兵与祖国·······················王一兵
道钉·····························陈安安
我是铸件·························谢家发
在这除旧布新的时候·················王荆岩
入伍·····························李建平

祖国山河美
深圳剪影（二首）···················刘登翰
黄山游（外一首）···················王　也
故乡的雨路·························徐焕颐
塞上雪···························高　深
北极光（外二首）···················何　鹰
石船和将军·························龚应恬
蛙鼓（外一首）·····················于　沙
南行记（二首）·····················胥忠国
赛棋崖（外一首）···················黄　淮
致太湖风帆·························胡丰传
大理情二首·························袁冬苇

短歌长吟·····················吴仲华　韦德明
左漠野　李根红　张慧谋　石太瑞　方　园　吴天

浅刺集
按酬付劳（外一首）·················李启云
顺手牵羊（外一首）·················陈显荣

十二象
兴象·····························流沙河
升起时代的风帆——西窗诗话···········阿　红
爱的世界——读《在孩子和世界之间》·······钟　文

一首杜诗的成形——读诗漫拾 …………… 杨汝绚

封面设计 ……………………………………… 戴 卫
水调歌头
——《星星》诗刊出刊百期之庆（封二）
…………………………………………… 吴文蜀作并书
塔吉克女教师（中国画） 毛驴（中国画）（封二）
…………………………………………… 黄 胄

1984 年第 4 期　刊名:《星星》
目录

万紫千红总是春
春的纪元 …………………………………… 王德芳
钢铁奏鸣（二首） ………………………… 张德强
雄风 ………………………………………… 何 仃
塞上风光（四首） ……………………… 阿拉坦托娅
南海之恋（三首） ………………………… 寒 星
九寨沟印象（三首） ……………………… 王尔碑
河西走廊二首 ……………………………… 肖 川
美的赞歌 …………………………………… 张 扬
石林 ………………………………………… 高 平
凉山，我为你塑像（二首） ……………… 梁 平
嘉陵江船夫曲（外一首） ………………… 王国云
彩色的乐山 ………………………………… 伍权民
竹口弦（外一首） ………………………… 田 俊

新星
乡野，绿色的诗（六首） ………………… 余守春
工作服（外一首） ………………………… 陆 萍
绿色的周末 ………………………………… 尚 方
清晨出牧 …………………………………… 袁凯军
唱一曲少年时代的歌（外一首） ………… 林 希
天，是在路上亮的（外三首） …………… 穆 仁
选择 ………………………………………… 梁志宏
冬天里的春天（二首） …………………… 金 波
抒情断章（二首） ………………………… 陈浩记
海的洗礼（外一首） ……………………… 曹增书
抒情诗三首 ………………………………… 刘允嘉
西天，一颗星星（外一首） ……………… 苏文河
我要寻找那支歌（外一首） ……………… 晓 青
小道 ………………………………………… 张士忠
胶东半岛 …………………………………… 胡学武
夜哨情思 …………………………………… 肖兴文
我与你 ……………………………………… 梅 翁

小叙事诗
车间主任 …………………………………… 刘式武

父亲 ………………………………………… 尧山壁

散文诗
我的领地（外三章） ……………………… 肖 敏
桔园小札（二章） ………………………… 陈志泽
七色花环（外一章） ……………………… 王敦贤
绿色的墓碑（外一章） …………………… 秋 原
琵琶（外一章） …………………………… 郭宝臣
啊，白杨树（外一章） …………………… 唐大同
希望，在春天的土地上（二首） ………… 李武兵
阳光下的农村（二首） …………………… 姚振函
乡村抒情诗（三首） ……………………… 余以建
三月 ………………………………………… 黄 宏

短歌长吟 ………………… 何居华 刘小龙 沙 白
申家平 金 哲 陈瑞统 张 君 林 珂 飘 飘
平 谦 鲍雨冰

第一缕星光
你说 ………………………………………… 何小竹
秋天的草帽 ………………………………… 杭 间
使者 ………………………………………… 金 石
再见（外一首） …………………………… 列美平措
致一位老工程师（二首） ………………… 刘启玉
哪里有真正的玫瑰 ………………………… 朱 泓

十二象
喻象 ………………………………………… 流沙河
答诗友问 …………………………………… 孔 孚
从孩子特点说开去 ………………………… 彭斯远
何其芳是"半个"诗人么? ……………… 尹在勤

封面设计 …………………………………… 戴 卫
天问（木刻）（封二） …………………… 刘世同
战急流（木刻）（封二） ………………… 刘 相
老屋（木刻）（封三） …………………… 胡 名
贴窗花（纸刻版画）（封三） …………… 李 兰

1984 年第 5 期　刊名:《星星》
目录

新星
我住在中国的宪法里 ……………………… 郭庆平
寻找一座铜像 ……………………………… 杨 然
赠我一条红领巾 …………………………… 陈峻峰
我力的双臂（外一首） …………………… 陈春琼

祖国风景画

高原走马（三首）···培 贵
遥远的喀喇昆仑（三首）·························周 涛
三峡之歌（外三首）·····························方 敬
哦，红土高原·······································李霁宇
我是高原人···刘振尧
民族妇女首饰店·····································杨 树
美丽的支流···何 来

小叙事诗

思绪···方 牧
初约···李松涛
永久的脚步声·······································庞壮国
借石记（三首）·····································王辽生
三月抒情诗（二首）·····························王建平
年轻，是军营的特征·····························孙 承
我想···张先德
父亲···李根红
音乐会上（三首）·································徐北文
林中感觉···刘益善
花冠···唐晓渡

五月的阳光

黑石油咏叹调（二首）·····························剑 波
我的小庄（三首）·································张中海
太阳的渴望（外一首）·····························子 页
故园情（三首）·····································张显华
燃烧的杜鹃花·······································冰 夫
烧荒曲···陈 放
月下忆祖母···徐 康

爱的琴弦

山村记实（二首）·································吕贵品
赠人（外一首）·····································孙义贤
想笑，你就该独自笑（外一首）----（朝鲜族）金成辉
相思（外一首）·····································和 谷
爱情故事···海 燕
思念···沈国凡
葡萄园情歌···郭维东

第一缕星光··························杨 婕 温相勇
董茂棠 马庆仙 黄晓林 赵作良
短歌长吟·····················张 克 王 谷 王式俭
韩晓鹰 杨献瑶 喻 晓 李朝辉 施春彩 蓝 曼

浅刺集

重要公文···杨翰瑞
谢绝递烟···石 松
致作家···王承诺

散文诗

春天的日历（五章）·····························李 耕
鹤翎···廖代谦
蕨苔（外一章）·····································柴与言
挖海蛎的孩子（外一章）·························伊 萍
翅膀的梦···张 央
祖国情深 风云满纸
——关于郭老的一首佚诗·····················叶 簌

十二象

拟象···流沙河
一个有心人的"动物园"漫步
——《台湾诗人十二家》读后·················杨汝绚

诗人谈诗

"我生活，因而我才思索"·····················周佩红
（附录）雁翼：《爱的思索》

封面设计···代 卫
秋漫城廓（中国画）（封二）·················谭 熊
苗寨风情（木刻）（封三）·····················刘隆基

1984 年第 6 期　刊名:《星星》
目录

赵敏儿童散文诗选（七章）
童心·哲理——读赵敏的散文诗·················丁 宁

大江南北

山杜鹃（三首）·····································杨 牧
星海···唐 祈
天山（外一首）·····································王家新
川江四月水（二首）·····························王中朝
遥远的西天山（二首）·····························林 染
秦陵纪行（三首）·································任耀庭
江南（二首）·······································宁 宇

新星

阳光雨（外一首）·································袁 超
她不相信鹰会死（外一首）·····················韩 霞
二月的作品···亚 楠
沙海中的琴键（外一首）·························徐志新
蟋蟀·风车·金蔷薇（三首）·····················邵燕祥
诗踪两首···蔡其矫
我不会沉入迷茫（外四首）·····················余薇野
我的生命的树·······································沙 蕾
眼睛···武兆强

士兵之歌

二十岁（外一首）⋯⋯⋯⋯⋯⋯⋯⋯ 晓 桦
哨塔上的云雀⋯⋯⋯⋯⋯⋯⋯⋯⋯ 翼 华
水兵情歌三首⋯⋯⋯⋯⋯⋯⋯⋯⋯ 董培伦

散文诗

高原小镇的故事（二章）⋯⋯⋯⋯ 蔡椿芳
蓝夜（三章）⋯⋯⋯⋯⋯⋯⋯⋯⋯ 耿林莽
八百米深处的世界⋯⋯⋯⋯⋯⋯⋯ 叶曙光
鹿回头⋯⋯⋯⋯⋯⋯⋯⋯⋯⋯⋯⋯ 崔笛扬
启明星的遐想⋯⋯⋯⋯⋯⋯⋯⋯⋯ 冯 骏
黑眼睛⋯⋯⋯⋯⋯⋯⋯⋯⋯⋯⋯⋯ 李忠利
题在相册的扉页上（外一章）⋯⋯ 卫世平

多彩的生活

个体电影户（外一首）⋯⋯⋯⋯⋯ 吴中进
舞狮手⋯⋯⋯⋯⋯⋯⋯⋯⋯⋯⋯⋯ 何吉明
石油河的女儿⋯⋯⋯⋯⋯⋯⋯⋯⋯ 人 邻
红玉⋯⋯⋯⋯⋯⋯⋯⋯⋯⋯⋯⋯⋯ 李北兰
花仙⋯⋯⋯⋯⋯⋯⋯⋯⋯⋯⋯⋯⋯ 郑宝富
捆庄稼的艺术⋯⋯⋯⋯⋯⋯⋯⋯⋯ 苗得雨
蚕姑曲⋯⋯⋯⋯⋯⋯⋯⋯⋯⋯⋯⋯ 王耀东
黄昏（外一首）⋯⋯⋯⋯⋯⋯⋯⋯ 徐国志
短歌长吟⋯⋯⋯⋯⋯许 伽 叶 簇 赵健雄
王晋川 施肃中 邹学顺 姬学统

第一缕星光

三月⋯⋯⋯⋯⋯⋯⋯⋯⋯⋯⋯⋯⋯ 蒲 苇
毕业证书⋯⋯⋯⋯⋯⋯⋯⋯⋯⋯⋯ 冯慧君
没有帽徽的民警（外一首）⋯⋯⋯ 刘星雨
稚嫩的情歌⋯⋯⋯⋯⋯⋯⋯⋯⋯⋯ 程宝林
写在生日七月十五⋯⋯⋯⋯⋯⋯⋯ 胡文琴

大朋友唱给小朋友的歌⋯⋯王恩桥 刘益善
谢家发 刘学琦 雪 兵 樊发嫁 何 博 祖发厚

十二象

隐象⋯⋯⋯⋯⋯⋯⋯⋯⋯⋯⋯⋯⋯ 流沙河
不是第三条道路⋯⋯⋯⋯⋯⋯⋯⋯ 公 刘
关于散文诗⋯⋯⋯⋯⋯⋯⋯⋯⋯⋯ 田一文

诗友通讯

和孔孚谈中国现代格律诗⋯⋯⋯⋯ 邹 峰

诗人的青年时代

写在脚印上的诗行⋯⋯⋯⋯⋯⋯⋯ 梁上泉

读者·作者·编者

封面设计⋯⋯⋯⋯⋯⋯⋯⋯⋯⋯⋯ 代 卫

麻雀牵牛（中国画）（封二）⋯⋯ 何继笃
荷塘清趣（中国画）（封二）⋯⋯ 何继笃
晚归（摄影）（封三）⋯⋯⋯⋯⋯ 何传真

1984 年第 7 期　刊名:《星星》

目录

新星

森林里的图画（四首）⋯⋯⋯⋯（彝族）伍耀辉
猎人的世纪（组诗）⋯⋯⋯⋯⋯（彝族）吉狄马加
我的山村（三首）⋯⋯⋯⋯⋯杨玉兰 朱根亮
设计师（外一首）⋯⋯⋯⋯⋯⋯⋯ 郭同旭

祖国多美好（庆祝建国 35 周年一）

星·北京⋯⋯⋯⋯⋯⋯⋯⋯⋯⋯⋯ 董茂棠
我爱你，重庆!⋯⋯⋯⋯⋯⋯⋯⋯ 彦 博
钢厂的风哟⋯⋯⋯⋯⋯⋯⋯⋯⋯⋯ 刘希涛
奔跑⋯⋯⋯⋯⋯⋯⋯⋯⋯⋯⋯⋯⋯ 邓亨禄
黄昏⋯⋯⋯⋯⋯⋯⋯⋯⋯⋯⋯⋯⋯ 杨 山
一个中国农民致肖邦的信⋯⋯⋯⋯ 唐宋元
集美村赞歌⋯⋯⋯⋯⋯⋯⋯⋯⋯⋯ 唐 湜
晨曲（外一首）⋯⋯⋯⋯⋯⋯⋯⋯ 艾生华
我与太阳同升⋯⋯⋯⋯⋯⋯⋯⋯⋯ 刘竹坚
草原的眼睛（三首）⋯⋯⋯⋯⋯⋯ 瞿 琮
鄂村新影（三首）⋯⋯⋯⋯⋯⋯⋯ 谭德生
牧歌唱圆天山月（外一首）⋯⋯⋯ 张德茂
湖乡剪影（二首）⋯⋯⋯⋯⋯⋯⋯ 王绍钟

小叙事诗

心上的红云⋯⋯⋯⋯⋯⋯⋯⋯⋯⋯ 杨大矛
大海唱给月亮的歌（外一首）⋯⋯ 辛 笛
女工友（外一首）⋯⋯⋯⋯⋯⋯⋯ 张学梦
冬日剪影（外二首）⋯⋯⋯⋯⋯⋯ 傅天琳
西沙诗情（三首）⋯⋯⋯⋯⋯⋯⋯ 柯 原
早班⋯⋯⋯⋯⋯⋯⋯⋯⋯⋯⋯⋯⋯ 朱 红
绿色的歌⋯⋯⋯⋯⋯⋯⋯⋯⋯⋯⋯ 晓 晴
深山奇遇（外一首）⋯⋯⋯⋯⋯⋯ 柴德森
故乡海市（外一首）⋯⋯⋯⋯⋯⋯ 石 英
雪，火烫的（外一首）⋯⋯⋯⋯⋯ 丁 芒
小鸟⋯⋯⋯⋯⋯⋯⋯⋯⋯⋯⋯⋯⋯ 姜金城
高山花园⋯⋯⋯⋯⋯⋯⋯⋯⋯⋯⋯ 王洪涛
鱼市（外一首）⋯⋯⋯⋯⋯⋯⋯⋯ 马绪英
写给被刷新的记录（外一首）⋯⋯ 沈泽宜

手足情深

异地乡情（外一首）⋯⋯⋯⋯⋯⋯ 黄东成
对东风的嘱托（外一首）⋯⋯⋯⋯ 古继堂
拣贝（外一首）⋯⋯⋯⋯⋯⋯⋯⋯ 洪 泓

我的笔 ————————————（中国台湾）陈秀喜
一种季节的推移 ——————（中国台湾）蓉 子
旅途 ———————————（中国台湾）罗 英

讽刺诗
西方趣闻（三首）————————————石 河
花记 —————————————————苗得雨
给吹鼓手 ————————————————李瑞明

中学生习作 ——————王 军 朱蓓蓓 王洪亮

短歌长吟 ————赖松廷 陈尚信 刘有华 刘建春
李凤山 李发模 沈 方 张晓健 吕文秀
柳 朗 冯连才 江 河 吴 晖

友谊篇
乡情小集（四首）——————（中国香港）王心果
马尼拉——N城路上（外一首）——［菲律宾］刘 诋
在美国（二首）————————————张 讴
别意 —————————————————李灿煌

十二象
典象 —————————————————流沙河
我们需要讽刺诗 ————————————湛 卢
短歌长吟 绿枝常新 ———————————王蒲安
听流沙河讲诗 —————————————张 驰
一稿两投作者名单
封面设计 ————————————————戴 卫
大凉山速写（封二）———————————彭先诚

1984 年第 8 期　刊名:《星星》
目录

天府诗会
山城抒情（组诗）————————————雁 翼
浅刺集（四首）—————————————余薇野
东方之月（组诗）————————————李 钢
回乡诗草（外二首）———————————木 斧

给当代青年
船长（四首）——————————————张刚荣
二十六岁的施工队人（外三首）——————伊 甸
在农民诗人家里做客 ———————————周成海
小城的站台 ————————————————廖 希

生活缤纷多彩
河畔人家（外一首）————————————孙新凯

山花朵朵（四首）————————————冯恩昌
我迷失于不该迷失的地方 —————————王燕生
日光浴（外一首）————————————缪国庆
一个农家姑娘的诗笺（三首）———————梁谢成

1984 年第 9 期　刊名:《星星》
目录

长跑 ——————————————————牛 汉
胜利 ——————————————————罗 洛
短诗五首 ————————————————刘祖慈
童话·小品及其他 ————————————冀 汸
珊瑚林 —————————————————韩英珊
青山绿水间的人物（四首）————————李老乡
古盐场新歌（二首）———————————李加建
1984 年中国之春 ————————————蓝 幽
乡恋 ——————————————————刁永泉
傍晚和早晨的故事（三首）————————朴康平
一个山民的雕像（外一首）————————王兆琪
西湖诗简（四首）————————————圣 野
春日赠友人（二首）———————————刘 章
山道上的脚印（外二首）—————————龙 郁
犁声 ——————————————————庞壮国

新星
长城，我们为你翻译 ———————————余效忠
收摘杏子的时候（外一首）————————雷 鸣
我的单弦（外二首）———————————尹安贵

女作者诗页
辉煌的狂想（外一首）——————————郑 玲
中华民族的声音（外一首）————————蒯凤洁
女教师日记（三首）———————————邓芝兰
湖 ——————————————————郁小平

小叙事诗
弯弯的石怪 ————————————————梅 洁
生死之间 —————————————————蔡应律

散文诗
信息（外二章）——————————————耿林莽
海的沉思 —————————————————柯 蓝
谁也不知道 ————————————————杨绍武
我看见一个爱动感情的昆明（外一章）———张 克
山歌（外一章）——————————————马恒祥
古老的水车（外一章）———————————王晓利

民族小曲

山村之夜·····················（蒙古族）韩辉升
小溪·······························王贤良
竹楼凉台·····························张永权
火把节及其他（二首）·················柯愈勋
阿勒勒·······························新　克
转转酒·······························陈元通

短歌长吟·····················张　旭　高　深
陈　晓　朱小丰　周进才　张志安　安　谧　袁冬苇
刘　晓　黄万里　宁松勋　姚　辉　曹宇翔

大学生之歌

纤夫·································钟　山
一支少女军鼓队·······················阿　勇
海边椰树·····························吴晓初
致仙人掌·····························蒋作平
日本近代诗两首·······················郑民钦译
雨天·······························川路柳红
交让木·······························河井醉茗
普罗科菲耶夫诗四首···················蓝　曼译
英国讽刺短诗（三首）·················邵　焱译

十二象

意象·································流沙河
诗出侧面·····························吕　进
诗艺赏析小记·························苗得雨
小叙事诗创作的新收获
——《她留下了洁白的履历》漫议·········罗定金
封面设计·····························戴　卫
苏子吟啸图（中国画）（封二）·········万一兵
三月（水印套色木刻）（封二）·········阿　鸽

1984 年第 10 期　刊名：《星星》

目录

天府诗会

英烈颂·······························凌文远
我的爱之最···························杨　然
诗四首·······························穆　仁
我的进行曲（五首）···················戴安常
春汛（组诗）·························沙　鸥

祖国多美好(庆祝建国 35 周年二)

我的王冠·····························赵天山
建设的旋律（二首）···················王华东
下夜班的井口·························陈春琼
清晨八点·····························袁永庆

渣滓洞断线···························高　平
大力士·······························汪承栋
"霍元甲热"的注释···················渭　水
关于北方的沉思·······················高建群

我的探索

她是一片蓝色的山脉···················麦　浪
路灯下（外一首）·····················缪国庆
铜奔马·······························龙彼德
南方的河流（三首）···················冯庆川
风·································茜　子
包公祠留诗（三首）···················蓝　疆
创世纪（四首）·······················浪　波
帕尔迈拉·····························胡　昭
雨花石·······························沙　陵

散文诗

古荔（外三章）·······················曾伯炎
海边的小屋（外一章）·················陈慧瑛
船上拾到的断想·······················肖　岗
岩（外一章）·························唐大同
秋·································蓝　幽

新星

乘 30 路换 20 路，我跑···············孙建军
妈妈，明天我们要去春游（外一首）·······杨培勇
致贝多芬·····························夏勇刚

浅刺集

驴子的奇遇（外一首）·················刘　征
独木舟·······························黄　堃

爱的琴弦

无名姑娘之作（四首）·················李春林
箴言·······························王泽群
请听我的轻音乐（三首）···············梁　平

短歌长吟·····················塞　风　伊丹才让
唐　湜　姜华令　姚业涌　何　鹰　徐国静　薛炳章
张丕利　朱谷忠　熊德光　刘家魁

第一缕星光

渡口（外二首）·······················左　启
山乡野絮（二首）·····················陈洪泽
朝霞·································熊　雄

中小学生诗页·····················郁　奉　马成全
胡自琼　杜小曼
台岛女诗人作品选析（一）

十二象
意象派一例
——伊兹拉·庞德《地铁站内》··········流沙河
不应被忘记的诗人
——谈谈邵子南的诗歌创作··········陈厚诚
在艰苦中追求
——学诗断想··········赵 敏
新诗和中学生··········米 生

（诗讯）一批新诗刊相继出版
封面设计··········戴 卫
无边春雨（水印木刻）··········吴 凡
伴侣（木刻）··········李 野
小麻雀（木刻）··········陈大和

1984 年第 11 期　刊名:《星星》
目录

新星
黄河少年从梦中醒来··········张 麒
普通女工（二首）··········王金明
山里的红百合（三首）··········映 春
骄傲的公主（外一首）··········梁 真
水墨小品（二首）··········车前子

山海情
西出阳关··········罗 洛
山海情（三首）··········叶 簇
峡谷写生（外二首）··········廖公弦
火焰山··········杨 牧
我点燃了篝火··········郭维东
遥远的西天山（二首）··········林 染
川西中秋夜··········贺培康
梁山行（二首）··········任耀庭
月光小夜曲··········刘 滨
边境的云··········康 平

黑色的太阳——献给煤矿工人的歌
太阳··········刘德科
矿区意象··········车美萍
黎明，我走出罐笼··········刘宪法
小窗（外一首）··········秦群鸽
矿工回家去（外一首）··········曹汉俊
矿山素描（三首）··········刘辉考
矿山警笛··········谭 楷
我们是一群黑色的坑木··········陈玉柱
又听到了你的歌声··········亦 痕
爸爸的儿子··········刘茂胜

笑（外一首）··········吕 剑
桃金娘··········莫文征
心灵的闪光（二首）··········黄 宏
给丁香（外一首）··········梁 南
今天她们发薪··········郑宝富
军服··········王辽生
书架··········伍权民

大学生之歌
我们的回声··········余效忠
季节··········程宝林
今天我们去春游··········南 轩
大青树··········彭国梁

小叙事诗
厂长，你爱人看你来了··········唐宋元
琵琶··········吴烟痕

士兵之歌
新兵有点个性··········刘业勇
相逢（外一首）··········安全东
蓝天白云··········曹 剑
短歌长吟··········遥 遥 刘清勇 刘成东 顾 工
陈玉坤 吴淮生 陈官煊 沈前祥 杜律新 王振喜
歌词·一九八三··········侯德健
台岛女诗人作品选析（二）··········沈美兰
1982—1983《星星》诗歌创作奖获奖作品篇目

十二象
客观对应物象··········流沙河

诗人诗评家笔谈当前新诗创作问题（一）
夜谈杂录··········杨汝绚
真话真说··········余薇野
对当前新诗创作问题的回答··········刘湛秋

诗歌服务台··········陶任先答问
封面设计··········黄朝伟
孔雀之歌（木刻）（封二）··········陈永乐
热风（木刻）（封二）··········郭 游

1984 年第 12 期　刊名:《星星》
目录

新星
列车从月台驶出（外一首）··········宫 辉
乡下，他这个家（组诗）··········佟 冬
离合悲欢（三首）··········孙建军

1985 年第 1 期　刊名:《星星》

目录

时装表演··············谢其规
南归的雁··············刘辉考
雕塑家（外一首）··········孔令更
秋天的太阳（外二首）········李占学
华岭哺育着绿色大鹏·········何 来

乡土情··········钱万成 周同馨
郭维东 柏桦 陆 健 田林军 宋学镰 王 璞

旅游诗页
傍晚，我望骊山··········纪 学
黄山竹杖吟············柴德森
草原诗情（二首）··········桑 原
从桂湖钓起的诗句（三首）······张大成
江南印象·············钱叶用
西湖断桥（外一首）·········熊俊桥

爱的琴弦
重逢···············方竟成
小站···············曾 鸣
夏天的栀子花···········张德强
信················田 耕
送别···············马及时
陌上桑··············沈天鸿

我的探索
北方的太阳（外一首）········杨 炼
日子···············刘振尧
头一天··············张 捷

短歌长吟·······周小舟 左一兵 雪 夫 熊召政
雷雯 李凤山 李 锐 张晓健 季富政 王显才
李济浪 颜 溶 吴迪安 陈官煊 黄成基 胡丰传
刘星雨 黎少华 蓝启发 王荆岩 梁剑平 郭同旭
吴远度 申 身 王长军 廖代谦 许 行 陈新民
杨文康 古 泉

浅刺集
让贤歌··············赖松廷
门画···············田玉生
雷连科夫诗二首··········谷 雨译
克瑞恩诗九首···········余 正译
诗二首·······[美]保尔·安格尔 孙法理译

海外奇诗丛谈
嬉皮诗人射尿···········流沙河

诗人诗评家笔谈当前新诗创作问题
略谈当前新诗创作问题·······晏 明

答问四则··············刘 征
答《星星》九题··········蔡其矫
诗，赤裸着，像维纳斯——西窗诗话··阿 红
诗艺赏析小记···········苗得雨

新诗史料
周太玄其人其诗··········孙跃冬

读者论坛
新诗的危机与解脱·········曹纪祖
我喜欢"爱的琴弦"········陈建文

在新的一年里 编者的话
封面设计·············黄朝伟
晚风轻轻吹（套色木刻）······陈克平
文工团员（木版水印）·······吴孔春

本题新刊题花、题图作者
········牟康华 廖传美 沈延祥 向际纯

1985 年第 2 期 刊名:《星星》

目录

新星
水兵的海（组诗）·········庄永春
我的"特权"（外一首）······杜 若
罗城镇··············康武能

诗的雕像
赠徐迟同志（外一首）········方 敬
李叔同··············蔡其矫
普通人的歌（三首）·········王耀东
鸡毛掸··············张新泉
父与子··············刘希涛
致相声演员············李照明
写给矿工的妻子们·········周培玉
晨曦···············金 翅

散文诗·····王式俭 于耀生 于 沙 崔 桦
蒋 凯 伐 子 姜龙飞 柏铭久 舒宗范 蔡中俊

致贡嘎山·············李加建
我是属马的············孙建军
松柴···············熊光炯
扬州小巷（外一首）·········黄 羊
姐妹心··············时永福
黄河与我·············塞 风
远山（外一首）···········刘 镇

筑路者没有秋天（外一首）⋯⋯⋯⋯⋯⋯孙　映
黑土地（二首）⋯⋯⋯⋯⋯⋯⋯⋯⋯⋯龙彼德

风物篇
蜀中抒情（二首）⋯⋯⋯⋯⋯⋯⋯⋯汪承栋
雨季（外二首）⋯⋯⋯⋯⋯⋯⋯⋯⋯凌代坤
旷野上的山梨树⋯⋯⋯⋯⋯⋯⋯⋯⋯梁必文
滇西诗草（四首）⋯⋯⋯⋯⋯⋯⋯⋯冯　晓

山乡吟
竹墟（外一首）⋯⋯⋯⋯⋯⋯⋯⋯⋯孙新凯
绿色的乡村（二首）⋯⋯⋯⋯⋯⋯⋯马及时
歇⋯⋯⋯⋯⋯⋯⋯⋯⋯⋯⋯⋯⋯⋯任志玺
放蜂曲⋯⋯⋯⋯⋯⋯⋯⋯⋯⋯⋯⋯于书恒
山花吟（二首）⋯⋯⋯⋯⋯⋯⋯⋯⋯王延庆
诗社在春雨中拔节⋯⋯⋯⋯⋯⋯⋯⋯冯　杰

女作者诗页
我追赶大兴安岭（外四首）⋯⋯⋯⋯傅天琳
向往（外一首）⋯⋯⋯⋯⋯⋯⋯⋯⋯徐　泽
雨韵⋯⋯⋯⋯⋯⋯⋯⋯⋯⋯⋯⋯⋯⋯宁　静

爱的琴弦
他们在相爱⋯⋯⋯⋯⋯⋯⋯⋯⋯⋯⋯赖亚滨
在水田（外一首）⋯⋯⋯⋯⋯⋯⋯⋯杨云才
情诗二首⋯⋯⋯⋯⋯⋯⋯⋯⋯⋯⋯⋯李玉成
眼睛⋯⋯⋯⋯⋯⋯⋯⋯⋯⋯⋯⋯⋯⋯陆　健
凝固的海⋯⋯⋯⋯⋯⋯⋯⋯⋯⋯⋯⋯耿继孝

海外乡思
音⋯⋯⋯⋯⋯⋯⋯⋯⋯⋯⋯⋯［菲律宾］浩　青
枫⋯⋯⋯⋯⋯⋯⋯⋯⋯⋯⋯⋯⋯［英国］晓　峰

短歌长吟⋯⋯⋯⋯⋯⋯⋯⋯余薇野　林　彦
王松青　秦士元　柯于明　张　君　关　键　晓　晴

第一缕星光
姑娘从城里嫁来（外一首）⋯⋯⋯⋯小　蕊
搬迁⋯⋯⋯⋯⋯⋯⋯⋯⋯⋯⋯⋯⋯⋯杨天斌
收割机手的骑士风度⋯⋯⋯⋯⋯⋯⋯叶东旭
幽默的窑工⋯⋯⋯⋯⋯⋯⋯⋯⋯⋯⋯郁建中
追求⋯⋯⋯⋯⋯⋯⋯⋯⋯⋯⋯⋯⋯⋯胡夏生

海外奇诗丛谈
一叶落寂莫⋯⋯⋯⋯⋯⋯⋯⋯⋯⋯⋯流沙河

诗人诗评家笔谈当前新诗创作问题
答《星星》诗刊编辑部问⋯⋯⋯⋯⋯罗　洛
答《星星》诗刊问⋯⋯⋯⋯⋯⋯⋯⋯雁　翼

"假大空"和"假小空"⋯⋯⋯⋯⋯⋯⋯吴　嘉
我的看法⋯⋯⋯⋯⋯⋯⋯⋯⋯⋯⋯⋯胡　昭

李钢想象的个性特点——读《白玫瑰》⋯⋯尹安贵
长江诗话（四题）⋯⋯⋯⋯⋯⋯⋯⋯朱先树

读者·作者·编者
封面设计⋯⋯⋯⋯⋯⋯⋯⋯⋯⋯⋯⋯黄朝伟
榕荫静静（套色木刻）⋯⋯⋯⋯⋯⋯李树勤
夹江小景（装饰画）⋯⋯⋯⋯⋯⋯⋯朱常棣
本期新刊题图、题花作者　牟康华　廖传美　沈延祥

1985 年第 3 期　刊名:《星星》
目录

他?!⋯⋯⋯⋯⋯⋯⋯⋯⋯⋯⋯⋯⋯⋯杨绍武
渔家女人（外一首）⋯⋯⋯⋯⋯⋯⋯伊　甸
川东，一位企业家的名字⋯⋯⋯⋯⋯黄　宏
微笑的淘金佬⋯⋯⋯⋯⋯⋯⋯⋯⋯⋯庞壮国
崛起的珠峰⋯⋯⋯⋯⋯⋯⋯⋯⋯⋯⋯洋　滔

海外诗音
程步奎诗十一首

米芾祠断想（二首）⋯⋯⋯⋯⋯⋯⋯邹荻帆
大兴安岭人（二首）⋯⋯⋯⋯⋯⋯⋯王燕生
激情与沉思（二首）⋯⋯⋯⋯⋯⋯⋯宫　玺
我捧起一个带刺的观念⋯⋯⋯⋯⋯⋯王辽生
白娘子的峨眉山⋯⋯⋯⋯⋯⋯⋯⋯⋯林　染
害怕（二首）⋯⋯⋯⋯⋯⋯⋯⋯⋯⋯陈仲义
雨的碎步（三首）⋯⋯⋯⋯⋯⋯⋯⋯子　页
工地上的女卫生员⋯⋯⋯⋯⋯⋯⋯⋯雷有让
答友人（外一首）⋯⋯⋯⋯⋯⋯⋯⋯徐　康
夜航⋯⋯⋯⋯⋯⋯⋯⋯⋯⋯⋯⋯⋯⋯木　斧
犁沟里，升起一个太阳⋯⋯⋯⋯⋯⋯刘益善
那就是我⋯⋯⋯⋯⋯⋯⋯⋯⋯⋯⋯⋯王　野
一朵火焰⋯⋯⋯⋯⋯⋯⋯⋯⋯⋯⋯⋯唐　湜
城市抒情短章（二首）⋯⋯⋯⋯⋯⋯张　克
花溪红叶（外一首）⋯⋯⋯⋯⋯⋯⋯叶　笛
柳浪闻莺⋯⋯⋯⋯⋯⋯⋯⋯⋯⋯⋯⋯杨　禾
城口⋯⋯⋯⋯⋯⋯⋯⋯⋯⋯⋯⋯⋯⋯向求纬
光辉的河——锑都抒情⋯⋯⋯⋯⋯⋯舟挥帆

未名集
根（外一首）⋯⋯⋯⋯⋯⋯⋯⋯⋯⋯时星原
我们是八个青年⋯⋯⋯⋯⋯⋯⋯⋯⋯龙懋勤
城市诙谐曲（二首）⋯⋯⋯⋯⋯⋯⋯王俊义
南方姑娘（外一首）⋯⋯⋯⋯⋯⋯⋯张　犁

腾飞的龙 .... 良 爽
飞（外一首）..................... 王国云
嫁与娶 .... 陈惠芳
啊，戏台…… .... 王 颂
城市古庙映象 .... 孙建军
金矿采撷 .... 刘辉考
猫趣（二首）..................... 汤茂林
告别重庆（外一首）............... 赵健雄
老知青的信 .... 辜义陶
在万山丛中（二首）............... 南 雄
你登上长城 .... 曹宇翔
故乡和石油钻工 .... 宋克力
今夜舞厅开放 .... 郭良原
立体的现代诗文 .... 徐建文
井队搬迁 .... 黄德涵
北方哟…… .... 曾凡华
谒文天祥祠 .... 水 舟

大草原
少女与小鹿（外一首）......（蒙族）韩 霞
有一条小路 ....（蒙族）青格里
县长的吉普车 ....（蒙族）韩辉升
藏族老人 ....（藏族）索 宝
乘车下羌山 .... 马非白

小叙事诗
姐姐 .... 柯 平
紫色的苜蓿地 .... 高建群

海外奇诗丛谈
大猫、大蜘蛛 .... 流沙河

长江诗话
情理和事理·雅和俗 .... 朱先树

诗人诗评家笔谈当前新诗创作问题
关于诗的感想——答问三题 .... 玉 果
"时代强音"和"小花小草" .... 宋 垒
新诗小议——答《星星》三问 .... 刘 章
笔谈二题 .... 苗得雨

封面设计 .... 黄朝伟
山乡日记（木刻组画选）........... 顾 雄
买新货（油画）................... 钟 钢

目录

山乡速写（组诗）................. 朱根亮

新星
中国画（三首）................... 王家新
女工宿舍（外一首）............... 李晓梅
来自乡村的新闻（二首）........... 宋学镰
旋律 .... 蒋 凯

平凡的人
劳动者 .... 钱叶用
狩猎人 .... 王兆琪
两片土地 .... 童 西
经济学家 .... 李照明
五月雪 .... 蓝 幽
升井 .... 李建华
卖山杏的小姑娘（外一首）......... 陈正坤
致诗人 .... 程 新

我是一个兵
女飞行员速写 .... 倪 林
瞭望 .... 翼 华
背地里，女兵议论连长 .... 任惠敏
悼念一位女兵 .... 马新朝

彩色缤纷
克孜巴朗的舞 .... 刁永泉
白桦林 .... 林 染
戈壁日出 .... 陆 槃
五月的高山草原（外一首）......... 彭国梁
天山秋草 .... 章德益
边寨拾韵（二首）................. 张永权
莫干山游 .... 朱金晨
水乡古镇 .... 卫世平
眼含古老的液体 .... 牛 波
秧歌舞 .... 苏历铭
山歌 .... 陈所巨
自然之子 .... 里 沙
抬鱼照像 .... 张 克
煤、燕子——赠友 .... 王洪涛
人和树 .... 曹 静
迷人的海（三首）................. 柯愈勋

爱之路
走进我日记的山妹子 .... 雷恩奇
初恋 .... 程宝林

我不愿意（外一首）·······················朱宏星
门启····································党　诤
标点（四首）·····························董茂棠
但愿····································张　立

大学生诗页
红柳····································雷　鸣
黑水母亲·······························嘉　嘉
童年（组诗）·····························杜　璞
我是海的女儿···························张　缨
黎明印象··························小　敏　业　君

我的探索
他曾经向往海（外一首）···················人　邻
消失的海鸥·····························陈中华

浅刺集
小鸟与恋人·····························江　海
墨镜····································张丕利
孩子他爸掌大印（外一首）·················李世威

散文诗
那就是我·······························王俊义
进口的夹竹桃（外一章）···················余　怀
啊，鹰（外一首）·························唐大同
山民的女儿·····························管用和
山风····································褚晓路

诗人诗评家笔谈当前新诗创作问题
兰州诗简·······························唐　祈
新年话新诗，吉兆·······················钟　文
诗歌传统侧重继承什么？·················田　奇

读者论坛
无名者的回答···························沈　奇
当前新诗创作的主要问题是什么？·········陈紫丁
新诗创作七题···························罗良德
戴望舒给艾青的一封信···················建　成

读者·作者·编者
大不相似·······························李春林

封面设计·······························郭　虹
台北街景（国画）·························孙　瑛
橱窗（油画）·····························姚庆章
扉页木刻·······························谢梓文
题花作者··········沈延祥　邹延白　钟　跃　黄朝伟

1985 年第 5 期　刊名:《星星》

目录

新星
山里的红百合（组诗）·····················映　春
黄金膝·································王　璞
在女教师宿舍（外一首）···················庞立臣
中锋····································陈新民
鹰之巢（二首）·························程显谟
中国农民·······························梁　平
雪白雪白的太阳帽·······················渭　水
丛林里有等待的女人·····················廖亦武
集体企业·······························潘　烽
小白桦树林（外一首）···················马合省
鸡鸣····································徐　正
黄河边（外一首）·················（回族）杨云才
中山陵漫想·····························高　深
牦牛····································藏　青
金鞭岩的松树···························杨　树
铁码头（外一首）·······················李昆纯
黄山雾·································葛佳映

生活的窗口
食品城拾趣（二首）·····················李凤山
喂，女工长·····························梁　真
民间小调·······························程　新
小溪，一支不枯的竹笛···················翼　华
日出····································赵宽宏
乡风····································刘高贵
山妞儿（二首）·················刘逢进　黄强
我要在这里酿蜜·························唐承生
夏日海滨的旅游热·······················姚振函
星期日，我们在公园野餐·················徐淙泉
音乐学院·······························王建渐
我为墙面抹灰浆·························况明先
列车上的故事（二首）···················邓康延
分家小记·······························周所同
年轻的掌柜·····························任永恒
雪糕····································潞　潞
陌生的笑·······························崔克明

天府诗会
江南（组诗）·····························赵　敏
西北的太阳（组诗）·····················鄢家发
渡（外一首）·····························杨汝绒

故事诗
沸泉····································武兆强

迷人的爱情

独弦之歌（外一首）⋯⋯⋯⋯⋯⋯张新泉
星⋯⋯⋯⋯⋯⋯⋯⋯⋯⋯⋯⋯⋯韩　青
崖畔（外一首）⋯⋯⋯⋯⋯⋯⋯王德芳
相信童话是真的（二首）⋯⋯⋯郎恩才
无题⋯⋯⋯⋯⋯⋯⋯⋯⋯⋯⋯⋯何香久
等等我⋯⋯⋯⋯⋯⋯⋯⋯⋯⋯⋯沙　成

诗萃

海涛篇（杂文诗十一章）⋯⋯⋯刘　征
小诗五首⋯⋯⋯⋯⋯⋯⋯⋯⋯⋯袁永庆
颐和园⋯⋯⋯⋯⋯⋯⋯⋯⋯⋯⋯杨远宏
春之歌（二首）⋯⋯⋯⋯⋯⋯⋯朱谷忠
秋瑾墓前沉思⋯⋯⋯⋯⋯⋯⋯⋯卢祖品
给筑路工写生⋯⋯⋯⋯⋯⋯⋯⋯邹自立
石的哼曲⋯⋯⋯⋯⋯⋯⋯⋯⋯⋯张世豪
焊⋯⋯⋯⋯⋯⋯⋯⋯⋯⋯⋯⋯⋯张士忠
雨后的桂林（外一首）⋯⋯⋯⋯杨兴模
断句⋯⋯⋯⋯⋯⋯⋯⋯⋯⋯⋯⋯王常滨
重访杜甫草堂⋯⋯⋯⋯⋯⋯⋯⋯陈学名
在深山（二首）⋯⋯⋯⋯⋯⋯⋯陈官煊
画（外一首）⋯⋯⋯⋯⋯⋯⋯⋯彭双和
断想二章⋯⋯⋯⋯⋯⋯⋯⋯⋯⋯姜东胜
鹅卵石（外一首）⋯⋯⋯⋯⋯⋯张洪波
黎明情⋯⋯⋯⋯⋯⋯⋯⋯⋯⋯⋯黄承基

第一缕星光

一瞥（外一首）⋯⋯⋯⋯⋯⋯⋯王秀华
我用手指架成一个画框⋯⋯⋯⋯何铁生
诗的彩虹（三首）⋯⋯⋯⋯⋯⋯于宗信
小诗短诗辨⋯⋯⋯⋯⋯⋯⋯⋯⋯叶　潮
和读者的对话（一）⋯⋯⋯⋯⋯一　编
台湾现代诗三十年一瞥⋯⋯（中国香港）子　敬

美术

封面设计⋯⋯⋯⋯⋯⋯⋯⋯⋯⋯郭　虹
春天来了（木刻）⋯⋯⋯⋯⋯⋯帅　华
太阳，你好（套色木刻）⋯⋯⋯王玉辉

1985 年第 6 期　刊名:《星星》

目录

中秋月⋯⋯⋯⋯⋯⋯⋯⋯⋯⋯⋯杨　然
太阳在升起⋯⋯⋯⋯⋯⋯⋯⋯⋯刘湛秋
关东秋图（外一首）⋯⋯⋯⋯⋯王鸣久
北方（三首）⋯⋯⋯⋯⋯⋯⋯⋯匡　满
与彩霞一同起飞（外一首）⋯⋯宋　丹
女性和山（外一首）⋯⋯⋯⋯⋯黄　堃

黄河的荷⋯⋯⋯⋯⋯⋯⋯⋯⋯⋯冯　杰
坎儿井工匠（外一首）⋯⋯⋯⋯逄　阳
古井⋯⋯⋯⋯⋯⋯⋯⋯⋯⋯⋯⋯何香久
重心（外一首）⋯⋯⋯⋯⋯⋯⋯何吉明
夏夜，在小屋⋯⋯⋯⋯⋯⋯⋯⋯左一兵
太阳的笑容真迷人⋯⋯⋯⋯⋯⋯周同馨
鹰⋯⋯⋯⋯⋯⋯⋯⋯⋯⋯⋯⋯⋯沈天鸿
小船（外一首）⋯⋯⋯⋯⋯⋯⋯李永庚
保护区，不需要猎枪（外一首）⋯王长军
登山者⋯⋯⋯⋯⋯⋯⋯⋯⋯⋯⋯梅　翁
楼铃（外一首）⋯⋯⋯⋯⋯⋯⋯张克峰

浪漫曲

海盗轶事（外一首）⋯⋯⋯⋯⋯陈所巨
矿工与迪斯科⋯⋯⋯⋯⋯⋯⋯⋯韩辉升
爸爸这名称⋯⋯⋯⋯⋯⋯⋯⋯⋯司徒杰
立柜镜前的深思⋯⋯⋯⋯⋯⋯⋯茹　菇
早晨进行曲⋯⋯⋯⋯⋯⋯⋯⋯⋯伊　甸

有特色的诗

遥寄李商隐⋯⋯⋯⋯⋯⋯⋯⋯⋯朱复隆
柿子的幽默（外一首）⋯⋯⋯⋯姚焕吉
重庆一日⋯⋯⋯⋯⋯⋯⋯⋯⋯⋯渭　水
鹤鸣（外一首）⋯⋯⋯⋯⋯⋯⋯庞壮国
西南短章（组诗）⋯⋯⋯⋯⋯⋯沈　群
心弦（二首）⋯⋯⋯⋯⋯⋯⋯⋯曹继强
窗外的树⋯⋯⋯⋯⋯⋯⋯⋯⋯⋯尹安贵

边关情思

嘎顺诺尔之夜⋯⋯⋯⋯⋯⋯⋯⋯翼　华
阿尔萨郎·暮色（外一首）⋯⋯里　辛
竹楼⋯⋯⋯⋯⋯⋯⋯⋯⋯⋯⋯⋯石太瑞
造型大师⋯⋯⋯⋯⋯⋯⋯⋯⋯⋯伍耀辉
骄傲的高昌故城⋯⋯⋯⋯⋯⋯⋯马怀白

朗诵诗

新的志愿⋯⋯⋯⋯⋯⋯⋯⋯⋯⋯刘业勇

女作者诗页

假面舞会掠影（二首）⋯⋯⋯⋯王尔碑
我小时候⋯⋯⋯⋯⋯⋯⋯⋯⋯⋯梅　洁
布达拉宫⋯⋯⋯⋯⋯⋯⋯⋯⋯⋯马丽华
重逢⋯⋯⋯⋯⋯⋯⋯⋯⋯⋯⋯⋯惠　君
手⋯⋯⋯⋯⋯⋯⋯⋯⋯⋯⋯⋯⋯余系中

爱的星光

心⋯⋯⋯⋯⋯⋯⋯⋯⋯⋯⋯⋯⋯谭德生
思⋯⋯⋯⋯⋯⋯⋯⋯⋯⋯⋯⋯⋯王承谐
妈妈，您早点睡觉⋯⋯⋯⋯⋯⋯刘　章

底片·····················古　舒
信，铺开一条长长的路·············硝　岩
送别·····················何　鹰

短歌

村夜·····················胡晓靖
故乡的山岗·················苏　予
出钢时刻（外一首）·············张晓健
纺车（外二首）···············李尚朝
风帆·····················洪　桥
远行的儿子与母亲··············余效忠
这一片街沿·················赖松廷
峨眉雨中行·················灵　子
养蜂人的信鸽················杨承朴
蘑菇·····················陈　晓
打鸟（外一首）···············陈　科
蝌蚪化石··················周成海
灵趣美····················马立鞭
诗的概括性·················刘　强
新·虚和实·凝炼不足············王若谷

新诗史料

新诗出版情况概述（1919—1949）·····罗星昊
和读者的对话（二）·············一　编

美术

封面设计··················郭　虹
新松（木刻）················康　宁
兴业（水印木刻）··············潘裕珏

1985 年第 7 期　刊名:《星星》

目录

小叙事诗

三个士兵和他们的胡子············陆　健

多彩的风

犍为，赠我一朵茉莉（组诗）·········周　纲
两支情歌··················章德益
诗人·····················罗　洛
黄河（外一首）···············王志杰
天安门，洁白的广场（二首）·········沈　重
长岛行（三首）···············雷　霆
水城·····················柯　原
车过汤阴··················伍权民
未名湖····················刘　扬
穹庐下，火苗腾起来了············关　雎

缤纷的生活

一个老工人的工作和生活片断（二首）····第广龙
诗二首····················汪承栋
跋涉者····················林　染
宁静的三月·················冯　晓
油娃子····················于振海
足球迷····················赵天山
洗衣机的风波················夏子全
他在打捞新的童话··············潘万提
太阳神····················曹　斌
集邮夏令营·················柳士同
小站，停车一分···············时星原
项链季节··················许德民
时间——写给母亲··············周继才
松林·····················高炯浩
荒山·····················屈文焜

织女星

小城的丝绸女工们··············张敦孟
飞天·····················王黎明

爱之路

写在妻子背影上的诗（二首）·········周邦宁
窗纱·····················杨远宏
绿水·····················孙友田
邂逅·····················胡兰芳
石林阿诗玛·················邹学顺

诗的议论

那一天，阿 Q……（外一首）········李　勤
贵妃墓前的议论···············石　英
长尾鸡（外一首）··············徐铁牛
橡皮头····················王章伍
观斑马记··················苗得雨

散文诗

夜礼服（外一章）··············耿林莽
春城飞花（二章）··············张　长
陵园·····················马恒祥
不纯的海（外一章）·············余薇野

短歌

护林哨棚··················崔合美
女教师····················梅　子
墓地·····················吴晨骏
山庙·····················林　希
纤夫·····················沙　蕾
春······················白　峡
故乡画像··················廖建军

初恋的路⋯⋯⋯⋯⋯⋯⋯⋯⋯马及时
啊，迪斯科⋯⋯⋯⋯⋯⋯⋯况明先
海浪⋯⋯⋯⋯⋯⋯⋯⋯⋯⋯⋯叶　簇

海外思情
花⋯⋯⋯⋯⋯⋯⋯⋯〔美国〕王正军
童心⋯⋯⋯⋯⋯⋯⋯〔英国〕晓　峰
非洲彩珠（二首）⋯⋯⋯⋯⋯周国勇
给保护区内的印第安人（二首）⋯王永利

大学生诗页
秋歌⋯⋯⋯⋯⋯⋯⋯⋯⋯⋯⋯晓　佳
放蜂人迁向北方⋯⋯⋯⋯⋯⋯程宝林
天池落日（外一首）⋯⋯⋯⋯⋯林　路
碰海人（二首）⋯⋯⋯⋯⋯⋯李剑虹
"希望号"上的公民们（二首）⋯刘晓滨

童韵
童心谱写的旋律（三首）⋯⋯⋯唐　剑
故宫⋯⋯⋯⋯⋯⋯⋯⋯⋯⋯刘梦琳
跳水台（外一首）⋯⋯⋯⋯⋯郁　奉
甜甜的托儿所（二首）⋯⋯⋯郑春华
星星会长大吗?⋯⋯⋯⋯⋯⋯苏　成
拾趣（五首）⋯⋯⋯⋯⋯⋯张雪杉
童心世界（二首）⋯⋯⋯⋯⋯再　耕
萤火虫也有爸爸妈妈⋯⋯⋯⋯王新民

译诗
日本当代诗三首⋯⋯⋯⋯⋯张　竞译
美国当代抒情诗四首⋯⋯⋯张　讴译
新诗创作艺术探微五题⋯⋯⋯罗良德
"诗艺赏析"的特点及其写作⋯⋯古远清

读者论坛
对诗的一己之见⋯⋯⋯⋯⋯⋯杨荣昌

美术
封面设计⋯⋯⋯⋯⋯⋯⋯⋯⋯李　繁
山村小镇头（木刻）⋯⋯⋯⋯李跃春
远方的人（石版画）⋯⋯⋯⋯顾　雄

淘金者与豹⋯⋯⋯⋯⋯⋯⋯⋯宋　琳
春从西湖来（组诗）⋯⋯⋯⋯尹安贵

抗战诗抄
给战斗者⋯⋯⋯⋯⋯⋯⋯⋯⋯田　间
雪落在中国的土地上⋯⋯⋯⋯艾　青
在七月七日（致辞）⋯⋯⋯⋯七月社
古船⋯⋯⋯⋯⋯⋯⋯⋯⋯⋯田家鹏
九色鹿⋯⋯⋯⋯⋯⋯⋯⋯⋯阳　飏
吾师⋯⋯⋯⋯⋯⋯⋯⋯⋯⋯周　涛
爱的故事（二首）⋯⋯⋯⋯⋯刘文青
松林童话（外一首）⋯⋯⋯宋渠 宋炜
日月，环绕天轮运行（组诗）⋯王黎明
怎样成为先进⋯⋯⋯⋯⋯⋯黄晓华
长白山的冰凌花（二首）⋯⋯张常信
哑巴叔的大黄狗⋯⋯⋯⋯⋯刘　波
耕牛⋯⋯⋯⋯⋯⋯⋯⋯⋯⋯张雪杉
夜浴⋯⋯⋯⋯⋯⋯⋯⋯⋯⋯龙　郁
少女菱子⋯⋯⋯⋯⋯⋯⋯⋯郑建桥
她推开那道门⋯⋯⋯⋯⋯⋯郁建中

同题三色抒情诗
三人行⋯⋯⋯⋯⋯宫　玺 黎焕颐 姜金城

我的探索
在东方沙漠里（三首）⋯⋯⋯林　染
附：与白航同志的通信

战士的花环
将军的岁月（二首）⋯⋯⋯⋯蓝启发
一个少女，靠在战士的肩头睡着了⋯翟宗法
雪线女兵⋯⋯⋯⋯⋯⋯⋯⋯曾有情
生活的镜头（二首）⋯⋯⋯⋯戴左航
大兵⋯⋯⋯⋯⋯⋯⋯⋯⋯⋯佟　石
山醉了⋯⋯⋯⋯⋯⋯⋯⋯⋯刘毅然
金勒麦斯山口⋯⋯⋯⋯⋯⋯王晋军
黎明，我放飞一群军鸽⋯⋯⋯黄恩智
洗军衣⋯⋯⋯⋯⋯⋯⋯⋯⋯华铁卢

各地诗社诗选
父亲的犁铧⋯⋯⋯⋯⋯⋯⋯⋯朔　原
哑女⋯⋯⋯⋯⋯⋯⋯⋯⋯⋯映　春
水磨房⋯⋯⋯⋯⋯⋯⋯⋯⋯子　君
码头搬运工⋯⋯⋯⋯⋯⋯⋯宋庆平
今晚，我们跳舞去⋯⋯⋯⋯⋯谯兰平
书房⋯⋯⋯⋯⋯⋯⋯⋯⋯⋯刘润清

1985 年第 8 期　刊名:《星星》
目录

望钟楼⋯⋯⋯⋯⋯⋯⋯⋯⋯⋯余以建

有特色的诗
橄榄枝（三首）⋯⋯⋯⋯⋯⋯周亚平

短章
姑嫂塔⋯⋯⋯⋯⋯⋯⋯⋯⋯缪国庆

桦皮筏（三首）·········沙　白
黄水谣·················奔　雷
晨牧·················姚学礼
猪的抱怨···············穆　仁
黄河落日···············曹红旗
床头·················孙　映
鲁迅墓················彭双和
吐鲁番速写（三首）········郭维东
流浪岛（外一首）·········苏历铭
下棋（外一首）··········冯恩昌
香港二题···············田　野
雪后（外一首）··········路　辉
对一首诗的否定···········伊　甸
表（外一首）············圣　野

争鸣！来，争鸣

新诗译解···············牛　星
潜力的律动·············徐晓阳
我的看法···············鲁　伟
模糊而破碎的印象·········崔克明
我对《黎明印象》的印象······建　之
《黎明印象》之我见········叶　静
何必这样···············叶　青
浅谈诗的分行············何　钊
晓看红湿处……··········杨汝绀
和读者的对话（三）········一　编
诗歌服务台·············松　柏

美术

三峡情（木刻）··········邹　卡
育林人（木刻）······（藏族）其加达瓦
新题花作者·······邹延白　赵庆生　潘厚福　钟跃

1985 年第 9 期　刊名:《星星》

目录

新星

浑黄的和碧蓝的（组诗）···（朝鲜族）朴康平
努尔哈赤的后裔们（三首）···（满族）张　欣

小小叙事诗

等待者···············李老乡
雕石和雕冰（外一首）·······刘　征
雨夜················朱　涛
丁香花说··············水　舟

有赠

痛苦的燃烧·············公　木

友情三首··············蔡其矫
雨天的信··············杨　山
夜莺················张小平
致一位澳大利亚友人········张文力
东方的大卫·············杨广为
春晖················黄东成

西部诗歌

西部中国（十四行组诗）······唐　祈
人·草原·沙漠·······（蒙古族）韩　霞
拉骆驼的人（外一首）·······杜爱民
西北的河（外一首）······（回族）杨云才

迷人的乡村

红高粱···············张华中
你这山里的女子（外一首）·····佳　白
农民的眼睛·············范　源
小镇鸡啼··············杨健鹰
五月················李先钺
骑嘉陵有一种紧迫感········周同馨
二月二···············姚学礼
山沟沟···············雷恩奇
桃花村···············丁　椰
黑牡丹···············熊德光

爱的琴弦

两支羽毛笔的离情·········黄　平
我和你···············胡发云
无题···········（蒙古族）蒙根高勒
天上人间··············兰小宁
这个夜···············李蔚红
小屋················李建忠
回答················张　犁

我的探索

铜号，如一朵黄玫瑰········车前子
诗五首···············昌　耀

散文诗页

望天（外一章）··········陆政英
海韵················李　耕
草原情思（二章）·········梁彬艳

短歌

根·················孙建军
黄昏················吕长河
由后羿引起的无题诗········阳　飔
心爱················华　田
古风················任耀庭

雨中小河 ······················· 肖　鹏
十八岁风格 ···················· 杨　克
雨趣 ·························· 杜显斌
闲话 ·························· 何　流
祖国 ·························· 杨　澍
妈妈！让我自己走 ·············· 杜念慈

译诗

叶芝诗四首 ···················· 袁可嘉译
爱情 ·························· 陈先元译
普雷维尔诗二首 ················ 杨松河译
诗编云集北京，商讨办刊（报）大计 ··· 星　辉
有的诗为何不能长久感动我们 ····· 尹安贵
有话直说 ····················· 雷有让
略谈诗歌的现状和未来 ·········· 莫　砺
痛苦和追求：儿子们的年代 ······· 唐晓渡
浅谈山水诗 ···················· 张大成
诗会消息

美术

天趣（国画）··················· 税关键
西双版纳之夏（版画）··········· 杨成忠
木刻插图 ····················· 周春芽
新题花作者 ·············· 汪　奎　钟　跃

1985 年第 10 期　刊名:《星星》

目录

机关里来了些年轻人 ············ 刘业勇

有特色的诗

阳光的孩子（组诗）············· 杨　然
黄河静静流 ···················· 陆　健
新大陆（二首）················· 胡学武
扛米包（外一首）··············· 陶文瑜
人的赞歌（二首）··············· 赵秀杰
诞生 ·························· 姚冰冰

未名和有名集

春到林区（三首）··············· 朱　雷
题济公和尚塑像（外一首）········ 刘国萍
母亲们的手（外一首）······ （彝族）吉狄马加
别了，南极（外一首）··········· 徐一龙
牧人的手 ····················· 时星原
流动的信息 ···················· 吴沈方
将 ··························· 张荣彩
偶像 ·························· 田　歌
凉山的风 ····················· 宋学镰

上海印象 ····················· 张戬炜
咸亨酒店 ····················· 黄锦萍
这也是海（二首）··············· 杨　牧
我们这一代：哥伦布（外一首）····· 李松涛
山说 ·························· 刘祖慈
告别匈牙利（二首）············· 高　平
水库泛舟 ····················· 李加建
人在江南（三首）··············· 熊召政
丰盈的少女 ···················· 唐　湜
路上 ·························· 弘　征

蜀籁

早晨（外一首）················· 王尔碑
猎人的故事（外一首）··········· 张新泉
钢城风采（二首）··············· 刘允嘉
山谷中的雕像（外一首）········· 徐国志
草色青青（二首）··············· 蓝　疆
上海大世界 ···················· 徐　康
小巷 ·························· 杨永年

我的探索

旅行者 ······················· 雪　村
最后的远航 ···················· 西　岸

短章

彩贝（外一首）················· 董茂棠
小小 ·························· 邵　影
眼光 ·························· 赵泽华
黄土·水 ······················ 季富政
汽笛 ·························· 春　秋
我独自洗印 ···················· 郎恩才
故乡 ·························· 崔克明
儿子从家乡来了 ················ 晓　风
草堂漫想 ····················· 燕　征
拱桥 ·························· 李锐锋
书签 ·························· 赖松廷
枫叶 ·························· 周邦宁
景山 ·························· 杨远宏

开拓者的意识流

等——给 P ···················· 刘建民
写给我所爱的人 ················ 袁益民
楼梯口 ······················· 朱孟良
就义 ·························· 江世瑜
无题 ·························· 张　伟
死水 ·························· 梁泽高

旧体诗

观山雪有感 ···················· 周玉璋

神女峰 ························· 徐方进

译诗
新译里尔克诗三章 ··················· 陈敬容
落户口（外二首）
··········· [苏联] 特瓦尔多夫斯基 飞 白译
复沓之美 ························ 叶 橹

诗友通讯
致谢冕同志 ······················ 白 航
诗的断想 ························ 老 牛

诗歌服务台
不要当"大抄翁"

诗讯
美术
封面设计 ························ 章 恺
山里人家（国画） ·················· 李华生
牧歌（国画） ····················· 王 玉

1985 年第 11 期　刊名:《星星》
目录

中国，你的心 ····················· 李发模

小小叙事诗
啊，父老乡亲（二首） ················ 水 舟
表妹 ·························· 黄 宏
朋友 ························· 姚永标
小凤的故事 ······················ 远 洋

有特色的诗
乡思（三首） ····················· 屈 塬
西部情绪（外三首） ················· 苗 强

天南海北
乡村的风（外一首） ················· 严 阵
海（三首） ······················ 高 缨
水乡风情（二首） ·················· 孙新凯
历史箴言（二首） ··················· 子 页
在美龄宫…… ····················· 郭光豹
广场风筝 ······················ 王中朝
撒拉族诗情（二首） ·················· 晏 明
秤架山的启示 ····················· 韦 丘
人生之旅（二首） ··················· 刘 滨
西汉壁画墓观后 ··················· 易殿选

我的探索
荒原上的树（外一首） ··············· 彭国梁

女作者诗页
她们（二首） ····················· 余效忠
那一夜（外二首） ··················· 李 琦
山野抒情诗（三首） ················· 董贵龄
渔归 ························· 樱 子
峡壁上的山花 ····················· 宁 静
旋转的小城（外一首） ··············· 冯慧君
出海 ·························· 李 静
核桃树又绿了（外一首） ·············· 杨榴红

爱的琴弦
初恋 ························· 胡晓靖
白发情歌（二首） ·················· 余薇野
丘比特之弓（外一首） ················ 洪 烛
甜甜的野草莓（外一首） ··············· 杨 树
往事 ·························· 东 篱
初夏 ·························· 秦 华
思念扬起了童话般的帆 ··············· 及巨涛

短章
江南行（二首） ··················· 韩辉升
冬天的太阳 ····················· 郭宝臣
舞（外一首） ···················· 陈茂欣
白天 ························· 王祥华
酒·诗·乌纱 ····················· 任彦芳
问话 ·························· 易 山
出土文物 ······················ 曹纪一
蝴蝶（外一首） ··················· 梁和平
盘山路 ························ 刘国萍
北京（外一首） ··················· 彭双和

散文诗
酉阳 ·························· 蔚 文
山情（二章） ···················· 王晓利
溜索（外一章） ··················· 蔡椿芳

译诗
丰都行
········· [英] 马·巴恩斯作 杜承南 王萍韬译
阿赫玛托娃诗五首 ················· 黎 华译
诗歌反映改革之我见 ················· 曹纪祖
散文诗断想 ······················ 弘 石
你能看见这是什么吗 ················ 高田敏子
也谈诗的概括性 ···················· 李 知
关于《黎明印象》讨论的暂时小结 ········· 一 编

读者·作者·编者
关于抄袭与一稿两投的黄牌
诗歌消息二则

美术
封面设计 ——————————————章 恺
又一秋（版画）——————————黄 智
钢厂速写（铜版画）——————尹晓峰
新刊题花作者————徐光堂 于照君 钟 跃

1985 年第 12 期　刊名:《星星》
目录

卷头语 ————————————————一　编

新星
大江之源（组诗）——————————黎正光
我知道你要我做什么——————康宜彬
南方回忆录（三首）——————吴 霖
每一次离开便不再回来（外一首）——张小波

画卷
小学班主任 ——————————————郝明德
市长的公开电话 ———————————张 华
机场少女 ——————————————曹宇翔
一个中国人一个荷兰人和 31 岁——赵天山
经济开发区掠影（二首）——————刘辉考
为了一个兄弟和一个陌生的姐妹——潘 烽
在聋哑木器厂 ————————————王长军
缫丝姑娘 ——————————————杨奇时
纪念碑（外一首）——————————陈建明
老石工 ——————————————————刘晓平
她赶着马车 ————————————————焦洪学
难忘你这嫣然一笑 ——————————刘国尧
听潮 ————————————————————陈 琪
大学生之歌 ——————————————左志松
绿色的车厢 ——————————————麦 谷

面对世界和人生
雕像的沉思 ——————————————祖德陶
我那失去的大杂院 —————————丁志强
终有一天，我会从大树上飘落——孙 承
巡道 ————————————————————魏 津
塑像：中国少女 ——————————黄晓华
老船 ————————————————————孔令更
夜雨 ————————————————————唐廷泽
致星 ————————————————————周多丽
你，不是烈士（外一首）——————马 辉

算命 ————————————————————蒋维扬
致苏阿芒 ——————————————————汪 抗

我的家和你的家
您说…… ——————————————何永康
火车站一瞥 ——————————————刘业勇
磨 ——————————————————————杨孟芳
我的路 ————————————————————赵秀杰
不会生孩子的女人 ——————————钟景锋
死 ——————————————————————欧 震
出嫁 ————————————————————川 野
妈妈病了 ——————————————————子 君
爆竹 ————————————————————林志民
残月弯弯 ——————————————————王玉民

校园风采——大学生诗选
峡谷 ————————————（彝族）王红彬
屈原 ————————————————————柏常青
红莲 ————————————————————陈峻峰
唐山 ————————————————————徐国强
夜浇 ————————————————————宁天心
这就是我们的青春 ——————————沈林红
相册里的故事 ————————————陈锡民
思绪 ————————————————————张济世

短章
草地随感（三首）——————————王 武
雷 ——————————————————————王司林
风（外一首）————————————————李 锐
教学手记（二首）——————————聂 索
钢钎（外一首）————————————赵逢炎
港口（外二首）————————————张洪波
故乡的黄桷树 ————————————黎 强
仙人掌的希望 ————————————陈建群
寡妇 ————————————————————涂韶晖

乡音小集
乡村的夜 ——————————————————何 蓉
小村 ————————————————————李坚毅
写在乡政府大院 ——————————赵贵辰
乡音 ————————————————————尹 平
学诗之友——"四川函大"学员习作点评
家乡的青峰 ——————————————郭东方
听电大历史课 ————————————冰 川
锉 ——————————————————————焦治国
等待 ————————————————————丛 颖
别这样静静相望 ——————————雨 雪
你走了 ————————————————————许文兰

争鸣栏

还是应该以深入浅出以情感人为好⋯⋯⋯⋯荒 地
探索：不应只是改进包装⋯⋯⋯⋯⋯⋯⋯郭素蘅
流传的诗，总是平易近人⋯⋯⋯⋯⋯⋯⋯苑仲川
接力⋯⋯⋯⋯⋯⋯⋯⋯⋯⋯⋯⋯⋯⋯⋯张志民
中国的诗人在联邦德国⋯⋯⋯⋯⋯⋯⋯⋯舒 柱
擂鼓吹号的诗人——悼田间同志⋯⋯⋯⋯徐 明

读者和编者的对话

玉门去来——玉门诗会采风

美术

版画藏书票作品选（封二）（封三）
新刊题花作者⋯⋯⋯⋯⋯⋯郭 虹 郭 楠 于照君

1986 年第 1 期　刊名:《星星》
目录

新星

老师的孩子（小叙事诗）⋯⋯⋯⋯⋯⋯⋯曹继强
南京路⋯⋯⋯⋯⋯⋯⋯⋯⋯⋯⋯⋯⋯⋯柳士同
中国，请听我向您报告⋯⋯⋯⋯⋯⋯⋯⋯唐跃生
迷路者（外一首）⋯⋯⋯⋯⋯⋯⋯⋯⋯⋯王建平
螺曲（四首）⋯⋯⋯⋯⋯⋯⋯⋯⋯⋯⋯缪国庆
青桐（外一首）⋯⋯⋯⋯⋯⋯⋯⋯⋯⋯陈所巨
致艾青⋯⋯⋯⋯⋯⋯⋯⋯⋯⋯⋯⋯⋯⋯林 林
哈雷彗星及联想⋯⋯⋯⋯⋯⋯⋯⋯⋯⋯张学梦
二胡魂⋯⋯⋯⋯⋯⋯⋯⋯⋯⋯⋯⋯⋯⋯荆 歌
炼五色石的后裔（二首）⋯⋯⋯⋯⋯⋯回光时
唢呐伯⋯⋯⋯⋯⋯⋯⋯⋯⋯⋯⋯⋯⋯⋯卢 俊
丑女（外一首）⋯⋯⋯⋯⋯⋯⋯⋯⋯⋯俞 聪
父母儿女（二首）⋯⋯⋯⋯⋯⋯⋯⋯⋯赵万里
系红头巾的哈萨克女人⋯⋯⋯⋯⋯⋯⋯时星原
在塑像前（外一首）⋯⋯⋯⋯⋯⋯⋯⋯阿 红
筑路本身就是启迪（二首）⋯⋯⋯⋯⋯孙 映
男人是一本书⋯⋯⋯⋯⋯⋯⋯⋯⋯⋯⋯陈松叶
古老的北窑⋯⋯⋯⋯⋯⋯⋯⋯⋯⋯⋯⋯晓 晴
琴，在你的怀抱⋯⋯⋯⋯⋯⋯⋯⋯⋯⋯鹤 坪
走西口的小哥哥⋯⋯⋯⋯⋯⋯⋯⋯⋯⋯罗东平
小屋（外一首）⋯⋯⋯⋯⋯⋯⋯⋯⋯⋯袁 超
渔号子（外一首）⋯⋯⋯⋯⋯⋯⋯⋯⋯陈惠芳
独自旅行⋯⋯⋯⋯⋯⋯⋯⋯⋯⋯⋯⋯⋯傅 耕
诗四首⋯⋯⋯⋯⋯⋯⋯⋯⋯⋯⋯[西德]莱 茵

太阳万岁

太阳万岁⋯⋯⋯⋯⋯⋯⋯⋯⋯⋯⋯⋯⋯曹宇翔
为女神守夜（外一首）⋯⋯⋯⋯⋯⋯⋯袁 远
战士⋯⋯⋯⋯⋯⋯⋯⋯⋯⋯⋯⋯⋯⋯⋯江杰华

军人的心律（二首）⋯⋯⋯⋯⋯⋯⋯⋯葛 逊
是人，然后才是英雄（外一首）⋯⋯⋯王福同
老兵⋯⋯⋯⋯⋯⋯⋯⋯⋯⋯⋯⋯⋯⋯⋯刘立云
漠夜，我发布讯号⋯⋯⋯⋯⋯⋯⋯⋯⋯翼 华
通车的夜晚⋯⋯⋯⋯⋯⋯⋯⋯⋯⋯⋯⋯张 欣

诗萃

天府短章（组诗）⋯⋯⋯⋯⋯⋯⋯⋯⋯张万舒
不是发现的发现⋯⋯⋯⋯⋯⋯⋯⋯⋯⋯凌华光
东湖的荷花箭⋯⋯⋯⋯⋯⋯⋯⋯⋯⋯⋯骆逸群
白桦林！ 白桦林！⋯⋯⋯⋯⋯⋯⋯⋯冯庆川
矿山老人⋯⋯⋯⋯⋯⋯⋯⋯⋯⋯⋯⋯⋯刘宗文
夜空⋯⋯⋯⋯⋯⋯⋯⋯⋯⋯⋯⋯⋯⋯⋯习 鸣
九寨沟拾韵（二首）⋯⋯⋯⋯⋯⋯⋯⋯叶 簇
留在长城上的诗⋯⋯⋯⋯⋯⋯⋯⋯⋯⋯冯笃松
蜗牛⋯⋯⋯⋯⋯⋯⋯⋯⋯⋯⋯⋯⋯⋯⋯高 路
猎奇者⋯⋯⋯⋯⋯⋯⋯⋯⋯⋯⋯⋯⋯⋯朱 瑜
早晨七点⋯⋯⋯⋯⋯⋯⋯⋯⋯⋯⋯⋯⋯姜东胜
岁月⋯⋯⋯⋯⋯⋯⋯⋯⋯⋯⋯⋯⋯⋯⋯李耕田
给她⋯⋯⋯⋯⋯⋯⋯⋯⋯⋯⋯⋯⋯⋯⋯卢 跌
温水瓶⋯⋯⋯⋯⋯⋯⋯⋯⋯⋯⋯⋯⋯⋯张世豪
?⋯⋯⋯⋯⋯⋯⋯⋯⋯⋯⋯⋯⋯⋯⋯⋯张开富
水，一弯美丽的发卡⋯⋯⋯⋯⋯⋯⋯⋯余庆双

高原歌手

音乐舞蹈及其他（二首）⋯⋯⋯（彝族）伍耀辉
高原的男人⋯⋯⋯⋯⋯⋯⋯⋯⋯（白族）洪 海
这就是卓玛难忘的一个正午⋯⋯（蒙古族）石 厉
女人的草原⋯⋯⋯⋯⋯⋯⋯⋯（藏族）列美平措
吹木叶⋯⋯⋯⋯⋯⋯⋯⋯⋯（土家族）郑世平

爱的琴弦

瞬间的情绪⋯⋯⋯⋯⋯⋯⋯⋯⋯⋯⋯⋯力 虹
注视⋯⋯⋯⋯⋯⋯⋯⋯⋯⋯⋯⋯⋯⋯⋯张晓健
大路上⋯⋯⋯⋯⋯⋯⋯⋯⋯⋯⋯⋯⋯⋯程光炜
是不是等明年花开⋯⋯⋯⋯⋯⋯⋯⋯⋯刘剑莹
凝视⋯⋯⋯⋯⋯⋯⋯⋯⋯⋯⋯⋯⋯⋯⋯陈春琼
芳邻⋯⋯⋯⋯⋯⋯⋯⋯⋯⋯⋯⋯⋯⋯⋯冯 杰
有句话⋯⋯⋯⋯⋯⋯⋯⋯⋯⋯⋯⋯⋯⋯邓太忠
长笛⋯⋯⋯⋯⋯⋯⋯⋯⋯⋯⋯⋯⋯⋯⋯石花雨
下棋⋯⋯⋯⋯⋯⋯⋯⋯⋯⋯⋯⋯⋯⋯⋯何永康

麻辣歌

广告集锦（二首）⋯⋯⋯⋯⋯⋯⋯⋯⋯萧振荣
麻辣歌（二首）⋯⋯⋯⋯⋯⋯⋯⋯⋯⋯罗绍书
装卸工朋友的诗论⋯⋯⋯⋯⋯⋯⋯⋯⋯梁 真

争鸣栏

也算一鸣⋯⋯⋯⋯⋯⋯⋯⋯⋯⋯⋯⋯⋯卞文阳

也说几句话⋯⋯⋯⋯⋯⋯⋯⋯一　鸣

中青年诗人谈诗

22 岁时的 22 小段⋯⋯⋯⋯车前子
单恋者与对象的结合⋯⋯⋯⋯席永君
读诗琐记⋯⋯⋯⋯⋯⋯⋯⋯朝　耕

外国诗人介绍

惠特曼和他的《草叶集》⋯⋯荒　芜
读·作·编
诗歌简讯

美术

封面设计⋯⋯⋯⋯⋯⋯⋯⋯吕小晶
雪霁（版画）（封二）⋯⋯⋯王　亨
瑞雪（版画）（封三）⋯⋯⋯曹文汉
题花⋯⋯郭　红　郭　楠　杨学宁　江维建　钟　跃

1986 年第 2 期　刊名:《星星》

目录

流派诗歌专号引言

优美的传统诗流

祖国讲给我的故事（三首）⋯⋯叶文福
假如⋯⋯⋯⋯⋯⋯⋯⋯⋯⋯邵燕祥
桃花潭（外一首）⋯⋯⋯⋯⋯梁如云
同代人（组诗）⋯⋯⋯⋯⋯⋯姚永标
羌山纪行（三首）⋯⋯⋯⋯⋯张新楣
我涉过爱河（外二首）⋯⋯⋯谷雨青
相爱的路（四首）⋯⋯⋯⋯⋯白　渔
朝天门码头偶思（外二首）⋯⋯肖　川
武夷诗草（二首）⋯⋯⋯⋯⋯洪　亮
棚排风光（外一首）⋯⋯⋯⋯何　逊
天池⋯⋯⋯⋯⋯⋯⋯⋯⋯⋯黄东成
佤山的清晨⋯⋯⋯⋯⋯⋯⋯张永权
关中风情⋯⋯⋯⋯⋯⋯⋯⋯王渊平
野店（外一首）⋯⋯⋯⋯⋯⋯李占学
漓江泛舟⋯⋯⋯⋯⋯⋯⋯⋯周所同
北方秋色（外二首）⋯⋯⋯⋯何　鹰

奇谲的探索诗流

筑路者与山（二首）⋯⋯⋯⋯章德益
诗三首⋯⋯⋯⋯⋯⋯⋯⋯⋯舒　婷
红木鱼（组诗）⋯⋯⋯⋯⋯⋯车前子
秦兵马俑（二首）⋯⋯⋯⋯⋯杨绍武
牧人⋯⋯⋯⋯⋯⋯⋯⋯⋯⋯魏志远
黑色的硝烟（组诗）⋯⋯⋯⋯钱叶用

夜曲⋯⋯⋯⋯⋯⋯⋯⋯⋯⋯王家新
诗三首⋯⋯⋯⋯⋯⋯⋯⋯⋯俞　聪
夏天的故事（二首）⋯⋯⋯⋯姚　辉
晨光⋯⋯⋯⋯⋯⋯⋯⋯⋯⋯林　莽
光、雨及其他（五首）⋯⋯⋯童　蔚
雕塑（二首）⋯⋯⋯⋯⋯⋯⋯杨　炼
农历（外一首）⋯⋯⋯⋯⋯⋯顾　城

我的探索

小城拾趣⋯⋯⋯⋯⋯⋯⋯⋯鹤　菁
开始（外二首）⋯⋯⋯⋯⋯⋯贺海涛
蝉声（外一首）⋯⋯⋯⋯⋯⋯岛　子
诗二首（中国香港）⋯⋯⋯⋯蒋德泰
初夏（外一首）⋯⋯⋯⋯⋯⋯游　刃
空白⋯⋯⋯⋯⋯⋯⋯⋯⋯⋯敬晓东

通俗的情趣诗流

白山黑水（二首）⋯⋯⋯⋯⋯曹　剑
朋友们（组诗）⋯⋯⋯⋯⋯⋯阳　飏
走出荒原（外一首）⋯⋯⋯⋯伊　甸
都市，陌生的人群⋯⋯⋯⋯⋯刘立云
中国，本部草原（二首）⋯⋯洋　滔
不是在猛水滩听说的⋯⋯⋯⋯李晓辉
女人⋯⋯⋯⋯⋯⋯⋯⋯⋯⋯冰　岛
水兵服⋯⋯⋯⋯⋯⋯⋯⋯⋯孙中明
"油耗子"肥得流油⋯⋯⋯⋯余绍荣
女人们与南方的城市⋯⋯⋯⋯尚建国
嫂嫂⋯⋯⋯⋯⋯⋯⋯⋯⋯⋯李三处
戒烟的喜剧⋯⋯⋯⋯⋯⋯⋯张敦孟
栗树坡的女人⋯⋯⋯⋯⋯⋯刘高贵
妈妈⋯⋯⋯⋯⋯⋯⋯⋯⋯⋯陈　敏
纺织娘⋯⋯⋯⋯⋯⋯⋯⋯⋯陈峻峰
杜甫草堂⋯⋯⋯⋯⋯⋯⋯⋯孙建军
和孩子的对话⋯⋯⋯⋯⋯⋯骆晓戈
大水⋯⋯⋯⋯⋯⋯⋯⋯⋯⋯林　雪
乘车的青工⋯⋯⋯⋯⋯⋯⋯尹世洲
祭⋯⋯⋯⋯⋯⋯⋯⋯⋯⋯⋯陈作二
芭蕉扇⋯⋯⋯⋯⋯⋯⋯⋯⋯赵俊鹏
护林人黑瘌子（小叙事诗）⋯⋯韩少君

中青年诗人谈诗

我的诗学观⋯⋯⋯⋯⋯⋯⋯昌　耀
诗与散文的时间差⋯⋯⋯⋯⋯尹安贵

美术

峨边汉子（国画）⋯⋯⋯⋯⋯一　宾
清晨的小道（木刻）⋯⋯⋯⋯贺玉龙
封面设计⋯⋯⋯⋯⋯⋯⋯⋯吕小晶

1986 年第 3 期 刊名:《星星》

目录

诗在空濛飘渺间

可爱的城市（四首） ······ 傅天琳
诗三首 ······ 李 钢
艺术之光（组诗） ······ 培 贵
邀游（外一声） ······ 宋 渠 宋 炜

现实·生活·美

在故乡的土地上（二首） ······ 雁 翼
在感情的河流里（三首） ······ 戴安常
无名武士的石像（外二首） ······ 王尔碑
梦花（外二首） ······ 张 扬
在山城（二首） ······ 杨 山
黑色的旗帜 ······ 熊德光
长江魂 ······ 龙 郁
乡情（二首） ······ 黎正明
三月相思 ······ 冯庆川
牵…… ······ 王长富
乡下来的弹花匠 ······ 况明先
渔姑娘 ······ 白 峡
写诗 ······ 雷顺才
秋梦 ······ 张 梅
离别 ······ 黄德涵
西昌行（二首） ······ 朱 彻
中秋节 ······ 潘传孝
家庭 ······ 陈思奇
大碗酒（外二首） ······ 方万聪
根 ······ 胡文琴
时辰 ······ 李北兰
黄浦江畔 ······ 冯 异
大森林的一片绿叶 ······ 白 汀
夏趣 ······ 袁永庆

情幻化彩虹

海之门（外一首） ······ 杨 然
梅花三弄（组诗选二） ······ 石光华
六行诗（八首） ······ 余以建
明月峡古栈道遗址 ······ 李加建
挑夫（外一首） ······ 华万里
西湖 ······ 张建华
花桥（外一首） ······ 凌文远
江源诗情（二首） ······ 黎正光
裸园（二首） ······ 嘉 嘉
飘着奶香的歌（二首） ······ 雷明伟
诗三首 ······ 郭同旭
变奏的杜鹃鸟（外一首） ······ 健 鹰

黄昏（外一首） ······ 凌 激
别愁 ······ 曾伯炎
礼 ······ 蒋 凯
恋之光（外一首） ······ 罗西临

飞入寻常百姓家

父亲（外二首） ······ 郑宝富
青春期的诗人梦（外一首） ······ 叶延滨
啊，深圳（外一首） ······ 杨大矛
啊，她们 ······ 文 冰
混凝土浇铸的总工程师 ······ 丹 若
东方·有这样一些女人（二首） ······ 程小蓓
哭丧婆 ······ 肖开愚
山城，山城（二首） ······ 郁小萍
渡船 ······ 苏 华

在格律中寻诗

专业户剪影 ······ 沙 鸥
明夜思（外二首） ······ 梁上泉
飘香的走廊（外一首） ······ 胡 笳
笑我诗兴又发作（外一首） ······ 冉 庄
火花海留影 ······ 张大成
听雨（外一首） ······ 野 谷

也算一格

杂花集（二首） ······ 余薇野
如来佛请观音 ······ 傅吉石
床腿嚼出鸡腿味 ······ 帅希倩
咏蝶 ······ 石天河

散文诗

白云下面马儿跑（外一章） ······ 唐大同
鸟化石（外一章） ······ 赵 敏
牛年失牛 ······ 肖 敏
古画 ······ 柴与言
阳光 ······ 马及时
他们还是孩子 ······ 冯 骏
插曲 ······ 萧代坵
天府诗群图 ······ 白 航
关于一稿两投的来信

学诗之友

别离 ······ 青 谷
廿二岁生日歌 ······ 冰 川
父亲 ······ 肖 鸣
荷 ······ 凤 梅

美术

生生不息（木刻） ······ 刘 扬

封三木刻⋯⋯⋯⋯⋯⋯⋯⋯⋯钱　平
封面设计⋯⋯⋯⋯⋯⋯⋯⋯⋯吕小晶

1986 年第 4 期　刊名:《星星》
目录

父亲，我们送您远行⋯⋯⋯⋯⋯杨　然
滩涂，一个男人和女人⋯⋯⋯⋯姜　桦
当你在同伴中渐渐有了声望的时候（外一首）
⋯⋯⋯⋯⋯⋯⋯⋯⋯⋯⋯曹晓东

新诗的辐射
孔子故里（组诗）⋯⋯⋯⋯⋯⋯曹宇翔
壮乡（二首）⋯⋯⋯⋯⋯⋯⋯⋯陈　宁
大地的边缘（组诗）⋯⋯⋯⋯⋯杨　克
艰难的起飞（外一首）⋯⋯⋯⋯杨松杰
中国：今晚上演现代舞⋯⋯⋯⋯江　健
窑工情书录⋯⋯⋯⋯⋯⋯⋯⋯⋯郁建中
同女友的谈话⋯⋯⋯⋯⋯⋯⋯⋯王海南
北方魂魄（外一首）⋯⋯⋯⋯⋯王兆琪
火葬⋯⋯⋯⋯⋯⋯⋯⋯⋯⋯⋯⋯王　璞
女店主和她的黄泥小屋⋯⋯（回族）高　深
阿尔德尼⋯⋯⋯⋯⋯⋯⋯⋯⋯⋯庞壮国
生活剪影（二首）⋯⋯⋯⋯⋯⋯周邦宁
棕榈之乡（二首）⋯⋯⋯⋯⋯⋯菲　可
光亮光亮的青枫锄把⋯⋯⋯⋯⋯姚学礼

井喷！井喷——寄语玉门人
石油的位置及其他⋯⋯⋯⋯⋯⋯木　斧
玉门变奏曲（组诗）⋯⋯⋯⋯⋯王燕生
玉门二题⋯⋯⋯⋯⋯⋯⋯⋯⋯⋯陈敬容
井喷井喷⋯⋯⋯⋯⋯⋯⋯⋯⋯⋯扬　禾
安西风库⋯⋯⋯⋯⋯⋯⋯⋯⋯⋯黎焕颐
过去的日子⋯⋯⋯⋯⋯⋯（蒙古族）韩　霞
采油女⋯⋯⋯⋯⋯⋯⋯⋯⋯⋯⋯唐光玉
你和我⋯⋯⋯⋯⋯⋯⋯⋯⋯⋯⋯袁可嘉
光棍汉⋯⋯⋯⋯⋯⋯⋯⋯⋯⋯⋯林　染
青春·井喷·我们⋯⋯⋯⋯⋯⋯刘惠生
寄自玉门的信⋯⋯⋯⋯⋯⋯⋯⋯赵　强
玉门印象⋯⋯⋯⋯⋯⋯⋯⋯⋯⋯秦中吟
不用去找我（外一首）⋯⋯⋯⋯魏　萍
瀚海⋯⋯⋯⋯⋯⋯⋯⋯⋯⋯⋯⋯王蜀龙

散文诗
无论（外一章）⋯⋯⋯⋯⋯⋯⋯杨子敏
如果可以选择（三章）⋯⋯⋯⋯柯　蓝
南中国海的热风（二章）⋯⋯⋯许　淇
青春圆舞曲（外一章）⋯⋯⋯⋯耿林莽

大漠上空⋯⋯⋯⋯⋯⋯⋯⋯⋯⋯戴砚田
平凡者的故事（二章）⋯⋯⋯⋯马恒祥
一棵果树⋯⋯⋯⋯⋯⋯⋯⋯⋯⋯孔　林
如果我没有邮票⋯⋯⋯⋯⋯⋯⋯桂兴华
林中的故事⋯⋯⋯⋯⋯⋯⋯⋯⋯曾伯炎
欠缺⋯⋯⋯⋯⋯⋯⋯⋯⋯⋯⋯⋯沈　群
思乐，希望的田野⋯⋯⋯⋯⋯⋯汪　骥
等车⋯⋯⋯⋯⋯⋯⋯⋯⋯⋯⋯⋯徐天喜

大学生的思考
那村那月那树林⋯⋯⋯⋯⋯⋯⋯杨　石
母亲的雕像⋯⋯⋯⋯⋯⋯⋯⋯⋯陈寿星
挪威诗人耶布可森⋯⋯⋯⋯⋯⋯梁晓明
古城小巷⋯⋯⋯⋯⋯⋯⋯⋯⋯⋯尹秀兰
古庙⋯⋯⋯⋯⋯⋯⋯⋯⋯⋯⋯⋯夏　阳
中文系学生⋯⋯⋯⋯⋯⋯⋯⋯⋯潘树国
这地方啊⋯⋯⋯⋯⋯⋯⋯⋯⋯⋯张大铸
父亲（外一首）⋯⋯⋯⋯⋯⋯⋯程　力

带刺的微笑
守株待兔者及其一个后裔⋯⋯⋯郭振亚
十七岁的女大学生⋯⋯⋯⋯⋯⋯易　非
十二点⋯⋯⋯⋯⋯⋯⋯⋯⋯⋯⋯沈　奇
游仿古园⋯⋯⋯⋯⋯⋯⋯⋯⋯⋯张德强

中青年诗人谈诗
"现代史诗性"质疑⋯⋯⋯⋯⋯⋯廖亦武

争鸣栏
浅谈现代新诗的生命之树——现代意识⋯⋯⋯林　染
一点儿个人看法⋯⋯⋯⋯⋯⋯⋯任民凯
我的意见⋯⋯⋯⋯⋯⋯⋯⋯⋯⋯石　厉

读者论坛
诗歌走向世界的思考⋯⋯⋯⋯⋯陈　超
放一把火⋯⋯⋯⋯⋯⋯⋯⋯⋯⋯谷雨青
说几句心里话⋯⋯⋯⋯⋯⋯⋯⋯寒　露

美术
封面设计⋯⋯⋯⋯⋯⋯⋯⋯⋯⋯河　溢
诺苏的节日（石膏版画）（封二）⋯吕树中
江南雨（石膏版画）（封三）⋯⋯王　亨
翠竹青青（石刻）⋯⋯⋯⋯⋯⋯朱时昔
新题花作者
⋯⋯⋯⋯陈玉生　赵庆生　丁　六　杨学宁　邹延白

1986 年第 5 期　刊名:《星星》
目录

新星

姐姐妹妹和狐狸（小叙事诗）……刘鹏春
泥土的群雕（四首）……佟石
故乡的抒情（组诗）……黄宏
南方峡谷……黄堃
大六号……杨牧
石鱼及其他（二首）……韩作荣
江南短章（四首）……唐祈
隆冬我在葡萄园留连……王辽生
W.勃莱克（外一首）……唐湜
目光……张承信
白帝城……纪鹏
蜻蜓蜻蜓低低地飞……宫玺
历史和我们同行（二首）……子页
大峡谷……宁宇
嬉夜……王慧勇
浪上独步（外三首）……卢俊
情满长城（二首）……王兆琪
雕像……金波
妻子（外一首）……徐淙泉
一个猎人的死……朱雷
那过去了的（二首）……梁真

诗萃二十家

草原，我的草原（组诗）……王忠范
黄河岸……李坚毅
树……郭中华
矿山之晨（外一首）……陈春琼
空中的表……袁可嘉
国徽……石太瑞
龟（外一首）……范源
婴儿……圣野
烛（外一首）……余薇野
自由女神和大力士的对话……洪桥
立交桥……赵英华
阿诗玛……高德增
孔府偶拾……刘德亮
脚手架……艾波
短诗二首……崔益稳
成昆线上……周邦宁
猫鼠狗及其他……鲁行
天平（外一首）……袁玉春
小岛断想……张晓健
飘向远山的白云……（蒙古族）蒙根高勒

我的探索

新城（外一首）……周亚平
井碑……肖川
房门老头之葬礼……周同馨
梦（三章）……石英

译诗

三个词……〔美〕卡尔·桑德堡　王意强译
诗二首……〔美〕西尔维亚·普拉丝　涂寿鹏译
诗二首……〔美〕詹姆斯·赖特　周毅译

争鸣栏

为《在东方沙漠里》一辩……邓杰
小题大作：论"桌子"的搬动……沈天鸿
《星星》第八期……米生

中青年诗人谈诗

对当前讲坛的一些观察……伊甸

诗歌评论

诗的抽象化与感情浮泛……程光炜
意象新探二例……石天河
再谈诗的远距离比喻……黄邦君
流派诗歌专号的回声
万壑争流说新诗……建之
说长道短……文瑜
揭发"抄袭"与"一稿两投"

美术

封面设计……河溢
《中山狼》词意画（封二）……古干
《幽闺记》词意画（封三）……卢辅胜　华逸龙
题花设计……曲光辉　郭楠

1986 年第 6 期　刊名:《星星》
目录

山河壮丽

人和山……张暄
民族的动脉和静脉（二首）……达黄
空空的山……南野
钱江射潮人（组诗）……栾国康
大漠间……韦德明

1984—1985 星星诗歌奖获奖篇目
诗三首……白桦
八月，古原一滴雨的自述……章德益
月夜（外二首）……于之

今昔曲 ……………………………………… 刘　章
怀表（外一首）…………………………… 辛　笛
给我一排牙齿 ……………………………… 沙　陵
发的演变 …………………………………… 塞　风
悼一口死去的油井 ………………………… 李小雨
草原的女人 ………………………………… 子　页
我们会的 …………………………………… 桑恒昌
樵歌 ………………………………………… 陈惠芳
船家中秋夜 ………………………………… 孙新凯

点鬼录
鬼（外一首）……………………………… 朱　红
关于人嘴功能变异的考察记录 …………… 梁谢成
卖刀的"哑巴"（外一首）………………… 高洪波
竞许诺 ……………………………………… 西方朔
懒猫的检举信 ……………………………… 石　河
摺下之后 …………………………………… 桂兴华
电动木马 …………………………………… 张德强

情浓句长
长江之起源 ………………………………… 宫　辉
我们·太阳 ………………………………… 张　毅
向往大森林 ………………………………… 齐世明
电话号码 62309 …………………………… 力　虹
那拉提 ……………………………………… 葛佳映
都市里的晚餐 ……………………………… 刘国萍
荒原族·黑土地 ………………… 王小石　王小蝉
英雄树 ……………………………………… 一　村
古苏州 ……………………………………… 张　锋
黄昏小景 …………………………………… 王鸣久
三叠泉观瀑 ………………………………… 郭光豹

青春之歌
他还是个兵 ………………………………… 黄　啼
飞翔的春天 ………………………………… 钟正林
老山！老山 ………………………………… 夏红雪
那一盏桅灯 ………………………………… 柳　荫
南方（二首）……………………………… 张加百
风，吹拂着穿过广场 ……………………… 马　莉
土原秋歌 …………………………………… 萧　湘
候春鸟 ……………………………………… 杨　萍
婚礼 ………………………………………… 滕　英
收获 ………………………………………… 之　川
我心中有你影子郁郁生长 ………………… 舒　鹰

我的探索
严子陵钓台（外一首）……………… 裴小龙
浑然不觉 …………………………………… 牛　波
一次手术 …………………………………… 范　泓

南方的生活不错 …………………………… 李老乡
仿唐诗（五首）…………………………… 丹　若

中青年诗人谈诗
建筑自己的情思世界 ……………………… 杨　然

诗友通讯
当代意识与美的追求 ……………………… 朱先树
32 岁时的 11 个小段 ……………………… 张戬伟

流派诗歌专号引起的反响
以诗的名义 ………………………………… 开　愚
读"流派诗歌专号"琐记 ………………… 王诗俊
对"流派诗歌专号"部分诗作的看法 …… 李玉胜
启迪 ………………………………………… 黄　宏

有关《努尔哈赤的后裔们》的评论和意见
民族魂 ……………………………………… 敬　松
不能把侵略者称为"华夏英雄" ………… 张兴旺
多尔衮不应为爱国典范人物 ……………… 朱　雍
诗人辛勤耕耘　诗坛喜获丰收

美术
周华君国画选（封二）
童昌信油画选（封三）

1986 年第 7 期　刊名:《星星》
目录

新星
在生命脆弱地带（组诗）…………………… 章　勇
合卺歌（组诗）…………………………… 郑建桥
父老乡亲（组诗）………………………… 水　舟
当代意识与生活启示 ……………………… 严　冰
人生之旅——青年诗作小辑
你有一位朋友 ……………………………… 高建群
夜·宁静 …………………………………… 杨绍武
择路而行 …………………………………… 杨榴红
夜的峡谷 …………………………………… 李彬勇
写作习惯与方式 …………………………… 刘文青
寂寥而温馨的港里……（外二首）……… 张新泉
第四个士兵 ………………………………… 陈绍陟
我不是军人 ………………………………… 周小舟
书亭前的诗迷 ……………………………… 张通清
徐悲鸿的"马" …………………………… 钱叶用
自己 ………………………………………… 开　愚
少小离家 ………………………… 宋渠　宋炜
在尘土飞扬的大道上 ……………………… 刘江榕

名旦······朱根亮
评论：创造的灵魂······魏志远

我的探索
异乡、橄榄或三毛之歌······廖亦武
评论：梦幻之年······维 熹
也算读后感······风 言

燃烧的情愫
燃烧的情愫······余笑忠
天国之旅（二首）······张石山
一和一切······骆晓戈
永恒······冯 云 孙 涛
走向黄河（二首）······邓万鹏
睡莲（外一首）······王志杰
娘子关二题······梁志宏
海上归来······景 章
一棵棉花的自我感觉······姚振函
珊瑚岛······赵健雄

八面来风
一个西部英雄的妻子······张子选
库车县的公共车······晓 蕾
中原的风······陈佩芸
大雁塔下······葛佳映
古塬吟唱（二首）······闻 频
有足球赛的夜晚······刘立云
江南······柯 平
太湖······朱百勋
故乡纪行（组诗）······谢先云
假如我是大佛（外一首）······奕 林
李白故里······徐 康
深沉的眼······药 汀

诗萃二十家······雷 奔 吕文秀 邓 澍 胡晓靖
席永君 乔延凤 孔令更 郭良原 董茂棠 王 健
董万里 金 山 孙玉琢 王学忠 （中国香港）蒋
德泰 赖永良 邹学顺 叶 宁 李洪程 何 平

散文诗
牧人与马（二章）······晓 桦
无声的语言（二章）······沈 重
火山口森林······张 长
爱的河流（外一章）······李 耕
送亲（外一章）······王 野
吉祥鸟（外一章）······刘辉考

小小叙事诗
猎人······王长军

12＋12＝0······孙建军
酒的传奇······李占学
失言的故事······梁谢成
"采购科长"新传······萧振荣

中青年诗人谈诗
严肃的诗人······唐晓渡
一点感想······吉狄马加

争鸣栏
答复两位朋友的挑战······一 编
《新城》、《青春》及探索······周亚平
我最喜爱的中青年诗人选票

美术
封面设计······甘庭俭
封面图案······曲光辉
仲夏（版画）······[德国]彭 青封二
草茎（版画）······[苏联]玛努辛封三

1986 年第 8 期　刊名：《星星》
目录

新星
绿草莓·中秋月及其他（六首）······（四川）健 鹰
褐鹰（组诗）······（西藏）惟 夫
议论：诗的"神秘果"是什么······夏 问

我的探索
鄂伦春短调五叠······庞壮国
痴迷者······潞 潞
秋水萧萧（二首）······石光华
迷乱的星空（二首）······张 隽
议论：探索者需要宽容与理解

启示录
雕刻家······聂 沛
墓地（三首）······张雪杉
披着长发的头颅一掷铿锵······沙 白
宿命论者及其他（外二首）······开 愚
宫墙·地铁······于荣健
归途······苏历铭
石狮······李尚才
年轻的香客······杜建文
冰雕······李坚毅
明十三陵断章······章吴霖
结局······夏勇刚
牧人的歌······东 虹

声音 ·· 李发模
寡居 ·· 木 子

诗萃十九家 ············· 杨献瑶 弘 征 苏文河
缪国庆 郁建中 白 峡 水 舟 许德民 宋海泉
张 烨 戴凌方 谢 轮 赵英华 易 山 张洪波
吴晓初 张晓健 程 力 李 村

民谣之乡

山里的红百合（二首） ······················ 映 春
西出阳关（组诗） ···························· 戴安常
雪风（二首） ································· 王长军
民谣之乡 ····································· 冯 杰
蜀籁（二首） ································· 鄢家发
清明雨 ······································· 阳 飏
酸枣儿 ······································· 王玉民
猎户 ··· 荆 歌
采山 ··· 杨川庆
脚户情 ······································· 姚学礼
五月风 ······································· 李世东

八月——朗诵诗专辑

达子香 ······································· 严 辰
热血沃关东（二首） ·························· 唐大同
黄河少年（叙事诗） ·························· 陈峻峰
将军和他的马（外一首） ······················ 马绪英
爸爸是个山东人 ······························ 刘业勇
致云雾中的庐山 ······························ 秦 岭
云（外一首） ································· 吕 剑
司拉山墓 ····································· 康 平
三十岁的女儿 ································· 丹 婳
一首拴在腰杆的诗 ···························· 谢 云
逝去的庄稼汉 ································· 房泽田
老墙 ··· 庞立臣
山里人（二首） ······························ 刘 冲
海边碑林 ····································· 李曙白
海的向往 ····································· 韩 青

争鸣栏

诗与非诗 ····································· 叶 橹
诗与散文区别之管见 ·························· 周翔飞

"序"、"评"选登

这个红芋确实烫手 ···························· 公 刘
关于时代感 ··································· 玉 果

美术

封面设计 ····································· 甘庭俭
网（版画）（封二） ················ [芬兰] 亨利·提康宁
铸工（版画）（封三） ························· 伊兰申科

1986 年第 9 期 刊名:《星星》
目录

25 家诗

黑色新闻联播（四首） ························ 公 刘
花卉三首（外一首） ·························· 蔡其矫
无题抒情诗五首 ······························ 刘湛秋
春雨的夜晚（外二首） ················ [美国] 程步奎
寓言诗二首 ··································· 刘 征
地方志（二首） ······························ 张 锋
和石头有关的抒情（二首） ···················· 曲有源
天空湖（外八首） ···················· （小学生）郁 奉
周家湾寻诗（三首） ·························· 沙 鸥
男人·女人（外二首） ························· 渭 水
峡名所思（外一首） ·························· 苗得雨
诗三首 ····················· （中国香港）蒋德泰
一部三原色的交响诗 ·························· 柳士同
乌江渡（外一首） ···························· 程显谟
邂逅（外一首） ······························ 刘夏萍
诗二首 ······································· 林 希
相思鸟（外二首） ···························· 樊 雄
新线铁路抒情 ································· 孙 映
新娘子 ······································· 李家树
一个士兵的生日（外一首） ···················· 蒋海将
丝路传奇（二首） ···························· 匡文留
纪念碑·我们 ································· 陈绍陟
帕提古丽（外一首） ·························· 刘 渊
站在天堂和地狱之间 ················ （藏族）列美平措
少女和阳光 ··································· 郭力家
森林（二首） ································· 傅 仇

短笛

圣徒 ··· 郑成义
路 ··· 刘洪文
蘑菇 ··· 李君明
甲板上的树 ··································· 赵 恺
赛马 ··· 郝震文
等你 ··· 齐兴智
风（外一首） ································· 曹 静
某一美丽的瞬间 ······························ 庞颖洁
揽镜 ··· 樊发稼
晚归 ··· 张法舜
风 ··· 高月明
天空足球赛 ··································· 赵 燕
十四行爱情诗 ······················ （锡伯族）安鸿毅
写给C ······································· 李 军

邂逅 ·········· 游 刃
蒲公英 ·········· 张水舟
白云心事 ·········· 贺立方
祖国 ·········· 张 帆

我的探索
六行诗二组 ·········· 余以建
老人与森林（外三首） ·········· 空林子
百川之水（组诗） ·········· 杨松杰

诗歌走廊
断裂 ·········· 梁小斌
痛苦使人超越 ·········· 吴思敬
至吴思敬的信 ·········· 梁小斌
读《断裂》随记 ·········· 小 星
现代诗歌的沉抑和忧虑 ·········· 杨远宏 石光华
西方现代主义正走向哪里 ·········· 周始元

争鸣栏
从台湾现代主义诗歌的衰落说开去 ·········· 程光炜

美术
僧塔尔族的妇女（版画） ·········· ［印度］吉克尔瓦尔蒂
田野里的农民（版画） ·········· ［希腊］克络约纳契斯
题花 ·········· 郭 楠 卢光明 曲光辉 李建全

1986 年第 10 期　刊名:《星星》

目录

"我最喜爱的当代中青年诗人"评选揭晓
诗三首 ·········· 余薇野
关于龙 ·········· 渭 水
大都市（二首） ·········· 毕富堂

画外音
登赏心亭吊辛弃疾（外一首） ·········· 柯 平
天尽头（三首） ·········· 姚焕吉
湘西之什（二首） ·········· 徐 鲁
在南方（三首） ·········· 田 歌
江南（三首） ·········· 陈所巨
胆剑篇（外一首） ·········· 凌文远
八大山人画意（外一首） ·········· 万启福
古塔 ·········· 回光时
竹海行（二首） ·········· 晓 雪
香冢 ·········· 薛大营
西部行吟（二首） ·········· 马及时

大学诗风
军魂（组诗） ·········· 颜广明
某夜申城 ·········· 朱根亮
夏收（外一首） ·········· 宁天心
办公室手记 ·········· 唐 欣
抒情第六号 ·········· 钱万成
但愿 ·········· 许国平
流泪的红纱巾 ·········· 张晓华
黄昏风中的望父石（外一首） ·········· 杨云才
渔人 ·········· 陈小龙
雨中怀甫亭 ·········· 银 波
土地 ·········· 阿 营
山沟里 ·········· 胡昌文
鄮都月 ·········· 陈应松
我是幺女 ·········· 吕 宾
南方来信 ·········· 陈锡民
初吻 ·········· 任民凯
雷声 ·········· 徐桂芝
那个姑娘 ·········· 喻 言

我的探索
梦中的头颅（二首） ·········· 黄 羊

小叙事诗
父亲的奖章 ·········· 曹宇翔
悲凉的奇遇 ·········· ［美国］王正军
家书 ·········· ［新加坡］郭永秀
苗岭之恋 ·········· （中国香港）阿 贵

散文诗
幽州台（外一章） ·········· 蓝 幽
读油画《泰山挑夫》 ·········· 赵宽宏
遥远的致意（二章） ·········· 朱谷忠
春米 ·········· 郝 旗
山头 ·········· 蓝露怡
寻找（外三章） ·········· 杨 静
观海（外一章） ·········· 姜强国
明亮的心 ·········· 赵秀杰
海滩 ·········· 叶曙光
榕树 ·········· 陈文和
雪中 ·········· 园 静
墨镜与眼睛 ·········· 田一文
大漠风（外一首） ·········· 刁永泉
勘探队之歌（组诗） ·········· 彭双和
矿山诗情（二首） ·········· 孙友田

译诗
译诗二首 ·········· 陈 渝译
海景组诗 ·········· ［英］麦肯·巴恩斯 胡燕平 杨 敏译

争鸣栏

我读《时间的严峻与新厂长的严峻》⋯⋯⋯柯　平
从探索所想到的⋯⋯⋯⋯⋯⋯⋯⋯⋯杨　勋
是的，我是这样想⋯⋯⋯⋯⋯⋯⋯⋯阿　红
59 岁时的 15 小段⋯⋯⋯⋯⋯⋯⋯⋯王尔碑
论诗的情感⋯⋯⋯⋯⋯⋯⋯⋯⋯⋯邓　杰

诗者论坛

关于诗之我见⋯⋯⋯⋯⋯⋯⋯⋯⋯荫　子
门外乱谭致某某⋯⋯⋯⋯⋯⋯⋯⋯刘成东
诗，应"晓畅有深意"⋯⋯⋯⋯⋯⋯村　夫
把诗歌欣赏和评论从专门家的手中解放出来⋯凌华光

诗歌信息与读者意见

美术

封面设计⋯⋯⋯⋯⋯⋯⋯⋯⋯⋯⋯陈家伟
挖土豆（版画）（封三）⋯⋯⋯［波兰］斯科契拉斯
高峡出帆（国画）⋯⋯⋯⋯⋯⋯⋯卢光明

1986 年第 11 期　刊名:《星星》

目录

中国诗歌社团诗选专号编辑小记⋯⋯⋯一　编

歌头

橡胶林⋯⋯⋯⋯⋯⋯⋯⋯⋯⋯⋯骆耕野
中国：CHINA⋯⋯⋯⋯⋯⋯⋯⋯⋯叶　青
瓷器⋯⋯⋯⋯⋯⋯⋯⋯⋯⋯⋯⋯萧春雷

我们诞生了

蒹葭（外一首）⋯⋯⋯⋯⋯⋯⋯⋯何鑫业
云冈石窟⋯⋯⋯⋯⋯⋯⋯⋯⋯⋯何香久
荒岛⋯⋯⋯⋯⋯⋯⋯⋯⋯⋯⋯⋯孙桂贞
海滨风凉话⋯⋯⋯⋯⋯⋯⋯⋯⋯边国政
爱情的终结⋯⋯⋯⋯⋯⋯⋯⋯⋯孙文波
插曲⋯⋯⋯⋯⋯⋯⋯⋯⋯⋯⋯⋯欧阳江河
终点（外一首）⋯⋯⋯⋯⋯⋯⋯翟永明
女人⋯⋯⋯⋯⋯⋯⋯⋯⋯⋯⋯⋯伊　甸
冬天就要来了⋯⋯⋯⋯⋯⋯⋯⋯谢卫国
瞎子阿炳⋯⋯⋯⋯⋯⋯⋯⋯⋯⋯梁晓明
北方的妞⋯⋯⋯⋯⋯⋯⋯⋯⋯⋯周　知
秋收⋯⋯⋯⋯⋯⋯⋯⋯⋯⋯⋯⋯黄　默
相思⋯⋯⋯⋯⋯⋯⋯⋯⋯⋯⋯⋯林鲁川
绝壁⋯⋯⋯⋯⋯⋯⋯⋯⋯⋯⋯⋯赵晓春
女人就是草原的根⋯⋯⋯⋯⋯⋯陈　亮
假如⋯⋯⋯⋯⋯⋯⋯⋯⋯⋯⋯⋯金　伟
军人⋯⋯⋯⋯⋯⋯⋯⋯⋯⋯⋯⋯夏　阳

心灵的回声

远方⋯⋯⋯⋯⋯⋯⋯⋯⋯⋯⋯⋯钱叶用
小木屋（外一首）⋯⋯⋯⋯⋯⋯丹　若
创造世界的女人⋯⋯⋯⋯⋯⋯⋯夏　雨
门牌：六号⋯⋯⋯⋯⋯⋯⋯⋯⋯杨　静
苏东坡和他的朋友们⋯⋯⋯⋯⋯李亚伟
黄土高原人（二首）⋯⋯⋯⋯⋯宁天心
水草地⋯⋯⋯⋯⋯⋯⋯⋯⋯⋯⋯陈肖力
给姚霏⋯⋯⋯⋯⋯⋯⋯⋯⋯⋯⋯于　坚
孩子岛⋯⋯⋯⋯⋯⋯⋯⋯⋯⋯⋯于　水
一个农妇（外一首）⋯⋯⋯⋯⋯夏玉成遗作
瞬间⋯⋯⋯⋯⋯⋯⋯⋯⋯⋯⋯⋯卢加强

星星点点的野花

烧香季节⋯⋯⋯⋯⋯⋯⋯⋯⋯⋯徐德华
这阵风⋯⋯⋯⋯⋯⋯⋯⋯⋯⋯⋯韩　东
石拱桥（外一首）⋯⋯⋯⋯⋯⋯沈　健
正午我没有影子⋯⋯⋯⋯⋯⋯⋯魏向阳
噢嗬嗬（外一首）⋯⋯⋯⋯⋯⋯钱文亮
喀什噶尔夜歌⋯⋯⋯⋯⋯⋯⋯⋯胡艳玲
龙门⋯⋯⋯⋯⋯⋯⋯⋯⋯⋯⋯⋯熊德光

书号之外

渴望和平（组诗）⋯⋯⋯⋯⋯⋯范德平
年夜⋯⋯⋯⋯⋯⋯⋯⋯⋯⋯⋯⋯汪　涛
林里河边⋯⋯⋯⋯⋯⋯⋯⋯⋯⋯陆　健
自画像⋯⋯⋯⋯⋯⋯⋯⋯⋯⋯⋯张水舟
人的嫁接⋯⋯⋯⋯⋯⋯⋯⋯⋯⋯邓万鹏
与影子对话⋯⋯⋯⋯⋯⋯⋯⋯⋯宋　词

军潮

军人日记⋯⋯⋯⋯⋯⋯⋯⋯⋯⋯卜　凤
共和国将有这样一群雕像⋯⋯⋯怿　斯
女兵之死（外一首）⋯⋯⋯⋯⋯谭忠心
南疆的清明节⋯⋯⋯⋯⋯⋯⋯⋯夏雪明
灰鸽子⋯⋯⋯⋯⋯⋯⋯⋯⋯⋯⋯王耀军

不能忘怀的爱

我依旧是你的……⋯⋯⋯⋯⋯⋯雪　村
不是情诗的情诗⋯⋯⋯⋯⋯⋯⋯白战海
爱（外一首）⋯⋯⋯⋯⋯⋯⋯⋯李　莉
当你那样看着（外一首）⋯⋯⋯滕　萍

变异的风

狼谷⋯⋯⋯⋯⋯⋯⋯⋯⋯⋯⋯⋯周伦佑
音符"5"⋯⋯⋯⋯⋯⋯⋯⋯⋯⋯刘　涛
野性的证明⋯⋯⋯⋯⋯⋯⋯⋯⋯邵春光
私奔⋯⋯⋯⋯⋯⋯⋯⋯⋯⋯⋯⋯李　瑶
错位手术（外一首）⋯⋯⋯⋯⋯姚　成

日常生活 ·························· 小 君
朦胧诗的冲击波 ·················· 白 航

美术
封面设计 ························ 陈家伟
雪（封二） ·············· ［比利时］麦绥莱勒
渡过运河（封三） ············ ［巴西］科列阿

1986 年第 12 期　刊名:《星星》
目录

北京诗人新作小辑
夏歌（三首） ···················· 王 蒙
旅踪（四首） ·················· 张志民
黔之风（三首） ················· 何铁生
农历（三首） ·················· 朴康平
我将重新起飞 ···················· 匡 满
小舟及其他（组诗） ·············· 谢先云
意外（四首） ·················· 杨榴红
那曾是我的历史（组诗） ············ 林 净
魂驻沂蒙 ······················ 雷 霆

四川诗人新作小辑
凤凰涅槃变奏 ··················· 孙静轩
远航（外一首） ················· 王志杰
感情的河流（组诗） ·············· 戴安常
月舟，醉仙及夏夜（三首） ·········· 孙建军
黑手臂（外二首） ··············· 郑宝富
十四行诗组 ···················· 孙文波
冷风景——西北印象（组诗） ········· 张新泉
呼伦贝尔散笺（二首） ············ 欧阳运奎
藏族女人 ······················ 开 愚
那一瞬间（外二首） ·············· 江世渝
三叶草（三首） ················· 王尔碑

陕西诗人新作小辑
西天日月（组诗） ················ 子 页
从《创业史》走过来的乡亲（外一首） ··· 王渊平
古都翅影（三首） ··············· 葛佳映
秦公大墓的新闻（外一首） ·········· 朱文杰
不是羊领牲（外一首） ············ 梅绍静
女儿红 ························ 陈 敏

散文诗
海角履痕（二章） ··············· 齐铁偕
山之梦（外一章） ················ 旭 辉
峨眉二题 ······················ 柴与言
又是夏夜（外一章） ·············· 郭良原

寂地的戏谑（五章） ·············· 李佩芝
信鸽（外一章） ················· 李金安

我的探索
毫不相关的感觉 ·················· 默 然
不是传说 ······················ 兰小宁
评论：感觉引出的议论 ············· 维 熹

争鸣栏
"二十二条诗规" ·················· 申 申

诗人谈当前诗坛现状
宋垒就《大六号》致杨牧的一封信
现实·人生·诗的命运 ············· 杨光治

美术
封面设计 ······················ 陈家伟
葡萄（版画）（封二） ········ ［比利时］麦绥莱勒
摆渡（版画）（封三） ····· ［德国］韦尔海姆·鲁道夫

1987 年第 1 期　刊名:《星星》
目录

诗人谈诗星星楼
《星星》三十岁 ················· 本刊评论员

新的歌
听蓝色多瑙河圆舞曲 ·············· 章德益
你真美 ························ 杨 然
乡村女人的故事（叙事组诗） ····· （回族）杨云才
未伐的森林（组诗） ··········· （壮族）黄 堃
澜苍江行（三首） ··············· 蓝晓辉

在四方
魂在江南（三首） ··············· 刘祖慈
大漠上（外二首） ··············· 桑恒昌
微笑的女神 ····················· 吕 剑
绿的汪洋（二首） ················ 木 斧
薛涛井 ························ 梁如云
给一块墓碑 ···················· 熊召政
卷曲石 ························ 张 克
巧遇 ·························· 柯 原
雾重庆 ························ 李根红

有所思
进港之前 ······················ 牛 汉
树木二题 ······················ 青 勃
感觉（四首） ·············· （彝族）吉狄马加

老人河 ·····················董 林
手 ·····················屠 岸
透明的轻音乐（三首）·····················叶 笛
断裂带 ·····················谷 闰
父亲 ·····················苏 华

怪味幽默

怪味幽默（三首）·····················梁谢成
自由 ·····················陈侣白
系列产品 ·····················王永华
万岁，传统美德 ·····················冯 骏
雪线 ·····················田 丁

爱的心

秘密 ·····················吕 英
公共汽车咏叹调 ·····················方 舟
走进心灵的海 ·····················卫世平
我为你消瘦韶华 ·····················廖静仁
热恋（外一首）·····················雷明伟

中学生诗作

醒来方知不是梦 ·····················郭海燕
女中学生宿舍 ·····················周朝霞
中秋夜 ·····················李 婷
南方短章 ·····················梁 芒
海的爱 ·····················吴 畏
写给长江 ·····················王 伟

短章

乡韵（三首）·····················冯团彬
小镇太小了（四首）·····················马 辉
纪念碑 ·····················鹿 强
海恋（二首）·····················任先青
人生 ·····················伍权民
偶得（外一首）·····················段越晴
夜，你遮不住 ·····················何志新
孤松（外一首）·····················胥勋和
烛 ·····················黄德涵

第一缕星光

追日 ·····················刘笃圣
赠梅 ·····················申群丽
梅儿雨 ·····················任惠敏
狩猎日记 ·····················朱春鹤
被遗弃的孩子 ·····················蔡天温
庄稼人下棋 ·····················熊明修
初恋 ·····················刘晓燕
树叶 ·····················周德斌

我的探索

小克兹的眼睛 ·····················唐光玉
大江入海（外一首）·····················南 野
现代病 ·····················李希容

悄悄地进行

月亮下凡 ·····················第广龙
秋天来了又去了 ·····················飘 飘
在大巷行进 ·····················王长富
松果 ·····················夏 冰
洛补嫫 ·····················沈前祥
小岛的注释（二首）·····················人 邻
走进吐鲁番 ·····················何 理
春风 ·····················海 南
季节 ·····················潘 维
天坛 ·····················林 祁

争鸣栏

《断裂》的断裂处 ·····················张书林
《断裂》随想点滴 ·····················张 鹰
这些小诗好 ·····················苗得雨
中国新时期诗歌研讨会提出新问题
封面设计 ·····················甘庭俭

1987 年第 2 期　刊名:《星星》
目录

现实的投影

法官之心 ·····················梁志宏
金盔（二首）·····················刘立云
毕业歌 ·····················叶 舟
无题 ·····················朱文杰
粗沙野上（二首）·····················万 方
童韵 ·····················刘明达

脚踏八方

北中国草原（组诗）·····················（蒙古族）舒 洁
迷人的神农架（组诗）·····················郑定友
芙蓉城（二首）·····················杨 山
鄂伦春，烈火爆燃于冻土 ·····················王长军
碧色潮（组诗）·····················董桂苓
绍兴行 ·····················缪国庆
这正是春天（外一首）·····················（蒙古族）葛根图娅
乡村纪事（二首）·····················宋瑞珂
哦，鸳鸯湖 ·····················屈 塬
建筑工地轻音乐 ·····················黄 宏
戈壁青蒿 ·····················雷 奔
剑门关 ·····················唐跃培

对面是山城 ————————————— 左一兵
文成公主 —————————————— 摩 萨
聂耳墓前 —————————————— 高为尧
山镇 ———————————————— 金克义
玉门 ———————————————— 郭维东

轻音乐小曲
老远的轶事（外一首）—————————— 李老乡
伊玛堪：貂曲 ————————————— 郑建桥
友谊之歌（二首）————————————— 凌文远
奉节 ———————————————— 李加建
日月贝 ——————————————— 王剑冰
十六岁的太阳（外一首）———————— 樊 雄
彩雨 ———————————————— 杨永年
珠贝 ———————————————— 方 灵
雨 ————————————————— 莫少云
立夏 ———————————————— 朱 彻
音乐抒情诗（二首）———————————— 鲁 萍
农家饭店 —————————————— 朱谷忠
乡村夜宿（外一首）———————————— 马新朝

园丁之歌
画龙（外一首）————————————— 姚 辉
故乡月 ——————————————— 曹继强
罗汉 ———————————————— 张 莹
花苞苞幺妹 ————————————— 黄坤良
仙人球 ——————————————— 唐跃生
小院秋色 —————————————— 王绍钟
女教师日记（二首）———————————— 邓芝兰
赏雪 ———————————————— 杨 政
雨中的等待 ————————————— 彭国梁
水灌 ———————————————— 荆 歌
女生的压发帽 ————————————— 张大铸
茶馆诗会 —————————————— 刘清勇

爱的琴弦
一封迟到的信 ————————————— 魏 可
一株忘忧草 ————————————— 杜 娟
放鹿女 ——————————————— 胡文平
深蓝色的歌 ————————————— 张 宏
送你二十支红烛 ———————————— 朗 旬
名片（外一首）————————————— 李亚宁
钥匙 ———————————————— 佟 畴
严寒中的歌 ————————————— 黄殿琴
棕榈（外一首）————————————— 陈鸣华
小城之夜 —————————————— 刘 见

散文诗
雾 ————————————————— 许 淇

夜（外一章）————————————— 王 雷
月光之惑 —————————————— 李松樟
草原之献（外二章）———————————— 赵 敏
心弦上的强音（二章）———————————— 韩新东
蜜蜂崖 ——————————————— 徐 康
鼓浪屿抒情（三章）———————————— 郭宝臣
石磨 ———————————————— 王文顺
海恋 ———————————————— 杨瑞福
鸥·船 ——————————————— 曹 雷
石佛 ———————————————— 王 方
爸爸犁海去了 ————————————— 周鹏宽
等待（外一章）————————————— 徐 芳
年轻的道姑 ————————————— 马及时
写给一位老诗人 ———————————— 于宗信
柳絮 ———————————————— 原 因
难对付的小问号（外一章）——————— 贾志坚
架上的葡萄 ————————————— 徐天喜
太阳 ———————————————— 张晓健

译诗
清冈卓行诗四首 ————————— 聂晓华 郑民钦译
夏目漱石俳句选 ————————————— 林 林译释

争鸣栏
可悲的时髦 ————————————— 林 染

中国诗歌社团诗选专号的余响
让更多的人见见太阳 ———————————— 马 多
从"编辑倾向"说开去 ———————————— 苑仲川
人与兽与半人半兽 ———————————— 建 之
关于《中国诗歌社团诗选专号》的断想 ——— 徐晓阳

读者来信摘登
美术
封面设计 —————————————— 邹延白
春风（木刻）————————————— 陈马瑛
无名花香（木刻）———————————— 荒 畍
题花作者 ————————— 祝开嘉 李 勇 刘 繁

1987 年第 3 期　刊名:《星星》

目录

新星
生命之盐（组诗）———————————（安徽）钱叶用
是的，我们也要航天 ———————————（四川）罗西临
你，能否赠我点什么 ———————————（黑龙江）杨松叶
藏南谷地的山客及其他（二首）——————（西藏）阿 石

夜班（外一首）⋯⋯⋯⋯⋯梁　真
远方（二首）⋯⋯⋯⋯⋯蓝晓辉
北方的记忆（二首）⋯⋯⋯⋯陆少平
大学生与小学生的对话⋯⋯⋯刘雁湖
她与水手（外一首）⋯⋯⋯⋯立　人
灵魂二重奏⋯⋯⋯⋯⋯赵英华
诗二首⋯⋯⋯⋯⋯叶　舟
西部骆驼祥子与虎妞们⋯⋯⋯张子选
不幸（外一首）⋯⋯⋯⋯⋯顾　工
山野小景⋯⋯⋯⋯⋯郁小萍
泉州⋯⋯⋯⋯⋯郑成义
留海⋯⋯⋯⋯⋯朱金晨
荔乡行（二首）⋯⋯⋯⋯⋯晓　青
古隆中⋯⋯⋯⋯⋯胡天风

人世间

海洋启示录（二首）⋯⋯⋯⋯陈知柏
羊归⋯⋯⋯⋯⋯华万里
两个女性⋯⋯⋯⋯⋯黄福群
渔汛季⋯⋯⋯⋯⋯丁　竹
背柴篓的祖母⋯⋯⋯⋯⋯任志玺
猎人的妻子⋯⋯⋯⋯⋯马贵明
路，在斧头下诞生⋯⋯⋯⋯乔　光
送别（外一首）⋯⋯⋯⋯⋯曹　静
雨巷夜行⋯⋯⋯⋯⋯高　平
深山人家（外一首）⋯⋯⋯⋯陈惠芳
吹洞箫的老人⋯⋯⋯⋯⋯杜国光
流浪者⋯⋯⋯⋯（彝族）伍耀辉
夜织⋯⋯⋯⋯⋯谯兰平
树丫上挂一只鸟笼⋯⋯⋯⋯韩加贵
远村⋯⋯⋯⋯⋯韩辉升
珍珠女⋯⋯⋯⋯⋯再　耕
算命者⋯⋯⋯⋯⋯简　宁

现代派画稿

舞台与风景（二首）⋯⋯⋯⋯王兴圣
幕（外一首）⋯⋯⋯⋯⋯张　暄
山墅（外一首）⋯⋯⋯⋯⋯钱锦方
水乡写意⋯⋯⋯⋯⋯尚建国
秋天，白桦林⋯⋯⋯⋯⋯白　汀
生长的往事（二首）⋯⋯⋯⋯周志友
春⋯⋯⋯⋯⋯石　林
现象学的本体论⋯⋯⋯⋯⋯裘小龙
停杯之日（外一首）⋯⋯⋯⋯微　茫
焚风⋯⋯⋯⋯⋯杨　迪

拉不断的情思

猎歌⋯⋯⋯⋯⋯郑建桥
翠姐⋯⋯⋯⋯⋯彭国梁

车站⋯⋯⋯⋯⋯王明方
山妹要出嫁了⋯⋯⋯⋯⋯庞向荣
情巷⋯⋯⋯⋯⋯颜廷奎
窗口⋯⋯⋯（朝鲜族）李相珏　金永彪译
海在你眼睛深处（外一首）⋯⋯王小蝉
别你以后⋯⋯⋯⋯⋯朱雪城
我给你一双手⋯⋯⋯⋯⋯白　雨
打爵士鼓的少女⋯⋯⋯⋯⋯石玉坤
爱人的信⋯⋯⋯⋯⋯园　静
妻，在井口等我⋯⋯⋯⋯⋯华　卓
骑手佚事⋯⋯⋯⋯⋯王若冰

幽默与讽刺

等待水至⋯⋯⋯⋯⋯张　隽
"新品种"老鼠（外一首）⋯⋯王永华
统计学的风险⋯⋯⋯⋯⋯巫　祝
谣言⋯⋯⋯⋯⋯孙昕晨

短诗⋯⋯⋯⋯⋯徐　扬　方　了　高新昌
张晓健　向求纬　陈　敏　陈太顺　柏铭久
阿拉坦托娅　李宪中　刘　虹　杨泽明　文　博　周继才
江　南　刘剑华　方　晴　周　倩　杨　雪

对诗的议论

从感性的多元取向看新时期
散文诗的沉沦⋯⋯⋯⋯⋯周翔飞
音乐的比邻⋯⋯⋯⋯⋯李元洛
诗界的"共存意识"⋯⋯⋯⋯周政保
新诗的忧虑⋯⋯⋯⋯⋯赵得润
请给我们扫"盲"⋯⋯⋯⋯⋯侗　肆
迎着春光⋯⋯⋯⋯⋯白　峡
致《星星》一编⋯⋯⋯⋯⋯阿　米
揭发抄袭现象⋯⋯⋯⋯⋯一　刘

美术

封面设计⋯⋯⋯⋯⋯邹延白
雪中大街（封三）⋯⋯[德国]韦尔海姆·鲁道夫
题花作者⋯⋯伍　东　钟　跃　曲光辉　郭　楠

1987 年第 4 期　刊名：《星星》
目录

三人辑

野诗及其他（六首）⋯⋯⋯⋯李老乡
写在山水风雨间（四首）⋯⋯⋯莫文征
最初的歌词（四首）⋯⋯⋯⋯车前子
评论：向美向善向上⋯⋯⋯⋯申　申
清清的滦河水（二首）⋯⋯⋯⋯周　纲

创世纪（二首）⋯⋯⋯⋯⋯⋯⋯燎　原
北方的河流（二首）⋯⋯⋯⋯⋯周所同
雪海（二首）⋯⋯⋯⋯⋯⋯⋯⋯洋　滔
贵阳惜别（二首）⋯⋯⋯⋯⋯⋯蓝　疆
邛海吟⋯⋯⋯⋯⋯⋯⋯⋯⋯⋯⋯意　秋
在北京地铁驶向苹果园的一方⋯黄晓桦
过西伯利亚⋯⋯⋯⋯⋯⋯⋯⋯⋯匡　满
鹰逝（外一首）⋯⋯⋯⋯⋯⋯⋯何　来
泥墙·猫·母与子（外一首）⋯申爱萍
蝙蝠⋯⋯⋯⋯⋯⋯⋯⋯⋯⋯⋯⋯晓　晴
小城之恋⋯⋯⋯⋯⋯⋯⋯⋯⋯⋯陈茂欣
黄河之冬（二首）⋯⋯⋯⋯⋯⋯苏文河
盛京拾古（二首）⋯⋯⋯⋯⋯⋯滕　英
惠安风情（二首）⋯⋯⋯⋯⋯⋯黄锦萍

求是与乱弹

求是篇⋯⋯⋯⋯⋯⋯⋯⋯⋯⋯⋯马伟君
乱弹（二首）⋯⋯⋯⋯⋯⋯⋯⋯卢祖品
五味子串（杂文诗）⋯⋯⋯⋯⋯里　远
一只蟑螂自撰的墓志铭⋯⋯⋯⋯余薇野
生活印象⋯⋯⋯⋯⋯⋯⋯⋯⋯⋯刘　斌
评论：现实空间与艺术空间⋯⋯小　星

人生三味

山与扳船夫（三首）⋯⋯⋯⋯⋯刘毅然
小小的意象（四首）⋯⋯⋯⋯⋯于宗信
无形的河流（组诗）⋯⋯⋯⋯⋯子　页
旅行日志（二首）⋯⋯⋯⋯⋯⋯张加百
诗三首⋯⋯⋯⋯⋯⋯⋯⋯⋯⋯⋯刘　敏
苇笛之什（外三首）⋯⋯⋯⋯⋯沙　白
题C君赠我画（外二首）⋯⋯⋯樱　子
抱娃娃的花菩萨（外一首）⋯⋯王玉民
没有寻到的门（外一首）⋯⋯⋯况明先
人生之旅（二首）⋯⋯⋯⋯⋯⋯曹宇翔
寻找月亮（外一首）⋯⋯⋯⋯⋯李占学
同拳王阿里谈诗⋯⋯⋯⋯⋯⋯⋯孙昌建
解释⋯⋯⋯⋯⋯⋯⋯⋯⋯⋯⋯⋯陶文瑜
感觉⋯⋯⋯⋯⋯⋯⋯⋯⋯⋯⋯⋯黄东成
云里的桅灯⋯⋯⋯⋯⋯⋯⋯⋯⋯梁以捩

散文诗

海韵（二章）⋯⋯⋯⋯⋯⋯⋯⋯森　森
吹箫人（外一章）⋯⋯⋯⋯⋯⋯耿林莽
大观园外（外一章）⋯⋯⋯⋯⋯桂兴华
淡蓝色的回流（二章）⋯⋯⋯⋯李　耕
巴蜀觅趣（二章）⋯⋯⋯⋯⋯⋯罗　丁

诗萃二十二家⋯⋯⋯⋯（白族）袁冬苇　李昆纯
阳关　张洪波　栗子　水尧　枫枫　钱锦方

郑凯平　董茂棠　祝耀武　孙建军　吴　晔　徐淙泉
苗中秋　杜旭东　杜律新　金相喜　杨国胜　沈　方
贾志坚　冯　骏

香港诗人作品小辑

戴天诗三首
梁秉均诗二首
胡燕青诗一首
关梦南诗二首

诗人译诗

苏利-普吕多姆诗四首⋯⋯⋯⋯⋯⋯⋯方　敬译
在所有时间的对话⋯〔美〕南希·梅尔斯　杨榴红译

诗坛简讯一束

美术

封面设计⋯⋯⋯⋯⋯⋯⋯⋯⋯⋯⋯⋯邹延白
诗人散步（版画）⋯⋯⋯⋯⋯〔日本〕深泽索一
奏鸣曲（版画）⋯⋯⋯〔秘鲁〕朱莉亚·科德西多
跳月⋯⋯⋯⋯⋯⋯⋯⋯⋯⋯⋯⋯⋯思　蜀
题花设计⋯⋯⋯⋯⋯⋯⋯⋯⋯河　溢　沉　石

1987 年第 5 期　刊名：《星星》
目录

五月的鲜花⋯⋯⋯⋯⋯⋯⋯⋯⋯⋯⋯星　文

新星

古老的卡伦（组诗）⋯⋯⋯⋯（黑龙江）雪　村
有限空间以内（组诗）⋯⋯⋯⋯（上海）齐铁偕
我的风景（二首）⋯⋯⋯⋯⋯⋯（青海）马学功
你奔腾抑或凝固呢，我的敖鲁古雅河哟（二首）
⋯⋯⋯⋯⋯⋯⋯⋯⋯⋯⋯⋯（内蒙古）成　子
评论：找到自己发光的位置⋯⋯⋯⋯⋯王　枫

我的探索

听《黄河大合唱》（外一首）⋯（新疆）章德益
北方诸神（组诗）⋯⋯⋯⋯⋯（黑龙江）庞壮国
现代情绪（二首）⋯⋯⋯⋯⋯⋯（浙江）程蔚东
忧郁的幽默（二首）⋯⋯⋯⋯⋯（辽宁）柳　沄
写在十九岁的日子里（二首）⋯（湖北）张　刚
挎空篮子的主妇（组诗）⋯⋯⋯（湖南）骆晓戈
我望着暮色漂浮的城市（外一首）⋯（上海）亚　夫
马回转头来（外一首）⋯⋯⋯⋯（北京）童　蔚
致黄昏或悲哀（外一首）⋯⋯⋯（江苏）韩　东
旅伴（外一首）⋯⋯⋯⋯⋯⋯（内蒙古）赵健雄
生命谷（二首）⋯⋯⋯⋯⋯⋯⋯（湖北）邓　澍

礁石（外一首）·················（上海）陈　放
悲哀（外一首）·················（北京）斯　人
评论：作品是探索之路上的里程碑·········申　申

四川青年诗人新作小辑
想念那个人（外三首）···················魏志远
树的脸（外一首）·····················李　钢
洗衣石··························李　村
虚构（二首）·······················张建华
心雕（二首）·······················邓亨禄
诗（外二首）·······················开　愚
李白（外一首）·····················石光华
星（外一首）·······················赵　静
红羊（外一首）················（苗）何小竹
时差（外一首）·····················杨远宏
年代（外一首）·····················敬晓东
秋天的野草莓（外一首）················翟永明
现在是夜（外一首）···················艾　獴
川北（外一首）·····················宋学镰
童趣（外一首）·····················庞　微

评论：共存·求异·····················尚　兮

萃二十家　　　　乔　迈　简　宁　夏　寒
吴晋南　马新朝　蓝启发　刘斌夫　叶　坪　西　岸
陈　斌　柯　江　黎正明　李亚宁　喻　旺　叶梦君
邓万鹏　王亚南　张晓健　赵圣铁　陈贤楷

爱情诗页
雪···························阳　飚
初夏··························姜　桦
月湖（三首）·······················王长军
爱之门·························程　维
冰雪中的眺望（三首）··················申　未
失败的年龄·······················陈　鹰
思念··························钱文亮
寄南方··························李坚毅

当代旋律
血性太行（二首）····················醉　舟
翠绿的星（二首）····················喻　晓
北方十四行诗（三首）··················曾凡华
军魂··························蒋海将
五味子（三首）·····················闻　频
晚班车··························王建渐

诗坛简讯一束
美术
封面设计·························宗　耀

万一宾国画两幅（封二）
风景（版画）（封三）·········[德国]路特·麦埃尔
题花设计···················河溢　丁六

1987 年第 6 期　刊名：《星星》
目录

中年赋
独白与旁白（二首）···················宫　玺
心愿··························子　页
唐三彩（外二首）····················张雪杉
相思的氛围（外一首）··················梁谢成
荆门油灯诗草（二首）··················刘兴泉
山野的诱惑（三首）···················姜金城
在矿井下·························陈友田
光恋（二首）·······················冯　云

天府儿童诗会
雨和爸爸（二首）····················何　欧
秋雨（二首）·······················焦　炬
我的幻想（三首）····················刘　镠
甜甜的诗（五首）····················张　萌
评论：读孩子们的诗···················小　星

校园诗星
白色的栅栏（组诗）···················杨于军
评论：涌潮过后·····················维　熹
山民（组诗）·······················刘向东
鄂地行（二首）·····················江　堤
中秋··························唐　欣
异···························王士昭
独步方舟（三首）····················唐跃生
赠 LYH·························刘培现

四川诗人新作小辑
关于我的信仰（二首）··················木　斧
寻觅（外一首）·····················沈　重
岁月的河（组诗）····················张新泉
二泉映月（外一首）···················孙建军
巫山组诗（二首）····················扬　禾
蜀籁（三首）·······················鄢家发
归途··························徐国志
世界··························柯愈勋
致石工·························欧阳运奎
废墟··························刘江榕
茶姑··························范　明

小叙事诗

褐色的故事（三首）—————毕福堂
太行山，一个男人和一个女人—————范 源
渭塬的女人—————傅鹏锋

九州方圆

黄淮平原（三首）—————黎焕颐
伊犁组诗—————唐 祈
都市风情（二首）—————董耀章
隐藏的土地（组诗）—————米思及
古驿路—————王兆琪
乡村的小火轮（外一首）—————伊 甸
十三陵的忧郁—————林 染
古城—————曲 近
老家—————吴逸飞
歌者的漫游（二首）—————徐 鲁

作品与争鸣

海—————孙武军
我所观察的海—————孙武军
评论：思考·困惑·混乱—————申 申
遥寄鱼龙洞—————贺羡泉
评论：唱给《渔歌》的和声—————思 汶
评论：《遥寄鱼龙洞》得失小议—————曲 直
说长道短，不失信任—————李延军
读者的心里话—————星 文

美术

封面设计
瑞雪山村（版画）（封二）—————刘曼殊
乡村（版画）（封三）—————［德国］弗拉明克
封底画—————宗 耀
题花设计—————徐先堂
曲光辉 伍 东 仲 跃 周远秋 于君明

1987 年第 7 期 刊名:《星星》
目录

新星

第三代军人和第三代军人的诗（四首）
—————（甘肃）翼 华
九州之一（二首）—————（北京）曹宇翔
铜雕的银行大门（组诗）—————（上海）陈 放
世纪的红石榴（二首）—————（湖北）康 平

组诗群

闽东组诗（四首）—————蔡其矫
"和平与文学"之声（五首）—————石 英

梵净山（二首）—————陈绍陟
背影（四首）—————陈明媚
诗三首—————熊召政
赠唐祈三首—————沙 鸥
青春曲（四首）—————柳 荫
凡人小令（五首）—————张新泉
梅（三首）—————华万里

绿色的蜂房

绿色的蜂房（组诗）—————白 航
川西，三月音象（三首）—————蓝 幽
黄土地上的现代画稿（三首）—————郑宝富
乡村公路正在加宽（外一首）—————徐 康

吐几个烟圈

白杨为什么遇难—————王爱民
绝非文坛的寓言（二首）—————高洪波
神秘的文件（外一首）—————石 河

民族小曲

西部还年轻（二章）—————（回族）高 深
忘了（外一首）—————（回族）那里木

四海皆兄弟

回信（外一首）—————［新加坡］英培安
琥珀—————［新加坡］郭永秀
港金—————（中国香港）蒋德泰
候鸟（外一首）
—————［挪威］利福·霍尔茨科格 杨 蕾译
自由漫步—————唐 湜 郭光豹 向 明 沈 重
再 耕 纪 学 吕文秀 程显谟 张永权 陈文和
王知十 周嘉堤 张来信 郑春华 里 沙 朱冀濮

散文诗

大江东去（三章）—————唐大同
写给阿霞的散文诗（四章）—————廖亦武
忽忘我的春天—————居利亚
路—————马及时
勺泉（外一章）—————柏铭久
人才—————岳定海
背野竹子的老妈妈—————陶文瑜

我的探索

兵马俑故事新编（外一首）—————赵天山
声音（外一首）—————呢 喃
往事（外一首）—————万 丽
猛兽—————王建平
读诗随笔—————阿 牛
视象与心象—————叶 橹

争鸣栏

为第三代诗人一辩·················傅鹏锋
说点什么，请原谅·················杨益生
再论诗与散文的时间差·············尹安贵

读者论坛

模仿不等于抄袭·····················刘胜军
《喀什噶尔夜歌》作者的信

美术

老房（木刻）（封二）·················黄明进
人·草垛·圆月（木刻）（封三）·········朱万方
题花作者·········河溢 曲光辉 刘立 徐先堂

1987 年第 8 期　刊名:《星星》

目录

告白······································编者
我们生活着·······潘烽 方竟成 琳玲 银云
李岂林 李云鹏 曹建芳 韦德明 陈文 颜广明
刘鸣芳 汪建民 刘兰鹏 邓康延 晓梅 吴建国
党宏 忠民 李子 沈前祥

他们好唱歌

美丽的凉山（组诗）···········（彝族）霁红
南高原（外一首）·············（彝族）王红彬
遗弃的阳光（外一首）········（藏族）列美平措
山村新的地平线（外一首）·····（满族）阎晓林
走马·······················（苗族）何小竹
单身汉······················（壮族）黄灿
牧歌·······················（满族）班果

女儿媚

戴耳环的小保姆（外二首）···········俞力佳
秋天里（外一首）···················李蔚红
女人（三首）·······················达灵
石壁上的坟墓·······················杏子
填空（外二首）·····················赵倩
春天的味儿（外一首）···············程小蓓
出嫁前（外一首）···················李北兰
不仅仅是留恋·······················孙大梅
分手（外一首）·····················卢云涛
打破的水壶·························梅子

小叙事诗

沉沉夜（外一首）···················骆漠

绿色的风

牧人（外一首）·····················谭忠兴
军容检查镜·························罗际明
香·································张云晓
你不是英雄·························傅耕
遗书·······························王一兵
一个伤员的自述·····················肖星
帆·································胡晓彬

爱的触须

爱的理解···························熊红
爱·································彭哲
八月·······························马明林
恋爱的故事·························陈伟荣
梦的白桦林·························武斌
爱情·······························鲁谷风
雪笺·······························潘大华
五月的故事·························刘皎
心事·······························丁椰
岁末的鸽子·························杜金贵
爱在黄昏···························左和玉
一月的雪和八月的绿叶（二首）·········黑羽

地方诗会选诗

七色天（外一首）···················吕宾
铁树花·····························彭炯霏
蚕和英娘（外一首）·················谯兰平
女文娱委员·························芸梅
蜡烛·······························晓宇
在端午，在黄昏·····················刘敏
远眺巫山城·························灵子
等待·······························瑜儿
拔河·······························蒲小林
唱给幼儿园阿姨的歌（二首）···········谭清友

请君思索

下雨好不好·························张宏森
关于手·····························杨黎
蚂蚁的大军又黑又亮·················韩东

中学生诗作

说给妹妹···························李作明
澡堂（外二首）·····················思东
沉思·······························高峻
楼梯·······························张斌
不枯的草哨·························王中祥
孤独·······························周皓

诗萃···············碧川 高新昌 柯极 赵静

白孝森　娜　夜　蓝启发　杨冬梅　张志刚　高　崎
陈　实　周继才　刘引浩　赵发魁　泥　土
下一个时期中国新诗属性思索⋯⋯⋯浙江十二路诗社
诗洞其穴其土⋯⋯⋯⋯⋯⋯⋯⋯⋯何鑫业
寄语《星星》⋯⋯⋯⋯⋯⋯⋯⋯⋯枫　叶
新诗刍议⋯⋯⋯⋯⋯⋯⋯⋯⋯⋯一　鸣

美术

《音乐迷扬科》连画环选项⋯⋯⋯⋯何　毅
第一步（木刻）⋯⋯⋯⋯⋯⋯⋯⋯陈玛英
题花作者⋯⋯⋯⋯⋯⋯崇　军　张　晰　崇　耀
插图⋯⋯⋯⋯⋯⋯⋯⋯⋯⋯⋯⋯晨霖

1987 年第 9 期　刊名:《星星》

目录

披鹰翅的酒神（二首）⋯⋯⋯⋯⋯程宝林
春梦江南（外一首）⋯⋯⋯⋯⋯⋯张德强
打鱼的女人们（二首）⋯⋯⋯⋯⋯龙彼德
给 L 和另一个人（三首）⋯⋯⋯⋯姚振函
致洋槐树花（外一首）⋯⋯⋯⋯⋯李　静

短诗三十六家⋯⋯⋯⋯余薇野　余以建　圣　野
李亚宁　邓　澍　赵英华　雷　雯　王忠范　桑恒昌
袁永庆　崔合美　刘万石　梁小斌　毛　汉　凌文远
乔延凤　汪国真　唐华勤　王黎明　曾　一　韦　韦
马明林　吕长河　冯　异　映　春　袁冬苇　李华飞
沈　方　芦　雁　李万勇　徐　为　张晓健　张贵清
胡　马　野　渡　李启云

朗诵诗专辑

青春颂⋯⋯⋯⋯⋯⋯⋯⋯⋯⋯⋯林　希
告别⋯⋯⋯⋯⋯⋯⋯⋯⋯⋯⋯⋯宛　军
白色也许是最复杂的颜色⋯⋯⋯⋯齐世明
享受⋯⋯⋯⋯⋯⋯⋯⋯⋯⋯⋯⋯郑　晋
某城市诙谐曲⋯⋯⋯⋯⋯⋯⋯⋯工　望

现代思絮

散文时代⋯⋯⋯⋯⋯⋯⋯⋯⋯⋯芜　茗
青梅果　青梅果⋯⋯⋯⋯⋯⋯⋯龙腾飞
再弹一遍，为了过去（五首）⋯⋯许小兵
遇到一个人⋯⋯⋯⋯⋯⋯⋯⋯⋯姜　桦
树的道路⋯⋯⋯⋯⋯⋯⋯⋯⋯⋯刘晓宇
独白⋯⋯⋯⋯⋯⋯⋯⋯⋯⋯⋯⋯文　冰
悲哀⋯⋯⋯⋯⋯⋯⋯⋯⋯⋯⋯⋯任　悟
交谈手势⋯⋯⋯⋯⋯⋯⋯⋯⋯⋯达　黄
二十八岁和十八岁的交谈⋯⋯⋯⋯赵万里
第三种感情⋯⋯⋯⋯⋯⋯⋯⋯⋯一　般

岩羊⋯⋯⋯⋯⋯⋯⋯⋯⋯⋯⋯⋯一　平
过程⋯⋯⋯⋯⋯⋯⋯⋯⋯⋯⋯⋯李　杜
石匠⋯⋯⋯⋯⋯⋯⋯⋯⋯⋯⋯⋯山　岚
路边的孤灯⋯⋯⋯⋯⋯⋯⋯⋯⋯崔克明
黄昏⋯⋯⋯⋯⋯⋯⋯⋯⋯⋯⋯⋯茅　地
无题⋯⋯⋯⋯⋯⋯⋯⋯⋯⋯⋯⋯王　放

慢慢道来

白桦树小木屋（外一首）⋯⋯⋯⋯柯　平
祖籍（外二首）⋯⋯⋯⋯⋯⋯⋯小　君
南方和北方的诗人⋯⋯⋯⋯⋯⋯李亚伟
月夜苦禅⋯⋯⋯⋯⋯⋯⋯⋯⋯⋯戴立然
仲夏。绿蒙蒙的雨丝⋯⋯（外一首）⋯⋯刘惠生
电话查号 114⋯⋯⋯⋯⋯⋯⋯⋯宫　辉
秋魂⋯⋯⋯⋯⋯⋯⋯⋯⋯⋯⋯⋯孙昕晨
妻子⋯⋯⋯⋯⋯⋯⋯⋯⋯⋯⋯⋯开　愚
情感的季节⋯⋯⋯⋯⋯⋯⋯⋯⋯彭国梁
耕耘季节（外二首）⋯⋯⋯⋯⋯丛小桦
月亮是他媳妇的脸⋯⋯⋯⋯⋯⋯李占学
山窝窝来了艺术家⋯⋯⋯⋯⋯⋯任先青
十月，我走进城市⋯⋯⋯⋯⋯⋯索久林
往事里的遗憾⋯⋯⋯⋯⋯⋯⋯⋯王宜振
杀声（外一首）⋯⋯⋯⋯⋯⋯⋯肖代坛
父示⋯⋯⋯⋯⋯⋯⋯⋯王式俭　邹自立
回忆那次大雨（外一首）⋯⋯⋯⋯老　木
山妖⋯⋯⋯⋯⋯⋯⋯⋯⋯⋯⋯⋯钟正林
诗两首⋯⋯⋯⋯⋯⋯⋯⋯⋯⋯⋯唐亚平

小河流水

无水的海·补天的女娲没有走⋯⋯于耀生
梨、苹果及其含蓄⋯⋯⋯⋯⋯⋯杨　锦
黑瀑布⋯⋯⋯⋯⋯⋯⋯⋯⋯⋯⋯刘成东
母亲的黄昏（外一章）⋯⋯⋯⋯⋯俞　凌
凝重的深秋（外一章）⋯⋯⋯⋯⋯尹　强
无题⋯⋯⋯⋯⋯⋯⋯⋯⋯⋯⋯⋯于　沙
祖国⋯⋯⋯⋯⋯⋯⋯⋯⋯⋯⋯⋯王文顺
静静的丛林⋯⋯⋯⋯⋯⋯⋯⋯⋯雨　田
旧俗⋯⋯⋯⋯⋯⋯⋯⋯⋯⋯⋯⋯黄德怀
月光⋯⋯⋯⋯⋯⋯⋯⋯⋯⋯⋯⋯陈占华

散章

蜀中吟（二首）⋯⋯⋯⋯⋯⋯⋯刘　章
两封信⋯⋯⋯⋯⋯⋯⋯⋯⋯⋯⋯张建华
李白（外一首）⋯⋯⋯⋯⋯⋯⋯胥勋和

诗歌现象讨论

诗歌：请以你的方言盟誓⋯⋯⋯⋯燎　原
并非多余的话⋯⋯⋯⋯⋯⋯⋯⋯刘　涛
中国的诗神啊，你将面对谁微笑?!⋯⋯⋯袁　洁

美术

封面设计 ————————————————— 钟 跃
山城（木刻）———————————————— 米金铭
川东五月（木刻）————————————— 邹昌义
题花 ——————————— 晨 霖 崇 军 郭 楠

1987 年第 10 期　刊名:《星星》
目录

华万里诗选（二十二首）———————————— 华万里
评论：爱应该再版 —————————————— 公 刘
奇简深真 ————————————————— 小 星
爱的初版 ————————————————— 王明凯

有朋自远方来

安塞腰鼓（外一首）————————————— 渭 水
诗二首 ——————————————————— 舒 婷
红楼今梦 ————————————————— 苗得雨
小鹿望月（外一首）————————————— 陈敬容
这是你一生最美丽的时刻（外三首）————— 蒋维扬
五十九代鳏树 ——————————————— 张常信
海滩上，飘远的梦 ————————————— 晓 晴
啊，沙漠 —————————————————— 周 鹤
猴戏 ——————————————————— 朴康平
向日葵 —————————————————— 王中朝
果园 ——————————————————— 朱金晨
风暴来了 ————————————————— 石太瑞
冬之奇观 ————————————————— 郭 廊

朗诵诗

青春期 —————————————————— 刘业勇

蜀中多诗人

油勘队里的女孩子（组诗）—————————— 黄 宏
奕（二首）————————————————— 吕 宾
一九八七年，在乡村（组诗）———————— 余以建
梳（外一首）———————————————— 梁上泉
圆山（外一首）——————————————— 石天河
妻的生日 ————————————————— 靳钊军
井场速写三幅 ——————————————— 李加建
翻动矿史（外一首）————————————— 宋学镰
天上人间（二首）—————————————— 李祖星
猎人的路 ————————————————— 杨 瀛
人生的故事（四首）————————————— 况明先
过去的事情（二首）————————————— 黎正明
这样的角色 ———————————————— 熊德光
老人（外一首）——————————————— 张 英
这里（外一首）——————————————— 何永康

心迹 ——————————————————— 许庭杨
大足卧佛 ————————————————— 邹雨林
捡山峡石的姑娘 —————————————— 罗良德
哦，我们十九岁 —————————————— 李德章
倒是下雨痛快 ——————————————— 王长富

姐姐

姐姐（叙事诗）——————————————— 刘 敏
姐姐 ——————————————————— 姜代银
姐姐 ——————————————————— 王若冰

少年英俊——中小学生诗页

小桔灯 —————————————————— 王 屿
厄多尼诺 ————————————————— 索绪国
过去的故事 ———————————————— 曹全胜
失去的自然（外一首）———————————— 任 寰
苏 ———————————————————— 筱 吟
老师，抛开你的成见吧 ——————————— 谢松涛
世界的耳朵（外一首）———————————— 黄 说
爸爸妈妈（二首）—————————————— 焦 炬

小小诗 ——————— 郑成义 韩 云 彭双和
舒占才 董建文 赵五四 黄 帆 万启福 金 军
腾 野 何吉明 阿 民 邓 瑛 冰 岩
答《小小诗》问 —————————————— 王尔碑

讽刺与幽默

伯乐相牛（外一首）————————————— 梁谢成
麻将声声关不住 —————————————— 罗绍书
拔萝卜 —————————————————— 田名书

我的探索

日记摘编（组诗）—————————————— 陶文瑜

争鸣栏

读《海》而后想到的 ———————————— 张 鹰
青年诗人的小九九
———————— [苏]扎伊沃依 （辽宁）董宇斌译

美术

暮色（木刻）（封二）———————————— 杜卓跃
晨（木刻）（封三）————————————— 海 波
题花作者 ——————— 何 毅 徐光堂 李建全

1987 年第 11 期　刊名:《星星》
目录

散文诗三家

哦，儿子	陈明媚
题贾宝玉	徐一清
影子（外一章）	耿林莽

警世篇

迟到	刘 征
古钱币·石马及其他（三首）	姚焕吉
浮世绘（二首）	朱 红
在鲁迅文学院（组诗）	林 祁
麻辣烫（四首）	陈官煊

东南西北………… 王德芳　闲 梦　黄 默　黄 羊
屈 塬　刘 渊　陈 敏　杨晓民　姜 桦　刘继明
高炯浩　白 金　刘宝田　王长富　张朴夫　赵 强
漆春生　陆 离　朱蓓蓓　王渊平　施肃中　回光时
张少波　施春彩

军声

赤色闪回	程 维
烈士（外一首）	李旭东
鸽子，栖息在炮口	谢玉久
读老山前线来稿	刘 滨
士兵灵魂在生长	于振海
春天	刘淑臣
理解万岁：读《星星》诗刊部分军旅诗有感	刘淑臣
为士兵塑像	郝长印
普罗米修斯之火	阎 浩
在南方	胡 查
生与死	李 虹

相思篇

最后的恳求	周 导
寄	梁 平
夕阳	刘 浇
那支柳笛	查结联
爱情	董 权
星癖	蔡 翔
默爱	徐新星
相思	小 殊

短章

虫鸣（外二首）	陈 政
幻象	顾联弟
箴言（外一首）	鲁 萍

无题（五首）	鹿 鸣
昨夜已在尽头	辛 笛
求实篇	马君伟
电视塔	邓学云
人生	李根红
无标题（二首）	曾思云
九天放排（二首）	佟明光
古炮台	柏铭久

我的探索

阅览室里	白 桑
有猫（外一首）	万 川
约会（外一首）	刘 晓
晶晶你好	咏 青
爱神的地址（二首）	缪新华
海滨的春日幻想（外一首）	岛 子

译诗

曼哈顿（外一首）	
………… [美国] 卡笛尔·阿佩尔　邹民生译	
当代北美俳句选	董继平译
C 大调（外一首）	
………… [瑞典] 托马斯·特朗斯特罗默　张曙光译	
读廖亦武	白 航
欣赏的疲倦与两种价值观的互补	程光炜
关于当前诗歌创作的几点思考	米 生
作者来信	蓝 幽

美术

《哈萨克史诗》插图（封二）	[苏联] 基多尔
《反对战争的诗人》插图（封三）	
………… [比利时] 麦绥莱勒	
题花………… 何 毅　曲光辉　徐先堂　刘 立	

1987 年第 12 期　刊名:《星星》
目录

中国·中国

景泰蓝之歌	李全福
喜马拉雅之恋（组诗）	程显谟
东方热土（组诗）	王 璞
大将风度（外一首）	陈峻峰
我爱北大荒（三首）	林 希
舞龙	李明正
火烧红土	邹静之

生活的礼赞

候鸟（外一首）	陈所巨

城里的太阳⋯⋯⋯⋯⋯⋯⋯⋯曹增书
他的眼睛总望着远方⋯⋯⋯⋯李道林
石油神⋯⋯⋯⋯⋯⋯⋯⋯⋯⋯曾涵复
肖像（外一首）⋯⋯⋯⋯⋯⋯柯愈勋
北京之晨（外一首）⋯⋯⋯⋯冯庆川
致祖国⋯⋯⋯⋯⋯⋯⋯⋯⋯⋯徐国亮
黄土地⋯⋯⋯⋯⋯⋯⋯⋯⋯⋯周蓬桦
手语歌曲——无弦琴⋯⋯⋯⋯刘斌夫
矿山，那一片红叶⋯⋯⋯⋯⋯余新庆
8000大卡⋯⋯⋯⋯⋯⋯⋯⋯⋯孙建军
此一时 彼一时⋯⋯⋯⋯⋯⋯梁如云
终有一别⋯⋯⋯⋯⋯⋯⋯⋯⋯谢 云
菠萝蜜⋯⋯⋯⋯⋯⋯⋯⋯⋯⋯马德俊
红字（外一首）⋯⋯⋯⋯⋯⋯张大成
关东放排人（二首）⋯⋯⋯⋯金相喜
村姑⋯⋯⋯⋯⋯⋯⋯⋯⋯⋯⋯冯 晓
巴山精魂（二首）⋯⋯⋯⋯⋯谷 子
高山（外一首）⋯⋯⋯⋯⋯⋯苑仲川
犍为，赠我一朵茉莉（四首）⋯周纲
江南丝竹（二首）⋯⋯⋯⋯⋯洪 放
北方⋯⋯⋯⋯⋯⋯⋯⋯⋯⋯⋯朱雪城
小巷酒家⋯⋯⋯⋯⋯⋯⋯⋯⋯张有松
荫凉⋯⋯⋯⋯⋯⋯⋯⋯⋯⋯⋯向求纬
谒秋瑾墓⋯⋯⋯⋯⋯⋯⋯⋯⋯达 黄
国际恐龙灯会⋯⋯⋯⋯⋯⋯⋯李自国
登傣家竹楼⋯⋯⋯⋯⋯⋯⋯⋯魏 可

星星三十年抒情短诗佳作选

前言⋯⋯⋯⋯⋯⋯⋯⋯⋯⋯一 编 曰 白 流沙河
郭 星 尹一之 长 风 饮 可 白鸽飞 安 子
蔡其矫 浪 波 孙静轩 王尔碑 饮可 刘汉之
公 刘 杨 山 熊远柱 白 航 杨 柳 向义光
孔 孚 梁 雄 艾 青 苗得雨 顾 城 霜 枫
苏 力 孙贻荪 白 峡 忆明珠 郭宝臣 雷抒雁
张励志 赵国良 雁 翼 王家新 蓝 疆 先清泉
尚 方 缪国庆 ［美］保罗·安格尔（荒芜译）
范 源 方 敬 朱小平 韦其麟 鄂家发 白 日
寒 星 宁 静 章德益 云 鹤 王敦贤 赵 伟
于 沙 骆耕野 朱 雷 张卫星 沈 镇 陈玉坤
黄 敏 唐大同 赵 敏 周芳华 余振海 余薇野
李晓梅 梁 南 朱治平 梅绍静 李约拿 华万里
陈有才 刘祖慈 北 岛

美术
共同过新的生活（木刻）⋯⋯魏纳申科 ［德国］
妻子（木刻）⋯⋯⋯⋯⋯⋯⋯扎哈罗夫 ［苏联］

1988 年第 1 期　刊名:《星星》

目录

中国当代诗坛
旅意诗草（五首）⋯⋯⋯⋯⋯王 蒙
过三峡（组诗七首）⋯⋯⋯⋯沙 鸥
诗小说（二则）⋯⋯⋯⋯⋯⋯范 源

绿色的诗
绵绵情思⋯⋯⋯⋯⋯⋯⋯⋯⋯孔 林
初访加拿大（三首）⋯⋯⋯⋯刘湛秋
回声⋯⋯⋯⋯⋯⋯⋯⋯⋯⋯⋯程 楷
钓者和鱼（外一首）⋯⋯⋯⋯阿 红
诗三首⋯⋯⋯⋯⋯⋯⋯⋯⋯⋯王志杰
文竹与满月（外一首）⋯⋯⋯龙 郁
月光（外一首）⋯⋯⋯⋯⋯⋯汪国真
诗二首⋯⋯⋯⋯⋯⋯⋯⋯⋯⋯雁 北
海魂⋯⋯⋯⋯⋯⋯⋯⋯⋯⋯⋯柳士同
迎春花下⋯⋯⋯⋯⋯⋯⋯⋯⋯刘 江
红窗子蓝窗子⋯⋯⋯⋯⋯⋯⋯赵 静
白杨沟，一部彩色画册⋯⋯⋯黄秉荣
古城⋯⋯⋯⋯⋯⋯⋯⋯⋯⋯⋯郭同旭
归意⋯⋯⋯⋯⋯⋯⋯⋯⋯⋯⋯贺立方

蓝色的诗
临渊之景（二首）⋯⋯⋯⋯⋯阳 飏
滩歌（外二首）⋯⋯⋯⋯⋯⋯罗晓明
月光下的雪村⋯⋯⋯⋯⋯⋯⋯孙昕晨
走向原野⋯⋯⋯⋯⋯⋯⋯⋯⋯徐先挺
堰⋯⋯⋯⋯⋯⋯⋯⋯⋯⋯⋯⋯钟 田
尾灯⋯⋯⋯⋯⋯⋯⋯⋯⋯⋯⋯缪新华
边缘⋯⋯⋯⋯⋯⋯⋯⋯⋯⋯⋯赵 倩
事情⋯⋯⋯⋯⋯⋯⋯⋯⋯⋯⋯南 夫
秋意识（外二首）⋯⋯⋯⋯⋯江 帆
歌唱者（外一首）⋯⋯⋯⋯⋯周志强
刀子、刀口⋯⋯⋯⋯⋯⋯⋯⋯独桥木
无题鸣奏⋯⋯⋯⋯⋯⋯⋯⋯⋯冷 焰
宋瓷花瓶有一副少女样的腰⋯卢 俊
流淌的情绪⋯⋯⋯⋯⋯⋯⋯⋯小 夏
橡树⋯⋯⋯⋯⋯⋯⋯⋯⋯⋯⋯聂 沛
这个夜晚⋯⋯⋯⋯⋯⋯⋯⋯⋯夏新辉
朦胧的感觉⋯⋯⋯⋯⋯⋯⋯⋯枫 叶

白色的诗
抒怀诗五首⋯⋯⋯⋯⋯⋯⋯⋯张加百
旗帜（外二首）⋯⋯⋯⋯⋯⋯杨 黎
一座挡风的墙（外一首）⋯⋯夏 阳
秋渡（外一首）⋯⋯⋯⋯⋯⋯牟吉信

镜子里的陌生人（外一首）·······················陈小繁
有一种声音在对我呼唤·····························郭　鸣
远荒···娜　夜
三类颜色的映衬·····································小　星

星星三十年抒情短诗佳作选···········耿林莽　张新泉
赖寄丹　梁　南　曹　静　余守春　冯恩昌　柯　蓝
郁　奉　刘德科　赵晓铃　季富政　刘　镇
［美］程步奎　陈仲义　韩　霞　王家新　张　立
杨远宏　韩辉升　雷　霆　尹安贵　昌　耀　彭双和
王建平　陈松叶　叶文福　梁如云　姚永标　舒　婷
杨　炼　车前子　杨绍武　鹤　菁　岛　子　傅天琳
李　钢　杨　然　张建华　嘉　嘉　郁小萍　鲁　行
丹　若　白　桦　王志杰　胡晓靖　开　愚　赵　燕
陈　亮　蓝晓辉　梁谢成　南　野（一编选析）
直率　诚挚　开放·······························杨光治

美术
封面设计···甘庭俭
相依（木刻）（封二）·····························许钦松
对话（木刻）（封三）·····························许钦松
林间（木刻）（封底）·····························马新儒
题花作者·······································刘　黎　李　波
河　溢　伍　东　晓　思

1988 年第 2 期　刊名：《星星》
目录

新星
给一个人···钟正林
爸爸给我一间教室（小叙事诗）·················曹继强
油勘工笔记（组诗）·································杜律新
读中国版图···候卫东

当代中国诗坛
人类万岁···公　木
红钟（三首）··刘立云
大师（四首）··石光华
孔孟之乡（二首）···································曹宇翔
抒情诗五首···魏志远
季节（五首）··王家新

平凡的人生·····································黄　默　龚湘海
张泽南　黄锦萍　郑　凡　陈新民　曹纪祖　杜志民
王明方　扬　克　健　鹰　房泽田　顾　工　罗际明
田　丹　肖力群　金旭华　秦巴子　飘　云　李万勇
子　君　曹　静　傅　耕　马崇俊　途　拥　徐　康
孙大梅　沈　健　南　荒　葱葱儿　顾　鹤　周所同

尹安贵　野　谷　田　地　黄凌寒　非　人　徐新明
田　丰　杨洪成

我的探索
守门人的故事（叙事诗）·····························马及时
非家庭问题（二首）·································曹　欣
脸···苍　剑
感觉 65 号··阮文生
去看一位朋友（外一首）·····························王小蝉

大学生诗页
贺兰山之西（二首）·································刘　申
思念（外三首）·······································傅　燕
思恋···傅　桦
黄昏我生在草地上···································雨　夫
女兵的诗（二首）···································宛　军
两棵树和一条蔓·····································张思红
我不知道···党　英
一种生活方式··傅鹏峰
初恋···孟　夏

《星星》三十年抒情短诗佳作选···············编选析
沙　鸥　叶　舟　微　茫　李老乡　马君伟　阳　飏
张　萌

争鸣栏
思索结果 ABC··曾毓琳
不要大惊小怪··于荣建
我的思索···尚建国
真诚的探索永远需要·······························南　野
散文诗今昔小议·····································宫　玺
流沙河隔海说诗·····································汪　舟

美术
封面设计···甘庭俭
在阳台上（版画）（封三）·············［苏联］高里岑
《故乡风光》之一（版画）（封三）
　　　　　　　　　　　　　　　　［德国］魏纳·申科
题花···于春水
李　波　程立伟　李　勇　徐光堂　何　毅　晓　霖

1988 年第 3 期　刊名：《星星》
目录

现代中国诗坛
在隆起的地平线上（组诗）·····························张万舒
野乳（九首）··老　乡
唐朝诗人图（五首）·································柯　平

诗七首····················王尔碑
宇宙意识（八首）···········郁　奉
一束未能寄出的信···········于宗信
纵横陕西诗坛··············田　奇

带刺的歌···········余薇野　杨翰瑞　陈贤楷
关　键　陈官煊　陈健君　孙　映

芳草天涯···········何香久　龙彼德　张永权
凌文远　石太瑞　朱金晨　伍权民　唐　湜　尹安贵
李万勇　尚建国　王忠范　瘦　谷　何小竹　刘明达
刘自立　赵黎明

散文诗

我的镐尖（外二章）·········张厚德
金鱼之死················韩新东
倒马坎·················赵　敏
风流··················廖代谦
游千佛山················桂兴华
月亮··················余　英
盲人之琴················纪　川
村姑与树················文　清
船夫··················王晓利
祈愿··················曹　雷
渡口··················赖亚滨
星星，苍白的·············柴与言

爱雨飘飘···········潘万提　谢克强　梁琴
曹承明　郁小萍　郭留红　朱　红　刘兰鹏　那　羽
胡　可　张晓华　阮晓星　曹　蓉

中学生诗作·········渺　森　孔令凤　崔晓强
苏　娜　陶乔乔　李　玲　顾维萍　李　丽　王　屿
诗萃···········朱爱东　汪向荣　晓　雪
刘春风　碧　川　洪　辉　马及时　俞力佳　刘瑞河
詹昌政　泥　土　朱谷忠　柏铭久　郭善福　姚　莽
熊德培　杨孟芳　圣　野　张存智　谢午恒　黑姆指
何光炎　李永庚　袁　超　黄伯益　李灿南　刘小龙
李惠林　张　扬　叶　静　张志良　袁　勇

处女作

故事··················李　子
无题··················王玉峰
人物画·················刘立中
给——·················胡雪芹
节日消遣················陈志嫒
无题··················吴庆锋
诗界的"拼抢"意识···········苑仲川
现实的诗化与诗化的现实········刘斌夫

美术

封面设计················甘庭俭
空间（版画）（封二）·········谢梓文
对话（版画）（封三）·········谢梓文
题花作者···············李　波　河　溢
于照君　李　勇　李基砚

1988 年第 4 期　刊名:《星星》
目录

中青年诗人自选诗

梁平抒情诗
子页十行抒情诗
何肇娅无题抒情诗
写给三位诗人的信···········孙静轩

中国当代诗坛

长江七日（外一首）··········蔡其矫
什么在锯着灵魂············何　来
寄向泰国的诗笺（四首）········高　缨
爱的追思················石天河
居京杂诗（三首）···········莫文征
流浪者（外一首）···········匡　满

情感方式

墓碑宣言················刘世新
江中，那枯死的树桩（外一首）····朱增泉
黄河漂流启示录（组诗）········马新朝
人生短曲（三首）···········卢德柔
问候（外一首）············乔延凤
我已知道（三首）···········杨　枫
一个人和他的冬天（二首）······刘继明
欢乐的事情（外一首）·········周亚平
哲学之外（二首）···········胡　鹏
神秘之河（外二首）··········易殿选
少女和火梯（外一首）·········日月兰
音乐——我读不懂你的名字（组诗）··尚飞鹏
咖啡之外的情感（外四首）·······邱灼明
手风琴波尔卡（外一首）········周同馨

我的探索

毒河··················吕贵品
北部大峡谷···············王长军
往日的祈祷···············刘家魁
对影三人（二首）···········陆　健

青年译诗

美国当代诗人玛丽·奥利佛诗三首·······薛春建译

无题⋯⋯⋯⋯⋯⋯⋯⋯［英］欧得力　杨榴红译
求面具（外一首）
⋯⋯⋯⋯［塞内加尔］莱·塞·桑戈尔　王　歌译

八方来风
高原（三首）⋯⋯⋯⋯⋯⋯⋯⋯⋯⋯⋯⋯⋯苑　湖
雪（外一首）⋯⋯⋯⋯⋯⋯⋯⋯⋯⋯⋯⋯王剑冰
秋月吟（外三首）⋯⋯⋯⋯⋯⋯⋯⋯⋯⋯陈咏华
西部风情（二首）⋯⋯⋯⋯⋯⋯⋯⋯⋯⋯刘宏亮
荒原（二首）⋯⋯⋯⋯⋯⋯⋯⋯⋯⋯⋯⋯谢明洲

对话圆桌
当代诗坛"现代诗"语言问题初议⋯⋯山　杉　笨　钧
面向自己⋯⋯⋯⋯⋯⋯⋯⋯⋯⋯⋯⋯⋯敬晓东
沫若杯诗歌大奖赛征稿启示

美术
封面设计⋯⋯⋯⋯⋯⋯⋯⋯⋯⋯⋯⋯⋯甘庭俭
雨后（版画）（封二）⋯⋯⋯⋯⋯⋯⋯⋯柳敦贵
无题（油画）（封底）⋯⋯⋯⋯［美］伯尼·莱蒂克
题花⋯⋯徐先堂　于春水　河　溢　李　勇　李　波

1988 年第 5 期　刊名:《星星》

目录

中青年诗人自选诗
张新泉诗选
背纤人生之河⋯⋯⋯⋯⋯⋯⋯⋯⋯⋯⋯戴安常
杨榴红抒情诗选
心灵轨迹的展现⋯⋯⋯⋯⋯⋯⋯⋯⋯⋯辛　叶
桑子的诗
写在桑子的诗后面⋯⋯⋯⋯⋯⋯⋯⋯⋯公　刘

当代中国诗坛
诗三首⋯⋯⋯⋯⋯⋯⋯⋯⋯⋯⋯⋯⋯⋯方　敬
纯和不纯的抒情诗（组诗）⋯⋯⋯⋯⋯⋯刘湛秋
孤独的旅行（组诗）⋯⋯⋯⋯⋯⋯⋯⋯⋯戴安常
二十世纪的一个黄昏（组诗）⋯⋯⋯⋯⋯余以建

星星杯诗歌大奖赛获奖作者名单
巴蜀诗苑新人十二家⋯⋯⋯⋯高为尧　山　杉　赵　阳
唐成茂　冉云飞　雨　田　袁　勇　何永康　肖　岩
黄　索　陈亚平　王晓中

散文诗页
鱼化石·黑天鹅（外二章）⋯⋯⋯⋯⋯⋯李金安
爱与路⋯⋯⋯⋯⋯⋯⋯⋯⋯⋯⋯⋯⋯⋯谢先云
爱的花环（三章）⋯⋯⋯⋯⋯⋯⋯⋯⋯闻　频

你的故事⋯⋯⋯⋯⋯⋯⋯⋯⋯⋯⋯⋯⋯韩嘉川
沙漠和骆驼⋯⋯⋯⋯⋯⋯⋯⋯⋯⋯⋯⋯应忆杭
古画⋯⋯⋯⋯⋯⋯⋯⋯⋯⋯⋯⋯⋯⋯⋯李　耕
童年故事（三章）⋯⋯⋯⋯⋯⋯⋯⋯⋯戴安富
北海情思（二章）⋯⋯⋯⋯⋯⋯⋯⋯⋯顾　文
山城，有一部路的经典⋯⋯⋯⋯⋯⋯⋯曾伯炎

女诗人小辑⋯⋯⋯⋯⋯⋯梅绍静　张之静　樱　子
奕　林　陈佩芸　滕　英　娟　子　赵英华
意象之城（组诗）⋯⋯⋯⋯⋯⋯⋯⋯⋯吴　畏
长安之光（二首）⋯⋯⋯⋯⋯⋯⋯⋯⋯朱文杰
蓝湖（外一首）⋯⋯⋯⋯⋯⋯⋯⋯⋯⋯艺　辛
飘在山风里的歌（二首）⋯⋯⋯⋯⋯⋯李光云

草原的忧韵（二首）⋯⋯⋯⋯⋯⋯⋯⋯李坚毅
长城随想（外一首）⋯⋯⋯⋯⋯⋯⋯⋯朱光甫
月下独思（外一首）⋯⋯⋯⋯⋯⋯⋯⋯晓　晴
抹不掉的红房子⋯⋯⋯⋯⋯⋯⋯⋯⋯⋯孙德全
站台（外一首）⋯⋯⋯⋯⋯⋯⋯⋯⋯⋯周鹏举
变奏曲（三首）⋯⋯⋯⋯⋯⋯⋯⋯⋯⋯瞿　琮

短篇⋯⋯⋯⋯⋯⋯⋯⋯徐淙泉　李广程　何根生
伍立杨　刘　原　邓万鹏　赵跟喜　亚　群　刁　斗
林　斌　张亚平　黄云鹤　贾治龙　李占学　郭良原
赵中森　何　平　傅　翀　姚焕吉　刘辉考　李音湘
梁志宏　刘向阳　王明方

多味情趣
三国古遗址的幽默（二首）⋯⋯⋯⋯⋯陈松叶
也算不朽（二首）⋯⋯⋯⋯⋯⋯⋯⋯⋯张德强
风铃与风（二首）⋯⋯⋯⋯⋯⋯⋯⋯⋯张　廓
夏令时（外一首）⋯⋯⋯⋯⋯⋯⋯⋯⋯陈　敏
悲剧之中（二首）⋯⋯⋯⋯⋯⋯⋯⋯⋯鄢元平
剖视（外一首）⋯⋯⋯⋯⋯⋯⋯⋯⋯⋯段和平
流浪之神⋯⋯⋯⋯⋯⋯⋯⋯⋯⋯⋯⋯⋯玉　奇
黑水城冥想（二首）⋯⋯⋯⋯⋯⋯⋯⋯舒　洁
求是篇⋯⋯⋯⋯⋯⋯⋯⋯⋯⋯⋯⋯⋯⋯帅士象
休止符号⋯⋯⋯⋯⋯⋯⋯⋯⋯（中国台湾）纪　弦

对话圆桌
目前新诗的困境⋯⋯⋯⋯⋯⋯⋯⋯⋯⋯唐晓渡
一个诗歌读者的意见⋯⋯⋯⋯⋯⋯⋯⋯桂向明
星星诗刊函授部招生启事

美术
封面设计⋯⋯⋯⋯⋯⋯⋯⋯⋯⋯⋯⋯⋯甘庭俭
冬（版画）（封二）⋯⋯⋯⋯⋯⋯⋯⋯邹　卡
炉前（油画）（封三）⋯⋯⋯⋯⋯⋯⋯罗　松
远古的回声（水粉）（封底）⋯⋯⋯⋯成泽文

题花........................杨 蓓 李 波 河 溢

1988 年第 6 期　刊名:《星星》
目录

一等奖
中国龙（组诗）........................摩 萨
旧事重提........................戴 达
八里河村纪事（外二首）........................张国明

二等奖
中国　堵车的中国........................健 鹰
伐木者........................林 勤
地球小了（外二首）........................庞壮国
圣地曲阜（二首）........................曹宇翔
钢铁之门（二首）........................王建平
黄土高原（二首）........................王 璞
舷窗口........................男 海
小诗四首........................陈绍龙
黯夜、母亲或肖邦奏鸣曲（组诗）........................廖亦武
中国的底座（五首）........................梅雪子
吃客谣（外一首）........................黄坤良
女人........................任桂秋

新秀奖........................茹 菇　李 浔　郭海斌　蔡 耘
石 人　周世煊　卢 俊　姜海舟　伊 伊　沙 马
山 杉　杨 黎　马 崧　吴新国　王江滨　黄 一
骆 漠　刘明恒　洪 烛　石 林　王庆余　许心涛
阎 思　王建渐　周 全　周慧珠　刘傲雷　杨华龙
高建军　张 南　尹永辰　陈广德　张 玮　闲 梦
黄 羊　蒋 敏　莓 子　郭新民　智喜振　傅漫漫
周所同　张不代　陈 敏　黄 默　晓 梅　何战平
赵 琼　薛 好　钱 芳　张艳齐　周 冰　孙玉琢
赵昌治　徐国强　刘全红　王宏玉　高焕双　周 钢
焦 炬　宁 泞　刘宝田　胡孟丽　姜 华　陈素英
丛小桦　白煤国　孙湛泉　肖振有　崔 捷　陈先发
甘 伟　张佩星　向 晨　龚后雨　王前锋　傅少森
施清泉　林志男　兆 艮　周雁翔　陈明媚　董朝阳
刘玉珠　李铨沦　牛庆翔　张振军　史洪安　陈 平
顾 乡　秦安江　张洪明　王长军　赵绪奎　黄德辉
西 岸　王素凡　程 维　陈映斌　燎 原　蔡椿芳

编后记

中国当代诗坛
嘉州情思录（五章）........................唐大同
飞瀑（外二章）........................耿林莽
城市风景线（二章）........................许 淇

在九月的乌鞘岭上（二章）........................林 染

巴蜀儿童诗会
........................李娅琳　沈杰淋　杨科琪　蓝 空　杜中亚

美术
封面设计........................甘庭俭
门（油画）（封二）........................唐 雯
J（雕塑）（封三）........................何 毅
最后的冬日（油画）（封底）........................赵 华
题花作者........................河 溢　徐先堂　李 霖

1988 年第 7 期　刊名:《星星》
目录

中国当代诗坛
西北十四行组诗........................唐 祈
在呼伦贝尔（组诗）........................黎焕颐
感觉的平原（二首）........................姚振函
关于海的十三行诗（四首）........................欧阳江河
农历（组诗）........................朴康平
寒冷的深层（组诗）........................孙建军

中青年诗人自选诗
曲有源抒情诗抄
开愚的新诗
评论: 退潮后的风景线........................申 申

七月诗抄
生日·告诉祖国........................杨 然
想起父亲........................梁志宏
中国茶........................齐兴智

三人行——旅外诗抄
西柏林之行（三首）........................雁 翼
拉斯维加斯........................邵燕祥
黑咖啡·紫咖啡（三首）........................杨 牧

青年诗人十五家新作........................姜强国　何铁生　宫 辉
邹静之　赵天山　任 悟　朱根亮　陶文瑜　惠 子
陈 勇　梁 真　钱锦方　江 堤　张 枣　杨 枫

忧患也是爱
坠机事件........................王建渐
给步鑫生的十段谶语........................陈知柏
"艳尸奇案"........................朱 红
遗憾........................王玉民
过失（外一首）........................黄东成

1988 年第 8 期　刊名:《星星》
目录

1988 年第 9 期 刊名:《星星》

目录

新星

一个彝人的向往（组诗）·············霁　虹
老吉它·······················姜　桦
跟着你，我的儿子·················吉狄兆林
山那边……（组诗）···············耿　翔
麦地·······················海　子
一九八八·····················孙文波
护岸之歌·····················柳　荫

今日中国诗坛

杂诗四首·····················冯　至
诗五首······················木　斧
投信（外一首）··················伊　甸
我的心态轮廓（组诗）···············梁　南
谁能摇得动这棵大树··········周亚平　车前子

绿色的原始

绿色的原始····················记　者
走向原始林（三首）················健　鹰
大森林（二章）··················邹学顺
啊！大飞水····················蓝启发
原始林之魂（二首）················灵　子
独行者（外一首）·················周玉其
在那遥远的小山村（组诗）·············黎正明
十行诗十首····················刘　加
人生的故事（组诗）················况明先
人世间（三首）··················马明林
诗四首······················颜广明
诗五首······················陈　虹
大巴山素描（三首）················李万勇
编辑意象（三首）·················蓝　疆
大邑原始林即景（三首）··············向求纬
峡谷的风（四首）·················柏铭久
林中小曲（四首）·················胥勋和
风景（四首）···················刘成东
未知先觉（外一首）················万　萍
诗三首······················虹　影
大山之门（外二首）················郭同旭
病院症状（二首）·················程小蓓
夏季里的守望者（三首）··············赵　静
复活·······················园　静
山中（二首）···················杜律新
种植太阳（外一首）················瘦西鸿
神秘谷（二首）··················涂　拥
准童话二篇····················杨翰端

生哈（二首）···················杨　雪
鲸喷·······················陈新民
路旁，有一枚弯钉·················吴均平
赠友人······················袁　涌
重返家园（组诗）·················尹安贵
路（外一首）···················雁　雨
归期·······················文　莲
感知·······················詹学志
瞎者·聪者·哑者··················陈　冬
如果我们都大张着嘴巴···············帅士象
孤牛（外一首）··················陈大华
醉成都······················朱　彻
小街（外一首）··················吕文秀
尘世（外一首）··················罗晓明
听笛（外一首）··················李元胜
圆形的日子（二首）················席永君
枕石而眠·····················何永康
掌纹·······················周建新
谒海瑞墓·····················刘建春
溪梦海（外一首）·················枫　叶
肖像·······················山　杉
相逢·······················杨　通
乘"江汉30号"参加一个诗会（外一首）·······熊德培
北方的消息（二章）················孙贻荪
四川第三代诗人的发现与展望············一　编
地狱·······················范　原

地方报刊选诗

非艺术境况（外一首）···············苏　华
没有得到的都是美好的（外一首）··········飘　飘
世界之窗（二首）·················王苑青
荒原行侣·····················胡雪芹
函授学员作品选··········杨光东　葛广安　陈大友

美术·············何　兵　刘建明　邹学顺　何　毅

1988 年第 10 期 刊名:《星星》

目录

中国当代诗坛

诗四首······················公　刘
刻意集······················杨　山
诗四首······················余薇野
过白云寺·····················孔　孚
穿青人（组诗）··················陈绍陟

朗诵诗页

八月：一群普通人和一座都市（纪实诗）·······徐　康

改革田野改革城市的中国—————————————王洪明
漠河 一颗老红松在诉说————————————谭 楷

古诗 49 家————————————圣 野 石太瑞 李 锐
雪 潇 白 峡 张友荣 赵哲权 汤莉莉 王新华
田 山 文斐 于 奇 刘立平 林 立 张社育
西 篱 王学忠 许仰东 吴 东 周嘉堤 徐建成
兰 舟 高凤超 南东亚 燕 子 张福音 李祖星
马 骏 戴 平 谭清友 朱 红 邃 海 田 毅
易清滑 晨 曦 索 琼 孙民民 陈绍龙 王知十
刘 强 刘梦琳 湘竹芸 宛 军 卡国福 鲁家永
刘家玫 吕天琳 秦士元 袁 勇

人自语
在梦与醒的桥上（四首）———————————沙 鸥
羽毛画（外一首）——————————————孙友田
西藏回旋曲（二首）—————————————王燕生
黑蝴蝶（二首）——————————————王辽生
同室————————————————————曹 剑
无弦琴（二首）——————————————王雪杉
我们这座城市偶尔停电（外一首）————————范 泓
相会在龙年外（一首）————————————凌文远
爱火————————————————————胡 昭
秋日小景（外一首）—————————————马及时
泥（外二首）————————————————郑定友
感受大自然（二首）—————————————曹 静
草原（二首）————————————————傅 耕
别再问我有什么秘密（二首）—————————黄殿琴
冬之鼠————————————————————万 夏
柠檬（外一首）———————————————何小竹
公路风景线—————————————————袁永庆
搀着我——————————————————童嘉通
人的世界—————————————————许燕良
猴耍————————————————————裘小龙
水之歌————————————————————葛崇岳
双子星座（小叙事诗）————————————周晓峰

诗来海外
观塞尚素描展（外二首）———————————程步奎
暴风雨————————————————————傅天虹
太阳这画家—————————————————贺兰宁

中学生诗页————————————陈 思 郭 阳
郑小霞 施少云 吴一鸣

蓝色情绪—————————————江 健 南 野
石 人 冯 杰 宁 波 呢 喃 罗 凯 李 浔
王德芳 瘦 谷 杨远宏

函授学员诗选——————————黄晓华 赵 明 陈新民
王迎高 素 萍 庄 剑
谈《人类万岁》———————————————高新昌
写在吉狄马加获奖的时候————————————石天河
星光，在地平线上闪烁————————————亦 村
请让我听血液的呼啸—————————————阿 牛
首届"未来之星"全国青年诗大赛启事

美术
"中国·星星 1988 现代艺术展"美术作品选
老屋（油画）（封二）————————————华 堤
洁女（油画）（封三）————————————张共伟
随风飘失的记忆（油画）（封底）————————张 倩

1988 年第 11 期　刊名：《星星》

目录

当代中国诗坛
大盆地，大盆地————————————————廖亦武
星期日补遗（外一首）————————————刘 征
卢舍那石像（外一首）————————————青 勃
名曲这样产生（外一首）———————————苗得雨

中青年诗人自选诗
诗五首———————————————————程宝林
诗人的窘迫（三首）—————————————曹纪祖
游牧（外二首）———————————————冀 华
屋檐水————————————————————杨争光

散文诗页
向夕阳深处去———————————————石清波
不成熟的果实（三章）————————————肖 黛
"李白醉卧长安"石雕（外一章）————————廖代谦
蓝天与碧海—————————————————巴特尔
死亡的鸟—————————————————桑 原
大观园————————————————————刘德亮
捉月亮的孩子————————————————杜建国
流浪的云—————————————————仲 先
黎明————————————————————张 辉
深黄————————————————————黎 灵
呼唤————————————————————雁 南
你波动的目光之外——————————————韩新东
少女时代—————————————————胡 苇
竹笛————————————————————符 泊
短诗好——————————————李 逸 晓 晴 孙大梅
任保胜 李华飞 唐 诗 张子原 王 方 吴卫平
袁永庆 乔玉钢 胥勋和 常 新 赵五四 焦 矩
张 可 曹高德 杨洪成 龙红年 马崇俊

刺玫瑰

新民谣（五首）···········杨大矛　李子硕搜集整理

噩梦···杜国超

"公"字怨·······································罗绍书

未名者···················宋路霞　裴其明　芦　笛
刘高贵　洪　荒　白　涛　黄　默　卢卫平　达　灵
赵伯鸿　哈斯乌拉　戴　旭　赵云江　李　隐　陈锡民
鲜知知　陈寿星　李京立人　戴中平　孙　悦
周一飞　罗巴蒙原　范醒华　邓　双　朱伟原
郑　洁　赵秀杰

论诗短简

自觉的回归·····································廖自力

新诗中的"感觉"与"走火入魔"·················仲　先

新诗有待"上山下乡"·····························侗　肆

我与诗···公孙子

诗的随笔·······································汪国真

争鸣栏

正视人本身·····································宋大根

也谈诗情·······································王彬彬

读者来信

函授学员作品选···················孟　寅　王军平
高　翔　冷　水　高文翔

美术

"中国·星星 1988 现代艺术展"美术作品选

老树（油画）（封底）···························唐　雯

过程（油画）（封二）·························皇甫起人

撕裂的乐章（油画）（封三）·····················胡继华

1988 年第 12 期　刊名:《星星》
目录

组诗

秋天再望（五首）·······························菲　可

阳光与婴儿色（组诗）···························杨　然

诗四首···苏历铭

台湾诗人（三首）·······························缪国庆

蓝色的勿忘我（无题短章）·······················柳士同

红山文化（组诗）·······························韩辉升

我俩的故事（组诗）·····························方　明

当代中国诗坛

没有前例的岁月（组诗）·························鲍　昌

对一只老农之手的凝视（外一首）···············章德益

我和一棵柳·····································阿　红

胡笳石油诗选···································胡　笳

非非集（三首）·································沙　陵

外诗友

小诗五首·······································傅天虹

看星（外一首）·································岭南人

昨夜星辰·······································张　枣

枫叶的联想（外一首）···························郭永秀

我的探索·······································王　蒙

人生三味·····················叶文福　李万勇　蔡其矫
张新楣　唐　祈　郑　玲　郭良原　李自国　韩　东
陶文瑜　黄邦君　王忠范　李永庚　未　凡　袁　远
正　奋　刘　涛　李加建　陆新瑾　尚　方　王长富
徐国志　徐晓阳　张健华　宫　辉　微　茫　翼　华
石光华　李金勇　刘向东　曾　一　卫世平　李蔚红
曾祥明　祖德陶　张常信　雪　村　刘取石　孙文波
力　虹　向书豪　虹　影　曹继强　支　那

译诗

霍尔夫妇抒情诗二首·····························曹明伦译

夜之城·····················〔美〕比肖普　邹民生译

讽刺诗三首·················〔日〕有马敲　郑民钦译

未名者···郑文兵　安　琪　赵红尘　张凡修　王军平

谈范源的三首诗·································盛海耕

两封公开信

亦真亦幻话诗艺·································马立鞭

美术

"中国·星星 1988 现代艺术展"美术作品选

对话（油画）（封底）···························何　毅

皈依（油画）（封二）···························李　波

热风（油画）（封三）·························皇甫起人

1989 年第 1 期　刊名:《星星》
目录

当代中国诗坛

羊···周　涛

黝黑的水（三首）·······························伊　蕾

安详的唐山（组诗）·····························石　英

你的心灵（六首）·······························晓　雪

自由空间:高原和盆地·····························谢　冕

这世界

大时代·风暴席卷中国···························钟正林

深圳意识流（三首）·····························孙　映

倾斜而美丽的世界（三首）·············张雪梅
中国，走向拳击场·················肖 宁
乞丐······················范 源
悲剧之中（二首）···············鄢元平
这世界·····················罗佳林
旅途······················罗 霄
拐弯······················陈 与
中国小站····················陈 村
忽然想到（二首）···············黄 淮
一些风言冷语倒也楚楚动人···········万 川
诗二首·····················田 俊
一支很刚强的枪·················张 樯
我们与土地（二首）··············赵贵辰
石林······················戴左航
北疆见闻录（二首）··············滕 英

乡恋

唐人街组诗·············[美国]刘荒田
走廊（外一首）··········（中国香港）梦 如
思绪种种···········段和平 西 篱 冯慧君
吴 蓉 王 洌 伍立杨 李占学 宗 鄂 李根红
顾 城 杨 通 姚学礼 张 扬 刘 中 阿 米
大 仙 谯兰平

短章··············谢山泉 林 立 黄德涵
罗 琨 白 峡 陈绍陟 石光华 柳絮红 柳士同
姜华令 张丕利 陈志铭 兴 建 兴 海 阳 飚
田明书 张丽萍 枫 叶 郭英英 邓 瑛 周苍林
李阳昌 吴 兵 雪 蕾
未名者············陈波来 惟 夫 魏 鹏
刘 利 叶 舟 铮 夫 黄耿如 天目河 金正浩

星星雨············沉 荷 周 玮 李 伟
张 捷 郑文榜 林卫东

中国名城阆中诗苑

诗四首·····················袁 勇
我的一家（外一首）··············段广林
二十岁·····················伏 炎
近代史·····················罗 旭
岸边小舟····················陆向荣
坐在秋里····················朱 杰
初夏的守望（外一首）·············鲜知知
春·······················赵阆平
无题······················文 琳
我送你远行···················侯小平
这里响着红军的歌（三章）···········李文明
人·佛（二章）·················侯国刚

美术

封面设计····················刘 黎
封底摄影····················杨承祐
极（油画）（封面）··············尹 光
正在消失的夏天（油画）（封二）
···············扬·戈·克雷日甫斯基
夏（油画）（封三）···········奥·约·苏比

1989 年第 2 期　刊名:《星星》

目录

远方······················罗 宁
青衣江风景（组诗）··············沙 鸥
远山，有一片土地（三首）···········霁 红
水漂儿（外一首）···············黄晓华
一叶一花············苏明泉 支 峰
刘业勇 洋 雨 颜廷奎 野火子 伍立杨 杨 黎
张令萍 李跃清 吴小峰 于桂敏 袁效民 阳 飚
李光星 穆 涛 姚 辉 呢 喃 戴忠平 稽亦工
立 人 赵 石 王建渐 王秀华 易明生 金 军
瘦 谷 尚飞鹏 周晓萍 芜 著作二 郑 晋

中青年诗人自选诗黄手帕

诗人的日常生活（六首）············柯 平
客人······················黎锦华
丈夫上山伐木去了················李占学
黄昏的眸子···················李 婷
答复······················胡 敏
别·······················姜力绘
永恒······················洪新华
听吉它曲《月光》················北 陵
爱情······················李元胜
你的名字····················袁益明
三个字·····················一 见
爱在对面····················慧 子
海的女儿····················叶 舟
女性三部（组诗）···············达 灵
远山里的情思（三首）·············许庭杨
寂静乡间（三首）···············涂 拥
窗（外一首）··················杨 雪
城市随录（二首）···············詹永祥
人之食尸研究··················周玉其
海明威的头···················元 刚
骑手，我的骑手（外一首）···········周 倩
两人世界（外一首）··············秋 川
黄昏······················梁亚玲
错·······················张天伦
蟋蟀（外一首）·················冰 春

散文诗

让我们荡起双桨 ·············· 嘉　嘉
又梦驼铃（外一章）·············· 谢明洲
隔绝 ·············· 崔卫平
夜的情绪 ·············· 潇　琴
种梦（外二章）·············· 彭　歌
深黄（外一章）·············· 陈曼蓉
那帆 ·············· 张晓健

问题讨论

反响 ·············· 朱　红
与新加坡著名诗人周粲先生的对话 ·············· 张育瑄
诗的感觉与感觉的诗 ·············· 马立鞭

星星雨 ·············· 郁　斌　张柏松　荒　荒
　　徐朝霞　秦　洪　王钢洪　贾志英　闻　郅
闻郅的《无题》细读 ·············· 洛尔芙

美术

（封面油画）·············· 林春岩
一棵树，一个太阳，一个月亮（油画）（封二）
·············· 周培德
圆明园（水粉）（封三）·············· 吴静涵
封面设计 ·············· 刘　黎

1989 年第 3 期　刊名:《星星》
目录

乡土情

日出日落（组诗）·············· 耿　翔
土塬 ·············· 黄　默
姐（外一首）·············· 晓　君
夯号子（外一首）·············· 王学忠
信天游 ·············· 晓　梅

三月风

美丽的伤痛（外二首）·············· 耿仁秋
初吻（外二首）·············· 申爱萍
雨季已经过去（外一首）·············· 周　琪
又是中秋（外一首）·············· 樱　子
半个月亮（组诗）·············· 方　舟
门为谁而开 ·············· 温冬梅
战地女兵之恋（外二首）·············· 张春燕
妈妈的奶 ·············· 刘亚丽
女孩子及其他（二首）·············· 王　冽
午后 ·············· 婷　婷
大孩子小孩子都曾经等待（外一首）·············· 熊　莺

当代中国诗坛

西部音画（外三首）·············· 梁上泉
海南岛纪行（三首）·············· 朱增泉
京华小品（散文组诗）·············· 杨子敏
川行即事（返乡诗四首）·············· 陈义芝
啄木谣（三首）·············· 石　河
生活常规（二首）·············· 陈所巨
漫长的旱季 ·············· 子　页

东南西北

无始无终（三首）·············· 张新泉
建议规定中国戒酒日 ·············· 李　子
桃花湾的儿子 ·············· 周　桦
不明飞行物 ·············· 熊召政
交谈 ·············· 孙文波
云游（二首）·············· 曹增书
月光下的回忆（外一首）·············· 敬晓东
地狱画卷 ·············· 柳易冰
豌豆花 ·············· 胡兰芳
夕阳（外一首）·············· 夏　娃
毕业留言 ·············· 陶正洲
瞬间写意二幅 ·············· 阿　平
云雾山 ·············· 杜律新
塞上 ·············· 师永刚
故乡 ·············· 邓彩彪
三月 ·············· 王华传
往事 ·············· 张稼文
脚印 ·············· 冷馨儿
寄自天涯的信 ·············· 杨　川
早安，朋友 ·············· 徐　鲁
潮 ·············· 卢卫平
写诗的时候 ·············· 陈加正
地球假说 ·············· 日月兰
梅老伯梅老伯 ·············· 程春明
祖国，我是您衬衫的第二颗纽扣 ·············· 赵历法
散文诗三章 ·············· 肖友儒
扎花圈的人（外一首）·············· 陈德胜
读赵华油画《最后的冬日》·············· 陈陵山
关于"诗小说"的通信 ·············· 范　源
新诗情感素质刍议 ·············· 侗　肆
诗：突然的冷落 ·············· 王建渐
现代诗人的精神病症剖析 ·············· 林目清
读诗碎语 ·············· 刘成东
诗的困扰 ·············· 姚学礼

美术

封面设计 ·············· 刘　黎
羊角花（国画）·············· 冯晓云
放风筝（版画）·············· （中国台湾）林智信

台维斯海峡冰山·············[加拿大]哈里斯
衍海（题花设计）·············周　正　达　心

1989 年第 4 期　刊名:《星星》
目录

中青年诗人自选诗
卷首语
上尉情诗十二首·············张国明
胡鹏的诗（七首）
列美平措新作四首
冉冉抒情诗五首

青年诗人二十家
军马（外一首）·············潞　潞
孔子·景观与我及其他（三首）·······陆　健
山鬼（组诗）·············刘　原
诗三首·············张加百
破镜（外一首）·············周志国
人间烟火（二首）·············曹宇翔
灵（外一首）·············华　智
记念（外一首）·············山　杉
故宫（外一首）·············张冷舟
我死了，墓志铭活着（外一首）·······刘成东
静观（外一首）·············于耀江
死亡的馈赠（二首）·············高　尚
感觉的红苹果（二首）·············商泽军
榕树（外一首）·············鲁　萍
军人及其方言（三首）·············郁　笛
瞬间·············于兹江
老黑山（外一首）·············葛诗谦
贺兰山舞步（二首）·············刘　中
感情记录（二首）·············赵　静
下雨与你相会（外一首）·············雨　仙

短诗集萃·············吉万玉　石天河　叶庆瑞
江世渝　陈勇　姜耕玉　奔雷　野川　流逸
蔡德林　张讴　林立　曾有云　余晓林　龙红年
刘江　晓岚　任耀庭　孙映　冯思昌　尤佳
刘剑　吕双虎　瘦西鸿　向求纬　野火子　屈文焜
冉庄　吴新国　何志新　邹琦铭

诗人之恋
不惑之惑（三首）·············李霁宇
诗人之恋（三首）·············卢祖品
漓江变奏（二首）·············宋家玲
你淡淡的微笑里（外二首）·············李发模
三峡行（三首）·············冯云

海边风景（外一首）·············孙国章
总是影子（二首）·············谢先云
石之魂（二首）·············朱文杰
浮尘（外一首）·············姚焕杰
成昆路见闻（二首）·············白崇人
心中的峡谷（二首）·············柏铭久
雾（外一首）·············苏　恒

散文诗
大暑时节——自然界现象·············王尔碑
我的门有风在击打（外一章）·············耿林莽
森林采伐区断想·············徐　康
最可怕的是你无影无踪了·············桂兴华
一个冬天的第一片云彩和最后一片云彩·······毕四海
草堂思绪·············马及时
迟到的爱情（二章）·············孙传泽
永远迢遥的北京（二章）·············赵健雄
树与虹·············岳定海
星星雨·············江　堤
张文宇　靳文　王爱萍　魏海昌　徐原　阿肯
梅园　永见　季风　赵历法

巴蜀诗坛巡礼
那一片灿烂的星空·············邓仪中　陈朝红
深沉浑厚的男中音·············孙静轩
《星星》诗刊创作函授部招生启事

美术
联谊舞会（油画）（封面）·············张国梁
台湾农妇（版画）（封底）·······（中国台湾）林智信
吻（雕塑）（封三）·············布朗库西
题花设计·············何　毅　晓　映　李　真

1989 年第 5 期　刊名:《星星》
目录

卷首语
诗，生命意识与使命意识的和谐·············吕　进
先锋诗歌的历史见证

青年诗人二十家
中国，从 1919 到 1989（二首）·············钱叶用
彼岸与钢铁（二首）·············王建平
高地（外一首）·············燎　原
油田诗二首·············刘　晓
彩色女人自述·············奕　林
最末班车（外一首）·············陈　继
我的女人（外一首）·············邱兴玉

梦象（二首）·······················马新朝
乌江魂（二首）·····················陈　村
请随我到一首诗中居住（外一首）·····席永君
长江（二首）·······················彭国梁
白色的梦（外一首）·················佟雪春
旱季（外二首）·····················彭俐辉
古代的文人（二首）·················立　人
我们傍晚出发（外一首）·············雨　梦
老雕塑家之死（外一首）·············子　规
谁在敲门（外一首）·················刁永泉
音乐的瞬间（外一首）···············余笑忠
石榴树（外一首）···················剑　男
古老的屋脊上（外一首）·············黄承基

中年诗人自选诗
远离爱的地方（六首）···············戴安常
近作六首·····························黎焕颐
写给布拉格（散文组诗）·············唐大同
岁月拾遗（四首）···················张雪杉

当代中国诗坛
缪斯情结（外一首）·················彭燕郊
长江之源（三首）···················晏　明
古土魂音（三首）···················王志杰

爱的短笛
九月·······························柳　琴
我的心音在世界与人群之外···········唐成茂
心井·······························张德强
心叶·······························高旭旺
巴山夜雨···························再　耕
蝴蝶花前···························张大成
角色·······························潘红莉
黄昏星·····························邓万鹏
纯情·······························义　海
爱·································杜　劢
那一年春天·························李昆华
关闭的门···························朝　毅
别说那一句·························谢　云
星星雨·················陈新民　蓝郁　庄　剑
甲子　奚保丽　张晓林　杨进元　王　敞　林金钟

巴蜀诗坛巡礼
那一颗颗跃动、真诚的诗心·······邓仪中　陈朝红
第二届"中国·星星新诗大奖赛"征稿启事

美术
金字塔之夏（电子绘画）········[日本]河口洋一郎
题花设计···············晓云　河溢　沉石

1989 年第 6 期　刊名：《星星》

目录

海内外诗抄
卷首语
故园初旅（四首）···················洛　夫
告别自由神（四首）·················公　刘
秦松诗稿（二首）···················秦　松
异国情思（三首）···················杨武能
穿火红衣衫的溜冰者（外五首）·······杨榴红
巴黎风情（二首）···················徐国志
太阳是一个醉汉（外一首）···········梦　如

新诗人自选诗——处女诗辑
杨多乐抒情诗二首
阿眉的情诗（五首）
王密根短歌四章
诗三首·····························开　愚

青年诗人二十家
北海即兴（外一首）·················梁　平
雪原（外一首）·····················曹　琨
白夜（三首）·······················周　琪
行歌（二首）·······················庞壮国
不透明的情歌（外一首）·············人　邻
与妹妹共忆（外一首）···············阳　飏
三色草（三首）·····················吴新国
乡情断译（外一首）·················高在信
过去的事情（二首）·················黎正明
热爱粮食（外一首）·················王小蝉
橄榄（外一首）·····················伍权民
钓鱼·······························曹纪祖
故乡的人···························曲　近
艾青（外一首）·····················李玉成
中国流（二首）·····················吴逸飞
日食（二首）·······················奉　玲
这个时候（外一首）·················刘希全
到下午太阳才出来（外一首）·········何小竹
北方大旱（外一首）·················任志玺
我的花期（外一首）·················梁　芒

短诗集萃··················青　勃　黄德涵
北　原　晓　燕　姜国忠　柏铭久　杜秀红　任忠孙
小　路　杨冬梅　李天明　一　威　胡佳清　廖亿林
胥勋和　林　琅　敬　峰　郭修文　刘敬涛　孔　林
毛　翰　谷　萍　段　魏　薛　健　赖松廷　夏　娃
华万里　韩　冰

彩色人生

昔年（三首）·····················方　敬
昨天（三首）·····················张同吾
祭献····························章德益
峨眉水墨三帧（组诗）··············李加建
诗两首··························陈茂欣
欲归（外一首）·····················刘祖慈
我的咏叹调（二首）················胡　笳
云（外二首）·····················穆　仁
忆画（外一首）·····················乔延凤
远思（外一首）·····················余薇野
深秋的心境（二首）················阿　红

巴蜀儿童诗会

童年····························宋雅丽
妈妈（外一首）·····················何　鲤
寄语····························张雪杉
一个微笑（外一首）················王　晖
拾煤的孩子·····················李占学
蝌蚪····························柯愈勋
编号 039·······················星　孩
落地的花瓣·····················林　立
同学····························吴德彦

星星雨——新星新会小辑 森　子　杨　角　林登豪
任　磊　高为尧　黄　茵　王采玲　黄宣辉　银　波
邹礼凤　庄　剑　黄坤良　莺　子　李孝俊　梁　燕
胡雪芹　郁　斌　赵历法

对话圆桌

精神萧条时代的诗人··············陈　超
声象探微·······················山　杉　华　钧
评诗与写诗的自白················张同吾
残酷美丽——谈周涛的《羊》········贺海涛

1989 年第 7 期　刊名:《星星》

目录

中青年诗人自选诗

卷首语
吴正短诗选
老乡的诗（五首）
城市皮肤（组诗）··················嘉　嘉

我的探索

先完成的一批简单的诗（八首）·····周亚平
简单的诗若干首·················车前子
宣传田间、洛尔加················车前子　周亚平

多彩人生

竹海二章·······················周　纲
安宁河风景（三首）················沙　鸥
逆旅（三首）·····················蓝　疆
街墙·目光（外一首）··············梁志宏
致雪莲··························吕　剑
钻天坡··························刘岚山

青年诗人二十家

物质的深度（三首）················罗　巴
如水的时刻（三首）················石光华
题在红叶上的相思（组诗）··········吴　云
红房子（外一首）··················聂　焱
瞑目而思（二首）··················柳　沄
农业启示录（二首）················孙昕晨
美好的事物（二首）················杨志刚
谁在窗外（二首）··················西　篱
几年前的一个雨夜（外一首）·······宫　辉
寂静的焚路（二首）················王景韩
空屋（外一首）·····················游　刃
转瞬即逝·······················朴康平
夜行（外一首）·····················赵俊鹏
月亮走，我也走（外一首）··········陈　勇
雪日（外二首）·····················靳亚利
树语（外一首）·····················黄海鸥
裸神（外一首）·····················了了村童
昼夜（外一首）·····················王建新
旱季的眼睛（外一首）·············阿　信
冬天··························柴　燃

爱情诗小辑 黄一鸢　江　边　李小鹏　向书豪
马国林　帅仕象　杨亚平　汪　明　胡　北　张其超
陶发美　黄　灿　戈　锋　刘　泳　于敏桂　阿　川
马　兴　康晓燕　石　也　张永杰　王浦安　李叶文
维　维　黄　婷　魏栋宇　吕长河　黎正光　张　东
阳光的瀑布·····················喻　军　江　帆　杨　林
刘文阁　傅　翀　苑　湖　魏　艳　成　顶　王　珂
李彬勇　敬晓东　王中朝　森　子

散文诗页

迁徙····························李　耕
夹在最末位置的槭叶·············邓　杰
战争····························杨　锦
冬天未死·······················刘烨园
渡口····························于　沙
箫·····························蓝　幽
雪的礼拜·······················园　静
黄昏····························蒯凤洁

南大荒诗苑 ………………………… 杨铁春　宋晓杰　阎墨林
王志敏　刘维里　许　嘉　盖　娟　孙卜勇　王　毅
东　流　李国忠　贾桐树
星星雨 …………………………………… 肖友儒　江　滨　王军平
彭　歌　陈隽达　王思超　阳　云　红　兄

对话圆桌

生命意识的个别实证 ……………………………………… 程光炜
从胡鹏的诗看诗的叙述方式 ……………………………… 袁忠岳
编读之桥——读者来信的公开答复
M.芬克的作品（封面）
山核桃（油画）（封底） ………………………………………… 李　珊
题花设计 ………………… 小　路　河　溢　胡　冰　沉　石

1989 年第 8 期　刊名:《星星》
目录

中青年诗人探索自选诗

周亚平自选实验诗
某一夜晚的心理历程 …………………………………………… 陆　健

短诗集萃

家——四川十诗人同题诗 ………………… 木　斧　蓝　幽
王尔碑　钟　力　余薇野　穆　仕　曾伯炎　华万里
傅天琳　黄一鸾

青年诗人二十家 ………………… 曹继强　孙玉琢　张德强
傅天虹　庞余亮　陈荣临　野火子　姚银松　赵秀杰
任桂秋　南　野　刘家魁　江　健　戴中平　赵　阳
冉云飞　卓　流　莓　子　万　夏　孙文波

多彩人生

白天黑夜（三首） ……………………………………… 宫　玺
颍河湾有片桃林（二首） …………………………… 刘明达
踏青时节（外一首） ……………………………………… 查　干
背光之躯（外三首） …………………………………… 张新泉
短笺五首 ………………………………………………… 刘立中
老鼠家族（组诗） …………………………………… 梁谢成
唢呐（外一首） ………………………………………… 许敏歧
妻子（外一首） ………………………………………… 吕文秀
梳理的情绪（三首） …………………………………… 黄东成
诗海拾贝 ………………… 骆一禾　伊　甸　王江滨
徐国强　李小兵　晓　音　尔　雅　洪　利　李利民
普光泉　黎锦华　惠　龙　杨　通　鄢元平　斯　谷
向求纬　李执来　叶　舟

指点江山

烽火台（外一首） …………………………………… 蒋海将

三国遗址幽默（三首） ……………………………… 陈松叶
村庄的灯光（外一首） ……………………………… 姚振涵
岁月的古原（二首） ………………………………… 翼　华
夜过三峡（外一首） ………………………………… 伍权民
高原的阳光（外一首） ……………………………… 苗　强

星星雨 ………………………… 丁　鸣　王　童　望　兆
陈新耕　杨桃香　祝　恂　刘元祥　邓列成　王晓丽
杨进元　黄显斌　胡雪芹

赤城湖诗歌笔会专辑 ………… 蒲小林　谭清友　三　元
吕　历　芸梅旭荃　胡志刚　李明利　罗明金
何　欣　凹　凸　袁　涌　汤山文　蓝　宇　刘宗生
邓　劫　彭烟霏　阿　伟　雪　君　衡继煌

对话园桌

低谷的沉思 …………………………………………… 石天河
双轨：躁动和沉静 …………………………………… 刘湛秋

美术

M.芬克的作品［美国］（封面）
修铁路的女工（版画）（封三） ……… ［德国］赛拖·哈赛
暮归（油画）（封底） ………………………………… 华　提

1989 年第 9 期　刊名:《星星》
目录

卷首语

中青年诗人自选诗

献给祖国母亲的石竹花（散文诗组） ……………… 梁上泉
姜桦抒情诗五首
犁青山水诗选
徐康自选诗六首

爱之剪影

一次爱的变奏（组诗） ……………………………… 戴安常
背影（外二首） ……………………………………… 唐　澜
盛夏季节的爱情故事 ………………………………… 荣　荣
长相依（三首） ……………………………………… 陈咏华
阿兰（三首） ………………………………………… 赵　野
浪漫的骑手（外一首） ……………………………… 彭俐辉
心思之秋（外二首） ………………………………… 黄海鸥
初吻——49 封私信（选三） ………………………… 张建华

青年诗人二十家 ………………… 赵天山　刘　冲　胡鹏
柳士同　秦安江　高　筠　周劲松　典　子　豆　官
赵连环　郭晓晔　王旺涛　沙　马　刘　涛　王杰平

谭　飙　达　黄　华文进　李道林　王富祥

七色人生

忆念（外一首）————————唐湜
短韵二题————————蓝启发
巴山望月（外一首）————————张大成
黑色履历（二首）————————柯愈勋
杜宇（外一首）————————曾凡华
自嘲（二首）————————子页
西行漫记（三首）————————漠生
云南二题————————张永权
玉蟾诗会专辑————杨雪　曾一　詹永祥　涂拥
高丽萍　杨静　周玉其　李明政　达灵　张元刚
张通平　秋川　冰春　聂正军　梁亚玲　靳朝忠

散文诗页

自然之子（二章）————————杨克
赶海去————————文磊
为了你，孩子————————李蔚红
星星雨————张猷　徐原　阮文生　杨角
吴德彦　赵秀杰　薛生杰　胡果　陈章泉　陈儿

对话圆桌

前瞻中的返视————————杨匡汉
"女性诗歌"漫议————————曹纪祖
诗的二重功能：自适与济人————————洪迪

美术

阴雨中的街道（油画）（封面）
————————[奥地利]享特·瓦赛尔
题花设计————刘国占　小路　晓云　河溢

1989 年第 10 期　刊名：《星星》

目录

庆祝中华人民共和国建国四十周年第二届"中国·星星新诗大奖赛"获奖作品专号

一等奖

家园（四首）————————曹宇翔
欢乐及其他（四首）————————胡鹏

二等奖

升起，一个民族的声音————————钟正林
开放的城市（外一首）————————李浔
麦子————————李麦
极光（外二首）————————萧一波
深圳，深圳……（外一首）————————客人

三等奖

城市鸽子城市人————————健鹰
凡人小令（三首）————————陈广德
夏天的草帽（外一首）————————秦巴子
走西口————————李文俊
春天到来（外一首）————————南野
中国民歌·小河淌水————————王道坤
女人的定义不只一种（外一首）————————赵绪奎
喝"二锅头"的父亲————————任桂秋
蛇·牛（二首）————————李凤歧
娓娓道来（二首）————————李龙炳

江山多娇

佳作奖之一————李自国　唐跃生　冉仲景
黄海鸥　冯杰　瘦谷　丁鸣　耿翔　雷平阳
杨枫　戴金生　石云龙　吴云　龙红年　山杉
钟剑泉　柏铭久　王前锋　沙马　曹继强

肖像与素描

佳作奖之二————汤泓　陈明弼　羊三皮
舒苹　王成富　杨角　李小鹏　吴新国

爱之弦

佳作奖之三————况明先　陈亚平　张华中
韦德明　谢云　张德强　袁勇　崔雅梅　唐成茂
思宇　萧瑟秋　泥石流

人生散板

佳作奖之四————桑子　周志国　柴燃　程维
赵天山　冷燕虎　夕萌　魏氓　贺海涛　晨静

星星雨

新星奖之一————高宏标　杨进元　陈章泉
王江滨　王军　祁春　邹礼凤　胡运辉　阿眉
王旺涛　辜负　刘炜林　莺子　翟惠祥　方启华
杜心元　蓝郁　邢晔

校园风

新星奖之二————赵克夏　古寒山　陈进
瘦杨　毛朝阳　张萌　风波岛　古寿　傅春龙
蔡宗凯　张蕾　杨圣伟

对话圆桌

人间要好诗——星星诗刊编辑人员对话录

美术

突破（油画）（封底）————————陈仁
新世纪（封面）————————M.芬克
编辑头像（速写）（封二）————————甘庭俭

题花设计 ———————————————— 甘庭俭

美术
你的路（油画）（封面）———— [奥地利] 享特·瓦赛尔
题图、题花设计 ————————————— 甘庭俭

1989 年第 11 期　刊名:《星星》
目录

青年诗人自选诗
诗五首 —————————————————— 阿　来
沿着一条河（组诗）————————————— 霁　虹
诗四首 ———————————————— 倮伍沐嘎

青年诗人二十家 ————— 孙建军　典　子　钟正林
李自国　王萌芽　胡佳清　尤　佳　吴　勇　王一兵
郭留红　元　刚　何永康　永　见　陈大华　周　云
万启福　张晓健　王江滨　冉仲景　徐　侨

我的探索
动宾词组（三首）————————————— 程宝林
大师出没的地方（外三首）——————————— 凹　凸
传统说法（组诗）————————————— 詹永祥
河流与落叶（外一首）————————————— 周志国
八月的肖像（外二首）————————————— 席永君
体验（外一首）————————————————— 山　杉

女诗人小辑 ————————— 冉　冉　谯兰平　龙　翎
萧　融　华　智　葱葱儿　达　灵　马　兰　尔　雅
崔雅梅　沈曙光　赵　静　晓　音　林　琅

短诗集萃 ——————— 甲　子　田　毅　唐成茂　王燕群
马明林　张熙静　聂　炎　鲜知知　筱　子　袁　勇
周劲松　梁　平　舒占才　李　锐　杨嘉利　廖旭东
沈前祥　孙江月　吴克勤　余晓林　张　文　范文海
陈太义　肖莲蓉　丹　若　尹安贵　王应槐

星星雨 — 屈　丛　陈隽达　郁　夫　林　雪　邓水亮
刘　芳　程艳霞　雪　人　陈新民　许文兰　韩　冰

对话圆桌
献上银镯 ——————————————————— 周亚平
令人气愤的诗 ———————————————— 杜国超
"怪"在何处 —————————————————— 过遂南
短诗好，口吃不好 —————————————— 巴　岸
简单的诗，我这样认识你 ———————————— 老　枪
语言方式的可能性 —————————————— 叶　橹

四川诗坛巡礼
青年诗人到工厂向产业工人学习
凉山之子 —————————————————— 晓　雪

1989 年第 12 期　刊名:《星星》
目录

卷首语
诗人自选诗
歌唱在醒来的秋天的早晨 ———————————— 杨　山
诗五首 ———————————————————— 蔡椿芳
彩色的情绪（三首）————————————— 胡　笛

江山多娇
天涯拾贝（组诗）————————————— 沈　重
西部抒情诗（三首）————————————— 郭维东
南中国海（二首）————————————— 柯　原
梦回祁连（组诗）————————————— 闻　频
西藏素描（二首）————————————— 叶荣臻
魂系山村（二首）————————————— 贾丹华
我的草原（三首）————————————— 王忠范
康定恋歌（二首）————————————— 木　斧
南高原的天空（外一首）————————————— 王耀军

青年诗人二十家 —— 刘立云　朱根亮　飘　飘　何　流
瘦　谷　张洪波　王学芯　颜广明　雪　村　刁永泉
邓万鹏　李春江　艾　梅　刘丽萍　古　老　周晓萍
健　鹰　肖悟了　野　川　何小竹

短诗集萃 ———————— 刘白羽　石天河　叶治水
黄　默　吕双虎　森　子　再　耕　杨国胜　园　静
洪　烛　李占学　吕秀珍　段和平　白　木　樊发稼
王　洌　胡文雄　王安杰　章卫平　晨　曦　张　雯
杨如雪　王　鸿　顾　工　徐献斌　义　海　赵明科
张建荣　徐　飞　孙大梅　邓康延　野　谷　凡　熙
田　草　曾伯炎　冉　庄　柏常青

散文诗页
荒火（外一章）————————————————— 许　淇
男子光辉（外一章）————————————— 耿林芬
我们开辟了一片小小的土地（三章）———————— 杨　树
夏天最后一朵雨（外一章）——————————— 梅　卓
姿势 ———————————————————— 周　舟
荒原的路（外一章）————————————— 严　炎
雕塑前 ——————————————————— 李金安
树之歌 ——————————————————— 陈文和
水手酒吧 —————————————————— 韩嘉川
无字信 ——————————————————— 吴晓珍

《阳关》

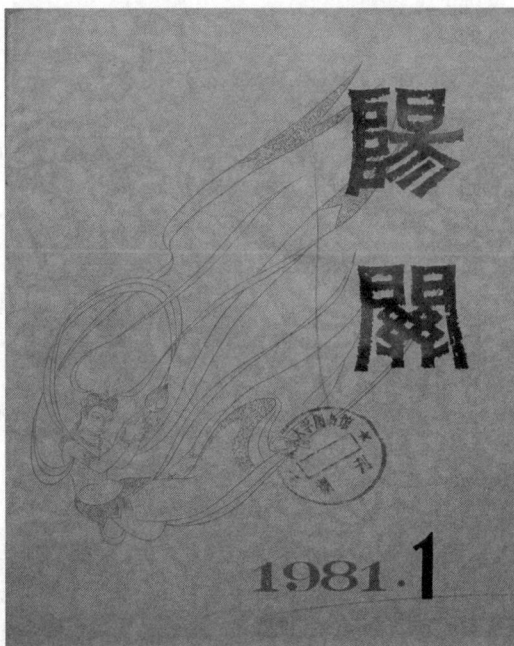

【简　介】

综合性文学双月刊。甘肃省酒泉地区文学艺术界联合会主办。创刊于 1981 年。其刊登作品体裁主要有小说、散文、诗歌等。另设"历史　山川　人物"、"敦煌学"等专栏,旨在向大众介绍敦煌文化、丝路文化,富有浓厚的地域色彩,为甘肃地区的文学发展作出了贡献。

期刊号:1981 年第 1 期—1989 年第 6 期

阳关育芳草　丝路开新花
——致读者、作者

本刊原名《飞天》,一九八一年起改名《阳关》,向全国公开发行,欢迎广大读者订阅、各地作者投稿。

被用作新刊名的阳关,是祖国的著名古迹,位于我区敦煌县西南。它和玉门关同为古代我国对西域交通的门户,是丝绸之路上的重要关隘。人们心目中的阳关路是友谊之路,是经济、文化交流之路,是繁荣发达之路,也是勇敢的开拓者之路。正因为这样,古老的阳关被历代诗人反复吟诵,至今还活在人们心中,"阳关大道"已成为交通大道的习惯代用语,光明前途的象征。

祖国正在阳关大道上向四化的光辉目标奋进。作为一个新的文艺刊物,《阳关》将为繁荣社会主义文艺尽力,为九亿人民的宏伟进军呐喊。

《阳关》将坚持文艺为人民服务、为社会主义服务的方向,贯彻百花齐放、百家争鸣的方针,立足本区,面向全国,进一步提高刊物的质量,发展自己的风格;

《阳关》提倡解放思想,鼓励艺术上大胆探索,欢迎一切有创新的作品,并愿为有志于摸索、创立敦煌文艺流派的作者提供园地;

《阳关》一如既往,将以古阳关内外的鲜明地方特色为追求目标之一。

本刊虽然已经创刊两年,但仍然是一块新开辟的园地,愿同志们和我们一道努力耕耘,辛勤培育;愿古阳关下芳草如茵,丝绸之路上新花绽放。

1981 年第 1 期　刊名:《阳关》
目录

阳关育芳草　丝路开新花
——致读者、作者⋯⋯⋯⋯⋯本刊编辑部
征集"丝路"传说启事⋯⋯⋯⋯本刊编辑部

诗歌

阳关新曲(诗·外一首)⋯⋯⋯⋯顾子欣
敦煌草(诗·二首)⋯⋯⋯⋯⋯李云鹏
丝路怀古(诗·三首)⋯⋯⋯⋯周雨明
瀚海拾贝(诗·二首)⋯⋯⋯⋯澍　雨
莫高窟情思(诗·二首)⋯⋯马　德　柴　门
丝路风情(诗·三首)⋯⋯⋯⋯唐光玉
彩色的河(诗)⋯⋯⋯⋯⋯⋯师日新
归侨之歌(诗·三首)⋯⋯⋯⋯傅金城
脚印(诗)⋯⋯⋯⋯⋯⋯⋯⋯吕宏声
小诗一束(六首)⋯⋯⋯⋯⋯陈官煊
星群(诗·八首)⋯⋯⋯⋯⋯华　文
沙漠和驼铃(诗·外三首)⋯⋯⋯刘玉芳
春姑娘(诗)⋯⋯⋯⋯⋯⋯⋯张　民
绿(诗)⋯⋯⋯⋯⋯⋯⋯⋯⋯何　奇
新土(诗)⋯⋯⋯⋯⋯⋯⋯⋯翟玉堂
古阳关下(诗)⋯⋯⋯⋯⋯⋯王文焕
深秋(诗·二首)⋯⋯⋯⋯⋯方　青
鱼医生的功劳(科学诗·外一首)⋯杨骥昌
玉女峰(叙事诗)⋯⋯⋯⋯⋯郭守义

小说·散文

木匠传(小说)⋯⋯⋯⋯⋯⋯金吉泰

天山护林人（小说）⋯⋯⋯⋯⋯⋯⋯⋯陈　礼
送礼记（小说）⋯⋯⋯⋯⋯⋯⋯⋯⋯⋯何生祖
救救孩子（小说）⋯⋯⋯⋯⋯⋯⋯⋯⋯石　磊
敦煌杯（科学幻想小说）⋯⋯⋯⋯⋯⋯杨重琦
居延行（散文）⋯⋯⋯⋯⋯⋯⋯⋯⋯⋯田恒江

历史·山川·人物

阳关诗话（一）⋯⋯⋯⋯⋯⋯⋯⋯⋯⋯关维智
敦煌壁画中的飞天（三）⋯⋯⋯⋯⋯⋯欧阳琳
林则徐经丝绸之路到伊犁⋯⋯⋯⋯⋯⋯穆长青
锁阳城⋯⋯⋯⋯⋯⋯⋯⋯⋯何继刘　张金财
清明时节话清明⋯⋯⋯⋯⋯⋯⋯⋯⋯⋯解　放

小舞台

岳王墓（新编大型历史剧）⋯⋯刘振环　杨　迟
阳关新曲（歌曲）⋯⋯⋯⋯嘉　昌词　刘　明曲
阳关三叠（粤曲）

文化动态

欢迎订阅《攀枝花》⋯⋯⋯⋯⋯《攀枝花》编辑部
丰富多彩的春节文化活动⋯⋯⋯⋯⋯⋯南　野

美术摄影

阳关新貌（摄影）⋯⋯⋯⋯⋯贾中平　刘德举
嘉峪雄关（美术）⋯⋯⋯王福曾　王青婢　孙俊耀

1981 年第 2 期　刊名:《阳关》
目录

小说·散文

莫忘我，哥哥（小说）⋯⋯⋯⋯⋯⋯⋯朱光亚
取经（历史小说）⋯⋯⋯⋯⋯⋯⋯⋯⋯金吉泰
毛尔屯大伯（小说）⋯⋯⋯⋯⋯⋯⋯⋯薛军礼
两万美金（小说）⋯⋯⋯⋯⋯⋯⋯⋯⋯谢曼丽
就职演说（小说）⋯⋯⋯⋯⋯⋯⋯⋯⋯李生德
呼伦布拉克一夜（小说）⋯⋯⋯⋯⋯⋯薛贵瑞
长留天地一草堂——南行漫记之二（散文）⋯⋯赵燕翼

诗歌

在季节的档案里（组诗）⋯⋯⋯⋯⋯⋯李老乡
诗花，盛开在我心里（诗·四首）⋯⋯林　染
无题（诗）⋯⋯⋯⋯⋯⋯⋯⋯⋯⋯⋯段　玫
焦土（诗·外一首）⋯⋯⋯⋯⋯⋯⋯⋯顾　城
山南海北的溪流（短诗集萃）⋯⋯⋯⋯曲庆玮等
北京秋兴（诗·三首）⋯⋯⋯⋯⋯⋯⋯吴辰旭
敦煌情歌（诗·二首）⋯⋯⋯⋯⋯⋯⋯高　平
海与沙（诗·二首）⋯⋯⋯⋯⋯⋯⋯⋯赵之淘
早春的故事（诗·二首）⋯⋯⋯⋯⋯⋯张嘉昌

访曹雪芹故居（诗）⋯⋯⋯⋯⋯⋯⋯⋯崔墨卿
北疆，在月光里（诗·二首）⋯⋯⋯⋯雷献和
儿歌（四首）⋯⋯⋯⋯⋯⋯⋯⋯⋯⋯邓元杰
风铃声声（诗）⋯⋯⋯⋯⋯⋯⋯⋯⋯⋯霍景维
果园春早（诗·三首）⋯⋯⋯⋯⋯⋯⋯匡文留
黄昏，给我塑一尊铜象吧（诗）⋯⋯⋯杜振涛
观瀑（诗）⋯⋯⋯⋯⋯⋯⋯⋯⋯⋯⋯子　国
野花（诗）⋯⋯⋯⋯⋯⋯⋯⋯⋯⋯⋯翼　华
舞步下的诗句（诗）⋯⋯⋯⋯⋯⋯⋯⋯李文衡

历史·山川·人物

阳关诗话（二）⋯⋯⋯⋯⋯⋯⋯⋯⋯⋯关维智
张议潮归唐（敦煌历史人物之二）⋯⋯张　辉
三危佛光⋯⋯⋯⋯⋯⋯⋯⋯张　中　高广才
关于《丑女缘起》故事（敦煌壁画故事评介之一）
⋯⋯⋯⋯⋯⋯⋯⋯⋯⋯⋯⋯⋯⋯⋯史苇湘
附：波斯匿王丑女缘品⋯⋯⋯⋯马竞驰等译写
敦煌莫高窟之最（一）⋯⋯⋯⋯⋯⋯⋯马　德
画家笔下的酒泉⋯⋯⋯⋯⋯⋯⋯⋯⋯⋯刘大有

阳关漫语

名句·创新·苦吟（文艺随笔）⋯⋯⋯⋯潘易麟
创作不能求快（文艺随笔）⋯⋯李文友　李恒瑞
诗品与人品（文艺随笔）⋯⋯⋯⋯⋯⋯古远清
丝路传说⋯⋯⋯⋯⋯⋯⋯⋯⋯陈　钰等搜集整理

小舞台

彩虹（小戏曲）⋯⋯⋯⋯⋯⋯赵之宗　孙士智
阳关三叠（古曲）

美术摄影

春催桃李（摄影）⋯⋯⋯⋯⋯贾中平　王治平
鸳鸯湖（国画）⋯⋯⋯⋯⋯⋯⋯⋯⋯⋯李生勤
重要启事⋯⋯⋯⋯⋯⋯⋯⋯⋯⋯⋯本刊编辑部
征集"丝路"传说启事⋯⋯⋯⋯⋯⋯本刊编辑部

1981 年第 3 期　刊名:《阳关》
目录

小说·散文

戈壁石（小说）⋯⋯⋯⋯⋯⋯⋯⋯⋯⋯薛百管
牧人卡拉巴依（小说）⋯⋯⋯⋯⋯⋯⋯王延年
马经理买票（小说）⋯⋯⋯⋯⋯⋯⋯⋯王　沂
搏斗（小说）⋯⋯⋯⋯⋯⋯⋯⋯⋯⋯⋯沈存正
今天我定亲（小说）⋯⋯⋯⋯⋯⋯⋯⋯焦保红
玉门关记（散文）⋯⋯⋯⋯⋯⋯⋯⋯⋯何生祖
奥山的一家（散文）⋯⋯⋯⋯⋯⋯⋯⋯白　丹
红柳花开的时节（散文）⋯⋯⋯⋯⋯⋯张俊彪

诗歌

山南海北的溪流（短诗集萃）————————顾 工等
森林轶趣（诗·四首）————————————段 玫
瀚海曲（组诗）—————————————————秦川牛
绿色的砚石（诗·外一首）—————————苏锐钧
戈壁诗草（诗·二首）————————————白 渔
杨花（诗）——————————————————熊立人
竖琴和茶（诗·二首）————————————聪 聪
彭总故居二题（诗·二首）—————————崔墨卿
一块砖的呐喊（诗）————————————廖代谦
沙枣花（散文诗）—————————————李金寿
关于阳关的诗（古诗摘抄之一）
————————————宗 勚 文 焕等辑

历史·山川·人物

小说《敦煌》笔记————[日]井上靖作 柴 门译
《岑参边塞诗选》前言————————————张 辉
玉门油田的开拓人——孙健初—————————玉 岩
夜光杯好玉难采————————————————何生福
阳关诗话（三）—————————陈庆炳 何端中
漫话羽人—————————————————————刘兴义
敦煌莫高窟之最（二）————————————马 德
丝路传说————————————唐光玉等搜集整理

阳关漫语

喜看阳关绽春花（评论）——————————牟豪戎
作者与编辑（文艺随笔）——————————杨仲凡
谈油画的灰调子（文艺随笔）———————陈新民

小舞台

香港妈妈（独幕话剧）————————————苏 华
歌唱酒泉夜光杯（歌曲）———马千里词 陈明山曲
我找到了我自己（歌曲）———王晓岭词 刘 明曲
个个喜欢我（儿童歌曲）———玉 芳词 许培英曲

文化动态

《陇苗》文艺月刊扩大订户
《工人文艺》、《红柳》公开发行
文化简讯（七则）

美术摄影

肃北风光（摄影三幅）————————————祝永年
嬉羔（国画）————————————————张朝东
播春（版画）————————————————杨明立
瀚海新歌（版画）—————————————孙俊耀

1981 年第 4 期　刊名:《阳关》

目录

在酒泉地区文艺工作者座谈会上的发言（摘要）
———————————————————————冯 牧
阳关精神赞——————————————————公 刘

小说·散文

呵！疏勒河（小说）————————————杨显惠
小桥啊小桥（小说）————————————刘 玉
苦恼（小说）————————————————许金坤
发菜（小说）————————————————裴诗唐
求亲（小说）————————————————焦炳琨
敦煌（中篇小说连载）————[日]井上靖作 柴 门译
神秘的黑城（散文）————————————多红斌

阳关漫语

心灵的呼唤（评论）————————————谢昌余
生活中去寻求（创作谈）——————————朱光亚
"文艺必须有批评"
——略谈鲁迅关于文艺批评的见解————王尚寿

诗歌

丝路上　飞天的花瓣
关山新咏（诗·四首）————————————嘉 昌
漠野，火红火红的花朵（诗·二首）————林 染
巴丹吉林诗笺（诗·三首）—————————董培勤
情满沙原（诗·三首）————————————韩 霞
走向大漠（诗·二首）————————————曹永安
金色的海洋（诗·二首）——————————李江卫
云雀在红柳梢头歌唱（诗）————————翼 华
山南海北的溪流（短诗集萃）———王泽群 周佳翔等
句号里的爱情（诗）————————————曲有源
诗的旅行（诗·四首）————————————王家新
弄潮歌（诗）————————————————龙彼德

历史·山川·人物

《秦妇吟》的现实主义成就（敦煌文学评介）————高 平
敦煌壁画中的飞天————————————————欧阳琳
漫谈前凉隐士郭瑀（敦煌历史人物）—————李鼎文
辛亥革命时期酒泉人民的革命斗争（地方史札记）
—————————————————————————何端中
敦煌莫高窟之最（三）————————————马 德
大漠宏宝千秋垂————————————————王进玉
丝路传说————————张 仲 唐光玉等搜集整理

小舞台

半杯茶（鼓词）————————————————张玉来

多谋善断（鼓词）——————————————————杨　畅
杏花屯里传奇闻（单弦）————————————高　青
李桂香夜半寻夫（快板小段）————————吉茂菁
阳关颂（歌曲）———————————洪元基词　赵　磊曲
从小要听党的话（儿童歌曲）———万卯义词　徐　中曲
集合在党旗下（歌曲）——————雷子明词　李丰才曲

美术摄影

冯牧　公刘　宗璞　谌容　刘心武在酒泉（摄影·三幅）——————————————贾中平　王治平
丝路明驼（国画）——————————————————孙俊耀
改刊启事—————————————————————本刊编辑部
征集丝路传说启事————————————————本刊编辑部

1982 年第 1 期　刊名:《阳关》
目录

探索、创立敦煌文艺流派
敦煌流派刍议—————————————————————谢昌余

小说·散文
腊八集（小说）——————————————————任平均
在崖村（小说）——————————————————乔宇峰
"难八仙"（小说）————————————————王泽群
敦煌（中篇小说连载）—————[日]井上靖　柴　门译
丝路漫游记（散文）————————————————陈淀国

诗歌
丝路上　飞天的花瓣
边塞十四行诗（诗·五首）—————————————唐　祈
丝绸之路上的诗笺（诗·五首）———————————杨　树
敦煌情思（诗）——————————————————林　染
塔尔巴哈台之歌（组诗）—————————————李　瑜
美丽的新疆（组诗）————————————————杨　牧
写给沙海的诗（诗·外二首）———————————赵雪勤
巴丹吉林抒情（诗）————————————————董培勤
骆驼·初恋和思念（诗·三首）——————————韩　霞

历史·山川·人物
《阳关曲》的演变及其他（阳关诗话）———————范三畏
弱水·流沙·瀚海·居延（丝路地理）——————陈晋铉
古籍中的丝路植物（丝路博物）——————————张　辉

丝路传说
丝路古塔传说（六则）———————————————唐光玉

小舞台
透视（独幕话剧）———————————林贵增　易希高

丝路旅行（摄影二幅）———————————————芦　茂
一路油香（版画）—————————————————王小兵
大佛与飞天（版画）————————————————孙兴学
月光（版画）———————————————————于　天
封面绘图—————————————————————张浩德

1982 年第 2 期　刊名:《阳关》
目录

探索、创立敦煌文艺流派
高扬振兴中华的民族志气　创造社会主义的敦煌艺术
酒泉地区召开创作座谈会认真探索敦煌文艺流派
——————————————————————————金　名
兰州诗简——关于敦煌文艺流派的探索之一—————唐　祈
阳关应时换新韵——————————————————吴辰旭

小说·散文
金色的沙海（小说）————————————————王世伟
泥海人尘（小说）—————————————————张　敏
流沙坠简（小说）—————————————————何生祖
敦煌（中篇西域小说连载）
——————————————[日]井上靖　柴　门译
丝路漫游记（散文）————————————————陈淀国

诗歌
丝路上　飞天的花瓣（新边塞诗）
丝路彩笺（诗·六首）———————————————浪　波
克拉玛依行（诗）—————————————————郭维东
阳关烽燧（诗·外二首）——————————————秦川牛
酒泉鸟（诗·外一首）——————————————王维洲
牧区演出记（诗·二首）——————————————师日新
过酒泉（诗·二首）————————————————鲁　原
新疆风情（诗·二首）———————————————何　奇
山南海北的溪流（短诗集萃）———————————高　戈等

历史·山川·人物
阿育王石柱（莫高窟佛教史迹故事）———————孙修身
西域三十六国（丝路地理）————————————陈晋铉
张大千先生在酒泉（丝路人物）——————————刘大有
《无名画展》印象记（阳关漫语）—————————高尔太
驼铃·李陵碑·鸣沙山（丝路传说）————————张军武等
邓副主席参观莫高窟（摄影三幅）—————————李生甲
河西女（国画）——————————————————邹晓萍
醉（国画）————————————————————段新民
封面绘图—————————————————————邹晓萍

1982 年第 3 期　刊名:《阳关》
目录

探索、创立敦煌文艺流派

沙海无垠天地宽——浅谈《丝路花雨》的创作

企望敦煌文艺流派的创立 ·················赵之洵

小说·散文

给孩子们的礼物（小小说五篇）···········周　泉等

打甘州（历史小说）·····················金吉泰

阿弥陀佛（历史小说）···················志　鹏

敦煌（中篇西域小说连载）

··················· ［日］井上靖　柴　门译

溪水清清（小说）·······················陈　礼

丝路漫游记（散文）·····················陈淀国

诗歌

丝路上　飞天的花瓣（新边塞诗）

西北抒情诗（诗·二首）·················王家新

在玄奘法师走过的路上（诗·二首）·······石　河

西行诗草（诗·二首）···················尧山壁

大漠啊，我的摇篮（诗·二首）···········翼　华

边塞情思（组诗）·······················张子选

酒泉·嘉峪关（诗·二首）···············江　河

沙漠勘探行吟（诗·二首）···············张杉龄

瀚海行车（诗）·························李　新

塞外风情（诗·二首）···················孙华文

罗布泊（诗·外一首）···················陈佩芸

致敦煌流派的开拓者（诗）···············何生福

山南海北的溪流（短诗集萃）·····段　玫　李松涛

历史·山川·人物

敦煌音乐（敦煌艺术评介）···············庄　壮

莫高窟的古代军人形象（敦煌艺术评介）·····马　德

双头瑞象（莫高窟佛教史迹故事）·········孙修身

敦煌史话（地方史札记）·················窦侠父

阳关道上的西千佛洞·····················王进玉

西域三十六国（丝路地理）···············陈晋铉

探索心灵的美　开掘生活的诗——《武玉笑剧作选》

代序·································谢昌余

苏武·张骞·霍去病（丝路传说）···唐光玉　薛贵瑞

玉门风光（摄影三幅）···················王仲青

莫高窟（速写）·····················［日］平山郁夫

莫高窟的白杨（版画）···················白　树

1982 年第 4 期　刊名:《阳关》
目录

小说·散文

写在万里丝绸之路考察之后（散文）·······吴景山

航摄《丝绸之路》散记（散文）···········李杰民

友情长留丝路上——艾黎捐赠文物陈列馆巡礼

··································石星光

云沙绕梦思（散文）·····················周晓晦

月夜，苏干湖畔（散文）·················何　奇

采花节（小说）·························刘　玉

沙山人家（小说）·······················周彩人

敦煌（中篇西域小说连载）···· ［日］井上靖　柴　门译

诗歌

丝路上　飞天的花瓣（新边塞诗）

边塞诗三首（诗）·······················蔡其矫

敦煌诗篇（诗·三首）···················嘉　昌

从古长安到凉州新城（诗·三首）·········唐光玉

我的心恋在天山（诗）···················郭维东

丝路曲（诗·二首）·····················秋　荣

西行短笛（诗·四首）···················文　丙

阳关·祁连玉（诗·二首）···············阳　飏

沙漠·长城·骆驼（诗·外一首）·········西　北

我来到敦煌（诗）·······················菲　可

瀚海抒怀（诗·二首）···················张恩奇

山南海北的溪流（短诗集萃）·······张　伟　顾工

陈应松　于耀江　向　荣　王文焕

历史·山川·人物

著名旅行家——鄂本笃（丝路人物）·······于福顺

敦煌史话（地方史札记·续一）···········窦侠父

敦煌音乐（敦煌艺术评介·续一）·········庄　壮

西域三十六国（丝路地理·续三）·········陈晋铉

古籍中的丝路植物（丝路博物·续完）·····张　辉

色彩斑斓　引人入胜——祝《丝路传说》出版····雪　犁

礼物（独幕话剧）·······················胡耀华

榆林窟·金塔（摄影二幅）···············芦　茂

速写二幅·······························黄　胄

封面绘图·······························段新民

1982 年第 5 期　刊名:《阳关》
目录

探索、创立敦煌文艺流派

敦煌舞风格浅探·························高金荣

苦心钻研再现千年敦煌壁画舞姿···········葛象贤

寄阳关 ································ 汪曾祺

小说·散文
藏经洞（长篇小说《莫高窟恨史》序章）······ 赵燕翼
敦煌（中篇西域小说连载）
················ ［日］井上靖　柴　门译
影子（小说）·························· 姜胜群
爱说笑话的书记（小说）··············· 伍经建
广告（小说）························· 焦炳琨
在白毡房里作客（散文）········ 田文俊　路金月

诗歌
丝路上　飞天的花瓣（新边塞诗）
在辽远的大西北写下的（诗·二首）······· 杨　牧
流水，从关山石壁淌下（组诗）········· 李老乡
摩尼宝珠之歌（组诗）················· 林　染
瀚海诗页（组诗）···················· 章德益
风城（诗·外一首）··················· 周　涛
托钵的旅行者之歌（组诗）············· 李　瑜
山南海北的溪流（散文诗小辑）
·············· 李金寿　王惠琪　徐光明等

历史·山川·人物
敦煌曲子词选析（敦煌文学评介）········· 关维智
古酒泉纪略························· 刘兴义
敦煌音乐（敦煌艺术评介·续三）········· 庄　壮
敦煌史话（地方史札记·续三）········· 窦侠父
西域三十六国（丝路地理·续完）········· 陈晋铉
鲁迅与敦煌文物（阳关漫语）··········· 邓啸林
黑城·李广墓·锁阳城（丝路传说）
·············· 多红兵　老　盐　刘国骋
黑河大桥·双塔水库（摄影二幅）···芦　茂　赵存福
丝路风情（水彩画）··················· 张阶平
金塔寺（国画）····················· 李生勤
封面绘图·························· 段新民

马王爷笑了（小说）··················· 张思明
异域之人（西域小说）
·········· ［日］井上靖作　郭来舜译　戴璨之校

诗歌
丝路上　飞天的花瓣（新边塞诗）
在边塞行吟（组诗）··················· 杨　树
敦煌，美的旋律（组诗）··············· 蒋兆钟
祁连山纪事（诗）···················· 唐　祈
骆驼车，载着我们（诗）··············· 李　鹏
深秋，边关皎皎明月夜（诗）··········· 陈　默
关中吟（组诗）····················· 迟　骋
思念天山（诗·二首）················· 杜振涛
莫高窟抒怀（诗·二首）··············· 李　新
西行诗草（诗·二首）················· 尧山壁
敦煌诗页（诗·三首）········ ［日］井上靖作　柴　门译
山南海北的溪流（短诗集萃）··········· 彭建祖
潘万提　丁　芒　赵亦吾　黄东成　王金华等

历史·山川·人物
敦煌音乐（敦煌艺术评介·四）··········· 庄　壮
敦煌曲子词选析（敦煌文学评介·续完）····· 关维智
敦煌史话（地方史札记·四）··········· 窦侠父
今日阳关···················· 陈竞立　朱有仁
河西四郡（地方史札记）··············· 陈全仁

阳关漫语
宣传共产主义思想是文艺工作者的神圣职责（文艺随
笔）····························· 青　野
豪华落尽见真淳——《北疆风情》漫笔······· 陈志明
西路军的传说（丝路传说）··············· 陈　洧
《阳关》一九八一年、一九八二年总目录
丝绸之路七家文艺刊物联合广告
封面绘图·························· 尹　强

1982 年第 6 期　刊名:《阳关》

目录

探索、创立敦煌文艺流派
阳关，那里有新的生命
——从敦煌文艺流派到新边塞诗············· 谢　冕

小说·散文
红、绿、黑（小说）··················· 喆　夫
相思树（小说）····················· 张锦江
杨吉祥（小说）····················· 高尔太
碑（小说）························· 薛贵瑞

1983 年第 1 期　刊名:《阳关》

目录

探索、创立敦煌文艺流派
设"敦煌文艺流派奖"启事·············· 本刊编辑部

探索敦煌舞专辑
敦煌舞基本训练教学大纲（草案）···· 甘肃省艺术等校
动念、研究和实践··················· 高金荣
来自敦煌艺术故乡的希望··············· 秦力党
《丝路花雨》在巴黎（外国报刊文章三篇）
······························· 梁海潮译

小说·散文

敦煌女神赋（散文）————————————何生祖
草原庆典（散文）————————————苏寿林
焉支行（散文）————————————吴景山
酒泉吟（散文）————————————赵胜勤
婀娜（小说）————————————王萌鲜
深山幽谷（小说）————————————孟礼
磨盘村的口尔班（小说）————————薛军礼
楼兰（西域小说）
————————[日]井上靖作　郭来舜译　戴璨之校
沙海摇篮（《李白的童话》之一）————陈尚铭

诗歌

丝路上　飞天的花瓣（新边塞诗）
植树者（组诗）————————————杨树
飞天遐想（诗）————————————葛佳映
敦煌抒情（诗五首）————————————刘维钧
河西道上（诗·二首）————————————罗洛
古道今吟（诗·三首）————————————高平
边塞抒情诗（组诗）————————————阳飔
丝路撷英（诗·二首）————————————晨枫
麦积山（诗·外一首）————————————西北
嘉峪关留影（诗）————————————傅金城
再游西域（诗·三首）
————————[日]宫川寅雄作　郭来舜译
山南海北的溪流（短诗集萃）
————————段玫　张伟　陈应松等

历史·山川·人物

千佛洞里的"千佛"（敦煌艺术评介）————马竞驰
刘萨诃和尚因缘故事（莫高窟佛教史迹故事）
————————————孙修身
唐代赵武孟赵彦昭父子（丝路人物）————李鼎文
敦煌音乐（敦煌艺术评介·五）————庄壮
敦煌史话（地方史札记·五）————窦侠父
《西域小说集》序（阳关漫语）
————————[日]井上靖作　郭来舜译
敦煌反弹琵琶伎乐天雕塑（摄影）————荣恩奇
莫高窟（版画）————————————王兴智

1983 年第 2 期　刊名：《阳关》
目录

探索、创立敦煌文艺流派

谈创立文学流派————————宁夏　何克俭
敦煌流派断想————————甘肃　啸河
敦煌美学谈————————甘肃　陈骁

小说·散文

明月初照人（小说）————————————孟梦
夯歌（小说）————————————吴翼民
红烧鱼（小说）————————————李仲恒
出居延（历史小说）————————————金吉泰
楼兰（西域小说）
————————[日]井上靖作　郭来舜译　戴璨之校
东千佛洞走访记（散文）————————胡开儒
破城子纪行（散文）————————多红斌　张忠建
镜铁山览胜（散文）————————————邹如修
去敦煌（散文）————————[日]松村祯三　夏凡译

诗歌

丝路上　飞天的花瓣（新边塞诗）
寄阳关（诗）————————————熊如政
翩然飘飞的思念（诗·三首）————————何来
将军与城（组诗）————————————李瑜
塞上（组诗）————————————宁宇
哦，大草原（诗·三首）————————————燎原
古道新草（诗·三首）————————————嘉昌
牧场剪影（组诗）————————————师日新
丝路拾诗（组诗）————————————蔡国瑞
喀什噶尔河（诗·外一首）————————曹永安
伊犁行（诗·三首）————————————郭维东
从敦煌走向哨所（诗·三首）————————翼华
乡恋（组诗）————————————鄢家发
农民管乐会（诗）————————————黄学农

历史·山川·人物

西域人物故事（丝路人物·一）————刘维钧
和卓坟与"香妃墓"————————————曾捷
戈壁处处阳关道（丝路地理）————高广才
敦煌音乐（敦煌艺术评介·六）————庄壮
敦煌史话（地方史札记·六）————窦侠父
月牙泉的衰败及恢复的可能性————曲耀光　付兴启
步步生莲（美术片文学剧本）————潘絜兹
白龙堆传奇（丝路传说）————————刘兴义
钱杳嵩修佛洞（丝路传说）————————吴明
阳关渔歌（摄影）————————————田萍
石窟艺术的创造者（国画）————————潘絜兹

1983 年第 3 期　刊名：《阳关》
目录

探索、创立敦煌文艺流派

探索敦煌流派美术专辑
致《阳关》————————————潘絜兹
敦煌画风————————————冯力

看人民大会堂甘肃厅壁画想到的 ························ 骁 平
敦煌壁画在巴黎 ······································· 海 潮

小说·散文

碎叶雪（历史小说） ·································· 陈尚铭
西域幻人（历史小说） ·································· 孤 烟
艰难玉成（历史小说） ·································· 易希高
丈夫的辛劳有谁知（小说） ···························· 傅野村
"吸铁石"（小说） ····································· 伊 萍
路神（小说） ··· 周彩人

儿童文学小辑

银鸟的歌儿（童话） ·································· 葛翠林
嘎子打赌（小说） ···························· 张 伟 李自愚
牛牛的生日（小说） ·································· 刘慈珍
捉萤火虫的孩子（散文） ······························ 娄小青

诗歌

丝路上 飞天的花瓣（新边塞诗）
塞上行（诗·二首） ·································· 郝明德
追日·填海（诗·二首） ······························· 田先瑶
天鹅湖（组诗） ······································· 石 河
牧人的歌（组诗） ···································· 阎振中
给你一片绿地（诗） ·································· 周志强
来自浦江的导游姑娘（诗） ···························· 匡文留
乌鞘岭风情（诗·二首） ······························· 张国宏
飞天的传说（诗·外一首） ···························· 温相勇
给一匹在旅途中的骆驼（诗） ·························· 呼延鸾
井上靖诗三首 ·· 郑民钦译
山南海北的溪流（短诗集萃） ················ 王 庆 北 岛
桑 原 于耀江 饶庆年 缪国庆

历史·山川·人物

敦煌曲谱研究实录初篇（敦煌艺术评介·之一）
··· 陈应时
西域人物故事（丝路人物·二） ························ 刘维钧
张大千与敦煌艺术 ···························· 志 凌 赵荣炘
敦煌音乐（敦煌艺术评介·七） ························ 庄 壮
简论井上靖的西域小说（阳关漫语） ·················· 郭来舜
人民大会堂甘肃厅壁画（局部） ················ 李坦克 段兼善
敦煌舞：长沙女引（摄影） ···························· 路 亮

1983 年第 4 期　刊名：《阳关》

目录

探索、创立敦煌文艺流派
探索新边塞诗专辑
略谈异军突起的新边塞诗 ······························ 余开伟

寄语《阳关》 ··· 刘湛秋
新边塞诗在全国各刊物的分布（小资料） ·············· 递 石
敦煌美学谈（二） ···································· 陈 骁

小说·散文

麦苗儿青青（小说） ·································· 徐战文
短篇二题（小说） ···································· 裴立坚
一本难念的经（小说） ································ 胡晓春
期待（小说） ··· 张董家
队长夫妻（小说） ···································· 焦炳琨
在那狂风夜（小说） ·································· 何 奇
山月记（小说） ···················· [日]中岛敦作 赵星海译
大佛一睡八百秋（散文） ······························ 田 瞳
玉门关，你在哪里（散文） ···························· 周德广
华山行（散文） ······································· 浩 岭

诗歌

丝路上 飞天的花瓣（新边塞诗）
致酒泉（诗） ··· 于辛田
在沙漠的底座上（组诗） ······························ 西 北
塞下曲（诗·二首） ··································· 马俊生
西望曲（诗） ··· 阮大华
准噶尔踏秋（诗） ···································· 柏 桦
远方的古堡（诗·外二首） ···························· 阳 飏
山南海北的溪流（短诗集萃） ················ 周同馨 申爱萍等

阳关新绿

湿润润的啼叫（诗） ···························· 王金华 郭 壁等
南市场（小说） ······································· 宁维田

历史·山川·人物

西域人物故事（丝路人物·三） ························ 刘维钧
敦煌曲谱研究实录初篇（敦煌艺术评介·二）········· 陈应时
"伯希和资料"即将重见天日（一） ···················· 夏 凡
敦煌音乐（敦煌艺术评价·八） ························ 庄 壮
丝路新歌（歌曲） ···························· 田文俊词 林 淳曲
疏勒河（摄影） ······································· 赵存福
"玉门好"画展作品选（美术） ························ 张朝东
徐志国 张 建 金 涛 孙俊耀等

1983 年第 5 期　刊名：《阳关》

目录

小说·散文

傍晚，有一个姑娘（小说） ···························· 杏 果
纷纷飘坠的音符（小说） ······························ 景 风
小渠水清清（小说） ·································· 军 礼
悠悠东流水（小说） ·································· 韩绍祖

伊甸乐园（科学幻想小说）⋯⋯⋯⋯⋯⋯魏　威
酒泉女（历史小说）⋯⋯⋯⋯⋯⋯⋯⋯关维智
职务·秘法的产物（小说）
　　　　　　［日］星新一作　陈　浩　黄国超译
塞上绿洲古酒泉（散文）⋯⋯⋯⋯⋯⋯冯名义

诗歌
丝路上　飞天的花瓣（新边塞诗）
沙漠的故事：飞天（诗）⋯⋯⋯⋯⋯⋯菲　可
摇晃的风沙里（诗·外一首）⋯⋯⋯⋯王维洲
出塞的驼铃声（诗·二首）⋯⋯⋯⋯⋯陈　默
土地（诗·外一首）⋯⋯⋯⋯⋯⋯⋯⋯谷　闰
丝路诗情（组诗）⋯⋯⋯⋯⋯⋯⋯⋯⋯唐光玉
从西方奏到东方的交响诗（诗）⋯⋯⋯张常信
井上靖诗四首⋯⋯⋯⋯⋯⋯⋯⋯⋯⋯郑民钦译
山南海北的溪流（短诗集萃）
　　　　徐　泽　孙华文　沈天鸿　易殿选等
则天皇帝陵的构思⋯⋯⋯⋯⋯⋯⋯⋯⋯灰　娃
抒情诗二首⋯⋯⋯⋯⋯⋯⋯⋯⋯⋯⋯郑湛秋
雨中偶思⋯⋯⋯⋯⋯⋯⋯⋯⋯⋯⋯⋯⋯汪玉良

历史·山川·人物
敦煌壁画中的作战图（敦煌艺术评介）马　德
西域人物故事（丝路人物·四）⋯⋯⋯刘维钧
金城钟王——泰和钟⋯⋯⋯⋯⋯⋯⋯⋯解　放
《张大千与榆林窟》一文质疑⋯⋯⋯⋯刘国骋
气吞万里如虎（电影文学剧本·上）⋯马建勋
焉支山的传说（丝路传说）⋯⋯⋯罗新辉搜集整理
敦煌美学谈（二续）⋯⋯⋯⋯⋯⋯⋯⋯陈　骁
敦煌莲花童子雕塑（摄影）⋯⋯⋯⋯⋯周立堂
敦煌特色的地毯图案（美术）⋯⋯⋯⋯黄登仑

1983 年第 6 期　刊名：《阳关》
目录

阳关漫语
从清除精神污染说到敦煌流派⋯⋯⋯⋯嘉　昌

小说·散文
妈妈（小说）⋯⋯⋯⋯⋯⋯⋯⋯⋯⋯⋯赖国清
炉子（小说）⋯⋯⋯⋯⋯⋯⋯⋯⋯⋯⋯刘　策
翻身（小说）⋯⋯⋯⋯⋯⋯⋯⋯⋯⋯⋯杨志明
白鹤飞来时（小说）⋯⋯⋯⋯⋯⋯⋯⋯严森林
但愿人长久（小说）⋯⋯⋯⋯⋯⋯⋯⋯赵　洁
冷风中的倩影（小小说）⋯⋯⋯⋯⋯⋯丁旭光
取经（小小说）⋯⋯⋯⋯⋯⋯⋯⋯⋯⋯冯万全
无题（小小说）⋯⋯⋯⋯⋯⋯⋯⋯⋯⋯贺少雄
情（小小说）⋯⋯⋯⋯⋯⋯⋯⋯⋯⋯⋯杨守信

文抄公的自白（小小说）
　　　　　　［苏］尤·瓦伊诺夫作　车　夫译
谜一样的女人（小小说）⋯⋯⋯［日］星新一作　乔　桑译
诗，写给酒泉（散文）⋯⋯⋯⋯⋯⋯⋯赵开山
骊山情思（散文）⋯⋯⋯⋯⋯⋯⋯⋯⋯陈淀国

诗歌
丝路上　飞天的花瓣（新边塞诗）
唐布拉，我遥远的爱（组诗）⋯⋯⋯⋯鄢家发
塞外抒情诗（诗·二首）⋯⋯⋯⋯⋯⋯郭维东
这是辽阔垦区的一片土地（诗·二首）
　　　　　　　　　　　　　　　　　柏　桦
致祁连山（组诗）⋯⋯⋯⋯⋯⋯⋯⋯⋯翼　华
戈壁笛音（诗·三首）⋯⋯⋯⋯⋯⋯⋯子　页
红柳吟（诗）⋯⋯⋯⋯⋯⋯⋯⋯⋯⋯⋯高　昆
西北行吟（诗·二首）⋯⋯⋯⋯⋯⋯⋯萧振荣
山南海北的溪流（短诗集萃）
　　　　　　樱　子　郑宝富　贾治龙等

探索、创立敦煌文艺流派
探索敦煌舞专辑（二）
　　　　　叶　宁　晓　燕　兰　棣　樊明仁等
花雨醉人洒欧美⋯⋯⋯⋯⋯⋯⋯⋯⋯⋯孙国维

阳关新绿
孩子·童心（诗）⋯⋯⋯⋯⋯肖　政　张维平等
新居（小说）⋯⋯⋯⋯⋯⋯⋯⋯⋯⋯⋯张　琦

历史·山川·人物
海外敦煌曲研究小谈（敦煌艺术评介）席臻贯
草圣张芝和张芝墨池（丝路人物）⋯⋯梁　梁
阳关内外的桑蚕业和丝织品（丝路博物）王进玉
驰取河西　解放酒泉（地方史札记）⋯刘文信
伯希和资料即将重见天日（二）⋯⋯⋯夏　凡
您是什么时候知道"丝绸之路"这名称的呢?
　　　　　　　　　　　　　　　　　楼　梦
气吞万里如虎（电影文学剧本·下）⋯刘建勋
《阳关》一九八三年总目录
胡杨（摄影）⋯⋯⋯⋯⋯⋯⋯⋯⋯⋯⋯王治平
酒泉地区美术作品选
　　　　　张　峰　佐　军　陈新民　李建军

1984 年第 1 期　刊名：《阳关》
目录

探索、创立敦煌文艺流派⋯⋯⋯⋯⋯⋯潘絜兹

小说·散文

又一个啼笑姻缘 ⋯⋯⋯⋯⋯⋯⋯⋯⋯⋯ 窦世荣
七月采撷 ⋯⋯⋯⋯⋯⋯⋯⋯⋯⋯⋯⋯⋯ 雷建政
满师酒 ⋯⋯⋯⋯⋯⋯⋯⋯⋯⋯⋯⋯⋯⋯ 玄承东
公园拾趣 ⋯⋯⋯⋯⋯⋯⋯⋯⋯⋯⋯⋯⋯ 朱光亚
魔方 ⋯⋯⋯⋯⋯⋯⋯⋯⋯⋯ 谢曼丽 贺慈航
鸡叫三遍时 ⋯⋯⋯⋯⋯⋯⋯⋯⋯⋯⋯⋯ 杨来生
玉门行 ⋯⋯⋯⋯⋯⋯⋯⋯⋯⋯⋯⋯⋯⋯ 多红斌
哦，藏经洞 ⋯⋯⋯⋯⋯⋯⋯⋯⋯⋯⋯⋯ 姜法璞

诗歌

丝路上 飞天的花瓣（新边塞诗）
敦煌：一个艺术流派的产生 ⋯⋯⋯⋯⋯ 廖亦武
为了爱情，巴格达不嫌远 ⋯⋯⋯⋯⋯⋯ 李 瑜
我认识这块土地 ⋯⋯⋯⋯⋯⋯⋯⋯⋯⋯ 阳 飏
在西部中国 ⋯⋯⋯⋯⋯⋯⋯⋯⋯⋯⋯⋯ 谷 闻
西行诗草 ⋯⋯⋯⋯⋯⋯⋯⋯⋯⋯⋯⋯⋯ 刘晓滨
西行掠影 ⋯⋯⋯⋯⋯⋯⋯⋯⋯⋯⋯⋯⋯ 张小平
请带去我的牧歌 ⋯⋯⋯⋯⋯⋯⋯⋯⋯⋯ 匡文留
神州花环 ⋯⋯⋯⋯⋯⋯⋯⋯⋯⋯⋯⋯⋯ 秦川牛
山南海北的溪流（短诗集萃）⋯⋯ 徐 泽 钱叶用
张小波 梁谢成 草 青等
东方沙漠的诗
⋯⋯⋯⋯⋯⋯ [沙特阿拉伯] A.阿尔戈赛比著 唐荫荪译

历史·山川·人物

敦煌壁画中的乐伎（敦煌艺术评介·一）⋯⋯ 高德祥
丝路石窟中的荷花艺术 ⋯⋯⋯⋯⋯⋯⋯ 陈履生
悲歌一曲进新疆（地方史札记·一）
⋯⋯⋯⋯⋯⋯⋯⋯⋯⋯⋯⋯ 赵荣昕 姜荣治
西域人物故事（丝路人物·五）⋯⋯⋯⋯ 刘维钧

阳关漫语

旗帜鲜明地抵制精神污染 ⋯⋯⋯⋯⋯⋯ 杨仲凡
卫青（电影文学剧本·上）⋯⋯⋯⋯ 傅安球 吕锡生
雄关映雪（摄影）⋯⋯⋯⋯⋯⋯⋯⋯⋯⋯ 吴 健
永恒（国画）⋯⋯⋯⋯⋯⋯⋯⋯⋯⋯⋯⋯ 张朝东

1984 年第 2 期　刊名:《阳关》
目录

探索、创立敦煌文艺流派

鲁迅论敦煌艺术与现代木刻 ⋯⋯⋯⋯⋯ 邓啸林

小说·散文

挑战 ⋯⋯⋯⋯⋯⋯⋯⋯⋯⋯⋯⋯⋯⋯⋯ 周 熠
夜深沉 ⋯⋯⋯⋯⋯⋯⋯⋯⋯⋯⋯⋯⋯⋯ 王家达
痴情汉曹三的故事 ⋯⋯⋯⋯⋯⋯⋯⋯⋯ 何生祖

我和沙妮 ⋯⋯⋯⋯⋯⋯⋯⋯⋯⋯⋯⋯⋯ 肖滋云
失败者 ⋯⋯⋯⋯⋯⋯⋯⋯⋯⋯⋯⋯⋯⋯ 李治邦
"金凤凰"变奏曲（报告文学）⋯⋯⋯ 赵开山 杨利民
写于再探丝绸古道之后 ⋯⋯⋯⋯⋯⋯⋯ 吴景山
黑风奇观 ⋯⋯⋯⋯⋯⋯⋯⋯⋯⋯⋯⋯⋯ 张怀德
阳关的风 ⋯⋯⋯⋯⋯⋯⋯⋯⋯⋯⋯⋯⋯ 阎晓明

诗歌

丝路上 飞天的花瓣（新边塞诗）
山地回忆 ⋯⋯⋯⋯⋯⋯⋯⋯⋯⋯⋯⋯⋯ 昌 耀
诗三首 ⋯⋯⋯⋯⋯⋯⋯⋯⋯⋯⋯⋯⋯⋯ 周 涛
火焰山 ⋯⋯⋯⋯⋯⋯⋯⋯⋯⋯⋯⋯⋯⋯ 贺东久
吐鲁番之歌 ⋯⋯⋯⋯⋯⋯⋯⋯⋯⋯⋯⋯ 孙 涛
采桑女和丝绸路 ⋯⋯⋯⋯⋯⋯⋯⋯⋯⋯ 杨绍武
紫苜蓿花 ⋯⋯⋯⋯⋯⋯⋯⋯⋯⋯⋯⋯⋯ 梅 子
肃北蒙古族歌谣 ⋯⋯⋯⋯⋯⋯⋯⋯ 窦步青采集翻译
山南海北的溪流（短诗集萃）
⋯⋯⋯⋯ 熊召政 马绪英 杨川庆 熊 明泽
东方沙漠的诗 ⋯⋯⋯⋯⋯ [沙特阿拉伯] A.阿尔戈赛比著
唐荫荪译

历史·山川·人物

敦煌"藏经洞"之谜 ⋯⋯⋯⋯⋯⋯⋯⋯⋯ 何昌林
敦煌壁画《金毛狮子》（敦煌艺术评介）⋯⋯⋯ 春 华
敦煌壁画中的乐伎（敦煌艺术评介·二）⋯⋯ 高德祥
悲歌一曲进新疆（地方史札记·二）
⋯⋯⋯⋯⋯⋯⋯⋯⋯⋯⋯⋯ 赵荣昕 姜荣治
西域人物故事（丝路人物·六）⋯⋯⋯⋯ 刘维钧
旃檀鼓·绿宝石（丝路传说·三则）
⋯⋯⋯⋯⋯⋯ 梁梁 王彰明 陈 钰
卫青（电影文学剧本·下）⋯⋯⋯⋯ 傅安球 吕锡生
鹿场秋色（摄影）⋯⋯⋯⋯⋯⋯⋯⋯⋯⋯ 赵洪斗
清早（国画）⋯⋯⋯⋯⋯⋯⋯⋯⋯⋯⋯⋯ 鸣 齐

1984 年第 3 期　刊名:《阳关》
目录

小说·散文

九九花 ⋯⋯⋯⋯⋯⋯⋯ 喆 夫 陆 新 胜 果
七夕 ⋯⋯⋯⋯⋯⋯⋯⋯⋯⋯⋯⋯⋯⋯⋯ 周 翔
月色溶溶夜 ⋯⋯⋯⋯⋯⋯⋯⋯⋯⋯⋯⋯ 戚子明
小村里的灯光 ⋯⋯⋯⋯⋯⋯⋯⋯⋯⋯⋯ 焦炳琨
雨后的故事 ⋯⋯⋯⋯⋯⋯⋯⋯⋯⋯⋯⋯ 周彩人

儿童文学小辑

安徒生的童话和插图 ⋯⋯⋯⋯⋯⋯⋯⋯ 叶君健
老俩口做箱子 ⋯⋯⋯⋯⋯⋯⋯⋯⋯⋯⋯ 谷斯涌
玉泉活水 ⋯⋯⋯⋯⋯⋯⋯⋯⋯⋯⋯⋯⋯ 易希高

在鲜艳的队旗下⋯⋯⋯⋯⋯⋯⋯⋯⋯王文焕

诗歌

丝路上 飞天的花瓣（新边塞诗）
瀚海中的创世纪⋯⋯⋯⋯⋯⋯⋯⋯唐晓渡
我渴望一次启程（外一首）⋯⋯⋯庞壮国
边塞游踪（组诗）⋯⋯⋯⋯⋯⋯⋯张 扬
绿色风情（四首）⋯⋯⋯⋯⋯⋯⋯边国政
写在丝绸之路上（组诗）⋯⋯⋯⋯何 鹰
唱给这片神奇的土地（三首）⋯⋯胡丰传
古丽扎⋯⋯⋯⋯⋯⋯⋯⋯⋯⋯⋯东方迅滋
风城（二首）⋯⋯⋯⋯⋯⋯⋯⋯⋯屈 直
人生之旅⋯⋯⋯⋯⋯⋯⋯⋯⋯⋯⋯叶延滨
黄山四题⋯⋯⋯⋯⋯⋯⋯⋯⋯⋯⋯缪国庆
山南海北的溪流（短诗集萃）
⋯⋯⋯⋯⋯⋯王中朝 黄 准 木 斧等

阳关新绿

舞台中心（小小说）⋯⋯⋯⋯⋯⋯张 凡
疏勒河畔（诗五首）⋯⋯刘惠生 卞云沛 何生福

历史·山川·人物

黑山石刻随想⋯⋯⋯⋯⋯⋯⋯⋯⋯陈履生
敦煌曲谱研究实录初篇补遗（敦煌艺术评介）
⋯⋯⋯⋯⋯⋯⋯⋯⋯⋯⋯⋯⋯⋯陈应时
敦煌变文中的王昭君（敦煌文学评介）
⋯⋯⋯⋯⋯⋯⋯⋯⋯⋯杜志学 杨安弛
西域人物故事（丝路人物·七）⋯刘维钧
佛经寓言故事（一）⋯⋯⋯⋯⋯⋯谢莽子
五色井·月牙泉·梧桐树（丝路传说·八则）
⋯⋯⋯⋯⋯⋯陈 钰 唐光玉 张静昌
交河故城（摄影）⋯⋯⋯⋯⋯⋯⋯张世英
铜版习作⋯⋯⋯⋯⋯⋯⋯⋯⋯⋯⋯魏 谦

1984 年第 4 期　刊名:《阳关》
目录

探索、创立敦煌文艺流派

探索新边塞诗专辑（二）
新边塞诗的时空观念⋯⋯⋯⋯⋯⋯谢 冕
新边塞诗和新边塞诗派⋯⋯⋯⋯⋯郑兴富
关于新边塞诗的通信⋯⋯⋯⋯⋯⋯杨 牧
新边塞诗——开拓者文学的强音⋯余开伟
大有作为的西北诗歌⋯⋯⋯⋯⋯⋯孙克恒

诗歌

新边塞诗 西部中国的强音
天山 遥远的歌⋯⋯⋯⋯杨 牧 周 涛 李 瑜

章德益 谷 闰 陶若凌 汪文勤 顾丁昆 张小平
敦煌 飞天的花瓣⋯唐 祈 林 染 李云鹏 唐光玉
嘉 昌 菲 可 封新成 翼 华 张子选 晏 苏
行吟在丝绸之路⋯⋯⋯⋯⋯⋯鄂家发 晏 明 雷 霆
宫 玺 廖亦武 王 也 陈敬容 晓 钢 王 璞
［日］井上靖
山南海北的溪流
青春的旋律⋯⋯⋯⋯⋯⋯⋯⋯⋯韩作荣 宋 琳
陈所巨 饶庆年 阳 飏 谢克强
大地和少女⋯⋯⋯⋯⋯⋯⋯⋯⋯傅天琳 梅绍静
筱 敏 吕 新 雪 村 曾静平 樱 子
淙淙的小溪⋯⋯⋯⋯⋯⋯⋯⋯⋯林 子 李风海
段 玫 陈应松 沈天鸿 向 荣 徐 泽
阳关新绿（酒泉新人之页）
⋯⋯⋯⋯王金华 殷建国 葛玉成 郭益成 李劲杨

散文

伊宁巴扎⋯⋯⋯⋯⋯⋯⋯⋯⋯⋯⋯赵丽宏
火焰山⋯⋯⋯⋯⋯⋯⋯⋯⋯⋯⋯⋯曾 捷
魔鬼城散记⋯⋯⋯⋯⋯⋯⋯⋯⋯⋯李福欣
蓝蓝的赛里木湖⋯⋯⋯⋯⋯⋯⋯⋯陈红燕
沙海海踪⋯⋯⋯⋯⋯⋯⋯⋯⋯⋯⋯多红斌
将军杨⋯⋯⋯⋯⋯⋯⋯⋯⋯⋯⋯⋯王立新
高台烈士陵园抒怀⋯⋯⋯⋯⋯⋯⋯郑世隆
碧空丝路⋯⋯⋯⋯⋯⋯⋯⋯⋯⋯⋯陈晋铉
麦积山秀⋯⋯⋯⋯⋯⋯⋯⋯⋯杨仲凡 郭国钧

历史·山川·人物

乾隆诗赞甘肃民众支援西师（阳关诗话）⋯⋯周 轩
盛唐西域诗和西域（阳关诗话·一）⋯⋯张春山
额敏塔（摄影）⋯⋯⋯⋯⋯⋯⋯⋯张世英
少女·合力·负荷（雕塑）⋯⋯⋯杜永卫

1984 年第 5 期　刊名:《阳关》
目录

探索、创立敦煌文艺流派

也谈敦煌文艺流派⋯⋯⋯⋯⋯⋯⋯马 嘶
敦煌美学谈（三）⋯⋯⋯⋯⋯⋯⋯陈 骁

小说·散文

高高的发射架（报告文学）⋯⋯⋯杨炳云
入学⋯⋯⋯⋯⋯⋯⋯⋯⋯⋯⋯⋯⋯程 工
天葬⋯⋯⋯⋯⋯⋯⋯⋯⋯⋯⋯⋯⋯苏寿林
盼归⋯⋯⋯⋯⋯⋯⋯⋯⋯⋯⋯⋯欧阳宏生

阳关新绿

写在六月的祁连山村（新边塞诗）

在祁连山脚下（组诗）············王文焕
山恋·····················李劲杨
走进六月的果园···············黄　柏
山妹子，走，赶集去·············肖　玫
我要进山去··················王金华
我，祁连雪峰下的男子汉··········张　勇
石匠村山歌··················杨学斌
房东家的姑娘·················段瑞伟
山间牧道····················殷建国
打碗花·····················玉　成
骆驼队·····················贺　琦
从春天飞来··················赵和峰
你捧起这片绿色的沃土············马占江
塞上乡情

散文

足音······················孟建中
啊，榆树····················吴　明
补鞋······················史小溪
酒泉酒·····················张怀德
昌马漫游·············李汉军　王京凤

敦煌学

敦煌学发凡（敦煌学的形成和发展·一）··窦侠父
《敦煌琵琶谱》的来龙去脉··········何昌林
敦煌壁画与古代舞蹈（一）··········费秉勋
敦煌壁画中的古代体育············梁元春

历史·山川·人物

丝路民俗考察记（甘肃篇·上）········丘桓兴
酒泉与昆仑··················大　漠
盛唐西域诗和西域（阳关诗话二）······张春山
西域人物故事（丝路人物·八）········刘维钧
佛经寓言故事（二）·············谢莽子
猎人和鹰（摄影）··············黄理孝
绿洲·篝火（木刻）·············江　雪

1984 年第 6 期　刊名:《阳关》
目录

小说·散文

天马起飞···················马　序
莽莽黑戈壁··················张庆豫
祭灶老碗会··················薛军礼
刀对鞘···············芦开文　关维智
诗人·······〔德〕赫·海塞著　徐文一译　刘宪之校

诗歌

丝路上　飞天的花瓣（新边塞诗）
在大西北（三首）··············王维洲
从世界屋脊到准噶尔盆地（二首）······黎焕颐
葡萄园情歌··················郭维东
向着憧憬的绿洲（组诗）···········黄秉荣
敦煌······················杨绍武
高昌壁杂咏··················里　辛
宕泉河情思··················晏建中
山南海北的溪流（短诗集萃）
·······黄　坤　黄东成　李　霞　钱叶用　杜显斌等
战士，深情的青春（组诗）··········黄　柏
戈壁草（散文诗）··············嘉　昌
莫高窟风情··················林家平
丝路传说
地毯之父·和田与罗羌古城（四则）·····唐光玉
毛公祠·九莲寺（二则）·······赵开山　王天虎

历史·山川·人物

丝路民俗考察记（甘肃篇·中）········丘桓兴
于右任先生与莫高窟·············姜生治
李约瑟博士参观莫高窟············王进玉
西域人物故事（丝路人物·九）········刘维钧
佛经寓言故事（三）·············谢莽子

敦煌学

敦煌学发凡（敦煌学的形成和发展·二）··窦侠父
敦煌壁画与古代舞蹈（二）··········费秉勋
《阳关》一九八四年总目录
第四届河西美术摄影联展作品选
··············高　山　孙兴学　李炳光

1985 年第 1 期　刊名:《阳关》
目录

酒泉地区召开文学艺术工作者第一次代表大会
························金　名

探索、创立敦煌文艺流派
"敦煌文艺流派奖"一九八四年获奖名单
······················本刊编辑部
"敦煌组舞"说明···············高金荣
敦煌组舞观后
丝路舞坛上的又一束鲜花···········叶一舟
翩若惊鸿　婉若游龙·············翠　筱

小说·散文

现代女性（小说）··············李好学

颠倒了的审讯（小说）⋯⋯⋯⋯⋯⋯⋯⋯⋯⋯袁文辉
强者（小说）⋯⋯⋯⋯⋯⋯⋯⋯⋯⋯⋯⋯⋯何良才
没有影子的人（小说）⋯⋯⋯⋯林衡夫　祝金生

阳关新绿
绿洲边缘（小说）⋯⋯⋯⋯⋯⋯⋯⋯⋯⋯⋯朱　坤
抓风（小说）⋯⋯⋯⋯⋯⋯⋯⋯⋯⋯⋯⋯⋯郭宝山
莫贺延碛（历史小说）⋯⋯⋯⋯⋯⋯⋯⋯⋯何生祖

杜子春（历史小说）
⋯⋯⋯⋯⋯⋯［日］芥川龙之介著　赵星海译
神山探胜（散文）⋯⋯⋯⋯⋯⋯⋯⋯⋯⋯⋯张俊彪

诗歌
新边塞诗　西部中国的强音
我见到了大漠和苜蓿草（二首）⋯⋯⋯⋯吕　新
高原之虹（组诗）⋯⋯⋯⋯⋯⋯⋯⋯⋯⋯⋯叶延滨
大西北献诗（四首）⋯⋯⋯⋯⋯⋯⋯⋯⋯阳　飏
丝绸之路⋯⋯⋯⋯⋯⋯⋯⋯⋯⋯⋯⋯⋯⋯⋯柏　桦
西行拾意（二首）⋯⋯⋯⋯⋯⋯⋯⋯⋯⋯刘　镇
月牙泉的悲吟（外一首）⋯⋯⋯⋯⋯⋯⋯张恩奇
舞台上下（外二首）⋯⋯⋯⋯⋯⋯⋯⋯⋯余薇野
生活的乐章（组诗）⋯⋯⋯⋯⋯⋯⋯⋯⋯韩作荣
爱情十四行诗（组诗）⋯⋯⋯⋯⋯⋯⋯⋯杨　树

阳关新绿
终于这样嫩红（外一首）⋯⋯⋯⋯⋯⋯⋯胡文平
妈妈抛下我走了（外一首）⋯⋯⋯⋯⋯⋯葛玉成
莫高窟风情画（散文诗）⋯⋯⋯⋯⋯⋯⋯林家平

敦煌学
五条弦出万端情——介绍叶栋破译的"五弦琵琶谱"
⋯⋯⋯⋯⋯⋯⋯⋯⋯⋯⋯⋯⋯⋯⋯⋯⋯⋯金建民
苏联科学院《亚洲民族研究所敦煌文献馆藏中国经卷
目录》前言⋯⋯⋯⋯⋯缅希科夫著　袁席篯译
敦煌学发凡（敦煌和敦煌莫高窟·一）⋯窦侠父

历史·山川·人物
丝路民俗考察记（甘肃篇·下）⋯⋯⋯丘桓兴
西凉文学述略⋯⋯⋯⋯⋯⋯⋯⋯⋯⋯⋯⋯赵以武
西域人物故事（丝路人物·十）⋯⋯⋯刘维钧

1985 年第 2 期　刊名:《阳关》

目录

中国西部传奇电影文学剧本
大漠奇侠⋯⋯⋯⋯⋯⋯⋯⋯⋯⋯⋯张　方　箫　鸣

小说·散文
蓝色的拉萨河（中篇小说）⋯⋯⋯⋯⋯⋯陈　礼

阳关新绿
不起眼的申请人（小说）⋯⋯⋯⋯⋯⋯⋯石　勇
正草隶篆（小说）⋯⋯⋯⋯⋯⋯⋯⋯⋯⋯张　凡
曲弯的卷发（小说）⋯⋯⋯⋯⋯⋯⋯⋯⋯邱发善
啊，妈妈（小说）⋯⋯⋯⋯⋯⋯⋯⋯⋯⋯孟建中
北国奇葩（散文）⋯⋯⋯⋯⋯⋯⋯⋯⋯⋯薛贵瑞
路（散文）⋯⋯⋯⋯⋯⋯⋯⋯⋯⋯⋯⋯⋯赵和峰
戈壁之晨（散文）⋯⋯⋯⋯⋯⋯⋯⋯⋯⋯陈　骁

诗歌
莫高窟风情画（散文诗·三）⋯⋯⋯⋯⋯林家平
新边塞诗　西部中国的强音
绿洲之歌（外一首）⋯⋯⋯⋯⋯⋯⋯⋯⋯林　染
奔腾的伊犁河（组诗）⋯⋯⋯⋯⋯⋯⋯⋯李　瑜
祁连之恋（外二首）⋯⋯⋯⋯⋯⋯⋯⋯⋯王文焕
九月里（外一首）⋯⋯⋯⋯⋯⋯⋯⋯⋯⋯王金华
寄自地质队的诗笺（组诗）⋯⋯⋯⋯⋯⋯曹长林
山南海北的溪流
我寻找我的故乡⋯⋯⋯⋯⋯⋯⋯⋯⋯⋯⋯蒯凤洁
你去了⋯⋯⋯⋯⋯⋯⋯⋯⋯⋯⋯⋯⋯⋯⋯徐　泽
秋天素描⋯⋯⋯⋯⋯⋯⋯⋯⋯⋯⋯⋯⋯⋯熊　雄
春天⋯⋯⋯⋯⋯⋯⋯⋯⋯⋯⋯⋯⋯⋯⋯⋯骆一禾
白雪的故乡（外一首）⋯⋯⋯⋯⋯⋯⋯⋯陈红燕

阳关新绿
临水河畔的人家（组诗）⋯⋯⋯⋯⋯⋯⋯劲　杨
布谷鸟唱出的村歌——介绍组诗《临水河畔的人家》
⋯⋯⋯⋯⋯⋯⋯⋯⋯⋯⋯⋯⋯⋯⋯⋯⋯⋯递　石

丝路传说
凤凰山·塔尔寺（西宁风物传说）⋯⋯⋯唐光玉
老君庙（玉门风物传说）⋯⋯⋯⋯⋯⋯⋯王彰明
玉石山（嘉峪关风物传说）⋯⋯⋯⋯⋯⋯张军武

敦煌学
敦煌学发凡（敦煌和敦煌莫高窟·二）⋯窦侠父
敦煌壁画中的琵琶⋯⋯⋯⋯⋯李世奇　柳廷信

历史·山川·人物
西域人物故事（丝路人物·十一）⋯⋯⋯刘维钧
天山牧歌（摄影）⋯⋯⋯⋯⋯⋯⋯⋯⋯⋯雪　峰
丝路风情·晌午（木刻）⋯⋯⋯⋯⋯⋯⋯胡有全

1985 年第 3 期　刊名:《阳关》

目录

小说·散文

失眠在野马河边（小说）·························张 驰
山光物态弄春晖（小说）·························陈 晨
蓝天，飘过一朵白云（小说）·····················陈桂林
含月（小说）·································代絮冬
乔女（小说）·································娄炳成
美人鱼（小说）

　　　　　　　R.E.斯温德尔斯作　袁席箴译

阳关新绿

南方姑娘（小说）·····························孙多生
井喷（小说）·································张晓军
鞋摊，丢失了的（小小说）·······················魏 薇
路，在脚下延伸（小小说）·······················李 伟
鸣沙晨曲（散文）·····························戴生清
夫妻夜话（小小说）···························吴 明
戈壁探奇（散文）·····························樊明仁
巴里坤马之歌（散文）·························俞言琳

诗歌

莫高窟风情画（散文诗·四）·····················林家平
雪泥鸿爪集（散文诗）·························吴辰旭
新边塞诗　西部中国的强音
送你到西北去·······························曹 剑
草原诗四首·································吴雨初
边城（外一首）·····························燎 原
大甸牧歌（三首）·····························杜显斌
祁连山月（二首）·····························刘毅然
写在大地上的诗（组诗）·······················何 鹰
祁连山这边那边（二首）·······················呼岩鸾
向昆仑报到·································李民政
大自然与花·································王文焕

阳关新绿

沙漠上的女儿兵····························段瑞伟
祁连山村的新事（二首）·······················刘世朝

敦煌学

《敦煌廿咏》（敦煌文学评介）·····················马 德
敦煌学发凡（敦煌和敦煌学·一）···················窦侠父

历史·山川·人物

说骆驼（一）·································李玉寿
丝路沧桑（丝路名胜地理·一）·······李绍雄　冀淑梅
西域人物故事（丝路人物·十二）···················刘维钧

论作家的语言风格（阳关漫语）···················李济阳
兰州附近的黄河水车（摄影）·····················鲁忠民
第四届河西联展酒泉地区美术作品选登········张朝东

1985 年第 4 期　刊名:《阳关》

目录

小说·散文

山那面来客（长篇小说《莫高窟恨史》选载）····赵燕翼
匡山灯火（《李白的童话》之二）···················陈尚铭
神案始末（侦破小说）·························焦炳琨
胡杨树下的幽情·····························智咏星
榆林峡谷·································轶 石
高高的山梁上·······························何 奇
最后一个晚上·······························河 平
月亮的小船·································莫 阳
父亲的遗物·································张永基

诗歌

莫高窟风情画（散文诗·五）·····················林家平

丝路传说

天池（乌鲁木齐风物传说二则）···················唐光玉
红山峡·西云观（敦煌风物传说二则）

　　　　　　　　　　　　　　陈 钰　张静昌
讨来河·双泉（嘉峪关风物传说二则）···········张军武
回回城·五花山（玉门风物传说二则）

　　　　　　　　　　　　　　王彰明　张怀德

探索、创立敦煌文艺流派

继承敦煌壁画传统基础上的创新···················邓全施
对新边塞诗两个问题的质疑·····················余开伟

敦煌学

敦煌学发凡（敦煌和敦煌学·二）···················窦侠父

历史·山川·人物

说骆驼（二）·································李玉寿
丝路沧桑（丝路名胜地理·二）·······李绍雄　冀淑梅
西域人物故事（丝路人物·十三）···················刘维钧
阿克塞　哈萨克族传统体育考察···················梁元春
民勤县的一个庄堡（摄影）·······················鲁忠民
荒山新林（木刻）·····························胡有全等

1985 年第 5 期　刊名:《阳关》
目录

小说·散文

吊大坂北侧 ————————————————————— 苏寿林
戒（小说）————————————————————————— 杨　雄
妻子 ———————————————————————————— 多红斌
丽人行 ——————————————————————————— 杨来生
洪水 ——————————————— ［日］井上靖著　赖育芳译

阳关新绿

戈壁滩上的飞行员 ————————————————— 龙　剑
清粼粼的月牙泉水 ————————————————— 吴永成
艳阳天 ——————————————————————————— 郝德生
石包城访古 ————————————————————— 刘国聘
戈壁红柳 ——————————————————————————— 群　峰

诗歌

莫高窟风情画（六）————————————————— 林家平
新边塞诗　西部中国的强音
在西部中国行吟 ————————————————————— 林　染
矗立的形象（组诗）————————————————— 翼　华
雪域·春天·趣闻 ————————————————————— 曾有情
山南海北的溪流 ——————— 赵健雄　李平太　刘惠生
古平原上的风景（组诗）————————————— 鄢家发
夏羊印象 ——————————————————————————— 吴辰旭

阳关新绿

我们去参加舞会（外一首）——————————— 刘德义
我播种二月（外二首）——————————————— 李劲杨
敦煌季风（二首）————————————————————— 鸣　沙
拉驼人（外一首）————————————————————— 胡文平
童年（外一首）——————————————————————— 肖　玫
铡草（外一首）——————————————————————— 雪　蝉
雾中祁连 ——————————————————————————— 王　征
童心（二首）——————————————————————— 莫月关
妻子 ———————————————————————————— 祁金亮
红柳 ———————————————————————————— 于长卿
那时你要走了 ————————————————————— 杨东平

敦煌学

敦煌（一）—————————— ［日］长泽和俊著　柴　门译
古敦煌民间的《阴阳书》、《星占书》、《鸟占书》
————————————————————————————————— 高国蕃

历史·山川·人物
把敦煌建设成为具有开放型经济结构的旅游县
————————————————————————————————— 陈传康

丝路沧桑（三）———————————— 李绍雄　冀淑梅
西域人物故事（十四）————————————————— 刘维钧
戈壁流沙（八场歌剧·一）————————————— 赵叔铭
绣 ————————————————————————————————— 雪　峰
秋色赋·叠翠（木刻）————————————————— 江　雪

1985 年第 6 期　刊名:《阳关》
目录

西部影剧

敦煌（电影文学剧本）

—————————— ［日］井上靖原著　古田刚改编
戈壁流沙（八场歌剧·二）————————————— 赵叔铭

小说·散文

青杏（小说）——————————————————————— 张怀德
强扭的瓜，变甜了 ————————————————— 刘俊奇
心中的绿洲 ————————————————————— 杨守信

诗歌

新边塞诗　西部中国的强音

远行的树 ——————————————————————————— 潞　潞
西部，在寻找一个人（外一首）——————— 鹤　坪
沿着沙漠（组诗）————————————————————— 吕　新
西番窑的女人（三首）——————————————— 石　流
将军与城（组诗）————————————————————— 李　瑜

阳关新绿

牧羊人的妻子 ————————————————————— 付长洲
戈壁草 ——————————————————————————— 种棵枫
戈壁，呼唤我来的 ————————————————— 火兴明
走进绿色的郊野 ————————————————————— 牟恒文
青春期 ——————————————————————————— 方　晓
春天，草坡上的孩子 ————————————————— 李东风
幼稚 ———————————————————————————— 张燕玲
吉他 ———————————————————————————— 胡志鸿
多彩的、多彩的土地（散文诗·四章）——— 嘉　昌
莫高窟风情画（散文诗·七）—————————— 林家平
酒泉宝卷

酒泉的宝卷————— 谭蝉雪　高正刚　郭　仪　谢生保
［附］鹦鸽宝卷 ————————————————— 谢生保整理校订

敦煌学

从敦煌壁画看古代画家的创新精神 —————— 段兼善
敦煌（二）—————————— ［日］长泽和俊著　柴　门译
"功德钱"之谜 ————————————————————— 张德明

历史·山川·人物

酒泉，历史的掠影（地方史札记）————————关维智
把敦煌建设成为具有开放型经济结构的旅游县（二）
——————————————————————陈传康
历算学家赵政和玄始历（丝路人物）——————王进玉

丝路传说

狮奴（安西风物传说）——————————————王化民
怒斩游击（嘉峪关风物传说）————————————王永智
冬不拉的传说（新疆风物传说）———[哈]艾奴瓦尔
色彩斑斓　别具风采——浅谈"丝路传说"———杨培德
节日之夜的酒泉鼓楼（摄影）—————————————芦　茂
祁连牧驼图·酒泉之夏（烙画）————————————高建新

1986年第1期　刊名:《阳关》
目录

创刊七年笔谈
为《阳关》创刊七年题词
——————————————中共酒泉地委书记　郭振江
赞《阳关》——————————酒泉地区行署专员　赖学中
作家的阳关大道————————中共甘肃省委顾问　杨植霖
七年辛苦不寻常—————甘肃省文联副主席　谢昌余

诗歌
山·海·星·梵高（组诗）——————————————雪　村

西部之歌
疏勒河（组诗）——————————————————傅天琳
西去的爱（外二首）————————————————王中朝
酒泉地区青年作者特辑
青春四重奏————段金泉　张子选　李劲杨　王金华
美丽的河西走廊（七首）
——————————冉晓珍　王龙　于刚　鸣　沙
开在军营的花朵（四首）———河　平　张　勇　李民政
疏勒戈壁上的村歌（六首）——————————————火兴明
张正彬　胡志鸿　王文焕　方　晓　雨　润
本期诗歌介绍——————————————————林　染

西部传奇
丝路侠影（中篇西部传奇小说·一）——————唐光玉
祁神乞子（敦煌壁画故事·一）————————————梁　梁

小说·散文
铺在戈壁绿洲的坚实足迹（报告文学）————刘克智
山里，有只玉镯儿—————————————————代絮冬
素牛肉——————————————————————陈宇文
女仆——————————————[英]克里斯蒂　唐　林译

幸运的夜盗——————————[法]莫泊桑著　郭　洛译

阳关新绿
最后一缕晚霞—————————————————郝德生
沙海情深——————————————————————李龙剑
皎皎瓜田月——————————————————————毛天才
古城喀什——————————————————————赵世骞
西部影剧
敦煌（电影文学剧本·二）
——————————[日]井上靖原著　吉田刚编剧

历史·山川·人物
酒泉　历史的掠影（地方史札记·二）——关维智
丝路沧桑（丝路名胜地理·四）———李绍雄　冀淑梅

敦煌学
敦煌（三）——————————[日]长泽和俊著　柴　门译
雁归（摄影）——————————————————巴伊尔孟克
敦煌莫高窟（油画）
练（石刻）————————————————陈登义　田雨泽

1986年第2期　刊名:《阳关》
目录

创刊七年笔谈
西部刊物一枝花——————————————————余　斌
呼唤中华民族文化意识的觉醒————————潘絜兹
总是阳关情——————————————————————林致中
《阳关》七岁——————————————————————嘉　昌
幽深神秘的丝绸之路……向我走来————傅天琳
纯朴厚重，象戈壁上的骆驼————————————何　山

小说·散文
驱赶乌鸦的人——————————————————张　弛
黑人沟——————————————————————陈卫基
海葬——————————————————————————王健和
明天，在这里——————————————李学香　陈雨润
种菜状元——————————————————————谭大海
骑摩托的女摄影师————————————————夏惠春
向她走去——————————————————————肖　树
三上月牙泉——————————————————————群　峰
探索　创立敦煌文艺流派
西部诗论特辑——————————杨　牧　昌　耀　周　涛
林　染　张子选　何　来　许文郁　浩　明
关于西部文学的美学构想——————————————陈　骁
丝路留鸿
纪念刘志丹同志牺牲五十周年（诗·四首）———黄罗斌
诗九首——————————薛德元　汪　都　刘兴义　张尔进

诗歌

西部之歌

据说,那大西北 …………………………… 李 琦
西北望 ……………………………………… 马合省
在苍茫的叶尔羌 …………………………… 李 瑜
边塞诗情 …………………………………… 翼 华
丝绸之路 …………………………………… 袁世兴
阳关新绿(十二首) ……………… 胡 杨 陈丽华
鸣 沙 肖 玫 葛玉成 地 光
山南海北的溪流 …………… 李元胜 潘永翔等
莫高窟风情画(散文诗·八) …………… 林家平
女兵情歌(散文诗) ……………………… 李民政

西部传奇

丝路侠影(中篇西部传奇小说·二) …… 唐光玉
奇梦怀胎(敦煌壁画故事·二) ………… 梁 粱

丝路传说

变化泉(安西风物传说·一则) ………… 李雪松
迎春门·净身泉(玉门风物传说·二则) …… 王彰明
铁牌游击·二龙戏珠(嘉峪 关风物传说·二则)
………………………………………… 张军武

历史·山川·人物

丝路民俗考察记(新疆巴里坤草原风情·一)
………………………………………… 丘桓兴
夜光杯考略(丝路博物) …………………… 王见余
春蚕锦绣映华章(丝路人物) …………… 杨仲凡

敦煌学

"敦煌文学"献疑 …………………………… 黄家全
敦煌(四) ……………… [日]长泽和俊著 柴 门译
琵琶反弹是何因? ………………………… 高德祥
香妃墓 ……………………………………… 陈晋铉
莫高窟·白马塔 …………………………… 黄登仑

1986 年第 3 期 刊名:《阳关》

目录

创刊七年笔谈
编者的勇气与刊物的风格 ………………… 马 嘶
今日阳关之风貌 …………………………… 清 波
一座新的阳关 ……………………………… 关维智
大漠风爱抚的小草 ………………………… 曹永安
为大漠点染出一抹浓绿 …………………… 何生祖
友情和诗情 ………………………………… 段 玫
自己的风格和特色 ………………………… 高金荣

小说·散文

阳关新绿

楼兰公主(中篇历史小说) ……………… 莫 阳
长途电话 …………………………………… 杨 雄
桂花飘香 …………………………………… 王化理
幸弟 ………………………………………… 夏中琪
丧事 ………………………………………… 陈兴红
试金石 ……………………………………… 徐志远
奶奶的月牙泉 ……………………………… 张文德
如梦的哈拉诺尔 …………………………… 刘国聘

诗歌

西部之歌

藏风(组诗) ……………………………… 阿 坚
西北隅(组诗) …………………………… 阳 飏
青海湖写意(组诗) ……………………… 匡文留
井上靖诗三首 ……………………………… 郑民钦译
阳关新绿(五首) ………………………… 梁翠花
山南海北的溪流(八首) ………… 韦 锦 王小鸥等
骚动的夏天(组诗) ……………………… 刘立云
寓言诗三首 ………………………………… 宫 玺
莫高窟风情画(散文诗·九) …………… 林家平
敦煌三唱(散文诗) ……………………… 吴辰旭

阳关漫语

酒泉地区作者、作品漫评
读张辉的《岑参边塞诗选》 ……………… 李正宇
激越而质朴的心声 ………………………… 刘 琪
为有源头活水来 …………………………… 牧 野
关于西部文学的美学构想(二) ………… 陈 骁

西部传奇

烧酒巷(西部风情故事) ………………… 高正刚
丝路侠影(中篇西部传奇小说·三) …… 唐光玉
树下诞生(敦煌壁画故事·三) ………… 梁 粱
西部影剧
绿宝石的故事(丝路传说电视剧) ……… 金行健

历史·山川·人物

丝路拾珠 …………………………………… 张 波
丝路民俗考察记(新疆巴里坤草原风情·二)
………………………………………… 丘桓兴
丝路沧桑(丝路名胜地理·五) ……… 李绍雄 冀淑梅
酒泉故城·敦煌月牙泉原貌(摄影)
早春·农家小院(木刻) ………………… 江 雪

1986 年第 4 期　刊名:《阳关》
目录

"玉门人"专页
玉门石油管理局文学爱好者协会供稿

小说·散文
阳关新绿
楼兰公主（中篇历史小说·二）······莫　阳
金客······李占忠
他，醉了······盛大斌
阿茵······张彦芬
心尘涤尽蘑菇台······张而驰
凶手来自雪山猩猩林······焦炳琨
昆仑玉······［日］井上靖著　赖育芳译

诗歌
西部之歌
阳关新绿（十一首）······筱　杰　李劲杨　方　晓等
野马渡，带着我的乳名我来看望你······朱　疆
奔驰的灵魂（组诗）······东　虹
西北之旅（二首）······黎焕颐
河西走廊（外一首）······柯　原
古城门（外一首）······沈天鸿
山南海北的溪流（七首）······曹　剑　梁谢成　徐　勤等
莫高窟风情画（散文诗·十）······林家平
诗，切忌造作（编辑札记）······递　石

历史·山川·人物
从恰克图到伊犁
······［苏联］弗·阿·奥布鲁切夫等　朱大力译
廷栋之死（地方史札记）······裴善战
酒泉地区人民营救红西路军（地方史札记）
······酒泉地委党史办编

敦煌学
斯坦因千佛洞盗宝详情······张德明
敦煌（五）······［日］长泽和俊著　柴　门译
李丁陇与莫高窟······王惠民
古敦煌人民的音乐艺术······郝　毅
莫高窟有没有"妓女窟"？······王进玉

西部传奇
丝路侠影（中篇西部传奇小说·四）······唐光玉
瑞应奇迹（敦煌壁画故事·四）······梁　梁
《九色鹿》画刊上的少儿美术摄影作品

1986 年第 5 期　刊名:《阳关》
目录

小说·散文
翻越妖魔山······何　奇
啊，黑大坂······苏寿林
"百家猫"之死······周彩人

阳关新绿
草原的子孙······吴四刚
走向戈壁的人······朱　文　娜　娜
别了，酒哥们······刘世朝
补课······沙金华
昆仑玉（西域小说）······［日］井上靖著　赖育芳译
话说达坂城······刁铁英

诗歌
西部之歌
这村庄，这乡情（组诗）······李劲杨
［附］诗，是临水河给我的（创作谈）······李劲杨
黄昏潮（外一首）······艺　辛
中原：绿风 025······王豫明
西部魂（二首）······陈福林
塞上幻曲（组诗）······王中朝
新凉州词（外一首）······阳　飚
西藏的珞巴人（二首）······蔡椿芳
梭梭，古战场的勇士······陈　青
山南海北的溪流（十一首）
······柏铭久　高旭旺　蒯凤洁　金　波　李　悦等
莫高窟风情画（散文诗·十一）······林家平
西部影剧
《莫高窟艺术》解说词······杨　雄

历史·山川·人物
酒泉地区人民营救红西路军（地方史札记）
······酒泉地委党史办编
从恰克图到伊犁（二）
······［苏联］弗·阿·奥布鲁切夫著　朱大力译
丝路沧桑（丝路名胜地理·六）······李绍雄　冀淑梅

敦煌学
应该重视河西宝卷的搜集整理······文　女
斯坦因千佛洞盗宝详情（二）······张德明
敦煌（六）······［日］长泽和俊著　柴　门译

西部传奇
丝路侠影（中篇西部传奇小说·六）······唐光玉
船（摄影）······阳　民

西去的驼铃声（版画）························张浩德
岁月（版画）····························段新民

1986 年第 6 期　刊名:《阳关》
目录

面对大西北文学世界的思考——西北五省（区）文学
刊物编辑工作座谈会纪要

敦煌学
在中国敦煌吐鲁番学会语言文学分会一九八六年年会
上的欢迎词········中共酒泉地委书记郭振江
中国敦煌吐鲁番学会语言文学分会一九八六年年会在
酒泉举行····························杨培德
宝卷研究专辑
念卷与俗讲····························谭蝉雪
关于宝卷文学及其音韵曲调················刘兴义
酒泉宝卷再探··························郭　仪

诗歌
西部之歌
高原意象（外一首）····················白　梦
到鸣沙山去····························赵小玲
疏勒河································陈所巨
黄土原的人们（二首）··················鹤　坪
远山··································丛小桦
边声集（组诗）························郭维东
阳关新绿（六首）············葛玉成　新　港等
山南海北的溪流（十八首）····白　帆　郑克洪等
莫高窟风情画（散文诗·十二）············林家平
莫高窟，不老的诗绪　（散文诗）··········嘉　昌
流光集（散文诗）······················徐慎贵

小说·散文
阳关新绿
山凹静悄悄····························张怀德
沙枣树下人家··························韩学仁
锁阳马································辛　炎
过阳关································武鸿鸣
花湾里的歌····························郭维洲
飘落的红纱巾··························卜发有

儿童文学小辑
彩色的歌······························周如镜
夜色多美好····························王吉忠
小魔术师的奇遇························赵建国
祁连玉（散文）························陈晋铉
大坝上的裂缝····[英]迈克尔·埃文斯著　郭长生译

西部传奇
丝路侠影（中篇西部传奇小说·六）········唐光玉
求读学艺（敦煌壁画故事·五）············梁　粱
《阳关》一九八六年总目录
上下几千年（摄影）····················杜永东
晨光（版画）··························杨　云

1987 年第 1 期　刊名:《阳关》
目录

卧听流沙甘寂寞　好留珠玉在人间
——本刊主编谈《阳关》创刊七年来的工作

小说·散文
情满丝路
大漠，金色的黄昏······················舒　畅
冰····································武乐东
心泉··································路　野
呵，冬雪······························葛玉成
公婆泉之夜····························傅　星
写给守墓人的歌························石　军
年钱··································胡　帅
那吻，留在星星闪烁的世界··············周　明
丝丝入扣······························李胜果
山林里的回声··························张新天

阳关新绿
张八家的媳妇（小说）············石　勇　永　基
深夜变奏曲（小说）····················秦海泓
玉嫂和秃娃（小说）····················薛军礼
呵，柴达木人（小说）··················王　正
雨夜中的月亮（小说）··················刘心秀
大坝的裂缝（中篇小说·二）
············[英]迈克尔·埃文斯著　郭长生译

诗歌
西部之歌
我住的城市没有花园（外二首）··········林　染
野罂粟（组诗）························李　瑜
爱的河（组诗）························匡文留
玉门青年诗会小辑（十五首）············漠　西
何　琳　陈丽华　张燕玲　李劲杨　地　光　王蜀龙
肖　玫　阎　红
无标题童话（组诗）····················阿　元
情诗一组······························程小蓓
山南海北的溪流（短诗集萃）
············石　厉　陈太顺　刘　蓉等

历史·山川·人物

丝路民俗考察记（"火洲"吐鲁番的风土人情一）
·······································丘桓兴

日本潜行西域的探险家（上）
··········[日]春日行雄著　周菁葆译

从恰克图到伊犁（三）
·······[苏联]弗·阿·奥布鲁切夫著　朱夯译

丝路拾珠（二）······························张波

西部影剧

列车上（电视文学剧本）···················王家达
佛陀世容（摄影）·······················周立堂
阳春·收获（木刻　石刻）·········戈夫　田雨泽

1987 年第 2 期　刊名:《阳关》

目录

西部影剧
冠军侯（电影文学剧本·上）···············萨英阿

小说·散文
情满丝路（风情散文小辑）
敦煌风景（一）·······················林家平
莫高窟的夜·························张彦芬
小树林·苦苦菜·布谷鸟···············王西燕
家乡的小路·························王天海
草坪·····························欧然
儿子和位子（小说）···················康宁
暮云空蹟（小说）·····················多红斌
东方男性（小说）·····················李好学
一群城里男女和一位瓜州姑娘（小说）·······苏寿林

阳关新绿
蓝天骄子（小说）·····················李龙剑
遗弃（小说）·························徐志远
山福（小说）·························于漠
永泰公主的项链（历史小说）
··············[日]井上靖著　赖育芳译

诗歌
西部之歌
阿尔泰的阳光（组诗）···················高炯浩
丝路回声（外一首）···················曲近
敦煌（组诗）·························鸣沙
酒泉地区新人小辑
远行的圆月（组诗）···················何琳
诗七首···韩毅　刘永艳　杨志文　柯东明　秦国顺
山南海北的溪流（短诗集萃）·······饶庆年　余薇野

流光集（散文诗）·····················徐慎贵

历史·山川·人物
丝路民俗考察记（"火州"吐鲁番的风土人情·二）
·······································丘桓兴
丝路沧桑（七）···············李绍雄　冀淑梅
日本潜行西域的探险家（中）
··········[日]春日行雄著　周菁葆译
阳关葡萄···························群峰

敦煌学
敦煌早期壁画的画面美···················冯力

西部传奇
焉支山的传说（丝路传说·三则）···罗新辉　凡兆
丝路侠影（七）·······················唐光玉
婆妻纳妾（敦煌壁画故事·六）···········梁粱
《丝路论坛》创刊
黑山、石包城岩画

1987 年第 3 期　刊名:《阳关》

目录

坚持四项基本原则　繁荣社会主义文艺

开拓者
戈壁上，一片新的绿荫（报告文学）····利民　轶石
戈壁滩上的庄稼汉——酒泉地区农村纪事·······赵开山

小说·散文
净土（小说）·························陈作犁
潭边（小说）·························浩岭
山雾（小说）·························张怀德
深秋（小说）·························夏中琪
色盲（小说）·························杨有年
两个镜头（小小说）···················张凡

情满丝路（风情散文小辑）
敦煌风景（二）·······················林家平
梦城随想·························张而弛
戈壁月光路·························秦德彪
干枝梅·····························李劲杨
泉湖秋韵·························金萱
李老师的白手帕·······················田文俊
儿童文学
央姆措和她的学生（小说）···············雷建政
今天是节日（小说）···················汪晓军

诗歌

西部之歌

献给沙漠（组诗）————————吕　新

现代西部（组诗）————————贺海涛

还乡（组诗）—————————葛玉成

西行梦幻（组诗）————————陈新民

伊犁河谷的田野————————安鸿毅

西出阳关（三首）————————刘惠生

在沙漠（外一首）————————李　新

阳关新绿（新人小辑）

　　　　林　叶　翟玉国　宋青林　杨蕴伟

山南海北的溪流（短诗集萃）

　　　　柏铭久　洋　滔　田　禾　李继元等

西部影剧

冠军侯（电影文学剧本·下）————萨英阿

历史·山川·人物

祁连名胜马蹄寺————————施爱民

苏武山上的羺羊会————————李玉寿

藏族喇嘛嘉堪布（地方史札记）———裴善哉

日本潜行西域的探险家（下）

　　　　[日]春日行雄著　周菁葆译

敦煌学

《千佛岩歌并序》注释————————张　辉

阿尔泰风光（摄影）————————傅庆胜

祁连山中·莫高窟之春（版画）———白树铺

1987 年第 4 期　刊名:《阳关》

目录

小说·散文

墓志铭（小说）—————————张　弛

黑白之间（小说）————邢　杰　丁　当

爱的天平（小说）————————董　平

吊灯（小说）—————————金吉泰

紫燕桃（童话）—————————陈　钰

圣人（小说）————[日]井上靖著　赖育芳译

情满丝路（风情散文小辑·四）

敦煌风景（三）————————林家平

一方水土一方人————————武砺兴

探索、创立敦煌文艺流派

西部诗论

当漠风吹掉沙丘上的脚印————叶延滨

西部诗炫目迷人的星光：崇高美———刘士杰

欲将轻骑逐　大雪满弓刀————许明善

诗歌

西部之歌(新边塞诗)

中国诗坛：西部集团军————————阿　三

黄土塬：心脏————————第广龙

黄土地上的女人（二首）————————耿　翔

祁连山的故事（二首）————————胡　杨

西行拾踪（二首）————————吴辰旭

陇南行—————————许德民

红柳河—————————武鸿鸣

青年女诗人小辑（十六首）———梅　林　陈　虹

刘　见　李劲杨　陆忆敏　黄殿琴

阳关新绿（短诗八首）————陆生林　张国宏等

地平线（外二章·散文诗）————————嘉　昌

在平静中前进的中国新诗（编辑札记）———林　染

阳关漫语

坚持文艺的"二为"方向————————尚延龄

创新，首先意味着对自我的超越————————陈　骁

敦煌学

谈敦煌民间小调————————高国蕃

关于王梵志诗的作者（一）————————黄家全

略谈敦煌壁画的虚实性————————高德祥

历史·山川·人物

丝路沧桑（丝路名胜地理·八）———李绍雄　冀淑梅

西部传奇

出游四门·夜半逾城（敦煌壁画故事·七、八）

　　　　　　　　　　　梁　梁

丝路侠影（丝路传奇小说·八）————唐光玉

永恒的功绩（摄影）————————小　征

凿（油画）西出阳关（木刻）———陈　丹　熊俊林

1987 年第 5 期　刊名:《阳关》

目录

小说·散文

情满丝路（风情散文小辑·五）

敦煌风景（四）————————林家平

戈壁恋—————————杨炳云

酒泉，爱兵的泉————————傅作栋

漫步在锁阳城————————刘国聘

漠野，不灭的星星————————李增林

祖母的瓜园—————————肖瑞珍

冬，那金黄的芦苇丛（小说）————代絮冬

凤凰山（小说）————————苏寿林

旱季（小说）—————————王化理

燃烧的石头（小说）⋯⋯⋯⋯⋯⋯⋯⋯张怀德

阳关新绿
哈里别克（小说）⋯⋯⋯⋯⋯（哈萨克族）艾特瓦尔
没有月亮的春宵（小说）⋯⋯⋯⋯⋯⋯刘心秀
女魔术师日记（小说）⋯⋯⋯⋯⋯⋯赵建国
缩影（小说）⋯⋯⋯⋯⋯⋯⋯⋯⋯周树林
清清的小河（小说）⋯⋯⋯⋯⋯⋯⋯梁九如
蒲公英（小说）⋯⋯⋯⋯⋯⋯⋯⋯张　军
门口有眼井（小说）⋯⋯⋯⋯⋯⋯⋯周正英

诗歌
西部之歌
酒泉⋯⋯⋯⋯⋯⋯⋯⋯⋯⋯⋯⋯赵健雄
渴望雪线（外一首）⋯⋯⋯⋯⋯⋯⋯刘国安
夕阳⋯⋯⋯⋯⋯⋯⋯⋯⋯⋯⋯⋯郁　笛
达坂城⋯⋯⋯⋯⋯⋯⋯⋯⋯⋯⋯呼延鸾
一只手套⋯⋯⋯⋯⋯⋯⋯⋯⋯⋯匡文留
嘉峪关⋯⋯⋯⋯⋯⋯⋯⋯⋯⋯⋯阿　坚
中国首届当代乡土诗会小辑
洪湖谣（组诗）⋯⋯⋯⋯⋯⋯⋯⋯夏志华
山姑⋯⋯⋯⋯⋯⋯⋯⋯⋯⋯⋯⋯鲍　勋
江南小巷情⋯⋯⋯⋯⋯⋯⋯⋯⋯尚建国
散步（外一首）⋯⋯⋯⋯⋯［新加越］史　英
山南海北的溪流（短诗集萃）
⋯⋯⋯⋯⋯⋯严　寒　胡　鹏　王若冰等
散文诗小辑⋯⋯⋯⋯徐慎贵　鲍鹏山　肖　黛　华　姿

历史·山川·人物
丝路民俗考察记（乌鲁木齐见闻）⋯⋯⋯丘桓兴
嘉峪关城门名称释义⋯⋯⋯⋯⋯⋯薛长年
唐代丝绸之路上的围棋⋯⋯⋯⋯⋯梁全录
关于甘肃玉门火烧沟出土鱼形三孔陶埙的初探
⋯⋯⋯⋯⋯⋯⋯⋯⋯张阶平　张如先

敦煌学
关于王梵志诗的作者（二）⋯⋯⋯⋯黄家全

阳关漫语
积极投身于伟大的实践⋯⋯⋯⋯⋯杨仲凡

西部传奇
闻家圈（丝路传奇小说·一）⋯⋯⋯⋯焦炳琨
丝路侠影（丝路传奇小说·九）⋯⋯⋯唐光玉
嘉峪关城墙（摄影）⋯⋯⋯⋯⋯⋯鲁忠民
丝路小景、祁连清泉（木刻）⋯⋯颜世鹏　王兴智

1987 年第 6 期　刊名：《阳关》
目录

小说·散文
哈拉谷里的牧人（小说）⋯⋯⋯⋯⋯何　奇
鹰嘴岩（小说）⋯⋯⋯⋯⋯⋯冯德富　周　竞

阳关新绿
醉汉和酒壶的故事（小说）⋯⋯⋯⋯范瑞明
老屋（小说）⋯⋯⋯⋯⋯⋯⋯⋯宋长明
归来（小说）⋯⋯⋯⋯⋯⋯⋯⋯关维新
爱的悲剧（小说）⋯⋯⋯⋯⋯⋯⋯张礼洪
遥远的山村（小说）⋯⋯⋯⋯⋯⋯姜兴中
古代品治肯特城（小说）
⋯⋯⋯⋯⋯⋯［日］井上靖著　赖育芳译
情满丝路（风情散文小辑·六）
"敦煌之夏"巡礼⋯⋯⋯⋯⋯⋯⋯杨　木
南望祁连⋯⋯⋯⋯⋯⋯⋯⋯⋯谢建林
米汤节的思念⋯⋯⋯⋯⋯⋯⋯⋯雪　蒿
邻居⋯⋯⋯⋯⋯⋯⋯⋯⋯⋯⋯弓建军
底色⋯⋯⋯⋯⋯⋯⋯⋯王起发　胡美英
风库行⋯⋯⋯⋯⋯⋯⋯⋯⋯⋯王文焕
敦煌风景（五）⋯⋯⋯⋯⋯⋯⋯林家平

诗歌
西部之歌
为了爱情，巴格达不嫌远（组诗）⋯⋯⋯李　瑜
伊默塔拉的精灵⋯⋯⋯⋯⋯⋯（蒙古族）舒　洁
浪迹远方（二首）⋯⋯⋯⋯⋯⋯⋯晏　苏
抓喜秀龙滩的草莓子⋯⋯⋯⋯⋯⋯孔令明
黄河滩（组诗）⋯⋯⋯⋯⋯⋯⋯张拴固
新加坡汉语诗一束⋯⋯⋯⋯⋯⋯⋯适　民
陈　剑　长　谣　严　思
阳关新绿（阿克塞青年诗页）⋯⋯⋯张长选等

阳关漫语
敦煌赏月——读林染的诗集《敦煌的月光》
⋯⋯⋯⋯⋯⋯⋯⋯⋯⋯⋯⋯公　刘
《敦煌》编后记⋯⋯⋯⋯⋯⋯⋯⋯赵叔铭

历史·山川·人物
彭总在敦煌（丝路人物）⋯⋯⋯⋯⋯王进玉
漫话文殊山⋯⋯⋯⋯⋯⋯⋯⋯⋯大　漠
丝路拾珠（三）⋯⋯⋯⋯⋯⋯⋯张　波
从恰克图到伊犁（四）
⋯⋯⋯⋯［苏联］弗·阿·奥布鲁切夫著　朱　夯译

敦煌学

西汉时期的敦煌文化⋯⋯⋯⋯⋯⋯李聚宝

西部传奇

闻家圈（丝路传奇小说·二）⋯⋯⋯焦炳琨
火烧不死·父子相逢（敦煌壁画故事·九）梁 粱
戈壁公园（摄影）⋯⋯⋯⋯⋯⋯⋯⋯小 征
晌午·太阳，你早（版画）⋯⋯⋯⋯习 凤

1988 年第 1 期 刊名：《阳关》
目录

高台血战（电影文学剧本·上）⋯⋯⋯张俊彪

情满丝路

戈壁滩上（散文）⋯⋯⋯⋯⋯⋯⋯⋯傅天琳
多情的丝路小站（散文）⋯⋯⋯⋯⋯王振德
庄浪河断想（散文）⋯⋯⋯⋯⋯⋯⋯马少华
春天的夙愿（散文）⋯⋯⋯⋯⋯⋯⋯李 红
追求（散文）⋯⋯⋯⋯⋯⋯⋯⋯⋯⋯王晓艾
黄与绿（小说）⋯⋯⋯⋯⋯⋯⋯⋯⋯周 明
交河夕照（小说）⋯⋯⋯⋯⋯⋯⋯⋯陈继宏
和煦的山风（小说）⋯⋯⋯⋯⋯⋯⋯朱光亚
太阳雨（小说）⋯⋯⋯⋯⋯⋯陈 明 董秀芳
钓友（小说）⋯⋯⋯⋯⋯⋯⋯⋯⋯⋯娄炳成

历史·山川·人物

丝绸之路上的外国探险人物⋯⋯⋯周菁葆编译
丝路沧桑（丝路名胜地理·九）李绍雄 冀淑梅
喀什风情（丝路民俗考察记·七）⋯⋯曾庆南
河西走廊的地名与军事⋯⋯⋯⋯⋯⋯王学平

敦煌之旅

再到莫高窟（诗·外二首）⋯⋯⋯⋯潘絜兹
台湾诗人吟酒泉敦煌⋯⋯⋯⋯⋯⋯⋯刘大有
旅游者，如果你再到酒泉⋯⋯⋯⋯⋯林 染

西部之歌（新边塞诗）

我的西行（外一首）⋯⋯⋯⋯⋯⋯⋯李云鹏
阳关（外一首）⋯⋯⋯⋯⋯⋯⋯⋯⋯丛小桦
黄昏，高原城⋯⋯⋯⋯⋯⋯⋯⋯⋯⋯朱 八
草原晚宴⋯⋯⋯⋯⋯⋯⋯⋯⋯⋯⋯⋯包秋阳
山南海北的溪流（短诗集萃）
惊蛰（外一首）⋯⋯⋯⋯⋯⋯⋯⋯⋯王长军
瘦芭蕉（外一首）⋯⋯⋯⋯⋯⋯⋯⋯王中朝
海滨（外一首）⋯⋯⋯⋯⋯⋯⋯⋯⋯梦 雨
诗五首⋯⋯⋯⋯⋯⋯⋯⋯乔延凤 贾治龙等

阳关新绿

诗三首⋯⋯⋯⋯⋯⋯⋯⋯⋯⋯⋯⋯胡 梦等
信天游的故乡（散文诗·七章）⋯⋯⋯闻 频

敦煌学

敦煌文学之名已约定俗成⋯⋯⋯⋯⋯刘瑞明
敦煌一千天⋯⋯⋯⋯⋯⋯⋯⋯⋯⋯⋯志 凌

西部文摘

解开敦煌藏经洞之谜
丝路淘金
祁连冰川一瞥
胡天八月即飞雪（摄影）⋯⋯⋯⋯⋯陈福银
敦煌石塔（速写）父与子（国画）⋯曹志博 张葆东

1988 年第 2 期 刊名：《阳关》
目录

开拓者

11·12 特大盗枪案侦破纪实⋯⋯⋯郑设善 汤建国
枯树在雷火中燃烧（小说）⋯⋯⋯⋯张 弛
瞎子煤客（小说）⋯⋯⋯⋯⋯⋯⋯⋯陈 礼
女酒魁醉酒（小说）⋯⋯⋯⋯⋯⋯⋯袁文辉

情满丝路

黑戈壁（散文）⋯⋯⋯⋯⋯⋯⋯⋯⋯海 飞

西部传奇

北庭血泪（西部传奇小说）⋯⋯⋯⋯赵 炯

历史·山川·人物

丝绸之路上的外国探险人物（二）⋯周菁葆编译
南疆采风（丝路民俗考察记·八）⋯⋯曾庆南
丝路沧桑（丝路名胜地理·十）李绍雄 冀淑梅
讨赖河名称探源⋯⋯⋯⋯⋯⋯⋯⋯⋯薛长年
高台血战（电影文学剧本·下）⋯⋯⋯张俊彪

西部文摘

书法史应补写"木笔体"
敦煌地名与希腊人无关
话说河西早期民航
鄂本笃来嘉峪关
也谈"大漠孤烟直"

阳关论坛

近世横笛从羌起（边塞诗话·一）⋯⋯许明善
反映论与文学主体性⋯⋯⋯⋯⋯⋯⋯尚延龄

西部之歌(新边塞诗)

怀念家园（外一首）·····················李　南
酒泉断想录·····························苏锐钧
荒漠·································江澄子
那棵柳树·····························武鸿鸣
香音神·······························颜　静

山南海北的溪流

鸥群（外一首）·························梅绍静
艳阳天（外一首）·······················曹　剑
短诗六首···············马永波　流逸　夏志华等
生活启示录（散文诗）·····················嘉　昌

敦煌学

浅析敦煌曲子词《送征衣》···················李世英

阳关新绿

孙家父子（小说）·······················刘俊峰
小小说两题·····························徐志远
西部的士兵（诗）·······················华　安
黑色的沙枣花（诗）·······················劲　杨
塞上曲（摄影）·························姜少许
梳·悠悠情（版画）···············习凤山　熊俊林

1988 年第 3 期　刊名:《阳关》

目录

历史·山川·人物

西域纪行··········［日］井上靖著　孟军　兰庚未译
丝绸之路上的外国探险人物（三）·········周菁葆编译
帕米尔高原的民情风俗·····················曾庆南
丝路沧桑（丝路名胜地理·十一）······李绍雄　冀淑梅
肃北石窟寺考察记·······················梁　粱

敦煌之旅

游客谈敦煌：盛大辉煌　景观特异·············杨　雄
敦煌名联浅谈·························张　仲
迷惑（小说）·························邓莺莺
孟夏山雾（小说）·······················雷建政
雪狼（小说）·························张董家
情满丝路（散文）
祖厉河畔的山歌·························胡　帅
"花儿"情·····························李金银
喀什人家·····························多红斌

西部文摘

我国敦煌学研究已走在世界前列
丝绸之路的开创可追溯到春秋以前

三十年代的"西北热"
河西走廊发现"冷岛效应"
泉湖公园与左宗棠

阳关论坛

葡萄美酒夜光杯（边塞诗话·二）·············许明善
《魔狮》序·读《魔狮》···············赵燕翼　高戈

西部之歌(新边塞诗)

春到乌鞘岭（组诗）·····················张国宏
淡紫色的苜蓿花·························耿　翔
有关土地的记忆（二首）···················张执浩
在敦什科大峡谷（外一首）···················秦介龙
诉说吧，大山·························鹤　坪
多情的夜晚·····························柴君旺
八月十五的晚上·························李志勇
山南海北的溪流（短诗）
················于耀江　刘跟社　臧来成　宋长玥等
儿童文学小辑（小说）
新嫂子回娘家·························金吉泰
离群的羊羔·····························周聪德
阳关新绿（散文二篇）···············李玉莲　辛艳

敦煌学

《敦煌论集》及《敦煌论集续编》简介··········刘进宝
错讲了李白的诗·························王志勇
丰收时节（摄影）·······················吴俊瑞
童心·老大回（版画）···············习凤山　张秉俊

1988 年第 4 期　刊名:《阳关》

目录

历史·山川·人物

西域纪行（二）····［日］井上靖著　孟军　兰庚未译
丝路沧桑（丝路名胜地理·十二）···李绍雄　冀淑梅
西部边陲的高原风采·····················曾庆南
丝绸之路上的外国探险人物（四）·········周菁葆编译
河西走廊的地名与历史上的屯田·············王学平

敦煌之旅

热风流沙说敦煌·························姜生治
清人敦煌　月牙泉楹联选···················胡开儒辑
特别飞行队（电影文学剧本）·················萧　鸣
在西部草原上（小说）·············（蒙古族）叶文军
妙香（小说）·························裴立坚

敦煌学

台湾敦煌曲子词研究的进展···················高国藩
讨赖河本名呼蚕水，唐宋名金河·············李正宇

阳关论坛
天马初从渥洼来（边塞诗话·三）————许明善

西部之歌(新边塞诗)
黑罂粟（组诗）————————李 瑜
敦煌———————————沈天鸿
告别酒泉（二首）——————徐国静
雪水（外一首）——————秦巴子
走向高原———————————兰永武
走西口———————————丁念保
草房子———————————柴君旺
远方————————————秋 阳

山南海北的溪流(短诗)
黎明的探索者（外一首）———［新加坡］史 英
诗三首———————————伊惠英
陶渊明———————————陶 朱

情满丝路(散文)
黄土原———————————王若冰
故乡的杏子————————河 平
绿流————————————赵胜勤
细雨蒙蒙看杏花——————景 岚

阳关新绿
馋嘴猫（小说）——————张礼洪
短诗六首——————蔡晓瑛 秦国顺
尚俊星 刘德义 波 眠
高昌故城（摄影）——————张世英
塞上·甜蜜的事业（版画） 江 雪 江雨泽

1988 年第 5 期 刊名:《阳关》

目录

石窟春秋
解放前后的莫高窟——————段文杰

历史·山川·人物
西域纪行（三）
————————［日］井上靖著 孟 军 兰庚未译

小说
雕龙猎枪———————————李泽民
小农经济———————————郭灿东
直达快车上的谋杀案
————————［英］阿·克里斯蒂著 赵国玺译

情满丝路(散文)
洮水流珠———————————吴辰旭
青海西部行——————利 民 轶 石
特别飞行队（电影文学剧本·下）————萧 鸣

西部传奇
新玄怪录（市井袖珍传奇）—————苏幕遮
"东方宝石"的秘密（特写）———周 竞 李 斌
弃老国孝父国得福（佛经文学故事）——谢生保
太白诗会小辑
首届太白诗会在三峡地区隆重召开————燕 林
峡谷的风（诗·二首）——————柏铭久
走瞿塘（散文）————————金 平

西部之歌(新边塞诗)
敦煌·谷地——————曲 近 孙 谦
给兰兰·静夜听箫·蓝色山脊
————苏全洲 黄 默 颜 静
辣子地·黑骡队·河边——石 流 波 眠 王景斌
我对你的思念常新——————野 鹰

阳关论坛
西番异畜说骆驼（边塞诗话·五）———许明善
张俊彪和他的《牛圈娃》—————谷斯涌
活着，可不要忘记——————叶文军

阳关新绿
啊，塔里木河（小说）—————关维新

散文
崖娃娃———————————甘泉涌
这里的天高月小——————刘永乐
小村的烛光————————高丽华
雨游祁连山————————程海英
编辑札记：提倡短文——————递 石
短诗六首——————————刘德义等

敦煌之旅
欢迎你到敦煌来（歌曲）———高 平词 庄 壮曲
土塔晨曦·烽燧夕照（木刻拓片）————朱 冰

1988 年第 6 期 刊名:《阳关》

目录

庆祝建国四十周年
甘肃省文艺期刊庆祝建国四十周年文学作品联合评奖启事
庆祝建国四十周年、《阳关》杂志创刊十周年征文启事
————————————本刊编辑部

特别车队（电影文学剧本）—————萧　鸣　耿　遐

历史·山川·人物
西域纪行（四）
—————————［日］井上靖著　孟　军　兰庚未译

西部之歌（新边塞诗）
西部河（外二首）————————————屈　直
行脚吟（组诗）—————————————伊丹才让
小城一条河————————————————马青胜
吐鲁番（外一首）————————————陈友山
莫高窟咏叹————————————————苏锐钧
黑色塔纳河（外一首）——————————匡文畄
有一片叶子（外一首）——————————张中定
西部歌声（外一首）———————————华　卓
菊花——————————————————————李正志

西部传奇
新玄怪录（袖珍市井传奇·二）————苏幕遮
丑公主变美（佛经文学故事·二）———谢生保

敦煌学
丝绸之路上的纸和敦煌石窟的书—————王进玉

小说
猎鹰"黑旋风"————————————————王建和
野马河，野马滩———————————————刘国聘
哦，这位副县长———————————————何　奇

短小说六题
复初——————————————————————贺　莽
三通锣鼓————————————————————陈　春
孤独的小屋·生日蛋糕——————————焦炳琨
黑驴的悲剧————————————————————张而弛
香溪河边————————————————————邓剑秋
野天鹅（小说）——————————［爱尔兰］利姆·
奥弗莱厄蒂著　郭长生译　汤启明评介
山南海北的溪流（短诗集萃）————赵健雄　卢卫平
黄殿琴　谢克强　李占学　宛　凝　尚建国　翼　华

阳关论坛
引得春风度玉关（边塞诗话·六）————许明善

阳关新绿
新人诗页（11首）————————丽　达　柯东明　宋长月
李革波　焦学泉　李　红　尚俊星　屈东林
金色的梦幻（小说）————————————王彦武
张革俗书法作品选
安西破城子（摄影）————————————吴俊瑞

1989 年第 1 期　刊名：《阳关》

目录

在中国文学艺术界联合会第五次代表大会上的祝词
————————————————————————胡启立
庆祝建国四十周年、《阳关》杂志创刊十周年征文启事
————————————————————————本刊编辑部

敦煌之旅
酒泉的魅力（《酒泉》画册前言）
《酒泉》画册说明文字选辑

小说
神圣的黑森林（国庆征文）————————遥　远
山中一日————————————————————蔡　磊
风雨雕————————————————————————苏寿林
蛇仙——————————————————————————娄炳成
情满丝路（散文）
黑河的歌（国庆征文）——————————范瑞明
海北草原行————————————————————胡　帅
我从戈壁滩上走过来———————————易希高

西部传奇
新玄怪录（袖珍市井传奇·三）————苏幕遮

历史·山川·人物
西域纪行（五）————［日］井上靖著　孟军　兰庚未译
祁连山麓风情画（丝路民俗考察记·十三）————曾庆南

敦煌学
敦煌壁画艺术的借鉴问题——————————段兼善

西部之歌（新边塞诗）
心中的绿洲（四首·国庆征文）————王桂红
我走过草滩（外一首·国庆征文）———李宏香
我的日子（组诗）————————————————林　梁
诗四首—————————————————————————石　流
遗忘之外（二首）————————————————默　然
酒泉（组诗）—————————————————————鄂青子
西部的热风————［英］约翰·曼斯菲尔德著　牧　野译
山南海北的溪流（短诗集萃）——————王　屿
乔延风　丁　燕　武鸿鸣　陈　航

阳关新绿（小说）
冬夜——————————————————————————韩学仁
他从战场归来————————————————————柴学敏
新人诗页（17首）————————蔡忠鹏　寒　浐　雪　蝉
戴惠霞　焦学泉　吕永俊　车龙胤　姚建军　冯广婷

任王萍　仲　明

阳关论坛

风擎红旗冻不翻（边塞诗话·七）————许明善
暮归（摄影）————————————王鹏忠
漠山情（版画）——————————左孟渝

1989 年第 2 期　刊名:《阳关》
目录

甘肃省文艺期刊庆祝建国四十周年文学作品联合评奖
启事
庆祝建国四十周年、《阳关》杂志创刊十周年征文启事
————————————————本刊编辑部

西部影剧

土尔扈特部落（电影文学剧本·征文）——张正秀

敦煌之旅

历史的纪行（诗词五首）——————马福民
——戊辰秋日本首相竹下登一行访问敦煌
"敦煌八景"和"八景诗"——————张　仲

小说·征文

黑谷———————————————何　奇
古栈道人家———————————冯德富

情满丝路（散文）

儿子的名字———————————王娅莉
乡情———————————————刘世朝
孤墩———————————————杨荣坚
红柳园拾梦——————————朱　坤
又到沙丘———————————柯东明

历史·山川·人物

西域纪行（六）——[日]井上靖著　孟军　兰庚未译
乌鲁木齐的塔塔尔人（丝路民俗考察记·十四）
————————————————曾庆南

西部之歌

西部风景线（四首·征文）————刘惠生
清新的感觉（四首）——————贺海涛
黄河以西（外二首）——————秦巴子
伫立———————————————孙　谦
黑马———————————————阿　兰
清明前后———————————马青山
山南海北的溪流（短诗集萃）——萧　傒
田海华　孙晓杰　石　厉　杨冬梅　李西林　向求纬

西部传奇

新玄怪录（袖珍市井传奇·四）——苏幕遮

敦煌学

略论敦煌女诗人宋家娘子的诗————高国藩
阳关新绿

小说

"菲力蒲"之家————————张吉俊
军营里的女学生——————龙　剑
赌徒———————————————青　玉
散文六篇————————————陈吉伟
修　柯　李湘晖　金钰香　王凤君　喇德才
新人诗页（九首）
————屈东林　丽　达　刘德义　华　子　李宏香
敦煌莫高窟飞天雕像（摄影）——芦　茂
丝路情歌之二（版画）————熊俊林

1989 年第 3 期　刊名:《阳关》
目录

开拓者

全景报告：西路军喋血河西（报告文学）——冯亚光
褐色汉子的一流宾馆（报告文学）——武玉笑　唐玉光

西部影剧

千里河西走长龙（电视片解说词·上）——吴　月
遗嘱（小说）——————胡存廉　邢　杰
北方无狼（小说）——————沈良成

历史·山川·人物

西域纪行（七）——[日]井上靖著　孟军　兰庚未译
丝绸之路古乐巡览（上）
————————[日]岸边成雄著　席臻贯译注
酒泉教育史述略（地方史札记）——王红丁　薛欣如

西部之歌（新边塞诗）

许多故事　现在人们已不知道（组诗）——地　光
乌鞘岭风情（组诗）——————张国宏
生活之色（组诗）——————王若冰
有一段幽默的故事（外一首）——苏　醒
历程———————————————长　岛
永久的荒原——————————元　平
面对长烟————————————马启代
高昌故城的梦——————————姚欣则

儿童文学

童话

花牛妈妈病了 ····················· 金吉泰

雪花的传说 ····················· 李占忠

哈拉考孜（小说）··········（哈萨克族）哈米提

山南海北的溪流（短诗集萃）··········· 杨 春

伊惠英 罗 杉 林 夕 翼 华 廖五洲 杨春光

阳关新绿

短诗七首 ····················· 马 龙 方建荣

方 晓 冯建森 焦学泉 薛百管 多爱民

敦煌之旅

歌曲

阳关戍咏 ············· 唐·敦煌甘咏 张政曲

凉州词 ··············· 唐·王翰词 张政曲

阳关柳 ··············· 邵永强词 柳廷信曲

1989 年第 4 期　刊名：《阳关》

目录

中学生读者园地

致中学生读者 ····················· 编 者

我的红纱巾丢了（诗·外一首）··········· 王缓春

小莹的诗（组诗）····················· 姬 莹

小小的诗歌（16 首）······· 马惠萍 阿 鸿 奇 子

易 敏 鲁晓琴 段巧宏 胡 杨 杨继征 田 昶

杨中杰 屈东林 葛玉成 吴桂芳 李爱霞 罗富贵

在山间（散文）····················· 房桂良

画眉爷（散文）····················· 牟国栋

小小的散文（5 篇）··········· 蓝 帆 甘泉涌

余 涛 杨红英 刘玉俊

各具特色 真挚可喜（编辑札记）········· 林 染

开拓者

全景报告：西路军喋血河西（报告文学·二）

······························ 冯亚光

小说

黑驼 ····························· 唐光玉

夜幕下的白帐篷 ···················· 陈 礼

老坝 ····························· 刘国聘

历史·山川·人物

西域纪行（八）

············· ［日］井上靖著 孟 军 兰庚未译

丝绸之路古乐巡览（下）

············· ［日］岸边成雄著 席臻贯译注

土尔扈特回归祖国始末 ··············· 张 辉

黑山探谜 ························· 方 中

西部影剧

千里河西走长龙（电视片解说词·下）······· 吴 月

西部之歌（新边塞诗）

高原一日（组诗）··················· 赵建雄

黑罂粟（组诗）····················· 李 瑜

日出日落（二首）··················· 耿 翔

沉默的铜奔马 ····················· 苏锐钧

依然摇摆的叶子（外一首）············· 匡文留

情满丝路（散文）

哦，白杨林 ······················· 草 实

辉煌 ··························· 涂光群

走出荒漠 ························· 刘世朝

年祭 ··························· 李德峰

总有一天（散文诗·外三章）············ 嘉 昌

流光集（散文诗）··················· 徐慎贵

敦煌学

读敦煌话本《叶净能诗》随笔 ··········· 颜廷亮

胡杨林（摄影）····················· 吴俊瑞

雄关骆群（版画）··················· 左孟渝

1989 年第 5 期　刊名：《阳关》

目录

邓小平同志关于坚持四项基本原则　反对资产阶级自由化的论述

开拓者（庆祝建国四十周年报告文学专辑）

无私奉献 把新型导弹托上蓝天（报告文学）

······················· 扈本海 王兴民

报告文学

扎根黄土地的人 ···················· 陈卫基

西北钢城的先行者 ·················· 张军武

黄沙山的创业者 ···················· 何生荣

乔治·艾温·何克 ·················· 李建军

全景报告：西路军喋血河西（报告文学·三）

······························ 冯亚光

情满丝路（散文）

北京来信 ························· 吉彦波

故乡的夏 ························· 刘国聘

小纯（小说）······················· 郭 辉

名家五味（小说）··················· 单承涛

黑祸（小说）······················· 张怀德

西部之歌(新边塞诗)

渭水源头（组诗）·······················马青山
遥想西部（外二首）·····················沈天鸿
沙漠情结（二首）·······················颜　静
站在戈壁上·····························屈　直
山民·································张国宏
山南海北的溪流（短诗集萃）
·······················乔延风　张旭　银河

历史·山川·人物

西域纪行（八）····[日]井上靖著　孟军　兰庚未译
丝绸之路植棉小史·······················吴景山

阳关论坛

新时期小说结构艺术的嬗变···············汉　滨
庆祝建国四十周年、《阳关》创刊十周年（篆刻）
·····························张友华
祖国万岁·啊早晨（版画）···········斋　之　江雪

1989 年第 6 期　刊名:《阳关》
目录

开拓者

第 10 个魔鬼（报告文学·上）——敦煌壁画特大盗窃
案侦破纪实·····························唐光玉
全景报告：西路军喋血河西（报告文学·四）
·····························冯亚光

历史·山川·人物

西域纪行（十）····[日]井上靖著　孟军　兰庚未译
"酒泉"一名新探·······················李并成

情满丝路

初游天山历险记·························卉　春
思念酒泉·····························河　平

阳关论坛

论小说语言的可读性·····················胡　平

敦煌学

试论《云谣集杂曲子》闺怨词篇的审美主题
·····················刘学德　胡　帅
梦魇的时代（回忆录）
·················[美]威廉·L.雪勒著　刘曙刚译

小说

瑞雪纷纷·····························刘心秀
教化·································王化理

凤妞与乐子哥··························焦炳琨
悠悠运河水····························徐志远

西部之歌(新边塞诗)

曾经居住过一个冬天的地方···············第广龙
诗四首·······························焦学泉
镍都拾币·····························谷未黄
马莲·································秦川牛
大篷车·······························洪　烛
鹰飞得很高····························魏智慧
老农（外一首）·························龙　驿

敦煌之旅

酒泉行（诗二首）·······················黄道霞
"关山月"新咏（诗五首）··················乔　岗
赠酒泉地、市（诗三首）··················贾瑞增
敦煌写意（诗七首）·····················刘兴义

阳关新绿

小镇税官（小说）·······················姜兴中
戎马男儿（小说）·······················商成勇
安西红西路军纪念塔（摄影）···············李建元
月泊·少女（国画）·····················沈　均

《译林》

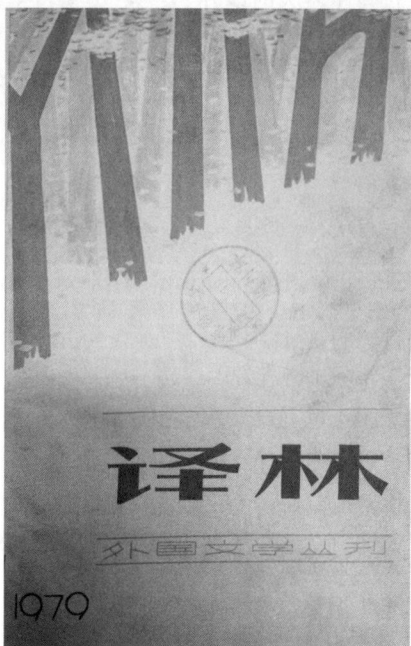

【简 介】

综合性文学季刊。译林出版社主办。创刊于1979年。其办刊宗旨为"打开窗口，了解世界"，通过大量译介外国文学作品，多角度、全方位"了解某些国家创作的总貌和趋向，帮助读者提高对外国文学作品的欣赏水平"，所选作品注重纵深程度与创新意识。

期刊号：1979年第1期—1989年第4期

打开"窗口"了解世界

本刊编辑部

在实现四个现代化的新长征中，我们不仅需要建设高度的物质文明，还要发展高尚的丰富多彩的文化生活，建设高度的社会主义精神文明。 为了达到这个目的，积极地借鉴和学习外国一切进步的和优秀的文艺作品，是十分需要的。 多年来林彪、"四人帮"否定中外文化遗产，反对阅读、研究外国文学，造成了我们对外国文学的闭塞和隔绝。 在肃清林彪、"四人帮"极"左"路线流毒的同时，我们应该较快地改变这种状况。

我们赞成这样的看法，文化的发展，离不开政治、经济的发展。 第二次世界大战以后，特别是六十年代以来，许多国家的政治、经济发生了巨大的变化，这就必然带来了思想、文化以至社会风气的深刻变化。 在世界文坛上，几十年来，不仅新作家辈出，而且出现了多种新的文学流派，各种体裁、不同

风格的文学作品不断问世，其题材之广泛，内容之新颖，技巧之别致，确实是琳琅满目，花样繁多。 尽管这当中存在着颓废、凶杀、黄色之类的糟粕，但有不少作品的思想内容是健康或基本健康的，其创作技巧是好的和比较好的。 我们应该加以介绍和研究，取其精华，为我所用。 即使如荒诞派的一些作品，它毕竟也是当前外国社会现实的某种曲折反映，通过接触它，研究它，会有助于我们更好地了解各国人民多样的生活习俗、文化传统、思想情操和艺术爱好等等。 创办《译林》外国文学丛刊，就是为读者多开辟一个了解和研究世界的"窗口"。

基于以上的认识，我们打算把《译林》的主要篇幅，用来译载当代世界各国具有一定进步倾向、艺术水平较高、为广大读者所欢迎的文学作品，也译载一些当前世界文学重要流派的代表作和一些古典的外国文学作品。 为了使读者了解某些国家创作的总貌和趋向，帮助读者提高对外国文学作品的欣赏水平，还准备发表一些有关外国文学的评介文章。

在编辑工作中，我们将坚定不移地执行百花齐放、百家争鸣的方针。 对于翻译作品，在忠于原文意思的基础上，提倡不同译文风格的交流。 对于评论文章，提倡鲜明、精炼、言之有物。 我们希望，这个刊物不但能为外国文学翻译家提供发表作品的园地，还能够发现和锻炼出更多优秀的文学翻译人才。我们热诚地期待广大翻译工作者和读者给我们大力支持，并对我们的工作提出批评与建议。

1979 第 1 期　刊名：《译林》

目录

打开"窗口"了解世界························本刊编辑部
祝贺《译林》的诞生·····························范存忠
读点外国文学很有好处··························陈　嘉

长篇小说
尼罗河上的惨案（胡博琮插图）
·················[英国]阿加莎·克里斯蒂作　宫英海译

诗歌
罗马尼亚爱明内斯库诗六首·····················戈宝权译

电影文学剧本
十二怒汉（张闻彩插图）
········[美国]雷格纳·罗斯作　光　宁译　洪　熙校

中短篇小说
断手人（王乃壮插图）
·····················[法国]阿·绍尔作　向　明译

分校日记⋯⋯⋯⋯⋯［日本］三好京三作　柯志萍译
重逢
⋯⋯⋯［美国］艾萨克·巴什维斯·辛格作　沉　香译
读《重逢》⋯⋯⋯⋯⋯⋯⋯⋯⋯⋯⋯⋯⋯施咸荣
爱情的安乐窝⋯⋯⋯［美国］林·拉德纳作　孙致礼译
在春天里⋯⋯⋯［法国］莫泊桑作　钱林森　杨　剑译
印第安人营⋯⋯⋯⋯⋯⋯［美国］海明威作　杨仁敬译
南方—北方—南方
⋯⋯⋯⋯⋯⋯⋯⋯⋯［美国］凯塞林·鲍顿作　风　华译
萤火河⋯⋯⋯⋯⋯⋯⋯⋯［日本］宫本辉作　陈德文译
男孩⋯⋯⋯⋯⋯［美国］詹姆斯·鲍德温作　万　木译
职业的选择
⋯⋯⋯［美国］伯纳德·马拉默德作　张柏然译
风雨之夜⋯⋯⋯⋯［法国］儒勒·凡尔纳作　王正瞳译
迷路的孩子
⋯⋯⋯［美国］乔伊斯·卡罗尔·奥茨作　吴克明译

外国作家介绍
英国近代杰出的诗人霍思曼（附诗二首）
——纪念霍思曼诞生一百二十周年⋯⋯⋯⋯周煦良
卡缪和荒诞派⋯⋯⋯⋯⋯⋯⋯⋯⋯⋯⋯⋯冯汉津

1980 年第 1 期　刊名:《译林》
目录

把"窗口"打开得更大些吧!　⋯⋯⋯⋯⋯⋯戈宝权

长篇小说
吕蓓卡
⋯⋯⋯［英国］达夫妮·杜穆里埃　林智玲　程德译

电影剧本
没有寄出的三封信
⋯⋯⋯⋯⋯⋯［日本］新藤兼人　编剧　李正伦译

中短篇小说
看那灰色的马
⋯⋯⋯⋯⋯［日本］五木宽之　谭晶华译　周　平校
生存的代价⋯⋯［美国］伯纳德·马拉默德　屠　珍译
第五排第三个⋯⋯⋯［苏联］阿·阿列克辛　廖鸿钧译
涅墨亚的狮子
⋯⋯⋯⋯⋯⋯⋯［英国］阿加莎·克里斯蒂　方　木译
他是活着，还是死了?
⋯⋯⋯⋯⋯［美国］马克·吐温　王　耘译　许汝祉校
《他是活着，还是死了?》读后⋯⋯⋯⋯⋯许汝祉
断臂村⋯⋯⋯⋯⋯⋯［泰国］克立·巴莫　栾文华译
礼物
⋯⋯⋯［西德］赫伯特·施密特·卡斯佩尔　郑寿康译

等待⋯⋯⋯⋯⋯⋯［英国］斯坦·巴斯托　阎兴朋译
美女王⋯⋯⋯⋯⋯［法国］絮扎娜·普乌　李棣华译
木马冠军（美国航稿）
⋯⋯⋯［英国］戴维·赫伯特·劳伦斯　周　易译
现代英美诗四首⋯⋯⋯⋯⋯⋯⋯⋯⋯⋯戴镏龄译

散文游记
樱花（散文）⋯⋯［日本］四手井　纲　英　陈生保译
小洲（游记）
⋯⋯⋯⋯⋯［法国］菲利浦·奥贝尔勒　韩树站译

外国文学评介
英美侦探小说纵横谈
⋯⋯⋯［美国］苏珊·史密斯博士　刘玉麟译
浅谈当代美国文学⋯⋯⋯⋯⋯⋯⋯⋯⋯⋯陆　凡

外国作家介绍
美国当代作家马拉默德和他的小说⋯⋯⋯⋯杨仁敬
日本现代派作家开高健⋯⋯⋯⋯⋯⋯⋯⋯莫邦富

外国畅销书介绍
美国七十年代最畅销书《教父》⋯⋯⋯⋯⋯施咸荣
社会派推理文艺的佳作——介绍日本畅销小说《人性
的证明》⋯⋯⋯⋯⋯⋯⋯⋯⋯⋯⋯⋯李景端

名词解释
存在主义文学⋯⋯⋯⋯⋯⋯⋯⋯⋯⋯⋯赵启光
超现实主义⋯⋯⋯⋯⋯⋯⋯⋯⋯⋯⋯⋯刘锡珍
象征主义⋯⋯⋯⋯⋯⋯⋯⋯⋯⋯⋯⋯⋯胡允恒
印象主义⋯⋯⋯⋯⋯⋯⋯⋯⋯⋯⋯⋯⋯胡承伟
魔幻现实主义⋯⋯⋯⋯⋯⋯⋯⋯⋯⋯⋯陈　泉
荒诞派戏剧⋯⋯⋯⋯⋯⋯⋯⋯⋯⋯⋯⋯刘象愚

外国文坛动态
读者信箱　如何欣赏《印第安人营地》⋯⋯⋯万培德
编后语

1980 年第 2 期　刊名:《译林》
目录

长篇小说
吕蓓卡（续集）（电影《蝴蝶梦》的小说原著）
⋯⋯⋯［英国］达夫妮·杜穆里埃　林智玲　程　德译

外国诗歌
现代英美诗四首⋯⋯⋯⋯⋯⋯⋯⋯⋯⋯赵　澧译
德国魏纳特诗二首⋯⋯⋯⋯⋯⋯⋯⋯⋯李宣澄译

中短篇小说

棕榈俪影·············[法国]奥赫利安·绍尔　向明译
死者不会控诉·············[日本]土屋隆夫　孙　猛译
雨·······[英国]威廉·萨默塞特·毛姆　龚厚泽译
保罗·琼斯·······[德国]特奥多尔·缪格　李清华译
神猎手·············[日本]和田颖太　鲍延明译
归宿·············[澳大利亚]戴维·马丁　林之鹤译
初恋·······[罗马尼亚]米·萨多维亚努　陈光汉译
上帝的宝库·············[印度]艾克拉文　周志宽译
一张置人死地的钞票
·············[埃及]纳吉布·马哈富兹　范绍民译
儿子·······[南斯拉夫]莫拉顿·奥尔扎卡　张冠尧

外国文学评介

当代西德文学概况·····················宁　瑛
试评当代美国小说《钱商》·················李景端

创作技巧介绍

瑟伯作品的讽刺与夸张——《华尔特·密蒂的秘密生活》浅析·····················孙致礼
附：华尔特·密蒂的秘密生活
·············[美国]詹姆斯·瑟伯　孙致礼译

外国作家介绍

杰出的批判现实主义作家契诃夫——纪念契诃夫诞生一百二十周年·················质　洁　季　星
一九七九年诺贝尔文学奖获得者埃利蒂斯
·····················王培荣编译

艺坛一角

从美人鱼剧院看英国剧坛的动向·············鬃　绵

外国寓言

信仰与私利
·············[埃及]陶菲克·哈基姆　刘　谦　徐　平译

讽刺小品

电梯健康法·············[日本]赤川次郎　孙好轩译

名词解释

唯美主义·····················裴小龙
新人文主义·····················苏　生
原样派·····················肖　冬
九八年代·····················张绪华
垮掉的一代·····················象　愚
外国文坛动态

1980 年第 3 期　刊名:《译林》

目录

长篇小说

克莱默夫妇之争·············[美国]艾弗利·科尔曼　万培德　彭恩华译

电影文学剧本

挣脱锁链·············[美国]纳·道格拉斯哈·史密特　洪熙　谢光宁译

中短篇小说

诺言·······[瑞士]弗·杜伦马特　关　耳　王　寅译
拔蒂士特夫人·············[法国]莫泊桑李青崖遗译　李　度　李巨川整理
赤发恶小鬼····[意大利]焦瓦尼·韦尔加　杨顺祥译
事故董事·············[日本]城山三郎　谭晶华译
新婚之夜·······[埃及]陶菲克·哈基姆　冯左库译
魔鬼井·············[智利]巴·利约　严　林译
人世间·······[坦桑尼亚]恩加莱逊·莫沙蔡临祥　黄炯明译
命运浮沉····[巴基斯坦]格瓦亚·艾瑟夫　唐　泓译
天网恢恢·············[俄国]列夫·托尔斯泰　一　匡译
芳邻·················[印度]泰戈尔　金咸枢译

散文

听泉·············[日本]东山魁夷　陈德文译

诗歌

难民之歌·············[柬埔寨]陶肯　周仲贤译
美国民歌选载·····················袁可嘉译
消失了的两个红苹果·······[日本]长谷川照子　张和平译

创作技巧介绍

市侩的形象和讽刺的艺术——辛克莱·刘易斯三部小说浅析·····················陈士龙
附:《巴比特》第十五章

外国文学评介

日本文学的现状
·············[日本]尾崎秀树　陈喜儒记录整理
峥嵘倔强的叛逆精神——谈谈对《呼啸山庄》的理解
·····················陈　焜
漫谈比较文学·····················谢天振

纪念外国作家

托尔斯泰同屠格涅夫的一次会晤
·············[苏联]格·吉里阿　柳光青译

巴尔扎克之死 ……………………………………冯汉津

外国寓言
花园里的独角兽……[美国]詹姆斯·瑟伯　杨　德译

回忆录
我的父亲查利·卓别林
…………………[美国]小查利·卓别林　李　俊译

小品文
斯佩琳太太的闲聊——邪恶的富人
…………………[瑞士]索非·德洛辛　董敬毅译

名词解释
新小说派 ……………………………………严　非
未来主义 ……………………………………苏　生
弗洛伊德 ……………………………………象　愚
达达主义 ……………………………………严　非
哥特小说 ……………………………………王义国

外国文坛动态
外国作家轶事　西方小幽默　《译林》通讯

1980 年第 4 期　刊名:《译林》
目录

长篇小说
鲨海涛声（即鲨颚）………………[美国]彼得·本奇利
赵学熙　乐眉云　张柏然译
读《鲨海涛声》 ……………………………张柏然

喜剧剧本
狡猾的狐狸………[美国]拉里·盖尔巴特　紫　芹译

诗歌·散文
不再归来的游方客……[日本]西胁顺三郎　彭银汉译
打赌 ………………………[日本]黑田三郎　彭银汉译
致后代人…………[德国]贝·布莱希特　黄文华译
影子………………[波兰]波·普鲁斯　苗淳然译

中短篇小说
赛利雪美人
…………[匈牙利]米克沙特·卡尔曼　海　岑译
悲痛的往事………[英国]詹姆斯·乔伊斯　黄嘉德译
康·克赖耿的遗产……[英国]查尔斯·詹姆士·利弗
李小龙译
擦鞋垫下的钥匙……[法国]马塞尔·埃梅　陈运伸译
娱乐博士………[西德]西格弗里德·棱茨　袁志英译

抽签 ……………[美国]雪莉·杰克逊　孙致礼译
模特儿 …………[西班牙]赫·洛·帕切科　朱景冬译
造化弄人………[埃及]迈哈穆德·台木尔　郭　黎译
审计员的故事 …………[印度]P.纳扬　周　维译

外国文学流派介绍
卡夫卡和他的《乡村医生》……………………孙坤荣
附:《乡村医生》……………………………孙坤荣译
浅谈黑色幽默 ……………………………………林　山
附:黑色幽默作家冯尼格新作《囚徒》的摘要
………………………………………………朱　雍译

外国文学评介
二十世纪法国主要文学流派………………………张裕禾
简评《谢德林短篇作品选》………………………李辰民

讽刺小品
旋工的苦恼…………[苏联]达·谢尔盖　张根成译

作家创作笔记
创作《华丽的家庭》采访随笔
………………………[日本]山崎丰子　莫邦富译
附:《华丽的家庭》故事梗概

名词解释
风俗主义 ……………………………………谷　深
湖畔诗人 ……………………………………王义国
狂飙运动 ……………………………………华宗德
真实主义 ……………………………………张世华
外国文坛动态
外国文学小资料
西方幽默

1981 年第 1 期　刊名:《译林》
目录

长篇小说
特殊使命 …………………………[英国]艾·安东尼
张苏桓　姚琮译　姚　琮校

中篇小说
斯居戴里小姐
………………[德国]E.T.A.霍夫曼　陈恕林译
障碍 ……………[保加利亚]帕·维日诺夫　朱兆顺译

报告文学
摩加迪沙行动……………………[西德]拉·施勒德尔夫
沃·尼曼恩　关寅强译

诗歌
美国罗·弗罗斯特诗二首·············李自修译
乌鸦是白的·············[日本]关根弘　彭银汉译
大海的勇敢的舟子·······[俄国]普希金　查良铮遗译

散文
日本散文选载·········[日本]德富芦花　赵海涛译
鹤···············[日本]江口涣　陈书玉译

短篇小说
拳击场上的故事
··········[罗马尼亚]约·格里戈雷斯库　李家渔译
金子斧头·········[法国]加斯东·勒鲁　朱延生译
言而不行的丈夫····[英国]詹·马·巴利　程　超译
系于一发···[奥地利]施普林根施密特　华宗德译

外国文学评介
漫谈国外科学幻想小说···············施咸荣

访问外国作家
美国文学评论家哈桑谈美国文学·········陆　凡
会见马拉默德先生··············杨仁敬

外国畅销书介绍
普索新作《愚人之死》··············林　文
美国1979年畅销书《海岛》············耿为民
名词解释
外国文坛动态
编后语

雪雁·······[美国]保罗·加利科　聂振雄　关可光译
苏尔迪太太········[法国]爱米尔·左拉　李玉民译
赛鼓·········[日本]山本周五郎　何平华译

回忆录
我的父亲卓别林····[美国]小查利·卓别林　李　俊译

游记
访莎士比亚故乡
··········[苏联]符·柯切托夫　安郁琛节译

作家日记
列那尔日记摘抄
··········[法国]于勒·列那尔　苏应元节译

外国文学研究资料
高尔基为什么对《钢铁是怎样练成的》一书未作评论
··········[苏联]特列古勃　顾霞君译
美国出版《嘉莉妹妹》新版本···········杨仁敬

名词解释
结构主义················遗　民
白桦派················谭晶华
隐逸派················张世华
叙事剧················胡宗健
谢拉皮翁兄弟·············陆永昌
首次扩大的《译林》编委会在扬州召开
外国文坛动态
作家轶事
西方幽默
小故事

1981 年第 2 期　刊名:《译林》
目录

长篇小说
破碎的山河·············[日本]石川达三　金　中译
致中国读者·············[日本]石川达三
关于《破碎的山河》··············金　中

诗歌·散文
乌克兰谢甫琴科诗四首·············戈宝权译
季节·············[日本]井上靖　陈德文译

电影文学剧本
古都·············[日本]川端康成原作
日高真也编剧　李正伦译

中短篇小说
热血与冷血···[美国]弗·司·菲茨杰拉德　龚厚泽译

1981 年第 3 期　刊名:《译林》
目录

长篇小说
普通的人·········[美国]朱迪思·格斯特　朱世达译
从《普通的人》谈起··············冯亦代

中篇小说
虎口余生···········[美国]阿尔伯特·马尔兹
符家钦　孙家新译

电影脚本
教父·······[美国]马·普佐　佛·科普拉　王守成译

诗歌·散文
卡尔·桑德堡诗二首··············邹荻帆译

落叶----------------[日本]岛崎藤村　陈德文译

短篇小说
开罗之行----------------[西德]维·约·吕德克
吴　姝　倪仁福译
一元钞票----------[加拿大]莫利·卡拉汉　严维明译
玛丽的披巾-------[比利时]乔治·西姆农　汤根发译
快活些吧，老人们----------[苏联]尤利·冈察洛夫
张根成译
谁是剽窃犯----------------[日本]五木宽之
钱希林译　毛良鸿校
关于藤椅的童话----[德国]赫尔曼·黑塞　张佳珏译

外国作家谈创作
我是怎样开始写侦探小说的
----[英国]阿加莎·克里斯蒂　宋苏平　王坚良节译
库尔特·冯尼格访问记
----------------[美国]马丁·格罗斯　林珍珍译
毛姆谈"我"----------------蒋　建节译

翻译技巧探讨
艾米莉·狄肯生诗一首----苏威震　原译　朔　望别译

名词解释
新感觉派----------------------谭晶华
即兴喜剧----------------------张世华
山隘派------------------------陆永昌
字母派------------------------南　文
世界文坛动态

1981 年第 4 期　刊名:《译林》

目录

长篇小说
静思姑娘----------------[墨西哥]赫·戈·桑托斯
赵德明　罗　嘉译
海巫号----------------[美国]艾利斯特·麦克琳
林珍珍　王　吾译

诗歌·散文
落叶----------西德华裔女作家周仲铮　郑开琪译
一块小石头--------西德华裔女作家周仲铮　郑开琪译

电影脚本
唐人街----------------[美国]劳勃特·汤纳　舍人编译

中短篇小说
街头女郎玛吉----------[美国]斯蒂芬·克兰　孙致礼译

毕克斯比夫人和上校的大衣
----------------[英国]罗尔德·达尔　熊　和译
圣诞节的故事----------[苏联]高尔基　戈宝权译
陪嫁钱----------------[日本]山崎丰子　谭晶华译
绿鹦鹉----------------[日本]井上靖　龚志明译

外国作家谈创作
杜穆里埃谈《吕蓓卡》的创作
----------[英国]菲利浦·奥克斯　余小明　张　镠译

人物介绍
1981 年度诺贝尔文学奖获得者埃利亚斯·卡内蒂
----------------------------蒋　建

名词解释
"同路人"文学----------------陆永昌
新兴艺术派--------------------谭晶华
新思潮派----------------------谭晶华
阿拉伯侨民文学----------------戊　文
世界文坛动态
本刊 1981 年总目录

1982 年第 1 期　刊名:《译林》

目录

长篇小说
狮身人面像
----------------[美国]罗宾·科克　孙致礼　宋佩铭译

电影脚本
爱情故事
----------------[美国]埃里克·西格尔　守成　卫　平译

中篇小说
敞开心扉的笔记
----------------[苏联]阿·多博尔亚克　张根成译

诗歌
大树之歌----------[智利]加·米斯特拉尔　陈光孚译

短篇小说
莱波蕾拉-------[奥地利]斯蒂芬·茨威格　水　石译
雾中少女----------------[日本]石坂洋次郎　谭晶华译
我们的尤日大叔
----------------[匈牙利]拉茨科·盖萨　顾宗英译
画------------------------[印尼]松塔尼　刘玉泉译
小年青----------------[美国]尤里·舒尔　冯祥春译
保险----------------[奥地利]罗达·罗达　吴永年译

弗利克斯回来了⋯⋯⋯[德国]艾·凯斯特纳　张念东译

翻译技巧探讨
《万叶集》和歌四首⋯⋯⋯陈德文原译　闻　登别译
关于《万叶集》和歌四首⋯⋯⋯⋯⋯⋯⋯闻　登

外国作家谈创作
麦秆草帽和《人性的证明》
⋯⋯⋯⋯⋯⋯⋯[日本]森村诚一　莫邦富译
卡洛斯·贝克教授谈海明威⋯⋯⋯⋯⋯杨仁敬

名词解释
意象主义⋯⋯⋯⋯⋯⋯⋯⋯⋯⋯⋯张定铨
沙龙文学⋯⋯⋯⋯⋯⋯⋯⋯⋯⋯⋯菅　良
巴罗克文化⋯⋯⋯⋯⋯⋯⋯⋯⋯⋯张世华
流浪儿小说⋯⋯⋯⋯⋯⋯⋯⋯⋯⋯谷　深
世界文坛动态
读者谈《译林》
编后语

作家介绍
茨威格的生活与创作⋯⋯⋯⋯⋯⋯⋯黄文华
美国暴露小说作家西德尼·谢尔顿⋯⋯⋯于国重

名词解释
骑士文学⋯⋯⋯⋯⋯⋯⋯⋯⋯坚　良　砂　砾
新古典主义⋯⋯⋯⋯⋯⋯⋯⋯⋯⋯刘海平
新批评派⋯⋯⋯⋯⋯⋯⋯⋯⋯⋯钱佼汝
形象派⋯⋯⋯⋯⋯⋯⋯⋯⋯⋯⋯陆永昌
世界文坛动态
歌德轶事四则
举办译文征文评奖启事

1982 年第 3 期　刊名:《译林》
目录

长中篇小说
罗伯特家的风波⋯⋯⋯⋯⋯[美国]埃里奇·西格尔
朱炯强　徐自立译
罗马之夜⋯⋯⋯⋯[法国]安娜·玛丽埃尔　朱延生译
玫瑰花展⋯⋯⋯⋯⋯⋯⋯[匈牙利]伊·艾肯
张铁夫　廖子高译
坑坑洼洼⋯⋯⋯[苏联]弗·田德里亚科夫　袁振武译

电视剧本
拳击运动员的悲歌⋯⋯[美国]罗德·梭凌　荣　潭译

诗歌
鲍里斯·维扬诗四首⋯⋯⋯⋯⋯⋯张裕禾译
英国诗歌两首⋯⋯⋯⋯⋯⋯⋯⋯刘佳敏译

翻译家谈翻译
"天上一日，人间一年"⋯⋯⋯⋯⋯⋯杨　绛

外国文学评介
日本战后诗歌流派⋯⋯⋯⋯⋯⋯⋯⋯李德纯
谁是车祸悲剧的制造者？　——简评《坑坑洼洼》
⋯⋯⋯⋯⋯⋯⋯⋯⋯⋯⋯⋯⋯李辰民

短篇小说
失业⋯⋯⋯⋯⋯[加拿大]欧文·莱顿　桂扬清译
某君恋爱小史⋯⋯⋯⋯⋯[日本]星新一　林　超译
一顿午餐⋯⋯⋯⋯[英国]威廉·萨默塞特·毛姆
孙致礼译
读《一顿午餐》⋯⋯⋯⋯⋯⋯⋯⋯⋯孙致礼
蔑视的一瞥⋯⋯⋯[西德]库特·库森贝格　佳　木译

1982 年第 2 期　刊名:《译林》
目录

长中篇小说
天使的愤怒⋯⋯⋯⋯⋯⋯⋯[美国]西德尼·谢尔顿
林珍珍　钱　炜译
四个朋友的故事⋯⋯⋯⋯[印度]钵剌摩阅·乔笃黎
吴　华译　吴晓铃校
关天《四个朋友的故事》⋯⋯⋯⋯⋯吴晓铃
一个西班牙母亲的日记
⋯⋯⋯⋯⋯⋯[墨西哥]何塞·曼西西多尔　仲　夏译

电影剧本
影子武士
⋯⋯⋯⋯⋯[日本]黑泽明　井手雅人编剧　李正伦译

诗歌
新译英国名诗三篇⋯⋯⋯⋯⋯⋯⋯卞之琳译

历史故事
被封闭的列车
⋯⋯⋯⋯⋯[奥地利]斯蒂芬·茨威格　黄文华译

短篇小说
遗物⋯⋯⋯⋯⋯[日本]山崎丰子　露　霞译
鸦片⋯⋯⋯⋯[埃及]尤素福·乔海尔　朱威烈译
一个售货员的自述
⋯⋯⋯⋯⋯[西德]瓦尔特·斯密勒　徐智儿译

历史传奇

玛丽温泉的哀歌——歌德暮年的爱情绝唱

················[奥地利]斯蒂芬·茨威格　黄文华译

作家故事

儒勒·凡尔纳谈写作················黄新成译

莎士比亚第一部喜剧的故事················陆永昌编译

名词解释

玫瑰小说················谷　深

巴尔拿斯派················王坚良

罗什福尔派················戴　边

芥川奖与直木奖················艺　峰　志　文

世界文坛动态

举办译文征文评奖办法及供翻译的英文短篇小说

1982 年第 4 期　刊名:《译林》

目录

长篇小说

戒严令之夜················[日本]五木宽之　孟金平译

电影文学剧本

一千万法郎················[民主德国]汉·尤·维勒　秦培根译

中短篇小说

08 跑道················[加拿大]阿瑟·赫利

约翰·卡斯尔　周仲安　任治稷译

烈火战车（电影小说）····[英国]科林·韦兰　原著

W.J.韦瑟比改编　万　平译

金钱的诅咒················[法国]安德烈·莫鲁瓦　肖　珮译

翻译家谈翻译

翻译不容易················范存忠

作家随笔

生命的五种恩赐················[美国]马克·吐温　王汉梁译

历史传奇

圣母玛利亚雕像····[美国]道基·斯陶若　张林生译

名词解释

日本战后文学的几个流派················周　平

新戏作派　第一次战后派　第二次战后派　第三新人

内向的一代

世界文坛动态

1983 年第 1 期　刊名:《译林》

目录

加强了解　促进交往················吴贻芳

长篇小说

昏迷············[美国]罗宾·科克　张文浩　李根丽译

诗歌·散文

英国彭斯抒情诗四首················朱炯强　李偭中译

山梨花················[日本]檀一雄　陈德文译

电影剧本

请问芳名················[日本]菊田一夫原著

柳井隆雄编剧　莫邦富译

报告文学

法国球星普拉蒂尼················[法国]菲利普·图尔农

荣　加　予　民编译

名人小传

史沫特莱小传················[美国]简·麦金农

史·麦金农　康明强　吴周文译

历史传奇

一夜天才——马赛曲的诞生

················[奥地利]斯蒂芬·茨威格　郑开琪译

作家故事

托尔斯泰的遗书是怎样写成的

················[苏联]阿·谢尔格延科　马逸若译

翻译家谈翻译

一个业余翻译者的回顾················王佐良

中短篇小说

爱骗到最后····[民主德国]弗兰茨·菲曼　望　宁译

离合················[日本]川端康成　李芒译

诚实的人············[巴西]蒙蒂罗·洛瓦托　孟继成译

体育俱乐部············[法国]玛塞尔·埃美　俞　易译

奈扬乔老爷············[印度]泰戈尔　王汉梁译

星期天的决斗············[秘鲁]巴尔加斯·略萨　朱景冬译

外国文学评介

关于《家》················[日本]进藤纯孝　李德纯译

"屋外仍是一片漆黑"——简评岛崎藤村的《家》

················李德纯

作家访问记

"作家要有社会责任感"

——再访日本女作家山崎丰子⋯⋯⋯⋯⋯⋯莫邦富

名词解释

世界文坛动态

人物介绍

世界风光

本刊 1982 年总目录

1983 年第 2 期　刊名:《译林》

目录

长篇小说

山盟海誓⋯⋯⋯⋯⋯⋯〔美国〕丹妮尔·斯蒂尔　郁　飞译

中篇小说

被折断的翅膀⋯⋯〔黎巴嫩〕纪伯伦·哈利勒·纪伯伦

郭黎译　朱威烈校

奥利弗的故事

⋯⋯⋯⋯⋯⋯〔美国〕埃立奇·西格尔　王守成译

煤气收费员的奇遇⋯⋯⋯⋯⋯⋯〔西德〕海因利希·

施珀尔　郑静慧　杨向如译

诗歌·散文

人生颂⋯⋯⋯⋯⋯⋯〔美国〕朗费罗　黄一宁译

聂鲁达抒情诗二首⋯⋯⋯⋯⋯⋯陈光孚译

泰戈尔散文三篇⋯⋯⋯⋯⋯⋯刘建译

短篇小说

铜像⋯⋯⋯⋯⋯⋯〔法国〕玛塞尔·埃美　俞　易译

排演《罗密欧与朱丽叶》⋯⋯〔苏联〕尼·诺沃谢洛娃

江一勋　陈贤文译

曼城的母亲⋯⋯⋯⋯⋯⋯〔美国〕玛·劳琳斯　郑之岱译

微型小说

阿庆基"造反"⋯⋯⋯〔芬兰〕本蒂·韩佩　王家骥译

雨中⋯⋯⋯⋯⋯⋯〔日本〕大西赤人　小　迎译

作家故事

歌德与《少年维特的烦恼》⋯⋯〔法国〕安德烈·莫鲁瓦

缪华伦　谈　放　浦耐秋节译

艾·巴·辛格的一个迷人之夜

⋯⋯⋯⋯⋯⋯〔美国〕迈克尔·诺曼　陈冠商译

作品评介

纪伯伦和他的《被折断的翅膀》⋯⋯⋯⋯⋯⋯朱威烈

翻译家谈翻译

漫谈译事难⋯⋯⋯⋯⋯⋯戈宝权

历史传奇

名画《蒙娜·丽莎》失窃记

⋯⋯⋯⋯⋯⋯〔英国〕塞·维·莱特　钱　力译

作家访问记

会见山健吉和尾崎秀树⋯⋯⋯⋯⋯⋯海　笑

美国航讯

是文学家还是掮客

——关于柯辛斯基的一场笔战⋯⋯⋯⋯⋯⋯董鼎山

文坛趣闻

外国文学家的笔名趣谈⋯⋯⋯⋯⋯⋯许文龙

名词解释

后现代主义⋯⋯⋯⋯⋯⋯袁可嘉

荒诞派文学⋯⋯⋯⋯⋯⋯郭继德

异化⋯⋯⋯⋯⋯⋯王文彬

世界文坛动态

名画插页：在玛其奥尔湖上

1983 年第 3 期　刊名:《译林》

目录

《外国语》、《译林》联合举办译文征文评奖

评委会名单　获奖名单　评委会纪要（摘登）

长篇小说

网⋯⋯⋯⋯〔西德〕汉斯·哈贝　魏惠民译　浦允南校

诗歌·散文

屠格涅夫散文诗选译⋯⋯⋯⋯⋯⋯戈宝权译

鲁文·达里奥抒情诗二首⋯⋯⋯⋯李永春　于凤川译

中短篇小说

圣·克赖斯特夫教堂

⋯⋯⋯⋯⋯〔匈牙利〕高·伊丽莎白　顾宗英译

常来电话常来玩⋯⋯〔苏联〕阿·阿列克辛　袁振武译

我的茉莉子⋯⋯⋯⋯⋯〔日本〕青木千枝子　施小炜译

悲哀之夜⋯⋯⋯⋯⋯〔埃及〕纳伊姆·阿塔亚　晓　琳译

冉欧与葛兰⋯⋯⋯⋯⋯〔法国〕伏尔泰　郭麟阁译

魔盒⋯⋯⋯⋯⋯〔英国〕大卫·洛契佛特　唐若水译

冲邪⋯⋯⋯⋯⋯〔印度〕纳拉扬　梅江中译

广播剧

一个人的面包⋯⋯⋯〔瑞典〕福尔·弗里德尔　赵苏苏译

回忆录

爸爸教我写作
—————— [美国] 格瑞戈里·海明威 董衡巽译

作品评介

混沌的世界 罪恶的网——读《网》—————— 天 泥
在虚幻的迷雾后面——读《障碍》—————— 李辰民
一丘一壑 楚楚有致
——谈《破碎的山河》的反形手法—————— 陈人龙

翻译经验交流

朴则近本——也谈美国短篇小说《儿子》的翻译
—————— 陆谷孙

作家访问记

访日本作家五木宽之—————— 谭晶华
会见维日诺夫—————— 朱兆顺

作家故事

川端康成获诺贝尔文学奖的前后
—————— [日本] 濑沼茂树 莫邦富摘译

名词解释

社会现实主义—————— 国 正
自然主义—————— 冯庆美
流亡文学—————— 郑寿康
本刊第二次扩大的编委会在苏州召开
世界文坛动态
名画插页：农妇

1983 年第 4 期 刊名:《译林》
目录

长篇小说

拳坛春秋—————— [西班牙] 安德雷斯·博什 奚 岩译

叙事诗

壮丽的瞬间—————— [奥地利] 斯·茨威格 潘子立译

中篇小说

恋心迷惘—————— [法国] 斯特法纳·阿赫当 鲁方根译
一个鲍米涅人—————— [法国] 让·齐奥诺 罗国林译
家庭纠纷—————— [苏联] 马·别洛霍娃 李荫寰译

短篇小说

夜莺—————— [苏联] 高尔基 杨衍松译
莫向外国人伸手—————— [日本] 远藤周作 程学林译

这样一个坏人
—————— [土耳其] 阿·内辛 曾宪英 唐鹤鸣译
薄暮—————— [英国] 赫克托·芒罗 温德美 周启璋译

翻译家谈翻译

愿中青年文学翻译队伍茁壮成长—————— 叶君健
促进文学翻译的一项有益活动—————— 陈冰夷
翻译应以研究为基础—————— 方 重
用纯洁的祖国语言译出原作的风格—————— 冯亦代
漫谈翻译和其他—————— 杨周翰
因评译，心语寄三方—————— 朔 望

诗歌·散文

漂亮的腿和不周正的腿
—————— [美国] 本杰明·富兰克林 李腾芝译
我的第一首诗—————— [美国] 巴德·舒尔伯格 唐若水译
短诗二首—————— 陈建华译

文坛史话

创作《基度山伯爵》的由来—————— 吴继远
简·爱在伦敦—————— 常 立编译

外国文学评介

当代西班牙文学概况—————— 张绪华 施永令

名词解释

叙事谣曲—————— 王 霹
犹太幽默—————— 徐 新
愚人文学—————— 郑寿康
世界文坛动态
本刊 1983 年总目录
名画插页：睡椅上的莫奈夫人

1984 年第 1 期 刊名:《译林》
目录

长篇小说

艾蒂安（上）
—————— [法国] 菲力普·多迪 刘秉文 薛立华译

中篇小说

盖特维卡为啥不说话
—————— [捷克] 雅·科拉罗娃 李辰民 袁振武译
临死还害人—————— [日本] 三浦绫子 钱希林译

短篇小说

莫斯科姑娘—————— [苏联] 鲍·波列伏依 菲 琴译
阴暗的河—————— [日本] 黑岩重吾 肖立译

X俱乐部的奇迹⋯⋯⋯⋯⋯⋯⋯⋯[美国]本·赫克特
黄嘉琬　黄后楼译　陈安全校
病人⋯⋯⋯⋯⋯⋯⋯⋯[加拿大]阿·拉贝基　张裕禾译

诗歌

抒情诗二首⋯⋯⋯⋯⋯⋯⋯⋯[意大利]塔索　钱鸿嘉译
海鸥（外四首）⋯⋯⋯⋯[日本]石川琢木　于　雷译

电影剧本

白色巨塔⋯⋯⋯⋯⋯⋯⋯⋯⋯[日本]山崎丰子原作
桥木忍编剧　李正伦译

翻译家随笔

牛津、剑桥掠影⋯⋯⋯⋯⋯⋯⋯⋯⋯⋯⋯王佐良

作品评介

重温昨天　激励今天——读法国当代历史小说《艾蒂
安》⋯⋯⋯⋯⋯⋯⋯⋯⋯⋯⋯⋯⋯⋯⋯华　文
读《白色巨塔》⋯⋯⋯⋯⋯⋯⋯⋯⋯⋯⋯李正伦
刑场、天堂和人间——漫谈叙事诗《壮丽的瞬间》
⋯⋯⋯⋯⋯⋯⋯⋯⋯⋯⋯⋯⋯⋯⋯⋯辛　云
恢复理性的呼声——简评《爱情故事》和《罗伯特家
的风波》⋯⋯⋯⋯⋯⋯⋯⋯朱炯强　徐人望
世界文坛动态

诗歌·散文

中国⋯⋯⋯⋯⋯⋯⋯⋯⋯[西班牙]阿·戈麦斯　江志方译
江上歌声⋯⋯⋯[英国]威廉·萨默赛特·毛姆　李传声译

中外作家交往

一代"文苑精华"⋯⋯⋯⋯⋯⋯⋯⋯⋯⋯⋯叶君健
以文会友　以情示心——参加第46届国际笔会侧记
⋯⋯⋯⋯⋯⋯⋯⋯⋯⋯⋯⋯⋯⋯⋯⋯陈光孚

作品评介

扬善惩恶　温故晓今——漫谈《艾蒂安》⋯⋯⋯李景端
被侮辱与被损害者的心声——评《我的茉莉子》
⋯⋯⋯⋯⋯⋯⋯⋯⋯⋯⋯⋯⋯⋯⋯⋯李辰民

历史传奇

借着月光看到的⋯⋯⋯⋯[美国]道基·斯陶若　张林生译

文坛剪影

1983年日本文坛掠影⋯⋯⋯⋯⋯⋯⋯⋯莫邦伟编译
为了把世界名著搬上银幕——记《悲惨世界》第34次
拍成电影⋯⋯⋯⋯⋯⋯⋯⋯⋯⋯⋯⋯海　潮编译
马尔克斯拒穿燕尾服⋯⋯⋯⋯⋯⋯⋯⋯⋯陈　泉编译
世界文坛动态
《中国比较文学》创刊

1984 年第 2 期　刊名:《译林》
目录

长篇小说

艾蒂安（下）
⋯⋯⋯⋯[法国]菲利普·多迪　李　直　范道存译

中篇小说

效能专家⋯⋯⋯⋯⋯⋯[美国]埃德加·赖斯·巴勒斯
李占柱　江宇应译

电影剧本

外科医生⋯⋯⋯⋯⋯⋯[保加利亚]格·达纳伊洛夫
杨耀南译

短篇小说

特权⋯⋯⋯⋯⋯⋯⋯⋯[英国]弗雷德里克·福赛斯
李建刚　陈　新译
替身演员⋯⋯⋯⋯⋯⋯[西班牙]赫·费·桑托斯
沈根发　王士雄译
最后的问候
⋯⋯⋯⋯[苏联]维·彼·阿斯塔菲耶夫　廖鸿钧译
想象的力量⋯⋯⋯[爱尔兰]埃里克·克罗斯　丁振祺译

1984 年第 3 期　刊名:《译林》
目录

长篇小说

我在期待⋯⋯⋯⋯⋯⋯⋯⋯[苏联]鲍·尼科利斯基
陆肇明　陆九如译

中篇小说

最后一次值班⋯⋯⋯⋯⋯⋯⋯⋯⋯[法国]让·费加
朱福林　肖　风译　韩沪麟校

电影剧本

默默无声的人⋯⋯⋯⋯[日本]松山善三编剧　莫邦富译

短篇小说

箱笼与鬼魂——西班牙奇闻
⋯⋯⋯⋯[法国]司汤达　刘广新译　梁　均校
太阳就要重新升起
⋯⋯⋯⋯[印度]尼蒂·波尔·米塔　郁　葱　焦　雷译

全城都在笑她
………[苏联]格·霍洛波夫　吴泽林译　汪彭庚校
拔肯的故事
　　　　[泰国]马诺·他侬西　周瑞芬　钦炳泉译

诗歌
致约翰·拉普雷克——一个苏格兰老诗人的诗简
………………………………[英国]彭斯　袁可嘉译

翻译家随笔
访苏之行——记国际苏联文学翻译家会议………戈宝权

作品评介
艰难的选择——《我在期待》主题简析………陆肇明
关于《默默无声的人》…………………………莫邦富
在坎坷的人生道路上求索——读《圣·克赖斯特夫教
堂》………………………………………………李辰民

作家轶事
大仲马的竞选传单………………………………任　守译

通讯
架设文化交流的桥梁
——记《译林》中青年译者座谈会………………苏　林
世界文坛动态
外国文学调查会在镇江市召开

1984 年第 4 期　刊名:《译林》
目录

长篇小说
愤怒的群山…………………………[美国]利昂·尤里斯
张柏然　尹晓煌　金朝亮译
一夜新娘…………………………[英国]安妮·汉姆森
陈祖兴　王维尧译

中篇名人小传
舒曼与克拉拉的爱情
………………………[法国]安雷·吉奥玛伊　张慧方节译

短篇小说
可怜的黑小伙
………………[美国]兰斯顿·休斯　郭　坤译
拉贾……[孟加拉国]阿卜杜勒·哈伊　李增国译
派克雷迪德夫人猎虎记………[英国]萨基　郑延国译
诺拉·S 的档案
………………[民主德国]埃里克·诺伊奇　秋　声译

诗歌·散文
致琪恩——随赠六弦琴一架
………………[英国]波西·比希·雪莱　王佐良译
我的国土
………………[澳大利亚]多萝西娅·麦克拉　郝振益译
童年…………[西班牙]维·阿莱桑德雷　陈光孚译
风景使我重见光明………[日本]东山魁夷　陈德文译
此刻的富士黎明………[日本]德富芦花　陈德文译
福寿草………………[日本]竹西宽子　刘春英译

外国文学流派介绍
"愤怒的青年"代表作家韦恩和《凯立班国王》
………………………………………………傅惟慈
附：凯立班国王
………………[英国]约翰·韦恩　傅涛　王承武译

作家轶事
关于屠格涅夫《前夜》的一场争论………………吴继远

外国文学评介
日本散文文学…………………………………陈德文
日本情报小说…………………………………谭晶华

翻译漫话
文学翻译浅说…………………………………林智玲

外国作品信息
《谋略大师》简介……………………………刘伟平
《精明的仆人》简介…………………………王名达

读者论坛
希望多了解变化着的当今世界…………………陈　帆
解剖医学界的手术刀……………………………郭伊戈
世界文坛动态
名词解释………………………………………彭克士
编后语

1985 年第 1 期　刊名:《译林》
目录

新年祝词………………[澳大利亚]帕特里克·怀特
艺术的重任——读帕特里克·怀特的来信………叶君健

长篇小说
误诊……[美国]亨利·登克尔　顾明栋　徐　新译

中篇小说
女奴………[巴西]贝纳多·吉马朗斯　翁怡兰　李淑廉译

中篇传记

作家的良知——左拉在德雷福斯事件中
·················[法国]阿·芒·拉努
斯特里奥·洛朗齐　孙桂荣译

短篇小说

肉丸小贩的规章
·················[土耳其]阿·内辛　杨香武　王　坚译
埃努基·················[苏联]列·米什韦拉泽　盛世良译
"旅客"咖啡馆····[法国]柯丽娜·比耶　朱延生译

名人轶事

小泽征尔二三事·········[日本]山本荣一　刘宗和译

诗歌·散文

叶赛宁诗七首·····························丁鲁译
与谢野晶子诗二首·····················李德纯译
时光飞逝····[苏联]康·帕乌斯托夫斯基　非　琴译

外国作家介绍

1984年诺贝尔文学奖获得者塞费尔特·········陆文岳

讽刺小说

人物
·········[罗马尼亚]扬·伯耶舒　甄淑琴　宿彦文译
第二次出嫁·········[苏联]米·安德拉沙　余一中译

作品评介

一部针砭奴隶制的佳作——简评《女奴》·····王汝峰
读《盖特维卡为啥不说话》·················李　柯

外国作品信息

《春月》简介·····························陈　新
《掠夺者》简介·························大　雄
《亨利-马丁大道101号》简介·············孙海潮
世界文坛动态
书讯
翻译消息
英文目录

1985年第2期　刊名:《译林》
目录

长篇小说

绿色国王·······[法国]保罗-卢·苏里采尔　申　京译

中篇小说

特殊休假·····················[日本]山田智彦　露　霞译

短篇小说

爱尔兰没有蛇
·················[英国]弗德里克·福赛斯　周仲安译
女主角·········[英国]达夫妮·杜穆里埃　李伯悌译

作家札记

普希金纪念像
·················[苏联]尼·季·切列梭夫　潘翠青译
怎样读书?·········[英国]弗吉尼亚·伍尔芙
刘雁平　梁绍龙译　朔　望校

文坛之窗

诺贝尔文学奖的评选
·········[美国]乔治·斯坦纳　樊淮生　张　凌编译

诗歌·散文

秋天的花园·····[意大利]迪诺·坎帕纳　钱鸿嘉译
蒂斯代尔诗六首·····················张英进译
安德鲁·约翰·扬诗三首·················戴铭扬译
木屐声·················[日本]泽地久枝　揭　侠译

专栏随笔

读书·论事·话家常
一　"报鬼"读书评
二　机智的作家
三　文明世界的书店·····················董鼎山

文坛史话

围绕《恰特里夫人的情人》一书的一场官司····苏　文

外国作品信息

《闲话栏之争》简介·····················舟　文
《绿色的星期一》简介·················张文军
《情人》简介·························罗　金
世界文坛动态

名词解释

威弗利小说
小知识
新书书讯、邮购消息

1985年第3期　刊名:《译林》
目录

长篇报告文学

万里救人质·························[英国]肯·福莱特
徐　复　金坚范　杜小敬译　粟　旺校

中篇小说

天路尽头————————[美国]莉·麦克纳马拉
吴定柏译　张岱云校

短篇小说

雾中的灵柩————————[日本]辻邦生　卞铁坚译
电话里的老太太————————[法国]皮埃尔·贝勒马
雅克·安托万　肖　风译
总编辑————————[苏联]塔·尼·泰斯　樵　夫译
雪————————[加拿大]弗·菲·格罗夫　郭继德译

专栏随笔

谈书·论事·话家常（二）————————董鼎山

作家访问记

访阿瑟·黑利————————[美国]莉萨·西　林珍珍译

外国作品信息

黑利新著《烈药》————————朔　望

作品评介

一部卓有特色的现实主义作品
——读《安娜·玛丽》————————钱林森

简讯

本刊举行创刊五周年茶话会————————理　文
南京二首————————朔　望
全国美国文学研究会第二届年会在南京召开
第三次日本文学讨论会在洛阳召开
第二届德语文学讨论会在杭州召开
世界文坛动态

1985 年第 4 期　刊名:《译林》

目录

长篇小说

夜路岌岌————[日本]船山馨　李　翟　高文汉译

中篇小说

一个孤女的悲欢
————[联邦德国]列娜特·布什　张建琪译

短篇小说

抬价————————[法国]让·季洛杜　李棣华译
调查员————[爱尔兰]沃尔特·麦肯　吴燕泉译
夕照残晖————————[印度]帕巴尼·帕达查丑
吴　华译　石　真校注

微型小说

赫加泽微型小说两篇————[伊朗]穆罕默德·赫加泽
沈春涛　宋丕方译

游记·散文

日本名家游记选粹————————陈德文译
我的伊豆（川端康成作）
近江（谷崎润一郎作）

专栏随笔

读书·论事·话家常（三）————————董鼎山

作品、作家评介

读《夜路岌岌》————————初　平
孤独，但却幸福——献给石川达三的安魂曲————李德纯

作家书简

用笔沟通两国人民心灵
——致纽约董鼎山教授书————————冯亦代
世界文坛动态

翻译消息

七家出版社联合出版《日本文学流派代表作丛书》

1986 年第 1 期　刊名:《译林》

目录

新年祝词

愿《译林》更好发挥窗口的作用————————宦　乡

长篇小说

闲话栏之争————————[英国]马克·奥尔登
周文标　王新沂　李　婷译

中篇小说

别人的面包————[法国]亨利·特鲁瓦亚　刘志威译

短篇小说

亿元富翁————————[日本]源氏鸡太
陈祖蓓译　施小炜校
幸福与法规————[意大利]迪·兰佩杜萨　吕同六译

体育小说

春攀富士遇险记————[日本]新田次郎　露　霞译

作品评介

诗歌·散文

壶井繁治诗二首·····································陈生保译
千曲川文学漫步——追寻岛崎藤村的踪迹·····陈德文

外国作家介绍

1985年度诺贝尔文学奖获得者克洛德·西蒙
···帅裕华　赵菊芬编译

作家访问记

苍松不老　友谊长存
——访日本作家野间宏先生·····················孙久富

专栏随笔

谈书·论事·话家常（四）·····················董鼎山

外国新作信息

《红箭特别快车》简介·····························吕绍宗
《同窗好友》简介·································萧　草

简讯

本刊与四川大学外文系联合召开当代欧美小说创作技
巧讨论会
世界文坛动态
出版消息

1986年第2期　刊名:《译林》
目录

长篇纪实小说

温莎行动·············[英国]杰克·希金斯　节　流译

中篇小说

总统轶事·················[法国]弗朗索瓦兹·吉儒
章敏译　李　直校
灵验的圣像···········[苏联]田德里亚科夫　谢伦振译

短篇小说

勒索·········[英国]弗雷得里克·福赛斯　熊　和译
回答·········[联邦德国]加布利尔·沃曼　鲁仲达译

幽默小品

赫加泽小品文两篇·········[伊朗]穆罕默德·赫加泽
沈春涛　宋丕方译

诗歌·散文

日本与谢野晶子诗二首·····················李德纯译
颂南京抒情诗二首
·······[波兰]博赫丹·德罗兹多夫斯基　施小妹译

九十九里滨初夏·······[日本]高村光太郎　陈德文译

专栏随笔

谈书·论事·话家常（五）·····················董鼎山

创作技巧交流

当代外国小说创作技巧概述·····················张　放等

外国新作信息

《瑞典吹来的夏风》简介·························周克骏
《市长》简介·································陈　新
世界文坛动态
书讯

1986年第3期　刊名:《译林》
目录

长篇小说

吕蓓卡密钥
·············[英国]肯·福莱特　任大雄　黄　峻译

中篇电视小说

诽谤·····················[墨西哥]阿尔丰索·克雷玛达
萨尔瓦多·乌加尔特　普　汲编写

短篇小说

扑克牌算卦·············[日本]井上靖　赵德远译
侯爵夫人五点钟出门
·············[法国]雅克·蒂尔洛特　张以群译
错死的人·········[意大利]迪诺·比扎蒂　胡宗荣译
提薪的代价·················[菲律宾]赛尼尔·何塞
谢显宁　宋子祥译

微型小说

我在K村的朋友
·············[保加利亚]伊·佩特罗夫　余志和译

诗歌

日本春歌二首·································罗兴典译
俄国抒情诗二首·······························朱宪生译
为了看到黎明·············[日本]川路柳虹　李德纯译

作品评介

长河奔向大海——评《宫本辉作品选》···········李　芒

专栏随笔

谈书·论事·话家常（六）·····················董鼎山

中外作家交往

文学力量超越国界——记中美作家、学者座谈海明威
作品·······································杨仁敬

外国新作信息

《与狮子为伍》简介·······························晓 琳
《归宿》简介·····························显 宁 吴 念
本刊举办"岛崎藤村文学翻译与阅读奖"征文启事
世界文坛动态
简讯
出版消息

1986 年第 4 期　刊名:《译林》
目录

长中篇小说专辑
长篇小说

烈药·························[加拿大] 阿瑟·黑利
邹德孜 沈燕云 毕小元 费正平译 粟 旺校
马赛特别快车·······[法国] 米歇尔·马雷 秋 叶译

中篇小说

圣-艾蒂安之恋·······[法国] 埃克斯布拉亚 冯嘉瑞译

专栏随笔

谈书·论事·话家常（七）·····················董鼎山

外国文学评介

当代英美通俗文学的发展·······················施咸荣
世界文坛动态

1987 年第 1 期　刊名:《译林》
目录

新年祝词

珍惜《译林》，帮助《译林》·····················王佐良

长篇小说

司法奇闻·····················[瑞士] 弗·迪伦马特
高剑秋译 叶植逢校

中篇小说

陌生女郎·············[印度] 吉尔辛·南达 张德福译
老刑警戈罗杜林·············[苏联] 梅捷尔 翁本泽译

短篇小说

约翰尼·伯尔
·······················[美国] 约翰·斯坦贝克 曹明伦译
我仍然偏爱黑皮肤
·······················[美国] 伯纳德·马拉默德 吕 欣译
手·······················[法国] 索朗日·法斯盖尔
孙海潮译 安 杨校
受监视的爱情·············[法国] 朱利埃特·邦佐尼
胡笑原 张晓东译
高考地狱·············[日本] 西村京太郎 彤 彤译
破产俱乐部
·······················[日本] 岚山光三郎 刘苹苹 佟 军译
请您正确理解我
·······················[苏联] 伊凡·聂鲁切夫 陆永昌译

作家轶事

叶芝的三位女友

诗歌·散文

马娄与弥尔顿作品选择·····················王佐良译
叶芝后期名作二首·····························袁可嘉译
爸爸·······················[美国] 安·马尔科姆 吴克明译

讽刺小品

我渴望纯洁·············[法国] 罗曼·加里 杜青钢译

名人小史

路透社的鼻祖
——保罗·朱利叶斯·路透·····················白晓中编译

外国文学之窗

六十年代以来民主德国与联邦德国文坛一瞥···徐晓蓉

作品评介

针砭西方司法的力作
——《司法奇闻》浅析·······················逢 生

外国新作信息

《伊甸园》简介·····························珍 珍
《变化》简介·····························晖
《矿坑》简介·····························吕绍宗
戈宝权文学翻译奖基金会举办首届俄语翻译评奖
本刊举办 1987 年长中篇翻译作品评奖启事
世界文坛动态
更正启事

1987 年第 2 期　刊名:《译林》
目录

长篇小说

黄金的诱惑—————————[美国]乔纳森·布莱克
谢显宁　王爱飞　赵常欣译

中篇小说

人间恶魔—————————[法国]皮埃尔·布瓦洛
托马·纳尔塞雅克　张继双译　李南友校

短篇小说

毁灭，在悄悄地潜入———[日本]夏树静子　祝子平译
右手———————[日本]平岩弓枝　李有宽译
原该拥抱的双手
—————————[苏联]安德烈·勃林诺夫　冯玉律译
替身———[联邦德国]赫尔曼·卡萨克　魏家国译
死亡沼泽———[联邦德国]马丁·特雷默尔　张锡安译

诗歌·散文

岛崎藤村抒情诗三首—————————李　芒译
我想记小诸———[日本]岛崎藤村　作　陈德文译
春风驰荡木曾路——追寻岛崎藤村的踪迹———陈德文
里尔克诗五首—————————杨武能译
我最后的告别———[菲律宾]何塞·黎萨尔　凌　彰译

随笔小品

干涸的眼睛———[法国]吉尔贝·塞斯布隆　谭常轲译
谈恐惧—————————[伊朗]穆罕默德·赫加泽
沈春涛　宋不方译

外国作家介绍

抱朴舍杂谈——访日本老作家住井末———陈喜儒
日本近代杰出的作家岛崎藤村—————————江　人

当代名作介绍

《女宾》——存在主义的名作之一—————————王宝泉

作家自述

我为什么写作?　—————————徐根祥摘译

作品评介

一曲献身科学的赞歌——读《阿罗史密斯》———萧孔铁

外国新作信息

《曲折的历程》简介—————————沈　重
《重逢之后》简介—————————樱
岛崎藤村文学翻译与阅读奖征文评选揭晓

世界文坛动态
简讯
新书预告
出版消息

1987 年第 3 期　刊名:《译林》
目录

长篇小说

女市长传奇—————————[美国]尤金·肯尼迪
富　考　秉　恭　兴　昌译

中篇小说

被冷藏的足球中锋
—————————[意大利]卡尔洛·马佐尼　秋　草译

诗歌

勃洛克诗七首—————————戈宝权译

短篇小说

失踪的女人———[日本]小杉健治　王敏良译
金姆———[美国]阿曼达·戴维　东芳译
枕头———[苏联]瓦·伊斯哈科夫　张吉元译
塞扎尔的婚姻———[法国]马塞尔·埃姆　徐家顺译
查理陛下和电报
—————————[法国]米歇尔·格里左雅　谭常轲译

作品评介

"如此足球界啊!"——简评意大利体育小说《被冷
藏的足球中锋》—————————锦　喻

作家自述

我是怎样成为作家的
———[法国]西蒙娜·德·博伏瓦　闰　敏摘译

文坛史话

易卜生名作《玩偶之家》创作始末———孙海潮编译

作家轶事

原来雪莱睡着了—————————刘凯芳编译

翻译习作选载

信使—————————[美国]欧·亨利　张志力译
岛崎藤村文学翻译与阅读奖授奖大会在南京举行
藤村文学传友情—————————礼　立

外国新作信息

《夜间男仆》简介—————————鲁方根

《警察》简介——————————海 潮
《等到早晨来临》简介————————周向勤
世界文坛动态
读者服务台
简讯
本刊启事
书讯

1987 年第 4 期　刊名:《译林》
目录

长篇小说
幻觉—————[美国]罗宾·科克　邱懋如　袁妙军译

中篇小说
曾有一位克拉沃契卡——[苏联]鲍里斯·瓦西里耶夫
赵德成　贺美兰译

短篇小说
当医生们意见不一致的时候
——————[美国]沃德豪斯　郑达华译
好了，再见————[美国]吉尔·布鲁尔　王忠焕译
矿山疑案——[加拿大]伊莎贝尔·丽默　刘海平译
井底——————————[日本]吉屋信子　王丕迅译
柯尔德莉娅——[法国]弗·马莱－约里斯　桂裕芳译
白玫瑰的秘密
——————[联邦德国]卡特林·托马斯　张锡安译
邮缘——————[法国]居伊·代·卡尔　张忠顺译

诗歌
美国民歌选译——————————董乐山译

当代名作介绍
《自由之路》——萨特的代表作——————王宝泉编译

外国文学之窗
苏联文学出版界掠影—————————程　文

作家自述
我为什么要写《幻觉》
——————[美国]罗宾·科克　邱懋如　袁妙军译

作品评介
"天堂"里的噩梦——评《幻觉》—————李辰民

外国新作信息
《流亡》简介——————————海　潮
《殉教者》简介—————————鸿　君

《我不请求宽恕》简介————————孙圣聚
本刊召开读者座谈会及翻译经验交流会
本刊重要启事
读者服务台
世界文坛动态
1987 年本刊总目录

1988 年第 1 期　刊名:《译林》
目录

新年祝词
发扬特色　办好《译林》—————钱钟书　杨　绛

长篇小说
迷惘之家
——————[美国]艾琳·洛特曼　郭建中　张友忠译

中篇小说
审判法官—————[美国]霍华德·E.戈德弗拉斯
王喜六　祁阿红译

电影剧本
旅途——————[日本]桥本忍　桥本信吾　邵建设译

短篇小说
忘恩负义的暴发户
——————[联邦德国]库特·库森贝格　桂乾元译
吻—————[苏联]鲍里斯·拉赫马宁　杨迪秀译
没有脾气的男人———[英国]凯瑟林·曼斯菲尔德
文洁若译　萧　乾校
木村家的人们—————[日本]谷俊彦　陈喜儒译
狂恋——[美国]艾萨克·巴什维斯·辛格　姜　源译

诗歌
聂鲁达散文诗两题—————————于凤川译

作品评介
《没有脾气的男人》的艺术特色——————萧　乾
可怖的活尸——读《木村家的人们》————丹　晨

作家访问记
美国作家辛格谈创作
——————[美国]黛娜·库柏·克拉克　蒋　跃译

世界文坛一瞥
80 年代美国文学发展的几个新趋势————施咸荣

外国新作信息

《大教堂》简介————————汤民仁
《玉屋》简介——————————鲁方根
《章鱼》简介——————————宁　华
敬告读者
世界文坛动态
简讯

1988 年第 2 期　刊名:《译林》
目录

长篇小说

为了荣誉————————[英国] 杰弗里·阿切尔
蒋建平　孙永明译

中篇小说

一个孩子——————[美国] 托莉·L.海登　陈生保译

诗歌

新川和江抒情诗二首————————兰　明译
茨维塔耶娃诗三首————————顾蕴璞译

短篇小说

尘土里的便士
————————[加拿大] 欧内斯特·巴克勒　钟　平译
海滩经济学————[泰国] 阿金·班加番　李健译
送上门来的女儿———[苏联] 茹拉霍维奇　盛世良译
斗牛士的悲剧————[法国] 夏尔·埃格斯布莱亚
任　驰译　任婉筠校

作家访问记

杰弗里·阿切尔访问记
————————[英国] 汤姆·希伯特　陈　跃编译

文艺评论

一本雅俗共赏的外国文论专著——读《别、车、杜文
艺思想论稿》————————李辰民

历史传奇故事

梅耶林之谜————[法国] 阿兰·德戈　施清嘉译

译坛短波

外国文学翻译介绍工作在中国————叶水夫
香港当代翻译研讨会散记————李景端
戈宝权荣获"普希金纪念奖"及"苏联各国人民友谊
勋章"————————培　兰

作家专访

1987 年诺贝尔文学奖获得者布罗茨基谈话录
————————陆伟红编译

外国新作信息

《你应当记住》简介————————陆伟红
《总有一天，你会明白的》简介————鲁方根
《金字塔》简介————————张根成
《神圣之夜》简介————————鲁方根
世界文坛动态
致读者
简讯
书讯

1988 年第 3 期　刊名:《译林》
目录

长篇小说

新的任命————————[苏联] 亚·别克　翁本泽译

中篇小说

圣诞前夜之谜————————[法国] 吉奈特·布里昂
海　潮译　林学芬校

电影剧本

鳄鱼邓迪————————[澳大利亚] 保罗·霍根
陆涌明　黄群飞译

短篇小说

土耳其女奴———[奥地利] 恩斯特·约瑟夫·格里希
林伟中译
蛋————————[意大利] 迪诺·布扎蒂　陈师兰译
模特儿————[美国] 伯纳德·马拉默德　杨仁敬译
他的末段恋情———[美国] 兰斯顿·休士　罗信群译

诗歌·散文

拜伦诗三首————————（中国香港）俞士忱译
室生犀星诗五首————————小　章译
圆山川————————[日本] 木下利玄　陈德文译

历史传奇

英国最后一个判处绞刑的人————————黄蓉美编译

外国作家介绍

美国杰出的女诗人狄金森————————朱曼华
罗伯-格里耶晚年的创作思想及其著作——唐　珍编译

翻译家介绍

我所认识的戈宝权····················郑恩波
绝知译事需躬行——记德语文学翻译家杨武能教授
····················雪 声 悌 伦

作品评介

一部温故晓今的佳作
——评魏斯科普夫的《诱惑》····················冯 至
关于《新的任命》
····················[苏联]格·巴克拉诺夫 翁本泽译

外国新作信息

《浮华如烟》简介····················吴茜茜
《风筝的忧郁》简介····················海 潮
世界文坛动态
简讯
1987年《译林》佳作评选揭晓

1988 年第 4 期　刊名:《译林》

目录

长篇小说

西西里岛的较量········[意大利]马可·奈赛 张世华译

中篇小说

悲哀的女人·············[日本]五木宽之 孙瑞华译

短篇小说

野芒果·········[英国]尼古拉斯·赖特 王 婷译
匿名信·········[法国]莫里斯·勒布朗 朱延生译
回到幸福的怀抱
·········[联邦德国]里塔·岛茨贝恩格 施 岷译
人的本性·············[英国]里斯·戴维斯 张柏然译

纪实文学

我的舞台生涯········[挪威]莉薇·乌尔曼 任治稷译

文艺评论

现代德语文学的特点——《现代德语文学丛书》总序
····················冯 至

外国文坛一瞥

1987年美国畅销文学书籍一瞥····················文楚安

外国作家论坛

我们为什么要阅读小说
·········[美国]罗伯特·佩恩·沃伦 王晓路译

外国新作信息

《匆匆女子》简介····················綦玉宁
《迷路的女孩》简介····················鲁方根
《宽恕》简介····················翁本泽
世界文坛动态
1988 年本刊总目录
本刊 1989 年各期内容简介
简讯
书讯

1989 年第 1 期　刊名:《译林》

目录

长篇小说

血迷····················[美国]迈克尔·帕尔默
张柏然 章祖德 步惜渔译

纪实文学

教皇之死····················[美国]戴维·艾·亚洛普
舒 沅 葛良彦 金明节译

电影剧本

雪之情····················[日本]佐佐木丸美 原作
田中阳造编剧 周 珉 王明江译

短篇小说

落叶萧萧··············[苏联]谢·沃罗宁 石国雄译
梅与琼··············[英国]露丝·雷恩德尔 邵明明译

诗歌

谢甫琴科晚年诗四首····················戈宝权译
日本诗五首····················罗兴典译

翻译家漫话

我和谢甫琴科诗作的因缘——纪念谢甫琴科诞辰 175
周年····················戈宝权

外国文学之窗

60 年以来美国的"海明威热"····················杨仁敬
加西亚·马尔克斯谈创作
····················玛利斯·西蒙斯 勿 冈译
世界文坛动态
敬告读者
戈宝权翻译奖
评奖启事
简讯
小启事
本社新书目
优惠购书启事

1989 年第 2 期　刊名:《译林》

目录

长篇小说

我要拿下曼哈顿·················[美国]朱迪丝·克兰茨
李志华　张文浩译

中篇小说

第十个人···············[英国]格雷厄姆·格林
吕富黔　李文刚译

短篇小说

夜幕下的爱情
　　·········[美国]欧文·肖　徐人望译　朱炯强　校
慎重先生···········[美国]巴德·舒尔伯格　余　生译
变出奇迹的人····[英国]赫·乔·威尔斯　郭　路译
裙子··········[法国]莫里斯·勒布朗　朱延生译
女神之死·······[苏联]鲍里斯·瓦西里耶夫　翁本泽译
幻灭···········[印度]尤夏·马哈詹　杜　健译
一个海员的婚姻·········[日本]及川帆彦　钱希林译

散文

记忆·······[伊朗]穆罕默德·赫加泽　沈春涛译

诗歌

帕斯捷尔纳克抒情诗二首·················陈　雄译
玫瑰·············[意大利]利诺·库尔奇　钱鸿嘉译

历史传奇

拿破仑战争时的爱情故事·······[奥地利]亚历山大·
莱尔内特-霍勒尼亚　雪　声译

外国文坛一瞥

近三年来美国文坛上的几件大事·······[美国]傅孝先

国外风情

数寄屋桥话今昔·················莫邦富

外国新作信息

《万花筒》简介·················高艳君
《假定无罪》简介·················郑伟波
世界文坛动态
启事

1989 年第 3 期　刊名:《译林》

目录

长篇小说

石油大亨
　　·········[美国]乔纳森·布莱克　赵念渝　王绪芬译

中篇小说

表妹艾吉特·······[波兰]安德热·兹贝赫　李鹤龄译

短篇小说

痛苦的事实···········[美国]艾·巴·辛格　棟　稣译
命运之神···········[法国]安德烈·莫洛亚　王　辉译
拍卖···········[联邦德国]丽莉·巴尔默　唐仲远译
白水···········[美国]约翰·科尼尔　韩长清译
关于影子工业的报告
　　·········[澳大利亚]彼得·凯里　欧阳昱译
一个青年的日记片断
　　·········[埃及]纳吉布·马哈福兹　陶慕华译
蜡塑夫人···········[法国]达尼埃尔·布朗热　谭常轲译

诗歌　散文

联邦德国抒情诗三首········[联邦德国]克·阿勒特-
维布拉尼茨　蔡鸿君译
鸟的啼鸣···············[英国]D.H.劳伦斯　叶胜年译

历史传奇

神秘难解的"铁面人"之谜·················仁　章编译

翻译家漫话

近十年美国文学在中国·················施咸荣

外国文学之窗

奥地利战后文学刍议·················曾乃云
海明威在古巴之谜·················杨仁敬

作家访问记

访扬·盖菲莱克·················习　林译

外国新作信息

《克里姆林宫的红衣主教》简介·······李晓明　冯晓坚
《父女争霸》简介·················阎素伟
世界文坛动态
致译者

1989 年第 4 期　刊名:《译林》
目录

庆祝《译林》创刊 10 周年

贺信贺词
坚持办刊宗旨　开拓新的未来················李景端

长篇小说
别离开我························[美国]哈·罗宾斯
陈　琛译　望　达　小　含校
魅力学校························[美国]纳尔逊·德米勒
李　峰　熊　音译

中篇小说
弗朗西斯科之钟
　　　　　　[日本]五木宽之　祝子平　魏　岚译

短篇小说
蓝色的思念··········[美国]鲁丝·伦黛尔　吴建雄译
斯捷潘妮达·伊万诺芙娜的葬礼
　　　　　　　　[苏联]弗·索洛乌欣　袁振武译
烤鹅························[伊朗]贾玛尔扎德　张　晖译

微型小说
上班诀窍
　　　　　　[联邦德国]路易丝·席波赖特　肖　通译

诗歌
弗罗斯特抒情诗四首·············丁廷森　程爱民译

作品评介
痛苦的魂灵——评《别离开我》·············童　韵

外国作家介绍
赢得读者是他的最高目标——记西德畅销书作家康萨
里克······················桂乾元

翻译家漫话
"五四"以来翻译对于中国新诗的功过··········卞之琳

外国文学之窗
1989 年度欧·亨利奖、第 13 届普什卡特奖简介
······················[美国]克拉伦斯·梅杰　勿　罔译

作家轶事
友谊的天才　仇恨的天使——凯瑟琳·曼斯菲尔德的
隐秘生活······················谢荣林编译

国外风情
北方，有一座小楼
——记联邦德国的"译者之家"·············杨武能

外国新作信息
《情仇恩怨》简介·····················费　时
《罪犯》简介·····················翁本泽
世界文坛动态
1989 年本刊总目录
本刊明年部分内容简介
书讯

《这一代》

【简　介】

　　创刊于 1979 年 11 月，旋即停刊。这是全国十三所综合性大学的 77 级、78 级中文系学生联合办的一本文学刊物。内容包括小说、诗歌和评论。正如发刊词所言，他们要打破"受伤的、迷惘的、被耽误的、思索的、战斗的"等一系列标签，追求自我的理想、希望，甚至是幻灭、痛苦，更重要的是以此来探索艺术方法与艺术风格，展现出新一代青年学生的精神风貌和文学风貌。

答读者书

　　由于大家都能猜测到，也都能理解的原因，印刷单位突然停印，这本学生文艺习作刊物只能这样残缺不全地与读者见面了。

　　我们惭愧，怎么对得起天南海北交款预订的读者？ 怎么对得起热情关注鼓励我们的有关领导及文艺界老前辈？ 怎么对得起作品未刊出的作者、译者？

　　我们又无愧，我们流了汗水出了力，不还是这样说吧，我们献出了自己的心，在目前的条件下，也许不可能争取到更好的结果了。

　　五个月来心力交瘁，使我们成熟了一点，每个读者在接到这本刊物时，也会成熟一些呢！

　　是的，《这一代》创刊号的残废决不表明着这一代的残废！

《这一代》创刊号执行编辑
《珞珈山》编辑部

写在创刊号的前面

　　这一代，他们已经获得了这样多的名号：受伤的、迷惘的、被耽误的、思索的、战斗的；众说纷纭，不一而足。 然而，历史——严峻的历史已经找到了一个光辉的日子为他们命名。 真的，很难设想，如果没有"四·五"这一天，我们的子孙后代谈起这一代，将会说："他们交了白卷！"一张只代表耻辱的白卷，遮掩了这一代人坚毅的面容……

　　这一代，有他们自己的生活道路：睁开眼就看见五星红旗，从小就呼吸着新中国的空气。 可是，真理本身并不能代替对真理的探索，何况真理还在向前发展（伴随着一千个谬误和虚幻！），于是，有长征队的旗帜，语录本的海洋，直到高音喇叭，长矛藤帽，直到从西双版纳到大兴安岭，从五指山到天山南北，那风里雨里倔强的身影，泥里水里纷乱的脚印。

　　这一代，有他们自己的思想感情：希望，追求，幻灭，迷乱，失望甚至绝望，痛苦和欢乐，爱情和仇恨——脉搏与人民的心跳相通，呼吸共祖国的胸膛起伏！ 有狂风暴雨，电闪雷鸣，也有霞飞日出，白云拂天，有大海咆哮，汹涌澎湃，也有潺潺清泉，如泣如诉……

　　于是，这一代有了他们神圣的使命：他们是千百年来多少志士仁人为之奋斗不息的事业的继承者，他们是史无前例的社会动荡的见证人，他们是走向二十一世纪绚丽未来的浩荡新军。

　　于是，这一代有了他们崭新的文学，真实地写出自己对生活的思考和理解，通过艺术形象去追求真理，去唤起人们的信念、意志和尊严，歌唱真、善、美，鞭挞假、恶、丑。 而在艺术上决不屈服于任何"最新制定的创作规格"，决不停止对新的艺术风格、艺术方法的追求和探索。

　　于是，十三个大学中文系、新闻系的同学们，用轮流主编的方式，联合创办了这样一个艺术杂志。我们不敢妄称为这一代的代表，正如这里的作品不敢妄称为这一代的代表作一般。 但是，滴水映蓝天，寸草闪春晖。 我们的习作将唱出这一代人以及和他们联系着的广大人民群众的心声，将描绘出这一代人以及他们所向往和投身的事业的风貌，也将在这一代

对艺术世界的探索中留下自己的脚印……

十三校《这一代》创刊协商会全体代表
一九七九年八月十日于北京

1979 年第 1 期　刊名:《这一代》

目录

变革现实的文学……………………武大《珞珈山》评论员

第二乐章:希望(小说)………………………龚巧明
火(小说)………………………………………曹冠龙
黑海潮(小说)…………………………………陈海鹰
卖鸡蛋的小姑娘(小说)………………………小　燚
潇潇雨夜(小说)………………………………王小平
大海不属于我们(小说)………………………安　东
九华漫记(散文)………………………………胡晓晖
北海公园夏夜舞会即景(散文)………………新　京
荷花(花与文学之一)…………………………雅　明

愤怒出诗人(诗辑)
桥………………………………………………王家新
轿车从街上匆匆驶过……………………………叶　鹏
他来自兰考………………………………………张天明
假如王小平当了法官……………………………伟　伟
王小平兄弟,咱俩说几句知心话………………剑　可
呵,《修养》……………………………………毛建一
爱………………………………………………赵誉泳

不屈的星光(诗辑)
罪人……………………………………………徐敬亚
脊梁……………………………………………黄子平
闪………………………………………………王小妮
沉默的大游行…………………………………超　英
梦中走过的路…………………………………黎　萌

青春圆舞曲(诗辑)………………马　良　左　健等
心之歌(散文诗)…………………吉大《言志》诗社
片瓦集(诗)…………………………………兰亚明
矿物篇(诗)…………………………………频　歌
绿叶吟(诗五首)……………………………刘少安
化妆师和他的妻子(寓言诗)………………付民印

潜在的潮流
——近年来大学生文艺述评…………………于可训
《武训传》有益无害(论文)………蔡东士　最小京
西方象征派及其对我国诗坛的影响述评………高伐林

自由神与火炬(杂文)…………………………李　友
死的比较(杂文)………………………………吴　刚
关于呈请《鲁迅全集》编委会修改
鲁迅一段文字的郑重而又严肃的建议…………不笑生
善哉! 伟大的批评家(杂文)…………………曾宪斌
杂文与打狗(杂文)……………………………索　谦

蜚声文坛的青年作家
——访刘心武记略…………………………阿　鸣　初　路
民主安在,办刊何罪?!……………西北大学《希望》记者
小黄蜂(三则)……………………田　空　小　阳等
犬神家族(日本电影剧本连载)
…………………………长田纪生等编剧　凌大波译

封面设计………………………………徐　冰　安　桦
此时无声胜有声(版画)………………………广　军
思绪(国画)……………………………………李润生

《秦香莲》观后
生活——第四期
血祭(小说)
神坛
蜡烛
青春的奏鸣
我怕我爱的只是心中的美丽
不是她
不是时的语言
苦的回忆
张志新式的命运
猫头鹰与公鸡
从"餐柜"谈起
刽子手万岁
人民神殿教内幕
世界各报论"人民神殿教"事件
银鸥
老白鹭
你有多快乐?

《浙江文艺》
（《东海》）

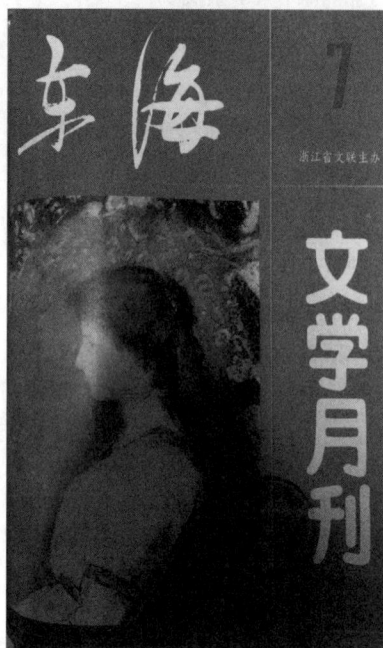

【简 介】

综合性文学月刊。浙江省文学艺术界联合会主办。创刊于1956年，1975年复刊。1978年由《浙江文艺》更名为《东海》。其旨在繁荣文学创作、培养作者，主要刊载各类题材、风格的中短篇小说、散文、报告文学、诗歌和文学评论等。

期刊号：1976年第1期—1988年第12期

1976年第1期　刊名：《浙江文艺》
目录

词二首································毛泽东
水调歌头·重上井冈山
念奴娇·鸟儿问答
世上无难事　只要肯登攀
《人民日报》、《红旗》杂志、《解放军报》一九七六年元旦社论

学习毛主席词二首
炉前聆听词二首（诗）··············何昌正
毛主席两首词发表（诗）··········李谨华
奶奶学习词二首（诗）··············陈勇赴
刀山冰峰敢登攀（诗）··············赵英学
登攀颂（诗）··························马　雪
毛主席率领咱们登攀（诗）········叶　桢

继续革命勇登攀（评论）········郑择魁　朱　克
燕雀安知鸿鹄之志（评论）············钱松樵

小说·散文
考试的风波（小说）···········林　伟　梁米芳
主心骨（小说）························张振刚
元旦之前（小说）······················朱德才
"贡献组"的故事（革命故事）··········吴锦明
铁了心的姑娘（散文）··················项冰如
铁锚（散文）··························赵　征
莲花春茶（散文）······················叶荣镇

诗歌
歌颂"文化大革命"　歌颂社会主义新生事物诗传单
叶翠花红代代娇······················斯志伟
新生事物太阳照······················朱伯荣
文化革命催春潮······················杨文虎
火热斗争诗潮来······················罗继荣
工厂新歌····························张　新
测量······························余有根
共同的心愿··························杨寅宗
女牧工之歌··························龙彼德
广阔天地开红花······················褚汉江
五·七干校一战士····················李追深
祖国处处大寨天
——农业学大寨民歌选··············何吉祥等
致大山····························梁　维
县委会····························薛杨祥
进军的鼓点··························高　歌

评论
从梁山泊的路线斗争看投降派宋江的嘴脸
································杨　柳
评《水浒》的最后一回················盛钟健
宋江的"义气"和梁山农民军的教训······方永福

美术
封面设计····························王祖培
农业学大寨（组画）··········黄岩县宣传站供稿
蒋文兵画
封底剪纸····························罗　枫

1976年第2期　刊名：《浙江文艺》
目录

坚持文艺革命　反击右倾翻案风··········初　澜
回击右倾翻案妖风　夺取文艺革命新胜利
································李国忠等

诗歌

歌颂新生事物　回击右倾翻案风

教育革命赞（三首）⋯⋯⋯⋯⋯⋯⋯程卫东

讲台狂飙⋯⋯⋯⋯⋯⋯⋯⋯⋯⋯⋯盛德勋

海上画展（外一首）⋯⋯⋯⋯⋯⋯谢鲁渤

都说她姓"土"⋯⋯⋯⋯⋯⋯⋯⋯⋯贺东久

参战⋯⋯⋯⋯⋯⋯⋯⋯⋯⋯⋯⋯⋯吴永祚

女渡工（外一首）⋯⋯⋯⋯⋯⋯⋯黄光椿

"家"⋯⋯⋯⋯⋯⋯⋯⋯⋯⋯⋯⋯⋯孙银标

送行⋯⋯⋯⋯⋯⋯⋯⋯⋯⋯⋯⋯⋯宫　玺

"杨子荣"来咱山庄⋯⋯⋯⋯⋯⋯⋯梁春佩

深山里的家⋯⋯⋯⋯⋯⋯⋯⋯⋯⋯黄亚洲

痛击右倾翻案风⋯⋯⋯⋯⋯⋯⋯⋯黄晨星

学大寨新民歌（十二首）⋯⋯⋯⋯叶曙光等

电影文学剧本

桔乡春秋⋯⋯⋯⋯⋯⋯⋯⋯⋯⋯⋯周　粟

小说·散文

菜苗茁壮⋯⋯⋯⋯⋯⋯⋯⋯⋯⋯⋯秦品元

山娃打猎⋯⋯⋯⋯⋯⋯⋯⋯⋯⋯⋯学　种

金银岭之行（散文）⋯⋯⋯⋯⋯⋯苏贵长

评论

学习革命样板戏　写好典型环境⋯赖应棠

推行投降主义路线　必然要篡夺领导权⋯⋯王世德

文艺短论

"鞭痕"与"资本"⋯⋯⋯谢则森　谭徽泉

于细微处见精神⋯⋯⋯⋯⋯⋯⋯⋯罗以民

美术

四川　广东　浙江版画联展作品选

理论新兵（水印木刻）⋯⋯⋯四川　吴孔春

与敌周旋（《西沙民兵》组画之一）

⋯⋯⋯⋯⋯⋯⋯⋯⋯⋯⋯广东　宋　飞等

草原诗篇⋯⋯⋯⋯⋯⋯⋯⋯⋯四川　徐　匡

大干社会主义当先锋⋯⋯⋯⋯浙江　车　进

1976 年第 3 期　刊名：《浙江文艺》
目录

中共中央关于华国锋同志任中共中央第一副主席、国务院总理的决议

中共中央关于撤销邓小平党内外一切职务的决议

吴德同志在天安门广场广播讲话

天安门广场的反革命政治事件

"文化大革命"永放光芒

——纪念中共中央一九六六年五月十六日《通知》十周年⋯⋯⋯⋯⋯⋯⋯⋯⋯《人民日报》、《红旗》杂志、《解放军报》编辑部

诗歌

战笔怒伐邓小平，奋勇反击翻案风

攥紧革命的铁拳⋯⋯⋯⋯⋯⋯⋯⋯雷　鸣

红色电波传佳音⋯⋯⋯⋯⋯⋯⋯⋯英　公

愤怒声讨邓小平⋯⋯⋯⋯⋯⋯⋯⋯戴金波

指挥全靠毛主席⋯⋯⋯⋯⋯⋯⋯⋯朱春涛

誓死保卫天安门⋯⋯⋯⋯⋯⋯⋯⋯厉世成

红卫兵战旗颂⋯⋯⋯⋯⋯⋯陈　军　嵇亦工

那些难忘的夜晚⋯⋯⋯⋯⋯⋯⋯⋯黄亚洲

普通一兵⋯⋯⋯⋯⋯⋯⋯⋯岩　竹　高　渊

小说·散文

路⋯⋯⋯⋯⋯⋯⋯⋯⋯⋯⋯⋯⋯⋯殷光玉

新女婿⋯⋯⋯⋯⋯⋯⋯⋯⋯⋯⋯⋯龚泽华

生命的凯歌⋯⋯⋯⋯⋯⋯⋯⋯⋯⋯王能祥

种籽（散文）⋯⋯⋯⋯⋯⋯⋯⋯⋯龚晓松

戏剧

翠竹坪（戏曲）⋯⋯⋯武义县文艺创作组集体创作

看瓜（独幕话剧）

嘉兴县《看瓜》创作组集体创作⋯⋯张林泉执笔

评论

纪念《在延安文艺座谈会上的讲话》发表三十四周年

努力反映无产阶级同党内走资派的斗争⋯⋯奉化县后浪公社曲池大队下乡知识青年　毛建一

愿将丹心化火焰

——赞《磐石湾》陆长海形象的塑造

⋯⋯⋯⋯⋯⋯⋯⋯⋯⋯⋯⋯斐明海　盛　英

路线斗争教育的生动教材

——读长篇小说《前夕》⋯⋯⋯殷茂心　徐龙年

略谈小小说的选材与开掘⋯⋯⋯⋯楼耀芳

转载：文艺创作的重要课题

——论表现无产阶级与走资派的斗争⋯⋯江曾培

美术·摄影

伟大的号令（《红色风暴》组画之一·版画）

⋯⋯⋯⋯⋯⋯⋯浙江美术学院版画组集体创作

巡医归来（摄影）⋯⋯⋯⋯⋯⋯⋯文　武

走出校门（摄影）⋯⋯⋯⋯⋯⋯⋯黄吕来

做限制资产阶级法权的促进派（版画）⋯⋯王济民

1976 年第 4 期　刊名:《浙江文艺》

目录

小说·散文

斗潮篇 ·························许铨先　许　云
在鲜红的党旗下 ···················蒋焕孙
饲养场的风波 ·····················童遵森
实习 ·····························叶荣镇
我爱北京天安门（散文）··········刘善兴　宋元家
春雨中（散文）····················杨樵康

诗歌

火红的年代　火红的歌
蔡永祥纪念碑前抒怀 ···········江鹰岩　祝金生
写在火红的年代 ···················文　松
燃起造反的烈焰（外一首）············阙维杭
轮机工 ···························王一义
新生事物花烂漫（新民歌十一首）·······余长飞等

军营诗抄

哨所的红卫兵 ·····················孙中明
春苗拔节 ·························王君亚
新指导员（外一首）·················马绪英
江边谈心 ·························俞广德
战士和哨所（外一首）···············阎世宏
太湖民兵 ·························谈　谦
啊，班长 ·························陈继光

戏剧

两个大学生（小话剧）···············龚泽龙

评论

谈革命现代京剧个性化的语言艺术·········吴功正
"文学是战斗的"——学习鲁迅，积极反映阶级斗争
和路线斗争 ·······················任桂全

短评随笔

革命激情和路线觉悟 ·················王德林
"闻韶入迷"者的穷途末路 ·············陈　炳
从基本路线的思想高度反映农村斗争生活——谈《浙
江文艺》部分反映农村生活的小说 ·······李国忠

美术·摄影

一代新人　苗壮成长
走上领导岗位以后（摄影）·············董光中
请喝一杯酥酒茶（摄影）···············董佑勤
青年理论学习小组（摄影）·············施　武
畲族新干部（摄影）·················沈惠国

1976 年第 5 期　刊名:《浙江文艺》

目录

伟大的领袖和导师毛泽东主席永垂不朽
中国共产党中央委员会
中华人民共和国全国人民代表大会常务委员会
中华人民共和国国务院
中国共产党中央军事委员会
告全党全军全国各族人民书
在伟大的领袖和导师毛泽东主席追悼大会上
中国共产党中央委员会第一副主席、国务院总理
华国锋同志致悼词
伟大领袖毛主席永远活在我们心中
毛主席呀毛主席（诗）···············梁　雄
毛主席啊，您永远活在我们心中（诗）·······稽亦工
怀念和誓言（二首）（诗）·············钟高渊
今天，我来到南湖（诗）···············黄亚洲
毛主席永远和我们在一起（诗）··········陈继光
毛主席永远检阅红卫兵（诗）·······陈　军　周　捷
向前，誓做闪光的犁尖（诗）············崔汝先
毛主席啊，我们深深怀念您（组诗）
·····················管思耿　沈　璧　虞诵南
灯塔礼赞（诗）···············胡丰传　王一义
骆长平　何昌正
毛主席的教导永远指引我们战斗
·······························方一新
光辉的足迹 ···············邹立人　龙　彬
双龙明珠　永放光芒 ·················徐家麟
永远缅怀毛主席 ···················蒋焕孙
誓化悲痛为力量 ···················阮未青
高举红旗永向前 ···················费爱能
把无产阶级文艺革命进行到底 ···········丁新民
毛泽东思想永远哺育我成长 ·············陆云松
毛主席，我们永远怀念您 ·············王　炬
我伫立在毛主席的遗像前 ·············胡尹强

读点鲁迅

关于鲁迅战斗精神二三事（评论）·········钦　文
鲁迅（长诗选载）···················徐　刚
鲁迅小说中的艺术辩证法（评论）·········陈鸣树

散文

浪花新歌 ·························赵　征
小苗 ·····························李　阳
攻潜 ·····························董培伦

1976 年第 6 期　刊名:《浙江文艺》
目录

在伟大的领袖和导师毛泽东主席纪念堂奠基仪式上
华国锋主席的重要讲话
国际歌⋯⋯⋯⋯⋯欧仁·鲍狄埃词　比尔·狄盖特曲
三大纪律八项注意⋯⋯⋯⋯⋯⋯⋯⋯⋯红军歌曲
东方红⋯⋯⋯⋯⋯⋯⋯⋯陕北民歌　李有源词
热烈庆祝华国锋同志任中共中央主席、中央军委主席
热烈庆祝粉碎"四人帮"反党集团篡党夺权阴谋的伟
大胜利
英明领袖除四害　八亿神话笑颜开（新民歌二十六首）
⋯⋯⋯⋯⋯⋯⋯⋯⋯⋯张　往　李谨华等
大海的涛声（诗·四首）⋯⋯左守海　王玉忠　王焕璋
欢庆之歌（诗）⋯⋯⋯⋯⋯⋯⋯⋯⋯⋯姜金城
人民的火山（诗）⋯⋯⋯⋯⋯⋯⋯⋯⋯王英志
怒捣毒蛇帮（诗）⋯⋯⋯⋯⋯⋯⋯⋯⋯蔡　涉
食蟹有感（二首）⋯⋯⋯⋯⋯⋯⋯⋯⋯孙晓泉
斩熊黑　庆胜利（群口词）
⋯⋯⋯⋯⋯⋯⋯⋯台州军分区特务连演唱组
特大喜讯（速写）⋯⋯⋯⋯⋯⋯⋯⋯⋯吴国亭
粉碎"四人帮"　浙江有希望（组画）
⋯⋯⋯⋯⋯⋯⋯⋯⋯⋯黄云松　张　帆

红太阳光辉照万代
毛泽东颂（长诗选载）⋯⋯⋯⋯⋯⋯⋯⋯时永福
《东方红》我心中的歌（诗）⋯⋯⋯⋯⋯阚维杭
水兵的怀念（诗·二首）⋯⋯⋯⋯⋯⋯⋯薛家柱
安源山上望北京（诗）⋯⋯⋯⋯⋯⋯⋯左一兵
闪光的一角（诗）⋯⋯⋯⋯⋯⋯⋯⋯⋯张　宏
翠竹排排（散文）⋯⋯⋯⋯⋯浙江省军区　侯　政
红太阳的光辉（散文）⋯⋯⋯⋯⋯⋯⋯傅　侃

小说
社会公仆⋯⋯⋯⋯⋯⋯⋯⋯⋯⋯⋯⋯王重远
退休⋯⋯⋯⋯⋯⋯⋯⋯⋯⋯⋯⋯⋯金善枢
老实人新传⋯⋯⋯⋯⋯⋯⋯⋯⋯⋯⋯欣　荣
秧苗青青⋯⋯⋯⋯⋯⋯⋯⋯⋯⋯⋯⋯袁丽娟

彻底揭发批判王张江姚反党集团
复辟狂江青
——揭开江青"文艺革命旗手"的画皮（评论）
⋯⋯⋯⋯⋯⋯⋯⋯浙江省文化局大批判组
扼杀《创业》、《园丁之歌》是为了篡党夺权（评论）
⋯⋯⋯⋯⋯⋯⋯⋯⋯⋯⋯⋯陈文锦
毛主席革命教育路线的赞歌（评论）⋯⋯吴聚芳
文坛恶霸江青的"帽子"和"棍子"（杂谈）
⋯⋯⋯⋯⋯⋯⋯⋯⋯⋯⋯⋯曾昭弘

杂文
打掉"求全责备"这根毒棍⋯⋯⋯⋯⋯⋯朱国才
空白·牌坊·桃符⋯⋯⋯⋯⋯⋯⋯⋯⋯阿　蒙
野心家必然不得人心⋯⋯⋯⋯⋯⋯⋯⋯罗以民
学习毛主席的光辉批示　声讨"四人帮"围剿"创
业"的罪行⋯⋯⋯⋯赵惠明　王旭烽　陈志敏
刮去鬼脸上的雪花膏（漫画选）⋯⋯⋯⋯王肇达
打倒"四人帮"（漫画四幅）⋯⋯⋯⋯朱　琦　车　进
如此"旗手"（漫画）⋯⋯⋯⋯⋯⋯⋯曾如信

1977 年第 1 期　刊名:《浙江文艺》
目录

伟大的领袖和导师毛泽东主席像
华国锋主席像
论十大关系（一九五六年四月二十五日）⋯⋯⋯毛泽东
中国共产党中央委员会主席华国锋同志在第二次全国农
业学大寨会议上的讲话（一九七六年十二月二十五日）
乘胜前进⋯⋯⋯⋯⋯⋯⋯⋯⋯⋯《人民日报》、
《红旗》杂志、《解放军报》一九七七年元旦社论
永远在毛主席的金光大道上前进（散文）
⋯⋯⋯⋯⋯⋯⋯⋯⋯⋯⋯⋯倪树根
红船又有掌舵人（散文）⋯⋯⋯⋯⋯⋯李百冠
华主席挥手铺春光（诗）⋯⋯⋯⋯⋯⋯东方涛
迎春曲（诗）⋯⋯⋯⋯⋯⋯⋯⋯⋯⋯高　钫
华主席亲切来接见（诗）⋯⋯⋯⋯⋯⋯季天根
春从华主席手中来（诗）⋯⋯⋯⋯⋯⋯马瑞荣
歌颂华主席（诗）⋯⋯⋯⋯⋯⋯⋯⋯⋯商向前
山村小屋（诗）⋯⋯⋯⋯⋯⋯邹　毅　刘文奎
大海的歌声（散文诗）⋯⋯⋯⋯⋯⋯⋯罗幸泉
缅怀毛主席、周总理（词）⋯⋯⋯⋯⋯霜　帘

深切怀念我们敬爱的周总理
敬爱的周总理在杭州（摄影）⋯⋯⋯省摄影展览办公室
光辉题词照征途（散文）⋯⋯⋯⋯陈扬　王　敏
我们会好起来的（散文）⋯⋯⋯⋯金学种　黄怀安
永远怀念敬爱的周总理，誓将文艺革命进行到底（散
文）⋯⋯⋯⋯⋯⋯⋯⋯⋯⋯⋯浙江越剧团
西湖情深（散文）⋯⋯⋯⋯⋯⋯⋯⋯⋯石志明
无尽的哀思（散文）⋯⋯⋯⋯⋯⋯⋯⋯庞瑞垠
一个光辉的名字（诗）⋯⋯⋯⋯⋯⋯⋯洪宇东
灵车缓缓来，驶过长安街（诗）⋯⋯⋯向　青
思总理（诗）⋯⋯⋯⋯⋯⋯⋯⋯⋯⋯陈继光
周总理，您和我们在一起（诗）⋯⋯⋯曾昭弘
心中的诗，献给周总理（诗）⋯⋯⋯⋯黄亚洲
开不败的鲜花
——"杭丝联"巡礼（报告文学）⋯⋯福　庚
山欢海笑（散文）⋯⋯⋯⋯⋯⋯⋯⋯⋯阮未青

红线畅通（散文）⋯⋯⋯⋯⋯⋯⋯⋯⋯荣 镇
炉前鼓声（散文）⋯⋯⋯⋯李义方 黄道富
大寨二律（诗）⋯⋯⋯⋯⋯⋯⋯⋯⋯杜 宣
会后（诗）⋯⋯⋯⋯⋯⋯⋯⋯⋯⋯潘志光
替反动派缴械的"别动队"
⋯⋯评张春桥三十年代的反动作品（评论）⋯吴欢章

杂文

"小卒子"的背后⋯⋯⋯陈锦根 张 宏 徐惠明
放火与泼水⋯⋯⋯⋯⋯⋯⋯⋯⋯⋯李国忠
流氓的"标准"⋯⋯⋯⋯⋯⋯⋯⋯⋯李宝川

封面设计⋯⋯⋯⋯⋯⋯⋯⋯⋯⋯⋯王祖培
封底装饰⋯⋯⋯⋯⋯⋯⋯⋯⋯⋯⋯罗 成
蒸蒸日上（木刻）⋯⋯⋯⋯⋯⋯⋯⋯车 进

1977 年第 2 期　刊名:《浙江文艺》
目录

茶乡十月旗更红（散文）⋯⋯⋯⋯⋯⋯卢祥耀
车往何处（独幕话剧）⋯⋯⋯⋯⋯⋯⋯吴广宏
迎春序曲（散文）⋯⋯⋯⋯⋯⋯⋯⋯金兆法
顶梁柱（小说）⋯⋯⋯⋯⋯⋯⋯⋯⋯赵和松
红糖（小说）⋯⋯⋯⋯⋯⋯⋯⋯⋯⋯庄月江
伏牛（小说）⋯⋯⋯⋯⋯⋯⋯⋯⋯⋯陈 翊
三封电报（小说）⋯⋯⋯⋯⋯⋯⋯⋯刘 星
决不误点（小小说）⋯⋯⋯⋯⋯⋯⋯永 生
排字工人（人物素描）⋯⋯⋯⋯⋯⋯李谨华
毛主席开辟大寨路　华主席领咱迈大步（新民歌）
⋯⋯⋯⋯⋯⋯⋯⋯⋯⋯⋯⋯⋯⋯郑旭华等
春满水乡（二首·诗）⋯⋯⋯⋯⋯⋯陈 军
船来了（诗）⋯⋯⋯⋯⋯⋯⋯⋯⋯⋯黄光椿
读《雷锋日记》⋯⋯⋯⋯⋯⋯⋯⋯⋯蔡庆生
钢厂春潮（外一首·诗）⋯⋯⋯⋯⋯程卫东
家乡行（诗）⋯⋯⋯⋯⋯⋯⋯⋯⋯⋯何昌正
煤海放歌（诗）⋯⋯⋯⋯⋯⋯⋯⋯⋯吴育华
小岛巡逻兵（外一首·诗）⋯⋯⋯⋯嵇亦工
登攀图（诗）⋯⋯⋯⋯⋯⋯⋯⋯⋯⋯贺东久
一曲《北风吹》（诗）⋯⋯⋯⋯⋯⋯谢鲁渤
一个修正主义文艺的反动口号
⋯⋯批判"四人帮"的"三突出"谬论（评论）
⋯⋯⋯⋯⋯⋯⋯⋯⋯⋯⋯郑择魁 张光昌
极右派的自供状
⋯⋯评姚文元的《细流集》（评论）⋯⋯龚延明

杂文

从江青唱《水龙吟》说起⋯⋯⋯⋯⋯吕志勋
歌中露"杀"机⋯⋯⋯⋯⋯⋯⋯⋯⋯徐存秀

"帮道尊严"与"师道尊严"⋯⋯⋯⋯呼 唤
大题目里藏祸心⋯⋯⋯⋯⋯⋯⋯⋯⋯谈山雨
织锦工人心向华主席（水粉画）⋯陈明钧 吴自强
建设大寨县　县委是关键（摄影）⋯⋯葛 岭
革命加拼命　大打翻身仗（摄影）⋯汪建安 刘志新
夜诊（剪纸）⋯⋯⋯⋯⋯⋯⋯⋯⋯⋯薛国桢
书记掌钎我打锤（版画）⋯⋯⋯⋯⋯徐 屏

1977 年第 3 期　刊名:《浙江文艺》
目录

毛主席旗帜指征程
毛主席旗帜指征程（新民歌）⋯⋯⋯阙维杭等
喜迎五卷上海岛（诗）⋯⋯⋯⋯⋯⋯王玉忠
欢呼毛选第五卷出版（诗）⋯⋯⋯⋯余 苠
写在印刷机旁（诗）⋯⋯⋯⋯⋯⋯⋯潘亚平
春夜调寄满庭芳（词）⋯⋯⋯⋯⋯⋯霜 帘
在新华书店里（诗）⋯⋯⋯⋯⋯⋯⋯王金玲
瞻仰遗容（诗）⋯⋯⋯⋯⋯⋯⋯⋯⋯臧克家
旗手是咱华主席（儿歌十六首）⋯⋯黄晨星
李期辉 邓元杰 胡 霜
春风吹绿江南岸
⋯⋯杭丝联见闻（特写）⋯⋯⋯⋯⋯梁 英
雷锋颂（散文）⋯⋯⋯⋯⋯⋯⋯⋯⋯张 翎
忠心耿耿　无私无畏
⋯⋯记党的好干部范汝功（特写）⋯⋯闻华桔
青松（散文）⋯⋯⋯⋯⋯⋯⋯⋯⋯⋯辛 民
竹乡（散文）⋯⋯⋯⋯⋯⋯⋯⋯⋯⋯毛宗民
女检验工（小说）⋯⋯⋯⋯⋯⋯⋯⋯南 晖
夺猪笿（小说）⋯⋯⋯⋯⋯⋯⋯⋯⋯张振刚
新媳妇（小说）⋯⋯⋯⋯⋯⋯⋯⋯⋯时 宏
父子（小说）⋯⋯⋯⋯⋯⋯⋯⋯⋯⋯章云竹
桃树的故事（小说）⋯⋯⋯⋯⋯⋯⋯蔡金荣
千里飞歌（诗）⋯⋯⋯⋯⋯⋯⋯⋯⋯任红举
硬骨头六连之歌（歌词）⋯⋯⋯⋯⋯阎思明
处处高唱新风歌（新民歌）⋯⋯⋯⋯徐冰若
大汗歌（诗）⋯⋯⋯⋯⋯⋯⋯⋯⋯⋯王英志
"爱剌"姑娘（诗）⋯⋯⋯⋯⋯⋯⋯求惟慧
出海（诗）⋯⋯⋯⋯⋯⋯⋯⋯孙绍振 刘登翰
斗风歌（诗）⋯⋯⋯⋯⋯⋯⋯⋯⋯⋯江鹰岩
开山锄（诗）⋯⋯⋯⋯⋯⋯⋯⋯⋯⋯叶小龙
"泥"队长小传（诗）⋯⋯⋯⋯⋯⋯李苏卿
学习大庆唱新歌（新民歌）⋯⋯⋯⋯余长飞
书记回来了（诗）⋯⋯⋯⋯⋯⋯⋯⋯王 华
飞溅的火花（诗）⋯⋯⋯⋯⋯⋯⋯⋯徐忠耀
汽笛声声（新民歌）⋯⋯⋯⋯⋯⋯⋯王慧琪
英雄大庆人在杭齿（摄影）⋯⋯⋯本刊通讯员
"五一"速写（美术）⋯⋯⋯⋯⋯⋯盛元富

高举《讲话》伟大旗帜　深揭狠批"四人帮"
《讲话》永远照亮着我们前进的道路（评论）┈┈谷斯范
《讲话》精神　永放光芒（摄影）┈┈┈本刊通讯员
菩萨蛮·粉碎"四人帮"，重读《讲话》（词）
┈┈┈┈┈┈┈┈┈┈┈┈┈┈┈┈┈┈陶剑平
醉翁之意不在酒
——驳"反'真人真事'论"（评论）┈┈庄月江
要有"压力"（短论）┈┈┈┈┈┈┈┈┈┈张　宏

杂文
"干儿子"及其归属略考┈┈┈┈┈┈┈┈何志云
画皮下的丑态┈┈┈┈┈┈┈┈┈┈┈┈谢广田

1977 年第 4 期　刊名:《浙江文艺》
目录

中国共产党第十届中央委员会第三次全体会议公报
历史性的会议┈┈┈┈┈┈┈┈┈┈┈《人民日报》、
《红旗》杂志、《解放军报》社论
敬爱的叶副主席七律《八十书怀》
热烈庆祝中国人民解放军建军五十周年

小说·散文
最大的幸福（外三篇）┈┈┈┈┈┈┈┈刘　星
"要强"的兵┈┈┈┈┈┈┈┈┈┈┈┈费爱能
艰难的岁月┈┈┈┈┈┈┈┈┈┈┈┈许胤能
矗立在雪峰的纪念碑┈┈┈┈┈┈┈┈┈江　民

战士习作选
桥┈┈┈┈┈┈┈┈┈┈┈┈┈┈┈┈陈锡斌
家┈┈┈┈┈┈┈┈┈┈┈┈┈┈┈┈夏俊贤
"实战"的故事┈┈┈┈┈┈┈┈┈┈┈侯洪金
在战斗的航线上┈┈┈┈┈┈┈┈┈┈葛宝亭
长鸣的"八一"号角┈┈┈┈┈┈┈┈罗幸泉

诗歌
井冈山的好军长
——缅怀朱德同志┈┈┈┈┈┈┈┈┈李根宝
党是红日放光辉（新民歌）┈┈┈┈┈尹立钢等
第一枪颂┈┈┈┈┈┈┈┈┈┈┈┈┈左一兵
红色的书卷┈┈┈┈┈┈┈┈┈┈┈┈张延权
瞻仰舟山烈士陵园┈┈┈┈┈┈┈┈┈向　青
送战友┈┈┈┈┈┈┈┈┈┈┈┈┈┈叶文艺
学六连　迈大步（新民歌）┈┈┈┈┈方观齐等
抗美援朝诗抄┈┈┈┈┈┈┈┈┈┈┈蔡庆生

军旗如火歌如潮
松树林┈┈┈┈┈┈┈┈┈┈┈┈┈┈嵇亦工

脚印┈┈┈┈┈┈┈┈┈┈┈┈瞿兴高　时庆涛
战士爱海风┈┈┈┈┈┈┈┈┈┈┈┈童永泉
顶风练┈┈┈┈┈┈┈┈┈┈┈┈┈┈张德强
风雪海疆练兵忙┈┈┈┈┈┈┈┈┈┈董培伦
云彩上的脚印┈┈┈┈┈┈┈┈┈┈┈宫　玺

美术
"八一"南昌起义（油画）┈┈┈┈┈┈黎冰鸿
练为战（摄影）┈┈┈┈┈┈八三〇一三部队供稿
民兵连长汪月霞（摄影）┈┈┈┈┈省军区供稿
装饰┈┈┈┈┈┈┈┈┈┈┈┈┈┈┈何巧玲

评论
一支反党乱军的毒箭
——评毒箭小说《小兵本纪》┈┈┈┈左丹辉
决不容许歪曲我军基层干部形象
┈┈┈┈┈┈┈┈┈┈解放军某部连长　王育琦
这是我军的"小兵"形象吗?
┈┈┈┈┈┈┈┈┈┈解放军某部战士　张　宏

1977 年第 5 期　刊名:《浙江文艺》
目录

华主席《在中国共产党第十一次全国代表大会上的政
治报告》（摘录）
热烈拥护党的第十一次全国代表大会的胜利召开
你办事，我放心（油画）┈┈┈┈┈┈叶其璋
奔腾吧，时代的长河（散文）┈┈┈┈赵　征　胡笳
唱给十一大的歌（诗）┈┈┈┈┈┈┈黄亚洲
颂歌啊，献给党的十一大（诗）┈┈┈赵兴宽
水调歌头（词）┈┈┈┈┈┈┈┈┈┈孙晓泉
清平乐·欢庆十一大（词）┈┈┈┈┈吕漠野
举杯（诗）┈┈┈┈┈┈┈┈┈┈┈┈沈明祥
公报擂响跃进鼓（民歌）┈┈┈┈┈┈李　平等
庆祝会后（诗）┈┈┈┈┈┈┈┈┈┈孙银标
纵情欢庆十一大（速写）┈┈┈┈┈┈张品操
深揭狠批"四人帮"（速写）┈┈┈┈吴山明
热烈欢庆（装饰）┈┈┈┈┈┈┈┈┈程连义
伟大的领袖和导师毛主席永远活在我们心中
毛主席视察浙江农村（一九五四年·摄影）
毛主席在杭州（一九五四年·摄影）
太阳永不落　西湖春长在（散文）┈┈石志明
大理石上凝深情（散文）┈┈┈晓　林　金学种
织锦工人的心愿（散文）┈┈┈┈┈┈袁　敏
跳动的心声（散文）┈┈┈┈┈┈┈┈福　庚
高举红旗大步走（散文）┈┈┈┈┈┈陈双田
缅怀伟大领袖和导师毛主席（诗）┈┈芦　芒
敬怀毛主席（诗）┈┈┈┈┈┈┈┈┈霜　帘

纪念伟大导师逝世一周年（诗）⋯⋯李碧岩
毛主席纪念堂（诗）⋯⋯⋯⋯⋯方　牧
无限怀念毛主席（诗）⋯⋯⋯⋯陈　建
万代瞻仰红太阳（诗）⋯⋯⋯⋯徐冰若
毛主席——华主席（诗）⋯⋯⋯叶小龙
就像领袖在船台（诗）⋯⋯⋯⋯何信峰
金色的铧犁（诗）⋯⋯⋯⋯⋯⋯王一义
毛主席旧居（诗）⋯⋯⋯⋯⋯⋯刘新民
毛主席遗志记心头（诗）⋯⋯⋯李德麟
一件新棉衣（诗）⋯⋯⋯⋯⋯⋯崔铭先
我在船上学五卷（诗）⋯⋯⋯⋯俞广德
一张入场券（诗）⋯⋯⋯⋯⋯⋯过香臣
为毛主席诗词篆刻⋯⋯⋯⋯⋯⋯刘　江
重生不忘毛主席（评论）⋯⋯周传瑛　王传淞

小说·散文
心愿⋯⋯⋯⋯⋯⋯⋯⋯⋯⋯⋯⋯汪逸芳
父亲⋯⋯⋯⋯⋯⋯⋯⋯⋯⋯⋯⋯吴广宏
渔汛正旺⋯⋯⋯⋯⋯⋯⋯⋯⋯⋯蔡文良
红山茶⋯⋯⋯⋯⋯⋯⋯⋯⋯⋯⋯柴　夫
油海黄花遍地开
——大庆纪行⋯⋯⋯⋯本刊记者　石　岚

诗歌
红旗的波涛红旗的海⋯⋯⋯⋯⋯蔡良骥
黄浦江遐想⋯⋯⋯⋯⋯⋯⋯⋯⋯陈继光

评论
要知松高洁　待到雪化时
——读《陈毅诗词选集》⋯⋯⋯盛钟健
《鲁迅日记》中的我⋯⋯⋯⋯⋯钦　文
去找更多的陈学孟⋯⋯⋯⋯⋯⋯潜思荃
坚持从实际生活出发⋯⋯⋯⋯⋯章云行
永远为工农兵创作⋯⋯⋯⋯⋯⋯蔡庆生

1977 年第 6 期　刊名:《浙江文艺》

目录

毛主席在杭州（一九五四年·摄影）
关于诗歌的一些意见（诗论）⋯⋯郭沫若
十月的风⋯⋯⋯⋯⋯⋯⋯⋯⋯⋯蔡良骥
缅怀毛主席（五律）⋯⋯⋯⋯⋯彭卿云
敬仰毛主席坐像（西江月）⋯⋯孙晓泉
灯塔日记⋯⋯⋯⋯⋯⋯⋯⋯⋯⋯余　蕊
纺纱忙⋯⋯⋯⋯⋯⋯⋯⋯⋯⋯⋯刘炳枝
渔家跟着华主席走（歌词）⋯⋯戴锦国
华主席视察上旺来⋯⋯⋯⋯⋯⋯耀　显
毛主席安眠也在笑（新民歌二十首）⋯⋯王　维等

咏焦裕禄（二十四首）⋯⋯⋯⋯柯　灵
栋梁赞⋯⋯⋯⋯⋯⋯⋯⋯⋯⋯⋯刘新民
收获之歌⋯⋯⋯⋯⋯⋯⋯⋯⋯⋯苗得雨
送"浙歌"出访非洲六国⋯⋯⋯于冠西
秋兴⋯⋯⋯⋯⋯⋯⋯⋯⋯⋯⋯⋯商向前
国庆之夜怀念台湾同胞⋯⋯⋯⋯万　军
镜泊湖上的歌声（叙事诗）⋯⋯徐家麟
远方寄来的邮包（朗诵诗）⋯⋯冰　原
四明山诗抄（二首）⋯⋯⋯⋯⋯嵇亦工
四明山短歌（四首）⋯⋯⋯⋯⋯叶一秋
"公馆"抒怀⋯⋯⋯⋯⋯⋯⋯⋯杨东标
写在南昌"八一"起义纪念馆（二首）
　　　　陈特明　杨传兴　张晓峰
一块牛皮的故事⋯⋯⋯⋯⋯⋯⋯徐忠耀
大庆人的路⋯⋯⋯⋯⋯⋯⋯⋯⋯傅　瑜
布机啊，我要为你唱支歌⋯⋯⋯高　钫
蓓蕾⋯⋯⋯⋯⋯⋯⋯⋯⋯⋯⋯⋯张　新
一块矿苗⋯⋯⋯⋯⋯⋯⋯⋯⋯⋯程卫东
煤⋯⋯⋯⋯⋯⋯⋯⋯⋯⋯⋯⋯⋯吴树逊
地质队员的歌（二首）⋯⋯⋯⋯李　凤
山村纪事（二首）⋯⋯⋯⋯⋯⋯闻　欣
村头新闻⋯⋯⋯⋯⋯⋯⋯⋯⋯⋯管思耿
炊烟飘飘⋯⋯⋯⋯⋯⋯⋯⋯⋯⋯江鹰岩
畲山秋夜（外一首）⋯⋯⋯⋯⋯吴　晓
渔家人物（二首）⋯⋯⋯⋯⋯⋯夏　矛
回娘家⋯⋯⋯⋯⋯⋯⋯⋯⋯⋯⋯梁　雄
歌流大山（二首）⋯⋯⋯⋯⋯⋯黄亚洲
竹乡笛声（四首）⋯⋯⋯⋯⋯⋯贾丹华
扬场⋯⋯⋯⋯⋯⋯⋯⋯⋯⋯⋯⋯何信峰
青山志（散文诗）⋯⋯⋯⋯⋯⋯赵焕明
林涛阵阵（散文诗）⋯⋯⋯⋯⋯刘　建
硬骨头六连生活短诗（四首）⋯马新朝
舟山的山⋯⋯⋯⋯⋯⋯⋯⋯⋯⋯谢鲁渤
特别慰问（外一首）⋯⋯⋯⋯⋯张　宏
译电员的歌⋯⋯⋯⋯⋯⋯⋯⋯⋯张生然
战斗警报响了⋯⋯⋯⋯⋯⋯⋯⋯田永昌
水兵的披肩⋯⋯⋯⋯⋯⋯⋯⋯⋯王玉忠
声纳兵的歌⋯⋯⋯⋯⋯⋯⋯⋯⋯罗幸泉
种籽·标语⋯⋯⋯⋯⋯⋯⋯⋯⋯李福祥
老师的白发⋯⋯⋯⋯⋯⋯⋯⋯⋯钟高渊
写给少年朋友（二首）⋯⋯⋯⋯王慧琪
课余兴趣小组⋯⋯⋯⋯⋯⋯⋯⋯洪宇东
渔家孩子（儿歌）⋯⋯⋯⋯⋯⋯梁　雄
不眠的海（外一首）⋯⋯⋯⋯⋯方　牧
莫干山上读五卷⋯⋯⋯⋯⋯⋯⋯李广德
雨游莫干歌⋯⋯⋯⋯⋯⋯⋯⋯⋯福　庚
献花歌⋯⋯⋯⋯⋯⋯⋯⋯⋯⋯⋯吕漠野
大牛和二妞⋯⋯⋯⋯⋯⋯⋯⋯⋯贺东久
叛徒写史（政治讽刺诗）⋯⋯⋯胡　晓

江青哭"林"（政治讽刺诗）·············邹　毅
扫除"帮八股"，繁荣社会主义诗歌创作
新诗要精炼（评论）·················黄敬明
学诗孔见（评论）··················王英志

1978 年第 1 期　刊名:《浙江文艺》

目录

毛主席给陈毅同志谈诗的一封信
毛主席手书（插页）
瞻仰毛主席纪念堂（散文）
——北京来信·····················冰　心
毛主席教我识别路线是非（散文）·········草　明
春雨洒遍马坋山（报告文学）
——华主席在向韶················吴尚夫
伟大的春蚕（诗）
——怀念周总理长篇叙事诗中的一章······周而复
周总理的睡衣（中国画·诗）···华克雄画　向　青诗
周总理，您莫走呵，莫走（诗）··········赵焕明
日夜想念周总理（诗）···············杨达寿
不朽的战歌（散文）
——为纪念周总理逝世两周年而作·······沈虎根
真谛（散文）·····················万　方
忠魂与众同庆（素描）···············唐雪垠

诗歌

诗词二首·······················茅　盾
诗二首······················老　舍遗作
下雪了························叶小龙
万里友谊满北非····················椰　红
订规划························盛子潮

小说·散文

棋高一着······················倪　土
智擒························任　何

小小说·小散文征文选

靶场新花······················陈锡斌
灯·························袁丽娟
浪花赋························陈歆耕
一块布头······················吕继刚
光·························吴尤新

评论

为阴谋文艺鸣锣开道的一面黑旗
——批判"四人帮"的"根本任务论"
·····················张光昌　郑择魁
阴谋文艺的两个黑标本···············金蕾芳

良好的开端　热切的期望
——评《浙江文艺》一九七七年发表的小说
·····················陈为良　陶剑平

美术

封面设计·················华　华　王祖培
梅花（中国画）··················诸乐三
紧跟华主席　抓纲治省绘新图
——省五届人大、四届政协首次会议速写···盛元富
攻关（素描）····················叶其璋
壮心不已（素描）··················季　柯
浙江炼油厂速写···················张品操
封底装饰······················董小明

1978 年第 2—3 期　刊名:《浙江文艺》

目录

华主席给《人民文艺》的光辉题词（扉页）
繁荣社会主义文艺的指路明灯
——学习《毛主席给陈毅同志谈诗的一封信》的坐谈
会纪要
欢呼华主席为《人民文学》光辉题词的笔谈会
在华主席为《人民文学》题词的鼓舞下·······林淡秋
使文艺创作进入百花盛开的春天··········向　青
紧跟华主席奋勇前进················朱明溪
决不辜负华主席的希望···············郑择魁
纪念敬爱的周总理诞辰八十周年
喜看春色满人间（油画）
——纪念周总理诞辰八十周年·······潘鸿海作画
奕奕配诗（插页）
无限的怀念（散文）·················刘　新
一颗永不陨落的星（诗）
——献给敬爱的周总理诞辰八十周年······梁　雄
清晨，风雨里（诗）·················谢鲁渤
唱给梅家坞的茶叶（诗·外一首）
·····················王慧骐　王慧骏
写在周总理的诞辰（诗）··············黄亚洲
我第一次知道这个日子（诗）············程卫东
春到苏堤（诗）
——一个女工怀念周总理············张　新
永与红日相随（诗）
——歌唱周总理·················高　钫

戏剧专辑

决战（十场话剧）·············温州市文化局
《决战》创作组　张思聪　金　帆　沈绍静　白希濂
秋瑾传（电影文学剧本）······夏衍原著　柯　灵改编
责任（独幕话剧）··················吴广宏

两张电影票（小歌剧）⋯⋯⋯⋯太顺县罗阳小
学集体创作 纪 堤执笔
编者按

美术

迎春花（中国画）⋯⋯⋯⋯⋯⋯⋯⋯陆抑非
热烈欢呼五届人大胜利召开（剪纸）⋯杨晓晖
省创作剧目调演速写选刊⋯梁平波 吴山明 郑毓敏
封底装饰⋯⋯⋯⋯⋯⋯⋯⋯⋯⋯⋯李以太

1978 年第 4 期　刊名:《浙江文艺》
目录

小说·散文

回忆贺龙同志（散文）⋯⋯⋯⋯⋯⋯沙 汀
四明之窗（散文）⋯⋯⋯⋯⋯⋯⋯⋯姜 彬
昨天的战争（长篇小说选载）⋯⋯⋯孟伟哉
教员（小说）⋯⋯⋯⋯⋯⋯⋯⋯⋯陈歆耕
锤炼（小说）⋯⋯⋯⋯⋯⋯⋯⋯⋯刘永章

小小说·小散文征文选

部长的烟斗⋯⋯⋯⋯⋯⋯⋯⋯⋯⋯朱 兵
"革命草"赞⋯⋯⋯⋯⋯⋯⋯⋯⋯⋯张玉龙
上大学（小说）⋯⋯⋯⋯⋯⋯⋯⋯田新潮
一场不寻常的斗争（报告文学）⋯⋯张文彬

诗歌

攀登"四化"最高峰（民歌十五首）⋯陶润浩等
十万米⋯⋯⋯⋯⋯⋯⋯⋯⋯⋯⋯⋯高 钫
一张考勤表⋯⋯⋯⋯⋯⋯⋯⋯⋯⋯赵有根
学裁缝笔记⋯⋯⋯⋯⋯⋯⋯⋯⋯⋯曹国政
清晨的歌⋯⋯⋯⋯⋯⋯⋯⋯⋯⋯⋯骆长平
沁园春·喜看昔阳春节灯火游行⋯⋯李碧岩
围垦指挥部⋯⋯⋯⋯⋯⋯⋯江鹰岩 管思耿
除夕夜话⋯⋯⋯⋯⋯⋯⋯⋯⋯⋯⋯谢鲁渤
田大妈⋯⋯⋯⋯⋯⋯⋯⋯⋯⋯⋯⋯钱 峻
茶山春⋯⋯⋯⋯⋯⋯⋯⋯⋯⋯⋯⋯蔡 涉
八个金光闪闪的大字⋯⋯⋯⋯⋯⋯李启林
清明咏怀（四首）⋯⋯⋯⋯⋯⋯⋯陶剑平
念奴娇·读《陈毅诗词选集》杂感⋯凡 谷
友谊之歌⋯⋯罗马尼亚唐·达尔吉拉 保尔·安吉尔
鼓山行⋯⋯⋯⋯⋯⋯⋯⋯⋯⋯⋯⋯双 戈

评论

胸怀犹似天地　信仰我党志坚
——看"潘天寿绘画展览"⋯⋯⋯⋯朱 琦
生活是基础
——从短篇小说不短说起⋯⋯⋯⋯丁 凡

《王贵与李香香》的比兴手法⋯⋯⋯⋯余 之
报告文学征稿启事
文艺简讯一则

美术

凌霄花（中国画）⋯⋯⋯⋯⋯⋯⋯⋯潘天寿
奔向二〇〇〇（宣传画）⋯⋯⋯⋯⋯池长尧
速写⋯⋯⋯⋯⋯⋯⋯⋯⋯⋯⋯⋯⋯顾生岳
装饰⋯⋯⋯⋯⋯⋯⋯⋯⋯⋯⋯⋯⋯罗 枫

1978 年第 5 期　刊名:《浙江文艺》
目录

小说·散文

我和牛劲⋯⋯⋯⋯⋯⋯⋯⋯⋯⋯⋯吴广宏
心思⋯⋯⋯⋯⋯⋯⋯⋯⋯⋯⋯⋯⋯陈旭明
积雪的道路⋯⋯⋯⋯⋯⋯⋯⋯⋯⋯薛家柱
西子湖的早春（散文）⋯⋯⋯⋯⋯⋯黄坚亮
小店风波⋯⋯⋯⋯⋯⋯⋯⋯⋯⋯⋯辛 民
石龙岗（长篇小说选载）⋯⋯⋯潘金谊 胡 彬

诗歌

铁炉之歌⋯⋯⋯⋯⋯⋯⋯⋯⋯⋯⋯于 沙
怀念⋯⋯⋯⋯⋯⋯⋯⋯⋯⋯⋯⋯⋯徐朔方
华主席恢复了我的党籍⋯⋯⋯⋯⋯周 荣
三贺⋯⋯⋯⋯⋯⋯⋯⋯⋯⋯⋯⋯⋯陈尚云
火红的铁山（组诗）⋯⋯⋯⋯⋯⋯程卫东
老钳工这双手⋯⋯⋯⋯⋯⋯⋯⋯⋯王 辉
缝垫肩⋯⋯⋯⋯⋯⋯⋯⋯⋯⋯⋯⋯李苏卿
"石司令"⋯⋯⋯⋯⋯⋯⋯⋯⋯⋯⋯管思耿
怀表⋯⋯⋯⋯⋯⋯⋯⋯⋯⋯⋯⋯⋯高世民
送军马⋯⋯⋯⋯⋯⋯⋯⋯⋯⋯⋯⋯蔡文祥
千万不能忘记⋯⋯⋯⋯⋯⋯⋯⋯⋯林 炯
怀抱⋯⋯⋯⋯⋯⋯⋯⋯⋯⋯⋯⋯⋯姚焕吉
小岛战士的自豪⋯⋯⋯⋯⋯⋯⋯⋯田永昌
炮弹寄语⋯⋯⋯⋯⋯⋯⋯⋯⋯⋯⋯应海浪
胜利的保障⋯⋯⋯⋯⋯⋯⋯⋯⋯⋯徐家麟
纪念《在延安文艺坐谈会上的讲话》发表 36 周年
纪念《讲话》学习形象思维　繁荣短篇小说创作
创作是艰苦的劳动⋯⋯⋯⋯⋯⋯⋯谷斯范
要更集中些，更典型些⋯⋯⋯⋯⋯骆 基
胸中要有人物⋯⋯⋯⋯⋯⋯⋯⋯⋯许胤丰
文艺创作要用形象思维⋯⋯⋯⋯⋯潘金谊
创作要有借鉴⋯⋯⋯⋯⋯⋯⋯⋯⋯吴广宏
左翼文艺运动的历史功绩不容抹煞
——斥"四人邦"鼓吹"文艺黑线专政"论的谬论
⋯⋯⋯⋯⋯⋯⋯⋯⋯⋯⋯⋯肖 荣 陈 坚
寓深意于平凡

——谈吴广宏同志的两篇作品·············项纯丹
国庆三十周年联合征文启事

美术
封面画（中国画）·············陈贯时　朱颖人　卢坤峰
1977 年度浙江美院考生入学前作品选·······何业琦等
装饰（木刻）·············张一山

1978 年第 6 期　刊名:《浙江文艺》
目录

儿童文学特辑
穿花裙的狼（童话）·············金　近
小芹"失踪"（小说）·············丁　予
我和哥哥（小说）·············肖然山
鼠岛上的懒花猫（童话）·············黄尔昌
撕不动的日历（童话）·············徐巨焕
爷爷的百宝箱（小说）·············汪逸芳
鸡娘（畲族民间故事）·············唐峰整理
苦娃子（小说）·············徐　迅
飞吧，海燕（散文）·············赵丽宏
野菊花枕（小小说）·············张一民
桃树苗（小说）·············王宜彪
音乐迷扬珂·············[波兰]显克微支著　陈冠商译

献给儿童的诗
东海儿歌（三首）·············夏　矛
妹妹的答案·············顾忠国
海岛小雷锋·············张永存
爸爸的棉衣·············俞岳良
种南瓜·············程肇荣
你这个开抽水机的叔叔·············黄东成
赶鸡·············陈官煊
雄鹰·大雁及其他·············邓元杰
贴在教室的墙上·············钟高洲
我给春笋唱支歌·············余长飞
心愿·············李广德
运用文艺作品大力宣传新时期总任务（稿约）

诗歌
看看今天的你
——致越南当局·············建　军
海涂晨雾·············魏德平
唱给竹林的歌·············闻　欣
手捧创作会议的通知·············童萃斌
基石·藤蔓·············晁玉奎
时间的奥秘（外一章）·············蔡庆生
花瓣·············李福祥

生命·············刘　章
发书·············王英志
日历张张是战报（民歌十一首）····蒋钧粟　张永春等

评论
"拿来"·"挑选"·"创新"
——学习鲁迅关于批判继承文学艺术遗产的论述
·············童炽昌

创作谈
关于艺术技巧·············蒋成瑀
无巧不成书
——从昆曲《十五贯》谈起·············毛节成
好诗有警句·············王英志
诗要形象鲜明·············朱汝瑾
读《万卡》（文学名著介绍）·············陈元恺
附：万卡

美术
向阳花（中国画）·············卓鹤君
小朋友的画（三幅）·············杨　京
舒小初　胡欣怡
儿童文学作品插图选·······黄永玉　华君武　张光宇
装饰·············俞启慧

1978 年第 7 期　刊名:《浙江文艺》
目录

诗歌
旗帜·············肖　枚
闪光的铁锨·············王焕璋
汾水吟·············王晓廉　许国泰
无名英雄传（小叙事诗）·············郑立于
写在悼念郭老的挽联上·············徐家麟
缅怀郭老（二首）·············赵焕明

为实现总任务擂鼓吹号
车间门口的会议·············江鹰岩
赛·············张立平
高路入云端（三首）·············梁　雄
写在人民公社的墙头上（三首）·············徐　康
送粮·············潘裕法
浪花集（短诗七首）·············屠渭兔　求惟慧等
参观潘天寿画展书感·············刘操南
旅途听鸡啼赋此自勉·············沈祖安
莫干山纪游·············霜　帘

小说·散文

邃密群科济世穷
　——记敬爱的周总理一九三九年到枫桥·········叶小龙
难忘的年月　难忘的同志（之二）·········陈学昭
三访陈洪田（报告文学）·········方　华
二○○一年唐山大地震报告（科学幻想小说）
　·········未　燎　章以武
春天
　——他和它们的命运·········蔡未名
小小说　小散文征文选
时间·········金　刘
烧水·········范建华
镇海之行·········王杰夫
爱不够儿·········张卫乔

评论

拂钟无声
　——读徐迟同志的报告文学《哥德巴赫猜想》
　·········庞瑞根　刘静生
毕生难忘的恩情
　——记鲁迅先生给楼炜春的几封信·········楼适夷
文学的真实性不容抹煞
　——评毒草小说《前夕》·········惠　权　锡　澄

随笔

向古典诗词学点语言艺术·········战　秋
也谈比兴
　——和余之同志商榷·········蒋振兴
来函照登·········毛　英

美术

中国画·········叶尚青
十月（油画）·········顾　盼
大干快上为完成 120 个大型项目而努力·······卢辅圣
加快建设步伐，奔向 2000 年·········郭建南　盛惠忠
装饰·········李以太

1978 年第 8 期　刊名:《浙江文艺》

目录

小说·散文

大象哀歌·········秦　牧
噜拖球和玲珑珠·········张振刚

缅怀郭老

海防儿女怀念您
　——怀念敬爱的郭老访问舟山群岛·········唐　锋
回忆郭老的一幅题字·········谢　枋

伟大的平凡
　——摘自一位血防战士的札记·········李炎锟
为了明天·········尹家成
黑锅·········谷斯范
马骏·········陈　恳

小小说·小散文征文选

红叶·········杨东标
显胜门散记·········永　生
初阳台·········选自《西湖民间故事》

诗歌

部队生活

海魂·········朱月瑜
信号弹升起来了·········王焕璋
小作坊·········杨德祥
扳手腕·········吴育华
师长带飞·········胡丰传
台湾见·········张　宏
一张游览图（小叙事诗）·········马绪英
献给大海的女儿·········稽亦工
梦钢·········谢鲁渤
我是田头哨兵——一位植保员的歌·········丰　竹
抗旱歌·········陈丁祥
我和她·········周克瑾
唱给 X 的歌·········徐家麟
新诗话二则·········斯志伟

评论

坚实可喜的一步
　——评长篇小说《石龙岗》·········肖　荣　辛　楹
人民理想的艺术结晶
　——喜读《西湖民间故事》·········吕洪年
略谈韩愈《山石》诗·········陈友琴
潍坊年画放新彩（文艺简讯）·········汪　菲

美术

中国画·········柳　村
山东潍坊年画选
绣金匾·········鲁鸿思
百花齐放（福字灯）·········高延军　朱学达
俺队母猪又落崽·········赵修道
计划生育好处多·········吕学勤
从容谈兵（油画）·········李大云
木刻装饰·········李以泰

1978 年第 9 期　刊名:《浙江文艺》
目录

深切怀念毛主席

文家市的火炬（诗·外一首）…………………曾仕让
棉絮情（诗）…………………………………杨学贵
余江灯火（诗）………………………………张晓峰
在太阳小憩的地方（诗）……………………闻　欣
同志，你可听见他们的谈话（诗）…………午　瑛
中流击水（散文）……………………………赵海洲

纪念人民公社成立二十周年

东海上的一颗明珠
——蚂蚁岛纪行（报告文学）………………袁　敏
按科学办事的老实人——访余杭县长征大队（报告文学）
………………………………陈惠芳　方　方
公社锣鼓（诗）………………………………李广德
干部就像一颗树（诗·外三首）……………何信峰

小说·散文

宁静的窗幔下………………………………邵宝健
富春江上……………………………………碧　野
小小说　小散文征文选
父子俩………………………………………张　俊
画家砖·农机手……………………………凡　谷
闺装愿尔换吴钩
——记秋瑾与徐寄尘的革命友谊…………褚谨翔
炊烟…………………………………………肖　容
水苗…………………………………………崔前光
友谊花………………………………………徐尚达
心脏位置不正的人（讽刺小品）…………胡兆铮

诗歌

新民歌（十首）……………………………朱春涛等
停车棚里的歌………………………………赵有根
深山筑路……………………………………王　辉
革新者的梦…………………………………陈才铮
拔早秧………………………………………赵焕明
柳树下………………………………………魏德平
潜艇战士的诗………………………………任海鹰
对诗…………………………………………丰　竹
怀丁九………………………………………史　年
悼丁九同志…………………………………余　明
浪花集（六首）………蔡庆生　赵焕明　张世芳
石榴的传说…………………………………李　雁

评论

浅谈主题和形象……………………………钟　健

胸中波澜　笔底风雷
——读《西去列车的窗口》兼谈政治抒情诗的写作
………………………………………………方　牧

读者·作者·编者

尊师爱生的一曲赞歌
——喜读《野菊花》………………（绍兴）董允文
野菊飘香
——读《野菊花枕》………………（广东）谢继贤
更正…………………………………………王杰夫
概括化与个性化
——关于典型化的一点体会（创作谈）
………………………………………………陈文锦

美术

中国画………………………………………舒传熹
瞻仰…………………………………………黄云松
园丁——鲁迅先生介绍柯勒惠支版画（木刻）
………………………………………………李以泰
装饰…………………………………………为　然

1978 年第 10 期　刊名:《东海》
目录

诗词三首……………………………………毛泽东
希望与展望
——《东海》复刊致读者…………………本刊编辑部
振奋精神　大干快上
——记全省文学艺术创作大会………………本刊记者

报告文学·小说·散文

披荆斩棘的人们（建国三十周年征文选）……许胤丰
被遗弃的人（建国三十周年征文选）………王克俭
信念…………………………………………叶文玲
红云浪………………………………………赵海洲
西华山（建国三十周年征文选）……………犁　云
新长征中访"愚公"…………………………徐永辉

诗歌

读毛主席《吊罗荣桓同志》诗………………向　青
铁人的枕头…………………………………邹荻帆
穿上红军鞋…………………………………郑秉谦
战歌行………………………………………赖少其
第一课………………………………………尧山壁
"电司令"……………………………………唐殿元
写在浙江省科技成果展览会上……高　钫　徐家麟
星星的故乡…………………………………梁春佩
教师手中的名册……………………………张延权

海涂新歌（诗画配）…………………徐冰若诗　郭修琳画
红遍桔乡甜透心（诗画配）………王金育诗　蒋文兵画

评论

巍巍丰碑　谆谆教诲
——读毛主席《诗词三首》……………………陆　坚
生活真实和艺术真实
——在全省文艺创作大会上的发言……………林淡秋
心口如一·表里一致·文如其人
——漫谈一个老问题（随笔）…………………沈虎根

郁达夫日记选

诉衷情　祝《东海》复刊………………………郭仲选
沁园春　游观东海………………………………孙晓泉
祝贺《东海》复刊………………………………黄　源
我的思念…………………………………………叶文玲
殷切的期望………………………………………闻　欣

美术

中国画……………………………………………潘飞仑
省文学艺术创作大会剪影（摄影）…………徐永辉等
武松醉打蒋门神
——为纪念老友盖叫天而作（中国画）………关　良
装饰（木刻）……………………………………俞启慧
速写………………………………………………蒋文兵

1978 年第 11 期　刊名:《东海》
目录

诗歌特辑

中国，打开了窗户（建国三十周年征文选）…谢鲁渤
新安江深深地怀念………………………………洪加祥
当年，在富春江畔………………………………金如松
听见了啊，总理…………………………………向　青
梅坞春歌（建国三十周年征文选）……………吴巨新
稽山镜水旁的歌…………………………………骆长平
四明山革命歌谣（十八首）…………于　禹搜集整理
公社大道（长诗·建国三十周年征文选）……东方涛
蚂蚁岛诗笺（组诗·建国三十周年征文选）…方　牧
东风汛（组诗·建国三十周年征文选）………夏　矛
渔汛曲（二首）…………………………………薛家柱
太湖新渔歌（组诗）……………………………李苏卿
在乌苏里江上（组诗）…………………………龙彼德
南疆画廊（组诗）………………………………任红举
春江南……………………………………………福　庚
及时雨……………………………………………罗以民
山乡行（组诗）…………………………………建　军
养路工的歌（组诗·建国三十周年征文选）…俞武龙

镇海（建国三十周年征文选）…………………王　辉
建港工地的小屋…………………………………叶文艺
织女情（二首）…………………………………高　钫
星…………………………………………………姚业鑫
夜巡归……………………………………………俞广德
阿里山——祖国的山……………………………叶兆雄
赞《群马》………………………………………赵友根
班长的爱情………………………………………嵇亦工
新民歌两首…………………………………黄岩方山大队
业余创作组　周传水
山水新曲（四首）………………………………芦　芒
游冰壶洞…………………………………………陈文锦
湖畔寄语（二首）………………………………闻竹雨
沁园春　重听相声《关公战秦琼》有感………吕漠野
蒲公英（寓言诗）………………………………李平章
为了"和平"　为了"友谊"（政治讽刺诗）
…………………………………………………石　河
卖山货（散文诗）………………………………楼飞甫
贝壳集（十五首）……………………闻　欣　张　新等

小说·散文

金陵蒋家王朝的覆灭
——《战争的岁月里》的一章…………………哈　华
琴声………………………………………………胡士弘
戒烟（建国三十周年征文选）…………………余通化
稻花赋……………………………………………杨　明

评论

必须重视主题的独创性
——从短篇小说《信念》、《春天》谈起………肖　荣
鼓点、琴声及其他………………………………蔡良骥
一朵初具特色的新花——读谢鲁渤诗…………张　宏
一出人间喜剧——小说《春天》读后……江西　康云山

美术

菊（中国画）……………………………………董国清
毛主席关于诗歌的指示（篆刻）………………弘　征等
岛上甜泉（国画）……………………………回族　郭修琳
装饰………………………………………………王邦雄

1978 年第 12 期　刊名:《东海》
目录

歌颂毛主席（浙江歌谣）
天安门诗抄

小说·散文·报告文学

203 号阵地………………………………………袁克露

会诊⋯⋯⋯⋯⋯⋯⋯⋯⋯⋯⋯⋯⋯⋯⋯胡兆铮
地质学家⋯⋯⋯⋯⋯⋯⋯⋯⋯⋯⋯⋯犁　夫
鹧鸪飞⋯⋯⋯⋯⋯⋯⋯⋯⋯⋯⋯⋯⋯谷　苇
昨天⋯⋯⋯⋯⋯⋯⋯⋯⋯⋯⋯⋯⋯⋯徐启华
大寨纪行⋯⋯⋯⋯⋯⋯⋯⋯⋯⋯⋯⋯杜　宣
"上旺人"⋯⋯⋯⋯⋯⋯⋯⋯⋯⋯⋯⋯季　康
金色的路
　——大庆书怀⋯⋯⋯⋯⋯⋯⋯⋯⋯刘　新
走革命的路
　——忆叶克片段⋯⋯⋯⋯⋯⋯⋯⋯吴　徽

诗歌
团结就是前进⋯⋯⋯⋯⋯⋯⋯⋯⋯⋯健　君
爱的大海呵恨的怒涛⋯⋯⋯⋯⋯⋯程卫东
题油画《浩气长存》⋯⋯⋯⋯⋯⋯蒋荫炎
一条铁索链⋯⋯⋯⋯⋯⋯⋯⋯⋯⋯马新朝
六月雪⋯⋯⋯⋯⋯⋯⋯⋯⋯⋯⋯⋯何信峰
放蜂时节⋯⋯⋯⋯⋯⋯⋯⋯⋯⋯⋯崔汝先
宣传窗⋯⋯⋯⋯⋯⋯⋯⋯⋯⋯⋯⋯周克瑾
挑花边⋯⋯⋯⋯⋯⋯⋯⋯⋯⋯⋯⋯魏德平
闹新房⋯⋯⋯⋯⋯⋯⋯⋯⋯⋯⋯⋯白　虹
瀑布（散文诗）⋯⋯⋯⋯⋯⋯⋯⋯王英志
赴闽北前线途中（诗画配）⋯⋯双　戈诗　卫　民画

评论
我写小说的体会⋯⋯⋯⋯⋯⋯⋯⋯钦　文
闻其声似见其人
　——试谈人物语言的性格化⋯⋯钱松樵
一篇充满生活气息的好作品
　——读《噜拖球和玲珑珠》⋯⋯吴惠权

随笔
"厚积"议⋯⋯⋯⋯⋯⋯⋯⋯⋯⋯黄敬明
此处"争吵"见精神⋯⋯⋯⋯⋯⋯罗以民
鲁迅诗《阻郁达夫移家杭州》新笺⋯⋯吕漠野
来信摘登
简讯（四则）

美术
水仙（中国画）⋯⋯⋯⋯⋯⋯⋯⋯洪世清
放心　纪念毛主席诞辰八十五周年（水粉画）
　⋯⋯⋯⋯⋯⋯⋯⋯⋯⋯⋯⋯⋯⋯唐雪根
贺新郎（毛主席诗词·书法）⋯⋯张辛稼
木刻装饰⋯⋯⋯⋯⋯⋯⋯⋯⋯⋯⋯顾奕兴
装饰⋯⋯⋯⋯⋯⋯⋯⋯⋯⋯⋯⋯⋯郭修琳

1979 年第 1 期　刊名:《东海》

目录

周恩来同志在绍兴（木刻）⋯⋯⋯⋯天　鹰
周恩来同志在绍兴（摄影）⋯⋯绍兴县文管会供稿
瞻仰绍兴周总理故居（诗）⋯⋯⋯向　青
沁园春·三年祭（词）⋯⋯⋯⋯⋯络　缤
献给周总理的歌（歌词二首）⋯⋯钱建隆
茶山的歌唱（诗）⋯⋯⋯⋯⋯⋯⋯钟永华
怀念（诗）⋯⋯⋯⋯⋯⋯⋯⋯⋯⋯洪筱阳
括苍丰碑（诗）⋯⋯⋯⋯⋯⋯⋯⋯袁春根
好呵,《天安门诗抄》（诗）⋯⋯龙彼德
阶级的眼睛（诗）⋯⋯⋯⋯⋯⋯⋯建　军
献给丙辰清明的花束（诗）⋯⋯⋯周克瑾
人民英雄纪念碑礼赞（诗）⋯⋯⋯蔡庆生
真的猛士（诗）⋯⋯⋯⋯⋯⋯⋯⋯张德强
寒风里的一名士兵（诗）⋯⋯⋯⋯嵇亦工
爱的大纛　憎的丰碑
　——读《天安门诗抄》的启示（评论）⋯⋯肖　荣
骄傲的小刺猬（科学童话）⋯⋯⋯鲁　克
我们兄弟之间（小说·建国三十周年征文选）
　⋯⋯⋯⋯⋯⋯⋯⋯⋯⋯⋯⋯⋯⋯金学种
山中（散文）⋯⋯⋯⋯⋯⋯⋯⋯⋯菡　子
帽子（小说）⋯⋯⋯⋯⋯⋯⋯⋯⋯漆启泰
斩铜如泥　精美绝伦
　——介绍龙泉宝剑（散文）⋯⋯刘迪生　沈惠国
"是水终当归大海"
　——悼念陈向平同志（散文）⋯⋯陈友琴
小提琴的故事（小说）⋯⋯⋯⋯⋯田新潮
胡子、脖子、孩子及条子的故事（小说）⋯⋯徐　迅
黄岩桔（小说）⋯⋯⋯⋯⋯⋯⋯⋯王海宁
阿岩老爹的心思（小说）⋯⋯⋯⋯王小鹰
石头畅想曲（诗）⋯⋯⋯⋯⋯⋯⋯于　沙
将军的温暖（诗·外一首）⋯⋯⋯夏　天
西江月二首（词）⋯⋯⋯⋯⋯⋯⋯茅　盾
竹山门怀古（诗）⋯⋯⋯⋯⋯⋯⋯杨敏生
伟大的拥抱（诗）⋯⋯⋯⋯⋯⋯⋯杨甘霖
新民歌（三首）⋯⋯⋯⋯⋯⋯⋯⋯马晋乾等
浪花集（诗）⋯⋯⋯⋯⋯⋯王慧骐　海岚等
学习鲁迅的文艺思想（评论）⋯⋯方　铭
推倒诬陷　肃清流毒——对《浙江文艺战报》的批判
（评论）⋯⋯⋯⋯⋯⋯⋯⋯志　云　晁　钺
要尊重生活（读者·作者·编者）⋯⋯应德钦
诗句和文法（读者·作者·编者）⋯⋯朱松生
郁达夫日记选
稿约
封面设计⋯⋯⋯⋯⋯⋯⋯⋯⋯⋯⋯池长尧
花鸟（中国画）⋯⋯⋯⋯⋯⋯⋯⋯卢坤峰

1979 年第 2 期　刊名:《东海》
目录

检查之前（小说·建国三十周年征文选）————陈　峻
你会想起我的（小说·建国三十周年征文选）
　　　————————————————————福　庚
"地下设计室"（小说·建国三十周年征文选）
　　　————————————————————朱时雨
换枪（小说·建国三十周年征文选）————骆　基
旅途上的故事（小说）————————————吕继刚
榜样（小说）————————————————叶宗耀
分居（小说）————————————————龚泽华
天台山上战旗红（革命回忆录）——————张任伟
记湖畔诗人应修人（散文）————————楼适夷
鉴湖似镜又似锦（散文·浙江处处）————石　在
宁波港抒情（组诗）————————————方　牧
火炬在燃烧
　　——致新长征路上的儿童团（长诗）——曾昭弘
闪光的路标（诗）————————————张德强
民歌一束————————柳　方　章竹林　张卫列
"赛牛会"（诗）————————————————闻　欣
护竹（诗）————————————————赵焕明
我想起了三百年前的牛顿（诗）————————李方元
郭老题聊斋——————————————于冠西辑录
征途小唱（诗）————————————————陈尚云
车过绍兴（诗·外三首）————————————阿　梅
看诗随想（诗）————————————————奕　林
满江红·过岳坟（词）————————————蔡义江
《林家铺子》从生活到艺术（评论）————耳　聆
真实地描写生活（评论）——————朱　克　李寿福

关于《被遗弃的人》的讨论
深深地扎根于现实的土壤—————江苏高邮　张荣权
谈谈我们对《被遗弃的人》的看法
　　　　　————————杭州　陶剑平　金　敏
她没有自杀的力量和勇气—————重庆　李哲良
她应该被历史遗弃吗?—————————辽宁　姜洪海

笑慰（中国画）————————————————吴自强
张漾兮版画

奔赴延安（革命回忆录）————————————帆　波
小洼港的风浪（革命回忆录）————————张任伟
一个普通战士的怀念
　　——记在周总理身边的日日夜夜（散文）——张黎群
光明的希望（散文）————————————董秉弟
樱花·友谊（散文）————————————雨　寒
九龙鼎（民间故事）————————————叶中鸣整理
补白：寓言三则　论诗绝句二首

战地行吟（诗）————————————————闻竹雨
柔石纪事（诗·三首）————————————吴火河
荷花吟（诗）————————————————周克瑾
在南方森林的那头（寓言诗·外一首）————徐程声
不老的爱情（诗）————————————陈志超
夜（诗）————————————————徐承祖
产品就要出厂（诗）————————————赵有根
四明山行（诗·二首）————————————芦　芒
浪花集（诗）—————————于　瑛　杨学贵等
新意、深度与作家的胆、识、才（评论）————丁　凡
关于《被遗弃的人》的讨论
要写好人物的性格————————————朱松生
谈谈何杏这个人物————————————张光昌
郁达夫日记选
漫谈《药》的艺术创造（阅读与欣赏）————张颂南
"放"与"防"
　　——关于艺术民主的一段对话（杂谈）————欣　荣
京剧《三岔口》和齐白石画的虾
　　——学戏札记之一（创作谈）————————章甫秋
新诗话————————————王慧骐　斯志伟
山水（中国画）————————————余任天
西湖烟雨（中国画）————————————朱　恒
吐鲁番的孩子们（石版画）————————王公懿

1979 年第 4 期　刊名:《东海》
目录

迎接文学艺术的春天
　　——祝贺省文联各协会理事会的召开————本刊评论员
学习周总理文艺讲话笔谈
知心人的知心话————————————林淡秋
要照艺术规律办事————————————黄　源
一点初步感受————————————————陈学昭
文艺的民主和自由————————————孙席珍
民主作风还是不够————————————向　青
及时雨洒百花园————————————顾锡东
开展正常的健康的文艺批评————————徐朔方
精神生产不能划一化地要求————————张颂南

1979 年第 3 期　刊名:《东海》
目录

新柳（小说）————————————————陈金发
春暖（小说）————————————————蒋焕苏
阿末（小说）————————————————莫　石

必须尊重文艺规律⋯⋯⋯⋯⋯⋯⋯肖　荣
永不凋谢的花（小说）⋯⋯⋯⋯⋯严歌平
片断的回忆（作家回忆）⋯⋯⋯⋯陈学昭
金翅鲤（散文）⋯⋯⋯⋯⋯⋯⋯蔡文良
分秕谷（小说）⋯⋯⋯⋯⋯⋯⋯林成行
小欣欣（小说）⋯⋯⋯⋯⋯⋯⋯李杭育
秋儿（小说）⋯⋯⋯⋯⋯⋯⋯⋯赵丹涯
《蛙声》这只歌（散文）⋯⋯⋯⋯任大星
"厌看西湖看鼎湖"
——仙都纪游⋯⋯⋯⋯⋯⋯⋯李秀泉
夜（小说）⋯⋯⋯⋯⋯⋯⋯⋯⋯尔　昌
初春（小说）⋯⋯⋯⋯⋯⋯⋯⋯李　景
桥头望（散文）⋯⋯⋯⋯⋯⋯⋯叶公觉
雁荡山民间故事（两则）⋯⋯⋯⋯刘文起
徐保土整理
应该选拔谁（小说）⋯⋯⋯⋯⋯⋯希　稼
讽刺"四人帮"笑话选⋯⋯⋯⋯⋯陈玮君
人民万岁（诗）⋯⋯⋯⋯⋯韩汉清　萧　勋
陈继光　高　钫　闻　欣等
不要责备他们（诗）⋯⋯⋯⋯⋯⋯徐家麟
索桥，一条通向幸福的路（诗）⋯白煤国
快快飞腾吧，心爱的龙（诗）⋯⋯张　新
海上安家（诗）⋯⋯⋯⋯⋯⋯⋯杜显斌
钻工谣（诗）⋯⋯⋯⋯⋯⋯⋯⋯袁亚平
灯下（诗）⋯⋯⋯⋯⋯⋯⋯⋯⋯王化清
当归（诗）⋯⋯⋯⋯⋯⋯⋯⋯⋯崔合美
写（诗）⋯⋯⋯⋯⋯⋯⋯⋯⋯⋯季振华
我们的小岛（诗）⋯⋯⋯⋯⋯⋯马绪英
钱塘江潮（诗·外一首）⋯⋯⋯⋯夏　矛
西行杂咏（诗）⋯⋯⋯⋯⋯⋯⋯洪惠镇

艺苑掇拾
观《新琵琶行》漫书⋯⋯⋯⋯⋯戴不凡
民间文学工作琐谈⋯⋯⋯⋯⋯⋯文　声
袖手于前，始能疾书于后⋯⋯⋯高松年

五四以来的诗人和诗作
飞射在漆黑大地上的火花
——刘半农的诗⋯⋯⋯⋯⋯⋯蔡良骥

简讯两则　寓言两则
清明（中国画）⋯⋯⋯徐启雄画　凌青配诗
丙辰清明杭州人民沉痛悼念周恩来同志（摄影）
竹（浙江博物馆藏）⋯⋯⋯⋯⋯郑板桥

1979 年第 5 期　刊名:《东海》
目录

于谦（绍剧）⋯⋯⋯⋯⋯⋯双　戈　魏　峨
关于丽尼同志（散文）⋯⋯⋯⋯巴　金
玉环水（散文）⋯⋯⋯⋯⋯⋯⋯叶文玲
五指岩下生姜辣（散文）⋯王钧澄　宋　方
战友（小说）⋯⋯⋯⋯⋯⋯⋯⋯魏文瑞
老骥伏枥（小说）⋯⋯⋯⋯⋯⋯胡廷楣
风竹（小说）⋯⋯⋯⋯⋯⋯⋯⋯王庆生
血染的入党申请书（诗·外一首）⋯田永昌
重返南湖（诗）⋯⋯⋯⋯⋯⋯⋯龙彼德
东海诗笺（诗）⋯⋯⋯⋯⋯⋯⋯贺东久等
苦恼（诗）⋯⋯⋯⋯⋯⋯⋯⋯⋯求惟慧
开山炮（诗）⋯⋯⋯⋯⋯⋯⋯⋯黄　越
翻水站（诗）⋯⋯⋯⋯⋯⋯⋯⋯梁　雄
平湖搬进深山（诗）⋯⋯⋯⋯⋯李发模
火车的耳朵（诗）⋯⋯⋯⋯⋯⋯何昌正
哭费烈士香曾师（诗）⋯⋯⋯⋯刘操南
雁荡山诗草（诗）⋯⋯⋯⋯⋯⋯贾丹华
情歌两首⋯⋯⋯⋯⋯⋯⋯⋯⋯何信峰
秋风满山沟（诗）⋯⋯⋯⋯⋯⋯俞武龙
试飞（散文诗）⋯⋯⋯⋯⋯⋯⋯刘湛秋
关于《被遗弃的人》的讨论
真实是艺术的生命⋯⋯⋯潜苗金　俞牧和　钱志华
《水浒》的进步性及其悲剧结局（评论）⋯⋯萧新桥

艺苑掇拾
卖西瓜故事·动作和台词
——学戏札记之二⋯⋯⋯⋯⋯章甫秋
书生·采药人⋯⋯⋯⋯⋯⋯⋯郑心增
从兰亭集会谈起（文艺随笔）⋯⋯李　伟

五四以来的诗人和诗作
"醒过来的人的真声音"
——潘漠华、应修人、冯雪峰、汪静之的诗⋯⋯蔡良骥
简讯
欢呼凯旋喜迎英雄（版画）⋯⋯夏德根
篆刻⋯⋯⋯⋯⋯⋯⋯⋯⋯⋯⋯任小田
雪莲（指墨画）⋯⋯⋯⋯⋯⋯⋯吴山明
春山好景（中国画）⋯⋯⋯⋯⋯姜宝林

1979 年第 6 期　刊名:《东海》
目录

信心（小说）⋯⋯⋯⋯⋯⋯⋯⋯高　盐
深沉的倾诉（小说）⋯⋯⋯⋯⋯任大霖

谷雨茶（散文）⋯⋯⋯⋯⋯⋯⋯⋯李燕昌
春雨沙沙（散文）⋯⋯⋯⋯⋯⋯王　远
南海魂（小说）⋯⋯⋯⋯⋯⋯⋯张祖荣
柳兴和小阿贝（小说）⋯⋯陈锡斌　崇英俊
妈妈和爸爸（小说）⋯⋯⋯⋯⋯周乃光
月月红（小说）⋯⋯⋯⋯⋯⋯⋯陈景超
刻着红星的铅笔（小说）⋯⋯⋯肖　容
战友的怀念（散文）⋯⋯⋯⋯⋯哈　华
碛石灯彩（散文）⋯⋯⋯⋯⋯⋯方　华
南宋"四人帮"（民间故事）⋯⋯陆加搜集整理
边防火线鱼水情（诗·三首）⋯⋯任红举
马雅可夫斯基讽刺诗（三首）⋯⋯飞　白译
祖国呵，我没有来迟（诗）⋯⋯管思耿
儿歌（三首）⋯⋯⋯⋯黄晨星　楼飞甫
浪花集（诗·六首）⋯⋯⋯刘湘如　徐曾荣
　王乃兴　弘　征　求惟慧　蒋金铺
谈悲剧艺术（评论）⋯⋯⋯⋯⋯徐季子
评历史剧《于谦》（评论）⋯⋯⋯陆　炎

文艺随笔
美中不足⋯⋯⋯⋯⋯⋯⋯⋯⋯郑法勤
要发出自己的光热⋯⋯⋯⋯⋯赵运通
"儿童文学"漫笔⋯⋯⋯⋯⋯⋯张光昌

阅读与欣赏
谈《春蚕》的艺术形象⋯⋯⋯⋯邵伯周
《红楼梦》铨释⋯⋯⋯⋯⋯⋯戴不凡
对《诗句和文法》的异议⋯⋯⋯管思耿
关怀（中国画）⋯⋯⋯⋯⋯⋯吴自强
我爱科学（宣传画）⋯⋯⋯⋯⋯顾　盼
帮（水印木刻）⋯⋯⋯⋯⋯⋯袁惠民

1979 年第 7 期　刊名:《东海》
目录

黄河在咆哮（小说）⋯⋯⋯⋯⋯峻　青
春分时节（小说）⋯⋯⋯⋯⋯⋯蔚　文
导师（小说）⋯⋯⋯⋯⋯⋯⋯沈虎根
搬家以后（小说）⋯⋯⋯⋯⋯⋯曹布拉
怀念达夫先生（散文）⋯⋯⋯⋯吴似鸿
悼念邵荃麟同志（散文）⋯⋯⋯曹湘渠
风雨中的火把（小说）⋯⋯⋯⋯潘金谊
拜观音（民间故事）⋯⋯⋯海　飞搜集整理
南湖诗词集锦⋯⋯嘉兴南湖革命纪念馆供稿
七绝一首⋯⋯⋯⋯⋯⋯⋯⋯⋯董必武
七绝三首⋯⋯⋯⋯⋯⋯⋯⋯⋯郭沫若
七绝一首⋯⋯⋯⋯⋯⋯⋯⋯⋯叶圣陶
七绝二首⋯⋯⋯⋯⋯⋯⋯⋯⋯陈叔通

七绝二首⋯⋯⋯⋯⋯⋯⋯⋯⋯沈尹默
曲曲颂歌唱给党（诗六首）⋯⋯叶曙光　曹国政
　何信峰　岑　琦
莫干山怀陈总（诗）⋯⋯⋯⋯⋯方　牧
水乡船（诗）⋯⋯⋯⋯⋯⋯⋯赵焕明
二泉映月（诗）⋯⋯⋯⋯⋯⋯孙友田
瓷厂风情（诗）⋯⋯⋯⋯⋯⋯闻　欣
祖国，又奔流出一条矿河（诗）⋯⋯程蔚东
浪花集（诗·四首）⋯⋯⋯⋯⋯蔡庆生
　雷抒雁　过香臣
要造成一种文艺民主的风气（评论）
　——从《《归来》事件"》谈起⋯⋯牧　知
矗立起抒情主人公的形象（评论）⋯⋯吴功正

文艺随笔
谈"熟"⋯⋯⋯⋯⋯⋯⋯⋯⋯徐诚灿
努力趁年少⋯⋯⋯⋯⋯⋯⋯⋯柳　河
《红楼梦》铨释（续完）⋯⋯⋯戴不凡
外国作家艺术家轶话（二则）⋯⋯黎　央

五四以来的诗人和诗作
春水里晶莹璀璨的繁星
　——冰心的小诗⋯⋯⋯⋯⋯⋯蔡良骥

读者·作者·编者
一篇值得称赞的小说⋯⋯⋯⋯⋯周裕昌
《新柳》的构思⋯⋯⋯⋯潜苗金　钱志华
不应自相矛盾⋯⋯⋯⋯⋯⋯⋯严僮伦
《阿岩老爹的心思》是不从生活出发的⋯⋯阮未青
董必武同志等手迹⋯⋯⋯嘉兴南湖革命纪念馆供稿
南湖（中国画）⋯⋯⋯⋯⋯⋯童中焘
装饰⋯⋯⋯⋯⋯⋯⋯⋯⋯⋯宋胜林

1979 年第 8 期　刊名:《东海》
目录

无米炊伙夫（小说）⋯⋯⋯⋯⋯徐朝夫
烟雾（小说·建国三十周年征文选）⋯⋯丛　云
他是不是英雄（小说）⋯⋯⋯⋯张抗抗
"穿甲弹"的故事（小说）⋯⋯⋯陈歆耕
人民需要他（报告文学）⋯⋯⋯潘家林
昙华永念（散文）⋯⋯⋯⋯⋯丁正献
西子湖头说岳飞（散文）⋯⋯⋯史　莽
东湖，别了洞天（散文·建国三十周年征文选）⋯⋯石　在
KK 访问科学村（科学幻想小说）⋯⋯任明耀
军中轻音乐（组诗）⋯⋯⋯⋯⋯谢鲁渤
八角楼桌上围棋盘（诗）⋯⋯⋯吕漠野
天目山上的宝（诗）⋯⋯⋯⋯⋯金　近

铸剑者的歌（诗·建国三十周年征文选）⋯⋯闻　欣
我这颗心（诗）⋯⋯⋯⋯⋯⋯⋯⋯⋯⋯⋯蔡良骥
海上沙盘（诗）⋯⋯⋯⋯⋯⋯⋯⋯⋯⋯⋯叶文艺
等（诗）⋯⋯⋯⋯⋯⋯⋯⋯⋯⋯⋯⋯⋯⋯芦　冰
试茗（诗·外一首）⋯⋯⋯⋯⋯⋯⋯⋯⋯⋯晓　钢
舟山行（诗）⋯⋯⋯⋯⋯何信峰　吴巨新　嵇亦工
夏　矛　王欣荣　向　青　梁　雄　董培伦
发乎情，止乎礼义（评论）⋯⋯⋯⋯⋯⋯⋯郑祖杰
刹车，还是开路（评论）⋯⋯⋯⋯⋯⋯⋯⋯陈　深
喜读《搬家以后》（评论）⋯⋯⋯⋯⋯⋯⋯崇　明
"苏诗"与西湖（评论）⋯⋯⋯⋯⋯⋯⋯⋯⋯艾　陀

简讯
外国作家艺术家轶话（二则）⋯⋯⋯⋯⋯⋯黎　央
永不忘却（木刻）⋯⋯⋯⋯⋯⋯⋯⋯⋯⋯⋯赵延年
前线速写（速写）⋯⋯⋯⋯⋯⋯⋯李延生　田克盛
今日溪口（中国画）⋯⋯⋯⋯⋯⋯⋯⋯⋯⋯王利华

1979 年第 9 期　刊名:《东海》
目录

期待（小说）⋯⋯⋯⋯⋯⋯⋯⋯⋯⋯⋯⋯⋯何培新
月亮湖的风波（小说）⋯⋯⋯⋯⋯⋯⋯⋯⋯王　毅
啊，朋友，再见!（小说）⋯⋯⋯⋯⋯⋯⋯殷　铭
自学之歌（报告文学）⋯⋯⋯史祥鸾　沈　扬　朱　军
芦笙又吹起来了（散文）⋯⋯⋯⋯⋯⋯⋯⋯姜　彬
猗兰重发日，长念护兰人（散文）⋯⋯⋯⋯周传瑛
母亲（小说）⋯⋯⋯⋯⋯⋯⋯⋯⋯⋯⋯⋯⋯裘贺生
法官（小说）⋯⋯⋯⋯⋯⋯⋯⋯⋯⋯⋯⋯⋯章以武
县委书记到来的时候（小说）⋯⋯⋯⋯⋯⋯朱　苇
访英灵（诗）⋯⋯⋯⋯⋯⋯⋯⋯⋯⋯⋯⋯⋯嵇亦工
姜（讽刺诗）⋯⋯⋯⋯⋯⋯⋯⋯⋯⋯⋯⋯⋯梁　雄
英魂颂（诗）⋯⋯⋯⋯⋯⋯⋯⋯⋯⋯⋯⋯⋯楼　冰
你走到哪里（诗）⋯⋯⋯⋯⋯⋯⋯⋯⋯⋯⋯曾昭弘
雁荡草（诗）⋯⋯⋯⋯⋯⋯⋯⋯⋯⋯⋯⋯⋯方　牧
海宁探潮（诗）⋯⋯⋯⋯⋯⋯⋯⋯⋯⋯⋯⋯殷　白
道旁的疏枝和浓荫（诗·外一首）⋯⋯⋯⋯沈　璧
小河的叫唤（诗）⋯⋯⋯⋯⋯⋯⋯⋯⋯⋯⋯李苏卿
骄山奇遇（诗）⋯⋯⋯⋯⋯⋯⋯⋯⋯⋯⋯⋯陈惠芳
桔乡小景（诗）⋯⋯⋯⋯⋯⋯⋯⋯⋯⋯⋯⋯叶廷玉
造访修复的岳坟（诗）⋯⋯⋯⋯⋯⋯⋯⋯⋯张　新
小河清清流过我的家门（诗）⋯⋯⋯⋯⋯⋯奕　林
浪花集（诗）⋯⋯⋯⋯⋯⋯蒋荫炎　杨敏生　谢鲁渤
张德强　蔡　涉　王　列
排除干扰　解放思想　繁荣创作
——省文联、省作协就《"歌德"与"缺德"》一文举
行座谈
面向生活，不要回避矛盾（评论）⋯⋯⋯⋯郑　汀

也谈"干预生活"（评论）⋯⋯⋯⋯⋯⋯⋯⋯区　英
鲁迅与苏曼殊（评论）⋯⋯⋯⋯⋯⋯⋯⋯⋯锡　金

五四以来的诗人和诗作
火的诗句，血的诗篇
——闻一多的诗⋯⋯⋯⋯⋯⋯⋯⋯⋯⋯蔡良骥
"伦敦雾的创造者"
——莫奈（外国作家艺术家轶话）⋯⋯⋯黎　央
简讯
春暖
——周总理和科学家李四光在杭州（木刻）
⋯⋯⋯⋯⋯⋯⋯⋯⋯⋯⋯⋯⋯⋯⋯⋯李以泰
一曲生命的颂歌（素描）⋯⋯⋯⋯⋯⋯⋯⋯肖振中
花鸟（中国画）⋯⋯⋯⋯⋯⋯⋯⋯⋯⋯⋯⋯卢坤峰

1979 年第 10 期　刊名:《东海》
目录

星之歌（建国三十周年征文选·散文）
⋯⋯⋯⋯⋯⋯⋯⋯⋯⋯⋯⋯⋯金学钟　费爱能
巧遇（建国三十周年征文选·小说）⋯⋯⋯谷斯范
李书记辍学记（小说）⋯⋯⋯⋯⋯⋯⋯⋯⋯任道本
春夜（小说）⋯⋯⋯⋯⋯⋯⋯⋯⋯⋯⋯⋯⋯肖　容
雕刻家（小说）⋯⋯⋯⋯⋯⋯⋯⋯⋯⋯⋯⋯杨德昌
吸引（小说）⋯⋯⋯⋯⋯⋯⋯⋯⋯⋯⋯⋯⋯王清烈
职责（小说）⋯⋯⋯⋯⋯⋯⋯⋯⋯⋯⋯⋯⋯李燕昌
浪山金库（散文）⋯⋯⋯⋯⋯⋯⋯⋯⋯⋯⋯沈顺根
漫步兰江看秀色（散文）⋯⋯⋯⋯⋯⋯⋯⋯徐　迅
明珠撒落北仑湾（散文）⋯⋯⋯⋯⋯⋯⋯⋯陈惠芳
新长征群英谱（诗）⋯⋯⋯⋯⋯⋯⋯赵有根　应　琢
大海情思（诗）⋯⋯⋯⋯⋯⋯⋯⋯⋯⋯⋯⋯方　牧
相思大海间（诗）⋯⋯⋯⋯⋯⋯⋯⋯⋯⋯⋯罗以民
观潮（诗）⋯⋯⋯⋯⋯⋯⋯⋯⋯⋯⋯⋯⋯⋯董荣吉
纪念碑——先辈传下的令箭（诗）⋯⋯⋯⋯胡丰传
诗二首⋯⋯⋯⋯⋯⋯⋯⋯⋯⋯⋯⋯⋯⋯⋯张佐毅
粉笔写字的唰唰声（诗）⋯⋯⋯⋯⋯⋯⋯⋯过香臣
能爱能憎才能文（评论）⋯⋯⋯⋯⋯⋯⋯⋯肖　荣

新收获
扎根于肥沃的土壤中
——谈《春茶》⋯⋯⋯⋯⋯⋯⋯⋯⋯⋯钱松樵
让杂文之花开得更艳丽⋯⋯⋯⋯⋯⋯⋯⋯⋯吴　潭
谈朱自清散文的写景技巧（阅读与欣赏）⋯⋯秦亢宗

五四以来的诗人和诗作
历史的长子，时代的尖刺
——殷夫及其诗作⋯⋯⋯⋯⋯⋯⋯⋯⋯⋯蔡良骥

简讯
静物花卉（水粉）························ 蒋昌一
献瑞图（中国画）····················（清）任伯年
附：任伯年的《献瑞图》················· 田　青
绍兴此景多（木刻）···················· 张怀江
封面设计····························· 冬　孩

1979 年第 11 期　刊名：《东海》
目录

力量的源泉（小说）···················· 沈虎根
杰作（小说）························· 华　华
我欲弄潮浮天去（散文）················· 石　在
杭州缘（散文）······················· 丰一吟
央金还乡记（科学幻想小说）············· 张祖荣
常春藤（小说）······················· 杨德昌
白蚁（小说）························· 越　文
除夕夜（小说）······················· 孙伟权
关于探索（诗）······················· 高　钫
观剧四咏（诗）············ 夏承焘　吴无闻　郭汉城
故乡（诗）·························· 沙　鸥
织网阿婆（诗）······················· 阎受鹏
上夜班（诗）························· 赵有根
在公社的埠头上（诗）·················· 何信峰
雾，又悄悄的来了（诗）················· 谢鲁渤
"机器人"（诗）······················· 海　岚
闪光的银币··························· 周克瑾
秋霞······························· 蔚　文
浪花集（诗五首）················ 王玉忠　宫　玺等
新民歌（六首）····················· 李隆汉等
重评巴人的《论人情》（评论）············· 范民声
也谈歌颂与暴露（评论）················· 任　青
漫谈结构与剪裁（评论）················· 谷斯范

新收获
《他是不是英雄》的启示
——兼谈《东海》近期的几个短篇小说·········· 张爱菊
有益的尝试
——谈《南海魂》···················· 高松年
鲁迅诗《哀范君三章》新笺··············· 吕漠野

文艺随笔
艺术趣味辨·························· 包　丁
人物描写的美与丑···················· 郑法勤
外国作家艺术家轶话（二则）············· 黎　央
简讯
墨梅图··························（元）王　冕
附：王冕画梅花······················ 田宿繁

白缀富春江（木刻）···················· 张怀江
《阿Q正传》五十图（部分）·············· 赵延年

1979 年第 12 期　刊名：《东海》
目录

夕照金洋河（小说）···················· 叶文玲
找红军（回忆录）····················· 林辉山
队长余一兼（小说）···················· 张　文
晚餐之后（小说）····················· 蔡未名
圆月夜（小说）······················· 蒋焕孙
西子湖头有我师（散文）················· 黎先耀
梦幻（话剧）··············· 童汀苗（执笔）　骆　可
沁园春（词·手迹）···················· 茅　盾
日出（诗）·························· 唐　湜
时间，你也能够凝结吗（诗）············· 陈蕊英
灯（诗·外二首）····················· 李启林
海的思索（诗）······················· 沈　璧
浪花集（诗）·················· 陶润浩　应化雨
程　楷　蔚　文　朱月瑜
有超阶级的人性吗（评论）··············· 朱汝曈
也谈"情"与"理"（评论）················ 程柱石
真实与虚构（文艺随笔）················· 余　之
"暗关子"不暗（艺苑掇拾）········ 盖叫天（杜钦整理）

新收获
怎样才是美丽的人生
——读《工作着是美丽的》················ 郑　玲
血涌壮歌颂强者
——喜看越剧《强者之歌》··············· 高　光
茶花（水粉）························· 王祖培
泼墨荷花··························· 吴昌硕
吴昌硕的书画······················· 柏　闽
雁荡夕照（木刻）····················· 张怀江

1980 年第 1 期　刊名：《东海》
目录

笔谈全国第四次文代会
繁荣文艺事业　促进四化建设
················ 林淡秋　许钦文　谷斯范等
丹枫霜重的时候····················· 唐向青
盛会颂····························· 史　行
西江月二首·························· 孙晓泉

阿妹要出嫁（小说）···················· 周乃光
第一把火（小说）····················· 徐孝鱼

命运（小说）⋯⋯⋯⋯⋯⋯⋯⋯⋯⋯艺　峰
孤山回忆（散文）⋯⋯⋯⋯欣　荣　王志艺
悼念雪峰同志（散文）⋯⋯⋯⋯⋯汤逊安
奇葩异卉尽芬芳（散文）⋯⋯⋯⋯晓　源
摇舰入新安（散文）⋯⋯⋯⋯⋯⋯肖然山
热量（小说）⋯⋯⋯⋯⋯⋯⋯⋯⋯胡士弘
酒楼上（小说）⋯⋯⋯⋯⋯⋯⋯⋯火　刀
端午粽（小说）⋯⋯⋯⋯⋯⋯⋯⋯陈　峻

北京二首（诗）⋯⋯⋯⋯⋯⋯⋯⋯冠　西
石头山里歌儿多（组诗）⋯⋯⋯⋯黄亚洲
在旋门港工地上（组诗）⋯⋯⋯⋯岑　琦
罗丹雕塑三唱（诗）⋯⋯⋯⋯⋯⋯徐家麟
在生活的海洋上（诗）⋯⋯⋯⋯⋯高　钫
盾和剑（诗）⋯⋯⋯⋯⋯⋯⋯⋯⋯李广德
纳凉，天南海北（诗）⋯⋯⋯⋯⋯陈所巨
醉春风（词）⋯⋯⋯⋯⋯⋯⋯⋯⋯沈祖安
畲族情歌（诗）⋯⋯⋯⋯⋯⋯傅　瑜整理
忧（诗配画）⋯⋯⋯⋯季　阳画　谢鲁渤诗
送斗笠（诗配画）⋯⋯黄　裳画　张　往诗
赋与诗歌创作（评论）⋯⋯⋯⋯⋯方　牧

文艺随笔
人物要有鲜明的个性⋯⋯⋯⋯⋯张宏梁
让艺术形象自由竞争⋯⋯⋯⋯⋯郑祖杰
简讯

封面设计⋯⋯⋯⋯⋯⋯⋯⋯⋯⋯⋯徐景祥
重游北海（木刻）⋯⋯⋯⋯⋯⋯⋯赵延年

浙江画家作品介绍
《窥简》·书法⋯⋯⋯⋯⋯⋯（明）陈洪绶
附：陈老莲⋯⋯⋯⋯⋯⋯⋯⋯⋯骆恒光
鸟瞰富春江⋯⋯⋯⋯⋯⋯⋯⋯⋯张怀江

1980 年第 2 期　刊名:《东海》
目录

帽子的故事（小说）⋯⋯⋯⋯⋯⋯白晖华
青春的秘密（小说）⋯⋯⋯⋯⋯⋯吴广宏
海上特别支队⋯⋯⋯⋯⋯⋯⋯郑伯永遗著
台湾一家人（小说）⋯⋯⋯⋯⋯⋯王瑞金
果（小说）⋯⋯⋯⋯⋯⋯⋯⋯⋯⋯丰晓梅
春雨（散文）
——忆邵荃麟同志⋯⋯⋯⋯⋯⋯⋯芷　茵
探敦煌（散文）⋯⋯⋯⋯⋯⋯⋯⋯洪惠镇
乌镇纪行（散文）⋯⋯⋯⋯⋯⋯⋯赵　征
啊！民主，我的诗神（诗）⋯⋯⋯陈继光

问大海（诗）⋯⋯⋯⋯⋯⋯⋯⋯⋯余　刚
秋阳（诗）⋯⋯⋯⋯⋯⋯⋯⋯⋯⋯丁　芒
她倒下去了（诗）⋯⋯⋯⋯⋯⋯⋯肖　蔡
沉思的歌（诗）⋯⋯⋯⋯⋯⋯⋯⋯楼　冰
青春短笛（诗）⋯⋯⋯⋯⋯⋯⋯⋯石　湾
海的生命（诗）⋯⋯⋯⋯⋯⋯⋯⋯谢鲁渤
香草（外一首）⋯⋯⋯⋯⋯⋯⋯⋯刘世良
给被污辱的少女（诗）⋯⋯⋯⋯⋯郭玉山
公文的旅行（诗）⋯⋯⋯⋯⋯⋯⋯赵焕明
雨打芭蕉（外一首）⋯⋯⋯⋯⋯⋯孙武军
雁荡山笋峰（诗）⋯⋯⋯⋯⋯⋯⋯贾荣彬
浪花集（诗）⋯⋯⋯黄　淮　邹雨林　胡丰传
　　　王自亮　潘玉光　范秋贵
春潮⋯⋯⋯⋯⋯⋯袁振璜　郭修琳画　岑琦诗
春兰秋菊可同时（评论）
——读已故作家郑伯永的小说集⋯⋯郑秉谦
略谈写什么和怎样写（评论）⋯⋯任　青
试谈人性的相对独立性（评论）⋯李遵进
事里找事　戏里找戏（艺苑掇拾）
　　　盖叫天讲述　彭兆荣笔记
关于修改（补白五则）⋯⋯⋯秦亢宗辑注

跳（雕塑）⋯⋯⋯⋯⋯⋯⋯⋯⋯⋯沈文强

浙江画家作品介绍
松柏杞菊图⋯⋯⋯⋯⋯⋯⋯⋯（清）赵之琛
附：篆刻家赵之琛的画⋯⋯⋯⋯丁茂鲁
探索（木刻）⋯⋯⋯⋯⋯⋯⋯⋯⋯张学琨
青春焕发（木刻）⋯⋯⋯⋯⋯⋯⋯任海荣
柳锁西湖月（木刻）⋯⋯⋯⋯⋯⋯张怀江

1980 年第 3 期　刊名:《东海》
目录

说一说酸甜苦辣（小说）⋯⋯⋯⋯赵和松
出格（小说）⋯⋯⋯⋯⋯尹文欣　周乃光
一切在默默中发生（小说）⋯⋯⋯曹布拉
不予恢复（小说）⋯⋯⋯⋯⋯⋯⋯毛　英
两个女车工（小说）⋯⋯⋯⋯⋯⋯南　晖
分歧（小说）
　　［美国］弗兰纳里·奥康纳　宋北霖译
武装宣传队（革命回忆录）⋯⋯⋯骆　基
长命锁的回忆（散文）⋯⋯⋯⋯⋯潘翠菊
西子湖畔桂香幽（散文）⋯⋯⋯⋯石　英

挽雪峰（诗）⋯⋯⋯⋯⋯⋯⋯⋯⋯聂绀弩
朝中措（词）⋯⋯⋯⋯⋯⋯⋯⋯⋯余　明
爱情的花环（组诗）⋯⋯⋯⋯高　钫　柯愈勋

毛建一　谢鲁渤　张德强
滴水情怀（诗）⋯⋯⋯⋯⋯⋯⋯⋯⋯⋯李松涛
浪花集（组诗）⋯⋯⋯⋯⋯吴　晓　聂鑫森　潘　勃
李苏卿　陶润浩　汤　静
桩的联想（诗）⋯⋯⋯⋯⋯⋯⋯⋯⋯⋯黄亚洲
乡情（诗）⋯⋯⋯⋯⋯⋯⋯⋯⋯⋯⋯⋯程　刚
西子湖畔的遐想（诗）⋯⋯⋯⋯⋯⋯⋯张振东
咏花集（诗）⋯⋯⋯⋯⋯⋯⋯⋯⋯⋯⋯程蔚东

柔石家书辑存
写在父亲书信发表之前⋯⋯⋯⋯赵帝江　赵德鲲
谈文学创作的源和流（评论）⋯⋯⋯⋯肖　荣

新收获
谈《春夜》中的三个干部形象⋯⋯翰　德　牧　知
"对照"的妙用（文艺随笔）⋯⋯⋯⋯孔令德

读者与作者
读者来信⋯⋯⋯⋯⋯⋯⋯⋯⋯⋯⋯⋯祁小敏
写自己最熟悉的东西⋯⋯⋯⋯⋯⋯⋯任道本
补白·古典作家论法⋯⋯⋯⋯⋯⋯⋯秦亢宗辑注
封面设计⋯⋯⋯⋯⋯⋯⋯⋯⋯⋯⋯⋯池长尧
祖国甜泉（中国画）⋯⋯⋯⋯⋯⋯⋯郭修琳

浙江画家作品介绍
西方净土变图卷⋯⋯⋯⋯⋯⋯⋯（康）无　款
附：唐代《西方净土变图》⋯⋯⋯⋯黄涌泉
舟山舟之山⋯⋯⋯⋯⋯⋯⋯⋯⋯⋯⋯张怀江

1980 年第 4 期　刊名:《东海》
目录

文艺工作者要把最好的精神粮食献给人民
——铁瑛同志在省文艺界茶话会上的讲话
学习左联经验　把我省建设成为社会主义的文化之邦
⋯⋯⋯⋯⋯⋯⋯⋯⋯⋯⋯⋯⋯⋯⋯黄　源
大地的怀念
——缅怀刘少奇同志⋯⋯⋯⋯⋯向　青　郭仲选
余　明　谢鲁渤　张　往　李广德　嵇亦工

《法林外史》第 n＋1 章（小说·上）⋯⋯冀　汸
桑宏教授的一堂示范课（小说）⋯⋯⋯雨　寒
实干家陆荣钿（报告文学）⋯⋯⋯⋯⋯石志明
从西柏坡到杭州（上）
——《回忆录》片断⋯⋯⋯⋯⋯⋯⋯陈学昭
对象问题（小说）⋯⋯⋯⋯⋯⋯⋯⋯季夫根
阿爸老师（小说）⋯⋯⋯⋯⋯⋯⋯⋯陈金发
悼念戴不凡叔叔（散文）⋯⋯⋯⋯⋯曹布拉

司机的喜事（小说）⋯⋯⋯⋯⋯⋯⋯山　谷
助手（小说）⋯⋯⋯⋯⋯⋯⋯⋯⋯⋯祝兆炬
借兵器（民间故事）⋯⋯⋯⋯⋯⋯姜方卿搜集整理
龙珠井（民间故事）⋯⋯⋯⋯⋯⋯钟法品搜集整理

春的喜悦
春的喜悦⋯⋯⋯⋯⋯⋯⋯⋯⋯⋯⋯⋯丁　芒
春雨⋯⋯⋯⋯⋯⋯⋯⋯⋯⋯⋯⋯⋯⋯张雪杉
抒情与思考⋯⋯⋯⋯⋯⋯⋯⋯⋯⋯⋯刘湛秋
南国情思（诗）⋯⋯⋯⋯⋯⋯⋯⋯⋯杨大矛
航海日记（诗）⋯⋯⋯⋯⋯⋯⋯⋯⋯宁　宇
黄河（诗）⋯⋯⋯⋯⋯⋯⋯⋯⋯⋯⋯王　也
江河短笛（诗）⋯⋯⋯⋯⋯⋯⋯⋯⋯贺羡泉

武生的气质（艺苑掇拾）⋯⋯⋯盖叫天（杜钦整理）
咏风格（文艺随笔）⋯⋯⋯⋯⋯⋯⋯王明居
编后记
刘主席在林区（油画）⋯⋯⋯⋯⋯⋯王德威
篆刻作品两方⋯⋯⋯⋯⋯⋯⋯⋯吕　迈　左　夫

浙江画家作品介绍
纨扇倚秋图⋯⋯⋯⋯⋯⋯⋯⋯⋯（清）费晓楼
附：费晓楼的《纨扇倚秋图》⋯⋯⋯朱垠嶙
春回古钓台（木刻）⋯⋯⋯⋯⋯⋯⋯张怀江

1980 年第 5 期　刊名:《东海》
目录

爱的选择（小说）⋯⋯⋯⋯⋯⋯⋯⋯韩兵子
《法林外史》第 n＋1 章（小说·下）⋯⋯冀　汸
春归西湖（电影文学剧本）⋯⋯⋯李传弟　梁　泉
从西柏坡到杭州（下）
——《回忆录》片断⋯⋯⋯⋯⋯⋯⋯陈学昭
金字塔医院（儿童科学幻想小说）⋯⋯鲁　克
碧塘（散文）⋯⋯⋯⋯⋯⋯⋯⋯⋯⋯萧耘春
搬家（散文）⋯⋯⋯⋯⋯⋯⋯⋯⋯⋯火　刀
文艺战线上的普通一兵
——记俞德丰同志生平⋯⋯⋯⋯⋯⋯周艾文

浪花集（诗·七首）⋯⋯⋯⋯⋯⋯闻　欣　莎　莎
蔡　涉　任彦芳
啊，鲜红的领章（诗）⋯⋯⋯⋯⋯⋯张　宏
雨中访宝钢工地（诗）⋯⋯⋯⋯⋯⋯高　钫
天空（诗·外一首）⋯⋯⋯⋯⋯⋯⋯方　牧
藤（诗·外一首）⋯⋯⋯⋯⋯⋯⋯⋯吴黛娜
雪地野餐（诗）⋯⋯⋯⋯⋯⋯⋯⋯⋯俞武龙
沁园春·千丈岩（词）⋯⋯⋯⋯⋯⋯韦　央
谈文学作品的美（评论）⋯⋯⋯⋯⋯徐季子
珠进玉溅　破浪前进（新收获）

——读《夕照金洋河》…………………蒋成瑀
应重视新人新作的评论（文艺随笔）………钟本康
从"议论小生"说起（文艺随笔）…………李 伟
登山记高（文艺随笔）………………………沈祖安
简讯四则

女娲补天（木刻）……………………………颜铁良

浙江画家作品介绍
西湖柳艇图………………………………（宋）夏 珪
附文:《西湖柳艇图》………………………李茂昌
月窥江心寺（木刻）…………………………张怀江

1980 年第 6 期　刊名:《东海》
目录

儿童文学小辑
把小猴带进教室的孩子（小说）……………陆扬烈
从《森林报》上看来的新闻（童话）………倪树根
扁鼻头邻居（小说）…………………………江 萍
澄江"三月三"（散文）……………………金学种
母兔和猛虎（阿富汗童话）…………………黄尔昌译
风筝和吃草的花猫（小说）……李杭育 李庆西
姑娘的生意（小说）…………………………叶 林
智取烽火台（惊险小说）
　　　　　　[英]柯南·道尔著 吴焱煌译
刺猬石（散文）………………………………钦 文
严峻的时刻（革命回忆录）
——浙南斗争纪事……………………………周丕振
南国春雨（散文）
——回忆田汉老师对我的培育………………吴似鸿
绍兴散记（散文）……………………………施燕平
青瓷赋（散文）………………………………董秉弟

西湖绝句三首………………………戈壁舟 安 旗
七律·送别（诗）……………………………余 明
江南草（诗·二首）…………………………沈 重
浪花集（诗·八首）………赵有根 黄益新 曹富强
方竟成 古继堂 朱光天 胡定康 丁方贤

给小朋友
浪花花（诗·外一首）………………………黄晨星
春天在长大（诗）……………………………潘仲龄
妈妈的心（诗）………………………………刘崇善
船（诗）………………………………………文 丙
畲族情歌（诗·五首）………………………傅瑜整理
火星篇（诗·三首）…………………………奕 林
玉米（诗·外一首）…………………………陈蕊英

真实性和文学的任务（评论）………………秦亢宗
从儿童喜欢模仿孙悟空想起的（作家谈创作）
………………………………………………任大星
说话是行为的兄弟（文艺杂谈）……………蔡良骥
心中要有人物（读稿札记）…………………郑 汀
要多吸取群众的口语（文艺随笔）…………方凡人
提倡写新格律诗（文艺随笔）………………丁 芒
简讯

海宝宝（剪纸）………………………………罗 枫
浙江画家作品介绍
青卞隐居图……………………………（元）王 蒙
附：王蒙笔力能扛鼎……………………………徐英槐
东湖别有天（木刻）…………………………张怀江

1980 年第 7 期　刊名:《东海》
目录

在浙江省第二次文学艺术工作者代表大会上的讲话
………………………………………………铁 瑛
可爱的故乡（散文）…………………………茅 盾
逐春飞（报告文学）…………………………郑秉谦
一周间（小说）………………………………谷斯范
蒲公英（小说）………………………………杨 楠
夜深沉（小说）………………………………华 华
借宿（小说）…………………………………方艳芬
当归（科学幻想小说）………………………张祖荣
菱乡情趣（散文）……………………………蔡振兴
神仙本是凡人做（散文）……………………金兆法
千年胜迹说兰亭（游记）……………………阿 冰
含羞草（寓言）………………………………任斐然

新花朵朵
——新人新作
无花果（诗·五首）…………………………刘世良
彩色的印象（诗·六首）……………………楼 冰
生活之歌（诗·二首）………………………曹富强
东海潮（诗·二首）…………………………万 军
帆（诗）………………………………………张建红
敲梆船（诗）…………………………………燕 翎
云之歌（诗·二首）…………………………晏 明
河上（诗）……………………………………唐 湜
山溪（诗·外二首）…………………………嵇亦工
水仙（诗）……………………………………纪 宇

"社会效果"随谈（评论）…………………刘 金
平凡·质朴·文如其人
——评已故工人业余作者赖中达的作品………区 英

学艺断想（作家谈创作）⋯⋯⋯⋯⋯叶文玲
彩云归有期（新收获）
　　——评话剧《天涯断肠人》⋯⋯⋯吴　戈
努力反映新的社会情绪（文艺随笔）⋯赵运通
关键在于积累（文艺随笔）⋯⋯⋯⋯朱先树
三个字的"绝笔"（文艺小品）⋯⋯⋯蔡庆生
补白二则
封面设计⋯⋯⋯⋯⋯⋯⋯⋯⋯⋯⋯⋯冬　孩
四明山新装（中国画）⋯⋯⋯⋯⋯⋯王利华

浙江画家作品介绍
青藤书屋图⋯⋯⋯⋯⋯⋯⋯⋯（明）徐　渭
徐文长的《青藤书屋图》⋯⋯⋯⋯⋯马　各
幽幽天童寺⋯⋯⋯⋯⋯⋯⋯⋯⋯⋯⋯张怀江

1980年第8期　刊名:《东海》
目录

总结经验　解放思想
为繁荣社会主义文艺而奋斗（省二次文代会工作报告
摘要）⋯⋯⋯⋯⋯⋯⋯⋯⋯⋯⋯⋯唐向青
接天连叶无穷碧
　　——省二次文代会侧记⋯⋯⋯⋯陈文锦
省文联二届委员会主席、副主席及各协会领导成员
小马过河（儿童文学得奖作品选登）⋯彭文席
阿婷（小说）⋯⋯⋯⋯⋯⋯⋯⋯⋯⋯袁丽娟
春燕（小说）⋯⋯⋯⋯⋯⋯⋯⋯⋯⋯金天麟
归（小说）⋯⋯⋯⋯⋯⋯⋯⋯⋯⋯⋯吴广宏
服装问题（小说）⋯⋯⋯⋯⋯⋯⋯⋯芊　梅
修路记（小说）⋯⋯⋯⋯⋯⋯⋯⋯⋯骆　雨
一件不寻常的长衫（散文）
　　——追忆冯雪峰对瞿秋白的怀念⋯海　宇
访冰心（散文）⋯⋯⋯⋯⋯⋯⋯⋯⋯张光昌
双松挺秀（散文）
　　——回忆郁达夫先生弟兄⋯⋯⋯⋯蒋祖怡
捉鳌翁（散文）⋯⋯⋯⋯⋯⋯⋯⋯⋯王钧澄
呵，书⋯⋯（散文）⋯⋯⋯⋯⋯⋯⋯劳乃强
财伯（散文）⋯⋯⋯⋯⋯⋯⋯⋯⋯⋯陈惠芳
手鼓响起来了（翻译小说）
　　［委内瑞拉］阿·乌·彼特里著　姜浩银译
大熊猫翻跟头（寓言）⋯⋯⋯⋯⋯⋯任斐然

浙江山水
雁荡山，雷的家乡（诗·外一首）⋯⋯丁　芒
寄到稽山镜水间（诗）⋯⋯⋯⋯⋯⋯徐　刚
龙湫飞瀑（诗）⋯⋯⋯⋯⋯⋯⋯⋯⋯刘妙顺
金黄金黄的油菜花（诗）⋯⋯⋯⋯⋯高　钫
江南二题（诗）⋯⋯⋯⋯⋯⋯⋯⋯⋯沙　白

军港晨操（诗·外一首）⋯⋯⋯⋯⋯田永昌
月夜（诗）⋯⋯⋯⋯⋯⋯⋯⋯⋯⋯⋯周克瑾
夏日风景（诗·二首）⋯⋯⋯⋯⋯⋯谢鲁渤
浪花集（七首）⋯⋯⋯⋯⋯陶润浩　周长城
　叶廷玉　严邦善　徐江伟　何信峰　许亮
努力塑造四化建设中的新人形象（评论）⋯朱汝瞳
从爱斯基摩人的雕刻谈儿童小说的提炼主题（作家创
作谈）⋯⋯⋯⋯⋯⋯⋯⋯⋯⋯⋯⋯任大霖
打虎琐记（文艺随笔）⋯⋯⋯⋯⋯⋯李遵进
别开路径的可贵尝试（书评）
　　——读《武松演义》⋯⋯⋯⋯⋯⋯绿　野
简讯

油田速写（速写）⋯⋯⋯⋯⋯⋯⋯⋯林康华

浙江画家作品介绍
墨竹（中国画）⋯⋯⋯⋯⋯⋯⋯（元）柯九思
柯九思和他的墨竹⋯⋯⋯⋯⋯⋯⋯⋯骆恒光
奇观钱江潮（木刻）⋯⋯⋯⋯⋯⋯⋯张怀江

1980年第9期　刊名:《东海》
目录

珍贵的记忆（小说）⋯⋯⋯⋯⋯⋯⋯裘贸生
万里长城第一关（散文）⋯⋯⋯⋯⋯姜　彬
"夹板乌龟"的妙用（小说）⋯⋯⋯⋯倪树根
队长嫂（小说）⋯⋯⋯⋯⋯⋯⋯⋯⋯陆云松
农忙时节（小说）⋯⋯⋯⋯⋯⋯⋯⋯张振元
阳光普照（散文）⋯⋯⋯⋯⋯⋯⋯⋯刘　新
玉莲（散文）⋯⋯⋯⋯⋯⋯⋯⋯⋯⋯袁春根
一望秋江碧（散文）⋯⋯⋯⋯⋯⋯⋯石　在
镜中花（小说）⋯⋯⋯⋯⋯⋯⋯⋯⋯薛家柱
"洋蛋"的故事（小说）⋯⋯⋯⋯⋯⋯刘德进
"老掉牙师傅"和"老掉牙机子"（小说）⋯沈海深
以爱情的名义（小说）⋯⋯⋯⋯⋯⋯毕　磊
青山有幸埋忠骨（漫笔）⋯⋯⋯⋯⋯田野红
借来的光亮（寓言）⋯⋯⋯⋯⋯⋯⋯绍　周

静夜思（诗·外一首）⋯⋯⋯⋯⋯⋯陈敬容
忆大海（诗）⋯⋯⋯⋯⋯⋯⋯⋯⋯⋯管思聪
假如我是一片云（诗）⋯⋯⋯⋯⋯⋯程蔚东
森林与湖（诗）⋯⋯⋯⋯⋯⋯⋯⋯⋯程显谟
重来湖上（诗）⋯⋯⋯⋯⋯⋯⋯⋯⋯辛　笛
光（诗）⋯⋯⋯⋯⋯⋯⋯⋯⋯⋯⋯⋯徐成淼
中秋月（诗）⋯⋯⋯⋯⋯⋯⋯⋯⋯⋯陈继光
泡桐花（诗）⋯⋯⋯⋯⋯⋯⋯⋯⋯⋯佟　云
露珠浓浓地降下（外一首）⋯⋯⋯⋯朱方元
向导（诗）⋯⋯⋯⋯⋯⋯⋯⋯⋯⋯⋯黄东成

沉思草（诗）⋯⋯⋯⋯⋯⋯⋯⋯⋯⋯闻 欣
吹吧，欢快的口哨（诗）⋯⋯⋯⋯赵有根

幼苗长硕果
——评我省在全国获奖的儿童文学作品
⋯⋯⋯⋯⋯⋯蒋 风 吴其南 周 兢
人类灵魂工程师的职责（评论）⋯钟本康
艺术的社会功能是什么（文艺杂谈）⋯彭兆荣
思想的线条和色彩（文艺杂谈）⋯蔡良骥
想象——作家的"翅膀"（文艺随笔）⋯王明居
有感于"六月文学"（文艺随笔）⋯方 达
漫谈哲理小诗（文艺小品）⋯⋯⋯蔡庆生

群芳争艳（中国画）⋯⋯⋯⋯商敬诚 寿崇德等

浙江画家作品介绍
风雨归舟图⋯⋯⋯⋯⋯⋯⋯⋯（明）戴 进
附：戴进的《风雨归舟图》⋯⋯⋯俞守仕
瓯江滩流急（木刻）⋯⋯⋯⋯⋯⋯张怀江

1980 年第 10 期 刊名:《东海》
目录

最后一票（小说）⋯⋯⋯⋯⋯⋯⋯⋯李 靖
长书记拗不过矮队长（小说）⋯⋯楼震旦
废园（散文）⋯⋯⋯⋯⋯⋯⋯⋯⋯徐 迟
重游雁荡忆初游（散文）⋯⋯⋯⋯洪禹平
五洋行（小说）⋯⋯⋯⋯⋯⋯⋯⋯任 青
新蕾（小说）⋯⋯⋯⋯⋯⋯⋯⋯⋯史如赓
萧照画壁（小说）⋯⋯⋯⋯⋯⋯⋯傅伯星
瓜灯（散文）⋯⋯⋯⋯⋯⋯⋯⋯⋯周宣新
吴老教我学拼音字母（回忆录）⋯林辉山
一八零四年的传闻（翻译小说）
⋯⋯⋯⋯[英]托马斯·哈代 朱炯强 毛华奋
北京钟声（诗·外一首）⋯⋯⋯⋯沙 金
回声（诗）⋯⋯⋯⋯⋯⋯⋯⋯⋯⋯陈 犀
母亲（诗）⋯⋯⋯⋯⋯⋯⋯⋯⋯⋯奕 林

家乡诗情
天台山诗情（诗三首）⋯⋯⋯⋯⋯梁 雄
禹陵三题（诗）⋯⋯⋯⋯⋯⋯⋯⋯张书申
东湖绿波（诗）⋯⋯⋯⋯⋯⋯⋯⋯丁 芒
宁波印象（诗）⋯⋯⋯⋯⋯⋯⋯⋯余 刚
瓯江情（诗）⋯⋯⋯⋯⋯⋯⋯⋯⋯李 莞
大海的悲歌（诗）⋯⋯⋯⋯⋯⋯⋯杨大矛
东海泪（诗）⋯⋯⋯⋯⋯⋯⋯⋯⋯嵇亦工
绿叶繁花中的一花一叶（评论）
——读浙江短篇小说选《春讯》⋯谢伏琛

谈细节的特征性和真实性（评论）⋯牧 知
自然的回声，性格的侧影（文艺杂谈）⋯蔡良骥

新作短评
心灵的解剖
——评《最后一票》⋯⋯⋯⋯⋯⋯蒋成瑀
要把人物写活
——谈《长书记拗不过矮队长》⋯钟本康

新收获
绿色的锋芒
——读《新花朵朵》⋯⋯⋯⋯⋯⋯高 钫
创作需要热情（文艺随笔）⋯⋯⋯徐诚灿
封面题签⋯⋯⋯⋯⋯⋯⋯⋯⋯⋯⋯茅 盾
海之歌（中国画·局部）⋯⋯⋯⋯郭修琳
山水花鸟画作品选⋯⋯⋯⋯冯运输 陈野林
李棣生 张 浩 郭修琳

浙江画家作品介绍
螃蟹图⋯⋯⋯⋯⋯⋯⋯⋯⋯⋯⋯⋯吴茀之
附：状物寓意唯妙唯肖
——喜读吴茀之先生《螃蟹图》⋯张岳健
南湖烟雨中⋯⋯⋯⋯⋯⋯⋯⋯⋯⋯张怀江

1980 年第 11 期 刊名:《东海》
目录

口罩和箬帽（小说）⋯⋯⋯⋯⋯⋯韩兵子
五洋行（小说·续篇）⋯⋯⋯⋯⋯任 青
澄江静静流（小说）⋯⋯⋯⋯⋯⋯余通化
"拾蛋"轶事（小说）⋯⋯⋯⋯王 毅 夏 真
二宿小镇（小说）⋯⋯⋯⋯⋯⋯⋯姚克明
寻访（小说）⋯⋯⋯⋯⋯⋯⋯⋯⋯朱振国
杀人者（翻译小说）
⋯⋯[美]海明威著 陈平建译 陈冠商校
有口难言（小说）⋯⋯⋯⋯⋯⋯⋯吴火河
鞋（小说）⋯⋯⋯⋯⋯⋯⋯⋯⋯⋯孙受康
普陀佛光（散文）⋯⋯⋯⋯⋯⋯⋯何培新

断想集（诗·三首）⋯⋯⋯⋯⋯⋯唐 湜
今天（诗）⋯⋯⋯⋯⋯⋯⋯⋯⋯⋯张德强
感情的色彩（诗·三首）⋯⋯⋯⋯谢鲁渤
小白杨（诗）⋯⋯⋯⋯⋯⋯⋯⋯⋯王 也
花一束（散文诗）⋯⋯⋯⋯⋯⋯⋯炼 虹
灵隐秋兴（诗·二首）⋯⋯⋯⋯⋯东方涛
风（诗）⋯⋯⋯⋯⋯⋯⋯⋯⋯⋯⋯姚焕吉
山路行吟（诗）⋯⋯⋯⋯⋯⋯⋯⋯蔡 涉
我的生命（诗）⋯⋯⋯⋯⋯⋯⋯⋯陈蕊英

"每转一个方向就现出一种不同的色彩"（评论）
————————————————————区 英
新颖和独特（评论）
——学习鲁迅文艺思想札记 陈庆英
探索生活的真谛（评论）
——读叶文玲的短篇小说 曾文渊
人性美和人情味
——兼谈巴人的《论人情》 谷斯范

新作短评
细致的心理刻划
——评《口罩和箬帽》 成 弓
开头要经济（读稿札记） 禾 子
雁荡写生（中国画） 朱 恒

浙江画家作品介绍
兰花 应 均
附：浓抹淡妆
——读应均的两幅画 芦 苇
古刹国清寺（木刻） 张怀江

1980 年第 12 期　刊名:《东海》
目录

分房子（小说） 董炳新
珍珠（小说） 冀 汸
绿牡丹（小说） 李 靖
雾茫茫（小说） 高 盐
杜爱珍（小说） 沈 健
穿白大褂的人对我说（小说） 廖励平
现代德国短篇小说选译 张弛译
我的叔叔弗雷德 海因利希·伯尔作
忆父亲 瓦尔德·鲍威尔作
秋兰（小说） 梦 飞
希望（电视文学剧本） 张建洲

短诗小集
从天边剪来的云彩（二首） 李建军
春（外二首） 陈所巨
星花集（三首） 黄 淮
杂感（三首） 周克瑾
小路 陈 放
海防短笛（二首） 杨德祥
航标灯 王玉忠
希望小集（二首） 崔国成
盐 姚业鑫
汽笛（外一首） 管用和
霜 黄福国

病中怀沙文汉同志（诗） 于 伶
桑树下坐着一位老人（诗·外一首） 孙武军
日出（诗） 刘世良
新人恋（诗） 吴黛娜
海涅抒情诗选（五首） 黎 央译
作家写的是"自己"（评论） 李遵进
捕捉人物的心灵美（评论） 蒋成瑀
"如实描写，并无讳饰"（评论） 白 毅
仲乐与百里马（文艺随笔） 白晖华
漫话插图（文艺随笔） 方 达
《杜爱珍》读后记（新作短评） 朱 羽
读者议稿（三则） 芜 蓼 李怀埙 芷 茵
《东海》一九八〇年总目录
育秧季节（水印木刻） 刘阜亮
九歌图（局部） （元）张 渥
附：张渥的《九歌图》 俞守仁
千帆过普陀（木刻） 张怀江

1981 年第 1 期　刊名:《东海》
目录

三角领地（小说） 卢兆林
棋手吴伯荣（小说） 洪 军
客人（小说） 白 刃
噩梦（小说） 谷斯范
网姐（小说） 庄杰孝
荞麦畈改选（小说） 王克俭
向沂蒙的故事（小说） 仇学宝
忏悔（小说） 雨 寒
躲雨（小说） 谢鲁渤
非法法也（小说） 骆 雨
"谢谢医生"（小说） 江小骏
"熬不牢"师傅（小说） 沈 健
寓言三则 金 沙

向故乡文学青年谈创作
关于文艺创作杂谈 许 杰

新作短评
美的赞歌——读《三角领地》 钟本康
生活的探求——评短篇小说《躲雨》 史如赓

巧的妙处（文艺小品） 蔡庆生
封面设计 冬 孩
日出（摄影） 叶文清
花鸟（中国画） 卢坤峰

浙江画家作品介绍
西湖吟趣图 ——————————————（元）钱 选
附：钱选的《西湖吟趣图》 ——————————俞守仁

1981 年第 2 期　刊名:《东海》
目录

胡老大接媳妇（小说） ————————————王瑞金
天涯何处无芳草（小说） ————————————王 丽
春分（小说） ————————————————朱月瑜
卖冰棍的女人（小说） —————————————未 名
在生活舞台上（报告文学） ———————————林 江
百岁堂情思（散文） ——————————————阿 水
在印度洋与太平洋的交汇处（散文） ——————叶 进
无烟村记（散文） ——————————————希 稼
春暖（散文） ————————————————徐启华
秋夜里（小说） ———————————————韩兵子
螳螂的冤屈（童话） ——————————————绍 周
冠军的易手（翻译小说）————[美]约瑟夫·克罗斯著
朱炯强　徐人望译
寓言二则 ——————————————————陈乃祥

彩色的生活
垂钓（外一首） ———————————————赵有根
小妞 ————————————————————求惟慧
运河菱歌 ——————————————————燕 翎
潮 —————————————————————田永昌
雨晨 ————————————————————周克瑾

呵，轩亭口（诗） ——————————————张志民
听歌（诗·外一首） ——————————————田 地
飞过台湾海峡（诗） ——————————————蔚 文
浪花集（诗·十五首） ———————陶润浩　强 弓
廖泽川　范震威　马晋乾　沈 健　李广德　金力明
施剑中　王启富

为浪漫主义说几句话（评论） ———————徐季子
在追索生活脚步的时候
——读周乃光同志的几个短篇小说 —————牧 知
殷夫的生平事略 ——————————————丁景唐

新作短评
一个真实的形象 ———————————————方 达
且话"梅雨诗讼"（文艺小品） ———————吕一凡

盼（摄影） —————————————————天 鹰
峻岭（中国画） ———————————————邹 雅

浙江画家作品介绍
春山积翠图 ——————————————（明）戴 进
附：戴进的《春山积翠图》 ————————雪 寺
寄语图（中国画） ——————————————吴自强

1981 年第 3 期　刊名:《东海》
目录

冤家路窄（小说） ——————————————王建中
夜明珠（小说） ———————————————姚达人
枫叶签（小说） ———————————————陆 明
天职（小说） ————————————————叶宗轼
风波（小说） ————————————————吴学仪
老猪倌（小说） ———————————杨玉生　杨伟民
禹陵"怀古"（散文） ————————————张抗抗
小小的长征（散文） ——————————————菡 子
故乡的灯（散文） ——————————————吕人俊
阿桥伯伯（散文） ——————————————张文彬
继母（翻译小说）
————[俄]安·巴·契诃夫著　王北平译
木轮车（翻译小说）————[土耳其]萨巴哈廷·阿里著
曾宪英　唐鹤鸣译
大海的歌
——省作协诗歌作者访问团诗选 ———————洪 迪
钟高渊　徐家麟　梁 雄　田永昌　蔡庆生　夏 矛
张 新　管思耿
逆水的小船（诗·外一首） ————————蔡 涉
花草情（诗·三首） —————————————蒲祖煦
野思小集（诗·五首） ————————————孙武军
"扎口"术所见（诗） ————————————苗得雨
题《重放的鲜花》（词） ——————————杜忠庭
港湾（诗） —————————————————中 流
秋（诗） ——————————————————寒 星
竹笛（诗） —————————————————金 江
杭州灵隐寺杂感（诗·四首） ————————汤有钧

真实和想象（评论） —————————————盛 英
一个性格就是一个世界 ———————————吴战垒
似有还无，亦幻亦真（文艺杂谈） —————蔡良骥

新作短评
冤家聚头见新意——《冤家路窄》小议 ————李遵进
读《夜明珠》后感 ——————————————牧 知
人物、故事情节及其他（读稿札记） ————余 逊
《敲梆船》不值得赞赏（读者议稿） ————郑钦南

浪（摄影） —————————————————张克庆
东海渔民（速写） ——————————————宗文龙

浙江画家作品介绍

归去来图·····················（明）陈老莲
陈老莲的《归去来图》·················骆恒光
山鬼（《九歌图》组画之一）·············李少文

1981 年第 4 期　刊名:《东海》
目录

经营副厂长（报告文学）···············李君旭
胡传贵"戒骂"（小说）···············俞恒康
我那个爹啊……（小说）··············金学种
莲子（小说）·····················丘　默
水啊，水（小说）··················洁　浊
炭窑情（小说）···················朱达艺
爱斯基摩人（小说）·················徐梅强
弃婴（散文）····················赵清阁
太平洋上空的沉思（散文）·············沈虎根
在我们之间（小说）·················刘德进
中秋月（小说）···················李　民
严监生的井（寓言）·················金　江

绿叶（诗）··············骆寒超　陈蕊英
浪花集（诗）·········张雪杉　陆法新　胡丰传
丁俊清　钱德强　李苏卿　董培伦　周克瑾　闻　欣

青年诗页
追求（三首）····················曹富强
希望·························黄亚洲
带露的诗花（四首）·················许　勇
大海的脾气·····················杨甘霖
花·························朱方元
梦和幻想（外一首）·················楼　冰
感觉·························宫　辉
帆·························张　铮

艾青谈他的两首旧作·················叶　锦
"脊梁骨"的赞歌（新作短评）············陈文锦
发掘心灵中的珍珠（新作谈）············刘　金
谈题材转借（文艺随笔）···············亢　宗
鲁迅与柔石合编《语丝》的几个问题
······················熊　融　徐重庆

海（摄影）·····················卫　卫
桔花（石版画）···················蒋文兵

1981 年第 5 期　刊名:《东海》
目录

病中悼沈老·····················林淡秋

向故乡文学青年谈创作
我怎样学习写作···················王西彦
新来的"福尔摩斯"（小说）············煦　冬
在海燕栖身的岛屿上（小说）············晓　咏
算账（小说）····················赵和松
静静的菩提弄（小说）···············曹布拉
憨伯看戏（小说）··················刘烨文
会餐（小说）····················朱振国
瓷娃娃（小说）···················张晓明
有响声的骨灰盒（小说）··············刘荣焕

青年诗人
黑土地（组诗）···················谢鲁渤
我思念西湖，思念美（外一首）···········杨　牧
思恋（二首）····················张德强
北京（二首）····················孙武军
夜海棠·······················嵇亦工
钟情························程蔚东
希望（外一首）···················燕　翎
浪花集（十二首）········王玉忠　柯　平　李龙江
陈秀庭　张　寅　崔国成　马新朝　严宁泓

帆影（摄影）····················芦　笛
军鸽（版画）·············杨在溪　史明高

浙江画家作品介绍
弈棋图·····················（清）任伯年
任伯年的《弈棋图》·················骆恒光

1981 年第 6 期　刊名:《东海》
目录

"外行"书记（小说）················李君旭
走出大气层（小说）·················胡士弘
待到雪化时（小说）·················曹德元
樟荣照相记（小说）·················劳乃强
蟹剧（小说）····················山　曼
恰恰拜师（童话）··················李瑶英
车行百里（小说）··················方驰东
明天的风（翻译小说）
·················〔日〕壶井荣著　黎　平译
学习雁冰同志的宝贵经验和高贵品质··········黄　源

难以忘却的怀念 ………………………… 江 坪
柯岩纪行（散文） …………………………… 石 在
滑铁卢怀古（散文） ……………………… 张伏年
五月潮（散文） …………………………… 蔡文良
金色的彩箭（诗·外二章） ……………… 唐 湜
深山赤子吟（诗·二首） ………………… 刘毅然
海上（诗·外一首） ……………………… 夏 矛
雨中（诗） ………………………………… 严邦善
雪花飘飘（诗） …………………………… 李建军

儿童诗
八哥（外一首） …………………………… 刘崇善
飞了，彩色的风筝 ………………………… 申爱萍
舰长 ……………………………………… 王宜振
雪地里，有一簇火把 ……………………… 洪加祥
我有山歌十万箩（畲族情歌·六首）
……………………… 唐宗龙 袁春根搜集整理

"创造润饰人的真"（评论） ……………… 区 英
读契诃夫的短小说有感（评论） ………… 赵运通
鲁迅小说结尾的艺术特色（评论） ……… 楼耀芳
崔前光和他的作品（评论） ……………… 沈虎根
童心和情趣（文艺杂谈） ………………… 蔡良骥
读《"外行"书记》（新作短评） ………… 高松年
锦绣的风物，美丽的传说（新收获）
——读《浙江风物传说》 ……………… 吕洪年

读者议稿
一代新人的芬芳
——《分房子》读后 …………………… 王镇区

队日（摄影） ……………………………… 芦 笛
大海之子（版画） ………………………… 赵光涛

浙江画家 作品介绍
鹭鹚图（中国画） ………………………… 郑祖纬
郑祖纬《鹭鹚图》题识 …………………… 柳 河
黄山（中国画） …………………………… 赖少其

1981年第7期 刊名:《东海》
目录

路·岁月（一）（革命回忆录） ………… 吴 微
金凤凰和茂荣老倌（小说） … 曾志天 陈 荣
长松青青（小说） ………………………… 金坤森
茶梅（小说） ……………………………… 陈 峻
聋公公（小说） …………………………… 王克俭
岁尾年边（小说） ………………………… 任 青

猴头、猴尾及其他（小说） ……………… 龚泽华
不结冰的山溪水（小说） ………………… 凡 谷
酿蜜者说（散文） ………………………… 蔡振兴
桥恋（散文） ……………………………… 犁 人
阳光啊，阳光（诗） ……………………… 谢鲁渤
南方和北方（组诗） ……………………… 陈继光
大海（诗） ………………………………… 洪 迪
题潘天寿故居（诗） ……………………… 潘志光
日出（诗·外一首） ……………………… 张志鹏
枫（诗） …………………………………… 王自亮
春花田（诗） ……………………………… 蒋荫炎
读《郁达夫诗词抄》二首（诗） ………… 刘 征

散文诗卷
脚印 ……………………………………… 高伐林
湖山剪影（二章） ………………………… 项冰如
风（外一章） ……………………………… 金 江
油菜（外一章） …………………………… 何信峰
金项链 …………………………………… 田 地

一枚"生病"图章（鲁迅研究资料） …… 周海婴
艺术的鉴赏和批评
——鲁迅美学思想学习札记 …………… 张颂南
浅谈作家艺术风格的形成 ………………… 范民声
"削臂胛"的艺术（文艺小品） ………… 程东安
青春和理想（新作短评） ………………… 方 达

阳光（摄影） ……………………………… 王锦秋
可爱的中国（版画） ……………………… 徐英培

浙江风光
烟雨楼（摄影） …………………………… 王锦秋
南湖胜景（散文） ………………………… 珊 雯
昔日荒岛（中国画） ……………………… 郭修琳

1981年第8期 刊名:《东海》
目录

路·岁月（二）（革命回忆录） ………… 吴 微
阿毛老汉上街（小说） …………………… 姚达人
工程师的生日（小说） …………………… 丰晓梅
笑听渔歌声声来（散文） ………………… 叶文玲
恩爱（小说） ……………………………… 劳乃强
溶雪的日子（小说） ……………………… 马新朝
静静的雪夜（小说） ……………………… 贾 剑
"小雀子"们（小说） …………………… 祝兆炬
母亲（翻译小说） ……………… [意]娜塔莉娅·金
兹布格著 袁华清译

春江虾旺（散文）…………………………方立军
照相的风波（小说）…………………………朱俊法

军旅（诗·外一首）…………………………嵇亦工
水兵的歌声（诗）…………………………王玉忠
写在云彩上的诗（诗·二首）………………闻 欣
呵，森林（诗·外一首）…………………董培伦
将军岩（诗）…………………………………胡丰传
瓯江歌（诗·二首）…………………………李苏卿
树与花（诗·二首）…………………………张 往
葡萄树的怀念（诗）…………………………何昌正
晒谷（诗）…………………………………何信峰
浪花集（诗·六首）……………王金吉 薛家柱
叶廷玉 袁亚平 任彦芳 洪铁城

心理描写和典型创造（评论）………………肖 荣
"小我"和"大我"（文艺随笔）……………厉 平
真实的暗疾是渺小（读稿札记）……………成 弓
相互映衬 各显其魂（新作短评）
——读《工程师的生日》…………………区 真

海防（摄影）…………………………………叶文清
收操后（套色木刻）…………………………李敦学

浙江风光
方岩（中国画）………………………………卓鹤君
自是天工造化成（散文）……………………孙伯阳
无间（中国画）………………………………张卫民

1981 年第 9 期　刊名:《东海》
目录

鲁迅诞辰百周年纪念专辑
鲁迅精神体现在新四军的二三事……………黄 源
忆内山书店………………………………………周海婴
鲁迅对温州文学青年的辅导…………………胡今虚
鲁迅把一切都归功于伟大的人民……………徐中玉
蚯蚓精神赞……………………………………寇 丹
鲁迅与湖州会馆………………………………董舒林
鲁迅轶话（三则）……………………………沈 欣
虾公精（小说）………………………………方 楠
被缚的维纳斯（小说）……………骆 丹 周向潮
久远流芳（散文）……………………………赵清阁
两家院（小说）………………………………樊应龙
种桔记（小说）………………………………叶宗轼
穷汉凄凉的圣诞节
　　　　　　[美]约翰·契弗著 陈 锋译
奇遇（长篇小说选载）………………………戚天法

桃花坞散记（散文）…………………………谭亚新
水乡剪影（散文）……………………………丁新民

绍兴行
绍兴农村剪影（诗·二首）…………………梁 雄
绍兴行（诗·三首）…………………………龙彼德
鉴湖遐思（诗）………………………………方 牧
故乡情（诗·二首）…………………………赵有根
数字和诗（散文诗）…………………………高 钫
写在鲁迅幼儿园（诗）………………………嵇亦工
金不换（诗）…………………………………东方涛
下班后（诗·外一首）………………………聂鑫森
兵之歌（诗）…………………………………马新朝

"单一的杂多"（文艺随笔）…………………钟本康
下笔之前（文艺随笔）………………………吴刚戟
出手不凡（新作短评）………………………方 达

碧波银浪（摄影）……………………………初小青
访绍兴（速写）………………………………郭修琳

浙江风光
仙都探胜（散文）……………………………袁 远
仙都（摄影）…………………………………小 青
鲁迅（雕塑）…………………………………应真华

1981 年第 10 期　刊名:《东海》
目录

开展文艺批评 改变涣散软弱状态
　　　　　　　　　　　　　　　………本刊评论员
凤秀卖瓜（小说）………………王 毅 夏 真
女镇长（小说）………………………………徐剑飞
五泄山间寻昔梦（散文）……………………石 在
好男儿鲁大勇（小说）………………………胡 晓
离休（小说）…………………………………谢鲁渤
荷花开盛世（散文）…………………………刘 新
皇甫庄纪行（散文）…………………………阿 冰
他和"天鹅"（小说）………………………韩黎明
电视机的风波（小说）………………………金美琴
根伯掐鸡（小说）……………………………钱宝锁
泥泞的道路（小说）…………………………光 耀
寓言（三则）……………………彭文席 陈乃祥

北戴河诗文
月夜，寂静的海边（诗·外一首）…………冠 西
海之晨（诗·外一首）………………………向 青
渤海行（三首）………………………………余 明

北戴河散记（散文）————————朱明溪

四月的桔乡（诗·三首）————————洪　迪
成熟的大地（诗·二首）————————贺东久
柿子红了（诗）————————莫西芬
松果（诗）————————田　地
我的中国地图（诗）————————张德强
598 枚金牌（诗）————————小　谢
火柴（诗）————————赵焕明
哦！台湾岛（诗）————————张建红
致葛洲坝（诗）————————方　牧
烟（诗）————————周文钊
小河湾响起了清脆的歌声（诗）————————朱方元
浪花集（诗·十首）————————赵有根　金江　闻欣
李广德　褚汉江　叶曙光　韦加　张国南　求惟慧
文学革新断想（评论）————————李遵进
动静的转化和交错（文艺杂谈）————————蔡良骥
"永久牌"不是天生的（读稿札记）————————朱　羽
关于形象描写（新作短评）
——读《凤秀卖瓜》有感————————余　逊
出航（摄影）————————王发塘
延安五老（中国画）————————吴山明

浙江风光
南明纪胜（散文）————————孙伯阳
石梁（摄影）————————林招松　初小青
祖国（油画）————————胡振宇

1981 年第 11 期　刊名:《东海》
目录

在宽广的大道上（小说）————————蒋焕孙
啊，能源……（报告文学）————————许胤丰
竹鞭（小说）————————李纯华
"遗产"（小说）————————翁树杰
垃圾堆和葡萄架（小说）————————方艳芬
晋级时刻（小说）————————蓝　泉
童年杂忆（散文）————————长　炎
冬日赏月季小记（散文）————————洪禹平
微笑（小小说）————————郑云石
屋檐下（小小说）————————毛益丰
翠雨（散文）————————钱　方
清明螺（散文）————————赵有根
星新一短篇小说两篇（翻译小说）————————陈　浩译

火·砂粒（诗）————————洪　迪
编草鞋的老妈妈（诗）————————吴　晓
尝尝吧，尝尝吧（诗）————————陈所巨

流蜜的山沟（诗）————————吕人俊
网鱼歌（诗）————————李苏卿
绿色的云（诗）————————蔡　涉
"……"（诗）————————田　地
灵江船歌（诗）————————杜建华
风雪黎明（诗）————————陆法新
放蜂（诗）————————王晓晖
工厂诗传单（诗·二首）————————柯　平
火柴的歌（诗）————————阎受鹏
渔工乐（诗）————————何信峰
敲葵饼（诗）————————周鹏宽
丰子恺诗词遗稿————————丰华瞻辑注

知人论文（评论）————————徐季子
爱情·事业·理想（评论）————————夏　凉
写出节奏来（读稿札记）————————禾　子

文艺随笔
"陶冶"与"刺激"————————朱　达
博采与酌取————————秦亢宗
欲扬故抑　出奇制胜（新作短评）————————高松年

海滨（摄影）————————顾文荣
鲁迅与方志敏（木刻组画）————————张怀江

浙江风光
东湖（散文）————————阿　冰
东湖（摄影）————————天　鹰
春塘水暖（中国画）————————潘天寿

1981 年第 12 期　刊名:《东海》
目录

逆境求学记（传记文学·上）————————任大霖
书架上，放着一张刨（小说）————————劳乃强
奇特的初恋（小说）————————胡兆铮
"黑牡丹"相马（小说）————————刘德进
斗茶（小说）————————林圣国
灰姑娘（小说）————————宋令俊
在考场上（小说）————————香　流
西南行草（散文）————————向　青
四季果（散文）————————蔡庆生
冬天里的春天（散文）————————马涉波
入学前的"第一课"（小说）————————陆小芹

浙江山水
半坡和河姆渡（诗）————————姚业鑫
狮象山的尊严（诗）————————程蔚东

富春暮色（诗）……………………章德益
踏上莫干山小路（诗）……………张德强
登观日台（诗）……………………蒲祖煦
访剑池（诗）………………………嵇亦工
仓圣祠遐思（诗）…………………胡丰传
三折瀑情思（诗）…………………雨　石
倒挂莲花峰（诗）…………………董培伦
东湖石撑（诗）……………………蒋荫炎
龙泉宝剑（诗）……………………赵焕明

丰子恺诗词遗稿（续一）………丰华瞻辑注
钱塘海潮（诗）……………………朱　讯
水乡风情（诗·二首）……………马绪英
流蜜的山川（诗·二首）…………贾丹华
候鸟之歌（诗）……………………金乐敏
重逢（诗）…………………………李光星

展示新的农村风貌（评论）………牧　知
"老实不客气地剥脱自己"（文艺随笔）…钱江潮
作家应欢迎批评（文艺随笔）……钟本康
谈超短篇小说（评论）……………陈　浩
政治工作者的广阔天地（读者论坛）…袁念琪

沙洲（摄影）………………………刘梦华
飞吧（木刻）………………………傅希陶

浙江风光
立马吴山第一峰（散文）…………荣　闻
江湖汇观亭（摄影）………………张文祥
杜鹃花（中国画）…………………何水法

1982 年第 1 期　刊名:《东海》
目录

老耿外传（小说）…………………许仲民
比翼齐飞（小说）…………………毛志成
逆境求学记（传记文学·下）……任大霖
夸父追日（神话小说）……………钟伟今
麂皮手套（小说）…………………胡万春
探望（小说）………………………童南庆
斗画眉（儿童小说）………………周　策
天目山居记（游记）………………石　在
哥本哈根街头（丹麦散记）………陈冠商
斑歌鸟（散文）……………………莫　洛

深切悼念林淡秋同志
淡秋礼赞……………………………冠　西

深切悼念林淡秋同志…………………黄　源
永别了，淡秋同志……………………向　青
怀念…………………………………陈继光

现代散文名作赏析
超山的梅花…………………………郁达夫
记游述怀　写景抒情
——郁达夫《超山的梅花》赏析…张颂南

茅盾少年时代作文选登
西人有黄祸之说试论其然否………沈德鸿
茅盾少年时代两本作文本发现经过…禾　人
曲水流觞（诗）
——访问绍兴兰亭………[印度]乔希·乌玛山卡作
辛　笛译

迎春诗会
二月雨（组诗）……………………田永昌
爆竹声中（二首）…………………田　地
祖国春早（组诗）…………………梁　雄
绿叶之歌……………………………东方涛
春光，春光…………………………张德强
春之魂………………………………黎焕颐
松……………………………………赵大昕
谒"周公馆"………………………炼　虹
临江仙………………………………朱　讯

浅谈社会主义新人形象的塑造（评论）…朱汝瞳
重视读者的想象力（文艺随笔）…王嘉良
一把镊子的联想（文艺随笔）……草　云
读词札记（二则）…………………方　牧
闪现着心灵美的爱情描写（新作短评）…阿　耘

春讯（中国画）……………………郭修琳
瑞雪（水印木刻）…………………张鼓峰

浙江风光
隋代古刹——国清寺（散文）……周荣初
天台剪影（摄影）………………袁善德　杨　勇
腊梅（中国画）……………………朱垠嶙

1982 年第 2 期　刊名:《东海》
目录

地仙配（小说）……………………金美琴
"二虎"大爷（小说）……………康　青
"三毛五"（小说）………………李迪群
而立之年（小说）………………骆　丹　周向潮

后天发工资（小说）————————————董炳新
月照荷叶塘（小说）————————————毛　英
"搅海大"（小说）——————————————许广跃
金秋和秀娥（小说）————————————梁有复
怜悯（翻译小说）————[美]伯纳德·马拉默德著
叶卫华　张　翎译
悼念林淡秋同志（散文）————————孙席珍
魂牵梦绕话香樟（散文）————————马　克
晨光熹微中的早市（散文）————————谭亚新
雪窦山记（散文）————————————王月仙

现代散文名作赏析

忆柔石————————————————林淡秋
闪着光与火的忆念
——读林淡秋《忆柔石》————————吴战垒

茅盾少年时代作文选登

文不爱钱武不惜死论————————————沈德鸿
兵之歌（组诗）——————————————嵇亦工
黎明，我向前走去（诗）————————高　钫
初春的遐想（组诗）————————————陈继光
我爱眺望远方……（诗）————————管思耿
向前的车轮（诗）————————————杨学贵
铡刀（诗）————————————————赵士旺
我要买一张国库券（诗）————————楼　冰
晨曲（诗）————————————————竹　明
界限在哪里?（评论）——————————李遵进
宝海初探——————————————郑秉谦
诗词欣赏——————————————黄绍筠
质朴清新　生动活泼（新作短评）
——谈《地仙配》的语言特点————————雨　石

东风（油画）————————————————毛文佐
晨读（木刻）————————————————杜应机

浙江风光

南溪渔家（散文）————————————袁哲飞
南溪渔家（摄影）————————————余德富
紫藤（中国画）————————————商敬诚

1982 年第 3 期　刊名:《东海》

目录

黄昏曲（小说）——————————————李　宁
晨渡（小说）————————————————胡士弘
虎符（电影文学剧本）————————————胡月伟
脚，踏在大地上（小说）————————朱振国

"兵呆子"的爱情（小说）————————陈道阔
蛇郎中（小说）——————————————楼震旦
"站站停"（小说）————————————邹小勾
火红的南天竹（散文）————————薛家柱
桔乡小景（散文）————————————张一民
莲花山风情（散文）————————————罗�青

茅盾少年时代作文选登

学部定章学生毕业以学期为限论————————沈德鸿

罗布泊的祭礼（诗）————————————吴　晓
乌溪江工地纪行（诗·三首）————————奕　林
我从小学校墙边走过（诗）————————丁　芒
土地（诗）————————————————蒋荫炎
无名花（诗）————————————————舟挥帆
浪花集（组诗）——————————夏　矛　魏海泉
许国华　郜鸣镛　赵哲权　文　丙　徐忠耀
诗词二首————————————————朱　讯

熟以知性　熟能生巧（创作谈）————————毛　英
出"奇"制胜（文艺随笔）——————————钟本康
《烙印》之争的启示（文艺随笔）————李广德
追求"通体美"（文艺随笔）————————郑祖杰
文讯（二则）——————————————邵懋时
扬帆（水粉）————————————————唐雪根
海上人家（版画）————————————严美意

浙江风光

五泄瀑布（散文）————————柴　莹　杨乐庆
飞瀑（摄影）————————————叶　余
苍山碧水（中国画）————————————夏子颐

1982 年第 4 期　刊名:《东海》

目录

卖文六十年志感————————————钦　文
意外（小说）————————————————劳乃强
绣花女（小说）——————————————王仲尧
宾馆小夜曲（小说）————————————刘荣焕
我和书记（小说）————————————巴　陵
夏夜风情（小说）————————————朱大为
无声的发言（小说）————————————山　曼
在鲁罗家做客（散文）————————张抗抗
手（散文）————————————————陈督督
漫说桃花（散文）————————————陈觉民
五针松琐记（散文）————————————欣　荣
海蟒案件（科学幻想小说）————————鲁　克
张学良在溪口————————————楚江月

茅盾少年时代作文选登

宋太祖杯酒释兵权论 ·························· 沈德鸿

现代散文名作赏析

杨柳 ······································ 丰子恺

于朴实中显真情　在平易中寓深意

——读丰子恺散文《杨柳》 ·················· 王国柱

车轮与钻头的歌

我，得到了红色驾驶证 ························ 宫　辉

唱吧，震捣棒（外一首） ···················· 丁慨然

建筑工地速写 ······························ 王自亮

飞旋的歌 ·································· 龙　郁

炼钢青工 ·································· 陈峻峰

第一夜（诗） ······························ 向　青

水乡情（诗二首） ·························· 李苏卿

白雪抒情（诗三首） ························ 闻　欣

给她（诗） ································ 姚焕吉

伦理描写与精神文明（评论） ················ 陆　炎

有感于茅盾撕稿（文艺随笔） ················ 谢广田

妙在隐隐跃跃之间（评论） ·················· 区　英

《意外》随想（新作短评） ·················· 方　达

读词札记（二则） ·························· 方　牧

帆影（版画） ······························ 邬继德

渔归（中国画） ···························· 张品操

浙江风光

凤阳山（散文） ···························· 沈惠国

凤阳山（摄影） ···························· 沈惠国

露气（中国画） ···························· 舒传熹

1982 年第 5 期　刊名：《东海》
目录

工人作者作品专辑

支柱（小说） ······························ 朱振国

繁星满天（小说） ·························· 方凌燕

青春交响乐（小说） ························ 刘正标

"镇关西"（小说） ·························· 韩华荣

春联（小说） ······························ 宋令俊

刘老汉游漓江（小说） ······················ 胡　晓

写在晨光里的篇章（小说） ·················· 王克俭

候选（小说） ······························ 祝兆炬

挂"长途"（小小说） ························ 李　战

祝枝山题画（故事新编） ···················· 蔚　春

蛎乡漫记（散文） ·························· 杨东标

白云深处（散文） ·························· 孙伯阳

新安江的水、雾、风（散文） ················ 战　秋

现代散文名作赏析

白马湖之冬 ································ 夏丏尊

散文的真实和朴素

——读《白马湖之冬》 ······················ 盛　英

学习《在延安文艺座谈会上的讲话》

历史的回忆和现状的思考 ···················· 史　行

一个习作者的体会 ·························· 李君旭

"立足点"琐议 ···························· 陈　坚

青年诗人

城市之光（诗·外一首） ···················· 黄亚洲

我曾经是一个农民（诗） ···················· 孙武军

金鱼（诗） ································ 高伐林

闹春的铁燕（诗） ·························· 燕　翎

绿萼梅之歌（诗·外一首） ·················· 管思耿

读古画卷（诗） ···························· 唐　湜

第一棵秧苗（诗） ·························· 崔合美

细吹亭（诗） ······························ 洪　迪

红鬃马（诗） ······························ 虞国庆

小河边（诗） ······························ 魏德平

松脂（诗） ································ 王晓晖

丰子恺诗词遗稿（续完） ···················· 丰华瞻辑注

事实和真实（评论） ························ 肖　荣

诗词欣赏（二则） ·························· 黄绍筠

北仑港之春（版画） ························ 徐英培

潮（铜版画） ······························ 曹剑峰

浙江风光

双龙、冰壶探胜（散文） ···················· 朱国才

双龙、冰壶洞（摄影） ······················ 张经华

牡丹（中国画） ···························· 何水法

1982 年第 6 期　刊名：《东海》
目录

三个县委书记（小说） ······················ 陈忠来

山野的呼唤（儿童文学） ···················· 周百义

相亲（小说） ······························ 池　波

灯火阑珊处（小说） ················ 骆　丹　周向潮

还家（小说） ···················· 陈　荣　曹志天

难分的半小时（小说） ······················ 俞岳良

李丽花（小说） ···························· 倪国萍

"圈圈博士"（小说） ························ 黎中城

定心表（小说）——————————袁　昂
鹤（翻译散文）————[日]竹西宽子著　陈　洁译
鲁迅卖金牌（散文）——————————钦　文
重访马鞍岛（散文）——————————朱明溪
梧桐树下（散文）——————————陈　肃
访青藤书屋（散文）——————————夏长铨
寓言二则——————————————钟　法
乡野的微笑（诗·三首）——————张德强
大海风采（诗·三首）————————方　牧
献给非独奏者（诗·三首）—————赵大昕

六月花
——儿童诗一束
童心的秘密（诗·三首）——————何昌正
妈妈（诗）————————————雪　影
老师睡熟了（诗）——————————祝　诚
奇妙的校门（诗）——————————聪　聪

社会主义精神文明的建设者（评论）——冠　西
准确再现生活的转机（评论）————牧　知
志气！正气！争气（评论）—————钟本康
理直气和（文艺随笔）———————郑祖杰
贵在立意（文艺小品）———————杨光治

大海的孩子（水印木刻）——————俞启慧
种瓜得瓜（中国画）————————丰子恺

浙江风光
名标海瀌天童寺（散文）——————成　弓
天童寺天王殿（摄影）———————张信海
宝贝（中国画）——————————卢坤峰

1982 年第 7 期　刊名：《东海》
目录

探索者（小说）——————————董炳新
儿大不由爹（小说）————————吴广宏
夜色（小说）————————毛履均　周海彦
小街趣事（小说）——————————枫　亚
明天的憧憬（小说）————————谢武稼
珍珠梦（报告文学）————————陈俊杰
月光光（小说）——————————程　相
相遇（小说）————————————屠渭兔
日本小说两题（翻译小说）
————————[日]星新一作　陈　浩译
树国花岛行（散文）————————萧　冬
通济街之夜（散文）————————劳乃强

现代散文·名作赏析
忆江南—————————————夏　衍
情真意切　感人至深
——读夏衍《忆江南》———————陈　坚
枪之歌（诗·三首）————————马新朝
看画（诗·外一首）————————杨　光
常绿之路（诗）——————————陈咏华
长歌短吟（诗·十二首）——————高崎　白虹
孙昌健　江晓霞　程步涛　沈　健　李风清　张国南
李加建　柯平　王建国　蒋士枚
文艺批评的楷模（评论）
——学习茅盾对现代作家作品的评论————邓牛顿
追求者的形象（评论）
——评肖容的长篇小说《追求》————徐季子
勇于探索的开拓者
——读《探索者》（新作短评）————阿　耘
小荷才露尖尖角
——读《夜色》（新作短评）————盛　英
美啊，《晨渡》（评论）——————毛　英

海之歌（油画）——————————唐雪根
熔炉（中国画）——————————王庆明

浙江风光
海天胜算普陀山（散文）——————洪　水　包　鱼
普陀山（摄影）——————————敏　敏　志　亚
荷花（中国画）——————————周文清

1982 年第 8 期　刊名：《东海》
目录

进入阵地之前（小说）———————陈忠来
不争气的儿子（小说）———————范维德
田水哗哗（小说）——————————徐金福
他等在小桥头（小说）———————李迪群
荷叶青青（小说）——————————吴水霖
彩虹挂在洁净的天宇（小说）————袁春根
李厂长"西天"取宝（小说）————杨　光
电视机前（小小说）————————陈金堂
黑人袭伯·班逊之死（翻译小说）
————[美]保尔·劳伦斯·邓巴著　陈冠商译

溪口之夜（散文）——————————石　在
清凉世界莫干山（散文）——————蒲祖煦
金桑渡风情（散文）————————邹小勾
给我一支糖枸（散文）———————毛　英

红星墙·铜号（诗·二首）—————吴　晓

兵之歌（诗·二首）⋯⋯⋯⋯⋯⋯⋯⋯⋯⋯ 嵇亦工
返航路上（诗）⋯⋯⋯⋯⋯⋯⋯⋯⋯⋯⋯ 胡丰传
浪花集（诗·十首）⋯⋯⋯⋯⋯ 陆法新 阙维杭
求惟慧 吕人俊 叶廷玉 阎受鹏 方 晴 沈良意
张志坚 茹 菇

泥土的芳香（评论）⋯⋯⋯⋯⋯⋯⋯⋯⋯ 李遵进
"探头到你自己的生活圈子以外"（评论）⋯⋯ 王嘉良
朱自清在浙江点滴⋯⋯⋯⋯⋯⋯⋯⋯⋯ 徐重庆
创新断想（文艺随笔）⋯⋯⋯⋯⋯⋯⋯⋯ 战 垒
当好"向导"（文艺随笔）⋯⋯⋯⋯⋯⋯ 阮延陵
振翅奋飞吧
——读田地的诗集《复活的翅膀》⋯⋯⋯⋯ 区 英
读《进入阵地之前》（新作短评）⋯⋯⋯⋯⋯ 无 邪
文讯三则

东海枕戈（版画）⋯⋯⋯⋯⋯⋯⋯⋯⋯⋯ 张胜远
浪花（版画）⋯⋯⋯⋯⋯⋯⋯⋯⋯⋯⋯ 王大保
钢铁长城（篆刻五方）⋯⋯⋯⋯⋯⋯ 朱关田 杨西湖

浙江风光
富春钓台（散文）⋯⋯⋯⋯⋯⋯⋯⋯⋯⋯ 桑 榆
严子陵钓鱼台（摄影）⋯⋯⋯⋯⋯⋯⋯⋯ 章寅生
桂花鹦鹉图（中国画）⋯⋯⋯⋯⋯⋯⋯⋯ 陆抑非

海岛诗抄（四首）⋯⋯⋯⋯⋯⋯⋯⋯⋯⋯ 叶文艺
故乡（二首）⋯⋯⋯⋯⋯⋯⋯⋯⋯⋯⋯ 吴明火
艺术之路⋯⋯⋯⋯⋯⋯⋯⋯⋯⋯⋯⋯⋯ 白煤国
玉米（散文诗外一章）⋯⋯⋯⋯⋯⋯⋯⋯ 何信峰
春雨儿（诗）⋯⋯⋯⋯⋯⋯⋯⋯⋯⋯⋯ 蒲祖煦
大印（诗）⋯⋯⋯⋯⋯⋯⋯⋯⋯⋯⋯⋯ 曹国政
给你（诗·二首）⋯⋯⋯⋯⋯⋯⋯⋯⋯⋯ 洪 迪
一剪梅·夜访⋯⋯⋯⋯⋯⋯⋯⋯⋯⋯⋯ 朱 讯

漫议深入生活问题（评论）⋯⋯⋯⋯⋯⋯ 钟本康
散文随想（文艺随笔）⋯⋯⋯⋯⋯⋯⋯⋯ 战 垒
冰朗花与散文（文艺随笔）⋯⋯⋯⋯⋯⋯ 李纯华
一束智慧的花
——评金江的《寓言百篇》⋯⋯⋯⋯⋯⋯ 骆寒超
读词札记（二则）⋯⋯⋯⋯⋯⋯⋯⋯⋯⋯ 方 牧

海（水粉画）⋯⋯⋯⋯⋯⋯⋯⋯⋯⋯⋯⋯ 华 胜
亲如家人（木刻）
——恩格斯和马克思一家的友谊⋯⋯⋯⋯ 李以泰

浙江风光
海门锁钥招宝山（散文）⋯⋯⋯⋯⋯⋯⋯ 沈志远
招宝山（摄影）⋯⋯⋯⋯⋯⋯⋯⋯ 杨 柳 姚忠甫
珍兽（中国画）⋯⋯⋯⋯⋯⋯⋯⋯ 锦 标 颖 人

1982 年第 9 期 刊名:《东海》

目录

角落（小说）⋯⋯⋯⋯⋯⋯⋯⋯⋯⋯⋯⋯ 宋令俊
荒原（小说）⋯⋯⋯⋯⋯⋯⋯⋯⋯⋯⋯⋯ 冯 岗
叶落归根时（小说）⋯⋯⋯⋯⋯⋯⋯⋯⋯ 周天步
"失约"者（小说）⋯⋯⋯⋯⋯⋯⋯⋯⋯⋯ 施佐才
明天重新开始（小说）⋯⋯⋯⋯⋯⋯⋯⋯ 梁之骏
错宿（小说）⋯⋯⋯⋯⋯⋯⋯⋯⋯ 徐振武 应桂香
并蒂果（小说）⋯⋯⋯⋯⋯⋯⋯⋯⋯⋯⋯ 山 曼
蛙声赋（散文）⋯⋯⋯⋯⋯⋯⋯⋯⋯⋯⋯ 蔡振兴
一本书的"气数"（散文）⋯⋯⋯⋯⋯⋯⋯ 伏 琛
弦音声声（散文）⋯⋯⋯⋯⋯⋯⋯⋯⋯⋯ 金 梅
伟哉华岳（散文）⋯⋯⋯⋯⋯⋯⋯⋯⋯⋯ 王 川
营救地下县委（长篇故事选载）⋯⋯⋯⋯⋯ 朱 苇

现代散文·名作赏析
杨梅⋯⋯⋯⋯⋯⋯⋯⋯⋯⋯⋯⋯⋯⋯⋯ 鲁 彦
状物抒情的佳作
——读鲁彦的《杨梅》⋯⋯⋯⋯⋯⋯⋯ 郑择魁

乡情集
琴（外一首）⋯⋯⋯⋯⋯⋯⋯⋯⋯⋯⋯⋯ 崔汝先

1982 年第 10 期 刊名:《东海》

目录

心中的颂歌
水调歌头·贺党的十二大⋯⋯⋯⋯⋯⋯⋯ 吴 军
梅树（诗）⋯⋯⋯⋯⋯⋯⋯⋯⋯⋯⋯⋯⋯ 程蔚东
回声（诗）⋯⋯⋯⋯⋯⋯⋯⋯⋯⋯⋯⋯⋯ 田 地
书法·篆刻⋯⋯⋯ 静 波 周谷城 曾令洪 杨西湖

才来嫂和她的邻居（小说）⋯⋯⋯⋯⋯⋯ 朱巨江
南南的苦恼（小说）⋯⋯⋯⋯⋯⋯⋯⋯⋯ 董炳新
冷泉亭的冷和热（散文）⋯⋯⋯⋯⋯⋯⋯ 袁 鹰
丰子恺先生杂忆（散文）⋯⋯⋯⋯⋯⋯⋯ 钦 文

庐山诗文
赣行记（散文）⋯⋯⋯⋯⋯⋯⋯⋯⋯⋯⋯ 冠 西
浔阳江头（诗·外一章）⋯⋯⋯⋯⋯⋯⋯ 向 青
庐山游记（诗·三首）⋯⋯⋯⋯⋯⋯⋯⋯ 余 明
庐山行草（散文）⋯⋯⋯⋯⋯⋯⋯⋯⋯⋯ 朱明溪
秋夜絮话（小说）⋯⋯⋯⋯⋯⋯⋯⋯⋯⋯ 刘 金
"瓜王"父子（小说）⋯⋯⋯⋯⋯⋯⋯⋯ 梁之骏
心迹（小说）⋯⋯⋯⋯⋯⋯⋯⋯⋯⋯⋯⋯ 香 流
"马"背上的故事（小说）⋯⋯⋯⋯⋯ 余方德 曲良平

上银幕的是谁（小说）——————钱关富

十月，欢乐的时节（诗）——————张雪杉
秋天抒情诗（诗·三首）——————赵大昕
献给昨天、今天、明天的歌（诗·三首）
——————董培伦

蚕乡女（诗·二首）——————陶润浩
田野，站在地平线上歌唱（诗）——————姚业鑫
密林中的小溪（诗）——————原　林
帆和锚（诗）——————王文杰

文艺应高举共产主义思想的旗帜（评论）——钟本康
闪光的"角落"（新作谈）——————梁　歌
发人深省的"苦恼"（新作短评）——————华　佩
诗词欣赏（二则）——————黄绍筠
请记取潘岳的教训（文艺随笔）——————金　川
不要冷却情绪（文艺随笔）——————蔡庆生

读者中来——————殷光玉等
航（油画）——————周瑞文
游春（中国画）——————宋忠元

浙江风光
严州府治——梅城（散文）——————夏竞人
梅城双塔（摄影）——————肖　生
秋艳（中国画）——————徐家昌

1982 年第 11 期　刊名:《东海》
目录

心中的颂歌
中国，又一个壮美的晨曦——————嵇亦工
光辉的运算——————何昌正
奔向世纪的地平线——————骆寒超　陈蕊英
七律·歌颂党的十二大——————余　明

又是终点，又是起点（小说）——————许安川
没有逝去的往事（小说）——————施建伟
阿根廷剧场偶记（散文）——————柯　灵
国树落叶（散文）——————李纯华
年轻的副经理（小说）——————江　深
杨家姆妈（小说）——————刘业雄
绿色的生命（小说）——————王德良　王慰平
门房老吴伯（小说）——————任　何
最可珍贵的（小说）——————李　民
雨天的回忆（散文）——————柴　莹
人间彩云（散文）——————郑南汀
珍贵的记忆（散文）——————俞　芳

从土谷祠到咸亨酒店——————谢德铣
崛起之歌（诗·三首）——————龙彼德
四明山的雕像（组诗）——————赵士旺　陈继光
水上城（诗）——————李曙白
选择（诗）——————陈茂欣
憩（诗）——————高　崎
星空（诗）——————李昆纯
杭州杂咏（七绝·二首）——————刘夜峰
七律·抗敌　漫语（二首）——————朱　讯
作者的热情和思想（评论）——————徐季子
小说琐语（文艺随笔）——————战　垒
读者中来——————李怀埙等
晨曦（丙烯画）——————胡大林
水乡（版画）——————王大保
琢磨（版画）——————黄信侠

浙江风光
"瓯江蓬莱"江心屿（散文）——————马　克
江心屿（摄影）——————洪克武　潘宪江
天竹（中国画）——————何水法

1982 年第 12 期　刊名:《东海》
目录

宽心（小说）——————顾病马
丁凤姑娘（小说）——————包新才
斯为美（小说）——————夏　真
塔影（散文）——————杜　宣
茉莉吟（散文）——————陈永涛
"一眼准"耿苗青（小说）——————绍　周
码头烧饼店（小说）——————吴百孙
乡情（小说）——————王源源
春集（小说）——————包朝赞
祥祥的学费（小说）——————吴林森　方　范
水桥情（散文）——————陈惠芳
祖母的手臂（散文）——————赵　征
渔婆（散文）——————叶文艺
末代皇帝的弟弟——溥杰——————石肖岩

我们，在流水线上（诗·二首）——————冰　凌
工厂黎明（诗）——————柯　平
海洋抒情诗（诗·二首）——————方　牧
风·雨（散文诗）——————周孟贤
遐想的翅膀（诗）——————闻　欣
李大钊墓前（诗）——————金　谷

山水风采
西湖游诗（二首）——————苗得雨

新安江晨雾（二首）⋯⋯⋯⋯⋯⋯⋯⋯⋯赵有根
过夔门（外一首）⋯⋯⋯⋯⋯⋯⋯⋯⋯⋯炼　虹
阳关·梦长城（二首）⋯⋯⋯⋯⋯⋯⋯⋯唐　湜

十月号小说选评
把目光投向新人⋯⋯⋯⋯⋯⋯⋯⋯⋯⋯建　德
触摸时代的脉搏⋯⋯⋯⋯⋯⋯⋯⋯⋯⋯阿　耘
细致入微的心理描写⋯⋯⋯⋯⋯⋯⋯⋯朱　达
"多表现些地方色彩"（文艺随笔）⋯⋯竺柏岳
诗苑小憩（文艺随笔）
——灯下拾零之四⋯⋯⋯⋯⋯⋯⋯⋯⋯战　垒

浪（油画）⋯⋯⋯⋯⋯⋯⋯⋯⋯⋯⋯⋯王荔生
海风（木刻）⋯⋯⋯⋯⋯⋯⋯⋯⋯⋯⋯李以泰

浙江风光
千秋胜迹大禹陵（散文）⋯⋯⋯⋯⋯⋯周　策
大禹庙·禹陵（摄影）⋯⋯⋯⋯⋯⋯⋯陈　新
水仙（中国画）⋯⋯⋯⋯⋯⋯⋯⋯⋯⋯冯运榆

1983 年第 1 期　刊名:《东海》
目录

路遥知马力（报告文学·征文）
——记中年科学家路甬祥⋯⋯⋯⋯⋯⋯梁　歌
迎着启明星（报告文学·征文）⋯张晓平　倪鸿嘉
豆腐花摊的兴衰（小说）⋯⋯⋯⋯⋯⋯卢国建
这里，她离不开（小说）⋯⋯⋯⋯⋯⋯枫　亚
竹恋（散文）⋯⋯⋯⋯⋯⋯⋯⋯⋯⋯⋯肖　容
何时归看浙江潮（散文）⋯⋯⋯⋯⋯⋯楼适夷
重新上任以后（小说）⋯⋯⋯⋯⋯⋯⋯王克余
老芮头和他的"厂外行动"（小说）⋯⋯吕志基
绿色的战士（散文）⋯⋯⋯⋯⋯⋯⋯⋯炼　虹
从海门带回来的玻璃杯（散文）⋯⋯⋯张　新
末代皇帝的妹妹——金蕊秀和金韫馨⋯石肖岩

写在江南（诗·四首）⋯⋯⋯⋯［南斯拉夫］布
兰科·鲍什尼亚克等作　王秀明译
溪水从树林中来（诗·三首）⋯⋯⋯⋯张　往
浪花集（诗组）⋯⋯⋯⋯⋯⋯⋯⋯⋯⋯斯志伟
杨岳亭　姚业鑫　赵焕明

让文学为工业争光添彩（评论）⋯⋯⋯高松年
从"熠熠闪光"说开去（文艺随笔）⋯⋯钟礼平
横的一刀，劈在哪里（读稿札记）⋯⋯禾　子
读者中来⋯⋯⋯⋯⋯⋯⋯⋯⋯⋯⋯⋯徐子俊等
来函照登⋯⋯⋯⋯⋯⋯⋯⋯⋯⋯于冠西　战　垒

木兰花（中国画）⋯⋯⋯⋯⋯⋯⋯⋯⋯吴茀之
战友（中国画）⋯⋯⋯⋯⋯⋯⋯⋯⋯⋯吴永良

作家故乡
柔石的故乡和故居（散文）⋯⋯⋯⋯⋯盛　英
柔石的故乡（摄影）⋯⋯⋯⋯⋯⋯余德富　张信海
归来（中国画）⋯⋯⋯⋯⋯⋯⋯⋯⋯⋯姚耕云

1983 年第 2 期　刊名:《东海》
目录

窗（报告文学·征文）⋯⋯⋯⋯⋯⋯⋯李烈钧
女副手王小洁（小说）⋯⋯⋯⋯⋯⋯⋯祁广潮
细雨无声（小说）⋯⋯⋯⋯⋯⋯⋯⋯⋯赵和松
"妈妈我要出嫁"（小说）⋯⋯⋯⋯⋯⋯白　何
湘月和山儿（小说）⋯⋯⋯⋯⋯⋯⋯⋯纪　风
光之歌（报告文学）⋯⋯⋯⋯⋯⋯定　康　龙　彬
滔滔东海第一桥（散文）⋯⋯⋯⋯⋯⋯蒋焕孙
赏月谭（散文）⋯⋯⋯⋯⋯⋯⋯⋯⋯⋯朱发耕
怎么不该选他（小说）⋯⋯⋯⋯⋯⋯⋯翁树杰
铁板老崔（小说）⋯⋯⋯⋯⋯⋯⋯⋯⋯殷光玉
当妇女主任的第一天（小说）⋯⋯⋯⋯徐剑飞
压岁钱杂忆（散文）⋯⋯⋯⋯⋯⋯⋯⋯金学种
扒拉香（散文）⋯⋯⋯⋯⋯⋯⋯⋯⋯⋯黄任远
相思巷屐声（散文）⋯⋯⋯⋯⋯⋯⋯⋯谭亚新
太拉（畬族民间文学）⋯⋯⋯⋯⋯钟品法　陈玮君

森林小曲
我思念大峡谷（组诗）⋯⋯⋯⋯⋯⋯⋯陈继光
女护林员和她的孩子（诗）⋯⋯⋯⋯⋯张　往
我离开家乡（诗·三首）⋯⋯⋯⋯⋯⋯顾　工
田头，泊着一只摇篮（诗·外一首）⋯黄福国
短诗一束⋯⋯⋯⋯⋯⋯⋯杨　光　何寿卿　伊　甸
闻　波　张　新
展示人的心灵美（评论）⋯⋯⋯⋯⋯⋯骆寒超
小的地方说说（读稿札记）⋯⋯⋯⋯⋯方　达
议论贵有情韵（文艺随笔）⋯⋯⋯⋯⋯桑可讯
读者中来⋯⋯⋯⋯⋯⋯⋯⋯⋯⋯⋯⋯王菊英等
红梅（中国画）⋯⋯⋯⋯⋯⋯⋯⋯⋯⋯陆维钊
速写⋯⋯⋯⋯⋯⋯⋯⋯⋯⋯⋯⋯⋯⋯⋯叶浅予

作家故乡
鲁迅的故乡（摄影）⋯⋯⋯⋯⋯⋯任　鲸　叶国兴
喜雏图（中国画）⋯⋯⋯⋯⋯⋯⋯⋯⋯刘国辉

1983 年第 3 期　刊名:《东海》
目录

长钢公司和它的经理们（中篇小说）⋯⋯董炳新
最佳顾客（小说）⋯⋯邵宝健
桑园情（小说）⋯⋯嵇发根
真龙（小说）⋯⋯蔚　文
妈妈，我的好妈妈（小说）⋯⋯周岷山
彩色的晚霞（报告文学·征文）⋯⋯祝金生
啊，金缸⋯⋯屠再华
东山"飞游"记（散文）⋯⋯陈一凡
飞吧，报春的林鸟（散文）⋯⋯黎　明

小小说
卖梨的姑娘⋯⋯倪公强
惩罚⋯⋯王晓阳
杨乃武的女儿回忆杨案真相⋯⋯汪半山
云海诗情（组诗）⋯⋯闻　欣
我渴望，能有一块花坪（诗）⋯⋯柯　平

上班（诗）⋯⋯施法根
浪花集（组诗）⋯⋯姚焕吉　冯增荣　茹菇　肖伟
俞郁　杜建芬　溪流　郜鸣镛　马伟君　张志坚
努力表现新人的性格美（评论）⋯⋯钟本康
从"落套"说起（读稿札记）⋯⋯建　德
来自工业战线春天的信息（新作短评）⋯⋯郑南汀
对比种种（文艺随笔）⋯⋯钟　法
读者中来⋯⋯王德宏等

虾（中国画）⋯⋯齐白石
森林小曲（中国画）⋯⋯吴　平

作家故乡
乌镇——革命文学家茅盾的故乡（散文）⋯⋯丁　凡
茅盾的故乡（摄影）⋯⋯吴　骞
春到西湖（摄影）⋯⋯叶国兴　曹　霖

1983 年第 4 期　刊名:《东海》
目录

在工程师之间（小说）⋯⋯凡　谷
银杏树下（小说）⋯⋯吴水霖
吸烟絮语（小说）⋯⋯吴　铁
珠珠的心（小说）⋯⋯梁之骏
生财之道（小说）⋯⋯郭佳梁
沙里有金（小说）⋯⋯陈　武

小小说
放映之前⋯⋯郑永建
五块钱⋯⋯朱　萍
白云悠悠天地宽（散文）⋯⋯金兆法
玉米茶（散文）⋯⋯柴　莹
夜宿河口（散文）⋯⋯毛　英
藤和柳树（寓言·外一则）⋯⋯金　江
八百浬大海南北（报告文学）⋯⋯吕　平
雷婆头峰一寿翁（传记文学）⋯⋯卢　炘
奇特的间谍（科学幻想小说）⋯⋯鲁　克
中华牌铅笔（诗·外一首）⋯⋯张德强
炊烟升起了（诗）⋯⋯崔汝先
战争年代（诗·二首）⋯⋯高　钫
深埋的种子一旦萌发（诗·外一首）⋯⋯胡丰传
越海词笺（词·二首）⋯⋯杜忠庭
瑶琳仙境（诗）⋯⋯沙　白
琴泉（诗）⋯⋯林　希
谱架（散文诗）⋯⋯韩金梅
湖畔掠影（散文诗）⋯⋯李晨初
时代精神与社会矛盾（评论）⋯⋯牧　知
"常醒的理解力"（文艺随笔）⋯⋯汝　曈
从"量体裁衣"所想到的（读稿札记）⋯⋯江之鱼

牡丹（中国画）⋯⋯吴昌硕
憩（油画）⋯⋯盛二龙

作家故乡
风光明媚的郁达夫故乡（散文）⋯⋯董校昌
郁达夫的故乡（摄影）⋯⋯冬　孩
赶集归来（版画）⋯⋯邬继德

1983 年第 5 期　刊名:《东海》
目录

小短篇一束
茉莉花茶（小说）⋯⋯倪国萍
在青条石踏级上（小说）⋯⋯黄澄夏
有点像了（小说）⋯⋯包南珪
"我有票"（小小说）⋯⋯金　紫
揪人心肺的零点一（小说）⋯⋯余通化
巧儿（小说）⋯⋯范利平
"冒富大叔"冒富以后（小说）⋯⋯赵锐勇
桃花水涨渡头春（小说·处女作）⋯⋯吴虹胭
新的起点（报告文学·征文）⋯⋯石志明
青山的主人（报告文学·征文）⋯⋯常茂林
霉干菜，家乡的菜（散文）⋯⋯楼震旦
"桂棹山阴凌暮烟"（散文）⋯⋯李康贤
"巴拉普"号上的迪瓦利之夜（散文）⋯⋯顾志坤

蜀葵赞（散文）────────────方玉火
国画大师潘天寿的故事（传记文学）
──《雷婆头峰一寿翁》续篇 ──────卢 炘
西子湖是一杯龙井（诗·外二首）────黄亚洲
蚕茧（诗·外一首）──────────田 地
桔乡诗页（诗辑）──────洪 迪 周学峰 葵庆生
梁 雄 张 宏 马秀琴 王 彪 李建军 夏 矛

从自己造成的壳子里钻出来（评论）───王嘉良
做生活和人民的儿女（创作谈）────叶文玲
背影美的魅力（读稿札记）──────禾 子
"最好是经历过"（文艺随笔）────高松年
寄自授奖大会的一封信───────李君旭

雨堤春放碧桃花（中国画）──────潘天寿
版画作品选────────────徐华令等

作家故乡
诗趣画意石门湾（散文）
──寻访丰子恺故乡 ────────丁 凡
丰子恺的故乡（摄影）──────冬 孩
晨（中国画）──────────张道兴

1983 年第 6 期　刊名:《东海》
目录

出人意外的尾声（小说）──────蒋焕孙
晨曦，孕育着金色的梦（小说）────李 民
宝带曲（历史小说）
──赵匡胤与钱俶 ────────许广跃
银匠古老三（小说）─────────朱月瑜

儿童文学小辑
灾荒（童年纪事）──────────任大星
多余姐（小说）────────────方艳芬
六月花（诗一组）────────吴 晓 白 虹
周文钊 潘仲龄
悠悠寸草心（报告文学·征文）────华 佩
国画大师潘天寿的故事（传记文学·续完）─卢 炘

海岛风情
螺号，牵动着我的心（散文）────傅菊坪
东福山的变迁（散文）──────任红举

仙都掠影（游记）──────────傅通先
一棵小菜心（散文）──────────马涉波
山海情深（诗·三首）─────────方 牧
快车道上驶来我的轻骑（诗）────马绪英

逛天堂（诗）────────────赵有根
水晶眼镜店（散文诗·外一章）────方竞成

文学性和文学素养（评论）──────俞天白
游记断想（读稿札记）────────朱 羽
略谈散文的路子（评论）──────区 英
给儿童以美的诗篇（书刊评介）────金 江
传神写照（文艺随笔）──────李遵进

读者中来（三则）────────朱惠勇等
荷花（中国画）────────────齐白石
和平鸽（水印木刻）──────────方国雄

作家故乡
魏金枝故乡访问记（散文）───魏德平 杨敏生
魏金枝的故乡（摄影）─────魏德平 杨敏生

1983 年第 7 期　刊名:《东海》
目录

天伦情（小说）────────────董炳新
彩霞（小说）──────────────王 毅
新的系列（报告文学）────────李君旭
绕过弯弯的山岗（小说）──────朱振国
老石猴卖石头（小说）────────刘烨文
客是龙（小说）──────────吴锡华
戏台下的"闲聊"（小说）─────金兆法

小小说
我们素不相识──────────汪卫兴
骂鸡────────────────留晓红

桥魂（散文）──────────────童南庆
二过三峡（散文）──────────薛家柱
春来北国忆江南（散文）────────秦 越
给成年人看的童话（七则）────[苏]拉希
莉·巴乌姆芙莉著 陈玮君 牟正秋译
一页几乎失落的历史（革命故事）───肖 容
十四行诗四章──────────唐 湜
我是早行者（外一章）────────何昌正
七律二首──────────王古泽 余 明
散文诗一束───────────李昆纯 蒋荫炎
林道远 嵇亦工 史 岷
关于人物与环境复杂性的思考（评论）──牧 知
花廊丝絮（评论）──────────王泉根
思考：创作深化的钥匙（文艺随笔）──高松年

"非有志有力莫办"（文艺随笔）·············王尚文
风景·内俗·风味（读稿札记）·············禾 子
耕耘者的歌（新收获）
——读短篇小说集《他们正年轻》·············煦 冬
谈徐志摩佚诗《笑解烦恼结》（资料）
·············钱诚一 董校昌
月月红（中国画）·············吴昌硕
书法篆刻作品选·············吕迈等

作家故乡
循着诗人当年的足迹（散文）·············裴明海
殷夫的故乡（摄影）·············张信海 钟建强

1983 年第 8 期 刊名:《东海》
目录

朝阳灿烂（小说）·············钱关富
白窗帘（小说）·············谢鲁渤
巧巧（小说）·············姚达人
登黄山记（散文）·············冠 西
陌巷深处（小说）·············杨建成
月儿圆（小说）·············嵇发根
清水河两岸的钟声（小说）·············王建中
追赶（小说）·············何执中
马路指挥家（报告文学）·············陈旭明
苦岭风情录（散文）·············蔚 文
钱塘江大桥特殊保卫战（革命故事）·············江 坪
牛虻和牛虱（寓言）·············彭文席
祖国抒情（组诗）·············龙彼德
桐君老人（诗）·············田 间
离别小记（诗·三首）·············钟高渊

新人新作
脚印·秋晨（诗）·············哨 杰
点评·············张德强
黄山松（诗·外一首）·············江 健
点评·············骆寒超
母亲（诗）·············方 向
点评·············张德强
诗（诗）·············司马兰旦
点评·············骆寒超

时代的真实报告（评论）
——评李君旭的报告文学·············李遵进
要多知道过去（新收获）·············金 近
漫谈双重第一人称的写法（文艺随笔）·············郑 彬
外国作家艺术家轶话（二则）·············黎 央

花卉（中国画）·············吴昌硕
军港初阳（摄影）·············章汉亭 张克庆

作家故乡
"山里的花已开了"（散文）
——访雪峰故乡·············方竟成
冯雪峰的故乡（摄影）·············余子力

1983 年第 9 期 刊名:《东海》
目录

秀秀（小说·处女作）·············斯菊林
最佳轨迹（小说）·············史 洪
本公司开张前后（小说）·············光 玉 承 潮
落凤桥堍阿福头（小说）·············卢国建
我们赶海去（小说）·············杜 熔

小小说
春天里的信息·············李卜蓟
小事多磨·············曹惠明
老师·············周良成
珠江三角洲掠影（散文）·············姜 彬
绿色的小路（散文）·············芷 茵
渔火（散文）·············项冰如
陈布雷之死·············泰 栋 李 政
希望之晨（翻译小说）····[日]星新一著 金小贤译

香飘澄江岸
我是来采蜜的·············张德强
桔花（外一首）·············伊 甸
桔树的思念（外一首）·············夏 矛
小桔灯·············王剑波
五月的桔乡（外一首）·············左亚琳
啊！远方的桔林·············陈继光
我走了，从五月的洁白里·············嵇亦工
依依·············田 地
水乡草（诗·三首）·············李苏卿
水仙（外一首）·············魏德平

浅谈报告文学的几个问题（评论）·············徐夕明
"流自己血管里的血"（文艺随笔）·············沈虎根
也谈报告文学的真实性（文艺随笔）·············吴刚戟
立意新，角度也新（新作短评）·············建 德
评《桃花水涨渡头春》（读者中来）·············丁燕等
简讯一则·············倪 根

翠竹水仙图（中国画）·············陆维钊

收获（木刻）————————————李以泰

作家故乡

应家河塘情悠悠（散文）——————张　科
应修人的故乡（摄影）——————余德富
水暖濯春鱼（中国画）——————金家骥

1983 年第 10 期　刊名:《东海》
目录

沙海"方舟"（报告文学）—————胡复生
绚丽的晚霞（小说）——————————刘　金
如意面店（小说）——————————宋令俊
初夏（小说）——————————————李　靖
秋声（小说）——————————————姚克明
寻（小说）——————————————陆小芹
叶影，在晃动着……（小说）————李　民
船儿轻轻地摇……（小说·处女作）——吴　昊
过巴东（散文）——————————冯英子
赶"虾会"记（散文）——————————金　梅
乡亲们（散文）——————————李晨初
寓言（四则）——————————陈乃祥
谢广田　任斐然　徐道群
浪花集（诗歌十二首）—————丁　芒　闻　欣
何香久　张广平　吕人俊　郜鸣镛　阿拉坦托娅　周
鹏宽　易　山　许国华　阎受鹏　叶廷玉　叶廷璧
要重视文学评论（评论）——————李　伟
环境的设置和性格的显现（创作谈）——钟本康
艺术构思与心理描写（创作谈）——袁　敏
一曲激越的赞歌（新作短评）————石　岚
爬与飞（读稿札记）——————————禾　子

秋菊图（中国画）——————————吴昌硕
朝阳（版画）——————————徐英培

作家故乡

夏丏尊和白马湖（散文）——————盛　英
夏丏尊的故乡（摄影）———车广荫　顾志坤
孔雀玉兰（中国画）——————彭友善

1983 年第 11 期　刊名:《东海》
目录

是老师还是妈妈（小说）——————夏　真
春天的琴弦（报告文学）———蒋焕苏　陈志青
海上生明月（小说）——————俞中青
妈妈的耳环（小说）——————董炳新

温馨的土地（小说）——————徐梅强
新的起程（小说）——————————仁　柯
放水（小说）——————————————朱维安
"老豇豆"与"洋葱头"（小小说）———江　舟
赶路（小说·处女作）——————————朱玉君
莫干山见闻（散文）——————朱明溪
鱼塘（散文）——————————————赵　征
姐姐（散文）——————————————韩晓鹰
小散文一组（三则）——————方竟成等
她是怎样成为末代皇妃的?————文　史

海之歌

大海（诗·外一首）——————吴嘉梁
海滨浴场（诗·外一首）——————楼　冰
海恋（诗）——————————————敏　声
一个老渔民（诗）——————————石　英
大雁、雁湖和我（诗）——————赵丽宏
浣江溪，静静地淌着（诗）————未　来
雁荡诗草（诗·二首）——————叶文艺
野草莓生长的地方（诗）——————祁　放
黄山漫吟（诗词四首）——————姜东舒

学习《邓小平文选》

"批评的武器一定不能丢"（评论）——陈文锦
精神产品贵在精神（评论）————步柏寿
漫谈文学作品的时代感（评论）——肖　荣
塑造有立体感的"活人"（创作谈）——王嘉良
构思精巧　意蕴含蓄（新作短评）——盛　英
读《赶路》有感（新作短评）————姜　德
简讯二则——————————————遂　安

花鸟轴（中国画）——————————无　款
沈红茶作品选——————————红　茶
山乡（版画）——————————黄信侠
钱江潮（中国画）——————————孔仲起

1983 年第 12 期　刊名:《东海》
目录

凤儿（小说·处女作）——————丁　木
在反扒前哨（报告文学）———王德良　房　敏
十八病区（小说）——————张贤华
清脆的叫卖声（小说）——————葛建国
抱小孩的阿珊（小说）——————毛益丰
卖粮（小说）——————————————寿震林
幽幽落花径（小说）——————青　禾
袅袅的青烟（小说）——————宫　南
白沙之夏（散文）——————————石　在

山泉淙淙（散文）⋯⋯⋯⋯⋯⋯⋯叶明德
馄饨担（散文）⋯⋯⋯⋯⋯⋯⋯余小沅
宝塔里的夜明珠（散文）⋯⋯⋯⋯左建新
平凡而又崇高的人
——怀念孙用同志⋯⋯⋯⋯⋯史　莽
回忆李碧岩同志⋯⋯⋯⋯⋯⋯⋯胡定康

生活的歌
我缴纳公粮⋯⋯⋯⋯⋯⋯⋯⋯⋯赵焕明
纺纱女工⋯⋯⋯⋯⋯⋯⋯⋯⋯⋯张　新
双虹⋯⋯⋯⋯⋯⋯⋯⋯⋯⋯⋯⋯孙武军
水乡春雨⋯⋯⋯⋯⋯⋯⋯⋯⋯⋯蒲祖煦
在书店⋯⋯⋯⋯⋯⋯⋯⋯⋯⋯⋯斯舜威
翠姑娘⋯⋯⋯⋯⋯⋯⋯⋯⋯⋯⋯黄福国
潘漠华烈士赞（诗）⋯⋯⋯⋯⋯汪静之
采磨菇的孩子（诗·外一首）⋯⋯子　页
舟山党史座谈会题照（诗）⋯⋯徐　朗

学习《邓小平文选》
文艺作品要对青年负责（评论）⋯舟　夫
文学要给人以高尚的情操（评论）徐季子
评《旷野》的倾向性⋯⋯⋯⋯⋯骆寒超
文学作品要使人奋发向上⋯⋯⋯沈虎根
洋溢着革命的情谊（新作短评）姜　情
简讯⋯⋯⋯⋯⋯⋯⋯⋯⋯⋯⋯⋯建　德

天竹（中国画）⋯⋯⋯⋯⋯⋯⋯吴昌硕
海岛速写⋯⋯⋯⋯⋯⋯⋯⋯⋯⋯郭修琳

作家故乡
三门湾畔觅秋踪（散文）⋯⋯⋯江山娇
林淡秋同志故乡（摄影）⋯⋯⋯徐松青
葡萄（中国画）⋯⋯⋯⋯⋯⋯⋯谭建丞

1984 年第 1 期　刊名:《东海》
目录

醉车（小说）⋯⋯⋯⋯⋯⋯⋯⋯陈继光
风雨羊角岭（小说）⋯⋯⋯⋯⋯陈忠来
时髦的客人（小说）⋯⋯⋯⋯⋯翁树杰
工厂之夜（小说）⋯⋯⋯⋯⋯⋯宋令俊
她对着星星（小说）⋯⋯⋯⋯⋯陈作文
荔枝妹妹（小说）⋯⋯⋯⋯⋯⋯倪国萍
越剧海报（小说）⋯⋯⋯⋯⋯⋯马中原
爸爸（小小说·外一篇）⋯⋯⋯李君旭
南瓜琐记（散文）⋯⋯⋯⋯⋯⋯周艾文
黎明的渡口（散文）⋯⋯⋯⋯⋯方家祥
法兰克福纪行（散文）⋯⋯⋯⋯谷斯涌

红烛（散文）⋯⋯⋯⋯⋯⋯⋯⋯沈季恩
四邻鞭炮声（散文）⋯⋯⋯⋯⋯王汉升
林则徐禁烟（历史故事）⋯汪雄飞　蒋期馨
我是大山的儿子（诗）⋯⋯⋯⋯沈　健
大自然颂（诗）⋯⋯⋯⋯⋯⋯⋯杜建华
思念（诗）⋯⋯⋯⋯⋯⋯［华侨］梁源法
浪花集（诗辑）⋯⋯⋯⋯叶延滨　蒋荫炎
　朱春涛　张建耀　李加建　洪卫标
一群玩弄感情的男女（评论）
——谈谈《问心 X 愧》⋯⋯⋯毛　英
胡编乱造要不得
——评《女俘》⋯⋯⋯⋯⋯朱　苇
为社会主义新人造像（文艺随笔）⋯狄　海

绍兴东湖（摄影）⋯⋯⋯⋯⋯⋯毛进洋
江山多娇（年画）⋯⋯⋯⋯陈继武　盛二龙

作家故乡
换了人间（散文）⋯⋯⋯⋯⋯⋯沈　湜
潘漠华的故乡（摄影）⋯⋯⋯⋯冬　孩
丰实图（中国画）⋯⋯⋯⋯⋯⋯张雷平

1984 年第 2 期　刊名:《东海》
目录

除夕（小说）⋯⋯⋯⋯⋯⋯⋯⋯夏家骐
山村月桂（小说）⋯⋯⋯⋯⋯⋯袁　昂
可贵的性格（报告文学）⋯⋯⋯李康贤
田野小河边（小说）⋯⋯⋯⋯⋯朱和风
重负（小说）⋯⋯⋯⋯⋯⋯⋯⋯朱月瑜
乡间小路（小说）⋯⋯⋯⋯⋯⋯朱访新
春燕（小说）⋯⋯⋯⋯⋯⋯⋯⋯张卫乔
远嫁（小说）⋯⋯⋯⋯⋯⋯⋯⋯易振荒
棠岙十景（散文）⋯⋯⋯⋯⋯⋯李纯华
盖过碉堡的地方（散文）⋯⋯⋯毛　英
悼铁民（散文）⋯⋯⋯⋯⋯⋯⋯董佑勤
枫叶（散文）⋯⋯⋯⋯⋯⋯⋯⋯祝金生
林则徐禁烟（历史故事）⋯汪雄飞　蒋期馨
访冰心故里（诗·三首）⋯⋯⋯冠　西

五色土
五色土（诗·二首）⋯⋯⋯⋯⋯张德强
南行诗草（诗·二首）⋯⋯⋯⋯闻　欣
西北散记（组诗）⋯⋯⋯⋯⋯⋯何昌正
车过戈壁滩（诗）⋯⋯⋯⋯⋯⋯李苏卿

中篇小说《迷津》的错误（评论）刘　新
《乳汁》——一部歪曲生活的作品（评论）鲁　平

抒情应显示基调（文艺随笔）⸻⸻⸻吕洪年
心灵美与智慧美（读稿札记）⸻⸻⸻建　德

沈家门渔港（摄影）⸻⸻⸻⸻⸻谭铁民
谭铁民作品选（摄影）

作家故乡
访何家槐的故乡（散文）⸻吴洵贶　张涌阅
何家槐的故乡（摄影）⸻⸻⸻⸻贝光峰
晚翠（中国画）⸻⸻⸻⸻⸻⸻陆抑非

1984 年第 3 期　刊名:《东海》
目录

秋山夜行人（小说）⸻⸻⸻⸻⸻方继赓
月是今夜明（小说）⸻⸻⸻⸻⸻胡士弘
青春的歌（小说）⸻⸻⸻⸻⸻⸻林旭阳
桂桂（小说）⸻⸻⸻⸻⸻⸻⸻斯菊林
幺牛当家（小说）⸻⸻⸻⸻⸻⸻朱振国
香艾嫂（小说）⸻⸻⸻⸻⸻⸻⸻杨平芳
闪光的瞬间（报告文学）⸻⸻⸻⸻俞志强
素色的石榴花（散文）⸻⸻⸻⸻⸻芷　茵
崂山行小记（散文）⸻⸻⸻⸻⸻⸻李宝库
山道上的脚印（散文）⸻⸻⸻⸻⸻方竟成
西太后投石问路（通俗历史小说）⸻⸻傅　村
爱鸟周（诗）⸻⸻⸻⸻⸻⸻⸻⸻孙武军

钢水浇铸的歌
我们的邀请⸻⸻⸻⸻⸻⸻⸻⸻陈兴广
厂长的风度⸻⸻⸻⸻⸻⸻⸻⸻胡丰传
他的梦⸻⸻⸻⸻⸻⸻⸻⸻⸻白　虹
三十万吨⸻⸻⸻⸻⸻⸻⸻⸻⸻刘晓滨
呵，我们这些烧火的人⸻⸻⸻⸻⸻吴远明
炉前凝思（散文诗）⸻⸻⸻⸻⸻⸻崔汝先
激励·引导·促进（评论）⸻⸻⸻⸻施振眉
创新杂谈（评论）⸻⸻⸻⸻⸻⸻肖　荣
心中的绿叶（创作谈）⸻⸻⸻⸻⸻王克俭
矛盾冲突和人物性格（读稿札记）⸻⸻叶　夫

天台石梁飞瀑（摄影）⸻⸻⸻⸻⸻毛进洋
祝贺陈学昭创作活动六十年
水乡吟（速写）⸻⸻⸻⸻⸻⸻⸻刘　航
江南小镇（中国画）⸻⸻⸻⸻⸻⸻郑叔方

1984 年第 4 期　刊名:《东海》
目录

柳村新当家（小说）⸻⸻⸻⸻⸻⸻陈忠来
中国工人和日本镏金刀（小说）⸻⸻⸻黄仁柯
灿烂星群里的小星星（小说）⸻⸻⸻⸻劳乃强
洁白的远山（小说）⸻⸻⸻⸻⸻⸻赵殿云
快节奏，快节奏……（小说）⸻⸻⸻⸻李　民
山里红（小说）⸻⸻⸻⸻⸻⸻⸻⸻李迪群
人间爱晚晴（散文）⸻⸻⸻车广荫　顾志坤
花草杂忆（散文）⸻⸻⸻⸻⸻⸻陈　肃
家乡的老槐树（散文）⸻⸻⸻⸻⸻刘　新
风华岂能就此落（报告文学）⸻⸻⸻⸻吕　平

山谷（诗·外一首）⸻⸻⸻⸻⸻⸻唐　湜
岁月的旗帜（诗）⸻⸻⸻⸻⸻⸻⸻赵有根
今晚，有团圆的月亮（诗·外一首）⸻⸻嵇亦工
小窗之歌（诗）⸻⸻⸻⸻⸻⸻⸻⸻方　牧
鸽子与人（叙事诗）⸻⸻⸻⸻⸻⸻谢鲁渤
渔港灯情（散文诗）⸻⸻⸻⸻⸻⸻蒲祖煊
新人的性格力量在于改造环境（评论）⸻钟本康
可喜的第一步（评论）⸻⸻⸻⸻⸻牧　知
短中见长（创作谈）⸻⸻⸻⸻⸻⸻李庆西
简讯⸻⸻⸻⸻⸻⸻⸻⸻⸻⸻本　刊
桐庐富春江（摄影）⸻⸻⸻⸻⸻⸻张克庆
春暖茶乡（年画）⸻⸻⸻⸻⸻⸻⸻陈继武

作家故乡
巴人和大堰乡（散文）⸻⸻⸻⸻⸻欣　荣
巴人的故乡（摄影）⸻⸻⸻卧　视　继祥
峡江图（中国画）⸻⸻⸻⸻⸻⸻陆俨少

1984 年第 5 期　刊名:《东海》
目录

短篇小说
男儿有泪不轻弹⸻⸻⸻⸻⸻⸻⸻余　华
华年⸻⸻⸻⸻⸻⸻⸻⸻⸻⸻王克俭
产房里的笑声⸻⸻⸻⸻⸻⸻⸻⸻国　丹
"鸟迷"⸻⸻⸻⸻⸻⸻⸻⸻⸻杨建成
亲家之间⸻⸻⸻⸻⸻⸻⸻⸻⸻刘烨文
白色的粉笔圈⸻⸻⸻⸻⸻⸻⸻⸻滕建明

中篇小说
春燕呢喃⸻⸻⸻⸻⸻⸻⸻⸻⸻王仲元

散文

乡情集

绿，已化作五彩的光…………………………赵三祝
梦牵魂绕若耶溪…………………………………陆绎广
红樱桃…………………………………………………屠再华
访西双版纳随笔…………………………………吴　平

诗歌

战争年代（组诗）…………………………………高　钫
浪花集（诗辑）…………………朱方元　桂兴华
施法根　毛建一　马新朝　周文钊　李广德　许国华

评论

深刻地反映新的时代……………………………王　羊

文艺随笔

引人入胜的文唱戏………………………………朱希祥

文学知识讲台

现实主义 ABC……………………………………蔡良骥
屈原和楚辞………………………………………田　达

美术

封面设计………………………………………………冬　孩
在阳台上（油画·局部）………………[法]雷诺阿
白凡的指墨画（中国画）………………………白　凡

作家故乡

天台山的怀念（散文）…………………………蔡庆生
陆蠡的故乡（摄影）……………杨　勇　陆莲英
虎啸（中国画）……………………………………严传浩

1984 年第 6 期　刊名:《东海》
目录

短篇小说

这恼人的春雪………………………………………钱国丹
点评……………………………………………………吴　耶
过去了的，将变得可亲………………………晓　芹
钓鳝人和燕燕……………………………………王仲明
不愿借光的小画家………………………………龚泽华

中篇小说

阿松的烦恼………………………………………胡尹强

通俗小说

悲忿操
——徐金凤千里寻夫记………………………曹　正

散文

神仙的后代爱快活………………………………鹳山草

春之声

春风儿………………………………………………黎　冬
古塔顶上的小榕树………………………………吕人俊
雁情…………………………………………………马新朝

诗歌

我的孙女儿………………………………………田　地
给母亲………………………………………………邓瑞荣
乡间的小路（外一首）…………………………李肖波
葛洲坝，山的儿子的胸脯……………………刘和平
吊岳坟………………………………………………向　青
卧云亭………………………………………………闻　欣
白色的工作帽……………………………………张　新

评论

谈题材与主题的关系…………………………骆寒超

文学知识讲台

漫谈文学作品的语言…………………………蔡良骥
谈《孔雀东南飞》………………………………乐承忠

文艺随笔

兴味和口味及其他……………………………刘崇善
值得祝贺的起步（电大学生来信）………陈　沉

美术

倒牛奶（油画·局部）…………………[荷]弗米尔
母与子（石版画）………………………………王公懿

作家故乡

"白屋"寻踪小记（散文）……………朱　羽　冬　水
刘大白的故乡（摄影）…………………………孔忠义
新年（套色木刻）………………………………车　进

1984 年第 7 期　刊名:《东海》
目录

中篇小说

夜海深处…………………………………………叶宗轼

短篇小说

在那桃花盛开的地方…………………………汪　林
点评…………………………………………………锦　蟾
快，鱼儿咬钩了（处女作）…………………王晓苏
美丽的珍珠………………………………………余　华

风雨吕泗洋 ························· 张　坚
四张照片（微型小说）············· 陈祖基

通俗小说
悲忿操（续一）
——徐金凤千里寻夫记 ·········· 曹　正

报告文学
从农民到企业家 ··················· 许胤丰

散文
鸡乡散记 ························· 香　流
养母 ··························· 陈惠芳
溜冰场素描 ······················ 李晨初

诗歌
我们上班去（两首）················· 伊　甸
西湖抒情 ························· 辛　笛
狂草，民族之魂 ··················· 徐家麟
雁荡诗笺 ························· 圣　野

评论
漫议新人的主导性格················· 钟本康
狄更斯笔下的爱情描写··············· 任明耀

文学知识讲台
想象的飞翔和形象的再创造············ 蔡良骥

伏尔加河纤夫（油画·局部）······· ［俄］列　宾
恩格斯研究自然科学（木刻）·········· 李以泰
北仑港（摄影）···················· 张文祥
春（装饰画）······················ 谢信龙

散文
小店春宵 ························· 吴丽嫦
我家的"包文正"··················· 金学种

通俗小说
悲忿操
——徐金凤千里寻夫记 ·········· 曹　正

诗歌
捧出心底的花束（二首）············· 张　宏
江南三月 ························· 孙友田
板龙舞进杭州城 ··················· 杨敏生
采桑妇 ··························· 高　崎
给妻子（外一首）················· 马绪英

评论
一个崇高的心灵
——《陆蠡散文集》序 ············ 黄　源

文艺随笔
精炼与含蓄 ······················ 徐季子

文学知识讲台
欣赏的主观性和欣赏者的修养
——文学欣赏随笔之二············ 蔡良骥
清音独远　五言冠冕
——读《古诗十九首》············ 顾志兴

美术
伏尔加河纤夫（油画·局部）······· ［俄］列　宾
鲁迅小说人物描图（国画）············ 韩界平
雁荡山（摄影）···················· 钱豫强
东海前哨（摄影）·················· 韩志雅

1984 年第 8 期　刊名:《东海》
目录

短篇小说
"里子老生"······················· 陈祖基
清晨，有一束花 ··················· 沈　浩
金链子 ··························· 刘爱国
改口 ····························· 嵇发根
人到晚年（处女作）················· 金云华
"傻狍子"························· 孙仰芳
第三个对象 ······················ 谭遥翔

大学生作品选
白帆将要远逝的时候················· 叶冠男
月儿弯弯 ························· 叶青青

1984 年第 9 期　刊名:《东海》
目录

短篇小说
乡间路上 ························· 朱月瑜
竞争者 ··························· 汪卫兴
晴天雪 ··························· 汪　林
年轻的女谈判家 ··················· 陈伟强
清明 ····························· 赵清阁
一个捕鸟的姑娘 ··················· 周　策
烦恼的质量检查员·················· 赵和甫

通俗小说
画踪魔影 ····················· 善思　任远

报告文学

步鑫生，中国在呼唤你······周嘉俊

散文

古柏之恋······魏 桥
纽襻（处女作）······陈洁珍
春雨，沙——沙——沙······韩 波

诗歌

新人新作

城市，信任他们（组诗）······坤 宁
伐木人······王 彪
小时候看云······施 翔
年轻的城（二首）······张新泉
约会结束时的士兵······柯 平
淡紫色的牵牛花······刁永泉
蓝色的情思······刘毅然
桑葚熟了（叙事诗）······管思耿

评论

巴人与《莽秀才造反记》······江达飞
首先要抓"拳头产品"（读者·作者·编者）
······忆 周

文学知识讲台

从形象人手
——谈怎样分析文学作品······蔡良骥
从曹氏父子到陶渊明······田 达

美术

德·奥松维尔夫人肖像（油画·局部）····[法]安格尔
天台山麓（木刻）······张一山
晨曲（摄影）······张文祥
花鸟（中国画）······商敬诚

1984 年第 10 期　刊名:《东海》
目录

短篇小说

高山流水情······青 禾
在"试试看"小吃店里······吴广宏
企业验收······董炳新
这茶，好香哟······张志芬
走向金秋······滕建明
呵，这些年轻人……（微型小说）······邵建中

文林遗箧

龙厄······巴人遗稿

不屈者的吟哦（简介）······欣 荣

中篇小说

黑水党······袁元龙 肖 容

通俗小说

画踪魔影······任 远 善 思

散文

美的礼物······顾志坤
难忘的回忆
——怀念我的爸爸肖传玖······肖 加

诗歌

祖国抒情诗（二首）······龙彼德

散文诗

水乡，亮晶晶的网······杨德祥
护林老人（外一首）······赵三祝
自来水进村······茹 菇
大学夜色一瞥······毛建一
石壁中的少女······沈泽宜

评论

从"以小见大"谈起······肖 荣
多角度地描绘改革中的新人形象
——读《东海》近期有关小说随感······高松年
关于本刊创新答读者问（读者·作者·编者）
······本刊编辑部

美术

伊丽娜·卡昂·安弗斯的肖像（油画）
······[法]雷诺阿
希望的田野（丙烯画）······徐 进
花鸟（中国画）······岳石尘

1984 年第 11 期　刊名:《东海》
目录

短篇小说

初衷······叶九如
人精······王旭烽
明天，他还会来的······吴虹胭
"哎啦格依哎唷……"······赵利平
呵，清清的鸡龙溪······邹小勾
白云庵······雁 南
老"顾问"与新战士······余方德

通俗小说

画踪魔影 ························· 任　远　善　思

散文

这也是"小中见大" ················· 丰一吟

达子花香 ······················· 柴德森

诗歌

水电工地奏鸣曲 ················· 程蔚东

上班进行曲 ····················· 胡　可

送你一双红舞鞋 ················· 姚焕吉

笑佛 ··························· 黄东成

散文诗两章 ····················· 廖华歌

浪花集（两首） ········· 李苏卿　叶　坪

评论

再谈报告文学的几个问题（评论） ··· 徐夕明

谈蒋风对儿童文学的研究（文艺随笔） ··· 钟本康

文学知识讲台

盛唐的山水诗派和边塞诗派 ········· 田　达

美术

德拉·塞吉娅圣母（油画） ······· ［意］拉斐尔

《家》插图选（木刻） ·············· 安　滨

富春江严子陵钓台（摄影） ····· 毅　群　冯　杨

煦风（中国画） ················· 张亚冰

1984 年第 12 期　刊名:《东海》
目录

短篇小说

蓝血 ··························· 龚泽龙

渡口 ··························· 顾志坤

梅龙镇三贤 ····················· 刘烨文

苕水清臣 ······················· 寇　丹

中秋月 ························· 夏　真

男高音的爱情 ··················· 余　华

亲娘 ··························· 迟　芳

一道试题 ······················· 包南珪

山路上的吉普车（微型小说） ··· 衣学领　张吉明

通俗小说

画踪魔影 ················· 任　远　善　思

散文

石头寨 ························· 李宽定

竹叶·小舟 ····················· 王　磊

蝴蝶泉边（外一章） ············· 薛家柱

诗歌

过屯溪 ························· 冠　西

忆徽州 ························· 纪　一

海的儿女（二首） ··············· 子　页

温热的思念（外一首） ··········· 张德强

云栖 ··························· 向　青

举重（外一首） ················· 苗　青

色彩的旋律 ····················· 雪　影

明孝陵 ························· 洪　亮

评论

绿竹芊芊 ······················· 沈泽宜

读《并蒂的矢车菊》 ············· 盛仲健

从心灵里写出真切感（新作品评） ··· 黄云生

美术

可爱的羊羔（油画） ········· ［英］布朗

浙江省第二届职工美术书法摄影展作品选 ······· 陈国强等

1985 年第 1 期　刊名:《东海》
目录

中篇小说

洪峰作证 ······················· 马新川

短篇小说

青春年少时 ····················· 朱维安

青橄榄 ························· 许胤丰

微型小说

上策 ··························· 孟晓平

醉酒 ··························· 孙仰芳

大学生作品选

思华年 ················· （北京）骆一禾

让雪、覆盖那歪歪扭扭的脚印 ··· （山东）桑凤平

侦破小说

女神像的秘密（连载） ··········· 方继赓

散文

我南方家乡的女子 ··············· 王旭烽

村野晨光 ······················· 韩金梅

一个实实在在的、可亲可敬的人

——悼钦文老 ··················· 沈虎根

诗歌

未名集

中国的脚手架·····················王柳江

十九岁的语言教师·················沈 健

老窑工和他的儿子·················石光华

拾落叶的女孩·····················朱昌法

山杜鹃···························周文钊

年轻的渔妇·······················章志胜

文学之路

我的起步·························程乃珊

作品与争鸣

《人精》随想·····················小 流

这也是爱情吗?····················海 星

小说艺术谈

艺术想象中的时空情境·············张德林

美术

夏班提埃夫人和他的孩子们（油画）····［法］雷诺阿

东海座谈会剪影

散文

小灰鸽···························邓延远

"晚晴"楼觅踪·····················顾志坤

古典乐与珍妃井，铃声·············余 华

诗歌

黄山纪游（外三首）···············商景才

舟山诗会

老鹰岩及其他（外一首）···········闻 欣

白帆的塑像（外一首）·············张 新

彩色的葫芦岛（外一首）···········崔汝先

九月，在舟山·····················陈桂珍

海风·····························求惟慧

给冲床女工（外一首）·············周孟贤

夜月·····························叶文艺

墙上·蒙娜丽莎（外一首）·········王建达

织网女···························钱炳麟

秋天的思索·······················许国华

文学之路

我在山林中找路···················郑九蝉

小说艺术谈

情节的淡化与诗情美···············张德林

作品与争鸣

"端阳的命运"小议·················苦 茶

要思考偶然事件的必然因素·········若 思

美术

在平台上（油画）·······［英］爱德华·约翰·波依特

施工员（油画）···················王国俊

花鸟（中国画）···················夏子颐

1985 年第 2 期　刊名:《东海》

目录

短篇小说

这秘密只属于我们俩···············萧 坚

第五代撑篙人·····················任一舟

大地的子孙·······················唐建华

邮票上镶着一颗鲜红的星···········杨建成

女法官的家庭审讯·················包南珪

两伊和"阿拉"·····················严丽霞

新副市长与未婚妻·················庄杰孝

微型小说

舍鱼得鸡·························申 元

风雪天···························晓 平

悔·······························黎 莹

负疚·····························孟晓平

古今中外

蒋介石结婚记·····················汪半山

侦破小说

女神像的秘密（续一）·············方继赓

1985 年第 3 期　刊名:《东海》

目录

短篇小说

姑娘高人一头·····················李叔德

妻子的预言·······················吴广宏

Z 王府轶闻·······················王槐荣

柳絮会不会回来···················毛履均

赛鼓（翻译小说）···········［日］山木周五郎著

金小贤译

中篇小说

海地·····························张坚军

侦破小说

女神像的秘密（连载）——————方继赓

微型小说

马科长——————忆　周
给约翰逊的电话——————邹建中

古今中外

戴笠在江山——————申　元

散文

群雕

——记文讲所的青年作家——————林　祁
路，黄山的石级路——————周岷山
深深的悼念——————王雪青　王雪红

文学之路

无可奈何花落去——————王小鹰

诗歌

海上壮歌（二首）——————江　健
舵领（外一首）——————孙武军
草原，奔腾的情思（二首）——————贾志坚
唢呐手——————蒋文龙
登华山空中栈道（外一首）——————蔡庆生

小说艺术谈

小说结构形态的发展——————肖　荣

作品与争鸣

我对《人精》的看法——————骆寒超
也谈《人精》的结尾——————钱志华

美术

兄弟爱（油画）——————［法］威廉·阿道尔夫·布格柔
花鸟（中国画）——————严传浩

古今中外

陈英士传奇（连载之一）——————陈祖基
末代太监——————杜扬华

散文

且说山水——————薛尔康
诗墅漫忆——————吴丽嫦
西蜀纪行——————胡季龙

诗歌

秦山核电站工程抒怀——————黄亚洲
山里人——————伊　甸
看海——————朱　樵
故乡行——————白祥飞
乡村汽酒厂——————张　舫
土地——————杨胜理
投影——————黄福国
脚划子——————赵哲权
乌镇的歌——————蒲祖煦
希望——————严　伟

小说艺术谈

"变形"艺术规律探索（之一）——————张德林

文学之路

我的好运气——————矫　健

作品与争鸣

复杂而又单纯的人生咏叹——————华　铭
人的价值的探索——————李遵进

美术

盛装少女（油画）——————［日］宫永岳彦
童心（中国画）——————冯运榆
在海滩上（水印木刻）——————刘阜亮

1985 年第 4 期　刊名:《东海》
目录

短篇小说

草房门前的"花花世界"——————丁正泉
乔迁后的喜和忧——————刘业雄
欢乐的彼岸——————王克俭
猎人和他的崽——————蒋维贞
书记、记者和他们的书房——————苗　文
厚重的大山——————朱大为
墨宝——————赵锐勇

1985 年第 5 期　刊名:《东海》
目录

短篇小说

她属牛，今年三十六——————刘观德
晋升之谜——————杨顺安
黑篷——————高　锋
山乡暮雪——————闻　波
事故引出的故事——————阙迪伟
过去的恋人——————钱国丹

古今中外

陈英士传奇 ·· 陈祖基
艺人周信芳 ·························· 周 易 树 菜

散文

瞄准镜里的爱（报告文学）·········· 赵龙彬 王德良
梁晓声印象 ···································· 何志云
姨父的酒壶 ···································· 李纯华

文学之路

雨不下，磨菇就没有 ···················· 孙少山

诗歌

海的诱惑 ······································ 叶延滨
南国采风 ······································ 徐家麟
酡红的花瓣 ···································· 唐 湜
静静的计算机房 ···························· 李曙白
雨游 ·· 赵焕明
薄冰 ·· 叶兆雄
农家 ·· 朱谷忠
夕阳 ·· 渠 炜

评论

从演员的"自我意识"所想到的 ·········· 梁晓声
"变形"艺术规律探索 ······················ 张德林

美术

读（油画）··················· [俄] N.H.克拉姆斯柯衣

1985 年第 6 期　刊名：《东海》
目录

短篇小说

槐花飘香的街
——《小镇十条街》之三 ·················· 魏继新
苦竹花 ·· 郑九蝉
海石花 ·· 陈国安
蝉 ·· 张俊彪
香港小景（两则）·························· 鲍运时
没有琴弦的二胡 ···························· 夏 真
旗语 ·· 陈忠祥

散文

湖上的涟漪 ···································· 韩蔼丽
一个陌生的朋友——《旅广手记》补遗 ···· 巴 人
寿礼 ·· 赵有根
西施亭 ·· 诸 倩

古今中外

陈英士传奇 ·································· 陈祖基
军统特务刺龙云 ·············· 仁 柯 佩 钟

文学之路

越扎越有劲儿 ································ 邓 刚

诗歌

大地，早上好 ································ 谢鲁渤
杭州姑娘 ······································ 柯 平
书迷和他的妻子 ···························· 茹 菇
从黄昏通往黎明的征程上 ················ 嵇亦工
一座向东的墓 ······························ 梁源法

小说艺术谈

心理描写的多层次的目的性 ·············· 肖 荣

评论

发自改造生活的激情 ························ 牧 知
《首航》的启示 ····························· 魏 丁

美术

持鹰的女孩（油画）··············· [法] 雷诺阿
买扇（版画）·································· 方国雄
炎黄子孙（版画）··························· 王公懿

1985 年第 7 期　刊名：《东海》
目录

短篇小说

"嫁衣匠"的烦恼 ···························· 罗瑞民
"皇冠"之谜 ·································· 王克俭
伊达 ·· 杜保平
觅车 ·· 犹学忠
海涛和琴声 ···························· 刘胜勇 王侠儿
司令员和他的经理儿子 ···················· 刘战英
二十年以后（翻译小说）···· [美] 欧·亨利著 韩波译

散文

"冒险家……" ·············· 顾志坤 车广荫 陈秋强
本寨人 ·· 李宽定
甘草 ·· 高洪波
白塔王随笔 ···································· 梅 忆

古今中外

"闪电"行动——行刺希特勒纪实 ·········· 黄仁柯

文学之路

芦笋，钻出了冻土⋯⋯⋯⋯⋯⋯⋯⋯⋯⋯⋯赵丽宏

诗歌

七月流萤⋯⋯⋯⋯⋯⋯⋯⋯⋯⋯⋯⋯⋯⋯⋯张德强
十七岁的售票员⋯⋯⋯⋯⋯⋯⋯⋯⋯⋯⋯⋯楼　冰
木雕女⋯⋯⋯⋯⋯⋯⋯⋯⋯⋯⋯⋯⋯⋯⋯⋯叶云龙
浪花集⋯⋯⋯⋯⋯⋯卢　俊　沈　健　吴明火
毛建一　张广平　叶　敏　潘建军　赵建雄　方竟成

小说艺术谈

人物视点交叉移位⋯⋯⋯⋯⋯⋯⋯⋯⋯⋯⋯张德林

评论

穿过文学殿堂的男子汉
——访张承志⋯⋯⋯⋯⋯⋯⋯⋯⋯⋯⋯⋯⋯大　军

1985 年第 8 期　刊名:《东海》
目录

短篇小说

风景路上（中篇）⋯⋯⋯⋯⋯⋯⋯⋯⋯⋯⋯⋯潮　清
珠珠⋯⋯⋯⋯⋯⋯⋯⋯⋯⋯⋯⋯⋯⋯⋯⋯⋯储福金
龙灵村正名⋯⋯⋯⋯⋯⋯⋯⋯⋯⋯⋯⋯⋯⋯蒋焕孙
海缘⋯⋯⋯⋯⋯⋯⋯⋯⋯⋯⋯⋯⋯⋯⋯⋯⋯殷光玉

微型小说

雨花⋯⋯⋯⋯⋯⋯⋯⋯⋯⋯⋯⋯⋯⋯⋯⋯⋯苏　群
铃盖被偷⋯⋯⋯⋯⋯⋯⋯⋯⋯⋯⋯⋯⋯⋯⋯邹建中

通俗小说

在冷冷的泉边（中篇）⋯⋯⋯⋯⋯⋯⋯⋯⋯曹　正

散文

恋歌（报告文学）⋯⋯⋯⋯⋯⋯⋯⋯⋯⋯⋯吴民民
琴音何时不孤独⋯⋯⋯⋯⋯⋯⋯⋯⋯⋯⋯⋯任红举

诗歌

在西线（二首）⋯⋯⋯⋯⋯⋯⋯⋯⋯⋯⋯⋯坤　宁
清晨，伪装车通过闹市区（外一首）⋯⋯⋯马新朝
师长和他的警卫员（外一首）⋯⋯⋯⋯⋯⋯高　钫
傍晚，我在黄河边（外一首）⋯⋯⋯⋯⋯⋯高旭旺
渔夫和金鱼的故事⋯⋯⋯⋯⋯⋯⋯⋯⋯⋯⋯叶　坪

文学之路

文学，再生之路⋯⋯⋯⋯⋯⋯⋯⋯⋯⋯⋯⋯朱苏进

评论

军人与作家⋯⋯⋯⋯⋯⋯⋯⋯⋯⋯⋯⋯⋯⋯郑九蝉

1985 年第 9 期　刊名:《东海》
目录

短篇小说

天涯人⋯⋯⋯⋯⋯⋯⋯⋯⋯⋯⋯⋯⋯⋯⋯⋯陶明国
大海·浮尸·人⋯⋯⋯⋯⋯⋯⋯⋯⋯⋯⋯⋯梁　辉
余韵⋯⋯⋯⋯⋯⋯⋯⋯⋯⋯⋯⋯⋯⋯⋯⋯⋯滕建明
山道奇遇⋯⋯⋯⋯⋯⋯⋯⋯⋯⋯⋯⋯⋯⋯⋯韩华荣
窗口下⋯⋯⋯⋯⋯⋯⋯⋯⋯⋯⋯⋯⋯⋯⋯⋯毛益丰
冥星楼⋯⋯⋯⋯⋯⋯⋯⋯⋯⋯⋯⋯⋯⋯⋯⋯刘烨文
卖锡箔的少女⋯⋯⋯⋯⋯⋯⋯⋯⋯⋯⋯⋯⋯陈　峻
远离市区的住户⋯⋯⋯⋯⋯⋯⋯⋯⋯⋯⋯⋯王安林

微型小说

眼睛⋯⋯⋯⋯⋯⋯⋯⋯⋯⋯⋯⋯潘小平　江凫生
福兮? 祸兮⋯⋯⋯⋯⋯⋯⋯⋯⋯⋯⋯⋯⋯⋯郑　磊
水晶球⋯⋯⋯⋯⋯⋯⋯⋯⋯⋯⋯⋯⋯⋯⋯⋯海　兰
错⋯⋯⋯⋯⋯⋯⋯⋯⋯⋯⋯⋯⋯⋯⋯⋯⋯⋯邢　可

古今中外

袁世凯之死⋯⋯⋯⋯⋯⋯⋯⋯⋯⋯⋯⋯⋯⋯方　达

散文

山在虚无缥缈间⋯⋯⋯⋯⋯⋯⋯⋯⋯⋯⋯⋯黎　明
银镯情⋯⋯⋯⋯⋯⋯⋯⋯⋯⋯⋯⋯⋯⋯⋯⋯陈永涛
黄山竹杖⋯⋯⋯⋯⋯⋯⋯⋯⋯⋯⋯⋯⋯⋯⋯孔繁强

诗歌
未名集

鹰爪菊⋯⋯⋯⋯⋯⋯⋯⋯⋯⋯⋯⋯⋯⋯⋯⋯沈　健
父亲的船⋯⋯⋯⋯⋯⋯⋯⋯⋯⋯⋯⋯⋯⋯⋯王　彪
旅顺口⋯⋯⋯⋯⋯⋯⋯⋯⋯⋯⋯⋯⋯⋯⋯⋯柳　杨
海碰子⋯⋯⋯⋯⋯⋯⋯⋯⋯⋯⋯⋯⋯⋯⋯⋯丁　竹
患绝症的少女⋯⋯⋯⋯⋯⋯⋯⋯⋯⋯⋯⋯⋯王定珠
我的兄弟们呀⋯⋯⋯⋯⋯⋯⋯⋯⋯⋯⋯⋯⋯群　岛
新水兵⋯⋯⋯⋯⋯⋯⋯⋯⋯⋯⋯⋯⋯⋯⋯⋯邓瑞荣

文学之路

我的文学道路⋯⋯⋯⋯⋯⋯⋯⋯⋯⋯⋯⋯⋯简　嘉

小说艺术谈

第二人称叙事种种⋯⋯⋯⋯⋯⋯⋯⋯⋯⋯⋯金健人

作品与争鸣

需要有更高的"观察点"

——《黑篷》读后感 ··· 浟 海
为《黑篷》唱一曲 ··· 红 果

简讯
《东海》小说评奖启事

1985 年第 10 期　刊名:《东海》
目录

短篇小说
抢喜神 ·· 丁正泉
她和她的姐儿们 ·································· 闻 波
洛阳殿（历史小说） ··········· 胡嘉春 徐梅强
八手坂纪事 ····························· 黄 羽 桂 方
黄昏之前 ·· 陈敏莉
沉重的声响 ······································ 王青禾
二十年后再相会（小小说） ·············· 朱笑紫

侦破小说
幻影 002 ·· 肖遐明

散文
红豆杉 ··· 鹳山草
摄影之忆 ·· 谢鲁渤
桃花姝 ··· 李博厚

诗歌
诗二章 ··· 田 地
写自北美的歌 ···································· 张 翎
佛顶山 ··· 方 牧
石门瀑布 ·· 闻 欣
游泳 ··· 叶文艺

评论
人情和原则之间的痛苦抉择 ·············· 李 下
生活的信息与文学的反馈 ·················· 行 人

作品与争鸣
谈《黑篷》的"得"与"失" ·············· 钱志华
一个令人深思的反抗者形象 ·············· 马 奔

1985 年第 11 期　刊名:《东海》
目录

中篇小说
孙堂麻糍 ·· 王仲明

短篇小说
唉，财富！ ·· 张长公
黑斑 ··· 蔡未名
石桥轶事 ·· 宋令俊
嘉陵山水 ································· 顾 忿 陶 鹰
顶子的故事 ······································ 曹志德
沙家湾的批杷熟了 ···························· 钱国丹

侦破小说
金钱梦（中篇连载） ·························· 余方德

散文
耕石图 ··· 越 风
绍兴拾趣 ·· 方 范
访菲日记 ·· 江 坪
小篷车之歌 ······································ 洪铁城
接力棒（人物速写） ························· 陈忠祥

诗歌
人在江南
乡村：现代的三原色（组诗） ·············· 高 崎
人在江南（三首） ···························· 熊召政
江滩上有片槐林（外一首） ··············· 蔚 文
雨中的江南（外一首） ······················ 卢 俊

小说艺术谈
个别象征和整体象征 ························· 李遵进

作品与争鸣
在寿宝行为的后面 ···························· 苦 茶
也谈《黑篷》 ··································· 西 南

1985 年第 12 期　刊名:《东海》
目录

中篇小说
孤星 ··· 肖 容

短篇小说
古运河上的栅栏 ································· 沈治平
百叶窗 ··· 滕建明
魔杖 ··· 王克俭
守菇的菇民 ······································ 吴广宏
给你，一束秋菊 ································· 尹皎岭

微型小说
让我怎么开口⋯⋯ ···························· 朱 樵

侦破小说

金钱梦（中篇连载）—————————余方德

散文

夏的剪影——————————————吴黛娜
黄昏的瓜子湖————————————沈贻炜
我的好长师——淡秋同志——————华祝考

诗歌

听铃木正夫先生关于郁达夫先生遇难经过证言有感

—————————————————冠　西
生之歌（组诗）——————————张　新
芦湖（外一首）——————————陈所巨
黄山十行抒情诗（三首）——————刘国萍
纸厂女工的周末夜晚————————张公勤
重返青年林———————————乔延凤
普通人的妻子——————————苗金德

评论

浙东十天的启迪—————————潮　清
儿童小说创作的新成果——————楼飞甫

作品与争鸣

一幅耐人寻味的生活画面—————牧　知

1986 年第 1 期　刊名:《东海》
目录

短篇小说

闯险滩——————————————龚泽华
第一缕芬芳————————————赵有根
破戒——————————————任道本
阴影——————————————朱维安
承包团长————————————马新川
洒在地土里的汗水————————汪正煜

散文

水村山廓酒旗风
——鲁迅故乡风情————————丘桓兴
留恋果—————————————薛尔康
把人生变成科学的梦———————赵三祝

古今中外

战时的首相和神秘的少年

—————————熊　钧翻译　江　君缩编

大学生作品选

乡村里捡来的故事（二篇）————林孙珍

诗歌

医院素描（二首）————————方　牧
山雨，淅淅沥沥（外一首）————周文钊
生命——————————————张　宏

微型小说

PM 特效药———————————袁　逸

评论

赵锐勇的小说艺术追求——————骆寒超
给我一条浣江——————————赵锐勇
味淡而情真　境平而意深————孙明仁

美术

读书的少女———————[法] 弗拉戈纳尔
林之静美————————————冠　西

1986 年第 2 期　刊名:《东海》
目录

短篇小说

古牧地—————————————沈贻炜
部里今天分奖金——————尹文欣　周乃光
二姐——————————————张惠飞
幻想家—————————————裴郧生
对面将耸起高楼—————————蔡　康
涩重的咳嗽声——————————劳乃强
十六号窗口———————————李君旭
渔把式和他的儿子————————詹政伟
比赛在足球王国进行———————沈　羽

散文

吹鼻笛的盲女———————[菲律宾] 黄春安
夜郎行《外景地》之三——————李宽定
灯光——————————————张文彬

古今中外

战时的首相和神秘的少年（续一）

—————————熊　钧翻译　江　君缩编

诗歌

七色花—————————————龙彼德
送别——————————————董培伦
灵山洞—————————————程蔚东
村姑——————————————胡昌文

评论

沈贻炜小说的个性色彩——————魏　丁

集体力量，至高至上

——读《大海·浮尸·人》 ············· 范裕华

戈壁的思索 ··············· 沈贻炜

美术

水乡 ····························· 刘　航

1986 年第 3 期　刊名:《东海》
目录

中篇小说

野马滩 ·························· 郑九蝉

短篇小说

金钱豹 ·························· 张晓明

野驴山下 ······················ 金光中

金鸡村出来的女人 ·············· 殷立广

微型小说

馋猫 ···························· 陈俊杰

岗位在哪里 ···················· 叶晓芳

古今中外

战时的首相和神秘的少年（连载）

··············· 熊　钧翻译 江　君缩编

诗歌

散文诗页

我是一列加班车 ················ 桂兴华

黄山俯拾 ······················ 李晨初

给毕业离校时送行的老师 ········ 伊　甸

相信我 ························· 江　健

看撒网 ························· 蒋荫炎

光与影集 ······················ 徐慎贵

野百合 ························· 洪加祥

蓝色的地球仪（外一首） ········ 张德强

大海序曲 ······················ 冯增荣

评论

小城新闻多

——读潮清中篇小说《风景路上》 ··· 阎　纲

催人泪下，发人深思

——中篇小说《海地》欣赏随笔 ····· 王愿坚

评省内 1983—1984 年的获奖短篇小说 ··· 钟本康

美术

大学生

渔家女 ························· 陆　放

腊梅图 ························· 闵学林

1986 年第 4 期　刊名:《东海》
目录

中篇小说

丧事 ···························· 王仲明

短篇小说

道是无情 ······················ 王从学

龙渊镇记事 ···················· 袁春根

山雀不谙人心事 ················ 杜丽蓉

野猪涧 ························· 石　林

雕鬼状元 ······················ 倪蓉棣

窗外，小桥流水人家 ············ 吴天林

古今中外

战时的首相和神秘的少年（续完）

··············· 熊　钧翻译 江　君缩编

微型小说

老场长、青年和狗的故事（两篇） ··· 刘瑞坤

不愉快的周末 ·················· 云　霄

散文

珠乡行 ························· 陈俊杰

绿色的梦 ······················ 徐初眉

地瓜 ···························· 宗　立

诗歌

杂咏散章（五首） ·············· 沙　漠

独弦琴

在海拔零米的地方 ·············· 乐建中

大海的风韵 ···················· 崔汝先

脱粒有感 ······················ 苏　宁

母亲湖 ························· 朱李鸣

观樱 ···························· 何敬君

雨花台缅怀 ···················· 周江林

二等车把式别传 ················ 张叶君

评论

漫谈小说语言的整体性 ·········· 肖　荣

传统文化的别一面 ·············· 沈文元

美术

玫瑰花（油画） ················ 方汀·拉杜尔

松竹寿带鸟（中国画）…………………岳石尘
海花（水粉）……………………………区国梁
长城（油画）……………………………莫大林

1986 年第 5 期　刊名:《东海》
目录

中篇小说
女硕士的罗曼史…………………………杨顺安

短篇小说
异人………………………………………沈　羽
海莲花……………………………………梁　辉
变奏三题…………………………………董炳新
第一根白发………………………………朱维安
荷花塘人家………………………………邹小勾

古今中外
榻前舌战…………………………………杨典喜

诗歌
浪花集
我的诗在舞池边徘徊……………………叶延滨
雏鹰………………………………………沙　鸥
巡回………………………………………李昌炎
小溪（外一首）…………………………许国华
帆…………………………………………求惟慧
莫干山的鸟………………………………斯志伟
山泉………………………………………汪金土
但愿脚下有条河…………………………马　瑜

散文
深山小站…………………………………谢　力
桔乡雪……………………………………孔繁强
花落花开
——忆画家余任天朱垠嶙………………沈祖安
小羊之恋……………………（中国香港）陆少华

评论
情节的弹性………………………………何永康
艺术的追求………………………………骆寒超
暂时的困惑——读《唉，财富！》……毛闯宇

美术
白花瓶里的花（油画）…………………[法]雷　东
思乡图（中国画）………………………金家骥
花卉摄影（摄影）………………………毛进洋
腾…………………………………………梁　铨

1986 年第 6 期　刊名:《东海》
目录

短篇小说
等待手术…………………………………李君旭
海浪淘沙…………………………………黄　羽
老人·渡·桥……………………………汪黎明
白果村的怪女子…………………………张卫乔
白塔山……………………………………余　华
寻觅………………………………………钱国丹
"牛肚王"轶事…………………陈小萍　胡小远
逝去的泪水………………………………高文泉
邻居………………………………………周云安

古今中外
碧海恩怨（中篇通俗小说连载）………曹　正

散文
普陀女房东………………………………孙月沐
大山情……………………………………常茂林
飘逝的风筝………………………………徐东波

诗歌
青年农民进行曲（二首）………………赵焕明
抒情断章（二首）………………………闻　欣
金牌（外一首）…………………………顾　工
母亲树……………………………………张　锋
湖畔………………………………………周　民

评论
异风·童趣·诗情
——评龙彼德的三部儿童小说…………张光昌　章放童
报告文学三题……………………………徐夕明

美术
奥比利夫人和儿子肖像（局部）……[法]尼索拉德·格拉
虎（中国画）……………………………袁熙坤
风帆（装饰画）…………………………谢信龙
普陀（摄影）……………………………韩志雅

1986 年第 7 期　刊名:《东海》
目录

短篇小说
石桥二题…………………………………宋令俊
失落的钻石………………………………蒋焕孙
焦虑症患者………………………………王克俭

阴宅..................................阙迪伟
麻雀..................................谢志强
雨话..................................朱月瑜
无名草....................徐忠耀　钱积德
闪光的石手镯..........................子　辰

古今中外
碧海恩怨..............................曹　正

散文
锅底乾坤..............................鹤山草
最后的酋长
——访墨散记..........................树　荣

诗歌
江南灵飞
江南灵飞（组诗）......................陈所巨
踏青（二首）..........................吴　晓
牧鹅女................................刘毅然
路灯·新月............................子　页
翠谷恋歌（二首）......................燕　翎
温州之街..............................黄亚洲

评论
茅盾小说的环境描写与情节典型化........史　瑶
文明之火
——读《古牧地》......................汝　瞳

美术
静物（油画）
兰花（中国画）........................唐诗祝
西湖寄情..............................马　鹏
绍兴水乡..............................虞先法

姚暨荣　姚小雄译
樱桃熟了（微型小说）..................梁解茹

古今中外
拿破仑被害之谜（连载）........［美］本·韦德
戴维·海帕古德合著　严威夷　平　禾译编

诗歌
歌唱土地
大平原................................伊　甸
歌唱土地..............................王自亮
儿女们的海洋..........................王　彪
呵，钟声..............................楼　冰
小镇（外一首）........................李曙白
女诗人参观团..........................柯　平

散文
长长的流水............................郑越华
大漠星空..............................王泽群

评论
在时代和生活面前
——读《东海》84、85年获奖小说........魏　丁
路，从自己的脚下延伸
——谈王仲明的两部中篇小说............若　思
路在脚下..............................王仲明

美术
肖像（油画）..........................克里姆特
双鹭（中国画）........................夏子颐
水巷深深（油画）......................周瑞文
大陈岛甲午屿（摄影）..................毛进洋

1986 年第 8 期　刊名:《东海》
目录

中篇小说
大江波涌..............................张坚军

短篇小说
文物..................................李学强
金枣儿................................王　杰
真迹..................................王治平
解脱..................................王建华
绿玉..................................许宗斌
白光..................................龚泽华
诺言（翻译小说）............［美］埃里奇·西格尔著

1986 年第 9 期　刊名:《东海》
目录

短篇小说
一介书生..............................王霄夫
滑坡..................................金光中
胡子的烦恼............................戴胜德
失落在小镇上的童话....................鉴一帆
空屋..................................蔡　康
人生何处不相逢........................蔡洪声
老东西................................蒋亚林
梅龙憨老三............................刘烨文
"勿正常"与"流行色"..................池如镜

古今中外

拿破仑被害之谜（续完）……………… ［美］本·韦德
戴维·海帕古德合著　严威夷　平　禾译编

散文

春雨润物细无声……………………………… 蒋祖怡
古渎曲………………………………………… 杜文和
三轮车，在马路上行进（报告文学）……… 青　子
把船儿驶出避风港（报告文学）…… 孔令旗　陈小华

诗歌

黄土地

耕种·黄帝后裔
——《黄土地》组诗之三……………… 江　健
故乡（组诗）………………………………… 卢　俊
惊蛰夜（外一首）…………………………… 沈　健
我爱………………………………………… 杜建华
东方的月亮和西方的太阳………………… 虞国庆
老人与鸽子………………………………… 詹小林

评论

鲁迅与现代外国文艺……………………… 王世德

争鸣篇

他们值得赞美吗？
——评《道是无情》…………………… 李遵进
有益的探索
——读《道是无情》…………………… 毕　明

美术

肖像（油画）……………………………… 克列姆特
平湖秋月（摄影）………………………… 周润三
渔歌（中国画）…………………………… 郭修琳

1986 年第 10 期　刊名:《东海》
目录

短篇小说

纪念《东海》创刊三十周年

笔谈

三十而立——编者的话
对《东海》的祝贺…………………………… 冠　西
祝《东海》越办越好………………………… 朱明溪
原与天地共脉拍……………………………… 叶文玲
写在《东海》创办三十周年之际…………… 沈虎根
回首卅年话"双百"………………………… 林辰夫
要耕耘，才有收获…………………………… 程　帆

从海洋走向海洋……………………………… 李君旭

中篇小说

未竟的旅程…………………………………… 潮　清

短篇小说

大楼的颜色…………………………………… 叶九如
划过心灵的弧线……………………………… 徐锡茂
生命的精灵…………………………………… 王菊英
新找的老伴…………………………………… 余书德

微型小说

60 分 > 80 分……………………………… 吕　薇
最佳座位……………………………………… 罗维扬
踢皮球………………………………………… 郑　磊

古今中外

居士林的枪声………………………… 熊　钧　建　德

散文

三姐…………………………………………… 梁　琴
说东道西话重庆……………………………… 周　游

诗歌

翔飞（三首）………………………………… 洪　迪
城市，古老而又年轻的画布（二首）……… 谈宝森
古莲子（外一首）…………………………… 嵇亦工
东西………………………………………… 陈松叶

评论

认识鲁迅，学习鲁迅………………………… 张颂南
独具色彩的改革现实………………………… 洑　海
以有情论"无情"…………………………… 卜　钝

美术

圣母（油画）……………………………… V.霍曼夫
乐雏图（中国画）………………………… 张国良
牡丹图（中国画）………………………… 徐决伟

1986 年第 11 期　刊名:《东海》
目录

短篇小说

紫凝峰来的老倌……………………………… 陈　镛
种…………………………………………… 黄仁柯
获奖的是演讲………………………………… 沈　羽
错位………………………………………… 阎振新
老牛车载来的新娘…………………………… 任大星

开车的和搭车的……………………韩荣华
交换…………………………………翁树杰
小说五题……………………………邵宝健

古今中外
拨开迷雾（连载）…………………华力诚

散文
哦，那香喷喷的麦糊烧………………钱 勇
双清楼外满山松……………………顾志坤
怀念丁玲同志………………………刘祖香

报告文学
人生的取舍…………………黄 越 石志明

诗歌
省作协首届诗歌大奖赛获奖作品
一等奖（二首）……………傅浙平 张 宏
二等奖（三首）………尹剑峰 郑 平 李 浔
三等奖（六首）……………江 健 苏明泉
陈 涛 牟超日 陈 纬 韩 珺

评论
百年人物存公论
——关于鲁迅评价问题的对话………余开伟

作品与争鸣
可悲的献身精神……………………黄晓杭
悲壮的献身精神
——读《道是无情》…………………汝 曈

美术
苏维埃吉尔吉斯的女儿………[苏]楚伊科夫
荷花（中国画）……………………朱 琦
听雨（中国画）……………………张亚冰
春江之晨（摄影）…………………张克庆

1986 年第 12 期　刊名:《东海》
目录

短篇小说
冷冻…………………………………李学强
一锤子买卖…………………………徐建国
办公室里有蜜蜂……………………王安林
青铜雕像……………………………李 靖
大鼋…………………………………朱月瑜
金雕、土地和女人…………………殷光玉
方寸之间……………………………朱维安

它，弥漫在无际的空间………………瓜 田

古今中外
拨开迷雾（法制文学·征文·续一）……华力诚

散文
桔乡酒亭……………………………孔繁强
清清的小溪…………………………刘 芳
别开生面的开幕式
——旅欧散记………………………任明耀
井……………………………………陈晓明
残烛…………………………………吴孙百

报告文学
护发神………………………………小 羊
展翅翱翔（速写）
——萧山化工厂掠影…………………汪 洋

诗歌
生命的乐章（组诗）…………………胡丰传
爱的变徵（二首）……………………张雪杉
题峭壁上的小草（外一章）…………周孟贤
独弦琴（六首）………………乔延凤 姜素素
李风清 晓 弦 王 因 吴明火

评论
鲁迅小说的"弧向结构"………………盛子潮
这是一出令人深思的悲剧
——评《道是无情》…………………钱志华
读者谈作品（三则）………王学海 洪禹平 江 强

美术
床上的早餐（油画）………………[美]卡萨特
书圣王羲之（中国画）………………冯运榆
秋色（粉画）

1987 年第 1 期　刊名:《东海》
目录

短篇小说
两难的抉择…………………………董炳新
老顺兴与小无锡……………………沈嘉禄
爱是不会忘记的……………………程凌征
神秘的电报…………………………姚育明
五更潮………………………………龚泽华

中篇小说

太子打虎
——选自《少将情报官拂晓前归来》
....陆 野 肖焕伟

微型小说

反考..叶晓芳
白龙子孙的生机..................陈小华 张才启

古今中外

拨开迷雾（法制文学征文·续完）............华力诚

散文

阳光草地（外一篇）............................高 钫
月亮照着你，月亮照着我....................杨爱国

报告文学

本案无原告（法制文学征文）..........冯颖平 周荣新

诗歌

杭州（二首）....................................崔汝先
给友人（二首）..................................陈云其
六行诗三首..田 地
十四行诗三首....................................唐 湜
谒邵飘萍铜像....................................徐家麟
古道之风..朱文杰
七月，大瀑布....................................乐建中

评论

试论审美敏感区域和小说结构的关系..........钱志华
当代小说写实意识之更新....................鲁 人

美术

白娘子（水印木刻）............................李明泰
望春（摄影）....................................吴自强
摄影复活的旗帜（摄影）....................陈爱萍

微型小说

警官与犯人（法制文学征文）............蔡庆生
失落的梦..徐敏霞
泡影..刘瑞坤
猫的价值..韦定民
坏人..晓 平

中篇小说

另一种生活..夏 雨

古今中外

叶帅指挥的特殊行动............................黄仁柯

散文

乔迁..嵇亦工
红叶..刘炳枝
方岩二日..向 青

诗歌

旗帜..肖 鹏
八咏楼（外二首）............................沙 漠
城市风景线（二首）............................马绪英
乡土人情（组诗）............................卢 俊
树苗被折断了（外一首）....................李苏卿
老祖宗..立 人

评论

作家的审美心理结构和文学的美学发现
....盛子潮
小说视角的选择................................钟本康
鲁迅的"拟许钦文"............................王德林

美术

渔家女（中国画）............................朱人民
九寨沟风情（摄影）............................毛进洋
葡萄（中国画）............................陶景森

1987 年第 2 期　刊名:《东海》
目录

短篇小说

黄黄的一生（动物小说）....................沈虎根
人与狼（历史小说）............................刘 金
别了，老莫..车文辉
垃圾启示录..沈 羽
重新判决（法制文学征文）................谈柏荣

1987 年第 3 期　刊名:《东海》
目录

短篇小说

最后的飞行..杨建成
她说，她做了一个梦............................杨建成
第五纵队..徐 铎
那边却有浅蓝色的星星........................小 理
热"冰砖"与"笨"明星........................施建伟
奇怪的失踪..朱德才

古今中外

冰霜爱情——赵四小姐和张学良·····················赵云声

散文

灯火阑珊·······································飞 雪
墨菊···英 子
绵绵的兴安岭···································原 林
乐山观大佛记···································柴 莹

诗歌

中国狮舞·······································张德强
情感的流云（外一首）···························李光云
桔乡（二首）···································沙 鸥
温暖···再 耕
浪花集·································庞壮国 朱谷忠
马新朝 左一兵 沈 健 茹 菇 华 卓 傅益明
小 路 阎受鹏 应乃尔

评论

在创新的新旅程上
——关于《风景路上》系列小说给潮清的信
···缪俊杰

艺术直觉与诗歌创新
——《诗坛沉思录》之二·························骆寒超
追求者的足迹···································无 邪

美术

荷（水印木刻）·································赵延年
山间遐想（中国画）·····························姜宝林
鹅（中国画）···································杜 冰

1987 年第 4 期　刊名:《东海》
目录

短篇小说

在收笼的日子里·································沈治平
赵天祥贬值·····································李隆恩
山店···沈贻炜
在紧闭的窗子后面·······························张 长
旧妓···龚笃清
纸船···蔡 康

古今中外

冰霜爱情——赵四小姐和张学良·····················赵云声

散文

东非纪行·······································陈安羽

赋溪石林·······································项冰如
彩色的希望·····················陈小华 贾献华 金厚盛

诗歌

苏北风情（组诗）·······························柯 平
巨石下，有一株翠竹（外二首）·····················蔡 涉
花港的傍晚（外一章）···························李昆纯
母亲的颂歌·····································陈 放
卖花少女·······································孔令旗
我的江南（八首）·····················桂 林 高 崎
王中朝 艺 辛 冯麟煌 王柳江 何鑫业 朱雪城

评论

关于文学的"当代意识"的思考·····················白 毅
小说象征的流动美与可变性·························张德林
在儿童文学理论园地不断开拓·······················方卫平

美术

相依（中国画）·································郭修琳
女球手（水粉画）·······························宋 陵
乡音（中国画）·································严传浩

1987 年第 5 期　刊名:《东海》
目录

短篇小说

黑黑的始末·····································沈虎根
过河的小船回来了·······························高满堂
伦勃朗的 V 字·································杨顺安
阵地插曲·······································沈 浩
新添的烦恼·····································徐 斐

中篇小说

浣江发大水·····································王仲明

古今中外

"胡宗南"与孔二小姐·····························余方德

散文

青春的回流（四章）·····························巫 猛
兰祭···陈少华

诗歌

中国四重奏·····································龙彼德
深藏的密码（组诗）·····························董培伦
音乐抒情诗（二首）·····························鲁 萍
日月山···尹剑峰
母亲的手·······································川 梅
杨柳风（九首）·····················白煤国 张国南

袁方勇　许国华　郜鸣镛　吴新宇　廖泽川

评论

文艺性质与社会效益 ………………………… 陆　炎
谈小说创作的"内化"倾向 ………………… 毕　明
小说主题的层次合成 ……………………… 金　风
一种逃避现实的假定形式
——读《冷冻》 ………………………… 谢志强

美术

春（中国画） ……………………………… 吴越滨

1987 年第 6 期　刊名:《东海》

目录

短篇小说

她来了，又走了 …………………………… 朱维安
十九岁的男人 ……………………………… 任一舟
要开欢送会了 ……………………………… 陈剑君
导演艺术 …………………………………… 朱访新
接车 ………………………………………… 周岷山

中篇小说

悲剧的孪生兄妹（法制文学征文） ……… 先　瑢　傅　伐

古今中外

奇特的"爱情" …………………………… 李追深

散文

寄远三章 …………………………………… 蒋　风
一个不断开拓前进的人
——著名作家柯岩访问记 ……………… 陈　鹰
乡镇企业的缩影（特写） ………………… 孙明仁
正在犹豫的时刻（特写） ………………… 洪铁城

诗歌

百年老厂及其他（三首） ………………… 崔汝先
城市的日子（三首） ……………………… 张　新
华清池（外一首） ………………………… 向　青
桂林印象 …………………………………… 炼　虹
东方大陆（二首） ………………………… 杨　克

评论

文艺战线的一项长期任务 ………………… 一　帆
"自我表现"的反思 ……………………… 李遵进
创造独特的劳动成果 ……………………… 汪习麟

美术

和平鸽（中国画） ………………………… 袁晓岑
翔（摄影） ………………………………… 周润三

1987 年第 7 期　刊名:《东海》

目录

短篇小说

一路风尘 …………………………………… 阙迪伟
夏天的河 …………………………………… 维　良
摊头 ………………………………………… 任　何
五柳杂记
——梅龙镇纪事之九 …………………… 刘烨文
美好的折磨 ………………………………… 余　华
"白额"的梦 ……………………………… 宫　南
不速之客 …………………………………… 洪铁城

微型小说

懒汉何来 …………………………………… 邵建普
试题 ………………………………………… 陈汉根

古今中外

杨贵妃新传 ………………………………… 冯树鉴

散文

他永远活着
——深切怀念刘英烈士 ………………… 刘　先
万缕情思系中河 …………………………… 毛　英
王朝闻回龙泉 ……………………………… 吴广宏
送你一枝琼花 ……………………………… 李光星
理想的花朵为谁而开 ……………………… 沈　健
蜀道行 ……………………………………… 马　力
酒好不怕巷子深（特写） ………………… 陈俊杰
一个创业者河心声（特写） ……………… 石　流

报告文学

啊，农民 …………………………………… 王霄夫

诗歌

山野的诱惑（组诗） ……………………… 姜金城
躁动的晨曦（组诗） ……………………… 胡丰传
草原即景（三首） ………………………… 荣竹林
冰球运动（外一首） ……………………… 方竟成
江南诗笺（九首） ……………… 方　牧　闻　欣
喻　晓　赵焕明　李曙白
女作者诗页 …………………… 余碧霞　王晶萍　金丽萍
散文诗三章 ……………………………… 蔡文祥　薄祖煦

评论

文学，走出你的峡谷 ······ 林晓峰
艺术思维过程中的理性因素 ······ 魏 丁
引人深思的图景 ······ 孙明江

美术

海滩 ······ 郭修琳

1987 年第 8 期　刊名:《东海》
目录

报告文学

战争答卷 ······ 丛正里

短篇小说

杯影 ······ 张 峻
最后一百米 ······ 蒋焕荪
走向生命的绿野 ······ 桑 苗
神枪李 ······ 王健和
娥溪情歌 ······ 乔 凤
哦，咖啡馆 ······ 徐家麟
打电话（小小说）······ 徐力伟

散文

苇叶儿 ······ 曹知耕
鳝缘 ······ 白祥飞
梅园宅 ······ 梁红英
采香菇 ······ 常茂林
路是人走出来的（速写）······ 陈宝华
这个生活的强者（速写）······ 金厚盛　贾献华　孙平方

诗歌

怀念（外一首）······ 展亚平
青春岁月（组诗）······ 宫 辉
三角洲（外一首）······ 伊 旬
北仑港（外一首）······ 韩 笑
黑龙江 ······ 李风清
郑板桥 ······ 梁晓明
近体吟草（四首）······ 姜东舒
不眠的星 ······ 陈 灿

评论

重哉斯任 ······ 刘 新
"文化热"的沉思 ······ 区 文
审美意识的拓展和小说观念的演化 ······ 钟本康
高楼将从空屋对面耸起
　——谈蔡康的两篇小说 ······ 胡曾范

美术

晚炊（中国画）······ 郭修琳
大宁河畔度春秋（火烙画）······ 张胜远

1987 年第 9 期　刊名:《东海》
目录

短篇小说

三个成功的女子 ······ 蔡 恭
政协新常委 ······ 尹文欣　周乃光
别有天地 ······ 包南珪
绝代名画 ······ 海 屏　瑜 荪
在生活的旋涡里 ······ 顾维钢
死羊（微型小说）······ 沈学强

报告文学

滨城鏖战 ······ 冯世鑫

古今中外

女娇，千古第一后 ······ 周 策

散文

春阳下的笑意 ······ 徐渭明
故乡拾梦 ······ 周岷山
励精图治 ······ 王仲元　余嘉林

诗歌

无名海（四首）······ 莫文征
三月雨（组诗）······ 章 平
南方（七首）······ 沈泽宜　吴 晓
　何鑫业　吴明火　茅立山
南海恋（二首）······ 陈佩芸
落日（外一章）······ 吕人俊
西部剪影（二首）······ 周孟贤

评论

坚持方向　繁荣创作 ······ 罗 东
继承　发展　团结　繁荣 ······ 史 行
生活是我们最好的老师 ······ 汪浙成　温小钰
问诗人 ······ 洪铁城

美术

花鸟（中国画）······ 夏子颐
花鸟（中国画）······ 沈 岳

1987 年第 10 期　刊名:《东海》
目录

短篇小说

新港人 ·· 张坚军
她在弥留时 ····································· 刘　金
焚稿 ·· 沈嘉禄
组织部寄来的函件 ····························· 山　月
那个夜晚，那片山林 ···················· 蔡　康
浴池热浪 ······································· 凌　建

古今中外

血染的绝密急件 ······························· 曹　正

报告文学

收获，为了奉献 ······························· 石　沉
以行动明志的人 ······························· 白　山
蓝色的火焰（速写） ·························· 汪　洋

散文

此生原为读书来 ······························· 伍立杨
南陲拾遗 ······································· 杜文和
游石门洞天 ···································· 张文彬

诗歌

散文诗六家 ···················· 倪家路　丁　芒
蔡庆生　曾林祥　刘炳枝　夏　娃
白色花（组诗） ······························· 陈云其
河姆渡 ·· 张德强
石林人家 ······································· 郑成义
唐人街 ··· 尹剑峰

评论

现代派与中国新诗 ····························· 骆寒超
文学对现实的超越随想 ······················· 李遵进
重提一个老话题 ······························· 西　南
黄黄之覆，足以为训 ·························· 梅　忆

美术

菊花（中国画） ······························· 何水法
海居（中国画） ······························· 朱仁民
鸽子窗花（油画） ····························· 许　江

1987 年第 11 期　刊名:《东海》
目录

报告文学

暖冬
——杭州一九八六年岁末纪事
·································· 李君旭　宋令俊　万　刚

短篇小说

人生曲线 ······································· 滕建明

古今中外

血染的绝密急件（续完） ······················ 曹　正

诗歌

彩色的风（组诗） ····························· 丁慨然
爱的青痕（二首） ····························· 子　页
源泉 ·· 山　声

美术

花卉（中国画） ······························· 姜宝琳
少女 ·· 吴越滨

1987 年第 12 期　刊名:《东海》
目录

短篇小说

凤凰墩 ··· 廉　声
鱼头药方 ······································· 黄亚洲
流莺 ·· 雁　宇
麦油子，那香喷喷的麦油子 ··················· 刘克英
绝活 ·· 杜锡平
哦，月亮门 ···································· 何蔚萍
碑眼 ·· 倪蓉棣

古今中外

泪洒越州 ···························· 郎忆倩　李柏霖

散文

於梨华的乡情 ·································· 李　枫
吐鲁番纪事 ···································· 周而复
沉默的大雁塔 ·································· 越　文
寻找回来的记忆 ······························· 刘　新
钱塘江畔"弄潮儿" ···························· 陈雪军

诗歌

江南抒情诗（组诗） ·························· 朱金晨

江南印象（外一首）————————李光星
祖国吟（五首）——张　宏　高旭旺　肖　月　沈　健
处女地（五首）————许扬盈　刘亚森　青　青
哦，八百米深处（三章）——————叶曙光

评论
创新断想————————————白　毅
鱼头"药方"在何方————————区　文
读者谈作品（三则）————————谢志强
王学海　孙明仁
回忆许钦文先生—————————吴似鸿
抄袭者戒————————————本　刊

美术
海贝（中国画）————————郭修琳
秋·冬（摄影）————————毛进洋

1988 年第 1 期　刊名：《东海》
目录

短篇小说
空篮—————————————胡　敏
吃鳖—————————————王克俭
九九弯————————————沈潇潇
墓碑—————————————商中平
红色的女式自行车————————晓　杨

微型小说
半桶水————————————屠渭兔
败叶—————————————庄月江
鼠尾—————————————震　义

古今中外
"大夫第"的秘密—————————曹　正

散文
穿山行————————————胡士弘
落日下崦嵫————————————袁卓尔
东钱湖情思————————————芷　茵
跃上葱茏四百旋————————柴　莹
羊！—————————————少　杰

诗歌
建设的花环（组诗）————————崔汝先
古窑址情思（组诗）————————闻　欣
大风歌（外一首）————————唐　湜
钢轨—————————————汪东根
桑塔·露琪亚————————徐渭明

浪花集（短诗十六首）———袁永庆　周　民　刘德亮
熊育群　叶　放　洁　明　许国华　江　健　殷树楷
胡　晋　天　瓦
散文诗三家————————夏　娃　徐振武　顾　艳

评论
参照中的自省————————张毓书
漫议改革文学————————魏　丁
《遐思·诗与美》前记————————唐　湜
纪念董秋芳先生—————————谢德铣

美术
庆龙年（封面）————————车　进

1988 年第 2 期　刊名：《东海》
目录

短篇小说
纪检办收到一封匿名信————————杨顺安
天活—————————————姬　姵
糖莲藕————————————戴胜德
桃符渡————————————龚泽华
温州女老板————————————陈利星

报告文学
皮鞋大王俞敬民（"中国潮"征文）————鲍志华
不守"本分"的税务所长（"中国潮"征文）——朱一峰

古今中外
"大夫第"的秘密（续完）————————曹　正

散文
新春时节话酒茶————————陆绎广

诗歌
森林之神（组诗）————————张德强
嘉峪关（外一首）————————向　青
城市（二首）————————程蔚东
工业风景线（二首）————————黄东成
对弈（外一首）————————陈　寅

评论
改革呼唤着文学————————李遵进
"改革文学"寄希望于文学改革————高松年

美术
水漫金山（水印木刻）————————李以泰

1988 年第 3 期　刊名:《东海》
目录

短篇小说

船航潦儿湾⋯⋯⋯⋯⋯⋯⋯⋯⋯吴　昊
十年重相会⋯⋯⋯⋯⋯⋯⋯⋯⋯蔡　恭
愿望⋯⋯⋯⋯⋯⋯⋯⋯⋯⋯⋯⋯魏心宏
呼噜,使劲打,不必顾虑⋯⋯⋯李隆恩
没有年轮的树(外一篇)⋯⋯⋯他　山
瀑布⋯⋯⋯⋯⋯⋯⋯⋯⋯⋯⋯⋯许明桃

古今中外

起义前夕(连载)⋯⋯⋯⋯⋯⋯黄仁柯

报告文学

没有搁浅的"小船"("中国潮"征文)
⋯⋯⋯⋯⋯⋯⋯⋯⋯汤一钧　沈利民
一个少女和一个漂流英雄⋯⋯⋯马新程
长风破浪会有时(特写)⋯⋯⋯金阿根

散文

秋夜怀故人⋯⋯⋯⋯⋯⋯⋯⋯⋯刘　金
寻子草笑了⋯⋯⋯⋯⋯⋯⋯⋯⋯吴丽嫦

诗歌

散文诗三家⋯⋯⋯李风清　李昆纯　徐慎贵
我看到的海(组诗)⋯⋯⋯⋯⋯柯　平
玉兰花(十首)⋯⋯⋯孙武军　杨人伟　吴明火
吴黛娜　李广德　胡一平　徐群飞　叶小龙

评论

按照美的规律深化改革文学⋯⋯钟本康
文学的创造性误解和作品的美学发现⋯⋯⋯盛子潮
方言的选择和改进⋯⋯⋯⋯⋯⋯叶金龙
忘不了鲁迅的著作⋯⋯⋯⋯⋯⋯顾文浩

美术

红豆岛(中国画)⋯⋯⋯⋯⋯⋯郭修琳

1988 年第 4 期　刊名:《东海》
目录

短篇小说

竹鹞⋯⋯⋯⋯⋯⋯⋯⋯⋯⋯⋯⋯徐锁荣
"龙哈顺"聚散记⋯⋯⋯⋯⋯⋯陈忠来
城市的风⋯⋯⋯⋯⋯⋯⋯⋯⋯⋯易振荒
岘镇三将军⋯⋯⋯⋯⋯⋯⋯⋯⋯任　何

暖雪⋯⋯⋯⋯⋯⋯⋯⋯⋯⋯⋯⋯蔡　康
十字路口的人⋯⋯⋯⋯⋯⋯⋯⋯徐　铎
丛林啊,你在诉说什么⋯⋯⋯⋯盖祝国
七月的暑天⋯⋯⋯⋯⋯⋯⋯⋯⋯米春华
第三种可能⋯⋯⋯⋯⋯⋯⋯⋯⋯小　理

报告文学

涌动浪潮的"大鱼"("中国潮"征文)
⋯⋯⋯⋯⋯⋯⋯⋯⋯汤一钧　陈默庭

古今中外

起义前夕(续完)⋯⋯⋯⋯⋯⋯黄仁柯
特殊使命——《王宽诚传》节选⋯⋯汪卫兴

散文

黄河滩有一片绿柳林⋯⋯⋯⋯⋯飞　雪
老编辑殷白⋯⋯⋯⋯⋯⋯⋯⋯⋯庄月江
阎瞎子的粉坊⋯⋯⋯⋯⋯⋯⋯⋯邹　镇

诗歌

畲山的春天(组诗)⋯⋯⋯⋯⋯燕　翎
春韭(三首)⋯⋯⋯⋯⋯⋯⋯⋯田　地
给诗人(二首)⋯⋯⋯⋯⋯⋯⋯白　航
含露的花(七首)⋯⋯⋯于宗信　姚焕吉
施恋林　翁耀荣　王中朝
散文诗五家⋯⋯⋯⋯⋯⋯⋯⋯⋯尹剑峰
屠再华　管彦达　赵政民　张黎华

评论

改革文学的困惑和超越⋯⋯⋯⋯吴伏海
小说的民族形式和群众阅读的兴趣⋯⋯⋯盛钟健
凤凰村人在省悟——读《凤凰墩》⋯⋯文　夫

1988 年第 5 期　刊名:《东海》
目录

报告文学

争议人物("中国潮"征文)⋯⋯许胤丰　朱一峰

短篇小说

寻⋯⋯⋯⋯⋯⋯⋯⋯⋯⋯⋯⋯⋯季　宇
广相⋯⋯⋯⋯⋯⋯⋯⋯⋯⋯⋯⋯徐建国
好雨知时节⋯⋯⋯⋯⋯⋯⋯⋯⋯郑时宏
雨夜⋯⋯⋯⋯⋯⋯⋯⋯⋯⋯⋯⋯李焕振
谈天⋯⋯⋯⋯⋯⋯⋯⋯⋯⋯⋯⋯张文波
慢行路标⋯⋯⋯⋯⋯⋯⋯⋯⋯⋯任　峻
猜猜今天谁来吃晚饭⋯⋯⋯⋯⋯姜天锡

古今中外

真假玉兰花（连载）⋯⋯⋯⋯⋯符筱 先璎

散文

竹乡情话⋯⋯⋯⋯⋯⋯⋯⋯⋯⋯曹知耕
鸟魂⋯⋯⋯⋯⋯⋯⋯⋯⋯⋯⋯⋯陈少华
蚬忆⋯⋯⋯⋯⋯⋯⋯⋯⋯⋯⋯⋯喻金波

诗歌

青田特产（外二首）⋯⋯⋯⋯⋯⋯黄亚洲
湖滨，一幢红房子（外一首）⋯⋯左一兵
江南水彩画（组诗）⋯⋯⋯⋯⋯⋯方竟成
城市掠影（三首）⋯⋯⋯⋯⋯⋯张 新
"吴山杯"得奖作品选（三首）
⋯⋯⋯⋯⋯⋯⋯施 翔 王春央 赵凯鹏
山河恋（五首）⋯⋯⋯⋯⋯高 风 汪宛夫
蔡 耘 沈小龙 晓 弦
散文诗二家⋯⋯⋯⋯⋯⋯⋯吕人俊 张厚德

评论

历史尺度与道德尺度⋯⋯⋯⋯⋯⋯沈汝瞳
艺术的商品化和艺术的灵魂⋯⋯⋯方 谭
知青乐章的新音符
——谈蔡恭《三个成功的女子》⋯⋯竹潜民

1988 年第 6 期 刊名:《东海》
目录

短篇小说

可以清心⋯⋯⋯⋯⋯⋯⋯⋯⋯⋯孙方友
蓝保姆失踪之谜⋯⋯⋯⋯⋯⋯⋯李云良
啊，渭河滩⋯⋯⋯⋯⋯⋯⋯⋯任 何
异草（二篇）⋯⋯⋯⋯⋯⋯⋯⋯董炳新
出了事故之后⋯⋯⋯⋯⋯⋯⋯⋯包南珪
做大⋯⋯⋯⋯⋯⋯⋯⋯⋯⋯⋯⋯章思球

报告文学

小小图钉与大千世界（"中国潮"征文）
⋯⋯⋯⋯⋯⋯⋯⋯⋯⋯⋯吴世昌 鲍志华
经委主任及其用人之道（"中国潮"征文）⋯庄月江

古今中外

真假玉兰花⋯⋯⋯⋯⋯⋯⋯符筱 先璎

散文

将军的脚步声⋯⋯⋯⋯⋯⋯⋯⋯周岷山

诗歌

怀土（组诗）⋯⋯⋯⋯⋯⋯⋯⋯刘鸿伏
爱的回音壁⋯⋯⋯⋯⋯⋯⋯⋯⋯田永昌
落日（外二首）⋯⋯⋯⋯⋯⋯⋯莫少云
海恋（三首）⋯⋯⋯⋯⋯⋯⋯⋯刘亚森
有一条河（外一首）⋯⋯⋯⋯⋯肖 波
浪花集（五首）⋯⋯⋯⋯⋯朱春涛 潘大华
江 堤 俞海平 雄

评论

夹缝中的探索⋯⋯⋯⋯⋯⋯王开阳 洪春林
凡中见奇，小中见大⋯⋯⋯⋯⋯竺柏岳
赠诗人⋯⋯⋯⋯⋯⋯⋯⋯⋯⋯⋯洪铁城

1988 年第 7 期 刊名:《东海》
目录

短篇小说

别扭，史无前例⋯⋯⋯⋯⋯⋯⋯阙迪伟
腌树上的彩云⋯⋯⋯⋯⋯⋯⋯⋯李平易
老大哥们⋯⋯⋯⋯⋯⋯⋯⋯⋯⋯王安林
碑变⋯⋯⋯⋯⋯⋯⋯⋯⋯⋯⋯⋯陆耀亭
台风⋯⋯⋯⋯⋯⋯⋯⋯⋯⋯⋯陈 酒
午时雨，黑匣⋯⋯⋯⋯⋯⋯⋯他 山

报告文学

成功的驱逐⋯⋯⋯⋯⋯⋯⋯⋯⋯陈沙浪
此处神州第一家⋯⋯⋯⋯⋯⋯⋯李烈钧
寻觅属于自己的太阳⋯⋯⋯⋯文 清 令 旗

古今中外

真假玉兰花（续完）⋯⋯⋯⋯符筱 先璎

散文

熔炉⋯⋯⋯⋯⋯⋯⋯⋯⋯⋯⋯⋯朱明溪
同题散文诗二章⋯⋯⋯⋯⋯⋯⋯莫 洛

诗歌

用第三只眼睛看高原（组诗）⋯⋯伊 甸
窗外、门外——访意诗抄（组诗）⋯叶延滨
巴山蜀故乡情（组诗）⋯⋯⋯⋯蒲祖煦
东方风筝季（五首）⋯⋯⋯吴 晓 伍立杨
王 晓 寒 冷 海 子

评论

生活的规范，行为的准绳
——评浙江省首届法制文学获奖作品⋯⋯⋯骆寒超
掩卷后的沉思

——读《纪检办收到一封匿名信》·········孙明仁

美术
蚕桑姑娘·········李子候

1988 年第 8 期　刊名:《东海》
目录

短篇小说
雁奴魂·········沈虎根
失落的和未来的（中篇小说）·········曹苇舫
媒·········章轲
幸福楼·········（满）寇丹
进补·········姚育明
诀窍·········邵建普

报告文学
东方大港的崛起（"中国潮"征文）····张坚军　钱荣根
在昔日桃花盛开的地方（"中国潮"征文）····朱德才
有效书记（"中国潮"征文）·········任峻

古今中外
山雨欲来之际（中篇连载）·········曹正

散文
方岩纪胜·········应加登
海洋散文诗二家·········马雪　张一泓

诗歌
红珊瑚（组诗）·········龙彼德
海的诱惑（组诗）·········刘原
天涯情绪（二首）·········冯麟煌
海洋诗（四首）····万九如　牟超日　许向前　山泉
漫游者的夜歌·········歌德作　徐朔方译

评论
创造优质的艺术品奉献给人民·········彦华

美术
早市·········李子候

1988 年第 9 期　刊名:《东海》
目录

短篇小说
艺术的天平（中篇小说）·········潮清
铁鬼老陶·········陆明

蛮好蛮好·········李建树
地下室的小姐·········汪逸芳
瘤子·········李也红

报告文学
冲出深山的卧龙（"中国潮"征文）·········郑时宏
擂台设在另一个城市（"中国潮"征文）
·········章轲　杨东彪
他别无选择（"中国潮"征文）·········鉴一帆
尖峰山下（"中国潮"征文）·········徐徐　陈鹰

古今中外
山雨欲来之际（续完）·········曹正

散文
旅日琐记·········姜东舒

诗歌
玫瑰海（组诗）·········董培伦
爱的邮路（外一首）·········潘万提
被击中的鹰·········王彪
七弦琴·········李发模　赵焕明　费嘉
鲁萍　徐怀生　谷未黄　黄婷　陈涛

评论
社会变革与道德变革·········白毅
编辑家的丰碑·········沈虎根

美术
鸭女·········李子候

1988 年第 10 期　刊名:《东海》
目录

报告文学
太阳的摇篮（"中国潮"征文）·········叶文玲
好鸟知时节（"中国潮"征文）·········樊建国　方路
血色起飞路（"中国潮"征文）·········禾子　叶岗
友谊之路（"中国潮"征文）·········高尔法
星之光（"中国潮"征文）·········邹圆
牧鸭人（"中国潮"征文）·········刘金表　庄金雄

短篇小说
圣鱼·········赵和松
非伤害性谎言·········老谭
在负重和释重的前前后后·········郑九蝉
咸井·········文平
晚间来客·········周冠宁

灯光⋯⋯⋯⋯⋯⋯⋯⋯⋯⋯华力诚
想不到的故事⋯⋯⋯⋯⋯⋯⋯陈华艺
内定继任人⋯⋯⋯⋯⋯⋯⋯⋯刘烨文

古今中外
单车独行侠（纪实文学）⋯⋯⋯陆林森

散文
呵，大家⋯⋯⋯⋯⋯⋯⋯⋯⋯叶 放
散文诗六家⋯⋯⋯⋯⋯夏 娃 池莲子
董华平 武果毅 丁 力 冯宝荣

诗歌
火红的岁月（组诗）⋯⋯⋯⋯何鑫业
古史新咏（组诗）⋯⋯⋯⋯⋯方 牧
雨从波兰飘下来（外一首）⋯⋯梁晓明
醉瓜（外一首）⋯⋯⋯⋯⋯⋯向 青
寄山顶的一棵小枞树（外二首）⋯陈士平
浪花集⋯邹徐文 闻 欣 李登建 骆 蔓 袁方勇
叶 明 王 峥 夏 明 朱蓓蓓 林海蓓 徐振武

评论
作家的艺术感觉和文体的美学制约⋯⋯盛子潮
重要启事⋯⋯⋯⋯⋯⋯⋯⋯⋯本刊

美术
桑青青⋯⋯⋯⋯⋯⋯⋯⋯⋯李子候

寸草报春晖⋯⋯⋯⋯⋯⋯⋯沈定标

古今中外
万妃争宠⋯⋯⋯⋯⋯⋯⋯⋯郎忆倩

散文
人生是一首歌⋯⋯⋯⋯⋯⋯袁一凡
故乡石头记⋯⋯⋯⋯⋯⋯⋯徐月仙
钓鱼乐⋯⋯⋯⋯⋯⋯⋯⋯⋯涩 水
梅花缕缕魂⋯⋯⋯⋯⋯⋯⋯陆绎广
父亲呵，父亲⋯⋯⋯⋯⋯⋯王新江

诗歌
情感的流云（组诗）⋯⋯⋯⋯李光云
广阔的地平线（组诗）⋯⋯⋯李苏卿
巨石篇⋯⋯⋯⋯⋯⋯⋯⋯⋯清 子
七色花（十四首）⋯⋯⋯熊育群 李占学
周孟贤 徐家麟 顾 艳 吕人俊 孔令旗 谭德生
池凌云 李望苗

评论
文学与人生的生存意识⋯⋯⋯李遵进
真与善的追求⋯⋯⋯⋯⋯⋯少 白
重要启事

美术
秋季⋯⋯⋯⋯⋯⋯⋯⋯⋯⋯李子候

1988 年第 11 期　刊名:《东海》
目录

短篇小说
门的幽默⋯⋯⋯⋯⋯⋯⋯⋯蔡未名
香港路上⋯⋯⋯⋯⋯⋯⋯⋯陆 明
血，总是有的并且一定是热的⋯⋯魏心宏
圆形人⋯⋯⋯⋯⋯⋯⋯惠 平 小 相
山的眼⋯⋯⋯⋯⋯⋯⋯⋯⋯平 凸
蟹醉⋯⋯⋯⋯⋯⋯⋯⋯⋯倪蓉棣
幻想（小小说）⋯⋯⋯⋯⋯周潮娜
慈父（小小说）⋯⋯⋯⋯⋯徐 斐
茶话会前后（小小说）⋯⋯⋯嵇发根

报告文学
军旅农场之光⋯⋯⋯广 平 玉 山 培 才
从参谋长到企业家⋯⋯⋯⋯朱振国
在竞争中升华⋯⋯⋯⋯⋯⋯山 楂
磁头上的进行曲⋯⋯⋯⋯鉴一帆 董建华
赔损记⋯⋯⋯⋯⋯⋯⋯⋯⋯朱一峰

1988 年第 12 期　刊名:《东海》
目录

短篇小说
笔记小说（四则）⋯⋯⋯⋯⋯孙方友
三河五杰⋯⋯⋯⋯⋯⋯⋯⋯周时奋
失落⋯⋯⋯⋯⋯⋯⋯⋯⋯⋯潘大华
画祟⋯⋯⋯⋯⋯⋯⋯⋯⋯⋯龚泽华
大热天⋯⋯⋯⋯⋯⋯⋯⋯⋯潘国尧
有滋有味⋯⋯⋯⋯⋯⋯⋯⋯王 颖
陈年的落叶⋯⋯⋯⋯⋯⋯⋯徐月仙

报告文学
功与罪（"中国潮"征文）⋯⋯⋯白 云
桐君传人（"中国潮"征文）⋯⋯孔令旗
雕魂（"中国潮"征文）⋯⋯⋯贾丹华
荷花河可以作证（"中国潮"征文）⋯朱秀山
洒在金奖上的汗和泪（"中国潮"征文）⋯孙明仁

古今中外

罗隐罢考......................刘　金

散文

木棉树......................张国谦
徽州印象......................马　力

诗歌

秋雨潭（组诗）......................方　跃
春曲......................徐振武
远去的雨点......................李　耕
从前的女友（外一首）......................沈　健
大学生诗会......................陈　灿　老　海
胡剑峰　蒋祖云　东　方　齐　华　岩　鹰

评论

"写什么"与"怎么写"......................金健人
情思绕五月——评朱明溪的散文......................骆寒超

美术

花卉（封面）......................周天黎

《郑州文艺》
（《百花园》）

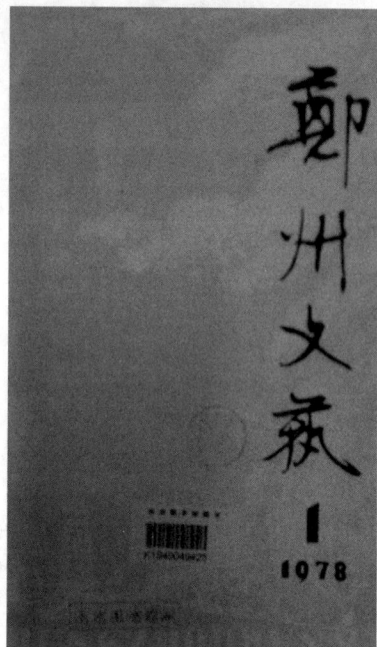

【简　介】

综合性文学月刊。河南省郑州市文学艺术界联合会主办。创刊于 1958 年，1978 年复刊。1981 年由《郑州文艺》更名为《百花园》。其定位为"海内外倡导小小说的标志性刊物"，以倡导小小说文体、培养小小说作家为己任。

期刊号：1978 年第 1 期—1988 年第 12 期

1978 年第 1 期　刊名：《郑州文艺》

目录

华主席给《人民文学》的光辉题词（插页）
毛主席给陈毅同志谈诗的一封信

彻底批判"文艺黑线专政"论

坚决打碎反革命精神枷锁
砸烂"紧箍咒"迎来花满园......................郑棉六厂工会
一根镇压人民的"狼牙棒"......................周西海
"千树万树梨花开"......................李　准

散文·报告文学
黄河儿女的怀念......................继　文
明亮的黑河......................阎予昌
种子......................翟葆艺
新年的祝愿......................陈树涵

小说

山里人 ······ 叶文玲
我们要书读 ······ 徐 慎
改不了的线路 ······ 肖正义

诗歌

大干社会主义的人们（组诗） ······ 王怀让
华主席握过这双手 ······ 杜 天
缅怀周总理，怒斥"四人帮" ······ 周奇之
井冈青松 ······ 王家训
写在二七纪念塔上 ······ 张保民
书桌 ······ 刘中魁
纱海春潮 ······ 王爱敏
迎春歌 ······ 候耀忠
初登太行 ······ 李长华
黄粱梦（讽刺诗） ······ 张传平

评论·随笔

为有源头活水来 ······ 光 宇 力 建
重读"樱花"小议"风格" ······ 王继兴
读书排号议 ······ 何秋声
"夏三虫"和"四人帮" ······ 泛 帆

曲艺

乘车记（相声） ······ 武震洲
主题从何而来？（文学常识） ······ 齐树德
致读者 ······ 本刊编辑部
刊名题字 ······ 茅 盾
封面设计 ······ 靳福顺
十七年不容否定（雕塑） ······ 郑州市业余雕塑组

1978 年第 2 期　刊名:《郑州文艺》
目录

中华人民共和国国歌
周总理青年时代诗选

普天同庆人大开

华主席率领我们继续长征（歌曲） ······ 殷红词　卢怡曲
征途万里大步跨 ······ 马粹芝
百里矿山飞采虹 ······ 白彦明
二月春雷震长天（二首） ······ 唐东风
千根银沙万缕情 ······ 李 溯
车间庆祝会 ······ 张金培
火红的喜讯传山穷 ······ 张家华
展开长卷画春容 ······ 校菲达
齐天乐（词）——欢呼五届人大胜利召开 ······ 杜 天
进军（散文诗） ······ 李叔和

小说·散文

棉纱白生生 ······ 刘庆邦
定盘星上 ······ 王来超
教授的心愿 ······ 陈树涵
翻身边情 ······ 张秀生
收豆子 ······ 肖正义
我爱郑州黄河桥 ······ 赖国沐
三春柳 ······ 汪喜莹
散文二则 ······ 李 珊

诗歌

献给周总理 ······ 周奇之
竹叶笛（山歌十首） ······ 陈有才
杜鹃（叙事诗） ······ 张庆明
市场新风（二首） ······ 宋余三
日夜宿营 ······ 苗绍伟
锨锄镐快划飞橹（二首） ······ 王金良
有生之年党安排 ······ 程士玉
一盘棋（外一首） ······ 刘中魁
电缆 ······ 杨连中　冯曼丽
泉边（外一首） ······ 范钦佩
献给春天（散文诗） ······ 张保民
诗坛挂起明灯盏 ······ 王 剑
诗歌巨人迎面来 ······ 那 可
胜过春风雨 ······ 张承厚
四化目标是总谱 ······ 王淳星

评论

形象思维与文艺创作 ······ 康 群
百花争艳　春色满园
——市业余戏剧、曲艺会演述评 ······ 张 录
民歌中的比兴 ······ 李志中
从桂林山水谈起——简议文艺创作的多样性 ······ 朱本卓

曲艺

攀高峰（相声） ······ 胡居洲
抒情散文的结构和表现手法（文学常识） ······ 罗中顷
热烈庆祝　胜利前进 ······ 李宝欣
风雨同舟 ······ 常宗贤
立桥新貌 ······ 段文彬

1978 年第 3 期　刊名:《郑州文艺》
目录

小说

妇女队长 ······ 李克定
婚事 ······ 张德桢
山里的孩子 ······ 李 珊

好妈妈 ················ 宋 哲
鸟国里的战斗（童话）············ 张秀生

散文·速写

敬礼，大庆！
闪光的院落 ················ 曹 地
大庆的美 ············ 力 � 继 兴
大庆灯火 ················ 王 芳
高老头传 ············ 王 炜 孙俊恒
华主席看起咱白庄人 ······ 马青云 赵 铁

郑州一日

迎春号诞生记 ··············· 胡居洲
买书 ··················· 珊 珊
加班车上 ·················· 邢 可

诗歌

我说民歌是上流——学大寨民歌一束 ····· 王怀让
儿歌一束 ················· 任 骋
蝴蝶和蜜蜂（寓言诗）··········· 赤 明
庆胜利 ·················· 苗化铭
信访接待员 ················ 刘福智
练 ···················· 王中朝
战士和山 ················· 马剑化
车间素描 ················· 严 肃
催春（二首）··············· 赵西岳
竞赛表 ·················· 李叔和
扛来钢山插红旗 ·············· 胡昌国
郑州诗笺（二首）············· 刘国良

评论

坚持文艺的工农兵方向——学习《在延安文艺座谈会
上的讲话》··············· 王远钧
文艺批评的标准不容篡改 ·········· 刘彦钊
不要求全责备 ··············· 杨旭村
各地报刊相继载文批判浩然的毒草作品《西沙儿女》
和《百花川》
芽场新事（快板书）············ 柯 旭
建设咱社会主义伟大国家（豫剧清唱）
·············· 王志中词 常永生曲
肖像描写与任务刻画（文字常识）······· 张初考
街头新景（速写四幅）········ 黄居正 张松正
从小爱科学 长大攀高峰
············ 王乙丙（河南省人民出版社供稿）
叶副主席篆刻 ··········· 张绍文 侯宇台
中原大厦 ················· 段文彬

1978 年第 4 期　刊名:《郑州文艺》

目录

郭沫若同志遗墨

小说

"杠子头"小传 ··············· 宋余三
新春 ··················· 周 熠
重返岗位 ················· 王广先
第三个兰天 ················ 宿聚生
一项新科目 ················ 周西海

散文·报告文学

摘出异物的人 ··············· 李统仁
当我撕下一张日历的时候 ·········· 黎 妥
春雨 ··················· 段延锡

郑州一日

特殊业务 ················· 聂敏华
夜战 ··················· 赵继周

幼芽

我的刘老师 ················ 魏保栓

诗歌

华主席是咱贴心人（三首）·········· 韩瑛等
八一军旗红（五首）············ 巨声等
歌手的话 ················· 陈有才
放歌长征路 ················ 雍玉中
灯海涛声 ················· 田万宪
月牙湾（外二首）············· 王绶青
公社田里哥儿多（八首）········· 王金良等
攻关 ··················· 赵荻珠

评论

叭儿狗文学家的伎俩——《山鹰》被诬的联想
··················· 泛 帆
学诗三题 ················· 翟葆艺
阅读与欣赏
变色龙 ··········· ［俄］契科夫作 汝龙译
变色龙的脸谱 ··············· 何秋声
美术欣赏
一曲耐人寻味的赞歌——喜读吴作人同志的《齐奔》
··················· 龚 柯
才华与实践 ················ 张万钧
文章和脸 ················· 秦 川
送红花（河南坠子）············ 荆苗套
新花初绽（文化消息）

文学常识
文学作品的情节 ————————————宗 乃
战士的画（五幅）————————————贾国成等
封面设计 ————————————————张树莹
八一决策 ————————————王征华 康 东
黄河测流 ————————————————陈天然

1978 年第 5 期　刊名:《郑州文艺》
目录

毛主席诗词三首

小说
接待日 ————————————————王鸿钧
夜呵，沉闷的夜 ——————————————杨东明
犁的故事 ————————————————杨金速

散文·报告文学
金色的脚印 ————————————————翟葆艺
两个暮春的回忆 ——————————————李 晴
"蚊子教授" ————————————————李统仁

郑州一日
西瓜宴 —————————————————王 炜
书记上学 ————————————————王广先

旅行家
加拿大纪行 ————————————————方 立
鸡公山的春天 ————————————周培聚 赵主明

幼芽
登山 ————————————————九中 杜意斌
校园春色 —————————————一中 徐沛力

诗歌
当枫叶红了的时候
　——献给国庆二十九周年 ———————雍玉中
足音 ——————————————————阎予昌
十月金秋唱丰收 ——————————————王世廷等
喜鹊（寓言诗）———————————————东 鸣
清平乐·赞郑州 ——————————————苗化铭
打谷场短歌 ————————————————张承厚
铃声 ——————————————————禹木愚

评论
博彩口语下苦功——学习鲁迅关于语言学习的论述
　————————————————————刘彦钊

阅读与欣赏
我的叔叔于勒 ——————————[法]莫泊桑
莫泊桑及其《我的叔叔于勒》———————秦 仪
文艺随笔
相反相成——艺术手法学习札记 ——————王继兴
谈"巧"——读剧札记 ——————秦兆基 朱子南
谈结构（文学常识）————————————邢桂轮
月明心亮（唱词）————————————孔祥荣

美术
科学的春天（速写）————————————冯自强等
文艺要繁荣 ————————————王泽成 吴洪生
鲁迅 ——————————————————汤君超
微波大楼 ————————————————张树莹

1978 年第 6 期　刊名:《郑州文艺》
目录

学习光辉诗篇　缅怀伟大导师
别情·爱情·豪情——读毛主席《贺新郎》词
　————————————————————李志中
沉玄豪放寄深情
　——读毛主席《七律·吊罗荣祖同志》————何权衡
史与歌——读《贺新郎·读史》————————立 析
脚印赋（诗）——纪念毛主席八十五诞辰 ————宋余三

深深的秦岭里（小说）————————————贾平凹
三分钟（小说）———————————————牛庆明
山子（小说）———————————————周百义
相亲（小说）———————————————王子涛
寓言三则 ————————————————柯幸和

幼芽
送别姐姐的时候 ——————————————朱莉英
包公断伞（民间故事）————————————郭 钧
战士的家（报告文学）————————————丁新生
外祖父唱起来了（散文）———————————赵继周
采风桃花寨（散文）————————————卞 卡

旅行家
石刻艺术的宝库——游龙门石窟 ——————明 兰
曹操华佗本同乡 ——————————————孟庆华
郑州一日　李秀林在此门诊 —————————马青云
丰收场上话科学 ——————————————田培杰
鲜红的史页（诗）——捧献给淮海战役卅周年
　————————————————————李长华
火热的车间（诗）————————————严肃等
思海浪花（诗）———————————————蒋金铺

欢乐的河（散文诗）⋯⋯⋯⋯⋯⋯⋯⋯⋯⋯张保民

阅读与欣赏

柳毅⋯⋯⋯⋯⋯⋯⋯⋯⋯⋯⋯⋯（唐）李朝威
一篇优美的神话爱情小说——读《柳毅》⋯⋯周济人
惹人喜欢的群众形象（评论）——读《"杠子头"小
传》⋯⋯⋯⋯⋯⋯⋯⋯⋯⋯⋯⋯⋯⋯⋯嵇潭
杜甫无妨咏"玉臂"⋯⋯⋯⋯⋯⋯⋯⋯⋯范文涯
试谈景物描写（文学常识）⋯⋯⋯⋯⋯⋯张初考
实践第一（篆刻）⋯⋯⋯⋯⋯⋯⋯⋯⋯⋯王天任
丹桂飘香（国画）⋯⋯⋯⋯⋯⋯⋯⋯⋯⋯张绍文
黄河上的明珠（摄影）⋯⋯⋯⋯⋯⋯⋯⋯沙 莎
二七纪念堂（版画）⋯⋯⋯⋯⋯⋯⋯⋯⋯张树堂

1979 年第 1 期　刊名:《郑州文艺》
目录

伟大的号召（诗）——欢呼十一届三中全会公报发表
⋯⋯⋯⋯⋯⋯⋯⋯⋯⋯⋯⋯⋯⋯⋯⋯任 丹
二七广场诗抄
它是花　它是剑（诗）
——赞《天安门诗抄》⋯⋯⋯⋯⋯⋯⋯刘福智
呼吸（诗）⋯⋯⋯⋯⋯⋯⋯⋯⋯⋯⋯⋯李金安
春歌（诗十首）⋯⋯⋯⋯⋯⋯⋯⋯⋯⋯王世廷等
心碑（小说）⋯⋯⋯⋯⋯⋯⋯⋯⋯⋯⋯李 晴
合影（小说）⋯⋯⋯⋯⋯⋯⋯⋯⋯⋯⋯周学良
睡（小说）⋯⋯⋯⋯⋯⋯⋯⋯⋯⋯⋯⋯卢新华
老丈人的电影积分学（小说）⋯⋯⋯⋯⋯喻 峰
淮安，光荣的城（散文）⋯⋯⋯⋯⋯⋯⋯曹 地
生命泉（散文）⋯⋯⋯⋯⋯⋯⋯⋯⋯⋯钟 声
关不住的春色（报告文学）⋯⋯⋯⋯⋯⋯张文明

幼芽

泪水和歌声⋯⋯⋯⋯⋯⋯⋯⋯⋯⋯四中 郭 红

郑州一日

嘟嘟嘴牛嫂⋯⋯⋯⋯⋯⋯⋯⋯⋯⋯⋯廉春融
渔场散记⋯⋯⋯⋯⋯⋯⋯⋯⋯⋯⋯⋯⋯陈耀华

旅行家

罗马尼亚见闻⋯⋯⋯⋯⋯⋯⋯⋯⋯⋯⋯王恩盛
真实与力量（评论）⋯⋯⋯⋯⋯⋯⋯⋯何秋声
哀声已化撼天雷（评论）⋯⋯⋯⋯⋯⋯⋯亦 明
高歌一曲寄壮士（评论）⋯⋯⋯⋯⋯⋯⋯王 钧
——读周总理诗《大江歌罢掉头东》

阅读与欣赏

雪浪花⋯⋯⋯⋯⋯⋯⋯⋯⋯⋯⋯⋯⋯⋯杨 朔

诗情浓郁　掩映多姿⋯⋯⋯⋯⋯⋯⋯⋯力 工
——读《雪浪花》
余树发学文化（河南坠子）⋯⋯⋯⋯⋯⋯李永康
扬眉剑出鞘（豫剧清唱）⋯⋯⋯⋯⋯⋯常永生编曲

文学常识

谈文学作品的语言⋯⋯⋯⋯⋯⋯光 宇 力 迩
周总理和纺织工人在一起（国画）⋯⋯⋯周思聪
瑞雪（版画）⋯⋯⋯⋯⋯⋯⋯⋯⋯⋯⋯陈天然
封面设计⋯⋯⋯⋯⋯⋯⋯⋯⋯⋯⋯⋯⋯陈 新

1979 年第 2 期　刊名:《郑州文艺》
目录

八仙，老摞与小抠（小说征文选载）⋯⋯孙方友
老芩的烦恼（小说）⋯⋯⋯⋯⋯⋯⋯⋯张 斌
春天里（小说）⋯⋯⋯⋯⋯⋯⋯⋯⋯⋯刘向阳
人选问题（小说征文选载）⋯⋯⋯⋯⋯⋯肖正义
玲玲和麻缠吴二的故事（小说）⋯⋯⋯⋯涂白玉
君子兰（散文）⋯⋯⋯⋯⋯⋯⋯⋯⋯⋯王嘉贵
飞吧，鸽子！（散文）⋯⋯⋯⋯⋯⋯⋯⋯晓 声
手臂之光（散文）⋯⋯⋯⋯⋯⋯⋯⋯⋯李太和
珍贵的照片（散文）⋯⋯⋯⋯⋯⋯⋯⋯郑兰云
红霞万朵（散文）⋯⋯⋯⋯⋯⋯⋯⋯⋯张惠芳

郑州一日

战斗的一夜⋯⋯⋯⋯⋯⋯⋯⋯⋯⋯⋯王浮星
阅览室一角⋯⋯⋯⋯⋯⋯⋯⋯⋯⋯⋯杨 科

旅行家

龙亭依然盎古意⋯⋯⋯⋯⋯⋯⋯⋯⋯⋯闫永福

幼芽

忆清明⋯⋯⋯⋯⋯⋯⋯⋯⋯⋯⋯九中 李桂玲
进军鼓（诗）⋯⋯⋯⋯⋯⋯⋯⋯⋯⋯张宜举等
不眠的实验室（诗）⋯⋯⋯⋯⋯⋯⋯⋯关劲潮
茶林之歌（诗）⋯⋯⋯⋯⋯⋯⋯⋯⋯⋯李克峰
新长征进行曲（诗）⋯⋯⋯⋯⋯⋯⋯⋯王怀让
科学的擂台（诗六首）⋯⋯⋯⋯⋯⋯⋯陈广斌
织林网（诗）⋯⋯⋯⋯⋯⋯⋯⋯⋯⋯⋯纪鸣春
百花园拾诗⋯⋯⋯⋯⋯⋯⋯⋯⋯⋯⋯牛笑灵
知识，来到了军营（诗）⋯⋯⋯⋯⋯⋯⋯潘万提
青青黄泛区（诗）⋯⋯⋯⋯⋯⋯⋯⋯⋯青 勃
让珠峰玉山搭彩桥（诗）⋯⋯⋯⋯⋯⋯⋯王茂禄
燕麦（诗）⋯⋯⋯⋯⋯⋯⋯⋯⋯⋯⋯⋯周文顺
机场休息室（诗）⋯⋯⋯⋯⋯⋯⋯⋯⋯王永海

阅读与欣赏

江州司马青衫湿——略谈《琵琶行》的艺术效果

⋯⋯⋯⋯⋯⋯⋯⋯⋯⋯⋯⋯⋯许 兑

琵琶行⋯⋯⋯⋯⋯⋯⋯⋯⋯（唐）白居易

抛弃"长官意志"，繁荣文艺创作（评论）⋯嗒 潭

艺术民主与解放思想（评论）⋯⋯⋯⋯康 群

要寓教于乐（评论）⋯⋯⋯⋯⋯⋯⋯阳 嘉

文艺创作没有极则（文艺随笔）⋯⋯⋯范文涯

印象派画家卡萨特⋯⋯⋯⋯⋯⋯⋯乙 丙

文学常识

批判现实主义

动员报告（相声）⋯⋯⋯⋯⋯⋯⋯武震洲

我爱美丽的台湾（歌曲）⋯⋯张德河词 颂歌曲

英特纳雄耐尔一定要实现（油画）⋯赵友萍 李天祥

洗澡（油画）⋯⋯⋯⋯⋯⋯［美］卡萨特

春天（剪纸）⋯⋯⋯⋯⋯⋯⋯⋯申鸿欣

1979 年第 3 期 刊名:《郑州文艺》
目录

自卫还击英雄赞

祖国之花（散文）⋯⋯⋯⋯⋯⋯⋯胡家模

正义之歌（报告文学）⋯⋯⋯⋯⋯张明武

红星闪闪（散文）⋯⋯⋯⋯⋯⋯⋯张惠芳

硝烟弥漫处（报告文学）⋯⋯⋯⋯张德桢

炮火与鲜花（诗）——寄自云南前线的诗⋯⋯王怀让

妈妈，军号就要吹响（诗）⋯⋯⋯吴卫东

美丽的边疆（诗）⋯⋯⋯⋯⋯⋯胡昌国

红灯（小说征文选载）⋯⋯⋯⋯⋯张 斌

老师（小说）⋯⋯⋯⋯⋯⋯⋯⋯石 丛

月（小说）⋯⋯⋯⋯⋯⋯⋯⋯⋯贾平凹

我和他（小说）⋯⋯⋯⋯⋯⋯⋯李传瑞

蛋蛋（儿童文学）⋯⋯⋯⋯⋯⋯康廷瑞

击炮降雨（散文）⋯⋯⋯⋯⋯⋯⋯张文和

旅行家

春游太昊陵⋯⋯⋯⋯⋯⋯⋯⋯⋯纪建泰

茶乡行⋯⋯⋯⋯⋯⋯⋯⋯⋯⋯⋯赵主明

熔渣之歌（诗）⋯⋯⋯⋯⋯⋯⋯苗得雨

淮河放排歌（诗）⋯⋯⋯⋯⋯⋯张生然

新老师（诗）⋯⋯⋯⋯⋯⋯⋯⋯马德华

春妮（诗）⋯⋯⋯⋯⋯⋯⋯⋯⋯李木生

给孩子们的歌（诗）⋯⋯⋯⋯⋯乔台山等

放歌台（诗）⋯⋯⋯⋯⋯⋯⋯⋯张楚北等

阅读与欣赏

小中见大 尺幅千里——读《卖火柴的小女孩》⋯何权衡

卖火柴的小女孩⋯⋯⋯⋯⋯［丹麦］安徒生

郭老笔下风雷动（评论）——读郭沫若同志用鲁迅韵

书怀三首⋯⋯⋯⋯⋯⋯⋯⋯⋯谢励武

源泉的赞歌（评论）

——喜读《生命泉》⋯⋯⋯⋯浮 星

"真实"和"拔高"（随笔）⋯⋯⋯金小瑞

井台会（河南坠子）⋯⋯⋯⋯⋯孔祥荣

文学常识

谈细节描写⋯⋯⋯⋯⋯⋯⋯⋯⋯张保振

练好本领 保卫祖国（剪纸）⋯⋯赵芳书

鱼⋯⋯⋯⋯⋯⋯⋯⋯⋯⋯⋯⋯张高山

猫⋯⋯⋯⋯⋯⋯⋯⋯⋯⋯⋯⋯谭阿西

路易·艾黎和中国孩子⋯⋯⋯⋯邓帮镇

向四化进军（剪纸）⋯⋯⋯⋯⋯冯三旺

1979 年第 4 期 刊名:《郑州文艺》
目录

回村（小说）⋯⋯⋯⋯⋯⋯⋯⋯段荃法

一个姑娘的遭遇（小说征文选登）

买牛记（小说）⋯⋯⋯⋯⋯⋯⋯孙方友

鱼（小说）⋯⋯⋯⋯⋯⋯⋯⋯⋯杨全速

小银锁的新皮鞋（小说）⋯⋯⋯高雪晨

竹鸡（散文）⋯⋯⋯⋯⋯⋯⋯⋯江 水

时钟（散文）⋯⋯⋯［苏］高尔基著 周济人译

在勇士们流血的时候（报告文学）⋯⋯覃发高

英雄花（报告文学）⋯⋯⋯刘桂桐 刘永昌

他顽强地活着（报告文学）

⋯⋯⋯⋯⋯⋯⋯⋯⋯⋯⋯⋯⋯曹勇华

旅行家

慕香而至

——访杏花村⋯⋯⋯⋯⋯⋯⋯王继兴

登华山⋯⋯⋯⋯⋯⋯⋯⋯⋯⋯肖正义

红花曲（诗）⋯⋯⋯⋯⋯⋯⋯⋯郑保勤

井冈山四题（诗）⋯⋯⋯⋯⋯⋯钟庭润

家（诗）⋯⋯⋯⋯⋯⋯⋯⋯⋯⋯王俊义

科学的接力⋯⋯⋯⋯⋯⋯⋯⋯⋯王 芳

灯泡及其他（诗三首）⋯⋯⋯⋯李清联

放歌台（诗）⋯⋯⋯⋯⋯⋯⋯⋯张志玉等

阅读与欣赏

泼墨淋漓发诗情——读杜甫的《闻官军收河南河北》

⋯⋯⋯⋯⋯⋯⋯⋯⋯⋯徐应佩 周溶泉

发人深思的"红灯"（评论）——读张斌同志的《红灯》

⋯⋯⋯⋯⋯⋯⋯⋯⋯⋯⋯⋯⋯庄 众

文艺随笔

从饰演林冲说起 ························ 鲁枢元
语羞雷同 ·························· 肖文苑

文学常识

心理描写 ·························· 顾圣浩
列宁小学（国画） ···················· 刘书民
太行浩气传千古（国画） ·········· 杨力舟　王迎春
保卫边疆　保卫四化（木刻） ·············· 张茂地

1979 年第 5 期　刊名:《郑州文艺》
目录

诗歌

啊，祖国母亲 ······················· 宋余三
赠李白凤诗二首 ····················· 端木蕻良
遥远歌 ··························· 徐　刚
鸟的疑问 ·························· 苏金伞
"猫队长"新事 ······················ 陈育才
标灯吟（外一首） ···················· 刘益善
牛和耧（寓言诗） ···················· 崔登云
根 ····························· 周文顺
三类队见闻录（外一首） ················· 房　根
放歌台 ························· 钱国胜等

小说

小小老百姓（小说征文选载） ··············· 李佩有
两代人 ··························· 沈仁康
看戏 ··························· 张兴元
法律的妙用 ························ 王来超

美术

漫画 ························· 刘德彰等
雁鸣长空（套色木刻） ·················· 刘铁华
思想者（雕塑） ···············　[法] 罗　丹
封面设计 ·························· 束彭令

文艺动态

市文联召开座谈会讨论文艺如何为四化服务
连环画《枫》激起读者强烈反响

散文

巍巍贺龙桥 ························ 陈淀国
芳茶溢满师生情 ····················· 郑保勤
我爱柿乡 ·························· 胡　强

旅行家

钧都漫笔 ·························· 张老虎

山光水色尚依然（晋祠纪游） ·············· 李道雨
漫话汴梁戏（随笔） ··················· 韩德三

幼芽

泡桐树 ·························· 高敦武
雷雨 ··························· 杨　荃
小品文　局长抓点 ···················· 丁　口
"这儿没有老贾" ····················· 李统仁
要车记 ·························· 郭文杰

报告文学

拜访王崐山 ··················· 未可先　卞　卡

评论

康德的"笑话"的启示（杂文） ·············· 刘　思
罗丹的《思想者》 ···················· 迟　轲
志贵高远　气贵雄浑
读《岳阳楼记》附《岳阳楼记》 ·············· 李国栋
"有德"乎?"缺德"乎? ················· 康　群
有感于"面包姻缘" ···················· 金　芹
"柳絮飞来十里红" ···················· 范文涯

文学常识

文学的形象性 ······················ 杨　飓

曲艺

双告状（三弦书） ···················· 屈运祥

1979 年第 6 期　刊名:《郑州文艺》
目录

春风得意马蹄疾 ·················· 本刊评论员

小说

航医老冷 ·························· 宿聚生
物归原主（小说征文选载） ················ 喻　峰
鸽子 ··························· 张　斌
小研续传 ·························· 刘俊杰
葬身大海 ··············　[法] 莫泊桑著　禹昌爱译

诗歌

将军渡 ·························· 李木生
慷慨悲歌颂英烈 ····················· 杨松枰
诗的性格 ·························· 王侠若
幻想歌 ··························· 纪　宇
村头，有座窝棚 ····················· 张庆明
脚印 ··························· 连敏莉
绣花谣 ·························· 刘辉考

放歌台························周百义　陈官煊

美术

女大学生（雕塑）·················沈　莉

启明星（版画）··················张旺清

安徒生朗读童话（油画）

清风（国画）····················叶桐轩

中岳游记（速写）·················乙　丙

漫画之页·······················潘　海等

散文

求索··························江　水

春回玉乡······················马其德

"释源"——白马寺（随笔）·········张若愚

旅行家

天下岳阳楼·····················赵海洲

登小秦岭······················汪喜堂

小品文

书记的"保证"··················夏援朝

节约会以后·····················关　景

评论

杂文

我们的"第一"··················王大海

只要想想张志新·················刘　思

阅读与欣赏

爱民始得不冤民　附:《胭脂》········朱　玮

觉醒的文艺人民的心声·······施建伟　李允豹

骆宾王续诗·····················黄新根

画中安徒生·····················毛本华

谈"诗眼"（诗话）···············陈世明

曲艺·歌曲

候选人（相声小段）··············任　聘

一粒金沙一首歌（歌曲）·····王黎亚词　叶平章曲

1980 年第 1 期　刊名:《郑州文艺》

目录

小说

人与人························孔捷生

朱女春梦（历史小说）·············杜　天

杨梅子························马　岭

灵魂出窍······················杨东明

欢乐················[俄]契诃夫著　安国梁译

王小二的故事（民间故事二则）········喻　峰

散文

炊烟袅袅······················宋余三

春节话对联（随笔）··············均　地

一天香雪看明朝··················叶文玲

补课··························田培杰

旅行家

漫游莫愁湖·····················谢晓勤

幼芽

知识的力量，艺术的欣赏········一中　马维民

爷爷和画猫的伯伯··········十一中　刘永芳

美术

报春（钢笔画）··················晨钟鸣

冲普乐园（二七大罢工组画之一）······李宝欣

李苦禅的画

黄河（油画）····················汤君超

城市风光（速写）················王今栋

诗歌

中国的春天·····················王怀让

山谷·瀑布······················天　民

花的共勉（外一首）··············马德华

访花园口（二首）················闻　频

游巩县古迹即兴三首···············崔　耕

献给党························长　风

"电公庙"······················王天奇

评论

阅读与欣赏

含泪的微笑·····················鲁枢元

麦琪的礼物·················[美]欧·亨利

艺苑新葩

杂文

从乔光朴立军令状说开去············宗　慈

说"难"·······················李怀发

曲艺

态度问题（相声）················孙洪彬

其他

"意识流"浅说··················郑　平

托尔斯泰的写作态度···············王　烨辑

本刊 1979 年小说征文评奖揭晓

编读往来

文讯

1980 年第 2 期　刊名:《郑州文艺》

目录

小说

正月十六结婚···章　印
吃大户···梁广道
余波···马其德
卷舌星（历史小说）·································张叶舟

译文

叛徒·····················[苏]维·安纳扬著　迟　轲译
亵渎神明的偷窃
·················[墨西哥]道·阿特尔著　袁　杰译

散文

爱的力量···黎　婴
石乡纪事···周同宾
开往延安的班车······································丁新生
洛阳牡丹誉天下······································赖国清

旅行家

千年古刹少林寺······································史寿林

幼芽

张志新赞·······································一中　王　璐
赏月···九中　唐　璨

评论

谈散文《竹鸡》的艺术构思·······················高代英
阅读与欣赏
心昭天日有遗篇······································姜汉林
黑白之间　天地广阔·································陈天然
文艺随笔
艺术就是从"稍微"之处开始的·····················孙　苏
小议灵感···赵西尧
诗人的个性···刘　镇

诗歌

老队长和《土壤学》（小叙事诗）··················张国喜
海鸥···孔　林
少奇同志的像··郑保勤
放歌台（五首）·····································朱谷忠等
大别山短笛（二首）·································潘万堤
心花···牛雅杰
柳条吟···陈有才
队长的雅号···禹本愚
黄泛区苹果熟了······································王中朝
泥土···郑永勤
种子田···张从海

曲艺

鱼水关系（山东快书）·····························曹宝泉

美术

刘少奇同志和安源矿工（油画）···················侯逸民
肖像（速写）····································[法]马蒂斯

1980 年第 3 期　刊名:《郑州文艺》

目录

小说

良心···望东榭子
"错一点"的故事·····························杨乃祖　郭新智
华佗恨（历史小说）·································章　印
岗位···杨金速
凡尼亚···江　水

译文

采访·········[美]艾伦·马克斯著　梁国相　徐大隆译
鲁班收徒（民间故事）·························刘秀森搜集整理

散文

感人的榜样力量······································李资平
竹沟行···郭文杰
呵，柞蚕之乡··禹本愚
绿光浏亮大道长······································杜田材

旅行家

漫话大雁塔···李道雨

幼芽

我见到钱学森伯伯······························九中　沈　镭

美术

漫画之页···兰孝生等
人物速写···黄　胄
焦书记和我们在一起（油画）·····················毛本华
花鸟画··叶桐轩　李悦民
小学生···刘文西

诗歌

春之歌···关山月
石匠·画笔···王缓青
花与草···张雪杉
植树歌···王　迪
喜鹊，衔走一串佳话······························张志玉

放歌台（六首）⋯⋯⋯⋯⋯⋯⋯刘德亮等
建材吟（二首）⋯⋯⋯⋯⋯⋯⋯姜琍敏
雨露集⋯⋯⋯⋯⋯⋯⋯⋯⋯⋯⋯连敏莉
花丛（散文诗）⋯⋯⋯⋯⋯⋯⋯⋯别　冬

评论
阅读与欣赏
读《醉翁亭记》三题⋯⋯⋯⋯⋯嗒　潭
贵在把人物写活——读历史小说《华佗恨》⋯鲁枢元

文艺随笔
从意在画外说起⋯⋯⋯⋯⋯⋯⋯墀　山
画意与诗情⋯⋯⋯⋯⋯⋯舒　英　张成觉
清新活泼　趣味盎然⋯⋯⋯王慧骐　潘宝明
"请倒过来试试吧"⋯⋯⋯⋯⋯⋯黄新根
"画眼睛"以外⋯⋯⋯⋯⋯⋯⋯范文涯

歌曲
郑州，亲爱的故乡⋯⋯⋯⋯赵抱衡　杨九如

1980 第 4 期　刊名：《郑州文艺》
目录

小说
新作评介
吴老好送礼⋯⋯⋯⋯⋯⋯⋯⋯⋯马　岭
三读《吴老好送礼》⋯⋯⋯⋯⋯宗　慈
游戏⋯⋯⋯⋯⋯⋯⋯⋯⋯⋯⋯杨书案
疑问⋯⋯⋯⋯⋯⋯⋯⋯⋯⋯⋯李佩甫
乐乐盼树⋯⋯⋯⋯⋯⋯⋯⋯⋯钮岱峰

译文
万能脑袋侦破记（科学幻想小说连载之一）
⋯⋯⋯⋯［英］L.G.亚历山大著　田惠雨译
转动的土豆（日本民间故事）
⋯⋯⋯⋯［日本］砂田弘著　刘向群　樊庆荣译
老鼠、老鼠药和猫（寓言）⋯⋯⋯新　兵

散文
应是绿肥红瘦⋯⋯⋯⋯⋯⋯⋯王怀让
深情隔不断⋯⋯⋯⋯⋯⋯⋯⋯鸣　杏
信念⋯⋯⋯⋯⋯⋯⋯⋯⋯⋯⋯王嘉贵

旅行家
避暑山庄漫记⋯⋯⋯⋯⋯⋯⋯孟　敏
金水河的传说（随笔）⋯⋯⋯⋯马世之
迎春花⋯⋯⋯⋯⋯⋯⋯⋯⋯⋯廖华歌

诗歌
春（外一首）⋯⋯⋯⋯⋯⋯⋯苗得雨
江河曲（四首）⋯⋯⋯⋯⋯⋯石太瑞
水库遐想（外一首）⋯⋯⋯⋯陈有才
声音⋯⋯⋯⋯⋯⋯⋯⋯⋯⋯⋯文　丙
梦⋯⋯⋯⋯⋯⋯⋯⋯⋯⋯⋯⋯龙彼德
拉线⋯⋯⋯⋯⋯⋯⋯⋯⋯⋯⋯贾吉庆
故乡采撷⋯⋯⋯⋯⋯⋯⋯⋯⋯李根红
自习堂哥⋯⋯⋯⋯⋯⋯⋯⋯⋯王　剑

评论
新诗漫话⋯⋯⋯⋯⋯⋯⋯⋯⋯苏金伞
真实·准确·正确——浅谈文艺的社会效果⋯杨　飏

名著选读
诗样的意境　诗样的美——读朱自清散文《春》
⋯⋯⋯⋯⋯⋯⋯⋯⋯⋯⋯⋯⋯展　望

古诗赏析
曲笔抒情情更浓——杜诗《月夜》的构思
⋯⋯⋯⋯⋯⋯⋯⋯⋯徐应佩　周溶泉

读稿札记
不要忘记你的人物⋯⋯⋯⋯⋯亦　明

博采录
有感于"浓后淡"⋯⋯⋯⋯浮　星　庄重
生动·贴切⋯⋯⋯⋯⋯⋯⋯⋯采　风

河南作家
蔑视封建礼法的阮籍⋯⋯⋯⋯"探微社"
《乐乐盼树》简析⋯⋯⋯⋯⋯⋯郭　昕

曲艺
白二柱"破案"（快书小段）⋯⋯陶善耕
"睁眼瞎"（书帽）⋯⋯⋯⋯⋯耿正元

美术
羊满圈（版画）⋯⋯⋯⋯⋯⋯陈元武
沃土（版画）⋯⋯⋯⋯⋯⋯⋯陈天然
黄河飞渡（摄影）⋯⋯⋯⋯⋯青　山
斜阳（水彩画）⋯⋯⋯⋯⋯⋯白　荻
少女像（油画）⋯⋯⋯⋯⋯［法］雷诺阿
祁黄羊唯贤是举（漫画）⋯⋯⋯兰孝生
封面设计⋯⋯⋯⋯⋯⋯⋯⋯⋯陈宗铭

1980 年第 5 期　刊名:《郑州文艺》

目录

本刊为恢复原刊名《百花园》告读者

小说

价值·····················王西兰
又一个活鬼···············乔典运
瘟疫·····················廖 琪
病·······················宗 训
变卦·················黎 婴 闻 懿

译文

万能脑袋侦破记（科学幻想小说连载之二）
　　　　［英］L.G.亚历山大著　田惠雨译
单人乐队··········［土耳其］阿·涅辛著　贺 英译

诗歌

远去的白帆···············马恒祥
铃声·····················马德华
造型·····················金 谷
今日郑州·················孙化三
燕的随想——一对归侨夫妇的絮语·····黄东成
设计楼内的小景···········郑保勤
石斧和石刀···············于宗信
喇叭花···················姚欣则
思绪篇···················丁 昕

散文

带血的记忆···············张 敏
"赏菊花会"记游···········刘金魁
把生命奉献给艺术——记画家王式廓·····张纪元
手·······················李文波

评论

也谈社会效果·············谢真子

新作评介

浅评《良心》的现实意义·····余道金

名著选读

一曲革命英雄主义的颂歌——读孙犁的《芦花荡》
　　　　　　　　　周志宏　周德芳

古诗赏析

一首拔山扛鼎式的悲歌——读杜甫诗《登高》
···················祁志清

博采录

艺术夸张的"真"···········张 鹄
妙在似与不似之间·········稻 菁
写虎和画虎的启示·········白 丁

河南作家

青少年时期的魏巍同志·······周启祥　谢励武

文讯

欢快有益的聚会——全国十七家市办文学期刊小说编辑工作座谈会在长春召开

美术

向往（摄影）·············李卫国
画家王式廓（油画）·······张纪元
习作·····················曹新林等
女青年（油画）···········邓邦镇
漫画·····················兰孝生

1980 年第 6 期　刊名:《郑州文艺》

目录

小说

黄昏·····················毛四维
珍珠姑娘·················马 岭
梦·······················张 斌
"老鸹"与"热沾皮儿"·····雷衡山

译文

不死的莱依拉·········［巴勒斯坦］格桑·卡纳法尼著
徐平译　刘 谦校
万能脑袋侦破记（科学幻想小说连载之三）
　　　　［英］L.G.亚历山大著　田惠雨译

报告文学

闪光的余生·······司清云　姚 蓝　昆 山　郭 栋

散文

故乡少女·················王俊义
西湖的遐想···············金 九

诗歌

虫鸟集（六首）···········青 勃
萤火虫（外二首）·········刘辉考
海波曲（二首）···········宫 玺
大海抒情（二首）·········未 了
绿色的钢——给仙人掌·····刘福智
禹王台···················杨东明

蚕茧情思································郭红林
蝶与花（外一首）··················杨松枰
呵，竹叶笛（外一首）··············潘万提

评论
关于小说《吴老好送礼》的讨论
暗香浮动··························蔺漱予
作品的生命在于"真实"··············伊　生

名著选读
柏林之围·············[法]都德著　赵少侯译
惜墨如金——读都德的《柏林之围》·····武国华

古诗赏析
秋山拾珍——读杜牧的七绝《山行》·····陈　默

争鸣录
曲而如斯情则浅——读《月夜》与徐、周二同志商榷
·················河南师大中文系"探微社"
如何理解"画眼睛"··················王焕昌

河南作家
饱尝爱情甘苦的李商隐及其爱情诗
·················河南师大中文系"探微社"

文讯
又一次有益的聚会——全国部分市办文艺刊物召开诗
歌座谈会

美术
渔家少妇（国画）··················杨之光
印度妇女（国画）··················李伯安
初春（油画）·············耿建翌　张少玉
鹿群（浮雕）······················雷育斋

1981 年第 1 期　刊名:《百花园》

目录

小说
处女地
忘却····························张庆林
我们之间··························卢新华
啊，黄金……（科学幻想小说）······廖晓勉
夜长长····························李佩甫

求索篇
礼拜六的梦························周　矢

南风歌（故事新编）················章　印

译文
五颗桔子核（侦探小说）
·············[英]柯南道尔著　尹晓煌译

散文
思赵丹····························李　准
第一片绿叶························周迪君
簪子河边··························胡昌国

诗歌
"二七"罢工纪事诗（三首）··········罗章龙
雁阵（十一首）········徐敬亚　王小妮　李发模
阎振甲　徐强　袁刚　李洪程　晓歌
黎明（外一首）····················鄂家发
在阿富汗山林里····················李金安
凝思集············李清联　连敏莉　赵铁良
王守安　朱巍　翁学民　韩英　陈卫聪　魏路荧
钱国胜　张志玉　郭国祥

评论

百花园论坛
论"文学需要童贞"··········刘思　鲁枢元

谈创作
学步点滴——我怎样习作《吴老好送礼》·······马　岭

名作选读
形象与主题——读《舞会的精灵》·······施　彦
（附）舞会的精灵········[挪威]基兰德著　立　尼译

博采录
"文饭诗酒"的启示··················徐振辉
从学生吃掉导师的"面包"说开去（杂文）···刘秀品
生活美和艺术美小议（短论）··········朱达成
爱情并非胡椒面（短论）··············刘彦钊
亦诗亦画——读王维诗（山居秋暝）·····李贞洁

美术
本期封面题字······················费新我
封面设计··························张瑞飞
焦骨牡丹（油画）··················汤君超
窃窃私语（摄影）··················杨如鑫
乌鸦的羽毛为什么是黑的（寓言·木刻）···沙清泉

1981 年第 2 期　刊名:《百花园》

目录

小说

无题 ························陈国凯
爱妞儿 ························刘学林

处女地

驻队干部老田 ··················马剑化
我们为什么不能相爱 ············朱根发
呵，星星们…… ················杨东明

译文

相思相爱（推理小说）
··············[日]森村诚一著　韩建青译

散文

护送陈老总 ············范培松　济　宁
枪 ························李长华
二月里来 ····················徐大隆
橡胶树赞 ····················谢伯卿

诗歌

哦，今天 ····················顾　工
柳花（诗十一首）··卫世平　刘　滨　申爱萍　丁　芒
沈　晓　尧山壁　耿占春　吕庆余　邢可　陈玉坤
花之恋（散文诗）··············耿林莽
你 ························孙武军

寸草心

苏醒了的林涛 ················田万宪
鹿回头 ····················朱光天
写给乐山大佛 ················刘　思
等候 ························杨　山
布袋里的菜种（外一首）··········纪　宇
悔恨 ························傅建中
举起我的探火镜（外一首）········丁慨然
口笛 ························郑永勤
北方抒情诗二首 ··············韩作荣
白杨篇 ····················郭维东

评论

百花园论坛

"写真实"不是社会主义文学的根本目的 ······杨荣昌
从勘误谈起（杂文）··············周勃川

博采录

"车夫"身上的启示 ··············沈志冲
"风云气"与"儿女情" ············林丛龙
反面人物也是人 ················王浮星
名作选读
凝练·传神·动情——读丁玲《彭德怀速写》
··························朱子南
（附）彭德怀速写 ··············丁　玲
古诗赏析
明净峭丽、清幽怡神
——读柳宗元的《江雪》············许　挺

美术

牡丹（国画）··················王雪涛
仰望始信（国画）··············龚　柯
箭河（国画）··················王天佑
泰山写生（国画）··········王　威　史正学
青春（摄影）··················晓　育
本期封面题字 ················费新我

1981 年第 3 期　刊名:《百花园》

目录

纪念中国共产党诞生六十周年
七月的鲜花（诗四首）
··········青　勃　王中朝　宋余三　李木生
一片丹心照汗青（散文）——写在悼念沈雁冰伯伯的
日子里 ····················金　戈
枪林行——老红军的回忆
··········叶洪才　侯武山　王绍勋　冯　新
拓路歌（报告文学）··············马其德

小说·散文
求索篇

尘心 ······················郭才明
耳朵 ······················孙步康

处女地

老拴大伯和留柱二叔 ············王中民
黑翠儿 ····················王会勤
追思 ······················寇云峰
烙印 ······················沙　石

译文

爱的磨难 ··········[美]欧·亨利著　刘砚冰译
能穿越墙壁的人 ····[法]马塞尔·埃梅　潘玉顺译
年年柳色（散文）··············廖华歌

诗歌

路,就该这样走(三首)⋯⋯⋯⋯⋯⋯⋯⋯张庆明
我们正年轻(五首)
⋯⋯⋯⋯薛为民 程光炜 刘晓滨 钟黔宁 何立伟
乡音⋯⋯⋯⋯⋯⋯⋯⋯⋯⋯⋯⋯⋯⋯⋯⋯孙友田

寸草心

古琴台⋯⋯⋯⋯⋯⋯⋯⋯⋯⋯⋯⋯⋯⋯⋯黄东成
雨中,车过故乡⋯⋯⋯⋯⋯⋯⋯⋯⋯⋯⋯⋯秋 原
滚着,大轱辘车⋯⋯⋯⋯⋯⋯⋯⋯⋯⋯⋯蔡国瑞
窗口⋯⋯⋯⋯⋯⋯⋯⋯⋯⋯⋯⋯⋯⋯⋯⋯马德华
归来⋯⋯⋯⋯⋯⋯⋯⋯⋯⋯⋯⋯⋯⋯⋯⋯李怀发
划龙舟⋯⋯⋯⋯⋯⋯⋯⋯⋯⋯⋯⋯⋯⋯⋯朱谷忠

评论

百花园论坛

为四化建设的创业者塑像⋯⋯⋯⋯⋯⋯⋯王 远
天堂在人间——评《尘心》⋯⋯⋯⋯⋯⋯梅 子

文艺随笔

文艺批评也要百花齐放⋯⋯⋯⋯⋯⋯⋯⋯谭汝为
呵,中国的脊梁⋯⋯⋯⋯⋯⋯⋯⋯⋯⋯⋯冯秀颖

博采录

周朴园的"深情"和阿喀琉斯的"慈悲"⋯⋯胡宗健
高老头的"更上一层楼"⋯⋯⋯⋯陈新民 陈 词

争鸣录

不是哀叹是自得⋯⋯⋯⋯⋯⋯⋯⋯⋯⋯⋯庄 众
名作选读
情切切而轻悄悄⋯⋯⋯⋯⋯⋯⋯⋯⋯⋯⋯谭龙生
(附)匆匆(散文)⋯⋯⋯⋯⋯⋯⋯⋯⋯朱自清

美术

百花争艳(国画·局部)⋯⋯⋯⋯⋯⋯⋯周彦生
而今迈步从头越(油画)⋯⋯⋯⋯⋯⋯⋯沈尧伊

1981 年第 4 期 刊名:《百花园》
目录

认真贯彻《决议》精神 争取文艺事业的更大繁荣
⋯⋯⋯⋯⋯⋯⋯⋯⋯⋯⋯⋯⋯⋯⋯⋯本刊编辑部

小说

燕飞去⋯⋯⋯⋯⋯⋯⋯⋯⋯⋯⋯⋯⋯⋯⋯张 放
牛老石上任⋯⋯⋯⋯⋯⋯⋯⋯⋯⋯⋯⋯⋯张 宇
卓玛书记⋯⋯⋯⋯⋯⋯⋯⋯⋯⋯⋯⋯⋯⋯高 华

处女地

古典式的姑娘⋯⋯⋯⋯⋯⋯⋯⋯⋯⋯⋯⋯马汴京
魂儿⋯⋯⋯⋯⋯⋯⋯⋯⋯⋯⋯⋯⋯⋯⋯⋯黎 婴

译文

地狱中的搏斗(科幻小说)
⋯⋯⋯⋯[美]保罗·德林杰著 王志勇译 姜振富校
新娘失踪之谜(侦探小说)
⋯⋯⋯⋯⋯⋯⋯⋯[英]柯南道尔著 杨伟钧译

散文

竹溪浣女⋯⋯⋯⋯⋯⋯⋯⋯⋯⋯⋯⋯⋯⋯王俊义
夏秋对话录⋯⋯⋯⋯⋯⋯⋯⋯⋯⋯⋯⋯⋯吴小丽
风雨隆中行⋯⋯⋯⋯⋯⋯⋯⋯⋯⋯⋯⋯⋯雍玉中
散文二题⋯⋯⋯⋯⋯⋯⋯⋯⋯⋯⋯⋯⋯⋯夏启良

诗歌

雨后(八首)⋯⋯⋯⋯⋯⋯⋯⋯⋯伍权民 宗 鄂
李发模 乔国煜 骆耕野 吴建中 陈 宁 楚涧流

寸草心

他唱的并不是颂歌⋯⋯⋯⋯⋯⋯⋯⋯⋯⋯晓 蕾
沙的赞歌⋯⋯⋯⋯⋯⋯⋯⋯⋯⋯⋯⋯⋯⋯柳玉柱
大河的胸襟⋯⋯⋯⋯⋯⋯⋯⋯⋯⋯⋯⋯⋯赵中森
竹林晨曲(外一首)⋯⋯⋯⋯⋯⋯⋯⋯⋯左一兵
种子的歌(外一首)⋯⋯⋯⋯⋯⋯⋯⋯⋯张克峰
我庭院中的泡桐树⋯⋯⋯⋯⋯⋯⋯⋯⋯⋯周志友
在白居易墓前⋯⋯⋯⋯⋯⋯⋯⋯⋯⋯⋯⋯朱宏卿
婚礼⋯⋯⋯⋯⋯⋯⋯⋯⋯⋯⋯⋯⋯⋯⋯⋯魏志远
深山赤子吟⋯⋯⋯⋯⋯⋯⋯⋯⋯⋯⋯⋯⋯刘毅然
山乡二题⋯⋯⋯⋯⋯⋯⋯⋯⋯⋯⋯⋯⋯⋯李启云
紫色的脚印⋯⋯⋯⋯⋯⋯⋯⋯⋯⋯⋯⋯⋯陈锡巨

评论

心灵上的图像——读《夏秋对话录》⋯⋯⋯余 非

随笔

艺术细节的"十"和"一"⋯⋯⋯⋯⋯⋯⋯沈仁康
浅谈诗的朦胧⋯⋯⋯⋯⋯⋯⋯⋯⋯⋯⋯⋯沈力行
诗苑碎语⋯⋯⋯⋯⋯⋯⋯⋯⋯⋯⋯⋯⋯⋯魏久环

博采录

森林·市场·世界⋯⋯⋯⋯⋯⋯⋯⋯⋯⋯孙 苏
闲话梦与诗⋯⋯⋯⋯⋯⋯⋯⋯⋯⋯⋯⋯⋯钟 法
须求"活法"⋯⋯⋯⋯⋯⋯⋯⋯⋯⋯⋯⋯钟尚钧
评《爱妞儿》
评《爱妞儿》⋯⋯⋯⋯⋯⋯⋯⋯⋯⋯⋯⋯任黎辉
庸俗的爱情 无聊的颂歌⋯⋯⋯⋯⋯⋯⋯姜汉林
一个不屈的形象⋯⋯⋯⋯⋯⋯⋯⋯⋯⋯⋯艾伦拜

来稿摘编 ·············· 杨少波　郝妮娜　果　凛

美术

郁金香（国画）················ 肖淑芳

嗓鹏（国画）·················· 李自强

摄影习作··················· 赵亚洲

马蒂斯之女（国画）············· 丁中一

文讯

具有历史意义的盛会——郑州市召开文学艺术工作者第四次代表大会

1981 年第 5 期　刊名:《百花园》
目录

献给"百花园"················ 李宝光

纪念鲁迅诞辰一百周年

宝剑·火炬·钥匙·············· 王大海

朝着一个明确的目标——小谈鲁迅创作的"主见"

························ 荃　文

一个时代的形象——读鲁迅的《风筝》····· 詹家煊

（附）《风筝》

鲁迅和萧伯纳（素描）············ 常宗贤

鲁迅家乡风光（写生）······· 高复兴　田　崴

小说

老等上店··················· 陈　龄

赶时髦的姑娘················· 李焕振

小河水清清·················· 杨世运

老 K 小传··················· 吴双林

处女地

老久泰···················· 李培俊

译文

血·········· [南朝鲜] 金索庸著　张成柱译

散文·特写

来自第一线的报告

飞腾吧，铝城！················ 蔡　乾

搏击者···················· 黎　婴

蚕山行···················· 禹本愚

枣乡思悠悠·················· 聂延军

天池纪游··················· 徐　剑

长江，真正的人的楷模············· 焦　桐

诗歌

诗词两首··················· 郑　僕

黑色的"戈壁"················· 杜　天

竞赛图表··················· 雍玉中

农村剪影（四言）········· 文　丙　赵启顺　范　源

大地的琴弦（四首）

············ 袁　刚　刘辉考　卫世平　于二辉

寸草心

哺育···················· 郑保勤

钢城日出··················· 聂鑫森

给塞北的山中（外一首）··········· 马合省

母亲····················· 杨人猛

邻居（小叙事诗）··············· 王怀让

评论

青年文学信箱

延安文艺座谈会前后·············· 余　非

中州大地农民的欢笑

——喜读《重返柳河湾》··········· 傅　鹏

博采录

用自己的眼睛去看··············· 陈世明

戥子·干菜·················· 颜慧云

"戏语"寄深意················· 肖文苑

美术

英雄花开（国画）··············· 尚　涛

热流（速写）··········· 赵增绪　张松正

郑州古地名（篆刻）············· 牛济普

1981 年第 6 期　刊名:《百花园》
目录

小说

韭花···················· 赵松泉

灯····················· 桑恒昌

星光···················· 江广生

无名酒家（微型小说）············ 朱　圭

纸燕···················· 肖正义

缇萦（历史小说）··············· 王志耕

案件发生在谁的房间里

[英] 卡特·迪克森著　吴明壕　吴克荣译

习作改评

姊妹情···················· 和良文

散文·特写

来自第一线的报告

梅花香自苦寒来················ 张新良

为使人们生活得更美·············· 可　人

杜鹃酒 ……………………………… 王宗仁
泉水淙淙 …………………………… 刘先琴
君子兰 ……………………………… 王嘉贵

诗歌

彩色的生活（组诗）……… 杨 柳 钟怀卿 陈有才
石 英 葛泽溥 吴海晶 刘 镇 王恩宇 孙中明
杂咏三首 …………………………… 楚 江
寸草心（组诗）
……… 刘德亮 于宗信 邢军纪 刘 良 马 骏
钻探队之歌 ………………………… 阎振甲
心事 ………………………………… 路 舟
山高路长 …………………………… 杨子忱
泰山二题 …………………………… 郭 廓
深夜濛濛细雨 ……………………… 叶延滨

评论

春风吹拂"百花园"——喜读长诗《献给"百花园"》
……………………… 蔡伯涵 沙发来 周西海
一个真实可信的庄家人——读《老等上店》…刘建基
纯洁透明韭花心——《韭花》读后 ………… 艾 梅
《姊妹情》两稿小议 ………………… 楚天雷
青年文学信箱
观察要注意事物的特点 …………… 夏启良
名作选读
建立在真实生活基础上的幽默 ………… 张为法
（附）我给参议员当秘书的经历
……… [美]马克·吐温著 张友松译

博采录

全要胸中有缘故 …………………… 谭龙生
"避假"与"避熟" …………… 陈新民 陈 词
要真实地反映生活 ………… 古 川 有 光
读者评刊 …………………………… 魏辛铭等

美术

梅（国画）………………………… 张福乘
古柏行（国画）…………………… 史广敬
山水（写生）………… 刘智有 陈发源 师国栋
台湾海峡 我的故乡（套色木刻）…… 方照桦

1982 年第 1 期　刊名:《百花园》
目录

确信青帝常留驻 满园新蕾竞芬芳 ……… 本刊编辑部

小说

卖草帽的媳妇 ……………………… 毛志成

文竹 ………………………………… 郑 伟
首阳山下的故事 …………………… 徐 慎
初醒 ………………………………… 石太瑞
十全十美的意中人（科学幻想讽刺小说）…… 廖晓勉
好，好，好
……… [土耳其]阿·涅辛著 曾宪英 唐鹤鸣译
看车人（习作改评）………… 德 宝作 苏 文点评

散文·特写

痴情汉（来自第一线的报告）……… 陈勤廉
足迹 …………………… 毕殿玲 曹乐嘉
红薯谣 ……………………………… 阎豫昌

诗歌

汗珠与喜悦（组诗）
……… 王绶青 李志清 丁 可 雷雨川
寸草心（七首）…………… 马德华 艺 辛
梁金玉 黄东成 黄 淮 李秋枫 何吉明
笔耕断想（二首）………………… 肖 川

评论

奉献给美的创作者的赞歌——读长诗《献给"百花园"》……………………… 高天星
继承灿烂的祖国文学遗产（中国文学史讲座·一）
……………………………… 任访秋
文学起步（文学理论知识讲座·一）…… 施 彦
曲折蕴藉 平易清新（古诗赏析）——读李清照《如梦令》………………………… 钟尚钧
张与驰（博采录）………………… 赵振汉
"不要有多余的东西"（博采录）…… 范文涯
罗丹的《巴尔扎克》（文星画廊）…… 冯秀颖

美术

玫瑰色的早晨（粉画）…………… 张复乘
乐土（套色木刻）………………… 王效池
巴尔扎克（雕塑）………… [法]罗 丹
少女像（油画）…………………… 曹新林
封面题字 …………………………… 李子青

1982 年第 2 期　刊名:《百花园》
目录

小说

黄河东流去（长篇小说选载）……… 李 准
水花 ………………………………… 高廷敏
她们刚上路 ………………………… 尤 伟
明天是团圆节 ……………………… 寇云峰
鸽哨（习作改评）………………… 谢 静

陌生人（译文）---- ［苏］阿克谢里罗德著　鹿童毓译

散文特写

河边秋思（来自第一线的报告）------------ 林　召
绿色的梦 ---------------------------------- 叶文玲
夹山寺游记 -------------------------------- 赵海洲
二十三颗雨花石 ---------------------------- 谢晓勤

诗歌

诗从故乡来------------ 闻频　文武斌　孙友田　孙家林
二月花絮 ------------------------ 孔令更　关劲潮
陈创　王艳丽　李凤海　申爱萍
寸草心 -------------------------- 齐锁柱　章韶华

评论

中国文学的起源（中国文学史讲座·二）------- 华钟彦
形象与典型（文学理论知识讲座·二）--------- 王振铎
喜剧大师的悲剧（文艺随笔） ---------------- 刘会文
读《鸽哨》第三稿小记 ---------------------- 姗　姗
咫尺应须论万里（古诗赏析） ---------------- 钟　法
从人物眼中写来（博采录） ------------------ 高雪晨
提笔如何画愁眉（文星画廊） ---------------- 立　析

美术

奥芒斯河谷（油画） ------------ ［法］亨利·阿皮尼
中岳风光（摄影） -------------------------- 李卫国
春江水暖（摄影） -------------------------- 王京生
杜甫（国画） ------------------------------ 蒋兆和
春风（国画） ------------------------------ 王邦彦

1982 年第 3 期　刊名：《百花园》
目录

小说

第三任队长 -------------------------------- 黎　婴
天上地下 ---------------------------------- 段荃法
飞车会 ------------------------------------ 殷德杰
老牛明知夕阳短 ---------------------------- 沙发来
有贵卖蛋 ---------------------------------- 苏政勋
界石（处女地） ---------------------------- 马文增
父女情（长篇小说《黄河东流去》选载二）---- 李　准
善人（译文） -------------------- ［捷克］雅罗斯拉夫·
哈谢克著　阎树声译

散文特写

黄河女儿的梦（记女子飞碟世界冠军巫兰英）
-- 张保民
夺标之战（来自第一线的报告）------- 高嘉麟　蔡乾

凌波仙子 ---------------------------------- 赵淑香
车开蘑菇岭 -------------------------------- 卞　卞

诗歌

寸草心（组诗）
---------- 马合省　王中朝　和　谷　高立林　李霁宇
早春曲（组诗）----- 沁　生　白　洁　姬学统　许建平
绿色的山 ---------------------------------- 秋　收

评论

先秦时期的诗歌（中国文学史讲座·三）------- 华锺彦
生活——文学创作的唯一源泉（文学理论知识讲座·
三） ------------------------------------ 宋应离
含英咀华　余味深长（古诗赏析）----- 朱广宇　李贞洁
为情而造文（文艺随笔） -------------------- 孙建国
从老赵"磨洋工"说起（文艺随笔） ---------- 元　惠
臧否全在笔墨之外（博采录） ---------------- 谭龙生
用典种种（博采录） ------------------------ 晓　阳
托尔斯泰在耕作（文星画廊） ---------------- 曹　河

美术

看管得很好的奶牛（油画）
------------------------ ［法］爱德华·德巴-蓬桑
醒（木刻） -------------------------------- 卢培君
托尔斯泰在耕作（油画） ------------ ［俄］列　宾
仙人头（摄影） ---------------------------- 鲁　筠

1982 年第 4 期　刊名：《百花园》
目录

小说

新来的指导员 ------------------------------ 阎　俊
小县里的新闻人物 -------------------------- 田中禾
河水静静流 -------------------------------- 吴　萍
睁开你的眼睛 ------------------------------ 郑纯方
愿篝火更明 -------------------------------- 雷齐明
深圳河边 ---------------------------------- 朱崇山
温柔的谈话（译文）---- ［日］石川达三著　刘维纲译

散文·特写

洛河吟（中州风光） ------------------------ 刘建基
春的女儿 ---------------------------------- 张汝宜
在通车的日子里（来自第一线的报告） -------- 马其德
大别山泉赋 -------------------------------- 陌　遇
棕榈驰思 ---------------------------------- 王太吉

诗歌

寸草心 ---------------------------- 文　丙　郑兆辉

王玉龙　雁　翎　季振邦　俞　民　朱宏卿
彩凤歌·············田万宪　孙宏林　陈卫聪　邱铭楠
战士情思·······················潘万提　王庆　李松涛
明天在召唤··································金　锁
战士的雕像（散文诗）··························耿林莽

评论

素材·题材·主题（文学理论知识讲座·四）
··鲁枢元
先秦散文（中国文学史讲座·四）···············华锺彦
李郢的怀疑、思索与追求（试析《尘心》的错误倾向）
··大　江
给《明天再召唤》作者的信·····················杜田材
空白之美（博采录）···························赖汉屏
一个动人的新人形象（读《卖草帽的媳妇》）···冰　冰
短篇小说更贵精（评《百花园》去年第六期小说）
··包亚东
笔尖吐正气（赞新作《无名酒家》）···········杨荣昌
横洒乾坤泪　直抒天地情（文星画廊）
··庄　重　卜　霞

美术

黄河（油画）·································汤君超
春来遍是桃花水（国画）······················刘书民
万古长春（国画）·····························郭逢亭
关汉卿（国画）·······························李　斛

1982 年第 5 期　刊名:《百花园》
目录

一次难忘的会见·······························于黑丁
本刊一九八一年"百花奖"评选揭晓

小说

没有定论的厂长·······························易尔康
玉鸽··田中禾
榴花似火····································刘　武
颍河风情录··································孙方友
春归··周西海
伞的宇宙（处女地）···························海　地
海市蜃楼（习作评改）·························王海民
老实人（译文）···········[巴西]蒙戴伊罗·洛巴托著
刘焕卿译

诗歌

幸福歌······································纪　宇
处女林（组诗）··············高伐林　真　宇　卫世平
寸草心···········夏永刚　孟　灿　柳玉柱　白　莉

散文·特写

降"怪"记（来自第一线的报告）···张惠芳　张惠君
山野短歌····································王俊义

评论

漫谈情节（文学理论知识讲座·五）···········张予林
汉赋及其兴衰（中国文学史讲座·五）···········曾　余
《海市蜃楼》编余谈···························祝新康
"柳絮飞来片片红"之我见······················卜　白
新月映诗魂（文星画廊）·······················冯秀颖

美术

阳光下的金水大道（水粉）······················张复乘
漓江雨后千峰翠（国画）·······················杨克勤
泰戈尔（国画）·······························徐悲鸿
蝶恋花（摄影）·······························王瑞祥

1982 年第 6 期　刊名:《百花园》
目录

小说

但愿人长久··································马　岭
左邻右舍····································白题桥
离婚··张　茅
稻秧青青····································任　剑
陨落的星····································余明忠
负担··郑克西
石证（推理小说）·····························雷　厉
一小时（译文）·····[美]凯蒂·乔宾著　朱云霞　李学经

散文特写

闪光的宝珠（来自第一线的报告）···············张新良
父亲··张丛笑
琵琶峰情思··································李金魁

诗歌

不衰的旋律·······················姚焕吉　阎振甲
莫西芬　刘辉考　张雪杉　左一兵
寸草心···························叶延滨　高旭旺
郭维东　薛卫民　程光炜　苏　敏　陈应松
黄河的儿子··································马恒祥
春天，大雁北飞·······························倩　晴
黄河故道小唱··································洪　亮
风筝·帆船（散文诗）··························魏志远

评论

司马迁的史记与两汉散文（中国文学史讲座·六）
··曾　余

文学应当追求艺术的真实（文学理论知识讲座·六）

────────刘彦钊

塑造有血有肉有生命的形象（青年文学信箱）

────────胡德培

"发乎情"与"止乎礼义"（文艺随笔）───────胡宗健

动人春色不须多（博采录）──────────李传申

文字太巧便太俗（博采录）──────────张保振

创新无止境（博采录）────────────林从龙

咏物诗的典范──《桔颂》（古诗赏析）────王焕昌

求索者的崇高形象（文星画廊）────────余　非

美术

百川汇流（摄影）────────────────杨汝鑫

耕滩（版画）─────────────────张京德

屈子行吟图（木版画）──────────（明）陈洪绶

版纳竹翠（国画）────────────────张　步

1982 年第 7 期　刊名:《百花园》
目录

小说

比死更可怕（小小说）──────────────阎　俊

一代（小小说）─────────────────田克俭

花梦（小小说）─────────────────田克俭

糖（小小说）──────────────────王俊义

除夕────────────────────────王西兰

太阳系───────────────────────陈金堂

大年夜，他们在深山峡谷──────────马剑化

生存价值────────────────────晋　川

合作问题────────────────────周　熠

郑所南画兰（历史小说）─────────────任崇岳

女人（译文）──────[加]克莱尔·马丹著　邓一鸥译

散文特写

煤海赤子（来自第一线的报告）──────────李克龙

漫步圆明园遗址（游记）─────────────阎豫昌

梨花开了─────────────────────廖华歌

诗歌

七月的朝霞────────────────────李金安

五彩弦（组诗）──────────────聂鑫森　黄　宏

葛佳映　苏文魁　朱谷忠

中年，青春的续篇───────────────马德华

人们，我会深深地爱─────────────顾　工

蜂人短曲（三首）───────────────汤纪周

水·星───────────────────────华　卓

一粒砂样────────────────────郭　廓

绿化歌─────────────────────鹏　云

花瓣片片────────────────────孟庆生

评论

文学作品的结构（文学理论知识讲座·七）───武国华

汉乐府民歌（中国文学史讲座·七）──────周观武

小花自有袭人香──读四篇小小说──────春　歌

铿锵的性格　希望的所在──────────马　昕

　　──评《第三任队长》

对生活素材开掘要深（青年文学信箱）───金　芹

化千万笔为三五笔（博采录）─────────赵振汉

反说其意（博采录）───────────────钟尚钧

高尔基，新世纪的海燕（文星画廊）────王保民

美术

通往市中心（水粉）───────────────毛本华

母亲（版画）─────────────────纪　元

高尔基（油画）───────────[苏]布罗德斯基

报晓（摄影）─────────────────钱万里

1982 年第 8 期　刊名:《百花园》
目录

小说

痣─────────────────────────刃　雷

田野上的水仙─────────────────李　岸

景苗姑娘─────────────────────黎　婴

懒队长偷瓜────────────────────牧　童

一条大河─────────────────────张秀生

烟斗（习作改评）───────────────龚光超

保护色（译文）─────────[日]星新一著　李有宽译

散文·报告文学

来自东方的使者───────────────邢军纪

荥阳西南散记（中州风光）────────刘建基

三峡梦──────────────────────杨东明

诗歌

赵春娥之歌（组诗）──────杨晓杰　王侠若　潘万提

寸草心（五首）───蔡　琨　桂兴华　蔡国瑞　杨世运

八月繁花（七首）

　　　　　王怀让　李洪程　陈有才　张庆明

山乡售货员────────────────────朱增玉

评论

典型与类型（文学理论知识讲座·八）───刘思谦

建安文学（中国文学史讲座·八）──────李　雪

沈从文散文的艺术特色──谈《老伴》───吴小丽

（附）老伴─────────────────────沈从文

余烟袅袅——《烟斗》读后⋯⋯⋯⋯⋯⋯⋯⋯楚天雷
虚写的妙用（博采录）⋯⋯⋯⋯⋯⋯⋯⋯⋯金小瑞
一世坎坷　一代奇才（文星画廊）⋯⋯⋯⋯湘　君
"小小说专号"预告

美术

仙人花（摄影）⋯⋯⋯⋯⋯⋯⋯⋯⋯⋯⋯⋯孙沛然
边陲晨曲（木刻）⋯⋯⋯⋯⋯⋯⋯⋯⋯⋯⋯蒋宜勋
苏子吟啸图（国画）⋯⋯⋯⋯⋯⋯⋯⋯⋯⋯范　曾
海伦（油画）⋯⋯⋯⋯⋯⋯⋯⋯⋯⋯［英］米莱斯

1982 年第 9 期　刊名:《百花园》
目录

献给党的第十二次代表大会
喜讯传扬遍九州（七绝四首）——欢呼十二大召开
⋯⋯⋯⋯⋯⋯⋯⋯⋯⋯⋯⋯⋯⋯⋯⋯⋯王隐邨
庐山五老峰之歌（诗歌）——唱给老一辈无产阶级革
命家⋯⋯⋯⋯⋯⋯⋯⋯⋯⋯⋯⋯⋯⋯⋯⋯朱昌勤
洗马池（散文）⋯⋯⋯⋯⋯⋯⋯⋯⋯⋯⋯⋯陈桂棣

小说·散文

我们两口子⋯⋯⋯⋯⋯⋯⋯⋯⋯⋯⋯⋯⋯马本德
黑老包别传⋯⋯⋯⋯⋯⋯⋯⋯⋯⋯⋯⋯⋯刘学林
夜晚——黎明⋯⋯⋯⋯⋯⋯⋯⋯⋯⋯⋯⋯⋯雷齐明
来顺老汉的心愿⋯⋯⋯⋯⋯⋯⋯⋯⋯⋯⋯⋯曹　地
瞳孔⋯⋯⋯⋯⋯⋯⋯⋯⋯⋯⋯⋯⋯⋯⋯⋯高　戈
磨坊纪事⋯⋯⋯⋯⋯⋯⋯⋯⋯⋯⋯⋯⋯⋯陈德民
伊琳卡应考（译文）
⋯⋯⋯⋯［苏］M.谢苗诺夫著　张亚和　陈晓兰译
黄河情——寄自我省引黄济津第一线的报告⋯刘先琴
画山绣水小三峡（游记）⋯⋯⋯⋯⋯⋯⋯⋯韩致中

诗歌

黄河⋯⋯⋯⋯⋯⋯⋯⋯⋯⋯⋯⋯⋯⋯⋯⋯文　丙
水晶般的美德——献给赵春娥的歌⋯⋯⋯⋯冬　凝
青春的路（组诗）
⋯⋯⋯⋯艺　辛　北　岛　周志强　刘　畅　高铁军
白杨林（组诗）···杜志民　李志清　黄东成　周　导

评论

漫话细节描写（文学理论知识讲座·九）⋯⋯余　非
南北朝乐府民歌（中国文学史讲座·九）⋯⋯何权衡
山野吹来的风——谈组诗《钻探队之歌》⋯⋯夏　曼
老井"新泉"——《颍河风情录》写作片语⋯孙方友
贵在"先得人心"（博采录）⋯⋯⋯⋯⋯⋯钟　法
黎明前陨落的巨星（文星画廊）⋯⋯⋯⋯⋯金　锐

美术

迎春（摄影）⋯⋯⋯⋯⋯⋯⋯⋯⋯⋯⋯⋯⋯钱万里
谈心（国画）⋯⋯⋯⋯⋯⋯⋯⋯⋯⋯⋯⋯⋯黄　胄
契诃夫（水彩画）⋯⋯⋯⋯⋯⋯⋯⋯［苏］格林什坦因
风景习作（油画）⋯⋯⋯⋯⋯⋯⋯⋯⋯⋯⋯段震中

1982 年第 10 期　刊名:《百花园》
目录

小小说专号

妻子⋯⋯⋯⋯⋯⋯⋯⋯⋯⋯⋯⋯⋯⋯⋯⋯孟伟哉
亮雨⋯⋯⋯⋯⋯⋯⋯⋯⋯⋯⋯⋯⋯⋯⋯⋯南　丁
扒瓢豆腐合和古老肉⋯⋯⋯⋯⋯⋯⋯⋯⋯⋯母国政
敞开的世界⋯⋯⋯⋯⋯⋯⋯⋯⋯⋯⋯⋯⋯⋯陈　放
赤心⋯⋯⋯⋯⋯⋯⋯⋯⋯⋯⋯⋯⋯⋯⋯⋯吴　萍
情敌⋯⋯⋯⋯⋯⋯⋯⋯⋯⋯⋯⋯⋯⋯⋯⋯郭　昕
蹒跚⋯⋯⋯⋯⋯⋯⋯⋯⋯⋯⋯⋯⋯⋯⋯⋯星　哥
惭愧⋯⋯⋯⋯⋯⋯⋯⋯⋯⋯⋯⋯⋯⋯⋯⋯雷齐明
等⋯⋯⋯⋯⋯⋯⋯⋯⋯⋯⋯⋯⋯⋯⋯⋯⋯赵松泉
小理发店里⋯⋯⋯⋯⋯⋯⋯⋯⋯⋯⋯⋯⋯⋯肖复兴
纸糊的驴⋯⋯⋯⋯⋯⋯⋯⋯⋯⋯⋯⋯⋯⋯赵大年
送暖人⋯⋯⋯⋯⋯⋯⋯⋯⋯⋯⋯⋯⋯⋯⋯徐　慎
大啖记⋯⋯⋯⋯⋯⋯⋯⋯⋯⋯⋯⋯⋯⋯⋯王　扶
小叶⋯⋯⋯⋯⋯⋯⋯⋯⋯⋯⋯⋯⋯⋯⋯⋯寇云峰
请女婿⋯⋯⋯⋯⋯⋯⋯⋯⋯⋯⋯⋯⋯⋯⋯殷德杰
街口⋯⋯⋯⋯⋯⋯⋯⋯⋯⋯⋯⋯⋯⋯⋯⋯陈　创
打泡戏⋯⋯⋯⋯⋯⋯⋯⋯⋯⋯⋯⋯⋯⋯⋯刘连群
新生⋯⋯⋯⋯⋯⋯⋯⋯⋯⋯⋯⋯⋯⋯⋯⋯马未都
温存待他时⋯⋯⋯⋯⋯⋯⋯⋯⋯⋯⋯⋯⋯晓　咏
鬼⋯⋯⋯⋯⋯⋯⋯⋯⋯⋯⋯⋯⋯⋯⋯⋯⋯李克定
处长的桌子⋯⋯⋯⋯⋯⋯⋯⋯⋯⋯⋯⋯⋯王保民
路⋯⋯⋯⋯⋯⋯⋯⋯⋯⋯⋯⋯⋯⋯⋯⋯⋯彭其芳
深夜的"啪哒"声⋯⋯⋯⋯⋯⋯⋯⋯⋯⋯⋯朱　圭
坡⋯⋯⋯⋯⋯⋯⋯⋯⋯⋯⋯⋯⋯⋯⋯⋯⋯赵德明
寻觅维纳斯之后⋯⋯⋯⋯⋯⋯⋯⋯⋯⋯⋯曹　建
轻重⋯⋯⋯⋯⋯⋯⋯⋯⋯⋯⋯⋯⋯⋯⋯⋯曾　平
哦，我理发了（处女地）⋯⋯⋯⋯⋯⋯⋯⋯子　尼
华彩小段（处女地）⋯⋯⋯⋯⋯⋯⋯⋯⋯⋯冯冠军
心愿（处女地）⋯⋯⋯⋯⋯⋯⋯⋯⋯⋯⋯莫　成
邻座（处女地）⋯⋯⋯⋯⋯⋯⋯⋯⋯⋯⋯杨东军
西班牙的婚礼（译文）⋯⋯［法］梅里美著　翼　侠译
看画（译文）⋯⋯⋯⋯［美］马克·吐温著　卞慧明译
猎手（译文）
⋯⋯⋯⋯［俄］科佐耶夫著　潘进奇　郑学友译
略谈小说（文学理论知识讲座·十）⋯⋯⋯匡　音
魏晋南北朝小说（中国文学史讲座·十）⋯⋯何权衡
莫道秋萤火　人间尽知君（文星画廊）⋯⋯楚天雷
春意（摄影）⋯⋯⋯⋯⋯⋯⋯⋯⋯⋯⋯⋯⋯未名君

初到世间（木刻）————————邓泽纯
蒲松龄（白描）————————王今栋
读（油画）————————葛鹏仁

但丁和比亚德里丝（油画）————————［英］霍里迪
枫丹白露的森林（油画）————————［法］科　罗

1982 年第 11 期　刊名:《百花园》
目录

小小说
妙手————————李兴桥
她在葡萄架下————————刘家林
心灵的呼唤————————田闻一
血————————王兆安

小说·散文
我在哨位上站岗————————杨东明
紫丁香，开在那燕子巷————————甘茂华
静夜思————————田中禾
难以称谓的人————————姚克明
眼力（习作改评）————————张家华
她们追逐着朝霞————————周学良
奇葩初放（历史小说）————————肖文苑
光棍队长与银耳仙子————————张国钧
巴黎女郎（译文）
　　　　　［保］欧·瓦西列夫著　袁　杰译
鹰之歌（散文）————————胡家模
中建岛奇观（散文）————————王玉龙

诗歌
春天的脚步————————刘益善
王绶青　袁绍发　翼　华　兰正文
山林情话（二首）————————（蒙古族）阿拉坦托娅
我就是黄河————————马合省

评论
肖像描写例说（文学理论知识讲座·十一）
　　　　　————————鲁枢元
魏晋南北朝的文学批评（中国文学史讲座·十一）
　　　　　————————何权衡
新人形象与作家思想————————张赞昆
政策·生活·文学————————杨　飏
来自生活的答卷
——致小说《眼力》作者的信————————丁　捷
曹操的哭和笑（博采录）————————潘知常
但丁的爱情和事业（文星画廊）————————黄蕙清
美人蕉（摄影）————————赵　力
归舟（摄影）————————王青山
绿色大道（摄影）————————沙　莎
微风（摄影）————————赵亚洲

1982 年第 12 期　刊名:《百花园》
目录

小小说
境界————————南　丁
煮蓝————————赵大年
斗鸡————————周思民
美————————邢　可

小说·散文
柳枝依依（处女地）————————李　利
春风暖融融（处女地）————————刘长利
买瓜————————李　同
人，到了这个时候————————刘家林
老实人的苦恼————————张英铎
对手（译文）
　　　　　［英］马丁·阿姆斯特朗著　杨　原译
有这样一家饭店（来自第一线的报告）
　　　　　————————刘建基　程　怡
灵峰鸟巢稠（散文）————————李长华

诗歌
生活之光（组诗）————————马绪英　王小妮
程　海　董宏量　王怀让　鄢家发
诗河扬帆————————子　页　黄秉荣　王　野　陈绍伟
桑林里（外二章）————————韩作荣
在农家小院里————————傅　鹏

评论
唐代诗歌（上）（中国文学史讲座·十二）————————李　湘
通过行动刻画人物（文学理论知识讲座·十二）
　　　　　————————詹家瑄
鼓励·支持·希望——评“小小说专号”
诗的小品，小品的诗————————（湖南）胡宗健
漫谈六篇处女作————————（河南）康　群
琳琅满目，美不胜收————————（云南）杨荣昌
扶植新人良苦用心————————（江苏）孔马川
浅谈小说开头的“戏剧性”（青年文学信箱）
　　　　　————————啫　谭
开辟“独特的世界”（博采录）
谈“正衬”（博采录）————————李传申
“反衬”一例（博采录）————————阎永复
写在曹雪芹肖像前（文星画廊）————————曹　河

美术

犹有花枝俏（摄影）·····································张新正

奔马（国画）···刘勃舒

松鼠（国画）···李自强

曹雪芹（国画）·······································王子武

鹏程万里（套色木刻）·································张修柱

1983 年第 1 期　刊名:《百花园》
目录

小小说

戒···阎　俊

窗口···赵德明

到部长家吃元宵······································刘学林

怯懦者的胜利··金　锐

小说·散文

妖三···张诗勤

秋天，桂花开了······································张　宇

在三等舱里··肖楚奇

金子···运新华

姑娘的心···刘　勇

醒···林继宗

提拔之后···杨春耕

看云（散文）·······································周同宾

唱给母亲的歌（散文）·································斯　平

瞎子（译文）····［美］麦克金利·坎特著　余振作译

诗歌

春天，绿色的路（新诗人）·····························龙　郁

记忆（新诗人）······································张拴国

历史的回音壁（二首）·································陈有才

我是一束阳光·······周志强　申爱萍　刘　章　文　懋

评论

文学是人学漫话（文学理论知识讲座·十三）

···刘思谦

唐代诗歌（下）（中国文学史讲座·十三）···李　湘

说话的艺术（青年文学信箱）···························孙　苏

一个可信可亲的人物形象——读《妖三》···王子营

"避"与"犯"（博采录）··············浮　星　庄　重

"画马"的启示（博采录）··························马广超

"我也是义和团"（文星画廊）·····················周　文

这里春色正浓（编校琐记）·························春　歌

美术

封面设计···································张　鹏　张歌明

攀（雕塑）···孟书明

马克·吐温（水粉画）·································张复乘

危峦耸秀（国画）····································张大千

1983 年第 2 期　刊名:《百花园》
目录

小小说

无边的荷香月色······································星　子

沉默的小伙子··马剑化

小窗···冉启中

噢，是这样……·····································宋之栋

小说

陈寅生中彩···夏坚勇

模特儿···翁树杰

赛车···文　扬

长宽老汉的心思······································李培俊

月夜，静悄悄……（习作改评）·····················马杏梅

谁也别想通过哭得到什么（译文）

···································［英］尼科尔逊著　李清毅译

散文·特写

一枝花（来自第一线的报告）·························张新良

彩恋···邱景衡

山城灯火···解国纪

诗歌

这里走向雷电（新诗人）·······························邢军纪

蓝皮日记（新诗人）··································缪国庆

绿的脚步·········翎　霄　何　鹰　陈运和　孙俊梅

波峰浪谷之间··李清联

西亚风情···彭　龄

评论

给人物以活动的天地（文学理论知识讲座·十四）

···刘彦钊

唐代古文运动（中国文学史讲座·十四）

·······································有　光　古　川

开掘当代青年的精神世界

——黎婴小说创作漫评·····················张　帆　王焕昌

善于摄取生活的新画面

——《月夜，静悄悄……》浅析·····················楚天雷

诗文革新运动的首领——欧阳修·······················早　早

美术

水仙花（摄影）······································乔仲林

牧歌（版画）··陈天然

鹤翔献瑞（版画）····································陈晓南

欧阳修（国画）————————王兰若
春天（油画）————————［英］阿尔玛—达得马

1983 年第 3 期　刊名:《百花园》
目录

小说·散文

从昨天到今天（中篇小说）————————董晓宇
闪光的金子————————沙发来
地铁行————————王　彬
借牛————————马文增
傻全（小小说）————————王志耕
两垄麦（小小说）————————田中禾
落叶（小小说）————————陈学书
路上（小小说）————————新　学
窗子————————宋余三
炽热的冷光————————夏　影
潘杨湖畔（中州风光）————————屈春山

诗歌

遗产·财富·希望——和青年朋友谈心————————纪　宇
采矿场抒情————————左一兵
春，从太阳中奔涌（新诗人）————————关劲潮
芦笛的歌（新诗人）————————卫世平
山径（散文诗）————————杨晓杰
阳光扑向我————————张志鹏
秋菊情思————————赵启顺

评论

喜读《妖三》——兼致张诗勤同志————————从维熙
言有尽而意无穷（青年文学信箱）————————郑克西
描绘心灵世界的艺术——谈心理描写（文学理论知识讲座·十五）————————金　锐
唐代传奇小说（中国文学史讲座·十五）
————————古　川　有　光
浅谈诗歌中电影手法的运用————————殷一冰
捕捉典型的瞬间（博采录）————————林从龙
"斧正"者戒（博采录）————————王季俊
文章之妙全在转处（博采录）————————陈世明
不灭的灵魂（文星画廊）————————郑　敏

美术

和平之歌（年画·局部）————————陈光健
春归（版画）————————张佩义
安徒生（摄影）————————佚　名
列宁和小朋友（油画）————————［苏］布拉钦

1983 年第 4 期　刊名:《百花园》
目录

木雕————————林斤澜
雾夜————————吴　萍
尾巴————————汪曾祺
心曲————————叶文玲
小巷除夕（处女地）————————祖国兴
冬夜之歌————————谢　静
风的絮语————————李慕贤
改革————————吴若增
塑造————————许世杰
荷担者————————张　斌
甜甜的夜晚————————王延辉
气味————————杨东明
买元宵————————刘　思
玩笑————————甘铁生
长街行————————马其德
卖鸡蛋的小女孩————————朱　圭
代言人————————段荃法
心儿咚咚响————————母国政
春的太阳————————肖正义
亮色————————章　吟
圣餐————————姚克明
冬青（处女地）————————马德平
位置（处女地）————————丁素玲
窗外飘着雪花（处女地）————————袁洪国
归途（处女地）————————郑亚龙
她的名字叫雅玛哈————————陈　放
评选会上————————王　洁
门反锁以后（处女地）————————桂兴华
一只花猫————————苏政勋
两个鸡蛋————————潘大林
古堡的秘密（译文）
　　　　［美］凯瑟琳·邓拉普著　徐克劳译
瑞云（小小说名篇选）
　　　　（清）蒲松龄著　李厚基等译
柯留沙（小小说名篇选）
　　　　［俄］玛·高尔基著　巴　金译
于精微处下功夫——短篇小说琐谈————————峻　青
关于小小说————————汪曾祺
小小说创作断想————————高进贤
宋代的词（上）（中国文学史讲座·十六）————————周锡山
现代主义和浪漫主义（文学理论知识讲座·十六）
————————丁　捷
"刑余之人"的"一家之言"（文星画廊）————————曹　河
欣喜之余话服务（编校琐记）————————春　歌
牡丹仙子（雕塑）————————郑州雕塑研究会

云雾山中（国画）⋯⋯⋯⋯⋯⋯郭传璋
美姑河畔（国画）⋯⋯⋯⋯⋯⋯姚治华
司马迁（国画）⋯⋯⋯⋯⋯⋯⋯胥昌群
吃瓜和葡萄的孩子（油画）⋯⋯［西班牙］牟利罗

1983 年第 5 期　刊名:《百花园》
目录

一九八二年"百花园优秀作品奖"获奖名单
满园春色关不住——获奖作者的话
我这样警戒自己⋯⋯⋯⋯⋯⋯⋯孟伟哉
致《百花园》⋯⋯⋯⋯⋯⋯⋯⋯南　丁
要和读者保持直线联系⋯⋯⋯⋯毛志成
忘不了故乡的小路⋯⋯⋯⋯⋯⋯邢军纪
美在含蓄中⋯⋯⋯⋯⋯⋯⋯⋯⋯马　岭
稚嫩者的脚步从这里迈出⋯⋯⋯逄闻懿
讴歌新的时代⋯⋯⋯⋯⋯⋯⋯⋯刘建基
获奖时刻话"晕鸡"⋯⋯⋯⋯⋯⋯孙方友
感谢园丁⋯⋯⋯⋯⋯⋯⋯⋯⋯⋯李　利
时代·青年·文学——读《百花园》获奖作品随感
⋯⋯⋯⋯⋯⋯⋯⋯⋯⋯⋯⋯⋯⋯何秋声
百花园里春常在——本刊优秀作品授奖活动侧记
⋯⋯⋯⋯⋯⋯⋯⋯⋯⋯⋯⋯⋯⋯曹　河

小说·散文
杜超和他的女朋友⋯⋯⋯⋯⋯⋯寇云峰
融雪⋯⋯⋯⋯⋯⋯⋯⋯⋯⋯⋯⋯雷齐明
深渊⋯⋯⋯⋯⋯⋯⋯⋯⋯⋯⋯⋯王世伟
箬叶粽⋯⋯⋯⋯⋯⋯⋯⋯⋯⋯⋯陈　创
丁香⋯⋯⋯⋯⋯⋯⋯⋯⋯⋯⋯⋯赵松泉
遭人白眼的小伙子（小小说）⋯⋯董一丁
不说假（小小说）⋯⋯⋯⋯⋯⋯阎　俊
勇气（小小说）⋯⋯⋯⋯⋯⋯⋯姜胜群
宝宝问题（小小说）⋯⋯⋯⋯⋯郅　辉
掉了毛的鸡毛掸（小小说）⋯⋯杨建新
我，想找她（小小说）⋯⋯⋯⋯杨东军
渡（小小说）⋯⋯⋯⋯⋯⋯⋯⋯祝　凯
一个弱者的强音（来自第一线的报告）
⋯⋯⋯⋯⋯⋯⋯⋯⋯⋯保　民　铁　军
日本姑娘（散文）⋯⋯⋯⋯⋯⋯李太和
穿夏装的姑娘们（译文）
⋯⋯⋯⋯⋯⋯［美］欧文·肖著　袁大同译

诗歌
水仙二重奏⋯⋯⋯⋯⋯⋯⋯⋯⋯青　勃
从黄昏到黎明（新诗人）⋯⋯⋯易殿选
北方，我心灵的大地（新诗人）⋯程光炜
芳草地（组诗）⋯黎正光　陈佩芸　洪　亮　林　染

小街⋯⋯⋯⋯⋯⋯⋯⋯⋯⋯⋯⋯陈　犀
开在头上的花⋯⋯⋯⋯⋯⋯⋯⋯倪　鹰
荥阳行（二首）⋯⋯⋯⋯⋯⋯⋯张清华

评论
作家的艺术风格（文学理论知识讲座·十七）
⋯⋯⋯⋯⋯⋯⋯⋯⋯⋯⋯⋯⋯⋯宋应离
宋代的词（下）（中国文学史讲座·十七）⋯⋯周锡山
文学新纪元的开创者（文星画廊）⋯⋯黄蕙清
本刊召开诗歌创作座谈会（文讯）

美术
养鸡姑娘（国画）⋯⋯⋯⋯⋯⋯石　齐
第二届"百花园优秀作品奖"颁奖活动剪影
⋯⋯⋯⋯⋯⋯⋯⋯⋯⋯⋯赵亚洲　刘　申
雨果（国画）⋯⋯⋯⋯⋯⋯⋯⋯李伯安
春天树下的小道（油画）⋯⋯⋯［法］科　罗

1983 年第 6 期　刊名:《百花园》
目录

小说
爱的考验（小小说）⋯⋯⋯楼耀福　殿慧芬
醉（小小说）⋯⋯⋯⋯⋯⋯⋯⋯彭其芳
美妞（小小说）⋯⋯⋯⋯⋯⋯⋯杜　天
啊！鸵鸟（小小说）⋯⋯⋯⋯⋯刘　连
春（小小说）⋯⋯⋯⋯⋯⋯⋯⋯戴　悟
生命（小小说·处女地）⋯⋯⋯伍江陵
爱的真谛（小小说）⋯⋯⋯⋯⋯陈学书
艺术品（小小说名篇选读）
⋯⋯⋯⋯［俄］安东·契诃夫著　马天民译
绿叶上流出来的歌⋯⋯⋯⋯⋯⋯王雨宁
风，撩起淡绿的窗帷⋯⋯⋯⋯⋯曾　平
温暖的泉水⋯⋯⋯⋯⋯⋯⋯⋯⋯周百义
金色的光波⋯⋯⋯⋯⋯⋯⋯⋯⋯张　硕
溜冰畅想曲（习作改评）⋯⋯⋯丽　弘
张保财开会⋯⋯⋯⋯⋯⋯⋯⋯⋯少　古

散文
啊，秋姑娘⋯⋯⋯⋯⋯⋯⋯⋯⋯廖华歌
日本散文二则（译文）⋯⋯德富芦花著　翟　君译

诗歌
葛藤的独白（新诗人）⋯⋯⋯⋯潘万提
江风新韵（新诗人）⋯⋯⋯⋯⋯田万宪
今天的土地（组诗）⋯⋯⋯⋯⋯闻　频
聂鑫森　谢先云　马绪英　郭　廓　李爱竹
种子（外一章·散文诗）⋯⋯⋯⋯秋　原

剪枝曲 .... 李　民
妈妈唱给孩子的歌 .... 金云富
看云 .... 杨　山

评论

赏花录——读书札记 .... 青　勃
谈想象（文学理论知识讲座·十八）苏　文
元代杂剧（中国文学史讲座·十八）宗　一
艺术，需要各种有力的翅膀（文艺随笔）沈力行
作文与评论（文艺随笔） .... 钟　法
使每一个字都变成磨盘（青年文学信箱）武国华
拼搏精神的赞歌——读《溜冰畅想曲》祝新康
笔落惊风雨，诗成泣鬼神（文星画廊）于　木
读者中来

美术

希望（油画） .... 雷　双
山雀（国画） .... 郑小娟
太白行吟图（国画） .... （宋）梁　楷
森林的早晨（油画） .... ［俄］希什金

1983 年第 7 期　刊名:《百花园》

目录

小说

在海滨 .... 张　威
遥远的彼岸 .... 田中禾
秋凉 .... 王　钢
归巢 .... 郭才明
红的、黄的、蓝的…… .... 邢军纪
石级、石级、蒲公英 .... 王俊义
街头即景（小小说） .... 陈学书
爱人的分数（小小说） .... 铁　炉
"炮"炸酒席（小小说） .... 佳　举
骑士之死（小小说） .... 徐海滨
那双手（译文）·····［葡］儒利奥·丹塔斯著　程　凡译

散文

今朝又是洛阳花 .... 林　召
别（处女地） .... 余　迎
故乡的梦 .... 高　山

诗歌

树（四首） .... 公　刘
儿子（新诗人） .... 王中朝
姓名（新诗人） .... 羽　飞
生活·沉思（四首）
.... 邬显荣　刘志书　冯　杰　姜文岩

黎明的窗口（二首） .... 刘辉考

评论

亮色·红色·绿色——由《亮色》说开去 .... 王天林
以"大法手眼"写"真的人物" .... 颜慧云
元代杂剧（下）（中国文学史讲座·十九）
.... 宗　一
谈文学作品的语言（文学理论知识讲座·十九）
.... 亦　明
小小说妙在三"小" .... 黄培需
性格鲜明的新人形象
——读《杜超和他的女朋友》 .... 慎　之
狄更斯和他笔下的人物（文星画廊）........ 吕伟民

美术

探索（油画） .... 靳尚谊
满园明珠（国画） .... 杨育智
牧歌（木刻） .... 姜文浩
狄更斯（素描） .... 常宗贤
日落（油画） .... ［美］A.贝尔斯达德

1983 年第 8 期　刊名:《百花园》

目录

小说

领补助金的女人 .... 阎连科
父亲的世界 .... 张　宇
我们四个和她 .... 苏政勋
怪味猪蹄 .... 杨　惕
我向你走来 .... 苏　童
在寒夜（小小说） .... 鲁书潮
"英纳格"座钟（小小说） .... 张家华
改（小小说） .... 路　舟
次品（小小说） .... 郝铁军
清清柳潭水 .... 李培俊
晨曲 .... 祖国兴
姐姐的婚事（处女地） .... 白　茫
传票（译文）·······［美］唐·巴塞尔梅著　陈万林译

散文

金牛寺抒怀（中州风光） .... 湖　涌
夹竹桃赋 .... 碧　霞

诗歌

大山的情思（新诗人） .... 张国领
中国，一棵巨树（新诗人） .... 王常建
彩色的风（九首）········伍权民　小　舟　周志强
苏　敏　李富祺　颜　溶　阮大华　贾志坚　黎辉

钟声………………………………………梁金玉
选择………………………………………方竟成
当我接到退稿信的时候……………………袁明珠

评论

反映青年爱情的一个新收获——读《箬叶粽》
…………………………………………阎豫昌
明代文学（上）（中国文学史讲座·二十）　葆　成
文学作品的节奏（文学理论知识讲座·二十）—戈　华
小议诗的形象……………………………魏久环
诗，总要有所发现（文艺随笔）……………赵曙光
才奇命短的李贺（文星画廊）………………关　武
本刊今年继续举办优秀作品评奖活动
努力提高精神产品质量（文讯）

美术

水芙莲（摄影）……………………………孙树明
风雨同舟（油画）…………………………常宗贤
李贺（国画）………………………………张绍文
朗格多克葡萄园一角
…………………………[法]爱德华·德巴——蓬桑

朱　巍　雷雨川　高立林
山·海·塞外（组诗）……………张永久　郭维东
缪国庆　熊召政　文　丙　王维洲　朱昌勤

评论

谈美（文学理论知识讲座·二十一）………符保林
明代文学（下）（中国文学史讲座·二十一）
…………………………………………葆　成
想起了卖桃者（青年文学信箱）……………段荃法
高亢壮美的旋律——读《大漠，我的朋友》——余　非
要积极反映社会现实生活——小谈《第一位的》
…………………………………………蓝　竽
活着，不是为了自己——日本作家小林多喜二
…………………………………………郑亚龙

美术

虞美人（摄影）……………………………刘世昭
奶牛场写生（油画）………………………张纪元
海浪（油画）………………………………邓贻富
小林多喜二（素描）………………………曹新林
白衣少女（油画）………………………[美]惠斯勒

1983 年第 9 期　刊名:《百花园》
目录

小说

第一位的…………………………………王金年
山妹子……………………………………孙建英
傻子天喜…………………………………唐和平
请问问你的心……………………………杏　果
丈夫………………………………………李廷华
小院门口（小小说）………………………曲范杰
小车停在楼下（小小说）…………………丁　茂
龙（小小说）………………………………邓子科
春雨濛濛（小小说）………………………师有荣
小和尚拆庙（"中州采英"）………………南予见
黄昏（译文）……………[英]莎基著　保　尔译

散文

湖水，静悄悄……………………………黄　明

诗歌

大漠，我的朋友（新诗人）………………陈峻峰
站在处女地上（新诗人）…………………吴馥菜
工厂浅浮雕（二首）………………………赵中森
乡情（组诗）………陈裕霞　刘高贵　訾晓霞
曹勇骅　陈　创　袁学忠　张志玉　张振宇　夏雨长
花·雨·黎明（组诗）……………李全军　张亚平

1983 年第 10 期　刊名:《百花园》
目录

落花时节…………………………………刘绍棠
你在作曲吗?………………………………佳　峻
凹凸人……………………………………从维熙
画坛轶事（处女地）………………………木　公
渴望（处女地）……………………………国　库
残局（处女地）……………………………孙振亚
告别了小小的县城（处女地）……………达　利
在公共汽车上（处女地）…………………炳　烛
一盆儿鸡蛋羹的命运史（处女地）………初　烨
人…………………………………………张西庭
不息的涛声………………………………刘连群
小城风波…………………………………吴　萍
美丽的大眼睛……………………………赵大年
痕迹………………………………………航　鹰
脸色………………………………………李培俊
湖畔………………………………………王　扶
第八个是意识流…………………………苏政勋
父爱的延伸………………………………大　葭
妈妈，妈妈………………………………武蒙辛
痦子………………………………………李惟徽
皇亲………………………………………杨志广
分道扬镳…………………………………赵松泉
归雁………………………………………雷齐明

夏锄小曲·······················马林帆
秘方·························赵德明
年终奖························赵曰茂
邻铺·························周健行
井台上的脚印····················徐战文
球迷·························张伟刚
论圆的艺术·····················陈 创
"孔方"夫妻·····················李太和
学步·························杜道恒
寿星桥························李安林
在那个平常的早晨··················姜贻斌
二十年以后（译文）····〔美〕欧·亨利著 罗国良译
列车上遇到的姑娘（译文）
··········〔印度〕拉斯金·邦德著 卞慧明译
浅谈小小说——百花园小小说专号读后·····邱胜威
特色就是生命——读百花园随感··········梁 昭
要表现理想，又不理想化··············包亚东
水满则溢（文学理论知识讲座·二十二）·····孙 荪
清代文学（上）（中国文学史讲座·二十二）
··························周观武
生当作人杰（文星画廊）··············施 彦

刘焕章雕塑选
秋山赋（国画）···················刘书民
黄河入海流（国画）·················赵若浩
李清照（国画）···················王西京
收割的报酬··············〔法〕莱昂·莱尔米特

1983 年第 11 期　刊名:《百花园》
目录

站在清除精神污染斗争的前列··········本刊编辑部
双百方针与文艺批评——学习《邓小平文选》
··························耿恭让

小说·散文
女士（小小说）···················李增宪
哦，蔷薇色的云（小小说）·············李汉平
月照上八岭（小小说）················夏春海
重赏之下（小小说）·················李书民
四号售货员（小小说）················曹志前
最珍贵的（小小说）·················张 子
卖烟叶（小小说）··················鲁 南
"病"友（小小说）·················咏 弦
美，莲花（小小说）·················李金安
美的价值（小小说）·················海蓝蓝
入路·························辛汝忠
明天，他们走向生活·················马本德

衷曲·························马金章
国宝（历史小说）··················吴桂珍
山野的歌（散文）··················王俊义
翡翠台（散文）···················金 锐
一个失去小指头的贼（译文）
········〔美〕乔治·P.麦卡勒姆著 徐克芳译

诗歌
在大连海滨（新诗人）················彭国梁
江山多娇人多情（组诗）···阎豫昌 张雪杉 徐 泽
张 毅 高旭旺 倪 鹰 蔡 焜 刘和平 魏路荥
律诗二首······················王昌定
诗人·························贺羡泉
江波海浪（组诗）
··········司徒杰 杨亚平 钱锦方 熊国泰

评论
香野踏青······················艾 云
文学创作的起点和归宿（文学理论知识讲座·二十三）
··························杜 涓
清代文学（下）（中国文学史讲座·二十三）
··························周观武
田中禾小说印象···················曾 凡
"避难法"小议（博采录）··············谭龙生
俄罗斯诗歌的太阳（文星画廊）···········曹 河

美术
江山如画（摄影）··················杨永明
乡村（版画）····················罗贯生
神女峰之晨（版画）·················臧玉华
普希金（素描）···················曹新林
读信的姑娘（油画）··············〔荷〕维米尔

1983 年第 12 期　刊名:《百花园》
目录

小说·散文
信（小小说）····················非 文
中断的晚餐（小小说）················严歌平
桥（小小说）····················赵麦岐
葡萄是甜的（小小说）··········马晓光 朱淑琴
眼睛，别盯着一个地方（小小说）··········胡 英
车（小小说）····················孙 台
召唤·························鲁书潮
莽苍苍的山野····················陈 枫
大柳树，大槐树···················张秀生
师道·························姚克明
童心·························苗绍南

铺花的小路   高廷敏
露锋   孙月沐
真面（散文）   广　举

双桥清音   田万宪
醉游黄果树   王玉龙
极顶昏晓   洋　洋

诗歌

祖国抒情   杨晓杰
马德华　韩作荣　李根红　蔚　文　艺　辛
斑斓的生活   孙友田
鄢家发　郑宝富　子　页　苇　丛　朱剑宗
泰山挑山工   王绶青
少女，捧着一束鲜花（新诗人）   周　导

诗歌

龙之舞（新诗人）   何香久
故乡—山村（新诗人）   廖华歌
青春的乐章（组诗）
      韩　雨　马绪英　潘万提　王剑冰
月台交响诗（二首）   左一兵

评论

道路无限宽广（百花园论坛）   何秋声
更高地举起社会主义文艺旗帜——本刊编辑部邀集作
者座谈清除精神污染问题   本刊记者
深入生活　讴歌人民   阎豫昌
从自然主义沼泽里爬出来吧   逢闻懿
棍子·大炮·刀子   泛　舟
坚持社会主义文艺方向   刘　良
放下长篇白话小说第一块基石的人   修　远

评论

人们需要为人民的文艺（百花园论坛）   郭　春
门外谈诗   曹靖华
文艺批评的光辉范例   毕　正
是相非相
——漫谈创作主体与审美客体的矛盾统一问题
      杜田材
耐人回味　发人深思（新作短评）   周健平
感情——艺术花朵生命之水（文艺随笔）
      广宇　贞洁
"世界的一面镜子"——德国伟大诗人歌德（文星画
廊）   望　尘

美术

青海长云（油画）   朱乃正
牧归（摄影）   王世龙
抢修（摄影）   王青山
施耐庵（白描）   禹化兴
高尔基在朗诵他的童话《少女与死神》
      [苏]雅尔——克拉甫钦柯

美术

高原情（油画·局部）   詹建俊
春曲（版画）   王坎德
歌德（素描）   毛本华
清风（油画）   詹建俊
封面题字   李　铎

1984 年第 1 期　刊名:《百花园》
目录

小说

车到山前   苏政勋
八月的黄昏   董晓宇
月曦（小小说）   陈金堂
最后一个骠骑兵（小小说）   沈仁康
特别学员（小小说）   马其德
将军（小小说）   阎连科
拉幕人（小小说）   庐　野
饭场（小小说）   董传礼
月光融融   兀好民
光蛋"老夯"   吴剑平
"二朵梅"之谜   李　升

报告文学·散文

星垂平野阔（来自第一线的报告）   刘建基

1984 年第 2 期　刊名:《百花园》
目录

秋水   田中禾
种子   陈　放
张锡匠和他的锡匠铺   周　矢
考察   徐　慎
喝啤酒   冯骥才
触动   周夏伟
告别   雷齐明
疯枣树   赵大年
未完成的杰作   马晓光　朱淑琴
妈妈，你在哪里?   吴　萍
路遇（处女地）   覃　天
试（处女地）   程继安
秋秋（处女地）   吴克敬
买米（处女地）   张建勤

"受贿"（处女地）…………………………焦金坤
下不为例…………………………………沈仁康
贝壳项链…………………………………刘国春
拾到的姥姥………………………………高进贤
老实人……………………………………苏 童
落实………………………………………许世杰
照相………………………………………王振洲
来点西施兰夏露…………………………高 华
啊，玉兰花………………………………朱 圭
在楼梯上…………………………………王不天
生活，每一棵小草………………………田 夫
春雨………………………………………李兴桥
颠倒………………………………………周西海
买肉记（中州采英）……………………马敏学
药房（中州采英）………………………司玉笙
雪花飘向遥远的道班房…………王 瑾 志 广
品茶………………………………………李焕振
求师记……………………………………甄源森
雨夜………………………………………黄 飞
晚宴（译文）………[英]尼·蒙萨拉特著 保 尔译
在艺术冲突中塑造新人（百花园论坛）……王鸿生
曲折跌宕的情节，呼之欲出的人物——读《劳山道
士》札记…………………………………金 锐
（附）劳山道士
谈小小说的短——读《百花园》八三年第十期小小说
专号……………………………王 惠 唐 飞 王 冉
看得出你们的精心耕耘（读者之声）
建议和希望（读者之声）
刻苦勤奋大师的莫泊桑（文星画廊）……黄培需
三溪（摄影）……………………………罗小韵
播春（版画）……………………………潘大涨
莫泊桑（素描）…………………………毛本华
早，小蜜蜂（油画）……………………韦启美

如此美人（译文）…………杰克·里奇著 张 鹏译

散文

大师，让我们赞美你伟大的双手
——来自第一线的报告………………张 威
手的怀念…………………………………张守仁
庐山美……………………………………曹 地

诗歌

人才畅想曲………………………………纪 宇
一代人的雕像（新诗人）………………杨川庆
锻工（新诗人）…………………………杨绍武
早霞和希望（组诗）……………谢克强 张建华
梁谢成 刘书志 刘章 陈有才 阵 容 姚焕吉
艾 嫚 成 林
月亮，不沉的船…………………………申爱萍
三月的早霞（中州采英）………………周艳峰
信鸽………………………………………莫西芬
大自然的赠予（中州采英）……………顾兰芳
我，买了一台洗衣机……………………茹炳祥

评论

人民是文艺工作者的母亲（百花园论坛）……刘敏言
抒写社会主义新人形象（名作百篇选读）——漫话安
东诺夫的短篇小说《电车里》…………郑克西
电车里（附）………………………[苏]安东诺夫
结尾与结局（青年文学信箱）…………区 英
一篇值得称道的处女作
——谈小说《俺那个他……》…………蓝 竿
诗与理趣（文艺随笔）…………………王幅明
横槊赋诗的文学家曹操（文星画廊）…………元 惠

美术

春满人间（摄影）………………………罗小韵
摇篮（版画）……………………………白春堂
曹操（白描）……………………………王今栋
娜达莎（油画）…………………………李 骏

1984 年第 3 期 刊名:《百花园》
目录

小说

小夜曲（小小说）………………………叶文玲
秧苗青青（小小说）……………………袁慧光
新闻组长（小小说）……………………马小钢
光与影（小小说）………………………国 庠
俺那个他……（小小说）………………王瑞霞
流动的夜晚（小小说）…………………王延辉
剪影………………………………………李乔亚
"抱贝斯"…………………………………黎 婴
替补队员…………………………………代新生
前途………………………………………刘 勇

1984 年第 4 期 刊名:《百花园》
目录

本刊一九八三年优秀作品获奖名单

双簧………………………………………刘绍棠
永远的雕塑………………………………史家轩
我陶醉了…………………………………陈 枫
假的………………………………………流沙河
烟趣………………………………………张 宇
岗位………………………………………马 岭

会前四十三分钟⋯⋯⋯⋯⋯⋯⋯⋯刘连群
项练⋯⋯⋯⋯⋯⋯⋯⋯⋯⋯⋯⋯吴若增
彩卵⋯⋯⋯⋯⋯⋯⋯⋯⋯⋯⋯⋯殷德杰
后来呢（处女地）⋯⋯⋯⋯⋯⋯蔡椿芳
愤怒的葡萄（处女地）⋯⋯⋯⋯何香久
柚（处女地）⋯⋯⋯⋯⋯⋯⋯⋯郭华翔
我是待业青年（处女地）⋯⋯⋯杨道立
桥（处女地）⋯⋯⋯⋯⋯⋯⋯⋯尹家民
份量⋯⋯⋯⋯⋯⋯⋯⋯⋯⋯⋯⋯倪　鹰
不肯留姓名的人⋯⋯⋯⋯⋯⋯⋯余少华
丑角⋯⋯⋯⋯⋯⋯⋯⋯⋯⋯⋯⋯刘　思
秀女⋯⋯⋯⋯⋯⋯⋯⋯⋯⋯⋯⋯周曙光
百灵⋯⋯⋯⋯⋯⋯⋯⋯⋯⋯⋯⋯陈　创
蛤蚧⋯⋯⋯⋯⋯⋯⋯⋯⋯⋯⋯⋯傅树生
怪影⋯⋯⋯⋯⋯⋯⋯⋯⋯⋯⋯⋯石　丛
对调⋯⋯⋯⋯⋯⋯⋯⋯⋯⋯⋯⋯邢　可
警士⋯⋯⋯⋯⋯⋯⋯⋯⋯⋯⋯⋯祖国兴
故园情⋯⋯⋯⋯⋯⋯⋯⋯⋯⋯⋯庐　野
高地⋯⋯⋯⋯⋯⋯⋯⋯⋯⋯⋯⋯曹　建
晚上准有大风雪⋯⋯⋯⋯⋯⋯⋯邓宗良
苦果⋯⋯⋯⋯⋯⋯⋯⋯⋯⋯⋯⋯曲范杰
遮雨板⋯⋯⋯⋯⋯⋯⋯⋯⋯⋯⋯司玉笙
落花时节空折枝⋯⋯⋯⋯⋯⋯⋯蒋健生
她和他⋯⋯⋯⋯⋯⋯⋯⋯⋯⋯⋯姜胜群
救月⋯⋯⋯⋯⋯⋯⋯⋯⋯⋯骆炬·恒阳
夜，小巷静悄悄⋯⋯⋯⋯⋯⋯⋯张家华
金针⋯⋯⋯⋯⋯⋯⋯⋯⋯⋯⋯⋯王世伟
明月照人间⋯⋯⋯⋯⋯⋯⋯⋯⋯白　马
跑驴⋯⋯⋯⋯⋯⋯⋯⋯⋯⋯⋯⋯王　松
下趟一定买⋯⋯⋯⋯⋯⋯⋯⋯⋯咏　弦
墙壁上的人用人脸⋯⋯［英］E.U.鲁卡斯著　陈万林译
创作离不开理论的指导（百花园论坛）⋯⋯庄　众
主题潜藏在水下（名作百篇选读）⋯⋯黄蕙清
（附）一个明亮干净的地方⋯⋯⋯［美］海明威
"闪法"的诱力⋯⋯⋯⋯⋯⋯⋯⋯谭龙生
西班牙民族的骄傲（文星画廊）⋯⋯王颖芝
学习胡乔木《关于人道主义和异化问题》（文讯）
西北风（油画）⋯⋯⋯⋯［美］C.H.戴维斯
嵩岳胜概（国画）⋯⋯⋯⋯⋯⋯史光敬
塞万提斯（素描）⋯⋯⋯⋯⋯⋯常宗贤
层层浪（油画）⋯⋯⋯⋯⋯⋯⋯张文新

1984 年第 5 期　刊名:《百花园》
目录

小说·散文
夜籁（小小说）⋯⋯⋯⋯⋯⋯⋯刘文新
卖野味的孩子（小小说）⋯⋯⋯黄培勋

无题（小小说）⋯⋯⋯⋯⋯⋯⋯苏政勋
窗外有一片白云（小小说）⋯⋯姜贻斌
瞑目（小小说）⋯⋯⋯⋯⋯⋯⋯程继安
许爹两进理发店（小小说）⋯⋯余少华
扔了可惜（小小说）（处女地）⋯宋世旭
买菜（小小说）⋯⋯⋯⋯⋯⋯⋯祝　凯
小站（小小说）⋯⋯⋯⋯⋯⋯⋯肖楚奇
考场上⋯⋯⋯⋯⋯⋯⋯⋯⋯⋯⋯唐宋元
溪上青青草⋯⋯⋯⋯⋯⋯⋯⋯⋯马　岭
涟漪⋯⋯⋯⋯⋯⋯⋯⋯⋯⋯⋯⋯沈庆云
夜走金鸡冲⋯⋯⋯⋯⋯⋯⋯⋯⋯周业贵
阳光下（处女地）⋯⋯⋯⋯⋯⋯肖定丽
守护神（散文）⋯⋯⋯⋯⋯⋯⋯杨涧华
漫步在绿色长廊（散文）⋯⋯⋯孙　荪
绿色的山野绿色的诗（散文）⋯张步青

诗歌
五月的风（组诗）⋯⋯闻　频　钱锦方　刘　镇
随想曲（新诗人）⋯⋯⋯⋯⋯⋯刘毅然
生活的恋歌（新诗人）⋯⋯⋯⋯徐　泽
沿着黎明走（组诗）⋯⋯⋯⋯⋯李志清
张新泉　陈佩芸　林　染　张亚平　周继伟　赵启顺

评论
奏出我们时代的优美动听的旋律⋯⋯叙　子
描写和表现真实的人性与人情⋯⋯刘彦钊
喀布尔人（名作百篇选读）⋯⋯［印］泰戈尔著
结构的艺术——读《喀布尔人》札记⋯⋯苏　文
歌诗合为事而作（文星画廊）⋯⋯赵曙光

美术
封面设计⋯⋯⋯⋯⋯⋯⋯⋯⋯⋯乙　丙
人物写生⋯⋯⋯⋯⋯⋯⋯⋯⋯⋯李文绚
白居易⋯⋯⋯⋯⋯⋯⋯⋯⋯⋯⋯李伯安
罗曼·拉柯小姐（油画）⋯⋯⋯［法］雷诺阿

1984 年第 6 期　刊名:《百花园》
目录

小说
黎明时分出车（小小说）⋯⋯⋯周晓峰
梦与信（小小说）⋯⋯⋯⋯⋯⋯彭城子
落花（小小说）⋯⋯⋯⋯⋯⋯⋯吴金良
枣红沙发（小小说）⋯⋯⋯⋯⋯赵德明
细雨（小小说）⋯⋯⋯⋯⋯⋯⋯徐宜玲
此座无人（小小说）⋯⋯⋯⋯⋯赖国清
他⋯⋯（小小说）⋯⋯⋯⋯⋯⋯傅绍信
借光（小小说）⋯⋯⋯⋯⋯⋯⋯汪爱珠

琴声（小小说）…………………王崇胜
江的女儿…………………………李汉平
归去来辞…………………………琴　夫
我去了，那个角落………………郑　人
夏金根卖猪……………王益山　王益河
防锈漆的故事……………………张增明
秋夜………………………………李仲臣

散文
茧花………………………………禹本愚
杏花雪霁登轩辕…………………黎澍剑
伞兵与蓝天………………………马中玉
雾境………………………………叶　梦

诗歌
呵，我的朝阳（组诗）
　　……文　懋　郭良原　高旭旺　卫世平
星空，有我的位置（新诗人）…李晴法
彩虹（新诗人）…………………黎正光
高地，矗起一群雕像……………蔡椿芳
黄河月（组诗）……………潘万提　陈应松
桦　子　高立林　李全军　刘辉考　王艳丽

评论
文艺，美的杠杆…………………王鸿生
作家的眼睛………………………张赞昆
浅谈小小说的审美特点…………杨　飚
微型小说源流初探………………闻　萍
一个精采的细节（文艺随笔）…刘　溶
莎士比亚之谜（文星画廊）……王子营
编者的话

美术
花地（版画）……………………刘向荣
莎士比亚（素描）………………常宗贤
康乃馨·百合花·玫瑰…………〔美〕萨金特

村长………………………………西　木
意守………………………………李盛华
黎明时分…………………………秋　乡
乖乖………………………………王　扶
改正………………………………陈　创
最心爱的歌………………………英　武
海边纪念碑………………………邓宗良
吴老汉镶牙………………………高　华
风筝信封…………………………李叔德
仅有爱情是不够的………………武蒙辛
圆满解决…………………………王　洁
最后的晚餐………………………雷齐明
破迷………………………………徐元东
中彩………………………………甘铁生
我与他的相遇……………………武永胜
盼…………………………………张伟刚
雾…………………………………初　烨
调动………………………………子　尼
生花妙笔…………………………毛小康
新天方夜谭………………………梅　意
门，第三次响了…………………李培俊
珍藏在心中的幸福………………遐　君
半夜敲门…………………………白宏志
妈妈………………………………李建国
老同学……………………………彼　岸
雨前………………………………杨春耕
最后的报告………………………郜　磊
买西装……………………………梁建生

处女地
力…………………………………韩　明
车上………………………………何唯伊
丑女………………………………庞远国
风雪小路…………………………杨传珍

酸枣儿
长跑冠军…………………………李培经
赢了？输了？……………………唐宋元
纸猫………………………………木　公

天涯芳草
新来的邻居………………………江　边
警察的新策略……………………〔日〕星新一

译文
逃跑………〔美〕约翰·萨维奇著　温志强译

![banner] **1984 年第 7 期　刊名:《百花园》**

目录

来自第一线的报告
郑保定传奇………………………王　军
"野天鹅"号遇难者的遗言……李　晴
市长和市民………………………乔　瑜
废弃的信稿……………洪双烨　林国进
老刘、大刘和小刘………………许世杰
上任………………………………章　印
锁…………………………………张侍民

1984 年第 8 期 刊名:《百花园》
目录

小说·散文

太阳正在升起……………………………………周晓峰
古画……………………………………………………王嘉贵
相逢在紫禁城（小小说）………………………甄源森
陌路……………………………………………………姚克明
谜………………………………………………………刘贵贤
模特儿（处女地）…………………………………墨 白
路上，一行清新的脚印（小小说）……………周 熠
进修（小小说）……………………………………吴临芳
电动剃须刀（小小说）……………………………李 夏
剪报（小小说）……………………………………姜贻斌
异常（小小说）……………………………………苗长水
小河边（小小说）…………………………………季宇
古庙（酸枣儿）……………………………………赵日茂
诗人来信（酸枣儿）………………………………少 鸿
少年霍元甲（中篇连载）…………………………史雄飞
阿霞变奏曲（天涯芳草）…………………………张波良
明澈的眼睛（天涯芳草）…………………………徐建军
依赖者（天涯芳草）…………[日]星新一著 陈伏苣译
人质（译文）………………………………[英]弗罗斯特著
李学经 卢梦景译
冰玉帘桃万壑秋（散文）…………………………廖华歌
湘莲与玉臂藕（散文）……………………………赵海洲
野渡·小舟（散文）………………………………王俊义
游泳（散文）………………………………………叶 梦
红泥小火炉（散文）………………………………张 放

诗歌

土地的诗篇（组诗）………………灵 子 思 点
周志强 黎 元 陆 健 陈有才 缪国庆
歌声（新诗人）……………………李冬岩 姜强国
归乡…………………………………………………闻 频
风筝…………………………………………………鄢家发
写在诗牌下的诗……………………………………马绪英

评论

春江水暖…………………………………………竹 雯
训练作家最好的学校………………………………草 云
挖一个点……………………………………………郭延明
拜仑——诗人和战士（文星画廊）………………黑 生
编者的话

1984 年第 9 期 刊名:《百花园》
目录

纪念建国三十五周年
国旗颂（诗）……………青 勃 王怀让 赵启顺
在过去的岁月里（小说）…………………………孙方友
漫长的跑道（来自第一线的报告）………………梁金玉
故乡的井（散文）…………………………………李明性

小说

远去了，多多…………………………………………刘乐艺
前夜……………………………………………………郭 萍
溪那边闪着迷人的光………………………………高廷敏
啊，大蒜（酸枣儿）………………………………章 印
美子和大京（小小说）……………………………雷齐明
我和爸爸（小小说）………………………………史家轩
二鞋匠（小小说）…………………………………吴雪脑
陶冶（小小说）……………………………………李志杰
啊，妈妈（小小说）………………………………季思寿
少年霍元甲（续完）………………………………史雄飞
一尊雕像（译文）
………………[美]罗·爱·艾尔特著 孙 健 玉 兰译
揭开层层黑幕（侦破小说连载）…………………孙海洋

诗歌

花格子雨伞下………………………………………王绥青
赠给自然保护区……………………………………李金安
地平线上的碑………………………………………张克峰
沿着长城前进………………………………………左一兵
采撷信息的姑娘……………………………………申爱萍
母树…………………………………………………李清联
洒水车，驶过街衢（新诗人）……………………王欣敏
装饰…………………………………………………李晴法

拳拳爱国心（文星画廊）…………………………夏 庄
编者的话

1984 年第 10 期 刊名:《百花园》
目录

小说

挂双拐的姑娘和小伙子……………………………乔 良
晨雾飘绕的神女峰…………………………………聂鑫森
选择…………………………………………………王 溱
电话的故事…………………………………………阮大华
正午的对话…………………………………………张石山
黄金出土……………………………………………李安林

猪倌走进了音乐茶座⋯⋯⋯⋯⋯⋯吴　萍
加了拼音的讲话稿⋯⋯⋯⋯⋯⋯⋯郭宇一
急需⋯⋯⋯⋯⋯⋯⋯⋯⋯⋯⋯⋯⋯覃　天
面团⋯⋯⋯⋯⋯⋯⋯⋯⋯⋯⋯⋯⋯赵德明
圈里圈外⋯⋯⋯⋯⋯⋯⋯⋯⋯⋯⋯东　木
狭窄的小胡同⋯⋯⋯⋯⋯⋯⋯⋯⋯赵团欣
一隅⋯⋯⋯⋯⋯⋯⋯⋯⋯⋯⋯⋯⋯蔡测海
面人儿⋯⋯⋯⋯⋯⋯⋯⋯⋯⋯⋯⋯孙振亚
误车⋯⋯⋯⋯⋯⋯⋯⋯⋯⋯⋯⋯⋯邢　可
无病患者⋯⋯⋯⋯⋯⋯⋯⋯⋯⋯⋯司玉笙
明白人⋯⋯⋯⋯⋯⋯⋯⋯⋯⋯⋯⋯李根红
蜜蜂⋯⋯⋯⋯⋯⋯⋯张晓光　朱淑琴
一只死鼠⋯⋯⋯⋯⋯⋯⋯⋯⋯⋯⋯赵　丰
一篇应付约稿的稿子⋯⋯⋯⋯⋯⋯田　夫
一位女作家的四封信⋯⋯⋯⋯⋯⋯娜　子
第一次⋯⋯⋯⋯⋯⋯⋯⋯⋯⋯⋯⋯李长恩
只要一张平静的书桌⋯⋯青　干　大　新
害怕下象棋的象棋冠军⋯⋯⋯⋯⋯陈学书
发现⋯⋯⋯⋯⋯⋯⋯⋯⋯⋯⋯⋯⋯李桂芳
跑题⋯⋯⋯⋯⋯⋯⋯⋯⋯⋯⋯⋯⋯于树森
小起义者⋯⋯⋯⋯⋯⋯⋯⋯⋯⋯⋯叶大春
相遇在早晨⋯⋯⋯⋯⋯⋯⋯⋯⋯⋯马其德
回声⋯⋯⋯⋯⋯⋯⋯⋯⋯⋯⋯⋯⋯许谋清
洞箫接明月⋯⋯⋯⋯⋯⋯⋯⋯⋯⋯王　松
泡泡⋯⋯⋯⋯⋯⋯⋯⋯⋯⋯⋯⋯⋯非　文
猴子的小故事⋯⋯⋯⋯⋯⋯⋯⋯⋯宁有志

酸枣儿
一辆自行车⋯⋯⋯⋯⋯⋯⋯⋯⋯⋯简　嘉
布里登假设⋯⋯⋯⋯⋯⋯⋯⋯⋯⋯木　公
晚了⋯⋯⋯⋯⋯⋯⋯⋯⋯⋯⋯⋯⋯陆　健
迷你的周末之夜⋯⋯⋯⋯⋯⋯⋯⋯傅吉石
排座次⋯⋯⋯⋯⋯⋯⋯⋯⋯⋯⋯⋯周嘉华

处女地
稚情⋯⋯⋯⋯⋯⋯⋯⋯⋯⋯⋯⋯⋯保　顺
责任⋯⋯⋯⋯⋯⋯⋯⋯⋯⋯⋯⋯⋯孙成伟
我记忆的那条河⋯⋯⋯⋯⋯⋯⋯⋯古　末
细雨蒙蒙⋯⋯⋯⋯⋯⋯⋯⋯⋯⋯⋯李家凤
爱的权力⋯⋯⋯⋯⋯⋯⋯⋯⋯⋯⋯靳万龙
路遇⋯⋯⋯⋯⋯⋯⋯⋯⋯⋯⋯⋯⋯聂　华

译文
被诅咒的人⋯⋯⋯⋯〔日〕小林多喜二著　何德功译
凝视·效果⋯⋯〔日〕星新一著　翟　军　徐宪成译
揭开层层黑幕（侦破小说连载）⋯⋯⋯⋯⋯⋯孙海洋

评论
小小说审美属性探微⋯⋯⋯⋯⋯⋯梁　昭

他的诗是炸弹和旗帜⋯⋯⋯⋯⋯⋯劳　今

1984 年第 11 期　刊名:《百花园》
目录

短篇小说
深海的蓝光⋯⋯⋯⋯⋯⋯⋯⋯⋯⋯卢万成
飞⋯⋯⋯⋯⋯⋯⋯⋯⋯⋯⋯⋯⋯⋯陈　创
山道上，那声车笛⋯⋯⋯⋯⋯⋯⋯何香久
独臂山民⋯⋯⋯⋯⋯⋯⋯⋯⋯⋯⋯郑彦英
白色的珊瑚白色的花⋯⋯⋯⋯⋯⋯刘　杰
谁是作案人⋯⋯⋯⋯⋯⋯⋯⋯⋯⋯郭文琛

中篇小说
相逢在朦胧中⋯⋯⋯⋯⋯⋯⋯⋯⋯毛志成
揭开层层黑幕（续完）⋯⋯⋯⋯⋯孙海洋

小小说
秋天的故事⋯⋯⋯⋯⋯⋯⋯⋯⋯⋯吴金良
唉，中国的词汇⋯⋯⋯⋯⋯⋯⋯⋯贾昭衡
财迷小店⋯⋯⋯⋯⋯⋯⋯⋯⋯⋯⋯李兴桥
每到这天⋯⋯⋯⋯⋯⋯⋯⋯⋯⋯⋯陈学书
李子飘香⋯⋯⋯⋯⋯⋯⋯⋯⋯⋯⋯张重远
接水管（处女地）⋯⋯⋯⋯⋯⋯⋯罗浦廉
换煤⋯⋯⋯⋯⋯⋯⋯⋯⋯⋯⋯⋯⋯孙一农
盲目⋯⋯⋯⋯⋯⋯⋯⋯⋯⋯⋯⋯⋯赵富海

酸枣儿
新秀⋯⋯⋯⋯⋯⋯⋯⋯⋯⋯⋯⋯⋯刘连群
庸常之辈⋯⋯⋯⋯⋯⋯⋯⋯⋯⋯⋯李兰田

译文
土耳其小小说两篇
我是怎样出版小说的　教唆⋯阿·涅辛著　袁　杰译
青史英豪可雄跨（文星画廊）⋯⋯⋯⋯石　岩
编者的话

美术
邙岭秋歌（水印木刻）⋯⋯⋯⋯⋯王效池
山村小院（木刻）⋯⋯⋯⋯⋯⋯⋯刘建友
辛弃疾（白描）⋯⋯⋯⋯⋯⋯⋯⋯王今栋
小马利·莎托丽丝⋯⋯⋯⋯〔英〕弗·莱顿

1984 年第 12 期　刊名:《百花园》

目录

小说

一个英雄和他的两个恋人⋯⋯⋯⋯⋯朱士奇
谁在长跑⋯⋯⋯⋯⋯⋯⋯⋯⋯⋯路纪予
歌声从那里飘出来⋯⋯⋯⋯⋯⋯汪　洪
小镇姑娘⋯⋯⋯⋯⋯⋯⋯⋯⋯⋯鲁　遇
苏醒了的记忆⋯⋯⋯⋯⋯⋯⋯⋯陈茂华
12—00141 肇事⋯⋯⋯⋯⋯⋯⋯熊正良

小小说

在乡下小站⋯⋯⋯⋯⋯⋯⋯⋯⋯孙一农
我决定站起来爱（处女地）⋯⋯开君慧
一路同行⋯⋯⋯⋯⋯⋯⋯⋯⋯⋯封光钊
并非梦里的歌⋯⋯⋯⋯⋯⋯⋯⋯曹　建
自画像⋯⋯⋯⋯⋯⋯⋯⋯⋯⋯⋯边　城
骑车⋯⋯⋯⋯⋯⋯⋯⋯⋯⋯⋯⋯刘庆邦
一票⋯⋯⋯⋯⋯⋯⋯⋯⋯⋯⋯⋯王俊义
女贼⋯⋯⋯⋯⋯⋯⋯⋯⋯⋯⋯⋯陈德民

酸枣儿

电脑的愤怒⋯⋯⋯⋯⋯⋯⋯⋯⋯张侍民
我的妈，不，我的爹呀⋯⋯⋯⋯程地超

散文

那小河边的草庵⋯⋯⋯⋯⋯⋯⋯卞　卞
古樟之恋⋯⋯⋯⋯⋯⋯⋯⋯⋯⋯蔚　文
路⋯⋯⋯⋯⋯⋯⋯⋯⋯⋯⋯⋯⋯何唯伊
搁浅的船⋯⋯⋯⋯⋯⋯⋯⋯⋯⋯王虹昭
生活的沉思⋯⋯⋯⋯⋯⋯⋯⋯⋯王东南
杨家湖遐思⋯⋯⋯⋯⋯⋯⋯⋯⋯齐遂林

诗歌

浪花上的歌声⋯⋯⋯⋯⋯⋯⋯⋯舒　婷
阳光，抚平了心中的不安⋯⋯⋯黄东成
化工厂巡礼⋯⋯⋯⋯⋯⋯⋯⋯⋯何昌正
祖国行吟（组诗）⋯⋯⋯⋯王维洲　子　页
洋　雨　郭维东　潘万提　许　岚　周　导　刘　滨
我深情地注视你⋯⋯⋯⋯⋯⋯⋯芦　萍
牵牛花⋯⋯⋯⋯⋯⋯⋯⋯⋯⋯⋯张亚平

译文

绑票⋯⋯[美]达希尔·汉密特著　李学经　卢梦景译
革命的儿子（文星画廊）⋯⋯⋯晨　晨

1985 年第 1 期　刊名:《百花园》

目录

小说

宣传干事的日记⋯⋯⋯⋯⋯⋯⋯张秀生
红玫瑰⋯⋯⋯⋯⋯⋯⋯⋯⋯⋯⋯黄河清
白虎拳⋯⋯⋯⋯⋯⋯⋯⋯⋯⋯⋯章　印
天时⋯⋯⋯⋯⋯⋯⋯⋯⋯张　征　栗　丹
3×3⋯⋯⋯⋯⋯⋯⋯⋯⋯⋯⋯⋯李增宪
魔术师之死（小小说）⋯⋯⋯⋯丰　富
一块玻璃（小小说）⋯⋯⋯⋯⋯袁洪国
痣（酸枣儿）⋯⋯⋯⋯⋯⋯⋯⋯郑建荣
套子（酸枣儿）⋯⋯⋯⋯⋯⋯⋯方英文
谁杀死了她⋯⋯⋯⋯⋯⋯⋯⋯⋯尹景军
两则可资借鉴的爱情故事
⋯⋯⋯⋯⋯[苏]米哈伊尔·德莫夫著　徐克芳译
死巷奇案⋯⋯⋯[美]爱德华·韦恩著　田　杰译
耽搁的信⋯⋯⋯⋯[美]杰克·里奇著　田　杰译

散文

泥土情⋯⋯⋯⋯⋯⋯⋯⋯⋯⋯⋯柳闻莺
鹭岛拾穗二章⋯⋯⋯⋯⋯⋯⋯⋯阎豫昌
我们和女儿⋯⋯⋯⋯⋯⋯⋯⋯⋯杨稼生
秋夜，乡曲悠悠⋯⋯⋯⋯⋯⋯⋯彭其芳
新生命的创造者（报告文学）⋯⋯雨　田　怀　发

诗歌

初春，我种下一棵树秧等八首⋯⋯⋯胡　泊　茹炳祥
廖华歌　王剑冰　胡兰兰　刘德亮　姚焕吉　黄蒲生
散文诗一束⋯⋯⋯⋯⋯⋯⋯⋯⋯耿林莽等
星星草（学员诗选）⋯⋯⋯⋯⋯向　晨
李正君　李晴法　真　子　黄锐华　李爱民

美术

封面设计⋯⋯⋯⋯⋯⋯⋯⋯⋯⋯乙　丙
读（雕塑）⋯⋯⋯⋯⋯⋯⋯⋯⋯张文新
林中少女（丝网版画）⋯⋯⋯⋯赵经寰
青海速写⋯⋯⋯⋯⋯⋯⋯⋯⋯⋯吴长江
智慧（漆画）⋯⋯⋯⋯⋯⋯⋯⋯吴嘉铨
扉页木刻⋯⋯⋯⋯⋯⋯⋯⋯⋯⋯徐仲偶

1985 年第 2 期　刊名:《百花园》
目录

小说

虹之歌·······································柴国甫
三宝御珠失窃案·····························曲一日
黎明后又要分别·····························廖西岚
"小豆芽"接兵·····························万剑平
白头发、黑头发和姐儿俩····················赵松泉
我们，相逢在田埂上·························戈　歌
在人间·····································赵大年
杏花飘香的时节·····························金　雷
生命（小小说）·····························齐岸青
笑（小小说）·······························徐海滨
找钥匙（酸枣儿）···························唐谊练
赏花（酸枣儿）·····························徐元东
听来的新闻（小小说）·······················赖国清
遗恨（小小说）·····························清　渊
希望，在你的脚下（小小说）·················贺英魁
我是吓唬你（小小说）·······················白宏志
西瓜嫂（小小说）···························李树宇
爱（小小说）·······························满慧文

诗歌

早班电车上，一群年轻的中国心···············黄晓华
北方农民·····································张拴固
北方·······································昊　夫
冬天的大戈壁（外一首）·····················阳　飏
甜甜的一轮明月·····························肖　川
我在湖岸上等着你···························艺　辛
望夫石·······································李冬岩
我的诗·····································王林栓
六月雪·······································郭贞才

译文

胎记·······················[苏]肖洛霍夫著　卢永茂译
外科医生会议·················[土]阿·涅辛著　袁　杰译
左轮手枪···········[西]包尔多·巴桑·著　陈志民译
春色扑人来（版画）···················江涛　张旺清
云雀（油画）·······························李正康
小画家（油画）·····························赵友萍
扉页木刻·····································张万一

1985 年第 3 期　刊名:《百花园》
目录

小说

井架·爸爸·我和他···························刘乐艺
附：我讴歌……
回黄转绿·····································郑　人
附：绿叶，从生活中来
合欢花开的时节·····························王小平
附：让我们一起回顾
面对今夜难忘的月光·························曾明琦
附：大学也是个世界
我们这一代人·····························茹秋明
夜，那只香蕉·····························王宏志
收获·····························艾　云　文　洋
苏醒的山街·····························祖国兴
靓女·····································邓宗良
碎石沟的人儿·····························张丛笑
在海滨·····································武　歆

报告文学

一代天骄·····································郭宝臣

译文

搭车者···········[印度]阿·莎布里玛廉著　李天明译

美术

封面设计·····································乙　丙
采油样（版画）·····························郝志国
觅枣（版画）·····························吴　燃
考试之后（版画）···························朱连生

1985 年第 4 期　刊名:《百花园》
目录

沉思录

懦弱·······································白　桦
沉思·······································史家轩
到五月花烈士公墓去·························木　公
惊扰·······································毛志成
扫雷·······································路树军
化为一股轻烟·····························李培俊
车祸·······································娜　子
来电之后·····································司玉笙
背影·······································秋　乡
9997·······································吕国防
团长的吸烟问题·····························方南江

明天是除夕 ·················· 张　婕
歌手 B 的四场演出 ·················· 莫大祥

青春的旋律
河水带着旋涡儿 ·················· 李幸福
街角 ·················· 曾　平
小店前，花儿在微笑 ·················· 黄萌生
雨花 ·················· 马　力
赌 ·················· 林为进
童话 ·················· 夏春海
距离——84537 ·················· 王俊义

万花筒
小饭店里 ·················· 李康美
无月的中秋节 ·················· 朱士奇
神枪手 ·················· 徐　慎
等你长大就会知道 ·················· 王少华
小站 ·················· 陈学书
高和矮 ·················· 南予见
薄暮时分 ·················· 大　波
结账 ·················· 吴俊泉
奖 ·················· 王不天
最佳角度 ·················· 李惟微
高参 ·················· 孙一农
一枚山茶花邮票 ·················· 马敏学
你真好 ·················· 曹　地
梦 ·················· 何天保
一件棉大衣 ·················· 邱惠勤
五升进城 ·················· 褚建民
舞伴 ·················· 马遂平

酸枣儿
关于外国专家的专用厕所问题 ·················· 朱　圭
科长和"撒气儿夫人" ·················· 唐　克
排名次 ·················· 艺　欣
章 ·················· 张　征
爱激动的主编 ·················· 刘阳春
烟雾迷蒙之中 ·················· 乐　举
万一 ·················· 张仕德
一支烟的故事 ·················· 刘长利
请君赞助 ·················· 毛小康

处女地
我们要这样的厂长 ·················· 郭　欣
歪嘴老刘 ·················· 陈　浩

译文
旷工 ·················· ［苏］格·戈林著　徐克芳译
君子协定 ·················· ［美］劳伦斯·布洛克著　张　鹏译

评论
小小说断想 ·················· 刘彦钊

1985 年第 5 期　刊名:《百花园》
目录

崛起的作家
高尚的人（小说） ·················· 周梅森
《沉沦的土地》和崛起的作家 ·················· 薛　兵

小说
啊，黑犍子 ·················· 赵团欣
秘密，她只留给一个人 ·················· 字　心
今天，是你的生日 ·················· 李晓歌
带蓝色鸽子的明信片 ·················· 周晓峰
相逢 ·················· 谈玉忠
桥头西施 ·················· 杨世运

争鸣园地
海角天涯（小说） ·················· 侯钰鑫

小小说
虚惊 ·················· 肖克凡
红灯，绿灯，霓虹灯 ·················· 余媛蓉
无弦琴 ·················· 李焕振
古琴传奇 ·················· 鲁书潮
锻炼锻炼 ·················· 冯　骏
自由女神 ·················· 子　尼
茶色眼镜 ·················· 朱宏卿
夫妻 ·················· 王唯唯
三叶草 ·················· 徐　勇

酸枣儿
飞碟之谜（小说） ·················· 黄　飞

诗·散文
带露的紫罗兰（三首） ·················· 于宗信
那条上山的小路（散文诗） ·················· 石太瑞
信鸽协会（外一首） ·················· 孙友田
苏堤漫步 ·················· 刘辉考
音乐浮雕（散文诗） ·················· 李金安
星星草 ·················· 王欣梅　李耕田　唐　权　陈建东
黄昏中诞生的 ·················· 一　石

译文
神枪盲医 ·················· ［美］安·凯·格林著　卢梦景译

美术
清风（国画）————————————吴东魁
姜成版画两幅

1985 年第 6 期　刊名:《百花园》
目录

小说
石榴裙下的光棍们————————朱玉琪
"二王"内参——————————————陈金堂
归————————————————————————阎连科
主人——————————————————————王金年
颠倒歌——————————————————殷德杰
妻子，你在想什么————————王瑞霞
变——————————————————————徐端海
大山深处————————————————晓　平
小河弯弯————————————————高青坡
夏夜——————————————————————田　瞳

译文
生财有道————————[日]星新一著　李有宽译

小小说
最后一名患者————————————叶广芩
憨姐儿————————————————————吴雪恼
最珍贵的————————————————邓宗良
旋——————————————————————李志杰

酸枣儿
茶话会小记（小说）————————周　熠

诗歌
寻访大别山————————————————韩　雨
我弹飞了一天天的快乐——————赵启顺
鸽哨——————————————————————李全军
老人——————————————————————叶　坪
燕子矶————————————————————洪　亮
我是麦种————————————————张亚平
星星草————————————王建民　樊帅英

评论
敏感地捕捉生活的矛盾——————佳　峻
《海角天涯》二人谈（争鸣园地）——石　岩

1985 年第 7 期　刊名:《百花园》
目录

小说
哦，小蝌蚪————————————————乔　瑜
迷乱的恋情————————————————郑　人
盗墓——————————————————————孙学民
梨花村的妞儿们————————————黄跃华
淡淡的清香————————————————国　庠
难断的案件————————————————肖建国

小小说
不速之客————————————————金　黎
一支歌————————————————————刘连群
要电话————————————————————李连生
日·月·星————————————————武振东
微笑的少女————————————————刘白玉
寡居——————————————————————沙　石
自杀之前————————————————小　殊
桔——————————————————————王亚南

酸枣儿
星期天————————————————————李　晨
局长的马蹄莲————————————金　雷

译文
老谋深算——————[美]G.亚历山大著　张子君译

散文
石头记————————————————————周同宾

诗歌
抒情歌二首————————————————朱金晨
风，大漠的雕塑家————————翼　华
梅子林————————————————————殷　红
散文诗一束——————桑　原　杨远宏　吴　冰
五彩石（组诗）———仇　红　牛惠芳　田万宪　黄　莺

1985 年第 8 期　刊名:《百花园》
目录

仍然是面向青年，面向未来——————本刊编辑部

小说
人生何处不相逢————————————李　晴
唐云虎少将之死（纪实体小说）————傅　荻
梦魇——————————————————————何敬东

太阳·月亮……………………………………熊正良
健康带菌者……………………………………翟新治
重返文昌寺……………………………………翁树杰
雪白雪白的鹅船………………………………郭才明

小小说
失去的"英雄"…………………………………志　朴
三人行………………………………徐增兰　张拴固
卖猪……………………………………………王兆安
双音色…………………………………………郭建平
中秋…………………………………王少明　张兆云
复苏……………………………………………墨　白
探案……………………………………………宋运来
眼前，还有一片湖绿色………………………吴琪捷
戏票……………………………………………方雨瑞

诗歌
你给了我……………………………………青　勃
心的和弦………………………………………朱昌勤
刘毅然　孙如容　周昕同　姜文岩　高旭旺　缪国庆
周　民　华　萍　苏　敏　陈佩芸　李津生

译文
蚂蚁和蝈蝈…………………〔英〕毛　姆著　黄蕙清译

评论
小小说艺术探微（三篇）……刘春生　梁　昭　赵曙光

1985 年第 9 期　刊名:《百花园》
目录

小说
雪岭…………………………………徐增兰　张拴固
黑缎子…………………………………………熊振安
最后一颗地雷…………………………………宋树根
弥合……………………………………………冷　凝
影………………………………………………朱　叶
悬崖上的欢乐…………………………………王君玲
第三棵树………………………………………林汉秋
周祭……………………………………………桑德华

小小说
砂子……………………………………………雷齐明
运白灰的哥儿们………………………洪双烨　林　坡
醒儿……………………………………………新　学
大厂来个"小寸夫"……………………………李薇姗
烈火中的"凤凰"………………………………李根红
小桥流水………………………………………阳　磊

深夜……………………………………………韵　奇
派车……………………………………………袁洪国
来也匆匆，去也匆匆…………………………苏景义
难忘的歌………………………………………熊成淑
枪口下的呼唤…………………………………张叔亚

来自第一线的报告
溯源篇…………………………………………徐长青

酸枣儿
请理解我，同志们……………………………刘阳春
欢送会…………………………………………任芙康
西瓜的祸端……………………………………梁新华
奖与罚的奥妙…………………………………于树森

诗歌
爱的等待………………………………………周慧超
总有一根手指…………………………………叶延滨
街上，挑蝈蝈笼的老汉………………………陆　健
西部高原抒情曲………………………………摩　萨
我拥有阳光……………………………………吴红卫
星星草………………………………郑　重　贾志强

评论
谈"星星草"诗歌习作…………………………张俊山

1985 年第 10 期　刊名:《百花园》
目录

小说
栈道行…………………………………………赵松泉
更换了姓名的报道……………………………殷德杰
请记住这个黎明………………………………李乔亚
剑锋之雾（中篇）……………………………田中禾
猫·鱼·无花果和奶奶的故事………………朱士奇
善本……………………………………………张　征
遇难家庭的福音………………………………苏政勋

小小说
老木椅…………………………………………司玉笙
夫妻之间………………………………………茹秋明
贫困……………………………………………柴国甫
那橙红色的灯光呵……………………………渔　夫
陀螺……………………………………………李志杰
收音机与小老鼠………………………………非　文
金玉其内外……………………………………白宏志
湖边静悄悄……………………………………甄源森

酸枣儿

征婚者的遭遇 ·········李加建

译文

特别任务 ·········〔日〕星新一著　林子京译

诗歌

五彩石（组诗）·········关劲潮　林　珂
钱锦方　陈惠芳　王耀春　李金华　书　山
星星草（组诗）····王梅芳　简宗国　向　晨　胡万彬
友谊与希望 ·········本刊记者

1985 年第 11 期　刊名:《百花园》
目录

不懂戏的孩子 ·········毛志成
一幅未完成的画稿 ·········吴　萍
荒园 ·········聂鑫森
情 ·········陈　林
我把你揣在胸口上 ·········引　泉　慕　海
旧屋 ·········荒　原
碟子轶事 ·········张庆林
第一面 ·········傅振川
火车上的心理学 ·········刘永胜
清明时节 ·········徐　慎
新局长的意识流与作家名次 ·········祝兴义
那一团白色 ·········文　洪
一百零八级台阶 ·········刘　思
逃兵 ·········尹家民
奶奶的童话 ·········李　溯
雨中邂逅 ·········王保民
称呼 ·········墨　白
阳文碑 ·········孙振亚
原则 ·········邢　可
一份没有和部长打招呼的报告 ·········力　一
掉车 ·········陈　创
风 ·········陈永萍
疏忽 ·········黎　杉
勇气 ·········容　嵩
墨虾 ·········陈　枫
双黄蛋 ·········陈清泉
剧作家说戏 ·········郑纯方
侦探小说家的奇遇 ·········莫大祥
茅台酒 ·········韩　明
熬 ·········张记书
污染 ·········高维晞
魔瓶 ·········李惟微
信息 ·········王　浩

巴黎公社为什么失败 ·········赵剑平
爱的旅行 ·········祝志高
寒夜静悄悄 ·········李亚新
当初她若不告诉我 ·········张　颐
孽账 ·········唐　克
紫枫树下的邂逅 ·········朱士奇
荡秋千 ·········葛慎勇　葛慎林
太阳与月亮 ·········周晋美
绿色的呼唤 ·········马　力
临街的窗 ·········周绳祖
小小说两篇 ·········〔苏〕阿布拉莫夫著　袁　杰译
小小说的最后一笔（评论）·········张家华
漫谈"全"与"不全"（评论）·········姚建新

1985 年第 12 期　刊名:《百花园》
目录

报告文学
魂系北斗 ·········邢军纪

小说
阿克默氏世纪病 ·········杨字心
沙坟 ·········杨克祥
素描 ·········方英文
透亮的雨丝 ·········邓宗良
比翼鸟螺旋 ·········刘雪屏
桥 ·········杨书案
吉三（处女地）·········陆　静
叫人哭笑不得的婆娘（处女地）·········吴　为
黄色的诱惑 ·········熊正良

小小说
横吹 ·········田中禾
捐赠（酸枣儿）·········张　婕
都市村庄里的小街 ·········刘文新
手印 ·········张记书
最后一道大菜（酸枣儿）·········勇章印

诗歌
那大海般的（外一章）（散文诗）·········廖华歌
树荫·路灯（外一章）（散文诗）·········朱碧森
先问你是不是一名士兵 ·········刘　镇
起飞吧 ·········赵启顺
吊兰·哨所 ·········翼　华
乡场古渡（等六首）
·········胡　泊　金聚泰　李晴法　刘德亮　郭　廓

译文

拿伞的人⸺⸺⸺⸺⸺⸺⸺⸺[英]乔纳森·凯著 王 健译

美术

扉页木刻⸺⸺⸺⸺⸺⸺⸺⸺⸺⸺⸺⸺刘建友
紫荆山抒情（组画）⸺⸺⸺⸺⸺⸺⸺开君慧

1986 年第 1 期　刊名:《百花园》
目录

小说

波音 707 明日抵达（中篇）⸺⸺⸺⸺⸺蔡未名
荒漠⸺⸺⸺⸺⸺⸺⸺⸺⸺⸺⸺⸺⸺冯 鸣
一片绿色的云⸺⸺⸺⸺⸺⸺⸺⸺⸺王丽萍
梦品儿⸺⸺⸺⸺⸺⸺⸺⸺⸺⸺⸺⸺宝 奇
追·求⸺⸺⸺⸺⸺⸺⸺⸺⸺⸺⸺⸺吴炳仁
在乡间公共汽车上⸺⸺⸺⸺⸺⸺⸺⸺赵金骧
"清水衙门"纪事⸺⸺⸺⸺⸺⸺⸺⸺廉金奎

小小说

空灵作家现实作家和批评家⸺⸺⸺⸺苏政勋
永远的……⸺⸺⸺⸺⸺⸺⸺⸺⸺⸺陈晓明
妈妈说："要当心"⸺⸺⸺⸺⸺⸺⸺诸葛静
"让路稿"昨晚发排⸺⸺⸺⸺⸺⸺⸺苏景义
A·B 二医⸺⸺⸺⸺⸺⸺⸺⸺⸺⸺⸺金炳照
回甜⸺⸺⸺⸺⸺⸺⸺⸺⸺⸺⸺⸺⸺石 城
一幅未能出售的画⸺⸺⸺⸺⸺⸺⸺⸺李 晨
力作⸺⸺⸺⸺⸺⸺⸺⸺⸺⸺⸺⸺⸺王嘉贵
风情⸺⸺⸺⸺⸺⸺⸺⸺⸺⸺⸺⸺⸺黎 可

散文

人家都说它是天堂⸺⸺⸺⸺⸺⸺⸺⸺王大海
瓜园记⸺⸺⸺⸺⸺⸺⸺⸺⸺⸺⸺⸺周同宾

诗歌

绿色的旗（组诗）⸺⸺⸺王剑冰 张 军 李熙玉
王怀让 孙增青 王忠民 程 新
月光曲（组诗）⸺子 页 陈 亮 郜希贤 刘艳丽
笛音（散文诗三章）⸺潘万提 刘益善 徐铁牛

评论

新年开篇⸺⸺⸺⸺⸺⸺⸺⸺⸺⸺本刊编辑部
创作上的致富之路⸺⸺⸺⸺⸺⸺⸺⸺孙 荪

美术

封面设计⸺⸺⸺⸺⸺⸺⸺⸺⸺⸺⸺⸺丁 宇
昨天·今天·明天（油画）
正月里（漆画）　弗拉罗（油画）

1986 年第 2 期　刊名:《百花园》
目录

小说

旋转⸺⸺⸺⸺⸺⸺⸺⸺⸺⸺⸺⸺⸺窦卫华
老米的追求⸺⸺⸺⸺⸺⸺⸺⸺⸺⸺杨东明
聂鑫森小说二题
歌手⸺⸺⸺⸺⸺⸺⸺⸺⸺⸺⸺⸺⸺傅 星
闪亮的珍珠⸺⸺⸺⸺⸺⸺⸺⸺⸺⸺王 立
"夹皮沟"走出的大汉⸺⸺⸺⸺⸺⸺李安心
尊作尚需修改⸺⸺⸺⸺⸺⸺⸺⸺⸺陈秋生
编剧老张⸺⸺⸺⸺⸺⸺⸺⸺⸺⸺⸺曹 地
我就是人证⸺⸺⸺⸺⸺⸺⸺⸺⸺⸺魏世祥
重相见⸺⸺⸺⸺⸺⸺⸺⸺⸺⸺⸺⸺谷宝山

小小说

惩罚⸺⸺⸺⸺⸺⸺⸺⸺⸺⸺⸺⸺⸺胡大楚
酸奶·苍蝇·三个小伙子和经理的故事⸺⸺陈福仁
红灯⸺⸺⸺⸺⸺⸺⸺⸺⸺⸺陈 梅 陈 林
父与子⸺⸺⸺⸺⸺⸺⸺⸺⸺⸺⸺⸺刘康健
相逢列车上⸺⸺⸺⸺⸺⸺⸺⸺⸺⸺姜贻斌
风衣⸺⸺⸺⸺⸺⸺⸺⸺⸺⸺⸺⸺⸺李建重
影响⸺⸺⸺⸺⸺⸺⸺⸺⸺⸺⸺⸺⸺魏新民
山顶人家与鸡⸺⸺⸺⸺⸺⸺⸺⸺⸺周 熠

散文

快小姐⸺⸺⸺⸺⸺⸺⸺⸺⸺⸺⸺⸺张抗抗
金色的草地（译文）⸺[苏]普利什文著 金铁山译

诗歌

彩虹·岁月（七首）⸺⸺⸺⸺⸺⸺⸺费洪亮
夏 寒 袁学忠 张克峰 陈俊峰 郜希贤 陈 亮
你以孕育的幸福（散文诗）⸺⸺⸺⸺桂兴华
故乡的雪（散文诗）⸺⸺⸺⸺⸺⸺⸺厉 克
思维花朵的溢香（散文诗）⸺⸺⸺⸺李金安

评论

沉吟后的新的追求——访青年女作家张抗抗⸺周嘉华
渊源与思考⸺⸺⸺⸺⸺⸺⸺⸺⸺⸺金 锐

1986 年第 3 期　刊名:《百花园》
目录

小说

鸣禽（中篇）——七描风行水上⸺⸺⸺郑彦英
红嘴绿鹦哥⸺⸺⸺⸺⸺⸺⸺⸺⸺⸺熊召政
悬崖⸺⸺⸺⸺⸺⸺⸺⸺⸺⸺⸺⸺⸺李斌奎

梦鳖说（小小说）························谢鲁渤
五人转·····················（苗族）吴雪悩
樱桃树·····························朱秀海
等人敲门·····························晓　宫
匪妻——乡土琐忆之十一················王梓夫
公园管理处的少女······················晓　剑

评论

对心理小说的社会心理的分析及其他——漫评《百花园》武大作家班小说专号··············王可训
珞珈山印象——武汉大学作家班散记··········曾　平

美术

封面设计·····························乙　丙
左国顺油画习作
泉（油画）·························曹新林

1986 年第 4 期　刊名:《百花园》
目录

小小说专号

日耳曼女子·····························刘绍棠
小本生意·····························何天保
老虎·老师·····························霍无非
在焦土上·····························雷齐明
白发·····························胡尔朴
我们的雨·····························李志杰
党员导师·····························苏定华
愉快的午餐·····························榴　红
得奖作品·····························榴　红
绝招·····························徐　慎
圆梦·····························乔典运
春歌·····························野　莽
镜子·····························张　征
美·····························王丽萍
楼口，红衬衫写成的太阳（处女地）··········柳雪晴
春草池塘绿·····························聂鑫森
沉默的河流·····························刘文新
螺旋式上升·····························郑树宗
医生与锦旗·····························郁　茏
秋天的选择·····························张　龙
二人行·····························曹　建
暗转·····························玉　笋
一念之差·····························张丽泉
戒指·····························张建东
红土地·····························李焕振
晨话·····························张执任
矮·····························肖仁福

花的际遇·····························陈学书
棋友·····························郑允钦
风筝咏叹调·····················默　默　李　浩
母亲·····························卢　懋
寻觅·····························杨晓杰
树影（处女地）·····················周立文
良心·····························晋　川
山雾·····························黄　飞
接·····························陈　韧
市井新闻·····························甄源森
新生·····················张栓国固　徐增兰
人之将死·····························宿聚生
神鸟与人·····························蔡椿芳
大花瓶·····························李根红
典型·····························吴国琳
杀鸡·····························廉全奎
俩患者·····························王之峰
奶奶庙·····························刘庆邦
我娶了老婆（译文）·····[苏]伊万诺夫著　袁　杰译
夜半归客（译文）··········[美]阿波特著　李学经译

评论

"无巧不成书"琐谈·····················刘彦钊
小小说审美属性再探·····················梁　昭

1986 年第 5 期　刊名:《百花园》
目录

小小说

冷落的后门·····························陈　创
大团结万岁·····························字　心
绿竹掩映的小餐厅·····················潇　夏
趁车·····························陈　林
绝技·····························刘康健
"绞死他"（译文）·····[俄]屠格涅夫著　黄伟经译

小说

暑假五十天·····························国　政
雪山催眠曲·····························彭喆天
请给我一间房·····························李冰牧
啊，四叶·····························赵　唤
绿石河上的金星·····················张　硕
少女石膏像·····························林汉秋
春来澡馆·····························任怀江

诗歌·散文

你的三月（女作者诗小辑）··············王红敏
书　山　苏韶芬　郁小萍　陈　染　姜文岩

唱给武夷山（散文）························赵海洲

评论
作家的学者化漫议························王增范
《沙坟》阅读札记························高 云
致读者

1986 年第 6 期　刊名:《百花园》
目录

小小说
濒亡人·····························孔 羽
画·······························张家华
爱的天国（二篇）·······················邢 可
破毡帽·····························李 晨
习惯·······························春 震
挣脱·······························夏春海
孤本·······························李培俊

小说
红苹果·····························邢军纪
风花雪月夜···························闵 夫
大冯和他的罗曼史·······················寇云峰
漂来的房子···············史家民　史家轩
黎明的海····························冯 鸣
柳湖恋·····························李 溯
淡云飞·····························赵富海

散文·诗歌
一年一年……（散文）·····················郭 昕
铁钟（散文）··························曹 地
沙漠雨（组诗）
··········夏 寒　刘维佳　张萍子　李熙玉　程 新
哦，杨树林（组诗）
··········无 影　李正品　邓万鹏　宇 秀　胡震华

评论
郑州三人曲——富有色彩的轻音乐···············刘敏言
步履坚实地前进·························王远钧

1986 年第 7 期　刊名:《百花园》
目录

小小说
钟非钟·····························胡尔朴
去年买了条旗袍裙·······················许谋清
灵性·······························王 松

细雨濛濛····························许世杰
歌手·······························司玉笙
最后的考察···························李 川

世说新篇
扫地传奇····························马永安
信访记录····························雨 瑞
只许看我····························文 兰

大千世界
盘条之战（小说）·······················张 征
入世笔记（小说）·······················刁 斗
窝囊废（小说）·························母国政
兄弟（小说）··························余媛蓉
弱者（小说）··························冯 骏
走进门来的女人（小说）····················王俊义
桥头上的黄昏（小说）·····················章 印

流行色
现代舞（小说）·························邓宗良
身不由己（小说）·······················郑亚龙
醒来的二月（散文诗）··············李 钧　李 耕等
杏花雨（组诗）··················艺 辛　龙鳞雪等

天涯芳草
士兵的后代·······[苏]钦·艾特玛托夫著　牟 萍译

百花园论坛
袖珍文论····························孔泽人
审美观察的个性特征·······················申自强
小小说创作大有可为
——小小说创作与发展座谈会侧记···············王保民
封面设计····························乙 丙
小小说创作与发展座谈会剪影
青年艺术家巡礼——沈琍的雕塑
艾娃·贡萨莱斯（油画）···············[法]马 奈

1986 年第 8 期　刊名:《百花园》
目录

小小说
水村两记····························赵团欣
混浊·······························杨东明
笔之梦·····························杨玉界
歌手·······························曹 建
赖子珍珠····························苏政勋
海边故事····························周晓峰
雾界·······························刘连群

雨天的特写 ———————— 黄　飞
明子和星子 ———————— 王晓建
苦酒 ————— 陈倩敏　陈解民
一个孩子的性格 ——————— 芽　芽
水至清…… ——— 周学良　周　熠

世说新篇
酒令 ————————— 张记书
梦中人 ———————— 司玉笙
应变 ————————— 孙春平
笔 ————————— 郭世清
"伸缩"的年龄 —————— 龚宜洪

大千世界
靠近太平间（小说） ———— 春　阳
画展如期剪彩（小说） ——— 刘向阳
留给明天的思索（小说） —— 黄跃华
尘寰（小说） ————— 孙振亚
葬礼（小说） ————— 于树森

流行色
仲秋（旅游小说） ———— 马未都
暖雪（小说） ————— 王嘉贵
峨眉路（散文） ———— 柳闻莺
你从深深的地层走来（诗）— 黄东成
今夜的月光（组诗） —— 何　来等

天涯芳草
反复无常的机器人（小小说）
———— ［日］星新一著　何德功译

小小说研究
微型小说的蒙太奇艺术 —— 武国华

百花园论坛
袖珍文论 ———————— 孔泽人
关于文艺指导思想的思考 —— 黄书雄
鼓（油画）神曲（国画）— 常宗贤　刘万林
段正渠的油画（青年艺术家巡礼）
初次晚间出门（油画）—— ［法］雷诺阿

1986 年第 9 期　刊名:《百花园》
目录

小小说
红白脸儿 ———————— 赵大年
"秤"的秘密（外一篇）—— 吕宜芳
一个作家与半个和尚 ——— 金　祥

知情唯有月 ———————— 傅欣欣
一篇小说的获奖 —————— 胡尔朴
我的血不损害他人 ————— 朱士奇
画插图的女人 ——————— 刘　建
老夫老妻 ————————— 丁瑞林

世说新篇
大老虎的来历 ——————— 周健行
对死者的宽恕 ——————— 何　鑫
转产（外一篇） —————— 薛亦然
双胞胎 ————————— 新　学
戈工程师和他的发明 ———— 晋　川

平生第一篇
猜 —————————— 青　雪
总不改口（函授学员之页）— （西安）王雪峰
抢座（函授学员之页） —— （山西）李建民

大千世界
茫茫雾（小说） ————— 曲范杰
云霞西去（小说） ———— 刘小兵
拣滩者（纪实小说） ——— 徐　慎
鬼怕亮的故事（小说） —— 翟新治
祖传秘方（小说） ———— 罗长虹
蜜枣儿（小说） ————— 柳闻莺
调查组即将出发（小说） — 王振洲

流行色
她一直没有对人说（小说） — 陈清泉
晨露的希望（散文诗） —— 谢明洲等
爱的馈赠（组诗） ———— 朱金晨等
往事的雕塑（散文） ———— 王俊义
水井两记（散文） ———— 周同宾

天涯芳草
任命 ——— ［苏］艾·梅德维特金著　袁　杰译
新发明的枕头 ——— ［日］星新一著　何德功译

小小说研究
单纯明快有波折 —————— 刘彦钊

百花园论坛
关于创作自由的对话 ——— 张剑福
细语（版画） ——— 贺玉龙　刘建友
夏夜（版画） ————— 程兆星
张松正的版画（青年艺术家巡礼）

1986 年第 10 期　刊名:《百花园》
目录

小小说

眩惑·····································李惟微
情书·····································周宜地
一片痴情在樟林·························翁新华
声音·····································李德胜
街边仔·································朱士奇
真理之河·······························洪　冰
卖葵花子的孩子·························周绳祖
寻找黄香久·····························浩　歌
家父禁令·······························张　硕
小巷凡人·······························王立忱
鱼·······································吴耀宇

世说新篇

娜娜·····································张子先
洗衣粉要涨价·····················赵文斋
新旧交替之际·····················周　熠
两面人·································殷德杰

平生第一篇

情种·····································任一慧
戒（函授学员之页）·············福建　庄一骑
炽热的眼睛（函授学员之页）·······辽宁　崔新京

大千世界

沉重的时刻（小说）·················王海粟
怪招（小说）·····················熊召政
女人故事多（小说）·················里　行
小路，通向槐林深处（小说）·······赵松泉

流行色

窃贼（小说）·····················夏春海
夏夜的对话（小说）·················林汉秋
马街书会（散文）·················禹本愚
长江牧歌（组诗）·················陈应松
爱的潮（组诗）·············叶坪　李志清等
黄昏的彩虹（散文诗）·············廖华歌

天涯芳草

两位冒险家·············[美]欧·亨利著　梁根顺译

小小说研究

我对小小说创作的主张·············朱士奇
微型小说正童年·····················沈善增

百花园论坛

文学的当代性与作家的社会使命感·········陈德礼
刘书民国画山水（青年艺术家巡礼）
蓝色舞女···························[法]德　加

1986 年第 11 期　刊名:《百花园》
目录

大千世界

唯一不能解释的·····················季恩寿
丁瑞林小小说二题
白小易小小说二题
人生的摄影·····················曾　樾
最重要的·······························陈兵力
瓜田笑语·······························李安心
情敌·····································张丽泉
咫尺天涯·······························张　征
邻居，两个男人·····················郭金龙
花花绿绿的呢绒衫·················茹秋明
仲夏夜·························默　默　李　浩
月上柳梢头·····················雷桂花
星期四下午有课·····················符文洋
追求·····································李平晔
第十根是奇迹·····················张宇光
桥·······································高秀洲
紫色的花·······························刘文新
酒劲·····································王　兴
信心·····································冯卫东

世说新篇

关于座次问题的请示报告及其批复·········张秀枫
错位·····································佟再琦
纰漏·····································詹继放
伟大的曝光·····················郭忠信
约会·····································胡耀中
家宴·····································吴金良
怕·······································伟　巴
观光·····································初　理

平生第一篇

美与爱的搏斗（函授学员之页）·······（河南）王金瑞
六指（函授学员之页）·············（江西）钱庭钧
"S"形烟囱（函授学员之页）·······（辽宁）崔新京
山洞壁画奇案（函授学员之页）·······（北京）王德恒
保护色·································耿建民

流行色

眼睛·····································小　殊

校园纪事二则 ·························· 赵国栋
捕星的人 ···························· 李加建
大河 ······························· 刘彬彬

天涯芳草
彩票 ············ ［西］文·加·考尔德昂著　刘国明译
循环气流 ············ ［日］星新一著　李有宽译

小小说研究
单一的衰微与多元的选择 ·········· 凌焕新　金国华
论微片羽 ···························· 陈顺宣

百花园论坛
西方现代派文学与我国当代某些文学创作 ······ 闵开德

1986 年第 12 期　刊名:《百花园》
目录

小小说
忘却的路 ····························· 黄　飞
虔诚 ······························· 曹　潺
肖像 ······························· 瓮学民
奇遇 ······························· 诸葛静
天理 ······························· 孙　三
遗言 ······························· 雷道坤
鹰 ·······························　利建军
约会三部曲 ·························· 施晓宇

平生第一篇
小巷深处 ······················· （江西）贺中文
一组国际摄影获奖作品 ············· （湖北）张在新
标新立异 ······················· （湖北）郭慧中
绿色的不仅仅是梦 ················· （湖南）严夏松

世说新篇
君子兰 ······························· 肖　苏
雾 ·······························　马　力
这儿的空气没法不干净 ················· 李玉林
种豆得瓜 ···························· 钟斌成

大千世界
变（小说） ·························· 马　岭
橡树林　泥屋　泥人（小说） ············ 王奎山
雪晨（小说） ························ 李世武
人为何要长双眼皮（小说） ·············· 南　翔
白玉仙丹（小说） ···················· 孔　羽

流行色
贼（小说） ·························· 宴　纾
爱情第一乐章（小说） ················· 柴国甫
雄性的山魂（组诗） ············ 胡　泊　亦　然等
夏日的梦（组诗） ················· 黎　威等
期冀的太阳（散文诗） ················· 潘万提
偶想（诗） ·························· 王天杰
我们在冬天（外一首） ················· 靳亚利

小小说研究
新时期的微型小说 ···················· 赵曙光
"需要契诃夫……"
···················· ［苏］H.H.斯卡托夫著　牟　萍译

1987 年第 1 期　刊名:《百花园》
目录

小小说世界
命名 ······························· 雨　瑞
痴子 ······························· 周晓峰
同一看台上 ·························· 薛京营
影子 ······························· 高明学
漆黑的窗口亮了 ······················ 万剑平
冰糕大宴 ···························· 王不天
天堂之误 ···························· 金　祥
邂逅 ······························· 李志杰
不贞洁的女人 ························ 潘　琪
奶奶的匣子 ·························· 齐庚林
啊，铃声 ···························· 孙春平

平生第一篇
老学究之死（函授学员之页） ············· 吴秋志
十五月儿圆（函授学员之页） ············· 王　琦

短跑道
雪白雪白的山泉 ······················ 钟　楼
白海豚 ····························· 黄果心
草筏歌 ····························· 殷允岭
纯真的心 ···························· 郑九蝉
老任 ······························· 孙红光
烟土 ······························· 勇章印

新潮
卧牛石（诗） ························ 子　页
田野，骚动的情绪（组诗） ·············· 伊　甸
未了录（诗） ························ 缪国庆

海外风帆

温柔的女办事员············[日]源氏鸡太著　曹培林译

小小说研究

黄金的分量····················徐舟汉

百花论坛

文学观念变革漫议················黄书雄

1987 年第 2 期　刊名:《百花园》
目录

小小说世界

欧文的试验····················范子平

得与失······················李俊芳

为《世界之最》一书补遗············朱士奇

约会·······················赵德明

音乐门铃·····················王　扶

一览三小·····················黄　飞

缺陷·······················郭亦若

喜哉? 悲哉?···················李　帆

短跑道

南飞雁······················李　仑

同一居室的伙伴··················胡　刚

阳光, 照耀着沙滩·················顾　潇

苦糖·······················阎欣宁

纪实之窗

孤独的"邓野牛"（报告文学）··········谭　楷

新潮

等待出航（诗）··················陈云其

诗圣故里（诗）··················王绶青

杜鹃红了（组诗）·················陆少平等

平生第一篇

夜晚的箫声（函授学员之页）··········李建民

他死了（函授学员之页）·············夏恩训

惊························教璞献

小镇上的巧遇（函授学员之页）·········王德恒

剪辫（函授学员之页）··············冯华明

海外风帆

致命的一惊··········[美]欧·亨利著　沈　涤译

流星雨

井底的月亮（散文诗）··············柯　蓝

厦门万石岩（散文诗）··············郭　风

背负（散文诗）··················耿林莽

死去的骆驼（散文诗）··············李　耕

百花论坛

新时期文学与启蒙主义思潮············陈　墨

典型人物的性格缺陷与艺术美感··········艾　斐

小小说研究

巧用"空白"（微型小说要素谈之二）······徐舟汉

1987 年第 3 期　刊名:《百花园》
目录

小小说世界

怪味·······················张　征

伞························王雪峰

关于《乘客须知》的漏条问题···········朱　圭

赤壁宴······················毛志成

花························祝兴义

夜的故事·····················陈辉欣

面子·······················韩　明

怪味胡辣汤····················郭云梦

污点·······················汪大海

狐臭·······················王奎山

胡子·鼻子·教授·················祁力嘉

平生第一篇

生日·····················（广东）李　翔

思······················（贵州）蒋兴华

车站·····················（广西）陈　多

鄙人姓 B···················（湖北）杨　进

孝子·····················（河南）张瑞雪

早市上的故事·················（湖南）陈　岳

小站·····················（四川）竹　天

短跑道

寻失·······················齐岸青

我是猫······················邓宗良

苦楝河······················王俊义

跛王·······················孙一农

反醒·······················孙立宪

默默的井·····················凌可新

一个电大学员和他的妻子··············董心奎

新潮

悬棺之谜（散文）·················张永权

山种（组诗）···················刘毅然等

对一座没有头颅的雕像的悼念（诗）⋯⋯⋯王怀让
无题（诗）⋯⋯⋯⋯⋯⋯⋯⋯⋯⋯⋯⋯何　扬
三月在江南（诗）⋯⋯⋯⋯⋯⋯⋯⋯张华中
女儿岁月（诗二首）⋯⋯⋯⋯⋯⋯⋯南乡子
落叶（诗）⋯⋯⋯⋯⋯⋯⋯⋯⋯⋯⋯荒　名

海外风帆
旧情人⋯⋯⋯⋯⋯⋯⋯［英］西·黑尔著　熊　雄译

小小说研究
小小说的夸张与真实⋯⋯⋯⋯⋯⋯舒安娜
惊叹号·问号·省略号——微型小说要素谈之三——
结局⋯⋯⋯⋯⋯⋯⋯⋯⋯⋯⋯⋯⋯徐舟汉

百花坛
研究读者在文学活动中的地位与作用
——接受美学述评⋯⋯⋯⋯⋯⋯黄书雄

1987 年第 4 期　刊名:《百花园》
目录

大千世界
胡尔朴小小说二题
绿色窗帘⋯⋯⋯⋯⋯⋯⋯⋯⋯⋯⋯章　轲
留着好⋯⋯⋯⋯⋯⋯⋯⋯⋯⋯⋯⋯朱　奎
我们这个年级的兵⋯⋯⋯⋯⋯⋯⋯赵建国
烩划翅⋯⋯⋯⋯⋯⋯⋯⋯⋯⋯⋯⋯钱庭钧
酱⋯⋯⋯⋯⋯⋯⋯⋯⋯⋯⋯⋯⋯⋯罗　锐
林汉秋小小说二题
河北雪花梨⋯⋯⋯⋯⋯⋯⋯⋯⋯⋯斯　菲
晚香⋯⋯⋯⋯⋯⋯⋯⋯⋯⋯⋯⋯⋯聂鑫森
神笔⋯⋯⋯⋯⋯⋯⋯⋯⋯⋯⋯⋯⋯李惟微
一棵树⋯⋯⋯⋯⋯⋯⋯⋯⋯⋯⋯⋯金　华
新媳妇二题⋯⋯⋯⋯⋯⋯⋯⋯⋯⋯卢金地
杏花儿⋯⋯⋯⋯⋯⋯⋯⋯⋯⋯⋯⋯李胜志
太平洋延伸来副高压⋯⋯⋯⋯⋯⋯孙海洋

平生第一篇
纯情⋯⋯⋯⋯⋯⋯⋯⋯⋯⋯（北京）王德恒
给你唱一支歌⋯⋯⋯⋯⋯⋯（山西）李建民
死神与 W 君⋯⋯⋯⋯⋯⋯⋯（江西）李靖尘
下一节听课⋯⋯⋯⋯⋯⋯⋯（陕西）刘振纪
云山七月⋯⋯⋯⋯⋯⋯⋯⋯（湖南）杨志宏
新闻纪实⋯⋯⋯⋯⋯⋯⋯⋯（江西）饶成茂
送礼⋯⋯⋯⋯⋯⋯⋯⋯⋯⋯⋯⋯⋯嘉　伟

流行色
耳朵上的华尔兹⋯⋯⋯⋯⋯⋯⋯⋯秋　乡

惊魂⋯⋯⋯⋯⋯⋯⋯⋯⋯⋯⋯⋯⋯杨晓杰
河东河西⋯⋯⋯⋯⋯⋯⋯⋯⋯⋯⋯胡国华
障碍⋯⋯⋯⋯⋯⋯⋯⋯⋯⋯⋯⋯⋯未　丁
冰箱与少女⋯⋯⋯⋯⋯⋯⋯⋯⋯⋯徐家麟
摄影家⋯⋯⋯⋯⋯⋯⋯⋯⋯⋯⋯⋯王念夫
故乡二题⋯⋯⋯⋯⋯⋯⋯⋯⋯⋯⋯薛友津
追捕⋯⋯⋯⋯⋯⋯⋯⋯⋯⋯⋯⋯⋯沈晓铮
二木之死⋯⋯⋯⋯⋯⋯⋯⋯⋯⋯⋯赵德发
人命⋯⋯⋯⋯⋯⋯⋯⋯⋯李　晨　丁建伟
第十一案件⋯⋯⋯⋯⋯⋯⋯⋯⋯⋯周绳祖

世说新篇
搬迁之际（二题）⋯⋯⋯⋯⋯⋯⋯苏　华
蛊惑术⋯⋯⋯⋯⋯⋯⋯⋯⋯⋯⋯⋯赵曰茂
丑丑⋯⋯⋯⋯⋯⋯⋯⋯⋯⋯⋯⋯⋯谢　菁
邪门儿⋯⋯⋯⋯⋯⋯⋯⋯⋯⋯⋯⋯王奎山
一个得奖的剧本⋯⋯⋯⋯⋯⋯⋯⋯宋晓波
激动⋯⋯⋯⋯⋯⋯⋯⋯⋯⋯⋯⋯⋯孙一农
考试⋯⋯⋯⋯⋯⋯⋯⋯⋯⋯⋯⋯⋯长　啸
一个听来的故事⋯⋯⋯⋯⋯⋯⋯⋯新　学

海外风帆
纤纤素手⋯⋯⋯⋯⋯⋯［日］星新一著　李有宽译

小小说研究
谈小小说⋯⋯⋯⋯⋯［美］R.奥弗斯特著　树　南译
从"出人意料"说起⋯⋯⋯⋯⋯⋯陈柏健
小小说与"小"、"巧"、"玲珑"⋯⋯⋯⋯⋯冯　辉

1987 年第 5 期　刊名:《百花园》
目录

小小说世界
碰干大⋯⋯⋯⋯⋯⋯⋯⋯⋯⋯⋯⋯宝　奇
女人⋯⋯⋯⋯⋯⋯⋯⋯⋯⋯⋯⋯⋯王奎山
关于办公司桌椅的布置问题⋯⋯⋯马　力
小小说二题⋯⋯⋯⋯⋯⋯⋯⋯⋯⋯陈　多
夫与妻⋯⋯⋯⋯⋯⋯⋯⋯⋯⋯⋯⋯赵松森
空山⋯⋯⋯⋯⋯⋯⋯⋯⋯⋯⋯⋯⋯商金山
空气⋯⋯⋯⋯⋯⋯⋯⋯⋯⋯⋯⋯⋯李　石

平生第一篇
一张奖状⋯⋯⋯⋯⋯⋯⋯⋯（福建）林　涛
县长病了⋯⋯⋯⋯⋯⋯⋯⋯（四川）曾祥明
青春常在⋯⋯⋯⋯⋯⋯⋯⋯（吉林）刘中生
风波⋯⋯⋯⋯⋯⋯⋯⋯⋯⋯（河北）宋丽叶

小小说研究

小小说范例剖析 ··········· 尼·奥弗斯特著　树　南译

小小说人物关系举隅 ···················· 孙春旻

短跑道

河种 ························· 张栓固　徐增兰

秋雪湖的逝波 ······················· 史家民

推碾子的升哥 ······················· 赵金骧

阶梯 ····························· 吴　萍

女人和化妆品 ······················· 张伟刚

哦，小木屋 ························· 赖国清

白屋 ····························· 雪　人

新潮

山行笔记（散文） ···················· 马　岭

滑落的音符（组诗）

··········· 邓万鹏　曾有情　刘惠龙　甘伟　中　秋

不规则的思絮 ······················· 谢明洲

风铃（外一首） ····················· 叶延滨

恋 ····························· 非　马

五月的暖潮（外一首） ················· 刘　见

积德桥（散文） ····················· 柳　风

百花论坛

重要的是自己的声音——关于创作个性的对话

····························· 张剑福

1987 年第 6 期　刊名：《百花园》

目录

小小说世界

柚子 ····························· 刘国芳

秋魂 ····························· 沈晓铮

三板子 ··························· 黄果心

家务事 ··························· 丁瑞林

超然 ····························· 瓮学民

乡情 ····························· 郑　人

纪实之窗

公案一桩始末记（纪实小说） ············ 徐　慎

平生第一篇

并不因为你长得美 ·············（湖北）易梦华

贵友临门 ···················（山西）李建民

背影 ·····················（山东）韩俊英

抢劫犯 ····················（河南）谭　杰

烦恼 ·····················（山东）朱俊泽

海外风帆

黄昏 ··············· ［英］萨奇著　陈伯图译

短跑道

魅力 ····························· 张　宇

架子会首与唢呐王 ···················· 孙方友

这里有条白莲河 ····················· 曲范杰

遥远的呼唤 ························· 张增明

新潮

祭（散文） ························· 秋　乡

资水江南（散文） ···················· 廖静仁

那棵桑树（散文） ···················· 莫树清

季节风（组诗）····· 于宗信　潘万提　尤彼德　赵启顺

飞马图（外一首） ···················· 申爱萍

妈妈给我的黑布伞 ···················· 黑　孩

百花论坛

创作心理与作家的审美反映 ·············· 陈德礼

论诗的空灵美 ······················· 陈世明

散文诗的诗意美 ····················· 耿林莽

1987 年第 7 期　刊名：《百花园》

目录

树根的价值（外一篇） ················· 李增宪

极其无聊的故事 ····················· 赵团欣

藏在斗篷下的买卖 ···················· 冯　骏

撞命运的姑娘 ······················· 单兰生

考察未来 ························· 晋　川

黄狸 ····························· 胡西淳

OK——哥儿们 ······················ 孙占森

一个迷濛的雨天 ····················· 武　歆

蚊子绝种之后 ······················· 蔡良基

同事间 ··························· 樊雨田

短跑道

高价黄酒 ························· 赵　丰

流鼻血的人 ························· 子　佩

古籍 ····························· 陈　创

白头发 ··························· 李培俊

铸剑 ····························· 侯钰鑫

平生第一篇

冬天开始的故事 ····················· 俞小青

钓鳖 ·····················（河南）徐应峰

明天离婚 ···················（河南）李长河

灰屋 ·····················（辽宁）崔京新

A·P·C ——————————————（陕西）丁生茂
谁是太阳谁是月 ——————————————刘金涛
沉睡的冰河 —————————（河北）宋丽叶
无题 —————————————（江西）李清尘

海外风帆
绿门 —————————[美]欧·亨利著　霍文翔译
比金子还贵重的
—————[美]莱斯利·巴纳德著　刘国明译

流星雨（散文诗辑）
朦胧月（外一章）——————————————廖华歌
帆（外二章）————————————————耿　翔
絮语 ————————————————————萍　子
冬天和她的故事（三章）————————胡卓识
岩石和山水 ————————————————陈文和
故事 ————————————————————尚贵荣

新潮
渔光恋（散文）——————————————张惠芳
在丹麦老人村（散文）————————阎纯德

小小说研究
哲理性微型小说 ————————————赵曙光

百花论坛
散文诗沉思 ————————————————柯　蓝
方法论的讨论与文艺学的进步——————刘　烜

1987 年第 8 期　刊名:《百花园》
目录

部队作家作品专辑
绝响（小说）———————————————李　荃
为了捍卫军旗（报告文学）———邢军纪　杨永革
街头（小小说）————————————高明学
早操（小小说）————————————张卫明
野鸡（小小说）————————————李　钧
你推动着轮椅（散文诗）————————张克峰

小小说世界
错位 ————————————————————吴子丽
拥挤 ————————————————————苏　子
滚动的新房 ————————————————邵宝健
月亮 ————————————————————邓　澍
不怕老婆的丈夫 ——————————————蔡良基
神脚传奇 —————————————————马永安
偶遇 ————————————————————林汉秋

曹遂 ————————————————————王奎山
香烟盒的价值 ——————————————孙建英
过桥 ————————————————————陈清泉
超重 ————————————————————少　鹏
护山人 —————————————————王嘉贵
雨夜的喇叭声 ——————————————嵇亦工
宝宝 ————————————————————赵亚明
索密痛 —————————————————朱　奎
邂逅 ————————————————————张慧颖
云奶奶的"寻人启事" ———————————毛荣生
愤怒的挂历 ————————————————刘连群

短跑道
沙梁 ————————————————————智　波

平生第一篇
红叶 ————————————————————阿　莲
老王头轶闻 ————————————————游　羽
树 —————————————————————魏永贵
萤火虫 —————————————————蔡晓蓉
勇气 ————————————————————王增辉

海外风帆
窗口 —————[联邦德国]伊·艾希娜著　党菊莲译

新潮
蒙古兄弟（散文）——————————————伊　甸
雨中寄往奥斯陆（散文）————————赵健雄
万水千山走遍（组诗）
————杨川庆　王剑冰　郭维东　陈佩芸　钱锦方
远离故乡的思念（诗）——————————闻　频
夏（诗）—————————————————胡震华

百花论坛
散文诗艺术的"随心所欲" ————————叶廷滨
对一种世相的社会伦理学思考——————黎　辉
从系统论看文学创作的有机整体性————陈德礼

1987 年第 9 期　刊名:《百花园》
目录

小小说世界
老头 ————————————————————曲　峰
暮歌 ————————————————————刘　勇
借来借去的人 ——————————————朱有云
那绿色的蒙蒙雨 ——————————————引　泉
张征小小说二题
单恋的错位 ————————————————霍中南

恼……傅振强
来去匆匆……青焱
纳闷……赵宏欣
曾用名……廉金魁
中午时分……詹继放
失窃……陶津
夕阳下的纪念……赵建国

短跑道
安大略湖畔……王锡良
楼外楼……毛志成
我是一只大灰狼……金陶
相逢何必曾相识……林汉秋

纪实之窗
再多留下一点（报告文学）……周导

平生第一篇
夏普子（小小说）……李翔
长头发的故事（小小说）……李正堂
远方来的媳妇（小小说）……刘志刚

海外风帆
慰安（小小说）……［美］大卫·马泽尔著 孙善康译
神秘的抽屉（小说）……M.穆赫姆著 梁根顺译

新潮
你的丁香花的微笑（诗·外二首）……朱金晨
母亲，等待着你（诗·外一首）……张子先
淡淡南湖月（诗）……杨帆
白孔雀（诗·外一首）……刘金忠
那是将临的雨季（诗）……季莉
望北（散文）……书山
如梦是古楼（散文）……廖静仁

百花论坛
散文诗的特征……郭风
历史千年的美学官司及其启迪……申自强

1987 年第 10 期　刊名:《百花园》
目录

大千世界
罪人……阿成
新潮……张征
丑陋人……柳建伟
小小说二题……李建民
赶早市……刘干

爱情短笛（二题）……晓苏
遇……王长安
最后一班岗……周绳祖
柔刚……张斌
钻工的形象……孙斌
爱……陈德民
走……李晨
辣椒……刘国芳
对弈……吕平平
份量……廉金奎

流行色
最后一曲——迪斯科……黄建中
对弈机……逸之
决心……筱竹

小小说研究
"奇"的魅力……赵曙光
小小说的理趣之美……孙春旻
微型小说的审美特性……王嘉良 陈顺宣

小小说笔会小辑
禅机（外一篇）……李培俊
名人……朱奎
小小说二题……何天保
洁癖……钱庭钧
《桑塔·露琪亚》……寇云峰
打赌……王奎山
蛤蟆胡同……郭德果
猫腰……王学峰
不单是误会……孙炳鑫
赵君……简宏

世说新篇
一只鸡爪……芦丁
带苦味的美容霜……唐明华
敲门声……竹子
忠诚……孙春平
稻子全熟了……陈创
旧技难忘……洪双烨 林坡
调离之前……黄立明
趁车……艾卿
报销……原昌
腐……王树村
悬崖……余英茂
人去楼空……彭诚
小毛病……邹兴华

海外风帆
邪恶的力量··········[苏]薇拉·柯贝卡著　徐克芳译
雨中小猫··············[美]海明威著　平　川译

1987 年第 11 期　刊名:《百花园》
目录

小小说世界
非凡的车祸··························朱士奇
鼻子·····························李克定
电话的功能························朱　奎
醒之醉···························乙　丙
爱美之心··························李增宪
润色·····························庄　众
让人想哭··························刘国芳
台上台下··························孙一农
高明·····························徐　慎
心迹·····························王学峰
路·······························沈晓铮
奶奶和她的孙媳妇·····················雨　瑞
倒茶·····························余英茂
?·······························罗浦廉
八月蝉鸣··························一　丁

短跑道
空屋·····························翁新华
改刊记···························雁　宁
乡戏·····························方　赫

新潮
行进的青春（组诗）········黄东成　何鑫业　陈瑞晨
时光秀美人风流（组诗）············叶　坪　黄　淮
阿　元　舒　洁　陆　健　鲁　萍　李光云　陈　勇
谢潇潇　张　笋
成都野游记（散文）····················竹　子
致 D 三章（散文诗）···················耿　翔

海外风帆
永远漫步·······[美]小柯特·弗奈格特著　朱　丹译
漆黑的镜子·······[加拿大]埃·卡梅伦著　徐克芳译
母亲··········[罗]安·赛马雷凯丝著　平　川译

小小说研究
摄取生活中"闪光"的镜头·················陈顺宜
小小说语言谈片·····················陈柏健

百花论坛
文学，应当跃向高尚的审美层次···············艾　斐

1987 年第 12 期　刊名:《百花园》
目录

小小说世界
剩饭阿狗··························麻文辉
乡里闲话（三题）·····················徐小秋
飞碟事件··························胡西淳
舌病（外一题）·····················李建民
寄宿生···························周晓峰
补胎·····························李玉林
痴情·····························崔新京
狗儿·····························吴金良
隔·······························郭忠信
他敲打着小木鱼·····················文　牧
迷反心态··························韩　黎
喜剧发生在小街·····················郭东昉

海外风帆
结城昌治微型小说二篇············[日]结城昌治著
泪珠缀成的信··············郑竹筠　翼人伶译

新潮
安西大风记（外一篇·散文）···············庐　野
太阳风（组诗）··············奔　马　李根红
夏　寒　牛红生　马　英

短跑道
截然不同的梦·······················李安心
老实人··························翁树杰
十八岁的哥哥·····················杨东明
通灵玉··························黄卫平

平生第一篇
支撑点··························晓　征
姑娘沟··························孟庆国
呼噜·····························李贻涛
最后一声枪响·····················程景恩
看分儿··························雷　子
童男·····························王根林

百花论坛
改革·文学·人·····················陈　墨
小说和寓言的联姻——寓言体小说···顺　宣　嘉　良

1988 年第 1 期　刊名:《百花园》
目录

小小说世界
社会广场
小巷深处 ································· 杜　平
永恒的梦 ································· 苏景义
活尸 ····································· 程绍国
嬉皮士 ··································· 陈　放
弯道 ····································· 张雨晴
豁口 ····································· 明其妙

平生第一篇
小河 ····································· 简小雁
默契 ····································· 阎海鹰
钱 ······································· 路向东

笔记小说
高手 ····································· 于富海

新潮小说
刺柏 ····································· 王奎山
信癖 ····································· 余国振
一个特异功能者的遭遇 ··············· 周学良

漫画小说
戏弄（外一篇） ······················· 王立忱
黄虫 ····································· 孙占森
激情 ····································· 郑纯方
活祭 ····································· 若　凡
整容师奇遇 ····························· 万克玉

精品赏析
情，在这里默默交流（附《永远的蝴蝶》）······ 王远钧

纪实之窗
今天，还你青竹一丛（"中国潮"征文）···· 郝光兴

作家世界
从农民到作家——记青年作家原非 ······· 中　驷

短篇小说
紫龟的高速公路 ······················· 李　利
隐私 ····································· 郑　人

五彩石
金色的树叶（组诗） ·········· 周　民　龙彼德
江　堤　柯　平　丛小桦　灵　子

凝望（诗） ····························· 书　山
九溪沟的思索（散文） ················· 刘志坚

海外风帆
情人 ···················· ［英］戴·杜穆丽娅著　蒋　跃译

小小说研究
民族性：小小说发展的必由之路——《百花园》小小
说片谈 ································· 傅开沛

百花论坛
"改革文学"与"通俗文学" ············· 陈　墨

美术
封面设计 ······························· 凡凡子
李伯安国画人物（青年艺术家巡礼）

1988 年第 2 期　刊名:《百花园》
目录

小小说世界
社会广场
胡尔朴小小说二题
白小易小小说二题
张征小小说二题
办公室里小事一桩 ····················· 邓宗良
请客 ····································· 谭　杰
文明楼轶事 ····························· 窦卫华
模糊世界 ······························· 方爱平
绣像 ····································· 赵小柯
城墙下 ··································· 赵　丰
鼓魂 ····································· 李建民
人逢喜事 ······························· 徐　斐

新潮小说
心之旅 ··································· 陈　创
要是世界上没有蚊子 ··················· 章　轲

笔记小说
关系学发凡 ····························· 邓德森
功夫在诗外 ····························· 张玉杰

漫画小说
预料之中 ······························· 新　学
假治 ····································· 谢　箐
辞呈 ····································· 黄京湘
OK，精彩 ······························· 耿建民
刘氏兄弟 ······························· 陈健力

平生第一篇
身外之物 ·································· 乐 乐
诱惑 ··································· 马福水

精品赏析
寥寥数语，神态毕现——评唐代笔记小说《崔简妻郑氏》 ································ 王远钧

作家世界
从工人到作家——青年作家黎婴剪影 ······ 寇云峰

纪实之窗
一棵参天的白杨（《中国潮》征文） ········· 戈 勋

短篇小说
枪手 ··································· 孟子为
吻 ···································· 孙学民
猝死 ··································· 王安林

流星雨
曹老二三事（散文） ···················· 李铁城
李耕散文诗四章
爱之旅（散文诗小辑）
············ 曾有情 郭国庆 谢明洲 刘惠龙 胡震华

海外风帆
逃跑的男人 ············ ［日］夏树静子著 李有宽译

小小说研究
小小说评话 ···························· 张南峭
小小说审美方式的优异与局限 ············· 梁 昭

美术
封面 ··································· 乙 丙
白梅（国画） ··························· 邓 林
王敬贤水粉风景（青年艺术家巡礼）

1988 年第 3 期 刊名:《百花园》
目录

小小说世界
社会广场
如归 ··································· 王开林
入魔 ··································· 刘连群
雄性 ··································· 毛志成
三个人 ································· 闻树国
月夜 ··································· 胡 英
说不清 ································· 黄果心

美神 ··································· 谷福海
弥补 ··································· 孙方友

新潮小说
被再次掩埋的秦俑 ······················ 吴裕成
第二道幕 ······························ 石花雨
第三十九只苍蝇 ······················· 方英文

漫画小说
神来之笔 ······························ 李建民
太阳下的泥泞 ·························· 孙希彬
名医·名酒 ···························· 筱 竹
因此…… ······························ 雷桂华

平生第一篇
大路有道弯 ···························· 李贻涛

精品赏析
发笑人 ··········· ［联邦德国］海·伯尔著 赵 自译
"废墟文学"的代表作家伯尔及其《发笑人》
······································· 郑克西

作家世界
拉蒙，你在哪里? ························ 曹 河

短篇小说
眼镜 ··································· 简 宏
血咒 ··································· 赵团欣
冷笑 ··································· 李培俊

纪实之窗
血案始末（报告文学） ·············· 曲 沟 广 济

五彩石
春野（散文） ··························· 周同宾
瀑布情（诗） ··························· 冯 云
爱的季节（诗） ························· 潘万提
微甜的苦恋（组诗） ············· 王长军 靳亚利
王 莺 李 荃

海外风帆
打赌 ············· ［美］玛·赫格勒著 梁根顺编译

小小说研究
小小说与"有意味的形式" ················ 冯 辉

百花论坛
王奎山小小说印象 ······················ 尚 嫩
散文诗，在挑战者面前 ··················· 李 耕

封面设计································凡凡子
李伯安国画人物（青年艺术家巡礼）

1988 年第 4 期　刊名:《百花园》
目录

小小说世界
社会广场
合灶································刘绍棠
胡尔朴小小说二题
失身································湛　锋
烦································郭良原
微笑································解　铃
假领································何天保
庄稼地································郑　人
孽骨································秦巴子
鞋································郭宇一
王奎山小小说二题
刘国芳小小说二题
你若是男子汉································翟新治
谁不像································王学峰
空亭································陈应松
孩子································吕成品
老鳖································张　龙
往事································蔡良基
醒悟································崔　流
辞海································吕平平
黄金································龚泽华

新潮小说
巷道································张立荫
感觉································李志杰
天气································蔡应律
奇人································李建民
非"三角"故事（外一篇）································素　娘
蜂鸣································浪　屿

笔记小说
捉鳖大王································孙方友
醉魂································于　君

漫画小说
进化································刘彦青
减法的逆反定律································殷德杰
拔牙································黄金岭
一次心理学测试································张华良

平生第一篇
星期天的太阳································赵成果
握手································郭耀煌
耳环································水　林

精品赏析
社会的荒诞与荒诞的文学································郑　理
（附）法律门前································[奥地利]卡夫卡

海外风帆
情人································[英]马·戈基著　霍文翔　张玉婷译
"比利偷的"
································[美]阿·林斯特龙著　陈振波　廖安亚译
契约································[美]简·库姆斯著　何三宁译

小小说研究
胡尔朴谈小小说································胡尔朴
小小说的"意"和"势"································孙春旻
幽默的嘲讽，巧妙的鞭挞——读李克定的小小说《鼻子》································孟　紫

1988 年第 5 期　刊名:《百花园》
目录

小小说世界
社会广场
成熟的季节································潘　琪
眼睛的黯淡································戴　珩
障碍································尹静茂
市场角落································彭友元
战地的奥秘································李志杰

新潮小说
花圈与童鞋································邵宝健

漫画小说
病································李　成
投其所好································沙乇浓
圈································晋　川

平生第一篇
遗恨································王书生　张西礼

笔记小说
瓦罐································杨永强

短篇小说
板眼································王永祥

血土 ·························· 薛友津
淘金者的悲欢 ·················· 凌 云
父亲说我还年轻 ················ 赵运通
五味泉 ····················· 柳闻莺

纪实之窗
访杏山（"中国潮"征文） ········· 刘平均 周学良

作家世界
琐记李佩甫 ··················· 庄 众
他从纤道上走来——青年作家廖静仁印象 · 袁春雨

五彩石
火炬，永不熄灭（散文） ··········· 峻 青
中州吟（组诗） ················ 张万舒
我和你的故事（散文） ············ 廖静仁
春天的采撷（组诗）
············· 尚贵荣 韩新东 汪 毅 赵启顺

小小说研究
悲剧性微型小说 ················ 赵曙光
小小说评话（续） ·············· 张南峭

1988 年第 6 期　刊名:《百花园》
目录

小小说世界
社会广场
小小说二题 ··················· 周同宾
第一次演唱 ··················· 周志强
菡子的咖啡馆 ·················· 燕 子
小小说二题 ··················· 马 啸
除夕 ······················ 李乔亚
洗澡 ······················ 剑 亢
孬三 ······················ 戴文杰
瞧戏 ······················ 一 丁
我很狼狈 ···················· 原 昌
惑 ······················· 王学峰
反思 ······················ 翁树杰

新潮小说
不识 ······················ 李培俊
街上的阳光 ··················· 刘文新

平生第一篇
老刀 ······················ 夏 梦
桃花 ······················ 李 波

笔记小说
笛趣 ················· 胡小远 陈小萍

漫画小说
真言 ······················ 单晓华
窗口里探出的脑袋 ··············· 杨致武

纪实之窗
起步（"中国潮"征文）··· 周宏友 闵乐晓 史家轩

短篇小说
帝国幽灵 ···················· 肖尹宪
泉浴 ······················ 郭东昉

作家世界
她聆听着大自然的呼唤——唐敏印象 ····· 张守仁

五彩石
诗人之声（组诗） ········· 卢祖品 子 页 于宗信
六月原野（组诗）
········· 钱锦方 雪 村 盘妙彬 陈太顺 舒红琦
好个"百鸟朝凤"（散文）············ 赵海洲

海外风帆
最后的晚餐 ············ ［日］星新一著 陈福站译

小小说研究
微型小说的机智 ················ 赵曙光

百花论坛
在民族化的基础上探索现代化 ·········· 包亚东

1988 年第 7 期　刊名:《百花园》
目录

小小说世界
社会广场
遗憾 ······················ 冰 火
解释 ······················ 蔡良基
背面 ······················ 张 征
什么最好 ···················· 李增宪
愚男 ······················ 王学峰
品味儿 ····················· 陈怀强
鬼张三 ····················· 薛友津
最后一块钱 ··················· 刘国芳
报复 ······················ 黄叶飞

新潮小说

浅水池，深水池 ………………… 郭东昉
一朵洁白的云 …………………… 遥 远
吉他的故事 ……………………… 流 火

漫画小说

白天的故事 ……………………… 施光亨
过道风波 ………………………… 汤世平

平生第一篇

柳索儿 …………………………… 解 森
心机 ……………………………… 鲁 森
有这样一位"作家" ……………… 郭相如
梅雨天·油纸伞 ………………… 霍无非
平衡 ……………………………… 彭 晖

短篇小说

金脊梁 …………………………… 阿 成
喜喜 ……………………………… 赵金骧
记者证 …………………………… 赵国栋

海外风帆

耐心等待 ………… [美]亚·荷比著 李懿丽译
幸福的童年 ……… [德]埃·凯斯特纳著 杨 慧译
花圈上的玫瑰 …… [意]卢吉·皮兰德洛著 刘 蔚译

五彩石

访意诗抄（三首） ……………… 叶延滨
这样的时辰（组诗） ……… 伍立杨 徐雪天 杨金玲
七月的草篮（组诗） ……… 刘辉考 韩兴贵
风雨镇东桥（散文） …………… 廖静仁

小小说研究

小小说论三题 …………………… 陈柏健
小小说评话（续二） …………… 张南峭

百花论坛

永恒的三秒钟 …………………… 曾 凡
"乔典运现象"一解 ……………… 曹增渝

1988 年第 8 期　刊名：《百花园》
目录

小小说世界
社会广场

城市不朽 ………………………… 沙漠子
特别治疗法 ……………………… 吕 虹
老安 ……………………………… 魏丛枫

那雪白的那粉红的 ……………… 刘燕子
生前与死后 ……………………… 王金河
在夕阳那边 ……………………… 陈 晨
舞伴的微笑 ……………………… 赵 冬
无意 ……………………………… 杨 进
最后的理解 ……………………… 白宏志
主角 ……………………………… 嵇亦工
金秋小景 ………………………… 邓宗良
最后一道目光 …………………… 范茹娟

漫画小说

顽石 ……………………………… 陈元魁
空橱 ……………………………… 孙占森
画圈儿的学问 …………………… 柳闻莺
双头题 …………………………… 郭云梦

平生第一篇

微笑 ……………………………… 顾先斌
知心 ……………………………… 刘大顺

短篇小说

我对谁说拜拜 …………………… 佳 云
朋友 ……………………………… 张 征
震 ………………………………… 吴延科
秋怨 ……………………………… 赵松泉

纪实之窗

发生在 S 宾馆的窃案（纪实小说） ……… 朱全弟

五彩石

诗人之声（组诗） ……… 叶 坪 黄东成 杨东明
朱昌勤 李发模 康 洁 季振邦 李进武 晨 梅
荒 名 张子先
生命之春（散文） ……………… 晓 晴

海外风帆

爱情致幻剂 ……… [英]约·科利尔著 苏晓玉译
罪恶的城市 ……… [苏丹]法·阿迈德著 李 哲译

百花论坛

"改革文学"：危机与生机 ……… 陈 墨

小小说研究

要寻找到"那一点" ……………… 赵曙光

1988 年第 9 期　刊名:《百花园》
目录

小小说世界
社会广场
白小易小小说二题
良心 ———————————————— 奚跃华
超度（外一题） ————————————— 王学峰
洗脚水 ————————————————— 唐训华

笔记小说
第三产业 ———————————————— 雨　瑞
犟伯 —————————————————— 少　古

漫画小说
打不赢的赌 —————————————— 邓宗良
壶 ——————————————————— 赵　松
猫食 —————————————————— 陈　多
摔了一跤 ———————————————— 艾　君

平生第一篇
秘密 —————————————————— 魏长河
未曾失去 ———————————————— 陈亚东
难产 —————————————————— 李云宏

海外风帆
有原则性的人
————————— [苏]亚·马·格尔克著　董燮清译

小小说研究
简洁——力避行文唠叨 ————— 陈顺宣　王嘉良

短篇小说
爆炸新闻 ———————————————— 苏景义
冰河轶事 ———————————————— 黄　飞
门上挂着一把锁 ————————————— 曾　平
寻找失落的玫瑰 ————————————— 简小雁

五彩石
（散文诗小辑）
耿林莽散文诗三章
一脸瀑布（三章） ———————————— 刘聪玲
梦幻情侣 ———————————————— 艺　辛
祖先的箴言 —————————————— 郭国庆
勿忘我 ————————————————— 杨建民
美丽的渊薮 —————————————— 刘惠龙

纪实之窗
小刀王（报告文学"中国潮"征文）
————————————————— 叶忠华　胡小远

九曲长廊
风流宝石（长篇连载之一）
————————— [美]黛·托马斯著　张恩福译

1988 年第 10 期　刊名:《百花园》
目录

小小说世界
社会广场
车过弯道 ———————————————— 苏景义
倒编的座号（二题） ———————————— 于伯生
秤 ——————————————————— 杨全国
在水一方 ———————————————— 曲范杰
红陶 —————————————————— 墨　白
苦恼 —————————————————— 陈德民
造访 —————————————————— 林　昂
狼 ——————————————————— 黄富强

漫画小说
脱皮阿二（二题） ———————————— 刘国芳
一分钟银幕生涯 ————————————— 方英文
徘徊海滨的人 —————————————— 李焕振
名片 —————————————————— 龚泽华

笔记小说
渴斋笔记三则 —————————————— 余国松
北镇小吃 ———————————————— 李增宪

新潮小说
最佳配偶 ———————————————— 晋　川
迷惘的山竹花 —————————————— 陈　创
别扭 —————————————————— 陈步松
填空 —————————————————— 李下叔

平生第一篇
第三者 ————————————————— 陈海鹏

短篇小说
花 ——————————————————— 黄　飞
太阳向东方落去 ————————————— 孙希彬
荒诞年月荒诞事（三题） —————————— 徐　慎

作家世界
困扰与挣脱——1988 年的鲁枢元 ————— 艾　云

五彩石

十月的云（组诗）—————————————————韩　雨

周志强　郭英英　王立明　乔仁卯

乔延凤　陆少平　洋　滔　王剑冰

九曲长廊

风流宝石（长篇连载之二）

—————————[美]黛安娜·托马斯著　张恩福译

小小说研究

传神——以一当十——微型小说语言谈之二

—————————————————————陈顺宣　王嘉良

淡淡的初春—————————————————杨　华

五彩石

播（组诗）—————————————————荒　野

陆　健　衣晓峰　朱金晨　紫　梦　廖　健

给你（外一首）—————————————————陆新瑾

远山的思念（散文）—————————————谭长海

故道遗风—————————————————卞　卡

九曲长廊

风流宝石（长篇连载之三）

—————————————[美]黛·托马斯著　张恩福译

小小说研究

片言只语显示个性——微型小说语言谈之三

—————————————————————陈顺宣　王嘉良

1988 年第 11 期　刊名:《百花园》
目录

小小说世界

社会广场

小小说二题—————————————————赵培诚

错爱—————————————————青　焱

新衣—————————————————贺晓闽

事故多发地段—————————————————竹　天

弄权—————————————————王清平

吃苹果—————————————————章　轲

清明—————————————————周晓峰

笔记小说

矿长—————————————————史家轩

玉镯—————————————————孙方友

魂之色—————————————————李其祥

漫画小说

保密—————————————————任金义

避讳—————————————————秋　风

作家的谎言—————————————————刘彦青

世说新篇

新世说二题—————————————————栾法龙

信不信由你—————————————————简　宏

平生第一篇

童心—————————————————马　勇

急智—————————————————肖　苏

短篇小说

买鸡蛋—————————————————原　非

故乡的月亮—————————————————陈　韧

洗礼—————————————————刘高贵

1988 年第 12 期　刊名:《百花园》
目录

小小说世界

社会广场

毛线衣—————————————————丁瑞林

胡尔朴小小说二题

大千世界（小小说无题）—————————————李好学

父与子—————————————————商金山

七彩的雪花—————————————————李惟微

平生第一篇

小粪筐—————————————————李荣德

世说新篇

派饭二题—————————————————李　晨

喷嚏行动—————————————————喻耀辉

漫画小说

这桌，那桌—————————————————杜　敏

奖（外一题）—————————————————蔡良基

纪实之窗

职业改革者（"中国潮"报告文学征文）——————邢军纪

漩涡中的格斗（"中国潮"报告文学征文）——————沙发来

五彩石

英雄高原（散文）—————————————————王建平

芬丽的梦（组诗）—————————————王　璞　白　冰

邹昆凌　马新潮　陈　亮　张紫汀　黄　淮　杨　莹

人生没有遗憾（组诗）—————————冯团彬　张德强

短篇小说

永远的Ⅱ号微笑⸺⸺⸺⸺⸺⸺⸺⸺⸺刘岩松

陈白脖儿和薄白脖儿⸺⸺⸺⸺⸺⸺⸺孙方友

九曲长廊

风流宝石（长篇连载之四）

⸺⸺⸺⸺⸺⸺⸺⸺⸺[美]黛·托马斯著　张恩福译

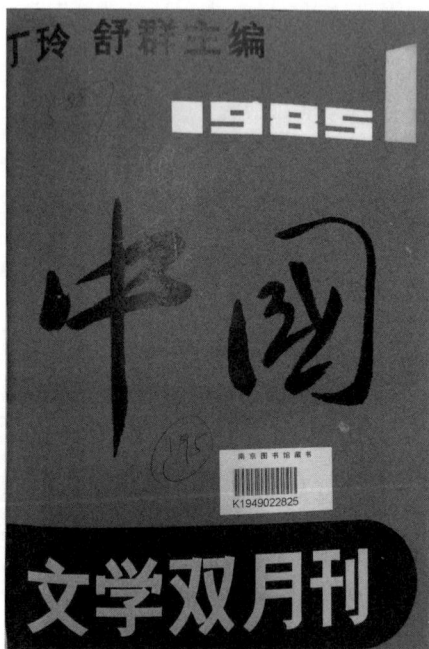

《中国》

【简　介】

综合性文学双月刊。中国作家协会主办。创刊于1985年，1986年停刊。由丁玲、舒群主编。其创刊宗旨是办一本老作家的刊物，旨在促进文艺繁荣并提携新人作家，"希望所有的老作家能把自己的丰富经验和写作经历积极介绍出来，帮助读者，帮助青年，在创作上少走弯路，健康成长"。

期刊号：1985年第1期—1986年第12期

编者的话

亲爱的读者！

　　摆在你们面前的这本期刊，是在胡耀邦同志大鼓劲、大团结、大繁荣的号召下，在城市经济改革的蓬勃浪潮鼓舞下诞生的。 一些作家在这个新的历史时期，压抑不住从心底迸发出的一股激情，愿意把有限的时间、精力，全部拿出来尽力办好这个刊物，为早日实现四个现代化做贡献。 我们的愿望很好，但我们的力量很薄弱。 我们将依靠广大的读者和新老作家的团结合作，来实现这个宏伟的、全国人民共同的愿望。

　　目前的文艺形势很好。 要发展这大好形势，要促进文艺的更加繁荣，亟需加强和扩大文艺队伍的大团结。 我们的刊物不是同人刊物，不是少数人的刊物。 刊物的撰稿人将包括五湖四海、老中青。 我们希望所有的老作家能把自己的丰富经验和写作经历积极介绍出来，帮助读者，帮助青年，在创作上少走弯路，健康成长。 我们要大声呼叫，为那些把心灵浸入到新的社会生活中去的，把心灵与艺术创作难解难分地纠结在一起的那些年轻作家和奋发有为的文学爱好者们鼓劲。 欢呼他们健康地成长，开出美丽的花朵，结出肥硕的果实，攀登社会主义现实主义中国文学的新高峰。

　　我们要继承和发扬"五四"以来革命新文学的优良传统，同时也有选择地介绍其他各种现代形式和艺术流派，只要它们确有艺术特色，不但无害于读者，还能丰富我们的精神生活。 我们要大力提倡研究吸取我国古典文学成功的经验，创作新的社会主义时代的具有民族特色的、为人民喜闻乐见的作品。

　　作品一经发表，便属于社会。 凡本刊发表的文章，欢迎读者展开讨论或争论。 我们认为这种讨论或争论，对作者只有好处，对读者也有帮助。 我们大家过去吃"左"倾棍子的苦头太大了，损失太大了，教训太深了。 我们决不能再重犯这样的错误。党和全国人民都决不允许这样惨痛的历史重演。 我们相信，真正的人民的作家也一定有这种气度，能够虚心听取对作品的不同意见，更不担心自己的作品会被少数人抹杀。 我们相信，作品好坏将由人民、历史来判定，好的作品将流传下去，不好的作品也会被自然地淘汰。 任何作家都很难保证自己的作品篇篇都好。 偶然有一篇作品被批评了，也不会影响他的其他好的作品被颂扬。 这样的例证是很多的，而且一篇作品很难要求所有意见都完全一致。 我们希望我们的作者，牢记为人民服务，为社会主义服务，专心写作，不计毁誉，这样就一定能得到读者的欢迎。

　　我们认为，文艺上的思想问题是学术问题，可以自由讨论，各抒己见。 这有助于文学艺术的健康发展。 同时我们也应该警惕资产阶级自由化的思想侵蚀。 我们将大力介绍马列主义、毛泽东思想的文艺理论，引导我们的文艺更加健康地发展，帮助作者和读者提高对文学的认识水平和欣赏水平。

　　我们刊物的编辑要经常与人民保持接触，同作家一样的深入生活，关心人民，关心政治。 这样才能理解社会、理解人民在变革中的思想感情，辨别作品中反映的是否确切。 也只有这样，编辑才能吸收新鲜空气，避免画地为牢，使自己思想禁锢在小圈子

里，一成不变，以致僵死。

我们这个刊物是在大好形势中诞生的。筹办以来的三个月中，中国作家协会给我们很大的帮助；从读者那里、从作家那里都得到热烈而广泛的支持，各地来稿之多，出于我们意外。海外的华裔作家、三十年代《北斗》杂志的现在香港的老作者，都来信表示要为刊物写稿。因为知道我们将是一个民办公助，经济上自负盈亏的刊物，一些读者来信，有赠款的，有赠稿的，有投资的。此外，首都新闻界、文化艺术出版社、新华书店、新华印刷厂等都大力协助，减少了我们的困难，我们感谢他们。

我们这个期刊受作协党组领导。但最高的领导、最有权威的监督者是广大的读者，是你们。

一九八四年十一月二十六日

1985 年第 1 期　刊名:《中国》
目录

编者的话
巴金致丁玲信
一个理论工作者的手记……………………陈　涌
从《腊月·正月》谈起…………………………孙　犁
风格散记…………………………………………王　蒙
致青年女作家铁凝………………………………李　纳
邑有流亡愧俸钱…………………………………严　秀
一代天骄——记京海计算机机房装备公司经理王晓辉
…………………………………………………丁　玲
党委书记…………………………………………王金年
四时…………………………………………………陶　正
梦寄天涯…………………………………………李　建
背尸人……………………………………………王家斌
往事散记（二题）………………………………秦兆阳
病理学的一课……………………………………黄树则
一九八四年诗抄（三首）………………………绿　原
瓜棚短笛（组诗·六首）………………………张志民
青春舞曲…………………………………………邹荻帆
这座城市正在……………………………………冀　汸
谜语………………………………………………流沙河
海的肖像…………………………………………郑　敏
白柯………………………………………………舒　婷
等待黎明（外二首）……………………………顾　城
要飞的幼儿园（组诗·五首）…………………杨　蕾
天明（外三首）…………………………………汪　漫
和弦（外一首）…………………………………北　岛
石斧（外一首）…………………………………杜爱民
大海——记朱德同志……………………………刘白羽
卫立煌访问延安…………………………………赵荣声

达豪余生…………………………………………萧　乾
两个农民朋友……………………………………骆宾基
藤野先生故居散记………………………………周海婴
刘晓庆的生日礼物——《无情的情人》拍摄散记之一
…………………………………………………遇罗锦

1985 年第 2 期　刊名:《中国》
目录

雪峰现实主义理论初探…………………………陈早春
鲁迅和日本文学和日本人民……………………李何林
风格散记（续）…………………………………王　蒙
女性在创业上的艰难……………………………铁　凝
黄河在这儿转了个弯……………………………田东照
破釜沉舟…………………………………………刘家祥
秋天回旋曲………………………………………白　桦
冰炭——一个班长和一个演员一个女人的故事
…………………………………………………贾平凹
笑杉………………………………………………林斤澜
故乡水……………………………………………汪曾祺
礼饼………………………………………………李辉英
绝食………………………………………………庄启东
拌粪………………………………………………路　翎
我又回到草绿色的人流中………………………叶　楠
在同龄人的墓前——云南老山前线生活散记…庞天舒
创造着世界上还没有的——记战士、发明家张文龙
…………………………………………………冯夏熊
感谢你，四壁的星光（散文诗·外三章）
——书屋抒情…………………………………刘再复
玩具（散文诗）…………………………………秦　似
桥（外一首）……………………………………李又然
永恒的怀念（三首）……………………………方　冰
瀑布（外二首）…………………………………彭燕郊
历史把我献给这辉煌的年代（组诗·三首）…林　希
猛士和山（外一首）……………………………刘毅然
新境………………………………………………蔡其矫
喀尔巴阡风景（组诗·四首）…………………罗　洛
嵩山石……………………………………………青　勃
冬天的风景（外一首）…………………………王尔碑
母亲（外二首）…………………………………傅天琳
大陆架……………………………………………沙　陵
微笑（外一首）…………………………………张　讴
长城………………………………………………心　笛
那边，延河上空有一颗星………………………魏　巍
相会在"日本女八路"的故乡……西　虹　王之琪
延河的流水是清亮的……………………………黄　钢
西海人家…………………………………………碧　野
武夷山二题………………………………………郭　风
寻求苍莽的雪山草地

——《无情的情人》拍摄散记之二 ⋯⋯⋯⋯ 遇罗锦
《中国》文学双月刊创刊招待会记略
⋯⋯⋯⋯⋯⋯⋯⋯⋯⋯⋯⋯⋯ 张 棣 刘少博

1985 年第 3 期　刊名:《中国》
目录

秋天总有落叶 ⋯⋯⋯⋯⋯⋯⋯⋯⋯⋯ 庞天舒
弟弟和他的波斯猫 ⋯⋯⋯⋯⋯⋯⋯⋯ 林　谦
迷魂泉·雪人 ⋯⋯⋯⋯⋯⋯⋯⋯⋯⋯ 王家斌
河那面的红枣排 ⋯⋯⋯⋯⋯⋯⋯⋯⋯ 田东照
雪焰 ⋯⋯⋯⋯⋯⋯⋯⋯⋯⋯⋯⋯⋯⋯ 临　青
冰川之子——记冰川学家谢自楚 ⋯⋯ 曾　恬
继续突破 ⋯⋯⋯⋯⋯⋯⋯⋯⋯⋯⋯⋯ 王朝闻
致贾平凹——再谈通俗文学 ⋯⋯⋯⋯ 孙　犁
反映复杂生活的长诗 ⋯⋯⋯⋯⋯⋯⋯ 高占祥
瞿秋白与左翼文学运动——为纪念瞿秋白殉难五十周
年而作 ⋯⋯⋯⋯⋯⋯⋯⋯⋯⋯⋯⋯⋯ 朱　正
忆又然 ⋯⋯⋯⋯⋯⋯⋯⋯⋯⋯⋯⋯⋯ 刘大海
七个……和一个 ⋯⋯⋯⋯⋯⋯⋯⋯⋯ 雷　加

新加坡金狮文学奖获奖作品选辑
关于新加坡的华文文学 ⋯⋯⋯⋯⋯⋯ 姚雪垠
都市阴霾（小说一等奖） ⋯⋯⋯⋯⋯ 张曦娜
扎根的一代（小说一等奖） ⋯⋯⋯⋯ 孟　紫
柬泰边境去来（报告文学优胜奖） ⋯ 刘培芳
简评《柬泰边境去来》 ⋯⋯⋯⋯⋯⋯ 萧　乾
不简单的石头（报告文学优胜奖） ⋯ P.S.
简评《不简单的石头》 ⋯⋯⋯⋯⋯⋯ 萧　乾
诉——山的故事（散文优胜奖） ⋯⋯ 彭　飞
关于《诉——山的故事》及其他 ⋯⋯ 秦　牧
家书 ⋯⋯⋯⋯⋯⋯⋯⋯⋯⋯⋯⋯⋯⋯ 严　辰
在前线（四首） ⋯⋯⋯⋯⋯⋯⋯⋯⋯ 李　瑛
冰雪小辑（四首） ⋯⋯⋯⋯⋯⋯⋯⋯ 苏金伞
启航 ⋯⋯⋯⋯⋯⋯⋯⋯⋯⋯⋯⋯⋯⋯ 陈敬容
还乡（组诗·五首） ⋯⋯⋯⋯⋯⋯⋯ 陈绍陟
半坡三首 ⋯⋯⋯⋯⋯⋯⋯⋯⋯⋯⋯⋯ 杨　炼
水的美学 ⋯⋯⋯⋯⋯⋯⋯⋯⋯⋯⋯⋯ 梁　南
沉默的平原（外一首） ⋯⋯⋯⋯⋯⋯ 匡　满
石榴季（外一首） ⋯⋯⋯⋯⋯⋯⋯⋯ 李　钢
诗四首 ⋯⋯⋯⋯⋯⋯⋯⋯⋯ ［美国］程步奎

1985 年第 4 期　刊名:《中国》
目录

纪念反法西斯战争胜利四十周年
在反"扫荡"的战火中 ⋯⋯⋯⋯⋯⋯⋯ 聂荣臻

敌后抗战 ⋯⋯⋯⋯⋯⋯⋯⋯⋯⋯⋯⋯ 杨成武
青青海罗杉（散文） ⋯⋯⋯⋯⋯⋯⋯ 华　山
附：华山致丁玲信　丁玲复华山信
胡风文艺思想平议 ⋯⋯⋯⋯⋯⋯⋯⋯ 陈　辽
诗人柯仲平 ⋯⋯⋯⋯⋯⋯⋯⋯⋯⋯⋯ 贺敬之
风格散记（续二） ⋯⋯⋯⋯⋯⋯⋯⋯ 王　蒙
海上，江上 ⋯⋯⋯⋯⋯⋯⋯⋯⋯⋯⋯ 廖西岚
战友陈金河 ⋯⋯⋯⋯⋯⋯⋯⋯⋯⋯⋯ 邓友梅
蟹帮 ⋯⋯⋯⋯⋯⋯⋯⋯⋯⋯⋯⋯⋯⋯ 彭瑞高
首户（《乡土》之八） ⋯⋯⋯⋯⋯⋯ 李宽定
冠亚画店 ⋯⋯⋯⋯⋯⋯⋯⋯⋯⋯⋯⋯ 刘小兵
迷魂泉·雪人（续一） ⋯⋯⋯⋯⋯⋯ 王家斌

香港作品专辑
出家人 ⋯⋯⋯⋯⋯⋯⋯⋯⋯⋯⋯⋯⋯ 林　湄
相见时难 ⋯⋯⋯⋯⋯⋯⋯⋯⋯⋯⋯⋯ 萧　翼
朱丝汀的世界 ⋯⋯⋯⋯⋯⋯⋯⋯⋯⋯ 东　瑞
骗·惯了 ⋯⋯⋯⋯⋯⋯⋯⋯⋯⋯⋯⋯ 刘嘉陵
"穷而后工"？ ⋯⋯⋯⋯⋯⋯⋯⋯⋯⋯ 高　旅
十诗人小辑 ⋯⋯⋯⋯⋯⋯ 温健骝　韩　牧　舒巷城　黄　襄
马　若　古苍梧　马宝茹　叶　辉　何福仁　舒　非
文立征烈士二题 ⋯⋯⋯⋯⋯⋯⋯⋯⋯ 李　锐
纵然惜别终须别
——第二次中美作家会议追记 ⋯⋯⋯ 张　洁
狗 ⋯⋯⋯⋯⋯⋯⋯⋯⋯⋯⋯⋯⋯⋯⋯ 周良沛
喜逢雷公赠宝刀——《浪中人》第十二章 ⋯ 柯仲平
淘金者（组诗·四首） ⋯⋯⋯⋯⋯⋯ 周　涛
作品第三号（二首） ⋯⋯⋯⋯⋯⋯⋯ 王小妮
爱情树（二首） ⋯⋯⋯⋯⋯⋯⋯⋯⋯ 晓　雪
神农架漫笔 ⋯⋯⋯⋯⋯⋯⋯⋯⋯⋯⋯ 纪　鹏
大森林的向往——《无情的情人》拍摄散记之三
⋯⋯⋯⋯⋯⋯⋯⋯⋯⋯⋯⋯⋯⋯⋯⋯ 遇罗锦

1985 年第 5 期　刊名:《中国》
目录

中篇小说
苇子园的女人 ⋯⋯⋯⋯⋯⋯⋯⋯⋯⋯ 陈进轩
伏神 ⋯⋯⋯⋯⋯⋯⋯⋯⋯⋯⋯⋯⋯⋯ 江　水
一个强劳犯的自白 ⋯⋯⋯⋯⋯⋯⋯⋯ 巴　波
不愿她象我 ⋯⋯⋯⋯⋯⋯⋯⋯⋯⋯⋯ 谢林鹤

长篇小说
迷魂泉·雪人 ⋯⋯⋯⋯⋯⋯⋯⋯⋯⋯ 王家斌

评论
笔谈通俗文学问题 ⋯⋯⋯⋯⋯⋯⋯⋯ 丹　晨
张　炯　何镇邦　谢明清　秦　似　李忆民　段更新

开始了向愚昧的挑战——评王家斌作的《背尸人》
————————————————王若望
读《神州儿女》————————————谢永旺

报告文学
南极考察记————————————————邓文方
塞外奇葩————————————————程树榛

散文
藏北羊八井————————————————林　谦
五月病————————————————郑万鹏
访菲漫记————————————————逯　斐

诗歌
致一位不相识的诗人————————————公　木
对春天的向往（组诗）————————————郭宝臣
高原的女人（组诗）————————————唐亚平
诗三首————————————————屠　岸
短诗抄（五首）————————————曾　卓
章鱼————————————————郑　敏
凝望（外二章）————————————唐　湜
女娲————————————————任洪渊
思归人手记（五首）————————————刘畅园
孤独的松树·感想————————————邹　进

1985 年第 6 期　刊名:《中国》
目录

中篇小说
自然铜————————————————孙见喜
海螺与蔷薇————————————————吴　强
回头不是岸————————————————高　昀

短篇小说
黄河女————————————————舒　群
田园小诗————————————————王鸣泽
从门到窗是十步————————————孟久成
自行车轮子生了风————————————何彦钧
老姑娘白白————————————————赵大昕

评论
论当前的通俗文学————————————姚雪垠
历史和时代的交响乐——论李杭育的"葛川江文化"
系列小说————————————————丁　帆
一组独放异彩的奇文————————————李向东

报告文学
陨落的流星——记"神画家"张英————————萧　英

散文
橄榄坝的船————————————————王友琴
心中的浪花————————————————延泽民
北斗洞主————————————————峻　青
天桥故事————————————————白　夜

诗歌
中国西部诗专辑
西中国（二首）————————————杨　牧
山与河（二首）————————————章德益
致喀什噶尔（外三首）————————————周　涛
意绪（六首）————————————昌　耀
在东方沙漠里（四首）————————————林　染
寂寞（三首）————————————王小未

散文诗之页
伴途鸟，什么鸟？（外二章）————————哲　中
狮城琐忆（二章）————————————陈慧瑛

1986 年第 1 期　刊名:《中国》
目录

中篇小说
卡秋莎——市井见闻————————————马　铭
走向荒漠————————————————王英琦
换季————————————————吴　滨

短篇小说
榆王————————————————左建明
红山————————————————周永年

诗歌
雯舞————————————————王川平
呼唤甘霖（《雯舞》读后）————————牛　汉
帆，落在黄昏里（外一首）————————曾　鸣

世界文学之窗
要学会驾驭自由（诺贝尔文学奖金获得者、西德作家亨利希·伯尔与洪堡基金会、中国研究学者黄文华的谈话）
亨利希·伯尔诗选译————————————舒　柱
麦尔顿的好人——回忆亨利希·伯尔————————舒　柱

美术
封面设计————————————————彭世强
母亲（诗）————————————————黄　堇
砥柱（版画）————————————————彭世强

1986 年第 2 期 刊名:《中国》
目录

中篇小说

谁热切地怀恋过 .... 庞天舒
远山 .... 叶 用

短篇小说

老家人 .... 杨争光
韩桂香
喔号号
果果
梦…… .... 成毓真
早安，太阳 .... 曹 宇
追忆乌攸先生 .... 刘 勇

报告文学

第二战场纪事 .... 刘汉太

诗歌

东方的馈赠（组诗） .... 潞 潞
诗九首 .... 北 岛
黄昏的果子（四首） .... 江 河
北方的海（外四首） .... 多 多
湘西剪影（组诗） .... 袁伯霖

散文

童年纪事 .... 舒 婷
大漠魂（外一章） .... 叶文玲
长沙西去 .... 冰 凌

评论

少女眼中的战争与和平
——漫评庞天舒的两部中篇新作 .... 宗 诚
孙犁与谌容的通信

美术

封面设计 .... 彭世强
版面设计 .... 鲍学超
从山里来的猎人（诗） .... 王晓丹
春（版画） .... 广 军

1986 年第 3 期 刊名:《中国》
目录

报告文学

中国：亚当和夏娃 .... 周翼南

《三月》主编赚大钱 .... 本刊记者 冯夏熊

小说

一个法官的日常生活（中篇） .... 谢鲁渤
篱笆镇（中篇） .... 潘 军
赌城豪客（中篇） .... 赵淑侠
红杏出墙（短篇） .... 牧 笛

诗歌

城市的太阳雨 .... 陈鸣华
致埃舍尔 .... 宋 琳
沈家门素描（三首） .... 丁蔚文
一棵神秘树 .... 马 莉
南极记事（外一首） .... 王培青
雨夜（外二首） .... 向 冬
青岛的海（组诗） .... 真 子
小城（二首） .... 程宝林
目光 .... 晓 耕

散文

浪花十记 .... 刘白羽
海滩上一片青青的树 .... 杨肇林
洋文洋相 .... 朗 云

理论·评论

关于文学评论的随想——为"社会学的评论"再辩
.... 高尔泰
诗的新生代 .... 牛 汉

美术

马踏飞燕变奏曲（木刻） .... 王 仲
封面设计 .... 彭世强
版式设计 .... 鲍学超

1986 年第 4 期 刊名:《中国》
目录

聂荣臻同志谈"二月逆流"
中国：一九六七年的七十八天 .... 所国心

小说

城市的故事 .... 徐 星
二十一岁 .... 雯 雯
白头吟 .... 彭瑞高
老师·鱼 .... 何 方

传记文学

蒙古女八路乌兰 .... 刘 淮

诗歌

巨匠 ………………………………… 廖亦武

森林色（组诗）…………………… 宋渠 宋炜

福音（二首）……………………… 张小波

麟游人 ……………………………… 鹤坪

理论

雪峰——鲁迅的现实主义创作思想的阐述者和发展者

………………………………………… 唐弢

散文

岛国之恋 …………………………… 林 谦

义乌红旗电视机厂与我的电视故事 ………… 愚 山

1986 年第 5 期 刊名:《中国》

目录

中篇小说

革命时代 …………………………… 周梅森

苍老的浮云 ………………………… 残 雪

短篇小说

大相扑 ……………………………… 多 多

电影文学剧本

千里跃进大别山 …王愿坚 何健生 鲁文浩 何 云

（篇名题字：徐向前）

诗歌

在城市里（组诗）………………… 于荣健

雨中咖啡店一角（外一首）……… 柯 平

这……（组诗）…………………… 刘晓波

25 的乐章（外一首）……………… 李彬勇

泥塑的变奏（外一首）…………… 孙晓刚

献给我平平常常的岁月（二首）… 杭 炜

散文

雪猫 ………………………………… 丘 峰

评论

当代文学及其部分评论的印象 …… 高尔泰

谈城市诗 …………………………… 于荣健

1986 年第 6 期 刊名:《中国》

目录

报告文学

爆破 爆破——记新型科技工作者马乃耀 ……… 西 虹

小说

被同情的人 ………………………… 姚 霏

草莓 ………………………………… 徐 虹

画家"沙特"诗话 ………………… 王 蒙

盲点 ………………………………… 刘 霞

牛西红柿 …………………………… 临 青

麦克街秋日 ………………………… 符树忠

流星 ………………………………… 赵 玫

临街的窗（转载）………………… 陆永基

诗歌

骑手（外五首）…………………… 东 东

三月里的飘泊（外四首）………… 贝 岭

曼陀琳 ……………………………… 安 桉

朋友家里的猫 ……………………… 张 真

五月 ………………………………… 泓 叶

他感到下了一场大雪（外三首）… 吕贵品

太阳人 ……………………………… 海 男

老水手·猎人 ……………………… 郭力家

舟欲行时 …………………………… 王自亮

男人泪（外一首）………………… 吕 宾

桅杆季节 …………………………… 高若虹

酋长的女人 ………………………… 陶 宁

世界文学之窗

弗兰德尔的道路 ……[法]克洛德·西蒙 苏文平译

评论

置身其中：北岛 …………………… 牛 波

只有"一个"缪斯——文学批评模式与相对的理论价

值观 ………………………………… 靳大成

散文

夜颂三章 …………………………… 刘再复

你坐着读一座城市（外一章）…… 曹 宇

老树（外一章）…………………… 雪 迪

在两个梦境之间（外三章）……… 廖亦武

晚上 ………………………………… 一 平

北方（外一章）…………………… 胡卓识

美术

封面设计 …………………………… 彭世强

版式设计 ——————————— 鲍学超
小憩 ——————————————— 秦 璞

1986 年第 7 期　刊名:《中国》
目录

中篇小说
女高中生 ——————————— 眉　毛
春坳 ———————————————— 刘小兵
梵 ————————————————— 肖　于

报告文学
机会（选载）———————— 西安《广告报》研究报

诗歌
短诗一束 ——————————— 刘湛秋
陈敬容　苏金伞　曲有源　韩作荣　顾　工
梦游 ———————————————— 牛　汉
有关大雁塔（外三首）————— 韩　东
遁术（外一首）————————— 王小妮
颂歌世界（组诗八首）————— 顾　城
滴漏的水声（外一首）————— 林　莽
自在者说（选章）——————— 杨　炼

世界文学之窗
弗兰德尔的道路（续）
——————— ［法］克洛德·西蒙　苏文平译

评论
《自在者说》论 ———————— 董宇峰

散文
乡情 ———————————————— 琼　柳

美术
封面设计 ——————————— 王小飞
版式设计 ——————————— 鲍学超
我和我（诗）————————— 佚　名
青春岁月 ——————————— 卜维勤

1986 年第 8 期　刊名:《中国》
目录

报告文学
秦皇兵马俑 ——————————— 临　青

中篇小说
白梦（插图：孙东风）———— 方　方
克拉卡托岛火山爆发（插图：陈少平）—— 林　谦

短篇小说
骷髅 ———————————————— 马　原
天窗 ———————————————— 残　雪

诗歌
南方以北（组诗）——————— 吕德安
纪念航天飞机挑战者号 ———— 王小龙
北方兽（二首）————————— 徐晓阳
阅读寓言的第三种方式（外三首）—— 于建军
那是危险的夏季（外一首）—— 马高明
银幕：中国老影片（外五首）—— 张韩荣
另一种时间（外一首）————— 毅　伟
洼地（外一首）————————— 西　川
我从此不看天空（外一首）—— 菲　野

评论
商州的魅力——贾平凹中篇近作漫论 ——— 白　烨
"真的恶声" ———————————— 唐　侠
——读《苍老的浮云》
读金庸 ——————————————— 冯其庸

散文
怀丁玲 ——————————————— 李　锐
"生来注定吃苦"的人 ————— 严家炎

世界文学之窗
弗兰德尔的道路 ——— ［法］克洛德·西蒙　苏文平译
《中国》文学月刊与部分地方文学期刊首次联谊会纪要
青年：中国文学可以预见的希望 ——————— 牛　汉
——在《中国》文学月刊与部分地方文学期刊联谊会
上的发言
封面设计 ——————————— 王小飞
版式设计 ——————————— 鲍学超
夜的河岸（诗）————————— 马及时
彩石滩（塑料版画）————— 莫　测

1986 年第 9 期　刊名:《中国》
目录

小说
初春大迁徙（中篇）—————— 迟子健
构思 ———————————————— 北　村
黑色风景 ——————————— 刘　霞
狗日的粮食 —————————— 刘　恒

原（三题）————————————————杨争光
从沙坪镇到顶天峁
鬼地上的月光
石头
西行——————————————————多　多
回乡——————————————————李宽定

报告文学
秦皇兵马俑————————————————临　青
死者的价值
生者的权力

诗歌
河（组诗）——————————————牛　波
大足石刻（组诗）——————————王川平
蓝色的树——————————————邹　进
跌落（外二首）——————————于美好
碑林和它的现代舞蹈者——————沈　奇

评论
对古老文化传统的现代化调整——鲁迅与中外文化论
纲之一—————————————————王富仁

散文
我的第一个作品——————————柯　岩
我第一次看望丁玲同志——————朱　正

世界文学之窗
弗兰德尔的道路———［法］克洛德·西蒙　苏文平译

美术
封面设计——————————————王小飞
版式设计——————————————鲍学超
蒺藜（诗）————————————张　彰
海（木刻）————————————张晋容

1986 年第 10 期　刊名:《中国》
目录

小说
沉船——————————————————开　愚
小站——————————————————陈　杰
文字第 1 号————————————张小波
白墙——————————————————琼　柳
标本——————————————————徐晓鹤

诗歌
情侣——————————————————廖亦武

悬棺——————————————————欧阳江河
女人（选章）——————————翟永明
红瓦——————————————————万　夏
困兽——————————————————李亚伟
一种语言（组诗）——————何小竹
结束之遁（组诗选章·六首）————石光华
白狼·狼谷————————————周伦佑
空气（组诗）——————————苟明军

理论
新的传统（巴蜀现代诗卷·卷头语）————廖亦武

报告文学
余热之光——————————王心太　孟宪明

散文
美丽南方之夏日——————————残　雪
大山的实话————————————万国智

世界文学之窗
克洛德·西蒙——"再现现实"的危机
————————————————［英］阿·布·邓肯

1986 年第 11 期　刊名:《中国》
目录

文学回忆录
魍魉世界（南京囚居回忆）——————丁　玲遗作

中篇小说
黄泥街——————————————残　雪
哦，远荒————————————刘毅然

诗歌
中国最高爱情方式————————唐　欣
一只鸟又一只鸟（外二首）————真　子
谁（外一首）——————————柏　桦
饥饿（外三首）——————————雪　迪
出梅入夏（外二首）——————陆忆敏
声音（外四首）——————————刑　天
九人十七首
王寅（三首）
张枣（二首）
李路（二首）
鱼儿（三首）
华海庆（一首）
孟浪（二首）
严力（二首）

黎正光（一首）
宗仁发（一首）

报告文学·散文
记香港爱国知名人士李嘉诚先生……………陈衍俊
鼓声还在咚咚敲响——悼念田间……………朱子奇

评论
他的执拗　他的热情——理解廖亦武……………巴　铁
男人吕贵品……………徐敬亚
作为生命形式存在的——读真子的诗《一只鸟又一只鸟》……………邹　进
从文化的寂灭到自我的寂灭——张小波及其诗论
……………朱大可

1986 年第 12 期　刊名：《中国》

目录

致读者……………中国作家协会书记处

文学回忆录
魍魉世界（南京囚居回忆）……………丁　玲遗作

小说
另外的空间（中篇）……………晓　白
沉静的野湖（中篇）……………农　鸣
潮地……………卢跃刚
葡萄魂……………李青山

诗歌
天籁……………李　琦
一九八六年诗抄（四首）……………绿　原
死后也还会衰老（外一首）……………芒　克
作品（三首）……………于　坚
城市作品（四首）……………于荣健
流年（组诗）……………阿　海
山之梦（二首）……………吴　辛
门内的故事……………蔓　野
雨季行动（外一首）……………杭　炜
沉思……………朱　圣
情绪：第 49 号……………宋　琳
告别夏天（组诗）……………邹　进

评论
以西方文化为重建中国现代文化的主要参照系统
——鲁迅与中外文化论纲之二……………王富仁

散文
丁玲在北大荒的日子……………郭硕基
在我背后（外一章）……………用　灵
结石（外一章）……………崔卫平
星……………阿　难
《红楼梦》的失落……………马　二

《中国作家》

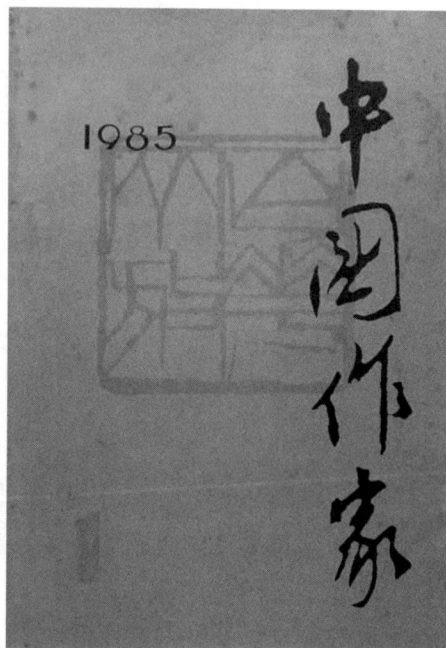

1985

【简　介】

综合性文学双月刊。中国作家协会主办。创刊于 1985 年。其办刊方针为"贴近现实、求真求实、雅俗共赏、曲高和众"，始终坚持文学的现实主义精神。其特色为长篇报告文学、纪实文学作品。

期刊号：1985 年第 1 期—1989 年第 6 期

致读者

本刊编辑部

亲爱的读者：

当全国人民在一派繁荣兴旺、除旧布新的气氛中迎来了一九八五年的春天的时候，一本新的文学期刊——《中国作家》和广大读者见面了。《中国作家》是在中国作家协会领导下，由作家出版社编辑出版的旨在促进社会主义文学创作繁荣发展的大型文学刊物。我们的刊物将以刊载中、长篇文学新作为主，而又兼及各种短小精悍的文学形式和体裁的作品。《中国作家》将努力使自己成为一本具有较高艺术质量的

刊物。在每期约有四十万字的容量之中，我们不敢说篇篇尽是精品，但是，我们将力求使每期刊物都能够切切实实地向读者提供一些有份量的、在思想和艺术上富有新意的作品，力求使我们的刊物办得使广大读者可以从中感受到我们生活的脉搏，同时又可以从中看到我国当代文学的创作水平和发展趋向。

《中国作家》当然希望使自己成为我国各民族优秀作家进行耕耘和收获的土壤，但是，《中国作家》绝不止是知名作家的园地，它的大门将向一切有志于社会主义文学创作的作者敞开。我们为自己确定的工作任务是："出作品，出人才"。我们决心摒除一切不利于"出作品，出人才"、一切不利于文学队伍团结的思想上或艺术上的偏执之见。我们的刊物，将为那些不同年龄、不同经历、不同风格、不同流派的作家和作者们提供广阔的天地。总之，我们的刊物是属于广大作家、广大读者、广大人民的。

《中国作家》坚持文学的社会主义方向。我们清醒地认识到文学艺术创作在建设社会主义精神文明中的无可取代的重要地位和作用。同时，我们也深知，为社会主义服务，为社会主义时代的人民服务，这是一个广泛的而不是狭隘的概念。文学作品，只要是能够有益于人们思想境界的提高和审美享受的需求的，就会起到为社会主义服务和为人民服务的作用。正在日新月异地改造和变革着我国现实生活的广大人民，他们在精神生活上的要求，是无限丰富和多样的。这也决定了我们的文学创作和我们的文学刊物，在社会主义方向下，其题材、主题、风格、形式、体裁等等方面，都应当是极其丰富和极其多样的。《中国作家》在选择我们认为是优秀的作品时，将努力做到使刊物和我们伟大的时代和变革的生活保持密切的联系，同时，我们也将力求认真地坚定不移地执行"百花齐放、百家争鸣"的方针。我国新文学事业的经验和教训证明：广开文路，广开言路，广开文学艺术的创新之路，这是促进我国文化创作走向繁荣和活跃的有力的保证。我们将要支持那些在思想艺术上有所探索、有所创新的创作实践。我们认为，马克思和恩格斯所提倡的"艺术家的勇气"，是决定文学创作成败利钝的一个极为重要的因素。一个没有胆识的作家，一个没有"直面人生"的勇气的作家，正如一个不敢投身于生活激流或是对于生活缺乏热情的作家一样，注定了只会成为一个平庸的甚至是一事无成的作家。我们的刊物当然不想使自己具有这种"四平八稳、但求无过"的平庸形象。现在，在文学领域内的一个众所关心的问题，是如何提高文学作品的思想艺术质量问题。要做到这一点，首要的一条，是充分调动作家的积极性和创造性，提倡创新，提倡探索，只有这样，才能做到解放和发展文学创作的生产力。在这方面，我们希望和广大作家同志们共勉。我们认为，文学，是一种创造性劳动，正像科学实验也是一种创造

性劳动一样，决不可能是一蹴而就或者是百发百中的。那种只准成功，不准失败，不允许犯错误和改正错误的思想，只能成为发展文化和科学的克星。我们希望，我们的刊物，在广大读者和作家的支持帮助下，每期都有较高的可读性。但是，我们决不想媚俗，我们也决不想为了扩大销售量，而去刊载那些只能败坏广大读者阅读趣味的庸俗的非文学作品。我们想要达到的目标是：百花齐放，质量第一，立字当头，贵在创新。

《中国作家》是中国作家出版社直接编辑出版的一个刊物。在目前文艺期刊如林的情况下，所以还要出版它，是由于我们希望《中国作家》能够逐渐使自己成为一座桥梁：首先，它应当成为广大读者和社会主义文学创作之间的桥梁；其次，它应当成为文学新人和广大青年业余作者走进文坛和走上健康成长道路的桥梁；再次，我们衷心地期望：我们的刊物，能够成为我国老中青作家们精心创作的劳动成果和作家出版社的出版规划之间的桥梁，使作家出版社能够在"出版佳作，培植新人"方面，为我国的社会主义文学事业做出较多的贡献。

为了做到这一切，我们热切地希望作家、读者和全国的兄弟期刊给我们以支持、帮助和批评。为了我们共同事业的健康发展，请接受我们由衷的敬意和谢意。

1985 年第 1 期　刊名:《中国作家》
目录

致读者································本刊编辑部

中篇小说

感谢生活····························冯骥才
远山野情····························贾平凹
树王································阿　城
花引茶香························潮　清　蔡培香

报告文学

中国男子汉——中国女排教练袁伟民········鲁　光

散文

访日归来····························巴　金
关于男人····························冰　心
我爱皖南····························袁　鹰

短篇小说

初吻································张贤亮
波莱罗舞曲··························乔雪竹
星································李　纳

最后的停泊地 ································· 张辛欣

长篇小说

巨星殒落——《李自成》第五卷选载 ···· 姚雪垠

诗歌

大西南恋歌 ······························· 张志民
诗两首 ··································· 辛　笛
黑龙江的沉思 ··························· 邵燕祥

作家写作家

心如明镜台——我印象中的冰心同志 ········ 张　洁
"巴金这个人……" ······················ 吴泰昌
一帧诗画呈风流 ························· 古　华

杂文

长的一解（外一则） ····················· 王　蒙
残梦补记 ······························· 蓝　翎
某评论家（漫画） ······················· 方　成
自擂（漫画） ··························· 江　帆

文学对话

我们相聚在金色的秋天——在两次"中美作家会议"
上的对话摘录 ··························· 冯　牧

港台文苑

婚变 ···························（中国香港）小　甸
写异国风情的散文 ···············（中国香港）马　蒙
封面设计 ······························· 张守义
受难中的巴金（雕塑） ····················· 从　众
《人才谈成才》插图四幅（木刻） ··········· 聂昌硕

1985 年第 2 期　刊名:《中国作家》
目录

中篇小说

小鲍庄 ································· 王安忆
黑草 ··································· 海　波
透明的红萝卜 ··························· 莫　言
绿树·生命·歌舞 ······················· 白　桦
岁月悠悠 ······························· 王小鹰
古董仿制商 ····························· 胡发云

短篇小说

残月 ··································· 张承志
危楼记事之二 ··························· 李国文
嫁日 ··································· 凤　群

散文

自由的火炬 ····························· 荒　煤
武夷颂 ································· 刘白羽

特写

犹闻秦钟汉鼓声 ························· 刘宾雁

诗歌

我应该送你一首诗
——祝高士其同志八十大寿 ·············· 臧克家
在前线 ································· 李　瑛
雕蛇篇 ································· 刘　征
奋飞的白天鹅 ··························· 胡　昭

作家写作家

张一弓的命运之神 ······················· 张　宇
小鹰，在自己的天空里翱翔 ·············· 赵丽宏

文学对话

有追求才有特色
——关于《透明的红萝卜》的对话 ·········· 徐怀中等

美术

合适的职称（漫画） ····················· 王复羊
人到中年（漫画） ······················· 王松引
封面设计 ······························· 张守义
小红花（雕塑） ························· 陈建时
山里红（雕塑） ························· 孙家钵
光明万年（中国画） ····················· 钱松喦

1985 年第 3 期　刊名:《中国作家》
目录

中篇小说

井 ····································· 陆文夫
苦竹溪，苦竹林 ························· 鲁彦周
俗人 ··································· 陈　冲
粘满红壤的脚印 ························· 胡　辛
失去的凤尾竹 ··························· 张　长

报告文学

一个带音响的名字——刘道玉 ·············· 祖　慰

短篇小说

小贩们——矮凳桥的小辈儿 ·············· 林斤澜
睡神在太阳岛 ··························· 张抗抗

散文

关于男人（之二）·······················冰　心
道是无情却有情——忆童年之一·········顾执中
生活的交流···························高晓声
巴金在香港···························丹　晨

诗歌

烟囱·································路　翎
我们做人（外一首）···················沙　蕾

杂文

夜读书录·····························邵燕祥

作家写作家

只要素朴的白——我眼中的宗璞·········叶文玲

港台文苑

我与书艺·····························台静农
垦园记·······························杨　逵

美术

小巷深处（水印木刻）·················杨明义
雨后复斜阳（水印木刻）···············周伟明
封面设计·····························张守义
诗人艾青（雕塑）·····················张德蒂
艾青叙事诗《黑鳗》插图···············秦　龙

1985 年第 4 期　刊名:《中国作家》
目录

中篇小说

两个男人的狂想·······················杨代藩
商州世事·····························贾平凹
冬雪·夏雨···························陆星儿
闲翁居春秋···························刘迪云

报告文学

同时代人——上海采访手记·············孟晓云

短篇小说

拟故事两篇···························汪曾祺
大漠与孤烟···························陈　放
紫色的暮霭···························王心丽
哦，丁丁·····························范小青
秋千架·······························莫　言
谋福的与享福的·······················楚　良

散文

泥土的精灵···························从维熙
轩辕黄帝飞升的地方···················舒　湮
中原四题·····························郭　风

散文诗

回忆（外四章）·······················刘湛秋
北方的原野（四章）···················韩作荣
长城·骆驼···························李　耕

诗歌

"蜗牛在荆棘上"——悼念胡风同志·······邹荻帆
黄山之旅·····························冀　汸
陕北纪事·····························叶延滨
桃花雨（外一首）·····················石太瑞
心灵的共振——访朝诗抄···············梁上泉

作家写作家

岱宗青青·····························丁　宁
缅怀与思念——悼张天翼老师···········李惠薪
文学笔记（十则）·····················张志民
上海作协举行《小鲍庄》讨论会

美术

周扬（油画）·························孙为民
十五的月亮（油画）···················任健辉
封面设计·····························张守义

1985 年第 5 期　刊名:《中国作家》
目录

中篇小说

童眸·································张　炜
他们心相知——一个小青年的笔记·······苏叔阳

短篇小说

黑纽扣·······························梁晓声
江南曲·······························戈悟觉

纪实小说

路易斯女士在中国的奇异经历·············乐　欣

长篇小说

都市的眼睛···························甘铁生

散文

关于男人（之三）·····················冰　心
诗外功夫·····························老　荒

猫的故事⋯⋯⋯⋯⋯⋯⋯⋯⋯⋯姜德明
慈母颂⋯⋯⋯⋯⋯⋯⋯⋯⋯⋯⋯刘再复

诗歌
时间的沉思（三首）⋯⋯⋯⋯⋯雁　翼
海洋抒情诗（三首）⋯⋯⋯⋯⋯孙静轩
写在绿叶上的报告（二首）⋯⋯梁　南

作家写作家
静虚村人⋯⋯⋯⋯⋯⋯⋯⋯⋯⋯和　谷

文学对话
从《井》看封建心理积淀
——致陆文夫的一封信⋯⋯⋯唐　挚

港台文苑
琼岛环游记⋯⋯⋯⋯⋯⋯⋯⋯⋯林　湄

美术
封面设计⋯⋯⋯⋯⋯⋯⋯⋯⋯⋯张守义
夏衍（水墨画）⋯⋯⋯⋯⋯⋯⋯袁熙坤
鄱阳湖奇观（中国画）⋯⋯⋯⋯西　林

1985 年第 6 期　刊名:《中国作家》
目录

中篇小说
觅⋯⋯⋯⋯⋯⋯⋯⋯⋯⋯⋯⋯⋯高晓声
玉河十八滩⋯⋯⋯⋯⋯⋯⋯⋯⋯杨克祥
叶飘零⋯⋯⋯⋯⋯⋯⋯⋯⋯⋯⋯吴若增
"拉菲克"传奇⋯⋯⋯⋯⋯⋯⋯顾笑言
人的脚印⋯⋯⋯⋯⋯⋯⋯⋯⋯⋯周亚非

短篇小说
江油匠同他的老榨房⋯⋯⋯⋯⋯龚笃清
金坠儿岛⋯⋯⋯⋯⋯⋯⋯⋯⋯⋯丹　娅
夙愿⋯⋯⋯⋯⋯⋯⋯⋯⋯⋯⋯⋯王锡中
老爷子⋯⋯⋯⋯⋯⋯⋯⋯⋯⋯⋯韶　华
晴朗的郁闷⋯⋯⋯⋯⋯⋯⋯⋯⋯王作勤

报告文学
太阳，连结着又一颗太阳⋯⋯⋯蒋　巍

散文
阁楼的忆念⋯⋯⋯⋯⋯⋯⋯⋯⋯冯亦代
"荒唐"随忆⋯⋯⋯⋯⋯⋯⋯⋯陈继光

诗歌
寿巴金同志⋯⋯⋯⋯⋯⋯⋯⋯⋯公　刘
流进和平的梦乡⋯⋯⋯⋯⋯⋯⋯陈敬容
南方的根（组诗）⋯⋯⋯⋯⋯⋯黄　堃
走向远山（二首）⋯⋯⋯⋯⋯⋯张国森
月光曲（外一首）⋯⋯⋯⋯⋯⋯刘林湖
简历（外一首）⋯⋯⋯⋯⋯⋯⋯苏　敏

作家写作家
心系黄河魂——记张光年同志⋯袁　鹰

港台文苑
推⋯⋯⋯⋯⋯⋯⋯⋯⋯⋯⋯⋯⋯陶　然

美术
丁玲印象（雕塑）⋯⋯⋯⋯⋯⋯张得蒂
湖上（木刻）⋯⋯⋯⋯⋯⋯⋯⋯周建夫
藏族妇女（木刻）⋯⋯⋯⋯⋯⋯吴长江
封面设计⋯⋯⋯⋯⋯⋯⋯⋯⋯⋯张守义

1986 年第 1 期　刊名:《中国作家》
目录

长篇小说
断桥⋯⋯⋯⋯⋯⋯⋯⋯⋯⋯⋯⋯从维熙

文学对话
诗论⋯⋯⋯⋯⋯⋯⋯⋯⋯⋯⋯⋯艾　青
"和人民在一起是我创作的基石"
——艾青访问记⋯⋯⋯⋯⋯⋯周红兴

中篇小说
三色的世界⋯⋯⋯⋯⋯⋯⋯⋯⋯尚　闽
人猫之间⋯⋯⋯⋯⋯⋯⋯⋯⋯⋯钱　云

短篇小说
小说二题
在我　他来⋯⋯⋯⋯⋯⋯⋯⋯⋯王　蒙
铁轨，伸向远方⋯⋯⋯⋯⋯⋯⋯陈　卡
山上人家⋯⋯⋯⋯⋯⋯⋯⋯⋯⋯萧　亮

报告文学
寻找人类失落的文明⋯⋯⋯⋯⋯郑　重

散文
听朗诵⋯⋯⋯⋯⋯⋯⋯⋯⋯⋯⋯孙　犁
我和福仔⋯⋯⋯⋯⋯⋯⋯⋯⋯⋯犁　人

诗歌

小镇（组诗）⋯⋯⋯⋯⋯⋯⋯⋯⋯⋯马 辉

大草原（二首）⋯⋯⋯⋯⋯⋯⋯⋯查 干

河（二首）⋯⋯⋯⋯⋯⋯⋯⋯⋯⋯牛 波

曲阜初履（三首）⋯⋯⋯⋯⋯⋯⋯吴 霖

竹竿⋯⋯⋯⋯⋯⋯⋯⋯⋯⋯⋯⋯⋯苏金伞

作家写作家

记长者夏衍⋯⋯⋯⋯⋯⋯⋯⋯⋯⋯李子云

他在默默地挖掘

——关于张炜和他的小说⋯⋯⋯⋯萧 平

港台文苑

湖水里的雪山⋯⋯⋯⋯⋯⋯⋯⋯⋯赵淑侠

美术

封面设计⋯⋯⋯⋯⋯⋯⋯⋯⋯⋯⋯张慈中

作家寄语

苏轼行吟图⋯⋯⋯⋯⋯⋯⋯⋯⋯⋯范 曾

1986 年第 2 期　刊名:《中国作家》
目录

中篇小说

桑塬⋯⋯⋯⋯⋯⋯⋯⋯⋯⋯⋯⋯⋯朱晓平

不要问我从哪里来⋯⋯⋯⋯⋯⋯⋯中杰英

记得有条瓦锅锅河⋯⋯⋯⋯⋯⋯⋯肖 于

红菱角⋯⋯⋯⋯⋯⋯⋯⋯⋯⋯⋯⋯陈源斌

纪实文学

京华闻见录⋯⋯⋯⋯⋯⋯⋯⋯⋯⋯梁晓声

报告文学

洪荒启示录——洪汝河两岸访灾记实⋯苏晓康

短篇小说

喜雨⋯⋯⋯⋯⋯⋯⋯⋯⋯⋯⋯⋯⋯林 希

饥饿之河⋯⋯⋯⋯⋯⋯⋯⋯⋯⋯⋯王中才

长篇小说

三舍本传（第一卷）⋯⋯⋯⋯⋯⋯陈登科

散文

冯家村⋯⋯⋯⋯⋯⋯⋯⋯⋯⋯⋯⋯裴积荣

根⋯⋯⋯⋯⋯⋯⋯⋯⋯⋯⋯⋯⋯⋯江 波

诗歌

三月诗会⋯⋯⋯⋯⋯宋克力　陶家明　车前子

佟 石　薛卫民　摩 萨　朱 涛　陈 静　刘 虹

希 尔　孙昕晨　马合省　金晓燕　唐跃生　陆 健

董景黎　李岂林　徐 岩　华 姿

作家写作家

忆侯金镜⋯⋯⋯⋯⋯⋯⋯⋯⋯⋯⋯秦兆阳

撕碎，撕碎，撕碎了是拼接⋯⋯⋯张辛欣

文学对话

自觉意识　主体精神——关于文学批评的通信

⋯⋯⋯⋯⋯⋯⋯⋯⋯⋯⋯⋯於可训　吴 亮

封面设计⋯⋯⋯⋯⋯⋯⋯⋯⋯⋯⋯张慈中

作家肖像（秦兆阳　陈登科　梁晓声　莫 言）

归（水印）⋯⋯⋯⋯⋯⋯⋯⋯⋯⋯史鸿济

1986 年第 3 期　刊名:《中国作家》
目录

长篇小说

黑坟⋯⋯⋯⋯⋯⋯⋯⋯⋯⋯⋯⋯⋯周梅森

报告文学

中国的“小皇帝”⋯⋯⋯⋯⋯⋯⋯涵 逸

女演说家和她的奇遇⋯⋯⋯⋯⋯⋯胡思升

中篇小说

命运瓦砾场⋯⋯⋯⋯⋯⋯⋯⋯⋯⋯曹硕龙

麻石路面⋯⋯⋯⋯⋯⋯⋯⋯⋯⋯⋯卢建中

文明的魅力⋯⋯⋯⋯⋯⋯⋯⋯⋯⋯艾 蓓

纪实文学

路易斯女士在中国的奇异经历（续篇）⋯⋯乐 欣

湘潭黎氏⋯⋯⋯⋯⋯⋯⋯⋯⋯⋯⋯黎 白

短篇小说

抛锚⋯⋯⋯⋯⋯⋯⋯⋯⋯⋯⋯⋯⋯刘湛秋

绿魂⋯⋯⋯⋯⋯⋯⋯⋯⋯⋯⋯⋯⋯许谋清

错落有致⋯⋯⋯⋯⋯⋯⋯⋯⋯⋯⋯铁 凝

灾星⋯⋯⋯⋯⋯⋯⋯⋯⋯⋯⋯⋯⋯李本深

作家写作家

面向大海——丁玲在墨尔本⋯⋯⋯牛 汉

一个冬天，又一个冬天，春天来了!⋯⋯郭 卓

散文

往事如烟⋯⋯⋯⋯⋯⋯⋯⋯⋯⋯⋯邓友梅

当我们成了外国人⋯⋯⋯⋯⋯⋯⋯邓 刚

诗歌

这不是二十滴雨水 ———————————— 白 桦
关于现代生活的一般指南 ——————— 韩作荣
诗四首 ————————————————— 顾 城

文学对话

和大学生对话 —————————————— 曾 卓
文学、文化与生活进步——致郑义 ——— 李书磊

美术

封面设计 ————————————————— 张慈中
作家肖像 —————— 邓友梅 林 希 周梅森 铁 凝

作家寄语

毛笔速写 ————————————————— 袁熙坤

1986 年第 4 期　刊名:《中国作家》
目录

小说

筑路（中篇） ———————————————— 莫 言
黑坟（长篇） ———————————————— 周梅森
马兰花，马兰花（短篇） ———————— 丁小琦

报告文学

归去来兮，汪嘉伟 —————————————— 尹卫星
原野上的凌子 ——————————————— 傅溪鹏

作家写作家

陈建功素描 ————————————————— 何志云
闲话鲍昌 —————————————————— 吴若增

传遍文学

一个影子的三个侧面
———囚徒、诗人、流浪者朱红传 ————— 徐 刚

散文

关于男人（之四） —————————————— 冰 心
现代人眼中的大千世界 ———————————— 祖 慰
霞落燕园 —————————————————— 宗 璞
千秋遗爱在人间——成都武侯祠小记 —— 刘征泰

诗歌

晨与夜（外一首） —————————————— 王 蒙
旅途（八首） ———————————————— 汪曾祺
和石头有关的抒情（组诗） ——————— 曲有源
把桨给我（组诗） —————————————— 郎 毛
搁浅的船歌（组诗） ———————————— 叶文福

未完成的纪念（组诗） ———————————— 林 莽

文学对话

人性的泯灭与复归
———读从维熙长篇新作《断桥》————— 毛时安

美术

封面设计 ————————————————— 张慈中
作家肖像 ————— 宗 璞 鲍 昌 理 由 陈建功
作家寄语
刘巨德插图作品选

1986 年第 5 期　刊名:《中国作家》
目录

小说

红月亮（长篇） ——————————————— 赵 玄
猫腻（中篇） ———————————————— 冯苓植
茶贤（中篇） ———————————————— 林 希
丁香园女主人（短篇） ———————————— 张昆华

报告文学

阴阳大裂变——关于现代婚姻的痛苦思考——苏晓康
澳门"蒙太奇" —————————————— 理 由
命运狂想曲——雷宇与海南"汽车狂潮"
———————————— 邓加荣 张胜友

作家写作家

大漠雷声
———艾思奇印象散记 ————————— 雷 加
一棵枣树——诗人张志民剪影 ————— 孙静轩

散文

离宫思絮 —————————————————— 袁 鹰
作家的挚友与知音
———记一位平凡而杰出的摄影艺术家 —— 沈承宽
我不想下车 ————————————————— 戚小彬

诗歌

天籁（组诗） ———————————————— 李 琦
当代箴言（组诗） —————————————— 叶延滨
黑鹭（外一首） ——————————————— 于建军
回声的岸（组诗） —————————————— 陈所巨
在长青藤编起的栅栏旁（外一首） ——— 胡佑科
西部的爱（二首） —————————————— 孙友田
太白故里游（二首） ———————————— 袁瑞君

文学对话

小说创作二人谈⋯⋯⋯⋯⋯⋯⋯⋯陆文夫　何镇邦

美术

封面设计⋯⋯⋯⋯⋯⋯⋯⋯⋯⋯⋯⋯⋯⋯张慈中
作家肖像⋯⋯⋯⋯雷　加　冯苓植　苏晓康　朱晓平
作家寄语
蒋兆和遗作选登

1986 年第 6 期　刊名:《中国作家》
目录

小说

你好，哈雷彗星（长篇）⋯⋯⋯⋯⋯⋯⋯⋯达　理
红石滩（中篇）⋯⋯⋯⋯⋯⋯⋯⋯⋯⋯⋯沙　汀
残桥（中篇）⋯⋯⋯⋯⋯⋯⋯⋯⋯⋯⋯⋯王润滋
本市市长无房住（短篇）⋯⋯⋯⋯⋯⋯⋯⋯晓　剑

报告文学

化学家的梦⋯⋯⋯⋯⋯⋯⋯⋯⋯⋯⋯⋯⋯李玲修
下野市长⋯⋯⋯⋯⋯⋯⋯⋯⋯⋯⋯⋯⋯⋯郑伯权

纪实文学

走在西花厅熟悉的小路上——周总理十年祭⋯⋯张　颖

作家写作家

《毛泽东故事》和舒群的艺术创新⋯⋯⋯⋯⋯黄树则

诗歌

黑键（六首）⋯⋯⋯⋯⋯⋯⋯⋯⋯⋯⋯⋯潞　潞
黄金盏（组诗）⋯⋯⋯⋯⋯⋯⋯⋯⋯⋯⋯孙桂贞
远山（组诗）⋯⋯⋯⋯⋯⋯⋯⋯⋯⋯⋯⋯刘毅然
美丽的城（外二首）⋯⋯⋯⋯⋯⋯⋯⋯⋯⋯辛　笛
穿过广场（组诗）⋯⋯⋯⋯⋯⋯⋯⋯⋯⋯⋯杨　波
号歌：北方的土地⋯⋯⋯⋯⋯⋯⋯⋯⋯⋯⋯庞壮国
橙色心曲⋯⋯⋯⋯⋯⋯⋯⋯⋯⋯⋯⋯⋯⋯宗仁发
致月（外二首）⋯⋯⋯⋯⋯⋯⋯⋯⋯⋯⋯白瑞兰
散文诗十家⋯⋯⋯⋯雪　迪　韦晓吟　绿　藜　赵　敏
李　耕　李约拿　汤伟成　柯　蓝　杨子敏　郭　辉

文学对话

命运感与传统模式⋯⋯⋯⋯⋯⋯⋯⋯⋯⋯⋯罗强烈

美术

封面设计⋯⋯⋯⋯⋯⋯⋯⋯⋯⋯⋯⋯⋯⋯张慈中
封面人物肖像⋯⋯⋯冰　心　沙　汀　王润滋　陈愉庆
作家寄语
于人钢笔水彩画

1987 年第 1 期　刊名:《中国作家》
目录

纪实小说

女中学生之死⋯⋯⋯⋯⋯⋯⋯⋯⋯⋯⋯⋯陈丹燕

中篇小说

寻根儿⋯⋯⋯⋯⋯⋯⋯⋯⋯⋯⋯⋯⋯⋯⋯航　鹰
生命之河⋯⋯⋯⋯⋯⋯⋯⋯⋯⋯⋯⋯⋯⋯蒋　韵

文学

土地与土皇帝⋯⋯⋯⋯⋯⋯⋯⋯麦天枢　张　瑜
他拥抱地球，也拥抱原子弹⋯⋯⋯⋯⋯⋯⋯郑　重
历史沉思录——井冈山红卫兵大串联二十周年祭
　　　　　　　　　　　　　　胡　平　张胜友

诗歌

致漂流者⋯⋯⋯⋯⋯⋯⋯⋯⋯⋯⋯⋯⋯⋯徐　刚

长篇小说

你好，哈雷彗星（续）⋯⋯⋯⋯⋯⋯⋯⋯⋯达　理

散文

沪上草⋯⋯⋯⋯⋯⋯⋯⋯⋯⋯⋯⋯⋯⋯⋯姜德明
旧居寻访记⋯⋯⋯⋯⋯⋯⋯⋯⋯⋯⋯⋯⋯钟　杏

美术

封面设计（作家头像：刘宾雁　刘心武　乔　良）
　　　　　　　　　　　　　　　　　　罗　敏
鲁迅文学作品插图选⋯⋯⋯⋯⋯⋯⋯⋯⋯⋯裘　沙

1987 年第 2 期　刊名:《中国作家》
目录

中篇小说

瀚海⋯⋯⋯⋯⋯⋯⋯⋯⋯⋯⋯⋯⋯⋯⋯⋯洪　峰
岁月不该再朦胧⋯⋯⋯⋯⋯⋯⋯⋯⋯⋯⋯星　竹
神牛⋯⋯⋯⋯⋯⋯⋯⋯⋯⋯⋯⋯⋯⋯⋯⋯王春波
不是为了祭奠⋯⋯⋯⋯⋯⋯⋯⋯⋯⋯⋯⋯方　敏
故乡风情画⋯⋯⋯⋯⋯⋯⋯⋯⋯⋯⋯⋯⋯陈道阔
人味⋯⋯⋯⋯⋯⋯⋯⋯⋯⋯⋯⋯⋯⋯⋯⋯乔　良

报告文学

沉浮一万里⋯⋯⋯⋯⋯⋯⋯⋯⋯⋯⋯⋯⋯郑　勇
穿行在爱与不爱的小道上⋯⋯⋯⋯⋯⋯⋯⋯曲　兰

短篇小说

无价之错·······薛　冰

修鞋匠和他的女儿·······周方夜

诗歌

三月诗会·······海子等三十八人

散文

关于男人（之五）·······冰　心

童年的枫杨子·······奕　林

文学对话

读《命运瓦砾场》随想·······唐　挚

作家写作家

我心中的艾青·······王维洲

传记文学

终身不仕与九谒崇陵·······朱碧森

美术

封面设计（作家肖像：张光年　谌　容　李　陀）
·······罗　敏

春融（版画）·······丁立江

1987 年第 3 期　刊名:《中国作家》
目录

短篇小说

等待电话·······谌　容

陪乐·······朱春雨

中篇小说

少女的白桦林·······庞天舒

"YD宫"的业大生们·······赵绍玲

破戏·······李克威

无以诉说·······蝌　蚪

那时辰正好·······吴　滨

传记文学

世界冠军的世界·······戚　鸣

报告文学

中国山·······刘立云

丐帮漂流记·······贾鲁生

夏勒：一棵圣诞树·······谭　楷

作家写作家

望舒剪影·······罗大冈

矫健这个人·······关　鸿

散文

仙字潭（外二篇）·······郭　风

大江逆行·······张抗抗

金山散记·······丹　晨

诗歌

江汉行（十五首）·······光未然

音乐组合（七首）·······王　蒙

绿岛（外五首）·······徐　虹

功德林（组诗）·······牛　波

海的故事·······刘　霞

下午的圆周（外二首）·······大　仙

故事·······田家鹏

石林：母子偕游·······（藏族）饶阶巴桑

对《下野市长》一文的意见

美术

封面设计·······罗　敏

1987 年第 4 期　刊名:《中国作家》
目录

中篇小说

黄黄儿和它的伙伴·······长　沂

我们青春的纪念册·······梁　迈

瘪家沟·······贾平凹

晚晴如霞——故乡传奇之一·······雁　翼

梦，绿色的·······董葆存

短篇小说

彩云南·······汤世杰

街心花园·······黄蓓佳

报告文学

南海魂·······王立成

盲流中国·······朱晓阳

文学对话

展示一个人世间最艰难的课题——报告文学集《阴阳大裂变》序言·······鲍　昌

灵性与人性交融的极致——评《黄黄儿和它的伙伴》
·······曾镇南

散文

九峡溪的男人们哪⋯⋯⋯⋯⋯⋯⋯⋯⋯⋯⋯廖静仁
多情马路⋯⋯⋯⋯⋯⋯⋯⋯⋯⋯⋯⋯⋯⋯丹　娅
乌鸦岭⋯⋯⋯⋯⋯⋯⋯⋯⋯⋯⋯⋯⋯⋯⋯骆　文
家——法国纪行⋯⋯⋯⋯⋯⋯⋯⋯⋯⋯⋯黎模莹

作家写作家

素描"艾江南"⋯⋯⋯⋯⋯⋯⋯⋯⋯⋯⋯⋯梅汝恺

诗歌

黄土地⋯⋯⋯⋯⋯⋯⋯⋯⋯⋯⋯⋯⋯⋯⋯孙静轩
断裂⋯⋯⋯⋯⋯⋯⋯⋯⋯⋯⋯⋯⋯⋯⋯⋯韩作荣
不觉之间（外二首）⋯⋯⋯⋯⋯⋯⋯⋯⋯张晓民
呼唤白象（外二首）⋯⋯⋯⋯⋯⋯⋯⋯⋯非　默
母性的草原（二首）⋯⋯⋯⋯⋯（蒙古族）舒　洁
上帝⋯⋯⋯⋯⋯⋯⋯⋯⋯⋯⋯⋯⋯⋯⋯⋯国　洪
云·岸·月（三首）⋯⋯⋯⋯⋯⋯⋯⋯⋯宁　静

美术

封面设计⋯⋯⋯⋯⋯⋯⋯⋯⋯⋯⋯⋯⋯⋯曹全弘
渔女（油画）⋯⋯⋯⋯⋯⋯⋯⋯⋯⋯⋯⋯王安吉

1987 年第 5 期　刊名:《中国作家》
目录

小说

遥远的白房子（中篇）⋯⋯⋯⋯⋯⋯⋯⋯高建群
海蚀的崖（中篇）⋯⋯⋯⋯⋯⋯⋯⋯⋯⋯礼　平
年年七夕（中篇）⋯⋯⋯⋯⋯⋯⋯⋯⋯⋯石　言
摄像机后面的故事（中篇）⋯⋯⋯⋯⋯⋯王小平
地下俱乐部（中篇）⋯⋯⋯⋯⋯⋯⋯⋯⋯孙　砺
大头（短篇）⋯⋯⋯⋯⋯⋯⋯⋯⋯⋯⋯⋯林　薄

报告文学

走向花园酒店——对一个中外合作企业里一群中国人
的考察⋯⋯⋯⋯⋯⋯⋯⋯⋯⋯⋯⋯⋯⋯陈冠柏
爱河横流⋯⋯⋯⋯⋯⋯⋯⋯⋯⋯⋯⋯⋯⋯麦天枢
人格的权威⋯⋯⋯⋯⋯⋯⋯⋯⋯郑道远　陈忠平

诗歌

鸟的飞翔（组诗）⋯⋯⋯⋯⋯⋯⋯⋯⋯⋯车前子
幻影（外五首）⋯⋯⋯⋯⋯⋯⋯⋯⋯⋯⋯周国平
生活感受（外三首）⋯⋯⋯⋯⋯⋯⋯⋯⋯徐雄慷
山顶与屋脊（组诗）⋯⋯⋯⋯⋯⋯⋯⋯⋯简　宁
晕眩——献给小玲⋯⋯⋯⋯⋯⋯⋯⋯⋯⋯雪　迪
天国雪（三首）⋯⋯⋯⋯⋯⋯⋯⋯⋯⋯⋯郑　枫
半掩之窗（组诗）⋯⋯⋯⋯⋯⋯⋯⋯⋯⋯叶延滨
季节雨（三首）⋯⋯⋯⋯⋯⋯⋯⋯⋯⋯⋯熊光炯

深情的岁月（三首）⋯⋯⋯⋯⋯⋯⋯⋯⋯彭国梁

散文

想见冰心⋯⋯⋯⋯⋯⋯⋯⋯⋯⋯⋯⋯⋯⋯姜德明
猫儿犯脾气之后⋯⋯⋯⋯⋯⋯⋯⋯⋯⋯⋯陈茂欣
在一起的时候⋯⋯⋯⋯⋯⋯⋯⋯⋯⋯⋯⋯何　伟

作家写作家

方纪这些年⋯⋯⋯⋯⋯⋯⋯⋯⋯⋯⋯⋯⋯石　英
曾卓，这棵老树⋯⋯⋯⋯⋯⋯⋯⋯⋯⋯⋯蒋　力

美术

封面设计⋯⋯⋯⋯⋯⋯⋯⋯⋯⋯⋯⋯⋯⋯曹全弘
牧女（木雕）⋯⋯⋯⋯⋯⋯⋯⋯⋯⋯⋯⋯赵瑞英

1987 年第 6 期　刊名:《中国作家》
目录

中篇小说

季候风⋯⋯⋯⋯⋯⋯⋯⋯⋯⋯⋯⋯⋯⋯⋯姜　滇
深渊⋯⋯⋯⋯⋯⋯⋯⋯⋯⋯⋯⋯⋯⋯⋯⋯管　桦
姐妹——《穆斯林的葬礼》⋯⋯⋯⋯⋯⋯霍　达
我们的队伍向太阳⋯⋯⋯⋯⋯⋯⋯⋯⋯⋯吴碧莲
青春的谜底⋯⋯⋯⋯⋯⋯⋯⋯⋯⋯⋯⋯⋯陈丹燕

短篇小说

唇上的创痕⋯⋯⋯⋯⋯⋯⋯⋯⋯⋯⋯⋯⋯储福金
外省人物风情二章⋯⋯⋯⋯⋯⋯⋯⋯⋯⋯包　川
旋转舞台⋯⋯⋯⋯⋯⋯⋯⋯⋯⋯（中国香港）陶　然

报告文学

共和国应不忘记——拓荒者三部曲⋯张庆豫　邓建永
孤独的人类⋯⋯⋯⋯⋯⋯⋯⋯⋯⋯⋯⋯⋯殷家璠

散文

关于男人（之六）⋯⋯⋯⋯⋯⋯⋯⋯⋯⋯冰　心
还愿——写在萧红故居⋯⋯⋯⋯⋯⋯⋯⋯于　君
战地三记⋯⋯⋯⋯⋯⋯⋯⋯⋯⋯⋯⋯⋯⋯彭鸽子

诗歌

短诗⋯⋯⋯⋯⋯⋯⋯⋯⋯⋯⋯⋯刘毅然等三十九家

作家写作家

在一个晚辈眼里⋯⋯⋯⋯⋯⋯⋯⋯⋯⋯⋯程　玮

传记文学

星火，在深山里闪烁——《喋血东江》选载⋯⋯万振环

文学对话

再论什么不是悲剧·····················李洁非　张　陵

美术

插图作品选·····························陈文骥
《青春祝福》插图·····················陈晋熔
《中国作家》一九八七年总目录

作家写作家

周梅森的现在进行时·····················苏　童

美术作品

封面设计·····························邵　新
《井》插图···························艾　安
《透明的红萝卜》插图·················吕胜中

1988 年第 1 期　刊名:《中国作家》
目录

"中国潮"报告文学征文·············百家期刊联名启事

中篇小说

白涡·······························刘　恒
天网·······························郑万隆
猎人桥·····························尚　闽
你和我的明天························梁　迈

短篇小说

蓝色探戈···························刘湛秋
婆罗梦·····························艾　蓓

报告文学

天路——青藏线纪实···················冯君莉
轮空，或再一次选择——OG 问题调查·····胡发云
"中国潮"报告文学征文
现代中国的"游牧部落"——改革在中国建筑第二工
程局·························张世黎　夏　庄

散文

狗·鸟·马··························莫　言
母亲的河···························尧山壁

纪实小说

人物——今日北京四合院···············白云海

诗歌

岁月一直在问（组诗）·················王　峰
倒影的寂寞（组诗）···················季振邦
春雪·地下树（组诗）·················高　光
画像·······························王坤红
异地·······························费　嘉
生命（外三首）······················周成璐
太阳岛，冰雕及其他···················曲有源
设想一种相遇的方式···················达　黄

1988 年第 2 期　刊名:《中国作家》
目录

中篇小说

迎灯儿——《仇犹遗风录》···············张石山
北门口呵北门口······················屈国新
篮子挂在树上························吴　强
身不由己的剧中人····················杨东明

报告文学

常教授的苦恼、学院领导的苦恼和我的苦恼····苏　策
炼！炼!
——一个林业专家的故事···········赵德润　戴　煌

"中国潮"报告文学

中国时钟——北京王府井采风录···········卜毓方

纪实文学

毛家湾的女主人
——一位秘书的琐忆···············高小玲　梅新生

作家写作家

窄的门和宽广的路——文学生活的一些回顾····冯　牧
我的朋友史铁生······················徐　晓

散文

学林偶思录··························蓝　翎
苍山之巅···························郭明孝

诗歌

相爱是一种旅行（八首）···············赵　洁
恒定与不定（组诗）···················王　子
神州屐痕（四首）···········（中国香港）犁　青
这一面是正面（五首）·················野　墨
静岛（三首）························冯　晏
关于死湖的记忆······················冯　敏
前奏与结局··························陈　虹
拒绝之门（外二首）···················凌　川
诗三首·····························小　君

美术

封面设计·······································邵 新
《小鲍庄》插图选·······························焦应奇
《桑塬》插图选·································苏新平

1988 年第 3 期　刊名:《中国作家》
目录

传记文学

冰心传（选载）·································卓 如

小说

人市（中篇）···································曾宪国
走向天国（中篇）·······························张廷竹
青石涧（中篇）——吕梁山印象之九···············李 锐
沉沦（中篇）···································曹怀新
面孔（中篇）···································周方夜
母女情（短篇）···························〔美国〕於梨华

报告文学

集团军——"试管婴儿"（"中国潮"）···········陈冠柏
心理变态者——他们中一群人的生活经历和心路历程
···洪天国

作家写作家

安于回忆·····································张 炜
高行健其人···································周翼南
致萧乾谈翻译作品·······························叶圣陶
一座大山倒了——纪念叶圣陶老人···············周 明
永不退色的记忆·······························凤 子

诗歌

诗四首·······································西 川
往事四首·····································非 默
在巴黎圣母院（外三首）·························雁 翼
流逝的岁月（二首）·····················（蒙古族）查 干
诗速写（四首）································王为政
综述（组诗）···································奔 雷
失落的黎明（组诗）·····························艳 齐
勇气（三首）···································何首乌
一个冬天的夜晚·······························林莱莱

文学对话

我读《遥远的白房子》·····························哈文伯

美术

《中国的"小皇帝"》插图·························李法明

《你好，哈雷彗星》插图·························李法明

1988 年第 4 期　刊名:《中国作家》
目录

短篇小说

没意思的故事（三篇）·····························李国文
出龙···傅太平

中篇小说

纸床···江 灏
边防检查员···································张俊南
沙岸···刘学林
藩篱···李硕儒
生命之累·····································谢致红

报告文学

难以走出的墓穴·······························贾鲁生
世界冠军的沉默——何智丽夺冠前后···············马役军
从哈佛到哈佛——大学校长吴富恒教授的道路
···马瑞芳
高考落选者——也献给并未落选的人们
···张 桦 刘 凯
红土地上的黑牡丹——记闽南实业家柯子江·······石 晶

作家写作家

一个女人拥抱的两个世界·························陈冠柏
莫言，一杯热醪心痛·····························刘毅然

散文

苍天，为何不让他再多活十年呢？ ——悼朱丹
···陈登科
古堡夜宴——奥地利掠影·························丹 晨
婉穗老师·····································斯 妤
这里离天安门九十公里···························舒 湮

诗歌

火焰···雪 迪
我生活的故事（六首）·····························杨 波
美丽瞬间（组诗）·······························叶延滨
无题诗七首···································艾 丹
这种命运（二首）·······························王伟庆
空间（二首）···································秦安江
诗二首·······································雷恩奇
散文诗十家

文学对话

我看《遥远的白房子》·············（哈萨克族）穆拉提·杜曼

美术

断桥 ································· 谭　平

1988 年第 5 期　刊名:《中国作家》
目录

中篇小说

碎牙齿 ····························· 简　嘉

南方来信 ··························· 许明善

问岁月 ····························· 王　峰

伴读 ······························· 孙华炳

短篇小说

我要剪手工 ························· 丁小琦

报告文学

问苍茫大地（"中国潮"） ············· 麦天枢

黄色龙卷风——上海甲肝大流行采访纪实

·················· 郑　重　叶又红　蒋树芝

沉重的车站钟声——北京火车站的"透视"与"辐射"

······························· 付溪鹏

脊梁（"中国潮"） ···················· 朱润祥

作家写作家

探病中周扬 ························· 李子云

散文

出门在外 ··························· 朴康平

诗歌

东方狮变奏 ························· 孙静轩

眺望北方（组诗） ··················· 海　子

汉人（三首） ······················· 开　愚

明月夜（组诗） ····················· 祝凤鸣

传记文学

一只小船——柯仲平传（节选） ········· 王　琳

美术

《黑坟》插图 ······················· 于绍文

1988 年第 6 期　刊名:《中国作家》
目录

中篇小说

赛场 ······························· 白　描

洞庭湖神话 ························· 康　濯

桥畔 ······························· 袁和平

骑驴婆姨赶驴汉 ····················· 高建群

我要属狼 ··························· 马中行

短篇小说

小说二题 ··························· 彭荆风

复出

恋栈

四大皆空 ··························· 解保平

报告文学

海南没有梦幻 ··············· 张晓光　临　青

蒙哥马利在中国 ····················· 董保存

大人国与小人国的战争 ··········· 程　步　黄　宏

东方古盐湖——中国西部企业家的思考 ····· 李南山

散文

拜将台 ····························· 薛尔康

在瑞士过复活节 ····················· 王为政

作家写作家

邓刚印象 ··························· 孙少山

诗歌

盐都·恐龙窠（四首）

——四川自贡称为盐都·恐龙窠 ········· 邹荻帆

爱情诗（九首） ····················· 晓　雪

感觉（外三首） ····················· 胡卓识

诗四首 ····························· 大　仙

诗四首 ····························· 老　木

诗六首 ····························· 维　维

诗二首 ····························· 颖　隽

你的眼（外一首） ··················· 燕　飞

阶梯 ······························· 昭　明

报告文学的发展趋势——本刊召开报告文学讨论会

美术

《瀚海》插图 ······················· 潘东篱

1989 年第 1 期　刊名:《中国作家》
目录

中篇小说

哥哥你不成材 ······················· 高红十

两面佛 ····························· 熊尚志

两界书 ····························· 陈燕慈

阳台 ······························· 黄蓓佳

反水·······································张万谷
梧桐寨·····································祖光益

报告文学
海南岛：赶海人的梦（"中国潮"）···········徐南铁
血煞秋湖···································谢致红
居者有其屋（"中国潮"）——烟台住房制度改革闻
见录·······································许　晨
亚当的苦难王国——男性病大夫熊玉玺手记····涂白玉

作家写作家
我与他——唐栋印象·························蔡测海

散文
关于男人（之七）——追忆吴雷川校长·········冰　心
小品五组···································和　谷
陕北八月天·································史小溪

诗歌
思絮偶拾（六首）···························秦兆阳
出走的一代（长诗节选）·····················牛　波
渡河的队伍·································韩　东
太阳的舞蹈（外一首）·······················鲁玉仁

美术
封面设计···································焦应奇

1989 年第 2 期　刊名:《中国作家》
目录

短篇小说
坚硬的稀粥·································王　蒙
编剧——难笑的故事·························韶　华
断弦·······································王为政
债情——过时的报告·························胡　征

中篇小说
夏日辉煌···································冯敬兰
叛逆的兄弟·································张廷竹
八帧女子画像···························梁　信　郭　城
古城没有隐私···························张晓光　朱淑琴

报告文学
不要说我们一无所有（"中国潮"）——献给为共和
国拓荒四十年的普通人·················邓建永　陈宏光
但愿这仅仅是往事···························丁光洪
祖徕山的子孙·························于东河　许　旭

作家写作家
他不是一个难猜的谜——关于从老哥的闲话····张　洁

散文
一棵常绿的树——《朱丹诗文选》后记·········李　纳
这片沼泽···································雷　加
花信风·····································卞　卡

诗歌
黄土地情思（五首）·························李　瑛
通俗诗六首·································韩作荣
松树的情操（三首）·························高　深

美术
封面设计···································焦应奇
沈从文小说插图·····························王水泊
凤凰城风情画·······························王水泊

1989 年第 3 期　刊名:《中国作家》
目录

小说
"五四"精神归来兮·························蓝　翎

女性·爱情心理小说专辑
堕落人间···································海　岩
精神游行···································张　宇
走向无人之境·······························林　偌
纵芭蕉不雨·································于爱香
道一声珍重·································扬　子

散文
关于男人（之八）
—— 一位最可爱可佩的作家·················冰　心
苏联文学与社会改革·························乌兰汗
冰湖·······································唐　镇

作家写作家
李国文印象·································叶　楠

纪实文学
八月悲剧···································董葆存

报告文学
痛苦的年代（"中国潮"）
——深圳三十万临时工纪实·················马役军
海之梦·····································刘玉民

诗歌

摘自心灵的册页（十一首）—————————————————牛　汉
香港行　昨天的太阳——————————————————李俊秋
柔韧的海涂（组诗）——————————————————陈　涛
流星（外二首）————————————————————祝凤鸣

美术

书法——————————————————————————唐达成

1989 年第 4 期　刊名:《中国作家》
目录

小说

错开的花——————————————————————张承志
阴阳鱼——————————————————————————孙鸶翔
扑朔迷离——————————————————————————范小天
红帆船——————————————————————————王润华
《顽主》续篇：一点正经没有——————————————王　朔
短篇二题——————————————————————————彭荆风
纳妾
海上
爱你一个月————————————————————————眉　毛

报告文学

民以食为天————————————————————————霍　达
危险的倾斜————————————————————————梁秉堃
现代中国都市家庭——————————————————曲　兰
地球第一村————————————————————————许　旭

散文

一天里的永恒（外二篇）——————————————梅绍静
被"造成的"女人————————————————————王英琦
老汪——军营琐忆————————————————————高洪波

作家写作家

话说冯二哥————————————————————————董乐山

文学对话

天是公允的——评《民以食为天》————————————李炳银

美术

纸床——————————————————————————李晓林

1989 年第 5 期　刊名:《中国作家》
目录

希望在前……（诗）——————————————————邹荻帆
——为建国四十年而歌

中篇小说

老兵的母亲————————————————————————高建群
再来四客冰激凌——————————————————海　迪
汇跷——————————————————————————林和平
黑泉——————————————————————————李伯勇

报告文学

一千万病态的灵魂——————————————————钟健夫
黑孩！黑孩！————————————————陈宝旗　高　岳
严慰冰案件始末——————————————————叶永烈

短篇小说

太白山记续————————————————————————贾平凹
国风（六题）————————————————————————王奎山
永远的瑜——————————————————————————魏志远
饼干——————————————————————————西　楼

散文

偶然草（三题）————————————————————姜德明
心灵空间之桥————————————————————张昆华

作家写作家

急、憨、粗、痴、五迷三道——————————————杜嘉夫
——朋友眼中的朱晓平

当代企业家

奉献与生命同在——————————————————剑　秋
王德和他的经理们——————————————齐凤舞　齐凤翔

美术

全军书法比赛作品选——————————————舒　同　苗再新

1989 年第 6 期　刊名:《中国作家》
目录

小说

火神——————————————————————————谢友鄞
天惊维扬——————————————————————————陈源斌
世事——————————————————————————周大新
小桂——————————————————————————朱晓平
雨季来临——————————————————————————陈　洁

乡情荡漾 ——————————————徐恒进
三原色 ————————————————田珍颖
杰作 —————————————————南　翔

报告文学
拉萨骚乱备忘录 ——————————西　海
共和国功勋部队 ——————————翟禹钟
登险峰者 ————————————————辛向东

散文
春祭·废园 ————————————刘白羽
十月的祝愿 ————————————邓友梅
父亲舒群二三事 ——————————李霄明
羌村和她的叹号 ——————————裴积荣

诗歌
梦境张家界 ——————————（蒙古族）查　干

作家写作家
忆企霞 —————————————————王白石

美术
《骑驴婆姨赶驴汉》插图 ——————李晓林

《中篇小说选刊》

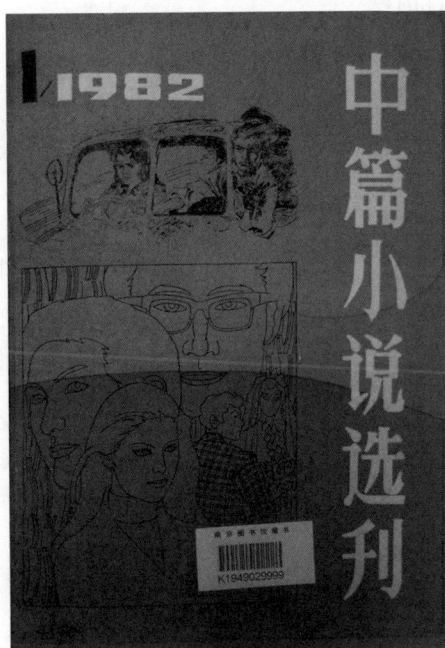

【简　介】

综合性小说双月刊。《中篇小说选刊》杂志社主办。创刊于 1981 年。其秉承"精选全国优秀中篇，荟萃文苑中篇精华"的办刊宗旨，精选刊登在全国各报刊上的当代优秀中篇小说，内容以反映现实生活为主，有强烈的时代气息。

期刊号：1982 年第 1 期—1989 年第 6 期

1982 年第 1 期　刊名：《中篇小说选刊》
目录

赤橙黄绿青蓝紫 ——————————蒋子龙
北极光 —————————————————张抗抗
在地震的废墟上 ——————————中杰英
金叶木莲 ————————————————古　华
蒹葭苍苍 ————————————————祝兴义
青灯 ——————————————————叶文玲
李清照 —————————————————郁　雯
封面设计 ————————————————施珍贵

1982 年第 2 期　刊名：《中篇小说选刊》
目录

别了，蒺藜 ——————————汪浙成　温小钰
远去的鼓声 ————————————————曹玉模

柳叶桃…………………………………张 斌
如歌的行板……………………………王 蒙
浅水湾之恋……………………………严 沁
地中海的涛声…………………………陈代康
H.K迷乱的夜…………………………中 申
封面设计………………………………施珍贵

1982 年第 3 期　刊名:《中篇小说选刊》
目录

公主的女儿……………………………赵大年
张铁匠的罗曼史………………………张一弓
没有门牌的小院……………叶 林 徐孝鱼
好一朵茉莉花…………………………王宗汉
初晴……………………………………谷 白
她微笑着走向牢门……………张天民 张笑天
封面设计………………………………施珍贵

1982 年第 4 期　刊名:《中篇小说选刊》
目录

在丘陵和湖畔，有一个人…………张抗抗
附　张抗抗:《后记》
远去的白帆……………………………从维熙
附　从维熙:《关于〈远去的白帆〉》
高的是秫秫　矮的是芝麻……………戴厚英
附　戴厚英:《选好一个表现的角度》
那五……………………………………邓友梅
附　邓友梅:《我为什么写〈那五〉?》
振荡……………………………………郭 襄
附　郭襄:《要有安于淡泊的勇气》
桃花溪…………………………………文乐然
附　文乐然:《我手写我口》
封面设计………………………………施珍贵

1982 年第 5 期　刊名:《中篇小说选刊》
目录

千秋功罪（报告文学）…………刘宾雁 余以太
附　刘宾雁:《写在〈千秋功罪〉发表之后》
人生……………………………………路 遥
附　路遥:《面对着新的生活》
红灯　黄灯　绿灯……………………郑万隆
——《年轻的朋友们》续篇
附　郑万隆:《来自大海的呼唤》
人去两三天……………………………莫应丰

附　莫应丰:《关于〈人去两三天〉》
晚晴……………………………………卞祖芳
附　卞祖芳:《我为什么写〈晚晴〉》
公园里的小路…………………………姜小皓
附　姜小皓:《我的创作和生活》
封面设计………………………………施珍贵

1982 年第 6 期　刊名:《中篇小说选刊》
目录

无反馈快速跟踪………………………陈 冲
附　陈冲:后记
太子村的秘密…………………………谌 容
附　谌 容:小记
海角……………………………………叶文玲
附　叶文玲:焦渴地寻觅　热切的呼唤
不熄的荧光……………………………毛志成
附　毛志成:通俗及其他
石门二柳………………………………储福金
附　储福金:我心中有一块土地
走出旧货店的模特儿…………………杨东明
附　杨东明:"模特儿"在我的身边徘徊
爱的价值………………………………李宽定
附　李宽定:关于《爱的价值》
封面设计………………………………施珍贵

1983 年第 1 期　刊名:《中篇小说选刊》
目录

高山下的花环…………………………李存葆
附　李存葆:向读者汇报
方舟……………………………………张 洁
附　张洁:给编辑部的一封信
交叉口…………………………………黄亚洲
附　黄亚洲:遥远的记忆
燕儿窝之夜……………………………魏继新
附　魏继新:我歌唱无名的小花
归去来兮………………………………王安忆
附　王安忆:白云……
把彩霞献给蓝天………………………黄砾明
附　黄砾明:希望，总是美丽的
老一辈人………………………………张石山
附　张石山:下点笨功夫
驼铃……………………………（蒙古族）佳 峻
附　佳峻:关于《驼铃》
封面设计………………………………施珍贵

1983 年第 2 期　刊名:《中篇小说选刊》
目录

张玉良传（传记小说）⋯⋯⋯⋯⋯⋯⋯⋯石　楠
附　石楠：人生的价值在于追求
锅碗瓢盆交响曲⋯⋯⋯⋯⋯⋯⋯⋯⋯⋯蒋子龙
附　蒋子龙：谁的心里不鸣奏着生活的交响曲
在困难的日子里⋯⋯⋯⋯⋯⋯⋯⋯⋯⋯路　遥
附　路遥：这束淡弱的折光⋯⋯
北国红豆也相思⋯⋯⋯⋯⋯⋯⋯⋯⋯⋯乔雪竹
附　乔雪竹：大兴安岭的红豆
流逝⋯⋯⋯⋯⋯⋯⋯⋯⋯⋯⋯⋯⋯⋯⋯王安忆
附　王安忆：岁月是条河
她需要重新开始⋯⋯⋯⋯⋯⋯⋯⋯⋯⋯张健行
附　张健行：拼搏·挫折·晚餐
一路平安⋯⋯⋯⋯⋯⋯⋯⋯⋯⋯⋯⋯⋯邓建永
附　邓建永：关于《一路平安》的创作断想
封面设计⋯⋯⋯⋯⋯⋯⋯⋯⋯⋯⋯⋯⋯施珍贵

1983 年第 3 期　刊名:《中篇小说选刊》
目录

风息浪止⋯⋯⋯⋯⋯⋯⋯⋯⋯⋯⋯⋯⋯王　蒙
附　王蒙：撰余赘语
黑骏马⋯⋯⋯⋯⋯⋯⋯⋯⋯⋯⋯⋯⋯⋯张承志
附　张承志：《黑骏马》写作之外
城南旧事
——我们看海去⋯⋯⋯⋯⋯⋯（中国台湾）林海音
一滴泉⋯⋯⋯⋯⋯⋯⋯⋯⋯⋯刘厚荣　鲁东勇
附　刘厚荣　鲁东勇："南腔"加"北调"
有意无意之间⋯⋯⋯⋯⋯⋯⋯⋯曾德厚　木　杉
附　曾德厚　木杉：不拘一格降人材
普通女工⋯⋯⋯⋯⋯⋯⋯⋯⋯⋯⋯⋯⋯孔捷生
附　孔捷生：凡人赋
小家碧玉⋯⋯⋯⋯⋯⋯⋯⋯⋯⋯⋯⋯⋯李宽定
附　李宽定：女儿是水做的骨肉
没画句号的故事⋯⋯⋯⋯⋯⋯⋯⋯⋯⋯张笑天
附　张笑天：千里马常有，伯乐不常有
封面设计⋯⋯⋯⋯⋯⋯⋯⋯⋯⋯⋯⋯⋯施珍贵

1983 年第 4 期　刊名:《中篇小说选刊》
目录

美食家⋯⋯⋯⋯⋯⋯⋯⋯⋯⋯⋯⋯⋯⋯陆文夫
附　陆文夫：写在《美食家》之后
清明雨⋯⋯⋯⋯⋯⋯⋯⋯⋯⋯⋯⋯⋯⋯祝兴义
附　祝兴义：洞察生活的微妙之处
河的子孙⋯⋯⋯⋯⋯⋯⋯⋯⋯⋯⋯⋯⋯张贤亮
附　张贤亮：不可取的经验
七巧板⋯⋯⋯⋯⋯⋯⋯⋯⋯⋯⋯⋯⋯⋯张　洁
附　张洁：言不及义
天使⋯⋯⋯⋯⋯⋯⋯⋯⋯⋯⋯⋯⋯⋯⋯遇罗锦
附　遇罗锦：我和《天使》
五十四号墙门⋯⋯⋯⋯⋯⋯⋯⋯⋯⋯⋯张廷竹
附　张廷竹：假如我不爱你，我的祖国，我能爱哪一
个人？
太平角轶事⋯⋯⋯⋯⋯⋯⋯⋯⋯⋯⋯⋯纯　民
附　纯民：我生活在大海中
封面设计⋯⋯⋯⋯⋯⋯⋯⋯⋯⋯⋯⋯⋯施珍贵

1983 年第 5 期　刊名:《中篇小说选刊》
目录

钢锉将军⋯⋯⋯⋯⋯⋯⋯⋯⋯⋯⋯⋯⋯肖　马
附　肖马：读书有感——并非创作谈
良家妇女⋯⋯⋯⋯⋯⋯⋯⋯⋯⋯⋯⋯⋯李宽定
附　李宽定：《良家妇女》写作前后
肖尔布拉克⋯⋯⋯⋯⋯⋯⋯⋯⋯⋯⋯⋯张贤亮
附　张贤亮：《肖尔布拉克》与《河的子孙》
没有钮扣的红衬衫⋯⋯⋯⋯⋯⋯⋯⋯⋯铁　凝
附　铁凝：我爱，我想
远方的树⋯⋯⋯⋯⋯⋯⋯⋯⋯⋯⋯⋯⋯韩少功
附　韩少功：一个还在想的问题
水蒙蒙的杉林⋯⋯⋯⋯⋯⋯⋯⋯⋯⋯⋯姜　滇
附　姜滇：绿城故事与白岛诗梦
高高云彩岭⋯⋯⋯⋯⋯⋯⋯⋯⋯⋯⋯⋯权延赤
附　权延赤：给编辑部的信
身价⋯⋯⋯⋯⋯⋯⋯⋯⋯⋯⋯⋯⋯⋯⋯姜天锡
附　姜天锡：身价，这个时髦的字眼
封面设计⋯⋯⋯⋯⋯⋯⋯⋯⋯⋯⋯⋯⋯施珍贵

1983 年第 6 期　刊名:《中篇小说选刊》
目录

蓝屋⋯⋯⋯⋯⋯⋯⋯⋯⋯⋯⋯⋯⋯⋯⋯程乃珊
附　程乃珊：我和《蓝屋》
康巴阿公⋯⋯⋯⋯⋯⋯⋯⋯⋯⋯⋯⋯⋯刘　克
附　刘克：闲言碎语
洪峰通过峡谷⋯⋯⋯⋯⋯⋯⋯⋯⋯⋯⋯顾笑言
附　顾笑言：投身于生活的激流
悲剧比没有剧要好⋯⋯⋯⋯⋯⋯⋯⋯⋯蒋子龙
附　蒋子龙："悲剧"以外的话
弱者⋯⋯⋯⋯⋯⋯⋯⋯⋯⋯⋯⋯⋯⋯⋯韦君宜

附　韦君宜：关于"弱者"

傍晚，一群灰鸽从这儿飞过⋯⋯⋯⋯⋯⋯⋯⋯陆天明

附　陆天明：因为有话要说⋯⋯

我的守护神⋯⋯⋯⋯⋯⋯⋯⋯⋯⋯⋯陶　正　田增翔

附　陶正　田增翔："弱"者的形象

夜深沉——浩劫中的周信芳一家⋯⋯⋯⋯⋯⋯树　棻

附　树棻：为了不能忘却的纪念

封面设计⋯⋯⋯⋯⋯⋯⋯⋯⋯⋯⋯⋯⋯⋯⋯施珍贵

1984 年第 1 期　刊名:《中篇小说选刊》
目录

折射的信息⋯⋯⋯⋯⋯⋯⋯⋯⋯⋯⋯⋯⋯⋯张健行

附　张健行：从《折射的信息》写作中想到的

今夜霜降⋯⋯⋯⋯⋯⋯⋯⋯⋯⋯⋯⋯⋯⋯乔雪竹

附　乔雪竹：去年秋天，在乌尔其汗森林

卖书⋯⋯⋯⋯⋯⋯⋯⋯⋯⋯⋯⋯⋯⋯⋯达　理

附　达理：愿像生活本身一样真实

达紫香悄悄地开了⋯⋯⋯⋯⋯⋯⋯⋯⋯⋯陆星儿

附　陆星儿：我心中的达紫香

这一瞬间如此辉煌⋯⋯⋯⋯⋯⋯⋯⋯⋯⋯黄蓓佳

附　黄蓓佳：雨巷里的憧憬

寻找幸福的人们⋯⋯⋯⋯⋯⋯⋯⋯⋯⋯⋯廖　琪

附　廖琪：英雄，你在哪里？

高空跳板⋯⋯⋯⋯⋯⋯⋯⋯⋯⋯⋯⋯⋯贺星寒

附　贺星寒：直面严峻的生活

封面设计⋯⋯⋯⋯⋯⋯⋯⋯⋯⋯⋯⋯⋯⋯施珍贵

1984 年第 2 期　刊名:《中篇小说选刊》
目录

今夜有暴风雪⋯⋯⋯⋯⋯⋯⋯⋯⋯⋯⋯⋯梁晓声

附　梁晓声：我加了一块砖

鲁班的子孙⋯⋯⋯⋯⋯⋯⋯⋯⋯⋯⋯⋯王润滋

附　王润滋：我比以往更加追求⋯⋯

无声的雨丝⋯⋯⋯⋯⋯⋯⋯⋯⋯⋯⋯⋯达　理

附　达理：献给普通人的歌

远村⋯⋯⋯⋯⋯⋯⋯⋯⋯⋯⋯⋯⋯⋯⋯郑　义

附　郑义：创作《远村》之随想

珍珠湖⋯⋯⋯⋯⋯⋯⋯⋯⋯⋯⋯⋯⋯⋯刘健安

附　刘健安：为什么要写"湖"？

桔红色的校徽⋯⋯⋯⋯⋯⋯⋯⋯⋯⋯⋯黄虹坚

附　黄虹坚：校园·激情·创作

此巷名人⋯⋯⋯⋯⋯⋯⋯⋯⋯⋯⋯⋯⋯贺毅武

附　贺毅武：有关《此巷名人》写作的始末

封面设计⋯⋯⋯⋯⋯⋯⋯⋯⋯⋯⋯⋯⋯⋯施珍贵

1984 年第 3 期　刊名:《中篇小说选刊》
目录

啊，故土⋯⋯⋯⋯⋯⋯⋯⋯⋯⋯⋯⋯⋯李小巴

附　李小巴：多余的解释

小月前本⋯⋯⋯⋯⋯⋯⋯⋯⋯⋯⋯⋯⋯贾平凹

附　贾平凹：在商州山地

爱之上⋯⋯⋯⋯⋯⋯⋯⋯⋯⋯⋯⋯⋯⋯冯骥才

附　冯骥才：《爱之上》创作随笔

翅羽上的故事⋯⋯⋯⋯⋯⋯⋯⋯⋯⋯⋯冯苓植

附　冯苓植：来自草原的汇报

枫叶思⋯⋯⋯⋯⋯⋯⋯⋯⋯⋯⋯⋯⋯⋯姜　磊

附　姜磊：沉重的思索

天涯孤旅⋯⋯⋯⋯⋯⋯⋯⋯⋯⋯⋯⋯⋯奚　青

附　奚青：献给女勘探队员的歌

啊！世界上最美丽的⋯⋯⋯⋯⋯⋯⋯⋯刘国民

附　刘国民：只能如实的汇报

封面设计⋯⋯⋯⋯⋯⋯⋯⋯⋯⋯⋯⋯⋯⋯施珍贵

1984 年第 4 期　刊名:《中篇小说选刊》
目录

绿化树⋯⋯⋯⋯⋯⋯⋯⋯⋯⋯⋯⋯⋯⋯张贤亮

附　张贤亮：关于《绿化树》的一些说明

雷暴⋯⋯⋯⋯⋯⋯⋯⋯⋯⋯⋯⋯⋯⋯⋯水运宪

附　水运宪：关于《雷暴》

盗马贼的故事⋯⋯⋯⋯⋯⋯⋯⋯⋯⋯⋯张　锐

附　张锐：我爱你，大西北！

烟壶⋯⋯⋯⋯⋯⋯⋯⋯⋯⋯⋯⋯⋯⋯⋯邓友梅

附　邓友梅：一点探索

太阳⋯⋯⋯⋯⋯⋯⋯⋯⋯⋯⋯⋯⋯⋯⋯郑彦英

附　郑彦英：关于《太阳》给编辑部的信

啊，索伦河谷的枪声⋯⋯⋯⋯⋯⋯⋯⋯刘兆林

附　刘兆林：鸣枪礼赞军魂

封面设计⋯⋯⋯⋯⋯⋯⋯⋯⋯⋯⋯⋯⋯⋯施珍贵

1984 年第 5 期　刊名:《中篇小说选刊》
目录

西风·流云·枯叶⋯⋯⋯⋯⋯⋯⋯⋯⋯⋯凯　南

附　凯南：上帝，应该是人民

祖母绿⋯⋯⋯⋯⋯⋯⋯⋯⋯⋯⋯⋯⋯⋯张　洁

附　张洁：九死而不悔

只要你还在走⋯⋯⋯⋯⋯⋯⋯⋯⋯⋯⋯曹征路

附　曹征路：《只要你还在走》的一点断想

市委书记的家事⋯⋯⋯⋯⋯⋯⋯⋯⋯⋯赵长天

附　赵长天：时髦的话题
雪落黄河静无声·····················从维熙
附　从维熙：几句多余的话
大山，绿色的大山·····················江　鱼
附　江鱼：回首重道大山
寄远方·····························关　鸿
附　关鸿：与同代人一起思考
封面设计···························施珍贵

1984 年第 6 期　刊名：《中篇小说选刊》
目录

北方的河···························张承志
附　张承志：致友人
山月儿·····························李宽定
附　李宽定：我用喜悦的泪水，写过去了的那些日子
日程紧迫···························刘心武
附　刘心武：这个孩子叫冷静
战斗部接近目标·····················鲁　克
附　鲁克：军队·时代·生活
神鞭·······························冯骥才
附　冯骥才：《神鞭》之外的话
春妞儿和她的小嘎斯·················张一弓
附　张一弓：我和我的争吵
青砖的楼房·························何士光
附　何士光：《青砖的楼房》琐谈
棋王·······························阿　城
附　阿城：一些话
封面设计···························施珍贵

1985 年第 1 期　刊名：《中篇小说选刊》
目录

大林莽···························孔捷生
林莽和人
"亚细亚"的故事·····················达　理
"亚细亚"，我们对你说……
秋天的思索·························张　炜
为了葡萄园的明天
关于詹牧师的报告文学···············史铁生
詹牧师及其他
我本该是一棵树·····················赵丹涅
梦·李凡·教训
谁坐一把金交椅·····················哲　夫
关于《谁坐一把金交椅》
金猱猊传奇·························流　泉
也登"大雅之堂"

封面设计···························施珍贵

1985 年第 2 期　刊名：《中篇小说选刊》
目录

土牢情话···························张贤亮
关于《土牢情话》
家政·······························楚　良
用生活酿成的思考
山中，那十九座坟茔·················李存葆
从《花环》到《坟茔》
父亲的桥···························谷　新
硬谈——关于《父亲的桥》
真诚·······················孙　力　余小惠
生活这样告诉我
神岗四分队·························崔京生
那里有我的父兄
封面设计···························施珍贵

1985 年第 3 期　刊名：《中篇小说选刊》
目录

桃花湾的娘儿们·····················映　泉
说说山里的"娘儿们"
远山野情···························贾平凹
《远山野情》外语
大宾馆之夜·························高尔品
写在白天的话
瓜棚风月···························李　凖
从"老王卖瓜"说起
自由神下的选择·····················王志钦
只要是路，我就走
蓝天下一朵白云·····················张健行
我向往那纯洁的、高尚的白云
凤凰山恩仇·························纯　民
凤凰山是沂蒙山里的一座
淡绿色的窗幔·······················朱崇山
路在伸延
封面设计···························施珍贵

1985 年第 4 期　刊名：《中篇小说选刊》
目录

老井·······························郑　义
太行牧歌
忌日·······························邢　卓

《忌日》题外话
耿尔在北京⋯⋯⋯⋯⋯⋯⋯⋯⋯⋯陈若曦
耿尔这个人
孩子王⋯⋯⋯⋯⋯⋯⋯⋯⋯⋯⋯⋯阿　城
又是一些话
"爸爸，我一定回来!"⋯⋯⋯⋯⋯⋯达　理
不仅仅是写给孩子
边境村纪实⋯⋯⋯⋯⋯⋯⋯⋯⋯⋯梁晓声
人民爱和平
越过警戒线⋯⋯⋯⋯⋯⋯⋯⋯⋯⋯江广生
叛逆者的胜利
女儿经⋯⋯⋯⋯⋯⋯⋯⋯⋯⋯⋯⋯程乃珊
一点尝试
获奖作品集序及评介文章⋯⋯⋯⋯康　濯
于良志　骆　文　苏　晨　高　光
封面设计⋯⋯⋯⋯⋯⋯⋯⋯⋯⋯⋯施珍贵

1985 年第 5 期　刊名:《中篇小说选刊》
目录

井⋯⋯⋯⋯⋯⋯⋯⋯⋯⋯⋯⋯⋯⋯陆文夫
给编辑部的信
苦竹溪，苦竹林⋯⋯⋯⋯⋯⋯⋯⋯鲁彦周
关于《苦竹溪，苦竹林》的几句话
流星在寻找失去的轨迹⋯⋯⋯⋯⋯张一弓
莫名其胡涂
天狗⋯⋯⋯⋯⋯⋯⋯⋯⋯⋯⋯⋯⋯贾平凹
说《天狗》
封·片·连⋯⋯⋯⋯⋯⋯⋯⋯⋯⋯张辛欣
写过的东西
沿江屯志话⋯⋯⋯⋯⋯⋯⋯⋯⋯⋯梁晓声
《沿江屯志话》其人其志
慈悲的滋味⋯⋯⋯⋯⋯⋯（中国台湾）黄　凡
获奖作品集评介文章
⋯⋯⋯⋯晓　江　徐光耀　张兴春　高　光　江曾培
封面设计⋯⋯⋯⋯⋯⋯⋯⋯⋯⋯⋯施珍贵

1985 年第 6 期　刊名:《中篇小说选刊》
目录

感谢生活⋯⋯⋯⋯⋯⋯⋯⋯⋯⋯⋯冯骥才
关于《感谢生活》与苏联汉学家的通信
阴错阳差⋯⋯⋯⋯⋯⋯⋯⋯⋯⋯⋯蒋子龙
著书不为丹铅误
散淡的人⋯⋯⋯⋯⋯⋯⋯⋯⋯⋯⋯谌　容
关于《散淡的人》
桃花湾的娘儿们（下）⋯⋯⋯⋯⋯映　泉

关于"下部"
"二七八团"⋯⋯⋯⋯⋯⋯⋯⋯⋯⋯赵大年
三十年之后
记忆中的原野⋯⋯⋯⋯⋯⋯⋯⋯⋯顾笑言
关于原野的记忆
晚宴⋯⋯⋯⋯⋯⋯⋯⋯⋯⋯⋯⋯⋯肖　马
并不规则的组合
封面设计⋯⋯⋯⋯⋯⋯⋯⋯⋯⋯⋯施珍贵

1986 年第 1 期　刊名:《中篇小说选刊》
目录

男人的一半是女人⋯⋯⋯⋯⋯⋯⋯张贤亮
关于小说的篇幅
古河道⋯⋯⋯⋯⋯⋯⋯⋯⋯⋯⋯⋯彭见明
写在产金的土地上
活鬼⋯⋯⋯⋯⋯⋯⋯⋯⋯⋯⋯⋯⋯张　宇
《活鬼》余话
小太阳的苦恼⋯⋯⋯⋯⋯⋯汪浙成　温小钰
从"一主二仆"说起
前市委书记的白昼和夜晚⋯⋯⋯⋯张笑天
走进心灵深处
蓝花豹⋯⋯⋯⋯⋯⋯⋯⋯⋯谭　力　昌　旭
但愿悲剧不再重演
柔美与壮美的交融⋯⋯⋯⋯⋯⋯⋯江曾培
哲理与诗意的交汇
封面设计⋯⋯⋯⋯⋯⋯⋯⋯⋯⋯⋯施珍贵
封面国画⋯⋯⋯⋯⋯⋯⋯⋯⋯⋯⋯李硕卿
封面题字⋯⋯⋯⋯⋯⋯⋯⋯⋯⋯⋯郑春松

1986 年第 2 期　刊名:《中篇小说选刊》
目录

陕南的天，中国的天⋯⋯⋯⋯⋯⋯杨贵云
安康的赐予
青春的纪念⋯⋯⋯⋯⋯⋯⋯⋯⋯⋯程家政
应珍惜历史的纪念
公共汽车咏叹调⋯⋯⋯⋯⋯⋯⋯⋯刘心武
试试看
对一个精神病患者的调查⋯⋯⋯⋯徐小斌
走出那条无形的轨迹
天凉好个秋⋯⋯⋯⋯⋯⋯⋯⋯⋯⋯石　定
关于《天凉好个秋》
伴飞⋯⋯⋯⋯⋯⋯⋯⋯⋯⋯⋯周　易　树　棻
说点"老话"
山林恋⋯⋯⋯⋯⋯⋯⋯⋯⋯⋯⋯⋯李宽定
愿像生活一样朴素

没有热量的萤光……………………………………竹　林
感谢农村
《小家碧玉》的情爱……………………………………苏　晨
封面设计……………………………………施珍贵
封面国画……………………………………黄稷堂
封面题字……………………………………郑春松

1986 年第 3 期　刊名:《中篇小说选刊》
目录

急流……………………………………林经嘉
从丁一的原型说起
好姆妈、谢伯伯、小妹阿姨和妮妮……………………………………王安忆
匆匆道来
长发男儿……………………………………蒋子龙
以男人形象闻名于世的女人
红高粱……………………………………莫　言
十年一觉高粱梦
秋天的愤怒……………………………………张　炜
男人的歌唱
神曲……………………………………晨　哥
不是哀乐
樊氏狗肉铺……………………………………傅连理
为了这片热土
不断地从新开始……………………………………高　光
评小说集《她需要重新开始》
封面设计……………………………………施珍贵
封面国画……………………………………程十发
封面题字……………………………………郑春松

1986 年第 4 期　刊名:《中篇小说选刊》
目录

三寸金莲……………………………………冯骥才
与阿城说小说
京华闻见录……………………………………梁晓声
"陈词滥调"重谈
插队的故事……………………………………史铁生
第三十七节是创作谈
梦断君子兰……………………………………张笑天
写在君子兰蒙尘的时候
走投无路……………………………………谌　容
也是横向联系
第三只眼……………………………………朱苏进
还有一个生灵
双镯……………………………………陆昭环
关于惠安女子

封面设计……………………………………施珍贵
封面国画……………………………………刘海栗
封面题字……………………………………郑春松

1986 年第 5 期　刊名:《中篇小说选刊》
目录

风泪眼……………………………………从维熙
《风泪眼》纪事
一个系统工程学家的遭遇……………………………………柯云路
引出"现代现实主义"宣言
虬龙爪……………………………………冯苓植
笼子里的鸟和笼子外的人
从复旦到北影……………………………………梁晓声
颠倒的补白
红方块……………………………………李克威
关于《红方块》
组织问题……………………………………丁　茂
老生常谈
封面设计……………………………………施珍贵
封面国画……………………………………刘海栗
封面题字……………………………………郑春松

1986 年第 6 期　刊名:《中篇小说选刊》
目录

收审记……………………………………蒋子龙
《收审记》补缀
麦秸垛……………………………………铁　凝
我尽我心
名医梁有志传奇……………………………………王　蒙
梁有志他
小鲍庄……………………………………王安忆
再谈《小鲍庄》
舍巴日……………………………………孙健忠
我的祖先……
失控的基因……………………………………晓　天
我决不辩解
桑树坪纪事……………………………………朱晓平
为了那块热土
北疆怨……………………………………魏润身
爱该讴歌
可喜的飞跃……………………………………于良志
封面设计……………………………………施珍贵
封面国画……………………………………程十里
封面题字……………………………………郑春松

1987 年第 1 期　刊名:《中篇小说选刊》
目录

国风·······················周昌义
《国风》自白
血泪草台班··················张石山
"遗风"题外
沉寂的五岔沟················莫　伸
但愿……
虚构·······················马　原
方法
部长约你谈话···············钟道新
《部长约你谈话》自由谈
我的光·····················郑万隆
天阶湖的理想
癫狂·······················仇学宝
《癫狂》和半殖民地文化胎印
封面设计···················施珍贵

1987 年第 2 期　刊名:《中篇小说选刊》
目录

白马·······················王星泉
《白马》创作小记
《白马》编辑杂感············张守仁
迎头正是夏季风·············达　理
寻找感觉
红尘·······················霍　达
《红尘》赘语
哭泣的骆驼·················三　毛
暮巴拉，雾山···············刘　克
窗外
中王·······················肖建国
关于《中王》
雪神·······················唐　栋
《雪神》及其他
封面设计···················魏献忠

1987 年第 3 期　刊名:《中篇小说选刊》
目录

献上一束夜来香·············谌　容
我爱花吗？爱，不爱……
古堡·······················贾平凹
《古堡》介绍
木樨地·····················铁　凝

一个人和半个世纪
苦寒行·····················何士光
关于《苦寒行》
瀚海·······················洪　峰
无话则长
黑泥·················四　海　生　义
我的一翼
弃婴·······················莫　言
人有时是极难理喻的……
封面设计···················魏献忠

1987 年第 4 期　刊名:《中篇小说选刊》
目录

情知不是伴·················蒋子龙
找到"流泻"的形式
老树·······················原　非
不是创作谈
棋王·······················张系国
一个作家的心路历程
投入角色···················张　欣
做文学的个体户
慕士腾格冰峰的雪豹·········东　苏
寻找"雪豹"
十三号盲流点···············窦　强
说说《盲流点》
雾恋山·····················哲　夫
寻找"金矿脉"
封面设计···················魏献忠

1987 年第 5 期　刊名:《中篇小说选刊》
目录

市长夫人···················姜　滇
生活所赋予的
落凤枝·····················冯苓植
我写《落凤枝》
泼雪泉·····················张笑天
并不是耸人听闻的故事
养命的儿子·················何祚欢
为着现在与将来
风流冢·····················王旭鸣
但愿有更多的人理解她
归去来兮···················鄂　华
写在《归去来兮》之后
金鲤湖·····················刘健安
《金鲤湖》的事

封面设计⋯⋯⋯⋯⋯⋯⋯⋯⋯⋯⋯魏献忠

1987 年第 6 期　刊名:《中篇小说选刊》
目录

遥远的白房子⋯⋯⋯⋯⋯⋯⋯高建群
给我一匹黑骏马
古墙⋯⋯⋯⋯⋯⋯⋯⋯⋯⋯⋯李　锐
余思种种
黑森林⋯⋯⋯⋯⋯⋯⋯⋯⋯⋯刘西鸿
随谈
活寡⋯⋯⋯⋯⋯⋯⋯⋯⋯⋯⋯俞天白
不应该再偏颇了
塔铺⋯⋯⋯⋯⋯⋯⋯⋯⋯⋯⋯刘震云
《塔铺》余话
河两岸是生命之树⋯⋯⋯⋯⋯徐小斌
并非矫情
涸辙⋯⋯⋯⋯⋯⋯⋯⋯⋯⋯⋯赵本夫
原汁原味?
封面设计⋯⋯⋯⋯⋯⋯⋯⋯⋯魏献忠

1988 年第 1 期　刊名:《中篇小说选刊》
目录

流动的人格⋯⋯⋯⋯⋯⋯⋯⋯李心田
如实地写
少将⋯⋯⋯⋯⋯⋯⋯⋯⋯⋯⋯乔　瑜
孤猎⋯⋯⋯⋯⋯⋯⋯⋯⋯⋯⋯张一弓
猎人在捕猎沉重的人生
流星⋯⋯⋯⋯⋯⋯⋯⋯⋯⋯⋯杨　旭
寻觅"流星"的轨迹
永不忏悔⋯⋯⋯⋯⋯⋯⋯⋯⋯张抗抗
必不可免
走出城市⋯⋯⋯⋯⋯⋯⋯⋯⋯郑万隆
关于城市
不要问我从哪里来⋯⋯⋯⋯⋯张　欣
永远不说满意
古道西风⋯⋯⋯⋯⋯⋯⋯⋯⋯屈国新
认真说点随意话
雨连绵⋯⋯⋯⋯⋯⋯⋯⋯⋯⋯董炳新
那一方土地
封面设计⋯⋯⋯⋯⋯⋯⋯⋯⋯魏献忠

1988 年第 2 期　刊名:《中篇小说选刊》
目录

碉堡⋯⋯⋯⋯⋯⋯⋯⋯⋯⋯⋯蒋子龙
走出碉堡
新兵连⋯⋯⋯⋯⋯⋯⋯⋯⋯⋯刘震云
觉悟
孤旅⋯⋯⋯⋯⋯⋯⋯⋯⋯⋯⋯周梅森
多余的话
神主牌楼⋯⋯⋯⋯⋯⋯⋯⋯⋯张石山
喜悦的告罪
弹坑长满青草⋯⋯⋯⋯⋯⋯⋯旷荣怿
"蜗牛"的话
第二次悲剧⋯⋯⋯⋯⋯⋯⋯⋯韩石山
不敢凭恃它
四妹子⋯⋯⋯⋯⋯⋯⋯⋯⋯⋯陈忠实
喃几句闲情
封面设计⋯⋯⋯⋯⋯⋯⋯⋯⋯魏献忠

1988 年第 3 期　刊名:《中篇小说选刊》
目录

故事法⋯⋯⋯⋯⋯⋯⋯⋯⋯⋯陆文夫
军歌⋯⋯⋯⋯⋯⋯⋯⋯⋯⋯⋯周梅森
题外话
含笑向你告别⋯⋯⋯⋯⋯⋯⋯韩　冬
含笑走向未来
旷野⋯⋯⋯⋯⋯⋯⋯⋯⋯⋯⋯尤凤伟
杂感一二
银行家⋯⋯⋯⋯⋯⋯⋯⋯⋯⋯程乃珊
关于《银行家》
红橄榄⋯⋯⋯⋯⋯⋯⋯⋯⋯⋯肖亦农
说不尽写不完的黄河湾
诗礼人家⋯⋯⋯⋯⋯⋯⋯⋯⋯莫怀戚
吹开青苔喝凉水
那一面山坡哟⋯⋯⋯⋯⋯⋯⋯丁　茂
随笔
关于《我的作家梦》⋯⋯⋯⋯乔　瑜
封面设计⋯⋯⋯⋯⋯⋯⋯⋯⋯魏献忠

1988 年第 4 期　刊名:《中篇小说选刊》
目录

要字 8679 号⋯⋯⋯⋯⋯⋯⋯⋯王　蒙
关于我的推理小说新作
国殇⋯⋯⋯⋯⋯⋯⋯⋯⋯⋯⋯周梅森

并非自言自语
懒得离婚·······················谌　容
无题
枣树的故事·····················叶兆言
最后的小说
烦恼人生·······················池　莉
也算一封回信
一草一木总关情··················张　平
忍不住想说几句
家族·························周大新
也是一个故事
求解···················高　光　张健行
封面设计·······················魏献忠

1988 年第 5 期　刊名:《中篇小说选刊》
目录

两程故里·······················阎连科
题外话
湖怪·························吴若增
无题
风景·························方　方
仅谈七哥
阴阳八卦·······················冯骥才
关于《阴阳八卦》的附件
都市里的野美人··················张一弓
啊，曼陀罗·····················王尚贤
老不成功，但愿成功
艰难时世···············李　锐　蒋　韵
封面设计·······················魏献忠

1988 年第 6 期　刊名:《中篇小说选刊》
目录

冰坝·························梁晓声
关于《冰坝》
都市里的野美人··················张一弓
一个高尚的可怜虫的爱情故事
卜琳·························易　丹
关于人，关于中国人
国殇·························霍　达
万马齐喑究可哀
伏羲伏羲·······················刘　恒
伏羲者谁
荒漠公主·······················许志强
那年我十八
烧碱与苏乃熹··················徐　刚

封面设计·······················魏献忠

1989 年第 1 期　刊名:《中篇小说选刊》
目录

阴阳界·······················从维熙
"阴阳界"闲话
玉卿嫂·······················白先勇
《玉卿嫂》的写作起缘
母亲·························梁晓声
关于《母亲》
驼道·························邓九刚
我喜欢我的《驼道》
关于行规的闲话··················李　晓
闲话"闲话"
黑洞·························方　方
《黑洞》信口谈
沙地牛仔·······················郭雪波
寂寞的文学
鸟树下·······················叶　蛏
生活本身是魔幻的
河殇···················苏晓康　王鲁湘
《河殇》有幸成为靶子
封面设计·······················魏献忠

1989 年第 2 期　刊名:《中篇小说选刊》
目录

得乎? 失乎?···················谌　容
说不清楚
秋之惑·······················周克芹
几句闲话
预碎·························梁晓声
关于《预碎》
头人·························刘震云
草木、人及官
贵州女人·······················陈若曦
女人的爱心
母女情·······················於梨华
《母女情》写后的一点杂感
圣人余自悦正传··················陈世旭
厨子和老子
九月的恍惚·····················肖复兴
恍惚之余
盆地·························蒋　韵

生于盆地
左面是篱笆　右面是玫瑰·································迟子建
总有慌张的时候
秋歌··冯敬兰
属于一回你自己
封面设计···魏献忠

1989 年第 3 期　刊名:《中篇小说选刊》
目录

最后一场秋雨·····································田中禾
你不必太在意，也不必……
一百个人的十年···································冯骥才
"文革"是我文学的母亲
走向混沌···从维熙
附记
旧道··周大新
我们都来自尘土
荒诞四题···鲍　昌
心灵和信念··亚　方
单位··刘震云
纠缠与被纠缠
昨天已经古老······································竹　林
和昨天告别的人和脱壳的蟹
远山几多弯··莫　伸
遥远的回忆
封面设计···魏献忠

1989 年第 4 期　刊名:《中篇小说选刊》
目录

习惯死亡···张贤亮
我必须要告诉你
黑色的梦···晨　原
时代的困惑
李氏家族的第十七代玄孙·······················李佩甫
在"瞎话儿"中长大
瓦妖··张　沪
话说《瓦妖》
艳歌··叶兆言
《艳歌》后记
大收煞···沈虹光
关于《大收煞》
封面设计···魏献忠

1989 年第 5 期　刊名:《中篇小说选刊》
目录

难题··勇　直
漫话《难题》
啼笑皆非···谌　容
关于《啼笑皆非》
绝望中诞生··朱苏进
拿出点精神来
黑洞··乔典运
没洞的洞
家属房···刘庆邦
都是干货
破碎的梦···郑　平
纯属个人之见
洞庭湖神话··康　濯
老生"不常"谈
海市··迟子建
海边的白房子
宝物··莫　伸
《宝物》絮语
封面设计···魏献忠

1989 年第 6 期　刊名:《中篇小说选刊》
目录

子午流注···蒋子龙
从五台山车祸说起
明天的太阳··田中禾
相信未来
女人秋···阎强国
苦难的温情
你不该这样··乔典运
又抄一篇
四个放飞的女人·····························南　翔　丽　霞
无题
超导··钟道新
偶然的虚构
封面设计···魏献忠

《钟山》

【简　介】

　　综合性文学月刊。江苏省作家协会主办。创刊于1979年。创刊初期为文学季刊，1982年第1期起改为文学双月刊。其办刊宗旨为"兼容并蓄、惟文是举、鼓励探索、引领潮流，做最好的汉语文杂志"，以发表中短篇小说为主，同时刊登散文、诗歌、文学评论等，是引领汉语文学创作潮流的重要阵地，被誉为中国文学期刊界的"四大名刊"之一。

期刊号:1978 年第 1 期—1989 年第 6 期

1978 年第 1 期　刊名:《钟山》
目录

小说

七月流火⋯⋯⋯⋯⋯⋯⋯⋯⋯⋯殷志扬
迎春鞋⋯⋯⋯⋯⋯⋯⋯⋯⋯⋯刘振华
画廊⋯⋯⋯⋯⋯⋯⋯⋯⋯⋯⋯金　煦
板大爷⋯⋯⋯⋯⋯⋯⋯⋯⋯⋯陆顺英
咱挡车工师傅⋯⋯⋯⋯何琼崖　徐义君
夜过前栗山⋯⋯⋯⋯⋯⋯⋯⋯陆涛声

诗歌

悼念伟大领袖和导师毛主席（二首）⋯臧克家
太阳没有落⋯⋯⋯⋯⋯⋯⋯⋯徐　歌
山里人的话⋯⋯⋯⋯⋯⋯⋯⋯孙晓云
握着华主席的手⋯⋯⋯⋯⋯⋯李曙白

汗的歌（外一首）⋯⋯⋯⋯⋯⋯武仲平
天外牵来一道泉⋯⋯⋯⋯⋯⋯贾　征
雷火呼啸的钢厂（二首）
——写在深入学大庆的高潮中⋯⋯任愚颖
哨棚赞（外一首）⋯⋯⋯⋯⋯李振业
红线（外一首）⋯⋯⋯⋯⋯⋯杨德祥
女绘图员⋯⋯⋯⋯⋯⋯⋯⋯⋯曹彭龄

散文

南湖情思⋯⋯⋯⋯⋯⋯⋯⋯⋯李华岚
红旗十月满天飞——黄桥决战战地巡礼
⋯⋯⋯⋯⋯⋯⋯⋯⋯胡松植　傅宁军
映山红是怎么开的?　——大别山漫记⋯⋯何晓鲁

评论

坚持唯物主义的创作路线——批"四人帮"的"主题先行"论⋯⋯⋯⋯冯云青　赖先德

长篇连载

山弯春早⋯⋯⋯⋯⋯孙玉章　卢广成　姜　威

1978 年第 2 期　刊名:《钟山》
目录

小说

炊事班长的心事⋯⋯⋯⋯⋯⋯龚　放
洁白的雪花⋯⋯⋯⋯⋯⋯⋯⋯毛　英
梦彩师傅⋯⋯⋯⋯⋯⋯⋯⋯⋯赵翼如
春光灿烂⋯⋯⋯⋯⋯⋯⋯⋯⋯傅连理

诗歌

雨花路——长安街——江南行之一⋯徐　刚
一点——给一位青年同志⋯⋯⋯臧克家
水乡曲（三首）⋯⋯⋯⋯⋯⋯孙友田
硬骨头的话（四首）⋯⋯⋯⋯马绪英
塔影上⋯⋯⋯⋯⋯⋯⋯⋯⋯⋯殷恩宇

散文

鞋子⋯⋯⋯⋯⋯⋯⋯⋯⋯⋯⋯菡　子
樟坞道上⋯⋯⋯⋯⋯⋯⋯⋯⋯艾　煊
花海的源头⋯⋯⋯⋯⋯⋯何琼崖　徐义君
枣花蜜⋯⋯⋯⋯⋯⋯⋯⋯⋯⋯程大利

革命回忆录

难忘的一课⋯⋯⋯⋯⋯⋯⋯⋯李元凯
狂飙卷起印刷工⋯⋯⋯⋯⋯⋯徐颂东

评论

曹禺剧作的语言艺术⋯⋯⋯⋯⋯⋯陈瘦竹　沈蔚德
文艺史的伪造和"四人帮"的反革命阴谋——评江天
《研究文艺史上儒法斗争的几个问题》⋯⋯陈辽　凌焕新

中篇小说

石城怒火⋯⋯⋯⋯⋯⋯⋯⋯⋯⋯⋯⋯⋯海　笑

1978 年第 3 期　刊名:《钟山》
目录

小说

调动⋯⋯⋯⋯⋯⋯⋯⋯⋯⋯⋯⋯⋯⋯⋯恽建新
潜向深深的海洋⋯⋯⋯⋯⋯⋯⋯⋯⋯⋯⋯顾　工
山鸣谷应⋯⋯⋯⋯⋯⋯⋯⋯⋯⋯⋯⋯⋯⋯竹　眠
龙凤飞⋯⋯⋯⋯⋯⋯⋯⋯⋯⋯⋯⋯⋯⋯⋯章艺欣
表演⋯⋯⋯⋯⋯⋯⋯⋯⋯⋯⋯⋯⋯⋯⋯⋯董长敬

革命回忆录

开辟太滆地区⋯⋯⋯⋯⋯⋯⋯⋯⋯⋯⋯⋯陈立平

诗歌

青山铭⋯⋯⋯⋯⋯⋯⋯⋯⋯⋯⋯⋯⋯⋯⋯忆明珠
激流礼赞⋯⋯⋯⋯⋯⋯⋯⋯⋯⋯⋯⋯⋯⋯季振邦
旧战地的怀念（二首）——写在太湖游击区⋯邹国平
拾贝行（外一首）⋯⋯⋯⋯⋯⋯⋯⋯⋯⋯邵学文
出海路⋯⋯⋯⋯⋯⋯⋯⋯⋯⋯⋯⋯⋯⋯⋯姚　橹
当我年轻的时候（外一首）——献给我同龄的朋友们
⋯⋯⋯⋯⋯⋯⋯⋯⋯⋯⋯⋯⋯⋯⋯⋯⋯陈继光
诗词四首⋯⋯⋯⋯⋯⋯⋯⋯⋯⋯⋯⋯⋯⋯刘亚明
春天的卫士（外一首）——写给一位老护林工
⋯⋯⋯⋯⋯⋯⋯⋯⋯⋯⋯⋯⋯⋯⋯⋯⋯吴延卿
无锡民谣四首⋯⋯⋯⋯⋯⋯⋯⋯⋯⋯⋯⋯朱海容
英雄碑下⋯⋯⋯⋯⋯⋯⋯⋯⋯⋯⋯⋯⋯⋯黑　子

散文

江河，连心的动脉⋯⋯⋯⋯⋯⋯⋯⋯⋯⋯张成珠
清明时节雨纷纷——南京雨花台记行⋯⋯⋯徐　刚
瓜洲闸抒怀⋯⋯⋯⋯⋯⋯⋯⋯⋯⋯⋯⋯⋯张宏梁

评论

论鲁迅小说的艺术风格⋯⋯⋯⋯⋯范伯群　曾华鹏
论《李自成》的形象塑造艺术⋯⋯⋯⋯⋯吴功正
谈长篇历史小说《李自成》⋯⋯⋯⋯⋯⋯董　健
创作与生活——《万山红遍》创作经过及其他
⋯⋯⋯⋯⋯⋯⋯⋯⋯⋯⋯⋯⋯⋯⋯⋯⋯黎汝清
井岗山道路的赞歌——评长篇小说《万山红遍》
⋯⋯⋯⋯⋯⋯⋯⋯⋯⋯⋯⋯⋯⋯⋯⋯⋯方全林

中篇小说

石城怒火⋯⋯⋯⋯⋯⋯⋯⋯⋯⋯⋯⋯⋯海　笑

1979 年第 1 期　刊名:《钟山》
目录

电影文学剧本

江南一叶（朱成梁插图）⋯⋯⋯⋯⋯菡　子　李　纳

短篇小说

崔大成小记⋯⋯⋯⋯⋯⋯⋯⋯⋯⋯⋯⋯⋯陆文夫
祈祷⋯⋯⋯⋯⋯⋯⋯⋯⋯⋯⋯⋯⋯⋯⋯⋯周正荣
妻子⋯⋯⋯⋯⋯⋯⋯⋯⋯⋯⋯⋯⋯⋯⋯⋯沈仁康
风波⋯⋯⋯⋯⋯⋯⋯⋯⋯⋯⋯⋯⋯⋯⋯⋯陈寿欣
扁鹊（张闻彩插图）⋯⋯⋯⋯⋯⋯⋯⋯⋯李泉岳

中篇小说

金秋菊（朱成梁插图）⋯⋯⋯⋯⋯⋯⋯⋯刘振华

评论

读《王昭君》⋯⋯⋯⋯⋯⋯⋯⋯⋯陈瘦竹　沈蔚德
文学作品需要"这个"⋯⋯⋯⋯⋯⋯黄政枢　程远山
重读峻青的短篇小说——写在《黎明的河边》再版的
时候⋯⋯⋯⋯⋯⋯⋯⋯⋯⋯⋯⋯⋯吴中杰　高　云
论《鸭的喜剧》⋯⋯⋯⋯⋯⋯⋯⋯范伯群　曾华鹏
试论郭沫若早期的三篇诗剧⋯⋯⋯⋯⋯⋯骆寒超
《淮河边上的儿女》再版的话⋯⋯⋯⋯⋯陈登科

翻译小说

医生（李娜插图）
⋯⋯⋯⋯⋯⋯⋯⋯⋯〔美〕亨利·登克尔著　任　俊译
编者的话

1979 年第 2 期　刊名:《钟山》
目录

学习周总理关于文艺工作的讲话

学习·感受·思索⋯⋯⋯⋯⋯⋯⋯⋯⋯⋯顾尔镡
实践·规律·独创性⋯⋯⋯⋯⋯⋯⋯包忠文　裴显生

长篇小说连载

叶秋红（胡博琮、曹凤池插图）⋯⋯⋯⋯⋯黎汝清

中篇小说

盼望（朱国梁插图）⋯⋯⋯⋯⋯⋯⋯⋯⋯海　笑

短篇小说

信 ……………………………………………… 凤 章
"漏斗户"主 ………………………………… 高晓声
不为自己 …………………………………… 薛海翔
能人 ………………………………………… 高 风

电影文学剧本

钟山风雨（张闻彩插图）………………… 艾 煊

评论

关于瞿秋白 ……… 郑乃臧 唐再兴 杨 杰
艺海浮沉话《柳堡》——记《柳堡的故事》中的主人
公李进一夕谈 …………………………… 陈 辽
论刘心武短篇小说的思想艺术特色 …… 曼 生
曲艺对文学的影响及其应有的地位 …… 张棣华

翻译小说

黄昏的山崖 ………… [日]黑岩重吾著　陈德文译
寓言二则 …………………………………… 陈乃祥
山高水长（插页之一）…………………… 钱松岩
江南风光（插页之二）…………… [日]竹内栖风

1979 年第 3 期　刊名:《钟山》

目录

长篇小说

还我河山（连载·胡博琮插图）………… 李英儒

中篇小说

灵前（曹望恺插图）……………………… 吴 强
风云人间（胡博琮插图）………………… 程在华

短篇小说

春寒 ………………………………………… 李 潮
扇子 ………………………………………… 吴凤珍
天涯芳草 …………………………………… 程树榛
信念 ………………………………………… 恽建新

散文随笔

马上随笔 …………………………………… 刘 金
石榴树（外两章）………………………… 逯 斐
雨后 ………………………………………… 徐 刚
绿水角 ……………………………………… 顾 炯

诗歌

祖国颂（三十首）……… 赵瑞蕻 沙 白 韦 丘
梁上泉 程乐坤 田 芜 池 澄 高 风 陈咏华
孙友田 李克因 杨德祥

波澜曲（三十七首）…………… 臧云远 刘亚明
钟敬文 忆明珠 何晴波 丁 芒 黄东成 任红举
王恩宇 叶庆瑞 邓海南 阎志民 蔡之湘 黑 子
王染野 轶 明
铁铃传（叙事诗）………………………… 涂心江
二泉映月月更明（叙事诗）……………… 刘江鸿

评论

一个方向　多种风姿——建国三十年来短篇小说创作
述评 ………………………… 黄政枢 程远山
漫谈茅盾创作活动的几个特点——献给新长征路上的
青年作者 ………………………………… 叶子铭
艺术断想三题 …………………………… 潘旭澜
对《江南一叶》的商榷 …………… 陶 白 邓 洁

翻译小说

一个陌生女人的来信（曹望恺插图）
………………… [奥]S.茨威格著　王守仁译　房敬千校
长城（插页之一）………………………… 亚 明
在丛林里（插页之二）…………… [瑞典]安德斯·佐恩

1979 年第 4 期　刊名:《钟山》

目录

长篇小说

还我河山（连载·胡博琮插图）………… 李英儒
在惊涛里诞生的（选载·张闻彩插图）… 凤 章
大学时代（选载·袁志山插图）………… 程树榛

中篇小说

罪愆（李娜插图）………………………… 庞嘉泰
力量 ………………………………………… 焦祖尧
一支唱不完的歌 ………………………… 高晓声
买肉 ………………………………………… 蔡玉洗
人事科长外传 …………………………… 董 尧

散文

一团燃烧的火——悼念亲人方之 ……… 李艾华
李、吴两墓得失记（周蓓莉插图）……… 魏绍昌
大海的呼唤 ……………………………… 莫大祥

诗歌

长征路上——长诗《巍巍的丰碑》中的一章 …… 周而复
"大清河"素描—— 一条污水处理船的历史 … 邹荻帆
陈白尘历史剧的艺术风格 ………………… 甘竞存
"新潮头"与老调子 ……………………… 胡若定
悲愤读《罪愆》，欣然看"新花" ……… 潘仁山
艺术就是感情 …………………………… 杜墨华

生活·发现·独创——学习札记·············姜耕玉
论《北京人》·····································李关元

翻译小说
库普林短篇小说四篇
·················刘璧予　何国芳　沈渝来　曹缦西译

简讯
作家方之追悼会在宁举行

1980 年第 1 期　刊名：《钟山》
目录

笔谈会
贯彻"双百"方针　繁荣文艺创作·············罗　苏
刘宾雁　陆文夫　邓友梅　逯斐　王西彦　刘　真
林斤澜　刘绍棠　石　言　戈宝权

长中篇小说
牛倌传（选载）·································刘知侠
有人敲门（连载）·······························陆文夫
心曲（潘小庆插图）····················卢　群　李　牧

短篇小说
风雨凄其的早晨································王西彦
跑步（方骏插图）·······························恽建新
网···阿　蔷
雨夜（李娜插图）·······························阿　郁
加薪前夕·······································刘世俊
保姆···董　纯

散文
穿越小兴安岭··································艾　煊
八旬书翁写尽乌江水（田原插画）···············古　平

评论
重新学习　重新认识····························夏　阳
革命现实主义在前进····························吴调公
来自生活的诗情和美——读菡子的作品·········陈素琰
评忆明珠的诗··································严迪昌
贵在真实　勇于创新
——评高晓声近作的人物形象···············徐兆淮

翻译
翠桧·····························[日]井上靖作　吴树文译

简讯
江南文坛的一次盛会····························本刊记者

封面设计：柯明

1980 年第 2 期　刊名：《钟山》
目录

长篇连载
冬蕾（胡博琮插图）·····························黎汝清

中篇小说
苦恼的青春····································张　弦
有人敲门（续完）·······························陆文夫

电影文学剧本
舰队司令啊
——陶勇（赵光涛插图）····················艾　奇　王　彦

报告文学
"二熊"伏法记············蒋家柱　钟高渊　沈治平
田野上的进军············周正荣　张达明　张云志

短篇小说
水流终当归大海（刘国辉插图）···············廖　群
发嫂···阮　朗
追求（蔡知新插图）·····························周洪元
唐娥子···毛志成
等待···孙　颙

散文
工作着永远是美丽的····························陈学昭
浪迹抒情诗话··································钱静人

翻译小说
海的沉默（洪佩奇插图）····[法]维尔高尔著　小　禾译

文艺随笔
也谈"社会效果"································凌焕新
全面理解作品的社会效果························胡若定
笑话的联想（外一章）····························李　伟
修改与毅力····································杨光中
谈"奇"（外一章）·····················秦兆基　朱子南

评论
在探求中前进——读陆文夫的短篇小说
······························曾文渊　孙光萱
历史真实与艺术真实——兼评电影文学剧本《江南一
叶》···许祖良
文学的恋歌——谈谈青年作者李潮和他的《春寒》
···卜合士

读者论坛
对短篇小说《网》的反映（四则）…………王同书
阿 戎 小 蛮 樊小林 陆幸生 禾 子

1980 年第 3 期　刊名:《钟山》
目录

长篇小说
冬蕾（连载，续完）…………………………黎汝清
草岚风雨（连载）……………………………王玉堂

中篇小说
琴泉（聂秀公插图）…………………………董乃斌

短篇小说
定风珠………………………………………高晓声
眼睛，你在寻求什么?（蔡知新插图）………吕　平
天职…………………………………………徐羽厚
十五的月亮（洪佩奇插图）…………………戴宗朋
草（洪佩奇插图）……………………………何　易
跋涉者………………………………………潘　励
青春交响曲…………………………孔　厥（遗作）

随笔
春蚕…………………………………………巴　金
谈"扬州八怪"………………………何琼崖　潘宝明

散文
漫话江苏国画院……………………………夏　阳
草原春曲——库伦旗哈尔果的变迁…………白　原
高岛平公寓和德岛农村——访日札记之一…邓友梅
登峨眉金顶…………………………………凤　章

诗歌
佛手…………………………………………严　阵

作家研究
上下而求索——巴金在 1923 年—1928 年的活动
……………………………………………陈丹晨
"挖掘人物内心"的现实主义佳作——评巴金的《寒
夜》…………………………………………唐金海

作家论坛
论风格………………………………………王　蒙

评论
不灭的火焱——论方之的小说创作……郑乃臧　唐再兴
"集外集"的独特性——评《不会忘却的山歌》……叶亚东

1980 年第 4 期　刊名:《钟山》
目录

中篇小说
鹧鸪天（高　云插图）………………………刘绍棠
白桦树沙沙响（朱建新插图）…………李杭育　李庆西
漩涡（王璐插图）……………………………谷　新
开春锣鼓……………………………………福　庚
妙清（潘小庆插图）…………………………李英儒

短篇小说
被俘者（秦龙插图）…………………………孟伟哉
烟笼寒水（宋正玉插图）……………………孙华炳

电影文学剧本
黑血（洪佩奇插图）………………王亚平　唐军光　姜晓兵

作家论坛
我和文学——四月十一日在日本京都"文化讲演会"
上的讲话……………………………………巴　金

评论
论老舍的《正红旗下》………………………胡有清
《生活的路》和竹林生活的路………………关　鸿
论黄宗英报告文学的思想和艺术……………陆建华
充满泥土芬芳的农村写照——评马春阳短篇小说集
《双灯照》……………………………………季世昌

文艺随笔
善用逆笔……………………………………徐振辉
随笔两则……………………………………李　伟

文学和友谊
沈从文论……………………[美]金介甫著　杨　苡译
文学——友谊——记美国学者访问沈从文………高　鹏

1981 年第 1 期　刊名:《钟山》
目录

新春寄语……………………………………本刊编辑部

多幕话剧
秦王李世民（宗静草插图）…………………颜海平

翻译小说
来客………………………[法]阿尔贝·卡缪　筱敏译
欧内斯特大叔…………[英]爱伦·西利托　郑启吟译

中篇小说

啊，生活的浪花——一个女大学生的日记（曹望恺插图）……………………………海 翔

三对半及其他……………………………白晖华

菊祭（洪佩奇插图）……………………卞祖芳

短篇小说

蜗居（潘小庆插图）……………………宗 璞

晚晴……………………………………郭 青

一个夏天里的故事………………………晓 樵

忆………………………………………唐炳良

结论……………………………………储福金

等………………………………………于学基

明月夜…………………………………山 谷

散文

访叶圣老的第二故乡——甪直…………商金林

大师的风度——怀念作家赵树理………阿 农

评论

人材难得——读话剧《秦王李世民》有感……顾尔镡

时代漩涡与人物命运——评中篇小说《漩涡》
……………………………………包忠文 裴显生

勤奋耕耘 丰硕成果——谈黎汝清同志的小说创作
……………………………………………方全林

现代文学史上的一桩旧案
——评丁玲小说《在医院中》……………严家炎

争鸣园地

浅谈诗歌的继承、借鉴与创新……………丁 芒

当夜色浓重的时刻（小说）………………董会平

创作谈

甘苦寸心知——谈《老妪与士兵》………臧克家

文艺专讯

全国大型文学期刊座谈会简况

读者中来

读者的鼓励和批评

简讯（三则）

封面画 仕女图（中国画）………………方增先

封面设计………………………………潘小庆

1981 年第 2 期 刊名：《钟山》

目录

报告文学

凤凰展翅（方冰山插图）…………………跃 渊

水啊，生命的水——地质教授肖楠森传奇
……………………………………曼 生 罗达成

奔向绚丽多彩的前方………………………逯 斐

中篇小说

十七街的小楼（洪佩琦插图）……………姜 滇

黄金土（王孟奇插图）……………………李春光

悟（潘小庆插图）…………………………叶 曦

兰兰……………………………………黎 黎

短篇小说

卖驴（朱成梁插图）………………………赵本夫

绿色的梦…………………………………史铁生

最后一只玉鸟（方冰山插图）……………刘心武

篱笆墙……………………………………成正和

不是为了荣誉……………………………吴晓鸣

话剧剧本

黄桥决战（方骏插图）……………………吴 强

电影文学剧本

人在情深处（毛逸伟插图）…………黑 子 薛海翔

创作谈

散文小议…………………………………周而复

从三清殿上的如来佛到我的《漩涡》………谷 新

仅仅是开始——我写《秦王李世民》………颜海平

社会责任感：文学作品不可或缺的道德力量——我们
写《白桦树沙沙响》的一些想法………李杭育 李庆西

争鸣园地

辩证地看待诗的民族形式问题………………杨匡汉

评论

高晓声小说的幽默风格初探…………沈国芳 高 虹

长篇军事文学的新突破——评《冀鲁春秋》…陈 辽

文学回忆录

怀念"老郑"……………………………师 陀

外国文学

散文诗四篇………………[俄] 屠格涅夫著 黄伟经译

尤丽雅（李娜插图）………[俄] H.卡拉姆辛著 姜明河译

1981 年第 3 期　刊名:《钟山》
目录

中篇小说

柳岸飞莺（朱成梁插图）—————————吴思九
仙鹤荡（潘小庆插图）—————————徐朝夫
火警（童清琪插图）————田增翔　陶　正
电影开拍以前———————————戈悟觉
燕子李三（胡博琮插图）——————周尝棕

短篇小说

麦青青（夏　翔插图）——————恽建新
腹稿———————————————苏支超
梨花雨———————————————肖元生
凤辣子换房————————————杨　旭
复苏———————————————吴立智

散文

结帐———————————————杨字心
延边一夜————————————海　笑
忌讳（丁　聪插图）————————新凤霞

诗歌

真理的歌————————————岑　琦
苏皖行（诗词八首）———————陈昊苏

评论

鲁讯的刻划深切、技巧圆熟之作——论《肥皂》和
《离婚》————————范伯群　曾华鹏
不断突破自己的"铸定形式"
——读茅盾短篇小说小说札记————阿　槐
历史剧的创新——座谈《秦王李世民》
—————————————颜海平　陈　辽等

电影文学剧本

天朝余晖（杨雨青插图）———陈维仁　王少华

外国文学

波特莱尔散文八篇————————筱　敏译

1981 年第 4 期　刊名:《钟山》
目录

中篇小说

草长莺飞时节（程大利插图）—————刘绍棠
绣娘———————————————卢　群
静静的江畔（童清琪插图）—————魏启能
星空（科幻）（洪佩琪插图）————乔　良

短篇小说

墙基———————————————王安忆
飞磨（胡博琮插图）———————高晓声
蒙蒙雨夜（潘小庆插图）—————谈玉忠
寻常巷陌————————————吴翼民
姐姐———————————————肖　容

散文

攀登艺术的高峰——访巴尔札克故居——周而复
糖的品味————————————忆明珠
涛声———————————————江　波

诗词

满庭芳———————————————钱静人

报告文学

扑向绿色的大地—————————凤　章

电影文学剧本

琵琶行（戴敦邦插图）———许桂林　高正文

评论

心灵美的颂歌——喜读刘绍棠的中篇小说《鹧鸪天》
————————————————王振荣
梦幻·现实·艺术——《蜗居》艺术构思的特点
————————————————赵宪章
创作，就是"发现"——漫谈《钟山》发表的部分中
篇小说————————————程远山　吕　耘

争鸣园地

一支鼓舞青年运动去向未来的歌——读中篇小说
《啊，生活的浪花》——丁伯铨　周晓扬　张寿正
唯我主义的独白——评中篇小说《啊，生活的浪花》
————————————————江　春
迎新笔谈会———————————颜海平
薛海翔　姜　滇　徐朝夫　卢　群　恽建新　赵本夫
谷　新　李杭育　晓　樵　吴思九

翻译作品
鲁迅之死及其他·············[英]詹纳尔著　杨　苡译

民间文学宝藏中的一颗灿烂明珠——介绍长篇叙事吴歌《五姑娘》······················华士明

1982 年第 1 期　刊名:《钟山》
目录

长篇小说
春天的呼唤·····························程树榛

中篇小说
客从深山来···························马新川
古黄河滩上···························赵本夫

短篇小说
潮汛································王益山
大海奏鸣·····························安　咏
0∶0·······························杨汝申
戏票································力　强

诗歌
神话故事诗二首并序·······················雁　翼
透过画家的笔尖（八首）····················陈咏华

书简
彭柏山家书

创作谈
漫话小说创作··························王　蒙
致读者·····························薛海翔

评论
论歌颂和暴露··························夏　阳
忠于生活　思考生活——评王蒙近作的艺术手法
································石　箫

外国文学欣赏
盲人舞会
··········[法]保尔·瓦扬—古久里著　郑克鲁译
封面画：江南行（水印木刻）··········张新予　朱琴葆
封面设计：潘小庆

1982 年第 2 期　刊名:《钟山》
目录

长篇叙事吴歌
五姑娘················江苏省民间文学工作者协会吴语
地区采风队　张舫澜　马汉民　卢　群搜集整理

中篇小说
苍山之恋···························江　鱼
温暖的五月夜·························蒋　濮
路亭·····························徐朝夫
帆之歌····························扬　烈

短篇小说
银杏树····························张　弦
孔县长琐记···························肖元生
海潮晚来急···························艾　煊
代朝·····························邱维俊
小小说一束（四篇）·······················万　之

散文
重游旧战场——淮海散记····················陈登科
访美杂谈····························高晓声
小溪和灯海——访日琐忆····················蒋孔阳

创作谈
从两篇小说谈虚构························张　弦
积累·发掘·构思——回顾《卖驴》的形成过程
································赵本夫

评论
向生活的深处开掘——论张弦的小说创作···········裴显生
试谈几部中篇小说的结构艺术·················黄政枢
丹青难写是精神——介绍文学新人赵本夫和他的作品
································朱　砂

读者·作者·编者

外国文学欣赏
船夫·············[意]加·邓南遮著　吕同六译
封面画：山涧逢春（水印木刻）················李树勤
封面设计：潘小庆

1982 年第 3 期　刊名:《钟山》
目录

传记文学
巴黎的苦乳——在法国留学时期的冼星海
··························徐星平　驼　铃

中篇小说
石门二柳····························储福金

很近，很遥远 ·············· 顾　工
浊水东流 ·············· 樊秋惠

专论

延续·深化·突进——谈一九八一年中篇小说创作
·············· 张　韧

作家之窗

核桃树的悲剧（短篇新作）·············· 宗　璞
给克强、振刚同志的信
迈在探索和创新的路上——宗璞短篇近作漫评
·············· 方克强　费振刚
妈妈反复讲过的故事（短篇新作）·············· 刘心武
站在镜子面前——读一篇日本朋友的评论
试论刘心武——到《班主任》止 ····· ［日］濑户宏

短篇小说

蹬"二等车"的大嫂 ·············· 枫　亚
稻花飘香 ·············· 恽建新
松尔石 ·············· 冉　丹
英雄泪 ·············· 董会平
大米 ·············· 宗　波

散文

铸剑赋（外两篇）·············· 安　旗
记泉州开元寺 ·············· 海　笑
访美杂谈（之二）·············· 高晓声

诗歌

蹄踪——一头"牛"的一点感情 ·············· 阿　农

创作谈

误会与巧合 ·············· 陆文夫

钟山论坛

文艺必须民族化——读毛泽东同志关于文艺民族化论
述札记 ·············· 倪　斌
蒋濮和她的新作《温暖的五月夜》·············· 谷传发
跳动着时代的脉搏——谈恽建新的短篇小说
·············· 丁柏铨　胡素华
反封建的史诗　艺术的明珠——长篇叙事吴歌《五姑
娘》讨论会纪要 ·············· 欧　阳整理
封面画：水中天（水印木刻）·············· 金明华
封面设计：潘小庆

1982 年第 4 期　刊名：《钟山》
目录

中篇小说

黎明潮 ·············· 孟伟哉
岩音小筑 ·············· 严　阵
阿德老汉一家 ········ 徐孝鱼　叶　林
悬崖 ·············· 孙华炳

短篇小说

颜老爹又来打门 ·············· 陆永基
没有结束的对话 ·············· 吴启泰
希望进行曲 ·············· 关　鸿
王山轶事 ·············· 吴双林
新雪 ·············· 吴泽蕴

散文

再访叶圣老 ·············· 谷　苇

作家之窗

重在表现人在战争中的伦理道德——孟伟哉军事题材
中短篇小说读后随想 ·············· 思　忖
脱稿之后 ·············· 孟伟哉
访作家孟伟哉 ·············· 赤　道

报告文学

千丝万缕 ·············· 陈祖芬

钟山论坛

新来燕子啄春泥——简评储福金的小说创作 ··· 刘静生
为振兴中华的人作歌
——长篇小说《春天的呼唤》读后 ·············· 李景峰
肖像描写艺术经验探微 ·············· 王臻中
略论"主导性格"（文艺随笔）·············· 黄毓璜
封面画：水中天（水印木刻）·············· 金明华
封面设计：潘小庆

1982 年第 5 期　刊名：《钟山》
目录

中篇小说

在自然风景区 ·············· 陈小初
月是故乡明 ·············· 姜　滇
新来的女教师 ·············· 董会平

报告文学

山与海的女儿 ·············· 樊希安　杨宝臻　许国泰

县长黄伟宁的故事 ················· 晓　鸣

短篇小说

砝码 ······························ 赵长天
田三娘炒猪肝 ····················· 丁正泉
圆 ································ 峭　石
37 床病员 ························· 洪　友

作家之窗

两医生（短篇小说） ··············· 冯骥才
作家要干预人的灵魂 ··············· 冯骥才
讴歌生命的壮美——漫话冯骥才的小说创作···杨世伟

散文

澳大利亚见闻 ····················· 陈登科
两位常州老师 ····················· 袁　鹰
温暖的回忆 ······················· 董楚青

钟山论坛

《五姑娘》赞 ······················ 王朝闻
姜滇小说的艺术追求 ··············· 雷　达
自尊、自重与自强的呼唤——评张弦新作《银杏树》
································ 沈敏特
文艺需要哲理（文艺随笔） ··········· 晓　江
小说的议论艺术（文艺随笔） ········· 李振声

话剧

吉庆有余 ························· 王志安

电影文学剧本

神州何处大观园 ··················· 甄晓甫
封面画：群山破湖影（水印木刻） ····· 吴俊发
封面设计：潘小庆

1982 年第 6 期　刊名:《钟山》
目录

中篇小说

流逝 ····························· 王安忆
搏斗者 ··························· 黎汝清
横竖三斧头 ······················· 赵　形
终曲 ····························· 黄蓓佳
家事 ····························· 苏　雷

传记文学

乡村的童年 ······················· 菡　子

短篇小说

小镇早市 ························· 李中萱
筝音如诉 ························· 肖元生
光环 ····························· 柏　桦

散文

一个青年战士的回忆——散文三则 ····· 雁　翼

作家之窗

磨牙（短篇小说新作） ············· 高晓声
炼狱·深情·真知——也谈高晓声的创作······潘英达

报告文学

扬帆 ·····················山　谷　彭兆庆

钟山论坛

谈小说观与小说技巧 ··············· 高行健
从水乡沃土中汲取诗情——评农民作家徐朝夫的小说
······················ 姜　文　唐再兴
在生活的平淡中努力求新——谈谈肖元生的短篇小说
创作 ····················· 刘　响　安　凡
人物性格和具体情境 ··············· 张宏梁
牛二的"长生术" ················· 程远山
封面画：船石（水印木刻） ····· 周一清　杨春华
封面设计：潘小庆

1983 年第 1 期　刊名:《钟山》
目录

努力开创社会主义文学新局面（短文一束）——本刊
第二次"太湖笔会"剪影 ········· 蒋孔阳　严　阵
叶蔚林　莫应丰　孙健忠　谭　谈　王安忆　温跃渊
薛海翔　陈　村　蒋　濮　程乃珊　曹冠龙

中篇小说

难与人言的故事 ··················· 莫应丰
佤佤山风情 ······················· 陆　逐
窑坑院里的人家 ··················· 峭　石

作家之窗

风息浪止（中篇小说新作） ········· 王　蒙
探寻者的心踪——评王蒙近年来的创作 ··· 何西来
诗情词意 ························· 王　蒙
附：王蒙主要作品目录

散文

小城柏克莱 ······················· 林　菲
杂谷垴今昔——草地纪行之一 ········· 望　昊
岳阳楼漫思 ······················· 伍　杰

磨励·跋涉·奋进——记中年作家从维熙 …… 郑日焕

短篇小说
父母心 ………………………………………… 程乃珊
年夜饭 ………………………………………… 魏雪耿
初雪微融的山林 ……………………………… 乔雪竹
魂归 …………………………………………… 薛 之
窑哥 …………………………………………… 克 歧
血染的小花 …………………………………… 张昌华

钟山论坛
月到中秋分外明——推荐电影文学剧本《月到中秋》
………………………………………………… 荒 煤
心灵的探索 哲理的涵茹——从王安忆的《墙基》和
《流逝》所想起的 …………………………… 吴调公
作家与"自我" ………………………………… 从维熙
既要"三比一"又可"九比〇"（文艺随笔） 陆慰利

电影文学剧本
月到中秋 ……………………………………… 邹安和

读者中来
对《石门二柳》、《黎明潮》的反应
封面设计：方理元
扉页刊名题字：武中奇

1983 年第 2 期 刊名:《钟山》
目录

中篇小说
山雾散去 ……………………………………… 谭 谈
潮影 …………………………………………… 徐朝夫
书剑飘零 ……………………………………… 宋 词
清净 …………………………………………… 王小鹰

作家之窗
年年柳色（中篇小说新作） ………………… 刘绍棠
乡土文学和我的创作 ………………………… 刘绍棠
附：刘绍棠主要作品目录
刘绍棠作品民族风格雏论 …………………… 丁 帆

散文
西域风情画 …………………………………… 张宝发
访日随感 ……………………………………… 海 笑
微雨花桥路 …………………………………… 陈一凡
天涯陌路两飞鸟 ……………………………… 章学新

短篇小说
土炕（外一篇:《两代人》） ………………… 贾平凹
榆树园 ………………………………………… 恽建新
正是麦熟时节 ………………………………… 王益山
你说过我们还会相逢 ………………………… 刘乃康
一分为二 ……………………………………… 张宇清

钟山论坛
语林采英 ……………………………………… 秦 牧
引人探索的意境——读《流逝》 …………… 余向学
论《芙蓉镇》的人物塑造 …………………… 潘旭澜
风格：认识生活和认识自己的结晶——评刘心武的创
作风格 ………………………………………… 南 帆
试论建国以来军事长篇小说创作 …… 陈 辽 方全林
文艺随笔（三则） ……… 胡德培 陈 炳 程东安
封面画：到此始信（国画） ………………… 刘海粟
扉页画 ………………………………………… 朱新建

1983 年第 3 期 刊名:《钟山》
目录

中篇小说
人·鸟·岛 …………………………………… 江奇涛
数声风笛 ……………………………………… 严 阵
蓝云湖流过这里 ……………………………… 垦 拓

话剧
路，在你我之间 …………………… 王承刚 熊国栋

作家之窗
紫藤小院（短篇小说新作） ………………… 林斤澜
采石者的欣慰——论林斤澜的创作 … 谢 冕 陈素琰
谈魅力（创作谈） …………………………… 林斤澜
附：林斤澜主要作品目录

短篇小说
青石街头的小屋 …………………… 丁震东 屠海滨
纪念日 ………………………………………… 薛海翔
周晓英收鲜 …………………………………… 枫 亚
张文礼开茶馆 ………………………………… 刘振华

散文
回忆康南海先生 ……………………………… 刘海粟
下杨村杂记 …………………………………… 陈学昭
北国书简 ……………………………………… 王英琦

钟山论坛
姜滇小说创作探讨（座谈会发言摘要）

文艺随笔（二则）──────王林书　贺光鑫
封面画：火星之旅──────（中国台湾）刘国松
扉页：施邦鹤

1983 年第 4 期　刊名:《钟山》
目录

中篇小说
蓝屋────────────程乃珊
云烟街夜话──────────古　华
天女──────────田增翔　陶　正

话剧
现代折子戏（四出）────────高行健

作家之窗
小说三篇（短篇小说新作）──────汪曾祺
论汪曾祺的小说─────────雷　达
小说技巧常谈─────────汪曾祺
附：汪曾祺主要作品目录

报告文学
当代风流──记"孤芳"三姐妹──────沈　沉　肖　冰

短篇小说
肖像─────────杨汝申
烈日下─────────袁泰林
考验──────────王　筠
绿歌─────────陈小初
催妆─────────孙学梅

散文
咸亨酒店新主顾────────张泽民
暖意─────────树　菜
阿尔及利亚散记────────李　进

钟山论坛
矛盾·典型·生活──从近年来的中、短篇小说创作
谈我国文学的创新与发展──────缪俊杰
幻灭·离弃·认同──论於梨华的"自由选择"
─────────────张　超
向深处掘进──读丁正泉小说随感──────黄毓璜
艺术与人的缺陷─────────吴　亮
封面画：艳阳春（国画）──────李　亚
扉页画：王璐

1983 年第 5 期　刊名:《钟山》
目录

长篇小说
"气管炎"外传─────────艾明之

中篇小说
茶话会─────────刘心武
家家有本难念的经────────徐　扬

作家之窗
商州初录（笔记）────────贾平凹
山石、明月和美中的我（创作谈）──给一位朋友的
信的摘录─────────贾平凹
附：贾平凹主要作品目录
充满活力的溪流──试论贾平凹的创作道路───张志忠

短篇小说
河那边─────────高行健
归来──────────东方既白

特写
反戈的御林军────────孙华炳

钟山论坛
论新时期文学及其发展────────刘梦溪
历史的反思与文学的时代精神──读第二届获奖的中
篇小说有感─────────张　韧
本刊编辑部举办《钟山》文学奖评奖活动启事
《钟山》1979 年—1983 年优秀作品推荐表
封面画：山色翠如浇（彩画）──────朱　葵
扉页画：晓离

1983 年第 6 期　刊名:《钟山》
目录

中篇小说
折射的讯息────────张健行
迭影──────────谷　白
丹妮──丹宁─────────姜　滇
这里是湛蓝的天────────焦祖尧

散文
家有长子──鲁迅在父亲患病和逝世时──────周建人
於菟和虎子─────────胡天风
大厦和庙堂──北美杂记───────王西彦

短篇小说

各人头上一方天·····························杨　旭
寨堡——故道风情之一·····················赵本夫

作家之窗

寻觅（短篇小说新作）·····················鲁彦周
真实·朴素·自然（创作谈）···············鲁彦周
附：鲁彦周主要作品目录
略谈鲁彦周作品中的几个妇女形象···········张　禹

钟山论坛

上升的螺旋——再谈王安忆的小说···········曾镇南
《蓝屋》的启示——程乃珊中篇新作《蓝屋》读后
·······································王若望
艺术应该是活的（文艺随笔）——在一次座谈会上的
发言···································章品镇
封面画：田原
扉页画：陈凯

1984 年第 1 期　刊名:《钟山》
目录

新花圃

迟归的冠军鸽（短篇小说）·········陈望尘　沈家朋

话剧

十五桩离婚案的调查剖析···················刘树纲

中篇小说

来自河外星系的信息·······················卞祖芳
唐牛皮的"英雄路"·······················水运宪
醒时的梦·································艾　煊

短篇小说

孟扣老大的船·····························高　锋
唉，射鱼郎……·························张健人

散文

雨中访虚霩园和曾朴墓·····················魏绍昌
霜重红梅阁·······························陈　肃
清澜渔话·································苏　晨

作家之窗

上天堂（短篇小说近作）···················叶文玲
失败引起的思索（创作谈）·················叶文玲
附：叶文玲主要作品目录
她以美慰藉人们——试评叶文玲的创作倾向···王家伦

钟山论坛

小说技巧断想·····························南　帆
谈谈"复合小说"·························钟本康
过犹不及（文艺随笔）·····················何　若
精神食品、饮料及其他（文艺随笔）···········夏　阳

海外回音

一部卓越地反映中国敌后抗日斗争的小说——美国学
者评介艾煊的《大江风雪》·················梅汝恺译

美术

封面设计（封面）·························范一辛
高原春光（中国画）（封三）···············盖茂森
山歌（装饰画）（封底）···················陈之川
春天（木刻）（扉页）·····················林敦席

1984 年第 2 期　刊名:《钟山》
目录

话剧

小井胡同·································李龙云
重读《小井胡同》·························陈白尘

中篇小说

C 小调叙事曲·····························萧　冬
才女···································宋　词

作家之窗

春之潮汐（中篇小说新作）·················从维熙
要"认识你自己"（创作谈）···············从维熙
附：从维熙主要作品目录
从维熙论·································陈　辽

短篇小说

山这边人家·······························王益山
秋山叶···································王小鹰
细鳞河边·································刘树德
八两＝一斤？（外一篇）···················路　桦

散文

江南忆，最忆乱离年·······················袁　鹰
卖菱角的姑娘·····························刘湛秋
葱岭采风记·······························海　笑
吴中第一水与天下名泉·····················张成珠

杂文

党性、个性与风格·························陶　白
系列护肤品和系列教育（外一篇）···········吴　人

钟山论坛

心理信息的快速追踪——王蒙《风息浪止》赏析

·······················赵宪章 安 凡

冗繁削尽留清瘦——贾平凹《商州初录》读札

·······················李振声

艺苑丛草

进入与跳出·······················潘旭澜

美术

重阳（版画）（封二）·······················赵延年

组塑（饮中八仙歌）（封三）·······················徐秀棠

遐思（水粉画）（封底）·······················陈守义

林间絮语（装饰画）（扉页）·······················诸艺萌

1984 年第 3 期　刊名:《钟山》
目录

中篇小说

抛弃·······················金沙水

船长·······················李杭育

我们去摘秋天的果实·······················黄蓓佳

我审判的第一个案件·······················魏雅华

作家之窗

驳壳枪（短篇小说新作）·······················李国文

论眼睛（创作谈）·······················李国文

附：李国文主要创作目录

灵智的明灯——谈李国文在人物塑造上的追求

·······················何西来

报告文学

矿山两代人·······················肖复兴

韦赛英夸夫——记盐城市副市长沙金茂·······················马春阳

散文

回忆三题·······················臧云远

小镇，在过去和未来之间·······················任一舟

短篇小说

遗传基因·······················赵长天

百家争"名"·······················丁正泉

保护神·······················王西彦

何家班·······················阿 木

钟山论坛

文学风俗画笔谈

谈谈风俗画·······················汪曾祺

风俗画与审美观·······················吴调公

"地方色彩"掠影·······················章品镇

从现代小说的风俗画谈起·······················许志英

写出水乡味来·······················姜 滇

杂谈当代风俗画作品·······················丁 帆

葛川江的艺术轨迹

——关于李杭育《船长》的断想·······················李庆西

从《茶馆》的重演谈到《小井胡同》·······················凤 子

艺苑丛草

广大与精微?·······················潘旭澜

美术

封面设计（封面）·······················范一辛

彩墨画两幅（封二）·······················保 彬

小憩场头话家常（国画）（封三）·······················程民义

诗的沉醉（油画）（封底）·······················苏天赐

江南小镇（版画）（扉页）·······················谈一峰

1984 年第 4 期　刊名:《钟山》
目录

首届"《钟山》文学奖"获奖作品篇目

中篇小说

古老的"南城帽"——小井民俗长卷之一·······················李龙云

九叶树·······················贾平凹

他们是丁香，是铃兰，是郁金香，是紫罗兰·······················俞天白

作家之窗

找乐（中篇新作）·······················陈建功

小说起码……（创作谈）·······················陈建功

附：陈建功主要作品目录

更勇敢、更热烈地反映变革中的生活——关于陈建功

的笔记·······················陈骏涛

新花圃

留学生楼（中篇小说）·······················孙 进

短篇小说

无忌（外一篇）·······················邹星枢 杨汝申

青苗会·······················夏坚勇

岗位·······················艾 奇

钟山论坛

新时期小说观念的审美演变·······················吴 文

美术

封面设计（封面）·······················范一辛

竹影婆娑（中国画）（封二）……………………贺　成
水墨小品（中国画）（封三）……………………阿　斌
月光曲（中国画）（封底）………………………刘光夏
集市一角（装饰画）（扉页）……………………陈兆远

1984 年第 5 期　刊名:《钟山》
目录

作家之窗
春妞儿和她的小戛斯（中篇新作）……………张一弓
现实性和历史感（创作谈）……………………张一弓
附：张一弓作品目录
哲理性·幽默感·乡土吐——试谈张一弓小说的语言
艺术………………………………………………周健平

中篇小说
拂晓前的葬礼……………………………………王兆军
我和五叔的六次相遇……………………………路　遥
生之歌……………………………………………晓　剑

短篇小说
煤…………………………………………………曹冠龙
最后一尊牙雕……………………………………峭　石

报告文学
鲲鹏赋——记世界技巧全能冠军胡星刚………庞瑞垠

杂文
杂谈创作…………………………………………东方既白
杂文二则…………………………………………牧　惠
"日记本"的断想…………………………………公今度

散文
前进的路上………………………………………陈学昭
地心游记…………………………………………徐明旭

海外回音
王蒙对文学创作的探究
　　　　　　　　　［苏］C.ToponueB　应天士译
格林给戴乃迭的信（摘录）——关于《蝴蝶及其他》
……………………………………［英］菲利克思·格林

钟山论坛
高晓声系列小说艺术探略——兼及小说的"系列化"
倾向………………………………………………谢海泉
为了辉煌时刻的到来——黄蓓佳创作的评判与预想
…………………………………………………谢望新

艺苑丛草
阳刚与阴柔………………………………………潘旭澜

美术
封面设计（封面）………………………………范一辛
仿古宣纸油画二帧（封二）……………………秦忠明
爱雏图（中国画）（封三）………………………张晓飞
山花（中国画）（封底）…………………………彭小玲
哨音（装饰画）（扉页）…………………………陈　凯

1984 年第 6 期　刊名:《钟山》
目录

中篇小说
极其麻烦的故事…………………………………高晓声
同在一个太阳下…………………………………刘淑华
江口………………………………………………郑九蝉

作家之窗
扫墓物语（短篇小说新作）……………………邓友梅
也算创作谈………………………………………邓友梅
附：邓友梅主要作品目录
民俗画与众生相——邓友梅论之三……………张　韧

报告文学
虎啸中原…………………………………………王　钢

散文
追祭王治平文……………………………………惠浴宇
阿英的晚年………………………………………慕　湘
一支为平民唱歌的笔——访作家苏叔阳………傅溪鹏

短篇小说
蝌蚪与龙…………………………………………王兆军
黑水谣……………………………………………任一舟

钟山论坛
文学表现"心灵美"浅识…………………………黄毓璜
关于《九叶树》的通信……………贾平凹　丁　帆
《渝沪通讯》读后（文艺随笔）…………………商金林
漫说流变（艺苑丛草）…………………………潘旭澜

话剧
本报星期四第四版………………………………王承刚

美术
封面设计（封面）………………………………范一章
虎踞龙盘今胜昔（中国画）（封二）……………袁志山

啼到天涯烂漫时（中国画）（封三）⋯⋯⋯⋯赵景庵
竹摇禽鸣（中国画）（封三）⋯⋯⋯⋯⋯⋯⋯洪 炜
茉莉花（装饰画）（扉页）⋯⋯⋯⋯⋯⋯⋯王道珍
本刊一九八四年总目录

1985 年第 1 期　刊名:《钟山》
目录

报告文学
"三连冠"主帅交响曲
——记原中国女排主教练袁伟民⋯⋯⋯⋯傅溪鹏

小说世界
口述实录文学
北京人⋯⋯⋯⋯⋯⋯⋯⋯张辛欣　桑 烨
中篇小说
角色⋯⋯⋯⋯⋯⋯⋯⋯⋯⋯⋯⋯⋯⋯⋯秦文君

短篇小说
山雕⋯⋯⋯⋯⋯⋯⋯⋯⋯⋯⋯⋯⋯⋯⋯贾 非
春潭⋯⋯⋯⋯⋯⋯⋯⋯⋯⋯⋯⋯⋯⋯⋯赵泗滨
教授与鞋匠⋯⋯⋯⋯⋯⋯⋯⋯⋯⋯⋯⋯何 古

散文
个园话竹⋯⋯⋯⋯⋯⋯⋯⋯⋯⋯⋯⋯⋯忆明珠

作家之窗
男大当婚（中篇小说新作）⋯⋯⋯⋯⋯⋯浩 然
开阔了生活与艺术视野的显示——论浩然近几年来的
中篇小说创作⋯⋯⋯⋯⋯⋯周溶泉　徐应佩

创作谈
作品与人品⋯⋯⋯⋯⋯⋯⋯⋯⋯⋯⋯⋯浩 然
附：浩然小传　浩然主要作品目录

钟山论坛
新时期文学漫谈⋯⋯⋯⋯⋯吴 强　王西彦
茹志鹃　林斤澜　邵燕祥　叶文玲　刘亚舟　顾汶光
张 韧　刘梦溪　何镇邦
论短篇小说的意境美⋯⋯⋯⋯⋯⋯⋯⋯程远山
历史车轮与英雄末路
——读中篇小说《拂晓前的葬礼》⋯⋯⋯董 健

美术
封面设计（封面）⋯⋯⋯⋯⋯⋯⋯⋯⋯范一辛
高秋图（中国画）（封三）⋯⋯⋯⋯⋯⋯冯今松
太行铁壁（中国画）（封三）⋯⋯王迎春　任力舟
旧世碑铭（中国画）（封二）⋯⋯⋯⋯⋯石呈虎

艳（中国画）（封底）⋯⋯⋯⋯⋯⋯⋯⋯廖志惠
敦煌情思（装饰画）（扉页）⋯⋯⋯⋯⋯程大利

1985 年第 2 期　刊名:《钟山》
目录

作家之窗
游美百日记（游记）⋯⋯⋯⋯⋯⋯⋯⋯茹志鹃
美国一百二十天（游记）⋯⋯⋯⋯⋯⋯⋯王安忆

创作谈
苦恼⋯⋯⋯⋯⋯⋯⋯⋯⋯⋯⋯⋯⋯⋯茹志鹃
奥运会精神⋯⋯⋯⋯⋯⋯⋯⋯⋯⋯⋯⋯王安忆
附：茹志鹃　王安忆小传
茹志鹃、王安忆主要作品目录
时代·阅历·艺术——茹志鹃与王安忆创作风格比较
⋯⋯⋯⋯⋯⋯⋯⋯⋯⋯包忠文　裴显生

海外回音
刘绍棠与鲁迅——"乡土文学"论中的隔断
⋯⋯⋯⋯⋯⋯［日］山口守　赵博源译

钟山论坛
试论近年来小说创作中的散文化倾向
⋯⋯⋯⋯⋯⋯⋯⋯⋯丁柏铨　周晓阳
回味"葬礼"中的几个人物⋯⋯⋯⋯⋯⋯王兆军

小说世界
中篇小说
大河小镇⋯⋯⋯⋯⋯⋯⋯⋯⋯⋯⋯⋯⋯刘绍棠
"杰出"人物⋯⋯⋯⋯⋯⋯⋯⋯⋯⋯⋯⋯乔雪竹
伏牛山的柳絮儿⋯⋯⋯⋯⋯⋯⋯⋯⋯⋯郑彦英

短篇小说
亿元乡⋯⋯⋯⋯⋯⋯⋯⋯⋯⋯⋯⋯⋯⋯姜 滇
天天⋯⋯⋯⋯⋯⋯⋯⋯⋯⋯⋯⋯⋯⋯⋯陈 村
"野玫瑰"事件⋯⋯⋯⋯⋯⋯⋯⋯⋯⋯⋯李春光

美术
封面设计（封面）⋯⋯⋯⋯⋯⋯⋯⋯⋯范一辛
山寨乡情（中国画）（封二）⋯⋯⋯⋯⋯张春新
杜甫草堂（中国画）（封三）⋯⋯⋯⋯⋯朱 葵
寄畅园（中国画）（封三）⋯⋯⋯⋯⋯⋯陶 铨
路（中国画）（封底）⋯⋯⋯⋯⋯⋯⋯⋯叶 维
春风（装饰画）（扉页）⋯⋯⋯⋯⋯⋯⋯程大利

1985 年第 3 期　刊名:《钟山》
目录

中篇小说

桑树坪纪事 ································· 朱小平

不曾沉没的小舟 ························· 钱国丹

短篇小说

重力场投影 ································· 陈　放

作家之窗

中国童话（短篇小说新作） ········· 孔捷生

格子与模子（创作谈） ················ 孔捷生

附：孔捷生小传

孔捷生主要作品目录

不凝固的艺术追求——谈孔捷生作品札记 ········· 陈骏涛

报告文学

小鸟这样飞翔 ····························· 山　谷

散文

美国一百二十天（续） ················ 王安忆

钟山论坛

历史的镜子——谈田家祥悲剧性格的塑造 ········· 雷　达

"思想"和"形象"之间——拾得奖小说《拂晓前的葬礼》的艺术之失 ········· 黄毓璜　刘静生

美术

封面设计（封面） ····················· 范一辛

葬礼（中国画）（封二） ·············· 程大利

风神（书法）（封三） ················ 谢德萍

篆刻新作（封三） ····················· 玛　儿

春之歌（装饰画）（扉页） ··········· 程大利

1985 年第 4 期　刊名:《钟山》
目录

作家之窗

古堡今昔（报告文学） ················ 刘宾雁

我的自白（创作谈） ··················· 刘宾雁

附：刘宾雁小传

刘宾雁主要作品目录

公民责任感的火光——论刘宾雁 ····· 何西来

小说世界

中篇小说

荒原 ······································· 谭甫成

省委书记和他的同僚 ·················· 矫福纯

暖雪 ······································· 储福金

短篇小说

宁静的周末 ······························ 王心丽

哀悼之余 ································· 海　笑

异兆 ······································· 夏坚勇

电影文学剧本

亚当·帕克逊 ················· 曹冠龙　薛海翔

报告文学

酒厂三夫人 ··················· 章辰霄　汪家厚

钟山论坛

文学与青年 ······························ 李小山

《找乐》纵横谈 ························· 华　铭

职业与性格（文艺随笔） ············· 唐再兴

美术

封面设计（封面） ····················· 范一辛

踏雪图（中国画）（封二） ··········· 李　山

水乡即景两幅（油画）（封三） ······ 沈行工

1985 年第 5 期　刊名:《钟山》
目录

小说世界

中篇小说

美女岛 ····································· 陈　村

金发婴儿 ································· 莫　言

悬挂的绿苹果 ···························· 叶兆言

新归去来辞 ······························ 孙家玉

矢与的 ···································· 陈不冈

诗体小说

虎池之夜 ································· 谷　怀

微型小说

假冒者的辩辞 ···························· 祝兴义

作家之窗

毕业了（中篇新作） ··················· 陆文夫

微弱的光（创作谈） ··················· 陆文夫

附：陆文夫小传

陆文夫主要作品目录
陆文夫创作简论（评论）·················陆 咸

钟山论坛
小说的哲理化：超越寓言模式············南 帆
啊，西部的人，西部的人生——读《桑树坪记事》
·····································金燕玉
乔雪竹小说构思中哲理意识的渗透········龚 平

美术
封面设计（封面）·······················范一辛
梦（装饰画）（封二）···················王根发
雄鹰图（中国画）（封三）···············李晓红
中国画二帧（封三）·····················陈培光
心弦（装饰画）（扉页）·················程大利
晨曲（版画）···························彭本浩

1985 年第 6 期　刊名:《钟山》
目录

话剧
灰色浪漫史
又名：天才与疯子·······················赵耀民

小说世界
中篇小说
柳河车站·······························洛 生
闯过三关六码头的人·····················张廷竹

短篇小说
送田·································高晓声
彭氏三妞······························王益山

散文
东瀛行···························孙 望 吴 锦
在穆斯林们的世界里——南疆散记··········王英琦
大佛的沉思····························许墨林

作家之窗
远见（长篇节选）·······················陈若曦
谈谈《远见》的男主角（创作谈）··········陈若曦
附：陈若曦小传
陈若曦作品出版年表
探索·痛苦·希望——评陈若曦创作的三个阶段
·····································梦 花
夜来香开放的时候（短篇新作）··········石 言
我这一辈子（创作谈）·················石 言
附：石言主要作品目录

论石言的小说··························曾华鹏

钟山论坛
关于文学当代性的美学思考···············吴功正
兽性、人性、女性与大海——读《不曾沉没的小舟》
·····································楚 良

美术
封面设计（封面）·······················范一辛
瞿秋白（中国画）（封二）···············黄鸿仪
春融早市（中国画）（封二）·············贺 成
书法作品选登（封三）
·············王 鹏 洪 炜 言巩达 鞠增元
庄户经理（中国画）（封底）·············徐 宁
海魂（装饰画）（扉页）·················程大利

1986 年第 1 期　刊名:《钟山》
目录

作家之窗
湖上的梦（中篇新作）···················艾 煊
小说的三角洲（创作谈）·················艾 煊
附：艾煊小传
艾煊主要作品目录
善于发现和开拓自己的题材新领域——论艾煊的创作
历程·································范伯群
艾煊作品学术讨论会在苏州举行
插队的故事（中篇新作）·················史铁生
交流·理解·信任·贴近（创作谈）·········史铁生
附：史铁生主要作品目录
浩荡的爱海——史铁生片论···············金 筌

小说世界
中篇小说
寻找歌王·······························刘索拉
回门·································山 谷

短篇小说
八庙山上的女人·························张 弦
前面有事故····························王安忆
故城一些事····························何立伟
白洋淀红月亮··························苏 童

散文
记我的兄长和四弟·······················惠浴宇
屏南三章······························郭 风
新城一页······························陈 超
Kudin—库冰—顾彬······················张抗抗

匡庐觅奇⋯⋯⋯⋯⋯⋯⋯⋯⋯⋯⋯⋯章左声

报告文学
仲夏扬州"梦"⋯⋯⋯⋯⋯⋯⋯⋯⋯梅汝恺

钟山论坛
新时期小说发展趋势笔谈
小说意识的变化⋯⋯⋯⋯⋯⋯⋯⋯周介人
也谈找出路⋯⋯⋯⋯⋯⋯⋯⋯⋯⋯李杭育
小说家的自信和批评家的困惑⋯⋯吴　亮
我之寻找自我观⋯⋯⋯⋯⋯⋯⋯⋯李　劼
魔鬼谈艺录⋯⋯⋯⋯⋯⋯⋯⋯⋯⋯魏希夷
人性思索的深层意识（新作短评）⋯丁　帆
编后琐记⋯⋯⋯⋯⋯⋯⋯⋯⋯⋯⋯刘　坪

美术
封面设计（封面）⋯⋯⋯⋯⋯⋯⋯范一辛
书香门第（中国画）（封二）⋯⋯杨金星
春雪（中国画）（封三）⋯⋯⋯⋯江　河
月色融融（油画）（封底）⋯⋯⋯潘鸿海
春（白描）（扉页）⋯⋯⋯⋯⋯⋯陈　凯

1986 年第 2 期　刊名:《钟山》
目录

小说世界
中篇小说
无尽的长廊（实验体）⋯⋯⋯⋯⋯刘心武
火迹地（异乡异闻之十四）⋯⋯⋯郑万隆
浮萍⋯⋯⋯⋯⋯⋯⋯⋯⋯⋯⋯⋯李小山
哦，小白桦⋯⋯⋯⋯⋯⋯⋯⋯⋯邱伟鸣

短篇小说
水意⋯⋯⋯⋯⋯⋯⋯⋯⋯⋯⋯⋯贾平凹
黑火⋯⋯⋯⋯⋯⋯⋯⋯⋯⋯⋯⋯薛　兵
丝竹⋯⋯⋯⋯⋯⋯⋯⋯⋯⋯⋯⋯梁　晴

小小说
初雪（外一篇）⋯⋯⋯⋯⋯⋯⋯万　之

作家之窗
亮雪（短篇新作）⋯⋯⋯⋯⋯⋯张承志
雪中六盘（代创作谈）⋯⋯⋯⋯张承志
附：张承志小传、主要作品目录
我惊愕地望着他⋯⋯⋯⋯⋯⋯⋯叶　文

散文
菊、蟹与"阿 Q 的天真"⋯⋯⋯忆明珠

黄牛与孽龙⋯⋯⋯⋯⋯⋯⋯⋯⋯杨　旭
文坛管窥·前言⋯⋯⋯⋯⋯⋯⋯胡山源

传记文学
十年浩劫中的茅盾⋯⋯⋯⋯⋯⋯叶子铭

钟山论坛
海上文谭
理论的自觉⋯⋯⋯⋯⋯⋯⋯⋯⋯周介人
理论是一种"破译"⋯⋯⋯⋯⋯吴　亮
理论，批评的强化剂和助跑器⋯⋯程德培
批评乱弹⋯⋯⋯⋯⋯⋯⋯⋯⋯⋯蔡　翔
论《异乡异闻》⋯⋯⋯⋯⋯⋯⋯黄子平
风正一帆悬⋯⋯⋯⋯⋯⋯⋯⋯⋯刘心武
不动声色的探索——关于《悬挂的绿苹果》的对话
⋯⋯⋯⋯⋯⋯⋯⋯⋯陈思和　杨斌华

美术
封面设计（封面）⋯⋯⋯⋯⋯⋯范一辛
农家乐（油画）（封二）⋯⋯⋯钱志林
雅趣小道之一（封三）⋯⋯⋯⋯胡　娅
速写（封三）⋯⋯⋯⋯⋯⋯⋯⋯文　灏
心韵（中国画）（封底）⋯⋯⋯盖茂森
春雨古城（版画）（扉页）⋯⋯林敦席

1986 年第 3 期　刊名:《钟山》
目录

短篇小说
遍地风流（之三）⋯⋯⋯⋯⋯⋯阿　城
不变形记⋯⋯⋯⋯⋯⋯⋯⋯⋯⋯戴　晴
非线性方程⋯⋯⋯⋯⋯⋯⋯⋯⋯赵长天
西瓜，几钿一斤?⋯⋯⋯⋯⋯⋯海　笑
那棵古老的黄桷树⋯⋯⋯⋯⋯⋯曾东明
苏州河的逝波⋯⋯⋯⋯⋯⋯⋯⋯俞　律
瓷癖——金陵往事⋯⋯⋯⋯⋯⋯贺景文

中篇小说
关于一个女记者的"新闻"⋯⋯⋯陆星儿
远山的风⋯⋯⋯⋯⋯⋯⋯⋯⋯⋯钟铁夫
银桂树下⋯⋯⋯⋯⋯⋯⋯⋯⋯⋯范小青
曾是碧草芳菲时⋯⋯⋯⋯⋯⋯⋯章世添

作家之窗
水库（中篇新作）⋯⋯⋯⋯⋯⋯何立伟
也算创作谈（创作谈）⋯⋯⋯⋯何立伟

附：何立伟主要作品目录
何立伟小传
"绝句"式小说与信息反馈 ························ 胡宗健

专栏
人血不是胭脂——驳《中国水利电力报》程青一文
··· 刘宾雁
我的声明 ······································· 魏荣章

话剧
傅雷与傅聪（两个乐章的青春剧） ············· 胡伟民

散文
东海八日 ·· 菡 子
熊猫之恋 ·· 薛尔康
平凡的故事 ······································ 之 桦

钟山论坛
诗化：小说创作的新走向 ··········· 王 干 费振钟
奇情异彩亦风流——莫言感觉层小说探析 ····· 张志忠
我称赞这篇小说（新作短评） ················· 高晓声

简讯
作协江苏分会领导机构名单

美术
封面设计（封面） ······························ 范一辛
草原律动（中国画）（封底） ················· 赵绪成
银妆国（中国画）（封三） ··················· 崔振华
旅游人家（水彩）（封三） ··················· 李 杏

小说世界
中篇小说
战俘 ·· 徐朝夫
梦生子 ·· 少 鸿

纪实小说
鹏城之魂 ·· 吴晓民

短篇小说
天桥崾岘 ·· 柏 原
开饭馆（《人间笔记》之八） ················· 李庆西
投影 ·· 叶曙明

散文
永难忘却的纪念 ································· 程树榛
日月金字塔（墨西哥旅行之一） ············· 赵丽宏
对照检查 ·· 陈学昭

报告文学
铺天盖地的人们 ································· 艾 奇

钟山论坛
海上文谭
批评的内美 ······································ 蔡 翔
评论家：从知的知到不知的知 ················· 周介人
文学批评中的现代精神 ························· 吴 亮
批评，多样视角的追求 ························· 程德培
刘索拉与她的"空中楼阁" ··················· 李杭春
读者中来（三则） ··········· 李世泽 刘 火 龚 平
钟山笔会剪影 ···································· 封二

1986 年第 4 期　刊名:《钟山》
目录

作家之窗
他有什么病（中篇新作） ······················· 张 洁
附：张洁小传、张洁主要作品目录
大写的女人（评论） ··························· 刘锡诚
雪（中篇新作） ································· 乌热尔图
猎枪在颤抖（创作谈） ························· 乌热尔图
附：乌热尔图小传、乌热尔图主要作品目录
参与和超越——从所谓"寻根"意识看乌热尔图的小
说创作 ·· 张兴劲
飞灰（短篇新作） ······························ 韦君宜
我没有门道（创作谈） ························· 韦君宜
附：韦君宜小传、韦君宜主要作品目录
论韦君宜晚近小说的创作个性 ················· 高松年

1986 年第 5 期　刊名:《钟山》
目录

小说世界
长篇小说
眩惑 ·· 达 理

中篇小说
老涛的故事 ······································ 郎 郎
寒士 ·· 林 希

短篇小说
夜半唢呐声 ······································ 龚笃清

作家之窗
来了，走了 ······································ 铁 凝
只言片语（创作谈） ··························· 铁 凝

附：铁凝小传及主要作品目录
铁凝和她未来的歌——评铁凝小说创作兼谈批评方法
的多元化························晓 凡 石 苇

散文
神鬼之什·······························邵燕祥
九华山拾零···························魏毓庆
碎了的月亮···························许少飞
新结识的老朋友——记鸟井教授·······潘旭澜

钟山论坛
试论近期小说创作中的宽容意识·········戎东贵
一部轰动整个西德文坛的力作——张洁的《沉重的翅
膀》·······························金 弢
文学语言中的"化拙为美"···············张宏梁

文讯三则
部分文学期刊维护版权第二次会议纪要
省青年文学评论讨论会在古城高邮举行
《钟山》和青春文学院联合举办文学新人改稿会

美术
封面设计·······························范一辛
扉页、花饰···························原小民
陈晋容木刻三幅·······················封三
韦容木刻二幅·························封三
柯明水墨画选·························封底

1986 年第 6 期　刊名：《钟山》
目录

江苏青年作家小说专辑
军歌（中篇）·························周梅森
文学与采矿（创作谈）···············周梅森
附：周梅森小传及主要作品目录
魔鬼谈艺录之二——周梅森小世界之印象···魏希夷
仲夏夜（中篇）·····················黄蓓佳
附：黄蓓佳作品目录
寻回自我——谈黄蓓佳的小说创作·······李小山
远音（中篇）·······················肖元生
当心触电！！！（短篇）···············赵 践
橄榄镜子（短篇）···················罗望子
秋天（短篇）·······················曹 剑

作家之窗
灰绿红黑交错的早晨（中篇）·······汪浙成　温小钰
叩开多种生活的门扉（创作谈）
附：汪浙成、温小钰小传及主要作品目录

在正确而宽广的道路上（评论）·········张 炯

短篇小说
广仁宫轶事···························舒 升
钥匙·······························吴 亮

散文
少小离乡老大回·······················徐中玉
我偷偷喝了一口酒……···············李克因
篝火前随想···························逯 斐
阿石·······························姜 滇
葡萄更有吸引力·······················赵翼如
野芒·······························丘 峰

钟山论坛
魂兮归来——读《梦生子》···············许志英
一幅陇东高原的风情画——读短篇《天桥崾岘》
·······························阿 槐

美术
封面设计·······························范一辛
莫静坡国画三帧·······················封二
盖茂森国画人物两帧···················封三
三月三（年画）···················黄晓勤　封底

1987 年第 1 期　刊名：《钟山》
目录

小说世界
锦绣谷之恋（中篇小说）···············王安忆
三人喵（中篇小说）···················黑 子
蛇麻（中篇小说）···················蔡测海
幸福（短篇小说）···················李国文
天神（短篇小说）···················李 潮
车祸（短篇小说）···················李庆西
天知道（短篇小说）···················韩 东

作家之窗
玩一回做贼的游戏（中篇小说）···········张辛欣
也算故事，也是回答（代创作谈）·········张辛欣
少一点杂碎汤·························吴 亮
年方二八（散文）···················张辛欣
附：张辛欣小传、作品目录
气与色（中篇小说）···················金 河
论金河的社会心理小说（评论）·········雷 达

钟山论坛
对象的超越和对象的丧失···············黄毓璜

批评选择的随想································丁　帆
我的树在哪里································王　干
批评，第二次选择的前景····················费振钟
文学的圈子································吴　炫
对人性本体的检视与反思——读张洁的小说《他有什么病》····························许文郁
有感于理论家写小说——关于李庆西《人间笔记的断想》································刘　火

美术

封面设计································杨志麟
封面画································管　策
徐乐乐国画人物两帧（封二）
壁挂四幅（封三）

1987 年第 2 期　刊名:《钟山》
目录

小说世界

火神庙（中篇）································林　谦
濂溪笔记（中篇）································姜　滇
草民百姓（中篇）································罗辰生

江苏青年作家小说专辑之二

状元境（中篇）································叶兆言
生命圆舞曲（中篇）································储福金
荒沼（中篇）································何晓鲁
波斯阁下（短篇）································夏坚勇

文学之门

茴茴滩（短篇小说）································樊殿武
潭（短篇小说）································刘继明
骂娘滩夕照（短篇小说）························郝国中

散文

石破天惊的诗句（外一篇）························忆明珠
木遇戏································张白山
驴子世家································刘本夫

报告文学

不沉的海································艾　奇　陆扬烈

钟山论坛

我看江苏文学十年································陈　辽
街上流行红裙子——我看"新潮"中的江苏文学································朱　持
江苏文学美学个性断想··························戎东贵

美术

封面设计································杨志麟
封面画································管　策
朱新建画选································封二
毛旭辉、宝珍亚、郑克峰画选················封三

1987 年第 3 期　刊名:《钟山》
目录

小说世界

沙棠院旧事（中篇）································王祥夫
再度抵达（中篇）································赵　玫
舞台（中篇）································肖建国
鹳（中篇）································张法德
官楼（中篇）································丁宝德
白河纪梦（短篇）································范若丁
相见（香港的故事之十）（短篇）················施叔青
大都市综合症（短篇）························叶曙明
恍惚（短篇）································庞瑞垠
小镇三怪（短篇）································李惠新
金陵梦（短篇）································江锡民

报告文学

咫尺寻求在天涯························世　俊　郭　清

散文

回乡杂记································吴　强
老祖父的轶事································海　笑
湘潭见闻录································孙骏毅　李映红

钟山论坛

青松应须升千尺——评江苏青年评论家群体···陈　辽
读小说随笔二题································林斤澜
历史和文化对人的冶炼和压迫——兼谈长篇小说《黑坟》································张　宇　周梅森
美的感悟　美的创造　美的传递——第二届双沟散文奖获奖作品略评································魏　平
《广仁宫轶事》的理性阐释····················钱　竞

美术

封面设计································杨志麟
封面画································管　策
李可作品································封二
意大利画家作品································封三
本期题头题字································孙晓云

1987 年第 4 期　刊名:《钟山》
目录

小说世界

赵本夫中篇小说

涸辙·····································赵本夫

多多中篇小说

宝力格草场·································多　多

女山歌（中篇）·····························李　晓

李平易短篇小说二题

白纸·····································李平易

空笔·····································李平易

雄客（短篇）·······························黄佳星

正果（短篇）·······························丁　当

短篇三题·································林修平

椰林对面就是海（短篇）·····················李　能

作家之窗

海边的风（中篇小说）·······················张　炜

创作随笔四则（创作谈）

附：张炜小传、作品目录

话剧

琴声又起·································赵耀民

散文

踪迹·····································何士光

紫泥泉·····································阮章竞

拖长的影子·································乐维华

天问·····································陈知柏

旱海探奇·································刘国华

钟山论坛

陈村：小说的才华与境界·····················南　帆

追求小说的立体交叉——论赵本夫的创作趋向

·······························北　帆　大　野

椰林下的留影——南海笔会侧记················虹　彤

美术封面

封面设计·································杨志麟

封面画·································管　策

张小夏的画（封二）

李小山作品（封三）

1987 年第 5 期　刊名:《钟山》
目录

作家之窗

短篇二题：故人　人迹·······················韩少功

答美洲《华侨日报》记者问（代创作谈）

韩少功小说创作探问（评论）·················吴秉杰

附：韩少功小传、作品目录

因陀罗的网（中篇）·························张抗抗

人我两化（创作谈）

三点构架：现代灵魂的审视与拯救（评论）——张抗

抗小说的艺术世界·························张　韧

附：张抗抗小传、作品目录

小说世界

洪水河畔的土庄（中篇）·····················柏　原

豁鼻（中篇）·······························薛尔康

咸江村夜话（中篇）·························石国仕

愤怒的树林（短篇）·························姜琍敏

高桥三题（短篇）·························老　庞

四人短篇小辑

写在四人小辑前面·························刘　坪

算一算屋顶下有几个人·····················苏　童

牛眼·····································沈乔生

蝙蝠·····································范小天

情探·····································唐炳良

散文

杏花春雨江南·······························袁　鹰

秦牧散文二题

阿尔卑斯山里的悲喜剧·····················秦　牧

在澳门喷水池旁·························秦　牧

浙江夏游杂录·······························李鸿声

天童早课·································王　川

茅山给我的思索·························梅南频

钟山论坛

关于艺术描写中"虚"与"实"的对话

·······························林斤澜　戴　晴

关于文学语言的对话·················何立伟　储福金

美术

封面设计·································杨志麟

封面画·································管　策

沈坚毅的画·································封二

作品四幅·································封三

1987 年第 6 期　刊名:《钟山》
目录

小说世界
李贯通中篇小说
堤之惑 .... 李贯通
沉香阁（中篇）.. 阮海彪
种在走廊上的苹果树（中篇）.......................... 残　雪
武道（中篇）.. 滕锦平
古宅（短篇）.................................（藏族）扎西达娃
英格兰警犬（短篇）.................................. 王凤麟
三个人的家庭（短篇）................................ 陈　村
往事依稀（短篇）.................................... 嵇　伟
留在记忆里的故事（短篇）............................ 贾　剑

报告文学
留学的风和热 .... 刘先林

散文
公共车站上的遐想 .... 叶至诚
南京之秋 ....［日］水上勉
南京 ....［日］大庭美奈子
在内蒙 .... 丁蔚文

钟山论坛
抽象：小说创作的新走向 .... 胡宗健
文学的不自信 .... 吴　炫
生活的思索：惶惑与超度
——评张炜《海边的风》.............................. 杨斌华

美术
封面设计 .... 杨志麟
封面画 .... 管　策
刘鸣的画 .... 封二
梁和平作品 .... 封三

1988 年第 1 期　刊名:《钟山》
目录

"中国潮"报告文学征文
中国大学生——来自复旦大学的报告
.... 张晓林　张德明
沉沦女——七个变形女性及其他 .... 庞瑞垠

小说世界
原罪·宿命（中篇）.................................... 史铁生
河边的错误（中篇）.................................. 余　华

老清阿叔（短篇）.................................... 高晓声
去年冬季在街上（短篇）.............................. 林　白
父亲（短篇）.. 王　干
微型小说二题 .... 洛　滨
玫瑰玫瑰香气扑鼻（中篇）............................ 莫　言
也算创作谈 .... 莫　言
历史与现实的二元对话——兼谈莫言新作《玫瑰玫瑰
香气扑鼻》.. 陈思和
附：莫言小传、作品目录

文学回忆录
漂泊年年 .... 陈白尘

钟山论坛
京华夜谈 .... 高行健
关于激情与理性的沉思——读赵耀民的话剧《琴声又
起》.. 赵家捷

文讯四则
①本刊发表的两部话剧在美国、瑞典上演受到广泛欢迎
②台湾掀起大陆文学热本刊两部作品受欢迎
③"中国潮"报告文学征文百家期刊联名启事
④江苏省作家协会召开长篇小说《皖南事变》讨论会

美术
封面设计 .... 速泰熙
陶都笔会剪影 .... 封二
张尔宾中国画二帧·孔晶海雕塑作品 .... 封三
箫（中国画）................................ 李　璋 封四

1988 年第 2 期　刊名:《钟山》
目录

小说世界
旧死（中篇）.. 马　原
褐色鸟群（中篇）.................................... 格　非
油月亮（短篇）...................................... 贾平凹
殉葬（短篇）.. 沈嘉禄
区别（短篇）.. 川　流

扎西达娃作品小辑
世纪之邀（短篇小说）.........................（藏族）扎西达娃
夏天　酸溜溜的日子（中篇小说）
....（藏族）扎西达娃

纪实文学
中国女性系列——
女重婚犯 .... 戴　晴　洛　恪
女政治犯 .... 戴　晴　洛　恪

电影剧本

桥····················宗福先

文学回忆录

漂泊年年（续）····················陈白尘

散文

海外赤子情（外一篇）····················朱 寨
粥颂····················章品镇
不谈文学····················韩少功
似有若无的年轮····················高 风

报告文学

动力之歌····················王剑章

钟山论坛

"人本"与"文本"（论纲）··········费振钟 王 干
我的二位批评家朋友····················周梅森
京华夜谈（续）····················高行健
《褐色鸟群》座谈笔录····················王方红
知青题材的新主题····················龚 平
对荒诞言行的哲学关注····················安 平

文讯

《中国大学生》在京沪宁反响强烈
第三届双沟散文奖篇目
本刊在海南举行笔会

美术

封面设计····················速泰熙
傅小石作品····················封二
徐维德作品····················封三
丁方作品····················封四

1988 年第 3 期　刊名:《钟山》
目录

小说世界

催眠（十年十癔之十）（中篇）··········林斤澜
泡泡（中篇）····················杨争光
十字架上（短篇）····················王 蒙
萃华街记事（短篇）····················鲍 昌
空寂无人的喜悦（短篇）····················叶曙明
小城（短篇）····················梁 晴
笔记小说三题····················陈椿年
命运重奏（短篇）····················黄小初

"中国潮"报告文学征文

走出现代迷信

——真理标准讨论始末········陶 铠 张义德 戴 晴

报告文学

伉俪悲喜录——企业家型科学家吴大立、李淑琴夫妇
的故事····················陆 尧

文学回忆录

漂泊年年（续）····················陈白尘

散文

旅德的故事····················王安忆

钟山论坛

京华夜谈（续）····················高行健
清高人格与世俗社会的冲突——叶曙明小说谈片
····················张奥列

文讯

长篇报告文学《中国大学生》引起强烈反响····鸣 明

美术

封面设计····················速泰熙

1988 年第 4 期　刊名:《钟山》
目录

小说世界

人的岁月（中篇）····················周梅森
五个少女和一条河（中篇）····················白 桦
没有夏天了（中篇）····················迟子建
老屋（中篇）····················赵 玫
虔诚的模仿（短篇）····················黄 石
嗜酒者（短篇）····················王 立
唾沫（短篇）····················小 君
老人（短篇）····················张建中

"中国潮"报告文学征文

元旦的震荡····················理 由

散文

石狮····················艾 煊
我心中的陶都·宜兴丁蜀····················海 笑
半百·糊涂·宦味····················丁家桐
哭吴冰····················墨 林
姑妈的信念····················陈家声

钟山论坛

论新时期文学精神的蜕变····················丁 帆

江苏有个丁帆⋯⋯⋯⋯⋯⋯⋯⋯⋯⋯赵本夫
直面人生和现实的歌者——白桦和他的中篇近作
⋯⋯⋯⋯⋯⋯⋯⋯⋯⋯⋯⋯⋯⋯⋯毛时安
纪实体作品的视角与表现——兼谈《钟山》第一期的
"中国潮"征文⋯⋯⋯⋯⋯⋯⋯⋯⋯陈思和
京华夜谈（续）⋯⋯⋯⋯⋯⋯⋯⋯⋯高行健

美术

封面设计⋯⋯⋯⋯⋯⋯⋯⋯⋯⋯⋯⋯速泰熙
徐纯原作品　陈培光作品⋯⋯⋯⋯⋯⋯封二
关伟的画⋯⋯⋯⋯⋯⋯⋯⋯⋯⋯⋯⋯⋯封三

1988 年第 5 期　刊名:《钟山》
目录

小说世界
追月楼（中篇）⋯⋯⋯⋯⋯⋯⋯⋯⋯⋯叶兆言
城市独白：飞的感觉（中篇）⋯⋯⋯⋯吴　滨
男人·女人·小故事（短篇）⋯⋯⋯⋯大　陆
旧村杂记（短篇）⋯⋯⋯⋯⋯⋯⋯⋯⋯姚　霏
乡野之花（短篇）⋯⋯⋯⋯⋯⋯⋯⋯⋯钱玉亮
盛夏的小雨（短篇）⋯⋯⋯⋯⋯⋯⋯⋯李小虹

"中国潮"报告文学征文
"台湾师"：彼岸此岸——记一支中国军队和它的将
士们⋯⋯⋯⋯⋯⋯⋯⋯⋯⋯⋯⋯⋯傅宁军
探亲流：1988——台湾同胞返大陆故乡热潮纪实
⋯⋯⋯⋯⋯⋯⋯⋯⋯⋯⋯⋯⋯⋯⋯傅宁军

报告文学
共和国发生空难之后——谨将此文献给"4·26"空
难中的亡灵⋯⋯⋯⋯⋯⋯⋯易桂鸣　刘宗才
醉猿的后裔——来自双洋酒厂的报告⋯⋯艾　奇

散文
勇敢些!（忆从文师）⋯⋯⋯⋯⋯⋯⋯杨　苡
病中杂记⋯⋯⋯⋯⋯⋯⋯⋯⋯⋯⋯⋯陈学昭
青天歌（外一篇）⋯⋯⋯⋯⋯⋯⋯⋯⋯忆明珠
三幅画⋯⋯⋯⋯⋯⋯⋯⋯⋯⋯⋯⋯⋯宗　璞
古镇桥影⋯⋯⋯⋯⋯⋯⋯⋯⋯⋯⋯⋯晏　成

钟山论坛
论中国当代新潮小说⋯⋯⋯⋯⋯⋯⋯李　劼
小说的描写与表现⋯⋯⋯⋯⋯⋯⋯⋯周政保
京华夜谈（续）⋯⋯⋯⋯⋯⋯⋯⋯⋯高行健

美术
封面设计⋯⋯⋯⋯⋯⋯⋯⋯⋯⋯⋯⋯速泰熙

杨豹作品⋯⋯⋯⋯⋯⋯⋯⋯⋯⋯⋯⋯⋯封二
宋晓红作品⋯⋯⋯⋯⋯⋯⋯⋯⋯⋯⋯⋯封三

1988 年第 6 期　刊名:《钟山》
目录

小说世界
方城门（女囚系列之三）（中篇）⋯⋯张　沪
无边的红地（中篇）⋯⋯⋯⋯⋯⋯⋯⋯熊正良
有关五个女人（中篇）⋯⋯⋯⋯⋯⋯⋯蓝妹妹
天黑了，该上路了（中篇）⋯⋯⋯⋯⋯雨　城
温雨虹短篇小说：
疯狂的城市⋯⋯⋯⋯⋯⋯⋯⋯⋯⋯⋯温雨虹
刺杀金枪鱼⋯⋯⋯⋯⋯⋯⋯⋯⋯⋯⋯温雨虹
刀下男和女（短篇）⋯⋯⋯⋯⋯⋯⋯董立勃
好梦带你回家（上海小姐系列）（短篇）⋯⋯⋯唐　宁
搬家·逃学（短篇）⋯⋯⋯⋯⋯⋯⋯⋯忆　沩

"中国潮"报告文学征文
物价魔方（广角镜下的菜篮子）⋯⋯⋯庞瑞垠
1988：关于外嫁的报告⋯⋯⋯⋯⋯⋯平　原

散文
青藤书屋与板桥故居⋯⋯⋯⋯⋯⋯⋯王西彦
梦回波兰（之三）⋯⋯⋯⋯⋯⋯⋯⋯梅汝恺
鸽子⋯⋯⋯⋯⋯⋯⋯⋯⋯⋯⋯⋯⋯⋯许少飞

钟山论坛
当代小说的技术层面⋯⋯⋯⋯汪　政　晓　华
物价魔方和"龙的崇拜"⋯⋯⋯⋯⋯⋯包忠文
京华夜谈（续）⋯⋯⋯⋯⋯⋯⋯⋯⋯高行健
文讯：
《钟山》今年底将隆重举办创刊十周年纪念活动
《钟山》明年初将推出"新写实小说大联展"
一九八八年《钟山》总目录

美术
封面设计⋯⋯⋯⋯⋯⋯⋯⋯⋯⋯⋯⋯速泰熙
涔骞作品三幅⋯⋯⋯⋯⋯⋯⋯⋯⋯⋯⋯封二
陈建华作品⋯⋯⋯⋯⋯⋯⋯⋯⋯⋯⋯⋯封三
曾年西藏写生作品⋯⋯⋯⋯⋯⋯⋯⋯⋯封底

1989 年第 1 期　刊名:《钟山》
目录

《钟山》十年⋯⋯⋯⋯⋯⋯⋯⋯⋯⋯⋯海　笑
丹凤杯《钟山》文学奖获奖名单

小说世界
争鸣园地
岗上的世纪（中篇）————————王安忆
第六日下午或晚上（中篇）————————洪 峰
对一个梅毒病患者的调查（中篇）————王祥夫
多桅帆船（短篇）————————刘心武
爬烟囱的基督（短篇）————————安波舜
三人行
天下的小事（短篇）————————何立伟
一家言
寓言的构成（评论）————————南 帆

杂文作坊
越压越多——北窗琐记之八————————蓝 翎
杂文作坊————————邵燕祥
跳舞随想曲————————舒 展

"中国潮"报告文学
人体模特儿心态录（长篇）————————王 川
从黑暗摸向光明————————石国仕 赵建梅
温馨满丁山————————艾 奇

散文
水————————卯 金
小镇秋色————————刘 枫

文讯
旋转的文坛——现实主义与先锋派文学研讨会简记
————————李兆忠

美术
封面雕塑————————沈 勤
封面设计————————汤 国
居奕作品————————封二 封三

1989 年第 2 期 刊名:《钟山》
目录

中国作协书记处和王蒙同志祝贺本刊创刊十周年
小说世界
新人第一辑
人诡（中篇）————————吕 梁
殊路同归（中篇）————————张 梅
没有父亲（短篇）————————马 力
湖之死（短篇）————————朱 君

玫瑰房间（中篇）————————黄蓓佳
红房子酒店（中篇）————————叶兆言

落红（中篇）————————孙华炳
荷兰奶牛肉（短篇）————————汪曾祺

杂文作坊
论"鼓掌通过"
——关于表决方式改革的一次内部讲话————舒 展
何物"王子"？————————蓝 翎
杂文作坊————————邵燕祥

散文
追你到世界屋脊：青藏公路的一天————陈若曦
蓝色的慰安————————魏毓庆
你不再来————————顾 艳
此山杜鹃系我魂————————张国擎

评论
"文革文学"：一段值得重新研究的文学史
————————潘凯雄 贺绍俊
"文革"的文学精神——民众理想的辉煌胜利
————————木 弓
重读:《东方红》和《大海航行靠舵手》————王 干
现实主义与先锋派文学笔谈————————黄毓璜
丁 帆 王 干 费振钟 丁柏铨 汪 政

"中国潮"报告文学征文
被告席上的上校————————贺景文
会当凌绝顶
——陶昌银和他的金字塔————————夏坚勇 罗 栋
成功并非都是甜蜜的————陆峥嵘 李正祥 史康宁

文讯
《钟山》创刊十周年纪念暨丹凤杯
《钟山》文学奖授奖大会在宁举行

美术
封面雕塑（中国现代艺术展作品）————————沈 勤
林旭东（中央美院研究生）作品（封二、封三）

1989 年第 3 期 刊名:《钟山》
目录

新写实小说大联展
绝望中诞生（中篇）————————朱苏进
走出蓝水河（中篇）————————赵本夫
造屋运动及其他（中篇）————————姜 滇
触雷（短篇）————————高晓声

新潮小说

舒农或者南方生活（中篇）⋯⋯⋯⋯⋯苏　童
"三人行"
眼中（短篇）⋯⋯⋯⋯⋯⋯⋯⋯⋯周忠陵
那样的事绝对不干（短篇）⋯⋯⋯⋯周忠陵

"一家言"
非寓意小说（评论）⋯⋯⋯⋯⋯⋯费振钟

文学对话录

今日文坛：疲软？滑坡？⋯⋯⋯王　蒙　王　干

杂文作坊

大战和发行大战⋯⋯⋯⋯⋯⋯⋯⋯舒　展
直呼姓名好⋯⋯⋯⋯⋯⋯⋯⋯⋯蓝　翎
杂文作坊⋯⋯⋯⋯⋯⋯⋯⋯⋯⋯邵燕祥

报告文学

1988："球籍"的忧思
——兼记中国大学教授们⋯⋯⋯⋯凤　章
天地悠悠独怆然
——电影《乡下人》上不了银幕的镜头⋯陈　垦
她！大潮中崛起的企业⋯⋯⋯⋯大　地　董　理
通天⋯⋯⋯⋯⋯⋯⋯⋯⋯邹崇林　邢子冲

美术

封面雕塑（中国现代艺术展作品）⋯⋯沈　勤
封面设计⋯⋯⋯⋯⋯⋯⋯⋯⋯⋯汤　国
《钟山》创刊十周年纪念暨丹凤杯《钟山》文学奖授
奖大会剪影⋯⋯⋯⋯⋯⋯⋯⋯⋯封二
余启平作品⋯⋯⋯⋯⋯⋯⋯⋯⋯封三
李璋作品⋯⋯⋯⋯⋯⋯⋯⋯⋯封底

1989 年第 4 期　刊名:《钟山》
目录

小说世界
新写实小说大联展
千万别把我当人（长篇）⋯⋯⋯⋯⋯王　朔
顾氏传人（中篇）⋯⋯⋯⋯⋯⋯⋯范小青
灾年（中篇）⋯⋯⋯⋯⋯⋯⋯⋯蔡测海

新潮小说
此文献给少女杨柳（中篇）⋯⋯⋯⋯余　华
关于余华（评论）⋯⋯⋯⋯⋯⋯⋯朱　伟
人间消息（中篇）⋯⋯⋯⋯⋯⋯⋯海　男
诗化的衍生：死亡意象的重奏（评论）——《人间消
息》的意义⋯⋯⋯⋯⋯⋯⋯⋯⋯汕　苹

寒秋（短篇）⋯⋯⋯⋯⋯⋯⋯⋯墨　白
苹果树（短篇）⋯⋯⋯⋯⋯⋯⋯金宇澄

散文
清明三人行处——钟山十周年祭⋯⋯⋯俞黑子

杂文作坊
会外路议⋯⋯⋯⋯⋯⋯⋯⋯⋯⋯蓝　翎
杂文作坊⋯⋯⋯⋯⋯⋯⋯⋯⋯⋯邵燕祥
《罗织经》及其他⋯⋯⋯⋯⋯⋯⋯舒　展

"中国潮"报告文学
一枕黄金梦——温州第二次金融大爆炸
⋯⋯⋯⋯⋯⋯⋯⋯许宗斌　倪蓉棣
倾斜的大地⋯⋯⋯⋯⋯⋯⋯⋯⋯杨　旭
正在崛起的中山大厦⋯⋯⋯⋯⋯⋯海　笑
明星从钢材市场升起⋯⋯⋯胜　平　方　明　楚　声

评论
性·女性·人性的反思⋯⋯⋯⋯⋯丹　晨
从情到欲：还原的实验⋯⋯⋯⋯⋯邵　建

美术
封面作品⋯⋯⋯⋯⋯⋯⋯⋯⋯⋯刘　鸣
摄影家曾年作品⋯⋯⋯⋯⋯⋯封二、封三、封底

1989 年第 5 期　刊名:《钟山》
目录

小说世界
新写实小说大联展
逍遥颂（长篇小说）⋯⋯⋯⋯⋯⋯刘　恒
千万别把我当人（长篇小说）⋯⋯⋯王　朔

新潮小说
昨天晚上下雨（短篇）⋯⋯⋯⋯⋯色　波
空门（短篇）⋯⋯⋯⋯⋯⋯⋯⋯薛　冰
东西（短篇）⋯⋯⋯⋯⋯⋯⋯⋯文　瑜

评论
双驾马车的倾覆——论鲁迅的小说创作⋯⋯王晓明

"中国潮"报告文学
流动的海⋯⋯⋯⋯⋯⋯⋯⋯⋯⋯梅南频
拓荒者⋯⋯⋯⋯⋯⋯⋯⋯⋯⋯晓　声

文讯
江苏农垦总公司·《钟山》杂志社举办笔会为作家深
入生活提供新渠道

1989 年第 6 期　刊名:《钟山》

目录

小说世界

千万别把我当人（长篇）························王　朔

一曲天上人间地狱（中篇）······················黄佳星

杨叶儿飘飘（中篇）··························顾　潇

戏惑（中篇）····························钱国丹

女巫之歌（短篇）··························叶曙明

夜郎之行（短篇）··························格　非

电影文学剧本

早春一吻（剧本）··························周维先

散文

惠浴宇散文三题···························惠浴宇

滔滔不绝陈同生

我的母亲

痛悼恒兴同志

画饼娘闲话····························苏　叶

回想吐鲁番····························程永新

评论

规范与变体····························王　宁

超越悲剧·······················陈孝英　理　晴

"中国潮"报告文学

远虑·······························斯　人

强烈的柔情····························阿　屏

回城记·······················艾　奇　扬　烈

黑色的微笑····························梅南频

风雨十年路····························李鸿声

东方实业家······················郭　青　迟永普

美术

喻慧作品·····························封二

苏宁作品·····························封三

徐累作品·····························封底

《啄木鸟》

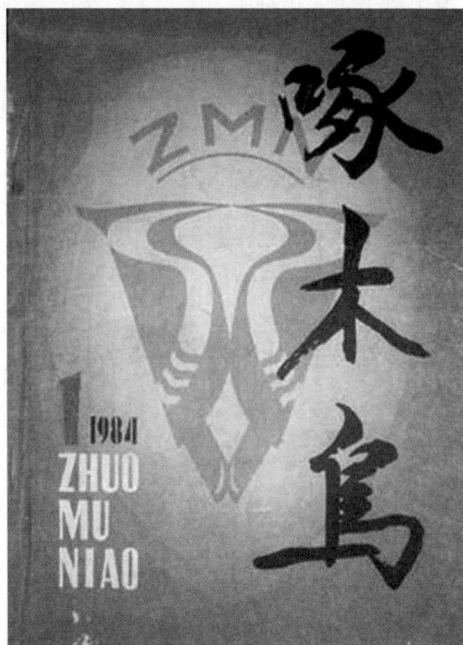

【简　介】

公安法制类文学双月刊。中华人民共和国公安部主办。创刊于 1980 年,1980 年 1 期后休刊,1984 年 2 月复刊。其以其独特的眼光、胆识和理念,发表了一系列脍炙人口、震撼人心的优秀作品。

期刊号:1984 年第 2 期—1989 年第 6 期

1984 年第 2 期　刊名:《啄木鸟》

目录

报告文学

青春的烈焰与生命的死灰—— 一起特大反革命爆炸杀人案侦破纪实··················顾笑言

心田,这样洒满阳光·······················张正隆

火,净化了他们的心灵······················王忠瑜

张网擒敌（侦破通讯）·····················周宪一

小说

涨潮······························陈敦德

海滨追踪（中篇惊险侦破小说）··················魏　威

漂亮的车队·····················赵大年　孙民强

周年祭·····························王咏虹

小镇星光····························唐海华

东陵盗宝案传奇（长篇连载）···················苏金星

传记·回忆录
人民司法制度的奠基者·································《谢觉哉传》编写组

电影导演脚本
再生之地···严寄洲

散文·杂文
巡逻云雾间··李训舟
国门三记··黄福林
乌石楮··赵海洲
漫步在巴黎公社墙前····································柳鸣九
贪污·宗法·后台·······································舒 展
论检查功能之变化······································冯英子
漫议"引力"···郑 琅

诗歌
鸽子·鹰隼··张志民
面对这滩血··聂鑫森
神木歌··于宗信
在一颗星星的下边······································胡 光
桂林诗草··钱君匋

外国作品翻译
擒"狼"记·······························〔苏〕列·萨波日尼科夫
格·斯捷潘尼金著 任 军 宋 华译

评论
话说《关东传奇》······································胡德培

美术
封面设计、扉页画······································文关旺
归帆（封底）··白雪石

1984 年第 3 期　刊名:《啄木鸟》
目录

报告文学
执法者·······················刘 真 赵新业 宗 岱
死囚的新生··庞瑞垠
真假《钟馗震怒图》（侦破通讯）
岳新华 傅绪文

小说
这里有纪念碑··张廷竹
"沙洛夫"魔方（中篇惊险侦破小说）···················罗石贤
"请酌情处理"···尾 山
同船过渡（佳作选载）··································映 泉

传记·回忆录
回忆我的改造··爱新觉罗·溥仪

外国作品翻译
"蔷薇蕾"的凋谢·······················〔日〕森村诚一著
李 林 蔡 静译
擒"狼"记·······························〔苏〕列·萨波日尼科夫
格·斯捷潘尼金著 任 军 宋 华译

散文·杂文
故乡行··慕丰韵
金陵掇拾··李希凡
巴黎圣母院印象··刘心武
山尖上的防火楼··柴德森
从"随便翻翻"想到的··································浩 成
责任·事业··缪 群

诗歌
一家村··熊召政
街头，一位卖花姑娘（外一首）·························左一兵
婚礼前奏曲（小叙事诗）································罗 沙
考验（诗配画）··························易和元诗 江 帆画
道情·······································（河北）王东宁

评论
从《追捕"二王"纪实》所想到的·························于 晴
从炼狱中挺立起来的民族魂·······························曾镇南
读者中来（五则）·····················长春市公安局 刘大鹏等

美术
钟馗震怒图（封底）····································范 曾
封面设计··文关旺
扉页画··张 骏

1984 年第 4 期　刊名:《啄木鸟》
目录

报告文学
灵魂的审判··苏叔阳

报告文学
与"流窜犯"斗争的哨兵··································李树喜
较量··赵相如
国宝失窃之后（侦破通讯）······························周健行

小说
千山外，水长流（长篇连载）····························聂华苓

傍晚敲门的女人（中篇惊险侦破小说）·········李　迪
RDX 公式·········张　丽
左邻右舍·········李兴桥

传记·回忆录
中国归来的战犯
·········［日本］岛村三郎著　金　源译

外国作品翻译
"蔷薇蕾"的凋谢·········［日］森村诚一著
李　林　蔡　静译

散文·杂文
怒而飞·········柳　嘉
枇杷山夜眺·········陈淀国
漫游迪斯尼世界·········乔　山
人民的希望：坚定而真正的改革·········严　秀
"三种人"和风马牛·········吴　澄
美丑篇·········叶延滨
改革需要"护身符"·········蒋元明

诗歌
江西之行·········李振军
旅途偶见·········张志民
可爱的橄榄绿·········喻　晓
致软骨病者（诗配画）·········易和元诗　方　成画

评论
试论改善以公安斗争为题材的电影文学的途径
·········钟惦棐
挖出"灵芝"和"人参"·········从维熙
文讯：山西省召开公安题材文艺创作座谈会

美术
怒放送香（国画）·········王成喜
封面设计·········文关旺
扉页画·········张　骏

1984 年第 5—6 期　刊名:《啄木鸟》
目录

报告文学
屹立在沙头角的勇士·········张笑天　顾笑言
第四次追捕·········周叶萍
雄关锁钥·········梁晓瑜　米荣真
盗车集团落网记（侦破通讯）·········黄家发

小说
千山外，水长流（长篇连载）·········聂华苓
多情应笑我·········中　申
刑警队长与杀人犯的内心独白·········魏　人
春梦十里牡丹桥（中篇惊险侦破小说）
·········王岭群

电影文学剧本
落叶·········严亭亭　晓　剑

外国作品翻译
"蔷薇蕾"的凋谢·········［日］森村诚一著
李　林　蔡　静译

散文·杂文
别是一番天地·········韶　华
布加勒斯特乡村博物馆·········古　毕
这里有渣滓，也有阳光·········甘铁生
割发打袍和察看·········冯英子
狗的雅谑·········吴　昊
市场神授哲学理当破灭·········牧　惠
从防弹衣说到安全感·········司马波音

诗歌
婚礼，将在狱中举行·········顾　工
海潮颂（外一首）·········孙桂贞
怀抱·········戚积广
龙门峡抒情·········谢逢松
遥控（诗配画）·········易和元诗　江　帆画

评论
进一步繁荣和发展公安题材的文艺创作——本社烟台
笔会部分作家发言纪要

美术·摄影
本社烟台笔会剪影（封二、封三）
知侠与蒋子龙在亲切谈论《啄木鸟》（封底）
封面设计·········文关旺
扉页画·········张　骏

1985 年第 1 期　刊名:《啄木鸟》
目录

报告文学
残雪春风斗古城（报告小说）·········刘宾雁
监狱里的除夕之夜·········航　鹰
深夜发生的血案（侦破通讯）·········张伯星

传记文学

范曾传（篇名题字：李振军）································徐　刚

小说

姑娘，看着我！································达　理
逃犯································晓　剑
历代帝王图（中篇惊险侦破小说）································星　河

外国作品翻译

养老院里的谋杀案（长篇连载）············[法]布瓦洛
纳尔塞雅克合著　张继双译

散文·杂文

溽暑旅草································叶文玲
她在元帅家里作客（速写）································姚远方
魔影································高行健
啄木鸟不是烤鸭································蓝　翎
"哪怕你，皇亲国戚……"································罗荣兴

诗歌

阳光（散文诗）································严文井
祖国啊································李发模
阿香，你这娇灵的女孩································（中国香港）张诗剑
牧歌二首································傅天琳
诗二首································臧克家　沈　醉
应时变色（诗配画）································易和元诗　江　帆画

评论

《高行健戏剧集》序································吴祖光
本刊设立"金盾文学奖"启事

美术

啄木鸟（封底国画）································韩美林
封面设计································吴　平
扉页画································张涤尘

1985 年第 2 期　刊名:《啄木鸟》
目录

小说

潜逃································古　华
爱，充满着这颗心································贺晓彤
昙花梦（长篇惊险侦探小说连载）
································（中国香港）陈　娟

报告文学

被通缉的逃犯································湘　霖
"硕鼠"落网记································杨匡满

雨滴································王春元
惊心动魄的二十四小时（侦破通讯）
································郑福成　李季秋

电影文学剧本

壮别天涯································曹硕龙　钱　江

传记·回忆录

我的成名与不幸················王人美口述　解　波整理

外国作品翻译

养老院里的谋杀案································[法]布瓦洛
纳尔塞雅克合著　张继双译

散文·杂文

三峡的一个奇迹································叶君健
囚犯——开拓者——现代人································袁　鹰
一支八面威风的石匠大军································苏　晨
另一种熔炉································柯　蓝
"厚道"之感································王　蒙
老鼠偷钱的启示································严　秀

诗歌

颂歌，唱给一只小鸟································白　桦
你们的头上，闪亮着国徽································于宗信
烈士纪念塔································张天明

评论

从小说和电影的缘份谈起································冯　牧
"帝女雀"的歌
——评聂华苓新作《千山外，水长流》································李恺玲

美术·摄影

封面设计································吴　平
封底国画································吴东魁
扉页画································卜维勒

1985 年第 3 期　刊名:《啄木鸟》
目录

小说

第四民警小组································张卫华　张　策
高压线上的鸟儿································中杰英
昙花梦（长篇惊险侦探小说连载）
································（中国香港）陈　娟

报告文学

起死回生································李训舟

枫林深处的枪声（侦破通讯）
···迟 之 羽 圭

电影文学剧本
末代皇后和妃子·····································张笑天

外国作品翻译
1、2、3——死······（长篇推理小说）
·························[日]高木彬光著　施元辉译

传记文学
越狱大王·······································阎承铸　王 波

散文·杂文
拾荒琐记···姜德明
"天路"剪影··鲁之洛
海瑞墓前的沉思·································牧 惠
谈"内行整内行"·································吴 昊

诗歌
风铃··雷抒雁
边境··韩作荣
满江红·赠沙头角武警十三中队·············陆剑华

评论
古华《潜逃》短评·································阎 纲
惊险侦破小说的奇葩·····························杜元明

美术
封面设计··吴 平
封底国画··何镜涵
扉页画··张 骏

1985 年第 4 期　刊名:《啄木鸟》
目录

报告文学
北京人（口述体实录文学）·············张辛欣　桑 晔
陈培华与8474奇案·······························赵大年
北海道的逃亡者·································张 威
卧龙岗歼敌（侦破通讯）·························吕 樵
李祖武　何益民

小说
枪口下的母熊····································雁 宁
这里不囚禁阳光··································顾笑言
第三个被谋杀的人证（中篇惊险侦破小说）···晨 鲤
昙花梦（长篇惊险侦探小说连载）
·······························（中国香港）陈 娟

外国作品翻译
1、2、3——死······（长篇推理小说）
·························[日]高木彬光著　施元辉译

散文·杂文
广岛之祭··从维熙
向你致敬，大雁··································袁茂余
林彪——希特勒合论······························严 秀
也说"影响"、"反映"之类·························浩 成

诗歌
北方的海··宁 宇
阿曼古莉，你摘的这串葡萄真甜呀·············林 希
高明的指挥······································阵 容

评论
侦破式创作：今昔得失论·························胡德培

美术·摄影
封面设计··吴 平
扉页画··张 骏
封底国画·································刘春华　文关旺

1985 年第 5 期　刊名:《啄木鸟》
目录

报告文学
天山擒匪记······································王宗仁
梦断"布达宫"····································高正文
"元帅孙女"现形记·······························张铭清

小说
曼腊渡之恋（中篇惊险侦破小说）···············张昆华
夕峰幽林（中篇惊险侦破小说）·················钟 源
"高档"录相······································张 挺
夺妻··王锡峰
窗下一株仙人掌··································张 策

传记文学
国民党陆军司令顾祝同外传·······················陈登科

外国作品翻译
谋杀案与第一夫人···························[美]埃利
奥特·罗斯福著　赵苏苏译
1、2、3——死······（长篇推理小说）
·························[日]高木彬光著　施元辉译

话剧

夜晚过去是早晨 ————————————— 梁秉堃

散文·杂文

偏马山纪事 ————————————— 李 克
云南省第二监狱见闻 ————— ［日］佐佐木静子
"疯子"何其多 ————————————— 舒 展
改革·习惯·第四种人 ————————— 张宗厚

诗歌

优秀班长颂 ————————————— 李振军
抱冲斋吟草 ————————————— 范 曾
布告与布告 ————————————— 叶延滨
黄雀,在阳光下死去 ————————— 姜强国

文学期刊版权保护工作座谈会纪要
"我们爱读《啄木鸟》"

美术

封面设计 ————————————— 吴 平
扉页画 ————————————— 刘昌苓

1985 年第 6 期　刊名:《啄木鸟》
目录

公安部、司法部、中国法学会、林业部、团中央、总
工会、全国妇联、解放军总政宣传部关于进行社会主
义法制教育,开展"法制教育知识竞赛"的联合通知

报告文学

"五虎"、"二狼"就擒记 ————————— 闻四家
金钱与女色的俘虏 ————————————— 王雪松
"主耶稣,保佑我!" ————————————— 梁秉堃
长长的路,弯弯的路 ————————————— 叶 丛

小说

行刑之前 ————————————— 徐孝鱼
女王之死 ————————————— 冯苓植
我的孩子,我的故乡 ————————————— 海 岩
老魏的哲学 ————————————— 苏 雷

电影

外交官神秘失踪之迷 ————————————— 谢光宁

诗歌

也是诗人的职责（外一首）————————— 张学梦

传记文学

国民党陆军总司令顾祝同外传 ————————— 陈登科

评论

漫谈西方的侦探小说 ————————————— 王逢振
关于评选首届"金盾文学奖"的启事
本刊举办普陀山笔会 ————————————— 晓 冬
来函照登
1984—1985 年《啄木鸟》总目录

美术

封面设计 ————————————— 吴 平
扉页画 ————————————— 卜维勤

1986 年第 1 期　刊名:《啄木鸟》
目录

报告文学

法兮归来（篇名题字:魏传统）————————— 凤 章
民心（篇名题字:王遐举）————————————— 孟晓云
共和国法官的眼睛 ————————————— 吴民民
中国西部监狱 ————————————— 丰 收

小说

女劳教队长和"绿鹦鹉" ————————————— 桂雨清
血刃马王剑（篇名题字:钱绍武）————————— 刘健安

诗歌

他和她,沉重地走向法院 ————————————— 聂鑫森

电影

女间谍的遗书（篇名题字:李广祥）————————— 严寄洲

外国作品翻译

载满少年罪犯的大篷车队 ————————— ［日］小畑耕一
田中实著　张 琳译

评论

谈日本推理小说 ————————————— 李德纯

公安部、司法部、中国法学会、林业部、团中央、总
工会、全国妇联、解放军总政宣传部关于进行社会主
义法制教育,开展"首届法制教育知识竞赛"的联合
通知
首届法制教育知识竞赛试题
目录画 ————————————— 卜维勤
封面设计 ————————————— 刘昌苓

1986 年第 2 期　刊名:《啄木鸟》
目录

报告文学

西沙踏浪 ………………………………… 从维熙
问心无愧 ………………………………… 李玲修
从炼狱中铸造的心理学家 ………… 郑兢业　侯玉声
从大都饭店擒获的逃犯（侦破通讯）……… 左书利

小说

一半是火焰，一半是海水 …………… 王　朔
致"爱丽丝" ………………………… 王　蒙
八缚岭上的鞭声 …………………… 桑　雨

诗与散文

白云，珠海，小诗 ………………… 邹荻帆
当心，海，醒着（外三首）………… 张志民
闪光的血迹 ………………………… 杨润身

传记文学

军旗倒地之后 …………………… 方知今

外国作品翻译

载满少年罪犯的大篷车队 ……… [日]小畑耕一
田中实著　张　琳译

评论

我期望多出几个好"苗苗" ……… 荒　煤
在罪与罚中显示社会心理的深度 …… 曾镇南

美术

封面设计 …………………… 杨东伟　刘昌苓
目录画 ……………………………… 史志辉

1986 年第 3 期　刊名:《啄木鸟》
目录

小说

牛半江 ……………………………… 郑万隆
第一百零一例离婚案 ……………… 权延赤
荒原 ………………………………… 郭富文
将军坟的秘密（中篇惊险侦破小说）…… 徐本夫

报告文学

驯犬世家与他们的警犬 ………… 涂吉安　姜惠林
外交部里的鼹鼠（报告小说）…………… 詹　军

电影文学剧本

卫星窥测不到的地方 ……………… 李心田

散文·杂文

必须尊重知识、尊重人才——为《邓拓评传》代序
………………………………………… 廖沫沙
奶茶赋 …………………………… 安柯钦夫
"无才便是德"漫议 ……………… 牧　惠
"转回原单位处理" ……………… 杜卫东

访问记

访慕尼黑女作家出版社 …………… 王咏虹

美术

封面设计 ………………………… 张啸谷
扉页画 ……………………………… 田　苗

1986 年第 4 期　刊名:《啄木鸟》
目录

小说

风雨中的船 ……………………… 李功达
军婚 ……………………………… 李克威
秋天不再来 ……………………… 李　建
本埠社会新闻 …………………… 蔡记真

报告文学

审讯室里的较量 ………………… 邹爱国

诗歌·杂文

我不怕是一个"0" ……………… 曲有源
谈愚昧 …………………………… 吴　昊
把护身法宝交给人民 …………… 盛祖宏
法律教育知识竞赛答案

美术

封面设计 ………………………… 张啸谷
目录画 …………………………… 崔　维

1986 年第 5 期　刊名:《啄木鸟》
目录

小说

最后一名"精神囚犯" …………… 谭元亨
记忆的河 ………………………… 马未都
死谷（报告小说）………………… 张　丹
列车就要到达终点 ……………… 晨　鲤

报告文学

橄榄绿之歌 ·································· 玉　霄

刑侦土专家——"马神仙" ········ 崔亚斌　张伯星

人物传记

曾为阶下囚 ·································· 季　烨

外国作品翻译

幻的墓 ····················· 森村诚一著　施元辉译

杂文·散文·诗歌

面面观和层层观小品系列 ················ 祖　慰

海的征服者 ································ 张守仁

另一种微笑 ································ 韩作荣

警歌（组诗） ······························ 黄东成

明镜

日本年轻人所向往的职业 ············ 黎　清编译

评论

生活的奇异反差和人格的自我实现——读李玲修的报
告文学《问心无愧》 ···················· 缪俊杰

苏联著名汉学家谢曼诺夫教授致作家李迪的信
附：作家李迪致谢曼诺夫教授的信

部分文学期刊维护版权第二次会议纪要
首届金盾文学奖获奖作品篇目
"法律知识竞赛"评奖揭晓

美术

封面设计 ································· 成　果

目录画 ································· 王玉琴

1986 年第 6 期　刊名:《啄木鸟》

目录

小说

魅力试验 ································· 苏　雷

没挂军功章的女兵 ······················· 张笑天

黄绿色的站牌 ···························· 竹　林

没有吻的离别 ···························· 张昆华

别时雨纷纷 ······························ 傅绪文

死刑案件 ································ 周乃宁

报告文学

雾与阳光 ································· 傅溪鹏

特写

刑警人生片断 ···························· 魏　人

外国作品翻译

幻的墓 ····················· 森村诚一著　施元辉译

评论

由纯情到"邪恶" ·························· 章仲锷

一半是火的阴影，一半是海的沉沙 ·········· 李复威

"试验"之外的魅力 ························ 何志云

诗与散文

童年 ··································· 孙　犁

波兰随笔 ································· 郭　风

窗口带来的岛屿 ···························· 王　茜

明镜

法国实行警察力量现代化计划 ·············· 戚文焕

飞兵 ··································· 苏殿远

美术

刊名题字 ································· 茅　盾

封面设计 ································· 张啸谷

目录画 ································· 李国路

1987 年第 1 期　刊名:《啄木鸟》

目录

小说

枉然不供 ································· 王　朔

一方风尘 ································· 毛志成

晚祷 ···························· [联邦德国] 虞和芳

报告文学

不洁的女人（报告小说） ·················· 陆星儿

张良的故事 ······························ 高歌今

电影文学剧本

女模特之死 ······························ 陈　放

外国作品翻译连载

幻的墓 ····················· 森村诚一著　施元辉译

散文·诗歌

香火缭绕中的随想 ························· 袁　鹰

深圳与珠海（组诗） ······················ 公　刘

这里，很静很静 ···························· 林　斌

其他

油然作云，沛然下雨
——浅谈法制文学的兴起及其发展 ·········· 张　锲

发展法制文学之我见⋯⋯⋯⋯⋯⋯曾镇南
《啄木鸟》与《警坛风云》联合举办鼓浪屿笔会

美术

刊名题字⋯⋯⋯⋯⋯⋯⋯⋯⋯⋯茅　盾
封面设计⋯⋯⋯⋯⋯⋯⋯⋯⋯⋯文关旺
封面摄影⋯⋯⋯⋯⋯⋯⋯⋯⋯⋯王德平
目录画⋯⋯⋯⋯⋯⋯⋯⋯⋯⋯⋯贺国光

1987 年第 2 期　刊名:《啄木鸟》
目录

小说

女民警的坎坷经历⋯⋯⋯⋯张　策　张卫华
她在歌声中死去⋯⋯⋯⋯⋯⋯⋯⋯李　建
追悔莫及⋯⋯⋯⋯⋯⋯⋯⋯⋯⋯王寿芝
罪恶就在身边⋯⋯⋯⋯⋯⋯⋯⋯黑　子
在巴黎十三区⋯⋯⋯⋯⋯⋯⋯⋯黑　婴

报告文学

交通民警的苦辣酸甜⋯⋯⋯⋯⋯⋯闵　闻
她和她的岸⋯⋯⋯⋯⋯⋯⋯⋯⋯田珍颖
蓝盾的尊严⋯⋯⋯⋯⋯⋯⋯⋯⋯湘　霖

传记文学

特殊的使命⋯⋯⋯⋯⋯⋯⋯⋯⋯王定国

外国作品翻译

幻的墓（长篇连载）
⋯⋯⋯⋯⋯⋯⋯⋯森村诚一著　施元辉译

明镜

国际刑警组织
⋯⋯⋯⋯⋯⋯［美国］彼得·G.李著　范国瑞译

评论

追求就是幸福⋯⋯⋯⋯⋯⋯⋯⋯王春元

散文诗歌

温柔的莱茵河⋯⋯⋯⋯⋯⋯⋯⋯舒　柱
这里没有胆怯⋯⋯⋯⋯⋯⋯⋯⋯李建义

美术

刊名题字⋯⋯⋯⋯⋯⋯⋯⋯⋯⋯茅　盾
封面设计⋯⋯⋯⋯⋯⋯⋯⋯⋯⋯文关旺
目录画⋯⋯⋯⋯⋯⋯⋯⋯⋯⋯⋯尹　中

1987 年第 3 期　刊名:《啄木鸟》
目录

小说

"笨哈拉"郎托⋯⋯⋯⋯⋯⋯⋯⋯张塞外
天火在燃烧⋯⋯⋯⋯⋯⋯⋯⋯⋯尹俊卿
老人·赖子·寡妇·孩子⋯⋯⋯⋯⋯哲　夫
一个失去国籍的女人（长篇连载）⋯⋯傅绪文
金色的天平⋯⋯⋯⋯⋯⋯⋯⋯⋯彭瑞高
屈下来，负罪的膝盖（侦破通讯）⋯⋯姚玉彬

传记文学

一个人和一个时代⋯⋯⋯⋯⋯⋯⋯张文松

散文诗歌

中国广东海关散记⋯⋯⋯⋯⋯⋯⋯韩少华
秋雨⋯⋯⋯⋯⋯⋯⋯⋯⋯⋯⋯⋯王恩宇
女儿的梦⋯⋯⋯⋯⋯⋯⋯⋯⋯⋯杨兆祥

翻译作品

布里档案（长篇小说连载）
⋯⋯⋯⋯⋯⋯⋯⋯［美］L.查波尼奥　杨荣鑫译

美术

刊名题字⋯⋯⋯⋯⋯⋯⋯⋯⋯⋯茅　盾
封面设计⋯⋯⋯⋯⋯⋯⋯⋯⋯⋯文关旺
封面摄影⋯⋯⋯⋯⋯⋯⋯⋯⋯⋯李　伟
目录画⋯⋯⋯⋯⋯⋯⋯⋯⋯⋯⋯肖　凝

1987 年第 4 期　刊名:《啄木鸟》
目录

小说

人莫予毒⋯⋯⋯⋯⋯⋯⋯⋯⋯⋯王　朔
古井街的火光⋯⋯⋯⋯⋯⋯⋯⋯刘朝阳
荒野的裁决⋯⋯⋯⋯⋯⋯⋯⋯⋯载少军
一个失去国籍的女人（长篇连载）⋯⋯傅绪文

报告文学

坑道里，有一群顽强的生命⋯⋯⋯⋯杨佳富
爱，在武警岗位⋯⋯⋯⋯⋯⋯⋯⋯刘新春
"叶帅"签发的护照⋯⋯⋯⋯⋯⋯⋯何发昌

翻译作品

布里档案（长篇小说连载）
⋯⋯⋯⋯⋯⋯⋯⋯［美］L.查波尼奥　杨荣鑫译

美术

刊名题字⋯⋯⋯⋯⋯⋯⋯⋯⋯⋯⋯⋯⋯茅 盾
封面摄影、设计⋯⋯⋯⋯⋯⋯⋯⋯⋯⋯闻 观
插图选登⋯⋯⋯⋯⋯⋯⋯⋯⋯⋯⋯⋯⋯文关旺
目录画⋯⋯⋯⋯⋯⋯⋯⋯⋯⋯⋯⋯⋯⋯刘辉煌

1987 年第 5 期　刊名:《啄木鸟》
目录

小说

东边日出西边雨⋯⋯⋯⋯⋯⋯⋯⋯⋯⋯宋树根
扎龙谷⋯⋯⋯⋯⋯⋯⋯⋯⋯⋯⋯⋯⋯⋯张 威
我是一只狼⋯⋯⋯⋯⋯⋯⋯⋯⋯⋯⋯⋯张 策
一个失去国籍的女人（长篇连载）⋯⋯傅绪文

报告文学

火的洗礼⋯⋯⋯⋯郭万章　尹利民　陈连生　赵月增
烈焰映染的风采（通讯）⋯⋯⋯⋯⋯⋯黄 冰

散文诗歌

黑翼⋯⋯⋯⋯⋯⋯⋯⋯⋯⋯⋯⋯⋯⋯⋯舒 婷
十岁的生命⋯⋯⋯⋯⋯⋯⋯⋯⋯⋯⋯⋯柳 荫

翻译作品

请你破案（长篇连载）
译作《请你破案》破案有奖竞赛办法

美术

刊名题字⋯⋯⋯⋯⋯⋯⋯⋯⋯⋯⋯⋯⋯茅 盾
封面摄影、设计⋯⋯⋯⋯⋯⋯⋯⋯⋯⋯观 旺
目录画⋯⋯⋯⋯⋯⋯⋯⋯⋯⋯王保杰　丁德武

1987 年第 6 期　刊名:《啄木鸟》
目录

小说

被劫持的囚犯⋯⋯⋯⋯⋯⋯⋯⋯⋯⋯⋯朱光华
黄金海岸⋯⋯⋯⋯⋯⋯⋯⋯⋯⋯⋯⋯⋯宗 岱
枯荣⋯⋯⋯⋯⋯⋯⋯⋯⋯⋯⋯⋯⋯⋯⋯林 斌
聚龙里轶事（长篇小说连载）⋯⋯⋯⋯周毅如

报告文学

爱的延伸⋯⋯⋯⋯⋯⋯⋯⋯⋯⋯⋯⋯⋯万静华
难以逾越的屏障（侦破通讯）
⋯⋯⋯⋯⋯⋯⋯⋯⋯齐 阳　贾雷鸣　刘学鲁

散文诗歌

金名片和名片迷⋯⋯⋯⋯⋯⋯⋯⋯⋯⋯杨钧炜

评论

侦探小说的情节⋯⋯⋯⋯⋯⋯⋯［苏］阿达莫夫著
孟国华　常崇谦译

翻译作品

请你破案（长篇连载）

美术

刊名题字⋯⋯⋯⋯⋯⋯⋯⋯⋯⋯⋯⋯⋯茅 盾
封面摄影⋯⋯⋯⋯⋯⋯⋯⋯⋯⋯⋯⋯⋯宝 丁
中国画选⋯⋯⋯⋯⋯⋯⋯⋯⋯⋯⋯⋯⋯刘春华
目录画⋯⋯⋯⋯⋯⋯⋯⋯⋯⋯⋯⋯⋯⋯晋 艺

1988 年第 1 期　刊名:《啄木鸟》
目录

小说

白睡莲货栈⋯⋯⋯⋯⋯⋯⋯⋯⋯⋯⋯⋯赵大年
回环之梦⋯⋯⋯⋯⋯⋯⋯⋯⋯⋯⋯⋯⋯张 欣
聚龙里轶事（长篇连载）⋯⋯⋯⋯⋯⋯周毅如

报告文学

公安局长的"舞步"⋯⋯⋯⋯⋯⋯⋯⋯李宏林
含泪的奉献⋯⋯⋯⋯⋯⋯⋯⋯⋯⋯⋯⋯闵 闻
并非天方夜谭的故事⋯⋯⋯⋯⋯⋯⋯⋯郑 筱
冲不破的罗网（侦破通讯）⋯⋯魏凤英　马卫东

翻译作品

请你破案（长篇连载）

关于"金盾文学奖"易名及首届"啄木鸟文学奖"评
选启事

其他：

1986—1987 年《啄木鸟》总目录
译作《请你破案》破案有奖竞赛办法

美术

刊名题字⋯⋯⋯⋯⋯⋯⋯⋯⋯⋯⋯⋯⋯茅 盾
封面设计⋯⋯⋯⋯⋯⋯⋯⋯⋯⋯葛 英　刘昌苓
目录画⋯⋯⋯⋯⋯⋯⋯⋯⋯⋯王云林　徐先堂

1988 年第 2 期　刊名:《啄木鸟》
目录

小说

报眼 …………………………………… 李廷华
夜明珠 …………………………………… 于忠连
U—Pu 实验报告 …………………………… 华　南
迷梦 …………………………………… 卢朝阳

报告文学

乱世奸雄——记"文革"中的康生 ……… 黄　峥
无价的人生 ……………………………… 谢鲁渤
献上一片安宁 …………………………… 陈冠柏
太阳红得正饱和 ………………………… 冯颖平
保险柜疑云 ……………………………… 徐小凡
罪犯的天敌 ……………………………… 仲偶雄

诗歌·散文

因为我想起了春天 ……………………… 徐　刚
老所长 …………………………………… 陆清波

明镜

30 名嫌疑犯 …………………………… 白国忠译

翻译作品

大乌鸦的吻（长篇小说连载）………… ［美］乔纳
森·考克斯著　董　林　刘正心译

美术

刊名题字 ………………………………… 茅　盾
封面设计 …………………… 葛　英　刘昌岑
目录画 ……………………… 王云林　徐先堂

1988 年第 3 期　刊名:《啄木鸟》
目录

小说

你为谁辩护 ……………………………… 王小鹰
鄂西山中 ………………………………… 陈永新

报告文学

颠狂的书潮 ………………… 张卫华　张　策
金钱与道德的角逐 ……………………… 李训舟

评论

论新时期公安小说的创作 ……………… 赵鹤令

翻译作品

大乌鸦的吻（长篇小说连载）………… ［美］乔纳
森·考克斯著　董　林　刘正心译

美术

刊名题字 ………………………………… 茅　盾
封面设计 …………………… 葛　英　刘昌岑
目录画 ……………………… 王云林　徐先堂

1988 年第 4 期　刊名:《啄木鸟》
目录

报告文学

他们玷污了神圣的节日
——记拉萨骚乱事件 ………………… 冠　山
杀人的红玛瑙 …………………………… 周　纲

小说

你为谁辩护 ……………………………… 王小鹰
缘分 …………………………………… 曹怀新

译作

《请你破案》（结果）………… ［英］罗伯特·蒂尼著
张　焕　杨运芳译

其他

《啄木鸟》短篇小说有奖征文启事

美术

刊名题字 ………………………………… 茅　盾
封面设计 ………………………………… 关　旺
傣乡情（封底）………………………… 刘昌岑
目录画 …………………………………… 郑　力

1988 年第 5 期　刊名:《啄木鸟》
目录

小说

来自内部的报告 ………………………… 刘朝阳
陪都玉坠案 ……………………………… 刘　闯
白天鹅翅上的黑斑 ……………………… 鹿　陈
我没有错 ………………………………… 傅晓航

报告文学

食人赌窟 …………………… 陈连生　边清江
漩涡行动 ………………………………… 徐加义
警威启示录 ……………………………… 胡　振

西子湖畔一颗闪亮的星⸺李烈均
505 大院魔影（侦破通讯）⸺毛秀中

翻译作品
失去的爱情⸺［美］鲍勃·格林著　刘心化译

明镜
穿日本睡衣的女人

其他
《请你破案》有奖竞赛获奖者名单
关于《霍桑探案集》专有出版权的声明

美术
刊名题字⸺茅　盾
目录画⸺王保杰

1988 年第 6 期　刊名:《啄木鸟》
目录

报告文学
上海隐秘角⸺刘立云
电脑魔影（侦破通讯）⸺华　坷
斩断魔爪的利剑⸺余小沅

小说
复活的头骨⸺康焕龙
"拴马桩"之谜⸺尹景军
破碎的青春⸺施建中
静静的小河湾⸺王元洪

评论
李建小说创作漫评⸺曾镇南

公安文学的艺术追求之一⸺审美通感是美的创造力
⸺紫　鹤

电影剧本
将军俑无头案⸺莫　伸

美术
刊名题字⸺茅　盾
封三美术作品⸺郝惠芬　张　骏
封四美术作品⸺刘辉煌
目录画⸺王　炅

1989 年第 1 期　刊名:《啄木鸟》
目录

小说
隐身者在夏天⸺张枚同　程　琪
阿尔泰·波勒蛮⸺侯建良
三十万元的代价⸺滕章贵
在废墟上萦索的孤女⸺朱长志
悬崖⸺尹俊卿

报告文学
陷落的宿命：金钱与女人之间⸺李　建
九条人命三个谜⸺丁令武

评论
公安文学的艺术追求之二⸺象征意蕴⸺紫　鹤

翻译作品
地下室里的阴谋⸺［联邦德国］霍斯特·波塞茨基著
文　思译
关于《我的前半生》版权归属及有关问题的说明
⸺王兰升

美术
刊名题字⸺茅　盾
封面设计⸺宁长春
封四（美术作品）⸺韩文莱
目录画⸺孟雨秋　沈雪江

1989 年第 2 期　刊名:《啄木鸟》
目录

报告文学
还有这样一个世界⸺同性恋调查札记
⸺俞　叶
国际倒爷在中国⸺罗　湘

小说
蜂鸟行动⸺戴恒春
遥远的海⸺李　佩
欲海无涯⸺宋树根
由我承办的第一案⸺宋成章

散文
这一个月夜夜月圆⸺台湾诗人回乡探亲漫记
⸺犁　青

评论

漫谈惊险小说……………………………………雨 加
"金盾"的忧郁与企盼……………………………张子宏
公安文学的艺术追求之三——人的丰富性与复杂性
………………………………………………………子 鹤

翻译作品

地下室里的阴谋……[联邦德国]霍斯特·波塞茨基著
文 思译

其他

首届"啄木鸟文学奖"授奖仪式在京举行
在首届"啄木鸟文学奖"授奖仪式上的讲话
………………………………………………………胡之光

美术

刊名题字……………………………………………茅 盾
封面设计……………………………………………宁长春
封底国画……………………………………………闻 观
目录画………………………………………蒋陈阡 陈 川

1989 年第 3 期　刊名:《啄木鸟》
目录

小说

荒原囚歌……………………………………………刘期相
我的三只手的朋友…………………………………紫 凤
影子的追捕…………………………………………时星原
金鸟笼………………………………………………奚旭初
唉！公安局的秘书…………………………………陈 杰
火场——《皇城轶事之二》…………………………张 策
劫机者的遭遇………………………………………魏 薇

报告文学

夜幕下的 B 城性病门诊……………………………许长军
他的名字叫"法医"…………………………………施加勇
惨案发生之后——8.18 凶杀案捕歼战斗纪实
………………………………………………………刘新民

散文

古道、黄金、白夜…………………………………邓加荣

评论

成功与不足——《上海隐秘角》絮谈………………谢海阳
公安文学艺术追求之四——"多面人"塑造方式举隅
………………………………………………………庆 鹤

翻译作品

汉城警官的惊惶………………………[南朝鲜]金圣钟著
洪成一译

美术

刊名题字……………………………………………茅 盾
封面设计……………………………………………宁长春
山村锣鼓（目录木刻）……………………………宁积贤
北京胡同（封底油画）……………………………王殿舜

1989 年第 4 期　刊名:《啄木鸟》
目录

报告文学

黄色悲剧………………………………………常 扬 赵充增
杀机在哪里?…………………………………………蕾 蕾

小说

失却了的珍龙………………………………………吴学良
刑警队长的誓言……………………………………魏 人
女友失踪事件………………………………………林 斌
女性的血旗（长篇连载）…………………………李 建

翻译作品

汉城警官的惊惶………[南朝鲜]金圣钟著　洪成一译

美术

刊名题字……………………………………………茅 盾
封面设计……………………………………………宁长春
封底国画……………………………………………赵玉凤
目录画………………………………………………丁 文

1989 年第 5 期　刊名:《啄木鸟》
目录

报告文学

疯狂的婚恋…………………………………王振清 米继红
星、星、星、星、星………………………………丫 丫
"共和国卫士"李国瑞………………………………潘仕明
新的洗礼……………………………………陈会扬 李沙泓
人性·人情·人味…………………………薛 啸 陈小东
来自大墙内外的报告——"北京模式"实录
………………………………………………杨洪坛 李秀贞

小说

国宝大熊猫惨案
——以此文祭熊猫"福福"伉俪……………………苏殿远

璇宫秋恨⋯⋯⋯⋯⋯⋯⋯⋯⋯⋯⋯⋯⋯郭仲强
女性的血旗（长篇连载）⋯⋯⋯⋯⋯⋯⋯李　建

美术

刊名题字⋯⋯⋯⋯⋯⋯⋯⋯⋯⋯⋯⋯⋯⋯茅　盾
封面设计⋯⋯⋯⋯⋯⋯⋯⋯⋯⋯⋯⋯⋯⋯王玉琴
卫士（目录石膏版画）⋯⋯⋯⋯⋯⋯里　果　王保杰
凝思（封底国画）⋯⋯⋯⋯⋯⋯⋯⋯⋯⋯张　辉

1989 年第 6 期　刊名:《啄木鸟》
目录

小说

黑色子弹⋯⋯⋯⋯⋯⋯⋯⋯⋯⋯鹿　陈　姚雪枫
难以启齿的机遇⋯⋯⋯⋯⋯⋯⋯⋯⋯⋯谷跃先
山风⋯⋯⋯⋯⋯⋯⋯⋯⋯⋯⋯⋯⋯⋯⋯王　庆
女性的血旗（长篇连载）⋯⋯⋯⋯⋯⋯⋯李　建

报告文学

警惕，黑色瘟疫⋯⋯⋯⋯⋯⋯⋯⋯薛　啸　陈小东
高楼上的喋血魔影⋯⋯⋯⋯⋯⋯⋯⋯⋯万长生

明镜

不在现场的证明⋯⋯⋯⋯⋯⋯⋯⋯[日]夏树静子著
白国忠译

美术

刊名题字⋯⋯⋯⋯⋯⋯⋯⋯⋯⋯⋯⋯⋯⋯茅　盾
封面设计⋯⋯⋯⋯⋯⋯⋯⋯⋯⋯⋯⋯⋯⋯王玉琴
封底国画⋯⋯⋯⋯⋯⋯⋯⋯⋯⋯⋯⋯⋯⋯宗　远
目录画⋯⋯⋯⋯⋯⋯⋯⋯⋯⋯⋯⋯⋯⋯⋯王　庆

《作品与争鸣》

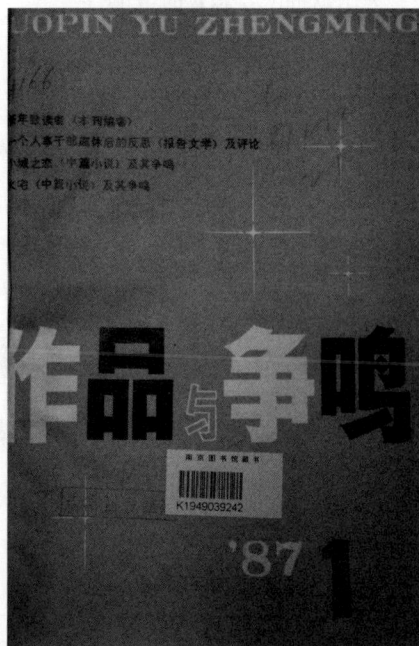

【简　介】

综合性文学月刊。中国当代文学研究会主办。创刊于 1981 年。其刊登作品旨在探讨当代改革问题,力求观点鲜明。主要栏目有短篇小说、中篇小说、文艺评论等。

期刊号:1981 年第 1 期—1989 年第 12 期

1981 年第 1 期　刊名:《作品与争鸣》
目录

致读者⋯⋯⋯⋯⋯⋯⋯⋯⋯⋯⋯⋯⋯⋯本刊编辑部
一个冬天的童话（报告文学）⋯⋯⋯⋯⋯⋯遇罗锦
这是"实话文学"
　　——评《一个冬天的童话》⋯⋯⋯⋯⋯郑　定
关于作者遇罗锦一些情况的争论⋯⋯⋯⋯⋯成　边
风筝飘带（短篇小说）⋯⋯⋯⋯⋯⋯⋯⋯⋯王　蒙
他们象征着未来
　　——试析王蒙短篇新作《风筝飘带》⋯⋯何　新
幻灭者的微末的悲凉
　　——评《风筝飘带》⋯⋯⋯⋯⋯⋯⋯⋯计永佑
广阔天地任飞翔
　　——王蒙《风筝飘带》读后⋯⋯⋯⋯⋯章仲锷
诗十首⋯⋯⋯⋯⋯⋯⋯⋯⋯⋯⋯⋯⋯⋯⋯舒　婷
《福建文艺》对舒婷新诗创作问题的讨论综述
⋯⋯⋯⋯⋯⋯⋯⋯⋯⋯⋯⋯⋯⋯⋯⋯⋯海　滨
杜鹃啼归（短篇小说）⋯⋯⋯⋯⋯⋯陈可雄　马　鸣

感情奢望与道德约束⋯⋯⋯⋯⋯⋯⋯⋯赵光德
真实的描写　大胆的探索⋯⋯⋯⋯⋯⋯武　欣
对《杜鹃啼归》的再认识⋯⋯⋯陈可雄　马　鸣
谈《杜鹃啼归》的新意⋯⋯⋯⋯⋯⋯⋯董　健
争鸣动态：关于歌曲《乡恋》的争论⋯⋯成　志
争鸣史话：别林斯基和果戈里的一场论战⋯⋯辰　海
中国的艺术家（漫画）⋯⋯⋯⋯⋯⋯⋯王乐天
何必多嘴⋯⋯⋯⋯⋯⋯⋯⋯⋯⋯⋯⋯沈同衡
封面设计⋯⋯⋯⋯⋯⋯⋯⋯⋯⋯⋯⋯陈　新
鲁迅像（木刻）⋯⋯⋯⋯⋯⋯⋯⋯⋯李以泰
鸟（石雕）⋯⋯⋯⋯⋯⋯⋯⋯⋯⋯⋯包　炮
盼（雕塑）⋯⋯⋯⋯⋯⋯⋯⋯⋯⋯⋯陈成民

1981 年第 2 期　刊名:《作品与争鸣》
目录

灰色王国的黎明（三幕话剧）⋯⋯⋯⋯中杰英
这里不应有禁区⋯⋯⋯⋯⋯⋯⋯⋯⋯伯　荣
站在现实的基地上正视现实
　——评话剧《灰色王国的黎明》⋯⋯辛衮之
如意（小说）⋯⋯⋯⋯⋯⋯⋯⋯⋯⋯刘心武
捕捉使人类世界变得更美的东西
　——评刘心武的《如意》⋯⋯⋯⋯⋯张维安
大胆讴歌人性的优美
　——读刘心武的《如意》⋯⋯⋯⋯⋯章仲锷
文艺的真实性和倾向性（摘录）⋯⋯⋯陈　涌
不要混淆思想界限
　——读《如意》及有关评论⋯⋯⋯⋯肖　铁
邢老汉和狗的故事（小说）⋯⋯⋯⋯⋯张贤亮
无须多弹哀思调⋯⋯⋯⋯⋯⋯⋯⋯⋯林　波
哀而不鉴，其哀何益?⋯⋯⋯⋯⋯⋯⋯张定潭
悲剧的力量不在于光明的结局
　——也谈《邢老汉和狗的故事》⋯⋯孙建军
灾区人民的形象和感情是这样的吗?⋯⋯子　扬
请举起森林一般的手，制止!（诗）
　——致老苏区人民⋯⋯⋯⋯⋯⋯⋯熊召政
大胆的揭露　悲愤的控告
　——读《请举起森林一般的手，制止!》⋯⋯邹贤敏
一篇有严重缺点错误的作品（摘录）
　——评《请举起森林一般的手，制止!》
⋯⋯⋯⋯⋯⋯闻　洁　张　旭　尹良荣
一次可喜的争鸣讨论会⋯⋯⋯⋯⋯⋯沈太慧
争鸣史话（二则）
争鸣动态（一则）
勇士们（版画）⋯⋯⋯⋯⋯⋯⋯⋯⋯王公懿
康巴汉子（油画）⋯⋯⋯⋯⋯⋯⋯⋯陈丹青
洗发女（油画）⋯⋯⋯⋯⋯⋯⋯⋯⋯陈丹青
众口难调（漫画）⋯⋯⋯⋯⋯⋯⋯⋯左　川

小题大作和良药苦口（漫画）⋯⋯⋯⋯王乐天

1981 年第 3 期　刊名:《作品与争鸣》
目录

三千万（小说）⋯⋯⋯⋯⋯⋯⋯⋯⋯柯云路
一篇反映经济调整的好作品（评论）
　——读柯云路的小说《三千万》⋯⋯艾　民
立意不错　但不成功
　——读《三千万》⋯⋯⋯⋯⋯⋯⋯牛负重
文艺在批评中前进（专论）⋯⋯⋯本刊特邀评论员
夏（小说）⋯⋯⋯⋯⋯⋯⋯⋯⋯⋯⋯张抗抗
探索与创新⋯⋯⋯⋯⋯⋯⋯⋯⋯⋯⋯马爱诗
应当忠于生活的本来面貌（评论）⋯⋯刘伯奎
《夏》在日本（消息）
法庭内外（电影台本）⋯⋯⋯⋯宋日勋　陈敦德
试谈《法庭内外》的现实意义（评论）
　——一个编辑的话⋯⋯⋯⋯⋯⋯⋯锦　涛
有时候坚持真理比认识真理更难（评论）
　——关于《法庭内外》及其他⋯⋯杨应章　钱道远
对《法庭内外》的一点看法⋯⋯⋯⋯董　力
"朦胧诗"十二首⋯⋯⋯⋯⋯⋯顾　城　北　岛等
古怪诗论质疑（评论）⋯⋯⋯⋯⋯⋯丁　力
失去了平静以后（评论）⋯⋯⋯⋯⋯谢　冕
关于所谓"朦胧诗"问题讨论的来稿综述⋯⋯先　树
新编历史剧《大风歌》、《王昭君》引起争议⋯⋯秋　野
浅谈海外武侠小说⋯⋯⋯⋯⋯⋯⋯⋯恩　真
探讨文学风格流派问题⋯⋯⋯⋯⋯⋯宋木林
关于"荷花淀派"的讨论⋯⋯⋯⋯⋯⋯白海珍
争鸣史话（一则）
争鸣动态（一则）
秋瑾（组画）⋯⋯⋯⋯⋯⋯⋯⋯⋯⋯王公懿
召树屯（油画）⋯⋯⋯⋯⋯⋯⋯⋯⋯袁运生
流逝（油画）⋯⋯⋯⋯⋯⋯⋯⋯⋯⋯李秀实
抻条面（漫画）⋯⋯⋯⋯⋯⋯⋯⋯⋯于世铎
强人所难（漫画）⋯⋯⋯⋯⋯⋯⋯⋯世　铎
痢痢头儿子自己好（漫画）⋯⋯⋯⋯⋯王益生

1981 年第 4 期　刊名:《作品与争鸣》
目录

文学要给人民以力量⋯⋯⋯⋯⋯⋯本刊编辑部
艰难的起飞（报告文学）⋯⋯⋯⋯⋯刘宾雁
时代需要这样有胆识的人（评论）
　——读报告文学《艰难的起飞》⋯⋯缪俊杰
文艺和社会主义精神文明（专论）⋯⋯本刊特约评论员
迷乱的星空（小说）⋯⋯⋯⋯⋯⋯⋯陈建功

不，他胜利了（评论）
——读《迷乱的星空》⋯⋯⋯⋯⋯⋯⋯圣 海
不，他失败了（评论）
——对小说《迷乱的星空》的看法⋯⋯田德茂
感情危机（小说）⋯⋯⋯⋯⋯⋯⋯⋯孙步康
绝不能摆脱爱情上的严肃态度（评论）
——简评短篇小说《感情危机》⋯⋯王建中
一朵带刺的鲜花（评论）
——读《感情危机》⋯⋯⋯⋯⋯⋯郑志远
三乘客（小说）⋯⋯⋯⋯⋯⋯⋯⋯郭绍珍
小说《三乘客》讨论综述⋯⋯⋯⋯⋯云 涛
一篇背离生活真实的小说（评论）⋯⋯吕项枫
真实地反映现实生活中的矛盾冲突（评论）⋯刘定中
能作弗洛依德主义的解释吗?（评论）
——谈《三乘客》艺术处理上的虚伪性⋯⋯刘 南
好处要说好，坏处要说坏（评论）⋯⋯张如贤
要按文学的特点评价文学作品（评论）⋯王仲明
你好，李谷一!（报告文学）⋯⋯⋯⋯罗达成
对《你好，李谷一》的一点意见（评论）⋯晨 风
她要把困难全撕碎（评论）
——读《你好，李谷一》并与晨风同志商榷⋯海 波
关于影片《巴山夜雨》的争论（三则）⋯成志伟等
中国文学和中国现实（评论）
——评李怡《文艺新作中所反映的中国现实》
⋯⋯⋯⋯⋯⋯⋯⋯⋯⋯⋯⋯⋯戚 方
评一个选本（评论）
——与李怡先生商榷⋯⋯⋯⋯⋯⋯杨 井
评李怡先生的大陆文艺观（评论）
⋯⋯⋯⋯⋯⋯⋯（中国香港）狄思浏
令人同情，却不高尚（评论）
——读《一个冬天的童话》随感⋯⋯易 水
表现主义（流派介绍）⋯⋯⋯李士勋 舒昌善

争鸣史话
莫泊桑和左拉的一场辩论⋯⋯⋯⋯⋯志 光
礼尚往来（漫画）⋯⋯⋯⋯⋯⋯⋯王乐天

1981年第5期　刊名:《作品与争鸣》

目录

作家要自觉增强社会责任感⋯⋯⋯⋯本刊编辑部
水东流（小说）⋯⋯⋯⋯⋯⋯⋯⋯高晓声
社会主义农村的新画图
——评高晓声的短篇小说《水东流》⋯张 炯

百家讨论与诗作
北京人⋯⋯⋯⋯⋯⋯⋯⋯⋯⋯⋯周良沛
天南海北（二首）⋯⋯⋯⋯⋯⋯⋯孙静轩

从沙海打捞的绿荫（二首）⋯⋯⋯⋯李老乡
芦荻与红蓼（三首）⋯⋯⋯⋯⋯⋯沙 白
路，就该这样走（二首）⋯⋯⋯⋯张庆明
1981年1月1日——八十年代畅想曲⋯⋯徐 刚
黄河，九曲十八变（二首）⋯⋯⋯⋯流沙河
天山怀古⋯⋯⋯⋯⋯⋯⋯⋯⋯⋯章德益
吴老好送礼（小说）⋯⋯⋯⋯⋯⋯马 岭
关于小说《吴老好送礼》的讨论⋯⋯⋯薛 松
思念你，桦林（小说）⋯⋯⋯⋯⋯龚巧明
《思念你，桦林》争鸣情况综述⋯⋯⋯柏 华
妙清（中篇小说故事梗概）⋯⋯⋯⋯若 英
要真实地表现人性（评论）
——评中篇小说《妙清》⋯⋯⋯刘燕光 杨 力
胆识、勇气和责任感（评论）
——评《天云山传奇》⋯⋯⋯⋯⋯梅 朵
对一部好影片的批评（评论）
——谈《天云山传奇》的不足⋯⋯蔡权林 光
关于文艺与政治关系问题的争议（评论三篇）
⋯⋯⋯⋯⋯宋遂良 焦祖尧 丁 毅
一种值得注意的创作倾向（评论）
——从影片《庐山恋》谈起⋯⋯⋯⋯韩 江
我看电影《庐山恋》（评论）⋯⋯⋯徐 庄
怎样评价话剧《千万不要忘记》（评论两篇）
⋯⋯⋯⋯⋯⋯⋯⋯⋯⋯冯守棠 彭 放
生活、书籍与诗⋯⋯⋯⋯⋯⋯⋯⋯舒 婷
《将军和士兵》一诗引起社会的注目和批评⋯肖 昧
超现实主义（外国文学流派介绍）⋯⋯吴岳添
关于几篇短篇小说的争鸣⋯⋯⋯⋯⋯仲呈祥

思（油画）⋯⋯⋯⋯⋯⋯⋯⋯⋯蔡荣华
在高山之巅（油画）⋯⋯⋯⋯⋯⋯曾晓峰
读（油画）⋯⋯⋯⋯⋯⋯⋯⋯⋯王良武

1981年第6期　刊名:《作品与争鸣》

目录

总结经验　塑造新人
——在《作品与争鸣》编辑部召开的"塑造社会主义
新人问题"讨论会上的讲话⋯⋯⋯⋯贺敬之
文学创作要努力塑造社会主义新人
——记本刊编辑部召开的"塑造社会主义新人"讨论会
⋯⋯⋯⋯⋯⋯⋯⋯⋯⋯⋯⋯本刊记者
内当家（短篇小说）⋯⋯⋯⋯⋯⋯王润滋
新的开掘（评论）⋯⋯⋯⋯⋯⋯⋯朱 寨
爬满青藤的木屋（短篇小说）⋯⋯⋯古 华
现代文明之光应该照射的角落（评论）⋯郑 定
主观好恶与性格逻辑（评论）⋯⋯⋯肖 汀
月夜（短篇小说）⋯⋯⋯⋯⋯⋯⋯王 建

嫦娥应悔偷灵药（评论）　　　　　　　陈泽群
思考、风格和现实主义（评论）　　　　金宏达
要寓主题于形象（评论）　　　　　　　何国瑞
长篇小说《山谷风烟》故事介绍　　　　林　杉
风云岁月的真实写照（评论）　　　　　易　准
别具一格的历史画卷（评论）　　张　绰　关振东
如果用实践来衡量（评论）　　　林　鹏　姚增证
短篇小说《看看谁家有福》内容简介　　丘　枫
触目惊心的历史画面（评论）　　　　　劲　草
一篇有严重缺陷的小说　　　　　　　　张锡侯
对《看看谁家有福》的一点意见　　　　肖　煤
关于《请举起森林一般的手，制止》一诗讨论情况综述
　　　　　　　　　　　　　　　　　　柏　华
对"深入生活"这个口号的再认识（评论）···查志华
"深入生活"不容置疑（评论）　　　　　心　文
"再认识"的结论是什么（评论）　　　　吕彦竹
西方意识流小说概述（外国文学流派介绍）···象　愚
努力提高电影创作质量
——"长白山电影创作讨论会"情况介绍　韦　吉

争鸣史话
话剧《茶馆》在争鸣中完善　　　　　　盛雷木
朋友间的争鸣　　　　　　　　　　　　马　光
关于"荷花淀"派的讨论　　　　　　　文　丁
1980年引起争议的作品与评论文章目录
剧终（油画）　　　　　　　　　　　　孙建平
藏族新一代（油画）　　　　　　　　　周春芳
父与子（油画）　　　　　　　　　　　朱毅勇
泪水何其多（漫画）　　　　　　　　　温克信

1981 年第 7 期　刊名:《作品与争鸣》

目录

社会主义文艺在党的领导下胜利前进
　　　　　　　　　　　　　　　本刊特约评论员
大洋的此岸和彼岸（报告文学）　　蒋　巍　贾宏图
爱国主义的波涛（评论）　　　　　　　洁　泯
关于中篇小说《祸起萧墙》的讨论
祸起萧墙（故事梗概）　　　　　　　　杨　洋
一部激烈抨击地方主义的好作品（评论）　蔡　葵
心灵美的颂歌（评论）　　　　　　　　晓　澜
请不要贬低党的各级领导（评论）　　　刘英传
去远方（短篇小说）　　　　　　　　　张抗抗
《去远方》小析（评论）　　　　　　　汝　捷
要正确反映新时期两代人的关系（评论）　田　家
花工（短篇小说）　　　　　　　　　　李保均
关于小说《花工》的通信（评论）　　　渊　如
不公正的批评（评论）　　　　　　　　李保均

爱情小说与文明道德（评论）　　邓仪中　仲呈祥
受戒（短篇小说）　　　　　　　　　　汪曾祺
写吧，为了心灵（评论）　　　　　　　张同吾
莫名其妙的捧场（评论）　　　　　　　国　东
关于如何塑造社会主义新人的讨论
表现新人切忌假大空　　　　　　　　　蒋子龙
写好具有时代特点的社会主义新人　　　缪俊杰
时代特点·崭新个性·理想化　　　　　陈传才
作家谈创作
没有坏人就没有悲剧吗?　　　　　　　黄秋耘
外国文学流派介绍
未来主义　　　　　　　　　　　　　　洛　夫
争鸣动态
《日全食》是奇花还是畸形儿　　　　　文　丁
一九八〇年引起争议的作品与评论文章选目
　　　　　　　　　　　　　　　　　　肖　陈

1981 年第 8 期　刊名:《作品与争鸣》

目录

傻女子（短篇小说）　　　　　　　　　邹志安
努力表现当代青年的心灵美（评论）　　杨涟溪
烛光（短篇小说）　　　　　　　　　　魏　军
烛光精神赞（评论）　　　　　　　　　高　原
时代的火花（评论）　　　　　　　何春龙　孙清云
苏清品的命运注定是悲剧吗?（评论）　古　明
有谁知道晚辈的心（短篇小说）　　　　王亚平
现代中国青年的赤子心（评论）　　　　叶孝慎
楠楠的心代表不了晚辈（评论）　　　　邢　本
小路（短篇小说）　　　　　　　　　　李功达
一条危险的路（评论）　　　　　　　　邵世江
值得探索的路（评论）　　　　　　　　伍　岳
文艺批评是一门科学　　　　　　　本刊特约评论员
关于得奖作品的争鸣
断丝碎缕录（节录）（评论）　　　　　秦兆阳
从林震到吕师傅（节录）（评论）　　　杨桂欣
关于如何塑造社会主义新人的讨论
新人应当是普通人（评论）　　　　　　苏叔阳
社会主义新人形象塑造问题浅议（评论）　蒋守谦
题材选择作家（评论）　　　　　　　　殷　白
评论人物要从作品实际出发（评论）　　楚　民
第五十七个黎明（诗）　　　　　　　　赵　恺
失实的夸张（评论）　　　　　　　　　肖志彻
真挚的诗情（评论）　　　　　　　　　西　龙
关于中篇小说《祸起萧墙》的争鸣
不应肯定傅连山的自我毁灭（评论）　　黄瑞旭
催人震醒的悲壮英雄（评论）　　　　　幼　楠

戴"麦克"镜的小伙（散文）⋯⋯⋯⋯⋯金德顺
对青年不要带偏见（评论）⋯⋯⋯⋯⋯孙宝贵
要提倡和宣扬什么（评论）⋯⋯⋯⋯⋯于连升
要感于"写本质"、"写主流"（评论）⋯⋯⋯杨问政
有益的探索——关于"意识流"和王蒙新作的讨论
⋯⋯⋯⋯⋯⋯⋯⋯⋯⋯⋯⋯添 丞

争鸣史话

关于孙悟空"国籍"问题的争论和辨析
⋯⋯⋯⋯⋯⋯⋯⋯⋯⋯⋯⋯刘毓忱
艺术要反映什么样的真实？⋯⋯⋯⋯⋯姚振声
作家谈创作：古华谈《爬满青藤的木屋》⋯本报记者
从"歌德"到"暴露"
——对李剑三篇小说的评论⋯⋯⋯⋯谊 文
关于几个有争议的短篇小说
一九八〇年引起争议的作品及评论文章选目

1981 年第 9 期　刊名:《作品与争鸣》
目录

人民的希望　人民的前途
——关于塑造社会主义新人问题的讨论⋯本刊编辑部
佟妹（短篇小说）⋯⋯⋯⋯⋯⋯⋯⋯姜 滇
落笔不俗　通体和谐（评论）⋯⋯⋯⋯蔡 毅
学习鲁迅　正确地开展文艺批评⋯⋯⋯⋯陈俊山
赵镢头的遗嘱（中篇小说）⋯⋯⋯⋯⋯张一弓
应该正解地反映合作化的历史（评论）⋯⋯梁景洲
一封肃清极左流毒的檄文（评论）⋯⋯⋯思 民
挣不断的红丝线（短篇小说）⋯⋯⋯⋯张 弦
傅玉洁和她的爱情（评论）⋯⋯⋯魏 威 缪 士
假作真时真也假（评论）⋯⋯⋯⋯⋯奚 为
因为我爱你（短篇小说）⋯⋯⋯⋯⋯尤凤伟
这算什么道德？（评论）⋯⋯⋯⋯⋯李建岭
一支宽广深沉的心灵之歌（评论）⋯⋯⋯何志云
关于得奖作品的争论
一个浑浑噩噩的人（评论）
——评小说《灵与肉》的主人公许灵均的形象
⋯⋯⋯⋯⋯⋯⋯⋯⋯⋯⋯⋯汤 本
不是新时代的"阿Q"，而是新时代的新人（评论）
——也谈小说《灵与肉》中的许灵均⋯⋯艾 华
心灵和肉体的变化（评论）
——关于短篇《灵与肉》的通讯⋯⋯⋯张贤亮
关于小说《风雪茫茫》的讨论⋯⋯⋯⋯艾 生
鲁迅像（国画）⋯⋯⋯⋯⋯⋯⋯⋯顾炳鑫
钢城无处不飞花（国画）⋯⋯⋯⋯⋯何家英
春汛（国画）⋯⋯⋯⋯⋯⋯⋯⋯⋯郭予群

1981 年第 10 期　刊名:《作品与争鸣》
目录

娘（短篇小说）⋯⋯⋯⋯⋯⋯⋯⋯⋯京 夫
别开生面　耐人寻味（评论）⋯⋯⋯⋯郑 定
妈妈（短篇小说）⋯⋯⋯⋯⋯⋯⋯⋯胡 正
母爱的颂歌（评论）⋯⋯⋯⋯⋯⋯⋯沙 平
什么母爱值得歌颂（评论）⋯⋯⋯⋯⋯钟本康
这样的母爱也值得赞美（评论）⋯⋯⋯⋯蒋成瑀
奇怪的女厂长（短篇小说）⋯⋯⋯⋯⋯颜新云
可信可敬的创业者形象（评论）⋯⋯⋯⋯陈学璞
从观念出发导致的失败（评论）⋯⋯⋯⋯庞国弘
确实是奇怪（评论）⋯⋯⋯⋯⋯卢 龙 齐 刚
一个星期六的晚上（短篇小说）⋯⋯⋯⋯谭 力
努力把握真正表现时代精神的东西（评论）⋯吴 野
一篇率真、生动的作品（评论）⋯⋯⋯⋯亚 铭
"她"是典型吗（评论）⋯⋯⋯⋯⋯⋯小 舟
一篇歪曲当代大学生形象的小说（评论）⋯⋯吴信训
准确反映当代青年的精神面貌（评论）⋯⋯陈朝红

得奖作品讨论

试论《乡场上》之不足（评论）⋯⋯⋯⋯金实秋
晚霞消失的时候（第四章：秋）⋯⋯⋯⋯礼 平
朦胧的哲理和哲理的朦胧（评论）⋯⋯⋯⋯马光复
"春华"，但并未"秋实"（评论）⋯⋯⋯⋯仲呈祥
中篇小说《希望》故事梗概⋯⋯⋯⋯⋯安 定
真实地再现西子湖畔的一场噩梦（评论）⋯⋯钟本康
《希望》的真实性值得讨论（评论）⋯⋯⋯洪禹平
浙江作协讨论中篇小说《希望》⋯⋯⋯⋯寒 超
中篇小说《月华皎皎》内容简介⋯⋯⋯⋯晔 子
能这样描写新中国的历史吗（评论）⋯⋯⋯李 准

1981 年第 11 期　刊名:《作品与争鸣》
目录

创作的繁荣需要批评的发展⋯⋯⋯⋯本刊特约评论员
喜悦（短篇小说）⋯⋯⋯⋯⋯⋯⋯⋯何士光
喜悦！——喜悦？——喜悦！（评论）⋯⋯马畏安
褪色的信（短信小说）⋯⋯⋯⋯⋯⋯⋯谌 容
肖一之同志给编辑部的信
我对《褪色的信》的看法（评论）⋯⋯⋯⋯肖一之
不甘受辱　割断前情（评论）⋯⋯⋯⋯⋯安 国
降压灵（短篇小说）⋯⋯⋯⋯（纳西族）和国正
深刻的内涵　鲜明的形象（评论）⋯⋯⋯⋯沙 平
洪洞县里无好人吗?（评论）⋯⋯⋯⋯⋯罗守让
《降压灵》得失浅议（评论）⋯⋯⋯⋯⋯李印堂
从《降压灵》的缺陷谈起（评论）⋯⋯⋯⋯宛 鸣

爱妞儿（短篇小说）························刘学林
评《爱妞儿》（评论）······················任黎辉
庸俗的爱情　无聊的颂歌（评论）········姜汉林
一个不屈的形象（评论）··················艾伦拜
潜网（电影故事梗概）········安　特　幼　楠整理
对《潜网》的一些看法（评论）············王秋芳
冲破旧势力的罗网（评论）················郭玉林
谈"雅俗共赏"自题小照　测绘员（诗）···张志民
议诗六咏　村头小景（外一首）·············刘　章
我是青年人　我是一滴水（诗）············刘晓滨
关于中篇小说《晚霞消失的时候》的讨论
应该正确描写人的感情（评论）············杨晓牛
故事的逻辑真实吗？（评论）··············黄英忱
评李剑的几篇小说（评论）················李基凯
"亮色"小议····························梁东方
不要抹掉社会主义文学的"亮色"···········肖　汀
小说《感情危机》引起热烈的争论··········索　协
小说《啊，人……》宣扬了什么············杜　若
关于长篇小说《生活的路》的争鸣
长篇小说《生活的路》故事梗概············辛　夷
娟娟不值得同情（评论）··················王国荣
《生活的路》和竹林生活的路（评论）······关　鸿
"黑色幽默"简论（外国文学流派简介）·····赵启光

1981 年第 12 期　刊名:《作品与争鸣》
目录

总结工作　以利前进
——创刊一年致读者··················本刊编辑部
年轻的朋友们（中篇小说）················郑万隆
奔向未来的一股热流（评论）··············孟繁华
这样的形象并不美（评论）··········雨　花　柯　杰
探索中的短长（评论）····················郑万隆
那里，有一片牵牛花（小说）··············毛　铁
友谊与爱情的界线（评论）················洪　治
李欣的爱情观异见（评论）················肖文清
差子考试（小说）······················杨若木
倾向、格调和艺术的失误（评论）····肖集群　孙立明
敏锐的发现与细腻的描写（评论）··········吴甸起
母爱的废墟（小说）····················张笑天
闪光的母爱（评论）··············马学鸿　张炳元
这种"母爱"是可爱的吗？（评论）·········雷　刚
我们正年轻（小说）····················叶之蓁
喜读《我们正年轻》（评论）··············罗守让
"莫明其妙"的咏叹调（评论）·············张振荣
电影与走私（评论）····················苏叔阳
这是实事求是的批评吗？···赵云龙　曲本陆　朱　晶
《青年作家》讨论短篇小说《玫瑰梦》······若　云

关于得奖作品的争鸣
顾此失彼及其他（评论）
——浅评《西线轶事》及其批评············志　成
《作品与争鸣》一九八一年总目录

1982 年第 1 期　刊名:《作品与争鸣》
目录

在新的一年里··························本刊编辑部
为繁荣创作而发展批评（专论）
白帆（小说）······················达　理　邓　刚
一篇失败的作品（评论）··················居　松
白璧微瑕　不失佳品（评论）··············奚　为
这里有黄金（小说）····················刘心武
中国作家协会致本刊编辑部的信
刘心武致郜仲绰的信　郜仲绰致刘心武的信
辘轳井（小说）························林斤澜
园子兴废与创业之路（评论）··············韩　江
朝来重汲引　依旧得清冷（短评）··········艾　民
作品要短，评论也要短（短评）··········本刊编者
画像（小说）··························韩昌凯
《画像》是篇好小说（评论）··············贾玉民
《画像》读来很别扭（评论）··············嵊　凤
无花果（小说）························周　矢
《无花果》的美学价值何在（评论）········罗良德
赞《无花果》的心理描写（评论）··········李怀埙
陪客（短篇小说故事梗概）··········鹤　松　国　臣
令人恶心的《陪客》（评论）··············鲁　德
心在坟墓里（小说）··············江　南　曹致佐
毛妹和少峰的爱情悲剧（评论）············张志新
这小说肯定有毒（评论）··················杨存良
蒋子龙（作家传）······················阿　瑛
得奖油画《父亲》引起争议················叔　平
关于电视剧《为奴隶的母亲》的讨论········学　文
对柳亚子《感事呈毛主席》一诗的不同看法···高　爽
文艺评论写作刊授班教材（一）文艺评论文章的基本
特点································马光复

文艺信箱

关于"为什么只反自由化，不反特殊化"的问答
··························杨晓凡　左　达

文艺流派介绍

荒诞派戏剧····························裘小龙
国内文艺动态（三则）············心　宇　戈　平等
国外文艺动态（二则）············左　生　达　一

争鸣动态

《朔方》载文讨论小说《在泉边，在山间小路上》

··万 方

本刊编辑部举办文艺评论写作刊授班启事

争鸣史话

李渔重视小说创作··························诸葛布
余悸病（漫画）·························毛铭三
百家争鸣（篆刻）·························管 林
张振声（插图、题头、尾花）······贺友直 杨春瑞等
爱国无罪（油画）·························张京生
火（雕塑） 刘焕章画家蒋兆和（国画）······韩国臻

1982 年第 2 期 刊名:《作品与争鸣》
目录

从人民生活中挖掘爱情的美

——关于文艺作品中爱情描写的一点意见······李英敏
提高社会责任感 正确描写爱情

——记本刊召开的爱情题材作品座谈会······本刊记者
爱之上（中篇小说）·························冯骥才
新的开拓 美的颂歌（评论）

——赞冯骥才的中篇小说《爱之上》······西 龙
"狐仙"择偶记（小说）·····················赵本夫
爱情没有成为一种干扰（评论）·············奚 为
不健康的爱情描写（评论）·················戈 平
因为我是女人（小说）·····················张士敏
社会主义的新型妇女形象（评论）·············添 丞
她究竟是个什么样的人（评论）·············敏 光
维纳斯闯进门来（小说）·····················映 泉
让维纳斯闯进心扉吧！（评论）·············岑 光
维纳斯的魅力与美（评论）·················阿 兰
关于短篇小说《辘轳井》的讨论
尊重实际 尊重历史（评论）·················胡德培
基本成功 但有缺点

——也谈《辘轳井》的得失··················郑荣来
关于文艺如何表现爱情的讨论
从生活出发，提示人物的心灵美·············张 炯
电影爱情表现浅议·························邹士明
文艺评论刊授班讲座（二）文艺评论的性质和任务
··柳 凌

文艺信箱
提倡"写真实"会导致自然主义吗?

··单 闻 肖 汀

柯岩（作家传）·························杨匡汉

争鸣史话

《地泉》和它的几篇序·····················遐 水
知音（中国画）·························王西京
春来天地（中国画）·····················王成喜
心曲（版画）·························罗伦张
拜物教（漫画）·························毛铭三

1982 年第 3 期 刊名:《作品与争鸣》
目录

不沉的湖（中篇小说）·····················艾明之
湖，为什么有这么大的浮力·················卜 一
"不沉的湖"在哪里?·····················李 杉
雨巷（短篇小说）·························黄蓓佳
《雨巷》深处存疑端（评论）·················刘绪源
朦胧《雨巷》景依稀（评论）·················周尊攘
晚唱（短篇小说）·························贾平凹
形象鲜明 讽刺真切（评论）·················梁建兴
格调低沉 立意失真（评论）·················于朝贵
现实主义必然是主流（评论）·················公 刘
一点订正和不解（评论）·····················顾 工
两代人（评论）·························顾 工
结束（诗）·························顾 城
明月初照人（戏剧故事）·····················盛 雷
我们愿把欢笑和希望带给观众（导演手记）······陈 颙
评《明月初照人》思想上的得失（评论）······颜振奋
关于话剧《明月初照人》的争论·············严 真
关于文艺如何表现爱情的讲座
文艺创作中"爱情问题"之我见·············苏叔阳
寻求真善美的统一·························郑国铨
略谈爱情婚姻与道德的关系·················马立诚
闲话《芙蓉镇》（作家谈创作）·············古 华
李 瑛（作家传）·························李 泱

文艺信箱
划清资产阶级自由化的界限

··于向海 关 芳
文艺评论刊授讲座（三）关于文艺批评的基本标准
··肖 汀
文学流派介绍 关于赵树理派的几个问题······张成德

争鸣史话

环绕康拉德的争论·························赵启光

文艺动态三则

名作家的废稿（漫画）·····················王乐天

1982 年第 4 期　刊名:《作品与争鸣》

目录

美的结构（中篇小说）⋯⋯⋯⋯⋯⋯⋯⋯陆星儿
从《爱，是不能忘记的》到《美的结构》⋯⋯姚　虹
社会需要有美的精神结构⋯⋯⋯⋯⋯⋯⋯肖云儒
近的云（短篇小说）⋯⋯⋯⋯⋯⋯⋯⋯⋯徐　军
小说《近的云》争论⋯⋯饶曙光　李家瑞　王福湘
同学（小小说）⋯⋯⋯⋯⋯⋯⋯⋯⋯⋯⋯竹　天
对《同学》的讨论⋯⋯⋯迪　捷　鸣谷　王　衡
长篇小说《人，啊人！》简介⋯⋯⋯⋯⋯⋯刘　沙
一部震聋发聩的作品⋯⋯⋯⋯⋯⋯⋯⋯⋯林贤治
为"人"字号招魂⋯⋯⋯⋯⋯⋯⋯⋯⋯⋯高　林
《火警》（中篇小说）梗概⋯⋯⋯⋯⋯⋯⋯肖　雁
这样的厌世者值得宣扬吗?⋯⋯⋯⋯⋯⋯⋯刘燕光
关于小诗《诗》的争论（两篇）⋯⋯何　易　王　野
爱情题材讨论（三篇）⋯⋯黄端旭　羽中　谭　覃
新作新评:刊授班学员习作（两篇）
⋯⋯⋯⋯⋯⋯⋯⋯⋯⋯⋯阮温凌　杨启孝
关于《北极光》的讨论综述⋯⋯⋯⋯⋯⋯⋯秋　泉
真正的艺术是经得起考验的⋯⋯⋯⋯⋯⋯⋯黄　岚
关于《小街》结尾的争鸣综述⋯⋯⋯⋯⋯⋯南　岫
文艺评论写作刊授讲座（四）
文艺评论文章中的几个常用的重要概念⋯⋯⋯戈　平
但愿艺苑的佳花不存一片败叶（得奖作品争鸣）
⋯⋯⋯⋯⋯⋯⋯⋯⋯⋯⋯⋯⋯⋯⋯郑日焕
文艺信箱:什么是文艺批评的政治标准?⋯⋯肖　铁
意象派介绍⋯⋯⋯⋯⋯⋯⋯⋯⋯⋯⋯⋯赵毅衡
读者中来⋯⋯⋯⋯⋯⋯⋯⋯⋯⋯⋯⋯⋯王　磊等
高晓声（作家传）⋯⋯⋯⋯⋯⋯⋯⋯⋯⋯董　健
编后记⋯⋯⋯⋯⋯⋯⋯⋯⋯⋯⋯⋯⋯本刊编辑部

1982 年第 5 期　刊名:《作品与争鸣》

目录

专论:加强党的领导和贯彻"双百"方针
⋯⋯学习《讲话》的体会⋯⋯⋯⋯⋯⋯⋯王平凡
生活源泉和创作头脑——学习《讲话》札记⋯⋯肖　铁
毛泽东同志在延安⋯⋯⋯⋯⋯⋯⋯⋯⋯⋯傅树声
争鸣作品:甜泉（电影文学剧本）⋯⋯⋯⋯佳　木
一部内涵丰富的作品（评论）⋯⋯⋯⋯⋯⋯傅　基
多了点"糖精"　少了点"蜜"（评论）⋯⋯⋯赵尔寰
竹号声里（短篇小说）⋯⋯⋯⋯⋯⋯⋯⋯陈朝璐
热情地赞美新的生活（评论）⋯⋯⋯⋯⋯⋯何同心
这不是劳动人民的"人性美"（评论）⋯⋯⋯余　见
乌纱巷春秋（短篇小说）⋯⋯⋯⋯⋯⋯⋯毛志成
要紧的在于自己的行动（评论）⋯⋯⋯⋯⋯行　人

一幅令人失望的讽刺画（评论）⋯⋯⋯⋯⋯奚　为
心声（短篇小说）⋯⋯⋯⋯⋯⋯⋯⋯⋯⋯魏　军
手术刀剖向何处（评论）⋯⋯⋯⋯⋯⋯⋯萧立军
值得怀疑的手术刀（评论）⋯⋯⋯⋯⋯⋯⋯黎　可
这是什么样的心声（评论）⋯⋯⋯⋯⋯⋯⋯闻　毅
无题（短篇小说）⋯⋯⋯⋯⋯⋯⋯⋯⋯⋯白小易
短小·含蓄·深刻（评论）⋯⋯⋯⋯⋯⋯⋯张启范
倘若我未成年的女儿过早地阅读那本书（评论）
⋯⋯⋯⋯⋯⋯⋯⋯⋯⋯⋯⋯⋯⋯⋯⋯冷　欣
跳出小说，按照戏写⋯⋯⋯⋯⋯⋯⋯⋯⋯萧　赛
争鸣史话:艺术家与批评家是朋友⋯⋯⋯⋯宝　芝
左拉没有法国血统吗⋯⋯⋯⋯⋯⋯⋯⋯⋯马　萧
蜜蜂是否会于虫媒花有害⋯⋯⋯⋯⋯⋯⋯秋　泉
文艺评论写作刊授讲座（五）
怎样分析时代背景和主题⋯⋯⋯⋯⋯⋯⋯马光复
文艺信箱:如何理解现实主义的几种提法
⋯⋯⋯⋯⋯⋯⋯⋯⋯⋯⋯⋯陶清林　思　涛
流派介绍:"垮掉的一代"⋯⋯⋯⋯⋯⋯⋯赵一凡
从维熙（作家传）⋯⋯⋯⋯⋯⋯⋯⋯⋯⋯冼　宁
新作新评:努力把握当代农民的思想脉搏（学员）
⋯⋯⋯⋯⋯⋯⋯⋯⋯⋯⋯⋯⋯⋯⋯⋯田　陆
争鸣动态:关于"深入工农兵生活"提法的讨论
⋯⋯⋯⋯⋯⋯⋯⋯⋯⋯⋯⋯⋯⋯⋯⋯华　山
《长春》批评曲有源的两首诗⋯⋯⋯⋯⋯⋯石　平
争鸣综述:《云冈》文学杂志载文
讨论《这里，这一条小路》⋯⋯⋯⋯⋯⋯⋯石　言
编者的话

美术作品

毛主席在延安（油画）⋯⋯⋯⋯⋯黄乃源　湛北新
潼关北望（国画）⋯⋯⋯⋯⋯⋯⋯⋯⋯⋯徐义生
年终（油画）⋯⋯⋯⋯⋯⋯⋯⋯⋯⋯⋯⋯罗中立
看牌选花（漫画）⋯⋯⋯⋯⋯⋯⋯⋯⋯⋯王乐天
画相⋯⋯⋯⋯⋯⋯⋯⋯⋯⋯⋯⋯⋯⋯⋯高　莽

1982 年第 6 期　刊名:《作品与争鸣》

目录

争鸣作品

公开的"内参"（中篇小说梗概）
⋯⋯⋯⋯⋯⋯张笑天　原作　安　定　缩写
八十年代大学生的剪影（评论）⋯⋯⋯⋯⋯林之丰
要注重文学作品的社会效果（评论）⋯⋯⋯鄢晓源
秋水（小说）⋯⋯⋯⋯⋯⋯⋯⋯⋯⋯⋯⋯闻　波
贵在写出新意（评论）⋯⋯⋯⋯⋯⋯⋯⋯陈祖基
这样的人物值得同情吗?（评论）⋯⋯⋯⋯李兴武
新演诸葛（小说）⋯⋯⋯⋯⋯⋯⋯⋯⋯⋯楚　良
《新演诸葛》得失谈（评论）⋯⋯⋯⋯⋯⋯吉学沛

一个有鲜明性格的农民形象（评论）⋯⋯⋯⋯丁永淮
金灿灿的落叶（小说）⋯⋯⋯⋯⋯⋯⋯⋯⋯王安忆
深刻的哲理　生动的人物（评论）⋯⋯⋯⋯郑　彬
为败坏道德鸣锣开道（评论）⋯⋯⋯⋯⋯⋯钟金龙
香岛除夕（小说）⋯⋯⋯⋯⋯⋯⋯⋯⋯⋯⋯朱　定
《香岛除夕》是成功之作吗?（评论）⋯⋯⋯刘　宾
陈白露"睡了"没有（评论）⋯⋯⋯⋯⋯⋯郭　澄
红莲苦（叙事诗）⋯⋯⋯⋯⋯⋯⋯⋯⋯⋯⋯王　磊
《红莲苦》诉的是什么苦?（评论）⋯⋯⋯⋯郁　洁
诗，可以怨（评论）⋯⋯⋯⋯⋯⋯⋯⋯⋯⋯何火任
来稿选登（三篇）⋯⋯⋯申维升　郁瑞村　吴永平
对贾平凹近作的评论⋯⋯⋯⋯⋯⋯⋯⋯⋯⋯仁　新
小说《飞向远方》引起争论⋯⋯⋯⋯⋯⋯⋯边　切
小说《维纳斯闯进门来》的讨论在继续⋯⋯王永宽
影片《被爱情遗忘的角落》的争论⋯⋯⋯⋯刘　南
鲁迅论文学批评⋯⋯⋯⋯⋯⋯⋯⋯⋯⋯⋯⋯炎
从呐喊到思索
对报刊上文艺争鸣的几点意见⋯⋯⋯⋯⋯⋯金实秋
文艺评论写作刊授讲座（六）（七）
怎样分析作品的艺术性⋯⋯⋯⋯⋯⋯⋯⋯⋯蔡　毅
怎样分析作品中的人物形象⋯⋯⋯⋯⋯⋯⋯艾　民

文艺信箱
一九八一年关于塑造社会主义新人问题的探讨
⋯⋯⋯⋯⋯⋯⋯⋯⋯⋯⋯⋯⋯⋯⋯⋯⋯⋯薛　智
怎样看待作家的主观意图和作品的客观效果⋯忠　珍
刊授班学员习作选（二篇）
冯骥才（作家传）（插图高　莽）⋯⋯⋯⋯胡德培
争鸣史话（二则）
文艺动态（二则）
本刊启事
先驱者（油画）⋯⋯⋯⋯⋯⋯⋯⋯⋯⋯⋯⋯沈佳蔚
丰收乐（版画）⋯⋯⋯⋯⋯⋯⋯⋯⋯⋯⋯⋯潘　敏
山乡小景（国画）⋯⋯⋯⋯⋯⋯⋯⋯⋯⋯⋯袁志山
一条鱼偏烧一锅汤（漫画）⋯⋯⋯⋯⋯⋯⋯张　梁

1982 年第 7 期　刊名:《作品与争鸣》
目录

专论　希望文艺家都成为坚定的共产主义者
争鸣作品　龙种（中篇小说故事梗概）⋯⋯林　沈
清醒严峻的现实主义（评论）
——评《龙种》兼谈塑造改革者形象的社会意义和文
学意义⋯⋯⋯⋯⋯⋯⋯⋯⋯⋯⋯⋯⋯⋯⋯曾镇南
评《龙种》（评论）
——兼论社会主义改革家形象的塑造⋯⋯⋯王之宏
小阁楼（电影文学剧本）⋯⋯⋯⋯⋯⋯⋯⋯何艮琦
操起向命运挑战的剑（评论）

——《小阁楼》对我的启迪⋯⋯⋯⋯⋯⋯⋯闽　力
从小阁楼走出来（评论）
——评电影文学剧本《小阁楼》⋯⋯⋯⋯⋯韩　蓄
这个"小阁楼"究竟在哪里?
——试谈《小阁楼》及其人物⋯⋯⋯⋯⋯⋯王　行
李虹，鼓起了我继续前进的风帆（评论）
—— 一个残废姑娘的读后感⋯⋯⋯⋯⋯⋯范莉华
飞向远方（短篇小说）
——读《杜鹃啼归》⋯⋯⋯⋯陈可雄　马　鸣
愿你一去不复回（评论）
——致女友秋飞⋯⋯⋯⋯⋯⋯⋯⋯⋯⋯⋯平　林
思辩，在黎明之前（评论）⋯⋯⋯⋯⋯⋯⋯江　群
石榴籽上的泪珠（短篇小说）⋯⋯⋯⋯⋯⋯董爱昕
"莹真"的道理观无可非议（评论）⋯⋯⋯赵程云
歪曲了现实生活　违背了民族习惯（评论）
——读小说《石榴籽上的泪珠》⋯⋯⋯⋯⋯沈国栋
"拓荒者"的荒地（短篇小说）⋯⋯⋯⋯⋯黄　河
人生哲理的可贵探索（评论）
——读《"拓荒者"的荒地》⋯⋯⋯⋯⋯⋯钱念孙
这样的人物是"生活的强者"、"社会主义的新人"
吗?（评论）⋯⋯⋯⋯⋯⋯⋯⋯⋯⋯⋯⋯张晓林

关于《维纳斯闯进门来》的争鸣
回答维纳斯的挑战（评论）⋯⋯⋯⋯⋯⋯⋯达　智
放胆追求理应如此的生活（评论）⋯⋯⋯⋯陆钊珑
爱情描写要有益于社会主义的精神文明⋯⋯⋯何西来
《春天的童话》应当批评（评论）⋯⋯⋯⋯居　松
文艺评论写作刊授班讲座（八）
怎样写作小说评论⋯⋯⋯⋯⋯⋯⋯⋯⋯⋯⋯西　龙
申辩书
——致《作品与争鸣》编辑部⋯⋯⋯⋯⋯⋯公　刘
外国文学流派介绍:存在主义文学⋯⋯⋯⋯赵一凡
文艺评论刊授班学员论坛一组
争鸣动态:中篇小说《噩梦》及其评论⋯⋯王永宽
《长城》发表文章讨论中篇小说《失去的，永远失去
了》⋯⋯⋯⋯⋯⋯⋯⋯⋯⋯⋯⋯⋯⋯⋯⋯张　杉
争鸣史话（一则）

1982 年第 8 期　刊名:《作品与争鸣》
目录

专论　文艺要用共产主义精神激励人民⋯⋯本刊评论员
争鸣作品　哑姑（故事片文学剧本）⋯⋯⋯丁正泉
漫谈《哑姑》修改中的几个问题（评论）⋯⋯赵绍义
一曲心灵美的颂歌（评论）⋯⋯⋯⋯⋯⋯⋯张峦耀
《哑姑》中的微瑕（评论）⋯⋯⋯⋯⋯⋯⋯刘汉文
魔鬼热布（小说）⋯⋯⋯⋯⋯⋯⋯⋯⋯⋯⋯孙宝琦
热布是一个什么样的艺术形象?（评论）⋯⋯心　宇

对小说《魔鬼热布》的讨论（综述）⋯⋯⋯桂　女
深深的大山里（小说）⋯⋯⋯⋯张枚同　程　琪
高尚的情操　热情的赞颂（评论）⋯陈其安　冯勤学
行为不美　格调不高（评论）⋯⋯⋯⋯⋯周　伯
把种子撒向沃土（评论）⋯⋯⋯⋯⋯⋯⋯曹　阳
春（小说）⋯⋯⋯⋯⋯⋯⋯⋯⋯⋯⋯⋯方　文
生活不是创作的源泉吗？（评论五篇）⋯张廷竹等
争鸣动态：张洁的中篇小说《方舟》引起争鸣
　　⋯⋯⋯⋯⋯⋯⋯⋯⋯⋯⋯⋯⋯⋯思　文
《文汇报》讨论故事影片《潜网》⋯⋯⋯申　江
关于电影《子夜》改编的争论⋯⋯⋯⋯张跃中
《青春》继续讨论《金灿灿的落叶》⋯⋯学　文
文艺评论写作刊授讲座（九）
怎样写作报告文学评论⋯⋯⋯⋯⋯⋯⋯周冰之
文艺信箱：关于文艺作品中的"细节"⋯马光复
文艺流派介绍：法国新小说派⋯⋯⋯⋯吴岳添
刊授班学员习作选　夜曲神工⋯⋯⋯⋯郭永涤
抹上思想化的色彩之后⋯⋯⋯⋯⋯⋯⋯王既端
刘绍棠（作家传）⋯⋯⋯⋯⋯⋯⋯⋯⋯方顺景

1982 年第 9 期　刊名:《作品与争鸣》
目录

争鸣作品

大漠风（短篇小说）⋯⋯⋯⋯⋯⋯⋯⋯赵　熙
敢正党风压邪气（评论）⋯⋯⋯⋯⋯⋯艾　民
心祭（短篇小说）⋯⋯⋯⋯⋯⋯⋯⋯⋯问　彬
妇女解放的一声深长的呼吁（评论）⋯贺兴安
"红颜薄命"能否概括"母亲"的一生？（评论）
　　⋯⋯⋯⋯⋯⋯⋯⋯⋯⋯⋯⋯⋯⋯张裕芳
苦夏（中篇小说）⋯⋯⋯⋯⋯汪浙成　温小钰
要竞争，更要讲道德（评论）⋯林大明　于树慧
夏天未必这么"苦"⋯⋯⋯⋯⋯⋯⋯⋯黄建华
自食其果（科学幻想小说）⋯⋯⋯⋯⋯叶永烈
值得注意的倾向（评论）⋯⋯⋯⋯⋯⋯周稼骏
也谈值得注意的倾向（评论）⋯⋯⋯⋯任志勇
谈谈《自食其果》⋯⋯⋯⋯⋯⋯⋯⋯⋯叶永烈
我说，我爱，但我不能⋯⋯（诗歌）⋯马丽华
抒情，要抒健康的感情（评论）⋯⋯⋯金　余
诗，要从心灵的国度出发（评论）⋯⋯杨建中
我写《我说⋯⋯》前后⋯⋯⋯⋯⋯⋯⋯马丽华
关于文艺表现婚外爱情问题的讨论（两篇）
　　⋯⋯⋯⋯⋯⋯⋯⋯⋯⋯霄　凌　肖　燕
文艺评论写作刊授讲座（十）
怎样写电影评论⋯⋯⋯⋯⋯⋯⋯⋯⋯戈　平
刊授班学员习作（一篇）⋯⋯⋯⋯⋯⋯邵中义
谌容（作家传）⋯⋯⋯⋯⋯⋯⋯⋯⋯⋯蔡　毅
争鸣动态：应当怎样塑造革命领袖形象？⋯⋯广　山

《当代》发表《部分读者对〈公开的"内参"〉的反
应》⋯⋯⋯⋯⋯⋯⋯⋯⋯⋯⋯⋯⋯⋯郗　龙
张抗抗谈《北极光》⋯⋯⋯⋯⋯⋯⋯⋯艾　维
中篇小说《晚霞消失的时候》在继续讨论⋯⋯陈　思
短篇小说《沙基》引起争论⋯⋯⋯⋯⋯刘　沙
一九八一年的中国文学⋯⋯⋯⋯⋯⋯⋯张　炯
争鸣史话："推"、"敲"的推敲⋯⋯⋯黄　岚
编后记
封面设计⋯⋯⋯⋯⋯⋯⋯⋯⋯⋯⋯⋯⋯赵友兰

1982 年第 10 期　刊名:《作品与争鸣》
目录

争鸣作品

专论　新人塑造和社会主义精神文明⋯⋯⋯本刊评论员
争鸣作品　水声（小说）⋯⋯⋯⋯⋯⋯尹世林
拭去灰尘　还其光辉（评论）⋯⋯⋯⋯杨志杰
黎明潮（小说）⋯⋯⋯⋯⋯⋯⋯⋯⋯⋯孟伟哉
请尊重"家庭总理"（评论）⋯⋯⋯⋯师　予
尊重，还是贬低？（评论）⋯⋯⋯⋯⋯云　千
女教师日记（小说）⋯⋯⋯⋯⋯⋯⋯⋯马本德
正视现实，才能改变现实（评论）⋯⋯陈　鸿
要真实，但不要忘记典型化（评论）⋯蒋翠林
外面的世界（小说）⋯⋯⋯⋯⋯⋯⋯⋯成　一
主意不凡　开掘欠深（评论）⋯⋯⋯⋯西　龙
谈《外面的世界》艺术描写的得失⋯⋯安　国
万花筒（小说）⋯⋯⋯⋯⋯⋯⋯⋯⋯⋯张聚宁
读《万花筒》杂感⋯⋯⋯⋯⋯⋯⋯⋯⋯李新生
思想境界不高，编造痕迹太露（评论）⋯帅焕文
美的畅想（小说）⋯⋯⋯⋯⋯⋯⋯⋯⋯郁　葱
读小说《美的畅想》札记⋯⋯⋯⋯⋯⋯苗雨时
这真是"生活的美"吗？⋯⋯⋯⋯⋯⋯沙　雁
诗三首⋯⋯⋯⋯⋯⋯⋯⋯⋯⋯⋯⋯⋯⋯药　汀
新的时代需要新的诗⋯⋯⋯⋯⋯⋯⋯⋯贾清云
文艺评论写作刊授讲座（十一）
怎样写诗歌评论⋯⋯⋯⋯⋯⋯⋯⋯⋯⋯奚　为
争鸣动态：小说《石榴籽上的泪珠》继续在争论
　　⋯⋯⋯⋯⋯⋯⋯⋯⋯⋯⋯⋯⋯⋯和　松
"问题小说"讨论综述⋯⋯⋯⋯⋯⋯⋯田　明
刊授班学员习作选　一出反映干部体制改革的好戏
　　⋯⋯⋯⋯⋯⋯⋯⋯⋯⋯⋯⋯⋯⋯石　生
人物性格不能自相矛盾⋯⋯⋯⋯⋯⋯⋯梁泽铭
李准（作家传）⋯⋯⋯⋯⋯⋯⋯⋯⋯⋯郭志刚
争鸣史话：蒋光慈的《丽莎的哀怨》引起的争论
　　⋯⋯⋯⋯⋯⋯⋯⋯⋯⋯⋯⋯⋯⋯遐　水
流派介绍：当代英国女小说家⋯⋯⋯⋯赵启光

1982 年第 11 期　刊名:《作品与争鸣》
目录

争鸣作品　拉岱大桥（短篇小说）……………简　嘉
耳目一新（评论）……………………………华　凝
谈《拉岱大桥》的得失（评论）
　——兼与华凝同志商榷…………………沈　默
"大篷车"上（短篇小说）…………………方　方
新人写新人（评论）……………………胡德培
作品评论中一个值得注意的问题（评论）
　——评《"大篷车"上》及其评论……郑　彬
山沟轶事（短篇小说）……………………木　三
一篇探索新意的作品（评论）……………贺晓林
应当反映出时代的色彩（评论）…………袁　阳
根（短篇小说）…………………………董川凤
贵在发现（评论）
　——《根》的艺术构思及其他…………李健民
真找到根了？（评论）……………………李　杉
老伴（短篇小说）…………………………赫　历
良知的赞歌（评论）
　——谈《老伴》的社会效果………马跃堃　李晶霞
以意为主，那就决不能真切（评论）……栾　羽
哥儿们折腾记（戏剧故事）………………艾　嘉
一出尖锐提出问题的好戏…………………李　准
到底应该怎样对待"哥儿们"……………韦　伟
新闻作风与乐风（评论）…………………伍雍谊
也谈真实性（评论）
　——对《新闻作风与乐风》的回答……理　由
怎样看待这种探索？（评论）
　——评《杜鹃啼归》及《飞向远方》……曾镇南
就《公开的"内参"》答读者……………张笑天
争鸣史话：欧阳修批评宋祁…………………黄　岚
争鸣动态：关于中篇小说《在同一地平线上》的争论
　…………………………………………艾　湘
部分小说争鸣中反映出来的关于当代青年形象塑造的
问题……………………………………金　禾
神话舞剧《凤鸣岐山》引起争鸣…………春　芳
对影片《牧马人》的不同意见……………戈　平
《花城》载文批评长篇小说《春天的童话》…孔　白
《文谈》载文讨论小说《明姑娘》………布　白
刊授班学员习作选　谈电影《牧马人》的爱情描写
　…………………………………………陆启中
《敕勒歌》是我国最早的一首自由体诗歌？
　…………………………………………崔胜洪
源于现实，比现实更理想…………………张志刚
文艺评论写作刊授讲座（十二）
怎样写戏剧评论…………………………居　松
邓友梅（作家传）…………………………树　梅

1982 年第 12 期　刊名:《作品与争鸣》
目录

争鸣作品　鸡场的冬天（电影文学剧本）
　……………………………………赵　元　柏　生
迸发冲决"关系网"的勇气（评论）……夏　雨
应该给作品以亮色（评论）………………杨健清
被描写得一团黑的鸡场（评论）…………王秋知
也来说说《鸡场的冬天》（评论）………曾益明
邱家桥首户（小说）………………………周克芹
读周克芹的《邱家桥首户》（评论）……畅　游
三疑黄吉山（评论）………………………石　化
形象地提出生活中的新问题（评论）……章邦鼎
野裁缝（小说）……………………………肖　廉
勇于开拓新生活的真正强者（评论）……陆建华
一个不够真实的形象（评论）……………章　岚
一对忘年交的遭遇（小说）………………叶九如
要站在时代的制高点上（评论）…………龙　渊
对世态人情的针砭（评论）………………金　水
一篇令人失望的小说（评论）……………陶国年
杨柳青青（小说）…………………………江　南
《杨柳青青》读后有感（评论）…………陆　运
"发乎情，止乎礼义"（评论）…………钟本康
致本刊刊授班学员的一封信………………本刊编辑部
文艺评论写作刊授讲座（十三）（十四）
怎样写散文评论…………………………叶　珂
怎样才算一篇好的评论文章………………戈　平
刊授班学员习作选（两篇）…………肖秋生　洪晓勇
读者来稿摘编
　………………朱云涛　高江波　陈　波　史红文　霜　鹰

争鸣动态

《新疆文学》继续讨论《香岛除夕》…………健　铭
《青年作家》讨论《寄托》………………岑献青
关于《现代小说技巧初探》一书的通信及讨论
　…………………………………………安　定
争鸣史话：闹字的争鸣……………………黄　岚
何其芳（作家传）…………………………陈尚哲
《作品与争鸣》一九八二年总目录

1983 年第 1 期　刊名:《作品与争鸣》
目录

新年告读者…………………………………本刊编辑部
争鸣作品　人生（小说）…………………路　遥
可喜的农村新人形象（评论）……………梁永安
一个孤独的奋斗者形象（评论）…………曹锦清

门外谈《人生》（评论）⋯⋯⋯⋯⋯⋯⋯⋯席　扬
评《人生》中的高加林（评论）⋯⋯⋯⋯谢　宏
山月不知心里事（小说）⋯⋯⋯⋯⋯⋯周克芹
当前农村生活的新探索（评论）⋯⋯⋯王福湘
忧虑来自哪里?（评论）⋯⋯⋯⋯⋯⋯苏克玲
不要让荷尔蒙支配了你（小说）⋯⋯⋯曾德厚
寓教育于情理之路（评论）⋯⋯⋯⋯⋯陈启明
法律不受荷尔蒙支配（评论）⋯⋯⋯⋯胡　剑
一点点（小说）⋯⋯⋯⋯⋯⋯⋯⋯⋯陈振实
开掘生活的美（评论）⋯⋯⋯⋯⋯⋯⋯管　见
对《一点点》的一点看法（评论）⋯⋯龚修森
关于电影《骆驼祥子》改编的争论
从小说到银幕（评论）⋯⋯⋯⋯⋯⋯⋯陈小蒙
美玉之瑕（评论）⋯⋯⋯⋯⋯⋯⋯⋯⋯孙　靖
失恋（诗）⋯⋯⋯⋯⋯⋯⋯⋯⋯⋯⋯林　路
关于《失恋》的讨论（4篇）
⋯⋯⋯⋯戴左航　东篱人　林　斌　应　律
读者中来（3篇）⋯⋯颜文博　张赓扬　屠志康
争鸣综述:《西湖》继续讨论《一对忘年交的遭遇》
⋯⋯⋯⋯⋯⋯⋯⋯⋯⋯⋯⋯⋯⋯⋯禾　桦
争鸣史话:"谈风月"启事的前前后后⋯秋　泉
黄筌不听瞎指挥⋯⋯⋯⋯⋯⋯⋯⋯⋯黄　岚
文艺流派介绍　魔幻现实主义初探⋯⋯朱景冬
黎汝清（作家小传）⋯⋯⋯⋯⋯⋯⋯李仲英
作家通信⋯⋯⋯⋯⋯⋯⋯⋯雷　铎　徐怀中
封面设计⋯⋯⋯⋯⋯⋯⋯⋯⋯⋯⋯⋯张新生

1983 年第 2 期　刊名:《作品与争鸣》

目录

人生（小说）⋯⋯⋯⋯⋯⋯⋯⋯⋯⋯⋯路　遥
谈高加林形象的现实主义深度（评论）陈骏涛
《人生》中的爱情悲剧（评论）⋯⋯⋯王　信
关于中篇小说《人生》的通信⋯⋯阎　纲　路遥
今夜，他是个普通人（小说）⋯⋯⋯汤吉夫
评《今夜，他是个普通人》（评论）⋯丁会发
一篇严肃的充满历史感的小说（评论）
⋯⋯⋯⋯苗雨时　周治权　孙达佑　张东焱
对新编历史剧《昭君行》的讨论
《昭君行》故事梗概⋯⋯⋯⋯⋯⋯⋯薛　生
昭君行（剧本）⋯⋯⋯⋯⋯⋯⋯⋯⋯苗兆秀
大胆的尝试（评论）⋯⋯⋯⋯石发亮　郭绍岳
浅议《昭君行》（评论）⋯⋯⋯赵广廷　傅　鹏
野马滩（小说）⋯⋯⋯⋯⋯⋯⋯⋯⋯杨显惠
不相一致而又始终一致（评论）⋯⋯⋯朱小如
人物·技巧·美学价值（评论）⋯⋯⋯谷　正
一个复杂多变的形象（评论）⋯⋯⋯唐代凌
读者中来:关于中篇小说《黎明潮》的讨论

家庭改革社会改革的呼唤（评论）⋯⋯徐兆淮
《黎明潮》不能给妇女带来黎明（评论）⋯⋯郑晓铜
一组来稿来信摘编
争鸣史话:美的评论⋯⋯⋯⋯⋯⋯⋯黄　岚
彭荆风（作家传）⋯⋯⋯⋯⋯⋯⋯⋯蓝　芒

1983 年第 3 期　刊名:《作品与争鸣》

目录

努力开创社会主义文艺的新局面（专论）
⋯⋯⋯⋯⋯⋯⋯⋯⋯⋯⋯⋯⋯⋯本刊评论员
为了向文艺高峰迈进
——学习《党和国家领导人论文艺》⋯蔡　毅
西德拾穗录（组诗）⋯⋯⋯⋯⋯⋯⋯绿　原
罗雷莱在远方歌唱（评论）⋯⋯⋯⋯杨匡汉
答问（关于《西德拾穗录》）⋯⋯⋯⋯绿　原
绝对信号（话剧）⋯⋯⋯⋯⋯高行健　刘会远
吸收·溶化·独创性（评论）⋯⋯⋯曲六乙
对舞台真实的执着追求（评论）⋯⋯⋯王　敏
关于话剧《绝对信号》的讨论综述⋯⋯润　生
自由落体（小说）⋯⋯⋯⋯⋯⋯⋯⋯李　陀
七奶奶（小说）⋯⋯⋯⋯⋯⋯⋯⋯⋯李　陀
何必匆忙定是非（评论）⋯⋯⋯⋯⋯平　涛
巴尔扎克还灵不灵?（评论）⋯⋯⋯蔡　葵
旋（小说）⋯⋯⋯⋯⋯⋯⋯⋯⋯⋯⋯范　元
梦幻中的"感情危机"（评论）⋯⋯⋯秦　力
解脱"感情危机"的出路在哪里?（评论）
⋯⋯⋯⋯⋯⋯⋯⋯⋯⋯吴文娟　万庆华
关于"典型环境中的典型人物"的讨论⋯白　烨
典型争论三题⋯⋯⋯⋯⋯⋯⋯⋯⋯杜书瀛

争鸣综述·动态

《戏剧与电影》讨论电影文学剧本《自行车圆舞曲》
⋯⋯⋯⋯⋯⋯⋯⋯⋯⋯⋯⋯⋯⋯⋯裕　芳
《青年作家》讨论《一年只有十二天》⋯禾　布
关于传记作品的写作问题的探讨⋯⋯⋯田　明
知音，良师和益友⋯⋯⋯⋯⋯⋯⋯⋯王平凡
林斤澜（作家传）⋯⋯⋯⋯⋯⋯⋯⋯道　怡
漫画　星光啊，星光!⋯⋯⋯⋯⋯⋯孙以增

1983 年第 4 期　刊名:《作品与争鸣》

目录

文学评论家向马克思学习什么
——纪念马克思逝世一百周年⋯⋯本刊特约评论员
啊，万松庄⋯⋯（小说）⋯⋯⋯⋯⋯鲁彦周
生活的流动与心灵的悸动（评论）⋯⋯雷　达

女俘（小说）⋯⋯⋯⋯⋯⋯⋯⋯⋯汪 雷
革命人道主义的力量（评论）⋯⋯路漠华
虚假无力的编造（评论）⋯⋯⋯⋯方顺景
乡土（小说）⋯⋯⋯⋯⋯⋯⋯⋯⋯姚文泰
传统美德的新光彩（评论）⋯⋯⋯杨际岚
小说《乡土》小议（评论）⋯⋯⋯徐 荆
从作品实际出发评论作品（评论）⋯林仁标
如何看待《乡土》中的阿香形象（综述）⋯⋯杨际岚
没有"负荷"的电（小说）⋯⋯⋯楚 良
说秦龙 谈新人（评论）⋯⋯⋯⋯李华清
秦龙并非"新人"（评论）⋯⋯⋯陈柏健
评论作品要实事求是（评论）⋯⋯西 龙
导演之家（小说）⋯⋯⋯⋯⋯⋯⋯刘晓喻
以心理描写见长（评论）⋯⋯⋯⋯冬 冠
偏颇出自偏爱（评论）⋯⋯⋯⋯⋯罗允和
关于电影《开枪，为他送行》的争鸣（2篇）
⋯⋯⋯⋯⋯⋯房亚非 宦 迪 杨凤鸣
关于电影《勿忘我》的争鸣（2篇）
⋯⋯⋯⋯⋯⋯⋯⋯方 衍 刘乃戡
一九八二年短篇小说争鸣述评⋯⋯王永宽
我国当代文学中的人性、人道主义问题
——《文学评论》等三刊编辑部召开的学术讨论会发
言综述⋯⋯⋯⋯⋯⋯⋯⋯⋯⋯⋯兴 玉

争鸣史话
虚心的辛弃疾⋯⋯⋯⋯⋯⋯⋯⋯⋯黄 岚

作家传
方之⋯⋯⋯⋯⋯⋯⋯⋯⋯⋯⋯⋯⋯徐阿淮

文艺流派介绍
象征主义概述⋯⋯⋯⋯⋯⋯⋯⋯⋯王义国
促进青年精神文明建设的一个好办法
——石家庄市文学讲习班的调查
⋯⋯⋯⋯⋯⋯刘绍本 曹桂芳 孟云魁

1983年第5期　刊名:《作品与争鸣》
目录

新翻的土地（小说）⋯⋯⋯⋯⋯⋯左建明
农村生活变革的真实写照（评论）⋯肖 汀
不仅仅是留恋（小说）⋯⋯⋯⋯⋯金 河
评《不仅仅是留恋》（评论）⋯⋯李炳银
巩大明值不值得同情？（评论）⋯西 亚
挺拔的老树（小说）⋯⋯⋯⋯⋯⋯张士放
何以把党的领导写成一塌糊涂呢?（评论）⋯蒋叔竑
政治符号与艺术形象（评论）⋯⋯慕 春
未发出的信（小说）⋯⋯⋯⋯⋯⋯朱联忠

陕西师专中文科部分学生笔谈《未发出的信》
⋯⋯⋯⋯⋯⋯⋯⋯⋯⋯⋯⋯陈瑞红等
杂色（小说）⋯⋯⋯⋯⋯⋯⋯⋯⋯王 蒙
读王蒙的《杂色》（评论）⋯⋯⋯高行健
也谈《杂色》（评论）⋯⋯⋯⋯⋯曾镇南
就小说《黎明潮》的讨论致读者⋯孟伟哉
X—3案件（小说）⋯⋯⋯⋯⋯⋯叶永烈
惊险科幻小说质疑（评论）⋯⋯⋯赵世州
惊险科幻小说答疑（评论）⋯⋯⋯叶永烈
惊险科幻小说的新探索（评论）⋯张志刚
一九八二年电影争鸣述评⋯⋯⋯⋯蔡洪声
关于西方现代派文艺的讨论⋯⋯⋯孟 潜
宗璞（作家传）⋯⋯⋯⋯⋯⋯⋯⋯胡德培

1983年第6期　刊名:《作品与争鸣》
目录

这是一片神奇的土地（小说）⋯⋯梁晓声
以情动人
——读《这是一片神奇的土地》有感⋯⋯蔡 毅
离离原上草（小说）⋯⋯⋯⋯⋯⋯张笑天
索性招惹它一回（评论）⋯⋯⋯⋯张笑天
评《离离原上草》（评论）⋯⋯⋯谭 昭
"遗言"制造者（报告文学）⋯⋯杨匡满
一份特殊的战斗檄文（评论）⋯⋯曾立平
《"遗言"制造者》读后（评论）⋯陈 艰
鬼城（小说）⋯⋯⋯⋯⋯⋯⋯⋯⋯贾平凹
评《鬼城》（评论）⋯⋯⋯⋯⋯⋯黄树森
原上草（评论）⋯⋯⋯⋯⋯⋯⋯⋯舒大沅
令人失望的《鬼城》（评论）⋯⋯施 谭

作家谈创作
应该是这样一种"结构"⋯⋯⋯⋯陆星儿

文艺短论
贯彻双百方针的一个问题⋯⋯⋯⋯良 文

争鸣综述·动态
对小说《公仆，我们在想什么⋯⋯》的争鸣⋯禾 宣
关于几个话剧的争鸣综述⋯⋯⋯⋯金 文
对小说《相见时难》的不同看法⋯春 芳
关于京夫作品的讨论⋯⋯⋯⋯⋯⋯卜 宁
刘真（作家传）⋯⋯⋯⋯⋯⋯⋯⋯吴芝兰

1983 年第 7 期 刊名:《作品与争鸣》

目录

没有纽扣的红衬衫（中篇小说）…………………铁 凝
平凡中的奇异
——评《没有纽扣的红衬衫》（评论）…………洁 泯
赞赏之余的感想
——读《没有纽扣的红衬衫》（评论）…………成志伟
一个将军的遗嘱（小说）…………朱向前 张聚宁
敢于认错 不失英雄（评论）…………………余 如
将军的"样子"及其他（评论）………………尤 廉
一篇被评得过好的小说（评论）……………金筱玲
白色的纸帆（小说）…………………………史铁生
剪辑错了的故事（评论）
——读《白色的纸帆》有感…………………郭铁城
一篇没有"直奔主题"的小说
——评《白色的纸帆》（评论）……………张笑天
人性、社会和文学的探索
——读《鬼城》、《白色的纸帆》及其评论（评论）
……………………………………………西 龙
四等舱（小说）………………………………西 西
一点感受（评论）……………………………苗培时
艺术的生命在于创造（评论）………………吴士余
关于报告文学真实性的讨论…………………赵铁信
文学的事实和事实的文学
——也谈报告文学的真实性问题……………马畏安
一九八二年中篇小说争鸣述评………………刘玉山
对影片《都市里的村庄》看法截然不同……戈 平
文艺争鸣动态………………………………岑献青

争鸣史话

乔太守的原型………………………………黄 岚
《海港》与《吴中某甲》……………………黄 岚
应当怎样评价高加林形象和《人生》的爱情悲剧
…………………………………………郤 龙
鲁彦周（作家传）……………………………苏 淦

1983 年第 8 期 刊名:《作品与争鸣》

目录

社会主义军事文学的光明前途正在到来
——为"八一"建军节而作…………本刊特约评论员
引而不发（小说）…………………………朱苏进
军事文学的又一可喜收获（评论）
——读中篇小说《引而不发》………………王淑秧
相会在猫耳洞（小说）………………………杨 闽
来自生活的革命英雄主义（评论）…………黄国柱

精妙的构思 感人的形象（评论）…………金国华
既不可爱，也不真实（评论）………………九 思
"无牌"教师（小说）…………………………华 棠
真准深（评论）………………………………赵 鹰
失去了真实也就失去了典型（评论）………郑成伟
我们这个年纪的梦（小说）…………………张辛欣
漫话几个青年作者和他们的作品（评论）…王 蒙
人性论和创作思想（评论）…………………王春元
必要的回答（评论）…………………………张辛欣
梦，遗落在草原上（小说）…………………金志国
一个纯真而美丽的梦（评论）………………扁 舟
出色的描绘 偏颇的药方（评论）…………海 岑
关于提高文艺评论质量的讨论
文艺评论也需评论………………………李从中
文艺评论也应讲究艺术性………………王炳祥
文艺评论的价值…………………………吴德辉
评论家也要深入生活……………………刘鸿渝
从"评论家的苦恼"说起…………………范道桂

文艺短论

文德岂能丧 孺子不可欺…………………苑 拾
《静夜》引起争鸣……………………………柳 唯
关于文学创作方法讨论的三个问题…………添 丞
关于如何看待浪漫主义的讨论………………文 宗

争鸣史话

赛诗…………………………………………良 文
兰亭轶事……………………………………黄 岚

1983 年第 9 期 刊名:《作品与争鸣》

目录

兵车行………………………………………唐 栋
他永远是喀喇昆仑的兵
——评《兵车行》的上官星形象（评论）…朱 兵
驴队的覆灭…………………………………周尝棕
一篇有思想深度和艺术特色的小说（评论）…之 伟
评《驴队的覆灭》（评论）…………………方顺景
寻找被遗忘的世界…………………………何 新
幽默：混合色彩的幽默……………………章 鉴
过分的夸张，就失去了它的真实……………王 矢
美的呼唤
—— 一个失足女青年的独白………………潘文伟
深沉的格调 淡淡的哀愁……………………仁 可
美在哪里呼唤?………………………………黄国华
还是真实点好………………………………周梧林
觉醒者的赞歌………………………………郝作永
松松美吗?……………………………………李学峰

一个令人厌恶的形象 .... 王成碧
大学生进行曲
——毕业前夕日记片断 ...... 陆 新 李胜果
一篇出新之作（评论） .... 向阳红
一个不真实的形象（评论） .... 江 德
挑战 .... 戴 舫
人，之所以为人 ...... 张 陵 李洁非
悲剧的挑战 ...... 达 宣 际 平
荒谬的主题 混乱的逻辑（评论） ......达英骎
严肃的主题（评论） .... 俞 律
爱，在人间 .... 边玲玲
爱……（评论） .... 陶 洪
爱，在"真、善、美"（评论） ......熊笃诚
浩然（作家传） .... 王 扶

1983 年第 10 期　刊名:《作品与争鸣》
目录

正确开展文艺领域的两条战线斗争
——学习《邓小平文选》有关文艺问题的部分论述
.... 本刊评论员
迷人的海（中篇小说） .... 邓 刚
立意新颖 魅力诱人（评论） .... 奚 为
吴王金戈越王剑（历史剧） .... 白 桦
历史意识与道德批判（评论）
——评《吴王金戈越王剑》的重大不足 ......林克欢
不要为了观念忘了历史（评论） .... 丁 毅
话剧《吴王金戈越王剑》观后 .... 方 杰
神奇的瞳孔（小说） .... 魏雅华
欣赏，不能离开联想（评论） .... 辛晓征
假如瞳孔没被毁掉……（评论） .... 田志伟
科幻小说要有亮色（评论） .... 叶永烈
"瞳孔"所给予的启示（评论） .... 李 黎
"雪野诗"及其争鸣
锅庄 .... 草 青
结绳 .... 洋 滔
猎人 .... 阎振中
木楼 .... 周长海
年青的格啦 .... 孔祥富
雪野上探索者的足迹（评论） .... 汪承栋
走向民族生活的深处（评论） .... 肖 敏

争鸣综述
一场短兵相接的格斗
——关于电影《人到中年》的争鸣 .... 平 荒
短篇小说《葛梅》引起争议 .... 合 松

作家传
徐怀中 .... 平 涛
"争鸣简讯"一束
"读者中来"数则

1983 年第 11 期　刊名:《作品与争鸣》
目录

历史将证明（中篇小说·上） ......柯云路 雪 珂
思想的成就和艺术的不足（评论）
——略谈中篇小说《历史将证明》 .... 肖 汀
政治家·思想家·理论家（评论）
——简评《历史将证明》中的方志远 .... 安 国
两条战线斗争与"各打五十大板"（评论）
——兼评《历史将证明》中梁锋形象的塑造 ......西 龙
第八任总编（短篇小说） .... 盛祖宏
一篇发人深思的小说（评论）
——读短篇小说《第八任总编》 .... 杨 沫
要写出改革者的光辉形象（评论）
——试谈《第八任总编》中铁锤形象塑造的不足
.... 史 乘
野渡（短篇小说）
——《乡土》之四 .... 李宽定
不值得赞美的人性（评论）
——评小说《野渡》 .... 陈永强
人情美与人性美的探求（评论）
——读小说《野渡》 .... 李印堂
雪花，雪花！（电视小品） ......顾成耕 亢培琳
雪花的情怀（评论） .... 许 凌
耐人寻味的小品（评论） .... 孔凡明
呆头呆脑的追求者（评论） .... 袁 茨

新诗点评与争鸣
评《我和朝霞一齐走进车间》 .... 高 嵩
读《离婚》 .... 岑 桑
对两首新诗"点评"的点评 .... 由 元

作品续评
这是什么样的挑战
——《挑战》读后 .... 霄 林

文艺短论
作者的情趣和编者的责任 .... 晓 谈

文艺动态
国际华文文艺的现状与未来
——新加坡国际华文文艺营拾零 .... 张国培
文艺短讯三则 .... 郭 贝

争鸣综述

文学创新·继承传统和新诗民族化问题探讨

——《崛起的诗群》讨论概述之一⋯⋯⋯⋯秋 泉

对《血，总是热的》的赞扬与批评⋯⋯⋯刘 沙

对《夕照街》的赞叹与惋惜⋯⋯⋯⋯⋯元 月

关于传记文学《张玉良传》真实性问题的讨论

⋯⋯⋯⋯⋯⋯⋯⋯⋯⋯⋯⋯⋯⋯卜 宁

争鸣史话

从误解到谅解⋯⋯⋯⋯⋯⋯⋯⋯⋯⋯施 谭

鲁迅勇于自我批评⋯⋯⋯⋯⋯⋯⋯⋯施 谭

作家传

冯德英⋯⋯⋯⋯⋯⋯⋯⋯⋯⋯⋯⋯赵耀堂

1983 年第 12 期　刊名:《作品与争鸣》
目录

在战斗中前进

——纪念毛泽东同志诞辰九十周年（评论）⋯⋯张 炯

鲁班的子孙（中篇小说）⋯⋯⋯⋯⋯⋯王润滋

我的喜悦

——读王润滋的《鲁班的子孙》（评论）⋯⋯⋯敏 泽

旧规范解决不了新矛盾

——读《鲁班的子孙》⋯⋯⋯⋯⋯⋯引 玉

点燃朝霞的人（中篇小说）⋯⋯⋯⋯王东满

山村朝霞火样红

——《点燃朝霞的人》读后（评论）⋯⋯张成德

栾金彪形象塑造刍议（评论）⋯⋯⋯蔡润田

历史将证明（中篇小说·续上期）⋯柯云路 雪 珂

需要真实，也需要美

——致中篇小说《历史将证明》的作者（评论）

⋯⋯⋯⋯⋯⋯⋯⋯⋯⋯⋯⋯⋯缪俊杰

评路野和他的"悲歌"（评论）⋯⋯郑晓铜

近年来我国文学中的人性、人道主义问题⋯本刊记者

关于诗的本质和"表现自我"问题

——《崛起的诗群》讨论概述之二⋯⋯秋 泉

1984 年第 1 期　刊名:《作品与争鸣》
目录

新年致读者

文艺论坛

加强文学评论，防止和清除精神污染⋯⋯⋯刘 展

认清战略意义　站到斗争前列

——读本刊召开的"坚持社会主义文艺方向，清除精

神污染"座谈会⋯⋯⋯⋯⋯⋯⋯⋯本刊记者

佳作推荐

在这片国土上（报告文学）⋯⋯⋯⋯李延国

爱国热血在翻滚沸腾（评论）

——谈《在这片国土上》⋯⋯⋯⋯⋯刘白羽

争鸣作品

悲剧比没有剧要好（小说）⋯⋯⋯⋯蒋子龙

《悲剧比没有剧要好》的思想和艺术（评论）

⋯⋯⋯⋯⋯⋯⋯⋯⋯⋯⋯⋯⋯夏康达

既要复杂，又要统一（评论）

——《悲剧比没有剧要好》的得和失

⋯⋯⋯⋯⋯⋯⋯⋯⋯⋯扈 雯 小 雪

从丁字街到大海（小说）⋯⋯⋯⋯⋯马秋芬

田质民的奋斗精神值得赞扬吗?（评论）⋯⋯陈忠民

一个微有瑕疵的时代弄潮儿（评论）⋯⋯高 虹

当代青年的鲜明形象（评论）⋯⋯⋯郝作永

争鸣综述

《花城》讨论中篇小说《历史将证明》⋯⋯若 为

关于提高电视剧质量问题的讨论⋯⋯赵铁信

有争议的几篇小说⋯⋯⋯⋯⋯⋯⋯广山等

关于中国文学史研究与编写方法问题的讨论⋯蔡 萌

关于中篇小说《燕儿窝之夜》的争鸣⋯⋯晓 明

文艺信箱

怎样认识和对待现代派文艺⋯⋯⋯⋯李 准

争鸣史话

对施里加"批判"的批判⋯⋯⋯⋯⋯马光复

"家传户诵"与"当诛"⋯⋯⋯⋯⋯楠 凯

争论是为了探求真理⋯⋯⋯⋯⋯⋯沈 编

作家传

峻青⋯⋯⋯⋯⋯⋯⋯丁 帆文 高 莽画

争鸣动态⋯⋯⋯⋯⋯⋯⋯⋯⋯⋯⋯青

漫画　某作家作品的"作品"⋯⋯⋯⋯戈 沙

1984 年第 2 期　刊名:《作品与争鸣》
目录

佳作推荐

秋雪湖之恋（小说）⋯⋯⋯⋯⋯⋯⋯石 言

有至情方有至文（评论）

——读《秋雪湖之恋》⋯⋯⋯⋯⋯⋯思 忖

文艺论坛

并非大惊小怪 ————————————————————— 心 宇

争鸣作品

东方女性（小说）————————————————— 航 鹰
论《东方女性》的得失（评论）————————— 金 梅
《东方女性》赞（评论）————————————— 张学敏
支撑（小说）————————————————————— 鲍学谦
谈《支撑》中的三个人物（评论）————— 曾国民
一得一失（评论）————————————————— 覃富鑫
我看《支撑》（评论）—————————————— 雷 萌
我的塑像（诗）·我谈我的诗——————— 车前子
评车前子和他的一组诗————————————— 姚永宁等
酸涩难咽的青果（评论）
——简析组诗《我的塑像》———————— 丁国成
早霞谢别天幕（小说）————————————— 叶明山
所欠者美 所失者真（评论）
——浅议《早霞谢别天幕》——— 吕福田 刘延年
《早霞谢别天幕》得失谈（评论）————— 李福亮
关于"真实"的闪想（评论）————————— 胡义成
真实性是个客观标准（评论）
——由《闪想》引起的闪想——————— 张思涛

评论

失误在哪里？
——评张辛欣的新作《疯狂的君子兰》——— 蔚 国
［附］《疯狂的君子兰》（小说故事梗概）
人生十字路口上的选择
——读《我的路》————————————— 诚 夫

争鸣综述

怎样看待刘思佳、解净的"复杂性格"？——— 郭 政
《美术》杂志上关于抽象美问题的争论————— 郑
对几篇小说的争论————————————————— 献 青

争鸣史话

隋朝的一对画友————————————————— 成祖姚
正直的行为————————————————————— 成祖姚
争鸣动态————————————————————————— 岑

1984 年第 3 期　刊名:《作品与争鸣》
目录

佳作推荐

各领风骚（短篇小说）————————————— 王金年
企业改革洪流中的一朵浪花（评论）———— 林文山
啊，索伦河谷的枪声（中篇小说）————— 刘兆林
写出灵魂工作者的灵魂来（评论）————— 西 南

枪声的启示（评论）————————————————— 屠 岸
枪声响过之后……（评论）————————— 潘仁山
头儿（中篇小说）————————————————— 克 非
揭示生活的复杂性（评论）————————— 陈朝红
试谈《头儿》的是与非————————————— 李发展
浅谈《头儿》的定性————————————————— 谭 豹
关于《头儿》的争鸣综述————————————— 文 辑
永远不忘社会主义作家的职责————————— 张笑天
嘘，别开窗（短篇小说）————————————— 贺子壮
平中显新奇（评论）————————————————— 张维德
这种探索并不足取————————————————— 丽 明
值得商讨的探索————————————————————— 高松年

文艺信箱

社会主义异化论与文艺问题————————————— 辛衮之

文艺论坛

要正确地开展批评和自我批评————————————— 马畏安

争鸣综述

新诗必须坚持社会方义方向
——《崛起的诗群》讨论概述之三————— 秋 泉
关于"五四"文学革命的指导思想问题展开讨论
————————————————————————————— 石 依
《文艺报》就《鲁班的子孙》开展争鸣———— 春 芳

文艺动态

长篇小说塑造改革者形象有进展—————————— 严 石
争鸣动态二则　争鸣史话四则

流派介绍

"俄国形式主义"————————————— 陈圣生 林 泰

作家传

胡可————————————————————————————— 黄维钧

1984 年第 4 期　刊名:《作品与争鸣》
目录

佳作推荐

龙兵过（小说）————————————————————— 邓 刚
海赋新篇（评论）————————————————————— 顾 骧

争鸣作品

黄豆生北国（小说）————————————————— 刘兆林
新与美的追求（评论）————————————————— 丁临一
描绘新型的政治工作者形象（评论）————— 李炳银
刘兆林和他的《黄豆生北国》（评论）———— 思 忖

风雨故人来（话剧）⋯⋯⋯⋯⋯⋯⋯⋯⋯白峰溪
看话剧《风雨故人来》（评论）⋯⋯⋯⋯凤　子
飞翔的鸽子（评论）⋯⋯⋯⋯⋯⋯⋯⋯蔡体良
戏剧冲突的逻辑前提与时代精神（评论）
⋯⋯⋯⋯⋯⋯⋯⋯⋯⋯许柏林　姜大中
令人失望的彭银鸽（评论）⋯⋯⋯⋯⋯田　涌
妇女解放与时代精神（评论）⋯⋯⋯⋯杨世伟
《再见，沙漠！　你好，绿洲》故事梗概
从"沙漠"到"绿洲"（评论）⋯⋯⋯⋯邢念萱
评小说《再见，沙漠！　你好，绿洲》及其评论（评论）
⋯⋯⋯⋯⋯⋯⋯⋯⋯⋯⋯⋯⋯⋯沈　成

文艺论坛
我们需要学习马克思主义理论⋯⋯⋯⋯戚　方

文艺信箱
关于"现代化"与"现代派"的关系⋯⋯⋯崇　杰

国外现代批评流派简介
捷克结构主义⋯⋯⋯⋯⋯⋯林　泰　陈圣生

争鸣综述
《文学青年》继续讨论小说《嘘，别开窗》⋯⋯明　光
对小说《边城》的不同看法⋯⋯⋯⋯⋯白　甘

作家传
克里木·霍加⋯⋯⋯⋯杨兆祥 文　高　莽 画

1984 年第 5 期　刊名:《作品与争鸣》
目录

长篇小说《故土》（故事梗概）⋯⋯⋯柳　志
一幅当代生活的斑斓画卷（评论）⋯⋯章仲锷
打鱼的和钓鱼的（短篇小说）⋯⋯⋯⋯金　河
诗可以怨（评论）⋯⋯⋯⋯⋯⋯⋯⋯阎　纲

文艺思想论坛
农村基层干部形象塑造漫议⋯⋯⋯⋯武国华
正解反映新时期的城乡关系⋯⋯⋯⋯权海帆
深深的辙印（中篇小说）⋯⋯⋯⋯⋯孟庆华
这能算是社会主义人道主义吗?（评论）⋯⋯杜　实
本是同根生　秉性何太异（评论）⋯⋯智　杰
啊，碧青的橄榄（短篇小说）⋯⋯⋯魏曙光
爱情的"橄榄"所无法包容的（评论）⋯⋯董之林
让爱情在事业中闪光吧（评论）⋯⋯⋯何火任
树梢上悬挂起晚霞（短篇小说）⋯⋯⋯顾　工
是忠贞的爱情么（评论）⋯⋯⋯⋯⋯怡　敏
让晚霞升得更高、更高⋯⋯（评论）⋯⋯魏　军

评论
评两篇科幻小说的错误倾向⋯⋯⋯⋯⋯秦　鄂

争鸣综述
《驼峰上的爱》及其争论简介⋯⋯⋯⋯陈全荣
关于当代大学生形象塑造问题的讨论⋯⋯马　辑
近年短篇小说创作质量得失谈⋯⋯⋯田　昉
对小说《求索》的批评综述⋯⋯⋯⋯朱建新
中篇小说《问心 X 愧》引起批评⋯⋯⋯郭　斌
广州文学讲习所讨论《一个犯过错误的男人》
⋯⋯⋯⋯⋯⋯⋯⋯⋯⋯⋯⋯⋯⋯霍　明
关于几位中国现代作家研究综述⋯⋯⋯晓　行

争鸣动态
对几部电影、电视剧的批评⋯⋯张富国　邢　静

1984 年第 6 期　刊名:《作品与争鸣》
目录

推荐作品
绿化树（中篇小说，待续）⋯⋯⋯⋯⋯张贤亮
《绿化树》预示着什么?（评论）⋯⋯⋯朱　寨

争鸣作品
她从画中走出来（短篇小说）⋯⋯⋯⋯王兆军
艺术应扎根在生活的沃土里（评论）⋯⋯胡德培
一篇有矛盾的好小说（评论）⋯⋯⋯⋯应泰岳
祭蛇（儿童文学）⋯⋯⋯⋯⋯⋯⋯⋯丁阿虎
《弓》与《祭蛇》的启示（评论）⋯⋯⋯周　晓
也谈《祭蛇》（评论）⋯⋯⋯⋯⋯⋯樊发稼
由别林斯基的话说开去（评论）⋯⋯⋯刘绪源
奇花异草分外香（评论）⋯⋯⋯⋯⋯龙　子
荒漠与人（中篇小说）⋯⋯⋯⋯⋯⋯文乐然
《荒漠与人》得失谈（评论）⋯⋯⋯⋯沙　平
对《荒漠与人》的看法（评论）⋯⋯⋯罗国梦
粗犷的男性的北方⋯⋯（评论）⋯⋯周政保等

争鸣与综述
为电影文学论辩⋯⋯⋯⋯⋯⋯⋯⋯⋯翁睦瑞
关于"异化"和文艺问题的争论综述⋯⋯孙　午
《四个四十岁的女人》得失谈⋯⋯⋯⋯谢　云

国外现代批评流派简介
"苏联符号学"⋯⋯⋯⋯⋯⋯⋯⋯⋯⋯林　泰

作家传
沙汀⋯⋯⋯⋯⋯⋯⋯⋯⋯⋯⋯⋯⋯杜　实

1984 年第 7 期 刊名:《作品与争鸣》
目录

索居者（小说）·····························石　英
面对着生活的召唤（评论）···················杨志杰
酒鬼杨石匠的女儿（小说）···················榴　红
悲中见喜　寓庄于谐（评论）·················陈朝红
应该遵循典型化的原则（评论）···············兴　汉
绿化树（续上期）·························张贤亮

笔谈《绿化树》
一曲心灵美的颂歌·························晓　笋
独到见真功·····························安　定
《绿化树》和审美理想·······················金　歌
美中也有不足处···························赵铁信

作家谈创作
索取与给予·····················汪浙成　温小钰

获奖小说争鸣
工业战线改革的新声·················岂凡　凤山
《阵痛》痛在哪里?·························绸　花

作家传
石英·································望　亭

争鸣综述
《文学》讨论小说《白色不算色彩》··············布　文
关于《梅兰芳与程砚秋》的争鸣·················厚

1984 年第 8 期 刊名:《作品与争鸣》
目录

评论:愿破土而出的新芽迅速成长···············周一萍
顿开金锁走蛟龙（小说）·····················苏方学
清凉的沙水河（小说）·······················周宗奇
评《清凉的沙水河》（评论）···················张成德
清凉的沙水河　你向何处流（评论）·············丁　东
在故乡的密林中（小说）·····················戴绍康
不是大山的报复,而是历史的警钟!（评论）
·····························张伦纲　陈黔生
写出变革的复杂,写出复杂的人物（评论）···泰　辉
《丧事》(作者航鹰)故事梗概·················夏　边
《丧事》的思想意义（评论）···················郭瑞三
评《丧事》的思想倾向（评论）·················晓　行

关于中篇小说《深深的辙印》的讨论
这能算是封建道德观念吗?·····················马天增
也评《深深的辙印》·························刘士杰

关于报告文学《津源》的争鸣
个人感情,不能取代对生活的科学领悟···········陆庄人
滦河子孙的胸怀···························王　畅

争鸣动态
关于对电视剧《金房子》的争论·················王　实

文艺思想论坛
努力开创百家争鸣的新局面!···················蒋守谦
歌不足泣,望不当归（小说）···················史　咏
一支新花（评论）·························王一飞
你还是炎黄子孙吗?（评论）···················麦文峰
不能宣扬拜金主义（评论）···················王　愍

文艺信箱
艺术的理性与"新的美学原则"·················王德和
时刻牢记社会主义的文艺方向·················徐敬亚
话剧《街上流行红裙子》引起讨论···············布　白

作家传
郭风·································楼肇明

1984 年第 9 期 刊名:《作品与争鸣》
目录

文艺论坛
谈改革与文艺···························张　炯

推荐作品
大寨在人间（报告文学）·····················张正隆
"时代的大潮轰击着虎头山"（评论）
——读《大寨在人间》·····················西　龙

争鸣作品
雪落黄河静无声（中篇小说）·················从维熙
读《雪落黄河静无声》（评论）·················顾　骧
《雪落黄河静无声》是成功之作吗?（评论）
·····································张　颖
性格的真实与思想的高度（评论）
——也谈《雪落黄河静无声》的结局·············臻　海
关于中篇小说《雪落黄河静无声》的讨论（资料）
·····································赵铁信
开掘华夏之魂（作家谈创作）·················从维熙
北大荒之恋（叙事诗）·······················李士非

美，是严峻的（评论）·············曾祥麟　袁永庆
评《北大荒之恋》（评论）·················吉　平
难忘的北大荒之行（诗人谈诗）···········李士非

争鸣综述
关于《咱们的牛百岁》的争鸣
——北京电影学院电影理论进修班一次学术讨论会纪要
···李　超
大学生讨论《北方的河》·················李　斌
丁玲创作讨论会在厦门举行···············朱水涌

1984 年第 10 期　刊名:《作品与争鸣》
目录

街上流行红裙子（话剧）···········马中骏　贾鸿源
《街上流行红裙子》有新意（评论）·········童道明
分歧在哪里?（评论）·····················蓝　光
他们追求更美好的人生（评论）···········何西来
晚霞（小说）···························周克芹
《晚霞》的思想和艺术（评论）·············西　龙
魅力在于内涵的丰富（评论）·············李兆忠
何期茉莉似昙花（小说）·················毛志成
一篇发人深省的小说（评论）·············武久计
本非茉莉何以昙花（评论）···············高　欣
山那边是海（电视小说）·················视　汶
瑕不掩瑜（评论）·······················金敬迈
仅仅是美丽的图解（评论）···············章以武
赞《山那边是海》（评论）···············唐斯里
悟（一分钟小说）·······················毛志成
有关《悟》的评论四篇···················徐志红等
愿与读者共悟···························毛志成

笔谈《绿化树》
马缨花的人格是美的吗?·················刘润为
简论马缨花·····························廖达天
关于马缨花·····························佩　瑾

续论《故土》
《故土》闲聊篇·························苏叔阳
《故土》争鸣录·························达　欣

动态·综述
影片《乡音》引起热烈争论···············戈　平
话剧《车站》在论辩中···················敬　达
小说《杨月月与萨特之研究》有争议·······郭　政
欧阳子的心理小说及其争论···············王晋民
一九八三年台湾文坛一瞥·················乐融融

西方文学批评流派介绍
法国结构主义·····················林　泰

作家传
卞之琳·····························蔡　毅

争鸣史话
《华威先生》引发的论战···············秋　泉

1984 年第 11 期　刊名:《作品与争鸣》
目录

企业家的形象（报告文学）···············肖复兴
唯改革才有出路（评论）·················安　国

相思树女子客家（中篇小说）·············古　华
走上新的生活道路的五岭儿女（评论）·······冯立三
《相思树女子客家》的艺术短长（评论）·····杜　实
刘青其人其事（短篇小说）···············祝兴义
一次可贵的尝试·······················周翰藻
"混沌世界"中的"混世游民"·············枫　林
也谈刘青（评论）·······················兴　纯
乡居一夜（短篇小说）···········贺子壮　王承刚
魔幻　象征　新意（评论）···············张维德
刻意追求形式　铸造不出佳作（评论）·······金鹿水
娘家人（一分钟小说）···················陈建功
《娘家人》不真实（评论）···············李加旺
《娘家人》含义深刻（评论）·············刘学政
《娘家人》很真实（评论）···············杨靖华
荒唐中有深意（评论）···················华　铭

争鸣综述与动态
《萌芽》讨论中篇小说《太阳》···········政　郑
影片《再生之地》的争鸣·················翁睦瑞
电视剧《少帅传奇》引起争议·············金　明
《童年》是一首什么样的歌曲?·············边　吉
对话剧《红白喜事》有不同意见···········丛　边

关于小说《惑》的争论
小说创作中的罕见现象（评论）···········杨　汜
评小说《惑》及对它的批评···············秦　晋

作家传
陈荒煤·····························仲呈祥

西方文学批评流派简介
"后结构主义"·····················林　泰

充分评价新中国文学的伟大成就·················方 兴

1984 年第 12 期 刊名:《作品与争鸣》
目录

专论

大鼓劲，大团结，实现文艺的更大繁荣

·······················本刊特约评论员

棋王（中篇小说）·····················阿 城

《棋王》读后漫笔（评论）···············唐 挚

正因写实，转成新鲜（评论）···········臻 海

最佳家庭结构（短篇小说）···········肖士庆

一泓平静却幽深的池塘（评论）

——简评短篇小说《最佳家庭结构》·······谢俊华

一幅差强人意的讽刺画（评论）

——说说《最佳家庭结构》的好处与不足·····兴 安

高地（短篇小说）·····················刘家琨

探索《高地》之谜（讨论会纪要）

——北京大学中文系文学专业八二级·······蒋国伟

序曲在后面的乐意（中篇小说）·········蒋丽萍

"觉今是而昨非"（评论）···············尉东平

关山度若飞（评论）···················月 生

爱情的呼唤（评论）···················孙达佑

失望与遗憾（评论）···················杨 晨

我甘愿"下嫁"工人（评论）···········范玉花

站不住脚的人物（评论）···············蓝应忠

卖蜜桃（歌词）·······················卢詠椿

是卖桃还是卖俏（评论）···············尚 鸣

我对《卖蜜桃》的看法（评论）·········王礼贤

歌词创作的追求（评论）···············伍雍谊

杨柳青青（一分钟小说）···············路 翔

《杨柳青青》想给读者什么?（评论）·····陈 捷

《杨柳青青》有魅力（评论）···········彭文华

抛弃简单化的欣赏习惯（评论）·········陆恩浩

关于中篇小说《绿化树》的讨论

《绿化树》主题随想曲···············雷 达

从《绿化树》引起的争议看《绿化树》·····周良沛

争鸣综述与动态

《当代文坛》报讨论中篇小说《错，错，错!》

·····································敬 效

如何看待改革题材文学作品中的反面形象

——关于短篇小说《花纹》主人公德合拉的形象的争鸣

·····································金 明

关于组诗《诺日朗》的争议···········欧阳惠译

报告文学《他，留在了这片土壤中》引起争议

·····································周立文

对短篇小说《顶替》的看法分歧·········高晓明

读者来信三则

国外现代批评流派简介

新批评·····················陈圣生 林 泰

1985 年第 1 期 刊名:《作品与争鸣》
目录

本刊专论

在改革的实践中推进文艺的繁荣·······本刊特约评论员

佳作推荐

麦客（小说）·······················邵振国

在生活和灵魂的最深处（评论）

——读《麦客》·······················闻熙嘉

戏剧与争鸣

红白喜事（四幕风俗喜剧）

············魏 敏 孟 冰 李冬青 林 朗

《红白喜事》漫谈（评论）···············陈 刚

也谈《红白喜事》的时代精神和形象塑造（评论）

·····································王 敏

《红白喜事》创作琐谈（创作谈）·········魏 敏等

小说与争鸣

渔眼（小说）·························邓 刚

超越自己 刻意求新（评论）

——评邓刚的《渔眼》·················李 昕

不平凡的超越（评论）

——读邓刚的新作《渔眼》·············李书磊

不能满足于"鲜味"（评论）

——读邓刚的小说《渔眼》·············马石利

我愿长一双"渔眼"

——兼答读者问（创作谈）···········邓 刚

糟糠之妻（小说）·····················张 平

仅仅把人写活是不够的（评论）

——从短篇小说《糟糠之妻》谈起·······丁 东

也谈《糟糠之妻》（评论）

——读丁东同志文章有感···············席 扬

争鸣综述

关于"人物性格二重组合原理"的讨论·······弘 石

苏联文艺界关于青少年题材文学的讨论·······汪晓京

1985 年第 2 期　刊名:《作品与争鸣》
目录

缅怀文艺事业卓越的指导者周恩来同志········蔡　葵
学习周恩来文艺著述札记三题
——《周恩来选集》下卷读后····弘石　贵苍

文艺论坛
远近高低各不同
——关于文学反映改革的断想····马畏安
某些文艺小报的不健康倾向值得注意········胡　采等

佳作推荐
白色的诱惑（短篇小说）····金　河
改革，才有希望（评论）····雷　雨

戏剧与争鸣
特区人（大型话剧）····林　骥
鲜活逼真的特区人（评论）
········海　风　陈仕元　谢友良
形象的观念更新录（评论）····林文山

小说与争鸣
撒谎的爱情（短篇小说）····邹月照
真诚的谎言（评论）····牧　惠
情节的矛盾破坏了性格的统一（评论）····李　下
出山第一炮（短篇小说）····李康美
在对立冲突中塑造的感人形象（评论）····吴宝忠
"铁石面孔"有余　"人情事理"不通（评论）····九　思
谜样的黄昏（短篇小说）····扎西达娃
双手写的书，她读懂了（评论）
——评《谜样的黄昏》····尹爱苏
爱的选择，生活的歧途（评论）
——读《谜样的黄昏》····杨　棣

作家谈创作
我写《序曲在后面的乐章》····蒋丽萍

影片《人生》争鸣
小说《人生》与电影《人生》
——访《人生》导演吴天明····吴祥锦
百家争鸣说《人生》（故事影片）····戈　方
关于电影《人生》中高加林形象的争鸣
········河南大学中文系八三级三班影剧评论组
影片《人生》的悲剧性冲突····木　水
高加林不是悲剧形象····安徽师范大学　丽　繁
电影《人生》人物塑造得失谈
········河南大学中文系　吴泽永

文艺动态
《序曲在后面的乐章》的争鸣暂告结束····布　白
香港电影一瞥····蔡洪声
《朔方》对《绿化树》展开讨论····刘　水

1985 年第 3 期　刊名:《作品与争鸣》
目录

本刊专论
造成文艺评论的健康风气
——学习周恩来同志《在文艺工作座谈会和故事片创作会议上的讲话》····左　达

佳作推荐
尾灯（小说）····张　洁
一个时代落伍者的灵魂剖析（评论）
——评小说《尾灯》····成志伟

争鸣作品
果园的主人（小说）····周克芹
一幅描绘我国农村现实生活的生动画卷········沙　汀
人的真谛是自私的吗?····张鸿剑
颂歌·忧歌·挽歌····孙武臣
我和朝霞一齐走进车间（诗歌）····马乐群
实事求是　以理服人（评论）····从　方
答《新月》的"求是"（评论）····由　元
那边有个"快活林"（小说）····斯　佳
别具一格的小说（评论）····陈为民
龙种和跳蚤（评论）····何思玉
不宜大惊小怪（评论）····张大放
将理解的任务留给读者（评论）····陈维莉
野猪和人（小说）····徐晓鹤
文学的社会作用不可忽视（评论）····张国烈
不该诋毁智慧（评论）····陈伟民　伍尚辉
一曲赞歌　一面镜子（评论）····郭华初
英雄的野猪和失败的猎人（评论）····王一飞

争鸣综述与动态
影片《滴水观音》引起争论····边　吉
关于日本电视剧《血疑》的讨论····赵铁信
《文论报》讨论《北方的河》····安　定
文艺争鸣动态····青、岑、叶　愚
全国高等艺术院校文艺理论讨论会就社会主义文艺性质问题展开争鸣····志　鸣

1985 年第 4 期　刊名:《作品与争鸣》
目录

编者的话

佳作推荐

傍晚敲门的女人（侦破小说）⋯⋯⋯⋯李　迪
人民卫士的热情颂歌（评论）
——评《傍晚敲门的女人》⋯⋯⋯阮　明

关于通俗文艺的讨论

异军突起的"下里巴人"⋯⋯⋯⋯⋯马光复
关于通俗文学的断想⋯⋯⋯⋯⋯⋯云　德
《文学报》讨论通俗文艺⋯⋯⋯⋯戈　平
《文艺报》讨论通俗文学⋯⋯⋯⋯东　仁
《当代文坛》讨论通俗文学⋯⋯⋯辛　联
广西对通俗文学展开讨论⋯⋯⋯⋯赵铁信

争鸣作品

人精（小说）⋯⋯⋯⋯⋯⋯⋯⋯⋯王旭烽
《人精》随想（评论）⋯⋯⋯⋯⋯小　流
这也是爱情吗?（评论）⋯⋯⋯⋯海　星
哈! 我们这些杂牌铁路工（小说）⋯多　少
"诸葛赖"们不应作为楷模奉献于读者（评论）
——评小说《哈! 我们这些杂牌铁路工》刘志洪
沉重的笑声（评论）
——也评《哈! 我们这些杂牌铁路工》┄┄┄田贞见

争鸣综述

关于"电影文学"问题争鸣概观⋯⋯吴瑞庭
"复杂性格"问题的讨论在继续⋯⋯叶　愚
对小说《两情若是久长时》看法不一⋯岑　献
解放军艺术学院文学系讨论小说《凝眸》
⋯⋯⋯⋯⋯⋯⋯⋯⋯金　辉　尹卫星
文艺争鸣概述（二则）⋯⋯⋯⋯⋯青
读者来信选登（二封）

1985 年第 5 期　刊名:《作品与争鸣》
目录

佳作推荐

瓜棚风月（中篇小说）⋯⋯⋯⋯⋯李　准
西瓜棚下话改革（评论）⋯⋯⋯⋯晓　笋

小说与争鸣

兄弟伙（小说）⋯⋯⋯⋯⋯⋯⋯⋯周永严
一曲不该唱的挽歌（评论）⋯⋯⋯谢海阳

艺术结构上的得与失（评论）⋯⋯苏　丁
历史的悲歌（评论）⋯⋯⋯⋯⋯⋯余　军
拉萨河女神（小说）⋯⋯⋯⋯⋯⋯马　原
《拉萨河女神》别具一格（评论）⋯刘　伟
我的想法（评论）⋯⋯⋯⋯⋯⋯⋯马　原
生活的描写和文学的思考（评论）⋯李佳俊
穿迷彩服的儿子在微笑（小说）⋯郭米克
真切感人的母亲形象（评论）⋯⋯冯复加
假如⋯⋯（评论）⋯⋯⋯⋯⋯⋯⋯叶　鹏

文艺论坛

发掘人与经济变革的联系⋯⋯⋯⋯孙达佑
关于"电影文学"争鸣概观（续）⋯吴瑞庭

争鸣史话

现实和文学家的爱与恨⋯⋯⋯⋯⋯章　珊
中国文学研究的大型工具书（书评）⋯田　明

作家谈创作

小说创作与艺术感觉
——谈感觉之一⋯⋯⋯⋯⋯⋯⋯张抗抗

1985 年第 6 期　刊名:《作品与争鸣》
目录

格调问题（专论）⋯⋯⋯⋯⋯⋯⋯左　达

佳作推荐

高原的风（短篇小说）⋯⋯⋯⋯⋯王　蒙
倾听心灵深层裂变的风暴
——读《高原的风》⋯⋯谢　宏　于伟国

小说与争鸣

美女山闲话（中篇小说）⋯⋯⋯⋯周昌义
在风俗中展示时代
——漫话《美女山闲话》⋯⋯⋯涪　村
要反映生活的本质真实
——从《美女山闲话》谈起⋯⋯夏　鸣
吻别（短篇小说）⋯⋯⋯⋯⋯⋯⋯成　华
吻别过去是为了明天
——评短篇小说《吻别》⋯⋯⋯吴　理
不该发生的离婚事件
——读小说《吻别》⋯⋯⋯⋯⋯林之丰
主人（短篇小说）⋯⋯⋯⋯⋯⋯⋯吴雪恼
有点酸、有点甜、有点苦、有点辣
——杂议《主人》⋯⋯⋯⋯⋯⋯李作祥
写什么人、怎样写?
——对《主人》的思索⋯⋯⋯⋯中　耀

个体户和穷秀才（短篇小说）·············蔡洪声
时代变革的剪影
  ——读《个体户和穷秀才》·············西　龙
能挣会花　有啥可夸?
  ——读《个体户和穷秀才》有感·············京　力

文艺论坛
俗文学与商品化·············邓绍基

争鸣综述
《启明》讨论文艺商品化问题
关于通俗文学问题的探讨——南宁通俗文学讨论会综述

争鸣史话
文学需要坦率和真诚
  ——涅克拉索夫和托尔斯泰之二

1985 年第 7 期　刊名:《作品与争鸣》
目录

佳作推荐
船的陆地（中篇小说）·············刘兆林
读《船的陆地》·············邓　刚
当代军人价值观念的新发展（评论）
  ——评《船的陆地》·············西　南

作品争鸣
你别无选择（中篇小说）·············刘索拉
如何反映当代青年的性格（评论）
  ——评中篇新作《你别无选择》·············魏　威
我们时代需要的是蓝色幽默（评论）
  ——《你别无选择》漫评·············李　下
现实的无可选择与个人的表现情状（评论）
  ——读《你别无选择》·············李师东
"小传"及"创作谈"·············刘索拉
村魂（短篇小说）·············乔典运
笑比哭难受（评论）
  ——读短篇小说《村魂》·············阎　纲
观念更新的任务还相当艰巨
  ——对围绕《村魂》的争鸣的思索·············西　亚
张老七还不忙"告别"（评论）
  ——也评小说《村魂》·············马文仓
不要连孩子也泼出去!（评论）·············易　水
百日县长（短篇小说）·············建　森
反映改革的不成功之作（评论）·············祁　炽
一篇引人思考的作品（评论）·············边　际
"县长好像不是这样当的"（评论）

  ——读《百日县长》粗感·············武陵子

长篇选评
社会主义建设者的英雄史诗
  ——评《啊，昆仑山！》·············卫建林

读者论坛
"传奇文学热"三题·············任　聘
做独眼龙不可取·············毛毛雨

争鸣综述
《神鞭》引起深入讨论·············步　尘

读者中来
关心文学事业　积极投入讨论（来稿综述）
·············本刊记者
"由元"、"从方"争论之我见
  ——给《作品与争鸣》的信·············刘贻清

1985 年第 8 期　刊名:《作品与争鸣》
目录

专论
时代的要求和作家的责任·············方　晓

佳作推荐
黄昏的回忆（短篇小说）·············唐　栋
家庭的悲剧和道德的沉思
  ——读《黄昏的回忆》·············晨　海

作品争鸣
一个女人和一个半男人的故事（短篇小说）····刘亚洲
一曲沉重的战地浪漫曲（评论）·············闻　龙
变形的画面　失真的形象（评论）
  ——评小说《一个女人和一个半男人的故事》
·············杨　洪
莫愁前路无知己（评论）
  ——评《一个女人和一个半男人的故事》·······刘润为
大林莽（中篇小说）·············孔捷生
《大林莽》——孔捷生的一篇力作（评论）·····陈骏涛
讨论会上的意识流（评论）·············韦　丘
在大林莽深处（创作谈）·············孔捷生
皇陵（短篇小说）·············甩秀汤夫
皇陵之谜（评论）·············启　达
绝望的皇陵（评论）·············谢　强
也谈皇陵（评论）·············刘　伟

长篇选评
时代飞瀑的深沉礼赞（评论）
——评长篇新作《亚细亚瀑布》······蔡 葵

争鸣动态与综述
电影文学界说的争议 ······翁睦瑞
中篇小说《祖母绿》的得失 ······秋 水
对获奖作品的争鸣 ······本刊记者
《鸭绿江》继续讨论小说《主人》 ······禾
关于《山中，那十九座坟茔》的讨论 ······敬 达

读者中来
关心文学事业 积极投入讨论（二）

争鸣史话
作家对于批评家的"依恋"
——别林斯基和屠格涅夫之二 ······章 珊

西方现代批评流派简介
原型批评······林 泰 陈圣生

荧屏艺术的新收获
——1984 年电视剧漫评 ······成志伟

1985 年第 9 期 刊名:《作品与争鸣》
目录

珍惜文学艺术在社会主义建设事业中的伟大作用——
记本刊编辑部召开的关于当前文艺问题的座谈会
······本刊记者

小说与争鸣
青年布尔什维克（中篇小说）······孙 颙
勇敢地踏上不平坦的路（评论）——读中篇小说《青
年布尔什维克》 ······陈昊苏
新时代的进击者（评论）······郑 涵
概念化的人物和情节（评论）······成 洛
大林莽（中篇小说·续完）······孔捷生
宏大、雄浑、悲壮、深沉的交响曲（评论）——《大
林莽》艺术谈 ······游焜炳
我们走不进"大林莽"（评论）······晓 郭
关于《大林莽》的通信（评论）······陈 村
天平（中篇小说）······（中国香港）陶 然
一篇主题不明确的小说（评论·附陶然的信）
······张汉基
关于小说《天平》的主题（评论）······琳 宇
谈《天平》（评论）······明 月
公牛（短篇小说）······残 雪
《公牛》与时代潜意识（评论）······沙 水

对《〈公牛〉与时代潜意识》的质疑（评论）
······伍 然

作品续评
谈谈南珊 ······礼 平
再谈南珊的哲学 ······若 水

文艺概评
现实主义的深化和丰富——1982—1984 年长篇小说创
作一瞥 ······何镇邦

争鸣综述
首都三家刊物开会座谈影片《代理市长》
"报告小说"的名目能否成立通行？ ······达 欣
"口述实录"体作品是不是"文学"？ ······敬 达

1985 年第 10 期 刊名:《作品与争鸣》
目录

佳作推荐
5·19 长镜头（纪实小说）······刘心武
把镜头对着现实生活（评论）······成志伟

作品争鸣
安妮丝之谜（中篇小说）······孟伟哉
《安妮丝之谜》的朦胧美（评论）······西 龙
莫名其妙的《安妮丝之谜》（评论）······智 珠
马儿驮着坎达拉（中篇小说）······刁铁英
马儿驮着什么（评论）······肖 廉
"坎达拉"的寓言（评论）······李府城
惑（短篇小说）······畅建康
仅仅因为维纳斯、缪斯是外国人吗？（评论）
······徐双喜
呼唤人性的复苏（评论）······张锐峰
评选（小小说）······晋 川
教师形象不容丑化（评论）······陈 凯
艺术真实不等于生活真实（评论）······李 星
一个女人的悲剧（报告文学）······张明模 谭 楷
读《一个女人的悲剧》杂感（评论）······丁 丁
活着，但要记住（评论）······钟 文

关于通俗文艺的讨论
区别和提高——关于《东方美人窟》并通俗文学问题
······陈骏涛
对《东方美人窟》的不同评价（资料）······本刊辑

读者中来
见仁见智 相互切磋（来稿综述）······本刊记者

争鸣综述

《大众电影》《北京晚报》讨论《红衣少女》····王凌洁
大学生座谈《傍晚敲门的女人》·············范卫宏
《鸭绿江》继续探讨《主人》···············达 欣
《电影文学》就电影与文学的关系继续展开争鸣

·····························吴瑞庭

争鸣史话

话剧《清明前后》上演的前前后后···········张学敏

1985 年第 11 期　刊名:《作品与争鸣》
目录

使千秋万代永远崇高·····················梁光弟
抗战历史的一面明镜·····················成志伟
中共中央宣传部文艺局召开的座谈会报导·····文 通

佳作推荐

沙狐·······························郭雪波
人兽之间——读《沙狐》的断想············黄秋耘

作品争鸣

水与火的交融（小说）···················王洲贵
关于《水与火的交融》···················贾 捷
悲剧的终结和喜剧的开端·················汪宗元
农村需要更多的陈自强式人物·············张远成
新的生活　新的人物·····················韩志君
少男少女，一共七个（中篇小说）·········陈 村
不同凡响的新篇·······················艾友琴
一篇有害的小说·······················华玉章
黎明印象（诗歌）···············小 敏 业 君
潜力的律动···························徐晓阳
我的看法·····························鲁 伟
模糊而破碎的印象·····················崔克明
我对《黎明印象》的印象·················建 之
《黎明印象》之我见·····················叶 静
何必这样···························叶 青
浅谈诗的分行·························何 钊

外国作品争鸣

对电视连续剧《命运》的讨论综述··········王 文

文学现象争鸣

《当代文艺思潮》对"西部文学"的讨论综述

·····························安 东
关于"西部诗歌"的评介··················章 言
关于"西部电影"的争鸣··················叔 英

争鸣信息

"话剧面临'危机'吗？"的讨论···············清
毁誉不一的话剧《野人》··················黄 邨
关于民间文学特征等问题的争论···········赵铁信

争鸣史话

模仿与独创···························章 珊

1985 年第 12 期　刊名:《作品与争鸣》
目录

专论

文艺的多样化与总体目录·················本刊评论员

佳作推荐

执火者（中篇小说）·····················齐岸青
不已的壮心···························秦 丁

作品与争鸣

透明的红萝卜（中篇小说）···············莫 言
有追求才有特色·······················徐怀中等
极乐门（中篇小说）·····················蒋 濮
致《延河》编辑的信·····················蒋 濮
悲剧的时代　时代的悲剧·················王 愚
一个有深度的文学形象·················张志春
林之浩给人的启示·····················畅广元
太阳（短篇小说）·······················景 风
创新与开掘···························宗仁发
生活并不总是意义鲜明的故事············张 平

文坛重要争鸣

《文学评论》关于文学观念的讨论··········英 述
关于《文学研究应以人为思维中心》的争鸣····肖 布

文学现象争鸣

"百越境界"介绍························辛 力

西方现代文学批评流派简介

现象学·····························陈圣生

1986 年第 1 期　刊名:《作品与争鸣》
目录

社会主义文艺评论的优势（专论）————本刊评论员

佳作推荐
他在拂晓前死去（短篇小说）————张廷竹
发掘普通人身上的英雄素质（评论）——读《他在拂晓前死去》————西　南

作品争鸣
男人的一半是女人（中篇小说·上）————张贤亮
正面展开灵与肉的搏斗——读《男人的一半是女人》
————黄子平
章永璘是个伪君子————周惟波
反映性爱和婚姻问题要有正确的态度————林之丰
虬龙爪（中篇小说）——鸟如其主————冯苓植
"鸟如其主"的审美投影——读中篇小说《虬龙爪》
————程德培
攀高枝的世俗相——读中篇小说《虬龙爪》————向　椿
尚缺打动人心的力量——给《虬龙爪》作者冯苓植同志的信————钱谷融
让人过瘾的怪味儿——致冯苓植同志————闻居延
WM（我们）（戏剧故事）
不安的灵魂仍在求索（评论）
——《WM（我们）》读后————林克欢
对《WM（我们）》的批评————《剧本》记者
就《WM》在沪首演答观众问————沙叶新
艺术效果的不平衡（评论）——也谈《WM》
————花　建

争鸣在继续
艺术追求与社会评价
——谈《透明的红萝卜》及其评论————蔡　毅

争鸣动态
关于电影《一个和八个》的争鸣————苏　声

1986 年第 2 期　刊名:《作品与争鸣》
目录

佳作推荐
难忘的第一次采访（短篇小说）————周　渺
塑造真实感人的农村新人形象————西　龙

作品争鸣
男人的一半是女人（长篇小说·下）————张贤亮

谈《男人的一半是女人》的得与失————博　野
战士的姿态掩不住卑怯的灵魂————陆荣椿
政治上的志士　道德上的小人————罗　玲
爸爸爸（中篇小说）————韩少功
我是不是个上了年纪的丙崽?————严文井
关于《爸爸爸》的对话————何思丝　耿丽莉

文学动态
一次有特色的学术讨论会——记武汉文艺学研究方法论学术问题讨论会————路　融

争鸣在继续
只有一枝梧叶　不知多少秋声
——读《绿化树》有感————高尔泰

外国文学流派介绍
象征主义————A.G.英格斯彻姆著　孙乃修译

文学争鸣动态
《文汇报》就《文学研究应以人为思维中心》
继续争鸣————肖　布

1986 年第 3 期　刊名:《作品与争鸣》
目录

深切怀念周恩来同志
在最后的日子里————高文谦
艰难而光辉的最后岁月————高文谦

佳作推荐
公共汽车咏叹调（纪实小说）————刘心武
要干预生活和灵魂（评论）————张　炯

文艺短论
主体意识和文艺繁荣————李　准

作品与争鸣
血魂（小说）————张　平
读张平的《血魂》————李国涛
《血魂》的启示————邢小群
一点异议————石民民
倪慧（小说）————马赵碚
它在哪里失误的————罗　微
在伸张正义的幕后————毛锡茂
效果和意图为什么相矛盾————张忠富
关于《倪慧》的讨论
荒滩（小说）————黄佳星
不容忽视的败笔————肖　煜

潜网下的悲剧⋯⋯⋯⋯⋯⋯⋯⋯⋯⋯⋯⋯矢　羽

书评

一本有特色的文艺评论写作读物⋯⋯⋯⋯赵铁信

争鸣综述

鲁迅研究中的不健康倾向⋯⋯⋯⋯⋯⋯东　仁
对故事影片《黄土地》的争论⋯⋯⋯⋯易　杨
《戏剧报》讨论《野人》⋯⋯⋯⋯⋯⋯郗　龙
读者来稿综述⋯⋯⋯⋯⋯⋯⋯⋯⋯⋯⋯郑　生

1986 年第 4 期　刊名:《作品与争鸣》
目录

专论

端正文艺工作的指导思想⋯⋯⋯⋯⋯⋯戈　平

佳作推荐

经济和人（报告文学）⋯⋯⋯⋯⋯⋯⋯陈祖芬
可贵的自觉精神（评论）⋯⋯⋯⋯⋯⋯方顺景

作品与争鸣

舅舅外甥（小说）⋯⋯⋯⋯⋯⋯⋯⋯⋯冯积岐
写历史和道德的错位等三篇（评论）⋯⋯肖云儒等
黑篷（小说）⋯⋯⋯⋯⋯⋯⋯⋯⋯⋯高　锋
需要有更高的"观察点"等七篇（评论）⋯沭　海等
杨柳枝（小说）⋯⋯⋯⋯⋯⋯⋯⋯⋯⋯郭　明
知青题材的新探索等三篇（评论）⋯⋯⋯傅国帆等
魂（小说）⋯⋯⋯⋯⋯⋯⋯⋯⋯⋯⋯韩　明
发掘深刻的主题等三篇（评论）⋯⋯⋯⋯徐德祥等
《第一滴血》是一部什么影片?（评论）⋯⋯戚　方
国内外关于影片《第一滴血》的争论（综述）
⋯⋯⋯⋯⋯⋯⋯⋯⋯⋯⋯⋯⋯⋯⋯⋯白　化

会议报道

中宣部文艺局和中国影协召开电影座谈会⋯⋯杨志今

争鸣综述

对贬损鲁迅杂文不良倾向的争议⋯⋯⋯⋯山　木
关于小说《监狱里的大孩子》的争鸣⋯⋯肖　云
文艺的发展趋势及未来预测⋯⋯⋯⋯⋯⋯曹天成
1984 年苏联《文学报》关于"正面人物"问题的讨论
⋯⋯⋯⋯⋯⋯⋯⋯⋯⋯⋯⋯⋯⋯⋯⋯冀元璋

争鸣史话

作家的自尊心和作品的倾向⋯⋯⋯⋯⋯⋯汪　鸣

1986 年第 5 期　刊名:《作品与争鸣》
目录

专论

创作自由和编辑的职责⋯⋯⋯⋯⋯⋯⋯辛衮之

佳作推荐

减去十岁（短篇小说）⋯⋯⋯⋯⋯⋯⋯谌　容
荒诞的，真实的⋯⋯（评论）
　　——读《减去十岁》⋯⋯⋯⋯⋯⋯⋯安　国

作品争鸣

船儿也曾有过舵（中篇小说）⋯⋯⋯⋯⋯哲　夫
而今船儿有了舵（评论）
　　——读《船儿也曾有过舵》⋯⋯⋯⋯杨士忠
要珍惜选择生活的权利（评论）
　　——试评《船儿也曾有过舵》⋯⋯⋯崔莹玺

无主题变奏（短篇小说）⋯⋯⋯⋯⋯⋯⋯徐　星
当代文学中的荒谬感与多余者（评论）
　　——读《无主题变奏》随想录⋯⋯⋯何　新
天凉未必秋（评论）
　　——兼与何新商榷⋯⋯⋯⋯⋯⋯⋯许振强

前面是血红的灯⋯⋯（中篇小说）⋯⋯⋯董葆存
一个通向更高层次的主题（评论）
　　——评《前面是血红的灯⋯⋯》⋯⋯蒋守谦
再多几分思想的照明（评论）⋯⋯⋯⋯⋯黄国柱

争鸣综述与动态

对影片《少年犯》有不同意见
对《公共汽车咏叹调》提出质疑

争鸣史话

在争论中迫近艺术的本质⋯⋯⋯⋯⋯⋯⋯王　敏

外国文学流派介绍

文艺社会学⋯⋯⋯⋯⋯⋯⋯⋯⋯⋯⋯⋯林　泰

1986 年第 6 期　刊名:《作品与争鸣》
目录

佳作推荐

洞天（短篇小说）⋯⋯⋯⋯⋯⋯⋯⋯⋯李贯通
别有"洞天"在人间（评论）⋯⋯⋯⋯⋯臻　海

作品争鸣

荒原（中篇小说）————————————邓建永
为新一代钻工塑像（评论）——————王凤宝 李 平
《荒原》是低格调的作品（评论）——————宋书爱
艺术的思考与追求（评论）
　——评中篇小说《荒原》——————————弘 石
并非深刻的理解与表现（评论）
　——对《荒原》的意见————————————杨志广

被切割成两半的太阳正在升起（短篇小说）——晓 剑
狼来了（评论）————————————————陈泽群
针砭时弊的警世新篇（评论）————————熊开国

诗三首————————————————————郑少娟
深圳诗坛的第一支兰花草（评论）——————徐敬亚
评《深圳诗坛的第一支兰花草》——————郑欢道
徐敬亚的复信

争鸣在继续

一本畅销书引起的思考————————————韦君宜
也是思考
　——兼与韦君宜商榷——————马修雯 张渝国
怎样评价《男人的一半是女人》（综述）————田 家

通俗文学之页

通俗文艺的普及与提高（论坛）————————臻 海
莫教污秽毁纯真
　——评《女人国的污染报告》—————————望 亭

长篇选评

一部昨天中国人的艺术编年史
　——《断桥》断想—————————————蔡 葵

争鸣动态与综述

刘长瑜邓友梅争论《红灯记》
对电视剧《新星》的不同意见————————东 仁
中篇小说《蓝花豹》笔谈综述————————之 林
寻"根"的呼声与对其意义的肯定——————秋 泉

1986 年第 7 期　刊名:《作品与争鸣》
目录

佳作推荐

名医梁有志传奇（中篇小说）————————王 蒙
王蒙的新探索（评论）————————————杜元明

作品争鸣

贞女（中篇小说·上）————————————古 华

《贞女》沉思录（评论）———————————冯立三
对妇女问题低层次的理解（评论）——————牛玉秋

对第三者的审判（中篇小说）————————楚 良
一个发人深省的爱情悲剧（评论）——————石湖娃
审判第三者和第三者的审判（评论）————沐 霆
用灵魂的污血谱写爱的浪漫曲（评论）———陆文采
是审判，还是赞美（评论）—————————桐 义
红衫谋杀案（故事梗概）——————————刘 沙
简洁朴素　益智益体（评论）————————引 玉
力戒粗糙　方有精品（评论）————————阮 明

文艺短论

莫把平常当异常——————————————赵 陆

通俗文学之页

通俗文学的新收获
　——读《神鞭》——————————————申 江
寓意深刻　发人深省
　——读《刑警队长与杀人犯的内心独白》——西 龙
《三进海棠院》的得失———————————安 国

争鸣综述与动态

文学的"根"在哪里？　应当如何表现它？
　——文学寻"根"问题讨论概述之二————秋 泉

争鸣史话

曹雪芹的"不写之写"———————————黎 寺

迷人的领域————————————————卫建林

1986 年第 8 期　刊名:《作品与争鸣》
目录

佳作推荐

长廊情（短篇小说）————————————刘 琦
"精神在，事业成！"（评论）————————李 下

作品争鸣

贞女（中篇小说·续完）——————————古 华
且说姚桂花（评论）
　——读古华的《贞女》———————————蔡 毅
封建礼教祭坛上的牺牲（评论）——————曹天成

河的眼睛（小说）—————————————李旭东
迷惘的灵魂（评论）————————————刁其俭
对文明的深情呼唤（评论）—————————张建基
善乎，恶乎？（评论）———————————章邦鼎

谈刘广林性格的变化（评论）————————黎　明

相思草（小说）————————————有令峻
现实而明智的生活态度（评论）————杨作宾
对旧传统观念缺少抗争（评论）————刘海燕

人鬼恋（小说梗概）——————————兴纯缩写
关于《人鬼恋》的通信　章煜邻　田　家

通俗文学之页
时代风云入笔端
——读《死囚的新生》——————王　敏
哲理·伦理·心理
——谈《王城杀虎案》的创作特色————西　龙
悬念·推理·照应
——谈《幽深的剑兰湾》的结构艺术————阮　明

争鸣在继续
对《男人的一半是女人》的审美道德批评————陈圣生
《男人的一半是女人》的讨论正在引向深入————秋　野
重要的它是一头公牛——————————洲　石
另一世界的一道紫光
——《公牛》再评论————————陈家琪

争鸣综述
关于提高军事题材文艺创作质量的讨论————东　仁
文学的寻"根"与对中国传统文化的选取————秋　泉

1986 年第 9 期　刊名:《作品与争鸣》
目录

佳作推荐
焐雪天（小说）————————————张　弦
大地依然暖气吹（评论）————————孙　珉

文艺短论
自由的思考和切实的争鸣————————赵　武

作品与争鸣
洪荒启示录（报告文学）————————苏晓康
新时代的"救荒策"（评论）————————蓝　翎
一支深沉、激愤的歌（评论）—————王必胜
到底给了我们什么"启示"？（评论）————倪苟声

无记名投票（小说）————————严歌平
传统社会心理的折光（评论）————胡永年
大惑不解的投票结果（评论）————李　杉

人狼（小说）————————————张　征
"火焰驹"驰过狼沟（小说）——————黄卫平
漫议"动物题材小说"（评论）————陈孝英
在人际关系中感受、理解和表现人（评论）————畅广元
关于描写人物和动物关系的小说创作（评论）
————————————————李健民

透明谜语（组诗）————————示　人
诗不需要解释（评论）——————————弓　长
随意不是一种权力（评论）————————吴　鸣
隔海谈艺（诗歌与争鸣）————孟伟哉　洛　夫　流沙河

文艺理论争鸣
论《论文学的主体性》————————敏　泽
论文学的内部规律和外部规律————冷铨清

争鸣史话
《复活》的开头————————————黎　寺
南宋时期"说话""家数"究竟有几家？————肖　汀

文艺动态
关于"文化断裂"论——————————秋　泉

1986 年第 10 期　刊名:《作品与争鸣》
目录

佳作推荐
猫眼儿（短篇小说）————————金　河
举类迩而见义远（评论）————————肖　汀

作品争鸣
红高粱（中篇小说）————————莫　言
随意性与独创性（评论）
——读莫言的《红高粱》————封秋昌
在美丑之间……（评论）
——读《红高粱》致立三同志————蔡　毅

隐痛（短篇小说）————————李景田
漫评《隐痛》（评论）——————————常　思
隐痛后面是更新（评论）————吴秉杰
理智·感情（评论）————————李景田

邻居。　一个单身汉……（短篇小说）————巴　威
求做"真正有才华的文学家"（评论）————蓝　晔
探索中的迷失（评论）————————维　安

文艺理论重要问题争鸣
文学批评和文化心理结构————王春元

也谈文艺观念和文艺学方法论问题⸺⸺⸺⸺⸺郑伯农

争鸣综述

《文汇报》就谢晋电影模式展开争鸣⸺⸺⸺⸺盛　雷
《当代文坛》讨论《男人的一半是女人》⸺⸺布　白

港台文坛动态

处于转折时期的台湾电影一瞥⸺⸺⸺⸺⸺蔡洪声

争鸣史话

谁向谁学习⸺⸺⸺⸺⸺⸺⸺⸺⸺⸺⸺卫　群

1986 年第 11 期　刊名:《作品与争鸣》
目录

专论

加强马克思主义在文艺建设中的指导作用
⸺⸺⸺⸺⸺⸺⸺⸺⸺⸺⸺⸺本刊评论员

佳作推荐

不虚此行（短篇小说）⸺⸺⸺⸺⸺⸺刘绍棠
乡土有芳草（评论）⸺⸺⸺⸺⸺⸺⸺张　炯

作品争鸣

三寸金莲（中篇小说·上）⸺⸺⸺⸺冯骥才
"三寸金莲"：故事的焦点和文化的焦点（评论）
⸺⸺⸺⸺⸺⸺⸺⸺⸺⸺⸺⸺顾晓鸣
小脚的学问及其他（评论）⸺⸺⸺⸺颜睢文
《三寸金莲》读后感（来稿选登）⸺⸺邱　崧等

黑马群（短篇小说）⸺⸺⸺⸺⸺⸺北　村
《黑马群》笔谈（评论）⸺⸺⸺⸺⸺林兴宅等

深山皇后（短篇小说）⸺⸺⸺⸺⸺王东升
追求的范围与层次（评论）⸺⸺⸺⸺任碧江
不同的追求领域和生活的多层次（评论）⸺何正秋

潘金莲（荒诞川剧文学本）⸺⸺⸺⸺魏明伦
是非且听百家鸣
⸺⸺《潘金莲》附记⸺⸺⸺⸺⸺⸺魏明伦
新·奇·美（评论）⸺⸺⸺⸺⸺⸺李兴普
三赞《潘金莲》（评论）⸺⸺⸺⸺⸺寒　末
《潘金莲》的荒诞之处（评论）⸺⸺⸺孔　建
谈谈《潘金莲》的不足（评论）⸺⸺⸺王世德

争鸣在继续

透过人生看社会
⸺⸺评《名医梁有志传奇》⸺⸺⸺⸺杨振喜

祭奠的也应该是能复活的
⸺⸺读《红高粱》复蔡毅同志⸺⸺⸺冯立三

学术活动报导

开展学术争鸣，表彰研究成果
⸺⸺记中国当代文学研究会第五届年会⸺⸺本刊记者

1986 年第 12 期　刊名:《作品与争鸣》
目录

要不懈地攀登（专论）⸺⸺⸺⸺⸺⸺本刊评论员

佳作推荐

憨憨（中篇小说）⸺⸺⸺⸺⸺⸺⸺林斤澜
《憨憨》可读，憨憨可爱⸺⸺⸺⸺⸺方　亮

作品争鸣

三寸金莲（中篇小说·下）⸺⸺⸺⸺冯骥才
关于《三寸金莲》⸺⸺⸺⸺⸺⸺⸺冯骥才

蛇神（长篇小说梗概）⸺⸺⸺⸺一　姚（改写）
达到的和未达到的⸺⸺⸺⸺⸺⸺⸺张　炯
《蛇神》印象⸺⸺⸺⸺⸺⸺⸺⸺何镇邦
邵南孙是真正属于你的
⸺⸺致蒋子龙⸺⸺⸺⸺⸺⸺⸺夏康达
通信论《蛇神》
⸺⸺致夏康达⸺⸺⸺⸺⸺⸺⸺蒋子龙
意念的游丝和形象的失重⸺⸺⸺⸺何孔周

野马野人野狼（短篇小说）⸺⸺⸺⸺景　俊
西部文学的新开拓⸺⸺⸺⸺⸺⸺⸺上官玉
不能再这么"野"下去了⸺⸺⸺⸺⸺欧　亚

努尔哈赤的后裔们（诗一首）⸺⸺⸺张　欣
民族魂⸺⸺⸺⸺⸺⸺⸺⸺⸺⸺敬　松
不能把侵略者称为"华夏英雄"⸺⸺⸺张兴旺

1987 年第 1 期　刊名:《作品与争鸣》
目录

新年致读者⸺⸺⸺⸺⸺⸺⸺⸺⸺本刊编辑

新作评介

一个人事干部离休后的反思（报告文学）⸺⸺韩　磊
"敞开心扉给人看"（评论）⸺⸺⸺⸺曹天成

作品争鸣

小城之恋（中篇小说）……………………王安忆
现代意识对"人"的透视（评论）…………晓　鸣
焦灼中的思考和挣扎（评论）……………饶曙光
《文汇报》讨论《小城之恋》（综述）………文　洁

火宅（中篇小说）…………………………韩少功
社会生态和生命意义的变形透视（评论）…李明泉
荒诞与荒诞意识（评论）…………………税海模

楼顶（中篇小说）…………………………云　帆
生命的自伤与自救（评论）………………邹忠民
在苦涩中品味人生（评论）………………宋家宏

争鸣综述

小说是不是出现了危机………………………曹　敏

书讯

《形象意象与情感》出版……………………一　冰

1987 年第 2 期　刊名:《作品与争鸣》
目录

新作评介

多思的年华（报告文学）…………………孟晓云
探索中学生心灵的奥秘（评论）…………成志伟

作品争鸣

火船（小说）………………………………魏世祥
读《火船》（评论）………………………曾镇南
对畸形性行为的装饰与哀挽（评论）……黄木春
缺乏正确、深刻的审美判断（评论）……闵一之
爱的三个色块（组合式电视短剧文学本）…廖里星
形式花俏而内容苍白的"三个色块"（评论）
　…………………………………………冯大庆
关于"三个色块"的三点感觉（评论）……怡　燕
赞"三个色块"的探索精神（评论）………刘洪耀
黄鹤楼——枇杷山（诗）…………………邹荻帆
读《黄鹤楼——枇杷山》有感（评论）……王永毅
但愿不是故伎重演（评论）………………胡天风
诗歌评论要实事求是（评论）……………丁国成
今夕是何年（小说）………………………蒋子丹
从期待到逃避（评论）……………………吴　亮
我是他（评论）……………………………路　融

争鸣动态与综述

议论纷纷"琼瑶热"………………………东　仁
关于谢晋电影的争论在继续………………刘建英

对《阴阳大裂变》的争鸣…………………曹光军
关于舞蹈问题的争鸣………………………叶　林
来稿来信摘编

争鸣史话

在不同评论中发展文艺批评………………晓　行

1987 年第 3 期　刊名:《作品与争鸣》
目录

新作选评

"两弹"元勋的秘密历程（报告文学）
　………………………………吴显奎　孟　勇
科技工作者的方向
——读《"两弹"元勋的秘密历程》………安　国

文艺短论

推进文艺创作与争鸣的根本所在
——兼评资产阶级自由化思潮……………艾克恩
新旧是非之间
——由对陈涌文章的批评所想起…………刘　庶

作品争鸣

灵旗（中篇小说）…………………………乔　良
文学，走向历史的深处（评论）
——喜读《灵旗》等三部写长征的中篇小说…王愿坚
评乔良的新作《灵旗》（评论）………王力平　范国华
沉思（创作谈）
——关于《灵旗》的自言自语………………乔　良

一半是火焰，一半是海水（中篇小说）……王　朔
在罪与罚中显示社会心理的深度（评论）
——读《一半是火焰，一半是海水》兼谈法制文学的
深化…………………………………………曾镇南
性犯罪的教科书（评论）…………………陈一水

来稿摘编

1987 年第 4 期　刊名:《作品与争鸣》
目录

专论

坚持四项基本原则是发展社会主义文艺的根本保证
　…………………………………………闻　通

作品争鸣

断裂（诗）…………………………………梁小斌

痛苦使人超越（评论）……………………吴思敬
读《断裂》随记（评论）…………………小　星
《断裂》的断裂处（评论）………………张书林
《断裂》随想点滴（评论）………………张　鹰

奔丧（中篇小说）…………………………洪　峰
洪峰小说中的文化批判（评论）…………杨　存
洪峰小说与现代西方人本主义哲学（评论）姜　铮
洪峰的生命世界：
关于《奔丧》的一些话（评论）………费振钟　王　干
《奔丧》及其他……………………………李敬泽

冰儿（长篇小说梗概）……………………金　川
琼楼玉宇的天上宫阙（评论）
——试评琼瑶小说的爱情世界……………纯　菁
如真如幻　如梦如歌（评论）
——略谈琼瑶小说的写情特色……………阮　明

不安分的春天（短篇小说）………………王心丽
春天属于不安分的人们（评论）
——和王心丽谈《不安分的春天》………俞　律
是不是有点儿庸俗了（评论）……………沈存步

女雇员轶事（短篇小说）…………………姚　锐
《女雇员轶事》争鸣录……………………李兴武

争鸣在继续
个人应该代表人类的理性——兼评《潘金莲》及刘宾
雁《评川剧〈潘金莲〉》…………………金实秋

文艺短评
浅谈文艺事业人才的规划和开发…………卞国福

读书札记
中国旧文人怎样玩弄女性…………………章　珊

读者中来
多点具体分析………………………………紫　千
读者来稿摘编

1987 年第 5 期　刊名:《作品与争鸣》
目录

文艺短论
反对资产阶级自由化　发展社会主义文艺…石　彦

新作评介
红光照亮田野（报告文学）………………乔　迈

中国农民创业致富的志气歌（评论）
——读报告文学《红光照亮田野》………杜元明

作品争鸣
超群出众之辈（中篇小说）………………陈　冲
一个挑战者带来的震撼（评论）…………李　下
大相径庭的作品解释（评论）……………李清泉
请多关照（创作谈）………………………陈　冲

瞬间与永恒（中篇小说）…………………郁　葱
无韵的咏叹（评论）………………………何香久
人，是永恒的（评论）……………………曾　凡

道是无情（短篇小说）……………………王从学
他们值得赞美吗?（评论）………………李遵进
有益的探索（评论）………………………毕　明

争鸣在继续
情感与现实
——也论琼瑶的创作特色…………………古继堂

争鸣史话
司汤达留下的"谜"………………………石燕京

长篇小说评介
深沉的反思与探索
——读冯德英的长篇《染血的土地》……张　炯

1987 年第 6 期　刊名:《作品与争鸣》
目录

新作评介
"生命"变奏曲（报告文学）……………李宏林
拼搏精神的礼赞（评论）
——读《"生命"变奏曲》………………方　亮

作品争鸣
他有什么病?（中篇小说）………………张　洁
一次值得称道的自我蜕变（评论）………准　淮
我对张洁的苛求（评论）…………………柯　宋
对人性本体的检视与反思…………………许文郁

柏木棺材（中篇小说）……………………张法德
古老的悲怆（评论）………………………龚绍东
破碎的棺材（评论）………………………张宇光

在碧寮村度过的耶诞之夜（散文）………李金莲
关于《在碧寮村度过的耶诞之夜》的讨论…余光中等

大巧若拙 ······ 陈冠学

诗论争鸣
崭新的地平线
——论中国西部诗歌 ······ 谢冕
江南有塞外的知音
——读骆之诗兼论新边塞诗创作 ······ 李元洛

文艺论坛
中国人与中国文 ······ 左达
创造性——文学创作的生命 ······ 海宇亮

争鸣在继续
在冷漠与苍白的后面
——关于中篇小说《楼顶》的对话 ······ 丁子人

争鸣综述
七嘴八舌话《红楼》 ······ 秋野

争鸣史话
海峡彼岸的文言白话之争 ······ 阮明

外国文学流派介绍
妇女主义批评 ······ 陈圣生

1987 年第 7 期　刊名:《作品与争鸣》
目录

纪念《在延安文艺座谈会上的讲话》发表 45 周年
正确对待创作主体与客体的关系
——学习《在延安文艺座谈会上的讲话》札记
······ 张炯
开展正常而健康的文艺批评
——学习《在延安文艺座谈会上的讲话》随想
······ 博野

新作评介
浣江发大水（中篇小说） ······ 王仲明
改革浪潮中某些农村干部心态的真实写照（评论）
······ 陆荣椿

作品争鸣
古塬（短篇小说） ······ 汪润林
说《古塬》（评论） ······ 权海帆
难忘的故土（评论）
——《古塬》读后感 ······ 赵秉中

东平之死（短篇小说） ······ 庞瑞垠

关于《东平之死》的三封信
······ 草明 孟波 庞瑞垠
关于《东平之死》（评论） ······ 黄源
事实·体裁·文学观念（创作谈） ······ 庞瑞垠
《东平之死》所引起的（评论） ······ 于逢

《离异》（吴若增著长篇小说）故事梗概
······ 盛雷 未子
李勃的悲剧与《离异》的意蕴（评论） ······ 邵德怀
李勃——穿牛仔裤的"道学家"（评论） ······ 徐翔

泼雪泉（张笑天著中篇小说）故事梗概
挣断这柔软的锁链（评论） ······ 凡丁
适得其反的社会效果（评论） ······ 连介德

文艺短论
"性"风吹得文人醉 ······ 辛联

重要文艺理念问题争鸣
关于当前文学的一、二问题 ······ 何满子 耿庸
姚雪垠著文呼吁继承和发扬祖国文学史的光辉传统
······ 本刊记者

1987 年第 8 期　刊名:《作品与争鸣》
目录

重新学习《在延安文艺座谈会上的讲话》
坚持"二为"方向　促进文艺繁荣 ······ 洛杭
切实增强文艺工作者的社会责任感
——重读毛泽东《在延安文艺座谈会上的讲话》有感
······ 成志伟

新作评介
红军浪漫曲（报告文学） ······ 铁竹伟
"战士自有战士的爱情……"（评论） ······ 李下

作品争鸣
经济风云（短篇小说） ······ 钟道新
这弯弯的倒流水……（短篇小说） ······ 钟铧
生活的太阳在闪光（评论）
——雁北地区三位文学新人的新作读后 ······ 苏华
塞上破土而出的一棵草芽 ······ 马骏

泥径（中篇小说） ······ 晓剑
失去平衡的价值判断（评论）
——评中篇小说《泥径》 ······ 沐霆
八十年代的忏悔者
——读晓剑同志的小说《泥径》 ······ 叶纪彬

《平凡的世界》（路遥著长篇小说梗概）
历史卷轴的初现（评论）
——读长篇小说《平凡的世界》…… 南　山　生　民
要有大跨度的超越意识（评论）
——也评《平凡的世界》………………顾国泉

重要文艺理论问题争鸣
关于中国化的马克思主义文艺理论的几个问题
………………………………………陈　涌

争鸣史话
争鸣史话二则……………………………王　敏

争鸣综述
关于电影《错位》的讨论……………布　之
话剧《狗儿爷涅槃》反应强烈………肖　丁
话剧《死罪》争鸣热烈………………盛雷木

漫画
金钥匙
——为《在延安文艺座谈会上的讲话》发表四十五周
年而作………………………………王乐天

1987 年第 9 期　刊名:《作品与争鸣》
目录

论坛
迎接改革深化的大潮……………………本刊评论员

作品推荐
血染的风采（话剧）……………………张莉莉
军魂与国魂的歌唱………………………张　炯

作品争鸣
海（诗二首）……………………………孙武军
我所观察的海……………………………孙武军
思考·困惑·混乱（评论）………………申　申

遥寄鱼龙洞（诗）………………………贺羡泉
唱给《渔歌》的和声（评论）…………思　汶
《遥寄鱼龙洞》得失小议（评论）……曲　直

二黑、赛虎和我们家和 Poinper（小说）……石　川
发掘生活的新意（评论）………………胡德培
拥抱未来时必经的阵痛（评论）………何正秋

战争故事（小说）………………………马　原
关于《战争故事》的对话………张晓光　赵伯涛

战争与人性的一场虚幻之战……………许自强

绿色的喧哗（小说）……………………李小渭
雪野的困惑（评论）……………………高叶梅
并不静寂的雪野（评论）………………平　杰

争鸣综述
电影《斯巴达克思》争鸣录……………东　仁

来信来稿摘编

外国文学批评流派介绍
文艺心理学…………………周海波　陈圣生

1987 年第 10 期　刊名:《作品与争鸣》
目录

新作评介
我竞选市长………………………………边国政
送你一束夜来香（诗歌）………………柳士同
敢为人民鼓与呼（评论）………………方　亮

作品争鸣
来劲（短篇小说）………………………王　蒙
《小说选刊》编后（评论）………《小说选刊》编者
《来劲》确实来劲（评论）………………王　堃
读《来劲》的印象和思考（评论）……张玉君
我读《来劲》不来劲（评论）…………苏志松

瀚海（中篇小说）………………………洪　峰
强烈深沉的历史感（评论）……………蒋守谦
历史感：历时性与共时性的统一（评论）……德　耘

礼拜天的礼拜（中篇小说）……………黄亚洲
改革需要道德力量（评论）……………居　延
给改革者以历史的评价（评论）………萧　枚

《古船》印象（长篇小说梗概）………董　方
《古船》沉浮（评论）…………………程德培
历史和人的全面凸现（评论）……黎　辉　曹增渝
褒贬之间（评论）………………………海　岑
《古船》札记（评论）…………………陈　笑

争鸣综述
关于"女性文学"的讨论综述……………素　英

争鸣动态
文学思潮纵横谈

1987 年第 11 期　刊名:《作品与争鸣》
目录

新作评介

喜看春水向西流（报告文学）⋯⋯⋯⋯⋯袁茂余
倒淌河礼赞（评论）⋯⋯⋯⋯⋯⋯⋯智　杰

作品争鸣

麦秸垛（中篇小说）⋯⋯⋯⋯⋯⋯铁　凝
《麦秸垛》的象征涵义（评论）⋯⋯王　斌　赵小鸣
《麦秸垛》头重脚轻（评论）⋯⋯⋯李　雷

清高（小说）⋯⋯⋯⋯⋯⋯⋯⋯陆文夫
生活·文化·哲理（评论）⋯⋯徐采石　金燕玉
拉拉杂杂话《清高》（评论）⋯⋯⋯林伟平

魔瓶（小说）⋯⋯⋯⋯⋯⋯⋯⋯孔德选
如果我写《魔瓶》（评论）⋯⋯⋯顾同耀
小说《魔瓶》读后（评论）⋯⋯⋯齐守安

梦，绿色的（小说）⋯⋯⋯⋯⋯⋯董保存
梦的迷惑（评论）⋯⋯⋯⋯⋯⋯石玉增
深衷浅貌（评论）⋯⋯⋯⋯⋯⋯丁临一

学术动态

用改革精神推动艺术管理学的研究⋯⋯⋯常丕军

补遗

1987 年第 12 期　刊名:《作品与争鸣》
目录

新作评介

柴达木情思（报告文学）⋯⋯⋯⋯冯君莉
从生活的散文中抽出诗来（评论）
——读报告文学《柴达木情思》断想⋯⋯⋯项大山

作品争鸣

五色土（中篇小说）⋯⋯⋯⋯⋯正　言
他找到了自我（评论）⋯⋯⋯⋯胡石言
读《五色土》（评论）⋯⋯⋯⋯李国文
《五色土》座谈纪要

美哉，人间（五幕荒诞话剧故事梗概）⋯伊　妮
激变中的失落（评论）⋯⋯⋯⋯叶小帆
难懂，但要刮目相看（评论）⋯⋯葛芸生
模仿的尴尬（评论）⋯⋯⋯⋯⋯张兴劲

大别山轶事（短篇小说）⋯⋯⋯⋯杨东明
此风不可长（评论）
——读《大别山轶事》有感⋯⋯⋯晓　普
平中见奇　丑中见美（评论）⋯⋯郑　牛

文艺杂文

清廉七分人⋯⋯⋯⋯⋯⋯⋯⋯左　达

争鸣在继续

风云·山谷·倒流水
——也谈雁北三位文学新人的作品⋯⋯⋯蔡　毅

争鸣综述

关于《论新时期文学的"向内转"》一文引起的争论
⋯⋯⋯⋯⋯⋯⋯⋯⋯⋯⋯⋯常丕军

1988 年第 1 期　刊名:《作品与争鸣》
目录

新作评介

他从这里出发⋯⋯（报告文学）⋯⋯⋯郭　冬
一位党员科学家的高风亮节（评论）⋯⋯⋯沈　成

作品争鸣

小城三怪（小说）⋯⋯⋯⋯⋯⋯李金明
怪，艺术创造的精灵（评论）⋯⋯草　田
怪在情理之中（评论）⋯⋯⋯⋯韦　纪
沙漠（小说）⋯⋯⋯⋯⋯⋯⋯周昌义
蜕变期的中年知识分子的心态（评论）⋯⋯曹天成
评中篇小说《沙漠》的思想倾向（评论）⋯⋯敬　芝
鱼幻（儿童文学）⋯⋯⋯⋯⋯⋯班　马
《鱼幻》太精致了（评论）⋯⋯⋯余　衡
一种独特的审美享受（评论）⋯⋯李建树
不要离开自己的读者（评论）⋯⋯郑晓河

文艺论坛

革命英雄主义:我国军事文艺的主旋律⋯⋯⋯居　松
马克思主义文艺学必须由实践赋予活力⋯⋯⋯刘润为

书评

群星灿烂的艺术世界
——读《在艺术世界里》⋯⋯⋯⋯曹兴玉

争鸣综述

"防御性"乎?"战略性"乎?⋯⋯⋯⋯鸣　岐
关于传统戏曲与现代意识冲突的讨论⋯⋯⋯张裕芳

对电视剧《红楼梦》的争论在继续························张黎华
一些文艺单位召开电视剧《红楼梦》讨论会··········常丕军

来信来稿摘编
对几篇争鸣作品的争鸣·································京　盛

1988 年第 2 期　刊名:《作品与争鸣》
目录

新作评介
中国的太阳（中篇纪实文学）·························郭富文
铁与火熔铸的壮丽史诗（评论）·····················赵凤山

作品与争鸣
人间烟火（中篇小说）·······························杨茂林
这样的悲剧不能再重演
——读小说《人间烟火》致奚为·················居　松
书到真实才诱人
——读《人间烟火》复居松························奚　为
莲台（诗·外两首）·································肖汉初
人生只有情难老（评论）·····························华　文
意与境浑　诗家可尚（评论）························德　耘

文艺论坛
争鸣要注重“论争”·································辛　联
不能让低级、淫秽的录像毒害人民···················施　谭
文学鉴赏的多层次性·································曹桂芳

读者中来
“性”风何以吹得文人醉·····························刘慎宏
仿《来劲》评《来劲》·······························邹　童

文艺争鸣综述
长篇小说《金牧场》引起热烈讨论····················刘建瑛
有关新诗“复归”诸问题的探讨和争论················辛　夷
小说观念的嬗变及其在理论上的研讨·················方　矛
《三国演义》讨论近况·······························沈伯俊

来稿来信摘编
对争鸣作品的争鸣·································李京盛

1988 年第 3 期　刊名:《作品与争鸣》
目录

新作评介
聂卫平面面观（报告文学）···············张　挺　孙晓青
于真实处见神韵（评论）
——《聂卫平面面观》读后·····················臻　海

作品争鸣
酸甜苦辣的女人（组诗）·····························罗瑞玲
新潮未必脱俗（评论）
——评《酸甜苦辣的女人》·····················一　鸣
请理解觉醒者的心声（评论）
——读《新潮未必脱俗》·······················伍　叶

贼王（纪实文学）···································流　星
罪恶灵魂的离去（评论）
——《贼王》琐记·······························韦　骥
“把兽性赋予灵智”（评论）
——读《贼王》·································博　野

黑土红土（中篇小说）·······························董立勃
艺术追求与实践效果（评论）
——关于《黑土红土》的对话·····················丁子人
一帧用文字完成的全息摄影（评论）
——关于小说《黑土红土》的通信·················蔡宇知

争鸣在继续
审美，情感的历险和文学的非道德化
——由王朔《一半是火焰，一半是海水》谈艺术家的
良心和文学的道德感·······························东　弓

创作谈
王安忆话“三恋”···············当代文坛报记者　郭　立

争鸣综述
近期话剧表演观念的争鸣·····························盛雷木

读者中来
贬我褒敌理难容
——志愿军老战士对《战争故事》的批评···········徐玉英

影（摄影）···郭　雄

1988 年第 4 期　刊名:《作品与争鸣》
目录

新作评介
赴美华人录相（特写）——————桑逢康
发人深省的《录相》（评论）——————秋　野

作品争鸣
铁一中的"第三世界"（中篇小说）——高　翔
可怜可气的"第三世界"（评论）——曹乾彬
一篇反映当代中学生活的佳作（评论）
——读《铁一中的"第三世界"》——戈　平

你以为你没被我扮演过吗（诗）——王小龙
断想点滴（评论）——————胡光文
在过去和未来之间（评论）——————沈泽宜
我读《扮演》（评论）——————芹　子

贼王（中篇纪实文学·下）——————流　星

争鸣综述
纪实小说争鸣概述——————梁新俊

文艺论坛
文学的历史省悟——————苗雨时
面对新诗现状的沉思——————张鸣铎

读者中来
我的一家之言——————谢　君
大胆的开拓——————王思国

来稿来信摘编——————本刊记者

1988 年第 5 期　刊名:《作品与争鸣》
目录

新作评介
深谷在呼唤（报告文学）——秦文玉　肖干田
在民族自信的支撑点上（评论）——韦　骥

作品争鸣
中国大学生（长篇报告文学·上）——张晓林　张德明
《中国大学生》书后（评论）——————陈骏涛
正确认识社会实践的作用（评论）——王　炘
你在哪里啊……（短篇小说）——————周　渺
弱者的呼唤（评论）——————西　龙
人生无模式　作家有风格（评论）——智　杰

看海的日子（中篇小说）——（中国台湾）黄春明
人格尊严的呼唤和追求（评论）——————翁光宇
"雨夜花"的悲欢（评论）——————杜元明

读者论坛
文艺探索与民族文化传统及民族审美心理——曹　毅
应该正确看待文学作品中的"性"描写——敏　卓

争鸣综述
关于"改革文学"的讨论——————王庆汶
《丑陋的中国人》是怎样的一本书?——辛　夷
电影《老井》争鸣录——————易　杨
是佳作，还是"败作"?
——中篇小说《骄傲公司》的讨论——社　若

争鸣史话
张我军大战连雅堂——————秋　泉

来稿来信摘编
评《烦恼人生》、《丑石》、《祁连人》及其他

1988 年第 6 期　刊名:《作品与争鸣》
目录

新作评介
芳草青青——————刘白羽
梦的回声——————黄宗英
三清山题壁——————秦　牧
记一次服装表演——————王安忆
大漠孤烟篇——————张立勤
"缩脖子老等"——————端木蕻良
散文天地广　驰笔任纵横
——读《芳草青青》等六篇散文新作——西　龙

作品争鸣
中国大学生（长篇报告文学·下）——张晓林　张德明
当代大学生的新观念新追求（评论）——赖大仁
做未来的主人（评论）——————耿明奇
警官大学学生讨论《中国大学生》——刘元林等
苍老的浮云（中篇小说）——————残　雪
残雪的阿喀琉斯脚跟（评论）——————罗　雀
有"贼"的风景（评论）——[日本]藤近直子
我的创作——————残　雪
叛国（短篇小说）——（中国台湾）吴锦发
人性与民族命运的反思（评论）——————杜元明
《叛国》—— 一个宏大主题的早产儿（评论）
——————武治纯

争鸣综述

台湾文学界同仁讨论《叛国》·············石　民
众说纷纭的《古船》·····················秋　野

读者中来

《古船》争鸣扬波·······················布　白

相逢在人大会堂（摄影）·················吴力田

1988 年第 7 期　刊名:《作品与争鸣》
目录

新作评介

我叫威尔逊（中篇小说）·················邓　刚
创作手记·······························邓　刚
在改革、开放的时代大浪里经受摔打·······陆荣椿
《桑树坪纪事》（戏剧故事）·············王　敏
在兼容与结合中嬗变（话剧实验报告）·····徐晓钟

作品争鸣

疯狂麻将城（中篇纪实小说）·······中　跃　贝　奇
博采众生相　笔势任纵横（评论）·········木　弘
疯狂的文学　危险的倾向（评论）·········姚文泰

褐色鸟群（中篇小说）···················格　非
《褐色鸟群》座谈笔录·················王方红整理
草确确实实是在生长（评论）·············李　下

悬崖上的小路（中篇小说）···············杜　仕
跨越鸿沟的有益尝试（评论）·············边　潭
莫须有与真实（评论）···················弓　长

理论争鸣

评刘再复对姚雪垠及《李自成》的"新"评价
·····································戚　方
刘再复谈文学研究与文学论争·······刘再复　刘绪源

文艺论坛

"创新"随想录·························闲　云
自我意识与大众意识·····················郝　方

读者中来

来稿来信摘编

1988 年第 8 期　刊名:《作品与争鸣》
目录

新作评介

颠狂的书潮（报告文学）···········张卫华　张　策
揭出病苦　意在疗救（评论）·············臻　海

作品争鸣

无冕皇帝（长篇纪实小说）···············萧立军
被亵渎的自由女神
——评《无冕皇帝》·····················文熙佳
读《无冕皇帝》并致《作品与争鸣》编辑部····肖　易

背对命运的独白（短篇小说）·············韩春旭
"独白"的意义（评论）·················绍　凯
"独白"的意义究竟何在?（评论）·········何　理

随感录

文人辨，辨文人·························复　光

文艺短论

艺术是社会主义的还是资本主义的?
·································[美国] 桂杰敏

争鸣综述

文艺界就"纯文学"的读者日益减少展开讨论
·····································方　林
关于中篇小说《黑土红土》的争论·········辛　夷
关于电影《红高粱》的争鸣·······朱铁志　李佩华
《成都晚报》等报刊讨论美国电影《斯巴达克思》
·····································冯纪友

读者中来

关于文学中的性描写及其他·············本刊记者
对《赴美华人录相》等几部作品的讨论·······本刊记者

争鸣史话

小插曲与大争吵
——台湾新旧文学论战之余波·············秋　泉

读后感（漫画）·························陈文建

1988 年第 9 期　刊名:《作品与争鸣》
目录

论坛

积极参与现实生活的进程·············本刊评论员

作品争鸣

白涡（中篇小说）·····················刘　恒
同窗笔谈：关于中篇小说《白涡》···李书磊　解志熙
人性原色的析光
——关于《白涡》美学意向的思考·········雍文华

无冕皇帝（长篇纪实小说）（下）········萧立军
长篇纪实小说《无冕皇帝》引起争端········石　路
没有答案的思索
——面对《无冕皇帝》的风波··········谭　循
灵魂的工程师与工程师的灵魂···········蔡　冰

性"开放"女子（纪实文学梗概）
缺乏社会价值的病态报告··············中　仑
"性"在文学中的一次变位·············生　民

随感录

从中国字谈到符咒

来稿摘编

关于《李自成》的议论

1988 年第 10 期　刊名:《作品与争鸣》
目录

论坛

"雅俗共赏"与当代审美要求···········王世德

新作评介

中国大团圆前奏曲（纪实文学）
·····················（中国香港）巴　桐
向中华民族发出的呼唤（评论）··········张　炯

作品争鸣

极地之侧（中篇小说）················洪　峰
《极地之侧》的叙事批判··············罗强烈
《极地之侧》的模仿之作··············蒋原伦

青春的梦魇（中篇小说）··············唐　颖
笔谈中篇小说《青春的梦魇》···钱红林　朱蓓蓓等
悠悠白云何处归（短篇小说）···········周晶峻

失诸轻薄（评论）··················宣　成
风载白云去　萋萋鹦鹉洲（评论）········胡　焕
读《悠悠白云何处归》（评论）··········朝　阳
角度选择的不同···················董国强
并非要白云做"贞女"················宣　成

文坛争鸣

电影《青春祭》内幕丑闻··············洲　洲
影片《青春祭》创作本末·············张暖忻

争鸣在继续

理论家的理论与实践·················赵潜荪

争鸣综述

关于《赴美华人录相》的争鸣···········冰
电视片《河殇》引起争论··············方　伟

读者中来

来稿来信摘编

1988 年第 11 期　刊名:《作品与争鸣》
目录

新作评介

《傻子瓜子衰微录》（中篇小说）·········张嵩山
是改革的主人，还是历史的过客？（评论）·····安　居

作品争鸣

《新兵连》（中篇小说）··············刘震云
揭示人生悲剧后的政治文化背影（评论）······吴国光
含泪的嘲笑——谈《新兵连》对农民传统文化心理的
批判··························郑　吉

《永不回归的姑母》中篇小说···········王祥夫
我与作家的对话（评论）··············力　群
不要苛求于文学（评论）··············吴　敏

一百名死者的最后时刻（短篇小说）········孟伟哉
壮美的诗，哲理的诗
——读《一百名死者的最后时刻》·········常丕军
这样的描写真实吗?
——评《一百名死者的最后时刻》·········夏　炎

《高原醒了》（组诗）················欧　骁
感受高原需要一种素质
——《高原醒了》读后致苗族作者欧骁·······杨正勇
感受高原之素质质疑
——答苗族作者杨正勇················欧　骁

争鸣在继续
《无冕皇帝》：纪实小说的再崛起⋯⋯⋯⋯⋯郑清和
从纪实小说《无冕皇帝》谈开去⋯⋯⋯⋯⋯鲍　昌

随感录
话说刊物拖期⋯⋯⋯⋯⋯⋯⋯⋯⋯⋯⋯⋯卜　萍
黄村断想录：对意见箱的意见⋯⋯⋯⋯⋯⋯杨志杰

争鸣综述
《理论与创作》讨论中篇小说《达奇》⋯⋯⋯⋯易

读者中来
读者来信摘编
本刊重要声明

八十年代的红军哥哥漫画⋯⋯⋯⋯⋯⋯⋯⋯丁　聪

1988 年第 12 期　刊名:《作品与争鸣》
目录

新作评介
阿 Q 的诉讼状（杂文）⋯⋯⋯⋯⋯⋯⋯⋯⋯郭振亚
阿 Q 真地阔了起来（杂文）⋯⋯⋯⋯林铁红　林亚光
阿 Q 梦话录（评论）⋯⋯⋯⋯⋯⋯⋯⋯⋯⋯胡　萍

作品争鸣
前门外的新大亨（报告文学）⋯⋯⋯罗来勇　陈志斌
啊，泥沙俱下的个体经济大潮（评论）⋯⋯⋯盛　雷
经济：呼唤着新秩序（评论）⋯⋯⋯⋯⋯⋯常　效
懒得离婚（中篇小说）⋯⋯⋯⋯⋯⋯⋯⋯⋯谌　容
漫话《懒得离婚》（评论）⋯⋯⋯⋯⋯⋯⋯青　平
《懒得离婚》断想（评论）⋯⋯⋯⋯⋯⋯⋯之　伟

争鸣在继续
推荐《性"开放"女子》（评论）⋯⋯⋯⋯胡　彭
道德的沦丧，兽欲的宣泄
——《性"开放"女子》读后（评论）⋯⋯⋯张鸣铎

随感录
黄村断想录（续一）⋯⋯⋯⋯⋯⋯⋯⋯⋯⋯杨志杰

1989 年第 1 期　刊名:《作品与争鸣》
目录

新作评介
灵魂的自白（短篇小说）⋯⋯⋯⋯⋯⋯⋯⋯韶　华
小说《灵魂的自白》读后（评论）⋯⋯⋯⋯成志伟

作品争鸣
到美国去！到美国去！（中篇小说）⋯⋯⋯查建英
虚无的追寻（评论）
——评中篇小说《到美国去！到美国去！》⋯⋯朱铁志
伍珍，一个值得同情的女人（评论）⋯⋯⋯瓜　田

死光（中篇小说）⋯⋯⋯⋯⋯⋯⋯⋯⋯⋯中　夙
一束暗淡的死光（评论）
——读小说《死光》有感⋯⋯⋯⋯⋯⋯⋯⋯马　光
情感体验与理性批判
——读《死光》致友人⋯⋯⋯⋯⋯⋯⋯⋯秋　野

美神之囚（纪实文学）⋯⋯⋯⋯⋯⋯⋯⋯魏雅华
超时代女性的悲哀（评论）
——读《美神之囚》⋯⋯⋯⋯⋯⋯⋯⋯⋯严爽荒
"美神"的性观念（评论）⋯⋯⋯⋯⋯⋯⋯金　生

文艺论坛
文艺评论的掉价⋯⋯⋯⋯⋯⋯⋯⋯⋯⋯⋯之　炜
中国字的神化和鬼化⋯⋯⋯⋯⋯⋯⋯⋯⋯吴　俨

启事

1989 年第 2 期　刊名:《作品与争鸣》
目录

新作评介
在南方，有个亿万富翁（报告文学）⋯⋯⋯李延国
无声的军歌　悲壮的旋律（评论）⋯⋯⋯⋯马光复

作品争鸣
天荒（报告文学）⋯⋯⋯⋯⋯⋯⋯⋯⋯⋯麦天枢
一个使人难忘的人（评论）
——读报告文学《天荒》有感⋯⋯⋯⋯⋯⋯戈　平
天荒当破　理性勿失（评论）
——评《天荒》兼及文学中的涉性问题⋯⋯⋯德　耘
呼唤觉醒（评论）⋯⋯⋯⋯⋯⋯⋯⋯⋯⋯吴子敬
扫街人（短篇小说）⋯⋯⋯⋯⋯⋯⋯⋯⋯刘振瑶
聚焦在灵魂的闪光点上（评论）
——读短篇小说《扫街人》⋯⋯⋯⋯⋯⋯⋯赵凤山

"须人乎其内，又须出乎其外"（评论）
——读小说《扫街人》有感 ················ 张日凯

跨世纪忧虑（报告文学）
——中小学生"流失群"现象透视 ···· 贾 永 林 凌
危机与时机（评论）···················· 高进贤
救救流失的孩子们（评论）·············· 刘泽民

争鸣在继续
宽容、信任和理解
——评《无冕皇帝》及其讨论 ············ 胡 蛮
《无冕皇帝》"抖"出文坛内幕，中国文坛风波又起
·· 晓 流
中国文坛 1988 年头号新闻揭秘录 ········ 花 敏

随感录
黄村断想录·瞎子摸鱼 ················ 杨志杰

争鸣综述
对《狂潮》的不同评价 ················ 郭晓芳
台湾同胞话《河殇》 ·················· 河 乡

读者中来
应该欢迎批评
——写给《作品与争鸣》编辑部的信 ···· 陆 码
（附）高尔泰找到了吗? ················ 吴 滤

光明磊落的一生
——怀念李何林先生

纪念《作品与争鸣》出刊 100 期发行纪念封

1989 年第 3 期　刊名:《作品与争鸣》
目录

新作评介
今夜没有雨（中篇小说·上）
················· （中国香港）女作家　梁荔玲
明天定会出太阳（评论）
——读梁荔玲的中篇《今夜没有雨》 ······ 张 炯

作品争鸣
没种和有种的男人（短篇小说）
——无名镇风情之一 ···················· 刘 丹
又一件愚昧陈列品（评论）
——由《没种和有种的男人》谈开去 ······ 何 龙
性文学与性科学（评论）
——从《没种和有种的男人》谈起 ········ 王福湘

我看《没种和有种的男人》（评论）········ 胡宗健
非非主义诗作选登（新潮诗）············ 周伦佑等
非非主义简介 ·························· 司徒闵
一只没有壳的气球（评论）·············· 叶延滨
语言的奴隶与诗的自觉（评论）·········· 周伦佑

性病在中国（报告文学）················ 康 健
在现实丑与艺术美之间（评论）·········· 原 林
暴露丑恶　割除疽痈（评论）
——读《性病在中国》的感受 ············ 黄木春

文艺论坛
李白戏作"洋泾浜" ···················· 桑逢康
文学中的"嬉皮士"家族 ················ 崔胜洪

随感录
黄村断想录·合理性错误 ················ 杨志杰

争鸣史话
一次关于"媒婆"与"处女"的争论 ········ 陆荣椿

读者中来
我们需要这样的文学论争
——读戚方之文有感 ···················· 徐玉英
重返初始论点 ·························· 梦 雨
读者看文学的"性"描写 ················ 布 白

争鸣动态
《解放军报》讨论军旅诗 ················ 黄国柱

雪中校园（摄影）······················ 吴力田
观察"生活"（漫画）···················· 陈文建

1989 年第 4 期　刊名:《作品与争鸣》
目录

论坛
百期致读者 ···························· 本刊编辑部

作品争鸣
湖光（中篇小说）······················ 蔡宇知
《湖光》：对理想人格的呼唤（评论）······ 陈东滨
做作的《湖光》（评论）
——评中篇小说《湖光》················ 欧 亚

心乐（短篇小说）
——《村间拾遗》之一 ·················· 李秀峰
潜意识：人生悲喜剧的渊薮（评论）

——评李秀峰的村间小说四题⋯⋯⋯缪俊杰
既厌世又恋世的检视与思索（评论）
——《心乐》生存混沌现象刍议⋯⋯⋯苏　华

秘密流放北冰洋（中篇小说）⋯⋯⋯梦　岩
填补历史空白的艺术之作（评论）
——读小说《秘密流放北冰洋》⋯⋯⋯冼　民
再多些创造（评论）
——《秘密流放北冰洋》小说的不足⋯⋯⋯党　真

今夜没有雨（中篇小说·续完）⋯⋯⋯梁荔玲

文艺论坛
文艺作品中的"美人计"质疑⋯⋯⋯成志伟

争鸣综述
抒情音乐剧《相逢不是在梦中》争议录⋯⋯⋯张黎华

读者中来
读者心目中的《无冕皇帝》⋯⋯⋯本刊记者

我们的期望⋯⋯⋯本刊编者

补白
《皖南事变》的不足⋯⋯⋯布　之

1989 年第 5 期　刊名:《作品与争鸣》
目录

论坛
文艺与人民
——纪念"五四"新文化运动七十周年⋯⋯本刊评论员

作品争鸣
复仇记（中篇小说）⋯⋯⋯莫　言
马驹横穿沼泽（短篇小说）⋯⋯⋯莫　言
一点启迪（评论）⋯⋯⋯张志忠
莫言的冲突（评论）⋯⋯⋯罗强烈
鬼才写鬼事⋯⋯⋯李洁非

汪曾祺作品研讨会专辑
认识到的和没有认识的自己（作家自叙）⋯⋯⋯汪曾祺
小学同学（短篇小说）⋯⋯⋯汪曾祺
汪曾祺的意义（评论）⋯⋯⋯黄子平
说"淡化"（评论）
——汪曾祺小说的"别致"及其意义⋯⋯⋯吴　方

《草原三娘子》（京剧）故事梗概⋯⋯⋯京　凡

《草原三娘子》的审美意识（评论）⋯⋯⋯劳　莘
关于《草原三娘子》的一点异见（评论）⋯⋯⋯兰　河

你无法真实（短篇小说）⋯⋯⋯刘玉堂
让我们都宣泄一下吧!（评论）
——读《你无法真实》⋯⋯⋯谭好哲
一篇令人遗憾的作品（评论）
——《你无法真实》读后感⋯⋯⋯培　海
作家心灵的曝光（评论）
——谈《你无法真实》⋯⋯⋯孙美菊

争鸣综述
电影《弧光》引起争议⋯⋯⋯杨志今

随感录
亦论雌雄

来函照登
读者来信
告白读者

1989 年第 6 期　刊名:《作品与争鸣》
目录

论坛
进一步促进儿童文学的繁荣⋯⋯⋯樊发稼

新作评介
阿雏（短篇小说）⋯⋯⋯曹文轩
一个孤野倔强生命的匆匆终结⋯⋯⋯木　禾

作品争鸣
随想录（五则）⋯⋯⋯巴　金
关于随想录评价的思考（评论）⋯⋯⋯张　放
为巴金一辩（评论）⋯⋯⋯邵燕祥
对张放对巴金的批评的批评（评论）⋯⋯⋯丹　晨

X 地带（长篇小说梗概）⋯⋯⋯江　洋

艰难的奋进
——读《X 地带》⋯⋯⋯张　炯
艰难奋进的出发点
——关于《X 地带》答张炯同志⋯⋯⋯俞天白
对知识分子命运哲理性的思考⋯⋯⋯何镇邦

紫雾（中篇小说）⋯⋯⋯周大新
评《紫雾》的命运主题⋯⋯⋯石　范
《紫雾》：社会政治主题，或者说，民族历史主题

谈谈《紫雾》的象征意义⋯⋯⋯⋯⋯⋯⋯乌　明　德　耘

阴阳八卦（中篇小说·上）⋯⋯⋯⋯⋯⋯冯骥才
关于《阴阳八卦》的附件⋯⋯⋯⋯⋯⋯⋯冯骥才
思想迷误：混乱和蒙昧的世界
——《阴阳八卦》批判⋯⋯⋯⋯⋯⋯⋯刘　密

巍巍吕梁山（摄影）⋯⋯⋯⋯⋯⋯⋯⋯⋯谷　威

1989 年第 7 期　刊名：《作品与争鸣》
目录

百尺竿头　更进一步
——记本刊百期纪念会⋯⋯⋯⋯特约记者　苏　生

新作评介
西北黑人（短篇小说）⋯⋯⋯⋯⋯⋯⋯⋯雷建政
“小人物”人性光辉的颂歌（评论）
——读短篇小说《西北黑人》⋯⋯⋯⋯杜元明

黑话（报告文学）⋯⋯⋯⋯⋯⋯⋯⋯⋯⋯贾鲁生
在黑话的背后（评论）
——评贾鲁生的《黑话》⋯⋯⋯⋯⋯⋯戈　平
黑话不黑
——读《黑话》，致戈平⋯⋯⋯⋯⋯⋯⋯蔡　毅

鲜血梅花（短篇小说）⋯⋯⋯⋯⋯⋯⋯⋯余　华
余华，速请刹车（评论）
——《鲜血梅花》读后⋯⋯⋯⋯⋯⋯⋯高　尚
没有出口的迷宫（评论）
——读《鲜血梅花》⋯⋯⋯⋯⋯⋯⋯⋯吕　芳

作品争鸣
阴阳八卦（中篇小说·下）⋯⋯⋯⋯⋯⋯冯骥才
故弄玄虚的《阴阳八卦》（评论）⋯⋯⋯吴　俊
值得探究的《阴阳八卦》（评论）
——兼评吴俊的解读误会⋯⋯⋯⋯⋯⋯阿　茂

争鸣综述
关于“重写文学史”的讨论⋯⋯⋯⋯⋯⋯苏　雅
关于《太阳与人》及其引起的争论⋯⋯⋯谷　威

本刊百期纪念会（摄影）⋯⋯⋯⋯杨国臣　王连城

1989 年第 8 期　刊名：《作品与争鸣》
目录

新作评介
超越世纪：性艺术在中国（报告文学）⋯⋯卢跃刚
人体艺术命运的记录与忧思（评论）
——读报告文学《超越世纪：性艺术在中国》
⋯⋯⋯⋯⋯⋯⋯⋯⋯⋯⋯⋯⋯⋯⋯⋯杜元明

作品争鸣
赵南栋（中篇小说）⋯⋯⋯⋯（中国台湾）陈映真
评陈映真的《赵南栋》（评论）⋯⋯⋯⋯叶石涛
下一辈生命理想的迷失？（评论）
——评陈映真的《赵南栋》⋯⋯⋯⋯⋯廖炳惠

棉花垛（中篇小说）⋯⋯⋯⋯⋯⋯⋯⋯⋯铁　凝
男性世界中女性的生命本相（评论）
——谈《棉花垛》中女性形象的塑造⋯⋯董晓宇
对现代乡村青年女性的艺术把握（评论）
——评铁凝的《棉花垛》⋯⋯⋯⋯⋯⋯阎新瑞

新书林
农村生活的清丽画卷
——评周渗小说选集《葫芦巷春秋》⋯⋯成志伟

西双版纳笋塔（摄影）⋯⋯⋯⋯⋯⋯⋯⋯吴力田

1989 年第 9 期　刊名：《作品与争鸣》
目录

论坛
就双百方针致读者⋯⋯⋯⋯⋯⋯⋯⋯本刊编辑部

新作评介
踯躅长街（短篇小说）⋯⋯⋯⋯⋯⋯⋯⋯吴戈平
物欲诱惑下的精神滑坡⋯⋯⋯⋯⋯⋯⋯⋯盛　雷

作品争鸣
天地人（短篇小说）⋯⋯⋯⋯⋯⋯⋯⋯⋯韩春旭
她在寻找真正的人生价值（评论）⋯⋯⋯之　伟
人生的尴尬（评论）⋯⋯⋯⋯⋯⋯⋯⋯⋯德　耘

岗上的世纪（中篇小说梗概）⋯⋯⋯⋯⋯王安忆
性要写，但不能丢了美（评论）⋯⋯⋯⋯李　下
一曲充满浪漫激情的生命赞歌（评论）⋯⋯照　光
战争风云和一个人的命运（中篇纪实小说）⋯⋯王雪松
关于周廷烈的闲话（评论）⋯⋯⋯⋯⋯⋯关　飞

谈几句反面意见（评论）·············林晓东

重要理论问题争鸣
对一种"译介"的"破译"·············戚　方
与刘再复对话的"后话"·············刘绪源

争鸣在继续
理想失落的悲剧
——读台湾作家陈映真的《赵南栋》·····西　龙

随感录
关于民主、自由的随感·············谭　天
"反思"之思·····················朱铁志

争鸣史话
《海鸥》诞生的启示···············王　敏

新书林
让青少年多读点有益的文学作品
——写在《青少年长篇小说导读》出版之后····洛　杭
辛勤的耕耘
——读《大地五线谱》札记···········高梦龄

读者中来
电视连续剧《吴玉章》观后···········刘文耀
关于《早安！朋友》的争议
为文学堕落而愤慨················徐玉英

争鸣动态
关于新时期性爱文学创作的争鸣······秦志希　成　项
"娱乐片"：当前中国电影界的热门话题·······宋　强
众说纷纭"王朔热"···············鸣　岐

1989 年第 10 期　刊名:《作品与争鸣》
目录

短论
坚持四项基本原则　繁荣社会主义文艺·······肖　伦

新作评介
孤坟（短篇小说）·················牛伯成
老夏这个共产党员（评论）
——评小说《孤坟》···············成志伟

作品争鸣
本系无牢骚（中篇小说）············汤吉夫
可悲的"无牢骚"（评论）
——与友人谈小说《本系无牢骚》·······西　龙

说"牢骚"（评论）
——从汤吉夫的一篇小说谈起·········智　杰

无雪的冬天（中篇小说）············高　雪
典型塑造中的文化意识（评论）········崔莹玺
主体设计和性格逻辑（评论）··········盛　雷

一个精神病患者眼里的世界（中篇小说）·····陆　棣
荒诞和不荒诞的人生戏剧（评论）
——《一个精神病患者眼里的世界》读解····戴　达
评论的尴尬
——读《一个精神病患者眼里的世界》和它的评论
·····························奚　为

新书林
民主战士的心灵塑像
——评岑琦的诗集《闻一多之歌》·······邵　秋
《中国美学思想史》后记············敏　泽

书讯
《外国文学家大辞典》

1989 年第 11 期　刊名:《作品与争鸣》
目录

新作评介
依尽故土砂砾情（报告文学）·········杨自力
拥抱人类的梦幻
——读报告文学《依尽故土砂砾情》（评论）···赵凤山

作品争鸣
匆匆春又归去（中篇小说）···········周　渺
因福得祸（评论）
——读《匆匆春又归去》·············智　杰
玄虚的悲剧（评论）
——也谈《匆匆春又归去》············阮　明

瘦虎雄风（报告文学）·············杜守林
军人奉献在特殊战场（评论）
——读报告文学《瘦虎雄风》··········孙养普
关于军队"干"和"练"的困惑（评论）
——读《瘦虎雄风》的一点感想·········常丕军
法制的沉思：周志远现象（报告文学）
·························张卫华　张　策
权与法的较量
——读报告文学《周志元现象》（评论）······佩　燕
两块钱引起的轰动效应
——评《周志元现象》（评论）··········陈与新

一个精神病患者眼里的世界（续完）—————陆 棣
读者的希望与编辑的职责（评论）
——读《一个精神病患者眼里的世界》，致编辑同志
—————————————————————端木飞云

1989 年第 12 期　刊名:《作品与争鸣》
目录

消息
坚持和发展毛泽东文艺思想　重建学习马克思主义的
深厚风气——————————————本刊记者

论坛
骂出"语感"与捧出错觉
——自由化"精英"伎俩批判—————徐玉英

新作评介
缘分（短篇小说）—————————谢俊杰

缘分，不仅是缘分—————————耘 德
作品争鸣
洋君已乘黄鹤去（报告文学）
——洋厂长格里希的新闻场————祖 慰　义 晓
一个值得尊敬的洋老头（评论）—————晓 丕
一颗崇洋媚外的苦果（评论）—————胡 萍

信天游不断头（中篇小说）—————刘绍振
半是泥沙半是金（评论）—————倪 勤
柳枝儿：一个占卜命运的女人（评论）
—————————————张 军　衣庆华

瘦虎雄风（报告文学·续）—————杜守林
特殊的牺牲（评论）—————————杨 旸

争鸣综述
关于《晚钟》的争鸣—————————布 白
不应贬低赵树理—————————布 白